Die steuerrechtlichen Kreis- und Rundschreiben des Bundes

Kompaktsammlung der wichtigsten Verwaltungsverordnungen
der Eidgenössischen Steuerverwaltung ESTV und
der Schweizerischen Steuerkonferenz SSK

2023

15. Auflage

eBook für iPad®/iPhone®/Android/PC
⬅ Die Zugangsnummer finden Sie auf der Umschlagseite links.

E-Mail-Update-Service
Nutzen Sie unseren kostenlosen E-Mail-Update-Service,
um Ihre Sicherheit zu erhöhen.

E-Mail-Update-Service aktivieren unter: «www.steuergesetze.ch/update»

Nach der Aktivierung mit der Zugangsnummer
werden Sie über allfällige Korriganden betreffend das aktuelle Jahr
bequem per E-Mail informiert.

Bitte beachten Sie, dass die Zugangsnummer nur für die Ausgabe 2023 gültig ist.

Listen
A | KS
B | RS/M
C | MB/E
D | WL
E | KS SSK
F | KT ZH

Stichworte

Von professionellen Steuerfachleuten, Studierenden des Steuerrechts, Steuerexperten sowie von Spezialisten in der Verwaltung und im Treuhandbereich geschätzte Vorteile

Aktuell
Das Werk ist garantiert aktuell und beinhaltet sämtliche wichtigen Verwaltungsanweisungen, die bis zum 15. Februar 2023 publiziert worden sind.

Wichtige Hinweise auf zukünftige Änderungen
Auf bekannte, zukünftige Änderungen in den Dokumenten wird sauber hingewiesen.

Indices für komplementäre Nutzung mit den Steuergesetzen
Die Indices dieses Werkes sind auch in den Steuergesetzsammlungen überall dort enthalten, wo ein Gesetzesartikel in einer Verwaltungsanweisung konkretisiert wird. Das heisst, dieses Werk ist der komplementäre Begleiter zu den Werken «Die Steuergesetze des Bundes/Edition Zürich 2023».

Übersichtliche Darstellung
Dank der übersichtlichen Darstellung und den raffinierten Listen findet der Anwender jedes gewünschte Dokument rasch und zielgerichtet.

Strukturiertes Stichwortverzeichnis
Anhand des sauber strukturierten Stichwortverzeichnisses lässt sich jeder Begriff schnell und eindeutig finden.

eBook für iPad®, iPhone®, Android-Gerät oder PC
Das eBook dieses Werkes ist im Preis inbegriffen. Käufer können es folglich kostenlos freischalten und damit mit einem iPad®, iPhone®, Android-Gerät oder PC interaktiv arbeiten.

Bequemer E-Mail-Update-Service
Dank dem integrierten E-Mail-Update-Service wird der Nutzer, sofern er den Service aktiviert hat, bequem über Korrigenden während des Jahres per E-Mail informiert.

Verlagsprogramm 2023

Die Steuergesetze des Bundes (inkl. OECD-MA): Ausgabe 2023
Die Steuergesetze des Bundes – Edition Zürich (inkl. OECD-MA): Ausgabe 2023
Die steuerrechtlichen Kreis- und Rundschreiben des Bundes: Ausgabe 2023
Schweizer Steuergesetze 2023 (im Hardcover: Steuergesetze des Bundes + Kreisschreiben)
Les lois fiscales fédérales (y compris le MC de l'OCDE): Édition 2023
Circulaires et instructions fédérales en matière fiscale: Édition 2023/2024
Le leggi fiscali federali (ivi compresa la convenzione modello OCSE): Edizione 2023
Die internationalen Steuererlasse des Bundes (inkl. OECD-MA + MLI): Ausgabe 2023/2024
Die Mehrwertsteuererlasse des Bundes (Band I): Ausgabe 2023
Die Mehrwertsteuererlasse des Bundes (Band II): Ausgabe 2020/2021
La TVA fédérale – Actes législatifs fédéraux et Infos TVA: Édition 2022/2023

Bestellung steuerrechtlicher Publikationen

Die Gesetzessammlungen des Verlags Steuern und Recht und auch andere steuerrechtliche Publikationen können über unsere Partnerwebsite «www.taxbooks.ch» einfach und bequem gegen Rechnung bestellt werden.

Scan to shop.

Daniel R. Gygax

Die steuerrechtlichen Kreis- und Rundschreiben des Bundes

Kompaktsammlung der wichtigsten Verwaltungsverordnungen der Eidgenössischen Steuerverwaltung ESTV und der Schweizerischen Steuerkonferenz SSK

- Übersichtliche Gliederung und Systematik

- Kreisschreiben ESTV
- Rundschreiben / Mitteilungen ESTV
- Merkblätter ESTV / Informationen / Erläuterungen EFD
- Wegleitungen / Arbeitspapiere ESTV und SSK
- Kreisschreiben / Analysen SSK
- Praxishinweise Kanton Zürich

- Aktueller Stand: 15. Februar 2023
- Stichwortverzeichnis
- Inklusive E-Mail-Update-Service
- Inklusive eBook für iPad® | iPhone® | Android | PC
- 15. Auflage

Ausgabe 2023

Verlag Steuern und Recht GmbH

Bibliografische Information der Deutschen Nationalbibliothek

Die Deutsche Nationalbibliothek verzeichnet diese Publikation in der Deutschen Nationalbibliografie; detaillierte bibliografische Daten sind im Internet über «http://www.d-nb.de/» abrufbar.

Herausgeber:
Daniel R. Gygax, lic. oec. publ., dipl. Steuerexperte, Zürich

Alle Rechte vorbehalten.
Das Werk und seine Teile sind urheberrechtlich geschützt. Jede Verwertung in anderen als den gesetzlich zugelassenen Fällen bedarf deshalb der vorherigen Einwilligung des Verlages.

ISBN-13: 978-3-906842-80-6

© 2023 by Taxbooks GmbH

Für diese Ausgabe: © 2023 by Verlag Steuern und Recht GmbH

Die ausgewählten Rechtsdaten wurden vom Eidgenössischen Finanzdepartement und der Schweizerischen Steuerkonferenz geliefert und geben den Stand vom 15. Februar 2023 wieder.

Dies ist keine amtliche Publikation.
Massgebend ist allein die Veröffentlichung durch die Eidgenössische Steuerverwaltung und durch das Staatssekretariat für internationale Finanzfragen bzw. durch das Eidgenössische Finanzdepartement
(siehe auch «http://www.estv.admin.ch»).
Betreffend die Daten der Schweizerischen Steuerkonferenz
(siehe auch «http://www.steuerkonferenz.ch»)
ist alleine die Veröffentlichung des entsprechenden Publikationsorgans massgebend.

Jede Haftung ist ausgeschlossen.

Printed in Germany

Vorwort zur 15. Auflage

Die vorliegende 15. Auflage dieser umsichtig strukturierten Sammlung von Verwaltungsverordnungen wurde komplett aktualisiert und erweitert (Stand: 15. Februar 2023). Insgesamt wurden über 20 Anweisungen neu aufgenommen, ersetzt oder aktualisiert; obsolete Dokumente wurden gelöscht (siehe dazu Seite VII).

Zum Beispiel haben die per 1. Januar 2023 in Kraft getretenen Bestimmungen im OR, DBG und VStG zum Kapitalband und zur Denominierung des Aktienkapitals Auswirkungen auf das Kapitaleinlageprinzip; das KS ESTV Nr. 29c «Kapitaleinlageprinzip» wurde deshalb angepasst. Mit dem Inkrafttreten des StADG per 1. Januar 2022 wurden auch die Verjährungsfristen für den Anspruch der Verrechnungssteuer und die Praxis beim Vorliegen einer Sekundärberichtigung tangiert; mit zwei Mitteilungen hat die ESTV die Anpassungen erläutert. Aufgenommen wurden auch das KS SSK Nr. 31a vom 10. Februar 2023 über die interkantonale Repartition der Anrechnung ausländischer Quellensteuern und die neue Analyse der SSK, in der beleuchtet wird, ob und wann Mitarbeitende einer Unternehmung im Homeoffice eine Betriebsstätte begründen. Vor dem Hintergrund der Verabschiedung des BB vom 16. Dezember 2022 über eine besondere Besteuerung grosser Unternehmensgruppen schliesslich hat das EFD im Januar 2023 in einer online aufgeschalteten Mitteilung den aktuellen Stand betreffend die Umsetzung der OECD-Mindeststeuer in der Schweiz dargelegt; auch dieser Text ist hier abgedruckt. Selbstverständlich wurden alle alten Fassungen der Rundschreiben und Merkblätter durch die aktuellen ersetzt und die Suchlisten entsprechend erneuert. Zusammen mit den kompakten Steuergesetzsammlungen 2023 ist dieses «Kreisschreibenbuch 2023» der ideale Begleiter durch das Steuerrecht.

All jenen Mitwirkenden, die zum Gelingen dieser Ausgabe beigetragen haben, möchte ich meinen herzlichen Dank aussprechen. Ein besonderer Dank gebührt der Eidgenössischen Steuerverwaltung für die Aufbereitung der Informationen betreffend die chronologische Entwicklung der Verwaltungsverordnungen.

Zürich, im Februar 2023 Daniel R. Gygax, lic. oec. publ., dipl. Steuerexperte

Aus dem Vorwort zur 1. Auflage

Die Idee zur Herausgabe dieser Kompaktsammlung ist aus dem Bedürfnis entstanden, jederzeit und ohne grossen Suchaufwand mit einer bestimmten, dem Original entsprechenden Verwaltungsverordnung arbeiten zu können.

In der vorliegenden Ausgabe [...] sind [...] die wichtigsten steuerrechtlichen Kreis- und Rundschreiben, Merkblätter und Wegleitungen der Eidgenössischen Steuerverwaltung sowie der Schweizerischen Steuerkonferenz in chronologischer Folge abgedruckt. Die Basis für das rasche Auffinden einer gewünschten Stelle bilden vier raffinierte Suchlisten sowie ein aussagekräftiges Stichwortverzeichnis. Dank dem praktischen Daumenregister, den simplen Indexzahlen sowie einem prägnanten Titel für jedes Dokument ist der Sucherfolg garantiert.

Die Kreisschreiben sind im Original enthalten. Dies erlaubt dem Benutzer, in der Diskussion mit Gesprächspartnern immer vom selben Gegenstand zu sprechen. Auf der anderen Seite liegt es in der Natur der Sache, dass dadurch ein einheitliches Format verunmöglicht wird. Um dennoch die Übersichtlichkeit zu gewährleisten, wurden die Kopfzeilen der jeweiligen Dokumente durch einen klaren Titel ersetzt. [...]

Über das Wesen von Verwaltungsverordnungen

Es gilt der Grundsatz, dass viele steuerrechtliche Fragen bereits anhand der Steuergesetze beantwortet werden können. Dennoch: der Wortlaut des Gesetzes ist nicht immer eindeutig und die entsprechende Anwendung will konkretisiert sein. Verwaltungsverordnungen (oft wird dafür auch synonym der Begriff «Verwaltungsanweisungen» verwendet) der Eidgenössischen und der kantonalen Steuerverwaltungen leisten dieser Forderung Folge und sind daher aus dem heutigen Steuerrecht nicht mehr wegzudenken.

Die Kreisschreiben der ESTV, Hauptabteilung Direkte Bundessteuer, Verrechnungssteuer, Stempelabgaben (DVS), sollen insbesondere den kantonalen Steuerbehörden die Rechtsanwendung erleichtern. Sie geben die behördliche Gesetzesauslegung wieder, dienen dem Vollzug von steuerlich-materiellem Recht und legen die Verwaltungspraxis fest. Als Rundschreiben werden andererseits die administrativen Weisungen, Bekanntgaben und Regelungen im Verkehr mit den Kantonen und / oder den Steuerpflichtigen bezeichnet. Neben den Kreis- und Rundschreiben sind von der gleichen Stelle Mitteilungen, Merkblätter und Wegleitungen veröffentlicht worden; auch hiervon findet sich eine Auswahl in dieser Kompaktsammlung.

All diesen Anweisungen ist eines gemeinsam: Die rechtsanwendenden Verwaltungsbehörden haben sich – soweit der richtig verstandene Sinn des Gesetzes wiedergeben wird – daran zu halten.

Verwaltungsverordnungen richten sich nicht direkt an den Bürger und verpflichten ihn deshalb nicht zu einem bestimmten Tun, Dulden oder Unterlassen. Sie widerspiegeln jedoch die bestehende Veranlagungspraxis und leisten damit für den Steuerpflichtigen einen wertvollen Beitrag zur Rechtssicherheit.

Die Auslegung des Gesetzes durch die Steuerverwaltung unterliegt der richterlichen Überprüfung. Das heisst, Verwaltungsverordnungen sind für die Steuerjustizbehörden nicht verbindlich, müssen von diesen bei ihren Entscheiden aber mitberücksichtigt werden.

Bei den Kreisschreiben der Schweizerischen Steuerkonferenz (SSK) handelt es sich nicht um Verwaltungsverordnungen, denn die SSK ist eine Instanz ohne direkte rechtliche Vollzugsverantwortung. In dieser Vereinigung schweizerischer Steuerbehörden erarbeiten die Finanzdirektoren Empfehlungen, die in der Regel von den kantonalen Steuerverwaltungen und der ESTV (soweit diese involviert ist) umgesetzt und in entsprechenden Weisungen festgehalten werden bzw. durch Beschluss direkt Anwendung finden.

Aktuelle Entwicklung 2023 im Bereich der Verwaltungsverordnungen

Die Auswahl an Verwaltungsverordnungen (VVO) in dieser Kompaktsammlung betrifft Dokumente, die derzeit auf der Website der Eidgenössischen Steuerverwaltung (ESTV) publiziert und nicht durch aktuellere Anweisungen ersetzt worden und somit gültig sind. Es handelt sich dabei um ausgewählte Kreisschreiben, Rundschreiben, Mitteilungen, Merkblätter und Wegleitungen der ESTV bzw. der Schweizerischen Steuerkonferenz (SSK). Ebenfalls aufgenommen wurden wichtige Erläuterungen des Eidgenössischen Finanzdepartements (EFD), Anleitungen des Staatssekretariats für internationale Finanzfragen (SIF) oder auch Arbeitspapiere, Informationen, Faktenblätter, Leit- und Richtlinien dieser Organe. Bitte beachten Sie, dass – insbesondere bei älteren Dokumenten – einzelne Passagen durch Gesetzesänderungen oder aber durch neuere Anweisungen überholt sein können. Für allenfalls noch hängige Veranlagungen der entsprechenden Steuerperiode bleibt die Gültigkeit jedoch vollständig erhalten. Umfangreiche und selten benutzte Verwaltungsanweisungen sind im Jahr des Erscheinens bzw. Inkrafttretens in der Sammlung enthalten und in den Folgejahren mindestens im eBook in vollem Umfang dargestellt. Die vorliegende Aufstellung betrifft nur Publikationen, die in diesem Buch bzw. im entsprechenden eBook enthalten sind oder (bei gelöschten Dokumenten) Inhalt früherer Ausgaben waren (die Indexzahl ist entsprechend kursiv gedruckt).

Neue Publikationen, Inkraftsetzung im Jahr 2022 oder ab 1.1.2023
– Analyse SSK vom 25.4.2022: Telearbeit/Homeoffice im Unternehmen, Stand am 26.4.2022 (E33)
– M ESTV Nr. 19 vom 13.9.2022: Verjährungsfristen, Rückerstattung VSt, gültig ab 1.1.2022 (B112)
– M ESTV Nr. 17 vom 19.7.2022: Sekundärberichtigung VSt, gültig ab 1.1.2022 (B111)
– KS ESTV Nr. 5a vom 1.2.2022: Umstrukturierungen, gültig ab 1.2.2022 (A50)

Aktualisierte Publikationen, Inkraftsetzung im Jahr 2022 oder ab 1.1.2023
– KS ESTV Nr. 29c vom 23.12.2022: Kapitaleinlageprinzip, gültig ab 1.1.2023 (A74)
– RS ESTV vom 7.2.2023: Geldwerte Leistungen 2023, gültig ab 1.1.2023 (B86)
– RS ESTV vom 8.2.2023: Zinssätze Fremdwährungen 2023, gültig ab 1.1.2023 (B85)
– RS ESTV 01.2023 *(online)*: Zinssätze DBST, Sicherheitseigenkapital / Abzüge Säule 3a 2023, gültig ab 1.1.2023 (B84)
– RS ESTV vom 21.9.2022: Berufskosten / Ausgleich kalte Progression 2023, gültig ab 1.1.2023 (B83)
– RS ESTV vom 27.1.2023: Quellenbesteuerung und DBA 2023, gültig ab 1.1.2023 (B81)
– RS ESTV vom 22.12.2022: Quellensteuertarife 2023; gültig ab 1.1.2023 (B80)
– Info EFD 01.2023 *(online)*: OECD-Mindeststeuer in der Schweiz, Stand am 01.2023 (C104)
– MB ESTV N 1 2007: Naturalbezüge Selbstständigerwerbender, gültig ab 1.1.2022 (C77)
– MB ESTV vom 1.1.2023: Quellenbesteuerung und DBA 2023 (div. MB), gültig ab 1.1.2023 (C75–C69)
– MB ESTV vom 1.1.2023: Verwaltungsräte, gültig ab 1.1.2023 (C68; neu aufgenommen)
– WL ESTV vom 28.8.2008 (Fassung vom 01.2023): Bewertung von Wertpapieren ohne Kurswert, gültig ab 1.1.2021 (D12)
– WL ESTV 01.2023: Neuer Lohnausweis, gültig ab 1.1.2023 (D11)
– KS SSK Nr. 31a vom 10.2.2023: Interkantonale Repartition der StA, gültig ab 1.1.2020 (E63)

In Kraft stehende, im Jahr 2023 nicht mehr aufgeführte Publikationen
– Anleitung SIF vom 1.11.2019: Transparenz; Empfehlungen des Global Forum *[D14]*

Ausser Kraft gesetzte bzw. überholte Publikationen (oder im Jahr 2022 gelöscht)
– KS SSK Nr. 31 vom 2.6.2015: Repartition der pStA, gültig bis 31.12.2019 *[E63]*
– KS ESTV Nr. 10 vom 15.17.2005: Meldeverfahren (Art. 15 Abs. 1 ZBStA), gültig bis 31.12.2022 *[A55]*
– KS ESTV Nr. 6 vom 22.12.2004: Meldeverfahren; Dividenden an ausländische Gesellschaften, gültig bis 31.12.2022 *[A51]*

Abkürzungen

Die folgenden Abkürzungen beziehen sich auf den redaktionellen Text. Betreffend die fachspezifischen Abkürzungen bitten wir Sie, die entsprechenden Abkürzungsverzeichnisse innerhalb der Verwaltungsverordnungen zu beachten.

Abs.	Absatz
Art.	Artikel
Bst.	Buchstabe(n)
DBA	Doppelbesteuerungsabkommen
DBG	Bundesgesetz über die direkte Bundessteuer
DBST	direkte Bundessteuer
E	Erläuterungen
EFD	Eidgenössisches Finanzdepartement
ESTV	Eidgenössische Steuerverwaltung
EU	Europäische Union
f. / ff.	folgende / folgenden
FDK	Finanzdirektorenkonferenz
GV	Geschäftsvermögen
HA DVS	Hauptabteilung Direkte Bundessteuer, Verrechnungssteuer, Stempelabgaben
jP	juristische Personen
KS	Kreisschreiben
KT	Kanton
M	Mitteilung
MB	Merkblatt
nP	natürliche Personen
Nr.	Nummer
nRLR	Neues Rechnungslegungsrecht
PV	Privatvermögen
QSt	Quellensteuer
resp.	respektive
RL	Richtlinie
RS	Rundschreiben
Rz	Randziffer
S.	Seite
s.	siehe
SIF	Staatssekretariat für internationale Finanzfragen
SSK	Schweizerische Steuerkonferenz
StA	Anrechnung ausländischer Quellensteuern
STAF	Bundesgesetz über die Steuerreform und die AHV-Finanzierung
StG / V	Bundesgesetz über die Stempelabgaben / Verordnung
StHG	Steuerharmonisierungsgesetz
vgl.	vergleiche
VO / V	Verordnung
VSt	Verrechnungssteuer
VStA	Verordnung über die Anrechnung ausländischer Quellensteuern
VStG / V	Bundesgesetz über die Verrechnungssteuer / Verordnung
VVO	Verwaltungsverordnung(en)
WL	Wegleitung
Ziff.	Ziffer

Gliederung

Die Verwaltungsverordnungen sind in systematischer Reihenfolge abgedruckt. Zuerst sind die wichtigsten Kreisschreiben (A) der ESTV aufgeführt. Dann folgen Rundschreiben und Mitteilungen (B), Merkblätter (C) sowie Wegleitungen (D) der ESTV und der SSK. Den Schluss bilden die Kreisschreiben und Analysen (E) der SSK und ausgewählte Praxishinweise (F) betreffend den Kanton Zürich.

Bitte beachten Sie, dass die Anweisungen in chronologisch absteigender Form im Werk enthalten sind. Aus diesem Grund folgen z. B. auf das Kreisschreiben mit dem Index A96 die Dokumente A95, A94 etc.

Suchlisten

Um das Auffinden einer bestimmten Verwaltungsverordnung zu erleichtern, stellen wir Ihnen auf den folgenden Seiten nützliche Suchlisten zur Verfügung. Sie können selber entscheiden, ob Sie auf ein Dokument mit der übersichtlichen Schautafel, chronologisch bzw. alphabetisch detailliert oder nach steuerrechtlichen Kategorien zugreifen möchten. Zwei Gesamtlisten der von der ESTV publizierten Anweisungen vervollständigen dieses Hilfsmittel.

- Schautafel – Quickfinder
- Verwaltungsverordnungen chronologisch nach Art des Dokuments
- Verwaltungsverordnungen alphabetisch
- Verwaltungsverordnungen nach steuerrechtlicher Kategorie
- Gesamtliste der Verwaltungsverordnungen
- Gesamtliste der Mehrwertsteuerinformationen

Suchlisten | Listen

A	Kreisschreiben ESTV	A | KS
B	Rundschreiben / Mitteilungen ESTV	B | RS / M
C	Merkblätter ESTV / Informationen / Erläuterungen EFD	C | MB / E
D	Wegleitungen / Arbeitspapiere ESTV und SSK	D | WL
E	Kreisschreiben / Analysen SSK	E | KS SSK
F	Praxishinweise Kanton Zürich	F | KT ZH

Stichwortverzeichnis | Stichworte

«Lies das Gesetz – und dann die Verwaltungsverordnung!»

Kreisschreiben ESTV

Bestechungsgelder an Amtsträger	A96	Beteiligungsabzug	A72
Ausland-Ausland-Geschäfte	A95	Selbständiger Erwerb USR II	A71
Verwirkung Anspruch auf Rückerstattung VSt	A94	Kollektive Kapitalanlagen; Anleger	A70
Obligationen	A93	Kollektive Kapitalanlagen	A69
Konsortial-, Schuldscheindarlehen, Wechsel, etc.	A92	Teilbesteuerung im GV *(Stand: 1.1.2020)*	A68
Quellenbesteuerung des Erwerbseinkommens	A91	Teilbesteuerung im PV *(Stand: 1.1.2020)*	A67
Aufwandbesteuerung	A90	Ertragsgutschrift ausländischer Banken	A66
Mitarbeiterbeteiligungen; Arbeitgeberin	A89	Vorsorgebeiträge und Säule 3a	A63
Preise, Ehrengaben, Stipendien	A88	Wohneigentumsförderung BVG	A62
Berufsorientierte Aus- und Weiterbildung	A87	Obligationen und Derivate	A60
Freizügigkeit in der beruflichen Vorsorge	A86	Indirekte Teilliquidation	A59
Aktionärsoptionen	A84	Securities Lending	A58
Kapitalgewinnbesteuerung bei Landwirten	A83	Umsatzabgabe	A57
Besteuerung von Mitarbeiterbeteiligungen	A82	Krankheits- und Unfallkosten	A56
Gewerbsmässiger Wertschriftenhandel	A81	Umstrukturierungen *(aktualisierte Version)*	A50
Verkehrs- und Infrastrukturunternehmen	A80	Dienstleistungsgesellschaften	A49
Kundenguthaben	A79	Abgangsentschädigung	A48
Stempelabgabe auf Versicherungsprämien	A78	Eigene Beteiligungsrechte	A42
Sanierung	A77	Verdecktes Eigenkapital	A38
Verpachtung	A76	Einmalprämienversicherung	A36
Ehepaar- und Familienbesteuerung	A75	Auskunftspflicht	A34
Kapitaleinlageprinzip *(gültig ab 1.1.2023)*	A74	Steuerbefreiung jP	A30
Liquidationsgewinne	A73	Liquidation von Kapitalgesellschaften	A19

Rundschreiben / Mitteilungen ESTV

Verjährungsfristen, Rückerstattung VSt	B112	Eigenmietwertzuschlag DBST ab 2018	B82
Sekundärberichtigung VSt	B111	Quellenbesteuerung und DBA 2023	B81
Sachauslagen	B110	Quellensteuertarife 2023	B80
Prinzipalgesellschaften / Swiss Finance Branches	B109	Covid-19 Erwerbsausfall	B23
Steuervorbescheide / Steuerrulings	B108	Bekämpfung der Schwarzarbeit	B21
Guthaben im Konzern VSt	B107	Steuerbefreiung von internat. Sportverbänden	B20
Zeitgleiche Dividendenverbuchung	B105	Atypische stille Beteiligungen	B17
Rückforderung von Verzugszinsen VSt	B104	Freigrenze für Zinsen von Kundenguthaben	B16
Geldwerte Leistungen 2023	B86	Straflose Selbstanzeige	B15
Zinssätze Fremdwährungen 2023	B85	Steuererlass DBST	B13
Zinssätze DBST u. a. / Abzüge Säule 3a 2023	B84	Indirekte Teilliquidation & Transponierung	B11
Berufskosten / Ausgleich kalte Progression 2023	B83	Parallelität des Instanzenzuges	B10

Merkblätter ESTV / Informationen / Erläuterungen EFD

OECD-Mindeststeuer in der Schweiz	C104	Verwaltungsräte	C68
Abzug auf Eigenfinanzierung	C103	Einkünfte VSt in einfacher BH	C27
Patentbox	C102	Einkünfte VSt in doppelter BH	C26
Liegenschaftskosten	C100	Anrechnung ausländischer Quellensteuern	C25
Abschreibung auf Anlagevermögen	C78	Investment-Clubs	C24
Naturalbezüge Selbstständigerwerbender	C77	Meldeverfahren im Konzernverhältnis	C23
Naturalbezüge Arbeitnehmender	C76	Dreieckstheorie und Leistungsempfänger VSt	C22
Ersatzeinkünfte	C75	Qualified Intermediaries	C21
Hypothekarzinsen	C74	Geldmarktpapiere	C20
Studenten, Lehrlinge, Praktikanten	C73	Gratisaktien	C17
Künstler, Sportler, Referenten	C72	Treuhandverhältnisse	C15
Öffentlich-rechtliche Vorsorgeleistung	C71	Treuhandkonto	C14
Privatrechtliche Vorsorgeleistung	C70	Präponderanzmethode	C12
Internationale Transporte	C69		

Wegleitungen ESTV, SSK / Arbeitspapiere ESTV

Verhaltenskodex Steuern 2021	D15	Bewertung von Wertpapieren ohne Kurswert	D12
Kryptowährungen	D13	Neuer Lohnausweis	D11

Kreisschreiben / Analysen SSK

QSt nP und jP; interkantonale Verhältnisse	E67	Ersatzbeschaffung	E54
Interkantonale Steuerausscheidung STAF	E66	Interkantonale Steuerausscheidung nP	E53
Verkehrs- und Infrastrukturunternehmen	E65	Interkantonale Steuerausscheidung jP	E52
Teilbesteuerung interkantonal	E64	Interkantonales Verhältnis im StHG	E51
Interkantonale Repartition der StA	E63	Vereinfachung und Koordination	E50
Trusts	E62	Öffentlich-rechtliches Arbeitsverhältnis	E40
Leasinggeschäfte mit Immobilien	E61	Telearbeit / Homeoffice im Unternehmen	E33
Ausscheidungsverluste	E59	Aufwandbesteuerung; ausserkantonale LS	E32
Interkantonale Verlustverrechnung	E58	F&E-Aufwand; zusätzlicher Abzug STAF	E31
Repartitionsfaktoren *(Stand: 1.1.2020)*	E57	Neue Rechnungslegung; steuerrechtliche Analyse	E30
Vorgehen bei Sonderfällen	E56		

MWST-Informationen ESTV, EZV

Liste (MI, MBI, ZI) *(siehe Seite XXXVI f.)*

Praxishinweise Kanton Zürich

Sondersteuer bei Statuswechsel	F12	Statuswechsel §§ 73 und 74 StG ZH	F11

A | KS
B | RS/M
C | MB/E
D | WL
E | KS SSK
F | KT ZH

Liste nach Typ der Verwaltungsverordnung / Chronologie

A Kreisschreiben ESTV

KS ESTV Nr. 50	13.07.2020	Bestechungsgelder an Amtsträger	A96
KS ESTV Nr. 49	13.07.2020	Ausland-Ausland-Geschäfte	A95
KS ESTV Nr. 48	04.12.2019	Verwirkung des Anspruchs auf Rückerstattung der VSt	A94
KS ESTV Nr. 47	25.07.2019	Obligationen	A93
KS ESTV Nr. 46	24.07.2019	Konsortial-, Schuldscheindarlehen, Wechsel, Unterbeteiligungen	A92
KS ESTV Nr. 45	12.06.2019	Quellenbesteuerung des Erwerbseinkommens	A91
KS ESTV Nr. 44	24.07.2018	Aufwandbesteuerung	A90
KS ESTV Nr. 37a	04.05.2018	Mitarbeiterbeteiligungen; Arbeitgebern	A89
KS ESTV Nr. 43	26.02.2018	Preise, Ehrengaben, Stipendien	A88
KS ESTV Nr. 42	30.11.2017	Berufsorientierte Aus- und Weiterbildung	A87
KS ESTV Nr. 41	18.09.2014	Freizügigkeit in der beruflichen Vorsorge	A86
KS ESTV Nr. 39	23.12.2013	Aktionärsoptionen	A84
KS ESTV Nr. 38	17.07.2013	Kapitalgewinnbesteuerung bei Landwirten *(Stand: 29.9.2017)*	A83
KS ESTV Nr. 37	30.10.2020	Besteuerung von Mitarbeiterbeteiligungen	A82
KS ESTV Nr. 36	27.07.2012	Gewerbsmässiger Wertschriftenhandel	A81
KS ESTV Nr. 35	02.12.2011	Konzessionierte Verkehrs- und Infrastrukturunternehmen	A80
KS ESTV Nr. 34	26.07.2011	Kundenguthaben	A79
KS ESTV Nr. 33	04.02.2011	Stempelabgabe auf Versicherungsprämien	A78
KS ESTV Nr. 32	23.12.2010	Sanierung	A77
KS ESTV Nr. 31	22.12.2010	Verpachtung	A76
KS ESTV Nr. 30	21.12.2010	Ehepaar- und Familienbesteuerung	A75
KS ESTV Nr. 29c	23.12.2022	Kapitaleinlageprinzip *(gültig ab 1.1.2023)*	A74
KS ESTV Nr. 28	03.11.2010	Liquidationsgewinne	A73
KS ESTV Nr. 27	17.12.2009	Beteiligungsabzug	A72
KS ESTV Nr. 26	16.12.2009	Selbständiger Erwerb USR II	A71
KS ESTV Nr. 25	23.02.2018	Kollektive Kapitalanlagen; Anleger	A70
KS ESTV Nr. 24	20.11.2017	Kollektive Kapitalanlagen	A69
KS ESTV Nr. 23a	31.01.2020	Teilbesteuerung im GV *(Stand: 1.1.2020)*	A68
KS ESTV Nr. 22a	31.01.2020	Teilbesteuerung im PV *(Stand: 1.1.2020)*	A67
KS ESTV Nr. 21	01.04.2008	Ertragsgutschrift ausländischer Banken	A66
KS ESTV Nr. 18	17.07.2017	Vorsorgebeiträge und Säule 3a	A63
KS ESTV Nr. 17	03.10.2007	Wohneigentumsförderung BVG	A62
KS ESTV Nr. 15	03.10.2017	Obligationen und Derivate	A60
KS ESTV Nr. 14	06.11.2007	Indirekte Teilliquidation	A59
KS ESTV Nr. 13	01.01.2018	Securities Lending	A58
KS ESTV Nr. 12	10.03.2017	Umsatzabgabe *(aktualisierte Version)*	A57
KS ESTV Nr. 11	31.08.2005	Krankheits- und Unfallkosten	A56
KS ESTV Nr. 5a	01.02.2022	Umstrukturierungen *(aktualisierte Version)*	A50
KS ESTV Nr. 4	19.03.2004	Dienstleistungsgesellschaften	A49
KS ESTV Nr. 1	03.10.2002	Abgangsentschädigung	A48
KS ESTV Nr. 5	19.08.1999	Eigene Beteiligungsrechte	A42
KS ESTV Nr. 6	06.06.1997	Verdecktes Eigenkapital	A38
KS ESTV Nr. 24	30.06.1995	Einmalprämienversicherung	A36
KS ESTV Nr. 19	07.03.1995	Auskunftspflicht	A34
KS ESTV Nr. 17	08.07.1994	Steuerbefreiung jP	A30
KS ESTV Nr. 8	06.05.1985	Liquidation von Kapitalgesellschaften	A19

B Rundschreiben / Mitteilungen ESTV

M ESTV Nr. 19	13.09.2022	Verjährungsfristen, Rückerstattung VSt	B112
M ESTV Nr. 17	19.07.2022	Sekundärberichtigung VSt	B111
M ESTV Nr. 13	12.01.2021	Sachauslagen	B110
M ESTV Nr. 12	24.05.2019	Prinzipalgesellschaften / Swiss Finance Branches ab 1.1.2020	B109
M ESTV Nr. 11	29.04.2019	Steuervorbescheide / Steuerrulings	B108
M ESTV Nr. 10	05.02.2019	Guthaben im Konzern VSt	B107
M ESTV Nr. 8	10.07.2018	Zeitgleiche Dividendenverbuchung in Konzernverhältnissen	B105
M ESTV Nr. 4	01.02.2017	Rückforderung von Verzugszinsen VSt	B104
RS ESTV	07.02.2023	Geldwerte Leistungen 2023	B86
RS ESTV	08.02.2023	Zinssätze Fremdwährungen 2023	B85
RS ESTV *(online)*	01.2023	Zinssätze DBST, Sicherheitseigenkapital / Abzüge Säule 3a 2023	B84
RS ESTV	21.09.2022	Berufskosten / Ausgleich kalte Progression 2023	B83
RS ESTV	10.07.2019	Eigenmietwertzuschlag DBST ab Steuerperiode 2018	B82
RS ESTV	27.01.2023	Quellenbesteuerung und DBA 2023	B81
RS ESTV	22.12.2022	Quellensteuertarife 2023	B80
RS ESTV	06.04.2020	Covid-19 Erwerbsausfall	B23
RS ESTV	25.01.2015	Massnahmen zur Bekämpfung der Schwarzarbeit	B21
RS ESTV	12.12.2008	Steuerbefreiung von internationalen Sportverbänden	B20
RS ESTV	28.04.2015	Atypische stille Beteiligungen	B17
RS ESTV	24.02.2010	Freigrenze für Zinsen von Kundenguthaben	B16

Nr.	Datum	Titel	#
RS ESTV	10.07.2018	Straflose Selbstanzeige	B15
RS ESTV	29.06.2015	Steuererlass DBST	B13
RS ESTV	18.07.2006	Indirekte Teilliquidation und Transponierung	B11
RS ESTV	24.03.2004	Parallelität des Instanzenzuges	B10

C   Merkblätter ESTV / Informationen / Erläuterungen EFD

Info EFD *(online)*	01.2023	OECD-Mindeststeuer in der Schweiz	C104
E EFD	13.11.2019	Abzug auf Eigenfinanzierung	C103
E EFD	13.11.2019	Patentbox	C102
E EFD	09.03.2018	Liegenschaftskosten	C100
MB ESTV A	03.12.2019	Abschreibung auf Anlagevermögen	C78
MB ESTV N 1	2007	Naturalbezüge Selbstständigerwerbender *(Stand: 1.1.2022)*	C77
MB ESTV N 2	2007	Naturalbezüge Arbeitnehmender	C76
MB ESTV	01.01.2023	Ersatzeinkünfte	C75
MB ESTV	01.01.2023	Hypothekarzinsen	C74
MB ESTV	01.01.2023	Studenten, Lehrlinge, Praktikanten	C73
MB ESTV	01.01.2023	Künstler, Sportler, Referenten	C72
MB ESTV	01.01.2023	Öffentlich-rechtliche Vorsorgeleistung	C71
MB ESTV	01.01.2023	Privatrechtliche Vorsorgeleistung	C70
MB ESTV	01.01.2023	Internationale Transporte	C69
MB ESTV	01.01.2023	Verwaltungsräte	C68
MB ESTV	11.2014	Einkünfte VSt in einfacher BH	C27
MB ESTV	11.2014	Einkünfte VSt in doppelter BH	C26
MB ESTV	21.10.2020	Anrechnung ausländischer Quellensteuern DA-M	C25
MB ESTV	06.2002	Investment-Clubs	C24
MB ESTV	30.06.2002	Meldeverfahren im Konzernverhältnis	C23
MB ESTV	02.2001	Dreieckstheorie und Leistungsempfänger VSt	C22
MB ESTV	03.2001	Qualified Intermediaries	C21
MB ESTV	04.1999	Geldmarktpapiere	C20
MB ESTV	30.04.1999	Gratisaktien	C17
MB ESTV	09.1993	Treuhandverhältnisse	C15
MB ESTV	05.1993	Treuhandkonto	C14
MB ESTV	12.11.1992	Präponderanzmethode	C12

D   Wegleitungen / Arbeitspapiere ESTV, SSK, SIF

RL ESTV et al.	05.10.2021	Verhaltenskodex Steuern 2021	D15
Arbeitspapier ESTV	14.12.2021	Kryptowährungen	D13
WL ESTV, SSK	28.08.2008	Bewertung von Wertpapieren ohne Kurswert *(Version 01.2023)*	D12
WL ESTV, SSK	01.2023	Neuer Lohnausweis *(aktuelle Version, gültig ab 1.1.2023)*	D11

E   Kreisschreiben / Analysen SSK

KS SSK Nr. 35	26.08.2020	Quellensteuerpflichtige Personen, interkantonale Verhältnisse	E67
KS SSK Nr. 34	15.01.2020	Interkantonale Steuerausscheidung STAF	E66
KS SSK Nr. 33	06.09.2011	Konzessionierte Verkehrs- und Infrastrukturunternehmen	E65
KS SSK Nr. 32	01.07.2009	Teilbesteuerung interkantonal	E64
KS SSK Nr. 31a	10.02.2023	Interkantonale Repartition der StA	E63
KS SSK Nr. 30	22.08.2007	Trusts	E62
KS SSK Nr. 29	27.06.2007	Leasinggeschäfte mit Immobilien	E61
KS SSK Nr. 27	15.03.2007	Ausscheidungsverluste	E59
KS SSK Nr. 24	17.12.2003	Interkantonale Verlustverrechnung	E58
KS SSK Nr. 22	26.08.2020	Repartitionsfaktoren *(Stand: 1.1.2020)*	E57
KS SSK Nr. 21	28.11.2001	Vorgehen bei Sonderfällen	E56
KS SSK Nr. 19	31.08.2001	Ersatzbeschaffung	E54
KS SSK Nr. 18	27.11.2001	Interkantonale Steuerausscheidung nP	E53
KS SSK Nr. 17	27.11.2001	Interkantonale Steuerausscheidung jP	E52
KS SSK Nr. 16	31.08.2001	Interkantonales Verhältnis im StHG	E51
KS SSK Nr. 15	31.08.2001	Vereinfachung und Koordination	E50
KS SSK Nr. 01	30.06.2010	Öffentlich-rechtliches Arbeitsverhältnis im Ausland	E40
Analyse SSK	26.04.2022	Telearbeit / Homeoffice im Unternehmen	E33
Analyse SSK	30.09.2021	Aufwandbesteuerung; ausserkantonale Liegenschaften	E32
Analyse SSK	04.06.2020	F&E-Aufwand; zusätzlicher Abzug STAF	E31
Analyse SSK	05.02.2020	Neue Rechnungslegung; steuerrechtliche Analyse	E30

MWST-Informationen ESTV, BAZG

Liste (MI, MBI, ZI) *(siehe S. XXXVI f.)*		MI

F   Praxishinweise Kanton Zürich

Praxishinweis ZH	03.06.2020	Sondersteuer bei Statuswechsel	F12
Praxishinweis ZH	24.05.2018	Statuswechsel §§ 73 und 74 StG ZH	F11

A | KS
B | RS/M
C | MB/E
D | WL
E | KS SSK
F | KT ZH

Liste nach Alphabet

Abgangsentschädigung	KS ESTV Nr. 1	03.10.2002	**A48**
Abschreibung auf Anlagevermögen	MB ESTV A	05.2011	**C78**
Abzug auf Eigenfinanzierung	E EFD	13.11.2019	**C103**
Aktionäroptionen	KS ESTV Nr. 39	23.12.2013	**A84**
Anrechnung ausländischer Quellensteuern DA-M	MB ESTV	21.10.2020	**C25**
Atypische stille Beteiligungen	RS ESTV	28.04.2015	**B17**
Aufwandbesteuerung	KS ESTV Nr. 44	24.07.2018	**A90**
Aufwandbesteuerung; ausserkantonale Liegenschaften	Analyse SSK	30.09.2021	**E32**
Auskunftspflicht	KS ESTV Nr. 19	07.03.1995	**A34**
Ausland-Ausland-Geschäfte	KS ESTV Nr. 49	13.07.2020	**A95**
Ausscheidungsverluste	KS SSK Nr. 27	15.03.2007	**E59**
Berufskosten / Ausgleich kalte Progression 2023	RS ESTV	21.09.2022	**B83**
Berufsorientierte Aus- und Weiterbildung	KS ESTV Nr. 42	30.11.2017	**A87**
Bestechungsgelder an Amtsträger	KS ESTV Nr. 50	13.07.2020	**A96**
Beteiligungsabzug	KS ESTV Nr. 27	17.12.2009	**A72**
Bewertung von Wertpapieren ohne Kurswert *(Version 01.2023)*	WL ESTV, SSK	28.08.2008	**D12**
Covid-19 Erwerbsausfall	RS ESTV	06.04.2020	**B23**
Dienstleistungsgesellschaften	KS ESTV Nr. 4	19.03.2004	**A49**
Dreieckstheorie und Leistungsempfänger VSt	MB ESTV	02.2001	**C22**
Ehepaar- und Familienbesteuerung	KS ESTV Nr. 30	21.12.2010	**A75**
Eigene Beteiligungsrechte	KS ESTV Nr. 5	19.08.1999	**A42**
Eigenmietwertzuschlag DBST ab Steuerperiode 2018	RS ESTV	10.07.2019	**B82**
Einkünfte VSt in doppelter BH	MB ESTV	11.2014	**C26**
Einkünfte VSt in einfacher BH	MB ESTV	11.2014	**C27**
Einmalprämienversicherung	KS ESTV Nr. 24	30.06.1995	**A36**
Ersatzbeschaffung	KS SSK Nr. 19	31.08.2001	**E54**
Ersatzeinkünfte	MB ESTV	01.01.2023	**C75**
Ertragsgutschrift ausländischer Banken	KS ESTV Nr. 21	01.04.2008	**A66**
Freigrenze für Zinsen von Kundenguthaben	RS ESTV	24.02.2010	**B16**
Freizügigkeit in der beruflichen Vorsorge	KS ESTV Nr. 41	18.09.2014	**A86**
F&E-Aufwand; zusätzlicher Abzug STAF	Analyse SSK	04.06.2020	**E31**
Geldmarktpapiere	MB ESTV	04.1999	**C20**
Geldwerte Leistungen 2023	RS ESTV	07.02.2023	**B86**
Gewerbsmässiger Wertschriftenhandel	KS ESTV Nr. 36	27.07.2012	**A81**
Gratisaktien	MB ESTV	30.04.1999	**C17**
Guthaben im Konzern VSt	M ESTV Nr. 10	05.02.2019	**B107**
Hypothekarzinsen	MB ESTV	01.01.2023	**C74**
Indirekte Teilliquidation	KS ESTV Nr. 14	06.11.2007	**A59**
Indirekte Teilliquidation und Transponierung – Anpassung	RS ESTV	18.07.2006	**B11**
Interkantonale Repartition der StA	KS SSK Nr. 31a	10.02.2023	**E63**
Interkantonale Steuerausscheidung jP	KS SSK Nr. 17	27.11.2001	**E52**
Interkantonale Steuerausscheidung nP	KS SSK Nr. 18	27.11.2001	**E53**
Interkantonale Steuerausscheidung STAF	KS SSK Nr. 34	15.01.2020	**E66**
Interkantonale Verlustverrechnung	KS SSK Nr. 24	17.12.2003	**E58**
Interkantonales Verhältnis im StHG	KS SSK Nr. 16	31.08.2001	**E51**
Internationale Transporte	MB ESTV	01.01.2023	**C69**
Investment-Clubs	MB ESTV	06.2002	**C24**
Kapitaleinlageprinzip *(gültig ab 1.1.2023)*	KS ESTV Nr. 29c	23.12.2022	**A74**
Kapitalgewinnbesteuerung bei Landwirten *(Stand: 29.9.2017)*	KS ESTV Nr. 38	17.07.2013	**A83**
Kollektive Kapitalanlagen	KS ESTV Nr. 24	20.11.2017	**A69**
Kollektive Kapitalanlagen; Anleger	KS ESTV Nr. 25	23.02.2018	**A70**
Konsortial-, Schuldscheindarlehen, Wechsel, Unterbeteiligungen	KS ESTV Nr. 46	24.07.2019	**A92**
Konzessionierte Verkehrs- und Infrastrukturunternehmen	KS ESTV Nr. 35	02.12.2011	**A80**
Konzessionierte Verkehrs- und Infrastrukturunternehmen KT	KS SSK Nr. 33	06.09.2011	**E65**
Krankheits- und Unfallkosten	KS ESTV Nr. 11	31.08.2005	**A56**
Kryptowährungen	Arbeitspapier ESTV	14.12.2021	**D13**
Kundenguthaben	KS ESTV Nr. 34	26.07.2011	**A79**
Künstler, Sportler, Referenten	MB ESTV	01.01.2023	**C72**
Leasinggeschäfte mit Immobilien	KS SSK Nr. 29	27.06.2007	**E61**
Liegenschaftskosten	E EFD	09.03.2018	**C100**
Liquidationsgewinne	KS ESTV Nr. 28	03.11.2010	**A73**
Liquidation von Kapitalgesellschaften	KS ESTV Nr. 8	06.05.1985	**A19**
Lohnausweis, Neuer *(aktuelle Version, gültig ab 1.1.2023)*	WL ESTV, SSK	01.2023	**D11**

Titel	Nr.	Datum	#
Massnahmen zur Bekämpfung der Schwarzarbeit	RS ESTV	25.01.2018	B21
Meldeverfahren im Konzernverhältnis	MB ESTV	30.06.2002	C23
Mitarbeiterbeteiligungen	KS ESTV Nr. 37	30.10.2020	A82
Mitarbeiterbeteiligungen; Arbeitgeberin	KS ESTV Nr. 37a	04.05.2018	A89
MWST-Informationen ESTV, BAZG *(siehe S. XXXVI f.)*	MI, MBI, ZI		MI
Naturalbezüge Arbeitnehmender	MB ESTV N 2	2007	C76
Naturalbezüge Selbstständigerwerbender *(Stand: 1.1.2022)*	MB ESTV N 1	2007	C77
Neue Rechnungslegung; steuerrechtliche Analyse	Analyse SSK	05.02.2020	E30
Obligationen	KS ESTV Nr. 47	25.07.2019	A93
Obligationen und Derivate	KS ESTV Nr. 15	03.10.2017	A60
OECD-Mindeststeuer in der Schweiz	Info EFD *(online)*	01.2023	C104
Öffentlich-rechtliches Arbeitsverhältnis im Ausland	KS SSK Nr. 1	30.06.2010	E40
Öffentlich-rechtliche Vorsorgeleistung	MB ESTV	01.01.2023	C71
Parallelität des Instanzenzuges	RS ESTV	24.03.2004	B10
Patentbox	E EFD	13.11.2019	C102
Präponderanzmethode	MB ESTV	12.11.1992	C12
Preise, Ehrengaben, Stipendien	KS ESTV Nr. 43	26.02.2018	A88
Prinzipalgesellschaften / Swiss Finance Branches ab 1.1.2020	M ESTV Nr. 12	24.05.2019	B109
Privatrechtliche Vorsorgeleistung	MB ESTV	01.01.2023	C70
Qualified Intermediaries	MB ESTV	03.2001	C21
Quellenbesteuerung des Erwerbseinkommens *(gültig ab: 1.1.2021)*	KS ESTV Nr. 45	12.06.2019	A91
Quellenbesteuerung und DBA 2023	RS ESTV	27.01.2023	B81
Quellensteuerpflichtige Personen, interkantonale Verhältnisse	KS SSK Nr. 35	26.08.2020	E67
Quellensteuertarife 2023	RS ESTV	22.12.2022	B80
Repartitionsfaktoren *(Stand: 1.1.2020)*	KS SSK Nr. 22	26.08.2020	E57
Rückforderung von Verzugszinsen VSt	M ESTV Nr. 4	01.02.2017	B104
Sachauslagen	M ESTV Nr. 13	12.01.2021	B110
Sanierung	KS ESTV Nr. 32	23.12.2010	A77
Securities Lending	KS ESTV Nr. 13	01.01.2018	A58
Sekundärberichtigung VSt	M ESTV Nr. 17	19.07.2022	B111
Selbständiger Erwerb USR II	KS ESTV Nr. 26	16.12.2009	A71
Sondersteuer bei Statuswechsel	Praxishinweis ZH	03.06.2020	F12
Statuswechsel §§ 73 und 74 StG ZH	Praxishinweis ZH	24.05.2018	F11
Stempelabgabe auf Versicherungsprämien	KS ESTV Nr. 33	04.02.2011	A78
Steuerbefreiung jP	KS ESTV Nr. 12	08.07.1994	A30
Steuerbefreiung von internationalen Sportverbänden	RS ESTV	12.12.2008	B20
Steuererlass DBST	RS ESTV	29.06.2015	B13
Steuervorbescheide / Steuerrulings	M ESTV Nr. 11	29.04.2019	B108
Straflose Selbstanzeige	RS ESTV	10.07.2018	B15
Studenten, Lehrlinge, Praktikanten	MB ESTV	01.01.2023	C73
Teilbesteuerung im GV *(Stand: 1.1.2020)*	KS ESTV Nr. 23a	31.01.2020	A68
Teilbesteuerung im PV *(Stand: 1.1.2020)*	KS ESTV Nr. 22a	31.01.2020	A67
Teilbesteuerung interkantonal	KS SSK Nr. 32	01.07.2009	E64
Telearbeit / Homeoffice im Unternehmen	Analyse SSK	26.04.2022	E33
Treuhandkonto	MB ESTV	05.1993	C14
Treuhandverhältnisse	MB ESTV	09.1993	C15
Trusts	KS SSK Nr. 30	22.08.2007	E62
Umsatzabgabe *(aktualisierte Version)*	KS ESTV Nr. 12	10.03.2011	A57
Umstrukturierungen *(aktualisierte Version)*	KS ESTV Nr. 5a	01.02.2022	A50
Verdecktes Eigenkapital	KS ESTV Nr. 6	06.06.1997	A38
Vereinfachung und Koordination	KS SSK Nr. 15	31.08.2001	E50
Verhaltenskodex Steuern 2021	RL ESTV et al.	05.10.2021	D15
Verjährungsfristen, Rückerstattung VSt	M ESTV Nr. 19	13.09.2022	B112
Verpachtung	KS ESTV Nr. 31	22.12.2010	A76
Verwaltungsräte	MB ESTV	01.01.2023	C68
Verwirkung des Anspruchs auf Rückerstattung der VSt	KS ESTV Nr. 48	04.12.2019	A94
Vorgehen bei Sonderfällen	KS SSK Nr. 21	28.11.2001	E56
Vorsorgebeiträge und Säule 3a	KS ESTV Nr. 18	17.07.2008	A63
Wohneigentumsförderung BVG	KS ESTV Nr. 17	03.10.2007	A62
Zeitgleiche Dividendenverbuchung in Konzernverhältnissen	M ESTV Nr. 8	10.07.2018	B105
Zinssätze DBST, Sicherheitseigenkapital / Abzüge Säule 3a 2023	RS ESTV *(online)*	01.2023	B84
Zinssätze Fremdwährungen 2023	RS ESTV	08.02.2023	B85

A | KS
B | RS/M
C | MB/E
D | WL
E | KS SSK
F | KT ZH

Liste nach steuerrechtlichen Kategorien

Erwerbseinkommen / Abzüge

Abgangsentschädigung	KS ESTV Nr. 1	03.10.2002	A48
Aufwandbesteuerung	KS ESTV Nr. 44	24.07.2018	A90
Berufskosten / Ausgleich kalte Progression 2023	RS ESTV	21.09.2022	B83
Berufsorientierte Aus- und Weiterbildung	KS ESTV Nr. 42	30.11.2017	A87
Covid-19 Erwerbsausfall	RS ESTV	06.04.2020	B23
Ehepaar- und Familienbesteuerung	KS ESTV Nr. 30	21.12.2010	A75
Krankheits- und Unfallkosten	KS ESTV Nr. 11	31.08.2005	A56
Lohnausweis, Neuer *(aktuelle Version, gültig ab 1.1.2023)*	WL ESTV, SSK	01.2023	D11
Mitarbeiterbeteiligungen	KS ESTV Nr. 37	30.10.2020	A82
Naturalbezüge Arbeitnehmender *(Stand: 1.1.2022)*	MB ESTV N 2	2007	C76
Preise, Ehrengaben, Stipendien	KS ESTV Nr. 43	26.02.2018	A88
Quellenbesteuerung des Erwerbseinkommens *(gültig ab 1.1.2021)*	KS ESTV Nr. 45	12.06.2019	A91
Quellensteuertarife 2023	RS ESTV	22.12.2022	B80
Teilbesteuerung im PV *(Stand: 1.1.2020)*	KS ESTV Nr. 22a	31.01.2020	A67
Zinssätze DBST, Sicherheitseigenkapital / Abzüge Säule 3a 2023	RS ESTV *(online)*	01.2023	B84

Vermögen / Ertrag

Aktionäroptionen	KS ESTV Nr. 39	23.12.2013	A84
Bewertung von Wertpapieren ohne Kurswert *(Version 01.2023)*	WL ESTV, SSK	28.08.2008	D12
Ertragsgutschrift ausländischer Banken	KS ESTV Nr. 21	01.04.2008	A66
Geldmarktpapiere	MB ESTV	04.1999	C20
Gewerbsmässiger Wertschriftenhandel	KS ESTV Nr. 36	27.07.2012	A81
Gratisaktien	MB ESTV	30.04.1999	C17
Kollektive Kapitalanlagen; Anleger	KS ESTV Nr. 25	23.02.2018	A70
Konsortial-, Schuldscheindarlehen, Wechsel, Unterbeteiligungen	KS ESTV Nr. 46	24.07.2019	A92
Kryptowährungen	Arbeitspapier ESTV	14.12.2021	D13
Kundenguthaben	KS ESTV Nr. 34	27.06.2011	A79
Freigrenze für Zinsen von Kundenguthaben	RS ESTV	24.02.2010	B16
Obligationen	KS ESTV Nr. 47	25.07.2019	A93
Obligationen und Derivate	KS ESTV Nr. 15	03.10.2017	A60
Securities Lending	KS ESTV Nr. 13	01.01.2018	A58
Stempelabgabe auf Versicherungsprämien	KS ESTV Nr. 33	04.02.2011	A78
Verwirkung des Anspruchs auf Rückerstattung der VSt	KS ESTV Nr. 48	04.12.2019	A94

Immobilien

Eigenmietwertzuschlag DBST ab Steuerperiode 2018	RS ESTV	10.07.2019	B82
Leasinggeschäfte mit Immobilien	KS SSK Nr. 29	27.06.2007	E61
Liegenschaftskosten	E EFD	09.03.2018	C100
Präponderanzmethode	MB ESTV	12.11.1992	C12
Repartitionsfaktoren *(Stand: 1.1.2020)*	KS SSK Nr. 22	26.08.2020	E57

Versicherungen

Einmalprämienversicherung	KS ESTV Nr. 24	30.06.1995	A36

Vorsorge

Freizügigkeit in der beruflichen Vorsorge	KS ESTV Nr. 41	18.09.2014	A86
Vorsorgebeiträge und Säule 3a	KS ESTV Nr. 35	17.07.2008	A63
Wohneigentumsförderung BVG	KS ESTV Nr. 17	03.10.2007	A62

Unternehmen – Allgemeines

Abschreibung auf Anlagevermögen	MB ESTV A	05.2011	C78
Bestechungsgelder an Amtsträger	KS ESTV Nr. 50	13.07.2020	A96
Beteiligungsabzug	KS ESTV Nr. 27	17.12.2009	A72
Einkünfte VSt in doppelter BH	MB ESTV	11.2014	C26
Einkünfte VSt in einfacher BH	MB ESTV	11.2014	C27
Geldwerte Leistungen 2023	RS ESTV	07.02.2023	B86
Kapitalgewinnbesteuerung bei Landwirten *(Stand: 29.9.2017)*	KS ESTV Nr. 38	17.02.2013	A83
Kapitaleinlageprinzip *(gültig ab 1.1.2023)*	KS ESTV Nr. 29c	23.12.2022	A74
Konzessionierte Verkehrs- und Infrastrukturunternehmen	KS ESTV Nr. 35	02.12.2011	A80
Konzessionierte Verkehrs- und Infrastrukturunternehmen Kt	KS SSK Nr. 33	06.09.2011	E65
Massnahmen zur Bekämpfung der Schwarzarbeit	RS ESTV	25.01.2018	B21
Mitarbeiterbeteiligungen; Arbeitgebern	KS ESTV Nr. 37a	04.05.2018	A89
Naturalbezüge Selbständigerwerbender *(Stand: 1.1.2022)*	MB ESTV N 1	2007	C77
OECD-Mindeststeuer in der Schweiz	Info EFD *(online)*	01.2023	C104
Selbständiger Erwerb USR II	KS ESTV Nr. 35	16.12.2009	A71
Steuerbefreiung jP	KS ESTV Nr. 12	08.07.1994	A30
Steuerbefreiung von internationalen Sportverbänden	RS ESTV	12.12.2008	B20
Teilbesteuerung im GV *(Stand: 1.1.2020)*	KS ESTV Nr. 23a	31.01.2020	A68
Umsatzabgabe *(aktualisierte Version)*	KS ESTV Nr. 12	10.03.2011	A57
Verdecktes Eigenkapital	KS ESTV Nr. 6	06.06.1997	A38
Verpachtung	KS ESTV Nr. 31	22.12.2010	A76
Zinssätze Fremdwährungen 2023	RS ESTV	08.02.2023	B85

Titel	Nr.	Datum	#
Unternehmen – Strukturen			
Dreieckstheorie und Leistungsempfänger VSt	MB ESTV	02.2001	C22
Eigene Beteiligungsrechte	KS ESTV Nr. 5	19.08.1999	A42
Guthaben im Konzern VSt	M ESTV Nr. 10	05.02.2019	B107
Indirekte Teilliquidation	KS ESTV Nr. 14	06.11.2007	A59
Indirekte Teilliquidation und Transponierung	RS ESTV	18.07.2006	B11
Liquidationsgewinne	KS ESTV Nr. 28	03.11.2010	A73
Liquidation von Kapitalgesellschaften	KS ESTV Nr. 8	06.05.1985	A19
Meldeverfahren im Konzernverhältnis	MB ESTV	30.06.2002	C23
Rückforderung von Verzugszinsen VSt	M ESTV Nr. 4	01.02.2017	B104
Sachauslagen	M ESTV Nr. 13	12.01.2021	B110
Sanierung	KS ESTV Nr. 32	23.12.2010	A77
Sekundärberichtigung VSt	M ESTV Nr. 17	19.07.2022	B111
Umstrukturierungen *(aktualisierte Version)*	KS ESTV Nr. 5a	01.02.2022	A50
Verjährungsfristen, Rückerstattung VSt	M ESTV Nr. 19	13.09.2022	B112
Zeitgleiche Dividendenverbuchung in Konzernverhältnissen	M ESTV Nr. 8	10.07.2018	B105
Spezialkonstrukte			
Abzug auf Eigenfinanzierung	E EFD	13.11.2019	C103
Atypische stille Beteiligungen	RS ESTV	28.04.2015	B17
Ausland-Ausland-Geschäfte	KS ESTV Nr. 49	13.07.2020	A95
Dienstleistungsgesellschaften	KS ESTV Nr. 4	19.03.2004	A49
Investment-Clubs	MB ESTV	06.2002	C24
Kollektive Kapitalanlagen	KS ESTV Nr. 24	20.11.2017	A69
F&E-Aufwand; zusätzlicher Abzug STAF	Analyse SSK	04.06.2020	E31
Patentbox	E EFD	13.11.2019	C102
Prinzipalgesellschaften / Swiss Finance Branches ab 1.1.2020	M ESTV Nr. 12	24.05.2019	B109
Sondersteuer bei Statuswechsel	Praxishinweis ZH	03.06.2020	F12
Statuswechsel §§ 73 und 74 StG ZH	Praxishinweis ZH	24.05.2018	F11
Treuhandkonto	MB ESTV	05.1993	C14
Treuhandverhältnisse	MB ESTV	09.1993	C15
Trusts	KS SSK Nr. 30	22.08.2007	E62
Interkantonales Steuerrecht			
Aufwandbesteuerung; ausserkantonale Liegenschaften	Analyse SSK	30.09.2021	E32
Ausscheidungsverluste	KS SSK Nr. 27	15.03.2007	E59
Ersatzbeschaffung	KS SSK Nr. 19	31.08.2001	E54
Interkantonale Repartition der StA	KS SSK Nr. 31a	10.02.2023	E63
Interkantonale Steuerausscheidung jP	KS SSK Nr. 17	27.11.2001	E52
Interkantonale Steuerausscheidung nP	KS SSK Nr. 18	27.11.2001	E53
Interkantonale Steuerausscheidung STAF	KS SSK Nr. 34	15.01.2020	E66
Interkantonale Verlustverrechnung	KS SSK Nr. 24	17.12.2003	E58
Interkantonales Verhältnis im StHG	KS SSK Nr. 16	31.08.2001	E51
Quellensteuerpflichtige Personen, interkantonale Verhältnisse	KS SSK Nr. 35	26.08.2020	E67
Teilbesteuerung interkantonal	KS SSK Nr. 32	01.07.2009	E64
Telearbeit / Homeoffice im Unternehmen	Analyse SSK	26.04.2022	E33
Vereinfachung und Koordination	KS SSK Nr. 15	31.08.2001	E50
Vorgehen bei Sonderfällen	KS SSK Nr. 21	28.11.2001	E56
Internationales Steuerrecht			
Anrechnung ausländischer Quellensteuern DA-M	MB ESTV	21.10.2020	C25
Ersatzeinkünfte	MB ESTV	01.01.2023	C75
Hypothekarzinsen	MB ESTV	01.01.2023	C74
Internationale Transporte	MB ESTV	01.01.2023	C69
Künstler, Sportler, Referenten	MB ESTV	01.01.2023	C72
Öffentlich-rechtliches Arbeitsverhältnis im Ausland	KS SSK Nr. 1	30.06.2010	E40
Öffentlich-rechtliche Vorsorgeleistung	MB ESTV	01.01.2023	C71
Pauschale Steueranrechnung	MB ESTV	05.2003	C25
Privatrechtliche Vorsorgeleistung	MB ESTV	01.01.2023	C70
Qualified Intermediaries	MB ESTV	03.2001	C21
Quellenbesteuerung und DBA 2023	RS ESTV	27.01.2023	B81
Studenten, Lehrlinge, Praktikanten	MB ESTV	01.01.2023	C73
Verwaltungsräte	MB ESTV	01.01.2023	C68
MWST-Informationen ESTV, BAZG			
Liste (MI, MBI, ZI) *(siehe Seite XXXVI f.)*			MI
Verfahren			
Auskunftspflicht	KS ESTV Nr. 19	07.03.1995	A34
Neue Rechnungslegung; steuerrechtliche Analyse	Analyse SSK	05.02.2020	E30
Parallelität des Instanzenzuges	RS ESTV	24.03.2004	B10
Steuererlass DBST	RS ESTV	29.06.2015	B13
Steuervorbescheide / Steuerrulings	M ESTV Nr. 11	29.04.2019	B108
Straflose Selbstanzeige	RS ESTV	10.07.2018	B15
Verhaltenskodex Steuern 2021	RL ESTV et al.	05.10.2021	D15

A | KS
B | RS/M
C | MB/E
D | WL
E | KS SSK
F | KT ZH

Gesamtliste der gültigen Verwaltungsverordnungen (VVO) der ESTV HA DVS und SSK

Titel (nicht mehr gültige VVO sind grau hinterlegt)

Nr.	Datum	Titel	zit. im Text	bis	Index*/ Ausgabe
Kreisschreiben ESTV					
KS ESTV Nr. 50	13.07.2020	Unzulässigkeit des steuerlichen Abzugs von Bestechungsgeldern an Amtsträger *(ersetzt KS ESTV Nr. 16 vom 13.07.2007 – [A61])*	Bestechungsgelder an Amtsträger		A96
KS ESTV Nr. 49	13.07.2020	Nachweis des geschäftsmässig begründeten Aufwandes bei Ausland-Ausland-Geschäften *(ersetzt KS ESTV Nr. 9 vom 22.06.2005 – [A54])*	Ausland-Ausland-Geschäfte		A95
KS ESTV Nr. 48	04.12.2019	Verwirkung des Anspruchs auf Rückerstattung der Verrechnungssteuer gemäss Artikel 23 VStG in der Fassung vom 28.9.2018 *(ersetzt KS ESTV Nr. 40 vom 11.03.2014 – [A85])*	Verwirkung des Anspruchs auf Rückerstattung der VSt		A94
KS ESTV Nr. 47	25.07.2019	Obligationen	Obligationen		A93
KS ESTV Nr. 46	24.07.2019	Steuerliche Behandlung von Konsortialdarlehen, Schuldscheindarlehen, Wechseln und Unterbeteiligungen	Konsortialdarlehen, Schuldscheindarlehen, Wechseln, etc.		A92
KS ESTV Nr. 45	12.06.2019	Quellenbesteuerung des Erwerbseinkommens von Arbeitnehmern *(gültig ab 1.1.2021)*	Quellenbesteuerung des Erwerbseinkommens		A91
KS ESTV Nr. 44	24.07.2018	Besteuerung nach dem Aufwand bei der direkten Bundessteuer *(ersetzt KS ESTV Nr. 9 vom 03.12.1993 – [A27])*	Aufwandbesteuerung		A90
KS ESTV Nr. 37a	04.05.2018	Steuerliche Behandlung von Mitarbeiterbeteiligungen bei der Arbeitgeberin	Mitarbeiterbeteiligungen; Arbeitgeberin		A89
KS ESTV Nr. 43	26.02.2018	Steuerliche Behandlung von Preisen, Ehrengaben, Auszeichnungen, Stipendien sowie Förderbeiträgen im Kultur-, Sport- und Wissenschaftsbereich *(ersetzt KS ESTV Nr. 15 vom 08.04.1953 [A12] und KS ESTV Nr. 8 vom 25.02.1971)*	Preise, Ehrengaben, Stipendien		A88
KS ESTV Nr. 42	30.11.2017	Steuerliche Behandlung der berufsorientierten Aus- und Weiterbildungskosten	Berufsorientierte Aus- und Weiterbildung		A87
KS ESTV Nr. 41	18.09.2014	Freizügigkeit in der beruflichen Alters-, Hinterlassenen- und Invalidenvorsorge	Freizügigkeit in der beruflichen Vorsorge		A86
KS ESTV Nr. 40	11.03.2014	Verwirkung des Anspruchs von natürlichen Personen auf Rückerstattung der Verrechnungssteuer gemäss Artikel 23 VStG *(ersetzt durch KS ESTV Nr. 48 vom 04.12.2019 – A94)*	Verwirkung des Anspruchs auf Rückerstattung der VSt		A84 2019
KS ESTV Nr. 39	23.12.2013	Besteuerung von Aktionärsoptionen	Aktionärsoptionen		A84
KS ESTV Nr. 38	17.07.2013	Besteuerung von Kapitalgewinnen aufgrund einer Veräusserung von in der Bauzone gelegenen Grundstücken im Geschäftsvermögen von Landwirten *(Stand am: 29.9.2017)*	Kapitalgewinnbesteuerung bei Landwirten		A83

* Die nicht fett gedruckten 3-stelligen Indexzahlen verweisen auf Dokumente, die in diesem Werk nicht enthalten sind.

Nr.	Datum	Titel (nicht mehr gültige VVO sind grau hinterlegt)	zit. im Text	bis	Index*/ Ausgabe
KS ESTV Nr. 37	30.10.2020	Besteuerung von Mitarbeiterbeteiligungen – Anhang I: Übersicht über Mitarbeiterbeteiligungen – Anhang II: Beispiele – Anhang III: Musterbescheinigungen – Anhang IV: Fallbeispiele zur Quellenbesteuerung – Anhang V: Elektronische Musterbescheinigungen	Mitarbeiterbeteiligungen		A82
KS ESTV Nr. 36	27.07.2012	Gewerbsmässiger Wertschriftenhandel	Gewerbsmässiger Wertschriftenhandel		A81
KS ESTV Nr. 35	02.12.2011	Besteuerung konzessionierter Verkehrs- und Infrastrukturunternehmen	Konzessionierte Verkehrs- und Infrastrukturunternehmen		A80
KS ESTV Nr. 34	26.07.2011	Kundenguthaben	Kundenguthaben		A79
KS ESTV Nr. 33	04.02.2011	Stempelabgabe auf Versicherungsprämien	Stempelabgabe auf Versicherungsprämien		A78
KS ESTV Nr. 32	23.12.2010	Sanierung von Kapitalgesellschaften und Genossenschaften (gültig ab 23.12.2010)	Sanierung		A77
KS ESTV Nr. 31	22.12.2010	Landwirtschaftliche Betriebe; Aufschubstatbestand bei Verpachtung	Verpachtung		A76
KS ESTV Nr. 30	21.12.2010	Ehepaar- und Familienbesteuerung nach dem Bundesgesetz über die direkte Bundessteuer (DBG) (2. Auflage, gültig ab 1.1.2014) – Tabelle zu den verschiedenen Familienkonstellationen	Ehepaar- und Familienbesteuerung		A75
KS ESTV Nr. 29c	23.12.2022	Kapitaleinlageprinzip (gültig ab 1.1.2023; ersetzt Version vom 23.12.2019) Anhang 1 - 5	Kapitaleinlageprinzip		A74
KS ESTV Nr. 29b	23.12.2019	Kapitaleinlageprinzip (gültig ab 1.1.2020) – Anhang I-II (ersetzt durch KS ESTV Nr. 29c vom 23.12.2022)		31.12.2022	A74 2022
KS ESTV Nr. 29a	09.09.2015	Kapitaleinlageprinzip neues Rechnungslegungsrecht (gültig ab 1.1.2016) – Anhang I-II (ersetzt durch KS ESTV Nr. 29b vom 23.12.2019)		31.12.2019	A74 2019
KS ESTV Nr. 29	09.12.2010	Kapitaleinlageprinzip (altes Rechnungslegungsrecht) – Anhang (Beispiele zur Transponierung)		31.12.2015	A74 2015
KS ESTV Nr. 28	03.11.2010	Besteuerung der Liquidationsgewinne bei definitiver Aufgabe der selbständigen Erwerbstätigkeit	Liquidationsgewinne		A73
KS ESTV Nr. 27	17.12.2009	Steuerermässigung auf Beteiligungserträgen von Kapitalgesellschaften und Genossenschaften	Beteiligungsabzug		A72
KS ESTV Nr. 26	16.12.2009	Neuerungen bei der selbständigen Erwerbstätigkeit aufgrund der Unternehmenssteuerreform II	Selbständiger Erwerb USR II		A71
KS ESTV Nr. 25	23.02.2018	Besteuerung von kollektiven Kapitalanlagen und ihrer Anleger – Anhänge I-VIII (ersetzt Version vom 05.03.2009)	Kollektive Kapitalanlagen; Anleger		A70

* Die nicht fett gedruckten 3-stelligen Indexzahlen verweisen auf Dokumente, die in diesem Werk nicht enthalten sind.

Nr.	Datum	Titel (nicht mehr gültige VVO sind grau hinterlegt)	zit. im Text	bis	Index*/Ausgabe
	14.04.2010	Sondervorschriften für inländische Dachfonds-Strukturen / Musterreporting für inländische Dachfonds (Anhänge VII zum Kreisschreiben Nr. 24 vom 1. Januar 2009 und Anhang IV zum Kreisschreiben Nr. 25 vom 5. März 2009)			–
KS ESTV Nr. 24	20.11.2017	Kollektive Kapitalanlagen als Gegenstand der Verrechnungssteuer und der Stempelabgaben – Anhänge I-VIII (ersetzt Version vom 01.01.2009)	Kollektive Kapitalanlagen		A69
KS ESTV Nr. 23a	31.01.2020	Teilbesteuerung der Einkünfte aus Beteiligungen im Geschäftsvermögen und zum Geschäftsvermögen erklärte Beteiligungen – Anhang; Beispiele (ersetzt Version vom 17.12.2008)	Teilbesteuerung im GV		A68
KS ESTV Nr. 23	17.12.2008	Teilbesteuerung der Einkünfte aus Beteiligungen im Geschäftsvermögen und zum Geschäftsvermögen erklärte Beteiligungen – Anhang; Beispiele (ersetzt durch KS ESTV Nr. 23a vom 31.01.2020)		31.12.2019	A68 2019
KS ESTV Nr. 22a	31.01.2020	Teilbesteuerung der Einkünfte aus Beteiligungen im Privatvermögen und Beschränkung des Schuldzinsenabzugs (ersetzt Version vom 16.12.2008)	Teilbesteuerung im PV		A67
KS ESTV Nr. 22	16.12.2008	Teilbesteuerung der Einkünfte aus Beteiligungen im Privatvermögen und Beschränkung des Schuldzinsenabzugs (ersetzt durch KS ESTV Nr. 22a vom 31.01.2020)		31.12.2019	A67 2019
KS ESTV Nr. 21	01.04.2008	Belege für die Rückerstattung der Verrechnungssteuer bei Ertragsgutschriften ausländischer Banken	Ertragsgutschrift ausländischer Banken		A66
KS ESTV Nr. 20	27.03.2008	Besteuerung von Trusts (siehe KS SSK Nr. 30 vom 22.08.2007 – E62)			–
KS ESTV Nr. 19	06.02.2008	Leasinggeschäfte mit gewerblichen oder industriellen Liegenschaften (siehe KS SSK Nr. 29 vom 27.06.2007 – E61)			–
KS ESTV Nr. 18	17.02.2008	Steuerliche Behandlung von Vorsorgebeiträgen und -leistungen der Säule 3a	Vorsorgebeiträge und Säule 3a		A63
KS ESTV Nr. 17	03.10.2007	Wohneigentumsförderung mit Mitteln der beruflichen Vorsorge	Wohneigentumsförderung BVG		A62
KS ESTV Nr. 16	13.07.2007	Unzulässigkeit des steuerlichen Abzugs von Bestechungsgeldern (ersetzt durch KS ESTV Nr. 50 vom 13.07.2020 – A96)			A61 2020
KS ESTV Nr. 15	03.10.2017	Obligationen und derivative Finanzinstrumente – Anhang I: Übersicht, Anhang II: Beispiele, Anhang III: Spezialfälle und Produkteentwicklungen, Anhang IV: Gutachten (ersetzt Version vom 07.02.2007)	Obligationen und Derivate		A60
KS ESTV Nr. 14	06.11.2007	Verkauf von Beteiligungsrechten aus dem Privat- in das Geschäftsvermögen eines Dritten; Indirekte Teilliquidation	Indirekte Teilliquidation		A59
KS ESTV Nr. 13	01.01.2018	Securities Lending- und Repo-Geschäft (ersetzt Version vom 01.09.2006)	Securities Lending		A58
KS ESTV Nr. 12	10.03.2011	Umsatzabgabe (ersetzt Version vom 20.12.2005)	Umsatzabgabe (aktuelle Version)		A57
KS ESTV Nr. 11	31.08.2005	Abzug von Krankheits- und Unfallkosten sowie behinderungsbedingten Kosten – Fragebogen für Ärzte und Ärztinnen (nicht enthalten)	Krankheits- und Unfallkosten		A56

* Die nicht fett gedruckten 3-stelligen Indexzahlen verweisen auf Dokumente, die in diesem Werk nicht enthalten sind.

Gesamtliste der Verwaltungsverordnungen | **Suchlisten**

Nr.	Datum	Titel (nicht mehr gültige VVO sind grau hinterlegt)	zit. im Text	bis	Index*/ Ausgabe
KS ESTV Nr. 10	15.07.2005	Meldeverfahren bei schweizerischen Dividenden aus wesentlichen Beteiligungen ausländischer Gesellschaften basierend auf Artikel 15 Absatz 1 des Zinsbesteuerungsabkommens mit der EG (Ergänzung zu KS ESTV Nr. 6 vom 22.12.2004) (siehe A51)	Meldeverfahren [Art. 15 ZBstA] (ab 1.1.2017: Art. 9 AIA EU)	31.12.2022	A55 2022
KS ESTV Nr. 9	22.06.2005	Nachweis des geschäftsmässig begründeten Aufwandes bei Ausland-Ausland Geschäften (ersetzt durch KS ESTV Nr. 49 vom 13.07.2020 – A95)			A54 2020
KS ESTV Nr. 8	21.06.2005	Gewerbsmässiger Wertschriftenhandel (ersetzt durch KS ESTV Nr. 36 vom 27.07.2012 – A81)		26.07.2012	A53 2012
KS ESTV Nr. 7	14.02.2005	Übertragung von Beteiligungsrechten vom Privat- ins Geschäftsvermögen (Entwurf) (ersetzt durch KS ESTV Nr. 14 vom 06.11.2007 – A59)		31.12.2000	–
KS ESTV Nr. 6	22.12.2004	Meldeverfahren bei schweizerischen Dividenden aus wesentlichen Beteiligungen ausländischer Gesellschaften	Meldeverfahren bei Dividenden an ausländische Gesellschaften	31.12.2022	A51 2022
KS ESTV Nr. 5a	01.02.2021	Umstrukturierungen – Anhang: Beispiele (vollständig aktualisierte Version)	Umstrukturierungen		A50
KS ESTV Nr. 5	01.06.2004	Umstrukturierungen – Anhang I Beispiele, Anhang II Gesetzestexte (nicht enthalten)		31.01.2021	A50 2021
KS ESTV Nr. 4	19.03.2004	Besteuerung von Dienstleistungsgesellschaften	Dienstleistungsgesellschaften		A49
KS ESTV Nr. 3	27.01.2003	Zinssätze für die Berechnung der geldwerten Leistungen – Merkblatt / Tabelle (aktuell siehe B86)		31.12.2018	–
KS ESTV Nr. 2	14.01.2003	Abzüge, Tarife und Zinssätze 2003 bei der direkten Bundessteuer – Verordnung		31.12.2018	–
KS ESTV Nr. 1	03.10.2002	Die Abgangsentschädigung resp. Kapitalabfindung des Arbeitgebers – Anhang Beispiele 1–6	Abgangsentschädigung		A48
KS ESTV Nr. 10	31.01.2002	Zinssätze für die Berechnung der geldwerten Leistungen – Merkblatt / Tabelle (aktuell siehe B86)			–
KS ESTV Nr. 8	18.12.2001	Internationale Steuerausscheidung von Principal-Gesellschaften (Schliessung der Steuerpraxis per 31.12.2018, Abschaffung per 31.12.2019; siehe B109)		31.12.2019	A47 2019
KS ESTV Nr. 7	17.12.2001	Zinssätze, Abzüge, Ansätze und Tarife 2002 bei der DBST – Verordnung		31.12.2017	–
KS ESTV Nr. 6	06.06.2001	Verordnung über die pauschale Steueranrechnung – Verordnung			–
KS ESTV Nr. 5	09.04.2001	Verordnung über die zeitliche Bemessung der direkten Bundessteuer bei natürlichen Personen		31.12.2010	A46 2010
KS ESTV Nr. 4	05.02.2001	Zinssätze für die Berechnung der geldwerten Leistungen – Merkblatt (aktuell siehe B86)			–
KS ESTV Nr. 3	22.12.2000	Die Begrenzung des Einkaufs für die berufliche Vorsorge nach dem Stabilisierungsprogramm 1998		31.12.2009	A45 2009
KS ESTV Nr. 2	15.12.2000	DBST der natürlichen Personen in den StP 2001/02 (Prae) und 2001 (Post) – Beilagen, Merkblätter, Verordnungen			–

* Die nicht fett gedruckten 3-stelligen Indexzahlen verweisen auf Dokumente, die in diesem Werk nicht enthalten sind.

Nr.	Datum	Titel (nicht mehr gültige VVO sind grau hinterlegt)	zit. im Text	bis	Index*/ Ausgabe
KS ESTV Nr. 1	19.07.2000	Die Beschränkung des Schuldzinsenabzuges und die zum Geschäftsvermögen erklärten Beteiligungen *(ersetzt durch KS ESTV Nr. 22 vom 16.12.2008 – A67 und KS ESTV Nr. 23 vom 17.12.2008 – A68)*		31.12.2008	2008
KS ESTV Nr. 9	02.02.2000	Zinssätze für die Berechnung der geldwerten Leistungen – Merkblatt *(aktuell siehe B86)*		–	–
KS ESTV Nr. 8	21.01.2000	Zinssätze, Abzüge und Tarife 2000 bei der direkten Bundessteuer – Verordnung		–	–
KS ESTV Nr. 7	09.04.2001	Familienbesteuerung nach dem Bundesgesetz über die direkte Bundessteuer (DBG); Übertragung der gemeinsamen elterlichen Sorge auf unverheiratete Eltern und die gemeinsame Ausübung elterlicher Sorge durch getrennte oder geschiedene Eltern *(ersetzt durch KS ESTV Nr. 30 vom 21.12.2010 – A75)*		31.12.2010	A43 2010
KS ESTV Nr. 6	20.08.1999	Übergang von der zweijährigen Pränumerando- zur einjährigen Postnumerandobesteuerung bei natürlichen Personen; Änderungen des Artikels 218 DBG und der Artikel 7 bis 13 der Verordnung vom 16. September 1992 über die zeitliche Bemessung der direkten Bundessteuer bei natürlichen Personen		31.12.2010	–
KS ESTV Nr. 5	19.08.1999	Unternehmenssteuerreform 1997 – Neuregelung des Erwerbs eigener Beteiligungsrechte – Präzisierung vom 26.03.2002, Anhang 1 + 2	Eigene Beteiligungsrechte	31.12.2006	A42
KS ESTV Nr. 4	12.04.1999	Obligationen und derivative Finanzinstrumente *(ersetzt durch KS ESTV Nr. 15 vom 07.02.2007 – A60)*		–	–
KS ESTV Nr. 3	19.02.1999	Zinssätze, Abzüge und Tarife 1999 bei der direkten Bundessteuer – Verordnung		–	–
KS ESTV Nr. 2	18.02.1999	Zinssätze für die Berechnung der geldwerten Leistungen – Merkblatt		–	–
KS ESTV Nr. 1	18.09.1998	Direkte Bundessteuer der natürlichen Personen in den StP 1999/2000 (Prae) und 1999 (Post) – Verordnung		–	–
KS ESTV Nr. 10	10.07.1998	Übertragung von Beteiligungen auf ausländische Konzerngesellschaften		31.12.2017	A40 2017
KS ESTV Nr. 9	09.07.1998	Steuerermässigung auf Beteiligungserträgen von Kapitalgesellschaften und Genossenschaften *(ersetzt durch KS ESTV Nr. 27 vom 17.12.2009 – A72)*		31.12.2010	A39 2010
KS ESTV Nr. 6	06.06.1997	Verdecktes Eigenkapital (Art. 65 und 75 DBG) bei Kapitalgesellschaften und Genossenschaften	Verdecktes Eigenkapital		A38
KS ESTV Nr. 5	30.04.1997	Besteuerung von Mitarbeiteraktien und Mitarbeiteroptionen *(ersetzt durch KS ESTV Nr. 37 vom 14.12.2012 (Entwurf) – A82)*		31.12.2012	A37 2012
KS ESTV Nr. 31	12.07.1996	Anlagefonds mit direktem Grundbesitz *(ersetzt durch KS ESTV Nr. 24 vom 01.01.2009 – A69)*		31.12.2008	–
KS ESTV Nr. 28	29.01.1996	Der Bezug der direkten Bundessteuer – Verordnung			A365
KS ESTV Nr. 26	22.09.1995	Abzug von Berufskosten der unselbständigen Erwerbstätigkeit + Verordnung *(siehe aktuell B83)*		–	–
KS ESTV Nr. 25	27.07.1995	Auswirkungen der Aktienrechtsrevision vom 04.10.1991 für die DBST		31.12.2009	–

* Die nicht fett gedruckten 3-stelligen Indexzahlen verweisen auf Dokumente, die in diesem Werk nicht enthalten sind.

Nr.	Datum	Titel (nicht mehr gültige VVO sind grau hinterlegt)	zit. im Text	bis	Index*/Ausgabe
KS ESTV Nr. 24	30.06.1995	Kapitalversicherungen mit Einmalprämie	Einmalprämienversicherung		A36
KS ESTV Nr. 22	04.05.1995	Freizügigkeit in der beruflichen Alters-, Hinterlassenen- und Invalidenvorsorge *(ersetzt durch KS ESTV Nr. 41 vom 18.09.2014 – A86)*		17.09.2014	A35 2014
KS ESTV Nr. 21	07.04.1995	Das Nachsteuer- und das Steuerstrafrecht nach dem DBG			A342
KS ESTV Nr. 19	07.03.1995	Auskunfts-, Bescheinigungs- und Meldepflicht im DBG	Auskunftspflicht		A34
KS ESTV Nr. 17	15.12.1994	Steuerermässigung bei Liquidation von Immobiliengesellschaften		31.12.2010	–
KS ESTV Nr. 16	14.12.1994	Abzug von Krankheits-, Unfall- und Invaliditätskosten *(ersetzt durch KS ESTV Nr. 11 vom 31.08.2005 – A56)*		31.12.2004	–
KS ESTV Nr. 14	29.07.1994	Familienbesteuerung nach dem DBG – Übersicht *(ersetzt durch KS ESTV Nr. 30 vom 21.12.2010 – A75)*		31.12.2010	A32 2010
KS ESTV Nr. 13	28.07.1994	Abzug bei Erwerbstätigkeit beider Ehegatten *(ersetzt durch KS ESTV Nr. 30 vom 21.12.2010 – A75)*		31.12.2010	A31 2010
KS ESTV Nr. 12	08.07.1994	Steuerbefreiung juristischer Personen, die öffentliche oder gemeinnützige Zwecke oder Kultuszwecke verfolgen; Abzugsfähigkeit von Zuwendungen	Steuerbefreiung jP		A30
KS ESTV Nr. 11	08.06.1994	Besteuerung von Leistungen aus Militärversicherung			–
KS ESTV Nr. 10	06.05.1994	Erträge aus Luxemburger SICAV-Fonds *(ersetzt durch KS ESTV Nr. 25 vom 05.03.2009 – A70)*		31.12.2010	A28 2010
KS ESTV Nr. 9	03.12.1993	Verordnung über die Besteuerung nach dem Aufwand bei der DBST – Verordnung *(ersetzt durch KS ESTV Nr. 44 vom 30.07.2018 – A90; für Personen, die am 1.1.2016 bereits nach dem Aufwand besteuert wurden, gilt das alte Recht und das KS ESTV Nr. 9 bis zum 31.12.2020 weiterhin)*	Aufwandbesteuerung	31.12.2015	A27 2018
KS ESTV Nr. 7	26.04.1993	Zur zeitlichen Bemessung der direkten Bundessteuer bei nP – Verordnung *(veraltet; siehe VO vom 14. August 2012 über die zeitliche Bemessung der DBST)*		31.12.2013	A218 2013
KS ESTV Nr. 5	04.12.1992	Abzug der Kosten von Liegenschaften des Privatvermögens – Verordnung		31.12.2009	–
KS ESTV Nr. 4	26.11.1992	Zur Verordnung über die zeitliche Bemessung der DBST bei jP – Verordnung *(veraltet; siehe VO vom 14. August 2012 über die zeitliche Bemessung der DBST)*		31.12.2013	A216 2013
KS ESTV Nr. 3	25.11.1992	Neuerungen für die Land- und Forstwirtschaft aufgrund des DBG – Merkblatt			–
KS ESTV Nr. 2	12.11.1992	Einkommen aus selbständiger Erwerbstätigkeit nach Artikel 18 DBG Ausdehnung der Kapitalgewinnsteuerpflicht, Übergang zur Präponderanzmethode und deren Anwendung – Merkblatt *(siehe MB ESTV vom 12.11.1992 – C12)*			–
KS ESTV Nr. 2	23.11.1989	Besteuerung der zurückbehaltenen Erträge von Wertzuwachs-Anlagefonds *(ersetzt durch KS ESTV Nr. 24 vom 01.01.2009 – A69)*		31.12.2008	–

* Die nicht fett gedruckten 3-stelligen Indexzahlen verweisen auf Dokumente, die in diesem Werk nicht enthalten sind.

Suchlisten | Die steuerrechtlichen Kreis- und Rundschreiben des Bundes 2023

Nr.	Datum	Titel (nicht mehr gültige VVO sind grau hinterlegt)	zit. im Text	bis	Index*/ Ausgabe
KS ESTV Nr. 6	26.05.1989	Neukonzeption der Arbeitsbeschaffungsreserven (ABR) – Gesetz / Verordnung		31.12.2015	–
KS ESTV Nr. 6	03.02.1987	Einbringen von Beteiligungen in eine vom gleichen Aktionär beherrschte Gesellschaft *(ersetzt durch KS ESTV Nr. 29 vom 09.12.2010 – A74)*		31.12.2010	A20 2010
KS ESTV Nr. 11	17.12.1985	Wegleitung zur Anwendung der Artikel 42 und 96 (Zwischenveranlagung) des BdBSt – Wegleitung		31.12.2009	–
KS ESTV Nr. 8	06.05.1985	Liquidation und Löschung von Kapitalgesellschaften und Genossenschaften; Beendigung der Steuerpflicht	Liquidation von Kapitalgesellschaften		A19
KS ESTV Nr. 12	24.03.1983	Die Ermittlung des steuerbaren Reinertrages nach Artikel 49 BdBSt bei Genossenschaften		31.12.2009	–
KS ESTV Nr. 2	20.04.1982	Steuerliche Behandlung der Pflichtlager – Merkblatt *(ersetzt durch KS SSK Nr. 26 vom 22.06.2006)*		31.12.2006	–
KS ESTV Nr. 14	01.07.1981	Forderungsverzicht durch Aktionäre im Zusammenhang mit Sanierungen von AG		22.12.2010	A18 2010
KS ESTV Nr. 4	30.04.1980	Steuerliche Behandlung der Entschädigung nach Artikel 334 ZGB (Lidlohn)			–
KS ESTV Nr. 2	28.01.1980	Aufbewahrungs- und Aufzeichnungspflicht Selbständigerwerbender – Merkblatt *(siehe MB ESTV vom 01.1980 – C11)*		31.12.2012	–
KS ESTV Nr. 9	31.08.1979	Rückzahlung von Anteilen an einem inländischen Anlagefonds *(ersetzt durch KS ESTV Nr. 24 vom 01.01.2009 – A69)*		31.12.2008	–
KS ESTV Nr. 5	06.01.1977	Schweizerische Unternehmungen, die eine Tätigkeit in DBA Ländern ausüben		31.12.2009	A17 2009
KS ESTV Nr. 15	17.06.1976	Abschreibungen auf Gewerblichen Liegenschaften und Abgrenzung zwischen werterhaltenden und wertvermehrenden Aufwendungen für private Liegenschaften – Merkblatt *(siehe MB ESTV vom 28.05.1976 – C10)*		31.12.2009	–
KS ESTV Nr. 2	18.04.1972	Steuerliche Auswirkungen der Änderung von Währungsparitäten – Merkblatt *(veraltet; für offene Fälle siehe 2C_897/2008 und Analyse der SSK vom 15.02.2011)*		01.10.2009	–
KS ESTV Nr. 8	25.02.1971	Zuwendungen des Schweizerischen Nationalfonds zur Förderung der wissenschaftlichen Forschung *(ersetzt durch KS ESTV Nr. 43 vom 26.02.2018 – A88)*		25.02.2018	–
KS ESTV Nr. 4	24.09.1970	Verbuchung der verrechnungssteuerbelasteten Einkünfte durch juristische Personen, Kollektiv- und Kommanditgesellschaften *(Merkblätter weiterhin in Kraft; siehe MB ESTV 08.2006 – C26 und MB ESTV 10.2006 – C27)*		31.12.2012	–
KS ESTV Nr. 12	25.03.1969	Ermittlung des steuerbaren Mietertrages von Wohnliegenschaften – Richtlinie		31.12.2009	–
KS ESTV Nr. 2	27.05.1966	Abschreibungen auf Tanklagern für Pflichtlager an flüssigen Treib- und Brennstoffen *(veraltet; siehe KS SSK Nr. 26 vom 22.06.2006)*		31.12.2013	–
KS ESTV Nr. 15	19.07.1962	Steuerliche Behandlung der Ersatzleistungen für Invalidität minderjähriger Kinder		31.12.2009	–

* Die nicht fett gedruckten 3-stelligen Indexzahlen verweisen auf Dokumente, die in diesem Werk nicht enthalten sind.

Gesamtliste der Verwaltungsverordnungen | Suchlisten

Nr.	Datum	Titel (nicht mehr gültige VVO sind grau hinterlegt)	zit. im Text	bis	Index*/Ausgabe
KS ESTV Nr. 24	01.06.1960	Besteuerung ausländischer Gesellschaften, die in der Schweiz Betriebsstätten unterhalten		31.12.2009	A14 2009
KS ESTV Nr. 14	29.06.1959	Besteuerung von inländischen Gesellschaften, die ihre Geschäftstätigkeit zur Hauptsache im Ausland ausüben		31.12.2009	A13 2009
KS ESTV Nr. 10	21.07.1955	Abzugsfähige Einsätze beim Sport-Toto		31.12.2009	–
KS ESTV Nr. 15	08.04.1953	Steuerliche Behandlung von Preisen, Ehrengaben und Stipendien an Schriftsteller, Musiker, Maler, Bildhauer, Wissenschafter usw. *(ersetzt durch KS ESTV Nr. 43 vom 26.2.2018 – A88)*		25.02.2018	A12 2017
KS ESTV Nr. 24	07.10.1952	Akteneinsichtnahme durch Wehrsteuerpflichtige und deren Erben		31.12.2009	A11 2009

Rundschreiben / Mitteilungen ESTV

Nr.	Datum	Titel (nicht mehr gültige VVO sind grau hinterlegt)	zit. im Text	bis	Index*/Ausgabe
M ESTV Nr. 19	13.09.2022	Anwendung der Verjährungsfristen bei der Rückerstattung der Verrechnungssteuer	Verjährungsfristen, Rückerstattung VSt		B112
M ESTV Nr. 18	16.08.2022	Neue QR-Rechnung löst bisherige Einzahlungsscheine ab			–
M ESTV Nr. 17	19.07.2022	Sekundärberichtigung – Praxis der ESTV im Bereich der Verrechnungssteuer	Sekundärberichtigung VSt		B111
M ESTV Nr. 16	30.08.2021	Liquidation von kollektiven Kapitalanlagen (Anlagefonds)			–
M ESTV Nr. 15	23.08.2021	Umsatzabgabe – Anerkannte Datenlieferanten			–
M ESTV Nr. 14	17.06.2021	Anträge auf Rückerstattung der ausländischen Quellensteuer an kollektive Kapitalanlagen korrekt einreichen			–
M ESTV Nr. 13	12.01.2021	Sachauslagen bei kollektiven Kapitalanlagen	Sachauslagen		B110
M ESTV Nr. 12	24.05.2019	Bundespraxen für Prinzipalgesellschaften und Swiss Finance Branches ab 1. Januar 2020 *(ersetzt Mitteilung vom 15.11.2018 [B106])*	Prinzipalgesellschaften / Swiss Finance Branches ab 1.1.2020		B109
M ESTV Nr. 11	29.04.2019	Formelles Verfahren für Steuervorbescheide / Steuerrulings in den Bereichen direkte Bundessteuer, Verrechnungssteuer und Stempelabgaben	Steuervorbescheide / Steuerrulings		B108
M ESTV Nr. 10	05.02.2018	Verrechnungssteuer: Guthaben im Konzern (Präzisierung der Verwaltungspraxis)	Guthaben im Konzern VSt	31.12.2018	B107
M ESTV Nr. 9	15.11.2018	Bundespraxen für Prinzipalgesellschaften und Swiss Finance Branches ab 1. Januar 2019 *(aktuelle Mitteilung siehe B109)*		31.12.2019	B106 2019
M ESTV Nr. 8	10.07.2018	Zeitgleiche Dividendenverbuchung in Konzernverhältnissen	Zeitgleiche Dividendenverbuchung		B105
M ESTV Nr. 7	11.01.2018	Erinnerung – Meldeverfahren bei der Verrechnungssteuer bei Ausschüttungen innerhalb eines nationalen oder internationalen Konzerns. Rückforderung von Verzugszinsen		15.02.2018	–
M ESTV Nr. 6	31.07.2017	Ausländische Unternehmen: Änderung bei der Berechnung der Sicherheit			–
M ESTV Nr. 5	21.07.2017	Einanlegerfonds eines Schadensversicherers gilt als befreiter Anleger			–
M ESTV Nr. 4	01.02.2017	Rückforderung von Verzugszinsen beim Meldeverfahren bei der Verrechnungssteuer	Rückforderung von Verzugszinsen VSt		B104

* Die nicht fett gedruckten 3-stelligen Indexzahlen verweisen auf Dokumente, die in diesem Werk nicht enthalten sind.

Nr.	Datum	Titel (nicht mehr gültige VVO sind grau hinterlegt)	zit. im Text	bis	Index*/Ausgabe
M ESTV Nr. 3	28.10.2016	Meldeverfahren bei der Verrechnungssteuer bei Ausschüttungen innerhalb eines nationalen oder internationalen Konzerns; Rückforderung von Verzugszinsen *(siehe B104)*			B103 2020
M ESTV Nr. 2	15.07.2016	Neuerungen bei der Ausfertigung des Lohnausweises ab 1. Januar 2016: Deklaration des Anteils Aussendienst bei Mitarbeitenden mit Geschäftsfahrzeug – Beilage		31.12.2021	B102 2021
M ESTV Nr. 1	15.07.2016	Schnellere Praxisinformation der ESTV			–
RS ESTV	07.02.2023	Steuerlich anerkannte Zinssätze 2023 für Vorschüsse oder Darlehen in Schweizer Franken *(jährlich aktualisiert)*	Geldwerte Leistungen 2023		B86
RS ESTV	08.02.2023	Steuerlich anerkannte Zinssätze 2023 für Vorschüsse oder Darlehen in Fremdwährungen *(jährlich aktualisiert)*	Zinssätze Fremdwährungen 2023		B85
RS ESTV *(online)*	01.2023	Zinssätze im Bereich der direkten Bundessteuer für das Kalenderjahr 2023 / Kalkulatorischer Zinssatz Sicherheitseigenkapital 2023 / Höchstabzüge Säule 3a im Steuerjahr 2023	Zinssätze DBST, Sicherheitseigenkapital / Abzüge Säule 3a 2023		B84
RS ESTV	21.09.2022	Berufskostenpauschalen und Naturalbezüge 2023 / Ausgleich der Folgen der kalten Progression bei der direkten Bundessteuer für das Steuerjahr 2023 *(jährlich aktualisiert)*	Berufskosten / Ausgleich kalte Progression 2023		B83
RS ESTV	12.05.2015	Änderung der Verordnung des EFD über den Abzug von Berufskosten der unselbständigen Erwerbstätigkeit per 1. Januar 2016			–
RS ESTV	10.07.2019	Liste der Kantone mit unterschiedlichen Eigenmietwerten für die kantonalen Steuern und die direkte Bundessteuer ab Steuerperiode 2018 *(aktueller Stand)*	Eigenmietwertzuschlag DBST ab Steuerperiode 2018		B82
RS ESTV	27.01.2023	Merkblätter für die Quellenbesteuerung und Übersichten über die Doppelbesteuerungsabkommen *(aktuell aktualisiert)* – diverse Merkblätter und DBA-Übersichten *(siehe MB ESTV vom 01.01.2023 – C68 bis C75)*	Quellenbesteuerung und DBA 2023		B81
RS ESTV	22.12.2022	Quellensteuertarife 2023 *(jährlich aktualisiert)* Beilagen: – AS 2022 575, VO vom 16. September 2022 über den Ausgleich der Folgen der kalten Progression für die natürlichen Personen bei der direkten Bundessteuer – Grundlagen für die Berechnung der Quellensteuertarife des Bundes – Ausgabe 2023 – Erläuterungen zum Tarifcode C für Zweiverdienerehepaare – Ausgabe 2023 – Quellensteuertarife für die direkte Bundessteuer – Ausgabe 2023 – AS 2022 574, Verordnung vom 16. September 2022 über die Quellensteuer bei der dBSt – Tabelle der Quellensteuer auf Kapitalleistungen aus Vorsorge – Ausgabe 2023	Quellensteuertarife 2023		B80 *(neu)*
RS ESTV	13.11.2020	Quellensteuertarife 2021 – Beilagen 1-6			–
RS ESTV	29.10.2020	Merkblatt über die Quellenbesteuerung von Ersatzeinkünften *(siehe C75)*			–
RS ESTV	13.01.2020	Kalkulatorischer Zinssatz Sicherheitseigenkapital; Stand letzter Handelstag Kalenderjahr *(letztmals publiziert; aktueller Stand siehe online bzw. B84)*			B80 2021
RS ESTV	17.12.2020	Mutationen in der Abteilung Aufsicht Kantone per 1. Januar 2021 *(letztmals publiziert; aktueller Stand siehe online)*			–

* Die nicht fett gedruckten 3-stelligen Indexzahlen verweisen auf Dokumente, die in diesem Werk nicht enthalten sind.

Nr.	Datum	Titel (nicht mehr gültige VVO sind grau hinterlegt)	zit. im Text	bis	Index*/Ausgabe
RS ESTV	12.08.2022	Erläuterungen zur Rückerstattung der Quellensteuer auf Kapitalleistungen aus Vorsorge an Empfängerinnen und Empfänger mit Wohnsitz in Italien			–
RS ESTV	11.02.2022	Liste der rückkaufsfähigen Kapitalversicherungen der Säule 3b, Stand 31. Dezember 2021 (jährlich aktualisiert)			B801
RS ESTV	10.02.2022	Liste der Anbieter von anerkannten Vorsorgeprodukten der gebundenen Selbstvorsorge (Säule 3a), Stand 31. Dezember 2021 (jährlich aktualisiert)			–
RS ESTV	06.04.2020	Steuerliche Behandlung von Leistungen gemäss der Verordnung über Massnahmen bei Erwerbsausfall im Zusammenhang mit dem Coronavirus	Covid-19 Erwerbsausfall		B23
RS ESTV	24.03.2020	Zahlungserleichterungen bei der direkten Bundessteuer als Massnahme wegen des Coronavirus (gültig bis 31.12.2020)			B22 2021
RS ESTV	29.03.2019	Drucksachen direkte Bundessteuer, pauschale Steueranrechnung und zusätzlicher Steuerrückbehalt USA (letztmals publiziert)			–
RS ESTV	25.01.2018	Bundesgesetz über Massnahmen zur Bekämpfung der Schwarzarbeit (BGSA)	Massnahmen zur Bekämpfung der Schwarzarbeit		B21
(RS ESTV)	28.04.2015	Atypische stille Beteiligungen (Stellungnahme der ESTV)	Atypische stille Beteiligungen		B17
RS ESTV	29.06.2015	Totalrevision der Verordnung des EFD über die Behandlung von Gesuchen um Erlass der direkten Bundessteuer / Aufhebung der Eidgenössischen Erlasskommission für die direkte Bundessteuer	Steuererlass DBST		B13
RS ESTV	29.01.2015	Präsidium der Eidgenössischen Erlasskommission für die direkte Bundessteuer			–
RS ESTV	01.10.2013	Prüfungsverfahren zur Qualifikation von rückkaufsfähigen Kapitalversicherungen (Säule 3b) gemäss Artikel 20 Absatz 1 Buchstabe a und Artikel 24 Buchstabe b des Bundesgesetzes vom 14. Dezember 1990 über die direkte Bundessteuer (DBG; SR 642.11) – Beilage: Anteilgebundene rückkaufsfähige Kapitalversicherungen mit Karenzfrist gemäss Besprechung zwischen der ESTV und dem SVV vom 28. Juni 2013			–
RS ESTV	21.06.2012	Ablieferung der direkten Bundessteuer			–
RS ESTV	13.06.2012	Quellensteuer: Fiskalausgleich mit der Republik Österreich – Zahlungsmodalitäten			–
RS ESTV	05.07.2010	Bundesgesetz über die steuerliche Entlastung von Familien mit Kindern (siehe KS ESTV Nr. 30 – A75)			–
RS ESTV	24.02.2010	Freigrenze für Zinsen von Kundenguthaben / Umsetzung der USR II	Freigrenze für Zinsen von Kundenguthaben		B16
RS ESTV	21.01.2010	Bundesgesetz über die Bahnreform 2 (RöVE)			–
RS ESTV	10.07.2018	Straflose Selbstanzeige (ersetzt Version vom 05.01.2010)	Straflose Selbstanzeige		B15

* Die nicht fett gedruckten 3-stelligen Indexzahlen verweisen auf Dokumente, die in diesem Werk nicht enthalten sind.

Nr.	Datum	Titel (nicht mehr gültige VVO sind grau hinterlegt)	zit. im Text	bis	Index*/ Ausgabe
RS ESTV	17.06.2009	Erlass der direkten Bundessteuer; Erhöhung der Limite für die Zuständigkeit der Eidgenössischen Erlasskommission für die DBST (EEK) zur Behandlung der Erlassgesuche per 1. Juli 2009		31.12.2015	B14 2015
RS ESTV	09.02.2009	Quellensteuer auf Kapitalleistungen aus Vorsorge – DBA-UK – diverse Beilagen			–
RS ESTV	12.12.2008	Steuerbefreiung von internationalen Sportverbänden	Steuerbefreiung von internationalen Sportverbänden		B20
RS ESTV	10.11.2008	Parlamentarische Initiative der FDP-Fraktion – «Sofortiger Ausgleich der kalten Progression. Mehr Geld im Portemonnaie» (PaIv 08.452) II			–
RS ESTV	20.10.2008	Parlamentarische Initiative der FDP-Fraktion – «Sofortiger Ausgleich der kalten Progression. Mehr Geld im Portemonnaie» (PaIv 08.452) I			–
RS ESTV	31.07.2008	Erlass der direkten Bundessteuer; Verjährensänderungen		31.12.2015	B13 2015
RS ESTV	08.07.2008	Quellensteuer – Änderung von Artikel 13a der Verordnung über die Quellensteuer bei der direkten Bundessteuer (QStV; SR 642.118.2) – diverse Beilagen			B12 2020
RS ESTV	04.09.2007	Vertrieb des neuen und des alten Lohnausweises			–
RS ESTV	01.05.2007	Prüfungsverfahren zur Qualifikation von rückkaufsfähigen privaten Kapitalversicherungen (Säule 3b)			–
RS ESTV	30.04.2007	Rückerstattung der Verrechnungssteuer bei getrennt lebenden Ehegatten			B811
RS ESTV	18.07.2006	BG über dringende Anpassungen bei der Unternehmensbesteuerung / Indirekte Teilliquidation und Transponierung	Indirekte Teilliquidation und Transponierung		B11
RS ESTV	07.12.2005	Reorganisation und Mutationen in der Abteilung Inspektorat und der Sektion Rückerstattung			–
RS ESTV	25.10.2005	Revision des Stiftungsrechts; Inkrafttreten			–
RS ESTV	16.12.2004	Revision des Stiftungsrechts (parlamentarische Initiative Schiesser)			–
RS ESTV	08.09.2004	Erbenholding und indirekte Teilliquidation; BGE vom 11. Juni 2004			–
RS ESTV	08.04.2004	Steuerpaket; Ausgleich der Folgen der kalten Progression			–
RS ESTV	24.03.2004	Parallelität des kantonalen Instanzenzuges in Staats- und in Bundessteuersachen, soweit es um durch das StHG geregelte Streitgegenstände geht; BGE vom 19. Dezember 2003 (2A.355/2003) – Kopie des Bundesgerichtsentscheides vom 19. Dezember 2003	Parallelität des Instanzenzuges		B10
RS ESTV	10.03.2004	Liste der Kantone mit unterschiedlichen Eigenmietwerten Steuerperiode 2002 und 2003 (aktuell siehe B82)			–
RS ESTV	20.01.2004	Informationsschreiben über die Reorganisation der Kreis- und Rundschreiben der HA (DVS)			–

ältere Rundschreiben werden an dieser Stelle nicht mehr aufgelistet

* Die nicht fett gedruckten 3-stelligen Indexzahlen verweisen auf Dokumente, die in diesem Werk nicht enthalten sind.

Gesamtliste der Verwaltungsverordnungen | Suchlisten

Nr.	Datum	Titel (nicht mehr gültige VVO sind grau hinterlegt)	zit. im Text	bis	Index*/ Ausgabe
Merkblätter ESTV / Informationen / Erläuterungen EFD**					
Info EFD (online)	01.2023	Umsetzung der OECD-Mindeststeuer in der Schweiz (aktueller Stand)	OECD-Mindeststeuer in der Schweiz		C104
E EFD	13.11.2019	Erläuterungen zur Verordnung über den steuerlichen Abzug auf Eigenfinanzierung juristischer Personen	Abzug auf Eigenfinanzierung		C103
E EFD	13.11.2019	Erläuterungen zur Verordnung über die ermässigte Besteuerung von Gewinnen aus Patenten und vergleichbaren Rechten (Patentbox-Verordnung)	Patentbox		C102
E EFD	13.11.2019	Erläuterungen zur Verordnung über die Anrechnung ausländischer Quellensteuern (siehe C25)			C101 2020
E EFD	09.03.2018	Erläuterungen zur Totalrevision der Verordnung über den Abzug der Kosten von Liegenschaften des Privatvermögens bei der direkten Bundessteuer (Liegenschaftskostenverordnung)	Liegenschaftskosten		C100
MB ESTV A 1995	03.12.2019	Abschreibungen auf dem Anlagevermögen geschäftlicher Betriebe (aktueller Stand)	Abschreibung auf Anlagevermögen		C78
MB ESTV A 1995	03.12.2019	Abschreibungen auf dem Anlagevermögen land- und forstwirtschaftlicher Betriebe (aktueller Stand)			–
MB ESTV A 1995	03.12.2019	Abschreibungen auf dem Anlagevermögen der Elektrizitätswerke (aktueller Stand)			–
MB ESTV A 1995	03.12.2019	Abschreibungen auf Luftseilbahnen (aktueller Stand)			–
MB ESTV A 1995	03.12.2019	Abschreibungen auf Schiffen und Schifffahrtsanlagen (aktueller Stand)			–
MB ESTV N 1	2007	Bewertung der Naturalbezüge und der privaten Unkostenanteile von Geschäftsinhaberinnen und Geschäftsinhabern (Stand am 1.1.2022)	Naturalbezüge Selbstständigerwerbender		C77
MB ESTV N 2	2007	Bewertung von Verpflegung und Unterkunft von Unselbständigerwerbenden (aktueller Stand)	Verpflegung und Unterkunft Unselbständigerwerbender		C76
MB ESTV NL 1	2007	Bewertung der Naturalbezüge und der privaten Unkostenanteile in der Land- und Forstwirtschaft (Stand am 1.1.2022)			–
MB ESTV	01.01.2023	Quellenbesteuerung von Ersatzeinkünften ↪ Liste 01.01.2023 (jährlich aktualisiert)	Ersatzeinkünfte		C75
MB ESTV	01.01.2023	Quellenbesteuerung von Hypothekarzinsen an Personen ohne Wohnsitz oder Aufenthalt in der Schweiz (jährlich aktualisiert)	Hypothekarzinsen		C74
MB ESTV	01.01.2023	Quellenbesteuerung von Erwerbseinkünften ausländischer Studenten (S), Lehrlinge (L) und Praktikanten (P) (jährlich aktualisiert)	Studenten, Lehrlinge, Praktikanten		C73
MB ESTV	01.01.2023	Quellenbesteuerung von Künstlern, Sportlern und Referenten (jährlich aktualisiert)	Künstler, Sportler, Referenten		C72
MB ESTV	01.01.2023	Quellenbesteuerung öffentlich-rechtlicher Vorsorgeleistungen an Personen ohne Wohnsitz oder Aufenthalt in der Schweiz ↪ Liste 01.01.2023 (jährlich aktualisiert)	Öffentlich-rechtliche Vorsorgeleistung		C71

* Die nicht fett gedruckten 3-stelligen Indexzahlen verweisen auf Dokumente, die in diesem Werk nicht enthalten sind.
** Erläuterungen des EFD sind nur selektiv und temporär enthalten.

Nr.	Datum	Titel (nicht mehr gültige VVO sind grau hinterlegt)	zit. im Text	bis	Index*/Ausgabe
MB ESTV	01.01.2023	Quellenbesteuerung privatrechtlicher Vorsorgeleistungen an Personen ohne Wohnsitz oder Aufenthalt in der Schweiz ⇨ *Liste 01.01.2023 (jährlich aktualisiert)*	Privatrechtliche Vorsorgeleistung		C70
MB ESTV	01.01.2023	Quellenbesteuerung von Arbeitnehmern bei internationalen Transporten *(jährlich aktualisiert)*	Internationale Transporte		C69
MB ESTV	01.01.2023	Quellenbesteuerung von Entschädigungen an Verwaltungsräte und ihnen gleichgestellte Personen ohne steuerrechtlichen Wohnsitz oder Aufenthalt in der Schweiz *(jährlich aktualisiert)*	Verwaltungsräte		C68
MB ESTV	03.2011	Ausfüllen der Meldeformulare WEF *(aktueller Stand)*	–		–
MB ESTV	04.2011	Ausfüllen der Bescheinigung über Vorsorgebeiträge Formular 21 EDP *(aktueller Stand)*	–		–
MB ESTV	03.2011	Ausfüllen des Meldeformulars 565; Rentenmeldung 2. Säule / Säule 3a *(aktueller Stand)*	–		–
MB ESTV	03.2011	Ausfüllen des Meldeformulars 564; Rentenmeldung Säule 3b *(aktueller Stand)*	–		–
MB ESTV	03.2011	Ausfüllen des Meldeformulars 563; Kapitalleistungen 2. Säule / Säule 3a *(aktueller Stand)*	–		–
MB ESTV	03.2011	Ausfüllen des Meldeformulars 562; Kapitalleistungen Säule 3b *(aktueller Stand)*	–		–
MB ESTV	08.2012	Übersicht über die Auswirkungen des Abkommens mit Grossbritannien *(aktueller Stand)*	–		–
MB ESTV	05.2013	Übersicht über die Auswirkungen des Abkommens mit Italien *(aktueller Stand)*	–		–
MB ESTV	11.2014	Übersicht über die Auswirkungen des Abkommens mit Frankreich *(aktueller Stand)*	–		–
MB ESTV	06.2013	Steuerentlastungen für deutsche Dividenden, Zinsen und Lizenzgebühren *(aktueller Stand)*	–		–
MB ESTV	01.2011	Verrechnungssteuer bei Vorsorge- und Versicherungsleistungen			C253
MB ESTV	11.2014	Rückerstattung der Verrechnungssteuer an Stockwerkeigentümergemeinschaften im Sinne von Art. 712a ff. des Schweiz. Zivilgesetzbuches (ZGB)			C291
MB ESTV	09.2006	Rückerstattung der Verrechnungssteuer an Gemeinschaftsunternehmen (Baukonsortien und dergleichen) im Sinne von Art. 55 Bst. a der Vollziehungsverordnung zum Bundesgesetz über die Verrechnungssteuer vom 19. Dezember 1966 (VStV)			C281
MB SECO	26.01.2015	Verrechnungssteuer (Einmalige Erinnerung; Mitteilung im shab.ch)			C28 2016
MB ESTV	11.2014	Verbuchung der verrechnungssteuerbelasteten Einkünfte bei einfacher Buchhaltung	Einkünfte VSt in einfacher BH		**C27**
MB ESTV	11.2014	Verbuchung der verrechnungssteuerbelasteten Einkünfte als Ertrag bei doppelter Buchhaltung	Einkünfte VSt in doppelter BH		**C26**
MB ESTV	2005	Quellenbesteuerung von Ersatzeinkünften für ausländische Arbeitnehmer *(ersetzt durch MB ESTV vom 01.01.2016 – C75)*		31.12.2015	–

* Die nicht fett gedruckten 3-stelligen Indexzahlen verweisen auf Dokumente, die in diesem Werk nicht enthalten sind.

Gesamtliste der Verwaltungsverordnungen | **Suchlisten**

Nr.	Datum	Titel (nicht mehr gültige VVO sind grau hinterlegt)	zit. im Text	bis	Index*/ Ausgabe
MB ESTV	02.1998	Vorsorgeeinrichtungen, die Versicherer im Sinne des Bundesgesetzes vom 13. Oktober 1965 über die Verrechnungssteuer (VStG) sind			–
MB ESTV	01.01.2004	Inanspruchnahme von DBA durch schweizerische Anlagefonds – Staatenverzeichnis *(ersetzt durch KS ESTV Nr. 24 vom 01.01.2009 – A69)*		31.12.2008	–
MB ESTV	2004	Mitwirkungspflichten im Verrechnungssteuer-Abschlagsrückerstattungsverfahren (Formular 21)			–
MB ESTV	21.10.2020	Anrechnung ausländischer Quellensteuern (DA-M)	Anrechnung ausländischer Quellensteuern DA-M		C25
MB ESTV	05.2003	Pauschale Steueranrechnung für ausländische Dividenden, Zinsen und Lizenzgebühren aus Vertragsstaaten (DA-M)		31.12.2019	C25 2020
MB ESTV	06.2002	Steuerliche Behandlung von inländischen Investment-Clubs *(aktueller Stand)*	Investment-Clubs		C24
MB ESTV	30.06.2002	Gesuch um Meldung statt Entrichtung der Verrechnungssteuer für Dividenden aus Beteiligungen im schweizerischen Konzernverhältnis (Art. 26a VStV) *(aktueller Stand)*	Meldeverfahren im Konzernverhältnis		C23
MB ESTV	02.2001	Bestimmung des Leistungsempfängers bei der Verrechnungssteuer	Dreieckstheorie und Leistungsempfänger VSt		C22
MB ESTV	03.2001	Zusätzlicher Steuerrückbehalt beim Bezug von amerikanischen Dividenden und Zinsen über schweizerische Zwischenstellen («Qualified Intermediaries») für Fälligkeiten ab 1.1.2001	Qualified Intermediaries		C21
MB ESTV	09.2000	Rückerstattung der Verrechnungssteuer im Zusammenhang mit Kapitalanlagen in Betriebungs- und Konkursverfahren und in anderen besonderen Fällen			C205
MB ESTV	2001	Bewertung der Naturalbezüge und der privaten Unkostenanteile von Geschäftsinhabern *(gültig bis und mit 30.06.2007 – aktuell siehe C77)*			–
MB ESTV N 1	2001	Bewertung von Verpflegung und Unterkunft von Unselbständigerwerbenden *(gültig bis und mit 2006 – aktuell siehe C76)*			–
MB ESTV N 2	2001	Bewertung der Naturalbezüge und der privaten Unkostenanteile in der Land- und Forstwirtschaft *(gültig bis und mit 2006 – aktuell siehe oben)*			–
MB ESTV NL 1	01.2000	Behandlung von Konsortialdarlehen, Schuldscheindarlehen, Wechseln und Unterbeteiligungen *(ersetzt durch KS ESTV Nr. 46 vom 24.07.2019 – A92)*			C201
MB ESTV	04.1999	Geldmarktpapiere und Buchforderungen inländischer Schuldner	Geldmarktpapiere		C20
MB ESTV	04.1999	Kundenguthaben *(ersetzt durch KS ESTV Nr. 34 vom 26.07.2011 – A79)*		25.07.2011	C19 2011
MB ESTV	04.1999	Obligationen – Beilage: Schema «Mittelbeschaffung inländischer Schuldner» *(ersetzt durch KS ESTV Nr. 47 vom 25.07.2019 – A93)*		24.07.2019	C18 2019
MB ESTV	30.04.1999	Verrechnungssteuer auf Gratisaktien, Gratispartizipationsscheinen und Gratisliberierungen	Gratisaktien		C17
MB ESTV	12.1998	Repo-Geschäft *(ersetzt durch KS ESTV Nr. 13 vom 01.09.2006 – A58)*		31.12.2006	–
MB ESTV	03.04.1998	Bankenerklärung (Affidavit) *(ersetzt durch KS ESTV Nr. 24 vom 01.01.2009 – A69)*		31.12.2008	–

* Die nicht fett gedruckten 3-stelligen Indexzahlen verweisen auf Dokumente, die in diesem Werk nicht enthalten sind.

Nr.	Datum	Titel (nicht mehr gültige VVO sind grau hinterlegt)	zit. im Text	bis	Index*/ Ausgabe
MB ESTV	16.01.1996	Aktionärs- oder Gratisoptionen *(ersetzt durch KS ESTV Nr. 39 vom 23.12.2013 – A84)*		22.12.2013	C16 2013
MB ESTV	09.1996	Steuerliche Behandlung von Anlagestiftungen *(ersetzt durch KS ESTV Nr. 24 vom 01.01.2009 – A69)*		31.12.2008	—
MB ESTV	09.1993	Treuhandverhältnisse *(aktueller Stand)*	Treuhandverhältnisse		C15
MB ESTV	05.1993	Treuhandkonto *(aktueller Stand)*	Treuhandkonto		C14
MB ESTV	01.04.1993	Emissionsabgabe auf Festgeldanlagen bei inländischen Banken		30.09.2016	C13 2016
MB ESTV	01.04.1993	Umsatzabgabe: Weisung für Fusionen, fusionsähnliche Tatbestände, Umwandlungen und Abspaltungen mit steuerbaren Urkunden *(ersetzt durch KS ESTV Nr. 5 vom 30.6.2004 – A50)*		30.06.2004	—
MB ESTV	04.1993	Umsatzabgabe auf Report- und Deportgeschäften			—
MB ESTV	12.11.1992	Einkommen aus selbständiger Erwerbstätigkeit nach Artikel 18 DBG Ausdehnung der Kapitalgewinnsteuerpflicht, Übergang zur Präponderanzmethode und deren Anwendung	Präponderanzmethode		C12
MB ESTV	22.09.1986	Anlage und Rückführung von Treuhandgeldern durch eine inländische Bank bei verbundenen Unternehmen im Ausland			—
MB ESTV	09.1986	Verrechnungssteuer auf Zinsen von Bankguthaben, deren Gläubiger Banken sind (Interbankguthaben)			—
MB ESTV	01.1982	Steuerliche Behandlung der Pflichtlager *(ersetzt durch KS SSK Nr. 26 vom 22.6.2006)*		22.06.2006	—
MB ESTV	01.1980	Aufbewahrungs- und Aufzeichnungspflicht Selbständigerwerbender *(ab 1.1.2013 gilt das neue Rechnungslegungsrecht auch für Selbständigerwerbende)*		31.12.2012	C11 2013
MB ESTV	28.05.1976	Abschreibungen auf gewerblichen Liegenschaften und Abgrenzung zwischen werterhaltenden und wertvermehrenden Aufwendungen für private Liegenschaften		31.12.2009	C10 2009
MB ESTV	18.04.1972	Steuerliche Auswirkungen der Änderung von Währungsparitäten *(veraltet; siehe 2C_897/2008 und Analyse der SSK vom 15.2.2011)*			—

Wegleitungen ESTV, SSK/ Arbeitspapiere ESTV**

Nr.	Datum	Titel	zit. im Text	bis	Index*/ Ausgabe
RL ESTV et al.	05.10.2021	Verhaltenskodex Steuern 2021 – Grundsätze und Verhaltensregeln zu einem respektvollen Umgang zwischen den steuerpflichtigen Personen, den Steuervertretungen und den Steuerverwaltungen	Verhaltenskodex Steuern 2021		D15
Anleitung SIF	01.11.2019	Anleitung zum Bundesgesetz zur Umsetzung von Empfehlungen des Global Forum über Transparenz und Informationsaustausch für Steuerzwecke *(aus Platzgründen entfernt)*			D14 2022
Arbeitspapier ESTV	14.12.2021	Kryptowährungen und Initial Coin / Token Offerings (ICO/ITO) als Gegenstand der Vermögens-, Einkommens- und Gewinnsteuer, der Verrechnungssteuer und der Stempelabgaben *(aktueller Stand)*	Kryptowährungen		D13
WL ESTV, SSK	28.08.2008 01.2023	Bewertung von Wertpapieren ohne Kurswert für die Vermögenssteuer *(aktualisierte Fassung vom 27.1.2023, gültig für Bewertungen ab 1.1.2021)*	Bewertung von Wertpapieren ohne Kurswert		D12

* Die nicht fett gedruckten 3-stelligen Indexzahlen verweisen auf Dokumente, die in diesem Werk nicht enthalten sind.
** Die Arbeitspapiere ESTV, Anleitungen SIF und Analysen SSK sind nur selektiv und temporär enthalten.

Nr.	Datum	Titel (nicht mehr gültige VVO sind grau hinterlegt)	zit. im Text	bis	Index*/ Ausgabe
WL ESTV, SSK	01.2023	Ausfüllen des Lohnausweises bzw. der Rentenbescheinigung (aktuelle Version, gültig ab 1.1.2023)	Neuer Lohnausweis		D11
WL ESTV	15.07.2005	Aufhebung der schweizerischen Verrechnungssteuer auf Dividendenzahlungen zwischen verbundenen Kapitalgesellschaften im Verhältnis zwischen der Schweiz und den Mitgliedstaaten der Europäischen Union			D110 D10 2020
WL ESTV	2022	Steuererklärung natürliche Personen			–
WL ESTV	2022	Steuererklärung für die Besteuerung nach dem Aufwand			–
WL ESTV	2022	Steuererklärung für Kapitalgesellschaften, Genossenschaften und ausländische Personengesamtheiten			–
WL ESTV	2022	Steuererklärung für Vereine, Stiftungen und übrige juristische Personen			–
WL ESTV	2022	Wegleitung zum Fragebogen 15 und 15a (mit kaufmännischer und vereinfachter Buchführung)			–
WL ESTV	2022	Wegleitung zum Fragebogen für Land- und Forstwirtschaft			–
WL ESTV	01.12.2014	Wegleitung zur EU-Zinsbesteuerung (Steuerrückbehalt und freiwillige Meldung)			–
WL ESTV	11.2009	Antrag auf Rückerstattung der Verrechnungssteuer in Erbfällen (Erläuterungen zum Formular S-167)			–
WL ESTV	05.2001	Wegleitung für die Stempelabgabe auf Versicherungsprämien (ersetzt durch KS ESTV Nr. 33 vom 04.02.2011 – A78)		03.02.2011	–
RL	1999	Kollektive Anlageinstrumente; Verrechnungssteuer/Ausländische QSt (ersetzt durch KS ESTV Nr. 24 vom 01.01.2009 – A69)		31.12.2008	–

Kreisschreiben / Analysen SSK**

Nr.	Datum	Titel	zit. im Text	bis	Index
KS SSK Nr. 35	26.08.2020	Verfahren bei interkantonalen Verhältnissen von quellensteuerpflichtigen Personen (gültig ab 1.1.2021)	Quellensteuerpflichtige Personen, interkantonale Verhältnisse		E67
KS SSK Nr. 34	15.01.2020	Interkantonale Steuerausscheidung von Gesellschaften, welche die in der STAF vorgesehenen Abzüge beanspruchen	Interkantonale Steuerausscheidung STAF		E66
KS SSK Nr. 33	06.09.2011	Besteuerung der konzessionierten Verkehrs- und Infrastrukturunternehmen	Verkehrs- und Infrastrukturunternehmen		E65
KS SSK Nr. 32	01.07.2009	Milderung der wirtschaftlichen Doppelbelastung und ihre Auswirkungen auf die interkantonale Steuerausscheidung	Teilbesteuerung interkantonal		E64
KS SSK Nr. 31a	10.02.2023	Interkantonale Repartition der Anrechnung ausländischer Quellensteuern (ersetzt Version vom 2.6.2015, gültig ab 1.1.2020)	Interkantonale Repartition der StA		E63
KS SSK Nr. 31	02.06.2015	Interkantonale Repartition der Pauschalen Steueranrechnung (ersetzt Version vom 29.11.2012)		31.12.2019	–
KS SSK Nr. 30	22.08.2007	Besteuerung von Trusts	Trusts		E62
KS SSK Nr. 29	27.06.2007	Leasinggeschäfte mit gewerblichen oder industriellen Liegenschaften	Leasinggeschäfte mit Immobilien		E61

* Die nicht fett gedruckten 3-stelligen Indexzahlen verweisen auf Dokumente, die in diesem Werk nicht enthalten sind.

Nr.	Datum	Titel (nicht mehr gültige VVO sind grau hinterlegt)	zit. im Text	bis	Index*/ Ausgabe
KS SSK Nr. 28	28.08.2008 01.2023	Wegleitung zur Bewertung von Wertpapieren ohne Kurswert für die Vermögenssteuer (aktualisierte Fassung vom 27.1.2023, gültig für Bewertungen ab 1.1.2021; siehe D12)			–
	2022	Kommentar 2022 zum Kreisschreiben 28 (jährlich aktualisiert)			–
KS SSK Nr. 27	15.03.2007	Die Vermeidung von Ausscheidungsverlusten	Ausscheidungsverluste		E59
KS SSK Nr. 26	22.06.2006	Steuerliche Bewertung von Pflichtlagern			–
KS SSK Nr. 25	18.12.2009	Muster-Spesenreglemente für Unternehmen und für Non-Profit-Organisationen (aktueller Stand)		12.12.2021	E581 2021
KS SSK Nr. 24	17.12.2003	Verrechnung von Vorjahresverlusten in der interkantonalen Steuerausscheidung	Interkantonale Verlustverrechnung		E58
KS SSK Nr. 23	21.11.2006	Steuerausscheidung von Versicherungsgesellschaften (inklusive Anhänge 1 – 5) (aktueller Stand)			–
KS SSK Nr. 22	26.08.2020	Regeln für die Bewertung der Grundstücke bei interkantonalen Steuerausscheidungen - ab Steuerperiode 2002 (Repartitionsfaktoren) (Stand: 1.1.2020; ersetzt Version vom 21.11.2006)	Repartitionsfaktoren		E57
KS SSK Nr. 21	28.11.2001	Vorgehen bei Sonderfällen mit Auswirkungen auf mehrere Steuerhoheiten	Vorgehen bei Sonderfällen		E56
KS SSK Nr. 20	17.09.2009	Interkantonale und interkommunale Steuerausscheidung bei Telekommunikationsunternehmungen (fix und mobil) mit eigener Netzinfrastruktur – gültig ab 1.1.2008 (ersetzt KS SSK Nr. 20 vom 28.11.2001)			–
KS SSK Nr. 19	31.08.2001	Ersatzbeschaffung mit nur teilweiser Reinvestition	Ersatzbeschaffung		E54
KS SSK Nr. 18	27.11.2001	Die interkantonale Ausscheidung bei Änderungen der Steuerpflicht während der Steuerperiode im System der einjährigen Postnumerandobesteuerung mit Gegenwartsbemessung (Natürliche Personen)	Interkantonale Steuerausscheidung nP		E53
KS SSK Nr. 17	27.11.2001	Die interkantonale Ausscheidung bei Änderungen der Steuerpflicht während der Steuerperiode im System der einjährigen Postnumerandobesteuerung mit Gegenwartsbemessung (Juristische Personen)	Interkantonale Steuerausscheidung jP		E52
KS SSK Nr. 16	31.08.2001	Verordnung des Bundesrates vom 9. März 2001 über die Anwendung des Steuerharmonisierungsgesetzes im interkantonalen Verhältnis	Interkantonales Verhältnis im StHG		E51
KS SSK Nr. 15	31.08.2001	Koordination und Vereinfachung der Veranlagungsverfahren für die direkten Steuern im interkantonalen Verhältnis	Vereinfachung und Koordination		E50
KS SSK Nr. 14	06.07.2001	Interkantonaler Wohnsitzwechsel von quellensteuerpflichtigen Personen, die nachträglich ordentlich veranlagt werden (Art. 90 Abs. 2 DBG, Art. 34 Abs. 2 StHG)			E413
KS SSK Nr. 13	06.07.2001	Regeln für die Bewertung der Grundstücke bei der interkantonalen Steuerausscheidung in der Steuerperiode 2001/2002 (ersetzt durch KS SSK Nr. 22 – E57)		2001/2002	–
KS SSK Nr. 12	21.03.2019	Steuerpflicht der Krankenkassen nach dem Krankenversicherungsgesetz - Anhang (ersetzt Version vom 27.11.2013)			E404
KS SSK Nr. 11	23.06.1999	Interkantonale Steuerausscheidung von Versicherungsgesellschaften (ersetzt durch KS SSK Nr. 23)		31.12.2002	–
KS SSK Nr. 10	11.03.1999	Interkantonale Steuerausscheidung «Die Post»			–

* Die nicht fett gedruckten 3-stelligen Indexzahlen verweisen auf Dokumente, die in diesem Werk nicht enthalten sind.

Gesamtliste der Verwaltungsverordnungen | Suchlisten

Nr.	Datum	Titel (nicht mehr gültige VVO sind grau hinterlegt)	zit. im Text	bis	Index*/Ausgabe
KS SSK Nr. 9	11.12.1998	Regeln für die Bewertung der Grundstücke bei der interkantonalen Steuerausscheidung in der Steuerperiode 1999/2000 (ersetzt durch KS SSK Nr. 22)		1999/2000	–
KS SSK Nr. 8	14.08.1998	Satzungen der Kommission für Erfahrungszahlen			–
KS SSK Nr. 7	24.06.1998	Interkantonale Steuerausscheidung Swisscom AG (ersetzt durch KS SSK Nr. 20)		31.12.2000	–
KS SSK Nr. 6	15.06.1995	Einkommensteuerliche Folgen der Hofübergabe zum Ertragswert gemäss dem Bundesgesetz über das bäuerliche Bodenrecht			–
KS SSK Nr. 5	14.11.2018	Steuerausscheidung bei den Banken (ersetzt Version vom 24.02.1995)			–
KS SSK Nr. 4	07.06.1994	Besteuerung der Militärversicherungsleistungen			E402
KS SSK Nr. 3	18.03.1994	Interkantonale Steuerausscheidung bei Immobilien-Leasinggesellschaften			–
KS SSK Nr. 2	11.10.1986	Zweite Säule – Umschreibung der beruflichen Vorsorge			E401
KS SSK Nr. 1	30.06.2010	Besteuerung von natürlichen Personen im Ausland mit einem Arbeitsverhältnis zum Bund oder zu einer andern öffentlich-rechtlichen Körperschaft oder Anstalt des Inlandes (ersetzt Version vom 14.06.2000)	Öffentlich-rechtliches Arbeitsverhältnis		E40
Analyse SSK	26.04.2022	Analyse zu den Auswirkungen von Telearbeit auf die interkantonale Steuerausscheidung von Unternehmen – Vom Vorstand der SSK genehmigt am 2.2.2022	Telearbeit/Homeoffice im Unternehmen		E33
Analyse SSK	30.09.2021	Analyse zur Berücksichtigung von ausserkantonalen Liegenschaften bei der Besteuerung nach dem Aufwand – Vom Vorstand der SSK genehmigt am 25.8.2021	Aufwandbesteuerung; ausserkantonale Liegenschaften		E32
Analyse SSK	04.06.2020	Analyse zum zusätzlichen Abzug von Forschungs- und Entwicklungsaufwand nach den Art. 10a und Art. 25a Steuerharmonisierungsgesetz	F&E-Aufwand; zusätzlicher Abzug STAF		E31
Analyse SSK	28.06.2017	Analyse zum Urteil des Bundesgerichts vom 7. März 2017 (2C_306/2016) betreffend Ersatzbeschaffung von selbstgenutztem Wohneigentum			–
Analyse SSK	27.08.2020	Analyse zur steuerrechtlichen Qualifikation von Investitionen in umweltschonende Technologien wie Photovoltaikanlagen			–
Analyse SSK	05.02.2020	Analyse des Vorstandes SSK zum neuen Rechnungslegungsrecht – Beschluss des Vorstandes vom 12.2.2013; Aktualisierung vom 5.2.2020	Neue Rechnungslegung; steuerrechtliche Analyse		E30
Analyse SSK	29.11.2012	Analyse zum BGE Urteil v. 2. Dezember 2011 (2C_11/2011) – Besteuerung von landwirtschaftlich genutzten Grundstücke in der Bauzone			–
Analyse SSK	15.02.2011	Analyse zum Bundesgerichtsentscheid vom 1. Oktober 2009 (2C_897/2008) zur steuerlichen Behandlung der Differenzen aus der Umrechnung von der funktionalen Währung in die Darstellungswährung			–
Analyse SSK	03.11.2010	Analyse zu den Bundesgerichtsentscheiden vom 26. Januar 2010 und 4. Oktober 2010 und zum Verwaltungsgerichtsentscheid (NE) vom 2. Juni 2010; Ungleichbehandlung zwischen quellenbesteuerten und ordentlich besteuerten Personen in der Schweiz			–
Analyse SSK	03.11.2010	Analyse zum Bundesgerichtsentscheid vom 12. März 2010 (2C_658/2009) zur Abzugsberechtigung von Einkäufen bei nachfolgendem Kapitalbezug Steuerrechtliche Tragweite von Art. 79b Abs. 3 BVG			–

* Die nicht fett gedruckten 3-stelligen Indexzahlen verweisen auf Dokumente, die in diesem Werk nicht enthalten sind.

Gesamtliste der MWST-Informationen der ESTV HA MWST und des BAZG

MWST-Infos ESTV (MI)

MWST-Info 02	01/2018	Steuerpflicht	MI 02
MWST-Info 03	01/2018	Gruppenbesteuerung	MI 03
MWST-Info 04	01/2018	Steuerobjekt	MI 04
MWST-Info 05	01/2018	Subventionen und Spenden	MI 05
MWST-Info 06	01/2018	Ort der Leistungserbringung	MI 06
MWST-Info 07	01/2018	Steuerbemessung und Steuersätze	MI 07
MWST-Info 08	01/2018	Privatanteile	MI 08
MWST-Info 09	01/2018	Vorsteuerabzug und Vorsteuerkorrekturen	MI 09
MWST-Info 10	01/2018	Nutzungsänderungen	MI 10
MWST-Info 11	01/2018	Meldeverfahren	MI 11
MWST-Info 12	01/2018	Saldosteuersätze	MI 12
MWST-Info 13	01/2018	Pauschalsteuersätze	MI 13
MWST-Info 14	01/2018	Bezugsteuer	MI 14
MWST-Info 15	01/2018	Abrechnung und Steuerentrichtung	MI 15
MWST-Info 16	01/2018	Buchführung und Rechnungsstellung	MI 16
MWST-Info 17	01/2018	Leistungen an internationale Organisationen	MI 17
MWST-Info 18	01/2018	Vergütungsverfahren	MI 18
MWST-Info 19	01/2018	Steuersatzänderung per 1. Januar 2018	MI 19
MWST-Info 20	10/2020	Zeitliche Wirkung von Praxisfestlegungen	MI 20
MWST-Info 21	01/2018	Neue Steuerpflichtige	MI 21
MWST-Info 22	01/2018	Ausländische Unternehmen	MI 22

Zoll-Infos BAZG (ZI)

Zoll-Info 52.01	01/2022	MWST auf der Einfuhr von Gegenständen	ZI 01
Zoll-Info 52.02	01/2022	Werkvertragliche Lieferungen	ZI 02
Zoll-Info 52.03	01/2022	Einfuhr eines Gegenstands – Verkauf auf der Strasse etc.	ZI 03
Zoll-Info 52.04	01/2022	Einfuhr eines Gegenstands – Verkauf an einer Auktion	ZI 04
Zoll-Info 52.10	01/2022	Einfuhrsteuer – vorübergehenden Verwendung	ZI 10
Zoll-Info 52.13	01/2022	Mitteilung an ausländische Leistungserbringer	ZI 13
Zoll-Info 52.15	01/2022	Mehrwertsteuersätze	ZI 15
Zoll-Info 18.85	01/2022	Steuerbehandlung von inländischen Rückwaren	ZI 85
Zoll-Info 18.86	01/2022	Rückerstattung wegen Wiederausfuhr	ZI 86
Zoll-Info 52.21	01/2022	Software	ZI 21
Zoll-Info 52.22	01/2022	Einfuhr von Kunstwerken	ZI 22
Zoll-Info 52.23	01/2022	Heimtiere	ZI 23
Zoll-Info 52.24	01/2022	Umschliessungen und Gebinde	ZI 24
Zoll-Info 52.25	01/2022	Ort der Lieferung und Importeur bei Einfuhren	ZI 25

Übersicht MWST-Branchen-Infos ESTV (MBI)

MWST-Branchen-Info 01	01/2018	Urproduktion und nahe stehende Bereiche	MBI 01
MWST-Branchen-Info 02	01/2018	Gärtner und Floristen	MBI 02
MWST-Branchen-Info 03	01/2018	Druckerzeugnisse	MBI 03
MWST-Branchen-Info 04	01/2018	Baugewerbe	MBI 04
MWST-Branchen-Info 05	01/2018	Motorfahrzeuggewerbe	MBI 05
MWST-Branchen-Info 06	01/2018	Detailhandel	MBI 06
MWST-Branchen-Info 07	01/2018	Elektrizität und Erdgas in Leitungen	MBI 07
MWST-Branchen-Info 08	01/2018	Hotel- und Gastgewerbe	MBI 08
MWST-Branchen-Info 09	01/2018	Transportwesen	MBI 09
MWST-Branchen-Info 10	01/2018	Transportunternehmungen des öff. Verkehrs	MBI 10
MWST-Branchen-Info 11	01/2018	Luftverkehr	MBI 11
MWST-Branchen-Info 12	01/2018	Reisebüros sowie Kur- und Verkehrsvereine	MBI 12
MWST-Branchen-Info 13	01/2018	Telekommunikation und elektr. Dienstleistungen	MBI 13
MWST-Branchen-Info 14	01/2018	Finanzbereich	MBI 14
MWST-Branchen-Info 15	01/2018	Vorsteuerpauschale für Banken	MBI 15
MWST-Branchen-Info 16	01/2018	Versicherungswesen	MBI 16
MWST-Branchen-Info 17	01/2018	Vermietung und Verkauf von Immobilien	MBI 17
MWST-Branchen-Info 18	01/2018	Rechtsanwälte und Notare	MBI 18
MWST-Branchen-Info 19	01/2018	Gemeinwesen	MBI 19
MWST-Branchen-Info 20	01/2018	Bildung	MBI 20
MWST-Branchen-Info 21	01/2018	Gesundheitswesen	MBI 21
MWST-Branchen-Info 22	01/2018	Hilfsorganisationen und karitative Einrichtungen	MBI 22
MWST-Branchen-Info 23	01/2018	Kultur	MBI 23
MWST-Branchen-Info 24	01/2018	Sport	MBI 24
MWST-Branchen-Info 25	01/2018	Forschung und Entwicklung	MBI 25
MWST-Branchen-Info 26	01/2018	Betreibungs- und Konkursämter	MBI 26

Die vollständige Sammlung der MWST-Publikationen finden Sie in den umfassenden Bänden I und II des Werkes «Die Mehrwertsteuererlasse des Bundes».

Scan to shop.

KS ESTV

Kreisschreiben ESTV

Kreisschreiben der Eidgenössischen Steuerverwaltung (ESTV)

Bestechungsgelder an Amtsträger	A96	Beteiligungsabzug	A72
Ausland-Ausland-Geschäfte	A95	Selbständiger Erwerb USR II	A71
Verwirkung Anspruch auf Rückerstattung VSt	A94	Kollektive Kapitalanlagen; Anleger	A70
Obligationen	A93	Kollektive Kapitalanlagen	A69
Konsortial-, Schuldscheindarlehen, Wechsel, etc.	A92	Teilbesteuerung im GV *(Stand: 1.1.2020)*	A68
Quellenbesteuerung des Erwerbseinkommens	A91	Teilbesteuerung im PV *(Stand: 1.1.2020)*	A67
Aufwandbesteuerung	A90	Ertragsgutschrift ausländischer Banken	A66
Mitarbeiterbeteiligungen; Arbeitgeberin	A89	Vorsorgebeiträge und Säule 3a	A63
Preise, Ehrengaben, Stipendien	A88	Wohneigentumsförderung BVG	A62
Berufsorientierte Aus- und Weiterbildung	A87	Obligationen und Derivate	A60
Freizügigkeit in der beruflichen Vorsorge	A86	Indirekte Teilliquidation	A59
Aktionärsoptionen	A84	Securities Lending	A58
Kapitalgewinnbesteuerung bei Landwirten	A83	Umsatzabgabe	A57
Besteuerung von Mitarbeiterbeteiligungen	A82	Krankheits- und Unfallkosten	A56
Gewerbsmässiger Wertschriftenhandel	A81	Umstrukturierungen *(aktualisierte Version)*	A50
Verkehrs- und Infrastrukturunternehmen	A80	Dienstleistungsgesellschaften	A49
Kundenguthaben	A79	Abgangsentschädigung	A48
Stempelabgabe auf Versicherungsprämien	A78	Eigene Beteiligungsrechte	A42
Sanierung	A77	Verdecktes Eigenkapital	A38
Verpachtung	A76	Einmalprämienversicherung	A36
Ehepaar- und Familienbesteuerung	A75	Auskunftpflicht	A34
Kapitaleinlageprinzip *(gültig ab 1.1.2023)*	A74	Steuerbefreiung jP	A30
Liquidationsgewinne	A73	Liquidation von Kapitalgesellschaften	A19
Beteiligungsabzug	A72		

Bestechungsgelder an Amtsträger

Quelle: Eidg. Steuerverwaltung ESTV / HA Direkte Bundessteuer, Verrechnungssteuer, Stempelabgaben

Direkte Bundessteuer

Bern, 13. Juli 2020

Kreisschreiben Nr. 50

Unzulässigkeit des steuerlichen Abzugs von Bestechungsgeldern an Amtsträger

Inhaltsverzeichnis

1	Einleitung	2
2	Strafrechtliche Aspekte	2
2.1	Gesetzliche Grundlage	2
2.2	Nicht gebührender Vorteil	3
2.3	Begriff des Amtsträgers	3
2.4	Strafrechtliche Verantwortlichkeit	4
3	Steuerrechtliche Aspekte	4
3.1	Nichtabzugsfähigkeit von Bestechungsgeldern	4
3.2	Prüfungshandlungen	4
3.3	Anzeige der Straftaten an die Strafbehörden	5
4	Inkrafttreten und Aufhebungen	5

1 Einleitung

Das Bundesgesetz vom 22. Dezember 1999 über die Unzulässigkeit steuerlicher Abzüge von Bestechungsgeldern (AS 2000 2147) schlägt sich in den Artikeln 27 Absatz 3 und 59 Absatz 2 des Bundesgesetzes vom 14. Dezember 1990 über die direkte Bundessteuer (DBG; SR 642.11) wie folgt nieder:

Artikel 27 Absatz 3 DBG:

„Nicht abziehbar sind Zahlungen von Bestechungsgeldern im Sinne des schweizerischen Strafrechts an schweizerische oder fremde Amtsträger."

Artikel 59 Absatz 2 DBG:

„Nicht zum geschäftsmässig begründeten Aufwand gehören Zahlungen von Bestechungsgeldern im Sinne des schweizerischen Strafrechts an schweizerische oder fremde Amtsträger."

Das Bundesgesetz vom 14. Dezember 1990 über die Harmonisierung der direkten Steuern der Kantone und Gemeinden (StHG; SR 642.14) enthält gleichlautende Bestimmungen (vgl. Art. 10 Abs. 1bis und 25 Abs. 1bis StHG).

Der Begriff „Bestechungsgelder" ist durch das Schweizer Strafrecht definiert; es ist deswegen angebracht, kurz die diesbezüglich relevanten Normen des Schweizerischen Strafgesetzbuches vom 21. Dezember 1937 (StGB; SR 311.0) darzulegen.

2 Strafrechtliche Aspekte

2.1 Gesetzliche Grundlage

Die Artikel 322ter–322^{septies} StGB stellen unter Strafe:

Das Angebot, das Versprechen oder die Gewährung eines nicht gebührenden Vorteils an ein Mitglied einer richterlichen oder anderen Behörde, an einen Beamten, einen amtlich bestellten Sachverständigen, Übersetzer oder Dolmetscher, Schiedsrichter oder an einen Angehörigen der Armee, zu dessen Gunsten oder zu Gunsten eines Dritten,

- im Zusammenhang mit dessen amtlicher Tätigkeit für eine pflichtwidrige oder eine im Ermessen stehende Handlung oder Unterlassung (man spricht diesbezüglich von eigentlicher **Bestechung**)

oder

- im Hinblick auf die Amtsführung (man spricht diesbezüglich von **Vorteilsgewährung** zur „Klimapflege" für die Beeinflussung zukünftiger Amtshandlungen).

Der Vorteilsgeber sowie der Amtsträger sind strafbar. Im Gegensatz zur Vorteilsgewährung kann der Tatbestand der Bestechung sowohl einen schweizerischen als auch einen ausländischen, d.h. für einen fremden Staat oder eine internationale Organisation tätigen, Amtsträger betreffen[1].

---

[1] Für einige konkrete Beispiele sei auf die Broschüre des Schweizer Staatssekretariats für Wirtschaft «Korruption vermeiden» verwiesen, https://www.seco.admin.ch/seco/de/home/Publikationen_Dienstleistungen/Publikationen_und_Formulare/Aussenwirtschafts/broschueren/korruption_vermeiden.html

2.2 Nicht gebührender Vorteil

Dieser Vorteil kann in verschiedenster Form auftreten. Gemäss herrschender Lehre gelten als Vorteile sämtliche unentgeltlichen Zuwendungen materieller oder immaterieller Art. Jede objektiv messbare, rechtliche, wirtschaftliche oder auch persönliche Besserstellung des Empfängers gilt als Vorteil. Die Unentgeltlichkeit der Zuwendungen kann durch den Abschluss von Scheingeschäften verschleiert werden.

Ein materieller Vorteil liegt typischerweise in der Zuwendung von Bargeld. Daneben fallen Sach- und Nutzzuwendungen wie z.B. die Zuwendung wertvoller Gegenstände, die Überlassung eines Leihwagens, die Gewährung von Firmenrabatten oder das Spendieren einer Reise ebenso unter den materiellen Vorteilsbegriff, wie der Verzicht auf Forderungen (wie z.B. der Schuldenerlass oder eine negative Schuldanerkennung).

Als immaterielle Vorteile gelten persönliche Besserstellungen wie gesellschaftliche und berufliche Vorteile (z.B. Wahlunterstützung, Beförderung oder Verleihung eines Titels).

„Nicht gebührend" ist ein Vorteil, zu dessen Annahme der Amtsträger nicht berechtigt ist. Demgegenüber stellen beispielsweise Zuwendungen, deren Annahme dienstrechtlich erlaubt ist, oder die geringfügig und sozial üblich sind, keine „nicht gebührenden" Vorteile dar (vgl. Art. 322^{decies} Abs. 1 StGB). Lokale Bräuche stellen hingegen keinen Rechtfertigungsgrund für die Gewährung eines Vorteils dar, es sei denn, ein bestimmtes Verhalten werde durch das lokale Recht explizit für zulässig erklärt.

Zur Bestimmung, was dienstrechtlich erlaubt ist, besteht für die Bundesverwaltung ein Verhaltenskodex[2]. Er basiert auf Artikel 21 Absatz 3 des Bundespersonalgesetzes vom 24. März 2000 (BPG; SR 172.220.1) i.V.m. Artikel 93 und 93a der Bundespersonalverordnung vom 3. Juli 2001 (BPV; SR 172.220.111.3). Für Angestellte anderer Staaten und internationaler Organisationen können deren Reglemente anwendbar sein und bestimmen, ob eine Zuwendung zulässig ist oder nicht. Für die Angestellten der kantonalen Verwaltungen ist die jeweilige kantonale Gesetzgebung massgebend.

2.3 Begriff des Amtsträgers

Der Vorteil muss sich auf das Verhalten eines Amtsträgers richten. Darunter fallen alle in den Artikeln 322ter–322^{septies} StGB genannten Personen. Mitglieder einer richterlichen oder anderen Behörde sind Personen, die der Judikative, Legislative oder der Exekutive angehören und die nicht in einem Abhängigkeitsverhältnis zum Gemeinwesen stehen. Als Beamte gelten die Beamten und Angestellten einer öffentlichen Verwaltung und der Rechtspflege sowie die Personen, die provisorisch ein Amt bekleiden oder provisorisch bei einer öffentlichen Verwaltung oder der Rechtspflege angestellt sind oder vorübergehend amtliche Funktionen ausüben (vgl. Art. 110 Abs. 3 StGB). Erfasst werden damit sowohl die institutionellen als auch die funktionalen Beamten. Erstere sind die Beamten im öffentlich-rechtlichen Sinne sowie Angestellte im öffentlichen Dienst. Bei Letzteren ist die Funktion der Verrichtungen entscheidend. Bestehen diese in der Erfüllung öffentlicher Aufgaben, so sind die Tätigkeiten amtlich und die sie verrichtenden Personen Beamte im Sinne des Strafrechts. Davon sind auch Angestellte staatlich beherrschter und kontrollierter Unternehmen erfasst. Weiter sind auch amtlich bestellte Sachverständige, Übersetzer und Dolmetscher, Schiedsrichter sowie Angehörige der Armee Amtsträger im Sinne der Bestimmungen. Privatpersonen, die öffentliche Aufgaben erfüllen, werden den Amtsträgern gleichgestellt (vgl. Art. 322^{decies} Abs. 2 StGB).

Der Begriff «fremde Amtsträger» nach Artikel 322^{septies} StGB ist gestützt auf das Übereinkommen vom 17. Dezember 1997 über die Bekämpfung der Bestechung ausländischer Amtsträger im internationalen Geschäftsverkehr (SR 0.311.21) auszulegen (vgl. Art. 1 Ziff. 4 Bst. a des Übereinkommens). Diese Definition deckt sich mit dem schweizerischen Amtsträgerbegriff und

---

[2] Verhaltenskodex Bundesverwaltung vom 15. August 2012, Ziff. 5: https://www.epa.admin.ch/dam/epa/de/dokumente/aktuell/mediendienst/120_verhaltenskodex.pdf.download.pdf/120_verhaltenscodex_d.pdf

umfasst sowohl institutionelle als auch funktionelle Beamte und Behördenmitglieder sowie Organe staatlich beherrschter und kontrollierter Unternehmen.

Der Vorteil kann dem Empfänger direkt vom Urheber der Bestechung oder indirekt über einen Dritten (bspw. „Agenten") zufliessen. Ausserdem kann dieser Vorteil zugunsten des Amtsträgers oder eines Dritten gewährt werden. Im letzteren Fall braucht der Amtsträger selbst keinen Nutzen (auch keinen mittelbaren) aus der Vorteilszuwendung zu ziehen.

2.4 Strafrechtliche Verantwortlichkeit

Als Täter oder Teilnehmer einer Bestechung sind in erster Linie diejenigen natürlichen Personen strafbar, welche die Tat begangen oder einen Tatbeitrag geleistet haben (Art. 322ter–$322^{septies}$ StGB).

Gemäss Artikel 102 Absatz 2 StGB, in Kraft seit 1. Oktober 2003, können zudem Unternehmen i.S.v. Artikel 102 Absatz 4 StGB für die von den Artikeln 322ter, $322^{quinquies}$ und $322^{septies}$ StGB vorgesehenen Tatbestände (aktive Bestechung) unabhängig von der Strafbarkeit natürlicher Personen bestraft werden. Das Unternehmen ist dann strafbar, wenn ihm vorzuwerfen ist, dass es nicht alle erforderlichen und zumutbaren organisatorischen Vorkehren getroffen hat, um eine solche Straftat zu verhindern.

3 Steuerrechtliche Aspekte

3.1 Nichtabzugsfähigkeit von Bestechungsgeldern

Die Bestechungsgelder, die an schweizerische oder ausländische Amtsträger entrichtet werden, stellen nicht geschäftsmässig begründeten Aufwand dar und können daher nicht vom Einkommen aus selbständiger Erwerbstätigkeit oder vom Gewinn einer juristischen Person in Abzug gebracht werden (vgl. Art. 27 Abs. 3 und Art. 59 Abs. 2 DBG).

3.2 Prüfungshandlungen

Es ist für die Steuerbehörde im konkreten Einzelfall nicht einfach herauszufinden, ob innerhalb des steuerlich geltend gemachten Aufwandes einer steuerpflichtigen Person solche Bestechungszahlungen enthalten sind, die das steuerbare Einkommen respektive den steuerbaren Gewinn unzulässig verkürzen. Da den Bestechungszahlungen keine belegbare Gegenleistung gegenübersteht, können Scheingeschäfte dokumentiert werden, um solche Zahlungen zu rechtfertigen. Die Bestechungszahlungen können dabei als „Servicegebühren", „after sales tax", „Agentengebühren", „Transportkosten", „Umtriebsentschädigungen", „Repräsentationsspesen", „Werbekosten" o.ä. bezeichnet werden.

Betreffend den Nachweis der geschäftsmässigen Begründung des verbuchten Aufwandes in sogenannten Ausland-Ausland-Geschäften, insbesondere des Aufwandes von mit schweizerischen oder ausländischen Behörden geschlossenen Verträgen, gilt zudem das Kreisschreiben der ESTV Nr. 49 vom 13. Juli 2020 über den Nachweis des geschäftsmässig begründeten Aufwandes bei Ausland-Ausland-Geschäften.

Das Handbuch der OECD[3] liefert Typologien und enthält detaillierte Indizien, anhand welcher Bestechungsvorgänge entdeckt werden können.

---

[3] «Handbuch ‚Bestechung und Korruption' für den Innen- und Außendienst der Steuerverwaltung» der Kommission für Steuerangelegenheiten der Direktion für finanzielle und unternehmerische Angelegenheiten der OECD: https://read.oecd-ilibrary.org/taxation/handbuch-bestechung-und-korruption-fur-den-innen-und-aussendienst-der-steuerverwaltung_9789264206564-de#page1

3.3 Anzeige der Straftaten an die Strafbehörden

Die steuerrechtlichen Bestimmungen, welche die Abzugsfähigkeit von Bestechungsgeldern ausschliessen, stellen keine genügenden Rechtsgrundlagen dar, um die Steuerbehörden dazu zu verpflichten, den Strafbehörden die Bestechungs- und Vorteilsgewährungsfälle anzuzeigen, von denen die Mitarbeitenden in Ausübung ihres Amtes Kenntnis erlangt haben.

Eine solche Anzeigepflicht besteht aber für das Bundespersonal seit dem 1. Januar 2011. Bundesangestellte i.S.v. Artikel 2 BPG sind verpflichtet, alle von Amtes wegen zu verfolgenden Verbrechen oder Vergehen, die sie bei ihrer amtlichen Tätigkeit festgestellt haben oder die ihnen gemeldet worden sind, den Strafverfolgungsbehörden, ihren Vorgesetzten oder der Eidgenössischen Finanzkontrolle (EFK) anzuzeigen (vgl. Art. 22a Abs. 1 BPG). Sämtliche Korruptionsstatbestände nach den Artikeln 322ter–$322^{septies}$ StGB stellen Verbrechen bzw. Vergehen i.S. des Strafrechts dar. Eine Anzeigepflicht besteht, wenn ein begründeter Verdacht auf solche Straftaten vorliegt. Davon ist jedenfalls auszugehen, wenn ein Aufwand mit der Begründung verweigert wird, es handle sich um eine Bestechungszahlung.

Für die Angestellten der kantonalen Steuerverwaltungen ist die jeweilige kantonale Gesetzgebung massgebend.

Soweit das kantonale Gesetz keine Anzeigepflicht vorsieht, ein Mitglied einer kantonalen Steuerbehörde aber dennoch eine Anzeige erstatten will, so ist dafür die schriftliche Einwilligung der vorgesetzten Behörde notwendig (Art. 320 Ziff. 2 StGB).

Eine Anzeige wegen Steuerbetrugs gemäss Artikel 188 Absatz 1 DBG bleibt vorbehalten. Die Steuerbehörden sind direkt aus dem DBG verpflichtet, bei Vorliegen eines Verdachts solche Anzeigen zu erstatten (Art. 188 Abs. 1 und 194 Abs. 2 DBG). Für die kommunalen und kantonalen Steuern ist das kantonale Recht massgebend.

4 Inkrafttreten

Das vorliegende Kreisschreiben tritt mit seiner Publikation in Kraft. Gleichzeitig wird das Kreisschreiben Nr. 16 der ESTV vom 13. Juli 2007 aufgehoben.

Ausland-Ausland-Geschäfte

Quelle: Eidg. Steuerverwaltung ESTV / HA Direkte Bundessteuer, Verrechnungssteuer, Stempelabgaben

Direkte Bundessteuer
Verrechnungssteuer

Bern, 13. Juli 2020

Kreisschreiben Nr. 49

Nachweis des geschäftsmässig begründeten Aufwandes bei Ausland-Ausland-Geschäften

1 Begründung des geschäftsmässig begründeten Aufwandes

1.1 Grundsätzliches

Gesellschaften sowie Betriebsstätten ausländischer Gesellschaften, die der direkten Bundessteuer und/oder der Verrechnungssteuer unterliegen, können seit dem 1. Januar 2009 auch für Ausland-Ausland-Geschäfte keine pauschalen Kostendeckungen mehr geltend machen. Der abziehbare Aufwand muss den gesetzlichen Bestimmungen entsprechen (vgl. Art. 27, 58 Abs. 1 und 59 des Bundesgesetzes vom 14. Dezember 1990 über die direkte Bundessteuer [DBG; SR 642.11]). Es gelten deshalb die üblichen Regeln für den Nachweis der geschäftsmässigen Begründung des verbuchten Aufwandes. Zu diesen Regeln zählen:

- Die Aufwendungen müssen begründet und belegt werden. Dies gilt auch bezüglich dem Erwerb und der Nutzung von immateriellen Werten wie Patente, Marken, Rechte und dergleichen.

- Die geltend gemachten Aufwendungen zu Gunsten von Gesellschaftern und diesen nahe stehenden Dritten müssen unter Berücksichtigung einer angemessenen Bandbreite dem Drittvergleich standhalten. Diesbezüglich sei auf die Verpflichtung der Schweiz zur Anwendung des „dealing at arm's length"-Grundsatzes gemäss den geltenden Verrechnungspreisrichtlinien der OECD[1] hingewiesen. Nach bundesgerichtlicher Rechtsprechung sind auch Personen den Gesellschaftern nahe stehend, zu denen wirtschaftliche oder persönliche Verbindungen bestehen, welche nach den gesamten Umständen als eigentlicher Grund der zu besteuernden ungewöhnlichen Leistung betrachtet werden müssen. Insbesondere gelten auch Dritte als Nahestehende, welche eine schweizerische Gesellschaft im Einverständnis der Gesellschafter zur Abwicklung von Geschäften benutzen.

In dieser Hinsicht unterscheiden sich Gesellschaften mit sog. Ausland-Ausland-Geschäften nicht von Gesellschaften mit Schweizer Ansässigkeit und vollständiger oder teilweiser

---

[1] «OECD-Verrechnungspreisleitlinien für multinationale Unternehmen und Steuerverwaltungen 2017»: https://read.oecd-ilibrary.org/taxation/oecd-verrechnungspreisleitlinien-fur-multinationale-unternehmen-und-steuerverwaltungen-2017_9789264304529-de#page1

Geschäftstätigkeit im Inland. Geschäftsmässig nicht begründete Aufwendungen sind wie bei allen in der Schweiz ansässigen Gesellschaften unter dem Aspekt verdeckter Vorteilszuwendungen zu betrachten, und es sind die erforderlichen Deklarationen zwecks Erhebung der Verrechnungssteuer spontan und innert der gesetzlichen Frist vorzunehmen (vgl. Art. 4 Abs. 1 Bst. b Bundesgesetz vom 13. Oktober 1965 über die Verrechnungssteuer [VStG; SR 642.21] und Art. 19 Verordnung vom 19. Dezember 1966 über die Verrechnungssteuer [VStV; SR 642.211]).

1.2 Bestechungszahlungen und Bussen

Zahlungen von Bussen und von Bestechungsgeldern im Sinne des schweizerischen Strafrechts an schweizerische oder fremde Amtsträger (vgl. Art. 322ter–322^{septies} Schweizerisches Strafgesetzbuches vom 21. Dezember 1937 [StGB; SR 311.0]) stellen nie geschäftsmässig begründeten Aufwand dar (vgl. Art. 27 Abs. 1 und 3 bzw. Art. 58 Abs. 1 Bst. b und Art. 59 Abs. 2 DBG). Betreffend die Definitionen von Bestechungsgeldern und Amtsträgern wird auf das Kreisschreiben der ESTV Nr. 50 vom 13. Juli 2020 verwiesen. Jenes Kreisschreiben weist auch auf die Pflicht hin, einen Verdacht auf Bestechungshandlungen bei den Strafverfolgungsbehörden anzuzeigen. Eine solche Anzeigepflicht besteht für das Bundespersonal gemäss Artikel 22a Absatz 1 des Bundespersonalgesetzes vom 24. März 2000 (BPG; SR 172.220.1). Für die Angestellten der kantonalen Steuerverwaltungen ist die jeweilige kantonale Gesetzgebung massgebend.

Das Handbuch der OECD[2] liefert Typologien und enthält detaillierte Indizien, anhand welcher Bestechungsvorgänge entdeckt werden können.

2 Überprüfung

Nach den allgemeinen Regeln über die Beweislastverteilung haben die Steuerpflichtigen den Nachweis der geschäftsmässigen Begründetheit der Aufwandpositionen zu erbringen, da diese Positionen die Steuerlast aufheben oder mindern. Ist eine Buchhaltung allerdings formell richtig, so wird nach der Rechtsprechung vermutet, dass sie auch inhaltlich richtig sei. Bestehen Zweifel an der formellen Richtigkeit der Geschäftsbücher, so entfällt die natürliche Vermutung der materiellen Richtigkeit. Auch bei formell richtiger Buchhaltung können Zweifel der Steuerbehörde genügen, so dass diese Vermutung nicht greift. Fliessen Zahlungen ins Ausland, so trifft die steuerpflichtige Unternehmung nach der Rechtsprechung zudem eine erhöhte Mitwirkungspflicht.[3]

Deshalb sind bei Zahlungen ins Ausland an den Nachweis der geschäftsmässigen Begründetheit entsprechend höhere Anforderungen zu stellen. Dazu gehört insbesondere die Nennung der wahren Begünstigten der Zahlungen oder Leistungen. Aufwendungen zu Gunsten von Gesellschaften in Steueroasen und Zahlungen auf Bankkonti und dergleichen ohne Offenlegung der wahren Leistungsempfänger können nicht als geschäftsmässig begründet anerkannt werden. Allerdings sind dabei Zahlungen an Empfänger mit Domizil in Staaten, mit denen die Schweiz den automatischen Informationsaustausch (AIA) abgeschlossen hat, sowie die Informationen aus dem AIA entsprechend zu würdigen.[4]

Die Schweizer Steuerbehörden haben bei Geschäften mit ausländischen Vertragspartnern grundsätzlich die Möglichkeit, die für Gegenkontrollen nötigen Informationen auf dem Weg der

---

[2] «Handbuch ‚Bestechung und Korruption' für den Innen- und Außendienst der Steuerverwaltung» der Kommission für Steuerangelegenheiten der Direktion für finanzielle und unternehmerische Angelegenheiten der OECD: https://read.oecd-ilibrary.org/taxation/handbuch-bestechung-und-korruption-fur-den-innen-und-aussendienst-der-steuerverwaltung_9789264206564-de#page1

[3] zum Ganzen: Urteil BGer 2C_1113/2018 E. 2.2.2 (Mitwirkungspflicht) und E. 2.2.3 (erhöhte Mitwirkungspflicht)

[4] Liste der AIA-Partnerstaaten: https://www.sif.admin.ch/sif/de/home/multilateral/steuer_informationsaust/automatischer-informationsaustausch/automatischer-informationsaustausch1.html

Amtshilfe zu beschaffen. Da die Amtshilfe aber an Voraussetzungen gebunden ist (z.B.Vertragsstaat, Subsidiaritätsprinzip), können Gegenkontrollen bei den ausländischen Leistungsempfängern unter Umständen nicht möglich oder Amtshilfeersuchen ergebnislos sein. Deshalb gelten auch hier die Grundsätze zur erhöhten Mitwirkungspflicht. Kommt das steuerpflichtige Unternehmen dieser erhöhten Mitwirkungspflicht nicht nach, sind die Aufwendungen in diesem Umfang steuerlich nicht anzuerkennen. Nötigenfalls legen die Steuerbehörden die Steuerfaktoren nach pflichtgemässem Ermessen fest.

3 Steuervorbescheide (sog. Steuerrulings)

Für pauschale Kostendeckungen können keine Steuervorbescheide abgegeben werden.

Die Möglichkeit, in gewissen Fällen Steuervorbescheide[5] zu erhalten, ändert an diesem Grundsatz nichts.

4 Inkrafttreten

Das vorliegende Kreisschreiben tritt mit seiner Publikation in Kraft. Gleichzeitig wird das Kreisschreiben Nr. 9 der ESTV vom 22. Juni 2005 aufgehoben.

---

[5] Mitteilung der ESTV Nr. 11 vom 29. April 2019 (011-DVS-2019-d)

Verwirkung des Anspruchs auf Rückerstattung der VSt

Quelle: Eidg. Steuerverwaltung ESTV / HA Direkte Bundessteuer, Verrechnungssteuer, Stempelabgaben

Verrechnungssteuer

Bern, 4. Dezember 2019

Kreisschreiben Nr. 48

Verwirkung des Anspruchs von natürlichen Personen auf Rückerstattung der Verrechnungssteuer gemäss Artikel 23 VStG in der Fassung vom 28. September 2018

Inhaltsverzeichnis

1	Allgemeines	2
2	Gesetzliche Bestimmungen	2
3	Voraussetzungen der Rückerstattung	2
3.1	Deklarationspflicht nach Artikel 23 VStG	2
3.1.1	Grundsatz	2
3.1.2	Ausnahme	3
3.2	Überprüfungs- und Auskunftspflichten	3
3.3	Hinweis zum Untergang des Rückerstattungsanspruchs infolge Zeitablaufs gemäss Artikel 32 VStG	4
4	Veranlagung nach pflichtgemässem Ermessen	4
5	Meldeverfahren	4
6	Übergangsregelung	4
7	Inkrafttreten	5

1 Allgemeines

Am 28. September 2018 verabschiedeten die Eidgenössischen Räte eine Änderung des Bundesgesetzes vom 13. Oktober 1965 über die Verrechnungssteuer (VStG; SR 642.21), insbesondere betreffend Artikel 23. Diese Änderung des VStG trat rückwirkend auf den 1. Januar 2019 in Kraft.

Die in Artikel 23 Absatz 1 VStG erwähnte Deklarationspflicht als Voraussetzung für die Rückerstattung der Verrechnungssteuer bleibt unverändert bestehen. Diese Deklarationspflicht ergibt sich aus Artikel 124 Absatz 2 und Artikel 125 Absätze 1 und 2 des Bundesgesetzes vom 14. Dezember 1990 über die direkte Bundessteuer (DBG; SR 642.11).

Der neu eingefügte Absatz 2 von Artikel 23 VStG hält fest, unter welchen Voraussetzungen die Verwirkung des Anspruchs auf Rückerstattung der Verrechnungssteuer nicht eintritt, obwohl die antragstellende Person (steuerpflichtige Person) die steuerbaren Einkünfte gemäss Artikel 23 Absatz 1 VStG nicht deklariert hatte.

Parallel zu dieser Änderung hat der Gesetzgeber in Artikel 70d VStG eine Übergangsbestimmung eingeführt.

2 Gesetzliche Bestimmungen

Die am 1. Januar 2019 in Kraft getretenen Artikel 23 und 70d VStG über die Verwirkung des Anspruchs auf Rückerstattung der Verrrechnungssteuer lauten wie folgt:

Artikel 23
[1] Wer mit der Verrechnungssteuer belastete Einkünfte oder Vermögen, woraus solche Einkünfte fliessen, entgegen gesetzlicher Vorschrift der zuständigen Steuerbehörde nicht angibt, verwirkt den Anspruch auf Rückerstattung der von diesen Einkünften abgezogenen Verrechnungssteuer.

[2] Die Verwirkung tritt nicht ein, wenn die Einkünfte oder Vermögen in der Steuererklärung fahrlässig nicht angegeben wurden und in einem noch nicht rechtskräftig abgeschlossenen Veranlagungs-, Revisions- oder Nachsteuerverfahren:

    a. nachträglich angegeben werden; oder
    b. von der Steuerbehörde aus eigener Feststellung zu den Einkünften oder Vermögen hinzugerechnet werden.

Artikel 70d
Artikel 23 Absatz 2 gilt für Ansprüche, die seit dem 1. Januar 2014 entstanden sind, sofern über den Anspruch auf Rückerstattung der Verrechnungssteuer noch nicht rechtskräftig entschieden worden ist.

3 Voraussetzungen der Rückerstattung

3.1 Deklarationspflicht nach Artikel 23 VStG

3.1.1 Grundsatz

Deklariert die steuerpflichtige Person die mit der Verrechnungssteuer belasteten Einkünfte sowie das Vermögen, woraus solche Einkünfte fliessen, mit der Steuererklärung, welche für die Steuerperiode der Fälligkeit der steuerbaren Leistung bei der zuständigen Steuerbehörde einzureichen ist, so ist die Deklarationspflicht erfüllt (vgl. Art. 23 Abs. 1 VStG). Sofern die weiteren

Voraussetzungen gemäss Artikel 21 ff. VStG erfüllt sind, besteht ein Anspruch auf die Rückerstattung der Verrechnungssteuer.

3.1.2 Ausnahme

Gemäss Änderung des VStG vom 28. September 2018 gilt die Deklarationspflicht auch dann als erfüllt, wenn die der Verrechnungssteuer unterliegenden Einkünfte zwar nicht in der Steuererklärung (vgl. Ziff. 3.1.1), sondern nachträglich in einem noch nicht rechtskräftig abgeschlossenen Veranlagungs-, Revisions- oder Nachsteuerverfahren durch die steuerpflichtige Person deklariert oder von der zuständigen Steuerbehörde aus eigener Feststellung zu den Einkünften oder zum Vermögen hinzugerechnet werden (Art. 23 Abs. 2 VStG). Voraussetzung dafür ist, dass die Deklaration der Steuerfaktoren lediglich fahrlässig unterlassen worden ist (vgl. Ziff. 3.1.2.1 hiernach).

Die Rückerstattung der Verrechnungssteuer wird auch in diesen Fällen nur gewährt, wenn die übrigen Voraussetzungen gemäss Artikel 21 ff. VStG allesamt erfüllt sind.

3.1.2.1 Begriff der Fahrlässigkeit

Gemäss den Artikeln 124 – 126 DBG muss die steuerpflichtige Person alles tun, um eine vollständige und richtige Veranlagung zu ermöglichen. Dies gilt auch, wenn sie eine Drittperson mit der Erstellung der Steuererklärung beauftragt.

Fahrlässig handelt, wer die Folge seines Verhaltens aus pflichtwidriger Unvorsichtigkeit nicht bedenkt oder darauf nicht Rücksicht nimmt. Pflichtwidrig ist die Unvorsichtigkeit, wenn jemand die Vorsicht nicht beachtet, zu der er nach den Umständen und nach seinen persönlichen Verhältnissen verpflichtet ist. Unter persönlichen Verhältnissen versteht man etwa die Ausbildung, die intellektuellen Fähigkeiten sowie die berufliche Erfahrung.

3.1.2.2 Nicht rechtskräftig abgeschlossenes Veranlagungs-, Revisions- oder Nachsteuerverfahren

Die nachträgliche Deklaration oder Aufrechnung der verrechnungssteuerbelasteten Einkünfte muss in einem noch nicht rechtskräftig abgeschlossenen Veranlagungs-, Revisions- oder Nachsteuerverfahren erfolgen. Diese steuerbaren Einkünfte müssen nicht zwingend Anlass für die Korrektur der steuerbaren Faktoren sein. Auch im Rahmen einer straflosen Selbstanzeige (Art. 175 Abs. 3 DBG) bleibt der Rückerstattungsanspruch bei solchen nachdeklarierten Einkünften bestehen, sofern deren ursprüngliche Deklaration fahrlässig unterlassen worden ist.

3.2 Überprüfungs- und Auskunftspflichten

Ergibt sich aus den Akten der zuständigen Steuerbehörde, dass die mit der Verrechnungssteuer belasteten Einkünfte oder Vermögen fahrlässig nicht deklariert wurden, so gewährt die Steuerbehörde ohne weitere Überprüfung die Rückerstattung.

Andernfalls muss die steuerpflichtige Person darlegen oder zumindest glaubhaft machen, dass sie die Deklaration fahrlässig unterlassen hatte (vgl. Ziff. 3.1.2.1 hiervor). Dies ergibt sich aus der Pflicht gemäss Artikel 48 VStG, der zuständigen Behörde über alle Tatsachen, welche für den Rückerstattungsanspruch von Bedeutung sein könnten, nach bestem Wissen und Gewissen Auskunft zu erteilen.

Erachtet die Steuerbehörde nach Prüfung der Auskünfte die Unterlassung der Deklaration als fahrlässig, gewährt sie die Rückerstattung der Verrechnungssteuer.

3.3 Hinweis zum Untergang des Rückerstattungsanspruchs infolge Zeitablaufs gemäss Artikel 32 VStG

Artikel 32 VStG wurde in der vorliegenden Revision nicht geändert und findet damit unverändert Anwendung. Dies gilt auch im Rahmen der Anwendung der Übergangsbestimmung in Artikel 70d VStG (vgl. Ziff. 6 hiernach).

Wenn innerhalb von drei Kalenderjahren nach Fälligkeit der steuerbaren Leistung kein Rückerstattungsantrag eingereicht wurde, erlischt bereits deshalb der Rückerstattungsanspruch (Art. 32 Abs. 1 VStG). Vorbehalten bleibt eine neue Frist von 60 Tagen für das Einreichen eines Rückerstattungsantrags, wenn die Verrechnungssteuer erst auf Grund einer Beanstandung der Eidgenössischen Steuerverwaltung entrichtet und überwälzt wird (Art. 32 Abs. 2 VStG). Der Anspruch auf Rückerstattung der Verrechnungssteuer richtet sich auch hier nach den Voraussetzungen der Artikel 21 ff. VStG.

4 Veranlagung nach pflichtgemässem Ermessen

Kommt die steuerpflichtige Person ihren Verfahrenspflichten nicht nach, indem sie keine Steuererklärung einreicht oder indem sie ihre Einkünfte nur teilweise deklariert, nimmt die Veranlagungsbehörde die Veranlagung nach pflichtgemässem Ermessen im Sinne von Artikel 130 DBG vor. Auch bei einer solchen Veranlagung kann Artikel 23 Absatz 2 VStG zur Anwendung kommen. Die Berücksichtigung von mit der Verrechnungssteuer belasteten Einkünften durch die zuständige Steuerbehörde, respektive das Einreichen einer das bewegliche Vermögen und dessen Erträge ausweisenden Steuererklärung als Beweismittel im Einspracheverfahren (Art. 132 Abs. 3 DBG), schliesst somit eine Rückerstattung der Verrechnungssteuer nicht aus, sofern auf die Einsprache einzutreten ist und die Voraussetzungen von Ziffer 3 oben erfüllt sind.

5 Meldeverfahren

Die Anwendung des Meldeverfahrens bei Leistungen an inländische natürliche Personen (vgl. Art. 20 VStG und Art. 24 ff. der Verordnung vom 19. Dezember 1966 über die die Verrechnungssteuer, VStV; SR 642.211) entbindet den Leistungsempfänger nicht von der Pflicht, die Leistung ordnungsgemäss nach Artikel 124 - 126 DBG zu deklarieren (vgl. Ziff. 3.1.1).

Das Meldeverfahren ist nicht ausgeschlossen, wenn der Anspruch auf Rückerstattung der Verrechnungssteuer als Folge von Art. 23 Abs. 2 VStG nicht verwirkt ist und die übrigen Voraussetzungen für die Anwendung des Meldeverfahrens erfüllt sind.

Unerheblich ist, ob die steuerpflichtige Person eine Nachdeklaration vornimmt oder die Steuerbehörde aus eigener Feststellung die Aufrechnung durchführt.

6 Übergangsregelung

Gemäss der Übergangsbestimmung zur Änderung des VStG vom 28. September 2018 gilt Artikel 23 Absatz 2 VStG für Rückerstattungsansprüche, die seit dem 1. Januar 2014 entstanden sind, sofern darüber nicht rechtskräftig entschieden worden ist (vgl. Art. 70d VStG). Der Rückerstattungsanspruch entsteht gleichzeitig mit der Steuerforderung (vgl. Art. 21 i.V.m. Art. 12 VStG). Diese entsteht gemäss Artikel 12 VStG mit der Fälligkeit der steuerbaren Leistung. Artikel 23 Absatz 2 VStG betrifft somit der Verrechnungssteuer unterliegende Einkünfte, die nach dem 31. Dezember 2013 fällig geworden sind.

Hingegen gilt für alle Einkünfte mit Fälligkeiten bis zum 31. Dezember 2013, über deren Rückerstattungsanspruch nicht rechtskräftig entschieden worden ist, Artikel 23 VStG in der Fassung vom 13. Oktober 1965 (nachfolgend altes Recht).

7 Inkrafttreten

Dieses Kreisschreiben tritt gleichzeitig mit dem Inkrafttreten des geänderten Artikels 23 VStG und des Artikels 70d VStG rückwirkend auf den 1. Januar 2019 in Kraft.

Das Kreisschreiben Nr. 40 der Eidgenössischen Steuerverwaltung über die Verwirkung des Anspruchs von natürlichen Personen auf Rückerstattung der Verrechnungssteuer gemäss Artikel 23 VStG vom 11. März 2014 gilt weiterhin für die Fälle, die unter das alte Recht fallen (vgl. Ziff. 6 hiervor).

Obligationen

Quelle: Eidg. Steuerverwaltung ESTV / HA Direkte Bundessteuer, Verrechnungssteuer, Stempelabgaben

Verrechnungssteuer

Bern, 25. Juli 2019

Kreisschreiben Nr. 47

Obligationen

Inhaltsverzeichnis

1	Obligationenbegriff	2
1.1	Anleihensobligationen	2
1.2	Kassenobligationen	2
1.3	Individuelle Schuldverhältnisse	2
2	Inländerbegriff	2
3	Beginn der Steuerpflicht	2
3.1	Anleihensobligationen	2
3.2	Kassenobligationen	3
3.3	Individuelle Schuldverhältnisse	3
4	Anmeldepflicht	3
5	Erhebung der Verrechnungssteuer	3
6	Abrechnungsverfahren für die Verrechnungssteuer	3
7	Geldmarktpapiere und Buchforderungen	4
8	Geltung des Kreisschreibens	4

1 Obligationenbegriff

Was unter einer Obligation zu verstehen ist, wurde für die Stempelabgaben und die Verrechnungssteuer gesetzlich geregelt (vgl. Art. 4 Abs. 3 des Bundesgesetzes vom 27. Juni 1973 über die Stempelabgaben [StG]; SR 641.10 und Art. 15 der Vollziehungsverordnung vom 19. Dezember 1966 über die Verrechnungssteuer [VStV]; SR 642.211). Dieser Obligationenbegriff geht weiter als derjenige des Wertpapierrechts (vgl. Art. 965 ff. des Bundesgesetzes vom 30. März 1911 betreffend die Ergänzung des Schweizerischen Zivilgesetzbuches [Fünfter Teil: Obligationenrecht]; OR, SR 220) und auch darüber hinaus, was im Handel und im Bankgeschäft unter einer Obligation verstanden wird. Obligationen sind demnach schriftliche, auf feste Beträge lautende Schuldanerkennungen, die zwecks kollektiver Beschaffung von Fremdkapital, kollektiver Anlagegewährung oder Konsolidierung von Verbindlichkeiten in einer Mehrzahl von Exemplaren ausgegeben werden.

1.1 Anleihensobligationen

Die Titel werden in einer Mehrzahl von Exemplaren zu identischen Bedingungen ausgegeben. Bei der Anleihe handelt es sich um ein einheitliches, in sich geschlossenes Kreditgeschäft.

1.2 Kassenobligationen

Die Titel werden in einer Mehrzahl von Exemplaren fortlaufend und zu variablen Bedingungen ausgegeben.

1.3 Individuelle Schuldverhältnisse

Unter individuellen Schuldverhältnissen sind der Abschluss von Einzeldarlehen und die Emission von Privatplatzierungen gegen Ausgabe von Schuldanerkennungen zu verstehen. Diese Finanzierungsformen charakterisieren sich dadurch, dass ein inländischer Kreditnehmer mit einem einzelnen in- oder ausländischem Kreditgeber (i.d.R. handelt es sich um Banken oder institutionelle Investoren) einen Darlehensvertrag abschliesst (Einzeldarlehen); bei den Privatplatzierungen (auch Club-Deals genannt) werden solche Darlehen in der Form von Wertpapieren zu identischen Bedingungen verbrieft und als Titel, Notes, Kassascheine, Schuldscheine, Zertifikate usw. bei einem kleinen Investorenkreis platziert. Die Qualifikation der individuellen Schuldverhältnisse als Einzeldarlehen, Anleihen oder Kassenobligationen hängt einerseits von der Ausgestaltung des Kreditvertrages und andererseits von der Emissionstätigkeit des Schuldners ab.

2 Inländerbegriff

Inländer ist, wer im Inland Wohnsitz, dauernden Aufenthalt, statutarischen oder gesetzlichen Sitz hat oder als Unternehmen im inländischen Handelsregister eingetragen ist (vgl. Art. 4 Abs. 1 StG und Art. 9 Abs. 1 des Bundesgesetzes vom 13. Oktober 1965 über die Verrechnungssteuer [VStG]; SR 642.21).

3 Beginn der Steuerpflicht

3.1 Anleihensobligationen

Eine Anleihe im Sinne des Stempel- und Verrechnungssteuergesetzes liegt vor, wenn ein inländischer Schuldner bei mehr als zehn Gläubigern gegen Ausgabe von Schuldanerkennungen Geld zu identischen Bedingungen aufnimmt. Die gesamte Kreditsumme muss dabei mindestens 500'000 Franken betragen.

3.2 Kassenobligationen

Kassenobligationen im Sinne des Stempel- und Verrechnungssteuergesetzes sind gegeben, wenn ein inländischer Schuldner (Nichtbank) bei mehr als 20 Gläubigern gegen Ausgabe von Schuldanerkennungen fortlaufend Geld zu variablen Bedingungen aufnimmt. Die gesamte Kreditsumme muss mindestens 500'000 Franken betragen.

Werden Kassenobligationen von einer Bank im Sinne des Bundesgesetzes vom 8. November 1934 über die Banken und Sparkassen (Bankengesetz BankG; SR 952) emittiert, so beginnt die Steuerpflicht ohne Rücksicht auf die Anzahl der Gläubiger mit der Aufnahme der Geschäftstätigkeit.

Bei der Ermittlung der Anzahl Gläubiger für Anleihens- und Kassenobligationen sind die in- und ausländischen Banken im Sinne der an ihrem Sitz geltenden Bankengesetzgebung nicht mitzuzählen.

3.3 Individuelle Schuldverhältnisse

Einzeldarlehen ohne Verbriefung gelten nicht als Privatplatzierung. Eine Refinanzierung solcher Darlehen durch Abtretung von Teilforderungen wird erst dann als kollektive Kapitalbeschaffung qualifiziert, wenn die in Ziffer 3.1 hiervor genannte Richtzahl überschritten wird (vgl. Ziff.1.4 des Kreisschreibens Nr. 46 "Steuerliche Behandlung von Konsortialdarlehen, Schuldscheindarlehen, Wechseln und Unterbeteiligungen" vom 24.07.2019).

Im Bereich der Privatplatzierungen, bei welchen schriftliche Schuldanerkennungen ausgegeben werden, gilt der Grundsatz "Anzahl der emittierten Schuldanerkennungen pro Privatplatzierung = Anzahl der Gläubiger".

Demnach ist eine Privatplatzierung als Anleihe gemäss Ziffer 3.1 hiervor zu qualifizieren, wenn für diese mehr als zehn Schuldanerkennungen ausgegeben werden.

Kassenobligationen gemäss Ziffer 3.2 hiervor sind gegeben, sobald das Total der Gläubiger aller Privatplatzierungen und Einzeldarlehen die Zahl von 20 übersteigt.

4 Anmeldepflicht

Sollten die vorstehenden Bedingungen auf Ihre Institution zutreffen, bitten wir Sie um schriftliche Anmeldung bei unserer Verwaltung.

5 Erhebung der Verrechnungssteuer

Gegenstand der Verrechnungssteuer auf dem Ertrag beweglichen Kapitalvermögens sind die Zinsen, Renten, Gewinnanteile und sonstigen Erträge der von einem Inländer ausgegebenen Obligationen (Art. 4 Abs. 1 lit. a VStG).

Steuerpflichtig ist der inländische Emittent der Titel (Art. 10 Abs. 1 VStG).

6 Abrechnungsverfahren für die Verrechnungssteuer

Die Steuer auf dem Ertrag von Anleihensobligationen ist mit dem amtlichen Formular innert 30 Tagen nach Fälligkeit des Ertrages (Zinstermin) zu deklarieren und zu entrichten (Art. 18 VStV).

Die Steuer auf dem Ertrag von Kassenobligationen ist mit dem amtlichen Formular wie folgt zu deklarieren und zu entrichten (Art. 19 Abs. 1 und 2 VStV):

- in einem annäherungsweise ermittelten Betrag innert 30 Tagen nach Ablauf des Geschäftsvierteljahres für die in diesem Zeitraum fällig gewordenen Erträge (Zinsen);
- im genau ermittelten Betrag innert 30 Tagen nach Ablauf des letzten Geschäftsvierteljahres für die im ganzen Geschäftsjahr fällig gewordenen Erträge (Zinsen), abzüglich der für die ersten drei Quartale abgelieferten Steuern.

7 Geldmarktpapiere und Buchforderungen

Bezüglich der Geldmarktpapiere und Buchforderungen wird auf das Merkblatt der ESTV betreffend Geldmarktpapiere und Buchforderungen inländischer Schuldner vom 2. Oktober 2015 (S-02.130.1) verwiesen.

8 Geltung des Kreisschreibens

Das vorliegende Kreisschreiben tritt mit seiner Publikation in Kraft und ersetzt das Merkblatt S-02-122.1 der Eidgenössischen Steuerverwaltung vom 1. Mai 1999.

Steuerliche Behandlung von Konsortialdarlehen, Schuldscheindarlehen, Wechseln und Unterbeteiligungen

Quelle: Eidg. Steuerverwaltung ESTV / HA Direkte Bundessteuer, Verrechnungssteuer, Stempelabgaben

Verrechnungssteuer
Stempelabgaben

Bern, 24. Juli 2019

Kreisschreiben Nr. 46

Steuerliche Behandlung von Konsortialdarlehen, Schuldscheindarlehen, Wechseln und Unterbeteiligungen

Inhaltsverzeichnis

1	Allgemeines	2
1.1	Grundsatz	2
1.2	Kollektive Kapitalbeschaffung	2
1.2.1	Begriff	2
1.2.2	Anleihensobligationen	2
1.2.3	Kassenobligationen	2
1.3	Geldmarktpapiere	2
1.4	Unterbeteiligungen an Forderungen	3
2	Umsatzabgabe	3
2.1	Gesetzliche Grundlage	3
2.1.1	Unterbeteiligungen	3
2.1.2	Abgabesätze und Berechnungsgrundlage	3
2.1.3	Fiduziarische Festgeld-Anlagen	3
3	Verrechnungssteuer	3
3.1	Gesetzliche Grundlage	3
3.1.1	Konsortial- oder Schuldscheindarlehen, Wechsel und Unterbeteiligungen als Obligationen	4
3.1.2	Unterbeteiligungen als Kundenguthaben	4
3.1.3	Verneinung von Kundenguthaben	4
4	Entlastung von Quellensteuern; Steuerrückbehalt	4
5	Geltung des Kreisschreibens	4

1 Allgemeines

1.1 Grundsatz

Dienen Konsortialdarlehen, Schuldscheindarlehen, Wechsel, Buchforderungen und Unterbeteiligungen der kollektiven Kapitalbeschaffung bzw. der Konsolidierung von Schuldverhältnissen, so sind sie für die Stempelabgaben und die Verrechnungssteuer wie Anleihens- und Kassenobligationen oder Geldmarktpapiere zu behandeln.

1.2 Kollektive Kapitalbeschaffung

1.2.1 Begriff

Kollektive Kapitalbeschaffung liegt vor, wenn ein Schuldner schriftliche, auf feste Beträge lautende Schuldanerkennungen in einer Mehrzahl von Exemplaren ausgibt, die zur Unterbringung im Publikum bestimmt sind, und die dem Gläubiger zum Nachweis, zur Geltendmachung oder zur Übertragung der Forderung dienen. Äussere Aufmachung, Bezeichnung, Mantel und Couponbogen, Laufzeit oder verschiedene Nennwerte sind unerheblich.

1.2.2 Anleihensobligationen

Anleihensobligationen liegen vor, wenn ein Schuldner zu identischen Bedingungen bei mehr als zehn Gläubigern Kapital aufnimmt, die sich auf das gleiche Kreditverhältnis beziehen. Die gesamte Kreditsumme muss dabei mindestens 500'000 Franken betragen.

1.2.3 Kassenobligationen

1.2.3.1 Schuldner ist inländische Bank

Werden Kassenobligationen von einer Bank im Sinne des Bundesgesetzes vom 8. November 1934 über die Banken und Sparkassen (Bankengesetz BankG; SR 952.0) emittiert, so beginnt die Steuerpflicht ohne Rücksicht auf die Anzahl der Gläubiger mit der Aufnahme der Geschäftstätigkeit.

1.2.3.2 Schuldner ist nicht inländische Bank

Kassenobligationen im Sinne des Bundesgesetzes vom 27. Juni 1973 über die Stempelabgaben (StG; SR 641.10) und des Bundesgesetzes vom 13. Oktober 1965 über die Verrechnungssteuer (VStG; SR 642.21) liegen vor, wenn ein inländischer Schuldner (Nichtbank) bei mehr als 20 Gläubigern gegen Ausgabe von Schuldanerkennungen fortlaufend Geld zu variablen Bedingungen aufnimmt. Die gesamte Kreditsumme muss dabei mindestens 500'000 Franken betragen.

Bei der Ermittlung der Anzahl Gläubiger sind die in- und ausländischen Banken im Sinne der an ihrem Sitz geltenden Bankengesetzgebung nicht mitzuzählen

1.3 Geldmarktpapiere

Weisen Obligationen eine vertragliche Laufzeit von nicht mehr als zwölf Monaten auf, sind sie hinsichtlich der Stempelabgaben den Geldmarktpapieren zuzuordnen. Die Laufzeit berechnet sich von der Begründung der Schuldverhältnisse bis zur Fälligkeit (und nicht nach der jeweiligen Restlaufzeit).

1.4 Unterbeteiligungen an Forderungen

Wird ein Darlehen durch Abtretung von Teilforderungen refinanziert, so begründet der Zedent Obligationen oder ihnen gleichgestellte Urkunden (vgl. Ziffer 1.2.1 hiervor), sobald die Anzahl der Teilforderungen einen Stand erreicht, der beim Schuldner der Forderung selbst die Steuerpflicht auslösen würde.

Eine Unterbeteiligung liegt vor, wenn der (in- oder ausländische) Inhaber einer Darlehensforderung Teile daran einem oder mehreren Investoren abgibt. Wie die Unterbeteiligung zustande kommt, ist ohne Bedeutung. Ebenfalls unerheblich ist, ob sie bereits bei der ursprünglichen Investition oder erst später begründet wird.

Zu beachten ist, dass eine Notifikation an den Schuldner das Vorliegen einer Unterbeteiligung nicht aufhebt.

2 Umsatzabgabe

2.1 Gesetzliche Grundlage

Gemäss Artikel 13 Absatz 2 Buchstabe a Ziffer 1 StG unterliegen Obligationen der Umsatzabgabe.

2.1.1 Unterbeteiligungen

Bei den steuerbaren Unterbeteiligungen ist zu beachten, dass sie immer dem Schuldner gemäss Kreditvertrag zugerechnet werden. Somit werden die durch einen Inländer ausgegebenen Ausweise über Unterbeteiligungen eines ausländischen Schuldners zum Satz für ausländische Urkunden versteuert. Dagegen unterliegen die durch einen Ausländer begründeten Unterbeteiligungen dem Satz für inländische Urkunden, wenn der Schuldner Inländer ist.

2.1.2 Abgabesätze und Berechnungsgrundlage

Die Abgabe wird auf dem Entgelt berechnet und beträgt gemäss Artikel 16 StG:

a. 1,5 ‰ für ausgegebene Urkunden mit inländischem Schuldner
b. 3.0 ‰ für ausgegebene Urkunden mit ausländischem Schuldner

Besteht das Entgelt nicht in einer Geldsumme, so ist der Verkehrswert der vereinbarten Gegenleistung massgebend. Fremdwährungen sind gemäss Artikel 28 StG in Schweizerfranken umzurechnen.

2.1.3 Fiduziarische Festgeld-Anlagen

Hinsichtlich der Umsatzabgabe ergeben sich beim "Pooling" von Treuhandgeldern keine steuerbaren Unterbeteiligungen.

3 Verrechnungssteuer

3.1 Gesetzliche Grundlage

Gegenstand der Verrechnungssteuer auf dem Ertrag beweglichen Kapitalvermögens sind die Zinsen, Renten, Gewinnanteile und sonstigen Erträge u.a. der von einem Inländer ausgegebenen Obligationen sowie der Kundenguthaben bei inländischen Banken und Sparkassen (vgl. Art. 4 Abs. 1 Bst. a und d VStG).

3.1.1 Konsortial- oder Schuldscheindarlehen, Wechsel und Unterbeteiligungen als Obligationen

Dienen Konsortial- oder Schuldscheindarlehen, Unterbeteiligungen, Wechsel und dgl. der kollektiven Kapitalbeschaffung im Sinne der Ziffern 1.2 bis 1.4 hiervor, so unterliegen die Zinsen dieser Obligationen bzw. ihnen gleichgestellten Urkunden der Verrechnungssteuer, wenn der Schuldner der Forderung Inländer ist.

3.1.2 Unterbeteiligungen als Kundenguthaben

Die Zinsen von Unterbeteiligungen an einer Darlehensforderung gegen einen in- oder ausländischen Schuldner können auch als solche von Kundenguthaben der Verrechnungssteuer unterliegen. Dies ist der Fall, wenn die Teilforderungen abgebende Bank Schuldnerin der Unterbeteiligten ist.

3.1.3 Verneinung von Kundenguthaben

Gibt eine Bank Unterbeteiligungen durch Abtretung von Teilforderungen ab, so begründet diese Abtretung unter den folgenden Voraussetzungen keine Kundenguthaben:

- Es muss eine Zession gemäss Artikel 164 ff. des Bundesgesetzes vom 30. März 1911 betreffend die Ergänzung des Schweizerischen Zivilgesetzbuches (Fünfter Teil: Obligationenrecht [OR; SR 220]) vorliegen (weder Regress noch Garantie oder Bürgschaft und dgl.). Dies bedingt, dass unter den Vertragsparteien zu Originalbedingungen abgerechnet wird (Zinssatz, Laufzeit, Währung). Die marktkonforme Veränderung des Kaufpreises ist dagegen zulässig.
- Die Zession von Teilforderungen ist auf Verlangen wie folgt nachzuweisen:
  - Es müssen Schriftstücke aus der Zeit der Zession vorliegen, die den Inhalt der mit dem Schuldner (oder dem Vormann des Zedenten) und mit den Unterbeteiligten abgeschlossenen Rechtsgeschäfte belegen.
  - Der Zedent hat die vorgenommenen Zessionen in ein besonderes Verzeichnis aufzunehmen.

4 Entlastung von Quellensteuern; Steuerrückbehalt

Bei Unterbeteiligungen, die nach Massgabe von Ziffer 3.1.3 hiervor nicht Kundenguthaben sind, steht der Anspruch auf Entlastung der Erträge von ausländischen Quellensteuern den Unterbeteiligten zu.

Die inländische Bank hat zulasten der Unterbeteiligten die zusätzlichen Steuerrückbehalte zu entrichten.

5 Geltung des Kreisschreibens

Das vorliegende Kreisschreiben tritt mit seiner Publikation in Kraft und ersetzt das Merkblatt S-02.128 der Eidgenössischen Steuerverwaltung vom 1. Mai 1999.

Quellenbesteuerung des Erwerbseinkommens von Arbeitnehmern

Quelle: Eidg. Steuerverwaltung ESTV / HA Direkte Bundessteuer, Verrechnungssteuer, Stempelabgaben

Direkte Bundessteuer

Bern, 12. Juni 2019

Kreisschreiben Nr. 45

Quellenbesteuerung des Erwerbseinkommens von Arbeitnehmern

Inhaltsverzeichnis

1	Allgemeines und Gegenstand des Kreisschreibens	4
2	Begriffe	5
2.1	Arbeitnehmer	5
2.2	Schuldner der steuerbaren Leistung	5
2.2.1	Grundsatz	5
2.2.2	Beim Personalverleih	6
2.2.3	Bei einer faktischen Arbeitgeberschaft	6
2.3	Ansässigkeit	7
3	Quellenbesteuerte Arbeitnehmer	9
3.1	Grundsätze	9
3.1.1	Arbeitnehmer mit Ansässigkeit in der Schweiz	9
3.1.2	Arbeitnehmer mit Ansässigkeit im Ausland	9
3.2	Steuerbare Leistungen	9
3.2.1	Der Quellensteuer unterliegende Einkünfte aus Arbeitsverhältnis	9
3.2.2	In der Schweiz beschränkt der Quellensteuer unterliegende Einkünfte aus Arbeitsverhältnis	10
3.2.3	Vom Arbeitgeber übernommene Leistungsverpflichtungen des Arbeitnehmers	11
3.2.4	Entschädigung für Berufskosten	12
3.2.5	Spesenzahlungen	13
3.2.6	Geschäftsfahrzeuge	13
3.2.7	Naturalleistungen	13
3.2.8	Abgangsentschädigungen	13
3.2.9	Beim Personalverleih bzw. bei einer faktischen Arbeitgeberschaft	13

4	Grundsätze zur Tarifanwendung	15
4.1	Allgemeines	15
4.2	Einverdiener- und Zweiverdienertarif bei Verheirateten (Tarifcodes B und C bzw. M und N)	15
4.3	Tarif für Alleinerziehende (Tarifcodes H bzw. P)	16
4.4	Vereinfachtes Abrechnungsverfahren (Tarifcode E)	16
4.5	Tarif für Grenzgänger aus Italien (Tarifcode F)	16
4.6	Tarife für Grenzgänger aus Deutschland (Tarifcodes L, M, N und P)	16
4.7	Gewährung von Kinderabzügen	17
4.8	Kirchensteuerpflicht	18
4.9	Härtefallregelung	18
5	Abgrenzungen	19
5.1	Künstler, Sportler und Referenten	19
5.2	Mitarbeiterbeteiligungen	19
5.3	Verwaltungsratsentschädigungen	19
6	Berechnung der Quellensteuer nach dem Monatsmodell	21
6.1	Vorbemerkungen	21
6.2	Grundsätze	21
6.3	Satzbestimmendes Einkommen beim 13. Monatslohn	21
6.4	Satzbestimmendes Einkommen bei einer oder mehreren Teilzeit-Erwerbstätigkeiten	22
6.5	Erwerbstätigkeiten im Stunden- oder im Tageslohn	25
6.6	Quellensteuerberechnung bei untermonatigen Ein- und Austritten	27
6.7	Ausscheidung von im Ausland geleisteten Arbeitstagen	30
6.8	Quellensteuerberechnung bei Leistungen vor Antritt des Arbeitsverhältnisses	31
6.9	Quellensteuerberechnung bei Leistungen bei bzw. nach Beendigung des Arbeitsverhältnisses	32
6.10	Ersatzeinkünfte, die an den Arbeitgeber ausbezahlt werden	34
6.11	Ersatzeinkünfte, die nicht über den Arbeitgeber ausbezahlt werden	34
6.12	Kapitalabfindungen für wiederkehrende Leistungen (exkl. Ersatzeinkünfte)	34
7	Berechnung der Quellensteuer nach dem Jahresmodell	36
7.1	Vorbemerkungen	36
7.2	Grundsätze	36
7.3	Ermittlung des satzbestimmenden Jahreseinkommens	37
7.3.1	Allgemeines und Grundsatz zur Berechnung der Quellensteuer	37
7.3.2	Satzbestimmendes Einkommen bei einer oder mehreren Teilzeit-Erwerbstätigkeiten	40
7.3.3	Erwerbstätigkeiten im Stunden- oder Tageslohn	43
7.3.4	Quellensteuerberechnung bei unterjährigen Ein- und Austritten	43
7.4	Änderung der persönlichen Verhältnisse während des Kalenderjahres	44
7.5	Sonderfälle	49
7.5.1	Ausscheidung von im Ausland geleisteten Arbeitstagen	49
7.5.2	Quellensteuerberechnung bei Leistungen vor Antritt des Arbeitsverhältnisses	51
7.5.3	Quellensteuerberechnung bei Leistungen bei bzw. nach Beendigung des Arbeitsverhältnisses	51
7.5.4	Ersatzeinkünfte, die an den Arbeitgeber ausbezahlt werden	53
7.5.5	Ersatzeinkünfte, die nicht über den Arbeitgeber ausbezahlt werden	53
7.5.6	Kapitalleistungen für wiederkehrende Leistungen (exkl. Ersatzeinkünfte)	54

8	Kantonswechsel	55
8.1	Allgemeines	55
8.2	Wechsel von einem Kanton mit Jahresmodell zu einem Kanton mit Monatsmodell	55
8.3	Wechsel von einem Kanton mit Monatsmodell zu einem Kanton mit Jahresmodell	55
8.4	Wechsel von einem Kanton mit Jahresmodell zu einem anderen Kanton mit Jahresmodell	56
8.5	Wechsel von einem Kanton mit Monatsmodell zu einem anderen Kanton mit Monatsmodell	57
9	Pflichten des Schuldners der steuerbaren Leistung	58
9.1	Allgemeines	58
9.2	Anmeldung und Mutationen quellensteuerpflichtiger Arbeitnehmer	58
9.3	Quellensteuerabrechnung und Quellensteuerablieferung	59
9.3.1	Quellensteuerabrechnung bei Kantonen mit Monatsmodell	59
9.3.2	Quellensteuerablieferung bei Kantonen mit Monatsmodell	60
9.3.3	Quellensteuerabrechnung bei Kantonen mit Jahresmodell	60
9.3.4	Quellensteuerablieferung bei Kantonen mit Jahresmodell	60
9.4	Abrechnungskorrekturen	60
9.5	Anspruchsberechtigter Kanton	61
9.6	Verletzung von Verfahrenspflichten	62
10	Rechte und Pflichten des quellensteuerpflichtigen Arbeitnehmers	63
10.1	Rechte des quellensteuerpflichtigen Arbeitnehmers	63
10.2	Pflichten der quellensteuerpflichtigen Arbeitnehmer	63
11	Nachträgliche ordentliche Veranlagung und Neuberechnung der Quellensteuer	64
11.1	Allgemeine Grundsätze bei der nachträglichen ordentlichen Veranlagung	64
11.2	Obligatorische nachträgliche ordentliche Veranlagung bei Ansässigkeit in der Schweiz	64
11.3	Nachträgliche ordentliche Veranlagung auf Antrag bei Ansässigkeit in der Schweiz	65
11.4	Nachträgliche ordentliche Veranlagung auf Antrag bei Ansässigkeit im Ausland	66
11.5	Nachträgliche ordentliche Veranlagung von Amtes wegen bei Ansässigkeit im Ausland	67
11.6	Neuberechnung der Quellensteuer	67
12	Wechsel zwischen Quellenbesteuerung und ordentlicher Veranlagung	68
12.1	Wechsel von der Quellenbesteuerung zur ordentlichen Veranlagung	68
12.2	Wechsel von der ordentlichen Veranlagung zur Quellenbesteuerung	68
13	Inkrafttreten, Aufhebungen und Übergangsrecht	69

1 Allgemeines und Gegenstand des Kreisschreibens

Mit dem Bundesgesetz vom 16. Dezember 2016 über die Revision der Quellenbesteuerung des Erwerbseinkommens (vgl. Amtliche Sammlung des Bundesrechts [AS] 2018 S. 1813) wurden die Grundlagen für die Quellenbesteuerung des Erwerbseinkommens neu geregelt. Diese Bestimmungen treten auf den 1. Januar 2021 in Kraft. In ihrer Gesamtheit zielen die teilweise überarbeiteten und teilweise neuen Bestimmungen darauf ab, die ergangene Rechtsprechung des Bundesgerichts (BGer), verschiedener kantonaler Gerichte und des Europäischen Gerichtshofs (EuGH) unter dem Aspekt der Kompatibilität mit dem Abkommen vom 21. Juni 1999 zwischen der Schweizerischen Eidgenossenschaft einerseits und der Europäischen Gemeinschaft und ihren Mitgliedstaaten andererseits über die Freizügigkeit (FZA; SR 0.142.112.681) aufzunehmen. In diesem Zusammenhang wurde auch das Institut der „Quasi-Ansässigkeit" (vgl. Ziffer 11 unten) neu eingeführt.

Die Neuerungen verfolgen auch den Zweck, den technischen Entwicklungen Rechnung zu tragen (bspw. dem einheitlichen Lohnmeldewesen bzw. dem Lohnstandard-CH Quellensteuer [ELM-QSt]), die Rechtssicherheit für die Arbeitnehmer und die Schuldner der steuerbaren Leistung zu erhöhen sowie die Verfahren – soweit möglich – zu vereinheitlichen.

Berücksichtigt wurden bei der Erarbeitung dieses Kreisschreibens auch die von der Schweiz abgeschlossenen Abkommen zur Vermeidung der Doppelbesteuerung (nachfolgend DBA). Dabei wird stellvertretend auf das OECD-Musterabkommen zur Vermeidung der Doppelbesteuerung auf dem Gebiete der Steuern vom Einkommen und vom Vermögen (nachfolgend OECD-MA) sowie auf den dazugehörenden Kommentar der OECD in der Version 2017 (nachfolgend OECD-Kommentar) hingewiesen. Für die Beurteilung von grenzüberschreitenden Sachverhalten sind jeweils die konkreten Bestimmungen des massgebenden Doppelbesteuerungsabkommens zu beachten.

Gemäss Artikel 85 Absatz 4 des Bundesgesetzes vom 14. Dezember 1990 über die direkte Bundessteuer in der Fassung vom 11. April 2018 (DBG; SR 642.11) ist die Berechnung der Quellensteuern für Arbeitnehmer im Sinne der Artikel 83 und 91 DBG zu vereinheitlichen. Für die übrigen quellensteuerpflichtigen Personen mit Ansässigkeit im Ausland, welche eine der Voraussetzungen nach Artikel 5 Absatz 1 Buchstaben b – f DBG erfüllen, wird auf die regelmässig erscheinenden Rundschreiben der ESTV über die Quellensteuer und die darin publizierten Merkblätter verwiesen.

Die wichtigsten Neuerungen sind:

1. Für die Steuerbehörden, dass das vorliegende Kreisschreiben – wie sämtliche Kreisschreiben der ESTV – schweizweite Gültigkeit hat und somit von allen Kantonen anzuwenden ist;
2. Für die Schuldner der steuerbaren Leistungen, dass die Quellensteuern direkt mit dem zuständigen Kanton nach Artikel 107 DBG und nach dessen Modell (Monats- oder Jahresmodell; vgl. Ziffern 6 und 7 unten sowie Anhang III) abzurechnen sind.

Abschliessend wird festgehalten, dass die im vorliegenden Kreisschreiben erwähnten Gesetzes- und Verordnungsartikel, sofern sie im Zusammenhang mit der Revision der Quellensteuer stehen, bereits auf die revidierten Fassungen des DBG und der Verordnung des EFD vom 11. April 2018 über die Quellensteuer bei der direkten Bundessteuer (QStV; SR 642.118.2) verweisen.

2 Begriffe

2.1 Arbeitnehmer

Als Arbeitnehmer[1] im Sinne dieses Kreisschreibens gelten Personen, die ungeachtet ihres Wohnsitzes bzw. ihrer Ansässigkeit im Dienste eines Arbeitgebers mit Sitz in der Schweiz stehen (vgl. Art. 319 Abs. 1 des Bundesgesetzes vom 30. März 1911 betreffend die Ergänzung des Schweizerischen Zivilgesetzbuches [Fünfter Teil: Obligationenrecht; OR; SR 220] und Art. 17 DBG).

Massgebend ist dabei, dass die Einkünfte aus dem zugrundeliegenden Rechtsverhältnis als Einkommen aus unselbstständiger Erwerbstätigkeit gemäss Artikel 17 Absatz 1 DBG qualifizieren. Die Bezeichnung des Vertrags durch die Vertragsparteien ist dabei nicht entscheidend, sondern es ist eine Würdigung des Vertragsinhaltes nach der Gesamtheit der Umstände des jeweiligen Einzelfalls und der tatsächlichen Verhältnisse vorzunehmen.

Für die Prüfung, ob eine unselbstständige Erwerbstätigkeit vorliegt, sind die allgemeinen Abgrenzungskriterien zu prüfen, namentlich:

- Unterordnungsverhältnis;
- Weisungsgebundenheit;
- Eingliederung in eine fremde Arbeitsorganisation;
- fehlende unternehmerische Selbstständigkeit in Organisation und Durchführung der Arbeitstätigkeit;
- fehlendes unternehmerisches Risiko;
- Bindung an feste Arbeitszeiten;
- Zuweisung eines festen Arbeitsplatzes;
- Arbeitszeitkontrolle;
- Bereitstellung von Arbeitsgeräten und -material durch den Arbeitgeber;
- keine sichtbare Teilnahme am Wirtschaftsverkehr.

Die Aufzählung ist nicht abschliessend. Ebenso müssen für das Vorliegen einer unselbstständigen Erwerbstätigkeit nicht sämtliche Kriterien kumulativ erfüllt sein.

Nicht als Arbeitnehmer gelten Unternehmer (vgl. Art. 363 OR), Beauftragte, Mäkler oder Generalagenten im Sinne von Artikel 394 ff. OR sowie Aktionäre, die in keinem Arbeitsverhältnis zum Unternehmen stehen.

Für die Beurteilung, ob eine selbstständige oder unselbstständige Erwerbstätigkeit vorliegt, ist die Auslegung der Verhältnisse nach schweizerischem Recht entscheidend. Die vorstehenden Kriterien finden auch Anwendung auf im Ausland geschlossene Vertragsverhältnisse unabhängig davon, wie diese nach dem jeweiligen ausländischen Recht beurteilt werden. Für Erläuterungen zu den quellensteuerpflichtigen Arbeitnehmern wird auf Ziffer 3.1 unten verwiesen.

2.2 Schuldner der steuerbaren Leistung

2.2.1 Grundsatz

Als Schuldner der steuerbaren Leistung im Sinne dieses Kreisschreibens gilt diejenige natürliche oder juristische Person, die dem Arbeitnehmer eine dem Quellensteuerabzug unterliegende Leistung ausrichtet (vgl. Ziffer 3.2 unten). Dies betrifft einerseits den Arbeitgeber, d.h. eine Gesellschaft, eine Gruppengesellschaft, Betriebsstätte oder feste Einrichtung, bei welcher der Arbeitnehmer für die Verrichtung einer unselbstständigen Erwerbstätigkeit angestellt ist sowie andererseits die Sozial- oder Privatversicherer bzw. die haftpflichtigen Dritten für

---

[1] Aus Gründen der Lesbarkeit werden im vorliegenden Kreisschreiben nur die männlichen Formen verwendet. Frauen sind selbstverständlich mitgemeint.

Ersatzeinkünfte. Voraussetzung ist, dass der Schuldner der steuerbaren Leistung den Wohnsitz, den Sitz, die tatsächliche Verwaltung, eine Betriebsstätte oder eine feste Einrichtung in der Schweiz hat. Darunter sind auch Fälle von wirtschaftlicher Arbeitgeberschaft mit Sitz oder Betriebsstätte in der Schweiz (bspw. Personalverleih aus dem Ausland [vgl. Ziffer 2.2.2 unten] sowie faktische Arbeitgeberschaft [vgl. Ziffer 2.2.3 unten]) zu verstehen. Mangelt es an einem Schuldner der steuerbaren Leistung in der Schweiz, besteht keine Quellensteuerpflicht.

2.2.2 Beim Personalverleih

Bei Arbeitnehmern, die im Rahmen eines Personalverleihs im Sinne des Bundesgesetzes vom 6. Oktober 1989 über die Arbeitsvermittlung und den Personalverleih (AVG; SR 823.11) tätig werden, gilt in der Regel der Arbeitnehmerverleiher als Arbeitgeber bzw. Schuldner der steuerbaren Leistung (vgl. Art. 12 Abs. 1 AVG). Bei einer Aneinanderreihung von mehreren Verleihverhältnissen (sog. Ketten-Personalverleih) gilt grundsätzlich der letzte Verleiher, der den Arbeitnehmer an den Endkunden bzw. Einsatzbetrieb (Entleiher) verleiht, als Arbeitgeber (vgl. Urteil des BGer vom 13. Mai 2015, 2C_978/2014 bzw. 2C_979/2014).

Der Personalverleih vom Ausland in die Schweiz durch einen ausländischen Verleiher ist gemäss Artikel 12 Absatz 2 AVG verboten. Wird ein Arbeitnehmer dennoch von einem Personalverleiher mit Sitz im Ausland an einen Einsatzbetrieb in der Schweiz verliehen, gilt der schweizerische Einsatzbetrieb als Arbeitgeber und Schuldner der steuerbaren Leistung im Sinne des Quellensteuerrechts (vgl. Art. 4 Abs. 2 Bst. c QStV). Dies gilt auch dann, wenn der Lohn durch den ausländischen Personalverleiher ausbezahlt wird (vgl. Weisungen und Erläuterungen des Staatssekretariats für Wirtschaft SECO vom 21.11.2017 zum AVG).

Zur Steuerbarkeit der Leistungen vgl. Ziffer 3.2.9 unten.

2.2.3 Bei einer faktischen Arbeitgeberschaft

Eine faktische Arbeitgeberschaft liegt vor, wenn der Arbeitnehmer seine Arbeitsleistungen (vorübergehend) nicht dem Arbeitgeber schuldet, mit welchem er den Arbeitsvertrag abgeschlossen hat (formeller Arbeitgeber), sondern einer anderen Unternehmung (in der Regel einer Konzerngesellschaft; sog. faktischer bzw. wirtschaftlicher Arbeitgeber). Letztere ist gestützt auf die faktische Arbeitgeberschaft gegenüber dem Arbeitnehmer weisungsbefugt. Die Lohnzahlungen werden weiterhin durch den formellen Arbeitgeber mit Sitz im Ausland getätigt, jedoch dem Einsatzbetrieb mit Sitz in der Schweiz weiterverrechnet bzw. müssten nach Verrechnungspreisgrundsätzen weiterverrechnet werden (bspw. Weiterbelastung 1 : 1, Weiterbelastung mit einem mark-up von x Prozent).

Das Vorliegen einer faktischen Arbeitgeberschaft ist insbesondere anhand folgender Kriterien zu prüfen:

- Die Leistung des Arbeitnehmers bildet integralen Bestandteil der Geschäftstätigkeit der schweizerischen Unternehmung;
- Die schweizerische Unternehmung trägt die Verantwortung und das Risiko für die Leistung des entsandten Arbeitnehmers (oder die ausländische Gesellschaft trägt eine Gewährleistungspflicht im Zusammenhang mit dem Arbeitsergebnis);
- Die schweizerische Unternehmung übt die Weisungshoheit aus;
- Der entsandte Arbeitnehmer ist in die Betriebsorganisation der schweizerischen Unternehmung eingegliedert (Einrichtung, Zurverfügungstellung von Räumlichkeiten und Arbeitsmitteln, Entscheide über Art und Umfang der täglichen Arbeit des entsandten Arbeitnehmers usw.);
- Die schweizerische Unternehmung trägt die Lohnkosten oder müsste die Lohnkosten wirtschaftlich tragen.

Die Aufzählung ist nicht abschliessend. Ebenso müssen für das Vorliegen einer faktischen Arbeitgeberschaft nicht sämtliche Kriterien kumulativ erfüllt sein.

Zur Beurteilung, ob der entsandte Arbeitnehmer seine Arbeitsleistungen gegenüber seinem formellen Arbeitgeber oder gegenüber einer anderen Unternehmung zu erbringen hat, muss eine Würdigung gemäss jeweiliger Indizienlage vorgenommen werden. Primär entscheidend sind die tatsächlich gelebten Verhältnisse. Die Bezeichnungen in den Verträgen sind nicht massgebend. Als Arbeitgeber gilt dabei diejenige natürliche oder juristische Person, die einerseits das Recht auf die Arbeitsergebnisse bzw. auf die Arbeitsleistungen hat und die andererseits die damit zusammenhängenden Verantwortlichkeiten und Risiken trägt. Das Recht an den Arbeitsergebnissen bzw. an den Arbeitsleistungen sowie das Weisungsrecht stellen somit die wichtigsten Merkmale des Arbeitgeberbegriffs dar.

Der Tatbestand einer faktischen Arbeitgeberschaft wird in der Regel nur bei Entsendungen in die Schweiz von mehr als drei Monaten innerhalb eines Zeitraums von zwölf Monaten geprüft. Steht von Anfang an fest, dass die Entsendung mehr als drei Monate dauert, besteht die Quellensteuerpflicht in der Schweiz ab dem ersten Arbeitstag. Wird eine Entsendung von weniger als drei Monaten vereinbart und ergibt sich erst nachträglich eine Verlängerung auf mehr als drei Monate, beginnt auch hier die Quellensteuerpflicht rückwirkend ab dem 1. Arbeitstag in der Schweiz. Hierbei ist nicht auf die in der Schweiz erbrachten Arbeitstage abzustellen, sondern auf die vereinbarte Entsendedauer.

Wird ein Arbeitnehmer von einem ausländischen Arbeitgeber in die Schweiz entsandt, ist somit bei Vorliegen einer faktischen Arbeitgeberschaft – und dies trotz allfällig fortgeführter Lohnzahlung aus dem Ausland – eine Quellensteuerpflicht in der Schweiz gegeben (vgl. Art. 4 Abs. 2 Bst. b QStV) und der faktische Arbeitgeber mit Sitz in der Schweiz qualifiziert als Schuldner der steuerbaren Leistung.

Beispiele für das Vorliegen einer faktischen Arbeitgeberschaft:

1. Die M. AG mit Sitz in Zürich schliesst mit der Bank X in St. Gallen für die Installation einer neuen Software einen Dienstleistungsvertrag ab. Dabei wird vereinbart, dass der Einsatz Dritter (Subunternehmer) die vorgängige schriftliche Zustimmung der Bank X bedingt. Die M. AG, Zürich, zieht zur Auftragserfüllung während vier Monaten einem Schwestergesellschaft M. GmbH mit Sitz in Köln bei. Im Entsendevertrag wird vereinbart, dass die M. AG, Zürich, Art und Umfang der zu leistenden Arbeiten vor Ort bestimmt und die notwendigen Arbeitsmittel zur Verfügung stellt. Als Entschädigung bezahlt die M. AG, Zürich, der M. GmbH, Köln, CHF 45 pro geleistete Arbeitsstunde des Arbeitnehmers. Die M. AG, Zürich, hat folglich als faktische Arbeitgeberin die Quellensteuern abzurechnen.

2. Die P. AG mit Sitz in Bern hat Rückstände bei der Auftragserfüllung, weshalb ihr ihre italienische Tochtergesellschaft während sechs Monaten zwei Arbeitnehmer zur Verfügung stellt. Die P. AG, Bern, ist faktische Arbeitgeberin und somit zur Quellensteuerabrechnung verpflichtet.

Beispiele für das Verneinen einer faktischen Arbeitgeberschaft:

1. Die R. AG mit Sitz in Luzern will ihre Geschäftsliegenschaft renovieren und erteilt dazu der K. GmbH mit Sitz in München, Deutschland, einen entsprechenden Auftrag. Die K. GmbH, München, entsendet zur Auftragserfüllung während sechs Monaten zehn Arbeitnehmer nach Luzern (= Erfüllungsgehilfe).

2. Die S. GmbH mit Sitz in Basel erhält den Auftrag, bei der Versicherung Y in Aarau neue Liftanlagen zu montieren. Für diese Auftragserfüllung darf sie Dritte beiziehen, sofern sie vorgängig die schriftliche Zustimmung der Versicherung Y einholt. Die S. GmbH, Basel, beauftragt die W. AG mit Sitz in Berlin, Deutschland, die Kabelzüge für die Liftanlage zu montieren. Die W. AG, Berlin, entsendet zur Auftragserfüllung sieben Arbeitnehmer, welche während fünf Monaten die Kabelanlage installieren (= Subunternehmervertrag).

3. G. ist bei der H. AG mit Sitz in Stuttgart (Deutschland; Mutterhaus) als Informatikchef (CIO) angestellt und verantwortlich für die gesamte Informatik im Konzern. In dieser Funktion verbringt er jeweils 95 Arbeitstage pro Jahr bei der schweizerischen Tochtergesellschaft in Solothurn (= ausschliessliche Arbeitsleistungen gemäss Arbeitsvertrag mit dem Mutterhaus).

Zur Steuerbarkeit der Leistungen vgl. Ziffer 3.2.9 unten.

2.3 Ansässigkeit

Im vorliegenden Kreisschreiben wird systematisch der Begriff «Ansässigkeit» verwendet. Dieser umfasst auch den Begriff „Wohnsitz" gemäss unilateralem Recht. Für die Zwecke dieses Kreisschreibens wird unter «Ansässigkeit» Folgendes verstanden:

Als in der Schweiz ansässig gelten nach schweizerischem Recht Personen, die aufgrund persönlicher Zugehörigkeit in der Schweiz eine unbeschränkte Steuerpflicht begründen. Gemäss Artikel 3 DBG sind natürliche Personen aufgrund persönlicher Zugehörigkeit und damit nach Artikel 6 Absatz 1 DBG grundsätzlich unbeschränkt steuerpflichtig, wenn sie ihren steuerrechtlichen Wohnsitz in der Schweiz haben oder sie in der Schweiz einen qualifizierten Aufenthalt begründen.

Im internationalen Verhältnis wird die Ansässigkeit in Artikel 4 Absatz 1 OECD-MA definiert. Demnach gilt eine Person als in einem Staat ansässig, wenn sie nach dem in diesem Staat geltenden Recht dort unbeschränkt steuerpflichtig ist.

Ist eine natürliche Person sowohl nach unilateralem schweizerischem Recht als auch nach internem Recht eines anderen Staates in beiden Vertragsstaaten ansässig (sog. Doppelansässigkeit), bestimmen die Kriterien von Artikel 4 Absatz 2 OECD-MA, welchem Vertragsstaat der Vorrang als Ansässigkeitsstaat eingeräumt wird. Bei natürlichen Personen gilt folgende Reihenfolge der Vorrangkriterien:

1. Ständige Wohnstätte bzw. falls eine solche in beiden Staaten vorhanden ist der Mittelpunkt der Lebensinteressen;
2. gewöhnlicher Aufenthalt;
3. Staatsangehörigkeit und
4. Resultat eines Verständigungsverfahrens beider Vertragsstaaten.

Weist das anwendbare DBA die Ansässigkeit in solchen Fällen dem anderen Staat zu, ist die Person in der Schweiz nach den Regeln der beschränkten Steuerpflicht (vgl. Art. 5 Abs. 1 DBG) zu besteuern. Besteht zwischen der Schweiz und dem betreffenden Land kein DBA, so gelten ausschliesslich die vorstehenden Bestimmungen des internen schweizerischen Rechts für die Feststellung, ob eine Person in der Schweiz unbeschränkt steuerpflichtig ist (d.h. Wohnsitz oder Aufenthalt).

Keine Ansässigkeit in der Schweiz begründen gemäss Artikel 91 Absatz 1 DBG Grenzgänger, Wochenaufenthalter und Kurzaufenthalter. Entsprechend unterliegen sie damit in der Schweiz nur für ihr Einkommen aus unselbstständiger Erwerbstätigkeit der Quellensteuer (beschränkte Steuerpflicht; vgl. Art. 5 Abs. 1 DBG).

3 Quellenbesteuerte Arbeitnehmer

3.1 Grundsätze

Der Quellensteuer unterliegen Arbeitnehmer grundsätzlich für Lohneinkommen und Ersatzeinkünfte, welche sie bei einem Schuldner der steuerbaren Leistung mit Wohnsitz, Sitz, tatsächlicher Verwaltung, Betriebsstätte oder fester Einrichtung in der Schweiz erzielen. Die Quellensteuerpflicht beginnt mit der Aufnahme der unselbstständigen Erwerbstätigkeit (auch für Minderjährige; vgl. Art. 9 Abs. 2 zweiter Halbsatz DBG).

3.1.1 Arbeitnehmer mit Ansässigkeit in der Schweiz

Arbeitnehmer ohne Niederlassungsbewilligung (Ausweis C), die in der Schweiz ansässig sind, unterliegen der Quellensteuer für Einkünfte aus ihrer unselbstständigen Erwerbstätigkeit. Eheleute, die in ungetrennter Ehe leben, sind nicht quellensteuerpflichtig, wenn eine der beiden Personen Schweizer Staatsbürger ist oder die Niederlassungsbewilligung besitzt. Ist ein Ehepartner mit Schweizer Bürgerrecht oder Niederlassungsbewilligung mit separatem Wohnsitz im Ausland ansässig, unterliegt der in der Schweiz ansässige und tätige Arbeitnehmer weiterhin der Quellensteuer (vgl. Art. 83 DBG).

3.1.2 Arbeitnehmer mit Ansässigkeit im Ausland

Unabhängig von der Staatsangehörigkeit oder der aufenthaltsrechtlichen Bewilligung ist ein Arbeitnehmer (Grenzgänger, Wochen- oder Kurzaufenthalter) mit Ansässigkeit im Ausland für seine Lohn- und Ersatzeinkünfte, die ihm von einem Leistungsschuldner mit Wohnsitz, Sitz, tatsächlicher Verwaltung, Betriebsstätte oder fester Einrichtung in der Schweiz ausgerichtet werden, quellensteuerpflichtig (vgl. Art. 91 Abs. 1 DBG). Das bedeutet, dass ein Arbeitnehmer mit Ansässigkeit im Ausland auch im Besitz der Schweizer Staatsangehörigkeit oder der Niederlassungsbewilligung der Quellensteuerpflicht unterstellt ist. Vorbehalten bleiben anderslautende Bestimmungen im massgebenden DBA.

Arbeitnehmer ohne Ansässigkeit in der Schweiz, die für Arbeiten im internationalen Verkehr an Bord eines Schiffes, eines Luftfahrzeuges oder bei einem Transport auf der Strasse Lohn oder andere Vergütungen von einem Arbeitgeber mit Sitz oder Betriebsstätte in der Schweiz erhalten, unterliegen ohne Rücksicht auf ihre Staatsangehörigkeit oder die aufenthaltsrechtliche Bewilligung der Quellensteuerpflicht (vgl. Art. 91 Abs. 2 DBG). Ob im Einzelfall ein Quellensteuerabzug vorgenommen werden muss, ist den Bestimmungen des anwendbaren DBA zu entnehmen. Eine entsprechende Übersicht findet sich im jeweils gültigen «Merkblatt der ESTV über die Quellenbesteuerung von Arbeitnehmern bei internationalen Transporten».

3.2 Steuerbare Leistungen

3.2.1 Der Quellensteuer unterliegende Einkünfte aus Arbeitsverhältnis

Die Quellensteuer wird von den Bruttoeinkünften berechnet (Art. 84 Abs. 1 DBG).

Steuerbar sind alle dem Arbeitnehmer oder einer Drittperson im Zusammenhang mit dem Arbeitsverhältnis ausgerichteten oder gutgeschriebenen Entschädigungen, insbesondere (vgl. Art. 84 Abs. 2 Bst. a DBG):

- Der ordentliche Arbeitslohn (Monatslohn, Stunden- oder Taglohn, Akkordentschädigungen);
- Entschädigungen für Sonderleistungen (Lohn für Überzeit-, Nacht- oder Extraarbeiten, Arbeitsprämien);
- sämtliche Lohnzulagen (Familienzulagen, Essens-, Orts- und Teuerungszulagen, Ferienentschädigungen etc.);
- Provisionen, Gratifikationen und Bonuszahlungen;
- Dienstalters- und Jubiläumsgeschenke;

- Naturalleistungen (Unterkunft und Verpflegung, Geschäftsauto);
- Trinkgelder (sofern diese einen wesentlichen Teil des Lohnes ausmachend; vgl. Randziffer 32 der «Wegleitung zum Ausfüllen des Lohnausweises»);
- Tantiemen, Sitzungsgelder,
- Geldwerte Vorteile aus Mitarbeiterbeteiligungen und andere geldwerte Vorteile; sowie
- Abgangsentschädigungen.

Weitere Gehaltsnebenleistungen sind gemäss den Randziffern 19 bis 26 der «Wegleitung zum Ausfüllen des Lohnausweises» zum Bruttolohn hinzuzurechnen. Nicht der Quellensteuer unterliegen Leistungen des Arbeitgebers, die im Rahmen von Randziffer 72 der «Wegleitung zum Ausfüllen des Lohnausweises» ausgerichtet werden.

Es wird darauf hingewiesen, dass auch Ersatzeinkünfte steuerbar sind, die mit einer gegenwärtigen, allenfalls vorübergehend eingeschränkten oder unterbrochenen, unselbstständigen Erwerbstätigkeit in Zusammenhang stehen (vgl. Art. 84 Abs. 2 Bst. b DBG). Steuerbar sind somit insbesondere auch Taggelder (IV, UV, ALV, KVG etc.), Teil-Invaliditätsrenten (IV, UV, berufliche Vorsorge etc.), Mutterschaftsentschädigungen und Ersatzleistungen haftpflichtiger Dritter. Ob im Einzelfall ein Quellensteuerabzug vorzunehmen ist, ist dem jeweils gültigen «Merkblatt der ESTV über die Quellenbesteuerung von Ersatzeinkünften» zu entnehmen.

Andere Einkünfte (bspw. Wertschriften- oder Liegenschaftserträge) unterliegen nicht der Quellensteuer, sondern werden (nachträglich) im ordentlichen Verfahren veranlagt (vgl. Art. 4 Abs. 1 bzw. Art. 89 Abs. 1 Bst. b sowie Art. 99b DBG).

Hat der Leistungsschuldner seinen Sitz im Ausland, unterliegen die von ihm ausgerichteten und in der Schweiz steuerpflichtigen Lohnbestandteile in der Regel der ordentlichen Veranlagung. Eine Quellenbesteuerung hat nur zu erfolgen, wenn diese Leistungen von einer Betriebsstätte oder festen Einrichtung in der Schweiz getragen werden, oder wenn ein Personalverleih aus dem Ausland (vgl. Ziffer 2.2.2 oben) vorliegt bzw. wenn eine faktische Arbeitgeberschaft (vgl. Ziffer 2.2.3 oben) in der Schweiz gegeben ist (vgl. Art. 4 Abs. 2 QStV). Vorbehalten bleibt, ob – unter Beachtung der massgebenden Bestimmungen in den DBA – das Besteuerungsrecht für das Erwerbseinkommen und/oder die Ersatzeinkünfte der Schweiz zugewiesen wird (vgl. Art. 4 Abs. 1 QStV).

3.2.2 In der Schweiz beschränkt der Quellensteuer unterliegende Einkünfte aus Arbeitsverhältnis

In bestimmten Fällen kann der steuerbare Bruttolohn auf das Einkommen aus schweizerischen Arbeitstagen gekürzt werden (Ausnahmen nach den DBA bleiben vorbehalten, wie beispielsweise für Arbeitnehmer im internationalen Verkehr, bei denen je nach Ausgestaltung des DBA der gesamte Bruttolohn in der Schweiz steuerbar ist). Entschädigungen, welche in einer vorhergehenden Periode verdient wurden (bspw. Bonuszahlungen oder geldwerte Leistungen aus Mitarbeiterbeteiligungen), sind in der Schweiz in dem Umfang an der Quelle (allenfalls begrenzt) steuerbar, in dem das in der Verdienstperiode bzw. Vestingperiode erzielte Lohneinkommen in der Schweiz steuerbar war.

Bei Arbeitnehmern mit Ansässigkeit in der Schweiz ist der auf jene Arbeitstage entfallende Teil der steuerbaren Leistung steuerbar, der nicht aufgrund eines DBA wegen Arbeitsausübung im Ausland von der Schweiz freigestellt werden muss (bspw. bei Vorliegen einer faktischen Arbeitgeberschaft oder wenn die Voraussetzungen der Monteurklausel nicht erfüllt sind).

Bei Arbeitnehmern mit Ansässigkeit im Ausland ist grundsätzlich nur derjenige Teil der Leistung steuerbar, der auf in der Schweiz erbrachte Arbeitstage entfällt.

Für die Ermittlung des satzbestimmenden Einkommens sind die weltweiten Bruttoerwerbseinkünfte (inkl. Ersatzeinkünfte) heranzuziehen (vgl. Art. 7 Abs. 1 DBG).

Zur Berechnung des steuerbaren sowie satzbestimmenden Einkommens wird auf die Ziffern 6 (Monatsmodell) und 7 (Jahresmodell) unten verwiesen.

3.2.3 Vom Arbeitgeber übernommene Leistungsverpflichtungen des Arbeitnehmers

Zum der Quellensteuer unterliegenden Bruttolohn gehören ebenfalls:

- Vom vom Arbeitgeber übernommene Beiträge an die Alters- und Hinterlassenenversicherung, Invalidenversicherung und Erwerbsersatzordnung (1. Säule), welche nach Gesetz vom Arbeitnehmer geschuldet sind;
- Vom Arbeitgeber übernommene, ordentlich laufende Beiträge an Einrichtungen der kollektiven beruflichen Vorsorge (2. Säule), die nach Gesetz, Statut oder Reglement vom Arbeitnehmer geschuldet sind, wie auch freiwillige Leistungen des Arbeitgebers zur Deckung von bestehenden oder zukünftigen Deckungslücken;
- Alle vom Arbeitgeber für seinen Arbeitnehmer oder diesem nahestehende Personen erbrachten Beiträge an anerkannte Formen der gebundenen Selbstvorsorge (Säule 3a) oder an alle Formen der freien Vorsorge (Säule 3b);
- Vom Arbeitgeber übernommene Beiträge an die Arbeitslosenversicherung, welche nach Gesetz vom Arbeitnehmer geschuldet sind;
- Alle Beiträge des Arbeitgebers an private Versicherungen des Arbeitnehmers oder diesem nahestehende Personen (bspw. Krankenversicherung) sowie
- Die vom Arbeitgeber übernommenen Quellensteuern (Nettolohnvereinbarung).

Der der Quellensteuer unterliegende Lohnbestandteil, der sich aus der Übernahme der Quellensteuer durch den Arbeitgeber ergibt, ist nach der Methode der Iteration zu berechnen (allgemeine Beschreibung eines Prozesses des mehrfachen Wiederholens gleicher Berechnungen zur Annäherung an eine Lösung; siehe dazu das nachfolgende Beispiel).

Nicht zu den der Quellensteuer unterliegenden Bruttoeinkünften hinzuzurechnen sind, sofern sie für alle Arbeitnehmer bzw. in Reglementen definierte Gruppen von Arbeitnehmern einer Unternehmung gleichermassen übernommen werden:

- Reglementarische Leistungen des Arbeitgebers an rein patronal finanzierte Vorsorgeeinrichtungen;
- Beiträge des Arbeitgebers an die obligatorische Unfallversicherung nach dem Bundesgesetz vom 20. März 1981 über die Unfallversicherung (UVG; SR 832.20), an die Berufsunfallversicherung (BUV) und die Nichtberufsunfallversicherung (NBUV) sowie
- Beiträge für vom Arbeitgeber abgeschlossene Kollektivkrankentaggeld- und Kollektiv-UVG-Zusatzversicherungen.

In den Quellensteuertarifen sind pauschale Abzüge für die ordentlichen Arbeitnehmerbeiträge an die berufliche Vorsorge (BVG) und die NBUV enthalten. Sieht das Reglement eine davon abweichende Aufteilung der Beiträge zwischen Arbeitgeber und Arbeitnehmer vor, erfolgt keine Korrektur des im Quellensteuertarif eingerechneten Abzugs.

Vereinbart der Arbeitgeber mit einem vorübergehend in die Schweiz entsandten Arbeitnehmer, dass dieser durch die unterschiedliche Steuerbelastung zwischen dem ursprünglichen Ansässigkeitsstaat und der Schweiz nicht benachteiligt bzw. begünstigt werden soll, so kann der Arbeitgeber vorab die im ursprünglichen Ansässigkeitsstaat hypothetisch auf dem Lohneinkommen geschuldete Steuer (sog. Hypo-Tax) vom Bruttolohn in Abzug bringen. Die auf diesem reduzierten Bruttolohn geschuldete schweizerische Quellensteuer wird vom Arbeitgeber übernommen. Demzufolge ist die übernommene Quellensteuer nach der Methode der Iteration zum der Quellensteuer unterliegenden Bruttolohn hinzuzurechnen.

Beispiel:

- Dem in die Schweiz entsandten Arbeitnehmer Y. wird vom Bruttolohn von CHF 7 000.00 ein Abzug in Höhe von CHF 1 750.00 für hypothetisch im Ansässigkeitsstaat geschuldete Steuern gewährt. Die auf diesem reduzierten Bruttolohn geschuldete schweizerische Quellensteuer berechnet sich wie folgt (nach der Methode der Iteration):

1. Schritt

Bruttolohn	zuzüglich QST	Summe	Steuersatz	QST
5 250.00			11.43 %	600.08
5 250.00	600.08	5 850.08	12.49 %	730.67
5 250.00	730.67	5 980.67	12.62 %	754.76
5 250.00	754.76	6 004.76	12.79 %	768.01
5 250.00	768.01	6 018.01	*12.79* %	769.70
	usw.	usw.	usw.	usw.

Die Berechnung ist solange zu wiederholen (Iteration), bis sich der Steuersatz, gerundet auf zwei Nachkommastellen, nicht mehr verändert.

2. Schritt

Der der **Quellensteuer unterliegende Lohn** (= Bruttolohn + QST) ergibt sich anhand folgender Berechnung:

$$\frac{5\,250.00 \times 100}{87.21\,(100 - \mathit{12.79})} = 6\,019.95$$

3. Schritt

Die **geschuldete QSt** kann auf zwei Wegen ermittelt werden:

$$\frac{6\,019.95 \times \mathit{12.79}}{100} = 769.95 \quad \text{oder} \quad 6\,019.95 - 5\,250.00 = 769.95$$

3.2.4 Entschädigung für Berufskosten

Als Berufskosten gelten Aufwendungen, die für die Erzielung des Einkommens erforderlich sind und in einem direkten, ursächlichen Zusammenhang dazu stehen (Gewinnungskosten). Werden Berufskosten durch den Arbeitgeber zusätzlich entschädigt, gehören diese Entschädigungen ebenfalls zu den steuerbaren Bruttoeinkünften. Darunter fallen z. B. Entschädigungen des Arbeitgebers (vgl. Verordnung des EFD vom 10. Februar 1993 über den Abzug der Berufskosten unselbstständig Erwerbstätiger bei der direkten Bundessteuer; Berufskostenverordnung; SR 642.118.1):

- Für die Kosten des Arbeitswegs (Fahrkosten),
- Für die Mehrkosten der auswärtigen Verpflegung und
- Für die Kosten des Arbeitnehmers für auswärtigen Wochenaufenthalt.

Entschädigungen für Verpflegung sind nicht zum der Quellensteuer unterliegenden Bruttolohn aufzurechnen, sofern diese nach den Vorgaben der Randziffer 18 der «Wegleitung zum Ausfüllen des Lohnausweises» nicht im Bruttolohn auszuweisen sind.

Betreffend die Berufskosten von Expatriates wird auf die Verordnung des EFD vom 3. Oktober 2000 über den Abzug besonderer Berufskosten von Expatriates bei der direkten Bundessteuer (ExpaV; SR 642.118.3) und die «Wegleitung zum Ausfüllen des Lohnausweises» verwiesen.

3.2.5 Spesenzahlungen

Leistungen des Arbeitgebers für den Ersatz von Reisespesen und von anderen Berufsauslagen sind nur insoweit nicht Bestandteil der steuerbaren Bruttoeinkünfte, als ihnen tatsächliche geschäftliche Aufwendungen gegenüberstehen. Die Belege zu diesen effektiven Spesenzahlungen sind aufzubewahren.

Demgegenüber sind Pauschalspesen der Quellensteuer zu unterwerfen, soweit sich diese nicht auf ein durch die zuständige Steuerbehörde genehmigtes Spesenreglement abstützen. Im Weiteren wird auf die «Wegleitung zum Ausfüllen des Lohnausweises» verwiesen.

3.2.6 Geschäftsfahrzeuge

Wird dem Arbeitnehmer unentgeltlich und uneingeschränkt ein Geschäftsfahrzeug zum privaten Gebrauch zur Verfügung gestellt, ist der massgebende Bruttomonatslohn gemäss Randziffer 21 der «Wegleitung zum Ausfüllen des Lohnausweises» zu erhöhen. Aus der Begrenzung des Fahrkostenabzuges gemäss dem Bundesgesetz vom 21. Juni 2013 über die Finanzierung und den Ausbau der Eisenbahninfrastruktur (FABI; vgl. AS 2015 S. 651 bzw. Art. 26 Abs. 1 Bst. a DBG) ergeben sich für die Berechnung der geschuldeten Quellensteuern keine weiteren Aufrechnungen zum der Quellensteuer unterliegenden Bruttolohn.

3.2.7 Naturalleistungen

Naturalleistungen werden anhand ihres Marktwerts zum Lohn hinzugerechnet. Für die Bewertung gelten die Ansätze für Verpflegung und Unterkunft gemäss dem jeweils gültigen «Merkblatt der Eidgenössischen Steuerverwaltung über die Bewertung von Verpflegung und Unterkunft von Unselbstständigerwerbenden» (vgl. Merkblatt N2 der ESTV). Im Weiteren wird auf die Randziffer 20 der «Wegleitung zum Ausfüllen des Lohnausweises» verwiesen.

3.2.8 Abgangsentschädigungen

Abgangsentschädigungen ohne Vorsorgecharakter gelten als steuerbare Leistungen nach Artikel 84 Absatz 2 Buchstabe a DBG. Die Besteuerung hat sich dabei an den Grundsätzen nach Artikel 15 OECD-MA anzulehnen.

Haben Abgangsentschädigungen des Arbeitgebers hingegen Vorsorgecharakter und werden sie an Personen mit Ansässigkeit in der Schweiz ausgerichtet, erfolgt die Besteuerung gesondert im ordentlichen Verfahren, d.h. es ist kein Quellensteuerabzug vorzunehmen.

Werden Abgangsentschädigungen mit Vorsorgecharakter vom Arbeitgeber an Personen ohne Ansässigkeit in der Schweiz ausgerichtet, hat der Arbeitgeber die Abgangsentschädigung nach den ordentlichen Tarifcodes (A, B, C usw.; vgl. Art. 1 Abs. 1 QStV) der Quellenbesteuerung zu unterwerfen. Dem Steuerpflichtigen bleibt es vorbehalten, bis Ende März des auf die Fälligkeit der Leistung folgenden Steuerjahres eine Neuberechnung der Quellensteuer oder eine nachträgliche ordentliche Veranlagung zu beantragen (vgl. Ziffer 11 unten).

Die Voraussetzungen, unter welchen eine Abgangsentschädigung Vorsorgecharakter hat oder nicht, sind dem Kreisschreiben Nr. 1 der ESTV vom 3. Oktober 2002 über die Abgangsentschädigung resp. Kapitalabfindung des Arbeitgebers zu entnehmen.

3.2.9 Beim Personalverleih bzw. bei einer faktischen Arbeitgeberschaft

Steuerbar sind grundsätzlich diejenigen Leistungen, welche dem Arbeitnehmer zukommen. Für die Zwecke der Quellenbesteuerung nicht entscheidend ist, wer die steuerbaren Leistungen an den Arbeitnehmer ausrichtet und ob der Arbeitnehmer in der Schweiz ansässig ist oder nicht.

Nicht durch den Arbeitnehmer zu versteuern sind Leistungen, welche keinen Lohncharakter haben und vom Entleiher bzw. vom faktischen Arbeitgeber an den Personalverleiher bzw.

den vertraglichen Arbeitgeber ausgerichtet werden (bspw. Management Fees). Diese Leistungen unterliegen (allenfalls) der Besteuerung auf Ebene des Personalverleihers bzw. des vertraglichen Arbeitgebers.

Beispiel:

- *Der Arbeitnehmer Z. mit Wohnsitz in Murten, wird vom Personalverleiher Y. AG, Bern, an die X. GmbH mit Sitz in Aarau verliehen. Die X. GmbH bezahlt dem Personalverleiher Y. AG eine Bruttoentschädigung in Höhe von CHF 52.00 pro geleisteter Arbeitsstunde von Z. Die Y. AG ihrerseits bezahlt Z. einen Bruttolohn von CHF 34.00 pro Stunde.*

  Der Quellenbesteuerung unterliegt nur der Bruttolohn von CHF 34.00. Die Differenz von CHF 18.00 pro Stunde wird bei der Y. AG besteuert.

4 Grundsätze zur Tarifanwendung

4.1 Allgemeines

Die Berechnung der geschuldeten Quellensteuer erfolgt zum anwendbaren Quellensteuertarif (Tarifcodes A, B, C, F und H bzw. L, M, N und P; vgl. Art. 1 Abs. 1 QStV).

Der anwendbare Tarifcode richtet sich nach den persönlichen Verhältnissen der quellensteuerpflichtigen Person im Zeitpunkt der Auszahlung, Überweisung, Gutschrift oder Fälligkeit der steuerbaren Leistung (vgl. Art. 2 Abs. 1 QStV). Dies gilt auch für nach dem Austritt des Arbeitnehmers fällige Leistungen (bspw. Bonus, Abgangsentschädigung).

Änderungen, die eine neue Tarifeinstufung bedingen (bspw. Heirat, Scheidung, Trennung, Geburt von Kindern, Aufnahme oder Aufgabe einer Erwerbstätigkeit, Ein- oder Austritt in bzw. aus einer Landeskirche), werden bei der Quellenbesteuerung ab Beginn des auf die Änderung folgenden Monats entsprechend berücksichtigt.

Bei der Festlegung des anwendbaren Tarifcodes ist es unerheblich, ob die Einkünfte in der Schweiz oder im Ausland erzielt werden.

Fehlt eine Tarifeinstufung zum Zeitpunkt der Lohnzahlung, bestimmt der Schuldner der steuerbaren Leistung den anwendbaren Tarifcode aufgrund der ihm zur Verfügung stehenden Angaben des Arbeitnehmers.

Weist sich der Arbeitnehmer über die persönlichen Verhältnisse nicht zuverlässig aus, wendet der Schuldner der steuerbaren Leistung nachstehende Tarife an:

- Für Ledige sowie für Arbeitnehmer mit unbestimmtem Zivilstand den Tarifcode A, ohne Kinder und mit Kirchensteuer (A0Y);
- Für verheiratete Arbeitnehmer den Tarifcode C, ohne Kinder und mit Kirchensteuer (C0Y).

Geht eine Person mehreren Erwerbstätigkeiten nach, sind die einzelnen Einkünfte mit dem ordentlichen Quellensteuertarif zu besteuern (Umrechnung für das satzbestimmende Einkommen; vgl. Ziffer 6.4 unten für die Berechnung nach dem Monatsmodell bzw. die Ziffer 7.3.2 unten für die Berechnung nach dem Jahresmodell).

Vorbehalten bleibt die Anwendung des Tarifcodes E (vereinfachtes Abrechnungsverfahren) und des Tarifcodes G (Ersatzeinkünfte, die direkt von Versicherer an die quellensteuerpflichtige Person ausbezahlt werden) bzw. des Tarifcodes Q (Grenzgänger nach dem Abkommen vom 11. August 1971 zwischen der Schweizerischen Eidgenossenschaft und der Bundesrepublik Deutschland zur Vermeidung der Doppelbesteuerung auf dem Gebiete der Steuern vom Einkommen und vom Vermögen [DBA-D; SR 0.672.913.62], welche die Voraussetzungen für den Tarifcode G erfüllen).

4.2 Einverdiener- und Zweiverdienertarif bei Verheirateten (Tarifcodes B und C bzw. M und N)

Der Tarifcode B (bzw. M für Grenzgänger nach dem DBA-D) gelangt zur Anwendung, wenn nur einer der beiden Ehegatten erwerbstätig ist.

Der Tarifcode C (bzw. N für Grenzgänger nach dem DBA-D) gelangt zur Anwendung, wenn beide Eheleute erwerbstätig sind. Eine Erwerbstätigkeit des anderen Ehegatten liegt vor, wenn dieser im Inland oder im Ausland eine selbstständige oder unselbstständige Erwerbstätigkeit ausübt oder Ersatzeinkünfte erzielt. Die Höhe der im Inland oder Ausland erzielten Einkünfte ist unerheblich. Die Berechnung der Quellensteuer von Zweiverdienerehepaaren richtet sich nach Tarifen, die ihr Gesamteinkommen, die Pauschalen und Abzüge sowie den Abzug bei Erwerbstätigkeit beider Ehegatten berücksichtigen (vgl. Art. 85 Abs. 3 DBG).

Gibt ein Ehegatte seine Erwerbstätigkeit auf oder endet dessen Anspruch auf Ersatzeinkünfte, unterliegt das Lohneinkommen des anderen Ehegatten ab dem Folgemonat der Quellensteuer zum Einverdienertarif (Tarifcode B bzw. M). Bei Aufnahme einer Erwerbstätigkeit eines Ehegatten ist der Zweiverdienertarif bei diesem (Tarifcode C bzw. N) sofort anwendbar. Beim anderen (bereits erwerbstätigen) Ehegatten gelangt der Zweiverdienertarif (Tarifcode C bzw. N) ab dem Folgemonat zur Anwendung.

Der Tarifcode C (bzw. N) gelangt nicht zur Anwendung, wenn der andere Ehegatte einzig Einkommen erzielt, welches gemäss Tarifcode E über das vereinfachte Abrechnungsverfahren im Sinn des Bundesgesetzes vom 17. Juni 2005 über Massnahmen zur Bekämpfung der Schwarzarbeit (BGSA; SR 822.41) besteuert wird (vgl. Art. 37a DBG).

4.3 Tarif für Alleinerziehende (Tarifcodes H bzw. P)

Der Tarifcode H (bzw. P für Grenzgänger nach dem DBA-D) gilt nach Artikel 36 Absatz 2bis DBG für Alleinstehende, welche mit Kindern oder unterhaltspflichtigen Personen im gleichen Haushalt zusammenleben und für deren Unterhalt sie zur Hauptsache aufkommen. Im Konkubinatsverhältnis mit minderjährigen Kindern unter gemeinsamer elterlicher Sorge oder volljährigen Kindern in Erstausbildung, für deren Unterhalt die Eltern gemeinsam aufkommen, wird der Tarifcode H (bzw. P) mit Kinderabzug demjenigen Elternteil gewährt, der das höhere Bruttoeinkommen erzielt (vgl. Ziffer 13.4.2 des Kreisschreibens Nr. 30 der ESTV vom 21. Dezember 2010 über die Ehepaar- und Familienbesteuerung; KS 30 ESTV). Vorbehalten bleibt die je hälftige Berücksichtigung der Kinderabzüge im Rahmen einer Neuberechnung der Quellensteuer oder einer nachträglichen ordentlichen Veranlagung (vgl. Ziffer 11 unten).

Im Zweifelsfall (bspw. bei unklaren Einkommens- oder Konkubinatsverhältnissen) hat vorab eine Quellenbesteuerung zum Tarifcode A0 zu erfolgen. Es bleibt der steuerpflichtigen Person vorbehalten, bis Ende März des auf die Leistung folgenden Steuerjahres eine Neuberechnung der Quellensteuer oder eine nachträgliche ordentliche Veranlagung zu beantragen (vgl. Ziffern 10 und 11 unten).

4.4 Vereinfachtes Abrechnungsverfahren (Tarifcode E)

Arbeitnehmer, deren Bruttoeinkünfte (kleinere Arbeitsentgelte) im Rahmen des vereinfachten Abrechnungsverfahrens besteuert werden, werden für diese Einkünfte mit dem Tarifcode E an der Quelle besteuert. Dieser Quellensteuerpflicht können auch Arbeitnehmer unterliegen, die grundsätzlich im ordentlichen Veranlagungsverfahren besteuert werden. Das Verfahren richtet sich nach den Artikeln 21 - 24 QStV.

Die Grundsätze des vereinfachten Abrechnungsverfahrens sind in Artikel 37a DBG bzw. in den Artikeln 2 und 3 BGSA festgehalten.

Ob die Besteuerung für eine Tätigkeit nach den Bestimmungen des BGSA erfolgt, liegt in der Kompetenz des Arbeitgebers. Die Berechtigung zur Abrechnung von Löhnen im vereinfachten Abrechnungsverfahren wird von den AHV-Ausgleichskassen erteilt.

4.5 Tarif für Grenzgänger aus Italien (Tarifcode F)

Der Tarifcode F kommt zur Anwendung für Grenzgänger aus Italien, welche im Sinne der Vereinbarung vom 3. Oktober 1974 zwischen der Schweiz und Italien über die Besteuerung der Grenzgänger und den finanziellen Ausgleich zugunsten der italienischen Grenzgemeinden (SR 0.642.045.43) in einer italienischen Grenzgemeinde leben und deren Ehemann oder Ehefrau ausserhalb der Schweiz erwerbstätig ist. Das ausserhalb der Schweiz erzielte Erwerbseinkommen wird bei der Berechnung des satzbestimmenden Einkommens nicht berücksichtigt (vgl. hierzu die Erläuterungen zur Änderung der QStV vom 25. Februar 2013, S. 5 – 6 in: https://www.newsd.admin.ch/newsd/message/attachments/29836.pdf). Der Tarifcode F kommt nur in den Kantonen Tessin, Wallis und Graubünden zur Anwendung.

4.6 Tarife für Grenzgänger aus Deutschland (Tarifcodes L, M, N und P)

Die Tarifcodes L, M, N und P für Grenzgänger aus Deutschland gelangen ohne Rücksicht auf die Staatsangehörigkeit zur Anwendung für Arbeitnehmer, die in Deutschland ansässig sind, ihren Arbeitsort in der Schweiz haben und in der Regel täglich an ihren deutschen

Wohnort zurückkehren. Bedingung für die Anwendung dieser nach oben (auf höchstens 4.5 Prozent) hin begrenzten Grenzgängertarife ist (vgl. Art. 15a Abs. 1 DBA-D), dass dem Arbeitgeber pro Kalenderjahr eine Ansässigkeitsbescheinigung der deutschen Finanzbehörden auf dem amtlichen Formular (Gre-1, Ansässigkeitsbescheinigung für Grenzgänger zum Zwecke der Ermässigung der Abzugssteuern nach Artikel 15a Absatz 3 Satz 1 DBA-D und des Verhandlungsprotokolls vom 18.12.1991, bzw. Gre-2 [Verlängerung von Gre-1]) vorgelegt wird. Wird diese Bescheinigung nicht vorgelegt, sind die ordentlichen Quellensteuertarife (Tarifcodes A, B, C, E und H) anzuwenden.

In Deutschland ansässige Arbeitnehmer, die an mehr als 60 Arbeitstagen im Jahr aus beruflich bedingten Gründen verhindert sind, an ihren Wohnsitz in Deutschland zurückzukehren (sog. Nichtrückkehrtage), gelten nicht als Grenzgänger und sind nach den ordentlichen Quellensteuertarifen (Tarifcodes A, B, C, E und H) zu besteuern. Diese beruflich bedingten Nichtrückkehrtage sind mittels amtlichem Formular (Gre-3, Bescheinigung des Arbeitgebers über die Nichtrückkehr an mehr als 60 Tagen i.S. des Artikel 15a Absatz 2 DBA-D und des Verhandlungsprotokolls vom 18.12.1991) zu bescheinigen. Das Formular ist der zuständigen kantonalen Steuerverwaltung einzureichen. Diese, bzw. auf deren Anweisung hin der Arbeitgeber, erstellen in Anwendung des massgebenden Tarifs eine Neuberechnung. Zu wenig bzw. zu viel abgerechnete Quellensteuern werden nachgefordert bzw. zurückerstattet.

4.7 Gewährung von Kinderabzügen

Der Kinderabzug ergibt sich aus der Anzahl minderjähriger oder in beruflicher bzw. schulischer Erstausbildung stehender Kinder, für deren Unterhalt der Arbeitnehmer zur Hauptsache aufkommt (vgl. Art. 35 Abs. 1 DBG).

Bei minderjährigen Kindern ist die Anzahl der Kinderabzüge gemäss den nachgewiesenen Kindesverhältnissen (leibliches Kind, Stief- oder Adoptivkind) festzulegen. Als geeignete Beweismittel gelten insbesondere Geburtsurkunden, Zulagenentscheide, Adoptivurkunden, Familienausweise.

Bei volljährigen Kindern ist zusätzlich ein Nachweis über die Erstausbildung zu erbringen (bspw. Immatrikulationsbestätigung, Lehrvertrag, Zulagenentscheide).

Bei Alleinstehenden mit Kindern muss ergänzend nachgewiesen werden, dass das Kind im gleichen Haushalt lebt. Als geeignete Beweismittel gelten insbesondere Ansässigkeitsbescheinigungen, Niederlassungsausweise, Bescheinigungen der Wohnsitzgemeinde. In diesen Fällen wird im Grundsatz davon ausgegangen, dass derjenige Elternteil, bei welchem das volljährige Kind lebt, zur Hauptsache für den Unterhalt des Kindes aufkommt. Bezüglich Konkubinatsverhältnissen wird auf die Ausführungen oben verwiesen (vgl. Ziffer 4.3 oben).

Für weitere Ausführungen zu den Kinderabzügen wird auf das KS 30 ESTV verwiesen.

Beispiele zur Tarifanwendung:
- *Tarifcode B:*
  Der Arbeitnehmer T. lebt in der Schweiz, der Ehegatte ist nicht erwerbstätig. Der Arbeitgeber erhält den Zulagenentscheid über die Gewährung von zwei vollen Kinderzulagen. Gestützt darauf ist der Tarifcode B2 anwendbar.
  Der Arbeitnehmer R. ist als internationaler Wochenaufenthalter in der Schweiz erwerbstätig, der Ehegatte ist nicht erwerbstätig. Er legt dem Arbeitgeber die Geburtsurkunden seiner zwei minderjährigen Kinder vor. Der Tarifcode B2 ist anwendbar.

- Tarifcode C:
  Die Eheleute R. leben in der Schweiz und sind beide erwerbstätig. Sie erhalten einen Familienzulagenentscheid, worin die zwei vollen Zulagen für die Kinder ersichtlich sind. Der Tarifcode C2 kann von beiden Arbeitgebern angewendet werden.
  Die Eheleute S. leben in Österreich und sie haben eine gemeinsame Tochter. Der Ehemann arbeitet in der Schweiz und erhält eine Differenzzulage ausbezahlt. Die Ehefrau ist in Österreich erwerbstätig. Der Tarifcode C1 ist anwendbar.
  Die Eheleute W. leben in tatsächlich ungetrennter Ehe. Der Ehemann lebt in der Schweiz und die Ehefrau mit den zwei gemeinsamen Kindern (ein Kind minderjährig, ein Kind volljährig) in Deutschland (zwei separate Wohnsitze). Der Ehemann legt dem Arbeitgeber einen Familienausweis, in welchem die beiden Kinder ausgewiesen sind, sowie eine Immatrikulationsbestätigung der Universität Heidelberg für das volljährige Kind vor. In diesem Fall ist der Tarifcode C2 anwendbar, da das Ehepaar unverändert der Gesamtsatzbesteuerung unterliegt.

- Tarifcode H:
  Der Arbeitnehmer W. lebt in der Schweiz im gemeinsamen Haushalt mit seinem minderjährigen Kind und seiner Konkubinatspartnerin. Beide Elternteile haben die elterliche Sorge. Die Konkubinatspartnerin ist mit einem geringeren Bruttoverdienst ebenfalls in der Schweiz erwerbstätig. Der Arbeitnehmer W. kommt zur Hauptsache für den Unterhalt des Kindes auf und ist demnach gemäss Tarifcode H1 zu besteuern. Die Konkubinatspartnerin ist mit dem Tarifcode A0 zu besteuern.
  Der Arbeitnehmer U. lebt in der Schweiz. Sein minderjähriges Kind und die getrennt lebende Mutter des Kindes leben in Deutschland. Da das Kind nicht im gleichen Haushalt wie der Arbeitnehmer U. lebt, ist nicht der Tarifcode H1 anwendbar, sondern der Tarifcode A0.
  Der Arbeitnehmer T. lebt zusammen mit seinem minderjährigen Kind und der Konkubinatspartnerin in Deutschland. Er ist in der Schweiz erwerbstätig und kehrt jeweils an den Wochenenden nach Deutschland zurück. Er legt dem Arbeitgeber eine Vaterschaftsanerkennung sowie eine Bestätigung der deutschen Wohngemeinde über den gemeinsamen Haushalt vor. Da die Konkubinatspartnerin nicht erwerbstätig ist, kommt der Tarifcode H1 zur Anwendung.

4.8 Kirchensteuerpflicht

Die Kirchensteuerpflicht richtet sich nach dem kantonalen Recht. Dabei ist zu beachten, dass die Kirchensteuern grundsätzlich auch von den DBA erfasst sind und zu deren Erhebung der Schweiz das Besteuerungsrecht eingeräumt werden muss.

4.9 Härtefallregelung

Auf Antrag einer in der Schweiz ansässigen Person kann die zuständige Steuerbehörde zur Milderung von wirtschaftlichen Härtefällen infolge Alimentenzahlungen Kinderabzüge im anwendbaren Tarif gewähren (vgl. Art. 11 Abs. 1 QStV). Als Grundlage für die Beurteilung, ob ein Härtefall vorliegt, kann zum Beispiel das betreibungsrechtliche Existenzminimum dienen.

Der anwendbare Quellensteuertarif wird unter Berücksichtigung der effektiven Alimentenzahlungen neu festgelegt (bspw. Tarif A2 anstatt A0). Die zuständige kantonale Steuerbehörde legt die Höhe der zu gewährenden Kinderabzüge fest und teilt ihren Entscheid dem Schuldner der steuerbaren Leistung sowie dem Arbeitnehmer mit.

Wurden die Unterhaltsbeiträge bei der Anwendung eines Tarifcodes berücksichtigt, so wird die nachträgliche ordentliche Veranlagung nur auf Antrag der quellensteuerpflichtigen Person durchgeführt (vgl. Art. 11 Abs. 2 QStV).

Beispiel:

- *Der nicht kirchensteuerpflichtige Arbeitnehmer U. ist geschieden und bezahlt jeden Monat CHF 1 500.00 Unterhalt an seine Ex-Ehefrau sowie je CHF 1 000.00 Alimente für die beiden minderjährigen Kinder (= CHF 2 000.00), die bei der Kindsmutter leben (gemeinsame elterliche Sorge). Sein monatlicher Bruttolohn beträgt CHF 5 500.00.*

  Der Antrag von U. auf Anwendung der Härtefallregelung wird gutgeheissen. Die jährlichen Unterhaltszahlungen betragen CHF 42 000.00 (= 12 x CHF 1 500.00 + 12 x 2 x CHF 1 000.00). Pro Kind wird gemäss kantonalem Steuergesetz ein Abzug von CHF 8 000.00 pro Jahr gewährt. Die kantonale Steuerverwaltung bewilligt folglich die Anwendung des Tarifcodes A5N (5 x CHF 8 000.00 = CHF 40 000.00).

5 Abgrenzungen

Nachfolgend wird ausgeführt, welche Leistungen von einem Arbeitgeber nach den ordentlichen Tarifcodes für Arbeitnehmer abzurechnen sind bzw. welche Leistungen einer separaten Quellenbesteuerung unterliegen.

5.1 Künstler, Sportler und Referenten

Künstler, Sportler und Referenten mit Ansässigkeit in der Schweiz unterliegen der Quellensteuer nach Artikel 83 DBG, sofern sie in der Schweiz einer unselbstständigen Erwerbstätigkeit nachgehen.

Künstler, Sportler und Referenten mit Ansässigkeit im Ausland, die bei einem Arbeitgeber mit Sitz in der Schweiz für eine Dauer von mindestens 30 Tagen angestellt sind, unterliegen der Quellensteuer nach Artikel 91 DBG. Für die Beurteilung der Frist von mindestens 30 Tagen wird auf die mit dem einzelnen Schuldner der steuerbaren Leistung vereinbarte Vertragsdauer abgestellt, unabhängig von den effektiven Auftritts- und Probetagen.

Werden Künstler, Sportler und Referenten mit Ansässigkeit im Ausland weniger als 30 Tage beschäftigt (bspw. punktueller oder einmaliger Auftritt), unterliegen sie der Quellenbesteuerung nach Artikel 92 DBG.

Beispiele:

- *Ein Schauspieler mit Ansässigkeit in Österreich, der über einen viermonatigen Arbeitsvertrag beim Stadttheater St. Gallen verfügt und jeweils von Freitag bis Sonntag auftritt und dafür eine monatliche Entschädigung erhält, unterliegt den ordentlichen Tarifen für Arbeitnehmer nach Artikel 91 DBG).*
- *Ein Pianist mit Ansässigkeit in Polen, der in einer Pianobar in Aarau während zwei Wochen angestellt ist und täglich zwei Stunden auftritt, wird mit dem Künstlertarif nach Artikel 92 Absatz 2 DBG abgerechnet.*
- *Eine vierköpfige Band aus Deutschland tritt an einem Tag des Gurtenfestivals in Bern auf. Die Bandmitglieder unterliegen für die Bruttogage dem Künstlertarif nach Artikel 92 Absatz 2 DBG.*

Zu beachten sind Einschränkungen in den DBA (vgl. Art. 17 OECD-MA sowie das jeweils gültige Merkblatt der ESTV zur Quellenbesteuerung von Künstlern, Sportlern und Referenten).

5.2 Mitarbeiterbeteiligungen

Geldwerte Vorteile aus Mitarbeiterbeteiligungen sind in der Regel zusammen mit dem übrigen Einkommen aus unselbstständiger Erwerbstätigkeit nach Artikel 83 oder Artikel 91 DBG an der Quelle zu besteuern. Für die allfällige Ausscheidung von im Ausland geleisteten Arbeitstagen wird auf die Ziffern 6.7 und 7.5.1 unten verwiesen.

Für weitere Ausführungen, insbesondere zur anteilsmässigen Besteuerung von Mitarbeiterbeteiligungen (vgl. Art. 97a DBG), wird auf das Kreisschreiben Nr. 37 der ESTV vom 22. Juli 2013 über die Besteuerung von Mitarbeiterbeteiligungen verwiesen.

5.3 Verwaltungsratsentschädigungen

Verwaltungsratsentschädigungen (bspw. Tantiemen, Sitzungsgelder, feste Entschädigungen, geldwerte Vorteile aus Mitarbeiterbeteiligungen) sind zusammen mit einer allfälligen Lohnzahlung nach Artikel 83 DBG an der Quelle zu besteuern, sofern das anspruchsberechtigte Mitglied des Verwaltungsrats oder der Geschäftsführung in der Schweiz ansässig ist.

Bei Ansässigkeit von Mitgliedern des Verwaltungsrats im Ausland hat die Quellenbesteuerung der Verwaltungsratsentschädigungen nach Artikel 93 DBG zu erfolgen. Es gilt dabei zu beachten, dass Entschädigungen an im Ausland ansässige Verwaltungsräte sowohl gemäss Artikel 91 DBG (Lohneinkommen) wie auch gemäss Artikel 93 DBG (Verwaltungsratsentschädigung) an der Quelle steuerpflichtig sein können. Die Steuerpflicht gemäss Artikel 91

DBG ist gegeben, wenn die Entschädigungen für operative Tätigkeiten (bspw. Führungsaufgaben) ausgerichtet werden. Nur Vergütungen für Aufsichtsfunktionen sind gemäss Artikel 93 DBG der Quellenbesteuerung zu unterwerfen. Schuldet eine quellensteuerpflichtige Person gleichzeitig eine Quellensteuer nach Artikel 91 DBG (Lohn) wie auch nach Artikel 93 DBG (Verwaltungsratsentschädigung), so hat dies keine Korrektur des satzbestimmenden Einkommens beim Lohneinkommen zur Folge.

Beispiele:
1. Das Verwaltungsratsmitglied R. ist in der Schweiz ansässig und bezieht im Monat März neben den Verwaltungsratsentschädigungen von CHF 5 000.00 noch einen Bruttolohn von CHF 10 000.00. Die Gesamteinkünfte (= CHF 15 000.00) unterliegen somit nach Artikel 83 DBG der Quellensteuer (ordentliche Tarifcodes).
2. Gleicher Sachverhalt wie vorher mit dem Unterschied, dass das Verwaltungsratsmitglied im Ausland ansässig ist.
Demzufolge unterliegen der Bruttolohn nach Artikel 91 DBG (ordentlicher, progressiver Tarifcode) und das Verwaltungsratshonorar separat nach Artikel 93 DBG (linearer Tarif) der Quellensteuer.

6 Berechnung der Quellensteuer nach dem Monatsmodell

6.1 Vorbemerkungen

Erfolgt die Abrechnung der Quellensteuer über eine von Swissdec[2] zertifizierte Software, sind die jeweils gültigen Richtlinien von Swissdec massgebend für die Berechnung der abzuziehenden Quellensteuer. Dabei kann für die Berechnung der Quellensteuer in besonderen Fällen und/oder Situationen in geringem Ausmass vom vorliegenden Kreisschreiben abgewichen werden.

6.2 Grundsätze

Bei der Berechnung der Quellensteuer nach dem Monatsmodell gilt der Monat als Steuerperiode. Für die Berechnung des Steuerabzugs sind die monatlichen Bruttoeinkünfte massgebend, d.h. sämtliche steuerpflichtigen Leistungen, die im entsprechenden Monat an den quellensteuerpflichtigen Arbeitnehmer ausgerichtet werden, sind in der Regel zusammenzuzählen und als Ganzes der Quellenbesteuerung zu unterwerfen.

Für den Quellensteuerabzug sind die Verhältnisse im Zeitpunkt der Fälligkeit der steuerbaren Leistung massgebend. Im Normalfall wird die geschuldete Quellensteuer aufgrund der Bruttoeinkünfte eines Monats durch Multiplikation der Bruttoeinkünfte mit dem Steuersatz gemäss anwendbarem Quellensteuertarif ermittelt. Dieselbe Vorgehensweise ist anzuwenden, wenn der Arbeitnehmer im Stundenlohn angestellt ist und ihm der Lohn monatlich ausbezahlt wird.

In Einzelfällen kann eine Berechnung des satzbestimmenden Einkommens notwendig sein (vgl. Ziffer 6.3 ff. unten). Dies ist beispielsweise bei mehreren Arbeitsverhältnissen, bei untermonatiger Aufnahme bzw. Beendigung des Arbeitsverhältnisses oder bei der Ausscheidung von Arbeitstagen ins Ausland für Steuerpflichtige ohne Ansässigkeit in der Schweiz der Fall.

Der 13. Monatslohn ist grundsätzlich im Monat der Auszahlung an der Quelle zu besteuern.

6.3 Satzbestimmendes Einkommen beim 13. Monatslohn

Erfolgt die Ausrichtung des 13. Monatslohns gemäss Arbeitsvertrag monatlich, so ist der gesamte Bruttolohn der Quellensteuer zu unterwerfen.

Ist im Arbeitsvertrag keine monatliche Auszahlung vorgesehen, ist es nicht zulässig, durch monatliche Zuweisung des 13. Monatslohns eine Glättung des Steuersatzes zu erwirken.

Wird der 13. Monatslohn vierteljährlich, halbjährlich oder jährlich ausbezahlt, ist der Anteil des 13. Monatslohns für die Ermittlung des satzbestimmenden Einkommens wie folgt zu den übrigen satzbestimmenden Einkünften des Auszahlungsmonats hinzuzurechnen (Anspruchsberechtigung des Arbeitnehmers in Abhängigkeit von der Dauer des Arbeitsverhältnisses):

- vierteljährliche Auszahlung: 25 Prozent eines vollen 13. Monatslohns;
- halbjährliche Auszahlung: 50 Prozent eines vollen 13. Monatslohns;
- jährliche Auszahlung: 100 Prozent eines vollen 13. Monatslohns.

---

[2] Der Verein Swissdec bezweckt die Standardisierung, Vereinheitlichung und Vereinfachung der (elektronischen) Übermittlung von Daten (insb. Lohndaten), welche Unternehmen und Arbeitgeber aufgrund einer gesetzlichen Pflicht oder vertraglichen Vereinbarung zur gesetzeskonformen Weiterbearbeitung an Behörden oder Versicherungen zu liefern haben. Mitglieder des Vereins sind die SUVA, eAHV/IV, der Schweizerische Versicherungsverband, das Bundesamt für Statistik sowie die Schweizerische Steuerkonferenz.

Beispiel 13. Monatslohn:

- Halbjährliche Auszahlung des 13. Monatslohns (Juni / Dezember) gemäss Arbeitsvertrag: Der Arbeitnehmer S. tritt per 31. Mai 2021 aus der Unternehmung aus und erhält zusätzlich zur Lohnzahlung von CHF 6 000.00 noch den vertraglich vereinbarten 13. Monatslohn ausbezahlt (anteilsmässig für die Zeit vom 1. Januar 2021 – 31. Mai 2021). Der anteilig ausbezahlte 13. Monatslohn ist bezogen auf die Periode, für welche er bezahlt wird, umzurechnen (Basis 30 Tage pro Monat bzw. 360 Tage pro Jahr).

Leistungen	steuerbar	satzbestimmend	Berechnung
Periodische Lohnzahlung	6 000	6 000	
13. Monatslohn	2 500	3 000	2 500 / 150 x 180
Total	8 500	9 000	

Zur Berechnung des satzbestimmenden Einkommens beim 13. Monatslohn bei untermonatigem Ein- bzw. Austritt wird auf die Beispiele in Ziffer 6.6 unten verwiesen.

6.4 Satzbestimmendes Einkommen bei einer oder mehreren Teilzeit-Erwerbstätigkeiten

Ist ein Arbeitnehmer nur bei einem Arbeitgeber in einem Teilzeitpensum angestellt und erzielt er daneben keine weiteren Erwerbs- bzw. Ersatzeinkünfte, hat für die Satzbestimmung keine Umrechnung des Lohns zu erfolgen. Für die Ermittlung des satzbestimmenden Einkommens bei Anstellungen im Stunden- oder Tageslohn sind die Ausführungen unter Ziffer 6.5 unten zu beachten.

Hat ein quellensteuerpflichtiger Arbeitnehmer gleichzeitig mehrere Arbeitsverhältnisse (inkl. Ersatzeinkünfte) bzw. bezieht er Lohnzahlungen und/oder Ersatzeinkünfte von verschiedenen Schuldnern der steuerbaren Leistung, ist das satzbestimmende Einkommen für jedes einzelne Arbeitsverhältnis bzw. Versicherungsverhältnis wie folgt zu ermitteln:

1. Umrechnung auf den effektiven Gesamtbeschäftigungsgrad aller Erwerbstätigkeiten (inkl. Ersatzeinkünfte) des Arbeitnehmers;
2. Umrechnung auf einen Beschäftigungsgrad von 100 Prozent, wenn der effektive Gesamtbeschäftigungsgrad durch den Arbeitnehmer nicht offengelegt wird;
3. Umrechnung auf das tatsächliche Gesamtbruttoeinkommen, sofern die Einkünfte dem Schuldner der steuerbaren Leistung bekannt sind bzw. bekannt gegeben werden (bspw. im Konzern oder mehrere Arbeitsverträge beim gleichen Schuldner der steuerbaren Leistung).

Dies gilt auch, wenn eine oder mehrere der Erwerbstätigkeiten ausserhalb der Schweiz verrichtet wird resp. Werden, bzw. wenn Ersatzeinkünfte im Ausland ausbezahlt wird resp. werden.

Der teilzeitbeschäftige Arbeitnehmer muss seinem Arbeitgeber bzw. seinen Arbeitgebern bekannt geben, ob er einer oder weiteren (unselbstständigen oder selbstständigen) Erwerbstätigkeit(en) nachgeht bzw. ob er Ersatzeinkünfte erhält (vgl. Art. 136 DBG).

Gibt der Arbeitnehmer weder das Pensum noch den erzielten Lohn aus der anderen Tätigkeit bekannt, ist für das satzbestimmende Einkommen jedes Arbeitsverhältnis auf ein 100 Prozent-Pensum umzurechnen. Im Übrigen sind die Bestimmungen der Arbeitsverträge zu berücksichtigen. Dieselbe Vorgehensweise gilt auch für Personen, welche eine der Tätigkeiten im Stunden- oder im Tageslohn ausüben, aber einen ordentlichen Monatslohn beziehen (siehe dazu auch Ziffer 6.5 unten). Für die Bestimmung des Arbeitspensums ist in diesen Fällen auf die betriebsüblichen Arbeitsstunden abzustellen. Bei Ersatzeinkünften ist der Arbeitsunfähigkeits- oder Invaliditätsgrad massgebend.

Kann das Arbeitspensum einer Erwerbstätigkeit nicht bestimmt werden (bspw. für eine pauschalentschädigte nebenamtliche Hauswartstelle), kann der Schuldner der steuerbaren Leistung für die Ermittlung des satzbestimmenden Einkommens den im massgebenden Steuerjahr für die Berechnung des Tarifcodes C zu Grunde gelegten Betrag aufrechnen. Dieser Betrag wird zusammen mit den übrigen Berechnungsgrundlagen (vgl. Art. 85 Abs. 2 DBG) jährlich von den zuständigen Steuerbehörden veröffentlicht.

Besteht eine der Quellensteuer unterliegende Lohnzahlung sowohl aus periodischen wie auch aus aperiodischen Lohnbestandteilen (vgl. Ziffer 6.6 unten), sind einzig die periodischen Lohnbestandteile für die Satzbestimmung umzurechnen.

Bei Aufnahme einer weiteren Erwerbstätigkeit ist die Umrechnung ab dem Folgemonat vorzunehmen. Entsprechend ist bei Beendigung einer weiteren Erwerbstätigkeit ab dem Folgemonat keine Umrechnung mehr vorzunehmen.

Die Umrechnung hat zu unterbleiben, wenn die einzigen zusätzlich erzielten Arbeitseinkommen nach dem Tarifcode E besteuert werden.

Der Arbeitnehmer kann bei der zuständigen Steuerbehörde bis am 31. März des auf die Fälligkeit der Leistung folgenden Steuerjahres eine Neuberechnung der Quellensteuer oder eine nachträgliche ordentliche Veranlagung beantragen (vgl. Ziffer 11 unten).

Beispiele:

1. *Zwei Arbeitsverhältnisse in der Schweiz (Gesamtpensum: 100 %):*
Arbeitnehmer Z. ist bei der F. AG, Bern, und bei der K. AG, Thun, angestellt und erzielt folgende Lohneinkommen:

Arbeitgeber	Pensum	Bruttolohn	satzbestimmend
F. AG (CH)	50 %	4 500	9 000
K. AG (CH)	50 %	4 000	8 000

2. *Zwei Arbeitsverhältnisse in der Schweiz (Gesamtpensum: 90 %):*
Arbeitnehmer Z. ist bei der M. AG, Bern, und bei der T. AG, Thun, angestellt und erzielt folgende Lohneinkommen (beiden Arbeitgebern ist das jeweils andere Pensum nicht bekannt):

Arbeitgeber	Pensum	Bruttolohn	satzbestimmend
M. AG (CH)	50 %	4 500	9 000
T. AG (CH)	40 %	4 400	11 000

3. *Zwei Arbeitsverhältnisse in der Schweiz (Gesamtpensum: 90 %):*
Arbeitnehmer Z. ist bei der M. AG, Bern, und bei der T. AG, Thun, angestellt und erzielt folgende Lohneinkommen (beiden Arbeitgebern ist das jeweils andere Pensum bekannt):

Arbeitgeber	Pensum	Bruttolohn	satzbestimmend
M. AG (CH)	50 %	4 500	8 100
T. AG (CH)	40 %	4 400	9 900

4. *Zwei Arbeitsverhältnisse in der Schweiz (1 Arbeitspensum 70 % plus Bonus sowie 1 Arbeitspensum 30 %):*
Arbeitnehmer Z. ist bei der G. AG, Bern, zu 70 % plus Bonus und bei der H. AG, Thun, zu 30 % angestellt und erzielt folgende Lohneinkommen:

Arbeitgeber	Pensum	Bruttolohn	satzbestimmend
G. AG (CH)	70 %	4 550	6 500
G. AG (CH)	Bonus	2 000	2 000
G. AG (CH)		6 550	8 500
H. AG (CH)	30 %	1 200	4 000

5. *Zwei Arbeitsverhältnisse in der Schweiz (1 Arbeitspensum 60 % sowie 1 Arbeitsverhältnis im Stundenlohn; CHF 30.00 pro Stunde):*
Der Arbeitnehmer W. ist bei der Z. AG, Zürich, zu 60 % und bei der J. AG, Winterthur, im Stundenlohn angestellt. Im Monat April arbeitet W. bei der J. AG während 35 Stunden. Die betriebsübliche Arbeitszeit bei der J. AG beträgt 182 Stunden pro Monat (= 42 Stunden pro Woche). Sein Pensum bei der J. AG beträgt somit 19,23 %. Beiden Arbeitgebern ist das jeweils andere Pensum nicht bekannt. W. erzielt folgende Lohneinkommen:

Arbeitgeber	Pensum	Bruttolohn	satzbestimmend
Z. AG (CH)	60 %	3 400	5 667
J. AG (CH)	19,23 %	1 050	5 460

6. *Zwei Arbeitsverhältnisse beim gleichen Schuldner der steuerbaren Leistung in der Schweiz:*
Der Arbeitnehmer S. ist bei der A. AG, Aarau, zu 80 % als Sachbearbeiter und zu 20 % als Hauswart angestellt. Das satzbestimmende Einkommen wird durch Addition der beiden Bruttolöhne ermittelt. S. erzielt folgende Lohneinkommen:

Tätigkeiten	Pensum	Bruttolohn	satzbestimmend
Sachbearbeiter	80 %	4 400	5 300
Hauswart	20 %	900	5 300

7. *Ein Arbeitsverhältnis in der Schweiz und ein Arbeitsverhältnis im Ausland (Gesamtpensum 70 %):*
Der Arbeitnehmer Z. ist bei der R. AG, Bern (= Arbeitsort), und bei der H. AG, Stuttgart (= Arbeitsort), angestellt. Das Arbeitspensum beim ausländischen Arbeitgeber ist der R. AG, Bern, bekannt. Z. erzielt folgende Lohneinkommen:

Arbeitgeber	Pensum	Bruttolohn	satzbestimmend
R. AG (CH)	50 %	4 500	6 300
H. AG (D) [1]	20 %	n.a.	n.a.

[1] Steuerpflichtig in Deutschland

8. *Lohneinkommen und Ersatzeinkünfte:*
Der Arbeitnehmer Z. erhält folgende Entschädigungen, welche beiden Schuldnern der steuerbaren Leistungen bekannt sind:

Arbeitgeber/Versicherung	Pensum/ IV-Grad	Bruttolohn/-rente	Satzbestimmend
P. AG (CH)	60 %	6 000	10 000
IV-Rente (CH) [1]	40 %	2 000	5 000

[1] Besteuerung mit dem Tarifcode G

9. *Lohneinkommen und Tätigkeit ohne Pensum:*
Der Arbeitnehmer Z. erhält folgende Entschädigungen:

Arbeitgeber	Pensum	Bruttolohn	Satzbestimmend
R. AG (CH)	100 %	7 000	7 000
Nebenamtliche Tätigkeit (CH)	n.a.	500	5 425 [1]

[1] maximales satzbestimmendes Einkommen des Ehegatten beim Tarifcode C (Stand: 1.1.2019)

6.5 Erwerbstätigkeiten im Stunden- oder im Tageslohn

Ist ein quellensteuerpflichtiger Arbeitnehmer im Stunden- oder Tageslohn angestellt und wird ihm der Lohn nicht in Form einer monatlichen Zahlung ausgerichtet (bspw. wöchentliche Lohnzahlung, unregelmässige Zahlungen gemäss eingereichten Stundenabrechnungen), ist immer ein satzbestimmendes Monatseinkommen zu ermitteln und zwar bei Anstellungen im Stundenlohn durch Umrechnung auf 180 Stunden oder bei Anstellungen im Tageslohn durch Umrechnung auf 21,667 Tage. Umzurechnen ist dabei ausschliesslich der vereinbarte, aktuelle Stunden- oder Tageslohn (inkl. Ferien- und Feiertagsentschädigungen sowie weitere Entschädigungen, die auf Stunden- oder Tagesbasis ausgerichtet werden). Daneben sind einzig noch Kapitalabfindungen für in der Regel wiederkehrende Leistungen – und zwar ohne Umrechnung – in das satzbestimmende Lohneinkommen einzurechnen.

Mit dieser pauschalen Ermittlung des satzbestimmenden Einkommens werden sowohl die Fälle mit mehreren Erwerbstätigkeiten als auch diejenigen mit Ein- und Austritten während des Monats abgedeckt.

Der Quellensteuerabzug ist jeweils im Zeitpunkt der Lohnzahlung vorzunehmen. Ferien- und Feiertagszuschläge sind im Zeitpunkt der Abrechnung und Auszahlung des Stunden- oder Tageslohns steuerpflichtig. Die Ablieferung der durch den Schuldner der steuerbaren Leistung bezogenen Quellensteuern erfolgt jedoch monatlich (vgl. Ziffern 9.3.1 unten 9.3.2 unten). Ist ein quellensteuerpflichtiger Arbeitnehmer innerhalb einer Lohnzahlungsperiode zu unterschiedlichen Stunden- bzw. Tageslohnansätzen angestellt, ist das satzbestimmende Einkommen für die monatliche Quellensteuerabrechnung nach dem gewogenen Mittel zu berechnen (Total ausbezahlter Stunden- bzw. Tageslohn inkl. Ferien- und Feiertagsentschädigung / geleistete Stunden bzw. Tage der entsprechenden Lohnzahlungsperiode x 180 Stunden bzw. 21.667 Tage).

Ist der Arbeitnehmer mit dem bei ihm vorgenommenen Quellensteuerabzug nicht einverstanden, kann er bei der zuständigen Steuerbehörde bis zum 31. März des auf die Fälligkeit der Leistung folgenden Steuerjahres eine Neuberechnung der Quellensteuer oder eine nachträgliche ordentliche Veranlagung beantragen (vgl. Ziffer 11 unten).

Beispiele:

1. Der Arbeitnehmer E. ist bei der Personalverleiherin O. AG angestellt. Vom 1. bis 31. März 2021 hat er Einsätze bei verschiedenen Betrieben. Pro Stunde erhält er, je nach Tätigkeit im Einsatzbetrieb, vom Personalverleiher einen Lohn zwischen CHF 32.00 und CHF 40.00. Im gesamten Monat arbeitet er während 152 Stunden. Der Lohn wird ihm, nach Einreichung der Arbeitsrapporte, wöchentlich ausbezahlt.

Woche	Stundenlohn	Lohn	Stunden	Faktor	satzbestimmend	Satz	Quellensteuer
1. Woche	32	1 024	32	180	5 760	11.1 %	113.65
2. Woche	35	1 330	38	180	6 300	12.0 %	159.60
3. Woche	33	1 485	45	180	5 940	11.4 %	169.30
4. Woche	40	1 480	37	180	7 200	13.5 %	199.80
Total		5 319	152	180	6 299		642.35

2. Der Arbeitnehmer F. ist bei der P. AG auf Abruf angestellt. F. hat mit der P. AG eine Bruttotagesentschädigung von CHF 190.00 vereinbart. Im Monat Mai 2021 arbeitet er 11 Tage für das Unternehmen. Der Lohn von insgesamt CHF 2 090.00 wird ihm wöchentlich ausbezahlt. Daneben arbeitet F. bei der R. AG im Stundenlohn. Im Monat Mai 2021 verrichtet er während 70 Stunden seine Arbeit und erhält dafür einen Bruttolohn von CHF 22.00 pro Stunde. Die betriebsübliche Arbeitszeit beträgt 42 Stunden pro Woche bzw. 182 Stunden pro Monat. Die Auszahlung des Lohns erfolgt am Ende des Monats (Monatslohn).

Woche	Tageslohn/Pensum	Lohn	Stunden bzw. Tage	Faktor	satzbestimmend	Satz	Quellensteuer
P. AG	190.00	2 090	11	21,667	4 117	7.5 %	156.75
R. AG	38.46 %	1 540[1]	70	100 %	4 004	7.2 %	110.90

[1] Bei monatlicher Lohnzahlung muss die Umrechnung aufgrund des Pensums vorgenommen werden, welches anhand der betriebsüblichen Arbeitsstunden festzulegen ist.

3. Der Arbeitnehmer G. ist als Reinigungskraft bei der Q. AG im Stundenlohn angestellt. Seine wöchentliche Arbeitszeit beträgt zwischen 16 und 20 Stunden. Im April 2021 arbeitet er während 70 Stunden für die Q. AG. Sein Lohn beträgt CHF 23.00 pro Stunde und wird ihm, nach Auswertung der eingereichten Arbeitsrapporte ausbezahlt. Daneben übt er eine weitere Erwerbstätigkeit zu 50 % im Monatslohn bei der T. AG aus. Dort beträgt sein Lohn CHF 2 400.00 pro Monat. Beide Arbeitgeber haben keine Kenntnis vom Pensum beim anderen Arbeitgeber.

Arbeitgeber	Stundenlohn/Pensum	Lohn	Stunden	Faktor	satzbestimmend	Satz	Quellensteuer
Q. AG	23.00	1 610	70	180	4 140	7.5 %	120.75
T. AG	50 %	2 400	-	100 %	4 800	9.5 %	228.00

4. Der Arbeitnehmer H. ist bei der S. AG vom 17. bis zum 28. Juni 2021 im Stundenlohn angestellt. Er arbeitet in dieser Zeit während 72 Stunden, welche ihm mit brutto CHF 35.00 pro Stunde entschädigt werden. Der gesamte Lohn wird ihm am Ende des Arbeitsverhältnisses ausbezahlt.

Arbeitgeber	Stundenlohn	Lohn	Stunden	Faktor	satzbestimmend	Satz	Quellensteuer
S. AG	35.00	2 520	72	180	6 300	13.0 %	327.60

5. Der Arbeitnehmer M. arbeitet bei der L. AG. Er ist im Stundenlohn angestellt und verdient CHF 35.00 pro Stunde. Im April 2021 rechnet der Arbeitnehmer für 5 Wochen seine Arbeitsstunden ab und im Monat Mai 2021 für 2 Wochen. Auf der im April 2021 eingereichten Abrechnung werden 195 Stunden ausgewiesen und auf der Abrechnung für den Monat Mai 2021 deren 50 Stunden.

Abrechnung	Stundenlohn	Lohn	Stunden	Faktor	satzbestimmend	Satz	Quellensteuer
April 2021	35.00	6 825	195	180	6 300	13.0 %	887.25
Mai 2021	35.00	1 750	50	180	6 300	13.0 %	227.50

6. *Der Arbeitnehmer N. arbeitet bei der K. AG. Er ist im Stundenlohn angestellt und verdient CHF 35.00 pro Stunde. Im Juli 2021 rechnet der Arbeitnehmer für 2 Wochen 75 Arbeitsstunden ab und für die verbleibende Zeit im Monat Juli 2021 erhält er ein vom Arbeitgeber ausbezahltes Krankentaggeld über Total CHF 2 000.00. Im Weiteren wird ihm für 6 Monate eine Familienzulage über CHF 1 200.00 ausbezahlt. Diese Familienzulage setzt sich zusammen aus der ordentlichen Familienzulage für den Monat Juli 2021 sowie einer Nachzahlung von fünf Monaten für die Monate Februar – Juni 2021.*

Abrechnung	Stundenlohn	Lohn	Stunden	Faktor	steuerbar	satzbestimmend
Lohn	35	2 625	75	180	2 625	6 300
Taggeld		2 000			2 000	-
Familienzulage		1 200			1 200	1 200
Total					5 825	7 500

6.6 Quellensteuerberechnung bei untermonatigen Ein- und Austritten

Beginnt oder endet das Arbeitsverhältnis im Verlaufe eines Monats, sind die im Ein- oder Austrittsmonat erzielten Bruttoeinkünfte für die Ermittlung des satzbestimmenden Einkommens auf 30 Kalendertage umzurechnen. Dabei werden nur die regelmässigen bzw. periodischen Lohnbestandteile umgerechnet, nicht jedoch die unregelmässigen bzw. aperiodischen Lohnbestandteile (vgl. hierzu die Randziffer 27 der «Wegleitung zum Ausfüllen des Lohnausweises»). Aperiodische Lohnbestandteile sind erst nach der Umrechnung der periodischen Lohnbestandteile hinzuzurechnen. Diese Regelung gilt auch für Anstellungen im Stunden- und Tageslohn, sofern die Lohnzahlungen auf der Basis eines Monatslohnes erfolgen (vgl. Ziffer 6.5 oben).

- *Spezialfälle zur Ermittlung der Anzahl Tage im Ein- oder Austrittsmonat (gleiche Methode wie für die Berechnung der Sozialversicherungstage):*
  - *Eintritt am 31. März 2023 = 1 Tag*
  - *Eintritt am 30. März 2023 = 1 Tag*
  - *Eintritt am 29. März 2023 = 2 Tage*
  - *Eintritt am 29. Februar 2024 (Schaltjahr) = 1 Tag*
  - *Eintritt am 28. Februar 2024 (Schaltjahr) = 1 Tag*
  - *Eintritt am 28. Februar 2023 = 1 Tag*
  - *Eintritt am 27. Februar 2023 = 4 Tage*
  - *Austritt am 31. März 2023 = 30 Tage*
  - *Austritt am 30. März 2023 = 30 Tage*
  - *Austritt am 29. März 2023 = 29 Tage*
  - *Austritt am 29. Februar 2024 (Schaltjahr) = 30 Tage*
  - *Austritt am 28. Februar 2024 (Schaltjahr) = 30 Tage*
  - *Austritt am 28. Februar 2023 = 30 Tage*
  - *Austritt am 27. Februar 2023 = 27 Tage*

Folgende aperiodische Leistungen bilden keinen Bestandteil des umzurechnenden Bruttomonatslohns (die Aufzählung ist nicht abschliessend):
- Überzeitentschädigungen
- Entschädigungen von nicht bezogenen Ferienguthaben
- Dienstalterszulagen
- Bonuszahlungen

- Prämien
- Verwaltungsratshonorare
- Abgangsentschädigungen
- Gratifikationen
- Geldwerte Vorteile aus Mitarbeiterbeteiligungen

Beispiele mit aperiodischen Leistungen:

1. Der Arbeitnehmer S. tritt per 16. März 2022 aus der Unternehmung aus und erhält neben der anteilsmässigen Lohnzahlung von CHF 3 500.00, eine Entschädigung für nicht bezogene Ferienguthaben von CHF 1 000.00. Ausserdem erhält er noch eine Abgangsentschädigung in Höhe von CHF 5 000.00. Die Lohnzahlung ist zur Satzbestimmung auf 30 Tage umzurechnen. Die aperiodischen Leistungen (Entschädigung von nicht bezogenen Ferienguthaben und Abgangsentschädigung) sind nicht umzurechnen.

Leistungen	steuerbar	satzbestimmend	Berechnung
Periodische Lohnzahlung	3 500	6 562.50	3'500 / 16 x 30
Entschädigung für nicht bezogene Ferienguthaben	1 000	1 000.00	keine Umrechnung
Abgangsentschädigung	5 000	5 000.00	keine Umrechnung
Total	**9 500**	**12 562.50**	

2. Der Arbeitnehmer D. arbeitet bei der M. AG (50 %) und bei der C. AG (40 %), beide mit Sitz in der Schweiz. Per 15. März beendet D. sein Arbeitsverhältnis bei der C. AG. Er erhält neben der anteilsmässigen Lohnzahlung noch eine Abgangsentschädigung von CHF 500.00 sowie die anteilsmässige Auszahlung des 13. Monatslohns.

Leistungen	M. AG (CH)	C. AG (CH)	Berechnung
Pensum	50 %	40 %	
Lohn (periodisch)	2 600	1 000.00	
Abgangsentschädigung (aperiodisch)	-	500.00	
Anteil 13. Monatslohn	0	416.67	
1. Umrechnung Austritt:			
Satzbestimmung 13. Monatslohn	0	2 000	416.67 / 75 x 360
Satzbestimmung Austritt (auf 30 Tage)	2 600	2 000	1 000 / 15 x 30
2. Umrechnung mehrere Arbeitgeber			
Satzbestimmung Teilzeitpensum	5 200	9 000	2 000 + 2 000 / 40 % x 90 %
Abgangsentschädigung		500	
Total Satzbestimmung	**5 200**	**9 500**	

Beispiele 13. Monatslohn:

3. *Halbjährliche Auszahlung des 13. Monatslohns (Juni / Dezember) gemäss Arbeitsvertrag:*
   Der Arbeitnehmer S. tritt per 15. Juni 2021 aus der Unternehmung aus und erhält neben der anteilsmässigen Lohnzahlung von CHF 3 000.00 noch den vertraglich vereinbarten 13. Monatslohn ausbezahlt (pro rata für die Zeit vom 1. Januar 2021 – 15. Juni 2021). Die Lohnzahlung ist zur Satzbestimmung auf 30 Tage umzurechnen. Der anteilig ausbezahlte 13. Monatslohn ist bezogen auf die Periode, für welche er bezahlt wird, umzurechnen (Basis 30 Tage pro Monat bzw. 360 Tage pro Jahr).

Leistungen	steuerbar	satzbestimmend	Berechnung
Periodische Lohnzahlung	3 000	6 000	3 000 / 15 x 30
13. Monatslohn	2 750	3 000	2 750 / 165 x 180
Total	5 750	9 000	

4. *Vierteljährliche Auszahlung des 13. Monatslohns (März / Juni / September / Dezember) gemäss Arbeitsvertrag:*
   Der Arbeitnehmer S. tritt per 15. Oktober 2021 aus der Unternehmung aus und erhält neben der anteilsmässigen Lohnzahlung von CHF 3 000.00 noch den vertraglich vereinbarten 13. Monatslohn ausbezahlt (pro rata für die Zeit vom 1. Oktober 2021 – 15. Oktober 2021). Die Lohnzahlung ist zur Satzbestimmung auf 30 Tage umzurechnen. Der anteilig ausbezahlte 13. Monatslohn ist bezogen auf die Periode, für welche er bezahlt wird, umzurechnen (Basis 30 Tage pro Monat bzw. 360 Tage pro Jahr).

Leistungen	steuerbar	satzbestimmend	Berechnung
Periodische Lohnzahlung	3 000	6 000	3 000 / 15 x 30
13. Monatslohn	250	1 500	250 / 15 x 90
Total	3 250	7 500	

5. *Halbjährliche Auszahlung des 13. Monatslohns (Juni / Dezember) gemäss Arbeitsvertrag:*
   Der Arbeitnehmer V. tritt per 1. Februar 2021 in die Unternehmung ein und tritt per 15. Juni 2021 wieder aus und erhält neben der anteilsmässigen Lohnzahlung von CHF 3 000.00 noch den vertraglich vereinbarten 13. Monatslohn ausbezahlt (pro rata für die Zeit vom 1. Februar 2021 – 15. Juni 2021). Die Lohnzahlung ist zur Satzbestimmung auf 30 Tage umzurechnen. Der anteilig ausbezahlte 13. Monatslohn ist bezogen auf die Periode, für welche er bezahlt wird, umzurechnen (Basis 30 Tage pro Monat bzw. 360 Tage pro Jahr).

Leistungen	steuerbar	satzbestimmend	Berechnung
Periodische Lohnzahlung	3 000	6 000	3 000 / 15 x 30
13. Monatslohn	2 250	3 000	2 250 / 135 x 180
Total	5 250	9 000	

6. *Jährliche Auszahlung des 13. Monatslohns (Dezember) gemäss Arbeitsvertrag:*
   Der Arbeitnehmer V. tritt per 15. Dezember 2021 aus der Unternehmung aus und erhält neben der anteilsmässigen Lohnzahlung von CHF 3 000.00 noch den vertraglich vereinbarten 13. Monatslohn ausbezahlt (pro rata für die Zeit vom 1. Januar 2021 – 15. Dezember 2021). Die Lohnzahlung ist zur Satzbestimmung auf 30 Tage umzurechnen. Der anteilig ausbezahlte 13. Monatslohn ist bezogen auf die Periode, für welche er bezahlt wird, umzurechnen (Basis 30 Tage pro Monat bzw. 360 Tage pro Jahr).

Leistungen	steuerbar	satzbestimmend	Berechnung
Periodische Lohnzahlung	3 000	6 000	3 000 / 15 x 30
13. Monatslohn	5 750	6 000	5 750 / 345 x 360
Total	8 750	12 000	

7. *Jährliche Auszahlung des 13. Monatslohns (Dezember) gemäss Arbeitsvertrag:*
Der Arbeitnehmer V. tritt per 1. April 2021 in die Unternehmung ein und tritt per 15. Oktober 2021 wieder aus und erhält neben der anteilsmässigen Lohnzahlung von CHF 3 000.00 noch den vertraglich vereinbarten 13. Monatslohn ausbezahlt (pro rata für die Zeit vom 1. April 2021 – 15. Oktober 2021). Die Lohnzahlung ist zur Satzbestimmung auf 30 Tage umzurechnen. Der anteilig ausbezahlte 13. Monatslohn ist bezogen auf die Periode, für welche er bezahlt wird, umzurechnen (Basis 30 Tage pro Monat bzw. 360 Tage pro Jahr).

Leistungen	steuerbar	satzbestimmend	Berechnung
Periodische Lohnzahlung	3 000	6 000	3 000 / 15 x 30
13. Monatslohn	3 250	6 000	3 250 / 195 x 360
Total	6 250	12 000	

6.7 Ausscheidung von im Ausland geleisteten Arbeitstagen

Quellensteuerpflichtige Personen mit Ansässigkeit in der Schweiz, welche für einen schweizerischen Arbeitgeber im Ausland Arbeitstage leisten, sind nach internem Recht grundsätzlich auch für das Lohneinkommen dieser ausländischen Arbeitstage in der Schweiz steuerpflichtig. Sind jedoch gemäss anwendbarem DBA die Voraussetzungen der Monteurklausel (vgl. Art. 15 OECD-MA) nicht erfüllt, fällt die Steuerbefugnis dem Tätigkeitsstaat zu.

Bei quellensteuerpflichtigen Personen ohne Ansässigkeit in der Schweiz, die eine unselbständige Erwerbstätigkeit bei einem Arbeitgeber mit Sitz oder Betriebsstätte bzw. tatsächlicher Verwaltung in der Schweiz ausüben, kann der Schuldner der steuerbaren Leistung die Ausscheidung von im Ausland geleisteten Arbeitstagen gemäss innerstaatlichem Recht wie folgt vornehmen:

Auszuscheiden sind nur diejenigen Arbeitstage, an welchen die Tätigkeit tatsächlich ausserhalb der Schweiz ausgeübt wurde. Bezahlte Abwesenheitstage, an welchen keine Arbeitsleistung zu erbringen ist (insb. Ferientage, Krankheitstage), unterliegen nicht der Steuerausscheidung. Die für die Quellenbesteuerung massgebenden schweizerischen Arbeitstage sind dabei in der Regel durch Subtraktion der ausländischen Arbeitstage vom Total von 20 Arbeitstagen pro Monat bzw. vom Total von 240 Arbeitstagen pro Jahr zu ermitteln. Als ausländischer Arbeitstag gilt dabei jeder Arbeitstag ausserhalb der Schweiz sowie alle Hin- und Rückreisetage, an denen der Arbeitnehmer ausschliesslich oder zur Hauptsache im Ausland gearbeitet hat.

Beispiele:

1. *Arbeitnehmer Z. ist internationaler Wochenaufenthalter in der Schweiz. Sein Arbeitgeber hat den Sitz in Zürich. Z. übt seine Tätigkeit an seinem fixen Arbeitsplatz in Zürich aus. Während des Monats September hat er ausnahmsweise an 5 Tagen in Österreich gearbeitet. Zusätzlich hat er 10 Ferientage bezogen, welche er in Italien verbracht hat. Z. erhält im Monat September einen Bruttolohn von CHF 8 000.00. Die für die Ausscheidung massgebenden schweizerischen Arbeitstage ergeben sich aus der Subtraktion von fünf ausländischen Arbeitstagen vom Total von 20 Arbeitstagen pro Monat. Davon ausgehend ist das steuerbare Einkommen wie folgt zu berechnen bzw. das satzbestimmende Einkommen wie folgt festzulegen:*

Total an Arbeitstagen:	20 Tage
Arbeitstage Schweiz:	20 Tage – 5 Tage = 15 Tage
massgebendes Ausscheidungsverhältnis:	15 CH-Arbeitstage zum Total von 20 Arbeitstagen
Steuerbares Einkommen:	CHF 8 000.00 / 20 x 15 = CHF 6 000.00
Satzbestimmendes Einkommen:	CHF 8 000.00

2. Arbeitnehmer B. ist internationaler Wochenaufenthalter und erhält im April 2021 einen Bruttolohn in der Höhe von CHF 10 000.00 sowie einen Bonus für das Vorjahr in der Höhe von CHF 30 000.00. Im Monat April hat er an 4 Tagen in Grossbritannien gearbeitet. Im Vorjahr hat Arbeitnehmer B. an insgesamt 200 von Total 240 Arbeitstagen in der Schweiz gearbeitet.

Berechnung steuerbarer Bruttolohn April 2021:

Total an Arbeitstagen:	20 Tage
Arbeitstage Schweiz:	20 Tage – 4 Tage = 16 Tage
Massgebendes Ausscheidungsverhältnis:	16 CH-Arbeitstage zum Total von 20 Arbeitstagen
Steuerbares Einkommen:	CHF 10 000.00 / 20 x 16 = CHF 8 000.00

Berechnung steuerbarer Bonus Vorjahr:

Total Arbeitstage Vorjahr:	240 Tage
Arbeitstage Schweiz Vorjahr:	240 Tage – 40 Tage = 200 Tage
Massgebendes Ausscheidungsverhältnis:	200 CH-Arbeitstage zum Total von 240 Arbeitstagen
Steuerbares Einkommen:	CHF 30 000.00 / 240 x 200 = CHF 25 000.00
Total steuerbar April 2021:	CHF 33 000.00 (CHF 8 000 + CHF 25 000)
Satzbestimmendes Einkommen April 2021:	CHF 40 000.00 (CHF 10 000 + CHF 30 000)

Die massgebenden Arbeitstage sind in einem Kalendarium festzuhalten, welches der Quellensteuerabrechnung beizulegen ist. Rechnet der Arbeitgeber die Quellensteuer elektronisch ab (bspw. über ELM-QSt), ist das Kalendarium auf dem postalischen Weg der zuständigen Steuerbehörde zuzustellen, solange keine Möglichkeit der elektronischen Übermittlung zur Verfügung steht.

Erfolgt bei der Berechnung des Quellensteuerabzugs durch den Arbeitgeber keine Berücksichtigung der ausländischen Arbeitstage oder ist der Arbeitnehmer mit der anzahlmässigen Ausscheidung von im Ausland geleisteten Arbeitstagen nicht einverstanden, kann der Arbeitnehmer bis am 31. März des auf die Fälligkeit der Leistung folgenden Steuerjahres bei der zuständigen Steuerbehörde eine Neuberechnung der Quellensteuer oder eine nachträgliche ordentliche Veranlagung beantragen (vgl. Ziffer 11 unten). Das Kalendarium muss sowohl vom Arbeitnehmer als auch vom Arbeitgeber unterzeichnet und zusammen mit dem Antrag eingereicht werden.

Für die Ausscheidung im Rahmen einer nachträglichen Korrektur sind die Regeln des internationalen Steuerrechts bzw. der entsprechenden staatsvertraglichen Vereinbarungen (bspw. DBA, Verständigungsvereinbarungen) massgebend.

6.8 Quellensteuerberechnung bei Leistungen vor Antritt des Arbeitsverhältnisses

Entschädigungen, welche dem Arbeitnehmer vom Arbeitgeber vor Antritt des Arbeitsverhältnisses ausgerichtet werden (bspw. Sign-on-Bonus), fallen nach schweizerischem Recht unter die Bestimmung von Artikel 17 DBG.

Für in der Schweiz ansässige quellensteuerpflichtige Personen ist daher die Quellensteuer auf der gesamten Leistung nach den persönlichen Verhältnissen im Zeitpunkt der Ausrichtung der Leistung zu berechnen.

Erhält eine im Ausland ansässige Person eine derartige Leistung, ist darauf die Quellensteuer zu erheben. Die Leistung knüpft an ein in der Schweiz steuerpflichtiges Arbeitsverhältnis an, weshalb die Grundsätze von Artikel 15 OECD-MA zu beachten sind. Auch in diesem Fall sind die Verhältnisse im Zeitpunkt der Ausrichtung der Leistung für den Quellensteuerabzug massgebend.

Es steht der quellensteuerpflichtigen Person, welche nicht der obligatorischen nachträglichen Veranlagung untersteht (vgl. Art. 89 DBG), offen, bis am 31. März des auf die Leistung folgenden Steuerjahres eine Neuberechnung der Quellensteuer oder eine nachträgliche ordentliche Veranlagung zu beantragen (vgl. Ziffer 11 unten).

6.9 Quellensteuerberechnung bei Leistungen bei bzw. nach Beendigung des Arbeitsverhältnisses

Wird das Arbeitsverhältnis beendet, unterliegen Leistungen, die bereits auf diesen Zeitpunkt hin fällig geworden sind, dem Arbeitnehmer aber erst später ausbezahlt werden (Überzeitguthaben, nicht bezogene Ferienguthaben usw.), zusammen mit den Bruttoeinkünften des letzten Arbeitsmonats der Quellenbesteuerung, d.h. der Quellensteuerabzug ist auf dem Gesamtbetrag der ausgerichteten Leistungen zu berechnen. Der anzuwendende Tarifcode entspricht demjenigen, welcher im Zeitpunkt der letzten Lohnzahlung massgebend war. Allfällige für den entsprechenden Monat bereits abgezogene Quellensteuern sind an die gesamten für diesen Monat geschuldeten Quellensteuern anzurechnen. Die Quellensteuer auf diesen Leistungen ist im gleichen Kanton geschuldet, wie die auf der letzten Lohnzahlung in Abzug gebrachten Quellensteuern.

Bei Leistungen, auf die der Rechtsanspruch erst nach Beendigung des Arbeitsverhältnisses entstanden ist (bspw. nachträglich von der Geschäftsleitung beschlossene Bonuszahlungen bzw. Abgangsentschädigungen oder nachträglich durchgesetzte Lohnforderungen), muss der Quellensteuerabzug separat berechnet werden. Massgebend für die Bestimmung des anwendbaren Tarifcodes sind die Verhältnisse im Zeitpunkt der Auszahlung dieser Leistung. Für die Ermittlung des satzbestimmenden Einkommens sind alle vom Arbeitnehmer im selben Monat – im Ausland wie auch in der Schweiz – erzielten Erwerbseinkünfte (inkl. Ersatzeinkünfte) beizuziehen. Sind dem Arbeitgeber diese zusätzlichen Einkünfte nicht bekannt, so kann er zur Satzbestimmung den letzten von ihm ausbezahlten und der Quellenbesteuerung unterworfenen Bruttomonatslohn berücksichtigen. Allfällige Beschränkungen durch DBA sind zu beachten (vgl. Ziffer 6.7 oben).

Lohnfortzahlungen an einen im Ausland ansässigen Arbeitnehmer, der nach erfolgter Kündigung freigestellt wird, sind – da diese auf einem weiterhin gültigen Arbeitsvertrag sowie einer in der Schweiz ausgeübten Tätigkeit beruhen – an der Quelle zu besteuern (vgl. Art. 91 DBG). Die Quellenbesteuerung hat dabei auf einem reduzierten Bruttolohn (unter Progressionsvorbehalt) zu erfolgen, sofern die Arbeit ohne die Freistellung mutmasslich im Ausland geleistet worden wäre. Wäre die Arbeit mutmasslich als Grenzgänger im Sinne von Artikel 15a des DBA mit Deutschland geleistet worden, sind die entsprechenden Tarife anwendbar.

Es steht dem (ehemaligen) Arbeitnehmer offen, bis am 31. März des auf die Fälligkeit der Leistung folgenden Steuerjahres eine Neuberechnung der Quellensteuer oder eine nachträgliche ordentliche Veranlagung zu verlangen (vgl. Ziffer 11 unten).

Beispiele:

1. *Besteuerung nachträglich ausbezahlter Ferienguthaben:*
   Der Arbeitnehmer Z. tritt per 30. September 2021 aus der Unternehmung R. aus. Die steuerbare Leistung im September 2021 beläuft sich auf CHF 5 500.00 und der Quellensteuerabzug auf CHF 649.55. Der Arbeitgeber hat die entsprechende Quellensteuerabrechnung fristgerecht vorgenommen. In der Folge erhält der Arbeitnehmer Z. im November 2021 eine nachträgliche Zahlung für nicht bezogene Ferienguthaben über CHF 500. Die im November 2021 geschuldeten Quellensteuern sind wie folgt zu berechnen:

Leistungen	abzurechnen Sept. 2021	abzurechnen Nov. 2021
Bruttolohn	5 500	5 500
Ferienguthaben		500
Total	5 500	6 000
Quellensteuern gesamt auf CHF 6 000		757.20
Quellensteuern bezahlt im September 2021		- 649.55
Quellensteuern geschuldet im November 2021 (Anrechnung der Quellensteuer September 2021)		**107.65**

2. **Besteuerung einer Bonuszahlung:**
   Der Arbeitnehmer Y. ist in Österreich ansässig und tritt per 30. November 2021 aus der Unternehmung T. aus. Die letzte Lohnzahlung im November 2021 beläuft sich auf CHF 8 000.00. Im April des Folgejahres erhält er einen Bonus von CHF 15 000.00, welcher von der Geschäftsleitung der Unternehmung T. im April 2022 beschlossen wurde. Dieser Bonus ist separat im Auszahlungsmonat (April 2022) steuerpflichtig. Da der Rechtsanspruch auf den Bonus erst im April 2022 entstanden ist (Beschluss Geschäftsleitung), hat auf der letzten Lohnzahlung (November 2021; CHF 8 000.00) keine Satzkorrektur zu erfolgen. Für die Tarifbestimmung und für die Festlegung des satzbestimmenden Einkommens sind die Verhältnisse zum Zeitpunkt der Auszahlung der Leistung massgebend. Weil diese Verhältnisse der Unternehmung T. nicht bekannt sind, berücksichtigt sie für die Festlegung des satzbestimmenden Einkommens den letzten von ihr ausbezahlten Bruttolohn. Da Y. im Jahr 2021 (Verdienstperiode) während 66 von insgesamt 220 Arbeitstagen (20 Arbeitstage pro Monat von Januar bis November) im Ausland tätig war, unterliegt der Bonus nur im Umfang von CHF 10 500.00 (CHF 15 000.00 / 220 x 154) zum Satz von CHF 23 000.00 (letzter Monatslohn CHF 8 000.00 + Bonus CHF 15 000.00) in der Schweiz der Quellensteuer.

Leistungen	steuerbar	Satz	satzbestimmend
Bruttolohn (Nov. 2021)	8 000	15,0 %	8 000
Bonus (Apr. 2022)	10 500	27,0 %	23 000
Quellensteuern bezahlt November 2021		1 200	
Quellensteuern geschuldet April 2022		**2 835**	

3. **Besteuerung einer Bonuszahlung an einen Grenzgänger aus Deutschland:**
   Der Arbeitnehmer W. tritt per 30. November 2021 aus der Unternehmung X. aus. W. qualifiziert als Grenzgänger im Sinne von Artikel 15a DBA-D. Die letzte Lohnzahlung im November 2021 beläuft sich auf CHF 8 000.00 und wurde mit einem Satz von 4.5 % an der Quelle besteuert. Im April des Folgejahres erhält er einen Bonus von CHF 21 000.00, welcher von der Geschäftsleitung der Unternehmung X. im April 2022 beschlossen wurde. Dieser Bonus ist separat im Auszahlungsmonat (April 2022) steuerpflichtig, da der Rechtsanspruch in diesem Monat entstanden ist (Beschluss Geschäftsleitung Unternehmung X.). Es hat keine Satzkorrektur auf dem letzten Arbeitsmonat (November 2021) zu erfolgen. Die Unternehmung X. hat keine Kenntnis über die aktuellen Einkommensverhältnisse von W. Da der Arbeitnehmer W. in der Verdienstperiode (2021) Grenzgänger im Sinne von Artikel 15a DBA-D war, ist der Bonus zum Steuersatz von maximal 4.5 % an der Quelle zu besteuern.

Leistungen	steuerbar	Satz	satzbestimmend
Bruttolohn (Nov. 2021)	8 000	4,5 %	8 000
Bonus (Apr. 2022)	21 000	4,5 %	29 000
Quellensteuern bezahlt November 2021		360	
Quellensteuern geschuldet April 2022		**945**	

4. **Spezialfall Grenzgänger aus Deutschland mit Formular Gre-3:**
   Hätte Arbeitnehmer W. (vgl. vorangehendes Beispiel) im Jahr 2021 mittels Formular Gre-3 mehr als 55 Nichtrückkehrtage für die Periode von Januar bis November deklariert (60 / 12 x 11), wären allenfalls im Ausland erbrachte Arbeitstage analog dem vorstehenden Beispiel (Besteuerung einer Bonuszahlung an einen in Österreich ansässigen Arbeitnehmer) auszuscheiden.

5. **Besteuerung von Lohnfortzahlungen unter gekündigtem Arbeitsverhältnis:**
   Dem Arbeitnehmer Z. mit Ansässigkeit in Italien wird am 24. September 2021 per 31. Dezember 2021 gekündigt. Er wird für die verbleibenden Monate Oktober, November und Dezember 2021 freigestellt. Während seiner Freistellung erhält Z unverändert seinen monatlichen Bruttolohn von CHF 7000. In der vorangehenden 12-monatigen Referenzperiode wurden 60 Arbeitstage ins Ausland (= 180 schweizerische Arbeitstage) ausgeschieden. Demgemäss ergibt sich ein steuerbarer Bruttolohn für die Monate Oktober bis Dezember 2021 von je CHF 5 250.00 (CHF 7 000.00 / 240 Arbeitstage x 180 schweizerische Arbeitstage), der zum Satz von CHF 7 000.00 an der Quelle zu besteuern ist.

6.10 Ersatzeinkünfte, die an den Arbeitgeber ausbezahlt werden

Auf Ersatzeinkünften (Taggelder), welche von der Versicherung an den Arbeitgeber ausbezahlt werden, sind von der Versicherung keine Quellensteuern abzurechnen. Der Arbeitgeber nimmt den Quellensteuerabzug auf der von ihm geschuldeten Bruttoentschädigung an den Arbeitnehmer vor und wendet darauf den massgebenden Tarifcode bzw. Steuersatz an.

Beispiel:

- *Der Arbeitgeber schuldet dem ledigen Arbeitnehmer T. im März 2021 einen Bruttomonatslohn von CHF 4 500.00 sowie ein Unfalltaggeld (Ersatzeinkunft) über CHF 1 000.00, welches die Versicherung an den Arbeitgeber überweist.*

    Die gesamte Entschädigung über CHF 5 500 ist an der Quelle zu besteuern. Es ist der ordentliche Tarifcode (A0) anzuwenden.

6.11 Ersatzeinkünfte, die nicht über den Arbeitgeber ausbezahlt werden

Ersatzeinkünfte (Taggelder, Renten usw.), welche beispielsweise von einer Versicherung, Ausgleichskasse, Arbeitslosenkasse (Leistungserbringer) direkt an den Leistungsempfänger (Arbeitnehmer) ausbezahlt werden, sind durch den Leistungserbringer mit dem Tarifcode G bzw. für Grenzgänger aus Deutschland mit dem Tarifcode Q an der Quelle zu besteuern (vgl. Art. 1 Abs. 1 Bst. g QStV).

Wird neben dem Ersatzeinkommen weiteres Erwerbseinkommen erzielt, sind das Ersatz- und das Erwerbseinkommen für den Steuersatz umzurechnen (vgl. Ziffer 6.4 oben). Bei Ersatzeinkünften, die nach Massgabe des versicherten Verdienstes ausgerichtet werden, gilt dieser als satzbestimmendes Einkommen.

Für die Quellenbesteuerung der Ersatzeinkünfte, insbesondere zu deren Definition im internationalen Verhältnis, wird auf das jeweils gültige «Merkblatt der ESTV über die Quellenbesteuerung von Ersatzeinkünften» verwiesen.

Beispiel:

- *Krankentaggeld für 12 Kalendertage (direkt ausbezahlt) und ein Arbeitsverhältnis: Arbeitnehmer T. erhält von der Versicherung ein Krankentaggeld von Brutto CHF 1 800.00 für 12 Kalendertage (12 / 30 Kalendertage = 40 %). Von seinem Arbeitgeber, der F. AG, erhält T. für ein 60 %-Pensum einen Bruttolohn von CHF 3 000.00:*

Leistungserbringer/ Arbeitgeber	Pensum	Bruttotag- geld/Lohn	satzbestimmender Lohn bzw. versicherter Verdienst	Tarifcode
F. AG	60 %	3 000	5 000	A0
Krankentaggeld für 12 Tage	40 %	1 800	4 500	G

6.12 Kapitalabfindungen für wiederkehrende Leistungen (exkl. Ersatzeinkünfte)

Werden dem Arbeitnehmer durch den Arbeitgeber Kapitalabfindungen für wiederkehrende Leistungen ausgerichtet (bspw. nachträgliche Auszahlung von Familienzulagen für mehrere Monate), unterliegen diese im Zeitpunkt der Auszahlung der Quellenbesteuerung und zwar zusammen mit einer allenfalls im selben Monat ausgerichteten Lohnzahlung. Der Steuersatz ergibt sich dabei aus der Summe der Kapitalabfindung für wiederkehrende Leistungen und der Lohnzahlung im entsprechenden Monat.

Die Kapitalabfindung wird im Quellensteuerverfahren nach dem Monatsmodell für die Satzbestimmung nicht auf einen Monat umgerechnet. Es steht dem Arbeitnehmer offen, bis am 31. März des auf die Fälligkeit der Leistung folgenden Steuerjahres eine Neuberechnung der Quellensteuer oder eine nachträgliche ordentliche Veranlagung zu beantragen (vgl. Ziffer 11 unten).

Beispiel:

- Kapitalabfindungen für wiederkehrende Leistungen sind zusammen mit dem Bruttolohn, welcher im Monat der Auszahlung der Kapitalabfindung ausgerichtet wird, an der Quelle zu besteuern.

Leistungen	steuerbar	satzbestimmend
Ordentlicher Bruttomonatslohn Mai 2022 (ohne Familienzulage)	4 800	4 800
Nachzahlung Familienzulagen Dezember 2021 bis Mai 2022	1 200	1 200
Total Bruttolohn Mai 2022	**6 000**	**6 000**

7 Berechnung der Quellensteuer nach dem Jahresmodell

7.1 Vorbemerkungen

Erfolgt die Abrechnung der Quellensteuer über eine von Swissdec zertifizierte Software, sind die jeweils gültigen Richtlinien von Swissdec massgebend für die Berechnung der abzuziehenden Quellensteuer. Dabei kann für die Berechnung der Quellensteuer in besonderen Fällen und/oder Situationen in geringem Ausmass vom vorliegenden Kreisschreiben abgewichen werden.

Der 13. Monatslohn wird im Jahresmodell bei der Berechnung der Quellensteuer mittels einer von Swissdec zertifizierten Software abweichend vom vorliegenden Kreisschreiben berücksichtigt. Dabei wird der 13. Monatslohn erst bei dessen Auszahlung für die Ermittlung des satzbestimmenden Einkommens berücksichtigt (Realisationsprinzip). Das Vorgehen ist in den von den Steuerbehörden ausdrücklich genehmigten Richtlinien von Swissdec festgehalten.

7.2 Grundsätze

Bei der Berechnung der Quellensteuer nach dem Jahresmodell entspricht das Kalenderjahr der Steuerperiode. Obwohl Letzteres massgebend ist, muss der Schuldner der steuerbaren Leistung die Quellensteuer trotzdem monatlich einbehalten und darüber abrechnen (vgl. Ziffern 9.3.3 und 9.3.4 unten).

Für die Berechnung des Quellensteuerabzugs sind die monatlichen Bruttoeinkünfte massgebend. Für die Ermittlung des satzbestimmenden Einkommens ist es jedoch erforderlich, das gesamte im betreffenden Jahr der Quellenbesteuerung unterliegende Bruttoeinkommen zu berücksichtigen. Die Höhe des Quellensteuerabzugs wird auf der Grundlage des Bruttoeinkommens des betreffenden Monats durch Multiplikation dieses Einkommens mit dem Steuersatz des anzuwendenden Quellensteuertarifs ermittelt. Das gleiche Verfahren ist anzuwenden, wenn der Arbeitnehmer auf Stundenlohnbasis beschäftigt ist und ihm sein Gehalt monatlich ausbezahlt wird (vgl. Beispiele in den nachfolgenden Ziffern).

Eine Ausnahme bilden Vergütungen, die für zurückliegende oder zukünftige Perioden bezahlt werden (bspw. Boni, Mitarbeiterbeteiligungen), auf die infolge Ansässigkeit oder Arbeitsausübung im Ausland ein DBA anwendbar ist. Sofern das anwendbare DBA für die betreffende Zeit Einschränkungen vorsieht (bspw. Anwendbarkeit der Grenzgängerregelung nach Art. 15a DBA-D), sind diese Umstände tariflich zu berücksichtigen.

Alternativ zur fortlaufenden Berücksichtigung von monatlich veränderten Einkommensverhältnissen, persönlichen Verhältnissen usw. steht es dem Arbeitgeber offen, die erforderlichen Korrekturen beim satzbestimmenden Jahreseinkommen erst am Ende des Kalenderjahres (Dezember) bzw. am Ende des Arbeitsverhältnisses vorzunehmen. In diesem Fall sind die in den Vormonaten des laufenden Jahres bereits abgezogenen Quellensteuern von den am Ende des Kalenderjahres bzw. am Ende des Arbeitsverhältnisses berechneten Quellensteuern für die gesamte Periode in Abzug zu bringen.

Für die Berechnung des monatlichen Quellensteuerabzugs, sind die nachfolgenden vier Schritte durchzuführen:

1. Schritt: Ermittlung der Bemessungsgrundlage für die Quellensteuer. Diese ergibt sich aus der Addition aller steuerpflichtigen Bruttoleistungen, die dem quellensteuerpflichtigen Arbeitnehmer zustehen und deren Auszahlung, Überweisung, Gutschrift oder Verrechnung im betreffenden Monat erfolgt ist.

2. Schritt: Ermittlung des satzbestimmenden Jahreseinkommens. Die Berechnung dieses Elements ist im Jahresmodell immer notwendig und wird in Ziffer 7.3 unten ausführlich erläutert.

3. Schritt: Festlegung des anwendbaren Tarifcodes auf Grundlage der persönlichen Verhältnisse der steuerpflichtigen Person im Zeitpunkt der Auszahlung, Überweisung, Gutschrift oder Verrechnung der steuerbaren Leistung.

4. Schritt: Multiplikation der Bemessungsgrundlage (Schritt 1) mit dem jährlichen Steuersatz. Die Bestimmung des Steuersatzes erfolgt anhand des Tarifcodes (Schritt 3) und des satzbestimmenden Jahreseinkommens (Schritt 2).

7.3 Ermittlung des satzbestimmenden Jahreseinkommens

7.3.1 Allgemeines und Grundsatz zur Berechnung der Quellensteuer

Für die Berechnung der monatlichen Quellensteuer muss das tatsächlich erzielte Einkommen demjenigen Steuersatz unterliegen, der dem zu versteuernden Jahreseinkommen entspricht.

Gleichbleibender Lohn während 12 Monaten:

1. *Ein lediger Steuerpflichtiger ohne Kinder ist mit einem Beschäftigungsgrad von 100 % vom 1. Januar bis am 31. Dezember 2021 in der Schweiz erwerbstätig. Für diese Tätigkeit erhält er ein Jahresbruttoeinkommen von CHF 60 000.00 (12 x CHF 5 000).*

Das monatliche Bruttoeinkommen von CHF 5 000.00 wird mit dem Tarifcode A0 und zum satzbestimmenden Jahreseinkommen von CHF 60 000.00 besteuert.

Monat	Januar	...	November	Dezember	Besteuerung
Bruttolohn	5 000		5 000	5 000	60 000
Tarifcode	A0		A0	A0	A0
Steuersatz (%)	9,5[1]		9,5	9,5	9,5
Quellensteuer	475		475	475	5 700

[1] = A0 mit satzbestimmendem Jahreseinkommen von CHF 60 000.00 (CHF 5 000 x 12).

Am Ende des Kalenderjahres oder am Ende des Arbeitsverhältnisses muss die Quellensteuer unter Berücksichtigung des Steuersatzes, der dem gesamten Jahreseinkommen des Steuerpflichtigen entspricht, nochmals berechnet werden. Dabei müssen Gehaltsänderungen, Sonderleistungen wie Boni und Prämien sowie ein allfälliger 13. Monatslohn berücksichtigt werden.

Angesichts der erheblichen Unterschiede, die am Ende des Kalenderjahres oder des Arbeitsverhältnisses bei der Berechnung der Quellensteuer auftreten können, kann der Schuldner der steuerbaren Leistung die monatlichen Quellensteuerabzüge an die Steuerlast des gesamten Jahres anpassen.

Für die Ermittlung des satzbestimmenden Einkommens kann ein allfälliger und bereits bekannter 13. Monatslohn bereits ab Januar berücksichtigt werden.

Gleichbleibender Lohn während 12 Monaten und 13. Monatslohn im Dezember:

2. Ein lediger Steuerpflichtiger ohne Kinder ist mit einem Beschäftigungsgrad von 100 % vom 1. Januar bis am 31. Dezember 2021 in der Schweiz erwerbstätig. Für diese Tätigkeit erhält er ein Jahresbruttoeinkommen von CHF 65 000 (12 x CHF 5000 + 13. Monatslohn).

Das monatliche Bruttoeinkommen von CHF 5 000 wird mit dem Tarifcode A0 und zum satzbestimmenden Jahreseinkommen von CHF 65 000 besteuert. Damit ist im Dezember keine Korrektur erforderlich.

Monat	Januar	...	November	Dezember	Besteuerung
Bruttolohn	5 000		5 000	10 000	65 000
Tarifcode	A0		A0	A0	A0
Steuersatz (%)	10,4[1]		10,4	10,4	10,4
Quellensteuer	520		520	1 040	6 760

[1] = A0 mit satzbestimmendem Jahreseinkommen von CHF 65 000.00 (CHF 5 000 x 13).

Gleichbleibender Lohn während 12 Monaten und halbjährliche Auszahlung des 13. Monatslohns im Juni und Dezember:

3. Ein lediger Steuerpflichtiger ohne Kinder ist mit einem Beschäftigungsgrad von 100 % vom 1. Januar bis am 31. Dezember 2021 in der Schweiz erwerbstätig. Für diese Tätigkeit erhält er ein Jahresbruttoeinkommen von CHF 65 000.00 (12 x CHF 5 000 + jeweils hälftiger 13. Monatslohn im Juni und im Dezember).

Das monatliche Bruttoeinkommen von CHF 5 000.00 wird mit dem Tarifcode A0 und zum satzbestimmenden Jahreseinkommen von CHF 65 000.00 besteuert. Damit ist im Dezember keine Korrektur erforderlich.

Monat	Jan.	...	Mai	Jun.	Jul.	...	Nov.	Dez.	Besteuerung
Bruttolohn	5 000		5 000	7 500	5 000		5 000	7 500	65 000
Tarifcode	A0		A0	A0	A0		A0	A0	A0
Steuersatz (%)	10,4[1]		10,4	10,4	10,4		10,4	10,4	10,4
Quellensteuer	520		520	780	520		520	780	6 760

[1] = A0 mit satzbestimmendem Jahreseinkommen von CHF 65 000.00 (CHF 5 000 x 13).

Im Falle einer Lohnänderung während des Jahres ist die Steuerbelastung unter Berücksichtigung des gesamten Jahreseinkommens der steuerpflichtigen Person anzupassen.

KS ESTV Nr. 45 | 12.06.2019 | Quellenbesteuerung des Erwerbseinkommens A91

Änderung des Lohns im Verlauf des Kalenderjahres:

4. Ein lediger Steuerpflichtiger ohne Kinder ist vom 1. Januar bis am 31. Dezember 2021 in der Schweiz zu 100 % erwerbstätig. Für diese Tätigkeit erhält er ein Jahresbruttoeinkommen von CHF 72 000.00 (Januar bis April CHF 5 000, Mai bis Oktober CHF 6 000 und November bis Dezember CHF 8 000; 4 x CHF 5 000 + 6 x CHF 6 000 + 2 x CHF 8 000).

Monat	Jan.	...	Apr.	Mai	Juni	...	Okt.	Nov.	Dez.	Besteuerung
Bruttolohn	5 000		5 000	6 000	6 000		6 000	8 000	8 000	72 000
Tarifcode	A0[1]		A0	A0[2]	A0		A0	A0	A0	A0
Steuersatz (%)	9,5[1]		9,5	10,9[2]	10,9		10,9	11,5[4]	11,5	11,5
Quellensteuer	475		475	654	654		654	920	920	7 664
Korrektur Januar - April				+280[3]				+120[5]		+400
Korrektur Mai – Oktober								+216[6]		+216
Total Quellensteuer	475		475	934	654		654	1 256	920	8 280

[1] = A0 mit satzbestimmendem Jahreseinkommen von CHF 60 000.00 (CHF 5 000 x 12)

[2] = A0 mit satzbestimmendem Jahreseinkommen von CHF 68 000.00 [(CHF 5 000 x 4) + (CHF 6 000 x 8)]

[3] = Korrektur des Quellensteuerabzugs für die Monate Januar bis April [(CHF 5 000 x 4) x 10.9 % - (CHF 475 x 4)]

[4] = A0 mit satzbestimmendem Jahreseinkommen von CHF 72 000.00 [(CHF 5 000 x 4) + (CHF 6 000 x 6) + CHF 8 000 x 2)]

[5] = Korrektur des Quellensteuerabzugs für die Monate Januar bis April [(CHF 5 000 x 4) x 11.5 % - (CHF 475 x 4) – CHF 280]

[6] = Korrektur des Quellensteuerabzugs für die Monate Mai bis Oktober [(CHF 6 000 x 6) x 11.5 % - (CHF 654 x 6)]

Verändert sich während des laufenden Jahres das quellensteuerpflichtige Bruttoeinkommen oder wird während des Jahres eine Prämie oder ein Bonus ausgerichtet, die zu Beginn des Jahres nicht bekannt sind, so ist dies bei der Ermittlung des satzbestimmenden Jahreseinkommens ab dem Auszahlungsmonat zu berücksichtigen.

Auszahlung eines Bonus:

5. Ein lediger Steuerpflichtiger ohne Kinder ist mit einem Beschäftigungsgrad von 100 % vom 1. Januar bis am 31. Dezember in der Schweiz erwerbstätig. Für diese Tätigkeit erhält er ein Jahresbruttoeinkommen von CHF 73 000 (12 x CHF 5 000 + 13. Monatslohn plus Bonus über CHF 8 000, ausbezahlt im April).

Monat	Januar	...	März	April	Mai	...	Dezember	Besteuerung
Bruttolohn	5 000		5 000	5 000	5 000		10 000	73 000
Bonus (aperiodisch)				8 000				
Tarifcode	A0		A0	A0	A0		A0	A0
Steuersatz (%)	10,4[1]		10,4	11,7[2]	11,7		11,7	11,7
Quellensteuer	520		520	1 521	585		1 170	8 346
Korrektur Januar - März				+195[3]				+195
Total Quellensteuer	520		520	1 716	585		1 170	8 541

[1] = A0 mit satzbestimmendem Jahreseinkommen von CHF 65 000 (CHF 5 000 x 13).

[2] = A0 mit satzbestimmendem Jahreseinkommen von CHF 73 000 (CHF 5 000 x 13 + CHF 8 000).

[3] = Korrektur des Quellensteuerabzugs für die Monate Januar bis März [(CHF 5 000 x 11.7 %) x 3 - (CHF 520 x 3)].

Bei mehreren Teilzeitbeschäftigungen (vgl. Ziffer 7.3.2 unten), bei Tätigkeiten im Stunden- oder Tageslohn (vgl. Ziffer 7.3.3 unten) oder bei unterjährigen Arbeitsverhältnissen (vgl. Ziffer 7.3.4 unten) ist eine Umrechnung des satzbestimmenden Jahreseinkommens auf 360 Tage erforderlich. In diesem Zusammenhang dürfen, wenn die Bemessungsgrundlage sowohl periodische als auch aperiodische Leistungen enthält, nur die periodischen Leistungen für die Festsetzung des satzbestimmenden Jahreseinkommens umgerechnet werden.

Folgende aperiodische Leistungen bilden nicht Bestandteil des umzurechnenden Bruttomonatslohns (die nachfolgende Aufzählung ist nicht abschliessend):

- Überzeitentschädigungen
- Entschädigungen von nicht bezogenen Ferienguthaben
- Dienstalterszulagen
- Bonuszahlungen
- Prämien
- Verwaltungsratshonorare
- Abgangsentschädigungen
- Gratifikationen
- Geldwerte Vorteile aus Mitarbeiterbeteiligungen

7.3.2 Satzbestimmendes Einkommen bei einer oder mehreren Teilzeit-Erwerbstätigkeiten

Ist ein Arbeitnehmer nur bei einem einzigen Arbeitgeber in einem Teilzeitpensum angestellt und erzielt er daneben keine weiteren Erwerbs- bzw. Ersatzeinkünfte, hat für die Satzbestimmung keine Umrechnung des Lohns zu erfolgen. Für die Ermittlung des satzbestimmenden Einkommens bei Anstellungen im Stunden- oder Tageslohn sind die Ausführungen unter Ziffer 7.3.3 unten zu beachten.

Hat ein quellensteuerpflichtiger Arbeitnehmer gleichzeitig mehrere Arbeitsverhältnisse (inkl. Ersatzeinkünfte) bzw. bezieht er Lohnzahlungen und/oder Ersatzeinkünfte von verschiedenen Schuldnern der steuerbaren Leistung, ist das satzbestimmende Einkommen für jedes einzelne Arbeitsverhältnis bzw. Versicherungsverhältnis wie folgt zu ermitteln:

1. Umrechnung auf den effektiven Gesamtbeschäftigungsgrad aller Erwerbstätigkeiten (inkl. Ersatzeinkünfte) des Arbeitnehmers, sofern dieser den Gesamtbeschäftigungsgrad dem Arbeitgeber mitteilt;
2. Umrechnung auf einen Beschäftigungsgrad von 100 Prozent, wenn der effektive Gesamtbeschäftigungsgrad durch den Arbeitnehmer nicht offengelegt wird;
3. Umrechnung auf das tatsächliche Gesamtbruttoeinkommen, sofern die Einkünfte dem Schuldner der steuerbaren Leistung bekannt sind bzw. bekannt gegeben werden (bspw. im Konzern oder mehrere Arbeitsverträge beim gleichen Schuldner der steuerbaren Leistung).

Dies gilt auch, wenn eine oder mehrere der Erwerbstätigkeiten ausserhalb der Schweiz verrichtet wird resp. Werden, bzw. wenn Ersatzeinkünfte im Ausland ausbezahlt wird resp. werden.

Der teilzeitbeschäftige Arbeitnehmer muss seinem Arbeitgeber bzw. seinen Arbeitgebern bekannt geben, ob er einer oder weiteren (unselbständigen oder selbstständigen) Erwerbstätigkeit(en) nachgeht (vgl. Art. 136 DBG).

Gibt der Arbeitnehmer weder das Pensum noch den Lohn der anderen Tätigkeit bekannt, ist für das satzbestimmende Einkommen jedes Arbeitsverhältnis auf ein 100 %-Pensum umzurechnen. Dazu sind die Bestimmungen der Arbeitsverträge zu berücksichtigen. Dieselbe Vorgehensweise gilt auch für Personen, welche eine der Tätigkeiten im Stunden- bzw. Tageslohn ausüben, aber einen ordentlichen Monatslohn beziehen. Für die Bestimmung des Arbeitspensums ist in diesen Fällen auf die betriebsüblichen Arbeitsstunden abzustellen.

Kann das Arbeitspensum einer Erwerbstätigkeit nicht bestimmt werden (bspw. für eine pauschalentschädigte nebenamtliche Hauswartstelle), kann der Schuldner der steuerbaren Leistung für die Ermittlung des satzbestimmenden Einkommens den im massgebenden Steuerjahr für die Berechnung des Tarifcodes C zu Grunde gelegten Betrag aufrechnen. Dieser Betrag wird zusammen mit den übrigen Berechnungsgrundlagen (vgl. Art. 85 Abs. 2 DBG) jährlich von den zuständigen Steuerbehörden veröffentlicht.

Besteht eine quellensteuerpflichtige Lohnzahlung sowohl aus periodischen wie auch aus aperiodischen Lohnbestandteilen (vgl. Ziffer 7.3.1 oben), sind einzig die periodischen Lohnbestandteile für die Satzbestimmung umzurechnen.

Bei Aufnahme einer weiteren Erwerbstätigkeit ist die Umrechnung ab dem Folgemonat vorzunehmen. Entsprechend ist bei Beendigung einer weiteren Erwerbstätigkeit keine Umrechnung mehr vorzunehmen.

Die Umrechnung hat nicht zu erfolgen, wenn ein Arbeitseinkommen nach dem Tarifcode E besteuert wird.

Der Arbeitnehmer kann bei der zuständigen Steuerbehörde bis am 31. März des auf die Fälligkeit der Leistung folgenden Steuerjahres eine Neuberechnung der Quellensteuer oder eine nachträgliche ordentliche Veranlagung beantragen (vgl. Ziffer 11 unten).

Teilzeit-Tätigkeiten (50 % – 50 %; gleicher Lohn):

1. Ein lediger Steuerpflichtiger übt zwei unselbstständige Erwerbstätigkeiten in der Schweiz aus (Gesamtpensum: 100 %):
   - 50 % beim Arbeitgeber 1 für einen Bruttojahreslohn von CHF 39 000.00 (CHF 3 000 x 13)
   - 50 % beim Arbeitgeber 2 für einen Bruttojahreslohn von CHF 39 000.00 (CHF 3 000 x 13)

Arbeitgeber 1

Monat	Januar	...	November	Dezember	Besteuerung
Bruttolohn	3 000		3 000	6 000	39 000
Tarifcode	A0		A0	A0	A0
Steuersatz (%)	12,4[1]		12,4	12,4	12,4
Quellensteuer	372		372	744	4 836

[1] = A0 mit satzbestimmendem Jahreseinkommen von CHF 78 000 (CHF 3 000 x 13 / 50 %).

Arbeitgeber 2

Monat	Januar	...	November	Dezember	Besteuerung
Bruttolohn	3 000		3 000	6 000	39 000
Tarifcode	A0		A0	A0	A0
Steuersatz (%)	12,4[1]		12,4	12,4	12.4
Quellensteuer	372		372	744*	4 836

[1] = A0 mit satzbestimmendem Jahreseinkommen von CHF 78 000.00 (CHF 3 000 x 13 / 50 %).

Teilzeit-Tätigkeiten (50 % - 50 %; unterschiedlicher Lohn):

2. Ein lediger Steuerpflichtiger übt zwei unselbstständige Erwerbstätigkeiten in der Schweiz aus (Gesamtpensum 100 %):
   - 50 % beim Arbeitgeber 1 für einen Bruttojahreslohn von CHF 39 000.00 (CHF 3 000 x 13)
   - 50 % beim Arbeitgeber 2 für einen Bruttojahreslohn von CHF 52 000.00 (CHF 4 000 x 13)

Arbeitgeber 1

Monat	Januar	...	November	Dezember	Besteuerung
Bruttolohn	3 000		3 000	6 000	39 000
Tarifcode	A0		A0	A0	A0
Steuersatz (%)	12,4[1]		12,4	12,4	12,4
Quellensteuer	372		372	744	4 836

[1] = A0 mit satzbestimmendem Jahreseinkommen von CHF 78 000.00 (CHF 3000 x 13 / 50 %).

Arbeitgeber 2

Monat	Januar	...	November	Dezember	Besteuerung
Bruttolohn	4 000		4 000	8 000	52 000
Tarifcode	A0		A0	A0	A0
Steuersatz (%)	15,4[1]		15,4	15,4	15,4
Quellensteuer	616		616	1 232	8 008

[1] = A0 mit satzbestimmendem Jahreseinkommen von CHF 104 000.00 (CHF 4 000 x 13 / 50 %).

Teilzeit-Tätigkeiten (70 % - 20 %):

3. Ein lediger Steuerpflichtiger übt zwei unselbstständige Erwerbstätigkeiten in der Schweiz aus (Gesamtpensum: 90 %). Er teilt den beiden Arbeitgebern den Gesamtbeschäftigungsgrad nicht mit:
   - 70 % beim Arbeitgeber 1 für einen Bruttojahreslohn von CHF 24 000.00 (CHF 2 000 x 12)
   - 20 % beim Arbeitgeber 2 für einen Bruttojahreslohn von CHF 6 000.00 (CHF 500 x 12)

Arbeitgeber 1

Monat	Januar	...	November	Dezember	Besteuerung
Bruttolohn	2 000		2 000	2 000	24 000
Tarifcode	A0		A0	A0	A0
Steuersatz (%)	3,9[1]		3,9	3,9	3,9
Quellensteuer	78		78	78	936

[1] = A0 mit satzbestimmendem Jahreseinkommen von CHF 34 285.70 (CHF 24'000 / 70 %).

Arbeitgeber 2

Monat	Januar	...	November	Dezember	Besteuerung
Bruttolohn	500		500	500	6 000
Tarifcode	A0		A0	A0	A0
Steuersatz (%)	3,2[1]		3,2	3,2	3,2
Quellensteuer	16		16	16	192

[1] = A0 mit satzbestimmendem Jahreseinkommen von CHF 30 000.00 (CHF 6 000 / 20 %).

7.3.3 Erwerbstätigkeiten im Stunden- oder Tageslohn

Ist ein quellensteuerpflichtiger Arbeitnehmer im Stunden- oder Tageslohn angestellt und wird ihm der Lohn nicht in Form einer monatlichen Zahlung ausgerichtet (bspw. wöchentliche Lohnzahlung, unregelmässige Zahlungen gemäss eingereichten Stundenabrechnungen), ist immer ein satzbestimmendes Jahreseinkommen zu ermitteln und zwar bei Anstellungen im Stundenlohn durch Umrechnung auf 2'160 Stunden (12 x 180 Stunden) oder bei Anstellungen im Tageslohn durch Umrechnung auf 260 Tage (12 x 21.667 Tage). Umzurechnen ist dabei ausschliesslich der vereinbarte, aktuelle Stunden- oder Tageslohn (inkl. Ferien- und Feiertagsentschädigungen sowie weitere Entschädigungen, die auf Stunden- oder Tagesbasis ausgerichtet werden). Daneben sind einzig noch Kapitalabfindungen für in der Regel wiederkehrende Leistungen – und zwar ohne Umrechnung – in das satzbestimmende Lohneinkommen einzurechnen.

Mit diesen pauschalen Ermittlungen des satzbestimmenden Einkommens werden sowohl die Fälle mit mehreren Erwerbstätigkeiten als auch diejenigen mit Ein- und Austritten während des Jahres abgedeckt.

Der Quellensteuerabzug ist jeweils im Zeitpunkt der Lohnzahlung vorzunehmen. Ferien- und Feiertagszuschläge sind im Zeitpunkt der Abrechnung und Auszahlung des Stunden- oder Tageslohns steuerpflichtig. Die Ablieferung der durch den Schuldner der steuerbaren Leistung bezogenen Quellensteuern erfolgt jedoch monatlich (vgl. Ziffern 9.3.3 und 9.3.4 unten).

Ist der Arbeitnehmer mit dem bei ihm vorgenommenen Quellensteuerabzug nicht einverstanden, kann er bei der zuständigen Steuerbehörde bis zum 31. März des auf die Fälligkeit der Leistung folgenden Steuerjahres eine Neuberechnung der Quellensteuer oder eine nachträgliche ordentliche Veranlagung beantragen (vgl. Ziffer 11 unten).

Stundenlohn:

- *Ein lediger Arbeitnehmer übt seine Tätigkeit vom 1. Januar bis zum 31. Dezember des Jahres 2021 aus. Seine Entschädigung beträgt CHF 35 pro Stunde. Der Lohn wird wöchentlich ausbezahlt.*

Arbeitgeber 1

Monat	Jan.	Feb.	März	Apr.	Mai	Jun.
gearbeitete Stunden	130	120	125	135	115	100
Bruttolohn	4 550	4 200	4 375	4 725	4 025	3 500
Tarifcode	A0	A0	A0	A0	A0	A0
Steuersatz (%)	12,0[1]	12,0	12,0	12,0	12,0	12,0
Quellensteuer	546	504	525	567	483	420

Monat	Juli	Aug.	Sep.	Okt.	Nov.	Dez.	Besteuerung
gearbeitete Stunden	140	115	130	90	120	130	
Bruttolohn	4 900	4 025	4 550	3 150	4 200	4 550	50 750
Tarifcode	A0	A0	A0	A0	A0	A0	A0
Steuersatz (%)	12,0	12,0	12,0	12,0	12,0	12,0	12,0
Quellensteuer	588	483	546	378	504	546	6 090

[1] = A0 mit satzbestimmendem Jahreseinkommen von CHF 75 600.00 (CHF 35 x 2'160)

7.3.4 Quellensteuerberechnung bei unterjährigen Ein- und Austritten

Wird die unselbständige Erwerbstätigkeit während weniger als einem Kalenderjahr ausgeübt, ist der Lohn für die Satzbestimmung auf ein Jahr umzurechnen. Die Berechnung erfolgt auf einer Basis von 360 Tagen pro Jahr (30 Tage pro Monat, einschliesslich der Monate mit

31 Tagen und des Monats Februar). Beginnt oder endet das Arbeitsverhältnis während dem Jahr, muss folglich der Bruttolohn für die Bestimmung des Steuersatzes auf 360 Tage umgerechnet werden. Dabei werden nur die periodischen Gehaltsbestandteile auf ein Jahr umgerechnet (vgl. Ziffer 7.3.1 oben). Die aperiodischen Lohnbestandteile sind erst nach der Umrechnung der periodischen Lohnbestandteile zu addieren. Diese Regelung gilt auch für Anstellungen im Stunden- bzw. Tageslohn, sofern die Lohnzahlungen auf der Basis eines Monatslohnes erfolgen (vgl. Ziffer 7.3.3 oben).

Beginn / Ende der Erwerbstätigkeit während eines Monat mit Bonuszahlung:

- Ein lediger Arbeitnehmer übt seine Erwerbstätigkeit beim gleichen Arbeitgeber vom 16. Januar bis zum 10. Februar und anschliessend vom 21. Februar bis zum 18. März aus. Für den Monat Januar erhält er einen Bruttolohn von CHF 5 000.00. Für den Februar beträgt der Bruttolohn CHF 6 000.00. Schliesslich bezahlt ihm sein Arbeitgeber für den Monat März einen Bruttolohn von CHF 3 000.00 sowie einen Bonus von CHF 2 000.00.

Monat	Jan.	Feb.	März	Apr.	...	Dez.	Besteuerung
Anzahl Arbeitstage	15	20	18				
Bruttolohn	5 000	6 000	3 000				
Bonus			2 000				
Tarifcode	A0	A0	A0				
Steuersatz (%)	16,9^1	16,3^2	14,6^4				
Quellensteuer	845	978	730				2 553
Korrektur Januar	-30^3						-30
Korrektur Januar und Februar			-187^5				-187
Total Quellensteuer	845	948	543				2 336

^{1} = A0 mit satzbestimmendem Jahreseinkommen von CHF 120 000.00 [(CHF 5 000 / 15) x 360].

^{2} = A0 mit satzbestimmendem Jahreseinkommen von CHF 113 142.85 [(CHF 6 000 + CHF 5 000) / 35 x 360].

^{3} = Korrektur des Quellensteuerabzugs für die Monate Januar und Februar [(CHF 5 000 x 16.30 %) − CHF 845].

^{4} = A0 mit satzbestimmendem Jahreseinkommen von CHF 97 094.35 {[(CHF 3 000 + CHF 6 000 + CHF 5 000) / 53 x 360] + CHF 2 000}.

^{5} = Korrektur des Quellensteuerabzugs für die Monate Januar und Februar [(CHF 5 000 x 14.60 %) − CHF 845] + [(CHF 6 000 x 14.60 %) − (CHF 978 − CHF 30)].

7.4 Änderung der persönlichen Verhältnisse während des Kalenderjahres

Jede Änderung, die zu einer Anpassung des anwendbaren Tarifcodes führt (bspw. Heirat, Scheidung, Trennung, Geburt von Kindern, Aufnahme oder Beendigung einer Erwerbstätigkeit, Ein- oder Austritt aus einer Landeskirche), ist bei der Quellenbesteuerung erst im auf die Änderung folgenden Monat zu berücksichtigen.

Änderung des Zivilstands während des Kalenderjahres (Heirat):

1. Ein lediger Steuerpflichtiger heiratet am 26. Mai 2021. Er ist unselbstständig erwerbstätig und übt seine 100 %-Tätigkeit für einen Jahreslohn von CHF 65 000.00 (CHF 5 000 x 13) aus.

   Seine Ehegattin übt keine Erwerbstätigkeit aus.

Monat	Januar	...	Mai	Juni	...	November	Dezember	Besteuerung
Bruttolohn	5 000		5 000	5 000		5 000	10 000	65 000
Tarifcode	A0		A0	B0		B0	B0	
Steuersatz (%)	10,4[1]		10,4	5,0[2]		5,0	5,0	
Quellensteuer	520		520	250		250	500	4 600

[1] = A0 mit satzbestimmendem Jahreseinkommen von CHF 65 000.00 (CHF 5 000 x 13).

[2] = B0 mit satzbestimmendem Jahreseinkommen von CHF 65 000.00 (CHF 5 000 x 13).

Änderung des Zivilstands während des Kalenderjahres (Scheidung):

2. Ein verheirateter Steuerpflichtiger wird am 25. August 2021 geschieden. Er übt eine unselbstständige Erwerbstätigkeit mit einem Pensum von 100 % aus und erhält dafür einen Jahreslohn von CHF 65 000.00 (CHF 5 000 x 13).

   Seine Ehegattin übt keine Erwerbstätigkeit aus.

Monat	Januar	...	August	September	...	November	Dezember	Besteuerung
Bruttolohn	5 000		5 000	5 000		5 000	10 000	65 000
Tarifcode	B0		B0	A0		A0	A0	
Steuersatz (%)	5,0[1]		5,0	10,4[2]		10,4	10,4	
Quellensteuer	250		250	520		520	1 040	4 600

[1] = B0 mit satzbestimmendem Jahreseinkommen von CHF 65 000.00 (CHF 5 000 x 13).

[2] = A0 mit satzbestimmendem Jahreseinkommen von CHF 65 000.00 (CHF 5 000 x 13).

Wechsel des Arbeitgebers und anschliessender Änderung des Zivilstands während des Kalenderjahres:

3. Ein lediger Steuerpflichtiger heiratet am 26. Mai 2021. Vom 1. Januar bis zum 30. April 2021 übt er seine Tätigkeit mit einem Pensum von 100 % beim Arbeitgeber 1 aus. Vom 1. Mai bis zum 31. Dezember arbeitet er zu 100 % beim Arbeitgeber 2. Er erhält insgesamt einen Bruttojahreslohn von CHF 65 000.00 (CHF 5 000 x 13)

   Seine Ehegattin übt keine Erwerbstätigkeit aus.

Arbeitgeber 1

Monat	Jan.	Feb.	März	Apr.	Mai	...	Dez.	Besteuerung
Bruttolohn	5 000	5 000	5 000	6 666.65[2]				21 667.00
Tarifcode	A0	A0	A0	A0				
Steuersatz (%)	10,4[1]	10,4	10,4	10,4				
Quellensteuer	520	520	520	693.35				2 253.35

[1] = A0 mit satzbestimmendem Jahreseinkommen von CHF 65 000 [(CHF 15 000 + CHF 6 666.65) / 120 x 360].

[2] = CHF 5 000.00 + (CHF 5000 x 4) / 12

Arbeitgeber 2

Monat	Jan.	...	Apr.	Mai	Jun.	...	Nov.	Dez.	Besteuerung
Bruttolohn				5 000	5 000		5 000	8 333.35[1]	43 333.00
Tarifcode				A0	B0		B0	B0	
Steuersatz (%)				10,4[1]	5,0[2]		5,0	5,0	
Quellensteuer				520	250		250	416.65	2 436.65

[1] = A0 mit satzbestimmendem Jahreseinkommen von CHF 65 000.00 ([CHF 35 000 + CHF 8 333.35] / 240 x 360).

[2] = B0 mit satzbestimmendem Jahreseinkommen von CHF 65 000.00 ([CHF 35 000 + CHF 8 333.35] / 240 x 360).

[3] = CHF 5 000.00 + ([CHF 5 000.00 x 8] / 12)

Änderung des Zivilstands und anschliessender Geburt eines Kindes während des Kalenderjahres:

4. Ein lediger Steuerpflichtiger heiratet am 26. Mai 2021. Am 21. Oktober desselben Jahres kommt das Kind des Ehepaars zur Welt. Der ledige Steuerpflichtige übt eine unselbstständige Erwerbstätigkeit mit einem Pensum von 100 % aus. Der Jahresbruttolohn beträgt CHF 65 000.00 (CHF 5 000 x 13). Zusätzlich zum Lohn erhält er im Februar 2021 einen Bonus von CHF 30 000.00 für das Jahr 2020.

Seine Ehegattin übt keine Erwerbstätigkeit aus.

Monat	Jan.	Feb.	März	...	Mai	Juni	...	Okt.	Nov.	Dez.	Besteuerung
Bruttolohn	5 000	5 000	5 000		5 000	5 000		5 000	5 000	10 000	65 000
Bonus		30 000									30 000
Tarifcode	A0	A0	A0		A0	B0		B0	B1	B1	
Steuersatz (%)	10,4[1]	14,4[2]	14,4		14,4	9,3[4]		9,3	6,4[5]	6,4	
Quellensteuer	520	5 040	720		720	465		465	320	640	11 005
Korrektur Januar		+200[3]									+200
Total Quellensteuer	520	5 240	720		720	465		465	320	640	11 205

[1] = A0 mit satzbestimmendem Jahreseinkommen von CHF 65 000.00 (CHF 5 000 x 13).

[2] = A0 mit satzbestimmendem Jahreseinkommen von CHF 95 000.00 (CHF 65 000 + CHF 30 000).

[3] = Korrektur des Quellensteuerabzugs für den Monat Januar ([CHF 5 000 x 14.40 %] − CHF 520).

[4] = B0 mit satzbestimmendem Jahreseinkommen von CHF 95 000.00 (CHF 65 000 + CHF 30 000).

[5] = B1 mit satzbestimmendem Jahreseinkommen von CHF 95 000.00 (CHF 65 000 + CHF 30 000).

Aufnahme einer Erwerbstätigkeit des anderen Ehegatten während des Kalenderjahres:

5. Ein Steuerpflichtiger ist während des ganzen Jahres 2021 verheiratet. Er übt eine unselbstständige Erwerbstätigkeit mit einem Pensum von 100 % aus. Der Jahresbruttolohn beträgt CHF 52 000.00 (CHF 4 000 x 13).

   Seine Ehegattin nimmt am 15. September 2021 eine Erwerbstätigkeit auf.

Monat	Januar	...	September	Oktober	November	Dezember	Besteuerung
Bruttolohn	4 000		4 000	4 000	4 000	8 000	52 000
Tarifcode	B0		B0	C0	C0	C0	
Steuersatz (%)	3,0[1]		3,0	7,2[2]	7,2	7,2	
Quellensteuer	120		120	288	288	576	2 232

[1] = B0 mit satzbestimmendem Jahreseinkommen von CHF 52 000.00 (CHF 4 000 x 13).

[2] = C0 mit satzbestimmendem Jahreseinkommen von CHF 52 000.00 (CHF 4 000 x 13).

Bei der Ehegattin, welche die Erwerbstätigkeit am 15. September 2021 aufnimmt, wird der Tarif für Zweiverdienerehepaare (Tarifcode C) ab sofort, d.h. ab September 2021, angewendet.

Geburt eines Kindes mit anschliessender Aufgabe der Erwerbstätigkeit des anderen Ehegatten während des Kalenderjahres:

6. Ein Steuerpflichtiger ist während des ganzen Jahres 2021 verheiratet. Am 15. August 2021 kommt das Kind des Ehepaars zur Welt. Der Steuerpflichtige übt eine unselbstständige Erwerbstätigkeit mit einem Pensum von 100 % aus. Der Jahresbruttolohn beträgt CHF 78 000.00 (CHF 6 000 x 13). Die Kinderzulagen werden ab August 2021 ausbezahlt.

   Seine Ehegattin gibt ihre Erwerbstätigkeit am 15. Oktober 2021 auf.

Monat	Jan.	...	Juli	Aug.	Sep.	Okt.	Nov.	Dez.	Besteuerung
Bruttolohn	6 000		6 000	6 000	6 000	6 000	6 000	12 000	78 000.00
Familienzulagen				200	200	200	200	200	1 000.00
Tarifcode	C0		C0	C0	C1	C1	B1	B1	
Steuersatz (%)	12,0[1]		12,0	12,1[2]	9,8[4]	9,8	4,1[5]	4,1	
Quellensteuer	720		720	750.20	607.60	607.60	254.20	500.20	7 759.80
Korrektur Januar – Juli			+42.00[3]						+42.00
Total Quellensteuer	720		720	792.20	607.60	607.60	254.20	500.20	7 801.80

[1] = C0 mit satzbestimmendem Jahreseinkommen von CHF 78 000.00 (CHF 6 000 x 13).

[2] = C0 mit satzbestimmendem Jahreseinkommen von CHF 79 000.00 ([CHF 6 000 x 13] + [CHF 200 x 5]).

[3] = Korrektur des Quellensteuerabzugs für die Monate Januar bis Juli ([CHF 6 000 x 12.10 %] x 7) – (CHF 720 x 7).

[4] = C1 mit satzbestimmendem Jahreseinkommen von CHF 79 000.00.

[5] = B1 mit satzbestimmendem Jahreseinkommen von CHF 79 000.00.

Änderung des Lohns mit anschliessender Aufnahme einer Erwerbstätigkeit des anderen Ehegatten während des Kalenderjahres:

7. Ein verheirateter Steuerpflichtiger ist während des ganzen Jahres 2021 verheiratet. Er übt eine unselbstständige Erwerbstätigkeit mit einem Pensum von 100 % aus. Der Jahresbruttolohn beträgt CHF 114 000.00 [(6 x CHF 8000) + (6 x CHF 11 000)].

   Seine Ehegattin nimmt am 15. September 2021 eine Erwerbstätigkeit auf.

Monat	Jan.	...	Jun.	Jul.	...	Sep.	Okt.	Nov.	Dez.	Besteuerung
Bruttolohn	8 000		8 000	11 000		11 000	11 000	11 000	11 000	114 000
Tarifcode	B0		B0	B0		B0	C0	C0	C0	
Steuersatz (%)	9.4[1]		9.4	11.7[2]		11.7	15.3[4]	15.3	15.3	
Quellensteuer	752		752	1 287		1 287	1 683	1 683	1 683	13 422
Korrektur Januar - Juni				+1 104[3]						+1 104
Total Quellensteuer	752		752	2 391		1 287	1 683	1 683	1 683	14 526

[1] = B0 mit satzbestimmendem Jahreseinkommen von CHF 96 000.00 (CHF 8 000 x 12).

[2] = B0 mit satzbestimmendem Jahreseinkommen von CHF 114 000.00 ([CHF 8 000 x 6] + [CHF 11 000 x 6]).

[3] = Korrektur des Quellensteuerabzugs für die Monate Januar bis Juni ([CHF 8 000 x 11.70 %] x 6) – (CHF 752 x 6).

[4] = C0 mit satzbestimmendem Jahreseinkommen von CHF 114 000.00.

Ändert sich der satzbestimmende Jahreslohn während des Jahres (bspw. infolge einer Lohnerhöhung oder aufgrund der Ausrichtung eines Bonus), sind die in den Vormonaten bezogenen zu hohen oder zu tiefen Quellensteuern gemäss dem damals gültigen Tarifcode während des laufenden Monats zu korrigieren.

Änderung des Zivilstands mit anschliessender Anpassung des Lohns während des Kalenderjahres:

8. Ein lediger Steuerpflichtiger heiratet im April 2021. Er übt eine unselbstständige Erwerbstätigkeit mit einem Pensum von 100 % aus. Sein Jahresbruttolohn beträgt CHF 72 000.00 (CHF 6 000 x 12).

   Ab September 2021 wird sein Jahresbruttolohn auf CHF 80 000 erhöht.

Monat	Jan.	.	Apr.	Mai	Juni	.	Aug.	Sep.	Okt.	.	Dez.	Besteuerung
Bruttolohn	6 000		6 000	6 000	6 000		6 000	8 000	8 000		8 000	80 000
Tarifcode	A0		A0	C0	C0		C0	C0	C0		C0	
Steuersatz (%)	11.5[1]		11.5	11.3[2]	11.3		11.3	12.3[3]	12.3		12.3	(12.7)[3]
Quellensteuer	690		690	678	678		678	984	984		984	9 408
Korrekur Januar – April								+288[4]				+288
Korrektur Mai – August								+240[5]				+240
Total Quellensteuer	690		690	966	678		678	1 224	984		984	9 936

[1] = A0 mit satzbestimmendem Jahreseinkommen von CHF 72 000.00 (CHF 6 000 x 12).

[2] = C0 mit satzbestimmendem Jahreseinkommen von CHF 72 000.00 (CHF 6 000 x 12).

[3] = C0 mit satzbestimmendem Jahreseinkommen von CHF 80 000.00 (CHF 6 000 x 8 + fr. 8 000 x 4).

[4] = Korrektur des Quellensteuerabzugs für die Monate Januar – April [(CHF 6 000 x 12.7 %) x 4] – (CHF 690 x 4).

[5] = Korrektur des Quellensteuerabzugs für die Monat Mai – August [CHF 6 000 x 12.3 %) x 4] – (CHF 678 x 4).

Änderung des Zivilstands mit anschliessender Anpassung des Lohns während des Kalenderjahres:

9. Ein Steuerpflichtiger ist während des ganzen Jahres 2021 verheiratet. Er übt eine unselbstständige Erwerbstätigkeit mit einem Pensum von 100 % aus. Der Jahresbruttolohn beträgt CHF 78 000.00 (CHF 6 000 x 13).
   Die Ehegattin ist ebenfalls erwerbstätig.
   Das Kind des Ehepaars wird im September des Jahres 2021 volljährig. Die Familienzulagen werden daher bis im September 2021 bezahlt.

Monat	Januar	...	September	Oktober	November	Dezember	Besteuerung
Bruttolohn	6 000		6 000	6 000	6 000	12 000	78 000.00
Familienzulagen	200		200				1 800.00
Tarifcode	C1		C1	C0	C0	C0	
Steuersatz (%)	10,0[1]		10,0	12,2[2]	12,2	12,2	
Quellensteuer	620		620	732.00	732	1 464	8 508.00
Korrektur Januar - September				-55.80[3]			-55.80
Total Quellensteuer	620		620	676.20	732	1 464	8 452.20

[1] = C1 mit satzbestimmendem Jahreseinkommen von CHF 80 400.00 [(CHF 6 000 x 13) + (CHF 200 x 12)].

[2] = C0 mit satzbestimmendem Jahreseinkommen von CHF 79 800.00 [(CHF 6 000 x 13) + (CHF 200 x 9)].

[3] = Korrektur des Quellensteuerabzugs für die Monate Januar bis September [(CHF 6 200 x 9.90 %) x 9] – (CHF 620 x 9)

7.5 Sonderfälle

7.5.1 Ausscheidung von im Ausland geleisteten Arbeitstagen

Quellensteuerpflichtige Personen mit Ansässigkeit in der Schweiz, welche für einen schweizerischen Arbeitgeber im Ausland Arbeitstage leisten, sind nach internem Recht grundsätzlich auch für das Lohneinkommen dieser ausländischen Arbeitstage in der Schweiz steuerpflichtig. Sind jedoch gemäss anwendbarem DBA die Voraussetzungen der Monteurklausel (vgl. Art. 15 OECD-MA) nicht erfüllt, fällt die Steuerbefugnis dem Tätigkeitsstaat zu.

Bei quellensteuerpflichtigen Personen ohne Ansässigkeit in der Schweiz, die eine unselbstständige Erwerbstätigkeit bei einem Arbeitgeber mit Sitz oder Betriebsstätte bzw. tatsächlicher Verwaltung in der Schweiz ausüben, kann der Schuldner der steuerbaren Leistung die Ausscheidung von im Ausland geleisteten Arbeitstagen gemäss innerstaatlichem Recht wie folgt vornehmen:

Auszuscheiden sind nur diejenigen Arbeitstage, an welchen die Tätigkeit tatsächlich ausserhalb der Schweiz ausgeübt wurde. Bezahlte Abwesenheitstage, an welchen keine Arbeitsleistung zu erbringen ist (insb. Ferien- und Krankheitstage), unterliegen nicht der Steuerausscheidung. Die für die Quellenbesteuerung massgebenden schweizerischen Arbeitstage sind dabei in der Regel durch Subtraktion der ausländischen Arbeitstage vom Total von 20 Arbeitstagen pro Monat bzw. vom Total von 240 Arbeitstagen pro Jahr zu ermitteln. Als ausländischer Arbeitstag gilt dabei jeder Arbeitstag ausserhalb der Schweiz sowie alle Hin- und Rückreisetage, an denen der Arbeitnehmer ausschliesslich oder zur Hauptsache im Ausland gearbeitet hat.

Beispiele:

1. Arbeitnehmer Z. ist internationaler Wochenaufenthalter in der Schweiz. Sein Arbeitgeber hat den Sitz in Zürich. Z. übt seine Tätigkeit an seinem fixen Arbeitsplatz in Zürich aus. Während des Monats September hat er ausnahmsweise an fünf Tagen in Österreich gearbeitet. Zusätzlich hat er 10 Ferientage bezogen, welche er in Italien verbracht hat. Z. erhält im Monat September einen Bruttolohn von CHF 8'000.
Die für die Ausscheidung massgebenden schweizerischen Arbeitstage ergeben sich aus der Subtraktion von fünf ausländischen Arbeitstagen vom Total von 20 Arbeitstagen pro Monat. Davon ausgehend ist das steuerbare Einkommen wie folgt zu berechnen bzw. das satzbestimmende Einkommen wie folgt festzulegen:

Total an Arbeitstagen:	20 Tage
Arbeitstage Schweiz:	20 Tage – 5 Tage = 15 Tage
massgebendes Ausscheidungsverhältnis:	15 CH-Arbeitstage zum Total von 20 Arbeitstagen
Steuerbares Einkommen:	CHF 8 000.00 / 20 x 15 = CHF 6 000.00
Satzbestimmendes Einkommen:	CHF 96 000.00 (CHF 8 000 x 12)

2. Arbeitnehmer B. ist internationaler Wochenaufenthalter und erhält im April 2021 einen Bruttolohn in Höhe von CHF 10 000.00 sowie einen Bonus für das Vorjahr in Höhe von CHF 30 000.00. Im Monat April hat er an 4 Tagen in Grossbritannien gearbeitet. Im Vorjahr hat Arbeitnehmer B. an insgesamt 200 von Total 240 Arbeitstagen in der Schweiz gearbeitet.

Berechnung steuerbarer Bruttolohn (April 2021):

Total an Arbeitstagen:	20 Tage
Arbeitstage Schweiz:	20 Tage – 4 Tage = 16 Tage
Massgebendes Ausscheidungsverhältnis:	16 CH-Arbeitstage zum Total von 20 Arbeitstagen
Steuerbares Einkommen:	CHF 10 000.00 / 20 x 16 = CHF 8 000.00

Berechnung steuerbarer Bonus Vorjahr:

Total Arbeitstage Vorjahr:	240 Tage
Arbeitstage Schweiz Vorjahr:	240 Tage – 40 Tage = 200 Tage
Massgebendes Ausscheidungsverhältnis:	200 CH-Arbeitstage zum Total von 240 Arbeitstagen
Steuerbares Einkommen:	CHF 30 000.00 / 240 x 200 = CHF 25 000.00
Total steuerbar April 2021:	CHF 33 000.00 (CHF 8 000 + CHF 25 000.00)
Satzbestimmendes Einkommen April 2021:	CHF 150 000.00 (CHF 10 000 x 12 + CHF 30 000)

Alternativ zur monatlichen Ausscheidung des Einkommens aus ausländischen Arbeitstagen steht es dem Arbeitgeber offen, die erforderlichen Korrekturen erst am Ende des Kalenderjahres bzw. am Ende des Arbeitsverhältnisses vorzunehmen. In diesem Fall sind die in den Vormonaten des laufenden Jahres bereits abgezogenen Quellensteuern von den am Ende des Kalenderjahres bzw. am Ende des Arbeitsverhältnisses berechneten Quellensteuern für die gesamte Periode in Abzug zu bringen.

Die massgebenden Arbeitstage sind in einem Kalendarium festzuhalten, welches der Quellensteuerabrechnung beizulegen ist. Rechnet der Arbeitgeber die Quellensteuer elektronisch ab (bspw. über ELM-QSt), ist das Kalendarium auf postalischem Weg der zuständigen Steuerbehörde zuzustellen, solange keine Möglichkeit der elektronischen Übermittlung zur Verfügung steht.

Erfolgt bei der Berechnung des Quellensteuerabzugs durch den Arbeitgeber keine Berücksichtigung der ausländischen Arbeitstage oder ist der Arbeitnehmer mit der anzahlmässigen Ausscheidung von im Ausland geleisteten Arbeitstagen nicht einverstanden, kann der Arbeitnehmer bis am 31. März des auf die Fälligkeit der Leistung folgenden Kalenderjahres bei der zuständigen Steuerbehörde eine Neuberechnung der Quellensteuer oder eine nachträgliche ordentliche Veranlagung beantragen (vgl. Ziffer 11 unten). Das Kalendarium muss sowohl vom Arbeitnehmer als auch vom Arbeitgeber unterzeichnet und zusammen mit dem Antrag eingereicht werden.

Für die Ausscheidung im Rahmen einer nachträglichen Korrektur sind die Regeln des internationalen Steuerrechts bzw. der entsprechenden staatsvertraglichen Vereinbarungen (bspw. DBA, Verständigungsvereinbarungen) massgebend.

7.5.2 Quellensteuerberechnung bei Leistungen vor Antritt des Arbeitsverhältnisses

Entschädigungen, welche dem Arbeitnehmer vom Arbeitgeber vor Antritt des Arbeitsverhältnisses ausgerichtet werden (bspw. Sign-on-Bonus), fallen nach schweizerischem Recht unter die Bestimmung von Artikel 17 DBG.

Für in der Schweiz ansässige quellensteuerpflichtige Personen ist daher die Quellensteuer auf der gesamten Leistung nach den Verhältnissen im Zeitpunkt der Ausrichtung der Leistung zu berechnen.

Erhält eine im Ausland ansässige Person eine derartige Leistung, ist darauf die Quellensteuer zu erheben. Die Leistung knüpft an ein in der Schweiz steuerpflichtiges Arbeitsverhältnis an, weshalb die Grundsätze von Artikel 15 OECD-MA zu beachten sind. Auch in diesem Fall sind die Verhältnisse im Zeitpunkt der Ausrichtung der Leistung für den Quellensteuerabzug massgebend.

Es steht der quellensteuerpflichtigen Person, welche nicht einer obligatorischen nachträglichen Veranlagung unterliegt (Art. 89 DBG), offen, bis am 31. März des auf die Leistung folgenden Steuerjahres eine Neuberechnung der Quellensteuer oder eine nachträgliche ordentliche Veranlagung zu beantragen (vgl. Ziffer 11 unten).

7.5.3 Quellensteuerberechnung bei Leistungen bei bzw. nach Beendigung des Arbeitsverhältnisses

Wird das Arbeitsverhältnis beendet, unterliegen Leistungen, die bereits auf diesen Zeitpunkt hin fällig geworden sind, dem Arbeitnehmer aber erst später ausbezahlt werden (Überzeitguthaben, nicht bezogene Ferienguthaben usw.) zusammen mit den Bruttoeinkünften des letzten Arbeitsmonats der Quellenbesteuerung, d.h. der Quellensteuerabzug ist auf dem Gesamtbetrag der ausgerichteten Leistungen zu berechnen. Der anzuwendende Tarifcode entspricht demjenigen, welcher im Zeitpunkt der letzten Lohnzahlung massgebend war. Allfällige für den entsprechenden Monat bereits abgezogene Quellensteuern sind an die gesamten für diesen Monat geschuldeten Quellensteuern anzurechnen. Die Quellensteuer auf diesen Leistungen ist im gleichen Kanton geschuldet, wie die auf der letzten Lohnzahlung in Abzug gebrachten Quellensteuern.

Bei Leistungen, auf die der Rechtsanspruch erst nach Beendigung des Arbeitsverhältnisses entstanden ist (bspw. nachträglich von der Geschäftsleitung beschlossene Bonuszahlungen bzw. Abgangsentschädigungen oder nachträglich durchgesetzte Lohnforderungen), muss der Quellensteuerabzug separat berechnet werden. Massgebend für die Bestimmung des anwendbaren Tarifcodes sind die Verhältnisse im Zeitpunkt der Auszahlung dieser Leistung. Die Berechnung des satzbestimmenden Einkommens berechnet sich aus der Summe des letzten vom Schuldner der steuerbaren Leistung ausgerichteten und auf ein Jahr umgerechneten Bruttomonatslohns, welcher der schweizerischen Quellensteuer unterliegt zuzüglich der nachträglich ausgerichteten Leistung. Vorbehalten bleibt die Quellenbesteuerung von Vergütungen, die für Zeiträume bezahlt werden, auf welche DBA Einschränkungen vorsehen (vgl. Ziffer 7.5.1 oben). Wird die Leistung im Jahr der Beendigung des Arbeitsverhältnisses ausgerichtet, entspricht das satzbestimmende Einkommen:

- dem bis zum Ende des Arbeitsverhältnisses erzielten Bruttoeinkommen, das auf einen Jahreslohn umzurechnen ist, wenn die Tätigkeit weniger als ein Jahr ausgeübt wurde;
- abzüglich allfälliger aperiodischer Leistungen;
- erhöht um die betreffende Leistung bei oder nach Beendigung des Arbeitsverhältnisses.

Wird die Leistung dagegen erst im Folgejahr ausbezahlt, so ist das letzte Jahreseinkommen, welches der Quellenbesteuerung zu Grunde gelegt wurde, entsprechend für die Satzbestimmung beizuziehen.

Lohnfortzahlungen an einen im Ausland ansässigen Arbeitnehmer, der nach erfolgter Kündigung freigestellt wird, sind – da diese auf einem weiterhin gültigen Arbeitsvertrag sowie einer in der Schweiz ausgeübten Tätigkeit beruhen – quellensteuerpflichtig (vgl. Art. 91 DBG). Die

Quellenbesteuerung hat dabei auf einem reduzierten Bruttolohn (unter Progressionsvorbehalt) zu erfolgen, sofern die Arbeit ohne die Freistellung mutmasslich im Ausland geleistet worden wäre. Wäre die Arbeit mutmasslich als Grenzgänger im Sinne von Artikel 15a des DBA mit Deutschland geleistet worden sind die entsprechenden Tarife anwendbar.

Es steht dem (ehemaligen) Arbeitnehmer offen, bis am 31. März des auf die Fälligkeit der Leistung folgenden Steuerjahres eine Neuberechnung der Quellensteuer oder eine nachträglich ordentliche Veranlagung zu verlangen (vgl. Ziffer 11 unten).

Beendigung des Arbeitsverhältnisses und Zahlung eines Bonus:

1. Ein lediger Steuerpflichtiger beendet seine Erwerbstätigkeit am 31. August 2022. Er erhält einen Bruttolohn von CHF 5 000.00 pro Monat (sowie einen 13. Monatslohn). Im August des Jahres 2022 zahlt im der Arbeitgeber einen Bonus in der Höhe von CHF 20 000.00 für die im Jahr 2021 geleistete Arbeit.

Monat	Januar	...	Juli	August	September	...	Dezember	Besteuerung
Bruttolohn	5 000		5 000	8 333.35				43 333.35
Bonus				20 000.00				20 000.00
Tarifcode	A0		A0	A0				
Steuersatz (%)	10,4[1]		10,4	13,3[2]				
Quellensteuer	520		520	3 768.30				7 408.30
Korrektur Januar - Juli				+1 015.00[3]				+1 015.00
Total Quellensteuer	520		520	4 783.30				8 423.30

[1] = A0 mit satzbestimmendem Jahreseinkommen von CHF 65 000.00 (CHF 5 000 x 13).

[2] = A0 mit satzbestimmendem Jahreseinkommen von CHF 85 000 {[(CHF 35 000 + CHF 8 333.35) / 240 x 360] + CHF 20 000}.

[3] = Korrektur des Quellensteuerabzugs für die Monate Januar bis Juli [(CHF 5 000 x 13.30 %) x 7] – (CHF 520 x 7).

Zahlung eines Bonus nach Beendigung des Arbeitsverhältnisses:

2. Ein lediger Steuerpflichtiger übt seine Erwerbstätigkeit vom 1. Januar bis zum 31. Dezember des Jahres 2022 aus (Beendigung des Arbeitsverhältnisses). Während des Jahres 2022 hat er einen Bruttojahreslohn von CHF 80 000.00 erzielt sowie einen Bonus über CHF 20 000.00 für im Jahr 2021 geleistete Arbeit erhalten. Im Februar des Jahres 2023, d.h. nach Beendigung des Arbeitsverhältnisses, erhält er einen Bonus über CHF 30 000.00, welcher für im Jahr 2022 geleistete Arbeit ausgerichtet wird. Der Bonus von CHF 20 000.00 für das Jahr 2021 (ausbezahlt im Jahr 2022) muss für die Satzbestimmung des Bonus im Jahr 2023 nicht berücksichtigt werden (aperiodische Leistung).

Monat	Januar	Februar	März	...	Dezember	Besteuerung
Bruttolohn		0				
Bonus		30 000				
Tarifcode		A0				
Steuersatz (%)		16,0[1]				
Quellensteuer		4 800				4 800

[1] = A0 mit satzbestimmendem Jahreseinkommen von CHF 110 000.00 (CHF 80 000 + CHF 30 000).

Variante zum Beispiel:

- Gleicher Sachverhalt wie in Beispiel 2. Im Jahr 2022 arbeitete der Steuerpflichtige jedoch 120 Tage in der Schweiz und 120 Tage im Ausland.
- Vom Bonus ist in der Schweiz nur der Anteil von CHF 15 000.00 steuerpflichtig (CHF 30 000 / 240 x 120) zum Steuersatz von CHF 110 000.00.

7.5.4 Ersatzeinkünfte, die an den Arbeitgeber ausbezahlt werden

Auf Ersatzeinkünften (Taggelder), welche von der Versicherung an den Arbeitgeber ausbezahlt werden, sind von der Versicherung keine Quellensteuern abzurechnen. Der Arbeitgeber nimmt den Quellensteuerabzug auf der von ihm geschuldeten Bruttoentschädigung an den Arbeitnehmer vor und wendet darauf den massgebenden Tarifcode bzw. Steuersatz an.

Beispiel:
- *Der Arbeitgeber schuldet dem Arbeitnehmer T. im März 2021 einen Bruttomonatslohn von CHF 4 500.00 sowie ein Unfalltaggeld (Ersatzeinkunft) über CHF 1 000.00, welches die Versicherung an den Arbeitgeber überweist.*

Monat	Januar	Februar	März	April	...	Dezember	Besteuerung
Bruttolohn	5 500	5 500	4 500	5 500		5 500	65 000
Unfalltaggeld			1 000				1 000
Tarifcode	A0	A0	A0	A0		A0	A0
Steuersatz (%)	10,5[1]	10,5	10,5	10,5		10,5	10,5
Quellensteuer	577.50	577.50	577.50	577.50		577.50	6 930

[1] = A0 mit satzbestimmendem Jahreseinkommen von CHF 66 000.00 (CHF 5 500 x 12)

7.5.5 Ersatzeinkünfte, die nicht über den Arbeitgeber ausbezahlt werden

Ersatzeinkünfte (Taggelder, Renten usw.), welche beispielsweise von einer Versicherung, Ausgleichskasse, Arbeitslosenkasse (Leistungserbringer) direkt an den Leistungsempfänger (Arbeitnehmer) ausbezahlt werden, sind durch den Leistungserbringer mit dem Tarifcode G bzw. für Grenzgänger aus Deutschland mit dem Tarifcode Q an der Quelle zu besteuern (vgl. Art. 1 Abs. 1 Bst. g QStV).

Wird neben dem Ersatzeinkommen weiteres Erwerbseinkommen erzielt, sind das Ersatz- und das Erwerbseinkommen für den Steuersatz umzurechnen (vgl. Ziffer 7.3.2 oben). Bei Ersatzeinkünften, die nach Massgabe des versicherten Verdienstes ausgerichtet werden, gilt dieser als satzbestimmendes Einkommen.

Für die Quellenbesteuerung der Ersatzeinkünfte, insbesondere zu deren Definition im internationalen Verhältnis, wird auf das jeweils gültige «Merkblatt der ESTV über die Quellenbesteuerung von Ersatzeinkünften» verwiesen.

Beispiel:
- *Der Arbeitnehmer T erhält von der Versicherung ein Krankentaggeld von brutto CHF 1 800.00 für 12 Kalendertage (direkt ausbezahlt). Er übt eine Erwerbstätigkeit mit einem Pensum von 60 % bei seinem Arbeitgeber, der F. AG aus, und erhält dafür einen Bruttojahreslohn von CHF 39 000.00 (CHF 3 000 x 13).*

Monat	Januar	Februar	...	November	Dezember	Besteuerung
Bruttolohn	3 000	3 000		3 000	6 000	39 000
Krankentaggeld	1 800[1]	1 800		1 800	1 800	21 600
Tarifcode Arbeitgeber	A0	A0		A0	A0	
Tarifcode Versicherung	G	G		G	G	
Steuersatz Arbeitgeber (%)	10,4[2]	10,4		10,4	10,4	
Steuersatz Versicherung (%)	5,7[3]	5,7		5,7	5,7	

[1] = Beschäftigungsgrad 40 % (12 x 100 / 30).

[2] = A0 mit satzbestimmendem Jahreslohn von CHF 65 000.00 (CHF 39 000 / 60 %).

[3] = G mit satzbestimmendem Jahreslohn von CHF 54 000.00 (CHF 21 600 / 40 %).

7.5.6 Kapitalleistungen für wiederkehrende Leistungen (exkl. Ersatzeinkünfte)

Werden dem Arbeitnehmer durch den Arbeitgeber Kapitalleistungen für wiederkehrende Leistungen ausgerichtet (bspw. nachträgliche Auszahlung von Familienzulagen für mehrere Monate), sind diese im Zeitpunkt der Auszahlung quellensteuerpflichtig und zwar zusammen mit einer allenfalls im selben Monat ausgerichteten Lohnzahlung. Der Steuersatz ergibt sich dabei aus der Summe der Kapitalleistung für wiederkehrende Leistungen, dem Jahresbruttolohn und den weiteren periodischen Jahresbruttoleistungen für das laufende Jahr.

Beispiel:

- *Ein lediger Steuerpflichtiger lebt mit seinem minderjährigen Kind im gleichen Haushalt und kommt zur Hauptsache für dessen Unterhalt auf. Im März des Jahres 2023 entscheidet die Familienausgleichskasse, dass für das Kind rückwirkend auf den 1. März des Jahres 2021 Familienzulagen ausbezahlt werden müssen. Die Nachzahlung erfolgt im März des Jahres 2023. Der Steuerpflichtige erhält für sin 100 %-Pensum einen Bruttojahreslohn CHF 52 000.00 (CHF 4 000 x 13).*

Monat	Jan.	Feb.	März	Apr.	...	Nov.	Dez.	Besteuerung
Bruttolohn	4 000	4 000	4 000	4 000		4 000	8 000	52 000.00
FamZul für das laufende Jahr			600	200		200	200	2 400.00
FamZul für die vorhergehenden Jahres			4 400					4 400.00
Tarifcode	H1	H1	H1	H1		H1	H1	H1
Steuersatz (%)	1,4[1]	1,4	1,9[2]	1,9		1,9	1,9	1.90
Quellensteuer	56	56	171[3]	79.80		79.80	155.80	1 077.20
Korrektur Januar und Februar			+40[4]					+40.00
Total Quellensteuer	56	56	211	79.80		79.80	155.80	1 117.20

[1] = H1 mit satzbestimmendem Jahreseinkommen von CHF 52 000.00 (CHF 4 000 x 13).

[2] = H1 mit satzbestimmendem Jahreseinkommen von CHF 58 800.00 ([CHF 4 000 x 13] + [CHF 200 x 12] + CHF 4 400).

[3] = (CHF 4 000 + CHF 600 + CHF 4 400) x 1.90 %.

[4] = Korrektur des Quellensteuerabzugs für die Monate Januar und Februar [(CHF 4 000 x 1.90 %) x 2] – (2 x CHF 56).

8 Kantonswechsel

8.1 Allgemeines

Der Schuldner der steuerbaren Leistung hat die Quellensteuern mit dem zum Zeitpunkt der Fälligkeit der Leistung anspruchsberechtigten Kanton abzurechnen.

Dieses Prinzip gilt auch in den Fällen, in denen während der Verdienstperiode ein anderer Kanton anspruchsberechtigt war (bspw. bei Boni oder Einkommen aus Mitarbeiterbeteiligungen).

8.2 Wechsel von einem Kanton mit Jahresmodell zu einem Kanton mit Monatsmodell

Der Schuldner der steuerbaren Leistung rechnet die Quellensteuern ab dem Folgemonat des Kantonswechsels ausschliesslich mit dem anspruchsberechtigten Kanton (mit Monatsmodell) nach dessen Tarif ab.

Nach dem Kantonswechsel erfolgte Einmalzahlungen (bspw. Boni, 13. Monatsgehalt, Einkommen aus Mitarbeiterbeteiligungen) oder Änderungen des Einkommens haben keinen Einfluss auf die Ermittlung des satzbestimmenden Jahreseinkommens für die Zeit, in welcher der Kanton mit Jahresmodell anspruchsberechtigt war. Die Abrechnungen sind wie bei einem unterjährigen Ein- bzw. Austritt vorzunehmen.

Beispiel:

- *Ein lediger Steuerpflichtiger arbeitet vom 1. Januar bis 31. Dezember 2021 mit einem Pensum von 100 % beim gleichen Arbeitgeber. Er erzielt einen Bruttojahreslohn inkl. 13. Monatslohn von CHF 65 000.00 (CHF 5'000.00 x 12 + CHF 5 000.00) und erhält im Februar 2021 einen Bonus von CHF 30 000.00 ausbezahlt. Am 15. August 2021 verlegt er seinen Wohnsitz vom Kanton Tessin in den Kanton Bern.*

Monat	Jan.	Feb.	...	Aug.	Sep.[4]	...	Dez.	Besteuerung
Bruttolohn	5 000	5 000		5 000	5 000		10 000	65 000.00
Bonus (aperiodisch)		30 000						30 000.00
Tarifcode	A0	A0		A0	A0		A0	
Steuersatz TI (%)	10,4[1]	14,4[2]		14,4				
Steuersatz BE (%)					10,63[5]		17,01[6]	
Korrektur Januar	0	+200[3]						
Quellensteuer	520	5 240		720	531.50		1 701	13 375.50

[1] = A0 mit satzbestimmendem Jahreseinkommen von CHF 65 000.00 (CHF 5 000 x 13).

[2] = A0 mit satzbestimmendem Jahreseinkommen von CHF 95 000.00 [(CHF 5 000 x 13) + CHF 30 000].

[3] = Korrektur für den Quellensteuerabzug des Monats Januar [(CHF 5 000 x 14.4 %) – CHF 520].

[4] = Die Quellensteuer ist im Monat nach dem Kantonswechsel mit dem neuen, zuständigen Kanton nach dessen Tarif abzurechnen.

[5] = A0 mit satzbestimmendem Monatslohn von CHF 5 000.00.

[6] = A0 mit satzbestimmendem Monatslohn von CHF 10 000.00.

8.3 Wechsel von einem Kanton mit Monatsmodell zu einem Kanton mit Jahresmodell

Der Schuldner der steuerbaren Leistung rechnet die Quellensteuern ab dem Folgemonat des Kantonswechsels ausschliesslich mit dem anspruchsberechtigten Kanton (mit Jahresmodell) nach dessen Tarif ab.

Vor dem Kantonswechsel erfolgte Einmalzahlungen (bspw. Boni, 13. Monatsgehalt, Einkommen aus Mitarbeiterbeteiligungen) oder Änderungen des Einkommens haben keinen Einfluss auf die Ermittlung des satzbestimmenden Jahreseinkommens für die Zeit, in welcher der

Kanton mit Jahresmodell anspruchsberechtigt war. Die Abrechnungen sind wie bei einem unterjährigen Ein- bzw. Austritt vorzunehmen.

Beispiel:
- *Ein lediger Steuerpflichtiger arbeitet vom 1. Januar bis 31. Dezember 2021 mit einem Pensum von 100 % beim gleichen Arbeitgeber. Er erzielt einen Bruttojahreslohn inkl. 13. Monatslohn von CHF 65 000.00 (CHF 5'000.00 x 12 + CHF 5 000.00) und erhält im Februar 2021 einen Bonus von CHF 30 000.00 ausbezahlt. Am 15. August 2021 verlegt er seinen Wohnsitz vom Kanton Bern in den Kanton Tessin.*

Monat	Jan.[1]	Feb.	März	...	Aug.	Sep.[4]	...	Dez.	Besteuerung
Bruttolohn	5 000	5 000	5 000		5 000	5 000		10 000	65 000.00
Bonus (aperiodisch)		30 000							30 000.00
Tarifcode	A0	A0	A0		A0	A0		A0	
Steuersatz BE (%)	10,63[2]	30,76[3]	10,63		10,63				
Steuersatz TI (%)						10,4[5]		10,4	
Quellensteuer	531.50	10 766	531.50		531.50	520[3]		1 040	17 086.50

[1] *= Im Monatsmodell ist einzig der im entsprechenden Monat ausbezahlte Bruttolohn für die Satzbestimmung massgebend.*

[2] *= A0 mit satzbestimmendem Monatseinkommen von CHF 5 000.00.*

[3] *= A0 mit satzbestimmendem Monatseinkommen von CHF 35 000.00 (CHF 5 000 + CHF 30 000).*

[4] *= Die Quellensteuer ist im Monat nach dem Kantonswechsel mit dem neuen, zuständigen Kanton nach dessen Tarif abzurechnen.*

[5] *= A0 mit satzbestimmendem Jahreseinkommen von CHF 65 000.00 (CHF 5 000 x 13).*

8.4 Wechsel von einem Kanton mit Jahresmodell zu einem anderen Kanton mit Jahresmodell

Der Schuldner der steuerbaren Leistung rechnet die Quellensteuern ab dem Folgemonat des Kantonswechsels ausschliesslich mit dem anspruchsberechtigten Kanton nach dessen Tarif ab.

Vor oder nach dem Kantonswechsel erfolgte Einmalzahlungen (bspw. Boni, 13. Monatsgehalt, Einkommen aus Mitarbeiterbeteiligungen) oder Änderungen des Einkommens haben keinen Einfluss auf die Ermittlung des satzbestimmenden Jahreseinkommens im anderen Kanton. Die Abrechnungen sind wie bei einem unterjährigen Ein- bzw. Austritt vorzunehmen.

Beispiel:

- Ein lediger Steuerpflichtiger arbeitet vom 1. Januar bis 31. Dezember 2021 mit einem Pensum von 100 % beim gleichen Arbeitgeber. Er erhält einen Bruttojahreslohn inkl. 13. Monatslohn von CHF 65 000.00 (CHF 5 000.00 x 12 + CHF 5 000.00) und erhält im Februar 2021 einen Bonus von CHF 30 000.00 ausbezahlt. Am 15. August 2021 verlegt er seinen Wohnsitz vom Kanton Tessin in den Kanton Genf.

Monat	Jan.	Feb.	März	...	Aug.	Sep.[5]	...	Dez.	Besteuerung
Bruttolohn	5 000	5 000	5 000		5 000	5 000		10 000	65 000.00
Bonus (aperiodisch)		30 000							30 000.00
Tarifcode	A0	A0	A0		A0	A0		A0	
Steuersatz TI (%)	10,4[1]	14,4[2]	14,4		14,4				
Steuersatz GE (%)						11,31[5]		11,31	
Korrektur Januar		+200[3]							
Quellensteuer	520	5 240	720		720	565.50		1 131	12 907.50

[1] = A0 mit satzbestimmendem Jahreseinkommen von CHF 65 000.00 (CHF 5 000 x 13).

[2] = A0 mit satzbestimmendem Jahreseinkommen von CHF 95 000.00 [(CHF 5 000 x 13) + CHF 30 000].

[3] = Korrektur des Quellensteuerabzugs für den Monat Januar [(CHF 5 000 x 14.4 %) – CHF 520.

[4] = Die Quellensteuer ist im Monat nach dem Kantonswechsel mit dem neuen, zuständigen Kanton nach dessen Tarif abzurechnen.

[5] = A0 mit satzbestimmendem Jahreseinkommen von CHF 65 000.00 (CHF 5 000 x 13).

8.5 Wechsel von einem Kanton mit Monatsmodell zu einem anderen Kanton mit Monatsmodell

Der Schuldner der steuerbaren Leistung rechnet die Quellensteuern ab dem Folgemonat des Kantonswechsels ausschliesslich mit dem anspruchsberechtigten Kanton nach dessen Tarif ab.

9 Pflichten des Schuldners der steuerbaren Leistung

9.1 Allgemeines

Dem Schuldner der steuerbaren Leistung obliegen im Quellensteuerverfahren verschiedene Pflichten (vgl. Art. 88 und 100 DBG). Er erhält für seine Mitwirkung eine Bezugsprovision, welche von den Kantonen nach Vorgabe des Bundesrechts festgelegt wird (vgl. Art. 88 Abs. 4 bzw. Art. 100 Abs. 3 DBG i.V.m. Art. 6 QStV).

Der Schuldner der steuerbaren Leistung haftet in vollem Umfang für die Entrichtung der Quellensteuer. Die Haftung des Schuldners der steuerbaren Leistung ist verschuldensunabhängig und schliesst auch Fehler bzw. Fehlinformationen der steuerpflichtigen Person sowie von Dritten mit ein (vgl. Art. 88 Abs. 3 bzw. Art. 100 Abs. 2 DBG). Es obliegt deshalb dem Schuldner der steuerbaren Leistung, die persönliche Situation der steuerpflichtigen Person abzuklären, die erhaltenen Informationen zu überprüfen und festzulegen, ob für diese Person eine Quellenbesteuerung durchzuführen ist. Unterlässt es der Schuldner der steuerbaren Leistung, den Quellensteuerabzug korrekt vorzunehmen, indem er sich auf unkorrekte Angaben der steuerpflichtigen Person stützt, kann der Schuldner der steuerbaren Leistung zu einer Nachzahlung der geschuldeten Quellensteuer verpflichtet werden. Dies selbst dann, wenn das Arbeitsverhältnis zwischen der quellensteuerpflichtigen Person und dem Schuldner der steuerbaren Leistung nicht mehr besteht (vgl. auch «Décision du Court de droit administratif et public du Tribunal cantonal du Canton de Vaud FI.2015.0033 du 8 mars 2016»). Der Rückgriff des Schuldners der steuerbaren Leistung auf die quellensteuerpflichtige Person bleibt vorbehalten (vgl. Art. 138 Abs. 1 DBG).

Der Schuldner der steuerbaren Leistung ist verpflichtet, die für die korrekte Steuererhebung notwendigen persönlichen Verhältnisse der quellensteuerpflichtigen Person zu ermitteln (Quellensteuerpflicht, Zivilstand, Anzahl Kinder, Konfession usw.). Für die diesbezüglichen Pflichten der quellensteuerpflichtigen Person wird auf Ziffer 10.2 unten verwiesen.

Die vorsätzliche oder fahrlässige Nichtablieferung der Quellensteuer kann zudem den Tatbestand der Steuerhinterziehung erfüllen (vgl. Art. 175 DBG). Verwendet der Schuldner der steuerbaren Leistung abgezogene Quellensteuern zu seinem oder eines andern Nutzen, kann ausserdem eine strafbare Veruntreuung von Quellensteuern vorliegen (vgl. Art. 187 DBG).

Die abgezogene Quellensteuer ist dem quellensteuerpflichtigen Arbeitnehmer in jeder Lohnabrechnung sowie zusätzlich in Ziffer 12 des Lohnausweises offenzulegen. Massgebend ist die „Wegleitung zum Ausfüllen des Lohnausweises". Zwecks Überprüfung des Quellensteuerabzugs durch die Arbeitnehmer wird den Arbeitgebern zudem empfohlen, in Ziffer 15 des Lohnausweises (Bemerkungen) den bzw. die angewendeten Tarifcodes und die entsprechenden Perioden aufzuführen.

9.2 Anmeldung und Mutationen quellensteuerpflichtiger Arbeitnehmer

Der Schuldner der steuerbaren Leistung meldet Neuanstellungen von quellensteuerpflichtigen Arbeitnehmern innert acht Tagen seit Stellenantritt der zuständigen kantonalen Steuerbehörde (vgl. Art. 5 Abs. 1 QStV). Ändern sich die persönlichen Verhältnisse eines quellensteuerpflichtigen Arbeitnehmers, hat der Schuldner der steuerbaren Leistung dies ebenfalls innert acht Tagen nach dem Ereignis der zuständigen Steuerbehörde mitzuteilen (vgl. Art. 5 Abs. 3 zweiter Satz QStV). Die Anmeldung bzw. Meldung von Änderungen hat sämtliche für die korrekte Quellenbesteuerung relevanten Angaben zu enthalten (vgl. Musterformular im Anhang I).

Zusätzlich sind Eintritt und Austritt der quellensteuerpflichtigen Person in die bzw. aus der Unternehmung in den dafür vorgesehenen Feldern der Quellensteuerabrechnung aufzuführen.

Beim Schuldner der steuerbaren Leistung, der die Quellensteuern über das einheitliche Lohnmeldeverfahren ELM-QSt abrechnet, werden die Anmelde- und Mutationsdaten im Rahmen des monatlichen Abrechnungsverfahrens automatisch übermittelt (vgl. Art. 5 Abs. 2 QStV).

Ist der Arbeitnehmer im Personalverleih angestellt und ändert er im Verlauf eines Monats bloss die Einsatzorte, sind im entsprechenden Monat maximal ein Eintritts- und ein Austrittsdatum zu melden.

> *Beispiele:*
> - Der Personalverleiher Y. AG verleiht den Arbeitnehmer B. an verschiedene Entleiher (= Einsatzbetriebe). Im Monat Mai 2022 hat B. Einsätze in zwei verschiedenen Betrieben. Im Betrieb M vom 1. Mai 2022 – 12. Mai 2022 und im Betrieb P. vom 15. Mai 2022 – 25. Mai 2022. Der Personalverleiher (= Arbeitgeber) meldet der kantonalen Steuerbehörde den Eintritt per 1. Mai 2022 und den Austritt per 25. Mai 2022.
> - Nachfolgend weitere Fallvarianten, wie in einer Quellensteuerabrechnung (vorliegend für den Monat September 2021) Ein- und Austritte zu melden sind:
>   1. Fortdauernder Personalverleih ab 13.09.2021: Eintritt aber noch kein Austritt in September-Abrechnung
>   2. Einmaliger Personalverleih vom 13.09.2021 bis 17.09.2021: Eintritt und Austritt in September-Abrechnung
>   3. Einmaliger Personalverleih vom 22.08.2021 bis 17.09.2021: Kein Eintritt, aber Austritt in September-Abrechnung
>   4. Einmaliger Personalverleih vom 22.08.2021 bis 14.10.221: Weder Eintritt noch Austritt in September-Abrechnung
>   5. Fortdauernder mehrmaliger Personalverleih an einen oder mehrere Einsatzbetriebe ab 04.09.2021: Eintritt, aber noch kein Austritt in September-Abrechnung
>   6. Mehrmaliger Personalverleih an einen oder mehrere Einsatzbetriebe vom 13.08.2021 bis 26.09.2021: Kein Eintritt, aber Austritt in September-Abrechnung
>   7. Mehrmaliger Personalverleih an einen oder mehrere Einsatzbetriebe vom 13.08.2021 bis 10.10.2021: Weder Eintritt noch Austritt in September-Abrechnung
>   8. Mehrmaliger Personalverleih an einen oder mehrere Einsatzbetriebe vom 03.09.2021 bis 29.09.2021: Eintritt und Austritt in September-Abrechnung

Fall	Sachverhalt August 2021	Sachverhalt September 2021		Sachverhalt Oktober 2021	QSt-Abrechnung September 2021	
	Eintritt	Eintritt	Austritt	Austritt	Eintritt	Austritt
1		13.09.21			13.09.21	-
2		13.09.21	17.09.21		13.09.21	17.09.21
3	22.08.21		17.09.21			17.09.21
4	22.08.21			14.10.21	-	-
5		04.09.21 22.09.21	13.09.21		04.09.21	
6	13.08.21		22.09.21	13.09.21 26.09.21		26.09.21
7	13.08.21	10.09.21 29.09.21	13.09.21 24.09.21	10.10.21		
8		03.09.21 10.09.21 25.09.21	08.09.21 24.09.21 29.09.21		03.09.21	29.09.21

9.3 Quellensteuerabrechnung und Quellensteuerablieferung

9.3.1 Quellensteuerabrechnung bei Kantonen mit Monatsmodell

Der Schuldner der steuerbaren Leistung erstellt periodisch die Abrechnung über die abgezogene Quellensteuer und reicht diese bei der zuständigen Steuerbehörde ein. Die Quellensteuerabrechnung hat die Angaben gemäss Musterformular im Anhang I zu enthalten. Für den Schuldner der steuerbaren Leistung, der über das einheitliche Lohnmeldeverfahren ELM-QSt abrechnet, ist die Übermittlung der erforderlichen Daten sichergestellt.

Der Schuldner der steuerbaren Leistung hat die Quellensteuerabrechnungen grundsätzlich monatlich vorzunehmen.

Auf Antrag des Schuldners der steuerbaren Leistung kann die zuständige Steuerbehörde längere Abrechnungsperioden (vierteljährlich, halbjährlich, jährlich) bewilligen, sofern die Quellensteuer nicht über ELM-Quellensteuer abgerechnet wird. Wird eine übermonatliche Abrechnungsperiode gewährt, sind die Quellensteuerdaten pro Arbeitnehmer und pro Monat auszuweisen Der Quellensteuerabrechnung sind die notwendigen Unterlagen beizulegen (bspw. Kalendarium, Bescheinigung über Mitarbeiterbeteiligungen). Die Quellensteuerabrechnungen müssen vom Schuldner der steuerbaren Leistung bzw. seinem Vertreter jeweils innert 30 Tagen nach Ablauf der Abrechnungsperiode bei der zuständigen Steuerbehörde eingereicht werden.

9.3.2 Quellensteuerablieferung bei Kantonen mit Monatsmodell

Die Ablieferung der durch den Schuldner der steuerbaren Leistung abgezogenen Quellensteuer an die zuständige kantonale Steuerbehörde hat aufgrund der Rechnungsstellung dieses Kantons zu erfolgen.

9.3.3 Quellensteuerabrechnung bei Kantonen mit Jahresmodell

Die Quellensteuerabrechnung bei Kantonen mit Jahresmodell erfolgt nach den gleichen Grundsätzen wie bei Kantonen mit Monatsmodell (vgl. Ziffer 9.3.1 oben), wobei die Abrechnung immer innert 30 Tagen bei der zuständigen Steuerbehörde eingereicht werden muss.

Ergänzend dazu kann es notwendig sein, dass der Schuldner der steuerbaren Leistung am Ende des Kalenderjahres bzw. am Ende des Arbeitsverhältnisses die endgültige Steuerbelastung der quellensteuerpflichtigen Person unter Berücksichtigung des gesamten Jahreseinkommens sowie allfälliger Änderungen der beruflichen oder familiären Situation neu berechnet (vgl. Ziffer 7.2 oben).

9.3.4 Quellensteuerablieferung bei Kantonen mit Jahresmodell

Die Ablieferung der durch den Schuldner der steuerbaren Leistung abgezogenen Quellensteuer an die zuständige kantonale Steuerbehörde hat innerhalb von 30 Tagen seit Fälligkeit der Leistung zu erfolgen.

9.4 Abrechnungskorrekturen

Unterlaufen dem Schuldner der steuerbaren Leistung bei der Festlegung des der Quellensteuer unterliegenden Bruttolohns oder bei der Anwendung des Tarifcodes Fehler, kann er die erforderlichen Korrekturen selber vornehmen, sofern er diese bis spätestens am 31. März des auf die Fälligkeit der Leistung folgenden Steuerjahres den Steuerbehörden übermitteln kann.

Der Schuldner der steuerbaren Leistung kann bis am 31. März des auf die Fälligkeit der Leistung folgenden Steuerjahres von der zuständigen Steuerbehörde eine Verfügung über Bestand und Umfang der Quellensteuerpflicht verlangen (vgl. Art. 137 Abs. 2 DBG).

Hat der Schuldner der steuerbaren Leistung den Steuerabzug nicht oder nur ungenügend vorgenommen, verpflichtet ihn die Steuerbehörde zur Zahlung der nicht einbehaltenen Steuer. Der Schuldner der steuerbaren Leistung kann die zu wenig abgezogenen Quellensteuern beim quellensteuerpflichtigen Arbeitnehmer nachfordern (vgl. Art. 138 Abs. 1 DBG).

Können zu wenig abgezogene Quellensteuern nicht beim Schuldner der steuerbaren Leistung nachgefordert werden, bleibt die direkte Nachforderung beim quellensteuerpflichtigen Arbeitnehmer durch die zuständige Steuerbehörde vorbehalten (vgl. Art. 138 Abs. 3 DBG).

Hat der Schuldner der steuerbaren Leistung zu viel Quellensteuern abgezogen, muss er die Differenz dem quellensteuerpflichtigen Arbeitnehmer zurückerstatten (vgl. Art. 138 Abs. 2 DBG). Wurde über die zu viel bezogenen Quellensteuern bereits mit der zuständigen Steuerbehörde abgerechnet, kann diese den Differenzbetrag direkt der steuerpflichtigen Person zinslos zurückerstatten (vgl. Art. 7 QStV).

9.5 Anspruchsberechtigter Kanton

Der Schuldner der steuerbaren Leistung hat für Fälligkeiten ab dem 1. Januar 2021 die Quellensteuern seiner Arbeitnehmer direkt mit dem anspruchsberechtigten Kanton und nach dessen Modell abzurechnen (vgl. Anhang III; Übersicht der Kantone mit Monatsmodell und Jahresmodell).

Die Anspruchsberechtigung des jeweiligen Kantons bestimmt sich wie folgt (vgl. Art. 107 DBG):

- Bei quellensteuerpflichtigen Arbeitnehmern mit steuerrechtlichem Wohnsitz oder Aufenthalt in der Schweiz: Mit der zuständigen Steuerbehörde des Wohnsitz- bzw. Aufenthaltskantons (vgl. Art. 107 Abs. 1 Bst. a DBG).
- Bei im Ausland ansässigen quellensteuerpflichtigen Arbeitnehmern ohne Wochenaufenthalterstatus: Mit der zuständigen Steuerbehörde des Sitz-, Verwaltungs- oder Betriebsstättekantons des Arbeitgebers (Ort der Eingliederung in den Betrieb; vgl. Art. 107 Abs. 1 Bst. b DBG).
- Bei im Ausland ansässigen quellensteuerpflichtigen Arbeitnehmern mit Wochenaufenthalterstatus: Mit der zuständigen Steuerbehörde des Wochenaufenthaltskantons (vgl. Art. 107 Abs. 2 DBG).

Werden Bonuszahlungen, auf welche der Rechtsanspruch erst nach Beendigung des Arbeitsverhältnisses entstanden ist, Lohnzahlungen bei Freistellung von der Verpflichtung zur Erbringung der Arbeitsleistungen oder geldwerte Vorteile aus Mitarbeiterbeteiligungen gemäss Artikel 97a DBG an Personen mit Ansässigkeit im Ausland ausgerichtet, sind diese mit der zuständigen Steuerbehörde des Sitz-, Verwaltungs- oder Betriebsstättekantons des Leistungsschuldners (Arbeitgeber, Versicherung usw.) abzurechnen.

Als Verwaltungs- oder Betriebsstättekantone im Sinne des vorstehenden Absatzes gelten insbesondere Zweigniederlassungen (vgl. Art. 4 Abs. 2 DBG) von national tätigen Personalverleihern, welche den Verleih des Arbeitnehmers zumindest administrativ betreut.

Beispiel:
- *Die Zweigniederlassung des Personalverleihers X, mit Sitz in St. Gallen, welche einen in Österreich ansässigen Arbeitnehmer an einen Einsatzbetrieb in Zürich verleiht, hat die Quellensteuern mit dem Kanton St. Gallen abzurechnen.*

Mögliche Konstellationen:

Ansässigkeitsstaat	Wohnsitzkanton	Wochenaufenthaltskanton	Sitz- bzw. Verwaltungs- oder Betriebsstättekanton Arbeitgeber	Örtliche Zuständigkeit
CH	TG	-	TG	TG
CH	TG	BE	BE	TG
F	-	-	GE	GE
F	-	VD	VD	VD

Verlegt eine quellensteuerpflichtige Person ihren Wohnsitz oder ihren Wochenaufenthalt in einen anderen Kanton, ist die Quellensteuerabrechnung ab dem Folgemonat bei der Steuerverwaltung des neu anspruchsberechtigten Wohnsitz- oder Wochenaufenthaltskantons einzureichen.

9.6 Verletzung von Verfahrenspflichten

Der Schuldner der steuerbaren Leistung, der die Fristen für das Einreichen von Anmeldungen oder Mutationen sowie von Quellensteuerabrechnungen nicht einhält, verliert je nach kantonaler Regelung den Anspruch auf die Bezugsprovision. Bei nicht fristgerechter Bezahlung von in Rechnung gestellten Quellensteuern können zusätzlich Verzugszinsen erhoben werden. Kommt ein Schuldner der steuerbaren Leistung den Verfahrenspflichten trotz Mahnung nicht nach, kann er gebüsst (vgl. Art. 174 DBG) und die geschuldeten Quellensteuern können nach pflichtgemässem Ermessen erhoben werden (vgl. Art. 130 Abs. 2 DBG). Vorbehalten bleiben Verurteilungen wegen vollendeter Steuerhinterziehung (vgl. Art. 175 Abs. 1 DBG) oder wegen Veruntreuung von Quellensteuern (vgl. Art. 187 DBG).

10 Rechte und Pflichten des quellensteuerpflichtigen Arbeitnehmers

10.1 Rechte des quellensteuerpflichtigen Arbeitnehmers

Der quellensteuerpflichtige Arbeitnehmer hat Anspruch darauf, dass die ihm abgezogenen Quellensteuern auf den Lohnabrechnungen und dem Lohnausweis ausgewiesen werden (vgl. auch Ziffer 12 der „Wegleitung zum Ausfüllen des Lohnausweises").

Ist ein Arbeitnehmer mit dem Quellensteuerabzug gemäss Bescheinigung des Schuldners der steuerbaren Leistung nicht einverstanden (vgl. Art. 137 Abs. 1 Bst. a DBG) oder hat er keine solche Bescheinigung erhalten (vgl. Art. 137 Abs. 1 Bst. b DBG), kann er bis am 31. März des auf die Fälligkeit der Leistung folgenden Steuerjahres von der zuständigen kantonalen Steuerbehörde eine Verfügung über Bestand und Umfang der Quellensteuerpflicht verlangen. Der Schuldner der steuerbaren Leistung ist in diesem Fall verpflichtet, bis zum rechtskräftigen Entscheid die Quellensteuer weiterhin abzuziehen (vgl. Art. 137 Abs. 3 DBG).

Will ein nicht der obligatorischen nachträglichen Veranlagung unterliegender Arbeitnehmer zusätzliche, im Quellensteuertarif gar nicht oder bloss pauschal berücksichtigte Abzüge geltend machen, kann er bei Erfüllung der erforderlichen Voraussetzungen bei der zuständigen Steuerbehörde bis am 31. März des auf die Fälligkeit der Leistung folgenden Steuerjahres einen Antrag auf Vornahme einer nachträglichen ordentlichen Veranlagung einreichen (vgl. Art. 89a und 99a DBG, vgl. Ziffer 11 unten). Werden fristgerecht Fehler bei der Ermittlung des Bruttolohns oder bei der Tarifanwendung (bspw. Satzkorrektur beim Tarifcode C; vgl. Urteil des BGer vom 26. Juni 2018, 2C_450/2017) gerügt, kann anstelle der nachträglichen ordentlichen Veranlagung bis am 31. März des auf die Fälligkeit der Leistung folgenden Steuerjahres eine Neuberechnung der Quellensteuer verlangt werden (vgl. Ziffer 11 unten).

10.2 Pflichten der quellensteuerpflichtigen Arbeitnehmer

Quellensteuerpflichtige Arbeitnehmer sind für die Mitteilung aller für die Erhebung der Quellensteuer relevanten Informationen gegenüber dem Schuldner der steuerbaren Leistung verantwortlich (Zivilstand bzw. Zivilstandsänderungen, Aufnahme oder Aufgabe einer zusätzlichen Erwerbstätigkeit, Anzahl Kinder, Konfession, Aufnahme oder Aufgabe der Erwerbstätigkeit des anderen Ehegatten usw.). Sie müssen alles tun, um eine vollständige und richtige Veranlagung zu ermöglichen sowie auf Verlangen der zuständigen Steuerbehörde mündlich oder schriftlich Auskunft erteilen oder Belege vorlegen (vgl. Art. 136 DBG und Art. 5 Abs. 3 QStV).

Kommt der quellensteuerpflichtige Arbeitnehmer trotz Mahnung seinen Auskunfts- und Meldepflichten nicht nach, so kann er mit einer Busse bestraft werden (vgl. Art. 174 DBG).

11 Nachträgliche ordentliche Veranlagung und Neuberechnung der Quellensteuer

11.1 Allgemeine Grundsätze bei der nachträglichen ordentlichen Veranlagung

Bei einer nachträglichen ordentlichen Veranlagung finden die ordentlichen Verfahrensbestimmungen (vgl. Art. 122 ff. DBG) sowie die Steueranlage bzw. der Steuerfuss der anspruchsberechtigten Gemeinde Anwendung. Die geschuldete Einkommenssteuer (auf Bundes-, Kantons- und Gemeindeebene) und die Vermögenssteuer (auf Kantons- und Gemeindeebene) werden aufgrund der ausgefüllten Steuererklärung ermittelt. Das steuerbare Einkommen bemisst sich nach den Einkünften des betreffenden Steuerjahres, wobei das gesamte weltweite Einkommen (und das Vermögen auf kantonaler Ebene) satzbestimmend berücksichtigt wird. Allfällige bereits bezahlte Quellensteuern werden zinslos an die ordentliche Steuer angerechnet (vgl. Art. 89 Abs. 6, Art. 89a Abs. 5 sowie Art. 99a Abs. 2 DBG).

Hat ein in der Schweiz ansässiger quellensteuerpflichtiger Arbeitnehmer einmal einen Antrag auf nachträgliche ordentliche Veranlagung gestellt, wird er bis zum Ende der Quellensteuerpflicht nachträglich ordentlich veranlagt (vgl. Art. 89a Abs. 5 i.V.m. Art. 89 Abs. 5 DBG).

Im Ausland ansässige quellensteuerpflichtige Arbeitnehmer, welche die Voraussetzungen der Quasi-Ansässigkeit erfüllen, müssen für jedes Jahr bis am 31. März des auf die Fälligkeit der Leistung folgenden Steuerjahres erneut einen Antrag auf nachträgliche ordentliche Veranlagung einreichen (vgl. Art. 99a Abs. 1 DBG).

Personen mit Ansässigkeit in der Schweiz können allfällige auf dem Vermögensertrag zurückbehaltene Verrechnungssteuern über das Verfahren der nachträglichen ordentlichen Veranlagung zurückfordern. Die quellensteuerpflichtige Person untersteht für ihr Einkommen aus unselbständiger Erwerbstätigkeit und für Ersatzeinkünfte bis zum Ende der Quellensteuerpflicht weiterhin dem Quellensteuerabzug (vgl. Art. 89 Abs. 5 DBG i.V.m. Art. 9 Abs. 4 QStV bzw. Art. 89a Abs. 5 DBG i.V.m. Art. 10 Abs. 2 QStV).

Für die Durchführung der nachträglichen ordentlichen Veranlagung zuständig ist:

- Für Arbeitnehmer mit Ansässigkeit in der Schweiz: Der Kanton, in dem die steuerpflichtige Person am Ende der Steuerperiode oder der Steuerpflicht ihren steuerrechtlichen Wohnsitz oder Aufenthalt hatte (vgl. Art. 107 Abs. 4 Bst. a DBG).
- Für Personen mit Ansässigkeit im Ausland: Der Kanton, in dem der Schuldner der steuerbaren Leistung am Ende der Steuerperiode oder der Steuerpflicht seinen steuerrechtlichen Wohnsitz oder Aufenthalt bzw. seinen Sitz, eine Betriebsstätte oder die tatsächliche Verwaltung hatte (vgl. Art. 107 Abs. 4 Bst. b DBG).
- Für Personen mit Ansässigkeit im Ausland und Wochenaufenthalterstatus in der Schweiz: Der Kanton, in dem die steuerpflichtige Person am Ende der Steuerperiode oder der Steuerpflicht Wochenaufenthalt hatte (vgl. Art. 107 Abs. 4 Bst. c DBG).

11.2 Obligatorische nachträgliche ordentliche Veranlagung bei Ansässigkeit in der Schweiz

Eine obligatorische nachträgliche ordentliche Veranlagung wird durchgeführt, wenn eine quellensteuerpflichtige Person mit Ansässigkeit in der Schweiz in einem Steuerjahr, vor Ausscheidung von allfälligen dem Ausland zur Besteuerung zugewiesenen Einkünften, ein Bruttoeinkommen aus unselbständiger Erwerbstätigkeit von mindestens CHF 120 000 erzielte (vgl. Art. 89 DBG i.V.m. Art. 9 QStV). Bei Ehegatten, die in rechtlich und tatsächlich ungetrennter Ehe leben, werden zur Bestimmung des Mindestbetrags die Bruttoeinkommen aus unselbständiger Erwerbstätigkeit der Ehegatten nicht zusammengerechnet.

Bei unterjähriger Steuerpflicht werden für die Berechnung des Mindestbetrags die periodischen Bruttolohneinkommen auf zwölf Monate umgerechnet und die aperiodischen Bruttolohnbestandteile ohne Umrechnung miteinbezogen (vgl. Art. 40 Abs. 3 DBG).

Erzielt eine quellensteuerpflichtige Person mit Ansässigkeit in der Schweiz zusätzliche, nicht der Quellensteuer unterliegende Einkünfte (oder hat sie nach kantonalem Recht steuerbares

Vermögen), wird eine nachträgliche ordentliche Veranlagung durchgeführt. Als solche zusätzliche Einkünfte gelten insbesondere Einkommen aus selbstständiger Erwerbstätigkeit, Alimente und Unterhaltsbeiträge, Waisenrenten, Witwenrenten sowie Erträge aus beweglichem oder unbeweglichem Vermögen. In diesen Fällen muss die quellensteuerpflichtige Person bis am 31. März des auf die Fälligkeit der Leistung folgenden Steuerjahres die Formulare für die Steuererklärung bei der zuständigen Steuerbehörde verlangen.

Die obligatorische nachträgliche ordentliche Veranlagung wird bis zum Ende der Quellensteuerpflicht durchgeführt. Ehegatten, welche in rechtlich und tatsächlich ungetrennter Ehe leben, werden gemeinsam nachträglich ordentlich veranlagt.

Im Jahr der Heirat wird bei den Eheleuten für das ganze Steuerjahr eine gemeinsame nachträgliche ordentliche Veranlagung vorgenommen (vgl. Art. 42 Abs. 1 DBG i.V.m. Art. 12 Abs. 1 QStV). Bei einer (späteren) Scheidung sowie tatsächlicher oder rechtlicher Trennung werden beide Eheleute separat bis zum Ende der Quellensteuerpflicht nachträglich ordentlich veranlagt (vgl. Art. 42 Abs. 2 DBG i.V.m. Art. 13 Abs. 1 und 2 QStV).

11.3 Nachträgliche ordentliche Veranlagung auf Antrag bei Ansässigkeit in der Schweiz

Für quellensteuerpflichtige Personen mit Ansässigkeit in der Schweiz, deren Einkommen unter CHF 120 000.00 pro Jahr liegt (vgl. Ziffer 10.2 oben), wird eine nachträgliche ordentliche Veranlagung durchgeführt, wenn sie bis am 31. März des auf die Fälligkeit der Leistung folgenden Steuerjahres einen entsprechenden Antrag einreichen (vgl. Art. 89a DBG i.V.m. Art. 10 QStV).

Der Antrag auf nachträgliche ordentliche Veranlagung muss schriftlich bei der für die Veranlagung zuständigen Steuerbehörde eingereicht werden. Der Antrag muss unterzeichnet sein; bei Eheleuten ist der Antrag von beiden Eheleuten zu unterzeichnen. Aus dem Antrag muss hervorgehen, für welche Steuerperiode eine nachträgliche ordentliche Veranlagung beantragt wird (vgl. Musterformular im Anhang I). Werden die formellen Erfordernisse nicht eingehalten, setzt die Steuerbehörde der quellensteuerpflichtigen Person (Antragssteller) eine Frist zur Nachbesserung. Gleichzeitig weist sie darauf hin, dass bei Nichtbefolgung der Auflagen auf den Antrag auf nachträgliche ordentliche Veranlagung nicht eingetreten und der vorgenommene Quellensteuerabzug definitiv wird.

Reicht die quellensteuerpflichtige Person den Antrag auf eine nachträgliche ordentliche Veranlagung form- und fristgerecht ein, wird ihr von der zuständigen Steuerbehörde für das entsprechende Steuerjahr eine Steuererklärung zugestellt. Wird die Steuererklärung auch nach erfolgter Mahnung nicht eingereicht, nimmt die Steuerbehörde die Veranlagung nach pflichtgemässem Ermessen vor. Der quellensteuerpflichtigen Person kann eine Busse wegen Verletzung der Verfahrenspflichten auferlegt werden (vgl. Art. 174 DBG)

Ein einmal form- und fristgerecht gestellter Antrag kann nicht zurückgezogen werden. In den Folgejahren wird bis zum Ende der Quellensteuerpflicht von Amtes wegen eine nachträgliche ordentliche Veranlagung durchgeführt. Der Antrag bezieht sich auch auf den Ehegatten, der mit der quellensteuerpflichtigen Person in rechtlich und tatsächlich ungetrennter Ehe lebt. Bei einer späteren Scheidung sowie tatsächlicher oder rechtlicher Trennung der Eheleute werden beide Eheleute separat bis zum Ende der Quellensteuerpflicht nachträglich ordentlich veranlagt (vgl. Art. 9 Abs. 4 QStV).

Für Personen, welche die Schweiz verlassen, endet die Frist für die Einreichung des Antrags im Zeitpunkt der Abmeldung bei der dafür zuständigen Behörde (vgl. Art. 89a Abs. 3 DBG). Nicht massgebend ist das Datum des Wegzugs aus der Schweiz. Für das Verfahren ist insbesondere Artikel 126a DBG (notwendige Vertretung) zu berücksichtigen. Meldet sich eine Person, welche die Schweiz verlässt, nicht ordnungsgemäss bei der dafür zuständigen Behörde ab, gilt die Frist als abgelaufen und der Antrag kann nicht mehr gestellt werden.

11.4 Nachträgliche ordentliche Veranlagung auf Antrag bei Ansässigkeit im Ausland

Eine quellensteuerpflichtige Person mit Ansässigkeit im Ausland kann bis am 31. März des auf das Steuerjahr folgenden Jahres bei der zuständigen Steuerbehörde eine nachträgliche ordentliche Veranlagung beantragen, wenn im entsprechenden Steuerjahr in der Regel mindestens 90 Prozent ihrer weltweiten Bruttoeinkünfte in der Schweiz der Steuer unterliegt (Quasi-Ansässigkeit; vgl. Art. 99a Abs. 1 Bst. a DBG i.V.m. Art. 14 QStV). Dieser Antrag kann jedes Jahr gestellt werden.

Des Weiteren kann eine nachträgliche ordentliche Veranlagung beantragt werden, wenn die Situation der Person mit derjenigen einer in der Schweiz wohnhaften steuerpflichtigen Person vergleichbar ist (vgl. Art. 99a Abs. 1 Bst. b DBG). Dies kann insbesondere dann der Fall sein, wenn die Person aufgrund niedriger Gesamteinkünfte nach dem Steuerrecht des Wohnsitzstaates nicht steuerpflichtig ist und damit die persönliche Situation sowie der Familienstand unberücksichtigt bleiben (vgl. Botschaft vom 28. November 2014 zur Revision des Bundesgesetzes über die Quellenbesteuerung des Erwerbseinkommens; BBl 2015 657).

Bezüglich der Antragstellung gelten die Voraussetzungen nach Ziffer 11.3, 2. Absatz oben. Zusätzlich muss ein Vertreter in der Schweiz bezeichnet werden (vgl. Art. 136a Abs. 2 DBG, Zustelladresse; vgl. Musterformular im Anhang I).

Zum weltweiten Einkommen werden auch die Bruttoeinkünfte des in rechtlich und tatsächlich ungetrennter Ehe lebenden Ehegatten hinzugerechnet. Ob die Voraussetzungen der Quasi-Ansässigkeit erfüllt sind, wird durch die zuständige Steuerbehörde im Veranlagungsverfahren, d.h. nach Einreichen der vollständig ausgefüllten Steuererklärung, geprüft. Zur Feststellung, ob die Schwelle von 90 Prozent erreicht ist, ermittelt die zuständige Steuerbehörde zuerst das weltweite, gemäss den Artikeln 16 – 18 und 20 – 23 DBG steuerpflichtige Gesamteinkommen der steuerpflichtigen Person (sowie des allfälligen Einkommens des anderen Ehegatten). Anschliessend wird das nach den internationalen Zuteilungsregeln in der Schweiz steuerbare Einkommen ins Verhältnis zu den weltweiten Einkünften gesetzt.

Beispiel:

- *Eine in Frankreich ansässige Person erzielte jährliche Bruttoeinkünfte in der Höhe von CHF 132 200.00, welche sich wie folgt zusammensetzen:*
  - *Jahresbruttolohn von CHF 100 000.00 aus der unselbstständigen Erwerbstätigkeit in der Schweiz;*
  - *Erträge von CHF 20 000.00 aus der Vermietung einer Liegenschaft in Frankreich;*
  - *Zinserträge auf in- und ausländischen Bankkonten von CHF 200.00 und*
  - *Alimentzahlungen vom Ex-Ehegatten mit Wohnsitz in der Schweiz in der Höhe von CHF 12 000.00*

In Anwendung der internationalen Zuteilungsregeln ist einzig das Einkommen aus unselbstständiger Erwerbstätigkeit in der Schweiz steuerbar. Der Anteil dieses Einkommens an den weltweiten Einkünften beträgt 75.7 % der steuerpflichtigen Person. Die Person gilt somit in der Schweiz nicht als quasi-ansässig.

Stellt die zuständige Steuerbehörde fest, dass die Voraussetzungen für eine nachträgliche ordentliche Veranlagung nicht erfüllt sind, erlässt sie eine abweisende Verfügung, gegen welche die ordentlichen Rechtsmittel ergriffen werden können (vgl. Anhang 4 der Botschaft des Bundesrates vom 28. November 2014 zum Bundesgesetz über die Revision der Quellenbesteuerung des Erwerbseinkommens [BBl 2015 S. 657]). Ist die Quasi-Ansässigkeit gegeben, nimmt die zuständige Steuerbehörde die nachträgliche ordentliche Veranlagung vor.

Sind die formellen Voraussetzungen an den Antrag für eine nachträgliche ordentliche Veranlagung nicht erfüllt, wird nicht darauf eingetreten. Dies ist auch der Fall, wenn die quellensteuerpflichtige Person innert Nachfrist keine Zustelladresse in der Schweiz bekannt gibt. Die zuständige Steuerbehörde erlässt in beiden Fällen einen anfechtbaren Nichteintretensentscheid. Der vorgenommene Quellensteuerabzug erwächst nach unbenutztem Ablauf der Rechtsmittelfrist in Rechtskraft und wird damit definitiv.

11.5 Nachträgliche ordentliche Veranlagung von Amtes wegen bei Ansässigkeit im Ausland

Verfügt eine im Ausland ansässige Person über verschiedene Einkommensbestandteile oder über Vermögen, welche in der Schweiz steuerpflichtig sind, aber zum Teil dem Quellensteuerverfahren (Lohneinkommen) und zum anderen Teil der ordentlichen Veranlagung unterliegen (bspw. selbstständige [Neben-]Erwerbstätigkeit, Liegenschaftserträge), können die zuständigen Steuerbehörden von Amtes wegen eine nachträgliche ordentliche Veranlagung vornehmen (vgl. Art. 99b DBG) und damit erwirken, dass die Besteuerung zum massgebenden Steuersatz (vgl. Art. 7 DBG) vorgenommen wird.

Als zuständig gilt derjenige Kanton, im dem sich der grösste Teil der steuerbaren Werte befindet (vgl. Art. 106 Abs. 2 DBG).

11.6 Neuberechnung der Quellensteuer

Jede quellensteuerpflichtige Person kann in den nachfolgend abschliessend beschriebenen Sachverhalten - und unabhängig von ihrer Ansässigkeit - bis zum 31. März des auf die Fälligkeit der Leistung folgenden Steuerjahres eine Neuberechnung der Quellensteuer beantragen (vgl. Art. 137 DBG):

- Falsche Ermittlung des der Quellensteuer unterliegenden Bruttolohns (vgl. Ziffer 3.2 oben);
- Falsche Ermittlung des satzbestimmenden Einkommens (vgl. Ziffern 6 oder 7 oben);
- Falsche Tarifanwendung (vgl. Ziffern 3.2.8, 4 und 5 oben)

Im Rahmen der Neuberechnung der Quellensteuern können keine zusätzlichen Abzüge geltend gemacht werden. Diese sind, sofern die Voraussetzungen dafür erfüllt sind (vgl. Art. 89a und 99a DBG), im Rahmen einer nachträglichen ordentlichen Veranlagung geltend zu machen.

Die zuständige Steuerbehörde entscheidet darüber, ob anstelle der Neuberechnung der Quellensteuer eine nachträgliche ordentliche Veranlagung durchgeführt wird.

Eine solche Neuberechnung der Quellensteuer kann auch durch die zuständige Steuerbehörde von Amtes wegen durchgeführt werden.

Zuständig für die Neuberechnung der Quellensteuer ist der anspruchsberechtigte Kanton gemäss Ziffer 9.5 oben. Nimmt dieser Kanton anstelle einer Neuberechnung der Quellensteuer eine nachträgliche ordentliche Veranlagung vor, richtet sich die Zuständigkeit nach Ziffer 11.1 oben.

12 Wechsel zwischen Quellenbesteuerung und ordentlicher Veranlagung

12.1 Wechsel von der Quellenbesteuerung zur ordentlichen Veranlagung

Eine quellensteuerpflichtige Person mit Ansässigkeit in der Schweiz wird aus der Quellenbesteuerung entlassen, wenn sie (vgl. Art. 12 QStV):

- die Niederlassungsbewilligung oder das Schweizer Bürgerrecht erhält,
- eine Person heiratet, welche die Niederlassungsbewilligung oder das Schweizer Bürgerrecht besitzt,
- mit einer Person verheiratet ist, welche die Niederlassungsbewilligung oder das Schweizer Bürgerrecht erhält,
- das ordentliche AHV-Rentenalter erreicht und keine der Quellensteuer unterliegenden Einkünfte mehr erzielt, oder
- eine volle Invaliditätsrente erhält.

Ist derjenige Ehegatte, welcher im Besitz der Niederlassungsbewilligung oder des Schweizer Bürgerrechts ist, aufgrund eines separaten Wohnsitzes im Ausland ansässig, unterliegt der andere Ehegatte ohne Niederlassungsbewilligung oder Schweizer Bürgerrecht in der Schweiz weiterhin der Quellenbesteuerung.

Die Entlassung aus der Quellensteuer erfolgt auf den ersten Tag des Folgemonats nach Eintritt eines der vorgenannten Kriterien.

Die Person und gegebenenfalls ihr in rechtlich und tatsächlich ungetrennter Ehe lebender Ehegatte wird bzw. werden für die ganze Steuerperiode im ordentlichen Verfahren veranlagt. Die abgezogene Quellensteuer wird zinslos an die im ordentlichen Verfahren festgelegte Steuer angerechnet.

12.2 Wechsel von der ordentlichen Veranlagung zur Quellenbesteuerung

Fallen die Voraussetzungen weg, die zu einem Übertritt in die ordentliche Veranlagung geführt haben, unterliegt die Person ab dem Folgemonat wiederum der Besteuerung an der Quelle (vgl. Art. 13 QStV).

Dies ist beispielsweise der Fall bei Scheidung sowie tatsächlicher oder rechtlicher Trennung vom Ehegatten, wenn die Person selbst nicht im Besitz der Niederlassungsbewilligung oder des Schweizer Bürgerrechts ist.

Der Rückfall in die Quellenbesteuerung hat zur Folge, dass die Person für die ganze Steuerperiode und bis zum Ende der Quellensteuerpflicht nachträglich ordentlich veranlagt wird. Allfällige bereits geleistete Vorauszahlungen (Ratenbezug im ordentlichen Verfahren) und abgezogene Quellensteuern werden angerechnet.

Verstirbt einer der beiden Ehegatten und unterliegt der überlebende Ehegatte ab dem Folgemonat wieder der Quellenbesteuerung, werden beide Ehegatten bis zum Todestag gemeinsam ordentlich besteuert (vgl. Art. 42 Abs. 3 DBG). Der überlebende Ehegatte wird ab dem auf den Todestag folgenden Tag unterjährig nachträglich ordentlich veranlagt. Die nachträgliche ordentliche Veranlagung gilt bis zum Ende der Quellensteuerpflicht (sinngemässe Anwendung von Art. 13 Abs. 1 QStV).

13 Inkrafttreten, Aufhebungen und Übergangsrecht

Dieses Kreisschreiben tritt auf den 1. Januar 2021 in Kraft und gilt für sämtliche ab diesem Zeitpunkt fällig werdenden steuerbaren Leistungen.

Nachträgliche ordentliche Veranlagungen sowie Neuberechnungen der Quellensteuer (vgl. Ziffer 11 oben) werden daher erstmals für die Steuerperiode 2021 nach neuem Recht bzw. nach den Vorgaben dieses Kreisschreibens durchgeführt.

Altrechtliche Vorbescheide (Rulings), die dem Inhalt dieses Kreisschreibens nicht entsprechen, entfalten ab der Steuerperiode 2021 keine Wirkung mehr.

    Anhang I: Musterformulare (Anmeldung, Mutation, Abrechnung, Anträge NOV)

    Anhang II: Übersicht NOV

    Anhang III: Übersicht der Kantone mit Monatsmodell und Jahresmodell

Aufwandbesteuerung

Quelle: Eidg. Steuerverwaltung ESTV / HA Direkte Bundessteuer, Verrechnungssteuer, Stempelabgaben

Direkte Bundessteuer

Bern, 24. Juli 2018

Kreisschreiben Nr. 44

Besteuerung nach dem Aufwand bei der direkten Bundessteuer

Inhaltsverzeichnis

1	Allgemeines	2
2	Subjektive Voraussetzungen für die Aufwandbesteuerung	2
2.1	Rechtsgrundlage	2
2.2	Kein Schweizer Bürgerrecht	2
2.3	Zuzug in die Schweiz ohne Erwerbstätigkeit	2
2.4	Erfüllung der Voraussetzungen durch beide Ehegatten	3
2.5	Beginn des Rechts auf Aufwandbesteuerung	3
3	Objektive Voraussetzungen für die Aufwandbesteuerung	3
3.1	Rechtsgrundlage	3
3.2	Weltweiter Aufwand	4
3.3	Mindestwerte und Kontrollrechnung	4
3.3.1	Artikel 14 Absatz 3 Buchstabe a DBG	5
3.3.2	Artikel 14 Absatz 3 Buchstabe b DBG	5
3.3.3	Artikel 14 Absatz 3 Buchstabe c DBG	5
3.3.4	Artikel 14 Absatz 3 Buchstabe d DBG (Kontrollrechnung)	5
4	Sozialabzüge, anwendbarer Tarif, Satzbestimmung	6
5	Verfahren bei der Aufwandbesteuerung	7
5.1	Ordentliche Aufwandbesteuerung	7
5.2	Modifizierte Aufwandbesteuerung	7
6	Verschiedenes	8
7	Inkrafttreten und Übergangsregelung	8

1 Allgemeines

Am 29. Juni 2011 unterbreitete der Bundesrat dem Parlament die Botschaft über die Besteuerung nach dem Aufwand (nachfolgend: Botschaft; BBl *2011* 6021, abrufbar unter folgendem Link: https://www.admin.ch/opc/de/federal-gazette/2011/6021.pdf).

Am 28. September 2012 verabschiedeten die Eidgenössischen Räte das Bundesgesetz über die Besteuerung nach dem Aufwand (BBl *2012* 8251) mit den entsprechenden Änderungen des Bundesgesetzes vom 14. Dezember 1990 über die direkte Bundessteuer (DBG; SR 642.11) sowie des Bundesgesetzes vom 14. Dezember 1990 über die Harmonisierung der direkten Steuern der Kantone und Gemeinden (StHG; SR 642.14). Die Referendumsfrist lief am 17. Januar 2013 unbenutzt ab. Die Änderung des DBG ist per 1. Januar 2016 in Kraft getreten.

Neben den obgenannten Gesetzesbestimmungen bedingte diese Gesetzesänderung auch den Ersatz der bisherigen Verordnung vom 15. März 1993 durch die neue Verordnung vom 20. Februar 2013 über die Besteuerung nach dem Aufwand bei der direkten Bundessteuer (VO Aufwandbesteuerung; SR 642.123), die am 1. Januar 2016 in Kraft trat.

2 Subjektive Voraussetzungen für die Aufwandbesteuerung

2.1 Rechtsgrundlage

Nach Artikel 14 Absatz 1 DBG in der Fassung vom 28. September 2012 haben natürliche Personen das Recht, anstelle der Einkommenssteuer eine Steuer nach dem Aufwand zu entrichten, wenn sie:

a. nicht das Schweizer Bürgerrecht haben;
b. erstmals oder nach mindestens zehnjähriger Unterbrechung unbeschränkt steuerpflichtig sind; und
c. in der Schweiz keine Erwerbstätigkeit ausüben.

Ehegatten, die in rechtlich und tatsächlich ungetrennter Ehe leben, müssen beide die Voraussetzungen nach Artikel 14 Absatz 1 DBG erfüllen (vgl. Art. 14 Abs. 2 DBG).

Nach Artikel 205*d* DBG gilt für natürliche Personen, die am 1. Januar 2016 nach dem Aufwand besteuert wurden, während fünf Jahren, das heisst bis am 31. Dezember 2020, weiterhin das alte Recht, mithin Artikel 14 DBG in der Fassung vom 14. Dezember 1990. Ab 1. Januar 2021 ist der Artikel 14 DBG in der Fassung vom 28. September 2012 ausnahmslos gültig.

2.2 Kein Schweizer Bürgerrecht

Nur ausländische Staatsangehörige können die Aufwandbesteuerung beantragen.

Schweizerische Staatsangehörige, die ein weiteres Bürgerrecht besitzen, gelten nicht als Ausländer und erfüllen die Voraussetzungen für eine Aufwandbesteuerung somit nicht.

Das Recht auf Aufwandbesteuerung erlischt, wenn die steuerpflichtige Person das Schweizer Bürgerrecht erwirbt. In diesem Fall ist für die ganze Steuerperiode, in der die Einbürgerung erfolgt, die ordentliche Einkommenssteuer zu entrichten.

Ehegatten, die in rechtlich und tatsächlich ungetrennter Ehe leben, können die Aufwandbesteuerung nicht beanspruchen, wenn einer von ihnen das Schweizer Bürgerrecht besitzt (siehe dazu Botschaft S. 6034 zu Art. 14 Abs. 2 DBG).

2.3 Zuzug in die Schweiz ohne Erwerbstätigkeit

Ausländische Staatsangehörige, die erstmals oder nach mindestens zehnjähriger Landesabwesenheit in der Schweiz steuerrechtlichen Wohnsitz oder Aufenthalt nach Artikel 3 DBG nehmen, können anstelle der Einkommenssteuer eine Steuer nach dem Aufwand entrichten, wenn sie hier keine Erwerbstätigkeit ausüben.

Wer früher nach dem Aufwand besteuert wurde und nach einer Landesabwesenheit wieder in die Schweiz zurückkehrt, kann ungeachtet der 10-Jahresfrist wieder nach dem Aufwand besteuert werden.

Eine die Besteuerung nach dem Aufwand ausschliessende Erwerbstätigkeit in der Schweiz liegt vor, wenn eine Person hier einem irgendwie gearteten Haupt- oder Nebenberuf nachgeht und daraus im In- oder Ausland Einkünfte erzielt. Dies trifft insbesondere auf Künstler, Wissenschaftler, Erfinder, Sportler und Verwaltungsräte zu, die in der Schweiz *persönlich* zu Erwerbszwecken tätig sind. In diesen Fällen besteht kein Anspruch auf die Besteuerung nach dem Aufwand; vielmehr ist die ordentliche Steuer vom Einkommen zu entrichten.

Diplomaten, Konsularbeamte und Beamte internationaler Organisationen mit einstigem Wohnsitz oder Aufenthalt in der Schweiz, die nach ihrer Pensionierung in der Schweiz bleiben, können keine Besteuerung nach dem Aufwand beanspruchen. Es liegt keine erstmalige Steuerpflicht, beziehungsweise keine Steuerpflicht nach mindestens zehnjähriger Unterbrechung gemäss Artikel 14 Absatz 1 Buchstabe b DBG vor, selbst wenn das bislang resultierende Erwerbseinkommen aufgrund völkerrechtlicher Verträge von der direkten Bundessteuer befreit war.

2.4 Erfüllung der Voraussetzungen durch beide Ehegatten

Ehegatten, die in rechtlich und tatsächlich ungetrennter Ehe leben, müssen beide die Voraussetzungen nach Artikel 14 Absatz 1 DBG erfüllen.

Hat einer der beiden in rechtlich und tatsächlich ungetrennter Ehe lebenden Ehegatten das Schweizer Bürgerrecht oder erwirbt dieses, übt einer der beiden Ehegatten eine Erwerbstätigkeit in der Schweiz aus oder nimmt eine Erwerbstätigkeit in der Schweiz auf, so hat dies den Verlust des Rechts auf Aufwandbesteuerung für beide Ehegatten zur Folge. In diesem Fall ist für die ganze Steuerperiode die ordentliche Steuer vom Einkommen zu entrichten.

2.5 Beginn des Rechts auf Aufwandbesteuerung

Das Recht auf die Besteuerung nach dem Aufwand entsteht – sofern die obgenannten Voraussetzungen dafür erfüllt sind – bei Beginn der Steuerpflicht. Das gilt sowohl für Personen, die in der Schweiz Wohnsitz begründen, als auch für solche, die hier Aufenthalt nehmen (vgl. Art. 8 DBG). Die der Steuerperiode vorangehende Aufenthaltsdauer zählt bei der Berechnung dieser Frist mit. Auch wird ein Aufenthalt an verschiedenen Orten zusammengerechnet, und ein vorübergehendes Verlassen des Landes wird nicht als Unterbrechung des Aufenthalts gewertet (vgl. Art. 3 Abs. 3 DBG).

Wer nach einer Besteuerung nach dem Aufwand auf diese Besteuerungsart verzichtet und ordentlich besteuert wird, kann in der Regel nicht wieder nach dem Aufwand besteuert werden.

3 Objektive Voraussetzungen für die Aufwandbesteuerung

3.1 Rechtsgrundlage

Die Steuer nach dem Aufwand wird gemäss Artikel 14 Absatz 3 DBG nach den jährlichen, in der Bemessungsperiode im In- und Ausland entstandenen Lebenshaltungskosten der steuerpflichtigen Person und der von ihr unterhaltenen Personen, mindestens aber nach dem höchsten der folgenden Beträge bemessen:

  a. 400 000 Franken;
  b. für steuerpflichtige Personen mit eigenem Haushalt: dem Siebenfachen des jährlichen Mietzinses oder des Mietwerts nach Artikel 21 Absatz 1 Buchstabe b DBG;

c. für die übrigen steuerpflichtigen Personen: dem Dreifachen des jährlichen Pensionspreises für Unterkunft und Verpflegung am Ort des Aufenthalts nach Artikel 3 DBG;
d. der Summe der Bruttoerträge:
1. der Einkünfte aus dem in der Schweiz gelegenen unbeweglichen Vermögen,
2. der Einkünfte aus der in der Schweiz gelegenen Fahrnis,
3. der Einkünfte aus dem in der Schweiz angelegten beweglichen Kapitalvermögen, einschliesslich der grundpfändlich gesicherten Forderungen,
4. der Einkünfte aus den in der Schweiz verwerteten Urheberrechten, Patenten und ähnlichen Rechten,
5. der Ruhegehälter, Renten und Pensionen, die aus schweizerischen Quellen fliessen,
6. der Einkünfte, für die die steuerpflichtige Person aufgrund eines von der Schweiz abgeschlossenen Abkommens zur Vermeidung der Doppelbesteuerung gänzlich oder teilweise Entlastung von ausländischen Steuern beansprucht.

3.2 Weltweiter Aufwand

Die Steuer nach dem Aufwand wird nach den jährlichen, in der Bemessungsperiode im In- und Ausland entstandenen Lebenshaltungskosten der steuerpflichtigen Person und der von ihr unterhaltenen, im In- und Ausland lebenden Personen berechnet (Prinzip des weltweiten Aufwands). Die ausserordentlichen und nichtperiodischen Kosten, wie zum Beispiel die Schenkung eines bedeutenden Teils des Vermögens der steuerpflichtigen Person, gelten in der Regel nicht als Unterhaltskosten der steuerpflichtigen Person oder derer Familie.

Unter die Lebenshaltungskosten der steuerpflichtigen Person fallen insbesondere (siehe dazu Botschaft S. 6035 zu Art. 14 Abs. 3 DBG):

- die Kosten für Verpflegung und Bekleidung,
- die Kosten für Unterkunft inkl. Heizung, Reinigung, Gartenunterhalt usw.,
- die Steuern und Sozialversicherungsabgaben,
- die gesamten Aufwendungen (Geld- und Naturalleistungen) für Personal im Dienste der steuerpflichtigen Person,
- Unterhaltsbeiträge,
- die Ausgaben für Bildung inkl. Schulkosten der Kinder im Ausland, Freizeit, Sport usw.,
- die Ausgaben für Reisen, Ferien, sportliche Aktivitäten und andere Unterhaltung, Kuren usw.,
- die Kosten für die Haltung aufwändiger Haustiere (Reitpferde usw.),
- die Unterhalts- und Betriebskosten von Automobilen, Motorbooten, Jachten, Flugzeugen usw.

Ebenfalls zum steuerbaren Aufwand sind die Lebenshaltungskosten zu rechnen, die der Ehegatte der steuerpflichtigen Person und die Kinder unter elterlicher Sorge aus eigenen Mitteln bestreiten (vgl. Art. 9 DBG).

Der so ermittelte weltweite Aufwand entspricht dem Betrag, der nach dem ordentlichen Tarif besteuert wird, wenn er nicht niedriger ist als einer der in Artikel 14 Absatz 3 Buchstaben a-d DBG genannten Beträge.

Für jede Steuerperiode ist der steuerbare Betrag zu ermitteln. Vom steuerbaren Betrag (Kosten der Lebenshaltung oder Mehrfaches des Mietzinses bzw. Mietwerts oder Pensionspreises) können keine Abzüge gemacht werden. Der auf diese Weise ermittelte Betrag gilt unter dem Vorbehalt, dass die Kontrollrechnung, wie sie in der folgenden Ziffer dargestellt wird, nicht zu einem höheren Steuerbetrag führt, als Bemessungsgrundlage.

3.3 Mindestwerte und Kontrollrechnung

Als Bemessungsgrundlage ist der höchste der Beträge nach den Buchstaben a-d von Artikel 14 Absatz 3 DBG heranzuziehen, wenn dieser Betrag höher ist als der nach Ziffer 3.2 hiervor ermittelte weltweite Aufwand.

3.3.1 Artikel 14 Absatz 3 Buchstabe a DBG

Der weltweite Aufwand nach Ziffer 3.2 hiervor ist mindestens auf 400 000 Franken festzulegen. Nach Artikel 14 Absatz 6 DBG passt das Eidgenössische Finanzdepartement diesen Betrag jeweils an den Landesindex der Konsumentenpreise an.

3.3.2 Artikel 14 Absatz 3 Buchstabe b DBG

Die Summe dieser tatsächlichen jährlichen Aufwendungen beträgt für steuerpflichtige Personen mit eigenem Haushalt mindestens das Siebenfache des Mietzinses oder des Mietwerts. Dabei ist zu beachten:

Als jährlicher Mietzins gilt die wirkliche, für ein volles Jahr bezahlte Miete ohne Heizungskosten. Steht die gemietete Wohnung oder das gemietete Haus im Eigentum einer der steuerpflichtigen Person nahestehenden natürlichen oder juristischen Person, so ist der Betrag in Anrechnung zu bringen, den ein unabhängiger Dritter bezahlen müsste. Hat die steuerpflichtige Person in der Schweiz mehrere Liegenschaften zu ihrer Verfügung, so ist dieser Berechnung der höchste Mietzins bzw. Mietwert zugrunde zu legen. Zur Festsetzung des Lebensaufwandes sind auch die Mietzinsen bzw. die Mietwerte der übrigen Liegenschaften zu berücksichtigen.

3.3.3 Artikel 14 Absatz 3 Buchstabe c DBG

Für die übrigen steuerpflichtigen Personen ohne eigenen Haushalt beträgt die Summe der tatsächlichen jährlichen Lebenshaltungskosten mindestens das Dreifache des jährlichen Pensionspreises für Unterkunft und Verpflegung. Als jährlicher Pensionspreis gelten die Gesamtausgaben für die entsprechende Unterkunft und Verpflegung in Hotels, Pensionen und dergleichen, einschliesslich Ausgaben für Getränke, Heizung, Bedienung usw.

3.3.4 Artikel 14 Absatz 3 Buchstabe d DBG (Kontrollrechnung)

Herangezogen wird die Summe der Bruttoerträge

Aus <u>schweizerischen Quellen:</u>

- der Einkünfte aus dem in der Schweiz gelegenen unbeweglichen Vermögen;
- der Einkünfte aus der in der Schweiz gelegenen Fahrnis;
- der Einkünfte aus dem in der Schweiz angelegten beweglichen Kapitalvermögen, einschliesslich der grundpfändlich gesicherten Forderungen;
- der Einkünfte aus den in der Schweiz verwerteten Urheberrechten, Patenten und ähnlichen Rechten;
- der Ruhegehälter, Renten und Pensionen, die aus schweizerischen Quellen fliessen.

Als Einkünfte aus in der Schweiz angelegtem beweglichem Kapitalvermögen gelten diejenigen Einkünfte der nach dem Aufwand besteuerten steuerpflichtigen Person, bei denen sich die Quelle des Einkommens in der Schweiz befindet. Als aus schweizerischer Quelle stammende Einkünfte gelten dabei:

- Forderungspapiere, bei denen der Schuldner seinen Wohnsitz oder Sitz in der Schweiz hat;
- Beteiligungsrechte, bei denen die entsprechende Kapitalgesellschaft oder Genossenschaft ihren Sitz in der Schweiz hat.

Der Ort, an welchem die jeweiligen Forderungspapiere oder Beteiligungsrechte verwahrt werden oder die entsprechende Währung sind in diesem Zusammenhang nicht entscheidend.

Aus ausländischen Quellen: Es sind die Einkünfte, für die die steuerpflichtige Person aufgrund eines von der Schweiz abgeschlossenen Abkommens zur Vermeidung der Doppelbesteuerung gänzlich oder teilweise Entlastung von ausländischen Steuern beansprucht, heranzuziehen.

Dazu ist Folgendes anzumerken:

Für den Einbezug ausländischer Einkünfte genügt es, dass dafür irgendwelche Steuern des Quellenstaates (sowohl solche, die an der Quelle, als auch jene, die im ordentlichen Verfahren erhoben werden) kraft Abkommens gänzlich oder teilweise entfallen. Dies trifft auch dann zu, wenn der ausländische Staat gestützt auf ein mit der Schweiz abgeschlossenes Abkommen bei beschränkter Steuerpflicht beispielsweise auf die Besteuerung eines Ruhegehalts im Veranlagungsverfahren verzichtet.

Als Einkünfte, für die die steuerpflichtige Person kraft eines Doppelbesteuerungsabkommens gänzliche oder teilweise Befreiung, Anrechnung oder Rückerstattung von ausländischen Steuern beanspruchen kann, kommen neben Dividenden, Zinsen und Lizenzgebühren auch Erwerbseinkünfte, Pensionen und Renten aus allen Staaten in Betracht, mit denen die Schweiz ein Doppelbesteuerungsabkommen abgeschlossen hat. Unter dem Bruttobetrag dieser Einkünfte ist der um den nicht rückforderbaren Teil der ausländischen Steuer gekürzte Ertrag zu verstehen. Spezielle Regelungen gelten unter den Doppelbesteuerungsabkommen mit Belgien, Deutschland, Frankreich, Italien, Norwegen, Kanada, Österreich und den USA.

Als Lizenzgebühren (Royalties) gelten Vergütungen jeder Art, die für die Benutzung oder für das Recht auf Benutzung von Urheberrechten an literarischen, künstlerischen oder wissenschaftlichen Werken (einschliesslich kinematographischer Filme sowie Filme oder Aufzeichnungen für Radio und Fernsehen), von Patenten, Marken, Mustern oder Modellen, Plänen, Formeln oder Verfahren und für die Benutzung oder das Recht auf Benutzung gewerblicher, kaufmännischer oder wissenschaftlicher Ausrüstungen oder für die Verbreitung gewerblicher, kaufmännischer oder wissenschaftlicher Erkenntnisse gezahlt werden.

Nach Artikel 1 VO Aufwandbesteuerung in der Fassung vom 20. Februar 2013 sind bei der Steuerberechnung nach Artikel 14 Absatz 3 Buchstabe d DBG nur folgende Kosten abziehbar:

- die Unterhaltskosten gemäss der Verordnung vom 24. August 1992 über den Abzug der Kosten von Liegenschaften bei der direkten Bundessteuer (Liegenschaftskostenverordnung; SR 642.116);
- die Kosten für die gewöhnliche Verwaltung von beweglichem Vermögen, soweit die daraus fliessenden Einkünfte besteuert werden.

Alle anderen Aufwendungen, insbesondere für Schuldzinsen, Renten und dauernde Lasten, können nicht in Abzug gebracht werden.

4 Sozialabzüge, anwendbarer Tarif, Satzbestimmung

Gemäss Artikel 14 Absatz 4 DBG wird die Steuer nach dem ordentlichen Steuertarif berechnet (vgl. Art. 36 DBG). Die Ermässigung nach Artikel 36 Absatz 2bis zweiter Satz DBG kommt nicht zur Anwendung.

Sozialabzüge (vgl. Art. 35 DBG) sind bei der Besteuerung nach dem Aufwand gemäss Artikel 2 VO Aufwandbesteuerung in der Fassung vom 20. Februar 2013 nicht zulässig.

Das nicht unter Artikel 14 Absatz 3 Buchstabe d DBG fallende Einkommen der steuerpflichtigen Person wird in Abweichung von Artikel 7 Absatz 1 DBG bei der Festsetzung des Steuersatzes nicht berücksichtigt.

5 Verfahren bei der Aufwandbesteuerung

5.1 Ordentliche Aufwandbesteuerung

Die steuerpflichtige Person, die Anspruch auf die Besteuerung nach dem Aufwand erhebt, hat die dafür vorgesehene besondere Steuererklärung einzureichen sowie den Nachweis zu erbringen, dass sie die Voraussetzungen erfüllt.

Die Veranlagungsbehörde hat sich bei der Besteuerung nach dem Aufwand vor jeder Veranlagung davon zu überzeugen, dass die steuerpflichtige Person die Voraussetzungen dafür erfüllt und in diesem Zusammenhang die von ihr verlangten Angaben und Nachweise erbracht hat. Die steuerpflichtige Person muss der zuständigen Steuerbehörde unaufgefordert und umgehend alle Unterlagen zustellen, die sich auf den Anspruch oder die Voraussetzungen für die Anwendung der Aufwandbesteuerung auswirken können.

Ansprüche auf Verrechnung oder Rückerstattung der Verrechnungssteuer richten sich nach den Bestimmungen der Verordnung vom 19. Dezember 1966 über die Verrechnungssteuer (Verrechnungssteuerverordnung, VStV; SR 642.211).

Steuerpflichtige Personen, welche die Steuer nach dem Aufwand entrichten, können von der Schweiz abgeschlossene Doppelbesteuerungsabkommen und insbesondere die darin vorgesehenen Entlastungen von ausländischen Quellensteuern beanspruchen. Zu diesem Zweck haben sie mit der Steuererklärung zu erklären, ob und allenfalls in welchem Umfang sie Abkommensvorteile geltend gemacht haben oder geltend machen wollen. Die steuerpflichtige Person darf nur für solche Einkünfte in den Genuss der Abkommensvorteile kommen, die während der Zeit ihrer unbeschränkten Steuerpflicht in der Schweiz fällig geworden sind. Ferner gelten besondere Voraussetzungen unter den Abkommen mit Belgien, Deutschland, Italien, Norwegen, Kanada, Österreich und den USA.

Ein Doppelbesteuerungsabkommen wird auch dann in Anspruch genommen, wenn dazu keine amtliche Bescheinigung bzw. kein besonderer Antrag, sondern nur – wie vielfach bei Bezug von Lizenzgebühren, Pensionen und Ruhegehältern, die ungekürzt zufliessen – die Angabe einer schweizerischen Adresse an den ausländischen Schuldner notwendig ist. Entscheidend ist nicht die Frage, ob die begünstigte Person sich um die Erlangung von Abkommensvorteilen bemüht hat, sondern lediglich die Tatsache, dass sie kraft eines Doppelbesteuerungsabkommens von ausländischen Steuern entlastet worden ist. Verzichtet eine steuerpflichtige Person nachträglich auf Abkommensvorteile, die ihr bereits zugekommen sind, so hat sie eine im Ausland nicht abgezogene Quellensteuer spontan nachzuentrichten. Die Bestimmungen des Bundesratsbeschlusses vom 14. Dezember 1962 betreffend Massnahmen gegen die ungerechtfertigte Inanspruchnahme von Doppelbesteuerungsabkommen des Bundes (SR 672.202) bleiben vorbehalten.

5.2 Modifizierte Aufwandbesteuerung

Unter den Doppelbesteuerungsabkommen mit Belgien, Deutschland, Italien, Norwegen, Kanada, Österreich und den USA können in der Schweiz ansässige natürliche Personen die Abkommensvorteile nur beanspruchen, wenn sie für alle nach schweizerischem Recht steuerbaren Einkünfte aus diesen Vertragsstaaten den direkten Steuern des Bundes, der Kantone und der Gemeinden unterliegen. Im Ergebnis muss daher eine der Aufwandbesteuerung unterworfene natürliche Person, die aufgrund der erwähnten Doppelbesteuerungsabkommen eine Entlastung von den Steuern dieser Vertragsstaaten beansprucht, bezüglich aller aus diesen Staaten stammenden Einkünften so behandelt werden, wie wenn sie ordentlich besteuert würde (= sog. modifizierte Aufwandbesteuerung; vgl. Art. 14 Abs. 5 DBG). In die Bemessungsgrundlage sind daher neben den in Artikel 14 Absatz 3 DBG Buchstabe d bezeichneten Einkünften auch alle anderen aus diesen betreffenden Vertragsstaaten stammenden Einkünfte einzuschliessen, soweit sie nach dem internen schweizerischen Recht steuerbar und nicht aufgrund der anwendbaren Doppelbesteuerungsabkommen von den schweizerischen Steuern befreit sind. Die Steuern auf allen aus diesen Vertragsstaaten stammenden Einkünften sind zusammen mit jenen auf den Einkünften gemäss Artikel 14 Absatz 3 Buchstabe d DBG zum Satz für das gesamte Einkommen zu erheben. Das heisst, dass für die Satzbestimmung z. B. auch Schuldzinsen in Abzug gebracht werden können, obschon sie die Bemessungsgrundlage nicht vermindern. Verzichtet die steuerpflichtige Person auf die ordnungsgemässe Angabe der Gesamtfaktoren, so wird die modifizierte Besteuerung nach dem Aufwand zum Maximalsatz vorgenommen.

Personen, die anstelle der ordentlichen Einkommenssteuern eine Steuer nach dem Aufwand entrichten, haben grundsätzlich keinen Anspruch auf die pauschale Anrechnung der im Ausland verbleibenden Sockelsteuern (vgl. Art. 4 Abs. 1 der Verordnung vom 22. August 1967 über die pauschale Steueranrechnung; SR 672.201). Eine Ausnahme von diesem Grundsatz besteht wiederum unter den sieben obgenannten Doppelbesteuerungsabkommen. Nach Artikel 4 Absatz 3 der Verordnung über die pauschale Steueranrechnung können natürliche Personen, die von einer Aufwandbesteuerung profitieren, aber auf allen Einkünften aus diesen Vertragsstaaten die vollen Steuern zum Satz des Gesamteinkommens entrichten, für die aus diesen Staaten stammenden Erträgen die pauschale Steueranrechnung beanspruchen. Allerdings sind die betreffenden Bruttobeträge einschliesslich der nicht rückforderbaren ausländischen Quellensteuern zu deklarieren.

Verzichtet die steuerpflichtige Person trotz modifizierter Besteuerung nach dem Aufwand von vornherein auf jegliche Steueranrechnung, darf sie die Bruttobeträge der Einkünfte aus den genannten sieben Staaten, abzüglich der im Ausland verbleibenden Sockelsteuern deklarieren (vgl. Art. 2 Abs. 3 der Verordnung über die pauschale Steueranrechnung).

Bei modifizierter Pauschalbesteuerung im Sinne von Artikel 14 Absatz 5 DBG hat die steuerpflichtige Person Anspruch auf pauschale Anrechnung der nicht rückforderbaren Kapitalertragssteuern für Einkünfte aus den sieben obgenannten Staaten. Da jedoch dieser Anspruch aufgrund von Artikel 4 Absatz 3 der Verordnung über die pauschale Steueranrechnung unter Umständen zu kürzen oder sogar völlig zu verweigern ist, drängt sich folgendes Vorgehen auf: Zu eröffnen nach Artikel 131 DBG ist stets das höchste aufgrund von Artikel 14 Absatz 3 und 5 DBG resultierende Veranlagungsergebnis.

6 Verschiedenes

Amtliche Steuerbescheinigungen werden auf Wunsch der steuerpflichtigen Person unter allfälliger Berücksichtigung des anwendbaren Doppelbesteuerungsabkommens abgegeben.

Hat die steuerpflichtige Person falsche Angaben gemacht, so ist gegen sie gleich wie bei der ordentlichen Einkommenssteuer ein Verfahren wegen vollendeter oder versuchter Steuerhinterziehung einzuleiten. Die steuerpflichtige Person kann ferner wegen Verletzung von Ordnungsvorschriften bestraft werden.

7 Inkrafttreten und Übergangsregelung

Das vorliegende Kreisschreiben ersetzt das bisherige Kreisschreiben Nr. 9 der ESTV vom 3. Dezember 1993 und ist auf alle Veranlagungen der direkten Bundessteuer ab der Steuerperiode 2016 – vorbehältlich der nachfolgend beschriebenen Übergangsfrist – anzuwenden.

Für am 1. Januar 2016 bereits nach dem Aufwand besteuerte steuerpflichtige Personen gelten gemäss Artikel 205d DBG bis 31. Dezember 2020 das alte Recht und das alte Kreisschreiben Nr. 9 der ESTV vom 3. Dezember 1993 weiter. Ab 1. Januar 2021 gilt auch für diese Kategorie der steuerpflichtigen Personen ausnahmslos das neue Recht, welches für alle anderen steuerpflichtigen Personen seit 1. Januar 2016 anwendbar ist.

Mitarbeiterbeteiligungen; Arbeitgeberin

Quelle: Eidg. Steuerverwaltung ESTV / HA Direkte Bundessteuer, Verrechnungssteuer, Stempelabgaben

Direkte Bundessteuer

Bern, 4. Mai 2018

☞ Betreffend die Besteuerung von Mitarbeiterbeteiligungen siehe A82.

Kreisschreiben Nr. 37A

Steuerliche Behandlung von Mitarbeiterbeteiligungen bei der Arbeitgeberin

Inhaltsverzeichnis

1	Gegenstand des Kreisschreibens	3
2	Allgemeine Grundsätze	3
2.1	Ermittlung des Verkehrswerts von Mitarbeiteraktien	3
2.2	Steuerrechtliche Gewinnermittlung	3
3	Mitarbeiteraktien	4
3.1	Beteiligung der Mitarbeitenden am Eigenkapital der Arbeitgeberin	4
3.1.1	Beschaffung der Aktien am Markt oder direkt von Aktionären	4
3.1.2	Schaffung der Aktien mittels Kapitalerhöhung	4
3.1.3	Rückgabe der Mitarbeiteraktien	4
3.2	Beteiligung der Mitarbeitenden am Eigenkapital einer Konzerngesellschaft der Arbeitgeberin	5
3.2.1	Allgemeines	5
3.2.2	Beschaffung der Aktien am Markt oder direkt von Aktionären	5
3.2.3	Schaffung der Aktien mittels Kapitalerhöhung	6
3.2.4	Rückgabe der Mitarbeiteraktien	6
4	Mitarbeiteroptionen	7
4.1	Optionen zum Bezug von Aktien der Arbeitgeberin	7
4.1.1	Beschaffung der Optionen am Markt	7
4.1.2	Schreiben der Optionen durch die Arbeitgeberin	7
4.2	Optionen zum Bezug von Aktien einer Konzerngesellschaft der Arbeitgeberin	7
5	Besteuerung von Anwartschaften auf Mitarbeiteraktien / unechte Mitarbeiterbeteiligungen	7
5.1	Allgemeines	7

5.2	Belastung am Ende der Vestingperiode mit dem Verkehrswert im Zeitpunkt der Abgabe	8
5.3	Laufende anteilsmässige Belastung mit dem Verkehrswert im Zeitpunkt der Zuteilung der Anrechte	8
6	Inkrafttreten	8
7	Beispiele zur steuerlichen Behandlung von Mitarbeiterbeteiligungen bei der Arbeitgeberin	9

1 Gegenstand des Kreisschreibens

Im Kreisschreiben Nr. 37 der Eidgenössischen Steuerverwaltung (ESTV) vom 22. Juli 2013 über die Besteuerung von Mitarbeiterbeteiligungen (nachfolgend als KS 37 abgekürzt) wurden verschiedene Begriffe im Zusammenhang mit Mitarbeiterbeteiligungen definiert und ein Überblick über die steuerlichen Auswirkungen der damals neuen Bestimmungen[1] zur Besteuerung von Mitarbeiterbeteiligungen bei den Mitarbeitenden gegeben. Der dort behandelte geldwerte Vorteil, welcher den Mitarbeitenden durch die Abgabe von Mitarbeiterbeteiligungen zukommt, bildet bei der Arbeitgeberin Teil ihres Personalaufwandes, sofern und soweit dieser tatsächlich verbucht wurde. Für Einzelheiten und die Definition der verschiedenen Begriffe wird auf die Ausführungen im erwähnten Kreisschreiben verwiesen, welche vorliegend in analoger Weise zur Anwendung gelangen.

Das vorliegende Kreisschreiben soll als Ergänzung zum KS 37 einen Überblick über die Grundzüge der geltenden Praxis der steuerlichen Behandlung von Mitarbeiterbeteiligungen auf der Stufe der Arbeitgebern verschaffen. In Bezug auf das Vorgehen zur Beschaffung der Beteiligungsrechte wie auch zur Gestaltung der Rechtsbeziehungen zwischen den einzelnen an der Erstellung und Umsetzung eines Mitarbeiterbeteiligungsplans Beteiligten bestehen diverse Möglichkeiten. Die nachfolgenden Ausführungen und Beispiele stellen allgemeine Grundsätze für häufig anzutreffende Sachverhaltskonstellationen dar.

2 Allgemeine Grundsätze

2.1 Ermittlung des Verkehrswerts von Mitarbeiteraktien

Bei börsenkotierten Mitarbeiteraktien gilt als Verkehrswert grundsätzlich der Börsenschlusskurs am Tage des Rechtserwerbs (vgl. KS 37, Ziffer 3.2.1). Bei nicht an einer Börse kotierten Mitarbeiteraktien gilt als massgeblicher Wert grundsätzlich der nach einer für die entsprechende Arbeitgeberin tauglichen und anerkannten Methode ermittelte Formelwert. Die einmal gewählte Berechnungsmethode muss für den entsprechenden Mitarbeiterbeteiligungsplan zwingend beibehalten werden. Ist für nicht börsenkotierte Aktien ausnahmsweise ein Verkehrswert verfügbar, ist grundsätzlich dieser anwendbar (vgl. KS 37, Ziffer 3.2.2). Im Einzelfall kann auf Antrag der Arbeitgeberin trotzdem auf den Formelwert abgestellt werden, sofern die Arbeitgeberin ein unbeschränktes Kaufrecht hat, die Mitarbeiteraktien zum identisch berechneten Formelwert zurückzukaufen.

Gesperrte Mitarbeiteraktien weisen gegenüber frei verfügbaren Aktien einen Minderwert auf, dem durch einen Diskont Rechnung getragen wird. Bei gesperrten Mitarbeiteraktien ist deshalb für die Ermittlung des steuerbaren Einkommens die positive Differenz zwischen dem reduzierten Verkehrswert und dem tieferen Erwerbspreis massgebend (vgl. KS 37, Ziffer 3.3).

2.2 Steuerrechtliche Gewinnermittlung

Die steuerrechtliche Gewinnermittlung richtet sich nach der handelsrechtskonformen Erfolgsrechnung (vgl. Art. 58 Abs. 1 Bst. a des Bundesgesetzes vom 14. Dezember 1990 über die direkte Bundessteuer; DBG; SR 642.11), sofern keine steuerrechtlichen Korrekturvorschriften vom handelsrechtlichen Gewinnausweis zu beachten sind (sog. Massgeblichkeitsprinzip). Handelsrechtlich nicht verbuchte Aufwendungen können steuerrechtlich nicht geltend gemacht werden.

Konzerninterne Weiterbelastungen richten sich nach den Verhältnissen im konkreten Einzelfall (Anwendung des Drittvergleichs). Folglich hat der zwischen Konzerngesellschaften vereinbarte Preis (vgl. Beispiele 3 bis 7) in jedem Fall dem Drittpreis zu entsprechen.

---

[1] Bundesgesetz vom 17. Dezember 2010 über die Besteuerung von Mitarbeiterbeteiligungen in Kraft seit 1. Januar 2013 (AS 2011 3259)

3 Mitarbeiteraktien

3.1 Beteiligung der Mitarbeitenden am Eigenkapital der Arbeitgeberin

3.1.1 Beschaffung der Aktien am Markt oder direkt von Aktionären

Die Arbeitgeberin erwirbt eigene Aktien entweder am Markt oder direkt von Aktionären und verkauft sie zu einem Vorzugspreis (Abgabepreis) an die Mitarbeitenden.

Bei den eigenen Aktien handelt es sich sowohl zivil- als auch steuerrechtlich um einen effektiv vorhandenen Vermögenswert. Somit können nicht realisierte Wertverluste zwischen den Anschaffungskosten und dem Verkehrswert von der steuerpflichtigen Person (Arbeitgeberin) in der Steuerbilanz gewinnsteuerwirksam geltend gemacht werden, auch wenn diese unter dem neuen Rechnungslegungsrecht handelsrechtlich nicht mehr verbucht werden.

Die Differenz zwischen dem Erwerbspreis (Anschaffungskosten) und dem Verkehrswert im Zeitpunkt der Abgabe an die Mitarbeitenden stellt einen geschäftsmässig begründeten Aufwand bzw. steuerbaren Ertrag dar, und zwar unabhängig von der handelsrechtlichen Verbuchung. Die Differenz zwischen dem Verkehrswert im Zeitpunkt der Abgabe und dem tieferen Vorzugspreis (Abgabepreis) stellt einen geschäftsmässig begründeten Aufwand dar (vgl. Beispiel 1).

3.1.2 Schaffung der Aktien mittels Kapitalerhöhung

Die Arbeitgeberin schafft die Aktien, welche an die Mitarbeitenden abgegeben werden sollen, mittels ordentlicher, genehmigter oder bedingter Kapitalerhöhung (vgl. Art. 650, 651f. und 653ff. des Bundesgesetzes vom 30. März 1911 betreffend die Ergänzung des Schweizerischen Zivilgesetzbuches [Fünfter Teil: Obligationenrecht]; SR 220 OR). In der Praxis wird in der Regel die bedingte Kapitalerhöhung gewählt.

Gemäss Obligationenrecht ist bei einer bedingten Kapitalerhöhung eine Liberierung aus Gesellschaftsmitteln ebenso unzulässig wie eine Liberierung durch Sacheinlage (vgl. Art. 653 OR)[2].

Die Arbeitgeberin verbucht das Arbeitsentgelt für die bereits geleistete Arbeit als geschäftsmässig begründeten Aufwand zu Gunsten Verbindlichkeiten Mitarbeitende. Die Liberierung der Mitarbeiteraktien erfolgt anschliessend zu Lasten dieser Verbindlichkeiten. Die Beträge der Liberierung werden dem Aktienkapital oder der gesetzlichen Kapitalreserve gutgeschrieben. Mit dieser Gutschrift werden, vermindert um die Emissionskosten, Reserven aus Kapitaleinlagen begründet (vgl. Beispiel 2).

Spätestens im Zeitpunkt der Liberierung muss eine durchsetzbare Forderung des Mitarbeitenden gegenüber der Arbeitgeberin bestehen; künftige Arbeitsleistungen reichen nicht aus.

3.1.3 Rückgabe der Mitarbeiteraktien

Muss ein Mitarbeitender aufgrund einer reglementarischen oder einer vertraglichen Verpflichtung Mitarbeiteraktien an seine Arbeitgeberin zurückgeben und ist der Rücknahmepreis in diesem Zeitpunkt höher als der Verkehrswert der Aktien, kann die Arbeitgeberin einen entsprechenden geschäftsmässig begründeten Aufwand geltend machen. Fällt der Rücknahmepreis tiefer aus als der aktuelle Verkehrswert, erzielt sie im Zeitpunkt der Verbuchung dieser Differenz einen steuerbaren Ertrag.

---

[2] Vgl. auch Schweizer Handbuch der Wirtschaftsprüfung, Ausgabe 2014, S. 270

3.2 Beteiligung der Mitarbeitenden am Eigenkapital einer Konzerngesellschaft der Arbeitgeberin

3.2.1 Allgemeines

Im Konzernverhältnis beziehen sich die Mitarbeiterbeteiligungsmodelle häufig auf Aktien einer an der Börse kotierten Konzerngesellschaft (nahestehende Gesellschaft) der eigentlichen (d.h. zivilrechtlichen) Arbeitgeberin. Die Mitarbeitenden der Arbeitgeberin erhalten aufgrund von Ansprüchen aus Mitarbeiterbeteiligungsplänen Beteiligungen am Eigenkapital einer Konzerngesellschaft der Arbeitgeberin.

In den allermeisten Fällen liefert die Konzerngesellschaft die Aktien direkt an die Mitarbeitenden der Arbeitgeberin. Für die Übernahme dieser Verpflichtung und der Lieferung der Aktien wird sie von der Arbeitgeberin entschädigt. Diese zwischen der Konzerngesellschaft und der Arbeitgeberin festgelegte Entschädigung (vereinbarter Preis) muss dem Drittpreis entsprechen. In der Regel entspricht dieser Preis dem aktuellen Aktienkurs im Zeitpunkt der Lieferung.

Zwischen dem vereinbarten Preis und dem Verkehrswert im Zeitpunkt der Abgabe an die Mitarbeitenden können sich steuerlich unbeachtliche Wertdifferenzen ergeben, wenn zwischen dem Abschluss der Vereinbarung der Konzerngesellschaft mit der Arbeitgeberin bis zur Abgabe der Aktien an die Mitarbeitenden ein zeitlicher Abstand besteht.

Beschafft die Konzerngesellschaft die Aktien mittels Kapitalerhöhung, zählt die von der Arbeitgeberin im Rahmen der Entschädigung entrichtete Optionsprämie nicht zu den Reserven aus Kapitaleinlagen. Keine Optionen stellen Low Exercise Price Options (LEPO) dar, bei welchen es sich um im Voraus finanzierte Termingeschäfte handelt[3].

Bei Liberierung durch die Arbeitgeberin werden erst bei definitiver Abgabe der Aktien an die Mitarbeitenden Reserven aus Kapitaleinlagen begründet.

Für die Beschaffung der Aktien hat die Konzerngesellschaft die nachfolgend aufgeführten Möglichkeiten.

3.2.2 Beschaffung der Aktien am Markt oder direkt von Aktionären

Beschafft die Konzerngesellschaft die Aktien für einen Mitarbeiterbeteiligungsplan am Markt oder direkt von Aktionären und entspricht der vereinbarte Preis für die Abgabe an die Arbeitgeberin einem tieferen oder höheren Wert, erzielt die Konzerngesellschaft in der Differenz zwischen dem Erwerbspreis (Anschaffungskosten) und dem vereinbarten Preis einen geschäftsmässig begründeten Aufwand bzw. einen steuerbaren Ertrag.

Die Zahlung der Arbeitgeberin an die Konzerngesellschaft stellt in der Differenz zwischen dem vereinbarten Preis und dem Abgabepreis an die Mitarbeitenden bei der Arbeitgeberin einen geschäftsmässig begründeten Aufwand dar. Aus einer allfälligen Differenz zwischen dem Verkehrswert der Aktien im Zeitpunkt der Abgabe an die Mitarbeitenden und dem zwischen der Konzerngesellschaft und der Arbeitgeberin vereinbarten Preis realisiert die Arbeitgeberin weder einen geschäftsmässig begründeten Aufwand noch einen steuerbaren Ertrag (vgl. Beispiel 3).

---

[3] Vgl. Kreisschreiben Nr. 15 der ESTV vom 03.10.2017 über Obligationen und derivative Finanzinstrumente als Gegenstand der direkten Bundessteuer, der Verrechnungssteuer sowie der Stempelabgaben, Ziff. 2.2.3

3.2.3 Schaffung der Aktien mittels Kapitalerhöhung

Ordentliche Kapitalerhöhung

Schafft die Konzerngesellschaft die Aktien für einen Mitarbeiterbeteiligungsplan mittels einer ordentlichen Kapitalerhöhung, so wird der Betrag, den die Arbeitgeberin der Konzerngesellschaft für die Liberierung bezahlt, dem Aktienkapital oder der gesetzlichen Kapitalreserve gutgeschrieben.

Die Zahlung der Arbeitgeberin an die Konzerngesellschaft stellt in der Differenz zwischen dem vereinbarten Preis für die Liberierung und dem Abgabepreis an die Mitarbeitenden bei der Arbeitgeberin geschäftsmässig begründeten Aufwand dar. Aus einer allfälligen Differenz zwischen dem Verkehrswert der Aktien im Zeitpunkt der Abgabe an die Mitarbeitenden und jenem Wert, den sie der Konzerngesellschaft für die Liberierung bezahlt hat, realisiert die Arbeitgeberin weder einen geschäftsmässig begründeten Aufwand noch einen steuerbaren Ertrag (vgl. Beispiel 4).

Bedingte Kapitalerhöhung

Die Konzerngesellschaft kann die Aktien für einen Mitarbeiterbeteiligungsplan auch mittels einer bedingten Kapitalerhöhung schaffen. Die Generalversammlung kann eine bedingte Kapitalerhöhung beschliessen, indem sie in den Statuten den Gläubigern von neuen Anleihens- oder ähnlichen Obligationen gegenüber der Gesellschaft oder ihren Konzerngesellschaften sowie den Mitarbeitenden Rechte auf den Bezug neuer Aktien (Wandel- oder Optionsrechte) einräumt. Die Rechte auf den Bezug der Aktien werden somit den Mitarbeitenden der Arbeitgeberin und nicht der Arbeitgeberin selbst eingeräumt.

Ab einer gewissen Grössenordnung ist es nicht mehr möglich, dass die Mitarbeitenden die mittels bedingter Kapitalerhöhung bei der Konzerngesellschaft geschaffenen Aktien individuell liberieren. In der Praxis kommt es deshalb vor, dass die Arbeitgeberin die Aktien liberiert und diese anschliessend im Rahmen des Mitarbeiterbeteiligungsplans an ihre Mitarbeitenden abgibt.

Die Zahlung der Arbeitgeberin an die Konzerngesellschaft stellt in der Differenz zwischen dem vereinbarten Preis für die Liberierung und dem Abgabepreis an die Mitarbeitenden bei der Arbeitgeberin einen geschäftsmässig begründeten Aufwand dar. Aus einer allfälligen Differenz zwischen dem Verkehrswert der Aktien im Zeitpunkt der Abgabe an die Mitarbeitenden und dem zwischen Konzerngesellschaft und Arbeitgeberin vereinbarten Preis realisiert die Arbeitgeberin weder einen geschäftsmässig begründeten Aufwand noch einen steuerbaren Ertrag (vgl. Beispiel 5).

3.2.4 Rückgabe der Mitarbeiteraktien

Muss ein Mitarbeitender aufgrund einer reglementarischen oder vertraglichen Verpflichtung Mitarbeiteraktien an seine Arbeitgeberin zurückgeben, und ist der Rücknahmepreis in diesem Zeitpunkt höher als der Verkehrswert der Aktien, kann die Arbeitgeberin einen entsprechenden geschäftsmässig begründeten Aufwand geltend machen. Fällt der Rücknahmepreis tiefer aus als der aktuelle Verkehrswert, erzielt sie im Zeitpunkt der Verbuchung dieser Differenz einen steuerbaren Ertrag. Muss ein Mitarbeitender aufgrund einer reglementarischen oder vertraglichen Verpflichtung Mitarbeiteraktien direkt an die Konzerngesellschaft zurückgeben, ist der Aufwand bzw. Ertrag ebenfalls der Arbeitgeberin zuzurechnen.

4 Mitarbeiteroptionen

4.1 Optionen zum Bezug von Aktien der Arbeitgeberin

4.1.1 Beschaffung der Optionen am Markt

Die Arbeitgeberin erwirbt die Optionen zum Bezug von eigenen Aktien am Markt und verkauft die Optionen zu einem Vorzugspreis an die Mitarbeitenden. Die negative Differenz zwischen dem Vorzugspreis und dem Erwerbspreis stellt bei der Arbeitgeberin einen geschäftsmässig begründeten Aufwand dar.

4.1.2 Schreiben der Optionen durch die Arbeitgeberin

Die Arbeitgeberin schreibt selber Call-Optionen für den Bezug von eigenen Aktien und gibt die Optionen den Mitarbeitenden ab.

Im Zuge der Absicherung können jedoch Kosten anfallen, welche einen geschäftsmässig begründeten Aufwand darstellen. Im Umfang der Verpflichtung können Rückstellungen gebildet werden, welche im Zeitpunkt der Ausübung der Option aufzulösen sind.

4.2 Optionen zum Bezug von Aktien einer Konzerngesellschaft der Arbeitgeberin

Die Arbeitgeberin oder die Konzerngesellschaft gibt im Rahmen eines Mitarbeiterbeteiligungsplans den Mitarbeitenden Optionen für den Bezug von Aktien einer Konzerngesellschaft ab. Die Arbeitgeberin zahlt i.d.R. gemäss Vertrag eine Optionsprämie an die Konzerngesellschaft. Diese Optionsprämie stellt bei der Arbeitgeberin geschäftsmässig begründeten Aufwand dar. Bei der Konzerngesellschaft muss eine Rückstellung verbucht werden. Der Konzerngesellschaft steht es in der Folge frei, diese Rückstellung bei Verfall bzw. Ausübung der Optionen gesamthaft oder aber verteilt über die Laufzeit der Optionen erfolgswirksam aufzulösen.

Keine Optionen stellen LEPOs dar, bei welchen es sich um im Voraus finanzierte Termingeschäfte handelt[4].

5 Besteuerung von Anwartschaften auf Mitarbeiteraktien / unechte Mitarbeiterbeteiligungen

5.1 Allgemeines

Die Arbeitgeberin kann ihren Mitarbeitenden Anrechte auf den späteren Bezug von eigenen oder von Aktien einer Konzerngesellschaft gewähren. Diese Anrechte bilden einen Teil der Entschädigung der Mitarbeitenden für deren Arbeitstätigkeit und unterliegen bis zum Ablauf der Vestingperiode an die an das Arbeitsverhältnis geknüpften Verfallsklauseln. Bis zur vereinbarten Auslieferung der Aktien an die berechtigten Mitarbeitenden im Zeitpunkt des Ablaufs der Vestingperiode liegt somit eine Anwartschaft vor.

Für ihre Verpflichtung, den Mitarbeitenden Aktien oder einen bestimmten Wert in bar auszuzahlen, kann die Arbeitgeberin Rückstellungen bilden. Dabei steht es der Arbeitgeberin frei, den gesamten geschätzten Aufwand im Zeitpunkt der Zuteilung der Anrechte oder aber verteilt über die Vestingperiode erfolgswirksam zu verbuchen.

---

[4] Vgl. Kreisschreiben Nr. 15 der ESTV vom 03.10.2017 über Obligationen und derivative Finanzinstrumente als Gegenstand der direkten Bundessteuer, der Verrechnungssteuer sowie der Stempelabgaben, Ziff. 2.2.3

Zwischen der Arbeitgeberin und der Konzerngesellschaft wird in der Regel vereinbart, dass die Konzerngesellschaft die Aktien im Zeitpunkt des Ablaufs der Vestingperiode unentgeltlich an die Mitarbeitenden der Arbeitgeberin ausliefert. Die Konzerngesellschaft übernimmt damit teilweise die Aufgabe, die Mitarbeitenden der Arbeitgeberin für ihre Tätigkeiten zu entschädigen. Dafür erhält die Konzerngesellschaft von der Arbeitgeberin eine Entschädigung. Die Konzerngesellschaft kann ihre Lieferverpflichtung der Aktien an die Mitarbeitenden mittels einer bedingten Kapitalerhöhung absichern.

In der Praxis sind insbesondere zwei Verfahren zur Entschädigung der Konzerngesellschaft anzutreffen:
- Die Arbeitgeberin wird am Ende der Vestingperiode mit dem Verkehrswert im Zeitpunkt der Abgabe der Aktien an die Mitarbeitenden belastet (Kursveränderungsrisiko während der Vestingperiode liegt bei der Arbeitgeberin).
- Die Arbeitgeberin wird laufend, anteilsmässig mit dem Verkehrswert im Zeitpunkt der Zuteilung der Anrechte belastet (Kursveränderungsrisiko während der Vestingperiode liegt bei der Konzerngesellschaft).

5.2 Belastung am Ende der Vestingperiode mit dem Verkehrswert im Zeitpunkt der Abgabe

Die Arbeitgeberin hat im Rahmen eines Mitarbeiterbeteiligungsplans ihrer Verpflichtung gegenüber den Mitarbeitenden während der Vestingperiode mit der Bildung von Rückstellungen Rechnung zu tragen. Die Rückstellungen haben den jeweiligen Verkehrswert der Anrechte per Ende des Geschäftsjahres abzubilden und sind folglich jährlich neu zu berechnen und entsprechend anzupassen.

Der Betrag, den die Arbeitgeberin der Konzerngesellschaft für die Liberierung bezahlt, wird dem Aktienkapital bzw. der gesetzlichen Kapitalreserve der Konzerngesellschaft gutgeschrieben. Reserven aus Kapitaleinlagen werden erst bei definitiver Abgabe der Aktien an die Mitarbeitenden begründet (vgl. Beispiel 6, bildet nur das Vesting ab).

5.3 Laufende anteilsmässige Belastung mit dem Verkehrswert im Zeitpunkt der Zuteilung der Anrechte

Die Arbeitgeberin hat ihrer Verpflichtung gegenüber den Mitarbeitenden während der Vestingperiode mit der Bildung von Rückstellungen Rechnung zu tragen. Die Rückstellungen entsprechen insgesamt dem Verkehrswert der Anrechte bei ihrer Zuteilung und sind verteilt über die gesamte Laufzeit der Verpflichtung gleichmässig zu bilden. Im Umfang der jeweiligen Rückstellung leistet die Arbeitgeberin eine Zahlung für die Aktien an die Konzerngesellschaft.

Der Betrag, den die Arbeitgeberin der Konzerngesellschaft bezahlt, wird bei der Konzerngesellschaft einem Rückstellungskonto gutgeschrieben. Die Gutschrift auf dem Aktienkapital bzw. der gesetzlichen Kapitalreserve und damit die Begründung von Reserven aus Kapitaleinlagen erfolgt erst bei definitiver Abgabe der Aktien an die Mitarbeitenden (vgl. Beispiel 7, bildet nur das Vesting ab).

6 Inkrafttreten

Dieses Kreisschreiben tritt mit seiner Publikation in Kraft.

7 Beispiele zur steuerlichen Behandlung[5] von Mitarbeiterbeteiligungen bei der Arbeitgeberin[6]

Beispiel 1: Beteiligung der Mitarbeitenden am Eigenkapital der Arbeitgeberin
Beschaffung der Aktien am Markt oder direkt von Aktionären (Ziffer 3.1.1)

Sachverhalt			1	2	3	
Anschaffungskosten:			1'000	1'300	900	
Nominalwert:			100	100	100	
Verkehrswert bei Abgabe an Mitarbeitende:			1'000	1'000	1'000	
Abgabepreis an Mitarbeitende (Barleistung):			200	200	200	
Arbeitsentgelt:			800	800	800	
Beschaffung der Aktien am Markt			1	2	3	
Eig. Aktien[7]	an	Fl. Mittel	1'000	1'300	900	Anschaffungskosten
Abgabe der Aktien			1	2	3	
Fl. Mittel	an	Eig. Aktien	200	200	200	Abgabepreis
geschäftsmässig begründeter Aufwand	an	Eig. Aktien		300		Differenz zwischen Anschaffungskosten und Verkehrswert bei Abgabe
Eig. Aktien	an	Ertrag			100	Differenz zwischen Verkehrswert bei Abgabe und Abgabepreis (Arbeitsentgelt für bereits geleistete Arbeit)
geschäftsmässig begründeter Aufwand	an	Eig. Aktien	800	800	800	

[5] Die dargestellten Buchungssätze sind beispielhaft und sind nicht Voraussetzung für die geschäftsmässige Begründetheit der Aufwendungen. Es gilt das Massgeblichkeitsprinzip.

[6] Hält eine Gesellschaft eigene Kapitalanteile indirekt über Tochtergesellschaften im Konzern, obliegt die Bildung der Reserven für eigene Aktien derjenigen Gesellschaft, welche die Mehrheitsbeteiligung an diesen Tochtergesellschaften hält. Dies wird in den Beispielen nicht abgebildet.

[7] Der Bestand eigener Kapitalanteile wird im Eigenkapital als separater Minusposten ausgewiesen. Dieser Minusposten kann als «eigene Kapitalanteile» oder abgestimmt auf die Rechtsform und Kategorie (Art. 959 Abs. 7 OR, beispielsweise «eigene Aktien») bezeichnet werden.

Beispiel 2: Beteiligung der Mitarbeitenden am Eigenkapital der Arbeitgeberin
Schaffung der Aktien mittels ordentlicher / genehmigter / bedingter Kapitalerhöhung (Ziffer 3.1.2)

Sachverhalt

Nominalwert:		100
Verkehrswert bei Abgabe an Mitarbeitende:		1'000
Abgabepreis an Mitarbeitende (Barleistung):		200
Arbeitsentgelt:		800

Arbeitsleistung

geschäftsmässig begründeter Aufwand	an	Verbindlichkeiten Mitarbeitende	800	Arbeitsentgelt für bereits geleistete Arbeit

Abgabe der Aktien

Fl. Mittel	an	Verbindlichkeiten Mitarbeiter	200	Abgabepreis
Verbindlichkeiten Mitarbeitende	an	Abwicklungskonto	1'000	Verkehrswert bei Abgabe
Abwicklungskonto	an	AK	100	Nominalwert
Abwicklungskonto	an	KER[8]	900	Differenz zwischen Verkehrswert bei Abgabe und Nominalwert

---

[8] Reserven aus Kapitaleinlagen

Beispiel 3: Beteiligung der Mitarbeitenden am Eigenkapital einer Konzerngesellschaft
Beschaffung der Aktien am Markt oder direkt von Aktionären (Ziffer 3.2.2)

Sachverhalt		1	2	
Anschaffungskosten Konzerngesellschaft:		1'000	1'300	
Nominalwert:		100	100	
Vereinbarter Preis zwischen Konzerngesellschaft und Arbeitgeberin:		1'000	1'000	Wertdifferenzen zwischen dem vereinbarten Preis und dem Verkehrswert im Zeitpunkt der Abgabe an die Mitarbeitenden können sich ergeben, wenn zwischen dem Abschluss der Vereinbarung der Konzerngesellschaft mit der Arbeitgeberin bis zur Abgabe der Aktien an die Mitarbeitenden ein zeitlicher Abstand besteht.
Verkehrswert bei Abgabe an Mitarbeitende:		1'000	1'100	
Abgabepreis an Mitarbeitende (Barleistung):		200	200	
Arbeitsentgelt:		800	800	

Konzerngesellschaft:
Beschaffung der Aktien am Markt / Lieferung der Aktien

			1	2	
Eig. Aktien	an	Fl. Mittel	1'000	1'300	Anschaffungskosten
Fl. Mittel	an	Eig. Aktien	1'000	1'000	Vereinbarter Preis
geschäftsmässig begründeter Aufwand	an	Eig. Aktien		300	Differenz zwischen Anschaffungskosten und vereinbartem Preis

Arbeitgeberin:
Lieferung der Aktien

			1	2	
Aktien Konzerngesellschaft	an	Fl. Mittel	1'000	1'000	Vereinbarter Preis

Abgabe der Aktien

			1	2	
geschäftsmässig begründeter Aufwand	an	Verbindlichkeiten Mitarbeitende	800	800	Arbeitsentgelt für bereits geleistete Arbeit (entspricht Differenz zwischen vereinbartem Preis und Abgabepreis)
Fl. Mittel	an	Verbindlichkeiten Mitarbeitende	200	200	Abgabepreis
Verbindlichkeiten Mitarbeitende	an	Aktien Konzerngesellschaft	1'000	1'000	Vereinbarter Preis

Beispiel 4: Beteiligung der Mitarbeitenden am Eigenkapital einer Konzerngesellschaft
Schaffung der Aktien mittels ordentlicher Kapitalerhöhung (Ziffer 3.2.3)

Sachverhalt		1	2	
Nominalwert:		100	100	Nominalwert
Vereinbarter Preis zwischen Konzerngesellschaft und Arbeitgeberin (Ausgabepreis):		1'000	1'000	Wertdifferenzen zwischen dem vereinbarten Preis und dem Verkehrswert im Zeitpunkt der Abgabe an die Mitarbeitenden können sich ergeben, wenn zwischen dem Abschluss der Vereinbarung der Konzerngesellschaft mit der Arbeitgeberin bis zur Abgabe der Aktien an die Mitarbeitenden ein zeitlicher Abstand besteht.
Verkehrswert bei Abgabe an Mitarbeitende:		1'000	1'100	
Abgabepreis an Mitarbeitende (Barleistung):		200	200	
Arbeitsentgelt:		800	800	

Konzerngesellschaft:

Lieferung der Aktien		1	2	
Fl. Mittel	an	AK	100	100	Nominalwert
Fl. Mittel	an	übrige Kapitalreserven	900	900	Differenz zwischen Ausgabepreis und Nominalwert

Abgabe der Aktien				
übrige Kapitalreserven	an	KER	900	900	Reserven aus Kapitaleinlagen

Arbeitgeberin:

Lieferung der Aktien		1	2	
Aktien Konzerngesellschaft	an	Fl. Mittel	1'000	1'000	Vereinbarter Preis (Ausgabepreis)

Abgabe der Aktien		1	2	
geschäftsmässig begründeter Aufwand	an	Verbindlichkeiten Mitarbeitende	800	800	Arbeitsentgelt für bereits geleistete Arbeit (entspricht Differenz zwischen Ausgabepreis und Abgabepreis)
Fl. Mittel	an	Verbindlichkeiten Mitarbeitende	200	200	Abgabepreis
Verbindlichkeiten Mitarbeitende	an	Aktien Konzerngesellschaft	1'000	1'000	Vereinbarter Preis

Beispiel 5: Beteiligung der Mitarbeitenden am Eigenkapital einer Konzerngesellschaft Schaffung der Aktien mittels bedingter Kapitalerhöhung (Ziffer 3.2.3)

Sachverhalt		1	2	
Nominalwert:		100	100	
Vereinbarter Preis zwischen Konzerngesellschaft und Arbeitgeberin (Ausgabepreis):		1'000	1'000	Wertdifferenzen zwischen dem vereinbarten Preis und dem Verkehrswert im Zeitpunkt der Abgabe an die Mitarbeitenden können sich ergeben, wenn zwischen dem Abschluss der Vereinbarung der Konzerngesellschaft mit der Arbeitgeberin bis zur Abgabe der Aktien an die Mitarbeitenden ein zeitlicher Abstand besteht.
Verkehrswert bei Abgabe an Mitarbeitende:		1'000	1'100	
Abgabepreis an Mitarbeitende (Barleistung):		200	200	
Arbeitsentgelt:		800	800	

Konzerngesellschaft:					
Lieferung der Aktien			1	2	
Fl. Mittel	an	AK	100	100	Nominalwert
Fl. Mittel	an	übrige Kapitalreserven	900	900	Differenz zwischen Ausgabepreis und Nominalwert
Abgabe der Aktien					
übrige Kapitalreserven	an	KER	900	900	Reserven aus Kapitaleinlagen

Arbeitgeberin:					
Abwicklung Abgabe der Aktien			1	2	
geschäftsmässig begründeter Aufwand	an	Verbindlichkeiten Mitarbeitende	800	800	Arbeitsentgelt für bereits geleistete Arbeit (entspricht Differenz zwischen Ausgabepreis und Abgabepreis)
Abwicklungskonto	an	Fl. Mittel	1'000	1'000	Vereinbarter Preis (Ausgabepreis)
Fl. Mittel	an	Abwicklungskonto	200	200	Abgabepreis
Verbindlichkeiten Mitarbeitende	an	Abwicklungskonto	800	800	Differenz zwischen Ausgabepreis und Abgabepreis

Beispiel 6: Anwartschaft: Modell 1: Belastung am Ende der Vestingperiode mit dem Verkehrswert im Zeitpunkt der Abgabe Beteiligung der Mitarbeitenden am Eigenkapital einer Konzerngesellschaft Schaffung der Aktien mittels bedingter Kapitalerhöhung (Ziffer 5.2)

Sachverhalt	1	2
Nominalwert:	100	100
Vereinbarter Preis zwischen Konzerngesellschaft und Arbeitgeberin entspricht dem Verkehrswert im Zeitpunkt der Abgabe[9].	1'500	700
Verkehrswert bei Zuteilung der Anrechte:	1'000	1'000
Verkehrswert Ende Jahr 1:	1'000	1'000
Verkehrswert Ende Jahr 2:	1'250	1'000
Verkehrswert bei Abgabe (Jahr 3):	1'500	700
Abgabepreis an Mitarbeitende (Barleistung):	0	0
Vestingperiode:	3 Jahre	3 Jahre

---

[9] Kursveränderungsrisiko liegt während der Vestingperiode bei der Arbeitgeberin

Konzerngesellschaft:

Vestingperiode / Lieferung der Aktien			1	2	
Fl. Mittel	an	AK	100	100	Jahr 3: Nominalwert
Fl. Mittel	an	KER	1'400	600	Jahr 3: Differenz zwischen Verkehrswert bei Abgabe und Nominalwert

Arbeitgeberin:

Vestingperiode / Abwicklung Abgabe der Aktien			1	2	
geschäftsmässig begründeter Aufwand	an	Rückstellungen	333	333	Jahr 1: 1/3 des Verkehrswerts bei Zuteilung der Anrechte
geschäftsmässig begründeter Aufwand	an	Rückstellungen	500	333	Jahr 2: 2/3 des Verkehrswerts Ende Jahr 2 abzüglich Rückstellung des Jahres 1
geschäftsmässig begründeter Aufwand	an	Rückstellungen	667	34	Jahr 3: Verkehrswert Ende Jahr 3 abzüglich Total Rückstellungen
Rückstellungen	an	Fl. Mittel	1'500	700	Jahr 3: Vereinbarter Preis

Beispiel 7: Anwartschaft: Modell 2: Laufende anteilsmässige Belastung mit dem Verkehrswert im Zeitpunkt der Zuteilung der Anrechte Beteiligung der Mitarbeitenden am Eigenkapital einer Konzerngesellschaft Schaffung der Aktien mittels bedingter Kapitalerhöhung (Ziffer 5.3)

Sachverhalt	1	2
Nominalwert:	100	100
Vereinbarter Preis zwischen Konzerngesellschaft und Arbeitgeberin entspricht dem Verkehrswert im Zeitpunkt der Zuteilung der Anrechte[10]:	1'000	1'000
Verkehrswert bei Zuteilung der Anrechte:	1'000	1'000
Verkehrswert Ende Jahr 1:	1'000	1'000
Verkehrswert Ende Jahr 2:	1'250	1'000
Verkehrswert bei Abgabe (Jahr 3):	1'500	700
Abgabepreis an Mitarbeitende (Barleistung):	0	0
Vestingperiode:	3 Jahre	3 Jahre

[10] Kursveränderungsrisiko liegt während der Vestingperiode bei der Konzerngesellschaft

Konzerngesellschaft:

Vestingperiode / Lieferung der Aktien

Buchung			1	2	Bemerkung
Fl. Mittel	an	Rückstellungen[11]	333	333	Jahr 1: 1/3 des Verkehrswerts bei Zuteilung der Anrechte
Fl. Mittel	an	Rückstellungen	333	333	Jahr 2: 2/3 des Verkehrswerts bei Zuteilung der Anrechte abzüglich Vorauszahlung des Jahres 1
Fl. Mittel	an	Rückstellungen	333	333	Jahr 3: Verkehrswert bei Zuteilung der Anrechte abzüglich Vorauszahlungen der Jahre 1 und 2
Rückstellungen	an	AK	100	100	Jahr 3: Nominalwert
Rückstellungen	an	KER	900	900	Jahr 3: Reserven aus Kapitaleinlagen

Arbeitgeberin:

Vestingperiode / Abwicklung Abgabe der Aktien

Buchung			1	2	Bemerkung
geschäftsmässig begründeter Aufwand	an	Rückstellungen	333	333	Jahr 1: 1/3 des Verkehrswerts bei Zuteilung der Anrechte
Rückstellungen	an	Fl. Mittel	333	333	
geschäftsmässig begründeter Aufwand	an	Rückstellungen	333	333	Jahr 2: 1/3 des Verkehrswerts bei Zuteilung der Anrechte
Rückstellungen	an	Fl. Mittel	333	333	
geschäftsmässig begründeter Aufwand	an	Rückstellungen	333	333	Jahr 3: 1/3 des Verkehrswerts bei Zuteilung der Anrechte
Rückstellungen	an	Fl. Mittel	333	333	

[11] bzw. Bruttoverbuchung: Fl. Mittel *an* Ertrag / Aufwand *an* Rückstellungen

Preise, Ehrengaben, Stipendien

Quelle: Eidg. Steuerverwaltung ESTV / HA Direkte Bundessteuer, Verrechnungssteuer, Stempelabgaben

Direkte Bundessteuer

Bern, 26. Februar 2018

Kreisschreiben Nr. 43
Steuerliche Behandlung von Preisen, Ehrengaben, Auszeichnungen, Stipendien sowie Förderbeiträgen im Kultur-, Sport- und Wissenschaftsbereich

Inhaltsverzeichnis

1	Gegenstand des Kreisschreibens	2
2	Rechtliche Grundlagen	2
3	Abgrenzungskriterien	2
4	Steuerbare Leistungen	3
5	Inkrafttreten	4
Anhang: Fallbeispiele		5

1 Gegenstand des Kreisschreibens

Bei Preisen, Ehrengaben, Auszeichnungen, Stipendien sowie Förderbeiträgen im Kultur-, Sport- und Wissenschaftsbereich kann es sich sowohl um von der direkten Bundessteuer befreite Schenkungen oder steuerfreie Unterstützungsleistungen als auch um steuerbare Einkünfte handeln.

Dieses Kreisschreiben klärt die jeweilige steuerliche Behandlung derartiger Leistungen und stützt sich neben den gesetzlichen Grundlagen auch auf die aktuelle Rechtsprechung des Bundesgerichts. Die Abgrenzung steuerfreier Unterstützungsleistungen von steuerbaren Einkünften erfolgt im Einzelfall mit Hilfe nachstehend aufgeführter Kriterien.

2 Rechtliche Grundlagen

Das Bundesgesetz vom 14. Dezember 1990 über die direkte Bundessteuer (DBG; SR 642.11) enthält keine ausdrücklichen Vorschriften über die steuerliche Behandlung von Preisen, Ehrengaben, Auszeichnungen, Stipendien oder Förderbeiträgen. Nach dem Grundsatz der Gesamtreineinkommensbesteuerung (vgl. Urteil 2A.425/2001 des Bundesgerichts vom 12. November 2002 E. 3.1) unterliegen nach Artikel 16 Absatz 1 DBG alle wiederkehrenden und einmaligen Einkünfte der Einkommenssteuer. Davon ausgenommen sind unter anderem Schenkungen und Unterstützungen aus öffentlichen oder privaten Mitteln (vgl. Art. 24 Bst. a und d DBG). Die Auslegung der in Artikel 24 DBG aufgelisteten Ausnahmetatbestände erfolgt restriktiv (vgl. BGE 137 II 328 E. 5.1 und BGE 131 II 1 E. 3.3).

Auf Grund sämtlicher Umstände des Einzelfalls ist vorab zu prüfen, ob es sich bei einer Leistung um eine Schenkung oder um eine Unterstützung aus öffentlichen oder privaten Mitteln handelt. Für diese Prüfung sind Reglemente oder Statuten der preisverleihenden oder der beitragsgewährenden privaten oder öffentlichen Institutionen beizuziehen. Zudem ist die finanzielle Situation der empfangenden Person zu analysieren.

Eine *Schenkung* liegt vor, wenn die schenkende Person der beschenkten Person ein Vermögen oder einen Vermögensteil zuwendet, ohne von der beschenkten Person eine Gegenleistung zu verlangen. Der Vermögensanfall infolge Schenkung ist ausdrücklich von der direkten Bundessteuer befreit (vgl. Art. 24 Bst. a DBG), kann aber der jeweiligen kantonalen Schenkungssteuer unterliegen.

Eine *Unterstützung aus öffentlichen oder privaten Mitteln* liegt vor, wenn es sich um eine unentgeltliche Leistung mit Unterstützungsabsicht an eine bedürftige Person handelt (vgl. BGE 137 II 328 E. 4.3 und Urteil 2C_78/2014 des Bundesgerichts vom 26. Mai 2014 E. 3.1). Unterstützungen aus öffentlichen oder privaten Mitteln sind steuerfrei (vgl. Art. 24 Bst. d DBG).

Stiftungen sind aufgrund von Artikel 129 Absatz 1 Buchstabe a DBG dazu verpflichtet, für jede Steuerperiode den Veranlagungsbehörden eine Bescheinigung über die ihren Begünstigten erbrachten Leistungen einzureichen.

3 Abgrenzungskriterien

Preise, Ehrengaben und Auszeichnungen gelten dann als Schenkungen, wenn die empfangende Person nicht verpflichtet wird, eine Gegenleistung zu erbringen, beziehungsweise der für eine Arbeit oder ein Werk verliehene Preis keine Entlöhnung im Nachhinein darstellt (vgl. Urteil 2C_715/2007 des Bundesgerichts vom 28. April 2008 E. 2.3.4).

Bei Stipendien und Förderbeiträgen kann nur dann von einer steuerfreien Unterstützung aus öffentlichen oder privaten Mitteln ausgegangen werden, wenn die nachfolgenden Kriterien *kumulativ* erfüllt sind (vgl. BGE 137 II 328 E. 4.3 S. 332 und Urteil 2C_78/2014 des Bundesgerichts vom 26. Mai 2014 E. 3.1):

1. Die empfangende Person ist bedürftig (Bedürftigkeit);

2. die privat- oder öffentlich-rechtliche Institution leistet die Beiträge mit Unterstützungsabsicht (Unterstützung);

3. die Leistung erfolgt unentgeltlich, d. h. die empfangende Person muss dafür keine Gegenleistung erbringen (Unentgeltlichkeit).

Ob eine empfangende Person bedürftig ist (Kriterium 1), hängt von ihrer finanziellen Situation ab. Das Vorliegen einer Bedürftigkeit ist dann anzunehmen, wenn die Höhe des Einkommens unter dem nach den Artikeln 9 und 11 des Bundesgesetzes vom 6. Oktober 2006 über die Ergänzungsleistungen zur Alters-, Hinterlassenen- und Invalidenversicherung (ELG; SR 831.30) berechneten Existenzminimum liegt (vgl. BGE 137 II 328 E. 5.2 und Beispiel 1 im Anhang). Die Anwendung von Artikel 24 Buchstabe d DBG sollte auf diejenigen Fälle beschränkt werden, in denen eine Bedürftigkeit nachgewiesen ist (vgl. BGE 137 II 328 E. 5.2). Daraus folgt, dass Unterstützungsleistungen nur insoweit nicht steuerbar sind, als sie bloss den lebensnotwendigen Bedarf decken, während das darüber liegende Einkommen lückenlos steuerlich zu erfassen ist (vgl. BGE 137 II 328 E. 5.3 und Variante des Beispiels 1 im Anhang).

Eine Unterstützung aus öffentlichen oder privaten Mitteln setzt eine Unterstützungsabsicht (Kriterium 2) voraus, wobei diese gegeben ist, wenn die private oder öffentliche Institution die Unterstützung ausrichtet, um einer bedürftigen Person dabei zu helfen, ihren (minimalen) Lebensunterhalt zu bestreiten.

Eine Leistung erfolgt dann unentgeltlich (Kriterium 3), wenn die empfangende Person dafür keine Gegenleistung erbringen muss. Der wirtschaftliche Wert sowie die Art der Gegenleistung sind dabei unerheblich (vgl. Urteil 2C_904/2012 des Bundesgerichts vom 12. Februar 2013 E. 4.2.6 und Beispiel 2 im Anhang). Auch bei einer Studie oder einer Forschungsarbeit kann es sich fallweise um eine Gegenleistung handeln (vgl. Urteil 2C_715/2007 des Bundesgerichts vom 28. April 2008 E. 2.3.4, Urteil 2C_78/2014 des Bundesgerichts vom 26. Mai 2014 E. 3.1 sowie Beispiele 3 und 4 im Anhang). Eine Leistung, welche eine Art Entlöhnung im Nachhinein darstellt, ist nicht unentgeltlich (vgl. Urteil 2C_715/2007 des Bundesgerichts vom 28. April 2008 E. 2.3.4 und Urteil 2C_78/2014 des Bundesgerichts vom 26. Mai 2014 E. 3.1).

Wenn alle drei obengenannten Kriterien kumulativ erfüllt sind, handelt es sich bei der fraglichen Leistung um eine steuerfreie Unterstützungsleistung. Ist mindestens eines der Kriterien nicht erfüllt, ist die fragliche Leistung steuerbar nach Artikel 16 Absatz 1 DBG, sofern es sich nicht um eine Schenkung handelt.

4 Steuerbare Leistungen

Handelt es sich bei einer Leistung nicht um eine steuerfreie Unterstützungsleistung oder eine Schenkung, so ist grundsätzlich der gesamte Betrag als Einkommen im Sinne von Artikel 16 Absatz 1 DBG steuerbar (vgl. Urteil 2C_715/2007 des Bundesgerichts vom 28. April 2008 E. 2.4). Leistungen in Form von Geld sind zum Nominalwert zu besteuern.

Leistungen in Form von Naturalgaben (z. B. Auto, Tiere u. dgl.) werden nach ihrem Marktwert (Verkehrswert) bemessen (vgl. Art. 16 Abs. 2 DBG).

Die Leistungen sind in dem Jahr zu versteuern, in welchem sie der empfangenden Person zugeflossen sind. Sie gelten in dem Zeitpunkt als zugeflossen und erzielt, in dem die begünstigte Person einen festen Rechtsanspruch darauf erworben hat. Von den Bruttoeinkünften können die üblichen Abzüge (insbesondere für Gewinnungskosten) vorgenommen werden (vgl. Urteil 2C_715/2007 des Bundesgerichts vom 28. April 2008 E. 2.4).

5 Inkrafttreten

Das vorliegende Kreisschreiben tritt mit seiner Publikation in Kraft. Es ersetzt das Kreisschreiben Nr. 15 der ESTV vom 8. April 1953 über die steuerliche Behandlung von Preisen, Ehrengaben und Stipendien an Schriftsteller, Musiker, Maler, Bildhauer, Wissenschaftler usw. und das Kreisschreiben Nr. 8 der ESTV vom 25. Februar 1971 über die Zuwendungen des Schweizerischen Nationalfonds zur Förderung der wissenschaftlichen Forschung.

Anhang: Beispiele

Beispiel 1: Besteuerung eines Stipendiums

Sachverhalt: Der Student A erhält für sein Studium ein Stipendium des Kantons B in der Höhe von monatlich CHF 1'500.– ohne dafür eine Gegenleistung erbringen zu müssen. Er stammt aus bescheidenen wirtschaftlichen Verhältnissen und verfügt selbst weder über Einkommen noch Vermögen.

Sachverhalt Variante: Der Kanton B gewährt dem Studenten A ein Stipendium in der Höhe von monatlich CHF 3'000.–.

Frage: Wie ist das Stipendium durch den Studenten A zu versteuern?

Lösung: Beim vorliegenden Stipendium handelt es sich um eine unentgeltliche Zuwendung mit Unterstützungsabsicht. Das Vorliegen einer Bedürftigkeit ist dann anzunehmen, wenn die Höhe des Einkommens unter dem nach den Artikeln 9 und 11 ELG berechneten Existenzminimum liegt (vgl. Ziff. 3 des Kreisschreibens, Ausführungen zur Bedürftigkeit). Unter der Annahme, dass das Existenzminimum beim Studenten A bei monatlich CHF 2'200.– liegt, ist er auf das gesamte Stipendium angewiesen, um seine Lebenshaltungskosten zu bestreiten. Das Stipendium übersteigt den lebensnotwendigen Bedarf nicht und ist deshalb gemäss Artikel 24 Buchstabe d DBG eine von der direkten Bundessteuer befreite Unterstützung aus öffentlichen Mitteln.

Lösung Variante: In diesem Fall übersteigt das Stipendium den lebensnotwendigen Bedarf des Studenten A. Deshalb ist das über dem Existenzminimum (siehe vorangehende Lösung) liegende Einkommen von monatlich CHF 800.– lückenlos steuerlich zu erfassen (vgl. Ziff. 3 des Kreisschreibens, Ausführungen zur Bedürftigkeit).

Beispiel 2: Besteuerung eines Förderbeitrages im Sportbereich

Sachverhalt: Die junge Nachwuchsathletin B erhält von der Stiftung X im Jahr 2018 einen Förderbeitrag von CHF 5'000.– für die nächsten vier Jahre. Die Höhe des Beitrags hängt zu zwei Dritteln vom finanziellen Bedarf der Athletin und zu einem Drittel von anderen Bedingungen ab, wie beispielsweise der Verpflichtung, sich persönlich für die Stiftung X zu engagieren. Die Zusammenarbeit zwischen der Athletin und der Stiftung ist in einer schriftlichen Vereinbarung geregelt.

Frage: Wie ist der Förderbeitrag durch die Nachwuchsathletin B zu versteuern?

Lösung: Der Förderbeitrag der Stiftung X stellt steuerbares Einkommen im Sinne von Artikel 16 Absatz 1 DBG dar. Dies deshalb, weil die Leistung nur teilweise von den finanziellen Bedürfnissen der Nachwuchsathletin B abhängt und die Stiftung X von ihr dafür eine Gegenleistung gemäss Vereinbarung über die Zusammenarbeit verlangt (vgl. Ziff. 3 des Kreisschreibens, Ausführungen zur Unentgeltlichkeit).

Beispiel 3: Besteuerung eines Förderbeitrages im Wissenschaftsbereich

Sachverhalt: Der Doktorand C forscht zu 50 Prozent an der Universität Zürich. Die Universität bezahlt ihm dafür ein monatliches Gehalt von CHF 1'960.–, finanziert von der Stiftung Y.

Frage: Wie ist das ausgerichtete Gehalt durch den Doktoranden C zu versteuern?

Lösung: Das von der Universität Zürich ausgerichtete Gehalt stellt beim Doktoranden C gemäss Artikel 17 Absatz 1 DBG steuerbares Einkommen aus unselbständiger Erwerbstätigkeit dar.

Beispiel 4: Besteuerung eines Förderbeitrages im Wissenschaftsbereich

Sachverhalt: Die Forscherin D erhält von der Stiftung Z ein Stipendium für ihre wissenschaftliche Weiterbildung im Ausland in der Höhe von CHF 42'000.–. Sie muss das Stipendium gemäss den von der Stiftung Z festgelegten Bedingungen nutzen und ihr regelmässig Bericht über den Fortschritt ihrer Arbeit erstatten.

Frage: Wie ist das Stipendium durch die Forscherin D zu versteuern?

Lösung: Beim Stipendium der Stiftung Z handelt es sich um steuerbares Einkommen im Sinne von Artikel 16 Absatz 1 DBG. Das Bundesgericht qualifiziert die im Reglement vorgesehene regelmässige Berichterstattung über den Fortschritt der Forschungsarbeit an die Stiftung Z als Gegenleistung (vgl. Ziff. 3 des Kreisschreibens, Ausführungen zur Unentgeltlichkeit).

Berufsorientierte Aus- und Weiterbildung

Quelle: Eidg. Steuerverwaltung ESTV / HA Direkte Bundessteuer, Verrechnungssteuer, Stempelabgaben

Direkte Bundessteuer
Bern, 30. November 2017

Kreisschreiben Nr. 42

Steuerliche Behandlung der berufsorientierten Aus- und Weiterbildungskosten

Inhaltsverzeichnis

1	Gesetzliche Grundlage sowie Gegenstand des Kreisschreibens	2
2	Bildungssystem in der Schweiz	2
3	Schematischer Überblick über die Abzugsfähigkeit (Grundzüge)	4
4	Steuerliche Behandlung der berufsorientierten Aus- und Weiterbildungskosten	5
4.1	Allgemeines	5
4.2	Allgemeiner Abzug	6
4.3	Obergrenze des Abzuges	7
4.4	Berufsorientierte Aus- und Weiterbildung nach Abschluss auf Sekundarstufe II	7
4.5	Keine berufsorientierte Aus- und Weiterbildung	8
4.5.1	Beratungsleistungen, Berufs-, Studien- und Karriereberatung, Coaching, Training	8
4.5.2	Anlässe im Bereich Unterhaltung, Erlebnis, Geselligkeit, Sport und Hobby	8
4.6	Abzugsmöglichkeiten für Arbeitgeber und selbständig Erwerbstätige	8
4.7	Vom Arbeitgeber bezahlte berufsorientierte Aus- und Weiterbildungskosten	9
4.7.1	Vom Arbeitgeber an den Arbeitnehmer oder direkt an das Bildungsinstitut geleistete Zahlungen an die berufsorientierte Aus- und Weiterbildung	9
4.7.2	Rückzahlung von ursprünglich vom Arbeitgeber getragenen berufsorientierten Aus- und Weiterbildungskosten durch den Arbeitnehmer	9
4.7.3	Vergütung von ursprünglich vom Arbeitnehmer getragenen berufsorientierten Aus- und Weiterbildungskosten durch den Arbeitgeber	10
4.8	Leistungen des neuen Arbeitgebers bei Stellenantritt für bereits geleistete berufsorientierte Aus- und Weiterbildungskosten	11
4.9	Zahlungen des Staatssekretariats für Bildung, Forschung und Innovation (SBFI) im Zusammenhang mit der Subjektfinanzierung von vorbereitenden Kursen auf eidgenössische Prüfungen	12
5	Quellensteuerpflichtige Personen	12

1 Gesetzliche Grundlage sowie Gegenstand des Kreisschreibens

Mit dem Bundesgesetz vom 27. September 2013 über die steuerliche Behandlung der berufsorientierten Aus- und Weiterbildungskosten wurde die steuerliche Abzugsfähigkeit der Kosten für die Aus- und Weiterbildung neu geregelt (vgl. Amtliche Sammlung des Bundesrechts [AS] Jahrgang 2014, Seite 1105 ff. sowie Bundesblatt [BBl] Jahrgang 2011, Seite 2607 ff.). Gestützt darauf sind alle berufsorientierten Aus- und Weiterbildungskosten nach dem ersten Abschluss auf der Sekundarstufe II abzugsfähig. Liegt kein erster Abschluss auf der Sekundarstufe II vor, sind alle berufsorientierten Aus- und Weiterbildungskosten ab dem vollendeten 20. Lebensjahr abzugsfähig, sofern es sich dabei nicht um die Ausbildungskosten bis und mit dem ersten Abschluss auf der Sekundarstufe II handelt.

Der Abzug gemäss Artikel 33 Absatz 1 Buchstabe j des Bundesgesetzes vom 14. Dezember 1990 über die direkte Bundessteuer (DBG, SR 642.11) ist auf höchstens 12 000 Franken pro Person und Steuerperiode beschränkt.

Nicht abzugsfähig sind Kosten für Aus- und Weiterbildungen, die nicht berufsorientiert sind (Liebhaberei, Hobby).

Der Bundesrat setzte das Bundesgesetz über die steuerliche Behandlung der berufsorientierten Aus- und Weiterbildungskosten per 1. Januar 2016 in Kraft (vgl. AS 2014 1107). Damit gelten neu die Artikel 17 Absatz 1bis, Artikel 27 Absatz 2 Buchstabe e, Artikel 33 Absatz 1 Buchstabe j und Artikel 59 Absatz 1 Buchstabe e DBG. Der Artikel 26 Absatz 1 Buchstabe c DBG wurde geändert, und die Artikel 26 Absatz 1 Buchstabe d, Artikel 34 Buchstabe b DBG und Artikel 8 der Berufskostenverordnung wurden aufgehoben.

Das vorliegende Kreisschreiben legt die neue gesetzliche Regelung dar und regelt gewisse Einzelfragen.

Mit dem vorliegenden Kreisschreiben wird gleichzeitig die Ziffer 3 des Kreisschreibens Nr. 26 der Eidgenössischen Steuerverwaltung vom 22. September 1995 betreffend den Abzug von Berufskosten der unselbständigen Erwerbstätigkeit hinfällig.

2 Bildungssystem in der Schweiz

Der neue Abzug orientiert sich am schweizerischen Bildungssystem und übernimmt insbesondere dessen Begrifflichkeit. Das Bildungssystem in der Schweiz umfasst grundsätzlich die folgenden Stufen bzw. Bereiche (vgl. dazu die Ausführungen des Schweizer Medieninstituts für Bildung und Kultur im Auftrag des Staatssekretariats für Bildung, Forschung und Innovation und der Schweizerischen Konferenz der kantonalen Erziehungsdirektoren):

– Primarstufe: Die Primarstufe – inklusive zwei Jahre Kindergarten oder die ersten beiden Jahre einer Eingangsstufe – umfasst acht Jahre. Die Kantone mit ihren Gemeinden sind zuständig für die Organisation und Finanzierung der Primarstufe. Träger der Schulen sind die Gemeinden. Der Schulbesuch ist für alle Kinder obligatorisch und kostenlos. Beim Eintritt in die Primarstufe sind die Kinder in der Regel zwischen vier und fünf Jahre alt.

– Sekundarstufe I: Die Sekundarstufe I folgt auf die Primarstufe und dauert in der Regel drei Jahre (neuntes bis elftes Schuljahr). Die Sekundarstufe I vermittelt eine grundlegende Allgemeinbildung und bereitet auf die berufliche Grundbildung oder auf den Übertritt an allgemeinbildende Schulen der Sekundarstufe II vor. Die Kantone mit ihren Gemeinden sind zuständig für die Organisation und Finanzierung der Sekundarstufe I. Die Gemeinden, teilweise auch die Kantone, sind Träger dieser Schulen. Der Schulbesuch ist obligatorisch und kostenlos. Die Schülerinnen und Schüler der Sekundarstufe I sind in der Regel zwischen 12 und 15 Jahre alt.

– Sekundarstufe II: Nach der obligatorischen Schule treten die Jugendlichen in die Sekundarstufe II über. Unterteilen lässt sich die Sekundarstufe II in allgemeinbildende und in berufsbildende

Ausbildungsgänge. Allgemeinbildende Ausbildungsgänge bieten die gymnasialen Maturitätsschulen (Gymnasien) und Fachmittelschulen (FMS) an. Die berufliche Grundbildung kann in Lehrbetrieben mit ergänzendem Unterricht in den Berufsfachschulen und überbetrieblichen Kursen oder in einem schulischen Vollzeitangebot wie Lehrwerkstätten oder beruflichen Vollzeitschulen absolviert werden. Es können folgende Ausbildungsgänge der beruflichen Grundbildung unterschieden werden: Zweijährige berufliche Grundbildung mit einem eidgenössischen Berufsattest (früher: Anlehre), drei- oder vierjährige berufliche Grundbildung mit eidgenössischem Fähigkeitszeugnis, Berufsmaturitätsbildung ergänzend zur drei- oder vierjährigen beruflichen Grundbildung. In der nachfolgenden Grafik wird die berufliche Grundbildung zusammenfassend als „Berufliche Grundausbildung" bezeichnet.

– Tertiärstufe: Die Tertiärstufe umfasst Ausbildungen im Rahmen der höheren Berufsbildung und im Rahmen der Hochschulen: Die höhere Berufsbildung umfasst die eidgenössischen Berufsprüfungen, eidgenössische höhere Fachprüfungen sowie die höheren Fachschulen (HF). Zu den Hochschulen zählen die universitären Hochschulen (kantonale universitäre Hochschulen sowie Eidgenössische Technische Hochschulen [ETH]), die Fachhochschulen (FH), einschliesslich Kunst- und Musikhochschulen, sowie die Pädagogischen Hochschulen (PH).

Graphischer Überblick über das schweizerische Bildungswesen (vgl. auch Schweizer Medieninstitut für Bildung und Kultur; http://bildungssystem.educa.ch/de):

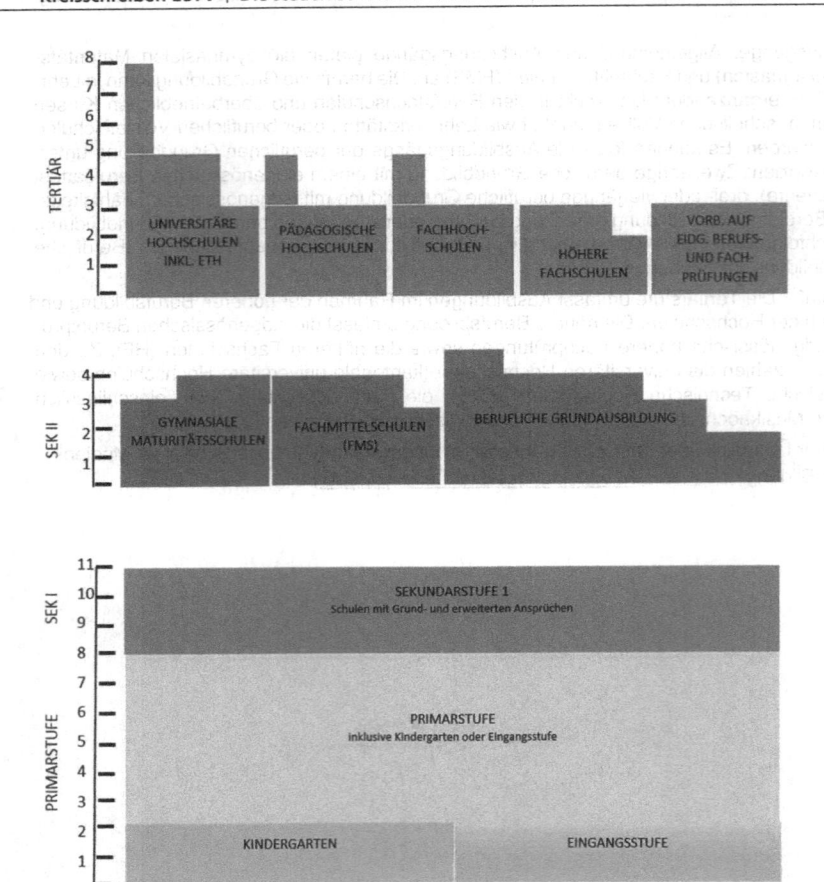

```
TERTIÄR
  8
  7
  6   UNIVERSITÄRE
  5   HOCHSCHULEN        PÄDAGOGISCHE   FACHHOCH-                    VORB. AUF
  4   INKL. ETH          HOCHSCHULEN    SCHULEN      HÖHERE          EIDG. BERUFS-
  3                                                  FACHSCHULEN     UND FACH-
  2                                                                  PRÜFUNGEN
  1

SEK II
  4
  3   GYMNASIALE          FACHMITTELSCHULEN   BERUFLICHE GRUNDAUSBILDUNG
  2   MATURITÄTSSCHULEN   (FMS)
  1

SEK I
 11
 10                    SEKUNDARSTUFE 1
  9         Schulen mit Grund- und erweiterten Ansprüchen
  8
  7
PRIMARSTUFE
  6                    PRIMARSTUFE
  5         inklusive Kindergarten oder Eingangsstufe
  4
  3
  2        KINDERGARTEN                  EINGANGSSTUFE
  1
```

3 Schematischer Überblick über die Abzugsfähigkeit (Grundzüge)

	Abzugsfähig gemäss Artikel 33 Absatz 1 Buchstabe j DBG				
	bis 31. Dezember 2015	ab 1. Januar 2016			
		über 20 Jahre alt, mit erstem Sek II-Abschluss	über 20 Jahre alt, ohne ersten Sek II-Abschluss	unter 20 Jahre alt, mit erstem Sek II-Abschluss	unter 20 Jahre alt, ohne ersten Sek II-Abschluss
Ausbildung bis und mit erstem Abschluss auf	Nein		Nein		Nein

der Sekundarstufe II						
Ausbildung für weiteren Abschluss auf Sekundarstufe II	Nein	Ja		Ja		
Ausbildung ab Tertiärstufe	Nein	Ja		Ja		
Weiterbildung (z.B. zur besseren Berufsausübung, zur Anpassung an neue Anforderungen)	Ja	Ja	Ja	Ja	Nein	
Umschulung in eine höhere berufliche Stellung oder in einen neuen Beruf	Nein	Ja	Ja, ausser Ausbildungskosten bis zum ersten Sek II-Abschluss	Ja	Nein	
Wiedereinstieg	Ja	Ja	Ja, ausser Ausbildungskosten bis zum ersten Sek II-Abschluss	Ja	Nein	
Liebhaberei, Hobby	Nein	Nein	Nein	Nein	Nein	

grau = nicht mögliche Sachverhaltskonstellation

4 Steuerliche Behandlung der berufsorientierten Aus- und Weiterbildungskosten

4.1 Allgemeines

Artikel 33 Absatz 1 Buchstabe j DBG trat am 1. Januar 2016 in Kraft und lautet folgendermassen:

„Von den Einkünften werden abgezogen:

j. die Kosten der berufsorientierten Aus- und Weiterbildung, einschliesslich der Umschulungskosten, bis zum Gesamtbetrag von 12 000 Franken, sofern:

1. ein erster Abschluss auf der Sekundarstufe II vorliegt, oder

2. das 20. Lebensjahr vollendet ist und es sich nicht um die Ausbildungskosten bis zum ersten Abschluss auf der Sekundarstufe II handelt."

Nach dem Wortlaut dieser Bestimmung kann bei Vorliegen eines Abschlusses auf der Sekundarstufe II ein allgemeiner Abzug für alle berufsorientierten Aus- und Weiterbildungskosten geltend gemacht werden. Dieser umfasst die Kosten für die Weiterbildung im bisherigen Beruf, für die Umschulung, für den Wiedereinstieg und für den Berufsaufstieg.

Ab dem vollendeten 20. Lebensjahr können steuerpflichtige Personen auch ohne einen Abschluss auf der Sekundarstufe II ihre anfallenden berufsorientierten Aus- und Weiterbildungskosten abziehen, sofern diese nicht im Hinblick auf den ersten Abschluss auf der Sekundarstufe II aufgewendet werden.

Mit dieser schematischen Abgrenzung, die dem Wortlaut von Artikel 33 Absatz 1 Buchstabe j DBG zugrunde liegt, können sämtliche berufsorientierten Aus- und Weiterbildungskosten von Bildungsaktivitäten sowohl auf der Sekundarstufe II (nach dem ersten Abschluss auf derselben) und der Tertiärstufe als auch ausserhalb des formalen Bildungssystems in Abzug gebracht werden. Unter formaler Bildung wird gemeinhin die institutionalisierte, kontinuierliche Aus- und Weiterbildung in den staatlichen Bildungsinstitutionen (wie Schule, Universität, Institutionen der Berufsbildung) verstanden. Sie ist ein strukturierter, hierarchisch gegliederter Prozess und gekennzeichnet durch klare Lernziele, Lehrpläne, Lernsettings und Zertifizierungen.

Der Abzug ist bei Altersrentnerinnen und Altersrentnern nur möglich, falls diese eine aktuelle oder zukünftige Erwerbstätigkeit glaubhaft machen.

Die Kosten bis und mit dem ersten Abschluss auf der Sekundarstufe II gelten als Lebenshaltungskosten und sind nicht abzugsfähig. Ebenso sind sämtliche berufsorientierten Aus- und Weiterbildungskosten, die vor Vollendung des 20. Lebensjahres anfallen, nicht abzugsfähig, sofern kein Abschluss auf Sekundarstufe II vorliegt.

Beispiele:

- *Der ungelernte, über 20jährige Automechaniker kann zwar sämtliche Kosten für Kurse, die dem Erwerb vertiefter Kenntnisse bei der Reparatur von bestimmten Automarken dienen, bis zum Höchstbetrag von 12 000 Franken pro Steuerperiode von seinen steuerbaren Einkünften in Abzug bringen. Sollte er sich aber im Alter von 30 Jahren entscheiden, den Lehrabschluss nachzuholen, wird er die dadurch verursachten Kosten steuerlich nicht geltend machen können.*

- *Eine Studentin finanziert sich ihr Studium an der Universität mit einer Teilzeitstelle. Sie kommt persönlich für die Semestergebühren auf und kauft die für das Studium notwendigen Bücher. Zusätzlich wird sie für den Lebensunterhalt von ihren Eltern mit einem monatlichen Beitrag unterstützt. Die Auslagen für das Studium (z.B. Semestergebühren, Bücherkosten) kann die Studentin im Rahmen ihres Einkommens bis zum festgelegten Höchstbetrag steuerlich als Aus- und Weiterbildungskosten in Abzug bringen. Die Eltern ihrerseits können keinen Aus- und Weiterbildungskostenabzug für ihre Tochter geltend machen. Allenfalls steht ihnen der Kinder- oder der Unterstützungsabzug für ihre Tochter zu.*

- *Tritt eine Person mit 16 Jahren eine kaufmännische Lehre bei einer international tätigen Bank an, die in der Regel drei Jahre dauert, kann sie die Kosten für einen Sprachaufenthalt in England, welchen sie in den Sommerferien am Ende des zweiten Lehrjahres absolviert, steuerlich nicht zum Abzug bringen. Wenn sie allerdings denselben Sprachkurs nach dem Lehrabschluss besucht, sind die Kosten – sofern sie berufsorientiert sind – steuerlich abzugsfähig, auch wenn sie das 20. Lebensjahr noch nicht vollendet hat.*

4.2 Allgemeiner Abzug

Der Abzug für die Aus- und Weiterbildungskosten gemäss Artikel 33 Absatz 1 Buchstabe j DBG stellt einen allgemeinen Abzug dar, mit dem den tatsächlichen Aufwendungen der steuerpflichtigen Person bis zu einem Gesamtbetrag von höchstens 12 000 Franken Rechnung getragen wird. Der Abzug ist kein Pauschalabzug. Bei Ehegatten, die in rechtlich und tatsächlich ungetrennter Ehe leben, und bei Personen, die in einer eingetragenen Partnerschaft leben, steht dieser Abzug jedem Ehegatten, jeder eingetragenen Partnerin und jedem eingetragenen Partner zu. Aufgrund dieser gesetzlichen Konzeption ist für dessen Geltendmachung kein Zusammenhang mit Erwerbseinkünften erforderlich. Dies bedeutet, dass der Abzug auch dann geltend gemacht werden kann, wenn in der entsprechenden Steuerperiode kein Erwerbseinkommen erzielt wurde. Es ist zudem darauf hinzuweisen, dass die Verordnung des Eidgenössischen Finanzdepartements vom 10. Februar 1993 über den Abzug der Berufskosten unselbstständig Erwerbstätiger bei der direkten Bundessteuer (SR 642.118.1; Berufskostenverordnung) daher keine direkte Anwendung findet. Auch bei einer unterjährigen Steuerpflicht können effektive Aufwendungen bis zum maximal zulässigen Betrag von 12 000 Franken in Abzug gebracht werden. Für die Berechnung des satzbestimmenden Einkommens sind die effektiven Aufwendungen nicht umzurechnen.

Die steuerpflichtige Person kann allerdings nur diejenigen Kosten abziehen, die sie selbst für ihre berufsorientierte Aus- oder Weiterbildung leisten muss.

4.3 Obergrenze des Abzugs

Der zulässige Abzug ist auf einen Gesamtbetrag von höchstens 12 000 Franken pro Steuerperiode begrenzt (vgl. Art. 33 Abs. 1 Bst. j DBG).

Der jeweilige Maximalbetrag kann von jeder steuerpflichtigen Person pro Steuerperiode für ihre selbst getragenen Aus- und Weiterbildungskosten geltend gemacht werden. Der genannte Maximalabzug steht somit sowohl jedem Ehegatten als auch jedem eingetragenen Partner, resp. jeder eingetragenen Partnerin einzeln zu. Die Begrenzung der abzugsfähigen Kosten bezieht sich dabei nicht auf die Kosten des einzelnen Lehrganges, sondern auf die während der Steuerperiode gesamthaft für die Aus- und Weiterbildung verwendeten Mittel.

Allfällige weitere direkt oder indirekt mit diesem Abzug zusammenhängende Kosten – etwa für Fahrten zwischen dem Wohn- respektive Arbeitsort an den Ort der Weiterbildung – können ausschliesslich im Rahmen des jährlich zulässigen Gesamtbetrags geltend gemacht werden, sofern es sich um notwendige Kosten handelt. Nicht notwendige Kosten sind der privaten Lebenshaltung zuzuordnen und berechtigen nicht zum Abzug. Allenfalls muss eine anteilsmässige Aufteilung der geltend gemachten Kosten vorgenommen werden.

4.4 Berufsorientierte Aus- und Weiterbildung nach Abschluss auf Sekundarstufe II

Berufsorientierte Aus- und Weiterbildung beinhaltet, durch organisiertes Lernen bestehende berufliche Qualifikationen zu erneuern, zu vertiefen und zu erweitern oder neue berufliche Qualifikationen zu erwerben, um damit die berufliche Flexibilität zu unterstützen. Dabei ist es unerheblich, ob die berufsorientierte Aus- und Weiterbildung zu einer selbstständigen oder unselbstständigen Erwerbstätigkeit führt. Es spielt auch keine Rolle, ob die berufsorientierte Aus- oder Weiterbildung im direkten Zusammenhang mit der Erzielung des gegenwärtigen Erwerbseinkommens steht. Jedoch verlangt das Kriterium der Berufsorientierung eine gewisse Qualität der Wissensvermittlung und der methodischen Vorgehensweise, um als berufsorientiert im Sinne der direkten Bundessteuer zu gelten.

Um die anfallenden Kosten als berufsorientierte Aus- und Weiterbildungskosten steuerlich in Abzug bringen zu können, ist es nicht erforderlich, den Abschluss des entsprechenden Bildungslehrganges auch tatsächlich zu erwerben. Sind die Voraussetzungen der Berufsorientierung erfüllt, genügt es, dass der steuerpflichtigen Person Kosten anfallen.

Als berufsorientierte Aus- und Weiterbildungen gelten dabei insbesondere Kurse, Seminare, Kongresse und andere Veranstaltungen wissenschaftlicher oder bildender Art, die entweder einen direkten Bezug zur aktuellen Berufsausübung haben oder im Hinblick auf eine beabsichtigte zukünftige Berufsausübung besucht werden.

4.5 Keine berufsorientierte Aus- und Weiterbildung

Damit eine Aus- und Weiterbildung einen berufsorientierten Charakter hat, muss ihr in erster Linie verfolgtes Ziel die Vermittlung von beruflichem Wissen im Sinne von Ziffer 4.4 hiervor sein. Berufsorientierte Aus- und Weiterbildungen sind deshalb von denjenigen Bildungsveranstaltungen abzugrenzen, deren primäres Ziel nicht die berufliche Wissensvermittlung ist.

4.5.1 Beratungsleistungen, Berufs-, Studien- und Karriereberatung, Coaching, Training

Im Gegensatz zur berufsorientierten Aus- und Weiterbildung erschöpft sich die Beratungsleistung nicht in der Vermittlung von Wissen. Vielmehr liegt das in erster Linie verfolgte Ziel in der Lösung eines konkreten Problems. Oft beinhaltet eine Beratungsleistung sowohl Elemente der Schulung als auch Elemente der Beratung. Die Beurteilung, ob eine solche Dienstleistung als Bildungsleistung oder als Beratung zu qualifizieren ist, wird aufgrund des abgeschlossenen Vertrags vorgenommen. Überwiegt der Beratungscharakter, sind die angefallenen Kosten gesamthaft nicht als eine berufsorientierte Aus- und Weiterbildung im Sinne von Artikel 33 Absatz 1 Buchstabe j DBG zu qualifizieren.

Eine Beratungsleistung, die keine berufsorientierte Aus- und Weiterbildung darstellt, liegt insbesondere dann vor, wenn das vertragliche Verhältnis individuell auf den Auftraggeber zugeschnitten ist, auf einer vorgängigen Analyse der entsprechenden Situation beim Auftraggeber beruht und darin besteht, konkrete Problemlösungsvorschläge auszuarbeiten sowie eventuell umzusetzen.

Deshalb stellen Berufs-, Studien- und Karriereberatungen, Coaching und Training grundsätzlich keine berufsorientierten Aus- und Weiterbildungen dar.

4.5.2 Anlässe im Bereich Unterhaltung, Erlebnis, Geselligkeit, Sport und Hobby

Anlässe im Bereich Unterhaltung, Vergnügung, Freizeitbeschäftigung, Geselligkeit, Entspannung, gemeinsame Ausübung einer Tätigkeit, sportliche Betätigung usw. stellen selbst dann keine berufsorientierten Aus- und Weiterbildungen im Sinne von Artikel 33 Absatz 1 Buchstabe j DBG dar, wenn sie noch ein (untergeordnetes) Bildungselement enthalten. Als Beispiele können genannt werden:

Kurse, Vorträge, Referate, Seminare, Symposien, Kongresse, Workshops und andere Veranstaltungen mit überwiegendem Hobbycharakter wie Handarbeitskurse, Garten- und Handwerkskurse, Astrologie, Feng-Shui, Weinseminare, Riverrafting, Aktivferien (Malferien, Reitferien, Wanderwochen usw.), geführte Berg-, Ski- oder Biketouren, Aktivitäten zur Förderung des Teamgeistes, Fallschirmsprünge oder Tauchgänge, Sportkurse (Tennis, Karate, Reiten, Tauchen etc.), Schnupperflüge, Gymnastik, Aerobic, Pump, (Nordic-)Walking, Yogakurse, Bodybuilding, Krafttraining usw., aber auch Fahrstunden, Erste Hilfe Kurse, Nothilfekurse sowie Reanimationskurse, usw.; Sportkurse, die nicht in erster Linie der Bildung, sondern der Fitness, dem Training, der sportlichen Ertüchtigung / Sportanimation oder der Gesundheit dienen; Instruktionen, die überwiegend der Freizeitbeschäftigung dienen, usw.

4.6 Abzugsmöglichkeiten für Arbeitgeber und selbständig Erwerbstätige

Arbeitgeber können nach Artikel 27 Absatz 2 Buchstabe e DBG bzw. Artikel 59 Absatz 1 Buchstabe e DBG die von ihnen getragenen Kosten der berufsorientierten Aus- und Weiterbildung für das eigene Personal steuerlich zum Abzug bringen. Arbeitgeber, die Kosten der betriebsinternen Aus- und Weiterbildung für ihr eigenes Personal tragen, können diese nach den ordentlichen Bestimmungen steuerlich ebenfalls geltend machen. Gleiches gilt grundsätzlich auch für Leistungen des neuen Arbeitgebers bei Stellenantritt für Kosten von bereits abgeschlossenen berufsorientierten Aus- und Weiterbildungen der steuerpflichtigen Person. Qualifizieren Kosten einer Aus- und Weiterbildung bei der steuerpflichtigen natürlichen Person nicht als Kosten der berufsorientierten Aus- und Weiterbildung, können sie beim Arbeitgeber dennoch geschäftsmässig begründeten Aufwand darstellen. Die Qualifikation als geldwerte Leistung an Nahestehende bleibt vorbehalten.

Arbeitgeber, die Kosten der berufsorientierten Aus- und Weiterbildung für ihr eigenes Personal tragen, haben – falls die Rechnung auf den Arbeitnehmer lautet – die übernommenen Kosten im Lohnausweis in Ziffer 13.3 zu bescheinigen. Lautet die Rechnung auf den Arbeitgeber, müssen die übernommenen Kosten im Lohnausweis nicht bescheinigt werden. Arbeitgeber, die betriebsinterne Aus- und Weiterbildungen für ihr eigenes Personal durchführen und finanzieren, müssen die diesbezüglich entstandenen Kosten im Lohnausweis ebenfalls nicht bescheinigen.

Selbständig erwerbstätige steuerpflichtige Personen können auch ihre eigenen berufsorientierten Aus- und Weiterbildungskosten – sofern diese geschäftsmässig begründeten Aufwand darstellen – im Jahr des Aufwands nach Artikel 27 Absatz 1 DBG steuerlich zum Abzug bringen.

Die selbständig erwerbstätige steuerpflichtige Person verfügt zudem über die Möglichkeit, die von ihr zusätzlich getragenen Kosten der berufsorientierten Aus- und Weiterbildung nach Artikel 33 Absatz 1 Buchstabe j DBG zum Abzug zu bringen.

4.7 Vom Arbeitgeber bezahlte berufsorientierte Aus- und Weiterbildungskosten

Grundsätzlich stellen geldwerte Vorteile, welche vom Arbeitgeber an den Arbeitnehmer fliessen, gemäss Artikel 17 Absatz 1 DBG steuerbares Einkommen dar:

„Steuerbar sind alle Einkünfte aus privatrechtlichem oder öffentlich-rechtlichem Arbeitsverhältnis mit Einschluss der Nebeneinkünfte wie Entschädigungen für Sonderleistungen, Provisionen, Zulagen, Dienstalters- und Jubiläumsgeschenke, Gratifikationen, Trinkgelder, Tantiemen, geldwerte Vorteile aus Mitarbeiterbeteiligungen und andere geldwerte Vorteile."

Eine Ausnahme besteht nur für die vom Arbeitgeber bezahlten Kosten der berufsorientierten Aus- und Weiterbildung, die aufgrund der Gesetzesbestimmung in Artikel 17 Absatz 1bis DBG beim Arbeitnehmer keine steuerbaren Einkünfte darstellen:

„Die vom Arbeitgeber getragenen Kosten der berufsorientierten Aus- und Weiterbildung einschliesslich Umschulungskosten, stellen unabhängig von deren Höhe keinen anderen geldwerten Vorteil im Sinne von Absatz 1 dar."

4.7.1 Vom Arbeitgeber an den Arbeitnehmer oder direkt an das Bildungsinstitut geleistete Zahlungen an die berufsorientierte Aus- und Weiterbildung

Ist der Zusammenhang mit einer berufsorientierten Aus- und Weiterbildung des Arbeitnehmers klar erstellt und belegt, qualifizieren solche Leistungen des Arbeitgebers nach Artikel 17 Absatz 1bis DBG nicht als steuerbares Einkommen. Dies gilt unabhängig davon, ob die Leistung des Arbeitgebers an den Arbeitnehmer oder an das Bildungsinstitut erfolgt.

Lautet dabei die Rechnung auf den Arbeitnehmer, bescheinigt der Arbeitgeber diese Vergütung im Lohnausweis in Ziffer 13.3 (vgl. Ziff. 4.6).

4.7.2 Rückzahlung von ursprünglich vom Arbeitgeber getragenen berufsorientierten Aus- und Weiterbildungskosten durch den Arbeitnehmer

Muss der Arbeitnehmer die vom Arbeitgeber zunächst übernommenen berufsorientierten Aus- und Weiterbildungskosten (ganz oder teilweise) an diesen zurückbezahlen (z.B. aufgrund einer Rückzahlungsklausel in der Ausbildungsvereinbarung bei vorzeitigem Stellenwechsel), kann er dafür im Zeitpunkt der Rückzahlung den Abzug gemäss Artikel 33 Absatz 1 Buchstabe j DBG geltend machen. Wenn der Arbeitgeber die berufsorientierten Aus- und Weiterbildungskosten über mehrere Kalenderjahre übernommen hat, kann der Arbeitnehmer im Jahr der Rückzahlung einen Abzug gemäss Artikel 33 Absatz 1 Buchstabe j DBG bis höchstens 12 000 Franken pro Kalenderjahr, in dem die entsprechenden Kosten angefallen sind, geltend machen.

4.7.3 Vergütung von ursprünglich vom Arbeitnehmer getragenen berufsorientierten Aus- und Weiterbildungskosten durch den Arbeitgeber

Der Arbeitnehmer kann gemäss Artikel 33 Absatz 1 Buchstabe j DBG die selbst getragenen berufsorientierten Aus- und Weiterbildungskosten im Zeitpunkt der Zahlung geltend machen.

Werden die vom Arbeitnehmer bereits in Abzug gebrachten berufsorientierten Aus- und Weiterbildungskosten in einer späteren Steuerperiode vom Arbeitgeber (teilweise) vergütet, hat der Arbeitnehmer die Kosten im entsprechenden Umfang letztlich nicht getragen. Aufgrund von Artikel 17 Absatz 1bis DBG i.V.m. Artikel 33 Absatz 1 Buchstabe j DBG sind dem Arbeitnehmer deshalb die von ihm in der Vorperiode bzw. den Vorperioden in Abzug gebrachten berufsorientierten Aus- und Weiterbildungskosten, die ihm der Arbeitgeber nun nachträglich entschädigt hat, im Jahr der Rückvergütung als steuerbares Einkommen im Sinne von Artikel 16 Absatz 1 DBG aufzurechnen. (Beispiel 1). Berufsorientierte Aus- und Weiterbildungskosten, welche aufgrund der Obergrenze von maximal 12 000 Franken in der Vorperiode bzw. den Vorperioden nicht in Abzug gebracht werden konnten, können berücksichtigt werden (Beispiel 2).

Wird dem Arbeitnehmer weniger als die von ihm in der Vorperiode bzw. den Vorperioden in Abzug gebrachten berufsorientierten Aus- und Weiterbildungskosten vergütet, so fliesst ihm lediglich in der Höhe der Rückvergütung steuerbares Einkommen zu (Beispiel 3).

Der Arbeitgeber hat die Rückvergütungen im Lohnausweis in Ziffer 13.3 als Beiträge des Arbeitgebers für die berufsorientierte Aus- und Weiterbildung zu bescheinigen.

Beispiele:

Beispiel 1	N1	N2	N3		N4
ARBEITNEHMER/IN					
Angefallene Kosten	12'000	10'000	8'000		
Abzug	12'000	10'000	8'000		30'000 * steuerbar Art. 16 Abs. 1 DBG
ARBEITGEBER/IN				Zahlung 30'000	

* CHF 30'000 sind als steuerbares Einkommen im Sinne von Artikel 16 Absatz 1 DBG aufzurechnen, da die berufsorientierten Aus- und Weiterbildungskosten in diesem Umfang nicht (mehr) selbst getragen sind.

Beispiel 2	N1	N2	N3		N4
ARBEITNEHMER/IN					
Angefallene Kosten	20'000	10'000	8'000		
Abzug	12'000 (8'000)	10'000	8'000		19'000 * (27'000 - 8'000) steuerbar Art. 16 Abs. 1 DBG
ARBEITGEBER/IN				Zahlung 27'000	

* CHF 19'000 (nicht mehr selbst getragene Kosten von CHF 27'000 abzüglich noch nicht geltend gemachte selbst getragene Kosten von CHF 8'000) sind als steuerbares Einkommen im Sinne von Artikel 16 Absatz 1 DBG aufzurechnen, da die berufsorientierten Aus- und Weiterbildungskosten in diesem Umfang nicht (mehr) selbst getragen sind.

Beispiel 3	N1	N2	N3		N4
ARBEITNEHMER/IN					
Angefallene Kosten	12'000	10'000	8'000		
Abzug	12'000	10'000	8'000		20'000 * steuerbar Art. 16 Abs. 1 DBG
ARBEITGEBER/IN				Zahlung 20'000	

* CHF 20'000 (insgesamt selbst getragene Kosten von CHF 30'000 abzüglich weiterhin selbst getragene Kosten von CHF 10'000) sind als steuerbares Einkommen im Sinne von Artikel 16 Absatz 1 DBG aufzurechnen, da die berufsorientierten Aus- und Weiterbildungskosten in diesem Umfang nicht (mehr) selbst getragen sind.

4.8 Leistungen des neuen Arbeitgebers bei Stellenantritt für bereits geleistete berufsorientierte Aus- und Weiterbildungskosten

Entschädigungen des neuen Arbeitgebers für Kosten von bereits abgeschlossenen berufsorientierten Aus- und Weiterbildungen stellen grundsätzlich steuerbare Einkünfte gemäss Artikel 17 Absatz 1 DBG dar. Dies gilt unabhängig davon, ob der neue Arbeitgeber vom Arbeitnehmer direkt geleistete Kosten entschädigt oder allfällige aufgrund eines Ausbildungsvertrags bestehende Rückzahlungsverpflichtungen des Arbeitnehmers ausgleicht. Für Entschädigungen des neuen Arbeitgebers für Kosten von noch andauernden berufsorientierten Aus- und Weiterbildungen gelten die Ausführungen gemäss Ziffer 4.7.3 sinngemäss.

4.9 Zahlungen des Staatssekretariats für Bildung, Forschung und Innovation (SBFI) im Zusammenhang mit der Subjektfinanzierung von vorbereitenden Kursen auf eidgenössische Prüfungen

Der Bund kann nach dem 1. Januar 2018 an Absolventinnen und Absolventen von Kursen, die auf eidgenössische Berufsprüfungen oder eidgenössische höhere Fachprüfungen vorbereiten, Beiträge leisten, sofern dafür die entsprechenden Voraussetzungen erfüllt sind. Entsprechende Zahlungen des SBFI stellen für den Kursteilnehmer steuerbares Einkommen gemäss Artikel 16 Absatz 1 DBG dar. Das SBFI meldet den kantonalen Steuerbehörden die Höhe der gewährten Beiträge.

5 Quellensteuerpflichtige Personen

Quellensteuerpflichtige Personen können den Abzug für berufsorientierte Aus- und Weiterbildungskosten im Rahmen einer nachträglichen Korrektur geltend machen, sofern die Voraussetzungen dafür erfüllt sind. Der Korrekturantrag ist jeweils bis am 31. März des Folgejahres bei der zuständigen kantonalen Steuerbehörde einzureichen (vgl. Art. 137 DBG).

Freizügigkeit in der beruflichen Vorsorge

Quelle: Eidg. Steuerverwaltung ESTV / HA Direkte Bundessteuer, Verrechnungssteuer, Stempelabgaben

Direkte Bundessteuer

Bern, 18. September 2014

Kreisschreiben Nr. 41

Freizügigkeit in der beruflichen Alters-, Hinterlassenen- und Invalidenvorsorge

Inhaltsverzeichnis

1.	Allgemeines und Inkrafttreten	1
2.	Freizügigkeit	2
2.1.	*Zweck und Inhalt*	*2*
2.2.	*Steuerliche Auswirkungen*	*3*
2.2.1.	Bei Übertrag der Austrittsleistung auf eine neue Vorsorgeeinrichtung oder auf eine Freizügigkeitseinrichtung	3
2.2.2	Einkauf von Beitragsjahren in die Vorsorgeeinrichtung bei bestehenden Freizügigkeitspolicen und -konti	3
2.2.3	Einkauf von Beitragsjahren nach Wiederaufnahme einer Erwerbstätigkeit im Rentenalter	3
2.2.4	Bei Auszahlung des Vorsorgeguthabens	4
2.2.5	Auszahlung und Einkauf innert 12 Monaten	5
2.2.6	Aufnahme einer selbständigen Erwerbstätigkeit und Investitionen in den eigenen Betrieb	5
2.2.7	Unzulässige Auszahlung des Vorsorgeguthabens	5

1. Allgemeines und Inkrafttreten

Im vorliegenden Kreisschreiben werden steuerliche Fragen im Zusammenhang mit dem Bundesgesetz vom 17. Dezember 1993 über die Freizügigkeit in der beruflichen Alters-, Hinterlassenen- und Invalidenvorsorge (Freizügigkeitsgesetz, [FZG]; SR 831.42) und der entsprechenden Ausführungsverordnung (Verordnung vom 3. Oktober 1994 über die Freizügigkeit in der beruflichen Alters-, Hinterlassenen- und Invalidenvorsorge [Freizügigkeitsverordnung FZV; SR 831.425]) erläutert. Die Ausführungen zu Ehegatten gelten in analoger Weise jeweils auch für Partner oder Partnerinnen einer eingetragener Partnerschaft (Art. 22d FZG).

Verschiedene Gesetzesänderungen sowie die Rechtsprechung haben eine Überarbeitung des Kreisschreibens Nr. 22 der Eidgenössischen Steuerverwaltung (ESTV) vom 4. Mai 1995 nötig gemacht. Das vorliegende Kreisschreiben ersetzt somit das Kreisschreiben Nr. 22 der ESTV vom 4. Mai 1995 über die Freizügigkeit in der beruflichen Alters-, Hinterlassenen- und Invalidenvorsorge und tritt mit seiner Publikation in Kraft.

2. Freizügigkeit

2.1. Zweck und Inhalt

Das Freizügigkeitsgesetz regelt im Rahmen der beruflichen Vorsorge die Ansprüche der versicherten Person im Freizügigkeitsfall. Der Freizügigkeitsfall tritt ein, wenn die versicherte Person die Vorsorgeeinrichtung verlässt, bevor ein Vorsorgefall eingetreten ist (Art. 2 Abs. 1 FZG). In diesem Fall hat die versicherte Person Anspruch auf eine Austrittsleistung. Die Freizügigkeitsverordnung regelt insbesondere den Erhalt des Vorsorgeschutzes, wenn die versicherte Person aus der bisherigen Vorsorgeeinrichtung austritt und nicht unmittelbar in eine neue eintritt. Der Vorsorgeschutz wird im Freizügigkeitsfall durch eine Freizügigkeitspolice oder durch ein Freizügigkeitskonto erhalten, wobei die versicherte Person die Austrittsleistung maximal an zwei Freizügigkeitseinrichtungen übertragen lassen darf (Art. 12 Abs. 1 FZV).

Grundsätzlich gilt somit, dass die Austrittsleistung (Freizügigkeitsleistung) von der bisherigen Vorsorgeeinrichtung an die Vorsorgeeinrichtung des neuen Arbeitgebers übertragen werden muss. Die Übertragung der Austrittsleistung auf eine Freizügigkeitspolice oder auf ein Freizügigkeitskonto ist nur dann zulässig, wenn die versicherte Person keiner neuen Vorsorgeeinrichtung beitritt. Wird in der neuen Vorsorgeeinrichtung nicht die gesamte mitgebrachte Austrittsleistung zum Einkauf der versicherten Person in die vollen reglementarischen Leistungen benötigt, kann die Differenz ebenfalls auf eine Freizügigkeitseinrichtung übertragen werden (vgl. dazu nachstehende Ziff. 2.2.1).

Sieht die Vorsorgeeinrichtung die Möglichkeit einer vorzeitigen Pensionierung vor, tritt der Vorsorgefall nicht erst mit dem Erreichen des reglementarischen Schlussalters (z.B. Alter 64 für Frauen bzw. Alter 65 für Männer) ein, sondern grundsätzlich bereits im Zeitpunkt, in dem das Arbeitsverhältnis aufgelöst wird; vorausgesetzt, die Kündigung des Arbeitsvertrages erfolgt in einem Alter, in dem bereits ein reglementarischer Anspruch auf Altersleistungen besteht. Bei einer reglementarischen, vorzeitigen Pensionierung liegt daher kein Freizügigkeitsfall vor, weshalb das Alterskapital nicht auf eine Freizügigkeitsform übertragen werden darf. Vielmehr wird diesfalls die Altersleistung fällig und ist auszurichten (vgl. dazu nachstehende Ziff. 2.2.4). Verlässt die versicherte Person die Vorsorgeeinrichtung zwischen dem frühestmöglichen und dem ordentlichen reglementarischen Rentenalter und führt sie die Erwerbstätigkeit weiter oder ist als arbeitslos gemeldet, liegt hingegen ein Freizügigkeitsfall vor und die versicherte Person hat die Möglichkeit, eine Austrittsleistung zu verlangen (Art. 2 Abs. 1bis FZG).

Bei Barauszahlung der Austrittsleistung durch die Vorsorgeeinrichtung bzw. Freizügigkeitseinrichtung wird der Vorsorgeschutz aufgehoben. Daher kann der Barauszahlungsbetrag später nicht mehr auf ein (neues oder bestehendes) Freizügigkeitskonto oder eine Freizügigkeitspolice eingebracht werden, es sei denn, es besteht eine Rückzahlungsverpflichtung gemäss Artikel 30d des Bundesgesetzes vom 25. Juni 1982 über die berufliche Alters-, Hinterlassenen- und Invalidenvorsorge (BVG; SR 831.40) und der Verordnung vom 3. Oktober 1994 über die Wohneigentumsförderung mit Mitteln der beruflichen Vorsorge (WEFV; SR 831.411).

2.2. Steuerliche Auswirkungen

2.2.1. Übertrag der Austrittsleistung auf eine neue Vorsorgeeinrichtung oder auf eine Freizügigkeitseinrichtung

Wird die Austrittsleistung auf die Vorsorgeeinrichtung des neuen Arbeitgebers, auf eine Freizügigkeitspolice oder ein Freizügigkeitskonto übertragen, handelt es sich dabei aus Sicht des Vorsorgenehmers um steuerneutrale Vorgänge. Das Vorsorgeguthaben bleibt in diesen Fällen nach wie vor in der zweiten Säule gebunden und der Verfügung des Vorsorgenehmers entzogen, weshalb folgerichtig auch eine Besteuerung unterbleibt.

2.2.2 Einkauf von Beitragsjahren in die Vorsorgeeinrichtung bei bestehenden Freizügigkeitspolicen und -konten

Hat eine versicherte Person Freizügigkeitsguthaben, die sie nicht nach den Artikeln 3 und 4 Absatz 2bis FZG in die Vorsorgeeinrichtung übertragen musste, reduziert sich der Höchstbetrag der Einkaufssumme um diesen Betrag (Art. 60a Abs. 3 der Verordnung vom 18. April 1984 über die berufliche Alters-, Hinterlassenen- und Invalidenvorsorge [BVV 2; SR 831.441.1]). Die steuerpflichtige Person hat auf Verlangen der Steuerbehörde über allfällig bestehende Freizügigkeitsguthaben Auskunft zu erteilen.

In diesem Zusammenhang ist darauf hinzuweisen, dass ein Einkauf ausschliesslich bei einer Vorsorgeeinrichtung möglich ist, da diese ihre Leistungen in einem Vorsorgeplan festhält (Art. 9 Abs. 2 FZG; Art 79b Abs. 1 BVG). Bei einem Freizügigkeitskonto oder einer Freizügigkeitspolice wird kein Vorsorgeplan berechnet. Das Freizügigkeitskonto oder die Freizügigkeitspolice dient lediglich der Erhaltung des Vorsorgeschutzes (Art. 10 FZV). Systembedingt ergibt sich daher weder bei einem Freizügigkeitskonto noch bei einer Freizügigkeitspolice ein Einkaufsbedarf, weshalb ein faktischer Einkauf in eine Freizügigkeitseinrichtung steuerrechtlich nicht geltend gemacht werden kann.

2.2.3 Einkauf von Beitragsjahren nach Wiederaufnahme einer Erwerbstätigkeit im Rentenalter

Ein Einkauf in die vollen reglementarischen Leistungen einer frühpensionierten Person, die wieder erwerbstätig ist, wird nur unter der Voraussetzung möglich, dass das Altersguthaben, über welches diese versicherte Person im Zeitpunkt des frühzeitigen Altersrücktritts verfügte, bei der Berechnung des notwendigen Einkaufsbetrages angerechnet wird. Die Hinzurechnungspflicht ergibt sich sowohl aus dem Grundsatz der Angemessenheit der Vorsorge als auch daraus, dass im Falle einer Frühpensionierung mit Weiterarbeit faktisch ein Freizügigkeitsfall vorliegt und daher die Altersleistung materiell wie eine Freizügigkeitsleistung zu behandeln ist (vgl. Mitteilung des Bundesamtes für Sozialversicherungen über die berufliche Vorsorge Nr. 97 vom 15. Februar 2007, Rz 568). Nur der so berechnete Einkauf kann vom steuerbaren Einkommen in Abzug gebracht werden.

Für die Berücksichtigung eines fiktiven Einkaufs nach Artikel 37b Absatz 1 des Bundesgesetzes vom 14. Dezember 1990 über die direkte Bundessteuer (DBG; SR 642.11) wird auf das Kreisschreiben Nr. 28 der ESTV vom 3. November 2010 über die Besteuerung der Liquidationsgewinne bei definitiver Aufgabe der selbständigen Erwerbstätigkeit, Ziffer 5.5, verwiesen.

2.2.4 Auszahlung des Vorsorgeguthabens

Kommt es zur Auszahlung des Vorsorgeguthabens, sei dies im Vorsorgefall (Alter, Tod oder Invalidität), oder im Fall der Barauszahlung gemäss Artikel 5 FZG oder Artikel 30a BVG, wird die entsprechende Leistung gemäss Artikel 22 Absatz 2 DBG besteuert. Gemäss Artikel 16 FZV kann die Altersleistung vom Freizügigkeitskonto oder von der Freizügigkeitspolice frühestens fünf Jahre vor Erreichen des Rentenalters nach Artikel 13 Absatz 1 BVG ordentlich (d.h. voraussetzungslos) ausbezahlt werden. Das Freizügigkeitsguthaben darf ferner, unabhängig von einer Erwerbstätigkeit, bis fünf Jahre nach dem ordentlichen AHV-Rentenalter stehen gelassen werden.

Das ausbezahlte Vorsorgeguthaben wird entweder im Rahmen der gesonderten Besteuerung einer vollen Jahressteuer gemäss Artikel 38 DBG unterstellt oder – bei ausländischem Wohnsitz des Empfängers – im Rahmen der Besteuerung an der Quelle gemäss Artikel 95f. DBG erfasst.

Die Jahressteuer wird für die Zwecke der direkten Bundessteuer zu einem Fünftel des anwendbaren Tarifs berechnet und für das Steuerjahr festgesetzt, in welchem die entsprechende Kapitalleistung zugeflossen ist, d.h. ausbezahlt oder gutgeschrieben wurde (Art. 38 DBG).

Die Besteuerung an der Quelle erfolgt aufgrund der entsprechenden Bestimmungen der Verordnung des EFD vom 19. Oktober 1993 über die Quellensteuer bei der direkten Bundessteuer (Quellensteuerverordnung [QStV; SR 642.118.2]). Gemäss Artikel 11 QStV wird die Kapitalleistung des im Ausland ansässigen Empfängers ungeachtet staatsvertraglicher Regelung stets der Quellensteuer unterstellt; der bezahlte Quellensteuerbetrag wird jedoch unter gewissen Bedingungen wieder zurückerstattet (so etwa dann, wenn gemäss Doppelbesteuerungsabkommen das Besteuerungsrecht beim Ansässigkeitsstaat liegt und der Empfänger der seinerzeitigen Leistung belegen kann, dass die zuständige ausländische Steuerbehörde von der Kapitalleistung Kenntnis hat; massgebend ist in jedem Fall das zum Zeitpunkt der Fälligkeit der Leistung geltende Doppelbesteuerungsabkommen). In Ziffer 3 des Anhangs zur QStV sind die massgebenden Quellensteuersätze festgelegt, welche in die kantonalen Quellensteuertarife integriert sind.

Sowohl im Rahmen der ordentlichen Besteuerung wie bei der Besteuerung an der Quelle ist die Vorschrift von Artikel 204 DBG anwendbar. Demnach werden Renten, die bis und mit dem 31. Dezember 2001 zu laufen begannen oder fällig wurden und auf einem Vorsorgeverhältnis beruhen, welches am 31. Dezember 1986 bereits bestand, im Regelfall nur im Umfang von 80 Prozent zur Besteuerung herangezogen.

Dabei ist zu beachten, dass ein Bezug "in Tranchen" (Teilkapitalbezug) steuerlich unbeachtlich ist. Tritt ein entsprechender Vorsorgefall oder Barauszahlungstatbestand (mit Barauszahlungsbegehren) ein, wird steuerlich stets über das ganze Vorsorgeguthaben abgerechnet. Ausnahmen, in welchen nur der ausgerichtete (Teil-)Betrag zur Besteuerung kommt, sind ausschliesslich im Rahmen des Vorbezugs für die Wohneigentumsförderung sowie bei Anwendbarkeit von Artikel 25f FZG bei definitivem Verlassen der Schweiz (vgl. dazu auch Rundschreiben Quellensteuer der ESTV vom 18. November 2009) möglich.

Die dreijährige Sperrfrist gemäss Artikel 79b Absatz 3 BVG aufgrund eines Einkaufs in die vorherige Vorsorgeeinrichtung ist auch nach der Übertragung der Austrittsleistung an die neue Vorsorgeeinrichtung oder allenfalls die Freizügigkeitseinrichtung zu beachten (vgl. dazu auch Mitteilung des Bundesamtes für Sozialversicherungen über die berufliche Vorsorge Nr. 97, Rz 568).

2.2.5 Auszahlung und Einkauf innert 12 Monaten

In Analogie zu Artikel 24 Buchstabe c DBG sind Kapitalleistungen aus Vorsorge steuerfrei, wenn diese innert 12 Monaten seit Bezug zum Einkauf in eine Vorsorgeeinrichtung verwendet werden. Im Gegenzug ist der Einkauf bis zur Höhe des Kapitalbezugs nicht vom steuerbaren Einkommen abziehbar.

2.2.6 Aufnahme einer selbständigen Erwerbstätigkeit und Investitionen in den eigenen Betrieb

Gemäss Artikel 5 Absatz 1 Buchstabe b FZG kann bei Aufnahme einer selbständigen Erwerbstätigkeit die Barauszahlung der Austrittsleistung verlangt werden. In diesem Falle muss das Vorsorgeverhältnis beendet werden und die gesamte Austrittsleitung unterliegt grundsätzlich der Besteuerung. Wird allerdings nur ein Teil der Austrittsleistung für die Aufnahme der selbständigen Erwerbstätigkeit benötigt und der restliche Teil der Austrittsleistung auf eine Freizügigkeitspolice oder ein Freizügigkeitskonto überwiesen, so unterliegt nur der bar ausbezahlte (Teil-)Betrag der Besteuerung.

Selbständig erwerbstätige Personen dürfen zudem während der Ausübung der selbständigen Erwerbstätigkeit für Investitionen im Unternehmen einen einmaligen, vorzeitigen Bezug von Vorsorgegeldern aus der zweiten Säule tätigen (vgl. BGE 134 V 170 sowie Mitteilung des Bundesamtes für Sozialversicherungen über die berufliche Vorsorge Nr. 106, Rz 643). Voraussetzung für den Bezug zugunsten betrieblicher Investitionen ist gemäss bundesgerichtlicher Rechtsprechung, dass die selbständig erwerbstätige Person den Vorsorgevertrag kündigt und die vertragliche Beziehung mit der Vorsorgeeinrichtung dadurch beendet. Ein Teilbezug ist nicht zulässig (vgl. BGE 135 V 418 sowie Mitteilung des Bundesamtes für Sozialversicherungen über die berufliche Vorsorge Nr. 116 vom 28. Januar 2010, Rz 725).

Die dreijährige Sperrfrist gemäss Artikel 79b Absatz 3 BVG ist in den beiden oben genannten Fällen ebenfalls anwendbar.

2.2.7 Unzulässige Auszahlung des Vorsorgeguthabens

Wird die Austrittsleistung der versicherten Person bar ausgerichtet, obwohl der Barauszahlungsgrund von Anfang an nicht gegeben war, oder wird die Barauszahlung nicht zweckentsprechend verwendet, ist die Barauszahlung als unzulässig zu betrachten. In solchen Fällen ist der steuerpflichtigen Person die Möglichkeit einzuräumen, die Vorsorgeeinrichtung um Rückabwicklung der Zahlung zu ersuchen oder die zweckentfremdet verwendete Barauszahlung wieder ihrem ursprünglichen Zweck zuzuführen. Erfolgt keine Rückabwicklung der unzulässigen Auszahlung oder wird diese nicht wieder ihrem Zweck (gemäss Auszahlungsgrund) zugeführt, wird die Kapitalleistung zusammen mit dem übrigen Einkommen ordentlich besteuert (vgl. Urteil des Bundesgerichts 2C_156/2010 vom 7. Juni 2011).

Aktionärsoptionen

Quelle: Eidg. Steuerverwaltung ESTV / HA Direkte Bundessteuer, Verrechnungssteuer, Stempelabgaben

Direkte Bundessteuer
Verrechnungssteuer
Stempelabgaben

Bern, 23. Dezember 2013

Kreisschreiben Nr. 39

Besteuerung von Aktionärsoptionen

1. Einleitung

Als Aktionärsoptionen gelten in diesem Kreisschreiben ausschliesslich Call- oder Putoptionen, welche eine Aktiengesellschaft (nachfolgend AG oder Emittentin) ihren Aktionären unentgeltlich oder zu einem unter dem Verkehrswert liegenden Preis abgibt. Bei Call- oder Putoptionen auf eigene Aktien wird zudem unterschieden, ob diese im Zusammenhang mit einer Kapitalerhöhung oder -herabsetzung emittiert werden oder nicht. Ist der den Aktionärsoptionen zugrunde liegende Basiswert nicht an einer Börse kotiert, ist der Sachverhalt und die Verkehrswertberechnung der Aktionärsoption der Eidg. Steuerverwaltung (ESTV), Abteilung Externe Prüfung, zur Genehmigung vorzulegen.

Die vorliegenden Regeln gelten für die Abgabe von Optionen einer Gesellschaft an die Aktionäre in ihrer Aktionärseigenschaft. Werden Optionen nicht wegen des Beteiligungsverhältnisses, sondern auf Grund des Arbeitsverhältnisses an Mitarbeitende der Gesellschaft oder einer ihrer Gruppengesellschaften abgegeben, gelangen die Regeln über Mitarbeiteroptionen zur Anwendung (vgl. Kreisschreiben Nr. 37 der ESTV vom 22.07.2013 über die Besteuerung von Mitarbeiterbeteiligungen).

Die Regelungen des vorliegenden Kreisschreibens gelten in analoger Weise auch für andere Kapitalgesellschaften und deren Beteiligte.

2. Steuerliche Qualifikation

2.1. Grundsätze

Direkte Bundessteuer, Verrechnungssteuer und Stempelabgaben

Call- und Putoptionen verfügen stets über einen Verkehrswert, sofern sie bei der Zuteilung bewertbar sind. Gibt eine Emittentin solche Optionen ihren Aktionären unentgeltlich oder zu einem unter dem Verkehrswert liegenden Preis ab, erbringt sie grundsätzlich in der Differenz zwischen dem jeweiligen Verkehrswert und dem Ausgabepreis eine geldwerte Leistung. Diese wird im Zeitpunkt der Zuteilung realisiert und ist vom inländischen Leistungsempfänger (natürliche Person) als Vermögensertrag zu versteuern. Sind die Voraussetzungen erfüllt, gelangt die Teilbesteuerung gemäss Artikel 18b des Bundesgesetzes vom 14. Dezember 1990 über die direkte Bundessteuer (DBG) oder Artikel 20 Absatz 1bis DBG zur Anwendung.

Im Umfang der geldwerten Leistung wird gleichzeitig der steuerbare Ertrag der Emittentin erhöht, vorbehältlich der Bildung einer geschäftsmässig begründeten Rückstellung (vgl. Art. 58 Abs. 1 Bst. b DBG; Art. 4 Abs. 1 Bst. b des Bundesgesetzes vom 13. Oktober 1965 über die Verrechnungssteuer [VStG] i.V.m. Art. 20 Abs. 1 der Vollziehungsverordnung vom 19. Dezember 1966 zum VStG [Verrechnungssteuerverordnung [VStV]). Eine Ausnahme zu diesem Grundsatz stellen Aktionärs-Calloptionen dar, welche dem Bezugsrecht des Aktionärs gemäss Artikel 652 b des Bundesgesetzes vom 30. März 1911 betreffend die Ergänzung des Schweizerischen Zivilgesetzbuches (Fünfter Teil: Obligationenrecht [OR]) entsprechen sowie Aktionärs-Putoptionen, welche im Zusammenhang mit einer Kapitalherabsetzung stehen (vgl. Ziff. 2.2.1. und Ziff. 2.2.3. hienach).

Aufwendungen der Emittentin im Zusammenhang mit der Ausgabe sowie der Ausübung oder dem Verfall der Optionen stellen geschäftsmässig begründeten Aufwand dar (vgl. Art. 59 Abs. 1 DBG).

Hält der inländische Begünstigte die Optionen im Geschäftsvermögen, so stellen entsprechende Wertberichtigungen sowohl während der Laufzeit als auch bei Verfall der Optionen geschäftsmässig begründeten Aufwand dar (vgl. Art. 29 und Art. 59 DBG). Befinden sich die Optionen im Zeitpunkt der Ausübung im Geschäftsvermögen, so entsprechen die Gestehungskosten der neuen Beteiligungsrechte dem Betrag des allfälligen Optionspreises, der geldwerten Leistung aus der Zuteilung der Optionen sowie dem Ausübungspreis.

Liegt der Ausgabepreis einer Aktionärsoption über dem Verkehrswert, stellt die Differenz zwischen dem Ausgabepreis und dem Verkehrswert bei der inländischen Emittentin einen steuerbaren Zuschuss dar, der gemäss Artikel 5 Absatz 2 Buchstabe a des Bundesgesetzes vom 27. Juni 1973 über die Stempelabgaben der Emissionsabgabe unterliegt.

Diese steuerliche Behandlung gilt unter Vorbehalt abweichender Regelungen gemäss Ziffer 2.2. hienach.

2.2. Einzelfälle
2.2.1. Ausgabe von Aktionärs-Calloptionen mit Kapitalerhöhung
2.2.1.1. Ausgangslage

Die AG gibt entweder im Hinblick auf eine Kapitalerhöhung oder gestützt auf einen Beschluss der Generalversammlung über die Erhöhung des Aktienkapitals Calloptionen aus. Diese Calloptionen werden den Aktionären im Umfang des ihnen jeweils zustehenden gesetzlichen Bezugsrechts (vgl. Art. 652 b OR) unentgeltlich oder zu einem unter dem Verkehrswert liegenden Preis abgegeben.

2.2.1.2. Steuerliche Würdigung

Die Ausgabe von Aktionärs-Calloptionen bleibt unter den nachstehenden kumulativen Voraussetzungen für die Belange der Verrechnungssteuer sowie der direkten Bundessteuer ohne Folgen:

a) Die Ausgabe von Aktionärs-Calloptionen steht im Zusammenhang mit einer durchzuführenden Kapitalerhöhung. Die Aktionärs-Calloptionen verkörpern das den Aktionären gesetzlich zustehende Bezugsrecht im Sinne von Artikel 652b OR. Sie geben jedem Aktionär im Umfang seiner bisherigen Beteiligung das Recht, Aktien von der Gesellschaft zu einem festgelegten Preis während eines bestimmten, in der Regel über die Geltungsdauer des herkömmlichen Bezugsrechts hinausgehenden Zeitraums zu erwerben.

b) Die Aktionärs-Calloptionen können nicht zu einem garantierten Preis an die Gesellschaft (inkl. Mutter-/Tochtergesellschaften etc.) verkauft werden; die Optionen enthalten ferner keinen Barabgeltungsanspruch. Ein in den Optionen enthaltener Barabgeltungsanspruch führt sowohl bei der Zuteilung als auch bei der Ausübung bei Inländern im Privatvermögen dann nicht zu Steuerfolgen, wenn der Anspruch auf Barabgeltung mittels Rückzahlung von Einlagen, Aufgeldern und Zuschüssen gemäss Artikel 5 Absatz 1bis VStG getilgt wird.

Sind alle vorstehenden Voraussetzungen erfüllt, so verkörpert die Zuteilung derartiger Calloptionen nichts anderes als das den Aktionären bereits handelsrechtlich zustehende Bezugsrecht (vgl. Art. 652 b OR). Die Zuteilung hat deshalb bei Inländern weder für das Privatvermögen noch für das Geschäftsvermögen steuerliche Folgen. Ist eine der oben genannten Voraussetzungen jedoch nicht erfüllt, so ergeben sich die gleichen steuerlichen Folgen wie unter Ziffer 2.1 hievor.

Liegt der Ausübungspreis zum Bezug der Aktien wesentlich (33 1/3 % oder mehr) unter dem aktuellen Verkehrswert, ist zu prüfen, ob eine Steuerumgehung vorliegt.

Soweit die neuen Aktien aus den allgemeinen Reserven (übrige Reserven) der Emittentin liberiert werden, liegt in diesem Umfang anteilsmässig eine der Verrechnungssteuer unterliegende Ausschüttung vor (Art. 4 Abs. 1 Bst. b VStG). Diese stellt einen steuerbaren Vermögensertrag zu Gunsten der inländischen Aktionäre dar, welche die Beteiligungen im Privatvermögen halten (Art. 20 Abs. 1 Bst. c DBG). Erfolgt die Liberierung durch Reserven aus Kapitaleinlagen, ist diese Ausschüttung von der Verrechnungssteuer ausgenommen (vgl. Art. 5 Abs. 1bis VStG). In diesem Fall liegt kein steuerbarer Vermögensertrag zu Gunsten des inländischen Aktionärs vor, welcher die Beteiligungen im Privatvermögen hält (vgl. Art. 20 Abs. 3 DBG). Für Aktionäre, welche die Beteiligungen im Geschäftsvermögen halten, hat die Ausübung dieser Optionen für die Einkommens- und die Gewinnsteuer keine Steuerfolgen, sofern die Einkommens- und Gewinnsteuerwerte unverändert bleiben.

Aktionärs-Calloptionen auf Vorratsaktien, welche zum Nominalwert liberiert wurden, verkörpern das dem Aktionär in der Vergangenheit entzogene Bezugsrecht gemäss Artikel 652*b* OR. Daher können sie ohne verrechnungs- und einkommenssteuerliche Folgen ausgegeben werden, sofern die Voraussetzungen gemäss oben genannten Bst. a) und b) erfüllt sind. Als Vorratsaktien werden in diesem Zusammenhang ausschliesslich Aktien bezeichnet, die noch nie ausgegeben wurden. Die Emissionsabgabe ist einerseits bei der Schaffung von Vorratsaktien auf dem jeweiligen Nennwert geschuldet sowie andererseits im Zeitpunkt der Platzierung auch auf einem allfälligen Mehrerlös (Agio) der aufgrund der Optionsrechte begebenen Vorratsaktien (Art. 5 Abs. 1 Bst. a StG).

Calloptionen, die im Hinblick auf eine Kapitalerhöhung ausgegeben, jedoch bei der Ausübung nicht durch neue Aktien (Kapitalerhöhung/Vorratsaktien) aus dem Primärmarkt, sondern durch Aktien aus dem Sekundärmarkt abgegolten werden, sind nach Ziffer 2.1. hievor zu beurteilen.

2.2.2. Ausgabe von Aktionärs-Calloptionen ohne Kapitalerhöhung
2.2.2.1. Ausgangslage

Die AG emittiert Calloptionen an ihre Aktionäre, wobei diese Ausgabe weder gestützt auf einen Beschluss der Generalversammlung über die Erhöhung des Aktienkapitals noch im Hinblick auf eine Kapitalerhöhung erfolgt.

2.2.2.2. Steuerliche Würdigung

Die Differenz zwischen dem jeweiligen Marktpreis der Optionen und deren Ausgabepreis stellt eine steuerbare geldwerte Leistung der Emittentin an ihre Aktionäre dar (vgl. Ziff. 2.1. hievor).

Die Ausübung dieser Optionen zieht weder auf der Ebene der Verrechnungssteuer noch für die Einkommens- und Gewinnsteuer Folgen nach sich.

2.2.3. Ausgabe von Aktionärs-Putoptionen mit Kapitalherabsetzung
2.2.3.1. Ausgangslage

Die AG gibt entweder im Hinblick eine Kapitalherabsetzung oder gestützt auf einen Beschluss über die Herabsetzung des Aktienkapitals Putoptionen aus. Diese Putoptionen werden den Aktionären unentgeltlich oder zu einem unter dem Verkehrswert liegenden Preis abgegeben. Die Ausübungsmodalitäten sind dabei so gestaltet, dass die Ausgabe der Putoptionen eine Massnahme zur Wahrung der Beteiligungsquote aller bisherigen Aktionäre darstellt.

2.2.3.2. Steuerliche Würdigung

Die unentgeltliche oder unterpreisliche Ausgabe von Putoptionen an die Aktionäre im Hinblick auf eine nachfolgende Kapitalherabsetzung zieht unter den nachstehenden, kumulativ zu erfüllenden Voraussetzungen weder für die Verrechnungssteuer noch für die direkte Bundessteuer Folgen nach sich:

a) Die Ausgabe der Putoptionen ist auf die nachfolgende Kapitalherabsetzung ausgerichtet und steht mit ihr in einem engen zeitlichen Zusammenhang, d.h. die Kapitalherabsetzung erfolgt anlässlich der nächsten ordentlichen Generalversammlung, spätestens aber innerhalb eines Jahres nach der Ausgabe der Putoptionen.

b) Die Ausgabe der Putoptionen kommt ausschliesslich den Aktionären der Emittentin zugute.

c) Die Putoptionen können nicht zu einem garantierten Preis an die Gesellschaft (inkl. Mutter-/Tochtergesellschaften etc.) verkauft werden; die Optionen enthalten ferner keinen Barabgeltungsanspruch. Ein in den Optionen enthaltener Barabgeltungsanspruch führt sowohl bei der Zuteilung als auch bei der Ausübung bei Inländern im Privatvermögen dann nicht zu Steuerfolgen, wenn der Anspruch auf Barabgeltung mittels Rückzahlung von Einlagen, Aufgeldern und Zuschüssen gemäss Artikel 5 Absatz 1bis VStG getilgt wird.

Sind alle diese Voraussetzungen erfüllt, so ist die geplante Rückkaufaktion als eine Massnahme zur Wahrung der Rechtsgleichheit zwischen den Aktionären einzustufen, da sie vorrangig dazu bestimmt ist, den Beteiligungsinhabern eine Entschädigung für den drohenden Substanzverlust zu gewährleisten bzw. die mit der Kapitalherabsetzung verbundene Reservenverwässerung abzugelten (vgl. auch Entscheid des Bundesgerichts vom 4. Mai 1999 publiziert in: Archiv für Schweizerisches Abgaberecht, Bd. 68, S. 739 ff.).

Ist eine der oben genannten Voraussetzungen nicht erfüllt, stellt die Differenz zwischen dem jeweiligen Marktpreis und dem Ausgabepreis der Putoption eine geldwerte Leistung der AG an ihre Aktionäre im Zeitpunkt der Zuteilung der Optionen dar. Es ergeben sich die gleichen steuerlichen Folgen wie gemäss Ziffer 2.1 hievor.

Liegt der Ausübungspreis zum Verkauf der Aktien wesentlich (33 1/3 % oder mehr) über dem aktuellen Verkehrswert, ist zu prüfen, ob eine Steuerumgehung vorliegt.

Werden die Putoptionen ausgeübt, liegt in der Differenz zwischen dem Ausübungspreis und dem einbezahlten Nominalwert eine der Verrechnungssteuer unterliegende Teilliquidation vor (vgl. Art. 4a VStG). Beim inländischen Aktionär unterliegt im Privatvermögen die Differenz zwischen dem Rückkaufspreis und dem einbezahlten Nennwert der Einkommensbesteuerung (vgl. Art. 20 Abs. 1 Bst. c DBG). Im Geschäftsvermögen bildet die Differenz zwischen dem Rückkaufspreis und dem steuerlich massgebenden Buchwert Bestandteil des steuerbaren Ertrags (vgl. Art. 18 Abs. 1 und 2 sowie Art. 58 Abs. 1 Bst. a DBG). Erfüllt der Aktionär die entsprechenden Voraussetzungen, kann er den Beteiligungsabzug gemäss Artikel 69 ff. DBG geltend machen.

Keine Verrechnungssteuer ist geschuldet, wenn basierend auf einem Generalversammlungsbeschluss, der Teilliquidationserlös aus dem Rückkauf der eigenen Aktien zwecks Kapitalreduktion dem Reserven aus Kapitaleinlagen belastet wird. Folglich liegt beim inländischen Aktionär, welcher die Beteiligungen im Privatvermögen hält, kein steuerbarer Vermögensertrag vor (vgl. Art. 20 Abs. 3 DBG).

Werden im Hinblick auf eine Kapitalherabsetzung Putoptionen zugeteilt, jedoch nach deren Ausübung die zurückgekauften Aktien nicht für eine Kapitalherabsetzung verwendet, so ergeben sich für die Putoptionen die gleichen steuerlichen Folgen wie unter Ziffer 2.1 hievor.

2.2.4. Ausgabe von Aktionärs-Putoptionen ohne Kapitalherabsetzung
2.2.4.1. Ausgangslage

Die AG emittiert Putoptionen an ihre Aktionäre, wobei diese Ausgabe weder gestützt auf einen Beschluss über die Herabsetzung des Aktienkapitals noch im Hinblick auf eine Kapitalherabsetzung erfolgt.

2.2.4.2. Steuerliche Würdigung

Wenn die ausgebende Gesellschaft keine Kapitalherabsetzung beabsichtigt, führt die unentgeltliche oder unterpreisliche Ausgabe von Putoptionen an die Aktionäre zu denselben steuerlichen Folgen wie unter Ziffer 2.1 hievor.

Führt die Ausübung der Putoptionen in der Folge gleichwohl zum Rückkauf eigener Aktien durch die Gesellschaft, sind die steuerlichen Regeln im Zusammenhang mit dem Erwerb eigener Aktien zu beachten (vgl. für die direkte Bundessteuer und die Verrechnungssteuer das Kreisschreiben Nr. 5 der ESTV vom 19. August 1999). Die Differenz zwischen dem höheren Ausübungspreis und dem tieferen Verkehrswert stellt bei der rückkaufenden Gesellschaft geschäftsmässig begründeten Aufwand – und damit keine geldwerte Leistung – dar, da dieser überpreisliche Rückkauf nicht auf dem Beteiligungsrecht, sondern auf der Verpflichtung aus dem Optionsgeschäft beruht. Allfällig gebildete Rückstellungen sind erfolgswirksam aufzulösen. Im Rahmen der Teilliquidation (beispielsweise infolge Ablauf der 6-jährigen Haltefrist gemäss Art. 4a Abs. 2 VStG) unterliegen die Aktien bei inländischen Aktionären im Umfang der Differenz zwischen dem Verkehrswert der Aktien im Zeitpunkt der Ausübung der Putoption und dem Nennwert der Verrechnungssteuer sowie der Einkommens- oder Gewinnsteuer, sofern im Zeitpunkt des Rückkaufs der eigenen Aktien die Reserven für eigene Aktien nicht zulasten der Reserven aus Kapitaleinlagen gebildet worden sind. (vgl. Art. 4a Abs. 2 VStG; Art. 20 Abs. 1 Bst. c, Art. 18 Abs. 1 und 2 sowie Art. 58 Abs. 1 Bst. a DBG). Sind die entsprechenden Voraussetzungen erfüllt, gelangt die Teilbesteuerung gemäss Artikel 18b DBG oder Artikel 20 Absatz 1bis DBG zur Anwendung.

3. Überwälzung der Verrechnungssteuer

Die Überwälzung der Verrechnungssteuer auf steuerbaren Call- und Putoptionen ist gleich vorzunehmen wie in anderen Fällen des Verzichts einer Gesellschaft auf einen marktüblichen Verkaufspreis zu Gunsten ihrer Aktionäre. Im Falle einer Kapitalherabsetzung infolge Ausübung von Putoptionen ist die Verrechnungssteuer vom Rückzahlungsbetrag in Abzug zu bringen. Falls im Zeitpunkt der Zuteilung von steuerbaren Call- und Putoptionen die Verrechnungssteuer nicht auf den Leistungsempfänger überwälzt wird, ist eine Aufrechnung ins Hundert vorzunehmen.

4. Rückerstattung der Verrechnungssteuer

Als Grundvoraussetzung für die Rückerstattung der Verrechnungssteuer ist das uneingeschränkte Recht zur Nutzung an den zur Kapitalherabsetzung angedienten Aktien massgebend (Art. 21 Abs. 1 Bst. a VStG). Die ESTV behält sich vor, die Rückerstattungsberechtigung auch unter dem Aspekt einer allfälligen Steuerumgehung im Sinne von Artikel 21 Absatz 2 VStG zu prüfen.

Von einer Steuerumgehung ist insbesondere dann auszugehen, wenn ein Rückerstattungsberechtigter gezielt Beteiligungsrechte von inländischen natürlichen Personen oder von im Ausland ansässigen (natürlichen oder juristischen) Personen erwirbt, um diese anschliessend an die zu einer Kapitalherabsetzung schreitende Gesellschaft zurückzugeben.

Werden Beteiligungsrechte zwecks echter Arbitrage und unter Wahrung der Anonymität der Börse erworben, liegt in der Regel keine Steuerumgehung vor.

5. Inkrafttreten

Das vorliegende Kreisschreiben tritt mit seiner Publikation in Kraft und ist für ab diesem Tag zugeteilte Aktionärsoptionen anwendbar. Es ersetzt das Merkblatt der ESTV betreffend Aktionärs- oder Gratisoptionen vom 16. Januar 1996.

Kapitalgewinnbesteuerung bei Landwirten

Quelle: Eidg. Steuerverwaltung ESTV / HA Direkte Bundessteuer, Verrechnungssteuer, Stempelabgaben

Direkte Bundessteuer

Bern, 17. Juli 2013 (☞ *Stand am 29.9.2017*)

Kreisschreiben Nr. 38[1]

Besteuerung von Kapitalgewinnen aufgrund einer Veräusserung von in der Bauzone gelegenen Grundstücken im Geschäftsvermögen von Landwirten

Inhaltsverzeichnis

1	Gegenstand des Kreisschreibens	3
2	Begriffe	3
2.1	Definition des land- und forstwirtschaftlichen Grundstücks	3
2.1.1	Definition des Grundstücks durch den Gesetzgeber	3
2.1.2	Definition des *land- und forstwirtschaftlichen Grundstücks* durch den Gesetzgeber	4
2.2	Definition des *land- und forstwirtschaftlichen Grundstücks* durch das Bundesgericht	4
2.3	Unterteilung der Liegenschaften im Anlagevermögen in *land- und forstwirtschaftliche* sowie in nicht *land- und forstwirtschaftliche Grundstücke*	5
2.4	Angemessener Umschwung	6
2.4.1	Definition des angemessenen Umschwungs gemäss Kommentar zum Bundesgesetz über das bäuerliche Bodenrecht	6
2.4.2	Feststellung des angemessenen Umschwungs	6
2.5	Zonengemischte Grundstücke	6

---

[1] Ergänzt mit Anhang 2 vom 29. September 2017 im Auftrag der Kommission für Wirtschaft und Abgaben des Ständerates (WAK-S) betreffend Kapitalgewinnbesteuerung Bauland

3	Besteuerung von Kapitalgewinnen aufgrund einer Veräusserung von in der Bauzone gelegenen Grundstücken im Geschäftsvermögen von Landwirten	7
3.1	Ausführungen zu steuerbaren Einkünften aus selbständiger Erwerbstätigkeit	7
3.1.1	Veräusserung	7
3.1.2	Einkünfte aus selbständiger Erwerbstätigkeit: Grundsatz	7
3.1.3	Sondernorm für *land- und forstwirtschaftliche Grundstücke*	7
3.2	Verkehrswert von Grundstücken: Grundsatz	8
3.2.1	Verkehrswert von Grundstücken unter bäuerlichem Bodenrecht ausserhalb der Bauzone	8
3.2.2	Verkehrswert von Grundstücken unter bäuerlichem Bodenrecht in der Bauzone	8
3.3	Zeitpunkt der Einzonung in die Bauzone	8
3.3.1	Einzonungszeitpunkt liegt in einer bereits definitiv veranlagten Steuerperiode	8
3.3.2	Einzonungszeitpunkt liegt in einem offenen Veranlagungsverfahren	8
3.4	Schematische Darstellung	9
3.5	Gewinnanspruch	10
3.6	Besondere Fälle	10
3.6.1	Aufschub wegen Verpachtung	10
3.6.1.1	Vor Einführung der Unternehmenssteuerreform II (UStR II; bis 31.12.2010)	10
3.6.1.2	Nach Einführung der UStR II (ab 1.01.2011)	10
3.6.2	Ersatzbeschaffung	11
4	Fazit aus dem Urteil des Bundesgerichts 2C_11/2011	11
5	Umsetzung des Urteils des Bundesgerichts 2C_11/2011	11
5.1	Anwendung auf alle offenen Veranlagungen betreffend die direkte Bundessteuer	11
5.2	Verhältnis zu den Kantons- und Gemeindesteuern	12
6	Inkrafttreten	12
Anhang 1: Fallbeispiele		13
Anhang 2 vom 29. September 2017		22

1 Gegenstand des Kreisschreibens

Das Bundesgericht befasste sich in seinem Urteil 2C_11/2011 vom 2. Dezember 2011 im Wesentlichen mit der Frage, wie die Überführung eines Baulandgrundstücks vom Geschäftsvermögen eines Landwirts in dessen Privatvermögen bei der kantonalen Einkommenssteuer zu beurteilen ist.

Kapitalgewinne, die sich bei Veräusserung eines *land- und forstwirtschaftlichen Grundstücks* sowie von Anteilen daran ergeben, unterliegen gemäss Artikel 12 Absatz 1 des Bundesgesetzes vom 14. Dezember 1990 über die Harmonisierung der direkten Steuern der Kantone und Gemeinden (StHG; SR 642.14) der kantonalen Grundstückgewinnsteuer, soweit der Erlös die Anlagekosten (Erwerbspreis oder Ersatzwert zuzüglich Aufwendungen) übersteigt.

Gemäss dem Bundesgerichtsurteil 2C_11/2011 vom 2. Dezember 2011 harmonieren die kantonalen Bestimmungen über die Grundstückgewinnsteuer mit Artikel 8 Absatz 1 beziehungsweise mit Artikel 12 Absatz 1 StHG. Als Konsequenz der Unterstellung der Kapitalgewinne unter die kantonale Grundstückgewinnsteuer werden diese bei der Einkommenssteuer ausgeklammert. So werden gemäss Artikel 18 Absatz 4 des Bundesgesetzes vom 14. Dezember 1990 über die direkte Bundessteuer (DBG; SR 642.11) die Gewinne aus der Veräusserung von *land- und forstwirtschaftlichen Grundstücken* den steuerbaren Einkünften nur bis zur Höhe der Anlagekosten zugerechnet.

Die auf *land- und forstwirtschaftlichen Grundstücken* erzielten Veräusserungsgewinne nehmen demzufolge eine Sonderstellung ein (vgl. Botschaft vom 25. Mai 1983 zu Bundesgesetzen über die Harmonisierung der direkten Steuern der Kantone und Gemeinden sowie über die direkte Bundessteuer [Bundesblatt (BBl) 1983 III 36 f. u. 162]). Zur Zeit des Bundesratsbeschlusses vom 9. Dezember 1940 über die Erhebung einer direkten Bundessteuer (BdBSt) waren die Landwirte regelmässig nicht eintragungs- bzw. buchführungs- und somit auch nicht kapitalgewinnsteuerpflichtig. Übrig geblieben ist in den heute massgeblichen Regelungen des Bundesgesetzes über die direkte Bundessteuer einzig, dass nur die wieder eingebrachten Abschreibungen der Einkommenssteuer von Bund und Kanton unterliegen, wogegen der eigentliche Wertzuwachsgewinn ausschliesslich der kantonalen Grundstückgewinnsteuer unterliegt und auf Bundesebene nicht besteuert wird. Dies stellt eine privilegierende Ausnahmeregelung dar.

Das vorliegende Kreisschreiben soll die im Bundesgerichtsurteil 2C_11/2011 vom 2. Dezember 2011 verwendeten einschlägigen Begriffe erläutern und einen Überblick über die steuerlichen Auswirkungen des Urteils 2C_11/2011 vom 2. Dezember 2011 bezüglich der Besteuerung von Kapitalgewinnen aus der Veräusserung von in der Bauzone gelegenen Grundstücken im Geschäftsvermögen von Landwirten verschaffen.

2 Begriffe

2.1 Definition des *land- und forstwirtschaftlichen Grundstücks*

2.1.1 Definition des Grundstücks durch den Gesetzgeber

Sowohl das DBG als auch das StHG kennen keine eigenständige Definition des Begriffs des Grundstücks. Der in Artikel 18 Absatz 4 DBG sowie in Artikel 12 Absatz 1 StHG verwendete Begriff des Grundstücks deckt sich mit der zivilrechtlichen Definition von Artikel 655 des Schweizerischen Zivilgesetzbuches vom 10. Dezember 1907 (ZGB; SR 210). Nach Artikel 655 ZBG sind Grundstücke:

- Liegenschaften;

- die in das Grundbuch aufgenommenen selbständigen und dauernden Rechte;
- die Bergwerke;
- die Miteigentumsanteile an Grundstücken.

2.1.2 Definition des *land- und forstwirtschaftlichen Grundstücks* durch den Gesetzgeber

Die bestehende steuerrechtliche Praxis zur Definition des *land- und forstwirtschaftlichen Grundstücks* basiert weitgehend auf dem Bundesgesetz vom 4. Oktober 1991 über das bäuerliche Bodenrecht (BGBB; SR 211.412.11). Als landwirtschaftlich gilt gemäss Artikel 6 Absatz 1 BGBB ein Grundstück, das für die landwirtschaftliche oder gartenbauliche Nutzung geeignet ist. Als landwirtschaftliche Grundstücke gelten auch Anteils- und Nutzungsrechte an Allmenden, Alpen, Wald und Weiden, die im Eigentum von Allmendgenossenschaften, Alpgenossenschaften, Waldkorporationen oder ähnlichen Körperschaften stehen (vgl. Art. 6 Abs. 2 BGBB).

Als landwirtschaftliches Gewerbe gilt eine Gesamtheit von landwirtschaftlichen Grundstücken, Bauten und Anlagen, die als Grundlage der landwirtschaftlichen Produktion dient und zu deren Bewirtschaftung, wenn sie landesüblich ist, mindestens eine Standardarbeitskraft nötig ist (vgl. Art. 7 Abs. 1 BGBB). Auch die für längere Dauer zugepachteten Grundstücke können als dem landwirtschaftlichen Gewerbe dienend und damit gemäss Artikel 7 Absatz 4 Buchstabe c BGBB als landwirtschaftliche Grundstücke angesehen werden.

Die Bestimmungen über die einzelnen landwirtschaftlichen Grundstücke finden gemäss Artikel 8 Absatz 1 BGBB auf ein landwirtschaftliches Gewerbe Anwendung, wenn es:

a) seit mehr als sechs Jahren rechtmässig ganz oder weitgehend parzellenweise verpachtet ist und diese Verpachtung im Sinne von Artikel 31 Absatz 2 Buchstabe e und f des Bundesgesetzes vom 4. Oktober 1985 über die landwirtschaftliche Pacht (LPG; SR 221.213.2) weder vorübergehenden Charakter hat noch aus persönlichen Gründen erfolgt ist oder

b) unabhängig von seiner Grösse wegen einer ungünstigen Betriebsstruktur nicht mehr erhaltungswürdig ist.

2.2 Definition des *land- und forstwirtschaftlichen Grundstücks* durch das Bundesgericht

Das Bundesgericht hält in seinem Urteil 2C_11/2011 vom 2. Dezember 2011 fest, dass der Begriff des *land- und forstwirtschaftlichen Grundstücks* weder im DBG noch im StHG definiert oder näher bestimmt wird. Vielmehr sind für eine solche Begriffsbestimmung der *land- und forstwirtschaftlichen Grundstücke* gemäss Bundesgericht das Bundesgesetz über das bäuerliche Bodenrecht, das Bundesgesetz vom 22. Juni 1979 über die Raumplanung (RPG; SR 700) und das Bundesgesetz vom 29. April 1998 über die Landwirtschaft (LwG; SR 910.1) zu berücksichtigen. Diesen Gesetzen sei unter anderem der Zweck gemeinsam, das Eigentum des landwirtschaftlichen Bodens, der einen volkswirtschaftlich wesentlichen Produktionsfaktor darstelle, zu Gunsten landwirtschaftlicher Betriebe zu erhalten. Der steuerrechtliche Begriff müsse daher im Einklang mit dem Anwendungs- und Schutzbereich sowie den Veräusserungsbeschränkungen, wie sie sich aus dem bäuerlichen Bodenrecht ergeben, konkretisiert werden.

Von einem steuerlich privilegierten Grundstück im Sinne von Artikel 18 Absatz 4 DBG kann demnach gesprochen werden, wenn die für die Anwendung des BGBB gültigen Voraussetzungen (vgl. Ziff. 2.1.2 hiervor) erfüllt sind. Das ist gemäss Bundesgericht nach Massgabe von Artikel 2 Absatz 1 BGBB hauptsächlich dann der Fall, wenn es sich um einzelne oder zu einem landwirtschaftlichen Gewerbe gehörende Grundstücke handelt, die ausserhalb einer Bauzone nach Artikel 15 RPG liegen und für welche die landwirtschaftliche Nutzung zulässig ist. Darüber hinaus gelten gemäss Bundesgerichtsurteil 2C_11/2011 vom 2. Dezember 2011 vier weitere spezifisch in Artikel 2 Absatz 2 BGBB genannte Fälle als steuerlich privilegierte Grundstücke:

a) Grundstücke und Grundstücksteile mit landwirtschaftlichen Gebäuden und Anlagen, einschliesslich angemessenem Umschwung, die in einer Bauzone liegen und zu einem landwirtschaftlichen Gewerbe gehören;

b) Waldgrundstücke, die zu einem landwirtschaftlichen Gewerbe gehören;

c) Grundstücke, die teilweise innerhalb einer Bauzone liegen, solange sie nicht entsprechend den Nutzungszonen aufgeteilt sind;

d) Grundstücke mit gemischter Nutzung, die nicht in einen landwirtschaftlichen und einen nichtlandwirtschaftlichen Teil aufgeteilt sind.

Von *land- und forstwirtschaftlichen Grundstücken* gemäss Artikel 18 Absatz 4 DBG kann nach Massgabe von Artikel 2 Absatz 1 BGBB hauptsächlich gesprochen werden, wenn es sich um einzelne oder zu einem landwirtschaftlichen Gewerbe gehörende Grundstücke handelt, die ausserhalb der Bauzone nach Artikel 15 RPG liegen und für welche die landwirtschaftliche Nutzung zulässig ist.

Ein Grundstück mit landwirtschaftlichen Gebäuden und Anlagen innerhalb einer Bauzone einschliesslich angemessenem Umschwung (vgl. Ziff. 2.4 nachfolgend) fällt in den Anwendungs- und Schutzbereich des bäuerlichen Bodenrechts (vgl. Art. 2 Abs. 2 Bst. a BGBB) und erfüllt gemäss Bundesgericht somit die Definition des *land- und forstwirtschaftlichen Grundstücks*, wenn es zusätzlich folgende Bedingungen kumulativ erfüllt:

- Das Grundstück muss gemäss Artikel 6 BGBB landwirtschaftlich genutzt werden und
- es muss zu einem landwirtschaftlichen Gewerbe gemäss Artikel 7 BGBB gehören.[1]

2.3 Unterteilung der Liegenschaften im Anlagevermögen in *land- und forstwirtschaftliche* sowie in <u>nicht</u> *land- und forstwirtschaftliche Grundstücke*

Für ein unüberbautes und vollumfänglich in einer Bauzone gelegenes Grundstück, welches aber nicht *angemessenen Umschwung* eines Grundstücks mit landwirtschaftlichen Gebäuden und Anlagen im Sinne von Artikel 2 Absatz 2 BGBB bildet, kann gemäss Bundesgericht die privilegierte Ausnahmeregelung nicht zur Anwendung kommen. Die fehlende Überbauung schliesst die steuerliche Privilegierung von vornherein aus, ohne dass überhaupt noch zu prüfen wäre, ob das Grundstück landwirtschaftlich genutzt wird und zu einem landwirtschaftlichen Gewerbe gehört.[2]

Die steuerliche Erfassung durch die Ausnahmeregelung gemäss Artikel 18 Absatz 4 DBG ist nicht deshalb zu verweigern, weil das Grundstück in der Bauzone liegt, sondern weil es als unüberbautes Grundstück vollumfänglich dort gelegen ist, ohne zum angemessenen Umschwung eines Grundstücks mit landwirtschaftlichen Gebäuden und Anlagen zu gehören.[3]

---

[1] Vgl. BGer 2C_11/2011, E. 2.2.2 sowie BGer 2C_539/2010.

[2] Vgl. BGer 2C_11/2011, E. 2.2 und 2.3.

[3] Vgl. BGer 2C_11/2011, E. 2.3.1.

Demnach stellen Grundstücke in der Bauzone, welche die Bedingungen nach Ziffer 2.1 sowie Ziffer 2.2 des vorliegenden Kreisschreibens nicht erfüllen, keine *land- und forstwirtschaftlichen Grundstücke* dar.

2.4 Angemessener Umschwung

2.4.1 Definition des angemessenen Umschwungs gemäss Kommentar zum Bundesgesetz über das bäuerliche Bodenrecht[4]

Der Umfang des angemessenen Umschwungs bemisst sich nach den örtlichen und betrieblichen Verhältnissen. Zum angemessenen Umschwung gehören namentlich:

- Die für den Betrieb notwendigen Verkehrsflächen; die Zufahrten zu den Ökonomiegebäuden müssen mit Lastwagen befahren werden können;
- Abstellflächen im Verhältnis zur notwendigen Remisenfläche, damit Maschinen und Fahrzeuge des Betriebes während der Saison nicht nach jedem Gebrauch in den Gebäuden untergebracht werden müssen;
- Auf Betrieben mit Tierhaltung die Laufhöfe, mit denen die Anforderungen der Tierschutzverordnung vom 23. April 2008 (TSchV; SR 455.1) bezüglich der Bewegungsmöglichkeiten für die Tiere befriedigt werden können. Die Lagerstätten für Hofdünger und Siloballen zählen zu den Bauten und Anlagen;
- Der Hausgarten, sowohl für den Anbau von Gemüse und Blumen für die Selbstversorgung als auch die angemessene Fläche für den Aufenthalt der Familie im Freien (Sitzplatz);
- Abstellplätze für ein bis zwei Autos der Familie oder von Besuchern ausserhalb der Garagen.

Weitere Grundstücke oder Teile davon zählen nicht zum angemessenen Umschwung.

2.4.2 Feststellung des angemessenen Umschwungs

Bestehen Zweifel über die Betriebsnotwendigkeit oder die Gewerbezugehörigkeit kann eine Feststellungsverfügung im Sinne von Artikel 84 BGBB erwirkt werden. Die Vollzugsbehörde betreffend BGBB hat die Kompetenz, Feststellungsverfügungen zu erlassen (vgl. Art. 84 BGBB).

Fallbeispiel 4 im Anhang

2.5 Zonengemischte Grundstücke

Gestützt auf Artikel 2 Absatz 2 Buchstabe c BGBB werden auch diejenigen Grundstücke dem bäuerlichen Bodenrecht unterstellt, welche teilweise innerhalb einer Bauzone liegen, solange sie nicht entsprechend den Nutzungszonen aufgeteilt sind. Vorsorglich werden Grundstücke auf der Zonengrenze mit Teilen, welche dem BGBB unterstehen, diesem ganz unterstellt (vgl. BGer 2C_11/2011, E. 2.2.1 sowie Kommentar zum Bundesgesetz über das bäuerliche Bodenrecht, Art. 2 BGBB N 27).

---

[4] Kommentar zum Bundesgesetz über das bäuerliche Bodenrecht vom 4. Oktober 1991, Schweiz. Bauernverband (Hrsg.), 2. Auflage, Brugg 2011, Art. 2 BGBB N 23.

3 Besteuerung von Kapitalgewinnen aufgrund einer Veräusserung von in der Bauzone gelegenen Grundstücken im Geschäftsvermögen von Landwirten

3.1 Ausführungen zu steuerbaren Einkünften aus selbständiger Erwerbstätigkeit

3.1.1 Veräusserung

Der Begriff der Veräusserung gemäss Artikel 12 Absatz 1 StHG umfasst grundsätzlich jede zivilrechtlich vorgesehene Art der Eigentumsübertragung sowie die aufgrund des öffentlichen Rechts vorgesehenen Formen des Eigentumsübergangs, bei welchen kein Steuerbefreiungs- respektive kein Steueraufschubtatbestand vorgesehen ist. Die wichtigsten Fälle der Veräusserung sind der Kauf, der Tausch, die Einbringung eines Grundstücks in eine Personengesellschaft, in eine Kapitalgesellschaft oder in eine Genossenschaft, die Einbringung eines dem Privatvermögen angehörenden Grundstücks in eine einfache Gesellschaft oder in eine Kollektiv- oder Kommanditgesellschaft. Dabei ist nur diejenige Eigentumsübertragung gemeint, welche entgeltlich ist und einen Kapitalgewinn abwirft.

Artikel 18 Absatz 2 DBG rechnet vorab die Kapitalgewinne aus Veräusserung zu den Einkünften aus selbständiger Erwerbstätigkeit. Der Begriff der Veräusserung umschreibt diejenigen Geschäftsvorfälle, die zur Realisation von Kapitalgewinnen führen. Die entgeltliche Veräusserung führt zur Verwirklichung eines steuerbaren Kapitalgewinns. Steuerobjekt bildet aber nicht die Veräusserung, sondern der Gewinn, der anlässlich der Veräusserung gemeinhin erzielt wird (vgl. Art. 16 und 18 DBG).

3.1.2 Einkünfte aus selbständiger Erwerbstätigkeit: Grundsatz

Grundsätzlich zählen gemäss Artikel 18 Absatz 2 DBG zu den Einkünften aus selbständiger Erwerbstätigkeit auch alle Kapitalgewinne aus Veräusserung, Verwertung oder buchmässiger Aufwertung von Geschäftsvermögen. Der Veräusserung gleichgestellt ist die Überführung von Geschäftsvermögen in das Privatvermögen, in ausländische Betriebe oder in Betriebsstätten. Als Geschäftsvermögen gelten alle Vermögenswerte, die ganz oder vorwiegend der selbständigen Erwerbstätigkeit dienen.

3.1.3 Sondernorm für *land- und forstwirtschaftliche Grundstücke*

Artikel 18 Absatz 4 DBG statuiert gegenüber Artikel 18 Absatz 2 DBG eine Sondernorm. Kapitalgewinne aus der Veräusserung von *land- und forstwirtschaftlichen Grundstücken* werden den steuerbaren Einkünften nur bis zur Höhe der Anlagekosten zugerechnet. Artikel 18 Absatz 4 DBG nimmt die Gewinne aus *land- und forstwirtschaftlichen Grundstücken* von der Einkommenssteuer aus, soweit der Veräusserungsgewinn die Anlagekosten übersteigt.

3.2 Verkehrswert von Grundstücken: Grundsatz

Der Verkehrswert eines Grundstücks entspricht dem unter normalen Verhältnissen erzielbaren Kaufpreis ohne Rücksicht auf ungewöhnliche oder persönliche Verhältnisse. Er wird unter Würdigung der Wirtschaftlichkeit aus Real- und Ertragswert bestimmt.

Als Verkehrswert gilt der mittlere Preis, zu dem Grundstücke gleicher oder ähnlicher Grösse, Lage und Beschaffenheit in der betreffenden Gegend unter normalen Umständen verkauft werden (vgl. BGE 103 Ia 103 E. 3a).

3.2.1 Verkehrswert von Grundstücken unter bäuerlichem Bodenrecht ausserhalb der Bauzone

Der Erwerb von landwirtschaftlichen Grundstücken bedarf einer Bewilligung. Diese Bewilligung wird gestützt auf Artikel 63 BGBB verweigert, wenn ein übersetzter Preis vereinbart wurde. Der Erwerbspreis gilt gemäss Artikel 66 BGBB dann als übersetzt, wenn er die Preise für vergleichbare landwirtschaftliche Grundstücke in der betreffenden Gegend im Mittel der letzten fünf Jahre um mehr als fünf Prozent übersteigt. Die Kantone können in ihrer Gesetzgebung diesen Prozentsatz auf maximal 15 Prozent erhöhen (vgl. Art. 66 BGBB). In jedem Kanton führt die Bewilligungsbehörde eine Verkaufsstatistik um diese Erfahrungswerte jederzeit abrufen zu können. Der höchste bewilligte Verkaufspreis, stellt den Verkehrswert des landwirtschaftlichen Grundstücks nach BGBB dar.

3.2.2 Verkehrswert von Grundstücken unter bäuerlichem Bodenrecht in der Bauzone

Der Anteil des in der Bauzone liegenden Grundstücks wird wie Bauland bewertet und nach den handelsüblichen Werten bemessen.

3.3 Zeitpunkt der Einzonung in die Bauzone

3.3.1 Einzonungszeitpunkt liegt in einer bereits definitiv veranlagten Steuerperiode

Liegt der Einzonungszeitpunkt in einer bereits definitiv veranlagten Steuerperiode, hatte das Grundstück bei der damaligen Einzonung in die Bauzone einen Verkehrswert nach bäuerlichem Bodenrecht. Die Differenz zwischen den Anlagekosten und dem landwirtschaftlichen Verkehrswert (vgl. 3.2.1) im Zeitpunkt der Einzonung stellt den maximal möglichen Kapitalgewinn dar, der unter dem bäuerlichen Bodenrecht realisierbar war (vgl. Art. 66 BGBB). Auf Antrag wird dieser Kapitalgewinn von der direkten Bundessteuer freigestellt.[5] Auf der Wertvermehrung infolge der Einzonung ist in diesem Zeitpunkt die Einkommenssteuer für die direkte Bundessteuer zu erheben.

3.3.2 Einzonungszeitpunkt liegt in einem offenen Veranlagungsverfahren

Liegt der Einzonungszeitpunkt in einem offenen Veranlagungsverfahren, kann die steuerpflichtige Person im Jahr der Einzonung die steuerfreie Aufwertung im Rahmen der Differenz zwischen den Anlagekosten und dem neuen steuerlichen Buchwert (Verkehrswert BGBB vor Einzonung) nach Ziffer 3.1.3 des vorliegenden Kreisschreibens verlangen.[6]

Durch die Einzonung fällt das Grundstück aus dem Schutzbereich des BGBB. Auf der Wertvermehrung infolge der Einzonung ist in diesem Zeitpunkt die Einkommenssteuer zu erheben.[7]

| Fallbeispiele 1 und 2 im Anhang |

---

[5] Art. 18 Abs. 4 DBG.
[6] Art. 18 Abs. 4 DBG.
[7] Vgl. BGer 2C_11/2011, E. 2.4.

3.4 Schematische Darstellung

An einem Beispiel sollen die Auswirkungen des soeben in Ziffer 3.1 bis 3.3 Ausgeführten aufgezeigt werden:

Ein Landwirt hat das *land- und forstwirtschaftliche Grundstück* bei der Hofübernahme für CHF 0.50 pro m^2 gekauft. Einige Zeit später wird das Grundstück in die Bauzone eingezont. Das Landwirtschaftsamt (LWA) als zuständige Bewilligungsbehörde legt aufgrund von ähnlichen Verkäufen in der betreffenden Gegend in den fünf Jahren vor der Einzonung den Verkehrswert gemäss BGBB auf CHF 7.50 pro m^2 fest. Unmittelbar nach der Einzonung wird ein ähnliches Grundstück in der Bauzone verkauft. Der Verkehrswert pro m^2 beträgt dort CHF 207.50. Einige Jahre später verkauft der Landwirt sein Grundstück für CHF 307.50 pro m^2. Auf dem Grundstück stehen keine Gebäude und der steuerliche Buchwert beträgt beim Verkauf immer noch CHF 0.50 pro m^2 (entsprechend den Anlagekosten).

Schematische Darstellung:

	CHF/m^2		Kapitalgewinn
Verkaufspreis Bauland	307.50		Einkommenssteuer
		B	In Anlehnung an BGE 2C_11/2011 vom 02.12.2011
Verkehrswert Bauland bei Einzonung	207.50	a u l a n d	Fr. 300.00
Verkehrswert BGBB vor Einzonung	7.50	L W	steuerfrei Art. 18/4 DBG CHF 7.00*
Kaufpreis	-.50		

*Hierbei handelt es sich um einen Wert nach bäuerlichem Bodenrecht. Deshalb ist diese Differenz (CHF 7.50 – 0.50) gemäss Artikel 18 Absatz 4 DBG steuerfrei.

Der Kapitalgewinn entspricht grundsätzlich der Differenz zwischen dem steuerlichen Buchwert (= Anlagekosten CHF 0.50/m^2) und dem Verkaufspreis (CHF 307.50/m^2). Von dem so errechneten Kapitalgewinn bleibt auf Antrag jener Teil steuerfrei, der unter dem BGBB beim Verkauf als *land- und forstwirtschaftliches Grundstück* gemäss Artikel 18 Absatz 4 DBG im Zeitpunkt der Einzonung realisierbar gewesen wäre (= CHF 7/m^2). Der übrige Kapitalgewinn (= CHF 300/m^2) qualifiziert als steuerbares Einkommen aus selbständiger Erwerbstätigkeit gemäss Artikel 18 Absatz 2 DBG.

3.5 Gewinnanspruch

Allfällige Kapitalgewinne aus Veräusserung eines *land- und forstwirtschaftlichen Grundstücks* fallen vollständig beim Veräusserer an. Die gewinnanspruchsberechtigten Personen erhalten die Netto-Gewinnanteile als steuerfreien Vermögenszufluss.[8] Die Zahlungen der Netto-Gewinnanteile dürfen nicht erfolgswirksam verbucht werden.

3.6 Besondere Fälle

3.6.1 Aufschub wegen Verpachtung

Der Steueraufschub infolge Verpachtung eines landwirtschaftlichen Grundstücks bewirkt, dass zum Zeitpunkt des Realisationstatbestandes keine steuerlich relevante Realisierung eines Gewinnes angenommen wird. Diese Ausnahme von der Realisierung ist abschliessend geregelt. Der Realisationstatbestand, anlässlich welchem ein Steueraufschub gewährt wurde, bildet nicht Ausgangspunkt der Steuerberechnung. Vielmehr ist von der letzten steuerbaren Veräusserung oder Einbringung ins Geschäftsvermögen auszugehen (vgl. Art. 18 Abs. 2 DBG sowie Kreisschreiben Nr. 31 der ESTV vom 22. Dezember 2010).

3.6.1.1 Vor Einführung der Unternehmenssteuerreform II (UStR II; bis 31.12.2010)

In der Regel fand bei einer Stilllegung oder endgültigen Verpachtung eines Landwirtschaftsbetriebes bis zum 31. Dezember 2010 eine Überführung der Liegenschaft vom Geschäfts- ins Privatvermögen statt. Damit fiel auch die Besteuerung der steuersystematisch realisierten stillen Reserven an.

Bezüglich der noch offenen Veranlagungen ist im Einzelfall zu prüfen, ob durch einen Revers zum Aufschub der Überführung nicht zugleich die steuerlichen Folgen verbindlich geregelt wurden. Ist dies nicht der Fall, so ist die neue Praxis des Bundesgerichts vom 2. Dezember 2011 auf die offene Veranlagung anzuwenden.

3.6.1.2 Nach Einführung der UStR II (ab 1.01.2011)

Bei der Verpachtung eines Geschäftsbetriebes gilt mit der Einführung des Artikels 18a Absatz 2 DBG im Rahmen der UStR II neu die gesetzliche Vermutung, dass die verpachteten Güter im Geschäftsvermögen des Verpächters bleiben. Dies gilt auch für Betriebe, deren bewegliches Vermögen an den Pächter verkauft wird. Die Verpachtung eines Geschäftsbetriebes wird nur noch aufgrund einer ausdrücklichen Erklärung der steuerpflichtigen Person als Überführung ins Privatvermögen betrachtet. Erfolgt keine solche Erklärung, so gilt der daraus fliessende Ertrag als Einkommen aus selbständiger Erwerbstätigkeit (vgl. Ziff. 4.3 des Kreisschreibens Nr. 31 der ESTV vom 22. Dezember 2010 sowie Kreisschreiben Nr. 26 der ESTV vom 16. Dezember 2009).

Fallbeispiel 3 im Anhang

3.6.2 Ersatzbeschaffung

Werden Gegenstände des betriebsnotwendigen Anlagevermögens ersetzt, so können gemäss Artikel 30 Absatz 1 DBG die stillen Reserven auf die Ersatz erworbenen Anlagegüter übertragen werden, wenn diese ebenfalls betriebsnotwendig sind und sich in der Schweiz befinden. Vorbehalten bleibt die Besteuerung beim Ersatz von Liegenschaften durch Gegenstände des beweglichen Vermögens. Anlagegüter werden nicht zum Zweck der Veräusserung, sondern zur wiederholten Nutzung und zum Verbrauch beschafft. Betriebsnotwendige Anlagegüter dienen nach ihrer Zweckbestimmung unmittelbar der Leistungserstellung des Betriebes und können ohne Beeinträchtigung des betrieblichen Leistungserstellungsprozes-

---

[8] Art. 16 Abs. 3 oder Art. 24 Bst. a DBG.

ses nicht veräussert werden. Die betriebsnotwendigen Vermögenswerte bilden unerlässliche Bestandteile der betrieblichen Einheit (vgl. Urteil des Bundesgerichts 2A.122/2005 vom 16. September 2005 in: Zürcher Steuerpraxis [ZStP] 2005, 378).

Bei der Ersatzbeschaffung wird das veräusserte Grundstück ersetzt, wobei der steuerbare, jedoch aufgeschobene Gewinn auf das ersatzweise erworbene Grundstück übertragen werden muss. Bei einer späteren Veräusserung von ersatzbeschafften Grundstücken und Grundstücksteilen mit landwirtschaftlichen Gebäuden und Anlagen (einschliesslich angemessenem Umschwung), die in einer Bauzone liegen und zu einem landwirtschaftlichen Gewerbe gehören, unterliegt der Wertzuwachsgewinn der kantonalen Grundstückgewinnsteuer und ist von der direkten Bundessteuer ausgenommen. Der restliche Wertzuwachsgewinn (Anteil nicht angemessener Umschwung) sowie die wiedereingebrachten Abschreibungen, welche aufgeschoben wurden, unterliegen der Einkommenssteuer.

Fallbeispiele 4 und 5 im Anhang

4 Fazit aus dem Urteil des Bundesgerichts 2C_11/2011

Das Bundesgericht hat in seinem Entscheid 2C_11/2011 erstmals die Definition des *land- und forstwirtschaftlichen Grundstücks* im Zusammenhang mit der Veräusserung eines Grundstücks in der Bauzone und dem daraus resultierenden steuerbaren Kapitalgewinn festgelegt. Diese Definition ist eng gefasst. Die neue Rechtsprechung führt deshalb zu einer Ausweitung der Besteuerung von Kapitalgewinnen bei selbständig erwerbenden Landwirten.

5 Umsetzung des Urteils des Bundesgerichts 2C_11/2011

5.1 Anwendung auf alle offenen Veranlagungen betreffend die direkte Bundessteuer

Die neue Bundesgerichtspraxis gemäss dem Urteil 2C_11/2011 vom 2. Dezember 2011 ist auf alle im Zeitpunkt des Inkrafttreten des vorliegenden Kreisschreibens noch offenen Veranlagungen anzuwenden.

Auf eine rechtskräftige Veranlagung kann in einem Nachsteuerverfahren gemäss Artikel 151 Absatz 1 DBG zurückgekommen werden, wenn sich aufgrund von Tatsachen oder Beweismitteln, die der Steuerbehörde nicht bekannt waren, ergibt, dass eine Veranlagung zu Unrecht unterblieben oder eine rechtskräftige Veranlagung unvollständig ist, oder eine unterbliebene oder unvollständige Veranlagung auf ein Verbrechen oder ein Vergehen gegen die Steuerbehörde zurückzuführen ist. Somit kommt das Nachsteuerverfahren dann zum Tragen, wenn sich im Nachhinein herausstellt, dass die Entscheidgrundlage von Anfang an falsch war.

Aufgrund des Bundesgerichtsentscheids vom 2. Dezember 2011 liegen keine neuen Tatsachen oder Unvollständigkeiten nach Artikel 151 DBG vor. Deshalb ist bei bereits rechtskräftigen Veranlagungen kein Nachsteuerverfahren möglich.

5.2 Verhältnis zu den Kantons- und Gemeindesteuern

Sind die kantonalen und kommunalen Steuerveranlagungen bereits in Rechtskraft erwachsen, haben diese keinen Einfluss auf die offene Veranlagung der direkten Bundessteuer.

6 Inkrafttreten

Dieses Kreisschreiben gilt ab dem 17. Juli 2013. Es findet auf alle im Zeitpunkt seines Inkrafttretens offenen Veranlagungen Anwendung.

Anhang: Fallbeispiele

Fallbeispiel 1: Teileinzonung einer Parzelle, Abparzellierung, Verkauf:
Landwirtschaftsbetrieb ist ein Gewerbe im Sinne des BGBB

Landwirt Hans Muster bewirtschaftet einen Landwirtschaftsbetrieb, der gemäss BGBB ein landwirtschaftliches Gewerbe darstellt. Im Jahr 2006 wurde eine gut erschlossene, am Dorfrand gelegene unüberbaute Parzelle (Total 150 Aren) von Hans Muster zu einem Drittel eingezont. Die eingezonte Fläche beträgt 50 Aren und die Restfläche der Parzelle 100 Aren.

Im Jahr 2013 parzelliert Hans Muster den Baulandteil von 50 Aren ab und veräussert diesen. Die Anlagekosten für die Parzelle betragen CHF 0.50/m^2.
Der Verkehrswert nach BGBB beträgt vor der Einzonung CHF 7.50/m^2.
Der Verkehrswert des Baulandes beträgt nach der Einzonung 2006 CHF 207.50/ m^2.
Der Verkehrswert des Baulandes beträgt im Jahr 2013 CHF 307.50/m^2.

Fragen:
1. Steuerliche Folgen bei der Einzonung?
2. Steuerliche Folgen bei der Parzellierung?
3. Steuerliche Folgen beim Verkauf im 2013?

Antworten:

1. Steuerliche Folgen bei der Einzonung

Keine Auswirkungen im Zeitpunkt der Einzonung.

2. Steuerliche Folgen bei der Parzellierung

Keine Auswirkungen im Zeitpunkt der Parzellierung.

3. Steuerliche Folgen beim Verkauf

Vorliegend ist die Parzelle nicht mehr dem BGBB unterstellt und fällt somit nicht mehr unter die privilegierte Besteuerung gemäss Artikel 18 Absatz 4 DBG. Demzufolge unterliegen die Veräusserungsgewinne aus Baulandparzellen gemäss dem Bundesgerichtsurteil 2C_11/2011 vom 2. Dezember 2011 der direkten Bundessteuer.

Berechnung:

Verkaufspreis: 5'000 m² zu CHF 307.50/m²	CHF	1'537'500
Abzüglich Anlagekosten: 5'000 m² zu CHF 0.50/m²	- CHF	2'500
Veräusserungsgewinn brutto	CHF	1'535'000
Steuerlich privilegiert gemäss Art. 18 Abs. 4 DBG:		
Gewinn bis zum Verkehrswert BGBB: 5'000 m² zu CHF 7/m²	- CHF	35'000
Der direkten Bundessteuer gemäss Art. 18 Abs. 2 DBG unterliegend		
(vor Abzug AHV-Beitrag)	CHF	1'500'000

**Fallbeispiel 2: Teileinzonung einer Parzelle, Abparzellierung, Verkauf:
Landwirtschaftsbetrieb ist kein Gewerbe im Sinne des BGBB**

Sachverhalt analog Fallbeispiel 1. Der Landwirtschaftsbetrieb stellt aber gemäss BGBB **kein** landwirtschaftliches Gewerbe dar.

Fragen:
1. Steuerliche Folgen bei der Einzonung?
2. Steuerliche Folgen bei der Parzellierung?
3. Steuerliche Folgen beim Verkauf im 2013?

Antworten:

Die Antworten sind **gleich wie in Fallbeispiel 1**.

Fallbeispiel 3: Einzonung ganze Parzelle, Verpachtung, Überführung vom Geschäftsvermögen ins Privatvermögen:
Landwirtschaftsbetrieb ist ein Gewerbe im Sinne des BGBB

Landwirt Hans Muster bewirtschaftet einen Landwirtschaftsbetrieb, der gemäss BGBB ein landwirtschaftliches Gewerbe darstellt. Im Jahr 2006 wurde eine gut erschlossene, am Dorfrand gelegene unüberbaute Parzelle von 50 Aren eingezont.

Im Jahr 2013 verpachtet Hans Muster seinen Hof. Er beantragt die Überführung ins Privatvermögen.

Die Anlagekosten für die Parzelle betragen CHF 0.50/m^2.
Der Verkehrswert nach BGBB beträgt vor der Einzonung CHF 7.50/m^2.
Der Verkehrswert des Baulandes beträgt nach der Einzonung CHF 207.50/m^2.
Der Verkehrswert des Baulandes beträgt im Jahr 2013 CHF 307.50/m^2.

Frage:
Steuerliche Folgen der Verpachtung?

Antworten:

Da Hans Muster im Zeitpunkt der Verpachtung gemäss Artikel 18a Absatz 2 DBG die Überführung des Anlagevermögens ins Privatvermögen verlangt, muss über die stillen Reserven abgerechnet werden. Die Parzelle liegt vollständig in der Bauzone und unterliegt gemäss Artikel 2 Absatz 1 Buchstabe a BGBB nicht dem bäuerlichen Bodenrecht. Sie kann somit nicht vollständig nach Artikel 18 Absatz 4 DBG privilegiert besteuert werden.

Berechnung:		
Überführungswert: 5'000 m^2 zu CHF 307.50/m^2	CHF	1'537'500
Abzüglich Anlagekosten: 5'000 m^2 zu CHF 0.50/m^2	- CHF	2'500
Überführungsgewinn brutto	CHF	1'535'000
Steuerlich privilegiert gemäss Art 18 Abs. 4 DBG:		
Gewinn bis zum Verkehrswert BGBB: 5'000 m^2 zu CHF 7/m^2	- CHF	35'000
Der direkten Bundessteuer gemäss Art. 18 Abs. 2 DBG unterliegend (vor Abzug AHV-Beiträge)	CHF	1'500'000

Der Steuerpflichtige kann gemäss Artikel 18a Absatz 1 DBG den Aufschub der Besteuerung des Wertzuwachsgewinnes (neuer Einkommenssteuerwert CHF 37'500; entspricht den Anlagekosten von CHF 2'500 zuzüglich dem steuerfreien Betrag von CHF 35'000) bis zur Veräusserung des Baulandes beantragen. Massgebend ist diesfalls der Verkehrswert im Zeitpunkt der Veräusserung (nicht CHF 1'537'500).

Fallbeispiel 4: Aussiedlung mit Ersatzbeschaffung aus Verkauf Hofparzelle – Nicht angemessener Umschwung: Landwirtschaftsbetrieb ist ein Gewerbe im Sinne des BGBB

Nach der Aussiedlung (innerhalb der Ersatzbeschaffungsfrist) veräussert Landwirt Heinz Schmid seine Hofparzelle mit Wohnhaus, Scheune und Remise mit einer totalen Grundstücksfläche von 41.50 Aren gleich nach der Einzonung. Die aktuelle Veranlagung der direkten Bundessteuer ist noch offen. Diese Hofparzelle liegt vollumfänglich in der Bauzone. Der Landwirtschaftsbetrieb stellt gemäss Artikel 7 BGBB ein landwirtschaftliches Gewerbe dar.

Die Anlagekosten der Parzelle betragen: CHF 2'075 (0.50/m^2) für das Land und CHF 400'000 für die Gebäude (ohne Land).

Die steuerlichen Buchwerte der Parzelle betragen: CHF 2'075 (0.50/m^2) für das Land und CHF 300'000 für die Gebäude (ohne Land).

Der Verkehrswert nach BGBB beträgt für das nicht überbaute Land vor der Einzonung CHF 7.50/m^2 sowie für die Gebäude CHF 600'000.

Die Verkaufspreise betragen für die Gebäude CHF 1'000'000 und CHF 307.50/m^2 für das Bauland.

Skizze Hofparzelle: Total 41.50 Aren eingezont

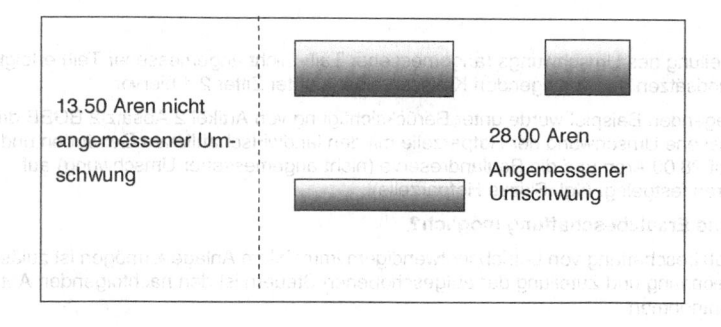

13.50 Aren nicht angemessener Umschwung

28.00 Aren Angemessener Umschwung

Fragen:
1. Wie gross ist der nicht angemessene Umschwung der Hofparzelle?
2. Ist eine Ersatzbeschaffung möglich?
3. Steuerliche Folgen?

Antworten:

1. Wie gross ist der nicht angemessene Umschwung der Hofparzelle?

Der nicht angemessene Umschwung muss gemäss BGer 2C_11/2011 ermittelt werden, weil nur der angemessene Umschwung unter die Ausnahmeregelung gemäss Erwägung 2.2.1 fällt:

„..von einem steuerlich privilegierten Grundstück (kann) nur dann gesprochen werden, wenn die für die Anwendung des BGBB gültigen Voraussetzungen erfüllt sind. Das ist nach Massgabe von Art. 2 Abs. 1 BGBB hauptsächlich dann der Fall, wenn es sich um einzelne oder zu einem landwirtschaftlichen Gewerbe gehörende Grundstücke handelt, die ausserhalb einer Bauzone nach Art. 15 RPG liegen und für welche die landwirtschaftliche Nutzung zulässig ist. **Darüber hinaus gilt** die Anwendung des BGBB (und somit auch die besagte steuerliche Ausnahmeregelung) für vier weitere, spezifisch in Art. 2 Abs. 2 BGBB genannte Fälle, nämlich:

a) Grundstücke und Grundstücksteile mit landwirtschaftlichen Gebäuden und Anlagen, einschliesslich angemessenem Umschwung, die in einer Bauzone liegen und zu einem landwirtschaftlichen Gewerbe gehören;

b) ...

c) ...

d) ..."

Die Aufteilung des Umschwungs (angemessener Teil - nicht angemessener Teil) erfolgt nach den Grundsätzen des vorliegenden Kreisschreibens unter Ziffer 2.4 hiervor.

Im vorliegenden Beispiel wurde unter Berücksichtigung von Artikel 2 Absatz 2 BGBB der angemessene Umschwung der Hofparzelle mit den landwirtschaftlichen Gebäuden und Anlagen auf 28.00 Aren und die Baulandreserve (nicht angemessener Umschwung) auf 13.50 Aren festgelegt (vgl. Skizze Hofparzelle).

2. Ist eine Ersatzbeschaffung möglich?

Die Ersatzbeschaffung von betriebsnotwendigem immobilem Anlagevermögen ist zulässig. Die Berechnung und Zuteilung der aufgeschobenen Steuern ist den nachfolgenden Antworten zu entnehmen.

3. Steuerliche Folgen

Die Parzelle liegt vollständig in der Bauzone und unterliegt gemäss Artikel 2 Absatz 1 Buchstabe a BGBB dem bäuerlichen Bodenrecht. Der nicht angemessene Umschwung kann nicht nach Artikel 18 Absatz 4 DBG privilegiert besteuert werden. Da es sich um ein landwirtschaftliches Gewerbe im Sinne des BGBB handelt, ist der Wertzuwachsgewinn auf den Gebäuden und dem angemessenen Umschwung (vgl. BGer 2C_11/2011, E. 2.2.1) gemäss Artikel 18 Absatz 4 DBG steuerfrei.

Berechnung:		
Verkaufspreis Gebäude	CHF	1'000'000
Verkaufspreis Land: 4'150 m² zu CHF 307.50/m²	CHF	1'276'125
Abzüglich steuerlicher Buchwerte von Gebäuden und Land	- CHF	302'075
Veräusserungsgewinn brutto	CHF	1'974'050
Steuerlich privilegiert gemäss Art. 18 Abs. 4 DBG:		
Gewinn bis Verkehrswert BGBB Land: 4'150 m² zu CHF 7/m²	- CHF	29'050
Wertzuwachsgewinn Gebäude CHF 1'000'000 abzüglich der Anlagekosten von CHF 400'000	- CHF	600'000
Wertzuwachsgewinn angem. Umschwung 2'800 m² zu CHF 300/m²	- CHF	840'000
Total steuerfreier Gewinn	CHF	1'469'050
Aufgeschobener Gewinn: Übertrag auf Ersatzobjekt	CHF	505'000

Die CHF 505'000 setzen sich aus den wiedereingebrachten Abschreibungen von CHF 100'000 sowie dem steuerbaren Gewinn auf dem Bauland von CHF 405'000 (1'350 m² x CHF 300) zusammen. Bei der Ersatzbeschaffung sind die CHF 505'000 als Abschreibungen auf dem erworbenen Anlagegut zu verbuchen.

Fallbeispiel 5: Aussiedlung mit Ersatzbeschaffung aus Verkauf Hofparzelle – Nicht angemessener Umschwung:
Alter Landwirtschaftsbetrieb ist <u>kein</u> Gewerbe im Sinne des BGBB

Die Hofparzelle von Landwirt Heinz Schmid befindet sich in der Bauzone und hat eine Grundstücksfläche von 86.80 Aren. Die Einzonung erfolgte vor zehn Jahren. Auf der Hofparzelle stehen Wohnhaus, Scheune und Remise mit landwirtschaftlichen Anlagen. Der Betrieb (4 ha) stellt im Sinne des BGBB kein landwirtschaftliches Gewerbe dar. Der Betrieb wurde seit Generationen im Nebenerwerb bewirtschaftet und präponderiert als Geschäftsvermögen.

Landwirt Heinz Schmid wird mit dem Verkaufserlös den Neubau einer Siedlung sowie Zukauf von Kulturland finanzieren. Er macht Ersatzbeschaffung geltend. Der neue Betrieb stellt ein Gewerbe im Sinne des BGBB dar.

Die Anlagekosten der Hofparzelle betragen: CHF 4'340 (0.50/m^2) für das Land und CHF 400'000 für die Gebäude (ohne Land).

Die steuerlichen Buchwerte der Hofparzelle betragen: CHF 4'340 (0.50/m^2) für das Land und CHF 300'000 für die Gebäude (ohne Land).

Der Verkehrswert nach BGBB betrug bei der Einzonung für das nicht überbaute Land CHF 7.50/m^2 und für die Gebäude vor der Einzonung CHF 600'000.

Die Verkaufspreise betragen für die Gebäude CHF 1'000'000 und für das nicht überbaute Bauland CHF 307.50/m^2.

Fragen:
1. Wie gross ist der nicht angemessene Umschwung der Hofparzelle?
2. Ist eine Ersatzbeschaffung möglich?
3. Steuerliche Folgen?

Antworten:

1. Wie gross ist der nicht angemessene Umschwung der Hofparzelle?

Da es sich um kein landwirtschaftliches Gewerbe im Sinne des bäuerlichen Bodenrechts handelt, kommt die Ausnahmeregelung gemäss BGer 2C_11/2011 E. 2.2.1 nicht zur Anwendung. Es muss daher keine Aufteilung vorgenommen werden.

2. Ist eine Ersatzbeschaffung möglich?

Die Ersatzbeschaffung in betriebsnotwendiges immobiles Anlagevermögen ist möglich. Die Berechnung und Zuteilung der aufgeschobenen Steuern ist den nachfolgenden Antworten zu entnehmen.

3. Steuerliche Folgen

Die Parzelle liegt vollständig in der Bauzone und unterliegt gemäss Artikel 2 Absatz 1 Buchstabe a BGBB nicht dem bäuerlichen Bodenrecht. Da es sich beim Verkaufsobjekt um kein landwirtschaftliches Gewerbe im Sinne des BGBB handelt, ist der Wertzuwachsgewinn auf den Gebäuden und auch auf dem angemessenen Umschwung steuerbar (vgl. BGer 2C_11/2011 E. 2.2.1).

Berechnung:

Verkaufspreis Gebäude	CHF	1'000'000
Verkaufspreis Bauland: 8'680 m² zu CHF 307.50/m²	CHF	2'669'100
Abzüglich steuerlicher Buchwerte von Gebäuden und Land	- CHF	304'340
Veräusserungsgewinn brutto	CHF	3'364'760

Steuerlich privilegiert gemäss Art. 18 Abs. 4 DBG:

Gewinn bis Verkehrswert BGBB Land: 8'680 m² zu CHF 7/m²	- CHF	60'760
Gewinn bis Verkehrswert BGBB Gebäude (Verkehrswert CHF 600'000 – Anlagekosten CHF 400'000)	- CHF	200'000
Aufgeschobener Gewinn: Übertrag auf Ersatzobjekt	CHF	3'104'000

Bei einem späteren Verkauf müsste der aufgeschobene Gewinn von CHF 3'104'000 als wiedereingebrachte Abschreibung versteuert werden.

Anhang 2 vom 29. September 2017

„Regelung Härtefälle" **im Auftrag der WAK-S betreffend Kapitalgewinnbesteuerung Bauland**

Inhaltsverzeichnis

1	Präponderanz eines erworbenen Baulandgrundstücks	23
1.1	Die Zuordnung eines verpachteten oder vermieteten Grundstücks in der Bauzone bei Erwerb	23
1.2	Selber landwirtschaftlich genutztes Grundstück	23
2	Ersatzbeschaffung (Art. 30 DBG)	23
3	Aufschubstatbestände	24
3.1	Aufschub der Besteuerung des Wertzuwachsgewinns bei der Überführung ins Privatvermögen (Art. 18a Abs. 1 DBG)	24
3.2	Aufschub wegen Verpachtung (Art. 18a Abs. 2 DBG)	24
3.3	Aufschub der Besteuerung der stillen Reserven bei Fortführung des Geschäftsbetriebs durch nur einen Erben (Art. 18a Abs. 3 DBG)	24
3.4	Aufschub der Besteuerung der stillen Reserven bei Fortführung des Geschäftsbetriebs durch den Ehepartner oder Nachkommen	24
4	Tod eines Landwirts	24
4.1	Aufschub der Besteuerung des Wertzuwachsgewinns bei der Überführung ins Privatvermögen (Art. 18a Abs. 1 DBG)	24
4.2	Überführung ins Privatvermögen (DBG Art. 37b Abs. 2)	25

1 Präponderanz eines erworbenen Baulandgrundstücks (Ergänzung)

Der Grundsatz der wirtschaftlichen Einheit (Land, Wohn- und Ökonomiegebäude, Pflanzen), wie ihn das bäuerliche Bodenrecht kennt, ist auch für steuerliche Zwecke zu befolgen. So kann der Betrieb z.B. mehr als ein Wohn- oder Ökonomiegebäude umfassen.

Erwirbt ein Landwirt unbebautes Bauland, so stellt dieses in der Regel nicht landwirtschaftliches Geschäftsvermögen dar. Die geplante Nutzung ist für die Zuteilung zum Geschäftsvermögen oder Privatvermögen entscheidend. Die fehlende Unterstellung unter das BGBB ist bloss ein Indiz für Privatvermögen.

Wenn ein Landwirt Bauland als Kapitalanlage kauft oder später für private Zwecke überbaut, stellt dies die Hauptnutzung dar. Die vorübergehende landwirtschaftliche Nutzung ist untergeordnet. Das Grundstück stellt daher kein Geschäftsvermögen des Landwirtschaftsbetriebes dar.

Geerbte Grundstücke im Geschäftsvermögen verbleiben im Geschäftsvermögen.

1.1 Die Zuordnung eines verpachteten oder vermieteten Grundstücks in der Bauzone bei Erwerb

Die Vermietung oder Verpachtung stellt eine private Nutzung des Gegenstandes dar. Das Grundstück gehört somit nicht zum landwirtschaftlichen Geschäftsvermögen.

Das Grundstück wird nur landwirtschaftliches Geschäftsvermögen, wenn darauf betriebsnotwendige Gebäude stehen oder erstellt werden, die der Selbstbewirtschaftung dienen.

1.2 Selber landwirtschaftlich genutztes Grundstück

Falls der Landwirt das Grundstück als Landreserve für einen geplanten Bau einer Geschäftsliegenschaft oder eine andere landwirtschaftliche Nutzung erwirbt, muss er das Grundstück als Geschäftsvermögen bilanzieren.

2 Ersatzbeschaffung (Art. 30 DBG, Präzisierung)

Der Verkauf von Bauland aus dem betriebsnotwendigen Geschäftsvermögen eines Landwirts berechtigt zum Aufschub der Besteuerung der realisierten stillen Reserven mittels Ersatzbeschaffung.

Die Übertragung der stillen Reserven auf ein neu erworbenes Baulandgrundstück als Ersatzgut ist nur möglich, wenn eine vorhandene Baute oder ein geplantes Bauvorhaben auf diesem Grundstück zu Geschäftsvermögen führt (z.B. Betriebsleiterwohnung, Schweine- oder Geflügelstall etc.). Eine Übertragung der stillen Reserven auf eine Kapitalanlageliegenschaft oder Privatvermögen ist ausgeschlossen.

3 Aufschubtatbestände

3.1 Aufschub der Besteuerung des Wertzuwachsgewinns bei der Überführung ins Privatvermögen (Art. 18a Abs. 1 DBG, Ergänzung)

Der im Gesetz vorgesehene Aufschub der Besteuerung kann solange verlangt werden, wie es das Rechtsmittelverfahren zulässt. Das KS Nr. 26 der ESTV Ziffer 2.1 ist uneingeschränkt für Baulandgrundstücke im Geschäftsvermögen und im Eigentum eines Landwirts anwendbar.

3.2 Aufschub wegen Verpachtung (Art. 18a Abs. 2 DBG, Präzisierung)

Baulandgrundstücke werden in der Regel nicht verpachtet. Das landwirtschaftliche Pachtgesetz ist für diese Grundstücke nicht anwendbar. Ein Aufschub kann mangels Verpachtung nicht gewährt werden.

Ein Aufschub ist nur möglich, wenn ein formeller Pachtvertrag vorliegt.

3.3 Aufschub der Besteuerung der stillen Reserven bei Fortführung des Geschäftsbetriebs durch nur einen Erben (Art. 18a Abs. 3 DBG, Ergänzung)

Auf Gesuch kann der Erwerber die stillen Reserven übernehmen, wenn er Folgendes einhält:
- das Bauland im Geschäftsvermögen führt,
- die Buchwerte und Anlagekosten des Vorbesitzers bilanziert und
- sämtliche stillen Reserven übernimmt.

3.4 Aufschub der Besteuerung der stillen Reserven bei Fortführung des Geschäftsbetriebs durch den Ehepartner oder durch Nachkommen (Ergänzung)

Wenn der neue Geschäftsinhaber den Geschäftsbetrieb unter dem Verkehrswert erwirbt, kann er die stillen Reserven übernehmen, wenn er Folgendes einhält:
- das Bauland im Geschäftsvermögen führt,
- die Buchwerte und Anlagekosten des Vorbesitzers bilanziert und
- sämtliche stillen Reserven übernimmt.

4 Tod eines Landwirts (Ergänzung)

Die Erben übernehmen im Erbgang Geschäftsvermögen infolge Universalsukzession (inkl. Bauland). Dieser Vorgang löst keine steuersystematische Realisierung aus.

4.1 Aufschub der Besteuerung des Wertzuwachsgewinns bei der Überführung ins Privatvermögen (Art. 18a Abs. 1 DBG)

Der im Gesetz vorgesehene Aufschub der Besteuerung kann auch von der Erbengemeinschaft solange verlangt werden, wie es das Rechtsmittelverfahren zulässt. Das KS Nr. 26 der

ESTV Ziffer 2.1 ist uneingeschränkt für Baulandgrundstücke im Eigentum eines Landwirts resp. seiner Erbengemeinschaft anwendbar.

4.2 Überführung ins Privatvermögen (Art. 37b Abs. 2 DBG)

Führen die Erben das übernommene Unternehmen nicht fort, erfolgt die steuerliche Abrechnung spätestens fünf Kalenderjahre nach Ablauf des Todesjahres.

Führt die Erbengemeinschaft den Geschäftsbetrieb fort, stehen ihr alle Aufschubsmöglichkeiten der Ziffer 3 zur Verfügung.

Besteuerung von Mitarbeiterbeteiligungen

Quelle: Eidg. Steuerverwaltung ESTV / HA Direkte Bundessteuer, Verrechnungssteuer, Stempelabgaben

Direkte Bundessteuer

Bern, 30. Oktober 2020

☞ *Betreffend die steuerliche Behandlung von Mitarbeiterbeteiligungen bei der Arbeitgeberin siehe A89.*

Kreisschreiben Nr. 37[1], Version vom 30. Oktober 2020

Besteuerung von Mitarbeiterbeteiligungen

Inhaltsverzeichnis

1	Allgemeines und Gegenstand des Kreisschreibens	3
2	Begriffe	3
2.1	Mitarbeitende	3
2.2	Arbeitgeber	3
2.3	Mitarbeiterbeteiligungen	4
2.3.1	Echte Mitarbeiterbeteiligungen	4
2.3.1.1	Mitarbeiteraktien	4
2.3.1.1.1	Freie Mitarbeiteraktien	4
2.3.1.1.2	Gesperrte Mitarbeiteraktien	4
2.3.1.2	Mitarbeiteroptionen	4
2.3.1.2.1	Freie Mitarbeiteroptionen	4
2.3.1.2.2	Börsenkotierte Mitarbeiteroptionen	5
2.3.1.2.3	Gesperrte Mitarbeiteroptionen	5
2.3.1.3	Anwartschaften auf Mitarbeiteraktien	5
2.3.2	Unechte Mitarbeiterbeteiligungen	5
2.3.2.1	Phantom Stocks	5
2.3.2.2	Stock Appreciation Rights	5
2.3.2.3	Co-Investments	5
2.3.3	Künftige Entwicklungen	6
2.4	**Sperrfrist sowie Vesting / Vestingperiode**	6
2.5	**Realisation**	6
2.6	**Umrechnung von Fremdwährungen**	6
3	**Besteuerung von Mitarbeiteraktien (Art. 17b DBG)**	6
3.1	**Grundsatz**	6
3.2	**Verkehrswert**	7
3.2.1	Börsenkotierte Mitarbeiteraktien	7

---

[1] Angepasst an das Bundesgesetz über die formelle Bereinigung der zeitlichen Bemessung der direkten Steuern bei den natürlichen Personen vom 22. März 2013 (in Kraft seit 1. Januar 2014).

3.2.2	Nicht börsenkotierte Mitarbeiteraktien	7
3.3	*Ermittlung des steuerbaren Einkommens*	*8*
3.4	*Besondere Fälle*	*8*
3.4.1	Vorzeitiger Wegfall der Sperrfrist (Art. 11 MBV)	8
3.4.2	Rückgabe von Mitarbeiteraktien (Art. 12 MBV)	9
3.4.3	Veräusserung von im Privatvermögen gehaltenen Mitarbeiteraktien	10
3.4.4	Hinweise zu weiteren Sachverhalten	10
4	**Besteuerung von Mitarbeiteroptionen (Art. 17b DBG)**	10
4.1	*Freie börsenkotierte Mitarbeiteroptionen*	*10*
4.2	*Übrige Mitarbeiteroptionen*	*10*
5	**Besteuerung von Anwartschaften auf Mitarbeiteraktien**	11
6	**Besteuerung von unechten Mitarbeiterbeteiligungen (Art. 17c DBG)**	11
7	**Besteuerung von Mitarbeiterbeteiligungen im internationalen Verhältnis (Art. 7 bis 9 MBV)**	11
7.1	*Allgemeines*	*11*
7.2	*Quellenbesteuerung von Mitarbeiteraktien und freien börsenkotierten Mitarbeiteroptionen*	*12*
7.2.1	Allgemeines	12
7.2.2	Quellenbesteuerung	12
7.3	*Besteuerung von gesperrten oder nicht börsenkotierten Mitarbeiteroptionen, Anwartschaften auf Mitarbeiteraktien sowie unechten Mitarbeiterbeteiligungen im internationalen Verhältnis*	*14*
7.3.1	Allgemeines	14
7.3.2	„Import" von Mitarbeiterbeteiligungen (Art. 7 MBV)	14
7.3.2.1	„Import" von Mitarbeiterbeteiligungen mit Ansässigkeitswechsel	14
7.3.2.2	„Import" von Mitarbeiterbeteiligungen ohne Ansässigkeitswechsel	14
7.3.3	„Export" von Mitarbeiterbeteiligungen (Art. 8 MBV)	15
7.3.3.1	„Export" von Mitarbeiterbeteiligungen mit Ansässigkeitswechsel	15
7.3.3.2	„Export" von Mitarbeiterbeteiligungen ohne Ansässigkeitswechsel	15
7.3.4	Überblick zur Quellenbesteuerung von geldwerten Vorteilen aus Mitarbeiterbeteiligungen, die erst bei Realisierung steuerbar sind	16
8	**Mitwirkungs- und Bescheinigungspflichten**	18
8.1	*Arbeitgeber*	*18*
8.1.1	Allgemeines	18
8.1.2	Bescheinigungen bei Mitarbeiteraktien (Art. 4 MBV)	19
8.1.2.1	Freigabe von Mitarbeiteraktien vor Ablauf der Sperrfrist (Art. 11 MBV)	19
8.1.2.2	Rückgabe von Mitarbeiteraktien (Art. 12 MBV)	19
8.1.3	Bescheinigung über Mitarbeiteroptionen, Anwartschaften auf Mitarbeiteraktien und unechte Mitarbeiterbeteiligungen (Art. 5 und 6 MBV)	20
8.1.3.1	Freie, börsenkotierte Mitarbeiteroptionen	20
8.1.3.2	Übrige Mitarbeiteroptionen, Anwartschaften auf Mitarbeiteraktien und unechte Mitarbeiterbeteiligungen	20
8.1.4	Weitere Auskünfte (Art. 17 MBV)	20
8.2	*Steuerpflichtige*	*20*
9	**Vorbescheid zwischen dem Arbeitgeber und der Steuerbehörde (Ruling)**	21
9.1	*Allgemeines*	*21*
9.2	*Voraussetzungen*	*21*
9.3	*Zuständigkeit*	*21*
10	**Inkrafttreten, Aufhebungen und Übergangsrecht**	21

1 Allgemeines und Gegenstand des Kreisschreibens

Mit dem Bundesgesetz vom 17. Dezember 2010 über die Besteuerung von Mitarbeiterbeteiligungen (vgl. Sammlung der Eidg. Gesetze [AS] 2011 3259) wurden für die Besteuerung von Mitarbeiterbeteiligungen verschiedene Neuerungen eingeführt. In ihrer Gesamtheit zielen die neuen Bestimmungen darauf ab, die Rechtssicherheit wiederherzustellen und zwar insbesondere in Bezug auf den jeweiligen Besteuerungszeitpunkt und – in Anlehnung an den Kommentar zum OECD-Musterabkommen zur Vermeidung der Doppelbesteuerung auf dem Gebiete der Steuern vom Einkommen und vom Vermögen (nachfolgend OECD-Kommentar) – die Steuerbemessung bei internationalen Sachverhalten. In diesem Zusammenhang ist insbesondere Artikel 15 des OECD-Musterabkommens 2010 zur Vermeidung der Doppelbesteuerung auf dem Gebiete der Steuern vom Einkommen und vom Vermögen (nachfolgend OECD-MA) zu berücksichtigen.

Die in Artikel 129 Absatz 1 Buchstabe d des Bundesgesetzes vom 14. Dezember 1990 über die direkte Bundessteuer (DBG, SR 642.11) vorgesehenen neuen Bescheinigungs- und Meldepflichten werden in der Verordnung vom 27. Juni 2012 über die Bescheinigungspflichten bei Mitarbeiterbeteiligungen (Mitarbeiterbeteiligungsverordnung [MBV], SR 642.115.325.1) näher ausgeführt.

Die Botschaft (vgl. Bundesblatt [BBl] 2005 575) zum neuen Bundesgesetz datiert bereits vom 17. November 2004. Damit vermag die neue Erlass den in der Zwischenzeit eingetretenen Entwicklungen im Bereich der Mitarbeiterbeteiligungen nicht mehr in allen Punkten Rechnung zu tragen. Das vorliegende Kreisschreiben sowie die Anhänge I bis IV sollen einen Überblick über die steuerlichen Auswirkungen der neuen Bestimmungen verschaffen.

Die Änderungen des vorliegenden Kreisschreibens in seiner Version vom 30. Oktober 2020 sind in diesem Dokument mit einem Balken auf der linken Seite gekennzeichnet.

2 Begriffe

2.1 Mitarbeitende

Als Mitarbeitende im Sinne dieses Kreisschreibens gelten Arbeitnehmende, die im Dienste eines Arbeitgebers stehen (vgl. Art. 319 Abs. 1 des Bundesgesetzes betreffend die Ergänzung des Schweizerischen Zivilgesetzbuches [Fünfter Teil: Obligationenrecht; OR, SR 220] und Art. 17 DBG) sowie Mitglieder der Verwaltung oder der Geschäftsführung ungeachtet deren Wohnsitz respektive Ansässigkeit. Massgebend ist dabei, ob die Einkünfte aus dem zugrundeliegenden Rechtsverhältnis als Einkommen aus unselbständiger Erwerbstätigkeit gemäss Artikel 17 Absatz 1 DBG qualifizieren.

Ebenfalls als Mitarbeitende gelten künftige Angestellte, wenn der künftige Arbeitgeber ihnen mit Blick auf das bevorstehende Arbeitsverhältnis bereits Mitarbeiterbeteiligungen einräumt, bzw. ehemalige Mitarbeitende, denen der ehemalige Arbeitgeber während der Anstellungsdauer Mitarbeiterbeteiligungen eingeräumt hat.

Nicht als Mitarbeitende gelten Unternehmer (vgl. Art. 363 OR), Beauftragte, Mäkler oder Generalagenten im Sinne von Artikel 394 ff. OR sowie Aktionäre, die in keinem Arbeitsverhältnis zum Unternehmen stehen.

2.2 Arbeitgeber

Als Arbeitgeber im Sinne dieses Kreisschreibens gilt die Gesellschaft, eine Gruppengesellschaft oder Betriebsstätte, bei welcher der Mitarbeitende angestellt ist. Darunter fallen auch sogenannte faktische Arbeitgeber. Zu denken ist dabei etwa an Sachverhalte, bei welchen ein Mitarbeitender einer ausländischen Tochtergesellschaft zur Muttergesellschaft in die Schweiz entsandt wird, welche die Kosten für den Mitarbeitenden übernimmt. Diesfalls wird die schweizerische Muttergesellschaft zur faktischen Arbeitgeberin.

2.3 Mitarbeiterbeteiligungen

Ist das Beteiligungsrecht auf das ehemalige, das aktuelle oder das künftige Arbeitsverhältnis mit dem Arbeitgeber zurückzuführen, dann qualifiziert es entweder als echte oder unechte Mitarbeiterbeteiligung.

Wird die Beteiligung dem Mitarbeitenden nicht durch den Arbeitgeber, sondern durch eine natürliche Person (z.B. aus dem Eigenbestand eines Aktionärs) abgegeben, handelt es sich zwar nicht um eine Mitarbeiterbeteiligung nach Artikel 17a DBG im engeren Sinne. Es rechtfertigt sich aber, für die Bemessung des geldwerten Vorteils die Bestimmungen für Mitarbeiterbeteiligungen sinngemäss anzuwenden.

2.3.1 Echte Mitarbeiterbeteiligungen

Echte Mitarbeiterbeteiligungen beteiligen den Mitarbeitenden im Ergebnis am Eigenkapital des Arbeitgebers. Die Beteiligung kann dabei direkt mittels Einräumung von Beteiligungspapieren erfolgen oder indirekt mittels Einräumung von Optionen oder Anwartschaften zum Bezug von Beteiligungspapieren.

Häufigste Formen echter Mitarbeiterbeteiligungen sind Mitarbeiteraktien und Mitarbeiteroptionen.

2.3.1.1 Mitarbeiteraktien

Als Mitarbeiteraktien im Sinne dieses Kreisschreibens gelten Aktien des Arbeitgebers oder ihm nahestehender Gesellschaften (vgl. Art. 17a Abs. 1 Bst. a DBG und Art. 1 Abs. 2 Bst. a MBV), die dem Mitarbeitenden von seinem Arbeitgeber aufgrund seines Arbeitsverhältnisses in der Regel zu Vorzugsbedingungen übertragen werden.

Andere Beteiligungspapiere, die den Mitarbeitenden direkt am Gesellschaftskapital beteiligen – insbesondere Partizipationsscheine oder Genossenschaftsanteile – werden wie Mitarbeiteraktien behandelt. Nachfolgend wird der Einfachheit halber ausschliesslich von Mitarbeiteraktien gesprochen.

2.3.1.1.1 Freie Mitarbeiteraktien

Als freie Mitarbeiteraktien gelten Mitarbeiteraktien, über welche ein Mitarbeitender ohne Einschränkung verfügen kann.

2.3.1.1.2 Gesperrte Mitarbeiteraktien

Als gesperrte Mitarbeiteraktien gelten Mitarbeiteraktien mit einer in der Regel zeitlich befristeten Verfügungssperre (Sperrfrist), während welcher der Mitarbeitende diese Aktien weder veräussern, verpfänden noch anderweitig belasten darf. Der Rechtsgrund für die Sperrfrist ist regelmässig das Beteiligungsreglement bzw. der Kaufvertrag zwischen dem Arbeitgeber und dem Mitarbeitenden. Nicht als Sperrfristen gelten blosse Zeitfenster, während welchen der Mitarbeitende beispielsweise aus betriebsinternen oder börsenrechtlichen Gründen (sog. closed window period) die Aktien nicht veräussern darf.

2.3.1.2 Mitarbeiteroptionen

Eine Mitarbeiteroption ist das einem Mitarbeitenden aufgrund seines ehemaligen, aktuellen oder künftigen Arbeitsverhältnisses in der Regel zu Vorzugsbedingungen eingeräumte Recht, ein Beteiligungspapier des Arbeitgebers innerhalb eines definierten Zeitraums (Ausübungsfrist) zu einem bestimmten Preis (Ausübungspreis) zu erwerben, um sich am Gesellschaftskapital des Arbeitgebers zu beteiligen.

2.3.1.2.1 Freie Mitarbeiteroptionen

Freie Mitarbeiteroptionen können nach ihrer Abgabe ohne Einschränkung ausgeübt oder verkauft werden.

2.3.1.2.2 Börsenkotierte Mitarbeiteroptionen
Eine Mitarbeiteroption gilt im Sinne dieses Kreisschreibens als börsenkotiert, wenn sie an einer Börse notiert ist und einen liquiden Handel aufweist, wobei sich der Handel nicht nur auf Mitarbeitende beschränken darf.

2.3.1.2.3 Gesperrte Mitarbeiteroptionen
Gesperrte Mitarbeiteroptionen können nach ihrer Abgabe während einer bestimmten Zeit (Sperrfrist) weder veräussert noch ausgeübt werden.

2.3.1.3 Anwartschaften auf Mitarbeiteraktien
Anwartschaften auf Mitarbeiteraktien stellen dem Mitarbeitenden in Aussicht, in einem späteren Zeitpunkt eine bestimmte Anzahl Aktien entweder unentgeltlich oder zu Vorzugsbedingungen erwerben zu können. Die Übertragung der Aktien wird dabei in der Regel von Bedingungen abhängig gemacht, wie beispielsweise vom Bestehen eines Arbeitsverhältnisses. Mithin enthalten Anwartschaften auf Mitarbeiteraktien eine Entschädigung für künftige Leistungen, weshalb sie den echten Mitarbeiteroptionen gleichgestellt werden können (vgl. hierzu auch Ziff. 2.3.1 hievor). Restricted Stock Units (RSU) sind typische Anwendungsfälle solcher Anwartschaften.

2.3.2 Unechte Mitarbeiterbeteiligungen
Als unechte Mitarbeiterbeteiligungen gelten eigenkapital- bzw. aktienkursbezogene Anreizsysteme, welche dem Mitarbeitenden im Ergebnis keine Beteiligung am Eigenkapital des Arbeitgebers, sondern in der Regel nur eine Geldleistung in Aussicht stellen, welche sich an der Wertentwicklung des Basistitels bestimmt. Weil diese Instrumente dem Mitarbeitenden regelmässig keine weiteren Rechte wie Stimm- und Dividendenrechte einräumen, gelten die unechten Mitarbeiterbeteiligungen bis zu ihrer Realisation steuerlich als blosse Anwartschaften.

Als häufigste Formen unechter Mitarbeiterbeteiligungen gelten die sog. Phantom Stocks (synthetische Aktien) und die sog. Stock Appreciation Rights (synthetische Optionen) sowie Formen von Co-Investments.

2.3.2.1 Phantom Stocks
Die Phantomaktie (Phantom Stock) ist ein fiktives Beteiligungspapier, welches eine bestimmte Aktie wertmässig spiegelt und dessen Inhaber vermögensrechtlich einem Aktionär gleichstellt. Dementsprechend erhält der Inhaber in der Regel Zahlungen, welche betragsmässig den jeweiligen Dividendenausschüttungen entsprechen. Die Phantomaktie repräsentiert jedoch keine Beteiligung am Eigenkapital des Arbeitgebers und daher auch keine Mitgliedschaftsrechte, wie diese ein Beteiligungsinhaber besitzt.

2.3.2.2 Stock Appreciation Rights
Ein Stock Appreciation Right (SAR) berechtigt die Mitarbeitenden, den Wertzuwachs eines bestimmten Basistitels in einem zukünftigen Zeitpunkt vom Arbeitgeber in bar ausbezahlt zu erhalten. Im Unterschied zu den Phantomaktien erfolgen hier in der Regel keine Zahlungen, welche betragsmässig den jeweiligen Dividenden entsprechen. Die physische Lieferung von Aktien – und damit die Beteiligung am Eigenkapital des Arbeitgebers – entfallen.

2.3.2.3 Co-Investments
Co-Investments von Mitarbeitenden sind insbesondere anzutreffen im Rahmen von Private Equity-Strukturen. Dabei werden häufig Instrumente zugeteilt, welche den Mitarbeitenden in der Regel erst dann entschädigen, wenn der Arbeitgeber verkauft wird oder an die Börse gebracht werden kann. Solche Co-Investments gelten insbesondere dann als unechte Mitarbeiterbeteiligungen, wenn die Beteiligungstitel dem Mitarbeitenden keine umfassenden Eigentümerrechte (unbeschränktes Stimm- und Dividendenrecht, Recht auf Gewinn- und Liquidationsanteil) am Arbeitgeber einräumen.

2.3.3 Künftige Entwicklungen

Die Eidgenössische Steuerverwaltung (nachfolgend ESTV) kann neue Arten von Mitarbeiterbeteiligungen, welche ihr nach Inkrafttreten des vorliegenden Kreisschreibens unterbreitet werden, in Anwendung von Artikel 16 MBV in einem separaten Anhang auflisten und die entsprechende Liste publizieren.

2.4 Sperrfrist sowie Vesting / Vestingperiode

Unter einer Sperrfrist ist in der Regel zeitlich befristete Verfügungssperre auf vertraglicher Basis zu verstehen, während welcher der Mitarbeitende die betreffenden Mitarbeiterbeteiligungen insbesondere weder ausüben, veräussern, verpfänden noch anderweitig belasten darf.

Die Vestingperiode stellt die Zeitspanne dar, während welcher der Mitarbeitende eine Option verdienen bzw. „abverdienen" muss, insbesondere indem er gewisse berufliche Ziele erfüllt oder auch indem er seinen Arbeitsvertrag nicht vor Ablauf einer bestimmten Dauer kündigt. Das Ende dieser Zeitspanne wird als „Vesting" bezeichnet (vgl. Urteil des Bundesgerichts 2C_138/2010 vom 2. Juni 2010, Erw. 2.2) Dementsprechend gelten solche Mitarbeiterbeteiligungen bis zum Eintritt des Vesting lediglich als aufschiebend bedingt zugeteilt.

Das Vesting, also das Ende der Vestingperiode, wird in der Regel im jeweiligen Beteiligungsplan bzw. -vertrag festgehalten, ebenso wie die Gründe, welche zu einem vorzeitigen Vesting führen können. Läuft die Vestingperiode ab und werden sämtliche Vestingbedingungen erfüllt, führt dies zum Erwerb des Rechtsanspruchs an der entsprechenden Mitarbeiterbeteiligung. Der Besteuerungszeitpunkt richtet sich dabei nach Ziffer 3 ff. dieses Kreisschreibens.

2.5 Realisation

Wird in diesem Kreisschreiben von Realisation von Mitarbeiterbeteiligungen gesprochen, dann deckt dies insbesondere die Ausübung oder den Verkauf von Mitarbeiteroptionen ab, ebenso wie die Umwandlung von Anwartschaften in Aktien sowie den Bezug von Bargeld aus aktienkursbezogenen Bargeldanreizsystemen (vgl. Anhang I, Übersicht über Mitarbeiterbeteiligungen).

2.6 Umrechnung von Fremdwährungen

Lautet eine Mitarbeiterbeteiligung auf eine ausländische Währung, so sind die jeweils zu bescheinigenden Angaben in Schweizerfranken (nachfolgend Franken) umzurechnen. Der Umrechnung ist das Mittel der Geld- und Briefschlusskurse am Tage der Abgabe, dem Erwerb oder der Realisation des geldwerten Vorteils aus der Mitarbeiterbeteiligung zu Grunde zu legen. In begründeten Fällen und in Absprache mit der zuständigen Steuerbehörde kann von dieser Umrechnung abgewichen werden.

3 Besteuerung von Mitarbeiteraktien (Art. 17b DBG)

3.1 Grundsatz

Werden Mitarbeiteraktien unentgeltlich oder zu Vorzugsbedingungen abgegeben, stellt die positive Differenz zwischen dem Verkehrswert und dem Abgabepreis bei den Mitarbeitenden einen geldwerten Vorteil und damit Einkommen aus unselbständiger Erwerbstätigkeit dar (vgl. Art. 17 Abs. 1 DBG). Mitarbeiteraktien sind bei Abgabe, d.h. im Zeitpunkt des Rechtserwerbs zu besteuern.

3.2 Verkehrswert

3.2.1 Börsenkotierte Mitarbeiteraktien

Bei börsenkotierten Mitarbeiteraktien gilt als Verkehrswert grundsätzlich der Börsenschlusskurs am Tage des Rechtserwerbs.

Der Rechtserwerb von Mitarbeiteraktien erfolgt regelmässig in einem Zeitpunkt, in welchem der Mitarbeitende das Angebot des Arbeitgebers zum Bezug von Aktien annimmt. Insbesondere aus administrativen Gründen kann der Beteiligungsplan eine bestimmte Bezugsfrist vorsehen, während welcher der Mitarbeitende die Annahme der Offerte bestätigen muss. Liegen solche Bezugsfristen vor, gilt Folgendes:

- Bei Bezugsfristen von mehr als 60 Kalendertagen gilt als steuerlich massgebender Verkehrswert der Schlusskurs am Tage der Annahme der Offerte.

- Bei Bezugsfristen von bis zu 60 Kalendertagen gilt als steuerlich massgebender Verkehrswert der Schlusskurs des ersten Tages der Bezugsfrist. In begründeten Fällen und in Absprache mit der zuständigen Steuerbehörde kann von dieser Verkehrswertberechnung abgewichen werden.

3.2.2 Nicht börsenkotierte Mitarbeiteraktien

Bei nicht an einer Börse kotierten Mitarbeiteraktien fehlt es in der Regel an einem Verkehrswert. Daher gilt als massgeblicher Wert grundsätzlich der nach einer für den entsprechenden Arbeitgeber tauglichen und anerkannten Methode ermittelte Formelwert. Dabei kann die Berechnung des entsprechenden Werts im Zeitpunkt der Zuteilung den Regelungen gemäss dem Kreisschreiben Nr. 28 der Schweizerischen Steuerkonferenz von 28. August 2008 (Wegleitung zur Bewertung von Wertpapieren ohne Kurswert für die Vermögenssteuer) folgen. Die einmal gewählte Berechnungsmethode muss für den entsprechenden Mitarbeiterbeteiligungsplan zwingend beibehalten werden.

Wird der Formelwert nur einmal pro Jahr berechnet, gilt er nur dann als steuerlich massgebender Wert, wenn die Abgabe der Mitarbeiteraktien innert sechs Monaten nach dem betreffenden Bewertungsstichtag erfolgt. Andernfalls ist der Formelwert des kommenden Bewertungsstichtags angemessen zu berücksichtigen.

Ist für nicht börsenkotierte Aktien ausnahmsweise ein Verkehrswert verfügbar, ist grundsätzlich dieser anwendbar. Im Einzelfall kann auf entsprechenden Antrag des Arbeitgebers trotz Verfügbarkeit eines Verkehrswerts auf einen Formelwert abgestellt werden. Dies setzt voraus, dass der Arbeitgeber ein unbeschränktes Kaufrecht hat, die Mitarbeiteraktien zum identisch berechneten Formelwert zurück zu kaufen.

> Beispiel:
> A und B gründen die Newtec AG mit einem AK von 100'000 Franken (100 Aktien à nom. 1'000 Franken). Im Zuge einer Kapitalerhöhung zeichnet die Z Bank als Investorin weitere 100 Aktien à nom. 1'000 Franken zuzüglich eines Agios von 9'000 Franken pro Aktie. Damit beträgt der Verkehrswert 10'000 Franken pro Aktie.
>
> Ein halbes Jahr später möchte die Newtec AG ihren Mitarbeiter C mittels einer unentgeltlichen Abgabe von 10 Aktien beteiligen. Bei einem Verkehrswert von 10'000 Franken pro Aktie würde dies bei C zu einem steuerbaren Einkommen von 100'000 Franken führen.

Weil sein übriger Lohn sehr bescheiden ist, wäre C nicht in der Lage, die durch die Mitarbeiterbeteiligung anfallenden Einkommenssteuern zu bezahlen. Aus diesem Grunde beantragt die Newtec AG bei der zuständigen Steuerbehörde, den Verkehrswert zu negieren und statt dessen zu Steuerzwecken inskünftig auf den Formelwert abzustellen. Dieses Vorgehen wird von den Steuerbehörden akzeptiert, wenn der Arbeitgeber ein unbeschränktes Kaufrecht hat, die Mitarbeiteraktien zum identisch berechneten Formelwert zurück zu kaufen.

3.3 Ermittlung des steuerbaren Einkommens

Der Besteuerung unterliegt die positive Differenz zwischen dem Verkehrswert der Mitarbeiteraktien und deren Abgabepreis.

Gesperrte Mitarbeiteraktien weisen gegenüber frei verfügbaren Aktien einen Minderwert auf. Artikel 17b Absatz 2 DBG trägt diesem Umstand mit einem Diskont von sechs Prozent pro Sperrjahr Rechnung, wobei maximal zehn Sperrjahre berücksichtigt werden können. Dies führt zur folgenden Diskontierungstabelle:

Sperrfrist	Einschlag	Reduzierter Verkehrswert
1 Jahr	5,660 %	94,340 %
2 Jahre	11,000 %	89,000 %
3 Jahre	16,038 %	83,962 %
4 Jahre	20,791 %	79,209 %
5 Jahre	25,274 %	74,726 %
6 Jahre	29,504 %	70,496 %
7 Jahre	33,494 %	66,506 %
8 Jahre	37,259 %	62,741 %
9 Jahre	40,810 %	59,190 %
10 Jahre	44,161 %	55,839 %

Angebrochene Sperrfristjahre werden pro rata temporis berücksichtigt (vgl. Art. 11 Abs. 3 und Art. 12 Abs. 2 MBV). Der reduzierte (prozentuale) Verkehrswert berechnet sich nach der Formel (100 : 1.06^n), wobei (n) der Anzahl am Bewertungsstichtag noch ausstehender Sperrjahre entspricht.

Die positive Differenz zwischen dem reduzierten Verkehrswert und dem tieferen Erwerbspreis stellt beim Mitarbeitenden steuerbares Einkommen aus unselbständiger Erwerbstätigkeit dar (Art. 17b Abs. 1 DBG).

3.4 Besondere Fälle

3.4.1 Vorzeitiger Wegfall der Sperrfrist (Art. 11 MBV)

Fällt die Sperrfrist vorzeitig weg, realisiert der Mitarbeitende in diesem Zeitpunkt einen im Arbeitsverhältnis begründeten geldwerten Vorteil, d.h. Einkommen aus unselbständiger Erwerbstätigkeit (Art. 17 Abs. 1 DBG). Der Grund für den vorzeitigen Wegfall der Sperrfrist ist ebenso wenig von Bedeutung wie die allfällige Tatsache, dass die Mitarbeiteraktie seinerzeit zu einem über dem steuerlich diskontierten Verkehrswert bezogen wurde.

Das steuerbare Einkommen entspricht der Differenz zwischen dem nicht diskontierten Verkehrswert der Aktie im Zeitpunkt des Wegfalls der Sperrfrist und dem entsprechend der verbleibenden Restsperrfrist diskontierten Wert. Angebrochene Restsperrfristjahre sind pro rata temporis zu berücksichtigen.

Beispiel:
Mitarbeiter A hat am 15. März 2010 eine für 10 Jahre gesperrte Mitarbeiter-

aktie unentgeltlich zugeteilt erhalten. Am 30. September 2013 geht Mitarbeiter A vorzeitig in Pension. Entsprechend dem Beteiligungsplan fällt bei diesem Ereignis eine noch bestehende Sperrfrist vorzeitig weg. Damit wird per 30. September 2013 die grundsätzlich noch bis zum 15. März 2020 gesperrte Mitarbeiteraktie sofort frei verfügbar. Anders ausgedrückt wird in diesem Zeitpunkt die noch für 6,46 Jahre (n) gesperrte Aktie in eine ungesperrte Aktie umgewandelt. Beträgt der (volle) Börsenkurs am 30. September 2013 beispielsweise Fr 1'500.00 pro Aktie (x), dann beträgt der – unter Berücksichtigung der noch ausstehenden 6,46 Sperrfristjahre – reduzierte Verkehrswert in Anwendung von Artikel 17b Absatz 2 DBG lediglich 68,632 Prozent (100 : 1,06 ^{6,46}) des vollen Verkehrswerts, d.h. 1'029.50 Franken. Diese Differenz zwischen dem vollen Verkehrswert (1'500) und dem reduzierten Verkehrswert (1'029.50) stellt das im Zeitpunkt des vorzeitigen Wegfalls der Sperrfrist zu bescheinigende steuerbare Erwerbseinkommen von 470.50 Franken dar. Mathematisch entspricht diese Berechnung der Formel ($x - x : 1,06$ ^{n}), bzw. (1'500 – 1'500 : 1,06 ^{6,46}).

	Datum	Sperrung bei Ausgabe	(Rest-)Sperrfrist	Verkehrswert	Einschlag	CHF
Wegfall Sperrfrist per	30.09.2013			1'500	-	1'500
Diskontierung per	30.09.2013	10 Jahre	6.46 Jahre	1'500	68.632%	1'029
steuerbares Erwerbseinkommen						471

3.4.2 Rückgabe von Mitarbeiteraktien (Art. 12 MBV)

Muss ein Mitarbeitender bei Beendigung des Arbeitsverhältnisses aufgrund einer reglementarischen bzw. vertraglichen Verpflichtung Mitarbeiteraktien an seinen Arbeitgeber zurückgeben, kann daraus entweder eine im Arbeitsverhältnis begründete Vermögenseinbusse oder steuerbares Einkommen resultieren. In der positiven Differenz zwischen dem Rücknahmepreis und dem (entsprechend der Restsperrfrist diskontierten) Verkehrs- resp. Formelwert realisiert der Mitarbeitende steuerbares Einkommen aus Erwerbstätigkeit und nicht etwa einen steuerfreien privaten Kapitalgewinn. Deshalb ist in diesen Fällen eine Bescheinigung sinngemäss mit den Angaben nach Artikel 11 Absatz 4 MBV zu erstellen. Das steuerbare Einkommen im Zeitpunkt der Rückgabe bemisst sich diesfalls nach der Differenz zwischen dem (entsprechend der Restsperrfrist diskontierten) Verkehrs- resp. Formelwert der zurückgegebenen Mitarbeiteraktien und dem höheren Rückgabepreis. Im Falle einer entschädigungslosen oder unter dem aktuellen Verkehrswert liegenden Rückgabe der Mitarbeiteraktien kann der Mitarbeitende die Vermögenseinbusse in der Steuerperiode der Rückgabe der Mitarbeiteraktien durch einen Gewinnungskostenabzug vom Einkommen geltend machen (vgl. Art. 12 Abs. 1 MBV).

Beispiel:
Mitarbeiter A hat am 15. März 2010 eine für 10 Jahre gesperrte Mitarbeiteraktie erworben. Am 30. September 2013 kündigt der Mitarbeiter A sein Arbeitsverhältnis. Entsprechend dem Beteiligungsplan hat er die Aktie zum ursprünglichen Erwerbspreis von 800 Franken zurückzugeben. Könnte Mitarbeiter A frei über die Mitarbeiteraktie verfügen, würde die noch für 6,46 Jahre (n) gesperrte Aktie in eine ungesperrte Aktie umgewandelt. Beträgt der (volle) Börsenkurs am 30. September 2013 beispielsweise 1'500 Franken pro Aktie (x), dann beträgt der – unter Berücksichtigung der noch ausstehenden 6,46 Sperrfristjahre – reduzierte Verkehrswert in Anwendung von Artikel 17b Absatz 2 DBG lediglich 68,632 Prozent (100 : 1,06 ^{6,46}) des vollen Verkehrswertes, d.h. 1'029 Franken. Da er die Mitarbeiteraktie zum

Preis von 800 Franken (y) zurückzugeben hat, kann er in der Steuererklärung die Differenz von 229 Franken als Gewinnungskosten abziehen. Mathematisch entspricht diese Berechnung der Formel $(x : 1{,}06^n - y)$, bzw. $(1'500 : 1{,}06^{6{,}46} - 800)$.

	Datum	Sperrfrist	(Rest-) Sperrfrist	Verkehrswert	Rückgabepreis	Einschlag	Reduzierter Verkehrswert
Zuteilung	15.03.2010	10 Jahre					
Kündigung	30.09.2013	-	6.46 Jahre	1'500	800	68.637% (= 1'029)	1'029

Da der Rückgabepreis 800 Franken und der reduzierte Verkehrswert 1'029 Franken betragen, belaufen sich die steuerlich massgebenden Gewinnungskosten auf 229 Franken.

3.4.3 Veräusserung von im Privatvermögen gehaltenen Mitarbeiteraktien

Aus der Veräusserung von im Privatvermögen gehaltenen Mitarbeiteraktien resultiert für die Belange der direkten Steuern grundsätzlich ein steuerfreier privater Kapitalgewinn (vgl. Art. 16 Abs. 3 DBG) oder ein steuerlich unbeachtlicher Kapitalverlust. Der Umfang des steuerfreien Kapitalgewinns entspricht der Differenz zwischen dem Verkehrswert im Zeitpunkt der Abgabe und dem Verkehrswert im Zeitpunkt der Veräusserung bzw. der Differenz zwischen dem Formelwert im Zeitpunkt der Abgabe und dem nach der gleichen Bewertungsmethode ermittelten Formelwert im Zeitpunkt der Veräusserung. Ein allfälliger Mehrwert, der beispielsweise auf eine veränderte Bewertungsmethodik oder auf einen Wechsel vom Formel- zum Verkehrswertprinzip zurückzuführen ist, ist in der Regel als Einkommen im Zeitpunkt der Veräusserung zu besteuern. Tritt das den Wechsel vom Formel- zum Verkehrswertprinzip auslösende Ereignis erst nach Ablauf einer fünfjährigen Haltedauer der jeweiligen Mitarbeiteraktien ein, realisiert der Mitarbeitende bei einer nachfolgenden Veräusserung der im Privatvermögen gehaltenen Mitarbeiteraktien einen steuerfreien Kapitalgewinn.

3.4.4 Hinweise zu weiteren Sachverhalten

Aktien, die im Zeitpunkt der Gründung einer Gesellschaft erworben werden, qualifizieren nicht als Mitarbeiterbeteiligungen im Sinne von Artikel 17a DBG. Erwirbt ein Mitarbeitender Beteiligungsrechte zu Konditionen, wie diese einer unabhängigen Drittperson gewährt werden, gelten diese Wertschriften nicht als Mitarbeiterbeteiligungen im Sinne von Artikel 17a DBG.

4 Besteuerung von Mitarbeiteroptionen (Art. 17b DBG)

4.1 Freie börsenkotierte Mitarbeiteroptionen

Freie börsenkotierte Mitarbeiteroptionen werden im Zeitpunkt der Abgabe besteuert. Werden solche Mitarbeiteroptionen unentgeltlich oder zu Vorzugsbedingungen abgegeben, stellt die positive Differenz zwischen dem Verkehrswert und dem Abgabepreis bei den Mitarbeitenden einen geldwerten Vorteil und damit Einkommen aus unselbständiger Erwerbstätigkeit dar (vgl. Art. 17b Abs. 1 DBG).

In Bezug auf den Verkehrswert der Mitarbeiteroptionen gelten die Bestimmungen gemäss Ziffer 3.2.1 dieses Kreisschreibens sinngemäss.

4.2 Übrige Mitarbeiteroptionen

Sämtliche Mitarbeiteroptionen, die nicht gemäss Ziffer 4.1 hievor bei Abgabe zu besteuern sind, werden im Zeitpunkt der Veräusserung oder der Ausübung besteuert (vgl. Art. 17b

Abs. 3 DBG). Steuerbar ist der gesamte Veräusserungserlös bzw. Ausübungsgewinn nach Abzug allfälliger Gestehungskosten.

5 Besteuerung von Anwartschaften auf Mitarbeiteraktien

Anwartschaften auf Mitarbeiteraktien werden im Zeitpunkt der Umwandlung in Mitarbeiteraktien besteuert. Die Besteuerung richtet sich in diesem Zeitpunkt nach den für die Mitarbeiteraktien geltenden Vorgaben (vgl. Ziff. 3 hievor).

6 Besteuerung von unechten Mitarbeiterbeteiligungen (Art. 17c DBG)

Geldwerte Vorteile aus der Einräumung von unechten Mitarbeiterbeteiligungen sind im Zeitpunkt ihres Zuflusses steuerbar. Als Erwerbseinkommen unterliegt der gesamte geldwerte Vorteil der Einkommenssteuer, d.h. aus unechten Mitarbeiterbeteiligungen kann diesfalls kein steuerfreier privater Kapitalgewinn resultieren.

7 Besteuerung von Mitarbeiterbeteiligungen im internationalen Verhältnis (Art. 7 bis 9 MBV)

7.1 Allgemeines

Die anteilsmässige Besteuerung, welche in den Artikeln 17d DBG sowie 7 und 8 MBV festgehalten wird, ist auf zwei Sachverhalte anwendbar. Der erste Sachverhalt betrifft Fälle, in welchen der Mitarbeitende aus dem Ausland in die Schweiz zuzieht (Zuzug; Art. 7 MBV). Der Zweite betrifft Mitarbeitende, die aus der Schweiz ins Ausland ziehen (Wegzug; Art. 8 MBV). Dabei werden die Mitarbeiterbeteiligungen jeweils in einem Land abgegeben und in einem anderen Land realisiert. Bei diesen Mitarbeiterbeteiligungen handelt es sich in der Regel um Mitarbeiteroptionen, Anwartschaften auf Mitarbeiteraktien oder um unechte Mitarbeiterbeteiligungen.

Aufgrund verschiedener Doppelbesteuerungsabkommen (DBA) kann die Schweiz in der Regel nicht den gesamten geldwerten Vorteil aus der Realisation besteuern. Die Besteuerung ist vielmehr aufgrund der Arbeitstage auf die Länder zu verteilen, in denen der Mitarbeitende seit der Zuteilung der Mitarbeiterbeteiligung bis zum Entstehen des Ausübungsrechts ansässig war (Art. 7 und 8 MBV). Keine Rolle spielt dabei, ob ein anderes Land den geldwerten Vorteil anteilsmässig besteuert oder nicht. Vielmehr ist entscheidend, welches Land das anteilige Besteuerungsrecht für das Einkommen aus der zugrundeliegenden Erwerbstätigkeit besitzt.

Artikel 7 wie auch Artikel 8 MBV schreiben dem Arbeitgeber vor, welche Angaben er in den Fällen der anteilsmässigen Besteuerung nach Artikel 17d DBG zu bescheinigen hat. Anzumerken ist, dass die Artikel 7 und 8 MBV auf Grund des ausdrücklichen Verweises in Artikel 9 MBV in analoger Weise auch auf weitere Sachverhalte anzuwenden sind, wie beispielsweise, wenn ein Mitarbeitender aus dem Ausland in die Schweiz zuzieht, für kurze Zeit hier ansässig ist und noch vor dem Vesting wieder wegzieht oder umgekehrt. Die örtliche Zuständigkeit der Besteuerung richtet sich nach den Artikeln 107 und 105 DBG. Die Bescheinigung bei Wegzug eines Mitarbeitenden ist der nach diesen Bestimmungen zuständigen kantonalen Behörde zuzustellen. Der Arbeitgeber hat in seiner Eigenschaft als Schuldner der steuerbaren Leistung die Quellensteuer jeweils bloss auf dem schweizerischen Anteil abzurechnen.

Als Arbeitstage im Sinne von Artikel 7 und 8 MBV gilt der Zeitraum, in welchem zwischen einem Mitarbeitenden und seinem Arbeitgeber ein Arbeitsvertragsverhältnis besteht. Die in diese Zeitspanne fallenden Ferien, Wochenenden, gesetzlichen Feiertage und sonstigen Abwesenheiten (Reisetage, Krankheit, Militärdienst, Mutterschaftsurlaub etc.) werden dabei nicht in Abzug gebracht.

Generell vorbehalten bleiben Bestimmungen in DBA oder weiteren Abkommen mit anderen Staaten, die das Besteuerungsrecht der Schweiz beschränken oder aufheben (so etwa Art. 15a DBA Deutschland über die Besteuerung von Grenzgängern).

7.2 Quellenbesteuerung von Mitarbeiteraktien und freien börsenkotierten Mitarbeiteroptionen

7.2.1 Allgemeines

Mitarbeiteraktien im Sinne von Artikel 1 Absatz 2 Buchstabe a MBV sind gemäss Artikel 17b Absatz 1 DBG immer im Zeitpunkt des Erwerbs als Einkommen aus unselbstständiger Erwerbstätigkeit steuerbar. Allfällige Sperrfristen werden mit einem Diskont von 6 Prozent pro Sperrjahr auf deren Verkehrswert berücksichtigt (vgl. auch Ziff. 3.3 hievor). Eine anteilsmässige Besteuerung ist ausgeschlossen, da Mitarbeiteraktien mit ihrer Abgabe erworben werden. Vorbehalten bleiben Fälle, in welchen die Mitarbeiteraktien als Entschädigung für eine im Ausland erbrachte Arbeitsleistung (Bonus) abgegeben werden.

Freie börsenkotierte Mitarbeiteroptionen im Sinne von Artikel 1 Absatz 2 Buchstabe b MBV sind ebenfalls gemäss Artikel 17b Absatz 1 DBG im Zeitpunkt des Erwerbs als Einkommen aus unselbständiger Erwerbstätigkeit zu besteuern.

7.2.2 Quellenbesteuerung

Im internationalen Verhältnis ist zu berücksichtigen, dass der Empfänger der Mitarbeiteraktien im Zeitpunkt des Erwerbs seine Ansässigkeit entweder in der Schweiz oder im Ausland haben kann. In beiden Fällen kann die Besteuerung an der Quelle erfolgen, sofern die Voraussetzungen der Artikel 83 respektive 91 oder 97 DBG erfüllt sind. Daraus ergeben sich folgende Möglichkeiten der Besteuerung:

Art der Erwerbstätigkeit im Besteuerungszeitpunkt	steuerrechtlicher Wohnsitz im Zeitpunkt der Besteuerung	
	Schweiz	Ausland[2]
Ausschliesslich Arbeitnehmer (AN)	Fälle von Art. 83 DBG: Einkünfte aus Mitarbeiteraktien sind zusammen mit dem übrigen Einkommen aus unselbstständiger Erwerbstätigkeit an der Quelle zu besteuern.	Fälle von Art. 91 oder 97 DBG: Einkünfte aus Mitarbeiteraktien sind zusammen mit dem übrigen Einkommen aus unselbstständiger Erwerbstätigkeit an der Quelle zu besteuern. Vorbehalten bleibt eine anteilsmässige Besteuerung von Mitarbeiterbeteiligungen, die als Bonus abgegeben werden (sinngemäss Art. 17d DBG)
Ausschliesslich Verwaltungsrat (VR)	Fälle von Art. 83 DBG: Einkünfte aus Mitarbeiteraktien sind zusammen mit dem übrigen Einkommen aus unselbstständiger Erwerbstätigkeit an der Quelle zu besteuern.	Fälle von Art. 93 DBG: Verwaltungsräte, die Mitarbeiteraktien erhalten, werden für diese Leistung an der Quelle besteuert werden.
Zugleich Arbeitnehmer (AN) und Verwaltungsrat (VR)	Fälle von Art. 83 DBG: Einkünfte aus Mitarbeiteraktien sind zusammen mit dem übrigen Einkommen aus unselbstständiger Erwerbstätigkeit an der Quelle zu besteuern.	Fälle von Art. 91 oder 97 sowie 93 DBG: In diesen Fällen ist vorgängig zu bestimmen, für welche Art der Erwerbstätigkeit (AN oder VR) die Mitarbeiteraktien ausgegeben werden. Die Besteuerung richtet sich anschliessend nach der Art der Erwerbstätigkeit. Vorbehalten bleibt eine anteilsmässige Besteuerung bei Mitarbeiterbeteiligungen, die als Bonus abgegeben werden (sinngemäss Art. 17d DBG).

---

[2] Massgebend, ob die Besteuerung nach internem Recht erfolgen kann, ist die Zuweisung der Besteuerungshoheit durch ein allfällig anwendbares DBA und weitere bilaterale Abkommen mit anderen Staaten. Im Falle eines Wegzugs aus der Schweiz ist somit eine Besteuerung durch die Schweiz dennoch nicht ausgeschlossen.

7.3 Besteuerung von gesperrten oder nicht börsenkotierten Mitarbeiteroptionen, Anwartschaften auf Mitarbeiteraktien sowie unechten Mitarbeiterbeteiligungen im internationalen Verhältnis

7.3.1 Allgemeines

Geldwerte Vorteile aus gesperrten oder nicht börsenkotierten Mitarbeiteroptionen, aus Anwartschaften auf Mitarbeiteraktien sowie aus unechten Mitarbeiterbeteiligungen werden im Zeitpunkt ihrer Realisation besteuert (vgl. auch Ziff. 4.2, Ziff. 5 und Ziff. 6 hievor).

7.3.2 „Import" von Mitarbeiterbeteiligungen (Art. 7 MBV)

Als „importierte" Mitarbeiterbeteiligungen gelten Mitarbeiteroptionen, Anwartschaften auf Mitarbeiteraktien oder unechte Mitarbeiterbeteiligungen, die der Mitarbeitende während einer Zeit erworben hat, in der er im Ausland ansässig war, und welche er nach seinem Zuzug in die Schweiz hier realisiert (vgl. Art. 7 Abs. 1 MBV).

„Importierte" Mitarbeiterbeteiligungen, die nach schweizerischem Recht im Zeitpunkt der Abgabe besteuert werden (vgl. Ziff. 2.3.1.1.1 und 2.3.1.1.2, sowie Ziff. 4.1 hievor), können in der Schweiz steuerfrei realisiert werden. Die Besteuerung von Erwerbseinkünften infolge vorzeitigen Wegfalls der Sperrfrist bleibt vorbehalten.

7.3.2.1 „Import" von Mitarbeiterbeteiligungen mit Ansässigkeitswechsel

Das Erwerbseinkommen von „importierten" Mitarbeiterbeteiligungen, die nach schweizerischem Recht im Zeitpunkt der Realisation besteuert werden, wird – unter Progressionsvorbehalt – nur anteilsmässig besteuert, sofern zwischen dem Zeitpunkt der Abgabe und der Realisation der Mitarbeiterbeteiligung ein Ansässigkeitswechsel erfolgt ist. Der in der Schweiz steuerbare geldwerte Vorteil berechnet sich dabei wie folgt (Art. 17d DBG):

$$\frac{\text{Gesamthaft erhaltener geldwerter Vorteil} \times \text{Anzahl Arbeitstage in der Schweiz innerhalb der Vestingperiode}}{\text{Anzahl Tage der Vestingperiode}}$$

Die Besteuerung kann dabei im ordentlichen Verfahren oder im Quellensteuerverfahren erfolgen und es sind die Bescheinigungen gemäss Artikel 7 MBV beizubringen.

Zur Veranschaulichung dienen die Fallbeispiele 1 und 3 im Anhang II dieses Kreisschreibens.

7.3.2.2 „Import" von Mitarbeiterbeteiligungen ohne Ansässigkeitswechsel

Das Erwerbseinkommen von „importierten" Mitarbeiterbeteiligungen, die nach schweizerischem Recht im Zeitpunkt der Realisation besteuert werden, wird – unter Progressionsvorbehalt – auch bei unveränderter Ansässigkeit im Ausland anteilsmässig besteuert, sofern sich der Mitarbeitende zwischen dem Zeitpunkt der Abgabe und Realisation einer Mitarbeiterbeteiligung bei einem Arbeitgeber mit Sitz in der Schweiz anstellen lässt. In diesen Fällen erfolgt die anteilsmässige Besteuerung nach dem Verhältnis der Arbeitsverträge (Arbeitstage) Schweiz / Ausland innerhalb der Vestingperiode (sinngemässe Anwendung von Art. 17d DBG). Die in diese Zeitspanne fallenden Ferien, Wochenenden, gesetzlichen Feiertage und sonstigen Abwesenheiten (Reisetage, Krankheiten, Militärdienst, Mutterschaftsurlaub etc.) sind für die Berechnung der massgebenden Arbeitstage unerheblich. Die Arbeitstage Schweiz sind um allfällige Drittstaattage zu kürzen. Die Berechnung ist wie folgt vorzunehmen:

$$\frac{\text{Gesamthaft erhaltener geldwerter Vorteil} \times \text{Anzahl Arbeitstage* in der Schweiz innerhalb der Vestingperiode}}{\text{Anzahl Tage der Vestingperiode}}$$

* allenfalls unter Berücksichtigung von Drittstaattagen

Da der Mitarbeitende in der Schweiz bloss beschränkt steuerpflichtig ist, hat die Besteuerung des geldwerten Vorteils aus Mitarbeiterbeteiligungen im Quellensteuerverfahren zu erfolgen. Die Vorschriften in den verschiedenen DBA oder weiteren Abkommen mit anderen Staaten, die das Besteuerungsrecht der Schweiz beschränken oder aufheben (so etwa in Art. 15a DBA Deutschland über die Besteuerung von Grenzgängern), sind zu beachten.

7.3.3 „Export" von Mitarbeiterbeteiligungen (Art. 8 MBV)

Als „exportierte" Mitarbeiterbeteiligungen gelten Mitarbeiteroptionen, Anwartschaften auf Mitarbeiteraktien oder unechten Mitarbeiterbeteiligungen, die der Mitarbeitende während einer Zeit zugeteilt erhalten hat, in der er in der Schweiz ansässig war, und die er nach seinem Wegzug ins Ausland dort realisiert (vgl. Art. 8 Abs. 1 MBV).

Der „Export" von Mitarbeiterbeteiligungen, die nach schweizerischem Recht im Zeitpunkt der Abgabe besteuert werden (vgl. Ziff. 2.3.1.1.1 und 2.3.1.1.2, sowie Ziff. 4.1 hievor), ist steuerlich unbeachtlich. Vorbehalten bleiben diejenigen Fälle, in welchen die Mitarbeiterbeteiligungen als Bonus für die in der Schweiz erbrachte Leistung ausgerichtet werden und dementsprechend der Quellensteuer unterliegen.

Die Besteuerung hat in jedem Fall über das Quellensteuerverfahren zu erfolgen und der Quellensteuerabrechnung sind die Bescheinigungen gemäss Artikel 8 MBV beizulegen.

7.3.3.1 „Export" von Mitarbeiterbeteiligungen mit Ansässigkeitswechsel

Der „Export" von Mitarbeiterbeteiligungen, welche nach schweizerischem Recht bei Realisation besteuert werden, zieht in diesem Zeitpunkt in der Schweiz Einkommenssteuerfolgen nach sich. Verlegt dabei der Mitarbeitende vor Realisation der Mitarbeiterbeteiligungen seinen Wohnsitz ins Ausland, hat die Quellenbesteuerung in Anwendung von Artikel 97a DBG zu erfolgen. Der in der Schweiz steuerbare geldwerte Vorteil berechnet sich dabei wie folgt (vgl. Art. 17d DBG):

$$\frac{\text{Gesamthaft erhaltener geldwerter Vorteil} \times \text{Anzahl Arbeitstage in der Schweiz innerhalb der Vestingperiode}}{\text{Anzahl Tage der Vestingperiode}}$$

Die Steuer (Anteil direkte Bundessteuer) beträgt 11,5 Prozent des in der Schweiz steuerbaren geldwerten Vorteils (Art. 97a Abs. 2 DBG).

Die anfallenden Steuern sind als Quellensteuer – diese wird auch als erweiterte Quellensteuer bezeichnet – durch den (ehemaligen) schweizerischen Arbeitgeber abzuführen. Diese Verpflichtung gilt insbesondere auch dann, wenn der geldwerte Vorteil von einer ausländischen Konzerngesellschaft ausgerichtet wird. Der Quellensteuerabrechnung ist die Bescheinigung über die Mitarbeiterbeteiligung beizulegen (vgl. Art. 10 MBV).

Die Besteuerung hat trotz Ansässigkeitswechsel nicht nach Artikel 97a DBG zu erfolgen, wenn der Mitarbeitende bei Realisation der Mitarbeiterbeteiligung weiterhin beim gleichen Leistungsschuldner angestellt bzw. als Verwaltungsrat tätig ist. In diesen Fällen hat die Quellenbesteuerung gemäss den Artikeln 91, 97 und 93 DBG zu erfolgen. Eine Ausscheidung gemäss Artikel 17d DBG hat dabei zu unterbleiben (vgl. Art. 13 Abs. 1 und Art. 14 Abs. 1 MBV). Vorbehalten bleiben die Bestimmungen in den Doppelbesteuerungsabkommen oder weiteren Abkommen mit anderen Staaten, die das Besteuerungsrecht der Schweiz beschränken oder aufheben (so etwa in Art. 15a DBA Deutschland über die Besteuerung von Grenzgängern).

7.3.3.2 „Export" von Mitarbeiterbeteiligungen ohne Ansässigkeitswechsel

Die Quellenbesteuerung hat nach den Artikeln 91, 97 und 93 DBG zu erfolgen, wenn der Mitarbeitende bereits bei Abgabe der Mitarbeiterbeteiligungen im Ausland ansässig war und zwischen dem Zeitpunkt der Abgabe und Realisation der Mitarbeiterbeteiligung kein Ansässigkeitswechsel stattgefunden hat.

Bestand das Arbeitsverhältnis während der ganzen Vestingperiode unverändert in der Schweiz, so sind einzig allfällige Drittstaattage (d.h. Arbeitstage ausserhalb der Schweiz) von der Besteuerung auszuscheiden. Dies trifft vor allem auf die Fälle zu, bei welchen der Steuerpflichtige nach Artikel 91 DBG quellensteuerpflichtig ist. Bei der Besteuerung nach Artikel 97 DBG sind in der Regel Drittstaattage nur für bestimmte Fallgruppen auszuscheiden (etwa Fälle im internationalen Transportgewerbe), währenddem die Quellenbesteuerung gemäss Artikel 93 DGB uneingeschränkt vorgenommen werden kann.

Hat der im Ausland ansässige Mitarbeitende innerhalb der Vestingperiode einen Arbeitgeberwechsel ins Ausland vollzogen bzw. sein Arbeitsverhältnis in der Schweiz beendet, so hat die Quellenbesteuerung gemäss den Artikeln 91 und 97 DBG anteilsmässig zu erfolgen. Dies gilt dementsprechend auch für Fälle, die nach Artikel 93 DBG quellensteuerpflichtig sind. Die Besteuerung ist dabei nach dem Verhältnis der Arbeitstage (Tage des Verwaltungsratsmandats) Schweiz / Ausland während der Vestingperiode anteilsmässig vorzunehmen (sinngemässe Anwendung von Art. 17d DBG). Die in diese Zeitspanne fallenden Ferien, Wochenenden, gesetzlichen Feiertage und sonstigen Abwesenheiten (Reisetage, Krankheiten, Militärdienst, Mutterschaftsurlaub etc.) sind für die Berechnung der massgebenden Arbeitstage unerheblich. Die Arbeitstage Schweiz sind allenfalls noch um allfällige Drittstaattage zu kürzen (vgl. voranstehender Absatz). Die Berechnung ist wie folgt vorzunehmen:

$$\frac{\text{Gesamthaft erhaltener geldwerter Vorteil} \times \text{Anzahl Arbeitstage* Schweiz innerhalb der Vestingperiode}}{\text{Anzahl Tage der Vestingperiode}}$$

* allenfalls unter Berücksichtigung von Drittstaattagen

Generell vorbehalten bleiben Bestimmungen in den DBA oder weiteren Abkommen mit anderen Staaten, die das Besteuerungsrecht der Schweiz beschränken oder aufheben (so etwa Art. 15a DBA Deutschland über die Besteuerung von Grenzgängern).

Zur Veranschaulichung dient das Fallbeispiel 5 im Anhang II dieses Kreisschreibens.

7.3.4 Überblick zur Quellenbesteuerung von geldwerten Vorteilen aus Mitarbeiterbeteiligungen, die erst bei Realisierung steuerbar sind

Im internationalen Verhältnis ist zu berücksichtigen, dass der Empfänger von Mitarbeiterbeteiligungen, welche im Zeitpunkt der Realisation steuerbar sind, dannzumal seine Ansässigkeit entweder in der Schweiz oder im Ausland haben kann. In beiden Fällen kann die Besteuerung an der Quelle erfolgen, sofern die Voraussetzungen der Artikel 83 bzw. Artikel 91, 97 oder 93 sowie des Artikel 97a DBG erfüllt sind. Daraus ergeben sich folgende Möglichkeiten zur Besteuerung:

Art der Erwerbstätigkeit im Besteuerungszeitpunkt	steuerrechtlicher Wohnsitz im Zeitpunkt der Besteuerung	
	Schweiz	Ausland[3]
Ausschliesslich Arbeitnehmer (AN)	Fälle von Art. 83 DBG: Einkünfte aus diesen Mitarbeiterbeteiligungen sind zusammen mit dem übrigen Einkommen aus unselbstständiger Erwerbstätigkeit an der Quelle zu besteuern. Eine anteilsmässige Besteuerung (Art. 17d DBG) kann nur dann erfolgen, wenn die steuerpflichtige Person nicht während der ganzen Zeitspanne für ihr Einkommen in der Schweiz steuerpflichtig war.	Fälle von Art. 91 und 97 DBG: Einkünfte aus diesen Mitarbeiterbeteiligungen sind zusammen mit dem übrigen Einkommen aus unselbstständiger Erwerbstätigkeit an der Quelle zu besteuern. Die Besteuerung erfolgt nach Art. 84 DBG, wobei eine anteilsmässige Besteuerung gemäss Art. 17d DBG ausgeschlossen ist (vgl. Art. 13 Abs. 1 MBV). Vorbehalten bleiben Bestimmungen aus DBA oder Abkommen mit anderen Staaten.
Ausschliesslich Verwaltungsrat (VR)	Fälle von Art. 83 DBG: Einkünfte aus diesen Mitarbeiterbeteiligungen sind zusammen mit dem übrigen Einkommen aus unselbstständiger Erwerbstätigkeit an der Quelle zu besteuern. Eine anteilsmässige Besteuerung (Art. 17d DBG) kann nur dann erfolgen, wenn die steuerpflichtige Person nicht während der ganzen Zeitspanne für ihr Einkommen in der Schweiz steuerpflichtig war.	Fälle von Art. 93 DBG: Einkünfte aus Mitarbeiterbeteiligungen sind zusammen mit den anderen Einkünften aus Verwaltungsratstätigkeit quellensteuerpflichtig, sofern die Abgabe der Mitarbeiterbeteiligung im Zusammenhang mit dem Verwaltungsratsmandat erfolgte. Die Besteuerung erfolgt nach Art. 93 DBG, wobei eine anteilsmässige Besteuerung gemäss Art. 17d DBG (Art. 14 Abs. 1 MBV) ausgeschlossen ist. Auch die Bestimmungen aus DBA oder Abkommen mit anderen Staaten weisen die Besteuerung dem Staat zu, in welchem der Leistungsschuldner seinen Sitz hat.

---

[3] Massgebend, ob die Besteuerung nach internem Recht erfolgen kann, ist die Zuweisung der Besteuerungshoheit durch ein allfällig anwendbares DBA und weitere bilaterale Abkommen mit anderen Staaten. Im Falle eines Wegzugs aus der Schweiz ist somit eine Besteuerung durch die Schweiz dennoch nicht ausgeschlossen.

Zugleich Arbeitnehmer (AN) und Verwaltungsrat (VR)	Fälle von Art. 83 DBG: Einkünfte aus diesen Mitarbeiterbeteiligungen sind zusammen mit dem übrigen Einkommen aus unselbstständiger Erwerbstätigkeit an der Quelle zu besteuern. Eine anteilsmässige Besteuerung (Art. 17d DBG) kann nur dann erfolgen, wenn die steuerpflichtige Person nicht während der ganzen Zeitspanne für ihr Einkommen in der Schweiz steuerpflichtig war.	Fälle von Art. 91, 97 oder 93 DBG: In diesen Fällen ist vorgängig zu bestimmen, für welche Art der Erwerbstätigkeit (AN oder VR) die Mitarbeiterbeteiligungen ausgegeben wurde. Die Besteuerung richtet sich anschliessend nach der Art der Erwerbstätigkeit, d.h. im Zusammenhang mit einem Arbeitsverhältnis nach Art. 91, 97 DBG bzw. in Zusammenhang mit einem Verwaltungsratsmandat nach Art. 93 DBG.
Weder Arbeitnehmer (AN) noch Verwaltungsrat (VR)	Fälle von Art. 83 DBG: Bei quellensteuerpflichtigen Personen, die im Zeitpunkt der Realisation einer Mitarbeiterbeteiligung weder Arbeitnehmer noch Verwaltungsrat des Leistungsschuldners sind, erfolgt die Besteuerung durch den seinerzeitigen Leistungsschuldner in Anwendung von Art. 83 DBG. Eine anteilsmässige Besteuerung (Art. 17d DBG) kann nur dann erfolgen, wenn die steuerpflichtige Person nicht während der ganzen Zeitspanne für ihr Einkommen in der Schweiz steuerpflichtig war.	Fälle von Art. 97a DBG: In diesen Fällen sind geldwerten Vorteile aus „exportierten" Mitarbeiterbeteiligungen gemäss Art. 97a DBG quellensteuerpflichtig, sofern der Wohnsitz vor Realisierung ins Ausland verlegt wurde. Eine anteilsmässige Besteuerung ist in Anwendung von Art. 17d DBG sicherzustellen. Massgebend sind die in der Vestingperiode der Schweiz zuzurechnenden „Arbeitstage" und dies im Vergleich zur gesamten Anzahl Tage während der Vestingperiode. Liegt kein entsprechender Ansässigkeitswechsel vor, erfolgt die Besteuerung gemäss Art. 91, 97 oder 93 DBG.

8 Mitwirkungs- und Bescheinigungspflichten

8.1 Arbeitgeber

8.1.1 Allgemeines

Der Arbeitgeber unterliegt ab dem 1. Januar 2013 im Zusammenhang mit Mitarbeiterbeteiligungen einer besonderen Bescheinigungspflicht nach Artikel 129 Absatz 1 Buchstabe d DBG. Einzelheiten hat der Bundesrat in der MBV geregelt. Danach hat der Arbeitgeber sowohl für jede Steuerperiode eine Bescheinigung auszustellen, in welcher er dem Mitarbeitenden Mitarbeiterbeteiligungen einräumt, als auch für jede Steuerperiode in welcher der Mitarbeitende Mitarbeiterbeteiligungen einkommenssteuerlich relevant realisiert (vgl. Ziff. 3 bis 6 hievor). Diese Verpflichtung gilt auch dann, wenn der Mitarbeiterbeteiligungsplan von einer ausländischen Konzerngesellschaft oder durch einen Dritten verwaltet wird.

Die Bescheinigung dient insbesondere dazu, die Berechnungsgrundlagen für die im Lohnausweis ausgewiesene geldwerte Leistung rechnerisch nachvollziehbar offen zu legen. Gemäss Artikel 129 Absatz 1 Buchstabe d DBG müssen Arbeitgeber den Veranlagungsbehörden für jede Steuerperiode eine Bescheinigung einreichen, in welcher sie ihren Angestellten Mitarbeiterbeteiligungen einräumen. Ferner hat der Arbeitgeber die Bescheinigung dem Mitarbeitenden als Beilage zum Lohnausweis abzugeben bzw. der Quellensteuerabrechnung beizulegen (vgl. Art. 10 MBV). Vorbehalten bleiben hiervon abweichende kantonale Regelungen. Eine direkte Zustellung an die kantonale Steuerbehörde des Wohnsitzkantons des Mitarbeitenden ist aber immer dann notwendig, wenn der geldwerte Vorteil aus Mitarbeiterbeteiligungen nach Beendigung des Arbeitsverhältnisses realisiert wird (vgl. Art. 15 MBV).

Die Arbeitgeber sind in der Gestaltung der Bescheinigung grundsätzlich frei, soweit diese die Minimalanforderungen gemäss der MBV erfüllt. Musterbescheinigungen finden sich im Anhang III dieses Kreisschreibens. Die ESTV und die kantonalen Steuerbehörden können zusätzlich zu den in der MBV vorgeschriebenen Angaben weitere Informationen von den Arbeitgebern verlangen, soweit dies für die vorschriftsgemässe Veranlagung notwendig ist (vgl. Art. 17 MBV).

Sofern ein Vorbescheid betreffend die Besteuerung der Mitarbeiterbeteiligungen vorliegt, sind auf der Bescheinigung die kantonale Amtsstelle, die den Vorbescheid getroffen hat und das Datum der Vereinbarung (Abschlussdatum) zu vermerken.

8.1.2 Bescheinigungen bei Mitarbeiteraktien (Art. 4 MBV)

Bei Mitarbeiteraktien muss die Bescheinigung für die Steuerperiode erstellt werden, in welcher der Mitarbeitende die Mitarbeiteraktien erwirbt. Sie muss die Angaben nach Artikel 4 MBV enthalten.

Wird bei nicht börsenkotierten Mitarbeiteraktien ein Verkehrswert ausgewiesen, dann muss auf der Bescheinigung vermerkt sein, aus welcher Transaktion sich dieser Verkehrswert ableitet. Wird demgegenüber ein Formelwert ausgewiesen, muss auf der Bescheinigung die angewandte Bewertungsformel angegeben werden.

Ausnahmsweise drängt sich bei Mitarbeiteraktien eine weitere Bescheinigung auf. Das ist namentlich dann der Fall, wenn sich während der Haltedauer der Aktien ein einkommenssteuerlich relevanter Sachverhalt ereignet. Solche Anwendungsfälle werden nachfolgend dargestellt.

8.1.2.1 Freigabe von Mitarbeiteraktien vor Ablauf der Sperrfrist (Art. 11 MBV)

Die Bescheinigung bei Freigabe von Mitarbeiteraktien vor Ablauf der Sperrfrist muss für die Steuerperiode erstellt werden, in welcher die Sperrfrist vorzeitig wegfällt. Sie muss die Angaben nach Artikel 11 MBV enthalten.

8.1.2.2 Rückgabe von Mitarbeiteraktien (Art. 12 MBV)

Bei der Rückgabe von Mitarbeiteraktien muss die Bescheinigung für diejenige Steuerperiode erstellt werden, in welcher der Mitarbeitende die Mitarbeiteraktien entweder überpreislich oder aber unentgeltlich/unterpreislich zurückzugeben hat. Die Bescheinigung muss die Angaben nach Artikel 12 MBV enthalten.

Im Falle einer unterpreislichen Rückgabe darf der Arbeitgeber den geldwerten Nachteil jedoch nicht im Sinne eines Minuslohnes in den Lohnausweis einfliessen lassen und mit anderen steuerbaren Erwerbseinkünften verrechnen. Vielmehr dient diese Bescheinigung dem

Mitarbeiter dafür, diesen geldwerten Nachteil in seiner Steuererklärung als Gewinnungskosten geltend zu machen.

8.1.3 Bescheinigung über Mitarbeiteroptionen, Anwartschaften auf Mitarbeiteraktien und unechte Mitarbeiterbeteiligungen (Art. 5 und 6 MBV)

8.1.3.1 Freie, börsenkotierte Mitarbeiteroptionen

Für freie, börsenkotierte Mitarbeiteroptionen, die im Zeitpunkt der Abgabe besteuert werden, genügt in der Regel eine einzige Bescheinigung. Sie erfolgt für die Steuerperiode, in welcher der Mitarbeitende die Mitarbeiteroptionen erwirbt und muss die Angaben nach Artikel 5 MBV enthalten.

Eine weitere Bescheinigung wäre nur dann angezeigt, wenn Mitarbeiteroptionen während ihrer Haltedauer inhaltlich zugunsten des Mitarbeitenden abgeändert würden, was beispielsweise bei einem Repricing der Fall ist.

8.1.3.2 Übrige Mitarbeiteroptionen, Anwartschaften auf Mitarbeiteraktien und unechte Mitarbeiterbeteiligungen

Für Mitarbeiteroptionen, Anwartschaften auf Mitarbeiteraktien und unechte Mitarbeiterbeteiligungen, die im Zeitpunkt der Realisation des geldwerten Vorteils besteuert werden, sind für die Belange der direkten Bundessteuer stets zwei Bescheinigungen erforderlich: Die Erste im Zeitpunkt der Abgabe der Mitarbeiterbeteiligung und die Zweite im Zeitpunkt der Realisation (vgl. Art. 5 Abs. 2 Bst. a und b MBV).

Im internationalen Verhältnis ist es unter Umständen möglich, dass diese Mitarbeiterbeteiligungsformen nur anteilsmässig besteuert werden. Sind die entsprechenden Voraussetzungen als Folge eines Zuzugs in die Schweiz (vgl. Ziff. 7.3.2.1) erfüllt, stellt der Arbeitgeber dem Mitarbeitenden im Zeitpunkt der Realisation des geldwerten Vorteils eine Bescheinigung aus, welche die Vorgaben von Artikel 7 MBV erfüllt. Dabei ist zu beachten, dass in den Lohnausweis stets die volle geldwerte Leistung einfliessen muss. Der auf das Ausland entfallende Anteil kann der Mitarbeitende erst in seiner Steuererklärung als „im Ausland steuerbare Einkünfte" in Abzug bringen.

Sind die entsprechenden Voraussetzungen als Folge eines Wegzugs aus der Schweiz (vgl. Ziff. 7.3.3.1) erfüllt, ist die Bescheinigung entsprechend den Vorgaben von Artikel 8 MBV der Quellensteuerabrechnung beizulegen. Eine eigenständige, isolierte Meldung der Realisation an die kantonale Steuerbehörde ist nicht notwendig.

8.1.4 Weitere Auskünfte (Art. 17 MBV)

Der Arbeitgeber ist verpflichtet, jederzeit weitere Angaben zu der abgegebenen Mitarbeiterbeteiligung zu machen. Für die Beurteilung eines Mitarbeiterbeteiligungsplans können Aktionärsbindungsverträge, Verträge mit Drittinvestoren oder mit kreditgebenden Banken u. dgl. von Bedeutung sein.

8.2 *Steuerpflichtige*

Die Steuerpflichtigen sind für die vollständige und richtige Deklaration von erhaltenen Mitarbeiterbeteiligungen in der Steuererklärung und für die Einreichung der Bescheinigung des Arbeitgebers verantwortlich.

Sämtliche echten und unechten Mitarbeiterbeteiligungen sind im Wertschriften- und Guthabenverzeichnis zu deklarieren. Diese Deklarationspflicht gilt insbesondere auch dann, wenn die Einkommensbesteuerung (noch) nicht aktuell bevorsteht.

9 Vorbescheid zwischen dem Arbeitgeber und der Steuerbehörde (Ruling)

9.1 Allgemeines

Die Einholung eines Vorbescheids bezweckt nicht nur die einheitliche Veranlagung der Mitarbeitenden, sondern auch die steuerlich korrekte Handhabung des Mitarbeiterbeteiligungsplanes durch den Arbeitgeber in interkantonalen und internationalen Beziehungen mit den Steuerbehörden. Im Ergebnis sollen sich die Mitarbeitenden, der Arbeitgeber und die Steuerbehörden auf die zugesicherten steuerlichen Konsequenzen verlassen können.

9.2 Voraussetzungen

Der zuständigen Steuerbehörde sind für die Einholung eines Vorbescheids sämtliche relevanten Plan- bzw. Vertragsunterlagen einzureichen. Aufgrund dieser Unterlagen ist unter genauem Verweis auf die massgebenden Unterlagen vom Arbeitgeber eine steuerliche Beurteilung vorzunehmen und ein entsprechender Antrag zu stellen.

Der Vorbescheid der Steuerbehörde bezieht sich einzig auf den im Antrag dargestellten Sachverhalt. Eine darüber hinaus gehende Prüfung des Beteiligungsplans durch die Steuerbehörde findet grundsätzlich nicht statt.

9.3 Zuständigkeit

Für einen Vorbescheid ist grundsätzlich die kantonale Steuerbehörde des Sitzkantons des Arbeitgebers zuständig. Ein Vorbescheid der kantonalen Steuerbehörde ist für andere Kantone nicht zwingend verbindlich. Sind Mitarbeitende mit Wohnsitz in mehreren Kantonen betroffen, empfiehlt sich zusätzlich, den Vorbescheid auch der ESTV einzureichen, welche gegebenenfalls ihr Einverständnis im Sinne einer allgemeinen Stellungnahme für die Zwecke der direkten Bundessteuer abgibt.

10 Inkrafttreten, Aufhebungen und Übergangsrecht

Dieses Kreisschreiben tritt auf den 1. Januar 2013 in Kraft. Gleichzeitig werden das Kreisschreiben Nr. 5 der ESTV vom 30. April 1997 über die Besteuerung von Mitarbeiteraktien und Mitarbeiteroptionen und das Rundschreiben vom 6. Mai 2003 der ESTV über die Besteuerung von Mitarbeiteroptionen mit Vesting-Klauseln aufgehoben.

Das vorliegende Kreisschreiben gilt für:

- sämtliche nach dem 1. Januar 2013 abgegebenen Mitarbeiterbeteiligungen;

- sämtliche vor dem 1. Januar 2013 abgegebenen Mitarbeiterbeteiligungen, bei denen auch nach bisherigem Recht der geldwerte Vorteil erst bei Realisation (nach dem 1. Januar 2013) der Einkommensbesteuerung unterliegt sowie

- sämtliche vor dem 1. Januar 2013 abgegebenen Mitarbeiterbeteiligungen, die nach bisherigem Recht im Zeitpunkt der Abgabe oder beim Rechtserwerb (Vesting) hätten besteuert werden müssen, aus irgendwelchen Gründen jedoch nicht besteuert wurden, sofern die Veranlagungsverjährung noch nicht eingetreten ist und kein Nachsteuergrund gemäss Artikel 151 DBG vorliegt.

Altrechtliche Vorbescheide (Rulings), die einem Arbeitgeber und ihren Mitarbeitenden für Mitarbeiteroptionen die Zuteilungs- oder Vestingbesteuerung zusicherten, behalten ihre Gültigkeit insoweit die Besteuerung (bei Zuteilung oder Vesting) bis und mit Steuerperiode 2012 erfolgte; d.h. ab der Steuerperiode 2013 ist bei Mitarbeiteroptionen keine derartige (altrechtliche) Zuteilungs- oder Vestingbesteuerung mehr zulässig.

Altrechtliche Vorbescheide (Rulings), die dem Inhalt dieses Kreisschreibens nicht entsprechen, entfalten ab der Steuerperiode 2013 keine Wirkung mehr.

Die Anpassungen in den Ziffern 3.2.2, 3.4.3 sowie die neue Ziffer 3.4.4 des Kreisschreibens in der Version vom 30. Oktober 2020 treten auf den 1. Januar 2021 in Kraft und entfalten ihre Wirkung ab diesem Zeitpunkt. Der zusätzliche Anhang V des vorliegenden Kreisschreibens findet ebenfalls ab dem 1. Januar 2021 Anwendung.

Anhang I: Übersicht über Mitarbeiterbeteiligungen

Anhang II: Beispiele

Anhang III: Musterbescheinigungen in Papierform

Anhang IV: Fallbeispiele zur Quellenbesteuerung

Anhang V: Elektronische Musterbescheinigungen

☞ *Die Anhänge sind an dieser Stelle nicht abgedruckt.*

Gewerbsmässiger Wertschriftenhandel

Quelle: Eidg. Steuerverwaltung ESTV / HA Direkte Bundessteuer, Verrechnungssteuer, Stempelabgaben

Direkte Bundessteuer

Bern, 27. Juli 2012

Kreisschreiben Nr. 36

Gewerbsmässiger Wertschriftenhandel

Inhaltsverzeichnis

1.	Gegenstand des Kreisschreibens	2
2.	Rechtliche Grundlagen	2
2.1	Steuerbare Einkünfte – Steuerfreiheit der Kapitalgewinne auf Privatvermögen (Art. 16 Abs. 1 und 3 DBG)	2
2.2	Steuerbarkeit der Kapitalgewinne als Einkünfte aus selbständiger Erwerbstätigkeit (Art. 18 DBG)	2
2.3	Absicht des Gesetzgebers im Stabilisierungsprogramm 1998	2
3.	Vorprüfung	3
4.	Die selbständige Erwerbstätigkeit mit Wertschriften (Gewerbsmässiger Wertschriftenhandel)	4
4.1	Grundsatz: Übernahme der unter dem BdBSt entwickelten Praxis für das DBG (BGE vom 2. Dezember 1999)	4
4.2	Wertschriften	4
4.3	Abgrenzung der selbständigen Erwerbstätigkeit mit Wertschriften zur privaten Vermögensverwaltung	4
4.3.1	Allgemeine Kriterien	4
4.3.2	Besonderheiten für Wertschriftenportefeuilles	5
4.4	Bemessungsgrundlage	6
5.	Beurteilungszeitpunkt	7
5.1	Grundsatz	7
5.2	Schuldzinsen	7
5.3	Geerbte Wertschriften	8
6.	Inkrafttreten	8

1. Gegenstand des Kreisschreibens

Dieses Kreisschreiben dient als Hilfsmittel zur Abgrenzung einer selbständigen Erwerbstätigkeit (Quasi-Wertschriftenhandel) von der privaten Vermögensverwaltung. Es stützt sich auf die Rechtsprechung des Bundesgerichtes bis zum 31. Dezember 2011 und betrifft ausschliesslich die Bewirtschaftung eines Wertschriftenportefeuilles (Ziff. 4).

Um den Steuerpflichtigen Rechtssicherheit zu gewährleisten, wurden Kriterien ausgearbeitet, anhand derer im Rahmen einer Vorprüfung gewerbsmässiger Wertschriftenhandel ausgeschlossen werden kann (Ziff. 3). Sind diese Kriterien nicht kumulativ erfüllt, liegt nicht zwingend gewerbsmässiger Wertschriftenhandel vor, sondern es ist aufgrund der Umstände des Einzelfalls nach der bundesgerichtlichen Rechtsprechung zu beurteilen, ob private Vermögensverwaltung oder selbständige Erwerbstätigkeit vorliegt (Ziff. 4).

2. Rechtliche Grundlagen

2.1 Steuerbare Einkünfte – Steuerfreiheit der Kapitalgewinne auf Privatvermögen (Art. 16 Abs. 1 und 3 DBG)

Gemäss Artikel 16 Absatz 1 des Bundesgesetzes vom 14. Dezember 1990[1] über die direkte Bundessteuer (DBG) sind „alle wiederkehrenden und einmaligen Einkünfte" steuerbar. Mit dieser Generalklausel hat der Gesetzgeber den Grundsatz der Gesamtreineinkommenssteuer festgehalten. Ausgenommen von der Einkommensbesteuerung sind Einkünfte nur, wenn dies eine ausdrückliche Gesetzesnorm anordnet. Als eine solche Ausnahme erweist sich die Bestimmung von Artikel 16 Absatz 3 DBG, wonach Kapitalgewinne aus der Veräusserung von Privatvermögen steuerfrei sind.

2.2 Steuerbarkeit der Kapitalgewinne als Einkünfte aus selbständiger Erwerbstätigkeit (Art. 18 DBG)

Artikel 18 Absatz 1 DBG hält fest, dass alle Einkünfte aus einem Handels-, Industrie-, Gewerbe-, Land- und Forstwirtschaftsbetrieb, aus einem freien Beruf sowie aus jeder anderen selbständigen Erwerbstätigkeit steuerbar sind. Zu den Einkünften aus selbständiger Erwerbstätigkeit gehören nach Artikel 18 Absatz 2 DBG auch alle Kapitalgewinne aus Veräusserung, Verwertung oder buchmässiger Aufwertung von Geschäftsvermögen.

2.3 Absicht des Gesetzgebers im Stabilisierungsprogramm 1998

Die Eidgenössischen Räte haben in den Beratungen des Bundesgesetzes über das Stabilisierungsprogramm 1998[2] versucht, den gewerbsmässigen Wertschriftenhandel im Gesetz explizit zu regeln. Dieses Vorhaben scheiterte jedoch auf Grund der Komplexität dieser Materie. Es wurde daher beschlossen, im Gesetz nichts zu regeln und es beim bisherigen Recht (Praxis und Rechtsprechung zum BdBSt) zu belassen. Somit stand der "Wille des Gesetzgebers" eindeutig fest.

Aus den Beratungen des Bundesgesetzes über das Stabilisierungsprogramm 1998 geht jedoch hervor, dass die Praxis zum gewerbsmässigen Wertschriftenhandel nicht ausgedehnt

---

[1] SR 642.11
[2] AS **1999** 2374

werden darf[3]. Eine "dynamische" private Vermögensverwaltung soll nach wie vor möglich sein[4]. Als stärkstes Indiz des gewerbsmässigen Wertschriftenhandels gilt der Einsatz fremder Mittel[5].

3. Vorprüfung

Ob in einem konkreten Einzelfall eine selbständige Erwerbstätigkeit, d.h. ein gewerbsmässiger Wertschriftenhandel vorliegt, ist auf Grund sämtlicher Umstände des jeweiligen Einzelfalls zu beurteilen.

Um der Mehrheit der Steuerpflichtigen eine angemessene Rechtssicherheit zu gewährleisten, wurden für die Rechtsanwendung **Kriterien** ausgearbeitet, anhand derer im Rahmen einer Vorprüfung **gewerbsmässiger Wertschriftenhandel ausgeschlossen** werden kann.

Die Steuerbehörden gehen **in jedem Fall** von einer privaten Vermögensverwaltung bzw. von steuerfreien privaten Kapitalgewinnen aus, wenn die nachfolgenden **Kriterien kumulativ erfüllt** sind.

1. Die Haltedauer der veräusserten Wertschriften beträgt mindestens 6 Monate.

2. Das Transaktionsvolumen (entspricht der Summe aller Kaufpreise und Verkaufserlöse) pro Kalenderjahr beträgt gesamthaft nicht mehr als das Fünffache des Wertschriften- und Guthabenbestands zu Beginn der Steuerperiode.

3. Das Erzielen von Kapitalgewinnen aus Wertschriftengeschäften bildet keine Notwendigkeit, um fehlende oder wegfallende Einkünfte zur Lebenshaltung zu ersetzen. Das ist regelmässig dann der Fall, wenn die realisierten Kapitalgewinne weniger als 50% des Reineinkommens in der Steuerperiode betragen.

4. Die Anlagen sind nicht fremdfinanziert *oder* die steuerbaren Vermögenserträge aus den Wertschriften (wie z.B. Zinsen, Dividenden, usw.) sind grösser als die anteiligen Schuldzinsen.

5. Der Kauf und Verkauf von Derivaten (insbesondere Optionen) beschränkt sich auf die Absicherung von eigenen Wertschriftenpositionen.

Sind diese Kriterien nicht kumulativ erfüllt, kann gewerbsmässiger Wertschriftenhandel nicht ausgeschlossen werden. Die entsprechende Beurteilung erfolgt hierbei auf Grund sämtlicher Umstände des konkreten Einzelfalls (vgl. Ziff. 4).

---

[3] Votum Villiger, Bundesrat, Amtliches Bulletin, Ständerat 10.3.1999, S. 140: "... Es sind im allgemeinen seltene Fälle, und dabei wird es bleiben. Das ist auch im Interesse des Fiskus, denn der Fiskus trägt bei der gewerbsmässigen Besteuerung auch ein Risiko, weil er dann nämlich auch Verluste zum Abzug zulassen muss; ..."

[4] Votum Villiger, Bundesrat, Amtliches Bulletin, Ständerat 3.3.1999, S. 47: "... Wir wollen keine Kapitalgewinnsteuer für alle Normalanleger und -sparer, wie immer Sie diese bezeichnen, auch wenn sie nach modernsten Methoden ein gutes Portefeuille bewirtschaften. Da will der Fiskus nicht "zuschlagen". Das wäre eine Kapitalgewinnsteuer durch die Hintertüre. ..."; vgl. auch BGE vom 3.7.1998, in: StE 1998, B 23.1 Nr. 39

[5] Votum Gemperli, Amtliches Bulletin, Ständerat 2.3.1999, S. 43: "... In der Regel kann man im Wertschriftenbereich die geschäftliche Tätigkeit bereits wegen der Beanspruchung von Fremdmitteln feststellen. ..."

4. Die selbständige Erwerbstätigkeit mit Wertschriften (Gewerbsmässiger Wertschriftenhandel)

4.1 Grundsatz: Übernahme der unter dem BdBSt entwickelten Praxis für das DBG (BGE vom 2. Dezember 1999)

Mit Entscheid vom 2. Dezember 1999 bestätigte das Bundesgericht, dass die bisherige Praxis zu Artikel 21 Absatz 1 Buchstabe a BdBSt grundsätzlich auch unter der Herrschaft des DBG gilt (ASA 69, 788). Danach erzielt die steuerpflichtige Person steuerbares Einkommen aus selbständiger Erwerbstätigkeit, wenn sie An- und Verkäufe von Vermögensgegenständen in einer Art tätigt, die über die schlichte Verwaltung von Privatvermögen hinausgeht. Erforderlich hierzu ist, dass sie eine Tätigkeit entfaltet, die in ihrer Gesamtheit auf Erwerb gerichtet ist, bzw. dass sie solche Geschäfte systematisch mit der Absicht der Gewinnerzielung betreibt. Für eine solche selbständige Erwerbstätigkeit wird nicht vorausgesetzt, dass die steuerpflichtige Person nach aussen sichtbar am wirtschaftlichen Verkehr teilnimmt oder die Tätigkeit in einem eigentlichen, organisierten Betrieb ausübt (ASA 73, 299).

4.2 Wertschriften

Wertschriften im Sinne dieses Kreisschreibens sind Wertpapiere sowie nicht verurkundete Rechte mit gleicher Funktion (Wertrechte). Zu den Wertschriften gehören einmal jene Wertpapiere im zivilrechtlichen Sinn, die entweder volle Mitgliedschaftsrechte (z.B. Aktien, Anteile von Genossenschaften) oder bloss beteiligungsrechtliche Vermögensrechte (z.B. Partizipationsscheine, Genussscheine, Anteile an kollektiven Kapitalanlagen) verkörpern sowie Forderungsrechte (Obligationen). Sodann umfassen die Wertschriften im Sinn dieses Kreisschreibens auch bloss buchmässig registrierte Mitgliedschafts- und Forderungsrechte. Schliesslich zählen zu den Wertschriften auch Futures und die Derivate, deren Wert von einem bestimmten Basiswert (Aktien, Obligationen, Devisen, Edelmetalle, Rohwaren, Indizes, usw.) abgeleitet wird. Zu den derivativen Finanzinstrumenten zählen insbesondere Optionen und Swaps.

4.3 Abgrenzung der selbständigen Erwerbstätigkeit mit Wertschriften zur privaten Vermögensverwaltung

4.3.1 Allgemeine Kriterien

Nach der **Rechtsprechung** werden Kapitalgewinne auf beweglichen Vermögenswerten, namentlich Wertschriften, als Einkommen aus selbständiger Erwerbstätigkeit qualifiziert, sofern die steuerpflichtige Person An- und Verkäufe von Vermögensgegenständen in einer Art tätigt, die über die schlichte Verwaltung von Privatvermögen hinausgeht (ASA 71, 627; 66, 224). Hingegen bleiben Kapitalgewinne aus der Veräusserung von beweglichen Vermögenswerten so lange steuerfrei, als sie im Rahmen der privaten Vermögensverwaltung oder in Ausnützung einer sich zufällig bietenden Gelegenheit erzielt werden.

Nach ständiger Rechtsprechung des Bundesgerichts ist immer auf Grund der **Gesamtheit der Umstände des Einzelfalls** zu beurteilen, ob private Vermögensverwaltung oder selbständige Erwerbstätigkeit vorliegt (ASA 71, 627; 69, 652 und 788, mit Hinweisen). Eine schematisierte Vorgehensweise führt „nur in denjenigen Fällen zu einem sachgerechten Ergebnis, bei denen die Verhältnisse klar und eindeutig sind. In den übrigen Fällen ist die Tätigkeit jeweils nach wie vor in ihrem gesamten Erscheinungsbild rechtlich zu beurteilen." (2C_868/2008).

Für die Beurteilung einer selbständigen Erwerbstätigkeit sind verschiedene Indizien in Betracht zu ziehen, von denen jedes zusammen mit anderen, im Einzelfall jedoch unter

Umständen auch bereits alleine zur Annahme einer selbständigen Erwerbstätigkeit ausreichen kann. Der Umstand, dass einzelne typische Elemente der selbständigen Erwerbstätigkeit im Einzelfall fehlen (z.B. die grosse Häufigkeit der Transaktionen oder der Einsatz fremder Mittel), kann durch andere Elemente kompensiert werden, die mit besonderer Intensität vorliegen (ASA 73, 299). Für die Beurteilung des „nebenberuflichen Beteiligungshandels" hat das Bundesgericht festgehalten, dass die allgemeinen Indizien nach wie vor vollumfänglich anzuwenden sind (2C_385/2011, E. 2.2).

4.3.2 Besonderheiten für Wertschriftenportefeuilles

Mit Entscheid vom 23. Oktober 2009 (2C.868/2008) hält das Bundesgericht an diesen Grundsätzen fest. Zusätzlich präzisiert es in diesem Entscheid die Praxis dahingehend, dass die Indizien des systematischen und planmässigen Vorgehens sowie des Einsatzes spezieller Fachkenntnisse nur noch untergeordnete Bedeutung hätten. Das Transaktionsvolumen und die Fremdfinanzierung treten hingegen in den Vordergrund. Diese Präzisierung ist auf die Bewirtschaftung von Portfolioanlagen zugeschnitten (2C_766/2010 und 2C_385/2011).

Sind bei der Bewirtschaftung eines Wertschriftenportefeuilles die Kriterien nach Ziffer 3 hievor nicht erfüllt, so ist gemäss Bundesgericht die Prüfung einer selbständigen Erwerbstätigkeit anhand der folgenden Gewichtung vorzunehmen:

Im Vordergrund stehende Kriterien:

- *Höhe des Transaktionsvolumens (Häufigkeit der Geschäfte und kurze Besitzdauer)*

    Eine kurze Besitzdauer deutet darauf hin, dass die steuerpflichtige Person nicht vorwiegend Anlagezwecke verfolgt, sondern vielmehr an einer raschen Erzielung eines Gewinns interessiert ist (ASA 69, 652 und 788; 63, 43; 59, 709). Unter Umständen kann schon eine einzige Transaktion dazu führen, dass eine selbständige Erwerbstätigkeit vorliegt (2A.23/2004; ASA 69, 652).

    Die Häufigkeit der Geschäfte und die Kürze der Besitzdauer der Wertschriften sind Indizien dafür, dass die steuerpflichtige Person keine zumindest mittelfristige Kapitalanlage anstrebt, sondern auf eine rasche Erzielung eines Kapitalgewinns angewiesen ist und auch in Kauf nimmt, dass bedeutende Verluste entstehen könnten (ASA 71, 627).

- *Einsatz erheblicher fremder Mittel zur Finanzierung der Geschäfte*

    Der Einsatz von erheblichen Fremdmitteln in der privaten Vermögensverwaltung ist eher atypisch. Normalerweise wird bei der gewöhnlichen Anlage von privatem Vermögen darauf geachtet, dass die Erträge den Aufwand übersteigen (ASA 69, 788). Ist aber eine Fremdfinanzierung vorhanden, trägt die steuerpflichtige Person ein erhöhtes Risiko, welches ein Indiz für eine selbständige Erwerbstätigkeit darstellt. Sofern die Schuldzinsen und Spesen nicht durch periodische Einkünfte gedeckt werden können, sondern mittels Veräusserungsgewinnen beglichen werden müssen, kann von einer privaten Vermögensverwaltung nicht mehr die Rede sein (ASA 69, 788).

    Der Umstand, dass die steuerpflichtige Person auf die Geltendmachung des Schuldzinsen- und Schuldenabzugs verzichtet, hat nicht automatisch zur Folge, dass die durch fremde Mittel finanzierten Wertschriften als Privatvermögen qualifiziert werden. Vielmehr ist im Einklang mit der einschlägigen Rechtsprechung auf Grund der Gesamtheit der Umstände des Einzelfalls zu beurteilen, ob die Wertschriften dem Privat- oder Geschäftsvermögen zuzuordnen sind.

- *Einsatz von Derivaten*

    Ein Handel mit Derivaten kann der Absicherung namentlich des Aktienvermögens dienen. Übersteigt der Einsatz von Derivaten aber die Absicherung von Risiken und wird im Verhältnis zum Gesamtvermögen ein grosses Volumen umgesetzt, so ist der Handel mit Derivaten als spekulativ zu qualifizieren, was auf gewerbsmässiges Vorgehen hindeutet.

Indizien von untergeordneter Bedeutung:

- *die systematische oder planmässige Art und Weise des Vorgehens*

    Die steuerpflichtige Person wird aktiv wertvermehrend tätig oder ist bemüht, die Entwicklung eines Marktes zur Gewinnerzielung auszunützen (ASA 69, 652 und 788; 67, 483). Für die Annahme einer selbständigen Erwerbstätigkeit mit Wertschriften ist nach der Rechtsprechung des Bundesgerichts weder erforderlich, dass die steuerpflichtige Person diese Tätigkeit in einem eigentlichen, organisierten Unternehmen ausübt (ASA 71, 627; 69, 788), noch dass sie nach aussen sichtbar am wirtschaftlichen Verkehr teilnimmt (ASA 69, 652; 67, 483; 66, 224).

    Die Wiederanlage der erzielten Gewinne in gleichartige Vermögensgegenstände kann als Teil eines planmässigen Vorgehens betrachtet werden. Die Tatsache, dass die erzielten Gewinne in gleichartige Vermögensgegenstände investiert werden, ist auch ein Indiz dafür, dass eine selbständige Erwerbstätigkeit mit Wertschriften vorliegt (ASA 69, 652 und 788; 67, 483; 66, 224).

- *der enge Zusammenhang der Geschäfte mit der beruflichen Tätigkeit der steuerpflichtigen Person sowie der Einsatz spezieller Fachkenntnisse*

    Der enge Zusammenhang der Geschäfte mit der beruflichen Tätigkeit der steuerpflichtigen Person kann auch ein Indiz dafür sein, dass diese nicht wie eine Privatperson handelt, sondern eben wie eine haupt- oder nebenberuflich selbständig erwerbende Person versucht, Gewinne zu erzielen (ASA 66, 224).

Diesen beiden Indizien ist durch den Entscheid des Bundesgerichts vom 23. Oktober 2009 (2C.868/2008) eine untergeordnete Bedeutung zugewiesen worden. Sie begründen für sich alleine keine selbständige Erwerbstätigkeit, dienen aber der Bestärkung, wenn eines der im Vordergrund stehenden Kriterien erfüllt ist.

Schliesslich ist es unerheblich, ob die steuerpflichtige Person Wertschriftengeschäfte selbst oder über einen bevollmächtigten Dritten (Bank, Treuhänder, usw.) abwickelt (ASA 71, 627; 69, 652 und 788; 67, 483; 66, 224). Das Verhalten dieser bevollmächtigten Personen, welche als Hilfspersonen gelten, wird der steuerpflichtigen Person zugerechnet. Dies wird damit begründet, dass sich der Erfolg (oder Misserfolg) der getätigten Geschäfte letztlich in der wirtschaftlichen Leistungsfähigkeit der (auftraggebenden) steuerpflichtigen Person einstellt (ASA 63, 43). Das Bundesgericht hat den Grundsatz, dass die Handlungen von bevollmächtigten Dritten der steuerpflichtigen Person zuzurechnen sind, in der neusten Rechtsprechung ausdrücklich bestätigt (2C_868/2008, E. 3.4).

4.4 Bemessungsgrundlage

Der Gewinn aus der Veräusserung von Wertschriften wird definiert als positive Differenz zwischen dem Veräusserungserlös und den Gestehungskosten der Wertschriften, abzüglich der Kosten der Veräusserung. Der Nachweis der Gestehungskosten obliegt dem Steuerpflichtigen.

Von den steuerbaren Einkünften aus selbständiger Erwerbstätigkeit werden gemäss Artikel 27 Absatz 1 DBG die geschäfts- oder berufsmässig begründeten Kosten abgezogen. Dazu gehören insbesondere die eingetretenen und verbuchten Verluste auf Geschäftsvermögen (Art. 27 Abs. 2 Bst. b DBG). Geschäftsverluste können grundsätzlich nur dann steuerlich anerkannt werden, wenn sie verbucht worden sind. Dies setzt voraus, dass der Steuerpflichtige Bücher führt. Ist der Steuerpflichtige handelsrechtlich nicht zur Führung einer kaufmännischen Buchhaltung verpflichtet, schliesst dies nicht aus, dass die erlittenen Verluste abgezogen werden können. Wertschriftenverluste, die im Zusammenhang mit einer selbständigen Erwerbstätigkeit entstanden sind, können grundsätzlich ungeachtet der Buchführungspflicht (im handelsrechtlichen Sinn) berücksichtigt werden (ASA 58, 666). Wenn eine kaufmännische Buchhaltung fehlt, muss der Steuerpflichtige Aufstellungen über Aktiven und Passiven, Einnahmen und Ausgaben sowie Privatentnahmen und Privateinlagen beibringen (vgl. Art. 125 Abs. 2 DBG). Die Anforderungen an diese Aufstellungen richten sich nach den Umständen des Einzelfalls, insbesondere nach der Art der Geschäftstätigkeit und deren Umfang. Erforderlich sind in jedem Fall geeignete Aufzeichnungen, die Gewähr für die vollständige und zuverlässige Erfassung des Geschäftseinkommens und -vermögens bieten sowie eine zumutbare Überprüfung durch die Steuerbehörden ermöglichen (StE 2004, B 23.9 Nr. 7).

5. Beurteilungszeitpunkt

5.1 Grundsatz

Die steuerpflichtige Person übt eine über die private Verwaltung hinausgehende selbständige Erwerbstätigkeit mit Wertschriften in derjenigen Steuerperiode aus, in welcher die von der Rechtsprechung aufgeführten Indizien erfüllt sind. Somit liegt Geschäftsvermögen vor.

Ordentlicher Anknüpfungspunkt für die Beurteilung der Frage, ob die steuerpflichtige Person eine auf Erwerb gerichtete Tätigkeit ausübt, ist das Vorliegen einer oder mehrerer Veräusserungen. Erst in diesem Zeitpunkt sind alle Umstände bekannt, die für die Beurteilung massgeblich sind.

Mit Blick auf die Unsicherheit und Volatilität der Wertschriftenmärkte ist es in der Praxis schwierig, im Voraus die Haltedauer von Wertschriften, den Zeitpunkt und die Anzahl der Transaktionen über eine längere Zeitdauer verbindlich festzulegen. Die Steuerbehörden sind daher nur in eindeutigen Fällen in der Lage, zur Frage der Gewerbsmässigkeit des Wertschriftenhandels verbindliche Rechtsauskünfte abzugeben.

5.2 Schuldzinsen

Nach Artikel 33 Absatz 1 Buchstabe a DBG sind die privaten Schuldzinsen nur bis zur Höhe des Bruttovermögensertrags und weiterer 50'000 Franken abziehbar. Hingegen werden die geschäftlichen Schuldzinsen unbeschränkt zum Abzug zugelassen. Werden Schuldzinsen durch die Veranlagungsbehörde aufgerechnet, bedeutet dies implizit, dass die fremdfinanzierten Wertschriften für die betreffende Steuerperiode dem Privatvermögen zugeordnet werden. Diese (implizite) Qualifikation kann angepasst werden, wenn sich der Sachverhalt verändert hat. Ob nach der Beendigung der Schuldzinsenaufrechnung ein realisierter Wertzuwachs als Einkommen aus selbständiger Erwerbstätigkeit zu erfassen ist, wird nach der Gesamtheit der Umstände im Zeitpunkt der Veräusserung beurteilt (vgl. Kreisschreiben Nr. 22 der ESTV vom 16. Dezember 2008).

Die Abgrenzung zwischen privaten und geschäftlichen Schuldzinsen erfolgt auf Grund der von der steuerpflichtigen Person nachgewiesenen Verwendung der fremden Mittel. Fehlt der Nachweis der Mittelverwendung, erfolgt die Abgrenzung nach dem Verhältnis der Aktiven (proportionale Aufteilung, vgl. Kreisschreiben Nr. 22 der ESTV vom 16. Dezember 2008).

5.3 Geerbte Wertschriften

Bei geerbten Wertschriften besteht die beim Erblasser geltende steuerliche Qualifikation (Privatvermögen oder Geschäftsvermögen) bei den Erben weiter (vgl. Kreisschreiben Nr. 22 der ESTV vom 16. Dezember 2008).

6. Inkrafttreten

Dieses Kreisschreiben gilt ab dem Datum seiner Publikation auf der Website der ESTV. Es ersetzt das Kreisschreiben Nr. 8 vom 21. Juni 2005.

Konzessionierte Verkehrs- und Infrastrukturunternehmen

Quelle: Eidg. Steuerverwaltung ESTV / HA Direkte Bundessteuer, Verrechnungssteuer, Stempelabgaben

Direkte Bundessteuer

Bern, 2. Dezember 2011

Kreisschreiben Nr. 35

Besteuerung konzessionierter Verkehrs- und Infrastrukturunternehmen

Inhaltsverzeichnis

Abkürzungsverzeichnis 3
Einleitung 4
1. Gegenstand des Kreisschreibens 4
2. Begriffe und steuerrechtliche Qualifikationen 4
2.1. *Konzessionierte Verkehrsunternehmen* 4
2.2. *Konzessionierte Infrastrukturunternehmen* 5
2.3. *Bundeskonzession* 5
2.4. *Abgeltungen* 5
2.5. *Betrieb mit nationaler Bedeutung* 6
2.6. *Personenfernverkehr* 6
2.7. *Autoverlad* 6
2.8. *Nebenbetriebe, Nebengeschäfte und Nebenerlöse* 7
2.8.1. Mit notwendiger Beziehung zur konzessionierten Tätigkeit 7
2.8.2. Ohne notwendige Beziehung zur konzessionierten Tätigkeit .. 7
2.9. *Liegenschaften* 8
2.9.1. Mit notwendiger Beziehung zur konzessionierten Tätigkeit 8
2.9.2. Ohne notwendige Beziehung zur konzessionierten Tätigkeit .. 8
2.10. *Spartenrechnung: Abgeltungen durch den Bund* 8
2.10.1. Basis für die Abgeltung 8
2.10.2. Basis für die Festlegung des steuerbaren Reingewinns 8

2.11.	*Spartenrechnung: Abgeltungen durch Kantone und Gemeinden*	*9*
2.11.1.	Basis für die Abgeltung	9
2.11.2.	Basis für die Festlegung des steuerbaren Reingewinns	9
3.	**Steuerpflicht**	**10**
3.1.	*Subjektive Steuerpflicht*	*10*
3.2.	*Objektive Steuerpflicht*	*10*
3.3.	*Umfang der Steuerbefreiung*	*10*
3.4.	*Eintritt in die Steuerpflicht*	*10*
3.5.	*Besteuerung von stillen Reserven*	*10*
4.	**Spezialfälle**	**11**
4.1.	*Spartenübergreifende Ausgleichsleistungen*	*11*
4.2.	*Verlustverrechnung*	*11*
5.	**Deklaration in der Steuererklärung**	**11**
5.1.	*Spartenrechnung*	*11*
5.2.	*Steuerbarer Gewinn*	*12*
6.	**Inkrafttreten**	**12**
Anhang I	....	**13**
Anhang II	....	**14**
Anhang III	....	**14**

Abkürzungsverzeichnis

DBG	Bundesgesetz vom 14. Dezember 1990 über die direkte Bundessteuer; SR 642.11
EBG	Eisenbahngesetz vom 20. Dezember 1957; SR 742.101
KFEV	Verordnung vom 4. November 2009 über die Konzessionierung und Finanzierung der Eisenbahninfrastruktur; SR 742.120
PBG	Bundesgesetz vom 20. März 2009 über die Personenbeförderung (Personenbeförderungsgesetz); SR 745.1
RKV	Verordnung des UVEK vom 18. Januar 2011 über das Rechnungswesen der konzessionierten Unternehmen; SR 742.221
RöVE	Bundesgesetz vom 20. März 2009 über die Bahnreform 2 (Revision der Erlasse über den öffentlichen Verkehr); AS 2009 5597
SuG	Bundesgesetz vom 5. Oktober 1990 über die Finanzhilfen und Abgeltungen (Subventionsgesetz); SR 616.1

Einleitung

Bisher waren konzessionierte Verkehrsunternehmen als ganzes steuerbefreit, sofern sie von verkehrspolitischer Bedeutung waren und mindestens drei Jahre lang keine Gewinnausschüttungen vornahmen. Mit Inkrafttreten der RöVE auf den 1. Januar 2010 änderte jedoch der Anknüpfungspunkt. Eine Steuerbefreiung erfolgt nur noch in der Abgeltungssparte und ist auf die konzessionierte Tätigkeit beschränkt. Primäres Anknüpfungskriterium für eine Steuerbefreiung bildet somit das Vorliegen einer Bundeskonzession. Gleichzeitig wird die Steuerbefreiung auf die konzessionierte Tätigkeit beschränkt. Voraussetzung für das Vorliegen einer steuerbefreiten konzessionierten Tätigkeit ist, dass die betreffende Sparte eine Abgeltung erhält oder durch die Konzession verpflichtet ist, den Betrieb ganzjährig aufrecht zu erhalten. Die steuerbefreite Abgeltungssparte kann bis zu 100% des Unternehmens ausmachen.

1. Gegenstand des Kreisschreibens

Mit der RöVE, welche am 1. Januar 2010 in Kraft trat, wurde in Artikel 56 Buchstabe d DBG die Besteuerung konzessionierter Verkehrs- und Infrastrukturunternehmen neu geregelt.

Im DBG wurde folgende Bestimmung aufgenommen:

<u>DBG</u>

Art. 56

Von der Steuerpflicht sind befreit:

d. vom Bund konzessionierte Verkehrs- und Infrastrukturunternehmen, die für diese Tätigkeit Abgeltungen erhalten oder aufgrund ihrer Konzession einen ganzjährigen Betrieb von nationaler Bedeutung aufrecht erhalten müssen; die Steuerbefreiung erstreckt sich auch auf Gewinne aus der konzessionierten Tätigkeit, die frei verfügbar sind: von der Steuerbefreiung ausgenommen sind jedoch Nebenbetriebe und Liegenschaften, die keine notwendige Beziehung zur konzessionierten Tätigkeit haben.

Das vorliegende Kreisschreiben legt die Anwendung der neuen gesetzlichen Bestimmungen in der Praxis fest.

2. Begriffe und steuerrechtliche Qualifikationen

2.1. Konzessionierte Verkehrsunternehmen

Als konzessionierte Verkehrsunternehmen gelten Unternehmen mit einer Konzession gemäss PBG, die Verkehrsleistungen im Güter- und Personenverkehr erbringen. Die entsprechenden Teile eines solchen Unternehmens werden als Verkehrssparte bezeichnet (z.B. Sparte Regionaler Personenverkehr). Einzig Luftfahrtunternehmen zählen nicht zu den Verkehrsunternehmen im vorliegend relevanten Sinn.

2.2. Konzessionierte Infrastrukturunternehmen

Als konzessionierte Infrastrukturunternehmen gelten Unternehmen mit einer Konzession gemäss EBG, die eine Eisenbahninfrastruktur bauen, betreiben und unterhalten, wobei unter Betrieb die Verwaltung und das Infrastrukturmanagement (Verkehrssteuerung, Reinigung, Unterhalt etc.) zu verstehen sind. Teile eines solchen Unternehmens werden als Sparte Infrastruktur bezeichnet. Es können auch Bauten, Anlagen und Einrichtungen zur Infrastruktur gehören, die zwar mit dem Betrieb der Infrastruktur verbunden sind, jedoch nicht Gegenstand des Netzzugangs sind. Nicht zur Infrastruktur gehört die Erbringung von Verkehrsleistungen im Güter- und Personenverkehr (vgl. Art. 62 und 63 EBG).

2.3. Bundeskonzession

Als Bundeskonzessionen gelten die vom Bund erteilten Infrastrukturkonzessionen gemäss Artikel 5 EBG sowie die Personenbeförderungskonzessionen gemäss Artikel 6 PBG.

Die Infrastrukturkonzession gibt das Recht auf Bau und Betrieb einer Eisenbahninfrastruktur.

Die Personenbeförderungskonzession gibt der Unternehmung das alleinige Recht für die regelmässige und gewerbsmässige Personenbeförderung auf einer definierten Linie. Als Personenbeförderung wird auch der Transport von Personenwagen, schweren Personenwagen, Kleinbussen und Gesellschaftswagen, die begleitet werden, gezählt sowie der Transport von Reisegepäck (vgl. Art. 2 Abs. 2 Bst. c PBG). Denkbar ist, dass für die gleiche Strecke verschiedene Konzessionen erteilt werden. Im Rahmen der Personenbeförderungskonzession kann das Verkehrsunternehmen verpflichtet werden, einen ganzjährigen Betrieb zu unterhalten, welcher ganzjährig bewohnte Ortschaften erschliesst (sog. Erschliessungsfunktion).

Weitergehende (Personen-)Beförderungsangebote von geringer Bedeutung wie Skilifte und Kleinseilbahnen ohne Erschliessungsfunktion, benötigen eine Bewilligung des Kantons (vgl. Art. 7 PBG). Solche Angebote gelten nicht als vom Bund konzessioniert im Sinne des Artikels 56 Buchstabe d DBG.

2.4. Abgeltungen

Abgeltungen sind gemäss SuG Leistungen an Empfänger ausserhalb der Bundesverwaltung zur Milderung oder zum Ausgleich von finanziellen Lasten, die sich aus der Erfüllung von bundesrechtlich vorgeschriebenen oder aus der Erfüllung von öffentlichrechtlichen Aufgaben, die dem Empfänger vom Bund übertragen worden sind, ergeben (vgl. Art. 3 Abs. 2 SuG).

Als Abgeltungen im Bereich der konzessionierten Verkehrsunternehmen gelten die Beiträge an die ungedeckten Kosten gemäss Planrechnung. Bund, Kantone und Gemeinden gelten den Unternehmen das von ihnen gemeinsam bestellte Angebot des regionalen Personenverkehrs ab. Während der Bund Linien und Strecken von nationaler Bedeutung (vgl. unten Ziffer 2.5) alleine finanziert, sind Linien und Strecken, die ausschliesslich Angeboten des Orts- und Ausflugsverkehrs dienen sowie Angebote ohne Erschliessungsfunktion, von Bundesleistungen ausgeschlossen (vgl. Art. 28 PBG und 49 EBG). Solche Leistungen können indessen von Kantonen und Gemeinden bestellt und abgegolten werden.

Als Abgeltungen im Bereich der konzessionierten Infrastrukturunternehmen gelten Beiträge, die aufgrund der Planrechnung dazu dienen, die Infrastruktur in gutem Zustand zu erhalten und diese den Erfordernissen des Verkehrs und dem Stand der Technik anzupassen (vgl. Art. 51 Abs. 2 EBG und Art. 14 Abs. 1 KFEV).

Somit fallen einzig vom Gemeinwesen ausdrücklich bestellte Angebote unter den Begriff der Abgeltungen im Bereich der konzessionierten Verkehrs- und Infrastrukturunternehmen, nicht hingegen reine Defizitdeckungen. Abgeltungen in diesem Sinn können sowohl vom Bund, den Kantonen als auch den Gemeinden stammen.

Der Bund richtet Abgeltungen nur an Unternehmen aus, deren Rechnungslegung den Artikeln 66f. EBG bzw. Artikeln 35 ff. PBG genügen. Danach hat die Rechnung von diesen Unternehmen nach Sparten gegliedert zu sein und es müssen die ungedeckten Kosten jeder Sparte einzeln nachgewiesen werden. Abgeltungen des Bundes fliessen im Übrigen nur an Unternehmen, welche mindestens den regionalen Personenverkehr und die Eisenbahninfrastruktur, soweit vorhanden, je als eigene Sparte führen (vgl. Art. 50 EBG und Art. 29 PBG).

Vom Bund konzessionierte Verkehrs- und Infrastrukturunternehmen, welche für die konzessionierte Tätigkeit Abgeltungen erhalten, werden für diesen Bereich der steuerbefreiten Sparte zugerechnet. Nebenbetriebe, die keine notwendige Beziehung zur konzessionierten Tätigkeit haben, werden nicht der steuerbefreiten Sparte zugerechnet. Gleiches gilt für Liegenschaften oder Teile davon (Wertzerlegung) der Verkehrssparten, die keine notwendige Beziehung zur konzessionierten Tätigkeit haben.

2.5. Betrieb mit nationaler Bedeutung

Der Begriff „Betrieb mit nationaler Bedeutung" kann sich sowohl auf den Verkehr (Linien) wie auch auf die Infrastruktur (Strecken) beziehen. Betriebe mit nationaler Bedeutung im Bereich der Infrastruktur erhalten allesamt eine Abgeltung und sind aus diesem Grunde steuerbefreit. Eine Prüfung der weiteren Kriterien erübrigt sich.

Im Verkehrsbereich unterscheidet das Abgeltungsrecht zwischen Fernverkehr, Regionalverkehr, Ortsverkehr und Verkehr ohne Erschliessungsfunktion. Diese Verkehrsarten, welche sich durch ihre Erschliessungsfunktion unterscheiden, können alle auch touristischer Natur sein. Linien, die ausschliesslich Angeboten des Ortsverkehrs dienen oder keine Erschliessungsfunktionen aufweisen, sind von Bundesleistungen ausgeschlossen (vgl. Art 28 PBG).

Bei Personenbeförderungskonzessionen gelten der Fernverkehr (vgl. sogleich Ziff. 2.6) und der Autoverlad als Betriebe mit nationaler Bedeutung. Dies zeigt sich darin, dass der Bund alleine für deren Abgeltung zuständig ist, sofern ungedeckte Kosten entstehen.

2.6. Personenfernverkehr

Die Linien der SBB mit einer speziellen Fernverkehrskonzession gelten als Personenfernverkehr. Für den Personenfernverkehr werden zurzeit keine Abgeltungen erbracht. Im Bereich des Fernverkehrs findet sich regelmässig eine in der Konzession gründende Verpflichtung der Aufrechterhaltung eines ganzjährigen Betriebes. Die beiden Voraussetzungen für die Steuerbefreiung – d.h. die nationale Bedeutung und die Verpflichtung zum ganzjährigen Betrieb – sind daher erfüllt.

Die Spartenergebnisse des Personenfernverkehrs sind somit steuerbefreit.

2.7. Autoverlad

Der Transport begleiteter Motorfahrzeuge, den z.B. die SBB, BLS, RhB und MGB anbieten, können durch den Bund als nationale Angebote abgegolten werden. Es handelt sich um nationale Angebote mit der Verpflichtung eines ganzjährigen Betriebs.

Die Spartenergebnisse des Autoverlads sind steuerbefreit.

2.8. Nebenbetriebe, Nebengeschäfte und Nebenerlöse

Artikel 39 Absatz 1 EBG eröffnet den Eisenbahnunternehmen, welche die Infrastruktur betreiben, die Möglichkeit, auf dem Bahnhofgebiet Nebenbetriebe zu kommerziellen Zwecken einzurichten, soweit diese auf die Bedürfnisse der Bahnkundschaft ausgerichtet sind. Zudem findet sich in Absatz 2 des Artikels 39 EBG auch die Grundlage für die Einrichtung von Nebenbetrieben in den Zügen zu kommerziellen Zwecken für Eisenbahnunternehmen, welche den Verkehr durchführen. Die Einrichtung von Nebenbetrieben stellt somit grundsätzlich eine Tätigkeit ausserhalb des öffentlichen Verkehrs dar. Nebenbetriebe sind nur dann steuerbefreit, wenn sie eine notwendige Beziehung zur konzessionierten Tätigkeit aufweisen.

Nebengeschäfte sind produktionsmässig unabhängige Leistungen (vgl. Art. 2 Bst. g RKV). Erträge aus Nebengeschäften sind steuerbar.

Von den Nebenbetrieben sind die Nebenerlöse zu unterscheiden. Letztere sind Erträge, die mit Ressourcen der abgeltungsberechtigten Sparten erarbeitet werden. Dies sind beispielsweise Erträge aus Werbung in Fahrzeugen oder Extrafahrten mit Fahrzeugen der abgegoltenen Sparte (vgl. Art. 2 Bst. f RKV). Entgelte für Leistungen ausserhalb des Netzzugangs, die mit Personal und Anlagen der Infrastruktur des Unternehmens erbracht werden, gelten als Nebenerlöse. Diese müssen mindestens die Grenzkosten decken. Ebenfalls als Nebenerlöse der Infrastruktur gelten die Entgelte für die Benutzung von Bauten, Anlagen und Einrichtungen im Sinne der Artikel 34 und 35 EBG (vgl. Art. 10 KFEV). Nebenerlöse sind steuerbefreit.

2.8.1. Mit notwendiger Beziehung zur konzessionierten Tätigkeit

Nebenbetriebe sind einzig insoweit steuerbefreit, als ein daraus entstehender Ertrag oder Gewinn in die Spartenrechnung des konzessionierten Bereichs eingeht und der Betrieb eine notwendige Beziehung zur konzessionierten Tätigkeit aufweist. In diesem Fall zählen auch Erlöse des Nebenbetriebes (z.B. Reparaturwerkstatt für Betriebsmittel der konzessionierten Tätigkeit) von Dritten zu den steuerfreien Einkünften.

Nebenerlöse liegen vor, wenn für diese Tätigkeit vorhandene Ressourcen der Abgeltungssparte verwendet werden oder wenn eine Verbundproduktion besteht (z.B. Güterverkehr der Schmalspurbahnen). Nebenerlöse – wie beispielsweise Extrafahrten – helfen, die Abgeltungen tief zu halten und stehen somit in einer Beziehung zur konzessionierten Tätigkeit. Aus diesem Grund werden sie ebenfalls zur steuerbefreiten Sparte gezählt.

Nebenbetriebe im dargelegten Sinn sowie Nebenerlöse werden der steuerbefreiten Sparte zugerechnet.

2.8.2. Ohne notwendige Beziehung zur konzessionierten Tätigkeit

Ist ein Nebenbetrieb nicht Bestandteil der Rechnung einer konzessionierten Sparte, so fehlt es ihm an der notwendigen Beziehung zur konzessionierten Tätigkeit.

Nebenbetriebe ohne notwendige Beziehung zur konzessionierten Tätigkeit stellen Nebengeschäfte im Sinne von Artikel 2 Buchstabe g RKV dar.

Nebenbetriebe im dargelegten Sinn werden der steuerpflichtigen Sparte zugerechnet.

2.9. Liegenschaften

2.9.1. Mit notwendiger Beziehung zur konzessionierten Tätigkeit

Liegenschaften oder Teile von Liegenschaften (Wertzerlegung) der Verkehrssparte, die eine notwendige Beziehung zur konzessionierten Tätigkeit aufweisen, sind steuerbefreit und können somit der steuerbefreiten Sparte zugerechnet werden. Die Abgrenzung zu den Liegenschaften ohne notwendige Beziehung zur konzessionierten Tätigkeit erfolgt gestützt auf die in Anhang II definierten Grundsätze.

Liegenschaften der Sparte Infrastruktur (keine Wertzerlegung) sind steuerbefreit, da sie immer über eine notwendige Beziehung zur konzessionierten Tätigkeit verfügen.

2.9.2. Ohne notwendige Beziehung zur konzessionierten Tätigkeit

Einkünfte aus Liegenschaften oder Teile von Liegenschaften (Wertzerlegung) der Verkehrssparte, die nicht eine notwendige Beziehung zur konzessionierten Tätigkeit haben, sind nicht steuerbefreit und müssen somit der steuerbaren Sparte zugerechnet werden. Es handelt sich dabei um Nebengeschäfte gemäss Artikel 2 Buchstabe g RKV. Die Abgrenzung zu den Liegenschaften mit notwendiger Beziehung zur konzessionierten Tätigkeit erfolgt gestützt auf die in Anhang III definierten Grundsätze.

2.10. Spartenrechnung: Abgeltungen durch den Bund

2.10.1. Basis für die Abgeltung

Gemäss Artikel 50 EBG und Artikel 29 Absatz 1 Buchstabe a PBG richtet der Bund Abgeltungen nur an Unternehmen aus:
- deren Rechnungslegung den Vorschriften der Artikel 35 ff. PBG genügen;
- deren Rechnung nach Sparten gegliedert ist und die ungedeckten Kosten jeder Sparte einzeln nachweist;
- und die mindestens den regionalen Personenverkehr sowie die Eisenbahninfrastruktur, soweit vorhanden, je als eigene Sparte führen.

Die Umsetzung dieser gesetzlichen Bestimmungen erfolgt in der Verordnung des UVEK über das Rechnungswesen der konzessionierten Unternehmungen (RKV), welche das Rechnungswesen allgemein und die Ausgestaltung der Spartenrechnung im Besonderen detailliert regelt.

2.10.2. Basis für die Festlegung des steuerbaren Reingewinns

Als Basis für steuerliche Zwecke gilt der handelsrechtliche Jahresabschluss der Unternehmen. Die im Jahresabschluss ausgewiesenen Ergebnisse der Abgeltungs- und der übrigen Sparten gemäss den Artikeln 13 ff. der RKV sind steuerlich so zu bereinigen, dass am Ende in den Abgeltungssparten nur steuerfreie und in den übrigen Sparten nur steuerbare Erträge und Aufwendungen ausgewiesen werden.

Das Fremdkapital und die ausgewiesenen Schuldzinsen sind in der Regel im Verhältnis der massgeblichen Aktiven auf die Sparten zu verteilen.

2.11. Spartenrechnung: Abgeltungen durch Kantone und Gemeinden

2.11.1. Basis für die Abgeltung

Es gibt keine harmonisierte Regelung auf Stufe Bund, wonach Kantone und Gemeinden Abgeltungen im Bereich der konzessionierten Verkehrs- und Infrastrukturunternehmen einzig an Unternehmen ausrichten, deren Rechnungslegung bestimmten vereinheitlichten Vorschriften entspricht und die eine Spartenrechnung führen. Dennoch ist bereits in Artikel 1 Absatz 3 der RKV die Möglichkeit für eine freiwillige Unterstellung der abgegoltenen Sparten unter die Bestimmungen der RKV vorgesehen.

Auch auf Stufe Kantone und Gemeinden ist es für die steuerrechtliche Beurteilung unumgänglich, eine detaillierte Regelung des Rechnungswesens im Allgemeinen sowie Bestimmungen zur Ausgestaltung der Spartenrechnung im Besonderen auszuweisen. Es muss daher die Erstellung einer Spartenrechnung gestützt auf die RKV (Anknüpfungspunkt gemäss Art. 1 Abs. 3 RKV) oder doch zumindest in analoger Anwendung der RKV verlangt werden.

Basis für die Abgeltung darf einzig die konzessionierte Tätigkeit (keine Defizitdeckungen) bilden.

2.11.2. Basis für die Festlegung des steuerbaren Reingewinns

Als Basis für steuerliche Zwecke gilt der handelsrechtliche Jahresabschluss der Unternehmen. Im Jahresabschluss sind die Ergebnisse der Abgeltungs- und der übrigen Sparten analog den Artikeln 13 ff. der RKV auszuweisen und steuerlich so zu bereinigen, dass am Ende in den Abgeltungssparten nur steuerfreie und in den übrigen Sparten nur steuerbare Erträge und Aufwendungen ausgewiesen werden.

Das Fremdkapital und die ausgewiesenen Schuldzinsen sind in der Regel im Verhältnis der massgeblichen Aktiven auf die Sparten zu verteilen.

3. Steuerpflicht

3.1. Subjektive Steuerpflicht

Konzessionierte Verkehrs- und Infrastrukturunternehmen werden aufgrund persönlicher oder wirtschaftlicher Zugehörigkeit steuerpflichtig, wenn sie die im Gesetz genannten Voraussetzungen erfüllen. Sämtliche dieser Unternehmen unterliegen regelmässig der grundsätzlich unbeschränkten Steuerpflicht auf Grund persönlicher Zugehörigkeit im Sinne von Artikel 50 DBG.

3.2. Objektive Steuerpflicht

Gegenstand der Gewinnsteuer ist der Reingewinn (Art. 57 DBG).

In der eingangs (vgl. Ziffer 1 hievor) zitierten Gesetzesbestimmung des Artikels 56 DBG findet sich die Grundlage für eine Ausnahme von der unbeschränkten Steuerpflicht. Danach wird von einer Besteuerung des Reingewinns nur dann abgesehen, wenn die vom Bund konzessionierten Verkehrs- und Infrastrukturunternehmen für die grundsätzlich zu besteuernde Tätigkeit Abgeltungen erhalten oder aufgrund ihrer Konzession einen Betrieb von nationaler Bedeutung aufrecht erhalten müssen.

3.3. Umfang der Steuerbefreiung

Der neue Artikel 56 Buchstabe d DBG sieht eine Steuerbefreiung des Abgeltungsbereichs sowie eines konzessionierten ganzjährigen Betriebs von nationaler Bedeutung vor. Die Unternehmen haben jährlich ihre Steuerbefreiung bezogen auf die steuerbefreite Sparte darzulegen.

Allfällig noch bestehende Steuerbefreiungen aufgrund öffentlichen Zwecks bei nicht konzessionierten Bahnunternehmen gemäss Artikel 56 Bst. g DBG sind zu überprüfen.

3.4. Eintritt in die Steuerpflicht

Bisher waren konzessionierte Unternehmen als ganzes steuerbefreit, sofern sie von verkehrspolitischer Bedeutung waren und mindestens drei Jahre lang keine Gewinnausschüttung vornahmen. Mit Inkrafttreten der RöVE auf den 1. Januar 2010 änderte jedoch der Anknüpfungspunkt. Eine Steuerbefreiung erfolgt seither bloss in den Sparten Infrastruktur und Verkehr, wobei in der Abgeltungssparte Verkehr die konzessionierte Tätigkeit, Nebenerlöse sowie Nebenbetriebe und Liegenschaften mit notwendiger Beziehung zur konzessionierten Tätigkeit von der Steuer befreit sind.

3.5. Besteuerung von stillen Reserven

Stille Reserven in der Abgeltungssparte, die zu Gunsten der konzessionierten Tätigkeit aufgelöst werden, bleiben von der Steuer befreit. Dasselbe gilt für die gesetzlich vorgeschriebenen Spezialreserven der Artikel 67 EBG und 36 PBG.

Stille Reserven, die aufgrund der neu vorzunehmenden Spartenrechnung oder einer Nutzungsänderung in die Besteuerung gelangen, können steuerneutral in einer Steuerbilanz offen gelegt werden. Die Steuerbilanz wird jedoch nur für stille Reserven zugestanden, die über den ursprünglichen Anschaffungswerten liegen. Die Differenz zwischen den ursprünglichen Anschaffungswerten und den Buchwerten gemäss Handelsbilanz ist handelsrechtlich zwingend im Sinne einer Aufwertung zu buchen. Aufwertungen aufgrund dieser Buchungen in der Handelsbilanz werden gewinnsteuerlich nicht erfasst, qualifizieren jedoch nicht als Reserven aus Kapitaleinlagen.

Bestehende stille Reserven per 1. Januar 2010, die durch die Einführung der Spartenrechnung steuerneutral aufgedeckt werden können, sind bis spätestens im Geschäftjahr, welches im Kalenderjahr 2012 endet, auszuweisen, sofern sie dannzumal noch vorhanden sind. Die Aufdeckung hat, soweit handelsrechtlich möglich, in der Handelsbilanz zu erfolgen. Handelsrechtlich nicht ausweisbare stille Reserven können im gleichen Zeitraum in einer ergänzenden Steuerbilanz offen gelegt werden.

Über stille Reserven, die infolge Nutzungsänderung von der besteuerten in die Abgeltungssparte übergehen, wird im Zeitpunkt des Übergangs steuerlich abgerechnet.

4. Spezialfälle

4.1. Spartenübergreifende Ausgleichsleistungen

Spartenübergreifende Ausgleichsleistungen unter den abgeltungsberechtigten Sparten oder von abgeltungsberechtigten Sparten zu Gunsten von besteuerten Sparten (Nebenbetrieben) sind steuerlich zu überprüfen, soweit diese zwischen besteuerten und nicht besteuerten Sparten erfolgen. Zahlungen aus der besteuerten Sparte in die Abgeltungssparte können sowohl als geschäftsmässig begründeter Aufwand als auch als Gewinnvorwegnahme qualifizieren.

Im Falle von Ausgleichszahlungen zwischen den Sparten erfolgt gestützt auf einen in der Angebots- bzw. Leistungsvereinbarung mit dem Bund, eventuell Kantonen oder Gemeinden festgelegten Betrag eine Soll-Abrechnung, welche die prozentuale Zugehörigkeit der Zahlungen zur steuerbefreiten und besteuerten Sparte festlegt. Solche, beispielsweise zwischen den Sparten Liegenschaften und Infrastruktur geleisteten Zahlungen, können als geschäftsmässig begründeter Aufwand oder als Gewinnvorwegnahme qualifizieren.

4.2. Verlustverrechnung

Eine spartenübergreifende Verlustverrechnung zwischen besteuerten und nicht besteuerten Sparten ist steuerlich ausgeschlossen.

5. Deklaration in der Steuererklärung

5.1. Spartenrechnung

Die Deklaration in der Steuererklärung hat anhand der auch dem Bundesamt für Verkehr (BAV), den Kantonen oder Gemeinden eingereichten und von diesen bereits genehmigten Jahresrechnungen zu erfolgen. Dabei müssen, falls das Verkehrsunternehmen über besteuerte und nicht besteuerte Unternehmensteile verfügt, mindestens zwei Sparten ausgewiesen werden: eine besteuerte und die nicht besteuerte Sparte (Abgeltungssparte).

5.2. Steuerbarer Gewinn

Sämtliche Ergebnisse der steuerbaren Sparten sind steuerbar.

Im Anwendungsbereich des EBG schliesst Artikel 67 EBG eine Gewinnausschüttung und die Verzinsung von Eigenkapital zulasten der Spartenrechnung Infrastruktur ausdrücklich als unzulässig aus. Im Bereich der Personenbeförderung hingegen ist gemäss Artikel 36 PBG ein Drittel des Gewinnes frei verfügbar. Auch die restlichen zwei Drittel, soweit die Spezialreserve zur Deckung künftiger Fehlbeträge abgeltungsberechtigter Verkehrssparten bereits die festgelegte Mindesthöhe erreicht, sind frei verfügbar.

6. Inkrafttreten

Dieses Kreisschreiben gilt ab der Steuerperiode 2010.

Anhang I

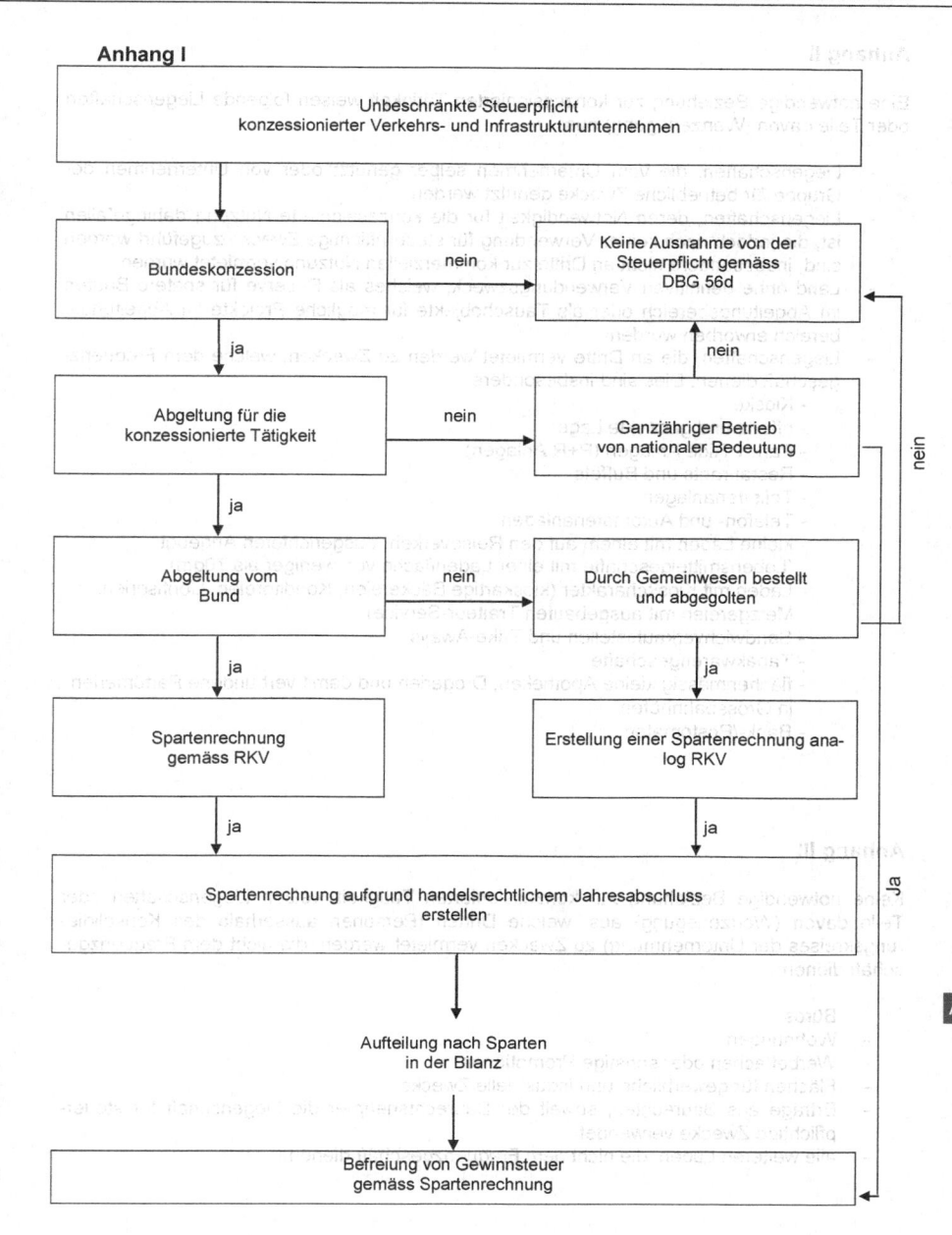

Unbeschränkte Steuerpflicht konzessionierter Verkehrs- und Infrastrukturunternehmen

- Bundeskonzession
  - ja → Abgeltung für die konzessionierte Tätigkeit
    - ja → Abgeltung vom Bund
      - ja → Spartenrechnung gemäss RKV
      - nein → Durch Gemeinwesen bestellt und abgegolten
    - nein → Ganzjähriger Betrieb von nationaler Bedeutung
  - nein → Keine Ausnahme von der Steuerpflicht gemäss DBG 56d

- Ganzjähriger Betrieb von nationaler Bedeutung
  - ja → Durch Gemeinwesen bestellt und abgegolten
    - ja → Erstellung einer Spartenrechnung analog RKV
    - nein → (Keine Ausnahme von der Steuerpflicht gemäss DBG 56d)
  - nein → Keine Ausnahme von der Steuerpflicht gemäss DBG 56d

→ Spartenrechnung aufgrund handelsrechtlichem Jahresabschluss erstellen

→ Aufteilung nach Sparten in der Bilanz

→ Befreiung von Gewinnsteuer gemäss Spartenrechnung

13

Anhang II

Eine notwendige Beziehung zur konzessionierten Tätigkeit weisen folgende Liegenschaften oder Teile davon (Wertzerlegung) aus:

- Liegenschaften, die vom Unternehmen selber genutzt oder von Unternehmen der Gruppe für betriebliche Zwecke genutzt werden
- Liegenschaften, deren Notwendigkeit für die konzessionierte Nutzung dahingefallen ist, die jedoch noch keiner Verwendung für steuerpflichtige Zwecke zugeführt worden sind, insbesondere nicht an Dritte zur kommerziellen Nutzung vermietet wurden
- Land ohne definitiven Verwendungszweck, welches als Reserve für spätere Bauten im Abgeltungsbereich oder als Tauschobjekte für mögliche Projekte im Abgeltungsbereich erworben wurden
- Liegenschaften, die an Dritte vermietet werden zu Zwecken, welche dem Frequenzgeschäft dienen. Dies sind insbesondere:
    - Kioske
    - offene und gedeckte Lager
    - Park + Ride Anlagen (P+R Anlagen)
    - Restaurants und Buffets
    - Toilettenanlagen
    - Telefon- und Automatenanlagen
    - kleine Läden mit einem auf den Reiseverkehr ausgerichteten Angebot (Lebensmittelgeschäfte mit einer Ladenfläche von weniger als 70qm)
    - Läden mit Kioskcharakter (kioskartige Bäckereien, Konditoreien, Confiserien, Metzgereien mit ausgebauten Traiteur-Service)
    - Sandwichverkaufsstellen und Take-Aways
    - Tabakwarengeschäfte
    - flächenmässig kleine Apotheken, Drogerien und damit verbundene Parfümerien in Grossbahnhöfen
    - Bank-/Postomaten

Anhang III

Keine notwendige Beziehung zur konzessionierten Tätigkeit weisen Liegenschaften oder Teile davon (Wertzerlegung) aus, welche Dritten (Personen ausserhalb des Konsolidierungskreises der Unternehmung) zu Zwecken vermietet werden, die nicht dem Frequenzgeschäft dienen:

- Büros
- Wohnungen
- Werbeflächen oder sonstige Promotionen
- Flächen für gewerbliche und industrielle Zwecke
- Erträge aus Baurechten, soweit der Baurechtsnehmer die Liegenschaft für steuerpflichtige Zwecke verwendet
- alle weiteren Läden, die nicht dem Frequenzgeschäft dienen

Kundenguthaben

Quelle: Eidg. Steuerverwaltung ESTV / HA Direkte Bundessteuer, Verrechnungssteuer, Stempelabgaben

Verrechnungssteuer

Bern, 26. Juli 2011

Kreisschreiben Nr. 34

Kundenguthaben

Einleitung
Die Eidgenössische Steuerverwaltung passt mit diesem Kreisschreiben im Sinne einer administrativen Vereinfachung die Richtlinien im Bereich Kundenguthaben an. Die Änderung trägt zudem auch der veränderten Marktsituation Rechnung.

1. Begriff der Kundenguthaben
Bei Kundenguthaben handelt es sich um Einlagen bei einer inländischen Bank oder Sparkasse begründeten Forderungen. Kundenguthaben können beispielsweise sein: Spar-, Einlage-, Depositen- und Kontokorrentguthaben, Festgelder, Callgelder, Lohnkonti, Aktionärsdarlehen usw.

2. Begriff der Bank oder Sparkasse
Als Bank oder Sparkasse gilt, wer sich **öffentlich zur Annahme verzinslicher Gelder empfiehlt** (Bank nach Bankengesetz) oder **fortgesetzt Gelder gegen Zins entgegennimmt** (Bank im Sinne von Art. 9 Abs. 2 des Bundesgesetzes vom 13. Oktober 1965 über die Verrechnungssteuer; VStG).

3. Inländerbegriff
Inländer ist, wer im Inland Wohnsitz, dauernden Aufenthalt, statutarischen oder gesetzlichen Sitz hat oder als Unternehmen im inländischen Handelsregister eingetragen ist (Art. 9 Abs. 1 VStG).

4. Beginn der Steuerpflicht
a) Bank oder Sparkasse im Sinne des Bankengesetzes
Bei Banken oder Sparkassen, die sich öffentlich zur Annahme verzinslicher Gelder empfehlen, beginnt die Steuerpflicht mit der **Aufnahme der Geschäftstätigkeit** und **ohne Rücksicht** auf die Zahl der Gläubiger. Bezüglich der Interbankguthaben verweisen wir auf das Merkblatt "Verrechnungssteuer auf Zinsen von Bankguthaben, deren Gläubiger Banken sind" vom 22. September 1986 (S-02.123).

b) Bank oder Sparkasse im Sinne des Verrechnungssteuergesetzes

Bei Banken oder Sparkassen, die fortgesetzt Gelder gegen Zins entgegennehmen, beginnt die Steuerpflicht, sobald der **Bestand an Gläubigern die Zahl 100** übersteigt und die gesamte Schuldsumme **mindestens 5'000'000 Franken** beträgt.

Bei der Ermittlung der Anzahl Gläubiger sind die in- und ausländischen Banken im Sinne der an ihrem Sitz geltenden Bankengesetzgebung **nicht** mitzuzählen.

Wer zur Bank oder Sparkasse im Sinne des Verrechnungssteuergesetzes wird, darf sich nach den Vorschriften des Bankengesetzes **nicht** als Bank bezeichnen.

5. Anmeldepflicht

Wer auf Grund der vorstehenden Bestimmungen abgabepflichtig wird, hat sich unaufgefordert bei der Eidg. Steuerverwaltung anzumelden (vgl. Art. 38 Abs. 1 VStG)

6. Steuererhebung

Gegenstand der Verrechnungssteuer auf dem Ertrag beweglichen Kapitalvermögens sind die Zinsen, Renten, Gewinnanteile und sonstigen Erträge der Kundenguthaben bei inländischen Banken und Sparkassen (Art. 4 Abs. 1 lit. d VStG).

Steuerpflichtig ist der inländische Schuldner der steuerbaren Leistung (Art. 10 Abs. 1 VStG).

7. Abrechnungsverfahren

Die Steuer auf dem Ertrag von **Kundenguthaben bei Banken und Sparkassen** ist mit dem amtlichen Formular wie folgt abzurechnen und zu entrichten (Art. 19 Abs. 1 und 2 der Vollziehungsverordnung vom 19. Dezember 1966 über die Verrechnungssteuer VStV):

- in einem annäherungsweise ermittelten Betrag innert 30 Tagen nach Ablauf des Geschäftsvierteljahres für die in diesem Zeitraum fällig gewordenen Erträge (Zinsen);
- im genau ermittelten Betrag innert 30 Tagen nach Ablauf des letzten Geschäftsvierteljahres für die im ganzen Geschäftsjahr fällig gewordenen Erträge (Zinsen), abzüglich der für die ersten drei Quartale abgelieferten Steuern.

8. Geldmarktpapiere und Buchforderungen

Bezüglich der **Geldmarktpapiere und Buchforderungen** verweisen wir auf das Merkblatt "Geldmarktpapiere und Buchforderungen inländischer Schuldner" (S-02.130.1).

9. Inkrafttreten

Das vorliegende Kreisschreiben Nr. 34 tritt mit dessen Publikation in Kraft und ersetzt das Merkblatt S-02.122.2 vom April 1999.

Stempelabgabe auf Versicherungsprämien

Quelle: Eidg. Steuerverwaltung ESTV / HA Direkte Bundessteuer, Verrechnungssteuer, Stempelabgaben

Stempelabgaben

Bern, 4. Februar 2011

Kreisschreiben Nr. 33

Stempelabgabe auf Versicherungsprämien

Inhaltsverzeichnis   Seite

Abkürzungen 3
1.   Allgemeines..4
1.1   Gesetzliche Grundlagen...4
1.1.1   Bundesgesetz über die Stempelabgaben...4
1.1.2   Verhältnis zum Fürstentum Liechtenstein 4
1.2   Gegenstand der Abgabe 4
1.3   Inländischer Bestand..4
1.3.1   Zeitpunkt der Prämienzahlung 4
1.3.2   Inländische Vertragsparteien..4
1.3.3   Erfüllungsort...4
1.3.4   Öffentlich-rechtliche Versicherer 5
1.4   Ausnahmen 5
1.5   Abgabepflicht 5
1.6   Entstehung und Fälligkeit der Abgabeforderung 5
1.6.1   Entstehung und Fälligkeit...5
1.6.2   Verzugszins..5
1.6.3   Verjährung 6
1.7   Abgabesätze und Berechnungsgrundlage 6
1.7.1   Abgabesätze 6
1.7.2   Barprämie...6
1.7.3   Deckungsbeitrag der Motorfahrzeughalter und Unfallverhütungsbeitrag 6
1.7.4   Andere zweckgebundene Abgaben 6
1.8   Aufrundung / Überwälzung / Stempelvermerk..6
1.8.1   Aufrundung 6
1.8.2   Überwälzung 6
1.8.3   Stempelvermerk 6
1.9   Kombinationen von steuerbaren und befreiten Versicherungsprämien..................7
1.9.1   Abgabepflichtige und abgabebefreite Prämien 7
1.9.2   Beweispflichtige Tatsache 7
1.10   Buchführung...7

1.11	Umrechnung ausländischer Währungen	7
1.12	Rückerstattung nicht geschuldeter Abgaben	7
1.13	Internationale Missionen und Organisationen	7
1.14	Mitversicherung	7
1.15	Anmeldung	8
1.15.1	Inländischer Versicherer	8
1.15.2	Inländischer Versicherungsnehmer	8
2.	Personenversicherungen	9
2.1	Grundsatz für die Abgabepflicht auf Lebensversicherungsprämien	9
2.2	Begriffsbestimmungen	10
2.2.1	Rückkaufsfähige Lebensversicherung	10
2.2.2	Lebensversicherung mit periodischer Prämienzahlung	10
2.3	Kombination / Abgrenzung	10
2.3.1	Kombination von rückkaufsfähigen mit nicht rückkaufsfähigen Versicherungen	10
2.3.2	Abgrenzung von periodischen Prämienzahlungen gegenüber Einmalprämien	10
2.4	Spezialfälle Einmalprämien / Prämienänderungen	11
2.4.1	Spezialfälle Einmalprämien	11
2.4.2	Schichtenmodell	11
2.5	Umstellung von Säule 3a zu Säule 3b	12
3.	Sach- und Vermögensversicherungen	12
3.1	Transportversicherung	12
3.1.1	Transportversicherung für Güter	12
3.1.2	Abgrenzung	12
3.1.3	Abgabefreie Prämien	12
3.1.4	Abgabepflichtige Prämien	13
3.2	Technische Versicherungen	13
3.2.1	Abgrenzung	13
3.2.2	Abgabefreie Prämien	14
3.2.3	Abgabepflichtige Prämien	14
3.2.4	Konditions-, Differenz- und Schutzversicherungen (KDS)	14
3.3	Maschinenversicherung	14
3.4	Versicherung von Elementarschäden	14
3.5	Hagelversicherung	15
3.6	Viehversicherung	15
3.7	Kaskoversicherung von Luftfahrzeugen und Schiffen	15
3.8	Kreditversicherung	15
3.9	Kautions- und Garantieversicherungen	15
3.10	Betriebsunterbrechungs-/Ertragsausfallversicherung	15
3.11	Kombinierte Sach- und Vermögensversicherungen	15
4.	Internationale Versicherungsprogramme	16
4.1	Schematische Darstellung	16
4.2	Erläuterungen zur schematischen Darstellung	17
5.	Inkrafttreten und Auskunftsstelle	18

Abkürzungen

ATA	Allgemeine Technische Anlagen
ABVS	Allgemeine Bedingungen für die Versicherung von Gütertransporten auf der Strasse (Werkverkehr)
ABVT	Allgemeine Bedingungen für die Versicherung von Gütertransporten
ABVV	Allgemeine Bedingungen für die Versicherung von Valoren-Transporten
BU	Betriebsunterbrechung
BVV3	Verordnung vom 13. November 1985 über die steuerliche Abzugsberechtigung für Beiträge an anerkannte Vorsorgeformen (SR 831.461.3)
DIC	Difference in conditions
DIL	Difference in limits
CMR	Convention relative au contrat international de marchandises par route
ESTV	Eidgenössische Steuerverwaltung
FL	Fürstentum Liechtenstein
StG	Bundesgesetz vom 27. Juni 1973 über die Stempelabgaben (SR 641.10)
StV	Verordnung vom 3. Dezember 1973 zum Bundesgesetz über die Stempelabgaben (SR 641.101)
SVV	Schweizerischer Versicherungsverband
TPL	Third Party Liability

1. Allgemeines

1.1 Gesetzliche Grundlagen

1.1.1 Bundesgesetz über die Stempelabgaben

Die Grundlagen der Abgabe auf Versicherungsprämien sind die Artikel 21 bis 26 des Bundesgesetzes vom 27. Juni 1973 über die Stempelabgaben (StG; SR 641.10) und die Artikel 26 bis 28 der dazugehörenden Verordnung vom 3. Dezember 1973 (StV; SR 641.101).

1.1.2 Verhältnis zum Fürstentum Liechtenstein

Gemäss Vertrag zwischen der Schweiz und Liechtenstein über den Anschluss des Fürstentums Liechtenstein an das Schweizerische Zollgebiet vom 29. März 1923 (Zollanschlussvertrag; SR 0.631.112.514) ist das eidgenössische Stempelabgaberecht auch im Fürstentum Liechtenstein (FL) anwendbar. Versicherer mit einem schweizerischen und einem liechtensteinischen Versicherungsbestand haben in den vierteljährlichen Abrechnungen und in der Jahresabrechnung die Abgaben für jeden dieser Bestände getrennt auszuweisen. Versicherer, welche der Aufsicht des FL unterstehen (einschliesslich der liechtensteinischen Agenten ausländischer Versicherer), haben somit auf Prämien für Versicherungen, die zu ihrem liechtensteinischen (oder gegebenenfalls schweizerischen) Versicherungsbestand gehören, die Abgabe zu entrichten.

1.2 Gegenstand der Abgabe

Gegenstand der Abgabe sind die Prämienzahlungen für Versicherungen,

a) die zum inländischen Bestand eines der Aufsicht des Bundes unterstellten oder eines inländischen öffentlich-rechtlichen Versicherers gehören;

b) die ein inländischer Versicherungsnehmer mit einem nicht der Bundesaufsicht unterstellten ausländischen Versicherer abgeschlossen hat.

1.3 Inländischer Bestand

1.3.1 Zeitpunkt der Prämienzahlung

Die Erhebung der Stempelabgabe setzt voraus, dass eine Versicherung im Zeitpunkt der Prämienzahlung zum inländischen Bestand eines der Bundesaufsicht unterstellten Versicherers gehört.

1.3.2 Inländische Vertragsparteien

Zum inländischen Bestand gehört jeder Versicherungsvertrag, bei dem der Versicherungsnehmer als Vertragspartner des inländischen Versicherers im Inland (d.h. in der Schweiz oder im FL) Wohnsitz oder dauernden Aufenthalt bzw. gesetzlichen oder statutarischen Sitz hat (so genanntes Schweizergeschäft).

1.3.3 Erfüllungsort

Im Weiteren gehört eine Versicherung ungeachtet des Wohnsitzes/Aufenthalts bzw. Sitzes des Versicherungsnehmers, jedoch unter Vorbehalt von Artikel 22 Buchstabe a^{ter} StG, zum inländischen Bestand, wenn ein der Aufsicht des Bundes unterstellter Versicherer die Leistung aus dem Versicherungsvertrag im Inland zu erfüllen hat. Diese Regelung gilt auch für Fremdversicherungen.

1.3.4 Öffentlich-rechtliche Versicherer

Bei den inländischen öffentlich-rechtlichen Versicherern (beispielsweise kantonale Gebäudeversicherungen) gehören alle Versicherungen zum inländischen Bestand, da die Leistungspflicht des Versicherers zwingend in der Schweiz zu erfüllen ist.

1.4 Ausnahmen

Von der Abgabe ausgenommen sind die Prämienzahlungen für die

a) nichtrückkaufsfähige Lebensversicherung sowie die rückkaufsfähige Lebensversicherung mit periodischer Prämienzahlung;

a^{bis}) Lebensversicherung, soweit diese der beruflichen Vorsorge im Sinne des Bundesgesetzes vom 25. Juni 1982 über die berufliche Alters-, Hinterlassenen- und Invalidenvorsorge dient (SR 831.40);

a^{ter}) Lebensversicherung, welche von einem Versicherungsnehmer mit Wohnsitz im Ausland abgeschlossen wird;

b) Kranken- und Invaliditätsversicherung;
c) Unfallversicherung;
d) Transportversicherung für Güter;
e) Versicherung für Elementarschäden an Kulturland und Kulturen;
f) Arbeitslosenversicherung;
g) Hagelversicherung;
h) Viehversicherung;
i) Rückversicherung;
k) Kaskoversicherung für Luftfahrzeuge und Schiffe, die im Wesentlichen im Ausland der gewerbsmässigen Beförderung von Personen und Gütern dienen;
l) Feuer-, Diebstahl-, Glas-, Wasserschaden-, Kredit-, Maschinen- und Schmuckversicherung, sofern der Abgabepflichtige nachweist, dass sich die versicherte Sache im Ausland befindet.

1.5 Abgabepflicht

Abgabepflichtig ist der Versicherer. Ist die Versicherung mit einem ausländischen Versicherer abgeschlossen worden, so hat der inländische Versicherungsnehmer die Abgabe zu entrichten.

1.6 Entstehung und Fälligkeit der Abgabeforderung

1.6.1 Entstehung und Fälligkeit

Die Abgabeforderung entsteht mit der Zahlung der Prämie. Die Abgabe wird 30 Tage nach Ablauf des Vierteljahres fällig, in dem die Prämie bezahlt wurde. In der gleichen Frist ist die Abgabe unaufgefordert mit Formular 11 bzw. 12 der Eidgenössischen Steuerverwaltung (ESTV) zu deklarieren und zu entrichten.

1.6.2 Verzugszins

Auf Abgabebeträgen, die nach Ablauf des geregelten Fälligkeitstermins ausstehen, ist ohne Mahnung ein Verzugszins geschuldet. Der Zinssatz wird vom Eidgenössischen Finanzdepartement bestimmt (Art. 29 StG).

1.6.3 Verjährung

Die Abgabeforderung verjährt fünf Jahre nach Ablauf des Kalenderjahres, in dem sie entstanden ist (Art. 30 StG).

1.7 Abgabesätze und Berechnungsgrundlage

1.7.1 Abgabesätze

Die Abgabe wird auf der Barprämie berechnet und beträgt 5 Prozent; für die Lebensversicherung beträgt sie 2,5 Prozent.

1.7.2 Barprämie

Die Barprämie ist die Prämie, die der Versicherungsnehmer tatsächlich zu bezahlen hat. Sie kann sowohl bei der Gewährung von Rabatten als auch beim Erheben von Zuschlägen (z.B. für unterjährige Prämienzahlungen) von der Tarifprämie abweichen. Policen-, Sistierungs- und Mahngebühren sowie Porti gelten nicht als Bestandteil der Barprämie.

1.7.3 Deckungsbeitrag der Motorfahrzeughalter und Unfallverhütungsbeitrag

Der Deckungsbeitrag der Motorfahrzeughalter gemäss Strassenverkehrsgesetz vom 19. Dezember 1958 (SR 741.01) sowie der Unfallverhütungsbeitrag gemäss Bundesgesetz vom 25. Juni 1976 über einen Beitrag für die Unfallverhütung im Strassenverkehr (SR 741.81) zählen nicht zur Barprämie der Motorfahrzeughaftpflichtversicherung.

1.7.4 Andere zweckgebundene Abgaben

Enthält die Prämienrechnung aufgrund gesetzlicher Bestimmungen eines Kantons oder des Bundes Forderungen, die nicht als Prämienzahlung für eine Versicherung qualifizieren (z.B. Brandschutz-, Feuerschutz-, Brandverhütungsabgaben), so sind diese eindeutig zu bezeichnen und gesondert aufzuführen; andernfalls ist die Abgabe auf dem Gesamtbetrag geschuldet.

1.8 Aufrundung / Überwälzung / Stempelvermerk

1.8.1 Aufrundung

Aufrundungsbeträge, die sich aufgrund der kaufmännisch üblichen Auf- und Abrundung - insbesondere bei der Überwälzung der Stempelabgabe - ergeben, sind als Teil der geschuldeten Abgabe zu behandeln.

1.8.2 Überwälzung

Das StG enthält keine Vorschrift darüber, wer die geschuldete Abgabe zu tragen hat. Unter dem Titel «Abgabe auf Versicherungsprämien» oder dgl. darf jedoch dem Versicherungsnehmer nicht mehr als die geschuldete Abgabe belastet werden.

1.8.3 Stempelvermerk

Wird dem Versicherungsnehmer die Eidg. Stempelabgabe belastet, muss die Prämienrechnung mit dem Hinweis «inkl. Eidg. Stempelabgabe» oder dgl. versehen sein.

1.9 Kombinationen von steuerbaren und befreiten Versicherungsprämien

1.9.1 Abgabepflichtige und abgabebefreite Prämien

Bei Vorliegen von der Stempelabgabe unterliegenden und ausgenommenen Versicherungsprämien hat der Abgabepflichtige die steuerbaren und die befreiten Prämien in den Büchern gesondert auszuweisen. Dies gilt auch für Pauschalpolicen wie beispielsweise „All Risk"-Versicherungen und die Kombination einer Haftpflichtversicherung mit einer Versicherung von Sachen im Ausland oder die Kombination einer rückkaufsfähigen mit einer nicht rückkaufsfähigen Lebensversicherung. Wird die abgabefreie Prämie nicht gesondert ausgewiesen, unterliegt die gesamte Prämienzahlung der Stempelabgabe.

1.9.2 Beweispflichtige Tatsache

Die Prämienaufteilung ist eine Tatsache, für welche der Abgabepflichtige die Beweislast trägt.

1.10 Buchführung

Der Abgabepflichtige hat seine Bücher so einzurichten und zu führen, dass sich aus ihnen die für die Abgabepflicht und Abgabebemessung massgebenden Tatsachen ohne besonderen Aufwand zuverlässig ermitteln und nachweisen lassen.

1.11 Umrechnung ausländischer Währungen

Lautet der für die Abgabeberechnung massgebende Betrag auf eine ausländische Währung, so ist er auf den Zeitpunkt der Entstehung der Abgabeforderung in Schweizerfranken umzurechnen. Ist unter den Parteien kein bestimmter Umrechnungskurs vereinbart worden, so ist der Umrechnung das Mittel der Geld- und Briefkurse am letzten Werktage vor der Entstehung der Abgabeforderung zugrunde zu legen.

1.12 Rückerstattung nicht geschuldeter Abgaben

Ist eine nicht geschuldete Abgabe überwälzt worden, so wird die Rückerstattung nur gewährt, wenn feststeht, dass der von der Überwälzung Betroffene in den Genuss der Rückerstattung gebracht wird.

1.13 Internationale Missionen und Organisationen

Die Steuerprivilegien von internationalen Missionen und Organisationen und ihrem Personal sind wie folgt zu handhaben:

a) Der Versicherer hat die Stempelabgabe ungeachtet der staatsvertraglichen Regelungen an die ESTV abzuführen.

b) Die ESTV erstattet den entsprechenden Versicherungsnehmern auf Gesuch hin die Abgabe zurück.

1.14 Mitversicherung

Wird eine Versicherung von mehreren Versicherern gemeinschaftlich übernommen, hat jeder Versicherer die Abgabe für den auf ihn entfallenden Teil der Prämie zu entrichten. Sind an einem Mitversicherungsvertrag jedoch ausschliesslich der Aufsicht des Bundes unterstellte oder inländisch öffentlich rechtliche Versicherer beteiligt, hat der federführende Versicherer die gesamte Abgabe zu entrichten.

1.15 Anmeldung

1.15.1 Inländischer Versicherer

Die der Aufsicht des Bundes unterstellten sowie die inländischen öffentlich-rechtlichen Versicherer haben sich unaufgefordert bei der ESTV anzumelden, bevor sie ihre Geschäftstätigkeit aufnehmen.

1.15.2 Inländischer Versicherungsnehmer

Der inländische Versicherungsnehmer, der mit einem nicht der Bundesaufsicht unterstellten ausländischen Versicherer Verträge abschliesst, deren Prämien der Abgabe unterliegen, hat sich nach Vertragsabschluss unaufgefordert bei der ESTV anzumelden (Art. 26 Abs. 4 StV).

2. Personenversicherungen

2.1 Grundsatz für die Abgabepflicht auf Lebensversicherungsprämien

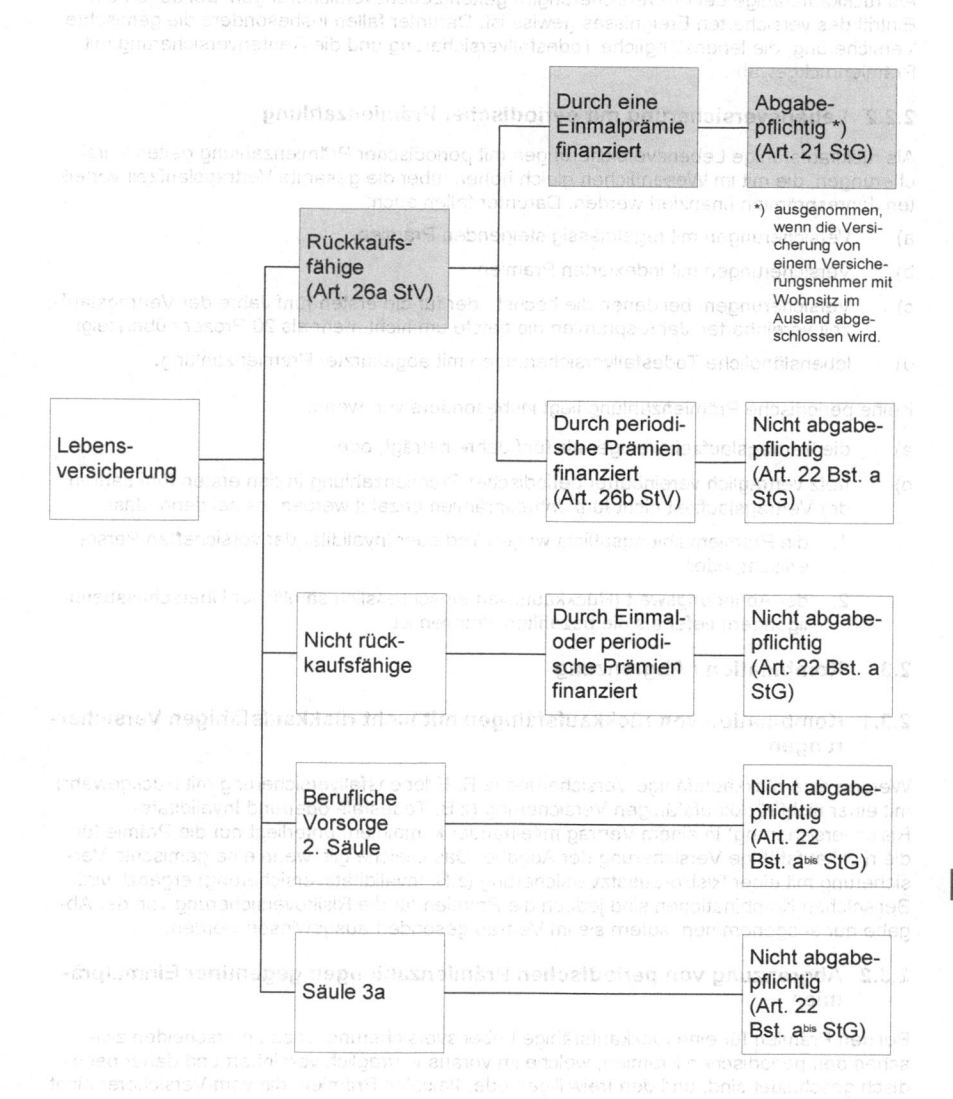

```
                                ┌─ Durch eine         ─── Abgabe-
                                │  Einmalprämie           pflichtig *)
                                │  finanziert             (Art. 21 StG)
                  ┌─ Rückkaufs- ┤
                  │  fähige     │                         *) ausgenommen,
                  │  (Art. 26a StV)                          wenn die Versi-
                  │             │                            cherung von
                  │             │                            einem Versiche-
                  │             │                            rungsnehmer mit
                  │             │                            Wohnsitz im
                  │             │                            Ausland abge-
                  │             │                            schlossen wird.
                  │             │
                  │             └─ Durch periodi-  ─── Nicht abgabe-
                  │                sche Prämien        pflichtig
Lebens-           │                finanziert           (Art. 22 Bst. a
versicherung ─────┤                (Art. 26b StV)       StG)
                  │
                  │             ┌─ Durch Einmal-    ─── Nicht abgabe-
                  ├─ Nicht rück-┤  oder periodi-        pflichtig
                  │  kaufsfähige│  sche Prämien         (Art. 22 Bst. a
                  │             │  finanziert           StG)
                  │
                  │             ┌─ Berufliche        ─── Nicht abgabe-
                  │             │  Vorsorge             pflichtig
                  │             │  2. Säule             (Art. 22
                  │             │                       Bst. a^bis StG)
                  │
                  └─ Säule 3a   ─── Nicht abgabe-
                                    pflichtig
                                    (Art. 22
                                    Bst. a^bis StG)
```

2.2 Begriffsbestimmungen

2.2.1 Rückkaufsfähige Lebensversicherung

Als rückkaufsfähige Lebensversicherungen gelten Lebensversicherungen, bei denen der Eintritt des versicherten Ereignisses gewiss ist. Darunter fallen insbesondere die gemischte Versicherung, die lebenslängliche Todesfallversicherung und die Rentenversicherung mit Prämienrückgewähr.

2.2.2 Lebensversicherung mit periodischer Prämienzahlung

Als rückkaufsfähige Lebensversicherungen mit periodischer Prämienzahlung gelten Versicherungen, die mit im Wesentlichen gleich hohen, über die gesamte Vertragslaufzeit verteilten Jahresprämien finanziert werden. Darunter fallen auch:

a) Versicherungen mit regelmässig steigenden Prämien;
b) Versicherungen mit indexierten Prämien;
c) Versicherungen, bei denen die höchste der für die ersten fünf Jahre der Vertragslaufzeit vereinbarten Jahresprämien die tiefste um nicht mehr als 20 Prozent übersteigt;
d) lebenslängliche Todesfallversicherungen mit abgekürzter Prämienzahlung.

Keine periodische Prämienzahlung liegt insbesondere vor, wenn:

a) die Vertragslaufzeit weniger als fünf Jahre beträgt, oder
b) trotz vertraglich vereinbarter periodischer Prämienzahlung in den ersten fünf Jahren der Vertragslaufzeit nicht fünf Jahresprämien bezahlt werden, es sei denn, dass:
   1. die Prämienzahlungspflicht wegen Tod oder Invalidität der versicherten Person erlischt, oder
   2. der Abfindungswert (Rückkaufswert einschliesslich sämtlicher Überschussbeteiligungen) tiefer als die bezahlten Prämien ist.

2.3 Kombination / Abgrenzung

2.3.1 Kombination von rückkaufsfähigen mit nicht rückkaufsfähigen Versicherungen

Werden eine rückkaufsfähige Versicherung (z.B. Erlebensfallversicherung mit Rückgewähr) mit einer nicht rückkaufsfähigen Versicherung (z.B. Todesfall- oder/und Invaliditäts-Risikoversicherung) in einem Vertrag miteinander kombiniert, unterliegt nur die Prämie für die rückkaufsfähige Versicherung der Abgabe. Das Gleiche gilt, wenn eine gemischte Versicherung mit einer Risiko-Zusatzversicherung (z.B. Invaliditätsversicherung) ergänzt wird. Bei solchen Kombinationen sind jedoch die Prämien für die Risikoversicherung von der Abgabe nur ausgenommen, sofern sie im Vertrag gesondert ausgewiesen werden.

2.3.2 Abgrenzung von periodischen Prämienzahlungen gegenüber Einmalprämien

Bei den Prämien für eine rückkaufsfähige Lebensversicherung ist zu unterscheiden zwischen den periodischen Prämien, welche im voraus vertraglich vereinbart und daher periodisch geschuldet sind, und den freiwilligen oder flexiblen Prämien, die vom Versicherer nicht gemahnt werden können (z.B. Zielsparprämien); bei letzteren handelt es sich um Einmalprämien im Sinne des StG.

Wird eine rückkaufsfähige Versicherung sowohl mit einer Einmalprämie (welche beispielsweise zu Vertragsbeginn entrichtet wird) als auch mit periodischen Prämien finanziert, sind letztere von der Stempelabgabe ausgenommen, wenn es sich dabei um eine periodische Prämienzahlung im Sinne von Artikel 26b Absatz 1 StV handelt.

Bei einer rückkaufsfähigen Versicherung mit einer Vertragsdauer von beispielsweise 10 Jahren werden die vereinbarten Jahresprämien stempelrechtlich nicht als «periodische Prämienzahlungen» betrachtet, wenn der Versicherungsvertrag bloss fünf Jahresprämien vorsieht. Eine «periodische Prämienzahlung» liegt gemäss Artikel 26b Absatz 1 StV vor, wenn die Versicherung mit im Wesentlichen gleich hohen, über die gesamte Vertragslaufzeit verteilten Jahresprämien finanziert wird. Eine Ausnahme für eine kürzere Prämienzahlungsdauer macht einzig die lebenslängliche Todesfallversicherung (Art. 26b Abs. 1 Bst. d StV).

2.4 Spezialfälle Einmalprämien / Prämienänderungen

2.4.1 Spezialfälle Einmalprämien

Wird nach Ablauf der Versicherung die Versicherungsleistung als Einmalprämie für die Finanzierung einer neuen Versicherung verwendet, ist darauf die Stempelabgabe geschuldet. Es ist dabei unbeachtlich, ob die Versicherungsleistung gutgeschrieben, verrechnet oder ausbezahlt wird.

Wird die Versicherung vor Ablauf «umgewandelt» und der Anrechnungswert in eine neue rückkaufsfähige Lebensversicherung eingebracht, unterliegt dieser Anrechnungswert insbesondere in den folgenden Fällen als Einmalprämie der Stempelabgabe:

- Veränderung der Risikoart

- Umwandlung der Kapitalversicherung in eine Rentenversicherung

- Umwandlung der Rentenversicherung in eine Kapitalversicherung

- Wechsel der versicherten Person

Die Vertragsverlängerung einer rückkaufsfähigen Lebensversicherung mit periodischer Prämienzahlung stellt aus stempelabgaberechtlicher Sicht keine abgabepflichtige Einmalprämie dar, wenn die bisherige Prämie mit einer entsprechend höheren Versicherungssumme oder die bisherige Versicherungssumme mit einer entsprechend tieferen Prämie weitergeführt wird.

Wird bei einer Vertragsverlängerung die rückkaufsfähige Lebensversicherung fortan prämienfrei weitergeführt, stellt dies eine wesentliche Vertragsänderung dar, welche als Umwandlung zu qualifizieren ist. Der hierbei als Inventareinlage verwendete Rückkaufswert gilt stempelabgaberechtlich als Einmalprämie.

Wird die Versicherung trotz vertraglich vereinbarter periodischer Prämienzahlung in den ersten fünf Jahren der Vertragslaufzeit durch Rückkauf aufgelöst oder in eine prämienfreie Versicherung umgewandelt, liegt abgaberechtlich eine Einmalprämie vor, es sei denn, dass der Abfindungswert (Rückkaufswert einschliesslich sämtlicher Überschussanteile) tiefer ist als die Summe der bezahlten Prämien.

2.4.2 Schichtenmodell

Bei Prämienänderungen von periodisch finanzierten rückkaufsfähigen Versicherungen können sich Sachverhalte ergeben, in welchen ein Teil oder die gesamte Prämie der Stempelabgabe unterliegt. Bezüglich der damit zusammenhängenden Abgrenzungsfragen wird auf das Dokument „Gesprächsergebnisse gemäss Besprechung zwischen der ESTV und dem Schweizerischen Versicherungsverband (SVV) betreffend Stempelabgabe auf Lebensversicherungsprämien vom 13. März 2008" verwiesen, welches von der ESTV am 30. April 2008 allen Lebensversicherungsgesellschaften zugestellt wurde.

2.5 Umstellung von Säule 3a zu Säule 3b

Sofern bei einer Vorsorgeversicherung (Säule 3a) die Voraussetzungen für einen Auszahlungsgrund gemäss Artikel 3 BVV 3 erfüllt sind, kann die Versicherung aufgelöst und in Form eines neuen, der freien Vorsorge (Säule 3b) unterstellten Versicherungsvertrages weitergeführt werden. Der Anrechnungswert aus der Vorsorgeversicherung (Säule 3a) wird dabei als Einmalprämie in die neue Versicherung (Säule 3b) eingebracht. Es handelt sich dabei um zwei verschiedene Versicherungsverträge. Auch wenn beide eine periodische Prämienzahlung (mit gleich hoher Jahresprämie) vorsehen, wird der Anrechnungswert für die neue Versicherung stempelabgaberechtlich als Einmalprämie qualifiziert.

3 Sach- und Vermögensversicherungen

Die folgenden Versicherungen erläutern wir Ihnen aus abgaberechtlicher Sicht näher:

3.1 Transportversicherung

3.1.1 Transportversicherung für Güter

Als Deckungsumfang der Transportversicherung für Güter gilt der Verlust und die Beschädigung während der Reise ab Domizil Absender bis Domizil Empfänger, soweit einzelne Risiken nicht ausdrücklich ausgeschlossen werden.

3.1.2 Abgrenzung

Die Abgrenzung zwischen den der Abgabe unterliegenden und befreiten Prämienzahlungen basiert im Wesentlichen auf dem mit dem SVV, Fachkommission Transport, erarbeiteten Rundschreiben S Tr 1/2007 vom 16. April 2007.

3.1.3 Abgabefreie Prämien

Die Prämienzahlungen folgender Versicherungen sind von der Abgabe ausgenommen:

- Warentransporte (Verlust und Beschädigung der Güter während des versicherten Transports) gemäss
  - ABVT 2006, Ausgabe 01.2006, inklusive Klauseln 1 - 12 ABVT 2006
  - ABVT 1988, Ausgabe 01.1999, inklusive Klauseln STV Nr. 1-23/1988-1991
  - ABVS 2006 (Werkverkehr Inland), inklusive Klauseln Transportversicherung zu den ABVS 2006
  - ABVS 1981 und Klauseln 1981/91, Nrn. 30, 32, 34, 38, 39, 41, 43, 44 und 45 und gleichwertige Deckung
- Valorentransporte gemäss ABVV 2006 und ABVV 1988
- Reiselager und Musterkollektionen mit Ausnahme von Ausstellungen und Messen in der Schweiz
- Reisegepäckversicherung mit Ausnahme der Reisegepäckverspätungsversicherung (Ersatz des Notbedarfs)
- Transportbedingte Aufenthalte, wenn sie mit einem beim gleichen Versicherer gedeckten Transport im Zusammenhang stehen
- Montageversicherungen, wenn sich die versicherte Sache im Ausland befindet
- Kaskoversicherungen
    für Schiffe, die im Wesentlichen (während mehr als 9 Monaten) im Ausland der gewerbsmässigen Beförderung von Personen und Gütern dienen

für Container, die im Wesentlichen (während mehr als 9 Monaten) im Ausland der Beförderung von Gütern dienen
- Versicherungen von Konditions- und Summendifferenzen, soweit sie sich ausschliesslich auf die Waren- und Valorenversicherung als Versicherung gegen Verlust und Beschädigung beziehen

3.1.4 Abgabepflichtige Prämien

Die Prämienzahlungen folgender Versicherungen unterliegen der Stempelabgabepflicht:

- Versicherungen im Rahmen der Frachtführerhaftpflicht CMR und Inland sowie bei Durchfrachtdokumenten
- Spediteurhaftpflichtversicherungen
- Kaskoversicherungen von

    Sportbooten

    Arbeitsschiffen wie Bagger usw., die ausschliesslich oder im Wesentlichen in der Schweiz arbeiten oder verkehren

    Bagger-, Güter- oder Personenschiffen, die ausschliesslich oder im Wesentlichen der gewerbsmässigen Beförderung in der Schweiz dienen

    Lagerschiffen, wenn sie in der Schweiz stationiert sind

    Rollmaterial (einschliesslich Lokomotiven)

- Versicherungen von Reiselagern und Musterkollektionen an Messen, Ausstellungen und in Schaufenstern in der Schweiz. Ausgenommen sind transportbedingte Aufenthalte während der Reise
- Montageversicherungen, wenn sich die versicherte Sache in der Schweiz befindet
- Versicherungen von Messen und Ausstellungen in der Schweiz
- Versicherungen von Schmuck, Ski und Musikinstrumenten, Foto-, Filmapparaten und dgl., bei denen das Gut nicht bloss anlässlich seines Transports versichert ist
- Transport-Betriebsunterbrechungs-Versicherungen
- Vertragsstrafen-Versicherungen
- Deckungserweiterungen wie Aufräumungs-, Beseitigungs-, Bergungs- und Mehrkosten
- Reisegepäckverspätungsversicherung (Ersatz des Notbedarfs)

3.2 Technische Versicherungen

3.2.1 Abgrenzung

Im Bereich der Technischen Versicherungen basiert die Abgrenzung zwischen den abgabepflichtigen und den abgabefreien Prämienzahlungen im Wesentlichen auf dem mit dem SVV, Fachkommission Technische Versicherungen, erarbeiteten Rundschreiben S Te 30 vom 4. September 2002.

3.2.2 Abgabefreie Prämien

Die Prämienzahlungen folgender Versicherungen sind von der Abgabe ausgenommen:
- Montageversicherungen, wenn sich die versicherte Sache im Ausland befindet
- Maschinen-, Bauwesen-, EDV-Anlagen- und ATA-Versicherungen, wenn sich die versicherte Sache im Ausland befindet

3.2.3 Abgabepflichtige Prämien

Die Prämienzahlungen folgender Versicherungen unterliegen der Stempelabgabe:
- Garantieversicherungen
- BU-Versicherungen
- Ertragsausfall-Versicherungen
- Konventionalstrafen- oder Pönalen-Versicherungen
- Haftpflichtversicherungen (TPL)
- Deckungserweiterungen wie:
    Reisekosten / Luftfrachten
    Kosten für Erd- / Bauarbeiten
    Aufräumungs-, Beseitigungs-, Bergungs- und Mehrkosten
    Kosten für Montageausrüstung
    Kosten für gefährdete bzw. in Obhut genommene Sachen
    Visits- und Extended Maintenance-Versicherung
    Revisions- und Reparatur-Versicherung
    Datenwiederherstellungskosten

3.2.4 Konditions-, Differenz- und Schutzversicherungen (KDS)

Bezüglich dieser Versicherungen gilt Folgendes:

Soweit sie Sachkomponenten enthalten – dies betrifft die Elemente K + D –, sind sie abgabebefreit, sofern sich die versicherte Sache im Ausland befindet. Die Schutzkomponente (S) stellt eine Vermögensversicherung dar und unterliegt demzufolge der Stempelabgabe.

3.3 Maschinenversicherung

Der Maschinenversicherung gleichgestellt sind:
- die Maschinenbruchversicherung
- die Montageversicherung
- die Bauwesenversicherung
- die Versicherung von elektronischen Datenverarbeitungsanlagen
- die Versicherung von allgemeinen technischen Anlagen

3.4 Versicherung von Elementarschäden

Die Prämienzahlungen für die Versicherung von Elementarschäden sind von der Abgabe befreit, wenn ausschliesslich Kulturland oder Kulturen Gegenstand der Versicherung sind. Deckt die Versicherung hingegen auch Elementarschäden an anderen Objekten (z.B. Wege, Zufahrtsstrassen, Brücken usw.), unterliegt der entsprechende Prämienanteil der Stempelabgabe.

3.5 Hagelversicherung

Unter der Hagelversicherung ist die Versicherung gegen den Schaden zu verstehen, der durch Hagelschlag an Bodenerzeugnissen angerichtet wird. Die Prämienzahlungen für die Versicherung von Glasfenstern, Dächern, Gewächshäusern usw. unterliegen der Stempelabgabe.

3.6 Viehversicherung

Die Prämienzahlungen für die Viehversicherung sind von der Abgabe ausgenommen, wenn die versicherten Tiere ausschliesslich landwirtschaftlich genutzt werden und Schäden infolge von Unfällen, Krankheiten sowie amtlicher Beanstandung des Fleisches geschlachteter Tiere gedeckt sind. Die Prämienzahlungen für die Versicherung des Viehs gegen Feuer, Diebstahl usw. unterliegen demgegenüber der Stempelabgabe. Gleiches gilt für die Prämienzahlungen für die Versicherung von Tieren, die zu anderen Zwecken gehalten werden (z.B. in zoologischen Gärten, zur Ausübung gewisser Sportarten usw.).

3.7 Kaskoversicherung von Luftfahrzeugen und Schiffen

Die Prämienzahlungen für die Kaskoversicherung von Luftfahrzeugen und Schiffen sind von der Abgabe ausgenommen, wenn diese Transportmittel im Wesentlichen im Ausland verkehren und eine Bewilligung der zuständigen Aufsichtsbehörde für die gewerbsmässige Beförderung von Personen und Gütern vorliegt. Bei Luftfahrzeugen muss zudem das Abfluggewicht 5'700 kg übersteigen. Die Ausnahmeregelung gilt nicht für Schiffe auf Grenzgewässern, die im Wesentlichen schweizerische Häfen anlaufen.

3.8 Kreditversicherung

Unter der Kreditversicherung versteht man die Deckung der Risiken, die mit der Gewährung von Krediten aller Art verbunden sind. Die Prämienzahlungen für die Kreditversicherung sind von der Stempelabgabe ausgenommen, wenn der Abgabepflichtige nachweist, dass der Schuldner der versicherten Forderung nicht Inländer im Sinne von Artikel 4 Absatz 1 StG ist.

3.9 Kautions- und Garantieversicherungen

Die Kautions- und Garantieversicherungen sind der Vermögensversicherung zuzuordnen und fallen somit nicht unter die Ausnahmebestimmung von Artikel 22 Buchstabe l StG.

3.10 Betriebsunterbrechungs-/Ertragsausfallversicherung

Die Betriebsunterbrechungs-/Ertragsausfallversicherung, welche die finanziellen Folgen einer durch ein versichertes Ereignis verursachten Beeinträchtigung der Betriebstätigkeit deckt, gilt als Vermögensversicherung; die entsprechenden Prämienzahlungen unterliegen daher der Stempelabgabe.

3.11 Kombinierte Sach- und Vermögensversicherungen

Bei kombinierten Sach- und Vermögensversicherungen ist eine Aufteilung der steuerbaren und der befreiten Prämien vorzunehmen. Wird die abgabefreie Prämie nicht gesondert ausgewiesen, unterliegt die gesamte Prämienzahlung der Stempelabgabe (vgl. Ziffer 1.9.1.).

4. Internationale Versicherungsprogramme

4.1 Schematische Darstellung

Internationale Versicherungsverhältnisse
Annahme: Der «Master-Versicherer» ist ein Inländer gemäss Art. 21 Bst. a StG

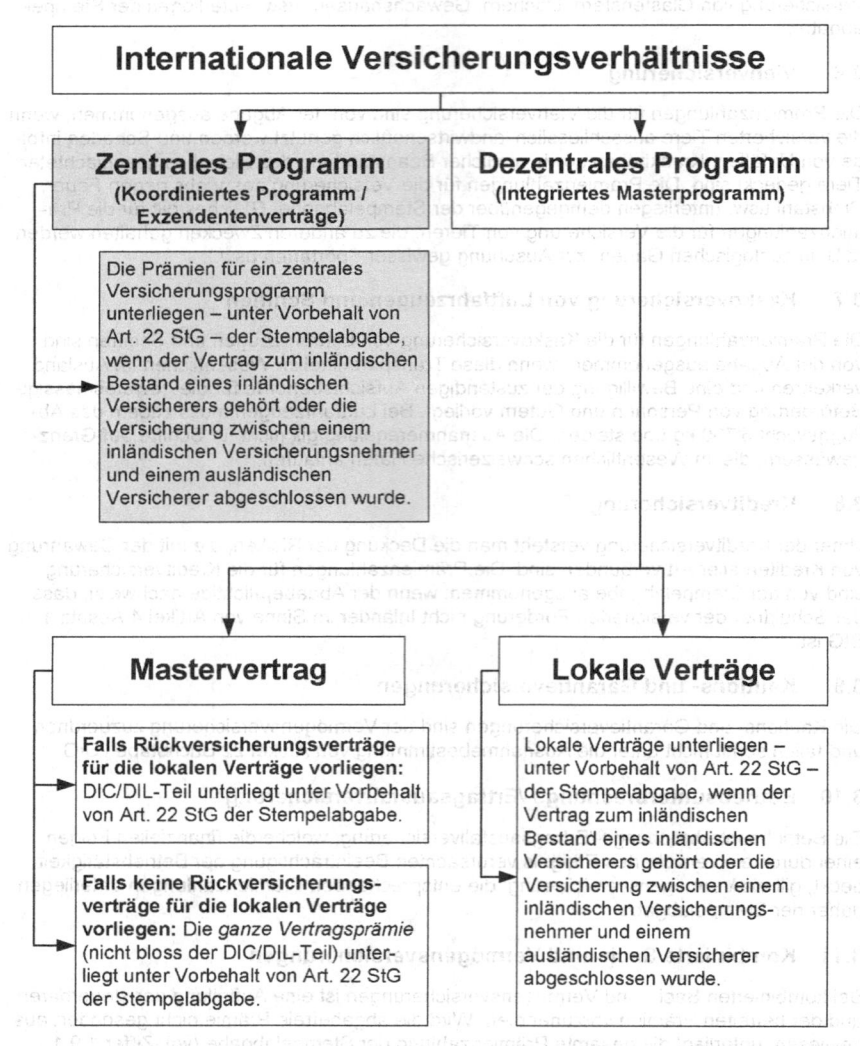

Internationale Versicherungsverhältnisse

Zentrales Programm
(Koordiniertes Programm / Exzendentenverträge)

Dezentrales Programm
(Integriertes Masterprogramm)

Die Prämien für ein zentrales Versicherungsprogramm unterliegen – unter Vorbehalt von Art. 22 StG – der Stempelabgabe, wenn der Vertrag zum inländischen Bestand eines inländischen Versicherers gehört oder die Versicherung zwischen einem inländischen Versicherungsnehmer und einem ausländischen Versicherer abgeschlossen wurde.

Mastervertrag

Falls Rückversicherungsverträge für die lokalen Verträge vorliegen: DIC/DIL-Teil unterliegt unter Vorbehalt von Art. 22 StG der Stempelabgabe.

Falls keine Rückversicherungsverträge für die lokalen Verträge vorliegen: Die *ganze Vertragsprämie* (nicht bloss der DIC/DIL-Teil) unterliegt unter Vorbehalt von Art. 22 StG der Stempelabgabe.

Lokale Verträge

Lokale Verträge unterliegen – unter Vorbehalt von Art. 22 StG – der Stempelabgabe, wenn der Vertrag zum inländischen Bestand eines inländischen Versicherers gehört oder die Versicherung zwischen einem inländischen Versicherungsnehmer und einem ausländischen Versicherer abgeschlossen wurde.

Für das Vorliegen einer Rückversicherung i.S.v. Art. 22 Bst. i StG – d.h. ein Vertrag zwischen dem Erst- und dem Rückversicherer betreffend die (teilweise) Übertragung eines erstversicherten Risikos – ist der «Master-Versicherer» beweispflichtig (Rückversicherungsvertrag, Rückversicherungsslip).

4.2 Erläuterungen zur schematischen Darstellung

Internationale Versicherungsverhältnisse: Bei einem internationalen Versicherungsverhältnis handelt es sich um ein Vertragswerk zwischen einem Versicherer (Annahme: Inländischer Versicherer gemäss Artikel 21 Buchstabe a StG; in diesem Zusammenhang wird auch vom „Master"-Versicherer gesprochen) und einem Versicherungsnehmer (Annahme: Schweizerische Muttergesellschaft mit ausländischen Tochtergesellschaften). Ein internationales Versicherungsprogramm wird entweder über ein *zentrales oder ein dezentrales Programm* abgewickelt.

Zentrales Programm: Das zentrale Programm charakterisiert sich dadurch, dass zwischen dem „Master"-Versicherer und der Schweizerischen Muttergesellschaft ein Gesamtvertrag abgeschlossen wird, welcher die ausländischen Tochtergesellschaften des inländischen Versicherungsnehmers miteinschliesst. Durch den Gesamtvertrag werden neben der Muttergesellschaft auch alle ausländischen Tochtergesellschaften mitversichert, es sind somit keine zusätzlichen lokalen Versicherungsverträge erforderlich. In der Praxis wird auf Grund von aufsichtsrechtlichen Verboten das zentrale Programm kaum angewandt.

Dezentrales Programm: Bei einem dezentralen Programm bestehen ein Mastervertrag sowie darauf basierende *lokale Erstversicherungsverträge*. Dabei schliesst der „Master"-Versicherer mit der Schweizerischen Muttergesellschaft einen Hauptvertrag ab (Mastervertrag). Zudem werden lokale, den jeweiligen örtlichen gesetzlichen Gegebenheiten entsprechende Versicherungsverträge gemäss dem sog. „good local standard" abgeschlossen (sog. lokale Verträge). Mit einer solchen Konstruktion kann den lokalen Besonderheiten – etwa den Steuergesetzgebungen – besser entsprochen werden als mit einem zentralen Programm.

Lokaler Vertrag: Ein lokaler Versicherer (meist eine Tochtergesellschaft oder eine „Netzwerk"-Gesellschaft des „Master"-Versicherers) schliesst mit der jeweils lokal ansässigen Tochtergesellschaft des Versicherungsnehmers einen Erstversicherungsvertrag ab, stellt die entsprechenden Prämienrechnungen aus und behandelt die lokal entstandenen Schäden. Die lokal ausgestellten Versicherungspolicen können zudem durch den „Master"-Versicherer rückversichert werden. Für das Vorliegen einer Rückversicherung i.S.v. Artikel 22 Buchstabe i StG – d.h. ein Vertrag zwischen einem Erst- und dem Rückversicherer betreffend die (teilweise) Übertragung eines erstversicherten Risikos – ist der Rückversicherer („Master"-Versicherer) nachweispflichtig (Rückversicherungsvertrag; Rückversicherungsslip).

Mastervertrag: Der Mastervertrag wird zwischen der Muttergesellschaft und dem „Master"-Versicherer abgeschlossen und regelt den weltweiten Versicherungsschutz des ganzen jeweiligen Konzerns. Dieser Erstversicherungsvertrag beinhaltet in Ergänzung zu den lokalen Policen eine zusätzliche Versicherungsdeckung etwa in Form einer Konditionsdifferenz-Deckung, Summendifferenz- oder Exzedenten-Deckung. Der Mastervertrag muss zu diesem Zweck über eine „vernünftige", d.h. nachvollziehbare Prämie verfügen, welche der „Master"-Versicherer auf Verlangen der ESTV offen zu legen hat. Zudem ist ein Verweis auf eine allfällige Rückversicherung erforderlich. Die ESTV verlangt in diesem Zusammenhang im Übrigen, dass im Mastervertrag die Erstversicherungs- und Rückversicherungsprämien separat ausgewiesen werden.

5. Inkrafttreten und Auskunftsstelle

Dieses Kreisschreiben tritt mit der Publikation in Kraft und ersetzt die Wegleitung der ESTV für die Stempelabgabe auf Versicherungsprämien vom 15. Mai 1974, die Neuauflagen vom 1. Januar 1983, 1. Januar 2000 und 1. Mai 2001.

Für Auskünfte kontaktieren Sie uns unter folgender Adresse:

Eidgenössische Steuerverwaltung
Hauptabteilung Direkte Bundessteuer, Verrechnungssteuer, Stempelabgaben
Abteilung Externe Prüfung
Eigerstrasse 65
3003 Bern

Internet: www.estv.admin.ch

Sanierung

Quelle: Eidg. Steuerverwaltung ESTV / HA Direkte Bundessteuer, Verrechnungssteuer, Stempelabgaben

Direkte Bundessteuer
Verrechnungssteuer
Stempelabgaben

Bern, 23. Dezember 2010

Kreisschreiben Nr. 32

Sanierung von Kapitalgesellschaften und Genossenschaften

Inhaltsverzeichnis

1. Gegenstand des Kreisschreibens 3
2. Begriff der steuerlich anerkannten Sanierungsbedürftigkeit 3
3. Rechtliche Grundlagen 3
   3.1. Direkte Bundessteuer 3
   3.2. Verrechnungssteuer 5
   3.3. Emissionsabgabe 5
   3.3.1. Begründung / Erhöhung von Beteiligungsrechten bei Auffanggesellschaften 5
   3.3.2. Freibetrag bei Sanierungen 6
   3.3.3. Erlass der Abgabeforderung 7
   3.3.4. Sanierung im Zuge der förmlichen Liquidation 8
4. Steuerliche Behandlung von Sanierungsmassnahmen 8
   4.1. Definitive Forderungsverzichte (ohne Sanierungsgenussscheine und ohne Besserungsscheine) 8
   4.1.1. Direkte Bundessteuer 8
   4.1.1.1. Sanierungsbedürftige Gesellschaft 8
   4.1.1.2. Gesellschafter und unabhängige Dritte 9
   4.1.1.3. Leistende Schwester- oder Tochtergesellschaft 11
   4.1.2. Verrechnungssteuer 11
   4.1.3. Emissionsabgabe 12

4.2.	**Forderungsverzichte gegen Ausgabe von Besserungs- oder Sanierungsgenussscheinen**...	**12**
4.2.1	Begriffliches...	12
4.2.1.1.	Besserungsschein...	12
4.2.1.2.	Sanierungsgenussschein...	12
4.2.2.	Direkte Bundessteuer..	13
4.2.2.1.	Unternehmensebene...	13
4.2.2.2.	Gläubiger...	13
4.2.3.	Verrechnungssteuer..	14
4.2.4.	Emissionsabgabe..	14
4.3.	***Sanierungsfusion***	**15**
4.3.1.	Direkte Bundessteuer..	15
4.3.1.1.	*Ebene fusionierte Gesellschaften*...	15
4.3.1.2.	*Gesellschafter*..	16
4.3.2.	Verrechnungssteuer..	17
4.3.3.	Emissionsabgabe..	18
5.	**Inkrafttreten**	**18**

1. Gegenstand des Kreisschreibens

Das Bundesgesetz vom 23. März 2007 über die Verbesserung der steuerlichen Rahmenbedingungen für unternehmerische Tätigkeiten und Investitionen (Unternehmenssteuerreformgesetz II) bringt erhebliche Vereinfachungen bei der steuerlichen Behandlung von Sanierungen von Kapitalgesellschaften und Genossenschaften. Nach den neuen Bestimmungen im Bundesgesetz vom 27. Juni 1973 über die Stempelabgaben (StG) werden die Begründung von Beteiligungsrechten bei der Übernahme von Betrieben oder Teilbetrieben von Kapitalgesellschaften oder Genossenschaften mit Kapitalverlust im Sinn von Artikel 725 Absatz 1 OR sowie offene und stille Sanierungen von Gesellschaften oder Genossenschaftern bis zu einem Gesamtbetrag von zehn Millionen Franken von der Emissionsabgabe ausgenommen. Falls dieser Betrag überschritten wird, kann wie bisher der Erlass der Emissionsabgabe nach Artikel 12 StG beantragt werden.

Zudem wurde in Artikel 20 Absatz 3 und Artikel 125 Absatz 3 des Bundesgesetzes vom 14. Dezember 1990 über die direkte Bundessteuer (DBG) sowie in Artikel 5 Absatz 1bis des Bundesgesetzes über die Verrechnungssteuer vom 13. Oktober 1965 (VStG) die Rückzahlung von Einlagen, Aufgeldern und Zuschüssen von Inhabern der Beteiligungsrechte neu geregelt. Danach werden Kapitaleinlagen von Inhabern von Beteiligungsrechten dem Grund- und Stammkapital gleichgestellt (Kapitaleinlageprinzip).

Das vorliegende Kreisschreiben verschafft einen Überblick über die steuerlichen Auswirkungen verschiedener Sanierungsmassnahmen hinsichtlich direkte Bundessteuer, Stempelabgaben und Verrechnungssteuer.

2. Begriff der steuerlich anerkannten Sanierungsbedürftigkeit

Eine Kapitalgesellschaft oder Genossenschaft ist sanierungsbedürftig – vorbehalten Artikel 6 Absatz 1 Buchstaben j und k StG – wenn eine echte Unterbilanz vorliegt, das heisst wenn Verluste bestehen und die Kapitalgesellschaft oder Genossenschaft über keine offenen und/oder stillen Reserven verfügt, welche die ausgewiesenen Verluste abdecken. Es gilt eine betriebswirtschaftliche Betrachtungsweise.

3. Rechtliche Grundlagen

3.1. Direkte Bundessteuer

Nach Artikel 67 Absatz 2 DBG können Leistungen zum Ausgleich einer Unterbilanz im Rahmen einer Sanierung mit noch nicht verrechneten Vorjahresverlusten ohne zeitliche Beschränkung verrechnet werden. Solche Verlustverrechnungen sind möglich, soweit die nachfolgend definierten, gesetzlich normierten Tatbestandselemente kumulativ erfüllt sind:

a) Sanierung

Als Sanierung gelten für die direkte Bundessteuer Zuflüsse (Leistungen), die zur Beseitigung oder Reduktion einer echten Unterbilanz getroffen werden.

Keine steuerlich relevante Sanierung liegt vor, wenn ein Verlustvortrag lediglich durch bilanzielle Massnahmen (z.B. Aufwertung von Liegenschaften und Beteiligungen, Auflösung nicht mehr benötigter Rückstellungen, Kapitalherabsetzung ohne gleichzeitige -erhöhung, Rangrücktritt) beseitigt oder reduziert wird.

b) Leistungen

Im Rahmen einer Sanierung erbringen Dritte und/oder Gesellschafter Leistungen. Dabei resultieren Sanierungserträge, welche wie folgt abgegrenzt werden:

- Forderungsverzichte und à-fonds-perdu-Leistungen durch Dritte oder Forderungsverzichte durch Gesellschafter, die Forderungsverzichten von Dritten gleichkommen, sind sogenannte echte Sanierungserträge und damit gewinnsteuerwirksam. Dabei gelten alle zu Lasten des echten Sanierungsertrags vorgenommenen Verlustausbuchungen, Abschreibungen und Rückstellungen als steuerlich als erfolgt. Die Sanierungsleistungen können zeitlich unbeschränkt mit Verlusten verrechnet werden (Art. 67 Abs. 2 DBG). Für Aufwertungsgewinne gilt dagegen die zeitlich beschränkte Verlustverrechnung (Art. 67 Abs. 1 DBG).

- Werden Gesellschafter oder Genossenschafter sanierungsbedürftiger Kapitalgesellschaften oder Genossenschaften durch Kapitalherabsetzungen betroffen oder erbringen sie à-fonds-perdu-Leistungen, entstehen ertragsneutrale, sogenannte unechte Sanierungserträge. Die zu Lasten von unechtem Sanierungsertrag handelsrechtlich vorgenommenen Verlustausbuchungen sowie Abschreibungen und Rückstellungen gelten steuerlich als nicht erfolgt.

Unter dem Kapitaleinlageprinzip gelten der Forderungsverzicht, soweit er unechten Sanierungsertrag darstellt, und die à-fonds-perdu-Leistung durch den Gesellschafter oder Genossenschafter, wenn der Forderungsverzicht bzw. die à-fonds-perdu-Leistung auf Agio verbucht werden, als offene Kapitaleinlage und können steuerneutral den Reserven aus Kapitaleinlagen gutgeschrieben werden. Sofern und soweit die Reserven aus Kapitaleinlagen nicht durch die Ausbuchung von handelsrechtlichen Verlustvorträgen vernichtet werden, gelten sie steuerrechtlich als Kapitaleinlage.

c) Kapitaleinlagen

Sanierungsmassnahmen, die Kapitaleinlagen nach Artikel 60 Buchstabe a DBG darstellen, sind als unechte Sanierungserträge zu qualifizieren. Für diese Kapitaleinlagen gilt das Kapitaleinlageprinzip im Sinn von Artikel 20 Absatz 3 DBG sofern die Einlagen, Aufgelder oder Zuschüsse direkt durch die Inhaber der Beteiligungsrechte geleistet wurden und in der Handelsbilanz der empfangenen Kapitalgesellschaft oder Genossenschaft verbucht und offen ausgewiesen sind (offene Kapitaleinlagen).

Bei einer Vorteilszuwendung unter Schwestergesellschaften erhalten die Beteiligten aus wirtschaftlicher Sicht einen geldwerten Vorteil von der leistenden Gesellschaft, den sie in die begünstigte Gesellschaft einlegen. Unter dem Kapitaleinlageprinzip qualifizieren Vorteilszuwendungen unter Schwestergesellschaften jedoch nicht als Einlagen in die Reserven aus Kapitaleinlagen, da sie nicht direkt durch die Inhaber der Beteiligungsrechte geleistet werden und die übertragenen Mehrwerte in der übernehmenden Kapitalgesellschaft oder Genossenschaft nur als Aufwertung offen gelegt werden können.

d) Unterbilanz

Als Voraussetzung der steuerlich anerkannten Sanierungsbedürftigkeit muss beim betroffenen Unternehmen für die direkte Bundessteuer eine echte Unterbilanz vorliegen. Eine solche ist gegeben, wenn Verluste bestehen und die Kapitalgesellschaft oder Genossenschaft über keine offenen und/oder stillen Reserven verfügt, über welche die ausgewiesenen Verluste ausgebucht werden können.

e) Noch nicht verrechnete Vorjahresverluste

Mit echten Sanierungserträgen sind vorab die ältesten noch nicht verrechneten Vorjahresverluste zu verrechnen.

Soweit die noch nicht verrechneten Vorjahresverluste sowie die Verluste der Sanierungsperiode die nach der Vornahme von Abschreibungen, Rückstellungen und Wertberichtigungen verbleibenden echten Sanierungserträge übersteigen, können diese im Rahmen der verbleibenden Zeitspanne gemäss Artikel 67 Absatz 1 DBG vorgetragen und verrechnet werden. Eine Verlustnovation, das heisst ein Neubeginn der Verlustverrechnungsperiode nach Artikel 67 Absatz 1 DBG auf den Sanierungszeitpunkt, findet nicht statt.

3.2. Verrechnungssteuer

Nach Artikel 5 Absatz 1 Buchstabe a VStG sind Reserven und Gewinne einer Kapitalgesellschaft gemäss Artikel 49 Absatz 1 Buchstabe a DBG oder Genossenschaft, die bei einer Umstrukturierung nach Artikel 61 DBG in die Reserven der aufnehmenden oder umgewandelten inländischen Kapitalgesellschaft oder Genossenschaft übergehen, von der Verrechnungssteuer ausgenommen, sofern das übertragene Verrechnungssteuersubstrat erhalten bleibt. Im Sanierungsfall (z.B. Schwesterfusion) ist somit stets zu prüfen, ob dieser Ausnahmeartikel greift.

Wenn Verrechnungssteuersubstrat verloren geht, ist auf den untergehenden Reserven, die nicht als Reserven aus Kapitaleinlagen qualifizieren, die Verrechnungssteuer geschuldet. Der Kapitalgesellschaft oder Genossenschaft kann gestattet werden, die Steuerpflicht durch Meldung der steuerbaren Leistung zu erfüllen, wenn die Kapitalgesellschaft oder Genossenschaft die Voraussetzungen von Artikel 24 VStV, Artikel 26a VStV oder für das internationale Meldeverfahren erfüllt.

3.3. Emissionsabgabe

Mit Artikel 6 Absatz 1 Buchstaben j und k StG wurden zwei neue Bestimmungen über Sanierungen von Kapitalgesellschaften und Genossenschaften geschaffen. Nach diesen Bestimmungen sind die Begründung von Beteiligungsrechten (Auffanggesellschaft) bei der Übernahme von Betrieben oder Teilbetrieben von inländischen Kapitalgesellschaften oder Genossenschaften mit Kapitalverlust im Sinn von Artikel 725 Absatz 1 OR sowie offene und stille Sanierungen von Kapitalgesellschaften oder Genossenschaften bis zu einem Gesamtbetrag von zehn Millionen Franken (Freibetrag) von der Emissionsabgabe ausgenommen.

Durch die Einführung der erwähnten zwei Ausnahmen wurde der Bereich der Sanierung erweitert. Für die nicht unter den Freibetrag fallenden Sanierungsleistungen bleibt – wie bisher – die Möglichkeit des Erlasses nach Artikel 12 StG bestehen.

3.3.1. Begründung / Erhöhung von Beteiligungsrechten bei Auffanggesellschaften

Nach Artikel 6 Absatz 1 Buchstabe j StG ist eine Begründung oder Erhöhung von Beteiligungsrechten, die zur Übernahme eines Betriebes oder Teilbetriebes von einer Kapitalgesellschaft oder Genossenschaft führt, von der Emissionsabgabe ausgenommen, soweit die nachstehenden Tatbestandselemente kumulativ erfüllt sind:

a) Kapitalverlust

Die abtretende Aktiengesellschaft, Kommanditaktiengesellschaft, Gesellschaft mit beschränkter Haftung oder Genossenschaft muss einen Kapitalverlust im Sinn von Artikel 725 Absatz 1 des Obligationenrechts (OR) aufweisen, das heisst gemäss letzter Jahresbilanz ist die Hälfte des Kapitals und der gesetzlichen Reserven nicht mehr gedeckt.

Den Nachweis, dass der Betrieb oder Teilbetrieb von einer Kapitalgesellschaft oder Genossenschaft mit Kapitalverlust im Sinn von Artikel 725 Absatz 1 OR stammt, hat die übernehmende Kapitalgesellschaft oder Genossenschaft zu erbringen.

b) Betrieb oder Teilbetrieb

Für die Beurteilung, ob ein Betrieb oder Teilbetrieb vorliegt, gelten die Kriterien gemäss Artikel 61 Absatz 1 Buchstabe b DBG beziehungsweise Kreisschreiben Nr. 5 "Umstrukturierungen" vom 1. Juni 2004, Ziffer 4.3.2.5. bis 4.3.2.8.

Nicht abgabebefreit ist derjenige Teil des neu geschaffenen nominellen Kapitals der übernehmenden Gesellschaft, der das minimal erforderliche Eigenkapital nach dem Kreisschreiben ESTV Nr. 6 vom 6. Juni 1997 „Verdecktes Eigenkapital (Art. 65 und 75 DBG) bei Kapitalgesellschaften und Genossenschaften" übersteigt, sofern die Merkmale der Abgabeumgehung erfüllt sind.

3.3.2. Freibetrag bei Sanierungen

Nach Artikel 6 Absatz 1 Buchstabe k StG ist eine offene oder stille Sanierung von der Emissionsabgabe ausgenommen, soweit die nachstehenden Tatbestandselemente kumulativ erfüllt sind:

a) Sanierung

Es muss eine offene oder stille Sanierung vorliegen.

Als offene Sanierungen gelten Herabsetzungen des Grund- oder Stammkapitals einer Kapitalgesellschaft oder Genossenschaft mit anschliessender (in der Regel gleichzeitiger) Wiedererhöhung (oder Kapitalerhöhungen mit zeitgleicher Herabsetzung) bis maximal zur Höhe des ursprünglichen Kapitals.

Als stille Sanierungen gelten Zuschüsse im Sinn von Artikel 5 Absatz 2 Buchstabe a StG, die zur Abdeckung von Verlusten führen.

b) Beseitigung bestehender Verluste

Vorhandene Verluste müssen ganz oder teilweise beseitigt werden; die Verrechnung der Zuschüsse mit den bestehenden Verlusten ist zwingend.

c) Leistungen der Gesellschafter oder Genossenschafter von gesamthaft 10 Millionen Franken

Bei offenen oder stillen Sanierungen sind die Leistungen der Gesellschafter oder Genossenschafter, welche den Betrag von gesamthaft 10 Millionen Franken nicht übersteigen, von der Emissionsabgabe ausgenommen.

Seit Inkrafttreten der Gesetzesänderung über die Stempelabgaben per 1. Januar 2009 steht der Freibetrag von 10 Millionen Franken jeder Gesellschaft zu, ungeachtet allfällig bis am 31. Dezember 2008 erbrachter offener und/oder stiller Sanierungsleistungen.

Im Rahmen dieses Freibetrags ist die Erfüllung der Kriterien für den Erlass der Emissionsabgabe (vgl. dazu Ziff. 3.3.3. hienach) unerheblich.

Der Freibetrag von 10 Millionen Franken ist einmalig, kann sich aber auf mehrere Sanierungen aufteilen.

Wenn der Freibetrag von 10 Millionen Franken überschritten wird, ist ein Erlass der Emissionsabgabe gemäss Artikel 12 StG auf den den Freibetrag übersteigenden Sanierungsleistungen weiterhin möglich, sofern die Abgabepflichtige die entsprechenden Voraussetzungen erfüllt. Das Gesuch um Erlass der Emissionsabgabe ist wie bis anhin begründet, einen entsprechenden Antrag enthaltend und zusammen mit der Deklaration des abgabebelasteten Tatbestandes einzureichen.

3.3.3. Erlass der Abgabeforderung

Für die Gewährung des vollständigen oder teilweisen Erlasses der Emissionsabgabe muss eine offene oder stille Sanierung vorliegen und die Erhebung der Emissionsabgabe für die sanierungsbedürftige Gesellschaft eine offenbare Härte bedeuten (vgl. Art. 12 StG).

Nach gegenwärtiger Rechtsprechung und Praxis der ESTV sind die Voraussetzungen für den Erlass erfüllt, wenn

- anlässlich der Sanierung Verluste beseitigt werden (eine gewöhnliche Kapitalerhöhung stellt keine Sanierungsmassnahme im Sinn von Art. 6 Abs. 1 Bst. k StG dar; vorbehalten bleibt eine restliche Freigrenze nach Art. 6 Abs. 1 Bst. h StG);
- es sich um eine nachhaltige Sanierung handelt, das heisst der verbleibende Verlust darf das Grundkapital nicht mehr übersteigen;
- keine Reserven (offene oder stille) mehr bestehen;
- die Gesellschaft vor der Sanierung mit genügend Eigenkapital ausgestattet war. In der Regel ist das erforderliche Mindestkapital nach den im Kreisschreiben ESTV Nr. 6 vom 6. Juni 1997 für die direkte Bundessteuer („Verdecktes Eigenkapital (Art. 65 und 75 DBG) bei Kapitalgesellschaften und Genossenschaften") aufgeführten Ansätzen zu berechnen (Differenz zwischen 100 % und den maximal zulässigen fremden Mitteln). Als Grundlage sind in der Regel die letzten drei Jahresrechnungen vor der Sanierung zu verwenden. Der sich ergebende Mittelwert ist dem der Emissionsabgabe grundsätzlich unterworfenen Eigenkapital (Emissionsabgabe entrichtet oder befreit infolge Umstrukturierung) im betreffenden Zeitraum gegenüberzustellen. Den Nachweis hat die abgabepflichtige Kapitalgesellschaft oder Genossenschaft zu erbringen;
- keine Übersanierung vorliegt (Bildung von offenen und/oder stillen Reserven, die insgesamt den ausgebuchten Verlustvortrag übersteigen);
- die ausgewiesenen Verluste, das heisst die Sanierungsbedürftigkeit, nicht auf die Vornahme von verdeckten Gewinnausschüttungen zurückzuführen sind;
- die Gesellschaft im Zeitpunkt der Sanierung nicht inaktiv, das heisst wirtschaftlich liquidiert war;
- die Gesellschaft ihre Tätigkeit nach der Sanierung weiterführt;
- die Gesellschaft sich nicht in Nachlassliquidation oder in Konkurs befindet.

Mit dem Einreichen eines Erlassgesuches anerkennt der Gesuchsteller die betreffende Emissionsabgabepflicht; der Erlass der Emissionsabgabe setzt das Bestehen der Steuerpflicht voraus.

3.3.4. Sanierung im Zuge der förmlichen Liquidation

Erfolgen Zuschüsse (wie Forderungsverzichte, Kapitaleinlagen) der Beteiligten im Zuge der förmlichen Liquidation der begünstigten Kapitalgesellschaft oder Genossenschaft, sieht die ESTV von der Erhebung der Emissionsabgabe ab.

4. Steuerliche Behandlung von Sanierungsmassnahmen

4.1. Definitive Forderungsverzichte (ohne Sanierungsgenussscheine und ohne Besserungsscheine)

4.1.1. Direkte Bundessteuer

4.1.1.1. Sanierungsbedürftige Gesellschaft

a) Forderungsverzichte durch Gesellschafter

Forderungsverzichte durch Gesellschafter sind grundsätzlich gleich zu behandeln wie Forderungsverzichte Dritter. Der Gesellschaft erwächst dadurch ein ertragswirksamer Vermögenszugang. Alle zulasten dieses echten Sanierungsertrags vorgenommenen Verlustausbuchungen, Abschreibungen und Rückstellungen gelten als steuerlich erfolgt.

Im Sinn einer Ausnahme gelten Verlustausbuchungen, Abschreibungen und Rückstellungen zulasten des durch Forderungsverzicht von Gesellschaftern entstandenen Sanierungsertrags in den beiden folgenden Fällen als steuerlich nicht erfolgt, so dass sie im Rahmen der gesetzlichen Vorschriften steuerwirksam nachgeholt werden können:

- wenn und soweit Gesellschafterdarlehen vor der Sanierung steuerlich als verdecktes Eigenkapital behandelt wurden;
- bei Gesellschafterdarlehen, die erstmalig oder zusätzlich wegen schlechten Geschäftsganges gewährt wurden und unter den gleichen Umständen von unabhängigen Dritten nicht zugestanden worden wären.

Diese Praxis ist durch das Bundesgericht bestätigt worden (BGE vom 28.9.1989; ASA 59, 551; StE 1990, B 72.16 Nr. 1).

Unter dem Kapitaleinlageprinzip gilt der Forderungsverzicht durch den Gesellschafter, soweit er unechten Sanierungsertrag darstellt und wenn der Forderungsverzicht auf Agio verbucht wird, als offene Kapitaleinlage und kann steuerneutral den Reserven aus Kapitaleinlagen gutgeschrieben werden. Sofern und soweit die Reserven aus Kapitaleinlagen nicht durch die Ausbuchung von handelsrechtlichen Verlustvorträgen vernichtet werden, gelten sie steuerrechtlich als Kapitaleinlage.

b) Forderungsverzichte von Schwester- oder Tochtergesellschaften

Forderungsverzichte von Schwester- oder Tochtergesellschaften, die dem Drittvergleich standhalten und demzufolge geschäftsmässig begründet sind, werden bei der zu sanierenden Gesellschaft oder Genossenschaft als echte Sanierungserträge qualifiziert. Die Verlustverrechnungsperiode kann im Sinn von Artikel 67 Absatz 2 DBG ausgedehnt werden.

Halten die Forderungsverzichte von Schwester- oder Tochtergesellschaften einem Drittvergleich nicht stand, führt dies zu einem unechten Sanierungsertrag. Bei der zu sanierenden Kapitalgesellschaft oder Genossenschaft qualifizieren unter dem Kapitaleinlageprinzip solche Zuschüsse unter Schwestergesellschaften jedoch nicht als Einlagen in die Reserven aus Kapitaleinlagen, sondern als übrige Reserven, da die Einlagen nicht direkt durch die Inhaber der Beteiligungsrechte geleistet werden. Solche Zuschüsse gelten steuerlich als nicht erfolgswirksam. Die zu Lasten des Sanierungsertrags vorgenommenen Verlustausbuchungen gelten steuerlich als nicht erfolgt.

c) Forderungsverzichte durch unabhängige Dritte

Forderungsverzichte durch unabhängige Dritte, stellen einen erfolgswirksamen Vorgang dar, der als echter Sanierungsertrag zu behandeln ist. Die zu Lasten des Sanierungsertrags vorgenommenen Verlustausbuchungen, Abschreibungen und Rückstellungen gelten als steuerrechtlich erfolgt. Die Verlustverrechnungsperiode kann im Sinn von Artikel 67 Absatz 2 DBG ausgedehnt werden.

4.1.1.2. Gesellschafter und unabhängige Dritte

a) Forderungsverzichte durch die Gesellschafter

Beteiligungsrechte im Privatvermögen

Forderungsverzichte, die echten Sanierungserfolg darstellen, sind einkommenssteuerrechtlich nicht abzugsfähige private Kapitalverluste.

Forderungsverzichte, die unechten Sanierungserfolg (Zuschüsse) darstellen, sind steuerneutrale Kapitaleinlagen.

Beteiligungsrechte im Geschäftsvermögen natürlicher Personen

Forderungsverzichte, die echten Sanierungserfolg darstellen, können erfolgs- und steuerwirksam abgeschrieben werden.

Forderungsverzichte, die unechter Sanierungserfolg (Zuschüsse) sind, stellen bei den Gesellschaftern zu aktivierende Investitionen dar. Das steuerbare Einkommen vermindert sich nur im Umfang eines allfälligen Abschreibungsbedarfs.

Beteiligungsrechte juristischer Personen

Forderungsverzichte, die echten Sanierungserfolg darstellen, können erfolgs- und steuerwirksam abgeschrieben werden. Die Gestehungskosten der Beteiligung an der sanierten Gesellschaft werden dadurch nicht erhöht.

Forderungsverzichte, die unechten Sanierungserfolg (Zuschüsse) sind, stellen bei den Gesellschaftern zu aktivierende Investitionen dar. Der steuerbare Gewinn vermindert sich nur im Umfang eines allfälligen Abschreibungsbedarfs. Die Gestehungskosten der Beteiligung an der sanierten Gesellschaft erhöhen sich im Umfang der Kapitaleinlage. Allfällige Abschreibungen reduzieren die Gestehungskosten nicht. Wieder eingebrachte Abschreibungen sind voll steuerbar und berechtigen nicht zum Beteiligungsabzug (Art. 62 Abs. 4 DBG).

b) Forderungsverzichte von Schwestergesellschaften

Beteiligungsrechte im Privatvermögen

Sanierungsleistungen von Schwestergesellschaften, die dem Drittvergleich standhalten und demzufolge geschäftsmässig begründet sind, lösen auf Stufe des Gesellschafters keine Steuerfolgen aus.

Bei Sanierungsleistungen von Schwestergesellschaften, die dem Drittvergleich nicht standhalten, erhält der Gesellschafter einen geldwerten Vorteil aus der Beteiligung an der leistenden Schwestergesellschaft nach Artikel 20 Absatz 1 Buchstabe c DBG oder Artikel 20 Absatz 1bis DBG, wenn und soweit durch diese Sanierungsleistung übrige Reserven, die nicht als Reserven aus Kapitaleinlagen qualifizieren, vernichtet werden. Diesen geldwerten Vorteil legt er in die sanierungsbedürftige Gesellschaft ein (Dreieckstheorie).

Beteiligungsrechte im Geschäftsvermögen natürlicher Personen

Bei Sanierungsleistungen, die dem Drittvergleich standhalten, findet die Dreieckstheorie keine Anwendung. Eine allfällige Abschreibung auf der Beteiligung an der leistenden Gesellschaft führt nicht zu einer Erhöhung der Einkommenssteuerwerte auf der Beteiligung an der sanierten Gesellschaft.

Bei Sanierungsleistungen von Schwestergesellschaften, die dem Drittvergleich nicht standhalten, ergeben sich auf Stufe des Gesellschafters grundsätzlich keine Steuerfolgen. Möglicherweise kann ein Abschreibungsbedarf auf der Beteiligung an der leistenden Tochtergesellschaft bestehen. Wird eine solche Abschreibung vorgenommen, erhöht sich der Einkommenssteuerwert der Beteiligung an der empfangenden Gesellschaft im gleichen Ausmass. Die Umbuchung zwischen den Beteiligungen erfolgt nicht einkommenssteuerwirksam.

Beteiligungsrechte juristischer Personen

Bei Sanierungsleistungen, die dem Drittvergleich standhalten, findet die Dreieckstheorie keine Anwendung. Eine allfällige Abschreibung auf der Beteiligung an der leistenden Gesellschaft führt nicht zu einer Erhöhung der Gewinnsteuerwerte und Gestehungskosten auf der Beteiligung an der sanierten Gesellschaft.

Bei Sanierungsleistungen von Schwestergesellschaften, die dem Drittvergleich nicht standhalten, realisiert die Gesellschafterin (Muttergesellschaft) bei Anwendung des Buchwert- und Gestehungskostenprinzips keinen steuerbaren Beteiligungsertrag. Möglicherweise kann ein Abschreibungsbedarf (Desinvestition) auf der Beteiligung an der leistenden Tochtergesellschaft bestehen. Wird eine solche Abschreibung vorgenommen, erhöhen sich der Gewinnsteuerwert und die Gestehungskosten der Beteiligung an der empfangenden Gesellschaft im gleichen Ausmass. Die Summe der Gewinnsteuerwerte und der Gestehungskosten beider Beteiligungen bleibt jedoch unverändert und die Umbuchung zwischen den Beteiligungen erfolgt nicht gewinnsteuerwirksam.

c) Forderungsverzichte durch unabhängige Dritte

Forderungen im Privatvermögen

Forderungsverzichte von Personen, welche den Gesellschaftern der zu sanierenden Kapitalgesellschaft nicht nahe stehen, stellen bei den verzichtenden Personen einkommenssteuerrechtlich nicht abzugsfähige private Kapitalverluste dar.

Forderungen im Geschäftsvermögen natürlicher Personen und Forderungen juristischer Personen

Forderungsverzichte von den Gesellschaftern nicht nahestehender Kapitalgesellschaften oder Personenunternehmen stellen bei diesen geschäftsmässig begründeter Aufwand dar.

4.1.1.3. Leistende Schwester- oder Tochtergesellschaft

Forderungsverzichte von Schwester- oder Tochtergesellschaften, die dem Drittvergleich standhalten, werden als geschäftsmässig begründeter Aufwand zum Abzug zugelassen.

Forderungsverzichte von Schwester- oder Tochtergesellschaften, die auf den Beziehungen zum Gesellschafter beruhen, sind nicht geschäftsmässig begründet und werden zum ausgewiesenen Gewinn hinzugerechnet.

Leistungen an Schwester- oder Tochtergesellschaften, die auf Besserungsscheinen (soweit es sich nicht um die Rückzahlung der ursprünglichen Forderung handelt) oder Sanierungsgenussscheinen (vgl. zu diesen Begriffen Ziff. 4.2.1. hienach) beruhen, unterliegen der Gewinnsteuer. Der Beteiligungsabzug kann nicht geltend gemacht werden.

4.1.2. Verrechnungssteuer

a) Forderungsverzichte durch die Gesellschafter

Zuschüsse, das heisst Leistungen der Gesellschafter oder Genossenschafter ohne Gegenleistung der Gesellschaft oder Genossenschaft, sind grundsätzlich nicht Gegenstand der Verrechnungssteuer.

b) Forderungsverzichte durch Schwestergesellschaften

Leistende Gesellschaft

Leistungen von Schwestergesellschaften, die dem Drittvergleich standhalten, wirken sich bei der Verrechnungssteuer nicht aus.

Halten Leistungen von Schwestergesellschaften dem Drittvergleich nicht stand, unterliegen die Vorteilszuwendungen, sofern diese nicht den Kapitaleinlagereserven belastet wurden, der Verrechnungssteuer. Weil die Sanierung einer notleidenden Gesellschaft Sache des Gesellschafters beziehungsweise Genossenschafters ist, gilt in derartigen Fällen die sogenannte Dreieckstheorie. Die Verrechnungssteuer ist auf den oder die Inhaber der Beteiligungsrechte zu überwälzen. Sofern die Voraussetzungen von Artikel 24 VStV, Artikel 26a VStV oder für das internationale Meldeverfahren erfüllt sind, kann die Steuerpflicht durch Meldung der steuerbaren Leistung erfüllt werden.

Saniertes Unternehmen

Auf Stufe des sanierten Unternehmens wirken sich Zuschüsse durch Schwestergesellschaften bei der Verrechnungssteuer nicht aus.

c) Forderungsverzichte durch unabhängige Dritte

Zuschüsse (Forderungsverzichte) durch unabhängige Dritte sind nicht Gegenstand der Verrechnungssteuer.

4.1.3. Emissionsabgabe

a) Forderungsverzichte durch die Gesellschafter

Nach Artikel 5 Absatz 2 Buchstabe a StG werden Zuschüsse, welche die Gesellschafter oder Genossenschafter ohne entsprechende Gegenleistung an die Kapitalgesellschaft oder Genossenschaft erbringen, ohne dass das im Handelsregister eingetragene Gesellschaftskapital oder der einbezahlte Betrag der Genossenschaftsanteile erhöht wird, der Begründung von Beteiligungsrechten im Sinn von Absatz 1 Buchstabe a desselben Gesetzesartikels gleichgestellt. Demgemäss unterliegen alle Zuschüsse der Emissionsabgabe – vorbehältlich des Freibetrags gemäss Artikel 6 Absatz 1 Buchstabe k StG. Falls die entsprechenden Voraussetzungen erfüllt sind, ist ferner der Erlass der Emissionsabgabe gemäss Artikel 12 StG möglich.

b) Forderungsverzichte durch Schwestergesellschaften

Gestützt auf ein Urteil der Schweizerischen Steuerrekurskommission (heute Bundesverwaltungsgericht) vom 28. Juni 2005 (vgl. VPB 69.125) kann aus der Dreieckstheorie nicht unbedingt auf das Vorliegen von Zuschüssen geschlossen werden. Erweist sich das gewählte Vorgehen jedoch als Abgabeumgehung, ist die Leistung der sanierenden Gesellschaft dem gemeinsamen Inhaber der Beteiligungsrechte zuzurechnen und die Emissionsabgabe auf dem Zuschuss geschuldet. Vorbehalten bleiben die Beanspruchung des Freibetrags gemäss Artikel 6 Absatz 1 Buchstabe k StG. Falls die entsprechenden Voraussetzungen erfüllt sind, ist ferner der Erlass der Emissionsabgabe gemäss Artikel 12 StG möglich.

c) Forderungsverzichte durch unabhängige Dritte

Zuwendungen durch unabhängige Dritte sind nicht Gegenstand der Emissionsabgabe - vorbehältlich einer allfälligen Abgabeumgehung.

4.2. Forderungsverzichte gegen Ausgabe von Besserungs- oder Sanierungsgenussscheinen

4.2.1 Begriffliches

4.2.1.1. Besserungsschein

Ein Besserungsschein liegt vor, wenn die aus der Verpflichtung entlassene Kapitalgesellschaft oder Genossenschaft dem Gläubiger, welcher an der zu sanierenden Gesellschaft oder Genossenschaft nicht beteiligt ist, das Recht einräumt, im Falle einer Verbesserung ihrer Vermögenslage wieder auf seine Forderung zurückkommen zu können.

4.2.1.2. Sanierungsgenussschein

Wenn der Gläubiger definitiv auf seine Forderung verzichtet und die Schuldnerin ihm verspricht, im Falle einer Verbesserung ihrer Vermögenslage, gestützt auf Beschlüsse der Generalversammlung, einen Teil des Gewinns auszuschütten, liegt ein Sanierungsgenussschein vor.

4.2.2. Direkte Bundessteuer

4.2.2.1. Unternehmensebene

a) Besserungsscheine

Das Aufleben sowie eine allfällige Verzinsung der ursprünglichen Schuld der Kapitalgesellschaft oder Genossenschaft gegenüber den Inhabern der Besserungsscheine stellen einen geschäftsmässig begründeten Aufwand dar, sofern der Forderungsverzicht als echter Sanierungsertrag behandelt wurde. Darüber hinausgehende Leistungen stellen keinen geschäftsmässig begründeten Aufwand dar.

b) Sanierungsgenussscheine

Leistungen aufgrund von Sanierungsgenussscheinen stellen keinen geschäftsmässig begründeten Aufwand dar, auch wenn der Forderungsverzicht als echter Sanierungsertrag behandelt wurde.

4.2.2.2. Gläubiger

a) Forderungen im Privatvermögen

Besserungsscheine

Forderungsverzichte gegen den Erhalt von Besserungsscheinen stellen einkommenssteuerrechtlich nicht abzugsfähige private Kapitalverluste dar.

Die Rückzahlung der ursprünglichen Schuld der Kapitalgesellschaft oder Genossenschaft an die Inhaber von Besserungsscheinen ist steuerfrei, sofern der Forderungsverzicht als echter Sanierungsertrag behandelt wurde. Allfällige Zinsen aus dem ursprünglichen Guthaben gegenüber der Kapitalgesellschaft oder Genossenschaft stellen dagegen einen steuerbaren Vermögensertrag (Art. 20 Abs. 1 Bst. a DBG) und darüber hinausgehende Leistungen einen steuerbaren Vermögensertrag (Art. 20 Abs. 1 Bst. c DBG) dar.

Sanierungsgenussscheine

Forderungsverzichte gegen den Erhalt von Sanierungsgenussscheinen stellen einkommenssteuerrechtlich nicht abzugsfähige private Kapitalverluste dar.

Die Gläubiger erhalten an Stelle ihrer Forderung grundsätzlich ein Gewinnbeteiligungsrecht und realisieren aus späteren Ausschüttungen steuerbaren Vermögensertrag aus Beteiligung.

b) Forderungen im Geschäftsvermögen natürlicher Personen

Gehören die Forderungen, auf welche im Rahmen der Sanierung verzichtet wird, zum Geschäftsvermögen, können sie erfolgs- und steuerwirksam abgeschrieben werden.

Besserungsscheine

Bei Leistungen aus Besserungsscheinen realisieren die Gläubiger grundsätzlich steuerbaren Ertrag. Die Rückzahlung der ursprünglichen Forderung gegenüber der Kapitalgesellschaft oder Genossenschaft und die darauf entfallenden Zinsen an die Inhaber von Besserungsscheinen stellen einen steuerbaren Kapitalgewinn dar.

Sanierungsgenussscheine

Bei Leistungen aus Sanierungsgenussscheinen realisieren die Gläubiger steuerbaren Beteiligungsertrag.

c) Forderungen juristischer Personen

Gehören die Forderungen, auf welche im Rahmen der Sanierung verzichtet wird, juristischen Personen, können sie erfolgs- und steuerwirksam abgeschrieben werden.

Besserungsscheine

Bei Leistungen aus Besserungsscheinen realisieren die Gläubiger grundsätzlich steuerbaren Ertrag. Die Rückzahlung der ursprünglichen Forderung gegenüber der Kapitalgesellschaft oder Genossenschaft und die darauf entfallenden Zinsen an die Inhaber von Besserungsscheinen stellen einen steuerbaren Kapitalgewinn dar.

Sanierungsgenussscheine

Bei Leistungen aus Sanierungsgenussscheinen realisieren die Gläubiger grundsätzlich steuerbaren Beteiligungsertrag. Die Beteiligungserträge aus Sanierungsgenussscheinen unterliegen bei Kapitalgesellschaften ebenfalls dem Beteiligungsabzug, sofern die Voraussetzungen nach Artikel 69 DBG erfüllt sind.

4.2.3. Verrechnungssteuer

a) Besserungsscheine

Sofern die getroffenen Sanierungsmassnahmen als echte Sanierungserträge im Sinne des DBG qualifizieren, stellen Leistungen der Kapitalgesellschaft oder Genossenschaft an die Inhaber von Besserungsscheinen (welche nicht nahestehende Dritte sind) soweit keinen steuerbaren Ertrag dar, als diese Leistungen eine Rückzahlung der wieder auflebenden Verbindlichkeit sowie eine allfällige Verzinsung der ursprünglichen Schuld darstellen. Allenfalls darüber hinaus gehende Vorteilszuwendungen unterliegen demgegenüber als geldwerte Leistungen im Sinn von Artikel 4 Absatz 1 Buchstabe b VStG und Artikel 20 Absatz 1 VStV der Verrechnungssteuer.

b) Sanierungsgenussscheine

Den Inhabern von Sanierungsgenussscheinen wird kein Recht eingeräumt, auf den anlässlich der Sanierung geleisteten Forderungsverzicht zurückzukommen. Sämtliche Leistungen, die auf diesem Beteiligungsrecht beruhen, unterliegen gemäss Artikel 4 Absatz 1 Buchstabe b VStG und Artikel 20 Absatz 2 VStV der Verrechnungssteuer.

4.2.4. Emissionsabgabe

a) Besserungsscheine

Besserungsscheine berechtigen deren Inhaber, unter bestimmten Voraussetzungen auf die im Rahmen einer Sanierung geleisteten Forderungsverzichte zurückzukommen. Es liegen keine Urkunden über Ansprüche auf einen Anteil am Reingewinn oder am Liquidationsergebnis gemäss Artikel 5 Absatz 1 Buchstabe a Strich 4 StG vor. Demzufolge unterliegt die Ausgabe von Besserungsscheinen nicht der Emissionsabgabe.

Dies ändert nichts an den Folgen bei der Emissionsabgabe in Zusammenhang mit dem vorausgehenden Forderungsverzicht, das heisst Zuschuss im Sinn von Artikel 5 Absatz 2 Buchstabe a StG (vgl. Ziffer 4.1.3. hievor). Demgemäss unterliegen alle Zuschüsse der Emissionsabgabe, vorbehältlich des Freibetrags gemäss Artikel 6 Absatz 1 Buchstabe k StG. Falls die entsprechenden Voraussetzungen erfüllt sind, ist ferner der Erlass der Emissionsabgabe gemäss Artikel 12 StG möglich.

b) Sanierungsgenussscheine

Bei der Ausgabe von Sanierungsgenussscheinen handelt es sich um eine Begründung von Beteiligungsrechten im Sinn von Artikel 5 Absatz 1 Buchstabe a Strich 4 StG, die der Emissionsabgabe unterliegt.

Die Emission von Sanierungsgenussscheinen ist als **unentgeltlich** zu bezeichnen, wenn sie nicht auf einer mit dem Forderungsverzicht verbundenen Verpflichtung der Gesellschaft beruht. Unter diesen Umständen qualifiziert der Forderungsverzicht als eigenständige Leistung, die rechtlich nicht als Gegenleistung für den Erhalt des Sanierungsgenussscheins bezeichnet werden kann. In diesem Fall beträgt die Emissionsabgabe, gestützt auf Artikel 9 Absatz 1 Buchstabe d StG, drei Franken je Titel.

Als **entgeltlich** erweist sich die Ausgabe von Sanierungsgenussscheinen, wenn darauf zu schliessen ist, dass die involvierten Parteien, das heisst Gläubiger und Schuldner, den Forderungsverzicht und die Emission der Genussscheine als Einheit betrachten. Darauf ist insbesondere zu schliessen, wenn die Anzahl ausgegebener Scheine sich am Umfang der geleisteten Forderungsverzichte orientiert.

Liegt eine **entgeltliche** Ausgabe von Genussscheinen vor, muss der Gesamtbetrag der geleisteten Forderungsverzichte als Zufluss im Sinn von Artikel 8 Absatz 1 Buchstabe a StG bezeichnet werden; die Emissionsabgabe ist folglich auf diesem Betrag zu berechnen; vorbehalten bleibt der Freibetrag gemäss Artikel 6 Absatz 1 Buchstabe k StG. Wenn der Freibetrag von 10 Millionen Franken überschritten wird, ist ein Erlass der Emissionsabgabe auf dem übersteigenden Betrag gemäss Artikel 12 StG weiterhin möglich, sofern die Abgabepflichtige die Voraussetzungen dazu erfüllt.

4.3. Sanierungsfusion

4.3.1. Direkte Bundessteuer

4.3.1.1. Ebene fusionierte Gesellschaften

a) Absorption einer Tochtergesellschaft („Up-Stream Merger")

Entsteht durch die Fusion ein Buchverlust (Differenz zwischen dem Aktivenüberschuss zu Buchwerten der übernommenen Gesellschaft und dem höheren Buchwert der untergegangenen Beteiligungsrechte), so kann dieser steuerlich nicht abgezogen werden (Art. 61 Abs. 5 DBG). Dies gilt nur für unechte Fusionsverluste, das heisst wenn die stillen Reserven und der Goodwill der übernommenen Gesellschaft den Buchverlust kompensieren. Echte Fusionsverluste dagegen haben ihre Ursache in einer Überbewertung der Anteile an der Tochtergesellschaft und können deshalb steuerlich geltend gemacht werden.

Wird eine sanierte Gesellschaft anschliessend absorbiert, müssen sich alle Abschreibungen der übernehmenden Gesellschaft, auch diejenigen auf den aktivierten Sanierungszuschüssen auch im Zeitpunkt der Fusion als geschäftsmässig begründet erweisen (Art. 62 Abs. 4 DBG).

Die übernehmende Muttergesellschaft kann die bei der Berechnung des steuerbaren Reingewinns noch nicht berücksichtigten Vorjahresverluste der übertragenen Tochtergesellschaft nach Artikel 67 Absatz 1 DBG grundsätzlich geltend machen.

Die noch nicht verrechneten Vorjahresverluste gehen mit dem Betrieb, auf welchen sie zurückzuführen sind, über. Deshalb ist eine Übernahme der Vorjahresverluste der Tochtergesellschaft durch die Muttergesellschaft auch möglich, wenn Letztere die Beteiligungsrechte an der Tochtergesellschaft vorgängig abschreiben musste, oder wenn ein echter Fusionsverlust (geschäftsmässig begründeter Aufwand) anfällt.

Die Übernahme der Verlustvorträge durch die Muttergesellschaft wird jedoch bei Vorliegen einer Steuerumgehung verweigert. Eine solche liegt insbesondere vor, wenn:

- sich die absorbierte Gesellschaft in einem liquidationsreifen Zustand befindet (BGE 2A.583/2003) oder
- der übertragene Betrieb der Tochtergesellschaft kurz nach der Fusion eingestellt wird (BGE 2A.583/2003) oder
- die absorbierte Gesellschaft im Zeitpunkt der Absorption bereits keine Geschäftstätigkeit mehr ausübte (StE 2004, B 72.15.2 Nr. 5).

Eine Steuerumgehung kann auch dann vorliegen, wenn die Abschreibung der Beteiligung auf einen Sanierungszuschuss der übernehmenden Gesellschaft zurückzuführen ist (Erhöhung der Gestehungskosten der Beteiligung und anschliessende Abschreibung) und die Absorption kurz darauf erfolgt. In diesem Fall muss diese Abschreibung auf die Beteiligung zum ausgewiesenen Reingewinn der übernehmenden Gesellschaft hinzugerechnet werden.

b) Sanierungsfusion zwischen Schwestergesellschaften

Die übernehmende Schwestergesellschaft kann die bei der Berechnung des steuerbaren Reingewinns noch nicht berücksichtigte Vorjahresverluste der übertragenden Gesellschaft nach Artikel 67 Absatz 1 DBG grundsätzlich geltend machen (Übernahme der Vorjahresverluste). Eine Übernahme der Vorjahresverluste ist jedoch ausgeschlossen, wenn eine Steuerumgehung vorliegt. Eine solche liegt insbesondere dann vor, wenn die übertragende Gesellschaft wirtschaftlich liquidiert oder in liquide Form gebracht worden ist oder wenn ein durch Fusion übertragener Betrieb kurz nach der Fusion eingestellt wird (siehe dazu KS Nr. 5 ESTV vom 1.6.2004, Umstrukturierungen, 4.1.2.2.4).

4.3.1.2. Gesellschafter

a) Absorption einer Tochtergesellschaft („Up-Stream Merger")

Beteiligungsrechte im Privatvermögen

Beim Gesellschafter ergeben sich keine Steuerfolgen.

Beteiligungsrechte im Geschäftsvermögen natürlicher und Beteiligungsrechte juristischer Personen

Beim Gesellschafter ergeben sich keine Steuerfolgen.

b) Sanierungsfusion zwischen Schwestergesellschaften

Beteiligungsrechte im Privatvermögen

Übernimmt eine Gesellschaft mit echter Unterbilanz durch Absorption die Aktiven und Passiven einer von den gleichen Gesellschaftern (Privatpersonen) beherrschten Gesellschaft mit Reserven und Gewinnvortrag, so erlangen die Gesellschafter durch diese Sanierung nur dann einen geldwerten Vorteil nach Artikel 20 Absatz 1 Buchstabe c DBG oder Artikel 20 Absatz 1bis DBG, wenn und soweit durch die Fusion übrige Reserven, die nicht als Reserven aus Kapitaleinlagen qualifizieren, vernichtet werden. Gleiches gilt auch im umgekehrten Fall, soweit übrige Reserven untergehen. Eine echte Unterbilanz ist in dem Umfang gegeben, als die ausgewiesenen Verluste die offenen und stillen Reserven übersteigen. Die modifizierte Dreieckstheorie findet dabei keine Anwendung. Die Fusion der sanierungsbedürftigen Gesellschaft mit einer anderen Gesellschaft lässt sich nur damit erklären, dass beide Gesellschaften in gleichem Umfang von denselben Gesellschaftern beherrscht waren, die dadurch im gleichen Ausmass begünstigt wurden. Mit der fraglichen Umstrukturierungsmassnahme geht latentes Ausschüttungssubstrat auf Gewinnen und übrigen Reserven unter. Deshalb findet beim Gesellschafter eine Abrechnung im Umfang der untergegangenen übrigen Reserven statt, die nicht als Reserven aus Kapitaleinlagen qualifizieren (BGE 15.8.2000, StE 2001 B 24.4 Nr. 57 = ASA 70, 289; siehe dazu KS Nr. 5 ESTV vom 1.6.2004, Umstrukturierungen, 4.1.4.3.2).

Beteiligungsrechte im Geschäftsvermögen natürlicher Personen

Handelt es sich anlässlich der Sanierungsfusion unter Schwestergesellschaften beim Gesellschafter um eine einfache Gesellschaft, eine Kollektivgesellschaft oder eine Kommanditgesellschaft, so realisiert diese Gesellschaft bei Anwendung des Buchwertprinzips keinen steuerbaren Beteiligungsertrag. Die Einkommenssteuerwerte der Beteiligungen werden addiert und bleiben gesamthaft betrachtet unverändert.

Beteiligungsrechte juristischer Personen

Handelt es sich anlässlich der Sanierungsfusion unter Schwestergesellschaften beim Gesellschafter um eine juristische Person, so realisiert diese Person bei Anwendung des Buchwert- und Gestehungskostenprinzips keinen steuerbaren Beteiligungsertrag. Die Gestehungskosten und die Gewinnsteuerwerte der Beteiligungen werden addiert und bleiben gesamthaft betrachtet unverändert. Allfällige wieder eingebrachte Abschreibungen sind voll steuerbar.

4.3.2. Verrechnungssteuer

a) Absorption einer Tochtergesellschaft („Up-Stream Merger")

Bei einer Umstrukturierung nach Artikel 61 Absatz 1 DBG ist die Verrechnungssteuer geschuldet, wenn übrige Reserven, die nicht als Reserven aus Kapitaleinlagen qualifizieren, untergehen, beziehungsweise nicht in die Reserven der aufnehmenden inländischen Kapitalgesellschaft oder Genossenschaft übergehen (Art. 4 Abs. 1 Bst. b VStG in Verbindung mit Art. 5 Abs. 1 Bst. a VStG). Dies ist bei einer Tochterabsorption dann der Fall, wenn der

Buchwert der Tochtergesellschaft bei der Muttergesellschaft höher ist als das nominelle Aktienkapital und die Reserven aus Kapitaleinlagen der Tochtergesellschaft.

Sofern der Erwerb der Tochtergesellschaft nicht als Steuerumgehung im Sinn von Artikel 21 Absatz 2 VStG qualifiziert, wird – nach gängiger Praxis der ESTV – die Verrechnungssteuer nicht erhoben. Es ist demzufolge auch kein Meldeverfahren durchzuführen.

b) Sanierungsfusion zwischen Schwestergesellschaften

Übernimmt die sanierungsbedürftige Gesellschaft die über Reserven verfügende Schwestergesellschaft, gehen Reserven im Umfang der bei der sanierungsbedürftigen Gesellschaft bestehenden Verluste unter (allfällige stille Reserven sind zu berücksichtigen). Weil die Sanierung einer notleidenden Gesellschaft Sache des Gesellschafters ist, gilt in solchen Fällen die sogenannte Dreieckstheorie. Gleiches gilt auch, wenn die Gesellschaft, die über Reserven verfügt, ihre sanierungsbedürftige Schwestergesellschaft übernimmt und dabei Reserven untergehen.

Die Verrechnungssteuer ist auf den untergehenden Reserven (unter Berücksichtigung des Kapitaleinlageprinzips auf den übrigen Reserven) geschuldet und auf den oder die Inhaber der Beteiligungsrechte zu überwälzen. Sofern die Voraussetzungen von Artikel 24 VStV, Artikel 26a VStV oder für das internationale Meldeverfahren erfüllt sind, kann die Steuerpflicht durch Meldung der steuerbaren Leistung erfüllt werden.

4.3.3. Emissionsabgabe

a) Absorption einer Tochtergesellschaft („Up-Stream Merger")

Erfolgt die Sanierung der Tochtergesellschaft im Hinblick auf die bevorstehende Absorption durch die Mutter, wird auf diesen Leistungen die Emissionsabgabe nicht erhoben. Die Leistung der Muttergesellschaft qualifiziert als Bilanzbereinigung im Zuge des Untergangs der Tochter.

Bei einer Tochterabsorption wird das Grundkapital der übernehmenden Muttergesellschaft in der Regel nicht erhöht. Eine allfällige der Verrechnungssteuer unterliegende Kapitalerhöhung der Muttergesellschaft bis zur Höhe des Grundkapitals der übertragenden Tochtergesellschaft ist nach Artikel 6 Absatz 1 Buchstabe a^{bis} StG von der Emissionsabgabe ausgenommen (Kreisschreiben Nr. 5, Umstrukturierungen, vom 1. Juni 2004, 4.1.5.4).

b) Sanierungsfusion zwischen Schwestergesellschaften

Wenn die sanierungsbedürftige Gesellschaft die gesunde Schwestergesellschaft übernimmt, ergeben sich bei der Emissionsabgabe keine Folgen, weil es sich dabei um einen von der Abgabe ausgenommenen Sachverhalt im Sinn von Artikel 6 Absatz 1 Buchstabe a^{bis} StG handelt. Dies gilt auch für den umgekehrten Fall.

5. Inkrafttreten

Die Artikel 6 Absatz 1 Buchstaben j und k StG sind am 1. Januar 2009 in Kraft getreten. Dieses Kreisschreiben tritt per sofort in Kraft und ersetzt das Kreisschreiben ESTV Nr. 14 vom 1. Juli 1981 („Forderungsverzicht durch Aktionäre im Zusammenhang mit Sanierungen von Aktiengesellschaften"). Die Ausführungen zu den Artikeln 20 Absatz 3 und 125 Absatz 3 DBG und dem Artikel 5 Absatz 1bis VStG treten am 1. Januar 2011 in Kraft.

Verpachtung

Quelle: Eidg. Steuerverwaltung ESTV / HA Direkte Bundessteuer, Verrechnungssteuer, Stempelabgaben

Direkte Bundessteuer

Bern, 22. Dezember 2010

Kreisschreiben Nr. 31

Landwirtschaftliche Betriebe - Aufschubstatbestand bei Verpachtung

1. Gegenstand des Kreisschreibens

Mit dem Bundesgesetz vom 23. März 2007 über die Verbesserung der steuerlichen Rahmenbedingungen für unternehmerische Tätigkeiten und Investitionen (Unternehmenssteuerreformgesetz II) wurden für die Besteuerung der selbständigen Erwerbstätigkeit verschiedene Neuerungen eingeführt. Per 1. Januar 2011 tritt der neue Artikel 18a (Aufschubstatbestände) des Bundesgesetzes vom 14. Dezember 1990 über die direkte Bundessteuer (DBG) in Kraft. Vorliegendes Kreisschreiben soll die Anwendung und Umsetzung des Artikels 18a Absatz 2 DBG (Verpachtung eines Geschäftsbetriebs) auf landwirtschaftliche Betriebe näher erläutern.

2. Bundesrechtliche Grundlagen (Auszug)

Bundesgesetz über die direkte Bundessteuer (DBG)

Art. 18a Aufschubstatbestände

[2] *Die Verpachtung eines Geschäftsbetriebes gilt nur auf Antrag der steuerpflichtigen Person als Überführung in das Privatvermögen.*

Bundesgesetz vom 4. Oktober 1985 über die landwirtschaftliche Pacht (LPG)

Art. 30 Bewilligungspflicht

[1] *Wer von einem landwirtschaftlichen Gewerbe einzelne Grundstücke oder Teile von einzelnen Grundstücken verpachtet (parzellenweise Verpachtung), bedarf einer Bewilligung.*

Art. 31 Bewilligungsgründe

¹ Der Verpächter muss die Bewilligung vor Pachtantritt bei der kantonalen Bewilligungsbehörde einholen.

² Die Bewilligung wird nur erteilt, wenn eine der folgenden Voraussetzungen erfüllt ist, nämlich:

(...)

ᵉ das Gewerbe nur vorübergehend parzellenweise verpachtet und später wieder als ganzes bewirtschaftet werden soll;

ᶠ der Verpächter das Gewerbe bisher selber bewirtschaftet hat, dazu jedoch aus persönlichen Gründen, wie schwere Krankheit oder vorgerücktes Alter, nur noch teilweise in der Lage ist;

Art. 42 Pachtzinsbewilligung für Gewerbe

¹ Der Pachtzins für Gewerbe bedarf der Bewilligung.

3. Allgemeines

3.1 Die Einkünfte aus selbständiger Erwerbstätigkeit

Nach Artikel 18 Absatz 1 DBG sind grundsätzlich alle Einkünfte aus einem Handels-, Industrie-, Gewerbe-, Land- und Forstwirtschaftsbetrieb, aus einem freien Beruf sowie aus jeder anderen selbständigen Erwerbstätigkeit steuerbar. Nach Artikel 18 Absatz 2 DBG zählen auch alle Kapitalgewinne aus Veräusserung, Verwertung oder buchmässiger Aufwertung von Geschäftsvermögen zu den Einkünften aus selbständiger Erwerbstätigkeit. Der Veräusserung gleichgestellt ist die Überführung von Geschäftsvermögen in das Privatvermögen oder in ausländische Betriebe oder Betriebsstätten. Als Geschäftsvermögen gelten alle Vermögenswerte, die ganz oder vorwiegend der selbständigen Erwerbstätigkeit dienen; Gleiches gilt für Beteiligungen von mindestens 20 Prozent am Grund- oder Stammkapital einer Kapitalgesellschaft oder Genossenschaft, sofern der Eigentümer sie im Zeitpunkt des Erwerbs zum Geschäftsvermögen erklärt. Artikel 18*b* DBG bleibt vorbehalten.

3.2 Die Präponderanzmethode

Es ist somit zwischen Vermögenswerten, welche ganz dem Privatvermögen und solchen, welche ganz dem Geschäftsvermögen zuzurechnen sind, sowie gemischt genutzten Vermögenswerten zu unterscheiden. Steuerrechtlich ist keine quotale Zuteilung eines gemischt genutzten Vermögenswertes auf Privat- und Geschäftsvermögen möglich. Aus diesem Grund wird auf die in Artikel 18 Absatz 2 DBG verankerte Präponderanzmethode abgestellt, nach welcher Vermögenswerte steuerrechtlich entweder ganz dem Geschäftsvermögen oder ganz dem Privatvermögen zuzuweisen sind. Danach gelten als Geschäftsvermögen alle Vermögenswerte, welche überwiegend der selbständigen Erwerbstätigkeit dienen. Gemischt genutzte Liegenschaften gelten dann als vorwiegend der selbständigen Erwerbstätigkeit dienend, wenn ihre geschäftliche Nutzung die private Nutzung überwiegt.

4. Die Prüfung des Aufschubs bei der Verpachtung eines landwirtschaftlichen Geschäftsbetriebes

4.1 Die Prüfung der Präponderanz

Geprüft werden nur landwirtschaftliche Betriebe, die nach dem 1. Januar.2011 verpachtet werden und zuvor im Geschäftsvermögen bilanziert wurden. Die Bilanzierung stellt lediglich ein Indiz für das Vorliegen von Geschäftsvermögen dar. Die Prüfung der Präponderanz eines landwirtschaftlichen Betriebes muss zeitlich vor der Verpachtung erfolgen und basiert auf den durchschnittlichen Betriebsergebnissen der letzten fünf Jahre oder auf den Ergebnissen seit der Neuausrichtung des Betriebes.

4.2 Die Prüfung der Art der Verpachtung

4.2.1 Der landwirtschaftliche Geschäftsbetrieb bleibt längerfristig bestehen

Für die Belange des Artikels 18a Absatz 2 DBG wird dann von einem landwirtschaftlichen Geschäftsbetrieb ausgegangen, wenn es sich:

a) um eine *Verpachtung eines landwirtschaftlichen Gewerbes* handelt, welches der in Artikel 42 Absatz 1 LPG vorgeschriebenen Bewilligung unterliegt. Ein landwirtschaftliches Gewerbe liegt vor, wenn es sich um ein Gewerbe im Sinne der Artikel 5 und 7 Absätze 1, 2, 3 und 5 des Bundesgesetzes vom 4. Oktober 1991 über das bäuerliche Bodenrecht (BGBB) handelt. Wurde einem solchen landwirtschaftlichen Gewerbe die Pachtzinsbewilligung gemäss Artikel 42 LPG erteilt und wurde der entsprechende Betrieb zu Recht im Geschäftsvermögen bilanziert, so kann der landwirtschaftliche Geschäftsbetrieb in diesem Fall auch mit der Verpachtung im Geschäftsvermögen verbleiben;

b) um eine *vorübergehende parzellenweise Verpachtung* gemäss Artikel 31 Absatz 2 Buchstabe e oder f LPG handelt und der entsprechende Betrieb zu Recht im Geschäftsvermögen bilanziert wurde. Der landwirtschaftliche Geschäftsbetrieb kann in diesem Fall auch mit der Verpachtung im Geschäftsvermögen verbleiben.

4.2.2 Der landwirtschaftliche Geschäftsbetrieb wird endgültig aufgeteilt

Wird ein landwirtschaftlicher Geschäftsbetrieb endgültig aufgeteilt, erfolgt die Beurteilung des Aufschubs parzellenweise wie folgt:

a) Wird die ganze Parzelle verpachtet und war diese Parzelle bisher zu Recht im Geschäftsvermögen bilanziert, so kann die Parzelle im Geschäftsvermögen verbleiben.

b) Wird von einer Parzelle nur ein Teil verpachtet, kann sie nur dann im Geschäftsvermögen verbleiben, wenn sie bereits vor der Verpachtung zu Recht im Geschäftsvermögen bilanziert wurde. Für Liegenschaften auf dem nicht verpachteten Parzellenteil können in diesem Fall keine pauschalen Abschreibungen mehr vorgenommen werden. Abschreibungen werden nur gewährt, wenn ein Bedürfnisnachweis erbracht wird.

c) Umfasst eine ganze Parzelle nur vermietete Wohnliegenschaften, so muss sie ins Privatvermögen überführt werden.

4.2.3 Das Prüfungsschema

Die Prüfung des Aufschubs bei der Verpachtung eines landwirtschaftlichen Betriebes erfolgt gemäss dem Überprüfungsschema (Flussdiagramm) im Anhang.

4.3 Die gesetzliche Vermutung bei der Verpachtung von Geschäftsbetrieben

Bei der Verpachtung eines Geschäftsbetriebes gilt nach Artikel 18a Absatz 2 DBG neu die gesetzliche Vermutung, dass die verpachteten Güter im Geschäftsvermögen des Verpächters bleiben. Dies gilt auch für Betriebe, deren bewegliches Vermögen an den Pächter verkauft wird. Die Verpachtung eines Geschäftsbetriebes wird nur noch aufgrund einer ausdrücklichen Erklärung der steuerpflichtigen Person als Überführung ins Privatvermögen betrachtet. Erfolgt keine solche Erklärung, so gilt der daraus fliessende Ertrag als Einkommen aus selbständiger Erwerbstätigkeit (vgl. Kreisschreiben Nr. 26 der Eidgenössischen Steuerverwaltung vom 16. Dezember 2009 „Neuerungen bei der selbständigen Erwerbstätigkeit aufgrund der Unternehmenssteuerreform II").

5. Inkrafttreten

Dieses Kreisschreiben tritt zusammen mit dem neuen Artikel 18a Absatz 2 DBG am 1. Januar 2011 in Kraft.

Schema zur Prüfung des Aufschubs bei der Verpachtung eines landwirtschaftlichen Geschäftbetriebes (Art. 18a Abs. 2 DBG)

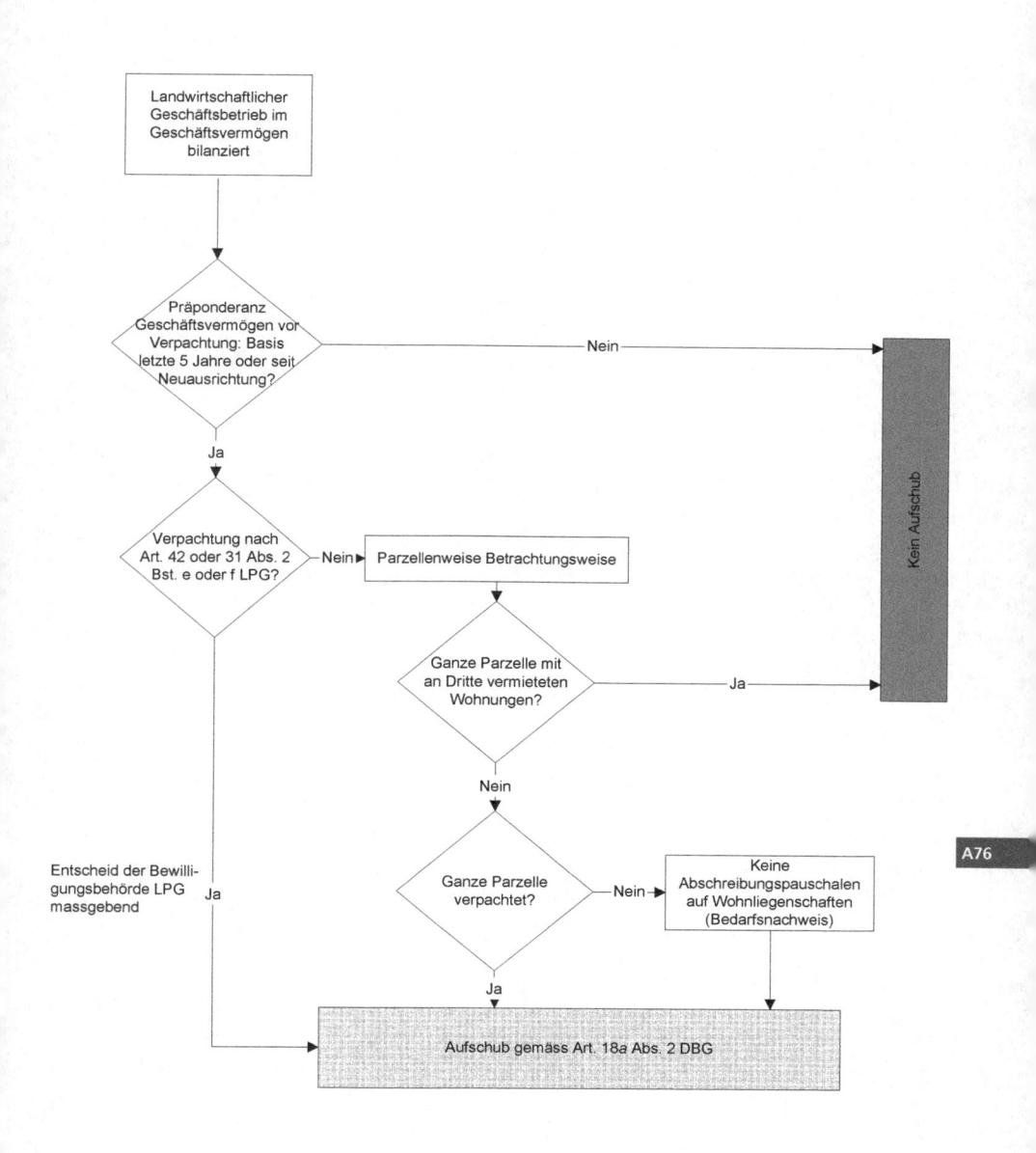

```
┌─────────────────────┐
│ Landwirtschaftlicher│
│ Geschäftsbetrieb im │
│ Geschäftsvermögen   │
│ bilanziert          │
└──────────┬──────────┘
           │
           ▼
    ╱ Präponderanz  ╲
   ╱ Geschäftsvermögen vor╲
  ╱  Verpachtung: Basis    ╲──── Nein ──────────────────────────────┐
  ╲  letzte 5 Jahre oder seit╱                                      │
   ╲  Neuausrichtung?      ╱                                        │
    ╲                     ╱                                         │
           │ Ja                                                     │
           ▼                                                        │
    ╱ Verpachtung nach ╲                                            │
   ╱  Art. 42 oder 31 Abs. 2╲── Nein ▶ ┌──────────────────────┐     │
   ╲  Bst. e oder f LPG?    ╱          │ Parzellenweise       │     │
    ╲                      ╱           │ Betrachtungsweise    │     │
           │                            └──────────┬───────────┘    │
           │                                       ▼                │
           │                              ╱ Ganze Parzelle mit ╲    │
           │                             ╱  an Dritte vermieteten╲──│── Ja ──▶  Kein Aufschub
           │                             ╲  Wohnungen?           ╱   │
           │                                       │                 │
           │                                       │ Nein            │
           │                                       ▼                 │
           │                              ╱ Ganze Parzelle  ╲        │    ┌──────────────────────┐
 Entscheid der Bewilli-                  ╱ verpachtet?       ╲── Nein ──▶ │ Keine Abschreibungs- │
 gungsbehörde LPG   Ja                   ╲                   ╱             │ pauschalen auf       │
 massgebend                                       │                        │ Wohnliegenschaften   │
           │                                      │ Ja                     │ (Bedarfsnachweis)    │
           │                                      ▼                        └──────────┬───────────┘
           └──────────────────────▶  Aufschub gemäss Art. 18a Abs. 2 DBG ◀─────────────┘
```

Ehepaar- und Familienbesteuerung

Quelle: Eidg. Steuerverwaltung ESTV / HA Direkte Bundessteuer, Verrechnungssteuer, Stempelabgaben

Direkte Bundessteuer

Bern, 21. Dezember 2010[1]

☞ *Stand am 1.1.2014.*

Kreisschreiben Nr. 30

Ehepaar- und Familienbesteuerung nach dem Bundesgesetz über die direkte Bundessteuer (DBG)

Inhaltsverzeichnis

1	Einheit der Familie / Zusammenveranlagung	5
1.1	Grundsatz	5
1.2	Beginn und Ende der Gemeinschaftsbesteuerung	5
1.3	Getrennte Veranlagung der Ehegatten bei faktischer Trennung	5
2	Internationale Verhältnisse	6
2.1	Ausländischer Wohnsitz eines Ehegatten	6
2.2	Beschränkte Steuerpflicht eines Ehegatten	7
3	Besteuerung der minderjährigen Kinder	7
4	Eingetragene Partnerinnen oder Partner	8
5	Steuernachfolge des überlebenden Ehegatten	9
6	Haftung und Mithaftung der Ehegatten und der Kinder für die Steuer	9
6.1	Grundsatz	9
6.2	Wegfall der Solidarhaftung	9
6.2.1	Zahlungsunfähigkeit	9
6.2.2	Rechtliche oder tatsächliche Trennung der Ehegatten	10
6.2.3	Tod eines Ehegatten	10
6.2.4	Anteilsmässige Haftung	10
6.2.5	Haftung für die Steuer auf dem Kindereinkommen	10
7	Abzug für Versicherungsprämien und Sparkapitalzinsen	11
8	Kinderdrittbetreuungskostenabzug	12
8.1	Allgemeines	12
8.2	Für welche Kinder können Kinderdrittbetreuungskosten abgezogen werden	12
8.3	Erwerbstätigkeit, Ausbildung, Erwerbsunfähigkeit	13
8.4	Anspruchsberechtigung	14
8.4.1	Allgemeines	14

---

[1] 2. Auflage. Siehe Ziffer 1 Einleitung

8.4.2	Verheiratete Paare mit Kindern	14
8.4.3	Unverheiratete Eltern (gemeinsamer Haushalt) mit gemeinsamen oder nicht gemeinsamen Kindern	14
8.4.4	Getrennte, geschiedene oder unverheiratete Eltern (zwei Haushalte) mit gemeinsamen Kindern	15
8.5	Abzugsfähige Kosten	15
8.6	Nachweispflicht	16
9	Zweiverdienerabzug	17
9.1	Voraussetzungen	17
9.2	Definition Erwerbseinkommen	17
9.3	Abzug bei Mitarbeit im Beruf oder Betrieb des Ehegatten	18
9.4	Berechnung des Abzuges	18
10	Kinderabzug	19
10.1	Grundsatz	19
10.2	Kinderabzug für minderjährige Kinder	20
10.3	Kinderabzug für volljährige Kinder in beruflicher oder schulischer Ausbildung	20
11	Unterstützungsabzug	21
12	Verheiratetenabzug	22
13	Tarife	22
13.1	Grundsatz	22
13.2	Grundtarif	23
13.3	Verheiratetentarif	23
13.4	Elterntarif	23
13.4.1	Allgemeines	23
13.4.2	Gewährung des Elterntarifs bei minderjährigen Kindern	24
13.4.3	Gewährung des Elterntarifs bei volljährigen Kindern in Ausbildung	25
13.4.4	Gewährung des Elterntarifs bei unterstützungsbedürftigen Personen	26
13.4.5	Stichtagsprinzip	26
13.4.6	Unterjährige Steuerpflicht	26
13.4.7	Teilweise Steuerpflicht	27
13.4.8	Besteuerung nach dem Aufwand	28
13.4.9	Quellensteuer für natürliche Personen	28
13.4.10	Pauschale Steueranrechnung	28
13.4.11	Kapitalleistungen nach Artikel 38 und fiktive Einkäufe nach Artikel 37b DBG	29
13.4.12	Übriger Liquidationsgewinn nach Artikel 37b DBG	30
14	Besteuerung der unverheiratet zusammenlebenden, geschiedenen oder getrennt lebenden Ehegatten und Eltern	30
14.1	Besteuerung der Unterhaltszahlungen an den geschiedenen, gerichtlich oder tatsächlich getrennt lebenden Ehegatten	30
14.1.1	Zivilrechtliche Aspekte	30
14.1.2	Steuerrechtliche Aspekte	30
14.2	Besteuerung der Unterhaltszahlungen für das Kind	31
14.2.1	Zivilrechtliche Aspekte	31
14.2.2	Steuerrechtliche Aspekte	32
14.3	Besteuerung der getrennten, geschiedenen oder unverheirateten Eltern (zwei Haushalte) mit gemeinsamem minderjährigem Kind, ohne gemeinsame elterliche Sorge, mit Unterhaltszahlungen	32
14.3.1	Unterhaltszahlungen	32
14.3.2	Abzüge	32
14.3.3	Tarife	33
14.4	Besteuerung der getrennten, geschiedenen oder unverheirateten Eltern (zwei Haushalte) mit gemeinsamem minderjährigem Kind, mit gemeinsamer elterlicher Sorge, mit oder ohne alternierende Obhut, keine Unterhaltszahlungen	33
14.4.1	Abzüge	33
14.4.2	Tarife	33

14.5	Besteuerung der getrennten, geschiedenen oder unverheirateten Eltern (zwei Haushalte) mit gemeinsamem minderjährigem Kind, mit gemeinsamer elterlicher Sorge, mit oder ohne alternierende Obhut, mit Unterhaltszahlungen ... 33
14.5.1	Unterhaltszahlungen ... 33
14.5.2	Abzüge ... 34
14.5.3	Tarife ... 34
14.6	Unverheiratete Eltern (gemeinsamer Haushalt), mit gemeinsamem minderjährigem Kind, ohne gemeinsame elterliche Sorge, keine Unterhaltszahlungen ... 34
14.6.1	Abzüge ... 34
14.7	Unverheiratete Eltern (gemeinsamer Haushalt), mit gemeinsamem minderjährigem Kind, ohne gemeinsame elterliche Sorge, mit Unterhaltszahlungen ... 34
14.7.1	Unterhaltszahlungen ... 34
14.7.2	Abzüge ... 35
14.7.3	Tarife ... 35
14.8	Unverheiratete Eltern (gemeinsamer Haushalt), mit gemeinsamem minderjährigem Kind, mit gemeinsamer elterlicher Sorge, keine Unterhaltszahlungen ... 35
14.8.1	Abzüge ... 35
14.8.2	Tarife ... 35
14.9	Unverheiratete Eltern (gemeinsamer Haushalt), mit gemeinsamem minderjährigem Kind, mit gemeinsamer elterlicher Sorge, mit Unterhaltszahlungen ... 35
14.9.1	Unterhaltszahlungen ... 35
14.9.2	Abzüge ... 35
14.9.3	Tarife ... 36
14.10	Besteuerung der getrennten, geschiedenen oder unverheirateten Eltern (zwei Haushalte) mit gemeinsamem volljährigem Kind in Ausbildung, Kind lebt bei einem Elternteil, mit Unterhaltszahlungen ... 36
14.10.1	Unterhaltsbeiträge ... 36
14.10.2	Abzüge ... 36
14.10.3	Tarife ... 36
14.11	Besteuerung der getrennten, geschiedenen oder unverheirateten Eltern (zwei Haushalte) mit gemeinsamem volljährigem Kind in Ausbildung, Kind lebt bei einem Elternteil, keine Unterhaltszahlungen ... 36
14.11.1	Abzüge ... 37
14.11.2	Tarife ... 38
14.12	Besteuerung der getrennten, geschiedenen oder unverheirateten Eltern (zwei Haushalte) mit gemeinsamem volljährigem Kind in Ausbildung, Kind lebt nicht bei einem Elternteil (Wohnsitz verlegt), mit Unterhaltszahlungen ... 38
14.12.1	Unterhaltsbeiträge ... 38
14.12.2	Abzüge ... 38
14.12.3	Tarife ... 38
14.13	Unverheiratete Eltern (gemeinsamer Haushalt), mit gemeinsamem volljährigem Kind in Ausbildung, Kind lebt bei den Eltern, mit Unterhaltszahlungen ... 38
14.13.1	Unterhaltszahlungen ... 38
14.13.2	Abzüge ... 38
14.13.3	Tarife ... 39
14.14	Unverheiratete Eltern (gemeinsamer Haushalt), mit gemeinsamem volljährigem Kind in Ausbildung, Kind lebt bei den Eltern, keine Unterhaltszahlungen ... 39
14.14.1	Abzüge ... 39
14.14.2	Tarife ... 39

14.15	Unverheiratete Eltern (gemeinsamer Haushalt), mit gemeinsamem volljährigem Kind in Ausbildung, mit Unterhaltszahlungen, Kind lebt nicht bei den Eltern (Wohnsitz verlegt)	39
14.15.1	Unterhaltszahlungen	39
14.15.2	Abzüge	39
14.15.3	Tarife	40
14.16	Unverheiratete Eltern (gemeinsamer Haushalt), mit nicht gemeinsamem minderjährigem oder volljährigem Kind	40
15	Verfahrensrechtliche Stellung der Ehegatten	40
15.1	Grundsatz	40
15.2	Steuererklärung	40
15.3	Rechtsmittel und andere Eingaben	41
15.4	Mitteilungen	41
15.5	Vertretung	41
15.6	Akteneinsichtsrecht	41
15.7	Verfahrensrechtliche Stellung des überlebenden Ehegatten	42
16	Steuerstrafrecht der Ehegatten	42
16.1	Verletzung von Verfahrenspflichten	42
16.2	Steuerhinterziehung der Ehegatten	42
17	Inkrafttreten	43

Einleitung

Das Kreisschreiben Nr. 30 zur Ehepaar- und Familienbesteuerung erfährt hiermit eine zweite Auflage. Es beinhaltet aufgrund des Bundesgesetzes über die formelle Bereinigung der zeitlichen Bemessung der direkten Steuern bei natürlichen Personen vom 22. März 2013 (AS 2013 2397) die Hinweise auf die ab dem 1. Januar 2014 geltenden Gesetzesartikel. Im Weiteren wurden die dem Ausgleich der Folgen der kalten Progression unterliegenden Abzüge der Verordnung über die kalte Progression vom 2. September 2013 (AS 2013 3027) angepasst. Die vorliegende 2. Auflage entspricht demnach dem gelten Recht per 1. Januar 2014.

1 Einheit der Familie / Zusammenveranlagung

1.1 Grundsatz

Der für die Ehepaarbesteuerung im DBG massgebende Artikel 9 sieht ausdrücklich die Gemeinschaftsbesteuerung vor. Die Familie wird als wirtschaftliche Gemeinschaft betrachtet und bildet somit auch in steuerlicher Hinsicht eine Einheit. Die Einkommen der rechtlich und tatsächlich ungetrennten Ehegatten werden unabhängig vom Güterstand zusammengerechnet. Zudem werden die Einkünfte der minderjährigen Kinder, die nicht aus einer Erwerbstätigkeit stammen, zum ehelichen Einkommen hinzugerechnet. Das Gesamteinkommen wird dabei zum Verheiratetentarif besteuert. Leben die Ehegatten mit Kindern oder unterstützungsbedürftigen Personen im gleichen Haushalt zusammen und bestreiten deren Unterhalt zur Hauptsache, kommt der Elterntarif zur Anwendung.

Im Gegensatz zu den Ehepaaren werden Konkubinatspaare stets individuell veranlagt. Ihre Einkommen werden nicht addiert, was angesichts des progressiven Steuertarifs zu beträchtlichen Unterschieden in der steuerlichen Belastung von Ehepaaren und gleichsituierten Konkubinatspaaren führen kann. Diese verfassungswidrige Ungleichbehandlung wurde durch die von den Eidg. Räten am 6. Oktober 2006 verabschiedeten Sofortmassnahmen im Bereich der Ehepaarbesteuerung wesentlich abgebaut (vgl. dazu die Ausführungen zum Zweiverdienerabzug unter Ziff. 9 und zum Verheiratetenabzug unter Ziff. 12).

1.2 Beginn und Ende der Gemeinschaftsbesteuerung

Die Gemeinschaftsbesteuerung wird durch die Heirat ausgelöst. Die Ehegatten unterliegen für die ganze entsprechende Steuerperiode der Gemeinschaftsbesteuerung. Bei Tod eines Ehegatten endet die Ehe und somit auch die Gemeinschaftsbesteuerung. Der überlebende Ehegatte wird ab dem Todestag für den Rest der Steuerperiode separat zu dem für ihn anwendbaren Tarif veranlagt (Art. 42 Abs. 1 und 3 DBG).

Bei Scheidung sowie bei rechtlicher oder tatsächlicher Trennung werden die Ehegatten für die ganze Steuerperiode getrennt besteuert (Art. 42 Abs. 2 DBG).

1.3 Getrennte Veranlagung der Ehegatten bei faktischer Trennung

Eine gemeinsame Besteuerung erfolgt, wenn die Ehegatten in rechtlich und tatsächlich ungetrennter Ehe zusammenleben. Aus diesem Erfordernis folgt als Umkehrschluss, dass ein Ehepaar, welches zwar rechtlich noch in ungetrennter Ehe lebt, sich aber faktisch getrennt hat, nicht mehr zusammen, sondern getrennt zu veranlagen ist.

Eine faktische Trennung, die zu einer getrennten Besteuerung der Ehegatten führt, liegt vor, wenn folgende Voraussetzungen kumulativ erfüllt sind:

- Keine gemeinsame eheliche Wohnung (Art. 162 ZGB), Aufhebung des gemeinsamen Haushaltes (Art. 175 ZGB), Bestehen eines eigenen Wohnsitzes für jeden Ehegatten (Art. 23 ZGB).
- Keine Gemeinschaftlichkeit der Mittel für Wohnung und Unterhalt mehr vorhanden.
- Kein gemeinsames Auftreten des Ehepaares in der Öffentlichkeit mehr.
- Die Trennung muss von Dauer sein (mindestens ein Jahr) oder mit der Auflösung der Ehe enden.

Der Nachweis des Bestehens einer faktischen Trennung ist von den Ehegatten zu erbringen.

Nach der Rechtsprechung des Bundesgerichtes besteht auch beim Vorliegen zweier verschiedener Wohnsitze der beiden Ehegatten kein Anlass zu einer getrennten Veranlagung, solange diese an der Fortführung der ehelichen Gemeinschaft festhalten und diesen Willen auch zum Ausdruck bringen. Werden von beiden Seiten Mittel - über übliche Gelegenheitsgeschenke hinaus - für die gemeinsame Lebenshaltung eingesetzt (nicht in Betracht fallen richterlich oder freiwillig vereinbarte Alimentenleistungen), sind die Ehegatten trotz eigener Wohnung und gegebenenfalls auch eigenem zivilrechtlichem Wohnsitz zusammen zu veranlagen.

Haben die Ehegatten je einen eigenen zivilrechtlichen Wohnsitz, leben aber gleichwohl faktisch in ungetrennter Ehe, werden sie dort veranlagt, wo sich ihre überwiegenden persönlichen und wirtschaftlichen Interessen befinden (Art. 105 Abs. 1 DBG). Ist dieser Ort der Veranlagung ungewiss oder streitig, so wird er, wenn die Veranlagungsbehörden nur eines Kantons in Frage kommen, von der kantonalen Verwaltung für die direkte Bundessteuer bestimmt. Kommen die Veranlagungsbehörden mehrerer Kantone in Frage und können sich die Kantone nicht einigen, so wird der Veranlagungsort durch die ESTV bestimmt (Art. 108 DBG). Die Verfügung der ESTV unterliegt der Beschwerde an das Bundesverwaltungsgericht [Art. 31 ff. des Bundesgesetzes vom 17.7.2005 über das Bundesverwaltungsgericht (VGG)].

2 Internationale Verhältnisse

2.1 Ausländischer Wohnsitz eines Ehegatten

Leben Ehegatten in rechtlich und tatsächlich ungetrennter Ehe, hat jedoch nur ein Ehegatte seinen Wohnsitz in der Schweiz, während der andere im Ausland wohnt, so unterliegt nur der in der Schweiz wohnhafte Ehegatte der schweizerischen Steuerhoheit. Dabei ist er für sein gesamtes Einkommen zu besteuern. Da er in einer bestehenden Ehe lebt, wird er zum Verheiratetentarif oder, wenn er mit Kindern zusammenlebt, zum Elterntarif besteuert. Ihm steht zudem der Verheiratetenabzug zu.

Nach bisheriger, langjähriger Praxis des Bundesgerichtes sind bei Ehegatten, von welchen der eine im Inland, der andere im Ausland, jedoch in ungetrennter Ehe lebend, die Einkünfte des im Ausland wohnhaften Ehegatten zur Satzbestimmung des Einkommens des "inländischen" Ehegatten heranzuziehen (vgl. BGE 2C_523/2007 vom 5.2.2008). Artikel 7 Absatz 1 DBG hält fest, dass natürliche Personen, die nur für einen Teil ihres Einkommens in der Schweiz steuerpflichtig sind, die Steuer für die in der Schweiz steuerbaren Werte nach dem Steuersatz ihres gesamten Einkommens entrichten. Auch wenn also ein Ehepaar je eine eigene Wohnung und je eigenen Wohnsitz "über die Grenze" hat, darf die Veranlagungsbehörde bis zum Nachweis des Gegenteils durch den in der Schweiz wohnhaften Ehegatten davon ausgehen, es handle sich um eine faktisch ungetrennte Ehe. Das hat zur Folge, dass das Einkommen des im Ausland wohnhaften Ehegatten zur Satzbestimmung für die Besteuerung des Einkommens des "inländischen" Ehegatten berücksichtigt werden muss. Das zur Satzbestimmung herangezogene Einkommen des im Ausland wohnhaften Ehegatten darf ermessensweise festgesetzt werden, wenn der in der Schweiz wohnhafte Ehegatte keine Angaben dazu macht (BGE 2C_523/2007 vom 5.2.2008). Allfällige, diese Regel einschränkende Doppelbesteuerungsabkommen sind jedoch zu beachten.

Andererseits muss die Zusammenrechnung der Steuerfaktoren für die Satzbestimmung bei ausländischem Wohnsitz eines Ehegatten selbstverständlich immer dann entfallen, wenn die beiden Ehegatten in tatsächlich getrennter Ehe leben (Urteil des Bundesgerichtes vom 19.4.1991 i.S. M.B. gegen Steuerverwaltung des Kantons Tessin; ASA 62, 337).

2.2 Beschränkte Steuerpflicht eines Ehegatten

Unterliegt ein Ehegatte aufgrund wirtschaftlicher Zugehörigkeit gemäss Artikel 4 und 5 DBG in der Schweiz der Steuerpflicht, ist er für diese Teile des Einkommens selbständig steuerpflichtig. Auch bei beschränkter Steuerpflicht ist zur Satzbestimmung das eheliche Gesamteinkommen der in rechtlich und tatsächlich ungetrennter Ehe lebenden Personen heranzuziehen. Andererseits hat der beschränkt steuerpflichtige Ehegatte Anspruch auf den Verheiratetenabzug (vgl. dazu Ziff. 12) und den Verheiratetentarif oder - falls Kinder vorhanden sind - auf den Kinderabzug (vgl. dazu Ziff. 10.1) und den Elterntarif (vgl. dazu Ziff. 13.4.7).

3 Besteuerung der minderjährigen Kinder

Das DBG enthält keine Legaldefinition des Begriffes "Kind". Es lehnt sich hierfür an die Regelung des Schweiz. Zivilgesetzbuchs vom 10. Dezember 1907 (ZGB) an und geht deshalb von derselben Altersobergrenze aus, wie sie für die zivilrechtliche Mündigkeit eines Kindes massgebend ist. In der Regel ist auch im DBG das Bestehen eines Kindesverhältnisses nach Artikel 252 ff. ZGB Voraussetzung. Bei gemeinsam veranlagten Ehepaaren ist es ausreichend, wenn das Kindesverhältnis mit einem der Ehegatten besteht.

Das minderjährige Kind ist Steuersubjekt und hat damit die Voraussetzungen der subjektiven Steuerpflicht in der Schweiz selber zu erfüllen, es wird aber in seinen Rechten und Pflichten grundsätzlich durch den Inhaber der elterlichen Sorge vertreten. Gemäss Artikel 9 Absatz 2 DBG wird das Einkommen der unter elterlicher Sorge stehenden minderjährigen Kinder mit Ausnahme der Einkünfte aus Erwerbstätigkeit und der Erwerbsersatzeinkünfte dem Inhaber der elterlichen Sorge zugerechnet.

Sind die Eltern verheiratet und werden sie gemeinsam veranlagt, wird das Einkommen der minderjährigen Kinder zum ehelichen Gesamteinkommen hinzugerechnet. Die Zurechnung erfolgt auch bei Stiefkindern, d.h. wenn nur einer der Ehegatten Elternteil ist und über die elterliche Sorge verfügt. Hingegen erfolgt keine Steuersubstitution bei Pflegeeltern. Ein Pflegekind, das nicht unter Vormundschaft steht, wird von derjenigen Person vertreten, welche die elterliche Sorge innehat.

Werden die Eltern eines Kindes nicht gemeinsam veranlagt und übt nur ein Elternteil die elterliche Sorge aus, werden Einkommen und Vermögen des Kindes diesem Elternteil zugerechnet. Haben die getrennt lebenden Ehegatten die elterliche Sorge gemeinsam inne, ist auf die Obhut, d.h. die tatsächliche häusliche Gemeinschaft, abzustellen. Demjenigen Elternteil, der die Obhut innehält und Unterhaltsbeiträge für das Kind erhält, wird das Einkommen des Kindes zugeteilt. Werden keine Unterhaltsbeiträge für das Kind geltend gemacht, ist grundsätzlich davon auszugehen, dass sich das Kind in alternierender Obhut befindet, und beide Elternteile gleich viel an den Unterhalt des Kindes beisteuern. In diesem Fall wird das Einkommen des Kindes hälftig aufgeteilt und je den Eltern zugerechnet.

Für Einkünfte aus einer unselbständigen oder selbständigen Erwerbstätigkeit wird das Kind selbständig besteuert. Zum Erwerbseinkommen gehört ausser dem Arbeitseinkommen auch das an dessen Stelle tretende Ersatzeinkommen des Kindes, z.B. Taggelder aus Arbeitslosen-, Kranken-, Unfall und Invalidenversicherung, SUVA-Renten, Invalidenrenten, die das minderjährige Kind selbst als berechtigte Person erhält, sowie Ersatzleistungen für bleibende Nachteile, auch in der Form von Kapitalabfindungen. Solche Leistungen sind Ersatz für den künftigen, durch die Invalidität bedingten Ausfall an Arbeitseinkommen. Ersatzleistungen an noch nicht erwerbstätige oder noch nicht erwerbsfähige Kinder für durch Unfall oder Krankheit verursachte dauernde Nachteile sind also nicht dem Einkommen des Inhabers der elterlichen Sorge zuzurechnen, sondern vom Kind persönlich zu versteuern. Die AHV-Halbwaisenrente gemäss Artikel 25 des Bundesgesetzes vom 20. Dezember 1946 über Alters- und Hinterlassenenversicherung (AHVG) und die IV-Kinderrente gemäss Artikel 35 des Bundesgesetzes vom 19. Juni 1959 über die Invalidenversicherung (IVG) sind vom rentenberechtigten Elternteil und nicht vom Kind als Einkommen zu versteuern.

Kinder werden erstmals für die Steuerperiode, in der sie volljährig werden, vollumfänglich selbständig veranlagt. Minderjährige werden nur dann selbständig veranlagt, falls sie Erwerbseinkünfte erzielen oder nicht unter elterlicher Sorge stehen (Art. 5 der Verordnung über die zeitliche Bemessung der direkten Bundessteuer). Das bevormundete Kind wird somit selbständig veranlagt, jedoch in der Regel vom Vormund im Veranlagungsverfahren vertreten. Die Besteuerung erfolgt dabei am Sitz der Vormundschaftsbehörde, der gemäss Artikel 25 Absatz 2 ZGB Wohnsitz des bevormundeten Kindes ist.

4   Eingetragene Partnerinnen oder Partner

Mit dem Bundesgesetz vom 18. Juni 2004 über die eingetragene Partnerschaft gleichgeschlechtlicher Paare (PartG) werden seit dem 1. Januar 2007 auch bei der direkten Bundessteuer registrierte gleichgeschlechtliche Paare den Ehepaaren gleichgestellt. Obwohl die Ausführungen zu den Ehepaaren im vorliegenden Kreisschreiben grundsätzlich auch für die registrierten gleichgeschlechtlichen Paare gelten, wird im Interesse der besseren Lesbarkeit in der Regel nur die Bezeichnung "Ehegatten" bzw. "Ehepaar" verwendet.

Die Gleichstellung hat zur Folge, dass die Einkommen der in rechtlich und tatsächlich ungetrennter Ehe lebenden Partner zusammengerechnet werden und der Verheiratetentarif angewendet wird. Leben die eingetragenen Partner mit Kindern zusammen, kommt der Elterntarif zur Anwendung. Leben die Partner getrennt, werden sie separat besteuert, wenn die Voraussetzungen, wie sie für die faktische Trennung der Ehepaare gelten, erfüllt sind (vgl. dazu Ziff. 1.3).

Damit Unterhaltsleistungen von einem Partner an den anderen steuerlich analog solcher Leistungen unter Ehegatten behandelt werden, sieht Artikel 9 Absatz 1bis DBG neben einer allgemeinen Gleichstellung von Ehe und registrierter Partnerschaft zusätzlich eine explizite Gleichstellung in Bezug auf die Unterhaltsbeiträge während des Bestehens der registrierten Partnerschaft sowie der Unterhaltsbeiträge und der vermögensrechtlichen Auseinandersetzung bei Getrenntleben und Auflösung einer registrierten Partnerschaft vor.

Da die ehelichen Güterrechtsvorschriften nicht ohne weiteres auf die registrierten Partnerschaften angewendet werden können, ist bei der Steuernachfolge in Artikel 12 Absatz 3 DBG zudem festgehalten, dass die überlebenden eingetragenen Partnerinnen oder Partner in Analogie zu der Haftung bei Ehegatten mit ihrem Erbteil und dem ihnen auf Grund einer vermögensrechtlichen Regelung gemäss Artikel 25 Absatz 1 PartG zustehenden Betrag haften.

5 Steuernachfolge des überlebenden Ehegatten

Der Tod beendet nach Artikel 8 Absatz 2 DBG die Steuerpflicht der natürlichen Personen. Soweit die vom Erblasser geschuldeten Steuern noch nicht veranlagt oder beglichen wurden, treten die Erben in seine Rechte und Pflichten ein. Gemäss Artikel 12 Absatz 1 DBG haften die Erben - zu denen auch der überlebende Ehegatte zu zählen ist - solidarisch für die vom Erblasser geschuldeten Steuern bis zur Höhe ihrer Erbteile, mit Einschluss der Vorempfänge. Dabei ist als massgeblicher Vorempfang zu berücksichtigen, was gemäss Artikel 626 ZGB unter die gesetzliche Ausgleichungspflicht der Erben fällt. Der Einbezug der Vorempfänge ist zeitlich unbeschränkt möglich.

Für den überlebenden Ehegatten werden nach Artikel 12 Absatz 2 DBG als Haftungssubstrat auch güterrechtliche Ansprüche miteinbezogen. Zusätzlich zu seinem Erbteil haftet der überlebende Ehegatte noch mit dem Betrag, den er aufgrund ehelichen Güterrechtes vom Vorschlag oder Gesamtgut über den gesetzlichen Anteil nach schweizerischem Recht hinaus erhält. Gemäss dem ordentlichen Güterstand der Errungenschaftsbeteiligung (Art. 196 ff. ZGB) steht jedem Ehegatten oder seinen Erben von Gesetzes wegen die Hälfte des Vorschlages des anderen zu (Art. 215 ZGB). Durch Ehevertrag kann jedoch eine andere Beteiligung am Vorschlag vereinbart werden (Art. 216 ZGB). Analog verhält es sich beim Güterstand der Gütergemeinschaft (Art. 221 ff. und Art. 241 ZGB). Auf diese Möglichkeit, sowohl bei der Errungenschaftsbeteiligung wie bei der Gütergemeinschaft den überlebenden Ehegatten ehevertraglich über die gesetzlich vorgeschriebene Hälfte an der Errungenschaft bzw. am Gesamtgut hinaus zu beteiligen, nimmt Artikel 12 Absatz 2 DBG Bezug. Wird von dieser Möglichkeit Gebrauch gemacht, erweitert sich das Haftungssubstrat um die ehevertraglich über die "gesetzliche Hälfte" hinaus eingeräumte Begünstigung. Der Güterstand der Gütertrennung (Art. 247-251 ZGB) ist in diesem Zusammenhang ohne Bedeutung.

6 Haftung und Mithaftung der Ehegatten und der Kinder für die Steuer

6.1 Grundsatz

Ehegatten, die in rechtlich und tatsächlich ungetrennter Ehe leben, haften solidarisch für die Gesamtsteuer (Art. 13 Abs. 1 DBG). Die grundsätzlich solidarische Haftung der Ehegatten ist die Konsequenz des Prinzips der steuerlichen Einheit der Familie. Die Solidarhaftung erstreckt sich auf den gesamten Steuerbetrag des Ehepaars. Die Solidarhaftung ist an die Gemeinschaftsbesteuerung gekoppelt und beginnt mit der Steuerperiode, in welcher sich das Ehepaar verehelicht hat.

6.2 Wegfall der Solidarhaftung

6.2.1 Zahlungsunfähigkeit

Die eheliche Solidarhaftung entfällt, wenn einer der Ehegatten zahlungsunfähig wird (Art. 13 Abs. 1 DBG). Der Eintritt der Zahlungsunfähigkeit hat zur Folge, dass hinsichtlich aller noch geschuldeten Steuern jeder Ehegatte nur noch für seinen Anteil an der Gesamtsteuer haftet.

Die Beweislast für die Zahlungsunfähigkeit trägt jener Ehegatte, der sich darauf beruft, um der Solidarhaftung zu entgehen. Die Zahlungsunfähigkeit muss dann anerkannt werden, wenn schlüssige Merkmale nachgewiesen werden, die das dauernde Unvermögen des Schuldners belegen, seinen finanziellen Verpflichtungen nachzukommen, so z.B. die umfassende Überschuldung, das Bestehen von Verlustscheinen, die Eröffnung des Konkurses oder der Abschluss eines Nachlassvertrags mit Vermögensabtretung (zum Begriff der Zahlungsunfähigkeit vgl. sinngemäss die Praxis zu den Art. 83 OR und 897 ZGB; für die Auslegung von Art. 83 OR vgl. etwa Basler Kommentar, Obligationenrecht, Bd. 1, 4. Aufl., Basel 2007, S. 519 ff.; für die Auslegung von Art. 897 ZGB vgl. Basler Kommentar, Zivilgesetzbuch, Bd. 2, 3. Aufl., Basel 2007, S. 2003 ff.).

6.2.2 Rechtliche oder tatsächliche Trennung der Ehegatten

Sobald die Ehegatten rechtlich oder tatsächlich getrennt leben, entfällt jede Solidarhaftung. Dieser Ausschluss der Solidarhaftung gilt nicht nur für künftige, sondern auch für alle bestehenden Steuerforderungen, die während der Dauer des Zusammenlebens entstanden sind (Art. 13 Abs. 2 DBG).

6.2.3 Tod eines Ehegatten

Beim Tod eines Ehegatten wird der überlebende Ehegatte für den Rest der Steuerperiode separat zu dem für ihn anwendbaren Tarif veranlagt. Die Gemeinschaftsbesteuerung hört mit dem Todestag auf (Art. 42 Abs. 3 DBG). Da der Tod eines Ehegatten die eheliche Gemeinschaft beendet, entfällt in Analogie zu Artikel 13 Absatz 2 DBG auch mit dem Tod eines Ehegatten die Solidarhaftung für alle noch offenen Steuerschulden (so auch Peter Locher, Kommentar zum DBG, 1. Teil, Art. 12 Rz. 17, Basel 2001; Bernhard J. Greminger/Bettina Bärtschi, Bundesgesetz über die direkte Bundessteuer [DBG] Art. 13 Rz 10, 2. Aufl., Basel 2008). Für seinen Anteil an der Gesamtsteuer haftet der überlebende Ehegatte allein.

6.2.4 Anteilsmässige Haftung

Bei Zahlungsunfähigkeit eines Ehegatten haftet jeder Ehegatte nur für seinen Anteil an der Gesamtsteuer. Bei rechtskräftigen Veranlagungen wird der Anteil an der Gesamtsteuer aufgrund einer besonderen, mit den ordentlichen Rechtsmitteln selbständig anfechtbaren Haftungsverfügung festgestellt. Die Rechtskraft der zugrunde liegenden Veranlagung der Gesamtfaktoren bleibt davon unberührt.

Auch bei rechtlicher oder tatsächlicher Trennung der Ehe oder bei Tod des Ehegatten haftet jeder Ehegatte bzw. der überlebende Ehegatte nur für seinen Anteil an der Gesamtsteuer. Auch hier ist allenfalls eine separate Haftungsverfügung zu erlassen, in der die Anteile der Ehegatten festgelegt werden.

Der Anteil eines Ehegatten an der geschuldeten Steuer entspricht dem Betrag, der sich aufgrund des Verhältnisses seines eigenen steuerbaren Einkommens zum gesamten ehelichen steuerbaren Gesamteinkommen ergibt.

6.2.5 Haftung für die Steuer auf dem Kindereinkommen

Mit Ausnahme der Einkünfte aus eigener Erwerbstätigkeit, die das Kind selbständig zu versteuern hat und für das es auch alleine haftet, wird das Einkommen von minderjährigen Kindern dem Inhaber der elterlichen Sorge zugerechnet (Art. 9 Abs. 2 DBG). Bei verheirateten Eltern wird das Kindereinkommen dem ehelichen Gesamteinkommen hinzugerechnet. Für diesen Anteil an der Gesamtsteuer haften die Ehegatten solidarisch. Diese Solidarhaftung entfällt bei Zahlungsunfähigkeit eines Ehegatten nicht.

Bei rechtlich oder tatsächlich getrennter Ehe gilt es zu unterscheiden:

Die Solidarhaftung der Eltern für alle *noch offenen* Steuerschulden auf dem Kindereinkommen gilt weiter, da sich Artikel 13 Absatz 2 DBG nur auf die Solidarhaftung der Ehegatten, nicht aber auf das Solidarschuldverhältnis der Eltern als Steuersubstituten bezieht (so auch Peter Locher, Kommentar zum DBG, 1. Teil, Art. 13 Rz. 21, Basel 2001).

Für *künftige* Steuerschulden haftet hingegen nur derjenige Elternteil, dem die elterliche Sorge zusteht, da diesem das Einkommen des Kindes - mit Ausnahme des Erwerbseinkommens - zugerechnet wird. Haben die getrennt lebenden Ehegatten das Sorgerecht gemeinsam inne, ist auf die Obhut abzustellen. Demjenigen Elternteil, der die Obhut innehält und Unterhaltsbeiträge für das Kind erhält, wird das Einkommen des Kindes zugeteilt. Dieser hat somit auch die Steuerschulden, die auf das Kindereinkommen entfallen, zu entrichten. Werden keine Unterhaltsbeiträge für das Kind geltend gemacht, ist grundsätzlich davon auszugehen, dass sich das Kind in alternierender Obhut befindet und beide Elternteile gleich viel an den Unterhalt des Kindes beisteuern. In diesem Fall wird das Einkommen des Kindes hälftig aufgeteilt und je den Eltern zugerechnet. Beide Elternteile haften dabei solidarisch für die auf das Kindeseinkommen entfallende Steuerschuld (vgl. dazu auch Peter Locher, Kommentar zum DBG, 1. Teil, Art. 13 Rz. 23 f., Basel 2001).

Umgekehrt haften die Kinder, die unter elterlicher Sorge stehen, nach Artikel 13 Absatz 3 Buchstabe a DBG ebenfalls solidarisch mit den Eltern bis zum Betrag des auf sie entfallenden Anteils an der Gesamtsteuer.

7 Abzug für Versicherungsprämien und Sparkapitalzinsen

Nach Artikel 33 Absatz 1 Buchstabe g und 1bis DBG sind die Einlagen, Prämien und Beiträge für die Lebens-, die Kranken- und die nicht unter Artikel 33 Absatz 1 Buchstabe f DBG fallende Unfallversicherung sowie die Zinsen von Sparkapitalien bis zu einem bestimmten Gesamtbetrag zum Abzug zugelassen. Bei der Höhe des Abzugs wird zwischen Steuerpflichtigen, die in rechtlich und tatsächlich ungetrennter Ehe leben, und den übrigen Steuerpflichtigen unterschieden. Dem ungetrennten Ehepaar steht im Vergleich zu den übrigen Steuerpflichtigen - von rundungsbedingten Abweichungen abgesehen - die doppelte Abzugshöhe zu. Der Betrag bezieht sich auf das Ehepaar insgesamt und nicht auf den einzelnen Ehegatten.

Für Steuerpflichtige, die weder Beiträge an die berufliche Vorsorge noch solche an die gebundene Selbstvorsorge ausweisen, erhöhen sich nach Artikel 33 Absatz 1bis DBG die Abzugsansätze um die Hälfte. Entgegen dem Wortlaut ist für die hälftige Erhöhung der Ansätze nicht auch noch das Fehlen von AHV/IV-Beiträgen vorausgesetzt. Dies erhellt sich aus der Entstehungsgeschichte der Bestimmung. Der Gesetzgeber wollte verhindern, dass Steuerpflichtige, die keine Beiträge an die berufliche Vorsorge oder an die gebundene Vorsorge leisten bzw. leisten können, benachteiligt werden. Dies trifft insbesondere auf AHV-Rentner oder Nichterwerbstätige zu, die höheren Versicherungskosten oder einem höheren Vorsorgebedarf unterliegen als Steuerpflichtige mit Beiträgen an die Säule 2 und 3a.

Die Abzüge erhöhen sich zudem um einen bestimmten Betrag für jedes Kind und für jede unterstützungsbedürftige Person, für die ein Kinderabzug oder ein Unterstützungsabzug nach Artikel 35 Absatz 1 Buchstabe a bzw. b DBG geltend gemacht werden kann.

Bei Steuerpflichtigen mit minderjährigen oder volljährigen Kindern in Ausbildung ist der Versicherungs- und Sparzinsenabzug für das Kind grundsätzlich an den Kinderabzug gekoppelt. Wird kein Kinderabzug gewährt, kann der Versicherungs- und Sparzinsenabzug für das Kind mit dem Unterstützungsabzug gekoppelt werden. Dies bedeutet konkret Folgendes:

- Bei Eltern, die gemeinsam veranlagt werden, wird der Versicherungs- und Sparzinsenabzug für Kinder vom Gesamteinkommen der Ehegatten abgezogen.
- Bei nicht gemeinsam besteuerten Elternteilen kann für das minderjährige Kind in der Regel derjenige Elternteil den Versicherungs- und Sparzinsenabzug geltend machen, der mit dem Kind zusammen wohnt und die Unterhaltszahlungen für das Kind erhält. Haben die Eltern die elterliche Sorge gemeinsam inne und werden keine Unterhaltsbeiträge nach Artikel 33 Absatz 1 Buchstabe c DBG geltend gemacht, kann jeder Elternteil den halben Abzug beanspruchen.
- Beim volljährigen Kind in Ausbildung kann der Elternteil den Versicherungs- und Sparzinsenabzug geltend machen, der die Unterhaltszahlungen an das Kind leistet. Fliessen keine Unterhaltszahlungen an das Kind, kann der Elternteil, der mit dem Kind zusammen wohnt, den Abzug geltend machen.

Die konkrete Zuteilung des Versicherungs- und Sparzinsenabzuges für das Kind bei den verschiedenen Familienkonstellationen ist unter Ziffer 14 geregelt.

Werden Steuerpflichtigen in bescheidenen Verhältnissen Prämienverbilligungen gemäss Artikel 65 ff. des Bundesgesetzes vom 18. März 1994 über die Krankenversicherung (KVG) gewährt, sind diese Ermässigungen bei der Festsetzung des Versicherungs- und Sparzinsenabzuges als aufwandmindernd zu berücksichtigen. Dies hat zur Folge, dass nur die tatsächlich von der steuerpflichtigen Person getragenen Prämien, d.h. die eigenen sowie die für die von ihm unterhaltenen Personen, in Abzug gebracht werden können.

8 Kinderdrittbetreuungskostenabzug

8.1 Allgemeines

Seit dem Steuerjahr 2011 kann bei der direkten Bundessteuer ein Abzug für die Kosten der Kinderbetreuung durch Dritte geltend gemacht werden. Dies ist nun gemäss Artikel 33 Absatz 3 DBG zulässig, sofern bestimmte Bedingungen erfüllt sind. Nach konstanter bundesgerichtlicher und kantonaler Rechtsprechung sind die durch die Drittbetreuung der Kinder entstandenen Kosten nicht als steuerlich abzugsfähige Berufsauslagen zu qualifizieren, obwohl sie eng mit der Einkommenserzielung zusammenhängen können. Der Kinderdrittbetreuungskostenabzug ist daher in der Form eines anorganischen Abzuges ausgestaltet und auf einen Maximalbetrag pro Kind und Jahr beschränkt.

8.2 Für welche Kinder können Kinderdrittbetreuungskosten abgezogen werden

Als Kinder, für die ein Kinderdrittbetreuungskostenabzug beansprucht werden kann, gelten einerseits die leiblichen Kinder sowie die Adoptivkinder nach Artikel 264 ff. ZGB. Andererseits fallen bei Ehepaaren auch die nicht gemeinsamen Kinder, die sog. Stiefkinder, darunter, da gemäss Artikel 299 ZGB jeder Ehegatte dem andern in der Ausübung der elterlichen Sorge gegenüber dessen Kindern in angemessener Weise beizustehen und ihn zu vertreten hat, wenn es die Umstände erfordern.

Schliesslich sollen auch Pflegeeltern, die ein Kind bei sich aufgenommen haben, die ihnen infolge Erwerbstätigkeit, Ausbildung oder Erwerbsunfähigkeit entstandenen Kosten für die Drittbetreuung geltend machen können, sofern die Kinderdrittbetreuungskosten nicht durch das Pflegegeld gedeckt werden. Vorausgesetzt wird, dass das Pflegekind dauernd zur Pflege und Erziehung in die Hausgemeinschaft der Pflegeeltern aufgenommen wurde. Steuerpflichtigen, die fremde Kinder zur Tagespflege aufnehmen, wird für diese Kinder kein Kinderdrittbetreuungskostenabzug gewährt.

Den Abzug können nur jene Steuerpflichtigen geltend machen, die zusammen mit den drittbetreuten Kindern im gleichen Haushalt leben und für deren Unterhalt sorgen.

Der Abzug kann nur für Kinder beansprucht werden, die das 14. Altersjahr noch nicht vollendet haben. Der Abzug kann somit bis zum 14. Geburtstag des drittbetreuten Kindes beansprucht werden.

8.3 Erwerbstätigkeit, Ausbildung, Erwerbsunfähigkeit

Die Kinderdrittbetreuungskosten können von der steuerpflichtigen Person nur geltend gemacht werden, wenn die Eigenbetreuung der Kinder in direktem kausalem Zusammenhang mit der Erwerbstätigkeit, der Ausbildung oder der Erwerbsunfähigkeit mit gleichzeitiger Betreuungsunfähigkeit nicht wahrgenommen werden konnte.

Als Erwerbstätigkeit gilt jede selbständige wie auch jede unselbständige Tätigkeit im Sinne der Artikel 17 und 18 DBG. Arbeitslose Eltern, die beispielsweise auf Veranlassung eines regionalen Arbeitsvermittlungszentrums Kurse besuchen müssen oder die zu einem Vorstellungsgespräch aufgeboten wurden etc., können für diesen Zeitraum ebenfalls den Kinderdrittbetreuungskostenabzug beanspruchen. Solche Bemühungen zur Wiedereingliederung in die Arbeitswelt sind einer Erwerbstätigkeit gleichzusetzen.

Unter Ausbildung ist ein Lehrgang für eine berufliche Ausbildung wie beispielsweise eine Lehre oder ein Studium zu verstehen. Ebenfalls als Ausbildung wird die berufliche Weiterbildung, die mit dem erlernten oder gegenwärtig ausgeübten Beruf in Zusammenhang steht, sowie die im Hinblick auf einen Berufswechsel vorgenommene Umschulung anerkannt. Der Besuch eines Malunterrichtes oder eines Yogakurses beispielsweise gilt hingegen nicht als Ausbildung im engeren Sinne und ist daher als Freizeitgestaltung zu qualifizieren.

Die Definition der Erwerbsunfähigkeit richtet sich nach dem Bundesgesetz vom 6. Oktober 2002 über den Allgemeinen Teil des Sozialversicherungsrechts (ATSG). Als Erwerbsunfähigkeit gilt der durch Beeinträchtigung der körperlichen oder geistigen Gesundheit verursachte und nach zumutbarer Behandlung und Eingliederung verbleibende ganze oder teilweise Verlust der Erwerbsmöglichkeiten auf dem in Betracht kommenden ausgeglichenen Arbeitsmarkt. Für die Beurteilung des Vorliegens einer Erwerbsunfähigkeit sind ausschliesslich die Folgen der gesundheitlichen Beeinträchtigung zu berücksichtigen. Eine Erwerbsunfähigkeit liegt zudem nur vor, wenn sie aus objektiver Sicht nicht überwindbar ist (Art. 7 ATSG). Die voraussichtlich bleibende oder längere Zeit dauernde ganze oder teilweise Erwerbsunfähigkeit wird als Invalidität definiert (Art. 8 ATSG). Um den Kinderdrittbetreuungskostenabzug beanspruchen zu können, muss der Steuerpflichtige jedoch nicht nur erwerbsunfähig, sondern auf Grund seiner Beeinträchtigung auch nicht in der Lage sein, die Betreuung der Kinder selber wahrzunehmen.

Kinderdrittbetreuungskosten konnten früher allenfalls aufgrund des Invaliditätskostenabzuges (Art. 33 Abs. 1 Bst. h^{bis} DBG) geltend gemacht werden. Gemäss Kreisschreiben Nr. 11 der ESTV vom 31. August 2005 betreffend den Abzug von Krankheits- und Unfallkosten sowie von behinderungsbedingten Kosten sind die Kinderdrittbetreuungskosten bei einer

Behinderung abzugsfähig (Ziff. 4.3.2. KS). Voraussetzung für die uneingeschränkte Abzugsfähigkeit ist das Vorliegen einer ärztlichen Bescheinigung, in welcher attestiert wird, dass eine Person behinderungsbedingt Dritthilfe für die Kinderbetreuung bedarf. Nun können die Kosten für die Drittbetreuung der Kinder jedoch bis maximal 10'100 Franken aufgrund des Kinderdrittbetreuungskostenabzuges in Rechnung gebracht werden. Als behinderungsbedingte Kosten gemäss Artikel 33 Absatz 1 Buchstabe h^{bis} DBG können daher bei einer Behinderung der Eltern nur noch die Kinderdrittbetreuungskosten berücksichtigt werden, welche den Maximalbetrag des Kinderdrittbetreuungskostenabzuges übersteigen.

8.4 Anspruchsberechtigung

8.4.1 Allgemeines

Abzugsberechtigt sind steuerpflichtige Personen, die einerseits für den Unterhalt der Kinder sorgen und andererseits mit ihnen im gleichen Haushalt leben. Grundsätzlich sind damit die Eltern bzw. der alleinerziehende Elternteil gemeint. Lebt ein Kind jedoch nicht bei seinen Eltern, sondern beispielsweise bei einer verwandten Person (Tante, Onkel, Grossmutter etc.) oder einer Drittperson, welche an die Stelle der Eltern tritt und für das Kind sorgt (Pflegekind), soll diese den Abzug ebenfalls geltend machen können, wenn die übrigen Voraussetzungen erfüllt sind.

8.4.2 Verheiratete Paare mit Kindern

Ehepaare, die in rechtlich und tatsächlich ungetrennter Ehe leben, können die Kinderdrittbetreuungskosten geltend machen, wenn beide gleichzeitig einer Erwerbstätigkeit nachgehen bzw. in Ausbildung stehen oder erwerbsunfähig und zugleich betreuungsunfähig sind. Die nachgewiesenen Kosten für die Kinderdrittbetreuung werden bis zum Maximalbetrag von der gemeinsamen Bemessungsgrundlage abgezogen.

8.4.3 Unverheiratete Eltern (gemeinsamer Haushalt) mit gemeinsamen oder nicht gemeinsamen Kindern

Unverheirateten Eltern, die mit gemeinsamen Kindern zusammen in einem Haushalt leben (Konkubinat), können den Abzug geltend machen, wenn sie beide gleichzeitig einer Erwerbstätigkeit nachgehen bzw. in Ausbildung stehen oder erwerbsunfähig und zugleich betreuungsunfähig sind.

Halten die unverheirateten Eltern die elterliche Sorge gemeinsam inne, kann jeder Elternteil maximal 5'050 Franken der nachgewiesenen Kosten für die Kinderdrittbetreuung in Abzug bringen. Es besteht jedoch die Möglichkeit, dass die Eltern eine andere Aufteilung beantragen. Die beiden Elternteile haben sich diesfalls zu einigen. Es obliegt daher den Eltern, eine andere Aufteilung zu begründen und nachzuweisen. Betragen die geltend gemachten Kosten beider Elternteile zusammen mehr als den Maximalbetrag von 10'100 Franken, werden die Abzüge im Verhältnis der nachgewiesenen Kosten auf diesen Maximalbetrag gekürzt.

Beispiel: Kinderdrittbetreuungskosten

Elternteil 1	6'000
Elternteil 2	9'000
Total	15'000
Maximalbetrag	10'100

Veranlagung

Elternteil 1	10'100 x 6'000 / 15'000	4'040
Elternteil 2	10'100 x 9'000 / 15'000	6'060
Total insgesamt		**10'100**

Besteht <u>keine gemeinsame elterliche Sorge</u> über das gemeinsame Kind, ist zu unterscheiden, ob Unterhaltszahlungen für das Kind geltend gemacht werden oder nicht. Werden Unterhaltszahlungen geleistet, kommt die Regelung zum Tragen, die bei Eltern mit gemeinsamem Sorgerecht gilt. Werden keine Unterhaltszahlungen geltend gemacht, kann nur der Elternteil mit der elterlichen Sorge die von ihm nachgewiesenen Kosten der Kinderdrittbetreuung in Abzug bringen.

Bei Paaren <u>mit nicht gemeinsamen Kindern</u> kann der Abzug nur von dem Partner beansprucht werden, der Elternteil ist und die elterliche Sorge innehat.

8.4.4 Getrennte, geschiedene oder unverheiratete Eltern (zwei Haushalte) mit gemeinsamen Kindern

Bei getrennten, geschiedenen oder unverheirateten Eltern kann grundsätzlich derjenige Elternteil, welcher mit dem Kind zusammenlebt und einer Erwerbstätigkeit nachgeht, erwerbsunfähig und gleichzeitig betreuungsunfähig ist oder sich in Ausbildung befindet, die Kinderdrittbetreuungskosten in Abzug bringen. Dies ist in der Regel der Elternteil, der die elterliche Sorge (allein oder gemeinsam) innehält und die Unterhaltszahlungen für das Kind gemäss Artikel 23 Buchstabe f DBG erhält.

Befindet sich das Kind in alternierender Obhut, kann jeder Elternteil maximal 5'050 Franken der nachgewiesenen Kosten für die Kinderdrittbetreuung in Abzug bringen. Es besteht auch hier die Möglichkeit, dass die Eltern eine andere Aufteilung beantragen (es gelten für diesen Fall ebenfalls die Ausführungen unter Ziff. 8.4.3).

Jeder Elternteil kann nur jene Kosten geltend machen, die während der Dauer seiner Obhutspflicht für die Drittbetreuung entstanden sind.

8.5 Abzugsfähige Kosten

Der Abzug entspricht den nachgewiesenen Kosten für die Kinderbetreuung durch Dritte bis zum gesetzlichen Höchstbetrag. Es können nur diejenigen Kosten geltend gemacht werden, die ausschliesslich für die Betreuung der Kinder während der tatsächlichen Arbeits- oder

Ausbildungszeit oder der tatsächlichen Dauer der Erwerbsunfähigkeit mit gleichzeitiger Betreuungsunfähigkeit der steuerpflichtigen Person anfallen.

Abziehbar sind beispielsweise Taggelder für private und öffentliche Organisationen wie Kinderkrippen oder Kinderhorte. Als abziehbare Kinderdrittbetreuungskosten kommen auch Vergütungen an Personen, welche die Betreuung von Kindern haupt- oder nebenberuflich ausüben, wie etwa Tagesmütter oder Tagesfamilien, in Frage. Fallen im Rahmen der Drittbetreuung auch Kosten für die Verpflegung oder für anderen Unterhalt der Kinder an, so sind diese als Lebenshaltungskosten zu qualifizieren und können nicht in Abzug gebracht werden. Solche Kosten würden auch entstehen, wenn die Kinder nicht durch Dritte betreut würden.

Kosten für die Betreuung durch die Eltern selbst sind nicht abzugsfähig.

Wird eine Haushaltshilfe angestellt, die sich während der Erwerbstätigkeit der Eltern auch um die Kinder kümmert, kann nur dieser Teil der Kosten für die Haushaltshilfe als Kinderdrittbetreuungskosten in Abzug gebracht werden, da die übrigen Aufwendungen für die Haushaltsarbeiten nicht abzugsfähige Lebenshaltungskosten darstellen.

Schulgelder sind ebenfalls als nicht abzugsfähige Lebenshaltungskosten zu qualifizieren. Bei den Internatskosten gilt es daher zwischen den reinen Schulkosten und den Kosten zu unterscheiden, die für die Betreuung der Kinder in Internaten anfallen. Somit ist von den Internatskosten ein angemessener Anteil als Kinderdrittbetreuungskosten zu berücksichtigen, der bis zum Maximalbetrag des Abzuges geltend gemacht werden kann.

Drittbetreuungskosten, die ausserhalb der effektiven Arbeits- oder Ausbildungszeit der Eltern angefallen sind wie etwa durch Babysitting am Abend oder für Freizeitaktivitäten, können nicht in Abzug gebracht werden. Solche Kosten, die den Eltern infolge Freizeitgestaltung entstehen, sind als nichtabzugsfähige Lebenshaltungskosten zu qualifizieren.

8.6 Nachweispflicht

Der Nachweis, dass der Abzug der Drittbetreuungskosten berechtigt ist, obliegt der steuerpflichtigen Person. Sie hat der Steuererklärung grundsätzlich eine Aufstellung über die Kosten sowie über die betreuenden Personen oder Institutionen beizulegen. Von den geltend gemachten Kosten sind nur diejenigen zum Abzug zuzulassen, die nachgewiesen werden können. Als Mittel für den Nachweis eignen sich etwa Quittungen, Rechnungen oder Lohnausweise. Aber auch andere taugliche Belege sollten von den veranlagenden Behörden akzeptiert werden.

Zudem haben die Steuerpflichtigen jeweils den Grund für die Drittbetreuung der Kinder anzugeben. Für die veranlagende Behörde muss ersichtlich sein, ob die Beanspruchung des Kinderdrittbetreuungskostenabzuges tatsächlich gerechtfertigt ist. Den steuerpflichtigen Eltern obliegt somit die Pflicht aufzuführen, aus welchem der im Gesetz vorgesehenen Gründe (Erwerbstätigkeit, Erwerbsunfähigkeit, Ausbildung) sie die Betreuung der Kinder nicht selber wahrnehmen konnten. Neben den Kinderdrittbetreuungskosten hat der Steuerpflichtige zudem auch die Erwerbsunfähigkeit oder die Ausbildung unaufgefordert nachzuweisen, falls einer dieser Gründe geltend gemacht wird.

Kinderdrittbetreuungskosten sind als Aufwendungen im Privatbereich der steuerpflichtigen Person zu qualifizieren. Sie sind bei selbständiger Erwerbstätigkeit der Eltern somit auf das Privatkonto zu verbuchen, und nicht der Geschäftsbuchhaltung zu belasten. Auch bei den selbständig Erwerbstätigen sind die Kosten sowie die Empfänger separat auszuweisen und zu belegen.

9 Zweiverdienerabzug

9.1 Voraussetzungen

Gemäss dem am 1. Januar 2008 in Kraft getretenen Zweiverdienerabzug (Art. 33 Abs. 2 DBG) ist vom niedrigeren Erwerbseinkommen der beiden Ehegatten ein Abzug von 50 Prozent mit einem Mindestansatz von 8'100 Franken und einem Maximalbetrag von 13'400 Franken zuzulassen. Der Mindestansatz führt dazu, dass auch Ehepaare mit kleineren Zweiterwerbseinkommen im Vergleich zum bisherigen Recht trotz Neugestaltung des Zweiverdienerabzugs als Prozentabzug nicht zusätzlich belastet werden. Der Abzug ist an die folgenden Voraussetzungen geknüpft:

- die Ehegatten müssen in rechtlich und tatsächlich ungetrennter Ehe leben
- beide Ehegatten müssen ein Erwerbseinkommen erzielen.

Der Zweiverdienerabzug wird nicht nur bei unselbständiger Tätigkeit der Ehegatten, sondern auch bei erheblicher Mitarbeit eines Ehegatten im Beruf, Geschäft oder Gewerbe des anderen Ehegatten gewährt. Die Mitarbeit gilt dann als erheblich, wenn sie regelmässig und in beträchtlichem Masse erfolgt und einer Drittperson hierfür ein Lohn in mindestens der Höhe des Abzuges bezahlt werden müsste. Dies gilt für die Mitarbeit sowohl im Rahmen einer hauptberuflichen wie auch einer nebenberuflichen selbständigen Erwerbstätigkeit des Ehepartners.

Bei Mitarbeit im Rahmen einer unselbständigen (haupt- oder nebenberufliche) Erwerbstätigkeit des Ehegatten kann ein Abzug nur gewährt werden, wenn eine erhebliche oder regelmässige Mitarbeit bei der Tätigkeit des Ehepartners vertraglich vorgesehen ist.

Schliesslich ist der Abzug auch zu gewähren, wenn beide Ehegatten eine selbständige Erwerbstätigkeit ausüben.

9.2 Definition Erwerbseinkommen

Unter Erwerbseinkommen ist die Gesamtheit des Einkommens einer steuerpflichtigen Person aus selbständiger und unselbständiger, haupt- und nebenberuflicher Erwerbstätigkeit gemäss Steuererklärung zu verstehen.

Bei Einkommen aus unselbständiger Erwerbstätigkeit ist dies der Bruttolohn abzüglich der Gewinnungskosten sowie der Beiträge an die AHV/IV/EO/ALV, der Beiträge an die berufliche Vorsorge (2. Säule) und an die gebundene Selbstvorsorge (Säule 3a) sowie der Prämien für die NBU (Nicht-Berufs-Unfallversicherung).

Bei Einkommen aus selbständiger Erwerbstätigkeit entspricht das Erwerbseinkommen dem Saldo der Gewinn- und Verlustrechnung nach Abzug der Beiträge an die Säulen 2 und 3a und nach Vornahme allfälliger steuerlicher Berichtigungen.

Dem Erwerbseinkommen gleichgestellt sind Erwerbsausfallsentschädigungen bei vorübergehendem Unterbruch der Erwerbstätigkeit (Militär- bzw. Zivilschutzdienst, Mutterschaftsversicherung, Taggelder aus Arbeitslosen-, Kranken- und Unfallversicherungen). Andere Einkommen, wie insbesondere Renteneinkommen aus der Alters-, Hinterlassenen- und Invalidenversicherung (1. Säule), Rentenleistungen aus der beruflichen Vorsorge (2. Säule) und aus der gebundenen Selbstvorsorge (Säule 3a), Vermögensertrag oder Leibrenten, sind hingegen dem Erwerbseinkommen nicht gleichgestellt.

9.3 Abzug bei Mitarbeit im Beruf oder Betrieb des Ehegatten

Bei erheblicher Mitarbeit in der Erwerbstätigkeit des anderen Ehepartners wird im Sinne einer möglichst einfachen Handhabung des Abzuges jedem Ehegatten zu seinem allfälligen übrigen Erwerbseinkommen grundsätzlich die Hälfte des gemeinsamen Erwerbseinkommens zugerechnet. Von der hälftigen Zurechnung kann abgewichen werden, wenn glaubhaft gemacht werden kann, dass beispielsweise der Anteil des mitarbeitenden Ehegatten höher zu bewerten ist und der andere Ehegatte noch weiteres Erwerbseinkommen erzielt. Als Beispiel lässt sich hier die Ehefrau anführen, welche die laufenden Arbeiten eines kleinen gemeinsamen Landwirtschaftsbetriebes zur Hauptsache besorgt, während der Ehemann hauptberuflich als Angestellter tätig ist. Der Prozentabzug wird auf dem niedrigeren der beiden totalen Erwerbseinkommen berechnet.

Bei den gemeinsam selbständigerwerbenden Ehepaaren bildet das steuerrechtlich massgebende Einkommen aus selbständiger Erwerbstätigkeit (Einzelunternehmen eines Ehegatten oder Teilhaber eines Ehegatten an einem Personenunternehmen) Grundlage für die Berechnung. Davon ausgehend, dass die geschäfts- oder berufsmässig begründeten Kosten, die Sozialversicherungsabzüge und die hälftigen Beiträge an die berufliche Vorsorge (ordentliche Beiträge) bereits in der Erfolgsrechnung berücksichtigt wurden, kann nach Abzug der steuerlich abzugsfähigen Prämien für die gebundene Selbstvorsorge (Säule 3a) sowie den ordentlichen Beiträgen an die berufliche Vorsorge und Einkäufe das ermittelte Einkommen hälftig auf die Ehepartner aufgeteilt werden. Führt das Ehepaar gemeinsam oder mit Dritten ein Personenunternehmen, so richtet sich die Aufteilung nach der buchhalterischen Gewinnzuteilung an die Gesellschafter. Auch bei diesen Gewinnzuteilungen sind die Prämien für die gebundene Selbstvorsorge in Abzug zu bringen. Unter Berücksichtigung allfälliger weiterer Erwerbseinkünfte kann vom niedrigeren Einkommen ein Abzug von 50 Prozent dieses Einkommens, jedoch mindestens 8'100 Franken und höchstens 13'400 Franken geltend gemacht werden. Beträgt das für die Berechnung des Abzuges massgebende Zweiteinkommen weniger als 8'100 Franken, so gilt auch hier, dass nur die Höhe dieses Zweiteinkommens abgezogen werden kann. Wenn sich aus der Erwerbstätigkeit ein Verlust ergibt, kann kein Abzug gewährt werden.

9.4 Berechnung des Abzuges

Basis für die Berechnung des Abzugs ist das niedrigere Erwerbseinkommen der Ehegatten. Davon können 50 Prozent in Abzug gebracht werden.

Liegt das um die Gewinnungskosten, die Beiträge an die AHV/IV/EO/ALV und an die Säulen 2 und 3a sowie die Prämien für die NBU gekürzte niedrigere Erwerbseinkommen unter dem Minimalansatz von 8'100 Franken, so kann nur die Höhe dieses gekürzten Zweiteinkommens abgezogen werden. Beträgt das gekürzte Zweiteinkommen zwischen 8'100 Franken und 16'200 Franken, so gilt der Minimalansatz von 8'100 Franken. Für ein massgebendes Zweiteinkommen über 16'200 Franken kann die Hälfte dieses Einkommens abgezogen werden. Ab einem massgebenden Netto-Zweiteinkommen von 26'800 Franken ist der maximale Abzugsbetrag von 13'400 Franken erreicht. Eine zeitlich begrenzte oder teilzeitliche Erwerbstätigkeit führt zu keiner Kürzung des Abzuges.

10 Kinderabzug

10.1 Grundsatz

Für jedes minderjährige oder in der Ausbildung stehende Kind kann ein Kinderabzug (Art. 35 Abs. 1 Bst. a DBG) geltend gemacht werden. Vorausgesetzt wird - wie bei der Steuersubstitution - das Bestehen eines Kindesverhältnisses. Damit kann grundsätzlich für die leiblichen und adoptierten Kinder sowie bei gemeinsam veranlagten Ehegatten auch für das Stiefkind ein Abzug beansprucht werden. Pflegeeltern wird für ihre Pflegekinder hingegen kein Kinderabzug gewährt. Kommen die Pflegeeltern für den Unterhalt des Kindes auf, können sie, wenn die Voraussetzungen erfüllt sind, den Unterstützungsabzug geltend machen.

Für jedes Kind ist insgesamt nur ein ganzer Kinderabzug möglich. Neben dem Kindesverhältnis wird auch vorausgesetzt, dass die den Abzug beanspruchende Person für den Unterhalt des Kindes sorgt. Dies kann sowohl die tatsächliche Sorge für das leibliche Wohl des Kindes wie auch die finanzielle Unterstützung sein.

Bei gemeinsam veranlagten Eltern wird der Kinderabzug vom Gesamteinkommen in Abzug gebracht. Die Zuteilung des Kinderabzuges bei den verschiedenen Familienkonstellationen ist unter Ziffer 14 geregelt.

Es gilt das Stichtagsprinzip gemäss Artikel 35 Absatz 2 DBG, d.h. der Kinderabzug kann von den Ehegatten nur beansprucht werden, wenn am Ende der Steuerperiode oder der Steuerpflicht die Voraussetzung für die Gewährung des Kinderabzuges erfüllt sind.

Personen mit Kindern, die im Sinne von Artikel 4 und 5 DBG in der Schweiz beschränkt steuerpflichtig sind, wird der Kinderabzug anteilsmässig gewährt (Art. 35 Abs. 3 DBG). Dies trifft auch auf unbeschränkt steuerpflichtige Personen mit nicht steuerbarem Auslandseinkommen im Sinne von Artikel 6 Absatz 1 DBG zu.

Die Höhe bemisst sich nach dem Verhältnis des in der Schweiz steuerbaren Reineinkommens[2] zum gesamten Reineinkommen.

---

[2] Zu den verschiedenen Begriffen des Einkommens ist auf die Systematik im DBG zu verweisen:
2. Teil, 2. Titel: Einkommenssteuer:
Steuerbare Einkünfte
gem. 1. Kapitel, Abschnitte 1 - 7 (Art. 16 - 23)

= *„Brutto-Einkommen"*
./. „Gewinnungskosten" gem. 3. Kapitel, Abschnitte 1 - 4 (Art. 25 - 32)

= *„Netto-Einkommen"*
./. Allgemeine Abzüge gem. Abschnitt 5 (Art. 33 - 33a)

= *Reineinkommen*
./. Sozialabzüge gem. 4. Kapitel (Art. 35)

= *Steuerbares Einkommen*

10.2 Kinderabzug für minderjährige Kinder

Eltern können für ihre minderjährigen Kinder den Kinderabzug geltend machen, wenn sie für deren Unterhalt sorgen. Dieses gesetzlich verlangte Erfordernis ist grundsätzlich erfüllt, wenn die Eltern bzw. der Elternteil die elterliche Sorge innehat. Die Voraussetzung "für den Unterhalt des Kindes sorgen" ist aber nicht zwingend an die elterliche Sorge geknüpft. Bei getrennt lebenden Eltern werden jedoch in der Regel die Unterhaltszahlungen für das Kind an den das Sorgerecht ausübenden Elternteil geleistet. Dieser kann den Kinderabzug geltend machen, während der leistende Elternteil die Unterhaltszahlungen voll absetzen kann.

Bei getrennt lebenden Eltern mit gemeinsamer elterlicher Sorge kann jeder Elternteil den halben Abzug beanspruchen, sofern keine Abzüge für Unterhaltsbeiträge an die Kinder nach Artikel 33 Absatz 1 Buchstabe c DBG geltend gemacht werden. Die letztgenannte Voraussetzung ist notwendig, damit beim Steuerpflichtigen nicht eine doppelte Entlastung für dieselbe Person (Kinderabzug und Abzug für Unterhaltsleistungen) stattfindet. Nicht massgebend für die hälftige Aufteilung des Kinderabzuges ist der Umfang der alternierenden Obhut.

Wird das minderjährige Kind im Verlauf der Steuerperiode volljährig und befindet es sich nicht in Ausbildung, kann der Abzug für das entsprechende Steuerjahr aufgrund des Stichtagsprinzips nicht mehr geltend gemacht werden.

10.3 Kinderabzug für volljährige Kinder in beruflicher oder schulischer Ausbildung

Gemäss Artikel 277 Absatz 2 ZGB sind die Eltern auch nach der Mündigkeit des Kindes verpflichtet, bis zum ordentliche Abschluss einer angemessenen Ausbildung für dessen Unterhalt aufzukommen, soweit dies nach den gesamten Umständen zugemutet werden kann. Der Kinderabzug kann daher auch für volljährige Kinder in Ausbildung beansprucht werden. Während der französische Gesetzestext bis anhin neben der beruflichen auch explizit die schulische Ausbildung vorsah, erwähnte der deutsche Gesetzestext nur die berufliche Ausbildung. Dieser gesetzgeberische Fehler wird mit der Ergänzung des deutschen Gesetzestextes durch den Begriff "schulische" beseitigt. Das Erfordernis, dass die steuerpflichtige Person für den Unterhalt des Kindes sorgt, ist erfüllt, wenn sie Beiträge mindestens in der Höhe des Sozialabzuges an das Kind ausrichtet. In Weiterführung der Praxis wird der Kinderabzug für ein volljähriges Kind in Ausbildung aber nur dann zugelassen, wenn dieses im massgebenden Zeitpunkt tatsächlich auf den Unterhaltsbeitrag angewiesen war. Erzielt das Kind ein Einkommen, das ihm den selbständigen Lebensunterhalt ermöglicht, so kann der Kinderabzug nicht mehr beansprucht werden. Der Kinderabzug wird beispielsweise nicht gewährt, wenn das Kind über ein umfangreiches Vermögen verfügt, dessen Vermögenserträge einen selbständigen Unterhalt des Kindes erlauben.

Unter Ausbildung ist ein Lehrgang für die berufliche Erstausbildung wie beispielsweise eine Lehre oder ein Studium zu verstehen. Diese endet, wenn das Kind das dazugehörende Abschlussdiplom erworben hat und in der Lage ist, eine angemessene berufliche Tätigkeit auszuüben.

Die Gewährung des Kinderabzuges bei einer Zweitausbildung ist möglich, wenn sachliche Gründe für die Aufnahme einer Zweitausbildung sprechen, um eine angemessene berufliche Tätigkeit ausüben zu können.

Bei einem Unterbruch der beruflichen Ausbildung kann der Kinderabzug weiterhin geltend gemachten werden, wenn der Unterbruch nur vorübergehend ist, z.B. um die Militär-, Zivil- oder Zivilschutzdienstpflicht zu erfüllen oder um für die Ausbildung notwendige Prüfungen vorzubereiten.

Auslandsaufenthalte, die nicht zur eigentlichen Berufsausbildung gehören und nur darauf ausgerichtet sind, die späteren Karrierechancen zu verbessern, gelten nicht als Erstausbildung. Auch hier gilt das Stichtagsprinzip. Fällt ein solcher Unterbruch auf einen Stichtag, kann der Kinderabzug nicht beansprucht werden. Hat das Kind die Ausbildung vor dem Stichtag abgeschlossen, wird der Kinderabzug ebenfalls für das entsprechende Steuerjahr nicht mehr gewährt.

Bei einer Weiterbildung des volljährigen Kindes wird der Kinderabzug nicht gewährt.

11 Unterstützungsabzug

Eine steuerpflichtige Person kann die Unterstützungsleistungen an eine erwerbsunfähige oder beschränkt erwerbsfähige Person in Abzug bringen, wenn die Leistungen mindestens in der Höhe des Unterstützungsabzuges erfolgen (Art. 35 Abs. 1 Bst. b DBG). Die Unterstützung muss nicht zwingend auf einer Rechtspflicht wie beispielsweise die Verwandtenunterstützung nach Artikel 328 ZGB beruhen, sie kann auch aufgrund einer vertraglichen Verpflichtung oder freiwillig erfolgen. Wird in einem Steuerjahr weniger als der festgelegte Abzug geleistet, entfällt dieser Sozialabzug.

Voraussetzung für die Gewährung des Abzugs ist, dass die unterstützte Person aus objektiven Gründen ihren Lebensunterhalt vorübergehend oder dauernd nicht selber bestreiten kann. Dies ist erfüllt, wenn es einer Person unabhängig von ihrem Willen nicht möglich oder nur beschränkt möglich ist, selber einer Erwerbstätigkeit nachzugehen. Der Abzug kann auch bei Personen gewährt werden, die an sich zwar erwerbsfähig sind, aufgrund ihrer Arbeitslosigkeit oder als alleinerziehende Eltern mit vorschulpflichtigen Kindern aber kein ausreichendes Erwerbseinkommen erzielen und daher unterstützungsbedürftig sind. Keine Unterstützungsbedürftigkeit liegt hingegen vor, wenn die unterstützte Person freiwillig bzw. ohne zwingenden Grund darauf verzichtet, ein genügendes Einkommen zu erzielen. Die Unterhaltsleistungen müssen zudem unentgeltlich sein bzw. ohne Gegenleistung erfolgen. Stehen den Unterhaltsleistungen wirtschaftlich messbare Leistungen des Leistungsempfängers gegenüber, wie etwa die Besorgung des Haushaltes, liegen keine Unterhaltsbeiträge im Sinne von Artikel 35 Absatz 1 Buchstabe b DBG vor.

Die Unterstützungsbedürftigkeit ist ebenfalls stets nach objektiven Gesichtspunkten festzulegen. Diese können jedoch nicht gesamtschweizerisch vereinheitlicht werden, da die Lebenshaltungskosten je nach Gegend unterschiedlich hoch sind.

Der Abzug ist nicht zulässig, wenn der gemeinsam veranlagte Ehegatte unterstützt wird. Der gegenseitige eheliche Unterstützung wird bereits durch den Verheiratetentarif (Art. 36 Abs. 2 DBG) sowie durch den Verheiratetenabzug (Art. 35 Abs. 1 Bst. c DBG) Rechnung getragen.

Der Unterstützungsabzug kann ebenfalls nicht für Kinder beansprucht werden, für die bereits ein Kinderabzug (Art. 35 Abs. 1 Bst. a DBG) gewährt wird. Dieses Kumulationsverbot von Kinderabzug und Unterstützungsabzug gilt aber nur für ein und dieselbe leistende Person. Bei getrennt lebenden Eltern besteht je nach Konstellation die Möglichkeit, dass für das gleiche Kind der Kinderabzug und der Unterstützungsabzug gewährt werden.

Bei getrennt lebenden Elternteilen, die ihre Kinder unterstützen, gilt es zwischen minderjährigen und volljährigen Kindern zu unterscheiden. Bei minderjährigen Kindern kann der leistende Elternteil die Unterhaltsbeiträge für das Kind (Art. 33 Abs. 1 Bst. c DBG) in Abzug bringen. Den Unterstützungsabzug kann er nicht zusätzlich auch noch beanspruchen. Dem anderen Elternteil, der die Unterhaltsleistungen für das Kind zu versteuern hat, wird der Kinderabzug gewährt. Bei Unterhaltsleistungen an volljährige Kinder in Ausbildung kann der leistende Elternteil die Unterhaltszahlungen nicht mehr in Abzug bringen, er erhält dafür grundsätzlich den Kinderabzug. Leisten beide Elternteile Unterhaltszahlungen, kann der Elternteil mit den höheren finanziellen Leistungen, d.h. in der Regel derjenige mit dem höheren Einkommen, den Kinderabzug geltend machen. Der andere Elternteil kann den Unterstützungsabzug geltend machen, sofern seine Leistungen mindestens in der Höhe des Abzuges erfolgen.

Wie bei allen Sozialabzügen sind für die Gewährung des Unterstützungsabzugs die Verhältnisse am Ende der Steuerperiode oder der Steuerpflicht massgebend (Stichtagsprinzip; Art. 35 Abs. 2 DBG). Bei teilweiser Steuerpflicht erfolgt eine anteilsmässige Gewährung des Unterstützungsabzugs (Art. 35 Abs. 3 DBG). Die Höhe bemisst sich nach dem Verhältnis des in der Schweiz steuerbaren Reineinkommens[3] zum gesamten Reineinkommen.

12 Verheiratetenabzug

Seit dem 1. Januar 2008 wird den Ehepaaren ein Verheiratetenabzug gewährt (Art. 35 Abs. 1 Bst. c DBG). Der Verheiratetenabzug ist als fixer Sozialabzug pro Ehepaar konzipiert und berücksichtigt schematisch den Zivilstand der Ehegatten, mit der Folge, dass die Steuerbelastung von Ehepaaren allgemein etwas gesenkt wird. In Verbindung mit dem erhöhten Zweiverdienerabzug wird die verfassungswidrige Mehrbelastung der Zweiverdienerehepaare gegenüber den wirtschaftlich gleichgestellten Zweiverdienerkonkubinatspaaren gemildert.

Es gilt das Stichtagsprinzip gemäss Artikel 35 Absatz 2 DBG, d.h. der Verheiratetenabzug kann von den Ehegatten nur beansprucht werden, wenn sie am Ende der Steuerperiode oder der Steuerpflicht in rechtlich und tatsächlich ungetrennter Ehe leben.

Ehegatten, die im Sinne von Artikel 4 und 5 DBG in der Schweiz beschränkt steuerpflichtig sind, wird der Verheiratetenabzug anteilsmässig gewährt (Art. 35 Abs. 3 DBG). Dies trifft auch auf unbeschränkt steuerpflichtige Personen mit nicht steuerbarem Auslandseinkommen im Sinne von Artikel 6 Absatz 1 DBG zu. Die Höhe bemisst sich nach dem Verhältnis des in der Schweiz steuerbaren Reineinkommens[4] zum gesamten Reineinkommen.

13 Tarife

13.1 Grundsatz

Dem Recht der direkten Bundessteuer liegen drei Tarife für die Besteuerung der natürlichen Personen zugrunde. Artikel 36 DBG sieht einen Grundtarif, einen Tarif für verheiratete Personen sowie einen Tarif für Personen vor, die mit Kindern zusammenleben. Die Tarife tragen der unterschiedlichen wirtschaftlichen Leistungsfähigkeit dieser drei Kategorien von Steuerpflichtigen Rechnung.

Der Grundtarif und der Verheiratetentarif gelten weiterhin für die ordentliche Veranlagung.

Für die Veranlagung von Kapitalleistungen aus Vorsorge wird in Artikel 38 DBG auf die Tarife gemäss Artikel 36 Absätze 1, 2 und 2bis erster Satz DBG (Grundtarif und Verheiratetentarif) verwiesen. Die Kapitalleistungen aus Vorsorge werden demnach einer besonderen Jahressteuer zu einem Fünftel der ordentlichen Tarife von Art. 36 Absatz 1, 2 und 2bis erster

---

[3] Zum Begriff "Reineinkommen" vgl. Fn 2.
[4] Zum Begriff "Reineinkommen" vgl. Fn 2.

Satz DBG besteuert. Der im Elterntarif enthaltene Abzug vom Steuerbetrag pro Kind gemäss Artikel 36 Absatz 2bis zweiter Satz DBG ist hingegen nicht anwendbar.

13.2 Grundtarif

Der Grundtarif (Art.36 Abs. 1 DBG) als Auffangtarif gilt für alle steuerpflichtigen Personen, die nicht die Voraussetzungen der Spezialtarife von Absatz 2 und 2bis erfüllen. Darunter fallen namentlich die folgenden Kategorien von Steuerpflichtigen:

- Ledige oder verwitwete Alleinstehende
- Gerichtlich oder tatsächlich getrennt lebende oder geschiedene Personen, die nicht mit Kindern oder unterstützungsbedürftigen Personen im gleichen Haushalt leben
- Konkubinatspaare ohne Kinder
- Konkubinatspartner, die zwar mit ihrem Kind zusammenleben, jedoch nicht über die elterliche Sorge verfügen und den Unterhalt des Kindes nicht zur Hauptsache bestreiten.

13.3 Verheiratetentarif

Der Verheiratetentarif gemäss Artikel 36 Absatz 2 DBG kommt für sich allein nur noch für die in rechtlich und tatsächlich ungetrennter Ehe lebenden Steuerpflichtigen zur Anwendung, die nicht mit Kindern oder unterstützungsbedürftigen Personen zusammenleben, deren Unterhalt sie zur Hauptsache bestreiten.

Leben die Ehegatten getrennt, kommt je nach Konstellation der Grundtarif oder - wenn ein Ehegatte mit einem Kind zusammenlebt - der Elterntarif zur Anwendung.

13.4 Elterntarif

13.4.1 Allgemeines

Steuerpflichtige mit Kindern werden zum Elterntarif besteuert (Art. 36 Abs. 2bis DBG). Der Elterntarif ist der mildeste der drei Tarife. Er besteht aus dem Verheiratetentarif (Basis) und einem Abzug vom Steuerbetrag in der Höhe von maximal 251 Franken pro Kind oder unterstützungsbedürftige Person. Dieser Abzug im Elterntarif ist eine direkte Tarifmassnahme und kein Sozialabzug.

Für die Berechnung des Steuerbetrags nach dem Elterntarif werden die Kinderkosten in einem ersten Schritt durch die heute geltenden Kinderabzüge sowie durch den Kinderdrittbetreuungskostenabzug von der Bemessungsgrundlage berücksichtigt. In einem zweiten Schritt wird der Tarif für Verheiratete ohne Kinder (Verheiratetentarif) angewendet. Der aufgrund des Verheiratetentarifs berechnete Steuerbetrag wird in einem dritten Schritt zusätzlich um maximal 251 Franken pro Kind reduziert. Die Kombination Grundtarif und Abzug vom Steuerbetrag ist nicht möglich.

Für die Gewährung des Elterntarifs wird vorausgesetzt, dass die steuerpflichtige Person mit dem Kind oder der unterstützungsbedürftigen Person im gleichen Haushalt zusammenlebt und deren Unterhalt zur Hauptsache bestreitet. Beide Voraussetzungen sind zwingend. Der Elterntarif kann nicht auf verschiedene steuerpflichtige Personen aufgeteilt werden. Leben die Eltern in rechtlich oder tatsächlich getrennter Ehe, wird der Elterntarif stets nur einer Person zugewiesen. Die Übertragung der gemeinsamen elterlichen Sorge darf somit nicht dazu führen, dass der Elterntarif für die in ungetrennter Ehe lebenden Ehegatten sowie für verwitwete, getrennt lebende, geschiedene oder ledige Steuerpflichtige, die mit Kindern oder unterstützungsbedürftigen Personen im gleichen Haushalt leben, mehrfach angewendet wird.

Beim Zusammenleben wird auf den Wohnsitz abgestellt. Gemäss Artikel 25 Absatz 1 ZGB gilt der Wohnsitz der Eltern als Wohnsitz des Kindes unter elterlicher Sorge oder, wenn die Eltern keinen gemeinsamen Wohnsitz haben, der Wohnsitz des Elternteils, unter dessen Obhut das Kind steht. Sobald das Kind volljährig ist, kann es einen eigenen Wohnsitz begründen. Bei volljährigen Kindern in Ausbildung erhalten die Eltern den Elterntarif daher nur, wenn das Kind im gleichen Haushalt wohnt. Befindet sich die Ausbildungsstätte des Kindes an einem anderen Ort als am Wohnsitz der Eltern, kann der Elterntarif nur gewährt werden, wenn das Kind Wochenaufenthalter am Ausbildungsort ist, seinen Wohnsitz jedoch bei den Eltern beibehalten hat. Bei einer Berufslehre oder einem Studium dürfte dies in der Regel der Fall sein, da gemäss Art. 26 ZGB der Aufenthalt an einem Orte zum Zweck des Besuches einer Lehranstalt keinen Wohnsitz begründet. Hat das volljährige Kind seinen Wohnsitz jedoch verlegt, werden die Eltern - auch wenn sie das Kind unterstützen - zum Verheiratetentarif, –und wenn sie nicht verheiratet sind, zum Grundtarif besteuert.

Werden die Voraussetzungen des Elterntarifs nicht mehr erfüllt, beispielsweise beim Tod eines Kindes, bei Abschluss der Ausbildung oder etwa bei Wegfall der Unterstützungsbedürftigkeit, so werden die Eltern bzw. die erwachsenen Personen wieder zum Verheiratetentarif oder, wenn sie nicht verheiratet sind, zum Grundtarif besteuert.

13.4.2 Gewährung des Elterntarifs bei minderjährigen Kindern

Neben dem Zusammenleben wird für die Gewährung des Elterntarifs vorausgesetzt, dass die steuerpflichtige Person bzw. das Ehepaar den Unterhalt des Kindes oder der unterstützungsbedürftigen Person zur Hauptsache bestreitet. Bei minderjährigen Kindern von getrennt lebenden oder unverheiratet zusammenlebenden Eltern bedeutet zur Hauptsache, dass grundsätzlich derjenige Elternteil, der mehr als die Hälfte der Unterhaltskosten des Kindes übernimmt, den Elterntarif beanspruchen kann. Werden bei getrennt lebenden Eltern oder unverheirateten Eltern, die zusammenleben (Konkubinat), Unterhaltszahlungen für das minderjährige Kind geltend gemacht, ist davon auszugehen, dass dieser Elternteil mit den empfangenen und zu versteuernden Leistungen zusammen mit den eigenen Leistungen den Unterhalt des Kindes zur Hauptsache bestreitet und den Elterntarif erhält. Dies ist in der Regel der Elternteil, der die elterliche Sorge innehält. Der unterhaltsleistende Elternteil kann im Gegenzug die Unterhaltsleistungen von seinem Einkommen abziehen.

Bei der Zuweisung des Elterntarifs ist bei den einzelnen Familienkonstellationen Folgendes festzuhalten:

<u>Ehepaare mit minderjährigen Kindern</u>

Ehepaare in rechtlich und tatsächlich ungetrennter Ehe werden gemeinsam veranlagt und zum Elterntarif besteuert.

<u>Getrennt lebende Eltern mit minderjährigem Kind</u>

Bei getrennten, geschiedenen oder unverheirateten Eltern mit zwei Haushalten ist bei der Zuteilung des Elterntarifs zu unterscheiden, ob die elterliche Sorge gemeinsam ausgeübt wird oder nicht. Hält nur ein Elternteil die elterliche Sorge inne, ist davon auszugehen, dass dieser den Unterhalt des Kindes zur Hauptsache bestreitet und den Elterntarif erhält.

Bei gemeinsamer elterlicher Sorge wird der Elternteil, der die Unterhaltszahlungen erhält, zum Elterntarif besteuert. Werden keine Unterhaltszahlungen für das Kind geltend gemacht, ist zu unterscheiden, ob sich das Kind in alternierender Obhut befindet oder nicht. Besteht keine alternierende Obhut, wird der Elternteil, der mit dem Kind lebt zum Elterntarif besteuert. Bei alternierender Obhut wird davon ausgegangen, dass der Elternteil mit dem höheren Reineinkommen zur Hauptsache für den Unterhalt des Kindes sorgt und daher den Elterntarif erhält.

Unverheiratet zusammenlebende Eltern mit minderjährigem Kind (Konkubinat)

Bei unverheirateten Eltern, die zusammenleben, ist bei der Zuweisung des Elterntarifs zu unterscheiden, ob eine gemeinsame elterliche Sorge besteht und ob Unterhaltsleistungen für das Kind geltend gemacht werden.

Wird die elterliche Sorge nicht gemeinsam ausgeübt, erhält derjenige Elternteil, der die elterliche Sorge innehält und somit in der Regel auch Empfänger der Unterhaltsleistungen für das Kind ist, den Elterntarif. Werden keine Unterhaltszahlungen für das Kind geltend gemacht, wird ebenfalls dem Elternteil mit der elterlichen Sorge der Elterntarif gewährt.

Bei gemeinsamer Ausübung der elterlichen Sorge wird der Empfänger der Unterhaltsleistungen für das Kind zum Elterntarif besteuert. Werden keine Unterhaltsleistungen geltend gemacht, ist davon auszugehen, dass der Elternteil mit dem höheren Einkommen hauptsächlich für den Unterhalt des Kindes aufkommt und daher den Elterntarif erhält.

13.4.3 Gewährung des Elterntarifs bei volljährigen Kindern in Ausbildung

Der Elterntarif wird ebenfalls Steuerpflichtigen gewährt, die mit volljährigen Kindern in Ausbildung zusammenleben. Auch hier muss die Voraussetzung erfüllt sein, dass die Person, welche den Elterntarif beansprucht, hauptsächlich für den Unterhalt des Kindes aufkommt. Der Elterntarif wird in Analogie zum Kinderabzug daher nur gewährt, wenn das volljährige Kind in Ausbildung im massgebenden Zeitpunkt tatsächlich auf den Unterhaltsbeitrag der Eltern angewiesen ist. Erzielt das Kind ein Einkommen, das ihm einen selbständigen Lebensunterhalt ermöglicht, so kann der Elterntarif nicht mehr beansprucht werden. Verfügt das Kind beispielsweise über ein umfangreiches Vermögen, wird der Elterntarif nicht gewährt, wenn dadurch Vermögenserträge erzielt werden, die einen selbständigen Lebensunterhalt des Kindes erlauben. Unter Ausbildung ist wie beim Kinderabzug ein Lehrgang für die berufliche Erstausbildung zu verstehen. Es ist daher auf die Ausführungen über den Kinderabzug unter Ziffer 10.3 zu verweisen.

Ehepaare mit volljährigem Kind in Ausbildung

Ehepaare in rechtlich und tatsächlich ungetrennter Ehe werden gemeinsam veranlagt und zum Elterntarif besteuert.

Getrennt lebende Eltern mit volljährigem Kind in Ausbildung

Der Elterntarif wird demjenigen Elternteil gewährt, der mit dem Kind zusammenlebt. Es ist davon auszugehen, dass dieser Elternteil vorwiegend tatsächlich oder finanziell für den Unterhalt des Kindes sorgt, auch wenn der andere Elternteil Unterhaltszahlungen an das Kind gemäss Artikel 24 Buchstabe e DBG leistet. Dieser Elternteil wird zum Grundtarif besteuert, er kann aber im Gegenzug den Kinderabzug gemäss Artikel 35 Absatz 1 Buchstabe a DBG geltend machen.

Unverheiratet zusammenlebende Eltern mit volljährigem Kind in Ausbildung (Konkubinat)

Bei unverheirateten Eltern ist bei der Zuweisung des Elterntarifs auf die Unterhaltszahlungen an das Kind gemäss Artikel 24 Buchstabe e DBG abzustellen. Leistet nur ein Elternteil Unterhaltzahlungen, kann dieser den Elterntarif geltend machen. Leisten beide Elternteile Unterhaltszahlungen, ist davon auszugehen, dass der Elternteil mit den höheren finanziellen Leistungen, d.h. in der Regel derjenige mit dem höheren Einkommen, hauptsächlich für den Unterhalt des Kindes sorgt. Diesem wird der Elterntarif wie auch der Kinderabzug gewährt. Der andere Elternteil kann den Unterstützungsabzug gemäss Artikel 35 Absatz 1 Buchstabe b DBG geltend machen, sofern seine Leistungen mindestens in der Höhe des Abzuges erfolgen.

Erhält das Kind keine Unterhaltszahlungen gemäss Artikel 24 Buchstabe e DBG, wird der Elterntarif demjenigen Elternteil mit dem höheren Reineinkommen gewährt, da davon ausgegangen wird, dass er höhere finanzielle Beiträge an das Kind erbringt.

13.4.4 Gewährung des Elterntarifs bei unterstützungsbedürftigen Personen

Der Elterntarif wird ebenfalls gewährt, wenn eine steuerpflichtige Person mit einer unterstützungsbedürftigen Person zusammenlebt. Vorausgesetzt wird auch hier, dass die steuerpflichtige Person den Unterhalt der unterstützungsbedürftigen Person zur Hauptsache bestreitet. In Weiterführung der Praxis zum bisherigen Artikel 36 Absatz 2 DBG ist dieses Erfordernis erfüllt, wenn die Voraussetzungen des Unterstützungsabzugs (Art. 35 Abs. 1 Bst. b DBG) gegeben sind (vgl. dazu Ziff. 11).

13.4.5 Stichtagsprinzip

Artikel 36 DBG gibt keine Auskunft darüber, welcher Zeitpunkt für die Bestimmung des anzuwendenden Tarifs massgebend ist. Aufgrund des engen Zusammenhangs zwischen Steuertarifen und Sozialabzügen ist das für die Sozialabzüge geltende Stichtagsprinzip gemäss Artikel 35 Absatz 2 DBG anzuwenden. Die Voraussetzungen für die Anwendbarkeit des Elterntarifs müssen daher am Ende der Steuerperiode oder der Steuerpflicht erfüllt sein.

13.4.6 Unterjährige Steuerpflicht

Besteht die Steuerpflicht nur während eines Teils des Steuerjahres, wird der Abzug vom Steuerbetrag anteilsmässig gewährt: Es kommt als Basis der Verheiratetentarif zur Anwendung; der Steuerbetrag ermässigt sich jedoch nur um den anteilsmässigen Abzug von 251 Franken für jedes Kind und jede unterstützungsbedürftige Person. Die Höhe des Abzugs bemisst sich nach dem Verhältnis des steuerbaren Einkommens zum satzbestimmenden Einkommen.

Beispiel: Zuzug aus dem Ausland

Annahmen:

Familienstand	rechtlich und tatsächlich ungetrennte Ehe
Anzahl Kinder im gemeinsamen Haushalt	2
Eintritt in die Steuerpflicht	1. Juni
Steuerbares Einkommen in CHF	146'000
Satzbestimmendes Einkommen in CHF	250'000
Steuersatz in %	7,663

Steuerberechnung:

	CHF	Steuersatz in %	CHF
Steuer vor Abzug	146'000	7,663	11'188.00
./. Anteiliger Abzug vom Steuerbetrag	$\frac{(2 \times 251) \times 146'000}{250'000}$		- 293.15
Geschuldete Steuer			10'894.85

13.4.7 Teilweise Steuerpflicht

Bei beschränkter Steuerpflicht aufgrund wirtschaftlicher Zugehörigkeit nach den Artikeln 4 und 5 DBG wird der Abzug vom Steuerbetrag anteilsmässig gewährt.

Auch bei unbeschränkter Steuerpflicht aufgrund persönlicher Zugehörigkeit wird der Abzug vom Steuerbetrag nur anteilsmässig gewährt, soweit Auslandeinkünfte gemäss Artikel 6 Absatz 1 DBG oder aufgrund eines Doppelbesteuerungsabkommens von der Steuerpflicht auszunehmen sind.

Der Steuerbetrag ermässigt sich bei teilweiser Steuerpflicht somit nur um den anteilsmässigen Abzug von 251 Franken für jedes Kind und jede unterstützungsbedürftige Person. Die Höhe des Abzugs bemisst sich nach dem Verhältnis des in der Schweiz steuerbaren Einkommens zum höheren satzbestimmenden Einkommen.

Beispiel: Beschränkte Steuerpflicht aufgrund wirtschaftlicher Zugehörigkeit
(Ferienhaus in der Schweiz; Art. 4 Abs. 1 Bst. c und 21 DBG)

Annahmen:

Familienstand	rechtlich und tatsächlich ungetrennte Ehe
Anzahl Kinder im gemeinsamen Haushalt	2
Steuerbares Einkommen in CHF	20'000
Satzbestimmendes Einkommen in CHF	250'000
Steuersatz in % (SP 2011)	7,663

Steuerberechnung:

	CHF	Steuersatz in %	CHF
Steuer vor Abzug	20'000	7,663	1'532.60
./. Anteiliger Abzug vom Steuerbetrag	$\frac{(2 \times 251) \times 20'000}{250'000}$		- 40.15
Geschuldete Steuer			1'492.45

Auch im Fall einer Kombination von teilweiser und unterjähriger Steuerpflicht ist der Abzug vom Steuerbetrag im Verhältnis des steuerbaren zum höheren satzbestimmenden Einkommen zu bemessen.

13.4.8 Besteuerung nach dem Aufwand

Nach Artikel 14 Absatz 3 DBG wird die Steuer für Personen, die nach dem Aufwand besteuert werden, nach dem ordentlichen Steuertarif berechnet. Bei der Besteuerung nach dem Aufwand werden persönliche Verhältnisse, die bei einer ordentlichen Veranlagung zu Abzügen berechtigen, nicht berücksichtigt. Dementsprechend hat der Gesetzgeber in Artikel 14 Absatz 3 DBG festgehalten, dass nur der Grundtarif (Art. 36 Abs. 1 DBG) oder der Verheiratetentarif (Art. 36 Abs. 2 DBG) zur Anwendung kommen. Bei der Besteuerung nach dem Aufwand gelangt somit der Elterntarif nicht zur Anwendung.

13.4.9 Quellensteuer für natürliche Personen

Bei der Festsetzung der Quellensteuertarife für natürliche Personen sind die Abzüge für Familienlasten zu berücksichtigen (Art. 86 Abs. 1 DBG). Dies gilt auch für den Elterntarif, welcher als Abzug vom Steuerbetrag in die jeweiligen Tarife eingerechnet wird.

13.4.10 Pauschale Steueranrechnung

Der Elterntarif hat Auswirkungen auf die Berechnung des Maximalbetrages bei der pauschalen Steueranrechnung. Der Steuersatz Bund gemäss Artikel 9 Absatz 1 der Verordnung vom 22. August 1967 über die pauschale Steueranrechnung (VO) ist nach dem Abzug von 251 Franken für jedes Kind und jede unterstützungsbedürftige Person zu berechnen (= tatsächlich erhobene Steuer nach dem Abzug im Verhältnis zum steuerbaren Einkommen Bund).

Beispiel:

Familienstand	rechtlich und tatsächlich ungetrennte Ehe
Anzahl Kinder im gemeinsamen Haushalt	2
Steuerbares Einkommen in CHF	100'000
Satzbestimmendes Einkommen in CHF	100'000
Steuersatz in % (SP 2014)	1,968

Steuerberechnung:

	CHF	Steuersatz in %	CHF
Steuer vor Abzug	100'000	1,968	1'968.00
./. Anteiliger Abzug vom Steuerbetrag	2 x 251		- 502.00
Geschuldete Steuer			1'466.00

Anwendbarer Steuersatz Bund nach Artikel 9 Absatz 1 VO:

$$\frac{1'466 \times 100}{100'000} = 1.466\%?$$

Wenn infolge des Elterntarifs keine direkte Bundessteuer mehr anfällt, wird die pauschale Steueranrechnung auf zwei Drittel der nicht rückforderbaren ausländischen Quellensteuern begrenzt. Für die Berechnung des Maximalbetrages sind nur die Einkommenssteuern Kanton / Gemeinde zu berücksichtigen, der Bundesanteil an der pauschalen Steueranrechnung entfällt (Art. 12 Abs. 1 und Art. 20 Abs. 2 VO).

Kantone, die nach Artikel 9 Absatz 2 VO für die Berechnung des Maximalbetrages einen eigenen Tarif anwenden, haben diesen dem Elterntarif gemäss DBG anzupassen.

13.4.11 Kapitalleistungen nach Artikel 38 und fiktive Einkäufe nach Artikel 37b DBG

Kapitalleistungen aus Vorsorge, Zahlungen bei Tod und für bleibende körperliche oder gesundheitliche Nachteile nach Artikel 38 sowie fiktive Einkäufe nach Artikel 37b DBG werden gesondert besteuert. Sie unterliegen einer vollen Jahressteuer. Die Steuer wird zu einem Fünftel der Tarife nach Artikel 36 Absätze 1, 2 und 2bis DBG berechnet. Bisher verwies Artikel 38 DBG auf den Grundtarif und den Verheiratetentarif, nicht jedoch auf den im Elterntarif ebenfalls vorgesehenen Abzug vom Steuerbetrag pro Kind. In der früheren Fassung dieses KS wurde darauf hingewiesen, dass es sich dabei um ein gesetzgeberisches Versehen handelt, weshalb die Kapitalleistungen aus Vorsorge von Alleinerziehenden dennoch zum Verheiratetentarif und nicht zum Grundtarif zu erfassen seien. Das Bundesgesetz über die formelle Bereinigung der zeitlichen Bemessung der direkten Steuern bei den natürlichen Personen beseitigt diesen Mangel. Kapitalleistungen aus Vorsorge von alleinerziehenden und verheirateten Personen mit Kindern werden zum Tarif nach Artikel 36 Absatz 2bis erster Satz DBG besteuert (Verheiratetentarif). Der im Elterntarif enthaltene Abzug vom Steuerbetrag pro Kind gemäss Artikel 36 Absatz 2bis zweiter Satz DBG ist hingegen nicht anwendbar.

13.4.12 Übriger Liquidationsgewinn nach Artikel 37b DBG

Wird die selbständige Erwerbstätigkeit nach dem vollendeten 55. Altersjahr oder wegen Unfähigkeit zur Weiterführung infolge Invalidität definitiv aufgegeben, so ist die Summe der in den letzten zwei Geschäftsjahren realisierten stillen Reserven getrennt vom übrigen Einkommen zu besteuern (Art. 37b DBG). Für die Bestimmung des auf dem übrigen Liquidationsgewinn (Art. 9 der Verordnung über die Besteuerung der Liquidationsgewinne bei definitiver Aufgabe der selbständigen Erwerbstätigkeit; LGBV; AS 2010, 717) anwendbaren Satzes ist ein Fünftel des übrigen Liquidationsgewinnes massgebend. Der Steuersatz beträgt jedoch mindestens 2 Prozent (Art. 37b Abs. 1 DBG und Art. 10 LGBV).

Der im Elterntarif vorgesehene Abzug vom Steuerbetrag kommt bei diesen gesondert zu besteuernden Einkünften nicht zur Anwendung.

14 Besteuerung der unverheiratet zusammenlebenden, geschiedenen oder getrennt lebenden Ehegatten und Eltern

14.1 Besteuerung der Unterhaltszahlungen an den geschiedenen, gerichtlich oder tatsächlich getrennt lebenden Ehegatten

14.1.1 Zivilrechtliche Aspekte

Gemäss Artikel 125 Absatz 1 ZGB besteht Anspruch auf einen angemessenen Beitrag als nachehelichen Unterhalt, soweit einem geschiedenen Ehegatten nicht zuzumuten ist, für den ihm gebührenden Unterhalt unter Einschluss einer angemessenen Altersvorsorge selbst aufzukommen. Der nacheheliche Unterhalt kann in Form einer Rente oder einer Kapitalabfindung erfolgen. Gemäss Wortlaut des Gesetzes ist grundsätzlich von einer Unterhaltsrente auszugehen. Sieht das Gericht die Voraussetzungen für einen nachehelichen Unterhaltsbeitrag als gegeben an, so setzt es nach Artikel 126 Absatz 1 ZGB eine Rente fest und bestimmt den Beginn der Beitragspflicht. Rechtfertigen es besondere Umstände, so kann anstelle einer Rente eine Abfindung festgesetzt werden (Art. 126 Abs. 2 ZGB).

Die Unterhaltspflicht von tatsächlich oder gerichtlich getrennt lebenden Ehegatten beurteilt sich nicht nach den scheidungsrechtlichen Bestimmungen über den nachehelichen Unterhalt. Anwendbar ist vielmehr Artikel 163 ff. ZGB (Unterhalt der Familie) und Artikel 176 ZGB (Regelung des Getrenntlebens). Die Ehegatten sorgen grundsätzlich gemeinsam, ein jeder nach seinen Kräften, für den gebührenden Unterhalt der Familie. Sie verständigen sich über den Beitrag, den jeder von ihnen leistet, namentlich durch Geldzahlungen, Besorgen des Haushaltes, Betreuen der Kinder oder durch Mithilfe im Beruf oder Gewerbe des andern (Art. 163 Abs. 1 und 2 ZGB). Bei gerichtlicher Trennung geht das Gericht bei der Festsetzung von Geldbeträgen des einen Ehegatten an den anderen (Art. 176 Abs. 1 Ziff. 1 ZGB) von diesen bisherigen ausdrücklichen oder stillschweigend getroffenen Vereinbarungen der Ehegatten aus und passt sie den aktuellen Gegebenheiten an (zur Festsetzung der Unterhaltsbeiträge vgl. etwa Basler Kommentar, Zivilgesetzbuch, Bd. 1, 3. Auflage, Basel 2006, S. 1037 ff.).

14.1.2 Steuerrechtliche Aspekte

Leistet eine steuerpflichtige Person Unterhaltsbeiträge an seinen geschiedenen, gerichtlich oder tatsächlich getrennt lebenden Ehegatten, kann sie diese von seinem Einkommen in Abzug bringen (Art. 33 Abs. 1 Bst. c DBG). Der die Leistung empfangende Ehegatte hat diese zu versteuern (Art. 23 Bst. f DBG). Aus dem hier geltenden Korrespondenzprinzip ergibt sich, dass alle jene Leistungen für den Unterhalt, die beim empfangenden Ehegatten besteuert werden, beim leistenden Ehegatten in Abzug gebracht werden können.

Unterhaltsleistungen erfolgen in der Regel als wiederkehrende direkte Geldleistungen. Sie können jedoch auch in der Form von indirekten Zahlungen erbracht werden, wie etwa die Übernahme von Miet- oder Schuldzinsen, oder aus eigentlichen Naturalleistungen bestehen.

Unterhaltsleistungen in der Form von Geldleistungen an den getrennt lebenden oder geschiedenen Ehegatten können sowohl als Renten als auch als Kapitalabfindungen erfolgen. In Weiterführung der bisherigen Praxis, die auch vom Bundesgericht gestützt wird (Entscheid vom 29. Januar 1999, BGE 125 II 183), darf die Abzugsfähigkeit der periodischen Unterhaltsleistungen jedoch nicht auf die Unterhaltsleistungen in Form einer Kapitalleistung ausgedehnt werden. Infolgedessen kann der als Kapitalleistung gezahlte Betrag zum Unterhalt des geschiedenen Ehegatten nicht vom steuerbaren Einkommen des Schuldners abgezogen werden. Der Empfänger dieser Leistung muss sie im Gegenzug aber auch nicht als Einkommen deklarieren.

Leistungen eines Ehegatten zur Erfüllung güterrechtlicher Forderungen stellen keine Unterhaltsbeiträge dar. Diese Leistungen sind gemäss Artikel 24 Buchstabe a DBG beim empfangenden Ehegatten steuerfreie Einkünfte aus "güterrechtlicher Auseinandersetzung" mit der Folge, dass sie beim Leistenden auch nicht abziehbar sind. Handelt es sich bei den Leistungen um Leibrenten, sind diese gemäss Artikel 22 Absatz 3 DBG beim Empfänger zu 40 % zu versteuern. Andererseits kann der Leistungsschuldner gestützt auf Artikel 33 Absatz 1 Buchstabe b DBG ebenfalls 40 % der Rente in Abzug bringen.

Anzumerken ist, dass Leistungen in Erfüllung "anderer familienrechtlicher Unterhalts- oder Unterstützungspflichten" (so z.B. die Leistungen an Verwandte in auf- und absteigender Linie sowie Geschwister; Art. 328 ZGB) nicht abzugsfähig sind (Art. 33 Abs. 1 Bst. c DBG).

14.2 Besteuerung der Unterhaltszahlungen für das Kind

14.2.1 Zivilrechtliche Aspekte

Das ZGB sieht die Möglichkeit vor, einerseits die elterliche Sorge gemeinsam auf unverheiratete Eltern zu übertragen, andererseits aber die gemeinsame Ausübung der elterlichen Sorge auch nach der Trennung oder Scheidung der Eltern beizubehalten. Die gemeinsame elterliche Sorge trägt dem Umstand Rechnung, dass heutzutage vermehrt beide Eltern in gleicher Weise zur Übernahme der elterlichen Sorge und der Obhut bereit und in der Lage sind.

Artikel 298a Absatz 1 ZGB bestimmt, dass die Vormundschaftsbehörde auf gemeinsamen Antrag der unverheirateten Eltern hin diesen die elterliche Sorge überträgt, wenn folgende Bedingungen erfüllt sind: Die gemeinsame elterliche Sorge muss mit dem Kindeswohl vereinbar sein und die Eltern müssen der Vormundschaftsbehörde eine Vereinbarung zur Genehmigung unterbreiten, worin sie sich über ihre Anteile an der Betreuung des Kindes und über die Verteilung der Kosten für dessen Unterhalt verständigen.

Sind die Eltern verheiratet und leben sie in einem gemeinsamen Haushalt, dann üben sie die elterliche Sorge gemeinsam aus (Art. 297 Abs. 1 ZGB). Wird der gemeinsame Haushalt aufgehoben oder die Ehe getrennt, bleibt die gemeinsame elterliche Sorge bestehen; das Gericht kann jedoch in solchen Fällen die elterliche Sorge einem Ehegatten allein zuteilen (Art. 297 Abs. 2 ZGB). Bei einer Scheidung teilt das Gericht die elterliche Sorge grundsätzlich dem einen Elternteil zu und regelt den vom anderen Elternteil geschuldeten Unterhaltsbeitrag für das Kind. Gemäss Artikel 133 Absatz 3 ZGB kann das Gericht jedoch die elterliche

Sorge beiden Eltern auf deren gemeinsamen Antrag hin belassen. Die Bedingungen dafür sind die gleichen wie die in Artikel 298a Absatz 1 ZGB genannten.

14.2.2 Steuerrechtliche Aspekte

Die Unterhaltsbeiträge, die ein Elternteil für die unter seiner elterlichen Sorge stehenden Kinder erhält, sind vom Empfänger vollständig zu versteuern (Art. 23 Bst. f DBG). Andererseits können diese Unterhaltszahlungen vom leistenden Elternteil vollumfänglich in Abzug gebracht werden (Art. 33 Abs. 1 Bst. c DBG). Die Abzugsfähigkeit von Unterhaltsbeiträgen für minderjährige Kinder gilt indessen nur für familienrechtlich geschuldete Unterhaltsbeiträge, jedoch nicht für freiwillig erbrachte Alimente (BGE vom 31.5.19999 i.S. M., NStP 53, 106). Diese Unterhaltsbeiträge werden in der Regel amtlich oder gerichtlich festgesetzt, sie können aber auch vertraglich vereinbart werden. Damit die Unterhaltsbeiträge beim Empfänger aufgerechnet und beim leistenden in Abzug gebracht werden können, müssen sie effektiv bezahlt worden sein.

Unterhaltsleistungen an den Ehegatten für das minderjährige Kind oder direkt an das volljährige Kind erfolgen in der Regel ebenfalls als wiederkehrende direkte Geldleistungen. Sie können jedoch auch in der Form von indirekten Zahlungen erbracht werden, wie etwa die Übernahme von Schulkosten oder von Krankenkassenprämien. Auch Naturalleistungen sind möglich. Werden die Unterhaltsleistungen in Form einer Kapitalleistung ausgerichtet, gilt auch hier, dass diese nicht vom steuerbaren Einkommen des Schuldners abgezogen werden können. Der Empfänger dieser Leistung muss sie aber auch nicht als Einkommen deklarieren.

Unterhaltsbeiträge für das volljährige Kind in Ausbildung sind weder vom Kind selbst, noch vom Elternteil, bei dem das Kind lebt, zu versteuern. Das Kind erhält steuerfreie "Leistungen in Erfüllung familienrechtlicher Verpflichtungen" (Art. 24 Bst. e DBG). Der leistende Elternteil kann die Unterhaltsbeiträge auch nicht mehr von seinem Einkommen absetzen. Diese Leistungen werden zu ganz gewöhnlichen nicht abziehbaren "Aufwendungen für den Unterhalt des Steuerpflichtigen und seiner Familie" (Art. 34 Bst. a DBG).

14.3 Besteuerung der getrennten, geschiedenen oder unverheirateten Eltern (zwei Haushalte) mit gemeinsamem minderjährigem Kind, ohne gemeinsame elterliche Sorge, mit Unterhaltszahlungen

14.3.1 Unterhaltszahlungen

- Die Unterhaltsbeiträge für das Kind sind vom Empfänger zu versteuern. Der leistende Elternteil kann diese Alimentenleistungen in Abzug bringen.

14.3.2 Abzüge

- Der Elternteil, der mit dem Kind zusammen lebt und dessen Unterhalt zur Hauptsache bestreitet, d.h. in der Regel derjenige, welcher die Unterhaltszahlungen erhält, kann den Kinderabzug sowie den Versicherungs- und Sparzinsenabzug für das Kind geltend machen.
- Den Kinderdrittbetreuungskostenabzug kann derjenige Elternteil geltend machen, der mit dem Kind zusammenlebt. Befindet sich das Kind in alternierender Obhut, kann jeder Elternteil maximal 5'050 Franken der nachgewiesenen Kosten für die Kinderdrittbetreuung in Abzug bringen. Eine andere Aufteilung ist von den Eltern nachzuweisen. Betragen die geltend gemachten Kosten beider Elternteile aber zusammen mehr als den Maximalbe-

trag von 10'100 Franken, werden die Abzüge im Verhältnis der nachgewiesenen Kosten auf diesen Maximalbetrag gekürzt.

14.3.3 Tarife
- Der Elternteil mit der elterliche Sorge, der mit dem Kind zusammenlebt und dessen Unterhalt zur Hauptsache bestreitet, erhält den Elterntarif. Der Elternteil, der die Unterhaltszahlungen leistet, wird zum Grundtarif besteuert.

14.4 Besteuerung der getrennten, geschiedenen oder unverheirateten Eltern (zwei Haushalte) mit gemeinsamem minderjährigem Kind, mit gemeinsamer elterlicher Sorge, mit oder ohne alternierende Obhut, keine Unterhaltszahlungen

Wird kein Abzug für die Unterhaltsbeiträge für das Kind nach Artikel 33 Absatz 1 Buchstabe c DBG von einem Elternteil geltend gemacht, erfolgt die Besteuerung der Eltern folgendermassen:

14.4.1 Abzüge
- Jeder Elternteil kann je den halben Kinderabzug sowie den halben Versicherungs- und Sparzinsenabzug für das Kind geltend machen.
- Den Kinderdrittbetreuungskostenabzug kann derjenige Elternteil geltend machen, der mit dem Kind zusammenlebt. Befindet sich das Kind in alternierender Obhut, kann jeder Elternteil maximal 5'050 Franken der nachgewiesenen Kosten für die Kinderdrittbetreuung in Abzug bringen. Eine andere Aufteilung ist von den Eltern nachzuweisen. Betragen die geltend gemachten Kosten beider Elternteile aber zusammen mehr als den Maximalbetrag von 10'100 Franken, werden die Abzüge im Verhältnis der nachgewiesenen Kosten auf diesen Maximalbetrag gekürzt.

14.4.2 Tarife
- Befindet sich das Kind nicht in alternierender Obhut, erhält der Elternteil, der mit dem Kind zusammenlebt und zur Hauptsache für dessen Unterhalt aufkommt, den Elterntarif. Der andere Elternteil wird zum Grundtarif besteuert.
- Bei alternierender Obhut erhält derjenige Elternteil, der zur Hauptsache für den Unterhalt des Kindes aufkommt, den Elterntarif. Dabei ist davon auszugehen, dass dies derjenige mit dem höheren Einkommen ist. Der andere Elternteil wird zum Grundtarif besteuert.

14.5 Besteuerung der getrennten, geschiedenen oder unverheirateten Eltern (zwei Haushalte) mit gemeinsamem minderjährigem Kind, mit gemeinsamer elterlicher Sorge, mit oder ohne alternierende Obhut, mit Unterhaltszahlungen

Wird ein Abzug für die Unterhaltsbeiträge für das Kind nach Artikel 33 Absatz 1 Buchstabe c DBG von einem Elternteil geltend gemacht, erfolgt die Besteuerung der Eltern folgendermassen:

14.5.1 Unterhaltszahlungen
- Die Unterhaltsbeiträge für das Kind sind vom Empfänger zu versteuern. Der leistende Elternteil kann diese Alimentenleistungen in Abzug bringen.

14.5.2 Abzüge
- Der Elternteil, der die Unterhaltsleistungen erhält, kann den Kinderabzug sowie den Versicherungs- und Sparzinsenabzug für das Kind geltend machen.
- Den Kinderdrittbetreuungskostenabzug kann ebenfalls derjenige Elternteil geltend machen, der mit dem Kind zusammenlebt und die Unterhaltszahlungen erhält. Befindet sich das Kind in alternierender Obhut, kann jeder Elternteil max. 5'050 Franken der nachgewiesenen Kosten für die Kinderdrittbetreuung in Abzug bringen. Eine andere Aufteilung ist von den Eltern nachzuweisen. Betragen die geltend gemachten Kosten beider Elternteile aber zusammen mehr als den Maximalbetrag von 10'100 Franken, werden die Abzüge im Verhältnis der nachgewiesenen Kosten auf diesen Maximalbetrag gekürzt.

14.5.3 Tarife
- Der Elternteil, der die Unterhaltszahlungen erhält, wird zum Elterntarif besteuert.
- Der Elternteil, der die Unterhaltszahlungen leistet, erhält den Grundtarif besteuert.

14.6 Unverheiratete Eltern (gemeinsamer Haushalt), mit gemeinsamem minderjährigem Kind, ohne gemeinsame elterliche Sorge, keine Unterhaltszahlungen

Wird kein Abzug für die Unterhaltszahlungen für das Kind nach Artikel 33 Absatz 1 Buchstabe c DBG von einem Elternteil geltend gemacht, erfolgt die Besteuerung der Eltern folgendermassen:

14.6.1 Abzüge
- Der Elternteil, der die elterliche Sorge innehält, kann den Kinderabzug sowie den Versicherungs- und Sparzinsenabzug für das Kind geltend machen.
- Der Elternteil, der die elterliche Sorge innehält, kann die von ihm nachgewiesenen Kinderdrittbetreuungskosten in Abzug bringen. Dem anderen Elternteil wird der Abzug nicht gewährt.

14.6.2 Tarife
- Der Elternteil, der die elterliche Sorge innehält, erhält den Elterntarif. Der andere Elternteil wird zum Grundtarif besteuert.

Erzielt der Elternteil mit der elterlichen Sorge keine Einkünfte und übernimmt daher der andere Elternteil den Unterhalt des Kindes, können diesem aus Billigkeitsgründen die kinderrelevanten Abzüge und der Elterntarif gewährt werden.

14.7 Unverheiratete Eltern (gemeinsamer Haushalt), mit gemeinsamem minderjährigem Kind, ohne gemeinsame elterliche Sorge, mit Unterhaltszahlungen

Wird ein Abzug für die Unterhaltszahlungen für das Kind nach Artikel 33 Absatz 1 Buchstabe c DBG von einem Elternteil geltend gemacht, erfolgt die Besteuerung der Eltern folgendermassen:

14.7.1 Unterhaltszahlungen
- Die Unterhaltsbeiträge für das Kind sind vom Empfänger zu versteuern. Der leistende Elternteil kann diese Alimentenleistungen in Abzug bringen.

14.7.2 Abzüge
- Der Elternteil, der Unterhaltszahlungen erhält, kann den Kinderabzug sowie den Versicherungs- und Sparzinsenabzug für das Kind geltend machen.
- Jeder Elternteil kann maximal 5'050 Franken der nachgewiesenen Kosten für die Kinderdrittbetreuung in Abzug bringen. Eine andere Aufteilung ist von den Eltern nachzuweisen. Betragen die geltend gemachten Kosten beider Elternteile aber zusammen mehr als den Maximalbetrag von 10'100 Franken, werden die Abzüge im Verhältnis der nachgewiesenen Kosten auf diesen Maximalbetrag gekürzt.

14.7.3 Tarife
- Dem Elternteil, der Unterhaltszahlungen erhält, wird der Elterntarif gewährt.
- Der Elternteil, der die Unterhaltsbeiträge leistet, wird zum Grundtarif besteuert.

14.8 Unverheiratete Eltern (gemeinsamer Haushalt), mit gemeinsamem minderjährigem Kind, mit gemeinsamer elterlicher Sorge, keine Unterhaltszahlungen

Wird kein Abzug für die Unterhaltszahlungen für das Kind nach Artikel 33 Absatz 1 Buchstabe c DBG von einem Elternteil geltend gemacht, erfolgt die Besteuerung der Eltern folgendermassen:

14.8.1 Abzüge
- Jeder Elternteil kann je den halben Kinderabzug sowie den halben Versicherungs- und Sparzinsenabzug für das Kind geltend machen.
- Jeder Elternteil kann maximal 5'050 Franken der nachgewiesenen Kosten für die Kinderdrittbetreuung in Abzug bringen. Eine andere Aufteilung ist von den Eltern nachzuweisen. Betragen die geltend gemachten Kosten beider Elternteile aber zusammen mehr als den Maximalbetrag von 10'100 Franken, werden die Abzüge im Verhältnis der nachgewiesenen Kosten auf diesen Maximalbetrag gekürzt.

14.8.2 Tarife
- Der Elternteil, der zur Hauptsache für den Unterhalt des Kindes aufkommt, erhält den Elterntarif. Hierbei ist davon auszugehen das dies in der Regel derjenige Elternteil mit dem höheren Einkommen ist.
- Der andere Elternteil wird zum Grundtarif besteuert.

14.9 Unverheiratete Eltern (gemeinsamer Haushalt), mit gemeinsamem minderjährigem Kind, mit gemeinsamer elterlicher Sorge, mit Unterhaltszahlungen

Wird ein Abzug für die Unterhaltszahlungen für das Kind nach Artikel 33 Absatz 1 Buchstabe c DBG von einem Elternteil geltend gemacht, erfolgt die Besteuerung folgendermassen:

14.9.1 Unterhaltszahlungen
- Die Unterhaltsbeiträge für das Kind sind vom Empfänger zu versteuern. Der leistende Elternteil kann diese Alimentenleistungen in Abzug bringen.

14.9.2 Abzüge
- Der Elternteil, der die Unterhaltszahlungen erhält, kann den Kinderabzug sowie den Versicherungs- und Sparzinsenabzug für das Kind geltend machen.
- Jeder Elternteil kann maximal 5'050 Franken der nachgewiesenen Kosten für die Kinderdrittbetreuung in Abzug bringen. Eine andere Aufteilung ist von den Eltern nachzuweisen. Betragen die geltend gemachten Kosten beider Elternteile aber zusammen mehr als den Maximalbetrag von 10'100 Franken, werden die Abzüge im Verhältnis der nachgewiesenen Kosten auf diesen Maximalbetrag gekürzt.

14.9.3 Tarife
- Der Elternteil, der die Unterhaltsbeiträge erhält, kann den Elterntarif geltend machen.
- Der Elternteil, der die Unterhaltsbeiträge leistet, wird zum Grundtarif besteuert.

14.10 Besteuerung der getrennten, geschiedenen oder unverheirateten Eltern (zwei Haushalte) mit gemeinsamem volljährigem Kind in Ausbildung, Kind lebt bei einem Elternteil, mit Unterhaltszahlungen

Werden Unterhaltszahlungen gemäss Artikel 24 Buchstabe e DBG von einem Elternteil an das Kind geleistet, erfolgt die Besteuerung folgendermassen:

14.10.1 Unterhaltsbeiträge
- Die Unterhaltsbeiträge an das volljährige Kind in Ausbildung sind vom Kind nicht zu versteuern. Der leistende Elternteil kann die Unterhaltsbeiträge nicht von seinem Einkommen absetzen.

14.10.2 Abzüge
- Der Elternteil, der die Unterhaltszahlungen leistet, kann den Kinderabzug geltend machen. Leisten beide Elternteile Unterhaltszahlungen, kann der Elternteil mit den höheren finanziellen Leistungen, d.h. in der Regel derjenige mit dem höheren Einkommen, den Kinderabzug geltend machen. Der andere Elternteil kann den Unterstützungsabzug geltend machen, sofern seine Leistungen mindestens in der Höhe des Abzuges erfolgen.
- Der Elternteil, der den Kinderabzug geltend machen kann, erhält auch den Versicherungs- und Sparzinsenabzug für das Kind. Leisten beide Elternteile Unterhaltszahlungen und erfüllen die Voraussetzungen von Artikel 35 Absatz 1 Buchstabe a bzw. Buchstabe b DBG, können beide den Abzug geltend machen, sofern sie nachweisen können, dass sie auch entsprechende abzugsfähige Versicherungsprämien für das Kind geleistet haben. Wenn dieser Nachweis nur einem Elternteil gelingt, so kann nur dieser den Versicherungsabzug für das Kind geltend machen.

14.10.3 Tarife
- Der Elternteil, der mit dem Kind zusammenlebt, kann grundsätzlich den Elterntarif geltend machen. Es kann in der Regel davon ausgegangen werden, dass dieser Elternteil zur Hauptsache für den Unterhalt des Kindes aufkommt.
- Der Elternteil, der die Unterhaltsbeiträge leistet, wird zum Grundtarif besteuert.

14.11 Besteuerung der getrennten, geschiedenen oder unverheirateten Eltern (zwei Haushalte) mit gemeinsamem volljährigem Kind in Ausbildung, Kind lebt bei einem Elternteil, keine Unterhaltszahlungen

Werden keine Unterhaltszahlungen gemäss Artikel 24 Buchstabe e DBG von einem Elternteil an das Kind geleistet, erfolgt die Besteuerung folgendermassen:

14.11.1 Abzüge

- Der Elternteil, der mit dem Kind zusammenlebt, kann den Kinderabzug sowie den Versicherungs- und Sparzinsenabzug für das Kind geltend machen.

14.11.2 Tarife
- Der Elternteil, der mit dem Kind zusammenlebt und dessen Unterhalt zur Hauptsache bestreitet, kann den Elterntarif geltend machen.
- Der andere Elternteil wird zum Grundtarif besteuert.

14.12 Besteuerung der getrennten, geschiedenen oder unverheirateten Eltern (zwei Haushalte) mit gemeinsamem volljährigem Kind in Ausbildung, Kind lebt nicht bei einem Elternteil (Wohnsitz verlegt), mit Unterhaltszahlungen

Werden Unterhaltszahlungen gemäss Artikel 24 Buchstabe e DBG von einem oder von beiden Elternteilen an das Kind geleistet, erfolgt die Besteuerung folgendermassen:

14.12.1 Unterhaltsbeiträge
- Die Unterhaltsbeiträge an das volljährige Kind in Ausbildung sind vom Kind nicht zu versteuern. Der leistende Elternteil kann die Unterhaltsbeiträge nicht von seinem Einkommen absetzen.

14.12.2 Abzüge
- Der Elternteil, der die Unterhaltszahlungen leistet, kann den Kinderabzug geltend machen. Leisten beide Elternteile Unterhaltszahlungen, kann der Elternteil mit den höheren finanziellen Leistungen, d.h. in der Regel derjenige mit dem höheren Einkommen, den Kinderabzug geltend machen. Der andere Elternteil kann den Unterstützungsabzug geltend machen, sofern seine Leistungen mindestens in der Höhe des Abzuges erfolgen.
- Der Elternteil, der den Kinderabzug geltend machen kann, erhält auch den Versicherungs- und Sparzinsenabzug für das Kind. Leisten beide Elternteile Unterhaltszahlungen und erfüllen die Voraussetzungen von Artikel 35 Absatz 1 Buchstabe a bzw. Buchstabe b DBG, können beide den Abzug geltend machen, sofern sie nachweisen können, dass sie auch entsprechende abzugsfähige Versicherungsprämien für das Kind geleistet haben. Wenn dieser Nachweis nur einem Elternteil gelingt, so kann nur dieser den Versicherungsabzug für das Kind geltend machen.

14.12.3 Tarife
- Beide Elternteile werden zum Grundtarif besteuert.

14.13 Unverheiratete Eltern (gemeinsamer Haushalt), mit gemeinsamem volljährigem Kind in Ausbildung, Kind lebt bei den Eltern, mit Unterhaltszahlungen

Werden Unterhaltszahlungen gemäss Artikel 24 Buchstabe e DBG von einem Elternteil an das Kind geleistet, erfolgt die Besteuerung folgendermassen:

14.13.1 Unterhaltszahlungen
- Die Unterhaltsbeiträge an das volljährige Kind in Ausbildung sind vom Kind nicht zu versteuern. Der leistende Elternteil kann die Unterhaltsbeiträge nicht von seinem Einkommen absetzen.

14.13.2 Abzüge
- Der Elternteil, der die Unterhaltszahlungen leistet, kann den Kinderabzug geltend machen. Leisten beide Elternteile Unterhaltszahlungen, kann der Elternteil mit den höheren finanziellen Leistungen, d.h. in der Regel derjenige mit dem höheren Einkommen, den

Kinderabzug geltend machen. Der andere Elternteil kann den Unterstützungsabzug geltend machen, sofern seine Leistungen mindestens in der Höhe des Abzuges erfolgen.
- Der Elternteil, der den Kinderabzug geltend machen kann, erhält auch den Versicherungs- und Sparzinsenabzug für das Kind. Leisten beide Elternteile Unterhaltszahlungen und erfüllen die Voraussetzungen von Artikel 35 Absatz 1 Buchstabe a bzw. Buchstabe b DBG, können beide den Abzug geltend machen, sofern sie nachweisen können, dass sie auch entsprechende abzugsfähige Versicherungsprämien für das Kind geleistet haben. Wenn dieser Nachweis nur einem Elternteil gelingt, so kann nur dieser den Versicherungsabzug für das Kind geltend machen.

14.13.3 Tarife
- Der Elternteil, der den Kinderabzug geltend machen kann, erhält den Elterntarif.
- Der andere Elternteil wird zum Grundtarif besteuert.

14.14 Unverheiratete Eltern (gemeinsamer Haushalt), mit gemeinsamem volljährigem Kind in Ausbildung, Kind lebt bei den Eltern, keine Unterhaltszahlungen

Werden keine Unterhaltszahlungen gemäss Artikel 24 Buchstabe e DBG von einem Elternteil an das Kind geleistet, erfolgt die Besteuerung folgendermassen:

14.14.1 Abzüge
- Der Elternteil mit den höheren finanziellen Leistungen kann den Kinderabzug sowie den Versicherungs- und Sparzinsenabzug für das Kind geltend machen. Hierbei ist davon auszugehen, dass dies derjenige mit dem höheren Einkommen ist.

14.14.2 Tarife
- Der Elternteil mit den höheren finanziellen Leistungen, d.h. in der Regel derjenige mit dem höheren Einkommen, erhält den Elterntarif.
- Der andere Elternteil wird zum Grundtarif besteuert.

14.15 Unverheiratete Eltern (gemeinsamer Haushalt), mit gemeinsamem volljährigem Kind in Ausbildung, mit Unterhaltszahlungen, Kind lebt nicht bei den Eltern (Wohnsitz verlegt)

Werden Unterhaltszahlungen gemäss Artikel 24 Buchstabe e DBG von einem oder von beiden Elternteilen an das Kind geleistet, erfolgt die Besteuerung folgendermassen:

14.15.1 Unterhaltszahlungen
- Die Unterhaltsbeiträge an das volljährige Kind in Ausbildung sind vom Kind nicht zu versteuern. Der leistende Elternteil kann die Unterhaltsbeiträge nicht von seinem Einkommen absetzen.

14.15.2 Abzüge
- Der Elternteil, der die Unterhaltszahlungen leistet, kann den Kinderabzug geltend machen. Leisten beide Elternteile Unterhaltszahlungen, kann der Elternteil mit den höheren finanziellen Leistungen, d.h. in der Regel derjenige mit dem höheren Einkommen, den Kinderabzug geltend machen. Der andere Elternteil kann den Unterstützungsabzug geltend machen, sofern seine Leistungen mindestens in der Höhe des Abzuges erfolgen.
- Der Elternteil, der den Kinderabzug geltend machen kann, erhält auch den Versicherungs- und Sparzinsenabzug für das Kind. Leisten beide Elternteile Unterhaltszahlungen und erfüllen die Voraussetzungen von Artikel 35 Absatz 1 Buchstabe a bzw. Buchstabe b

DBG, können beide den Abzug geltend machen, sofern sie nachweisen können, dass sie auch entsprechende abzugsfähige Versicherungsprämien für das Kind geleistet haben. Wenn dieser Nachweis nur einem Elternteil gelingt, so kann nur dieser den Versicherungsabzug für das Kind geltend machen.

14.15.3 Tarife
- Beide Elternteile werden zum Grundtarif besteuert.

14.16 Unverheiratete Eltern (gemeinsamer Haushalt), mit nicht gemeinsamem minderjährigem oder volljährigem Kind

Für die getrennt lebenden Eltern des Kindes gelten je nach Konstellation die aus der Sicht des betreffenden Elternteils anzuwendenden Regeln wie sie unter den Ziffern 14.3, 14.4, 14.5, 14.10, 14.11 und 14.12 festgehalten sind. Die entsprechende Praxis kann dort entnommen werden.

15 Verfahrensrechtliche Stellung der Ehegatten

15.1 Grundsatz

Ehegatten, die in rechtlich und tatsächlich ungetrennter Ehe leben, werden zusammen veranlagt. Sie üben die ihnen im Gesetz zukommenden Verfahrensrechte und -pflichten gemeinsam aus (Art. 113 Abs. 1 DBG). Der Ehemann und die Ehefrau sind steuerrechtlich gleichgestellt. Beide sind Steuerpflichtige und ihnen stehen die gleichen Mitwirkungsrechte und -pflichten zu.

Obwohl die Ehegatten die Verfahrenshandlungen grundsätzlich gemeinsam vorzunehmen haben, wird das Erfordernis des konsequenten gemeinsamen Handelns relativiert. Rechtzeitige Handlungen nur eines Ehegatten wirken auch für den anderen Ehegatten, der innert Frist nicht handelt. Dieser Grundsatz wird für die Unterzeichnung der Steuererklärung sowie für das Einreichen von Rechtsmitteln und anderen Eingaben im Gesetz näher konkretisiert.

15.2 Steuererklärung

Gemäss Artikel 113 Absatz 2 DBG unterschreiben die Ehepartner die Steuererklärung gemeinsam. Fehlt die Unterschrift eines Ehegatten, wird nach erfolgloser Aufforderung das Bestehen einer vertraglichen Vertretung gemäss Artikel 32 ff. OR gesetzlich vermutet (Art. 113 Abs. 2 DBG). Der nicht unterzeichnende Ehegatte wird infolgedessen so gestellt, wie wenn er das Steuerformular selber ausgefüllt, unterschrieben und eingereicht hätte. Die gesetzliche Vermutung der vertraglichen Vertretung entbindet jedoch keinen der Ehegatten von der Deklarationspflicht.

Ist ein Ehegatte mit der von seinem Ehepartner ausgefüllten Steuererklärung nicht einverstanden und verweigert daher die Unterschrift, hat er innert Frist eine separate Steuererklärung einzureichen. Andernfalls werden ihm infolge der Vertretungsvermutung die in der Steuererklärung enthaltenen Angaben zugerechnet.

Die Regelung, dass die Ehegatten die Steuererklärung gemeinsam zu unterzeichnen haben, führt dazu, dass sich die Ehegatten im Veranlagungsverfahren gegenseitig über ihre eigenen Steuerfaktoren informieren.

Jeder Ehegatte hat in der Steuererklärung nur die ihm zuzurechnenden Einkommensfaktoren zu deklarieren. Dies folgt aus Artikel 180 DBG, wonach jeder Ehegatte nur für die Hinterziehung der eigenen Steuerfaktoren gebüsst werden kann.

15.3 Rechtsmittel und andere Eingaben

Rechtsmittel und andere Eingaben gelten als rechtzeitig eingereicht, wenn bloss einer der beiden Ehegatten innert Frist gehandelt hat (Art. 113 Abs. 3 DBG). Eine Aufforderung zur Doppelunterschrift ist hier im Gegensatz zur Steuererklärung nicht nötig. Das DBG geht somit im Falle der Unterzeichnung der betreffenden Eingabe durch einen Ehegatten allein stets von der stillschweigenden Ermächtigung zur Vertretung aus. Jeder Ehegatte kann im Rechtsmittelverfahren selbständig rechtswirksam vorgehen, was sich gleichzeitig zugunsten des untätig gebliebenen Ehepartners auswirkt. Diesem bleibt es unbenommen, gegen einen späteren Entscheid der zuständigen Instanz ein Rechtmittel einzulegen.

Da das Steuerverfahren unter dem Offizialprinzip steht, hat die Behörde alle rechtzeitigen Vorkehren der Steuerpflichtigen zu berücksichtigen. Das gilt auch dann, wenn beide Ehegatten unabhängig voneinander eine form- und fristgerechte Eingabe eingereicht haben (z.B. getrennte Einlegung von Rechtsmitteln mit unterschiedlichen Anträgen und abweichenden Begründungen). Bei sich widersprechenden Handlungen der Ehegatten haben die Behörden alle rechtzeitigen Vorkehren in ihre Erwägungen miteinzubeziehen und zu würdigen.

15.4 Mitteilungen

Sämtliche Mitteilungen der Behörden an verheiratete Steuerpflichtige, die in rechtlich und tatsächlich ungetrennter Ehe leben, sind gemäss Artikel 113 Absatz 4 DBG an diese gemeinsam zu richten, es sei denn, die Ehegatten hätten einen gemeinsamen Vertreter bestellt (Art. 117 Abs. 3 DBG).

Leben die Ehegatten hingegen in gerichtlich oder tatsächlich getrennter Ehe, bestimmt das Gesetz, dass die Zustellung an jeden Ehegatten gesondert zu erfolgen hat (Art. 117 Abs. 4 DBG).

15.5 Vertretung

Der verfahrensrechtlichen Gleichstellung der Ehegatten steht nicht entgegen, dass sie sich im Verkehr mit den Steuerbehörden vertreten lassen können. Die vertragliche Vertretung wird in Artikel 117 DBG geregelt.

15.6 Akteneinsichtsrecht

Die steuerliche Gleichberechtigung der Ehegatten wirkt sich auch auf die Akteneinsicht aus. Beide Steuerpflichtigen sind zur Einsicht in alle Steuerakten der Ehegemeinschaft berechtigt (Art. 114 Abs. 2 DBG). Wird einem Ehegatten die Einsichtnahme in ein Aktenstück aufgrund öffentlicher oder privater Interesse verweigert, so darf darauf zum Nachteil dieses Ehegatten nur abgestellt werden, wenn ihm die Behörde von dem für die Sache wesentlichen Inhalt mündlich oder schriftlich Kenntnis und ausserdem Gelegenheit gegeben hat, sich zu äussern und Gegenbeweismittel zu bezeichnen (Art. 114 Abs. 3 DBG). Auf Wunsch des Ehegatten, dem die Einsicht verweigert wurde, hat die Behörde die Verweigerung der Akteneinsicht durch eine Verfügung zu bestätigen, die durch Beschwerde angefochten werden kann (Art. 114 Abs. 4 DBG).

Ab dem Zeitpunkt der Trennung kann ein Ehegatte die Steuerakten des anderen Ehegatten nicht mehr einsehen, da diese getrennt veranlagt werden und es sich somit nicht mehr um gemeinsame Steuerakten im Sinne von Artikel 9 DBG in Verbindung mit Artikel 114 Absatz 1 DBG handelt.

15.7 Verfahrensrechtliche Stellung des überlebenden Ehegatten

Stirbt ein Partner eines gemeinsam veranlagten Ehepaares, kommt dem überlebenden Ehegatten eine besondere Rechtsstellung zu. Einerseits übt er die ihm als selbständig steuerpflichtige Person zustehenden Mitwirkungsrechte und -pflichten selbst aus. Andererseits tritt er als Erbe mit den übrigen Erben in die Rechte und Pflichten seines verstorbenen Ehegatten ein (Art. 12 Abs. 1 DBG) und übernimmt damit auch dessen Verfahrensrechte und -pflichten. Dies bedeutet namentlich, dass der überlebende Ehegatte nicht nur für die eigenen Steuerfaktoren, sondern nun für das gesamte eheliche Einkommen mitwirkungspflichtig wird. Dies wirkt sich auch auf das Ausmass seiner Verantwortlichkeit im Steuerstrafrecht aus (vgl. dazu auch Ziff. 16).

16 Steuerstrafrecht der Ehegatten

16.1 Verletzung von Verfahrenspflichten

Ehegatten machen sich wie die übrigen Steuerpflichten strafbar, wenn sie die ihnen auferlegten steuerlichen Verfahrenspflichten trotz Mahnung schuldhaft nicht nachkommen (Art. 174 DBG). Wegen Verletzung von Verfahrenspflichten macht sich jeder Ehegatte nur nach seinem persönlichen Verschulden strafbar. Die Ehegemeinschaft als solche kann nicht gebüsst werden. Haben beide Ehegatten pflichtwidrig die Mitwirkung verweigert (z.B. Steuererklärung nicht eingereicht) oder sich im Verfahren gemeinsam rechtswidrig verhalten, muss grundsätzlich gegen jeden Ehegatten separat eine Steuerbusse ausgesprochen werden, in welcher das individuelle Verschulden berücksichtigt wird. Wird aber gezielt die Auskunft oder Mitwirkung hinsichtlich der Einkommensbestandteile oder sonstiger steuerlich relevanter Umstände verweigert, die nur einen der beiden Ehegatten betreffen, ist auch nur dieser Ehegatte zu büssen.

16.2 Steuerhinterziehung der Ehegatten

Mit der Inkraftsetzung des Bundesgesetzes vom 20. Dezember 2006 über Änderungen des Nachsteuerverfahrens und des Strafverfahrens wegen Steuerhinterziehung auf dem Gebiet der direkten Steuern hat das Steuerstrafrecht der Ehegatten auf den 1. Januar 2008 eine Modifizierung erfahren. Aufgrund der bis anhin in Artikel 180 Absatz 2 DBG gesetzlich statuierten Schuldvermutung konnte die Steuerbehörde prinzipiell davon ausgehen, dass bei einer unvollständigen oder unrichtigen Deklaration derjenige Ehegatte den Tatbestand der Steuerhinterziehung erfüllte, dem die in Frage stehenden Steuerfaktoren zuzurechnen waren. Von einer auf dieser Tatzuordnung und Schuldvermutung beruhenden Strafe konnte sich der Ehegatte lediglich durch die Erbringung des Exkulpationsbeweises befreien. In Umkehr der strafrechtlichen Beweislast hatte nicht die Steuerbehörde dem Ehegatten das tatbestandsmässige, rechtswidrige und schuldhafte Verhalten nachzuweisen, sondern der Ehegatte hatte die Steuerbehörde von seiner Unschuld zu überzeugen.

Diese Schuldvermutung mit Exkulpationsbeweis stand nicht in Einklang mit der in Artikel 6 § 2 der Konvention vom 4. November 1950 zum Schutze der Menschenrechte und Grundfreiheiten (Europäische Menschenrechtskonvention; EMRK) verankerten Unschuldsvermutung, da die Beweislastverteilung offensichtlich in Widerspruch mit dem strafrechtlichen Grundsatz „in dubio pro reo" stand. Um die ehegattenspezifischen Strafbestimmungen des DBG und des StHG in Einklang mit der EMRK zu bringen, beschlossen die Eidg. Räte die Streichung der gesetzlich statuierten Schuldvermutung.

Gemäss Artikel 180 DBG kann jeder in rechtlich und tatsächlich ungetrennter Ehe lebende Ehegatte nur für die Hinterziehung seiner eigenen Steuerfaktoren gebüsst werden. Die solidarische Haftung des anderen Ehepartners für die Busse bleibt damit ausgeschlossen. Derjenige Ehegatte, der die Einkünfte seines Ehepartners nicht richtig deklariert, verletzt die eigenen Verfahrenspflichten nicht und kann daher nicht als Täter der Steuerhinterziehung bestraft werden.

Allerdings wurde der Vorbehalt von Artikel 177 DBG verankert, in welchem die Teilnahme an einer vollendeten oder versuchten Hinterziehung geregelt wird. Dies hat zur Folge, dass ein Ehegatte - wie jeder andere Steuerpflichtige - als Teilnehmer an einer Steuerhinterziehung seines Partners, d.h. wegen Anstiftung, Gehilfenschaft oder Mitwirkung, bestraft werden kann. Der Gesetzestext hebt zudem ausdrücklich hervor, dass die Unterzeichnung der gemeinsamen Steuererklärung für sich allein keine Teilnahme oder Mitwirkung an einer Hinterziehung der Steuerfaktoren des anderen Ehegatten darstellt.

17 Inkrafttreten

Das vorliegende Kreisschreiben gilt für die Steuerperiode 2011 und tritt per 1. Januar 2011 in Kraft. Es ersetzt

- das Kreisschreiben Nr. 7 vom 21. Januar 2000 betreffend Familienbesteuerung nach dem Bundesgesetz über die direkte Bundessteuer (DBG); Übertragung der gemeinsamen elterlichen Sorge auf unverheiratete Eltern und die gemeinsame Ausübung elterlichen Sorge durch getrennte oder geschiedene Eltern;
- das Kreisschreiben Nr. 14 vom 29. Juli 1994 betreffend Familienbesteuerung nach dem Bundesgesetz über die direkte Bundessteuer (DBG);
- das Kreisschreiben Nr. 13 vom 28. Juli 1994 betreffend Abzug bei Erwerbstätigkeit beider Ehegatten.

Beilagen:

1. Übersicht über die Familienkonstellationen
2. Tabelle zu den verschiedenen Familienkonstellationen

Beilage 1

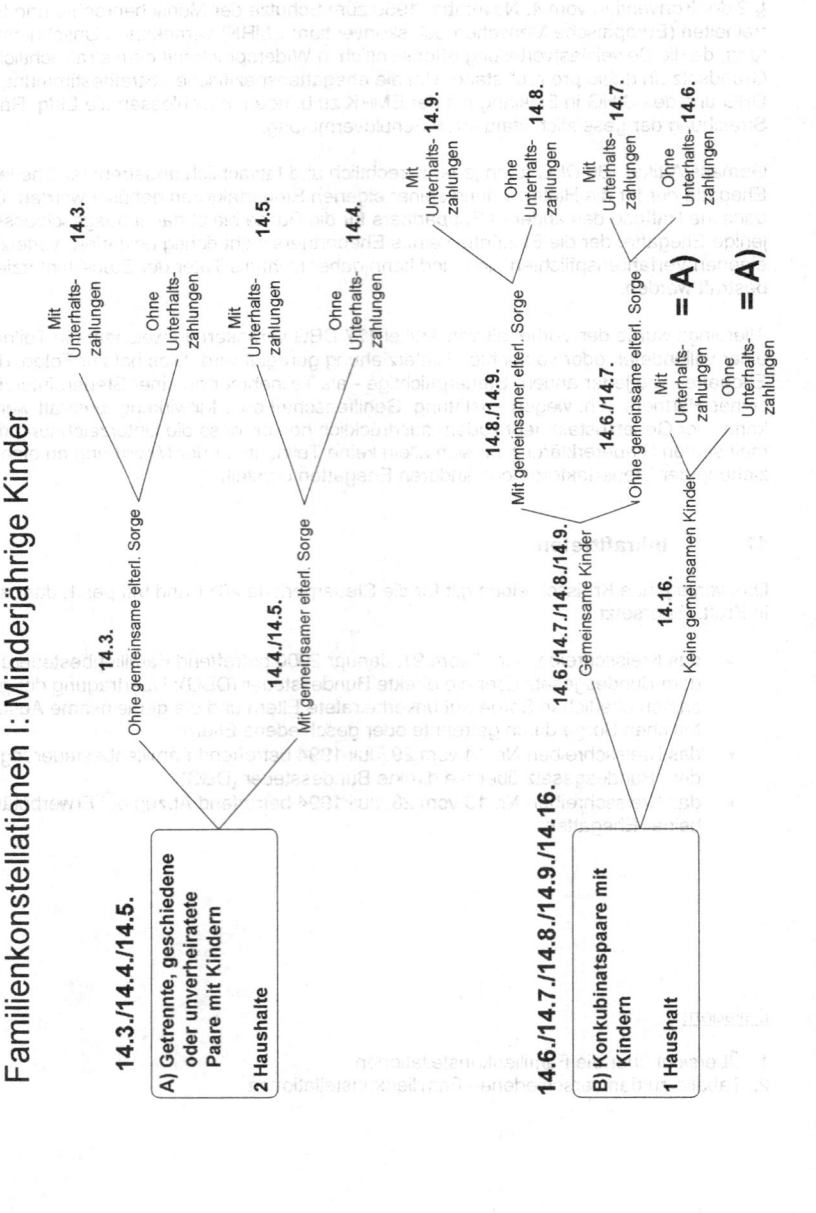

Familienkonstellationen I: Minderjährige Kinder

14.3./14.4./14.5.

A) Getrennte, geschiedene oder unverheiratete Paare mit Kindern — 2 Haushalte

- **14.3.** Ohne gemeinsamer elterl. Sorge
- **14.4./14.5.** Mit gemeinsamer elterl. Sorge
  - **14.4.** Ohne Unterhaltszahlungen
  - **14.5.** Mit Unterhaltszahlungen
- **14.3.** Mit Unterhaltszahlungen

14.6./14.7./14.8./14.9./14.16.

B) Konkubinatspaare mit Kindern — 1 Haushalt

- **14.6./14.7./14.8./14.9.** Gemeinsame Kinder
  - **14.8./14.9.** Mit gemeinsamer elterl. Sorge
    - **14.9.** Mit Unterhaltszahlungen
    - **14.8.** Ohne Unterhaltszahlungen
  - **14.6./14.7.** Ohne gemeinsamer elterl. Sorge
    - **14.7.** Mit Unterhaltszahlungen
    - **14.6.** Ohne Unterhaltszahlungen
- **14.16.** Keine gemeinsamen Kinder = A)

Seite 1

Seite 2

Familienkonstellationen II: Volljährige Kinder in 1. Ausbildung

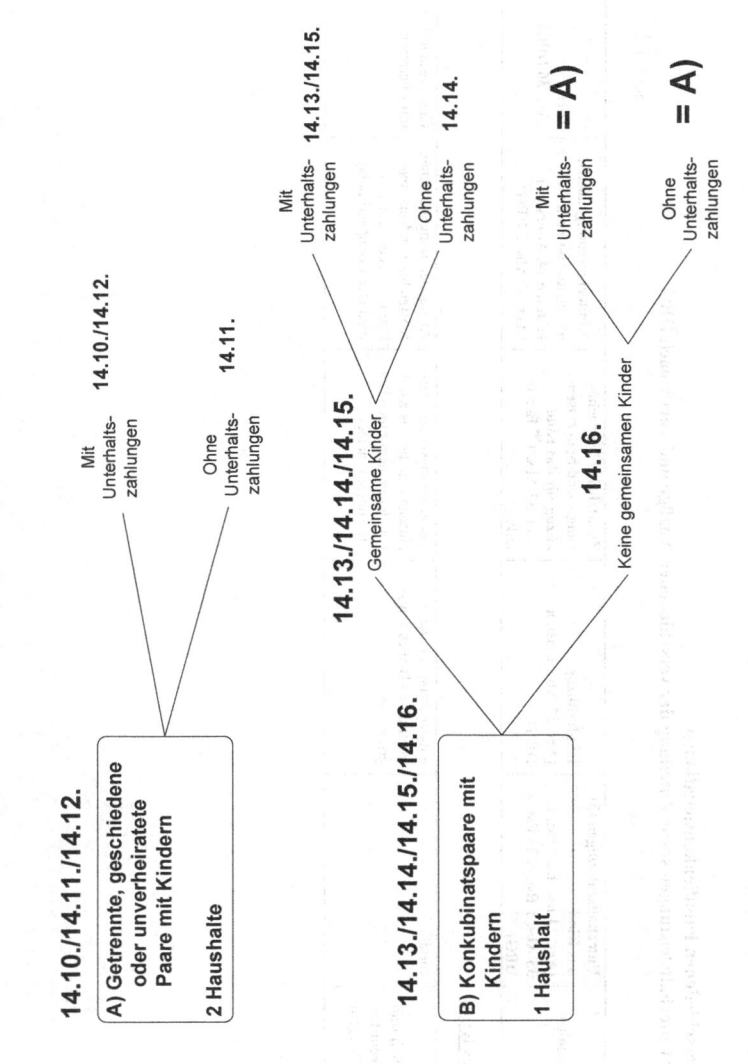

14.10./14.11./14.12.

A) Getrennte, geschiedene oder unverheiratete Paare mit Kindern

2 Haushalte

- Mit Unterhaltszahlungen — **14.10./14.12.**
- Ohne Unterhaltszahlungen — **14.11.**

14.13./14.14./14.15./14.16.

B) Konkubinatspaare mit Kindern

1 Haushalt

- Gemeinsame Kinder **14.13./14.14./14.15.**
  - Mit Unterhaltszahlungen — **14.13./14.15.**
  - Ohne Unterhaltszahlungen — **14.14.**
- Keine gemeinsamen Kinder **14.16.**
  - Mit Unterhaltszahlungen — = A)
  - Ohne Unterhaltszahlungen — = A)

Beilage 2

Tabelle zu den verschiedenen Familienkonstellationen
Besteuerung der Unterhaltsleistungen sowie Zuteilung der verschiedenen Abzüge und Tarife nach DBG

Seite 1/13

Familienkonstellationen (Kapitel im KS)	Unterhaltszahlungen für das Kind (Art. 23 Bst. f, 24 Bst. e, 33 Abs. 1 Bst. c, 34 Bst. a DBG)	Kinderabzug (Art. 35 Abs. 1 Bst. a DBG)	Zusätzlicher Versicherungs- und Sparzinsenabzug für das Kind (Art. 33 Abs. 1bis Bst. b DBG)	Kinderbetreuungskostenabzug nur bis zum vollendeten 14. Altersjahr (Art. 33 Abs. 3 DBG)	Tarif (Art. 36 DBG)
Minderjähriges Kind					
Normalfall: Ehepaar in rechtlich und tatsächlich ungetrennter Ehe mit minderjährigem Kind	entfällt	Kinderabzug von der gemeinsamen Bemessungsgrundlage	Versicherungs- und Sparzinsenabzug für das Kind von der gemeinsamen Bemessungsgrundlage	Abzug der nachgewiesenen Kosten bis zum Maximalbetrag von der gemeinsamen Bemessungsgrundlage	Gemeinsame Veranlagung mit Elterntarif

Beilage 2

Tabelle zu den verschiedenen Familienkonstellationen
Besteuerung der Unterhaltsleistungen sowie Zuteilung der verschiedenen Abzüge und Tarife nach DBG

Seite 2/13

Familienkonstellationen (Kapitel im KS)	Unterhaltszahlungen für das Kind (Art. 23 Bst. f, 24 Bst. e, 33 Abs. 1 Bst. c, 34 Bst. a DBG)	Kinderabzug (Art. 35 Abs. 1 Bst. a DBG)	Zusätzlicher Versicherungs- und Sparzinsenabzug für das Kind (Art. 33 Abs. 1bis Bst. b DBG)	Kinderbetreuungskostenabzug nur bis zum vollendeten 14. Altersjahr (Art. 33 Abs. 3 DBG)	Tarif (Art. 36 DBG)
14.3. Getrennte, geschiedene oder unverheiratete Eltern (zwei Haushalte) mit minderjährigem Kind, ohne gemeinsame elterliche Sorge, mit Unterhaltszahlungen	• Unterhaltszahlungen, die ein Elternteil für die unter seiner elterlichen Sorge stehenden Kinder erhält, sind vom Empfänger vollständig zu versteuern. • Die Unterhaltszahlungen können vom leistenden Elternteil vollumfänglich in Abzug gebracht werden.	Der Elternteil, der die Unterhaltszahlungen erhält.	Der Elternteil, der die Unterhaltszahlungen erhält.	• Der Elternteil, der mit dem Kind zusammenlebt und für seinen Unterhalt sorgt. • Befindet sich das Kind in alternierender Obhut, kann jeder Elternteil max. CHF 5050 der nachgewiesenen Kosten für die Kinderfremdbetreuung in Abzug bringen. Eine andere Aufteilung ist von den Eltern nachzuweisen. Betragen die geltend gemachten Kosten beider Elternteile aber zusammen mehr als den Maximalbetrag von CHF 10'100, werden die Abzüge im Verhältnis der nachgewiesenen Kosten auf diesen Maximalbetrag gekürzt.[1)]	• Der Elternteil, der mit dem Kind zusammenlebt und dessen Unterhalt zur Hauptsache bestreitet, erhält den Elterntarif. • Der andere Elternteil wird zum Grundtarif besteuert.

Beilage 2
Tabelle zu den verschiedenen Familienkonstellationen
Besteuerung der Unterhaltsleistungen sowie Zuteilung der verschiedenen Abzüge und Tarife nach DBG

Familienkonstellationen (Kapitel im KS)	Unterhaltszahlungen für das Kind (Art. 23 Bst. f, 24 Bst. e, 33 Abs. 1 Bst. c, 34 Bst. a DBG)	Kinderabzug (Art. 35 Abs. 1 Bst. a DBG)	Zusätzlicher Versicherungs- und Sparzinsenabzug für das Kind (Art. 33 Abs. 1bis Bst. b DBG)	Kinderbetreuungskostenabzug nur bis zum vollendeten 14. Altersjahr (Art. 33 Abs. 3 DBG)	Tarif (Art. 36 DBG)
14.4. Getrennte, geschiedene oder unverheiratete Eltern (zwei Haushalte) mit minderjährigem Kind, mit gemeinsamer elterlicher Sorge, keine Unterhaltszahlungen	entfällt	Jeder Elternteil erhält je den halben Kinderabzug.	Jeder Elternteil erhält je den halben Abzug für das Kind.	• Der Elternteil, der mit dem Kind zusammenlebt. • Befindet sich das Kind in alternierender Obhut, kann jeder Elternteil max. CHF 5'050 der nachgewiesenen Kosten für die Kinderfremdbetreuung in Abzug bringen. Eine andere Aufteilung ist von den Eltern nachzuweisen. Betragen die geltend gemachten Kosten beider Elternteile aber zusammen mehr als den Maximalbetrag von CHF 10'100, werden die Abzüge im Verhältnis der nachgewiesenen Kosten auf diesen Maximalbetrag gekürzt.[1)]	• Der Elternteil, der mit dem Kind zusammenlebt und zur Hauptsache für dessen Unterhalt aufkommt, erhält den Elternteil. Der andere Elternteil wird zum Grundtarif besteuert. • Bei alternierender Obhut erhält derjenige Elternteil der zur Hauptsache für den Unterhalt des Kindes aufkommt, den Elternteil, d.h. in der Regel derjenige mit dem höheren Reineinkommen. Der andere Elternteil wird zum Grundtarif besteuert.

Seite 3/13

Beilage 2

Tabelle zu den verschiedenen Familienkonstellationen
Besteuerung der Unterhaltsleistungen sowie Zuteilung der verschiedenen Abzüge und Tarife nach DBG

Seite 4/13

Familienkonstellationen (Kapitel im KS)	Unterhaltszahlungen für das Kind (Art. 23 Bst. f, 24 Bst. e, 33 Abs. 1 Bst. c, 34 Bst. a DBG)	Kinderabzug (Art. 35 Abs. 1 Bst. a DBG)	Zusätzlicher Versicherungs- und Sparzinsenabzug für das Kind (Art. 33 Abs. 1bis Bst. b DBG)	Kinderbetreuungskostenabzug nur bis zum vollendeten 14. Altersjahr (Art. 33 Abs. 3 DBG)	Tarif (Art. 36 DBG)
14.5. Getrennte, geschiedene oder unverheiratete Eltern (zwei Haushalte) mit minderjährigem Kind, mit gemeinsamer elterlicher Sorge, mit Unterhaltszahlungen	• Unterhaltszahlungen, die ein Elternteil für die unter seiner elterlichen Sorge stehenden Kinder erhält, sind vom Empfänger vollständig zu versteuern. • Die Unterhaltszahlungen können vom leistenden Elternteil vollumfänglich in Abzug gebracht werden.	Der Elternteil, der die Unterhaltszahlungen erhält.	Der Elternteil, der die Unterhaltszahlungen erhält.	• Der Elternteil, der die Unterhaltszahlungen erhält. • Befindet sich das Kind in alternierender Obhut, kann jeder Elternteil max. CHF 5050 der nachgewiesenen Kosten für die Kinderfremdbetreuung in Abzug bringen. Eine andere Aufteilung ist von den Eltern nachzuweisen. Betragen die geltend gemachten Kosten beider Elternteile aber zusammen mehr als den Maximalbetrag von CHF 10'100, werden die Abzüge im Verhältnis der nachgewiesenen Kosten auf diesen Maximalbetrag gekürzt.[1)]	• Der Elternteil, der die Unterhaltszahlungen erhält, wird zum Elterntarif besteuert. • Der Elternteil, der die Unterhaltszahlungen leistet, wird zum Grundtarif besteuert.
14.6. Konkubinat mit gemeinsamem minderjährigem Kind, ohne gemeinsame elterliche Sorge, keine Unterhaltszahlungen	entfällt	Der Elternteil, der die elterliche Sorge innehält.	Der Elternteil, der die elterliche Sorge innehält.	Der Elternteil, der die elterliche Sorge innehält, kann die von ihm nachgewiesenen Kosten in Abzug bringen.	• Der Elternteil, der die elterliche Sorge innehält, erhält den Elterntarif. • Der andere Elternteil wird zum Grundtarif besteuert.

Beilage 2

Tabelle zu den verschiedenen Familienkonstellationen
Besteuerung der Unterhaltsleistungen sowie Zuteilung der verschiedenen Abzüge und Tarife nach DBG

Seite 5/13

Familienkonstellationen (Kapitel im KS)	Unterhaltszahlungen für das Kind (Art. 23 Bst. f, 24 Bst. e, 33 Abs. 1 Bst. c, 34 Bst. a DBG)	Kinderabzug (Art. 35 Abs. 1 Bst. a DBG)	Zusätzlicher Versicherungs- und Sparzinsenabzug für das Kind (Art. 33 Abs. 1bis Bst. b DBG)	Kinderbetreuungskostenabzug nur bis zum vollendeten 14. Altersjahr (Art. 33 Abs. 3 DBG)	Tarif (Art. 36 DBG)
14.7. Konkubinat mit gemeinsamem minderjährigem Kind, ohne gemeinsame elterliche Sorge, mit Unterhaltszahlungen.	• Unterhaltszahlungen, die ein Elternteil für die unter seiner elterlichen Sorge stehenden Kinder erhält, sind vom Empfänger vollständig zu versteuern. • Die Unterhaltszahlungen können vom leistenden Elternteil vollumfänglich in Abzug gebracht werden.	Der Elternteil, der die Unterhaltszahlungen erhält.	Der Elternteil, der die Unterhaltszahlungen erhält.	Jeder Elternteil kann max. CHF 5'050 der nachgewiesenen Kosten für die Kinderfremdbetreuung in Abzug bringen. Eine andere Aufteilung ist von den Eltern nachzuweisen. Betragen die geltend gemachten Kosten beider Elternteile aber zusammen mehr als den Maximalbetrag von CHF 10'100, werden die Abzüge im Verhältnis der nachgewiesenen Kosten auf diesen Maximalbetrag gekürzt.[1]	• Der Elternteil, der die Unterhaltszahlungen erhält, wird zum Elterntarif besteuert. • Der Elternteil, der die Unterhaltszahlungen leistet, wird zum Grundtarif besteuert.

Beilage 2

Tabelle zu den verschiedenen Familienkonstellationen
Besteuerung der Unterhaltsleistungen sowie Zuteilung der verschiedenen Abzüge und Tarife nach DBG

Seite 6/13

Familienkonstellationen (Kapitel im KS)	Unterhaltszahlungen für das Kind (Art. 23 Bst. f, 24 Bst. e, 33 Abs. 1 Bst. c, 34 Bst. a DBG)	Kinderabzug (Art. 35 Abs. 1 Bst. a DBG)	Zusätzlicher Versicherungs- und Sparzinsenabzug für das Kind (Art. 33 Abs. 1bis Bst. b DBG)	Kinderbetreuungskostenabzug nur bis zum vollendeten 14. Altersjahr (Art. 33 Abs. 3 DBG)	Tarif (Art. 36 DBG)
14.8. Konkubinat mit gemeinsamem minderjährigem Kind, mit gemeinsamer elterlicher Sorge, keine Unterhaltszahlungen	entfällt	Jeder Elternteil erhält je den halben Kinderabzug.	Jeder Elternteil erhält je den halben Versicherungsabzug für das Kind.	Jeder Elternteil kann max. CHF 5'050 der nachgewiesenen Kosten für die Kinderfremdbetreuung in Abzug bringen. Eine andere Aufteilung ist von den Eltern nachzuweisen. Betragen die geltend gemachten Kosten beider Elternteile aber zusammen mehr als den Maximalbetrag von CHF 10'100, werden die Abzüge im Verhältnis der nachgewiesenen Kosten auf diesen Maximalbetrag gekürzt.$^{1)}$	• Der Elternteil, der zur Hauptsache für den Unterhalt des Kindes aufkommt, erhält den Elterntarif, d.h. in der Regel derjenige mit dem höheren Einkommen. • Der andere Elternteil wird zum Grundtarif besteuert.

6

Beilage 2

Tabelle zu den verschiedenen Familienkonstellationen
Besteuerung der Unterhaltsleistungen sowie Zuteilung der verschiedenen Abzüge und Tarife nach DBG

Seite 7/13

Familienkonstellationen (Kapitel im KS)	Unterhaltszahlungen für das Kind (Art. 23 Bst. f, 24 Bst. e, 33 Abs. 1 Bst. c, 34 Bst. a DBG)	Kinderabzug (Art. 35 Abs. 1 Bst. a DBG)	Zusätzlicher Versicherungs- und Sparzinsenabzug für das Kind (Art. 33 Abs. 1bis Bst. b DBG)	Kinderbetreuungskostenabzug nur bis zum vollendeten 14. Altersjahr (Art. 33 Abs. 3 DBG)	Tarif (Art. 36 DBG)
14.9. Konkubinat mit gemeinsamem minderjährigem Kind, mit gemeinsamer elterlicher Sorge, mit Unterhaltszahlungen	• Unterhaltszahlungen, die ein Elternteil für die unter seiner elterlichen Sorge stehenden Kinder erhält, sind vom Empfänger vollständig zu versteuern. • Die Unterhaltszahlungen können vom leistenden Elternteil vollumfänglich in Abzug gebracht werden.	Der Elternteil, der die Unterhaltszahlungen erhält.	Der Elternteil, der die Unterhaltszahlungen erhält.	Jeder Elternteil kann max. CHF 5'050 der nachgewiesenen Kosten für die Kinderfremdbetreuung in Abzug bringen. Eine andere Aufteilung ist von den Eltern nachzuweisen. Betragen die geltend gemachten Kosten beider Elternteile aber zusammen mehr als den Maximalbetrag von CHF 10'100, werden die Abzüge im Verhältnis der nachgewiesenen Kosten auf diesen Maximalbetrag gekürzt. [1]	• Der Elternteil, der die Unterhaltszahlungen erhält, wird zum Elterntarif besteuert. • Der Elternteil, der die Unterhaltszahlungen leistet, wird zum Grundtarif besteuert.

Beilage 2

Tabelle zu den verschiedenen Familienkonstellationen
Besteuerung der Unterhaltsleistungen sowie Zuteilung der verschiedenen Abzüge und Tarife nach DBG

Seite 8/13

Familienkonstellationen (Kapitel im KS)	Unterhaltszahlungen für das Kind (Art. 23 Bst. f, 24 Bst. e, 33 Abs. 1 Bst. c, 34 Bst. a DBG)	Kinderabzug (Art. 35 Abs. 1 Bst. a DBG)	Zusätzlicher Versicherungs- und Sparzinsenabzug für das Kind (Art. 33 Abs. 1bis Bst. b DBG)	Kinderbetreuungskostenabzug nur bis zum vollendeten 14. Altersjahr (Art. 33 Abs. 3 DBG)	Tarif (Art. 36 DBG)
Volljähriges Kind		Voraussetzung: Der Abzug wird nur gewährt, wenn das Kind kein Einkommen erzielt, das einen selbständigen Lebensunterhalt ermöglicht.	Voraussetzung: Der Abzug wird nur gewährt, wenn das Kind kein Einkommen erzielt, das einen selbständigen Lebensunterhalt ermöglicht.		Voraussetzung: Der Elterntarif wird nur gewährt, wenn das Kind kein Einkommen erzielt, das einen selbständigen Lebensunterhalt ermöglicht und Wohnsitz bei den Eltern hat.
Normalfall: Verheiratete Eltern leben zusammen, Volljähriges Kind in Erstausbildung.	entfällt	Kinderabzug von der gemeinsamen Bemessungsgrundlage.	Versicherungsabzug für das Kind von der gemeinsamen Bemessungsgrundlage.	entfällt	Gemeinsame Veranlagung mit Elterntarif
14.10. Getrennte, geschiedene oder unverheiratete Eltern (2 Haushalte) mit volljährigem Kind in Erstausbildung, mit Unterhaltszahlungen. Kind hat Wohnsitz bei einem Elternteil.	• Die Unterhaltszahlungen an das volljährige Kind sind bei diesem steuerfrei. • Die Unterhaltszahlungen können vom leistenden Elternteil nicht mehr in Abzug gebracht werden.	• Der Unterhaltszahlungen leistende Elternteil kann den Kinderabzug geltend machen. • Leisten beide Elternteile Unterhaltszahlungen, kann der Elternteil mit dem höheren Einkommen den Kinderabzug geltend machen. Der andere Elternteil kann den Unterstützungsabzug geltend machen, sofern seine Leistungen mindestens in der Höhe des Abzuges erfolgen.	• Der Elternteil, der den Kinderabzug geltend machen kann. • Leisten beide Elternteile Unterhaltszahlungen und erfüllen die Voraussetzungen von Art. 35 Abs. 1 Bst. a bzw. Bst. b DBG, können beide den Abzug geltend machen.	entfällt	• Der Elternteil, bei dem das Kind lebt und dessen Unterhalt zur Hauptsache bestreitet, erhält den Elterntarif. • Der Unterhaltszahlungen leistende Elternteil wird zum Grundtarif besteuert.

Beilage 2

Tabelle zu den verschiedenen Familienkonstellationen
Besteuerung der Unterhaltsleistungen sowie Zuteilung der verschiedenen Abzüge und Tarife nach DBG

Familienkonstellationen (Kapitel im KS)	Unterhaltszahlungen für das Kind (Art. 23 Bst. f, 24 Bst. e, 33 Abs. 1 Bst. c, 34 Bst. a DBG)	Kinderabzug (Art. 35 Abs. 1 Bst. a DBG)	Zusätzlicher Versicherungs- und Sparzinsenabzug für das Kind (Art. 33 Abs. 1bis Bst. b DBG)	Kinderbetreuungskostenabzug nur bis zum vollendeten 14. Altersjahr (Art. 33 Abs. 3 DBG)	Tarif (Art. 36 DBG)
14.11. Getrennte, geschiedene oder unverheiratete Eltern (2 Haushalte) mit volljährigem Kind in Erstausbildung, keine Unterhaltszahlungen, Kind hat Wohnsitz bei einem Elternteil.	entfällt	Der Elternteil, bei dem das Kind lebt.	Der Elternteil, bei dem das Kind lebt.	entfällt	• Der Elternteil, bei dem das Kind lebt und dessen Unterhalt zur Hauptsache bestreitet, erhält den Elterntarif. • Der andere Elternteil wird zum Grundtarif besteuert.
14.12. Getrennte, geschiedene oder unverheiratete Eltern (2 Haushalte) mit volljährigem Kind in Erstausbildung, mit Unterhaltszahlungen, Kind hat eigenen Wohnsitz.	• Die Unterhaltszahlungen an das volljährige Kind sind bei diesem steuerfrei. • Die Unterhaltszahlungen können vom leistenden Elternteil nicht mehr in Abzug gebracht werden.	• Der Unterhaltszahlungen leistende Elternteil kann den Kinderabzug geltend machen. • Leisten beide Elternteile Unterhaltszahlungen, kann der Elternteil mit dem höheren Einkommen den Kinderabzug geltend machen. Der andere Elternteil kann den Unterstützungsabzug geltend machen, sofern seine Leistungen mindestens in der Höhe des Abzuges erfolgen.	• Der Elternteil, der den Kinderabzug geltend machen kann. • Leisten beide Elternteile Unterhaltszahlungen und erfüllen die Voraussetzungen von Art. 35 Abs. 1 Bst. a bzw. Bst. b DBG, können beide den Abzug geltend machen.	entfällt	Beide Elternteile werden zum Grundtarif besteuert.

Seite 9/13

Beilage 2

Tabelle zu den verschiedenen Familienkonstellationen
Besteuerung der Unterhaltsleistungen sowie Zuteilung der verschiedenen Abzüge und Tarife nach DBG

Seite 10/13

Familienkonstellationen (Kapitel im KS)	Unterhaltszahlungen für das Kind (Art. 23 Bst. f, 24 Bst. e, 33 Abs. 1 Bst. c, 34 Bst. a DBG)	Kinderabzug (Art. 35 Abs. 1 Bst. a DBG)	Zusätzlicher Versicherungs- und Sparzinsenabzug für das Kind (Art. 33 Abs. 1bis Bst. b DBG)	Kinderbetreuungskostenabzug nur bis zum vollendeten 14. Altersjahr (Art. 33 Abs. 3 DBG)	Tarif (Art. 36 DBG)
14.13. Konkubinat mit gemeinsamem volljährigem Kind in Erstausbildung, mit Unterhaltszahlungen. Kind hat Wohnsitz bei den Eltern.	• Die Unterhaltszahlungen an das volljährige Kind sind bei diesem steuerfrei. • Die Unterhaltszahlungen vom leistenden Elternteil nicht mehr in Abzug gebracht werden.	• Der Unterhaltszahlungen leistende Elternteil kann den Kinderabzug geltend machen. • Leisten beide Elternteile Unterhaltszahlungen, kann der Elternteil mit dem höheren Einkommen den Kinderabzug geltend machen. Der andere Elternteil kann den Unterstützungsabzug geltend machen, sofern seine Leistungen mindestens in der Höhe des Abzuges erfolgen.	• Der Elternteil, der den Kinderabzug geltend machen kann. • Leisten beide Elternteile Unterhaltszahlungen und erfüllen die Voraussetzungen von Art. 35 Abs. 1 Bst. a bzw. Bst. b DBG, können beide den Abzug geltend machen.	entfällt	• Der Elternteil, der den Kinderabzug geltend machen kann, erhält den Elterntarif. • Der andere Elternteil wird zum Grundtarif besteuert.
14.14. Konkubinat mit gemeinsamem volljährigem Kind in Erstausbildung, keine Unterhaltszahlungen. Kind hat Wohnsitz bei den Eltern.	entfällt	Der Elternteil mit den höheren finanziellen Leistungen, d.h. in der Regel derjenige mit dem höheren Einkommen.	Der Elternteil mit den höheren finanziellen Leistungen, d.h. in der Regel derjenige mit dem höheren Einkommen.	entfällt	• Der Elternteil mit den höheren finanziellen Leistungen, d.h. in der Regel derjenige mit dem höheren Einkommen, erhält den Elterntarif. • Der andere Elternteil wird zum Grundtarif besteuert.

Beilage 2

Tabelle zu den verschiedenen Familienkonstellationen
Besteuerung der Unterhaltsleistungen sowie Zuteilung der verschiedenen Abzüge und Tarife nach DBG

Seite 11/13

Familienkonstellationen (Kapitel im KS)	Unterhaltszahlungen für das Kind (Art. 23 Bst. f, 24 Bst. e, 33 Abs. 1 Bst. c, 34 Bst. a DBG)	Kinderabzug (Art. 35 Abs. 1 Bst. a DBG)	Zusätzlicher Versicherungs- und Sparzinsenabzug für das Kind (Art. 33 Abs. 1bis Bst. b DBG)	Kinderbetreuungskostenabzug nur bis zum vollendeten 14. Altersjahr (Art. 33 Abs. 3 DBG)	Tarif (Art. 36 DBG)
14.15. Konkubinat mit gemeinsamem volljährigem Kind in Erstausbildung, mit Unterhaltszahlungen. Kind hat eigenen Wohnsitz.	• Die Unterhaltszahlungen an das volljährige Kind sind bei diesem steuerfrei. • Die Unterhaltszahlungen können vom leistenden Elternteil nicht mehr in Abzug gebracht werden.	• Der Unterhaltszahlungen leistende Elternteil kann den Kinderabzug geltend machen. • Leisten beide Elternteile Unterhaltszahlungen, kann der Elternteil mit dem höheren Einkommen den Kinderabzug geltend machen. Der andere Elternteil kann den Unterstützungsabzug geltend machen, sofern seine Leistungen mindestens in der Höhe des Abzuges erfolgen.	• Der Elternteil, der den Kinderabzug geltend machen kann. • Leisten beide Elternteile Unterhaltszahlungen und erfüllen die Voraussetzungen von Art. 35 Abs. 1 Bst. a bzw. Bst. b DBG, können beide den Abzug geltend machen.	entfällt	Beide Elternteile werden zum Grundtarif besteuert.
14.16. Konkubinat ohne gemeinsames Kind	Für die getrennt lebenden Elternteile gelten je nach Konstellation die Regeln der Fälle 14.3. – 14.5. und 14.10.–14.12.				

Beilage 2

Tabelle zu den verschiedenen Familienkonstellationen
Besteuerung der Unterhaltsleistungen sowie Zuteilung der verschiedenen Abzüge und Tarife nach DBG

Seite 12/13

Familienkonstellationen (Kapitel im KS)	Unterhaltszahlungen für das Kind (Art. 23 Bst. f, 24 Bst. e, 33 Abs. 1 Bst. c, 34 Bst. a DBG)	Kinderabzug (Art. 35 Abs. 1 Bst. a DBG)	Zusätzlicher Versicherungs- und Sparzinsenabzug für das Kind (Art. 33 Abs. 1bis Bst. b DBG)	Kinderbetreuungskostenabzug nur bis zum vollendeten 14. Altersjahr (Art. 33 Abs. 3 DBG)	Tarif (Art. 36 DBG)
13.4.5. Kindesgeburt, Stichtag?	Ab Geburt bis zur Volljährigkeit	31.12. bzw. Ende der Steuerpflicht	31.12. bzw. Ende der Steuerpflicht	Ab Geburt bis zum vollendeten 14. Altersjahr	31.12. bzw. Ende der Steuerpflicht
13.4.6. Eltern sind nur einen Teil des Jahres in der Schweiz steuerpflichtig	Pro rata temporis	Pro rata temporis	Pro rata temporis	Pro rata temporis	Anteilige Reduktion des Steuerbetrags im Verhältnis des steuerbaren Einkommens zum höheren satzbestimmenden Einkommen (unter Vorbehalt anders lautender DBA)
13.4.7. Beide Elternteile sind nur beschränkt steuerpflichtig	Ausscheidung aufgrund Nettoeinkommen[2] (unter Vorbehalt anders lautender DBA)	Ausscheidung aufgrund Reineinkommen[2] (unter Vorbehalt anders lautender DBA)	Ausscheidung aufgrund Nettoeinkommen[2] (unter Vorbehalt anders lautender DBA)	Ausscheidung aufgrund Nettoeinkommen[2] (unter Vorbehalt anders lautender DBA)	Anteilige Reduktion des Steuerbetrags im Verhältnis des in der Schweiz steuerbaren Einkommens zum höheren satzbestimmenden Einkommen (unter Vorbehalt anders lautender DBA)

Beilage 2

Tabelle zu den verschiedenen Familienkonstellationen
Besteuerung der Unterhaltsleistungen sowie Zuteilung der verschiedenen Abzüge und Tarife nach DBG

Seite 13/13

[2] Systematik im DBG

2. Teil, 2. Titel: Einkommenssteuer:

Steuerbare Einkünfte
gem. 1. Kapitel, Abschnitte 1 - 7

= *„Brutto-Einkommen"*
./. „Gewinnungskosten" gem. 3. Kapitel, Abschnitte 1 - 4

= *„Netto-Einkommen"*
./. Allgemeine Abzüge gem. Abschnitt 5

= *Reineinkommen*
./. Sozialabzüge gem. 4. Kapitel

= *Steuerbares Einkommen*

[1] Beispiel: Kinderdrittbetreuungskosten

Elternteil 1	6'000	
Elternteil 2	9'000	
Total	15'000	
Maximalbetrag	10'100	
Veranlagung		
Elternteil 1	$\dfrac{10'100 \times 6'000}{15'000}$	4'040
Elternteil 2	$\dfrac{10'100 \times 9'000}{15'000}$	6'060
Total insgesamt		**10'100**

Kapitaleinlageprinzip

Quelle: Eidg. Steuerverwaltung ESTV / HA Direkte Bundessteuer, Verrechnungssteuer, Stempelabgaben

Direkte Bundessteuer
Verrechnungssteuer
Stempelabgaben

Bern, 23.12.2022

Kreisschreiben Nr. 29c

Kapitaleinlageprinzip

Inhaltsverzeichnis

1.	Gegenstand des Kreisschreibens	4
2.	Kapitaleinlagen	5
2.1.	Grundsätze	5
2.2.	Spezialfälle	5
2.2.1.	Vorteilszuwendungen unter Schwestergesellschaften	5
2.2.2.	Liberierung neuer Beteiligungsrechte durch Tochtergesellschaften	5
2.2.3.	Kapitaleinlagen aus Sanierungen	6
3.	Reserven	7
3.1.	*Reserven aus Kapitaleinlagen*	7
3.2.	*Übrige Reserven*	7
4.	Ausschüttungen / Rückzahlungen allgemein	8
4.1.	*Grundsätze*	8
4.2.	*Spezialfälle*	11
4.2.1.	Gratisaktien und Gratisnennwerterhöhungen	11
4.2.2.	Direkte Teilliquidation	11
4.2.3.	Rückkauf eigener Beteiligungsrechte	11
4.2.4.	Indirekte Teilliquidation	11
4.2.5.	Transponierung	11

5.		**Ausschüttungen und Teilliquidationen von an einer schweizerischen Börse kotierten Kapitalgesellschaften oder Genossenschaften** 13
5.1.		*Ausschüttungsregel* 13
5.1.1.		Handelsrechtlich ausschüttungsfähige übrige Reserven 13
5.1.2.		Regelverletzung 13
5.1.3.		Ausland-KER nach Artikel 5 Absatz 1^{quater} Buchstaben a und b VStG 13
5.1.4.		Ausnahmen 14
5.1.5.		Gratisaktien und Gratisnennwerterhöhungen 14
5.2.		*Teilliquidationsregel* 14
5.2.1.		Regelverletzung 14
6.		**Umstrukturierungen allgemein** 15
6.1.		*Übertragung eines Betriebes oder Teilbetriebes einer Personenunternehmung auf eine juristische Person* 15
6.2.		*Zusammenschluss (Fusion)* 15
6.2.1.		Echte und unechte Fusion unabhängiger Gesellschaften 15
6.2.2.		Echte und unechte Fusion verbundener Gesellschaften 16
6.2.3.		Absorption einer Tochtergesellschaft („Up-Stream Merger") 16
6.2.4.		Absorption der Muttergesellschaft („Reverse Merger") 16
6.2.5.		Fusionsähnlicher Zusammenschluss („Quasifusion") 17
6.3.		*Umwandlung* 17
6.3.1.		Umwandlung einer Kapitalgesellschaft oder Genossenschaft in eine andere Kapitalgesellschaft oder Genossenschaft 17
6.3.2.		Umwandlung einer Kapitalgesellschaft oder Genossenschaft in einen Verein, in eine Stiftung oder eine übrige juristische Person 18
6.3.3.		Umwandlung eines Vereins, einer Stiftung oder einer übrigen juristischen Person in eine Kapitalgesellschaft oder Genossenschaft 18
6.3.4.		Umwandlung eines Instituts des öffentlichen Rechts in eine Kapitalgesellschaft oder in eine Genossenschaft 18
6.3.5.		Umwandlung einer Kapitalgesellschaft oder Genossenschaft in eine Personenunternehmung 19
6.4.		*Spaltung* 19
6.5.		*Ausgliederung* 20
6.6.		*Übertragung zwischen inländischen Konzerngesellschaften* 20

7.	**Umstrukturierungen von an einer schweizerischen Börse kotierten Kapitalgesellschaften oder Genossenschaften**	21
7.1.	*Zusammenschluss (Fusion)*	21
7.1.1.	Echte und unechte Fusion unabhängiger Gesellschaften	21
7.1.2.	Echte und unechte Fusion verbundener Gesellschaften	21
7.1.3.	Absorption einer Tochtergesellschaft („Up-Stream Merger")	21
7.1.4.	Absorption der Muttergesellschaft („Reverse Merger")	21
7.1.5.	Fusionsähnlicher Zusammenschluss („Quasifusion")	21
7.2.	*Umwandlung*	22
7.2.1.	Umwandlung einer Kapitalgesellschaft oder Genossenschaft in eine andere Kapitalgesellschaft oder Genossenschaft	22
7.2.2.	Umwandlung einer Kapitalgesellschaft oder Genossenschaft in einen Verein, in eine Stiftung oder eine übrige juristische Person	22
7.2.3.	Umwandlung eines Vereins, einer Stiftung oder einer übrigen juristischen Person in eine Kapitalgesellschaft oder Genossenschaft	22
7.2.4.	Umwandlung eines Instituts des öffentlichen Rechts in eine Kapitalgesellschaft oder in eine Genossenschaft	22
7.2.5.	Umwandlung einer Kapitalgesellschaft oder Genossenschaft in eine Personenunternehmung	22
7.3.	*Spaltung*	23
7.4.	*Ausgliederung*	23
7.5.	*Übertragung zwischen inländischen Konzerngesellschaften*	23
8.	**Zuzug einer juristischen Person aus dem Ausland**	24
9.	**Ausweis im Jahresabschluss und Meldung von Veränderungen**	25
9.1.	*Ausweis im Jahresabschluss*	25
9.2.	*Deklaration für die direkte Bundessteuer*	25
9.3.	*Meldung für die Verrechnungssteuer*	25
10.	**Inkrafttreten**	27
Anhang 1: Beispiele zur Transponierung		28
Anhang 2: Alternativer Ausweis eigener Beteiligungsrechte		30
Anhang 3: Fallbeispiele einer in der Schweiz kotierten Kapitalgesellschaft ..		32
Anhang 4: Beispiel Rückzahlung und Wiedereinzahlung von KER innerhalb des gleichen Kapitalbands		34
Anhang 5: Beispiel Änderung Aktienkapital in eine für die Geschäftstätigkeit wesentliche ausländische Währung		37

1. Gegenstand des Kreisschreibens

Mit dem Bundesgesetz vom 23. März 2007 über die Verbesserung der steuerlichen Rahmenbedingungen für unternehmerische Tätigkeiten und Investitionen (Unternehmenssteuerreformgesetz II) wurden in Artikel 20 Absatz 3 und Artikel 125 Absatz 3 des Bundesgesetzes vom 14. Dezember 1990 über die direkte Bundessteuer (DBG; SR 642.11) und in Artikel 5 Absatz 1bis des Bundesgesetzes vom 13. Oktober 1965 über die Verrechnungssteuer (VStG; SR 642.21) die Rückzahlung von Einlagen, Aufgeldern und Zuschüssen (Reserven aus Kapitaleinlagen) von Inhabern der Beteiligungsrechte neu geregelt. Demnach wird die Rückzahlung von Reserven aus Kapitaleinlagen an die Inhaber von Beteiligungsrechten der Rückzahlung von Grund- oder Stammkapital gleichgestellt (Kapitaleinlageprinzip).

Mit Inkrafttreten des Bundesgesetzes über die Steuerreform und die AHV-Finanzierung (STAF) per 1. Januar 2020 wurden die steuerfreie Rückzahlung sowie die Verwendung von Reserven aus Kapitaleinlagen bei einer direkten Teilliquidation von in der Schweiz kotierten juristischen Personen eingeschränkt.

Zudem hat das Parlament am 19. Juni 2020 das Bundesgesetz vom 30. März 1911 betreffend die Ergänzung des Schweizerischen Zivilgesetzbuches über das Obligationenrecht (Fünfter Teil: Obligationenrecht, OR; SR 220) verabschiedet. Die neuen gesetzlichen Bestimmungen im OR zum Kapitalband und zur Denominierung des Aktienkapitals sowie die neuen steuerrechtlichen Bestimmungen haben Auswirkungen auf das Kapitaleinlageprinzip.

Neu wurden damit einhergehend folgende Gesetzesbestimmungen in DBG und VStG aufgenommen:

<u>DBG</u>

Art. 20
[...]

[8] Absatz 3 gilt für Einlagen und Aufgelder, die während eines Kapitalbands nach den Artikeln 653s ff. des Obligationenrechts (OR) geleistet werden, nur soweit sie die Rückzahlungen von Reserven im Rahmen dieses Kapitalbands übersteigen.

<u>VStG</u>

Art. 5
[...]

[1septies] Absatz 1bis gilt für Einlagen und Aufgelder, die während eines Kapitalbands nach den Artikeln 653s ff. des OR geleistet werden, nur soweit sie die Rückzahlungen von Reserven im Rahmen dieses Kapitalbands übersteigen.

2. Kapitaleinlagen

2.1. Grundsätze

Einlagen, Aufgelder und Zuschüsse (gegebenenfalls nach Abzug der Ausgabekosten), welche direkt von den Inhabern der Beteiligungsrechte geleistet wurden und in der Handelsbilanz der empfangenden Kapitalgesellschaft oder Genossenschaft verbucht und offen ausgewiesen sind (offene Kapitaleinlagen) gelten als Reserven aus Kapitaleinlagen (KER) im Sinne von Artikel 20 Absatz 3 DBG und Artikel 5 Absatz 1bis VStG.

Offene Kapitaleinlagen aus dem Ausland im Sinne von Artikel 20 Absatz 5 Buchstaben a und b DBG und Artikel 5 Absatz 1^{quater} Buchstaben a und b VStG gelten als Reserven aus Kapitaleinlagen aus dem Ausland (Ausland-KER). Die gesonderten Konti für KER gemäss Artikel 5 Absatz 1bis VStG und für Ausland-KER gemäss Artikel 5 Absatz $1^{quinquies}$ VStG sind in einer oder mehreren gesonderten Positionen unter den gesetzlichen oder freien Kapitalreserven auszuweisen.

Bei Kapitalgesellschaften mit einem Nominalkapital in Schweizer Franken nach Artikel 621 Absatz 1 OR sind für Kapitaleinlagen in fremder Währung sowohl die Einlagen als auch die Rückzahlungen (im Zeitpunkt der jeweiligen Fälligkeit) von Reserven aus Kapitaleinlagen zum Tageskurs in Schweizer Franken umzurechnen.

Bei Kapitalgesellschaften mit einem Nominalkapital in einer für die Geschäftstätigkeit wesentlichen ausländischen Währung im Sinne von Artikel 621 Absatz 2 OR sind für Kapitaleinlagen in einer anderen als der wesentlichen ausländischen Währung sowohl die Einlagen als auch die Rückzahlungen (im Zeitpunkt der jeweiligen Fälligkeit) zum Tageskurs in die wesentliche ausländische Währung (= Währung des nominellen Kapitals gemäss Handelsregistereintrag) umzurechnen. Die Reserven aus Kapitaleinlagen werden dabei nur in der wesentlichen ausländischen Währung anerkannt und bestätigt.

Für Kapitalgesellschaften und Genossenschaften, die der Verrechnungssteuer gemäss Artikel 9 Absatz 1 VStG unterliegen, ist die steuerliche Beurteilung der Kapitaleinlagen durch die Verrechnungssteuer auch für die direkten Steuern massgeblich.

2.2. Spezialfälle

2.2.1. Vorteilszuwendungen unter Schwestergesellschaften

Bei einer Vorteilszuwendung unter Schwestergesellschaften erhalten die Beteiligten aus wirtschaftlicher Sicht einen geldwerten Vorteil von der leistenden Gesellschaft, den sie in die begünstigte Gesellschaft einlegen. Unter dem Kapitaleinlageprinzip qualifizieren Vorteilszuwendungen unter Schwestergesellschaften jedoch nicht als Einlagen in die KER bzw. Ausland-KER, da sie nicht direkt durch die Inhaber der Beteiligungsrechte geleistet werden und die übertragenen Mehrwerte in der übernehmenden Kapitalgesellschaft oder Genossenschaft nur als Aufwertung offengelegt werden können.

2.2.2. Liberierung neuer Beteiligungsrechte durch Tochtergesellschaften

Bei der Liberierung von Beteiligungsrechten durch Tochtergesellschaften kann das bei späterer Drittplatzierung durch die Muttergesellschaft realisierte Aufgeld (Agio) den KER gutgeschrieben werden.

2.2.3. Kapitaleinlagen aus Sanierungen

Soweit Kapitaleinlagen nicht durch die Ausbuchung von handelsrechtlichen Verlustvorträgen vernichtet werden und direkt offen in das Eigenkapital der Gesellschaft eingelegt werden, gelten diese aufgrund der Massgeblichkeit der Handelsbilanz steuerrechtlich als KER bzw. Ausland-KER. Forderungsverzichte und direkte Kapitaleinlagen der Beteiligungsinhaber, die im Zuge der Sanierung erfolgswirksam gebucht werden, gelten nie als KER bzw. Ausland-KER.

3. Reserven

3.1. Reserven aus Kapitaleinlagen

Offene Kapitaleinlagen der Beteiligungsinhaber können steuerneutral den KER bzw. Ausland-KER gutgeschrieben werden und deren Rückzahlungen sind der Rückzahlung von einbezahltem Grund- oder Stammkapital gleichgestellt. Verluste, die den KER bzw. den Ausland-KER belastet wurden, vermindern diese definitiv. Dies gilt auch für offene Kapitaleinlagen von Inhabern der Beteiligungsrechte, die:

- nach dem 31. Dezember 1996 und vor dem Inkrafttreten der Artikel 20 Absatz 3 DBG und Artikel 5 Absatz 1bis VStG am 1. Januar 2011 oder
- nach dem 24. Februar 2008 und vor dem Inkrafttreten der Artikel 20 Absatz 5 Buchstaben a und b DBG und Artikel 5 Absatz 1^{quater} Buchstaben a und b VStG am 1. Januar 2020

geleistet wurden (vgl. Ziff. 9.1. hiernach).

Soweit die Einlagen und Aufgelder, die während eines Kapitalbands nach den Artikeln 653s ff. OR geleistet werden, die Rückzahlungen von Reserven im Rahmen dieses Kapitalbands übersteigen, werden diese den KER bzw. Ausland-KER gutgeschrieben (Nettobetrachtung gemäss Artikel 20 Absatz 8 DBG bzw. Artikel 5 Absatz $1^{septies}$ VStG). Zusätzlich gutgeschrieben werden die innerhalb des gleichen Kapitalbands zurückbezahlten KER bzw. Ausland-KER sowie die nicht über eine zweite Handelslinie zurückbezahlten übrigen Reserven, welche durch die Anteilsinhaber wieder einbezahlt wurden (Beispiel 4 im Anhang).

3.2. Übrige Reserven

Die laufenden und thesaurierten Gewinne, verdeckte Kapitaleinlagen sowie offene Kapitaleinlagen, welche nicht direkt von den Beteiligungsinhabern stammen, gelten steuerlich als übrige Reserven. Gleiches gilt für offene Kapitaleinlagen, die in der Handelsbilanz nicht gesondert ausgewiesen wurden. Eine Umqualifikation von übrigen Reserven in KER bzw. Ausland-KER ist unzulässig und wird steuerlich nicht anerkannt.

4. Ausschüttungen / Rückzahlungen allgemein

4.1. Grundsätze

Die Aufteilung der Ausschüttungen der Kapitalgesellschaft oder Genossenschaft in Rückzahlung aus KER bzw. Ausland-KER und Ausschüttungen aus übrigen Reserven erfolgt unter Berücksichtigung der handelsrechtlichen Bestimmungen (Art. 671 – 675a OR) nach freiem Ermessen der ausschüttenden Kapitalgesellschaft oder Genossenschaft aufgrund der Verbuchung und Qualifikation der Reserven in der Handelsbilanz der ausschüttenden Gesellschaft (quellenmässige Betrachtungsweise).

Für Kapitalgesellschaften und Genossenschaften, die der Verrechnungssteuer gemäss Artikel 9 Absatz 1 VStG unterliegen, ist die steuerliche Beurteilung der Ausschüttungen durch die Verrechnungssteuer auch für die direkten Steuern massgeblich.

Ausschüttungen von Kapitalgesellschaften oder Genossenschaften sind in dem Umfang steuerbar, als sie auf die Ausschüttung von übrigen Reserven entfallen. Für die Berechnung des steuerbaren Teils der Ausschüttung wird die gesamte Ausschüttung um den Anteil gekürzt, welcher gemäss Gewinnverwendungsbeschluss der Generalversammlung den KER bzw. Ausland-KER belastet wird.

Der so ermittelte steuerbare Teil der Ausschüttung gilt für sämtliche ausschüttungsberechtigten Anteile.

Beispiel:

Gewinnvortrag	100	
Jahresgewinn	1700	
Auflösung Kapitalreserven	**300**	(KER bzw. Ausland-KER)
Auflösung Gewinnreserven	100	(übrige Reserven)
Total zur Verfügung der Generalversammlung	2200	
Dividende	**2000**	
Vortrag auf neue Rechnung	200	
Total Ausschüttung	2000	100%
./. Anteil KER bzw. Ausland-KER	- 300	15%
Anteil übrige Reserven	1700	85%

Die Rückzahlungen von KER bzw. Ausland-KER sind gemäss Artikel 5 Absatz 1bis VStG und Artikel 3 Absatz 1 der Verordnung vom 19. Dezember 1966 über die Verrechnungssteuer (VStV; SR 642.211) in der Abrechnung gesondert auszuweisen und über einen nur diesem Zweck dienenden Coupon auszurichten.

Liegen keine detaillierten Angaben über die Aufteilung der Ausschüttung vor, wird sie steuerlich vorab als Ausschüttung von übrigen Reserven qualifiziert.

Rückzahlungen aus KER bzw. Ausland-KER einer Kapitalgesellschaft oder Genossenschaft unterliegen weder der Einkommenssteuer (Art. 20 Abs. 3 DBG) noch der Verrechnungssteuer (Art. 5 Abs. 1bis VStG).

Ausschüttungen aus übrigen Reserven einer Kapitalgesellschaft oder Genossenschaft sind nach Artikel 20 Absatz 1 Buchstabe c DBG oder Artikel 20 Absatz 1bis DBG steuerbar und unterliegen nach Artikel 4 Absatz 1 Buchstabe b VStG der Verrechnungssteuer.

Verdeckte Gewinnausschüttungen qualifizieren als Ausschüttungen aus übrigen Reserven und sind nach Artikel 20 Absatz 1 Buchstabe c oder 20 Absatz 1bis DBG steuerbar und unterliegen nach Artikel 4 Absatz 1 Buchstabe b VStG der Verrechnungssteuer.

Die gesetzlichen Bestimmungen im DBG über Rückzahlungen von KER gelten für in- und ausländische Gesellschaften. Ohne gesonderten Ausweis der KER in der Handelsbilanz oder einem auf andere Art erbrachten Nachweis über das Vorliegen und die Rückzahlung von qualifizierenden Kapitaleinlagen durch die in der Schweiz ansässigen Beteiligungsinhaber unterliegen Ausschüttungen von ausländischen Kapitalgesellschaften oder Genossenschaften der direkten Bundessteuer (Einkommenssteuer) nach Artikel 20 Absatz 1 Buchstabe c oder 20 Absatz 1bis DBG.

Stehen Ausschüttungen aus Kapitalgesellschaften und Genossenschaften nicht sämtlichen Ausschüttungsberechtigten gleichermassen zu, so darf die Rückzahlung von KER bzw. Ausland-KER gemessen an der gesamten Ausschüttung für jeden Berechtigten höchstens dem proportionalen Anteil der KER bzw. Ausland-KER an den gesamten Reserven der Kapitalgesellschaft oder Genossenschaft entsprechen. Gleiches gilt innerhalb von verschiedenen Anteilsklassen, sofern die Statuten verschiedene Anteilsklassen (Vorzugsaktien) mit Vorrechten auf Rückzahlung von KER bzw. Ausland-KER vorsehen.

Einlagen in die Reserven aus Kapitaleinlagen, die während eines Kapitalbands nach den Artikeln 653s ff. OR geleistet werden, können aufgrund der Nettobetrachtung erst nach Beendigung des Kapitalbands als KER oder Ausland-KER bestätigt und ohne Einkommensteuer- (Art. 20 Abs. 3 DBG) oder Verrechnungssteuerfolgen (Art. 5 Abs. 1bis VStG) zurückbezahlt werden.

4.2. Spezialfälle

4.2.1. Gratisaktien und Gratisnennwerterhöhungen

Soweit Gratisaktien oder Gratisnennwerterhöhungen zu Lasten von übrigen Reserven liberiert werden, unterliegen sie der direkten Bundessteuer (Einkommenssteuer) nach Artikel 20 Absatz 1 Buchstabe c oder 20 Absatz 1bis DBG und der Verrechnungssteuer nach Artikel 4 Absatz 1 Buchstabe b VStG.

Soweit die Liberierung zu Lasten der KER bzw. Ausland-KER erfolgt, unterliegen Gratisaktien oder Gratisnennwerterhöhungen weder der Einkommenssteuer (Art. 20 Abs. 3 DBG) noch der Verrechnungssteuer (Art. 5 Abs. 1bis VStG). Der steuerbare Anteil der Liberierung ist nach den in Ziffer 4.1. festgehaltenen Grundsätzen zu berechnen.

4.2.2. Direkte Teilliquidation

Der steuerbare Anteil des Liquidationserlöses ist nach den in Ziffer 4.1. festgehaltenen Grundsätzen zu berechnen.

4.2.3. Rückkauf eigener Beteiligungsrechte

Werden Beteiligungsrechte, deren Rückkauf bereits zu einer sofortigen oder aufgeschobenen Besteuerung als Teilliquidation geführt hat, wieder ausgegeben, so qualifiziert der Teil des Veräusserungserlöses, der über dem Nennwert liegt und soweit er den übrigen Reserven belastet werden kann, als KER (vgl. Kreisschreiben Nr. 5a der ESTV vom 1.2.2022, Ziffer 6).

Der nach Artikel 959a Absatz 2 Ziffer 3 Buchstabe e OR notwendige Ausweis der eigenen Beteiligungsrechte kann als Minusposten unter den gesetzlichen oder freien Kapitalreserven erfolgen, wobei nur der Ausweis gegen KER bzw. Ausland-KER bewirkt, dass bei einer Vernichtung der Beteiligungsrechte oder bei einem Fristenablauf gemäss Artikel 4a VStG sich weder Einkommens- noch Verrechnungssteuerfolgen ergeben. Zurückgekaufte eigene Beteiligungsrechte, die innerhalb der Fristen gemäss Artikel 4a VStG weiterveräussert werden, verändern den Minusposten für eigene Beteiligungsrechte, nicht aber den Bestand der KER bzw. Ausland-KER. Werden eigene Beteiligungsrechte nicht innerhalb der Frist nach Artikel 4a VStG weiterveräussert, erfolgt die Besteuerung aufgrund des Ausweises der eigenen Beteiligungsrechte als Minusposten im Zeitpunkt des Erwerbs unter den Gewinn- oder den gesetzlichen oder freien Kapitalreserven.

4.2.4. Indirekte Teilliquidation

Die Besteuerung des Vermögensertrags aus einer indirekten Teilliquidation nach Artikel 20a Absatz 1 Buchstabe a DBG richtet sich nach der Verbuchung der Ausschüttung in der Kapitalgesellschaft oder Genossenschaft, deren Beteiligungsrechte verkauft worden sind. Der steuerbare Anteil ist nach den in Ziffer 4.1. festgehaltenen Grundsätzen zu berechnen.

4.2.5. Transponierung

In Artikel 20a Absatz 1 Buchstabe b DBG werden die Steuerfolgen der Übertragung von Grund- oder Stammkapital einer Kapitalgesellschaft oder Genossenschaft aus dem Privatins Geschäftsvermögen einer Personenunternehmung oder juristischen Person, an welcher der Veräusserer oder Einbringer nach der Übertragung zu mindestens 50 Prozent am Kapital beteiligt ist, geregelt. Gleiches gilt sinngemäss auch, wenn mehrere Beteiligte die Übertragung gemeinsam vornehmen, d.h. eine gemeinsame Willensbildung vorliegt. Eine solche ist bei der Annahme eines öffentlichen Kaufangebots gemäss Artikel 125 ff. des Bundesgesetzes vom 19. Juni 2015 über die Finanzmarktinfrastrukturen und das Marktverhalten im Effekten- und Derivatehandel (Finanzmarktinfrastrukturgesetz, FinfraG; SR 958.1) nicht gegeben. Wirtschaftlich stellt eine solche Übertragung keine Veräusserung, sondern eine Vermögensumschichtung dar. Dieser als Transponierung bezeichnete Tatbestand führt dazu, dass der den Nennwert zuzüglich den anteiligen KER bzw. Ausland-KER übersteigende Erlös als Ertrag aus beweglichem Vermögen qualifiziert.

Wird die Beteiligung zu einem Wert übertragen, welcher den Nennwert zuzüglich der anteiligen KER bzw. Ausland-KER übersteigt, und wird dieser Mehrwert dem Nominalkapital und/oder den Reserven der übernehmenden Kapitalgesellschaft oder Genossenschaft gutgeschrieben, ergeben sich je nach der Verbuchung unterschiedliche Steuerfolgen:

- Wird der Mehrwert dem Nominalkapital und/oder den KER bzw. Ausland-KER gutgeschrieben, ist beim Einleger die Zunahme des Nominalkapitals und der KER bzw. Ausland-KER als Ertrag aus beweglichem Vermögen nach Artikel 20a Absatz 1 Buchstabe b DBG in Verbindung mit Artikel 20 Absatz 3 DBG steuerbar. Betreffend die Berechnung des steuerbaren Ertrages siehe Beispiele im Anhang dieses Kreisschreibens.

- Wird der Mehrwert den übrigen Reserven gutgeschrieben, bleibt die latente Ausschüttungslast erhalten und die Übertragung ist steuerneutral.

Für sämtliche Beteiligungsübertragungen vor dem 1. Januar 1997 qualifiziert der Ausweis des gesamten über dem Nennwert liegenden Mehrwertes als übrige Reserve.

Für Beteiligungsübertragungen nach dem 31. Dezember 1996 bis zum 31. Dezember 2010 gelten die gleichen Grundsätze wie für Übertragungen nach dem 31. Dezember 2010. Somit qualifiziert der Ausweis des gesamten über dem Nennwert zuzüglich der KER im Zeitpunkt der Übertragung liegenden Mehrwertes als übrige Reserve.

Für Erlöse aus Beteiligungsübertragungen zwischen dem 31. Dezember 2006 und dem 31. Dezember 2019, die nicht als Ertrag aus beweglichem Vermögen gemäss während diesem Zeitraum geltenden Artikel 20a Absatz 1 Buchstabe b DBG qualifizieren, kann der gesamte über dem Nennwert liegende Mehrwert den KER bzw. Ausland-KER gutgeschrieben werden.

5. Ausschüttungen und Teilliquidationen von an einer schweizerischen Börse kotierten Kapitalgesellschaften oder Genossenschaften

Die Ausschüttungs- und Teilliquidationsregel gemäss STAF geht mit Wirkung für die Publikumsgesellschaften den in Ziff. 4.1. und Ziff. 4.2. hiervor definierten Grundsätzen vor.

5.1. *Ausschüttungsregel*

Gemäss Artikel 20 Absatz 4 DBG und Artikel 5 Absatz 1ter VStG sind Publikumsgesellschaften nicht mehr frei, wie sie die Aufteilung der Ausschüttungen in Rückzahlung aus KER und Ausschüttungen aus übrigen Reserven vornehmen. Zwingend sind mindestens im gleichen Umfang wie KER auch übrige steuerbare Reserven auszuschütten. Dies jedoch nur solange und soweit noch übrige Reserven vorhanden sind.

5.1.1. *Handelsrechtlich ausschüttungsfähige übrige Reserven*

Die handelsrechtlich ausschüttungsfähigen übrigen Reserven bestimmen sich nach dem Bestand des in der ordentlichen Jahresbilanz der ausschüttenden Gesellschaft ausgewiesenen Eigenkapitals vor der Ausschüttung unter Abzug des Aktien-, Genossenschafts- oder Stammkapitals, der KER und Ausland-KER und des maximal möglichen Umfanges der gesetzlichen Reserven gemäss OR (vgl. Art. 671 – 675a, 804 sowie 860 OR).

5.1.2. *Regelverletzung*

Wird die Ausschüttungsregel nicht eingehalten, ist mit Wirkung für die Einkommens- und Verrechnungssteuer die halbe Differenz zwischen der Rückzahlung von KER und den übrigen Reserven steuerbar, höchstens jedoch bis zu den vorhandenen, handelsrechtlich ausschüttungsfähigen übrigen Reserven. Soweit handelsrechtlich ausgeschüttete KER aufgrund der Regelverletzung den übrigen Reserven belastet werden müssen, sind diese in der Handelsbilanz mit dem entsprechenden Betrag dem gesonderten Konto für KER zuzuweisen.

Damit wird erreicht, dass sämtliche KER steuerfrei zurückbezahlt werden können. Es stellt sich einzig eine Verschiebung der steuerfreien Rückzahlungen von KER auf der Zeitachse ein.

5.1.3. *Ausland-KER nach Artikel 5 Absatz 1^{quater} Buchstaben a und b VStG*

Als Ausland-KER nach Artikel 5 Absatz 1^{quater} Buchstaben a und b VStG gelten offen durch die Beteiligungsinhaber geleistete Kapitaleinlagen, die:

- bei fusionsähnlichen Zusammenschlüssen durch Einbringen von Beteiligungs- und Mitgliedschaftsrechten einer ausländischen Kapitalgesellschaft oder Genossenschaft in eine inländische Kapitalgesellschaft oder Genossenschaft oder durch grenzüberschreitende Übertragung auf eine inländische Tochtergesellschaft nach dem 24. Februar 2008 entstanden sind;
- im Zeitpunkt einer grenzüberschreitenden Fusion oder Umstrukturierung nach dem 24. Februar 2008 bereits in einer ausländischen Kapitalgesellschaft oder Genossenschaft vorhanden waren und die Kapitaleinlagen gemäss den allgemeinen Grundsätzen nach dem 31. Dezember 1996 geleistet wurden.

5.1.4. *Ausnahmen*

Die Ausschüttungsregel (vgl. Ziff. 5.1. hiervor) gilt aufgrund der Artikel 20 Absatz 5 Buchstaben a - c DBG und Artikel 5 Absatz 1^{quater} Buchstaben a – d VStG nicht für Rückzahlungen von Ausland-KER. Publikumsgesellschaften können Ausland-KER nach den allgemeinen Grundsätzen zurückzahlen (vgl. Ziff. 4.1.hiervor).

Zudem findet die Ausschüttungsregel mit Wirkung für die Verrechnungssteuer keine Anwendung bei Rückzahlungen von KER an juristische Personen, die zu mindestens 10 Prozent am Grund- oder Stammkapital an der leistenden Gesellschaft beteiligt sind sowie bei Liquidation oder Verlegung der tatsächlichen Verwaltung der Kapitalgesellschaft oder Genossenschaft ins Ausland.

5.1.5. *Gratisaktien und Gratisnennwerterhöhungen*

Soweit Gratisaktien oder Gratisnennwerterhöhungen zu Lasten von übrigen Reserven oder der Ausland-KER liberiert werden, gelten die allgemeinen Grundsätze (vgl. Ziff. 4.2.1. hiervor). Soweit die Liberierung zu Lasten der KER erfolgt findet die Ausschüttungsregel (vgl. Ziff. 5.1. hiervor) und allenfalls die Besteuerung gemäss Regelverletzung (vgl. Ziff. 5.1.2. hiervor) Anwendung.

5.2. *Teilliquidationsregel*

Aufgrund von Artikel 20 Absatz 7 DBG und Artikel 4a Absatz 4 VStG haben Publikumsgesellschaften beim Erwerb eigener Beteiligungsrechte zur direkten Teilliquidation oder nach Ablauf der Haltefristen nach Artikel 4a Absätze 2 und 3 VStG mindestens die Hälfte des Liquidationsüberschusses den KER oder den Ausland-KER zu belasten, höchstens jedoch im Umfang des Totals der KER und der Ausland-KER.

5.2.1. *Regelverletzung*

Wird die Teilliquidationsregel nicht eingehalten, werden die KER und in zweiter Linie die Ausland-KER so vermindert, dass mindestens die Hälfte der Rückzahlung aus KER und/oder Ausland-KER erfolgt. Die Einkommens- und Verrechnungssteuern sind auf dem Teil, der auf KER oder Ausland-KER fällt, nicht geschuldet. Die Kapitalgesellschaft oder Genossenschaft erhöht die übrigen Reserven um den nicht der Verrechnungssteuer unterliegenden Betrag.

6. Umstrukturierungen allgemein

6.1. Übertragung eines Betriebes oder Teilbetriebes einer Personenunternehmung auf eine juristische Person

Der handelsrechtliche Aktivenüberschuss der übertragenen Vermögenswerte (Buchwertübernahme) kann in der Handelsbilanz der übernehmenden Kapitalgesellschaft oder Genossenschaft steuerneutral als KER ausgewiesen werden, soweit er das Grund- oder Stammkapital übersteigt.

Werden infolge Sperrfristverletzung die übertragenen stillen Reserven nach Artikel 19 Absatz 2 DBG im Nachsteuerverfahren besteuert, kann in der Handelsbilanz der übernehmenden Kapitalgesellschaft oder Genossenschaft keine KER ausgewiesen werden.

6.2. Zusammenschluss (Fusion)

6.2.1. Echte und unechte Fusion unabhängiger Gesellschaften

a) Direkte Bundessteuer (Einkommenssteuer)

Das Fusionsagio stellt nur in dem Umfang eine ausweisbare KER bzw. Ausland-KER dar, als es aus einbezahltem Grund- oder Stammkapital oder bestehenden KER bzw. Ausland-KER der übernommenen Gesellschaft stammt.

Bei einer Fusion erzielen beteiligte Privatpersonen in dem Umfange Vermögensertrag, als ihnen höherer Nennwert, Ausgleichszahlungen oder andere geldwerte Vorteile zu Lasten der übrigen Reserven zufliessen.

Nennwertgewinne und -verluste sowie Gewinne und Verluste von KER bzw. Ausland-KER können miteinander und gegenseitig verrechnet werden.

b) Verrechnungssteuer

Reserven, die bei einer Umstrukturierung in die übrigen Reserven einer inländischen Kapitalgesellschaft oder Genossenschaft übergehen, sind nach Artikel 5 Absatz 1 Buchstabe a VStG von der Verrechnungssteuer ausgenommen. Dabei wird vorausgesetzt, dass das übertragene Verrechnungssteuersubstrat erhalten bleibt.

Die bei einer Fusion den Inhabern der Beteiligungsrechte oder diesen nahestehenden Dritten zukommenden Ausgleichszahlungen, Gratisaktien, Gratisnennwerterhöhungen und sonstigen Erträge unterliegen nach Artikel 4 Absatz 1 Buchstabe b VStG der Verrechnungssteuer, sofern sie zu Lasten der übrigen Reserven einer inländischen Kapitalgesellschaft oder Genossenschaft erfolgen.

Nennwertgewinne und -verluste sowie Gewinne und Verluste von KER bzw. Ausland-KER können miteinander und gegenseitig verrechnet werden.

6.2.2. Echte und unechte Fusion verbundener Gesellschaften

Siehe Ausführungen unter Ziffer 6.2.1. hiervor unter Beachtung folgender Besonderheiten:

a) Direkte Bundessteuer (Einkommenssteuer)

Übernimmt eine Gesellschaft mit echter Unterbilanz durch Absorption die Aktiven und Passiven einer von den gleichen Gesellschaftern (Privatpersonen) beherrschten Gesellschaft mit Reserven und Gewinnvortrag, erlangen die Gesellschafter durch diese Sanierung nur dann einen geldwerten Vorteil gemäss Artikel 20 Absatz 1 Buchstabe c oder 20 Absatz 1bis DBG, wenn und soweit durch die Fusion übrige Reserven untergehen.

Gleiches gilt für Vorteilszuwendungen an eine Schwestergesellschaft mit echter Unterbilanz.

b) Verrechnungssteuer

Übernimmt eine Kapitalgesellschaft oder Genossenschaft mit echter Unterbilanz eine über Reserven verfügende Kapitalgesellschaft oder Genossenschaft oder umgekehrt, erlangen die Anteilsinhaber eine geldwerte Leistung im Umfang der untergehenden übrigen Reserven.

6.2.3. Absorption einer Tochtergesellschaft („Up-Stream Merger")

a) Direkte Bundessteuer (Gewinnsteuer)

Entsteht durch die Übernahme von Aktiven und Passiven der übertragenden Gesellschaft ein Buchgewinn, so ist dieser Gewinn Bestandteil des steuerbaren Reingewinns. In der aufnehmenden Gesellschaft ist dieser Gewinn aus Fusion den übrigen Reserven zuzurechnen (Art. 61 Abs. 5 DBG).

b) Verrechnungssteuer

Analog zur direkten Bundessteuer qualifiziert der ausgewiesene Buchgewinn als übrige Reserve.

6.2.4. Absorption der Muttergesellschaft („Reverse Merger")

a) Direkte Bundessteuer (Gewinnsteuer)

Bei einer Absorption der Muttergesellschaft erzielen beteiligte Privatpersonen in dem Umfang Beteiligungsertrag, als ihnen höherer Nennwert, Ausgleichszahlungen oder andere geldwerte Vorteile zufliessen. Verfügt die übernehmende Tochtergesellschaft über höhere KER, bzw. Ausland-KER, werden diese nach der Absorption der Muttergesellschaft auf die Höhe der bei der Muttergesellschaft vorhandenen KER bzw. Ausland-KER reduziert. Nennwertgewinne und der Zuwachs an KER bzw. Ausland-KER können mit entsprechenden Verlusten bzw. Abnahmen verrechnet werden.

Ein allfälliges Fusionsagio stellt nur in dem Umfang eine ausweisbare KER bzw. Ausland-KER dar, soweit es dem liberierten Grund- oder Stammkapital und den bestehenden KER bzw. Ausland-KER der übernommenen Muttergesellschaft entspricht, und soweit das liberierte Grund- oder Stammkapital und die bestehenden KER bzw. Ausland-KER der Muttergesellschaft das bereits bestehende liberierte Grund- oder Stammkapital und die KER bzw. Ausland-KER der Tochtergesellschaft übersteigen.

b) Verrechnungssteuer

Bei einer Absorption der Muttergesellschaft den Inhabern der Beteiligungsrechte zukommende höhere Nennwerte, Ausgleichszahlungen oder andere geldwerte Vorteile unterliegen nach Artikel 4 Absatz 1 Buchstabe b VStG grundsätzlich der Verrechnungssteuer. Verfügt die übernehmende Tochtergesellschaft über höhere KER bzw. Ausland-KER, werden diese nach der Absorption der Muttergesellschaft auf die Höhe der bei der Muttergesellschaft vorhandenen KER bzw. Ausland-KER reduziert. Nennwertgewinne und der Zuwachs an KER bzw. Ausland-KER können mit entsprechenden Verlusten/Abnahmen verrechnet werden.

Ein allfälliges Fusionsagio stellt nur in dem Umfang eine ausweisbare KER bzw. Ausland-KER dar, soweit es dem liberierten Grund- oder Stammkapital und den bestehenden KER bzw. Ausland-KER der übernommenen Muttergesellschaft entspricht, und soweit das liberierte Grund- oder Stammkapital und die bestehenden KER bzw. Ausland-KER der Muttergesellschaft das bereits bestehende liberierte Grund- oder Stammkapital und die KER bzw. Ausland-KER der Tochtergesellschaft übersteigen.

6.2.5. *Fusionsähnlicher Zusammenschluss („Quasifusion")*

a) Direkte Bundessteuer

Werden im Rahmen einer Quasifusion Beteiligungsrechte in eine Kapitalgesellschaft oder Genossenschaft eingebracht, qualifiziert die gesamte Sacheinlage als offene Kapitaleinlage. Der die Erhöhung des Grund- oder Stammkapitals übersteigende Teil dieser offenen Kapitaleinlage kann in der Handelsbilanz als KER bzw. Ausland-KER ausgewiesen werden. Dabei ist aber die Regelung der Transponierung in Artikel 20a Absatz 1 Buchstabe b DBG zu beachten (vgl. Ziff. 4.2.5. hiervor).

b) Verrechnungssteuer

Mit Ausnahme der Transponierung ergeben sich die gleichen Steuerfolgen wie bei der direkten Bundessteuer. Erfolgt die Einbringung einer Beteiligung an einer inländischen Kapitalgesellschaft oder Genossenschaft durch einen Aktionär mit Sitz/Wohnsitz im Ausland ist der Vorgang unter dem Aspekt von Artikel 21 Absatz 2 VStG (Steuerumgehung) zu prüfen.

6.3. **Umwandlung**

6.3.1. *Umwandlung einer Kapitalgesellschaft oder Genossenschaft in eine andere Kapitalgesellschaft oder Genossenschaft*

a) Direkte Bundessteuer (Einkommenssteuer)

Bei einer Umwandlung erzielen beteiligte Privatpersonen in dem Umfang Vermögensertrag, als ihnen höherer Nennwert, Ausgleichszahlungen oder andere geldwerte Vorteile zu Lasten der übrigen Reserven der umgewandelten Gesellschaft oder Genossenschaft zufliessen.

b) Verrechnungssteuer

Die bei einer Umwandlung den Inhabern der Beteiligungsrechte oder diesen nahestehenden Dritten zukommenden Ausgleichszahlungen, Gratisaktien, Gratisnennwerterhöhungen und sonstigen Erträge unterliegen nach Artikel 4 Absatz 1 Buchstabe b VStG der Verrechnungssteuer, sofern sie zu Lasten der übrigen Reserven einer inländischen Kapitalgesellschaft oder Genossenschaft erfolgen.

6.3.2. Umwandlung einer Kapitalgesellschaft oder Genossenschaft in einen Verein, in eine Stiftung oder eine übrige juristische Person

a) Direkte Bundessteuer (Einkommenssteuer)

Die Umwandlung kommt steuerlich einer Liquidation gleich. Der Liquidationsüberschuss (Verkehrswert des Aktivenüberschusses abzüglich des Nennwertes und der KER bzw. Ausland-KER) unterliegt bei den bisher beteiligten natürlichen Personen der Einkommenssteuer.

b) Verrechnungssteuer

Die Umwandlung einer Kapitalgesellschaft oder Genossenschaft in einen Verein, in eine Stiftung oder in eine übrige juristische Person kommt steuerlich einer Liquidation gleich. Auf dem Liquidationsüberschuss (Verkehrswert des Aktivenüberschusses abzüglich des Nennwertes und der KER bzw. Ausland-KER) ist die Verrechnungssteuer geschuldet.

6.3.3. Umwandlung eines Vereins, einer Stiftung oder einer übrigen juristischen Person in eine Kapitalgesellschaft oder Genossenschaft

a) Direkte Bundessteuer (Einkommenssteuer)

Bei einer Umwandlung eines Vereins, einer Stiftung oder einer übrigen juristischen Person in eine Kapitalgesellschaft oder Genossenschaft erzielen Privatpersonen, die dadurch in den Besitz von Beteiligungsrechten an der neuen Kapitalgesellschaft oder Genossenschaft kommen, im Umfang der Differenz zwischen Verkehrswert und Ausgabepreis der Beteiligungsrechte steuerbares Einkommen (Art. 16 Abs. 1 DBG).

b) Verrechnungssteuer

Die bei einer Umwandlung eines Vereins, einer Stiftung oder einer übrigen juristischen Person in eine Kapitalgesellschaft oder Genossenschaft ausgegebenen Beteiligungsrechte unterliegen nicht der Verrechnungssteuer, da sie zu Lasten des Aktivenüberschusses einer nicht verrechnungssteuerpflichtigen juristischen Person (Verein, Stiftung oder übrige juristische Person) begründet werden.

Bei einer direkten Umwandlung eines im Handelsregister eingetragenen Vereins in eine Kapitalgesellschaft oder in eine Genossenschaft durch Rechtsformwechsel und bei einer Umwandlung mittels Vermögensübertragung können keine KER gebildet werden.

Bei einer indirekten Umwandlung durch Sacheinlagegründung kann der ausgewiesene Aktivenüberschuss der Vermögenswerte gemäss Handelsbilanz der Kapitalgesellschaft oder Genossenschaft steuerneutral als KER ausgewiesen werden, soweit er das Grund- oder Stammkapital übersteigt.

6.3.4. Umwandlung eines Instituts des öffentlichen Rechts in eine Kapitalgesellschaft oder in eine Genossenschaft

a) Direkte Bundessteuer (Einkommenssteuer) nicht betroffen

Bei einer direkten Umwandlung eines Instituts des öffentlichen Rechts in eine Kapitalgesellschaft oder in eine Genossenschaft durch Rechtsformwechsel können keine KER gebildet werden.

Bei einer indirekten Umwandlung durch Sacheinlagegründung kann der ausgewiesene Aktivenüberschuss der Vermögenswerte in der Handelsbilanz der Kapitalgesellschaft oder Genossenschaft steuerneutral als KER ausgewiesen werden, soweit er das Grund- oder Stammkapital übersteigt.

b) Verrechnungssteuer

Die bei einer Umwandlung eines Instituts des öffentlichen Rechts in eine Kapitalgesellschaft oder Genossenschaft ausgegebenen Beteiligungsrechte unterliegen nicht der Verrechnungssteuer, da sie zu Lasten des Aktivenüberschusses einer nicht verrechnungssteuerpflichtigen Körperschaft begründet werden.

6.3.5. Umwandlung einer Kapitalgesellschaft oder Genossenschaft in eine Personenunternehmung

a) Direkte Bundessteuer (Einkommenssteuer)

Bei der Umwandlung findet eine Liquidation der Kapitalgesellschaft oder Genossenschaft statt. Der Liquidationsüberschuss (Verkehrswert des Aktivenüberschusses abzüglich des Nennwertes und der KER bzw. Ausland-KER) unterliegt bei den bisher beteiligten natürlichen Personen der Einkommenssteuer.

b) Verrechnungssteuer

Die Umwandlung einer Kapitalgesellschaft oder Genossenschaft in eine Personenunternehmung kommt steuerlich einer Liquidation gleich. Auf dem Liquidationsüberschuss (Verkehrswert des Aktivenüberschusses abzüglich des Nennwertes und der KER bzw. Ausland-KER) ist die Verrechnungssteuer geschuldet.

6.4. Spaltung

a) Direkte Bundessteuer (Einkommenssteuer)

Die bei einer Spaltung den Inhabern der gesellschaftlichen Beteiligungsrechte an der übernehmenden Gesellschaft zukommenden Gratisaktien und Gratisnennwerterhöhungen unterliegen nach Artikel 20 Absatz 1 Buchstabe c DBG der Einkommenssteuer, soweit sie nicht zu Lasten des Nennwertes der Beteiligungsrechte oder von KER bzw. Ausland-KER der übertragenden Gesellschaft erfolgen.

Erfolgt die Spaltung nicht gewinnsteuerneutral, liegt eine Vorteilszuwendung unter Schwestergesellschaften (vgl. Ziff. 2.2.1. hiervor) vor.

b) Verrechnungssteuer

Die bei einer Spaltung den Inhabern der Beteiligungsrechte an der übernehmenden Gesellschaft zukommenden Gratisaktien und Gratisnennwerterhöhungen unterliegen nach Artikel 4 Absatz 1 Buchstabe b VStG der Verrechnungssteuer, soweit sie nicht zu Lasten des Nennwertes der Beteiligungsrechte oder der KER bzw. Ausland-KER der übertragenden Gesellschaft erfolgen.

Erfolgt eine Abspaltung auf eine sanierungsbedürftige Schwestergesellschaft, erlangen die Anteilsinhaber eine geldwerte Leistung im Umfang der untergehenden übrigen Reserven. Erfolgt die Spaltung nicht gewinnsteuerneutral, liegt eine Vorteilszuwendung unter Schwestergesellschaften vor (vgl. Ziff. 2.2.1. hiervor).

6.5. Ausgliederung

a) Direkte Bundessteuer (Einkommenssteuer)

Nicht betroffen.

b) Direkte Bundessteuer (Gewinnsteuer)

Der übertragene und ausgewiesene Aktivenüberschuss der Vermögenswerte kann in der Handelsbilanz der übernehmenden Kapitalgesellschaft oder Genossenschaft steuerneutral als KER, bei Übertragungen aus dem Ausland nach Artikel 5 Absatz 1^{quater} Buchstaben a und b VStG als Ausland-KER ausgewiesen und/oder für die Liberierung von Grund- oder Stammkapital verwendet werden.

Werden infolge Sperrfristverletzung die übertragenen stillen Reserven nach Artikel 61 Absatz 2 DBG im Nachsteuerverfahren besteuert, kann in der Handelsbilanz der übernehmenden Kapitalgesellschaft oder Genossenschaft keine KER ausgewiesen werden.

c) Verrechnungssteuer

Der übertragene und ausgewiesene Aktivenüberschuss der Vermögenswerte kann in der Handelsbilanz der übernehmenden Kapitalgesellschaft oder Genossenschaft als KER bzw. Ausland-KER ausgewiesen und/oder für die Liberierung von Grund- oder Stammkapital verwendet werden.

6.6. Übertragung zwischen inländischen Konzerngesellschaften

a) Direkte Bundessteuer (Einkommenssteuer)

Nicht betroffen.

b) Direkte Bundessteuer (Gewinnsteuer)

Erfolgt die steuerneutrale Übertragung zu Lasten der offenen Reserven einer Tochtergesellschaft an die Muttergesellschaft, stellt der erhaltene Aktivenüberschuss einen Beteiligungsertrag dar. Falls der Aktivenüberschuss nicht über die Erfolgsrechnung, sondern direkt über die Reserven verbucht wird, qualifiziert der Zugang als übrige Reserve.

Erfolgt eine steuerneutrale Übertragung zu Lasten der Reserven der übertragenden Gesellschaft, verbucht die übernehmende Schwestergesellschaft den erhaltenen Aktivenüberschuss spiegelbildlich zu Gunsten ihrer Reserven. Dies gilt sowohl für übrige Reserven als auch für KER bzw. Ausland-KER.

c) Verrechnungssteuer

Erfolgt die steuerneutrale Übertragung zu Lasten der offenen Reserven einer Tochtergesellschaft an die Muttergesellschaft und wird der erhaltene Aktivenüberschuss nicht über die Erfolgsrechnung, sondern direkt über die Reserven verbucht, qualifiziert der Zugang als übrige Reserve.

Erfolgt eine steuerneutrale Übertragung zu Lasten der Reserven der übertragenden Gesellschaft, verbucht die übernehmende Schwestergesellschaft den erhaltenen Aktivenüberschuss spiegelbildlich zu Gunsten ihrer Reserven. Dies gilt sowohl für übrige Reserven als auch für KER bzw. Ausland-KER.

7. Umstrukturierungen von an einer schweizerischen Börse kotierten Kapitalgesellschaften oder Genossenschaften

7.1. Zusammenschluss (Fusion)

7.1.1. Echte und unechte Fusion unabhängiger Gesellschaften

a) Direkte Bundessteuer (Einkommenssteuer)

Das Fusionsagio stellt nur in dem Umfang eine ausweisbare KER bzw. Ausland-KER dar, als es aus bestehenden KER bzw. Ausland-KER der übernommenen Gesellschaft stammt. Stammt das Grund- oder Stammkapital aus KER, gelten die Bestimmungen zu Ziff. 5.1.5 hiervor.

Bei einer Fusion erzielen beteiligte Privatpersonen in dem Umfang steuerbaren Vermögensertrag, als ihnen höherer Nennwert, Ausgleichszahlungen oder andere geldwerte Vorteile zu Lasten der übrigen Reserven zufliessen.

Nennwertgewinne und -verluste sowie Gewinne und Verluste von KER bzw. Ausland-KER können miteinander und gegenseitig verrechnet werden.

b) Verrechnungssteuer

Reserven, die bei einer Umstrukturierung in die übrigen Reserven einer inländischen Kapitalgesellschaft oder Genossenschaft übergehen, sind nach Artikel 5 Absatz 1 Buchstabe a VStG von der Verrechnungssteuer ausgenommen. Dabei wird vorausgesetzt, dass das übertragene Verrechnungssteuersubstrat erhalten bleibt.

Die bei einer Fusion den Inhabern der Beteiligungsrechte oder diesen nahestehenden Dritten zukommenden Ausgleichszahlungen, Gratisaktien, Gratisnennwerterhöhungen und sonstigen Erträge unterliegen nach Artikel 4 Absatz 1 Buchstabe b VStG der Verrechnungssteuer, sofern sie zu Lasten der übrigen Reserven einer inländischen Kapitalgesellschaft oder Genossenschaft erfolgen. Stammt das Grund- oder Stammkapital aus KER, gelten die Bestimmungen zu Ziff. 5.1.5 hiervor.

Nennwertgewinne und -verluste sowie Gewinne und Verluste von KER bzw. Ausland-KER können miteinander und gegenseitig verrechnet werden.

7.1.2. Echte und unechte Fusion verbundener Gesellschaften

Analog Ausführungen unter Ziffer 6.2.2. hiervor.

7.1.3. Absorption einer Tochtergesellschaft („Up-Stream Merger")

Analog Ausführungen unter Ziffer 6.2.3. hiervor.

7.1.4. Absorption der Muttergesellschaft („Reverse Merger")

Analog Ausführungen unter Ziffer 6.2.4. hiervor.

7.1.5. Fusionsähnlicher Zusammenschluss („Quasifusion")

Analog Ausführungen unter Ziffer 6.2.5. hiervor.

7.2. Umwandlung

7.2.1. Umwandlung einer Kapitalgesellschaft oder Genossenschaft in eine andere Kapitalgesellschaft oder Genossenschaft

a) Direkte Bundessteuer (Einkommenssteuer)

Bei einer Umwandlung erzielen beteiligte Privatpersonen in dem Umfang Beteiligungsertrag, als ihnen höherer Nennwert, Ausgleichszahlungen oder andere geldwerte Vorteile zu Lasten der übrigen Reserven der umgewandelten Gesellschaft oder Genossenschaft zufliessen. Stammt das Grund- oder Stammkapital aus KER, gelten die Bestimmungen zu Ziff. 5.1.5. hiervor.

b) Verrechnungssteuer

Die bei einer Umwandlung den Inhabern der Beteiligungsrechte oder diesen nahestehenden Dritten zukommenden Ausgleichszahlungen, Gratisaktien, Gratisnennwerterhöhungen und sonstigen Erträge unterliegen nach Artikel 4 Absatz 1 Buchstabe b VStG der Verrechnungssteuer, sofern sie zu Lasten der übrigen Reserven einer inländischen Kapitalgesellschaft oder Genossenschaft erfolgen. Stammt das Grund- oder Stammkapital aus KER, gelten die Bestimmungen zu Ziff. 5.1.5. hiervor.

7.2.2. Umwandlung einer Kapitalgesellschaft oder Genossenschaft in einen Verein, in eine Stiftung oder eine übrige juristische Person

Analog Ausführungen unter Ziffer 6.3.2. hiervor.

7.2.3. Umwandlung eines Vereins, einer Stiftung oder einer übrigen juristischen Person in eine Kapitalgesellschaft oder Genossenschaft

Analog Ausführungen unter Ziffer 6.3.3. hiervor.

7.2.4. Umwandlung eines Instituts des öffentlichen Rechts in eine Kapitalgesellschaft oder in eine Genossenschaft

Analog Ausführungen unter Ziffer 6.3.4. hiervor.

7.2.5. Umwandlung einer Kapitalgesellschaft oder Genossenschaft in eine Personenunternehmung

Analog Ausführungen unter Ziffer 6.3.5. hiervor.

7.3. Spaltung

a) Direkte Bundessteuer (Einkommenssteuer)

Die bei einer Spaltung den Inhabern der gesellschaftlichen Beteiligungsrechte an der übernehmenden Gesellschaft zukommenden Gratisaktien und Gratisnennwerterhöhungen unterliegen nach Artikel 20 Absatz 1 Buchstabe c DBG der Einkommenssteuer, soweit sie nicht zu Lasten des Nennwerts der Beteiligungsrechte oder der Ausland-KER der übertragenden Gesellschaft erfolgen. Für Gratisaktien und Gratisnennwerterhöhungen aus KER gelten die Bestimmungen gemäss Ziff. 5.1.5. hiervor.

Erfolgt die Spaltung nicht gewinnsteuerneutral, liegt eine Vorteilszuwendung unter Schwestergesellschaften (vgl. Ziff. 2.2.1. hiervor) vor.

b) Verrechnungssteuer

Die bei einer Spaltung den Inhabern der Beteiligungsrechte an der übernehmenden Gesellschaft zukommenden Gratisaktien und Gratisnennwerterhöhungen unterliegen nach Artikel 4 Absatz 1 Buchstabe b VStG der Verrechnungssteuer, soweit sie nicht zu Lasten des Nennwertes der Beteiligungsrechte oder der Ausland-KER der übertragenden Gesellschaft erfolgen. Für Gratisaktien und Gratisnennwerterhöhungen aus KER gelten die Bestimmungen gemäss Ziff. 5.1.5. hiervor.

Erfolgt eine Abspaltung auf eine sanierungsbedürftige Schwestergesellschaft, erlangen die Anteilsinhaber eine geldwerte Leistung im Umfang der untergehenden übrigen Reserven. Erfolgt die Spaltung nicht gewinnsteuerneutral, liegt eine Vorteilszuwendung unter Schwestergesellschaften vor (vgl. Ziff. 2.2.1. hiervor).

7.4. Ausgliederung

Analog Ausführungen unter Ziffer 6.5. hiervor.

7.5. Übertragung zwischen inländischen Konzerngesellschaften

Analog Ausführungen unter Ziffer 6.6. hiervor.

8. Zuzug einer juristischen Person aus dem Ausland

Verlegt eine juristische Person ihren Sitz oder die tatsächliche Verwaltung vom Ausland in die Schweiz, ändert sich die Qualifikation der übrigen Reserven auch unter dem Kapitaleinlageprinzip nicht. Die Aufteilung der offenen Kapitaleinlagen in KER und Ausland-KER erfolgt gemäss den Grundsätzen nach Ziff. 2.1. hiervor.

Werden dagegen im Rahmen einer grenzüberschreitenden Quasifusion (Immigrations-Quasifusion) Beteiligungsrechte an einer ausländischen Kapitalgesellschaft oder Genossenschaft in eine inländische Kapitalgesellschaft oder Genossenschaft eingebracht, qualifiziert die gesamte Sacheinlage als offene Kapitaleinlage. Der die Erhöhung des Grund- oder Stammkapitals übersteigende Teil dieser offenen Kapitaleinlage kann, wenn die Kapitaleinlage in der Zeit zwischen dem 31. Dezember 1996 und dem 24. Februar 2008 erfolgte, in der Handelsbilanz als KER und bei Einlagen nach dem 24. Februar 2008 als Ausland-KER ausgewiesen werden. Dabei ist aber für die in der Schweiz ansässigen Inhaber der Beteiligungsrechte die Regelung der Transponierung in Artikel 20a Absatz 1 Buchstabe b DBG zu beachten (vgl. Ziff. 4.2.5. hiervor).

9. Ausweis im Jahresabschluss und Meldung von Veränderungen

9.1. Ausweis im Jahresabschluss

KER, die nach dem 31. Dezember 1996 geleistet worden sind, werden nach Artikel 5 Absatz 1bis VStG nur dann wie die Rückzahlung von Grund- oder Stammkapital behandelt, wenn sie in der Handelsbilanz in einer oder mehreren gesonderten Positionen in den gesetzlichen oder freien Kapitalreserven ausgewiesen werden und die Kapitalgesellschaft oder Genossenschaft der ESTV jede Veränderung auf diesen Positionen meldet. Gleiches gilt für Ausland-KER, für welche aufgrund von Artikel 5 Absatz 1^{quinquies} VStG ebenfalls gesonderte Positionen zu führen sind.

Offene Kapitaleinlagen, die von Inhabern der Beteiligungsrechte nach dem 31. Dezember 1996 geleistet und der ESTV bisher nicht gemeldet wurden, können in der handelsrechtlichen Bilanz auf den gesonderten Positionen (Ziff. 2.1. hiervor) ausgewiesen werden, sofern die Nachmeldung der Kapitaleinlagen erfolgt ist und eine Zustimmung der ESTV vorliegt. Verluste, die solchen KER bzw. Ausland-KER belastet wurden, vermindern diese definitiv.

Ändert eine Kapitalgesellschaft auf den Beginn eines Geschäftsjahres ihr Aktien- oder Stammkapital in eine für die Geschäftstätigkeit wesentliche ausländische Währung nach Artikel 621 Absatz 2 OR, so ist der Bestand der von der ESTV bestätigten KER bzw. Ausland-KER ebenfalls zum Kurs nach Artikel 621 Absatz 3 OR umzurechnen. Der so errechnete Bestand an KER bzw. Ausland-KER in der für die Buchführung und Rechnungslegung massgeblichen ausländischen Währung ist im ordentlichen Verfahren zu melden (Ziff. 9.3 Bst. a hiernach). Die Kapitalgesellschaft weist die so berechneten KER bzw. Ausland-KER in ihrer Handelsbilanz als gesetzliche oder freie Kapitalreserven aus. Wertdifferenzen der KER bzw. Ausland-KER werden gewinnsteuerunwirksam handelsrechtlich dem Gewinn-/Verlustvortrag oder den freien Gewinnreserven belastet bzw. gutgeschrieben (vgl. Beispiel 5 im Anhang).

9.2. Deklaration für die direkte Bundessteuer

Kapitalgesellschaften und Genossenschaften haben nach Artikel 125 Absatz 3 DBG den Bestand der Reserven aus Aufgeldern und Zuschüssen im Sinne von Artikel 20 Absätze 3 - 7 DBG am Ende der Steuerperiode oder der Steuerpflicht in der Steuererklärung gesondert auszuweisen.

9.3. Meldung für die Verrechnungssteuer

a) Ordentliches Verfahren

Der Geschäftsbericht oder die unterzeichnete Abschrift der Jahresrechnung ist unter Berücksichtigung des unter Ziffer 9.1. hiervor erläuterten gesonderten Ausweises von KER bzw. Ausland-KER der ESTV unaufgefordert innert 30 Tagen nach Genehmigung der Jahresrechnung einzureichen.

Gleiches gilt für das Formular 170, sofern im betreffenden Geschäftsjahr nur Einlagen in die KER bzw. Ausland-KER erfolgten.

Erfolgen Rückzahlungen von KER bzw. Ausland-KER, sind diese innert 30 Tagen nach der Generalversammlung oder spätestens 30 Tage nach der Rückzahlung mittels Formular 170 unaufgefordert zu melden. Allenfalls erfolgte Einlagen des laufenden Geschäftsjahres sind mit dem gleichen Formular zu melden.

Einlagen in die Reserven aus Kapitaleinlagen, die während eines Kapitalbands nach den Artikeln 653s ff. OR geleistet werden, sind aufgrund der Nettobetrachtung erst nach Beendigung des Kapitalbands als KER oder Ausland-KER mittels Formular 170 zu melden.

Ändert eine Kapitalgesellschaft auf den Beginn eines Geschäftsjahres ihr Aktien- oder Stammkapital in eine für die Geschäftstätigkeit wesentliche ausländische Währung, so ist für den Währungswechsel innert 30 Tagen nach Publikation des Währungswechsels im Schweizerischen Handelsamtsblatt ein separates Formular 170 inklusive Zusatzblatt mit der Währungsumrechnung sowie einer Kopie der öffentlichen Urkunde einzureichen.

Erfahren die KER bzw. Ausland-KER in einem Geschäftsjahr keine Veränderungen, entfällt die Einreichung des Formulars 170. Der Geschäftsbericht oder die unterzeichnete Jahresrechnung ist jedoch jedes Jahr einzureichen.

Das Formular 170 steht auf der Homepage der ESTV zum Download zur Verfügung (www.estv.admin.ch).

b) Nachmeldung von KER

KER vergangener Geschäftsjahre, welche durch Einlagen, Aufgelder oder Zuschüsse seit dem 1. Januar 1997 geäufnet und bisher nicht gemeldet wurden, können der ESTV, Hauptabteilung DVS, nachgemeldet werden.

Für sämtliche Geschäftsjahre ab der ersten gemeldeten Einlage sind die Jahresrechnungen lückenlos einzureichen und das handelsrechtlich massgebende Eigenkapital detailliert nachzuweisen. Sämtliche Einlagen sind zudem durch sachdienliche Unterlagen (Sacheinlageverträge, Beschlüsse usw.) zu belegen. Aus den eingereichten Belegen müssen alle Angaben zum Verständnis der getroffenen Buchungen vorliegen.

Zusätzlich ist ein vollständig ausgefülltes und unterzeichnetes Formular 170 zur Nachmeldung der Bestände der gesonderten Konti bei der Hauptabteilung DVS einzureichen.

c) Nachmeldung von Ausland-KER

Ausland-KER vergangener Geschäftsjahre, welche nach dem 24. Februar 2008 geäufnet und bisher nicht als solche gemeldet wurden, können der ESTV, Hauptabteilung DVS, nachgemeldet werden.

Erfolgt die Nachmeldung zusammen mit einer Nachmeldung der KER gemäss Buchstabe b hiervor sind die gleichen Nachweise zu erbringen.

Erfolgt die Nachmeldung zwecks Aufteilung bereits durch die ESTV bestätigter KER in KER und Ausland-KER sind sachdienliche Unterlagen (Sacheinlageverträge, Bilanzen usw.) einzureichen, die die Einlagen aus dem Ausland belegen. Wurden in der Zeit nach dem 24. Februar 2008 KER zurückbezahlt, vermindern diese zuerst den Bestand an KER und erst in zweiter Linie den Bestand an Ausland-KER.

Zusätzlich ist ein vollständig ausgefülltes und unterzeichnetes Formular 170 zur Nachmeldung der Bestände der gesonderten Konti bei der Hauptabteilung DVS einzureichen.

Da die Aufteilung in KER und Ausland-KER mit Blick auf die Verrechnungs- und Einkommenssteuern nur für Rückzahlungen aus an schweizerischen Börsen kotierten Gesellschaften relevant ist, wird empfohlen, die Nachmeldung von Ausland-KER nur für diese Gesellschaften vorzunehmen. Beabsichtigt eine bisher nicht kotierte Gesellschaft einen Börsengang, kann die Aufteilung in KER und Ausland-KER mittels Nachmeldung zu jedem späteren Zeitpunkt erfolgen.

d) Rückmeldung der ESTV

Die gemeldeten KER bzw. Ausland-KER werden durch die ESTV überprüft. Die ESTV teilt anschliessend die zulässigen Bestände an KER und Ausland-KER der einreichenden Gesellschaft oder deren Vertretung mit.

10. Inkrafttreten

Dieses Kreisschreiben tritt per 1. Januar 2023 in Kraft und ersetzt die bisherigen Kreisschreiben Nr. 29, 29a und 29b.

Anhang 1: Beispiele zur Transponierung

1. Einbringung in eine vollständig beherrschte Gesellschaft

A ist zu 100% an der A AG sowie der H AG beteiligt. Er bringt die Beteiligung an der A AG zum Verkehrswert in die H AG ein. Die Agioeinlage von 1000 weist die H AG nach der Einlage als KER aus. Die Gesellschaften weisen vor der Übertragung folgende Werte auf:

	Nominalkapital	KER	übrige Reserven	Verkehrswert
A AG	100	200	500	1000
H AG	100	50	150	400

Zunahme KER H AG aus Einlage Beteiligung	1000
./. Nominalkapital und KER A AG vor Einbringung	−300
steuerbarer Ertrag aus Transponierung	700

A hat einen steuerbaren Ertrag aus Transponierung gemäss Artikel 20a Absatz 1 Buchstabe b DBG von **700** zu versteuern.

2. Einbringung in eine mehrheitlich beherrschte Gesellschaft

A ist zu 90% an der A AG beteiligt. Er bringt die Beteiligung an der A AG zum Verkehrswert von 900 in die H AG ein. Vor der Einbringung war A bereits zu 20% an der H AG beteiligt. Durch die Einlage wird das Aktienkapital der H AG auf 400 erhöht. Der Rest von 600 wird als Agioeinlage eingebucht, welche als KER ausgewiesen wird. Die Gesellschaften weisen vor der Übertragung folgende Werte auf:

	Nominalkapital	KER	übrige Reserven	Verkehrswert
A AG	100	200	500	1000
H AG	100	50	150	400

Zunahme Nominalkapital und KER H AG	900
./. Nominalkapital und KER A AG vor Einbringung	−270
steuerbarer Ertrag aus Transponierung	630

A hat einen steuerbaren Ertrag aus Transponierung gemäss Artikel 20a Absatz 1 Buchstabe b DBG von **630** zu versteuern.

3. Einbringung in eine nicht beherrschte Gesellschaft

A ist zu 30% an der A AG beteiligt. Er bringt die Beteiligung an der A AG zum Verkehrswert von 300 in die H AG ein. Durch die Einlage wird das Aktienkapital der H AG auf 175 erhöht. Der Rest von 225 wird als Agioeinlage eingebucht, welche als KER ausgewiesen wird. Die Gesellschaften weisen vor der Übertragung folgende Werte auf:

	Nominalkapital	KER	übrige Reserven	Verkehrswert
A AG	100	200	500	1000
H AG	100	50	150	400
Zunahme Nominalkapital und KER H AG				300
./. Nominalkapital und KER A AG vor Einbringung				–90
Ertrag aus Transponierung				**210**

Bei A können die **210** nicht als steuerbarer Ertrag aus Transponierung gemäss Artikel 20a Absatz 1 Buchstabe b DBG besteuert werden, da er die H AG durch seine Beteiligung von 42,9% am Grundkapital nicht beherrscht.

Anhang 2: Alternativer Ausweis eigener Beteiligungsrechte

Nur der Ausweis der eigenen Beteiligungsrechte als Minusposten unter den gesetzlichen oder freien Kapitalreserven bewirkt, dass sich bei Vernichtung von eigenen Beteiligungsrechten oder bei Fristablauf gemäss Artikel 4a VStG weder Einkommens- noch Verrechnungssteuerfolgen ergeben. Die Mindestgliederung des Obligationenrechtes nach Artikel 959a Absatz 2 Ziffer 3 Buchstabe e OR verlangt demgegenüber einen Ausweis der eigenen Beteiligungsrechte als Minusposten am Schluss des Eigenkapitals.

Sofern die nachstehenden Voraussetzungen kumulativ erfüllt sind, ist ein Ausweis eigener Beteiligungsrechte auf mehreren Positionen möglich:

- Es liegen steuerlich anerkannte KER gemäss Artikel 5 Absatz 1bis VStG oder Ausland-KER gemäss Artikel 5 Absatz 1^{quater} Buchstaben a und b VStG vor, welche verbucht sind und unter den gesetzlichen oder freien Kapitalreserven ausgewiesen werden;
- im Zeitpunkt des Erwerbs der eigenen Beteiligungsrechte lagen auch tatsächlich Reserven aus Kapitaleinlagen vor, die betragsmässig mindestens dem Total der eigenen Beteiligungsrechte zur Verrechnung mit KER oder Ausland-KER entsprechen.

Folgender beispielhafter Ausweis beachtet die handelsrechtlichen Vorschriften und genügt den steuerlichen Anforderungen:

Aktienkapital		20
Gesetzliche Kapitalreserven		
- KER	20	
- Ausland-KER	8	
- Übrige Kapitalreserven	60	88
Freie Kapitalreserven		
- KER	10	
- Ausland-KER	2	
- Übrige Kapitalreserven	100	112
Gesetzliche Gewinnreserven		30
Freie Gewinnreserven / kummulierte Verluste		50
Eigene Beteiligungsrechte		
- Gegen KER	-30	
- Gegen Ausland-KER	-10	
- Übrige	-10	-50
Total Eigenkapital		**250**

Erklärungen

- Das Total der zwei Konti für KER und Ausland-KER wird in der Gliederung nach neuem Rechnungslegungsrecht unter den Positionen „Gesetzliche Kapitalreserven" und/oder „Freie Kapitalreserven" ausgewiesen. Im Beispiel beträgt der Totalbestand an KER 30 und Ausland-KER 10.
- Eigene Beteiligungsrechte, deren steuerliche Behandlung nach Artikel 5 Absatz 1bis bzw. Artikel 5 Absatz 1^{quater} VStG erfolgen soll, sind in der Handelsbilanz auf zwei gesonderten Positionen unter „Eigene Beteiligungsrechte" auszuweisen. Im Beispiel wird der gesamte Betrag der KER (40) den eigenen Beteiligungsrechten zugewiesen.

Mit diesem Ausweis ist einerseits die Verbindung zwischen KER nach Artikel 5 Absatz 1bis bzw. Artikel 5 Absatz 1^{quater} VStG und eigenen Beteiligungsrechte, deren steuerliche Behandlung nach Artikel 5 Absatz 1bis bzw. Artikel 4a Absatz 4 VStG erfolgen soll, klar dargestellt und sind andererseits die Gliederungsbestimmungen des Obligationenrechts eingehalten. Zudem wird die Kenngrösse „Hälfte der Summe aus Aktienkapital, nicht an die Aktionäre zurückzahlbarer gesetzlicher Kapitalreserven und gesetzlicher Gewinnreserven " welche zur Bestimmung eines Kapitalverlustes nach Artikel 725a Absatz 1 OR verwendet wird, nicht verändert.

Der Ausweis von eigenen Beteiligungsrechten, welche zur steuerlichen Verrechnung mit KER berechtigen, hat einen hohen qualitativen Stellenwert. Ein solcher Ausweis ist nur zulässig, wenn nachgewiesen werden kann, dass die damit verbundenen steuerlichen Bedingungen, insbesondere auch das Vorhandensein von entsprechenden KER bereits im Zeitpunkt des Erwerbs der eigenen Beteiligungsrechte (was insbesondere auch bei unterjähriger Bildung von KER relevant ist), uneingeschränkt erfüllt sind. Andernfalls liegt ein Gesetzesverstoss vor.

Anhang 3: Fallbeispiele einer in der Schweiz kotierten Kapitalgesellschaft

1. Fallbeispiel

Die X AG hat ihr Domizil in der Schweiz. Sie ist an der SIX Swiss Exchange kotiert. Im Frühjahr 2021 beschliesst die Gesellschaft eine Dividende von 6% aufgrund des Jahresergebnisses 2020. Die Dividende von 60 wird zu Lasten der KER ausgeschüttet. Die ausländische Y AG hält 20% am Grundkapital der X AG. Das Eigenkapital der Gesellschaft zeigt vor Korrektur folgendes Bild:

Handelsbilanz / Eigenkapital	Bestand	Ausschüttung	Bestand
Aktienkapital	1000		1000
Kapitalreserven			
- KER bestätigt	800	-60	740
- übrige	400		400
Gewinnreserven	4000		4000
Gewinn/Gewinnvortrag	800		800
Total Eigenkapital	7000		6940

Steuerfolgen:
Verletzung der Rückzahlungsregel, jedoch nicht in Bezug auf KER-Rückzahlung an die Y AG von 12 (gemäss Art. 5 Abs. 1[quater] Bst. c VStG). Steuerbare Ausschüttung von 24 (gemäss Art. 5 Abs. 1ter VStG; Art. 20 Abs. 4 DBG). Das Eigenkapital der Gesellschaft zeigt nach Korrektur folgendes Bild:

Handelsbilanz / Eigenkapital	Bestand	Ausschüttung	Bestand	Korrekturen	Bestand
Aktienkapital	1000		1000		1000
Kapitalreserven					
- KER bestätigt	800	-60	740	24	764
- übrige	400		400		400
Gewinnreserven	4000		4000	-24	3976
Gewinn/Gewinnvortrag	800		800		800
Total Eigenkapital	7000		6940		6940

2. Fallbeispiel

Gleicher Sachverhalt wie 1. Fallbeispiel. Die bestätigten KER der X AG qualifizieren als Ausland-KER.

Steuerfolgen:
Keine Verletzung der Rückzahlungsregel; Die Rückzahlung von 60 bleibt steuerfrei (gemäss Art. 5 Abs. 1[quater] Bst. a und b VStG; Art. 20 Abs. 5 Bst. a und b DBG).

3. Fallbeispiel

Die X AG hat ihr Domizil in der Schweiz. Sie ist an der SIX Swiss Exchange kotiert. Im Frühjahr 2021 beschliesst die Gesellschaft einen Aktienrückkauf mit der Absicht der Kapitalherabsetzung (direkte Teilliquidation) von 2% des Aktienkapitals, welche zu Lasten der übrigen Reserven und dem anteiligen Nominalwert verbucht werden soll. Die zu vernichtenden Aktien werden für insgesamt 340 über die zweite Handelslinie angedient. Die geplante Kapitalherabsetzung würde folgendes Bild ergeben:

Handelsbilanz / Eigenkapital	Bestand	Ausschüttung	Bestand
Aktienkapital	1000	-20	980
Kapitalreserven			
- KER bestätigt	800		800
- übrige	400		400
Gewinnreserven	4000	-320	3680
Gewinn/Gewinnvortrag	800		800
Total Eigenkapital	7000		6660

Steuerfolgen:
Verletzung der Teilliquidationsregel. Die Teilliquidation ist im Umfang von 160 nicht steuerbar; die KER werden entsprechend korrigiert (gemäss Art. 4a Abs. 4 VStG; Art. 20 Abs. 7 DBG). Aufgrund von Artikel 4a Absatz 4 VStG entsteht beim Erwerb der eigenen Beteiligungsrechte keine Steuerforderung im Umfang des Anteils, der gegen KER zu verrechnen ist.

Das Eigenkapital der Gesellschaft zeigt nach der Kapitalherabsetzung und der steuerlichen Korrektur folgendes Bild:

Handelsbilanz / Eigenkapital	Bestand	Ausschüttung	Bestand	Korrekturen	Bestand
Aktienkapital	1000	-20	980		980
Kapitalreserven					
- KER bestätigt	800		800	-160	640
- übrige	400		400		400
Gewinnreserven	4000	-320	3680	160	3840
Gewinn/Gewinnvortrag	800		800		800
Total Eigenkapital	7000		6660		6660

Da die Teilliquidationsregel (vgl. Art. 4a Abs. 4 VStG; Art. 20 Abs. 7 DBG) keine Ausnahmen kennt, ändern sich die Steuerfolgen bei einer direkten Teilliquidation auch dann nicht, wenn die KER an eine juristische Person, welche zu mindestens 10% am Grund- oder Stammkapital der leistenden Gesellschaft beteiligt ist, zurückbezahlt werden oder die Rückzahlung aus bestätigten Ausland-KER stammt.

Anhang 4: Beispiel Rückzahlung und Wiedereinzahlung von KER innerhalb des gleichen Kapitalbands

1. Eine an einer schweizerischen Börse kotierte Gesellschaft zeigt folgende Eigenkapitalbewegungen innerhalb ihres Kapitalbands über zwei Jahre (wobei sämtliche Rückkäufe über eine zweite Handelslinie erfolgen):

	Bestand	Jahr N+1 Erhöhung	Jahr N+1 Herabsetzung	Bestand	Jahr N+2 Herabsetzung	Bestand	Bereinigung	Bestand bereinigt
Aktienkapital	20'000.00	2'000.00	-1'000.00	21'000.00	-1'000.00	20'000.00		20'000.00
Gesetzliche Reserven								
- Reserven aus Kapitaleinlagen (KER)	40'000.00		-5'750.00	34'250.00	-5'650.00	28'600.00	13'400.00	42'000.00
- übrige Kapitalreserven	160'000.00	24'800.00		184'800.00		184'800.00	-13'400.00	171'400.00
Gesetzliche Gewinnreserven	30'000.00		-	30'000.00	-	30'000.00		30'000.00
Freiwillige Gewinnreserven / Verluste	50'000.00		-5'750.00	44'250.00	-5'650.00	38'600.00		38'600.00
Total Eigenkapital	300'000.00	26'800.00	-12'500.00	314'300.00	-12'300.00	302'000.00	-	302'000.00

Total Einlagen in die Reseven durch die Aktionäre	24'800.00	
Total Rückzahlungen von Reserven an die Aktionäre	-22'800.00	
Nettoerhöhung KER aus Kapitalband gemäss Artikel 20 Absatz 8 DBG bzw. Artikel 5 Absatz 1^{septies} VStG	2'000.00	2'000.00
Zusätzliche Gutschrift gemäss Ziffer 3.1. des KS 29c		
Total Rückzahlungen KER innerhalb des Kapitalbands an die Aktionäre	11'400.00	
Total Rückzahlungen übrige Reserven innerhalb des Kapitalbands an die Aktionäre, welche nicht über die zweite Handelslinie erfolgen	-	
Total zusätzliche Gutschrift	11'400.00	11'400.00
Total KER		13'400.00

Erklärungen:

Während der Dauer des Kapitalbands werden die Kapitaleinlagen und -rückzahlungen miteinander verrechnet (Nettobetrachtung). Nur soweit die Einlagen die Rückzahlungen während der Dauer des Kapitalbands übersteigen, können steuerlich Reserven aus Kapitaleinlagen gebildet werden. Aufgrund Artikel 20 Absatz 8 DBG bzw. Artikel 5 Absatz 1^{septies} VStG werden die KER gemäss Beispiel somit um 2'000 erhöht.

Soweit jedoch innerhalb des Kapitalbands KER bzw. Ausland-KER zurück- und durch die Anteilsinhaber wieder einbezahlt werden, können auch diese Einlagen zusätzlich den KER zugerechnet werden, da Artikel 20 Absatz 8 DBG bzw. Artikel 5 Absatz 1^{septies} VStG mit Blick auf Teilliquidationen über die zweite Handelslinie von Publikumsgesellschaften eingeführt wurden (BBI 2017, 646f.) und die neuen gesetzlichen Bestimmungen nicht vollständig mit den zwischenzeitlich aufgrund STAF eingeführten gesetzlichen Bestimmungen abgestimmt sind. Die Änderungen gemäss STAF verpflichten kotierte Kapitalgesellschaften dazu, bei Teilliquidationen, solange noch KER bzw. Ausland-KER vorhanden sind, 50% der Rückzahlungen von Reserven zu Lasten der KER bzw. Ausland-KER auszurichten (Art. 20 Abs. 7 DBG bzw. Art. 4a Abs. 4 VStG).

Werden solche Rückzahlungen während eines Kapitalbands durch die Anteilsinhaber wieder einbezahlt, kommt es zu einer Überkompensation, da die neuen Bestimmungen aufgrund der Aktienrechtsrevision bei der Bildung und nicht bei der Rückzahlung von KER bzw. Ausland-KER ansetzen. Durch diese Praxis wird eine Überkompensation, wie im Beispiel ersichtlich, vermieden und der Sinn und Zweck der neu eingeführten gesetzlichen Bestimmungen gewahrt.

Im Ergebnis werden die gemäss Beispiel zurück- und wiedereinbezahlten KER von 11'400 (5'750 Jahr N+1 und 5'650 Jahr N+2) zusätzlich den KER zugerechnet und durch die ESTV am Ende des Kapitalbands bestätigt. Am Ende des Kapitalbands kann eine entsprechende Umbuchung von übrigen Reserven in KER bzw. Ausland-KER vorgenommen werden.

2. Eine an einer schweizerischen Börse kotierte Gesellschaft zeigt folgende Eigenkapitalbewegungen innerhalb ihres Kapitalbands über zwei Jahre (wobei sämtliche Rückkäufe über eine zweite Handelslinie erfolgen):

	Bestand	Jahr N+1 Erhöhung	Jahr N+1 Herabsetzung	Bestand	Jahr N+2 Herabsetzung	Bestand	Bereinigung	Bestand bereinigt
Aktienkapital	20'000.00	2'000.00	-1'000.00	21'000.00	-1'000.00	20'000.00		20'000.00
Gesetzliche Reserven								
- Reserven aus Kapitaleinlagen (KER)	-			-		-	2'000.00	2'000.00
- übrige Kapitalreserven	200'000.00	24'800.00		224'800.00		224'800.00	-2'000.00	222'800.00
Gesetzliche Gewinnreserven	30'000.00			30'000.00		30'000.00		30'000.00
Freiwillige Gewinnreserven / Verluste	50'000.00		-11'500.00	38'500.00	-11'300.00	27'200.00		27'200.00
Total Eigenkapital	300'000.00	26'800.00	-12'500.00	314'300.00	-12'300.00	302'000.00	-	302'000.00

Total Einlagen in die Reseven durch die Aktionäre	24'800.00
Total Rückzahlungen von Reserven an die Aktionäre	-22'800.00
Nettoerhöhung KER aus Kapitalband gemäss Artikel 20 Absatz 8 DBG bzw. Artikel 5 Absatz 1^{septies} VStG	2'000.00 2'000.00
Zusätzliche Gutschrift gemäss Ziffer 3.1. des KS 29c	
Total Rückzahlungen KER innerhalb des Kapitalbands an die Aktionäre	-
Total Rückzahlungen übrige Reserven innerhalb des Kapitalbands an die Aktionäre, welche nicht über die zweite Handelslinie erfolgen	-
Total zusätzliche Gutschrift	-
Total KER	**2'000.00**

Erklärungen:

Während der Dauer des Kapitalbands werden die Kapitaleinlagen und -rückzahlungen miteinander verrechnet (Nettobetrachtung). Nur soweit die Einlagen die Rückzahlungen während der Dauer des Kapitalbands übersteigen, können steuerlich Reserven aus Kapitaleinlagen gebildet werden. Aufgrund Artikel 20 Absatz 8 DBG bzw. Artikel 5 Absatz 1^{septies} VStG werden die KER gemäss Beispiel somit um 2'000 erhöht.

Da während des Kapitalbands keine KER an die Aktionäre der börsenkotierten Gesellschaft zurückbezahlt und durch diese wieder einbezahlt werden, kann keine zusätzliche Gutschrift erfolgen.

3. Eine nicht börsenkotierte Gesellschaft zeigt folgende Eigenkapitalbewegungen innerhalb ihres Kapitalbands über zwei Jahre aufgrund von Kapitalerhöhungen und -herabsetzungen:

	Bestand	Jahr N+1 Erhöhung	Jahr N+1 Herabsetzung	Bestand	Jahr N+2 Herabsetzung	Bestand	Bereinigung	Bestand bereinigt
Aktienkapital	20'000.00	2'000.00	-1'000.00	21'000.00	-1'000.00	20'000.00		20'000.00
Gesetzliche Reserven								
- Reserven aus Kapitaleinlagen (KER)	40'000.00		-11'500.00	28'500.00		28'500.00	24'800.00	53'300.00
- übrige Kapitalreserven	160'000.00	24'800.00		184'800.00		184'800.00	-24'800.00	160'000.00
Gesetzliche Gewinnreserven	30'000.00			30'000.00		30'000.00		30'000.00
Freiwillige Gewinnreserven / Verluste	50'000.00			50'000.00	-11'300.00	38'700.00		38'700.00
Total Eigenkapital	300'000.00	26'800.00	-12'500.00	314'300.00	-12'300.00	302'000.00	-	302'000.00

Total Einlagen in die Reserven durch die Aktionäre		24'800.00
Total Rückzahlungen von Reserven an die Aktionäre		-22'800.00
Nettoerhöhung KER aus Kapitalband gemäss Artikel 20 Absatz 8 DBG bzw. Artikel 5 Absatz 1^{septies} VStG	2'000.00	2'000.00
Zusätzliche Gutschrift gemäss Ziffer 3.1. des KS 29c		
Total Rückzahlungen KER innerhalb des Kapitalbands an die Aktionäre	11'500.00	
Total Rückzahlungen übrige Reserven innerhalb des Kapitalbands an die Aktionäre, welche nicht über die zweite Handelslinie erfolgen	11'300.00	
Total zusätzliche Gutschrift	22'800.00	22'800.00
Total KER		24'800.00

Erklärungen:

Während der Dauer des Kapitalbands werden die Kapitaleinlagen und -rückzahlungen miteinander verrechnet (Nettobetrachtung). Nur soweit die Einlagen die Rückzahlungen während der Dauer des Kapitalbands übersteigen, können steuerlich Reserven aus Kapitaleinlagen gebildet werden. Aufgrund von Artikel 20 Absatz 8 DBG bzw. Artikel 5 Absatz 1^{septies} VStG werden die KER gemäss Beispiel somit um 2'000 erhöht.

Da während des Kapitalbands KER in der Höhe von 11'500 an die Aktionäre zurückbezahlt und durch diese wieder einbezahlt werden, können auch sie zusätzlich gutgeschrieben werden. Als nicht börsenkotierte Gesellschaft erfolgt die Rückzahlung der 11'300 übrigen Reserven nicht über eine zweite Handelslinie. Auch diese wiedereinbezahlten Reserven können, da steuerlich abgerechnet, zusätzlich gutgeschrieben werden.

Am Ende des Kapitalbands kann eine entsprechende Umbuchung von übrigen Reserven in KER bzw. Ausland-KER im Umfang von 24'800 vorgenommen werden.

Anhang 5: Beispiel Änderung Aktienkapital in eine für die Geschäftstätigkeit wesentliche ausländische Währung

Eine Kapitalgesellschaft mit bisheriger Buchführung in funktionaler Währung USD zeigt am Stichtag der Umstellung des Aktienkapitals in USD (1. Januar 2023) folgende Bestände an Reserven aus Kapitaleinlagen:

Datum	Einzlg.	Rückzlg.	Bestand	Kurs	Einzlg.	Rückzlg.	Bestand
	Werte funktionale Währung USD				Bestätigte KER in CHF		
01.07.1998	200'000		200'000	1.45	290'000		290'000
01.07.2019		70'000	130'000	0.99		69'300	220'700
01.01.2023			245'222	0.90			

Erklärungen:

Die Kapitaleinlage am 1. Juli 1998 wurde der Gesellschaft in Schweizer Franken bestätigt, da Reserven aus Kapitaleinlagen steuerlich gleich behandelt werden wie Grund- und Stammkapital. Die Umrechnung erfolgte dabei gemäss Praxis zum historischen Kurs. Die Rückzahlung am 1. Juli 2019 erfolgte zum damaligen Transaktionskurs von 0.99. Die Kapitalgesellschaft weist somit in ihren Büchern in funktionaler Währung KER im Umfang von USD 130'000 aus. Demgegenüber stehen bestätigte KER von CHF 220'700.

Da die Kapitalgesellschaft ihr Aktienkapital auf den Beginn des Geschäftsjahrs 2023 in USD ändert, ist der Bestand der von der ESTV bestätigten KER zum Kurs nach Artikel 621 Absatz 3 OR (hier 0.90) umzurechnen. Der so errechnete Bestand an KER von USD 245'222 ist der ESTV zu melden und wird durch diese als neuer Bestand in USD bestätigt und geführt. Die Kapitalgesellschaft weist die KER von USD 245'222 in ihrer Handelsbilanz als gesetzliche oder freie Kapitalreserven aus. In der Folge wird die gewinnsteuerunwirksame Wertdifferenz von vorliegend USD 115'522 handelsrechtlich in USD dem Gewinnvortrag oder den freien Gewinnreserven belastet. Ergibt sich jedoch ein Umrechnungsverlust, ist dieser handelsrechtlich dem Verlustvortrag oder den freien Gewinnreserven gutzuschreiben.

Liquidationsgewinne

Quelle: Eidg. Steuerverwaltung ESTV / HA Direkte Bundessteuer, Verrechnungssteuer, Stempelabgaben

Direkte Bundessteuer

Bern, 3. November 2010

Kreisschreiben Nr. 28

Besteuerung der Liquidationsgewinne bei definitiver Aufgabe der selbständigen Erwerbstätigkeit

Inhaltsverzeichnis

1.	Gegenstand des Kreisschreibens	2
2.	Beendigung der selbständigen Erwerbstätigkeit	3
2.1.	*Grundsatz*	*3*
2.2.	*Beendigung infolge Invalidität*	*3*
2.3.	*Übertragung einer Personenunternehmung auf eine juristische Person*	*3*
2.4.	*Aufschubtatbestände*	*4*
2.4.1.	*Verhältnis zu Artikel 18a Absatz 1 DBG*	*4*
2.4.2.	*Verhältnis zu Artikel 18a Absatz 2 DBG*	*4*
2.4.3.	*Verhältnis zu Artikel 18a Absatz 3 DBG*	*4*
3.	Liquidation	4
4.	Einkauf in eine Vorsorgeeinrichtung	5
5.	Fiktiver Einkauf	5
5.1.	*Grundsatz*	*5*
5.2.	*Anrechenbare Beitragsjahre*	*5*
5.3.	*Massgebendes Einkommen*	*5*
5.4.	*Besteuerung des fiktiven Einkaufs*	*5*
5.5.	*Spätere Einkäufe*	*5*
6.	Erbgang	6
6.1.	*Grundsatz*	*6*
6.2.	*Liquidation durch die Erben oder die Vermächtnisnehmer*	*6*
6.2.1.	*Einzelunternehmung*	*6*

6.2.2.	Personengesellschaft 6
6.3.	Fortführung der selbständigen Erwerbstätigkeit durch die Erben oder die Vermächtnisnehmer 6
7.	Inkrafttreten 6

Anhang I: Verordnung über die Besteuerung der Liquidationsgewinne bei definitiver Aufgabe der selbständigen Erwerbstätigkeit (LGBV)

Anhang II: Erläuterungen zur LGBV

Anhang III: Übersicht über die Folgen beim Tod einer an einer Personengesellschaft beteiligten Person und dessen Folgen bezüglich Artikel 37b DBG

1. Gegenstand des Kreisschreibens

Das Bundesgesetz vom 23. März 2007 über die Verbesserung der steuerlichen Rahmenbedingungen für unternehmerische Tätigkeiten und Investitionen (Unternehmenssteuerreformgesetz II) führte für die Besteuerung der Liquidationsgewinne bei definitiver Aufgabe der selbständigen Erwerbstätigkeit verschiedene Neuerungen ein. Diese Neuerungen sind in Artikel 37b des Bundesgesetzes vom 14. Dezember 1990 über die direkte Bundessteuer (DBG)[1] wie folgt normiert:

Art. 37b   Liquidationsgewinne

[1] *Wird die selbständige Erwerbstätigkeit nach dem vollendeten 55. Altersjahr oder wegen Unfähigkeit zur Weiterführung infolge Invalidität definitiv aufgegeben, so ist die Summe der in den letzten zwei Geschäftsjahren realisierten stillen Reserven getrennt vom übrigen Einkommen zu besteuern. Einkaufsbeiträge gemäss Artikel 33 Absatz 1 Buchstabe d sind abziehbar. Werden keine solchen Einkäufe vorgenommen, so wird die Steuer auf dem Betrag der realisierten stillen Reserven, für den der Steuerpflichtige die Zulässigkeit eines Einkaufs gemäss Artikel 33 Absatz 1 Buchstabe d nachweist, zu einem Fünftel der Tarife nach Artikel 36 berechnet. Für die Bestimmung des auf den Restbetrag der realisierten stillen Reserven anwendbaren Satzes ist ein Fünftel dieses Restbetrages massgebend, es wird aber in jedem Fall eine Steuer zu einem Satz von mindestens 2 Prozent erhoben.*

[2] *Absatz 1 gilt auch für den überlebenden Ehegatten, die anderen Erben und die Vermächtnisnehmer, sofern sie das übernommene Unternehmen nicht fortführen; die steuerliche Abrechnung erfolgt spätestens fünf Kalenderjahre nach Ablauf des Todesjahres des Erblassers.*

Die Ausführungsbestimmungen zu dieser Regelung sind in der Verordnung über die Besteuerung der Liquidationsgewinne bei definitiver Aufgabe der selbständigen Erwerbstätigkeit (LGBV; Anhang I) festgehalten.

---

[1] SR 642.11

2. Beendigung der selbständigen Erwerbstätigkeit

2.1. Grundsatz

Der Liquidationsgewinn aus der Aufgabe der selbständigen Erwerbstätigkeit wird gemäss Artikel 37b DBG und LGBV besteuert, wenn die steuerpflichtige Person das 55. Altersjahr erreicht hat oder infolge Invalidität unfähig geworden ist, ihre selbständige Erwerbstätigkeit weiter auszuüben. Dies betrifft sowohl Einzelunternehmen als auch Beteiligungen an Personengesellschaften.

Die Besteuerung gemäss Artikel 37b DBG kommt nach dem Wortlaut des Gesetzes nur dann zur Anwendung, wenn die selbständige Erwerbstätigkeit definitiv aufgegeben wird. Eine geringfügige selbständige Erwerbstätigkeit ohne feste Einrichtungen und ohne Personal soll jedoch auch nach der Anwendung von Artikel 37b DBG möglich sein, sofern das mutmassliche jährliche Nettoeinkommen aus dieser Tätigkeit inskünftig nicht höher als der Betrag (Eintrittschwelle) nach Artikel 2 Absatz 1 des Bundesgesetzes vom 25. Juni 1982 über die berufliche Alters-, Hinterlassenen- und Invalidenvorsorge (BVG)[2] ist.

Wurde einmal ein Liquidationsgewinn nach Artikel 37b DBG besteuert, so ist bei einer späteren Aufnahme einer selbständigen Erwerbstätigkeit Artikel 37b DBG für den Liquidationsgewinn aus dieser Tätigkeit nicht mehr anwendbar.

2.2. Beendigung infolge Invalidität

Eine Invalidität liegt vor, wenn wegen einer voraussichtlich bleibenden oder während längerer Zeit dauernden ganzen oder teilweisen Erwerbsunfähigkeit Leistungen gemäss dem Bundesgesetz vom 19. Juni 1959 über die Invalidenversicherung (IVG)[3] ausgerichtet werden. Unter den Begriff „Leistungen" fallen mithin nicht nur Renten, sondern auch andere Leistungen der IV, wie beispielsweise solche für eine notwendige Umschulung.

Wird als Grund für die Aufgabe der selbständigen Erwerbstätigkeit eine Invalidität geltend gemacht, so muss diese kausal zur Aufgabe der selbständigen Tätigkeit führen. Die zuständige Steuerverwaltung hat dies im Einzelfall zu prüfen. In unklaren Fällen, in denen erst in einem gerichtlichen Verfahren geklärt werden muss, ob überhaupt eine Invalidität vorliegt, ist mit der Veranlagung zuzuwarten, bis der definitive Entscheid vorliegt.

2.3. Übertragung einer Personenunternehmung auf eine juristische Person

Die gleichzeitige oder nachträgliche Aufnahme einer unselbständigen Erwerbstätigkeit steht der privilegierten Besteuerung des Liquidationsgewinnes nicht im Wege. Dies gilt auch für den Fall, dass der selbständig Erwerbende seinen Betrieb, den er bisher in der Rechtsform einer Personenunternehmung geführt hat, auf eine juristische Person überträgt und in der Folge in ein Anstellungsverhältnis mit dieser juristischen Person eintritt. Soweit die Übertragung nicht steuerneutral erfolgt (Art. 19 Abs. 1 Bst. b DBG) sowie für Vermögenswerte, die dabei ins Privatvermögen überführt werden, sind die realisierten stillen Reserven nach Artikel 37b DBG zu besteuern. Vorbehalten bleibt die Wahl des Steueraufschubes gemäss Artikel 18a Absatz 1 DBG sowie die Verpachtung nach Artikel 18a Absatz 2 DBG.

Erfolgt innerhalb von 5 Jahren nach einer steuerneutralen Übertragung des Betriebes eines selbständig Erwerbenden auf eine juristische Person eine Veräusserung zu einem Preis, der über dem übertragenen steuerlichen Eigenkapital liegt (Sperrfristverletzung, Art. 19 Abs. 2 DBG), so ist bei der Abrechnung über die stillen Reserven im Nachsteuerverfahren die Besteuerung nach Artikel 37b DBG vorzunehmen, sofern die Übertragung nach dem Inkrafttreten von Artikel 37b DBG erfolgte und die Voraussetzungen zur Anwendung dieses Artikels im Zeitpunkt der Übertragung erfüllt waren. Einkäufe in die Vorsorge, die seit der Übertra-

---

[2] SR 831.40
[3] SR 831.20

gung geleistet wurden, sind bei der Berechnung des fiktiven Einkaufes als Altersguthaben aus beruflicher Vorsorge in Abzug zu bringen (Art. 6 Abs. 6 LGBV).

2.4. Aufschubtatbestände

2.4.1. Verhältnis zu Artikel 18a Absatz 1 DBG

Wird eine Liegenschaft aus dem Geschäftsvermögen in das Privatvermögen überführt, so darf nach Artikel 18a Absatz 1 DBG auf Antrag hin im Zeitpunkt der Überführung nur die Differenz zwischen den Anlagekosten und dem massgebenden Einkommenssteuerwert (wieder eingebrachte Abschreibungen) besteuert werden. Die Besteuerung des Wertzuwachsgewinnes als Einkommen aus selbständiger Erwerbstätigkeit wird bis zur Veräusserung der Liegenschaft aufgeschoben. Diese, im Zeitpunkt der Veräusserung realisierten übrigen stillen Reserven, unterliegen zusammen mit dem übrigen Einkommen in jenem Zeitpunkt als Einkommen aus selbständiger Erwerbstätigkeit der ordentlichen Besteuerung.

Verlangt die steuerpflichtige Person im Rahmen der definitiven Aufgabe der selbständigen Erwerbstätigkeit einen Besteuerungsaufschub nach Artikel 18a Absatz 1 DBG, findet Artikel 37b DBG nur auf die wieder eingebrachten Abschreibungen Anwendung. Finden jedoch sowohl die Überführung einer Liegenschaft als auch deren Veräusserung innerhalb der „Liquidationsperiode" (Liquidationsjahr und Vorjahr) statt, so werden diese beiden Vorgänge als Liquidationshandlungen betrachtet und alle stillen Reserven, das heisst die wieder eingebrachten Abschreibungen und der Wertzuwachsgewinn, bilden Teil des Liquidationsgewinnes, auf welchen Artikel 37b DBG Anwendung findet.

2.4.2. Verhältnis zu Artikel 18a Absatz 2 DBG

Verzichtet die steuerpflichtige Person im Zeitpunkt einer Verpachtung nach Artikel 18a Absatz 2 DBG auf eine Überführung ins Privatvermögen, so verbleibt der Geschäftsbetrieb im Geschäftsvermögen. Bei der Überführung ins Privatvermögen kann die Besteuerung nach Artikel 37b DBG geltend gemacht werden, sofern die Voraussetzungen zur Anwendung von Artikel 37b DBG im Zeitpunkt der Überführung erfüllt sind.

2.4.3. Verhältnis zu Artikel 18a Absatz 3 DBG

Beantragen der oder die den Betrieb übernehmenden Erben oder Vermächtnisnehmer den Steueraufschub nach Artikel 18a Absatz 3 DBG, so werden keine stillen Reserven realisiert, weshalb Artikel 37b DBG nicht zur Anwendung kommt. Geben der oder die den Betrieb übernehmenden Erben oder Vermächtnisnehmer zu einem späteren Zeitpunkt die selbständige Erwerbstätigkeit auf, so können sie die Besteuerung nach Artikel 37b DBG geltend machen, sofern sie selber die Voraussetzungen dafür erfüllen.

3. Liquidation

Nach Artikel 37b DBG bemisst sich der Liquidationsgewinn aus der Summe der in den letzten zwei Geschäftsjahren realisierten stillen Reserven (zur Berechnung vgl. Art. 9 LGBV). Als Liquidationsjahr wird dasjenige Geschäftsjahr bezeichnet, in dem die letzte Liquidationshandlung vorgenommen wird. Der Zeitpunkt des Abschlusses der Liquidation ist – wie dies nach geltendem Recht bereits der Fall ist – im Einzelfall zu klären. In der Regel ist eine Liquidation abgeschlossen, wenn die letzte Inkassohandlung eingeleitet ist. Da es sich dabei manchmal um marginale Beträge handeln kann, sollen jedoch auch andere Umstände das Ende der Liquidation darstellen können, so zum Beispiel wenn die Erwerbs- und Verkaufstätigkeiten eingestellt und/oder die Arbeitsverträge mit den Angestellten aufgelöst werden.

Mit dem Inkrafttreten der LGBV am 1. Januar 2011 gilt bei der Aufgabe der selbständigen Erwerbstätigkeit im Jahr 2011 das Jahr 2010 als Vorjahr. Ist die Veranlagung des Vorjahres bereits in Rechtskraft erwachsen, so wird sie bei der Anwendung von Artikel 37b DBG nach Artikel 147 ff. DBG revidiert.

4. Einkauf in eine Vorsorgeeinrichtung

Beim Einkauf in eine Vorsorgeeinrichtung im Liquidationsjahr und im Vorjahr (Art. 4 LGBV) wird der einbezahlte Betrag bei der Berechnung des steuerbaren Einkommens der Steuerperiode in erster Linie vom übrigen, nicht gesondert besteuerten Einkommen in Abzug gebracht. Kann dabei nicht der gesamte Einkaufbetrag angerechnet werden, so reduziert dieser Überhang den Liquidationsgewinn.

5. Fiktiver Einkauf

5.1. Grundsatz

Der selbständig Erwerbende kann unabhängig davon, ob er einer beruflichen Vorsorgeinrichtung angeschlossen ist oder nicht, einen Antrag auf Besteuerung eines fiktiven Einkaufs stellen. Ist der selbständig Erwerbende einer Einrichtung der beruflichen Vorsorge angeschlossen, verzichtet er aber ganz oder teilweise auf einen tatsächlichen Einkauf von Beitragsjahren, so kann er die Besteuerung eines fiktiven Einkaufs nach Abzug des allfällig vorgenommenen tatsächlichen Einkaufes geltend machen. Eine höhere tatsächliche Deckungslücke des konkreten Vorsorgeplanes bleibt in diesem Fall für die Berechnung des fiktiven Einkaufs unbeachtlich.

Die Besteuerung eines fiktiven Einkaufs kann geltend gemacht werden, solange nach dem BVG ein Einkauf möglich ist.

5.2. Anrechenbare Beitragsjahre

Massgebend ist die Anzahl Jahre vom vollendeten 25. Altersjahr bis zum Alter im Liquidationsjahr, höchstens jedoch bis zum ordentlichen AHV-Rentenalter. Die Jahre ab dem 25. Altersjahr bis und mit dem Liquidationsjahr werden stets vollumfänglich berücksichtigt, unabhängig davon, ob die selbständig erwerbende Person während der ganzen Zeit einer Erwerbstätigkeit nachgegangen ist oder nicht. Bei der Berechnung wird auf die Differenz zwischen dem 25. Altersjahr und dem Alter, in welchem die Erwerbstätigkeit aufgegeben wurde, abgestellt. Das angefangene Altersjahr wird hinzugezählt.

5.3. Massgebendes Einkommen

Massgebendes Einkommen für die Berechnung des fiktiven Einkaufs ist das arithmetische Mittel der AHV-pflichtigen Erwerbseinkünfte aus selbstständiger Erwerbstätigkeit der letzten fünf Geschäftsjahre vor dem Liquidationsjahr. Die im Vorjahr realisierten stillen Reserven werden dabei in Abzug gebracht. Weist die steuerpflichtige Person nach, dass sie bis zum Liquidationsjahr weniger als fünf Jahre selbständig erwerbend war, so wird das Einkommen gestützt auf die tatsächliche Anzahl Jahre der selbständigen Erwerbstätigkeit berechnet (Art. 6 Abs. 4 LGBV).

5.4. Besteuerung des fiktiven Einkaufs

Der Betrag des fiktiven Einkaufs ist als Teil des Liquidationsgewinns nach dem Tarif von Artikel 38 Absatz 1 DBG zu besteuern. Es erfolgt keine Zusammenrechnung mit Kapitalleistungen aus Vorsorge, die in der gleichen Periode anfallen.

5.5. Spätere Einkäufe

Der geltend gemachte fiktive Einkauf wird steuerrechtlich an einen späteren Einkauf in eine Vorsorgeeinrichtung angerechnet (Art. 7 LGBV, steuerrechtliche Reduktion der Deckungslücke).

6. Erbgang

6.1. Grundsatz

Im Todesfall geht die selbständige Erwerbstätigkeit des Erblassers durch Universalsukzession auf die Erben über. Jeder der Erben oder der Vermächtnisnehmer kann frei entscheiden, ob er die bisherige selbständige Erwerbstätigkeit weiterführen will. Wenn direkt im Anschluss an den Erbgang die Liquidation vorgenommen wird, können die Erben oder die Vermächtnisnehmer, welche die selbständige Erwerbstätigkeit nicht weiterführen, an Stelle des Erblassers die Besteuerung nach Artikel 37b DBG geltend machen, sofern der Erblasser im Zeitpunkt seines Ablebens die Voraussetzungen gemäss Artikel 1 Absatz 1 LGBV erfüllt hat.

Weder bei der Liquidation durch die Erben oder die Vermächtnisnehmer noch bei der gesetzlichen Überführung in das Privatvermögen können Einkäufe von Beitragsjahren für den Erblasser oder die Besteuerung eines fiktiven Einkaufs geltend gemacht werden.

6.2. Liquidation durch die Erben oder die Vermächtnisnehmer

6.2.1. Einzelunternehmung

Die Erben und Vermächtnisnehmer, welche die Einzelunternehmung nicht weiterführen, übernehmen den Anspruch des Erblassers auf die privilegierte Besteuerung des Liquidationsgewinns nur dann, wenn dieser im Zeitpunkt seines Ablebens die Voraussetzungen gemäss Artikel 1 Absatz 1 LGBV erfüllt hat.

Führen sie die Tätigkeit nicht weiter und beenden sie die Liquidation nicht, so findet am Ende des fünften Kalenderjahres nach dem Todesjahr des Erblassers eine gesetzlich vorgeschriebene Überführung der Vermögenswerte in das Privatvermögen statt. In diesem Zeitpunkt sind die entsprechenden stillen Reserven nach Artikel 37b DBG unter Ausschluss der Besteuerung als fiktiven Einkauf zu besteuern, wenn der Erblasser im Zeitpunkt seines Ablebens die Voraussetzungen gemäss Artikel 1 Absatz 1 LGBV erfüllt hat.

6.2.2. Personengesellschaft

Bei den Personengesellschaften richtet sich die steuerliche Behandlung nach der Aufstellung in Anhang III.

6.3. Fortführung der selbständigen Erwerbstätigkeit durch die Erben oder die Vermächtnisnehmer

Sobald die Erben oder die Vermächtnisnehmer dauernd oder vorübergehend Handlungen vornehmen, welche über die Erfüllung der im Erbfall bestandenen Verpflichtungen gemäss Artikel 571 Absatz 2 ZGB hinausgehen, so führen sie die selbständige Erwerbstätigkeit weiter und die Liquidationsgewinnbesteuerung gemäss Artikel 37b DBG kann nicht mehr an Stelle des Erblassers geltend gemacht werden. Der Anspruch geht mit der ersten entsprechenden Handlung unter. Die blosse Erfüllung von im Zeitpunkt des Erbgangs bestehenden Verpflichtungen gilt nicht als Fortführung der selbständigen Tätigkeit (Art. 11 Abs. 3 LGBV).

Führen ein oder mehrere Erben oder Vermächtnisnehmer die selbständige Erwerbstätigkeit fort oder übernehmen sie die Anteile an einer Personengesellschaft, so können die übrigen Erben, welche die selbständige Erwerbstätigkeit nicht fortführen, auf ihren Anteil die Besteuerung nach Artikel 37b DBG geltend machen, sofern der Erblasser im Zeitpunkt des Todes die Voraussetzungen gemäss Artikel 1 Absatz 1 LGBV erfüllt hat. Sie müssen diesen Anspruch im Anschluss an den Erbgang geltend machen.

Die Anwendung von Artikel 18a Absatz 3 DBG bleibt vorbehalten.

7. Inkrafttreten

Dieses Kreisschreiben tritt zusammen mit den Artikeln 18a und 37b DBG sowie der LGBV per 1. Januar 2011 in Kraft.

Anhang II

Stabstelle Gesetzgebung, im Januar 2010

Verordnung über die Besteuerung der Liquidationsgewinne bei definitiver Aufgabe der selbständigen Erwerbstätigkeit (Art. 37*b* DBG)

Erläuterungen

☞ *Der Text der LGBV selbst ist an anderer Stelle in der Gesetzessammlung enthalten (siehe VO DBG M).*

Zusammenfassung

Die vorliegende Verordnung beinhaltet die Umsetzung des mit dem Bundesgesetz über die Verbesserung der steuerlichen Rahmenbedingungen für unternehmerische Tätigkeiten und Investitionen (Unternehmenssteuerreformgesetz II) angenommenen Artikels 37b des Bundesgesetzes vom 14. Dezember 1990 über die direkte Bundessteuer (DBG), welcher die Besteuerung des Liquidationsgewinns regelt. Der Liquidationsgewinn von selbständig erwerbenden Personen wird heute gemäss Artikel 18 DBG zusammen mit dem übrigen Einkommen besteuert, was eine progressive Erhöhung der Einkommenssteuer zur Folge hat.

Artikel 37b DBG sieht vor, dass der Liquidationsgewinn (stille Reserven) getrennt vom übrigen Einkommen privilegiert besteuert wird, wenn die selbständige Erwerbstätigkeit nach dem vollendeten 55. Altersjahr oder infolge Invalidität definitiv aufgegeben wird. Ein Fünftel des Liquidationsgewinnes soll satzbestimmend sein. Diese privilegierte Liquidationsbesteuerung kann unter bestimmten Voraussetzungen auch vom überlebenden Ehegatten, den anderen Erben und den Vermächtnisnehmern geltend gemacht werden.

Es besteht für die steuerpflichtige Person ferner die Möglichkeit, ein dem Einkauf in die berufliche Vorsorge entsprechender fiktiver Einkauf (maximal im Umfang des Liquidationsgewinns) geltend zu machen. Im Umfang des fiktiven Einkaufs wird der Steuertarif für Kapitalleistungen aus Vorsorge nach Artikel 38 DBG angewandt. Artikel 37b DBG hat seine grundsätzliche Entsprechung in Artikel 11 Absatz 5 des Bundesgesetzes vom 14. Dezember 1990 über die Harmonisierung der direkten Steuern der Kantone und Gemeinden (StHG).

Die gesonderte Besteuerung des Liquidationsgewinnes ist eine besondere Besteuerungsart, deren Umsetzung in der Verordnung konkretisiert wird. Der fiktive Einkauf, als Teil des Liquidationsgewinnes, ist ein neues Steuerinstitut, für das alle Parameter, die Berechnung und die Anspruchsberechtigten in der Verordnung festgelegt werden müssen.

1. Einleitung

Die eidgenössischen Räte haben am 23. März 2007 das Unternehmenssteuerreformgesetz II beschlossen. Es ändert als Mantelerlass das Bundesgesetz über die Stempelabgaben vom 27. Juni 1973 (StG; SR 641.10), das Bundesgesetz über die direkte Bundessteuer vom 14. Dezember 1990 (DBG; SR 642.11), das Bundesgesetz über die Harmonisierung der direkten Steuern der Kantone und Gemeinden vom 14. Dezember 1990 (StHG; SR 642.14) und das Bundesgesetz über die Verrechnungssteuer vom 13. Oktober 1965 (VStG; SR 642.21). Nachdem gegen diesen Beschluss das Referendum zu Stande kam, wurde das Bundesgesetz am 24. Februar 2008 vom Volk angenommen.

Ziel der Unternehmenssteuerreform II (nachstehend USTR II) war – gemäss Ausführungen des Bundesrates in der Botschaft[1] – einerseits eine steuerliche Entlastung von Risikokapital, primär zugunsten von Investoren, die sich unternehmerisch beteiligen. Andererseits zielte die Reform aber auch auf die steuerliche Entlastung der kleinen und mittleren Unternehmen (KMU) ab. Unter anderem sollten ungerechtfertigte Überbesteuerungen gemildert und zum Teil beseitigt werden. Die beabsichtigten Massnahmen zu Gunsten der Personenunternehmen betrafen folgende vier Bereiche:

- Erhaltung bestehender Personenunternehmen,

- Erleichterung der Restrukturierung von Personenunternehmen,

- Erleichterung der Übertragung von Unternehmen sowie um

- Steuererleichterungen bei der zu Lebzeiten oder nach dem Tod des Inhabers erfolgten Liquidation eines Unternehmens.

Letztere Massnahme führte zum Artikel 37*b* DBG, welcher am 1. Januar 2011 in Kraft treten wird.

1.1 Vorschlag des Bundesrates

Die Botschaft zur Unternehmenssteuerreform II sah in Artikel 37*b* DBG vor (dannzumal noch Artikel 37*a* DBG[2]), dass bei definitiver Aufgabe der selbständigen Erwerbstätigkeit nach dem vollendeten 55. Altersjahr oder infolge Invalidität die in den letzten zwei Geschäftsjahren realisierten stillen Reserven zwar zusammen mit dem übrigen Einkommen besteuert werden sollen, für die Satzbestimmung jedoch jeweils ein Achtel der realisierten stillen Reserven massgebend sein sollte. Durch den Einbezug der realisierten stillen Reserven der letzten zwei Geschäftsjahre statuierte Artikel 37*a* Absatz 1 DBG einen gesetzlichen Revisionsgrund. Von der Abrechnung nach dem milderen Satz ausgeschlossen waren jedoch die auf Grund des Besteuerungsaufschubs (Artikel 18*a* Absatz 1 DBG) steuerlich noch nicht erfassten stillen Reserven. Die Besteuerung des Liquidationsgewinns nach dem milderen Satz sollte gemäss Absatz 2 auch für die Nachkommen, den überlebenden Ehegatten und die Vermächtnisnehmer gelten, sofern diese das von der steuerpflichtigen Person geführte Unternehmen nicht fortführen. Wird das Unternehmen nicht fortgeführt und nicht binnen der fünf dem Tode des Unternehmers folgenden Kalenderjahre liquidiert, sollte eine steuersystematische Abrechnung über die stillen Reserven zum Vorzugssteuersatz erfolgen. Identische Bestimmungen waren in Artikel 11 Absatz 4 StHG zu finden. Das Ausmass der Steuermilderung sollte jedoch durch das kantonale Recht bestimmt werden.

---

[1] BBl **2005** 4733

[2] Der ursprüngliche Artikel 37a DBG wurde zum heutigen Artikel 37b, da zwischenzeitlich der Artikel über das vereinfachte Abrechnungsverfahren gemäss dem BG gegen die Schwarzarbeit (BGSA) als Artikel 37a ins DBG eingefügt wurde.

Von einer steuerlichen Privilegierung des Liquidationsgewinns im Hinblick darauf, dass im Liquidationsgewinn auch Teile der beruflichen Vorsoge enthalten seien, hatte der Bundesrat ausdrücklich abgesehen. Er hatte dazu ausgeführt: *„Dem Anliegen nach einer Erleichterung und Verbesserung der Möglichkeit beruflicher Vorsorge der Selbständigerwerbenden wurde ... effektiv durch die erste Revision des Gesetzes über die berufliche Vorsorge Rechnung getragen. Die neu eingefügte Bestimmung von Artikel 4 Absatz 3 BVG verschafft Selbständigerwerbenden die Möglichkeit, sich ausschliesslich bei einer Einrichtung der weitergehenden Vorsorge zu versichern, insbesondere bei einer Einrichtung, die nicht im Register für die berufliche Vorsorge eingetragen ist, sofern diese über einen Vorsorgeplan verfügt und nach dem Prinzip der Kollektivversicherung betrieben wird. Diese Lösung entspricht den Vorsorgebedürfnissen Selbständigerwerbender und trägt der Tatsache Rechnung, dass das Betriebseinkommen im Lauf der Zeit erheblichen Schwankungen unterliegt. Angesichts dieser Entwicklung der rechtlichen Situation braucht das Problem der Besteuerung des Liquidationsgewinnes lediglich unter dem Blickwinkel der direkten Besteuerung angegangen zu werden"*[3].

„Kommt es ... zu einem Liquidationsgewinn infolge Aufgabe der selbständigen Erwerbstätigkeit oder infolge einer Betriebsübergabe, so fordern die interessierten Wirtschaftskreise und auch einzelne parlamentarische Vorstösse, dass die damit verbundene Steuerlast zu mildern sei. Als Grund für diese Forderung wird oft angegeben, dass ein Betriebsinhaber über keine Altersvorsorge verfüge. Durch die Revision des BVG und die damit verbundenen Neuerungen (siehe Ziff. 4.1 der Botschaft) ist dieses Argument aber im Wesentlichen gegenstandslos geworden. Die in dieser Botschaft vorgesehenen Massnahmen gehen denn auch in eine andere Richtung: Sie betreffen den Vergleich zwischen der einkommenssteuerlichen Auswirkung der Entstehung stiller Reserven und der Auswirkung, die deren Realisierung nach sich zieht. Werden die im Laufe der Zeit akkumulierten stillen Reserven im Zuge der Unternehmensliquidation auf einen Schlag aufgelöst, so kann dies, infolge der Progression des Steuertarifes, zu einer oft als stossend empfundenen steuerlichen Belastung führen."

1.2 Beratung in den eidgenössischen Räten

Der Ständerat hatte als Erstrat in der Sommersession 2006 - in Abweichung vom bundesrätlichen Vorschlag - beschlossen, dass die in den letzten zwei Geschäftsjahren realisierten stillen Reserven getrennt vom übrigen Einkommen im Sinne von Artikel 38 DBG zu besteuern seien. Dabei solle ein Fünftel der realisierten stillen Reserven satzbestimmend sein. In jedem Fall solle jedoch eine Steuer von 2 Prozent erhoben werden. Gleichzeitig wurde auch der entsprechend angepasste Artikel 11 Absatz 5 StHG (dannzumal noch Abs. 4) angenommen, der für die kantonale Steuer die getrennte Besteuerung der in den letzten zwei Geschäftsjahren realisierten stillen Reserven vorsah, jedoch die Festlegung des für die Satzbestimmung massgebenden Anteils dem kantonalen Recht überliess. Bei dieser Abänderung bestand vor allem der Wille, die ordentliche Besteuerung des übrigen Einkommens nicht durch die Besteuerung des Liquidationsgewinnes zu beeinflussen, da dieser aus der Beendigung der selbständigen Erwerbstätigkeit gewissermassen eine Besonderheit darstelle. Zudem wurde argumentiert, dass mit dem Liquidationsgewinn die Summe der Einkommen der letzten Jahre aus der selbständigen Erwerbstätigkeit erfasst und besteuert werde. Wären diese Gewinne kontinuierlich realisiert worden, so wären sie gestaffelt und mit kleinerer Progressionswirkung in das steuerbare Einkommen eingeflossen. Dies lege nahe, bei der Satzbestimmung der Liquidationsgewinnbesteuerung nur einen Anteil dieses Gewinnes heranzuziehen. Angesichts der Progression bei der direkten Bundessteuer hatte diese Satzbestimmung zur Folge, dass ein Mindestbesteuerungssatz eingeführt wurde.

---

[3] BBl **2005** 4733, Ziff. 4.1

Der Nationalrat ging in der Herbstsession 2006 weiter als der Ständerat und stellte sich auf den Standpunkt, dass mit der Mindestbesteuerung von 2 Prozent keine Erleichterung geschaffen, sondern insbesondere für KMU lediglich der Status quo beibehalten worden sei. Zudem sei der festgelegte Mindeststeuersatz zufällig. Daher wurde der Satz von 2 Prozent wieder gestrichen. Der Nationalrat war überdies der Meinung, dass stille Reserven immer auch einen Vorsorge-Charakter aufwiesen. Kleinstunternehmer und -unternehmerinnen verfügten in der Regel nicht über eine Pensionskasse. Sie investierten ihr ganzes Vermögen in ihre Unternehmung und hätten kein Geld, sich nebenbei eine zweite Säule aufzubauen. Wenn nun bei einer Liquidation der gesamte Gewinn besteuert werde, hätten sie nicht wie die Versicherten von den steuerlichen Vorteilen (Abzug der Beiträge und allenfalls privilegierte Besteuerung des Bezugs in Kapitalform) profitieren können. Es gehe hier um die spätere Gewährung von entgangenen früheren Steuerentlastungen. Den Kleinstunternehmungen, von denen es viele gäbe, die ihre für die Altersvorsorge notwendigen Mittel im Betrieb behalten, solle die Möglichkeit gegeben werden, mit der Liquidation ihre Altersvorsorge steuerbegünstigt zu bestreiten. Der Fokus auf einer Reduktion der Steuertarifs anstelle der Besteuerung eines fiktiv reduzierten Liquidationsgewinns (Lösung des Ständerats) sei sachgerecht, weil damit den einschlägigen Bestimmungen für Kapitalleistungen der beruflichen Vorsorge der Unselbständigen entsprochen werde. Mit der Lösung des Ständerats würde eine Reichtumssteuer für Liquidationsgewinne eingeführt und für die Verwaltung administrativer Mehraufwand generiert. Kleinstunternehmen würden bestraft und eine merkwürdige Progressionskurve würde ins Gesetz übernommen. Aus diesen Gründen beschloss der Nationalrat, dass der gesonderte Liquidationsgewinn zu einem Fünftel der Tarife nach Artikel 36 DBG besteuert werden solle.

Im Differenzbereinigungsverfahren wehrte sich der Ständerat während der Frühjahrssession 2007 gegen die vom Nationalrat angebrachten Änderungen. Er hielt an dem von ihm eingebrachten Mindeststeuersatz von 2 Prozent fest. Mit dem Ziel, den Selbständigerwerbenden bei der Liquidation ihres Unternehmens bei Lücken in der Vorsorge gleich lange Spiesse wie den Unselbständigerwerbenden zu verhelfen, präzisierte er überdies, dass Einkaufsbeiträge in eine Einrichtung der beruflichen Vorsorge (gemäss Artikel 33 Absatz 1 Buchstabe d DBG) abziehbar seien. Damit sollte sichergestellt werden, dass der Einkaufsbetrag weiterhin vom ordentlichen Einkommen - welches wegen der getrennten Besteuerung der stillen Reserven tiefer ausfällt - abziehbar ist, neu aber zusätzlich auch vom Liquidationsgewinn abgezogen werden kann, damit der Einkaufsbeitrag steuerlich berücksichtigt wird.

Der Nationalrat sah in der Folge ein, dass der von ihm beschlossene Tarif zu tief war. Er wollte jedoch sicherstellen, dass Gewerbetreibende ohne oder ohne genügende Altersvorsorge nicht gezwungen werden, sich in einer Einrichtung der beruflichen Vorsorge einzukaufen, um es kurz darauf wieder beziehen zu müssen[4]. Vielmehr soll der Teil des Liquidationsgewinnes, für den der Selbständigerwerbende die Zulässigkeit eines Einkaufs in eine Einrichtung der beruflichen Vorsorge nachweisen kann, steuerrechtlich so behandelt werden, wie ein Einkauf in eine Einrichtung der beruflichen Vorsorge mit anschliessendem Bezug. Der Selbständigerwerbende soll, gestützt auf eine angebliche Deckungslücke, einen fiktiven Einkauf geltend machen können.

Dieser Möglichkeit des fiktiven Einkaufs hat der Ständerat zugestimmt, wobei er davon ausgegangen ist, dass sich die fiktive Deckungslücke im Rahmen eines mittleren Vorsorgeplans bewegen und die Steuerverwaltung dazu eine Praxis entwickeln soll.

---

[4] Votum BR Merz: „ [...] Diese Weiterentwicklung ist eigentlich eine weitere Präzisierung. Sie besteht darin, dass die Fälle zu regeln sind, in welchen der Steuerpflichtige keiner Einrichtung der beruflichen Vorsorge angeschlossen ist, also wenn jemand von diesen BVG-Möglichkeiten keinen Gebrauch macht. Solche Steuerpflichtige sollen nicht zu einem Einkauf in die zweite Säule gezwungen werden, damit sie von der privilegierten Besteuerung profitieren können.." AB 2007 N 313

Der vom Parlament verabschiedete Artikel zur Liquidationsbesteuerung lautete schliesslich wie folgt:

> **Art. 37b Liquidationsgewinne**
>
> [1] Wird die selbstständige Erwerbstätigkeit nach dem vollendeten 55. Altersjahr oder wegen Unfähigkeit zur Weiterführung infolge Invalidität definitiv aufgegeben, so ist die Summe der in den letzten zwei Geschäftsjahren realisierten stillen Reserven getrennt vom übrigen Einkommen zu besteuern. Einkaufsbeiträge gemäss Artikel 33 Absatz 1 Buchstabe d sind abziehbar. Werden keine solchen Einkäufe vorgenommen, so wird die Steuer auf dem Betrag der realisierten stillen Reserven, für den der Steuerpflichtige die Zulässigkeit eines Einkaufs gemäss Artikel 33 Absatz 1 Buchstabe d nachweist, zu einem Fünftel der Tarife nach Artikel 36 berechnet. Für die Bestimmung des auf den Restbetrag der realisierten stillen Reserven anwendbaren Satzes ist ein Fünftel dieses Restbetrages massgebend, es wird aber in jedem Falle eine Steuer zu einem Satz von mindestens 2 Prozent erhoben.
>
> [2] Absatz 1 gilt auch für den überlebenden Ehegatten, die anderen Erben und die Vermächtnisnehmer, sofern sie das übernommene Unternehmen nicht fortführen; die steuerliche Abrechnung erfolgt spätestens fünf Kalenderjahre nach Ablauf des Todesjahres des Erblassers.

1.3 Auslegung von Artikel 37b DBG

Das Gesetz muss in erster Linie aus sich selbst heraus, das heisst nach dem Wortlaut, Sinn und Zweck der ihm zugrunde liegenden Wertungen auf der Basis einer teleologischen Verständnismethode ausgelegt werden. Die Gesetzesauslegung hat sich vom Gedanken leiten zu lassen, dass nicht schon der Wortlaut die Norm darstellt, sondern erst das an Sachverhalten verstandene und konkretisierte Gesetz. Gefordert ist die sachlich richtige Entscheidung im normativen Gefüge, ausgerichtet auf ein befriedigendes Ergebnis der ratio legis (BGE 134 V 170, E. 4.1). Hält man sich bei der Auslegung von Artikel 37b DBG strikte an den Wortlaut, würde dies namentlich zwei bizarr anmutende Konsequenzen haben:

Erstens könnten nur jene selbständig erwerbenden Personen einen fiktiven Einkauf geltend machen, die bereits einer Pensionskasse angeschlossen sind, da nur sie die Zulässigkeit eines Einkaufs nachweisen können. Alle Nichtangeschlossenen haben keine Vorsorgeguthaben, welche mittels Einkäufen aufgestockt werden könnten. Mithin können sie auch dessen Zulässigkeit nicht nachweisen. Dass dies der Gesetzgeber gerade nicht gewollt hat, kann aus den Materialien geschlossen werden. Diese weisen darauf hin, dass der Gesetzgeber jene selbständig erwerbenden Personen, die keiner Vorsorgeeinrichtung angeschlossen sind, nicht zwingen wollte, sich kurz vor der Pensionierung noch einer Vorsorgeeinrichtung anzuschliessen, um den verpassten Vorsorgeaufbau nachzuholen.

Zweitens müssten auch die Erben die Voraussetzungen des Alters (55. Altersjahr erreicht) oder der Invalidität (Unfähigkeit zur Weiterführung infolge Invalidität) erfüllen, wenn sie die privilegierte Liquidationsbesteuerung geltend machen wollen. Obwohl die Materialien diesbezüglich keinen Aufschluss geben, kann gestützt auf die erkennbaren zugrunde liegenden Wertungen davon ausgegangen werden, dass der Gesetzgeber dies ebenfalls nicht wollte.

2. Erläuterungen zu den einzelnen Bestimmungen

2.1 Allgemeine Bestimmungen

Artikel 1   Gegenstand und Geltungsbereich

Absatz 1
Steuerpflichtige, welche ihre selbständige Erwerbstätigkeit definitiv aufgeben, können die Besteuerung des Liquidationsgewinnes gemäss Artikel 37*b* DBG und dieser Verordnung geltend machen. Die definitive Aufgabe setzt nach der gesetzlichen Bestimmung voraus, dass die steuerpflichtige Person das 55. Alterjahr erreicht hat oder aufgrund einer Invalidität unfähig geworden ist, ihre Unternehmung weiterzuführen. Dies betrifft sowohl Einzelunternehmungen als auch Beteiligungen an einer Personengesellschaft. Die gleichzeitige oder nachträgliche Aufnahme einer unselbständigen Erwerbstätigkeit steht der privilegierten Besteuerung des Liquidationsgewinnes nicht im Wege. Diese Verordnung definiert die - nach der Umschreibung des Gesetzes - realisierten stillen Reserven als „Liquidationsgewinn".

Absatz 2
Das Vorliegen einer Invalidität richtet sich nach den massgebenden gesetzlichen Bestimmungen des Bundesgesetzes über die Invalidenversicherung (IVG)[5]. Nach dessen Artikel 4 Absatz 2 IVG ist eine Invalidität gegeben, sobald von der IV wegen voraussichtlich bleibender oder längerer Zeit dauernder ganzer oder teilweise Erwerbsunfähigkeit Leistungen ausgerichtet werden. Unter den Terminus „Leistungen" fallen mithin nicht nur Renten, sondern auch andere Leistungen der IV, wie beispielsweise solche für eine notwendige Umschulung.

Absatz 3
Buchstabe a
Die privilegierte Liquidationsgewinnbesteuerung gilt ausschliesslich für die im Vorjahr und im Liquidationsjahr realisierten stillen Reserven. Einkommen aus der selbständigen Erwerbstätigkeit, welches nicht aus der Realisation von stillen Reserven resultiert, sowie übrige Einkünfte werden weiterhin ordentlich besteuert und können nicht von der separaten Besteuerung nach Artikel 37*b* DBG profitieren.

Buchstabe b
Die privilegierte Liquidationsgewinnbesteuerung soll nur bei der definitiven Aufgabe der selbständigen Erwerbstätigkeit zur Anwendung kommen. Das bedeutet, dass dies nur einmal und nur bei der gesamthaften Aufgabe der Selbständigkeit erfolgt. Auch wer auf Grund einer behaupteten definitiven Aufgabe der selbständigen Erwerbstätigkeit von Artikel 37*b* DBG profitieren konnte und später trotzdem erneut eine selbständige Erwerbstätigkeit aufnimmt, soll nicht zweimal von der Besteuerung nach Art. 37*b* DBG profitieren. Absatz 3 Buchstabe b sieht daher vor, dass in diesem Fall für den späteren Liquidationsgewinn Artikel 37*b* nicht mehr zur Anwendung kommt, er damit ordentlich besteuert wird und demzufolge auch kein fiktiver Einkauf geltend gemacht werden kann.

Ein Nachsteuerverfahren nach den Artikeln 151 - 153 DBG ist in diesen Fällen nicht möglich. Mangels eigener Regelung der Nachbesteuerung in Artikel 37*b* DBG müsste sich eine Nachbesteuerung auf die generellen Nachsteuertatbestände von Artikel 151 Absatz 1 DBG abstützen. Diese bedingen aber, dass Tatsachen oder Beweismittel zu Tage treten, die der Steuerbehörde nicht bekannt waren. Es geht dabei um Fakten oder Beweismittel, die zwar erst nach der rechtskräftigen Veranlagung entdeckt werden. Eigentlich handelt es sich um neue „alte" Tatsachen und Beweismittel, da diese Tatsachen oder Beweismittel bereits im

---

[5] SR 831.20

Zeitpunkt der Veranlagung vorhanden waren, der Steuerbehörde jedoch erst im Nachhinein bekannt wurden (vgl. Klaus A. Vallender/Martin E. Looser, in: Martin Zweifel/Peter Athanas [Hrsg.], Kommentar zum Schweizerischen Steuerrecht, Bd. I/2b, Art. 151 DBG N 1 und 7). Bei der Beantwortung der Frage, ob neue Tatsachen oder Beweismittel schon im Zeitpunkt der Veranlagung vorlagen, ist der Aktenstand in diesem Zeitpunkt massgeblich (BGE 2C.21/2008 vom 10. Juni 2008 E. 2.1; 2A.502/2005 vom 2. Februar 2006 E. 2, in: StR 61/2006 442, S. 444 mit Hinweis). Solche „neuen" Tatsachen bestehen in diesen Fällen nicht, weshalb ein Nachsteuerverfahren nach Artikel 151 DBG nicht möglich ist.

In der Lehre wird allerdings ausgeführt, dass es sich „in der Regel" um so genannt neue „alte" Tatsachen handeln müsse (Vallender/Looser, a.a.O., Art. 151 N 7). Diese Formulierung lässt darauf schliessen, dass auch neue Tatsachen, die einen bereits abgeschlossenen und in der Vergangenheit liegenden Vorgang nachträglich als unzulässig qualifizieren, als Tatsache anerkannt werden können, welche ein Nachsteuerverfahren rechtfertigen.

In den letzten Änderungen im DBG hat der Gesetzgeber die Anwendung des Nachsteuerverfahrens jeweils explizit statuiert (vgl. beispielsweise Art. 19 Abs. 2 DBG; Art. 20a Absatz 1 Bst. b DBG). Daher ist davon auszugehen, dass der Gesetzgeber das Nachsteuerverfahren auch in Artikel 37b DBG geregelt hätte, wenn er gewollt hätte, dass ein solches bei der Liquidationsbesteuerung zur Anwendung gelangt.

Vorbehalten bleibt natürlich stets die Steuerumgehung, die zu einem Nachsteuerverfahren führt. Nach der Rechtsprechung des Bundesgerichts liegt eine Steuerumgehung vor, wenn

a) die von den Beteiligten gewählte Rechtsgestaltung als ungewöhnlich, sachwidrig oder absonderlich, jedenfalls den wirtschaftlichen Gegebenheiten völlig unangemessen erscheint,

b) ferner anzunehmen ist, dass diese Wahl missbräuchlich lediglich deshalb getroffen wurde, um Steuern einzusparen, welche bei sachgemässer Ordnung der Verhältnisse geschuldet wären und

c) das gewählte Vorgehen tatsächlich zu einer erheblichen Steuerersparnis führen würde, sofern die Steuerbehörde es hinnähme.

Artikel 2   Liquidationsjahr

Artikel 2 definiert den Begriff des Liquidationsjahres. Als Liquidationsjahr wird dasjenige Geschäftsjahr bezeichnet, in dem die letzte Liquidationshandlung vorgenommen wurde. In der Regel ist eine Liquidation abgeschlossen, wenn die letzte Inkassohandlung eingeleitet worden ist. Da es sich dabei manchmal um marginale Beträge handeln kann, sollen jedoch auch andere Umstände das Ende der Liquidation darstellen können. Der Zeitpunkt des Abschlusses der Liquidation ist – wie dies nach geltendem Recht auch der Fall ist – im Einzelfall zu klären.

Mit dem Inkrafttreten der Verordnung am 1. Januar 2011 kann bei der Aufgabe der selbständigen Erwerbstätigkeit im Jahr 2011 das Jahr 2010 als zweites massgebendes Geschäftsjahr herangezogen werden.

Artikel 3   Verhältnis zu Artikel 18a DBG

Wird eine Liegenschaft (LS) aus dem Geschäftsvermögen (GV) in das Privatvermögen (PV) überführt, kann nach Artikel 18a DBG verlangt werden, dass im Zeitpunkt der Überführung nur die Differenz zwischen den Anlagekosten und dem massgebenden Einkommensteuerwert (wieder eingebrachte Abschreibungen) besteuert wird. Die Besteuerung des Wertzuwachsgewinnes als Einkommen aus selbständiger Erwerbstätigkeit wird bis zur Veräusserung der Liegenschaft aufgeschoben. Diese, im Zeitpunkt der Veräusserung realisierten, übrigen stillen Reserven unterliegen zusammen mit dem übrigen Einkommen dannzumal der ordentlichen Besteuerung.

Im Zeitpunkt der Überführung vom Geschäftsvermögen in das Privatvermögen liegt nicht zwangsläufig eine definitive Aufgabe der Erwerbstätigkeit vor, weshalb Artikel 37b DBG nicht in jedem Fall geltend gemacht werden kann.

Verlangt die steuerpflichtige Person im Rahmen der definitiven Aufgabe der selbständigen Erwerbstätigkeit einen Besteuerungsaufschub nach Artikel 18a DBG, findet Artikel 37b DBG nur auf die wieder eingebrachten Abschreibungen Anwendung.

Finden jedoch sowohl die Überführung einer Liegenschaft als auch deren Veräusserung innerhalb der „Liquidationsperiode" (Vorjahr und Liquidationsjahr) statt, so werden diese beiden Vorgänge als Liquidationstätigkeit betrachtet und alle stillen Reserven, das heisst die wieder eingebrachten Abschreibungen und der Wertzuwachsgewinn, bilden Teil des Liquidationsgewinnes, auf welchen Artikel 37b DBG Anwendung findet. Ein Aufschub nach Artikel 18a Absatz 1 DBG ist allerdings auch in diesen Fällen möglich.

Es sind folgende Fälle auseinander zu halten:

1. Ohne Aufschub:

a) Die Überführung der Liegenschaft vom Geschäftsvermögen ins Privatvermögen erfolgt im Vorjahr (n-1). Die steuerpflichtige Person macht dabei keinen Steueraufschub gemäss Artikel 18a DBG geltend. Die Liegenschaft wird im Liquidationsjahr n veräussert, in welchem die selbständige Erwerbstätigkeit definitiv aufgegeben wird. Die gesamten stillen Reserven (wieder eingebrachte Abschreibungen und der Wertzuwachsgewinn) werden privilegiert besteuert, allenfalls mittels eines Revisionsverfahrens für die Veranlagung des Jahres n-1.

Fall 1

2010 LS wird ins PV überführt
(ohne Art. 18a DBG)

2011 LS wird an Dritte veräussert

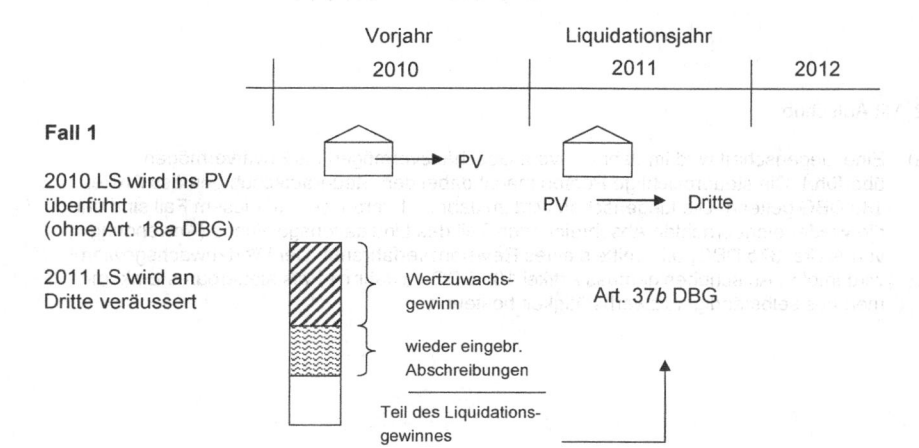

b) Die Überführung der Liegenschaft vom Geschäftsvermögen ins Privatvermögen erfolgt im Vorjahr (n-1). Die steuerpflichtige Person macht dabei keinen Steueraufschub gemäss Artikel 18a DBG geltend. Im Jahr n wird die selbständige Erwerbstätigkeit definitiv aufgegeben und die gesamten stillen Reserven (wieder eingebrachte Abschreibungen und der Wertzuwachsgewinn) werden privilegiert besteuert (u.U. mittels eines Revisionsverfahrens für die Veranlagung n-1). Eine spätere Veräusserung der Liegenschaft löst eine allfällige kantonale Grundstückgewinnsteuer, aber keine Einkommensteuer (steuerfreier privater Kapitalgewinn oder steuerlich unbeachtlicher Kapitalverlust im Jahr n+1 gem. Art. 16 Abs. 3 DBG) aus.

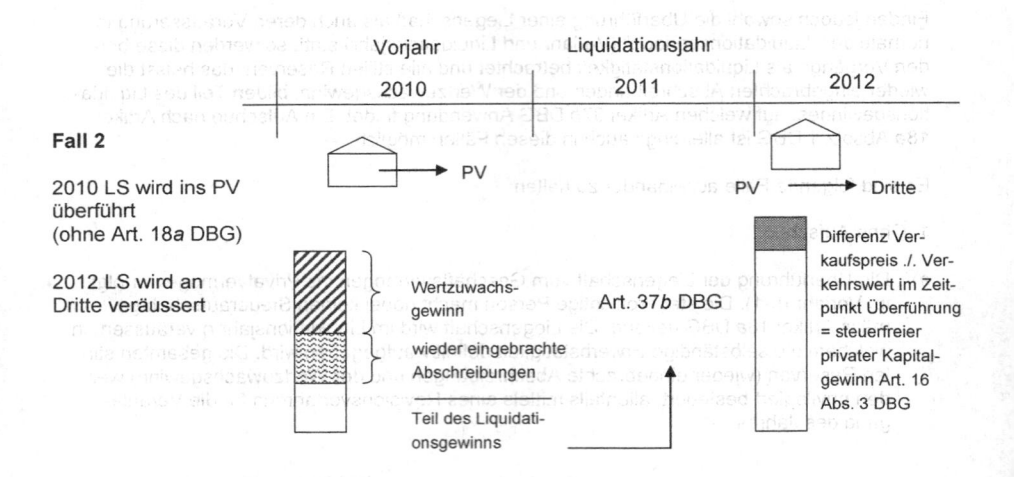

Fall 2

2010 LS wird ins PV überführt
(ohne Art. 18a DBG)

2012 LS wird an Dritte veräussert

Vorjahr 2010 | Liquidationsjahr 2011 | 2012

PV → PV → Dritte

Wertzuwachsgewinn
wieder eingebrachte Abschreibungen
Teil des Liquidationsgewinns

Art. 37b DBG

Differenz Verkaufspreis ./. Verkehrswert im Zeitpunkt Überführung = steuerfreier privater Kapitalgewinn Art. 16 Abs. 3 DBG

2. Mit Aufschub:

a) Eine Liegenschaft wird im Jahr n-1 vom Geschäftsvermögen ins Privatvermögen überführt. Die steuerpflichtige Person macht dabei den Steueraufschub gemäss Artikel 18a DBG geltend. Die Liegenschaft wird im Jahr n+1 veräussert. In diesem Fall sind nur die wieder eingebrachten Abschreibungen Teil des Liquidationsgewinnes (Anwendung von Artikel 37b DBG, u.U. mittels eines Revisionsverfahrens). Der Wertzuwachsgewinn wird infolge Aufschubes gemäss Artikel 18a DBG im Jahr n+1 als steuerbares Einkommen aus selbständiger Erwerbstätigkeit besteuert.

Fall 3

Vorjahr | **Liquidationsjahr**
2011 | 2012 | 2013

2011 LS wird ins PV überführt mit Aufschub gem. Art. 18a DBG

2013 LS wird an Dritte veräussert

- Aufschub Art. 18a DBG
- wieder eingebrachte Abschreibungen
- Art. 37b DBG
- PV → Dritte
- Differenz Verkaufspreis ./. Anlagekosten = steuerbares Einkommen aus selbständiger Erwerbstätigkeit

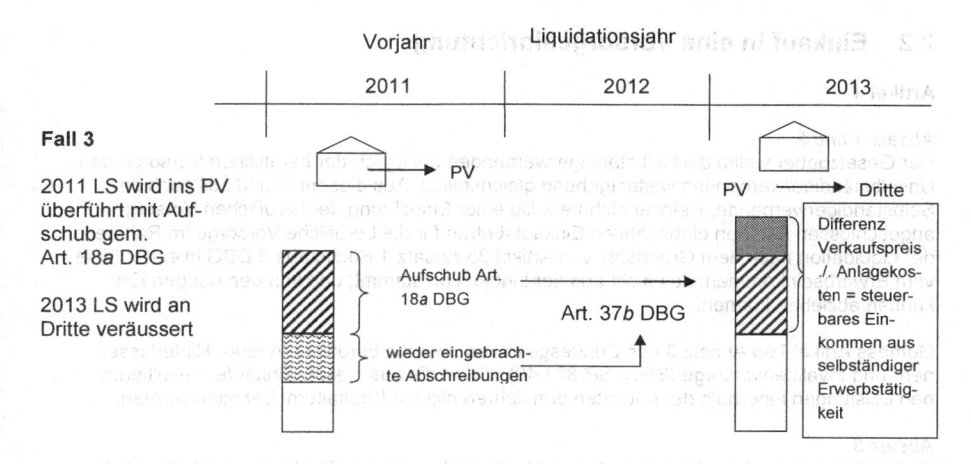

b) Die steuerpflichtige Person überführt eine Liegenschaft im Jahr n-2 vom Geschäftsvermögen ins Privatvermögen und nimmt dabei Artikel 18a DBG (Steueraufschub) in Anspruch. Im Jahr n wird die selbständige Erwerbstätigkeit definitiv aufgegeben, Artikel 37b DBG kommt zur Anwendung. Die Liegenschaft wird im Jahr n (Liquidationsjahr) veräussert. Mit der Überführung im Jahr n-2 werden die wieder eingebrachten Abschreibungen realisiert und als Einkommen aus selbständiger Erwerbstätigkeit besteuert. Der Wertzuwachsgewinn wird bei der Veräusserung der Liegenschaft im Jahr n besteuert. Er stellt dann allerdings nicht Teil des Liquidationsgewinnes dar, da es sich nicht um im Rahmen der Liquidation realisierte, sondern um aus der Überführung stammende, nachträglich noch zu besteuernde stille Reserven handelt. Sie werden im Jahr n als Einkommen aus selbständiger Erwerbstätigkeit zusammen mit den übrigen Einkünften ordentlich besteuert. In diesem Fall findet Artikel 37b DBG demzufolge weder auf die wieder eingebrachten Abschreibungen noch auf den Wertzuwachsgewinn Anwendung.

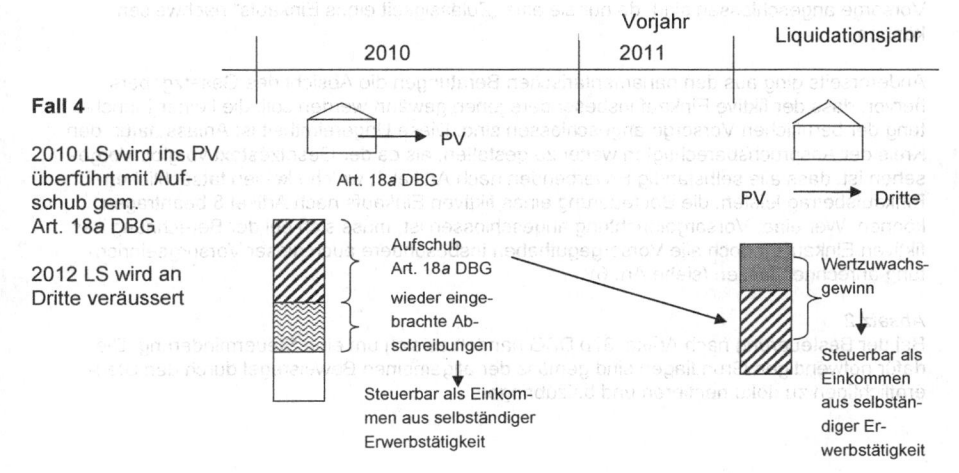

Fall 4

| | **Vorjahr** | **Liquidationsjahr** |
| 2010 | 2011 | |

2010 LS wird ins PV überführt mit Aufschub gem. Art. 18a DBG

2012 LS wird an Dritte veräussert

- Art. 18a DBG
- Aufschub Art. 18a DBG
- wieder eingebrachte Abschreibungen
- Steuerbar als Einkommen aus selbständiger Erwerbstätigkeit
- PV → Dritte
- Wertzuwachsgewinn
- Steuerbar als Einkommen aus selbständiger Erwerbstätigkeit

2.2 Einkauf in eine Vorsorgeeinrichtung

Artikel 4

Absatz 1 und 2
Der Gesetzgeber wollte die Selbständigerwerbenden bezüglich der beruflichen Vorsorge den Unselbständigerwerbenden weitestgehend gleichstellen. Aus diesem Grund soll auch der Selbständigerwerbende, welcher sich freiwillig einer Einrichtung der beruflichen Vorsorge angeschlossen hat, den einbezahlten Einkaufsbetrag für die berufliche Vorsorge im Rahmen der Liquidation nach dem Grundsatz von Artikel 33 Absatz 1 Buchstabe d DBG in erster Linie vom Erwerbseinkommen, das nicht aus der Liquidation stammt, und von den übrigen Einkünften abziehen können.

Gemäss Artikel 79*b* Absatz 3 des Bundesgesetzes über die berufliche Alters-, Hinterlassenen- und Invalidenvorsorge (BVG; SR 831.40) dürfen die aus diesen Einkäufen resultierenden Leistungen innerhalb der nächsten drei Jahren nicht in Kapitalform bezogen werden.

Absatz 3
Ergibt sich aus der Anrechnung nach den Absätzen 1 und 2 ein Überhang, so ist diese Differenz vom Liquidationsgewinn abzuziehen.

2.3 Fiktiver Einkauf

Artikel 5   Grundsätze

Absatz 1
Im Rahmen der parlamentarischen Beratungen wurde die Meinung vertreten, dass der fiktive Einkauf (nach Art. 6) nur jenen gewährt werden soll, die keiner zweiten Säule angeschlossen sind. Wie bereits unter Ziffer 1.3 ausgeführt, kann ein Einkaufsbedarf nur berechnet werden, wenn ein Anschluss an einen Vorsorgeplan der zweiten Säule vorhanden ist. Die Zulässigkeit eines Einkaufs können somit nur jene Personen nachweisen, die einer Einrichtung der beruflichen Vorsorge angeschlossen sind. Wird der Gesetzestext nach dem Wortlaut so eng ausgelegt, müsste man daher zum Schluss kommen, dass nur jenen selbständig erwerbstätigen Personen ein fiktiver Einkauf zusteht, welche bereits einer Einrichtung der beruflichen Vorsorge angeschlossen sind, da nur sie eine „Zulässigkeit eines Einkaufs" nachweisen können.

Andererseits ging aus den parlamentarischen Beratungen die Absicht des Gesetzgebers hervor, dass der fiktive Einkauf insbesondere jenen gewährt werden soll, die keiner Einrichtung der beruflichen Vorsorge angeschlossen sind. Diese Ungereimtheit ist Anlass dafür, den Kreis der Anspruchsberechtigten weiter zu gestalten, als es der Gesetzestext vorgibt. Vorgesehen ist, dass alle selbständig Erwerbenden nach Artikel 1, welche keinen tatsächlichen Einkaufsbetrag leisten, die Besteuerung eines fiktiven Einkaufs nach Artikel 8 beantragen können. Wer einer Vorsorgeeinrichtung angeschlossen ist, muss sich bei der Berechnung des fiktiven Einkaufs jedoch alle Vorsorgeguthaben insbesondere auch dieser Vorsorgeeinrichtung anrechnen lassen (siehe Art. 6).

Absatz 2
Bei der Besteuerung nach Artikel 37*b* DBG handelt es sich um eine Steuerminderung. Die dafür notwendigen Grundlagen sind gemäss der allgemeinen Beweisregel durch den Steuerpflichtigen zu dokumentieren und beizubringen.

Artikel 6   Berechnung des fiktiven Einkaufs

Absatz 1
Den Materialien ist zu entnehmen, dass es der Wille des Gesetzgebers war, dass die Berechnung der fiktiven Deckungslücke der Steuerpraxis bzw. der Verwaltung überlassen wird. Dabei soll es sich um einen angemessenen Vorsorgeplan mit Annahme eines durchschnittlichen Beitragsatzes handeln.

Der Altersgutschriftensatz von 15 Prozent entspricht dem obligatorischen Altersgutschriftensatz zwischen dem 45. und 54. Altersjahr nach Artikel 16 BVG. Da nicht zum Vornherein feststeht, ob jemand wegen Invalidität im 30. Altersjahr oder jemand infolge Pensionierung im 65. Altersjahr liquidieren wird, wurde mit 15 Prozent ein guter Mittelwert gewählt. Zusätzlich wurde auf einen Koordinationsabzug verzichtet. Mit den vorliegenden Parametern kann der Vorstellung des Gesetzgebers, der sich von der Idee eines angemessenen Plans leiten liess, entsprochen werden.

Absatz 2
Die Jahre ab dem 25. Altersjahr bis und mit dem Liquidationsjahr werden stets vollumfänglich berücksichtigt, unabhängig davon, ob die selbständig erwerbende Person während der ganzen Zeit einer Erwerbstätigkeit nachgegangen ist oder nicht. Dies analog zur Einkaufsberechnung gemäss dem BVG, die immer auf das 25. Altersjahr zurückrechnet. Für die Berechnung des fiktiven Einkaufs können daher maximal 40 (65-25) bzw. 39 Jahre (64-25) berücksichtigt werden. Es wird dabei auf das vollendete Altersjahr abgestellt und das Jahr der Beendigung der Liquidation mitgezählt. Demzufolge umfasst dieser Zeitraum nur ganze Jahre.

Absatz 3
Abgestellt wird auf das AHV-pflichtige ordentliche Einkommen. Obwohl auch der Liquidationsgewinn AHV-pflichtig ist (dieser wird jedoch gesondert besteuert und ausgewiesen), würde ein Einbeziehen des Liquidationsgewinns das durchschnittliche Jahreseinkommen verfälschen, weshalb bei der Berechnung der fiktiven Deckungslücke nur auf das ordentliche Einkommen abgestellt werden kann.
Da es grundsätzlich möglich ist, sich bei Vorsorgeeinrichtungen in die maximalen Leistungen auf der Grundlage des letzten Lohnes einzukaufen, wird für die auf einen fünfjährigen Durchschnitt abgestellt, um ein möglichst aktuelles Einkommen abzubilden.

Absatz 4
Dauerte die selbständige Erwerbstätigkeit weniger als fünf Jahre, ist die Summe der Erwerbseinkommen der vergangenen Jahren nicht durch fünf, sondern durch die effektive Anzahl Jahre zu teilen, während welcher einer selbständigen Erwerbstätigkeit nachgegangen wurde.

Absatz 5
Im Hinblick darauf, dass mittels des fiktiven Einkaufs die selbständig erwerbenden Personen den unselbständig erwerbenden Personen vorsorgerechtlich gleichgestellt werden sollen, muss die obere Grenze für einen versicherbaren Lohn gemäss BVG auch für den fiktiven Einkauf übernommen werden.

Absatz 6
Alle Vorsorgeguthaben (z.B. auch Guthaben im überobligatorischen Teil, Freizügigkeitsguthaben etc.), inklusive der im Vorjahr und im Liquidationsjahr getätigten Einkäufe, sind an den fiktiven Einkauf anzurechnen und entsprechend in Abzug zu bringen. Ebenfalls anzurechnen sind jegliche bereits bezogenen Leistungen. Darunter fallen alle ordentlichen Leistungen (z.B. Rentenleistungen), die Vorbezüge (z.B. Vorbezug für Wohneigentum) sowie die Barauszahlungen (z.B. Barauszahlung bei Wechsel von unselbständiger zur selbständigen Erwerbstätigkeit). Dies deshalb, weil in diesem Umfang die selbständig erwerbstätige Person bereits in den Genuss von steuerprivilegierten Leistungen aus der Vorsorge gekommen ist.

Diese Leistungen und Bezüge sind der Steuerverwaltung in jedem Fall zur Kenntnis zu bringen. Unter Wohlfahrtsfonds sind Personalfürsorgestiftungen ohne reglementarische Leistungen zu verstehen.

Artikel 7   Nachträglicher Anschluss an eine Vorsorgeeinrichtung

Die privilegierte Besteuerung wird infolge definitiver Aufgabe der Erwerbstätigkeit gewährt. Ist die Aufgabe der Erwerbstätigkeit nicht definitiv, besteht kein Anspruch auf die privilegierte Besteuerung. Es kann jedoch vorkommen, dass eine als definitiv geplante Aufgabe der Erwerbstätigkeit sich im Nachhinein als nicht definitiv herausstellt. Ist die Liquidationsveranlagung bei Aufnahme einer neuen selbständigen Erwerbstätigkeit rechtskräftig, kann – sofern es sich nicht um eine Steuerumgehung handelt - nicht mehr darauf zurückgekommen werden. Wenn nun erneut eine selbständige oder unselbständige Erwerbstätigkeit aufgenommen und im Anschluss daran ein Einkauf in eine Einrichtung der beruflichen Vorsorge getätigt wird, so stellt sich die Frage, wie dieser Einkauf steuerrechtlich zu behandeln ist. Da die steuerpflichtige Person ihren Einkaufsbedarf bereits fiktiv erfüllt und steuerrechtlich geltend gemacht hat, ist von der effektiven Einkaufslücke der bereits geltend gemachte fiktive Einkauf in Abzug zu bringen. Die verbleibende Differenz ist steuerlich zum Abzug zuzulassen.

Der fiktive Einkauf ist in diesem Fall wie eine Freizügigkeitsleistung zu behandeln, welche nach Artikel 60a Absatz 3 der Verordnung über die berufliche Alters-, Hinterlassenen- und Invalidenvorsorge (BVV 2; SR 831.441.1) einzubringen wäre.

Artikel 8   Besteuerung des fiktiven Einkaufs

Der Liquidationsgewinn wird im Umfang des fiktiven Einkaufs wie eine Kapitalleistung aus Vorsorge nach Artikel 38 DBG besteuert. Er erfährt mithin eine von der Liquidationsgewinnbesteuerung unabhängige, gesonderte Besteuerung.

Der fiktive Einkauf, welcher zum Vorsorgetarif besteuert wird, ist gemäss Artikel 38 Absatz 1 DBG zusammen mit allfälligen echten Kapitalleistungen, die in der gleichen Steuerperiode anfallen, zusammenzurechnen. Der zum Vorsorgetarif zu besteuernde Anteil des Liquidationsgewinnes (= fiktiver Einkauf) wird deshalb wie eine Leistung aus Vorsorge besteuert, weil er nach Meinung des Gesetzgebers einen Bezug aus Vorsorge darstellt. Damit soll eine selbständig erwerbende Person steuerrechtlich gegenüber jenen, welche ihr Geld nicht in einen Betrieb, sondern in eine Vorsorgeeinrichtung im Sinne des BVG investiert haben, gleichgestellt werden. Die Gleichstellung ist auch insofern gewährleistet, als die Äufnung dieser Vorsorge im Betrieb (Bildung der stillen Reserven) – analog den BVG-Prämien – nicht durch die Einkommenssteuer erfasst wird. Die Besteuerung des fiktiven Einkaufs hat daher unter Zusammenrechnung mit allfälligen Kapitalleistungen aus Vorsorgeeinrichtungen, die in der gleichen Steuerperiode anfallen, zu erfolgen.

2.4 Übriger Liquidationsgewinn

Artikel 9 Bemessung

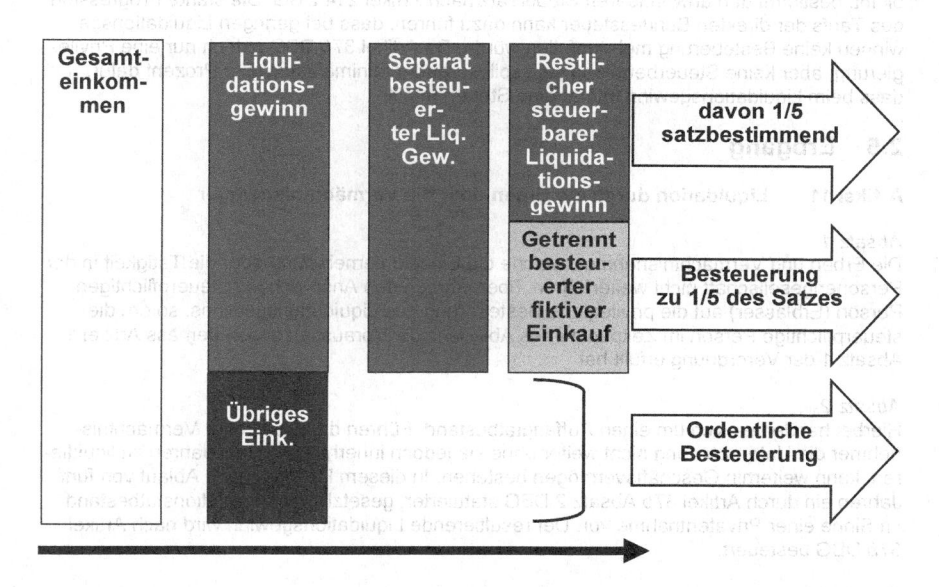

Gesamteinkommen	Liquidationsgewinn	Separat besteuerter Liq. Gew.	Restlicher steuerbarer Liquidationsgewinn		
				davon 1/5 satzbestimmend	→
			Getrennt besteuerter fiktiver Einkauf	Besteuerung zu 1/5 des Satzes	→
	Übriges Eink.			Ordentliche Besteuerung	→

Als Liquidationsgewinn im Sinne dieser Verordnung gelten die im Vorjahr und im Liquidationsjahr realisierten stillen Reserven. Ein Teil dieses Liquidationsgewinnes wird privilegiert nach Artikel 10 dieser Verordnung besteuert. Um diesen Anteil des Liquidationsgewinns zu berechnen, müssen von den realisierten stillen Reserven folgende Beträge abgezogen werden:

Buchstabe a
Ein allfälliger Überhang des Einkaufsbeitrages in eine Vorsorgeeinrichtung nach Artikel 4 nach Abzug von den übrigen Einkünften.

Buchstabe b
Der fiktive Einkauf ist Bestandteil des Liquidationsgewinns. Dieser Teil des Liquidationsgewinnes wird getrennt zum Vorsorgetarif besteuert. Für die Berechnung des verbleibenden Liquidationsgewinns wird der Betrag des fiktiven Einkaufs im Sinne einer Aussonderung abgezogen. Dies dient der Berechnung desjenigen Teils des Liquidationsgewinnes, der nach Artikel 10 der Verordnung besteuert wird.

Buchstabe c
Der für die Liquidation angefallene Aufwand (beispielsweise notarielle oder Anwaltskosten) ist dem Liquidationserlös zuzuordnen und deshalb für die Berechnung des übrigen Liquidationsgewinns von diesem Erlös in Abzug zu bringen.

Buchstabe d
Steuerlich noch nicht geltend gemachte, noch verrechenbare Verlustvorträge. Diese sind zuerst mit den nicht aus der Liquidation stammenden Einkünften zu verrechnen. Verbleibt nach dieser Verrechnung ein Verlustüberhang bestehen, kann dieser verbleibende Verlust mit dem Liquidationsgewinn verrechnet werden.

Artikel 10   Besteuerung

Ein Fünftel des Liquidationsgewinnes, der nach Vornahme der Abzüge gemäss Artikel 9 verbleibt, bestimmt den anwendbaren Steuersatz nach Artikel 214 DBG. Die starke Progression des Tarifs der direkten Bundessteuer kann dazu führen, dass bei geringen Liquidationsgewinnen keine Besteuerung mehr anfallen würde. Da Artikel 37*b* DBG jedoch nur eine Privilegierung, aber keine Steuerbefreiung sein soll, sorgt der Minimalsatz von 2 Prozent dafür, dass beim Liquidationsgewinn immer eine Steuer anfällt.

2.5   Erbgang

Artikel 11   Liquidation durch die Erben oder die Vermächtnisnehmer

Absatz 1
Die Erben und Vermächtnisnehmer, welche die Einzelunternehmung oder die Tätigkeit in der Personengesellschaft nicht weiterführen, übernehmen den Anspruch der steuerpflichtigen Person (Erblasser) auf die privilegierte Besteuerung des Liquidationsgewinns, sofern die steuerpflichtige Person im Zeitpunkt ihres Ablebens die Voraussetzungen gemäss Artikel 1 Absatz 1 der Verordnung erfüllt hat.

Absatz 2
Hierbei handelt es sich um einen Auffangtatbestand. Führen die Erben oder Vermächtnisnehmer die Unternehmung nicht weiter ohne sie jedoch innerhalb von fünf Jahren zu liquidieren, kann weiterhin Geschäftsvermögen bestehen. In diesem Fall liegt nach Ablauf von fünf Jahren ein durch Artikel 37*b* Absatz 2 DBG statuierter, gesetzlicher Realisationstatbestand im Sinne einer Privatentnahme vor. Der resultierende Liquidationsgewinn wird nach Artikel 37*b* DBG besteuert.

Absatz 3
Erfüllen die Erben lediglich noch bestehende Verpflichtungen der Unternehmung des Erblassers zu Ende, welche im Zeitpunkt des Todes bestanden, qualifiziert dieses Verhalten nicht als Fortführung der Unternehmung. Damit soll sichergestellt werden, dass die Liquidation nicht überhastet eingeleitet, sondern geordnet an die Hand genommen werden kann.

Absatz 4
Absatz 2 von Artikel 37*b* DBG, wonach auch die Erben die Steuerprivilegien des Erblassers geltend machen können, war in den parlamentarischen Beratungen unbestritten. Absatz 2 wurde jedoch verabschiedet, bevor in Absatz 1 in letzter Minute die Möglichkeit des fiktiven Einkaufs eingefügt wurde. Absatz 2 umfasste daher bei der Beschlussfassung nur die generelle privilegierte Liquidationsbesteuerung. Der Gesetzgeber ist nach der Einführung des fiktiven Einkaufs nicht mehr auf Absatz 2 zurückgekommen.

Vorsorgerechtlich ist es nicht möglich, dass die Erben und Vermächtnisnehmer einen Einkauf des Verstorbenen geltend machen können, da das durch die Vorsorge versicherte Risiko (in casu Tod) eingetreten ist, das Vorsorgeguthaben in Todesfallleistungen umgewandelt wird und mithin keine Vorsorgelücken mehr geschlossen werden können. Der Gesetzgeber wollte mit dem fiktiven Einkauf dem Umstand Rechnung tragen, dass die steuerpflichtige Person während ihrer selbständigen Erwerbstätigkeit ihre Mittel in die Unternehmung reinvestieren musste und folglich keine Mittel mehr zur Verfügung hatte, um sich eine zweite Säule aufzubauen. Der fiktive Einkauf stellt also ausschliesslich eine Alternative dar, die dem Erblasser offengestanden hatte, welcher zwischen einem tatsächlichen und einem fiktiven Einkauf wählen konnte. Da infolge des Todesfalles keine weitere Vorsorge im BVG mehr möglich ist, entfällt auch die Alternative des fiktiven Einkaufes für den Erblasser. Die Erben können einen fiktiven Einkauf nicht für sich geltend machen, da die Liquidationsbesteuerung nach Artikel 37b Absatz 2 DBG stellvertretend für den Erblasser greift. Den Erben und Vermächtnisnehmern wird die Möglichkeit, für sich eine zweite Säule zu äufnen, regelmässig noch offen stehen, was aber hier keinen Einfluss hat. Der Gesetzgeber hat überdies ausschliesslich den Terminus „Einkauf" verwendet und nie von einer fiktiven Todesfallleistung gesprochen. Er hat sich also ausschliesslich mit der Beitragsseite befasst und damit zum Ausdruck gebracht, dass er die Möglichkeit des fiktiven Einkaufs nur zu Lebzeiten der selbständig erwerbenden Person zulassen wollte.

Ferner ist zu berücksichtigen, dass Erben und allenfalls auch die Vermächtnisnehmer im Todesfall nur Todesfallleistungen erhalten. Diese stimmen im Allgemeinen nicht mit den Erlebensfallleistungen überein. Grundsätzlich soll jedoch keine höhere fiktive „Vorsorgeleistung" fliessen, als in einem echten Vorsorgefall tatsächlich als Vorsorgeleistung ausgerichtet würde. Aus diesen Gründen können die Erben und Vermächtnisnehmer nicht stellvertretend für den Erblasser einen fiktiven Einkauf geltend machen.

Artikel 12 Fortführung der selbständigen Erwerbstätigkeit durch die Erben oder die Vermächtnisnehmer

Sobald die Erben Handlungen vornehmen, die auf die Weiterführung des Unternehmens gerichtet sind, kann die Liquidationsgewinnbesteuerung gemäss Art. 37b DBG – mangels Liquidation - nicht mehr gestützt auf den Anspruch des Erblassers geltend gemacht werden. Der Anspruch geht mit der ersten entsprechenden Handlung unter. Hingegen können die Erben in der Folge selber aus eigenem Recht die privilegierte Besteuerung in ihrer Eigenschaft als selbständig erwerbende Personen geltend machen, sofern sie die Voraussetzungen nach Artikel 37b DBG erfüllen. Erfüllen die Erben lediglich noch bestehende Verpflichtungen des Erblassers zu Ende, qualifiziert dieses Verhalten nicht als Weiterführung der Unternehmung. Diese Abgrenzung des Begriffes der Fortführung ist identisch mit derjenigen in Artikel 11 der Verordnung.

Führt ein Erbe oder führen mehrere Erben die selbständige Erwerbstätigkeit fort oder übernehmen sie die Anteile an einer Personengesellschaft, so können die übrigen Erben, welche die selbständige Erwerbstätigkeit nicht fortführen, auf ihrem Anteil die mildere Besteuerung nach dieser Verordnung geltend machen, sofern der Erblasser im Zeitpunkt des Todes die Bedingungen nach Art. 37b DBG erfüllt hätte. Machen diese Erben allerdings vom Besteuerungsaufschub nach Artikel 18a Absatz 3 DBG Gebrauch, so können sie mangels Realisierung stiller Reserven Artikel 37b DBG nicht beanspruchen.

2.6 Inkrafttreten

Artikel 13

Diese Verordnung tritt gleichzeitig wie Artikel 37b DBG[6] am 1. Januar 2011 in Kraft.

---

[6] BBI **2007** 2321

Tod einer an einer Personengesellschaft beteiligten Person und dessen Folgen bezüglich Artikel 37b DBG

MÖGLICHKEITEN	INHALT	ZIVILRECHTLICHE FOLGEN	STEUERRECHTLICHE BEHANDLUNG
1. Keine Regelung	1.A) Der Tod eines Gesellschafters ist im Gesellschaftsvertrag nicht geregelt. Es greift grundsätzlich die gesetzliche Regelung, wonach die Gesellschaft aufgelöst wird und noch bis zum Abschluss der Liquidation mit dem einzigen Zweck der Liquidation weiter besteht.	1.A) Die Erben treten als Erbengemeinschaft in die sich in Liquidation befindende Gesellschaft ein und werden am Gesellschaftsvermögen dinglich berechtigt. Es gilt der Grundsatz der Universalsukzession.	1.A) Der Erbe bzw. die Erbengemeinschaft führt – in ihrer Eigenschaft als Gesellschafterin (Universalsukzession) zusammen mit den überlebenden Gesellschaftern – die Liquidation der Gesellschaft durch = „nicht fortführen", Artikel 37b Absatz 2 DBG findet Anwendung.
	1.B) Da die Auflösung der Gesellschaft nachträglich rückgängig gemacht werden kann, ist es möglich, solange die Liquidation nicht abgeschlossen ist, auch nachträglich mit der Erbengemeinschaft des Verstorbenen eine formlos gültige Vereinbarung zu treffen, dass die Erbengemeinschaft mit ihr fortbestehen soll (BGE 70 II 56; 29 II 102).	1.B) Die Erben treten als Erbengemeinschaft anstelle des Erblassers in die sich nicht mehr in Liquidation befindende Gesellschaft ein.	1.B) Die Erbengemeinschaft führt die Gesellschaft an Stelle des Erblassers fort = „Fortführung", Artikel 37b Absatz 2 DBG findet keine Anwendung
2. Nachfolgeklausel	2.A) Es kann vorgängig vereinbart werden, dass die Gesellschaft mit allen Erben (einfache Nachfolgeklausel), oder mit bestimmten Erben (qualifizierte Nachfolgeklausel) fortbestehen soll. Damit wird die Gesellschaft durch den Tod eines Gesellschafters nicht aufgelöst. In beiden Fällen wird aufgrund der Nachfolgeklausel beim Tod des Gesellschafters durch Universalsukzession seine Erbengemeinschaft Mitglied der Gesellschaft, nicht die einzelnen Erben. Diese wird berechtigt und verpflichtet, die Gesellschaft fortzusetzen (BGE 95 II 551).	2.A) Die Erbengemeinschaft tritt anstelle des Erblassers in die Gesellschaft ein.	2.A) Die Erbengemeinschaft führt die Gesellschaft fort = „Fortführung", Artikel 37b Absatz 2 DBG findet keine Anwendung

Anhang III

	2.B) Jeder Erbe hat das Recht, die Gesellschaft aufgrund von Artikel 27 Absatz 2 ZGB fristlos zu kündigen, oder die Erbengemeinschaft kann beim Richter die Auflösung aus wichtigen Gründen beantragen (BGE 29 II 102). Zudem kann jeder Erbe die amtliche Liquidation der Erbschaft verlangen und dadurch die Auflösung der Gesellschaft bewirken.	**2.B)** In diesen Fällen ist ein klarer Wille eines oder mehrer Erben erkennbar, die Gesellschaft nicht fortzuführen. Damit wird die selbständige Erwerbstätigkeit übernommen, aber nicht fortgeführt. Dies führt grundsätzlich zur Liquidation der Gesellschaft = „nicht fortführen", **Artikel 37b Absatz 2 DBG findet Anwendung.**
3. Fortsetzungsklausel	Im Gesellschaftsvertrag vereinbaren die Gesellschafter, dass beim Tod eines Gesellschafters die Gesellschaft ohne die Erben des Verstorbenen fortgesetzt wird.	**2.B)** Die Erbengemeinschaft tritt in die Stellung des Erblassers ein und wird zum Gesellschafter. Als Gesellschafterin strebt sie nun die Liquidation der Gesellschaft an. Damit scheidet der Erblasser im Zeitpunkt des Todes aus der Gesellschaft aus. Die Erben werden nie Mitglieder der Gesellschaft, sondern es verbleibt ihnen nur ein schuldrechtlicher Abfindungsanspruch (BGE 100 II 379).	Der **Erblasser realisiert** den Liquidationsgewinn. Hat er im Zeitpunkt seines Todes das 55. Altersjahr erreicht, wird er sein Einkommen und sein Liquidationsgewinn gemäss **Artikel 37b Absatz 1 DBG** besteuert. Ein fiktiver Einkauf kann nicht geltend gemacht werden.
4. Eintrittsklausel	Mit der Eintrittsklausel erhalten die Erben das Recht, aber nicht die Pflicht, der Gesellschaft beizutreten.	**4.A)** Nehmen die Erben diese Offerte an, treten sie anstelle des Erblassers in die Gesellschaft ein. **4.B)** Nehmen die Erben diese Offerte nicht an, treten sie nie in die Gesellschaft ein. In diesem Fall muss die Gesellschaft aufgelöst und liquidiert werden.	**4.A)** Die Erben führen die Gesellschaft fort = „Fortführung", **Artikel 37b Absatz 2 DBG findet keine Anwendung** **4.B)** Der **Erblasser realisiert** den Liquidationsgewinn. Hat er im Zeitpunkt seines Todes das 55. Altersjahr erreicht oder war er in diesem Zeitpunkt invalid, wird sein Einkommen und sein Liquidationsgewinn gemäss **Artikel 37b Absatz 1 DBG** besteuert. Ein fiktiver Einkauf kann geltend gemacht werden.

Beteiligungsabzug

Quelle: Eidg. Steuerverwaltung ESTV / HA Direkte Bundessteuer, Verrechnungssteuer, Stempelabgaben

Direkte Bundessteuer

Bern, 17. Dezember 2009

Kreisschreiben Nr. 27

Steuerermässigung auf Beteiligungserträgen von Kapitalgesellschaften und Genossenschaften

Inhaltsverzeichnis

1.	Gegenstand des Kreisschreibens	2
2.	Der Beteiligungsabzug	2
2.1.	*Grundsatz*	*2*
2.2.	Subjektive Voraussetzungen	3
2.3.	Objektive Voraussetzungen	3
2.3.1.	Steuerhoheit	3
2.3.2.	Beteiligungen	3
2.3.3.	Erforderliches Ausmass der Beteiligung	4
2.4.	*Beteiligungserträge*	*4*
2.4.1.	Ausschüttungen	4
2.4.2.	Kapitalgewinne	5
2.5.	*Gestehungskosten von Beteiligungen*	*5*
2.5.1.	Ermittlung	5
2.5.2.	Abschreibungen	6
2.6.	*Nettoertrag aus Beteiligungen*	*7*
2.6.1.	Zusammensetzung des Nettoertrages aus Beteiligungen	7
2.6.2.	Finanzierungsaufwand	7
2.6.3.	Verwaltungsaufwand	7
2.6.4.	Abschreibung im Zusammenhang mit dem Beteiligungsertrag	8
2.7.	*Gesamter Reingewinn*	*8*
3.	Inkrafttreten	8

Anhang: Beispiele 1 - 6

1. Gegenstand des Kreisschreibens

Mit dem Bundesgesetz vom 23. März 2007 über die Verbesserung der steuerlichen Rahmenbedingungen für unternehmerische Tätigkeiten und Investitionen (Unternehmenssteuerreformgesetz II) wurde in den Artikeln 62 Absatz 4, 69 und 70 Absatz 4 Buchstabe b des Bundesgesetzes vom 14. Dezember 1990 über die direkte Bundessteuer (DBG) die Steuerermässigung auf Beteiligungserträgen von Kapitalgesellschaften und Genossenschaften wie folgt geändert (Änderungen hervorgehoben):

Art. 62 Abs. 4

[4] Wertberichtigungen und Abschreibungen auf den Gestehungskosten von Beteiligungen, <u>welche die Voraussetzungen nach Artikel 70 Absatz 4 Buchstabe b erfüllen</u>, werden dem steuerbaren Gewinn zugerechnet, soweit sie nicht mehr begründet sind.

Art. 69 Ermässigung

Die Gewinnsteuer einer Kapitalgesellschaft oder Genossenschaft ermässigt sich im Verhältnis des Nettoertrages aus den Beteiligungsrechten zum gesamten Reingewinn, wenn die Gesellschaft oder Genossenschaft:

a. zu mindestens <u>10 Prozent</u> am Grund- oder Stammkapital einer anderen Gesellschaft beteiligt ist;

b. zu mindestens <u>10 Prozent am Gewinn und an den Reserven</u> einer anderen Gesellschaft beteiligt ist; oder

c. Beteiligungsrechte im Verkehrswert von mindestens <u>einer Million</u> Franken hält.

Art. 70 Abs. 4 Bst. b

[4] Kapitalgewinne werden bei der Berechnung der Ermässigung nur berücksichtigt:

b. wenn die veräusserte Beteiligung mindestens <u>10 Prozent</u> des Grund- oder Stammkapitals einer anderen Gesellschaft betrug oder einen Anspruch auf mindestens <u>10 Prozent des Gewinns und der Reserven</u> einer anderen Gesellschaft begründete und während mindestens eines Jahres im Besitz der veräussernden Kapitalgesellschaft oder Genossenschaft war; <u>fällt die Beteiligungsquote infolge Teilveräusserung unter 10 Prozent, so kann die Ermässigung für jeden folgenden Veräusserungsgewinn nur beansprucht werden, wenn die Beteiligungsrechte am Ende des Steuerjahres vor dem Verkauf einen Verkehrswert von mindestens einer Million Franken hatten.</u>

Das vorliegende Kreisschreiben hält die bestehende Praxis zu den Artikeln 69 und 70 DBG und die Praxis zu den Neuerungen nach der Unternehmenssteuerreform II fest.

2. Der Beteiligungsabzug

2.1. Grundsatz

Für Gewinne, die von in- und ausländischen Kapitalgesellschaften und Genossenschaften an in der Schweiz steuerpflichtige Kapitalgesellschaften und Genossenschaften ausgeschüttet werden, besteht eine Steuerermässigung nach den Artikeln 69 und 70 DBG (sog. Beteiligungsabzug), sofern die nachstehenden subjektiven und objektiven Voraussetzungen erfüllt sind. Der Nettoertrag aus Beteiligungen wird durch diese Steuerermässigung wie bisher indirekt freigestellt.

Nach Artikel 70 Absatz 1 DBG werden bei der Berechnung der Steuerermässigung auch Kapitalgewinne auf qualifizierten Beteiligungen berücksichtigt, soweit der Veräusserungserlös die Gestehungskosten übersteigt (Art. 70 Abs. 4 Bst. a DBG).

2.2. Subjektive Voraussetzungen

Der Beteiligungsabzug steht Kapitalgesellschaften und Genossenschaften des schweizerischen Rechts und ausländischen juristischen Personen zu, die den schweizerischen Kapitalgesellschaften und Genossenschaften gleichzustellen sind.

Ausländische Personengesamtheiten ohne juristische Persönlichkeit können den Beteiligungsabzug (Art. 69 und 70 DBG) nicht geltend machen (Endbegünstigte; keine Vermeidung einer Dreifachbelastung nötig). Ausländischen Personengesellschaften steht die Teilbesteuerung der Einkünfte aus Beteiligungsrechten des Geschäftsvermögens nach Artikel 18b DBG zu (KS Nr. 23 vom 17. Dezember 2008).

2.3. Objektive Voraussetzungen

2.3.1. Steuerhoheit

Die Erfüllung der nachstehenden Voraussetzungen obliegt dem Unternehmensteil (Sitz oder Betriebsstätte), der der schweizerischen Steuerhoheit unterstellt ist, für die ihm zurechenbaren Werte.

2.3.2. Beteiligungen

Beteiligungen sind Anteile am Grund- oder Stammkapital von Kapitalgesellschaften und Genossenschaften sowie Anteile am Gewinn und an den Reserven von Kapitalgesellschaften oder Genossenschaften.

Als Beteiligungen im Sinne der objektiven Voraussetzungen gemäss Artikel 69 DBG gelten insbesondere:

- Aktien;
- Stammeinlagen;
- Genossenschaftsanteile;
- Partizipationsscheine gemäss Artikel 656a OR;
- Genussscheine;
- Anteile am Kapital einer SICAF.

Keine Beteiligungen bestehen insbesondere bei:

- Obligationen;
- Darlehen und Vorschüssen;
- hybriden Finanzierungsinstrumenten;
- anderen Guthaben eines an der Kapitalgesellschaft Beteiligten oder eines Genossenschafters;
- Anteilen an kollektiven Kapitalanlagen und diesen gleichzustellenden Körperschaften, z.B. Anteile am Kapital einer SICAV.

Die Qualifikation von ausländischen Beteiligungen erfolgt in sinngemässer Anwendung von Artikel 49 Absatz 3 DBG. Die Gründerrechte an einer liechtensteinischen Anstalt mit ungeteiltem Kapital stellen keine Beteiligungsrechte im Sinne der Artikel 69 und 70 DBG dar.

2.3.3. Erforderliches Ausmass der Beteiligung

Auf Ausschüttungen wird die Steuerermässigung gewährt, wenn die Beteiligung mindestens 10 Prozent am Grund- oder Stammkapital der anderen Gesellschaft ausmacht oder 10 Prozent am Gewinn und an den Reserven begründet oder einen Verkehrswert von mindestens einer Million Franken aufweist.

Kapitalgewinne gelten dagegen nur dann als Beteiligungsertrag, wenn die veräusserte Beteiligung mindestens 10 Prozent des Grund- oder Stammkapitals einer anderen Gesellschaft betrug oder einen Anspruch auf mindestens 10 Prozent des Gewinns und der Reserven einer anderen Gesellschaft begründete und während mindestens eines Jahres im Besitz der veräussernden Kapitalgesellschaft oder Genossenschaft war (Art. 70 Abs. 4 Bst. b DBG).

Fällt die Beteiligungsquote infolge einer Teilveräusserung unter 10 Prozent, so kann die Ermässigung für jeden folgenden Veräusserungsgewinn beansprucht werden, wenn die Beteiligungsrechte am Ende des Steuerjahres vor dem Verkauf einen Verkehrswert von mindestens einer Million Franken hatten und zuvor eine Beteiligung von mindestens 10 Prozent am Grund- oder Stammkapital oder von mindestens 10 Prozent am Gewinn und an den Reserven veräussert worden ist. Diese Regelung gilt nur für Beteiligungen, die durch Teilveräusserung nach dem 31. Dezember 2010, welche zum Beteiligungsabzug auf dem Veräusserungsgewinn qualifiziert, unter 10 Prozent gefallen sind.

Die Quote von nennwertlosen Beteiligungen berechnet sich i.d.R. aufgrund der anteiligen Ausschüttungen. Im Veräusserungsfall wird die Quote aufgrund der Statuten ermittelt.

Die Stimmrechte, welche durch die gehaltene Beteiligung verliehen werden, stellen kein relevantes Kriterium zur Erlangung der Steuerermässigung dar.

Das erforderliche Ausmass der Beteiligung muss bei Anfall des Beteiligungsertrages oder am Ende der Steuerperiode erfüllt sein. Wird beim Verkauf einer Beteiligung der Bezug des Beteiligungsertrags der Verkäufergesellschaft vorbehalten, wird bei der Berechnung des prozentualen Umfangs der Beteiligung auf die Verhältnisse im Zeitpunkt des Verkaufs abgestellt.

2.4. Beteiligungserträge

2.4.1. Ausschüttungen

Artikel 70 DBG enthält zwar keine positive Aufzählung der Beteiligungserträge, zählt jedoch in Absatz 2 jene Erträge und Gewinne auf, die keine Beteiligungserträge darstellen und damit bei der Berechnung der Steuerermässigung ausser Betracht fallen. Aufgrund des Gesetzeswortlautes und in Anlehnung an die bisherige Praxis zählen zu den Beteiligungserträgen insbesondere:

- Ordentliche Gewinnausschüttungen wie Dividenden, Gewinnanteile auf Stammeinlagen, Zinsen auf Genossenschaftsanteilen;
- ausserordentliche Gewinnausschüttungen, z.B. Anteile am Ergebnis einer Teil- oder Totalliquidation (Liquidationsüberschüsse und Fusionsgewinne);

- Ausschüttungen auf Partizipationsscheinen;
- Ausschüttungen auf Genussscheinen;
- alle übrigen offenen Gewinnausschüttungen;
- verdeckte Gewinnausschüttungen (wie z.B. Zinsen, Entschädigungen für materielle und immaterielle Wirtschaftsgüter sowie für Dienstleistungen, die sich im Lichte des Drittvergleichs nicht rechtfertigen lassen), sofern die leistende Kapitalgesellschaft oder Genossenschaft eine entsprechende Gewinnaufrechnung erfahren hat. Stammt die verdeckte Gewinnausschüttung aus einer ausländischen Kapitalgesellschaft oder Genossenschaft, wird der Beteiligungsabzug nur gewährt, wenn die zuständige schweizerische Steuerbehörde zur Einsicht gelangt, dass sie anstelle der ausländischen Steuerbehörde ebenfalls eine Aufrechnung vorgenommen hätte oder, wenn eine Verständigungslösung kraft eines Doppelbesteuerungsabkommens vorliegt;
- Kapitalrückzahlungen.

Keine Beteiligungserträge sind insbesondere:

- Erträge, die bei der leistenden in- oder ausländischen Kapitalgesellschaft oder Genossenschaft geschäftsmässig begründeten Aufwand darstellen (Art. 70 Abs. 2 Bst. b DBG);
- Liquidationsüberschüsse und Fusionsgewinne, soweit sie auf Wertberichtigungen entfallen oder nach Artikel 62 Absatz 4 DBG hätten aufgerechnet werden müssen;
- Kompensations- oder Ersatzzahlungen aus dem "Securities Lending";
- Gratisaktien.

2.4.2. Kapitalgewinne

Kapitalgewinne aus der Veräusserung von Beteiligungen (inklusive Erlöse aus dazugehörigen Bezugsrechten) werden bei der Berechnung der Steuerermässigung unter folgenden Voraussetzungen berücksichtigt (Art. 70 Abs. 1 DBG):

- Kapitalgewinne gelten nur in dem Umfang als Beteiligungsertrag, in dem der Veräusserungserlös die Gestehungskosten übersteigt; die Differenz zwischen den Gestehungskosten und dem Gewinnsteuerwert (i.d.R. wieder eingebrachte Abschreibungen) bleibt somit voll steuerbar (Art. 70 Abs. 4 Bst. a DBG; siehe Beispiel Nr. 1 im Anhang).
- Die veräusserte Beteiligung muss mindestens 10 Prozent des Grund- oder Stammkapitals der anderen Gesellschaft ausmachen oder einen Anspruch auf mindestens 10 Prozent des Gewinns und der Reserven einer anderen Gesellschaft begründen (Art. 70 Abs. 4 Bst. b DBG). Mehrere Verkäufe im gleichen Geschäftsjahr können dabei zusammengerechnet werden.
- Die veräusserte Beteiligung muss während mindestens zwölf Monaten im Besitz der Kapitalgesellschaft oder Genossenschaft gewesen sein (Art. 70 Abs. 4 Bst. b DBG).
- Artikel 70 Absatz 5 DBG bleibt vorbehalten.

Aufwertungsgewinne, auch die Aktivierung von Gratisaktien, gelten nicht als Beteiligungsertrag (Art. 70 Abs. 2 Bst. c DBG).

2.5. Gestehungskosten von Beteiligungen

2.5.1. Ermittlung

Kapitalgewinne auf Beteiligungen werden bei der Berechnung der Ermässigung nur berücksichtigt, soweit der Veräusserungserlös die Gestehungskosten übersteigt (Art. 70 Abs. 4 Bst. a DBG). Die Gestehungskosten von Beteiligungen sind daher von zentraler Bedeutung. Dabei ist zu beachten, dass für Beteiligungen, die vor dem 1. Januar 1997 im Besitz der Kapitalgesellschaft oder Genossenschaft waren, die Gewinnsteuerwerte (Buchwert zuzüglich als Gewinn versteuerte stille Reserven) zu Beginn des Geschäftsjahres, das im Kalenderjahr 1997 endet, als Gestehungskosten gelten (Art. 207a Abs. 2 DBG). Für jede Beteiligung sind daher ab dem Geschäftsjahr 1997 folgende Werte einzeln aufzulisten und nachzuführen (Beilage zur Steuererklärung):

- Buchwert;
- als Gewinn versteuerte stille Reserve;
- Erwerbsdatum und Erwerbspreis (nur für Beteiligungen, die nach dem 31. Dezember 1996 erworben wurden);
- Erhöhung der Gestehungskosten durch Investitionen nach dem 31. Dezember 1996 (offene Kapitaleinlagen gemäss Art. 60 Bst. a DBG, als Gewinn versteuerte verdeckte Kapitaleinlagen, offene und verdeckte Sanierungszuschüsse, siehe Beispiel Nr. 2 im Anhang);
- Erhöhung der Gestehungskosten durch steuerwirksame Aufwertungen bei Sanierungen gemäss Artikel 670 OR;
- Verminderung der Gestehungskosten durch Desinvestitionen nach dem 31.12.1996 (Abschreibungen im Zusammenhang mit Ausschüttungen Art. 70 Abs. 3 DBG; siehe Beispiel Nr. 3 im Anhang).

Der Gewinnsteuerwert und die Gestehungskosten können pro Beteiligung durchschnittlich oder für jede Erhöhung (Zukauf oder Kapitalerhöhung) einzeln ermittelt werden. Wird der Bestand einer Beteiligung für jede Erhöhung einzeln nachgeführt, steht es der Steuerpflichtigen frei, nach welcher Umschlagsmethode sich im Veräusserungsfall der Kapitalgewinn und der Beteiligungsertrag bemessen (FIFO, LIFO, HIFO).

2.5.2. Abschreibungen

Wertberichtigungen sowie Abschreibungen auf Beteiligungen nach Artikel 70 Absatz 4 Buchstabe b DBG werden dem steuerbaren Gewinn zugerechnet, soweit sie nicht mehr begründet sind (Art. 62 Abs. 4 DBG). Dies trifft zu, soweit eine nachhaltige Werterholung der Beteiligung eingetreten ist. Dabei wird die bisherige Praxis zur Überprüfung von Rückstellungen analog angewendet. Zur Überprüfung, ob eine nachhaltige Werterholung der Beteiligung eingetreten ist, können beispielsweise folgende Indizien herangezogen werden:

- Der Börsenkurs der Beteiligungsrechte;
- die bei Zukäufen oder Verkäufen der Beteiligungsrechte bezahlten Preise;
- das ausgewiesene, anteilige Eigenkapital der Gesellschaft oder Genossenschaft, deren Beteiligungsrechte Gegenstand der Wertberichtigung sind;
- die kapitalisierten, regelmässig zufliessenden Ausschüttungen. Der Kapitalisierungszinssatz richtet sich nach der Wegleitung zur Bewertung von Wertpapieren ohne Kurswert für die Vermögenssteuer;
- die Bewertung der Beteiligung aufgrund der Praktikermethode (arith. Mittel aus Ertrags- und Substanzwert).

Für Beteiligungen, die vor dem 1. Januar 1997 im Besitz der Kapitalgesellschaft oder Genossenschaft waren, gelten die Gewinnsteuerwerte zu Beginn des Geschäftsjahres, das im Kalenderjahr 1997 endet, als Gestehungskosten (Art. 207a Abs. 2 DBG). Demnach reduzieren Abschreibungen, die vor dem im Kalenderjahr 1997 endenden Geschäftsjahr vorgenommen wurden, die originären Gestehungskosten. Für solche Abschreibungen ist Artikel 62 Absatz 4 DBG nicht anwendbar. Wertberichtigungen, die bisher in Form von Rückstellungen vorgenommen wurden, werden dagegen dem steuerbaren Reingewinn zugerechnet, soweit sie nicht mehr begründet sind (Art. 63 Abs. 2 DBG).

Artikel 62 Absatz 4 DBG ist auch anwendbar, wenn die Beteiligungsquote infolge einer Teilveräusserung unter 10 Prozent sinkt und die Beteiligungsrechte am Ende des Steuerjahres vor der Werterholung einen Verkehrswert von mindestens einer Million Franken hatten.

2.6. Nettoertrag aus Beteiligungen

2.6.1. Zusammensetzung des Nettoertrages aus Beteiligungen

Der Nettoertrag aus Beteiligungen entspricht der Summe der einzelnen positiven, d.h. pro Beteiligung ermittelten Netto-Erträge. Beteiligungen, die ein negatives Ergebnis aufweisen, fallen für die Berechnung der Ermässigung ausser Betracht; die anteiligen Aufwandüberhänge gehen in diesem Fall zu Lasten der steuerwirksamen Inlandfaktoren (siehe Beispiel Nr. 4 im Anhang).

2.6.2. Finanzierungsaufwand

Von den einzelnen Bruttoerträgen aus Beteiligungen ist zunächst der darauf entfallende Finanzierungsaufwand der Steuerperiode in Abzug zu bringen. Als Finanzierungsaufwand gelten Schuldzinsen (einschliesslich Zinsen auf Schulden ohne Gläubigernachweis, jedoch ohne übersetzte Zinsen oder Zinsen auf verdecktem Eigenkapital) sowie sonstige Aufwendungen, deren unmittelbare Ursache im steuerlich relevanten Fremdkapital oder auch in faktischen mittel- oder langfristigen Verbindlichkeiten anderer Art liegt. Demgegenüber stellen die von der Steuerpflichtigen nicht beanspruchten Skonto-Offerten der Lieferanten oder die von ihren Kunden beanspruchten Skonti keinen Finanzierungsaufwand im Sinne von Artikel 70 Absatz 1 zweiter Satz DBG dar. Solche Aufwendungen oder Erlösminderungen finden i.d.R ihren Niederschlag direkt und ausschliesslich im betrieblichen Bruttogewinn. Im Mietaufwand sowie in Leasingraten enthaltener Finanzierungsaufwand bleibt ebenfalls unberücksichtigt.

Ist der gesamte Finanzierungsaufwand ermittelt, erfolgt dessen Umlage grundsätzlich nach Massgabe der Gewinnsteuerwerte (steuerlich massgebende Buchwerte) der ertragbringenden Beteiligungen einerseits und der gesamten Aktiven andererseits. Die Gewinnsteuerwerte bemessen sich i.d.R. nach dem Stand am Ende der Steuerperiode. Für Beteiligungen, die während des Geschäftsjahres veräussert wurden, ist der anteilige Finanzierungsaufwand i.d.R. ebenfalls mit einer vollen Jahresquote, bezogen auf den Gewinnsteuerwert im Zeitpunkt der Veräusserung, zu berücksichtigen (siehe Beispiele Nr. 5 und 6 im Anhang).

2.6.3. Verwaltungsaufwand

Die Erträge der einzelnen Beteiligungen sind grundsätzlich um einen pauschalen Beitrag von 5 Prozent zur Deckung des Verwaltungsaufwandes zu kürzen (Art. 70 Abs. 1 DBG). Es handelt sich dabei um eine Pauschale, die stets vom Bruttoertrag (allerdings nach Abzug von Abschreibungen im Zusammenhang mit Beteiligungserträgen gem. Art. 70 Abs. 3 DBG, siehe Ziff. 2.6.4 hienach, sowie nicht rückforderbarer ausländischer Kapitalertragssteuern und anderer direkt zurechenbarer Aufwendungen) zu berechnen ist (siehe Beispiel Nr. 5 im Anhang). Der Nachweis des effektiven tieferen oder höheren Verwaltungsaufwandes bleibt vorbehalten. Kann die tatsächliche Verursachung nicht nachgewiesen werden, wird der gesamte Verwaltungsaufwand - gleich wie der Finanzierungsaufwand - aufgrund der Gewinnsteuerwerte quotenmässig umgelegt (siehe Beispiel Nr. 6 im Anhang).

2.6.4. Abschreibung im Zusammenhang mit dem Beteiligungsertrag

Wurde in einem bestimmten Geschäftsjahr Beteiligungsertrag erzielt und ergibt sich am Ende desselben Geschäftsjahres die Notwendigkeit, eine Abschreibung auf der betreffenden Beteiligung vorzunehmen, so ist davon auszugehen, dass der Abschreibungsbedarf bei Verzicht auf Gewinnausschüttung entsprechend geringer oder völlig ausgefallen wäre. Bei der Ermittlung des Nettoertrages aus Beteiligung ist daher ein allfälliger Abschreibungsbedarf mit der Gewinnausschüttung zu verrechnen (Art. 70 Abs. 3 DBG). Der steuerpflichtigen Person bleibt es indes unbenommen, den Nachweis zu erbringen, dass der Abschreibungsbedarf nicht in Kausalzusammenhang mit der Gewinnausschüttung steht.

Im Umfang der Verrechnung der Abschreibung mit Beteiligungsertrag liegt eine Desinvestition vor, welche die Gestehungskosten der Beteiligung reduziert (Vermögensumschichtung). Solche Abschreibungen können daher weder Gegenstand einer Aufrechnung gemäss Artikel 62 Absatz 3 DBG noch einer Aufwertung gemäss Artikel 62 Absatz 4 DBG sein.

2.7. Gesamter Reingewinn

Als gesamter Reingewinn im Sinne von Artikel 69 DBG gilt der steuerbare Reingewinn.

3. Inkrafttreten

Dieses Kreisschreiben tritt zusammen mit den Änderungen der Artikel 62 Absatz 4, 69 und 70 Absatz 4 Buchstabe b per 1. Januar 2011 in Kraft und gilt für Erträge aus Beteiligungsrechten, die nach dem 31. Dezember 2010 fällig werden. Es ersetzt das Kreisschreiben Nr. 9 vom 9. Juli 1998.

Anhang zum Kreisschreiben Nr. 27 vom 17. Dezember 2009

Beispiele 1 - 6

Nr. 1: Wieder eingebrachte Abschreibung (Ziff. 2.4.2.)

Angaben über die Beteiligung

Datum	Ereignis	Betrag
1.2.2011	Kauf	100
31.12.2011	Abschreibung	- 20
31.12.2011	Gewinnsteuerwert	80
1.7.2012	Verkauf	120

Berechnung des Beteiligungsertrages

Kapitalgewinn		Beteiligungsertrag	
Veräusserungserlös	120	Veräusserungserlös	120
./. Gewinnsteuerwert	- 80	./. Gestehungskosten	- 100
Kapitalgewinn	40	Beteiligungsertrag	20

Nr. 2: Investition durch Sanierungszuschuss (Ziff. 2.5.1.)

Angaben über die Beteiligung

Datum	Ereignis	Betrag
1.2.2011	Kauf	100
31.12.2012	Abschreibung	- 10
31.12.2012	Gewinnsteuerwert	90
31.12.2013	Sanierungszuschuss	30
1.7.2020	Verkauf	150

Berechnung des Beteiligungsertrages

Kapitalgewinn		Beteiligungsertrag	
Veräusserungserlös	150	Veräusserungserlös	150
./. Gewinnsteuerwert	- 90	./. Gestehungskosten	- 130
Kapitalgewinn	60	Beteiligungsertrag	20

Nr. 3: Desinvestition durch Abschreibung aufgrund einer Substanzdividende (Ziff. 2.5.1.)

Angaben über die Beteiligung

Datum	Ereignis	Betrag
1.2.2011	Kauf	100
31.12.2016	Abschreibung aufgrund einer Substanzdividende [1]	- 30
31.12.2016	Gewinnsteuerwert	70
1.7.2020	Verkauf	150

[1] Diese Abschreibung ist steuerlich unwirksam, weil sie den Beteiligungsertrag und die Gestehungskosten kürzt (Art. 70 Abs. 3 DBG).

Berechnung des Beteiligungsertrages

Kapitalgewinn		Beteiligungsertrag	
Veräusserungserlös	150	Veräusserungserlös	150
./. Gewinnsteuerwert	- 70	./. Gestehungskosten	- 70
Kapitalgewinn	80	Beteiligungsertrag	80

Nr. 4: Verluste aus Beteiligungen (Ziff. 2.6.1.)

Angaben über die Erfolgsbestandteile und Berechnung des Nettoertrages aus Beteiligungen

Erfolgsbestandteile	Steuerbarer Reingewinn	Nettoertrag aus Beteiligungen
Nettoertrag Betrieb	1'200	
Nettoertrag Beteiligung A	400	400
Verlust Beteiligung B	- 600	-
Total	1'000	400

Die Steuerermässigung beträgt somit 40 Prozent (400 : 1'000 x 100 = 40%).

Nr. 5: Berechnung des Nettoertrages aus Beteiligungen / Umlage des Finanzierungsaufwandes (Ziff. 2.6.2.) und pauschale Berechnung des Verwaltungsaufwandes (Ziff. 2.6.3.)

Die X AG ist eine gemischte Holding. Für die aktuelle Steuerperiode (1.1.- 31.12.) liegt folgender steuerlich bereinigter Jahresabschluss vor:

Steuerbilanz der X AG per 31.12.

Aktiven	Betrag	Passiven	Betrag
Umlaufvermögen	3'000	Fremdkapital	10'000
Betriebliches Anlagevermögen	9'000	Aktienkapital	2'000
Beteiligung A [1]	1'000	Reserven	7'000
Beteiligung B [1]	3'000	Jahresgewinn	1'000
Beteiligung C [1]	4'000		
Total	20'000	Total	20'000

1) 100%-ige Beteiligungen.

Erfolgsrechnung der X AG 1.1. - 31.12.

Aufwand	Betrag	Ertrag	Betrag
Finanzierungskosten	600	Bruttogewinn Betrieb	2'600
Verwaltungsaufwand	800	Beteiligungserträge:	
Abschreibungen Betrieb	1'000	- Beteiligung A	0
Abschr. Beteiligungen:		- Beteiligung B	300
- Beteiligung A	500	- Beteiligung C	700
- Beteiligung B [1]	100	- Kapitalgewinn Bet. D [2]	400
Jahresgewinn	1'000		
Total	4'000	Total	4'000

1) Steht im Zusammenhang mit der Gewinnausschüttung;
2) 100%-ige Beteiligung; am 31.3. vor Dividendenfälligkeit verkauft; Gewinnsteuerwert: 2'000; Verkaufserlös: 2'400; Gestehungskosten: 2'200.

Gewinnsteuerwerte (steuerlich massgebende Buchwerte) in % des Gewinnsteuerwertes der Gesamtaktiven nach dem Stand am Ende der Steuerperiode:

Aktiven	Betrag	%
Gesamtaktiven	20'000	100
Beteiligung A	1'000	5
Beteiligung B	3'000	15
Beteiligung C	4'000	20
Beteiligung D [1]	2'000	10
Total Anteil Beteiligungen	10'000	50

1) Gewinnsteuerwert im Zeitpunkt der Veräusserung.

Nettoertrag aus Beteiligungen

Bez.	Bruttoertrag	Abschreibungen [2]	Finanzierungsaufwand	Verwaltungsaufwand [7]	Nettoertrag aus Beteiligungen
A	0	0	[- 30] [3]	0	- [8]
B	300	- 100	- 90 [4]	- 10	100
C	700	0	- 120 [5]	- 35	545
D	200 [1]	0	- 60 [6]	- 10	130
Total	1'200	- 100	- 270	- 55	775

1) Verkaufserlös von 2'400 ./. Gestehungskosten von 2'200;
2) Nur wenn im Zusammenhang mit der Gewinnausschüttung (Art. 70 Abs. 3 DBG);
3) 5% von 600, kürzt jedoch den Beteiligungsertrag nicht (Verlust);
4) 15% von 600;   5) 20% von 600;   6) 10% von 600;
7) Jeweils 5% vom Bruttoertrag nach Abzug von Abschreibungen gem. Art. 70 Abs. 3 DBG und direkt zurechenbarer Aufwendungen wie nicht rückforderbare ausländische Kapitalertragssteuern;
8) Voll steuerwirksamer Nettoverlust von 530 (Abschreibung: 500; Finanzierungsaufwand: 30); keine Verrechnung mit Nettoertrag aus anderen Beteiligungen.

Nr. 6: *Berechnung des Nettoertrages aus Beteiligungen / Umlage des Finanzierungsaufwandes (Ziff. 2.6.2.) und Berechnung des Verwaltungsaufwandes bei Nachweis des effektiven Aufwandes (Ziff. 2.6.3.).*

Die X AG ist eine gemischte Holding. Für die aktuelle Steuerperiode (1.1.-31.12.) liegt folgender steuerlich bereinigter Jahresabschluss vor:

Steuerbilanz der X AG per 31.12.

Aktiven	Betrag	Passiven	Betrag
Umlaufvermögen	7'000	Fremdkapital	10'000
Betriebliches Anlagevermögen	5'000	Aktienkapital	1'000
Beteiligung A [1]	1'000	Reserven	5'000
Beteiligung B [1]	3'000	Jahresgewinn	4'000
Beteiligung C [1]	4'000		
Total	20'000	Total	20'000

1) 100%-ige Beteiligungen.

Erfolgsrechnung der X AG 1.1. - 31.12.

Aufwand	Betrag	Ertrag	Betrag
Finanzierungskosten	600	Bruttogewinn Betrieb	2'000
Verwaltungsaufwand	400	Beteiligungserträge:	
Abschreibungen Betrieb	700	- Beteiligung A	0
Abschr. Beteiligungen:		- Beteiligung B	300
- Beteiligung A	200	- Beteiligung C	700
- Beteiligung B [1]	100	- Kapitalgewinn Bet. D [2]	3'000
Jahresgewinn	4'000		
Total	6'000	Total	6'000

1) Steht im Zusammenhang mit der Gewinnausschüttung;
2) 100%-ige Beteiligung; am 31.3. vor Dividendenfälligkeit verkauft; Gewinnsteuerwert: 2'000; Verkaufserlös: 5'000; Gestehungskosten: 2'000.

Die Gewinnsteuerwerte verteilen sich gleich wie im Beispiel Nr. 8:

Beteiligung A: 5%;   Beteiligung B: 15%   Beteiligung C: 20%;   Beteiligung D: 10%.

Nettoertrag aus Beteiligungen

Bez.	Bruttoertrag	Abschrei-bungen [1]	Subtotal	Verwaltungs-aufwand pauschal	Verwaltungs-aufwand effektiv [10]
A	0	0	0	0 [2]	[- 20] [6]
B	300	- 100	200	- 10 [3]	- 60 [7]
C	700	0	700	- 35 [4]	- 80 [8]
D	3'000	0	3'000	- 150 [5]	- 40 [9]
Total	4'000	- 100	3'900	- 195	- 180

1) Nur wenn im Zusammenhang mit der Gewinnausschüttung (Art. 70 Abs. 3 DBG);
2) 5% von 0;   3) 5% von 200;   4) 5% von 700;   5) 5% von 3'000;
6) 5% von 400, kürzt jedoch den Beteiligungsertrag nicht (Verlust);   7) 15% von 400;
8) 20% von 400;   9) 10% von 400.
10) Ohne Nachweis der tatsächlichen Verursachung wird der Verwaltungsaufwand des Gesamtunternehmens aufgrund der Gewinnsteuerwerte quotenmässig umgelegt.

Selbständige Erwerbstätigkeit USR II

Quelle: Eidg. Steuerverwaltung ESTV / HA Direkte Bundessteuer, Verrechnungssteuer, Stempelabgaben

Direkte Bundessteuer

Bern, 16. Dezember 2009

Kreisschreiben Nr. 26

Neuerungen bei der selbständigen Erwerbstätigkeit aufgrund der Unternehmenssteuerreform II

Inhaltsverzeichnis

1.	Gegenstand des Kreisschreibens	2
2.	Aufschubstatbestände	3
2.1.	Überführung einer Liegenschaft des Anlagevermögens aus dem Geschäftsvermögen in das Privatvermögen	3
2.2.	Verpachtung eines Geschäftsbetriebes	4
2.3.	Aufschub der Besteuerung bei Erbteilung	4
3.	Ersatzbeschaffung von Gegenständen des betriebsnotwendigen Anlagevermögens	5
4.	Besteuerung der Liquidationsgewinne bei Aufgabe der selbständigen Erwerbstätigkeit	5
5.	Inkrafttreten	5

1. Gegenstand des Kreisschreibens

Mit dem Bundesgesetz vom 23. März 2007 über die Verbesserung der steuerlichen Rahmenbedingungen für unternehmerische Tätigkeiten und Investitionen (Unternehmenssteuerreformgesetz II) wurden für die Besteuerung der selbständigen Erwerbstätigkeit verschiedene Neuerungen eingeführt. Diese Neuerungen sind in den folgenden Artikeln im Bundesgesetz vom 14. Dezember 1990 über die direkte Bundessteuer (DBG) festgehalten.

Art. 18a   Aufschubstatbestände

^{1} Wird eine Liegenschaft des Anlagevermögens aus dem Geschäftsvermögen in das Privatvermögen überführt, so kann die steuerpflichtige Person verlangen, dass im Zeitpunkt der Überführung nur die Differenz zwischen den Anlagekosten und dem massgebenden Einkommenssteuerwert besteuert wird. In diesem Fall gelten die Anlagekosten als neuer massgebender Einkommenssteuerwert, und die Besteuerung der übrigen stillen Reserven als Einkommen aus selbständiger Erwerbstätigkeit wird bis zur Veräusserung der Liegenschaft aufgeschoben.

^{2} Die Verpachtung eines Geschäftsbetriebs gilt nur auf Antrag der steuerpflichtigen Person als Überführung in das Privatvermögen.

^{3} Wird bei einer Erbteilung der Geschäftsbetrieb nicht von allen Erben weitergeführt, so wird die Besteuerung der stillen Reserven auf Gesuch der den Betrieb übernehmenden Erben bis zur späteren Realisierung aufgeschoben, soweit diese Erben die bisherigen für die Einkommenssteuer massgebenden Werte übernehmen.

Art. 30   Ersatzbeschaffungen

^{1} Werden Gegenstände des betriebsnotwendigen Anlagevermögens ersetzt, so können die stillen Reserven auf die als Ersatz erworbenen Anlagegüter übertragen werden, wenn diese ebenfalls betriebsnotwendig sind und sich in der Schweiz befinden. Vorbehalten bleibt die Besteuerung beim Ersatz von Liegenschaften durch Gegenstände des beweglichen Vermögens.

Art. 37b   Liquidationsgewinne

^{1} Wird die selbständige Erwerbstätigkeit nach dem vollendeten 55. Altersjahr oder wegen Unfähigkeit zur Weiterführung infolge Invalidität definitiv aufgegeben, so ist die Summe der in den letzten zwei Geschäftsjahren realisierten stillen Reserven getrennt vom übrigen Einkommen zu besteuern. Einkaufsbeiträge gemäss Artikel 33 Absatz 1 Bundstabe d sind abziehbar. Werden keine solchen Einkäufe vorgenommen, so wird die Steuer auf dem Betrag der realisierten stillen Reserven, für den der Steuerpflichtige die Zulässigkeit eines Einkaufs gemäss Artikel 33 Absatz 1 Buchstabe d nachweist, zu einem Fünftel der Tarife nach Artikel 36 berechnet. Für die Bestimmung des auf den Restbetrag der realisierten stillen Reserven anwendbaren Satzes ist ein Fünftel dieses Restbetrages massgebend, es wird aber in jedem Fall eine Steuer zu einem Satz von mindestens 2 Prozent erhoben.

^{2} Absatz 1 gilt auch für den überlebenden Ehegatten, die anderen Erben und die Vermächtnisnehmer, sofern sie das übernommene Unternehmen nicht fortführen; die steuerliche Abrechnung erfolgt spätestens fünf Kalenderjahre nach Ablauf des Todesjahres des Erblassers.

2. Aufschubstatbestände

2.1. Überführung einer Liegenschaft des Anlagevermögens aus dem Geschäftsvermögen in das Privatvermögen

Als Liegenschaft gelten Grundstücke im Sinne von Artikel 655 ZGB. Der Aufschub ist ausschliesslich für jene Liegenschaften möglich, die der selbständig Erwerbende in seinem Anlagevermögen hält, nicht hingegen für Liegenschaften des Umlaufvermögens (gewerbsmässiger Liegenschaftenhandel). Dient eine Liegenschaft mehrheitlich der selbständigen Erwerbstätigkeit des Steuerpflichtigen, so verbleibt sie im Geschäftsvermögen.

Der Aufschub wird nur auf Antrag der steuerpflichtigen Person gewährt und kann nur für den Wertzuwachsgewinn geltend gemacht werden. Bei einem Aufschub wird die Differenz zwischen dem Einkommenssteuerwert und den Anlagekosten, d.h. im Wesentlichen die wieder eingebrachten Abschreibungen, sofort besteuert. Die Liegenschaft gilt daraufhin für Einkommenssteuerzwecke vollständig als ins Privatvermögen überführt. Als Konsequenz daraus sind Abschreibungen oder Aufwertungen nicht steuerwirksam. Die laufenden Liegenschaftserträge stellen deshalb kein Einkommen aus selbständiger Erwerbstätigkeit dar.

Dient eine ins Privatvermögen überführte Liegenschaft, für die ein Besteuerungsaufschub nach Artikel 18a Absatz 1 DBG verlangt wurde, später wieder ganz oder vorwiegend der selbständigen Erwerbstätigkeit, gilt sie erneut als Geschäftsvermögen (Art. 18 Abs. 2 DBG). Der Einkommenssteuerwert einer solchen Liegenschaft bemisst sich im Zeitpunkt der Überführung ins Geschäftsvermögen nach Artikel 18a Absatz 1 DBG zuzüglich der wertvermehrenden Investitionen während der privaten Nutzung.

Die Besteuerung des Wertzuwachsgewinnes wird bis zur Veräusserung der Liegenschaft aufgeschoben. Eine vorzeitige Beendigung des Aufschubs ist ausgeschlossen. Als Veräusserung gilt jede entgeltliche oder unentgeltliche Handänderung mit Ausnahme des Erbganges. Die Zuweisung einer Liegenschaft im Rahmen der Erbteilung gilt als Veräusserung (vgl. Ziffer 2.3 hienach). Der Wegzug des Eigentümers oder der Eigentümerin einer Liegenschaft ins Ausland gilt nicht als Veräusserung. In einem solchen Fall kann jedoch eine Sicherstellung nach Artikel 169 DBG erfolgen. Bei einer unterpreislichen Veräusserung an einen Nahestehenden ist auf dem Verkehrswert der Liegenschaft abzurechnen.

Erfolgt ein Aufschub, so ist die Differenz zwischen dem Verkaufserlös bzw. dem Verkehrswert einerseits und dem massgebenden Einkommenssteuerwert (Anlagekosten im Zeitpunkt des Steueraufschubs) zuzüglich der wertvermehrenden Investitionen seit der Überführung andererseits abzüglich der mit der Veräusserung zusammenhängenden Kosten steuerbar. Diese Differenz wird der AHV-Behörde gemeldet. Ist der Verkehrswert der Liegenschaft im Zeitpunkt der Veräusserung unter den Einkommenssteuerwert gesunken, so kann dieser Verlust in derselben Steuerperiode vom übrigen Einkommen in Abzug gebracht werden. Darüber hinaus kann ein Verlustvortrag nur dann geltend gemacht werden, wenn eine selbständige Erwerbstätigkeit ausgeübt wird. Noch nicht verrechnete Vorjahresverluste aus einer früheren selbständigen Tätigkeit können nicht mehr verrechnet werden.

Im Verhältnis zur Besteuerung des Liquidationsgewinnes gemäss Artikel 37b DBG sind folgende Fälle zu unterscheiden:

- Die Überführung der Liegenschaft vom Geschäft- ins Privatvermögen fand vor der definitiven Aufgabe der selbständigen Erwerbstätigkeit statt. Auf Antrag der steuerpflichtigen Person ist die Besteuerung aufgeschoben worden. Nun wird die Liegenschaft im Rahmen der Aufgabe der selbständigen Tätigkeit veräussert. In diesem Falle erfolgt die Besteuerung nach Artikel 18a Absatz 1 DBG. Die Regelung von Artikel 37b DBG findet keine Anwendung.

- Im Rahmen der definitiven Aufgabe der selbständigen Erwerbstätigkeit verlangt die steuerpflichtige Person für die Liegenschaft einen Besteuerungsaufschub nach Artikel 18a Absatz 1 DBG. In diesem Fall findet Artikel 37b DBG nur auf die Differenz zwischen dem Einkommenssteuerwert und den Anlagekosten, d.h. im Wesentlichen auf die wieder eingebrachten Abschreibungen, Anwendung.

Bestehende Reverslösungen, welche die Qualifikation einer Liegenschaft als Geschäftsvermögen zum Gegenstand haben, gelten weiterhin. Artikel 18a Absatz 1 DBG ist für solche Fälle nur auf Antrag anwendbar. Nach dem 31. Dezember 2010 bleibt für neue Reverslösungen dieser Art kein Raum mehr.

2.2. Verpachtung eines Geschäftsbetriebes

Bei der Verpachtung eines Geschäftsbetriebes gilt die gesetzliche Vermutung, dass die verpachteten Güter im Geschäftsvermögen des Verpächters bleiben. Dies gilt auch für Betriebe, deren bewegliches Vermögen an den Pächter verkauft wird. Eine Verpachtung liegt dann vor, wenn neben der Liegenschaft und den Geschäftseinrichtungen auch die Geschäftsbeziehungen überlassen werden.[1] Die Verpachtung eines Geschäftsbetriebes wird nur noch aufgrund einer ausdrücklichen Erklärung der steuerpflichtigen Person als Überführung ins Privatvermögen betrachtet (Art. 18a Abs. 2 DBG). Erfolgt keine solche Erklärung, so gilt der daraus fliessende Ertrag als Einkommen aus selbständiger Tätigkeit. Dieses Einkommen wird der AHV-Behörde gemeldet.

Erklärt die steuerpflichtige Person bei der Begründung oder während der Laufzeit der Verpachtung die Überführung des Geschäftsbetriebes ins Privatvermögen, so kann, soweit im Einzelfall die Voraussetzungen erfüllt sind, der Aufschub nach Artikel 18a Absatz 1 DBG oder die Besteuerung nach Artikel 37b DBG geltend gemacht werden.

Bestehende Reverslösungen, welche die Verpachtung eines Geschäftsbetriebes zum Gegenstand haben, fallen unter Artikel 18a Absatz 2 DBG.

2.3. Aufschub der Besteuerung bei Erbteilung

Beim Tod eines selbständig Erwerbenden geht der Geschäftsbetrieb infolge Universalsukzession mit Aktiven und Passiven auf die Erbengemeinschaft über. Dieser Übergang löst keine Einkommenssteuerfolgen aus. Führen einzelne Erben oder Vermächtnisnehmer den Geschäftsbetrieb nicht weiter und treten daher ihre Anteile an die weiterführenden Erben ab, so realisieren die abtretenden Erben oder Vermächtnisnehmer einen steuerbaren Liquidationsgewinn. In diesem Fall können die weiterführenden Erben oder Vermächtnisnehmer den Erwerbspreis aktivieren oder in einer Steuerbilanz geltend machen.

Nach Artikel 18a Absatz 3 DBG kann die Besteuerung der stillen Reserven auf Gesuch der den Betrieb übernehmenden Erben bis zur späteren Realisierung aufgeschoben werden, soweit diese Erben die bisherigen, für die Einkommenssteuer massgebenden Werte übernehmen. Die Erben, welche den Geschäftsbetrieb weiterführen, übernehmen damit die latente Liquidationssteuerlast auf dem Geschäftsvermögen. Wird der Geschäftsbetrieb von den weiterführenden Erben veräussert oder liquidiert, steht ihnen, soweit im Einzelfall die Voraussetzungen für sie selber erfüllt sind, der Aufschub nach Artikel 18a Absatz 1 DBG oder die Besteuerung nach Artikel 37b DBG offen.

Führt keiner der Erben oder Vermächtnisnehmer den Betrieb weiter, so können sie anstelle des Erblassers die Liquidationsgewinnbesteuerung nach Artikel 37b DBG geltend machen.

---

[1] Bundesgericht im Entscheid BGE 103 II 253

3. Ersatzbeschaffung von Gegenständen des betriebsnotwendigen Anlagevermögens

Bei der bisherigen Ersatzbeschaffung von betriebsnotwendigem Anlagevermögen eines Geschäftsbetriebes war die Übertragung der stillen Reserven beschränkt auf ein Ersatzobjekt mit gleicher Funktion. Neu wird nur noch verlangt, dass es sich bei der Ersatzbeschaffung wiederum um einen Gegenstand des betriebsnotwendigen Anlagevermögens handelt und sich dieses Gut in der Schweiz befindet. Das Erfordernis der gleichen Funktion wird fallengelassen. Die Ersatzbeschaffung muss in der Regel innerhalb von 2 Jahren seit der Veräusserung des Wirtschaftsguts erfolgen, ansonsten wird über die stillen Reserven abgerechnet. Bei der Ersatzbeschaffung von Liegenschaften durch Gegenstände des beweglichen Vermögens ist kein Steueraufschub möglich.

4. Besteuerung der Liquidationsgewinne bei Aufgabe der selbständigen Erwerbstätigkeit

Die Besteuerung der Liquidationsgewinne bei Aufgabe der selbständigen Erwerbstätigkeit nach Artikel 37b DBG ist in der Verordnung über die Besteuerung der Liquidationsgewinne bei definitiver Aufgabe der selbständigen Erwerbstätigkeit geregelt.

5. Inkrafttreten

Dieses Kreisschreiben tritt zusammen mit den Artikeln 18a, 30 Absatz 1 und 37b DBG sowie der Verordnung über die Besteuerung der Liquidationsgewinne bei definitiver Aufgabe der selbständigen Erwerbstätigkeit am 1. Januar 2011 in Kraft.

Kollektive Kapitalanlagen; Anleger

Quelle: Eidg. Steuerverwaltung ESTV / HA Direkte Bundessteuer, Verrechnungssteuer, Stempelabgaben

Direkte Bundessteuer

Bern, 23. Februar 2018

Kreisschreiben Nr. 25

Besteuerung kollektiver Kapitalanlagen und ihrer Anleger

Inhaltsverzeichnis

1	Einleitung	2
2	Aufsichtsrechtliche Aspekte kollektiver Kapitalanlagen	2
3	**Grundsätze der Besteuerung kollektiver Kapitalanlagen**	3
3.1	Steuerliche Grundlagen auf Ebene der kollektiven Kapitalanlage	3
3.2	Besteuerung kollektiver Kapitalanlagen ohne direkten Grundbesitz	3
3.3	Besteuerung kollektiver Kapitalanlagen mit direktem Grundbesitz	4
3.3.1	Begriff	4
3.3.2	Besteuerung	4
3.3.3	Ermittlung des steuerbaren Gewinns	4
3.3.4	Deklarationspflicht	5
4	**Besteuerung auf Ebene der Anleger**	6
4.1	Allgemeines	6
4.2	Bei Anlagen im Privatvermögen	6
4.3	Bei Anlagen im Geschäftsvermögen	7
4.4	Rückerstattung der Verrechnungssteuer	7
4.5	Bescheinigungspflicht	8
5	**Spezialfragen**	8
5.1	Gewerbsmässiger Wertschriftenhandel	8
5.2	Kommanditgesellschaft für kollektive Kapitalanlagen (KmGK)	8
5.3	Umstrukturierungen	9
5.3.1	Ebene der Kollektiven Kapitalanlage	9
5.3.2	Ebene der Anleger	9
5.4	Beteiligungsabzug und Teilbesteuerung	10
5.5	Sitzverlegung oder Expatriierung von kollektiven Kapitalanlagen	10
5.6	Einanlegerfonds	10
6	**Inkrafttreten**	10
7	**Anhänge**	11
Anhang I	Begriffsbestimmungen / Abkürzungen	11
Anhang II	Kollektive Kapitalanlagen mit direktem Grundbesitz / Spartenrechnung	13
Anhang III	Grafische Übersicht über die Formen der kollektiven Kapitalanlagen (KKA)	15
Anhang IV	Gleichstellung ausländischer kollektiver Kapitalanlagen	16

Anhang V Entscheidungsbaum 18
Anhang VI 19
Anhang VII 19
Anhang VIII 19

1 Einleitung

Mit Inkrafttreten des Bundesgesetzes über die kollektiven Kapitalanlagen (KAG)[1] und der Verordnung über die kollektiven Kapitalanlagen (KKV)[2] per 1. Januar 2007 mussten u.a. die gesetzlichen Bestimmungen im Bundesgesetz über die direkte Bundessteuer (DBG)[3] angepasst werden. Zweck des KAG ist der Schutz von Anlegerinnen und Anlegern sowie die Transparenz und Funktionsfähigkeit des Marktes für kollektive Kapitalanlagen zu gewährleisten (vgl. Art. 1 KAG).

Dem KAG unterstellt sind grundsätzlich vier Formen kollektiver Kapitalanlagen. Darunter fallen Anlagefonds auf vertraglicher Basis, solche auf gesellschaftlicher Grundlage als juristische Personen (SICAV oder SICAF) oder als Personengesellschaften in Form von Kommanditgesellschaften für kollektive Kapitalanlagen (KmGK). Ausschliesslicher Zweck dieser Anlageformen ist die kollektive Kapitalanlage. Ausgenommen von der Unterstellungspflicht sind bspw. Einrichtungen und Hilfseinrichtungen der beruflichen Vorsorge, einschliesslich Anlagestiftungen.

Die bis zum Inkrafttreten des KAG geltenden Bestimmungen des DBG wurden in materieller Hinsicht beibehalten. Der Gesetzgeber hat betreffend kollektiven Kapitalanlagen mit direktem Grundbesitz eine neue Bestimmung erlassen. Diese Anlageform wird von der Steuerpflicht befreit, wenn sich daran ausschliesslich steuerbefreite Pensions-, Sozialversicherungs- oder Ausgleichskassen beteiligen (vgl. Art. 56 Bst. j DBG).

In der vorliegenden Version wurde das KS Nr. 25 strukturell angepasst und inhaltlich erweitert. Zum einen um die bestehende Praxis bei kollektiven Kapitalanlagen mit direktem Grundbesitz betreffend die steuerliche Behandlung von Einkäufen in laufende Nettoerträge bzw. Rückzahlungen an Anlegerinnen und Anleger auf den neusten Stand zu bringen, zum anderen um die konsequente Durchsetzung der Massgeblichkeit für Jahresrechnungen nach Artikel 957ff. des Bundesgesetzes betreffend die Ergänzung des Schweizerischen Zivilgesetzbuches [Fünfter Teil: Obligationenrecht] (OR)[4] und die Massgeblichkeit der Jahresrechnung nach KAG sicherzustellen. Das vorliegende KS regelt die Besteuerung auf Stufe der kollektiven Kapitalanlage und auf Stufe der Anlegerinnen und Anleger.

2 Aufsichtsrechtliche Aspekte kollektiver Kapitalanlagen

Gemäss Artikel 7 Absatz 1 KAG gelten für aufsichtsrechtliche Zwecke als kollektive Kapitalanlagen Vermögen, die von Anlegerinnen und Anlegern zur gemeinschaftlichen Vermögensanlage aufgebracht und für deren Rechnung verwaltet werden. Die Anlagebedürfnisse der Anlegerinnen und Anleger werden in gleichmässiger Weise befriedigt. Das KAG folgt der sogenannten „Treuhandlösung", wonach die Fondsleitungen, die SICAV bzw. die KmGK das Fondsvermögen quasi-treuhänderisch für Rechnung ihrer Anlegerinnen und Anleger verwalten. Dabei sind – ausserhalb des Einanlegerfonds (vgl. Ziffer 5.6 hiernach) – mindestens

---

[1] SR 951.31
[2] SR 951.311
[3] SR 642.11
[4] SR 220

zwei voneinander unabhängige Anlegerinnen und Anleger erforderlich, damit die Kollektivität gegeben ist (vgl. Art. 5 Abs. 1 KKV).

Diese aufsichtsrechtlichen Vorgaben finden auch für direktsteuerliche Zwecke in analoger Weise Anwendung.

3 Grundsätze der Besteuerung kollektiver Kapitalanlagen

3.1 Steuerliche Grundlagen auf Ebene der kollektiven Kapitalanlage

Das Steuerrecht folgt mit Bezug auf den vertraglichen Anlagefonds, die SICAV und die KmGK grundsätzlich der Treuhandlösung (transparente Betrachtung). Dies bedeutet, dass die kollektiven Kapitalanlagen für die Zwecke der Einkommens- und Gewinnsteuer keine Steuersubjekte darstellen. Erträge und Vermögen transparenter kollektiver Kapitalanlagen werden den Anlegerinnen und Anlegern anteilsmässig zugerechnet. Mit den Änderungen des DBG wurden diese Besteuerungsregeln nicht nur – wie bisher – für vertragliche Anlagefonds anwendbar, sondern neu auch für die inländische SICAV und die KmGK (vgl. Art. 10 Abs. 2 DBG).

Die SICAF gemäss Artikel 110 ff. KAG dagegen sind nicht transparente kollektive Kapitalanlagen und stellen als juristische Personen eigene Steuersubjekte dar. Sie werden nach Artikel 49 Absatz 2 DBG wie Kapitalgesellschaften besteuert.

Ebenfalls ausgenommen vom Prinzip der transparenten Besteuerung sind kollektive Kapitalanlagen mit direktem Grundbesitz. Diese werden nach Artikel 10 Absatz 2 DBG in Verbindung mit Artikel 49 Absatz 2 DBG besteuert. Nachfolgend wird unterschieden zwischen kollektiven Kapitalanlagen ohne und solchen mit direktem Grundbesitz (vgl. Ziff. 3.2 und 3.3).

Ausländische kollektive Kapitalanlagen sind steuerlich den schweizerischen kollektiven Kapitalanlagen gleichzustellen (vgl. Gleichstellungsregeln im Anhang IV).

3.2 Besteuerung kollektiver Kapitalanlagen ohne direkten Grundbesitz

Vertragliche Anlagefonds, SICAV und KmGK ohne direkten Grundbesitz sind grundsätzlich keine Steuersubjekte. Aufgrund der transparenten Betrachtungsweise erfolgt keine Gewinnbesteuerung auf Ebene der kollektiven Kapitalanlage. Die Erträge werden den Anlegerinnen und Anlegern ihren Anteilen entsprechend zugerechnet. Diese Betrachtungsweise gilt für Ausschüttungsfonds, Thesaurierungsfonds und gemischte Fonds gleichermassen.

Die SICAF nach Artikel 110 KAG hingegen werden nach Artikel 49 Absatz 2 DBG wie Kapitalgesellschaften besteuert. Somit unterliegt der Reingewinn gemäss Artikel 58 DBG zum Satz von 8,5% der Gewinnsteuer (vgl. Art. 68 DBG). Erzielt die SICAF qualifizierende Beteiligungserträge, so ist der Beteiligungsabzug gemäss Artikel 69 ff. DBG anwendbar.

Betreffend die steuerlichen Gewinnermittlungs- und Verbuchungsvorschriften für inländische kollektive Kapitalanlagen wird auf das KS Nr. 24 der Eidgenössischen Steuerverwaltung (ESTV) über kollektive Kapitalanlagen als Gegenstand der Verrechnungssteuer und der Stempelabgaben, vom 20. November 2017 (nachfolgend KS Nr. 24), Ziffer 2.6 verwiesen. Bezüglich Anforderungen an das Reporting von ausländischen kollektiven Kapitalanlagen wird auf KS Nr. 24 Ziffer 3.5 verwiesen.

3.3 Besteuerung kollektiver Kapitalanlagen mit direktem Grundbesitz

3.3.1 Begriff

Nach Artikel 58 KAG sind Immobilienfonds offene kollektive Kapitalanlagen, die ihre Mittel in Immobilienwerten anlegen. Bei der KmGK kann insbesondere in Bau-, Immobilien- und Infrastrukturprojekte investiert werden (vgl. Art. 103 Abs. 2 KAG i.V.m. Art. 121 Abs. 1 KKV).

Die offenen kollektiven Kapitalanlagen mit direktem Grundbesitz haben grundsätzlich mindestens zehn Grundstücke auszuweisen. Dabei gelten Siedlungen, die nach den gleichen baulichen Grundsätzen erstellt worden sind, sowie aneinander grenzende Parzellen als ein einziges Grundstück (vgl. Art. 87 KKV, vorbehältlich Art. 67 Abs. 4 und 5 KKV oder Art. 10 Abs. 5 Bst. f KAG).

3.3.2 Besteuerung

Direkten Grundbesitz können die vertraglichen Anlagefonds, die SICAV, die KmGK und auch die SICAF haben. Artikel 49 Absatz 2 DBG stellt die vertraglichen Anlagefonds, die SICAV und die KmGK mit direktem Grundbesitz den übrigen juristischen Personen gleich. Investmentgesellschaften mit festem Kapital (SICAF) werden wie Kapitalgesellschaften besteuert.

Vertragliche Anlagefonds, SICAV und KmGK mit direktem Grundbesitz in der Schweiz unterliegen für den Ertrag und Gewinn aus direktem Grundbesitz der Gewinnsteuer (Art. 66 Abs. 3 DBG) und werden zum Satz von 4,25 % (vgl. Art. 72 DBG) besteuert. Diese steuerliche Behandlung gilt für Ausschüttungsfonds, Thesaurierungsfonds und gemischte Fonds gleichermassen. Für SICAF gilt ein Satz von 8,5 % (vgl. Art. 68 DBG).

Erträge, die nicht aus direktem Grundbesitz stammen (z.B. Zinsen auf kurzfristigen festverzinslichen Effekten oder auf kurzfristig verfügbaren Mitteln; vgl. Art. 60 KAG), sind von der Gewinnsteuer der kollektiven Kapitalanlagen ausgenommen und sind durch die Anlegerinnen und Anleger zu versteuern (vgl. Art. 20 Abs. 1 Bst. e DBG). Bei der SICAF unterliegen demgegenüber sämtliche Erträge der Gewinnsteuer. Ausschüttungen unterliegen gemäss Artikel 20 Absatz 1 Buchstabe c DBG beim Anleger der Einkommenssteuer.

Für die Veranlagung kollektiver Kapitalanlagen mit direktem Grundbesitz in der Schweiz ist der Kanton zuständig, in dem sich der Sitz der Fondsleitung, der SICAV oder der KmGK am Ende der Steuerperiode befindet (vgl. Art. 105 Abs. 3 DBG).

3.3.3 Ermittlung des steuerbaren Gewinns

Kollektive Kapitalanlagen mit direktem Grundbesitz nach Artikel 58 KAG werden gemäss Artikel 49 Absatz 2 DBG den übrigen juristischen Personen gleichgestellt und als solche besteuert. Somit sind für die Gewinnermittlung die Artikel 58 – 67 DBG massgebend.

Der steuerbare Reingewinn berechnet sich gemäss Artikel 58 Absatz 1 Buchstabe a DBG basierend auf der handelsrechtliche Erfolgsrechnung nach OR. Dem Grundsatz der Massgeblichkeit folgend, stellen die Steuerbehörden bei der Gewinnermittlung auf die Jahresrechnung gemäss Artikel 958 Absatz 2 OR ab. In Bezug auf die Buchführung gelten die allgemeinen Vorschriften des OR, insbesondere Artikel 957a ff. Die bisherige Praxis bezüglich der Einkäufe in laufende Nettoerträge aus Immobilien bzw. Rücknahme von Anteilen der Anlegerinnen und Anleger wird beibehalten. Einkäufe werden wie bisher als Ertragspositionen besteuert und folglich dem Ertrag aus direktem Grundbesitz gleichgestellt. Rückzahlungen an die Anlegerinnen und Anleger können als Aufwandposition geltend gemacht werden.

Für die Ermittlung des steuerbaren Gewinns von kollektiven Kapitalanlagen mit direktem Grundbesitz sind folgende Grundsätze zu beachten:

- Erträge und Gewinne aus direktem Grundbesitz bilden Bestandteil des steuerbaren Gewinns.
- Einkäufe in laufende Nettoerträge gelten als Erträge aus direktem Grundbesitz.
- Rückzahlungen (Kündigung des Kollektivanlagevertrages bzw. Rückgabe der SICAV-Anteile) können als geschäftsmässig begründeter Aufwand geltend gemacht werden.
- Aktivzinsen auf Bankguthaben und anderen Forderungen sowie übrige Erträge sind nicht Bestandteil des Ertrages aus direktem Grundbesitz.
- Die auf den direkten Grundbesitz entfallenden Erträge und Aufwendungen (inkl. direkte Steuern) sind grundsätzlich aufgrund der Erfolgsrechnung über den Direktbesitz objektmässig zuzurechnen.
- Aufwendungen, die nicht objektmässig zugerechnet werden können, sind im Verhältnis des Verkehrswertes des direkten Grundbesitzes zum Verkehrswert der Gesamtaktiven gemäss der konsolidierten Vermögensrechnung (vgl. Art. 90 KAG) aufzuteilen.

Wie bei allen anderen juristischen Personen sind Rückstellungen, Abschreibungen und Wertberichtigungen pro Liegenschaft separat zu buchen.

Die kollektive Kapitalanlage hat das Wahlrecht zwischen der Einreichung einer Jahresrechnung nach KAG oder nach OR. Die eingereichte Jahresrechnung ist für Steuerzwecke massgeblich. Wird eine Jahresrechnung nach KAG eingereicht, sind somit auch nicht realisierte Kapitalgewinne bzw. -verluste steuerlich zu erfassen.

Bei einem Wechsel von der Jahresrechnung nach KAG zu einer solchen nach OR ist folgendes zu beachten:

- Wurden die nicht realisierten Kapitalgewinne auf den Liegenschaften bislang besteuert, kann die Wertdifferenz bei Einreichung einer Jahresrechnung nach OR als versteuerte stille Reserven geltend gemacht werden.
Für steuerliche Zwecke ist bei Abschreibungen auf die Gewinnsteuerwerte abzustellen. Sollte trotz der steuerlichen Abschreibung der verbleibende Gewinnsteuerwert höher sein als der Verkehrswert in diesem Zeitpunkt, muss zwingend auf den tieferen Verkehrswert wertberichtigt bzw. abgeschrieben werden.
- Wurden die nicht realisierten Kapitalgewinne bisher nicht besteuert, muss sichergestellt werden, dass bei einer Überleitung zu einer Jahresrechnung nach OR die Wertdifferenz zwischen den bisher für die Gewinnsteuer massgeblichen Werten und den neuen Buchwerten gemäss Jahresrechnung nach OR steuerlich erfasst wird.

Bei einem Wechsel von der Jahresrechnung nach OR zu einer solchen nach KAG findet eine steuersystematische Realisierung mit entsprechender Besteuerung der Wertveränderungen statt.

Erfolgt die Buchführung nicht nach dem Standard in welchem die Jahresrechnung (KAG oder OR) präsentiert wird, muss eine nachvollziehbare Überleitung vorliegen, welche zusammen mit der Steuererklärung einzureichen ist. Es ist nicht Voraussetzung, dass die nach OR erstellte Jahresrechnung durch eine Revisionsstelle geprüft wird.

Zur Ermittlung des steuerbaren Reingewinns einer kollektiven Kapitalanlage mit direktem Grundbesitz ist eine Spartenrechnung zu erstellen (vgl. Beispiel im Anhang II).

3.3.4 Deklarationspflicht

Die Fondsleitung ist verpflichtet, der Veranlagungsbehörde für jede Steuerperiode eine Bescheinigung über alle Verhältnisse einzureichen, die für die Besteuerung des direkten Grundbesitzes und dessen Erträge massgeblich sind (vgl. Art. 129 Abs. 3 DBG).

4 Besteuerung auf Ebene der Anleger

4.1 Allgemeines

Ein vertraglicher Anlagefonds, eine SICAV oder KmGK, welche in ihren Basisdokumenten (beispielsweise im Fondsvertrag) eine Ausschüttungsvorschrift von mindestens 70% des jährlichen Nettoertrags, inklusive vorgetragener Erträge aus früheren Rechnungsjahren, vorsehen, gilt steuerlich als ausschüttende kollektive Kapitalanlage. Demgegenüber gelten kollektive Kapitalanlagen als thesaurierend, wenn in den Basisdokumenten keine Ausschüttungsvorschrift des jährlichen Nettoertrages vorgesehen ist. Als gemischte kollektive Kapitalanlagen gelten vertragliche Anlagefonds, SICAV und KmGK, wenn die jährliche Festsetzung der Ausschüttungs- bzw. Thesaurierungsquote im Ermessen der Funktionsträger der kollektiven Kapitalanlage liegt.

Verzichtet eine ausschüttende kollektive Kapitalanlage aufgrund einer in den Basisdokumenten vorgesehenen Geringfügigkeitsvorschrift (vgl. KS Nr. 24 Ziff. 2.1.2) auf die Ausschüttung, wird sie deswegen nicht zu einer thesaurierenden kollektiven Kapitalanlage. Der Ertrag ist in solchen Fällen dem Gewinnvortrag gutzuschreiben und darf während des nächsten Geschäftsjahres nicht verändert werden. Der Gewinnvortrag unterliegt im künftigen Ausschüttungszeitpunkt der Besteuerung auf der Stufe der Anlegerinnen und Anleger. Einkommenssteuerlich ist zu unterscheiden, ob die Anteile an der kollektiven Kapitalanlage im Privat- oder im Geschäftsvermögen des Anlegers gehalten werden.

Die Erträge aus in- oder ausländischen Grundstücken von in- oder ausländischen kollektiven Kapitalanlagen mit direktem Grundbesitz werden auf Stufe der Anlegerinnen und Anleger freigestellt. Freigestellte Erträge sind für die Satzbestimmung nicht zu berücksichtigen. Nicht freigestellt werden die Erträge aus demjenigen Teil des Fondsvermögens, welcher zur Sicherstellung von Verbindlichkeiten in kurzfristigen festverzinslichen Effekten oder anderen kurzfristig verfügbaren Mitteln angelegt wird (vgl. Art. 20 Abs. 1 Bst. e DBG). Diese Freistellungsregel gilt nicht für Anlegerinnen und Anleger von SICAF mit Direktbesitz.

4.2 Bei Anlagen im Privatvermögen

Die Anlegerinnen und Anleger haben nach Artikel 20 Absatz 1 Buchstabe e DBG sämtliche Erträge aus Anteilen an kollektiven Kapitalanlagen zu versteuern, soweit sie nicht Erträge aus deren direktem Grundbesitz vereinnahmen. Unter sämtlichen Erträgen sind die ausgeschütteten oder thesaurierten (wiederangelegten) Erträge zu verstehen, soweit sie steuerlich Vermögenserträgen wie Zinsen, Dividenden u. dgl. entsprechen sowie laufende Erträge und Gewinnvorträge, die im Rahmen einer Zusammenlegung oder Vereinigung von kollektiven Kapitalanlagen untergehen und folglich einer späteren Besteuerung entzogen werden. Ausschüttungen sind im Zeitpunkt der Fälligkeit steuerbar. Thesaurierte Erträge werden im Zeitpunkt der Gutschrift besteuert, d.h. bei Übertrag auf das Konto der zur Wiederanlage zurückbehaltenen Erträge. Enthalten ausgeschüttete oder thesaurierte Erträge Kapitalgewinne, sind diese nach Artikel 16 Absatz 3 DBG steuerfrei, sofern sie in der Jahresrechnung separat ausgewiesen oder über einen separaten Coupon ausgeschüttet werden. Die steuerlich massgebenden Erträge werden in der Kursliste HB der ESTV publiziert.

Nicht unter Artikel 20 Absatz 1 Buchstabe e DBG fallen die Einkünfte, welche die Anlegerinnen und Anleger aus Beteiligungen an einer SICAF realisieren, da diese als Kapitalgesellschaft besteuert wird. Die Anleger resp. Aktionäre einer SICAF versteuern die entsprechenden Einkünfte nach Artikel 20 Absatz 1 Buchstabe c DBG.

Bei Verkauf bzw. Rückgabe von im Privatvermögen gehaltenen Anteilen von vertraglichen Anlagefonds, SICAV und KmGK qualifiziert die Differenz zwischen Erwerbspreis und Verkaufserlös als steuerfreier Kapitalgewinn nach Artikel 16 Absatz 3 DBG oder als steuerlich nicht abzugsfähiger Kapitalverlust.

Die Liquidation eines vertraglichen Anlagefonds, einer SICAV oder einer KmGK hat den Regeln in Artikel 96 KAG zu folgen. Artikel 97 Absatz 2 KAG räumt den Anlegerinnen und Anlegern einen Anspruch auf den verhältnismässigen Anteil des Liquidationserlöses ein. Die Rückzahlung der Kapitaleinzahlungen und dieerzielten Kapitalgewinne sind für die Anlegerinnen und Anleger im Privatvermögen steuerfrei. Der Einkommenssteuer unterliegen die mit dem Liquidationsergebnis anteilsmässig verteilten Vermögenserträge, die nicht bereits versteuert wurden. Wird eine kollektive Kapitalanlage mit direktem Grundbesitz aufgelöst, unterliegen die den Anlegerinnen und Anlegern ausgeschütteten Erträge nicht der Einkommenssteuer, soweit diese aus direktem Grundbesitz stammen.

Bei der Liquidation einer SICAF unterliegt der Liquidationsüberschuss (Differenz zwischen Rückgabepreis und dem anteiligen Nennwert) gemäss Artikel 20 Absatz 1 Buchstabe c DBG der Einkommenssteuer.

Bei ausländischen kollektiven Kapitalanlagen richtet sich das Liquidationsverfahren grundsätzlich nach den Regeln der Aufsichtsbehörde am Domizil der kollektiven Kapitalanlage. Die vollständige bzw. quasi-vollständige Rücknahme der ausstehenden Anteile durch eine kollektive Kapitalanlage oder ein Teilvermögen gilt für die Zwecke der schweizerischen Einkommenssteuer aber stets als (faktische) Liquidation, selbst dann, wenn die ausländische Aufsichtsbehörde die Wiederbegebung der Anteile zulassen sollte und aus deren Sicht keine formelle Liquidation vorliegt.

Bei faktischen Liquidationen von ausländischen kollektiven Kapitalanlagen und Teilvermögen treten deshalb die gleichen Steuerfolgen ein wie bei der formellen Liquidation.

4.3 Bei Anlagen im Geschäftsvermögen

Die Bestimmung von Artikel 20 Absatz 1 Buchstabe e DBG findet auch Anwendung auf natürliche Personen, die ihre Anteile an kollektiven Kapitalanlagen im Geschäftsvermögen halten. Erträge und Kapitalgewinne aus direktem Grundbesitz, die aus kollektiven Kapitalanlagen mit direktem Grundbesitz stammen, unterliegen nicht der Einkommensbesteuerung. Diese Regelung gilt analog auch für juristische Personen.

Bei Verkauf bzw. Rückgabe von im Geschäftsvermögen gehaltenen Anteilen qualifiziert die Differenz zwischen dem tieferen steuerlich massgebenden Einkommens- bzw. Gewinnsteuerwert und dem höheren Verkaufserlös als steuerbarer Kapitalgewinn nach Artikel 18 Absatz 2 bzw. Artikel 58 DBG. Ein Kapitalverlust ist steuerlich nach Artikel 27 Absatz 2 Buchstabe b bzw. Artikel 58 DBG abzugsfähig.

Wird eine kollektive Kapitalanlage liquidiert, unterliegt bei Anlagen im Geschäftsvermögen die positive Differenz zwischen dem Liquidationserlös und dem steuerlich massgebenden Buchwert (Einkommens- bzw. Gewinnsteuerwert) der Einkommens- oder der Gewinnsteuer. Allfällige negative Differenzen stellen im Geschäftsvermögen abzugsfähigen Kapitalverlust dar.

4.4 Rückerstattung der Verrechnungssteuer

Gemäss Artikel 4 Absatz 1 Buchstabe c des Bundesgesetzes über die Verrechnungssteuer (VStG)[5] unterliegen die Zinsen, Gewinnanteile und sonstigen Erträge des von einem Inländer oder von einem Ausländer in Verbindung mit einem Inländer ausgegebenen Anteile an einer kollektiven Kapitalanlage gemäss KAG der Verrechnungssteuer.

Anlegerinnen und Anleger haben Anspruch auf Rückerstattung der Verrechnungssteuer, wenn sie bei Fälligkeit der steuerbaren Leistung rückerstattungsberechtigt sind.

---

[5] SR 642.21

Die Wiederanlage der Erträge von thesaurierenden kollektiven Kapitalanlagen gilt direktsteuerlich als Realisation, weshalb es sich empfiehlt, diesen Vorgang erfolgswirksam zu verbuchen. Werden die Erträge nicht verbucht, verwirkt der Anleger seinen Anspruch auf Rückerstattung der Verrechnungssteuer (vgl. Art. 25 Abs. 1 VStG). Dementsprechend empfiehlt sich folgende Verbuchung bei einem Ertrag einer kollektiven Kapitalanlage:

Ertrag von beispielsweise CHF 100

- Kollektive Kapitalanlage   an   Wertschriftenertrag   CHF 65
- Verrechnungssteuer   an   Wertschriftenertrag   CHF 35

Anlegerinnen und Anleger von ausländischen vertraglichen (und damit transparenten) kollektiven Kapitalanlagen können die Verrechnungssteuer auf Erträgen aus schweizerischen Titeln im Fondsvermögen zurückverlangen, sofern sie im Zeitpunkt der Fälligkeit dieser Erträge rückerstattungsberechtigt sind.

4.5 Bescheinigungspflicht

Die kollektiven Kapitalanlagen haben den Anlegerinnen und Anlegern alle Verhältnisse zu bescheinigen, die für die Besteuerung der Erträge massgeblich sind. Zudem haben sie ihre Jahresberichte bzw. Jahresrechnungen bei der ESTV einzureichen.

Die thesaurierten Vermögenserträge unterliegen aufgrund der Treuhandlösung auf Stufe der Anlegerinnen und Anleger der Einkommenssteuer. Die thesaurierenden kollektiven Kapitalanlagen haben daher den Anlegerinnen und Anlegern für die direkten Steuern die thesaurierten Erträge jährlich zu bescheinigen. Davon ausgenommen sind die wiederangelegten Kapitalgewinne, sofern sie in der Jahresrechnung separat ausgewiesen werden. Mit der Meldung des thesaurierten Ertrages pro Anteil an die ESTV zu Handen der Kursliste HB und der Bereitstellung der entsprechenden Berechnungsgrundlagen ist die Bescheinigungspflicht der Kapitalanlage erfüllt.

Gestützt auf Artikel 129 Absatz 3 DBG haben die kollektiven Kapitalanlagen den Veranlagungsbehörden über die Aufteilung der Ausschüttung und der Reserven in die beiden Kategorien „Ertrag aus direktem Grundbesitz" und „übriger Ertrag" Auskunft zu geben. Eine Aufteilung der Ausschüttung auf gesonderte Coupons ist – mit Ausnahme für über den gesonderten Coupon ausgerichtete Kapitalgewinne und Kapitaleinzahlungen (vgl. Art. 5 Abs. 1 Bst. b VStG u. Art. 28 Abs. 3 VStV) – nicht nötig.

Die ESTV ermittelt die steuerbaren Werte der Anteile kollektiver Kapitalanlagen aufgrund der Meldungen der kollektiven Kapitalanlagen mit direktem Grundbesitz und publiziert diese in der Kursliste HB.

5 Spezialfragen

5.1 Gewerbsmässiger Wertschriftenhandel

Entscheidend für die Qualifikation als Einkommen aus kollektiver Kapitalanlage ist letztlich, dass die Fondsleitung oder die Organe der SICAV und KmGK selbständig handeln und die Anlegerinnen und Anleger kein Weisungsrecht ihnen gegenüber haben. Diesfalls werden die häufigen Wertschriftentransaktionen der kollektiven Kapitalanlagen den Anlegerinnen und Anlegern steuerlich nicht als gewerbsmässiger Wertschriftenhandel zugerechnet.

5.2 Kommanditgesellschaft für kollektive Kapitalanlagen (KmGK)

Die KmGK ist eine Personengesellschaft, deren ausschliesslicher Zweck die kollektive Kapitalanlage ist (Art. 98 Abs. 1 KAG). Der Komplementär kann nur eine Aktiengesellschaft mit Sitz in der Schweiz sein und darf sich wegen des Konkurrenzverbotes nur an einer KmGK als Komplementär beteiligen (vgl. Art. 104 KAG). Die KmGK tätigt zur Hauptsache Anlagen in Risikokapital, weshalb ihre Anleger (Kommanditäre) im Sinne von Artikel 10 Absatz 3 KAG besonders qualifiziert sein müssen. Die KmGK ist somit vor allem ein Anlagevehikel für Banken, Effektenhändler, Versicherungseinrichtungen, öffentlich-rechtliche Körperschaften und Vorsorgeeinrichtungen mit professioneller Tresorerie sowie für vermögende Privatpersonen, die über Finanzanlagen von mindestens CHF 5'000'000.-- verfügen (vgl. Art. 6 Abs. 1 KKV).

Die KmGK bzw. deren geschäftsführenden Personen haben für die steuerliche Gleichstellung ihrer Gesellschafter mit Anlegerinnen und Anlegern vertraglicher Anlagefonds oder SICAV die Einhaltung der Voraussetzungen gemäss KAG nachzuweisen (vgl. Art. 129 Abs. 1 Bst. c DBG oder Art. 129 Abs. 3 DBG bei direktem Grundbesitz).

Obwohl das KAG die Immobilienfonds den offenen kollektiven Kapitalanlagen vorbehält, können die KmGK ihre Mittel zur Verfolgung eines Bau- oder Immobilienprojektes auch in Liegenschaften anlegen. In einem solchen Fall sind sie als Steuersubjekt zu behandeln.

5.3 Umstrukturierungen

5.3.1 Ebene der Kollektiven Kapitalanlage

Gemäss Artikel 95 KAG sind folgende Umstrukturierungen von offenen kollektiven Kapitalanlagen zulässig:

- die Vereinigung durch Übertragung der Vermögenswerte und Verbindlichkeiten (Art. 95 Abs. 1 Bst. a KAG);
- die Umwandlung in eine andere Rechtsform einer kollektiven Kapitalanlage (Art. 95 Abs. 1 Bst. b KAG);
- für die SICAV: die Vermögensübertragung nach den Artikeln 69-77 FusG[6] (Art. 95 Abs. 1 Bst. c KAG).

Die Umstrukturierungen gemäss Artikel 95 Absatz 1 KAG sind auf Stufe der kollektiven Kapitalanlage steuerneutral. Mit Bezug auf Umstrukturierungen gemäss Artikel 95 Absatz 1 Buchstaben a und b KAG ist Artikel 61 DBG sinngemäss anwendbar. Bei Vermögensübertragungen gemäss Artikel 95 Absatz 1 Buchstabe c KAG sind Artikel 61 Absätze 3 und 4 DBG dagegen nicht anwendbar.

Bei der Übernahme von Vermögenswerten durch eine kollektive Kapitalanlage von einer Kapitalgesellschaft oder Genossenschaft kommt Artikel 61 DBG nicht zur Anwendung. Daher realisiert die übertragende Kapitalgesellschaft oder Genossenschaft die entsprechenden stillen Reserven.

Auf Umstrukturierungen von oder mit ausländischen kollektiven Kapitalanlagen sind die Bestimmungen von Artikel 61 DBG ebenfalls sinngemäss anwendbar.

---

[6] SR 221.301

5.3.2 Ebene der Anleger

Da ein Umtauschverhältnis zu Verkehrswerten zu bestimmen ist, ergeben sich für die Anlegerinnen und Anleger durch den Umtausch ihrer Anteile an sich keine Folgen bei den direkten Steuern. Für Anteile im Geschäftsvermögen gilt dies nur, soweit die bisherigen Einkommens- bzw. Gewinnsteuerwerte unverändert weitergeführt werden. Bei der Vermögensübertragung einer SICAV gilt dies sinngemäss.

Sacheinlagen bzw. die Einbringung von Immobilien in eine kollektive Kapitalanlage sind nur zu Verkehrswerten möglich. Artikel 61 DBG ist nicht anwendbar.

Übernimmt eine kollektive Kapitalanlage Vermögenswerte von einer Kapitalgesellschaft oder Genossenschaft, deren Beteiligungsrechte sie selber hält, gelten die übertragenen übrigen und stillen Reserven nach dem Grundsatz der Transparenz als an die Inhaber der Anteile an der kollektiven Kapitalanlage ausgeschüttet.

5.4 Beteiligungsabzug und Teilbesteuerung

Kapitalgesellschaften oder Genossenschaften, die Anteile an einem vertraglichen Anlagefonds, an einer SICAV oder an einer KmGK halten, können die Ermässigung nach Artikel 69 ff. DBG nicht beanspruchen.

Natürliche Personen können für ihr Einkommen aus einer kollektiven Kapitalanlage die Besteuerung nach Artikel 18b und 20 Absatz 1bis DBG nicht geltend machen.

5.5 Sitzverlegung oder Expatriierung von kollektiven Kapitalanlagen

Die Sitzverlegung hat im Unterschied zur Verrechnungssteuer keine direktsteuerlichen Folgen, da diese nicht als Liquidation zu betrachten ist. Aufgrund der Treuhandlösung verbleibt das „Treugut" nämlich weiterhin im Privat- oder Geschäftsvermögen der Anlegerinnen und Anleger.

Zwecks Rückforderung der Verrechnungssteuer müssen Anlegerinnen und Anleger, welche die Anteile im Privatvermögen halten, den Liquidationserlös (Nettoertrag inkl. eines allfälligen Gewinnvortrages) deklarieren, können ihn jedoch mittels Deklaration eines entsprechenden Minusertrags wieder neutralisieren.

Handelt es sich bei den Anlegern um juristische Personen, Geschäftsbetriebe und dergleichen und befinden sich die Anteile im Geschäftsvermögen, muss die Verrechnungssteuer aufgrund der Verbuchungsvorschriften nach Artikel 25 VStG verbucht werden.

5.6 Einanlegerfonds

Einanlegerfonds sind für direktsteuerliche Zwecke zulässig, wenn der Anleger ausschliesslich eine öffentlich-rechtliche Körperschaft, eine Vorsorgeeinrichtung mit professioneller Tresorerie oder eine beaufsichtigte Versicherungseinrichtung ist (Art. 7 Abs. 3 KAG i.V.m. Art. 10 Abs. 3 KAG und Art. 5 Abs. 4 KKV).

In allen anderen Fällen sind für die steuerliche Anerkennung einer kollektiven Kapitalanlage mindestens zwei voneinander unabhängige Anlegerinnen und Anleger erforderlich (vgl. Ziff. 2 hiervor).

6 Inkrafttreten

Das vorliegende Kreisschreiben tritt mit seiner Publikation in Kraft und ersetzt das Kreisschreiben Nr. 25 vom 5. März 2009.

7 Anhänge

Anhang I Begriffsbestimmungen / Abkürzungen

Begriffsbestimmungen:

Anlagefonds: Vertragliche kollektive Kapitalanlage.

Anlegerinnen und Anleger: Natürliche oder juristische Personen, Kollektiv- und Kommanditgesellschaften, die Anteile an kollektiven Kapitalanlagen halten (Art. 10 Abs. 1 KAG).

Anteile: Forderungen gegen die Fondsleitung auf Beteiligung an Vermögen und Ertrag des Anlagefonds oder Beteiligungen an der Gesellschaft (vgl. Art. 11 KAG).

Ausschüttungsfonds: Offene oder geschlossene kollektive Kapitalanlagen, welche in den Basisdokumenten eine Ausschüttungsvorschrift von mindestens 70% des jährlichen Nettoertrags inklusive vorgetragener Erträge aus früheren Rechnungsjahren vorsehen.

Kollektive Kapitalanlage: Vermögen, das von Anlegerinnen oder Anlegern zur gemeinschaftlichen Kapitalanlage aufgebracht und für deren Rechnung verwaltet wird (vgl. Art. 7 Abs. 1 KAG).

Offene kollektive Kapitalanlagen: Vertraglicher Anlagefonds und Investmentgesellschaft mit variablem Kapital (SICAV). Diese kollektiven Kapitalanlagen können als Effektenfonds, Immobilienfonds oder übrige Fonds für traditionelle oder alternative Anlagen ausgestaltet werden. Ihre Anlegerinnen und Anleger haben zu Lasten des Kollektivvermögens unmittelbar oder mittelbar einen Rechtsanspruch auf Rückgabe ihrer Anteile zum Nettoinventarwert (vgl. Art. 8 KAG).

Geschlossene kollektive Kapitalanlagen: Kommanditgesellschaft für kollektive Kapitalanlagen (KmGK) und die Investmentgesellschaft mit fixem Kapital (SICAF). Ihre Anlegerinnen und Anleger haben zu Lasten des Kollektivvermögens weder unmittelbar noch mittelbar einen Rechtsanspruch auf Rückgabe ihrer Anteile zum Nettoinventarvermögen (vgl. Art. 9 KAG).

Effektenfonds: Offene kollektive Kapitalanlagen, die ihre Mittel in Effekten anlegen (vgl. Art. 53 KAG).

Gemischte kollektive Kapitalanlagen: Vertraglicher Anlagefonds, SICAV oder KmGK, bei welchen die jährliche Festsetzung der Ausschüttungs- bzw. Thesaurierungsquote im Ermessen der Funktionsträger der kollektiven Kapitalanlage liegt.

Immobilienfonds: Offene kollektive Kapitalanlagen, die ihre Mittel in Immobilienwerten anlegen (vgl. Art. 58 KAG).

Übrige Fonds für traditionelle und für alternative Anlagen: Offene kollektive Kapitalanlagen, die weder Effekten- noch Immobilienfonds sind. Es sind u.a. zugleich Anlagen in Effekten, Immobilien, Edelmetalle, Rechte oder in andere kollektive Kapitalanlagen möglich (vgl. Art. 68 – 71 KAG).

Thesaurierungs- oder Wertzuwachsfonds: Offene oder geschlossene kollektive Kapitalanlagen, welche in den Basisdokumenten keine Ausschüttungsvorschrift des jährlichen Nettoertrags vorsehen.

Transparenzprinzip: Vermögenserträge und Kapitalgewinne werden für die Belange der direkten Steuern nicht auf Stufe der kollektiven Kapitalanlagen besteuert, sondern auf Stufe der Anlegerinnen und Anleger (Ausnahme: schweizerische und ausländische kollektive Kapitalanlagen mit direktem Grundbesitz für die Erträge daraus sowie SICAF).

Treuhandlösung: Das bei den kollektiven Kapitalanlagen angelegte Vermögen wird für die Belange der direkten Steuern den Anlegerinnen und Anlegern zugerechnet.

Abkürzungen:

Abs.	Absatz
akK	ausländische kollektive Kapitalanlage
Art.	Artikel
Bst.	Buchstabe(n)
bzw.	beziehungsweise
DBG	Bundesgesetz vom 14. Dezember 1990 über die direkte Bundessteuer (SR 642.11)
d.h.	das heisst
ESTV	Eidgenössische Steuerverwaltung
FINMA	Eidgenössische Finanzmarktaufsicht
FusG	Bundesgesetz vom 3. Oktober 2003 über Fusion, Spaltung, Umwandlung und Vermögensübertragung (SR 221.301)
inkl.	inklusive
KAG	Bundesgesetz vom 23. Juni 2006 über die kollektiven Kapitalanlagen (SR 951.31)
KmGK	Kommanditgesellschaft für kollektive Kapitalanlagen
KKV	Verordnung vom 22. November 2006 über die kollektiven Kapitalanlagen (SR 951.311)
KS	Kreisschreiben
LP	Limited Partnership
NAV	Net Asset Value (Nettoanlagevermögen) einer kollektiven Kapitalanlage
Nr.	Nummer
OR	Bundesgesetz vom 30. März 1911 betreffend die Ergänzung des Schweizerischen Zivilgesetzbuches [Fünfter Teil: Obligationenrecht] (SR 220)
resp.	respektive
SICAF	Société d'investissement à capital fixe; Investmentgesellschaft mit fixem Kapital
SICAV	Société d'investissement à capital variable; Investmentgesellschaft mit variablem Kapital
UA	Umsatzabgabe
vgl.	vergleiche
VStG	Bundesgesetz vom 13. Oktober 1965 über die Verrechnungssteuer (SR 642.21)
VStV	Vollziehungsverordnung vom 19. Dezember 1966 zum Bundesgesetz über die Verrechnungssteuer (SR 642.211)
z.B.	zum Beispiel
Ziff.	Ziffer

Anhang II   Kollektive Kapitalanlagen mit direktem Grundbesitz / Spartenrechnung

Beispiel:
Gesamtaktiven: 90% direkter Grundbesitz, 10% Übriges Vermögen

Erfolg	Berechnung	Grundbesitz Betrag (1'000)	Übriger Betrag (1'000)	Total
Ertrag				
Mietzinseinnahmen	objektmässig	4'000	-	4'000
Kapital- und Aufwertungsgewinne	objektmässig nach Abzug der direkten Kosten	1'000	-	1'000
Einkäufe	objektmässig	1'000		1'000
Aktivzinsen			500	500
Total Ertrag		6'000	500	6'500

Aufwand				
Passivzinsen	Zinsen quotenmässige Aufteilung *)	300	33	333
Unterhalt und Reparaturen	objektmässig	450		450
Übrige Liegenschaftskosten	objektmässig	400		400
Immo.-Verwaltungskosten	objektmässig	250		250
Rückzahlungen	objektmässig	150		150
Allgemeine Unkosten	sofern der Aufwand gesamthaft der Erfolgsrechnung belastet wird: quotenmässige Aufteilung *)	10	1	11
Schätzungs- und Revisionskosten	sofern der Aufwand gesamthaft der Erfolgsrechnung belastet wird: quotenmässige Aufteilung *)	20	2	22
Zuweisung an Amortisationsfonds	objektmässig; nur im Rahmen der steuerlich zulässigen Abschreibungen abziehbar	500		500
Zuweisung an Unterhaltsfonds	zulässig sind nur objektmässig zugeordnete Rückstellungen für künftige Grossreparaturen	0		0
Entschädigungen an Fondsleitung und Depotbank	sofern der Aufwand gesamthaft der Erfolgsrechnung belastet wird: quotenmässige Aufteilung *)	54	6	60
Aufwand vor Steuern		2'134	42	2'176
Gewinn vor Steuern		3'866	458	4'324
Kapitalsteuer (Staat)	Annahme; Bemessungsgrundlage: Reinvermögen nach den Bestimmungen für nat. Personen am Ende der Steuerperiode	-176		
Gewinn vor Gewinnsteuer	= 115%, da die Gewinnsteuer abziehbar ist	3'690		
Gewinnsteuer (Staat/Bund)	Annahme: Steuersatz Staat und Bund 15%	-481		
Steuerbarer Gewinn	= 100%	3'209		

*)   Für die quotenmässige Aufteilung der indirekten Aufwendungen wird auf das Verhältnis des Verkehrswertes des direkten Grundbesitzes zum Verkehrswert der

Gesamtaktiven gemäss der konsolidierten Vermögensrechnung (vgl. Art. 90 KAG) abgestellt.

Steuerbare Einkünfte aus Anteilen an kollektiven Kapitalanlagen mit **direktem Grundbesitz:**

Einkünfte aus Anteilen von kollektiven Kapitalanlagen mit direktem Grundbesitz sind steuerbar, soweit die Gesamterträge der kollektiven Kapitalanlage die Erträge aus direktem Grundbesitz übersteigen. Die Ausschüttungen und die Reserven sind daher aufgrund ihrer Herkunft in folgende zwei Kategorien aufzuteilen:

a) Versteuerter Vermögensertrag inklusive Kapital- und Aufwertungsgewinne aus direktem Grundbesitz.

b) Vermögensertrag aus indirektem Grundbesitz, übrigem Vermögen sowie Ertrag aus der Auflösung von vor dem 1. Januar 1995 gebildeten Rückstellungen auf direktem Grundbesitz (i.d.R. Unterhalts- und Amortisationsfonds).

Gebühren, welche die der Verrechnungssteuer unterliegenden Erträge betreffen, dürfen diesen belastet werden. Die Belastung darf jeweils höchstens 1.5% (Betriebsaufwandquote = Total Expense Ratio / TER_{REF}) des Gesamtfondvermögens dieser Anlagen betragen. Liegt der Totalbetrag der Gebühren unter der Grenze von 1.5%, so ist nur der geringere Betrag abzugsfähig.

Anhang III Grafische Übersicht über die Formen der kollektiven Kapitalanlagen (KKA)

Formen kollektiver Kapitalanlagen (KKA) und ihre Besteuerung	Offene KKA		Geschlossene KKA	
	Vertragliche Anlagefonds	SICAV	KmGK	SICAF
KKA ohne direkten Grundbesitz (vgl. KS Nr. 25, Ziffer 3.2)	• Transparente Betrachtung, kein eigenes Steuersubjekt • Besteuerung nach Artikel 10 Absatz 2 DBG	• Transparente Betrachtung, kein eigenes Steuersubjekt • Besteuerung nach Artikel 10 Absatz 2 DBG	• Transparente Betrachtung, kein eigenes Steuersubjekt • Besteuerung nach Artikel 10 Absatz 2 DBG	• Keine transparente Betrachtung, eigenes Steuersubjekt • Besteuerung nach Artikel 49 Absatz 2 DBG wie eine Kapitalgesellschaft d.h. Besteuerung des Reingewinns nach Artikel 58 ff. DBG zum Satz von 8.5% (Art. 68 DBG)
KKA mit direktem Grundbesitz (vgl. KS Nr. 25, Ziffer 3.3)	• Keine transparente Betrachtung, eigenes Steuersubjekt • Den übrigen juristischen Personen gleichgestellt • Besteuerung nach Artikel 49 Absatz 2 in Verbindung mit Artikel 66 Absatz 3 DBG für den Ertrag aus direktem Grundbesitz zum Satz von 4.25% (Art. 72 DBG)	• Keine transparente Betrachtung, eigenes Steuersubjekt • Den übrigen juristischen Personen gleichgestellt • Besteuerung nach Artikel 49 Absatz 2 in Verbindung mit Artikel 66 Absatz 3 DBG für den Ertrag aus direktem Grundbesitz zum Satz von 4.25% (Art. 72 DBG)	• Keine transparente Betrachtung, eigenes Steuersubjekt • Den übrigen juristischen Personen gleichgestellt • Besteuerung nach Artikel 49 Absatz 2 in Verbindung mit Artikel 66 Absatz 3 DBG für den Ertrag aus direktem Grundbesitz zum Satz von 4.25% (Art. 72 DBG)	

Anhang IV Gleichstellung ausländischer kollektiver Kapitalanlagen

Gleichstellungsregeln:

Ausländische kollektive Kapitalanlagen sind aufgrund folgender Gleichstellungsregeln steuerlich schweizerischen kollektiven Kapitalanlagen gleichzustellen:

1. Anlageformen, welche in der Schweiz zum Vertrieb zugelassen sind; oder
2. Anlageformen, welche im Ausland einer anerkannten Aufsicht über kollektive Kapitalanlagen unterstehen; oder
3. vertraglich oder gesellschaftsrechtlich ausgestaltete offene Anlageformen,
   a. deren Zweck die kollektive Kapitalanlage ist; und
   b. die ihren Sitz im Ausland haben; und
   c. deren Anlegerinnen und Anleger gegenüber der Anlageform oder einer ihr nahe stehenden Gesellschaft einen Rechtsanspruch auf Rückzahlung ihrer Anteile zum NAV haben; oder
4. vertraglich oder gesellschaftsrechtlich ausgestaltete geschlossene Anlageformen,
   a. deren Zweck die kollektive Kapitalanlage ist; und
   b. die ihren Sitz im Ausland haben.

Siehe auch den Entscheidungsbaum in Anhang V.

Erläuterungen zu den Gleichstellungsregeln:

Zu Ziffer 1: Liegt eine Vertriebsbewilligung der FINMA für eine ausländische kollektive Kapitalanlage vor, wird sie für direktsteuerliche Zwecke der entsprechenden schweizerischen kollektiven Kapitalanlage gleichgestellt.

Zu Ziffer 2: Die Liste in Anhang VI des KS Nr. 24 umfasst diejenigen Länder, deren Aufsicht über kollektive Kapitalanlagen von der ESTV akzeptiert wird. Sie ist nicht abschliessend und wird laufend ergänzt.

Ausländische, beaufsichtigte Einanlegerfonds, die nicht einem Einanlegerfonds nach Artikel 5 KKV entsprechen, sind für direktsteuerliche Zwecke von dieser Gleichstellungsregel ausgenommen.

Zu Ziffer 3: Handelt es sich bei dieser Anlageform um eine juristische Person mit Rückgaberecht der Anteile (vgl. Art. 119 Abs. 1 Bst. b KAG), ist diese aufgrund von Artikel 49 Absatz 3 DBG einer SICAV gleichzustellen, da sie rechtlich diesem Fondstyp gleicht. Handelt es sich dagegen um eine Gesellschaft, die wegen des fehlenden Rückgaberechts als geschlossene kollektive Kapitalanlage zu qualifizieren ist, ist sie einer SICAF gleichzustellen.

Der Rechtsanspruch der Anlegerinnen und Anleger auf Rückzahlung ihrer Anteile zum NAV ist aber erfüllt, sofern mindestens ein einmaliges Rückgaberecht pro Jahr vorgesehen ist. Eine Lockup-Periode von maximal fünf Jahren ändert nichts an der Erfüllung dieses Kriteriums.

Zu Ziffer 4: Entspricht eine geschlossene kollektive Kapitalanlage (LP, GmbH & Co KG) einer KmGK, sind die Gesellschafter als Anlegerinnen und Anleger zu qualifizieren, mit der Folge, dass sie hier Einkünfte aus beweglichem Vermögen realisieren.

Zu Ziffern 3 und 4: Das Vorliegen folgender Hilfskriterien weist daraufhin, dass es sich um eine kollektive Kapitalanlage handelt:

- Beschränkte Laufzeit der Anlageform;
- Vorhandensein eines Offering Memorandums;
- keine oder sehr eingeschränkte Mitbestimmungsrechte der Anlegerinnen und des Anlegers;
- Reporting / Berichterstattung erfolgt auf gleiche Weise wie bei beaufsichtigten, kollektiven Kapitalanlagen;
- die Anlageform verfügt über die typischen Funktionsträger wie Investment Manager, Depotbank etc.

Anhang V Entscheidungsbaum

Entspricht dem Anhang VI des KS Nr. 24 vom 20. November 2017

Anhang VI

Musterreporting inländische Dachfonds (MS Excel 2013)
Musterreporting inländische Dachfonds (MS Excel 2007)

Entspricht dem Anhang VII des KS Nr. 24 vom 20. November 2017

Anhang VII

Musterreporting ausländische Dachfonds (MS Excel 2013)
Musterreporting ausländische Dachfonds (MS Excel 2017)

Entspricht dem Anhang VIII des KS Nr. 24 vom 20. November 2017

Anhang VIII

Musterreporting für Einzelfonds (MS Excel 2013)

Entspricht dem Anhang des KS Nr. 24 vom 20. November 2017

Kollektive Kapitalanlagen

Quelle: Eidg. Steuerverwaltung ESTV / HA Direkte Bundessteuer, Verrechnungssteuer, Stempelabgaben

Verrechnungssteuer
Stempelabgaben

Bern, 20. November 2017

Kreisschreiben Nr. 24

Kollektive Kapitalanlagen als Gegenstand der Verrechnungssteuer und der Stempelabgaben

Inhaltsverzeichnis

1	Einleitung / Geltungsbereich	5
2	Inländische kollektive Kapitalanlagen	5
2.1	Vertragliche kollektive Kapitalanlage, Investmentgesellschaft mit variablem Kapital und Kommanditgesellschaft für kollektive Kapitalanlagen (KmGK)	5
2.1.1	Begriffsbestimmungen	5
2.1.1.1	Basisdokumente	5
2.1.1.2	Steuerpflichtige Person für Verrechnungssteuerzwecke	5
2.1.1.3	Anteile	5
2.1.1.4	Coupon	5
2.1.2	Allgemeines	6
2.1.3	Pflichten bei der Gründung (Lancierung)	6
2.1.4	Weitere verfahrensrechtliche Pflichten	6
2.1.5	Pflichten/Aufgaben im Falle der Auflösung von FCP, SICAV und KmGK	6
2.1.6	Umstrukturierungen	7
2.1.6.1	Sitzverlegung von Fondsleitung und/oder Depotbank ins Ausland sowie die Expatriierung von vertraglichen kollektiven Kapitalanlagen ins Ausland	7
2.1.6.2	Repatriierung eines FCP, einer SICAV oder einer KmGK aus dem Ausland	8
2.1.6.3	Vereinigung von Anteilsklassen eines FCP oder einer SICAV	8
2.1.6.4	Vereinigung von Teilvermögen eines FCP oder einer SICAV	8
2.1.6.5	Vereinigung von FCP oder SICAV	8
2.1.6.6	Andere grundlegende Reorganisationen	9
2.1.7	Revisionen	9
2.1.8	Stempelabgaben	9
2.1.8.1	Emissionsabgabe	9
2.1.8.2	Umsatzabgabe	9
2.1.8.2.1	Primärmarkt	9
2.1.8.2.2	Sekundärmarkt	9
2.1.8.2.3	Befreite Anleger	9
2.1.9	Verrechnungssteuer auf dem Ertrag aus FCP, SICAV und KmGK	9
2.1.9.1	Grundsatz	9
2.1.9.2	Verfahrensvorschriften	10
2.1.9.3	Sonderbestimmungen für ausschüttende FCP, SICAV und KmGK	10

1

2.1.9.4	Sonderbestimmungen für thesaurierende FCP, SICAV und KmGK	10
2.1.9.5	Sonderbestimmungen für gemischte FCP, SICAV und KmGK	11
2.2	Domizilerklärung (Affidavit)	11
2.2.1	Grundsatz	11
2.2.2	Voraussetzungen	11
2.2.3	Unzulässigkeit	12
2.2.4	Verfahrensvorschriften	13
2.3	Deklaration der Verrechnungssteuer	13
2.3.1	Ausschüttende FCP, SICAV und KmGK ohne Affidavit-Verfahren	13
2.3.2	Ausschüttende FCP, SICAV und KmGK mit Affidavit-Verfahren	14
2.3.3	Thesaurierende FCP, SICAV und KmGK ohne Affidavit-Verfahren	14
2.3.4	Thesaurierende FCP, SICAV und KmGK mit Affidavit-Verfahren	14
2.4	Meldeverfahren	15
2.4.1	Grundsatz	15
2.4.2	Voraussetzungen	15
2.4.3	Verfahrensvorschriften	15
2.5	Verrechnungssteuerrückerstattung bei Erträgen aus Anlagen von FCP, SICAV und KmGK	16
2.5.1	Allgemeines	16
2.5.2	Meldeverfahren bei qualifizierenden Anlagen von FCP, SICAV und KmGK	16
2.5.3	Voraussetzungen	16
2.5.4	Verfahrensvorschriften	17
2.6	Steuerliche Gewinnermittlungs-/Verbuchungsvorschriften	17
2.6.1	Grundsätze	17
2.6.2	Erträge besonderer Art	17
2.6.3	Corporate Actions	17
2.6.4	Obligationen mit ausschliesslicher (Zero-Bonds) oder überwiegender Einmalverzinsung	18
2.6.5	Derivative Finanzinstrumente	18
2.7	Lending Fees und Ausgleichszahlungen bei Securities Lending und Repogeschäften	19
2.8	Ertrag aus Anteilen von kollektiven Kapitalanlagen	19
2.8.1	Grundsatz	19
2.8.2	Sondervorschriften für inländische Dachfonds-Strukturen	19
2.8.3	Verbuchungsregln bei negativem Nettoerlös auf Stufe Dachfonds	20
2.8.4	Verrechnungsmöglichkeit von Gebühren auf Dachfondsebene mit den indirekten Erträgen aus Zielfonds	21
2.8.5	De-Minimis-Regel für Zielfonds	21
2.9	Aufwände besonderer Art	22
2.9.1	Performance-Kommission	22
2.9.2	Abzugsfähige Gebühren	22
2.9.3	Fee Waiver (Erstattung von Gebühren)	22
2.9.4	Verbuchung und Verrechnung von Verlusten	22
2.9.5	Negativzinsen	23
2.10	Verbuchung von ausländischen Quellensteuern	23
2.11	Behandlung von ausländischen Quellensteuern	23
2.11.1	Allgemeines	23
2.11.2	Rückforderung von ausländischen Quellensteuern	23
2.11.3	Direkte Entlastung von ausländischen Quellensteuern	24
2.11.4	Rückerstattung des zusätzlichen Steuerrückbehalts auf amerikanischen Dividenden und Zinsen FCP, SICAV und KmGK	24
2.11.5	Saldoverwendung des Kontos „Ausländische Quellensteuer"	25
2.12	Sonderbestimmungen für FCP, SICAV und KmGK mit Immobilienbesitz	25
2.13	Geschlossene kollektive Kapitalanlagen gemäss KAG: Investmentgesellschaften mit festem Kapital (SICAF)	25
2.13.1	Allgemeines	25
2.13.2	Pflichten bei der Gründung (Lancierung)	25
2.13.3	Weitere verfahrensrechtliche Pflichten	26

2.13.4	Pflichten/Aufgaben im Falle der Auflösung einer SICAF	26
2.13.5	Umstrukturierungen	26
2.13.6	Stempelabgaben	26
2.13.6.1	Emissionsabgabe	26
2.13.6.2	Umsatzabgabe	26
2.13.6.2.1	Primärmarkt	26
2.13.6.2.2	Sekundärmarkt	26
2.13.6.2.3	Effektenhändler	26
2.13.7	Verrechnungssteuer	26
2.13.8	Steuerliche Gewinnermittlungs-/Verbuchungsvorschriften	26
2.13.9	Rückforderung von ausländischen Quellensteuern	27
2.14	Rückerstattung des zusätzlichen Steuerrückbehalts auf amerikanischen Dividenden und Zinsen SICAF	27
2.15	Einanlegerfonds	27
2.16	Inländische strukturierte Produkte gemäss Artikel 5 KAG	27
3	**Ausländische kollektive Kapitalanlagen**	**27**
3.1	Begriffsbestimmungen	27
3.1.1	Kollektive Kapitalanlagen	27
3.1.1.1	Erläuterungen zu Ziffer 2	28
3.1.1.2	Erläuterungen zu Ziffer 3	28
3.1.1.3	Erläuterungen zu Ziffer 3 und 4	28
3.1.2	Ausgabe von Anteilen an einer kollektiven Kapitalanlage gemäss KAG durch einen Ausländer in Verbindung mit einem Inländer (Artikel 4 Absatz 1 Bst. c VStG)	28
3.2	Stempelabgaben	29
3.2.1	Emissionsabgabe	29
3.2.2	Umsatzabgabe	29
3.2.2.1	Primärmarkt	29
3.2.2.2	Sekundärmarkt	29
3.2.2.3	Befreite Anleger	29
3.2.3	Besondere Transaktionen	29
3.2.3.1	Vereinigung von Anteilklassen innerhalb einer ausländischen kollektiven Kapitalanlage	29
3.2.3.2	Vereinigung von Teilvermögen einer ausländischen kollektiven Kapitalanlage	30
3.2.3.3	Vereinigung von ausländischen kollektiven Kapitalanlagen	30
3.2.3.4	Switch von Teilvermögen innerhalb einer ausländischen kollektiven Kapitalanlage	30
3.2.3.5	Switch von Anteilklassen innerhalb eines Teilvermögens einer ausländischen kollektiven Kapitalanlage	30
3.2.3.6	Vermittlungsbegriff der Umsatzabgabe im Asset Management-Bereich	30
3.3	Verrechnungssteuer	30
3.4	Ausländische strukturierte Produkte	30
3.5	Anforderungen an das Reporting von ausländischen kollektiven Kapitalanlagen für Schweizer Einkommenssteuerzwecke	30
3.5.1	Grundsatz	30
3.5.2	Spezialvorschriften für sogenannte Fund-of-Funds-Strukturen	34
Anhang IA		35
Anhang IB		36
Anhang II		37
Anhang III		38
Anhang IV		40
Anhang V		41
Anhang VI		42
Anhang VII		43
Anhang VIII		43
Anhang		43

Abkürzungen

Abs.	Absatz
AG	Aktiengesellschaft
Art.	Artikel
BankG	Bundesgesetz über die Banken und Sparkassen (SR 952.0)
BEHV	Verordnung über die Börsen und den Effektenhandel (SR 954.11)
BankV	Verordnung über die Banken und Sparkassen (SR 952.02)
bspw.	beispielsweise
Bst.	Buchstabe(n)
bzw.	beziehungsweise
DBA	Doppelbesteuerungsabkommen
DBG	Bundesgesetz über die direkte Bundessteuer (SR 642.11)
d.h.	das heisst
dgl.	dergleichen
ESTV	Eidgenössische Steuerverwaltung
etc.	et cetera
ETF	Exchange traded Funds
FCP	Fonds communs de placement; vertragliche kollektive Kapitalanlage
FER	Fachempfehlungen zur Rechnungslegung
FINMA	Eidgenössische Finanzmarktaufsicht (vormals EBK Eidgenössische Bankenkommission)
GAAP	Generally accepted accounting principles
GFV	Gesamtfondsvermögen
GmbH	Gesellschaft mit beschränkter Haftung
i.d.R.	in der Regel
IFRS	International Financial Reporting Standards
inkl.	inklusive
i.V.m.	in Verbindung mit
i.S.	im Sinne
KAG	Bundesgesetz über die kollektiven Kapitalanlagen (SR 951.31)
KER	Reserven aus Kapitaleinlagen
KmGK	Kommanditgesellschaft für kollektive Kapitalanlagen
KKV	Verordnung über die kollektiven Kapitalanlagen (SR 951.311)
KKV-FINMA	Verordnung der FINMA über die kollektiven Kapitalanlagen (SR 951.312)
KS	Kreisschreiben
MB	Merkblatt
NAV	Net asset value (Nettoanlagevermögen)
Nr.	Nummer
resp.	respektive
SICAF	Investmentgesellschaft(en) mit festem Kapital
SICAV	Investmentgesellschaft(en) mit variablem Kapital
SLB	Securities Lending & Borrowing (Wertpapierleihgeschäft)
StG	Bundesgesetz über die Stempelabgaben (SR 641.10)
StV	Verordnung zum Bundesgesetz über die Stempelabgaben (SR 641.101)
US GAAP	United States Generally Accepted Accounting Principles (Allgemein anerkannte Rechnungslegungsgrundsätze der Vereinigten Staaten)
usw.	und so weiter
vgl.	vergleiche
VSt	Verrechnungssteuer
VStG	Bundesgesetz über die Verrechnungssteuer (SR 642.21)
VStV	Verordnung zum Bundesgesetz über die Verrechnungssteuer (SR 642.211)
z.B.	zum Beispiel
ZGB	Schweizerisches Zivilgesetzbuch (SR 210)
Ziff.	Ziffer

1 Einleitung / Geltungsbereich

Das Bundesgesetz vom 23. Juni 2006 über die kollektiven Kapitalanlagen (KAG) verwendet den Oberbegriff der kollektiven Kapitalanlagen, weil die FCP, sowie die juristischen Personen und Personengesellschaften unter diesen Begriff fallen können. Da das KAG den Schutz bestimmter Anleger bezweckt, unterstellt es aber nicht jede Form der kollektiven Kapitalanlage der Aufsicht der FINMA.

Es wurde die Gelegenheit genutzt, durch die Überarbeitung und Aktualisierung des vorliegenden Kreisschreibens die Benutzerfreundlichkeit und die Rechtssicherheit weiter zu gewährleisten. Das Kreisschreiben (KS) erhebt nicht Anspruch auf Vollständigkeit, sondern soll hauptsächlich den für die Geschäftsführung verantwortlichen Organen spezifische Punkte erläutern, die in der Praxis Schwierigkeiten bereiten könnten.

Die steuerlichen Folgen ergeben sich insbesondere aus dem Bundesgesetz vom 13. Oktober 1965 über die Verrechnungssteuer (VStG) und der dazugehörigen Vollziehungsverordnung vom 19. Dezember 1966 (VStV), dem Bundesgesetz vom 27. Juni 1973 über die Stempelabgaben (StG) und der dazugehörenden Verordnung vom 3. Dezember 1973 (StV), den anwendbaren Doppelbesteuerungsabkommen (DBA). Betreffend die direkte Bundessteuer ist das KS Nr. 25 zu beachten.

Mit dem vorliegenden KS wird das bisherige KS, in seiner Version von 1. Januar 2009, ausser Kraft gesetzt.

2 Inländische kollektive Kapitalanlagen

2.1 Vertragliche kollektive Kapitalanlage, Investmentgesellschaft mit variablem Kapital und Kommanditgesellschaft für kollektive Kapitalanlagen (KmGK)

Die folgenden Ausführungen beziehen sich auf die von der Schweizerischen Aufsichtsbehörde genehmigten kollektiven Kapitalanlagen gemäss Artikel 25, 36 und 98 KAG. Soweit in diesem KS nicht anders festgehalten wird, gelten die Begriffsbestimmungen des Kollektivanlagenrechts.

2.1.1 Begriffsbestimmungen

2.1.1.1 Basisdokumente

Beim FCP gelten der Fondsvertrag, der Prospekt und gegebenenfalls der vereinfachte Prospekt als Basisdokumente. Bei der SICAV sind dies die Statuten, das Anlagereglement, der Handelsregistereintrag, der Prospekt und gegebenenfalls der vereinfachte Prospekt. Im Falle einer KmGK sind dies der Gesellschaftsvertrag, der Handelsregistereintrag und der Prospekt.

2.1.1.2 Steuerpflichtige Person für Verrechnungssteuerzwecke

Gemäss Artikel 10 Absatz 2 VStG qualifiziert beim FCP die Fondsleitung, bei der SICAV die SICAV und bei der KmGK die KmGK als steuerpflichtige Person für Verrechnungssteuerzwecke (nachstehend die VSt-Pflichtige).

2.1.1.3 Anteile

Nachfolgend wird nur noch der Begriff Anteile verwendet. Dieser umfasst beim FCP die Anteile sowie Anteilsscheine; im Falle der SICAV die Anleger- und Unternehmeraktien sowie bei der KmGK die Kommanditen.

2.1.1.4 Coupon

Der Begriff Coupon wird als Oberbegriff für Ausschüttungen von verbrieften wie auch nicht verbrieften Anteilen an kollektiven Kapitalanlagen verwendet.

2.1.2 Allgemeines

Wird eine kollektive Kapitalanlage mittels Darlehen oder darlehensähnlichem Sonderkapital finanziert, gelten die allgemeinen Besteuerungsregeln (Kundenguthaben und Darlehen) für die Verrechnungssteuer und die Stempelabgaben.

FCP, SICAV und KmGK, die keinen direkten Grundbesitz halten, sind für die direkten Steuern keine Steuersubjekte, sondern werden transparent behandelt, d.h. sie werden nicht als solche besteuert, sondern ihre Einkünfte werden direkt den Anlegern zugerechnet.

FCP, SICAV und KmGK, welche in den Basisdokumenten eine Ausschüttungsvorschrift von mindestens 70 % des jährlichen Nettoertrags inkl. vorgetragene Erträge aus früheren Rechnungsjahren vorsehen, qualifizieren für schweizerische Steuerzwecke als ausschüttende kollektive Kapitalanlagen. Sind keine Ausschüttungen vorgesehen liegt für schweizerische Steuerzwecke eine thesaurierende kollektive Kapitalanlage vor.

FCP, SICAV und KmGK, welche in den Basisdokumenten keine, oder eine von oben abweichende Ausschüttungsvorschrift aufweisen, qualifizieren als gemischte kollektive Kapitalanlagen.

Die Berücksichtigung einer Geringfügigkeits - Ausschüttungsvorschrift in den Basisdokumenten bei ausschüttenden FCP, SICAV und KmGK resp. deren Anwendung ändert nichts an der Qualifikation als ausschüttende kollektive Kapitalanlage, sofern folgende Voraussetzungen erfüllt werden:

- der Nettoertrag des laufenden Geschäftsjahres und die vorgetragenen Erträge aus früheren Rechnungsjahren der kollektiven Kapitalanlage, eines Teilvermögens oder einer Anteilsklasse beträgt weniger als 1 % des NAV, und
- der Nettoertrag des laufenden Geschäftsjahres und die vorgetragenen Erträge aus früheren Rechnungsjahren einer kollektiven Kapitalanlage, eines Teilvermögens oder einer Anteilsklasse beträgt pro Anteil weniger als CHF 1, USD 1, EUR 1, GBP 1 oder JPY 100.

2.1.3 Pflichten bei der Gründung (Lancierung)

Bei der Gründung von FCP, SICAV und KmGK hat sich die VSt-Pflichtige vor der Ausgabe von entsprechenden Anteilen unaufgefordert bei der ESTV anzumelden.
Mit der Anmeldung sind die Basisdokumente zur Verfügung zu stellen (Art. 31 Abs. 2 VStV). Zusätzlich hat die VSt-Pflichtige die ESTV über jede Anteilsklasse separat zu informieren, bei welcher sie das Meldeverfahren gemäss Ziffer 2.4 anwenden wird.

2.1.4 Weitere verfahrensrechtliche Pflichten

Werden Änderungen an den Basisdokumenten gemäss Ziffer 2.1.1.1 vorgenommen, so ist dies der ESTV unaufgefordert mitzuteilen (Art. 31 Abs. 3 VStV).

Sind die Voraussetzungen zur Anwendung des Meldeverfahrens gemäss Ziffer 2.4.2 nicht mehr gegeben, hat die VSt-Pflichtige dies der ESTV mitzuteilen. Ab diesem Zeitpunkt kann das Meldeverfahren nicht mehr angewendet werden.

Spätestens mit der Veröffentlichung des Jahresberichts gemäss Artikel 89 und 108 KAG hat die VSt-Pflichtige der ESTV den Jahresbericht der entsprechenden kollektiven Kapitalanlage zur Verfügung zu stellen.

Die ESTV wird separat informieren, ab wann die Basisdokumente nicht mehr eingereicht sondern via Fonds-Plattform zur Verfügung gestellt werden können.

2.1.5 Pflichten/Aufgaben im Falle der Auflösung von FCP, SICAV und KmGK

Wird ein FCP, eine SICAV, eine KmGK oder ein einzelnes Teilvermögen daraus gemäss Artikel 96 oder 109 KAG aufgelöst, so hat die VSt-Pflichtige die ESTV unverzüglich zu informieren. Ab Beschluss der Auflösung (Kündigung) gelten alle Rücknahmen steuerrechtlich als

Teilliquidation. Die Verteilung von bis zu 90 % des Liquidationsergebnisses ist jederzeit zulässig. Die Verteilung des restlichen Liquidationsergebnisses ist erst zulässig, nachdem die ESTV zugestimmt hat (Art 33 Abs. 3 VStV). Sie prüft die Auflösung anhand nachfolgender Unterlagen, die im Anschluss an die Liquidationsmeldung einzureichen sind:

- durch die Revisionsorgane bereits geprüfte Liquidationsbilanz mit Erfolgsrechnung;
- die Buchhaltung (Saldobilanz) des laufenden Geschäftsjahres bis zur Liquidation;
- den Entwurf der Anzeige für die Schlusszahlung.

Das Hauptbuch ist der ESTV zur Verfügung zu halten.

Handelt es sich bei den Anlegern der aufzulösenden kollektiven Kapitalanlage um Anleger, welche die Voraussetzungen des Meldeverfahrens gemäss Ziffer 2.4.2 erfüllen, so kann das auf diese Anleger entfallende Liquidationsergebnis unter Einhaltung der Vorschriften des Meldeverfahrens ohne Abzug der Verrechnungssteuer ausgeschüttet werden. Die ESTV behält sich eine nachträgliche Überprüfung der Auflösung vor. Sie prüft die Auflösung anhand nachfolgender Unterlagen die im Anschluss an die Liquidation einzureichen sind:

- durch die Revisionsorgane bereits geprüfte Liquidationsbilanz mit Erfolgsrechnung;
- die Buchhaltung (Saldobilanz) des laufenden Geschäftsjahres bis zur Liquidation;
- die Anzeige für die Schlusszahlung.

2.1.6 Umstrukturierungen

Nachfolgend werden die gängigen Umstrukturierungstatbestände und deren steuerlichen Konsequenzen dargestellt. Bei abweichender Vorgehensweise ist vorgängig die ESTV zu kontaktieren.

2.1.6.1 Sitzverlegung von Fondsleitung und/oder Depotbank ins Ausland sowie die Expatriierung von vertraglichen kollektiven Kapitalanlagen ins Ausland

Die Sitzverlegung der Fondsleitung und/oder der Depotbank sowie die Expatriierung einer vertraglichen kollektiven Kapitalanlage stellen für Verrechnungssteuerzwecke eine Liquidation dar. Der Handel mit Anteilen der betroffenen kollektiven Kapitalanlagen ist jedoch uneingeschränkt möglich.

Auf dem Nettoertrag sowie einem allfälligen Gewinnvortrag ist im Expatriierungszeitpunkt die Verrechnungssteuer zu erheben. Die Vorschriften gemäss Ziffer 2.1.5 sind zu beachten.

Alternativ kann jedoch vorgängig auch eine Interimsausschüttung oder Thesaurierung vorgenommen werden. In solchen Fällen wird die Verrechnungssteuer im Ausschüttungs- resp. Thesaurierungszeitpunkt fällig, nicht mehr jedoch im Expatriierungszeitpunkt.

Auf die Erhebung der Verrechnungssteuer im Expatriierungszeitpunkt wird verzichtet, sofern folgende Voraussetzungen erfüllt werden:

- der Nettoertrag des laufenden Geschäftsjahres und die vorgetragenen Erträge aus früheren Rechnungsjahren der kollektiven Kapitalanlage, eines Teilvermögens oder einer Anteilsklasse beträgt weniger als 1 % des NAV, und
- der Nettoertrag des laufenden Geschäftsjahres und die vorgetragenen Erträge aus früheren Rechnungsjahren einer kollektiven Kapitalanlage, eines Teilvermögens oder einer Anteilsklasse beträgt pro Anteil weniger als CHF 1, USD 1, EUR 1, GBP 1 oder JPY 100.

Der Umtausch der Anteile wird für Umsatzabgabezwecke auf Stufe des Anlegers als abgabebefreie Rückgabe zur Tilgung der inländischen Anteile und der Umsatzabgabe unterliegende Ausgabe der ausländischen Anteile behandelt.

2.1.6.2 Repatriierung eines FCP, einer SICAV oder einer KmGK aus dem Ausland

Die Repatriierung eines FCP, einer SICAV oder einer KmGK vom Ausland in die Schweiz qualifiziert für Verrechnungssteuerzwecke als Gründung (Lancierung) einer kollektiven Kapitalanlage. Die Vorschriften gemäss Ziffer 2.1.3 sind einzuhalten.

2.1.6.3 Vereinigung von Anteilsklassen eines FCP oder einer SICAV

Die Vereinigung von Anteilsklassen innerhalb eines FCP oder einer SICAV löst keine Verrechnungssteuerfolgen aus.

2.1.6.4 Vereinigung von Teilvermögen eines FCP oder einer SICAV

Die Vereinigung von Teilvermögen eines FCP oder einer SICAV qualifiziert für Verrechnungssteuerzwecke auf der Stufe des übertragenden Teilvermögens als Liquidation.

Auf dem Nettoertrag sowie einem allfälligen Gewinnvortrag des übertragenden Teilvermögens ist im Vereinigungszeitpunkt die Verrechnungssteuer zu erheben. Die Vorschriften gemäss Ziffer 2.1.5 sind zu beachten.

Alternativ kann jedoch vorgängig auch eine Interimsausschüttung oder -thesaurierung beim übertragenden Teilvermögen vorgenommen werden. In solchen Fällen wird die Verrechnungssteuer im Ausschüttungs- resp. Thesaurierungszeitpunkt fällig, nicht mehr jedoch im Vereinigungszeitpunkt.

Auf die Erhebung der Verrechnungssteuer im Vereinigungszeitpunkt beim übertragenden Teilvermögen wird verzichtet, sofern diese folgende Voraussetzungen erfüllen:

- die Differenz zwischen dem Nettoertrag sowie einem allfälligen Gewinnvortrag pro Anteil des übertragenden Teilvermögens und des übernehmenden Teilvermögens ist kleiner als 20 % und
- der Nettoertrag und ein allfälliger Gewinnvortrag des übertragenden Teilvermögens wird im übernehmenden Teilvermögen in den Konten Gewinnvortrag und/oder Einkauf in laufende Nettoerträge bei der Ausgabe von Anteilen verbucht.

Der Umtausch der Anteile wird für Umsatzabgabezwecke auf Stufe des Anlegers als abgabefreie Rückgabe zur Tilgung der inländischen Anteile und abgabefreie Ausgabe der inländischen Anteile behandelt.

2.1.6.5 Vereinigung von FCP oder SICAV

Folgende Varianten sind zu unterscheiden:

a) Vereinigung von inländischen FCP oder SICAV:
   Die Vereinigung von inländischen FCP oder SICAV qualifiziert für Verrechnungssteuerzwecke im Falle der übertragenden kollektiven Kapitalanlage als Liquidation; Ziffer 2.1.5 ist sinngemäss anzuwenden.
   Der Umtausch der Anteile wird für Umsatzabgabezwecke auf Stufe des Anlegers als abgabefreie Rückgabe zur Tilgung der inländischen Anteile und als abgabefreie Ausgabe der inländischen Anteile behandelt.

b) Vereinigung von in- und ausländischen FCP oder SICAV (inländische kollektive Kapitalanlage ist die übernehmende kollektive Kapitalanlage):
   Für Verrechnungssteuerzwecke ist dieser Vorgang wie eine Repatriierung einer ausländischen kollektiven Kapitalanlage zu behandeln. Diese Transaktion führt somit zu keinen Verrechnungssteuerkonsequenzen.
   Der Umtausch der Anteile wird für Umsatzabgabezwecke auf Stufe des Anlegers als abgabefreie Rückgabe zur Tilgung der ausländischen Anteile und als abgabefreie Ausgabe der inländischen Anteile behandelt.

c) Vereinigung von in- und ausländischen FCP oder SICAV (ausländische kollektive Kapitalanlage ist die übernehmende kollektive Kapitalanlage):
   Für Verrechnungssteuerzwecke ist dieser Vorgang wie eine Expatriierung einer inländischen kollektiven Kapitalanlage zu behandeln. Die Vorschriften gemäss Ziffer

2.1.5 sind sinngemäss anzuwenden.

Der Umtausch der Anteile wird für Umsatzabgabezwecke auf Stufe des Anlegers als abgabefreie Rückgabe zur Tilgung der inländischen Anteile und der Umsatzabgabe unterliegende Ausgabe der ausländischen Anteile behandelt.

2.1.6.6 Andere grundlegende Reorganisationen

Die Verschiebung von Teilvermögen in seiner bestehenden Form von einem schweizerischen Umbrella in einen anderen schweizerischen Umbrella ist steuerlich unbeachtlich.

Andere grundlegende Reorganisationen sind vorgängig mit der ESTV abzusprechen.

2.1.7 Revisionen

Für die periodischen Kontrollen der ESTV bei den VSt-Pflichtigen haben diese die für die Revision benötigten Unterlagen wie Bilanz und Erfolgsrechnung sowie das Hauptbuch uneingeschränkt den Revisoren zur Verfügung zu stellen (Art. 40 VStG i.V.m. Art. 7 VStV).

Auf Verlangen der Revisoren muss die VSt-Pflichtige weitere Unterlagen, welche für die Kontrolle der Verrechnungssteuer relevant sind, innerhalb nützlicher Frist zur Verfügung stellen. Bestehen bei kollektiven Kapitalanlagen verschiedene Anteilsklassen, so muss für jede Anteilsklasse eine separate Aufteilung vorhanden sein.

2.1.8 Stempelabgaben

2.1.9 Emissionsabgabe

Die Begründung und Ausgabe von Anteilen sind von der Emissionsabgabe ausgenommen (Art. 6 Abs. 1 Bst. i StG).

2.1.9.1 Umsatzabgabe

2.1.9.1.1 Primärmarkt

Die Ausgabe von Anteilen ist von der Umsatzabgabe ausgenommen (Art. 14 Abs. 1 Bst. a StG).

Die Sacheinlage von steuerbaren Urkunden zur Liberierung von Anteilen ist von der Umsatzabgabe ausgenommen (Art. 14 Abs. 1 Bst. b StG).

2.1.9.1.2 Sekundärmarkt

Der Handel von Anteilen unterliegt der Umsatzabgabe gemäss Artikel 13 Absatz 2 Buchstabe a Ziffer 3 StG.

Die Rücknahme von Anteilen ist von der Umsatzabgabe ausgenommen (Art. 14 Abs. 1 Bst. e StG).

Sachauslagen in Form von steuerbaren Urkunden durch einen FCP, eine SICAV oder eine KmGK an Anleger unterliegen nicht der Umsatzabgabe.

2.1.9.1.3 Befreite Anleger

Der FCP, die SICAV und die KmGK sind befreite Anleger (Art. 17a Abs. 1 Bst. b StG).

2.1.10 Verrechnungssteuer auf dem Ertrag aus FCP, SICAV und KmGK

2.1.10.1 Grundsatz

Der Ertrag aus FCP, SICAV und KmGK unterliegt der Verrechnungssteuer ungeachtet dessen, ob eine Ausschüttung oder Wiederanlage (Thesaurierung) vorgenommen wird (Art. 4 Ab. 1 Bst. c VStG); Kapitalgewinne, KER, Erträge aus direktem Grundbesitz und Kapitaleinzahlungen von Anlegern sind steuerbefreit (Art. 5 Abs. 1 Bst. b VStG).

2.1.10.2 Verfahrensvorschriften

Die Steuer wird 30 Tage nach Entstehung der Steuerforderung zur Zahlung fällig (Art. 16 Abs.1 Bst. c VStG).

Die Deklaration der Verrechnungssteuer erfolgt mittels der Formulare 200 und 201 (für Details siehe Ziff. 2.3). Diese müssen der ESTV auch zugestellt werden, wenn keine Ausschüttung oder Wiederanlage erfolgt ist.

Lautet die steuerbare Leistung auf eine ausländische Währung, so ist sie auf den Zeitpunkt ihrer Fälligkeit in Schweizer Franken umzurechnen (Art. 4 Abs. 1 VStV). Derselbe Umrechnungskurs muss auf der Anzeige aufgeführt werden, welche zuhanden des Anlegers erstellt wird.

2.1.10.3 Sonderbestimmungen für ausschüttende FCP, SICAV und KmGK

Bei Kapitalerträgen entsteht die Steuerforderung grundsätzlich im Zeitpunkt, in dem die steuerbare Leistung fällig wird (Art. 12 Abs. 1 VStG); d.h. in der Praxis mit der Ausschüttung oder im Falle der Auflösung (Liquidation) gemäss Ziffer 2.1.5 mit der Ausschüttung des restlichen Liquidationsergebnisses.

Kapitalgewinne und KER, welche durch den FCP, SICAV und KmGK erzielt werden, können ohne Verrechnungssteuerabzug an die Anleger ausgeschüttet werden, sofern die Ausschüttung mit separatem Coupon vorgenommen wird, oder mittels separatem Ausweis auf der Abrechnung.

FCP, SICAV und KmGK, welche nicht den ganzen Nettoertrag ausschütten, müssen den gesamten Gewinnvortrag bei der nächsten Ausschüttung mitberücksichtigen. Der Gewinnvortrag stellt steuerbaren Ertrag dar und darf während des Geschäftsjahres nicht verändert werden. Er unterliegt jedoch erst im Ausschüttungszeitpunkt der Verrechnungssteuer.

Verzichtet die VSt-Pflichtige auf eine Ausschüttung aufgrund einer in den Basisdokumenten vorgesehenen Geringfügigkeitsklausel, wird der Ertrag dem Gewinnvortrag gutgeschrieben. Der Gewinnvortrag stellt steuerbaren Ertrag dar und darf während des Geschäftsjahres nicht verändert werden. Er unterliegt erst im Ausschüttungszeitpunkt der Verrechnungssteuer.

2.1.10.4 Sonderbestimmungen für thesaurierende FCP, SICAV und KmGK

Bei thesaurierenden FCP, SICAV und KmGK entsteht die Steuerforderung im Zeitpunkt der Gutschrift, d.h. bei Übertrag auf das Konto der zur Wiederanlage zurückbehaltenen Erträge, spätestens vier Monate nach Geschäftsabschluss gemäss Artikel 12 Absatz 1ter VStG. Oder im Fall der Auflösung (Liquidation) gemäss Ziffer 2.1.5 mit der Ausschüttung des verbleibenden Liquidationsergebnisses.

Die Thesaurierung von Kapitalgewinnen, welche durch die FCP, SICAV und KmGK erzielt wurden, und die separat ausgewiesen wird, unterliegt nicht der Verrechnungssteuer.

Um grössere administrative Umtriebe zu verhindern, kann auf eine Wiederanlage (Thesaurierung) für Steuerzwecke verzichtet werden, sofern folgende Voraussetzungen erfüllt werden:

- der Nettoertrag des laufenden Geschäftsjahres und die vorgetragenen Erträge aus früheren Rechnungsjahren der kollektiven Kapitalanlage, eines Teilvermögens oder einer Anteilsklasse beträgt weniger als 1 % des NAV, und

- der Nettoertrag des laufenden Geschäftsjahres und die vorgetragenen Erträge aus früheren Rechnungsjahren einer kollektiven Kapitalanlage, eines Teilvermögens oder einer Anteilsklasse beträgt pro Anteil weniger als CHF 1, USD 1, EUR 1, GBP 1 oder JPY 100.

Der Nettoertrag ist in solchen Fällen auf das Konto Gewinnvortrag zu verbuchen. Der Gewinnvortrag stellt steuerbaren Ertrag dar und darf während des Geschäftsjahres nicht verändert werden. Er ist bei der Bestimmung des nächsten Thesaurierungsbetrags zu berücksichtigen.

2.1.10.5 Sonderbestimmungen für gemischte FCP, SICAV und KmGK

Ausschüttungs- und Thesaurierungsbetreffnisse von gemischten kollektiven Kapitalanlagen unterliegen im Zeitpunkt der Ausschüttung bzw. Thesaurierung vollumfänglich der Verrechnungssteuer. Die Sonderbestimmungen gemäss Ziffer 2.1.10.4 kommen analog zur Anwendung.

Ausschüttungen unterliegen nur dann nicht der Verrechnungssteuer, wenn der Nachweis erbracht wird, dass die Ausschüttung aus zurückbehaltenen und folglich bereits besteuerten Erträgen alimentiert worden ist. Kapitalgewinne, welche durch den FCP, SICAV und KmGK erzielt werden, können ohne Verrechnungssteuerabzug an die Anleger ausgeschüttet werden, sofern die Ausschüttung mit separatem Coupon vorgenommen wird.

2.2 Domizilerklärung (Affidavit)

2.2.1 Grundsatz

Inhaber von Anteilen mit Domizil Ausland haben Anspruch auf Rückerstattung der von den Erträgen dieser Anteile abgezogenen Verrechnungssteuer, sofern diese Erträge zu mindestens 80 % ausländischen Quellen entstammen (Art. 27 VStG); von Inländern ist die Rückerstattung gemäss Artikel 30 VStG bei den zuständigen Steuerbehörden zu beantragen.

Die in Abzug gebrachte Verrechnungssteuer auf Erträgen kollektiver Kapitalanlagen, welche gemäss Artikel 27 VStG zu mindestens 80 % ausländischen Quellen entstammen, können von ausländischen Anlegern mit Formular 25A, unter Beilage der Abzugsbescheinigung, direkt bei der ESTV zurückgefordert werden.

Der Abzug der Verrechnungssteuer kann unterbleiben, wenn die Voraussetzungen für die Domizilerklärung im Sinne von Artikel 34 VStV erfüllt sind.

2.2.2 Voraussetzungen

Macht der VSt-Pflichtige glaubhaft, dass der steuerbare Ertrag von Anteilen voraussichtlich dauernd zu mindestens 80 % ausländischen Quellen entstammen wird, so ist die Steuer insoweit nicht zu entrichten, als der Ertrag gegen Domizilerklärung (Affidavit) zugunsten eines Ausländers ausbezahlt, überwiesen oder gutgeschrieben wird (Art. 34 Abs. 1 VStV).

Stellt der VSt-Pflichtige fest, dass der Anteil ausländischer Erträge von 80 % nicht eingehalten werden kann, ist die ESTV zu informieren.

Als Basis für die Bestimmung der Anteile der schweizerischen und ausländischen Erträge gelten die Saldi der Ertragskonti, mit Ausnahme der Kommissionen auf Securities Lending. Es ist zwingend, dass die schweizerischen Erträge und die ausländischen Erträge separat verbucht werden. Die Verbuchung erfolgt bei den Erträgen aus dem Inland brutto und bei den Erträgen aus dem Ausland netto.

Das für ein einzelnes Teilvermögen oder eine einzelne Anteilsklasse eines FCP oder einer SICAV (Umbrella-Struktur) bewilligte Affidavit-Verfahren darf nicht automatisch auf andere Teilvermögen derselben Umbrella-Struktur angewendet werden.

Die Ermächtigung wird erteilt, wenn der VSt-Pflichtige für eine zuverlässige Überprüfung der Jahresrechnung und der ihr abgegebenen Domizilerklärung Gewähr bietet. Sie kann widerrufen werden, wenn die Gewähr für ihren zuverlässigen Gebrauch oder für die Überprüfung nicht mehr besteht (Art. 34 Abs. 3; Art. 37 Abs. 2 VStV).

Die ESTV gestattet folgenden Personen gemäss Artikel 36 VStV eine Domizilerklärung auszustellen:

a) Banken im Sinne des BankG, d.h. Banken, Privatbanken und Ersparniskassen sowie ausländische Banken und deren vom Bundesrat bewilligten Zweigniederlassungen und Agenturen;

b) Ausländische Banken, welche einer behördlichen Aufsicht unterstellt sind. Die Erklärung einer ausländischen Bank darf aber nur zu Handen einer Bank im Inland abgegeben und von der Fondsleitung nicht direkt entgegengenommen werden;

c) In- und ausländische Depotstellen, welche einer behördlichen Aufsicht unterstellt sind;

d) Inländische Fondsleitungen;

e) Inländische Vermögensverwalter kollektiver Kapitalanlagen im Sinne von Artikel 13 Absatz 2 Buchstabe f KAG; und

f) Kundenhändler im Sinne von Artikel 3 Absatz 5 BEHV.

Im Einzelfall kann die ESTV weiteren Personen gestatten, eine Domizilerklärung abzugeben.

Elektronische Domizilerklärungen können nur ausgestellt werden, wenn eine Bewilligung der ESTV vorliegt.

Vermögensverwalter, welche nicht als Vermögensverwalter kollektiver Kapitalanlagen qualifizieren, Treuhandgesellschaften, Notare, Rechtsanwälte, inländische Vertreter ausländischer Banken und andere Sachwalter sind nicht befugt, eine Domizilerklärung auszustellen.

Besteht am Anteil eine Nutzniessung, so darf das Affidavit auch ausgestellt werden, wenn das offene Depot auf den Namen in- oder ausländischer Eigentümer lautet. Hingegen muss der Nutzniesser ein Kunde mit Domizil im Ausland sein und der Ertrag einem für den Nutzniesser geführten Konto, über welches er frei verfügen kann, gutgeschrieben werden. Auf Verlangen der ESTV ist das Nutzniessungsverhältnis nachzuweisen.

2.2.3 Unzulässigkeit

Ein Affidavit zur verrechnungssteuerfreien Einlösung der Coupons darf nur zu Gunsten von Anteilsinhabern mit Domizil im Ausland, welchen gemäss Artikel 27 VStG der Rückerstattungsanspruch zusteht, ausgestellt werden. Es sind dies natürliche oder juristische Personen, die nicht wegen inländischem Wohnsitz/Sitz oder Aufenthalt verpflichtet sind, auf dem Ertrag der Anteile oder auf den Anteilen selbst Einkommens- oder Vermögenssteuern des Bundes, eines Kantons oder einer Gemeinde zu entrichten. Es kann nicht von einem Ausländer die Rede sein, wenn dieser lediglich vorgeschoben ist und der Ertrag in Wirklichkeit - direkt oder indirekt - einem Inländer zufliesst.

Eine Domizilerklärung darf nicht ausgestellt werden für:

a) inländische Betriebsstätten ausländischer Unternehmen;

b) ausländische Körperschaften und Anstalten für gemeinnützige Zwecke des Auslandschweizertums;

c) in der Schweiz niedergelassene internationale Organisationen und ihre Beamten;

d) Mitglieder der bei der Eidgenossenschaft beglaubigten diplomatischen Missionen;

e) Berufskonsule und Berufskonsularbeamte; sowie

f) Bundesbedienstete im Ausland.

Es dürfen keine Affidavits zu Gunsten von Rechtsträgern (Trusts, Anstalten, etc.) sowie kollektiven Kapitalanlagen ausgestellt werden; es sei denn, sämtliche wirtschaftlich Berechtigten sind mit Formular A oder T dokumentiert und sind im Ausland ansässig.

Die Verrechnungssteuer ist stets zu Lasten dieser Ertragsgläubiger zu entrichten; diese haben Anspruch auf Rückerstattung der Verrechnungssteuer gemäss Artikel 24 Absatz 3 und 4; Artikel 28 Absatz 2 VStG und Artikel 52 VStV.

Für Anteile, welche einer in- oder ausländischen Sitzgesellschaft gemäss der Vereinbarung über Standesregeln zur Sorgfaltspflicht der Banken gehören, kann nur eine Domizilerklärung ausgestellt resp. entgegengenommen werden, wenn nachgewiesen werden kann, dass alle Begünstigten ihr Domizil oder ihren Sitz im Ausland haben.

Kann der Nachweis nicht erbracht werden, sind die Erträge der eingelösten Coupons um die Verrechnungssteuer zu kürzen. Die Begünstigten mit Domizil oder Sitz im Ausland haben das Recht auf Rückerstattung der Verrechnungssteuer gemäss Artikel 27 VStG; von Inländern ist die Rückerstattung gemäss Artikel 30 VStG bei den zuständigen Steuerbehörden zu beantragen.

Treuhandgesellschaften, Anwälte etc., die bei schweizerischen Banken für ihre ausländischen Kunden spezielle Treuhandkonti und -depots führen, haben die auf Fondserträgen in Abzug gebrachte Verrechnungssteuer auf die Ertragsempfänger zu überwälzen.

2.2.4 Verfahrensvorschriften

Der Aussteller einer Domizilerklärung muss bestätigen, dass:

a) bei Fälligkeit des Coupons ein Kunde mit Domizil Ausland das Recht zur Nutzung am Anteil besitzt;

b) der Anteil bei Fälligkeit des Coupons bei ihr im offenen Depot liegt;

c) der Einlösungsbetrag einem bei ihr für diesen Kunden geführtem Konto gutgeschrieben wird.

Der Empfänger einer Domizilerklärung hat zu überprüfen, dass:

a) der Aussteller einer aufsichtsrechtlichen Regulierung unterstellt ist;

b) Schweizer Aussteller eine „Inland-Erklärung" und ausländische Aussteller eine "Ausland-Erklärung" abgeben;

c) die Unterschriften unter dem Firmenstempel rechtsgültig sind;

d) die Domizilerklärung mit dem Datum versehen ist.

Das Affidavit ist nur zulässig für Anteile, welche sich im Depot befinden. Coupons, welche am Schalter präsentiert werden, dürfen nur unter Abzug der Verrechnungssteuer eingelöst werden, auch dann, wenn sich der Kunde als Ausländer mit Domizil Ausland ausweisen kann.

Befinden sich die Anteile in einem auf den Namen eines ausländischen Depositärs lautenden offenen Depot, so darf die Domizilerklärung nur ausgestellt werden, wenn die Anteile nachweisbar diesem ausländischen Depositär oder einem seiner Kunden (Domizil im Ausland) gehören. Im letzteren Fall ist das Affidavit des ausländischen Depositärs erforderlich.

Unbefristete Domizilerklärungen sind nicht zulässig. Für jeden Couponverfall uss eine neue vollständige Erklärung ausgestellt werden, auch wenn sich seit der letzten Erklärung an den zu bestätigenden Tatsachen nichts geändert hat.

Nach Ablauf von drei Jahren seit dem Ende des Kalenderjahres, in dem der Coupon fällig geworden ist, darf dieser nicht mehr ohne Abzug der Verrechnungssteuer eingelöst werden (Art. 32 Abs. 1 VStG). Die Domizilerklärung darf nicht mehr ausgestellt werden.

Der Aussteller, der eine Domizilerklärung erstellt, hat die erforderlichen Unterlagen (Auszüge, Korrespondenzen, Adressangaben), die zur Kontrolle nötig sind, jederzeit zur Einsichtnahme der ESTV zur Verfügung zu halten.

Muster von Domizilerklärungen siehe Anhänge IA und IB.

2.3 Deklaration der Verrechnungssteuer

2.3.1 Ausschüttende FCP, SICAV und KmGK ohne Affidavit-Verfahren

Die Deklaration erfolgt mit Formular 200. Sie ist der ESTV innert 30 Tagen nach Ertragsfälligkeit zuzustellen.

2.3.2 Ausschüttende FCP, SICAV und KmGK mit Affidavit-Verfahren

Die Deklaration der Verrechnungssteuer auf der Ertragsausschüttung hat unaufgefordert innert 30 Tagen nach der Ertragsfälligkeit mit Formular 26 zu erfolgen. Es handelt sich dabei um eine provisorische Abrechnung, erstellt auf dem geschätzten Ertrag jener Anteile, für welche voraussichtlich kein Affidavit-Verfahren gewährt werden kann. Der geschätzte Betrag sollte, insbesondere wenn bereits Erfahrungswerte aus früheren Fälligkeiten vorliegen, mindestens 90 % der steuerbaren Erträge ausmachen, die der ESTV mittels Formular 201 bekannt gegeben werden.

Die Schlussabrechnung mit Formular 201 erfolgt innerhalb von sechs Monaten seit Ertragsfälligkeit. Sollte die ESTV wesentliche Abweichungen feststellen, so wird ein Verzugszins im Sinne von Artikel 16 Absatz 2 VStG in Rechnung gestellt.

2.3.3 Thesaurierende FCP, SICAV und KmGK ohne Affidavit-Verfahren

Für die schweizerischen Thesaurierungsfonds ist die Verrechnungssteuer auf den wiederangelegten Erträgen des abgeschlossenen Geschäftsjahres geschuldet. Fällig wird die Steuer spätestens 4 Monate nach Geschäftsabschluss (Zeitraum für Abschlusserstellung, Prüfung, Berichterstattung) im Zeitpunkt des Übertrags der Erträge auf das Konto der zur Wiederanlage zurückbehaltenen Erträge.

Der Nettoertrag wird zu 65 % wieder angelegt (thesauriert) und die Verrechnungssteuer von 35 % ist mit Formular 200 innerhalb von 30 Tagen nach Ertragsfälligkeit zu deklarieren und abzuliefern.

2.3.4 Thesaurierende FCP, SICAV und KmGK mit Affidavit-Verfahren

Für thesaurierende FCP, SICAV und KmGK mit Affidavit-Verfahren ergeben sich drei Varianten:

Variante 1:

Der Nettoertrag wird zu 65 % wieder angelegt (thesauriert). Es wird keine Rücksicht auf das inländische oder ausländische Domizil der Anteilsinhaber genommen. Die verbleibenden 35 % werden dem Konto Ausgleich Affidavit gutgeschrieben. Die Deklaration und Überweisung der Verrechnungssteuer hat innerhalb von 30 Tagen nach Ertragsthesaurierung (Wiederanlage) mit Formular 26 zu erfolgen. Diese Zahlung beinhaltet den geschätzten Ertrag jener Anteile, bei welchen voraussichtlich kein Affidavit-Verfahren gewährt werden kann und sollte mindestens 90 % der steuerbaren Erträge ausmachen. Zu deklarieren ist die verbleibende Verrechnungssteuer mit dem Formular 201 und ist gleichzeitig zahlbar nach Einreichung des Formulars 201. Die Schlussabrechnung mit Formular 201 erfolgt innerhalb von 6 Monaten seit Ertragsfälligkeit (analog ausschüttender Fonds).

Sollte die ESTV wesentliche Abweichungen feststellen, so wird ein Verzugszins im Sinne von Artikel 16 Absatz 2 VStG in Rechnung gestellt.

Den Anlegern, welche vom Affidavit-Verfahren profitieren, werden von der Depotbank gegen Vorweisung der Domizilerklärung die in Abzug gebrachten 35 % zu Lasten des Kontos Ausgleich Affidavit gutgeschrieben. Die Anzeige für diese Zahlung ist zwingend mit dem Wortlaut Ausgleich gemäss Artikel 34 Absatz 1 der VStV zu versehen.

Unbefristete Domizilerklärungen werden nicht akzeptiert. Für jede Fälligkeit muss eine neue vollständige Erklärung (Affidavit) ausgestellt werden. Nach Ablauf von drei Jahren seit dem Ende des Kalenderjahres, in dem die Verrechnungssteuer auf der Ertragsthesaurierung fällig geworden ist, darf der Ausgleich gemäss Artikel 34 Absatz 1 VStV nicht mehr gutgeschrieben werden.

Variante 2:

Thesaurierende FCP, SICAV und KmGK, bei welchen sämtliche Anteile von der Depotbank verwahrt werden und sich ausschliesslich im Eigentum von Anteilsinhabern mit Domizil im

Ausland befinden, können den Nettoertrag zu 100 % zur Wiederanlage zurückbehalten (Ertragsthesaurierung). Die Deklaration mit Formular 201 hat innerhalb von 30 Tagen nach Ertragsthesaurierung zu erfolgen.

Variante 3:

Bei FCP, SICAV und KmGK, deren Anteile im Eigentum von Anteilsinhabern mit Domizil im Ausland wie auch mit Domizil in der Schweiz sind, besteht die Möglichkeit, unterschiedliche Anteilsklassen zu führen. Die Anteilsklasse von Anteilsinhabern mit Domizil in der Schweiz muss nach der Variante 1, die Anteilsklasse von Anteilsinhabern mit Domizil im Ausland muss nach der Variante 2 geführt werden.

Bei einem Domizilwechsel vom Ausland ins Inland oder umgekehrt ist ein Anteilsklassenwechsel erforderlich.

2.4 Meldeverfahren

2.4.1 Grundsatz

Unter gewissen Voraussetzungen muss die Verrechnungssteuer auf:

- Kapitalerträgen von ausschüttenden kollektiven Kapitalanlagen gemäss KAG, und
- Kapitalerträgen von thesaurierenden kollektiven Kapitalanlagen gemäss KAG

nicht mehr erhoben werden.

Anstelle der Entrichtung kann die Steuerpflicht durch Meldung dieser Erträge an die ESTV erfüllt werden. Das Meldeverfahren ist in Artikel 38a VStV geregelt.

2.4.2 Voraussetzungen

Folgende Voraussetzungen müssen erfüllt sein:

a) Qualifizierende Anleger:
Als qualifizierende Anleger für das Meldeverfahren gelten:
steuerbefreite inländische Einrichtungen der beruflichen Vorsorge, der gebundenen Vorsorge, Freizügigkeitseinrichtungen oder Sozialversicherungs- und Ausgleichskassen, und
die der Aufsicht des Bundes unterstellten oder inländische öffentlich-rechtliche Lebensversicherer.

b) Qualifizierende Anlagen:
Als qualifizierende Anlagen gelten die Anteile an einer kollektiven Kapitalanlage gemäss KAG unabhängig von der jeweiligen Investitionshöhe. Bei der vertraglichen kollektiven Kapitalanlage und der SICAV ist jede Anteilsklasse separat zu behandeln. Das Meldeverfahren kann nur angewandt werden, wenn sichergestellt ist, dass in der entsprechenden Anteilsklasse ausschliesslich qualifizierende Anleger investiert sind.

c) Qualifizierende Kapitalerträge von kollektiven Kapitalanlagen gemäss KAG:
Die Verrechnungssteuerpflicht kann bei Barausschüttungen und Sachauszahlungen resp. der Thesaurierung und bei Vorjahresleistungen, welche anlässlich einer amtlichen Kontrolle geltend gemacht werden und von den entsprechenden Organen beschlossen wurden, durch Meldung erfüllt werden. Das Meldeverfahren ist ebenfalls für in bar oder in Form von Wertpapieren vorgenommenen Ausschüttungen des Liquidationsergebnisses anwendbar, welche über die Kapitaleinzahlungen und angesammelten Kapitalgewinne hinausgehen.

2.4.3 Verfahrensvorschriften

Der VSt-Pflichtige stellt sicher, dass im Zeitpunkt der Verrechnungssteuerfälligkeit ausschliesslich qualifizierende Anleger in der entsprechenden Anteilsklasse investiert sind. Die

Meldung der Verrechnungssteuer erfolgt mittels Formular 109 unter Angabe aller betroffenen Anleger sowie der Details zur kollektiven Kapitalanlage. Der VSt-Pflichtige sendet das Formular innert 30 Tagen nach Fälligkeit an die ESTV.

Die ESTV überprüft das Gesuch, entscheidet und informiert die VSt-Pflichtige nur, wenn das Gesuch abgelehnt wurde. Ablehnungsgründe können bspw. sein, wenn nicht alle Anleger Anspruch auf Rückerstattung hätten (vgl. Art. 38a Abs. 2 VStV). Wird dem Gesuch stattgegeben, steht der Entscheid der ESTV jedoch unter dem Vorbehalt einer späteren Nachprüfung. Im Falle einer Ablehnung des Gesuches werden bei der VSt-Pflichtigen die Verrechnungssteuer und ein allfälliger Verzugszins erhoben.

Auf den Gutschriftanzeigen zuhanden solcher Anleger darf keine Verrechnungssteuer ausgewiesen werden und es ist klar darauf hinzuweisen, dass die Verrechnungssteuer gemeldet wurde und sie daher nicht zurückgefordert werden kann (siehe dazu Muster im Anhang II).

2.5 Verrechnungssteuerrückerstattung bei Erträgen aus Anlagen von FCP, SICAV und KmGK

2.5.1 Allgemeines

Der VSt-Pflichtige, der die Verrechnungssteuer auf den Erträgen von Anteilen (Art. 10 Abs. 2 VStG) entrichtet, hat für Rechnung der kollektiven Kapitalanlage Anspruch auf Rückerstattung der zu ihren Lasten abgezogenen Verrechnungssteuer (Art. 26 VStG).

Der Rückerstattungsantrag mittels Formular 25 (Schlussabrechnung) und Formular 21 (vierteljährliche Abschlagszahlung) ist direkt an die ESTV zu richten.

2.5.2 Meldeverfahren bei qualifizierenden Anlagen von FCP, SICAV und KmGK

Unter gewissen Voraussetzungen muss die Verrechnungssteuer auf Dividenden von Kapitalgesellschaften an FCP, SICAV und KmGK nicht mehr erhoben werden. Anstelle der Entrichtung kann die Steuerpflicht durch Meldung dieser Erträge an die ESTV erfüllt werden. Das Meldeverfahren ist in Artikel 26a VStV geregelt.

2.5.3 Voraussetzungen

Folgende Voraussetzungen müssen erfüllt sein:

a) Schweizerischer FCP, SICAV oder KmGK:
Das Meldeverfahren kommt zur Anwendung, wenn feststeht, dass der inländische FCP, die inländische SICAV oder KmGK, auf welche die Verrechnungssteuer zu überwälzen wäre, nach VStG und VStV einen Anspruch auf die Rückerstattung dieser Steuer hätte (Art. 26a Abs. 3 VStV). Es muss sich daher um schweizerische FCP, SICAV oder KmGK gemäss Artikel 25, 36 und 98 KAG handeln.

b) Qualifizierende Anlagen:
Der FCP, die SICAV oder die KmGK muss zu mindestens 20 % am Grund- oder Stammkapital der Gesellschaft unmittelbar, d.h. ohne Einflussnahme über zwischengeschaltete Gesellschaften, beteiligt sein. Zum Grund- oder Stammkapital gehören bei Aktiengesellschaften sowohl das Aktien - als auch das Partizipationskapital. Als qualifizierende Anlagen gelten ausserdem Aktien von Kommanditaktiengesellschaften, GmbH-Stammanteilen und Anteilscheine von Genossenschaften.

c) Qualifizierende Dividenden von Kapitalgesellschaften:
Die Verrechnungssteuerpflicht kann nur bei Ausschüttungen von Dividenden, die anlässlich einer ordentlichen oder ausserordentlichen Generalversammlung beschlossen wurden, durch Meldung erfüllt werden. Unerheblich ist, ob die Dividende durch Auszahlung, Überweisung, Gutschrift oder Verrechnung ausgerichtet wird. Das Meldeverfahren ist ebenfalls für in bar ausgerichtete Liquidationsdividenden an-

wendbar. Ein Kapitalherabsetzungsverfahren, die Ausrichtung von geldwerten Leistungen, Interims- und Naturaldividenden fallen unter den Anwendungsbereich von Artikel 26a VStV. Die Gratisaktien fallen unter den gleichen Anwendungsbereich.

2.5.4 Verfahrensvorschriften

Das Meldeverfahren bei qualifizierenden Anlagen von FCP, SICAV und KmGK nimmt seinen Anfang mit der Anweisung der Leistungsempfängerin an die Gesellschaft, die Dividende ungekürzt auszurichten.

Die Leistungsempfängerin unterzeichnet als erste das amtliche Gesuchformular 106 zu beziehen unter www.estv.admin.ch unter Angabe der betroffenen kollektiven Kapitalanlage (Empfänger der steuerbaren Leistung). Danach übergibt sie das Formular der Gesellschaft (Schuldnerin der steuerbaren Leistung). Diese füllt den ihn betreffenden unteren Abschnitt aus und reicht das Formular 106 zusammen mit dem von ihr ausgefüllten Formular (Formulare 102 oder 103 für eine AG, 102 oder 110 für eine GmbH resp. Formular 7 für eine Genossenschaft) der ESTV innert 30 Tagen nach Fälligkeit der Steuerforderung ein.

Beträgt die steuerbare Leistung an die kollektive Kapitalanlage erstmals mindestens brutto CHF 50'000, hat die Leistungsempfängerin den Verkäufer, von dem die kollektive Kapitalanlage die qualifizierende Anlage erworben hat, zu nennen und die entsprechenden Belege (z.B. Kopie des Kaufvertrages) beizulegen.

Die ESTV überprüft das Gesuch, entscheidet und informiert die steuerpflichtige Gesellschaft nur, wenn das Gesuch abgelehnt wurde. Wird dem Gesuch stattgegeben, steht der Entscheid der ESTV jedoch unter dem Vorbehalt einer späteren Nachprüfung. Im Falle einer Ablehnung des Gesuches werden bei der steuerpflichtigen Gesellschaft die Verrechnungssteuer und ein allfälliger Verzugszins erhoben.

2.6 Steuerliche Gewinnermittlungs-/Verbuchungsvorschriften

2.6.1 Grundsätze

Der VSt-Pflichtige kann unter Berücksichtigung der Anleger folgende Buchhaltungsvorschriften anwenden:

- Grundsatz: Verbuchung gemäss den nachfolgenden Bestimmungen zur steuerlich transparenten Gewinnermittlung;
- Ausnahme: Swiss GAAP FER, IFRS, US GAAP oder sonstige anerkannte GAAP sofern die kollektive Kapitalanlage nur institutionellen Anlegern offen steht.

Für die Buchführungspflicht, die Bewertung, die Rechenschaftsablage und die Publikationspflicht gelten die einschlägigen Vorschriften aus Gesetz und Verordnung, insbesondere die Artikel 79 Absatz 4 KKV-FINMA.

In Bezug auf Artikel 79 Absatz 4 KKV-FINMA gelten die nachfolgenden Sonderbestimmungen als abschliessend. Änderungen und/oder Ergänzungen zu diesen Sonderbestimmungen werden durch die ESTV mitgeteilt und sind von den VSt-Pflichtigen innerhalb einer Übergangsfrist von mindestens 6 Monaten umzusetzen.

2.6.2 Erträge besonderer Art

Die folgenden Spezialvorschriften dienen der korrekten Bemessung der Einkommenssteuer von natürlichen Personen mit Wohnsitz in der Schweiz sowie der Verrechnungssteuer.

2.6.3 Corporate Actions

Abspaltungen, Aktienrückkaufofferten, Aufteilungen (echter Stock Split), Fusionen, Gratisaktien, Gratisnennwert-Erhöhungen, Kapitalrückzahlungen, Nominalwährungs-Umstellungen,

Offerten, Portefeuille-Ausschüttungen, Quasi-Fusionen, Reverse Mergers, Rückkauf ausstehender Titel, Stockdividenden, Titelumtausche und andere Operationen können einen steuerbaren Ertrag beinhalten (Art. 4 Abs. 1 Bst. c VStG; Art. 20 Abs. 1 Bst. c des DBG).

Die ESTV setzt den steuerbaren Ertrag, sofern noch keine Publikation erfolgt ist, auf der Basis der spezifischen Transaktion fest. Entsprechende Anfragen sind an die ESTV, Team Wertschriften und Finanzderivate, Eigerstrasse 65, 3003 Bern, oder an folgende E-Mail Adresse: wefin.dvs@estv.admin.ch zu richten.

Der steuerbare Ertrag wird sowohl im Verzeichnis Umstrukturierungen, Gratisaktien, Portefeuille-Ausschüttungen und Liquidationen auf der Homepage der ESTV, www.estv.admin.ch als auch in der Kursliste der ESTV publiziert.

Die vorliegenden steuerbaren Erträge müssen, nach Multiplikation mit der Anzahl alter Aktien (Ausnahmen werden gesondert gekennzeichnet), dem Ertragskonto für Gratisaktien gutgeschrieben und dem Konto Wertschriften und/oder Realisierte Kapitalgewinne bzw. Verluste belastet werden.

Sollten die Informationen von der ESTV ausnahmsweise erst vorliegen, nachdem die kollektive Kapitalanlage das Rechnungsjahr abgeschlossen hat, ist es zulässig, das Betreffnis erst im Folgejahr zu buchen.

Die aufgrund der Ausgabe ausländischer Gratisaktien eventuell anfallenden ausländischen Quellensteuern müssen wie üblich als Ertragsminderung verbucht werden. Die Rückerstattung dieser ausländischen Quellensteuern durch FCP, SICAV und KmGK erfolgt auf dieselbe Art und Weise wie unter Ziffer 2.10.

2.6.4 Obligationen mit ausschliesslicher (Zero-Bonds) oder überwiegender Einmalverzinsung

Beim Erwerb solcher Obligationen ist der Gestehungswert auf dem Anlagekonto zu verbuchen. Wenn der Anlagewert während der Haltedauer verändert wird (Auf- oder Abwertung gemäss Markt), beeinflusst diese Änderung nur das Konto der nicht realisierten Kapitalgewinne - bzw. -verluste und stellt keinen steuerbaren Ertrag dar.

Bei Fälligkeit ist die Differenz zwischen dem Rückzahlungsbetrag und dem Einstandskurs als Ertrag zu verbuchen. Ebenfalls ist bei Verkäufen solcher Obligationen die Differenz zwischen Verkaufserlös und Einstandspreis als Ertrag und nicht als Kapitalgewinn zu betrachten (Art. 20 Abs. 1 Bst. b DBG).

Von den auf Diskontbasis emittierten Zero-Bonds und den gemischten Anleihen mit überwiegender Einmalverzinsung zu unterscheiden sind Anleihen mit grundsätzlich periodischer Verzinsung, die jedoch aufgrund des markttechnischen Zinsumfeldes bei Emission keine oder sogar eine negative Rendite und folglich weder einen Coupon > 0 % noch einen Diskont aufweisen. Solche Anleihen qualifizieren steuerlich nicht als Titel mit überwiegender oder ausschliesslicher Einmalverzinsung (IUP).

2.6.5 Derivative Finanzinstrumente

Für die Bestimmung der entsprechenden Ertrags- bzw. Kapitalgewinnkomponente aus derivativen Finanzinstrumenten gilt das KS Nr. 15 der ESTV.

Bei kollektiven Kapitalanlagen, welche ihr Exposure synthetisch replizieren, ist zwingend ein gesondertes Steuerreporting für Schweizer Einkommenssteuerzwecke zu erstellen, aus welchem die Rendite des(r) Basiswerte(s) hervorgeht. Massgebend für die Ermittlung des steuerbaren Ertrages von Swap-based ETFs, welchen Aktienindizes zugrunde liegen, ist die Nettodividenden-Rendite (net dividend yield). Darunter ist die Bruttodividenden-Rendite der entsprechenden Indizes, abzüglich der anwendbaren Quellensteuern zu verstehen. Die Nettodividenden-Rendite für alle wichtigen Aktienindizes wird von den anerkannten Providern publiziert und kann für das Steuerreporting verwendet werden. Allfällige weitere Ertragspositionen gemäss Jahresrechnung werden zur berechneten Nettorendite addiert.

2.7 Lending Fees und Ausgleichszahlungen bei Securities Lending und Repogeschäften

Als Lending Fee wird die Vergütung bezeichnet, die der Borger dem Lender für das Überlassen der Titel bezahlt. Diese Vergütungen sind beim Lender als Erträge zu verbuchen. Dagegen sind sie nicht für die Bestimmung der schweizerischen oder ausländischen Erträge, gemäss Artikel 27 VStG, in Betracht zu ziehen.

Der Lender hat die erhaltenen Ausgleichszahlungen von ausländischen Wertpapieren unter den ausländischen Erträgen zu verbuchen. Ansonsten gilt das KS Nr. 13 der ESTV.

2.8 Ertrag aus Anteilen von kollektiven Kapitalanlagen

2.8.1 Grundsatz

Die Investitionen in andere kollektive Kapitalanlagen können je nach Kategorie verschiedene Erträge auslösen (kollektive Kapitalanlage mit Ausschüttung, mit Wiederanlage). Aus diesem Grunde kann die Gratiszuteilung von zusätzlichen Anteilen oder die Erhöhung des Anteilwertes auf Grund einer Wiederanlage (Thesaurierung) bei inländischen kollektiven Kapitalanlagen wie Fund-of-Funds ganz oder teilweise zu einem steuerbaren Ertrag führen.

Der steuerbare Ertrag und Kapitalgewinn sowie der Ertragswert werden durch die ESTV, Team Wertschriften und Finanzderivate, bestimmt und können dort nachgefragt werden.

Bei Investitionen in kollektive Kapitalanlagen mit direktem Grundbesitz können die auf Stufe der kollektiven Kapitalanlagen bereits besteuerten Erträge aus direktem Grundbesitz beim inländischen Dachfonds wie Kapitalgewinne behandelt werden. Betreffend die Besteuerung von kollektiven Kapitalanlagen mit direktem Grundbesitz wird auf Ziffer 3.3 und Anhang II des KS 25 verwiesen.

2.8.2 Sondervorschriften für inländische Dachfonds-Strukturen

Dachfonds oder Fund-of-Funds investieren in verschiedene andere kollektive Kapitalanlagen (Zielfonds) mit zum Teil unterschiedlichen Anlagestrategien. Die Investitionen in andere kollektive Kapitalanlagen können je nach Kategorie verschiedene Erträge auslösen (steuerlich transparente kollektive Kapitalanlagen mit Ausschüttung, mit Wiederanlage). Für die steuerliche Betrachtung muss grundsätzlich Transparenz auf allen Stufen hergestellt werden. Sämtliche aus den Zielfonds erzielten und gemäss Ziffer 2 (inländische kollektive Kapitalanlagen) resp. Ziffer 4 (ausländische kollektive Kapitalanlagen) ausgewiesenen oder berechneten Erträge sind vollumfänglich auf Stufe des Dachfonds als steuerbarer Ertrag zu verbuchen (vgl. Artikel 79 Absatz 4 KKV-FINMA).

Können die Steuerfaktoren von Zielfonds mangels zuverlässiger Unterlagen (Steuerreporting oder Jahresbericht, erstellt nach einem anerkannten Rechnungslegungsstandard) nicht einwandfrei ermittelt werden, so erfolgt die Ermittlung der Erträge, indem eine marktgerechte Rendite auf dem Nettoanlagevermögen (NAV, Net Asset Value) des Zielfonds per Abschlussdatum des Master-Funds zugrunde gelegt wird.

Unter folgenden Voraussetzungen verzichtet die ESTV auf den steuerlichen Durchgriff auf die einzelnen in- oder ausländischen Zielfonds:

a) Beim Dachfonds handelt sich um einen FCP, eine SICAV oder eine KmGK gemäss Ziffer 2 und 3 dieses Kreisschreibens.

b) Aus den Basisdokumenten der betroffenen Zielfonds muss zweifelsfrei hervorgehen, dass eine Anlagestrategie verfolgt wird, die ausschliesslich auf die Erzielung von Kapitalgewinnen ausgerichtet ist. Die von den einzelnen Zielfonds erzielten und gemäss Ziffer 2 (inländische kollektive Kapitalanlagen) oder Ziffer 4 (ausländische kollektive Kapitalanlagen) ausgewiesenen oder berechneten Nettoerträge dürfen höchstens 2 % des gesamten NAV betragen. Dies kann insbesondere bei entsprechenden Hedge-Funds, Rohstoff-Funds oder bei physischen Edelmetallfonds der Fall sein.

Zielfonds, deren Nettoerträge zwar unter der 2%-Limite liegen, die aber als Geldmarkt- oder Obligationenfonds etc. ausgestaltet sind, profitieren nicht von der Freistellung der Erträge. Solche kollektive Kapitalanlagen gelten als KE-Fonds bzw. CI-Fund (Capital Income oriented fund; vgl. target fund accumulating Nr. 13 des Musterreportings).

c) Der Dachfonds erstellt jährlich eine aggregierte Aufstellung unter Berücksichtigung der anteilsmässigen Anlagen in den Zielfonds. Die Zielfonds, welche unter der 2%-Limite liegen, behalten diese Qualifikation für fünf Jahre und müssen daher erst wieder im sechsten Jahr gemäss Ziffer 2 hievor berechnet werden (siehe

d) Anhang VII).

Sind diese Voraussetzungen erfüllt, kann der inländische Dachfonds den gesamten Erlös, der aus diesen Zielfondsinvestitionen resultiert, als Kapitalgewinn verbuchen.

Für die in Buchstabe b beschriebenen kollektiven Kapitalanlagen kann bei der ESTV ein entsprechender Rulingantrag samt der Basisdokumente und dem Jahresbericht eingereicht werden. Wird dem Antrag stattgegeben, erhält der Zielfonds die Qualifikation als KG-Fonds bzw. CG-Fund (Capitel Gain oriented fund), welche anschliessend für fünf Jahre gültig ist (vgl. target fund accumulating Nr. 12 des Musterreportings).

Bei allen übrigen kollektiven Kapitalanlagen (other funds) ergibt sich die Qualifikation auf jährlicher Basis aufgrund der Berechnung der Erträge mittels Musterreporting (vgl. target fund accumulating Nr. 14 des Musterreportings).

Die steuerlich relevanten Informationen sind je Zielfonds, sofern vorhanden, gemäss Kursliste (Applikation ICTax) zu übernehmen. Unter der Voraussetzung, dass in der Kursliste nicht bereits der Nettoertrag pro Zielfonds ausgewiesen ist, kann der publizierte Bruttoertrag um eine allfällige nicht rückforderbare ausländische Quellensteuer reduziert werden.

Synthetisch replizierte kollektive Kapitalanlagen sind nach Ziffer 3.5 zu behandeln.

Der steuerbare Ertrag aus thesaurierenden schweizerischen Zielfonds ist im Thesaurierungszeitpunkt brutto als Ertrag zu verbuchen. Im Musterreporting sind solche Zielfonds in der Lasche Target Funds Distributing aufzuführen (Thesaurierungsbetrag vor Verrechnungssteuerabzug entspricht dem Distribution amount). Andernfalls wird gegen das Verbuchungserfordernis gemäss Artikel 25 VStG verstossen.

Als Devisen-Umrechnungskurse können jene per Abschluss des Dachfonds oder gemäss Buchhaltung zum Ausschüttungszeitpunkt (ex-Datum) verwendet werden.

Die ESTV behält sich die Überprüfung der Ertragsstruktur der Zielfonds vor. Dazu muss der VSt-Pflichtige des Dachfonds die entsprechenden Unterlagen wie Fonds-Reglemente oder Prospekte und Jahresberichte auf Verlangen zur Verfügung stellen.

2.8.3 Verbuchungsregeln bei negativem Nettoerlös auf Stufe Dachfonds

Die Verrechnung von positiven mit negativen Nettoerlösen von kollektiven Kapitalanlagen ist unzulässig. Deshalb müssen die aus den Zielfonds resultierenden und ausgewiesenen oder berechneten Erträge nach Aggregierung auf Stufe des Dachfonds in jedem Fall erhalten bleiben. In Fällen, in denen der Dachfonds einen negativen Nettoerlös ausweist (net investment income), der in der Folge dazu führt, dass die aus den Zielfonds angefallenen Nettoerträge verlustig gehen, ist eine Korrekturbuchung vorzunehmen. Nach Vornahme der Korrekturbuchung muss der Dachfonds einen Nettoertrag in der Höhe der aus den Zielfonds resultierenden Erträge ausweisen (vgl. Mappe Accounting Logic des Musterreportings).

Wenn in einem Geschäftsjahr die Rücknahmen die Ausgaben von Anteilen übersteigen, entsteht ein entsprechender Aufwandüberschuss, bedingt durch die Auskäufe aus den laufenden Erträgen. Der Ertragsausgleich wird dadurch negativ, weil die Aufwandposition „Equalization related to expenses" höher ist als die Ertragsposition „Equalization related to income". Im Sinne der Aufwand- und Ertragssymmetrie ist es in diesen Fällen zulässig, dass vom Grundsatz abgewichen werden kann, wonach der Dachfonds in jedem Fall mindestens die aus den Zielfonds aggregierten Erträge ausweisen muss.

2.8.4 Verrechnungsmöglichkeit von Gebühren auf Dachfondsebene mit den indirekten Erträgen aus Zielfonds

Fallen auf Ebene des (der) Zielfonds keine oder nur äusserst geringe Gebühren an (< 0.2 %), ist die Verrechnung der betroffenen Zielfondserträge mit den Gebühren des Dachfonds ausnahmsweise und unter den nachfolgenden Voraussetzungen zulässig:

- Das Total der Gebühren der betroffenen Zielfonds- und des Dachfonds beläuft sich auf maximal 1.5 %.
- Liegt das Total der Gebühren der betroffenen Zielfonds- und des Dachfonds unter der Grenze von 1.5 %, kann auf Dachfonds-Ebene nur dieser geringere Betrag mit den indirekten Erträgen aus den betroffenen Zielfonds verrechnet werden.

2.8.5 De-Minimis-Regel für Zielfonds

Investiert eine kollektive Kapitalanlage insgesamt weniger als 10 % ihres Gesamtfondsvermögens in Zielfonds, so darf für Zielfonds mit jeweils weniger als 3 % am Gesamtfondsvermögen anstelle des herkömmlichen Reportings Folgendes als steuerbarer Ertrag in den Dachfonds aggregiert werden:

- Ausschüttende Zielfonds: Alle während des abgeschlossenen Geschäftsjahrs dem Dachfonds zugeflossenen Ausschüttungen.
- Thesaurierende Zielfonds: die positive Differenz des Nettoinventarwertes des abgeschlossenen Geschäftsjahrs; negative Differenzen bleiben unberücksichtigt.

Liegen bei solchen Zielfonds die Steuerwerte gemäss Kursliste vor, so sind diese zu aggregieren.

Die Wahl für die Anwendung der De-Minimis-Regel pro Zielfonds ist fünf Jahre beizubehalten und wird nach Ablauf dieser Dauer ohne anderslautende schriftliche Mitteilung der Fondsleitung an die ESTV für jeweils weitere fünf Jahre verlängert. Ein Systemwechsel während der laufenden Fünfjahresperiode ist ausgeschlossen. Die Zielfonds, für welche die De-Minimis-Regel gewählt wurde, sind der ESTV mit Einreichung der Steuerzahlen einzeln zu melden.

Ermittlung des steuerbaren Ertrags bei Zielfonds		
Einzelquote in % GFV	Gesamtquote in % GFV	
	≥ 10 %	<10 %
≥ 3 %	Musterreporting	Musterreporting
< 3 %	Musterreporting	Nach Wahl der Fondsleitung oder SICAV
		a) Musterreporting oder b) Vereinfachung: • Ausschüttende Zielfonds*: Ausschüttungen • Thesaurierende Zielfonds: Positive NAV-Differenz * Ausschüttungsquote mind. 70 % ansonsten muss zusätzlich die positive NAV-Differenz hinzugerechnet werden

Die ESTV behält sich die Überprüfung der Ertragsstruktur der Zielfonds vor. Dazu sind die entsprechenden Unterlagen wie Fonds-Reglemente oder Prospekte und Jahresberichte auf Verlangen zur Verfügung zu stellen.

2.9 Aufwände besonderer Art

2.9.1 Performance-Kommission

Die auf der Performance (Kapitalmehrwert) basierenden Spezialkommissionen, die ausdrücklich in den Basisdokumenten vorgesehen sind, müssen im Konto "Realisierte Kapitalgewinne und -verluste" verbucht werden.

2.9.2 Abzugsfähige Gebühren

Wiederkehrende Gebühren, welche der kollektiven Kapitalanlage belastet werden (Verwaltungskommissionen, Spesen der Depotbank, Depotgebühren, Revisionskosten, Gebühren für Rechtsauskünfte sowie alle weiteren Arten von Gebühren bzw. Fees), dürfen bis zu einem Betrag von höchstens 1.5 % des NAV der Ertragsrechnung belastet werden. Übersteigen die Gebühren diesen Prozentsatz, muss dieser Anteil auf das Konto „Realisierte Kapitalgewinne und -verluste" übertragen werden (Bruttodarstellung). Liegt der Totalbetrag dieser Gebühren unter der Grenze von 1.5 % des NAV, ist nur dieser geringere Betrag abzugsfähig.

Bei kollektiven Kapitalanlagen, welche über mehrere Anteilsklassen /Aktien pro Teilvermögen verfügen, sind entweder die 1.5 % aufgrund der prozentualen Gewichtung der einzelnen Anteilsklasse am NAV aufzuteilen, oder die 1.5%-Limite ist in der täglichen Gebührenabgrenzung in der Fondsbuchhaltung umzusetzen.

Die 1.5 % werden auf der Basis des NAV per Geschäftsjahresende berechnet. Stellt der VSt-Pflichtige der ESTV die entsprechenden Informationen zur Verfügung, können die 1.5 % auch auf der Basis des durchschnittlichen NAV zu den jeweiligen Bewertungsstichtagen innerhalb der Rechnungsperiode (vgl. Art. 83 KAG) berechnet werden. Dieses Vorgehen muss jeweils genehmigt und danach für fünf Jahre beibehalten werden. Bei einem Systemwechsel ist bei der ESTV eine Bewilligung einzuholen.

Zinsaufwendungen und geleistete Ersatzzahlungen aus SLB-Geschäften fallen nicht unter die 1.5%-Begrenzung. Sie sind voll abzugsfähig.

Auf Dachfonds- und Feeder-Fondsebene können die 1.5 % nur von den direkten Erträgen abgezogen werden, nicht jedoch von den steuerbaren Erträgen, die der Dach- oder Feeder-Fonds aus den einzelnen Zielfonds aggregieren. Auf diesen Erträgen wurden die 1.5 % auf Stufe des Zielfonds bereits belastet. Ziffer 2.8.4 bleibt vorbehalten.

2.9.3 Fee Waiver (Erstattung von Gebühren)

Bei den Fee Waivers handelt es sich um die Erstattung von Gebühren, welche ursprünglich im Fonds als Aufwand erfasst wurden und den ausgewiesenen Ertrag entsprechend schmälerten. Fee Waivers sind folglich steuersystematisch als Aufwandminderung zu verbuchen und erhöhen im Umfang der Erstattung den steuerbaren Ertrag des Fonds und zwar unabhängig von der Art der Fees.

Kann der Nachweis erbracht werden, dass diese Gebühren in Vorperioden nicht als Aufwand verbucht wurden (Übertrag auf Kapital), so ist die Rückerstattung nicht ertragswirksam zu verbuchen.

2.9.4 Verbuchung und Verrechnung von Verlusten

Gemäss Artikel 29 VStV sind die in einem FCP, einer SICAV und einer KmGK eintretenden Verluste sowie die mit Kapitalgewinnen zusammenhängenden Kosten (Gewinnungskosten, Ausschüttungskommissionen usw.) zulasten der erzielten Kapitalgewinne und des Kapitals zu verbuchen.

Zu den Verlusten, die dem Konto Realisierte Kapitalgewinne und -verluste zu belasten sind, gehören auch Abschreibungen auf Beteiligungen aufgrund von Substanzdividenden oder Liquidationsüberschüssen.

Verluste des abgelaufenen Geschäftsjahres müssen somit dem Konto Realisierte Kapitalgewinne und -verluste belastet werden und können nicht auf das nächste Geschäftsjahr übertragen werden. Auch dürfen sie nicht mit dem Gewinnvortrag von vorhergehenden Geschäftsjahren verrechnet werden.

2.9.5 Negativzinsen

Gewisse Zentralbanken können auf dem Guthaben der Geschäftsbanken sogenannte Negativzinsen erheben, sobald diese Guthaben einen bestimmten Freibetrag übersteigen. Die Geschäftsbanken überwälzen die Negativzinsen i.d.r. auf die jeweiligen Kontoinhaber, insbesondere dann, wenn es sich dabei um institutionelle Kunden handelt. Unter den erwähnten Guthaben sind lediglich Einlagen bei Banken und Sparkassen zu verstehen (Einlage-, Depositen- und Kontokorrentguthaben sowie Festgelder und Callgelder), nicht jedoch Forderungspapiere aller Art (Obligationen, Geldmarktpapiere und dgl.).

Steuerlich können kollektive Kapitalanlagen Negativzinsen nicht vollumfänglich als Aufwand geltend machen, da es sich bei den Negativzinsen nicht um Passivzinsen handelt. Negativzinsen sind lediglich im Rahmen der 1.5%-Limite abzugsfähig (vgl. Ziff. 2.9.2). Für die steuerliche Nachvollziehbarkeit sind die Negativzinsen deshalb in der Erfolgsrechnung als gesonderter Posten „Negativzinsen" auszuweisen.

2.10 Verbuchung von ausländischen Quellensteuern

Für die Verbuchung der ausländischen Quellensteuern wird auf Ziffer 2.11 verwiesen.

2.11 Behandlung von ausländischen Quellensteuern

2.11.1 Allgemeines

Da die schweizerischen DBA den Anspruch auf Gewährung der im Abkommen vorgesehenen Steuerentlastungen grundsätzlich an eine unbeschränkte Steuerpflicht des schweizerischen Ertragsempfängers knüpfen, gilt ein FCP, eine SICAV und eine KmGK nicht als in der Schweiz ansässige Person im Sinne der DBA. Dies hat zur Folge, dass diese die in den DBA vorgesehenen Steuerentlastungen grundsätzlich nicht beanspruchen können. Der ESTV ist es jedoch in der Vergangenheit gelungen, mit einigen DBA-Partnerstaaten Verständigungsvereinbarungen zu treffen, wonach FCP, SICAV und KmGK für den prozentualen Anteil der auf in der Schweiz ansässige Anleger entfallenden Erträge die Steuerentlastung gleichwohl in eigenem Namen geltend machen können. Die Steuerentlastung erfolgt entweder auf dem Weg der Rückerstattung (siehe Anhang III) oder direkt an der Quelle (siehe Anhang IV).

Für quellensteuerbelastete Erträge aus Ländern, welche nicht in den Anhängen III und IV aufgeführt sind, kann der FCP, die SICAV und die KmGK keine Steuerentlastung beanspruchen. In solchen Fällen steht das Recht auf Inanspruchnahme der Steuerentlastung ausschliesslich dem Anleger zu.

Die nachstehenden Ausführungen beschränken sich somit auf jene Fälle, in welchen die Entlastung von der ausländischen Quellensteuer im Rahmen einer Verständigungsvereinbarung beansprucht werden kann.

2.11.2 Rückforderung von ausländischen Quellensteuern

Wie erwähnt kann der FCP, die SICAV oder die KmGK die Rückerstattung lediglich im Umfang des auf in der Schweiz ansässige Anleger entfallenden Anteils der vereinnahmten Erträge geltend machen. Dazu haben sie das Verhältnis zwischen in- und ausländischen Anlegern im Zeitpunkt der Fälligkeit der Ertragsausschüttung an die Anleger (Ausschüttungsfonds) resp. der Gutschrift an die Anleger (Thesaurierungsfonds) zu ermitteln. Bei FCP, SICAV oder KmGK, welche das Affidavit Verfahren anwenden können, ist das Verhältnis grundsätzlich auf Grund des auf der Rückseite des Formulars 201 deklarierten Sachverhalts zu ermitteln. FCP, SICAV oder KmGK, welche das Affidavit Verfahren nicht anwenden können, haben das Verhältnis auf andere Weise zu ermitteln und zu belegen. Der durch das DBA vorgesehene Rückerstattungsanspruch ist um den prozentualen Anteil der ausländischen Anleger zu kürzen.

Müssen nach der Einreichung des Rückerstattungsantrags Korrekturen vorgenommen werden, welche Einfluss auf den der Antragstellung zu Grunde liegenden Anteil von inländischen Anlegern haben (z.B. nachträglich mit Affidavit eingelöste Coupons), so ist anlässlich des Rückerstattungsantrags für das Folgejahr eine entsprechende Korrektur vorzunehmen.

Die von den ausländischen Steuerbehörden zurückerstatteten Beträge sind dem Konto „Ausländische Quellensteuern" gutzuschreiben.

2.11.3 Direkte Entlastung von ausländischen Quellensteuern

Gelangt der FCP, die SICAV oder die KmGK direkt (z.B. gestützt auf die Schweizer Adresse) in den Genuss einer Steuerentlastung, ist die beanspruchte Steuerentlastung am Ende des Geschäftsjahres gegebenenfalls wiederum im Umfang des prozentualen Anteils der ausländischen Anleger richtig zu stellen. Dazu hat der FCP, die SICAV oder die KmGK erneut das Verhältnis zwischen den in- und ausländischen Anlegern nach Massgabe der vorstehenden Ziffer 2.11.5 zu ermitteln. Der auf ausländische Anleger entfallende Anteil der beanspruchten Steuerentlastung ist mit dem entsprechenden Formular zu deklarieren und an die ESTV zu überweisen.

Müssen nach der Einreichung der Formulare Korrekturen vorgenommen werden, welche Einfluss auf den der Deklaration zu Grunde liegenden Anteil an ausländischen Anlegern haben (z.B. nachträglich mit Affidavit eingelöste Coupons), so ist anlässlich der Deklaration für das Folgejahr eine entsprechende Korrektur vorzunehmen.

Die gewährten Steuerentlastungen sind dem Ertragskonto zu belasten und dem Konto „Steuerrückerstattungen ESTV" des entsprechenden Landes gutzuschreiben. Nach der Deklaration und Ablieferung des auf ausländische Anlege entfallende Anteils zu Lasten des entsprechenden Kontos „Steuerrückerstattungen ESTV" sind die verbleibenden Saldi auf das Konto Ausländische Quellensteuer zu übertragen.

2.11.4 Rückerstattung des zusätzlichen Steuerrückbehalts auf amerikanischen Dividenden und Zinsen FCP, SICAV und KmGK

Grundsätzlich werden die FCP, SICAV und KmGK nicht als abkommensberechtigte Personen im Sinne der DBA-USA betrachtet. Aus diesem Grund kann die Depotbank mit dem Status eines Qualified Intermediary für Rechnung von FCP, SICAV und KmGK keine Reduktion der amerikanischen Quellensteuer auf Dividenden und Zinsen erwirken. Demzufolge muss die Depotbank im Falle von amerikanischen Dividenden und Zinsen, auf welchen die volle amerikanische Quellensteuer lastet, anlässlich der Gutschrift an FCP, SICAV und KmGK keinen zusätzlichen Steuerrückbehalt erheben und an die ESTV abführen.

Sofern die Depotbank mit dem Status eines Qualified Intermediary für Rechnung von FCP, SICAV und KmGK eine Entlastung von der amerikanischen Quellensteuer auf Dividenden und Zinsen erwirken kann, ist die Depotbank verpflichtet, einen zusätzlichen Steuerrückbehalt nach Massgabe von Artikel 11 der Verordnung zum DBA-USA einzubehalten und an die ESTV abzuführen. Auf die Erhebung des zusätzlichen Steuerrückbehalts kann seitens der Depotbank verzichtet werden, wenn es sich bei den beteiligten Anlegern ausschliesslich um nach Artikel 56 DBG von der Steuerpflicht befreite Personen handelt.

Die Rückerstattung des zusätzlichen Steuerrückbehalts kann durch den FCP, die SICAV und die KmGK im eigenen Namen mittels Formular 826 bei der ESTV geltend gemacht werden. Die Rückerstattung erfolgt in diesen Fällen nicht unter den in Artikel 14, Absatz 1 der Verordnung zum DBA-USA genannten Voraussetzungen, sondern unter sinngemässer Anwendung von Artikel 26 VStG in Verbindung mit Artikel 17 der Verordnung zum DBA-USA. Hinsichtlich der Verwirkung und der Geltendmachung des Rückerstattungsanspruchs sind jedoch die in Artikel 14, Absatz 2bis, Buchstabe b und Artikel 15 der Verordnung zum DBA-USA genannten Voraussetzungen zu beachten.

2.11.5 Saldoverwendung des Kontos „Ausländische Quellensteuer"

Am Ende des Geschäftsjahres wird der Saldo des Kontos Ausländische Quellensteuer durch das Total der sich zu diesem Zeitpunkt im Umlauf befindlichen Anteile geteilt. Wenn der ermittelte Betrag höher als 20 Rappen pro Anteil ausfällt, so sind die Ertragsausschüttungen resp. Gutschriften an die in der Schweiz domizilierten Anleger entsprechend zu erhöhen. Der den inländischen Anlegern ausbezahlte resp. gutgeschriebene Betrag der ausländischen Quellensteuern unterliegt der Verrechnungssteuer.

2.12 Sonderbestimmungen für FCP, SICAV und KmGK mit Immobilienbesitz

Die Erträge aus in- und ausländischen Immobilien im Direktbesitz unterliegen bei der Ausschüttung resp. bei der Thesaurierung nicht der Verrechnungssteuer, da die kollektive Kapitalanlage als Steuersubjekt bereits besteuert wird. Dies gilt ebenfalls für vereinnahmte Coupons von inländischen kollektiven Kapitalanlagen mit direktem Immobilienbesitz, welche die oben erwähnten Kriterien erfüllen, **sowie für Einkaufsbeträge in laufende Erträge bei Ausgabe von Anteilen der kollektiven Kapitalanlage.**

Die Erträge von Immobiliengesellschaften (indirekter Besitz) sowie alle anderen Erträge, unterliegen bei der Ausschüttung resp. bei der Wiederanlage (Thesaurierung) der Verrechnungssteuer.

Realisierte Gewinne aus Immobilienverkäufen im Direktbesitz und andere Anlagen sind als Kapitalgewinne zu verbuchen und können als solche ausgeschüttet werden.

Ausschüttungen müssen mit separatem Coupon vorgenommen werden.

Gebühren, die der Verrechnungssteuer unterliegende Erträge betreffen, dürfen diesen belastet werden. Die Belastung darf jeweils höchstens 1.5 % (Betriebsaufwandquote = Total Expense Ratio / TER$_{REF}$) des Gesamtfondvermögens dieser Anlagen betragen. Liegt der Totalbetrag der Gebühren unter der Grenze von 1.5 %, so ist nur der geringere Betrag abzugsfähig.

2.13 Geschlossene kollektive Kapitalanlagen gemäss KAG: Investmentgesellschaften mit festem Kapital (SICAF)

Die folgenden Ausführungen beziehen sich auf Kapitalanlagen gemäss Artikel 110 KAG.

2.13.1 Allgemeines

Nach Artikel 49 Absatz 2 DBG wird die SICAF wie eine Kapitalgesellschaft besteuert. Der Anleger erzielt somit bei Ausschüttungen steuerbare Dividendenerträge.

Wird eine kollektive Kapitalanlage mittels Darlehen oder darlehensähnlichem Sonderkapital finanziert, gelten die allgemeinen Besteuerungsregeln für die Verrechnungssteuer und die Stempelabgaben.

2.13.2 Pflichten bei der Gründung (Lancierung)

Die Pflichten bei der Gründung einer SICAF folgen denjenigen der Kapitalgesellschaft.

2.13.3 Weitere verfahrensrechtliche Pflichten

Spätestens mit der Veröffentlichung des Jahresberichts gemäss Artikel 117 i.V.m. Artikel 89 KAG (d.h. innerhalb von vier Monaten nach Abschluss des Geschäftsjahres) hat die SICAF der ESTV ihren Jahresbericht zur Verfügung zu stellen.

2.13.4 Pflichten/Aufgaben im Falle der Auflösung einer SICAF

Die Pflichten bei der Auflösung einer SICAF folgen denjenigen der Kapitalgesellschaft.

2.13.5 Umstrukturierungen

Bei Umstrukturierungen einer SICAF ist das KS Nr. 5 der ESTV zu den Umstrukturierungen vom 1. Juni 2004 anwendbar.

2.13.6 Stempelabgaben

2.13.6.1 Emissionsabgabe

Investmentgesellschaften mit festem Kapital gemäss Artikel 110 KAG unterliegen der Emissionsabgabe wie Kapitalgesellschaften.

2.13.6.2 Umsatzabgabe

2.13.6.2.1 Primärmarkt

Die Ausgabe der SICAF-Anteile unterliegt nicht der Umsatzabgabe (Art. 14 Abs. 1 Bst. a StG).

Die Sacheinlage von steuerbaren Urkunden zur Liberierung von Anteilen ist sowohl auf Stufe der SICAF wie auch auf Stufe der Anleger von der Umsatzabgabe ausgenommen (Art. 14 Absatz 1 Bst. b StG).

2.13.6.2.2 Sekundärmarkt

Der Handel von Anteilen an einer SICAF unterliegt der Umsatzabgabe gemäss Artikel 13 Absatz 2 Buchstabe a Ziffer 3 StG.

Die Rücknahme von Anteilen ist von der Umsatzabgabe ausgenommen (Art. 14 Abs. 1 Bst. e StG).

Sachauszahlungen in Form von steuerbaren Urkunden durch eine SICAF an Anleger unterliegen weder auf Stufe der SICAF noch auf Stufe der Anleger der Umsatzabgabe.

2.13.6.2.3 Effektenhändler

SICAF gemäss Artikel 110 KAG werden als Effektenhändler registriert, sofern sie die Voraussetzungen gemäss Artikel 13 Absatz 3 Buchstabe d StG erfüllen. Bei Transaktionen mit steuerbaren Urkunden qualifizieren sie jedoch als befreite Anleger gemäss Artikel 17a Absatz 1 Buchstabe b StG. Für die Gegenpartei ist die Umsatzabgabe geschuldet.

2.13.7 Verrechnungssteuer

Ausschüttungen von SICAF gemäss Artikel 110 KAG gelten als der Verrechnungssteuer unterliegende Dividendenzahlungen. Diese sind mit Formular 103 innerhalb von 30 Tagen nach Entstehung der Forderung zu deklarieren und zur Zahlung fällig.

Das Affidavit-Verfahren ist nicht anwendbar. Das Meldeverfahren richtet sich nach Artikel 26a VStV.

2.13.8 Steuerliche Gewinnermittlungs-/Verbuchungsvorschriften

Bei SICAF ist das Prinzip der Massgeblichkeit der Handelsbilanz anzuwenden.

2.13.9 Rückforderung von ausländischen Quellensteuern

Bei der kollektiven Kapitalanlage in der Form einer SICAF handelt es sich um eine juristische Person, welche grundsätzlich Abkommens berechtigt ist und die Rückerstattung gemäss dem anwendbaren DBA beantragen kann.

2.14 Rückerstattung des zusätzlichen Steuerrückbehalts auf amerikanischen Dividenden und Zinsen SICAF

SICAF gelten als abkommensberechtigte Personen im Sinne des DBA-USA. Aus diesem Grund kann die Depotbank mit dem Status eines Qualified Intermediary für Rechnung der SICAF grundsätzlich eine Reduktion der amerikanischen Quellensteuer erwirken. Anlässlich der Gutschrift von mit reduzierten Quellensteuern bezogenen amerikanischen Dividenden und Zinsen ist die Depotbank aufgrund von Artikel 11 der Verordnung zum DBA-USA verpflichtet, einen zusätzlichen Steuerrückbehalt zu erheben und an die ESTV abzuführen.

Die Rückerstattung des erhobenen, zusätzlichen Steuerrückbehalts auf amerikanischen Dividenden und Zinsen kann durch die SICAF im eigenen Namen mittels Formular 826 bei der ESTV geltend gemacht werden.

2.15 Einanlegerfonds

Einanlegerfonds werden steuerlich anerkannt, wenn sie durch eine beaufsichtigte Versicherungseinrichtung, eine öffentlich-rechtliche Körperschaft oder eine Vorsorgeeinrichtung mit professioneller Tresorerie geführt werden (vgl. Art. 17a Abs. 1 StG).

2.16 Inländische strukturierte Produkte gemäss Artikel 5 KAG

In Bezug auf die Besteuerung von strukturierten Produkten gelten die Vorschriften des KS Nr. 15 vom 7. Februar 2007.

3 Ausländische kollektive Kapitalanlagen

3.1 Begriffsbestimmungen

3.1.1 Kollektive Kapitalanlagen

Für Schweizer Steuerzwecke gelten als ausländische kollektive Kapitalanlagen:

1. Anlageformen, welche in der Schweiz zum Vertrieb zugelassen sind; oder
2. Anlageformen, welche im Ausland einer Aufsicht über kollektive Kapitalanlagen unterstehen; oder
3. vertraglich oder gesellschaftsrechtlich ausgestaltete offene Anlageformen,
    a. deren Zweck die kollektive Kapitalanlage ist; und
    b. die ihren Sitz im Ausland haben; und
    c. deren Anleger gegenüber der Anlageform oder einer ihr nahe stehenden Gesellschaft einen Rechtsanspruch auf Rückzahlung ihrer Anteile zum NAV haben; oder
4. vertraglich oder gesellschaftsrechtlich ausgestaltete geschlossene Anlageformen,
    a. deren Zweck die kollektive Kapitalanlage ist; und
    b. die ihren Sitz im Ausland haben.

Siehe auch den Entscheidungsbaum in Anhang VI.

3.1.1.1 Erläuterungen zu Ziffer 2

- Umfang der Aufsicht: Die Liste in Anhang V umfasst diejenigen Länder, deren Aufsicht über kollektive Kapitalanlagen von der ESTV akzeptiert werden. Sie ist nicht abschliessend und wird laufend ergänzt.
- Einanlegerfonds: Akzeptiert die ausländische Aufsicht über kollektive Kapitalanlagen so genannte Einanlegerfonds, wird dies auch für Schweizer Steuerzwecke akzeptiert.

3.1.1.2 Erläuterungen zu Ziffer 3

- Rechtsanspruch auf Rückzahlung ihrer Anteile zum NAV: Dieses Kriterium ist erfüllt, sofern mindestens ein einmaliges Rückgaberecht pro Jahr vorgesehen ist. Eine Lockup-Periode von maximal fünf Jahren ändert an der Erfüllung dieses Kriteriums nichts.

3.1.1.3 Erläuterungen zu Ziffer 3 und 4

Das Vorliegen folgender Hilfskriterien weist darauf hin, dass es sich um eine kollektive Kapitalanlage handelt:

- beschränkte Laufzeit der Anlageform;
- Vorhandensein eines Offering Memorandums;
- keine oder sehr eingeschränkte Mitbestimmungsrechte des Anlegers;
- Reporting / Berichterstattung erfolgt auf gleiche Weise wie bei beaufsichtigten kollektiven Kapitalanlagen;
- die Anlageform verfügt über die typischen Funktionsträger wie Investment Manager, Depotbank etc..

3.1.2 Ausgabe von Anteilen an einer kollektiven Kapitalanlage gemäss KAG durch einen Ausländer in Verbindung mit einem Inländer (Artikel 4 Absatz 1 Bst. c VStG)

Dienstleistungen wie das Investment Management (oder Teilfunktionen daraus), die Fondsadministration (oder Teilfunktionen daraus), die technische Depotbankfunktion (im Sinne wie nachfolgend beschrieben) und das Produktemanagement (oder Teilfunktionen daraus) können einzeln oder gesamthaft aus der Schweiz erbracht werden, ohne dass dies als Ausgabe von Anteilen an einer kollektiven Kapitalanlage gemäss KAG durch einen Ausländer in Verbindung mit einem Inländer qualifiziert, falls die beiden folgenden Bedingungen kumulativ erfüllt sind:

- Der Verwaltungsrat oder das diesem entsprechende Organ der kollektiven Kapitalanlage (bei vertraglichen kollektiven Kapitalanlagen ist dies typischerweise der Verwaltungsrat der Fondsmanagementgesellschaft, des Administrators oder des Trustee, bei gesellschaftsrechtlichen kollektiven Kapitalanlagen der Verwaltungsrat der kollektiven Kapitalanlage) aus einer Mehrzahl von nicht in der Schweiz ansässigen Personen besteht, die entsprechenden Sitzungen jeweils ausserhalb der Schweiz abgehalten werden und dieses Organ die Verantwortung für die Überwachung der Geschäftstätigkeit und die Überwachung der Einhaltung von Rechtsvorschriften der entsprechenden kollektiven Kapitalanlage wahrnimmt.
- Die Depotbank im aufsichtsrechtlichen Sinne einer offenen ausländischen kollektiven Kapitalanlage ihren Sitz nicht in der Schweiz hat. Die Depotbankfunktionteilt sich in Kontrollaufgaben und technische Aufgaben auf. Während sich die Kontrollaufgaben auf die Einhaltung von Gesetz und Fondsvertrag / Statuten / Gesellschaftsvertrag beziehen, ist mit den technischen Aufgaben vor allem die Aufbewahrung des Vermögens der kollektiven Kapitalanlage, die Ausgabe und Rücknahme der Anteile sowie der Zahlungsverkehr gemeint. Während die technischen Aufgaben

in die Schweiz delegiert werden können, sind die Kontrollaufgaben durch eine Depotbank, einen Administrator oder Trustee im Ausland wahrzunehmen. Die ausländische Zweigniederlassung einer schweizerischen Bank kann jedoch die Depotbankfunktion auch im aufsichtsrechtlichen Sinne für eine ausländische kollektive Kapitalanlage wahrnehmen.

3.2 Stempelabgaben

3.2.1 Emissionsabgabe

Die Begründung und Ausgabe von Anteilen ausländischer kollektiver Kapitalanlagen unterliegen nicht der Emissionsabgabe (Umkehrschluss aus Art. 1 Abs. 1 Bst. a StG).

3.2.2 Umsatzabgabe

3.2.2.1 Primärmarkt

Die Ausgabe von ausländischen Anteilen an kollektiven Kapitalanlagen unterliegt der Umsatzabgabe. Während die kollektive Kapitalanlage in Form eines FCP, einer SICAV, einer KmGK oder einer SICAF als eine Gegenpartei subjektiv befreit ist, ist die halbe Abgabe für die andere Gegenpartei, den Anleger, grundsätzlich geschuldet.

Sieht eine ausländische kollektive Kapitalanlage Capital Commitments vor, so wird die Umsatzabgabe jeweils im Zeitpunkt der Capital Calls anteilsmässig abgerechnet.

Bei geschlossenen ausländischen Anlageformen, welche vor dem Inkrafttreten des KAG die Zeichnung ihrer Anteile beendet haben und die gemäss der damals geltenden Praxis zur Umsatzabgabe nicht als ausländische kollektive Kapitalanlagen für Umsatzabgabezwecke qualifiziert wurden, können die noch ausstehenden Capital Calls gemäss der damaligen umsatzabgaberechtlichen Qualifikation vorgenommen werden.

Die Sacheinlage von steuerbaren Urkunden zur Liberierung von Anteilen ist auf Stufe der Anleger von der Umsatzabgabe ausgenommen (Art. 14 Abs. 1 Bst. b StG).

3.2.2.2 Sekundärmarkt

Der Handel von Anteilen unterliegt der Umsatzabgabe gemäss Artikel 13 Absatz 2 Buchstabe b i.V.m. Artikel 13 Absatz 1 Buchstabe a Ziffer 3 StG.

Die Rücknahme von Anteilen ist von der Umsatzabgabe ausgenommen (Art. 14 Abs. 1 Bst. e StG).

Sachauszahlungen in Form von steuerbaren Urkunden durch einen FCP, eine SICAV, eine KmGK oder eine SICAF an Anleger unterliegen weder auf Stufe der kollektiven Kapitalanlage noch auf Stufe der Anleger der Umsatzabgabe.

3.2.2.3 Befreite Anleger

Ausländische kollektive Kapitalanlagen, welche vergleichbar mit einem FCP, einer SICAV, einer KmGK oder einer SICAF im Inland sind, qualifizieren als befreite Anleger (Art. 17a Abs. 1 Bst. c StG).Besondere Transaktionen

3.2.3 Besondere Transaktionen

3.2.3.1 Vereinigung von Anteilklassen innerhalb einer ausländischen kollektiven Kapitalanlage

Die Hingabe des Anteils an der übertragenden Anteilklasse und die Ausgabe des Anteils an der übernehmenden Anteilklasse werden für Umsatzabgabezwecke als Tausch angesehen. Während daher die Hingabe der Anteile an der übertragenden Anteilklasse von der Umsatzabgabe ausgenommen ist, unterliegt die Ausgabe der Anteile an der übernehmenden Anteilklasse der Umsatzabgabe auf Stufe Anleger.

3.2.3.2 Vereinigung von Teilvermögen einer ausländischen kollektiven Kapitalanlage

Die Hingabe des Anteils an dem übertragenden Teilvermögen und die Ausgabe des Anteils an dem übernehmenden Teilvermögen werden für Umsatzabgabezwecke als Tausch angesehen. Während daher die Hingabe der Anteile an dem übertragenden Teilvermögen von der Umsatzabgabe ausgenommen ist, unterliegt die Ausgabe der Anteile an dem übernehmenden Teilvermögen der Umsatzabgabe auf Stufe Anleger.

3.2.3.3 Vereinigung von ausländischen kollektiven Kapitalanlagen

Die Hingabe des Anteils an der übertragenden kollektiven Kapitalanlage und die Ausgabe des Anteils an der übernehmenden kollektiven Kapitalanlage werden für Umsatzabgabezwecke als Tausch angesehen. Während daher die Hingabe der Anteile an der übertragenden kollektiven Kapitalanlage von der Umsatzabgabe ausgenommen ist, unterliegt die Ausgabe der Anteile an der übernehmenden kollektiven Kapitalanlage der Umsatzabgabe auf Stufe Anleger.

3.2.3.4 Switch von Teilvermögen innerhalb einer ausländischen kollektiven Kapitalanlage

Die Hingabe des Anteils an dem einen Teilvermögen und die Ausgabe des Anteils an dem anderen Teilvermögen werden für Umsatzabgabezwecke als Tausch angesehen. Während daher die Hingabe der Anteile an dem einen Teilvermögen von der Umsatzabgabe ausgenommen ist, unterliegt die Ausgabe der Anteile an dem anderen Teilvermögen der Umsatzabgabe auf Stufe Anleger.

3.2.3.5 Switch von Anteilklassen innerhalb eines Teilvermögens einer ausländischen kollektiven Kapitalanlage

Beim Tausch von Anteilen n einer Anteilklasse gegen Anteile einer anderen Anteilklasse innerhalb desselben Teilfonds (z. B. Serie Ausschüttung gegen Serie Kapitalisierung oder Serien mit unterschiedlichen Verwaltungsgebühren) ist lediglich der Aufpreis abgabepflichtig. Mit Aufpreis ist eine zusätzliche Investition des Anlegers im Rahmen des Tausches in die neue Anteilklasse gemeint.

3.2.3.6 Vermittlungsbegriff der Umsatzabgabe im Asset Management-Bereich

Die Erbringung von Anlageberatungsdienstleistungen durch einen inländischen Effektenhändler an eine ausländische Gegenpartei im Sinne der blossen Abgabe einer Kauf- oder Verkauf Empfehlung für eine Wertschrift qualifiziert nicht als Vermittlung für Umsatzabgabezwecke solange der formelle Entscheid durch die ausländische Gegenpartei getroffen wird.

3.3 Verrechnungssteuer

Die Erträge von ausländischen kollektiven Kapitalanlagen unterliegen nicht der Verrechnungssteuer.

3.4 Ausländische strukturierte Produkte

In Bezug auf die Besteuerung von strukturierten Produkten gelten die Vorschriften des KS Nr. 15.

3.5 Anforderungen an das Reporting von ausländischen kollektiven Kapitalanlagen für Schweizer Einkommenssteuerzwecke

3.5.1 Grundsatz

Nimmt die ausländische kollektive Kapitalanlage Ausschüttungen vor, so qualifiziert sie für Schweizer Steuerzwecke als ausschüttende kollektive Kapitalanlage; andernfalls als thesaurierende kollektive Kapitalanlage. Kollektive Kapitalanlagen, welche nicht mindestens 70 %

ihres jährlichen Nettoertrags, inklusive Gewinnvortrag ausschütten, qualifizieren als gemischte kollektive Kapitalanlagen.

Für Schweizer Einkommenssteuerzwecke werden ausländische kollektive Kapitalanlagen (mit Ausnahme von ausländischen kollektiven Kapitalanlagen, welche wirtschaftlich einer schweizerischen SICAF gleichzustellen sind) als transparent betrachtet.

Ausländische Abschlüsse, welche nach einem anerkannten GAAP erstellt und von einer externen Revisionsgesellschaft geprüft wurden, sind für schweizerische Einkommens- und Gewinnsteuerzwecke ausreichend.

Bei ausländischen kollektiven Kapitalanlagen richtet sich das Liquidationsverfahren grundsätzlich nach den Regeln der Aufsichtsbehörden am Domizil des Fonds. Die vollständige bzw. quasi vollständige Rücknahme der ausstehenden Anteile durch einen Fonds oder ein Teilvermögen gilt für die Zwecke der schweizerischen Einkommenssteuer aber stets als (faktische) Liquidation, selbst dann, wenn die ausländische Aufsichtsbehörde die Wiederbegebung der Anteile zulassen sollte und aus deren Sicht keine formelle Liquidation vorliegt.

Bei faktischen Liquidationen von ausländischen kollektiven Kapitalanlagen und Teilvermögen treten deshalb die gleichen Steuerfolgen ein wie bei der formellen Liquidation.

Folgendes Vorgehen ist für das Reporting notwendig:

1. Einholen des jeweils letzten verfügbaren Abschlusses der kollektiven Kapitalanlage, welcher nach einem anerkannten GAAP erstellt und von einer externen Revisionsgesellschaft geprüft worden ist.
2. Die Ertragskonten (Dividenden-, Zins- und übrigen Erträge inkl. das Ertragsausgleichs-Konto) nach dem entsprechenden GAAP werden addiert und die Aufwendungen subtrahiert. Für die Begrenzung der abzugsfähigen Aufwendungen wird auf Ziffer 2.9.2 verwiesen.

Kollektive Kapitalanlagen, die in der Jahresrechnung keinen Ertragsausgleich ausweisen, die entsprechende Aufzeichnungen beim Einkauf in und beim Auskauf aus den laufenden Erträgen während des Geschäftsjahres aber vornehmen, können diese Schattenrechnung für die Ermittlung des steuerbaren Ertrages berücksichtigen, allerdings unter der Voraussetzung, dass die Methodik des Ertragsausgleichs stets gleich bleibt.

3. Dieser Nettoertrag ist durch die Anzahl ausstehender Anteile im Zeitpunkt des Abschlusses der Rechnungsperiode zu dividieren (Nettoertrag pro Anteil). Alternativ kann auch das betragsmässige Verhältnis (anteiliger NAV des Anlegers/NAV der kollektiven Anlage) verwendet werden.
4. Feststellung des steuerbaren Ertrags pro Anteil:
   a. Thesaurierende kollektive Kapitalanlage:
      Der Nettoertrag pro Anteil stellt bei thesaurierenden ausländischen kollektiven Kapitalanlagen den massgebenden steuerbaren Ertrag für Schweizer Einkommenssteuerzwecke dar.
   b. Ausschüttende kollektive Kapitalanlage:
      Die Qualifikation der Ausschüttung als steuerbarer Ertrag resp. als steuerfreier Kapitalgewinn ist bei ausschüttenden ausländischen kollektiven Kapitalanlagen gemäss der Buchhaltung zu bestimmen.
5. Feststellung des Vermögenssteuerwertes:
   Für Vermögenssteuerzwecke ist der NAV per 31.12. des jeweiligen Kalenderjahres massgebend. Ist dieser nicht erhältlich, ist der letzte verfügbare NAV zu verwenden.
6. Die steuerlich relevanten Informationen sind dem Anleger und der ESTV zugänglich zu machen.
7. Können die Steuerfaktoren einer kollektiven Kapitalanlage mangels zuverlässiger Unterlagen (Steuerreporting oder Jahresbericht, erstellt nach einem anerkannten Rechnungslegungsstandard) nicht einwandfrei ermittelt werden, so erfolgt die Veranlagung der Erträge nach pflichtgemässem Ermessen. Dies bedeutet, dass der

Veranlagung eine marktgerechte Rendite (Rendite des entsprechenden Index derjenigen Anlageklassen, in welche die kollektive Kapitalanlage investiert) auf dem Nettoanlagevermögen (NAV, Net Asset Value) per Abschlussdatum zugrunde gelegt wird

8. Bei kollektiven Kapitalanlagen, welche ihr Exposure synthetisch replizieren, ist zwingend ein gesondertes Steuerreporting für Schweizer Einkommenssteuerzwecke zu erstellen, aus welchem die Rendite des(r) Basiswerte(s) hervorgeht. Massgebend für die Ermittlung des steuerbaren Ertrages von Swap-based ETFs, welchen Aktienindizes zugrunde liegen, ist die Nettodividenden-Rendite (net yield dividend). Darunter ist die Bruttodividenden-Rendite der entsprechenden Indizes, abzüglich der anwendbaren Quellensteuern zu verstehen. Die Nettodividenden-Rendite für alle wichtigen Aktienindizes wird von den anerkannten Providern publiziert und kann für das Steuerreporting verwendet werden. Allfällige weitere Ertragspositionen gemäss Jahresrechnung werden zur berechneten Nettorendite addiert.

Das gleiche Verfahren gelangt für kollektive Kapitalanlagen zur Anwendung, welche Obligationenindizes synthetisch nachbilden. Auch für diese stehen die entsprechenden Daten in aller Regel zur Verfügung.

9. Im Gegensatz zu den Quellensteuern auf Zinsen und Dividenden fehlt bei der Taxe d'abonnement der kausale Zusammenhang mit der Erzielung von Erträgen, weshalb sie zwar grundsätzlich abzugsfähig ist, jedoch unter Berücksichtigung der Limite der abzugsfähigen Gebühren in der Höhe von 1.5 %.

10. Für eine Aufnahme von Steuerfaktoren in die Kursliste HB ist je nach Art der ausländischen kollektiven Kapitalanlage eine differenzierte Einreichung erforderlich (vgl. Schema nächste Seite).

Für eine Publikation der Steuerfaktoren von kollektiven Kapitalanlagen in der Kursliste HB (ausserbörslich gehandelte Wertpapiere) genügt es in der Regel nicht, der ESTV nur den Jahresbericht der zum Vertrieb in der Schweiz zugelassenen ausländischen kollektiven Kapitalanlage zuzustellen.

Qualifizieren die eingereichten Unterlagen nach Art und Umfang nicht für eine direkte Publikation in der Kursliste HB und werden die zur Festsetzung der Steuerfaktoren benötigten Informationen nicht beigebracht behalten sich die kantonalen Veranlagungsbehörden eine Veranlagung des Einkommens und Vermögens nach pflichtgemässem Ermessen vor.

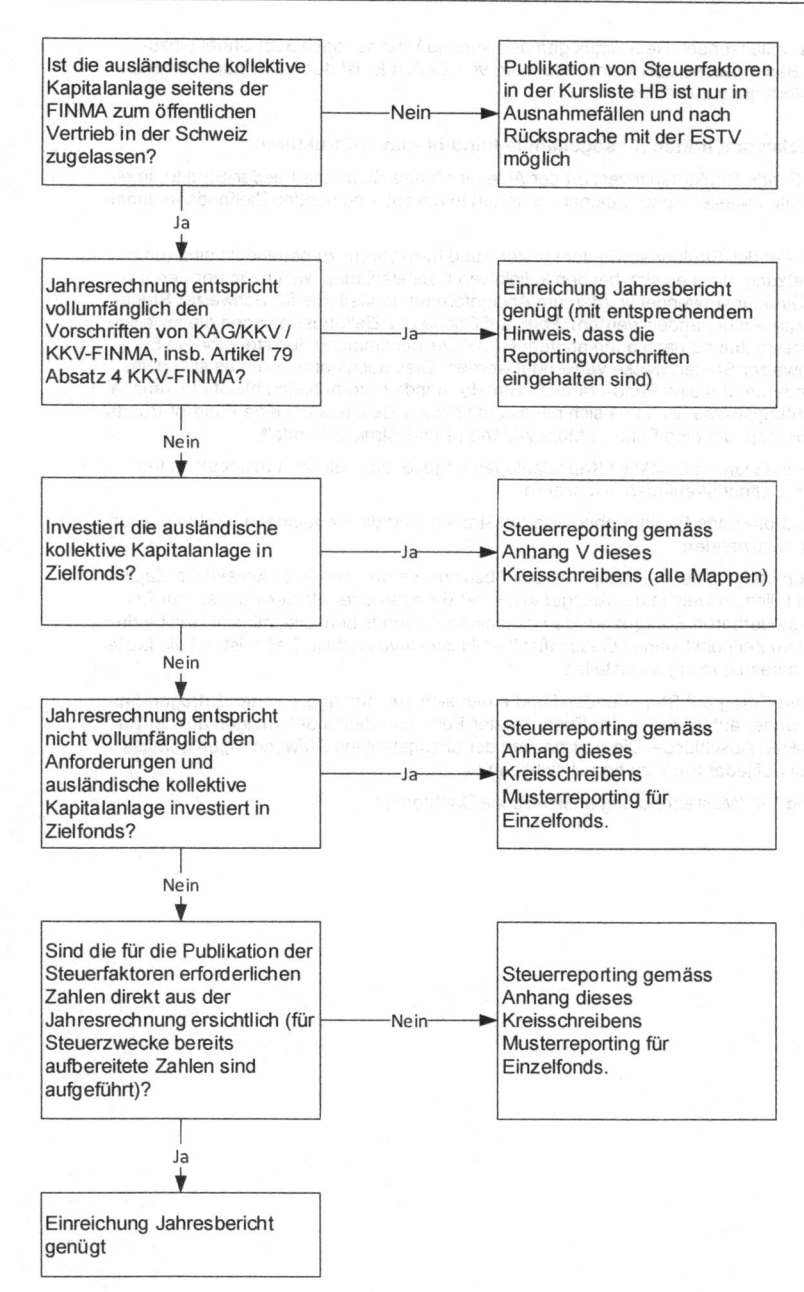

```
┌─────────────────────────────┐                    ┌─────────────────────────────┐
│ Ist die ausländische        │                    │ Publikation von Steuerfaktoren│
│ kollektive Kapitalanlage    │                    │ in der Kursliste HB ist nur in│
│ seitens der FINMA zum       │──────Nein────────▶│ Ausnahmefällen und nach     │
│ öffentlichen Vertrieb in    │                    │ Rücksprache mit der ESTV    │
│ der Schweiz zugelassen?     │                    │ möglich                     │
└─────────────────────────────┘                    └─────────────────────────────┘
              │
              Ja
              ▼
┌─────────────────────────────┐                    ┌─────────────────────────────┐
│ Jahresrechnung entspricht   │                    │ Einreichung Jahresbericht   │
│ vollumfänglich den          │                    │ genügt (mit entsprechendem  │
│ Vorschriften von KAG/KKV /  │──────Ja──────────▶│ Hinweis, dass die           │
│ KKV-FINMA, insb. Artikel 79 │                    │ Reportingvorschriften       │
│ Absatz 4 KKV-FINMA?         │                    │ eingehalten sind)           │
└─────────────────────────────┘                    └─────────────────────────────┘
              │
              Nein
              ▼
┌─────────────────────────────┐                    ┌─────────────────────────────┐
│ Investiert die ausländische │                    │ Steuerreporting gemäss      │
│ kollektive Kapitalanlage in │──────Ja──────────▶│ Anhang V dieses             │
│ Zielfonds?                  │                    │ Kreisschreibens (alle Mappen)│
└─────────────────────────────┘                    └─────────────────────────────┘
              │
              Nein
              ▼
┌─────────────────────────────┐                    ┌─────────────────────────────┐
│ Jahresrechnung entspricht   │                    │ Steuerreporting gemäss      │
│ nicht vollumfänglich den    │                    │ Anhang dieses               │
│ Anforderungen und           │──────Ja──────────▶│ Kreisschreibens             │
│ ausländische kollektive     │                    │ Musterreporting für         │
│ Kapitalanlage investiert in │                    │ Einzelfonds.                │
│ Zielfonds?                  │                    │                             │
└─────────────────────────────┘                    └─────────────────────────────┘
              │
              Nein
              ▼
┌─────────────────────────────┐                    ┌─────────────────────────────┐
│ Sind die für die Publikation│                    │ Steuerreporting gemäss      │
│ der Steuerfaktoren          │                    │ Anhang dieses               │
│ erforderlichen Zahlen direkt│                    │ Kreisschreibens             │
│ aus der Jahresrechnung      │──────Nein────────▶│ Musterreporting für         │
│ ersichtlich (für Steuerzwecke│                   │ Einzelfonds.                │
│ bereits aufbereitete Zahlen │                    │                             │
│ sind aufgeführt)?           │                    │                             │
└─────────────────────────────┘                    └─────────────────────────────┘
              │
              Ja
              ▼
┌─────────────────────────────┐
│ Einreichung Jahresbericht   │
│ genügt                      │
└─────────────────────────────┘
```

Im Fall eines umfassenden Reportings gemäss Anhang V ist nur das Excel-Sheet einzureichen. Die Basisdokumentation, insbesondere von Zielfonds, ist der ESTV nur auf Verlangen hin zur Verfügung zu halten.

3.5.2 Spezialvorschriften für sogenannte Fund-of-Funds-Strukturen

Bei Fund-of-Funds-Strukturen investiert der Anleger oftmals über eine Feeder-Struktur in einen sogenannten Master-Fund, welcher wiederum in die entsprechenden Zielfonds/-anlagen investiert.

Während die Feeder-Struktur sowie der Master-Fund transparent zu behandeln sind (unter der Voraussetzung, dass es sich bei den kollektiven Kapitalanlagen, welche in der Feeder- und Master-Struktur verwendet werden um Anlageformen handelt, die für Schweizer Steuerzwecke transparent behandelt werden), kann auf Ebene der Zielfonds/-anlagen die jeweilige geprüfte Jahresrechnung nach anerkanntem GAAP zur Bestimmung des steuerbaren Ertrags für Schweizer Steuerzwecke verwendet werden. Dies auch dann, wenn es sich beim Zielfonds wiederum um eine Fund-of-Funds-Struktur handelt. Vorbehalten bleibt die transparente Betrachtungsweise, wenn es sich bei einem solchen Zielfonds um eine Fund-of-Bonds-Fund-Struktur resp. um eine Fund-of-Money-Market-Fund-Struktur handelt.

Als Master-Fund werden kollektive Kapitalanlagen angesehen, welche in mindestens fünf verschiedene Zielfonds/-anlagen investieren.

Bei einer Fund-of-Funds-Struktur ohne Feeder-Struktur sind die Regelungen für den Master-Fund analog anzuwenden.

Das Steuerreporting ist auf den Zeitpunkt des Abschlusses der jeweiligen kollektiven Kapitalanlage zu erstellen, in welche der Anleger investiert (Feeder- oder Master-Funds). Zur Ermittlung des steuerbaren Ertrages werden diejenigen Zielfonds berücksichtigt, in welche der Master-Fund im Zeitpunkt seines Geschäftsabschlusses investiert ist. Dabei ist auf die letzte verfügbare Jahresrechnung abzustellen.

Der steuerbare Ertrag auf Stufe Feeder-Fund ergibt sich aus den aggregierten Erträgen (minus die Aufwände) auf Stufe Feeder-Fund, Master-Fund und Zielfonds/-anlagen auf der Basis der jeweiligen Abschlüsse. Die Begrenzung der abzugsfähigen Aufwendungen gemäss Ziffer 2.9.2 ist auf jeder Stufe zu berücksichtigen.

Siehe Anhang VIII (Musterreporting ausländische Dachfonds)

Anhang IA
Kollektive Kapitalanlagen

Formular für die inländische Depotstelle
Diese Erklärung kann nur innert drei Jahren nach Verfall entgegengenommen werden

Name der Fondsleitung   Verfall per

....

Name der kollektiven Kapitalanlage

....

DOMIZILERKLÄRUNG (AFFIDAVIT)
für die Nichterhebung der Verrechnungssteuer auf Erträgen von Anteilen an kollektiven Kapitalanlagen

I. Die Depotstelle erklärt hiermit:

1. dass an den nachfolgenden Anteilen der obenerwähnten kollektiven Kapitalanlage das Recht zur Nutzung Ausländern zustand (dies sind Personen, die in der Schweiz weder Sitz, Wohnsitz noch einen die Pflicht zur Entrichtung eidgenössischer, kantonaler oder kommunaler Einkommens- oder Vermögenssteuern begründenden Aufenthalt haben)

Fälligkeit	Anzahl Anteile	Ertrag pro Anteil	Bruttoertrag Total

2. dass sich die erwähnten Anteile bei Fälligkeit des Ertrages bei ihr im offenen Depot befanden, oder dass sie von einer anderen inländischen oder ausländischen Depotstelle eine glaubwürdige identische Erklärung besitzt, wie sie die vorliegende darstellt, und

3. dass sie, gemäss ihrer gesetzlichen Verpflichtung, die zur Überprüfung der vorstehenden Erklärung erforderlichen Unterlagen, mit Einschluss der nötigenfalls zu beschaffenden Unterlagen der ausländischen Depotstelle, jederzeit zur Einsichtnahme durch die Eidgenössische Steuerverwaltung zur Verfügung hält.

II. Da die Nutzungsberechtigten die Verrechnungssteuer gemäss Artikel 27 des Bundesgesetzes über die Verrechnungssteuer zurückfordern können, hat die unterzeichnete Depotstelle den Ertrag der oben erwähnten Anteile ohne Verrechnungssteuerabzug gutgeschrieben. Sie wird für den Fall, dass ein Rückerstattungsanspruch eines dieser Kunden nicht anerkannt würde, die Steuerüberwälzung nachholen, die Fondsleitung entschädigen und die kollektive Kapitalanlage in jedem Fall schadlos halten.

Ort und Datum   Unterschrift

....

Adresse

....

Anhang IB

Formular für die ausländische Depotstelle

Diese Erklärung kann nur innert drei Jahren nach Verfall entgegengenommen werden

Name der Fondsleitung   Verfall per

....

Name der kollektiven Kapitalanlage

....

DOMIZILERKLÄRUNG (AFFIDAVIT)

für die Nichterhebung der Verrechnungssteuer auf Erträgen von Anteilen an kollektive Kapitalanlagen

I. Die Depotstelle erklärt hiermit:

1. dass an den nachfolgenden Anteilen der obenerwähnten kollektiven Kapitalanlage das Recht zur Nutzung **Ausländern** zustand (dies sind Personen, die in der Schweiz weder Sitz, Wohnsitz noch einen die Pflicht zur Entrichtung eidgenössischer, kantonaler oder kommunaler Einkommens- oder Vermögenssteuern begründenden Aufenthalt haben)

Fälligkeit	Anzahl Anteile	Ertrag pro Anteil	Bruttoertrag Total

2. dass sich die erwähnten Anteile bei Fälligkeit des Ertrages bei ihr im offenen Depot befanden, oder dass sie von einer anderen inländischen oder ausländischen Depotstelle eine glaubwürdige identische Erklärung besitzt, wie sie die vorliegende darstellt, und

3. dass sie, gemäss ihrer gesetzlichen Verpflichtung, die zur Überprüfung der vorstehenden Erklärung erforderlichen Unterlagen, mit Einschluss der nötigenfalls zu beschaffenden Unterlagen der ausländischen Depotstelle, jederzeit zur Einsichtnahme durch die Eidgenössische Steuerverwaltung zur Verfügung hält.

III. Da die Nutzungsberechtigten die Verrechnungssteuer gemäss Artikel 27 des Bundesgesetzes über die Verrechnungssteuer zurückfordern können, hat die unterzeichnete Depotstelle den Ertrag der oben erwähnten Anteile ohne Verrechnungssteuerabzug gutgeschrieben. Sie wird für den Fall, dass ein Rückerstattungsanspruch eines dieser Kunden nicht anerkannt würde, die Steuerüberwälzung nachholen, die Zahlstelle entschädigen und in jedem Fall schadlos halten.

Ort und Datum   Unterschrift

....

Adresse

....

Anhang II

NAME DER KOLLEKTIVEN KAPITALANLAGE

Adresse des Anlegers

Ort und Datum:

Ausschüttung des Ertrages bzw. der Wiederanlage per

Anzahl der Anteile	Ertrags-Ausschüttung bzw. Wiederanlage pro Anteil	Betrag der Ausschüttung bzw. Wiederanlage	Wert
	CHF	CHF	
Total Ausschüttung bzw. Wiederanlage		CHF	

Der VSt-Pflichtige hat die Verrechnungssteuer der Eidgenössischen Steuerverwaltung (ESTV) gemeldet, so dass Sie für diese Verrechnungssteuer bei der ESTV keinen Rückerstattungsantrag zu stellen haben.

Anhang III

Inanspruchnahme von Doppelbesteuerungsabkommen (DBA) durch kollektive Kapitalanlagen auf dem Rückerstattungsweg – Staatenverzeichnis (Stand am 1.1.2017)

Vertragsstaat	Ertragsart	Quellensteuer (%)	Steuerentlastung (%)	Antrags-Formulare	Berechtigte Anlageformen[1]	Antragsfrist
Dänemark	Dividenden	27	12	06.002A[2]	- vertragliche kollektive Kapitalanlage (Art. 25 KAG) - Investmentgesellschaft mit variablem Kapital (Art. 36 KAG) - Kommanditgesellschaft für kollektive Kapitalanlagen (Art. 98 KAG)	keine Angaben
	Zinsen	–	–	–		
Deutschland	Dividenden	25[3]	10[3]	R-D 2[4]		4 Jahre
	Zinsen	–	–	–		
Frankreich	Dividenden	30	15	Formulare 5000/5001[5]		2 Jahre
	Zinsenw	–	–	–		
Grossbritannien	Dividenden	–	–	–		6 Jahre
	Zinsen	20	20	R-GB 12, R-GB b und R-GB c[6]		

[1] Die Verständigungsvereinbarungen mit den aufgeführten DBA-Vertragsstaaten (Ausnahme: Dänemark) müssen hinsichtlich des Inkrafttretens des KAG noch formell angepasst werden. Dabei ist davon auszugehen, dass die in der Vergangenheit angewandten Regelungen zumindest für vertragliche Anlagefonds weiterhin Anwendung finden werden.
[2] Der Rückerstattungsanspruch muss online auf der Internetseite der dänischen Steuerbehörde (www.skatt.dk/) erfasst werden.
[3] Der Satz der deutschen Kapitalertragsteuer wird zusätzlich um den Solidaritätszuschlag von 5.5 % erhöht. Demnach beträgt die effektive Kapitalertragsteuer 26.375 %, die Steuerentlastung erhöht sich entsprechend auf 11.375 %.
[4] Das Formular ist auf der Intenetseite der Eidg. Steuerverwaltung (www.estv.admin.ch) in elektronischer Form verfügbar.
[5] Die Formulare sind auf der Internetseite der Eidg. Steuerverwaltung (www.estv.admin.ch) in elektronischer Form verfügbar.
[6] Die Formulare sind auf der Internetseite der Eidg. Steuerverwaltung (www.estv.admin.ch) in elektronischer Form verfügbar.

Vertragsstaat	Ertragsart	Quellensteuer (%)	Steuerentlastung (%)	Antrags-Formulare	Berechtigte Anlageformen[1]	Antragsfrist
Niederlande	Dividenden	15	0	–		–
	Zinsen	–	–	–		
Norwegen	Dividenden	25	10	Briefform[7]		keine Angaben
	Zinsen	–	–			
Österreich	Dividenden	27.5	12.5	ZS-RD1 und ZS-RDA[8]		5 Jahre
	Zinsen	[9]	–			
Schweden	Dividenden	30	15	SKV 3742[10]		5 Jahre
	Zinsen	–	–			
Spanien	Dividenden	19	4	Formular 210[11]		2 Jahre
	Zinsen	19	19			

Allgemeine Bemerkungen

Die Antragstellung hat pro Geschäftsjahr zu erfolgen. Jeder Rückerstattungsantrag ist mit der **Dossier-Nr.** zu versehen und unter Beilage eines **Rechenschaftsberichtes** sowie einer **Kopie des massgebenden Formular 201** direkt bei der Eidgenössischen Steuerverwaltung, Abteilung Rückerstattung, Eigerstrasse 65, 3003 Bern, einzureichen. Die kollektiven Kapitalanlagen, welche nicht vom Affidavit-Verfahren profitieren, haben anstelle der Kopie des massgebenden Formular 201 einen entsprechenden Nachweis bezüglich der Anteile der inländischen Anleger zu einzureichen. **Der Rückerstattungsanspruch ist jeweils auf dem Antragsformular um die auf ausländische Anleger entfallende Quote zu kürzen.** Für die kantonalen Steuerbehörden vorgesehene Antragsausfertigungen sind **nicht** auszufüllen. Werden für die Geltendmachung der Steuerentlastung separate **Ertragsaufstellungen, Sammelausweise oder Berechnungsnachweise** erstellt, sind diese **in genügender Anzahl**, d.h. für jede eingereichte Antragsausfertigung beizulegen. Für gewisse Staaten sind den Rückerstattungsanträgen entsprechende Beweismittel (Belege) beizufügen. Hierzu wird auf die Erläuterungen auf den Antragsformularen verwiesen."

[7] Detaillierte Angaben zum vorgeschriebenen Inhalt des Antrags sind auf der Internetseite der Eidg. Steuerverwaltung (www.estv.admin.ch) publiziert.
[8] Die Formulare sind auf der Internetseite der Eidg. Steuerverwaltung (www.estv.admin.ch) in elektronischer Form verfügbar.
[9] In Österreich unterliegen Zinsen, die an Personen mit Sitz im Ausland bezahlt werden, nur dann der Besteuerung, wenn es sich um Zinsen aus Grundpfandforderungen handelt.
[10] Das Formular ist auf der Internetseite der Eidg. Steuerverwaltung (www.estv.admin.ch) in elektronischer Form verfügbar.
[11] Das Formular ist auf der Internetseite der Eidg. Steuerverwaltung (www.estv.admin.ch) in elektronischer Form verfügbar.

Anhang IV

Inanspruchnahme von Doppelbesteuerungsabkommen DBA) durch kollektive Kapitalanlagen infolge direkter Entlastung an der Quelle – Staatenverzeichnis (Stand am 1.1.2017)

Vertragsstaat	Ertragsart	Quellensteuer (%)	Steuerentlastung (%)	Deklarationsformular	Berechtigte Anlageformen	Einreichungsfrist
Australien	Dividenden	30	15	Formular 198	- vertragliche kollektive Kapitalanlage (Art. 25 KAG) - Investmentgesellschaft mit variablem Kapital (Art. 36 KAG) - Kommanditgesellschaft für kollektive Kapitalanlagen (Art. 98 KAG)	Jährliche Deklaration nach Geschäftsjahr der kollektiven Kapitalanlage. Einreichung der Deklarationsformulare unter Beilage der massgeblichen Formulare 201 oder eines entsprechenden Nachweises der Anteile der in- bzw. ausländischen Anleger unter gleichzeitiger Überweisung der Steuerbeträge.
	Zinsen	10	–			
Kanada	Dividenden	25	10	Formular 196	- vertragliche kollektive Kapitalanlage (Art. 25 KAG) - Investmentgesellschaft mit variablem Kapital (Art. 36 KAG) - Kommanditgesellschaft für kollektive Kapitalanlagen (Art. 98 KAG)	
	Zinsen	25	15			

Allgemeine Bemerkungen

Der auf ausländische Anleger entfallende Anteil an der infolge direkter Entlastung an der Quelle zugekommen Steuerentlastung muss mittels den Deklarationsformularen jährlich der Eidg. Steuerverwaltung deklariert und abgeliefert werden. Kollektive Kapitalanlagen, welche die Anteile der in- bzw. ausländischen Anleger **nicht** ermitteln, müssen die ihnen zugekommene Steuerentlastung **vollumfänglich** abliefern.

Anhang V
Länderliste mit von der ESTV akzeptierten Aufsichten (nicht abschliessend; wird laufend ergänzt)

Australien	Frankreich	Malta	Slowenien
Andorra	Gibraltar	Mauritius	Spanien
Anguilla	Griechenland	Monaco	St. Vincent und die Grenadinen
Antigua und Barbuda	Großbritannien	Montserrat	Tschechische Republik
Aruba	Guernsey	Niederlande	Turks und Caicos
Bahamas	Hongkong	Niederländische Antillen	Ungarn
Belgien	Irland	Norwegen	Zypern
Bermuda	Island	Österreich	Vereinigte Staaten von Amerika
British Virgin Islands	Isle of Man	Panama	
Bulgarien	Italien	Polen	
Cayman Islands	Japan	Portugal	
Cookinseln	Jersey	Rumänien	
Dänemark	Lettland	San Marino	
Deutschland	Liechtenstein	Schweden	
Estland	Litauen	Singapur	
Finnland	Luxemburg	Slowakei	

Anhang VI

Entscheidungsbaum zur Bestimmung, ob für Schweizer Steuerzwecke eine ausländische kollektive Kapitalanlage vorliegt

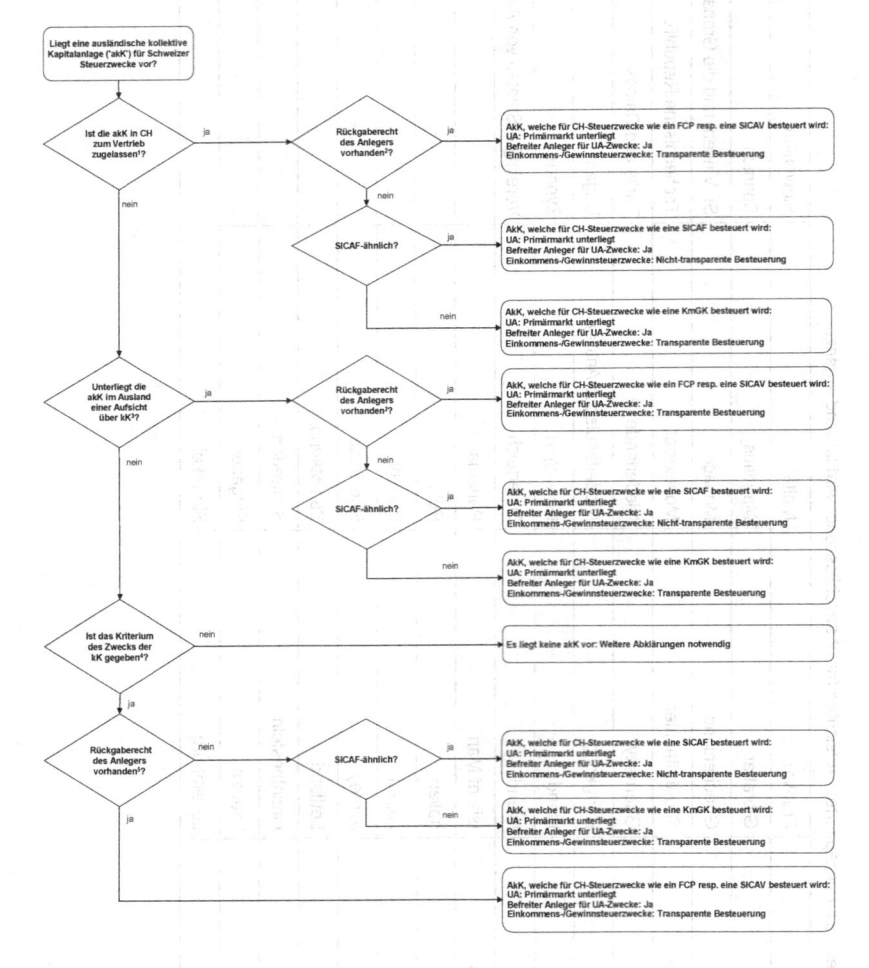

Liegt eine ausländische kollektive Kapitalanlage ("akK") für Schweizer Steuerzwecke vor?

- **Ist die akK in CH zum Vertrieb zugelassen[1]?**
  - ja → **Rückgaberecht des Anlegers vorhanden[2]?**
    - ja → AkK, welche für CH-Steuerzwecke wie ein FCP resp. eine SICAV besteuert wird:
      UA: Primärmarkt unterliegt
      Befreiter Anleger für UA-Zwecke: Ja
      Einkommens-/Gewinnsteuerzwecke: Transparente Besteuerung
    - nein → **SICAF-ähnlich?**
      - ja → AkK, welche für CH-Steuerzwecke wie eine SICAF besteuert wird:
        UA: Primärmarkt unterliegt
        Befreiter Anleger für UA-Zwecke: Ja
        Einkommens-/Gewinnsteuerzwecke: Nicht-transparente Besteuerung
      - nein → AkK, welche für CH-Steuerzwecke wie eine KmGK besteuert wird:
        UA: Primärmarkt unterliegt
        Befreiter Anleger für UA-Zwecke: Ja
        Einkommens-/Gewinnsteuerzwecke: Transparente Besteuerung
  - nein → **Unterliegt die akK im Ausland einer Aufsicht über kK[3]?**
    - ja → **Rückgaberecht des Anlegers vorhanden[2]?**
      - ja → AkK, welche für CH-Steuerzwecke wie ein FCP resp. eine SICAV besteuert wird:
        UA: Primärmarkt unterliegt
        Befreiter Anleger für UA-Zwecke: Ja
        Einkommens-/Gewinnsteuerzwecke: Transparente Besteuerung
      - nein → **SICAF-ähnlich?**
        - ja → AkK, welche für CH-Steuerzwecke wie eine SICAF besteuert wird:
          UA: Primärmarkt unterliegt
          Befreiter Anleger für UA-Zwecke: Ja
          Einkommens-/Gewinnsteuerzwecke: Nicht-transparente Besteuerung
        - nein → AkK, welche für CH-Steuerzwecke wie eine KmGK besteuert wird:
          UA: Primärmarkt unterliegt
          Befreiter Anleger für UA-Zwecke: Ja
          Einkommens-/Gewinnsteuerzwecke: Transparente Besteuerung
    - nein → **Ist das Kriterium des Zwecks der kK gegeben[4]?**
      - nein → Es liegt keine akK vor; Weitere Abklärungen notwendig
      - ja → **Rückgaberecht des Anlegers vorhanden[5]?**
        - nein → **SICAF-ähnlich?**
          - ja → AkK, welche für CH-Steuerzwecke wie eine SICAF besteuert wird:
            UA: Primärmarkt unterliegt
            Befreiter Anleger für UA-Zwecke: Ja
            Einkommens-/Gewinnsteuerzwecke: Nicht-transparente Besteuerung
          - nein → AkK, welche für CH-Steuerzwecke wie eine KmGK besteuert wird:
            UA: Primärmarkt unterliegt
            Befreiter Anleger für UA-Zwecke: Ja
            Einkommens-/Gewinnsteuerzwecke: Transparente Besteuerung
        - ja → AkK, welche für CH-Steuerzwecke wie ein FCP resp. eine SICAV besteuert wird:
          UA: Primärmarkt unterliegt
          Befreiter Anleger für UA-Zwecke: Ja
          Einkommens-/Gewinnsteuerzwecke: Transparente Besteuerung

Legende:

[1] Siehe die Liste der ausländischen kollektiven Kapitalanlagen, deren Vertrieb in oder von der Schweiz aus genehmigt wurde, unter: https://www.finma.ch/de/finma-public/bewilligte-institute-personen-und-produkte/

[2] Minimal einmal jährliches Rückgaberecht zu NAV des Anlegers; Lockup-Klauseln ändern nichts an der Qualifikation.

[3] Siehe in Anhang V die Liste mit den Ländern deren Aufsicht von der ESTV anerkannt werden.

[4] Das Vorliegen folgender Kriterien weist darauf hin, dass es sich um eine kollektive Kapitalanlage handelt:
- Beschränkte Laufzeit der Anlageform;
- Vorhandensein eines Offering Memorandums;
- Keine oder sehr eingeschränkte Mitbestimmungsrechte des Anlegers;
- Reporting / Berichterstattung erfolgt auf gleiche Weise wie bei beaufsichtigten kollektiven Kapitalanlagen;
- Die Anlageform verfügt über die typischen Funktionsträger wie Investment Manager, Depotbank etc.

[5] Minimal einmal jährliches Rückgaberecht zu NAV des Anlegers; Lockup-Klauseln ändern nichts an der Qualifikation.

Anhang VII

Musterreporting inländische Dachfonds (Excel 2013)

https://www.estv.admin.ch/dam/estv/de/dokumente/bundessteuer/kreisschreiben/2004/1-024-VS-2008-Anhang7_2013.xlsm.download.xlsm/Anhang%20VII%20Musterreporting%20inl%C3%A4ndische%20Dachfonds%20(MS%20Excel%202013).xlsm

Musterreporting inländische Dachfonds (Excel 2007)

https://www.estv.admin.ch/dam/estv/de/dokumente/bundessteuer/kreisschreiben/2004/1-024-VS-2008-Anhang7_2007_FINAL.xls.download.xls/1-024-VS-2008-d-Anhang7_2007_FINAL.xls

Anhang VIII

Musterreporting ausländische Dachfonds (MS Excel 2013)

https://www.estv.admin.ch/dam/estv/de/dokumente/bundessteuer/kreisschreiben/2004/1-024-VS-2008-Anhang8_2013.xlsm.download.xlsm/Anhang%20VIII%20Musterreporting%20ausl%C3%A4ndische%20Dachfonds%20(MS%20Excel%202013).xlsm

Musterreporting ausländische Dachfonds (MS Excel 2007)

https://www.estv.admin.ch/dam/estv/de/dokumente/bundessteuer/kreisschreiben/2004/1-024-VS-2008-Anhang8_2007_FINAL.xls.download.xls/1-024-VS-2008-d-Anhang8_2007_FINAL.xls

Anhang

Musterreporting für Einzelfonds

https://www.estv.admin.ch/dam/estv/de/dokumente/bundessteuer/kreisschreiben/2004/1-024-VS-2008-Anhang_2013.xlsm.download.xlsm/Anhang%20Musterreporting%20f%C3%BCr%20Einzelfonds%20(MS%20Excel%202013).xlsm

Teilbesteuerung im GV

Quelle: Eidg. Steuerverwaltung ESTV / HA Direkte Bundessteuer, Verrechnungssteuer, Stempelabgaben

Direkte Bundessteuer

Bern, 31. Januar 2020

Kreisschreiben Nr. 23a

Teilbesteuerung der Einkünfte aus Beteiligungen im Geschäftsvermögen und zum Geschäftsvermögen erklärte Beteiligungen

Inhaltsverzeichnis

1.	Gegenstand des Kreisschreibens	3
2.	Teilbesteuerung der Einkünfte aus Beteiligungsrechten im Geschäftsvermögen	3
2.1.	*Subjektive Voraussetzungen*	*3*
2.2.	*Objektive Voraussetzungen*	*3*
2.2.1.	Beteiligungsrechte	3
2.2.2.	Erforderliches Ausmass	4
2.2.3.	Haltedauer	5
2.2.4.	Einkünfte aus Beteiligungsrechten	5
2.2.4.1	*Ausschüttungen*	*5*
2.2.4.2	*Veräusserungsgewinne*	*5*
2.3.	*Netto-Ergebnis aus Beteiligungsrechten*	*6*
2.3.1.	Grundsatz	6
2.3.2.	Finanzierungsaufwand	6
2.3.3.	Verwaltungsaufwand	7
2.3.4.	Abschreibungen und Bildung von Rückstellungen	7
2.4.	*Steuerfolgen*	*7*
2.4.1.	Besteuerung des Spartenergebnisses aus Beteiligungsrechten	7
	Spartengewinn	*7*
	Spartenverlust	*7*
2.4.2.	Durch das Teilbesteuerungsverfahren bedingte steuersystematische Realisationstatbestände	8

3.	Beteiligungsrechte im gewillkürten Geschäftsvermögen	8
3.1.	*Grundsatz*	*8*
3.2.	*Erklärung von Beteiligungsrechten zum gewillkürten Geschäftsvermögen*	*8*
3.3.	*Überführung von Beteiligungsrechten vom gewillkürten Geschäfts- ins Privatvermögen*	*9*
3.4.	*Besteuerung von Beteiligungsrechten im gewillkürten Geschäftsvermögen*	*9*
4.	Inkrafttreten	9

Anhang: Beispiele 1 - 5

1. Gegenstand des Kreisschreibens

Mit dem Bundesgesetz vom 23. März 2007 über die Verbesserung der steuerlichen Rahmenbedingungen für unternehmerische Tätigkeiten und Investitionen (Unternehmenssteuerreformgesetz II) wurde in Artikel 18b des Bundesgesetzes vom 14. Dezember 1990 über die direkte Bundessteuer (DBG) die Teilbesteuerung der Einkünfte aus Beteiligungsrechten des Geschäftsvermögens normiert.

Bereits im Bundesgesetz vom 19. März 1999 über das Stabilisierungsprogramm 1998 war Artikel 18 Absatz 2 DBG wie folgt ergänzt worden:

[2] *...Als Geschäftsvermögen gelten alle Vermögenswerte, die ganz oder vorwiegend der selbständigen Erwerbstätigkeit dienen; Gleiches gilt für Beteiligungen von mindestens 20 Prozent am Grund- oder Stammkapital einer Kapitalgesellschaft oder Genossenschaft, sofern der Eigentümer sie im Zeitpunkt des Erwerbs zum Geschäftsvermögen erklärt.*

Mit dem Bundesgesetz vom 28. September 2018 über die Steuerreform und AHV-Finanzierung wurde der Umfang der Teilbesteuerung der Einkünfte aus Beteiligungsrechten des Geschäftsvermögens auf 70 Prozent angehoben:

[1] *Dividenden, Gewinnanteile, Liquidationsüberschüsse und geldwerte Vorteile aus Aktien, Anteilen an Gesellschaften mit beschränkter Haftung, Genossenschaftsanteilen und Partizipationsscheinen sowie Gewinne aus der Veräusserung solcher Beteiligungsrechte sind nach Abzug des zurechenbaren Aufwandes im Umfang von 70 Prozent steuerbar, wenn diese Beteiligungsrechte mindestens 10 Prozent des Grund- oder Stammkapitals einer Kapitalgesellschaft oder Genossenschaft darstellen.*

[2] *Die Teilbesteuerung auf Veräusserungsgewinnen wird nur gewährt, wenn die veräusserten Beteiligungsrechte mindestens ein Jahr im Eigentum der steuerpflichtigen Person oder des Personenunternehmens waren.*

2. Teilbesteuerung der Einkünfte aus Beteiligungsrechten im Geschäftsvermögen

2.1. Subjektive Voraussetzungen

Die Teilbesteuerung der Einkünfte aus Beteiligungsrechten im Geschäftsvermögen steht natürlichen Personen zu, welche in der Schweiz auf Grund persönlicher (Art. 3 DBG) oder wirtschaftlicher Zugehörigkeit (Art. 4 und 11 i.V.m. Art. 7 DBG) steuerpflichtig sind.

Die steuerpflichtige Person (Inhaberin einer Einzelunternehmung oder Teilhaberin an einer Personengesellschaft oder Personen mit Beteiligungsrechten im gewillkürten Geschäftsvermögen) hat für die ihr zurechenbaren Werte die nachfolgenden Voraussetzungen zu erfüllen.

2.2. Objektive Voraussetzungen

2.2.1. Beteiligungsrechte

Beteiligungsrechte sind Anteile am Grund- oder Stammkapital von Kapitalgesellschaften und Genossenschaften. Als Beteiligungsrechte im Sinn der objektiven Voraussetzungen gemäss Artikel 18b DBG gelten insbesondere:

- Aktien;
- Stammanteile an Gesellschaften mit beschränkter Haftung;
- Genossenschaftsanteile;
- Partizipationsscheine;
- Anteile am Kapital einer SICAF.

Keine Beteiligungsrechte bestehen insbesondere bei:

- Genussscheinen und Bezugsrechten;
- Obligationen;
- Darlehen und Vorschüssen;
- hybriden Finanzierungsinstrumenten;
- anderen Guthaben eines an einer Kapitalgesellschaft Beteiligten oder eines Genossenschafters;
- Anteile an kollektiven Kapitalanlagen und diesen gleichzustellenden Körperschaften, z.B. Anteile am Kapital einer SICAV.

Die Qualifikation von ausländischen Beteiligungsrechten erfolgt in sinngemässer Anwendung von Artikel 49 Absatz 3 DBG. Die Gründerrechte an einer liechtensteinischen Anstalt mit ungeteiltem Kapital stellen keine Beteiligungsrechte im Sinn des Artikels 18b DBG dar.

2.2.2. Erforderliches Ausmass

Für die Teilbesteuerung kommen nur Beteiligungsrechte in Betracht, die mindestens 10 Prozent am Grund- oder Stammkapital einer Kapitalgesellschaft oder Genossenschaft ausmachen (Eigentum oder Nutzniessung).

Die sich im Besitz von Ehepartnern, eingetragener Partnerinnen und Partnern und Kindern unter elterlicher Sorge, die zusammen veranlagt werden, befindenden Beteiligungsrechte werden zusammengerechnet.

Hält eine steuerpflichtige Person Beteiligungen am Grund- oder Stammkapital einer Kapitalgesellschaft oder Genossenschaft sowohl im Privat- als auch im Geschäftsvermögen, werden diese für die Ermittlung der erforderlichen Quote zusammengerechnet. Die Erträge aus diesen Beteiligungen werden jedoch nicht zusammengerechnet.

Beteiligungsrechte der gleichen Gesellschaft, die indirekt über eine juristische Person oder eine kollektive Kapitalanlage gehalten werden, können dagegen nicht zusammengerechnet werden.

Ausländische Handelsgesellschaften und andere ausländische Personengesamtheiten ohne juristische Persönlichkeit, die nach Artikel 11 DBG besteuert werden, müssen die Mindestquote von 10 % des Grund- oder Stammkapitals einer Kapitalgesellschaft oder Genossenschaft selber erreichen.

Bei den Personengesellschaften erfolgt eine anteilsmässige Zuteilung der Beteiligungsrechte an die Beteiligten.

Die erforderliche Quote muss im Zeitpunkt der Realisation der Einkünfte aus den Beteiligungsrechten erfüllt sein. Bei Dividenden ist dies der Zeitpunkt der Fälligkeit. Beim Veräusserungserlös ist dies in der Regel der Zeitpunkt des Verpflichtungsgeschäfts, sofern die Erfüllung nicht von vornherein unsicher ist. Wird beim Verkauf einer Beteiligung der Bezug des Beteiligungsertrags dem Verkäufer vorbehalten, wird bei der Berechnung des prozentualen Umfangs der Beteiligung auf die Verhältnisse im Zeitpunkt des Verkaufs abgestellt.

2.2.3. Haltedauer

Für die Teilbesteuerung auf Veräusserungsgewinnen muss das veräusserte Beteiligungsrecht bis zum Veräusserungszeitpunkt während mindestens zwölf Monaten im Eigentum der steuerpflichtigen Person oder des Personenunternehmens gewesen sein.

2.2.4. Einkünfte aus Beteiligungsrechten

2.2.4.1 Ausschüttungen

Für die Teilbesteuerung qualifizieren insbesondere folgende Einkünfte aus Beteiligungsrechten:

- Ordentliche Gewinnausschüttungen wie z.B. Dividenden, Gewinnanteile auf Stammeinlagen, Zinsen auf Genossenschaftsanteilen;
- ausserordentliche Gewinnausschüttungen wie z.B. Anteile am Ergebnis einer Teil- oder Totalliquidation;
- Ausschüttungen auf Partizipationsscheinen;
- Ausschüttungen auf Genussscheinen, sofern die Beteiligungsquote mit Beteiligungsrechten der gleichen Gesellschaft erreicht wird;
- alle übrigen offenen Gewinnausschüttungen;
- verdeckte Gewinnausschüttungen (wie z.B. Zinsen, Entschädigungen für materielle und immaterielle Wirtschaftsgüter sowie für Dienstleistungen, die sich im Licht des Drittvergleichs nicht rechtfertigen lassen), sofern die leistende Kapitalgesellschaft oder Genossenschaft eine entsprechende Gewinnaufrechnung erfahren hat. Stammt die verdeckte Gewinnausschüttung aus einer ausländischen Kapitalgesellschaft oder Genossenschaft, wird die Teilbesteuerung nur gewährt, wenn die zuständige schweizerische Steuerbehörde zur Einsicht gelangt, dass sie anstelle der ausländischen Steuerbehörde ebenfalls eine Aufrechnung vorgenommen hätte oder wenn eine Verständigungslösung kraft eines Doppelbesteuerungsabkommens vorliegt.

Keine Einkünfte aus Beteiligungsrechten sind insbesondere:

- Erträge, die bei der leistenden in- oder ausländischen Kapitalgesellschaft oder Genossenschaft geschäftsmässig begründeten Aufwand darstellen;
- Ausgleichszahlungen aus dem "Securities Lending".

2.2.4.2 Veräusserungsgewinne

Für die Teilbesteuerung qualifizieren auch Veräusserungsgewinne auf Beteiligungsrechten, sofern sie mindestens ein Jahr im Eigentum der steuerpflichtigen Person oder des Personenunternehmens waren. Als Veräusserungsgewinne gelten:

- Gewinne aus der Veräusserung (Differenz zwischen dem Veräusserungserlös und dem tieferen Einkommenssteuerwert) von Beteiligungsrechten die mindestens 10 Prozent des Grund- oder Stammkapitals einer Kapitalgesellschaft oder Genossenschaft verkörpern sowie dazugehöriger Bezugsrechte. Mehrere Verkäufe im gleichen Geschäftsjahr können dabei zusammengerechnet werden;
- Überführungsgewinne (Differenz zwischen dem Verkehrswert und dem tieferen Einkommenssteuerwert einer Beteiligung) bei einer Überführung von Beteiligungsrechten von mindestens 10 Prozent des Grund- oder Stammkapitals einer Kapitalgesellschaft oder Genossenschaft vom Geschäfts- ins Privatvermögen;

- buchmässige Aufwertungen (inkl. Verbuchung von Gratisaktien);
- Auflösung von Rückstellungen (Wertberichtigungen) auf Beteiligungen.

Der Einkommenssteuerwert kann pro Beteiligungsrecht durchschnittlich oder für jeden Zu- oder Abgang einzeln ermittelt werden. Wird der Bestand einer Beteiligung für jeden Zu- oder Abgang einzeln nachgeführt, steht es der steuerpflichtigen Person frei, nach welcher Umschlagsmethode sich im Veräusserungsfall der Einkommenssteuerwert bemisst (FIFO, LIFO, HIFO). Die einmal gewählte Methode muss jedoch beibehalten werden.

2.3. Netto-Ergebnis aus Beteiligungsrechten

2.3.1. Grundsatz

Das Netto-Ergebnis aus Beteiligungsrechten im Geschäftsvermögen ist nach kaufmännischen Kriterien zu ermitteln.[1] Zur Ermittlung des Netto-Ergebnisses aus qualifizierenden Beteiligungsrechten ist eine Spartenrechnung zu führen. In dieser Rechnung sind alle qualifizierenden Beteiligungsrechte, d.h. auch ertragslose, zu berücksichtigen.

In die Spartenrechnung fallen sämtliche Einkünfte gemäss Ziffer 2.2.4. aus qualifizierenden Beteiligungsrechten. Zur Ermittlung des Netto-Ergebnisses sind von diesen Einkünften sämtliche den qualifizierenden Beteiligungsrechten zurechenbaren Aufwendungen in Abzug zu bringen.

Als zurechenbare Aufwendungen gelten:
- der Finanzierungsaufwand;
- der Verwaltungsaufwand;
- Abschreibungen;
- Bildung von Rückstellungen (Wertberichtigungen);
- Veräusserungsverluste (Differenz zwischen dem Veräusserungserlös und dem höheren Einkommenssteuerwert);
- Verluste aus der Überführung vom Geschäfts- ins Privatvermögen (Differenz zwischen dem Verkehrs- und dem höheren Einkommenssteuerwert).

2.3.2. Finanzierungsaufwand

Von den Einkünften aus Beteiligungsrechten ist zunächst der darauf entfallende Finanzierungsaufwand derselben Steuerperiode in Abzug zu bringen. Als Finanzierungsaufwand gelten Schuldzinsen sowie sonstige Aufwendungen, deren unmittelbare Ursache im steuerlich relevanten Fremdkapital oder auch in faktischen mittel- oder langfristigen Verbindlichkeiten anderer Art liegt. Demgegenüber stellen die von der steuerpflichtigen Person nicht beanspruchten Skonto-Offerten der Lieferanten oder die von ihren Kunden beanspruchten Skonti keinen Finanzierungsaufwand dar. Solche Aufwendungen oder Erlösminderungen finden in aller Regel ihren Niederschlag direkt und ausschliesslich im betrieblichen Bruttogewinn. Im Mietaufwand sowie in Leasingraten enthaltener Finanzierungsaufwand bleibt ebenfalls unberücksichtigt.

---

[1] Botschaft zum Bundesgesetz über die Verbesserung der steuerlichen Rahmenbedingungen für unternehmerische Tätigkeiten und Investitionen (Unternehmenssteuerreformgesetz II) vom 22. Juni 2005, BBl **2005** 4797 ff., Ziff. 2.4.

Die Abgrenzung zwischen privaten und geschäftlichen Schuldzinsen erfolgt aufgrund der vom Steuerpflichtigen nachgewiesenen Verwendung der fremden Mittel. Bei selbständiger Erwerbstätigkeit wird auf den Geschäftsabschluss abgestellt. Fehlt der Nachweis der Mittelverwendung, erfolgt die Abgrenzung zwischen privaten und geschäftlichen Schuldzinsen nach dem Verhältnis der Aktiven (proportionale Aufteilung nach Verkehrswerten).

Bei den geschäftlichen Schuldzinsen ist der auf die qualifizierenden Beteiligungsrechte des Geschäftsvermögens entfallende Finanzierungsaufwand proportional nach Massgabe der Einkommenssteuerwerte der qualifizierenden Beteiligungsrechte zu den gesamten Aktiven des Geschäftsvermögens zu ermitteln. Die Einkommenssteuerwerte bemessen sich in der Regel nach dem Stand am Ende der Steuerperiode. Für Beteiligungsrechte, die während des Geschäftsjahres veräussert wurden, ist der anteilige Finanzierungsaufwand bezogen auf den Einkommenssteuerwert im Zeitpunkt der Veräusserung zu berücksichtigen.

2.3.3. Verwaltungsaufwand

Die Einkünfte der Beteiligungsrechte sind grundsätzlich um einen pauschalen Betrag von 5 Prozent zur Deckung des Verwaltungsaufwandes zu kürzen. Es handelt sich dabei um eine Pauschale, die stets vom Spartenergebnis vor Abzug der Schuldzinsen und des Verwaltungsaufwandes zu berechnen ist. Der Nachweis eines effektiven tieferen oder höheren Verwaltungsaufwandes bleibt vorbehalten.

2.3.4. Abschreibungen und Bildung von Rückstellungen

Es sind alle geschäftsmässig begründeten Abschreibungen und Rückstellungsbildungen (Wertberichtigungen) sämtlicher qualifizierenden Beteiligungsrechte zu berücksichtigen.

2.4. Steuerfolgen

2.4.1. Besteuerung des Spartenergebnisses aus Beteiligungsrechten

Spartengewinn

Der Spartengewinn wird zu 70 Prozent besteuert (siehe Beispiel Nr. 1 im Anhang).

Spartenverlust

Bei einem Spartenverlust muss differenziert werden[2]:

- Soweit der Spartenverlust auf den Abzug des Finanzierungs- und des Verwaltungsaufwandes zurückzuführen ist, verbleibt er vollumfänglich steuerlich abzugsfähig.
- Soweit der Spartenverlust auf den Abzug von Abschreibungen oder Rückstellungen (Wertberichtigungen) oder auf realisierte Kapitalverluste auf qualifizierenden Beteiligungsrechten zurückzuführen ist, kann er steuerlich nur zu 70 % berücksichtigt werden.

Bei der Aufteilung des Spartenverlustes werden von den Bruttoeinkünften vorab die Abschreibungen, Rückstellungen (Wertberichtigungen) oder Kapitalverluste auf den qualifizierenden Beteiligungsrechten in Abzug gebracht (siehe Beispiele Nr. 2 und 3 im Anhang).

---

[2] Botschaft zum Bundesgesetz über die Verbesserung der steuerlichen Rahmenbedingungen für unternehmerische Tätigkeiten und Investitionen (Unternehmenssteuerreformgesetz II) vom 22. Juni 2005, BBl **2005** 4799.

2.4.2. Durch das Teilbesteuerungsverfahren bedingte steuersystematische Realisationstatbestände

Eine steuersystematische Realisation liegt vor, wenn bisher latent steuerbelastete Kapitalgewinne ganz oder teilweise steuerfrei werden. Darunter fällt mit der Regelung von Artikel 18b DBG auch die Übertragung von einzelnen Vermögenswerten auf eine Kapitalgesellschaft oder Genossenschaft, an denen Teilhaber der übertragenden Personenunternehmung qualifizierende Beteiligungsrechte halten.

Die Übertragung von einzelnen Aktiven aus dem Geschäftsvermögen auf eine Kapitalgesellschaft oder Genossenschaft, deren Beteiligungsrechte sich im Geschäftsvermögen befinden, führt zur Besteuerung von 30 % der übertragenen stillen Reserven. Diese Kapitaleinlage führt zur Erhöhung des Einkommenssteuerwertes der Beteiligungsrechte. Diese Erhöhung entspricht dem Einkommenssteuerwert des übertragenen Aktivums. Damit wird die spätere Besteuerung zu 70 % der nunmehr auf die Beteiligungsrechte entfallenden stillen Reserve sichergestellt. Die übernehmende Kapitalgesellschaft oder Genossenschaft kann eine entsprechende versteuerte stille Reserve geltend machen (siehe Beispiel Nr. 4 im Anhang).

Auch die Übertragung eines Betriebes oder eines Teilbetriebes auf eine juristische Person, deren Beteiligungsrechte sich im Geschäftsvermögen einer übertragenden natürlichen Person oder eines Personenunternehmens befinden, führt nach Inkrafttreten von Artikel 18b DBG grundsätzlich zu einer steuersystematischen Realisation. Ein solcher Vorgang stellt jedoch eine Umstrukturierung dar, bei der die übertragenen stillen Reserven nach Artikel 19 Absatz 1 Buchstabe b DBG nicht besteuert werden, sofern die Sperrfrist nach Artikel 19 Absatz 2 DBG eingehalten wird.

3. Beteiligungsrechte im gewillkürten Geschäftsvermögen

3.1. Grundsatz

Natürliche Personen können Beteiligungsrechte von mindestens 20 Prozent am Grund- oder Stammkapital einer Kapitalgesellschaft oder Genossenschaft im Zeitpunkt des Erwerbs zum Geschäftsvermögen erklären (Art. 18 Abs. 2 DBG). Zinsen, die auf solche Beteiligungsrechte entfallen, unterliegen nicht der Beschränkung gemäss Artikel 33 Absatz 1 Buchstabe a DBG.

Als Erwerb im Sinne des Gesetzes gelten entgeltliche und teilentgeltliche Eigentumsübertragungen. Nur ein solcher Erwerb kann eine Fremdfinanzierung erfordern und demzufolge Schuldzinsen bewirken. Der Einkommenssteuerwert von Beteiligungsrechten im gewillkürten Geschäftsvermögen entspricht im Zeitpunkt des Erwerbs dem Kaufpreis.

3.2. Erklärung von Beteiligungsrechten zum gewillkürten Geschäftsvermögen

Die Erklärung von Beteiligungsrechten zum Geschäftsvermögen ist nur im Zeitpunkt des Erwerbs möglich. Der Käufer hat die Erklärung der Beteiligungsrechte zum Geschäftsvermögen der Veranlagungsbehörde zusammen mit der ersten Steuererklärung nach dem Beteiligungserwerb abzugeben.

Bestehende Beteiligungsrechte im Privatvermögen können nicht zum gewillkürten Geschäftsvermögen erklärt werden. Bei Zukäufen gleicher Beteiligungsrechte können nur die zusätzlich erworbenen zum Geschäftsvermögen erklärt werden, sofern diese für sich allein mindestens 20 Prozent des Grund- oder Stammkapitals einer Kapitalgesellschaft oder Genossenschaft verkörpern oder die bisherigen Beteiligungsrechte bereits zum Geschäftsvermögen gehören.

Durch Erbschaft - im Umfang der Erbquote - oder Schenkung übertragene Beteiligungsrechte behalten ihre Qualifikation als Privat- oder Geschäftsvermögen (Steuernachfolge; Art. 12 Abs. 1 DBG). Die bei Erbteilung zusätzlich erworbenen Beteiligungsrechte können dagegen zum Geschäftsvermögen erklärt werden, sofern ihr Umfang mindestens 20 Prozent am Grund- oder Stammkapital beträgt (siehe Beispiel Nr. 5 im Anhang).

Sinkt die Beteiligungsquote an zum Geschäftsvermögen erklärten Beteiligungsrechten durch einen Teilverkauf unter 20 Prozent, kann die Qualifikation der verbleibenden Beteiligungsrechte als Geschäftsvermögen beibehalten werden. Beteiligungsrechte im gewillkürten Geschäftsvermögen, die durch Erbgang auf eine Erbengemeinschaft in ideelle Beteiligungsquoten von unter 20 Prozent zerfallen, gelten weiterhin als Geschäftsvermögen. Werden solche Beteiligungsrechte im Rahmen der Erbteilung veräussert, unterliegen allfällige Kapitalgewinne der Einkommenssteuer.

Artikel 18 Absatz 2 DBG visiert diejenigen Fälle an, in denen der Kauf von Beteiligungsrechten vom Erwerber durch Aufnahme von Darlehen finanziert wird. Beteiligungsrechte, die aus der Umwandlung einer Personenunternehmung in eine juristische Person hervorgehen, können daher nicht zum Geschäftsvermögen erklärt werden.

3.3. Überführung von Beteiligungsrechten vom gewillkürten Geschäfts- ins Privatvermögen

Die Überführung von Beteiligungsrechten vom gewillkürten Geschäfts- ins Privatvermögen ist jederzeit möglich. Für Beteiligungsrechte, die nur teilweise zum gewillkürten Geschäftsvermögen gehören, ist die Umschlagsmethode zur Bestimmung, welche Beteiligungsrechte im Fall von Teilveräusserungen zuerst veräussert werden (FIFO, LIFO, HIFO), frei wählbar.

3.4. Besteuerung von Beteiligungsrechten im gewillkürten Geschäftsvermögen

Die Einkünfte auf Beteiligungsrechten im gewillkürten Geschäftsvermögen zählen steuerrechtlich zu den Einkünften aus selbständiger Erwerbstätigkeit (Art. 18 Abs. 1 und 2 DBG).

Die Teilbesteuerung richtet sich danach, ob die Voraussetzungen von Artikel 18b DBG erfüllt sind (vgl. Ziff. 2.).

Wertverminderungen auf Beteiligungsrechten im gewillkürten Geschäftsvermögen können bei der Ermittlung des steuerbaren Einkommens in Abzug gebracht werden (Art. 27 Abs. 2 Bst. a und b DBG). Sind die Wertverminderungen nicht definitiv, können sie nur im Sinne einer Rückstellung geltend gemacht werden. (Art. 29 Abs. 1 Bst. c DBG). Eine solche Rückstellung wird dem steuerbaren Einkommen zugerechnet, soweit sie nicht mehr begründet ist (Art. 29 Abs. 2 DBG).

4. Inkrafttreten

Dieses Kreisschreiben tritt zusammen mit Artikel 18b Absatz 1 DBG in der Fassung vom 28. September 2018 per 1. Januar 2020 in Kraft und gilt für Einkünfte aus Beteiligungsrechten, die nach dem 31. Dezember 2019 fällig werden.

Anhang zum Kreisschreiben Nr. 23a vom 31. Januar 2020

Beispiel Nr. 1: Spartenrechnung - Spartengewinn

Einzelunternehmung X

Betriebliche Aktiven	2'750	Fremdkapital	2'500
Beteiligung X AG (100 %)	**1'000**	Kapital	1'500
Beteiligung Y AG (5 %)	250		
Total Aktiven	4'000	Total Passiven	4'000

Erfolgsrechnung	Aufwand	Ertrag	Sparte Beteiligungen
Betrieblicher Ertrag		2'000	
Beteiligungsertrag:			
- Dividenden[1]		110	100
- Gewinne aus Veräusserungen			
- Überführungsgewinne			
- Buchmässige Aufwertungen			
- Auflösung Rückstellungen			
Übriger Ertrag		80	
Betrieblicher Aufwand	1'600		
Finanzierungsaufwand	100		
Direkter Beteiligungsaufwand:			
./. Abschreibungen			
./. Bildung Rückstellungen			
./. Veräusserungs- / Überführungsverluste			
übriger Aufwand	250		
Erfolg (Gewinn/Verlust)	240		
Total	**2'190**	**2'190**	100
Umlage Finanzierungs- und Verwaltungsaufwand			
./. Finanzierungsaufwand	100*(1000/4000)		- 25
./. Verwaltungsaufwand	5 % von 100		- 5
Spartenerfolg (Gewinn/Verlust)			**70**

Erfolgsaufteilung	Erfolg
Gesamterfolg	240
./. Beteiligungserfolg	- 70
Betriebserfolg (Gewinn/Verlust)	**170**
+ Beteiligungsgewinn	**49**
./. Beteiligungsverlust 70 %	0
./. Finanzierungs- und Verwaltungsaufwandüberschuss 100 %	0
Steuerbarer Erfolg (Gewinn/Verlust)	**219**

[1] 100 von X AG; 10 von Y AG

Beispiel Nr. 2: *Spartenrechnung - Spartenverlust*

Einzelunternehmung X

Betriebliche Aktiven	2'750	Fremdkapital	2'500
Beteiligung X AG (100 %)	**1'000**	Kapital	1'500
Beteiligung Y AG (5 %)	250		
Total Aktiven	4'000	Total Passiven	4'000

Erfolgsrechnung	Aufwand	Ertrag	Sparte Beteiligungen
Betrieblicher Ertrag		2'000	
Beteiligungsertrag:			
- Dividenden[1]		120	90
- Gewinne aus Veräusserungen			
- Überführungsgewinne			
- Buchmässige Aufwertungen			
- Auflösung Rückstellungen			
Übriger Ertrag		80	
Betrieblicher Aufwand	1'600		
Finanzierungsaufwand	100		
Direkter Beteiligungsaufwand:			
./. Abschreibungen[2]	70		- 70
./. Bildung Rückstellungen			
./. Veräusserungs- / Überführungsverluste			
übriger Aufwand	250		
Erfolg (Gewinn/Verlust)	**180**		
Total	**2'200**	**2'200**	**20**
Umlage Finanzierungs- und Verwaltungsaufwand			
./. Finanzierungsaufwand	100*(1000/4000)		- 25
./. Verwaltungsaufwand	5 % von 20		- 1
Spartenerfolg (Gewinn/Verlust)			**- 6**

Erfolgsaufteilung	Erfolg
Gesamterfolg	180
./. Beteiligungserfolg	6
Betriebserfolg (Gewinn/Verlust)	**186**
+ Beteiligungsgewinn	0
./. Beteiligungsverlust 70 %	0
./. Finanzierungs- und Verwaltungs- aufwandüberschuss 100 %	- 6
Steuerbarer Erfolg (Gewinn/Verlust)	**180**

[1] 90 von X AG; 30 von Y AG   [2] 70 auf X AG

Bei der Aufteilung des Spartenverlustes wird von den Bruttoeinkünften von 90 vorab die Abschreibung von 70 auf der Beteiligung X AG in Abzug gebracht. Vom verbleibenden Ertrag werden der Finanzierungsaufwand von 25 und der anteilige Verwaltungsaufwand von 1 abgezogen. Der so ausgewiesene Spartenverlust ist vollumfänglich abzugsfähig.

Beispiel Nr. 3: Spartenrechnung - Spartenverlust

Einzelunternehmung X

Betriebliche Aktiven	2'750	Fremdkapital	2'500
Beteiligung X AG (100 %)	**1'000**	Kapital	1'500
Beteiligung Y AG (5 %)	250		
Total Aktiven	4'000	Total Passiven	4'000

Erfolgsrechnung	Aufwand	Ertrag	Sparte Beteiligungen
Betrieblicher Ertrag		2'000	
Beteiligungsertrag:			
- Dividenden[1]		120	
- Gewinne aus Veräusserungen			
- Überführungsgewinne			
- Buchmässige Aufwertungen			
- Auflösung Rückstellungen			
Übriger Ertrag		80	
Betrieblicher Aufwand	1'600		
Finanzierungsaufwand	100		
Direkter Beteiligungsaufwand:			
./. Abschreibungen[2]	70		- 70
./. Bildung Rückstellungen			
./. Veräusserungs- / Überführungsverluste			
übriger Aufwand	250		
Erfolg (Gewinn/Verlust)	**180**		
Total	2'200	2'200	- 70
Umlage Finanzierungs- und Verwaltungsaufwand			
./. Finanzierungsaufwand	100*(1000/4000)		- 25
./. Verwaltungsaufwand	5 % von 0		0
Spartenerfolg (Gewinn/Verlust)			**- 95**

Erfolgsaufteilung	Erfolg
Gesamterfolg	180
./. Beteiligungserfolg	95
Betriebserfolg (Gewinn/Verlust)	**275**
+ Beteiligungsgewinn	*0*
./. Beteiligungsverlust 70 %	*- 49*
./. Finanzierungs- und Verwaltungs- aufwandüberschuss 100 %	*- 25*
Steuerbarer Erfolg (Gewinn/Verlust)	**201**

[1] 0 von X AG; 120 von Y AG   [2] 70 auf X AG

Der Spartenverlust von 95 stammt aus einer Abschreibung von 70 und den Finanzierungskosten von 25. Es sind deshalb nur 74 abziehbar (70 % von 70 und 100 % von 25).

Beispiel Nr. 4: **Übertragung einzelner Aktiven aus dem Geschäftsvermögen auf eine Kapitalgesellschaft**

Einzelunternehmer X hält im Geschäftsvermögen neben den flüssigen Mitteln und den betrieblichen Aktiven sämtliche Beteiligungsrechte an der X AG sowie eine Liegenschaft. Mittels Sacheinlage überträgt er die Liegenschaft zum Einkommenssteuerwert auf die X AG.

Bilanz der Einzelunternehmung X **vor** der Übertragung der Liegenschaft:

Einzelunternehmung X			
Flüssige Mittel	500	Fremdkapital	2'500
Betriebliche Aktiven[1]	1'500	Kapital	1'000
Beteiligung X AG[1]	1'000		
Liegenschaft[2]	500		
Total Aktiven	3'500	Total Passiven	3'500

[1] Stille Reserven: 0
[2] Stille Reserven: 800

Die Übertragung der Liegenschaft von der Einzelunternehmung X auf die X AG führt zur Besteuerung von 240. Dies entspricht 30 % der übertragenen stillen Reserven auf der Liegenschaft. Der Einkommenssteuerwert der Beteiligungsrechte X wird um den Einkommenssteuerwert der übertragenen Liegenschaft von 500 erhöht. Die übernehmende X AG kann in der Steuerbilanz eine besteuerte stille Reserve von 240 geltend machen.

Bilanz der Einzelunternehmung X **nach** der Übertragung der Liegenschaft:

Einzelunternehmung X			
Flüssige Mittel	500	Fremdkapital	2'500
Betriebliche Aktiven[1]	1'500	Kapital	1'000
Beteiligung X AG[2]	1'500		
Total Aktiven	3'500	Total Passiven	3'500

[1] Stille Reserven: 0
[2] Stille Reserven: 800

Steuerbilanz der X AG **nach** der Übertragung der Liegenschaft:

X AG			
Flüssige Mittel	400	Fremdkapital	500
Betriebliche Aktiven	1'100	Kapital	1'500
Liegenschaft[1]	740	Versteuerte stille Reserve auf Liegenschaft	240
Total Aktiven	2'240	Total Passiven	2'240

[1] Unversteuerte stille Reserven: 560

Ein Jahr nach der Übertragung der Liegenschaft verkauft der Einzelunternehmer X die Beteiligung an der X AG zum Verkehrswert von 2'300.

Gemäss Artikel 18b DBG wird der Veräusserungsgewinn von 800 (Differenz zwischen dem Verkaufspreis und dem Einkommenssteuerwert) nach Abzug der zurechenbaren Aufwendungen zu 70 % besteuert.

Gesamthaft werden bei der Übertragung der Liegenschaft und dem späteren Verkauf der Beteiligungsrechte 800 besteuert. Dies entspricht den stillen Reserven auf der Liegenschaft vor der Übertragung von der Einzelunternehmung X auf die X AG. Ohne die Besteuerung von 30 % der übertragenen stillen Reserven auf der Liegenschaft bei der Übertragung würde der bisher latent steuerbelastete Kapitalgewinn von 800 zu 30 % steuerfrei.

Beispiel Nr. 5: *Gewillkürtes Geschäftsvermögen - Erwerb bei Erbteilung*

Annahme: *Erblasser X hielt 100 % Beteiligung X AG im Privatvermögen.*

Beteiligung X AG	Nennwert	Verkehrswert
	200'000	4'000'000

Erben	Erbquoten	Nennwert	Verkehrswert
A	25 %	50'000	1'000'000
B	25 %	50'000	1'000'000
C	25 %	50'000	1'000'000
D	25 %	50'000	1'000'000

A erwirbt im Rahmen der Erbteilung von B, C und D drei 25-%ige Beteiligungen an der X AG zum Verkehrswert und erklärt diese im Zeitpunkt des Erwerbs jeweils vollumfänglich zum Geschäftsvermögen.

Privatvermögen		Geschäftsvermögen	
25 %	Nennwertprinzip	75 %	Buchwertprinzip
1'000'000	50'000	3'000'000	3'000'000

Die Beteiligung verbleibt im Umfang der Erbquote von 25 % im Privatvermögen und unterliegt weiterhin dem Nennwert- bzw. Kapitaleinlageprinzip. Der Erwerb der zusätzlichen Beteiligung von 75 % im Rahmen der Erbteilung berechtigt dagegen, die Beteiligung in diesem Umfang zum Geschäftsvermögen zu erklären. Im vorliegenden Beispiel wird von dieser Wahlmöglichkeit Gebrauch gemacht. Dies führt zu einem Wechsel vom Nennwert- bzw. Kapitaleinlageprinzip zum Buchwertprinzip. Die Veranlagungsbehörde hat deshalb zu prüfen, ob die Merkmale der indirekten Teilliquidation erfüllt sind.

Dem Steuerpflichtigen steht es jedoch frei, nur einen einzelnen "Zukauf" - beispielsweise den Erwerb der 25-%igen Beteiligung von seinem Miterben B - und nur in einem Umfang von mindestens 20 % zum Geschäftsvermögen zu erklären.

Teilbesteuerung im PV

Quelle: Eidg. Steuerverwaltung ESTV / HA Direkte Bundessteuer, Verrechnungssteuer, Stempelabgaben

Direkte Bundessteuer

Bern, 31. Januar 2020

Kreisschreiben Nr. 22a

Teilbesteuerung der Einkünfte aus Beteiligungen im Privatvermögen und Beschränkung des Schuldzinsenabzugs

Inhaltsverzeichnis

1.	Gegenstand des Kreisschreibens	2
2.	Teilbesteuerung der Einkünfte aus Beteiligungen des Privatvermögens	2
2.1.	Subjektive Voraussetzungen	2
2.2.	Objektive Voraussetzungen	2
2.2.1.	Beteiligungsrechte	2
2.2.2.	Erforderliches Ausmass der Beteiligung	3
2.2.3.	Einkünfte aus Beteiligungen	3
2.3.	Umqualifikation von Einkünften aus Beteiligungen in Erwerbseinkommen	4
3.	Beschränkung des Schuldzinsenabzugs	4
3.1.	Berechnung des maximal zulässigen Schuldzinsenabzugs	4
3.2.	Abgrenzung zwischen privaten und geschäftlichen Schuldzinsen	5
3.3.	Kosten ohne Schuldzinsencharakter	5
4.	Inkrafttreten	6

Anhang: Beispiele 1 - 4

1. Gegenstand des Kreisschreibens

Mit dem Bundesgesetz vom 23. März 2007 über die Verbesserung der steuerlichen Rahmenbedingungen für unternehmerische Tätigkeiten und Investitionen (Unternehmenssteuerreformgesetz II) wurde in Artikel 20 Absatz 1bis des Bundesgesetzes vom 14. Dezember 1990 über die direkte Bundessteuer (DBG) die Teilbesteuerung der Einkünfte aus Beteiligungsrechten des Privatvermögens festgelegt.

Mit dem Bundesgesetz vom 28. September 2018 über die Steuerreform und AHV-Finanzierung wurde der Umfang der Teilbesteuerung der Einkünfte aus Beteiligungen des Privatvermögens auf 70 Prozent angehoben:

^{1bis} *Dividenden, Gewinnanteile, Liquidationsüberschüsse und geldwerte Vorteile aus Aktien, Anteilen an Gesellschaften mit beschränkter Haftung, Genossenschaftsanteilen und Partizipationsscheinen (einschliesslich Gratisaktien, Gratisnennwerterhöhungen u. dgl.) sind im Umfang von 70 Prozent steuerbar, wenn diese Beteiligungsrechte mindestens 10 Prozent des Grund- oder Stammkapitals einer Kapitalgesellschaft oder Genossenschaft darstellen.*

Private Schuldzinsen sind nach Artikel 33 Absatz 1 Buchstabe a DBG im Umfang des Ertrages aus beweglichem und unbeweglichem Vermögen (Art. 20 und 21 DBG) und weiterer 50'000 Franken abziehbar. Zinsen auf Geschäftsschulden sind weiterhin vollumfänglich abziehbar (Art. 27 Abs. 2 Bst. d DBG).

2. Teilbesteuerung der Einkünfte aus Beteiligungen des Privatvermögens

2.1. Subjektive Voraussetzungen

Die Teilbesteuerung der Einkünfte aus Beteiligungsrechten im Privatvermögen steht natürlichen Personen zu, welche in der Schweiz auf Grund persönlicher (Art. 3 DBG) oder wirtschaftlicher Zugehörigkeit (Art. 4 i.V.m. Art. 7 DBG) steuerpflichtig sind.

2.2. Objektive Voraussetzungen

2.2.1. Beteiligungsrechte

Beteiligungsrechte sind Anteile am Grund- oder Stammkapital von Kapitalgesellschaften und Genossenschaften. Als Beteiligungsrechte im Sinn der objektiven Voraussetzungen gemäss Artikel 20 Absatz 1bis DBG gelten insbesondere:

- Aktien;
- Stammanteile an Gesellschaften mit beschränkter Haftung;
- Genossenschaftsanteile;
- Partizipationsscheine;
- Anteile am Kapital einer SICAF.

Keine Beteiligungsrechte bestehen insbesondere bei:

- Genussscheinen;
- Obligationen;
- Darlehen und Vorschüssen;
- hybriden Finanzierungsinstrumenten;
- anderen Guthaben eines an einer Kapitalgesellschaft Beteiligten oder eines Genossenschafters;
- Anteilen an kollektiven Kapitalanlagen und diesen gleichzustellenden Körperschaften, z.B. Anteile am Kapital einer SICAV.

Die Qualifikation von ausländischen Beteiligungsrechten erfolgt in sinngemässer Anwendung von Artikel 49 Absatz 3 DBG. Die Gründerrechte an einer liechtensteinischen Anstalt mit ungeteiltem Kapital stellen keine Beteiligungsrechte im Sinn des Artikels 20 Absatz 1bis DBG dar.

2.2.2. Erforderliches Ausmass der Beteiligung

Für die Teilbesteuerung kommen nur Beteiligungsrechte in Betracht, die mindestens 10 Prozent am Grund- oder Stammkapital einer Kapitalgesellschaft oder Genossenschaft ausmachen (Eigentum oder Nutzniessung).

Die sich im Besitz von Ehegatten, eingetragener Partnerinnen und Partnern sowie Kindern unter elterlicher Sorge, die zusammen veranlagt werden, befindenden Beteiligungsrechte werden zusammengerechnet.

Hält eine steuerpflichtige Person Beteiligungen am Grund- oder Stammkapital einer Kapitalgesellschaft oder Genossenschaft sowohl im Privat- als auch im Geschäftsvermögen, werden diese für die Ermittlung der erforderlichen Quote zusammengerechnet. Die Erträge aus diesen Beteiligungen werden jedoch nicht zusammengerechnet.

Beteiligungsrechte der gleichen Gesellschaft, die indirekt über eine juristische Person oder eine kollektive Kapitalanlage gehalten werden, können dagegen nicht zusammengerechnet werden.

Für Erbengemeinschaften erfolgt keine Zusammenrechnung der Beteiligungsrechte.

Die erforderliche Quote muss im Zeitpunkt der Realisation der Einkünfte aus der Beteiligung erfüllt sein. Bei Dividenden ist dies der Zeitpunkt der Fälligkeit. Wird beim Verkauf einer Beteiligung der Bezug des Beteiligungsertrags dem Verkäufer vorbehalten, wird bei der Berechnung des prozentualen Umfangs der Beteiligung auf die Verhältnisse im Zeitpunkt des Verkaufs abgestellt.

2.2.3. Einkünfte aus Beteiligungen

Für die Teilbesteuerung qualifizieren insbesondere folgende Einkünfte aus Beteiligungsrechten:

- Ordentliche Gewinnausschüttungen wie z.B. Dividenden, Gewinnanteile auf Stammeinlagen, Zinsen auf Genossenschaftsanteilen;
- ausserordentliche Gewinnausschüttungen wie z.B. Anteile am Ergebnis einer direkten oder indirekten Teil- oder Totalliquidation (Art. 20 Abs. 1 Bst. c und 20a Abs. 1 Bst. a DBG), Vermögenserträge aus Transponierung (Art. 20a Abs. 1 Bst. b DBG);
- Ausschüttungen auf Partizipationsscheinen;
- Ausschüttungen auf Genussscheinen, sofern die Beteiligungsquote mit Beteiligungsrechten der gleichen Gesellschaft erreicht wird;
- Gratisaktien und Gratisnennwerterhöhungen;
- alle übrigen offenen Gewinnausschüttungen;
- verdeckte Gewinnausschüttungen an die Inhaber von Beteiligungen (wie Zinsen, Entschädigungen für materielle und immaterielle Wirtschaftsgüter sowie für Dienstleistungen, die sich im Licht des Drittvergleichs nicht rechtfertigen lassen), sofern die leistende Kapitalgesellschaft oder Genossenschaft eine entsprechende Gewinnaufrechnung erfahren hat. Stammt die verdeckte Gewinnausschüttung aus einer ausländischen Kapitalgesellschaft oder Genossenschaft, wird die Teilbesteuerung gewährt, wenn die zuständige schweizerische Steuerbehörde zur Einsicht gelangt, dass sie anstelle der ausländischen

Steuerbehörde ebenfalls eine Aufrechnung vorgenommen hätte oder wenn eine Verständigungslösung kraft eines Doppelbesteuerungsabkommens vorliegt.

Keine Einkünfte aus Beteiligungsrechten sind insbesondere:

- Erträge, die bei der leistenden in- oder ausländischen Kapitalgesellschaft oder Genossenschaft geschäftsmässig begründeten Aufwand darstellen;
- Kompensations- oder Ersatzzahlungen aus dem "Securities Lending".

2.3. Umqualifikation von Einkünften aus Beteiligungen in Erwerbseinkommen

Erfolgt durch die Sozialversicherungsbehörden eine Umqualifikation von Beteiligungsertrag in Erwerbseinkommen, kann für die direkte Bundessteuer nur dann eine Umqualifikation vorgenommen werden, wenn sowohl die Veranlagung des Beteiligungsinhabers als auch die der Kapitalgesellschaft im offenen Verfahren korrigiert werden können.

3. Beschränkung des Schuldzinsenabzugs

3.1. Berechnung des maximal zulässigen Schuldzinsenabzugs

Bei der Festsetzung des steuerbaren Einkommens entspricht der maximal zulässige Schuldzinsenabzug den steuerbaren Erträgen aus Privatvermögen zuzüglich eines Grundbetrages von 50'000 Franken. Dieser Grundbetrag gilt sowohl für verheiratete Personen, die in rechtlich und tatsächlich ungetrennter Ehe leben, eingetragene Partnerinnen oder Partner und Kinder unter elterlicher Sorge gesamthaft (Art. 9 DBG) als auch für die übrigen Steuerpflichtigen.

Schuldzinsen können auch ohne Erträge aus beweglichem oder unbeweglichem Vermögen bis zum Betrag von 50'000 Franken in Abzug gebracht werden.

Die Erträge aus beweglichem Vermögen (Art. 20 DBG) bemessen sich brutto, d.h. im Umfang der gesamten steuerbaren Einkünfte vor Abzug der darauf entfallenden Gewinnungskosten und Schuldzinsen. Vermögensverwaltungskosten und die weder rückforderbaren noch anrechenbaren ausländischen Quellensteuern (Art. 32 Abs. 1 DBG) kürzen den Umfang des maximal zulässigen Schuldzinsenabzuges daher nicht. Der Nachweis des Bruttoertrages obliegt dem Steuerpflichtigen. Einkünfte aus Beteiligungen des Privatvermögens, die unter Artikel 20 Absatz 1bis DBG (Teilbesteuerung) fallen, werden nur zu 70% in die Bemessung einbezogen. Verluste aus der Veräusserung von Obligationen mit überwiegender Einmalverzinsung (Art. 20 Abs. 1 Bst. b DBG) kürzen den Bruttoertrag aus beweglichem Vermögen nur im Ausmass der Verrechnung mit Gewinnen aus anderen Obligationen mit überwiegender Einmalverzinsung (Kreisschreiben der ESTV Nr. 15 vom 7. Februar 2007, Ziff. 3.2).

Auch die Erträge aus unbeweglichem Vermögen (Art. 21 DBG) bemessen sich brutto, d.h. im Umfang der gesamten steuerbaren Einkünfte vor Abzug der darauf entfallenden Gewinnungskosten und Schuldzinsen. Liegenschaftsunterhaltskosten und diesen gleichgestellte Aufwendungen (Art. 32 Abs. 2 - 4 DBG) kürzen den Umfang des maximal zulässigen Schuldzinsenabzuges daher nicht. Im Mietzins enthaltene Zahlungen für Nebenkosten sind für die Berechnung des Bruttoertrages in Abzug zu bringen.

Die Beschränkung des Abzuges privater Schuldzinsen gilt bei teilweiser Steuerpflicht sowohl bei der Festsetzung des steuerbaren wie des satzbestimmenden Einkommens. Dabei fallen für die Festsetzung des satzbestimmenden (weltweiten) Einkommens (Art. 7 Abs. 1 DBG) auch die Erträge aus Grundstücken im Ausland in die Berechnung des maximal zulässigen

Schuldzinsenabzuges. Für die internationale Steuerausscheidung (Art. 6 DBG) werden die so ermittelten maximal zulässigen (weltweiten) Schuldzinsen proportional nach Lage der Aktiven verteilt.

Aperiodische Vermögenserträge fallen im gesamten Umfang des steuerbaren Ertrags im Fälligkeitsjahr in die Berechnung des maximal zulässigen Schuldzinsenabzugs. Eine Verteilung von steuerbaren Erträgen aus Kapitalversicherungen mit Einmalprämie (Art. 20 Abs. 1 Bst. a DBG) oder Obligationen mit überwiegender Einmalverzinsung (Art. 20 Abs. 1 Bst. b DBG) auf die Laufzeit ist demnach unzulässig.

3.2. Abgrenzung zwischen privaten und geschäftlichen Schuldzinsen

Die Abgrenzung zwischen privaten und geschäftlichen Schuldzinsen erfolgt aufgrund der vom Steuerpflichtigen nachgewiesenen Verwendung der fremden Mittel. Fehlt der Nachweis der Mittelverwendung, erfolgt die Abgrenzung zwischen privaten und geschäftlichen Schuldzinsen nach dem Verhältnis der Aktiven (proportionale Aufteilung nach Verkehrswerten; siehe Beispiel Nr. 4 im Anhang).

Bei selbständiger Erwerbstätigkeit wird auf den Geschäftsabschluss abgestellt. Als Geschäftsschulden verbuchte Verbindlichkeiten, die für private Zwecke verwendet wurden, sind jedoch dem Privatvermögen zuzuordnen.

Schulden und Schuldzinsen auf Beteiligungen, die zum Geschäftsvermögen erklärt wurden (Art. 18 Abs. 2 DBG), sind anhand der Kaufpreisfinanzierung nachzuweisen.

3.3. Kosten ohne Schuldzinsencharakter

Leasingraten für privat genutzte Güter enthalten keine abzugsfähigen Zinsanteile (ASA 61, 250 und 62, 683).

Baurechtszinsen für selbstgenutztes Wohneigentum gelten als nicht abzugsfähige Lebenshaltungskosten (Art. 34 Bst. a DBG; BGE vom 29.3.1999, in StE 1999, B 25.6 Nr. 34). Dem Umstand, dass ein Haus im Baurecht errichtet wurde, ist bei der Bemessung des Eigenmietwertes Rechnung zu tragen (StE 1999, B 25.3 Nr. 20).

Baukreditzinsen gehören bis zur Bezugsbereitschaft der Liegenschaft zu den wertvermehrenden Aufwendungen oder Anlagekosten und sind nicht abziehbar (Art. 34 Bst. d DBG; ASA 60, 191 und 65, 750).

Bei fremdfinanzierten Kapitalversicherungen mit Einmalprämie, die der Vorsorge dienen (Art. 20 Abs. 1 Bst. a DBG), gilt nach wie vor der Vorbehalt der Steuerumgehung (vgl. Zusammenstellung in Züger, Marina, Steuerliche Missbräuche nach Inkrafttreten der 1. BVG-Revision, in: ASA 75 (2006/07) S. 542, Fussnote 150; Kreisschreiben der ESTV Nr. 24 vom 30.6.1995 der Steuerperiode 1995/96, Ziff. II.5). Liegt eine Steuerumgehung vor, stellen diese Zinsen nicht abzugsfähige Anlagekosten dar (Art. 34 Bst. d DBG).

Zinsen für Darlehen, die eine Kapitalgesellschaft einer an ihrem Kapital massgeblich beteiligten oder ihr sonstwie nahestehenden natürlichen Person zu Bedingungen gewährt, die erheblich von den im Geschäftsverkehr unter Dritten üblichen Bedingungen abweichen, sind insoweit nicht abzugsfähig, als die Zinsen das übliche Mass übersteigen (Art. 33 Abs. 1 Bst. a DBG). Darunter fallen verdeckte Kapitaleinlagen durch übersetzte Zinssätze sowie Zinsen auf Darlehen, soweit diese Darlehen steuerlich als verdeckte Gewinnausschüttungen erfasst wurden.

4. Inkrafttreten

Dieses Kreisschreiben tritt zusammen mit Artikel 20 Absatz 1bis DBG in der Fassung vom 28. September 2018 per 1. Januar 2020 in Kraft und findet Anwendung ab Steuerperiode 2020. Für Sachverhalte bis 31. Dezember 2019 ist nach wie vor das Kreisschreiben Nr. 22 vom 16. Dezember 2008 anwendbar.

Anhang zum Kreisschreiben Nr. 22a vom 31. Januar 2020

Beispiele 1 - 4

Nr. 1: Negative Liegenschaftsrechnung

Liegenschaftsrechnung		Maximaler Schuldzinsenabzug	
Mietertrag [1]	110'000		
Akontozahlungen für Nebenkosten	- 20'000		
Liegenschaftsbruttoertrag	90'000	Liegenschaftsbruttoertrag	90'000
./. Unterhaltskosten [2]	- 100'000		
./. Schuldzinsen	- 60'000	Grundbetrag	50'000
Nettoertrag (Verlust)	- 70'000	Maximaler Abzug	140'000

[1] inkl. Akontozahlungen für Nebenkosten
[2] inkl. abzugsfähige Kosten für Gebäudeisolation und Erneuerung der Heizanlage

Die negative Liegenschaftsrechnung beschränkt den Abzug der effektiv angefallenen Schuldzinsen von 60'000 nicht.

Nr. 2: Schuldzinsenabzug bei teilweiser Steuerpflicht / Erträge aus Grundstücken im Ausland (alle Zahlen in 1'000)

Gesamt-, Ausland- und Inlandfaktoren gemäss Selbstdeklaration

Aktiven / Einkünfte	Gesamt	Ausland	Schweiz
Liegenschaften (VW)	20'000 = 100%	10'000 = 50%	10'000 = 50%
Erwerbseinkommen	900	-	900
Liegenschaftsertrag	800	500	300
Total Einkünfte	1'700	500	1'200
./. Liegenschaftsunterhalt	- 200	- 100	- 100
./. Schuldzinsen (proportional verteilt) [1]	- 1'100	- 550	- 550
Reineinkommen	400	- 150	550

[1] Total **angefallene** Schuldzinsen, verteilt nach Lage der Aktiven

Legende: VW = Verkehrswert

Satzbestimmendes Einkommen, Auslandeinkommen und steuerbares Einkommen gemäss Veranlagung

Einkünfte	Satzbestimmendes Einkommen (Gesamt)	Auslandeinkommen	Steuerbares Einkommen (Schweiz)
Erwerbseinkommen	900	-	900
Liegenschaftsertrag	800	500	300
Total Einkünfte	1'700	500	1'200
./. Liegenschaftsunterhalt	- 200	- 100	- 100
./. Schuldzinsen (proportional verteilt) [1]	- 850	- 425	- 425
Reineinkommen	650	- 25	675

[1] vor Berechnung des max. zulässigen Schuldzinsenabzuges total abzugsfähige Schuldzinsen (Liegenschaftsertrag von 800 + Grundbetrag von 50), verteilt nach Lage der Aktiven

Nr. 3: Obligationen mit überwiegender Einmalverzinsung

Annahmen: - Obligation mit Einmalverzinsung
- keine übrigen Vermögenswerte

Anlagewert (Jahr 2001)	2'000'000
Laufzeit	10 Jahre
Rückzahlungswert (Jahr 2010)	3'000'000
Fremdfinanzierung	1'200'000
Zinsaufwand pro Jahr	70'000
Maximaler Schuldzinsenabzug in den Jahren 2001-2009 [1]	50'000
Maximaler Schuldzinsenabzug im Jahr 2010 [2]	1'050'000

[1] Grundbetrag von 50'000
[2] Einmalverzinsung von 1'000'000 + Grundbetrag von 50'000

Nr. 4: Abgrenzung zwischen privaten und geschäftlichen Schuldzinsen

Annahmen: - Natürliche Person mit Beteiligung im gewillkürten Geschäftsvermögen
- Total Schuldzinsen: 400'000
- Nachweis der Verwendung der fremden Mittel fehlt

Vermögenswerte	Verkehrswerte	%	Schuldzinsen
Beteiligung (Geschäftsvermögen)	8'000'000	80	320'000
Wertschriften (Privatvermögen)	500'000		
Grundstück (Privatvermögen)	1'500'000		
Total Privatvermögen	2'000'000	20	80'000

Ertragsgutschrift ausländischer Banken

Quelle: Eidg. Steuerverwaltung ESTV / HA Direkte Bundessteuer, Verrechnungssteuer, Stempelabgaben

Verrechnungssteuer

Bern, 1. April 2008

Kreisschreiben Nr. 21

Belege für die Rückerstattung der Verrechnungssteuer bei Ertragsgutschriften ausländischer Banken

Inhaltsverzeichnis

1	Ausgangslage	2
2	Begriffe	2
2.1	Custody-Account	2
2.2	Cross-Ex-Compensation oder Market Claims	2
2.3	Short Verkauf (short-sale)	2
2.4	Cum / ex-Transaktion	3
3	Massnahmen zur Vermeidung der Rückerstattung nicht abgelieferter Verrechnungssteuer	3
3.1	Short Positionen bei inländischen Banken oder Depotstellen	3
3.2	Short Positionen bei ausländischen Banken oder Depotstellen	3
4	Tax-Voucher-System	3
5	Kontrollrechnungen	3
5.1	Schweizer Banken und Depotstellen	4
5.1.1	Kontrollrechnung	4
5.1.2	Bestätigung gegenüber dem ausländischen Custody-Kunden	4
5.2	Ausländische Banken und Depotstellen	4
5.2.1	Custody-Kunden	4
5.2.2	Endkunden (Kunden die eine Rückerstattung beantragen)	4
6	Abgabe des Tax-Voucher	4
7	Ablieferung des Verrechnungssteuerersatzes	5
8	Gültigkeit	5
9	Anhang 1: Textvorgabe Tax-Voucher	6
10	Anhang 2: Textvorgabe Bestätigungen unter Banken / Depotstellen	7

1 Ausgangslage

Im Rahmen der gegenwärtigen Praxis in der Abwicklung von Wertschriftentransaktionen sind Fälle denkbar, bei denen aufgrund eines sog. Short-Verkaufs (vgl. Ziff. 2.3) vor der Ertragsfälligkeit zusätzliche, zur Rückerstattung der Verrechnungssteuer geeignete Ertragsabrechnungen (auch Abzugsbescheinigungen genannt) ausgestellt werden, ohne dass diese Verrechnungssteuer an die Eidgenössische Steuerverwaltung (ESTV) abgeliefert wird. Diese Problematik betrifft hauptsächlich Dividendenzahlungen. Die ESTV behält sich jedoch ausdrücklich vor, das Tax-Voucher-System (vgl. Ziff. 4), je nach Marktentwicklung, jederzeit auch generell auf Zinsen von Obligationen auszudehnen oder in Einzelfällen erhöhte Anforderungen an den Nachweis für die Rückerstattungsberechtigung zu stellen.

Vor diesem Hintergrund ist sicherzustellen, dass gesamthaft nicht mehr Verrechnungssteuer auf für die Rückerstattung verwendbaren Belegen (z.B. Couponabrechnung) ausgewiesen wird als an die ESTV abgeliefert wurde.

Bei Schweizer Banken und Schweizer Depotstellen (Clearing Organisationen) geschieht dies durch die seit längerem geltende Praxis auf Dividendenersatzzahlungen (sog. manufactured dividends), wonach bei Short-Positionen ein zusätzlicher Abzug von 35 Prozent analog zur Verrechnungssteuer abzuliefern ist.

Um auch ausländische Banken und Depotstellen einzubinden, wird für die Rückerstattung der Verrechnungssteuer mit Bezug auf ausländische Banken und Depotstellen ein Tax-Voucher-System eingeführt. Damit wird sichergestellt, dass auch bei möglichen Short-Verkäufen um den Ex-Tag im ausländischen Bankensystem keine unzulässigen Verrechnungssteuerrückforderungen unter Inanspruchnahme der Doppelbesteuerungsabkommen (DBA) oder gemäss dem internen Recht möglich sind, denen nicht eine Ablieferung der Verrechnungssteuer bzw. eines Verrechnungssteuerersatzes gegenübersteht.

2 Begriffe

2.1 Custody-Account

Beim Custody-Account handelt es sich um ein Account, welches vom Accountholder selber bewirtschaftet wird, d.h. Käufe/Verkäufe werden nicht über die depotführende Bank abgewickelt, sondern direkt getätigt und resultieren in Ein-/Auslieferungen der depotführenden Bank. In diesem Account können sowohl Eigenbestände und/oder Kundenbestände des Accountholders liegen. Die Erstellung der Dividendenabrechnungen für Kunden des Accountholders findet durch den Accountholder selbst statt.

2.2 Cross-Ex-Compensation oder Market Claims

Wird eine Aktie cum Dividende verkauft, so steht diese Dividende auch dann allein dem Käufer der Aktien zu, wenn die Lieferung nach dem Ex-Tag erfolgt.

Liegt bei einer Wertschriftentransaktion das trade-date vor dem Ex-Tag, das Settlement jedoch am oder nach dem Ex-Tag und ist das Geschäft am Ex-Tag noch nicht verbucht, wird die Dividende (65 Prozent, netto nach Abzug Verrechnungssteuer) systemmässig dem Verkäufer gutgeschrieben. Da die Dividende jedoch dem Käufer gehört, wird in einem nächsten Schritt dem Verkäufer die zu Unrecht gutgeschriebene Dividende (65 Prozent) wieder belastet und dem Käufer gutgeschrieben. Dieser Vorgang wird als Cross-Ex-Compensation oder Market Claim bezeichnet.

2.3 Short-Verkauf (short-sale)

Ein short-sale liegt vor, wenn der Verkäufer bei Abschluss des Verpflichtungsgeschäfts nicht über die Titel verfügt. Die zu liefernden Titel werden vor dem Settlement beschafft.

2.4 Cum / ex-Transaktion

Liegt bei einem Short Verkauf der trade date vor dem Ex-Tag, das Settlement jedoch am oder nach dem Ex-Tag, muss der Verkäufer dem Käufer eine *Dividendenersatzzahlung* leisten (manufactured dividend). Gegenüber dem Käufer wird auch in diesem Fall eine Dividendengutschrift in Höhe von 65 Prozent vorgenommen und auf der Ertragsabrechnung bzw. Abzugsbescheinigung ein Verrechnungssteuerabzug von 35 Prozent ausgewiesen.

Ohne zusätzliche Massnahmen befinden sich nach solchen cross / ex-Transaktionen aus Short-Verkäufen somit Belege über mehr Verrechnungssteuer im Umlauf als effektiv von der ausschüttenden Gesellschaft abgeliefert worden ist.

3 Massnahmen zur Vermeidung der Rückerstattung nicht abgelieferter Verrechnungssteuer

3.1 Short Positionen bei inländischen Banken oder Depotstellen

Wird durch eine Schweizer Bank oder inländische Depotstelle infolge eines Short-Verkaufs (eigene oder Kunden-Verkäufe) eine manufactured dividend ins System eingeführt, besteht für die Bank oder Depotstelle die Verpflichtung, diese nicht von der ausschüttenden Gesellschaft stammende manufactured dividend zu 100 Prozent zu belasten, in einem der Verrechnungssteuer gleich kommenden Umfang von 35 Prozent zu kürzen und den entsprechenden Betrag an die ESTV abzuliefern.

3.2 Short Positionen bei ausländischen Banken oder Depotstellen

Da durch die ESTV nicht bewirkt werden kann, dass ausländische Stellen auf manufactured dividends einen der Verrechnungssteuer entsprechenden Abzug vornehmen, wird zur Vermeidung ungerechtfertigter Steuerrückforderungen das nachfolgend beschriebene Tax-Voucher-System eingeführt.

4 Tax-Voucher-System

Unter dem neuen System ist das Vorliegen eines Tax-Voucher Voraussetzung für die Rückerstattung der Verrechnungssteuer.

Wenn eine Ertragsabrechnung (Abzugsbescheinigung) und/oder ein Steuerverzeichnis von einer ausländischen Bank oder Depotstelle ausgestellt wird, ist dem Rückerstattungsantrag ein Tax-Voucher beizulegen.

Der Tax-Voucher alleine begründet keinen Rückerstattungsanspruch.

Ein Tax-Voucher ist die Bestätigung der ausländischen Bank an ihren Kunden, dass die Ertragsabrechnungen, welche unter Ausweis der Verrechnungssteuer ausgestellt wurden und damit zur Rückerstattung der Verrechnungssteuer geeignet sind, ausnahmslos um die Verrechnungssteuer oder einen Verrechnungssteuerersatz gekürzt und die entsprechenden Beträge an die ESTV abgeliefert wurden. Den ausländischen Banken ist es damit verwehrt, einen Tax-Voucher zu erstellen, wenn sie manufactured dividends in das System einführen, die nicht durch eine Erhebung und Ablieferung eines Verrechnungssteuerersatzes begleitet werden.

Da für jede Ertragsfälligkeit nachträgliche Korrekturen (insbesondere Cross-Ex-Compensations / Market Claims) erfolgen und diese in die Bestätigung mit einzubeziehen sind, kann ein Tax-Voucher erst nachträglich und nicht bereits mit der Couponabrechnung an die Kunden abgegeben werden.

5 Kontrollrechnungen

Um die Bestätigung in Form eines Tax-Voucher abzugeben, muss jede ausländische Bank mittels einer Kontrollrechnung prüfen, ob die Summe der an Kunden abgegebenen, zur

Rückerstattung der Verrechnungssteuer geeigneten Ertragsabrechnungen bzw. Abzugsbescheinigungen (inklusive Eigenbestände) mit demjenigen Betrag übereinstimmt, welcher ihr von ihrer Depotstelle bestätigt wurde. Ausgleichszahlungen im Rahmen von Securities Lending und Repotransaktionen, welche mit einem Verrechnungssteuerersatz gekürzt wurden, sind in die Kontrollrechnung wie Originalzahlungen einzubeziehen.

5.1 Schweizer Banken und Depotstellen

5.1.1 Kontrollrechnung

Schweizer Banken und Depotstellen führen bereits heute für jede Ertragsgutschrift, welche unter Abzug der Verrechnungssteuer oder eines Verrechnungssteuerersatzes erfolgt, eine Kontrollrechnung pro Depot durch.

Ausgangspunkt für diese Kontrollrechnung bilden die auf dem jeweiligen Depot, dem jeweiligen Valor sowie der einzelnen Fälligkeit gutgeschriebenen Erträge. Von diesen Erträgen sind nachträgliche Korrekturen, insbesondere Cross-Ex-Compensations (vgl. Ziff. 2.2 Abs. 2), in Abzug zu bringen bzw. hinzuzurechnen. Dabei sind Korrekturen bis und mit 60 Kalendertagen nach dem Ex-Tag zu berücksichtigen.

Ergibt diese Kontrollrechnung ein negatives Ergebnis, so liegt ein Short-Bestand auf diesem Depot vor und es gelangt die unter Ziffer 3.1. beschriebene Praxis zur Anwendung.

5.1.2 Bestätigung gegenüber dem ausländischen Custody-Kunden

Die inländische Depotstelle muss den ausländischen Custody-Kunden das Ergebnis der Kontrollrechnung in standardisierter Form bestätigen. Soweit das Ergebnis einen Short-Bestand ausweist, muss dem ausländischen Custody-Kunden eine Bestätigung abgegeben werden, wonach keine Tax-Vouchers ausgestellt werden dürfen, sofern nicht die Lösung nach Ziffer 7 gewählt wird.

5.2 Ausländische Banken und Depotstellen

5.2.1 Custody-Kunden

Soweit die ausländische Bank Custody-Kunden hat, muss auf deren Depots ebenfalls eine Kontrollrechnung (wie Ziffer 5.1.1) durchgeführt werden.

Das Ergebnis dieser Kontrollrechnung ist dem Kunden – analog der Bestätigung gemäss Ziffer 5.1.2 – in standardisierter Form mitzuteilen.

5.2.2 Endkunden (Kunden, die eine Rückerstattung beantragen)

Im Rahmen einer Kontrollrechnung sind sämtliche Ertragsgutschriften und übrigen Dokumente gegenüber Kunden, welche zur Rückerstattung der Verrechnungssteuer geeignet sind, zu ermitteln.

6 Abgabe des Tax-Voucher

Der Tax-Voucher umfasst keine Ertragszahlen, sondern lediglich eine Bestätigung, dass bei der ausstellenden Bank keine Ertragsabrechnungen ausgestellt wurden, welche die von der Depotstelle mitgeteilte Anzahl Gutschriften übersteigen.

Um diese Bestätigung abgeben zu können, muss die ausländische Bank sämtliche von ihr erstellten Ertragsgutschriften (Ziffer 5.2.2) und an andere Banken erteilten Bescheinigungen (Ziffer 5.2.1) in einer Kontrollrechnung den Mitteilungen ihrer Depotstelle bzw. ihren Depotstellen gegenüberstellen.

Unter Vorbehalt der Lösung gemäss Ziffer 7 darf ein Tax-Voucher nur ausgestellt werden, wenn der Gesamtbetrag der zu erstellenden Dividendengutschriften nicht grösser ist als der

Gesamtbetrag der von den vorgelagerten Depotstellen erhaltenen und bescheinigten Dividenden.

7 Ablieferung eines Verrechnungssteuerersatzes

Abweichend vom Grundsatz gemäss Ziffer 6 kann ein Tax-Voucher ausgestellt werden, wenn die ausländische Bank auf dem Fehlbestand (d.h. auf den manufactured dividends) einen der Verrechnungssteuer entsprechenden Betrag (Verrechnungssteuerersatz) an die ESTV abliefert. Die Ablieferung ist nach Titel und Ertragsfälligkeit zu gliedern und gegenüber der ESTV mit Formular 102M zu deklarieren.

8 Gültigkeit

Diese Vorschriften finden auf die ab dem 01.04.2008 fälligen Dividendenzahlungen Anwendung. Im Rückerstattungsverfahren sind Tax-Voucher somit für sämtliche Erträge erforderlich, welche nach dem 31.03.2008 fällig werden.

9 Anhang 1: Textvorgabe Tax-Voucher

Dividendentermin	TT.MM.JJJJ
Valor-Nr./ISIN	1'234'567
Titel	Muster AG

Hiermit bestätigen wir,

- dass durch unser Institut Ertragsabrechnungen oder sonstige Dokumente, welche zur Rückerstattung der schweizerischen Verrechnungssteuer geeignet sind oder sein könnten, grundsätzlich (vgl. betr. Ausnahmen Punkt 2) lediglich in Höhe der uns von anderen vorgelagerten Banken/Depotstellen bestätigten Gutschriften erstellt werden; und
- dass unser Institut im Falle, dass die Anzahl der ausgestellten Ertragsabrechnungen und/oder sonstigen Dokumente, welche zur Rückerstattung der schweizerischen Verrechnungssteuer geeignet sind oder sein könnten, die uns von anderen vorgelagerten Banken/Depotstellen bestätigten Betrag übersteigt, im Umfang dieser Differenz einen der Verrechnungssteuer entsprechenden Betrag (Verrechnungssteuerersatz) an die Eidgenössische Steuerverwaltung, Bern, Schweiz, abgeliefert hat.

Diese Bestätigung ist

- bei maschineller Erstellung mit den Namen der verantwortlichen Personen zu versehen;
- bei individueller Erstellung mit den Namen der verantwortlichen Personen zu versehen und von diesen zu unterzeichnen.

10 Anhang 2: Textvorgabe Bestätigungen unter Banken / Depotstellen

Titel	Muster AG
Valor/ISIN	1'234'567
Dividendentermin	14.03.2008

Hiermit bestätigen wir Ihnen, dass Sie von unserem Institut auf dem Depot Nr. XXXXX für den oben genannten Valor und Dividendentermin Gutschriften für insgesamt

4'500   Titel   à   CHF 3.50 abzüglich 35% Verrechnungssteuer

erhalten haben.

Diese Bestätigung umfasst alle nachträglichen Belastungen und Gutschriften aus Lieferung von Aktien cum Dividende vom 14.3.2008 bis und mit …….

Diese Bestätigung benötigen Sie als Grundlage zur Abgabe von Tax-Voucher. Aufgrund der geltenden Praxis der Eidgenössischen Steuerverwaltung dürfen Sie einen Tax-Voucher an Ihre Kunden nur abgeben, wenn die Ihrerseits erstellten Ertragsabrechnungen bzw. Abzugsbescheinigungen, welche zur Rückerstattung der Verrechnungssteuer geeignet sind, und/oder Bestätigungen gegenüber anderen Banken dem Betrag dieser Bestätigung entsprechen. Übersteigen diese Abrechnungen/Bestätigungen den Ihnen von anderen Banken/Depotstellen bestätigten Betrag, so ist im Umfang dieser Differenz ein der Verrechnungssteuer entsprechender Betrag (Verrechnungssteuerersatz) an die Eidgenössische Steuerverwaltung, Bern, Schweiz abzuliefern. Andernfalls dürfen keine Tax-Vouchers erstellt werden.

Vorsorgebeiträge und Säule 3a

Quelle: Eidg. Steuerverwaltung ESTV / HA Direkte Bundessteuer, Verrechnungssteuer, Stempelabgaben

Direkte Bundessteuer
Verrechnungssteuer

Bern, 17. Juli 2008

Kreisschreiben Nr. 18

Steuerliche Behandlung von Vorsorgebeiträgen und -leistungen der Säule 3a

Inhaltsverzeichnis

1.	Rechtliche Grundlagen	2
2.	Prüfung der Vertragsmodelle	2
3.	Kreis der Vorsorgenehmer	2
4.	Begünstigte Personen	3
5.	Abzugsberechtigung für Beiträge	3
5.1.	Allgemeines	3
5.2.	Vielzahl von Vorsorge-Konten oder Vorsorge-Policen	4
5.3.	Oberer Grenzbetrag	4
5.4.	Abzug für Steuerpflichtige, die einer Einrichtung der beruflichen Vorsorge (2. Säule) angehören	4
5.5.	Abzug für Steuerpflichtige, die keiner Einrichtung der beruflichen Vorsorge (2. Säule) angehören	4
5.6.	Sonderfälle	5
a)	Mitarbeit im Beruf oder im Betrieb des Ehegatten	5
b)	Selbständigerwerbender mit der 2. Säule unterliegendem Nebenverdienst	5
c)	IV-Bezüger	6
d)	Steuerpflichtige, die der Quellensteuer unterliegen	6
e)	Einzahlung in die Säule 3a bei Beendigung der Erwerbstätigkeit	6
f)	Unselbständig Erwerbstätige, die das AHV-Rentenalter überschritten haben	6
g)	Berechnung des Abzuges beim Übergang von einer unselbständigen zu einer selbständigen Erwerbstätigkeit oder umgekehrt	6
6.	Ausrichtung und Besteuerung der Leistungen	7
6.1.	Grundsätze	7
6.2.	Vorzeitige Ausrichtung	7
a)	Allgemeines	7
b)	Vorbezug im Rahmen der Wohneigentumsförderung (WEF)	8
c)	Barauszahlung infolge Aufnahme einer selbständigen Erwerbstätigkeit oder bei Wechsel der selbständigen Erwerbstätigkeit	8
6.3.	Einkauf von Beitragsjahren der beruflichen Vorsorge mit Mitteln der Säule 3a	9
6.4.	Kann ein in der beruflichen Vorsorge getätigter WEF-Vorbezug mit Mitteln der gebundenen Selbstvorsorge zurückbezahlt werden?	9
7.	Reinvestition der Altersleistung aus einer 2. Säule in eine Vorsorgeform der Säule 3a	9
8.	Bescheinigungspflicht	9
9.	Folgen unzulässiger Einzahlungen	10
9.1.	Für den Vorsorgenehmer	10
9.2.	Für Versicherungseinrichtungen und Bankstiftungen	10

10. Anlage in Wertschriften; Verrechnungssteuer-Rückforderung 10
11. Inkrafttreten / Aufhebung bisheriger Kreisschreiben und Rundschreiben / Empfehlung an die Kantone 11

1. Rechtliche Grundlagen

Gestützt auf Artikel 82 des Bundesgesetzes über die berufliche Alters-, Hinterlassenen- und Invalidenvorsorge (BVG; SR 831.40) können Arbeitnehmer und Selbständigerwerbende Beiträge für weitere, ausschliesslich und unwiderruflich der beruflichen Vorsorge dienende, anerkannte Vorsorgeformen abziehen. Diese Vorsorgeformen werden als dritte Säule oder präziser als Säule 3a bezeichnet. Als anerkannte Vorsorgeformen gelten die gebundene Vorsorgeversicherung bei Versicherungseinrichtungen sowie die gebundene Vorsorgevereinbarung mit Bankstiftungen (Art. 1 Abs. 1 der Verordnung über die steuerliche Abzugsberechtigung für Beiträge an anerkannte Vorsorgeformen [BVV 3; SR 831.461.3]).

2. Prüfung der Vertragsmodelle

Vertragsmodelle für anerkannte Vorsorgeformen sind von den Vorsorgeträgern vor Abschluss entsprechender Vorsorgeverträge der Eidgenössischen Steuerverwaltung (ESTV), Hauptabteilung Direkte Bundessteuer, Verrechnungssteuer, Stempelabgaben, Abteilung Recht, Eigerstrasse 65, 3003 Bern, einzureichen. Diese prüft aufgrund der eingereichten Unterlagen (Bankstiftung: SHAB-Auszug, Stiftungsurkunde, Reglement und Vorsorgevereinbarung im Doppel; Versicherungsgesellschaft: Produktebeschrieb, evtl. Tarifeingabe an BPV, Allgemeine und evtl. Besondere Versicherungsbedingungen und Musterpolice im Doppel) und unter Berücksichtigung der Belange der Verrechnungssteuer, ob Form und Inhalt den gesetzlichen Vorschriften entsprechen (Art. 1 Abs. 4 BVV 3). Da die gebundene Selbstvorsorge im Sinne von Artikel 82 BVG den Berechtigten nur Anwartschaften vermittelt, haben sich die entsprechenden Vorsorgeverträge von den übrigen Versicherungs- und Sparverträgen deutlich zu unterscheiden.

Die Bezeichnungen "gebundene Vorsorgeversicherung" und "gebundene Vorsorgevereinbarung" dürfen nur für Vertragsmodelle verwendet werden, die von der ESTV genehmigt worden sind. Bei Fehlen dieser Genehmigung ist der Abzug für die entsprechenden Vorsorgebeiträge zu verweigern.

3. Kreis der Vorsorgenehmer

Vorsorgeverträge für anerkannte Formen der gebundenen Selbstvorsorge können nur von Personen abgeschlossen werden, die ein der AHV/IV-Pflicht unterliegendes Erwerbs- oder Erwerbsersatzeinkommen erzielen. Auch Grenzgänger mit Wohnsitz im Ausland, die für einen Arbeitgeber in der Schweiz arbeiten, können eine Säule 3a bilden; dabei ist unwesentlich, ob sie ihre Vorsorgebeiträge in der Schweiz zum Abzug bringen können oder nicht.

Weist der Vorsorgenehmer nach, dass er erwerbstätig ist, kann er bis höchstens fünf Jahre nach Erreichen des ordentlichen AHV-Rentenalters die eingebrachten Beiträge zum Abzug bringen. Den Nachweis der Erwerbstätigkeit hat der Vorsorgenehmer jährlich zu erbringen (vgl. Mitteilung über die berufliche Vorsorge Nr. 103 des Bundesamt für Sozialversicherungen). Ab Vollendung des 69. Altersjahrs (Frauen) bzw. 70. Altersjahrs (Männer) besteht keine Abzugsberechtigung mehr, auch wenn weiterhin ein AHV/IV-pflichtiges Einkommen erzielt wird.

4. Begünstigte Personen

Im Erlebensfall ist der Vorsorgenehmer die begünstigte Person. Nach dessen Ableben ist Begünstigter der überlebende Ehegatte oder der/die eingetragene Partner/in. Bei Nichtvorhandensein eines Ehegatten oder eines Partners / einer Partnerin gelten als Begünstigte die direkten Nachkommen sowie die natürlichen Personen, die von der verstorbenen Person in erheblichem Masse unterstützt worden sind, oder die Person, die mit dieser in den letzten fünf Jahren bis zu ihrem Tod ununterbrochen eine Lebensgemeinschaft geführt hat oder die für den Unterhalt eines oder mehrerer gemeinsamer Kinder aufkommen muss. Die Reihenfolge dieser begünstigten Personen kann vom Vorsorgenehmer geändert und die Ansprüche können näher bezeichnet werden. Erst wenn solche Personen nicht vorhanden sind, sind die Eltern, die Geschwister und die übrigen Erben als Begünstigte vorgesehen, wobei auch hier die Reihenfolge festgelegt und Ansprüche näher bezeichnet werden können (vgl. Art. 2 BVV 3).

5. Abzugsberechtigung für Beiträge

5.1. Allgemeines

Arbeitnehmer und Selbständigerwerbende können nach Artikel 33 Absatz 1 Buchstabe e des Bundesgesetzes vom 14. Dezember 1990 über die direkte Bundessteuer (DBG; SR 642.11) in Verbindung mit Artikel 7 BVV 3 ihre Beiträge an anerkannte Vorsorgeformen in begrenztem Umfang steuerlich zum Abzug bringen. Diese Beiträge gelten auch bei den Selbständigerwerbenden stets als Kosten der privaten Lebenshaltung und dürfen deshalb der Erfolgsrechnung nicht belastet werden. Der Umfang der Abzugsberechtigung entspricht zugleich der Höhe der zulässigen Beiträge an diese Vorsorgeformen; die Leistung höherer als der steuerlich abzugsberechtigten Beiträge ist nicht möglich. Überschiessende Beiträge stellen freies Sparen dar. Die Erträge aus solchen Vermögenswerten unterliegen der ordentlichen Besteuerung (vgl. dazu auch Ziffer 9.1. unten).

Die Begrenzung nach Artikel 7 BVV 3 umfasst auch allfällige Beiträge an eine ergänzende Risiko-Vorsorgeversicherung oder Zuschläge für unterjährige Ratenzahlungen (Art. 1 Abs. 3 Satz 2 BVV 3).

Jeglicher Abzug setzt die Erwerbstätigkeit des Steuerpflichtigen voraus. Bei vorübergehendem Unterbruch der Erwerbstätigkeit (Militärdienst, Arbeitslosigkeit, Krankheit usw.) bleibt die Abzugsberechtigung erhalten. Bei Aufgabe der Erwerbstätigkeit entfällt die Möglichkeit der Beitragsleistungen, selbst wenn das für die Ausrichtung von Altersleistungen vorgesehene Terminalter noch nicht erreicht ist (z.B. bei vorzeitiger Pensionierung, bei Aufgabe der Erwerbstätigkeit infolge Mutterschaft, 100%-iger Invalidität und fehlender Resterwerbsfähigkeit).

Erbringt eine Vorsorgeversicherung eine Leistung aus einer Prämienbefreiung, so stellt diese beim Vorsorgenehmer kein Einkommen dar, da der Vorsorgenehmer gar nicht über die entsprechenden Mittel verfügen kann. Solche Beiträge kann der Vorsorgenehmer sodann auch nicht steuerlich zum Abzug bringen.

5.2. Vielzahl von Vorsorge-Konten oder Vorsorge-Policen

Ein Vorsorgenehmer kann mit mehreren Bankstiftungen oder Versicherungsgesellschaften jeweils mehrere Vorsorgeverträge abschliessen. Für jedes Vorsorgekonto bzw. für jede Vorsorgepolice muss ein separater Vorsorgevertrag vorliegen. Die Gesamtsumme der Einzahlungen pro Jahr darf den Maximalbetrag von Artikel 7 Absatz 1 BVV 3 nicht übersteigen (vgl. Ziffer 5.3. nachfolgend).

5.3. Oberer Grenzbetrag

Nach Artikel 7 Absatz 1 BVV 3 sind Beiträge an anerkannte Vorsorgeformen bis jährlich 8 Prozent (Bst. a) bzw. 40 Prozent (Bst. b) des oberen Grenzbetrages nach Artikel 8 Absatz 1 BVG abziehbar. Unter dem oberen Grenzbetrag ist jener Betrag zu verstehen, bis zu dem der Jahreslohn eines Arbeitnehmers der obligatorischen Versicherung in der 2. Säule (BVG-Obligatorium) unterliegt. Gestützt auf Artikel 9 BVG kann der Bundesrat die Anpassung dieses Grenzbetrages an die Altersrenten der AHV und die allgemeine Lohnentwicklung vornehmen. Die periodischen Anpassungen des Grenzbetrages sowie der abzugsfähigen Maximalbeträge nach Artikel 7 Absatz 1 BVV 3 veröffentlicht die ESTV mittels Rundschreiben.

5.4. Abzug für Steuerpflichtige, die einer Einrichtung der beruflichen Vorsorge (2. Säule) angehören

In der 2. Säule versicherte Arbeitnehmer und Selbständigerwerbende können gemäss Artikel 7 Absatz 1 Buchstabe a BVV 3 ihre im betreffenden Jahr tatsächlich geleisteten Beiträge an anerkannte Vorsorgeformen bis 8 Prozent des oberen Grenzbetrages abziehen. Dieser Abzug kann von allen in Frage kommenden erwerbstätigen Steuerpflichtigen beansprucht werden, unabhängig davon, ob sie in der 2. Säule obligatorisch oder freiwillig versichert sind. Nach Artikel 7 Absatz 2 BVV 3 können Ehegatten oder eingetragene Partnerinnen oder Partner, die beide einer Erwerbstätigkeit nachgehen, den Abzug je für sich geltend machen. Dabei ist es unerlässlich, dass der entsprechende Vorsorgevertrag auf ihn als Vorsorgenehmer lautet. Der höchstzulässige Abzug richtet sich für jeden Ehegatten oder Partner/in einzeln danach, ob er/sie in der beruflichen Vorsorge versichert ist oder nicht. Voraussetzung für die Geltendmachung eines Abzuges ist das Ausweisen eines AHV/IV-pflichtigen Erwerbseinkommens des entsprechenden Ehegatten oder Partners/in in der Steuererklärung.

5.5. Abzug für Steuerpflichtige, die keiner Einrichtung der beruflichen Vorsorge (2. Säule) angehören

Nicht in der 2. Säule versicherte Arbeitnehmer und Selbständigerwerbende können nach Artikel 7 Absatz 1 Buchstabe b BVV 3 ihre im betreffenden Jahr tatsächlich geleisteten Beiträge an anerkannte Vorsorgeformen bis 20 Prozent des Erwerbseinkommens, jedoch höchstens bis 40 Prozent des oberen Grenzbetrages abziehen.

Jeglicher Abzug setzt die Erwerbstätigkeit des Steuerpflichtigen voraus. Kein Abzug kommt deshalb in Betracht, wenn sich aus der Erwerbstätigkeit ein Verlust ergibt. Bei vorübergehendem Unterbruch der Erwerbstätigkeit (Militärdienst, Mutterschaft, Arbeitslosigkeit, Krankheit usw.) bleibt die Abzugsberechtigung erhalten, sofern im entsprechenden Jahr für Erwerbseinkommen und/oder Erwerbsersatzeinkommen AHV/IV-Beiträge geleistet worden sind.

Unter Erwerbseinkommen ist die Gesamtheit des Einkommens eines Steuerpflichtigen aus selbständiger und unselbständiger, haupt- und nebenberuflicher Erwerbstätigkeit gemäss Steuererklärung zu verstehen. Bei Einkommen aus unselbständiger Erwerbstätigkeit ist dies der Bruttolohn nach Abzug der AHV/IV/EO/ALV-Beiträge, bei Einkommen aus selbständiger Erwerbstätigkeit der Saldo der Gewinn- und Verlustrechnung nach Vornahme allfälliger steuerlicher Berichtigungen (auch hier nach Abzug der persönlichen Beiträge an die AHV/IV/EO, aber ohne Abzug irgendwelcher Beiträge an anerkannte Vorsorgeformen). Das Erwerbseinkommen umfasst auch allfällige realisierte Wertzuwachsgewinne auf dem Geschäftsvermögen. Ein Abzug für Vorsorgebeiträge, welcher mangels genügenden Erwerbseinkommens steuerlich nicht geltend gemacht wurde, kann nicht in späteren Jahren nachgeholt werden.

Auch bei Selbständigerwerbenden, die ihr Geschäftsjahr per Ende des Kalenderjahres abschliessen, gilt, dass Beiträge an die Säule 3a bis Ende des Kalenderjahres geleistet werden müssen, wenn sie im entsprechenden Steuerjahr zum Abzug gebracht werden wollen. Zu einem späteren Zeitpunkt können keine zusätzlichen und rückwirkenden Beiträge mehr geleistet werden.

5.6. Sonderfälle

a) Mitarbeit im Beruf oder im Betrieb des Ehegatten

Bei Mitarbeit im Beruf oder im Betrieb des Ehegatten wird vermutet, diese halte sich im Rahmen der ehelichen Beistandspflicht, weshalb die Bildung einer Säule 3a für den mithelfenden Ehegatten nicht zulässig ist. Möchten die Ehegatten auch für den mithelfenden Ehepartner einen Abzug nach Artikel 7 BVV 3 beanspruchen, obliegt es ihnen, das Vorliegen eines den Rahmen der ehelichen Beistandspflicht übersteigenden Arbeitsverhältnisses darzutun. Auf dem entsprechenden Einkommen des mithelfenden Ehegatten müssen auf dessen Namen AHV/IV-Beiträge abgerechnet werden.

b) Selbständigerwerbender mit der 2. Säule unterliegendem Nebenverdienst

Ein Selbständigerwerbender, der einer unselbständigen Nebenerwerbstätigkeit nachgeht und für dieses Erwerbseinkommen einer 2. Säule angeschlossen ist, kann lediglich einen Abzug nach Artikel 7 Absatz 1 Buchstabe a BVV 3 geltend machen (vgl. Bundesgerichtsentscheid vom 15. Juni 1990 i.S. T. A. publiziert in: ASA 60 S. 321). Gestützt auf Artikel 1 Absatz 1 der Verordnung über die berufliche Alters-, Hinterlassenen- und Invalidenvorsorge (BVV 2; SR 831.441.1) besteht jedoch die Möglichkeit, dass sich ein hauptberuflich selbständig Erwerbender für seine Nebenerwerbstätigkeit von der obligatorischen Versicherung im Rahmen der 2. Säule freistellen lässt. Nach erfolgter Freistellung gehört er nicht mehr einer beruflichen Vorsorgeeinrichtung an und kann den Säule 3a-Abzug nach Artikel 7 Absatz 1 Buchstabe b BVV 3 geltend machen.

c) **IV-Bezüger**
Vorsorgenehmer, die zwar eine Invalidenrente der eidgenössischen Invalidenversicherung beziehen, jedoch im Rahmen der Resterwerbsfähigkeit ein der AHV/IV-Pflicht unterliegendes Erwerbseinkommen erzielen, können eine Säule 3a bilden.

d) **Steuerpflichtige, die der Quellensteuer unterliegen**
Bei der Tarifberechnung der Quellensteuer werden individuelle Abzüge wie z.B. Einzahlungen in die Säule 3a nicht berücksichtigt. Hat ein an der Quelle Steuerpflichtiger solche Einzahlungen geleistet, kann er von der Veranlagungsbehörde bis Ende März des Folgejahres eine Verfügung über Bestand und Umfang der Steuerpflicht verlangen (Art. 137 Abs. 1 DBG). Die Einzahlungen in die gebundene Vorsorge Säule 3a sind unter Anfechtung dieser Verfügung geltend zu machen (vgl. Art. 2 Bst. e der Quellensteuerverordnung [QStV; SR 642.118.2]).

e) **Einzahlung in die Säule 3a bei Beendigung der Erwerbstätigkeit**
Im Jahr, in dem die Erwerbstätigkeit beendet wird, kann der volle Beitrag geleistet werden gemäss Art. 7 Abs. 4 BVV 3. Nach diesem Zeitpunkt dürfen Bankstiftungen und Versicherungseinrichtungen keine Vorsorgebeiträge mehr entgegennehmen.

f) **Unselbständig Erwerbstätige, die das AHV-Rentenalter überschritten haben**
Leistet der Vorsorgenehmer keine Beiträge mehr in eine Vorsorgeeinrichtung, weil er das ordentliche AHV-Rentenalter bereits überschritten hat und Rentenbezüger ist (passive Zugehörigkeit), ist er aber weiterhin unselbständig erwerbstätig, kann er bis fünf Jahre nach Erreichen des ordentlichen AHV-Rentenalters bis 20 Prozent des Erwerbseinkommens, jedoch höchstens 40 Prozent des oberen Grenzbetrages nach Artikel 8 Absatz 1 BVG in die Säule 3a einzahlen.
Ist der Vorsorgenehmer jedoch noch aktiv bei einer Vorsorgeeinrichtung versichert (selbst wenn keine Beiträge mehr geleistet werden), kann er bis höchstens fünf Jahre nach Erreichen des AHV-Rentenalters jährlich bis 8 Prozent des oberen Grenzbetrages nach Artikel 8 Absatz 1 BVG in die Säule 3a einzahlen.

g) **Berechnung des Abzuges beim Übergang von einer unselbständigen zu einer selbständigen Erwerbstätigkeit oder umgekehrt**
Während der Zeitspanne der unselbständigen Erwerbstätigkeit mit Anschluss an eine Pensionskasse kann die steuerpflichtige Person – ein entsprechendes Erwerbseinkommen vorausgesetzt – maximal den in Artikel 7 Absatz 1 Buchstabe a BVV 3 vorgesehenen Maximalbetrag einbezahlen. Für die Zeitspanne der Selbständigkeit ohne Anschluss an eine Pensionskasse kann die steuerpflichtige Person bis zu 20% ihres selbständigen Erwerbseinkommens einbezahlen, vorausgesetzt sie schliesst die Buchhaltung per Ende des Jahres ab. Für das betroffene Jahr kann insgesamt (inkl. allfällige Einzahlung in die kleine Säule 3a) nicht mehr als der in Artikel 7 Absatz 1 Buchstabe b BVV 3 vorgesehene Maximalbetrag (40% des oberen Grenzbetrages nach Art. 8 Abs. 1 BVG) einbezahlt werden. Gleich verhält es sich beim Anschluss an eine Vorsorgeeinrichtung infolge Aufnahme einer unselbständigen Erwerbstätigkeit während des Jahres.

6. Ausrichtung und Besteuerung der Leistungen

6.1. Grundsätze

Die gebundene Selbstvorsorge dient ausschliesslich und unwiderruflich der Vorsorge und vermittelt nur Anwartschaften. Altersleistungen aus der Säule 3a dürfen deshalb frühestens fünf Jahre vor Erreichen des AHV-Rentenalters ausgerichtet werden (Art. 3 Abs. 1 BVV 3). Vereinbarungen, die ein Vertragsende nach Erreichen des 69. (Frauen) bzw. 70. (Männer) Altersjahres vorsehen, sind unzulässig. Ebenso ist der Abschluss eines neuen Vorsorgevertrages nach diesem Termin ausgeschlossen. Spätestens fünf Jahre nach Erreichen des AHV-Alters fällt der anwartschaftliche Charakter dahin. Es muss eine Auszahlung erfolgen, welche zu besteuern ist. Beendet der Vorsorgenehmer seine Erwerbstätigkeit nach dem ordentlichen AHV-Rentenalter, aber vor dem 69. (Frauen) bzw. 70 (Männer) Altersjahr, so muss die Auflösung von sämtlichen noch bestehenden Säule 3a-Konti, bzw. –Policen im Zeitpunkt der Beendigung der Erwerbstätigkeit erfolgen, was die Steuerbarkeit all dieser Leistungen auslöst.

Kapitalleistungen aus anerkannten Formen der gebundenen Selbstvorsorge werden gemäss Artikel 22 Absatz 1 in Verbindung mit Artikel 38 DBG gesondert besteuert. Sie unterliegen einer vollen Jahressteuer, die zu einem Fünftel der Tarife nach Artikel 36 DBG berechnet wird. Bei Auflösung des Vorsorgeverhältnisses entsteht die Verrechnungssteuerforderung, welche durch Entrichtung oder Meldung erfüllt werden kann (vgl. Art. 7, 11, 12 und 19 des Bundesgesetzes vom 13. Oktober 1965 über die Verrechnungssteuer [VStG; SR 642.21]). Die Erträge der Guthaben unterliegen fortan der Verrechnungssteuer nach Artikel 4 Absatz 1 Buchstabe d VStG.

6.2. Vorzeitige Ausrichtung

a) Allgemeines

Die vorzeitige Ausrichtung von Leistungen ist nur in den in Artikel 3 Absatz 2 und 3 BVV 3 vorgesehenen Ausnahmefällen möglich. Dies gilt auch für Zinsen, Gewinnanteile und dergleichen, die erst zusammen mit den eigentlichen Vorsorgeleistungen ausbezahlt und auch nicht mit geschuldeten Beiträgen verrechnet werden dürfen. Die gesamte Leistung unterliegt der Besteuerung nach Artikel 22 Absatz 1 in Verbindung mit Artikel 38 DBG. Es spielt keine Rolle, ob Beiträge teilweise von der Versicherungseinrichtung infolge einer Prämienbefreiung geleistet worden sind. Der Vorsorgenehmer hat die Gesamtleistung zu versteuern.

Gemäss Artikel 3 Absatz 2 Buchstabe b BVV 3 besteht die Möglichkeit der vorzeitigen Ausrichtung der Altersleistung unter Einbringung des Guthabens in eine andere anerkannte Vorsorgeform. Dieses Vorgehen setzt die vollständige Auflösung des entsprechenden Vorsorgekontos bzw. der entsprechenden Versicherungspolice und den Abschluss einer neuen gebundenen Vorsorgeversicherung bzw. einer neuen gebundenen Vorsorgevereinbarung voraus (z.B. bei einer anderen Bank oder bei einer anderen Versicherungsgesellschaft). In solchen Übertragungsfällen ist keine Steuerbescheinigung auszustellen. Ein Splitting bestehender Vorsorgeguthaben ist nicht möglich. Der Steuerpflichtige kann nicht durch eine teilweise Übertragung vorhandener Altersguthaben der gebundenen Selbstvorsorge neue Vorsorgekonten oder Vorsorgeversicherungen (Säule 3a) bilden.

Verlangt ein Vorsorgenehmer innerhalb der fünf Jahre vor Erreichen des AHV-Rentenalters, dass ihm sein Vorsorgekapital ausbezahlt wird, beendet er damit den Aufbau seiner Vorsorge, auch wenn er nur eine Teilauszahlung verlangt. Mit dem ersten Bezug verfügt der Vorsorgenehmer über seinen Vorsorgeanspruch, wodurch der anwartschaftliche Charakter des Vorsorgeguthabens insgesamt dahinfällt. Bereits im Zeitpunkt des ersten Bezugs (Teilbezüge stellen lediglich eine Zahlungsmodalität dar) realisiert er das gesamte auf dem betroffenen Konto/der betroffenen Police angesammelte Vorsorgekapital inklusive Zinsen. Dies hat zur Folge, dass das gesamte auf diesem Konto/dieser Police vorhandene Vorsorgekapital einkommenssteuerlich erfasst wird. Beim ersten Teilbezug ist daher das Vorsorgekonto/die Vorsorgepolice zu saldieren; das nicht bezogene Kapital ist auf ein frei verfügbares Konto zu übertragen. Die Versicherungsleistung unterliegt grundsätzlich gemäss Artikel 7 VStG der Verrechnungssteuer (Ausnahmen vgl. Art. 8 VStG). Die entsprechende Steuerpflicht kann entweder durch Entrichtung der Steuer oder durch Meldung der steuerbaren Leistung erfüllt werden (Art. 11 Abs. 1 VStG). Bei Meldung ist die Bruttoleistung inkl. Zinsen anzugeben.

b) Vorbezug im Rahmen der Wohneigentumsförderung (WEF)

Gemäss Artikel 3 Absatz 3 BVV 3 kann die Altersleistung aus der gebundenen Selbstvorsorge ferner für den Erwerb und die Erstellung von Wohneigentum zum Eigenbedarf, als Beteiligung an Wohneigentum zum Eigenbedarf sowie für die Amortisation von Hypothekardarlehen ausgerichtet werden. Ein Vorbezug kann alle fünf Jahre geltend gemacht werden. Eine Rückzahlung, wie sie beim Vorbezug in der zweiten Säule vorgesehen ist, ist dagegen in der Säule 3a nicht möglich. Im Übrigen kann der Versicherte den Anspruch auf Vorsorgeleistungen oder einen Betrag bis zur Höhe seiner Freizügigkeitsleistung verpfänden, wobei die Artikel 8 - 10 der Verordnung über die Wohneigentumsförderung mit Mitteln der beruflichen Vorsorge (WEFV: SR 831.411) sinngemäss gelten (vgl. Art. 4 Abs. 2 BVV 3). Die Begriffe "Wohneigentum", „Beteiligungen" und "Eigenbedarf" richten sich nach den Artikeln 2–4 WEFV. Bei solchen Vorbezügen unterliegt im Zeitpunkt der Auszahlung stets nur der ausgerichtete Teilbezug der Besteuerung nach Artikel 22 Absatz 1 in Verbindung mit Artikel 38 DBG. Damit beide Ehegatten Vorsorgeguthaben aus ihrer Säule 3a zur Amortisation der Hypothek oder zum Erwerb von Wohneigentum beziehen können, müssen sie beide Eigentümer (Mit- oder Gesamteigentümer) sein.

Eine Ausrichtung unter dem Titel „Wohneigentumsförderung" ist nur bis zu dem in Artikel 3 Absatz 1 BVV 3 festgelegten Alter möglich. Überschreitet der Versicherte dieses Alter, kann er nur die gesamte Leistung aus dem fraglichen Vorsorgeverhältnis – zu welchem Zweck auch immer – beziehen. Die Auflösung des Vorsorgeverhältnisses hat sodann die Besteuerung der entsprechenden Leistung als Ganzes zur Folge.

c) Barauszahlung infolge Aufnahme einer selbständigen Erwerbstätigkeit oder bei Wechsel der selbständigen Erwerbstätigkeit

Die Barauszahlung von Vorsorgeguthaben der gebundenen Selbstvorsorge infolge Aufnahme einer selbständigen Erwerbstätigkeit oder bei Aufgabe der bisherigen und Aufnahme einer andersartigen selbständigen Erwerbstätigkeit (vgl. Art. 3 Abs. 2 Bst. c und d BVV 3) ist nur innerhalb eines Jahres seit der Aufnahme derselben möglich. Zudem muss bei Auflösung des Vorsorgeverhältnisses das gesamte Vorsorgeguthaben bezogen werden; ein Teilbezug ist nicht zulässig.

6.3. Einkauf von Beitragsjahren der beruflichen Vorsorge mit Mitteln der Säule 3a

Die vorzeitige Ausrichtung der Altersleistung aus der Säule 3a ist bei Auflösung des Vorsorgeverhältnisses zulässig, wenn der Vorsorgenehmer die ausgerichtete Leistung für den Einkauf in eine steuerbefreite Vorsorgeeinrichtung der beruflichen Vorsorge verwendet (vgl. Art. 3 Abs. 2 Bst. b BVV 3). Die Überweisung des Vorsorgeguthabens muss direkt vom Säule-3a-Vorsorgeträger an die Vorsorgeeinrichtung der 2. Säule erfolgen. Eine Übertragung ist steuerneutral. Das transferierte Guthaben gelangt im Zeitpunkt der Überweisung nicht zur Besteuerung; eine Meldung über Kapitalleistungen an die ESTV hat daher nicht zu erfolgen. Andererseits kann der so eingebrachte Einkaufsbetrag steuerlich nicht zum Abzug gebracht werden, weshalb eine Bescheinigung über Einkaufsbeiträge zu unterbleiben hat.

6.4. Kann ein in der beruflichen Vorsorge getätigter WEF-Vorbezug mit Mitteln der gebundenen Selbstvorsorge zurückbezahlt werden?

Die in der BVV 3 normierten vorzeitigen Ausrichtungsgründe lassen eine solche steuerneutrale Übertragung nicht zu. Die Rückzahlung eines WEF-Vorbezuges stellt zudem nie einen Einkauf im Sinne von Artikel 3 Absatz 2 Buchstabe b BVV 3 dar. Vorsorgerechtlich können bereits für die Vorsorge gebundene Mittel nicht zur Behebung einer durch einen WEF-Vorbezug entstandenen Lücke verwendet werden. Der in das Wohneigentum investierte Betrag muss aus Mitteln, die noch nicht zu Vorsorgezwecken gebunden sind, an die Vorsorgeeinrichtung zurückbezahlt werden. Aufgrund der Zweckgebundenheit der Mittel in der Säule 3a ist eine vorzeitige Ausrichtung im Sinne einer Direktüberweisung in die 2. Säule zur Rückzahlung eines WEF-Vorbezuges nicht zulässig.

7. Reinvestition der Altersleistung aus einer 2. Säule in eine Vorsorgeform der Säule 3a

Die Leistung aus einer Vorsorgeeinrichtung (2. Säule) oder aus einer Freizügigkeitseinrichtung kann nicht in die Säule 3a übertragen werden. Dies würde einem Einkauf von fehlenden Beitragsjahren gleichkommen, den es im Bereich der Säule 3a nicht gibt. Die aus der beruflichen Vorsorge ausgerichtete Vorsorgeleistung ist im ganzen Umfang zu besteuern und die an die Säule 3a geleisteten Beiträge können nur bis zum Maximalbetrag vom Einkommen in Abzug gebracht werden. Darüber hinausgehende Einmalprämien oder das gleichzeitige Bezahlen von Beiträgen für mehrere Jahre können nicht akzeptiert werden.

8. Bescheinigungspflicht

Versicherungseinrichtungen und Bankstiftungen haben gemäss Artikel 8 BVV 3 und Artikel 129 Absatz 1 Buchstabe b DBG dem Vorsorgenehmer die erbrachten Beiträge und Leistungen zu bescheinigen. Die ausgerichteten Leistungen sind gemäss VStG vom Vorsorgeträger der Eidgenössischen Steuerverwaltung (ESTV) Direkte Bundessteuer, Verrechnungssteuer, Stempelabgaben, Abteilung Erhebung, Eigerstrasse 65, 3003 Bern, zu melden. Die entsprechenden Formulare 563 "Meldung über Kapitalleistungen" und 565 "Rentenmeldung" können bei der Eidgenössischen Steuerverwaltung (ESTV) Direkte Bundessteuer, Verrechnungssteuer, Stempelabgaben, Abteilung Erhebung, Eigerstrasse 65, 3003 Bern, oder im Internet bestellt werden.

Wurden durch die Versicherungseinrichtung Leistungen infolge einer Prämienbefreiung erbracht, so ist in der Rubrik „Bemerkungen" ein Hinweis anzubringen und der entsprechende Betrag zu nennen. Ebenfalls unter „Bemerkungen" sind die vom Vorsorgeträger auf Veranlassung der Steuerbehörden vorgenommenen Rückzahlungen von zuviel einbezahlten Beiträgen und Einlagen anzugeben (Datum der Rückzahlung und Betrag).

9. Folgen unzulässiger Einzahlungen

9.1. Für den Vorsorgenehmer

Auf Vorsorgekonten und in Vorsorgeversicherungen können nicht höhere Beiträge einbezahlt werden, als ein Abzug gemäss Artikel 7 Absatz 1 BVV 3 zulässig ist. Bei der Beschränkung des höchstzulässigen Einzahlungsbetrages geht es auch um eine Beschränkung der Steuerbefreiung bezüglich der Einkommens-, Vermögens- und der Verrechnungssteuer. Die einbezahlten Beträge sind von der Vermögenssteuer ausgenommen und die Erträge daraus unterliegen nicht der Verrechnungssteuer. Sind überhöhte Einzahlungen vorgenommen worden, fordert die Veranlagungsbehörde den Steuerpflichtigen auf, sich die zu viel einbezahlten Beträge vom Vorsorgeträger zurückerstatten zu lassen. Die Vorsorgeeinrichtungen bezahlen nur den nominellen Überschussbetrag zurück, der auf diesem Betrag aufgelaufene Zins wird nicht zurückerstattet. Für die Veranlagung wird der nicht zum Abzug zugelassene Betrag dem Einkommen sowie bei Rückerstattungspflicht dem Vermögen des Steuerpflichtigen zugerechnet. Steuerpflichtige, welche eine Rückerstattung nicht veranlassen, unterliegen dem Risiko eines Nach- und Strafsteuerverfahrens, da in den Folgejahren die Erträge aus den überhöhten Beiträgen beim Einkommen sowie die überhöhten Beiträge im Vermögen nicht deklariert sind.

Bei Säule-3a-Versicherungspolicen kann jedoch nur der Sparteil an der Gesamtprämie zurückerstattet werden. Die Prämie für eine Risikoversicherung kann nicht mehr zurückbezahlt werden, da das Risiko zum Zeitpunkt der Besteuerung vom Versicherer bereits gedeckt wurde und die Prämie daher geschuldet ist. Übersteigt der Prämienanteil für eine Risikoversicherung den höchstzulässigen Abzug gemäss Artikel 7 BVV 3 muss eine sofortige Anpassung der Risikoversicherung verlangt werden.

9.2. Für Versicherungseinrichtungen und Bankstiftungen

Bankstiftungen, die unter dem Titel der gebundenen Selbstvorsorge höhere Beiträge als diejenigen, die der Abzugsberechtigung entsprechen, entgegennehmen (vgl. vorne unter Ziffer 5.1.), verlieren den Anspruch auf Steuerbefreiung (Art. 6 BVV 3), weil die einbezahlten Beiträge in diesem Fall nicht ausschliesslich der Vorsorge im Sinne der BVV 3 dienen.

10. Anlage in Wertschriften; Verrechnungssteuer-Rückforderung

Sofern zugunsten der Vorsorgenehmer individuelle Wertschriftendepots eröffnet worden sind, hat die Bankstiftung Anspruch auf Rückerstattung der auf den Kapitalerträgen abgezogenen Verrechnungssteuer. Sie hat den Antrag auf Rückerstattung der Verrechnungssteuer bei der Eidgenössischen Steuerverwaltung (ESTV), Hauptabteilung Direkte Bundessteuer, Verrechnungssteuer, Stempelabgabe, Abteilung Rückerstattung, Eigerstrasse 65,

3003 Bern, einzureichen. Dem Antrag ist ein Verzeichnis beizulegen, das die Namen und Adressen dieser Einleger sowie den Betrag ihrer Anlagen und der auf sie entfallenden Bruttoerträge angibt. Im jährlichen Depotauszug ist darauf hinzuweisen, dass dem Vorsorgenehmer kein Anspruch auf Rückerstattung der Verrechnungssteuer zusteht (vgl. Art. 53 der Vollziehungsverordnung vom 19. Dezember 1966 zum Bundesgesetz über die Verrechnungssteuern [Verrechnungssteuerverordnung VStV; SR 642.211]).

11. Inkrafttreten / Aufhebung bisheriger Kreisschreiben und Rundschreiben / Empfehlung an die Kantone

Das vorliegende Kreisschreiben tritt per sofort in Kraft. Es ersetzt die bisherigen Kreisschreiben Nr. 2 vom 31. Januar 1986 und Nr. 1 vom 22. November 1989 der ESTV. Ebenfalls aufgehoben ist Ziffer V. des Kreisschreibens Nr. 1 vom 14. Juli 1988. Aufgehoben sind:

- das Rundschreiben an die Aufsichtsbehörden des Bundes und der Kantone über Bankstiftungen und Versicherungseinrichtungen betreffend die Begrenzung der Höhe der Beitragszahlungen vom 28. April 1987,
- das Rundschreiben an die Versicherungseinrichtungen und Bankstiftungen über die Steuerbescheinigung der Beiträge an die Säule 3a vom 26. Oktober 1987,
- das Rundschreiben an die kantonalen Steuerverwaltungen über die Bescheinigung der Beiträge für anerkannte Formen der gebundenen Selbstvorsorge (Säule 3a) vom 26. Januar 1988,
- das Rundschreiben an die Versicherungseinrichtungen und Bankstiftungen über Beiträge an anerkannte Vorsorgeformen (Säule 3a) vom 9. Juni 1988,
- das Rundschreiben an die Bankstiftungen betreffend die gebundene Selbstvorsorge (Säule 3a) vom 24. Januar 1991,
- das Rundschreiben an die Bankstiftungen und Lebensversicherungsgesellschaften über die gebundene Selbstvorsorge (Säule 3a); Neuerungen per 1. Januar 1995 vom 23. November 1994 sowie
- die Rundschreiben an die Bankstiftungen und Lebensversicherungsgesellschaften betreffend die Verordnung über die steuerliche Abzugsberechtigung für Beiträge an anerkannte Vorsorgeformen (BVV 3); Säule 3a vom 14. November 1996, 15. Januar 2001 und 10. Mai 2001.

Der Vorstand der Schweizerischen Steuerkonferenz (SSK) hat das vorliegende Kreisschreiben genehmigt und empfiehlt den Kantonen, die darin festgehaltenen Regelungen in analoger Weise auch für die direkten Steuern der Kantone und Gemeinden zu übernehmen.

Die vorliegende Version des Kreisschreibens Nr. 18 ersetzt diejenige vom 4. Oktober 2007.

Wohneigentumsförderung BVG

Quelle: Eidg. Steuerverwaltung ESTV / HA Direkte Bundessteuer, Verrechnungssteuer, Stempelabgaben

Direkte Bundessteuer

Bern, 3. Oktober 2007

Kreisschreiben Nr. 17[1]

Wohneigentumsförderung mit Mitteln der beruflichen Vorsorge

Inhaltsverzeichnis

- I. Allgemeines 2
- II. Wohneigentumsförderung mit Mitteln der 2. Säule 2
    - 1. Zweck und Inhalt 2
    - 2. Steuerliche Auswirkungen des Vorbezuges 3
        - 2.1. Besteuerung des Vorbezuges 3
        - 2.2. Rückzahlung des Vorbezuges 3
            - a) Rückerstattung der bezahlten Steuern 4
            - b) Ausgleich des durch einen WEF-Vorbezug entstandenen Zinsausfalls 4
            - c) Keine WEF-Rückzahlung mit Mitteln, die bereits für die Vorsorge gebunden sind 4
        - 2.3. Einkauf von Beitragsjahren 6
            - a) nach einem WEF-Vorbezug 6
            - b) nach einer Scheidung 6
        - 2.4. Zusatzversicherung 6
    - 3. Verkauf des mit einem WEF-Vorbezug finanzierten Eigenheims 7
        - 3.1. Kauf eines neuen Eigenheims innerhalb von zwei Jahren 7
        - 3.2. Kauf eines neuen Eigenheims nach Ablauf von zwei Jahren oder Verzicht auf Neukauf 7
    - 4. Steuerliche Auswirkungen der Verpfändung von Vorsorgeguthaben 8
        - 4.1. Verpfändung als solche 8
        - 4.2. Pfandverwertung 8
    - 5. Pflichten der Vorsorgeeinrichtungen 8
        - 5.1. Gegenüber dem Vorsorgenehmer 8

---

1 Angepasst an das Bundesgesetz über die formelle Bereinigung der zeitlichen Bemessung der direkten Steuern bei den natürlichen Personen vom 22. März 2013 (in Kraft seit 1. Januar 2014).

| 5.2. | Gegenüber der ESTV | 8 |

6.	**Aufgaben der ESTV**	9
III.	Wohneigentumsförderung mit Mitteln der gebundenen Selbstvorsorge (Säule 3a)	9
IV.	Inkrafttreten und Empfehlung an die Kantone	9

I. Allgemeines

Die Bestimmungen über die Wohneigentumsförderung mit Mitteln der beruflichen Vorsorge sind in den Artikeln 30a bis 30g des Bundesgesetzes über die berufliche Alters-, Hinterlassenen- und Invalidenvorsorge (BVG; SR 831.40) sowie in den Artikeln 331d und 331e des Obligationenrechts (OR; SR 220) zu finden. In der Verordnung über die Wohneigentumsförderung mit Mitteln der beruflichen Vorsorge hat der Bundesrat die Ausführungsbestimmungen erlassen (WEFV; SR 831.411).

Gegenstand dieses Kreisschreibens sind die Erläuterungen der steuerlichen Auswirkungen.

II. Wohneigentumsförderung mit Mitteln der 2. Säule

1. Zweck und Inhalt

(Vgl. zur ganzen Ziffer 1 die Art. 1-5 WEFV)

Personen, welche über Mittel in der beruflichen Vorsorge verfügen, haben die Möglichkeit, diese für Wohneigentum zum eigenen Bedarf geltend zu machen. Als Eigenbedarf gilt die Nutzung durch die versicherte Person an ihrem Wohnsitz oder an ihrem gewöhnlichen Aufenthalt (d.h. selbstbewohntes Wohneigentum). Diese Voraussetzungen müssen auch bei Wohnsitz im Ausland vorliegen. Die Wohneigentumsförderung stellt den Versicherten zwei Möglichkeiten zur Verfügung: Den Vorbezug des Vorsorgeguthabens einerseits und die Verpfändung dieses Guthabens oder des Anspruches auf die künftigen Vorsorgeleistungen andererseits. Die Vorsorgegelder können eingesetzt werden für Wohneigentum, ferner für Beteiligungen an Wohneigentum wie z.B. Kauf von Anteilscheinen an einer Wohnbaugenossenschaft sowie zur Amortisation von bereits bestehenden Hypothekarschulden. Der Bezug von Mitteln der beruflichen Vorsorge ist auf ein einziges Objekt beschränkt. Die Finanzierung eines Zweitwohnsitzes oder eines Ferienhauses ist nicht zulässig. Voraussetzung für den Bezug ist die Selbstnutzung des Objekts, wobei der Begriff Wohnung nach dem Wohnbau- und Eigentumsförderungsgesetz (WEG; SR 843) als „Räume, die für die dauernde Unterkunft von Personen geeignet und bestimmt sind", definiert wird.

Massgeblich für den Vorbezug ist der individuelle Freizügigkeitsanspruch der versicherten Person. Betragsmässig bestehen jedoch Einschränkungen: Es kann stets nur die Summe der Freizügigkeitsleistung beansprucht werden, wie sie im Zeitpunkt des Gesuches besteht (relative Begrenzung). Sodann können Vorsorgenehmer, die über 50 Jahre alt sind, gesamthaft höchstens den Betrag der Freizügigkeitsleistung im Alter 50 oder die hälftige Freizügigkeitsleistung vorbeziehen (absolute Begrenzung). Die gleiche Beschränkung gilt auch für die Verpfändung des Vorsorgeguthabens.

Das entsprechende Gesuch für den Vorbezug kann bis drei Jahre vor Entstehung des Anspruchs auf Altersleistungen (vgl. Art. 13 BVG) bei der Vorsorgeeinrichtung geltend gemacht werden (Art. 30c Abs. 1 BVG). Es handelt sich bei dieser Bestimmung um relativ zwingendes Recht, d.h. die Vorsorgeeinrichtungen können diese Frist in ihren Reglementen reduzieren oder sogar ganz aufheben. Dies jedoch nur unter der Bedingung, dass sie jederzeit Sicherheit dafür bieten, den von ihnen übernommenen Verpflichtungen nach Artikel 65 Absatz 1 BVG nachkommen zu können.[2] Weitere Einschränkungen für den Vorbezug bestehen darin, dass pro Bezug mindestens 20'000 Franken beansprucht werden müssen und ein Vorbezug nur alle fünf Jahre geltend gemacht werden kann. Dieser Mindestbetrag gilt nicht für den Erwerb von Anteilscheinen an Wohnbaugenossenschaften und von ähnlichen Beteiligungen sowie für Ansprüche gegenüber Freizügigkeitseinrichtungen.

Jeder Vorbezug, nicht aber die Verpfändung von Guthaben, hat eine Kürzung des künftigen Leistungsanspruches zur Folge. Zur Möglichkeit des Abschlusses einer Zusatzversicherung siehe Ziffer 2.4.

2. Steuerliche Auswirkungen des Vorbezuges

2.1. Besteuerung des Vorbezuges

Das gesamte vorbezogene Vorsorgeguthaben kommt im Zeitpunkt des Vorbezuges als Kapitalleistung aus Vorsorge zur Besteuerung, entweder im Rahmen der ordentlichen Besteuerung mit einer vollen Jahressteuer gemäss Artikel 38 des Bundesgesetzes über die direkte Bundessteuer (DBG; SR 642.11) oder bei ausländischem Wohnsitz des Empfängers (Grenzgänger) im Rahmen der Besteuerung an der Quelle gemäss Artikel 96 DBG. Die Jahressteuer wird zu einem Fünftel der Tarife nach Artikel 36 DBG berechnet und für das Steuerjahr festgesetzt, in welchem die entsprechende Kapitalleistung zugeflossen ist, d.h. von der Vorsorgeeinrichtung effektiv ausbezahlt wird (Art. 38 Abs. 1bis und 2 DBG).

Die Besteuerung an der Quelle erfolgt aufgrund der entsprechenden Bestimmungen der Quellensteuerverordnung (QStV; SR 642.118.2). Gemäss Artikel 11 dieser Verordnung wird die vorbezogene Vorsorgeleistung ungeachtet staatsvertraglicher Regelung stets der Quellensteuer unterstellt. Besteht ein Doppelbesteuerungsabkommen mit dem entsprechenden Wohnsitzstaat des Empfängers, steht die Besteuerungskompetenz in der Regel dem Wohnsitzstaat zu. Der Quellensteuerabzug ist in diesen Fällen nicht definitiv und wird unter gewissen Bedingungen wieder zurückerstattet (wenn der Nachweis erbracht wird, dass die zuständige ausländische Steuerbehörde von der Kapitalleistung Kenntnis hat). In Ziffer 3 des Anhanges zur Quellensteuerverordnung sind die massgebenden Quellensteuersätze festgelegt, welche in die kantonalen Quellensteuertarife integriert sind.

---

[2] Vgl. BGE 2A.509/2003 vom 18. Mai 2004, Erw. 4.2.1 / Mitteilung über die berufliche Vorsorge Nr. 78, Ziffer 465

2.2. Rückzahlung des Vorbezuges

a) Rückerstattung der bezahlten Steuern

Falls die Rückzahlung des Vorbezuges aus den im Gesetz genannten Gründen zwingend oder fakultativ (Art. 30d Abs. 1 und 2, Art. 79b Abs. 3 BVG) erfolgt ist, gibt sie dem Vorsorgenehmer Anspruch auf zinslose Rückerstattung der seinerzeit an Bund, Kanton und Gemeinde bezahlten Steuern. Folgerichtig ist der Abzug des wieder einbezahlten Vorbezuges vom steuerbaren Einkommen ausgeschlossen. Das Recht auf Rückerstattung erlischt nach Ablauf von drei Jahren seit der Wiedereinzahlung des Vorbezuges (Art. 83a Abs. 2 und 3 BVG).

Für die Rückerstattung der Steuern ist ein schriftliches Gesuch an diejenige Steuerbehörde zu richten, die seinerzeit den Steuerbetrag erhoben hat. Dem Gesuch ist je eine Bescheinigung beizulegen über:

- die Rückzahlung, wobei die Vorsorgeeinrichtung hiefür das offizielle Formular der ESTV (Formular WEF) zu verwenden hat (Art. 7 Abs. 3 WEFV); die ESTV stellt dem Steuerpflichtigen eine Kopie dieser Bescheinigung für die Rückforderung zu;
- das im Wohneigentum investierte Vorsorgekapital (gestützt auf einen Registerauszug der ESTV);
- den an Bund, Kanton und Gemeinde entrichteten Steuerbetrag (Art. 14 Abs. 3 WEFV).

Bei mehreren Vorbezügen erfolgt die Rückerstattung der bezahlten Steuern in der gleichen zeitlichen Reihenfolge, wie zuvor die Vorbezüge stattgefunden haben. Eine Wiedereinzahlung führt somit bei mehreren Vorbezügen zur Tilgung des früheren vor dem späteren Vorbezug und dementsprechend auch zur Rückerstattung der auf diesem früheren Vorbezug bezahlten Steuern. Bei teilweiser Rückzahlung des vorbezogenen Betrages wird der Steuerbetrag im Verhältnis zum Vorbezug zurückerstattet.[3]

Eine ausländische Steuer, die gegebenenfalls zu bezahlen war (vgl. Ziff. 2.1), kann gestützt auf die Massnahmen der Wohneigentumsförderung mit Mitteln der 2. Säule, die internes Recht darstellen, nicht in der Schweiz zurückverlangt werden.

b) Ausgleich des durch einen WEF-Vorbezug entstandenen Zinsausfalls

Die Rückzahlung eines WEF-Vorbezuges umfasst immer nur den seinerzeit bezogenen Betrag, ohne den durch die Kapitalreduktion entstandenen Zinsausfall. Die durch den Zinsausfall entstandene Lücke kann nach erfolgter WEF-Rückzahlung mittels Einkauf von Beitragsjahren geschlossen werden. Dafür muss das Reglement der Vorsorgeeinrichtung einen Einkauf von Beitragsjahren auch nach dem Zeitpunkt des Eintritts in dieselbe vorsehen.

---

[3] Vgl. Anwendungsfall A.3.2.1 des Loseblattwerks Vorsorge und Steuern der Schweizerischen Steuerkonferenz, Cosmos Verlag, Stand: Frühling 2006

c) Keine WEF-Rückzahlung mit Mitteln, die bereits für die Vorsorge gebunden sind

Eine Rückzahlung des Vorbezuges für Wohneigentumsförderung ist nicht möglich mit Mitteln, die bereits für die Vorsorge gebunden sind wie z.b. der anlässlich einer Scheidung erhaltene Anteil an der Austrittsleistung, frei werdendes Vorsorgeguthaben bei einer Reduktion des Beschäftigungsgrades oder bereits bestehende Freizügigkeitsguthaben. Der für das Wohneigentum investierte Betrag muss aus Mitteln, die noch nicht zu Vorsorgezwecken gebunden sind, zurückbezahlt werden. Aufgrund der Zweckgebundenheit der Mittel in der Säule 3a ist eine vorzeitige Ausrichtung im Sinne einer Direktüberweisung in die 2. Säule zum Zweck der Rückzahlung eines WEF-Vorbezuges nicht möglich.

2.3. Einkauf von Beitragsjahren

a) nach einem WEF-Vorbezug

Seit dem 1. Januar 2006 dürfen freiwillige Einkäufe in die berufliche Vorsorge erst wieder vorgenommen werden, wenn allfällig früher getätigte Vorbezüge für die Wohneigentumsförderung zurückbezahlt sind (Art. 79b Abs. 3 Satz 2 BVG).

Wurden Einkäufe getätigt, so dürfen die daraus resultierenden Leistungen innerhalb der nächsten drei Jahre nicht in Kapitalform aus der Vorsorge zurückgezogen werden (Art. 79b Abs. 3 Satz 1 BVG). Um einen Kapitalbezug handelt es sich auch bei einem Vorbezug für das Wohneigentum.

Gemäss Artikel 30d Absatz 3 Buchstabe a BVG ist eine WEF-Rückzahlung bis drei Jahre vor Entstehung des Anspruchs auf Altersleistungen zulässig. Es handelt sich hierbei um eine relativ zwingende Bestimmung, welche die Vorsorgeeinrichtungen zu Gunsten der versicherten Personen verkürzen oder ganz aufheben können. Dies unter der Bedingung, dass sie bezüglich Erfüllung ihrer nach Artikel 65 Absatz 1 BVG übernommenen Pflichten jederzeit Sicherheit bieten.[4] Personen, die gestützt auf eine solche reglementarische Bestimmung ihren WEF-Vorbezug nicht mehr zurückzahlen können, sollen nach Artikel 60d der Verordnung über die berufliche Alters-, Hinterlassenen- und Invalidenvorsorge (BVV 2; SR 831.441.1) trotzdem noch die Möglichkeit haben, Lücken in ihrer Vorsorge zu schliessen. Reglementarisch vorgesehene freiwillige Einkäufe sind im Umfang der übrigen Vorsorgelücken möglich. In diesen Fällen gilt die Beschränkung des Einkaufs nach Artikel 79b Absatz 3 Satz 1 BVG.

b) nach einer Scheidung

Das Scheidungsrecht gibt jedem Ehegatten einen Anspruch an der Hälfte der vom anderen Ehegatten während der Ehe erworbenen Austrittsleistung aus Einrichtungen der beruflichen Vorsorge. Ist während der Ehe ein Vorbezug zum Erwerb von Wohneigentum erfolgt, ist dieser Betrag in die Auseinandersetzung miteinzubeziehen. Die Vorsorgeeinrichtung hat nach der Ehescheidung dem verpflichteten Ehegatten die Möglichkeit zu geben, sich im Rahmen der übertragenen Austrittsleistung wieder einkaufen zu können (vgl. Art. 79b Abs. 4 BVG in Verbindung mit Artikel 22c des Bundesgesetzes über die Freizügigkeit in der beruflichen Alters-, Hinterlassenen- und Invalidenvorsorge [FZG; SR 831.42]). Die Bestimmungen über die Scheidung sind gemäss Artikel 22d FZG bei gerichtlicher Auflösung einer eingetragenen Partnerschaft sinngemäss anwendbar.

2.4. Zusatzversicherung

Die nach einem Vorbezug entstandene Verminderung der Risikodeckung bei Tod und Invalidität kann mit einer Zusatzversicherung ausgeglichen werden, welche die Vorsorgeeinrichtung selber anbietet oder vermittelt (Art. 30c Abs. 4 BVG). Eine solche Zusatzversicherung kann bei einer Versicherungsgesellschaft als gebundene Selbstvorsorge (Säule 3a) oder im Rahmen der freien Vorsorge (Säule 3b) abgeschlossen werden. Aus steuerlicher Sicht handelt es sich aber bei der Zusatzversicherung immer, d.h. auch bei Abschluss mit der Vorsorgeeinrichtung selber, um individuelle Vorsorge. Die steuerliche Abzugsfähigkeit für die ent-

---

[4] Vgl. BGE 2A.509/2003 vom 18. Mai 2004, Erw. 5.1

sprechenden Prämien richten sich nach den jeweiligen Vorsorgeformen (Art. 33 Abs. 1 Bst. e bzw. Bst. g DBG).

3. Verkauf des mit einem WEF-Vorbezug finanzierten Eigenheims

3.1. Kauf eines neuen Eigenheims innerhalb von zwei Jahren

Verkauft eine versicherte Person ihr Wohneigentum und kauft sie in den zwei darauf folgenden Jahren mit dem Erlös wieder ein Eigenheim, so kann der dem Vorbezug entsprechende Verkaufserlös vorübergehend auf ein Freizügigkeitskonto überwiesen werden, auf welchem Zinsen generiert werden. Dieses Geld kann innerhalb von zwei Jahren in neues Wohneigentum investiert werden (Art. 30d Abs. 4 BVG). Die Überweisung auf ein Freizügigkeitskonto („Wartekonto") zeitigt keine steuerlichen Wirkungen, da keine Rückzahlung des Vorbezugs erfolgt. Diese Lösung verhindert die Rückerstattung der bezogenen Steuer bei der Überweisung auf ein Freizügigkeitskonto gefolgt von einer neuen Besteuerung beim erneuten Kauf von Wohneigentum. Bei Reinvestition in ein Eigenheim verlassen jedoch die Zinsen, welche noch nie besteuert wurden, den Vorsorgebereich, indem sie vom Freizügigkeitskonto auf das Wohneigentum übertragen werden. Diese Zinsen unterliegen als Vorsorgekapital der Besteuerung nach Artikel 38 DBG, da es sich um eine Vorsorgeleistung gemäss Artikel 83a BVG handelt. Die Freizügigkeitseinrichtung hat in diesem Fall den Steuerbehörden einen Vorbezug für Wohneigentum im Umfang der Zinsen zu melden. Eine Meldung darüber muss seitens der Freizügigkeitseinrichtung auch an die Pensionskasse erfolgen (Art. 12 WEFV). Aus praktischen Gründen sind die dem Freizügigkeitskonto angefallenen Zinsen den Steuerbehörden nicht zu melden, solange sie den Betrag von Fr. 5'000.-- nicht übersteigen.

Tritt ein Vorsorgefall ein (Tod, Invalidität), obwohl der Verkaufserlös noch bei der Freizügigkeitseinrichtung „parkiert" ist, werden die Vorsorgeleistungen fällig und die versicherte Person kann den Vorbezug nicht mehr zurückbezahlen (vgl. Art. 30d Abs. 3 Bst. b BVG), es sei denn - im Todesfall - würde keine Vorsorgeleistung fällig (Art. 30d Abs. 1 Bst. c BVG). Der Umfang der angefallenen Zinsen (falls über Fr. 5'000.--) muss der ESTV gemeldet werden, da darüber steuerlich noch abzurechnen ist.

3.2. Kauf eines neuen Eigenheims nach Ablauf von zwei Jahren oder Verzicht auf Neukauf

Verzichtet die versicherte Person auf den Kauf eines neuen Eigenheims oder tätigt den Kauf erst nach Ablauf von zwei Jahren, muss der Vorbezug in die Pensionskasse zurückbezahlt werden. Die Freizügigkeitseinrichtung muss der Pensionskasse den Vorbezug inklusive der darauf anfallenden Zinsen überweisen, worauf die Pensionskasse die Rückzahlung des Vorbezuges (ohne Zinsen) mittels offiziellen Formulars bestätigen muss. In diesem Fall unterliegen die Zinsen keiner Besteuerung, da sie den Vorsorgekreis nicht verlassen.

4. Steuerliche Auswirkungen der Verpfändung von Vorsorgeguthaben

4.1. Verpfändung als solche

Aus der Verpfändung als solcher entstehen keine unmittelbaren steuerlichen Folgen, weil dabei nicht über das Vorsorgeguthaben oder Teile davon verfügt wird. Die Verpfändung dient lediglich als Sicherheitsleistung und gibt der versicherten Person die Möglichkeit, mit ihren Gläubigern ein höheres Darlehen, den Verzicht bzw. den Aufschub der Amortisation und/oder einen günstigeren Zinssatz zu vereinbaren.

4.2. Pfandverwertung

Führt die Verpfändung hingegen zu einer Pfandverwertung, ergeben sich die gleichen steuerlichen Folgen wie beim Vorbezug: Der Erlös aus der Pfandverwertung wird besteuert, wobei hierfür die gleichen Regeln wie bei der Besteuerung des Vorbezuges gelten. Folgerichtig sind nach einer Pfandverwertung dieselben Möglichkeiten einer Rückzahlung und daran anknüpfend der Rückerstattung der bezahlten Steuern wie beim Vorbezug gegeben (vgl. Ziff. 2.3.).

5. Pflichten der Vorsorgeeinrichtungen

5.1. Gegenüber dem Vorsorgenehmer

Die Vorsorgeeinrichtung hat dem Vorsorgenehmer die Rückzahlung des Vorbezuges auf dem von der Eidg. Steuerverwaltung (ESTV) herausgegebenen Formular WEF zu bescheinigen (Art. 7 Abs. 3 WEFV). Diese Meldung erfolgt in der Regel in Form eines Briefes unter Beilage einer Kopie der WEF-Meldung an die ESTV.

5.2. Gegenüber der ESTV

Die Vorsorgeeinrichtung hat den Vorbezug wie auch die Pfandverwertung sowie die Rückzahlung unaufgefordert innerhalb von 30 Tagen auf dem offiziellen WEF-Formular der Eidgenössischen Steuerverwaltung ESTV, Hauptabteilung Direkte Bundessteuer, Verrechnungssteuer, Stempelabgaben, Abteilung Erhebung, Eigerstrasse 65, 3003 Bern zu melden (Art. 13 Abs. 1 WEFV). Die Meldung hat auch dann zu erfolgen, wenn die Quellensteuer bereits abgezogen wurde. Die entsprechenden Formulare können direkt bei der Eidgenössischen Steuerverwaltung ESTV, Hauptabteilung Direkte Bundessteuer, Verrechnungssteuer, Stempelabgabe, Abteilung Erhebung, Eigerstrasse 65, 3003 Bern oder im Internet bestellt werden.

In der Meldung ist der Bruttobetrag anzugeben. Diese Meldung ersetzt jene, welche von der Vorsorgeeinrichtung gestützt auf das Verrechnungssteuergesetz (Verrechnungssteuer auf Versicherungsleistungen) zu erstatten gewesen wäre. Die im Verrechnungssteuergesetz vorgesehene Möglichkeit des Einspruchs gegen die Meldung wird im Falle eines Vorbezuges hinfällig.

6. Aufgaben der ESTV

Die ESTV Hauptabteilung Direkte Bundessteuer, Verrechnungssteuer, Stempelabgaben (Abteilung Erhebung) führt über sämtliche ihr von den Vorsorgeeinrichtungen gemeldeten Vorbezüge, Pfandverwertungen sowie Rückzahlungen Buch, d.h. sie unterhält für alle diese Transaktionen ein Register. Nachdem die Vorsorgeeinrichtung der ESTV die Rückzahlung des WEF-Vorbezuges auf dem WEF-Formular gemeldet hat, sendet die ESTV dem Steuerpflichtigen unaufgefordert (und nicht nur auf schriftliches Ersuchen wie in Art. 13 Abs. 3 WEFV festgehalten) einen Register-(Konto)auszug sowie eine Kopie der WEF-Meldung zu und weist sie auf die für die Steuerrückerstattung zuständige Behörde hin.

III. Wohneigentumsförderung mit Mitteln der gebundenen Selbstvorsorge (Säule 3a)

Die Altersleistung aus der gebundenen Selbstvorsorge kann wie bei der zweiten Säule für den Erwerb und die Erstellung von Wohneigentum zum Eigenbedarf, Beteiligung am Wohneigentum zum Eigenbedarf sowie für die Amortisation von Hypothekardarlehen ausgerichtet werden. Eine Rückzahlung, wie sie beim Vorbezug in der zweiten Säule vorgesehen ist, ist dagegen in der Säule 3a nicht möglich. Im Übrigen kann die versicherte Person den Anspruch auf Vorsorgeleistungen oder einen Betrag bis zur Höhe ihres Sparguthabens verpfänden, wobei die Artikel 8 - 10 WEFV sinngemäss gelten (vgl. Art. 4 Abs. 2 der Verordnung über die steuerliche Abzugsberechtigung für Beiträge an anerkannte Vorsorgeformen [BVV3; SR 831.461.3]). Die Begriffe "Wohneigentum", „Beteiligungen" und "Eigenbedarf" richten sich nach den Artikeln 2 - 4 WEFV.

IV. Inkrafttreten und Empfehlung an die Kantone

Das vorliegende Kreisschreiben gilt ab sofort und ersetzt das Kreisschreiben Nr. 23 vom 5. Mai 1995.

Der Vorstand der Schweizerischen Steuerkonferenz (SSK) hat das vorliegende Kreisschreiben genehmigt und empfiehlt den Kantonen, die darin festgehaltenen Regelungen in analoger Weise auch für die direkten Steuern der Kantone und Gemeinden zu übernehmen.

Obligationen und Derivate

Quelle: Eidg. Steuerverwaltung ESTV / HA Direkte Bundessteuer, Verrechnungssteuer, Stempelabgaben

Direkte Bundessteuer
Verrechnungssteuer
Stempelabgaben

Bern, 3. Oktober 2017

Kreisschreiben Nr. 15

Obligationen und derivative Finanzinstrumente als Gegenstand der direkten Bundessteuer, der Verrechnungssteuer sowie der Stempelabgaben

Inhaltsverzeichnis Seite
1 Einleitung 2
2 Begriffe 3
2.1 Obligationen *(vgl. Übersicht in Anhang I)* 3
2.1.1 Gewöhnliche Obligationen 3
2.1.2 Diskont- und globalverzinsliche Obligationen 3
2.1.3 Geldmarktpapiere 4
2.1.4 Obligationen mit überwiegender Einmalverzinsung 4
2.2 Derivative Finanzinstrumente *(vgl. Übersicht in Anhang I)* 4
2.2.1 Allgemeines 4
2.2.2 Termingeschäfte (Futures) 4
2.2.3 Optionen 5
2.3 Kombinierte Produkte *(vgl. Übersicht in Anhang I)* 5
2.3.1 Kapitalgarantierte Derivate und nicht klassische Options- und Wandelanleihen ... 5
2.3.2 Klassische Options- und Wandelanleihen 6
2.3.3 Produkte mit Geld- oder Titellieferung (Reverse Convertibles) 6
2.3.3.1 Reverse Convertibles ohne Kapitalschutz 6
2.3.3.2 Reverse Convertibles mit Kapitalschutz 6
3 Grundsätze der Besteuerung 7
3.1 Obligationen und gemischte Diskontpapiere ohne überwiegende Einmalverzinsung 7
3.2 Obligationen und Diskontpapiere mit überwiegender oder ausschliesslicher Einmalverzinsung 8
3.3 Derivative Finanzinstrumente 8
3.4 Kapitalgarantierte Derivate und nicht klassische Options- und Wandelanleihen ... 9
3.4.1 Transparente Produkte 10
3.4.2 Nicht transparente Produkte 11
3.5 Klassische Options- und Wandelanleihen 11
3.6 Produkte mit Geld- oder Titellieferungen (Reverse Convertibles) 12
3.7 Negativzinsen 12

4	Kennzeichnung der Obligationen in der Kursliste der ESTV Mitwirkungs- und Auskunftspflicht der Banken bezüglich der analytischen Ermittlung des steuerbaren Ertrags 13
4.1	Kennzeichnung der Obligationen sowie der kombinierten Produkte mit überwiegender Einmalverzinsung 13
4.2	Separate Kennzeichnung der Instrumente, die der modifizierten Differenzbesteuerung unterliegen 13
4.3	Nicht an Schweizer Börsen kotierte Papiere... 13
5	Spezialfälle und Produkteentwicklungen 13
6	Inkrafttreten 14

1 Einleitung

Im Kreisschreiben Nr. 4 vom 12. April 1999 (KS 4) und den Anhängen I, II, und III hat die Eidg. Steuerverwaltung (ESTV) erstmals in Zusammenarbeit mit der Kommission für Steuern und Finanzfragen der Schweiz. Bankiervereinigung (SBVg) und mit Zustimmung der Konferenz staatlicher Steuerbeamter (Vorgängerorganisation der heutigen Schweiz. Steuerkonferenz SSK) die verschiedenen Arten von Obligationen, die herkömmlichen derivativen Finanzinstrumente, die bekannten Kombinationen von Obligationen und derivativen Finanzinstrumenten sowie Spezialfälle mitsamt ihrer steuerlichen Behandlung im Rahmen des Privatvermögens unter dem Aspekt der direkten Bundessteuer, der Verrechnungssteuer sowie der Stempelabgaben in umfassender Weise dargestellt. Das KS 4 konkretisierte die steuerlichen Bestimmungen im Bereich des beweglichen privaten Kapitalvermögens und hatte insbesondere zum Ziel, sachgerechte Grundlagen zu schaffen, um auch bei nicht trennbaren kombinierten Produkten dem schweizerischen Steuersystem entsprechend zwischen steuerbaren Erträgen aus Kapitalanlagen (Art. 20 Abs. 1 Bst. a und b des Bundesgesetzes vom 14. Dezember 1990 über die direkte Bundessteuer [DBG]) und steuerfreien Kapitalgewinnen aus Termingeschäften und Optionen (Art. 16 Abs. 3 DBG) unterscheiden zu können. Als wesentliche Neuerung gegenüber der früheren Praxis führte die ESTV deshalb zu diesem Zweck die Unterscheidung in sog. transparente und nicht transparente Produkte ein. Dass die im KS 4 vorgesehene Transparentmachung von nicht trennbaren kombinierten Produkten für Steuerzwecke grundsätzlich *bundesrechtskonform* ist, wurde sowohl vom Verwaltungsgericht des Kantons Zürich mit Entscheid vom 24. August 2005 (SB.2004.00077) als auch vom Bundesgericht mit Urteil vom 8. Februar 2006 (2A.438/2005 und 2P.181/2005) bestätigt.

Im Unterschied zu heute stand zum Zeitpunkt der Publikation des KS 4 weder der Bond-FloorPricing-Service der SIX Financial Information AG (hienach BFP-Service) als Hilfsmittel zur Verfügung, noch war der Swap-Satz als Behelf zur verobjektivierten Bestimmung der marktkonformen Verzinsung des Anlageteils von kombinierten Produkten bei den Marktteilnehmern bereits allgemein anerkannt. Diese Hilfsmittel ermöglichen es heute grundsätzlich, alle gängigen, nicht trennbaren kombinierten Produkte auch ohne entsprechende Angaben der Emittenten nachträglich transparent zu machen. Von dieser Möglichkeit haben die Steuerpflichtigen in der Schweiz, wie auch die Emittenten und Vertriebskanäle, in den vergangenen Jahren regen Gebrauch gemacht und somit von der unter den gegebenen Umständen für sie vorteilhaften steuerlichen Trennung von Anlage- und Options-/Wandelgeschäft profitiert.

Das Kreisschreiben Nr. 15 der ESTV in der Version vom 7. Februar 2007 (KS 15, Nachfolge-Kreisschreiben des KS 4) erläuterte deshalb insbesondere die aktuelle Praxis im Bereich der *nachträglichen* Herstellung der Transparenz von nicht trennbaren kombinierten Produkten, dessen Ausführungen im KS 4 überholt waren. Das vorliegende Kreisschreiben trägt der seit der Publikation des KS 15 erfolgten Gesetzesänderung im Bereich der Stempelabgaben (Abschaffung der Emissionsabgabe auf Fremdkapital) Rechnung. Neben weiteren Aktualisierungen und Präzisierungen gibt es den seinerzeitigen Inhalt der KS 4 und 15 wieder, die zur Rechtssicherheit bei der steuerlichen Behandlung von strukturierten Finanzinstrumenten beitrugen. Ergänzender Bestandteil des vorliegenden Kreisschreibens bildet nach wie vor auch das Gutachten der Kommission für Steuern und Finanzfragen der SBVg vom November 2006 (vgl. Anhang IV), welches dazu dient, den Nachweis zu erbringen, dass der BFP-Service inkl. dessen Grundlagen geeignet sind, die diesen Hilfsmitteln zugedachte Aufgabe zu erfüllen.

2 Begriffe

2.1 Obligationen *(vgl. Übersicht in Anhang I)*

2.1.1 Gewöhnliche Obligationen

Was unter einer Obligation zu verstehen ist, wurde für die Verrechnungssteuer und die Stempelabgaben gesetzlich geregelt (Art. 4 Abs. 3 bis 5 des Bundesgesetzes vom 27. Juni 1973 über die Stempelabgaben [StG]; Art. 15 der Verordnung vom 19. Dezember 1966 über die Verrechnungssteuer [VStV]). Die direkte Bundessteuer hat diesen steuerrechtlichen Obligationenbegriff übernommen, der weiter geht als derjenige des Wertpapierrechts (Art. 965 ff. des Obligationenrechts vom 30. März 1911 [OR]) und auch darüber hinaus, was im Handel und im Bankgeschäft unter einer Obligation verstanden wird. Obligationen sind demnach schriftliche, auf feste Beträge lautende Schuldanerkennungen, die zwecks kollektiver Beschaffung von Fremdkapital, kollektiver Anlagegewährung oder Konsolidierung von Verbindlichkeiten in einer Mehrzahl von Exemplaren zu gleichartigen Bedingungen ausgegeben werden und dem Gläubiger zum Nachweis, zur Geltendmachung oder zur Übertragung der Forderung dienen.

Die Ausgabe und die Rückzahlung erfolgt in der Regel zu pari. Der Obligationär hat Anspruch auf eine Entschädigung für das hingegebene Kapital, welche periodisch ausbezahlt wird.

Unter einer periodischen Verzinsung sind die vom Schuldner im Zeitpunkt der Emission garantierten Geldflüsse zu verstehen. Zur rechnerischen Bestimmung, ob der Anlageteil überwiegend einmalverzinslich ist oder nicht, können nur die garantierten Geldflüsse herangezogen werden, und zwar zum jeweiligen Zeitpunkt, in welchem der Investor seinen Rechtsanspruch durchsetzen kann. Dabei ist die Summe der Barwerte der garantierten Zahlungen während der Laufzeit der Einmalentschädigung gegenüberzustellen.

2.1.2 Diskont- und globalverzinsliche Obligationen

Diskontobligationen werden mit Einschlag, d.h. unter pari, emittiert (Emissionsdisagio), und die Rückzahlung erfolgt zum Nennwert. Globalverzinsliche Obligationen werden demgegenüber zum Nennwert emittiert und die Rückzahlung erfolgt über pari (Rückzahlungsagio). In beiden Fällen kann zwischen reinen und gemischten Diskont- oder globalverzinslichen Obligationen unterschieden werden. Reine Diskontobligationen und globalverzinsliche Obligationen, auch Zerobonds genannt, gewähren dem Investor keine periodischen Zinsvergütungen. Vielmehr wird das gesamte Nutzungsentgelt ausschliesslich als Einmalentschädigung bei Rückzahlung der Obligation vergütet. Bei gemischten Diskont- und globalverzinslichen Obligationen erhält der Investor neben der Einmalentschädigung bei Rückzahlung der Obligation zusätzlich periodische Zinsvergütungen, die naturgemäss unter dem Zinssatz für ausschliesslich periodisch verzinste Anlagen liegen.

2.1.3 Geldmarktpapiere

Geldmarktpapiere sind Obligationen mit einer festen Laufzeit von nicht mehr als zwölf Monaten (Art. 4 Abs. 5 StG). Unter diese Kategorie fallen u.a. auch die sog. Geldmarktbuchforderungen des Bundes, der Kantone und der Gemeinden, die Treasury Bills und die Bankers Acceptances.

2.1.4 Obligationen mit überwiegender Einmalverzinsung

Eine überwiegende Einmalverzinsung der Obligation ist gegeben, wenn der überwiegende Teil des gesamten Nutzungsentgeltes im Emissionszeitpunkt bzw. aufgrund der Emissionsbedingungen auf dem Emissionsdisagio oder dem Rückzahlungsagio beruht.

Reine Zerobonds sowie in der Regel Geldmarktpapiere sind ausschliesslich einmalverzinslich ausgestaltet und fallen damit ohne weitere Abklärungen unter diese Kategorie von Obligationen.

Erfolgt die Entschädigung sowohl in Form von periodischen Zinsen als auch in Form einer Einmalentschädigung, ist finanzmathematisch zu analysieren, ob die Einmalverzinsung oder die periodische Verzinsung überwiegt. Massgebend sind die Verhältnisse im Zeitpunkt der Emission. Es sind dabei folgende Faktoren zu berücksichtigen: Emissionspreis, periodisches, gleichbleibendes Nutzungsentgelt, Rückzahlungswert und Laufzeit. Details zur Berechnungsmethode finden sich im Anhang II (siehe Beispiele Nrn. 1 und 2).

Von den auf Diskontbasis emittierten Zerobonds und den gemischten Diskontobligationen mit überwiegender Einmalverzinsung zu unterscheiden sind Anleihen mit grundsätzlich periodischer Verzinsung, die jedoch aufgrund des markttechnischen Zinsumfeldes bei Emission keine oder sogar eine negative Rendite und folglich weder einen Coupon > 0 % noch einen Diskont aufweisen. Solche Anleihen qualifizieren steuerlich nicht als Titel mit überwiegender oder ausschliesslicher Einmalverzinsung.

2.2 Derivative Finanzinstrumente *(vgl. Übersicht in Anhang I)*

2.2.1 Allgemeines

Derivative Finanzinstrumente sind dadurch charakterisiert, dass ihr Wert abhängig ist von demjenigen eines anderen Produktes (Basiswert). Als Basiswerte kommen Aktien, Obligationen, Edelmetalle, Währungen, Zinssätze, Aktienindizes etc. in Betracht. Derivative Finanzinstrumente dienen der Absicherung und Übertragung von Risiken, der Spekulation sowie der Herstellung eines Fristen- oder Währungsausgleiches für Forderungen und Verpflichtungen. Zu den herkömmlichen Derivaten zählen insbesondere Termingeschäfte (Futures) und Optionen.

2.2.2 Termingeschäfte (Futures)

Ein Termingeschäft ist ein Vertrag zwischen zwei Parteien. Er beinhaltet die wechselseitige Verpflichtung, eine festgelegte Menge eines bestimmten Gutes (Basiswert) zu einem vereinbarten Preis (Terminpreis) in einem festgelegten Zeitpunkt in der Zukunft zu übernehmen (Terminkäufer) oder zu liefern (Terminverkäufer).

Mit Futures sind an Börsen gehandelte Termingeschäfte gemeint, die hinsichtlich Menge des Basiswertes und Verfalltag standardisiert sind. Over the counter (OTC)-Termingeschäfte (auch Forwards genannt) sind Kontrakte, die nicht an der Börse gehandelt werden.

Beim Abschluss eines Future-Kontrakts fallen im Gegensatz zu einem Options-Kontrakt keine Kosten in Form von Prämien an. Sowohl Käufer wie Verkäufer tragen die gleichen

Rechte und Pflichten (symmetrische Risikostruktur). Die Vertragsparteien müssen daher eine Vorschusszahlung leisten, die als Sicherheitshinterlage dient. Diese Vorschusszahlung wird dem Margin Account gutgeschrieben und als Initial Margin bezeichnet. Sie beträgt nur einen Bruchteil des Kontraktwertes (i.d.R. fünf bis zwanzig Prozent) und kann je nach Volatilität des Basiswertes nach oben oder unten korrigiert werden.

2.2.3 Optionen

Ein Optionsgeschäft ist ein bedingtes Termingeschäft und somit ebenfalls ein Vertrag zwischen zwei Parteien. Der Käufer einer Option erwirbt gegen Bezahlung des Optionspreises (Prämie) das Recht, nicht aber die Verpflichtung, eine festgelegte Menge eines bestimmten Gutes (Basiswert) an bzw. bis zu einem festgelegten Zeitpunkt (Verfalltermin) zu einem vereinbarten Preis (Ausübungspreis) zu kaufen (Call-Option) oder zu verkaufen (Put-Option).

Die Einzelheiten der Optionsverträge werden entweder zwischen den Parteien individuell vereinbart (OTC-Optionen) oder sie sind standardisiert (Traded Options). Erstere sind nicht an einer Börse kotiert und nur erschwert übertragbar. Als Warrants (oder Optionsscheine) werden in Wertpapiere verbriefte Optionen bezeichnet.

Optionen amerikanischen Stils können grundsätzlich jederzeit während der Laufzeit der Optionen ausgeübt werden; dies im Gegensatz zu Optionen europäischen Stils, welche nur bei Verfall der Option ausgeübt werden können. Wird die Option ausgeübt und kommt es zu einer Lieferung von z.B. Wertschriften, liegt ein gewöhnlicher Kauf oder Verkauf eines Sachwertes vor. Bei der Ausübung von Optionen, die sich auf abstrakte Basiswerte beziehen (z.B. einen Aktienindex), kommt es nicht zu einer Lieferung eines Gutes, sondern zu einer Geldleistung (cash-settlement), was am zugrunde liegenden Sachverhalt aber nichts ändert.

Eine spezielle Art von Call-Optionen stellen die von der Eurex Zürich AG emittierten sog. Low Exercise Price Options (LEPO) auf Namenaktien und alle Eurex-Titel mit einer Laufzeit von bis zu zwölf Monaten dar. Beim Erwerb dieser Optionen entrichtet der Investor anstelle der üblichen Optionsprämien annähernd den Wert der zugrunde liegenden Wertschriften, um im Verfallzeitpunkt die Basiswerte zu beziehen. LEPO können deshalb auch als atypische, weil im Voraus finanzierte Termingeschäfte bezeichnet werden. Diese spezielle Art von Optionen ist hier lediglich der Vollständigkeit halber aufgeführt. LEPO sind nicht gemeint, wenn hier im weiteren von Optionen die Rede ist (vgl. hingegen für die steuerliche Behandlung von LEPO Anhang III Ziffer 4).

2.3 Kombinierte Produkte *(vgl. Übersicht in Anhang I)*

2.3.1 Kapitalgarantierte Derivate und nicht klassische Options- und Wandelanleihen

Kapitalgarantierte Derivate und Options- und Wandelanleihen bestehen aus einer Kombination von verschiedenen Finanzinstrumenten, in der Regel einer Obligation mit einer Option oder einem Wandelrecht. Sowohl Option wie Wandelrecht ermöglichen es dem Investor, an der Entwicklung eines oder mehrerer Basiswerte zu partizipieren. Die Obligation garantiert ihm die Rückzahlung des ganzen oder eines wesentlichen Teiles seiner Investition.

Zu den kapitalgarantierten Derivaten zählen beispielsweise die sog. CPU(N) (Capital Protected Unit/Note. Die Laufzeit der Obligation beträgt hier – im Unterschied zu den Options- und Wandelanleihen – in der Regel bloss ein bis zwei Jahre.

Kombinierte Produkte in der Form von Obligation und Option, die in zwei separat handelbaren Papieren ausgegeben werden, weisen drei Valorennummern auf: Eine Valorennummer steht für das kombinierte Produkt (cum), eine Valorennummer für die Obligation ohne Optionsschein (ex) und eine dritte für den Optionsschein. Kapitalgarantierte Derivate können aber auch in einem einzigen Papier zusammengefasst sein, so dass die verschiedenen Komponenten nicht separat handelbar sind (sog. nicht trennbare kombinierte Produkte).

Im Unterschied zu den kapitalgarantierten Derivaten und den Optionsanleihen ist das Wandelrecht bei den Wandelanleihen untrennbar mit der Obligation verbunden und kann deshalb nicht separat gehandelt werden. Durch die Ausübung des Wandelrechtes geht das Schuldverhältnis aus der Obligation unter und der Obligationär wird zum Inhaber eines Beteiligungsrechts.

2.3.2 Klassische Options- und Wandelanleihen

Sog. *klassische* Optionsanleihen und *klassische* Wandelanleihen liegen nur dann vor, wenn das Options- und Wandelrecht auf den Bezug von neu geschaffenen Beteiligungsrechten der die Anleihe emittierenden *schweizerischen* Gesellschaft oder eines mit dieser verbundenen in- oder ausländischen Unternehmens lautet. Klassische Optionsanleihen (cum Option) und klassische Wandelanleihen müssen zu pari oder mit einem Agio emittiert und jeweils zu pari zurückbezahlt werden. Ist eine der genannten Voraussetzungen nicht erfüllt, entfällt die Qualifikation des Finanzinstruments als *klassische* Options- oder Wandelanleihe und es liegt aus steuerlicher Sicht eine nicht klassische Anleihe vor.

2.3.3 Produkte mit Geld- oder Titellieferung (Reverse Convertibles)

2.3.3.1 Reverse Convertibles ohne Kapitalschutz

Auch bei den Reverse Convertibles handelt es sich um eine Kombination aus Obligation und Option. Im Fall des Reverse Convertible ohne Kapitalschutz erwirbt der Anleger vorab eine Obligation. Er tritt sodann gleichzeitig als Verkäufer/Schreiber einer Put-Option auf und – falls er noch an einem allfälligen Anstieg des Basiswertes partizipiert – als Käufer einer Call-Option. Aufgrund der an den Emittenten verkauften Put-Option kann der Anleger gegebenenfalls verpflichtet sein, bei Fälligkeit der Obligation den Basiswert (in der Regel eine Aktie) zum Ausübungspreis (in der Regel in der Höhe des Nominalwertes der Obligation) zu übernehmen. Dies wird dann der Fall sein, wenn der Basiswert am Verfalltag unter dem Ausübungspreis liegt. Liegt hingegen der Preis des Basiswertes am Verfalltag über dem Ausübungspreis, wird der Emittent seine Put-Option nicht ausüben. Der Anleger erhält den Nominalwert seiner Obligation zurückbezahlt, übt gegebenenfalls seine Call-Option aus und erhält so zusätzlich die darin verbriefte (anteilmässige) Beteiligung am Anstieg des Basiswertes in bar ausbezahlt.

Die garantierten Zahlungen des Emittenten an den Anleger während der Laufzeit des Produkts bestehen einerseits aus einer marktüblichen Verzinsung der Obligation und anderseits aus der vom Emittenten geschuldeten Put-Optionsprämie (gegebenenfalls verrechnet mit der vom Investor geschuldeten Prämie für die Call-Option), welche – für Optionsprämien an sich unüblich – ebenfalls über die Laufzeit verteilt zur Auszahlung gelangen kann.

2.3.3.2 Reverse Convertibles mit Kapitalschutz

Reverse Convertibles mit Kapitalschutz unterscheiden sich von denjenigen ohne Kapitalschutz dadurch, dass ergänzend zur Obligationenanlage und zu den genannten Optionsgeschäften ein weiteres Optionsgeschäft hinzukommt, indem nicht nur der Investor gegenüber dem Emittenten als Verkäufer einer Put-Option auftritt, sondern auch der Emittent dem Investor eine Put-Option verkauft. Nachdem der Emittent mittels Ausübung seiner Put-Option dem Investor bei Verfall den im Kurs gefallenen Basiswert zum (in der Regel) Preis des investierten Betrages der Obligation geliefert hat, wird der Investor seinerseits die erworbene Put-Option ausüben und dem Emittenten den erhaltenen Basiswert gegen Forderung des vereinbarten (vergleichsweise tieferen) Ausübungspreises (= Kapitalschutz) zurück verkaufen können. Letzteres wird dann der Fall sein, wenn der Preis des Basiswertes am Verfalltag auch unter diesem Ausübungspreis liegt.

Der Kapitalschutz bei diesen Reverse Convertibles stellt kein Rückzahlungsversprechen im Sinne einer Obligation dar. Er ist vielmehr – im Unterschied zum kapitalgarantierten Derivat – auf die im Produkt enthaltene (zusätzliche) Option zurückzuführen. Die vom Emittenten und Investor gegenseitig zu bezahlenden Optionsprämien werden im Normalfall wiederum miteinander verrechnet, was sich in – im Vergleich zum Reverse Convertible ohne Kapitalschutz – geringeren garantierten Zahlungen an den Investor niederschlägt.

3 Grundsätze der Besteuerung

3.1 Obligationen und gemischte Diskontpapiere ohne überwiegende Einmalverzinsung

Direkte Bundessteuer

Zinsen in periodischer Form oder in der Form von Einmalentschädigungen auf Obligationen (Emissionsdisagio oder Rückzahlungsagio als Differenz zwischen Ausgabe- und Rückzahlungswert) stellen gemäss Artikel 20 Absatz 1 Buchstabe a DBG steuerbaren Vermögensertrag dar. Zinsen in periodischer Form werden nach dem allgemeinen Fälligkeitsprinzip, Einmalentschädigungen im Zeitpunkt der Rückzahlung besteuert.

Nicht unter die steuerbaren Erträgnisse im Sinne von Artikel 20 Absatz 1 Buchstabe a DBG fallen die sog. Marchzinsen. Sie sind Bestandteil des vom Käufer an den Verkäufer der Obligation bezahlten Kaufpreises. Unter Marchzinsen sind laufende, noch nicht fällige Zinsen zu verstehen, wie sie für die Zeit vom Fälligkeitsdatum des letzten eingelösten Coupons bis zum Verkauf der betreffenden Obligation auflaufen.

Verrechnungssteuer

Gegenstand der Verrechnungssteuer sind sämtliche Erträge der von einem Inländer ausgegebenen Obligationen, soweit sie vom Schuldner geleistet werden, gleichgültig ob in Form von periodischen Zinszahlungen oder als Einmalentschädigungen (Art. 4 Abs. 1 Bst. a des Bundesgesetzes vom 13. Oktober 1965 über die Verrechnungssteuer [VStG]). Die Steuerforderung entsteht im Zeitpunkt, in dem die steuerbare Leistung fällig wird (Art. 12 Abs. 1 VStG).

Nach feststehender Praxis sind Anleihen ausländischer Konzerngesellschaften mit Garantie einer verbundenen schweizerischen Konzernobergesellschaft dann als inländische Anleihen zu qualifizieren, wenn der Anleihensbetrag direkt oder indirekt an die schweizerische Gesellschaft zurückfliesst. In diesem Fall unterliegen die Erträge solcher Anleihen der Verrechnungssteuer (vgl. auch das Rundschreiben der SBVg Nr. 6746 vom 29. Juni 1993).

Der Mittelrückfluss ins Inland ist steuerlich zulässig, wenn die von der ausländischen Konzerngesellschaft (Emittentin) an die inländische Konzerngesellschaft weitergeleiteten Mittel per Bilanzstichtag den Umfang des Eigenkapitals der ausländischen Konzerngesellschaft nicht übersteigen (Art. 14a Abs. 3 VStV).

Stempelabgaben

Der Handel mit in- und ausländischen Obligationen unterliegt – vorbehältlich der Ausnahmen gemäss Artikel 14 und 19 StG – der Umsatzabgabe (Art. 13 ff. StG).

3.2 Obligationen und Diskontpapiere mit überwiegender oder ausschliesslicher Einmalverzinsung

Direkte Bundessteuer

Allfällige periodische Zinsen stellen steuerbaren Vermögensertrag dar (Art. 20 Abs. 1 Bst. a DBG).

Des Weiteren gelangen gemäss Artikel 20 Absatz 1 Buchstabe b DBG sämtliche tatsächlichen Einkünfte bei Veräusserung oder Rückzahlung der Obligation zur Besteuerung (sog. *reine Differenzbesteuerung*). Massgeblich ist die Differenz zwischen Anschaffungsbetrag und Verkaufs- bzw. Rückzahlungsbetrag, in beiden Fällen zum jeweiligen Tageskurs in Schweizerfranken umgerechnet. Steuerlich wirksam werden damit insbesondere die vom Käufer an den Verkäufer bezahlten aufgelaufenen Zinsen sowie die sich aus allfälligen Veränderungen des allgemeinen Zinsniveaus oder aus Schwankungen der Wechselkurse ergebenden Einflüsse auf den jeweiligen Wert der Papiere (siehe Beispiel Nr. 3 in Anhang II). Die bei Käufen und Verkäufen anfallenden Bankspesen sind dabei als Gewinnungskosten zu würdigen und damit ertragsmindernd zu berücksichtigen, soweit sie auf die steuerbare Kapitalanlage entfallen. Im Hinblick auf die Besteuerung sind die Kauf- und Verkaufsbelege solcher Titel vom Steuerpflichtigen aufzubewahren.

Die steuerliche Behandlung von allfälligen negativen Differenzen zwischen Anschaffungs- und Veräusserungs- oder Rückzahlungsbeträgen ist gesetzlich nicht geregelt. Diese Situation tritt insbesondere bei Anlagen in fremder Währung auf, wenn sich der Wechselkurs der Fremdwährung während der Laufzeit gegenüber dem Schweizerfranken verschlechtert. Sie kann auch bei einem Anstieg des allgemeinen Zinsniveaus für vergleichbare Anlagen eintreten. Da es den Grundsätzen unseres Steuersystems widersprechen würde, wenn Verluste aus (überwiegend) einmalverzinslichen Anlagen generell unberücksichtigt blieben, akzeptiert die ESTV seit Inkrafttreten der Bestimmung von Artikel 20 Absatz 1 Buchstabe b DBG eine Verrechnung der realisierten Verluste und Gewinne (zuzüglich deren periodischen Erträge) aus anderen in- oder ausländischen Obligationen mit überwiegender Einmalverzinsung. Die Berücksichtigung solcher Verluste bleibt indessen innerhalb einer Bemessungsperiode auf Anwendungsfälle von Artikel 20 Absatz 1 Buchstabe b DBG beschränkt; eine Verrechnung mit anderen Erträgen oder Einkommensteilen ist ausgeschlossen.

Verrechnungssteuer und Stempelabgaben

In Bezug auf die Verrechnungssteuer sowie die Umsatzabgabe kann auf das unter Ziffer 3.1. Gesagte verwiesen werden. Zu beachten gilt, dass die Verrechnungssteuer auch bei überwiegend einmalverzinslichen Papieren auf dem Originaldiskont erhoben wird.

3.3 Derivative Finanzinstrumente

Direkte Bundessteuer

Gewinne aus Termingeschäften sind steuerlich gleich zu behandeln wie solche aus Kassageschäften und stellen deshalb Kapitalgewinne dar (BGE 110 Ia 1 ff.). Kapitalgewinne aus Termingeschäften (Futures und Optionen) sind im Privatvermögen steuerfrei (Art. 16 Abs. 3 DBG), sofern sie nicht durch das Gesetz ausdrücklich erfasst werden. Entsprechende Verluste im Privatvermögen sind steuerlich unbeachtlich. Dies gilt grundsätzlich auch für strukturierte Produkte wie beispielsweise Mini-Futures, es sei denn, der Grad der Vorausfinanzierung übersteige die zulässige Grenze von 25 % des Kontraktwerts oder es handle sich beim Basiswert nicht um kapitalgewinnfähige Basiswerte wie beispielsweise Obligationen.

Optionsprämien sind grundsätzlich einkommenssteuerlich nicht relevant. Dies gilt auch für Optionsprämien, die ein Verkäufer/Schreiber von Optionen im Rahmen eines kombinierten Produktes erhält.

Verrechnungssteuer

Gewinne aus dem Handel mit Termingeschäften und Optionen unterliegen nicht der Verrechnungssteuer (Umkehrschluss aus Art. 4 Abs. 1 VStG).

Stempelabgaben

Optionen und Futures sind keine steuerbaren Urkunden im Sinne des Stempelgesetzes. Emission und Handel unterliegen demnach weder der Emissionsabgabe noch der Umsatzabgabe. Die Umsatzabgabe ist lediglich dann geschuldet, wenn die Erfüllung (Future) oder Ausübung (Option) zu einer Lieferung (Eigentumsübertragung) von steuerbaren Urkunden führt (Art. 15 Abs. 2 StG).

3.4 Kapitalgarantierte Derivate und nicht klassische Options- und Wandelanleihen

Für die Besteuerung von kombinierten Produkten, und damit auch von kapitalgarantierten Derivaten sowie von nicht klassischen Options- und Wandelanleihen, ist massgebend, ob es sich um ein sog. *transparentes* oder um ein *nicht transparentes* Produkt handelt.

Als transparent gilt ein Produkt, wenn alternativ

a) bei Emission die dem Instrument zugrundeliegenden Komponenten (Obligation und derivative Finanzinstrumente) trennbar sind und tatsächlich separat gehandelt werden (vgl. Ziffer 2.3.1. hievor);

b) der Emittent des Produkts die verschiedenen Komponenten im „Termsheet" wertmässig mittels finanzmathematischer Berechnung separat darstellt und die Überprüfung dieser Berechnung durch die ESTV die Richtigkeit dieser Darstellung ergeben hat; oder

c) die verschiedenen Komponenten des Produkts von der ESTV nachträglich analytisch nachvollzogen und in ihrem Wert berechnet werden können.

Zu a. hievor: Für Instrumente, bei denen die einzelnen Komponenten separat handelbar sind und ein Handel effektiv stattfindet, ist als Emissionspreis der Obligation der erste Schlusskurs ex-Option massgebend um zu bestimmen, ob eine überwiegende Einmalverzinsung vorliegt oder nicht. Bei überwiegend einmalverzinslichen Papieren ist für die Ermittlung des steuerbaren Ertrages bei Handänderungen in der Regel auf die Kurse ex-Option abzustellen.

Zu b. hievor: In diesem Fall sind im „Termsheet" des Emittenten die Werte der Anlage- und der Optionskomponenten sowie der für die Berechnung herangezogene (marktkonforme) Zinssatz ausgewiesen. Die Überprüfung der Berechnung durch die ESTV muss die Richtigkeit der dargestellten Werte ergeben (vgl. die nachstehenden Ausführungen zu Bst. c). Im Gegensatz zu Buchstabe c hienach gilt ein Produkt auch dann als transparent, wenn die emittierende Gesellschaft über eine Bonität verfügt, die schlechter ist als ein Single-A-Rating; dies unter der Voraussetzung, dass der schuldnerspezifische Risikozuschlag zweifelsfrei feststeht.

Zu c. hievor: Für Instrumente, bei denen die einzelnen Komponenten nicht separat handelbar sind oder, die zwar separat gehandelt werden können, bei denen jedoch tatsächlich keine Trennung der einzelnen Komponenten im Markt stattfindet, erfolgt die Separierung der einzelnen Komponenten des Produktes mit Hilfe der sog. *analytischen Methode*. Diese Methode ist im BFP-Service technisch umgesetzt (vgl. Anhang IV). Ziel dieser finanzmathematischen oder *analytischen Berechnungsmethode ist es*, den Wert der im kombinierten Produkt enthaltenen Obligation und Option(en) zu ermitteln. Sie besteht im Wesentlichen darin, dass der garantierte Rückzahlungsbetrag der im Produkt enthaltenen Obligation zu dem vom Emittenten berücksichtigten und vergleichbaren Anlagen (Laufzeit, Währung, Bonität) entsprechenden und damit marktkonformen Zinssatz diskontiert wird. Aus Gründen der Verwaltungsökonomie sowie der Rechtssicherheit und Rechtsgleichheit wird dafür der jeweilige mittlere Swapsatz (Zinssatz für risikofreie Anlagen) der entsprechenden Währung und Laufzeit im Zeitpunkt der Emission als objektive Vergleichsbasis für die Frage der Verzinsung der im Produkt enthaltenen Obligation herangezogen.

Alle Produkte mit gängigen Strukturen (insbes. kapitalgarantierte Derivate, Options- und Wandelanleihen, Reverse Convertibles) werden mit Hilfe der analytischen Methode von Veranlagungsbehörden oder Banken und anderen Vertriebskanälen auch ohne die entsprechenden Angaben des Emittenten nachträglich transparent gemacht, wenn folgende Voraussetzungen erfüllt sind:

1. Die emittierende Gesellschaft muss mindestens ein Single-A-Rating aufweisen, weil der jeweilige mittlere Swapsatz als standardisierter und objektiver Massstab für eine marktkonforme Verzinsung des Anlageteils gilt. Aus verwaltungsökonomischen Gründen ist es ausgeschlossen, die Berechnungen einzelfallweise unter Berücksichtigung von individuellen Bonitäts- bzw. Risikozuschlägen vorzunehmen.

2. Das fragliche Produkt muss entweder an einer handelsüblichen Börse kotiert sein, oder es muss zumindest von einem Market Maker ein liquider Handel gewährleistet werden, damit die Eckdaten des Gesamtproduktes (wie Emissionspreis, Nennwert bzw. Rückzahlungspreis, Laufzeit und allfällige periodische Zinsen) zweifelsfrei feststehen.

Sind die hiervor umschriebenen Voraussetzungen hinsichtlich Transparenz nicht erfüllt, liegt in steuerlicher Hinsicht ein nicht transparentes Produkt vor. Dabei ist auch zu beachten, dass nur das auf der marktkonformen Verzinsung beruhende theoretische Emissionsdisagio für eine Qualifikation als transparent bewertbar ist. Weitere Entschädigungen, denen steuerbarer Ertragscharakter zukommt (z.B. ein garantierter Inflationsausgleich), können demgegenüber dem jeweiligen Investor bei Handänderungen während der Laufzeit nicht anteilmässig zugerechnet werden. Solche Produkte gelten deshalb als nicht transparent.

3.4.1 Transparente Produkte

Direkte Bundessteuer und Verrechnungssteuer

Bei den transparenten Instrumenten ist steuerlich zwischen Anlage- und Optionsgeschäft zu unterscheiden. Die mit der Option erzielten Gewinne und Verluste stellen im Privatvermögen steuerlich nicht zu berücksichtigende Kapitalgewinne und Kapitalverluste dar (Art. 16 Abs. 3 DBG). Der Obligationenteil des transparenten kapitalgarantierten Derivates wird beim Investor nach den für Obligationen und Diskontpapiere geltenden Regeln besteuert (vgl. Ziffern 3.1. oder 3.2. hievor). Es ist also auch hier wesentlich, ob eine überwiegende Einmalverzinsung gegeben ist. Der Einkommens- und gegebenenfalls der Verrechnungssteuer unterliegen die periodischen Zinsen sowie die (überwiegende oder nicht überwiegende) einmalverzinsliche Komponente (Art. 20 Abs. 1 Bst. a und b DBG; Art. 4 Abs. 1 Bst. a VStG). Der garantierte Rückzahlungsbetrag gilt als Nennwert der Obligation.

Bei *überwiegend einmalverzinslichen* Papieren, bei denen kein separater Handel der einzelnen Komponenten stattfindet, müssen in der Folge auch die Einkünfte aus der Veräusserung oder Rückzahlung der Obligationen bei Handänderungen analytisch ermittelt werden, da die jeweiligen Kurse sich nicht nur auf den Obligationenteil beziehen, sondern auch den Wert der Option beinhalten. Weil zudem das Zinsniveau nicht konstant bleibt, muss die rechnerische Ermittlung der Anschaffungs- und Veräusserungswerte zusätzlich modifiziert werden. Hierbei wird der Originalzinssatz für die jeweilige Emission vierteljährlich der Entwicklung auf dem Geld- und Kapitalmarkt unter Bezugnahme auf den 5-jährigen Swapsatz der fraglichen Währung angepasst. Diese sog. *modifizierte Differenzbesteuerung* gemäss Artikel 20 Absatz 1 Buchstabe b DBG wird technisch im BFP-Service der SIX Financial Information AG umgesetzt (vgl. Anhang IV). Dies ergibt die einkommenssteuerlich relevante Differenz zwischen dem Wert der Obligation im Zeitpunkt der Veräusserung und jenem im Zeitpunkt des Erwerbs oder zwischen dem Rückzahlungsbetrag und dem Wert der Obligation bei Erwerb. Zu beachten gilt, dass die Verrechnungssteuer auch bei überwiegend einmalverzinslichen Papieren ausschliesslich auf dem Originaldiskont erhoben wird (siehe Beispiel Nr. 4 in Anhang II). Ausführungen zu den Mitwirkungs- und Auskunftspflichten der Banken in diesem Zusammenhang finden sich unter Ziffer 4.2. hienach.

Stempelabgaben

In Bezug auf die Umsatzabgabe kann auf das unter Ziffer 3.1. Gesagte verwiesen werden.

3.4.2 Nicht transparente Produkte

Direkte Bundessteuer und Verrechnungssteuer

Liegt ein nicht transparentes Instrument vor, stellt die Option oder das Wandelrecht die variable Komponente eines Ertrags aus dem Anlagegeschäft dar. Alles, was der Investor bei Verfall von Coupons, auf Grund eines Options- oder Wandelrechts sowie bei Auflösung des Schuldverhältnisses über das ursprünglich investierte Kapital hinaus erhält, unterliegt der Einkommenssteuer und – soweit das Produkt von einem Inländer emittiert wurde – der Verrechnungssteuer (Art. 20 Abs. 1 Bst. a oder b DBG, Art. 4 Abs. 1 Bst. a VStG).

Nicht transparente Instrumente sind in der Regel Anwendungsfälle von Artikel 20 Absatz 1 Buchstabe b DBG; steuerbar im Falle von Handänderungen ist stets die Differenz zwischen Kauf- und Verkaufspreis (bzw. Rückzahlungswert) des Gesamtinstruments (*reine Differenzbesteuerung*).

Stempelabgaben

Der Handel mit in- und ausländischen, nicht transparenten Instrumenten unterliegt wie bei gewöhnlichen Obligationen der Umsatzabgabe.

3.5 Klassische Options- und Wandelanleihen

Direkte Bundessteuer und Verrechnungssteuer

Auch die klassischen Options- und Wandelanleihen sind – wie unter Ziffer 2.3.1. und 2.3.2. hievor ausgeführt – zusammengesetzte, kapitalgarantierte Finanzinstrumente. Klassische Options- und Wandelanleihen, die von einem Inländer emittiert werden, geniessen aber eine andere steuerliche Behandlung, jedenfalls solange angenommen werden kann, dass die vom Emittenten üblicherweise erzielte Zinsersparnis seinen steuerbaren Gewinn entsprechend erhöht: Die Differenz zwischen dem Wert der Obligation ex-Option im Emissionszeitpunkt und dem garantierten Rückzahlungsbetrag wird weder von der direkten Bundessteuer noch von der Verrechnungssteuer erfasst. Es erfolgt auch keine Besteuerung bei Handänderungen nach Artikel 20 Absatz 1 Buchstabe b DBG. Die periodischen Zinsen sind indessen steuerbar (Art. 20 Abs. 1 Bst. a DBG; Art. 4 Abs. 1 Bst. a VStG).

Stempelabgaben

Für die Umsatzabgabe gilt das bezüglich Obligationen unter Ziffer 3.1. hievor Gesagte.

3.6 Produkte mit Geld- oder Titellieferungen (Reverse Convertibles)

Direkte Bundessteuer und Verrechnungssteuer

Produkte mit Geld- oder Titellieferung (Reverse Convertibles) sind regelmässig transparente Produkte (vgl. Ziffern 3.4. und 3.4.1. hievor; siehe auch Beispiel Nr. 5 in Anhang II). Steuerlich ist deshalb zwischen Anlage- und Optionsgeschäft zu unterscheiden.

Einkommens- und gegebenenfalls verrechnungssteuerlich relevant sind die auf dem Obligationenteil erzielten Zinsen, wie sie für eine vergleichbare Anlage mit der vergleichbaren Laufzeit, Währung etc. (Marktkonformität) vom Emittenten des Produkts zu bezahlen wären (Art. 20 Abs. 1 Bst. a resp. b DBG; Art. 4 Abs. 1 Bst. a VStG). Die vom Emittenten dem Investor bezahlten Optionsprämien sind von einer Besteuerung auszunehmen (siehe Ziffer 3.3. hievor). Erfolgt die Verzinsung ausschliesslich oder überwiegend in Form einer Einmalentschädigung, wird der Obligationenteil nach den für transparente Instrumente geltenden Regeln bei jeder Handänderung besteuert (modifizierte Differenzbesteuerung gemäss Art. 20 Abs. 1 Bst. b DBG; siehe Ziffer 3.4.1. hievor).

Nennwert der in diesen Produkten verpackten Obligation ist in der Regel der investierte Betrag für das Gesamtprodukt, bei auf Diskontbasis emittierten Reverse Convertibles der Kassakurs des Basiswertes (Spot). Soweit ein Reverse Convertible einen Kapitalschutz enthält, stellt dieser nicht den Nominalwert der (eigentlichen) Obligation dar; der Kapitalschutz ist vielmehr das Ergebnis der Produktekonstruktion in Form einer (weiteren) Option (vgl. Ziffer 2.3.3.2. hievor).

Stempelabgaben

Für die Umsatzabgabe gilt das bezüglich Obligationen unter Ziffer 3.1. hievor Gesagte.

3.7 Negativzinsen

Der untechnische Begriff „Negativzins" wird für die Kommission oder Prämie verwendet, die der Anleger für die Sicherheit seiner Anlage zu akzeptieren bereit ist. Der in Prozenten ausgedrückte negative Zins entspricht demnach einer negativen Rentabilität. Die Hinnahme einer negativen Rentabilität stellt eine Prämie dar. Diese Prämie kann im Bereich des Privatvermögens grundsätzlich nicht als Aufwand vom Einkommen in Abzug gebracht werden, bzw. nicht mit Aktivzinsen oder anderen Einkommensbestandteilen verrechnet werden, sondern qualifiziert steuerlich als Kapitalverlust. Als Schuldzinsen gemäss Artikel 33 Absatz 1 Buchstabe a DBG sind nur diejenigen Zinsen abzugsfähig, die ein Schuldner dem Gläubiger vergütet, was bei Negativzinsen nicht gegeben ist.

Negativzinsen auf *Guthaben* im Privatvermögen (verursacht durch die negative Verzinsung von Einlagen bei der Schweizerischen Nationalbank) können jedoch gestützt auf Artikel 32 Absatz 1 DBG als Gewinnungskosten zum Abzug gebracht werden. Unter den erwähnten Guthaben im Privatvermögen sind Einlagen bei Banken oder Sparkassen zu verstehen (Spar-, Einlage-, Depositen- und Kontokorrentguthaben, Lohnkonten sowie Festgelder und Callgelder). Bei diesen Guthaben ist der Ausweis von Negativzinsen ohne Weiteres möglich, da Höhe, Periode und somit der Betrag des Negativzinses zweifelsfrei feststehen. Dies ist im Falle von handelbaren *Forderungspapieren* (irrelevant, ob IUP oder nicht IUP) nicht möglich, da die Kursbildung dieser Titel von verschiedenen Einflussfaktoren bestimmt wird und die genaue Zuordnung des Anteils der zu belastenden Negativzinsen für die individuelle Haltedauer nicht möglich ist.

4 Kennzeichnung der Obligationen in der Kursliste der ESTV Mitwirkungs- und Auskunftspflicht der Banken bezüglich der analytischen Ermittlung des steuerbaren Ertrags

4.1 Kennzeichnung der Obligationen sowie der kombinierten Produkte mit überwiegender Einmalverzinsung

Die ESTV (Team Wertschriften und Finanzderivate) wird wie bisher alle in- und ausländischen an Schweizer Börsen kotierten Obligationen sowie die transparenten kombinierten Produkte, die sich als ausschliesslich oder überwiegend einmalverzinslich erweisen, in der Kursliste mit der Bezeichnung IUP (= intérêt unique prédominant) kennzeichnen. Sie gibt damit bekannt, dass diese Papiere nach Artikel 20 Absatz 1 Buchstabe b DBG zu besteuern sind (grundsätzlich reine Differenzbesteuerung; vorbehältlich Ziffer 4.2. hienach).

4.2 Separate Kennzeichnung der Instrumente, die der modifizierten Differenzbesteuerung unterliegen

Für Instrumente, die der modifizierten Differenzbesteuerung basierend auf Artikel 20 Absatz 1 Buchstabe b DBG unterliegen, wird die Kursliste – neben der Bezeichnung IUP – noch zusätzlich den analytisch berechneten Emissionspreis der Obligation und die massgebliche Originalrendite aufführen. Die Banken haben die bei Erwerb, Handänderungen und Rückzahlung massgeblichen Werte in den Börsenabrechnungen zu bescheinigen, nämlich die im BFP-Service der SIX Financial Information AG publizierten Tageskurse der Anlageteile (Bondfloor) der in Frage stehenden Produkte (vgl. Ziffer 3.4.1. hievor).

4.3 Nicht an Schweizer Börsen kotierte Papiere

Bei getrennt gehandelten, kapitalgarantierten Derivaten und nicht klassischen Optionsanleihen mit (überwiegender) Einmalverzinsung, die nicht an Schweizer Börsen gehandelt werden, ist, falls eruierbar, primär der erste Schlusskurs ex-Option an der ausländischen Börse massgebend. Andernfalls ist die Transparenz des Produktes nach den Ausführungen von Ziffer 3.4. hievor herzustellen unter entsprechender Mitteilung an die ESTV, welche die Aufnahme des Produktes in ihr Berechnungssystem veranlasst und die Werte im Fall von überwiegend einmalverzinslichen Anlagekomponenten an die SIX Financial Information AG zur Erfassung im BFP-Service weiterleitet.

5 Spezialfälle und Produktentwicklungen

Die ESTV informiert auf Ersuchen mittels schriftlicher Auskünfte die kantonalen Steuerverwaltungen, Steuerpflichtige oder sonstige Interessenten im Sinne einer Stellungnahme für die direkte Bundessteuer über die steuerliche Behandlung von Spezialfällen und neuen Produkten. Produktinnovationen sind im Anhang III zu diesem Kreisschreiben zusammengefasst. Der Anhang III wird laufend fortgeführt.

6 Inkrafttreten

Dieses Kreisschreiben tritt mit seiner Publikation in Kraft und hat Gültigkeit für Ertragsfälligkeiten ab 1. Januar 2018. Es ersetzt das Kreisschreiben Nr. 15 vom 7. Februar 2007.

Anhang I: Übersicht über die verschiedenen Arten von Obligationen, die herkömmlichen derivativen Finanzinstrumente und die im Kreisschreiben behandelten kombinierten Produkte

Anhang II: Beispiele

Anhang III: Spezialfälle und Produkteentwicklungen

Anhang IV: Gutachten der Kommission für Steuern und Finanzfragen der Schweizerischen Bankiervereinigung vom November 2006

Anhang I zum Kreisschreiben Nr. 15

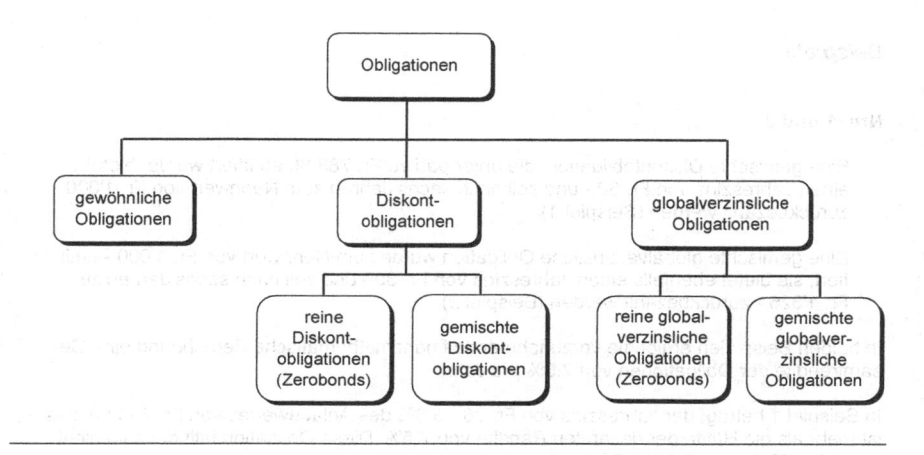

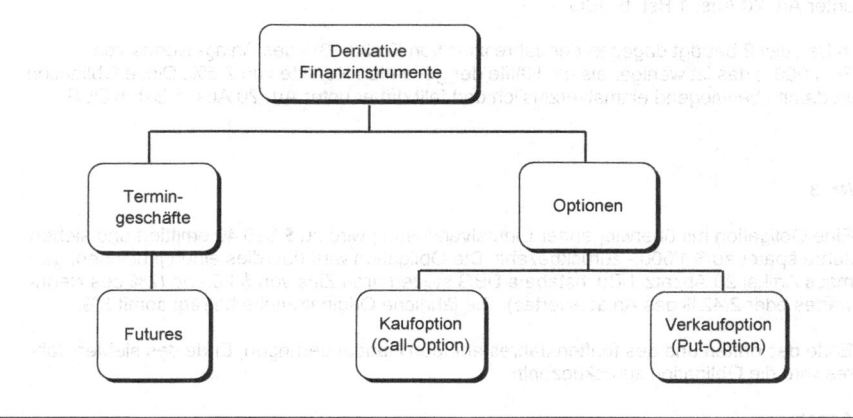

Obligationen
- gewöhnliche Obligationen
- Diskontobligationen
  - reine Diskontobligationen (Zerobonds)
  - gemischte Diskontobligationen
- globalverzinsliche Obligationen
  - reine globalverzinsliche Obligationen (Zerobonds)
  - gemischte globalverzinsliche Obligationen

Derivative Finanzinstrumente
- Termingeschäfte
  - Futures
- Optionen
  - Kaufoption (Call-Option)
  - Verkaufoption (Put-Option)

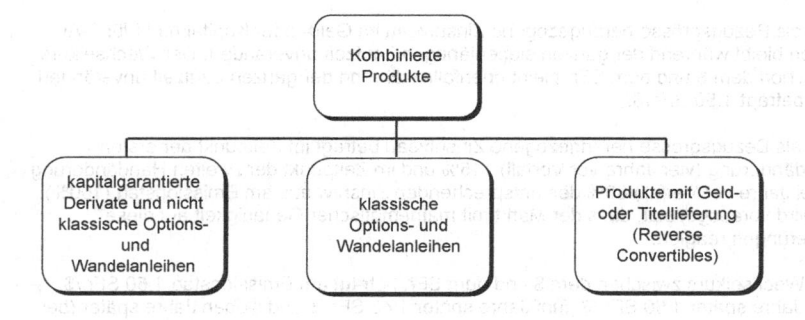

Kombinierte Produkte
- kapitalgarantierte Derivate und nicht klassische Options- und Wandelanleihen
- klassische Options- und Wandelanleihen
- Produkte mit Geld- oder Titellieferung (Reverse Convertibles)

Anhang II zum Kreisschreiben Nr. 15

Beispiele

Nrn. 1 und 2

- Eine gemischte Diskontobligation, die unter pari zu Fr. 788.80 emittiert wurde, bietet einen Jahreszins von Fr. 30.- und soll nach sechs Jahren zum Nennwert von Fr. 1'000.- zurückbezahlt werden (Beispiel 1);

- Eine gemischte globalverzinsliche Obligation wurde zum Nennwert von Fr. 1'000.- emittiert; sie bietet ebenfalls einen Jahreszins von Fr. 30.- und soll nach sechs Jahren zu Fr. 1'326.- zurückbezahlt werden (Beispiel 2).

In beiden Beispielen ergibt die vorzunehmende finanzmathematische Berechnung eine Gesamtrendite der Obligationen von 7,5% pro Jahr.

In Beispiel 1 beträgt der Jahreszins von Fr. 30.- 3,8% des Anlagewertes von Fr. 788.80; das ist mehr als die Hälfte der gesamten Rendite von 7,5%. Diese Obligation fällt deshalb nicht unter Art. 20 Abs. 1 Bst. b DBG.

In Beispiel 2 beträgt dagegen der Jahreszins von Fr. 30.- 3% des Anlagewertes von Fr. 1'000.-; das ist weniger als die Hälfte der gesamten Rendite von 7,5%. Diese Obligation ist damit überwiegend einmalverzinslich und fällt daher unter Art. 20 Abs. 1 Bst. b DBG.

Nr. 3

Eine Obligation mit überwiegender Einmalverzinsung wird zu $ 826.40 emittiert und sieben Jahre später zu $ 1'000.- zurückbezahlt. Die Obligation wirft überdies einen jährlichen, gemäss Artikel 20 Absatz 1 Buchstabe a DBG steuerbaren Zins von $ 20.- ab (2% des Nennwertes oder 2.42% des Anlagewertes). Die jährliche Originalrendite beträgt somit 5%.

Ende des dritten und des fünften Jahres erfolgen Handänderungen; Ende des siebten Jahres wird die Obligation zurückbezahlt.

<u>Annahmen</u>:

a) Das als Bezugsgrösse herangezogene Zinsniveau im Geld- oder Kapitalmarkt für $-Anleihen bleibt während der ganzen siebenjährigen Laufzeit unverändert. Der Wechselkurs zwischen dem $ und dem SFr. bleibt ebenfalls während der ganzen Laufzeit unverändert und beträgt 1.50 SFr./$.

b) Das als Bezugsgrösse herangezogene Zinsniveau beträgt im Zeitpunkt der ersten Handänderung (vier Jahre vor Verfall) 115% und im Zeitpunkt der zweiten Handänderung (zwei Jahre vor Verfall) 80% des entsprechenden Zinsniveaus am Emissionstag (100%). Es wird vorausgesetzt, dass der Markt mit mathematischer Genauigkeit auf diese Änderungen reagiert.

c) Der Wechselkurs zwischen dem $ und dem SFr. beträgt am Emissionstag 1.50 SFr./$, drei Jahre später 1.60 SFr./$, fünf Jahre später 1.45 SFr./$ und sieben Jahre später (bei Verfall) wiederum 1.50 SFr./$.

d) Es treten kumulativ die unter Bst. b und c erwähnten Veränderungen ein.

Steuerbare Einkünfte (bzw. zu berücksichtigende Verluste gemäss Art. 20 Abs. 1 Bst. b DBG; vgl. Ziffer 3.2. des Kreisschreibens) liegen wie folgt vor:

- beim ersten Investor (vier Jahre vor Verfall):
  a) (\$ 893.60 x 1.50) - (\$ 826.40 x 1.50) =   Sfr.   100.80
  b) (\$ 869.30 x 1.50) - (\$ 826.40 x 1.50) =   Sfr.   64.35
  c) (\$ 893.60 x 1.60) - (\$ 826.40 x 1.50) =   Sfr.   190.15
  d) (\$ 869.30 x 1.60) - (\$ 826.40 x 1.50) =   Sfr.   151.30

- beim zweiten Investor (zwei Jahre vor Verfall):
  a) (\$ 944.20 x 1.50) - (\$ 893.60 x 1.50) =   Sfr.   75.90
  b) (\$ 962.30 x 1.50) - (\$ 869.30 x 1.50) =   Sfr.   139.50
  c) (\$ 944.20 x 1.45) - (\$ 893.60 x 1.60) = – Sfr.   60.60
  d) (\$ 962.30 x 1.45) - (\$ 869.30 x 1.60) =   Sfr.   4.45

- bei dritten Investor (bei Rückzahlung) :
  a) (\$ 1'000.- x 1.50) - (\$ 944.20 x 1.50) =   Sfr.   83.70
  b) (\$ 1'000.- x 1.50) - (\$ 962.30 x 1.50) =   Sfr.   56.55
  c) (\$ 1'000.- x 1.50) - (\$ 944.20 x 1.45) =   Sfr.   130.90
  d) (\$ 1'000.- x 1.50) - (\$ 962.30 x 1.45) =   Sfr.   104.65

Nr. 4

Eine IUP-Obligation mit integrierter Option bzw. integriertem Wandelrecht weist aufgrund ihrer fünfjährigen Laufzeit, der jährlichen Zinsfälligkeit von Fr. 20.- (2% des Nennwertes von Fr. 1'000.-) und der jährlichen marktkonformen Originalrendite von 6% einen faktischen Emissionspreis für die blosse Obligation von Fr. 831.50 auf. Im Zeitpunkt der Emission beträgt das als Bezugsgrösse herangezogene Zinsniveau im Geld- und Kapitalmarkt 5.75%.

Im Zeitpunkt der ersten Handänderung, 2 Jahre und 8 Monate oder 973 Tage nach der Emission, stellt man fest, dass die Bezugsgrösse "Zinsniveau" von 5.75% auf 6.325% (+ 10%) gestiegen ist, was eine Veränderung der Originalrendite für die Restlaufzeit von 6% auf 6.6% (+ 10%) bewirkt.

Im Zeitpunkt der zweiten Handänderung, drei Jahre und 9 1/2 Monate oder 1'384 Tage nach der Emission, stellt man fest, dass die Bezugsgrösse "Zinsniveau" von 5.75% auf 5.37625% (- 6.5%) gefallen ist, was eine Veränderung der Originalrendite für die Restlaufzeit von 6% auf 5.61% bewirkt.

Aufgrund der analytischen Methode sind die bezahlten Preise für IUP-Obligationen mit integrierter Option bzw. integriertem Wandelrecht nicht massgebend. Der steuerlich massgebende Wert im Zeitpunkt der einzelnen Handänderungen entspricht dem Barwert der blossen Obligation, wie er jeweils aufgrund der den Marktverhältnissen angepassten Originalrendite für die Restlaufzeit resultiert :

- erste Handänderung (2 Jahre und 4 Monate oder 852 Tage vor Verfall):
  (Fr. 1'000.- + Fr. 20.-) : 1.066 = Fr. 956.85
  (Fr. 956.85 + Fr. 20.-) : 1.066 = Fr. 916.35
  (Fr. 916.35 + Fr. 20.-) : 1.066 $^{(122:365)}$ = Fr. 916.55 (innerer Wert der Obligation nach 2 Jahren und 8 Monaten)

- zweite Handänderung (1 Jahr und 2 1/2 Monate oder 441 Tage vor Verfall) :
  (Fr. 1'000.- + Fr. 20.-) : 1.0561 = Fr. 965.80
  (Fr. 965.80 + Fr. 20.-) : 1.0561 $^{(76:365)}$ = Fr. 974.65 (innerer Wert der Obligation nach 3 Jahren und 9 ½ Monaten)

Steuerbare Einkünfte im Sinne von Art. 20 Abs. 1 Bst. b DBG fallen damit wie folgt an:

- Fr. 916.55 ./. Fr. 831.50 = Fr. 85.05 beim ersten Investor;
- Fr. 974.65 ./. Fr. 916.55 = Fr. 58.10 beim zweiten Investor;
- Fr. 1'000.- ./. Fr. 974.65 = Fr. 25.35 beim dritten und letzten Investor.

Die Verrechnungssteuer wird bei Fälligkeit, d.h. am Ende der fünfjährigen Laufzeit, nicht nur auf dem fünften Coupon von Fr. 20.-- erhoben, sondern auch auf dem Originaldiskont von Fr. 168.50.

Nr. 5

Das kombinierte Produkt mit dem Namen REVEXUS mit einer Laufzeit von drei Jahren wird zu Fr. 10'000.- emittiert. Basiswert des Produktes bilden 31 CSG Namenaktien; der Ausübungspreis wird mit Fr. 322.58 pro Aktie festgelegt. Der Emittent leistet dem Investor jährliche Zahlungen von Fr. 800.-: Bereits bei Emission bezeichnet er einen Anteil davon im Betrag von Fr. 225.- (2,25% pro Fr. 10'000.-) als Zinskomponente, den Anteil von Fr. 575.- (5,75% pro Fr. 10'000.-) als Optionsprämie. Die Rückzahlung der Anlage von Fr. 10'000.- hängt vom Schlussfixierungskurs der CSG Namenaktie bei Verfall ab: Liegt die Schlussfixierung höher als Fr. 322.58 (Ausübungspreis), wird pro Revexus Fr. 10'000.- zurückbezahlt; liegt die Schlussfixierung gleich oder tiefer als Fr. 322.58, erfolgt die physische Lieferung von 31 CSG Namenaktien.

Der Emittent hat im folgenden Fall sein Produkt transparent ausgestaltet und die Überprüfung vorab des Zinssatzes auf der Obligation durch die ESTV ergibt, dass es sich dabei um eine mit Bezug auf Währung, Laufzeit etc. marktkonforme Verzinsung handelt. Die vorliegend im kombinierten Produkt enthaltene Obligation wird zu pari emittiert und weist eine ausschliesslich periodische Verzinsung auf. Der Zinsanteil von Fr. 225.- pro Jahr unterliegt der direkten Bundessteuer und gegebenenfalls der Verrechnungssteuer. Dass der Emittent dem Investor bei Verfall nicht den Nominalwert der Obligation zurückbezahlen muss, sondern seine Schuldverpflichtung mittels physischer Lieferung von 31 CSG Namenaktien erfüllen kann, ist darauf zurückzuführen, dass der Emittent sich mit Revexus vom Investoren eine Put-Option verkaufen liess. Für diese hat er dem Investor einerseits eine Optionsprämie zu bezahlen; anderseits versetzt ihn die Option in die Lage, diese bei Verfall von Revexus auszuüben und damit bei Fälligkeit der Obligation seine Schuldverpflichtung dadurch zu erfüllen, dass er dem Investor die CSG Namenaktien zum vereinbarten Ausübungspreis von Fr. 322.58 pro Aktie liefert (31 Aktien pro Revexus à Fr. 322.58/Aktie = Fr. 10'000.-) und diesen mit dem Guthaben des Investors aus der Obligation verrechnet. Die Optionsprämie, die der Investor in jährlichen Zahlungen vergütet erhält, ist der Teil des spekulativen Geschäftes dieser Anlage, und ist für den privaten Anleger steuerlich nicht beachtlich.

Anhang III zum Kreisschreiben Nr. 15, Stand 3. Oktober 2017

Spezialfälle und Produkteentwicklungen

1 Index- und Basketzertifikate auf Aktien

a) Klassische Index- und Basketzertifikate

Die Index- und Basketzertifikate entsprechen wirtschaftlich einer Investition in die jeweiligen Aktienmärkte (Indexzertifikate) bzw. in speziell zusammengesetzte Aktienkörbe (Basketzertifikate). Sie ermöglichen dem Anleger nach dem Grundsatz der Risikoverteilung eine diversifizierte Anlage im Vermögensbereich Aktien, weshalb ihnen mindestens fünf verschiedene Aktientitel zugrunde liegen müssen, andernfalls ist das Vorliegen eines LEPO zu prüfen (vgl. Ziffer 4 hienach). Dabei bleibt die Zusammensetzung bei klassischen Zertifikaten während der gesamten Laufzeit unverändert. Die Ausgabe erfolgt ohne Nennwert. Der Investor bezahlt den Index- oder Basketstand im Emissionszeitpunkt und erhält bei Verfall des Zertifikates wiederum den aktuellen Index- oder Basketstand ausbezahlt. Mit dem Kauf eines Aktienzertifikates erwirbt der Anleger somit das Recht, an der Wertentwicklung des betreffenden Indexes oder Baskets direkt teilzunehmen. Die Investoren gehen damit die gleichen Chancen und Risiken ein wie bei direkten Investitionen in die den Zertifikaten zugrunde liegenden Aktien. Bei gewissen Zertifikaten verspricht der Emittent dem Anleger neben der vom Verlauf des Indexes oder Baskets abhängigen Rückzahlung eine zusätzliche Leistung. Dabei handelt es sich um Ausgleichszahlungen (in periodischer Form oder als Einmalentschädigung) als (teilweisen) Ersatz für die dem Investor im Vergleich mit einer direkten Aktieninvestition entgehenden Dividenden.

Auch bei der jüngeren Generation von Index- und Basketzertifikaten entwickelt sich der Kurs des Zertifikates exakt mit dem Kurs des Basisinstrumentes (z.B. dem Swiss Market Index), allerdings in der entgegengesetzten Richtung: Fällt der Basiswert, gewinnt das Zertifikat; steigt der Basiswert, fällt der Kurs des Zertifikates. Der Investor spekuliert auf ein Sinken des Basiswertes. Die Chancen und Risiken des Investors sind indessen die gleichen wie bei Zertifikaten, deren Kursverlauf vollumfänglich dem Kursverlauf der Bezugsgrösse entspricht (Spekulation auf ein Ansteigen des Basiswertes). Steuerlich sind die beiden Fälle deshalb gleich zu behandeln.

Eine wirtschaftliche Betrachtung müsste bei Aktienzertifikaten zu einer Qualifikation als (Direkt-) Investition in Aktien führen mit entsprechender steuerlicher Behandlung. Im Sinne einer Ausnahmeregelung werden klassische Index- und Basketzertifikate auf Aktien aber steuerlich als eine eigene Kategorie von Finanzinstrumenten behandelt: Die mit den Zertifikaten erzielten Gewinne und Verluste, die auf den Basiswerten beruhen, gelten (wie bei den übrigen derivativen Finanzinstrumenten) steuerlich als Kapitalgewinne oder Kapitalverluste (Art. 16 Abs. 3 DBG). Allfällige Ausgleichszahlungen stellen steuerbaren Vermögensertrag gemäss Artikel 20 Absatz 1 Buchstabe a DBG dar, dies ungeachtet dessen, ob es sich bei den Ausschüttungen der zugrundeliegenden Aktien um normale Dividenden, Nennwertrückzahlungen oder Rückzahlungen von Reserven aus Kapitaleinlagen handelt. Bei periodischen Zahlungen werden sie nach dem allgemeinen Fälligkeitsprinzip erfasst. Bei Ausgleichszahlungen in Form eines Diskonts bei der Emission oder eines Agios bei der Rückzahlung erfolgt die Besteuerung immer im Zeitpunkt der Rückzahlung. Bei Zertifikaten ohne feste Laufzeit erfolgt die Besteuerung bei Wiederanlage der Erträge, somit i.d.R. jährlich. Bei Zertifikaten auf Performance-Indizes oder -baskets (Total Return) entspricht die Dividendenrendite des Basiswertes dem steuerbaren Vermögensertrag und gilt steuerlich am 31.12. als Wiederanlage.

Die gleiche steuerliche Behandlung gilt bei Einhaltung der gleichen Bedingungen auch für Index- und Basketzertifikate auf Edelmetalle und Rohstoffe.

Die Zertifikate stellen weder steuerbare Urkunden im Sinne des Stempelabgaberechts dar, noch bilden deren Erträge Gegenstand der Verrechnungssteuer.

b) Dynamische Index- und Basketzertifikate auf Aktien

Auch die dynamischen Index- und Basketzertifikate haben in wirtschaftlicher Hinsicht eine Investition in Aktienmärkte oder Aktienkörbe zum Gegenstand. Im Unterschied zu den „klassischen" werden die den „dynamischen" Zertifikaten zugrunde liegenden Werte *aktiv* bewirtschaftet, indem die Zusammensetzung des bei Emission definierten Indexes oder Baskets während der Laufzeit der Papiere geändert werden kann.

Solche Zertifikate sind einkommenssteuerlich als Instrumente der kollektiven Kapitalanlage zu behandeln. Mit Bezug auf die verrechnungssteuerliche und stempelabgaberechtliche Behandlung wird auf Ziffer 3 hienach verwiesen.

Werden indessen die folgenden Bedingungen kumulativ eingehalten und werden dynamische Index- und Basketzertifikate damit (lediglich) *passiv* bewirtschaftet, geniessen sie die gleiche steuerliche Beurteilung wie klassische Zertifikate (vgl. Ziffer 1 Buchstabe a hievor):

1. Die im Index oder Basket enthaltenen Aktien werden während der Laufzeit des Zertifikates nach genau definierten und im voraus festgelegten **objektiven** Kriterien (wie z.B. Marktkapitalisierung, Liquidität, P/E-Ratio usw.) selektioniert und bewirtschaftet.

2. Diese Kriterien sind in den Index- oder Basketspezifikationen festzuhalten und bleiben während der Laufzeit des Zertifikates unverändert.

c) Index- und Basketzertifikate auf Aktien ohne feste Laufzeit (open end)

Im Unterschied zu den klassischen und dynamischen Index- und Basketzertifikaten auf Aktien ist die Laufzeit dieser Zertifikate unbefristet. Solche Zertifikate werden nur dann als Termingeschäfte im Sinne des Kreisschreibens Nr. 15, Ziffer 2.2.2., qualifiziert, wenn sie dem Investor ein jährliches Kündigungsrecht einräumen. Sind die übrigen Kriterien der klassischen oder der dynamischen Index- und Basketzertifikate erfüllt, richtet sich die steuerliche Behandlung nach Ziffer 1 Buchstabe a) oder b) hievor.

2 Index- und Basketzertifikate auf Obligationen oder Geldmarktpapiere (Bond-Zertifikate)

Mit Bond-Zertifikaten engagieren sich Investoren in Obligationenmärkten. Die Referenztitel bleiben während der Laufzeit der Zertifikate in der Regel unverändert. Der Ausgabepreis der Zertifikate entspricht dem Gegenwert der im Index oder Basket enthaltenen Bonds. Bei Verfall dieser Zertifikate hat der Anleger, nach Abzug der Transaktionskosten, Anspruch auf Rückzahlung

a) des aktuellen Verkaufspreises der den Zertifikaten als Basiswert zugrunde gelegten Obligationen oder Geldmarktpapiere (inkl. allfällige in den Basiswert reinvestierte Zinsen resp. die in diesem Zeitpunkt aufgelaufenen Zinsen), sowie

b) der während der Laufzeit der Zertifikate auf diesen Obligationen oder Geldmarktpapieren ausbezahlten Zinsen.

Der Zertifikatsinhaber trägt die gleichen Risiken und Chancen eines steigenden allgemeinen Zinsniveaus und/oder sinkender Wechselkurse wie ein gewöhnlicher Obligationär. Die Tatsache, dass sich Bond-Zertifikate auf Obligationen oder Geldmarktpapiere beziehen, impliziert für den Investor, dass er damit in gleicher Weise einen Anspruch auf Rückzahlung seiner Investition erhält, wie wenn er direkt in das Underlying investiert hätte. Bondzertifikate qualifizieren damit selber als Obligationen und unterliegen der entsprechenden Besteuerung (vgl. Kreisschreiben Nr. 15, Ziffern 3.1. ff.). Für die Zwecke der Stempelabgaben ist nicht die Laufzeit des Basiswertes, sondern diejenige des Zertifikats entscheidend.

3 Index- und Basketzertifikate auf ausschüttende oder thesaurierende kollektive Kapitalanlagen

Den Basiswert dieser Zertifikate bilden eine oder mehrere kollektive Kapitalanlagen gemäss Kollektivanlagegesetz vom 23. Juni 2006 (KAG). Der Ausgabe- und Rückgabepreis der Zertifikate entspricht dem Reinvermögenswert (Net Asset Value) der Basiswerte. Im Unterschied zu den klassischen Basketzertifikaten erfolgt die (aktive) Bewirtschaftung der Basiswerte in diesen Fällen durch die Fondsleitungen der jeweiligen kollektiven Kapitalanlagen nach den Bestimmungen des Fondsreglements und dem Ermessensspielraum der Fondsleitungen.

Der Investor partizipiert damit wirtschaftlich wie ein Anteilsinhaber im vollen Umfang an der Entwicklung der im Zertifikat gebündelten kollektiven Kapitalanlagen. In der Folge richtet sich die steuerliche Behandlung von Index- und Basketzertifikaten auf kollektive Kapitalanlagen nach den Regeln, die für Instrumente der kollektiven Kapitalanlagen gelten.

Konkret bedeutet dies, dass sowohl die Ausschüttungen als auch die thesaurierten Gewinne der kollektiven Kapitalanlagen beim Zertifikatsinhaber alljährlich der direkten Bundessteuer unterliegen (Art. 20 Abs. 1 Bst. e DBG), es sei denn, die Ausschüttungen oder thesaurierten Gewinne stammen aus Kapitalgewinnen der kollektiven Kapitalanlagen. Als Kapitalgewinne sind sie dann steuerfrei (Art. 16 Abs. 3 DBG), wenn sie im Falle der Ausschüttung mittels separater Coupons erfolgen und wenn die Fondsbuchhaltung in beiden Fällen eine klare Unterscheidung zwischen (steuerfreien) Kapitalgewinnen und (steuerbaren) Vermögenserträgen zulässt. Gewinne aus dem Verkauf von Zertifikaten gelten steuerlich ebenfalls als Kapitalgewinne. Bei Verfall oder Kündigung der Zertifikate durch die Emittentin unterliegt das Liquidationsbetreffnis in dem Umfang der direkten Bundessteuer, als dieses die Auszahlung von noch nicht besteuerten Vermögenserträgen umfasst.

Das KAG zählt die Formen der kollektiven Kapitalanlagen abschliessend auf (vgl. Art. 7 bis 9 KAG). Diese Aufzählung umfasst die strukturierten Produkte grundsätzlich nicht. Da Artikel 4 Absatz 1 Buchstabe c VStG explizit Bezug auf das KAG nimmt, besteht für die Erhebung der Verrechnungssteuer auf Erträgen der von einem Inländer ausgegebenen Index- und Basketzertifikate auf kollektive Kapitalanlagen in der Regel keine Rechtsgrundlage. Vorbehalten bleiben Fälle von Steuerumgehungen.

Die gleiche Ausgangslage besteht im Bereich der Stempelabgaben. Der revidierte Artikel 13 Absatz 2 Buchstabe a StG nimmt ebenfalls direkt Bezug auf das KAG, was zur Folge hat, dass die von einem Inländer ausgegebenen Index- und Basketzertifikate auf kollektive Kapitalanlagen keine steuerbaren Urkunden im Sinne des Stempelabgabenrechts darstellen.

Demgegenüber qualifizieren die von einem Ausländer ausgegebenen Basketzertifikate auf kollektiven Kapitalanlagen als steuerbare Urkunden, weshalb sowohl Primär- als auch Sekundärmarkttransaktionen gestützt auf Artikel 119 KAG und Artikel 13 Absatz 2 Buchstabe b StG Gegenstand der Umsatzabgabe sind.

Sofern der in- oder ausländische Emittent oder Vertreiber solcher Index- und Basketzertifikate der ESTV alljährlich die aggregierten Vermögenserträge und Kapitalgewinne bzw. – verluste mitteilt und die entsprechenden Jahresrechnungen einreicht, damit die ESTV die Unterscheidung zwischen Vermögenserträgen und Kapitalgewinnen überprüfen und die Betreffnisse in der Kursliste publizieren kann, unterliegen einzig die Vermögenserträge der direkten Bundessteuer. Andernfalls erfolgt eine Veranlagung nach Ermessen.

Dies bedeutet, dass der Veranlagung eine marktgerechte Rendite (unter Berücksichtigung der Anlageklassen, in welche das Zertifikatsvermögen angelegt ist) auf dem Nettoanlagevermögen (NAV, Net Asset Value) per Abschlussdatum zugrunde gelegt wird.

4 Low Exercise Price Options (LEPO) und Mini-Futures auf Aktien, Edelmetalle und Rohstoffe

a) Low Exercise Price Options (LEPO)

LEPO sind Call-Optionen auf Aktien mit Ausübungspreis sehr nahe bei null. Sie werden deshalb auch als atypische, weil im Voraus finanzierte Termingeschäfte aufgefasst (vgl. Kreisschreiben Nr. 15, Ziffer 2.2.3.). Gemäss Praxis der ESTV liegt ein LEPO dann vor, wenn der Basiswert im Emissionszeitpunkt zu mindestens 50 Prozent im Voraus finanziert wird, d.h. wenn im Zeitpunkt der Emission des LEPO der Ausübungspreis weniger als 50 % des Werts des Basiswerts beträgt. LEPO werden auf Diskontbasis emittiert und sehen während ihrer Laufzeit keine Zahlungen an den Investor vor. Bei Verfall der LEPO kommt es in der Regel zur physischen Lieferung des Basiswertes.

Aus verwaltungs- und verfahrensökonomischen Gründen werden die Zinskomponenten von LEPO mit *Laufzeiten von nicht mehr als zwölf Monaten* auf Zusehen hin steuerfrei belassen. Bei *überjährigen* Laufzeiten werden hingegen die Zinskomponenten im Zeitpunkt der Rückzahlung bzw. Ausübung als steuerbarer Vermögensertrag gemäss Artikel 20 Absatz 1 Buchstabe a DBG erfasst. Mangels gesetzlicher Grundlage wird keine Verrechnungssteuer erhoben und fällt bei der Ausgabe der LEPO auch keine Emissionsabgabe an. Jedoch unterliegen überjährige LEPO auf Aktien im Sekundärmarkt der Umsatzabgabe, da sie als „Unterbeteiligungen" an Aktien im Sinne von Artikel 13 Absatz 2 Buchstabe c StG qualifizieren.

Den LEPO steuerlich gleichgestellt werden Aktienzertifikate auf weniger als fünf Aktien.

b) Mini-Futures auf Aktien, Edelmetalle und Rohstoffe

Grundsätzlich ermöglichen Mini-Futures eine volle Partizipation an der Kursentwicklung des Basiswerts, wobei sowohl auf steigende (Mini Long) als auch auf fallende Kurse (Mini Short) gesetzt werden kann. Da sie keinen Volatilitätseinflüssen unterliegen, wird die Performance des Basiswerts zudem linear abgebildet. Mini-Futures weisen in der Regel eine unbegrenzte Laufzeit (open end) auf, sind aber mit einer Sicherheitsbarriere (Stop-Loss-Level) ausgestattet, welche garantiert, dass der maximale Verlust stets auf das investierte Kapital beschränkt bleibt (keine Nachschusspflicht). Wird nämlich die Sicherheitsbarriere eines Mini-Futures erreicht, so wird die Position automatisch aufgelöst und der Restwert an die Investoren rückvergütet. Ein wichtiges Merkmal von Futures-Kontrakten ist der grösstenteils fremdfinanzierte (Termin-) Kauf des jeweiligen Basiswerts. Beim Erwerb des Mini-Futures wird von den Anlegern regelmässig nur ein geringer Teil des Kaufpreises aus eigenen Mitteln aufgebracht, der überwiegende Teil der Investition wird kreditfinanziert. Dadurch entsteht ein Hebel (Leverage), der eine überproportionale Partizipation an der Entwicklung des Basiswerts zur Folge hat. So kann beispielsweise mit einem Mini-Future, welcher im Zeitpunkt der Emission einen Hebel von 5 aufweist, bei einem Kursanstieg des Basiswerts von 1 % eine Wertsteigerung von 5 % erzielt werden. Weil der Hebel in beide Richtungen wirkt, kann es bei fallenden Kursen entsprechend aber auch zu einem überproportionalen Wertverlust kommen.

In steuerlicher Hinsicht ist grundsätzlich dann von einem echten Future-Kontrakt und somit von einem Termingeschäft im Sinne des Kreisschreibens Nr. 15, Ziffer 2.2.2. auszugehen, wenn der Hebel im Zeitpunkt der Emission mindestens 4 beträgt. Ein späteres Unterschreiten dieses Hebels aufgrund der Kursentwicklung des Basiswerts ist steuerlich nicht relevant. Liegt hingegen kein echtes Termingeschäft vor, insbesondere weil der Hebel im Zeitpunkt der Emission weniger als 4 beträgt, hängt die Besteuerung des Finanzinstruments entscheidend von der Kontraktlaufzeit ab: Aus verwaltungs- und verfahrensökonomischen Gründen werden die Zinskomponenten bei *Laufzeiten von nicht mehr als zwölf Monaten* auf Zusehen hin steuerfrei belassen. Bei *überjährigen und unbegrenzten* Laufzeiten werden hingegen die Zinskomponenten bei Verfall bzw. bei Erreichen der Sicherheitsbarriere (vorzeitiges Auflösen der Position) als steuerbarer Vermögensertrag gemäss Artikel 20 Absatz 1 Buchstabe a DBG erfasst. Die Höhe der steuerbaren Zinskomponente wird basierend auf einem marktgerechten Zinssatz ermittelt. Darunter ist die LIBOR- bzw. Swaprate in der entsprechenden Währung und für die entsprechende Laufzeit zu verstehen.

Mangels gesetzlicher Grundlage wird keine Verrechnungssteuer erhoben. Jedoch unterliegen überjährige (Mini-) Futures auf Aktien (im Gegensatz zu solchen auf Rohstoffe), die nicht als echte Termingeschäfte qualifizieren, im Sekundärmarkt der Umsatzabgabe, da sie als „Unterbeteiligungen" auf Aktien im Sinne von Artikel 13 Absatz 2 Buchstabe c StG gelten.

c) Termingeschäfte mit Zinsen als Basiswert

Unterjährige Laufzeit: Bei Produkten ohne garantierte Zahlungen und mit Laufzeiten von nicht mehr als zwölf Monaten gelten die erzielten Gewinne und Verluste (wie bei den übrigen derivativen Finanzinstrumenten) – auf Zusehen hin – als steuerfrei. Bei Vorausfinanzierungsgraden, die höher als 25% sind, wird die Zinskomponente besteuert. Als Bemessungsgrundlage gilt der Emissionspreis. Die steuerbare Zinskomponente wird aufgrund der Währung und Laufzeit des Produktes mittels entsprechender Libor-Rate ermittelt, gegebenenfalls unter Berücksichtigung eines schuldnerspezifischen Risikozuschlags.

Überjährige Laufzeit: Bei Produkten mit Laufzeiten von mehr als zwölf Monaten unterliegt die Zinskomponente unabhängig vom Vorausfinanzierungsgrad der Besteuerung. Als Bemessungsgrundlage gilt der Emissionspreis. Die steuerbare Zinskomponente wird aufgrund der Währung und Laufzeit des Produktes mittels entsprechender Swap-Rate ermittelt, gegebenenfalls unter Berücksichtigung eines schuldnerspezifischen Risikozuschlags. Sekundärmarkttransaktionen unterliegen grundsätzlich der Umsatzabgabe (Art. 13 Abs. 2 Bst. c StG).

5 Spezialfälle im Bereich der Reverse Convertibles

a) Reverse Convertibles auf Aktien, Edelmetalle und Rohstoffe ohne garantierte Zahlungen und mit Laufzeiten von nicht mehr als zwölf Monaten

Im Unterschied zu den im Kreisschreiben Nr. 15 genannten Reverse Convertibles (RC) enthalten die unter der Bezeichnung Discount Certificate (nachfolgend Diskont-Zertifikat) etc. emittierten Produkte keine garantierten Zahlungen seitens des Emittenten und haben Laufzeiten von nicht mehr als zwölf Monaten. Aufgrund einer wirtschaftlichen Betrachtungsweise steht bei diesen RC aus der Sicht des Investors nicht die Kapitalanlage, sondern der Kauf des Basiswertes (Aktie, Index) im Vordergrund. Als atypische, nämlich im Voraus finanzierte Termingeschäfte sind sie damit mit den bis anhin steuerfrei belassenen LEPO vergleichbar. Entsprechend erfolgt die Emission auf Diskontbasis. Die Differenz zwischen aktuellem Verkehrswert des Basiswertes und Emissionspreis des fraglichen Produkts umfasst eine (steuerfreie) Zinskomponente für die Vorausfinanzierung des Basiswertes sowie eine Optionsprämie für das Schreiben einer Call-Option. Die vom Investor dem Emittenten verkaufte Call-Option sichert dem Emittenten das Recht, dem Investor den zu liefernden Basiswert gegebenenfalls zum Ausübungspreis wiederum abnehmen zu können. Anstelle der physischen Lieferung des Basiswertes kann auch ein Barausgleich vorgesehen sein (Cash-Settlement).

Die mit Diskont-Zertifikaten ohne garantierte Zahlungen und mit Laufzeiten von nicht mehr als zwölf Monaten erzielten Gewinne und Verluste gelten (wie bei den übrigen derivativen Finanzinstrumenten) – auf Zusehen hin – als steuerfrei.

Nichts ändert sich an der steuerlichen Behandlung dieser RC, wenn sie – zurückzuführen auf weitere Optionsstrategien – z.B. zusätzlich:

- den Investor bis zu einem bestimmten Punkt (Cap) doppelt vom Kursanstieg des dem Produkt zugrunde liegenden Basiswertes profitieren lassen (sog. „Bull-Call-Spread");
- dem Investor für den Fall einer negativen Kursentwicklung innerhalb einer gewissen Spanne eine Rückzahlungsgarantie einräumen (bedingter Kapitalschutz), allenfalls unterhalb der Verlustschwelle immer eine bessere Rendite als der entsprechende Basiswert versprechen (beschränkter Kapitalschutz).

Diese Reverse Convertibles stellen weder steuerbare Urkunden im Sinne des Stempelabgabenrechts dar noch sind deren Erträge Gegenstand der Verrechnungssteuer.

b) **Überjährige Reverse Convertibles mit bedingtem Kapitalschutz (Barrier Reverse Convertibles)**

Die im Markt anzutreffenden, als Certificate Plus bezeichnete Produkte mit mehr als einjähriger Laufzeit kombinieren grundsätzlich wie beim gewöhnlichen RC Anlage- und Optionsgeschäft. Diese RC-Varianten werden aber mit sog. „Down-and-In-Puts" (exotische Option) emittiert: Darunter sind Put-Optionen zu verstehen, die erst bei Erreichen oder Unterschreiten eines bestimmten Aktienkurses („Kick-In Level") aktiviert werden. Der Einsatz einer Down-and-In- Put-Option mit einem „Kick-In Level" von beispielsweise 70 Prozent des Ausübungspreises anstelle einer herkömmlichen Put-Option ändert den Rückzahlungsmodus des Produkts: Notiert die Aktie bei Verfall unter dem Ausübungspreis, wird der Titel nur dann geliefert, wenn der Kurs während der Laufzeit mindestens einmal den „Kick-In Level" erreicht oder unterschritten hat. Der Anleger wählt damit eine defensivere Strategie als bei einem herkömmlichen RC, indem er einen bedingten Kapitalschutz erhält. Angeboten werden zudem RC, bei denen der Anleger auch an einer Aufwärtsbewegung der Aktie partizipieren kann, indem zusätzliche Optionskontrakte (Call-Optionen) abgeschlossen werden. Werden die Barrieren (unter Berücksichtigung der Volatilität des Basiswertes) zu tief angesetzt, resultiert ein faktischer Kapitalschutz und entfällt die Möglichkeit zur Aufteilung der Entschädigung in eine Zinskomponente und Optionsprämie.

c) **Überjährige Reverse Convertibles mit bedingtem Kapitalschutz, bedingten ansteigenden Coupons und vorzeitiger Rückzahlungsmöglichkeit**

Auch die unter den Bezeichnungen wie Step-up-, Autocall-, Callable Return-, Callable Yield- oder Express-Zertifikate emittierten Produkte kombinieren wie die gewöhnlichen RC Anlage- und Optionsgeschäfte. Anstelle von herkömmlichen Put-Optionen kommen auch bei dieser Kategorie exotische Optionen (Down-and-In-Puts) zum Einsatz. Die Step-up-Produkte charakterisieren sich neben einem bedingten Kapitalschutz (Schutzpuffer, der zum Teil deutlich unter dem Kurs des Basiswertes bei Emission liegt) durch jährlich ansteigende Coupons sowie durch zusätzliche Call-Optionen, die dem Emittenten das Recht einräumen, die Produkte vorzeitig zurückzukaufen. Die spezifische Kombination von Anlage- und Optionsgeschäften führt zu folgender Funktionsweise: Als Basiswert für die Optionskontrakte dient meistens ein Aktienindex (bzw. mehrere Aktienindizes), wobei der Indexstand bei Emission als Startniveau definiert wird. Der Emittent legt dann für die gesamte Laufzeit i.d.R. jährliche Beobachtungs- oder Bewertungszeitpunkte fest und bestimmt die Höhe des Coupons. Liegt nun der Basiswert am ersten Beobachtungstag auf oder über dem Startniveau, wird das Produkt sofort zurückbezahlt und der Anleger erhält sein ursprünglich investiertes Kapital und den im Voraus festgelegten Coupon ausbezahlt. Liegt hingegen der Basiswert unter dem Startniveau, läuft das Produkt bis zum nächsten Beobachtungszeitpunkt weiter. Sollte jetzt der Basiswert am oder über dem Startniveau notieren, erhält der Anleger das eingesetzte Kapital zuzüglich des doppelten Coupons zurückbezahlt. Ist dies erneut nicht der Fall, läuft das Zertifikat wiederum bis zum nächsten Beobachtungszeitpunkt, usw. – unter Umständen bis zum Endverfall. Üblicherweise haben Step-up-Produkte eine Laufzeit von vier bis fünf Jahren. Tritt der Fall ein, dass der Basiswert auch am letzten Beobachtungstag das Startniveau nicht erreicht, führt dies zur Aktivierung des bedingten Kapitalschutzes. Wird bei Verfall die Schutzbarriere des Basiswerts unterschritten, realisiert der Anleger den Wertverlust des Basiswerts. Bei mehreren Basiswerten bemisst sich die Rückzahlung nach dem Basiswert, der die schlechteste Performance aufweist (sog. „Rainbow-Option").

Nebst der klassischen Form gibt es noch weitere Varianten von Step-up-Produkten. Beispielsweise defensivere Strategien, bei denen der Basiswert am jeweiligen Beobachtungstag nicht sein Startniveau, sondern bloss einen – zum Beispiel um 20 Prozent – darunter liegenden Wert erreichen muss.

Im Unterschied zu den herkömmlichen RC mit im Voraus festgelegten, garantierten und periodisch ausgerichteten Coupons werden bei der RC-Variante nach Buchstabe b) in aller Regel keine garantierten Coupons ausbezahlt. Dies führt dazu, dass der Anlageteil als Obligation mit ausschliesslicher Einmalverzinsung qualifiziert wird. Bei der RC-Variante nach Buchstabe c) gelten die von Jahr zu Jahr ansteigenden bedingten Coupons steuerlich als Kapitalgewinne. Auch hier liegen folglich Obligationen mit ausschliesslicher Einmalverzinsung vor. Da Anlage und Optionsteil nicht getrennt handelbar sind, unterliegen die RC-Varianten gemäss Buchstaben b) und c) der modifizierten Differenzbesteuerung.

Die besonderen RC-Varianten gemäss Buchstaben b) und c) hievor werden verrechnungssteuerlich und stempelabgaberechtlich gleich behandelt wie die gewöhnlichen RC (vgl. Kreisschreiben Nr. 15, Ziffer 2.3.3. i.V.m. Ziffer 3.6.). Die Steuerfolgen bleiben deshalb immer dieselben, weil RC zu den transparenten kombinierten Finanzinstrumenten gehören und sich die Höhe der steuerlich relevanten, marktkonformen Verzinsung der Obligation durch den Einsatz von exotischen und/oder zusätzlichen Optionen nicht verändert. Für die Bestimmung der marktkonformen Verzinsung bei Produkten mit vorzeitiger Rückzahlungsmöglichkeit ist stets die maximal mögliche Laufzeit entscheidend.

6 Spezialfälle im Bereich der kapitalgarantierten Derivate

Strukturierte Produkte mit Kapitalschutz bestehen aus einer festverzinslichen Anlage (Obligation, Geldmarktpapier) und einer (oder mehreren) Option(en). Der garantierte Rückzahlungsbetrag entspricht dem Nennwert des Anlageteils, wobei die garantierte Rückzahlung auch unter dem investierten Betrag liegen kann (vgl. Kreisschreiben Nr. 15, Ziffer 2.3.1.).

a) Obligationen mit bedingten Coupons

Kapitalgeschützte Produkte können vorsehen, dass ausschliesslich oder teilweise von der Wertentwicklung eines Basiswertes (Aktien) abhängige jährliche Zahlungen an den Investor erfolgen. So können beispielsweise die jährlichen Zahlungen an den Investor von der Entwicklung des vom Emittenten zusammengestellten Aktienbaskets abhängen und sich innerhalb einer Bandbreite zwischen null Prozent und einem gegen fixierten Prozentsatz bewegen. Denkbar ist auch, dass der Emittent eine bestimmte Mindestverzinsung des Kapitals garantiert und darüber erst bei Verfall der Obligation auf der Grundlage der effektiv erfolgten, basiswertbezogenen jährlichen Zahlungen abgerechnet wird. Nach einer weiteren Variante werden in den ersten zwei Jahren der Laufzeit jährliche Zahlungen noch garantiert; in den Folgejahren hängen die periodischen Zahlungen aber wiederum von der Entwicklung eines Basiswertes ab. Schliesslich kommt es auch vor, dass der Emittent eine jährliche Mindestverzinsung des Kapitals während der ganzen Laufzeit garantiert; darüber hinausgehende weitere Entschädigungen hängen wiederum von der Entwicklung eines Basiswertes ab.

Die beschriebenen Produktemechanismen sind das Resultat einer Kombination von gemischter Diskontobligation, gemischter globalverzinslicher Obligation oder Zerobond und Option(en). Die sog. bedingten Coupons ergeben sich aus der (bzw. den) vom Investor erworbenen Call-Option(en). Aus ihr (bzw. ihnen) resultierende Zahlungen stellen im Privatvermögen steuerfreie Kapitalgewinne dar. Die im Voraus garantierten, fixen Zahlungen qualifizieren dagegen als steuerbarer Vermögensertrag. Zur rechnerischen Bestimmung, ob der Anlageteil überwiegend einmalverzinslich ist oder nicht, können nur die garantierten Geldflüsse herangezogen werden, und zwar zum jeweiligen Zeitpunkt, in welchem der Investor seinen Rechtsanspruch durchsetzen kann. Dabei ist die Summe der Barwerte der garantierten Zahlungen während der Laufzeit der Einmalentschädigung gegenüberzustellen. Auch kapitalgeschützte strukturierte Produkte, die in Kombination mit entsprechender Optionsgestaltung zu sog. bedingten Couponzahlungen führen, gelten im Sinne des Kreisschreibens Nr. 15 als transparent und es finden die entsprechenden Regeln gemäss Ziffer 3.4. Anwendung.

b) Obligationen in Kombination mit exotischen Optionen

Kapitalgeschützte Produkte können unter Umständen auch mit sog. exotischen Optionen kombiniert sein. Im Gegensatz zu gewöhnlichen Call- und Put-Optionen („Plain-Vanilla Options") gelten für exotische Optionen zusätzliche Bedingungen und Vereinbarungen. Aufgrund ihrer besonderen Ausgestaltung kann der Kursverlauf markant von demjenigen gewöhnlicher Optionen abweichen.

Als Beispiele können die sog. *„Barrier Options"* und *„Digital"* oder *„Binary Options"* genannt werden: Bei ersteren werden Kaufs- und Verkaufsrechte erst aktiviert, wenn der Kurs des Basiswertes innerhalb eines bestimmten Zeitraums eine festgelegte Grenze („Barrier") erreicht (sog. „Knock-in" oder „Kick-in" Barrier Options). Bei „Knock-out" oder „Kick-out" Barrier Options erlöschen hingegen die Kaufs- und Verkaufsrechte, wenn der Kurs des Basiswertes innerhalb dieses Zeitraums die festgelegte Grenze erreicht. „Double-Barrier Options" haben einen oberen und einen unteren Grenzpunkt und können als „Knock-in" und als „Knock-out" Barrier Options vorkommen. *Digital oder Binary Options* können als Formen der sog. „Payout Optionen" genannt werden. Payout Optionen geben Anspruch auf einen im Voraus fixierten, festen Betrag. Bei einer Digital oder Binary Option erfolgt die Auszahlung, wenn der Kurs des Basiswertes während eines bestimmten Zeitraums einmal („One-Touch Digital Option") oder genau am Verfalltag („All-or-Nothing Option") einen festgelegten Wert erreicht. Die Auszahlung des Betrags erfolgt bei der One-Touch Digital Option entweder sofort bei Erreichen der „Barrier" oder erst am Verfalltag („Lock-in Option"). Bei einer „Lock-out Option" kommt der fixierte Betrag nur zur Auszahlung, wenn der Kurs des Basiswertes während eines bestimmten Zeitraums eine gesetzte „Barrier" nicht erreicht.

Auch kapitalgeschützte strukturierte Produkte, die mit exotischen Optionen untrennbar kombiniert sind, gelten im Sinne des Kreisschreibens Nr. 15 als transparent. Sämtliche Zahlungen, die aus der Optionenanlage resultieren, sind im Privatvermögen steuerlich unbeachtlich. Und es finden auch für diese Produkte die Regeln gemäss Ziffer 3.4. des Kreisschreibens Nr. 15 Anwendung.

7 Obligationen mit "Money back" Optionen

Optionsanleihen, bei denen die Option nicht nur auf den Bezug des Basiswertes lautet, sondern alternativ den Anspruch auf eine Geldsumme gibt, werden grundsätzlich steuerlich wie Anleihen ohne alternativen Baranspruch behandelt. Wird allerdings der Geldanspruch geltend gemacht, stellt dieser im Zeitpunkt der Ausübung vollumfänglich steuerbaren Zinsertrag gemäss Artikel 20 Absatz 1 Buchstabe a DBG dar und unterliegt im Falle eines inländischen Schuldners der Verrechnungssteuer gemäss Artikel 4 Absatz 1 Buchstabe a VStG.

8 Wandelanleihen mit Put-Option zwecks vorzeitiger Rückzahlung

Die Put-Option räumt dem Gläubiger das unwiderrufliche Recht ein, an einem bestimmten Stichtag – u.U. mehrere Jahre vor dem Ablauf der Originallaufzeit – die vorzeitige Rückzahlung zu einem über dem Emissionspreis liegenden Wert zu verlangen. Solche Wandelanleihen gelten immer als nicht-klassisch (vgl. Ziffer 2.3.2. des Kreisschreibens Nr. 15).

Entgegen den in der 1. Auflage dieses Anhangs III gemachten Ausführungen, ist die Put-Option bei der Frage, ob es sich um eine einmalverzinsliche Anleihe handelt oder nicht, irrelevant. Dies deshalb, weil im System einer transparenten Besteuerung nur die Eckwerte der Bondkomponente steuerlich massgebend sind. Es finden deshalb auch für diese Wandelanleihen die Regeln gemäss den Ziffern 3.4., 3.4.1. sowie 3.4.2. des Kreisschreibens Nr. 15 Anwendung.

9 Strukturierte Kredit- und Schadenderivate

Im Bereich der Kredit- und Schadenderivate kann ebenfalls zwischen strukturierten (kombinierten) und nicht strukturierten (reinen) Produkten unterschieden werden. Basiswert der Kreditderivate bilden eine oder mehrere Kreditrisiken. Kreditderivate sind Finanzinstrumente, die sich je nach Ausgestaltung zur Übertragung eines Ausfallrisikos, eines Rating- oder des gesamten Spreadrisikos eignen. Basiswert der Schadenderivate bilden Naturkatastrophen oder durch sie verursachte Schäden (Erdbeben, Hagel, Wirbelstürme usw.). Mit Schadenderivaten werden solche Risiken übertragen. Für die reinen Kreditderivate (Credit Default Swap, Total Return Swap, Spread-Optionen und Spread-Forwards) und die reinen Schadenderivate kann auf Ziffer 2.2. des Kreisschreibens Nr. 15 verwiesen werden.

Die strukturierten Kredit- und Schadenderivate kombinieren eine Obligation mit einem Termingeschäft (Credit/Insurance-Default-Swap). Solche Produkte, bekannt unter der Bezeichnung „Credit Linked Notes" bzw. „Insurance Linked Securities", charakterisieren sich dadurch, dass der Emittent (= Sicherungskäufer) ein genau bezeichnetes Kredit- oder Schadensrisiko (= Basiswert) gegen Entschädigung (= Risikoprämie) auf den Anleger (= Sicherungsverkäufer) überträgt und sich gleichzeitig durch Verkauf einer Obligation mit gleicher Laufzeit für den Kreditausfall bzw. den Schadenseintritt absichert. Solange kein Kreditausfall bzw. Schaden eintritt, hat der Anleger Anspruch auf Verzinsung und Rückzahlung seiner Obligation. Kommt es hingegen zum definierten Kreditausfall oder Schadenseintritt, ist der Sicherungskäufer berechtigt, den entsprechenden finanziellen Schaden auf den Sicherungsverkäufer zu überwälzen.

Kredit- und Schadenderivate weisen dieselbe Struktur auf wie RC ohne Kapitalschutz (vgl. Ziffer 2.3.3.1. des Kreisschreibens Nr. 15). Indessen erfahren nur die Schadenderivate dieselbe steuerliche Behandlung (vgl. 3.6. des Kreisschreibens Nr. 15). Bei strukturierten Kreditderivaten ist die Risikoprämie mit dem Bonitätsrisiko des übertragenen Kreditrisikos gleichzusetzen, welches sich in einer höheren Verzinsung niederschlägt. Dies hat zur Folge, dass sämtliche Entschädigungen im Bereich von Credit Linked Notes steuerbaren Obligationenertrag darstellen (vgl. Ziffer 3.1. und 3.2. des Kreisschreibens Nr. 15).

10 Aufstockungen von inländischen und ausländischen Anleihensobligationen

Per 1. Januar 2001 wurde Artikel 14 Absatz 2 VStV ersatzlos aufgehoben. Diese Bestimmung besagte, dass die Verrechnungssteuer auf Vorausvergütungen, die u.a. bei der Ausgabe von Obligationen abgezogen werden und verteilt auf jedes volle Jahr der vertraglichen Mindestlaufzeit nicht mehr als ein halbes Prozent des Nennwertes ausmachen, nicht erhoben wird. Die Streichung dieser Bestimmung erwies sich für Anleihensaufstockungen als problematisch. Bei Anleihensaufstockungen werden die Eckwerte der Grundanleihe (Zinssatz der jährlichen Couponzahlungen, Laufzeit der Anleihe, Rückzahlungsbetrag und Stückelung) übernommen. Dieses Vorgehen entspricht internationaler Usanz, und so geben alle Informationssysteme wie Bloomberg, Reuters, etc. auch im Falle von aufgestockten Anleihen ausschliesslich über die Eckdaten der Grundanleihe Auskunft. Im Rückzahlungszeitpunkt kann in der Folge zwischen der zu pari ausgegebenen Grundanleihe und der unter pari emittierten Aufstockungstranche nicht mehr unterschieden werden. Damit kann die Verrechnungssteuer im Rückzahlungszeitpunkt nicht auf den Gläubiger überwälzt werden, womit beim Emittenten eine Aufrechnung ins Hundert erfolgt.

Bei Aufstockungen mit Emissionsdisagi, die mehr betrugen als ein halbes Prozent des Nennwertes pro Jahr der noch verbleibenden Laufzeit, war ein Emittent bereits vor Aufhebung von Artikel 14 Absatz 2 VStV gezwungen, die mangels Überwälzung ins Hundert aufgerechnete Verrechnungssteuer zu tragen (seltene Fälle). Solange Artikel 14 Absatz 2 VStV in Kraft war, bestand für die Anleihensemittenten zumindest die Möglichkeit, eine mangels Überwälzung ins Hundert aufgerechnete Verrechnungssteuerbelastung zu vermeiden, indem nur solche Anleihen aufgestockt wurden, die in den Anwendungsbereich von Artikel 14 Absatz 2 VStV fielen. Je nach steuerlicher Situation im Ausland scheinen demgegenüber ausländische Emittenten Aufstockungstranchen mit beträchtlichen Emissionsdisagi geradezu systematisch zu emittieren. Damit ist die direktsteuerliche Erfassung dieser Vermögenserträge offensichtlich gefährdet.

Die ESTV hat deshalb rückwirkend auf den 1. Januar 2001 für den Bereich der Aufstockungen folgende Praxis festgelegt:

– Werden inländische Anleihen, die zu oder über pari emittiert und zu pari zurückbezahlt werden, aufgestockt und beträgt das Emissionsdisagio der Aufstockungstranche nicht mehr als ein halbes Prozent pro Jahr der Restlaufzeit (sog. Toleranzgrenze), wird auf die Erhebung der Verrechnungssteuer verzichtet. Diese Praxis gilt in analoger Weise für die direkte Bundessteuer. Bei der Ermittlung der Toleranzgrenze werden nicht nur ganze, sondern auch angebrochene Jahre berücksichtigt, und zwar taggenau. In allen anderen Fällen qualifiziert das gewogene Mittel der Emissionsdisagi von Erstemission und Aufstockung(en) bei Rückzahlung der Anleihe sowohl verrechnungssteuerrechtlich wie auch einkommenssteuerrechtlich als relevanter Ertrag, welcher in der Kursliste der ESTV publiziert wird.

– Für ausländische Anleihen gilt: Aufstockungen von Anleihen, die zu oder über pari emittiert und zu pari zurückbezahlt werden und deren Emissionsdisagi nicht mehr als ein halbes Prozent pro Jahr der Restlaufzeit betragen, profitieren in gleicher Weise von der Steuerfreiheit dieser Emissionsdisagi wie die inländischen Aufstockungen.

Grundanleihen, die vor dem 1. Januar 2001 emittiert wurden und in den Anwendungsbereich von Artikel 14 Absatz 2 VStV fielen, werden im Rahmen dieser ab 1. Januar 2001 geltenden Regelung wie zu pari emittierte Anleihen behandelt. Aufstockungen solcher Grundanleihen kommen deshalb ebenfalls in den Genuss der rückwirkend vorzunehmenden Praxisfestlegung.

☞ *Das Gutachten «Bond Floor Pricing» ist nicht enthalten.*

Indirekte Teilliquidation

Quelle: Eidg. Steuerverwaltung ESTV / HA Direkte Bundessteuer, Verrechnungssteuer, Stempelabgaben

Direkte Bundessteuer

Bern, 6. November 2007

Kreisschreiben Nr. 14

Verkauf von Beteiligungsrechten aus dem Privat- in das Geschäftsvermögen eines Dritten („indirekte Teilliquidation")

1. **Einleitung**

Mit dem Bundesgesetz über dringende Anpassungen bei der Unternehmensbesteuerung vom 23. Juni 2006 wurden in Artikel 20a des Bundesgesetzes vom 14. Dezember 1990 über die direkte Bundessteuer (DBG) besondere Fälle des steuerbaren Vermögensertrages aus Beteiligungen gesetzlich normiert. In Absatz 1 Buchstabe a wird der Tatbestand der indirekten Teilliquidation gesetzlich geregelt. Das vorliegende Kreisschreiben dient der Auslegung von Artikel 20a Absatz 1 Buchstabe a DBG. Es ist eine Anleitung zur Abgrenzung zwischen steuerfreiem privatem Kapitalgewinn und steuerbarem Vermögensertrag aus Beteiligungsverkäufen an Dritte.

2. **Systematik**

Nach Artikel 20a Absatz 1 Buchstabe a DBG fällt aus dem Verkauf von Beteiligungsrechten steuerbarer Ertrag aus beweglichem Vermögen an, soweit die folgenden, gesetzlich normierten Tatbestandselemente kumulativ erfüllt sind.

3. **Tatbestandselemente**

3.1. *Verkauf*

Die Übertragung erfolgt durch Verkauf.

3.2. *Qualifizierende Beteiligung*

Der Verkauf umfasst eine Beteiligung von mindestens 20 % am Grund- oder Stammkapital einer Kapitalgesellschaft oder Genossenschaft („Zielgesellschaft").

3.3. *Systemwechsel*

Der Verkauf erfolgt aus dem Privat- in das Geschäftsvermögen einer anderen natürlichen oder juristischen Person (Wechsel vom Nennwert- ins Buchwertprinzip).

3.4. Ausschüttungsfrist

Innerhalb von 5 Jahren nach dem Verkauf erfolgen Ausschüttungen (vgl. Ziff. 3.5 und 4.5).

3.5. Ausschüttung

Bei den Ausschüttungen handelt es sich um Substanzentnahmen.

3.6. Handelsrechtlich ausschüttungsfähige Reserven / nichtbetriebsnotwendige Substanz

Die ausgeschüttete Substanz war im Zeitpunkt des Verkaufes bereits vorhanden, handelsrechtlich ausschüttungsfähig und nichtbetriebsnotwendig.

3.7. Mitwirkung

Der Verkäufer weiss oder muss wissen, dass der Gesellschaft zwecks Finanzierung des Kaufpreises Mittel entnommen und nicht wieder zugeführt werden (Art. 20a Abs. 2 DBG).

4. Abgrenzungsfragen

4.1. Verkauf

Mit dem Erfordernis des Verkaufes wird eine entgeltliche Übertragung vorausgesetzt. Der Tausch als Kombination von entgeltlichen Rechtsgeschäften ist ebenfalls erfasst. Werden Aktien von Mitarbeitern auf Grund einer mit deren Erwerb im Zusammenhang stehenden, zwingenden Regelung veräussert, so stellt dies keinen Verkauf im Sinne von Artikel 20a Absatz 1 Buchstabe a DBG dar.

4.2. Qualifizierende Beteiligung

Nur der Verkauf einer Beteiligung von mindestens 20 % am Grund- oder Stammkapital einer Kapitalgesellschaft oder Genossenschaft fällt in den Anwendungsbereich von Artikel 20a DBG. Massgebend sind nur Verkäufe durch in der Schweiz unbeschränkt steuerpflichtige natürliche Personen, welche beim ersten Verkauf mindestens 20 % dieser Beteiligungsrechte im Privatvermögen halten. Werden die Beteiligungsrechte zeitlich gestaffelt verkauft, so fallen alle Verkäufe unter Artikel 20a Absatz 1 Buchstabe a DBG, sobald innerhalb von 5 Jahren ab dem ersten Verkauf insgesamt mindestens 20 % veräussert worden sind.

Die qualifizierende Beteiligungsquote kann auch mit dem Verkauf durch mehrere, in der Schweiz unbeschränkt steuerpflichtige, natürliche Personen erreicht werden, welche die Beteiligungsrechte im Privatvermögen halten (gemeinsamer Verkauf). Ein gemeinsamer Verkauf erfordert eine gemeinsame Willensbildung. Eine solche ist bei der Annahme eines öffentlichen Übernahmeangebots (Art. 22 - 33 BEHG[1]) nicht gegeben. Wenn die Verkäufer gleichzeitig an den Erwerber veräussern, fallen die Verkäufe unter Artikel 20a Absatz 1 Buchstabe a DBG, wenn alle veräusserten Beteiligungsrechte dieser Personen zusammen mindestens 20 % am Grund- oder Stammkapital der Zielgesellschaft ausmachen. Erfolgt ein gemeinsamer Verkauf durch mehrere Verkäufer zeitlich gestaffelt, so stellt jeder einzelne dieser Verkäufe einen nach Artikel 20a Absatz 1 Buchstabe a DBG qualifizierenden Verkauf dar, sobald insgesamt innerhalb von 5 Jahren mindestens 20 % am Grund- oder Stammkapital der Zielgesellschaft veräussert worden sind. Gilt ein Verkauf infolgedessen als qualifizierender Verkauf, so bleibt diese Qualifikation bestehen.

---

[1] Bundesgesetz vom 24. März 1995 über die Börsen und den Effektenhandel (Börsengesetz; BEHG)

4.3. Systemwechsel

Durch den Verkauf werden die Beteiligungsrechte aus dem Privatvermögen des Verkäufers in das Geschäftsvermögen einer natürlichen oder einer juristischen Person mit Wohnsitz oder Sitz im In- oder Ausland überführt. Erklärt die Käuferin die Beteiligungsrechte im Zeitpunkt des Erwerbs zu gewillkürtem Geschäftsvermögen nach Artikel 18 Absatz 2 DBG, so liegt ebenfalls ein Systemwechsel vor.

4.4. Ausschüttungsfrist

Die Ausschüttungsfrist von 5 Jahren beginnt im Zeitpunkt des Verkaufs, der nach den allgemeinen Grundsätzen über den Zufluss von Einkommen bestimmt wird. Massgeblich ist somit in der Regel der Zeitpunkt des Verpflichtungsgeschäfts, sofern die Erfüllung nicht von vornherein als unsicher betrachtet werden muss (BGE 2P.323/2003 vom 7. Mai 2005 = StE 2005 A 24.21 Nr. 16). Im Falle von gestaffelten Verkäufen von insgesamt 20 % innerhalb von 5 Jahren (vgl. Ziffer 4.2) beginnt für jeden Verkauf ein eigener Fristenlauf.

4.5. Ausschüttung

Ausschüttungen nach Artikel 20a Absatz 1 Buchstabe a DBG sind nicht nur Dividenden aufgrund eines formellen Beschlusses der Generalversammlung, sondern auch verdeckte Gewinnausschüttungen sowie andere geldwerte Vorteile zu Gunsten der Käuferin oder deren Aktionäre. Solche geldwerten Vorteile können unter anderem erfolgen durch

- Naturaldividenden,
- nicht dem Drittvergleich entsprechende Darlehen der Zielgesellschaft oder unter deren einheitlichen Leitung stehender Gesellschaften an die Käuferin, deren Rückzahlung gefährdet erscheint und die bei der darlehensgebenden Gesellschaft eine Vermögenseinbusse bewirken,
- Sicherheiten der Zielgesellschaft oder unter deren einheitlichen Leitung stehender Gesellschaften für Darlehen Dritter an die Käuferin, deren Beanspruchung wahrscheinlich erscheint, und die bei der sicherheitstellenden Gesellschaft eine Vermögenseinbusse bewirken.

Auch Umstrukturierungen können allenfalls zu solchen geldwerten Vorteilen führen.

4.6. Handelsrechtlich ausschüttungsfähige Reserven / nichtbetriebsnotwendige Substanz

4.6.1. Grundsatz

Grundlage für die Anwendung von Artikel 20a Absatz 1 Buchstabe a DBG ist der handelsrechtskonforme Einzelabschluss der Zielgesellschaft zu dem Zeitpunkt, in welchem die Ausschüttungsfrist zu laufen beginnt (Ziff. 3.4 und 4.4).

Die Beurteilung der handelsrechtlich ausschüttungsfähigen Reserven sowie der nichtbetriebsnotwendigen Substanz erfolgt unter der Optik der unveränderten Weiterführung der betrieblichen Tätigkeit durch den Verkäufer. Künftige Veränderungen sind unbeachtlich.

Dividenden aus den ab dem Verkaufsjahr ausschüttungsfähigen ordentlichen Jahresgewinnen der Zielgesellschaft stellen keine Ausschüttung von Substanz im Sinne von Artikel 20a Absatz 1 Buchstabe a DBG dar („ordentliche Dividenden"). Dies gilt auch für die Ausschüttung von Reserven aus solchen Gewinnen, soweit diese nicht durch ab dem Verkauf erlittene Verluste kompensiert sind. Darüber hinausgehende Ausschüttungen sind qualifizierende Substanzausschüttungen.

4.6.2. Handelsrechtlich ausschüttungsfähige Reserven

Die handelsrechtlich ausschüttungsfähigen Reserven bestimmen sich nach dem Bestand des in der letzten, vor dem jeweiligen Verkaufszeitpunkt liegenden, handelsrechtskonformen Bilanz der Zielgesellschaft ausgewiesenen Eigenkapitals unter Abzug des Aktien- oder Stammkapitals sowie des maximal möglichen Umfanges der gesetzlichen Reserven gemäss Bundesgesetz vom 30. März 1911 über das Obligationenrecht (Art. 671, 671a, 671b; 805; 860 OR) respektive gemäss analogen Bestimmungen im ausländischen Recht.

4.6.3. Nichtbetriebsnotwendige Substanz

Die Beurteilung, ob nichtbetriebsnotwendige Substanz vorliegt, erfolgt auf den Stichtag des jeweiligen qualifizierenden Beteiligungsverkaufes nach betriebswirtschaftlichen Kriterien. Sie bezieht sich auf die Zielgesellschaft sowie alle weiteren Gesellschaften, welche im Sinne von Artikel 61 Absatz 3 DBG unter deren einheitlicher Leitung stehen. Die Prüfung bei den unter einheitlicher Leitung der Zielgesellschaft stehenden Gesellschaften erfolgt je einzeln und nach denselben Kriterien wie für die Zielgesellschaft.

Vermutungsweise wird davon ausgegangen, dass eine Ausschüttung, welche die seit dem Verkaufszeitpunkt erwirtschafteten Gewinne der Gesellschaft übersteigt, als nichtbetriebsnotwendige Substanz gilt.

4.6.4. Bewertung der nichtbetriebsnotwendigen Substanz

Die Bewertung der nichtbetriebsnotwendigen Substanz, welche im Zeitpunkt des Verkaufs bereits vorhanden war, hat nach anerkannten Bewertungsgrundsätzen zu erfolgen. Dabei sind die zuordenbaren Passiven abzuziehen und die latenten Steuern auf den stillen Reserven zu berücksichtigen. Diese Bewertung ist erst dann vorzunehmen, wenn innerhalb der Ausschüttungsfrist (Ziff. 4.4) eine Ausschüttung (Ziff. 4.5) erfolgt.

4.7. Mitwirkung

Das Kriterium der Mitwirkung kann nur im Zusammenhang mit einer Ausschüttung (vgl. Ziff. 3.5 und 4.5) beurteilt werden. Damit kann ohne konkrete Ausschüttung insbesondere nicht ausgeschlossen werden, dass dieses Kriterium erfüllt ist.

Der Wortlaut von Artikel 20a Absatz 2 DBG entspricht der Formulierung in verschiedenen Bundesgerichtsentscheiden zum bisherigen Recht (StE 2002, B 24.4 Nr. 63; ASA 60, 537 Erw. 6b; ASA 59, 717 Erw. 5b). In diesem Punkt kann die Bundesgerichtspraxis herangezogen werden. Eine Mitwirkung gemäss Artikel 20a Absatz 2 DBG liegt vor, wenn der Verkäufer weiss oder wissen muss, dass der Zielgesellschaft im Zeitpunkt der Veräusserung bereits bestehende, nichtbetriebsnotwendige und ausschüttungsfähige Mittel entzogen werden und diese dem Verkäufer in Form des Kaufpreises zufliessen. Ein solcher Entzug liegt dann vor, wenn die Käuferin den Kaufpreis aus einer Mittelentnahme (offene oder verdeckte Gewinnausschüttung) aus der Zielgesellschaft entrichtet, oder wenn sie die ursprüngliche Eigen- oder Fremdfinanzierung des Kaufpreises durch eine solche Mittelentnahme refinanziert.

Ob die Zielgesellschaft bei der Veräusserung der Beteiligungsrechte durch ein Zusammenwirken von Verkäufer und Käufer teilweise liquidiert und dem Verkäufer dadurch eine geldwerte Leistung ausgerichtet wird, ist nach objektiven Kriterien und aufgrund der gesamten für die Finanzierung massgebenden Umständen zu entscheiden (StE 2002, B 24.4 Nr. 63; A-

SA 60, 537 Erw. 6b; 59, 717, Erw. 5d). Das Zusammenwirken zwischen Verkäufer und Käufergesellschaft kann aktiv erfolgen, z.b. durch:

- Gewährung eines Darlehens des Verkäufers an die Käuferin;
- Verrechnung einer Schuld des Verkäufers gegenüber der Zielgesellschaft mit dem Kaufpreis;
- Sicherheitsleistungen der Zielgesellschaft für Darlehen Dritter an die Käuferin im Zeitpunkt des Verkaufs;
- Hinterlegung der veräusserten Beteiligungsrechte durch den Verkäufer als Sicherheit für eine Fremdfinanzierung des Kaufpreises;
- Verpflichtung des Verkäufers, Aktiven der Zielgesellschaft in flüssige Form zu bringen;
- Einräumung der Verfügungsgewalt über die Aktiven der Zielgesellschaft an den Käufer vor Bezahlung des Kaufpreises.

Die Mitwirkung kann indessen auch passiv erfolgen, namentlich dann, wenn davon ausgegangen werden muss, dass der Verkäufer von der bevorstehenden Substanzentnahme weiss oder wissen muss. Dies ist zum Beispiel der Fall, wenn:

- die Beteiligungsrechte an eine Käuferin veräussert werden, die über ungenügende finanzielle Mittel verfügt, um den Kaufpreis aus eigener Kraft bzw. aus künftigen ordentlichen Dividenden der Zielgesellschaft zu begleichen (ASA 59, 717 Erw. 7; BGE 2A.648/2005);
- der Verkäufer um die Absicht der Käuferin weiss, mit der Zielgesellschaft zu fusionieren.

Sofern der Verkäufer in seiner Eigenschaft als Beteiligter von einer beabsichtigten Fusion zwischen der Zielgesellschaft und der Käuferin wusste, liegt durch den Verkauf ebenfalls eine Mitwirkung bei der Substanzentnahme vor. Gemäss Bundesgericht spielt der Umstand, dass der Verkäufer keine Kenntnis von der Fusion hatte, allerdings dann keine Rolle für die Beurteilung der Mitwirkung, sofern der Verkäufer damit rechnen musste, dass die mit seiner Mitwirkung der verkauften Gesellschaft entzogenen Mittel dieser nicht wieder zugeführt würden (ASA 66, 146, Erw. 5c, bb).

Die Mitwirkung kann auch bei einer finanzstarken Käufergesellschaft erfüllt sein. Der Hinweis der Verkaufspartei auf die starke Finanzkraft der Käuferin bzw. des Konzerns, dem die Käufergesellschaft angehört, vermag nicht zu belegen, er habe nicht mit dem Gebrauch dieser Mittel für den Erwerb der Aktien rechnen können (ASA 66, 146 Erw. 5c, bb).

5. Steuerfolgen und Verfahren

5.1. Besteuerung

5.1.1. Umfang

Soweit Ausschüttungen im Sinne von Ziffer 3.5 und 4.5 erfolgen, wird der Verkaufserlös bei der Verkaufspartei (teilweise) als steuerbarer Vermögensertrag erfasst. Dabei bildet die kleinste der folgenden Grössen (nach Massgabe der veräusserten Beteiligungsquote) den steuerbaren Vermögensertrag:

- Verkaufserlös: Dazu gehört der gesamte Verkaufserlös mit den unter suspensiven oder resolutiven Bedingungen vereinbarten Beträgen. Der Nominalwert der veräusserten Beteiligungsrechte reduziert den Verkaufserlös nicht;
- Ausschüttungsbetrag (gemäss Ziff. 3.5 und 4.5);
- Handelsrechtlich ausschüttungsfähige Reserven (gemäss Ziff. 3.6 und 4.6.2);
- Nichtbetriebsnotwendige Substanz (gemäss Ziff. 3.6, 4.6.3 und 4.6.4).

5.1.2. Periodengerechte Zuordnung

Der steuerbare Vermögensertrag wird nach dem Realisationsprinzip derjenigen Steuerperiode zugerechnet, in welcher der qualifizierende Verkauf stattgefunden hat. Werden die Beteiligungsrechte gestaffelt verkauft (Ziff. 4.2), so wird der steuerbare Vermögensertrag im Verhältnis der betreffenden Verkaufserlöse auf die entsprechenden Steuerjahre aufgeteilt. Ist die von einem solchen Vermögensertrag betroffene Steuerperiode bereits rechtskräftig veranlagt, so wird die Steuer im Nachsteuerverfahren nach Artikel 151 ff. DBG erhoben.

5.2. Rechtsverbindliche Auskünfte

Für rechtsverbindliche Auskünfte gelten die allgemeinen Grundsätze des Verwaltungsrechts. Sie können deshalb nur durch die für den Verkäufer zuständige Veranlagungsbehörde erteilt werden. Für die Beurteilung, ob eine indirekte Teilliquidation vorliegt, gelten die folgenden Präzisierungen:

Erfolgt eine Anfrage vor dem Verkauf, so kann sich eine Auskunft nur auf diesen Zeitpunkt und auf die folgenden Punkte beziehen:

- Das Vorliegen der folgenden objektiven Tatbestandselemente: Verkauf, Systemwechsel, Fristenlauf, handelsrechtlich ausschüttungsfähige Reserven;
- Das Vorliegen einer qualifizierenden Beteiligung, allenfalls unter dem Vorbehalt weiterer Verkäufe in den folgenden 5 Jahren;
- Sachverhalte, die unter dem Aspekt der Ausschüttung zu prüfen sind, und die sich gleichzeitig mit oder kurz nach dem Verkauf verwirklichen sollen.

Das Vorliegen einer indirekten Teilliquidation kann zu diesem Zeitpunkt nur dann ausgeschlossen werden, wenn entweder eines der objektiven Tatbestandselemente nicht erfüllt oder offensichtlich keine nichtbetriebsnotwendige Substanz vorhanden ist.

Beinhaltet eine Anfrage eine vollständige Beschreibung eines Vorganges, der eine Ausschüttung darstellen könnte (vgl. Ziff. 3.5. und 4.5.), so äussert sich die Auskunft auch über das Vorliegen einer Ausschüttung. Wird dieser konkret geplante Vorgang als Ausschüttung qualifiziert, so nimmt die Auskunft auch Stellung zum Umfang der nicht betriebsnotwendigen Substanz (Ziff. 3.6. und 4.6.), zu deren Bewertung (Ziff. 4.6.4.) und zur Mitwirkung (Ziff. 3.7. und 4.7.).

6. Geltungsbereich / Inkrafttreten

Dieses Kreisschreiben gilt für Verkäufe von qualifizierenden Beteiligungen gemäss Artikel 20a Absatz 1 Buchstabe a DBG durch in der Schweiz unbeschränkt steuerpflichtige natürliche Personen aus deren Privatvermögen. Es ist hingegen nicht anwendbar für den Bereich der Verrechnungssteuer.

Dieses Kreisschreiben tritt am 1. Januar 2007 in Kraft, es ist gemäss Artikel 205b DBG anwendbar für alle nicht rechtskräftigen Veranlagungen von Erträgen, welche im Steuerjahr 2001 und später realisiert wurden. Der Erlass der Rückwirkungsbestimmung erfolgte unter dem System der Gegenwartsbemessung, weshalb als Steuerjahr 2001 das Kalenderjahr 2001 zu verstehen ist.

Die Praxis der ESTV gemäss Entwurf Kreisschreiben Nr. 7 vom 14. Februar 2005 gilt für alle Aktienverkäufe, welche bis und mit dem Steuerjahr 2000 vorgenommen worden sind.

Soweit nach der bisherigen Rechtsprechung und Praxis für Verkäufe bis und mit 31. Dezember 2006 ein Vermögensertrag aus indirekter Teilliquidation besteuert und infolge eines Verkäuferdarlehens ein sogenannter Revers über einen Aufschub der Besteuerung gewährt wurde, ist für die vom Revers erfassten Kaufpreisanteile das neue Recht anwendbar, soweit die entsprechenden Veranlagungen noch nicht rechtskräftig sind.

Securities Lending

Quelle: Eidg. Steuerverwaltung ESTV / HA Direkte Bundessteuer, Verrechnungssteuer, Stempelabgaben

Direkte Bundessteuer
Verrechnungssteuer
Stempelabgaben

Bern, 1. Januar 2018

Kreisschreiben Nr. 13

Securities Lending and Borrowing-Geschäft sowie Repo-Geschäft als Gegenstand der Verrechnungssteuer, ausländischer Quellensteuern, der Stempelabgaben und der direkten Bundessteuer

Inhaltsverzeichnis	Seite
1 Ausgangslage	2
2 Begriffe	2
2.1 Originalzahlung, Ausgleichszahlung	2
2.2 Lending Fee	2
2.3 Weiterveräusserung	3
2.4 Reihengeschäfte	3
2.4.1 „Principal"-Struktur	3
2.4.2 „Agent"-Struktur	3
2.5 Long Borrowing	3
3 Securities Lending mit Schweizer Wertschriften	3
3.1 Borger im Inland	3
3.1.1 Weiterveräusserung	3
3.1.2 Reihengeschäfte	4
3.1.3 Long Borrowing	5
3.2 Borger im Ausland	5
3.2.1 Weiterveräusserung	5
3.2.2 Reihengeschäfte	5
3.2.3 Long Borrowing	6
3.3 Bescheinigung der Ausgleichszahlung	6
4 Securities Lending mit ausländischen Wertschriften / ausländische Quellensteuern	6
4.1 Weiterveräusserung	6
4.2 Reihengeschäft	6
4.3 Long Borrowing	7
5 Einkommens- und Gewinnsteuer	7
5.1 Lending Fee	7
5.2 Originaldividenden und -zinsen bzw. Ausgleichszahlungen	7
6 Umsatzabgabe	8
7 Verrechnungssteuer auf Zinsen von Cash-Collaterals und Repo-Geschäften	8
8 Gültigkeit	8
9 Anhang: Übersicht Einkommens- und Gewinnsteuer	9

1 Ausgangslage

Aufgrund der Entwicklungen im Bereich des Securities Lending and Borrowing (SLB) hat die Eidgenössische Steuerverwaltung (ESTV) die ursprünglich im Kreisschreiben Nr. 13 vom 1. September 2006 publizierten und von einer gemischten Arbeitsgruppe aus Vertretern der ESTV und der Schweizerischen Bankiervereinigung erarbeiteten Regelungen einer Prüfung unterzogen.

Dabei wurde festgestellt, dass die im Kreisschreiben vom 1. September 2006 enthaltene Bestimmung, wonach einem ausländischen Borger im Falle eines Long Borrowing die Rückerstattungsberechtigung der Verrechnungssteuer zugesprochen wird, auch Anlass zu einem Marktverhalten gab, welches von der gemischten Arbeitsgruppe nicht beabsichtigt war. Die fragliche Regelung war ursprünglich als pragmatischer Lösungsansatz für die Problemstellung eines versehentlich überhöhten Wertschriftenbestandes im Zeitpunkt der Ertragsfälligkeit („Überborgung") vorgesehen gewesen. Durch das gezielte Verleihen von Schweizer Wertschriften an ausländische Borger über den Dividenden- bzw. Zinstermin wurden sogenannte „Treaty Shopping"-Tatbestände verwirklicht. Um diesen Entwicklungen entgegenzutreten, sind die Regeln betreffend die Rückerstattung der Verrechnungssteuer im Zusammenhang mit dem Verleih von Schweizer Wertschriften an im Ausland ansässige Borger im vorliegenden Kreisschreiben grundlegend überarbeitet worden.

Die in diesem Kreisschreiben für das Securities Lending aufgestellten Regeln gelten sinngemäss auch für Repo-Geschäfte (Repurchase Agreements).

Bei anderen Geschäften mit vergleichbarem wirtschaftlichem Gehalt (bestimmte Swap-Geschäfte, Collateral in Form von Wertschriften etc.), bei denen es ebenfalls zu einer Weiterleitung von Ertragszahlungen kommt, gelangen für die Frage der Rückerstattung der Verrechnungssteuer die allgemeinen Vorschriften betreffend Nutzungsberechtigung zur Anwendung. Eine Pflicht zur Erhebung einer Verrechnungssteuer auf Ausgleichszahlungen ist jedoch nur bei SLB- und Repo-Geschäften im Sinne der Ziff. 8.2. und 8.3 des Kreisschreibens Nr. 12[1] gegeben.

2 Begriffe

2.1 Originalzahlung, Ausgleichszahlung

Unter Originalzahlung wird die echte, auf einem Anleihensschuld- oder Beteiligungsverhältnis beruhende Zins- bzw. Dividendenzahlung nach Abzug der Verrechnungssteuer bzw. der ausländischen Quellensteuer verstanden.

Bei SLB-Geschäften werden Wertschriften zivilrechtlich von einer Partei auf eine andere übertragen, wobei im Regelfall die während der Dauer solcher Transaktionen beim formalen Eigentümer (Borger) anfallenden Erträge aufgrund einer vertraglichen Vereinbarung der anderen Partei (Lender) vergütet werden. Diese Vergütung wird in diesem Kreisschreiben generell als „Ausgleichszahlung" bezeichnet, unabhängig davon, ob es sich um die Weiterleitung einer echten Ertragszahlung (wie z.B. beim Long Borrowing), um die Weiterleitung einer Ertragsersatzzahlung (wie oft beim Reihengeschäft) oder um eine vom Borger selbst finanzierte Zahlung handelt (im Falle der Weiterveräusserung). Die von den Parteien gewählte Bezeichnung ist für steuerliche Zwecke unerheblich.

2.2 Lending Fee

Als Lending Fee wird die Vergütung bezeichnet, die der Borger dem Lender für das Überlassen der Titel bezahlt. Sie beinhaltet in diesem Zusammenhang keine Ertragsersatzkomponenten.

---

[1] Kreisschreiben ESTV Nr. 12 vom 10. März 2011 (Umsatzabgabe; 1-012-S-2011)

2.3 Weiterveräusserung

In Fällen der Weiterveräusserung werden die Titel vom Borger an einen Dritten veräussert oder in Erfüllung einer Lieferverpflichtung aus einer vorgängig erfolgten Veräusserung geliefert. Dieser Dritte hat mit dem SLB-Geschäft nichts zu tun. Seine Stellung ist davon unberührt.

2.4 Reihengeschäfte

2.4.1 „Principal"-Struktur

Bei der „Principal"-Struktur werden zwei (oder mehrere) SLB-Geschäfte aneinandergereiht. Der Borger des ersten Geschäfts wird zum Lender des zweiten Geschäfts. Rechtlich bestehen unabhängige SLB-Verträge, auf die jeweils die in diesem Kreisschreiben dargelegten Grundsätze zur Anwendung kommen.

2.4.2 „Agent"-Struktur

Bei der „Agent"-Struktur wird ein SLB-Geschäft durch einen Stellvertreter zwischen dem Lender und dem Borger vermittelt.

a) *Direkte Stellvertretung*
Wird das Geschäft zwischen Lender und Borger im Sinne einer direkten Stellvertretung (Offenlegung der Vertragsparteien) vermittelt, kommen die in diesem Kreisschreiben dargelegten Grundsätze direkt auf den Borger und den Lender zur Anwendung.

b) *Indirekte Stellvertretung*
Handelt eine Person mit Sitz oder Wohnsitz im Inland bei der Vermittlung in eigenem Namen, jedoch auf Rechnung und Gefahr eines Dritten, so sind auf sie die Bestimmungen für die „Principal"-Struktur anwendbar, d.h. sie gilt gegenüber dem Lender als Borger und gegenüber dem Borger als Lender.

2.5 Long Borrowing

Beim Long Borrowing werden die ausgeliehenen Titel vom Borger nicht weitergegeben.

3 Securities Lending mit Schweizer Wertschriften

3.1 Borger im Inland

3.1.1 Weiterveräusserung

Bei der Weiterveräusserung borgt eine Person mit Sitz oder Wohnsitz im Inland von einer in- oder ausländischen Gegenpartei Wertschriften, deren Erträge der Verrechnungssteuer unterliegen. Nutzt die betreffende Person mit Sitz oder Wohnsitz im Inland diese Wertschriften zur Erfüllung einer Lieferverpflichtung oder veräussert sie die Wertschriften anschliessend weiter, hat sie auf der an den Lender zu leistenden Ausgleichszahlung die Verrechnungssteuer, berechnet auf dem Bruttoertrag (Originalzahlung plus Verrechnungssteuer bzw. ausländische Quellensteuer), zu erheben.

Der Lender hat gestützt auf die anwendbare Rechtsgrundlage (vgl. Bundesgesetz über die Verrechnungssteuer vom 13. Oktober 1965 [VStG; SR 642.21] oder allfällig anwendbares Doppelbesteuerungsabkommen [nachfolgend DBA]) Anspruch auf Rückerstattung der auf der Ausgleichszahlung erhobenen Verrechnungssteuer. Der Umfang der Rückerstattung zugunsten eines im Ausland ansässigen Lenders wird in Anwendung des jeweiligen DBA unter Berücksichtigung der Natur der Originalzahlung berechnet.

Zum Nachweis des Rückerstattungsanspruchs hat der Lender der für die Rückerstattung zuständigen Behörde eine Bescheinigung nach Ziffer 3.3. vorzulegen.

3.1.2 Reihengeschäfte

Borgt eine Person mit Sitz oder Wohnsitz im Inland (B) von einer in- oder ausländischen Gegenpartei (A) Wertschriften, deren Erträge der Verrechnungssteuer unterliegen und verleiht sie diese weiter (an C), hat sie (B) auf der an den Lender (A) zu leistenden Ausgleichszahlung (AZ II) die Verrechnungssteuer, berechnet auf dem Bruttoertrag (Originalzahlung plus Verrechnungssteuer bzw. ausländische Quellensteuer), zu erheben, unabhängig von der Höhe der Ausgleichszahlung, die sie selbst vereinnahmt (AZ I).

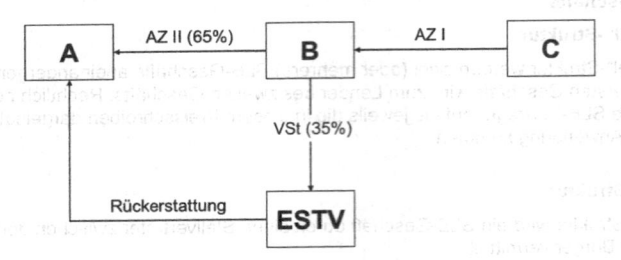

```
         AZ II (65%)         AZ I
  ┌───┐ ←──────── ┌───┐ ←──────── ┌───┐
  │ A │           │ B │           │ C │
  └───┘           └───┘           └───┘
                    │
                    │ VSt (35%)
                    ↓
  Rückerstattung  ┌──────┐
  ───────────────│ ESTV │
                  └──────┘
```

Stammt die der Person mit Sitz oder Wohnsitz im Inland (B) gegenüber gemachte Ausgleichszahlung von einer Schweizer Gegenpartei (C) und ist auf dieser Zahlung die Verrechnungssteuer erhoben worden, ist die Anerkennung einer Pflicht zur Ablieferung der Verrechnungssteuer auf der Ausgleichszahlung (AZ II) an den Lender (A, berechnet auf dem Bruttoertrag [Originalzahlung plus Verrechnungssteuer bzw. ausländische Quellensteuer]) Voraussetzung für den Anspruch des Borgers auf Rückerstattung der auf der vorangehenden Ausgleichszahlung (AZ I) erhobenen Verrechnungssteuer. Der Borger (B) ist berechtigt, die geschuldete Verrechnungssteuer auf der Ausgleichszahlung (AZ II) mit dem Anspruch auf Rückerstattung der auf der vorangehenden Ausgleichszahlung (AZ I) erhobenen Verrechnungssteuer zu verrechnen.

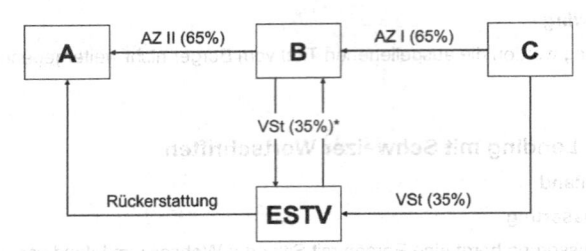

```
         AZ II (65%)         AZ I (65%)
  ┌───┐ ←──────── ┌───┐ ←──────── ┌───┐
  │ A │           │ B │           │ C │
  └───┘           └───┘           └───┘
                    │               │
                    │ VSt (35%)*    │ VSt (35%)
                    ↓               ↓
  Rückerstattung  ┌──────────────────┐
  ───────────────│      ESTV        │
                  └──────────────────┘
```
* Verrechnung des Rückerstattungsanspruchs mit der Pflicht zur Ablieferung der VSt auf AZ II

Der ursprüngliche Lender (A) hat Anspruch auf Rückerstattung der auf der (durch ihn vereinnahmten) Ausgleichszahlung erhobenen Verrechnungssteuer im Rahmen des VStG bzw. allfällig anwendbaren DBA. Der Umfang der Rückerstattung zugunsten eines im Ausland ansässigen Lenders wird in Anwendung des jeweiligen DBA unter Berücksichtigung der Natur der Originalzahlung berechnet.

Zum Nachweis des Rückerstattungsanspruchs hat der Lender der für die Rückerstattung zuständigen Behörde eine Bescheinigung nach Ziffer 3.3. vorzulegen. Vereinnahmt der Lender die Ausgleichszahlung nicht unmittelbar von einer zur Ablieferung der Verrechnungssteuer verpflichteten Gegenpartei, hat er den Nachweis zu erbringen, dass ihm eine der Verrechnungssteuer unterliegende Ausgleichszahlung weitergeleitet wurde.

3.1.3 Long Borrowing

Borgt eine Person mit Sitz oder Wohnsitz im Inland von einer in- oder ausländischen Gegenpartei Wertschriften, deren Erträge der Verrechnungssteuer unterliegen, hat sie auf der an die Gegenpartei (Lender) zu leistenden Ausgleichszahlung die Verrechnungssteuer, berechnet auf dem Bruttoertrag (Originalzahlung plus Verrechnungssteuer bzw. ausländische Quellensteuer), zu erheben.

Die Anerkennung der Pflicht zur Ablieferung der Verrechnungssteuer auf der Ausgleichszahlung ist Voraussetzung für den Anspruch des Borgers auf Rückerstattung der auf der Originalzahlung erhobenen Verrechnungssteuer. Der Borger ist berechtigt, die geschuldete Verrechnungssteuer auf der Ausgleichszahlung mit dem Anspruch auf Rückerstattung der auf der Originalzahlung erhobenen Verrechnungssteuer zu verrechnen.

Der Lender hat gestützt auf die anwendbare Rechtsgrundlage (VStG oder DBA) Anspruch auf Rückerstattung der auf der Ausgleichszahlung erhobenen Verrechnungssteuer. Der Umfang der Rückerstattung zugunsten eines im Ausland ansässigen Lenders wird in Anwendung des jeweiligen DBA unter Berücksichtigung der Natur der Originalzahlung berechnet.

Zum Nachweis des Rückerstattungsanspruchs hat der Lender der für die Rückerstattung zuständigen Behörde eine Bescheinigung nach Ziffer 3.3. vorzulegen.

3.2 Borger im Ausland

3.2.1 Weiterveräusserung

Bei der Weiterveräusserung borgt eine im Ausland ansässige Person von einer in- oder ausländischen Gegenpartei Wertschriften, deren Erträge der Verrechnungssteuer unterliegen. Dienen diese Wertschriften der Erfüllung einer Lieferverpflichtung oder werden sie anschliessend weiterveräussert, haben weder der Borger noch der Lender Anspruch auf Rückerstattung der auf der Originalzahlung erhobenen Verrechnungssteuer. Die Person, welcher die Wertschriften in Erfüllung einer Lieferverpflichtung oder infolge Veräusserung übertragen wurden, kann gestützt auf die anwendbare Rechtsgrundlage (VStG oder DBA) den Anspruch auf Rückerstattung der auf der Originalzahlung erhobenen Verrechnungssteuer geltend machen.

3.2.2 Reihengeschäfte

Borgt eine im Ausland ansässige Person von einer in- oder ausländischen Gegenpartei Wertschriften, deren Erträge der Verrechnungssteuer unterliegen, und verleiht sie diese an eine ebenfalls im Ausland ansässige Gegenpartei weiter, sind folgende Konstellationen zu unterscheiden:

a) *Long Borrowing*
   Sofern der letzte Borger in der Transaktionskette die geborgten Wertschriften nicht weitergibt, steht der Anspruch auf Rückerstattung der auf der Originalzahlung erhobenen Verrechnungssteuer grundsätzlich dem ursprünglichen Lender im Rahmen des VStG bzw. allfällig anwendbaren DBA zu.
   Zur Geltendmachung des Rückerstattungsanspruchs hat der ursprüngliche Lender den Nachweis zu erbringen, dass ihm eine der Verrechnungssteuer unterliegende Originalzahlung weitergeleitet wurde.

b) *Weiterveräusserung*
   Sofern der letzte Borger in der Transaktionskette die geborgten Wertschriften zur Erfüllung einer Lieferverpflichtung verwendet oder veräussert, kann keine der in der Transaktionskette involvierten Parteien einen Anspruch auf Rückerstattung der auf der Originalzahlung erhobenen Verrechnungssteuer geltend machen. Der Anspruch auf Rückerstattung der auf der Originalzahlung erhobenen Verrechnungssteuer steht grundsätzlich der Person zu, welcher die Wertschriften vom letzten Borger in Erfüllung einer Lieferverpflichtung oder infolge Veräusserung übertragen wurden.

3.2.3 Long Borrowing

Borgt eine im Ausland ansässige Person von einer in- oder ausländischen Gegenpartei Wertschriften, deren Erträge der Verrechnungssteuer unterliegen, hat der Borger keinen Anspruch auf Rückerstattung der auf der Originalzahlung erhobenen Verrechnungssteuer.

Der Lender hat gestützt auf die anwendbare Rechtsgrundlage (VStG oder DBA) grundsätzlich Anspruch auf Rückerstattung der auf der Originalzahlung erhobenen Verrechnungssteuer.

Zur Geltendmachung des Rückerstattungsanspruchs hat der Lender den Nachweis zu erbringen, dass ihm vom Borger eine der Verrechnungssteuer unterliegende Originalzahlung weitergeleitet wurde.

3.3 Bescheinigung der Ausgleichszahlung

Der inländische Borger hat im Sinne von Artikel 3 der Verordnung über die Verrechnungssteuer vom 19. Dezember 1966 (VStV; SR 642.211) die Ausgleichszahlung zu bescheinigen. Aus der Bescheinigung muss ferner hervorgehen:

- dass es sich um eine Ausgleichszahlung handelt;
- auf welche Originalzahlung sich die Ausgleichszahlung bezieht;
- der Betrag der erhobenen Verrechnungssteuer.

4 Securities Lending mit ausländischen Wertschriften / ausländische Quellensteuern

4.1 Weiterveräusserung

Borgt eine Person mit Sitz oder Wohnsitz im Inland von einer in- oder ausländischen Gegenpartei Wertschriften zur Erfüllung einer Lieferverpflichtung oder veräussert sie die Wertschriften anschliessend, kann die Höhe der an den Lender zu leistenden Ausgleichszahlung von den beteiligten Parteien frei vereinbart werden. Die Zahlung muss aber so bescheinigt werden, dass daraus hervorgeht:

- dass es sich um eine Ausgleichszahlung handelt;
- auf welche Originalzahlung sich die Ausgleichszahlung bezieht.

Auf der Bescheinigung der Ausgleichszahlung darf keine ausländische Quellensteuer ausgewiesen werden.

4.2 Reihengeschäft

Borgt eine Person mit Sitz oder Wohnsitz im Inland (B) von einer in- oder ausländischen Gegenpartei Wertschriften und verleiht diese weiter (an C), kann die Höhe der an den Lender (A) zu leistenden Ausgleichszahlung (AZ II) von den beteiligten Parteien (A und B) frei vereinbart werden.

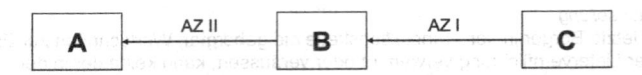

```
[ A ] ←── AZ II ── [ B ] ←── AZ I ── [ C ]
```

Die Zahlung muss aber so bescheinigt werden, dass daraus hervorgeht:

- dass es sich um eine Ausgleichszahlung handelt;
- auf welche Originalzahlung sich die Ausgleichszahlung bezieht.

Auf der Bescheinigung der Ausgleichszahlung darf keine ausländische Quellensteuer ausgewiesen werden.

Ist der im Ausland ansässige Empfänger der weiterverliehenen Wertschriften (C) aufgrund seines internen Rechts verpflichtet, auf der von ihm (an B) geleisteten Ausgleichszahlung (AZ I) eine Quellensteuer zu erheben, gelten für die Rückforderung/Entlastung dieser Quellensteuer durch B die unter Ziffer 4.3. für das Long Borrowing gemachten Ausführungen.

4.3 Long Borrowing

Borgt eine Person mit Sitz oder Wohnsitz im Inland von einer in- oder ausländischen Gegenpartei ausländische Wertschriften und fällt während der Dauer des Geschäfts ein an der Quelle besteuerter Ertrag auf diesen Wertschriften an, ist für die Zuweisung von allfälligen Entlastungsansprüchen die im Quellenstaat gültige Praxis massgebend.

Die Höhe der an die Gegenpartei (Lender) zu leistenden Ausgleichszahlung kann von den beteiligten Parteien frei vereinbart werden. Die Zahlung muss aber so bescheinigt werden, dass daraus hervorgeht:

- dass es sich um eine Ausgleichszahlung handelt;
- auf welche Originalzahlung sich die Ausgleichszahlung bezieht.

Auf der Bescheinigung der Ausgleichszahlung darf keine ausländische Quellensteuer ausgewiesen werden.

5 Einkommens- und Gewinnsteuer

5.1 Lending Fee

Privatvermögen

Die von einem inländischen Lender vereinnahmte Lending Fee stellt steuerbares Einkommen dar (vgl. Art. 23 Bst. d DBG).

Bei der Abzugsfähigkeit der bezahlten Lending Fee wird wie folgt differenziert:

- *Long Borrowing und Reihengeschäft*
  Bei der vom inländischen Borger bezahlten Lending Fee handelt es sich um notwendigen Aufwand zur Erzielung von steuerbaren Einkünften (Gewinnungskosten). Sie ist deshalb abzugsfähig.
- *Weiterveräusserung*
  Die vom inländischen Borger bezahlte Lending Fee ist bei diesem nicht abzugsfähig, da sie nicht Gewinnungskosten darstellt.

Geschäftsvermögen

Die von einem inländischen Lender vereinnahmte Lending Fee stellt bei diesem steuerbares Einkommen bzw. steuerbaren Ertrag dar (vgl. Art. 18 Abs. 1 bzw. Art. 58 Abs. 1 DBG).

Die vom inländischen Borger bezahlte Lending Fee stellt bei diesem geschäftsmässig begründeten Aufwand dar (vgl. Art. 27 Abs. 1 bzw. Art. 58 Abs. 1 DBG).

5.2 Originaldividenden und -zinsen bzw. Ausgleichszahlungen

Privatvermögen

Originaldividenden und -zinsen stellen beim Borger bzw. beim Dritten steuerbares Einkommen dar (vgl. Art. 20 Abs. 1 Bst. a und c DBG).

Die Ausgleichszahlung wird beim Lender ebenfalls als Einkommen besteuert (vgl. Art. 20 Abs. 1 Bst. d DBG).

Bei der Abzugsfähigkeit der bezahlten Ausgleichszahlung wird wie folgt differenziert:

- *Long Borrowing und Reihengeschäft*
  Bei der vom inländischen Borger bezahlten Ausgleichszahlung handelt es sich um abzugsfähige Gewinnungskosten.

- *Weiterveräusserung*
  Die vom inländischen Borger bezahlte Ausgleichszahlung ist bei diesem nicht abzugsfähig, da sie nicht Gewinnungskosten darstellt.

Geschäftsvermögen

Originaldividenden und -zinsen stellen beim Borger bzw. beim Dritten steuerbares Einkommen bzw. steuerbaren Ertrag dar (vgl. Art. 18 Abs. 1 bzw. Art. 58 Abs. 1 DBG).

Der Beteiligungsabzug steht dem Borger zu, sofern er der zivilrechtliche Eigentümer ist und ihm die Originaldividende zufliesst. Demgegenüber stellt die Ausgleichszahlung beim Lender ordentlich steuerbaren Ertrag dar. Der Beteiligungsertrag gemäss Artikel 69 ff. DBG kann nicht geltend gemacht werden[2].

Die Ausgleichszahlung wird beim Lender ebenfalls als steuerbares Einkommen bzw. steuerbarer Ertrag besteuert (vgl. Art. 18 Abs. 1 bzw. Art. 58 Abs. 1 DBG). Die vom Borger bezahlte Ausgleichszahlung stellt bei diesem geschäftsmässig begründeten Aufwand dar (vgl. Art. 27 Abs. 1 bzw. Art. 58 Abs. 1 DBG).

Finden SLB-Transaktionen über den Dividenden- bzw. Zinstermin statt, ist der Prüfung des Vorliegens einer Steuerumgehung besondere Beachtung zu schenken.

6 Umsatzabgabe

Da es sich beim Securities Lending and Borrowing lediglich um eine Titelleihe handelt, entfällt mangels Entgelt die Abgabepflicht. Dies gilt auch beim Repo-Geschäft, bei welchem es sich in erster Linie um ein Finanzierungsgeschäft handelt[3].

7 Verrechnungssteuer auf Zinsen von Cash-Collaterals und Repo-Geschäften

Zinsen auf Cash-Collaterals und Repo-Zinsen, welche von einer Bank im Sinne von Artikel 9 Absatz 2 VStG bezahlt werden, unterliegen grundsätzlich der Verrechnungssteuer. Davon ausgenommen sind Zinszahlungen von Guthaben, welche in- und ausländische Banken oder Broker für eigene Rechnung bei der inländischen Bank begründet haben. Diese Zinsempfänger müssen der Banken- oder Börsenaufsicht des Heimatlandes unterstehen.

8 Gültigkeit

Dieses Kreisschreiben tritt per 1. Januar 2018 in Kraft und ersetzt das Kreisschreiben Nr. 13 vom 1. September 2006. Es findet auch auf in diesem Zeitpunkt bereits laufende SLB- sowie Repo-Geschäfte für Ertragsfälligkeiten ab 1. Januar 2018 Anwendung.

---

[2] Kreisschreiben ESTV Nr. 27 vom 17. Dezember 2009 (Steuerermässigung auf Beteiligungserträgen von Kapitalgesellschaften und Genossenschaften; 1-027-D-2009)

[3] Kreisschreiben ESTV Nr. 12 vom 10. März 2011 (Umsatzabgabe; 1-1012-S-2011)

9 Anhang: Übersicht Einkommens- und Gewinnsteuer

		Long Borrowing / Reihengeschäft		Weiterveräusserung		
		① Der Borger hat die Titel nicht veräussert. Empfänger der Originaldividende ist der letzte Borger ② Der Borger vergütet dem Lender eine Ausgleichszahlung		① Der Borger hat die Titel veräussert, somit ist der Dritte Empfänger der Original-Dividende ② Der Borger vergütet dem Lender eine Ausgleichszahlung		
		Lender	Borger	Lender	Borger	Dritter
Einkommens-steuer (Privatvermögen)	① Dividende		Steuerbarer Vermögensertrag			Steuerbarer Vermögensertrag
	② Ausgleichszahlung	Steuerbarer Vermögensertrag	Abzugsfähige Gewinnungskosten	Steuerbarer Vermögensertrag	Nicht abzugsfähig	
	Lending Fee	Steuerbarer Vermögensertrag	Abzugsfähige Gewinnungskosten	Steuerbarer Vermögensertrag	Nicht abzugsfähig	
Einkommens-steuer (Geschäfts-vermögen)	① Dividende		Steuerbarer Wertschriftenertrag			Steuerbarer Wertschriftenertrag
	② Ausgleichszahlung	Steuerbarer Ertrag	Geschäftsmässig begründeter Aufwand	Steuerbarer Ertrag	Geschäftsmässig begründeter Aufwand	
	Lending Fee	Steuerbarer Ertrag	Geschäftsmässig begründeter Aufwand	Steuerbarer Ertrag	Geschäftsmässig begründeter Aufwand	
Gewinnsteuer	① Dividende		Steuerbarer Beteiligungsertrag Beteiligungsabzug *			Steuerbarer Beteiligungsertrag Beteiligungsabzug*
	② Ausgleichszahlung	Steuerbarer Ertrag Ohne Beteiligungsabzug	Geschäftsmässig begründeter Aufwand	Steuerbarer Ertrag Ohne Beteiligungsabzug	Geschäftsmässig begründeter Aufwand	
	Lending Fee	Steuerbarer Ertrag	Geschäftsmässig begründeter Aufwand	Steuerbarer Ertrag	Geschäftsmässig begründeter Aufwand	

* Der Beteiligungsabzug kann nur vom Empfänger der Originaldividende beansprucht werden.

Umsatzabgabe

Quelle: Eidg. Steuerverwaltung ESTV / HA Direkte Bundessteuer, Verrechnungssteuer, Stempelabgaben

Stempelabgaben

Bern, 10. März 2011

Kreisschreiben Nr. 12

Umsatzabgabe

Inhaltsverzeichnis Seite

1 EINLEITUNG 3
   1.1 ZEITLICHER GELTUNGSBEREICH 3
   1.2 GELTUNG DES STEMPELSTEUERRECHTS IM FÜRSTENTUM LIECHTENSTEIN 3
   1.3 PRÄZISIERUNGEN GEGENÜBER DEN FRÜHEREN KREISSCHREIBEN 3
2 BESTEUERUNGSGRUNDSÄTZE 3
   2.1 ABGABEPFLICHTIGE EFFEKTENHÄNDLER 3
   2.2 ABGABEOBJEKT (ART. 13 ABS. 1 STG) 4
      2.2.1 Eigentumsübertragung 5
      2.2.2 Entgeltlichkeit 5
      2.2.3 Steuerbare Urkunden (Art. 13 Abs. 2 StG) 5
   2.3 ABGABESATZ UND BERECHNUNGSGRUNDLAGE (ART. 16 STG) 6
   2.4 ÜBERWÄLZUNG 6
   2.5 ENTSTEHUNG DER ABGABEFORDERUNG (ART. 15 STG) 6
   2.6 BEGRIFFSERLÄUTERUNGEN 6
      2.6.1 Obligationen (Art. 4 Abs. 3 und 4 StG) 6
      2.6.2 Kollektive Mittelbeschaffung 7
      2.6.3 Geldmarktpapiere (Art. 4 Abs. 5 StG) 8
      2.6.4 Inländer bzw. Ausländer (Art. 4 Abs. 1 StG) 8
      2.6.5 In- und ausländische Urkunden 8
      2.6.6 Ausländische Bank (Art. 19 StG) 8
      2.6.7 Ausländischer Börsenagent (Art. 19 StG) 9
   2.7 AUSNAHMEN (ART. 14 STG) 9
      2.7.1 Befreite Anleger (Art. 17a StG) 10

3 ERLÄUTERUNGEN VERFAHRENSRECHTLICHER ART 13
3.1 ANMELDUNG ALS ABGABEPFLICHTIGER (ART. 34 ABS. 1 STG) 13
3.1.1 Registrierung als Effektenhändler (Art. 20 StV) 13
3.1.2 Beginn der Abgabepflicht (Art. 18 StV) 13
3.2 ERHEBUNGSVERFAHREN (ART. 17 STG) 13
3.2.1 Abrechnung unter Effektenhändlern (Art. 23 StV) 14
3.2.2 Delegation der Abgabepflicht 14
3.2.3 Internationale Organisationen 15
3.3 ABGABEABRECHNUNG (ART. 24 STV) 15
3.3.1 Verzugszins (Art. 29 StG) 15
3.4 UMSATZREGISTER (ART. 21 STV) 15
3.4.1 Registerführung 16
3.5 ENTLASSUNG AUS DER ABGABEPFLICHT (ART. 25 STV) 17

4 HANDELSBESTAND 17
4.1 ABGRENZUNG DES HANDELSBESTANDES 18
4.2 ABGABEFREIHEIT DES HANDELSBESTANDES 18
4.3 ÜBERTRÄGE: HANDELSBESTAND – ANDERE BESTÄNDE ODER UMGEKEHRT 18

5 EMISSIONEN (PRIMÄRMARKT) 19
5.1 DIE EINZELNEN EMISSIONSGESCHÄFTE 19
5.1.1 Emissionen inländischer Schuldner 19
5.1.2 Emissionen ausländischer Schuldner 19

6 BÖRSE (SEKUNDÄRMARKT) 20
6.1 BESONDERHEITEN 20
6.1.1 Geschäfte mit ausländischen Banken und Börsenagenten (Art. 19 StG) 20
6.1.2 Handelsbestand 21
6.1.3 Handel mit ausländischen Obligationen 21
6.1.4 Obligationen «EUROFIMA» 21
6.1.5 Geldmarktpapiere 21
6.2 FESTSTELLUNG DER ABGABEPFLICHT IM SEKUNDÄRMARKT 21
6.2.1 Eigengeschäfte 22
6.2.2 Vermittlungsgeschäfte 23

7 DEN OBLIGATIONEN UND GELDMARKTPAPIEREN GLEICHGESTELLTE URKUNDEN 25
7.1 GELDMARKTPAPIERE 26
7.2 UNTERBETEILIGUNGEN AN FORDERUNGEN 26

8 BESONDERE GESCHÄFTE 27
8.1 BEDINGTE GESCHÄFTE SOWIE TERMIN- UND ZEITGESCHÄFTE 27
8.1.1 Allgemeiner Begriff 27
8.1.2 Optionen (Warrants) / Futures / Derivative Produkte 27
8.1.3 Prämiengeschäfte 28
8.1.4 Termingeschäfte / Report und Deport / Pensionsgeschäfte / 28
«buy/sell back» - Geschäfte beim «REPO» 28
8.2 SECURITIES LENDING AND BORROWING 28
8.3 REPO-GESCHÄFTE (REPURCHASE-AGREEMENT) 28
8.4 KRAFTLOSERKLÄRUNG VON BETEILIGUNGSPAPIEREN (SQUEEZE OUT) 29
8.5 TAUSCHGESCHÄFTE 29
8.5.1 Fusionen / Spaltungen / Umwandlungen / Ersatzbeschaffung 29

8.6	WANDLUNGEN	30
8.7	AKTIENPLATZIERUNG (GOING-PUBLIC)	31
8.8	RÜCKKÄUFE EIGENER OBLIGATIONEN, VON BETEILIGUNGSPAPIEREN UND ANTEILEN AN KOLLEKTIVEN KAPITALANLAGEN	31
8.9	GRATISAKTIEN, STOCKDIVIDENDEN, NATURALDIVIDENDEN	31
8.10	RE-INVESTMENT DER AUSSCHÜTTUNGEN VON KOLLEKTIVEN KAPITALANLAGEN	31
9	**VERSCHIEDENES**	**31**
9.1	TREUHANDGESCHÄFTE	31
9.2	LIEFERUNG GEGEN ZAHLUNG	32
9.3	STORNI	32
9.3.1	Echte Storni (Korrekturen)	32
9.3.2	Unechte Storni	32

Abkürzungen

Abs.	Absatz
Art.	Artikel
Bst.	Buchstabe
BEHG	Bundesgesetz über die Börsen und den Effektenhandel (SR 954.1)
BVG	Bundesgesetz über die berufliche Alters-, Hinterlassenen- und Invalidenvorsorge (SR 831.40)
DBG	Bundesgesetz über die direkten Bundessteuern (SR 642.11)
ESTV	Eidgenössische Steuerverwaltung
EU	Europäische Union
FINMA	Eidgenössische Finanzmarktaufsicht (FINMA)
FusG	Bundesgesetz über Fusion, Spaltung, Umwandlung und Vermögensübertragung (SR 221.301)
GmbH	Gesellschaft mit beschränkter Haftung
IPO	Initial Public Offering
KAG	Bundesgesetz über die kollektiven Kapitalanlagen (SR 951.31)
KS	Kreisschreiben
OR	Obligationenrecht (SR 220)
SBVg	Schweizerische Bankiervereinigung
SICAV	Société d'investissement à capital variable
StG	Bundesgesetz über die Stempelabgaben (SR 641.10)
StV	Verordnung zum Bundesgesetz über die Stempelabgaben (SR 641.101)
UNO	Vereinte Nationen
ZGB	Zivilgesetzbuch (SR 210)

1 Einleitung

1.1 Zeitlicher Geltungsbereich

Die vorliegende Version des Kreisschreibens Nr. 12 ersetzt die Ausgabe vom 20. Dezember 2005 und tritt mit ihrer Publikation in Kraft. Es erhebt keinen Anspruch auf Vollständigkeit, sondern soll gewisse Punkte erläutern, die in der Praxis Schwierigkeiten bereiten könnten.

Diese Ausgabe des Kreisschreibens zur Umsatzabgabe beinhaltet die notwendigen redaktionellen und materiellen Anpassungen aufgrund der Inkraftsetzung des KAG vom 1. Januar 2007, von Änderungen des StG für ausländische Mitglieder einer inländischen Börse (Remote members) vom 1. Juli 2010 sowie von Änderungen der StV für Guthaben im Konzern vom 1. August 2010. Die Anpassungen resp. Änderungen sind in diesem Dokument auf der linken Seite mit einem Balken gekennzeichnet.

1.2 Geltung des Stempelsteuerrechts im Fürstentum Liechtenstein

Gemäss Zollanschlussvertrag vom 29. März 1923 ist das eidgenössische Stempelsteuerrecht auch im Fürstentum Liechtenstein anwendbar. Die liechtensteinischen Effektenhändler sind den schweizerischen Effektenhändlern gleichgestellt. Somit sind z.B. liechtensteinische kollektive Kapitalanlagen stempelsteuerlich den schweizerischen gleichgesetzt.

1.3 Präzisierungen gegenüber den früheren Kreisschreiben

Nebst den vorerwähnten Änderungen erfolgten zudem die folgenden, zusätzlichen Anpassungen:

- Klassifizierung der steuerbaren Urkunden (Ziffer 10)
- indirekte Transaktionen (Ziffer 42)
- Umschreibung der Ersatzbeschaffung (Ziffer 103)

2 Besteuerungsgrundsätze

2.1 Abgabepflichtige Effektenhändler

Das BEHG kennt - wie das StG - den Begriff des Effektenhändlers. Der vom Aufsichtsrecht verwendete Begriff deckt sich jedoch nicht mit demjenigen des Umsatzabgaberechts. Effektenhändler, die von der ESTV der Umsatzabgabepflicht unterstellt werden, sind daher nicht zwangsläufig Effektenhändler im Sinne des BEHG.

Effektenhändler im Sinne von Artikel 13 Absatz 3 StG sind:

a) die Banken im Sinne des Bankengesetzes vom 8. November 1934 sowie die Schweizerische Nationalbank;

b) die nicht unter Buchstabe a fallenden inländischen natürlichen und juristischen Personen und Personengesellschaften, inländischen Anstalten und Zweigniederlassungen ausländischer Unternehmen, deren Tätigkeit ausschliesslich oder zu einem wesentlichen Teil darin besteht:

1) für Dritte den Handel mit steuerbaren Urkunden zu betreiben (*Händler*) oder

2) als Anlageberater oder Vermögensverwalter Kauf und Verkauf von steuerbaren Urkunden zu vermitteln (*Vermittler*).

Den Effektenhändlern gleichgestellt sind:

d) die nicht unter die Buchstaben a und b fallenden inländischen Aktiengesellschaften, Kommanditaktiengesellschaften, GmbH und Genossenschaften sowie inländische Einrichtungen der beruflichen Vorsorge und der gebundenen Vorsorge, deren Aktiven nach Massgabe der letzten Bilanz zu mehr als 10 Millionen Franken (Buchwert) aus steuerbaren Urkunden bestehen. Nur die Aktivseite der Bilanz ist massgebend. Die Passiven (Rückstellungen etc.) werden nicht berücksichtigt.

f) der Bund, die Kantone und die politischen Gemeinden samt ihren Anstalten, sofern sie in ihrer Rechnung für mehr als 10 Millionen Franken steuerbare Urkunden nach Artikel 13 Absatz 2 StG ausweisen, sowie die inländischen Einrichtungen der Sozialversicherung.

Als inländische Einrichtungen der beruflichen Vorsorge und der gebundenen Vorsorge gelten (Art. 13 Abs. 4 StG):

a) Vorsorgeeinrichtungen (Stiftungen, Genossenschaften oder Einrichtungen des öffentlichen Rechts) die den obligatorischen Teil der beruflichen Altersvorsorge gemäss BVG versichern. Dazu zählen auch die Einrichtungen die den überobligatorischen Bereich abdecken;

b) Freizügigkeitsstiftungen der beruflichen Alters-, Hinterlassenen- und Invalidenvorsorge;

c) Bankstiftungen, die im Rahmen der Säule 3a Gelder zur Altersvorsorge entgegennehmen;

d) Anlagestiftungen, die sich der Anlage von Vermögen der vorerwähnten Einrichtungen widmen.

Als inländische Einrichtungen der Sozialversicherung gelten:

die Ausgleichsfonds der AHV und Arbeitslosenversicherung *(Art. 13 Abs. 5 StG).*

2.2 Abgabeobjekt (Art. 13 Abs. 1 StG) 6

Gegenstand der Abgabe ist die entgeltliche Übertragung von Eigentum an steuerbaren Urkunden, sofern eine der Vertragsparteien oder einer der Vermittler Effektenhändler ist.

2.2.1 Eigentumsübertragung

Steuerbar ist das auf Eigentumsübertragung gerichtete Geschäft.

Mangels Eigentumsübertragung ist somit abgabefrei z.B.

- die Verpfändung oder Hinterlegung von steuerbaren Urkunden (echtes Lombardgeschäft);
- die Titelleihe (Securities Lending and Borrowing);
- die Übergabe von Treugut zwecks blosser Verwaltung und dessen Aushändigung an den Treugeber;
- das standardisierte Repo-Geschäft (vgl. Ziffer 97).

2.2.2 Entgeltlichkeit

Die Abgabe ist geschuldet, wenn die Übertragung des Eigentums an einer steuerbaren Urkunde in irgendeiner Form gegen Entgelt erfolgt. Das Entgelt kann aus Geld, Forderungen, Wertpapieren, Edelmetallen, Sachwerten oder einer anderen Form bestehen. Besteht es nicht in einer Geldsumme, so ist der Verkehrswert der vereinbarten Gegenleistung massgebend (für unentgeltliche Geschäfte vgl. Ziffer 111).

2.2.3 Steuerbare Urkunden (Art. 13 Abs. 2 StG)

Steuerbar sind:

a) die von einem Inländer ausgegebenen
   - Beteiligungsrechte, Partizipationsscheine, Genussscheine;
   - Obligationen;
   - Anteile an kollektiven Kapitalanlagen.

b) die von einem Ausländer ausgegebenen Urkunden, die in ihrer wirtschaftlichen Funktion den unter Buchstabe a) bezeichneten Titeln gleichstehen.

c) die Ausweise über Unterbeteiligungen an Urkunden der in Buchstaben a) und b) bezeichneten Titel.

Werden steuerbare Urkunden physisch nicht ausgestellt oder umgesetzt, so treten an ihre Stelle die der Feststellung der Rechtsvorgänge dienenden Geschäftsbücher oder sonstigen Urkunden (Art. 1 Abs. 2 StG), wie z.B.

- nicht ausgestellte, sondern nur eingebuchte Kassenobligationen;
- Aktienregister von Familiengesellschaften;
- Schuldbuchforderungen;
- nur eingebuchte Anteile von kollektiven Kapitalanlagen.

Entscheidet sich ein Effektenhändler, auf die Valorendaten eines von der ESTV anerkannten Datenlieferanten abzustellen, ist im Sinne einer einheitlichen Umsetzung des StG Folgendes zu beachten:

- Der inländische Effektenhändler kann sich einmal pro Kalenderjahr entscheiden, ob er

- sich auf die Daten von einem anerkannten Datenlieferanten beziehen will oder nicht.
- Die gewählte Methode ist für mindestens ein Jahr beizubehalten.
- Bei der Wahl des Bezugs der Daten von einem anerkannten Datenlieferanten muss sich der inländische Effektenhändler konsequent an diese Klassifizierung halten.

Hat ein inländischer Effektenhändler für die Stempelabgaben auf die Valorendaten eines anerkannten Datenlieferanten abgestellt, nimmt die ESTV bei der Aufdeckung einer unrichtigen Klassifizierung auf Zusehen hin keine nachträglichen Korrekturen der Umsatzabgabe vor. Die ESTV wird grundsätzlich, einerseits weder rückwirkende Umsatzabgabebelastungen, noch andererseits entsprechende Vergütungen vornehmen.

Der inländische Effektenhändler, der sich nicht für die Verwendung der Klassifizierung durch einen anerkannten Datenlieferanten entschieden hat, ist nach wie vor vollumfänglich selber für die korrekte Klassifizierung verantwortlich (vgl. Mitteilung der ESTV betreffend Umsatzabgabe vom 10. Oktober 2007 über die Klassifizierung von steuerbaren Urkunden).

2.3 Abgabesatz und Berechnungsgrundlage (Art. 16 StG) 11

Die Abgabe wird auf dem Entgelt berechnet und beträgt:

1,5 o/oo für eine **inländische Urkunde** (bzw. 0,75 o/oo je Vertragspartei);
3,0 o/oo für eine **ausländische Urkunde** (bzw. 1,5 o/oo je Vertragspartei).

2.4 Überwälzung 12

Das StG enthält keine Vorschrift darüber, wer die geschuldete Abgabe zu tragen hat. Unter dem Titel «Umsatzabgabe» darf jedoch den Kontrahenten nicht mehr als die geschuldete Abgabe belastet werden.

2.5 Entstehung der Abgabeforderung (Art. 15 StG) 13

Die Abgabeforderung entsteht in der Regel mit dem Abschluss des Geschäftes. Bei bedingten oder ein Wahlrecht einräumenden Geschäften (Options- und Prämien-Geschäfte) entsteht die Abgabeforderung im Zeitpunkt der Erfüllung.

2.6 Begriffserläuterungen

2.6.1 Obligationen (Art. 4 Abs. 3 und 4 StG) 14

Als Obligationen gelten schriftliche, auf feste Beträge lautende Schuldanerkennungen, die zum Zweck der kollektiven Beschaffung von Fremdkapital, der kollektiven Anlagegewährung oder Konsolidierung von Verbindlichkeiten in einer Mehrzahl von Exemplaren ausgegeben werden:

- Anleihensobligationen (mit Einschluss von Partialen von Anleihen, für welche ein Grundpfandrecht gemäss Art. 875 ZGB besteht);
- Rententitel;
- Pfandbriefe;
- Kassenobligationen, Kassen- und Depositenscheine und
- Schuldbuchforderungen

ferner in einer Mehrzahl ausgegebene und der kollektiven Kapitalbeschaffung dienende

- Wechsel, wechselähnliche Schuldverschreibungen, andere Diskontpapiere und Ausweise über Unterbeteiligungen an solchen Urkunden, sofern sie zur Unterbringung im Publikum bestimmt sind;
- Ausweise über Unterbeteiligungen an Darlehensforderungen einschliesslich Schuldscheindarlehen sowie Buchforderungen (vgl. Ziffern 84-86).

Guthaben zwischen Konzerngesellschaften gelten mit Wirkung ab dem 1. August 2010 weder als Obligationen noch als Geldmarktpapiere sofern eine inländische Konzerngesellschaft keine Obligationen einer zum Konzern gehörenden ausländischen Gesellschaft garantiert (Art. 16a StV).

2.6.2 Kollektive Mittelbeschaffung 15

Kollektive Mittelbeschaffung liegt vor,

(= **Anleihensobligationen**)
- wenn ein Schuldner bei mehr als 10 Gläubigern gegen Ausgabe von Schuldanerkennungen zu identischen Bedingungen Geld aufnimmt. Die gesamte Kreditsumme muss mindestens 500'000 Franken betragen;

(= **Kassenobligationen**)
- wenn eine Bank im Sinne des Bankengesetzes fortlaufend Schuldanerkennungen zu variablen Bedingungen, ohne Rücksicht auf die Anzahl der Gläubiger, ausgibt;

- wenn ein inländischer Schuldner, welcher nicht Bank gemäss Bankengesetz ist, bei mehr als 20 Gläubigern fortlaufend gegen Ausgabe von Schuldanerkennungen Geld zu gleichartigen Bedingungen aufnimmt. Die gesamte Kreditsumme muss mindestens 500'000 Franken betragen.

Bei der Ermittlung der Anzahl Gläubiger für Anleihens- und Kassenobligationen sind die in- und ausländischen Banken im Sinne der an ihrem Sitz geltenden Bankengesetzgebung nicht mitzuzählen.

Die Kriterien für Obligationen gelten auch für Konsortialdarlehen und Unterbeteiligungen an Darlehen sowie Buchforderungen, aber auch für Wechsel, wechselähnliche Schuldverschreibungen und andere Diskontpapiere. Sie alle sind steuerbar, sobald sie die für

Obligationen geltenden Erfordernisse erfüllen. Die äussere Aufmachung, Bezeichnung, Mantel und Couponsbogen, Laufzeit sowie verschiedene Nennwerte sind unerheblich.

2.6.3 Geldmarktpapiere (Art. 4 Abs. 5 StG) 16

Weisen die Obligationen und die ihnen gleichgestellten Schuldverhältnisse eine vertragliche Laufzeit von nicht mehr als 12 Monaten (360/365 Tage resp. nächster Werktag) auf, sind sie hinsichtlich der Stempelabgaben den Geldmarktpapieren zuzuordnen (vgl. Ziffer 76).

2.6.4 Inländer bzw. Ausländer (Art. 4 Abs. 1 StG) 17

Inländer ist, wer im Inland (d.h. in der Schweiz oder im Fürstentum Liechtenstein) Wohnsitz, dauernden Aufenthalt, statutarischen oder gesetzlichen Sitz hat oder als Unternehmen im Handelsregister eingetragen ist.

Als Ausländer gilt dementsprechend, wer die Bedingungen eines Inländers nicht erfüllt.

2.6.5 In- und ausländische Urkunden 18

Als inländische Urkunden gelten Titel, deren Schuldner Inländer sind (bei Ausweisen über Unterbeteiligungen an Darlehensforderungen und Wechseln deren Emittenten). Sofern miteinander verbundene inländische und ausländische Urkunden nur als Einheit gehandelt werden können, gelten sie ebenfalls als inländische Urkunden (Art. 22 Abs. 4 StV).

Als inländische Urkunden gelten ebenso im Ausland kotierte Titel inländischer Gesellschaften.

Für Obligationen EUROFIMA siehe Ziffer 75.

Als ausländische Urkunden gelten dementsprechend Titel, welche die Bedingungen für inländische Urkunden nicht erfüllen.

2.6.6 Ausländische Bank (Art. 19 StG)

Als ausländische Banken werden *anerkannt*: 19

- Zentral- und Notenbanken sowie Institute mit gleichartiger Funktion;
- Die Bank für internationalen Zahlungsausgleich (BIZ);
- Staatliche oder interstaatliche Währungsfonds;
- Entwicklungsbanken;
- Institute, die der geltenden Bankengesetzgebung des Domizillandes vollumfänglich unterstellt sind, sofern sie in diesem Land eine wirkliche Banktätigkeit als Hauptzweck

ausüben, und zwar mit eigenem Personal, eigenen Büroräumlichkeiten, Kommunikationsmitteln und Entscheidungsbefugnissen;

- Institute in Ländern ohne Bankengesetzgebung, sofern sie nachweisbar im Domizilland eine wirkliche Banktätigkeit ausüben und alle im letzten Absatz hiervor erwähnten Bedingungen erfüllen.

Als ausländische Banken werden *nicht anerkannt*: 20

- Domizilgesellschaften (Briefkastenfirmen) ohne eigene Infrastruktur und dies selbst dann, wenn eine Banklizenz vorhanden ist;
- Finanz-, Holding- und Vermögensverwaltungsgesellschaften;
- Privatpersonen (Ausnahme: anerkannte Privatbanquiers);
- Bankholdinggesellschaften ohne effektive Banktätigkeit.

2.6.7 Ausländischer Börsenagent (Art. 19 StG)

Als ausländische Börsenagenten (Broker) werden *anerkannt*: 21

- Die an einer ausländischen Börse zugelassenen und tätigen Wertpapierhändler;
- Natürliche und juristische Personen und Personengesellschaften, welche (ohne einen Sitz an einer Börse zu haben) dieselbe Tätigkeit wie ein Börsenagent (z.B. Market Maker) ausüben, sofern sie das Wertschriftengeschäft mit eigenem Personal, eigenen Kommunikationsmitteln und anderen notwendigen Einrichtungen selbständig und in eigener Kompetenz betreiben;
- Die über die Ausgabe ausländischer Fondsanteile/-aktien etc. abrechnende ausländische Vertragspartei, welche in ihrer Funktion einer inländischen Fondsleitung gleichgestellt werden kann.

Als ausländische Börsenagenten (Broker) werden insbesondere *nicht anerkannt*: 22

- Finanz-, Beteiligungs-, Holding- und Vermögensverwaltungsgesellschaften;
- Domizilgesellschaften («Briefkastenfirmen»), die weder eigenes Personal noch eigene Geschäftslokale besitzen und folglich selbst keinerlei Geschäftstätigkeit ausüben können. Solche Gesellschaften können sich nicht darauf berufen, ihre Muttergesellschaft besitze den Status eines ausländischen Brokers.

2.7 Ausnahmen (Art. 14 StG)

Der Umsatzabgabe unterliegen nicht:

- Die Ausgabe inländischer Aktien, Stammanteile von GmbH und von Genossenschaften, 23 Partizipationsscheine, Genussscheine, Anteile von kollektiven Kapitalanlagen, Obligationen und Geldmarktpapiere, einschliesslich der Festübernahme durch eine Bank oder Beteiligungsgesellschaft und der Zuteilung bei einer nachfolgenden Emission;

- Die Sacheinlage von Urkunden zur Liberierung in- oder ausländischer Aktien, Stammeinlagen von GmbH, Genossenschaftsanteilen, Partizipationsscheinen und Anteilen von kollektiven Kapitalanlagen (abgabepflichtig ist die Sacheinlage in eine Anlagestiftung); 24
- Der Handel mit Bezugsrechten, Anrechten und Optionen; 25
- Die Rückgabe von Urkunden zur Tilgung; 26
- Die Ausgabe von Obligationen ausländischer Schuldner sowie von Beteiligungsrechten an ausländischen Gesellschaften; 27
- Die Ausgabe und der Handel mit in- und ausländischen Geldmarktpapieren; 28
- Die Vermittlung oder der Kauf und Verkauf von ausländischen Obligationen, soweit der Käufer oder Verkäufer eine ausländische Vertragspartei ist (d.h. die Abgabe entfällt nur für die ausländische Vertragspartei); 29
- Die mit einer Umstrukturierung, insbesondere einer Fusion, Spaltung oder Umwandlung verbundene Übertragung steuerbarer Urkunden von der übernommenen, spaltenden oder umwandelnden Unternehmung auf die aufnehmende oder umgewandelte Unternehmung; 30
- Der Erwerb oder die Veräusserung von steuerbaren Urkunden im Rahmen von Umstrukturierungen nach den Artikeln 61 Absatz 3 und 64 Absatz 1bis DBG. Eine Verletzung der Sperrfrist gemäss DBG löst keine Umsatzabgabe aus. 31
- Bei der Übertragung von Beteiligungen von mindestens 20% am Grund- oder Stammkapital anderer Gesellschaften auf eine in- oder ausländische Konzerngesellschaft. Jede einzelne Transaktion muss 20% und mehr des nominellen Aktienkapitals beinhalten. 32
- Geschäfte für den Handelsbestand eines gewerbsmässigen Effektenhändlers gemäss Artikel 13 Absatz 3 Buchstabe a und b Ziffer 1 StG: dieser ist von dem auf ihn selbst entfallenden Teil der Abgabe befreit, soweit er Titel aus seinem Handelsbestand (vgl. Ziffer 60) veräussert oder zur Äufnung dieses Bestandes erwirbt. 33

2.7.1 Befreite Anleger (Art. 17a StG)

Von der Umsatzabgabe befreite Anleger (Art. 17a Abs. 1 StG)

1. Inländische kollektive Kapitalanlagen nach Artikel 7 KAG 34
    Diese kollektiven Kapitalanlagen haben eine Bewilligung der FINMA. Eine Liste ist abrufbar auf:
    www.finma.ch

    Anteile an internen Sondervermögen sind keine steuerbaren Urkunden. Sie bilden kein Gegenstand der Umsatzabgabe. Interne Sondervermögen sind nicht Effektenhändler, qualifizieren jedoch auch nicht als befreite Anleger im Sinne von Artikel 17a StG. Massgeblich für die Erhebung der Umsatzabgabe ist die umsatzabgaberechtliche Qualifikation der Anleger.

2. Ausländische kollektive Kapitalanlagen nach Artikel 119 KAG 35
    Als ausländische kollektive Kapitalanlage gelten:

a) Anlageformen, welche in der Schweiz zum Vertrieb zugelassen sind; *oder*
b) Anlageformen, welche im Ausland einer Aufsicht über kollektive Kapitalanlagen unter stehen; *oder*
c) vertraglich oder gesellschaftsrechtlich ausgestaltete offene Anlageformen,
   - deren Zweck die kollektive Kapitalanlage ist; *und*
   - die ihren Sitz im Ausland haben; *und*
   - deren Anleger gegenüber der Anlageform oder einer ihr nahe stehenden Gesellschaft einen Rechtsanspruch auf Rückzahlung ihrer Anteile zum Nettoinventarwert haben; *oder*
d) vertragliche oder gesellschaftsrechtlich ausgestaltete geschlossene Anlageformen,
   - deren Zweck die kollektive Kapitalanlage ist; *und*
   - die ihren Sitz im Ausland haben.

Für weitere detaillierte Erläuterungen vgl. Kreisschreiben Nr. 24 der ESTV vom 1. Januar 2009 betreffend kollektive Kapitalanlagen als Gegenstand der Verrechnungssteuer und der Stempelabgaben, insbesondere der Entscheidungsbaum in Anhang VI.

3. Ausländische Staaten 36

Als abgabebefreite Anleger gelten die Mitgliedstaaten der UNO sowie anerkannte Staaten ohne UNO-Mitgliedschaft wie der Vatikan und Taiwan. Dazu sind auch staatliche Institutionen zu zählen, die ausschliesslich das Staatsvermögen verwalten. Steuerbar bleiben Geschäfte für die rechtlich selbständigen Anstalten, Einrichtungen und Regiebetriebe dieser Länder.

Nicht befreit sind: Abhängige Gebiete mit grosser Autonomie wie Jersey, Cayman, Labuan oder Hongkong; ebenso wenig Teilstaaten und Provinzen wie die deutschen Bundesländer, die kanadischen Provinzen oder die US-Gliedstaaten.

4. Ausländische Zentralbanken 37

Als solche sind abgabefrei, sofern folgende Voraussetzungen erfüllt sind:
a) Der statutarische Zweck muss die Wahrnehmung von geld- und währungspolitischen Aufgaben des entsprechenden Staates sein;
b) Nebst der europäischen Zentralbank sind auch die einzelnen Zentralbanken der EU-Mitglieder befreit, sofern Buchstabe a zutrifft. Dies ist nicht nur für die EU anwendbar.

5. Ausländische Einrichtungen der Sozialversicherung 38

Hier sind diejenigen Einrichtungen dazuzuzählen, denen gleiche Aufgaben zukommen wie den inländischen Einrichtungen der Sozialversicherungen. Sie müssen zudem einer der schweizerischen vergleichbaren Aufsicht unterstehen. Lediglich Gemeinnützigkeit oder Wohltätigkeit reichen nicht aus.

6. Ausländische Einrichtungen der beruflichen Vorsorge 39

Dazu zählen Einrichtungen der Alters-, Hinterlassenen- und Invalidenvorsorge, deren Mittel dauernd und ausschliesslich der beruflichen Vorsorge gewidmet sind. Auch sie müssen einer der schweizerischen vergleichbaren Aufsicht unterstehen.

7. Ausländische Lebensversicherer 40

Das Geschäft muss nachweislich für den Lebensversicherungsbereich abgeschlossen sein.

8. Ausländische Gesellschaften 41

Damit für die als Gegenpartei auftretende Gesellschaft als von der Abgabe befreit betrachtet werden kann, müssen folgende Bedingungen erfüllt sein:
- Das Domizil der Gesellschaft muss im Ausland sein
- Die Aktien dieser Gesellschaft müssen an einer anerkannten Börse kotiert sein (lediglich gehandelt genügt nicht)
- Wenn die Aktien der Gegenpartei nicht selbst an einer anerkannten Börse kotiert sind, sie jedoch einem ausländischen Konzern zugeordnet werden können und deren Aktien wiederum an einer anerkannten Börse kotiert sind.

Geschäfte mit einer ausländischen konsolidierten Konzerngesellschaft werden dann als abgabefrei anerkannt, wenn aus dem Geschäftsbericht des Konzerns hervorgeht, dass diese Gesellschaft im Konzern, deren Aktien kotiert sind, konsolidiert wird.

ACHTUNG: Es entfällt nur die halbe Abgabe für die ausländische Gesellschaft. Es ist nicht das ganze Geschäft von der Abgabe befreit.

9. Indirekte Transaktionen („Dreiecksgeschäfte") 42

Indirekte Transaktionen sind Geschäfte für einen der vorerwähnten abgabebefreiten Anleger, die nicht direkt, sondern über eine weitere ausländische Stelle (z. B. Vermögensverwalter im Ausland) abgerechnet werden.

Macht die ausländische Vertragspartei (z. B. Vermögensverwalter) des Effektenhändlers geltend, sie handle für Rechnung eines abgabebefreiten Anlegers, so ist sie verpflichtet, die Angaben genügend (Name/Firma/Branche/Domizil) offen zu legen. Nur diejenigen Transaktionen können abgabefrei behandelt werden,

- die gemäss Abrechnung der ausländischen Vertragspartei die Angaben des Anlegers genügend erwähnen, oder
- die gemäss Abrechnung der ausländischen Vertragspartei mit einer Referenzbezeichnung (Konto-Nr. oder Chiffre des Anlegers) versehen sind. Die ausländische Vertragspartei stellt in solchen Fällen dem Effektenhändler zuhanden der Kontrollorgane der ESTV ein Verzeichnis zur Verfügung, das über die Referenz genügende Auskunft über den Anleger geben muss. Dieses Verzeichnis muss von der Revisionsstelle der ausländischen Vertragspartei unterzeichnet sein.

Generelle Bestätigungen, wonach die ausländische Vertragspartei ausschliesslich für abgabebefreite Anleger handle, können nicht akzeptiert werden.

Anerkannte Börsen **43**

Die Liste der anerkannten Börsen wird von der FINMA laufend nachgeführt, ist auf deren Internetseite abrufbar (www.finma.ch).

Die Nachweispflicht des Effektenhändlers **44**

Der Effektenhändler muss jederzeit mit aussagekräftigen Dokumenten nachweisen können, dass für die unter Ziffer 34 bis 42 erwähnten Kundenkategorien berechtigterweise abgabefrei abgerechnet wurde.

3 Erläuterungen verfahrensrechtlicher Art

3.1 Anmeldung als Abgabepflichtiger (Art. 34 Abs. 1 StG) **45**

Wer aufgrund des StG abgabepflichtig wird, hat sich vor Beginn der Abgabepflicht unaufgefordert bei der ESTV anzumelden. Nach Beginn der Abgabepflicht eintretende Änderungen an den zu meldenden Tatsachen, insbesondere die Errichtung von Zweigniederlassungen, sind unaufgefordert der ESTV zu melden.

3.1.1 Registrierung als Effektenhändler (Art. 20 StV) **46**

Die ESTV registriert den Effektenhändler und gibt die ihm zugeteilte Nummer bekannt. Diese Nummer entspricht der Dossiernummer. Sie ist vom Steuerpflichtigen gegenüber der ESTV in allen Abrechnungen und Korrespondenzen aufzuführen.

3.1.2 Beginn der Abgabepflicht (Art. 18 StV) **47**

Die Abgabepflicht des Effektenhändlers beginnt:

a) In der Regel mit der Aufnahme der Geschäftstätigkeit;

b) Bei Aktiengesellschaften, Kommanditaktiengesellschaften, GmbH, Genossenschaften, der öffentlichen Hand sowie inländischen Einrichtungen der beruflichen Vorsorge und der gebundenen Vorsorge mit mehr als 10 Millionen Franken steuerbaren Urkunden in den Aktiven der Bilanz: Sechs Monate nach Ablauf des Geschäftsjahres, in dem die eben genannte Voraussetzung eingetreten ist. Nachweisbar treuhänderisch verwaltete Urkunden sind nicht Aktiven im Sinne dieser Bestimmung, sofern sie in der Bilanz gesondert ausgewiesen werden.

3.2 Erhebungsverfahren (Art. 17 StG)

Abgabepflichtig ist der Effektenhändler (für abgabefreie Geschäfte vgl. Ziffer 23-42). **48**

Er schuldet (je) eine halbe Abgabe:
- wenn er vermittelt: für jede Vertragspartei, die sich ihm gegenüber weder als registrierter Effektenhändler noch von der Abgabe befreiter Anleger ausweist;
- wenn er Vertragspartei ist: für sich und für die Gegenpartei, die sich ihm gegenüber weder als registrierter Effektenhändler noch von der Abgabe befreiter Anleger ausweist.

Die Form des Ausweises des abgabebefreiten Anlegers ist nicht vorgeschrieben. Das Kundendossier beim Effektenhändler soll die erforderlichen Angaben enthalten. Mangels genügender Angaben oder für Zweifelsfälle ist dem Effektenhändler empfohlen, sich ein Frage-/ Antwortformular von einer Aufsichts- oder Amtsstelle bestätigen zu lassen. 49

Der Effektenhändler gilt als Vermittler: 50
- wenn er im Auftrag eines Kunden steuerbare Urkunden erwirbt oder veräussert und mit diesem zu Originalkonditionen abrechnet;
- wenn er für eigene Rechnung erworbene Titel am Tage ihres Erwerbs (zu gleichen oder veränderten Konditionen) weiterveräussert;
- wenn er, ohne als Käufer oder Verkäufer von Titeln aufzutreten, lediglich Gelegenheit zum Geschäftsabschluss nachweist.

3.2.1 Abrechnung unter Effektenhändlern (Art. 23 StV) 51

Die inländischen Banken, die Schweizerische Nationalbank und die Pfandbriefzentralen gelten ohne besondere Erklärung als Effektenhändler.

Die gewerbsmässigen Effektenhändler (Art. 13 Abs. 3 Bst. b Ziff. 1 StG) haben sich sowohl bei inländischen Banken als auch unter sich selbst mittels von der ESTV bezogenen Effektenhändlererklärungen auszuweisen.

Über die abgegebenen Erklärungen ist ein besonderes Verzeichnis anzulegen (mit Namen und Adressen der Empfänger sowie Datum der Ausstellung) und zur Verfügung der ESTV zu halten.

Der Abgabepflichtige hat die ihm abgegebenen Erklärungen geordnet nach den Effektenhändler-Nummern aufzubewahren.

3.2.2 Delegation der Abgabepflicht 52

Folgende Effektenhändler können ihre Abgabepflicht an inländische Banken oder Händler delegieren:
- Anlageberater oder Vermögensverwalter;
- juristische Personen sowie inländische Einrichtungen der beruflichen Vorsorge und der gebundenen Vorsorge, deren Bilanzaktiven zu mehr als 10 Mio. Franken aus steuerbaren Urkunden bestehen;

- der Bund, die Kantone und die politischen Gemeinden;
- die inländischen Einrichtungen der Sozialversicherung.

Weist sich jedoch ein solcher als Effektenhändler aus, hat er seine Steuerpflicht selbst zu erfüllen und ein eigenes Umsatzregister zu führen. Darin sind sämtliche steuerbaren Geschäfte einzutragen.

Weist er sich nicht aus, so wird ihn die inländische Bank oder der Händler als Kunden behandeln, d.h. die Abgaben auf den mit ihm abgeschlossenen Geschäften der ESTV entrichten. In diesem Fall sind nur die mit anderen Gegenparteien (z.B. im Ausland domizilierte Banken etc.) getätigten Transaktionen im Umsatzregister einzutragen und zu versteuern.

3.2.3 Internationale Organisationen 53

Von der Umsatzabgabe befreite internationale Organisationen können wie Effektenhändler behandelt werden, sofern sie sich mittels der entsprechenden Ermächtigung der ESTV ausweisen.

Die Steuerbefreiung muss sich auf einen Bundesbeschluss abstützen. Die internationalen Organisationen müssen die Abgabebefreiung bei der ESTV beantragen.

3.3 Abgabeabrechnung (Art. 24 StV) 54

Der Abgabepflichtige hat die Abgabe aufgrund der Abrechnung nach amtlichem Formular (Form. 9) innert 30 Tagen nach Ablauf des Geschäftsvierteljahres für die in diesem Zeitraum abgeschlossenen oder erfüllten Geschäfte unaufgefordert der ESTV zu entrichten.

Um unverhältnismässige Umtriebe zu vermeiden, gestattet die ESTV auf Gesuch hin jährliche Abrechnung (die Limite liegt zurzeit bei Fr. 5'000.- Umsatzabgabe pro Jahr).

Das Formular ist auch dann einzureichen, wenn keine Abgabe geschuldet ist.

3.3.1 Verzugszins (Art. 29 StG) 55

Auf Abgabebeträgen, die nach Ablauf der gesetzlichen Fälligkeitstermine ausstehen, ist ohne Mahnung ein Verzugszins geschuldet.

3.4 Umsatzregister (Art. 21 StV) 56

Der Effektenhändler hat ein Umsatzregister zu führen.

Das Register ist wie folgt der Reihe nach in Spalten zu gliedern:

1) Datum des Geschäftsabschlusses
2) Art des Geschäftes
   In dieser Spalte ist das Geschäft, sofern es sich nicht um einen einfachen Kauf oder Verkauf handelt, nach seiner Art zu bezeichnen.
3) Anzahl oder Nennwert der Titel
4) Bezeichnung der Titel (inkl. ISIN- oder Valoren-Nummer)
5) Titelkurs, Währung sowie (bei Fremdwährungen) Umrechnungskurs
6) Name, Domizil und Effektenhändlernummer des Verkäufers und des Käufers. Das Domizil ist ausnahmslos anzugeben, wenn keine Abgabe geschuldet ist.
   Bei den abgabebefreiten Anlegern gemäss Artikel 17a StG (vgl. Ziffer 34-41) ist zusätzlich deren Name aufzuführen. Ist eine Vertragspartei eine Bank oder ein Börsenagent, so kann auf die Angabe der Effektenhändlernummer verzichtet werden.
7) Entgelt in Schweizerfranken, aufgeteilt in
   a) abgabebelastete Umsätze
      - inländische Titel
      - ausländische Titel
   b) nicht abgabebelastete Umsätze

Jede Abweichung in der Form und im Inhalt bedarf der schriftlichen Zustimmung der ESTV.

3.4.1 Registerführung 57

Jedes der Umsatzabgabe unterliegende Geschäft ist innert drei Tagen nach seinem Abschluss bzw. nach Eingang der Abrechnung im Register einzutragen. Zu beachten ist jedoch, dass abgabebefreite Sekundärmarktgeschäfte mit ausländischen Obligationen, Geschäfte mit den von der Abgabe befreiten Anlegern sowie Transaktionen im Rahmen von Umstrukturierungen im Register eingetragen werden müssen (Art. 21 Abs. 3 StV).

Die ESTV akzeptiert aber auch das Führen von einem Register mit ausschliesslich den von der Umsatzabgabe erfassten Geschäften sowie ein zweites Register, in welchem alle Geschäfte mit steuerbaren Urkunden, die der Umsatzabgabe nicht unterliegen, aufgelistet sind.

Als **Entgelt** darf im Register eingetragen werden:

a) entweder der in der Abrechnung enthaltene Kurswert der gehandelten Urkunden, einschliesslich der Vergütung für laufende Zinsen oder für noch nicht abgetrennte Coupons,
   oder
b) der Endbetrag der Abrechnung.

Die Art des Eintrages darf nur auf Beginn eines Geschäftsjahres gewechselt werden.

Ein Entgelt in ausländischer Währung ist in Schweizerfranken umzurechnen. Wurde unter den Parteien kein bestimmter **Umrechnungskurs** vereinbart (d.h. Abrechnung in fremder Währung), muss der Devisenmittelkurs des letzten Werktages vor der Entstehung der Abgabeforderung angewendet werden. Zulässig sind auch der Mittelkurs oder der Geld- bzw. Briefkurs des Abschlusstages.

Das Entgelt für die abgabebelasteten Umsätze ist Seite für Seite und auf Ende jedes Quartals zusammenzuzählen. Das Führen getrennter Register («Börse Inland», «Börse Ausland» usw.) ist ohne besondere Bewilligung erlaubt. Pro Quartal ist ein Zusammenzug zu erstellen. Die Registerseiten sind fortlaufend zu nummerieren und geheftet oder in Büchern zusammengefasst während fünf Jahren nach Ablauf des Kalenderjahres, in dem die letzte Eintragung erfolgt ist, aufzubewahren. Eine papierlose Datenablage muss jederzeit auf Papier zur Einsicht zur Verfügung gestellt werden können.

Effektenhändler, welche die Erfüllung ihrer Abgabepflicht an inländische Banken delegieren, können vom Eintrag dieser Transaktionen absehen (vgl. Ziffer 52).

3.5 Entlassung aus der Abgabepflicht (Art. 25 StV) 58

Wer seine Geschäftstätigkeit aufgeben will oder die gesetzlichen Eigenschaften als Effektenhändler nicht mehr als erfüllt erachtet, hat dies unverzüglich der ESTV anzuzeigen. Die ESTV entscheidet aufgrund der Anzeige oder von Amtes wegen, ob und ab welchem Zeitpunkt die Abgabepflicht aufhört und die Streichung als registrierter Effektenhändler wirksam wird.

Der Betroffene hat auf das Datum seiner Entlassung als registrierter Effektenhändler alle von ihm abgegebenen Effektenhändler-Erklärungen zu widerrufen und dies der ESTV unter Beilage des Effektenhändler-Verzeichnisses zu melden.
Innert 30 Tagen nach der Entlassung sind der ESTV die Schlussabrechnung einzureichen und die geschuldeten Abgaben zu überweisen.

Macht eine Gesellschaft oder Genossenschaft glaubhaft, dass sie die Unterstellungskriterien bald wieder erfüllen wird, kann sie auf ihr Ersuchen hin freiwillig als Effektenhändler registriert bleiben.

4 Handelsbestand

Gewerbsmässige Effektenhändler können einen Handelsbestand im Sinne von 59
Artikel 14 Absatz 3 StG halten:

    a) ohne besonderen Nachweis:

        die Banken im Sinne des Bundesgesetzes vom 8. November 1934 über die Banken und Sparkassen sowie die Schweizerische Nationalbank;

    b) mit Nachweispflicht:

        die Effektenhändler, die für Dritte den Handel mit steuerbaren Urkunden betreiben (*Händler* im Sinne von Art. 13 Abs. 3 Bst. b Ziff. 1 StG).

Händler, welche die Befreiung ihres Handelsbestandes beanspruchen wollen, müssen die ESTV darum ersuchen. In ihrem Gesuch haben sie den Nachweis zu erbringen, dass sie den Handel mit steuerbaren Urkunden gewerbsmässig mit einem grösseren Personenkreis betreiben, indem sie regelmässig Geld- und Briefkurse stellen.

Effektenhändler, die lediglich Kauf- oder Verkaufsaufträge ihrer Kundschaft an die Händler weiterleiten (z.B. Vermögensverwalter), können die Befreiung eines Handelsbestandes ebenso wenig beanspruchen wie solche, die vorwiegend für eigene Rechnung Abschlüsse tätigen.

4.1 Abgrenzung des Handelsbestandes 60

Handelsbestand im Sinne von Artikel 14 Absatz 3 StG ist die Gesamtheit der liberierten Titel, welche der gewerbsmässige Effektenhändler mit der Absicht der Weiterveräusserung für eigene Rechnung erworben hat. Solche Titel können für das «Securities Lending» und das «Repo-Geschäft» verwendet werden.

Nicht zum Handelsbestand gehören demnach steuerbare Urkunden, die

a) vom Effektenhändler gestützt auf Artikel 665 OR zu den Anschaffungskosten in die Bilanz eingestellt werden;

b) zu den dauernden Beteiligungen im Sinne von Artikel 25 Ziffer 1.8 der Bankenverordnung vom 17. Mai 1972 gehören;

c) nicht jederzeit und frei verfügbar sind, insbesondere weil sie
- als Garantie oder als Pfanddeckung dienen (Lombard, Underlying, Stillhalter);
- vom Effektenhändler für fremde Rechnung gehalten werden;
- einen kommerziellen Kredit verkörpern.

4.2 Abgabefreiheit des Handelsbestandes 61

Der gewerbsmässige Effektenhändler ist von dem auf ihn selbst entfallenden Teil der Abgaben befreit, soweit er Titel aus seinem Handelsbestand veräussert oder zur Äufnung dieses Bestandes erwirbt.

4.3 Überträge: Handelsbestand – andere Bestände oder umgekehrt 62

Der Effektenhändler schuldet für sich eine halbe Abgabe, wenn er steuerfrei erworbene Titel vom Handelsbestand in einen anderen Bestand überführt; diese Abgabe ist indessen nur geschuldet für Titel, die auch bei der direkten Zuweisung in einen anderen Bestand der Abgabe unterliegen; ebenso, wenn er Titel aus einem anderen Bestand in den Handelsbestand überführt. Das massgebende Entgelt ergibt sich aus dem Kurs am Tage des Übertrages.

5 Emissionen (Primärmarkt)

DER EMISSIONSVORGANG IST BEENDET   **63**
a) bei inländischen Beteiligungsrechten:
   mit dem Ablauf der Zahlungsfrist für den Ersterwerber;
b) bei in- und ausländischen Obligationen, Fondsanteilen sowie ausländischen Beteiligungsrechten:
   mit dem Ablauf des Liberierungstages.

Findet ein Geschäftsabschluss oder die Bezahlung (Valuta) der Titel nach Beendigung des Emissionsvorganges statt, liegt ein der Umsatzabgabe unterliegendes Geschäft des Sekundärhandels vor.

PRIMÄR-/SEKUNDÄRPLATZIERUNGEN (IPO)   **64**

Stammen die zu platzierenden Beteiligungsrechte nicht nur aus einer Kapitalerhöhung, sondern auch aus bisherigen Beständen, so unterliegt jeglicher Handel, inklusive die die neu emittierten Beteiligungsrechte, vor und nach dem Valutadatum der Umsatzabgabe (vgl. Ziffer 109).
Vorbehalten sind Fälle, bei denen klar zwischen Primär- und Sekundärstücken unterschieden werden kann.

5.1 Die einzelnen Emissionsgeschäfte

5.1.1 Emissionen inländischer Schuldner   **65**

Die Ausgabe von Urkunden inländischer Schuldner unterliegt der Emissionsabgabe (vgl. Art. 5 und 5a StG); sie ist somit ausnahmslos umsatzabgabefrei. Die Ausgabe von Anteilen inländischer kollektiver Kapitalanlagen ist von der Abgabe befreit.

5.1.2 Emissionen ausländischer Schuldner   **66**

a) *Obligationen in Schweizerfranken und in fremder Währung sowie Beteiligungs- und Geldmarktpapiere*

Die Ausgabe solcher Urkunden ausländischer Emittenten ist von der Umsatzabgabe befreit (vgl. jedoch Ziffer 67).

b) *Kollektive Kapitalanlagen*   **67**

Die Ausgabe von Anteilen an ausländischen kollektiven Kapitalanlagen (alle Währungen) sowie von **Aktien, Zertifikaten, Bescheinigungen etc.**, die in ihrer wirtschaftlichen Funktion den kollektiven Kapitalanlagen gleichgestellt sind, unterliegen der Umsatzabgabe (Art. 13 Abs. 2 Bst. b StG).

c) Umbrella Funds 68

Beim Umbrella Fund handelt es sich um eine kollektive Kapitalanlage, die in ein oder auch mehrere Segmente (Subfonds) unterteilt ist. Im Rahmen der SICAV und anderer Gesellschaften mit mehreren Teilvermögen ist der Umtausch von einem Teilvermögen in ein anderes (z.B. Dollar-Aktien-Serie gegen Euro-Aktien-Serie) der Umsatzabgabe unterliegend.

Die Rückgabe des Anteils eines Teilvermögens entspricht einer abgabefreien Tilgung; demgegenüber ist der Erwerb eines neuen Anteils eines anderen Teilvermögens abgabepflichtig. Beim Tausch innerhalb desselben Teilvermögens (Serie Ausschüttung gegen Serie Kapitalisierung) ist lediglich der Aufpreis abgabepflichtig. Mit Aufpreis ist eine zusätzliche Investition des Anlegers im Rahmen des Tausches in die neue Anteilklasse gemeint.

d) Feststellung der Abgabepflicht bei der Ausgabe von Anteilen an ausländischen kollektiven Kapitalanlagen 69

Für den Kunden ist nach den Grundsätzen über die Börsengeschäfte (vgl. Ziffer 77-81) die Abgabe zu deklarieren.

Die kollektive Kapitalanlage selbst (im Sinne von Art. 17a StG) sowie die über die Ausgabe von Anteilen abrechnende ausländische Vertragspartei (z.B. Fund Management Company) sind von der Abgabe ebenso befreit wie die ausländischen Banken und Börsenagenten im Sinne von Artikel 19 StG.

6 Börse (Sekundärmarkt)

Transaktionen in steuerbaren Urkunden (vgl. Ziffer 9) nach Abschluss des Emissionsvorganges (vgl. Ziffer 63) unterliegen ausschliesslich der Umsatzabgabe. 70

6.1 Besonderheiten

6.1.1 Geschäfte mit ausländischen Banken und Börsenagenten (Art. 19 StG)

Artikel 19 Absatz 1 StG 71
Ist beim Abschluss eines Geschäftes eine ausländische Bank oder ein ausländischer Börsenagent Vertragspartei, so entfällt die diese Partei betreffende halbe Abgabe. Das Gleiche gilt für Titel, die von einer als Gegenpartei auftretenden Börse bei der Ausübung von standardisierten Derivaten übernommen oder geliefert werden.

Die zentrale Gegenpartei (Central Counter Party CCP) bei ausländischen Börsen ist einem ausländischen Broker gleichgestellt. Es ist jedoch unabdingbar, dass sich die Mitglieder der ausländischen Börse ausschliesslich aus Banken und Börsenagenten zusammensetzen. 72

6.1.2 Handelsbestand 73

Der gewerbsmässige Effektenhändler ist bei Käufen und Verkäufen für den Handelsbestand von dem auf ihn selbst entfallenden Teil der Abgabe befreit. Es ist jedoch zu beachten, dass Nichtbanken einer besonderen Bewilligung zur Führung eines Handelsbestandes bedürfen, die nicht rückwirkend gewährt wird (vgl. Ziffer 59).

6.1.3 Handel mit ausländischen Obligationen 74

Für die im Ausland domizilierte Vertragspartei ist im Geschäft mit ausländischen Obligationen aller Währungen keine Abgabe geschuldet (Art. 14 Abs. 1 Bst. h StG). Dabei ist es unerheblich, ob es sich um Banken, Börsenagenten, andere juristische oder natürliche Personen handelt.

6.1.4 Obligationen «EUROFIMA» 75

Da die EUROFIMA in Basel domiziliert ist, gelten die von ihr ausgegebenen Obligationen als inländische Urkunden, für welche die beim Sekundärhandel anfallende Umsatzabgabe zum Satz von 1,5 o/oo (0.75 o/oo je Vertragspartei) zu berechnen ist.

Die im Ausland ausgegebenen Anleihen der EUROFIMA werden nach Massgabe von Artikel 1 Ziffer 3 des Zusatz-Protokolls zur Vereinbarung betreffend die Gründung der EUROFIMA für die Verrechnungssteuer wie Anleihen ausländischer Schuldner behandelt.

Für die Obligationen der EUROFIMA, deren Zinsen nicht der Verrechnungssteuer unterliegen, ist Artikel 14 Absatz 1 Buchstabe h StG anwendbar (vgl. Ziffer 74).

6.1.5 Geldmarktpapiere 76

Der Handel mit in- und ausländischen Geldmarktpapieren ist ungeachtet der Währung von der Umsatzabgabe ausgenommen (vgl. Ziffer 16).

6.2 Feststellung der Abgabepflicht im Sekundärmarkt 77

Jeder am Abschluss beteiligte Effektenhändler hat aus seiner Sicht in erster Linie festzustellen:
- welche seiner Gegenparteien sich ihm gegenüber als registrierte Effektenhändler oder als abgabebefreite Anleger ausweisen;
- ob er selbst als Vertragspartei oder blosser Vermittler auftritt;
- ob er als gewerbsmässiger Händler für seinen Handelsbestand erwirbt oder veräussert;

- im Falle von Vermittlung, Kauf oder Verkauf ausländischer Obligationen: das Domizil seiner Vertragspartei (Inland oder Ausland).

Falls es sich um ein steuerbares Geschäft handelt, schuldet der Effektenhändler je eine halbe Abgabe,

- wenn er vermittelt: für jede Vertragspartei, die sich ihm gegenüber nicht als registrierter inländischer Effektenhändler oder als abgabebefreiter Anleger ausweist;   78
- wenn er Vertragspartei ist: für sich selbst (Ausnahme Handelsbestand) und für die Gegenpartei, die sich nicht als registrierter inländischer Effektenhändler oder als abgabebefreiter Anleger ausweist.   79

6.2.1 Eigengeschäfte   80

Der Effektenhändler hat in seinem Umsatzregister folgende Abgaben zu deklarieren:

	inländischen Urkunden	ausländischen Obligationen (alle Währungen)	ausländischen Anteile von kollektiven Kapitalanlagen und Aktien
a) in einem Geschäft für **eigene Bestände** (ohne Handelsbestand)	½	½	½
b) in einem Geschäft für den **eigenen Handelsbestand**	0	0	0

und mit folgenden Gegenparteien

inländischen Effektenhändlern	0	0	0
ausländischen Banken und Börsenagenten	0	0	0
inländischen Kunden	½	½	½
inländischen kollektiven Kapitalanlagen	0	0	0
ausländischen Kunden	½	0	½
ausländischen befreiten Anlegern	0	0	0

6.2.2 Vermittlungsgeschäfte 81

Der Effektenhändler hat in seinem Umsatzregister folgende Abgaben zu deklarieren:

bei Vermittlung von	inländischen Urkunden	ausländischen Obligationen (alle Währungen)	ausländischen Anteilen von kollektiven Kapitalanlagen und Aktien

a) zwischen

inländischem Effektenhändler	0	0	0

und

anderem inländischen Effektenhändler	0	0	0
ausländischer Bank / ausländischem Börsenagent	0	0	0
inländischem Kunden	½	½	½
inländischer kollektiver Kapitalanlage	0	0	0
ausländischem Kunden	½	0	½
ausländischem befreiten Anleger	0	0	0

b) zwischen

ausländischer Bank / ausländischem Börsenagent	0	0	0

und

anderer ausländischer Bank / anderem ausländischen Börsenagent	0	0	0
inländischem Kunden	½	½	½
inländischer kollektiver Kapitalanlage	0	0	0
ausländischem Kunden	½	0	½
ausländischem befreiten Anleger	0	0	0

bei Vermittlung von	inländischen Urkunden	ausländischen Obligationen (alle Währungen)	ausländischen Anteilen von kollektiven Kapitalanlagen und Aktien

c) zwischen

inländischem Kunden	½	½	½

und

anderem inländischen Kunden	½	½	½
inländischer kollektiver Kapitalanlage	0	0	0
ausländischem Kunden	½	0	½
ausländischem befreiten Anleger	0	0	0

d) zwischen

ausländischem Kunden	½	0	½

und

anderem ausländischen Kunden	½	0	½
ausländischem befreiten Anleger	0	0	0

Die in den Randziffern 80 und 81 dargestellten Transaktionen umfassen den grössten Teil der möglichen Transaktionen. Hier schliessen sich jedoch mögliche spezielle Geschäfte nicht aus. Sie müssen unter Umständen, weil sie nicht zugeordnet werden können, separat beurteilt werden.

Beispiel einer Vermittlung von inländischen Urkunden über mehrere registrierte **82**
Effektenhändler zwischen zwei Kunden:

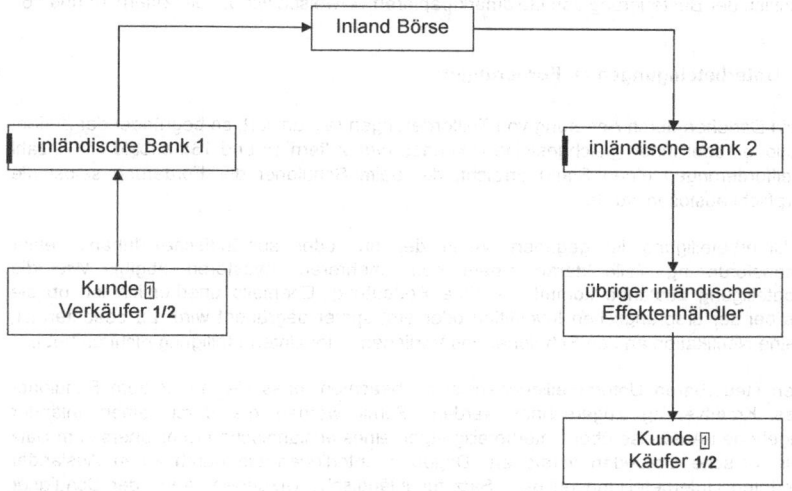

```
                        ┌──────────────┐
            ┌──────────▶│ Inland Börse │──────────┐
            │           └──────────────┘          │
            │                                     │
    ┌───────────────────┐                 ┌───────────────────┐
    │ inländische Bank 1│                 │ inländische Bank 2│
    └───────────────────┘                 └───────────────────┘
            ▲                                     │
            │                                     ▼
    ┌───────────────────┐                 ┌───────────────────┐
    │     Kunde 5       │                 │ übriger inländischer│
    │  Verkäufer 1/2    │                 │   Effektenhändler │
    └───────────────────┘                 └───────────────────┘
                                                  │
                                                  ▼
                                          ┌───────────────────┐
                                          │     Kunde 5       │
                                          │   Käufer 1/2      │
                                          └───────────────────┘
```

Hier schuldet

| - die inländische Bank 1: | 1/2 Abgabe für den Kunden (Verkäufer) 5
| - die inländische Bank 2: | 0 Abgabe, weil Vermittlerin zwischen inländischer Bank 1 und einem übrigen Effektenhändler
- der übrige Effektenhändler: | 1/2 Abgabe für den Kunden (Käufer) 5.

Bei mehreren vermittelnden Effektenhändlern hat der erste und der letzte in der Kette je für die von ihm vertretene Vertragspartei oder für sich selbst die Abgabe zu entrichten.

5 bei abgabebefreiten Anlegern entfällt diese halbe Abgabe

Bei **Übertrag vom Handelsbestand** auf einen anderen Bestand und vice-versa: **83**
1/2 Abgabe (vgl. Ziffer 62).

7   Den Obligationen und Geldmarktpapieren gleichgestellte Urkunden

Dienen Konsortialdarlehen, Schuldscheindarlehen, Wechsel, Buchforderungen und Unter- **84**
beteiligungen der kollektiven Kapitalbeschaffung bzw. der Konsolidierung von
Schuldverhältnissen, so sind sie für die Stempelabgaben wie Anleihen- und
Kassenobligationen oder Geldmarktpapiere zu behandeln (vgl. Ziffer 15).

7.1 Geldmarktpapiere 85

Hinsichtlich der Besteuerung von Geldmarktpapieren verweisen wir auf die Ziffern 16 und 76.

7.2 Unterbeteiligungen an Forderungen 86

Wird ein Darlehen durch Abtretung von Teilforderungen refinanziert, so begründet der Zedent Obligationen oder ihnen gleichgestellte Urkunden (vgl. Ziffern 15 und 16), sobald die Anzahl der Teilforderungen einen Stand erreicht, der beim Schuldner der Forderung selbst die Steuerpflicht auslösen würde.

Eine Unterbeteiligung ist gegeben, wenn der (in- oder ausländische) Inhaber einer Darlehensforderung Teile daran einem oder mehreren Investoren abgibt. Wie die Unterbeteiligung zustande kommt, ist ohne Bedeutung. Ebenfalls unerheblich ist, ob sie bereits bei der ursprünglichen Investition oder erst später begründet wird. Zu beachten ist, dass eine Notifikation an den Schuldner das Vorliegen einer Unterbeteiligung nicht aufhebt.

Bei den steuerbaren Unterbeteiligungen ist zu beachten, dass sie immer dem Schuldner gemäss Kreditvertrag zugerechnet werden. Somit werden die durch einen Inländer ausgegebenen Ausweise über Unterbeteiligungen eines ausländischen Schuldners zum Satz für ausländische Urkunden versteuert. Dagegen unterliegen die durch einen Ausländer begründeten Unterbeteiligungen dem Satz für inländische Urkunden, wenn der Schuldner Inländer ist.

Hinsichtlich der Umsatzabgabe ergeben sich beim „Pooling" von Treuhandgeldern keine steuerbaren Unterbeteiligungen.

8 Besondere Geschäfte

8.1 Bedingte Geschäfte sowie Termin- und Zeitgeschäfte 87

8.1.1 Allgemeiner Begriff

Ist die Erfüllung eines stempelsteuerlich relevanten Geschäftsvorganges beim Abschluss eines Geschäftes an gewisse Bedingungen geknüpft oder mit einem Wahlrecht verbunden, entsteht eine eventuelle Abgabeforderung erst im Zeitpunkt der Erfüllung.

8.1.2 Optionen (Warrants) / Futures / Derivative Produkte 88

Im Allgemeinen ist die Ausgabe von und der Handel mit reinen Derivaten umsatzabgabefrei. Bei strukturierten Produkten muss abgeklärt werden, ob es sich um steuerbare Urkunden handelt. Richtlinien zur Beurteilung sind im Kreisschreiben Nr. 15 der ESTV vom 7. Februar 2007 betreffend Obligationen und derivative Finanzinstrumente als Gegenstand der direkten Bundessteuer, der Verrechnungssteuer sowie der Stempelabgaben (KS 15) enthalten. Als weiteres Hilfsmittel dient auch das Schema in Anhang 1 des KS 15, welches am gleichen Ort wie dieses Kreisschreiben im Internet publiziert ist oder die Klassifizierung eines anerkannten Datenlieferanten gemäss Ziffer 10.

Der Sekundärhandel mit inländischen, aktiv bewirtschafteten Index- und Basketzertifikaten 89
auf Aktien sowie Index- und Basketzertifikaten auf kollektiven Kapitalanlagen gemäss Ziffer 1 und Ziffer 3 des Anhanges III zum Kreisschreiben Nr. 15 vom 7. Februar 2007 ist nicht Gegenstand der Umsatzabgabe.

Die Ausübung der Option kann die Umsatzabgabepflicht auslösen, wenn steuerbare 90
Urkunden bezogen werden. Zur Beurteilung, ob der Vorgang abgabepflichtig ist, sind folgende Kriterien zu berücksichtigen:

a) Erwerb einer aus Emission stammenden Urkunde: 91

Die Optionsausübung ist einer Primärmarkt-Transaktion gleichgestellt; die Umsatzabgabe ist nur geschuldet, wenn die erworbenen steuerbaren Urkunden bei ihrer Ausgabe der Abgabepflicht unterliegen.

b) Erwerb einer aus dem Sekundärmarkt stammenden Urkunde: 92

Die Optionsausübung ist einer Börsentransaktion gleichgestellt. Die Abgabe berechnet sich vom Ausübungspreis (insbesondere auch bei den Reverse Convertibles; vgl. Ziffer 106). Wurde kein solcher festgelegt, so gilt der Marktwert der bezogenen Urkunden im Zeitpunkt der Ausübung. Bei der Ausübung von besonderen Optionen (z.B. Low Exercise Price Option / Zero-Strikeprice-Option) berechnet sich die Umsatzabgabe auf dem Marktwert der bezogenen Urkunden im Zeitpunkt der Ausübung.

c) Werden gegenüber einer als Gegenpartei auftretenden Börse standardisierte Derivate auf 93
in- oder ausländische Titel ausgeübt, so entfällt die diese Partei betreffende halbe Abgabe

(Art. 19 Abs. 1 StG).

Beispiel: Der Effektenhändler, der bei der Eurex (Terminbörse) Optionen ausübt, schuldet für die Eurex keine Abgabe. Dagegen schuldet er für den Kunden, als die andere Vertragspartei, die Abgabe nach den in diesem Kreisschreiben beschriebenen Grundsätzen.

8.1.3 Prämiengeschäfte 94

Prämiengeschäfte sind beim Geschäftsabschluss nicht steuerbar. Die Umsatzabgabe ist nur geschuldet, wenn die Urkunden bezogen (Kauf) oder geliefert (Verkauf) werden; sie wird auf dem vereinbarten Entgelt berechnet.

8.1.4 Termingeschäfte / Report und Deport / Pensionsgeschäfte / «buy/sell back» - Geschäfte beim «REPO» 95

Die Abgabeforderung entsteht mit dem Abschluss des Geschäftes (Art. 15 Abs. 1 StG). Bei einem Termingeschäft (Kauf/Verkauf in Liq.) ist die Umsatzabgabe somit am Abschlusstag und nicht bei der Liquidation zu deklarieren.

Der Effektenhändler gilt als Vermittler, wenn er Urkunden gleichentags comptant und auf Termin handelt; es ist unerheblich, ob das Comptant- und Termingeschäft mit verschiedenen oder den gleichen Vertragsparteien abgeschlossen wird.

Das «buy/sell-back» Geschäft beim Repurchase-Agreement wird umsatzabgaberechtlich dem Kasse/Termingeschäft gleichgestellt.

8.2 Securities Lending and Borrowing 96

Da es sich beim Securities Lending oder Borrowing lediglich um eine Titelleihe handelt, entfällt mangels Entgelt die Abgabepflicht.

8.3 REPO-Geschäfte (Repurchase-Agreement) 97

Beim REPO-Geschäft handelt es sich in erster Linie um ein Finanzierungsgeschäft. Aus Sicht der Umsatzabgabe ergibt sich, dass der dem Wertschriftenübereigner und Darlehensschuldner ("Cash Taker") zu überweisende Betrag als Erfüllung des vereinbarten Darlehensvertrages zu betrachten ist und nicht als Entgelt für die dem Darlehensgeber ("Cash Provider") als Sicherheit zu übertragenden Wertschriften. Die Umsatzabgabe entfällt somit.

Diese Beurteilung gilt nur für das standardisierte REPO- und Reverse REPO-Geschäft; nicht jedoch für das «buy/sell-back»-Geschäft.

8.4 Kraftloserklärung von Beteiligungspapieren (Squeeze out) 98

Die Belastung durch die Umsatzabgabe richtet sich grundsätzlich nach der ursprünglichen Übernahmeofferte.

8.5 Tauschgeschäfte 99

Regel

Stempelrechtlich ist der Tausch in das Kaufs- und Verkaufsgeschäft aufzuteilen. Beide Geschäfte unterliegen der Abgabepflicht. Beim reinen Tausch gilt der Verkehrswert der getauschten Urkunden als Entgelt (Art. 16 Abs. 2 StG).

Die Stellung des Effektenhändlers im Tauschgeschäft

a) Der Effektenhändler handelt auf *eigene Rechnung:* 100
   Als Vertragspartei hat er die allfälligen Abgaben zu entrichten;

b) Der Effektenhändler handelt im Auftrag eines Kunden: 101
   - Sofern die Tauschofferte dem Kunden ein Wahlrecht einräumt, ist der Effektenhändler Vermittler und muss die allfälligen Abgaben entrichten.
   - Entfällt das Wahlrecht des Kunden aufgrund eines Tausches, so liegt keine kausale Mitwirkung des Effektenhändlers vor und es ist keine Abgabe geschuldet.
   Ein von der Abgabe befreiter Tausch liegt nur dann vor, wenn der Kunde keinerlei Möglichkeit hat durch Verkauf, Rückgabe etc. den Umtausch zu vermeiden.

8.5.1 Fusionen / Spaltungen / Umwandlungen / Ersatzbeschaffung 102

Im Rahmen von Umstrukturierungen (Fusionen, Spaltungen, Umwandlungen etc.) entfällt die Umsatzabgabe. Wenn jedoch keine gewinnsteuerneutrale Spaltung (fehlendes Betriebserfordernis) vorliegt, ist die Abgabe geschuldet

Im Rahmen von Ersatzbeschaffungen dient der Verweis auf das DBG im Artikel 14 103
Absatz 1 Buchstabe j StG nur dazu festzustellen, ob es sich um eine Ersatzbeschaffung handelt oder nicht. Im Anschluss daran gelten die Regelungen gemäss StG.
Somit gelten für die Berechnungsgrundlage der Abgabe einerseits der vertragliche Veräusserungspreis sowie andererseits der vertragliche Investitionsbetrag. Die Höhe des Abgabesatzes richtet sich nach den Merkmalen der in- oder ausländischen steuerbaren Urkunden.
Wird der Verkaufserlös nicht vollständig verwendet, wie wenn etwa keine Reinvestition erfolgt, anstelle einer Reinvestition eine Rückstellung gebildet wird, oder eine den Veräusserungspreis übersteigende Ersatzbeschaffung vorliegt, unterliegt die Differenz zwischen dem Verkaufserlös und der Ersatzbeschaffung der Umsatzabgabe.

Die Ersatzbeschaffung muss in der Regel innerhalb von drei Jahren erfolgen. Das Datum des Kaufgeschäftes kann vor dem Verkaufsgeschäft liegen. Die Frist läuft ab dem jeweiligen Datum des ersten Vertragsabschlusses. Auch hier entscheidet das DBG, ob die Transaktionen schliesslich als eine Ersatzbeschaffung betrachtet werden.
Umsatzabgabefreie Tatbestände können nur bis max. zur Inkraftsetzung des FusG zurück, d.h. 1. Juli 2004, geltend gemacht werden.
Eine Gründung oder Kapitalerhöhung wird als Ersatzbeschaffung betrachtet. Von der Abgabe ausgenommen ist das Geschäft als Ganzes (auch die Gegenpartei). Sofern die Gegenpartei selbst Effektenhändlerin ist und eine Abgabebefreiung geltend macht, muss sie nachweisen können, dass sie ein Geschäft mit einer Gegenpartei tätigte, welche eine Ersatzbeschaffung vornimmt. Solange kein Nachweis einer Ersatzbeschaffung vorliegt, ist die Abgabe geschuldet und fristgerecht abzuliefern. Liegt der Nachweis vor, erfolgt eine Rückvergütung oder Verrechnung mit abzuliefernden Abgaben (keine Verzinsung).

Für detailliertere Ausführungen verweisen wir auf das Kreisschreiben Nr. 5 vom 1. Juni 2004 „Umstrukturierungen".

8.6 Wandlungen 104

Bei der Wandlung von Wandelobligationen und -notes in Beteiligungspapiere (Aktien, PS usw.) ist zu unterscheiden zwischen:

a) der Rückgabe der Obligationen bzw. Notes
b) dem Erwerb der Beteiligungspapiere und
c) dem evtl. Verkauf der bezogenen Urkunden.

Zu a) Die Rückgabe der Obligation an den Schuldner ist abgabefrei, wenn sie zwecks Tilgung erfolgt (Art. 14 Abs. 1 Bst. e StG); **105**

Zu b) Der Erwerb der Beteiligungspapiere (Aktien, PS usw.) aus Emission ist von der Umsatzabgabe befreit (Art. 14 Abs. 1 Bst. a + f StG). Demgegenüber unterliegt der Bezug der Beteiligungspapiere der Umsatzabgabe, wenn diese nicht aus Emission stammen. **106**
Die Zuteilung beziehungsweise der Bezug von steuerbaren Urkunden aus strukturierten Finanzprodukten (z.B. Reverse Convertibles) unterliegt der Abgabe, wobei der «strike-price» beziehungsweise das «cap-niveau» die Höhe des Entgeltes ergibt (vereinbarter Preis anlässlich der Emission).

Zu c) Der allfällige Verkauf der aus Konversion bezogenen Urkunden ist wie ein Börsenverkauf zu behandeln. **107**

Der Effektenhändler ist *Vermittler*, wenn er auf eigene Rechnung die aus Konversion stammenden Urkunden am gleichen Tag veräussert. Er hat somit für sich selbst keine Abgabe zu entrichten. **108**

8.7 Aktienplatzierung («going-public») 109

Die Platzierung inländischer Aktien im Rahmen eines IPO unterliegt für die bereits begebenen Titel der Umsatzabgabe. Die neu ausgegebenen Titel werden mit der Emissionsabgabe belastet.

Im Gegensatz dazu unterliegt die Platzierung ausländischer Aktien im Rahmen eines IPO bei der Zuteilung an die Kunden in der Regel der Umsatzabgabe, da die Unterscheidung zwischen neu ausgegebenen und bereits vorhandenen Titeln meistens nicht möglich ist (vgl. Ziffer 64).

8.8 Rückkäufe eigener Obligationen, von Beteiligungspapieren und Anteilen an kollektiven Kapitalanlagen 110

Sofern der Rückkauf zum *Zweck der Tilgung* erfolgt und die Abrechnung entsprechend lautet, ist das Geschäft abgabefrei. Dem Kunden muss eine Rücknahmeabrechnung erstellt werden.

8.9 Gratisaktien, Stockdividenden, Naturaldividenden 111

Mangels Entgelt sind folgende Umsätze abgabefrei:
- die Zuteilung von Gratisaktien;
- Stockdividenden - wenn jedoch zwischen Aktien oder Barentschädigung gewählt werden kann und die Aktien nicht aus Emission stammen, liegt eine steuerbare Transaktion vor;
- Naturaldividenden.

8.10 Re-Investment der Ausschüttungen von kollektiven Kapitalanlagen 112

Der Umsatzabgabe unterliegen lediglich die Wiederanlagen in ausländische kollektive Kapitalanlagen (vgl. Ziffer 66-68).

9 Verschiedenes

9.1 Treuhandgeschäfte

a) Die Übertragung von steuerbaren Urkunden vom Treugeber auf den Treuhänder zwecks 113 blosser Verwaltung ist mangels Entgelt und Eigentumsübertrag abgabefrei. Die Übertragung der Urkunden vom Treuhänder auf den Treugeber bei Auflösung der Verwaltung stellt ebenfalls kein steuerbares Umsatzgeschäft dar.

b) Erwirbt der Treuhänder in seiner Eigenschaft als Effektenhändler im Rahmen einer 114 fiduziarischen Verwaltung von Dritten Urkunden im eigenen Namen auf Rechnung des

Treugebers, so ist er als Vermittler zu betrachten, der die Abgaben deklarieren muss. Das gleiche gilt bei einer Veräusserung auf Rechnung des Treugebers.

9.2 Lieferung gegen Zahlung 115

Eine Umsatzabgabe ist vom Effektenhändler nur geschuldet, wenn er am Geschäftsabschluss kausal mitgewirkt hat, sei es als Vermittler oder als Vertragspartei.

9.3 Storni

9.3.1 Echte Storni (Korrekturen) 116

Aufgrund von Abrechnungs- oder Übermittlungsfehlern notwendige Storni unterliegen keiner zusätzlichen Abgabe.

9.3.2 Unechte Storni 117

Die Entstehung der Abgabeforderung ist in Artikel 15 StG geregelt; demnach entsteht die Abgabeforderung in der Regel mit dem Abschluss des steuerbaren Geschäftes. Dies gilt sowohl für das Kassa- als auch für das Termingeschäft. Ist das Geschäft abgeschlossen, so ist die Umsatzabgabe geschuldet, und die allfällige Rückgängigmachung des Geschäfts führt nicht etwa zum Wegfall der Abgabe, sondern lässt erneut eine Abgabeforderung entstehen.

Krankheits- und Unfallkosten

Quelle: Eidg. Steuerverwaltung ESTV / HA Direkte Bundessteuer, Verrechnungssteuer, Stempelabgaben

Direkte Bundessteuer

Bern, 31. August 2005

Kreisschreiben Nr. 11

Abzug von Krankheits- und Unfallkosten sowie von behinderungsbedingten Kosten

Inhaltsverzeichnis

1. Ausgangslage 3
2. Gesetzliche Grundlagen 3
3. Krankheits- und Unfallkosten 3
   3.1 Begriff 3
   3.2 Kategorien 4
       3.2.1 Kosten für Zahnbehandlungen 4
       3.2.2 Kosten für Heilmassnahmen 4
       3.2.3 Kosten für Kuraufenthalte 4
       3.2.4 Kosten für Alternativmedizin 5
       3.2.5 Kosten für Medikamente und Heilmittel 5
       3.2.6 Pflegekosten 5
       3.2.7 Pflegekosten in Alters- und Pflegeheimen 5
       3.2.8 Kosten für Fortpflanzungshilfen 5
       3.2.9 Transportkosten 6
       3.2.10 Kosten für Diäten 6
4. Behinderungsbedingte Kosten 6
   4.1 Behinderte Person 6
   4.2 Begriff 7
   4.3 Kategorien 7
       4.3.1 Assistenzkosten 7
       4.3.2 Kosten für Haushaltshilfen und Kinderbetreuung 8
       4.3.3 Kosten für den Aufenthalt in Tagesstrukturen 8
       4.3.4 Kosten für Heim- und Entlastungsaufenthalte 8
       4.3.5 Kosten für heilpädagogische Therapien und
              Sozialrehabilitationsmassnahmen 8
       4.3.6 Transport- und Fahrzeugkosten 8
       4.3.7 Kosten für Blindenführhunde 9
       4.3.8 Kosten für Hilfsmittel, Pflegeartikel und Kleider 9
       4.3.9 Wohnkosten 9
       4.3.10 Kosten für Privatschulen 10
   4.4 Pauschalen 10

5. Abzugsfähige Kosten 10
  5.1 Selbst getragene Kosten / Anrechenbarkeit von Leistungen Dritter 10
  5.2 Kosten der unterhaltenen Person 11
    5.2.1 Minderjährige oder in Ausbildung stehende Kinder 11
    5.2.2 Übrige unterstützte Personen 11
  5.3 Selbstbehalt 11
6. Nachweis 11
7. Geltungsbereich 12

Anhang: Fragebogen für Ärzte

1. Ausgangslage

Bis Ende 2004 konnten Krankheits-, Unfall- und Invaliditätskosten des Steuerpflichtigen[1] und der von ihm unterhaltenen Personen abgezogen werden, soweit der Steuerpflichtige die Kosten selber trug und diese 5 % der um die Aufwendungen (Art. 26 – 33 des Bundesgesetzes vom 14. Dezember 1990 über die direkte Bundessteuer[2] [DBG]) verminderten steuerbaren Einkünfte überstiegen (Art. 33 Abs. 1 Bst. h DBG in der Fassung bis 31. Dezember 2004). Mit der Verabschiedung des Bundesgesetzes vom 13. Dezember 2002 über die Beseitigung von Benachteiligungen von Menschen mit Behinderungen[3] (Behindertengleichstellungsgesetz, BehiG) sind steuerliche Erleichterungen für behinderte Menschen eingeführt worden, was zu einer Änderung der entsprechenden Bestimmungen im DBG geführt hat. Diese hat der Bundesrat per 1. Januar 2005 in Kraft gesetzt.

2. Gesetzliche Grundlagen

Art. 33 Abs. 1 Bst. h und h^{bis} DBG haben neu folgenden Wortlaut:

[1] Von den Einkünften werden abgezogen:

h *die Krankheits- und Unfallkosten des Steuerpflichtigen und der von ihm unterhaltenen Personen, soweit der Steuerpflichtige die Kosten selber trägt und diese 5 Prozent der um die Aufwendungen (Art. 26 – 33) verminderten steuerbaren Einkünfte übersteigen;*

h^{bis} *die behinderungsbedingten Kosten des Steuerpflichtigen oder der von ihm unterhaltenen Personen mit Behinderungen im Sinne des Behindertengleichstellungsgesetzes vom 13. Dezember 2002, soweit der Steuerpflichtige die Kosten selber trägt.*

Art. 2 Abs. 1 BehiG umschreibt eine behinderte Person wie folgt:

[1] In diesem Gesetz bedeutet Mensch mit Behinderungen (Behinderte, Behinderter) eine Person, der es eine voraussichtlich dauernde körperliche, geistige oder psychische Beeinträchtigung erschwert oder verunmöglicht, alltägliche Verrichtungen vorzunehmen, soziale Kontakte zu pflegen, sich fortzubewegen, sich aus- und fortzubilden oder eine Erwerbstätigkeit auszuüben.

Im Gegensatz zu den Krankheits- und Unfallkosten ist bei den behinderungsbedingten Kosten *kein Selbstbehalt* zu berücksichtigen.

3. Krankheits- und Unfallkosten

3.1 Begriff

Zu den Krankheits- und Unfallkosten werden die Ausgaben für medizinische Behandlungen,

---

[1] Zur besseren Lesbarkeit des Kreisschreibens wird auf eine geschlechtsneutrale Formulierung verzichtet. Selbstverständlich sind aber jeweils sowohl weibliche als auch männliche Personen gemeint resp. angesprochen.
[2] SR **642.11**
[3] SR **151.3**

d.h. die Kosten für Massnahmen zur Erhaltung und Wiederherstellung der körperlichen oder psychischen Gesundheit, insbesondere die Kosten für ärztliche Behandlungen, Spitalaufenthalte, Medikamente, Impfungen, medizinische Apparate, Brillen und Kontaktlinsen, Therapien, Drogenentzugsmassnahmen etc. gerechnet.

Nicht als Krankheits- und Unfallkosten, sondern als nicht abzugsfähige Lebenshaltungskosten gelten Aufwendungen, welche

- den Rahmen üblicher und notwendiger Massnahmen übersteigen (vgl. BGE 2A.318/2004 vom 7. Juni 2004);

- nur mittelbar oder indirekt mit einer Krankheit oder einer Heilung bzw. einer Pflege in Zusammenhang stehen (z.B. Transportkosten zum Arzt, Besucherkosten, Ersatz von Bodenbelägen für Asthmatiker);

- der Prävention dienen (z.B. Abonnement für Fitness-Center);

- zum Zwecke der Selbsterfahrung, Selbstverwirklichung oder Persönlichkeitsreifung (z.B. Psychoanalysen) oder der Erhaltung oder Steigerung der körperlichen Schönheit und des körperlichen Wohlbefindens (z.B. Schönheits- oder Verjüngungsbehandlungen, Schlankheitskuren oder -operationen, sofern sie nicht ärztlich verordnet sind) getätigt werden.

Keine Krankheitskosten stellen weiter die Krankenkassenprämien dar. Sie können nur im Rahmen des Abzuges nach Art. 212 Abs. 1 DBG berücksichtigt werden.

3.2 Kategorien

3.2.1 Kosten für Zahnbehandlungen

Zahnbehandlungskosten sind den Krankheitskosten gleichgestellt, sofern es sich um Kosten zur Behebung von Zahnkrankheiten, Kosten für Zahnkorrekturen, für kieferorthopädische Eingriffe oder für Dentalhygiene handelt. Nicht abzugsfähig sind hingegen Kosten, die durch Behandlungen rein kosmetischer Art (z.B. Bleichen) verursacht werden.

3.2.2 Kosten für Heilmassnahmen

Die Kosten besonderer Heilmassnahmen wie Massagen, Bestrahlungen, Heilbäder, Kuraufenthalte, Physiotherapie, Ergotherapie, Logopädie, Psychotherapie etc. gelten als abzugsfähig, sofern sie ärztlich verordnet sind und von diplomierten Personen durchgeführt werden.

3.2.3 Kosten für Kuraufenthalte

Die Kosten für ärztlich verordnete Kur- und Erholungsaufenthalte gelten als Krankheitskosten, soweit die Auslagen die im eigenen Haushalt eingesparten Lebenshaltungskosten, d.h. jedenfalls mindestens die eingesparten Verpflegungskosten, übersteigen (Ansätze gemäss Merkblatt N2/2001 der ESTV [Naturalbezüge von Arbeitnehmenden], derzeit CHF 20.-- pro Tag für eine erwachsene Person). Nicht als Krankheitskosten anerkannt werden die Transportkosten (vgl. Ziff. 3.2.9) sowie eigentliche Luxusausgaben im Bereich der Hotellerie.

3.2.4 Kosten für Alternativmedizin

Das Bedürfnis nach naturheilärztlicher Behandlung nimmt in unserer Gesellschaft stetig zu. Die Alternativmedizin wird auch von der Schulmedizin immer häufiger als Komplementärmedizin anerkannt. Diesem Trend haben sich auch die Krankenkassen nicht verschlossen und bieten im Bereich der Zusatzversicherung Versicherungen für naturheilärztliche Leistungen an. Unter Berücksichtigung des Spannungsfeldes zwischen Schulmedizin und naturheilärztlichen Behandlungsmethoden darf die (schul-)ärztliche Verordnung nicht mehr als notwendiges Kriterium für die Anerkennung als abzugsfähige Krankheitskosten herangezogen werden.

Die Kosten für naturheilärztliche Behandlungen gelten deshalb als abzugsfähig, wenn die Behandlung von einem anerkannten Naturheilpraktiker verordnet wird.

3.2.5 Kosten für Medikamente und Heilmittel

Die Kosten für Medikamente und Heilmittel werden nur zum Abzug zugelassen, wenn sie von einem Arzt oder einem anerkannten Naturheilpraktiker verordnet sind (vgl. VGer TG V64 vom 17. März 2004).

3.2.6 Pflegekosten

Abzugsfähig sind die Kosten für die krankheits- oder unfallbedingte ambulante Pflege zu Hause. Unwesentlich ist dabei, wer diese Pflegeleistungen erbringt (Krankenschwester, Spitexorganisationen, private Pflegekräfte etc.). Kein Abzug kann jedoch gemacht werden für unentgeltlich erbrachte Pflegeleistungen.

Werden die Dienste einer ambulanten Pflege, die auch den Haushalt besorgt, in Anspruch genommen, so sind diese Kosten angemessen in Pflege- und nichtabziehbare Lebenshaltungskosten aufzuteilen.

3.2.7 Pflegekosten in Alters- und Pflegeheimen

Altersgebrechen gelten erst ab einem bestimmten Grad als Behinderung (vgl. Ziff. 4.1 d). Da davon ausgegangen wird, dass Bewohner von Altersheimen, für welche ein Pflege- und Betreuungsaufwand von weniger als 60 Minuten pro Tag anfällt, ohne medizinische Indikation im Heim wohnen, stellen in diesem Fall die Heimkosten grundsätzlich Lebenshaltungskosten dar und sind nicht abzugsfähig. Separat in Rechnung gestellte Pflegekosten sind jedoch als Krankheitskosten abziehbar. Zu Pflegeheimkosten bei Behinderung vgl. Ziff. 4.3.4.

3.2.8 Kosten für Fortpflanzungshilfen

Sowohl die Kosten für Hormonbehandlungen, als auch diejenigen, welche aufgrund von homologer künstlicher Insemination oder In-vitro-Fertilisation anfallen, werden als abzugsfähige Krankheitskosten anerkannt. Die Abzugsfähigkeit besteht auch, wenn der Eingriff und damit die Kosten beim "gesunden" Ehepartner anfallen (vgl. VGer ZH vom 4. Juli 2001 [Zürcher Steuerpraxis ZStP 2001, 288 ff.], VRK SG vom 26. Februar 2004 [St. Galler Steuerentscheide SGE 2004 Nr. 3]).

3.2.9 Transportkosten

Transportkosten zum Arzt, zu Therapien etc. stehen mit der Behandlung einer Krankheit bzw. eines Unfalls in der Regel nur indirekt in Zusammenhang. Sie sind deshalb grundsätzlich nicht als Krankheits- bzw. Unfallkosten abzugsfähig. Ausnahmsweise sind medizinisch notwendige Transport-, Rettungs- und Bergungskosten abzugsfähig, sofern aus gesundheitlichen Gründen weder die Benützung des öffentlichen Verkehrsmittels noch des privaten Motorfahrzeugs möglich oder zumutbar ist (z.B. Transport mit dem Krankenwagen, der Rega etc.).

3.2.10 Kosten für Diäten

Die Mehrkosten einer ärztlich angeordneten, lebensnotwendigen Diät (z.B. bei Zöliakie, Diabetes) können abgezogen werden. Gleiches gilt für die Mehrkosten von Spezialnahrung (Aufbau- und Sonderkost, Ergänzungsnahrung etc.), die auf ärztliche Anordnung hin eingenommen werden muss.

Anstelle des Abzugs der effektiven Kosten kann bei andauernden, lebensnotwendigen Diäten eine Pauschale von CHF 2'500.-- geltend gemacht werden. An Diabetes erkrankte Personen können jedoch nur die effektiven Mehrkosten zum Abzug bringen.

4. Behinderungsbedingte Kosten

4.1 Behinderte Person

Ein Mensch mit Behinderung ist eine Person, der es eine *voraussichtlich dauernde körperliche, geistige oder psychische Beeinträchtigung* erschwert oder verunmöglicht, alltägliche Verrichtungen vorzunehmen, soziale Kontakte zu pflegen, sich fortzubewegen, sich aus- und fortzubilden oder eine Erwerbstätigkeit auszuüben. Die Beeinträchtigung ist *dauernd*, wenn sie bereits während mindestens eines Jahres die Ausübung der genannten Tätigkeiten verunmöglicht oder erschwert hat oder voraussichtlich während mindestens eines Jahres verunmöglichen oder erschweren wird. Die Einschränkung der alltäglichen Verrichtungen, des sozialen Lebens, der Aus- und Weiterbildung oder der Erwerbstätigkeit muss ihre Ursache in der körperlichen, geistigen oder psychischen Beeinträchtigung haben *(kausaler Zusammenhang)*.

Als behinderte Personen gelten in jedem Fall:

a) Bezüger von Leistungen gemäss dem Bundesgesetz über die Invalidenversicherung (IVG) vom 19. Juni 1959[4];

b) Bezüger von Hilflosenentschädigungen im Sinne von Artikel 43bis des Bundesgesetzes über die Alters- und Hinterlassenenversicherung (AHVG) vom 20. Dezember 1946[5], von Art. 26 des Bundesgesetzes über die Unfallversicherung (UVG) vom 20. März 1981[6] und von Art. 20 des Bundesgesetzes über die Militärversicherung (MVG) vom 19. Juni 1992[7];

---

[4] SR **831.20**
[5] SR **831.10**
[6] SR **832.20**
[7] SR **833.10**

c) Bezüger von Hilfsmitteln im Sinne von Artikel 43ter AHVG, von Art. 11 UVG und von Art. 21 MVG;

d) Heimbewohner und Spitex-Patienten, für die ein Pflege- und Betreuungsaufwand von mindestens 60 Minuten pro Tag anfällt[8].

Bei Personen, welche keiner der vorangehenden Personengruppen zugeordnet werden können, ist in geeigneter Weise (z.B. mit Hilfe eines Fragebogens; Muster in der Beilage) zu ermitteln, ob eine Behinderung vorliegt.

Eine leichte Beeinträchtigung, deren Auswirkungen – wie etwa bei einer Seh- oder Hörschwäche – durch ein Hilfsmittel einfach behoben werden können (Brille oder Hörgerät), gilt nicht als Behinderung. Dasselbe gilt, wenn die Beeinträchtigung einzig darin besteht, dass die betroffene Person eine Diät einhalten muss (z.B. bei Zöliakie; vgl. Ziff. 3.2.10).

4.2 Begriff

Als behinderungsbedingt gelten die notwendigen Kosten, die als Folge einer Behinderung gemäss Ziffer 4.1 entstehen (*kausaler Zusammenhang*) und weder Lebenshaltungs- noch Luxusausgaben darstellen. Zu den *Lebenshaltungskosten* sind die Aufwendungen zu zählen, die zur Befriedigung der persönlichen Bedürfnisse dienen. Darunter fallen die üblichen Kosten für Nahrung, Kleidung, Unterkunft, Gesundheitspflege, Freizeit und Vergnügen. Aufwendungen, die den Rahmen üblicher und notwendiger Massnahmen übersteigen, nur aus Gründen der persönlichen Annehmlichkeit anfallen oder besonders kostspielig sind (*Luxusausgaben* wie die Anschaffung eines Renn-Rollstuhls oder der Einbau eines Schwimmbads), können nicht zum Abzug gebracht werden.

Krankheits- und Unfallkosten im Sinne von Ziffer 3 können auch von einer behinderten Person nur insoweit abgezogen werden, als sie den in Art. 33 Abs. 1 Bst. h DBG geregelten Selbstbehalt übersteigen. Hat hingegen die medizinische Behandlung ihre Ursache in der Behinderung der behandelten Person (kausaler Zusammenhang), können die damit zusammenhängenden Kosten als behinderungsbedingt vollumfänglich zum Abzug gebracht werden (z.B. Physiotherapie bei einer gelähmten Person).

4.3 Kategorien

Als behinderungsbedingte Kosten gelten insbesondere:

4.3.1 Assistenzkosten

Abzugsfähig sind die Kosten der behinderungsbedingt notwendigen, ambulanten Pflege (Behandlungs- und Grundpflege), Betreuung und Begleitung, die im Zusammenhang mit der Vornahme alltäglicher Verrichtungen, der Pflege angemessener sozialer Kontakte, der Fortbewegung und der Aus- und Weiterbildung anfallen, sowie die Kosten behinderungsbedingt

---

[8] Diese zeitliche Limite wird nach einer Erhebung von CURAVIVA zum Beispiel beim Pflegeklassifikationssystem BESA (= BewohnerInnen-Einstufungs- und Abrechnungssystem) bei einer Einstufung ab 22 Punkten erreicht. Beim Pflegeklassifikationssystem RAI/RUG (= Resident Assessment Instrument) fallen alle Gruppen mit Ausnahme der Gruppen PA1, PA2, BA1, BA2 und IA1 darunter.

notwendiger Überwachung. Unwesentlich ist dabei, wer diese Assistenzleistungen erbringt (Spitexorganisationen, private Pflegekräfte, Assistenten, Entlastungsdienste etc.).

Kein Abzug kann aber für unentgeltlich erbrachte Assistenzleistungen gemacht werden.

Die Kosten der Dienste von Gebärdendolmetschern für Gehörlose und Taubblindendolmetschern für Taubblinde sind ebenfalls zum Abzug zugelassen.

4.3.2 Kosten für Haushaltshilfen und Kinderbetreuung

Kosten der aufgrund einer Behinderung notwendigen Hilfe im Haushalt und bei der Kinderbetreuung sind abzugsfähig. Voraussetzung für die uneingeschränkte Abzugsfähigkeit ist das Vorliegen einer ärztlichen Bescheinigung (z.B. gemäss Fragebogen in der Beilage), worin attestiert wird, welche Haushaltstätigkeiten als Folge der Behinderung nicht mehr ohne Hilfe ausgeübt werden können resp. ob eine Person behinderungsbedingt Dritthilfe für die Kinderbetreuung bedarf.

4.3.3 Kosten für den Aufenthalt in Tagesstrukturen

Als behinderungsbedingte Kosten gelten die Aufenthaltskosten in speziellen Tagesstrukturen für behinderte Menschen (Beschäftigungsstätten, Tageszentren etc.). Nicht zum Abzug zugelassen sind die Kosten der üblichen Verpflegung. Falls die nicht abzugsfähigen Verpflegungskosten nicht separat ausgewiesen sind, können sie nach den Ansätzen gemäss Merkblatt N2 der ESTV (Naturalbezüge von Arbeitnehmenden) berechnet werden.

4.3.4 Kosten für Heim- und Entlastungsaufenthalte

Die Kosten, Taxen und Gebühren für den Aufenthalt in einem Wohnheim für Behinderte oder in einem Alters- und Pflegeheim sind abzugsfähig. Gleiches gilt für Kosten von Entlastungsaufenthalten in solchen Heimen oder in speziellen Ferienheimen für Behinderte. Diese Kosten sind aber um denjenigen Betrag zu kürzen, der für Lebenshaltungskosten im eigenen Haushalt hätte aufgewendet werden müssen. Die Lebenshaltungskosten berechnen sich dabei entweder nach den Richtlinien über die Berechnung des Existenzminimums gemäss Art. 93 SchKG oder nach entsprechenden kantonalen Richtlinien (vgl. VGer LU vom 3. Januar 2005). Nicht abgezogen werden können die Kosten des Aufenthalts in einem Altersheim, wenn der Heimaufenthalt nicht aufgrund einer Behinderung erfolgt (vgl. Ziffer 3.2.7).

4.3.5 Kosten für heilpädagogische Therapien und Sozialrehabilitationsmassnahmen

Die Kosten anerkannter heilpädagogischer Therapien (z.B. heilpädagogisches Reiten, Musiktherapie) und von Sozialrehabilitationsmassnahmen für Seh- und Hörbehinderte durch speziell ausgebildetes Personal (z.B. Erlernen der Blindenschrift, Low Vision-Training für Sehbehinderte, Ableseunterricht für Hörbehinderte) sind abzugsfähig. Bestehen Zweifel über die Zweckmässigkeit der Massnahme, kann eine ärztliche Bestätigung verlangt werden.

4.3.6 Transport- und Fahrzeugkosten

Durch die Behinderung verursachte Kosten für den Transport zum Arzt, zu Therapien, zu Tagesstätten etc. können abgezogen werden. Zum Abzug zugelassen sind dabei die Kosten des öffentlichen Verkehrsmittels oder eines Behindertenfahrdienstes. Ist deren Benützung nicht möglich oder nicht zumutbar, können die Kosten eines privaten Motorfahrzeugs (Kilometerentschädigung) abgezogen werden.

Kosten für übrige Transporte (insbesondere für Freizeitfahrten) sind in der Regel nicht als behinderungsbedingte Kosten abzugsfähig. Ein Abzug ist ausnahmsweise dann zulässig, wenn die behinderte Person glaubhaft machen kann, dass sie ohne ihre Behinderung ausschliesslich das öffentliche Verkehrsmittel benützt hätte, dies nun aber behinderungsbedingt nicht tun kann. In diesem Fall sind die im Vergleich zur Benützung des öffentlichen Verkehrsmittels entstehenden Mehrkosten der Benützung eines Motorfahrzeugs abzugsfähig (vgl. StRK ZH vom 18. Juni 2003 [Zürcher Steuerpraxis ZStP 2004, 213 f.]).

Mehrkosten für Taxifahrten sind nur abzugsfähig, wenn mit ärztlicher Bescheinigung belegt ist, dass die Benützung des öffentlichen Verkehrsmittels, eines Behindertenfahrdienstes oder eines privaten Motorfahrzeuges nicht möglich oder zumutbar ist.

Fahrten zum Arbeitsplatz sind als Gewinnungskosten und nicht als behinderungsbedingte Kosten abzugsfähig (vgl. StRK ZH vom 18. Juni 2003 [Zürcher Steuerpraxis ZStP 2004, 214]).

Abzugsfähig sind auch die Kosten einer behinderungsbedingten Abänderung eines (einzigen) Fahrzeugs oder von speziellem Zubehör (z.B. Rampen für den Verlad von Rollstühlen).

4.3.7 Kosten für Blindenführhunde

Die mit der Anschaffung und Haltung eines Blindenführhundes anfallenden Kosten sind zum Abzug zugelassen. Nicht abzugsfähig sind jedoch die Kosten, die im Zusammenhang mit der Anschaffung und Haltung von anderen Hunden und Haustieren anfallen.

4.3.8 Kosten für Hilfsmittel, Pflegeartikel und Kleider

Als behinderungsbedingte Kosten gelten Anschaffungs- oder Mietauslagen für Hilfsmittel, Geräte und Pflegeartikel (z.B. Windeln, Stoma-Artikel etc.) aller Art, die es der behinderten Person erlauben, die Folgen ihrer Behinderung zu minimieren. Darunter fallen auch die Kosten, die im Zusammenhang mit dem Gebrauchstraining (z. B. Einführung in den Gebrauch eines Lese- und Schreibgeräts für Blinde), der Reparatur und dem Unterhalt solcher Hilfsmittel und Geräte entstehen. Auch die Kosten einer behinderungsbedingt notwendigen Installation von Alarmanlagen und Notrufsystemen sind abzugsfähig.

Abzugsfähig sind auch die Mehrkosten, die im Zusammenhang mit der Anfertigung von speziellen Kleidern oder Schuhen entstehen. Ebenso sind die Mehrkosten zum Abzug zugelassen, die durch vermehrten Kleiderverschleiss entstehen, weil die behinderte Person wegen ihrer Behinderung im Vergleich zu einer nicht behinderten Person ihre Kleider in rascherer Abfolge ersetzen muss (z.B. Paraplegiker im Rollstuhl; vgl. StRK ZH vom 18. Juni 2003 [Zürcher Steuerpraxis ZStP 2004, 221 f.]).

4.3.9 Wohnkosten

Die Kosten des infolge einer Behinderung notwendigen Umbaus, der behinderungsbedingten

Anpassung oder des behinderungsbedingten Unterhalts einer Wohnung oder eines Eigenheims (z.B. Einbau eines Treppenlifts, einer Rollstuhlrampe, eines Behinderten-WC etc.) können zum Abzug gebracht werden. Werterhaltende Kosten des Wohneigentümers hingegen sind als ordentlicher Liegenschaftsunterhalt abzuziehen.

4.3.10 Kosten für Privatschulen

Mehrkosten, die durch den Besuch einer Privatschule entstehen, sind in der Regel nicht zum Abzug zugelassen. Sie gelten nur dann als behinderungsbedingte Kosten, wenn mittels Bericht des kantonalen schulpsychologischen Dienstes nachgewiesen wird, dass es sich beim Besuch einer Privatschule um die einzig mögliche und notwendige Massnahme für eine angemessene schulische Ausbildung des behinderten Kindes handelt.

4.4 Pauschalen

Anstelle des Abzugs der effektiven selbst getragenen Kosten können behinderte Personen einen jährlichen Pauschalabzug in folgender Höhe geltend machen:

- Bezüger einer Hilflosenentschädigung leichten Grades: CHF 2'500.--
- Bezüger einer Hilflosenentschädigung mittleren Grades: CHF 5'000.--
- Bezüger einer Hilflosenentschädigung schweren Grades: CHF 7'500.--

Einen jährlichen Pauschalabzug von CHF 2'500.-- können im Weiteren unabhängig vom Bezug einer Hilflosenentschädigung folgende behinderte Personen geltend machen:

- Gehörlose,
- Nierenkranke, die sich einer Dialyse unterziehen müssen,

5. Abzugsfähige Kosten

5.1 Selbst getragene Kosten / Anrechenbarkeit von Leistungen Dritter

Abzugsfähig sind nur diejenigen Kosten, die vom Steuerpflichtigen selbst getragen werden. Als solche gelten diejenigen Kosten, die der steuerpflichtigen Person nach Abzug aller Leistungen öffentlicher, beruflicher oder privater Versicherungen und Institutionen (AHV, IV, SUVA, Militärversicherung, Krankenkasse, Haftpflicht- und private Unfallversicherung, Hilfswerke und Stiftungen etc.) zur Zahlung verbleiben. Jährliche *Ergänzungsleistungen* aufgrund von Art. 3a des Bundesgesetzes über Ergänzungsleistungen zur Alters-, Hinterlassenen- und Invalidenversicherung (ELG) vom 19. März 1965[9] sind nicht anzurechnen. Anzurechnen sind hingegen diejenigen Ergänzungsleistungen, welche zur Vergütung von Krankheits- und Behinderungskosten gemäss Art. 3d ELG ausgerichtet werden. Gleiches gilt für *Hilflosenentschädigungen*: diese werden zweckgebunden für die Abgeltung von Assistenz- und Transportkosten ausgerichtet und sind bei diesen Kosten anzurechnen.

Kapitalleistungen für künftige invaliditäts- und behinderungsbedingte Kosten sind anzurechnen, soweit sie nicht der Einkommenssteuer unterliegen. Ein Abzug für behinderungsbedingte Kosten entfällt daher solange, bis die steuerpflichtige Person den Nachweis erbringt, dass

---

[9] SR **831.30**

die tatsächlich entstandenen behinderungsbedingten Kosten die Höhe dieser ausgerichteten Kapitalleistung übersteigen.

Genugtuungsleistungen tragen der persönlichen und nicht der materiellen Beeinträchtigung Rechnung. Sie können daher nicht an die behinderungsbedingten Kosten angerechnet werden. Den Genugtuungsleistungen gleichzustellen sind Integritätsentschädigungen (vgl. Art. 24 Bst. g DBG).

5.2 Kosten der unterhaltenen Person

5.2.1 Minderjährige oder in Ausbildung stehende Kinder

Abgezogen werden können die behinderungsbedingten Kosten von minderjährigen oder in der beruflichen Ausbildung stehenden Kindern, für deren Unterhalt der Steuerpflichtige sorgt. Diese Kosten können zusätzlich zum Kinderabzug gemäss Art. 213 Abs. 1 Bst. a DBG effektiv oder in Form eines Pauschalabzugs gemäss Ziffer 4.4 geltend gemacht werden.

Keine unterhaltenen Personen im Sinne von Art. 33 Abs. 1 Bst. h^{bis} DBG sind Kinder, für welche der Steuerpflichtige Unterhaltsbeiträge gestützt auf Art. 33 Abs. 1 Bst. c DBG zum Abzug bringt.

5.2.2 Übrige unterstützte Personen

Abgezogen werden können auch die Kosten von weiteren von der steuerpflichtigen Person unterhaltenen Personen. Als unterhaltene Person gilt jede unterstützungsbedürftige Person, für deren Lebensunterhalt (inkl. krankheits- und behinderungsbedingte Kosten) der Steuerpflichtige tatsächlich und mindestens im Umfang des Abzugs gemäss Art. 213 Abs. 1 Bst. b DBG aufkommt. Behinderungsbedingte Kosten von unterhaltenen Personen sind jedoch nur in dem Umfang abzugsfähig, in dem sie den Unterstützungsabzug gemäss Art. 213 Abs. 1 Bst. b DBG übersteigen. Es können nur die effektiven Kosten zum Abzug gebracht werden.

Keine unterhaltenen Personen im Sinne von Art. 33 Abs. 1 Bst. h^{bis} DBG sind geschiedene oder getrennt lebende Ehegatten, für welche der Steuerpflichtige Unterhaltsbeiträge gestützt auf Art. 33 Abs. 1 Bst. c DBG zum Abzug bringt.

5.3 Selbstbehalt

Krankheits- und Unfallkosten können nur abgezogen werden, sofern diese einen *Selbstbehalt von 5 %* der um die Aufwendungen (Art. 26 – 33 DBG) verminderten steuerbaren Einkünfte übersteigen. Im Gegensatz dazu ist bei den behinderungsbedingten Kosten *kein* Selbstbehalt zu berücksichtigen.

6. Nachweis

Die vom Steuerpflichtigen für sich oder für eine von ihm unterhaltene Person geltend gemachten krankheits-, unfall- und behinderungsbedingten Kosten sind durch ärztliche Bescheinigungen, Rechnungen, Versicherungsbelege etc. nachzuweisen (vgl. BGer vom 24. Februar 2005 [2A.84/2005]). Da den Steuerbehörden die Überprüfung der Verhältnisse bei unterhaltenen Personen im Ausland nicht möglich ist, sind an den Nachweis der Behinderung, der Unterstützungsbedürftigkeit sowie der erfolgten Zahlung ins Ausland hohe Anforderungen zu stellen (vgl. BGer vom 27. Oktober 2004 [2A.609/2003]).

Durch Ausfüllen eines ärztlichen Fragebogens (vgl. Muster in der Beilage) können sich Hinweise auf die Art einer Behinderung und damit auch auf die mit der Behinderung zusammenhängenden Kosten ergeben. Dieser Fragebogen kann bei Geltendmachung von behinderungsbedingten Kosten von einem Arzt oder einer Ärztin ausgefüllt und der Steuererklärung beigelegt werden.

7. Geltungsbereich

Dieses Kreisschreiben ersetzt das Kreisschreiben Nr. 16 vom 14. Dezember 1994 betreffend Abzug von Krankheits-, Unfall- und Invaliditätskosten und gilt ab dem Steuerjahr 2005.

Anhang: Fragebogen für Ärzte

☞ Der Anhang ist nicht enthalten.

Umstrukturierungen

Quelle: Eidg. Steuerverwaltung ESTV / HA Direkte Bundessteuer, Verrechnungssteuer, Stempelabgaben

Direkte Bundessteuer
Verrechnungssteuer
Stempelabgaben

Bern, 1. Februar 2022

Kreisschreiben Nr. 5a

Umstrukturierungen

Inhaltsübersicht   Seite

1. Einleitung 11
2. Rechtliche Grundlagen 12
2.1 Zivilrecht 12
2.2 Direkte Bundessteuer 12
2.3 Verrechnungssteuer 15
2.4 Stempelabgaben 16
2.5 Mehrwertsteuer 17
3. Umstrukturierungen von Personenunternehmungen 19
3.1 Übertragung von Vermögenswerten auf eine andere Personenunternehmung 19
3.2 Übertragung eines Betriebes oder Teilbetriebes auf eine juristische Person 21
3.3 Austausch von Beteiligungsrechten im Geschäftsvermögen bei Umstrukturierungen 28
4. Umstrukturierungen von juristischen Personen 29
4.1 Zusammenschluss 29
4.2 Umwandlung 51
4.3 Spaltung 62
4.4 Übertragung auf Tochtergesellschaft (Ausgliederung) 72
4.5 Übertragung zwischen inländischen Konzerngesellschaften 81
4.6 Austausch von Beteiligungsrechten im Vermögen juristischer Personen bei Umstrukturierungen 89
4.7 Ersatzbeschaffung von Beteiligungen 91
5. Inkrafttreten 93

Inhaltsverzeichnis

		Seite
1.	*Einleitung*	*11*
2.	*Rechtliche Grundlagen*	*12*
2.1	**Zivilrecht**	**12**
2.2	**Direkte Bundessteuer**	**12**
2.2.1	Einkommenssteuer: Einkünfte aus selbständiger Erwerbstätigkeit	12
2.2.2	Gewinnsteuer	14
2.2.3	Einkommenssteuer: Einkünfte aus Beteiligungen im Privatvermögen	15
2.3	**Verrechnungssteuer**	**15**
2.4	**Stempelabgaben**	**16**
2.4.1	Emissionsabgabe	16
2.4.2	Umsatzabgabe	16
2.5	**Mehrwertsteuer**	**17**
	Meldeverfahren bei Fusion, Spaltung, Umwandlung und Vermögensübertragung	17
3.	*Umstrukturierungen von Personenunternehmungen*	*19*
3.1	**Übertragung von Vermögenswerten auf eine andere Personenunternehmung**	**19**
3.1.1	Tatbestände	19
3.1.2	Direkte Bundessteuer (Einkommenssteuer: Einkünfte aus selbständiger Erwerbstätigkeit)	19
3.1.2.1	Grundsatz	19
3.1.2.2	Ausgleichszahlungen	20
3.1.2.3	Vorjahresverluste	20
3.1.3	Umsatzabgabe	20
3.1.4	Nicht betroffene Steuern	20
3.2	**Übertragung eines Betriebes oder Teilbetriebes auf eine juristische Person**	**21**
3.2.1	Tatbestände	21
3.2.2	Direkte Bundessteuer (Einkommenssteuer: Einkünfte aus selbständiger Erwerbstätigkeit)	21
3.2.2.1	Grundsatz	21
3.2.2.2	Fortbestand der Steuerpflicht in der Schweiz	23
3.2.2.3	Betrieb und Teilbetrieb	23
3.2.2.4	Veräusserungssperrfrist	24
3.2.3	Direkte Bundessteuer (Gewinnsteuer)	25
3.2.3.1	Rückwirkende Übertragung	25
3.2.3.2	Verletzung der Veräusserungssperrfrist	25
3.2.3.3	Vorjahresverluste	26

3.2.4	Direkte Bundessteuer (Einkommenssteuer: Einkünfte aus Beteiligungen im Privatvermögen)	26
3.2.5	Verrechnungssteuer	26
3.2.6	Emissionsabgabe	26
3.2.7	Umsatzabgabe	26
3.3	**Austausch von Beteiligungsrechten im Geschäftsvermögen bei Umstrukturierungen**	**28**
3.3.1	Tatbestand	28
3.3.2	Direkte Bundessteuer (Einkommenssteuer: Einkünfte aus selbständiger Erwerbstätigkeit)	28
3.3.3	Umsatzabgabe	28
3.3.4	Nicht betroffene Steuern	28
4.	***Umstrukturierungen von juristischen Personen***	**29**
4.1	**Zusammenschluss**	**29**
4.1.1	Übersicht	29
4.1.1.1	Tatbestände	29
4.1.1.2	Echte Fusion	30
4.1.1.3	Unechte Fusion	30
4.1.1.4	Abgrenzung Fusion – Quasifusion – Transponierung – indirekte Teil-, oder Totalliquidation	30
4.1.2	Zusammenschluss mit Verschmelzung (Fusion) im Allgemeinen	31
4.1.2.1	Tatbestände und Definitionen	31
4.1.2.1.1	Übertragung	31
4.1.2.1.2	Absorption	31
4.1.2.1.3	Kombination	31
4.1.2.1.4	Vermögensübertragung	31
4.1.2.1.5	Tausch der Anteils- und Mitgliedschaftsrechte oder Abfindung	31
4.1.2.1.6	Fusion im steuerlichen Sinn	31
4.1.2.1.7	Gesellschaft	32
4.1.2.2	Direkte Bundessteuer (Gewinnsteuer)	32
4.1.2.2.1	Grundsatz	32
4.1.2.2.2	Fortbestand der Steuerpflicht in der Schweiz	32
4.1.2.2.3	Rückwirkende Fusion	32
4.1.2.2.4	Vorjahresverluste	33
4.1.2.2.5	Verwendung eigener Beteiligungsrechte	33
4.1.2.3	Direkte Bundessteuer (Einkommenssteuer: Einkünfte aus Beteiligungen im Privatvermögen)	33
4.1.2.3.1	Grundsatz	33
4.1.2.3.2	Austausch der Beteiligungsrechte, Nennwerterhöhungen und Reserven aus Kapitaleinlagen (KER)	33
4.1.2.3.3	Ausgleichszahlungen und Abgeltungen für Sonderrechte	34
4.1.2.3.4	Rückkauf von Genussscheinen	34
4.1.2.3.5	Abfindungen	34
4.1.2.3.6	Barfusionen	34
4.1.2.3.7	Verwendung eigener Beteiligungsrechte	34

4.1.2.3.8	Squeeze-Out-Abfindungen	35
4.1.2.3.9	Absorption einer inländischen Gesellschaft durch eine ausländische Gesellschaft	35
4.1.2.4	Verrechnungssteuer	36
4.1.2.4.1	Fusionen von inländischen Kapitalgesellschaften und Genossenschaften	36
4.1.2.4.2	Fusionen mit einer ausländischen Gesellschaft	36
4.1.2.5	Emissionsabgabe	37
4.1.2.6	Umsatzabgabe	37
4.1.3	Echte und unechte Fusion unabhängiger Gesellschaften (Parallelgesellschaften)	38
4.1.3.1	Tatbestand	38
4.1.3.2	Direkte Bundessteuer (Gewinnsteuer)	39
4.1.3.2.1	Grundsatz	39
4.1.3.2.2	Fusionsagio und -disagio	39
4.1.3.3	Direkte Bundessteuer (Einkommenssteuer: Einkünfte aus Beteiligungen im Privatvermögen)	39
4.1.3.4	Verrechnungssteuer	40
4.1.3.5	Emissionsabgabe	40
4.1.3.6	Umsatzabgabe	40
4.1.4	Echte und unechte Fusion verbundener Gesellschaften (Schwestergesellschaften)	40
4.1.4.1	Tatbestand	40
4.1.4.2	Direkte Bundessteuer (Gewinnsteuer)	41
4.1.4.3	Direkte Bundessteuer (Einkommenssteuer: Einkünfte aus Beteiligungen im Privatvermögen)	41
4.1.4.3.1	Grundsatz	41
4.1.4.3.2	Fusionen mit Gesellschaften mit echter Unterbilanz	41
4.1.4.4	Verrechnungssteuer	41
4.1.4.4.1	Grundsatz	41
4.1.4.4.2	Fusionen mit Kapitalgesellschaften und Genossenschaften mit echter Unterbilanz	41
4.1.4.5	Emissionsabgabe	41
4.1.4.6	Umsatzabgabe	42
4.1.5	Absorption einer Tochtergesellschaft (Tochterabsorption; „Up-Stream Merger")	42
4.1.5.1	Tatbestand	42
4.1.5.2	Direkte Bundessteuer (Gewinnsteuer)	43
4.1.5.2.1	Grundsatz	43
4.1.5.2.2	Fusionsgewinne und -verluste	43
4.1.5.2.3	Aktivierung eines unechten Fusionsverlustes als Goodwill	43
4.1.5.2.4	Echter Fusionsverlust oder Wertberichtigung auf der untergehenden Beteiligung und Übernahme von Verlustvorträgen der absorbierten Tochtergesellschaft	43
4.1.5.2.5	Wertberichtigungen und Abschreibungen auf Beteiligungen an der absorbierten Gesellschaft	44

4.1.5.3	Verrechnungssteuer	44
4.1.5.4	Emissionsabgabe	44
4.1.5.5	Umsatzabgabe	44
4.1.5.6	Nicht betroffene Steuer	44
4.1.6	Absorption der Muttergesellschaft (Mutterabsorption; „Down-Stream Merger" oder „Reverse Merger")	45
4.1.6.1	Tatbestand	45
4.1.6.2	Direkte Bundessteuer (Gewinnsteuer)	45
4.1.6.3	Direkte Bundessteuer (Einkommenssteuer: Einkünfte aus Beteiligungen im Privatvermögen)	46
4.1.6.4	Verrechnungssteuer	46
4.1.6.5	Emissionsabgabe	47
4.1.6.6	Umsatzabgabe	47
4.1.7	Zusammenschluss ohne Verschmelzung; fusionsähnlicher Zusammenschluss; Quasifusion	48
4.1.7.1	Tatbestand	48
4.1.7.2	Direkte Bundessteuer (Gewinnsteuer)	49
4.1.7.2.1	Grundsatz	49
4.1.7.2.2	Verwendung eigener Beteiligungsrechte	49
4.1.7.3	Direkte Bundessteuer (Einkommenssteuer: Einkünfte aus Beteiligungen im Privatvermögen)	49
4.1.7.3.1	Grundsatz	49
4.1.7.3.2	Quasifusion mit zeitnaher Absorption	49
4.1.7.4	Verrechnungssteuer	50
4.1.7.5	Emissionsabgabe	50
4.1.7.6	Umsatzabgabe	50
4.2	**Umwandlung**	**51**
4.2.1	Umwandlung einer juristischen Person in eine andere juristische Person im Allgemeinen	51
4.2.1.1	Tatbestände	51
4.2.1.2	Direkte Bundessteuer (Gewinnsteuer)	51
4.2.1.2.1	Grundsatz	51
4.2.1.2.2	Fortbestand der Steuerpflicht in der Schweiz	51
4.2.1.2.3	Rückwirkende Umwandlung	51
4.2.1.2.4	Vorjahresverluste	52
4.2.1.3	Direkte Bundessteuer (Einkommenssteuer: Einkünfte aus Beteiligungen im Privatvermögen)	52
4.2.1.4	Verrechnungssteuer	52
4.2.1.5	Emissionsabgabe	52
4.2.1.6	Umsatzabgabe	53
4.2.2	Umwandlung einer Kapitalgesellschaft oder Genossenschaft in eine andere Kapitalgesellschaft oder Genossenschaft	53
4.2.2.1	Tatbestand	53
4.2.2.2	Direkte Bundessteuer (Gewinnsteuer)	53
4.2.2.2.1	Grundsatz	53
4.2.2.2.2	Fortbestand der Steuerpflicht in der Schweiz	53

4.2.2.3	Direkte Bundessteuer (Einkommenssteuer: Einkünfte aus Beteiligungen im Privatvermögen)	54
4.2.2.3.1	Grundsatz	54
4.2.2.3.2	Sitzverlegung ins Ausland	54
4.2.2.4	Verrechnungssteuer	54
4.2.2.4.1	Grundsatz	54
4.2.2.4.2	Sitzverlegung ins Ausland	55
4.2.2.5	Emissionsabgabe	55
4.2.2.6	Umsatzabgabe	55
4.2.3	Umwandlung einer Kapitalgesellschaft oder Genossenschaft in einen Verein, in eine Stiftung oder in eine übrige juristische Person	55
4.2.3.1	Tatbestand	55
4.2.3.2	Direkte Bundessteuer (Gewinnsteuer)	55
4.2.3.3	Direkte Bundessteuer (Einkommenssteuer: Einkünfte aus Beteiligungen im Privatvermögen)	55
4.2.3.4	Verrechnungssteuer	56
4.2.3.5	Umsatzabgabe	56
4.2.3.6	Nicht betroffene Steuer	56
4.2.4	Umwandlung eines Vereins, einer Stiftung oder einer übrigen juristischen Person in eine Kapitalgesellschaft oder Genossenschaft	56
4.2.4.1	Tatbestand	56
4.2.4.2	Direkte Bundessteuer (Gewinnsteuer)	56
4.2.4.3	Direkte Bundessteuer (Einkommenssteuer: Einkünfte aus Beteiligungen im Privatvermögen)	56
4.2.4.4	Verrechnungssteuer	57
4.2.4.5	Emissionsabgabe	57
4.2.4.6	Umsatzabgabe	57
4.2.5	Umwandlung eines Instituts des öffentlichen Rechts in eine Kapitalgesellschaft oder in eine Genossenschaft	57
4.2.5.1	Tatbestand	57
4.2.5.2	Direkte Bundessteuer (Gewinnsteuer)	58
4.2.5.2.1	Massgeblichkeit der Handelsbilanz	58
4.2.5.2.2	Vorjahresverluste	58
4.2.5.3	Verrechnungssteuer	58
4.2.5.4	Emissionsabgabe	59
4.2.5.5	Umsatzabgabe	59
4.2.5.6	Nicht betroffene Steuer	59
4.2.6	Umwandlung einer Kapitalgesellschaft oder Genossenschaft in eine Personenunternehmung	59
4.2.6.1	Tatbestand	59
4.2.6.2	Direkte Bundessteuer (Einkommenssteuer: Einkünfte aus selbständiger Erwerbstätigkeit)	59
4.2.6.2.1	Übernahme der bisher für die Gewinnsteuer massgeblichen Werte	59
4.2.6.2.2	Vorjahresverluste	60
4.2.6.3	Direkte Bundessteuer (Gewinnsteuer)	60
4.2.6.3.1	Grundsatz	60

4.2.6.3.2	Fortbestand der Steuerpflicht in der Schweiz	60
4.2.6.3.3	Umwandlung einer Kapitalgesellschaft oder Genossenschaft in die Betriebsstätte einer Personenunternehmung	60
4.2.6.3.4	Rückwirkende Umwandlung	61
4.2.6.4	Direkte Bundessteuer (Einkommenssteuer: Einkünfte aus Beteiligungen im Privatvermögen)	61
4.2.6.5	Verrechnungssteuer	61
4.2.6.6	Umsatzabgabe	61
4.2.6.7	Nicht betroffene Steuer	61
4.3	**Spaltung**	**62**
4.3.1	Tatbestände	62
4.3.2	Direkte Bundessteuer (Gewinnsteuer)	63
4.3.2.1	Grundsatz	63
4.3.2.2	Rückwirkende Spaltung	64
4.3.2.3	Veräusserungssperrfrist	64
4.3.2.4	Abgrenzung zwischen Spaltung und Verkauf	64
4.3.2.5	Betrieb und Teilbetrieb	64
4.3.2.6	Vermögensverwaltungs- und Holdinggesellschaften	65
4.3.2.7	Finanz- und Immaterialgüterverwertungsgesellschaften	65
4.3.2.8	Immobiliengesellschaften	66
4.3.2.9	Wertberichtigungen und Abschreibungen auf übertragenen Beteiligungen	66
4.3.2.10	Gestehungskosten einer durch Spaltung übertragenen Beteiligung	66
4.3.2.11	Steuerfolgen für eine beteiligte juristische Person (Muttergesellschaft) bei einer symmetrischen Spaltung (modifizierte Dreieckstheorie)	66
4.3.2.12	Gewinnsteuerfolgen bei Nichterfüllung des Betriebserfordernisses	67
4.3.2.13	Übernahme von Vorjahresverlusten	68
4.3.2.14	Übernahme des selbst geschaffenen Mehrwerts	68
4.3.2.15	Abspaltung zwecks Sanierung der übernehmenden Gesellschaft	68
4.3.3	Direkte Bundessteuer (Einkommenssteuer: Einkünfte aus Beteiligungen im Privatvermögen)	68
4.3.3.1	Veräusserungssperrfrist	68
4.3.3.2	Gratisaktien und Gratisnennwerterhöhungen	68
4.3.3.3	Steuerfolgen einer nicht gewinnsteuerneutralen Spaltung	69
4.3.4	Verrechnungssteuer	69
4.3.4.1	Grundsatz	69
4.3.4.2	Gratisaktien und Gratisnennwerterhöhungen	70
4.3.4.3	Abspaltung zwecks Sanierung der übernehmenden Gesellschaft	70
4.3.5	Emissionsabgabe	70
4.3.6	Umsatzabgabe	71
4.4	**Übertragung auf Tochtergesellschaft (Ausgliederung)**	**72**
4.4.1	Ausgliederung von Betrieben, Teilbetrieben sowie von Gegenständen des betrieblichen Anlagevermögens	72
4.4.1.1	Tatbestand	72
4.4.1.1.1	Tochterausgliederung und Fusionsausgliederung	72

4.4.1.1.2	Übertragung	73
4.4.1.2	Direkte Bundessteuer (Gewinnsteuer)	73
4.4.1.2.1	Grundsatz	73
4.4.1.2.2	Fortbestand der Steuerpflicht in der Schweiz	73
4.4.1.2.3	Inländische Tochtergesellschaft	74
4.4.1.2.4	Übertragung	74
4.4.1.2.5	Betrieb und Teilbetrieb	74
4.4.1.2.6	Gegenstände des betrieblichen Anlagevermögens	74
4.4.1.2.7	Gewinnsteuerwert und Gestehungskosten der Beteiligung an der übernehmenden Tochtergesellschaft	74
4.4.1.2.8	Veräusserungssperrfrist	75
4.4.1.2.9	Vorjahresverluste	76
4.4.1.2.10	Übernahme des selbst geschaffenen Mehrwerts	76
4.4.1.3	Verrechnungssteuer	76
4.4.1.4	Emissionsabgabe	76
4.4.1.5	Umsatzabgabe	77
4.4.1.6	Nicht betroffene Steuern	77
4.4.2	Ausgliederung von Beteiligungen	78
4.4.2.1	Tatbestand	78
4.4.2.2	Direkte Bundessteuer (Gewinnsteuer)	78
4.4.2.2.1	Grundsatz	78
4.4.2.2.2	Gewinnsteuerwert und Gestehungskosten der Beteiligung an der übernehmenden Tochtergesellschaft	78
4.4.2.2.3	Veräusserungssperrfrist	78
4.4.2.2.4	Übertragung auf eine ausländische Tochtergesellschaft	78
4.4.2.2.5	Durch den Beteiligungsabzug bedingte Realisationstatbestände	79
4.4.2.3	Verrechnungssteuer	79
4.4.2.4	Emissionsabgabe	79
4.4.2.5	Umsatzabgabe	80
4.4.2.6	Nicht betroffene Steuern	80
4.5	**Übertragung zwischen inländischen Konzerngesellschaften**	**81**
4.5.1	Tatbestand	81
4.5.2	Direkte Bundessteuer (Gewinnsteuer)	81
4.5.2.1	Grundsatz	81
4.5.2.2	Fortbestand der Steuerpflicht in der Schweiz	82
4.5.2.3	Inländische Konzerngesellschaften	82
4.5.2.4	Übertragung	83
4.5.2.5	Direkt und indirekt gehaltene Beteiligungen	83
4.5.2.6	Übertragung einer Beteiligung auf eine ausländische Konzerngesellschaft	83
4.5.2.7	Wertberichtigungen und Abschreibungen auf übertragenen Beteiligungen	83
4.5.2.8	Gestehungskosten einer übertragenen Beteiligung	84
4.5.2.9	Betrieb und Teilbetrieb	84
4.5.2.10	Gegenstände des betrieblichen Anlagevermögens	84

4.5.2.11	Vorjahresverluste	84
4.5.2.12	Übernahme des selbst geschaffenen Mehrwerts	84
4.5.2.13	Übertragung zwecks Sanierung der übernehmenden Gesellschaft	84
4.5.2.14	Übertragung auf die Muttergesellschaft	85
4.5.2.15	Übertragung zwischen Schwestergesellschaften	85
4.5.2.16	Steuerfolgen für eine beteiligte juristische Person (Muttergesellschaft) bei einer Übertragung auf eine Schwestergesellschaft (modifizierte Dreieckstheorie)	85
4.5.2.17	Veräusserungssperrfrist	85
4.5.3	Verrechnungssteuer	87
4.5.3.1	Grundsatz	87
4.5.3.2	Übertragung auf eine Schwestergesellschaft mit echter Unterbilanz	87
4.5.3.3	Veräusserungssperrfrist	87
4.5.4	Emissionsabgabe	87
4.5.5	Umsatzabgabe	87
4.5.6	Nicht betroffene Steuer	88
4.6	**Austausch von Beteiligungsrechten im Vermögen juristischer Personen bei Umstrukturierungen**	**89**
4.6.1	Tatbestand	89
4.6.2	Direkte Bundessteuer (Gewinnsteuer)	89
4.6.2.1	Grundsatz	89
4.6.2.2	Durch den Beteiligungsabzug bedingte Realisationstatbestände	89
4.6.2.3	Übernahme der bisherigen Gewinnsteuerwerte bei Quasifusionen	89
4.6.2.4	Gestehungskosten bei Unternehmenszusammenschlüssen	90
4.6.2.5	Ausgleichszahlungen bei Unternehmenszusammenschlüssen	90
4.6.2.6	Abfindungen bei Barfusionen	90
4.6.2.7	Grenzüberschreitender Beteiligungsaustausch	90
4.6.3	Verrechnungssteuer	90
4.6.4	Emissionsabgabe	90
4.6.5	Umsatzabgabe	90
4.7	**Ersatzbeschaffung von Beteiligungen**	**91**
4.7.1	Tatbestand	91
4.7.2	Direkte Bundessteuer (Einkommenssteuer: Einkünfte aus selbständiger Erwerbstätigkeit)	91
4.7.3	Direkte Bundessteuer (Gewinnsteuer)	91
4.7.3.1	Grundsatz	91
4.7.3.2	Veräussernde Gesellschaft	91
4.7.3.3	Veräusserte Beteiligung	91
4.7.3.4	Ersatzobjekt	92
4.7.3.5	Ersatz innert angemessener Frist	92
4.7.3.6	Verbuchung	92
4.7.3.7	Nicht reinvestierter Teil des Veräusserungserlöses	92
4.7.3.8	Gewinnsteuerwert	92
4.7.3.9	Gestehungskosten	92

4.7.3.10	Wiedereingebrachte Abschreibungen und Wertberichtigungen	92
4.7.4	Umsatzabgabe	92
4.7.5	Nicht betroffene Steuern	93
5.	***Inkrafttreten***	***93***

Anhang: Beispiele 1 – 27

1. Einleitung

Das Bundesgesetz vom 3. Oktober 2003 über Fusion, Spaltung, Umwandlung und Vermögensübertragung (Fusionsgesetz; FusG; SR 221.301) regelt die zivilrechtlichen Möglichkeiten und Erfordernisse sowie die steuerrechtlichen Folgen von Umstrukturierungen auf der Unternehmensebene (Einkünfte aus selbständiger Erwerbstätigkeit, Gewinnsteuer, Verrechnungssteuer und Stempelabgaben).

Nicht alle zivilrechtlichen Vorgänge gemäss FusG sind steuerneutral. Andererseits können auch zivilrechtliche Vorgänge, die nicht im FusG geregelt sind, steuerneutral sein. Die Bedingungen für steuerneutrale Umstrukturierungstatbestände und die Steuerfolgen, wenn die Bedingungen nicht oder nur teilweise eingehalten werden, sind in den betreffenden Steuergesetzen geregelt.

Die Steuerfolgen für die Inhaber von Beteiligungsrechten von Kapitalgesellschaften und Genossenschaften im Privatvermögen wurden mit dem FusG nicht neu geregelt. Aus Gründen der Vollständigkeit werden jedoch im vorliegenden Kreisschreiben auch die Steuerfolgen für diesen Personenkreis aufgezeigt.

Im vorliegenden Kreisschreiben werden die Steuerfolgen des Bundes (Direkte Bundessteuer, Verrechnungssteuer und Stempelabgaben) zu Umstrukturierungstatbeständen auf der Unternehmensebene und für die Anteilsinhaber wiedergegeben. Wie die Gesetzesbestimmungen sind auch die nachfolgenden Ausführungen und Beispiele nicht abschliessend zu verstehen.

Das aktualisierte Kreisschreiben Nr. 5a zu den Umstrukturierungen beinhaltet neben allgemeinen redaktionellen Änderungen die gesetzlichen Anpassungen (insbesondere Bundesgesetz vom 23. März 2007 über die Verbesserung der steuerlichen Rahmenbedingungen für unternehmerische Tätigkeiten und Investitionen [Unternehmenssteuerreformgesetz II][1], in Kraft getreten am 1. Januar 2009, sowie Bundesgesetz vom 28. September 2018 über die Steuerreform und die AHV-Finanzierung [STAF][2], in Kraft getreten am 1. Januar 2020) sowie die seit der Publikation des Kreisschreibens Nr. 5 ergangenen relevanten Urteile des Bundesgerichts und Praxisanpassungen der Eidgenössischen Steuerverwaltung (ESTV). Zudem wird im vorliegenden Kreisschreiben nicht mehr zwischen Alt- und Neu-Beteiligung unterschieden.

---

[1] AS 2008 2893
[2] AS 2019 2395

2. Rechtliche Grundlagen

2.1 Zivilrecht

Im FusG ist die Fusion für alle Gesellschaftsformen des Obligationenrechts sowie für Vereine und Stiftungen gesetzlich geregelt. Die Umwandlung der Rechtsform ist generell zugelassen, soweit die Strukturen der verschiedenen Rechtsformen vereinbar sind. Zusätzlich regelt das FusG die Spaltung von Unternehmen und die Übertragung eines Unternehmens oder eines Teils davon durch das Instrument der Vermögensübertragung.

Die Regelungen der Fusion und der Spaltung erfassen sowohl Vorgänge unter Gesellschaften derselben Rechtsform (z.b. die Fusion von zwei Aktiengesellschaften) wie auch unter Gesellschaften mit unterschiedlichen Rechtsformen (z.B. die Fusion einer Kollektivgesellschaft mit einer Aktiengesellschaft). Das FusG erstreckt sich ausserdem auf grenzüberschreitende Vorgänge, d.h. auf solche, an denen Gesellschaften mit Sitz in verschiedenen Staaten beteiligt sind. Erfasst werden ebenfalls Fusionen und Umwandlungen, die der Überführung von Instituten des öffentlichen Rechts in Gesellschaften des Privatrechts dienen (z.b. die Umwandlung einer Kantonalbank in eine Aktiengesellschaft).

2.2 Direkte Bundessteuer

2.2.1 Einkommenssteuer: Einkünfte aus selbständiger Erwerbstätigkeit

Artikel 18 Absatz 2 des Bundesgesetzes vom 14. Dezember 1990 über die direkte Bundessteuer (DBG; SR 642.11) umschreibt die Realisationstatbestände für stille Reserven von Personenunternehmungen (Kapitalgewinne auf Geschäftsvermögen). Solche Kapitalgewinne gehören zu den Einkünften aus selbständiger Erwerbstätigkeit.

Kapitalgewinne auf Geschäftsvermögen werden realisiert durch:

- echte Realisation (z.B. Veräusserung);
- buchmässige Realisation (z.B. Aufwertung);
- steuersystematische Realisation.

Eine steuersystematische Realisation liegt vor, wenn bisher latent steuerbelastete Kapitalgewinne steuerfrei oder von der Steuerpflicht ausgenommen werden. Darunter fallen:

- die Überführung von Geschäftsvermögen in das Privatvermögen (Privatentnahme; Steuerfreiheit der privaten Kapitalgewinne; Art. 16 Abs. 3 DBG)[3];
- die Überführung von Geschäftsvermögen in ausländische Betriebe oder Betriebsstätten (keine Erstreckung der Steuerpflicht auf ausländische Geschäftsbetriebe und Betriebsstätten; Art. 6 Abs. 1 DBG).

---

[3] Botschaft zum FusG, BBl **2000** 4507, Ziff. 2.2.7

Artikel 19 DBG und die diesbezüglichen Ausführungen und Beispiele im vorliegenden Kreisschreiben regeln im Sinne von nicht abschliessend aufgezählten Ausnahmen die Steuerneutralität bei Umstrukturierungen. Steuerneutralität ist grundsätzlich dann gegeben, wenn keine Liquidation oder Veräusserung vorliegt (subjektive Verknüpfung der stillen Reserven), die stillen Reserven weiterhin dem Betrieb dienen (objektive Verknüpfung der stillen Reserven) und das Besteuerungsrecht der stillen Reserven in der Schweiz erhalten bleibt (fiskalische Verknüpfung der stillen Reserven).[4]

Die fiskalische Verknüpfung liegt nur dann vor, wenn bei der internationalen Steuerausscheidung sichergestellt ist, dass die übertragenen stillen Reserven weiterhin uneingeschränkt der Schweiz zugewiesen werden. Das ist nach Artikel 6 Absatz 3 DBG bei der Anwendung der objektmässigen (direkten) Methode gewährleistet.

Der Begriff der Umstrukturierung ist im Steuerrecht ergebnisorientiert, d.h. aufgrund einer wirtschaftlichen Betrachtungsweise auszulegen. Er ist nicht auf Umstrukturierungen nach FusG beschränkt. So bedingt zum Beispiel die Umwandlung eines Einzelunternehmens in eine Kapitalgesellschaft zivilrechtlich eine Liquidation (Löschung) des Einzelunternehmens und die Übertragung der Aktiven und Passiven auf eine Kapitalgesellschaft. Obwohl damit grundsätzlich der Tatbestand einer echten Realisation gegeben wäre, qualifiziert sich dieser Vorgang unter bestimmten Bedingungen als steuerneutrale Umstrukturierung.

Werden im Rahmen einer Umstrukturierung stille Reserven – auf einzelnen Aktiven oder gesamthaft – nicht vollständig steuerneutral übertragen, indem die massgeblichen Einkommenssteuerwerte im Rahmen der Umstrukturierung auf einen Wert unter dem Verkehrswert erhöht werden, wird die Differenz zwischen den Einkommenssteuerwerten vor und nach der Umstrukturierung mit der Einkommenssteuer erfasst. Die übertragenen stillen Reserven werden nicht besteuert. Vorbehalten bleiben die für die Teilbesteuerung qualifizierenden Tatbestände bei Beteiligungen im Geschäftsvermögen (vgl. Art. 18b DBG). Solche Einkünfte und Gewinne aus der Veräusserung von Beteiligungsrechten sind nach Abzug des zurechenbaren Aufwands im Umfang von 70 Prozent steuerbar, wenn die Beteiligungsrechte mindestens 10 Prozent des Grund- oder Stammkapitals einer Kapitalgesellschaft oder Genossenschaft ausmachen. Die Teilbesteuerung des Veräusserungsgewinns bedingt eine Haltedauer der veräusserten Beteiligungsrechte von mindestens einem Jahr.

---

[4] Auszug aus der Botschaft zum FusG; BBl **2000** 4368, Ziff. 1.3.9.2, Leitlinien für die Revision des Steuerrechts: " Mit der Verabschiedung des DBG und des StHG wurde versucht, die Steuerneutralität bestimmter Umstrukturierungen gesetzlich zu regeln. Mit der Schaffung der Artikel 19 und 61 DBG ging es dem Gesetzgeber vor allem um eine Fortführung der bisher gehandhabten Praxis. Die starren Formulierungen im DBG und im StHG geben die Voraussetzungen zur steuerneutralen Umstrukturierung allerdings nur ungenügend zu erkennen, indem die Voraussetzungen für den Verzicht auf die Besteuerung stiller Reserven für die Tatbestände der Fusion, Umwandlung und Teilung formal umschrieben worden sind. Auch lassen die Umstrukturierungsvorschriften des DBG und des StHG den unzutreffenden Eindruck aufkommen, dass das harmonisierte Bundessteuerrecht auf einen rein formalen Begriff der Realisation stiller Reserven abstelle wiewohl diese Vorschriften den Verzicht auf die Erfassung stiller Reserven nur für den Fall regeln, dass das Vorliegen eines Realisationstatbestandes auf Grund der allgemeinen Gewinnermittlungsbestimmungen zu bejahen ist."

2.2.2 Gewinnsteuer

Artikel 58 Absatz 1 DBG umschreibt die Realisationstatbestände für stille Reserven von juristischen Personen. Solche Kapitalgewinne sind Bestandteil des steuerbaren Reingewinnes.

Juristische Personen realisieren Kapitalgewinne durch:

- echte Realisation (z.B. Veräusserung);
- buchmässige Realisation (z.B. Aufwertung);
- steuersystematische Realisation.

Eine steuersystematische Realisation liegt vor, wenn bisher latent steuerbelastete Kapitalgewinne (faktisch) steuerfrei oder von der Steuerpflicht ausgenommen werden. Darunter fallen:

- die Übertragung von Vermögenswerten auf Tochtergesellschaften (Beteiligungsabzug auf Kapitalgewinnen auf Beteiligungen; Art. 69/70 DBG);
- die Beendigung der Steuerpflicht in der Schweiz gemäss Artikel 61b Absatz 2 DBG.

Artikel 61 DBG und die diesbezüglichen Ausführungen und Beispiele im vorliegenden Kreisschreiben regeln im Sinne von nicht abschliessend aufgezählten Ausnahmen die Steuerneutralität bei Umstrukturierungen. Steuerneutralität ist grundsätzlich dann gegeben, wenn keine Liquidation oder Veräusserung vorliegt (subjektive Verknüpfung der stillen Reserven), die stillen Reserven weiterhin dem Betrieb dienen (objektive Verknüpfung der stillen Reserven) und das Besteuerungsrecht der stillen Reserven in der Schweiz erhalten bleibt (fiskalische Verknüpfung der stillen Reserven).[5]

Die fiskalische Verknüpfung liegt nur dann vor, wenn bei der internationalen Steuerausscheidung sichergestellt ist, dass die übertragenen stillen Reserven weiterhin uneingeschränkt der Schweiz zugewiesen werden. Das ist nach Artikel 52 Absatz 3 DBG bei der Anwendung der objektmässigen (direkten) Methode gewährleistet.

Der Begriff der Umstrukturierung ist auch im Gewinnsteuerrecht ergebnisorientiert, d.h. aufgrund einer wirtschaftlichen Betrachtungsweise auszulegen. Er ist nicht auf Umstrukturierungen nach FusG beschränkt.

Werden im Rahmen einer Umstrukturierung stille Reserven auf einzelnen Aktiven nicht vollständig steuerneutral übertragen, indem die massgeblichen Gewinnsteuerwerte auf einen Wert unter dem Verkehrswert erhöht werden, wird die Differenz zwischen den Gewinnsteuerwerten vor und nach der Umstrukturierung grundsätzlich bei der übertragenden Gesellschaft mit der Gewinnsteuer erfasst. Die übertragenen stillen Reserven werden nicht besteuert.

Artikel 64 Absatz 1bis DBG regelt im Sinne einer Ausnahme den Steueraufschub bei der Ersatzbeschaffung von Beteiligungen.

---

[5] BBl **2000** 4368; vgl. Fussnote 8

2.2.3 Einkommenssteuer: Einkünfte aus Beteiligungen im Privatvermögen

Nach Artikel 20 Absatz 1 Buchstabe c DBG gelten als steuerbare Erträge aus beweglichem Vermögen insbesondere Dividenden, Gewinnanteile, Liquidationsüberschüsse und geldwerte Vorteile aus Beteiligungen aller Art (einschliesslich Gratisaktien, Gratisnennwerterhöhungen u. dgl.). Steuerbar sind in diesem Sinne nicht nur die ordentlichen und ausserordentlichen Dividenden, sondern auch alle wiederkehrenden und einmaligen Ausschüttungen aus dem Gewinn oder den übrigen Reserven, wie Barleistungen oder Nennwerterhöhungen bei Fusionen, Hingabe von Geschäftsaktiven und Anteile am Erlös einer Teil- oder Totalliquidation (ASA 60, 537; 59, 717, mit Verweis auf vorangegangene Judikatur). Für die Bemessung dieser Einkünfte gilt unter dem DBG das Nennwertprinzip (ASA 72, 218 = StE 2002 B 24.4 Nr. 63; ASA 70, 289 = StE 2001 B 24.4 Nr. 57) erweitert um das Kapitaleinlageprinzip (Art. 20 Abs. 3-7 DBG). Gemäss Artikel 20 Absatz 1bis DBG sind die nach Artikel 20 Absatz 1 Buchstabe c DBG steuerbaren Erträge aus beweglichem Vermögen zu 70 Prozent steuerbar, wenn die Beteiligungsrechte mindestens 10 Prozent am Grund- und Stammkapital einer Kapitalgesellschaft oder Genossenschaft darstellen.

Artikel 20 Absatz 1 Buchstabe c DBG ist eine Steuernorm mit wirtschaftlichen Anknüpfungspunkten. Die Steuerbehörden sind deshalb nicht strikte an die zivilrechtliche Gestaltung gebunden, sondern haben den Sachverhalt rechtlich entsprechend seinem wirtschaftlichen Gehalt zu würdigen (ASA 72, 218 = StE 2002 B 24.4 Nr. 63; ASA 54, 211).

Kapitalgewinne bilden nur dann steuerbares Einkommen, wenn sie aus einer selbständigen Erwerbstätigkeit stammen (Art. 18 Abs. 1 DBG) oder auf Geschäftsvermögen entfallen (Art. 18 Abs. 2 DBG). Kapitalgewinne aus der Veräusserung von Privatvermögen sind dagegen steuerfrei (Art. 16 Abs. 3 DBG).

2.3 Verrechnungssteuer

Die bei einer Umstrukturierung den Inhabern der Beteiligungsrechte oder diesen nahestehenden Dritten zukommenden Ausgleichszahlungen, Gratisaktien, Gratisnennwerterhöhungen und sonstigen Erträge unterliegen nach Artikel 4 Absatz 1 Buchstabe b des Bundesgesetzes vom 13. Oktober 1965 über die Verrechnungssteuer (VStG; SR 642.21) der Verrechnungssteuer, sofern sie zu Lasten der übrigen Reserven einer inländischen Kapitalgesellschaft oder Genossenschaft erfolgen.

Die Verlegung des Sitzes einer Kapitalgesellschaft oder Genossenschaft ins Ausland wird einer Liquidation gleichgestellt (Art. 4 Abs. 2 VStG).

Artikel 5 Absatz 1 Buchstabe a VStG regelt im Sinne einer Ausnahme, dass (übrige) Reserven und Gewinne einer Kapitalgesellschaft oder Genossenschaft, die bei einer Umstrukturierung nach Artikel 61 DBG in die Reserven einer aufnehmenden oder umgewandelten inländischen Kapitalgesellschaft oder Genossenschaft übergehen, von der Verrechnungssteuer ausgenommen sind. Dabei wird vorausgesetzt, dass das übertragene Verrechnungssteuersubstrat erhalten bleibt, jedoch nicht, dass die für die direkte Bundessteuer massgeblichen Werte übernommen werden.

2.4 Stempelabgaben

2.4.1 Emissionsabgabe

Gemäss Artikel 6 Absatz 1 Buchstabe a^{bis} des Bundesgesetzes vom 27. Juni 1973 über die Stempelabgaben (StG; SR 641.10) sind von der Emissionsabgabe ausgenommen Beteiligungsrechte, die in Durchführung von Beschlüssen über Fusionen oder diesen wirtschaftlich gleichkommenden Zusammenschlüssen, Umwandlungen und Spaltungen von Aktiengesellschaften, Kommanditaktiengesellschaften, Gesellschaften mit beschränkter Haftung oder Genossenschaften begründet oder erhöht werden.

Der Tatbestand von Artikel 6 Absatz 1 Buchstabe a^{bis} StG setzt nicht voraus, dass die für die direkte Bundessteuer massgeblichen Werte übernommen werden.

Artikel 9 Absatz 1 Buchstabe e StG bestimmt, dass die Emissionsabgabe bei der Begründung oder Erhöhung von Beteiligungsrechten im Rahmen von Fusionen, Spaltungen oder Umwandlungen von andern Rechtsträgern als Kapitalgesellschaften und Genossenschaften auf ein Prozent des Nennwerts beschränkt wird. Die Reduktion der Bemessungsgrundlage für die Emissionsabgabe bei Fusionen, Spaltungen oder Umwandlungen wird jedoch nur dann gewährt, wenn der bisherige Rechtsträger während mindestens fünf Jahren bestand. Im Weiteren wird über den Mehrwert nachträglich abgerechnet, soweit während den der Umstrukturierung nachfolgenden fünf Jahren die Beteiligungsrechte veräussert werden.

2.4.2 Umsatzabgabe

Bei einer Umstrukturierung ist die Umsatzabgabe nur dann betroffen, wenn kumulativ:

- steuerbare Urkunden übertragen werden;
- die Übertragung entgeltlich erfolgt;
- eine übertragende oder übernehmende Person oder einer der Vermittler Effektenhändler ist (Art. 13 Abs. 3 StG).

Zu den Effektenhändlern gehören auch inländische Kapitalgesellschaften und Genossenschaften, deren Aktiven nach Massgabe der letzten Bilanz zu mehr als 10 Millionen Franken aus steuerbaren Urkunden nach Artikel 13 Absatz 2 StG bestehen (Art. 13 Abs. 3 Bst. d StG).

Nach Artikel 14 Absatz 1 Buchstabe b StG ist die Sacheinlage von Urkunden zur Liberierung in- oder ausländischer Aktien, Stammanteilen von Gesellschaften mit beschränkter Haftung, Genossenschaftsanteilen, Beteiligungsscheinen von Genossenschaftsbanken, Partizipationsscheinen und Anteilen von kollektiven Kapitalanlagen nach KAG von der Umsatzabgabe ausgenommen.

Die im Rahmen einer Umstrukturierung, der Übertragung von Betrieben oder Teilbetrieben auf eine inländische Konzerngesellschaft nach Artikel 61 Absatz 3 DBG sowie bei der Übertragung von Beteiligungen von mindestens 20 Prozent am Grund- oder Stammkapital einer anderen Gesellschaft auf eine in- oder ausländische Konzerngesellschaft erfolgte Übertragung steuerbarer Urkunden ist ebenfalls von der Umsatzabgabe ausgenommen (Art. 14 Abs. 1 Bst. i und j StG).

Die im DBG vorgesehenen Veräusserungssperrfristen (Art. 19 Abs. 2, Art. 61 Abs. 2 und 4 DBG) finden bei der Umsatzabgabe mangels klarer gesetzlicher Grundlage keine Anwendung.

Die Veräusserung von steuerbaren Urkunden im Rahmen der Ersatzbeschaffung einer Beteiligung, die mindestens 10 Prozent am Grund- oder Stammkapital oder mindestens 10 Prozent des Gewinns und der Reserven der anderen Gesellschaft ausmacht (Artikel 64 Absatz 1bis DBG) ist ebenfalls von der Umsatzabgabe ausgenommen (Art. 14 Abs. 1 Bst. j StG).

Der Tatbestand von Artikel 14 Absatz 1 Buchstaben i und j StG setzt nicht voraus, dass die für die direkte Bundessteuer massgeblichen Werte übernommen werden.

2.5 Mehrwertsteuer

Meldeverfahren bei Fusion, Spaltung, Umwandlung und Vermögensübertragung

Artikel 38 Absatz 1 des Bundesgesetzes vom 12. Juni 2009 über die Mehrwertsteuer (MWSTG; SR 641.20) regelt die Vorgehensweise bei Umstrukturierungen nach den Artikeln 19 oder 61 DBG sowie bei entgeltlicher oder unentgeltlicher Übertragung eines Gesamt- oder Teilvermögens von einer steuerpflichtigen auf eine andere steuerpflichtige Person, auch wenn die Übernehmende erst durch Übernahme des Vermögens steuerpflichtig wird, im Rahmen einer Gründung, einer Liquidation, einer Umstrukturierung, einer Geschäftsveräusserung oder eines im Fusionsgesetz geregelten Rechtsgeschäfts.

Übersteigt in den soeben erwähnten Konstellationen die auf dem Veräusserungspreis zum gesetzlichen Satz berechnete Mehrwertsteuer den Betrag von CHF 10'000 oder erfolgt die Veräusserung an eine eng verbundene Person (vgl. Art. 3 Bst. h MWSTG), muss die steuerpflichtige Person das Meldeverfahren anwenden und ihre Abrechnungs- und Steuerentrichtungspflicht durch Meldung erfüllen. Diese Meldung ist im Rahmen der ordentlichen Mehrwertsteuer-Abrechnung und unter gleichzeitiger Verwendung des Formulars Nr. 764 vorzunehmen.

Eine freiwillige Anwendung des Meldeverfahrens ist in den in Artikel 104 der Mehrwertsteuerverordnung vom 27. November 2009 (MWSTV; SR 641.201) geregelten Fällen möglich.

Bei Anwendung des Meldeverfahrens übernimmt der Erwerber für die an ihn übertragenen Vermögenswerte die Bemessungsgrundlage und den zum Vorsteuerabzug berechtigenden Verwendungsgrad des Verkäufers (vgl. Art. 38 Abs. 4 MWSTG). Verwendet der Erwerber die übernommenen Vermögenswerte in einem geringeren Umfang für steuerbare Zwecke als der Verkäufer, fällt bei ihm eine Eigenverbrauchsbesteuerung an. Im umgekehrten Fall kann der Erwerber eine Einlageentsteuerung geltend machen. Ausgangspunkt für die Prüfung, ob solche Nutzungsänderungen vorliegen, bildet Artikel 105 MWSTV. Danach gilt die Vermutung, dass der Veräusserer die übertragenen Vermögenswerte vollumfänglich für steuerbare Zwecke verwendet hat. Macht der Erwerber einen anderen Verwendungsgrad geltend, muss er diesen nachweisen.

Die Hauptabteilung Mehrwertsteuer der ESTV hat Ausführungen zum Meldeverfahren in der MWST-Info Nr. 11 (610.545-11)[6] publiziert. Darin finden sich neben den Ausführungen betreffend die obligatorische sowie freiwillige Anwendung des Meldeverfahrens auch ein Muster des im Internet abrufbaren Formulars Nr. 764 sowie weitere im Zusammenhang mit dem Meldeverfahren zu beachtende Bereiche (wie Steuernachfolge [Art. 16 MWSTG], Mithaftung [Art. 15 Abs. 1 Bst. d MWSTG], Eigenverbrauch und Einlageentsteuerung).

---

[6] Diese Publikation ist im Internet unter https://www.gate.estv.admin.ch/mwst-webpublikationen/public/pages/search/search.xhtml?winid=217636 abrufbar oder kann als Drucksache beim Bundesamt für Bauten und Logistik BBL, Verkauf Bundespublikationen, 3003 Bern, bestellt werden.

3. Umstrukturierungen von Personenunternehmungen

3.1 Übertragung von Vermögenswerten auf eine andere Personenunternehmung

3.1.1 Tatbestände

Unter die Übertragung von Vermögenswerten auf eine andere Personenunternehmung fallen insbesondere folgende Umstrukturierungstatbestände im steuerlichen Sinn:

- Zusammenschluss mit einer anderen Personenunternehmung;
- Errichtung einer neuen Personengesellschaft („Spaltung");
- Umwandlung in eine andere Personenunternehmung.

Die Übertragung kann zivilrechtlich auf folgende Weise erfolgen:

- Verkauf;
- Kapitaleinlage bei Errichtung einer Kollektiv- oder Kommanditgesellschaft;
- Austritt eines Gesellschafters aus einer Personengesellschaft und Gründung einer neuen Personenunternehmung;
- Fusion (nur für Kollektiv- und Kommanditgesellschaften; Art. 3-22 FusG);
- Umwandlung (nur für Kollektiv- und Kommanditgesellschaften; Art. 53-68 FusG);
- Vermögensübertragung (Art. 69-77 FusG).

Im Handelsregister eingetragene Gesellschaften und Einzelunternehmen können ihr Vermögen oder Teile davon mittels Vermögensübertragung (Art. 69-77 FusG) auf andere Rechtsträger des Privatrechts übertragen, wobei die Übertragung - wie bei der Spaltung und der echten Fusion - in einem Akt (uno actu) mit Aktiven und Passiven erfolgt; die Gesamtheit der im Übertragungsvertrag beschriebenen Vermögenswerte wird übertragen, ohne dass die für die Einzelübertragung dieser Werte geltenden Formvorschriften eingehalten werden müssen. Eine Fusion, bei der die Übertragung des Vermögens durch Vermögensübertragung erfolgt, bedingt eine anschliessende Liquidation der übertragenden Gesellschaft.

3.1.2 Direkte Bundessteuer (Einkommenssteuer: Einkünfte aus selbständiger Erwerbstätigkeit)

3.1.2.1 Grundsatz

Die Übertragung von Vermögenswerten auf eine andere Personenunternehmung ist nach Artikel 19 Absatz 1 Buchstabe a DBG steuerneutral, soweit kumulativ:

- die Steuerpflicht in der Schweiz fortbesteht;
- die bisher für die Einkommenssteuer massgeblichen Werte übernommen werden.

Die Übertragung von Vermögenswerten auf eine unabhängige Personenunternehmung, d.h. auf eine Personenunternehmung, an der die übertragenden Personen nach der Übertragung nicht beteiligt sind, stellt dagegen einen Realisationstatbestand dar.

Bei den für die Einkommenssteuer massgeblichen Werten handelt es sich um die Einkommenssteuerwerte, d.h. die Buchwerte gemäss Handelsbilanz zuzüglich allfälliger versteuerter stiller Reserven.

Eine Restriktion ergibt sich aus dem steuersystematischen Realisationstatbestand der Überführung von Geschäftsvermögen in das Privatvermögen (Art. 18 Abs. 2 DBG). Eine solche steuerbare Privatentnahme liegt vor, soweit Vermögenswerte der übertragenden oder der übernehmenden Personenunternehmung nicht mehr ganz oder vorwiegend der selbständigen Erwerbstätigkeit dienen (Präponderanzmethode).

Die Übertragung von Geschäftsvermögen auf eine nichtkaufmännische Personengesellschaft (Art. 553, 595 OR; keine selbständige Erwerbstätigkeit) stellt eine Überführung von Geschäftsvermögen ins Privatvermögen dar (Art. 18 Abs. 2 DBG). Die übertragenen stillen Reserven unterliegen der Einkommenssteuer.

Eine Personenunternehmung kann auch einzelne Vermögenswerte steuerneutral auf eine andere Personenunternehmung übertragen, sofern die übertragende Person auch an der übernehmenden Personenunternehmung beteiligt ist (Art. 19 Abs. 1 Bst. a DBG; **Beispiel Nr. 1 im Anhang**).

3.1.2.2 Ausgleichszahlungen

Ausgleichszahlungen bei Fusionen von Personenunternehmungen stellen - gleich wie Einkäufe neuer Gesellschafter in die stillen Reserven einer Personenunternehmung - bei den Empfängern steuerbare Einkünfte aus selbständiger Erwerbstätigkeit dar. Der leistende Gesellschafter kann die Zahlungen in seiner Steuerbilanz als versteuerte stille Reserven geltend machen und entsprechend der Zuordnung zu den entsprechenden Aktiven steuerwirksam abschreiben. Handelt es sich um eine Zahlung für Goodwill, kann dieser in der Steuerbilanz als eigenständiger Vermögenswert bilanziert und ebenfalls steuerwirksam abgeschrieben werden.

3.1.2.3 Vorjahresverluste

Bei der Übertragung von Betrieben oder Teilbetrieben auf eine andere Personenunternehmung können noch nicht verrechnete Vorjahresverluste nicht auf andere Personen übertragen werden.

3.1.3 Umsatzabgabe

Die Umsatzabgabe ist nur dann betroffen, wenn die übertragende oder die übernehmende Personenunternehmung Effektenhändler ist (Art. 13 Abs. 3 StG) und wenn steuerbare Urkunden entgeltlich übertragen werden.

Die Umsatzabgabe ist nicht geschuldet, soweit eine steuerneutrale Umstrukturierung vorliegt (Art. 14 Abs. 1 Bst. i StG i.V.m. Art. 19 DBG). Darunter fallen auch steuerbare Urkunden, welche zusammen mit anteiligen Verbindlichkeiten gegenüber Dritten übertragen werden.

3.1.4 Nicht betroffene Steuern

- Direkte Bundessteuer (Einkommenssteuer: Einkünfte aus Beteiligungen im Privatvermögen);
- Verrechnungssteuer;
- Emissionsabgabe.

3.2 Übertragung eines Betriebes oder Teilbetriebes auf eine juristische Person

3.2.1 Tatbestände

Unter die Übertragung eines Betriebes oder Teilbetriebes auf eine juristische Person fallen insbesondere folgende Umstrukturierungstatbestände im steuerlichen Sinn:
- Zusammenschluss mit einer juristischen Person;
- Umwandlung einer Personenunternehmung in eine Kapitalgesellschaft oder Genossenschaft;
- Umwandlung der schweizerischen Betriebsstätte einer ausländischen Personengesellschaft in eine Kapitalgesellschaft.

Die Übertragung kann zivilrechtlich auf folgende Weise erfolgen:
- Sacheinlage;
- Verkauf;
- Fusion (nur für Kollektiv- und Kommanditgesellschaften; Art. 3-22 FusG);
- Umwandlung (nur für Kollektiv- und Kommanditgesellschaften; Art. 53-68 FusG);
- Vermögensübertragung (Art. 69-77 FusG).

Der häufigste Umstrukturierungstatbestand, bei dem ein Betrieb oder Teilbetrieb von einer Personenunternehmung auf eine juristische Person übertragen wird, ist die Umwandlung einer Personenunternehmung in eine Kapitalgesellschaft. Dieser Tatbestand ist im Zivilrecht (FusG) nur für Handelsgesellschaften (Kollektiv- und Kommanditgesellschaften) vorgesehen. Die Umwandlung eines Einzelunternehmens in eine Kapitalgesellschaft erfolgt zivilrechtlich entweder durch Sacheinlage in eine neugegründete Kapitalgesellschaft oder durch die im FusG geregelte Vermögensübertragung (allenfalls kombiniert mit einem Verkauf) auf eine bereits bestehende Kapitalgesellschaft (Art. 69-77 FusG).

3.2.2 Direkte Bundessteuer *(Einkommenssteuer: Einkünfte aus selbständiger Erwerbstätigkeit)*

3.2.2.1 Grundsatz

Die Übertragung von Geschäftsvermögen auf eine juristische Person, deren Beteiligungsrechte sich im Privatvermögen befinden, ist nach Artikel 19 Absätze 1 und 2 DBG steuerneutral, soweit kumulativ folgende Erfordernisse erfüllt sind:
- die Steuerpflicht besteht in der Schweiz fort;
- die bisher für die Einkommenssteuer massgeblichen Werte werden übernommen;
- das übertragene Geschäftsvermögen stellt einen Betrieb oder Teilbetrieb dar;
- während den der Umwandlung nachfolgenden fünf Jahren werden die Beteiligungs- oder Mitgliedschaftsrechte an der übernehmenden Gesellschaft nicht veräussert.

Umwandlung einer Personenunternehmung in eine Kapitalgesellschaft oder Genossenschaft[7]:

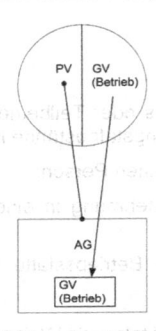

```
        PV │ GV
           │(Betrieb)
            ●
           /│
          / │
         /  │
        ●   │
       AG   │
       GV
      (Betrieb)
```

Eine Restriktion ergibt sich aus dem steuersystematischen Realisationstatbestand der Überführung von Geschäftsvermögen in das Privatvermögen (Art. 18 Abs. 2 DBG). Eine solche steuerbare Privatentnahme liegt vor, soweit bei der übertragenden Personenunternehmung Vermögenswerte zurückbleiben und diese nicht mehr ganz oder vorwiegend der selbständigen Erwerbstätigkeit dienen (Präponderanzmethode). Keine Privatentnahme liegt vor, wenn die zurückbleibenden Vermögenswerte ganz oder vorwiegend der selbständigen Erwerbstätigkeit dienen. Diese Vermögenswerte müssen jedoch keinen Betrieb darstellen (Urteil BGer 2C_733/2016 vom 5.9.2017, E. 3.2.4).

Wird ein Betrieb einer Personenunternehmung auf eine Kapitalgesellschaft übertragen, deren Beteiligungsrechte zum Geschäftsvermögen der übertragenden Personenunternehmung gehören und bleibt keine selbständige Erwerbstätigkeit zurück, liegt eine Privatentnahme der Beteiligungsrechte an der übernehmenden Kapitalgesellschaft vor. Eine Erklärung als gewillkürtes Geschäftsvermögen (Art. 18 Abs. 2 DBG) ist mangels Erwerb nicht möglich.

Die Übertragung eines Betriebes oder eines Teilbetriebes auf eine juristische Person, deren Beteiligungsrechte sich im Geschäftsvermögen einer übertragenden natürlichen Person oder einer Personenunternehmung befinden, führt bei der Übertragung auf eine qualifizierende Beteiligung gemäss Artikel 18b DBG grundsätzlich zu einer steuersystematischen Realisation im Umfang von 30 Prozent der übertragenen stillen Reserven (vgl. Kreisschreiben der ESTV Nr. 23a vom 31.01.2020, Ziff. 2.4.2). Ein solcher Vorgang stellt jedoch eine Umstrukturierung dar, bei der die übertragenen stillen Reserven nach Artikel 19 Absatz 1 Buchstabe b DBG nicht besteuert werden, sofern die Sperrfrist nach Artikel 19 Absatz 2 DBG eingehalten wird.

Die übertragenen unversteuerten stillen Reserven werden im Nachsteuerverfahren besteuert, soweit während den der Umstrukturierung nachfolgenden fünf Jahren Beteiligungs- oder Mitgliedschaftsrechte zu einem Preis verkauft werden, der über dem steuerlichen Eigenkapital im Zeitpunkt der Übertragung liegt (Art. 19 Abs. 2 DBG).

---

[7] H.-J. Neuhaus / M. Neuhaus / P. Riedweg; Kammer-Seminar vom 19.9.2003 zum FusG

3.2.2.2 Fortbestand der Steuerpflicht in der Schweiz

Das Erfordernis des Fortbestandes der Steuerpflicht in der Schweiz bezieht sich auf die übernehmende juristische Person und nicht auf die übertragende natürliche Person. Erfolgt die Übertragung auf eine schweizerische Betriebsstätte einer ausländischen juristischen Person, so kann vom Fortbestand der Steuerpflicht in der Schweiz jedoch nur dann ausgegangen werden, wenn bei der internationalen Steuerausscheidung sichergestellt ist, dass die übertragenen stillen Reserven weiterhin uneingeschränkt der Schweiz zugewiesen werden. Dies ist nach dem DBG durch die Anwendung der objektmässigen (direkten) Ausscheidungsmethode gewährleistet.

Bei einem Wegfall der Steuerpflicht der übertragenden natürlichen Person in Folge der Umwandlung einer schweizerischen Betriebsstätte einer ausländischen Personenunternehmung in eine Kapitalgesellschaft oder Genossenschaft gilt jedoch die Sperrfrist nach Artikel 19 Absatz 2 DBG.

Bei einem Wegfall der Steuerpflicht der übertragenden natürlichen Person kann während der Veräusserungssperrfrist für die latente Einkommenssteuer Sicherstellung verlangt werden (Art. 169 DBG).

Die Steuerbehörden können von einem Steuerpflichtigen mit Wohnsitz oder Sitz im Ausland verlangen, dass er einen Vertreter in der Schweiz bezeichnet (Art. 126a DBG).

3.2.2.3 Betrieb und Teilbetrieb

Nach geltender Praxis wird unter den Begriffen „Betrieb" und „Teilbetrieb" Folgendes verstanden (vgl. dazu Ziff. 4.3.2.5):

- Betrieb: Organisatorisch-technischer Komplex von Vermögenswerten, welcher für die unternehmerische Leistungserstellung eine relativ unabhängige, organische Einheit darstellt.
- Teilbetrieb: Kleinster für sich lebensfähiger Organismus eines Unternehmens.

Ein Betrieb oder Teilbetrieb liegt dann vor, wenn kumulativ folgende Erfordernisse erfüllt sind:
- die Unternehmung erbringt Leistungen auf dem Markt oder an verbundene Unternehmen;
- die Unternehmung verfügt über Personal;
- der Personalaufwand steht in einem sachgerechten Verhältnis zum Ertrag.

Einem Betrieb können auch nichtbetriebsnotwendige Aktiven mitgegeben werden (z.B. liquide Mittel und Immobilien), sofern der Betrieb nicht nur von untergeordneter Bedeutung ist, nicht nur zum Zwecke einer steuerneutralen Umwandlung geschaffen wurde und weitergeführt wird (allgemeiner Vorbehalt der Steuerumgehung).

Der Begriff des Betriebs ist enger definiert als jener der selbständigen Erwerbstätigkeit. Nicht bei jeder Ausübung einer selbständigen Erwerbstätigkeit gemäss Artikel 18 Absatz 1 DBG liegt entsprechend auch ein Betrieb vor. Damit die blosse gewerbsmässige Verwaltung eigener Immobilien ausnahmsweise als Betrieb qualifiziert werden kann, wird eine professionelle Immobilienbewirtschaftung vorausgesetzt (vgl. BGE 142 II 283, E. 3.4.1). Eine professionelle Immobilienbewirtschaftung stellt dann einen Betrieb dar, wenn kumulativ folgende Erfordernisse erfüllt sind:

- es erfolgt ein Marktauftritt oder es werden Betriebsliegenschaften an Konzerngesellschaften vermietet;
- die Unternehmung beschäftigt oder beauftragt mindestens eine Person für die Verwaltung der Immobilien (eine Vollzeitstelle für rein administrative Arbeiten);
- die Mieterträge betragen mindestens das 20-fache des marktüblichen Personalaufwandes für die Immobilienverwaltung[8].

Das Halten und Verwalten von Wertschriften, die lediglich der Anlage von eigenem Vermögen dienen, stellt auch bei einem grossen Vermögen nie einen Betrieb dar.

3.2.2.4 Veräusserungssperrfrist

Die übertragenen stillen Reserven unterliegen der Einkommenssteuer, soweit Beteiligungs- oder Mitgliedschaftsrechte an der übernehmenden juristischen Person innert fünf Jahren nach der Übertragung zu einem über dem übertragenen steuerlichen Eigenkapital liegenden Preis (Kapital der juristischen Person) veräussert werden (Art. 19 Abs. 2 DBG; **Beispiel Nr. 2 im Anhang**). Schon der Verkauf eines einzigen Beteiligungs- oder Mitgliedschaftsrechtes stellt eine Verletzung der Veräusserungssperrfrist dar und führt zu einer anteiligen Nachbesteuerung der übertragenen stillen Reserven. Ob bereits im Umwandlungszeitpunkt eine Veräusserungsabsicht bestanden hat oder ob erst nach der Umwandlung eingetretene Umstände zu der Veräusserung der Beteiligungsrechte geführt haben, ist steuerlich nicht erheblich. Die Veräusserungssperrfrist ist veobjektiviert.

Die Veräusserungssperrfrist beginnt am Tag der Eigentumsübertragung. Bei der Umwandlung einer Personenunternehmung in eine juristische Person beginnt die Veräusserungssperrfrist mit der Anmeldung beim Handelsregisteramt, sofern und soweit für die zivilrechtlich massgebende Abwicklung ein Eintrag im Handelsregister nötig ist. Eine rückwirkende Umwandlung ist für den Beginn der Veräusserungssperrfrist wirkungslos. Die Veräusserungssperrfrist endet fünf Jahre nach der Anmeldung beim Handelsregister oder, falls kein Handelsregistereintrag nötig ist, nach der Eigentumsübertragung.

Der Übergang des Eigentums an den Beteiligungs- oder Mitgliedschaftsrechten an der übernehmenden juristischen Person durch Erbgang oder Schenkung sowie der Verkauf zu einem Preis, der das anteilige übertragene Eigenkapital (Kapital der juristischen Person) nicht übersteigt, stellt keine Sperrfristverletzung dar. In einem solchen Fall geht die Veräusserungssperrfrist auf die Erwerber der Beteiligungs- oder Mitgliedschaftsrechte über. Wird dagegen zu einem über dem anteiligen übertragenen Eigenkapital liegenden Preis veräussert, wird stets über die gesamten übertragenen stillen Reserven anteilig abgerechnet.

Beim übertragenen steuerlichen Eigenkapital handelt es sich in der Regel um den Teil des Kapitals der übertragenden Personenunternehmung, der in Aktienkapital umgewandelt bzw.

---

[8] Bundesrat Villiger; Ständerat 21.3.2001; Amtliches Bulletin, S. 166

als Reserven aus Kapitaleinlagen (KER, Kreisschreiben der ESTV Nr. 29b vom 23.12.2019, Ziff. 2.1) ausgewiesen wird. Theoretisch ist jedoch auch eine Umwandlung in übrige offene Reserven (Kreisschreiben der ESTV Nr. 29b vom 23.12.2019, Ziff. 3.2) möglich.

Die Einbringung der Beteiligungs- oder Mitgliedschaftsrechte an der übernehmenden juristischen Person in eine andere, von der gleichen natürlichen Person beherrschte andere juristische Person (Transponierung), stellt keine Sperrfristverletzung dar. Die Veräusserungssperrfrist erstreckt sich in einem solchen Fall sowohl auf die eingebrachten Beteiligungs- oder Mitgliedschaftsrechte als auch auf die Beteiligungsrechte der natürlichen Person an der übernehmenden Gesellschaft.

Bei einer Sperrfristverletzung erfolgt die Besteuerung im Nachsteuerverfahren (Art. 151-153 DBG). Grundlage der Besteuerung sind die übertragenen unversteuerten stillen Reserven. Die Besteuerung erfolgt immer nur anteilsmässig entsprechend der Quote der veräusserten Beteiligungsrechte. Dies ist auch dann der Fall, wenn mehr als 50 Prozent der Beteiligungs- oder Mitgliedschaftsrechte veräussert werden.

Eine Veränderung der Beteiligungsverhältnisse durch eine Kapitalerhöhung sowie eine steuerneutrale Umstrukturierung der übernehmenden juristischen Person stellen keine Sperrfristverletzungen dar, soweit der übertragenden natürlichen Person keine Leistungen zufliessen.

Werden bei einer Kapitalerhöhung Bezugsrechte veräussert, liegt eine Sperrfristverletzung vor. Die zu besteuernde Quote der übertragenen unversteuerten stillen Reserven entspricht dem Verhältnis des Verkaufserlöses für die Bezugsrechte zu den offenen und stillen Reserven im Zeitpunkt der Kapitalerhöhung.

3.2.3 Direkte Bundessteuer (Gewinnsteuer)

3.2.3.1 Rückwirkende Übertragung

Bei der Umwandlung einer Personenunternehmung in eine juristische Person beginnt deren Steuerpflicht grundsätzlich mit dem Eintrag im Handelsregister.

Eine rückwirkende Umwandlung wird steuerlich nur dann anerkannt, wenn die Anmeldung zusammen mit den Gründungsakten innerhalb von sechs Monaten nach dem Stichtag der Übernahmebilanz beim Handelsregister eingetroffen ist und die Anmeldung ohne irgendwelche Weiterungen zum Eintrag geführt hat. Erfolgt die Übertragung auf eine bereits bestehende juristische Person, ohne dass ein Eintrag im Handelsregister notwendig ist, muss die Eigentumsübertragung innerhalb von sechs Monaten nach dem vereinbarten Stichtag vollzogen werden.

Wird die rückwirkende Übertragung akzeptiert, beginnen die Steuerpflicht, die Steuerperiode und die Bemessungsperiode mit dem vereinbarten Übernahmestichtag. Entsprechend endet die selbständige Erwerbstätigkeit in diesem Zeitpunkt. Andernfalls wird auf den Handelsregistereintrag abgestellt. Dies bedingt die Erstellung eines Abschlusses auf diesen Zeitpunkt.

3.2.3.2 Verletzung der Veräusserungssperrfrist

Eine Abrechnung über die stillen Reserven im Nachsteuerverfahren (Art. 151-153 DBG) führt zu höheren Gewinnsteuerwerten (Art. 19 Abs. 2 DBG). Die übernehmende juristische Person kann die Auflösung solcher versteuerter stillen Reserven durch höhere Abschreibungen geltend machen, soweit diese geschäftsmässig begründet sind. Ist die übernehmende juristische

Person bereits rechtskräftig veranlagt, kann ihr das Revisionsverfahren (Art. 147-149 DBG) gewährt werden. Soweit die stillen Reserven nicht lokalisiert werden können, liegt Goodwill vor, der steuerwirksam abgeschrieben werden kann.

Falls die Mehrwerte in der Handelsbilanz ausgewiesen werden (Anpassung der Handelsbilanz an die Steuerbilanz), sind diese den offenen Reserven gutzuschreiben. Steuerlich stellen diese Reserven übrige Reserven (Kreisschreiben der ESTV Nr. 29b vom 23.12.2019, Ziff. 3.2) dar.

3.2.3.3 Vorjahresverluste

Bei einer Übertragung nach Artikel 19 Absatz 1 Buchstabe b DBG werden noch nicht verrechnete Vorjahresverluste der übertragenden Personenunternehmung auf die übernehmende juristische Person übertragen und können in der Regel bei der Festsetzung des steuerbaren Reingewinnes in Abzug gebracht werden (Art. 67 Abs. 1 DBG; **Beispiel Nr. 3 im Anhang**).

3.2.4 Direkte Bundessteuer *(Einkommenssteuer: Einkünfte aus Beteiligungen im Privatvermögen)*

Wird bei der Übertragung auf eine Kapitalgesellschaft oder Genossenschaft, deren Beteiligungsrechte sich im Privatvermögen befinden, ein Betrieb oder Teilbetrieb zu einem über dem Verkehrswert liegenden Preis gegen Gutschrift oder Anteile am Grund- oder Stammkapital der übernehmenden Kapitalgesellschaft oder Genossenschaft eingebracht, so erzielt die übertragende natürliche Person in diesem Umfang Vermögensertrag.

3.2.5 Verrechnungssteuer

Die Ausführungen zur direkten Bundessteuer (Ziff. 3.2.4) gelten auch für die Verrechnungssteuer.

3.2.6 Emissionsabgabe

Nach Artikel 9 Absatz 1 Buchstabe e StG beträgt die Emissionsabgabe bei der Begründung von Beteiligungsrechten im Rahmen einer Umwandlung einer Personenunternehmung in eine Kapitalgesellschaft oder Genossenschaft, vorbehältlich des Freibetrages nach Artikel 6 Absatz 1 Buchstabe h StG, 1 Prozent des Nennwerts. Die übertragenen offenen und stillen Reserven sind von der Steuer ausgenommen. Die Reduktion der Bemessungsgrundlage für die Emissionsabgabe bei Fusionen, Spaltungen oder Umwandlungen wird jedoch nur dann gewährt, wenn der bisherige Rechtsträger während mindestens fünf Jahren bestand. Im Weiteren ist über den Mehrwert nachträglich anteilsmässig abzurechnen, soweit während den der Umstrukturierung nachfolgenden fünf Jahren Beteiligungsrechte veräussert werden.

Der Übergang des Eigentums an den Beteiligungsrechten durch Erbgang, Schenkung oder andere unentgeltliche Rechtsgeschäfte, einschliesslich steuerneutraler Umstrukturierungen, stellt keine Sperrfristverletzung dar. Dies gilt auch für entgeltliche Übertragungen, sofern der Preis das übertragene Eigenkapital nicht übersteigt.

3.2.7 Umsatzabgabe

Die Umsatzabgabe ist nur dann betroffen, wenn die übertragende Personenunternehmung oder die übernehmende juristische Person Effektenhändler ist (Art. 13 Abs. 3 StG) und zusammen mit dem Betrieb steuerbare Urkunden entgeltlich übertragen werden.

Bei der Übertragung eines Betriebes oder Teilbetriebes auf eine juristische Person ist die Umsatzabgabe nicht geschuldet, soweit eine steuerneutrale Umstrukturierung vorliegt (Art. 14 Abs. 1 Bst. i StG i.V.m. Art. 19 DBG). Darunter fallen auch steuerbare Urkunden, welche zusammen mit anteiligen Verbindlichkeiten gegenüber Dritten übertragen werden.

3.3 Austausch von Beteiligungsrechten im Geschäftsvermögen bei Umstrukturierungen

3.3.1 Tatbestand

Bei der Umstrukturierung von juristischen Personen, insbesondere bei Fusionen, Spaltungen oder Umwandlungen sowie bei fusionsähnlichen Zusammenschlüssen von Kapitalgesellschaften oder Genossenschaften kann es zu einem Austausch von Beteiligungsrechten im Geschäftsvermögen natürlicher Personen kommen.

3.3.2 Direkte Bundessteuer *(Einkommenssteuer: Einkünfte aus selbständiger Erwerbstätigkeit)*

Der Austausch von Beteiligungs- oder Mitgliedschaftsrechten an Kapitalgesellschaften oder Genossenschaften bei Umstrukturierungen im Sinne von Artikel 61 Absatz 1 DBG oder bei fusionsähnlichen Zusammenschlüssen ist mit Bezug auf eine beteiligte Personenunternehmung nach Artikel 19 Absatz 1 Buchstabe c DBG steuerneutral, soweit kumulativ:

- die Steuerpflicht in der Schweiz fortbesteht;
- die bisher für die Einkommenssteuer massgeblichen Werte übernommen werden.

Die Steuerneutralität gilt auch dann, wenn Beteiligungsrechte gegen Beteiligungsrechte an einer ausländischen Kapitalgesellschaft oder Genossenschaft ausgetauscht werden (grenzüberschreitender Beteiligungsaustausch).

Ausgleichszahlungen für ausgetauschte Beteiligungsrechte im Geschäftsvermögen gehören zu den Einkünften aus selbständiger Erwerbstätigkeit (Art. 18 Abs. 1 DBG).

3.3.3 Umsatzabgabe

Die mit einer Umstrukturierung, insbesondere einer Fusion, Spaltung, Umwandlung oder fusionsähnlichem Zusammenschluss verbundene Übertragung steuerbarer Urkunden ist von der Umsatzabgabe ausgenommen (Art. 14 Abs. 1 Bst. i StG). Soweit eine solche Umstrukturierung umsatzabgabepflichtige Personenunternehmungen betrifft, gilt dies auch für die Übertragung von Urkunden im Geschäftsvermögen.

3.3.4 Nicht betroffene Steuern

- Direkte Bundessteuer (Gewinnsteuer);
- Direkte Bundessteuer (Einkommenssteuer: Einkünfte aus Beteiligungen im Privatvermögen);
- Verrechnungssteuer;
- Emissionsabgabe.

4. Umstrukturierungen von juristischen Personen

4.1 Zusammenschluss

4.1.1 Übersicht

4.1.1.1 Tatbestände

Ein Unternehmenszusammenschluss kann durch eine Verschmelzung zweier Kapitalgesellschaften oder Genossenschaften (echte oder unechte Fusion) oder durch eine beteiligungsrechtliche Übernahme einer anderen Kapitalgesellschaft oder Genossenschaft ohne Verschmelzung erfolgen (fusionsähnlicher Zusammenschluss; Quasifusion).

Übersicht[9]

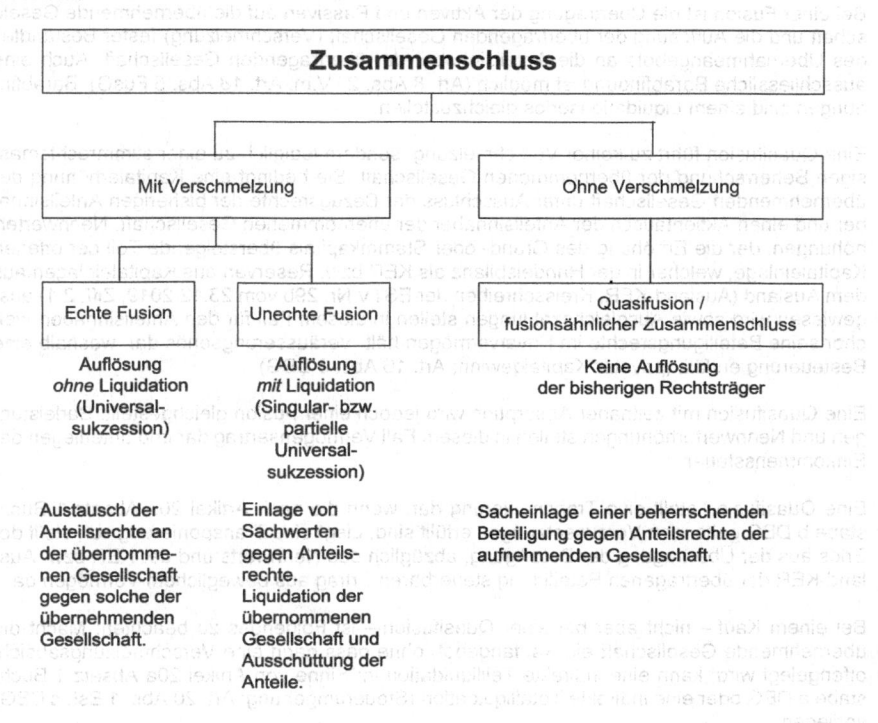

```
                            Zusammenschluss
                           /               \
                  Mit Verschmelzung      Ohne Verschmelzung
                  /              \              |
          Echte Fusion      Unechte Fusion   Quasifusion /
                                             fusionsähnlicher Zusammenschluss
```

Echte Fusion	Unechte Fusion	Quasifusion / fusionsähnlicher Zusammenschluss
Auflösung *ohne* Liquidation (Universalsukzession)	Auflösung *mit* Liquidation (Singular- bzw. partielle Universalsukzession)	Keine Auflösung der bisherigen Rechtsträger
Austausch der Anteilsrechte an der übernommenen Gesellschaft gegen solche der übernehmenden Gesellschaft.	Einlage von Sachwerten gegen Anteilsrechte. Liquidation der übernommenen Gesellschaft und Ausschüttung der Anteile.	Sacheinlage einer beherrschenden Beteiligung gegen Anteilsrechte der aufnehmenden Gesellschaft.

---

[9] In Anlehnung an: REICH MARKUS, Grundriss der Steuerfolgen von Unternehmensumstrukturierungen, Basel/Genf/München 2000, S. 183

4.1.1.2 Echte Fusion

Bei einer echten Fusion findet die Übertragung der Aktiven und Passiven zivilrechtlich durch Universalsukzession statt und die übertragende Gesellschaft wird ohne Liquidation aufgelöst.

4.1.1.3 Unechte Fusion

Bei einer unechten Fusion findet die Vermögensübertragung zivilrechtlich durch Singularsukzession oder partieller Universalsukzession (Vermögensübertragung; Art. 69-77 FusG) statt. In beiden Fällen muss die übertragende Gesellschaft durch Liquidation aufgelöst werden.

4.1.1.4 Abgrenzung Fusion – Quasifusion – Transponierung – indirekte Teil-, oder Totalliquidation

Bei einer Fusion ist die Übertragung der Aktiven und Passiven auf die übernehmende Gesellschaft und die Auflösung der übertragenden Gesellschaft (Verschmelzung) fester Bestandteil des Übernahmeangebots an die Anteilsinhaber der übertragenden Gesellschaft. Auch eine ausschliessliche Barabfindung ist möglich (Art. 8 Abs. 2 i.V.m. Art. 18 Abs. 5 FusG). Barabfindungen sind einem Liquidationserlös gleichzustellen.

Eine Quasifusion führt zu keiner Verschmelzung, sondern lediglich zu einer stimmrechtsmässigen Beherrschung der übernommenen Gesellschaft. Sie bedingt eine Kapitalerhöhung der übernehmenden Gesellschaft unter Ausschluss der Bezugsrechte der bisherigen Anteilsinhaber und einen Aktientausch der Anteilsinhaber der übernommenen Gesellschaft. Nennwerterhöhungen, der die Erhöhung des Grund- oder Stammkapitals übersteigende Teil der offenen Kapitaleinlage, welcher in der Handelsbilanz als KER bzw. Reserven aus Kapitaleinlagen aus dem Ausland (Ausland-KER, Kreisschreiben der ESTV Nr. 29b vom 23.12.2019, Ziff. 2.1) ausgewiesen wird sowie Ausgleichszahlungen stellen in diesem Fall für den Anteilsinhaber, welcher seine Beteiligungsrechte im Privatvermögen hält, Veräusserungserlös dar, weshalb eine Besteuerung entfällt (privater Kapitalgewinn; Art. 16 Abs. 3 DBG).

Eine Quasifusion mit zeitnaher Absorption wird jedoch einer Fusion gleichgestellt. Barleistungen und Nennwerterhöhungen stellen in diesem Fall Vermögensertrag dar und unterliegen der Einkommenssteuer.

Eine Quasifusion stellt eine Transponierung dar, wenn die nach Artikel 20a Absatz 1 Buchstabe b DBG geltenden Voraussetzungen erfüllt sind. Liegt eine Transponierung vor, stellt der Erlös aus der Übertragung der Beteiligung, abzüglich des Nennwerts und der KER bzw. Ausland-KER der übertragenen Beteiligung steuerbaren Ertrag aus beweglichem Vermögen dar.

Bei einem Kauf – nicht aber bei einer Quasifusion – ist Folgendes zu beachten: Macht die übernehmende Gesellschaft ein Kaufangebot, ohne dass darin eine Verschmelzungsabsicht offengelegt wird, kann eine indirekte Teilliquidation im Sinne von Artikel 20a Absatz 1 Buchstabe a DBG oder eine indirekte Totalliquidation (Steuerumgehung; Art. 20 Abs. 1 Bst. c DBG) vorliegen.

4.1.2 Zusammenschluss mit Verschmelzung (Fusion) im Allgemeinen
4.1.2.1 Tatbestände und Definitionen

4.1.2.1.1 Übertragung

Die Übertragung der Aktiven und Passiven kann zivilrechtlich auf folgende Weise erfolgen:
- Absorption (Art. 3 Abs. 1 Bst. a FusG; echte Fusion);
- Kombination (Art. 3 Abs. 1 Bst. b FusG; echte Fusion);
- Vermögensübertragung (Art. 69-77 FusG; unechte Fusion);
- Liquidation (unechte Fusion).

4.1.2.1.2 Absorption

Bei der Absorptionsfusion werden eine oder mehrere Gesellschaften aufgelöst, wobei deren Vermögen auf eine bestehende Gesellschaft übergehen.

4.1.2.1.3 Kombination

Bei der Kombinationsfusion werden zwei oder mehrere Gesellschaften aufgelöst, wobei deren Vermögen auf eine neu zu gründende Gesellschaft übergehen.

4.1.2.1.4 Vermögensübertragung

Im Handelsregister eingetragene Gesellschaften und im Handelsregister eingetragene Einzelunternehmen können ihr Vermögen oder Teile davon auf andere Rechtsträger des Privatrechts übertragen, wobei die Übertragung - wie bei der Spaltung und der echten Fusion - in einem Akt (uno actu) mit Aktiven und Passiven erfolgt; die Gesamtheit der im Übertragungsvertrag beschriebenen Vermögenswerte wird übertragen, ohne dass die für die Einzelübertragung dieser Werte geltenden Formvorschriften eingehalten werden müssen. Eine Fusion, bei der die Übertragung des Vermögens durch Vermögensübertragung erfolgt, bedingt eine anschliessende Liquidation der übertragenden Gesellschaft.

4.1.2.1.5 Tausch der Anteils- und Mitgliedschaftsrechte oder Abfindung

Die Anteilsinhaber der übertragenden Gesellschaft haben Anspruch auf Anteils- oder Mitgliedschaftsrechte an der übernehmenden Gesellschaft (Art. 7 FusG). Im Fusionsvertrag kann jedoch vorgesehen werden, dass die Anteilsinhaber zwischen Anteils- oder Mitgliedschaftsrechten und einer Abfindung wählen können (Barfusion; Art. 8 FusG).

4.1.2.1.6 Fusion im steuerlichen Sinn

Unter einer Fusion nach Artikel 61 Absatz 1 DBG versteht man einen Zusammenschluss mit Verschmelzung (echte und unechte Fusion), d.h. einen Zusammenschluss durch die Übertragung sämtlicher Aktiven und Passiven einer oder mehrerer anderen Gesellschaften auf eine andere Gesellschaft mit anschliessender oder gleichzeitiger Auflösung der übertragenden juristischen Person(en).

Die zivilrechtliche Abwicklung ist für die steuerliche Würdigung nicht massgebend. Entscheidend sind die Ausgangslage und das Endresultat der Transaktion. Echte und unechte Fusionen haben deshalb die gleichen Steuerfolgen.

4.1.2.1.7 Gesellschaft

In den nachfolgenden Ausführungen wird vereinfacht meist nur noch der Begriff „Gesellschaft" verwendet. Die Ausführungen gelten jedoch sinngemäss auch für Genossenschaften, Vereine, Stiftungen und übrige juristische Personen.

4.1.2.2 *Direkte Bundessteuer (Gewinnsteuer)*

4.1.2.2.1 Grundsatz

Bei einer Fusion können die unversteuerten stillen Reserven steuerneutral auf die übernehmende Gesellschaft übertragen werden, soweit kumulativ:

- die Steuerpflicht in der Schweiz fortbesteht (Art. 61 Abs. 1 DBG);
- die bisher für die Gewinnsteuer massgeblichen Werte übernommen werden (Art. 61 Abs. 1 DBG).

Weitere Bedingungen für eine steuerneutrale Übertragung der unversteuerten stillen Reserven bei einem Unternehmenszusammenschluss sind im DBG nicht enthalten.

4.1.2.2.2 Fortbestand der Steuerpflicht in der Schweiz

Das Erfordernis des Fortbestandes der Steuerpflicht in der Schweiz bezieht sich auf die übernehmende Gesellschaft. Dieses Erfordernis kann auch bei der Absorption durch eine ausländische Gesellschaft (Art. 163b des Bundesgesetzes vom 18. Dezember 1987 über das Internationale Privatrecht [IPRG]; SR 291) erfüllt sein, soweit die übertragenen Aktiven und Passiven einer schweizerischen Betriebsstätte der übernehmenden ausländischen juristischen Person zuzurechnen sind (Wechsel von der unbeschränkten zur beschränkten Steuerpflicht; Art. 50-52 DBG). Vom Fortbestand der Steuerpflicht in der Schweiz kann jedoch nur dann ausgegangen werden, wenn bei der internationalen Steuerausscheidung sichergestellt ist, dass die übertragenen stillen Reserven weiterhin uneingeschränkt der Schweiz zugewiesen werden. Dies ist nach dem DBG durch die Anwendung der objektmässigen (direkten) Ausscheidungsmethode gewährleistet.

4.1.2.2.3 Rückwirkende Fusion

Bei einer Fusion endet die Steuerpflicht der übertragenden Gesellschaft grundsätzlich mit der Löschung im Handelsregister. Die Steuerpflicht einer aus einer Kombination hervorgehenden Gesellschaft beginnt grundsätzlich mit dem Eintrag ins Handelsregister.

Eine rückwirkende Fusion wird steuerlich nur dann anerkannt, wenn die Anmeldung zusammen mit dem Fusionsbeschluss innerhalb von sechs Monaten nach dem Stichtag der Übernahmebilanz beim Handelsregister eingetroffen ist und die Anmeldung ohne irgendwelche Weiterungen zum Eintrag geführt hat.

Wird die rückwirkende Fusion akzeptiert, beginnen die Steuerpflicht, die Steuerperiode und die Bemessungsperiode einer aus einer Kombination hervorgehenden Gesellschaft mit dem vereinbarten Übernahmestichtag. Entsprechend endet die Steuerpflicht der übertragenden Gesellschaft(en) in diesem Zeitpunkt. Andernfalls wird für die Festsetzung des steuerbaren Gewinnes auf den Handelsregistereintrag abgestellt. Dies bedingt die Erstellung eines Abschlusses auf diesen Zeitpunkt.

4.1.2.2.4 Vorjahresverluste

Die übernehmende Gesellschaft kann die bei der Berechnung des steuerbaren Reingewinnes noch nicht berücksichtigten Vorjahresverluste der übertragenden Gesellschaft nach Artikel 67 Absatz 1 DBG geltend machen (Übernahme der Vorjahresverluste). Eine Übernahme der Vorjahresverluste ist jedoch ausgeschlossen, wenn dynamisch betrachtet keine betriebswirtschaftlichen Gründe für eine Fusion gegeben sind (vgl. Urteil BGer 2C_351/2011 vom 4.1.2012, E. 4.2, Urteil BGer 2C_85/2012 vom 6.9.2012 und BGer 2C_701/2012 vom 24.11.2012) oder eine Steuerumgehung vorliegt (vgl. beispielsweise Urteil BGer 2C_731/2019 vom 12.5.2020). Eine Steuerumgehung liegt insbesondere dann vor, wenn die übertragende Gesellschaft wirtschaftlich liquidiert oder in liquide Form gebracht worden ist (Mantelhandel; Art. 5 Abs. 2 Bst. b StG).

4.1.2.2.5 Verwendung eigener Beteiligungsrechte

Verwendet die übernehmende Gesellschaft für die Abfindung der Anteilsinhaber der untergehenden Gesellschaft eigene Beteiligungsrechte, deren Rückkauf nicht zu einer Besteuerung geführt hat, fällt bei der übernehmenden Gesellschaft unabhängig von der handelsrechtlichen Verbuchung in der Höhe der Differenz zwischen dem Gewinnsteuerwert und dem Verkehrswert der eigenen Beteiligungsrechte ein steuerbarer Gewinn oder ein geschäftsmässig begründeter Aufwand an.

4.1.2.3 Direkte Bundessteuer (Einkommenssteuer: Einkünfte aus Beteiligungen im Privatvermögen)

4.1.2.3.1 Grundsatz

Bei einer Fusion erzielen beteiligte Privatpersonen in dem Umfang Vermögensertrag, als ihnen höherer Nennwert, Ausgleichszahlungen oder andere geldwerte Vorteile zu Lasten der übrigen Reserven (Kreisschreiben der ESTV Nr. 29b vom 23.12.2019, Ziff. 3.2) zufliessen.

4.1.2.3.2 Austausch der Beteiligungsrechte, Nennwerterhöhungen und Reserven aus Kapitaleinlagen (KER)

Die Übertragung der Anteile an der übernehmenden Gesellschaft an die Anteilsinhaber der übertragenden Gesellschaft ist steuerfrei. Steuerfolgen ergeben sich jedoch dann, wenn die Anteilsrechte der übernehmenden Gesellschaft einen höheren Nennwert aufweisen als die Anteile an der übertragenden Gesellschaft (Gratisnennwerterhöhungen; Art. 20 Abs. 1 Bst. c DBG). Dies gilt auch für Gratisnennwerterhöhungen von ausländischen Kapitalgesellschaften.

Nennwertgewinne und -verluste sowie Gewinne und Verluste von KER bzw. Ausland-KER können miteinander und gegenseitig verrechnet werden.

Für an einer schweizerischen Börse kotierte Kapitalgesellschaften oder Genossenschaften sind die besonderen Bestimmungen für Gratisaktien und Gratisnennwerterhöhungen zu beachten (Kreisschreiben der ESTV Nr. 29b vom 23.12.2019, Ziff. 5.1.5).

4.1.2.3.3 Ausgleichszahlungen und Abgeltungen für Sonderrechte

Ausgleichszahlungen, die bei einer Fusion ausgerichtet werden (Art. 7 Abs. 2 FusG), stellen steuerbaren Kapitalertrag aus Beteiligungen dar (Art. 20 Abs. 1 Bst. c DBG), soweit sie die übrigen Reserven vermindern. Sie sind steuerbar, ungeachtet ob sie von der übernehmenden oder von der übertragenden Gesellschaft stammen. Das Bundesgericht hat diese Auslegung mehrfach bestätigt (ASA 25, 242; ASA 59, 719).

Ausgleichszahlungen sind bei einer echten oder unechten Fusion nur insoweit steuerbar, als ihnen keine Nennwertverluste und Abnahmen von KER bzw. Ausland-KER gegenüberstehen (Verrechenbarkeit aufgrund des Herkunftsprinzips; **Beispiel Nr. 4 im Anhang**).

Werden die Ausgleichszahlungen von anderen Anteilsinhabern geleistet, liegt eine steuerfreie Teilveräusserung vor (Art. 16 Abs. 3 DBG).

Abgeltungen für Sonderrechte (Art. 7 Abs. 5 FusG) werden wie Ausgleichszahlungen behandelt.

4.1.2.3.4 Rückkauf von Genussscheinen

Der Rückkauf von Genussscheinen (Art. 7 Abs. 6 FusG) stellt eine direkte Teilliquidation dar (vgl. Kreisschreiben der ESTV Nr. 5 vom 19.8.1999, Ziff. 2.1).

4.1.2.3.5 Abfindungen

Optionale Abfindungen (Art. 8 Abs. 1 FusG) sind einem Liquidationserlös gleichzustellen. Soweit ein solcher den Nennwert sowie die steuerfrei rückzahlbaren KER der hingegebenen Anteile übersteigt, liegt ein steuerbarer Liquidationsüberschuss vor (Art. 20 Abs. 1 Bst. c i.V.m. Art. 20 Abs. 3 – 7 DBG).

4.1.2.3.6 Barfusionen

Eine Barfusion liegt vor, wenn gänzlich auf die Gewährung von Anteils- und Mitgliedschaftsrechten verzichtet und ausschliesslich eine Abfindung vorgesehen wird (Art. 8 Abs. 2 i.V.m. Art. 18 Abs. 5 FusG). Nach Artikel 18 Absatz 5 FusG braucht es dafür eine Zustimmung von mindestens 90 Prozent der stimmberechtigten Anteilsinhaberinnen und Anteilsinhaber der übertragenden Gesellschaft.

Barfusionen führen zu den gleichen Einkommenssteuerfolgen wie eine Liquidation der übertragenden Gesellschaft. Soweit die Abfindung den Nennwert sowie die steuerfrei rückzahlbaren KER der hingegebenen Aktien übersteigt, liegt ein steuerbarer Liquidationsüberschuss vor (Art. 20 Abs. 1 Bst. c i.V.m. Art. 20 Abs. 3 – 7 DBG).

4.1.2.3.7 Verwendung eigener Beteiligungsrechte

Verwendet die übernehmende Gesellschaft für den Austausch der Titel eigene Beteiligungsrechte, deren Rückkauf nicht zu einer Besteuerung geführt hat, wird der Verkehrswert dieser eigenen Aktien im Zeitpunkt der Fusion abzüglich deren Nennwert und KER bzw. Ausland-KER wie eine Barabfindung behandelt. Wenn nur ein Teil der ausgetauschten Beteiligungsrechte aus dem Eigenbestand der übernehmenden Gesellschaft stammt, wird der entsprechende Vermögensertrag proportional zum Nennwert der abgegebenen Beteiligungsrechte an der übernehmenden Gesellschaft aufgeteilt (**Beispiel Nr. 5 im Anhang**).

4.1.2.3.8 Squeeze-Out-Abfindungen

Nach Artikel 137 Absatz 1 des Bundesgesetzes vom 19. Juni 2015 über die Finanzmarktinfrastrukturen und das Marktverhalten im Effekten- und Derivatehandel (Finanzmarktinfrastrukturgesetz, FinfraG; SR 958.1) kann der Anbieter, der nach Ablauf der Angebotsfrist über mehr als 98 Prozent der Stimmrechte der Zielgesellschaft verfügt, innerhalb einer Frist von drei Monaten vom Gericht die Kraftloserklärung der restlichen Beteiligungspapiere verlangen (Squeeze-Out-Verfahren). Zu diesem Zweck muss der Anbieter Klage gegen die Gesellschaft erheben. Die restlichen Aktionäre, welche noch Aktien besitzen, können dem Verfahren beitreten. Die Gesellschaft gibt diese Beteiligungspapiere erneut aus und übergibt sie dem Anbieter gegen Entrichtung des Angebotspreises oder Erfüllung des Austauschangebotes zugunsten der Eigentümer der für kraftlos erklärten Beteiligungsrechte (Art. 137 Abs. 2 FinfraG).

Nach dem FusG erfolgt das Squeeze-Out-Verfahren nach den Bestimmungen über die Barfusion (Art. 8 Abs. 2 i.V.m. Art. 18 Abs. 5 FusG). Dabei genügt die Zustimmung von mindestens 90 Prozent der stimmberechtigten Anteilsinhaberinnen und Anteilsinhaber der übertragenden Gesellschaft (Art. 18 Abs. 5 FusG). Eine Neuausgabe der Aktien ist nach dem FusG nicht zwingend.

Bei einer Fusion sind Squeeze-Out-Abfindungen (Barleistungen) einem Liquidationserlös gleichzustellen, sofern die Barleistung aus der durch Fusion zu übernehmenden Gesellschaft stammt. Soweit ein solcher den Nennwert sowie die steuerfrei rückzahlbaren KER der hingegebenen Aktien übersteigt, liegt ein steuerbarer Liquidationsüberschuss vor (Art. 20 Abs. 1 Bst. c i.V.m. Art. 20 Abs. 3-7 DBG).

Soweit die Squeeze-Out-Abfindung indirekt von anderen Anteilsinhabern der übernehmenden Gesellschaft geleistet wird, liegt kein Liquidations-, sondern ein Veräusserungserlös vor (privater Kapitalgewinn nach Art. 16 Abs. 3 DBG).

4.1.2.3.9 Absorption einer inländischen Gesellschaft durch eine ausländische Gesellschaft

Nach Artikel 163b IPRG kann eine ausländische Gesellschaft eine schweizerische Gesellschaft übernehmen (Emigrationsfusion).

Für die direkte Bundessteuer (Einkommenssteuer) stellt ein solcher Vorgang grundsätzlich keine Realisation des Liquidationsüberschusses dar.

Erhalten die inländischen Anteilsinhaber der übertragenden Gesellschaft dagegen Gratisnennwerterhöhungen, Barleistungen oder diesen gleichzustellende Naturalleistungen, stellen diese geldwerten Vorteile steuerbare Erträge aus beweglichem Vermögen dar.

4.1.2.4 Verrechnungssteuer

4.1.2.4.1 Fusionen von inländischen Kapitalgesellschaften und Genossenschaften

Die bei einer Fusion den Inhabern der Beteiligungsrechte oder diesen nahestehenden Dritten zukommenden Ausgleichszahlungen, Gratisaktien, Gratisnennwerterhöhungen und sonstigen Erträge unterliegen nach Artikel 4 Absatz 1 Buchstabe b VStG der Verrechnungssteuer, sofern sie zu Lasten der übrigen Reserven einer inländischen Kapitalgesellschaft oder Genossenschaft erfolgen.

Artikel 5 Absatz 1 Buchstabe a VStG regelt im Sinne einer Ausnahme, dass Reserven und Gewinne einer Kapitalgesellschaft oder Genossenschaft, die bei einer Umstrukturierung nach Artikel 61 DBG in die Reserven einer aufnehmenden oder umgewandelten inländischen Kapitalgesellschaft oder Genossenschaft übergehen, von der Verrechnungssteuer ausgenommen sind. Dabei wird vorausgesetzt, dass das übertragene Verrechnungssteuersubstrat erhalten bleibt.

Nennwertgewinne und -verluste sowie Gewinne und Verluste von KER bzw. Ausland-KER können miteinander und gegenseitig verrechnet werden.

Für an einer schweizerischen Börse kotierte Kapitalgesellschaften oder Genossenschaften sind die besonderen Bestimmungen für Gratisaktien und Gratisnennwerterhöhungen zu beachten (Kreisschreiben der ESTV Nr. 29b vom 23.12.2019, Ziff. 5.1.5).

Die Ausführungen zur direkten Bundessteuer (Einkünfte aus beweglichem Privatvermögen) gelten auch für die Verrechnungssteuer, sofern es sich um die Übernahme der Aktiven und Passiven einer inländischen Kapitalgesellschaft oder Genossenschaft im Rahmen einer Fusion handelt.

Nicht anwendbar sind dagegen die gesetzlichen Bestimmungen der direkten Bundessteuer zur Transponierung und zur indirekten Teilliquidation sowie die Praxis zur Totalliquidation. Solche Tatbestände sind bei einer Veräusserung einer Beteiligung an einer ausländisch beherrschten inländischen Gesellschaft jedoch unter dem Aspekt der Steuerumgehung zu prüfen (Art. 21 Abs. 2 VStG).

4.1.2.4.2 Fusionen mit einer ausländischen Gesellschaft

Immigrationsfusionen
Gemäss Artikel 163a IPRG kann eine schweizerische Gesellschaft eine ausländische Gesellschaft übernehmen. Eine solche Fusion ist der Verlegung des Sitzes in die Schweiz gleichgestellt und unterliegt nicht der Verrechnungssteuer.

Das Fusionsagio stellt dabei nur in dem Umfang Grund- oder Stammkapital oder KER bzw. Ausland-KER dar, als es aus liberiertem Grund- oder Stammkapital oder KER bzw. Ausland-KER der übernommenen Gesellschaft stammt (Kreisschreiben der ESTV Nr. 29b vom 23.12.2019, Ziff. 8).

Emigrationsfusionen

Gemäss Artikel 163b IPRG kann eine ausländische Gesellschaft eine schweizerische Gesellschaft übernehmen. Eine solche Fusion ist der Verlegung des Sitzes ins Ausland und damit einer Liquidation gleichzustellen (Art. 4 Abs. 2 VStG). Auf dem Liquidationserlös ist die Verrechnungssteuer geschuldet. Leistungsempfänger und somit rückerstattungsberechtigt sind die Anteilsinhaber bzw. Genossenschafter der absorbierten schweizerischen Kapitalgesellschaft oder Genossenschaft.

Sofern das Meldeverfahren keine Anwendung findet (Art. 24 Abs. 1 Bst. d der Verordnung vom 19. Dezember 1966 über die Verrechnungssteuer [Verrechnungssteuerverordnung, VStV; SR 642.211]), haben die inländischen Anteilsinhaber oder Genossenschafter den Liquidationsüberschuss im Wertschriftenverzeichnis in der Kolonne „Erträge mit Verrechnungssteuer" zu deklarieren, um die Rückerstattung geltend zu machen.

Die Rückerstattung der Verrechnungssteuer an ausländische Anteilsinhaber richtet sich nach den Regelungen in den entsprechenden Doppelbesteuerungsabkommen.

4.1.2.5 *Emissionsabgabe*

Beteiligungsrechte, die in Durchführung von Beschlüssen über Fusionen begründet oder erhöht werden, sind von der Emissionsabgabe ausgenommen (Art. 6 Abs. 1 Bst. a^{bis} StG).

Nicht abgabebefreit sind (vorbehältlich Art. 6 Abs. 1 Bst. d StG):

a) Eine Kapitalerhöhung der übernehmenden Gesellschaft, die das nominelle Kapital der übertragenden Gesellschaft übersteigt, sofern die Merkmale der Abgabeumgehung erfüllt sind.
b) Eine zusätzliche Kapitalerhöhung der übernehmenden Gesellschaft.
c) Eine Kapitalerhöhung der übertragenden Gesellschaft im Hinblick auf eine Fusion.

Verwendet die übernehmende Gesellschaft für den Austausch der Titel eigene Beteiligungsrechte, deren Rückkauf bereits steuerlich abgerechnet worden ist, löst dies keine Emissionsabgabe aus, weil das förmliche Kapital durch den Rückkauf und die anschliessende Wiederausgabe nicht berührt ist (Kreisschreiben der ESTV Nr. 5 vom 19.8.1999, Ziff. 6).

4.1.2.6 *Umsatzabgabe*

Die mit einer Fusion verbundene Übertragung steuerbarer Urkunden ist von der Umsatzabgabe ausgenommen (Art. 14 Abs. 1 Bst. i StG i.V.m. Art. 61 DBG). Darunter fallen auch steuerbare Urkunden, welche zusammen mit anteiligen Verbindlichkeiten gegenüber Dritten übertragen werden.

4.1.3 Echte und unechte Fusion unabhängiger Gesellschaften (Parallelgesellschaften)

4.1.3.1 Tatbestand

Bei der Fusion unabhängiger Gesellschaften übernimmt eine Gesellschaft die Aktiven und Passiven einer anderen Gesellschaft, an der andere Personen beteiligt sind.

Übersichten[10]

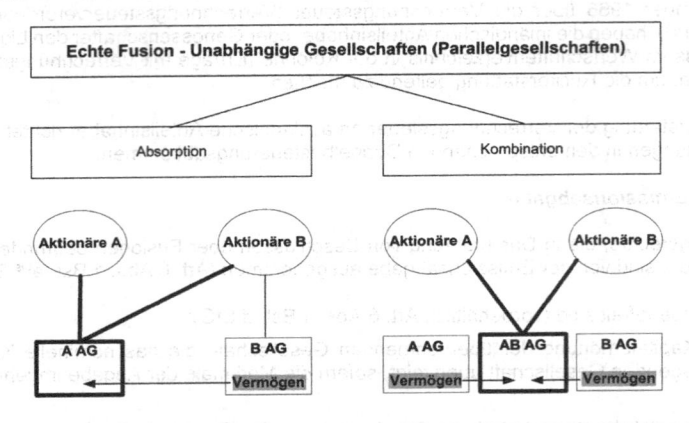

Echte Fusion - Unabhängige Gesellschaften (Parallelgesellschaften)

Absorption

Aktionäre A — Aktionäre B
A AG ← B AG
Vermögen

Die übernommene B AG überträgt sämtliche Aktiven und Verbindlichkeiten auf die übernehmende A AG. Die Aktionäre der B AG erhalten A-Aktien. Die B AG wird ohne Liquidation aufgelöst.

Kombination

Aktionäre A — Aktionäre B
A AG → AB AG ← B AG
Vermögen — Vermögen

Die A AG und die B AG gründen die AB AG. Die A AG und die B AG übertragen sämtliche Aktiven und Verbindlichkeiten auf die AB AG. Die Aktionäre der A AG und der B AG erhalten AB-Aktien. Die A AG und die B AG werden ohne Liquidation aufgelöst.

---

[10] REICH, a.a.O., S. 184 und 187

```
                         Unechte Fusion
                    /                      \
            Absorption                  Kombination
```

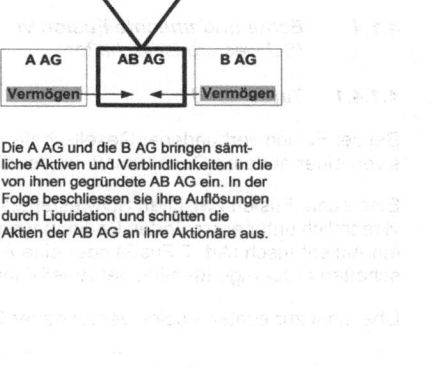

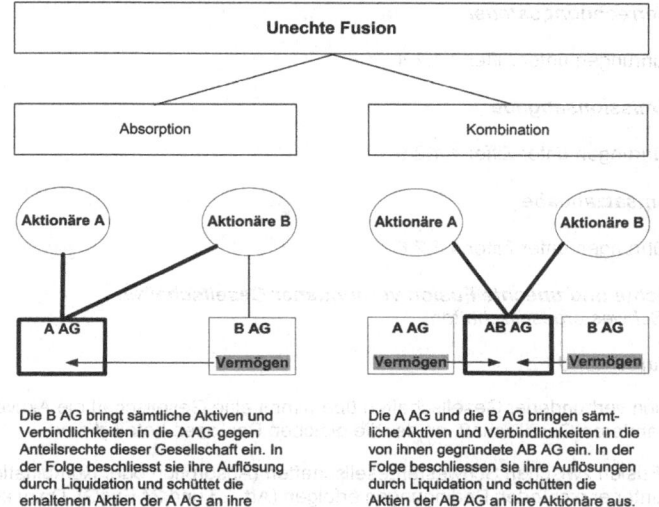

Absorption: Aktionäre A, Aktionäre B → A AG ← B AG (Vermögen)

Die B AG bringt sämtliche Aktiven und Verbindlichkeiten in die A AG gegen Anteilsrechte dieser Gesellschaft ein. In der Folge beschliesst sie ihre Auflösung durch Liquidation und schüttet die erhaltenen Aktien der A AG an ihre Aktionäre aus.

Kombination: Aktionäre A, Aktionäre B → A AG → AB AG ← B AG (Vermögen)

Die A AG und die B AG bringen sämtliche Aktiven und Verbindlichkeiten in die von ihnen gegründete AB AG ein. In der Folge beschliessen sie ihre Auflösungen durch Liquidation und schütten die Aktien der AB AG an ihre Aktionäre aus.

4.1.3.2 Direkte Bundessteuer (Gewinnsteuer)

4.1.3.2.1 Grundsatz

Siehe Ausführungen unter Ziffer 4.1.2.2.

Es ist jedoch folgende Besonderheit zu beachten:

4.1.3.2.2 Fusionsagio und -disagio

Entsteht durch die Übernahme der Aktiven und Passiven der übertragenden Gesellschaft, an der die übernehmende Gesellschaft bisher nicht beteiligt war, ein Buchgewinn (Differenz Aktivenüberschuss zum tieferen Nennwert der neu ausgegebenen Beteiligungsrechte) liegt eine erfolgsneutrale Kapitaleinlage vor (Fusionsagio; Aufgeld; Art. 60 Bst. a DBG). Ein Buchverlust (Fusionsdisagio) ist ebenfalls gewinnsteuerneutral (Übertragung unversteuerter stiller Reserven auf die übernehmende Gesellschaft).

4.1.3.3 Direkte Bundessteuer (Einkommenssteuer: Einkünfte aus Beteiligungen im Privatvermögen)

Siehe Ausführungen unter Ziffer 4.1.2.3.

4.1.3.4 Verrechnungssteuer

Siehe Ausführungen unter Ziffer 4.1.2.4.

4.1.3.5 Emissionsabgabe

Siehe Ausführungen unter Ziffer 4.1.2.5.

4.1.3.6 Umsatzabgabe

Siehe Ausführungen unter Ziffer 4.1.2.6.

4.1.4 Echte und unechte Fusion verbundener Gesellschaften (Schwestergesellschaften)

4.1.4.1 Tatbestand

Bei der Fusion verbundener Gesellschaften übernimmt eine Gesellschaft die Aktiven und Passiven einer anderen Gesellschaft, an der die gleichen Personen beteiligt sind.

Eine echte Fusion zwischen Schwestergesellschaften (Absorption oder Kombination) kann zivilrechtlich unter erleichterten Bedingungen erfolgen (Art. 23 und 24 FusG). Dazu kommt, dass ein Aktientausch (Art. 7 FusG) oder eine Abfindung (Art. 8 FusG) bei reinen Schwestergesellschaften (100-%ige Identität der Anteilsinhaber) nicht erforderlich ist.

Übersicht zur echten Fusion verbundener Gesellschaften (Schwestergesellschaften)[11]

```
                Echte Fusion - Verbundene Gesellschaften (Schwestergesellschaften)
                                            |
                        ┌───────────────────┴───────────────────┐
                     Absorption                              Kombination
```

Absorption	Kombination
Aktionäre → A AG ← B AG (Vermögen)	Aktionäre → A AG, AB AG, B AG (Vermögen)
Die übernommene B AG überträgt sämtliche Aktiven und Verbindlichkeiten auf die übernehmende A AG. Da die Aktionäre der B AG bereits sämtliche Aktien der A AG halten, ist es nicht erforderlich, sie für die hingegebenen Aktien der B AG zu entschädigen. Die B AG wird ohne Liquidation aufgelöst.	Die Aktionäre gründen die AB AG. Die A AG und die B AG übertragen sämtliche Aktiven Verbindlichkeiten auf die AB AG. Da die gemeinsamen Aktionäre bereits sämtliche Aktien der AB AG halten, ist es nicht erforderlich, sie für die hingegebenen Aktien der A AG und der B AG zu entschädigen. Die A AG und die B AG werden ohne Liquidation aufgelöst.

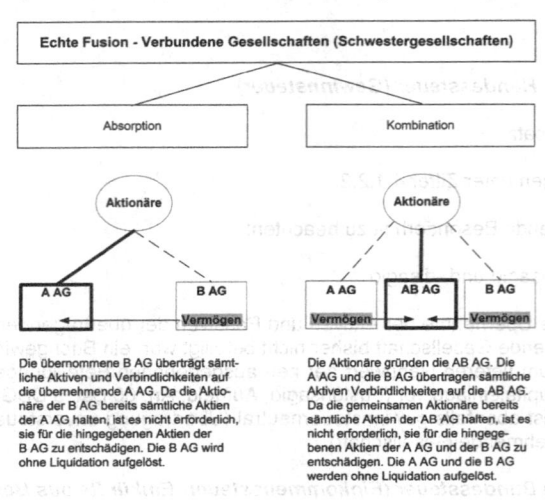

[11] REICH, a.a.O., S. 185

4.1.4.2 Direkte Bundessteuer (Gewinnsteuer)

Siehe Ausführungen unter Ziffer 4.1.2.2.

4.1.4.3 Direkte Bundessteuer (Einkommenssteuer: Einkünfte aus Beteiligungen im Privatvermögen)

4.1.4.3.1 Grundsatz

Siehe Ausführungen unter Ziffer 4.1.2.3.

Es ist jedoch folgende Besonderheit zu beachten:

4.1.4.3.2 Fusionen mit Gesellschaften mit echter Unterbilanz

Übernimmt eine Gesellschaft mit echter Unterbilanz durch Absorption die Aktiven und Passiven einer von den gleichen Anteilsinhabern (Privatpersonen) beherrschten Gesellschaft mit Reserven und Gewinnvortrag, erlangen die Anteilsinhaber durch diese Sanierung einen geldwerten Vorteil gemäss Artikel 20 Absatz 1 Buchstabe c oder Artikel 20 Absatz 1 Buchstabe c i.V.m. Artikel 20 Absatz 1bis DBG, wenn und soweit durch die Fusion übrige Reserven untergehen (Anwendung der reinen Dreieckstheorie). Gleiches gilt auch im umgekehrten Fall. Eine solche Fusion einer Gesellschaft mit echter Unterbilanz mit einer anderen Gesellschaft zulasten von deren übrigen Reserven lässt sich nur damit erklären, dass beide Gesellschaften in gleichem Masse von denselben Anteilsinhabern beherrscht waren, die durch die dadurch bewirkte Sanierung auch in gleichem Ausmass begünstigt wurden. Mit einer solchen Fusion geht auch eine Reduktion der latenten Ausschüttungssteuerlast auf Gewinnen und Reserven einher (ASA 70, 289 = StE 2001, B 24.4 Nr. 57). Bei Fusionen mit einer Schwestergesellschaft mit echter Unterbilanz kann die sog. modifizierte Dreieckstheorie (vorläufiger Verzicht auf eine Besteuerung bei den Anteilsinhabern) deshalb keine Anwendung finden.

Gleiches gilt auch bei Vorteilszuwendungen an eine Schwestergesellschaft mit echter Unterbilanz.

4.1.4.4 Verrechnungssteuer

4.1.4.4.1 Grundsatz

Siehe Ausführungen unter Ziffer 4.1.2.4.

Es ist jedoch folgende Besonderheit zu beachten:

4.1.4.4.2 Fusionen mit Kapitalgesellschaften und Genossenschaften mit echter Unterbilanz

Übernimmt eine Kapitalgesellschaft oder Genossenschaft mit echter Unterbilanz eine über Reserven verfügende Kapitalgesellschaft oder Genossenschaft oder umgekehrt, erlangen die Anteilsinhaber eine geldwerte Leistung im Umfang der untergehenden übrigen Reserven.

4.1.4.5 Emissionsabgabe

Siehe Ausführungen unter Ziffer 4.1.2.5.

4.1.4.6 Umsatzabgabe

Siehe Ausführungen unter Ziffer 4.1.2.6.

4.1.5 Absorption einer Tochtergesellschaft (Tochterabsorption; „Up-Stream Merger")

4.1.5.1 Tatbestand

Bei der Tochterabsorption übernimmt eine bestehende Gesellschaft sämtliche Aktiven und Passiven einer anderen Gesellschaft an der die übernehmende Gesellschaft bisher beteiligt war. Die Tochtergesellschaft wird aufgelöst. Ein Aktientausch (Art. 7 FusG) oder eine Abfindung (Art. 8 FusG) entfällt und die Absorption kann zivilrechtlich unter erleichterten Bedingungen erfolgen (Art. 23 und 24 FusG).

Übersicht[12]

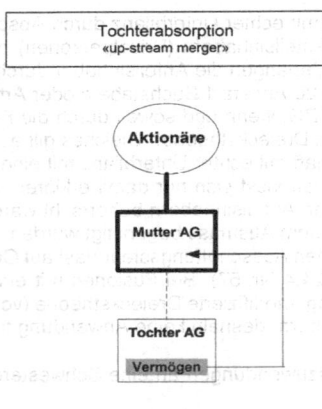

Tochterabsorption
«up-stream merger»

Aktionäre

Mutter AG

Tochter AG
Vermögen

Die übernommene Tochter AG überträgt sämtliche Aktiven und Verbindlichkeiten auf die übernehmende Mutter AG. Da die Mutter AG bereits sämtliche Aktien der Tocher AG hält, erübrigt sich eine Entschädigung. Im Beteiligungskonto ist die Beteiligung an der Tochter AG auszubuchen. An deren Stelle tritt der übernommene Aktivenüberschuss. Allfällige Differenzen stellen Übernahmegewinne oder -verluste dar.

---

[12] REICH, a.a.O., S. 186

4.1.5.2 *Direkte Bundessteuer (Gewinnsteuer)*

4.1.5.2.1 Grundsatz

Siehe Ausführungen unter Ziffer 4.1.2.2.

Es ist jedoch zusätzlich Folgendes zu beachten:

4.1.5.2.2 Fusionsgewinne und -verluste

Entsteht durch die Übernahme der Aktiven und Passiven der übertragenden Gesellschaft ein Buchgewinn (Differenz anteiliger Aktivenüberschuss zum tieferen Buchwert der Beteiligung an der übertragenden Gesellschaft), so ist dieser Bestandteil des steuerbaren Reingewinns (Art. 61 Abs. 5 DBG), wobei der Beteiligungsabzug gewährt wird (Kreisschreiben der ESTV Nr. 27 vom 17.12.2009, Ziff. 2.4.1). In der aufnehmenden Gesellschaft ist dieser Gewinn aus Fusion den übrigen Reserven zuzurechnen.

Entsteht durch die Fusion ein Buchverlust (Differenz zwischen dem Aktivenüberschuss zu Buchwerten der übernommenen Gesellschaft und dem höheren Buchwert der untergegangenen Beteiligungsrechte), so kann dieser steuerlich nicht abgezogen werden (Art. 61 Abs. 5 DBG). Dies gilt nur für unechte Fusionsverluste, d.h. wenn die stillen Reserven und der Goodwill der übernommenen Gesellschaft den Buchverlust kompensieren. Echte Fusionsverluste dagegen haben ihre Ursache in einer Überbewertung der Anteile an der Tochtergesellschaft und können deshalb steuerlich geltend gemacht werden.

4.1.5.2.3 Aktivierung eines unechten Fusionsverlustes als Goodwill

Ein unechter Fusionsverlust kann handelsrechtlich als Goodwill aktiviert werden (vgl. Schweizer Handbuch der Wirtschaftsprüfung [HWP], Band Buchführung und Rechnungslegung, Ausgabe 2014, S. 309). Diese Aktivierung erfolgt steuerneutral. Der Gewinnsteuerwert des Goodwills beträgt „Null" (Negativreserve im Umfang des Goodwills). Bei der Festsetzung des steuerbaren Reingewinnes werden die Abschreibungen auf dem Goodwill zum ausgewiesenen Reingewinn hinzugerechnet.

4.1.5.2.4 Echter Fusionsverlust oder Wertberichtigung auf der untergehenden Beteiligung und Übernahme von Verlustvorträgen der absorbierten Tochtergesellschaft

Die übernehmende Gesellschaft kann die bei der Berechnung des steuerbaren Reingewinns noch nicht berücksichtigten Vorjahresverluste der übertragenden Tochtergesellschaft nach Artikel 67 Absatz 1 DBG grundsätzlich geltend machen.

Die noch nicht verrechneten Vorjahresverluste gehen mit dem Betrieb, auf welchen sie zurückzuführen sind, mit. Deshalb ist eine Übernahme der Vorjahresverluste auch dann möglich, wenn die Beteiligungsrechte an der übertragenden Tochtergesellschaft vorgängig wertberichtigt werden mussten, oder wenn ein echter Fusionsverlust anfällt.

Eine Übernahme der Vorjahresverluste der absorbierten Tochtergesellschaft ist jedoch ausgeschlossen, wenn:

- sich die absorbierte Gesellschaft in einem liquidationsreifen Zustand befindet (im Sinne einer fehlenden wirtschaftlichen Kontinuität), oder
- dynamisch betrachtet keine betriebswirtschaftlichen Gründe für eine Fusion vorliegen (vgl. Ziff. 4.1.2.2.4).

4.1.5.2.5 Wertberichtigungen und Abschreibungen auf Beteiligungen an der absorbierten Gesellschaft

Wertberichtigungen sowie Abschreibungen (nach altem Rechnungslegungsrecht) auf Beteiligungen von mindestens 10 Prozent werden dem steuerbaren Gewinn zugerechnet, soweit sie nicht mehr begründet sind (Art. 62 Abs. 4 DBG). Dies trifft zu, soweit eine nachhaltige Werterholung der Beteiligung eingetreten ist. Durch die Absorption gehen die Beteiligungsrechte an der Tochtergesellschaft unter. Bei der Veranlagung zur letzten Steuerperiode vor der Fusion ist deshalb zu prüfen, inwieweit allfällige Wertberichtigungen oder Abschreibungen auf der Beteiligung an der übertragenden Tochtergesellschaft noch geschäftsmässig begründet sind (Kreisschreiben der ESTV Nr. 27 vom 17.12.2009, Ziff. 2.5.2).

4.1.5.3 Verrechnungssteuer

4.1.5.3.1 Grundsatz

Siehe Ausführungen unter Ziffer 4.1.2.4.

4.1.5.3.2 Verrechnungssteuerlicher Fusionsverlust

Resultiert bei der Absorption der Tochtergesellschaft durch die Muttergesellschaft ein verrechnungssteuerlicher Fusionsverlust (Buchwert der Beteiligung Tochtergesellschaft abzüglich Grund- oder Stammkapital und KER, bzw. Ausland-KER Tochtergesellschaft), unterliegt dieser gemäss Artikel 5 Absatz 1 Buchstabe a VStG e contrario der Verrechnungssteuer.

4.1.5.4 Emissionsabgabe

Eine allfällige – der Verrechnungssteuer unterliegende – Kapitalerhöhung der Muttergesellschaft bis zur Höhe des Kapitals der übertragenden Tochtergesellschaft ist nach Artikel 6 Absatz 1 Buchstabe a^{bis} StG von der Emissionsabgabe ausgenommen.

4.1.5.5 Umsatzabgabe

Siehe Ausführungen unter Ziffer 4.1.2.6.

4.1.5.6 Nicht betroffene Steuer

- Direkte Bundessteuer (Einkommenssteuer: Einkünfte aus Beteiligungen im Privatvermögen).

4.1.6 Absorption der Muttergesellschaft (Mutterabsorption; „Down-Stream Merger" oder „Reverse Merger")

4.1.6.1 Tatbestand

Bei der Mutterabsorption übernimmt die Tochtergesellschaft sämtliche Aktiven und Passiven der Muttergesellschaft. Die Tochtergesellschaft gelangt dadurch in den Besitz ihrer eigenen Beteiligungsrechte, die sie an die Aktionäre der Muttergesellschaft weiterleitet. Mit der Fusion wird die Muttergesellschaft aufgelöst und im Handelsregister gelöscht (Art. 3 Abs. 2 FusG).

Übersicht[13]

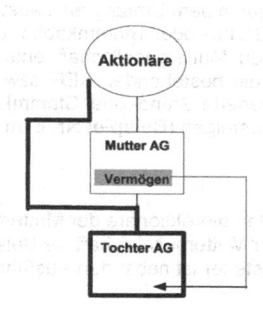

```
                  Mutterabsorption
          «down-stream merger» oder «reverse merger»

                      Aktionäre

                      Mutter AG
                      Vermögen

                      Tochter AG
```

Die Mutter AG überträgt sämtliche Aktiven und Verbindlichkeiten auf die Tochter AG, welche auf diese Weise in den Besitz aller eigenen Aktien kommt. Die Tochter AG tauscht die eigenen Aktien gegen die Aktien der Mutter AG, welche nach deren Auflösung vernichtet werden.

4.1.6.2 Direkte Bundessteuer (Gewinnsteuer)

Siehe Ausführungen unter den Ziffern 4.1.2.2 und 4.1.3.2.

Bei einer Mutterabsorption werden sämtliche Aktiven und Passiven der Muttergesellschaft auf die Tochtergesellschaft übertragen. Eine Mutterabsorption stellt für die Gewinnsteuer grundsätzlich eine Kapitaleinlage der Anteilseigner der Muttergesellschaft in die übernehmende Tochtergesellschaft dar (Art. 60 Bst. a DBG). Die Differenz zwischen den übertragenen Aktiven (ohne die Beteiligungsrechte an der Tochtergesellschaft) und Passiven stellt ein steuerneutrales Fusionsagio oder -disagio dar (**Beispiel Nr. 6 im Anhang**).

---

[13] REICH, a.a.O., S. 186

4.1.6.3 Direkte Bundessteuer (Einkommenssteuer: Einkünfte aus Beteiligungen im Privatvermögen)

Bei einer Mutterabsorption erhalten die Aktionäre der Muttergesellschaft anstelle der untergehenden Beteiligungsrechte an der Muttergesellschaft die Beteiligungsrechte an der Tochtergesellschaft. Für die Einkommenssteuer sind deshalb die unter Ziffer 4.1.2.3 festgehaltenen Ausführungen zu beachten. Dabei erzielen beteiligte Privatpersonen in dem Umfang Vermögensertrag, als ihnen höherer Nennwert, Ausgleichszahlungen oder andere geldwerte Vorteile zufliessen. Verfügt die übernehmende Tochtergesellschaft über höhere KER bzw. Ausland-KER, werden diese nach der Absorption der Muttergesellschaft auf die Höhe der bei der Muttergesellschaft vorhandenen KER bzw. Ausland-KER reduziert. Nennwertgewinne und der Zuwachs an KER bzw. Ausland-KER können mit entsprechenden Verlusten bzw. Abnahmen verrechnet werden.

Ein allfälliges Fusionsagio stellt nur in dem Umfang eine ausweisbare KER bzw. Ausland-KER dar, soweit es dem liberierten Grund- oder Stammkapital und den bestehenden KER bzw. Ausland-KER der übernommenen Muttergesellschaft entspricht, und soweit das liberierte Grund- oder Stammkapital und die bestehenden KER bzw. Ausland-KER der Muttergesellschaft das bereits bestehende liberierte Grund- oder Stammkapital und die KER bzw. Ausland-KER der Tochtergesellschaft übersteigen (**Beispiel Nr. 6 im Anhang**).

4.1.6.4 Verrechnungssteuer

Bei einer Mutterabsorption erhalten die Aktionäre der Muttergesellschaft anstelle der untergehenden Beteiligungsrechte an der Muttergesellschaft die Beteiligungsrechte an der Tochtergesellschaft. Für die Verrechnungssteuer ist nebst den Ausführungen gemäss Ziffer 4.1.2.4 Folgendes zu beachten:

- Die bei einer Absorption der Muttergesellschaft den Inhabern der Beteiligungsrechte zukommenden höheren Nennwerte, Ausgleichszahlungen oder andere geldwerte Vorteile unterliegen nach Artikel 4 Absatz 1 Buchstabe b VStG grundsätzlich der Verrechnungssteuer. Verfügt die übernehmende Tochtergesellschaft über höhere KER bzw. Ausland-KER, werden diese nach der Absorption der Muttergesellschaft auf die Höhe der bei der Muttergesellschaft vorhandenen KER bzw. Ausland-KER reduziert. Nennwertgewinne und der Zuwachs an KER bzw. Ausland-KER können mit entsprechenden Verlusten bzw. Abnahmen verrechnet werden.

- Ein allfälliges Fusionsagio stellt nur in dem Umfang eine ausweisbare KER bzw. Ausland-KER dar, soweit es dem liberierten Grund- oder Stammkapital und den bestehenden KER bzw. Ausland-KER der übernommenen Muttergesellschaft entspricht, und soweit das liberierte Grund- oder Stammkapital und die bestehenden KER bzw. Ausland-KER der Muttergesellschaft das bereits bestehende liberierte Grund- oder Stammkapital und die KER bzw. Ausland-KER der Tochtergesellschaft übersteigen (**Beispiel Nr. 6 im Anhang**).

- Ein allfälliges Fusionsdisagio unterliegt bei der übernehmenden Tochtergesellschaft der Verrechnungssteuer.

4.1.6.5 Emissionsabgabe

Eine Kapitalerhöhung der Tochtergesellschaft bis zur Höhe des Kapitals der übertragenden Muttergesellschaft ist nach Artikel 6 Absatz 1 Buchstabe a^{bis} StG von der Emissionsabgabe ausgenommen, wobei zu beachten ist, dass allfällige Nennwertgewinne der Verrechnungssteuer unterliegen.

4.1.6.6 Umsatzabgabe

Siehe Ausführungen unter Ziffer 4.1.2.6.

4.1.7 Zusammenschluss ohne Verschmelzung; fusionsähnlicher Zusammenschluss; Quasifusion

4.1.7.1 Tatbestand

Bei der Quasifusion erfolgt keine rechtliche Verschmelzung zweier oder mehrerer Gesellschaften, sondern lediglich eine enge wirtschaftliche und beteiligungsrechtliche Verflechtung der zusammengeschlossenen Gesellschaften.

Die Quasifusion ist im Zivilrecht nicht geregelt.

Eine Quasifusion liegt für alle in diesem Kreisschreiben behandelten Steuern dann vor, wenn die übernehmende Gesellschaft nach der Übernahme mindestens 50 Prozent der Stimmrechte an der übernommenen Gesellschaft hält und den Anteilsinhabern an der übernommenen Gesellschaft höchstens 50 Prozent des effektiven Wertes der übernommenen Beteiligungsrechte gutgeschrieben oder ausbezahlt wird. Eine Quasifusion bedingt zudem eine Kapitalerhöhung der übernehmenden Gesellschaft (Urteil BGer 2C_976/2014 vom 10.6.2015).

Eine Quasifusion kann den wirtschaftlichen Effekt einer Absorption oder einer Kombination haben.

Übersicht[14]

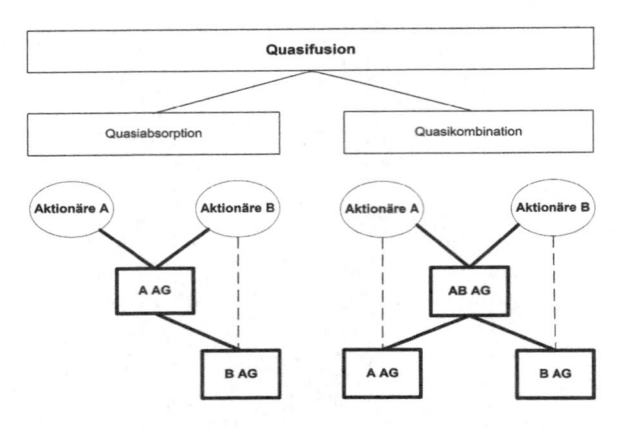

```
                        Quasifusion
                   /                \
          Quasiabsorption      Quasikombination

    Aktionäre A   Aktionäre B    Aktionäre A   Aktionäre B
         |             |              |             |
         |             |              |             |
        A AG           |            AB AG
         |             |              |
         |             |              |
                    B AG          A AG       B AG
```

Die Aktionäre der B AG bringen ihre Anteile an der B AG in die A AG gegen Anteilsrechte der A AG ein, welche danach die B AG beherrscht.

Die Aktionäre der A AG und der B AG bringen ihre Anteilsrechte gegen Anteilsrechte der AB AG in diese Gesellschaft ein.

---

[14] REICH, a.a.O., S. 188

4.1.7.2 Direkte Bundessteuer (Gewinnsteuer)

4.1.7.2.1 Grundsatz

Bei einer Quasifusion findet keine rechtliche Verschmelzung statt. Für die übernehmende und die übernommene Gesellschaft ist eine Quasifusion grundsätzlich steuerneutral. Hingegen können sich für Kapitalgesellschaften oder Genossenschaften, die im Rahmen einer Quasifusion Beteiligungsrechte an der übernommenen Gesellschaft übertragen, Gewinnsteuerfolgen (Aufwertungen) ergeben (vgl. Ziff. 4.6).

4.1.7.2.2 Verwendung eigener Beteiligungsrechte

Verwendet die übernehmende Gesellschaft für den Austausch der Titel eigene Beteiligungsrechte, deren Rückkauf nicht zu einer Besteuerung geführt hat, fällt bei der übernehmenden Gesellschaft unabhängig von der handelsrechtlichen Verbuchung in der Höhe der Differenz zwischen dem Gewinnsteuerwert und dem Verkehrswert der eigenen Beteiligungsrechte ein steuerbarer Gewinn oder ein geschäftsmässig begründeter Aufwand an.

4.1.7.3 Direkte Bundessteuer (Einkommenssteuer: Einkünfte aus Beteiligungen im Privatvermögen)

4.1.7.3.1 Grundsatz

Bei einer Quasifusion bleibt das Ausschüttungssubstrat bei der übernommenen Gesellschaft erhalten, da sie nicht aufgelöst wird. Nennwerterhöhungen und Ausgleichszahlungen stellen in diesem Fall für den Aktionär Veräusserungserlös dar, weshalb eine Besteuerung entfällt. Die Regelung der Transponierung (Art. 20a Abs. 1 Bst. b DBG) ist aber zu beachten (Kreisschreiben der ESTV Nr. 29b vom 23.12.2019, Ziff. 6.2.5).

4.1.7.3.2 Quasifusion mit zeitnaher Absorption

Das Bundesgericht hat am 9. November 2001 entschieden, dass unabhängig vom Vorliegen einer Steuerumgehung, einer Transponierung oder einer indirekten Teilliquidation ein im Rahmen einer Quasifusion mit anschliessender Absorption erzielter privater Nennwertzuwachs zum steuerbaren Vermögensertrag werden kann (**Beispiel Nr. 7 im Anhang**). Dies trifft dann zu, wenn die beiden Umstrukturierungsphasen es ermöglichen, wirtschaftlich das gleiche Ergebnis zu erzielen wie bei einer Fusion mit rechtlichem Zusammenschluss, unter Verschmelzung der Vermögensmassen der beteiligten Gesellschaften. Wenn die beiden Phasen sich in kurzem Zeitabstand folgen, so liegt es je nachdem nahe, dass der fusionsähnliche Zusammenschluss lediglich die Vorstufe der rechtlichen Verschmelzung darstellt, nur im Hinblick auf sie erfolgt und daher nur unter Einbezug der nachfolgenden Absorption beurteilt werden kann. In einem solchen Fall sind die gleichen Besteuerungsgrundsätze anzuwenden wie bei einer Fusion (ASA 72, 413 = StE 2002, B 24.4 Nr. 66). Diese Auslegung des Bundesgerichts gilt auch für Ausgleichszahlungen.

Eine zeitnahe Absorption, Liquidation und dieser gleichkommende Vorgänge führen bei den an der übernommenen Gesellschaft beteiligten Privatpersonen zu den gleichen Steuerfolgen wie eine direkte Absorption. Zeitnah ist eine Absorption dann, wenn die Absorption innert fünf Jahren nach dem Übernahmeangebot erfolgt.

4.1.7.4 Verrechnungssteuer

Die Ausführungen zur direkten Bundessteuer (Einkünfte aus beweglichem Privatvermögen, mit Ausnahme der Regelung der Transponierung) gelten auch für die Verrechnungssteuer, sofern es sich um die Übernahme einer Kapitalgesellschaft oder Genossenschaft durch Quasifusion handelt.

4.1.7.5 Emissionsabgabe

Beteiligungsrechte, die in Durchführung von Beschlüssen über Fusionen oder diesen wirtschaftlich gleichkommenden Zusammenschlüssen (Quasifusionen) begründet oder erhöht werden, sind von der Emissionsabgabe ausgenommen (Art. 6 Abs. 1 Bst. a^{bis} StG).

Nicht abgabebefreit ist eine Kapitalerhöhung der übernehmenden Gesellschaft, die das nominelle Kapital der übernommenen Gesellschaft übersteigt, sofern die Merkmale der Abgabeumgehung erfüllt sind.

Werden ausländische Beteiligungen mit geringem nominellem Kapital und hohem Agio von im Ausland wohnhaften natürlichen Personen oder von in- oder ausländischen Aktiengesellschaften, Gesellschaften mit beschränkter Haftung oder Genossenschaften eingebracht, ist eine Kapitalerhöhung im Umfang von in der Regel 30 Prozent des Verkehrswertes der übertragenen Beteiligung(en) zulässig.

Bei einer zeitnahen Veräusserung der übernommenen Beteiligung(en) durch die übernehmende Gesellschaft – unabhängig davon, ob diese Veräusserung als Umstrukturierung im Sinne von Artikel 6 Absatz 1 Buchstabe a^{bis} StG qualifiziert – ist der Sachverhalt auf eine mögliche Abgabeumgehung hin zu überprüfen.

4.1.7.6 Umsatzabgabe

Die mit einer Quasifusion verbundene Übertragung steuerbarer Urkunden ist von der Umsatzabgabe ausgenommen (Art. 14 Abs. 1 Bst. i StG). Dabei erfolgt die Beurteilung für die übernehmende Gesellschaft basierend auf einer Gesamtbetrachtung.

4.2 Umwandlung

4.2.1 Umwandlung einer juristischen Person in eine andere juristische Person im Allgemeinen

4.2.1.1 Tatbestände

Eine juristische Person kann ihre Rechtsform nach dem FusG direkt in eine andere Rechtsform einer juristischen Person ändern (Art. 53 FusG). Dieser Rechtsformwechsel (direkte Umwandlung) ist jedoch nicht für alle Rechtsformen möglich (Art. 54 FusG). Für Umwandlungen, die nicht direkt möglich sind oder aus anderen Gründen nicht als Rechtsformwechsel ausgestaltet werden, bestehen unter anderem folgende zivilrechtliche Gestaltungsmöglichkeiten:

- Vermögensübertragung (Art. 69-77 FusG);
- Liquidation und Sacheinlagegründung.

Das zivilrechtliche Vorgehen ist für die steuerliche Würdigung - wie bei allen Umstrukturierungstatbeständen - nicht massgebend.

4.2.1.2 Direkte Bundessteuer (Gewinnsteuer)

4.2.1.2.1 Grundsatz

Die Umwandlung einer juristischen Person in eine andere juristische Person ist für die Gewinnsteuer steuerneutral, soweit kumulativ:

- die Steuerpflicht in der Schweiz fortbesteht;
- die bisher für die Gewinnsteuer massgebenden Werte übernommen werden (Art. 61 Abs. 1 DBG).

Weitere Bedingungen für eine gewinnsteuerneutrale Umwandlung einer juristischen Person in eine andere juristische Person sind im DBG nicht enthalten.

4.2.1.2.2 Fortbestand der Steuerpflicht in der Schweiz

Das Erfordernis des Fortbestandes der Steuerpflicht in der Schweiz bezieht sich auf die umgewandelte juristische Person.

4.2.1.2.3 Rückwirkende Umwandlung

Bei der Umwandlung einer juristischen Person in eine andere juristische Person wird die Steuerpflicht grundsätzlich nicht unterbrochen. Eine Beendigung und ein Neubeginn der Steuerpflicht tritt jedoch dann ein, wenn die Umwandlung zu einem Tarifwechsel führt. In einem solchen Fall wird grundsätzlich auf den Zeitpunkt des Eintrags im Handelsregister abgestellt.

Eine rückwirkende Umwandlung, die zu einem Tarifwechsel führt, wird steuerlich nur dann anerkannt, wenn die Anmeldung zusammen mit dem Umwandlungsbeschluss innerhalb von sechs Monaten nach dem Stichtag der Umwandlungsbilanz beim Handelsregister eingetroffen ist und die Anmeldung ohne irgendwelche Weiterungen zum Eintrag geführt hat.

Wird eine rückwirkende Umwandlung, die zu einem Tarifwechsel führt, akzeptiert, werden die Steuerpflicht, die Steuerperiode und die Bemessungsperiode am Umwandlungsstichtag unterbrochen. Andernfalls wird für die Festsetzung des steuerbaren Gewinnes auf den Handelsregistereintrag abgestellt. Dies bedingt die Erstellung eines Abschlusses auf diesen Zeitpunkt.

4.2.1.2.4 Vorjahresverluste

Bei der Umwandlung einer steuerpflichtigen juristischen Person in eine andere juristische Person können die bei der Berechnung des steuerbaren Reingewinnes noch nicht berücksichtigten Vorjahresverluste weiterhin nach Artikel 67 Absatz 1 DBG geltend gemacht werden.

4.2.1.3 *Direkte Bundessteuer (Einkommenssteuer: Einkünfte aus Beteiligungen im Privatvermögen)*

Bei einer Umwandlung einer juristischen Person in eine andere juristische Person ist die Einkommenssteuer nur dann betroffen, wenn sich die juristische Person in eine Kapitalgesellschaft oder Genossenschaft umwandelt. Dabei erzielen beteiligte Privatpersonen in dem Umfang Vermögensertrag, als ihnen Gratisaktien, höherer Nennwert, Ausgleichszahlungen oder andere geldwerte Vorteile zu Lasten der übrigen Reserven der umgewandelten Kapitalgesellschaft oder Genossenschaft zufliessen.

Für an einer schweizerischen Börse kotierte Kapitalgesellschaften oder Genossenschaften sind die besonderen Bestimmungen für Gratisaktien und Gratisnennwerterhöhungen zu beachten (Kreisschreiben der ESTV Nr. 29b vom 23.12.2019, Ziff. 5.1.5).

4.2.1.4 *Verrechnungssteuer*

Artikel 5 Absatz 1 Buchstabe a VStG regelt im Sinne einer Ausnahme, dass Reserven und Gewinne einer Kapitalgesellschaft oder Genossenschaft, die bei einer Umstrukturierung nach Artikel 61 DBG in die Reserven einer aufnehmenden oder umgewandelten inländischen Kapitalgesellschaft oder Genossenschaft übergehen, von der Verrechnungssteuer ausgenommen sind. Dabei wird vorausgesetzt, dass das übertragene Verrechnungssteuersubstrat erhalten bleibt.

Die bei einer Umwandlung einer Kapitalgesellschaft oder Genossenschaft in eine andere Kapitalgesellschaft oder Genossenschaft den Inhabern der Beteiligungsrechte oder diesen nahestehenden Dritten zukommenden Ausgleichszahlungen, Gratisaktien, Gratisnennwerterhöhungen und sonstigen Erträge unterliegen nach Artikel 4 Absatz 1 Buchstabe b VStG der Verrechnungssteuer, sofern sie zu Lasten der übrigen Reserven einer inländischen Kapitalgesellschaft oder Genossenschaft erfolgen.

Für an einer schweizerischen Börse kotierte Kapitalgesellschaften oder Genossenschaften sind die besonderen Bestimmungen für Gratisaktien und Gratisnennwerterhöhungen zu beachten (Kreisschreiben der ESTV Nr. 29b vom 23.12.2019, Ziff. 5.1.5).

4.2.1.5 *Emissionsabgabe*

Bei einer Umwandlung durch den Wechsel der Rechtsform (Rechtsformwechsel; direkte Umwandlung) werden keine neuen Beteiligungsrechte begründet oder erhöht. Die Emissionsabgabe ist somit nicht betroffen.

Die mit einer „indirekten Umwandlung" einer Kapitalgesellschaft oder Genossenschaft (Liquidation und Sacheinlagegründung oder Vermögensübertragung) verbundene Begründung oder Erhöhung von Beteiligungsrechten ist nach Artikel 6 Absatz 1 Buchstabe a^{bis} StG von der Emissionsabgabe ausgenommen, soweit sie das bisherige Grund- oder Stammkapital nicht übersteigt.

Nach Artikel 9 Absatz 1 Buchstabe e StG ist die Emissionsabgabe bei der Begründung oder Erhöhung von Beteiligungsrechten im Rahmen einer Umwandlung eines Vereins, einer Stiftung oder eines Unternehmens des öffentlichen Rechts in eine Kapitalgesellschaft oder Genossenschaft, vorbehältlich des Freibetrages nach Artikel 6 Absatz 1 Buchstabe h StG, auf ein Prozent des Nennwerts beschränkt. Die übertragenen offenen und stillen Reserven sind von der Steuer ausgenommen. Diese Reduktion der Bemessungsgrundlage für die Emissionsabgabe wird jedoch nur dann gewährt, wenn der bisherige Rechtsträger während mindestens fünf Jahren bestand. Im Weiteren ist über den Mehrwert nachträglich anteilsmässig abzurechnen, soweit während den der Umwandlung nachfolgenden fünf Jahren Beteiligungsrechte veräussert werden.

4.2.1.6 Umsatzabgabe

Bei einer Umwandlung durch den Wechsel der Rechtsform (Rechtsformwechsel; direkte Umwandlung) werden keine Vermögenswerte übertragen. Die Umsatzabgabe ist somit nicht betroffen.

Die mit einer übertragenden Umwandlung (Liquidation und Sacheinlagegründung oder Vermögensübertragung) verbundene entgeltliche Übertragung steuerbarer Urkunden ist von der Umsatzabgabe ausgenommen (Art. 14 Abs. 1 Bst. i StG).

4.2.2 Umwandlung einer Kapitalgesellschaft oder Genossenschaft in eine andere Kapitalgesellschaft oder Genossenschaft

4.2.2.1 Tatbestand

Die Umwandlung einer Kapitalgesellschaft oder Genossenschaft in eine andere Kapitalgesellschaft oder Genossenschaft kann zivilrechtlich direkt erfolgen (Art. 53 und 54 FusG). Ein solcher Rechtsformwechsel erfordert keine Neugründung einer Gesellschaft und somit auch keine Übertragung der Aktiven und Passiven. Trotz der Änderung der Rechtsform behält die Gesellschaft ihre Identität und ihre Rechtspersönlichkeit.

4.2.2.2 Direkte Bundessteuer (Gewinnsteuer)

4.2.2.2.1 Grundsatz

Für die Gewinnsteuer führt die Umwandlung einer Kapitalgesellschaft oder Genossenschaft in eine andere Kapitalgesellschaft oder Genossenschaft zu keinem Tarifwechsel und somit zu keiner Unterbrechung der Steuerperiode. Die Erstellung und Einreichung eines Zwischenabschlusses ist deshalb nicht erforderlich.

4.2.2.2.2 Fortbestand der Steuerpflicht in der Schweiz

Das Erfordernis des Fortbestandes der Steuerpflicht in der Schweiz bezieht sich auf die umgewandelte Kapitalgesellschaft oder Genossenschaft. Dieses Erfordernis kann auch bei einer Sitzverlegung ins Ausland („Umwandlung" in eine ausländische Gesellschaft; Art. 163 IPRG) erfüllt sein, soweit die übertragenen Aktiven und Passiven einer schweizerischen Betriebsstätte der ausländischen juristischen Person zuzurechnen sind (Wechsel von der unbeschränkten zur beschränkten Steuerpflicht; Art. 50-52 DBG). Vom Fortbestand der Steuerpflicht in der Schweiz kann jedoch nur dann ausgegangen werden, wenn bei der internationalen Steuerausscheidung sichergestellt ist, dass die übertragenen stillen Reserven weiterhin uneingeschränkt der Schweiz zugewiesen werden. Dies ist nach dem DBG durch die Anwendung der objektmässigen (direkten) Ausscheidungsmethode gewährleistet.

Bei der Verlegung des Sitzes oder der Verwaltung ins Ausland ist die Einreichung eines Zwischenabschlusses erforderlich (Art. 79 Abs. 3 DBG). Sofern die Sitzverlegung keinen Tarifwechsel zur Folge hat, wird die Steuerpflicht jedoch nicht unterbrochen.

4.2.2.3 Direkte Bundessteuer (Einkommenssteuer: Einkünfte aus Beteiligungen im Privatvermögen)

4.2.2.3.1 Grundsatz

Siehe Ausführungen unter Ziffer 4.2.1.3.

Bei einer Umwandlung einer Kapitalgesellschaft oder Genossenschaft in eine andere Kapitalgesellschaft oder Genossenschaft erzielen beteiligte Privatpersonen in dem Umfang Vermögensertrag, als ihnen höherer Nennwert, Ausgleichszahlungen oder andere geldwerte Vorteile zu Lasten der übrigen Reserven der umgewandelten Kapitalgesellschaft oder Genossenschaft zufliessen.

Für an einer schweizerischen Börse kotierte Kapitalgesellschaften oder Genossenschaften sind die besonderen Bestimmungen für Gratisaktien und Gratisnennwerterhöhungen zu beachten (Kreisschreiben der ESTV Nr. 29b vom 23.12.2019, Ziff. 5.1.5).

4.2.2.3.2 Sitzverlegung ins Ausland

Nach Artikel 163 IPRG kann sich eine schweizerische Gesellschaft ohne Liquidation und Neugründung dem ausländischen Recht unterstellen („Umwandlung" in eine ausländische Gesellschaft).

Für die direkte Bundessteuer ergeben sich die gleichen Steuerfolgen wie bei der Absorption einer inländischen Gesellschaft durch eine ausländische Gesellschaft (vgl. Ziff. 4.1.2.3.9).

4.2.2.4 Verrechnungssteuer

4.2.2.4.1 Grundsatz

Siehe Ausführungen unter Ziffer 4.2.1.4.

Die Ausführungen zur direkten Bundessteuer (Einkünfte aus beweglichem Privatvermögen) gelten auch für die Verrechnungssteuer, sofern es sich um die Umwandlung einer inländischen Kapitalgesellschaft oder Genossenschaft in eine andere inländische Kapitalgesellschaft oder Genossenschaft handelt. Die bei einer Umwandlung den Inhabern der Beteiligungsrechte und diesen nahestehenden Dritten zukommenden Ausgleichszahlungen, Gratisaktien, Gratisnennwerterhöhungen und sonstigen Erträge unterliegen nach Artikel 4 Absatz 1 Buchstabe b VStG der Verrechnungssteuer, sofern sie zu Lasten der übrigen Reserven einer inländischen Kapitalgesellschaft oder Genossenschaft erfolgen.

Für an einer schweizerischen Börse kotierte Kapitalgesellschaften oder Genossenschaften sind die besonderen Bestimmungen für Gratisaktien und Gratisnennwerterhöhungen zu beachten (Kreisschreiben der ESTV Nr. 29b vom 23.12.2019, Ziff. 5.1.5).

4.2.2.4.2 Sitzverlegung ins Ausland

Nach Artikel 163 IPRG kann sich eine schweizerische Gesellschaft ohne Liquidation und Neugründung dem ausländischen Recht unterstellen („Umwandlung" in eine ausländische Gesellschaft). Die Verlegung des Sitzes einer Kapitalgesellschaft oder Genossenschaft ins Ausland kommt für die Verrechnungssteuer einer Liquidation gleich (Art. 4 Abs. 2 VStG). Auf dem Liquidationsüberschuss ist die Verrechnungssteuer geschuldet. Leistungsempfänger und somit rückerstattungsberechtigt sind die Anteilsinhaber bzw. Genossenschafter der umgewandelten schweizerischen Kapitalgesellschaft oder Genossenschaft.

Für die Verrechnungssteuer ergeben sich somit die gleichen Steuerfolgen wie bei der Fusion einer inländischen Kapitalgesellschaft oder Genossenschaft mit einer ausländischen Gesellschaft (vgl. Ziff. 4.1.2.4.2).

4.2.2.5 Emissionsabgabe

Siehe Ausführungen unter Ziffer 4.2.1.5.

4.2.2.6 Umsatzabgabe

Siehe Ausführungen unter Ziffer 4.2.1.6.

4.2.3 Umwandlung einer Kapitalgesellschaft oder Genossenschaft in einen Verein, in eine Stiftung oder in eine übrige juristische Person

4.2.3.1 Tatbestand

Nur die Umwandlung einer Genossenschaft ohne Anteilskapital in einen Verein ist zivilrechtlich durch einen Rechtsformwechsel möglich (Art. 54 Abs. 4 FusG). Alle übrigen Kapitalgesellschaften oder Genossenschaften können nur indirekt, d.h. übertragend, in einen Verein, eine Stiftung oder in eine übrige juristische Person umgewandelt werden.

4.2.3.2 Direkte Bundessteuer (Gewinnsteuer)

Die Umwandlung einer Kapitalgesellschaft oder Genossenschaft in einen Verein, eine Stiftung oder eine übrige juristische Person ist mit einem Tarifwechsel verbunden (von 8,5% [Art. 68 DBG] zu 4,25% [Art. 71 DBG]). Dieser Tarifwechsel führt zu keiner gewinnsteuerlichen Abrechnung über die stillen Reserven. Infolge des Tarifwechsels erfolgt jedoch eine Beendigung und ein Neubeginn der Steuerpflicht. Deshalb ist die Erstellung und Einreichung eines Abschlusses erforderlich (Art. 79 Abs. 3 DBG).

4.2.3.3 Direkte Bundessteuer (Einkommenssteuer: Einkünfte aus Beteiligungen im Privatvermögen)

Bei der Umwandlung einer Kapitalgesellschaft oder Genossenschaft in einen Verein, in eine Stiftung oder in eine übrige juristische Person fällt die latente Steuerlast auf den Ausschüttungen an die Anteilsinhaber oder Genossenschafter weg. Gleich wie bei der Umwandlung einer

Kapitalgesellschaft oder Genossenschaft in eine Personenunternehmung unterliegt der Liquidationsüberschuss (Verkehrswert des Aktivenüberschusses abzüglich des Nennwertes und der KER bzw. Ausland-KER) bei den bisherigen beteiligten natürlichen Personen der Einkommenssteuer (Art. 20 Abs. 1 Bst. c DBG; vgl. Ziff. 4.2.6.4).

4.2.3.4 Verrechnungssteuer

Die Umwandlung einer Kapitalgesellschaft oder Genossenschaft in einen Verein, in eine Stiftung oder in eine übrige juristische Person kommt steuerlich einer Liquidation gleich. Auf dem Liquidationsüberschuss (Verkehrswert des Aktivenüberschusses abzüglich des Nennwertes und der KER bzw. Ausland-KER) ist die Verrechnungssteuer geschuldet.

4.2.3.5 Umsatzabgabe

Siehe Ausführungen unter Ziffer 4.2.1.6.

4.2.3.6 Nicht betroffene Steuer

- Emissionsabgabe.

4.2.4 Umwandlung eines Vereins, einer Stiftung oder einer übrigen juristischen Person in eine Kapitalgesellschaft oder Genossenschaft

4.2.4.1 Tatbestand

Nur die Umwandlung eines im Handelsregister eingetragenen Vereins ist zivilrechtlich durch einen Rechtsformwechsel möglich (Art. 54 Abs. 5 FusG). Alle übrigen Vereine, Stiftungen oder übrigen juristischen Personen können nur indirekt, d.h. übertragend, in eine Kapitalgesellschaft oder Genossenschaft umgewandelt werden.

4.2.4.2 Direkte Bundessteuer (Gewinnsteuer)

Die Umwandlung eines Vereins, einer Stiftung oder einer übrigen juristischen Person in eine Kapitalgesellschaft oder Genossenschaft ist mit einem Tarifwechsel verbunden (von 4,25% [Art. 71 DBG] zu 8,5% [Art. 68 DBG]). Dieser Tarifwechsel führt zu keiner gewinnsteuerlichen Abrechnung über die stillen Reserven. Infolge des Tarifwechsels erfolgt jedoch eine Beendigung und ein Neubeginn der Steuerpflicht. Deshalb ist die Erstellung und Einreichung eines Abschlusses erforderlich (Art. 79 Abs. 3 DBG).

4.2.4.3 Direkte Bundessteuer (Einkommenssteuer: Einkünfte aus Beteiligungen im Privatvermögen)

Bei einer Umwandlung eines Vereins, einer Stiftung oder einer übrigen juristischen Person in eine Kapitalgesellschaft oder Genossenschaft erzielen Privatpersonen, die durch die Umwandlung in den Besitz von Beteiligungsrechten an der neuen Kapitalgesellschaft oder Genossenschaft kommen, im Umfang der Differenz zwischen Verkehrswert und Ausgabepreis der Beteiligungsrechte steuerbares Einkommen (Art. 16 Abs. 1 DBG).

4.2.4.4 Verrechnungssteuer

Die bei einer Umwandlung eines Vereins, einer Stiftung oder einer übrigen juristischen Person in eine Kapitalgesellschaft oder Genossenschaft ausgegebenen Beteiligungsrechte unterliegen nicht der Verrechnungssteuer, da sie zu Lasten des Aktivenüberschusses einer nicht verrechnungssteuerpflichtigen juristischen Person (Verein, Stiftung oder übrige juristische Person) begründet werden.

Bei einer direkten Umwandlung eines im Handelsregister eingetragenen Vereins in eine Kapitalgesellschaft oder in eine Genossenschaft durch Rechtsformwechsel und bei einer Umwandlung mittels Vermögensübertragung können keine KER gebildet werden.

Bei einer indirekten Umwandlung durch Sacheinlagegründung kann der ausgewiesene Aktivenüberschuss der Vermögenswerte gemäss Handelsbilanz der Kapitalgesellschaft oder Genossenschaft steuerneutral als KER ausgewiesen werden, soweit er das Grund- oder Stammkapital übersteigt.

4.2.4.5 Emissionsabgabe

Nach Artikel 9 Absatz 1 Buchstabe e StG ist die Emissionsabgabe bei der Begründung oder Erhöhung von Beteiligungsrechten im Rahmen einer Umwandlung eines Vereins oder einer Stiftung in eine Kapitalgesellschaft oder Genossenschaft, vorbehältlich des Freibetrages nach Artikel 6 Absatz 1 Buchstabe h StG, auf ein Prozent des Nennwerts beschränkt. Die übertragenen offenen und stillen Reserven sind von der Steuer ausgenommen. Diese Reduktion der Bemessungsgrundlage für die Emissionsabgabe wird jedoch nur dann gewährt, wenn der bisherige Rechtsträger während mindestens fünf Jahren bestand. Im Weiteren ist über den Mehrwert nachträglich anteilsmässig abzurechnen, soweit während den der Umwandlung nachfolgenden fünf Jahren Beteiligungsrechte veräussert werden.

4.2.4.6 Umsatzabgabe

Siehe Ausführungen unter Ziffer 4.2.1.6.

4.2.5 Umwandlung eines Instituts des öffentlichen Rechts in eine Kapitalgesellschaft oder in eine Genossenschaft

4.2.5.1 Tatbestand

Als Institute des öffentlichen Rechts, die eine direkte Umwandlung (Rechtsformwechsel) vornehmen können (Art. 99-101 FusG), gelten die im Handelsregister eingetragenen, organisatorisch verselbständigten Einrichtungen des öffentlichen Rechts des Bundes, der Kantone und der Gemeinden, unabhängig, ob sie als juristische Person ausgestaltet sind oder nicht (Art. 2 Bst. d FusG).

4.2.5.2 Direkte Bundessteuer (Gewinnsteuer)

4.2.5.2.1 Massgeblichkeit der Handelsbilanz

Die Umwandlung eines Instituts des öffentlichen Rechts in eine Kapitalgesellschaft oder in eine Genossenschaft, deren Anteile veräussert werden (Privatisierung), hat im Allgemeinen Auswirkungen auf die Steuerpflicht (siehe Art. 49 und 56 DBG). Gemäss dem Massgeblichkeitsprinzip erfolgt die Besteuerung von Unternehmen gestützt auf die Handelsbilanz. Soweit das bisherige steuerbefreite Institut des öffentlichen Rechts die im Zeitpunkt der Umwandlung bestehenden stillen Reserven nicht in seiner Handelsbilanz aufdeckt, kann es dies in einer ergänzenden Steuerbilanz zu Beginn der Steuerpflicht vornehmen (Art. 61a DBG; **Beispiel Nr. 8 im Anhang**).

Die Umwandlung eines Instituts des öffentlichen Rechts in eine Kapitalgesellschaft oder Genossenschaft kann auch indirekt durch eine Sacheinlagegründung erfolgen. Dabei können die Vermögenswerte zum Verkehrswert eingebracht werden (Art. 634 ff. OR). Der Goodwill gilt als derivativ und kann in der Eröffnungsbilanz gemäss Handelsrecht ebenfalls aktiviert werden. Aufgrund von Artikel 61a DBG kann auch bei dieser zivilrechtlichen Vorgehensweise eine von der Handelsbilanz abweichende Steuerbilanz geltend gemacht werden, falls einzelne Vermögenswerte unter dem Verkehrswert in die handelsrechtliche Eingangsbilanz aufgenommen werden und das bisherige Institut des öffentlichen Rechts steuerbefreit ist.

Die Steuerpflicht einer aus einer Umwandlung eines steuerbefreiten Instituts des öffentlichen Rechts in eine nicht steuerbefreite Kapitalgesellschaft oder Genossenschaft beginnt mit dem Eintrag ins Handelsregister. Die Steuerperiode beginnt jedoch mit dem vereinbarten Umwandlungs- oder Übernahmestichtag.

4.2.5.2.2 Vorjahresverluste

Verluste, die vor Beginn der Steuerpflicht angefallen sind, können steuerlich nicht in Abzug gebracht werden.

4.2.5.3 Verrechnungssteuer

Die bei einer Umwandlung eines Instituts des öffentlichen Rechts in eine Kapitalgesellschaft oder Genossenschaft ausgegebenen Beteiligungsrechte unterliegen nicht der Verrechnungssteuer, da sie zu Lasten des Aktivenüberschusses einer nicht verrechnungssteuerpflichtigen Körperschaft begründet werden.

Bei einer direkten Umwandlung eines Instituts des öffentlichen Rechts in eine Kapitalgesellschaft oder in eine Genossenschaft durch Rechtsformwechsel können keine KER gebildet werden.

Bei einer indirekten Umwandlung durch Sacheinlagegründung kann der ausgewiesene Aktivenüberschuss der Vermögenswerte gemäss Handelsbilanz der Kapitalgesellschaft oder Genossenschaft steuerneutral als KER ausgewiesen werden, soweit er das Grund- oder Stammkapital übersteigt.

4.2.5.4 Emissionsabgabe

Nach Artikel 9 Absatz 1 Buchstabe e StG ist die Emissionsabgabe bei der Begründung oder Erhöhung von Beteiligungsrechten im Rahmen einer Umwandlung eines Unternehmens des öffentlichen Rechts in eine Kapitalgesellschaft oder Genossenschaft, vorbehältlich des Freibetrages nach Artikel 6 Absatz 1 Buchstabe h StG, auf ein Prozent des Nennwerts beschränkt. Die übertragenen offenen und stillen Reserven sind von der Steuer ausgenommen. Diese Reduktion der Bemessungsgrundlage für die Emissionsabgabe wird jedoch nur dann gewährt, wenn der bisherige Rechtsträger während mindestens fünf Jahren bestand. Im Weiteren ist über den Mehrwert nachträglich anteilsmässig abzurechnen, soweit während den der Umwandlung nachfolgenden fünf Jahren Beteiligungsrechte veräussert werden.

4.2.5.5 Umsatzabgabe

Siehe Ausführungen unter Ziffer 4.2.1.6.

4.2.5.6 Nicht betroffene Steuer

- Direkte Bundessteuer (Einkommenssteuer: Einkünfte aus Beteiligungen im Privatvermögen).

4.2.6 Umwandlung einer Kapitalgesellschaft oder Genossenschaft in eine Personenunternehmung

4.2.6.1 Tatbestand

Kapitalgesellschaften und Genossenschaften können sich nach dem FusG nicht direkt in eine Personenunternehmung umwandeln (Art. 54 FusG). Eine solche Umwandlung bedingt zivilrechtlich die Errichtung eines neuen Rechtsträgers und grundsätzlich die Liquidation des bisherigen Rechtsträgers. Es findet zivilrechtlich somit eine Übertragung von Aktiven und Passiven statt.

Werden zivilrechtlich Aktiven und Passiven eines (Teil)betriebs einer Kapitalgesellschaft oder Genossenschaft auf eine bestehende oder neu entstehende Personenunternehmung übertragen, gilt dies als Teilumwandlung.

4.2.6.2 Direkte Bundessteuer (Einkommenssteuer: Einkünfte aus selbständiger Erwerbstätigkeit)

4.2.6.2.1 Übernahme der bisher für die Gewinnsteuer massgeblichen Werte

Die bisherigen Gewinnsteuerwerte werden zu den für die Einkommenssteuer massgeblichen Werten übernommen. Die latente Steuer auf den unversteuerten stillen Reserven wechselt somit von der Gewinnsteuer zur Einkommenssteuer (**Beispiel Nr. 9 im Anhang**).

4.2.6.2.2 Vorjahresverluste

Bei der Umwandlung oder Teilumwandlung einer Kapitalgesellschaft oder Genossenschaft in eine Personenunternehmung liegt Steuerneutralität auf der Unternehmensebene vor (bisher Gewinnsteuer; neu Einkommen aus selbständiger Erwerbstätigkeit). Die an der übernehmenden Personenunternehmung beteiligten natürlichen Personen können somit allfällige, steuerlich noch nicht berücksichtigte Vorjahresverluste der übertragenden juristischen Personen oder des übertragenen Betriebs bei der Festsetzung des steuerbaren Einkommens in Abzug bringen (Art. 31 DBG; **Beispiel Nr. 9 im Anhang**).

4.2.6.3 Direkte Bundessteuer (Gewinnsteuer)

4.2.6.3.1 Grundsatz

Die Umwandlung einer Kapitalgesellschaft oder Genossenschaft in eine Personenunternehmung ist für die Gewinnsteuer neutral, soweit kumulativ:

- die Steuerpflicht in der Schweiz fortbesteht;
- die bisher für die Gewinnsteuer massgebenden Werte übernommen werden (**Beispiel Nr. 9 im Anhang**).

4.2.6.3.2 Fortbestand der Steuerpflicht in der Schweiz

Der Fortbestand der Steuerpflicht kann sich bei der Umwandlung oder Teilumwandlung einer Kapitalgesellschaft oder Genossenschaft in eine Personenunternehmung nicht auf die untergehende juristische Person beziehen. Vielmehr findet ein Übergang der stillen Reserven auf eine natürliche Person statt. Der Fortbestand der Steuerpflicht bezieht sich somit auf die Steuerpflicht der Anteilsinhaber und die Fortführung des Betriebes durch eine Personenunternehmung in der Schweiz.

4.2.6.3.3 Umwandlung einer Kapitalgesellschaft oder Genossenschaft in die Betriebsstätte einer Personenunternehmung

Eine Kapitalgesellschaft oder Genossenschaft, deren Beteiligungsrechte von einer Personenunternehmung gehalten werden, kann durch Liquidation oder Teilumwandlung in eine Betriebsstätte einer Personenunternehmung „umgewandelt" werden.

Betriebsstätten von ausländischen Personenunternehmungen unterliegen der Gewinnsteuer (Art. 11 DBG). Die „Umwandlung" einer Kapitalgesellschaft oder Genossenschaft in die Betriebsstätte einer ausländischen Personenunternehmung kann deshalb für die Gewinnsteuer neutral erfolgen, soweit die stillen Reserven der schweizerischen Betriebsstätte verhaftet bleiben. Vom Fortbestand der Steuerpflicht in der Schweiz kann jedoch nur dann ausgegangen werden, wenn bei der internationalen Steuerausscheidung sichergestellt ist, dass die übertragenen stillen Reserven weiterhin uneingeschränkt der Schweiz zugewiesen werden. Dies ist nach dem DBG durch die Anwendung der objektmässigen (direkten) Ausscheidungsmethode gewährleistet.

4.2.6.3.4 Rückwirkende Umwandlung

Bei der Umwandlung einer Kapitalgesellschaft oder Genossenschaft in eine Personenunternehmung wird die Steuerpflicht grundsätzlich mit dem Eintrag im Handelsregister beendet.

Eine rückwirkende Umwandlung wird steuerlich nur dann anerkannt, wenn die Anmeldung zusammen mit den Gründungsakten innerhalb von sechs Monaten nach dem Stichtag der Übernahmebilanz beim Handelsregister eingetroffen ist und die Anmeldung ohne irgendwelche Weiterungen zum Eintrag geführt hat.

Wird die rückwirkende Umwandlung akzeptiert, endet die Steuerpflicht auf den vereinbarten Übernahmestichtag. Entsprechend beginnt die selbständige Erwerbstätigkeit in diesem Zeitpunkt. Andernfalls wird auf den Handelsregistereintrag abgestellt. Dies bedingt die Erstellung eines Abschlusses auf diesen Zeitpunkt.

Eine rückwirkende Teilumwandlung wird steuerlich anerkannt, wenn der Beschluss der Organe der Kapitalgesellschaft oder Genossenschaft zur Übertragung eines Betriebs auf eine Personenunternehmung innerhalb von sechs Monaten nach dem Stichtag erfolgt.

4.2.6.4 *Direkte Bundessteuer (Einkommenssteuer: Einkünfte aus Beteiligungen im Privatvermögen)*

Bei der Umwandlung einer Kapitalgesellschaft oder Genossenschaft in eine Personenunternehmung findet eine Liquidation oder Teilliquidation der Kapitalgesellschaft oder Genossenschaft statt. Eine spätere Erfassung der offenen und stillen Reserven (Liquidationsüberschuss) bei den Anteilsinhabern oder Genossenschaftern ist nicht möglich. Der Liquidationsüberschuss (Verkehrswert des Aktivenüberschusses abzüglich des Nennwertes und der KER bzw. Ausland-KER) unterliegt bei den bisher beteiligten natürlichen Personen der Einkommenssteuer (Art. 20 Abs. 1 Bst. c DBG; **Beispiel Nr. 9 im Anhang**).

4.2.6.5 Verrechnungssteuer

Bei der Umwandlung oder Teilumwandlung einer Kapitalgesellschaft oder Genossenschaft in eine Personenunternehmung unterliegt der Liquidationsüberschuss (Verkehrswert des Aktivenüberschusses abzüglich des Nennwertes und der KER bzw. Ausland-KER) der Verrechnungssteuer (Art. 4 Abs. 1 Bst. b VStG; **Beispiel Nr. 9 im Anhang**).

4.2.6.6 Umsatzabgabe

Siehe Ausführungen unter Ziffer 4.2.1.6.

4.2.6.7 Nicht betroffene Steuer

- Emissionsabgabe.

4.3 Spaltung

4.3.1 Tatbestände

Mittels Spaltung überträgt eine Gesellschaft (übertragende Gesellschaft) Teile ihres Vermögens auf eine andere Gesellschaft (übernehmende Gesellschaft). Die Anteils- und Mitgliedschaftsrechte der Anteilsinhaber der übertragenden Gesellschaft werden gewahrt, indem die Anteilsinhaber der übertragenden Gesellschaft Anteils- oder Mitgliedschaftsrechte an der oder an den übernehmenden Gesellschaft(en) erhalten oder diese bereits halten. Es handelt sich dabei um eine Art Gegenstück zur Fusion. Dabei wird eine Gesellschaft in zwei oder mehrere Parallel- oder Schwestergesellschaften aufgeteilt. Die Aufteilung in Schwestergesellschaften wird als symmetrische Spaltung und die Aufteilung in Parallelgesellschaften als asymmetrische Spaltung bezeichnet. Bei einer symmetrischen Spaltung bleiben die Beteiligungsverhältnisse an den aus der Spaltung hervorgehenden oder verbleibenden Gesellschaften gleich wie an der gespaltenen Gesellschaft. Bei einer asymmetrischen Spaltung werden den Anteilsinhabern Beteiligungsrechte zugewiesen, die vom Verhältnis ihrer bisherigen Beteiligung abweichen.

Im Weiteren wird unterschieden, ob aus einer Gesellschaft zwei neue Gesellschaften entstehen und die übertragende Gesellschaft untergeht (Aufspaltung) oder ob eine Gesellschaft Vermögenswerte auf eine andere bestehende oder neue Gesellschaft überträgt (Abspaltung).

Übersicht[15]

Aufspaltung (Art. 29 Bst. a FusG; Art. 61 Abs. 1 Bst. b DBG)

Symmetrische Aufspaltung   Asymmetrische Aufspaltung

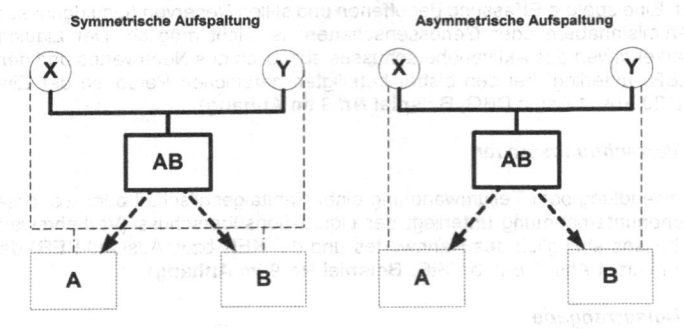

Abspaltung (Art. 29 Bst. b FusG; Art. 61 Abs. 1 Bst. b DBG)

Symmetrische Abspaltung   Asymmetrische Abspaltung

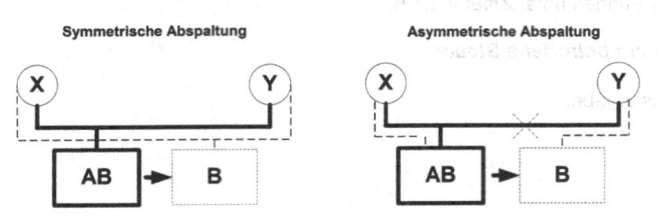

[15] H.-J. Neuhaus / M. Neuhaus / P. Riedweg; Kammer-Seminar vom 19.9.2003 zum FusG

Nach dem FusG kann eine Spaltung im steuerrechtlichen Sinne zivilrechtlich abgewickelt werden durch:

- Aufspaltung (Art. 29 Bst. a FusG);
- Abspaltung (Art. 29 Bst. b FusG);
- Vermögensübertragung (Art. 69-77 FusG) auf eine neugegründete oder eine bestehende Schwestergesellschaft.

Eine Spaltung kann zivilrechtlich auch ohne Inanspruchnahme des FusG bewirkt werden durch:

- Sacheinlage- oder Sachübernahmegründung einer Tochtergesellschaft mit anschliessender Übertragung der neuen Beteiligungsrechte auf die Aktionäre – bei einem «Spin-off» geschieht dies ohne, bei einem «Split-off» mit Kapitalherabsetzung der übertragenden Gesellschaft;
- Übertragung von Aktiven und Verbindlichkeiten des abzuspaltenden Komplexes auf die Aktionäre (Naturaldividende), die ihrerseits die Nachfolgegesellschaft(en) gründen und deren Aktien durch Sacheinlage der erhaltenen Wirtschaftsgüter liberieren;
- Zeichnung der Aktien der Nachfolgegesellschaft durch die Aktionäre der bisherigen Gesellschaft, welche die abzuspaltenden Aktiven und Verbindlichkeiten zur Liberierung der Aktien der Nachfolgegesellschaft überträgt.

4.3.2 Direkte Bundessteuer (Gewinnsteuer)

4.3.2.1 Grundsatz

Nach Artikel 61 Absatz 1 Buchstabe b DBG werden die stillen Reserven einer juristischen Person im Fall einer Spaltung nicht besteuert, soweit kumulativ:

- die Steuerpflicht in der Schweiz fortbesteht;
- die bisher für die Gewinnsteuer massgeblichen Werte übernommen werden;
- ein oder mehrere Betriebe oder Teilbetriebe übertragen werden;
- die nach der Spaltung bestehenden juristischen Personen einen Betrieb oder Teilbetrieb weiterführen.

Eine unveränderte Weiterführung sowohl des durch Spaltung übertragenen als auch des zurückbleibenden Geschäftsbetriebes ist nicht erforderlich.

Für die Gewinnsteuer spielt es keine Rolle, wie der Effekt einer Spaltung zivilrechtlich bewirkt wird. Steuerlich liegt ein sog. "Entnahmetatbestand" vor. Dies bedeutet, dass – wenn im Gesetz nicht ausdrücklich Steuerneutralität vorgesehen ist (Art. 61 Abs. 1 Bst. b DBG) – die Entnahme als Realisation der stillen Reserven besteuert wird (Art. 58 Abs. 1 Bst. c DBG).

Ebenfalls unbeachtlich ist, ob eine Auf- oder Abspaltung erfolgt.

Für grenzüberschreitende Spaltungen (Art. 163d IPRG) gelten die gleichen Grundsätze wie bei grenzüberschreitenden Fusionen (vgl. Ziff. 4.1.2.2.2).

4.3.2.2 Rückwirkende Spaltung

Bei einer Aufspaltung endet die Steuerpflicht der Gesellschaft grundsätzlich mit der Löschung im Handelsregister. Die Steuerpflicht einer aus einer Auf- oder Abspaltung hervorgehenden Gesellschaft beginnt grundsätzlich mit dem Eintrag ins Handelsregister.

Eine rückwirkende Spaltung wird steuerlich nur dann anerkannt, wenn die Anmeldung zusammen mit dem Spaltungsbeschluss innerhalb von sechs Monaten nach dem Stichtag der letzten Bilanz beim Handelsregister eingetroffen ist und die Anmeldung ohne irgendwelche Weiterungen zum Eintrag geführt hat. Erfolgt die Spaltung auf eine bereits bestehende juristische Person, ohne dass ein Eintrag im Handelsregister notwendig ist, muss die Spaltung innerhalb von sechs Monaten nach dem vereinbarten Stichtag vollzogen werden.

Wird die rückwirkende Spaltung akzeptiert, beginnen die Steuerpflicht, die Steuerperiode und die Bemessungsperiode einer aus einer Spaltung hervorgehenden Gesellschaft mit dem vereinbarten Spaltungsstichtag. Entsprechend endet die Steuerpflicht einer aufgespaltenen Gesellschaft in diesem Zeitpunkt. Andernfalls wird für die Festsetzung des steuerbaren Gewinnes auf den Handelsregistereintrag abgestellt. Dies bedingt die Erstellung eines Abschlusses auf diesen Zeitpunkt.

4.3.2.3 Veräusserungssperrfrist

Es besteht keine Veräusserungssperrfrist für die aus einer Spaltung hervorgehenden oder verbleibenden Beteiligungsrechte.

4.3.2.4 Abgrenzung zwischen Spaltung und Verkauf

Die Steuerneutralität der Spaltung bedingt, dass mit dem Betrieb auch ein angemessenes Eigenkapital (Aktienkapital und/oder offene Reserven) übertragen wird.

Der Verkauf eines Betriebes an eine Schwestergesellschaft kann nicht als gewinnsteuerneutrale Spaltung qualifiziert werden (**Beispiel Nr. 12 im Anhang**). Jedoch ist eine entgeltliche Vermögensübertragung im Konzern steuerneutral möglich, wenn sie zwischen inländischen Konzerngesellschaften erfolgt (Art. 61 Abs. 3 DBG; vgl. Ziff. 4.5; **Beispiel Nr. 21 im Anhang**).

4.3.2.5 Betrieb und Teilbetrieb

Nach geltender Praxis wird unter den Begriffen „Betrieb" und „Teilbetrieb" Folgendes verstanden:

- Betrieb: Organisatorisch-technischer Komplex von Vermögenswerten, welcher für die unternehmerische Leistungserstellung eine relativ unabhängige, organische Einheit darstellt.
- Teilbetrieb: Kleinster für sich lebensfähiger Organismus eines Unternehmens.

Ein Betrieb oder Teilbetrieb liegt dann vor, wenn kumulativ folgende Erfordernisse erfüllt sind:

- die Unternehmung erbringt Leistungen auf dem Markt oder an verbundene Unternehmen;
- die Unternehmung verfügt über Personal;
- der Personalaufwand steht in einem sachgerechten Verhältnis zum Ertrag.

Einem Betrieb können auch nichtbetriebsnotwendige Aktiven mitgegeben werden (z.B. liquide Mittel und Immobilien), sofern der Betrieb nicht nur von untergeordneter Bedeutung ist, nicht nur zum Zwecke einer steuerneutralen Spaltung geschaffen wurde und weitergeführt wird (allgemeiner Vorbehalt der Steuerumgehung).

4.3.2.6 Vermögensverwaltungs- und Holdinggesellschaften

Das Halten und Verwalten von Wertschriften, die lediglich der Anlage von eigenem Vermögen dienen, stellt auch bei einem grossen Vermögen nie einen Betrieb dar.

Das Betriebserfordernis kann bei einer Spaltung einer Holdinggesellschaft entweder auf der Stufe Holdinggesellschaft (sogenannter Holdingbetrieb) oder auf der Stufe der aktiven Gesellschaft, an welcher die Holdinggesellschaft beteiligt ist (sogenannter operativer Betrieb), erfüllt werden.

Ein sogenannter Holdingbetrieb liegt vor, wenn kumulativ folgende Erfordernisse erfüllt sind:

- Bei den Beteiligungen handelt es sich wertmässig überwiegend um Beteiligungen an aktiven Gesellschaften;
- die Beteiligungen machen mehrheitlich mindestens 20 Prozent des Grund- oder Stammkapitals der anderen Gesellschaften aus oder ermöglichen auf andere Weise eine massgebende Kontrolle (z.B. durch einen Aktionärsbindungsvertrag);
- die nach der Spaltung bestehenden Holdinggesellschaften nehmen tatsächlich eine Holdingfunktion mit eigenem Personal oder über beauftragte Personen wahr (Koordination der Geschäftstätigkeit mehrerer Tochtergesellschaften; strategische Führung);
- die nach der Spaltung bestehenden Holdinggesellschaften bestehen weiter.

Ein sogenannter operativer Betrieb liegt vor, wenn die Beteiligungsquote mehr als 50 Prozent der Stimmen an einer aktiven Gesellschaft beträgt. In Anwendung des Transparenzprinzips erfüllt eine einzige derartige Beteiligung das Betriebserfordernis durch den von der aktiven Gesellschaft geführten Betrieb (Urteil BGer 2C_34/2018 vom 11.3.2019; **Beispiel Nr. 11 im Anhang**).

Das Transparenzprinzip, welches eine Beteiligungsquote von mehr als 50 Prozent der Stimmen auf jeder Stufe bedingt, wird sowohl auf Gesellschaften mit einem Holdingbetrieb als auch auf Gesellschaften mit einem operativen Betrieb angewandt.

4.3.2.7 Finanz- und Immaterialgüterverwertungsgesellschaften

Finanz- und Immaterialgüterverwertungsgesellschaften führen dann einen Betrieb, wenn kumulativ:

- ein Marktauftritt erfolgt oder Dienstleistungen an Konzerngesellschaften erbracht werden;
- die Unternehmung tatsächlich mindestens eine Person für ihre Dienstleistungen beschäftigt oder beauftragt (eine Vollzeitstelle).

4.3.2.8 Immobiliengesellschaften

Das Halten und Verwalten eigener Immobilien stellt dann einen Betrieb dar, wenn kumulativ folgende Erfordernisse erfüllt sind:
- es erfolgt ein Marktauftritt oder es werden Betriebsliegenschaften an Konzerngesellschaften vermietet;
- die Unternehmung beschäftigt oder beauftragt mindestens eine Person für die Verwaltung der Immobilien (eine Vollzeitstelle für rein administrative Arbeiten);
- die Mieterträge betragen mindestens das 20-fache des marktüblichen Personalaufwandes für die Immobilienverwaltung[16].

Eine Spaltung von Immobiliengesellschaften ist nur dann steuerneutral möglich, soweit die Grundvoraussetzungen einer steuerneutralen Umstrukturierung erfüllt sind und
- die übertragenen Immobilien einen Betrieb verkörpern
- und die nach der Spaltung bestehenden Immobiliengesellschaften einen Betrieb oder Teilbetrieb weiterführen.

4.3.2.9 Wertberichtigungen und Abschreibungen auf übertragenen Beteiligungen

Wertberichtigungen sowie Abschreibungen (nach altem Rechnungslegungsrecht) auf Beteiligungen von mindestens 10 Prozent werden dem steuerbaren Gewinn zugerechnet, soweit sie nicht mehr begründet sind (Art. 62 Abs. 4 DBG). Dies trifft zu, sowie eine nachhaltige Werterholung der Beteiligung eingetreten ist. Bei der Veranlagung einer Gesellschaft, die eine Beteiligung zum Gewinnsteuerwert auf eine inländische Konzerngesellschaft durch Spaltung übertragen hat, ist deshalb zu prüfen, inwieweit allfällige Wertberichtigungen oder Abschreibungen auf dieser Beteiligung noch geschäftsmässig begründet sind. Artikel 62 Absatz 4 DBG ist auch anwendbar, wenn die Beteiligungsquote infolge einer Teilveräusserung unter 10 Prozent sinkt und die Beteiligungsrechte am Ende des Steuerjahrs vor der Werterholung einen Verkehrswert von mindestens einer Million Franken hatten (Kreisschreiben der ESTV Nr. 27 vom 17.12.2009, Ziff. 2.5.2).

4.3.2.10 Gestehungskosten einer durch Spaltung übertragenen Beteiligung

Erfolgen im Rahmen einer Auf- oder Abspaltung Beteiligungsübertragungen (Art. 61 Abs. 1 Bst. b DBG), bedingt dies eine Fortführung der Gewinnsteuerwerte und der Gestehungskosten der übertragenen Beteiligungen bei der erwerbenden Gesellschaft (Kreisschreiben der ESTV Nr. 27 vom 17.12.2009, Ziff. 2.5.1). In diesem Fall bleibt die Haltedauer der übertragenen Beteiligungen unverändert.

4.3.2.11 Steuerfolgen für eine beteiligte juristische Person (Muttergesellschaft) bei einer symmetrischen Spaltung (modifizierte Dreieckstheorie)

Aus der Sicht der Anteilsinhaber liegt bei einer symmetrischen Spaltung eine steuerneutrale Vermögensumschichtung vor. Ein Austausch von Beteiligungsrechten findet nicht statt. Aufgrund des Massgeblichkeitsprinzips der Handelsbilanz kommt für die steuerliche Gewinner-

---

[16] Bundesrat Villiger, Ständerat 21.3.2001; Amtliches Bulletin, S. 166

mittlung zwingend die modifizierte Dreieckstheorie zur Anwendung. Die Summe der Gewinnsteuerwerte und der Gestehungskosten der Beteiligungen bleibt unverändert. Allenfalls ergibt sich aufgrund der Vorteilszuwendung für die Beteiligung an der entreicherten Gesellschaft ein Wertberichtigungsbedarf. Ein solcher müsste durch eine Aufwertung der Beteiligung an der begünstigten Gesellschaft kompensiert werden (Umbuchung: Beteiligung „übernehmende Gesellschaft" an Beteiligung „übertragende Gesellschaft"). Für die Muttergesellschaft ergeben sich somit die gleichen Steuerfolgen, wie bei einer Vorteilszuwendung zwischen verbundenen Unternehmen (Tochtergesellschaften; **Beispiel Nr. 10 im Anhang**).

4.3.2.12 Gewinnsteuerfolgen bei Nichterfüllung des Betriebserfordernisses

Da bei Spaltungen keine Veräusserungssperrfrist zu beachten ist, kommt dem Betriebserfordernis eine zentrale Bedeutung zu. Zudem werden Teilbetriebe den eigentlichen Betrieben gleichgestellt. Im Folgenden wird deshalb nur noch der Begriff „Betrieb" verwendet.

Wenn nur einzelne Aktiven – beispielsweise Liegenschaften – auf eine Schwestergesellschaft übertragen werden, sind die Voraussetzungen einer steuerneutralen Spaltung (Betriebserfordernis) nicht erfüllt. Die übertragenen stillen Reserven unterliegen auch dann der Gewinnsteuer, wenn die übernehmende Gesellschaft bereits einen Betrieb führt oder verschiedene Gesellschaften einzelne Aktiven durch Abspaltung zu einem neuen Betrieb zusammenführen.

Damit die Besteuerung bei einem umgekehrten Vorgang – der Abspaltung eines Betriebes und dem Verbleib einzelner, nur noch der Vermögensanlage dienenden Aktiven – sichergestellt ist, gilt das Betriebserfordernis nicht nur für die übertragenen Vermögenswerte, sondern auch für die übertragende Gesellschaft. Erfüllt die übertragende Gesellschaft das Betriebserfordernis nach der Spaltung nicht mehr, wird die Gewinnsteuer auf den verbleibenden stillen Reserven der übertragenden Gesellschaft erhoben. Dadurch wird sichergestellt, dass ungeachtet der gewählten zivilrechtlichen Gestaltung immer die gleichen steuerlichen Folgen eintreten.

Bei einer Spaltung können sich somit – vorbehältlich einer Vermögensübertragung nach Artikel 61 Absatz 3 DBG - folgende Gewinnsteuerfolgen ergeben:

- Die Übertragung erfolgt durch einen Verkauf: *Besteuerung der übertragenen, unversteuerten stillen Reserven bei der übertragenden Gesellschaft. Die übernehmende Gesellschaft kann eine entsprechende, als Gewinn versteuerte stille Reserve geltend machen.*

- Die übertragenen Vermögenswerte stellen keinen Betrieb dar: *Besteuerung der übertragenen, unversteuerten stillen Reserven bei der übertragenden Gesellschaft. Die übernehmende Gesellschaft kann eine entsprechende, als Gewinn versteuerte stille Reserve geltend machen* (**Beispiele Nr. 13 und 14 im Anhang**).

- Das Betriebserfordernis ist für die übertragende Gesellschaft nach der Übertragung nicht mehr erfüllt: *Besteuerung der verbleibenden, unversteuerten stillen Reserven bei der übertragenden Gesellschaft. Die übertragende Gesellschaft kann eine entsprechende, als Gewinn versteuerte stille Reserve geltend machen* (**Beispiel Nr. 15 im Anhang**).

4.3.2.13 Übernahme von Vorjahresverlusten

Bei einer Spaltung müssen die bei der Berechnung des steuerbaren Reingewinnes noch nicht berücksichtigten Vorjahresverluste, die auf den übertragenen Betrieb oder Teilbetrieb entfallen, auf die übernehmende Gesellschaft übertragen werden. Sie können nach Artikel 67 Absatz 1 DBG geltend gemacht werden. Eine Übertragung der Vorjahresverluste ist jedoch ausgeschlossen, wenn eine Steuerumgehung vorliegt. Eine solche kann insbesondere dann vorliegen, wenn der übertragene Betrieb kurz nach der Spaltung eingestellt wird.

4.3.2.14 Übernahme des selbst geschaffenen Mehrwerts

Der Gewinnsteuerwert des selbst geschaffenen Mehrwerts gemäss Artikel 61a Absatz 1 DBG ist im Zeitpunkt der Spaltung zwingend auf die verbleibenden und übertragenen Betriebe oder Teilbetriebe aufzuteilen (Übernahme der bisher für die Gewinnsteuer massgeblichen Werte). Dabei ist die bei Beginn der Steuerpflicht gewählte Bewertungsmethode zur Berechnung der Mehrwerte der einzelnen Betriebe oder Teilbetriebe anzuwenden[17].

4.3.2.15 Abspaltung zwecks Sanierung der übernehmenden Gesellschaft

Erfolgt eine Abspaltung zwecks Sanierung der übernehmenden Gesellschaft, ist zu prüfen, ob die latente Gewinnsteuer auf den übertragenen stillen Reserven untergeht und ob eine Steuerumgehung vorliegt. Ein solches Vorgehen führt wie eine gewöhnliche Vorteilszuwendung zwischen verbundenen Unternehmen zu einer Besteuerung der übertragenen, unversteuerten stillen Reserven bei der übertragenden Gesellschaft. Die übernehmende Gesellschaft kann eine entsprechende, als Gewinn versteuerte stille Reserve geltend machen.

4.3.3 Direkte Bundessteuer (Einkommenssteuer: Einkünfte aus Beteiligungen im Privatvermögen)

4.3.3.1 Veräusserungssperrfrist

Eine gewinnsteuerneutrale Spaltung stellt für die beteiligten natürlichen Personen eine steuerneutrale Vermögensumschichtung dar, die an keine Veräusserungssperrfrist gebunden ist. Die Steuerneutralität für die gespaltenen Gesellschaften zieht auch die Steuerneutralität bei den beteiligten natürlichen Personen, d.h. bei den Beteiligungsinhabern dieser Gesellschaften, nach sich (Urteil BGer 2C_34/2018 vom 11.3.2019).

4.3.3.2 Gratisaktien und Gratisnennwerterhöhungen

Die bei einer Spaltung den Inhabern der gesellschaftlichen Beteiligungsrechte an der übernehmenden Gesellschaft zukommenden Gratisaktien und Gratisnennwerterhöhungen unterliegen nach Artikel 20 Absatz 1 Buchstabe c DBG der Einkommenssteuer, soweit sie nicht zu Lasten des Nennwertes der Beteiligungsrechte oder von KER bzw. Ausland-KER der übertragenden Gesellschaft erfolgen.

Für an einer schweizerischen Börse kotierte Kapitalgesellschaften oder Genossenschaften sind die besonderen Bestimmungen für Gratisaktien und Gratisnennwerterhöhungen zu beachten (Kreisschreiben der ESTV Nr. 29b vom 23.12.2019, Ziff. 5.1.5).

---

[17] Botschaft zum/zur SV17, BBl **2018** 2584

4.3.3.3 Steuerfolgen einer nicht gewinnsteuerneutralen Spaltung

Eine nicht gewinnsteuerneutrale Spaltung stellt für den Anteilsinhaber grundsätzlich einen steuerbaren Entnahmetatbestand dar. Aufgrund der Dreieckstheorie werden grundsätzlich folgende Erträge aus Beteiligungen realisiert (Art. 20 Abs. 1 Bst. c DBG):

- Erfolgt die Übertragung des Betriebes durch einen unterpreislichen Verkauf, liegt eine Vorteilszuwendung zwischen verbundenen Unternehmen (Schwestergesellschaften) im Umfang der übertragenen stillen Reserven an eine verbundene Unternehmung vor (**Beispiel Nr. 12 im Anhang**).
- Stellen die durch Spaltung übertragenen Vermögenswerte keinen Betrieb dar, realisiert der Anteilsinhaber grundsätzlich die mit den Vermögenswerten übertragenen offenen übrigen und stillen Reserven (**Beispiele Nr. 13 und 14 im Anhang**).
- Ist das Betriebserfordernis für die übertragende Gesellschaft nach der Spaltung nicht mehr erfüllt, realisiert der Anteilsinhaber grundsätzlich die offenen übrigen und stillen Reserven derjenigen Gesellschaft, die das Betriebserfordernis nicht mehr erfüllt (Gleichbehandlung mit dem umgekehrten Vorgang aufgrund der wirtschaftlichen Betrachtungsweise; **Beispiel Nr. 15 im Anhang**).

In allen drei Fällen liegt eine Vorteilszuwendung an eine verbundene Unternehmung (Schwestergesellschaft) vor.

Bei einer Vorteilszuwendung an eine Schwestergesellschaft erhält der Anteilsinhaber (Privatperson) grundsätzlich einen geldwerten Vorteil aus der Beteiligung an der entreicherten Gesellschaft (Art. 20 Abs. 1 Bst. c DBG), den er in die begünstigte Gesellschaft einlegt (Dreieckstheorie). Um eine Mehrfachbelastung bei ihm zu vermeiden, kann er jedoch vor Umsetzung der Transaktion die sogenannte «modifizierte Dreieckstheorie» beantragen. Danach entfällt beim Anteilsinhaber die Besteuerung einer Ausschüttung, sofern er die Beteiligungsrechte an der begünstigten Gesellschaft nicht innert 5 Jahren veräussert. Im Falle einer nicht steuerneutralen Spaltung wegen fehlendem Betriebserfordernis bezieht sich die Frist auf die Beteiligungsrechte an der Gesellschaft, die keinen Betrieb weiterführt. Um eine Besteuerung bei der Verletzung dieser Frist im Nachsteuerverfahren sicherzustellen, wird vom Anteilsinhaber die Abgabe eines entsprechenden Revers verlangt. Es handelt sich bei dieser Praxis um eine „Billigkeitslösung", die zum Ziel hat, eine im Ergebnis zweifache Besteuerung des Vermögensertrages beim Anteilsinhaber zu vermeiden. Nicht anwendbar ist die modifizierte Dreieckstheorie bei einer Abspaltung zwecks Sanierung (vgl. dazu Ziff. 4.1.4.3.2).

Für grenzüberschreitende Spaltungen (Art. 163d IPRG) gelten die gleichen Grundsätze wie bei grenzüberschreitenden Fusionen (vgl. Ziff. 4.1.2.3.9).

4.3.4 Verrechnungssteuer

4.3.4.1 Grundsatz

Artikel 5 Absatz 1 Buchstabe a VStG regelt im Sinne einer Ausnahme, dass Reserven und Gewinne einer Kapitalgesellschaft oder Genossenschaft, die bei einer Umstrukturierung nach Artikel 61 DBG in die Reserven einer aufnehmenden oder umgewandelten inländischen Kapitalgesellschaft oder Genossenschaft übergehen, von der Verrechnungssteuer ausgenommen sind. Dabei wird vorausgesetzt, dass das übertragene Verrechnungssteuersubstrat erhalten bleibt.

Sind die Voraussetzungen für eine steuerneutrale Spaltung nach Artikel 61 Absatz 1 Buchstabe b DBG nicht erfüllt (fehlendes Betriebserfordernis), liegt eine Vorteilszuwendung an eine Schwestergesellschaft vor, die der Verrechnungssteuer unterliegt. Aufgrund der zur Anwendung gelangenden Direktbegünstigungstheorie ist die übernehmende Gesellschaft Empfängerin der Leistung und somit rückerstattungsberechtigt. Die Verzinsung des Verrechnungssteuerbetrages richtet sich nach Artikel 16 VStG.

4.3.4.2 Gratisaktien und Gratisnennwerterhöhungen

Die bei einer Spaltung den Inhabern der Beteiligungsrechte an der übernehmenden Gesellschaft zukommenden Gratisaktien und Gratisnennwerterhöhungen unterliegen nach Artikel 4 Absatz 1 Buchstabe b VStG der Verrechnungssteuer, soweit sie nicht zu Lasten des Nennwertes der Beteiligungsrechte oder der KER bzw. Ausland-KER der übertragenden Gesellschaft erfolgen.

Für an einer schweizerischen Börse kotierte Kapitalgesellschaften oder Genossenschaften sind die besonderen Bestimmungen für Gratisaktien und Gratisnennwerterhöhungen zu beachten (Kreisschreiben der ESTV Nr. 29b vom 23.12.2019, Ziff. 5.1.5).

4.3.4.3 Abspaltung zwecks Sanierung der übernehmenden Gesellschaft

Erfolgt eine Abspaltung auf eine sanierungsbedürftige Schwestergesellschaft zwecks Sanierung der übernehmenden Gesellschaft, so erlangen die Anteilsinhaber eine geldwerte Leistung im Umfang der untergehenden übrigen Reserven.

4.3.5 Emissionsabgabe

Beteiligungsrechte, die in Durchführung von Beschlüssen über Spaltungen begründet oder erhöht werden, sind von der Emissionsabgabe ausgenommen (Art. 6 Abs. 1 Bst. a^{bis} StG).

Eine abgabebefreite Spaltung setzt – gleich wie bei der Gewinnsteuer – voraus, dass ein oder mehrere Betriebe übertragen werden und dass die nach der Spaltung bestehenden Kapitalgesellschaften oder Genossenschaften einen Betrieb oder Teilbetrieb weiterführen. Eine Veräusserungssperrfrist für die Beteiligungsrechte an den nach der Spaltung bestehenden Kapitalgesellschaften oder Genossenschaften besteht nicht.

Nicht abgabebefreit ist derjenige Teil des neu geschaffenen nominellen Kapitals der übernehmenden Gesellschaft(en), der das minimal erforderliche Eigenkapital nach dem Kreisschreiben der ESTV Nr. 6 vom 6. Juni 1997 betreffend verdecktes Eigenkapital (Art. 65 DBG) bei Kapitalgesellschaften und Genossenschaften übersteigt, sofern die Merkmale der Abgabeumgehung erfüllt sind.

Liegt keine gewinnsteuerneutrale Spaltung vor, gilt für die Emissionsabgabe grundsätzlich die zivilrechtliche Betrachtungsweise.

4.3.6 Umsatzabgabe

Die mit einer Spaltung verbundene Übertragung steuerbarer Urkunden ist von der Umsatzabgabe ausgenommen (Art. 14 Abs. 1 Bst. i StG).

Die mit einer Spaltung verbundene Übertragung steuerbarer Urkunden unterliegt jedoch dann der Umsatzabgabe, wenn keine gewinnsteuerneutrale Spaltung vorliegt (fehlendes Betriebserfordernis). Die in diesen Fällen geschuldete Umsatzabgabe wird gemäss Artikel 16 StG auf dem Entgelt berechnet. Die Berechnung des massgebenden Entgelts erfolgt dabei folgendermassen:

a) Wenn nur steuerbare Urkunden übernommen bzw. eingebracht werden, auf den gesamten Gutschriften an die Sacheinleger und den übernommenen Drittverpflichtungen;

b) Wenn nicht nur steuerbare Urkunden, sondern auch andere Aktiven übernommen werden, auf den anteiligen Gutschriften und Drittverpflichtungen.

   Im Fall b) ist es somit notwendig,
   1. den Anteil der steuerbaren Urkunden an den Gesamtaktiven zu Buchwerten zu bestimmen,
   2. den entsprechenden Anteil vom Total der Gutschriften an Sacheinleger und übernommenen Drittverpflichtungen zu ermitteln und
   3. die Umsatzabgabe vom erhaltenen Wert, der als massgebendes Entgelt zu betrachten ist, zu berechnen.

c) Werden in- und ausländische steuerbare Urkunden übertragen, so ist das massgebende Entgelt aufgrund der Buchwerte proportional aufzuteilen.

4.4 Übertragung auf Tochtergesellschaft (Ausgliederung)

4.4.1 Ausgliederung von Betrieben, Teilbetrieben sowie von Gegenständen des betrieblichen Anlagevermögens

4.4.1.1 Tatbestand

Bei der Ausgliederung überträgt eine Gesellschaft Vermögenswerte auf eine Gesellschaft, an der sie sich beteiligt oder bereits beteiligt ist. Die Ausgliederung von Vermögenswerten ist im FusG nicht geregelt.

4.4.1.1.1 Tochterausgliederung und Fusionsausgliederung

Bei einer Tochterausgliederung werden Vermögenswerte auf eine neue oder eine bereits bestehende Gesellschaft ausgegliedert, an der ausschliesslich die übertragende Gesellschaft beteiligt ist. Die Ausgliederung von Vermögenswerten auf eine Gesellschaft, an der sich eine oder mehrere andere Gesellschaften beteiligen (Fusionsausgliederung; „Joint Venture"), hat die gleichen Steuerfolgen wie eine Tochterausgliederung.

Die Übertragung von Vermögenswerten auf eine Enkelgesellschaft ist eine zweifache Tochterausgliederung (**Beispiel Nr. 16 im Anhang**).

Übersicht[18]

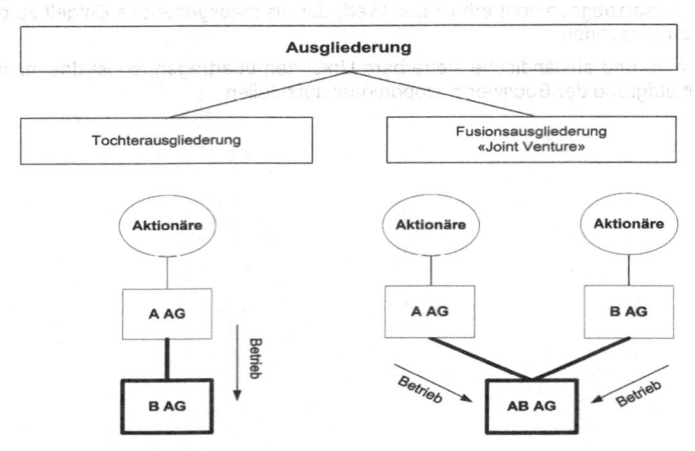

```
                        Ausgliederung
                       /             \
            Tochterausgliederung    Fusionsausgliederung
                                      «Joint Venture»
```

```
      Aktionäre              Aktionäre        Aktionäre
         |                      |                 |
       A AG                   A AG              B AG
         |                       \               /
       Betrieb                Betrieb         Betrieb
         ↓                         \           /
       B AG                          AB AG
```

---

[18] REICH, a.a.O., S. 193

4.4.1.1.2 Übertragung

Die Übertragung kann zivilrechtlich auf folgende Weise erfolgen:
- Sacheinlage;
- Verkauf;
- Vermögensübertragung (Art. 69-77 FusG).

4.4.1.2 Direkte Bundessteuer (Gewinnsteuer)

4.4.1.2.1 Grundsatz

Verdeckte Kapitaleinlagen führen grundsätzlich zu einer Besteuerung der auf eine Tochtergesellschaft übertragenen stillen Reserven und zu einer entsprechenden Erhöhung des Gewinnsteuerwertes und der Gestehungskosten der Beteiligung (Art. 58 Abs. 1 Bst. c DBG; Kreisschreiben der ESTV Nr. 27 vom 17.12.2009, Ziff. 2.5.1).

Die Übertragung von Vermögenswerten auf eine Tochtergesellschaft ist im Sinne einer Ausnahme steuerneutral, soweit kumulativ:
- die Steuerpflicht in der Schweiz fortbesteht (Art. 61 Abs. 1 DBG);
- die bisher für die Gewinnsteuer massgeblichen Werte übernommen werden (Art. 61 Abs. 1 DBG);
- es sich bei den übertragenen Vermögenswerten um Betriebe, Teilbetriebe oder Gegenstände des betrieblichen Anlagevermögens handelt (Art. 61 Abs. 1 Bst. d DBG);
- es sich bei der übernehmenden Gesellschaft um eine inländische Tochtergesellschaft handelt (Art. 61 Abs. 1 Bst. d DBG);
- während den der Ausgliederung nachfolgenden fünf Jahren die übertragenen Vermögenswerte oder die Beteiligung an der übernehmenden Tochtergesellschaft nicht veräussert werden (Art. 61 Abs. 2 DBG).

Der übertragene und ausgewiesene Aktivenüberschuss der Vermögenswerte kann in der Handelsbilanz der übernehmenden Kapitalgesellschaft oder Genossenschaft steuerneutral als KER, bei Übertragungen aus dem Ausland nach Artikel 5 Absatz 1^{quater} Buchstaben a und b VStG als Ausland-KER ausgewiesen und/oder für die Liberierung von Grund- oder Stammkapital verwendet werden.

4.4.1.2.2 Fortbestand der Steuerpflicht in der Schweiz

Das Erfordernis des Fortbestandes der Steuerpflicht in der Schweiz bezieht sich auf die übernehmende Tochtergesellschaft und nicht auf die übertragende Muttergesellschaft.

Ein Wegfall der Steuerpflicht der übertragenden Muttergesellschaft kann sich bei der Verlegung ihres Sitzes oder ihrer tatsächlichen Verwaltung ins Ausland ergeben. Auch in einem solchen Fall gilt die Sperrfrist nach Artikel 61 Absatz 2 DBG.

Bei einem Wegfall der Steuerpflicht der übertragenden Muttergesellschaft kann während der Veräusserungssperrfrist für die latente Gewinnsteuer Sicherstellung verlangt werden (Art. 169 DBG).

Die Steuerbehörden können von einer Gesellschaft mit Sitz im Ausland verlangen, dass sie einen Vertreter in der Schweiz bezeichnet (Art. 126a DBG).

4.4.1.2.3 Inländische Tochtergesellschaft

Als inländische Tochtergesellschaft gilt eine Kapitalgesellschaft oder Genossenschaft mit Sitz oder tatsächlicher Verwaltung in der Schweiz (Art. 50 DBG), an der die übertragende Kapitalgesellschaft oder Genossenschaft zu mindestens 20 Prozent am Grund- oder Stammkapital beteiligt ist. Eine steuerneutrale Ausgliederung kann jedoch auch auf eine schweizerische Betriebsstätte (Art. 51 Abs. 1 Bst. b DBG) einer ausländischen Tochtergesellschaft erfolgen. Vom Fortbestand der Steuerpflicht in der Schweiz kann jedoch nur dann ausgegangen werden, wenn bei der internationalen Steuerausscheidung sichergestellt ist, dass die übertragenen stillen Reserven weiterhin uneingeschränkt der Schweiz zugewiesen werden. Dies ist nach dem DBG durch die Anwendung der objektmässigen (direkten) Ausscheidungsmethode gewährleistet.

4.4.1.2.4 Übertragung

Die Übertragung kann im Gegensatz zur Spaltung (vgl. Ziff. 4.3) auch durch einen blossen Verkauf erfolgen.

4.4.1.2.5 Betrieb und Teilbetrieb

Es gelten die gleichen Abgrenzungsregeln wie für die Spaltung (vgl. Ziff. 4.3). Im Unterschied zur Spaltung ist es nicht erforderlich, dass nach der Ausgliederung bei der übertragenden Gesellschaft (Muttergesellschaft) ein Betrieb verbleibt.

4.4.1.2.6 Gegenstände des betrieblichen Anlagevermögens

Gegenstände des betrieblichen Anlagevermögens sind solche, die dem Betrieb unmittelbar oder mittelbar dienen. Umlaufvermögen und finanzielles Anlagevermögen bilden nicht Gegenstand des betrieblichen Anlagevermögens (für Beteiligungen vgl. Ziff. 4.3.2.6 und 4.4.2).

Die Beurteilung der übertragenen Vermögenswerte ist aus der Sicht der übernehmenden Gesellschaft vorzunehmen. Es ist somit erforderlich, dass die übernehmende inländische Tochtergesellschaft nach der Übertragung einen Betrieb weiterführt.

4.4.1.2.7 Gewinnsteuerwert und Gestehungskosten der Beteiligung an der übernehmenden Tochtergesellschaft

Die Ausgliederung von Betrieben, Teilbetrieben und Gegenständen des betrieblichen Anlagevermögens auf eine inländische Tochtergesellschaft bewirkt eine Erhöhung des Gewinnsteuerwertes und der Gestehungskosten der Beteiligung an der übernehmenden Tochtergesellschaft im Umfang des unentgeltlich übertragenen Aktivenüberschusses ohne Berücksichtigung der übertragenen stillen Reserven (Kreisschreiben der ESTV Nr. 27 vom 17.12.2009, Ziff. 2.5.1).

4.4.1.2.8 Veräusserungssperrfrist

Die übertragenen stillen Reserven unterliegen der Gewinnsteuer, soweit die übernehmende Tochtergesellschaft die übertragenen Vermögenswerte oder die übertragende Muttergesellschaft Beteiligungs- oder Mitgliedschaftsrechte an der übernehmenden Tochtergesellschaft innert fünf Jahren nach der Übertragung veräussert (Art. 61 Abs. 2 DBG; **Beispiel Nr. 17 im Anhang**). Ob bereits im Ausgliederungszeitpunkt eine Veräusserungsabsicht bestanden hat oder ob erst nach der Ausgliederung eingetretene Umstände zu der Veräusserung geführt haben, ist steuerlich nicht relevant. Die Veräusserungssperrfrist ist verobjektiviert.

Die Veräusserungssperrfrist beginnt am Tag der Eigentumsübertragung. Bei einer Ausgliederung von Vermögenswerten beginnt die Veräusserungssperrfrist mit der Anmeldung beim Handelsregisteramt, sofern und soweit für die zivilrechtlich massgebende Abwicklung ein Eintrag im Handelsregister nötig ist. Eine rückwirkende Ausgliederung ist für den Beginn der Veräusserungssperrfrist wirkungslos. Die Veräusserungssperrfrist endet fünf Jahre nach der Anmeldung beim Handelsregister oder, falls kein Handelsregistereintrag nötig ist, nach der Eigentumsübertragung.

Eine Ersatzbeschaffung der übertragenen Vermögenswerte (Art. 64 DBG) durch die Tochtergesellschaft oder eine nachfolgende steuerneutrale Umstrukturierung der Tochtergesellschaft (Art. 61 DBG) stellt keine Sperrfristverletzung dar. Die Veräusserungssperrfrist erstreckt sich in einem solchen Fall auf die Ersatzgüter bzw. auf die bei der Muttergesellschaft ausgetauschten Beteiligungsrechte.

Eine quotale Veränderung der Beteiligungsverhältnisse durch eine Kapitalerhöhung der Tochtergesellschaft stellt keine Sperrfristverletzung dar, soweit der übertragenden Muttergesellschaft keine Leistungen zufliessen.

Veräussert die Muttergesellschaft bei einer Kapitalerhöhung der Tochtergesellschaft Bezugsrechte, liegt eine Sperrfristverletzung vor. Die zu besteuernde Quote der übertragenen unversteuerten stillen Reserven entspricht dem Verhältnis des Verkaufserlöses für die Bezugsrechte zum Verkehrswert der bisherigen Beteiligungsrechte im Zeitpunkt der Kapitalerhöhung.

Bei einer Sperrfristverletzung erfolgt die Besteuerung im Nachsteuerverfahren (Art. 151-153 DBG). Grundlage der Besteuerung sind die übertragenen unversteuerten stillen Reserven. Die Besteuerung erfolgt immer nur anteilsmässig entsprechend der Quote der veräusserten Beteiligungsrechte bzw. entsprechend der Veräusserung der übertragenen Vermögenswerte. Dies ist auch dann der Fall, wenn mehr als 50 Prozent der Beteiligungsrechte an der übernehmenden Tochtergesellschaft veräussert werden.

Eine Abrechnung über die stillen Reserven im Nachsteuerverfahren (Art. 151-153 DBG) führt zu höheren Gewinnsteuerwerten bei der Tochtergesellschaft (Art. 61 Abs. 2 DBG). Sie kann die Auflösung solcher versteuerter stillen Reserven durch höhere Abschreibungen geltend machen, soweit diese geschäftsmässig begründet sind. Ist sie bereits rechtskräftig veranlagt, kann ihr das Revisionsverfahren (Art. 147-149 DBG) gewährt werden. Soweit die stillen Reserven nicht lokalisiert werden können, liegt Goodwill vor, der steuerwirksam abgeschrieben werden kann.

Werden infolge Sperrfristverletzung die übertragenen stillen Reserven nach Artikel 61 Absatz 2 DBG im Nachsteuerverfahren besteuert, kann in der Handelsbilanz der übernehmenden Kapitalgesellschaft oder Genossenschaft keine KER ausgewiesen werden.

4.4.1.2.9 Vorjahresverluste

Bei der Ausgliederung müssen die bei der Berechnung des steuerbaren Reingewinnes noch nicht berücksichtigten Vorjahresverluste, die auf den übertragenen Betrieb oder Teilbetrieb entfallen, auf die übernehmende Gesellschaft übertragen werden. Sie können nach Artikel 67 Absatz 1 DBG geltend gemacht werden. Eine Übertragung der Vorjahresverluste ist jedoch ausgeschlossen, wenn eine Steuerumgehung vorliegt. Eine solche ist insbesondere dann anzunehmen, wenn der übertragene Betrieb kurz nach der Ausgliederung eingestellt wird.

4.4.1.2.10 Übernahme des selbst geschaffenen Mehrwerts

Der Gewinnsteuerwert des selbst geschaffenen Mehrwerts gemäss Artikel 61a Absatz 1 DBG ist im Zeitpunkt der Ausgliederung zwingend auf die verbleibenden und ausgegliederten Betriebe oder Teilbetriebe aufzuteilen (Übernahme der bisher für die Gewinnsteuer massgeblichen Werte). Dabei ist die bei Beginn der Steuerpflicht gewählte Bewertungsmethode zur Berechnung der Mehrwerte der einzelnen Betriebe oder Teilbetriebe anzuwenden.

4.4.1.3 Verrechnungssteuer

Der übertragene und ausgewiesene Aktivenüberschuss der Vermögenswerte kann in der Handelsbilanz der übernehmenden Kapitalgesellschaft oder Genossenschaft als KER bzw. Ausland-KER ausgewiesen und/oder für die Liberierung von Grund- oder Stammkapital verwendet werden.

4.4.1.4 Emissionsabgabe

Nach Artikel 6 Absatz 1 Buchstabe a[bis] StG sind von der Emissionsabgabe ausgenommen:

Beteiligungsrechte, die in Durchführung von Beschlüssen über Fusionen oder diesen wirtschaftlich gleichkommenden Zusammenschlüssen, Umwandlungen und Spaltungen von Aktiengesellschaften, Kommanditaktiengesellschaften, Gesellschaften mit beschränkter Haftung oder Genossenschaften begründet oder erhöht werden.

Die Ausgliederung von Betrieben oder Teilbetrieben sowie von Gegenständen des betrieblichen Anlagevermögens auf eine Tochtergesellschaft (Art. 61 Abs. 1 Bst. d DBG) gilt als Umstrukturierung.

Die für die Gewinnsteuer geltenden Voraussetzungen für eine steuerneutrale Ausgliederung gelten auch für die Emissionsabgabe. Sie gelten auch dann, wenn ausländische Kapitalgesellschaften oder Genossenschaften Betriebe, Teilbetriebe oder Gegenstände des betrieblichen Anlagevermögens auf eine schweizerische Kapitalgesellschaft oder Genossenschaft ausgliedern.

Nicht abgabebefreit ist derjenige Teil des neu geschaffenen nominellen Kapitals der übernehmenden Gesellschaft(en), der das minimal erforderliche Eigenkapital nach dem Kreisschreiben der ESTV Nr. 6 vom 6. Juni 1997 betreffend verdecktes Eigenkapital (Art. 65 DBG) bei Kapitalgesellschaften und Genossenschaften übersteigt, sofern die Merkmale der Abgabeumgehung erfüllt sind.

Das StG sieht keine Veräusserungssperrfrist vor. Hingegen ist der Sachverhalt bei einer zeitnahen Veräusserung der übernommenen Vermögenswerte durch die Tochtergesellschaft – unabhängig davon, ob diese Veräusserung als Umstrukturierung im Sinne von Artikel 6 Absatz 1 Buchstabe a^{bis} StG qualifiziert – auf eine mögliche Abgabeumgehung hin zu überprüfen.

4.4.1.5 Umsatzabgabe

Die Umsatzabgabe ist bei der Ausgliederung von Betrieben oder Teilbetrieben nur dann betroffen, wenn die übertragende oder die übernehmende Gesellschaft Effektenhändler ist (Art. 13 Abs. 3 StG) und zusammen mit dem Betrieb steuerbare Urkunden (Art. 13 Abs. 2 StG) übertragen werden.

Nach Artikel 14 Absatz 1 Buchstabe b StG ist die Sacheinlage von Urkunden zur Liberierung in- oder ausländischer Aktien, Stammanteile von Gesellschaften mit beschränkter Haftung, Genossenschaftsanteile, Beteiligungsscheine von Genossenschaftsbanken, Partizipationsscheine und Anteile von kollektiven Kapitalanlagen nach KAG von der Umsatzabgabe ausgenommen.

Die mit einer Umstrukturierung, insbesondere einer Fusion, Spaltung oder Umwandlung verbundene Übertragung steuerbarer Urkunden ist ebenfalls von der Umsatzabgabe ausgenommen (Art. 14 Abs. 1 Bst. i StG). Die entgeltliche Ausgliederung von Betrieben oder Teilbetrieben sowie von Gegenständen des betrieblichen Anlagevermögens auf eine Tochtergesellschaft (Art. 61 Abs. 1 Bst. d DBG) gilt als Umstrukturierung.

4.4.1.6 Nicht betroffene Steuern

- Direkte Bundessteuer (Einkommenssteuer: Einkünfte aus Beteiligungen im Privatvermögen).

4.4.2 Ausgliederung von Beteiligungen

4.4.2.1 Tatbestand

Bei einer Ausgliederung einer Beteiligung überträgt eine Kapitalgesellschaft oder Genossenschaft eine Beteiligung an einer anderen Gesellschaft auf eine in- oder ausländische Tochtergesellschaft. Als Tochtergesellschaft gilt eine Kapitalgesellschaft oder Genossenschaft an der die übertragende Gesellschaft zu mindestens 10 Prozent am Grund- oder Stammkapital oder zu mindestens 10 Prozent am Gewinn und den Reserven beteiligt ist.

Auch der Verkauf einer Beteiligung zum Gewinnsteuerwert gilt als Ausgliederung.

4.4.2.2 Direkte Bundessteuer (Gewinnsteuer)

4.4.2.2.1 Grundsatz

Die Ausgliederung einer Beteiligung auf eine Tochtergesellschaft stellt ein Austausch von Beteiligungsrechten dar und führt grundsätzlich nicht zu einer Realisation (Austauschtatbestand, ohne dass die latente Steuerlast auf den stillen Reserven bei der übertragenden Gesellschaft eine Veränderung erfährt; **Beispiele Nr. 18 und 19 im Anhang**). Der Umstrukturierungstatbestand von Artikel 61 Absatz 1 Buchstabe d DBG muss deshalb nicht angerufen werden.

4.4.2.2.2 Gewinnsteuerwert und Gestehungskosten der Beteiligung an der übernehmenden Tochtergesellschaft

Die Übertragung einer Beteiligung, die mindestens 10 Prozent am Grund- oder Stammkapital einer anderen Gesellschaft oder Genossenschaft beträgt oder die einen Anspruch auf mindestens 10 Prozent des Gewinns und der Reserven einer anderen Gesellschaft begründet (Art. 70 Abs. 4 Bst. b DBG), auf eine in- oder ausländische Tochtergesellschaft (Sub-Holding) kann steuerneutral zum Gewinnsteuerwert erfolgen. Die Beteiligung an der Sub-Holding übernimmt den Gewinnsteuerwert und die Gestehungskosten sowie die Haltedauer der bisher direkt gehaltenen Beteiligung. Der Gewinnsteuerwert sowie die Haltedauer der übertragenen Beteiligung wird von der aufnehmenden Gesellschaft weitergeführt. Die Gestehungskosten der übertragenen Beteiligung entsprechen dem Gewinnsteuerwert.

4.4.2.2.3 Veräusserungssperrfrist

Die Übertragung von stillen Reserven auf Beteiligungen auf eine Tochtergesellschaft stellt grundsätzlich einen steuerneutralen Vorgang (Austauschtatbestand) dar, wobei aus der Sicht der einbringenden Gesellschaft weiterhin die gleiche latente Steuerlast auf den stillen Reserven besteht (Kapitalgewinn mit den gleichen Folgen in Bezug auf den Beteiligungsabzug). Es liegt keine steuerliche Gewinnrealisation nach Artikel 58 Absatz 1 Buchstabe c DBG vor und es besteht deshalb auch keine Veräusserungssperrfrist.

4.4.2.2.4 Übertragung auf eine ausländische Tochtergesellschaft

Im Gegensatz zu der Ausgliederung von Betrieben, Teilbetrieben sowie von Gegenständen des betrieblichen Anlagevermögens (Art. 61 Abs. 1 Bst. d DBG) ist eine steuerneutrale Ausgliederung von Beteiligungen nicht auf die Übertragung auf eine inländische Tochtergesellschaft beschränkt.

4.4.2.2.5 Durch den Beteiligungsabzug bedingte Realisationstatbestände

Eine Abrechnung über die auf eine Tochtergesellschaft übertragenen stillen Reserven auf Beteiligungsrechten findet dann statt, wenn

- die übertragenen Beteiligungsrechte weniger als 10 Prozent und die Beteiligung an der übernehmenden Gesellschaft mindestens 10 Prozent am Grund- oder Stammkapital ausmacht oder einen Anspruch auf mindestens 10 Prozent des Gewinns und der Reserven der anderen Gesellschaft begründen (steuersystematische Realisation infolge Statuswechsel für den Beteiligungsabzug auf dem latenten Kapitalgewinn; faktischer Wegfall der Steuerpflicht), oder
- wenn die übertragenen Beteiligungsrechte bei der übernehmenden Gesellschaft über dem bisherigen Gewinnsteuerwert bilanziert werden (Umwandlung eines latenten Kapitalgewinnes auf einer Beteiligung in latenten „Ausschüttungsertrag"; Schaffung von Ausschüttungssubstrat).

Beide Vorgänge führen zu einer Erhöhung des steuerbaren Reingewinnes der übertragenden Gesellschaft (Muttergesellschaft) und zu einer versteuerten stillen Reserve auf der Beteiligung an der übernehmenden Tochtergesellschaft in der Steuerbilanz der Muttergesellschaft. In beiden Fällen liegt eine indirekte Aufwertung einer Beteiligung und nicht Beteiligungsertrag vor (Art. 70 Abs. 2 Bst. c DBG).

Werden die übertragenen Beteiligungsrechte in einer ausländischen Tochtergesellschaft über dem bisherigen Gewinnsteuerwert bilanziert, wird die indirekte Aufwertung in der Muttergesellschaft steuerlich erst bei einer allfälligen Rückübertragung der Beteiligungsrechte ins Inland erfasst.

4.4.2.3 *Verrechnungssteuer*

Der übertragene und ausgewiesene Aktivenüberschuss aus den übertragenen Beteiligungsrechten kann in der Handelsbilanz der übernehmenden Kapitalgesellschaft oder Genossenschaft als KER bzw. Ausland-KER ausgewiesen und/oder für die Liberierung von Grund- oder Stammkapital verwendet werden.

Die Grundsätze zur Quasifusion mit zeitnaher Absorption gemäss Ziffer 4.1.7.3.2 werden bei Ausgliederungen von Beteiligungen mit zeitnaher Absorption, Liquidation und diesen gleichkommenden Vorgängen analog angewandt.

4.4.2.4 *Emissionsabgabe*

Nach Artikel 6 Absatz 1 Buchstabe a^{bis} StG sind von der Emissionsabgabe ausgenommen:

Beteiligungsrechte, die in Durchführung von Beschlüssen über Fusionen oder diesen wirtschaftlich gleichkommenden Zusammenschlüssen, Umwandlungen und Spaltungen von Aktiengesellschaften, Kommanditaktiengesellschaften, Gesellschaften mit beschränkter Haftung oder Genossenschaften begründet oder erhöht werden.

Die Ausgliederung von Beteiligungen von mindestens 10 Prozent am Grund- oder Stammkapital anderer Kapitalgesellschaften oder Genossenschaften oder von Beteiligungen, die einen Anspruch auf mindestens 10 Prozent des Reingewinns und der Reserven einer anderen Gesellschaft begründen, auf eine Tochtergesellschaft gilt ebenfalls als steuerneutrale Umstrukturierung im Sinne von Artikel 6 Absatz 1 Buchstabe a^{bis} StG.

Nicht abgabebefreit ist derjenige Teil des neu geschaffenen nominellen Kapitals der übernehmenden Gesellschaft(en), der das minimal erforderliche Eigenkapital nach dem Kreisschreiben der ESTV Nr. 6 vom 6. Juni 1997 betreffend verdecktes Eigenkapital (Art. 65 DBG) bei Kapitalgesellschaften und Genossenschaften übersteigt, sofern die Merkmale der Abgabeumgehung erfüllt sind.

Das StG sieht keine Veräusserungssperrfrist vor. Hingegen ist der Sachverhalt bei einer zeitnahen Veräusserung der übernommenen Beteiligung(en) durch die Tochtergesellschaft – unabhängig davon, ob diese Veräusserung als Umstrukturierung im Sinne von Artikel 6 Absatz 1 Buchstabe a^{bis} StG qualifiziert – auf eine mögliche Abgabeumgehung hin zu überprüfen.

4.4.2.5 Umsatzabgabe

Nach Artikel 14 Absatz 1 Buchstabe b StG ist die Sacheinlage von Urkunden zur Liberierung in- oder ausländischer Aktien, Stammanteile von Gesellschaften mit beschränkter Haftung, Genossenschaftsanteile, Beteiligungsscheine von Genossenschaftsbanken, Partizipationsscheine und Anteile von kollektiven Kapitalanlagen nach KAG von der Umsatzabgabe ausgenommen.

Der Erwerb oder die Veräusserung von steuerbaren Urkunden im Rahmen von Übertragungen von Beteiligungen von mindestens 10 Prozent am Grund- oder Stammkapital anderer Gesellschaften oder von Beteiligungen, die einen Anspruch auf mindestens 10 Prozent des Gewinns oder der Reserven einer anderen Gesellschaft begründen, auf eine in- oder ausländische Tochtergesellschaft ist von der Umsatzabgabe ausgenommen (Art. 14 Abs. 1 Bst. i StG).

4.4.2.6 Nicht betroffene Steuern

- Direkte Bundessteuer (Einkommenssteuer: Einkünfte aus Beteiligungen im Privatvermögen).

4.5 Übertragung zwischen inländischen Konzerngesellschaften

4.5.1 Tatbestand

Bei der Übertragung zwischen inländischen Konzerngesellschaften überträgt eine inländische Gesellschaft Vermögenswerte auf eine andere inländische Gesellschaft, an der sie nicht beteiligt ist. Eine andere Gesellschaft (Muttergesellschaft) kontrolliert jedoch die übertragende und die übernehmende Gesellschaft (Konzern; Art. 963 OR).

Eine Übertragung zwischen inländischen Konzerngesellschaften liegt auch dann vor, wenn eine Gesellschaft (Tochtergesellschaft) Vermögenswerte auf eine andere Gesellschaft überträgt, welche die übertragende Gesellschaft durch Stimmenmehrheit oder auf andere Weise kontrolliert (Muttergesellschaft oder Grossmuttergesellschaft; **Beispiel Nr. 20 im Anhang**).

Die Übertragung kann zivilrechtlich auf folgende Weise erfolgen:

- Verkauf an Schwester- oder Muttergesellschaft;
- Vermögensübertragung auf Schwester- oder Muttergesellschaft (Art. 69-77 FusG);
- Abspaltung auf Schwestergesellschaft (Art. 29 Bst. b FusG);
- Naturaldividende an Muttergesellschaft;
- Naturaldividende an Muttergesellschaft und Sacheinlage in Schwestergesellschaft.

Die zivilrechtliche Abwicklung ist für die steuerliche Würdigung nicht massgebend. Entscheidend sind die Ausgangslage und das Endresultat der Transaktion.

4.5.2 Direkte Bundessteuer (Gewinnsteuer)

4.5.2.1 Grundsatz

Die Übertragung von Vermögenswerten auf eine verbundene Unternehmung (Mutter- oder Schwestergesellschaft) zu den unter den Verkehrswerten liegenden Gewinnsteuerwerten stellt für die übertragende Gesellschaft eine verdeckte Gewinnausschüttung dar (Entnahmetatbestand). Die übertragenen stillen Reserven sind bei der übertragenden Gesellschaft zum ausgewiesenen Gewinn hinzuzurechnen (Art. 58 Abs. 1 Bst. c DBG). Die übernehmende Gesellschaft kann entsprechende als Gewinn versteuerte stille Reserven geltend machen (Kapitaleinlage; Art. 60 Bst. a DBG).

Zwischen inländischen Kapitalgesellschaften und Genossenschaften („inländische Konzerngesellschaften"), welche nach dem Gesamtbild der tatsächlichen Verhältnisse durch Stimmenmehrheit oder auf andere Weise (Art. 963 OR) unter Kontrolle einer Kapitalgesellschaft oder Genossenschaft stehen, können im Sinne einer Ausnahme folgende Vermögenswerte zu den bisher für die Gewinnsteuer massgebenden Werten steuerneutral übertragen werden (Art. 61 Abs. 3 DBG):

- direkt und indirekt gehaltene Beteiligungen von mindestens 20 Prozent am Grund- oder Stammkapital einer anderen Kapitalgesellschaft oder Genossenschaft;
- Betriebe oder Teilbetriebe;
- sowie Gegenstände des betrieblichen Anlagevermögens.

Die Übertragung von Vermögenswerten auf eine Tochtergesellschaft hat andere Steuerfolgen, da es sich dabei um einen Austauschtatbestand handelt (Art. 61 Abs. 1 Bst. d und Art. 61 Abs. 2 DBG; vgl. Ziff. 4.4).

Werden während den nachfolgenden fünf Jahren die übertragenen Vermögenswerte veräussert oder wird die Kontrolle aufgegeben, so werden die übertragenen stillen Reserven bei der übertragenden Gesellschaft im Nachsteuerverfahren (Art. 151-153 DBG) besteuert. Die übernehmende Gesellschaft kann entsprechende, als Gewinn versteuerte stille Reserven geltend machen. Die im Zeitpunkt der Sperrfristverletzung inländischen Konzerngesellschaften haften für die Nachsteuer solidarisch (Art. 61 Abs. 4 DBG).

4.5.2.2 Fortbestand der Steuerpflicht in der Schweiz

Bei einer Übertragung zwischen inländischen Konzerngesellschaften gilt das allgemeine Erfordernis des Fortbestandes der Steuerpflicht in der Schweiz (Art. 58 Abs. 1 Bst. c DBG).

Dieses Erfordernis bezieht sich auf die übernehmende und nicht auf die übertragende Konzerngesellschaft.

Erfolgt die Übertragung auf eine schweizerische Betriebsstätte einer ausländischen Konzerngesellschaft, so kann vom Fortbestand der Steuerpflicht in der Schweiz nur dann ausgegangen werden, wenn bei der internationalen Steuerausscheidung sichergestellt ist, dass die übertragenen stillen Reserven weiterhin uneingeschränkt der Schweiz zugewiesen werden. Dies ist nach dem DBG durch die Anwendung der objektmässigen (direkten) Ausscheidungsmethode gewährleistet.

Ein Wegfall der Steuerpflicht der übertragenden Konzerngesellschaft ergibt sich bei der Verlegung ihres Sitzes oder ihrer tatsächlichen Verwaltung ins Ausland.

Bei einem Wegfall der Steuerpflicht der übertragenden Konzerngesellschaft kann während der Veräusserungssperrfrist für die latente Gewinnsteuer Sicherstellung verlangt werden (Art. 169 DBG).

Die Steuerbehörden können von einer Gesellschaft mit Sitz im Ausland verlangen, dass sie einen Vertreter in der Schweiz bezeichnet (Art. 126a DBG).

4.5.2.3 Inländische Konzerngesellschaften

Als inländische Konzerngesellschaften im Sinne von Artikel 61 Absatz 3 DBG gelten Gesellschaften mit Sitz oder tatsächlicher Verwaltung in der Schweiz, die direkt oder indirekt von einer in- oder ausländischen Kapitalgesellschaft oder Genossenschaft („Muttergesellschaft") kontrolliert werden (**Beispiel Nr. 20 im Anhang**). Eine Kontrolle wird angenommen, wenn die Muttergesellschaft über die Mehrheit der Stimmrechte verfügt oder die Gesellschaften auf andere Weise kontrolliert (Art. 963 OR). Eine steuerneutrale Übertragung kann jedoch auch auf eine schweizerische Betriebsstätte (Art. 51 Abs. 1 Bst. b DBG) einer ausländischen Konzerngesellschaft erfolgen. In diesem Fall haftet ebenfalls die Betriebsstätte für die Nachsteuer solidarisch (Art. 61 Abs. 4 DBG).

Auch eine schweizerische Betriebsstätte einer ausländischen Konzerngesellschaft kann steuerneutral auf eine inländische Konzerngesellschaft übertragen werden.

Bei einer inländischen Konzerngesellschaft kann es sich auch um die inländische Mutter- oder Grossmuttergesellschaft handeln (**Beispiel Nr. 20 im Anhang**).

4.5.2.4 Übertragung

Die Übertragung kann im Gegensatz zur Spaltung (vgl. Ziff. 4.3) auch durch einen reinen Verkauf erfolgen (**Beispiel Nr. 21 im Anhang**).

4.5.2.5 Direkt und indirekt gehaltene Beteiligungen

Direkt oder indirekt gehaltene Beteiligungen von mindestens 20 Prozent am Grund- oder Stammkapital einer anderen Gesellschaft können nach Artikel 61 Absatz 3 DBG steuerneutral auf andere inländische Konzerngesellschaften übertragen werden.

Zwischen inländischen Konzerngesellschaften können auch Beteiligungen von weniger als 20 Prozent am Grund- oder Stammkapital einer anderen Kapitalgesellschaft oder Genossenschaft steuerneutral übertragen werden, sofern unter Kontrolle einer Kapitalgesellschaft oder Genossenschaft eine direkte oder indirekte Beteiligung von mindestens 20 Prozent am Grund- oder Stammkapital dieser Gesellschaft besteht (Art. 61 Abs. 3 DBG; **Beispiel Nr. 22 im Anhang**).

4.5.2.6 Übertragung einer Beteiligung auf eine ausländische Konzerngesellschaft

Die Übertragung einer Beteiligung auf eine ausländische Konzerngesellschaft kann steuerneutral erfolgen, sofern die übernehmende ausländische Konzerngesellschaft ihrerseits von einer anderen inländischen Konzerngesellschaft kontrolliert wird und die übertragene stille Reserve indirekt in der Schweiz erhalten bleibt (Verdoppelungseffekt der stillen Reserven; **Beispiel Nr. 23 im Anhang**). Eine solche grenzüberschreitende Beteiligungsumstrukturierung ist gleich zu behandeln, wie wenn eine schweizerische Konzerngesellschaft eine Beteiligung auf eine andere schweizerische Konzerngesellschaft überträgt und diese ihrerseits die übernommene Beteiligung auf eine ausländische Tochtergesellschaft ausgliedert (vgl. Ziff. 4.4.2.2.4).

Wird eine Beteiligung auf eine ausländische Konzerngesellschaft übertragen, die nicht von einer inländischen Konzerngesellschaft kontrolliert wird, wird die latente Steuerlast in der Schweiz aufgehoben. Eine steuerneutrale Übertragung ist deshalb nicht möglich. Die stille Reserve auf der übertragenen Beteiligung wird als Kapitalgewinn realisiert. Sofern die Bedingungen nach den Artikeln 69 und 70 DBG erfüllt sind, liegt Beteiligungsertrag vor, der zum Beteiligungsabzug berechtigt.

4.5.2.7 Wertberichtigungen und Abschreibungen auf übertragenen Beteiligungen

Wertberichtigungen sowie Abschreibungen (nach altem Rechnungslegungsrecht) auf Beteiligungen von mindestens 10 Prozent werden dem steuerbaren Gewinn zugerechnet, soweit sie nicht mehr begründet sind (Art. 62 Abs. 4 DBG). Dies trifft zu, soweit eine nachhaltige Werterholung der Beteiligung eingetreten ist. Bei der Veranlagung einer Gesellschaft, die eine Beteiligung zum Gewinnsteuerwert auf eine inländische Konzerngesellschaft überträgt, ist deshalb zu prüfen – gleich wie bei einer Übertragung durch Spaltung (vgl. Ziff. 4.3) – inwieweit allfällige Wertberichtigungen oder Abschreibungen auf dieser Beteiligung noch geschäftsmässig begründet sind (Kreisschreiben der ESTV Nr. 27 vom 17.12.2009, Ziff. 2.5.2).

4.5.2.8 Gestehungskosten einer übertragenen Beteiligung

Werden Beteiligungen steuerneutral auf eine inländische Konzerngesellschaft übertragen, bedingt dies – gleich wie bei einer Übertragung durch Spaltung (vgl. Ziff. 4.3) - eine Fortführung der Gewinnsteuerwerte, der Gestehungskosten und der Haltedauer der übertragenen Beteiligungen bei der erwerbenden Gesellschaft (Kreisschreiben der ESTV Nr. 27 vom 17.12.2009, Ziff. 2.5.1).

4.5.2.9 Betrieb und Teilbetrieb

Es gelten die gleichen Abgrenzungsregeln wie für die Spaltung (vgl. Ziff. 4.3). Im Unterschied zur Spaltung ist es jedoch nicht erforderlich, dass nach der Übertragung bei der übertragenden inländischen Konzerngesellschaft ein Betrieb verbleibt.

4.5.2.10 Gegenstände des betrieblichen Anlagevermögens

Gegenstände des betrieblichen Anlagevermögens sind solche, die dem Betrieb unmittelbar oder mittelbar dienen. Umlaufsvermögen und finanzielles Anlagevermögen bilden nicht Gegenstand des betrieblichen Anlagevermögens.

Die Beurteilung der übertragenen Vermögenswerte ist aus der Sicht der übernehmenden Gesellschaft vorzunehmen. Es ist somit erforderlich, dass die übernehmende inländische Gesellschaft nach der Übertragung einen Betrieb weiterführt.

4.5.2.11 Vorjahresverluste

Bei einer Übertragung von Betrieben oder Teilbetrieben müssen die bei der Berechnung des steuerbaren Reingewinnes noch nicht berücksichtigten Vorjahresverluste, die auf den übertragenen Betrieb oder Teilbetrieb entfallen, auf die übernehmende Gesellschaft übertragen werden und können nach Artikel 67 Absatz 1 DBG geltend gemacht werden. Eine Übertragung der Vorjahresverluste ist jedoch ausgeschlossen, wenn dynamisch betrachtet keine betriebswirtschaftlichen Gründe für eine Übertragung gegeben sind.

4.5.2.12 Übernahme des selbst geschaffenen Mehrwerts

Der Gewinnsteuerwert des selbst geschaffenen Mehrwerts gemäss Artikel 61a Absatz 1 DBG ist im Zeitpunkt der Übertragung zwingend auf die verbleibenden und übertragenen Betriebe oder Teilbetriebe aufzuteilen (Übernahme der bisher für die Gewinnsteuer massgeblichen Werte). Dabei ist die bei Beginn der Steuerpflicht gewählte Bewertungsmethode zur Berechnung der Mehrwerte der einzelnen Betriebe oder Teilbetriebe anzuwenden.

4.5.2.13 Übertragung zwecks Sanierung der übernehmenden Gesellschaft

Erfolgt eine Übertragung zwischen inländischen Konzerngesellschaften zwecks Sanierung der übernehmenden Gesellschaft ist zu prüfen, ob die latente Gewinnsteuer auf den übertragenen stillen Reserven untergeht und ob eine Steuerumgehung vorliegt. Ein solches Vorgehen führt wie eine gewöhnliche Vorteilszuwendung zwischen verbundenen Unternehmen zu einer Besteuerung der übertragenen, unversteuerten stillen Reserven bei der übertragenden Gesellschaft. Die übernehmende Gesellschaft kann eine entsprechende, als Gewinn versteuerte stille Reserve geltend machen.

4.5.2.14 Übertragung auf die Muttergesellschaft

Erfolgt die steuerneutrale Übertragung zu Lasten der offenen Reserven einer Tochtergesellschaft an die Muttergesellschaft, stellt der erhaltene Aktivenüberschuss einen Beteiligungsertrag dar. Falls der Aktivenüberschuss nicht über die Erfolgsrechnung, sondern direkt über die Reserven verbucht wird, qualifiziert der Zugang als übrige Reserve.

Ergibt sich durch die Übertragung von Vermögenswerten ein Wertberichtigungsbedarf der Muttergesellschaft auf der Beteiligung an der übertragenden Tochtergesellschaft, so liegt in diesem Umfang eine steuerneutrale Desinvestition vor. Die Bildung einer solchen Wertberichtigung auf der Beteiligung an der übertragenden Tochtergesellschaft kann deshalb nicht geltend gemacht werden. Die Gestehungskosten auf dieser Beteiligung werden aber im Umfang der Wertberichtigung reduziert (**Beispiele Nr. 20 und 24 im Anhang**).

4.5.2.15 Übertragung zwischen Schwestergesellschaften

Verbuchung bei der übertragenden und der übernehmenden Gesellschaft:

Erfolgt eine steuerneutrale Übertragung zu Lasten der Reserven der übertragenden Gesellschaft, verbucht die übernehmende Schwestergesellschaft den erhaltenen Aktivenüberschuss spiegelbildlich zu Gunsten ihrer Reserven. Dies gilt sowohl für übrige Reserven als auch für KER bzw. Ausland-KER.

4.5.2.16 Steuerfolgen für eine beteiligte juristische Person (Muttergesellschaft) bei einer Übertragung auf eine Schwestergesellschaft (modifizierte Dreieckstheorie)

Gleich wie bei einer symmetrischen Spaltung (vgl. Ziff. 4.3.2.11 und **Beispiel Nr. 10 im Anhang**) liegt aus der Sicht der Muttergesellschaft bei einer Vermögensübertragung zwischen inländischen Schwestergesellschaften eine steuerneutrale Vermögensumschichtung vor. Ein Austausch von Beteiligungsrechten findet nicht statt (vgl. Ziff. 4.6). Aufgrund des Massgeblichkeitsprinzips der Handelsbilanz kommt für die steuerliche Gewinnermittlung zwingend die modifizierte Dreieckstheorie zur Anwendung. Die Summe der Gewinnsteuerwerte und der Gestehungskosten der Beteiligungen bleibt unverändert. Allenfalls ergibt sich aufgrund der Vorteilszuwendung für die Beteiligung an der entreicherten Gesellschaft ein Wertberichtigungsbedarf. Ein solcher müsste durch eine Aufwertung der Beteiligung an der begünstigten Gesellschaft kompensiert werden (Umbuchung: Beteiligung „übernehmende Gesellschaft" an Beteiligung „übertragende Gesellschaft"; **Beispiele Nr. 10 und 20 im Anhang**). Für die Muttergesellschaft ergeben sich somit die gleichen Steuerfolgen, wie bei einer Vorteilszuwendung zwischen verbundenen Unternehmen (Tochtergesellschaften).

4.5.2.17 Veräusserungssperrfrist

Die übertragenen stillen Reserven unterliegen der Gewinnsteuer, soweit die übernehmende inländische Konzerngesellschaft innert fünf Jahren nach der Übertragung die übertragenen Vermögenswerte veräussert (Art. 61 Abs. 4 DBG) oder sofern die Kontrolle aufgegeben wird (**Beispiel Nr. 25 im Anhang**).

Bei einer Sperrfristverletzung erfolgt die Besteuerung im Nachsteuerverfahren (Art. 151-153 DBG). Grundlage der Besteuerung sind die übertragenen unversteuerten stillen Reserven.

Die im Zeitpunkt der Sperrfristverletzung bestehenden inländischen Konzerngesellschaften haften für die Nachsteuer solidarisch (Art. 61 Abs. 4 DBG).

Ob bereits im Zeitpunkt der Übertragung eine Veräusserungsabsicht bestanden hat oder ob erst nach der Übertragung eingetretene Umstände zu der Veräusserung geführt haben, ist steuerlich nicht relevant. Die Veräusserungssperrfrist ist verobjektiviert.

Die Veräusserungssperrfrist beginnt am Tag der Eigentumsübertragung. Bei einer Übertragung beginnt die Veräusserungssperrfrist mit der Anmeldung beim Handelsregisteramt, sofern und soweit für die zivilrechtlich massgebende Abwicklung ein Eintrag im Handelsregister nötig ist. Eine rückwirkende Vermögensübertragung ist für den Beginn der Veräusserungssperrfrist wirkungslos. Die Veräusserungssperrfrist endet fünf Jahre nach der Anmeldung beim Handelsregister oder, falls kein Handelsregistereintrag nötig ist, nach der Eigentumsübertragung.

Eine Ersatzbeschaffung der übertragenen Vermögenswerte (Art. 64 DBG) durch die übernehmende inländische Konzerngesellschaft oder eine nachfolgende steuerneutrale Umstrukturierung der übertragenden oder übernehmenden inländischen Konzerngesellschaft (Art. 61 DBG) stellt keine Sperrfristverletzung dar. Die Veräusserungssperrfrist erstreckt sich in einem solchen Fall auf die Ersatzgüter bzw. auf die bei der Muttergesellschaft ausgetauschten Beteiligungsrechte.

Bei einer Teilveräusserung der übertragenen Vermögenswerte erfolgt die Besteuerung anteilsmässig. Bei der Aufgabe der Kontrolle erfolgt immer eine vollständige Besteuerung der gesamten übertragenen stillen Reserven.

Eine Sperrfristverletzung durch die Aufgabe der Kontrolle liegt vor, wenn die Muttergesellschaft die Stimmenmehrheit an der übertragenden oder der übernehmenden inländischen Konzerngesellschaft verliert und die Gesellschaften nicht auf andere Weise weiterhin kontrolliert.

Die übertragende und die übernehmende inländische Konzerngesellschaft haben während der Veräusserungssperrfrist jedes Jahr nachzuweisen, dass

- die übernehmende inländische Konzerngesellschaft die übertragenen Vermögenswerte nicht weiterveräussert hat;
- die in- oder ausländische Muttergesellschaft die Kontrolle der übertragenden und der übernehmenden inländischen Konzerngesellschaft nicht aufgegeben hat.

Eine Abrechnung über die stillen Reserven im Nachsteuerverfahren (Art. 151-153 DBG) führt zu höheren Gewinnsteuerwerten bei der übernehmenden Konzerngesellschaft (Art. 61 Abs. 4 DBG). Sie kann die Auflösung solcher versteuerter stillen Reserven durch höhere Abschreibungen geltend machen, soweit diese geschäftsmässig begründet sind. Ist sie bereits rechtskräftig veranlagt, kann ihr das Revisionsverfahren (Art. 147-149 DBG) gewährt werden. Soweit die stillen Reserven nicht lokalisiert werden können, liegt Goodwill vor, der steuerwirksam abgeschrieben werden kann.

4.5.3 Verrechnungssteuer

4.5.3.1 Grundsatz

Artikel 5 Absatz 1 Buchstabe a VStG regelt im Sinne einer Ausnahme, dass Reserven und Gewinne einer Kapitalgesellschaft oder Genossenschaft, die bei einer Umstrukturierung nach Artikel 61 DBG in die Reserven einer aufnehmenden oder umgewandelten inländischen Kapitalgesellschaft oder Genossenschaft übergehen, von der Verrechnungssteuer ausgenommen sind. Dabei wird vorausgesetzt, dass das übertragene Verrechnungssteuersubstrat erhalten bleibt.

Die Übertragung von Beteiligungen, Betrieben, Teilbetrieben sowie von Gegenständen des betrieblichen Anlagevermögens auf eine inländische Konzerngesellschaft (Art. 61 Abs. 3 DBG) fällt auch unter diese Ausnahme. Das Steuersubstrat der Verrechnungssteuer wird durch solche Vorgänge nicht geschmälert, soweit die übertragenen offenen und stillen Reserven bei einer späteren Ausschüttung an die Aktionäre weiterhin der Steuer unterliegen (**Beispiel Nr. 23 im Anhang**).

4.5.3.2 Übertragung auf eine Schwestergesellschaft mit echter Unterbilanz

Erfolgt eine Übertragung auf eine Schwestergesellschaft mit echter Unterbilanz, so erlangt die Muttergesellschaft eine geldwerte Leistung im Umfang der untergehenden übrigen Reserven.

4.5.3.3 Veräusserungssperrfrist

Bei Verletzung der im DBG vorgesehenen Veräusserungssperrfrist (Art. 61 Abs. 4 DBG) ist die Verrechnungssteuer geschuldet. Die Verzinsung des Verrechnungssteuerbetrages richtet sich nach Artikel 16 VStG.

4.5.4 Emissionsabgabe

Beteiligungsrechte, die im Zusammenhang mit einer Übertragung von Beteiligungen, Betrieben, Teilbetrieben sowie von Gegenständen des betrieblichen Anlagevermögens auf eine inländische Konzerngesellschaft begründet oder erhöht werden, sind im Sinne von Artikel 6 Absatz 1 Buchstabe a^{bis} StG von der Emissionsabgabe ausgenommen.

Das StG sieht keine Veräusserungssperrfrist vor. Hingegen ist der Sachverhalt bei einer zeitnahen Veräusserung der übernommenen Vermögenswerte durch die übernehmende Konzerngesellschaft – unabhängig davon, ob diese Veräusserung als Umstrukturierung im Sinne von Artikel 6 Absatz 1 Buchstabe a^{bis} StG qualifiziert – auf eine mögliche Abgabeumgehung hin zu überprüfen.

4.5.5 Umsatzabgabe

Der Erwerb oder die Veräusserung von steuerbaren Urkunden im Rahmen von Umstrukturierungen nach den Artikeln 61 Absatz 3 und 64 Absatz 1 DBG sowie bei der Übertragung von Beteiligungen von mindestens 20 Prozent am Grund- oder Stammkapital anderer Gesellschaften auf eine in- oder ausländische Konzerngesellschaft sind von der Umsatzabgabe ausgenommen (Art. 14 Abs. 1 Bst. j StG).

Zwischen inländischen Konzerngesellschaften können auch Beteiligungen von weniger als 20 Prozent am Grund- oder Stammkapital einer anderen Kapitalgesellschaft oder Genossenschaft steuerneutral übertragen werden, sofern unter Kontrolle einer Kapitalgesellschaft oder Genossenschaft eine direkte oder indirekte Beteiligung von mindestens 20 Prozent am Grund- oder Stammkapital dieser Gesellschaft besteht (Art. 14 Abs. 1 Bst. j 1. Halbsatz StG i.V.m. Art. 61 Abs. 3 DBG; vgl. Ziffer 4.5.2.5; **Beispiel Nr. 22 im Anhang**).

4.5.6 Nicht betroffene Steuer

- Direkte Bundessteuer (Einkommenssteuer: Einkünfte aus Beteiligungen im Privatvermögen).

4.6 Austausch von Beteiligungsrechten im Vermögen juristischer Personen bei Umstrukturierungen

4.6.1 Tatbestand

Bei der Umstrukturierung von juristischen Personen, insbesondere bei Fusionen, Spaltungen oder Umwandlungen sowie bei fusionsähnlichen Zusammenschlüssen von Gesellschaften kann es zu einem Austausch von Beteiligungsrechten im Vermögen juristischer Personen (Anteilsinhaber) kommen.

4.6.2 Direkte Bundessteuer (Gewinnsteuer)

4.6.2.1 Grundsatz

Der Austausch von Beteiligungs- oder Mitgliedschaftsrechten an Gesellschaften bei Umstrukturierungen im Sinne von Artikel 61 Absatz 1 DBG oder bei fusionsähnlichen Zusammenschlüssen ist für eine beteiligte Kapitalgesellschaft oder Genossenschaft steuerneutral (Art. 61 Abs. 1 Bst. c DBG), soweit kumulativ:

- die Steuerpflicht in der Schweiz fortbesteht (Art. 61 Abs. 1 DBG);
- die bisher für die Gewinnsteuer massgeblichen Werte übernommen werden (Art. 61 Abs. 1 DBG).

4.6.2.2 Durch den Beteiligungsabzug bedingte Realisationstatbestände

Diese Bedingungen sind für die übertragende Gesellschaft dann nicht erfüllt, wenn

- die übertragenen Beteiligungsrechte weniger als 10 Prozent und die erhaltenen Beteiligungsrechte mindestens 10 Prozent am Grund- oder Stammkapital der übernehmenden Gesellschaft verkörpern oder einen Anspruch auf mindestens 10 Prozent des Gewinns und der Reserven der anderen Gesellschaft begründen (steuersystematische Realisation infolge Statuswechsel für den Beteiligungsabzug auf dem latenten Kapitalgewinn; faktischer Wegfall der Steuerpflicht), oder
- die übertragenen Beteiligungsrechte bei der übernehmenden Gesellschaft über dem bisherigen Gewinnsteuerwert bilanziert werden (Umwandlung eines latenten Kapitalgewinnes auf einer Beteiligung in latenten „Ausschüttungsertrag"; Schaffung von Ausschüttungssubstrat).

Beide Vorgänge führen zu einer Erhöhung des steuerbaren Reingewinnes der Muttergesellschaft (tauschende Gesellschaft) und zu einer versteuerten stillen Reserve ihrer Beteiligung an der übernehmenden Tochtergesellschaft. In beiden Fällen liegt eine indirekte Aufwertung einer Beteiligung und nicht Beteiligungsertrag vor (Art. 70 Abs. 2 Bst. c DBG). Die Haltedauer der betroffenen Beteiligungen bleibt dabei unverändert.

4.6.2.3 Übernahme der bisherigen Gewinnsteuerwerte bei Quasifusionen

Die Fortführung der bisherigen Gewinnsteuerwerte der ausgetauschten Beteiligungsrechte bezieht sich nicht nur auf die tauschende Gesellschaft, sondern auch auf die Gesellschaft, welche die Beteiligungsrechte übernimmt.

Bei Publikumsgesellschaften sind die bisherigen Gewinnsteuerwerte der übertragenen Beteiligungsrechte der übernehmenden Gesellschaft nicht bekannt. Zudem befinden sich nicht alle übertragenen Beteiligungsrechte im Vermögen von Kapitalgesellschaften oder Genossenschaften. Die übernehmende Gesellschaft kann deshalb die übernommenen Beteiligungsrechte ersatzweise höchstens zum Aktivenüberschuss zu Gewinnsteuerwerten („Equity") der Gesellschaft bilanzieren, deren Beteiligungsrechte übernommen wurden (Zielgesellschaft).

4.6.2.4 Gestehungskosten bei Unternehmenszusammenschlüssen

Unternehmenszusammenschlüsse (Fusionen und fusionsähnliche Zusammenschlüsse) stellen für die beteiligte Unternehmung eine steuerneutrale Vermögensumschichtung dar. Der Gewinnsteuerwert, die Gestehungskosten und die Haltedauer der übertragenen Beteiligungen, bleiben grundsätzlich unverändert (Kreisschreiben der ESTV Nr. 27 vom 17.12.2009, Ziff. 2.5.1).

4.6.2.5 Ausgleichszahlungen bei Unternehmenszusammenschlüssen

Ausgleichszahlungen bei Unternehmenszusammenschlüssen (Fusionen und fusionsähnliche Zusammenschlüsse) gelten als Beteiligungsertrag und berechtigen zum Beteiligungsabzug, sofern die subjektiven und objektiven Voraussetzungen erfüllt sind (Kreisschreiben der ESTV Nr. 27 vom 17.12.2009).

4.6.2.6 Abfindungen bei Barfusionen

Abfindungen bei Barfusionen (Art. 8 Abs. 2 i.V.m. Art. 18 Abs. 5 FusG) gelten als Beteiligungsertrag (Liquidationserlös), soweit der Erlös die Gestehungskosten übersteigt, und berechtigen zum Beteiligungsabzug, sofern die subjektiven und objektiven Voraussetzungen erfüllt sind.

4.6.2.7 Grenzüberschreitender Beteiligungsaustausch

Die Steuerneutralität gilt auch dann, wenn Beteiligungsrechte gegen Beteiligungsrechte an einer ausländischen Gesellschaft ausgetauscht werden (grenzüberschreitender Beteiligungsaustausch). Für die Übertragung von Beteiligungen von mindestens 20 Prozent am Grund- oder Stammkapital einer anderen Gesellschaft oder Genossenschaft auf eine ausländische Konzerngesellschaft gelten die Ausführungen unter Ziffer 4.5.2.

4.6.3 Verrechnungssteuer

Die tauschenden juristischen Personen (Aktionäre) können die auf Nennwertzuwachs, Ausgleichszahlungen oder Barleistungen erhobene Verrechnungssteuer zurückfordern.

4.6.4 Emissionsabgabe

Die Emissionsabgabe ist auf der Stufe der übernehmenden Kapitalgesellschaften und Genossenschaften (Emittent) betroffen (vgl. Ziff. 4.1.2.5).

4.6.5 Umsatzabgabe

Die mit einer Umstrukturierung, insbesondere einer Fusion, Spaltung oder Umwandlung verbundene Übertragung steuerbarer Urkunden ist von der Umsatzabgabe ausgenommen (Art. 14 Abs. 1 Bst. i StG). Dies gilt auch für den Austausch von Beteiligungsrechten im Vermögen juristischer Personen bei Umstrukturierungen.

4.7 Ersatzbeschaffung von Beteiligungen

4.7.1 Tatbestand

Eine Ersatzbeschaffung auf Beteiligungen liegt vor, wenn ein bei der Veräusserung einer Beteiligung erzielter Kapitalgewinn durch eine Abschreibung auf einer neu erworbenen Beteiligung (Ersatzobjekt) oder eine Rückstellung für einen solchen Ersatz kompensiert wird. Durch diese Massnahme werden die stillen Reserven auf das Ersatzobjekt übertragen.

4.7.2 Direkte Bundessteuer *(Einkommenssteuer: Einkünfte aus selbständiger Erwerbstätigkeit)*

Eine Ersatzbeschaffung einer Beteiligung im Geschäftsvermögen einer natürlichen Person ist nur dann möglich, wenn es sich bei der Beteiligung und dem Ersatzobjekt um betriebsnotwendiges Anlagevermögen handelt (Art. 30 DBG).

4.7.3 Direkte Bundessteuer *(Gewinnsteuer)*

4.7.3.1 Grundsatz

Beim Ersatz von Beteiligungen können die stillen Reserven auf eine neue Beteiligung übertragen werden, sofern die veräusserte Beteiligung mindestens 10 Prozent des Grund- oder Stammkapitals der anderen Gesellschaft ausmacht oder einen Anspruch auf mindestens 10 Prozent des Gewinns und der Reserven einer anderen Gesellschaft begründen und als solche während mindestens eines Jahres im Besitze der Kapitalgesellschaft oder Genossenschaft war (Art. 64 Abs. 1bis DBG).

Findet die Ersatzbeschaffung nicht im gleichen Geschäftsjahr statt, so kann im Umfang der stillen Reserven eine Rückstellung gebildet werden. Diese Rückstellung ist innert angemessener Frist zur Abschreibung auf dem Ersatzobjekt zu verwenden oder zugunsten der Erfolgsrechnung aufzulösen (Art. 64 Abs. 2 DBG). Die Gewährung des Beteiligungsabzuges (Art. 69 und 70 DBG) richtet sich nach den Verhältnissen im Zeitpunkt der Veräusserung der Beteiligung.

4.7.3.2 Veräussernde Gesellschaft

Im Gegensatz zur Ersatzbeschaffung von Gegenständen des betriebsnotwendigen Anlagevermögens ist es nicht erforderlich, dass die veräussernde Gesellschaft einen Betrieb führt. Bei der Ersatzbeschaffung von Beteiligungen handelt es sich um einen Steueraufschub aufgrund eines Reinvestitionstatbestandes.

4.7.3.3 Veräusserte Beteiligung

Die veräusserte Beteiligung muss mindestens 10 Prozent des Grund- oder Stammkapitals der anderen Gesellschaft ausmachen oder einen Anspruch auf mindestens 10 Prozent des Gewinns und der Reserven der anderen Gesellschaft begründen und als solche während mindestens eines Jahres im Besitze der Kapitalgesellschaft oder Genossenschaft gewesen sein. Es kann sich dabei um eine Beteiligung an einer in- oder ausländischen Kapitalgesellschaft oder Genossenschaft handeln. Die Betriebsnotwendigkeit ist keine Voraussetzung für den Steueraufschub durch Ersatzbeschaffung.

4.7.3.4 Ersatzobjekt

Das Ersatzobjekt kann eine Beteiligung an einer in- oder ausländischen Kapitalgesellschaft oder Genossenschaft sein. Eine Mindestbeteiligungsquote ist nicht erforderlich.

4.7.3.5 Ersatz innert angemessener Frist

Als angemessene Frist zur Verwendung oder Auflösung einer Rückstellung für Ersatzbeschaffung gelten in der Regel drei Jahre. Die Frist beginnt im Zeitpunkt der Erfüllung des Veräusserungsvertrages zu laufen.

Eine Ersatzbeschaffung von Beteiligungen kann auch vorgezogen werden. Die Frist beträgt dabei in der Regel ebenfalls drei Jahre.

4.7.3.6 Verbuchung

Bei der Ersatzbeschaffung auf Beteiligungen gilt das Massgeblichkeitsprinzip. D.h. die Ersatzbeschaffung muss im Sinne einer Wiederbeschaffungsreserve (Art. 960a Abs. 4 OR) als direkte Abschreibung oder Rückstellung verbucht werden.

4.7.3.7 Nicht reinvestierter Teil des Veräusserungserlöses

Wird der Veräusserungserlös für eine Beteiligung nur teilweise reinvestiert, kann für den nicht reinvestierten Teil des Kapitalgewinnes keine Ersatzbeschaffung geltend gemacht werden (**Beispiel Nr. 26 im Anhang**).

4.7.3.8 Gewinnsteuerwert

Der Gewinnsteuerwert des Ersatzobjekts entspricht seinem um die steuerlich zulässige Ersatzbeschaffung (Abschreibung) herabgesetzten Erwerbspreis (**Beispiele Nr. 26 und 27 im Anhang**).

4.7.3.9 Gestehungskosten

Die Gestehungskosten entsprechen dem um die steuerlich zulässige Ersatzbeschaffung (Abschreibung) herabgesetzten Erwerbspreis für das Ersatzobjekt (= Gewinnsteuerwert; **Beispiele Nr. 26 und 27 im Anhang**).

4.7.3.10 Wiedereingebrachte Abschreibungen und Wertberichtigungen

Wiedereingebrachte Abschreibungen (nach altem Rechnungslegungsrecht) und Wertberichtigungen auf der veräusserten Beteiligung (Art. 62 Abs. 4 DBG) berechtigen nicht zur Ersatzbeschaffung (**Beispiel Nr. 27 im Anhang**).

4.7.4 Umsatzabgabe

Die Veräusserung von steuerbaren Urkunden im Rahmen der Ersatzbeschaffung einer Beteiligung, die mindestens 10 Prozent am Grund- oder Stammkapital oder mindestens 10 Prozent des Gewinns und der Reserven der anderen Gesellschaft ausmacht sowie der Erwerb von steuerbaren Urkunden nach Artikel 64 Absatz 1bis DBG sind von der Umsatzabgabe ausgenommen (Art. 14 Abs. 1 Bst. j StG), soweit der Veräusserungserlös für den Erwerb einer neuen Beteiligung verwendet wird.

Der nicht für Ersatzbeschaffung verwendete Verkaufserlös (keine vollständige Reinvestition oder Rückstellungsbildung) sowie eine den Veräusserungspreis übersteigende Ersatzbeschaffung unterliegen der Umsatzabgabe.

4.7.5 Nicht betroffene Steuern

- Direkte Bundessteuer (Einkommenssteuer: Einkünfte aus Beteiligungen im Privatvermögen);
- Verrechnungssteuer;
- Emissionsabgabe.

5. Inkrafttreten

Das vorliegende Kreisschreiben tritt mit seiner Publikation in Kraft.

Anhang zum Kreisschreiben Nr. 5a vom 1. Februar 2022

Beispiele 1 – 27 (wenn keine anderen Angaben: Zahlen in tausend CHF)

Inhaltsverzeichnis *Seite*

Nr. 1:	Übertragung von Vermögenswerten auf eine andere Personenunternehmung (Ziff. 3.1)	3
Nr. 2:	Umwandlung einer Personenunternehmung in eine Kapitalgesellschaft; Sperrfristverletzung (Ziff. 3.2)	4
Nr. 3:	Umwandlung einer Personenunternehmung in eine Kapitalgesellschaft; Vorjahresverluste (Ziff. 3.2)	9
Nr. 4:	Fusion: Verrechnung von Ausgleichszahlungen mit Nennwertverlusten (Ziff. 4.1.2)	11
Nr. 5:	Fusion: Verwendung eigener Beteiligungsrechte (Ziff. 4.1.2)	14
Nr. 6:	Absorption der Muttergesellschaft (Ziff. 4.1.6)	19
Nr. 7:	Quasifusion mit zeitnaher Absorption (Ziff. 4.1.7)	21
Nr. 8:	Umwandlung eines Instituts des öffentlichen Rechts in eine Kapitalgesellschaft oder in eine Genossenschaft; Rechtskleidwechsel (Ziff. 4.2.5)	22
Nr. 9:	Umwandlung einer Kapitalgesellschaft in eine Personenunternehmung; Vorjahresverluste (Ziff. 4.2.6)	24
Nr. 10:	Steuerfolgen einer symmetrischen Spaltung für eine beteiligte juristische Person; Muttergesellschaft (Ziff. 4.3.2)	26
Nr. 11:	Steuerfolgen einer symmetrischen Abspaltung einer Holdinggesellschaft (Ziff. 4.3.2.6)	29
Nr. 12	Verkauf eines Betriebes zum Gewinnsteuerwert an die Schwestergesellschaft (Ziff. 4.3.2)	34
Nr. 13:	Abspaltung einer Aktiengesellschaft; übertragene Vermögenswerte erfüllen das Betriebserfordernis nicht (Ziff. 4.3)	36
Nr. 14:	Aufspaltung einer Aktiengesellschaft; übertragene Vermögenswerte erfüllen das Betriebserfordernis nicht (Ziff. 4.3)	38
Nr. 15:	Abspaltung einer Aktiengesellschaft; übertragende Gesellschaft erfüllt das Betriebserfordernis nach der Spaltung nicht mehr (Ziff. 4.3)	41
Nr. 16:	Übertragung eines Gegenstandes des betrieblichen Anlagevermögens auf eine inländische Enkelgesellschaft (Ziff. 4.4.1)	44

Nr. 17:	Ausgliederung von Gegenständen des betrieblichen Anlagevermögens (Ziff. 4.4.1)	47
Nr. 18:	Ausgliederung von Beteiligungen (Ziff. 4.4.2)	50
Nr. 19:	Verkauf einer Beteiligung an die Tochtergesellschaft (Ziff. 4.4.2)	54
Nr. 20:	Übertragung eines Gegenstandes des betrieblichen Anlagevermögens auf die inländische Grossmuttergesellschaft (Ziff. 4.5)	57
Nr. 21:	Übertragung eines Gegenstandes des betrieblichen Anlagevermögens auf eine inländische Schwestergesellschaft (Ziff. 4.5)	60
Nr. 22:	Übertragung einer indirekt gehaltenen Beteiligung auf die inländische Muttergesellschaft (Ziff. 4.5)	62
Nr. 23:	Übertragung einer Beteiligung auf eine ausländische Konzerngesellschaft (Ziff. 4.5)	64
Nr. 24:	Übertragung einer Beteiligung auf die Muttergesellschaft (Ziff. 4.5)	67
Nr. 25:	Veräusserungssperrfrist bei der Übertragung eines Betriebes auf eine andere inländische Konzerngesellschaft (Ziff. 4.5)	74
Nr. 26:	Teilweise vorgenommene Ersatzbeschaffung einer Beteiligung (Ziff. 4.7)	77
Nr. 27:	Vollständige Ersatzbeschaffung einer Beteiligung (Ziff. 4.7)	79

Nr. 1: Übertragung von Vermögenswerten auf eine andere Personenunternehmung (Ziff. 3.1)

A ist Eigentümer eines Hotelbetriebes (Einzelunternehmen).

B ist Eigentümer einer Bauspenglerei (Einzelunternehmen). Zu seinem Geschäftsvermögen gehört auch ein Grundstück (Bauland).

A und B wollen gemeinsam den Hotelbetrieb von A weiterführen und auf dem Grundstück von B ein Sportzentrum errichten.

A und B gründen die Kollektivgesellschaft A&B an der sie mit je 50 Prozent beteiligt sind. A bringt den Hotelbetrieb (sämtliche Aktiven und Passiven seines Einzelunternehmens) zu den bisher für die Einkommenssteuer massgeblichen Werten ein. Das Einzelunternehmen A wird im Handelsregister gelöscht.

B bringt zu Lasten des Eigenkapitals seines Einzelunternehmens das Bauland zum bisherigen Einkommenssteuerwert ein und führt den Betrieb der Bauspenglerei als Einzelunternehmen weiter.

Eröffnungsbilanz der Kollektivgesellschaft A&B (Handelsbilanz)

Hotelgebäude [1]	6'000	Fremdkapital	5'000
Mobiliar und Vorräte [2]	1'000	Kapital A	2'000
Bauland [3]	2'000	Kapital B	2'000
Total Aktiven	9'000	Total Passiven	9'000

1) unversteuerte stille Reserve: 1'000
2) unversteuerte stille Reserve: 500
3) unversteuerte stille Reserve: 1'500

Direkte Bundessteuer *(Einkommenssteuer: Einkünfte aus selbständiger Erwerbstätigkeit)*

Die Vermögensübertragung ist sowohl für A wie für B steuerneutral.

- Die übertragenen und die zurückbleibenden Vermögenswerte gehören weiterhin zum Geschäftsvermögen der beiden Gesellschafter.
- Die Steuerpflicht besteht weiter.
- Die bisher für die Einkommenssteuer massgeblichen Werte wurden übernommen.

Nicht betroffene Steuern

- Direkte Bundessteuer (Gewinnsteuer);
- Direkte Bundessteuer (Einkommenssteuer: Einkünfte aus Beteiligungen im Privatvermögen);
- Verrechnungssteuer;
- Emissionsabgabe;
- Umsatzabgabe.

Nr. 2: Umwandlung einer Personenunternehmung in eine Kapitalgesellschaft; Sperrfristverletzung (Ziff. 3.2)

Das Einzelunternehmen A. Müller soll durch Sacheinlagegründung in eine GmbH umgewandelt werden.

Schlussbilanz des Einzelunternehmens A. Müller (Handelsbilanz)

Aktiven [1]	1'000	Fremdkapital	600
		Eigenkapital	400
Total Aktiven	1'000	Total Passiven	1'000

1) unversteuerte stille Reserven: 500

Eröffnungsbilanz der A. Müller GmbH (Handelsbilanz)

Aktiven [1]	1'000	Fremdkapital	600
		Kreditor A. Müller	200
		Stammkapital [2]	100
		Reserven aus Kapitaleinlagen (KER) [2]	100
Total Aktiven	1'000	Total Passiven	1'000

1) unversteuerte stille Reserven: 500   2) übertragenes steuerliches Eigenkapital

A. Müller ist faktisch alleiniger Anteilsinhaber der A. Müller GmbH. Drei Jahre nach der Umwandlung verkauft A. Müller 60 Prozent seiner Stammeinlage

Varianten:
a) zum Preis von 660 an einen Dritten;
b) zum Preis von 340 an einen Dritten;
c) zum Preis von 120 an seinen Sohn;
d) zum Preis von 130 an seinen Sohn.

Direkte Bundessteuer (Einkommenssteuer: Einkünfte aus selbständiger Erwerbstätigkeit)

Steuerfolgen bei A. Müller

a) Verkauf zum Preis von 660 an einen Dritten

Im Nachsteuerverfahren der Einkommenssteuer unterliegende Einkünfte aus selbständiger Erwerbstätigkeit:

Übertragene unversteuerte stille Reserven	500
Veräusserte Beteiligungsquote in Prozent	60%
Steuerbares Einkommen aus selbständiger Erwerbstätigkeit	300

Zusammensetzung des Verkaufserlöses:

Steuerbares Einkommen aus selbständiger Erwerbstätigkeit*	300
Verkaufserlös für Stammkapital	60
Verkaufserlös für KER	60
Privater steuerfreier Kapitalgewinn	240
Total Verkaufserlös	660

*Besteuerung nach Artikel 37b DBG, sofern die Voraussetzungen im Zeitpunkt der Übertragung erfüllt waren (Kreisschreiben der ESTV Nr. 28 vom 3.11.2010, Ziff. 2.3).

b) Verkauf zum Preis von 340 an einen Dritten

Im Nachsteuerverfahren der Einkommenssteuer unterliegende Einkünfte aus selbständiger Erwerbstätigkeit:

Übertragene unversteuerte stille Reserven	500
Veräusserte Beteiligungsquote in Prozent	60%
Steuerbares Einkommen aus selbständiger Erwerbstätigkeit	300

Zusammensetzung des Verkaufserlöses:

Steuerbares Einkommen aus selbständiger Erwerbstätigkeit*	300
Verkaufserlös für Stammkapital	60
Verkaufserlös für KER	60
Privater nicht abzugsfähiger Kapitalverlust	- 80
Total Verkaufserlös	340

*Besteuerung nach Artikel 37b DBG, sofern die Voraussetzungen im Zeitpunkt der Übertragung erfüllt waren (Kreisschreiben der ESTV Nr. 28 vom 3.11.2010, Ziff. 2.3).

c) Verkauf zum Preis von 120 an den Sohn

Der Verkauf zum anteiligen übertragenen steuerlichen Eigenkapital liegenden Preis stellt keine Sperrfristverletzung dar. Die Veräusserungssperrfrist geht auf den Sohn über.

d) Verkauf zum Preis von 130 an den Sohn

Jeder Verkauf zu einem über dem anteiligen übertragenen steuerlichen Eigenkapital liegenden Preis stellt eine Sperrfristverletzung dar. Über sämtliche übertragenen stillen Reserven ist anteilig abzurechnen.

Im Nachsteuerverfahren der Einkommenssteuer unterliegende Einkünfte aus selbständiger Erwerbstätigkeit:

Übertragene unversteuerte stille Reserven	500
Veräusserte Beteiligungsquote in Prozent	60%
Steuerbares Einkommen aus selbständiger Erwerbstätigkeit	300

Zusammensetzung des Verkaufserlöses:

Steuerbares Einkommen aus selbständiger Erwerbstätigkeit*	300
Verkaufserlös für Stammkapital	60
Verkaufserlös für KER	60
Privater nicht abzugsfähiger Kapitalverlust	- 290
Total Verkaufserlös	130

*Besteuerung nach Artikel 37b DBG, sofern die Voraussetzungen im Zeitpunkt der Übertragung erfüllt waren (Kreisschreiben der ESTV Nr. 28 vom 3.11.2010, Ziff. 2.3).

Direkte Bundessteuer *(Gewinnsteuer)*

Verletzung der Veräusserungssperrfrist

Eine Abrechnung über die stillen Reserven im Nachsteuerverfahren (Art. 151-153 DBG) führt zu höheren Gewinnsteuerwerten (Art. 19 Abs. 2 DBG). Die übernehmende juristische Person kann die Auflösung solcher versteuerter stillen Reserven durch höhere Abschreibungen geltend machen, soweit diese geschäftsmässig begründet sind. Ist die steuerpflichtige juristische Person bereits rechtskräftig veranlagt, kann ihr das Revisionsverfahren (Art. 147-149 DBG) gewährt werden. Soweit die stillen Reserven nicht lokalisiert werden können, liegt Goodwill vor, der steuerwirksam abgeschrieben werden kann.

Falls die Mehrwerte in der Handelsbilanz ausgewiesen werden (Anpassung der Handelsbilanz an die Steuerbilanz), sind diese den offenen Reserven gutzuschreiben.

Eröffnungsbilanz der A. Müller GmbH (Steuerbilanz)

Aktiven [1]	1'000	Fremdkapital	600
		Kreditor A. Müller	200
		Stammkapital	100
		KER	100
Goodwill [2]	**300**	**Versteuerte stille Reserven**	**300**
Total Aktiven	1'300	Total Passiven	1'300

1) unversteuerte stille Reserven: 500 – 300 = 200
2) Soweit die stillen Reserven nicht lokalisiert werden können, liegt Goodwill vor, der steuerwirksam abgeschrieben werden kann.

Emissionsabgabe

Nach Artikel 9 Absatz 1 Buchstabe e StG ist die Emissionsabgabe bei der Begründung oder Erhöhung von Beteiligungsrechten im Rahmen einer Umwandlung einer Personenunternehmung in eine Kapitalgesellschaft oder Genossenschaft auf ein Prozent des Nennwerts beschränkt. Diese Reduktion der Bemessungsgrundlage für die Emissionsabgabe wird jedoch nur dann gewährt, wenn der bisherige Rechtsträger während mindestens fünf Jahren bestand. Im Weiteren ist über den Mehrwert nachträglich anteilsmässig abzurechnen, soweit während den der Umwandlung nachfolgenden fünf Jahren Beteiligungsrechte veräussert werden und der Verkehrswert den Freibetrag (Art. 6 Abs. 1 Bst. h StG) übersteigt.

Berechnung Sperrfristverletzung gemäss Beispiel a):

Stammkapital	100
60% der übertragenen offenen Reserven von 100	60
60% der übertragenen stillen Reserven von 500	300
	460

Nach Abzug des Freibetrags von 1'000 ist keine Emissionsabgabe geschuldet.

Der Übergang des Eigentums an den Beteiligungsrechten durch Erbgang, Schenkung oder andere unentgeltliche Rechtsgeschäfte, einschliesslich steuerneutraler Umstrukturierungen, stellt keine Sperrfristverletzung dar. Dies gilt auch für entgeltliche Übertragungen, sofern der Preis das übertragene Eigenkapital nicht übersteigt.

Nicht betroffene Steuern

- Direkte Bundessteuer (Einkommenssteuer: Einkünfte aus Beteiligungen im Privatvermögen);
- Verrechnungssteuer;
- Umsatzabgabe.

Nr. 3: Umwandlung einer Personenunternehmung in eine Kapitalgesellschaft; Vorjahresverluste (Ziff. 3.2)

A und B sind zu je 50% an der Kollektivgesellschaft A&B beteiligt. Die Kollektivgesellschaft A&B soll in eine Aktiengesellschaft umgewandelt werden.

Schlussbilanz der Kollektivgesellschaft A&B (Handelsbilanz)

Aktiven [1]	700	Fremdkapital	600
		Kapital A [2]	50
		Kapital B [2]	50
Total Aktiven	700	Total Passiven	700

[1] unversteuerte stille Reserven: 500

[2] Gewinn und Verlust werden zwischen A und B hälftig aufgeteilt. Im letzten Geschäftsjahr hat die KG A&B einen Verlust von 300 erlitten. A hat seinen Verlustanteil mit Erwerbseinkommen seiner Frau verrechnet. B hat seinen Verlustanteil von 150 noch nicht verrechnen können.

Direkte Bundessteuer (Einkommenssteuer: Einkünfte aus selbständiger Erwerbstätigkeit)

Sofern die Veräusserungssperrfrist (Art. 19 Abs. 2 DBG) nicht verletzt wird, kann die Umwandlung steuerneutral erfolgen.

Direkte Bundessteuer (Gewinnsteuer)

Bei einer Übertragung nach Artikel 19 Absatz 1 Buchstabe b DBG werden noch nicht verrechnete Vorjahresverluste der übertragenden Personenunternehmung auf die übernehmende juristische Person übertragen und können bei der Festsetzung des steuerbaren Reingewinnes in Abzug gebracht werden (Art. 67 Abs. 1 DBG).

Eröffnungsbilanz der A&B AG (Handelsbilanz)

Aktiven [1]	700	Fremdkapital	600
		Aktienkapital	100
Total Aktiven	700	Total Passiven	700

[1] unversteuerte stille Reserven: 500

Es besteht ein noch nicht verrechneter Vorjahresverlust von 150.

Emissionsabgabe

Nach Artikel 9 Absatz 1 Buchstabe e StG ist die Emissionsabgabe bei der Begründung oder Erhöhung von Beteiligungsrechten im Rahmen einer Umwandlung einer Personenunternehmung in eine Kapitalgesellschaft oder Genossenschaft auf ein Prozent des Nennwerts beschränkt. Diese Reduktion der Bemessungsgrundlage für die Emissionsabgabe wird jedoch nur dann gewährt, wenn der bisherige Rechtsträger während mindestens fünf Jahren bestand. Im Weiteren ist über den Mehrwert nachträglich anteilsmässig abzurechnen, soweit während den der Umwandlung nachfolgenden fünf Jahren Beteiligungsrechte veräussert werden und der Verkehrswert den Freibetrag (Art. 6 Abs. 1 Bst. h StG) übersteigt.

Nicht betroffene Steuern
- Direkte Bundessteuer (Einkommenssteuer: Einkünfte aus Beteiligungen im Privatvermögen);
- Verrechnungssteuer;
- Umsatzabgabe.

Nr. 4: Fusion: Verrechnung von Ausgleichszahlungen mit Nennwertverlusten (Ziff. 4.1.2)

Die Beteiligungsrechte an der A AG und der B AG, welche nicht an der Börse kotiert sind, werden durch die voneinander unabhängigen Aktionärsgruppen A und B im Privatvermögen gehalten. Die A AG und die B AG – beide mit Bilanzstichtag am 31. Dezember – werden am 30. Mai 2020 (Handelsregistereintrag) rückwirkend per 1. Januar 2020 durch Kombinationsfusion in die AB AG überführt.

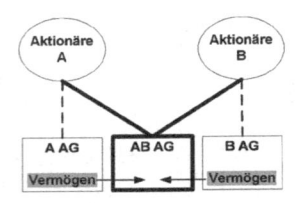

```
        Aktionäre           Aktionäre
           A                   B
            \                 /
             \               /
    ┌──────┐  ┌──────┐  ┌──────┐
    │ A AG │  │ AB AG│  │ B AG │
    │Vermögen│→ │      │ ←│Vermögen│
    └──────┘  └──────┘  └──────┘
```

Das Aktienkapital der A AG besteht aus 1'000 Aktien zum Nennwert von 100, zudem bestehen KER von 200'000. Das Aktienkapital der B AG besteht aus 1'000 Aktien zum Nennwert von je 110, zudem bestehen KER von 300'000. Das neue Kapital der AB AG soll aus 2'000 Aktien im Nennwert von je 100 und KER von 495'000 bestehen. Die Bewertung ergibt das Umtauschverhältnis von 1:1, das heisst für 1 A-Aktie sowie für 1 B-Aktie wird je 1 Aktie AB ausgegeben. Die Aktionäre erhalten für die A-Aktien 1'000 AB-Aktien sowie pro neue Aktie 20 in bar, und für die B-Aktien ebenfalls 1'000 AB-Aktien.

Direkte Bundessteuer (Gewinnsteuer)

Der Zusammenschluss hat weder für die A AG noch für die B AG Steuerfolgen, da

- die Steuerpflicht in der Schweiz fortbesteht und
- die für die Gewinnsteuer massgeblichen Wert übernommen werden.

Bei einer Fusion endet die Steuerpflicht der übertragenden Gesellschaft grundsätzlich mit der Löschung im Handelsregister. Die Steuerpflicht einer aus einer Kombination hervorgehenden Gesellschaft beginnt grundsätzlich mit dem Eintrag ins Handelsregister.

Wird die rückwirkende Fusion akzeptiert (Anmeldung der Fusion innerhalb von 6 Monaten nach dem vereinbarten Übernahmestichtag), werden die bisherigen Ergebnisse 2020 der A AG und der B AG unmittelbar der AB AG zugerechnet. Entsprechend endet die Steuerpflicht der übertragenden Gesellschaften A AG und B AG auf den Stichtag der Rückwirkung.

Direkte Bundessteuer *(Einkommenssteuer: Einkünfte aus Beteiligungen im Privatvermögen)*

Die Aktionäre erhalten für die A-Aktien eine Ausgleichsleistung von 20 je Aktie. Diese Zahlung ist als Vermögensertrag steuerbar, ungeachtet der Tatsache, ob sie von der A AG oder von der AB AG stammt (ASA 25, 242; ASA 59, 719).

Andererseits erleiden die Aktionäre durch die Hingabe der B-Aktien einen Nennwertverlust von 10 je B-Aktie. Die Ausgleichszahlungen können indessen mit Nennwert- bzw. KER-Verlusten verrechnet werden.

Aus der Sicht der AB AG ergibt sich folgendes Bild:

Aktienkapital der A AG	100'000
Aktienkapital der B AG	110'000
Total untergehendes Aktienkapital	210'000
Total neu geschaffenes Aktienkapital der AB AG	- 200'000
Aktienkapitalherabsetzung	10'000
KER A AG	200'000
KER B AG	300'000
Total untergehende KER	500'000
Total neu geschaffene KER	- 495'000
Abnahme KER	5'000
Zahlung an A-Aktionäre	20'000
./. Aktienkapitalherabsetzung	- 10'000
./. Abnahme KER	- 5'000
Steuerbare Ausgleichszahlung	5'000

Bei den A-Aktionären unterliegen somit 5'000 der Einkommenssteuer.

Verrechnungssteuer

Die Ausgleichszahlungen unterliegen der Verrechnungssteuer (Art. 4 Abs. 1 Bst. b VStG). Bei Fusionen werden Nennwerterhöhungen und Ausgleichszahlungen auch für die Verrechnungssteuer mit Nennwertverlusten und Abnahmen von KER verrechnet.

Gleich wie für die direkte Bundessteuer unterliegen somit 5'000 der Verrechnungssteuer.

Die übertragenen Reserven sind gemäss der Ausnahme von Artikel 5 Absatz 1 Buchstabe a VStG von der Verrechnungssteuer ausgenommen, soweit sie infolge der Fusion in die Reserven der übernehmenden Gesellschaft übergehen. Als Voraussetzung muss das Verrechnungssteuersubstrat erhalten bleiben.

Emissionsabgabe

Die neuen Beteiligungsrechte an der AB AG werden in Durchführung der Fusionsbeschlüsse begründet und ausgegeben. Sie sind deshalb von der Emissionsabgabe ausgenommen (Art. 6 Abs. 1 Bst. a^{bis} StG). Die Ausnahme umfasst ebenfalls ein allfälliges Agio und die übertragenen stillen Reserven.

Umsatzabgabe

Die mit der Fusion verbundene Übertragung steuerbarer Urkunden ist von der Umsatzabgabe ausgenommen (Art. 14 Abs. 1 Bst. i StG). Darunter fallen auch steuerbare Urkunden, welche zusammen mit anteiligen Verbindlichkeiten gegenüber Dritten übertragen werden.

Nr. 5: Fusion: Verwendung eigener Beteiligungsrechte (Ziff. 4.1.2)

Die Beteiligungsrechte an der A AG und der B AG, welche nicht an der Börse kotiert sind, werden durch die voneinander unabhängigen Aktionärsgruppen A und B im Privatvermögen gehalten. Die übernommene B AG überträgt sämtliche Aktiven und Verbindlichkeiten auf die übernehmende A AG. Die Aktionäre der B AG erhalten A-Aktien. Die B AG wird ohne Liquidation aufgelöst. Die übernehmende A AG wird anschliessend umfirmiert in AB AG.

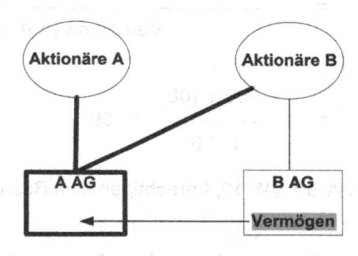

Bilanz der A AG vor der Fusion

Aktiven [1]			2'000	Fremdkapital	1'000
				Aktienkapital [2]	100
				KER	200
				übrige Reserven	800
				eigene Aktien [3]	-100
Total Aktiven			2'000	Total Passiven	2'000

1) keine stillen Reserven
2) 100 à nominal 1; VW pro Aktie = 10
3) 10 à nominal 1

Bilanz der B AG vor der Fusion

Aktiven [1]	1'000	Fremdkapital	500
		Aktienkapital [2]	100
		KER	100
		übrige Reserven	300
Total Aktiven	1'000	Total Passiven	1'000

1) keine stillen Reserven
2) 100 à nominal 1; VW pro Aktie = 5

Austauschverhältnis

$$\frac{\text{Verkehrswert A AG}}{\text{Aktienkapital A AG}} = \frac{\text{Verkehrswert B AG}}{\text{Zusatzkapital A AG}}$$

$$\text{Zusatzkapital A AG} = \frac{\text{Verkehrswert B AG} \times \text{Aktienkapital A AG}}{\text{Verkehrswert A AG}}$$

$$\text{Zusatzkapital A AG} = \frac{500 \times 100}{1'000} = 50$$

2 B-Aktien à nominal 1 (2 x VW 5 = VW 10) berechtigen zum Bezug 1 A-Aktie à nominal 1 (VW 10).

Variante A: Fusion ohne Verwendung der eigenen Aktien

Die A AG erhöht ihr Kapital um 50 (50 x VW 10 = VW 500) und belässt die eigenen Aktien in ihrem Bestand (10 x VW 10 = VW 100).

Die Bilanz der AB AG präsentiert sich nach der Fusion wie folgt:

Bilanz der AB AG

Aktiven [1]	3'000	Fremdkapital	1'500
		Aktienkapital [2]	150
		KER	350
		übrige Reserven	1'100
		eigene Aktien	-100
Total Aktiven	3'000	Total Passiven	3'000

1) keine stillen Reserven   2) 150 à nominal 1; VW pro Aktie = 10

Direkte Bundessteuer *(Gewinnsteuer)*

Der Zusammenschluss hat weder für die A AG noch für die B AG Steuerfolgen, da (Annahme):
- die Steuerpflicht in der Schweiz fortbesteht und
- die für die Gewinnsteuer massgeblichen Werte übernommen werden.

Direkte Bundessteuer *(Einkommenssteuer: Einkünfte aus Beteiligungen im Privatvermögen)*

Weder die A- noch die B-Aktionäre erhalten höheren Nennwert, Ausgleichszahlungen oder andere geldwerte Vorteile zu Lasten der übrigen Reserven der übernehmenden oder der übertragenden Gesellschaft. Die Fusion ist deshalb für die Aktionäre steuerneutral.

Die Aktionäre der B AG erleiden durch den Tausch ihrer B-Aktien gegen A-Aktien einen Nennwertverlust von 0,5 je B-Aktie. Der gesamte Nennwertverlust beträgt 50. Nach der Variante A kann dieser Nennwertverlust durch Erhöhung der KER kompensiert werden.

Verrechnungssteuer

Weder die A- noch die B-Aktionäre oder diesen nahestehende Personen erhalten Ausgleichszahlungen, Gratisaktien, Gratisnennwerterhöhungen oder sonstige Erträge zu Lasten der übrigen Reserven einer inländischen Gesellschaft. Die Fusion ist deshalb für die Aktionäre steuerneutral.

Die übertragenen Reserven sind gemäss der Ausnahme von Artikel 5 Absatz 1 Buchstabe a VStG von der Verrechnungssteuer ausgenommen, soweit sie infolge der Fusion in die Reserven der übernehmenden Gesellschaft übergehen. Als Voraussetzung muss das Verrechnungssteuersubstrat erhalten bleiben.

Emissionsabgabe

Die neuen Beteiligungsrechte an der AB AG werden in Durchführung der Fusionsbeschlüsse begründet und ausgegeben. Sie sind deshalb von der Emissionsabgabe ausgenommen (Art. 6 Abs. 1 Bst. a^{bis} StG).

Umsatzabgabe

Die mit der Fusion verbundene Übertragung steuerbarer Urkunden ist von der Umsatzabgabe ausgenommen (Art. 14 Abs. 1 Bst. i StG). Darunter fallen auch steuerbare Urkunden, welche zusammen mit anteiligen Verbindlichkeiten gegenüber Dritten übertragen werden.

Variante B: Fusion mit Verwendung der eigenen Aktien

Die A AG erhöht ihr Kapital nur um 40 (40 x VW 10 = VW 400) und verwendet für den Aktientausch zusätzlich sämtliche eigenen A-Aktien (10 x VW 10 = VW 100). Der Nennwertverlust von 50 wird den KER zugeschlagen.

Die Bilanz der AB AG präsentiert sich nach der Fusion wie folgt:

Bilanz der AB AG

Aktiven [1]	3'000	Fremdkapital	1'500
		Aktienkapital [2]	140
		KER	350
		übrige Reserven	1'010
Total Aktiven	3'000	Total Passiven	3'000

1) keine stillen Reserven   2) 140 à nominal 1; VW pro Aktie = 10

Direkte Bundessteuer (Gewinnsteuer)

Verwendet die übernehmende Gesellschaft für die Abfindung der Anteilsinhaber der untergehenden Gesellschaft eigene Beteiligungsrechte, deren Rückkauf nicht zu einer Besteuerung geführt hat, fällt bei der übernehmenden Gesellschaft in der Höhe der Differenz zwischen dem Gewinnsteuerwert und dem Verkehrswert der eigenen Beteiligungsrechte ein steuerbarer Gewinn oder ein geschäftsmässig begründeter Aufwand an.

Der Gewinnsteuerwert der für den Aktientausch verwendeten eigenen Beteiligungsrechte der A AG entspricht dem Verkehrswert. Es ergeben sich somit keine Gewinnkorrekturen.

Direkte Bundessteuer (Einkommenssteuer: Einkünfte aus Beteiligungen im Privatvermögen)

Die übernehmende A AG verwendet für den Austausch der Titel eigene Beteiligungsrechte, deren Rückkauf nicht zu einer Besteuerung geführt hat. Der Verkehrswert dieser eigenen Aktien im Zeitpunkt der Fusion von 100 abzüglich deren Nennwert von 10 wird wie eine Barabfindung behandelt, da diese zu Lasten der übrigen Reserven erfolgt. Da nur ein Teil der ausgetauschten Beteiligungsrechte aus dem Eigenbestand der übernehmenden Gesellschaft stammt, wird der entsprechende Vermögensertrag von 90 (Verminderung übrige Reserven) proportional zum Nennwert der abgegebenen Beteiligungsrechte an der übernehmenden Gesellschaft aufgeteilt.

Die Aktionäre der B AG erleiden durch den Tausch ihrer B-Aktien gegen A-Aktien einen Nennwertverlust von 0,5 je B-Aktie. Der gesamte Nennwertverlust beträgt 50. Dieser Nennwertverlust kann unter Berücksichtigung der Veränderung der KER mit dem Vermögensertrag aus dem Erhalt der A-Aktien, der aus dem Eigenbestand der A AG stammt, verrechnet werden.

Das Total der Reserven hat sich wie folgt verändert:

Verwendung von A-Aktien aus dem Eigenbestand: VW 100 ./. Nennwert von 10	=	90
./. Nennwertverlust der B-Aktionäre	=	- 50
+ Erhöhung KER (Erhöhung im Umfang des Nennwertverlusts)	=	50
Abnahme der übrigen Reserven (Teilliquidationsüberschuss)		90

Der steuerbare Vermögensertrag für die B-Aktionäre berechnet sich wie folgt:

Abnahme der übrigen Reserven (Teilliquidationsüberschuss)	90
dividiert durch die Anzahl der abgegebenen A-Aktien	: 50
Anteiliger steuerbarer Liquidationsüberschuss pro erhaltene A-Aktie	1.80

Im Übrigen wie Variante A.

Verrechnungssteuer

Die Verwendung eigener Beteiligungsrechte für den Aktientausch bei Fusionen unterliegt gleich wie bei der direkten Bundessteuer der Verrechnungssteuer (Art. 4 Abs. 1 Bst. b VStG). Bei Fusionen werden solche geldwerte Leistungen auch für die Verrechnungssteuer mit Nennwertverlusten verrechnet.

Gleich wie bei der direkten Bundessteuer unterliegen somit 90 der Verrechnungssteuer. Leistungsbegünstigte sind die B-Aktionäre.

Im Übrigen wie Variante A.

Emissionsabgabe

Wie Variante A.

Umsatzabgabe

Wie Variante A.

Nr. 6: Absorption der Muttergesellschaft (Ziff. 4.1.6)

Die T AG übernimmt am 30. Mai 2020 rückwirkend per 1. Januar 2020 fusionsweise sämtliche Aktiven und Passiven der M AG, welche 100% der Aktien der T AG hält. Die Eintragung im Handelsregister erfolgt am 12. Juni 2020. Die Aktionäre halten die Beteiligungsrechte an der M AG im Privatvermögen. Die T AG erhält durch die Fusion ihre eigenen Beteiligungsrechte und leitet diese an die Aktionäre der M AG weiter. Mit der Fusion wird die übertragende M AG aufgelöst und im Handelsregister gelöscht (Art. 3 Abs. 2 FusG).

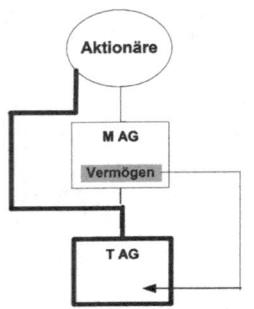

```
          Aktionäre
         /         \
         |         |
         v         |
        M AG       |
       Vermögen ---|
         |         |
         v         |
        T AG <-----
```

Schlussbilanz der M AG

Aktiven	1'000	Fremdkapital	900
Beteiligung T AG [1]	500	AK	200
		KER	300
		übrige Reserven	100
Total Aktiven	1'500	Total Passiven	1'500

1) Gestehungskosten 500; unversteuerte stille Reserven: 600

Schlussbilanz der T AG

Aktiven [1]	1'800	Fremdkapital	1'200
		AK	300
		KER	100
		übrige Reserven	200
Total Aktiven	1'800	Total Passiven	1'800

1) unversteuerte stille Reserven: 500

Eröffnungsbilanz T AG nach Fusion

Aktiven [1]	2'800	Fremdkapital	2'100
		AK	300
		KER	100
		übrige Reserven	200
		KER aus Fusionsagio	100
Total Aktiven	2'800	Total Passiven	2'800

1) unversteuerte stille Reserven: 500

***Direkte Bundessteuer** (Gewinnsteuer)*

Die Voraussetzungen eines steuerneutralen Zusammenschlusses sind erfüllt (Art. 61 Abs. 1 Bst. d DBG).

Die Steuerpflicht der M AG endet grundsätzlich am 12. Juni 2020 (Datum des Handelsregistereintrages).

Da die Anmeldung beim Handelsregister und der Fusionsbeschluss innert 6 Monaten ab dem Bilanzstichtag erfolgen, wird die rückwirkende Fusion steuerlich anerkannt. Der Gewinn der M AG wird somit für die ganze Steuerperiode 2020 der T AG zugerechnet.

Aus der Mutterabsorption resultiert ein Fusionsagio von 100 (steuerneutrale Kapitaleinlage; Art. 60 Bst. a DBG).

***Direkte Bundessteuer** (Einkommenssteuer: Einkünfte aus Beteiligungen im Privatvermögen)*

Bei einer Mutterabsorption erhalten die Aktionäre der Muttergesellschaft anstelle der untergehenden Beteiligungsrechte an der Muttergesellschaft die Beteiligungsrechte an der Tochtergesellschaft. Im vorliegenden Fall erfolgt eine Nennwerterhöhung von 200 auf 300. Die Aktionäre erhalten für die untergehenden Aktien der M AG mit Nennwert 200 solche der T AG mit einem Nennwert von 300. Die KER andererseits vermindern sich um 200. Da das Aktienkapital und die KER der M AG vor Fusion von insgesamt 500 das ausgewiesene Aktienkapital und die KER der T AG von insgesamt 400 um 100 übersteigen, kann die fusionierte Gesellschaft das Fusionsagio von 100 zusätzlich als KER ausweisen. Die Summe von Aktienkapital und KER vor und nach der Fusion bleibt gleich. Somit realisieren die Aktionäre keinen Vermögensertrag gemäss Artikel 20 Absatz 1 Buchstabe c DBG.

Verrechnungssteuer

Höhere Nennwerte, Ausgleichszahlungen oder andere geldwerte Vorteile unterliegen nach Artikel 4 Absatz 1 Buchstabe b VStG der Verrechnungssteuer. Da die Summe von Aktienkapital und KER vor und nach der Fusion gleich bleibt und die Reserven der übernehmenden T AG erhalten bleiben (kein Fusionsdisagio), wird keine Verrechnungssteuer erhoben.

Emissionsabgabe

Die ohne Kapitalerhöhung erfolgte Absorption der Muttergesellschaft ist nach Artikel 6 Absatz 1 Buchstabe a[bis] StG von der Emissionsabgabe ausgenommen.

Umsatzabgabe

Die mit einer Fusion verbundene Übertragung steuerbarer Urkunden ist von der Umsatzabgabe ausgenommen (Art. 14 Abs.1 Bst. i StG).

Nr. 7: Quasifusion mit zeitnaher Absorption (Ziff. 4.1.7)

Die GROSS AG, eine Publikumsgesellschaft, übernimmt die KLEIN AG, ebenfalls eine Publikumsgesellschaft. Dazu erhöht die GROSS AG ihr Aktienkapital von 20'000 auf 25'000 unter Ausschluss der Bezugsrechte ihrer Aktionäre und bietet die neuen Aktien den Aktionären der KLEIN AG zum Tausch an (Quasifusion). Ein Jahr später übernimmt die GROSS AG sämtliche Aktiven und Passiven der KLEIN AG durch Absorption.

Das Aktienkapital der KLEIN AG beträgt 1'000. Beide Publikumsgesellschaften verfügen nicht über KER.

Direkte Bundessteuer (Gewinnsteuer)

Ein allfälliger Fusionsverlust (Gewinnsteuerwert der Beteiligung an der KLEIN AG ./. Aktivenüberschuss der KLEIN AG zu Gewinnsteuerwerten) ist unecht und deshalb nicht gewinnsteuerwirksam. Die Einbuchung der Beteiligung an der KLEIN AG nach der Equity-Methode (vgl. Ziff. 4.6.2.3 im Kreisschreiben) würde dazu führen, dass weder ein Fusionsgewinn noch ein Fusionsverlust resultiert.

Direkte Bundessteuer (Einkommenssteuer: Einkünfte aus Beteiligungen im Privatvermögen)

Wegen der zeitnahen Absorption unterliegt der Nennwertgewinn von insgesamt 4'000 als Vermögensertrag der Aktionäre der KLEIN AG der direkten Bundessteuer. Gegebenenfalls erfolgt die Besteuerung im Nachsteuerverfahren (Art. 151-153 DBG).

Verrechnungssteuer

Der Nennwertgewinn von 4'000 unterliegt ebenfalls der Verrechnungssteuer. Leistungsempfänger sind die Aktionäre der KLEIN AG. Falls die Verrechnungssteuer nicht überwälzt werden kann, ist der Nennwertgewinn ins Hundert aufzurechnen (Nennwertgewinn: 65%).

Emissionsabgabe

Beteiligungsrechte, die in Durchführung von Beschlüssen über Fusionen oder diesen wirtschaftlich gleichkommenden Zusammenschlüssen (Quasifusionen) begründet oder erhöht werden, sind von der Emissionsabgabe ausgenommen (Art. 6 Abs. 1 Bst. a^{bis} StG). Die Merkmale der Abgabeumgehung sind im vorliegenden Fall nicht erfüllt.

Umsatzabgabe

Die mit einer Fusion oder Quasifusion verbundene Übertragung steuerbarer Urkunden ist von der Umsatzabgabe ausgenommen (Art. 14 Abs. 1 Bst. i StG).

Nr. 8: Umwandlung eines Instituts des öffentlichen Rechts in eine Kapitalgesellschaft oder in eine Genossenschaft; Rechtsformwechsel (Ziff. 4.2.5)

Schlussbilanz einer Kantonalbank vor der Umwandlung in eine AG

Flüssige Mittel	15'000	kfr. Fremdkapital	20'000
Kundenausleihungen	60'000	Kundengelder	60'000
Handelsbestände	10'000	Rückstellungen und sonstige Passiven [3]	10'000
Beteiligungen [1]	10'000	Reserve für allgemeine Bankrisiken [4]	4'000
Liegenschaften [2]	5'000	Dotationskapital	2'000
		Reserven	4'000
Total Aktiven	100'000	Total Passiven	100'000

1) Verkehrswert: 20'000; Gestehungskosten: 10'000
2) Verkehrswert: 10'000
3) davon nach FINMA als eigene Mittel angerechnet: 5'000
4) nach BankV z.L. der Erfolgsrechnung gebildete, frei verfügbare eigene Mittel

Der innere Wert des Unternehmens beträgt 40'000.

Direkte Bundessteuer (Gewinnsteuer)

Es liegt ein Rechtsformwechsel einer Unternehmung mit eigener Rechtspersönlichkeit und keine Sacheinlagegründung vor. Zivilrechtlich gilt im vorliegenden Fall der Zwang zur Bilanzkontinuität (Art. 26 Abs. 2 Bst. g BankV). Eine Offenlegung der stillen Reserven inkl. dem originären Goodwill nur in einer Steuerbilanz erfolgt nach Artikel 61a DBG. Die Werte müssen allerdings im zivilrechtlichen Verfahren offengelegt und bestätigt werden (Art. 100 Abs. 2 FusG).

Steuerbilanz der Kantonalbank-AG

Flüssige Mittel	15'000	kfr. Fremdkapital	20'000
Kundenausleihungen	60'000	Kundengelder	60'000
Handelsbestände	10'000	Rückstellungen und sonstige Passiven	5'000
Beteiligungen [1]	20'000	Aktienkapital	2'000
Liegenschaften	10'000	offene Reserven	4'000
Goodwill	10'000	Reserve für allgemeine Bankrisiken [2]	4'000
		Reserve auf Rückstellungen	5'000
		Reserve auf Beteiligungen	10'000
		Reserve auf Liegenschaften	5'000
		Reserve auf Goodwill	10'000
Total Aktiven	125'000	Total Passiven	125'000

1) Gestehungskosten: 20'000
2) galt steuerlich schon bisher als Eigenkapital

Emissionsabgabe

Nach Artikel 9 Absatz 1 Buchstabe e StG ist die Emissionsabgabe bei der Begründung oder Erhöhung von Beteiligungsrechten im Rahmen einer Umwandlung eines Unternehmens des öffentlichen Rechts in eine Kapitalgesellschaft oder Genossenschaft auf ein Prozent des Nennwerts beschränkt. Diese Reduktion der Bemessungsgrundlage für die Emissionsabgabe wird jedoch nur dann gewährt, wenn der bisherige Rechtsträger während mindestens fünf Jahren bestand. Im Weiteren ist über den Mehrwert nachträglich anteilsmässig abzurechnen, soweit während den der Umwandlung nachfolgenden fünf Jahren Beteiligungsrechte veräussert werden.

Der Nennwert der im Zuge der Umwandlung begründeten Beteiligungsrechte beträgt 2'000. Von diesem Betrag kann der noch nicht beanspruchte Freibetrag (Art. 6 Abs. 1 Bst. h StG) in Abzug gebracht werden.

Umsatzabgabe

Bei einer Umwandlung durch den Wechsel der Rechtsform (Rechtsformwechsel; direkte Umwandlung) werden keine Vermögenswerte übertragen. Die Umsatzabgabe ist somit nicht betroffen.

Nicht betroffene Steuern

- Direkte Bundessteuer (Einkommenssteuer: Einkünfte aus Beteiligungen im Privatvermögen);
- Verrechnungssteuer.

Nr. 9: Umwandlung einer Kapitalgesellschaft in eine Personenunternehmung; Vorjahresverluste (Ziff. 4.2.6)

A und B sind zu je 50% an der A&B AG beteiligt. Die A&B AG soll in eine Kollektivgesellschaft umgewandelt werden.

Schlussbilanz der A&B AG vor Umwandlung

Aktiven [1]	900	Fremdkapital	600
		Aktienkapital	100
		KER	100
Verlustvortrag [2]	100	übrige Reserven	200
Total Aktiven	1'000	Total Passiven	1'000

1) unversteuerte stille Reserven: 600
2) aus Vorjahr; noch nicht verrechnet

Direkte Bundessteuer (Einkommenssteuer: Einkünfte aus selbständiger Erwerbstätigkeit)

Die bisherigen Gewinnsteuerwerte werden zu den für die Einkommenssteuer massgeblichen Werten. Die latente Steuer auf den unversteuerten stillen Reserven wechselt somit von der Gewinnsteuer zur Einkommenssteuer.

Die an der übernehmenden Personenunternehmung beteiligten natürlichen Personen können somit allfällige, steuerlich noch nicht berücksichtigte Vorjahresverluste der übertragenden juristischen Personen bei der Festsetzung des steuerbaren Einkommens in Abzug bringen (Art. 31 DBG).

Eröffnungsbilanz der Kollektivgesellschaft A&B (Handelsbilanz)

Aktiven [1] [2]	900	Fremdkapital	600
		Kapitalkonto A	150
		Kapitalkonto B	150
Total Aktiven	900	Total Passiven	900

1) unversteuerte stille Reserven auf Unternehmensebene: 600
2) noch nicht verrechneter Vorjahresverlust: 100

Latente Einkommenssteuer
(Einkommen aus selbst. Erwerbstätigkeit; Art. 18 Abs. 2 DBG):

Unversteuerte stille Reserven	600
./. Verlustvortrag	- 100
Der Einkommenssteuer latent unterliegend	500

Direkte Bundessteuer *(Gewinnsteuer)*

Die Umwandlung einer juristischen Person in eine Personenunternehmung ist für die Gewinnsteuer neutral, soweit die Steuerpflicht in der Schweiz fortbesteht und die bisher für die Gewinnsteuer massgebenden Werte übernommen werden.

Direkte Bundessteuer *(Einkommenssteuer: Einkünfte aus Beteiligungen im Privatvermögen)*

Bei der Umwandlung einer Kapitalgesellschaft oder Genossenschaft in eine Personenunternehmung findet eine Liquidation der Kapitalgesellschaft oder Genossenschaft statt. Eine spätere Erfassung der offenen und stillen Reserven (Liquidationsüberschuss) bei den Anteilsinhabern oder Genossenschaftern ist nicht möglich. Der Liquidationsüberschuss unterliegt deshalb der Einkommenssteuer (Art. 20 Abs. 1 Bst. c i.V.m. Art. 20 Abs. 1bis DBG).

Steuerbarer Liquidationsüberschuss
(Art. 20 Abs. 1 Bst. c i.V.m. Art. 20 Abs. 1bis DBG):

Stille Reserven: 600 + offene übrige Reserven: 200 ./. VV 100   700 *

* der Teilbesteuerung unterliegend

Verrechnungssteuer

Der Liquidationsüberschuss von 700 unterliegt der Verrechnungssteuer (Art. 4 Abs. 1 Bst. b VStG).

Umsatzabgabe

Die mit einer direkten oder indirekten Umwandlung (Liquidation und Sacheinlagegründung oder Vermögensübertragung) verbundene Übertragung steuerbarer Urkunden ist von der Umsatzabgabe ausgenommen (Art. 14 Abs. 1 Bst. i StG).

Nicht betroffene Steuer

- Emissionsabgabe.

Nr. 10: Steuerfolgen einer symmetrischen Spaltung für eine beteiligte juristische Person; Muttergesellschaft (Ziff. 4.3.2)

Die AB-Holding AG ist Alleinaktionärin der A AG und der B AG. Die A AG und ihre Schwestergesellschaft, die B AG, sind Produktionsgesellschaften. Die A AG führt die Betriebe I und II. Der Verkehrswert des Betriebes II beträgt 500, der Buchwert (= Gewinnsteuerwert) 300.

Die A AG überträgt den Betrieb II durch Abspaltung (Art. 29 Bst. b FusG) zum Buchwert (Aktivenüberschuss zu Gewinnsteuerwerten) und zu Lasten ihrer Reserven auf die B AG.

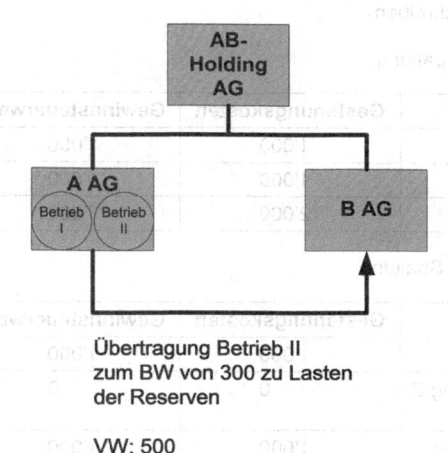

```
            AB-
          Holding
            AG
         /        \
       /            \
     A AG           B AG
  (Betrieb I)(Betrieb II)
                    ↑
         Übertragung Betrieb II
         zum BW von 300 zu Lasten
         der Reserven
         
         VW: 500
```

Bilanz der AB-Holding vor der Spaltung

Beteiligung A AG [1]	1'000	Fremdkapital	800
Beteiligung B AG [2]	1'000	Aktienkapital	200
		Reserven	1'000
Total Aktiven	2'000	Total Passiven	2'000

1) Gewinnsteuerwert: 1'000; Gestehungskosten: 1'000; Verkehrswert: 1'500
2) Gewinnsteuerwert: 1'000; Gestehungskosten: 1'000; Verkehrswert: 1'500

Direkte Bundessteuer (Gewinnsteuer)

A AG und B AG

Im vorliegenden Fall sind die Voraussetzungen für eine steuerneutrale Spaltung gemäss Artikel 61 Absatz 1 Buchstabe b DBG erfüllt. Die Spaltung kann deshalb für die Gewinnsteuer neutral erfolgen. Eine Veräusserungssperrfrist besteht bei einer Spaltung nicht.

AB-Holding AG

Für die AB-Holding gelangt zwingend die modifizierte Dreieckstheorie zur Anwendung (vgl. Ziff. 4.3.2.11 im Kreisschreiben).

Beteiligungen vor der Spaltung

Beteiligung	Gestehungskosten	Gewinnsteuerwert	Verkehrswert
Beteiligung A AG	1'000	1'000	1'500
Beteiligung B AG	1'000	1'000	1'500
Total	2'000	2'000	3'000

Beteiligungen nach der Spaltung

Beteiligung	Gestehungskosten	Gewinnsteuerwert	Verkehrswert
Beteiligung A AG	1'000	1'000	1'000
Übertrag auf Beteiligung B AG	0	0	500
Beteiligung B AG bisher	1'000	1'000	1'500
Total	2'000	2'000	3'000

Falls die AB-Holding AG die Beteiligung an der A AG entsprechend dem anteiligen Wertverlust von rund einem Drittel wertberichtigt (z.B. auf 660), wird diese Wertberichtigung durch Beteiligungsertrag kompensiert. Der Gewinnsteuerwert und die Gestehungskosten der Beteiligung B AG belaufen sich dann auf 1'340.

Beteiligung	Gestehungskosten	Gewinnsteuerwert	Verkehrswert
Beteiligung A AG	660	660	1'000
Übertrag auf Beteiligung B AG	340	340	500
Beteiligung B AG bisher	1'000	1'000	1'500
Total	2'000	2'000	3'000

Verrechnungssteuer

Reserven, die bei einer Spaltung in die Reserven der aufnehmenden Gesellschaft übergehen, sind von der Verrechnungssteuer ausgenommen (Art. 5 Abs. 1 Bst. a VStG).

Emissionsabgabe

Da die Vermögenswerte vorliegend nicht durch den direkten Inhaber der Beteiligungsrechte eingebracht werden, ist die Emissionsabgabe nicht betroffen.

Umsatzabgabe

Die Umsatzabgabe ist nur dann betroffen, wenn die übertragende oder die übernehmende Gesellschaft Effektenhändler ist (Art. 13 Abs. 3 StG) und zusammen mit dem Betrieb steuerbare Urkunden übertragen werden (Art. 13 Abs. 2 StG).

In diesem Fall wäre die Umsatzabgabe nicht geschuldet, da eine steuerneutrale Umstrukturierung vorliegt (Art. 14 Abs. 1 Bst. i StG i.V.m. Art. 61 DBG).

Nicht betroffene Steuer

- Direkte Bundessteuer (Einkommenssteuer: Einkünfte aus Beteiligungen im Privatvermögen).

Nr. 11: Steuerfolgen einer symmetrischen Abspaltung einer Holdinggesellschaft (Ziff. 4.3.2.6)

X ist Alleinaktionär der X Holding AG. Die X Holding AG ihrerseits ist Alleinaktionärin der A AG. Weiter ist die X Holding AG zu 20 Prozent an den Produktionsgesellschaften B AG und der C AG beteiligt. Die A AG hat einen Verkehrswert von 500, der Buchwert (= Gewinnsteuerwert) in der X Holding AG beträgt 300.

Variante A

Nach Abspaltung der Beteiligung A AG auf die Y Holding AG verkauft X diese Gesellschaft zum Verkehrswert von 500 an einen Dritten. Die Y Holding AG besteht nach dem Verkauf unverändert weiter.

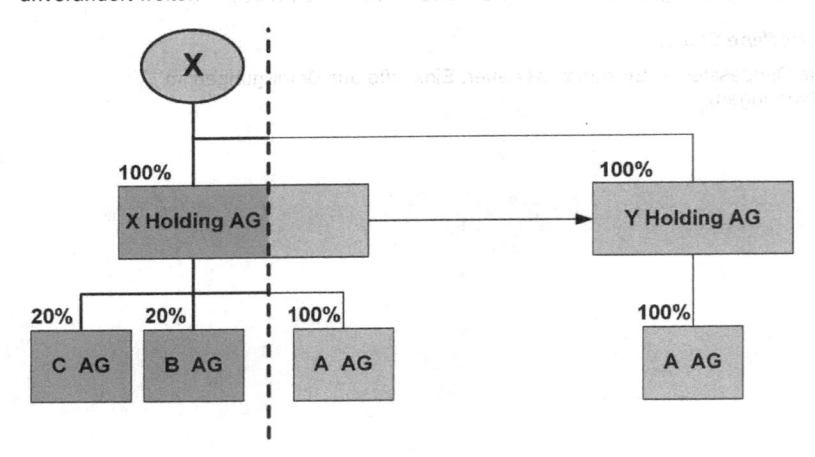

Direkte Bundessteuer (Gewinnsteuer)

X Holding AG und Y Holding AG

Im vorliegenden Fall sind die Voraussetzungen für eine steuerneutrale Spaltung gemäss Artikel 61 Absatz 1 Buchstabe b DBG erfüllt. In der X Holding AG verbleibt ein «Holdingbetrieb», da weiterhin zwei qualifizierende Beteiligungen gehalten werden. In der Y Holding AG liegt ein «operativer Betrieb» vor, da die Beteiligungsquote an der aktiven A AG mit operativem Betrieb mehr als 50 Prozent der Stimmen beträgt (Anwendung des Transparenzprinzips; vgl. Urteil des Bundesgerichts 2C_34/2018 vom 11. März 2019).

Die Spaltung kann deshalb für die Gewinnsteuer neutral erfolgen. Eine Veräusserungssperrfrist besteht nicht.

Direkte Bundessteuer (Einkommenssteuer: Einkünfte aus Beteiligungen im Privatvermögen)

X realisiert durch den Verkauf der Y Holding AG einen steuerfreien Kapitalgewinn gemäss Artikel 16 Absatz 3 DBG.

Verrechnungssteuer

Es liegt eine steuerneutrale Umstrukturierung nach Artikel 61 DBG vor. Artikel 5 Absatz 1 Buchstabe a VStG findet deshalb Anwendung.

Emissionsabgabe

Da die Vermögenswerte vorliegend nicht durch den Inhaber der Beteiligungsrechte eingebracht werden, ist die Emissionsabgabe nicht betroffen.

Umsatzabgabe

Die Umsatzabgabe ist nur dann betroffen, wenn die übertragende oder die übernehmende Gesellschaft Effektenhändlerin ist (Art. 13 Abs. 3 StG) und zusammen mit dem Betrieb steuerbare Urkunden (Art. 13 Abs. 2 StG) veräussert werden.

Im vorliegenden Fall wäre die Umsatzabgabe auf dem anteiligen Verkaufspreis für die steuerbaren Urkunden nicht geschuldet, da eine steuerneutrale Umstrukturierung vorliegt (Art. 14 Abs. 1 Bst. i StG i.V.m. Art. 61 DBG).

Variante B

Die X Holding AG schüttet die Beteiligung an der A AG an X aus. Dieser verkauft die Beteiligungsrechte zum Verkehrswert von 500 an einen Dritten.

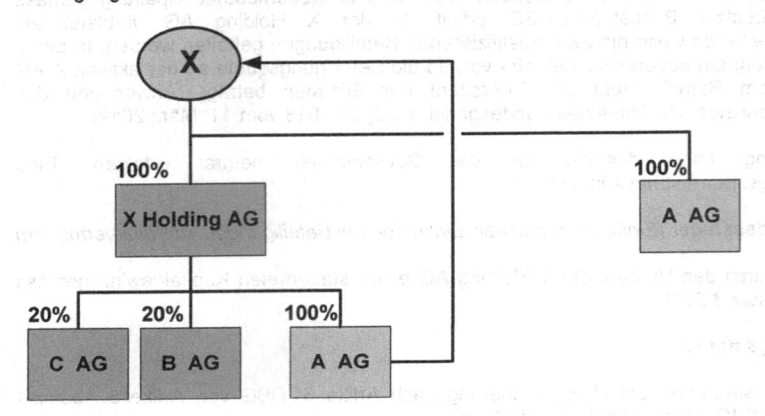

```
                    X
                    |
         ┌──────────┴──────────────────────┐
       100%                               100%
    X Holding AG                          A AG
    ┌────┬────────┐
   20%  20%     100%
   C AG  B AG   A AG
```

Direkte Bundessteuer (Gewinnsteuer)

X Holding AG

In diesem Fall liegt keine Spaltung gemäss Artikel 61 Absatz 1 Buchstabe b DBG vor. Die X Holding AG richtet eine steuerbare Naturaldividende an X aus (Portfolioausschüttung). Sie realisiert einen steuerbaren Kapitalgewinn im Umfang von 200, der zum Beteiligungsabzug berechtigt, sofern die entsprechenden Bedingungen erfüllt sind.

Direkte Bundessteuer (Einkommenssteuer: Einkünfte aus Beteiligungen im Privatvermögen)

Aus der Naturaldividende realisiert X im Umfang von 500 einen steuerbaren Vermögensertrag gemäss Artikel 20 Absatz 1 Buchstabe c DBG. Dieser Vermögensertrag unterliegt der Teilbesteuerung nach Artikel 20 Absatz 1bis DBG. Beim Weiterverkauf der A AG an einen Dritten durch X realisiert dieser einen steuerfreien Kapitalgewinn gemäss Artikel 16 Absatz 3 DBG oder einen steuerlich unbeachtlichen privaten Kapitalverlust.

Verrechnungssteuer

Die Naturaldividende von 500 unterliegt nach Artikel 4 Absatz 1 Buchstabe b VStG der Verrechnungssteuer.

Nicht betroffene Steuern

- Emissionsabgabe
- Umsatzabgabe

Variante C

Die X Holding AG absorbiert die A AG und spaltet diese direkt im Anschluss auf eine „neue" A AG ab. X verkauft die Beteiligungsrechte zum Verkehrswert an einen Dritten.

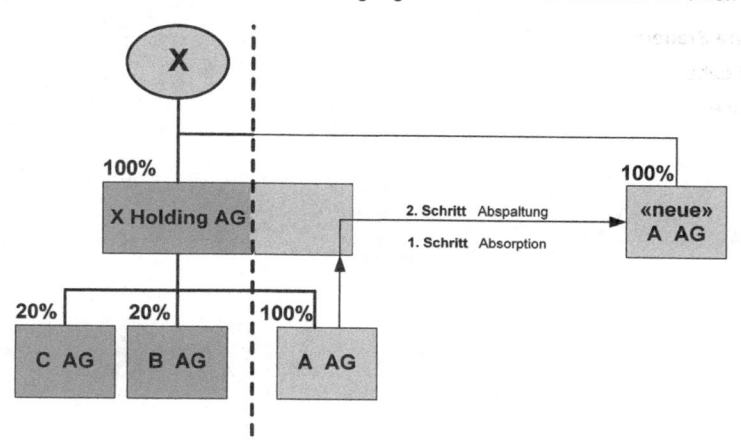

Direkte Bundessteuer (Gewinnsteuer)

X Holding AG

Die beiden Schritte (Absorption und Abspaltung) qualifizieren nicht als Umstrukturierung gemäss Artikel 61 DBG, da sie zeitnah erfolgen und die X Holding AG nur die durch die A AG erhaltenen Aktiven und Passiven weitergibt. Die X Holding AG richtet deshalb eine steuerbare Naturaldividende an X aus (Portfolioausschüttung). Dabei realisiert die X Holding AG einen Gewinn im Umfang von 200, der zum Beteiligungsabzug berechtigt, sofern die entsprechenden Bedingungen erfüllt sind.

Wird die X Holding AG durch eine Kapitalgesellschaft oder Genossenschaft gehalten, kann die Übertragung gemäss Artikel 61 Absatz 3 DBG steuerneutral erfolgen (Vermögensübertragung im Konzern). Es ist eine Veräusserungssperrfrist von fünf Jahren zu beachten.

Direkte Bundessteuer (Einkommenssteuer: Einkünfte aus Beteiligungen im Privatvermögen)

Aufgrund der Absorption und der anschliessenden Spaltung fällt eine Besteuerungsstufe weg. Deshalb realisiert X im Umfang von 500 einen steuerbaren Vermögensertrag gemäss Artikel 20 Absatz 1 Buchstabe c DBG. Dieser Vermögensertrag unterliegt der Teilbesteuerung nach Artikel 20 Absatz 1bis DBG. Beim Weiterverkauf der A AG an einen Dritten durch X realisiert dieser einen steuerfreien Kapitalgewinn gemäss Artikel 16 Absatz 3 DBG oder einen steuerlich unbeachtlichen privaten Kapitalverlust.

Verrechnungssteuer

Gleiche Betrachtungsweise wie bei der direkten Bundessteuer. Die Naturaldividende von 500 unterliegt nach Artikel 4 Absatz 1 Buchstabe b VStG der Verrechnungssteuer.

Nicht betroffene Steuern

- Emissionsabgabe
- Umsatzabgabe

Nr. 12 Verkauf eines Betriebes zum Gewinnsteuerwert an die Schwestergesellschaft (Ziff. 4.3.2)

H. Meister ist Alleinaktionär der A AG und der B AG. Er hält die Beteiligungsrechte an den beiden Gesellschaften im Privatvermögen. Die A AG und ihre Schwestergesellschaft, die B AG, sind Produktionsgesellschaften. Die A AG führt die Betriebe I und II. Der Verkehrswert des Betriebes II beträgt 500, der Buchwert (= Gewinnsteuerwert) 300.

Der Betrieb II wird zum Buchwert (= Aktivenüberschuss zu Gewinnsteuerwerten) an die B AG verkauft.

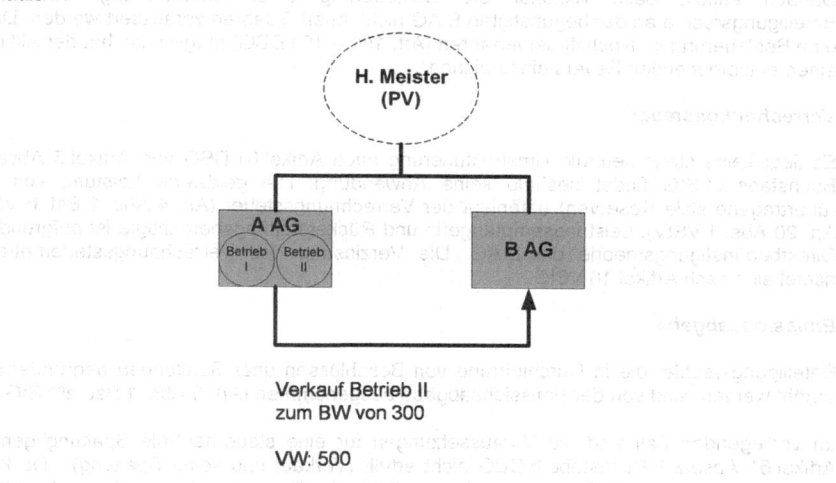

```
           H. Meister
              (PV)
                |
        +-------+-------+
        |               |
      ┌─────┐         ┌─────┐
      │ A AG│         │ B AG│
      │(I)(II)│       │     │
      └─────┘         └─────┘
          |               ↑
          +---------------+
       Verkauf Betrieb II
       zum BW von 300

          VW: 500
```

Direkte Bundessteuer *(Gewinnsteuer)*

A AG

Im vorliegenden Fall sind die Voraussetzungen für eine steuerneutrale Unternehmensteilung gemäss Artikel 61 Absatz 1 Buchstabe b DBG nicht erfüllt (Übertragung durch Verkauf). Auch eine Vermögensübertragung im Konzern (Art. 61 Abs. 3 DBG) ist nicht möglich, da die A AG und die B AG nicht von der gleichen Kapitalgesellschaft oder Genossenschaft kontrolliert werden. Die übertragende A AG erbringt ihrer Schwestergesellschaft somit eine verdeckte Vorteilszuwendung von 200 die zum ausgewiesenen Reingewinn hinzuzurechnen ist (Art. 58 Abs. 1 Bst. c DBG).

Die Übertragung des Betriebes II auf die B AG könnte dann steuerneutral abgewickelt werden, wenn sie zu Lasten des Eigenkapitals der A AG erfolgen würde.

B AG

Die übernehmende und begünstigte B AG kann auf dem erworbenen Betrieb II eine als Gewinn versteuerte stille Reserve von 200 geltend machen.

Direkte Bundessteuer (Einkommenssteuer: Einkünfte aus Beteiligungen im Privatvermögen)

H. Meister

H. Meister erhält grundsätzlich einen geldwerten Vorteil von der A AG aus der Übertragung der stillen Reserven auf dem Betrieb II von 200 (Art. 20 Abs. 1 Bst. c i.V.m. Art. 20 Abs. 1bis DBG), den er in die B AG einlegt (Dreieckstheorie). Um eine Mehrfachbelastung bei ihm zu vermeiden, kann er jedoch die sogenannte «modifizierte Dreieckstheorie» beantragen. Danach entfällt beim Aktionär die Besteuerung einer Ausschüttung, sofern die Beteiligungsrechte an der begünstigten B AG nicht innert 5 Jahren veräussert werden. Damit eine Besteuerung im Nachsteuerverfahren (Art. 151 – 153 DBG) möglich ist, hat der Aktionär einen entsprechenden Revers einzureichen.

Verrechnungssteuer

Es liegt keine steuerneutrale Umstrukturierung nach Artikel 61 DBG vor. Artikel 5 Absatz 1 Buchstabe a VStG findet deshalb keine Anwendung. Die geldwerte Leistung von 200 (übertragene stille Reserven) unterliegt der Verrechnungssteuer (Art. 4 Abs. 1 Bst. b VStG; Art. 20 Abs. 1 VStV). Leistungsempfängerin und Rückerstattungsberechtigte ist aufgrund der Direktbegünstigungstheorie die B AG. Die Verzinsung des Verrechnungssteuerbetrages richtet sich nach Artikel 16 VStG.

Emissionsabgabe

Beteiligungsrechte, die in Durchführung von Beschlüssen über Spaltungen begründet oder erhöht werden, sind von der Emissionsabgabe ausgenommen (Art. 6 Abs. 1 Bst. a^{bis} StG).

Im vorliegenden Fall sind die Voraussetzungen für eine steuerneutrale Spaltung gemäss Artikel 61 Absatz 1 Buchstabe b DBG nicht erfüllt (Verkauf und keine Spaltung). Da keine gewinnsteuerneutrale Aufspaltung vorliegt, gilt für die Emissionsabgabe die zivilrechtliche Betrachtungsweise. Da die Vermögenswerte nicht durch den Inhaber der Beteiligungsrechte eingebracht werden, ist die Emissionsabgabe nicht betroffen.

Umsatzabgabe

Die Umsatzabgabe ist nur dann betroffen, wenn die übertragende oder die übernehmende Gesellschaft Effektenhändlerin ist (Art. 13 Abs. 3 StG) und zusammen mit dem Betrieb steuerbare Urkunden (Art. 13 Abs. 2 StG) veräussert werden.

In diesem Fall wäre die Umsatzabgabe auf dem anteiligen Verkaufspreis für die steuerbaren Urkunden geschuldet, da keine steuerneutrale Umstrukturierung vorliegt (Art. 14 Abs. 1 Bst. i StG i.V.m. Art. 61 DBG).

Nr. 13: Abspaltung einer Aktiengesellschaft; übertragene Vermögenswerte erfüllen das Betriebserfordernis nicht (Ziff. 4.3)

H. Spalter ist Alleinaktionär der SPALTER AG. Die SPALTER AG soll in zwei Aktiengesellschaften aufgeteilt werden. Dabei werden die Immobilien auf die neue IMMO-SPALT AG abgespalten (Art. 29 Bst. b FusG). Die Hälfte des ausgewiesenen Eigenkapitals der SPALTER AG wird auf die neue IMMO-SPALT AG übertragen, wobei die ausgewiesenen KER in der SPALTER AG verbleiben.

Ein Jahr nach der Spaltung verkauft H. Spalter seine 100-prozentige Beteiligung an der IMMO-SPALT AG zu einem Preis von 9'000.

Schlussbilanz der SPALTER AG vor Spaltung

Produktionsbetrieb [1]	10'000	Fremdkapital Produktionsbetrieb	5'000
Immobilien [2]	10'000	Fremdkapital Immobilien	5'000
		Aktienkapital	1'000
		KER	2'000
		übrige offene Reserven	7'000
Total Aktiven	20'000	Total Passiven	20'000

1) unversteuerte stille Reserven: 2'000
2) unversteuerte stille Reserven: 3'000;
die Verwaltung der Immobilien stellt keinen Betrieb dar.

Direkte Bundessteuer (Gewinnsteuer)

SPALTER AG

Im vorliegenden Fall sind die Voraussetzungen für eine steuerneutrale Unternehmensteilung gemäss Artikel 61 Absatz 1 Buchstabe b DBG nicht erfüllt, da die übertragenen Vermögenswerte das Betriebserfordernis nicht erfüllen. Die übertragende SPALTER AG erbringt ihrer Schwestergesellschaft, der IMMO-SPALT AG, somit eine verdeckte Vorteilszuwendung von 3'000, die zu ihrem ausgewiesenen Reingewinn hinzuzurechnen ist (Art. 58 Abs. 1 Bst. c DBG).

IMMO-SPALT AG

Die übernehmende und begünstigte IMMO-SPALT AG kann entsprechende, als Gewinn versteuerte stille Reserven von 3'000 geltend machen.

Steuerbilanz der IMMO-SPALT AG nach der Spaltung

Immobilien	13'000	Fremdkapital Immobilien	5'000
		Aktienkapital	500
		übrige offene Reserven	4'500
		Versteuerte stille Reserven	3'000
Total Aktiven	13'000	Total Passiven	13'000

Direkte Bundessteuer (Einkommenssteuer: Einkünfte aus Beteiligungen im Privatvermögen)

H. Spalter

Die Voraussetzungen für eine steuerneutrale Spaltung (Art. 61 Abs. 1 Bst. b DBG) sind im vorliegenden Fall nicht erfüllt. Es liegt somit für H. Spalter als Anteilsinhaber keine steuerneutrale Vermögensumschichtung vor. Die Abspaltung der Immobilien ist als gewöhnliche Vorteilszuwendung zwischen verbundenen Unternehmen zu qualifizieren.

H. Spalter erhält aus der Übertragung der offenen und stillen Reserven (4'500 und 3'000 = 7'500) grundsätzlich einen geldwerten Vorteil aus seiner Beteiligung an der SPALTER AG (Art. 20 Abs. 1 Bst. c i.V.m. Art. 20 Abs. 1bis DBG), den er in die IMMO-SPALT AG einlegt (Dreieckstheorie). Um eine Mehrfachbelastung bei ihm zu vermeiden, kann er jedoch die sogenannte «modifizierte Dreieckstheorie» beantragen. Danach entfällt beim Aktionär die Besteuerung einer Ausschüttung, sofern die Beteiligungsrechte an der begünstigten B AG nicht innert 5 Jahren veräussert werden. Damit eine Besteuerung im Nachsteuerverfahren (Art. 151 – 153 DBG) möglich ist, hat der Aktionär einen entsprechenden Revers einzureichen.

Im vorliegenden Fall verkauft H. Spalter seine Beteiligung an der IMMO-SPALT AG innert 5 Jahren nach der Spaltung zum Preis von 9'000. Dieser Verkauf löst die Besteuerung der übertragenen offenen und stillen Reserven (4'500 + 3'000 = 7'500) beim Aktionär (Einkünfte aus Beteiligungen) aus. Die Besteuerung erfolgt gestützt auf einen Revers im Nachsteuerverfahren (Art. 151-153 DBG). Der restliche Teil des Verkaufserlöses (1'500) stellt einerseits einen steuerfreien privaten Kapitalgewinn (1'000) und andererseits Erlös für das übertragene Aktienkapital (500) dar.

Verrechnungssteuer

Es liegt keine steuerneutrale Umstrukturierung nach Artikel 61 DBG vor. Artikel 5 Absatz 1 Buchstabe a VStG findet deshalb keine Anwendung. Die geldwerte Leistung von 7'500 (die übertragenen offenen und stillen Reserven) unterliegt der Verrechnungssteuer (Art. 4 Abs. 1 Bst. b VStG; Art. 20 Abs. 1 VStV). Leistungsempfängerin und Rückerstattungsberechtigte ist aufgrund der Direktbegünstigtentheorie die IMMO-SPALT AG. Die Verzinsung des Verrechnungssteuerbetrages richtet sich nach Artikel 16 VStG.

Emissionsabgabe

Beteiligungsrechte, die in Durchführung von Beschlüssen über Spaltungen begründet oder erhöht werden, sind von der Emissionsabgabe ausgenommen (Art. 6 Abs. 1 Bst. a^{bis} StG).

Da keine gewinnsteuerneutrale Spaltung vorliegt, gilt für die Emissionsabgabe die zivilrechtliche Betrachtungsweise. Da die Vermögenswerte nicht durch den Inhaber der Beteiligungsrechte eingebracht werden, ist die Emissionsabgabe nicht betroffen.

Nicht betroffene Steuer

- Umsatzabgabe.

Nr. 14: Aufspaltung einer Aktiengesellschaft; übertragene Vermögenswerte erfüllen das Betriebserfordernis nicht (Ziff. 4.3)

H. Spalter ist Alleinaktionär der SPALTER AG. Die SPALTER AG soll in zwei neue Aktiengesellschaften aufgeteilt werden. Die Unternehmensteilung erfolgt durch Aufspaltung (Art. 29 Bst. a FusG). Der Produktionsbetrieb wird auf die neue PRODO AG übertragen. Die Immobilien werden auf die neue IMMO-SPALT AG übertragen. Die beiden neuen Gesellschaften übernehmen je die Hälfte der ausgewiesenen Eigenkapitalanteile der aufgelösten SPALTER AG.

Ein Jahr nach der Spaltung verkauft H. Spalter seine 100-prozentige Beteiligung an der IMMO-SPALT AG zu einem Preis von 9'000.

Schlussbilanz der SPALTER AG vor Spaltung

Produktionsbetrieb [1]	10'000	Fremdkapital Produktionsbetrieb	5'000
Immobilien [2]	10'000	Fremdkapital Immobilien	5'000
		Aktienkapital	1'000
		KER	2'000
		übrige offene Reserven	7'000
Total Aktiven	20'000	Total Passiven	20'000

1) unversteuerte stille Reserven: 2'000
2) unversteuerte stille Reserven: 3'000; die Verwaltung der Immobilien stellt keinen Betrieb dar

Direkte Bundessteuer (Gewinnsteuer)

SPALTER AG

Im vorliegenden Fall sind die Voraussetzungen für eine steuerneutrale Unternehmensteilung gemäss Artikel 61 Absatz 1 Buchstabe b DBG nur teilweise erfüllt, da die auf eine der übernehmenden Gesellschaften (IMMO-SPALT AG) übertragenen Vermögenswerte das Betriebserfordernis nicht erfüllen. Die übertragende SPALTER AG realisiert einen Liquidationsgewinn im Umfang der auf die übernehmende IMMO-SPALT AG übertragenen stillen Reserven von 3'000 (Art. 58 Abs. 1 Bst. c DBG).

IMMO-SPALT AG

Die übernehmende und begünstigte IMMO-SPALT AG kann entsprechende, als Gewinn versteuerte stille Reserven von 3'000 geltend machen.

Steuerbilanz der IMMO-SPALT AG nach der Spaltung

Immobilien	13'000	Fremdkapital Immobilien	5'000
		Aktienkapital	500
		KER	1'000
		übrige offene Reserven	3'500
		Versteuerte stille Reserven	3'000
Total Aktiven	13'000	Total Passiven	13'000

PRODO AG

Für die PRODO AG ergeben sich keine Gewinnsteuerfolgen.

Direkte Bundessteuer (Einkommenssteuer: Einkünfte aus Beteiligungen im Privatvermögen)

H. Spalter

Die Voraussetzungen für eine steuerneutrale Spaltung (Art. 61 Abs. 1 Bst. b DBG) sind im vorliegenden Fall nur teilweise erfüllt, da die auf eine der übernehmenden Gesellschaften (IMMO-SPALT AG) übertragenen Vermögenswerte das Betriebserfordernis nicht erfüllen. Für diesen Teil der Spaltung liegt für H. Spalter als Anteilsinhaber keine steuerneutrale Vermögensumschichtung vor.

H. Spalter erhält aus der Aufspaltung aufgrund der Dreieckstheorie die übrigen offenen und stillen Reserven der SPALTER AG (3'500 und 3'000 = 6'500) und legt diese anschliessend in die IMMO-SPALT AG. H. Spalter realisiert somit einen Teilliquidationsüberschuss aus seiner Beteiligung an der SPALTER AG (Art. 20 Abs. 1 Bst. c i.V.m. Art. 20 Abs. 1bis DBG). Um eine Mehrfachbelastung bei ihm zu vermeiden, kann er jedoch die sogenannte «modifizierte Dreieckstheorie» beantragen. Danach entfällt beim Aktionär die Besteuerung einer Ausschüttung, sofern die Beteiligungsrechte an der Gesellschaft, die keinen Betrieb weiterführt (IMMO-SPALT AG) nicht innert 5 Jahren veräussert werden. Damit eine Besteuerung im Nachsteuerverfahren (Art. 151 – 153 DBG) möglich ist, hat der Aktionär einen entsprechenden Revers einzureichen.

Im vorliegenden Fall verkauft H. Spalter seine Beteiligung an der IMMO-SPALT AG innert 5 Jahren nach der Spaltung zum Preis von 9'000. Dieser Verkauf löst nachträglich die Besteuerung der auf die IMMO-SPALT AG übertragenen übrigen offenen und stillen Reserven (anteiliger Liquidationsüberschuss; 3'500 + 3'000 = 6'500) aus. Die Besteuerung erfolgt gestützt auf einen Revers im Nachsteuerverfahren (Art. 151 – 153 DBG). Der restliche Teil des Verkaufserlöses (2'500) stellt einerseits einen steuerfreien privaten Kapitalgewinn (1'000) und andererseits Erlös für das Aktienkapital (500) und KER (1'000) dar.

Verrechnungssteuer

Im vorliegenden Fall sind die Voraussetzungen für eine steuerneutrale Unternehmensteilung gemäss Artikel 61 Absatz 1 Buchstabe b DBG nur teilweise erfüllt, da die auf eine der übernehmenden Gesellschaften (IMMO-SPALT AG) übertragenen Vermögenswerte das Betriebserfordernis nicht erfüllen. Artikel 5 Absatz 1 Buchstabe a VStG findet deshalb ebenfalls nur teilweise Anwendung. Die geldwerte Leistung von 6'500 (die auf die Gesellschaft, welche das Betriebserfordernis nicht erfüllt, übertragenen übrigen offenen und stillen Reserven) unterliegt der Verrechnungssteuer (Art. 4 Abs. 1 Bst. b VStG; Art. 20 Abs. 1 VStV). Leistungsempfängerin und Rückerstattungsberechtigte ist aufgrund der Direktbegünstigungstheorie die IMMO-SPALT AG. Die Verzinsung des Verrechnungssteuerbetrages richtet sich nach Artikel 16 VStG.

Emissionsabgabe

Beteiligungsrechte, die in Durchführung von Beschlüssen über Spaltungen begründet oder erhöht werden, sind von der Emissionsabgabe ausgenommen (Art. 6 Abs. 1 Bst. a^{bis} StG).

Da keine gewinnsteuerneutrale Aufspaltung vorliegt, gilt für die Emissionsabgabe die zivilrechtliche Betrachtungsweise. Da die Vermögenswerte nicht durch den Inhaber der Beteiligungsrechte eingebracht werden, ist die Emissionsabgabe nicht betroffen.

Nicht betroffene Steuer

- Umsatzabgabe.

Nr. 15: Abspaltung einer Aktiengesellschaft; übertragende Gesellschaft erfüllt das Betriebserfordernis nach der Spaltung nicht mehr (Ziff. 4.3)

H. Spalter ist Alleinaktionär der SPALTER AG. Die SPALTER AG soll in zwei Aktiengesellschaften aufgeteilt werden. Dabei wird der Produktionsbetrieb auf die neue PRODO AG abgespalten (Art. 29 Bst. b FusG). Die Hälfte der ausgewiesenen Eigenkapitalanteile der SPALTER AG wird auf die neue PRODO AG übertragen.

Ein Jahr nach der Spaltung verkauft H. Spalter seine 100-prozentige Beteiligung an der SPALTER AG zu einem Preis von 9'000.

Schlussbilanz der SPALTER AG vor Spaltung

Produktionsbetrieb [1]	10'000	Fremdkapital Produktionsbetrieb	5'000
Immobilien [2]	10'000	Fremdkapital Immobilien	5'000
		Aktienkapital	1'000
		KER	2'000
		übrige offene Reserven	7'000
Total Aktiven	20'000	Total Passiven	20'000

1) unversteuerte stille Reserven: 2'000
2) unversteuerte stille Reserven: 3'000;
   die Verwaltung der Immobilien stellt keinen Betrieb dar

Direkte Bundessteuer (Gewinnsteuer)

SPALTER AG

Im vorliegenden Fall sind die Voraussetzungen für eine steuerneutrale Unternehmensteilung gemäss Artikel 61 Absatz 1 Buchstabe b DBG nur teilweise erfüllt, da die übertragende Gesellschaft (SPALTER AG) das Betriebserfordernis nach der Abspaltung des Betriebes nicht mehr erfüllt. Die übertragende SPALTER AG realisiert aufgrund der wirtschaftlichen (ergebnisorientierten) Betrachtungsweise einen Liquidationsgewinn im Umfang der bei ihr verbleibenden stillen Reserven von 3'000 (Umkehrschluss aus Art. 61 Abs. 1 Bst. b i.V.m. Art. 58 Abs. 1 Bst. c DBG).

Steuerbilanz der SPALTER AG nach der Spaltung

Immobilien	13'000	Fremdkapital Immobilien	5'000
		Aktienkapital	500
		KER	1'000
		übrige offene Reserven	3'500
		Versteuerte stille Reserven	3'000
Total Aktiven	13'000	Total Passiven	13'000

PRODO AG

Für die PRODO AG ergeben sich keine Gewinnsteuerfolgen.

Direkte Bundessteuer (Einkommenssteuer: Einkünfte aus Beteiligungen im Privatvermögen)

H. Spalter

Die Voraussetzungen für eine steuerneutrale Spaltung (Art. 61 Abs. 1 Bst. b DBG) sind im vorliegenden Fall nur teilweise erfüllt, da die übertragende Gesellschaft (SPALTER AG) das Betriebserfordernis nach der Spaltung nicht mehr erfüllt. Für diesen Teil der Spaltung liegt für H. Spalter als Anteilsinhaber keine steuerneutrale Vermögensumschichtung vor.

H. Spalter erhält aus der Abspaltung aufgrund der wirtschaftlichen (ergebnisorientierten) Auslegung von Spaltungsvorgängen die übrigen offenen und stillen Reserven der SPALTER AG (3'500 und 3'000 = 6'500) und legt diese anschliessend wieder in die SPALTER AG (mit der neuen Funktion als Vermögensverwaltungsgesellschaft) ein. H. Spalter realisiert somit einen Teilliquidationsüberschuss aus seiner Beteiligung an der SPALTER AG (Art. 20 Abs. 1 Bst. c i.V.m. Art. 20 Abs. 1bis DBG). Um eine Mehrfachbelastung bei ihm zu vermeiden, kann er jedoch die sogenannte «modifizierte Dreieckstheorie» beantragen. Danach entfällt beim Aktionär die Besteuerung einer Ausschüttung, sofern die Beteiligungsrechte an der Gesellschaft, die keinen Betrieb weiterführt (SPALTER AG), nicht innert 5 Jahren veräussert werden. Damit eine Besteuerung im Nachsteuerverfahren (Art. 151 – 153 DBG) möglich ist, hat der Aktionär einen entsprechenden Revers einzureichen.

Im vorliegenden Fall verkauft H. Spalter seine Beteiligung an der SPALTER AG innert 5 Jahren nach der Spaltung zum Preis von 9'000. Dieser Verkauf löst die Besteuerung der verbleibenden übrigen offenen und stillen Reserven (reinvestierter Liquidationsüberschuss; 3'500 + 3'000 = 6'500) aus. Die Besteuerung erfolgt gestützt auf einen Revers im Nachsteuerverfahren (Art. 151 – 153 DBG). Der restliche Teil des Verkaufserlöses (2'500) stellt einerseits einen steuerfreien privaten Kapitalgewinn (1'000) und andererseits Erlös für das Aktienkapital (500) und die KER (1'000) dar.

Verrechnungssteuer

Es liegt keine steuerneutrale Umstrukturierung nach Artikel 61 DBG vor. Artikel 5 Absatz 1 Buchstabe a VStG findet deshalb keine Anwendung. Die Verrechnungssteuer stellt jedoch - im Unterschied zur direkten Bundessteuer - auf den zivilrechtlichen Vorgang (Abspaltung des Betriebes) ab. Die geldwerte Leistung von 5'500 (die auf die PRODO AG übertragenen übrigen offenen und stillen Reserven) unterliegt der Verrechnungssteuer (Art. 4 Abs. 1 Bst. b VStG; Art. 20 Abs. 1 VStV). Leistungsempfängerin und Rückerstattungsberechtigte ist aufgrund der Direktbegünstigtentheorie die PRODO AG. Die Verzinsung des Verrechnungssteuerbetrages richtet sich nach Artikel 16 VStG.

Emissionsabgabe

Beteiligungsrechte, die in Durchführung von Beschlüssen über Spaltungen begründet oder erhöht werden, sind von der Emissionsabgabe ausgenommen (Art. 6 Abs. 1 Bst. a^{bis} StG).

Da keine gewinnsteuerneutrale Spaltung vorliegt, gilt für die Emissionsabgabe die zivilrechtliche Betrachtungsweise. Da die Vermögenswerte nicht durch den Inhaber der Beteiligungsrechte eingebracht werden, ist die Emissionsabgabe nicht betroffen.

Nicht betroffene Steuer
- Umsatzabgabe.

Nr. 16: Übertragung eines Gegenstandes des betrieblichen Anlagevermögens auf eine inländische Enkelgesellschaft (Ziff. 4.4.1)

Die MUTTER AG (Stammhaus mit Produktion) verkauft ein Patent zum Buchwert (= Gewinnsteuerwert) von 100 an ihre Enkelgesellschaft, die ENKELIN AG, deren Beteiligungsrechte von der TOCHTER AG gehalten werden. Der Verkehrswert des Patentes beträgt 300. Das Patent bildet Gegenstand des betrieblichen Anlagevermögens der ENKELIN AG.

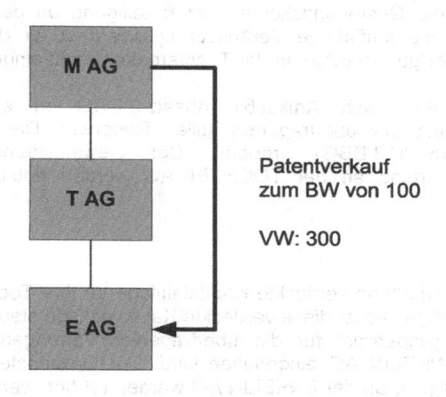

```
  M AG
    │
    │
  T AG          Patentverkauf
                zum BW von 100
                
                VW: 300
    │
  E AG ◄────────┘
```

Die Bilanzen der MUTTER AG und der TOCHTER AG präsentieren sich vor der Transaktion wie folgt:

Bilanz der MUTTER AG

Patent X [1]	100	Fremdkapital	600
Beteiligung TOCHTER AG [2]	200	Aktienkapital	100
Übrige Aktiven	700	übrige offene Reserven	300
Total Aktiven	1'000	Total Passiven	1'000

1) unversteuerte stille Reserven: 200
2) Gewinnsteuerwert und Gestehungskosten: 200

Bilanz der TOCHTER AG

Beteiligung ENKELIN AG [1]	300	Fremdkapital	300
Übrige Aktiven	500	Aktienkapital	200
		übrige offene Reserven	300
Total Aktiven	800	Total Passiven	800

1) Gewinnsteuerwert und Gestehungskosten: 300

Direkte Bundessteuer (Gewinnsteuer)

MUTTER AG

Verdeckte Kapitaleinlagen durch die Übertragung von Gegenständen des betrieblichen Anlagevermögens zum Gewinnsteuerwert auf eine inländische Tochtergesellschaft sind steuerneutral, sofern die fünfjährige Veräusserungssperrfrist für die übertragenen Vermögenswerte und die Beteiligungsrechte an der Tochtergesellschaft eingehalten wird.
Der Gewinnsteuerwert und die Gestehungskosten der Beteiligung an der TOCHTER AG bleiben unverändert, sofern die fünfjährige Veräusserungssperrfrist für die übertragenen Vermögenswerte und die Beteiligungsrechte an der Tochtergesellschaft eingehalten wird.

Eine Sperrfristverletzung führt nach Artikel 61 Absatz 2 DBG zu einer – allenfalls anteilsmässigen – Besteuerung der übertragenen stillen Reserven. Die Steuer wird im Nachsteuerverfahren (Art. 151-153 DBG) erhoben. Der Gewinnsteuerwert und die Gestehungskosten der Beteiligung an der TOCHTER AG werden entsprechend erhöht (Investition).

TOCHTER AG

Die TOCHTER AG leitet die erhaltene verdeckte Kapitaleinlage an ihre Tochtergesellschaft, die ENKELIN AG, weiter. Auch für sie ist diese verdeckte Kapitaleinlage steuerneutral, sofern die fünfjährige Veräusserungssperrfrist für die übertragenen Vermögenswerte und die Beteiligungsrechte an der ENKELIN AG eingehalten wird. Der Gewinnsteuerwert und die Gestehungskosten der Beteiligung an der ENKELIN AG werden erhöht, wenn die fünfjährige Veräusserungssperrfrist für die übertragenen Vermögenswerte und die Beteiligungsrechte an der Tochtergesellschaft nicht eingehalten wird.

Im Falle einer Sperrfristverletzung kann die TOCHTER AG im Umfang der Nachbesteuerung bei der MUTTER AG eine versteuerte stille Reserve auf ihrer Beteiligung an der ENKELIN AG geltend machen. Der Gewinnsteuerwert und die Gestehungskosten der Beteiligung an der ENKELIN AG werden entsprechend erhöht (Investition). Die versteuerte stille Reserve kann nicht als KER ausgewiesen werden, da die MUTTER AG eine verdeckte Kapitaleinlage geleistet hat.

ENKELIN AG

Der Gewinnsteuerwert des erworbenen Patentes entspricht dem Buchwert (= Erwerbspreis) von 100.

Im Falle einer Sperrfristverletzung kann die ENKELIN AG im Umfang der Nachbesteuerung bei der MUTTER AG eine versteuerte stille Reserve auf dem erworbenen Patent geltend machen. Die verdeckt eingelegten 200 können nicht als KER ausgewiesen werden.

Emissionsabgabe

Da die Vermögenswerte vorliegend nicht durch den Inhaber der Beteiligungsrechte eingebracht werden, ist die Emissionsabgabe nicht betroffen.

Nicht betroffene Steuern

- Direkte Bundessteuer (Einkommenssteuer: Einkünfte aus Beteiligungen im Privatvermögen);
- Verrechnungssteuer;
- Umsatzabgabe.

Nr. 17: Ausgliederung von Gegenständen des betrieblichen Anlagevermögens (Ziff. 4.4.1)

Die A AG gründet eine Tochtergesellschaft (B AG) und überträgt ihre Patente zum Buchwert von 400 auf die neue Gesellschaft B AG (Sacheinlage: 200; Verkauf: 200). Die B AG ist eine Patentverwertungsgesellschaft mit eigenem Personal und Marktauftritt. Die Patente bilden Gegenstand des betrieblichen Anlagevermögens der B AG.

Ausgangslage

A AG			
Finanzanlagen	100	Fremdkapital	500
Betrieb	500	Aktienkapital	200
Patente [1]	400	übrige Reserven	300
Total Aktiven	1'000	Total Passiven	1'000

1) stille Reserven 600

Die B AG wird wie folgt finanziert:
- AK 100
- KER 100
- Fremdkapital A AG 100
- Fremdkapital Dritte 100

Die A AG verwendet 100 des Verkaufserlöses zur Rückzahlung von Fremdkapital.

Zielstruktur

A AG			
Finanzanlagen	100	Fremdkapital	400
Betrieb	500	Aktienkapital	200
Beteiligung B AG [1]	200	übrige Reserven	300
Debitor B AG	100		
Total Aktiven	900	Total Passiven	900

100%

B AG			
Patente [2]	400	Fremdkapital	100
		Kreditor A AG	100
		Aktienkapital	100
		KER	100
Total Aktiven	400	Total Passiven	400

1) Gestehungskosten 200
2) stille Reserven 600

Variante A

Zwei Jahre nach der Gründung der B AG verkauft die A AG 60% ihrer Beteiligung an der B AG zum Preis von 500 und macht auf dem Kapitalgewinn den Beteiligungsabzug geltend.

Direkte Bundessteuer *(Gewinnsteuer)*

Der Verkauf der 60%-igen Beteiligung an der B AG führt nach Artikel 61 Absatz 2 DBG bei der A AG zu einer anteilsmässigen Besteuerung der übertragenen stillen Reserven. Die Steuer wird im Nachsteuerverfahren (Art. 151-153 DBG) erhoben.

Die A AG weist in ihrem Abschluss (Verkaufsjahr) folgenden Kapitalgewinn aus:

Verkaufserlös für 60%-ige Beteiligung an B AG	500
./. Buchwert für 60%-ige Beteiligung an B AG	- 120
Realisierter Kapitalgewinn	380

Für die A AG ergeben sich folgende Gewinnsteuerfolgen im Nachsteuerverfahren:
60% der übertragenen stillen Reserven von 600   360

In der Steuerbilanz der B AG kann eine entsprechende versteuerte stille Reserve geltend gemacht werden.

B AG			
Patente ¹⁾	760	Fremdkapital	100
		Kreditor A AG	100
		Aktienkapital	100
		KER	100
		Verst. st. Reserve	360
Total Aktiven	760	Total Passiven	760

1) Unversteuerte stille Reserven 240

Für die A AG ergeben sich folgende Gewinnsteuerfolgen im ordentlichen Veranlagungsverfahren:

Verkaufserlös für 60%-ige Beteiligung an B AG	500
./. Berichtigter Gewinnsteuerwert für 60%ige Beteiligung an B AG (60% von 800 oder anteiliger Buchwert von 120 zuzüglich anteilige besteuerte stille Reserven von 360)	- 480
Realisierter Kapitalgewinn mit Beteiligungsabzug	20

Emissionsabgabe

Die Ausgliederung von Betrieben oder Teilbetrieben sowie von Gegenständen des betrieblichen Anlagevermögens auf eine Tochtergesellschaft (Art. 61 Abs. 1 Bst. d DBG) gilt als Umstrukturierung und ist von der Emissionsabgabe ausgenommen (Art. 6 Abs. 1 Bst. a^{bis} StG).

Bei einer zeitnahen Veräusserung der erhaltenen Vermögenswerte durch die Tochtergesellschaft – unabhängig davon, ob diese Veräusserung als Umstrukturierung im Sinne von Art. 6 Abs. 1 Bst. a^{bis} StG qualifiziert – ist der Sachverhalt auf eine mögliche Abgabeumgehung hin zu überprüfen.

Nicht betroffene Steuern

- Direkte Bundessteuer (Einkommenssteuer: Einkünfte aus Beteiligungen im Privatvermögen);
- Verrechnungssteuer;
- Umsatzabgabe.

Variante B

Ein Jahr nach der Gründung erhöht die B AG ihr Kapital unter Ausschluss der Bezugsrechte der A AG von 100 auf 200. Die neuen Aktien werden von der Y AG durch Sacheinlage von Patenten im Wert von 700 liberiert. Die B AG aktiviert diese Sacheinlage zum bisherigen Buchwert bei der Y AG von 500, indem sie neben dem Aktienkapital die KER um 400 erhöht.

Direkte Bundessteuer (Gewinnsteuer)

Die A AG veräussert in diesem Fall keine Beteiligungsrechte an der durch Ausgliederung gegründeten B AG. Auch die Aufgabe der Kontrolle über die B AG führt nicht zu einer nachträglichen Abrechnung über die übertragenen stillen Reserven auf den Patenten.

Sowohl für die Y AG wie für die A AG liegt eine steuerneutrale Ausgliederung vor.

Emissionsabgabe

Die Ausgliederung von Betrieben oder Teilbetrieben sowie von Gegenständen des betrieblichen Anlagevermögens auf eine Tochtergesellschaft (Art. 61 Abs. 1 Bst. d DBG) gilt als Umstrukturierung und ist von der Emissionsabgabe ausgenommen (Art. 6 Abs. 1 Bst. a^{bis} StG).

Nicht betroffene Steuern

- Direkte Bundessteuer (Einkommenssteuer: Einkünfte aus Beteiligungen im Privatvermögen);
- Verrechnungssteuer;
- Umsatzabgabe.

Nr. 18: Ausgliederung von Beteiligungen (Ziff. 4.4.2)

Die A AG überträgt ihre 30-prozentige Beteiligung an der X AG zum Buchwert von 100 an ihre Tochtergesellschaft, die B AG.

Ausgangslage

A AG			
Finanzanlagen	400	Fremdkapital	300
Beteiligung B AG	500	Aktienkapital	100
Beteiligung X AG (30%)	100	übrige Reserven	600
Total Aktiven	1'000	Total Passiven	1'000

100%

B AG			
Beteiligungen	900	Fremdkapital	400
		Aktienkapital	200
		übrige Reserven	300
Total Aktiven	900	Total Passiven	900

Variante A

Die Beteiligung der A AG an der X AG wird zum Buchwert von 100 (= Gewinnsteuerwert und Gestehungskosten) als Sacheinlage auf die B AG (Sitz in der Schweiz) übertragen. Ihr Verkehrswert beträgt 400.

Die Beteiligung der A AG an der B AG (Sitz in der Schweiz) hat Gestehungskosten von 700. Ihr Buchwert entspricht dem Gewinnsteuerwert und dem Verkehrswert.

Die Zielstruktur sieht zivilrechtlich wie folgt aus:

Zielstruktur

A AG			
Finanzanlagen	400	Fremdkapital	300
Beteiligung B AG	*600*	Aktienkapital	100
		übrige Reserven	600
Total Aktiven	1'000	Total Passiven	1'000

100%

B AG			
Beteiligungen	900	Fremdkapital	400
Beteiligung X AG	*100*	Aktienkapital	200
		übrige Reserven	300
		KER (Einl. X AG)	100
Total Aktiven	1'000	Total Passiven	1'000

Direkte Bundessteuer (Gewinnsteuer)

Die Beteiligung der A AG an der B AG übernimmt den Gewinnsteuerwert und die Gestehungskosten der bisher direkt gehaltenen Beteiligung an der X AG. Der Verkehrswert der Beteiligung der A AG an der B AG beträgt neu 900. Allerdings besteht jetzt der Wertberichtigungsbedarf auf der Beteiligung an der B AG nicht mehr. Die frühere Abschreibung/Wertberichtigung von 200 gilt deshalb als wiedereingebracht und ist gemäss Artikel 62 Absatz 4 DBG Bestandteil des steuerbaren Reingewinnes (ohne Beteiligungsabzug). Der Buchwert der Beteiligung der A AG an der B AG beträgt nach der Ausgliederung 600. Der Gewinnsteuerwert und die Gestehungskosten betragen 800.

Beteiligungen der A AG vor der Beteiligungsübertragung

Beteiligung	Gestehungskosten	Gewinnsteuerwert	Verkehrswert
Beteiligung B AG	700	500	500
Beteiligung X AG	100	100	400
Total	800	600	900

Beteiligung der A AG an der B AG nach der Beteiligungsübertragung (**vor Aufrechnung** nach Art. 62 Abs. 4 DBG).

Beteiligung	Gestehungskosten	Gewinnsteuerwert	Verkehrswert
Beteiligung B AG	800	600	900
Total	800	600	900

Durch die Übertragung der Beteiligung an der X AG auf die B AG entsteht ein Anwendungsfall von Artikel 62 Absatz 4 DBG. Die seinerzeitige Abschreibung/Wertberichtigung auf der Beteiligung an der B AG von 200 gilt als wiedereingebracht und ist gemäss Artikel 62 Absatz 4 DBG Bestandteil des steuerbaren Reingewinnes der A AG (ohne Beteiligungsabzug). Die A AG hält nach der Ausgliederung nur noch die Beteiligung an der B AG. Der Gewinnsteuerwert und die Gestehungskosten dieser Beteiligung betragen nach der Aufrechnung der wiedereingebrachten Abschreibung/Wertberichtigung 800.

Beteiligung der A AG an der B AG nach der Beteiligungsübertragung (**nach Aufrechnung** gemäss Art. 62 Abs. 4 DBG).

Beteiligung	Gestehungskosten	Gewinnsteuerwert	Verkehrswert
Beteiligung B AG	800	800	900
Total	800	800	900

Emissionsabgabe

Die Ausgliederung einer Beteiligung von mindestens 10 Prozent am Grund- oder Stammkapital einer anderen Kapitalgesellschaft oder Genossenschaft oder eines begründeten Anspruchs auf mindestens 10 Prozent des Gewinns und der Reserven einer anderen Gesellschaft auf eine Tochtergesellschaft gilt als steuerneutrale Umstrukturierung und ist von der Emissionsabgabe ausgenommen (Art. 6 Abs. 1 Bst. a^{bis} StG).

Umsatzabgabe

Die Ausgliederung von Beteiligungen von mindestens 10 Prozent am Grund- oder Stammkapital anderer Gesellschaften auf eine in- oder ausländische Tochtergesellschaft ist von der Umsatzabgabe ausgenommen (Art. 14 Abs. 1 Bst. i StG).

Nicht betroffene Steuern

- Direkte Bundessteuer (Einkommenssteuer: Einkünfte aus Beteiligungen im Privatvermögen);
- Verrechnungssteuer.

Variante B

Die Beteiligung der A AG an der X AG wird zum Buchwert von 100 (= Gewinnsteuerwert und Verkehrswert) als Sacheinlage auf die B AG (Sitz in der Schweiz) übertragen. Ihre Gestehungskosten belaufen sich auf 300.

Die Beteiligung der A AG an der B AG (Sitz in der Schweiz) hat Gestehungskosten von 500 (= Gewinnsteuerwert). Ihr Verkehrswert beträgt 700.

Die Zielstruktur sieht zivilrechtlich wie folgt aus:

Zielstruktur

A AG			
Finanzanlagen	400	Fremdkapital	300
Beteiligung B AG	600	Aktienkapital	100
		übrige Reserven	600
Total Aktiven	1'000	Total Passiven	1'000

100%

B AG			
Beteiligungen	900	Fremdkapital	400
Beteiligung X AG	100	Aktienkapital	200
		Reserven	300
		KER (Einl. X AG)	100
Total Aktiven	1'000	Total Passiven	1'000

Direkte Bundessteuer (Gewinnsteuer)

Die Beteiligung der A AG an der B AG übernimmt den Gewinnsteuerwert und die Gestehungskosten der bisher direkt gehaltenen Beteiligung an der X AG. Der Verkehrswert der Beteiligung der A AG an der B AG beträgt neu 800. Dadurch gilt die seinerzeitige Abschreibung/Wertberichtigung von 200 auf der Beteiligung an der X AG als wiedereingebracht und ist gemäss Artikel 62 Absatz 4 DBG Bestandteil des steuerbaren Reingewinnes (ohne Beteiligungsabzug). Der Buchwert der Beteiligung der A AG an der B AG beträgt nach der Ausgliederung 600. Der Gewinnsteuerwert und die Gestehungskosten betragen 800.

Die B AG hält nach der Ausgliederung neu eine Beteiligung an der X AG. Der Buchwert, der Gewinnsteuerwert, die Gestehungskosten sowie der Verkehrswert dieser Beteiligung betragen 100.

Beteiligungen der A AG vor der Beteiligungsübertragung

Beteiligung	Gestehungskosten	Gewinnsteuerwert	Verkehrswert
Beteiligung B AG	500	500	700
Beteiligung X AG	300	100	100
Total	800	600	800

Beteiligung der A AG an der B AG nach der Beteiligungsübertragung (**vor Aufrechnung** nach Art. 62 Abs. 4 DBG).

Beteiligung	Gestehungskosten	Gewinnsteuerwert	Verkehrswert
Beteiligung B AG	800	600	800
Total	800	600	800

Durch die Übertragung der Beteiligung an der X AG auf die B AG entsteht ein Anwendungsfall von Artikel 62 Absatz 4 DBG. Die seinerzeitige Abschreibung/Wertberichtigung auf der Beteiligung an der X AG von 200 gilt als wiedereingebracht und ist gemäss Artikel 62 Absatz 4 DBG Bestandteil des steuerbaren Reingewinnes der A AG (ohne Beteiligungsabzug). Die A AG hält nach der Ausgliederung nur noch die Beteiligung an der B AG. Der Gewinnsteuerwert und die Gestehungskosten dieser Beteiligung betragen nach der Aufrechnung der wiedereingebrachten Abschreibung/Wertberichtigung 800.

Beteiligung der A AG an der B AG nach der Beteiligungsübertragung (**nach Aufrechnung** gemäss Art. 62 Abs. 4 DBG).

Beteiligung	Gestehungskosten	Gewinnsteuerwert	Verkehrswert
Beteiligung B AG	800	800	800
Total	800	800	800

Übrige Steuern

Für die übrigen in diesem Kreisschreiben behandelten Steuern des Bundes ergeben sich die gleichen Folgen wie nach der Variante A.

Nr. 19: Verkauf einer Beteiligung an die Tochtergesellschaft (Ziff. 4.4.2)

Die MUTTER AG verkauft ihre Beteiligung an der X AG zum Buchwert (=Gewinnsteuerwert) von 200 an ihre Tochtergesellschaft, die TOCHTER AG.

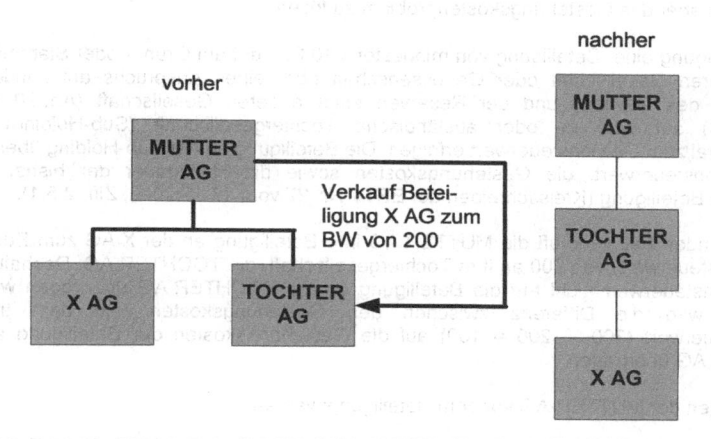

Die Bilanz der MUTTER AG präsentiert sich vor dem Verkauf wie folgt:

Bilanz der MUTTER AG

Beteiligung X AG [1]	200	Fremdkapital	600
Beteiligung TOCHTER AG [2]	100	Aktienkapital	100
Übrige Aktiven	700	übrige Reserven	300
Total Aktiven	1'000	Total Passiven	1'000

1) Beteiligung; Gewinnsteuerwert: 200; Gestehungskosten: 300; Verkehrswert: 200
2) Beteiligung; Gewinnsteuerwert und Gestehungskosten: 100; Verkehrswert: 300

Direkte Bundessteuer (Gewinnsteuer)

MUTTER AG

Da keine stillen Reserven auf der X-Beteiligung vorhanden sind, stellt sich die Realisationsfrage nicht. Es ist aber das Gestehungskostenproblem zu lösen.

Die Übertragung einer Beteiligung von mindestens 10 Prozent am Grund- oder Stammkapital einer anderen Gesellschaft oder Genossenschaft oder eines Anspruchs auf mindestens 10 Prozent des Gewinns und der Reserven einer anderen Gesellschaft (Art. 70 Abs. 4 Bst. b DBG) auf eine in- oder ausländische Tochtergesellschaft (Sub-Holding) kann steuerneutral zum Gewinnsteuerwert erfolgen. Die Beteiligung an der Sub-Holding übernimmt den Gewinnsteuerwert, die Gestehungskosten sowie die Haltedauer der bisher direkt gehaltenen Beteiligung (Kreisschreiben der ESTV Nr. 27 vom 17.12.2009, Ziff. 2.5.1).

Im vorliegenden Fall verkauft die MUTTER AG ihre Beteiligung an der X AG zum Buchwert (= Gewinnsteuerwert) von 200 an ihre Tochtergesellschaft, die TOCHTER AG. Deshalb kann der Gewinnsteuerwert nicht auf die Beteiligung an der TOCHTER AG übertragen werden. Hingegen wird die Differenz zwischen den Gestehungskosten und dem tieferen Gewinnsteuerwert (300 ./. 200 = 100) auf die Gestehungskosten der Beteiligung an der TOCHTER AG übertragen.

Beteiligungen der MUTTER AG vor dem Beteiligungsverkauf

Beteiligung	Gestehungskosten	Gewinnsteuerwert	Verkehrswert
Beteiligung X AG	300	200	200
Beteiligung TOCHTER AG	100	100	300
Total	400	300	500

Beteiligung der MUTTER AG an der TOCHTER AG nach dem Beteiligungsverkauf (**vor Aufrechnung** nach Art. 62 Abs. 4 DBG).

Beteiligung	Gestehungskosten	Gewinnsteuerwert	Verkehrswert
Beteiligung TOCHTER AG	200	100	300
Total	200	100	300

Durch die Übertragung der Beteiligung an der X AG auf die TOCHTER AG entsteht somit ein Anwendungsfall von Artikel 62 Absatz 4 DBG. Die seinerzeitige Abschreibung/Wertberichtigung auf der Beteiligung an der X AG gilt als wiedereingebracht und ist Bestandteil des steuerbaren Reingewinnes der MUTTER AG (ohne Beteiligungsabzug). Die MUTTER AG hält nach der Ausgliederung nur noch die Beteiligung an der TOCHTER AG. Der Gewinnsteuerwert und die Gestehungskosten dieser Beteiligung betragen nach der Aufrechnung der wiedereingebrachten Abschreibung/Wertberichtigung 200.

Mittels Verkauf unter den Gestehungskosten und Besteuerung der wiedereingebrachten Abschreibung/Wertberichtigung tritt – gleich wie bei einer Ausgliederung – ein Verdoppelungseffekt ein.

Beteiligung der MUTTER AG an der TOCHTER AG nach dem Beteiligungsverkauf (**nach Aufrechnung** gemäss Art. 62 Abs. 4 DBG).

Beteiligung	Gestehungskosten	Gewinnsteuerwert	Verkehrswert
Beteiligung TOCHTER AG (bisher)	100	100	200
Beteiligung TOCHTER AG (Übertrag)	100	100	100
Total	200	200	300

Mit dieser Lösung wird sichergestellt, dass die wiedereingebrachte Abschreibung/Wertberichtigung bei derjenigen Gesellschaft zur Besteuerung gelangt, bei der sie seinerzeit auch den Gewinn reduziert hat.

TOCHTER AG

Bei der erwerbenden Gesellschaft (Sub-Holding) entsprechen der Gewinnsteuerwert und die Gestehungskosten der erworbenen Beteiligung dem abgeschriebenen Wert (bisheriger Gewinnsteuerwert = Verkehrswert).

Emissionsabgabe

Die Ausgliederung einer Beteiligung von mindestens 10 Prozent am Grund- oder Stammkapital einer anderen Kapitalgesellschaft oder Genossenschaft auf eine Tochtergesellschaft gilt als Umstrukturierung und ist von der Emissionsabgabe ausgenommen (Art. 6 Abs. 1 Bst. a^{bis} StG).

Umsatzabgabe

Die Ausgliederung von Beteiligungen von mindestens 10 Prozent am Grund- oder Stammkapital anderer Gesellschaften auf eine in- oder ausländische Tochtergesellschaft ist von der Umsatzabgabe ausgenommen (Art. 14 Abs. 1 Bst. i StG).

Nicht betroffene Steuern

- Direkte Bundessteuer (Einkommenssteuer: Einkünfte aus Beteiligungen im Privatvermögen);
- Verrechnungssteuer.

Nr. 20: Übertragung eines Gegenstandes des betrieblichen Anlagevermögens auf die inländische Grossmuttergesellschaft (Ziff. 4.5)

Die TOCHTER AG verkauft einen Gegenstand des betrieblichen Anlagevermögens zum Buchwert (= Gewinnsteuerwert) von 100 an ihre Grossmuttergesellschaft, die GROSSMUTTER AG. Der Verkehrswert beträgt 300. Der Gegenstand bildet Bestandteil des betrieblichen Anlagevermögens der GROSSMUTTER AG. Die Muttergesellschaft der TOCHTER AG, die MUTTER AG, weist einen Vorjahresverlust von 150 aus, der bei der Berechnung des steuerbaren Reingewinnes noch nicht berücksichtigt werden konnte. Der ausgewiesene Verlust der MUTTER AG im Geschäftsjahr des Verkaufs beträgt 50.

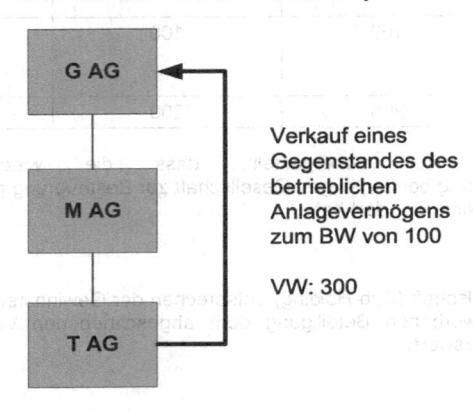

```
   G AG
    |
   M AG
    |
   T AG
```

Verkauf eines Gegenstandes des betrieblichen Anlagevermögens zum BW von 100

VW: 300

Variante A

Die Bilanz der MUTTER AG präsentiert sich vor dem Verkauf wie folgt:

Bilanz der MUTTER AG

Beteiligung TOCHTER AG [1]	300	Fremdkapital	300
Übrige Aktiven	500	Aktienkapital	200
Verlustvortrag	150	übrige Reserven	450
Total Aktiven	950	Total Passiven	950

1) Gewinnsteuerwert, Gestehungskosten und Verkehrswert: 300

Direkte Bundessteuer *(Gewinnsteuer)*

TOCHTER AG

Da es sich beim verkauften Gegenstand um betriebliches Anlagevermögen der übernehmenden Gesellschaft handelt, liegt eine steuerneutrale Vermögensübertragung im Konzern vor (Art. 61 Abs. 3 DBG).

MUTTER AG

Durch die Vorteilszuwendung der TOCHTER AG an die GROSSMUTTER AG hat die MUTTER AG einen Wertberichtigungsbedarf von 200 auf ihrer Beteiligung an der TOCHTER AG. Die Wertberichtigung auf der Beteiligung an der TOCHTER AG ist auf eine steuerneutrale Desinvestition zurückzuführen, weshalb die Wertberichtigung steuerlich nicht geltend gemacht werden kann. Die Gestehungskosten der Beteiligung an der TOCHTER AG werden aber um 200 reduziert. Der Verlustvortrag der MUTTER AG bleibt in der Höhe von 150 bestehen.

Die MUTTER AG hat eine veobjektivierte fünfjährige Veräusserungssperrfrist betreffend die Beteiligung an der TOCHTER AG einzuhalten (Art. 61 Abs. 4 DBG).

GROSSMUTTER AG

Die GROSSMUTTER AG nimmt den Gegenstand zu den Anschaffungskosten von 100 (= Gewinnsteuerwert) in die Bilanz auf.

Falls sich ein Wertberichtigungsbedarf auf der Beteiligung an der MUTTER AG ergeben würde, wäre dieser auf eine steuerneutrale Desinvestition zurückzuführen. Die handelsrechtlich vorzunehmende Wertberichtigung könnte deshalb steuerlich nicht geltend gemacht werden. Die Gestehungskosten der Beteiligung an der MUTTER AG würden aber herabgesetzt. (vgl. Steuerfolgen bei der MUTTER AG).

Die GROSSMUTTER AG hat eine veobjektivierte fünfjährige Veräusserungssperrfrist betreffend den übertragenen Gegenstand und der Beteiligung an der MUTTER AG einzuhalten (Art. 61 Abs. 4 DBG).

Verrechnungssteuer

Die Übertragung von Gegenständen des betrieblichen Anlagevermögens auf eine inländische Konzerngesellschaft ist von der Verrechnungssteuer ausgenommen (Art. 5 Abs. 1 Bst. a VStG). Die fünfjährige Veräusserungssperrfrist gilt auch für die Verrechnungssteuer (Verweis in Art. 5 Abs. 1 Bst. a VStG auf Art. 61 DBG).

Nicht betroffene Steuern

- Direkte Bundessteuer (Einkommenssteuer: Einkünfte aus Beteiligungen im Privatvermögen);
- Emissionsabgabe;
- Umsatzabgabe.

Variante B

Die Bilanz der MUTTER AG präsentiert sich vor der Transaktion wie folgt:

Bilanz der MUTTER AG

Beteiligung TOCHTER AG [1]	100	Fremdkapital	200
Übrige Aktiven	500	Aktienkapital	200
Verlustvortrag	150	übrige Reserven	350
Total Aktiven	750	Total Passiven	750

[1] Gewinnsteuerwert und Gestehungskosten: 100; Verkehrswert: 500

Direkte Bundessteuer (Gewinnsteuer)

TOCHTER AG

Da es sich beim verkauften Gegenstand um betriebliches Anlagevermögen der übernehmenden Gesellschaft handelt, liegt eine steuerneutrale Vermögensübertragung im Konzern vor (Art. 61 Abs. 3 DBG).

MUTTER AG

Im Unterschied zur Variante A sind hier 400 stille Reserven auf der Beteiligung an der TOCHTER AG zu verzeichnen, so dass sich kein handelsrechtlicher Wertberichtigungsbedarf ergibt. Die Transaktion bleibt deshalb ohne Steuerfolgen auf der Ebene der MUTTER AG. Der Verlustvortrag wird nicht konsumiert.

Die MUTTER AG hat eine verobjektivierte fünfjährige Veräusserungssperrfrist betreffend die Beteiligung an der TOCHTER AG einzuhalten (Art. 61 Abs. 4 DBG).

GROSSMUTTER AG

Wie Variante A.

Übrige Steuern

Für die übrigen in diesem Kreisschreiben behandelten Steuern des Bundes ergeben sich die gleichen Folgen wie nach der Variante A.

Nr. 21: Übertragung eines Gegenstandes des betrieblichen Anlagevermögens auf eine inländische Schwestergesellschaft (Ziff. 4.5)

Die A AG verkauft ein Patent an ihre Schwestergesellschaft B AG zum Buchwert (= Gewinnsteuerwert) von 100. Der Verkehrswert des Patentes beträgt 400. Das Patent bildet Gegenstand des betrieblichen Anlagevermögens der B AG. Alleinaktionärin der beiden Gesellschaften ist die AB-Holding AG.

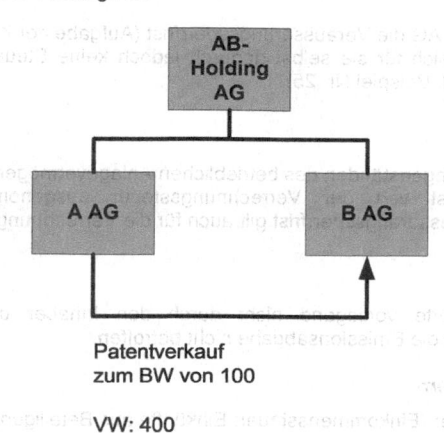

```
        AB-
      Holding
        AG
       /    \
    A AG    B AG
       \    ^
        \   |
    Patentverkauf
    zum BW von 100

       VW: 400
```

Direkte Bundessteuer *(Gewinnsteuer)*

A AG

Im vorliegenden Fall sind die Voraussetzungen für eine steuerneutrale Spaltung gemäss Artikel 61 Absatz 1 Buchstabe b DBG nicht erfüllt (Nichterfüllung des Betriebserfordernisses und Übertragung durch Verkauf). Da es sich beim übertragenen Patent um betriebliches Anlagevermögen der übernehmenden Gesellschaft handelt, liegt jedoch eine steuerneutrale Vermögensübertragung im Konzern vor (Art. 61 Abs. 3 DBG).

B AG

Die B AG nimmt das Patent zu den Anschaffungskosten von 100 (=Gewinnsteuerwert) in die Bilanz auf.

Die B AG hat eine verobjektivierte fünfjährige Veräusserungssperrfrist betreffend das erhaltende Patent einzuhalten (Art. 61 Abs. 4 DBG).

AB-Holding AG

Für die AB Holding AG gilt aufgrund des Massgeblichkeitsprinzips zwingend die Anwendung der modifizierten Dreieckstheorie.

Sie hat eine verobjektivierte fünfjährige Veräusserungssperrfrist betreffend die Beteiligungen an der A AG und der B AG einzuhalten (Art. 61 Abs. 4 DBG).

Verletzt die AB Holding AG die Veräusserungssperrfrist (Aufgabe der Kontrolle über die A AG oder B AG), ergeben sich für sie selbst dadurch jedoch keine Steuerfolgen (Folgen einer Sperrfristverletzung: vgl. Beispiel Nr. 25).

Verrechnungssteuer

Die Übertragung von Gegenständen des betrieblichen Anlagevermögens auf eine inländische Konzerngesellschaft ist von der Verrechnungssteuer ausgenommen (Art. 5 Abs. 1 Bst. a VStG). Die Veräusserungssperrfrist gilt auch für die Verrechnungssteuer.

Emissionsabgabe

Da die Vermögenswerte vorliegend nicht durch den Inhaber der Beteiligungsrechte eingebracht werden, ist die Emissionsabgabe nicht betroffen.

Nicht betroffene Steuern

- Direkte Bundessteuer (Einkommenssteuer: Einkünfte aus Beteiligungen im Privatvermögen);
- Umsatzabgabe.

Nr. 22: Übertragung einer indirekt gehaltenen Beteiligung auf die inländische Muttergesellschaft (Ziff. 4.5)

Die D AG und die E AG halten je 5% der Beteiligungsrechte an der X AG. Die D AG und die E AG stehen unter Kontrolle der A AG, einer schweizerischen Gesellschaft. Die A AG hält ihrerseits 90% der Beteiligungsrechte an der X AG.

Die D AG und die E AG verkaufen ihre je 5%igen Beteiligungen an der X AG an die A AG zum Gewinnsteuerwert von je 500. Der Verkehrswert dieser Beteiligungen beträgt je 2'000.

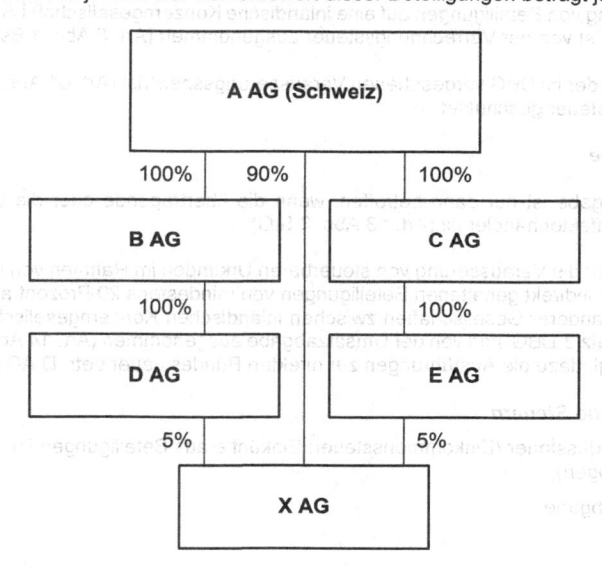

```
                    A AG (Schweiz)
              100%      90%      100%
              B AG              C AG
              100%              100%
              D AG              E AG
               5%                5%
                      X AG
```

Direkte Bundessteuer (Gewinnsteuer)

D AG und E AG

Die übertragenden Gesellschaften (D AG und E AG) stehen unter Kontrolle der A AG. Auch die übernehmende A AG ist eine inländische Gesellschaft. Es handelt sich somit um Konzerngesellschaften im Sinne von Artikel 61 Absatz 3 DBG.

Zwischen inländischen Konzerngesellschaften können auch Beteiligungen von weniger als 20 Prozent am Grund- oder Stammkapital einer anderen Kapitalgesellschaft oder Genossenschaft steuerneutral übertragen werden, sofern eine direkte oder indirekte Beteiligung von mindestens 20 Prozent am Grund- oder Stammkapital an dieser Gesellschaft besteht (Art. 61 Abs. 3 DBG).

Die A AG ist direkt und indirekt zu 100% an der X AG beteiligt. Die D AG und die E AG können deshalb ihre Beteiligungen von je 5% an der X AG steuerneutral zu den Gewinnsteuerwerten an die A AG verkaufen.

A AG

Die A AG hat eine verobjektivierte fünfjährige Veräusserungssperrfrist betreffend die erhaltenen Beteiligungsrechte an der X AG einzuhalten. Im Weiteren muss die Kontrolle über die übertragenden D AG und E AG durch die A AG während fünf Jahren bestehen bleiben (Art. 61 Abs. 4 DBG).

Verrechnungssteuer

Die Übertragung von Beteiligungen auf eine inländische Konzerngesellschaft i.S. von Artikel 61 Absatz 3 DBG ist von der Verrechnungssteuer ausgenommen (Art. 5 Abs. 1 Bst. a VStG).

Bei Verletzung der im DBG vorgesehenen Veräusserungssperrfrist (Art. 61 Abs. 4 DBG) ist die Verrechnungssteuer geschuldet.

Umsatzabgabe

Die Umsatzabgabe ist nur dann betroffen, wenn die übertragende oder die übernehmende Gesellschaft Effektenhändler ist (Art. 13 Abs. 3 StG).

Der Erwerb oder die Veräusserung von steuerbaren Urkunden im Rahmen von Übertragungen von direkt oder indirekt gehaltenen Beteiligungen von mindestens 20 Prozent am Grund- oder Stammkapital anderer Gesellschaften zwischen inländischen Konzerngesellschaften gemäss Artikel 61 Absatz 3 DBG sind von der Umsatzabgabe ausgenommen (Art. 14 Abs. 1 Bst. j StG, 1. Halbsatz; vgl. dazu die Ausführungen zur direkten Bundessteuer betr. D AG und E AG).

Nicht betroffene Steuern

- Direkte Bundessteuer (Einkommenssteuer: Einkünfte aus Beteiligungen im Privatvermögen);
- Emissionsabgabe.

Nr. 23: Übertragung einer Beteiligung auf eine ausländische Konzerngesellschaft (Ziff. 4.5)

Innerhalb eines britischen Konzerns verkauft die Kapitalgesellschaft CH-2 im Jahr 2020 ihre 100%ige Beteiligung an einer I-AG an die ausländische Konzerngesellschaft NL-AG zum Buchwert von 70. Die Gestehungskosten betragen ebenfalls 70. Der Verkehrswert beträgt 100.

Variante 1: Die NL-AG ist eine 100%ige Tochtergesellschaft der CH-2 AG.
Variante 2: Die NL-AG ist eine 100%ige Tochtergesellschaft der CH-1 AG.
Variante 3: Die NL-AG ist eine 100%ige Tochtergesellschaft der CH-3 AG.
Variante 4: Die NL-AG ist eine 100%ige Tochtergesellschaft der GB-AG.

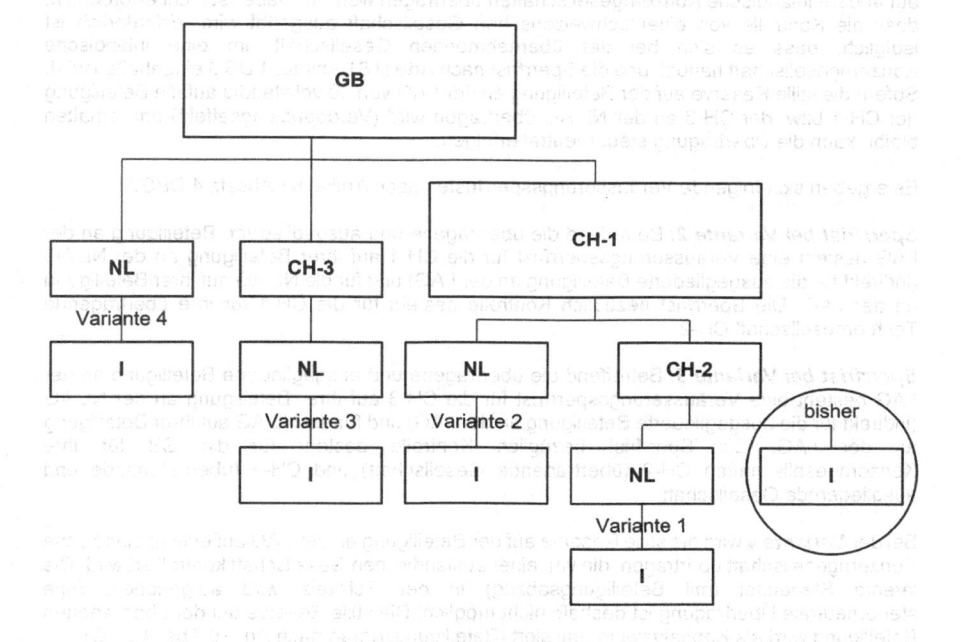

Direkte Bundessteuer *(Gewinnsteuer)*

Bei der **Variante 1** findet eine Übertragung einer Beteiligung auf eine ausländische Tochtergesellschaft statt (steuerneutraler Austauschtatbestand). Eine Veräusserungssperrfrist besteht bei dieser reinen Beteiligungsausgliederung nicht.

Bei den **Varianten 2 und 3** findet eine Übertragung einer Beteiligung auf eine ausländische Konzerngesellschaft statt, die ihrerseits von einer schweizerischen Konzerngesellschaft kontrolliert wird (CH-1 bzw. CH-3).

Direkt oder indirekt gehaltene Beteiligungen von mindestens 20 Prozent am Grund- oder Stammkapital einer anderen Gesellschaft können nach Artikel 61 Absatz 3 DBG steuerneutral auf andere inländische Konzerngesellschaften übertragen werden. Dabei ist nicht erforderlich, dass die Kontrolle von einer schweizerischen Gesellschaft ausgeübt wird. Erforderlich ist lediglich, dass es sich bei der übernehmenden Gesellschaft um eine inländische Konzerngesellschaft handelt und die Sperrfrist nach Artikel 61 Absatz 4 DBG eingehalten wird. Sofern die stille Reserve auf der Beteiligung an der I-AG von 30 vollständig auf die Beteiligung der CH-1 bzw. der CH-3 an der NL-AG übertragen wird (Verdoppelungseffekt) und erhalten bleibt, kann die Übertragung steuerneutral erfolgen.

Es ergeben sich folgende Veräusserungssperrfristen nach Artikel 61 Absatz 4 DBG:

Sperrfrist bei Variante 2: Betreffend die übertragene und ausgegliederte Beteiligung an der I AG besteht eine Veräusserungssperrfrist für die CH-1 auf ihrer Beteiligung an der NL AG (indirekt für die ausgegliederte Beteiligung an der I AG) und für die NL AG auf ihrer Beteiligung an der I AG. Die Sperrfrist bezüglich Kontrolle besteht für die CH-1 für ihre übertragende Tochtergesellschaft CH-2.

Sperrfrist bei Variante 3: Betreffend die übertragene und ausgegliederte Beteiligung an der I AG besteht eine Veräusserungssperrfrist für die CH-3 auf ihrer Beteiligung an der NL AG (indirekt für die ausgegliederte Beteiligung an der I AG) und für die NL AG auf ihrer Beteiligung an der I AG. Die Sperrfrist bezüglich Kontrolle besteht für die GB für ihre Konzerngesellschaften CH-2 (übertragende Gesellschaft) und CH-3 (übernehmende und ausgliedernde Gesellschaft).

Bei der **Variante 4** wird die stille Reserve auf der Beteiligung an der I-AG auf eine ausländische Konzerngesellschaft übertragen, die von einer ausländischen Gesellschaft kontrolliert wird. Die latente Steuerlast (mit Beteiligungsabzug) in der Schweiz wird aufgehoben. Eine steuerneutrale Übertragung ist deshalb nicht möglich. Die stille Reserve auf der übertragenen Beteiligung wird als Kapitalgewinn realisiert (Beteiligungsertrag nach Art. 70 Abs. 4 DBG).

Verrechnungssteuer

Die Übertragung von Beteiligungen auf eine inländische Konzerngesellschaft ist von der Verrechnungssteuer ausgenommen, sofern die Reserven und Gewinne als Verrechnungssteuersubstrat erhalten bleiben (Art. 5 Abs. 1 Bst. a VStG i.V.m. Art. 61 Abs. 3 DBG).

Bei der *Variante 1* handelt es sich um eine Ausgliederung einer Beteiligung auf eine ausländische Tochtergesellschaft. Dieser Vorgang unterliegt nicht der Verrechnungssteuer.

Bei den *Varianten 2, 3 und 4* ist die Verrechnungssteuer geschuldet. Leistungsempfängerin und Rückerstattungsberechtigte ist aufgrund der Direktbegünstigtentheorie die NL-AG.

Umsatzabgabe

Die Umsatzabgabe ist nur dann betroffen, wenn die übertragende oder die übernehmende Gesellschaft Effektenhändler ist (Art. 13 Abs. 3 StG).

Variante 1: Die Ausgliederung von Beteiligungen von mindestens 10 Prozent am Grund- oder Stammkapital anderer Gesellschaften auf eine in- oder ausländische Tochtergesellschaft ist von der Umsatzabgabe ausgenommen (Art. 14 Abs. 1 Bst. i StG).

Varianten 2, 3 und 4: Die Übertragung von Beteiligungen von mindestens 20 Prozent am Grund- oder Stammkapital anderer Gesellschaften auf eine ausländische Konzerngesellschaft ist von der Umsatzabgabe ausgenommen (Art. 14 Abs. 1 Bst. j StG).

Nicht betroffene Steuern

- Direkte Bundessteuer (Einkommenssteuer: Einkünfte aus Beteiligungen im Privatvermögen);
- Emissionsabgabe.

Nr. 24: Übertragung einer Beteiligung auf die Muttergesellschaft (Ziff. 4.5)

Variante A: Übertragung durch Ausschüttung

Die TOCHTER AG überträgt ihre 100%ige Beteiligung an der X AG als Naturaldividende zum Buchwert (= Gewinnsteuerwert) von 100 auf ihre Muttergesellschaft, die MUTTER AG. Ihre Gestehungskosten betragen 300.

Der Verkehrswert der Beteiligung an der X AG beträgt 700.

Aufgrund der Übertragung der Beteiligung an der X AG muss die MUTTER AG ihre Beteiligung an der TOCHTER AG um 100 wertberichtigen.

Die MUTTER AG hat noch nicht verrechnete Vorjahresverluste von 600.

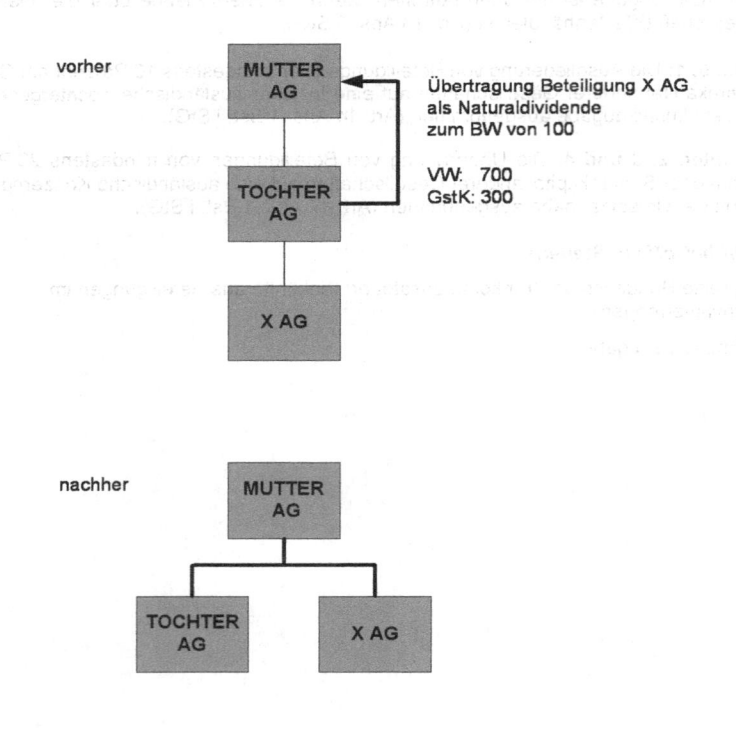

vorher

MUTTER AG → Übertragung Beteiligung X AG als Naturaldividende zum BW von 100

TOCHTER AG

VW: 700
GstK: 300

X AG

nachher

MUTTER AG
├── TOCHTER AG
└── X AG

Direkte Bundessteuer (Gewinnsteuer)

TOCHTER AG

Die Übertragung einer Beteiligung auf die Muttergesellschaft stellt einen Entnahmetatbestand dar. Eine solche Beteiligungsübertragung führt grundsätzlich zu einer Realisation der stillen Reserven. Die Gewährung des Beteiligungsabzuges richtet sich nach den Artikeln 69 und 70 DBG.

Die Übertragung einer Beteiligung auf die Muttergesellschaft stellt keine Ab- oder Aufspaltung nach Artikel 61 Absatz 1 Buchstabe b DBG (Abspaltung) dar. Eine Auf- oder Abspaltung liegt nur dann vor, wenn eine Gesellschaft in zwei Parallel- oder Schwestergesellschaften aufgeteilt wird.

Hingegen sind die Bedingungen für eine steuerneutrale Vermögensübertragung im Konzern erfüllt (Art. 61 Abs. 3 DBG).

Die TOCHTER AG hat ihre Beteiligung an der X AG um 200 abgeschrieben/wertberichtigt (Gestehungskosten: 300 ./. Gewinnsteuerwert: 100). Diese Abschreibung/Wertberichtigung ist offensichtlich nicht mehr begründet (Verkehrswert: 700) und muss zum ausgewiesenen Reingewinn hinzugerechnet werden (Art. 62 Abs. 4 DBG).

Die MUTTER AG hat eine veobjektivierte fünfjährige Veräusserungssperrfrist betreffend die Beteiligung an der X AG und die Beteiligung an der TOCHTER AG einzuhalten.

Eine Verletzung der Veräusserungssperrfrist hat für die TOCHTER AG folgende Konsequenzen:

Die TOCHTER AG erbringt eine verdeckte Gewinnausschüttung an die MUTTER AG im Betrag von 600 (Verkehrswert: 700 ./. verbuchte Naturaldividende: 100), die zum ausgewiesenen Reingewinn hinzuzurechnen ist (Art. 58 Abs. 1 Bst. b DBG). Da die wiedereingebrachte Abschreibung/Wertberichtigung auf der Beteiligung an der X AG von 200 bereits erfasst wurde, beträgt die Aufrechnung im Nachsteuerverfahren (Art. 151-153 DBG) noch 400. Für den noch aufzurechnenden Teil der verdeckten Gewinnausschüttung von 400 (Verkehrswert: 700 ./. Gestehungskosten: 300 = Wertzuwachs) kann der Beteiligungsabzug beansprucht werden.

MUTTER AG

Die MUTTER AG verbucht einen Beteiligungsertrag (Naturaldividende) von 100, der zum Beteiligungsabzug berechtigt. Dieser Beteiligungsertrag ist um die wiedereingebrachte und auf die MUTTER AG übertragene Abschreibung/Wertberichtigung von 200 (versteuerte stille Reserve auf der Beteiligung an der X AG) auf 300 zu erhöhen. Die Gestehungskosten und der Gewinnsteuerwert der Beteiligung der MUTTER AG an der X AG betragen ebenfalls 300. Die Haltedauer der übertragenen Beteiligung an der X AG wird übernommen.

Dem Beteiligungsertrag von 300 steht ein Wertberichtigungsbedarf auf der Beteiligung an der TOCHTER AG von 100 gegenüber, der auf eine Substanzdividende zurückzuführen ist. Die Wertberichtigung von 100 ist deshalb mit dem Beteiligungsertrag von 300 zu verrechnen (Art. 70 Abs. 3 DBG). Die Gestehungskosten der Beteiligung an der TOCHTER AG werden ebenfalls um 100 reduziert (Desinvestition).

Die noch nicht verrechneten Vorjahresverluste von 600 reduzieren sich um den nach der Verrechnung mit der Beteiligungsabschreibung verbleibenden Beteiligungsertrag von 200 auf 400 (Annahme: keine anderen Nettoerträge).

Die MUTTER AG hat eine veröbjektivierte fünfjährige Veräusserungssperrfrist betreffend die Beteiligung an der X AG und der Beteiligung an der TOCHTER AG einzuhalten.

Eine Verletzung der Veräusserungssperrfrist hat für die MUTTER AG folgende Konsequenzen:

Im Nachsteuerverfahren (Art. 151-153 DBG) werden die übertragenen unversteuerten stillen Reserven besteuert. Die MUTTER AG erzielt einen zusätzlichen Ertrag im Umfang dieser stillen Reserven auf der Beteiligung an der X AG von 400. Da diese verdeckte Gewinnausschüttung bei der TOCHTER AG besteuert wird, stellt der zusätzliche Ertrag bei der MUTTER AG Beteiligungsertrag dar, der zum Beteiligungsabzug berechtigt. Im vorliegenden Fall wird der Beteiligungsertrag jedoch vorab mit den noch nicht verrechneten Vorjahresverlusten verrechnet.

Die Gestehungskosten der Beteiligung an der TOCHTER AG bleiben unverändert, da sie bereits im Zeitpunkt der Beteiligungsübertragung um 100 reduziert wurden (Desinvestition).

Der Gewinnsteuerwert und die Gestehungskosten der Beteiligung an der X AG erhöhen sich von 300 um die nachbesteuerten stillen Reserven von 400 auf 700.

Verrechnungssteuer

Die Übertragung einer Beteiligung auf eine inländische Konzerngesellschaft ist von der Verrechnungssteuer ausgenommen (Art. 5 Abs. 1 Bst. a VStG).

Bei Verletzung der im DBG vorgesehenen Veräusserungssperrfrist (Art. 61 Abs. 4 DBG) ist die Verrechnungssteuer geschuldet.

Umsatzabgabe

Die Umsatzabgabe ist nur dann betroffen, wenn die übertragende oder die übernehmende Gesellschaft Effektenhändler ist (Art. 13 Abs. 3 StG) und steuerbare Urkunden veräussert werden (Art. 13 Abs. 2 StG).

Im vorliegenden Fall wird die Beteiligung unentgeltlich übertragen. Es ist deshalb mangels Entgeld keine Umsatzabgabe geschuldet.

Nicht betroffene Steuern

- Direkte Bundessteuer (Einkommenssteuer: Einkünfte aus Beteiligungen im Privatvermögen);
- Emissionsabgabe.

Variante B: Übertragung durch Verkauf

Die TOCHTER AG verkauft ihre 100%ige Beteiligung an der X AG zum Buchwert und Gestehungskosten (= Gewinnsteuerwert) von 300 an ihre Muttergesellschaft, die MUTTER AG.

Der Verkehrswert der Beteiligung an der X AG beträgt 700.

Aufgrund der Übertragung der Beteiligung an der X AG muss die MUTTER AG ihre Beteiligung an der TOCHTER AG um 200 wertberichtigen.

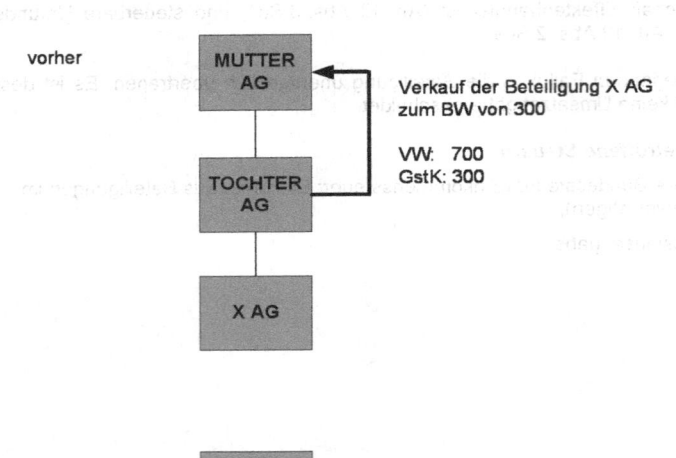

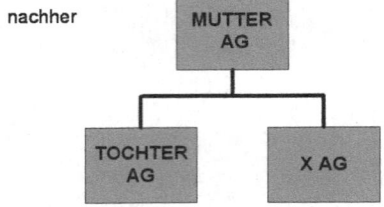

vorher

MUTTER AG → TOCHTER AG → X AG

Verkauf der Beteiligung X AG zum BW von 300

VW: 700
GstK: 300

nachher

MUTTER AG
├── TOCHTER AG
└── X AG

Direkte Bundessteuer (Gewinnsteuer)

TOCHTER AG

Die Übertragung einer Beteiligung auf die Muttergesellschaft stellt einen Entnahmetatbestand dar. Eine solche Beteiligungsübertragung führt grundsätzlich zu einer Realisation der stillen Reserven. Die Gewährung des Beteiligungsabzuges richtet sich nach den Artikeln 69 und 70 DBG.

Der Verkauf einer Beteiligung an die Muttergesellschaft stellt keine Ab- oder Aufspaltung nach Artikel 61 Absatz 1 Buchstabe b DBG (Abspaltung) dar. Hingegen sind die Bedingungen für eine steuerneutrale Vermögensübertragung im Konzern erfüllt (Art. 61 Abs. 3 DBG).

Die MUTTER AG hat eine verobjektivierte fünfjährige Veräusserungssperrfrist betreffend die Beteiligung an der X AG und die Beteiligung an der TOCHTER AG einzuhalten.

Eine Verletzung der Veräusserungssperrfrist hat für die TOCHTER AG folgende Konsequenzen:

Die TOCHTER AG erbringt eine verdeckte Gewinnausschüttung an die MUTTER AG im Betrag von 400 (Verkehrswert: 700 ./. Verkaufspreis: 300), die zum ausgewiesenen Reingewinn hinzuzurechnen ist (Art. 58 Abs. 1 Bst. b DBG). Die Aufrechnung erfolgt im Nachsteuerverfahren (Art. 151-153 DBG). Für die verdeckte Gewinnausschüttung von 400 (Verkehrswert: 700 ./. Gestehungskosten: 300 = Wertzuwachs) kann der Beteiligungsabzug beansprucht werden.

MUTTER AG

Die MUTTER AG aktiviert den Kaufpreis für die Beteiligung an der X AG. Die Gestehungskosten und der Gewinnsteuerwert der Beteiligung der MUTTER AG an der X AG betragen 300. Die Haltedauer der verkauften Beteiligung an der X AG wird übernommen.

Der unterpreisliche Verkauf der Beteiligung an der X AG führt zu einem Wertberichtigungsbedarf auf der Beteiligung an der übertragenden TOCHTER AG von 200. Die Wertberichtigung ist auf eine steuerneutrale Desinvestition der MUTTER AG zurückzuführen (steuerneutrale verdeckte Substanzdividende; Art. 61 Abs. 3 DBG) und kann bei der Festsetzung des steuerbaren Reingewinnes deshalb nicht in Abzug gebracht werden. Die Gestehungskosten der Beteiligung an der TOCHTER AG reduzieren sich jedoch um 200.

Die MUTTER AG hat eine verobjektivierte fünfjährige Veräusserungssperrfrist betreffend die Beteiligung an der X AG und der Beteiligung an der TOCHTER AG einzuhalten.

Eine Verletzung der Veräusserungssperrfrist hat für die MUTTER AG folgende Konsequenzen:

Im Nachsteuerverfahren (Art. 151-153 DBG) werden die übertragenen unversteuerten stillen Reserven besteuert. Die MUTTER AG erzielt einen zusätzlichen Ertrag im Umfang dieser stillen Reserven auf der Beteiligung an der X AG von 400. Da diese verdeckte Gewinnausschüttung bei der TOCHTER AG besteuert wird, stellt der zusätzliche Ertrag bei der MUTTER AG Beteiligungsertrag dar, der zum Beteiligungsabzug berechtigt.

Die Gestehungskosten der Beteiligung an der TOCHTER AG bleiben unverändert, da sie bereits im Zeitpunkt der Beteiligungsübertragung um 200 reduziert wurden (Desinvestition).

Der Gewinnsteuerwert und die Gestehungskosten der Beteiligung sowie die Gestehungskosten an der X AG erhöhen sich von 300 um die nachbesteuerten stillen Reserven von 400 auf 700.

Verrechnungssteuer

Wie Variante A.

Umsatzabgabe

Die Umsatzabgabe ist nur dann betroffen, wenn die übertragende oder die übernehmende Gesellschaft Effektenhändler ist (Art. 13 Abs. 3 StG) und steuerbare Urkunden übertragen werden (Art. 13 Abs. 2 StG).

Die Übertragung von Beteiligungen von mindestens 20 Prozent am Grund- oder Stammkapital anderer Gesellschaften auf eine inländische Konzerngesellschaft ist von der Umsatzabgabe ausgenommen (Art. 14 Abs. 1 Bst. j StG).

Nicht betroffene Steuern

- Direkte Bundessteuer (Einkommenssteuer: Einkünfte aus Beteiligungen im Privatvermögen);
- Emissionsabgabe.

Nr. 25: Veräusserungssperrfrist bei der Übertragung eines Betriebes auf eine andere inländische Konzerngesellschaft (Ziff. 4.5)

Die A AG und die B AG sind 100%ige Tochtergesellschaften der AB Holding AG.

Die A AG verkauft den Betrieb I für 200 (= Aktivenüberschuss zu Gewinnsteuerwerten) an die B AG.

Ausgangslage

AB Holding AG (Kanton A)			
Beteiligung A	100	Aktienkapital	200
Beteiligung B	100		

100% / 100%

A AG (Kanton B)					B AG (Kanton C)			
Betrieb I [1]	200	FK	50		Betrieb II	400	FK	300
Finanz-		AK	100		Patente	600	AK	200
Anlagen	200	Reserven	250				Reserven	500

1) Gewinnsteuerwert: 200; unversteuerte stille Reserven: 100

Varianten

a) 3 Jahre später verkauft die B AG den Betrieb I für 350 an Dritte.
b) 3 Jahre später verkauft die AB Holding AG 40% ihrer Beteiligung an der B AG für 400 an Dritte.
c) 3 Jahre später verkauft die AB Holding AG 60% ihrer Beteiligung an der B AG für 600 an Dritte.
d) 3 Jahre später verkauft die AB Holding AG die Beteiligung an der A AG für 450 an Dritte.

Direkte Bundessteuer *(Gewinnsteuer)*

Im vorliegenden Fall sind die Voraussetzungen für eine steuerneutrale Spaltung nach Artikel 61 Absatz 1 Buchstabe b DBG, für welche keine Veräusserungssperrfrist gilt, nicht erfüllt (Nichterfüllung des Betriebserfordernisses, da bei der A AG kein Betrieb verbleibt und Übertragung durch Verkauf). Da aber ein Betrieb zwischen inländischen Gesellschaften unter der Kontrolle einer anderen Gesellschaft übertragen wird, liegt jedoch eine steuerneutrale Vermögensübertragung im Konzern vor (Art. 61 Abs. 3 DBG).

A AG

a) Es liegt eine Sperrfristverletzung nach Artikel 61 Absatz 4 DBG vor (Weiterveräusserung der übertragenen Vermögenswerte). Die übertragenen stillen Reserven von 100 unterliegen der Gewinnsteuer im Nachsteuerverfahren.

b) Die B AG steht nach dem Verkauf von 40% ihrer Beteiligungsrechte immer noch unter der Kontrolle der AB Holding AG. Es liegt keine Sperrfristverletzung vor.

c) Bei einem Verkauf von 60% der Beteiligungsrechte an der B AG wird die Kontrolle aufgegeben. Es liegt eine Sperrfristverletzung nach Artikel 61 Absatz 4 DBG vor. Die übertragenen stillen Reserven von 100 unterliegen der Gewinnsteuer im Nachsteuerverfahren. Eine anteilsmässige Besteuerung der stillen Reserven ist nicht möglich. Bei der Aufgabe der Kontrolle erfolgt immer eine vollständige Besteuerung der gesamten übertragenen stillen Reserven (vgl. Ziff. 4.5.2.17 im Kreisschreiben).

d) Auch bei einem Verkauf der Beteiligung der AB Holding AG an der übertragenden Gesellschaft (A AG) liegt eine Aufgabe der Kontrolle vor und damit eine Sperrfristverletzung vor. Die übertragenen stillen Reserven von 100 unterliegen der Gewinnsteuer im Nachsteuerverfahren.

B AG

Die B AG hat eine verobjektivierte fünfjährige Veräusserungssperrfrist betreffend den erworbenen Betrieb I einzuhalten (Art. 61 Abs. 4 DBG).

a) Die B AG hat die Veräusserungssperrfrist verletzt. Sie kann auf dem Betrieb I eine versteuerte stille Reserve von 100 geltend machen. Demzufolge unterliegt der Kapitalgewinn von 150 nur im Umfang von 50 der Gewinnsteuer.

b) Es liegt keine Sperrfristverletzung vor. Für die B AG ergeben sich keine Steuerfolgen.

c) Die B AG kann auf dem Betrieb I eine versteuerte stille Reserve von 100 geltend machen.

d) Die B AG kann auf dem Betrieb I eine versteuerte stille Reserve von 100 geltend machen.

AB-Holding AG

Für die AB Holding AG gilt aufgrund des Massgeblichkeitsprinzips zwingend die Anwendung der modifizierten Dreieckstheorie.

Sie hat eine verobjektivierte fünfjährige Veräusserungssperrfrist betreffend die Beteiligungen an der A AG und der B AG einzuhalten (Art. 61 Abs. 4 DBG).

Nach den *Varianten c) und d)* verletzt die AB Holding AG die Veräusserungssperrfrist (Aufgabe der Kontrolle). Für die AB Holding AG selbst ergeben sich dadurch – wie nach der *Variante b)* – die ordentlichen Steuerfolgen aus der Veräusserung von Beteiligungen (keine nachträgliche Anwendung der Dreieckstheorie).

Verrechnungssteuer

Die Übertragung von Betrieben auf eine inländische Konzerngesellschaft ist von der Verrechnungssteuer ausgenommen (Art. 5 Abs. 1 Bst. a VStG).

Bei Verletzung der im DBG vorgesehenen Veräusserungssperrfrist (Art. 61 Abs. 4 DBG) ist die Verrechnungssteuer geschuldet. Leistungsbegünstigt ist die übernehmende Gesellschaft. Die Verzinsung des Verrechnungssteuerbetrages richtet sich nach Artikel 16 VStG.

Emissionsabgabe

Da die Vermögenswerte vorliegend nicht durch den Inhaber der Beteiligungsrechte eingebracht werden, ist die Emissionsabgabe nicht betroffen.

Umsatzabgabe

Die Umsatzabgabe ist nur dann betroffen, wenn die übertragende oder die übernehmende Gesellschaft Effektenhändler ist (Art. 13 Abs. 3 StG) und zusammen mit dem Betrieb steuerbare Urkunden veräussert werden (Art. 13 Abs. 2 StG).

Beteiligungsübertragungen nach Artikel 61 Absatz 3 DBG sind von der Umsatzabgabe ausgenommen (Art. 14 Abs. 1 Bst. j StG).

Die im DBG vorgesehene Veräusserungssperrfrist (Art. 61 Abs. 2 und 4 DBG) findet bei der Umsatzabgabe mangels klarer gesetzlicher Grundlage keine Anwendung.

Nicht betroffene Steuer

- Direkte Bundessteuer (Einkommenssteuer: Einkünfte aus Beteiligungen im Privatvermögen).

Nr. 26: Teilweise vorgenommene Ersatzbeschaffung einer Beteiligung (Ziff. 4.7)

Die X HOLDING verkauft ihre Beteiligung an der B AG zum Preis von 1'000 und erwirbt eine 50%ige Beteiligung an der C AG.

Ausgangslage

X HOLDING AG

Finanzanlagen	200	Fremdkapital	200
Beteiligung A AG	300	Aktienkapital	200
Beteiligung B AG [1]	**100**	übrige Reserven	200
Total Aktiven	600	Total Passiven	600

1) Gestehungskosten und Gewinnsteuerwert: 100

Der Preis für die 50%-ige Beteiligung an der C AG beträgt 800.

Nach der Ersatzbeschaffung ergeben sich folgende Werte:

	Bisherige Beteiligung B	Ersatzbeteiligung C
Gestehungskosten	100	
Gewinnsteuerwert	100	
Verkaufserlös	1'000	
Kapitalgewinn	900	
Kaufpreis		800

Die Handels- und die Steuerbilanz der X Holding sieht nach der Ersatzbeschaffung wie folgt aus:

Bilanz der X HOLDING AG nach der Ersatzbeschaffung

Finanzanlagen	200	Fremdkapital	200
Neue Finanzanlagen	**200**	Aktienkapital	200
Beteiligung A AG	300	Reserven	200
Beteiligung C AG [1]	**100**	**Kapitalgewinn auf Beteiligung B**	**200**
Total Aktiven	800	Total Passiven	800

1) Gestehungskosten: 100; unversteuerte stille Reserve: 700 (Kaufpreis 800 ./. Sofortabschreibung 700)

Direkte Bundessteuer (Gewinnsteuer)

Nicht reinvestierter Teil des Kapitalgewinnes

Der Gewinnsteuer mit Beteiligungsabzug (Art. 69 und 70 DBG) unterliegen die frei gewordenen, nicht mehr reinvestierten Mittel von 200.

Umsatzabgabe

Die Veräusserung von steuerbaren Urkunden im Rahmen der Ersatzbeschaffung einer Beteiligung von mindestens 20 Prozent am Grund- oder Stammkapital an einer anderen Gesellschaft nach Artikel 64 Absatz 1bis DBG ist von der Umsatzabgabe ausgenommen (Art. 14 Abs. 1 Bst. j StG), soweit der Veräusserungserlös für den Erwerb einer neuen Beteiligung verwendet wird.

Im vorliegenden Fall können die frei gewordenen, nicht mehr reinvestierten Mittel von 200 von der Umsatzabgabe nicht ausgenommen werden.

Nicht betroffene Steuern

- Direkte Bundessteuer (Einkommenssteuer: Einkünfte aus Beteiligungen im Privatvermögen);
- Verrechnungssteuer;
- Emissionsabgabe.

Nr. 27: Vollständige Ersatzbeschaffung einer Beteiligung (Ziff. 4.7)

Die X HOLDING verkauft ihre Beteiligung an der B AG zum Preis von 1'000 und erwirbt eine 50%ige Beteiligung an der C AG.

Ausgangslage

X HOLDING AG

Finanzanlagen	200	Fremdkapital	200
Beteiligung A AG	300	Aktienkapital	200
Beteiligung B AG	**100**	übrige Reserven	200
Total Aktiven	600	Total Passiven	600

Die Gestehungskosten der B AG belaufen sich auf 500. Der Gewinnsteuerwert entspricht dem Buchwert.

Der Preis für die 50%ige Beteiligung an der C AG beträgt 2'000. Der Kaufpreis wird durch den Verkaufserlös für die Beteiligung an der B AG von 1'000 und ein Bankdarlehen von 1'000 finanziert.

Nach der Ersatzbeschaffung ergeben sich folgende Werte:

	Bisherige Beteiligung B	Ersatzbeteiligung C
Gestehungskosten	500	
Gewinnsteuerwert	100	
Verkaufserlös	1'000	
Kapitalgewinn	900	
Kaufpreis		2'000

Handelsbilanz der X HOLDING AG nach der Ersatzbeschaffung

Finanzanlagen	200	*Fremdkapital*	*1'200*
Beteiligung A AG	300	Aktienkapital	200
Beteiligung C AG [1]	**1'100**	Reserven	200
Total Aktiven	1'600	Total Passiven	1'600

1) stille Reserve: 900 (Kaufpreis 2'000 ./. Sofortabschreibung 900)

Direkte Bundessteuer *(Gewinnsteuer)*

Nicht mehr begründete Wertberichtigungen/wiedereingebrachte Abschreibungen

Der Kapitalgewinn ist im Umfang von 400 nach Artikel 62 Absatz 4 DBG voll steuerbar (Gestehungskosten von 500 abzüglich Gewinnsteuerwert von 100 = nicht mehr begründete Wertberichtigung/wiedereingebrachte Abschreibung). Eine Ersatzbeschaffung ist auf diesem Teil des Kapitalgewinnes nicht möglich.

Steuerbilanz der X HOLDING AG nach der Ersatzbeschaffung

Finanzanlagen	200	*Fremdkapital*	*1'200*
Beteiligung A AG	300	Aktienkapital	200
Beteiligung C AG [1]	**1'500**	Reserven	200
		Versteuerte stille Reserve auf Beteiligung C	*400*
Total Aktiven	2'000	Total Passiven	2'000

1) unversteuerte stille Reserve: 500 (Kaufpreis 2'000 ./. Sofortabschreibung 500)

Umsatzabgabe

Die Veräusserung von steuerbaren Urkunden im Rahmen der Ersatzbeschaffung einer Beteiligung von mindestens 20 Prozent am Grund- oder Stammkapital an einer anderen Gesellschaft nach Artikel 64 Absatz 1bis DBG ist von der Umsatzabgabe ausgenommen (Art. 14 Abs. 1 Bst. j StG).

Übersteigt der Erwerbspreis für das Ersatzobjekt den Veräusserungserlös, so unterliegt das zusätzliche Entgelt (1'000) der Umsatzabgabe.

Nicht betroffene Steuern

- Direkte Bundessteuer (Einkommenssteuer: Einkünfte aus Beteiligungen im Privatvermögen);
- Verrechnungssteuer;
- Emissionsabgabe.

Dienstleistungsgesellschaften

Quelle: Eidg. Steuerverwaltung ESTV / HA Direkte Bundessteuer, Verrechnungssteuer, Stempelabgaben

Direkte Bundessteuer
Verrechnungssteuer

Bern, 19. März 2004
Gat

An die kantonalen
Steuerverwaltungen

Kreisschreiben Nr. 4

Besteuerung von Dienstleistungsgesellschaften

Das vorliegende Kreisschreiben ersetzt das Rundschreiben vom 17. September 1997 und will in Erinnerung rufen, dass der Direktor der Eidgenössischen Steuerverwaltung den kantonalen Verwaltungen mit Schreiben vom 4. März 1997 mitgeteilt hat, die Verrechnungspreisgrundsätze der OECD für multinationale Unternehmen und Steuerverwaltungen[1] seien zu berücksichtigen.

Die Bestimmung der steuerbaren Gewinnmarge von Dienstleistungsgesellschaften ist gestützt auf den Grundsatz des Drittvergleichs ("at arm's length") vorzunehmen, d.h. für jeden Einzelfall auf der Grundlage vergleichbarer Leistungen zwischen unabhängigen Dritten unter Bezugnahme auf die Bandbreite der angemessenen Margen.

Das Prinzip "at arm's length" ist auch anzuwenden bei der Wahl der Methode für die Bestimmung der Gewinnmarge. Dementsprechend erweist sich die "cost plus"-Methode für Finanzdienstleistungen und Mangement-Funktionen nicht oder nur in seltenen Ausnahmefällen als adäquat.

Ist eine Gesellschaft der Auffassung, die auf sie angewandte, aktuelle Gewinnmarge sei zu hoch angesetzt, hat sie gestützt auf eine entsprechende Dokumentation den Nachweis zu erbringen, dass die Beibehaltung der erwähnten Marge den oben umschriebenen Grundsätzen widerspricht. Trifft dies ausnahmsweise zu, wären die kantonalen Verwaltungen berechtigt, der Gesellschaft eine tiefere Marge einzuräumen.

---

[1] OECD, Originaltitel in französischer und englischer Sprache: "Principes applicables en matière de prix de transfert à l'attention des entreprises multinationales et des administrations fiscales"

Abgangsentschädigung

Quelle: Eidg. Steuerverwaltung ESTV / HA Direkte Bundessteuer, Verrechnungssteuer, Stempelabgaben

Direkte Bundessteuer **Steuerperiode 2003**

Bern, 3. Oktober 2002

An die kantonalen Verwaltungen
für die direkte Bundessteuer

Kreisschreiben Nr. 1[1]

Die Abgangsentschädigung resp. Kapitalabfindung des Arbeitgebers

1. Ausgangslage

Wurden Abgangsentschädigungen früher gemäss Artikel 339b OR vor allem älteren, langjährigen Mitarbeitern entrichtet, um ihnen eine minimale Altersvorsorge zu gewährleisten, werden diese heute insbesondere an Führungskräfte mit einer bereits guten Altersvorsorge bezahlt. Oft sind diese Personen dem Unternehmen nur für kurze Zeit vorgestanden.

Die vom Arbeitgeber bei vorzeitiger Beendigung des Arbeitsverhältnisses ausgerichteten Abgangsentschädigungen können verschiedene Gründe haben (z.B. „Schmerzensgeld" für die Entlassung, Treueprämie für langjährige Dienstverhältnisse, „Risikoprämie" für die persönliche Sicherheit und berufliche Zukunft, Entgelt für erbrachte Arbeitsleistungen, Vorruhestandsregelungen, d.h. Ausgleich allfällig entstehender Lücken oder langfristiger Einbussen in der beruflichen Vorsorge usw.). Oft handelt es sich um pauschale Abfindungssummen, deren Zweckbestimmung unklar ist. Es gilt daher für die Veranlagungsbehörden, den wahren Charakter der Abgangsentschädigung genauer zu erörtern und festzustellen, wann eine Abgangsentschädigung Vorsorgecharakter hat und wann sie Ersatzeinkommen darstellt.

2. Gesetzliche Grundlagen für die Besteuerung

Die Einkünfte aus privatrechtlichen oder öffentlichrechtlichen Arbeitsverhältnissen mit Einschluss der Nebeneinkünfte sind gemäss Artikel 17 Absatz 1 DBG steuerbar.

Steuerbar sind gemäss Artikel 17 Absatz 2 DBG auch Kapitalabfindungen aus einer mit dem Arbeitsverhältnis verbundenen Vorsorgeeinrichtung oder gleichartige Kapitalabfindungen des

---

1 Angepasst an das Bundesgesetz über die formelle Bereinigung der zeitlichen Bemessung der direkten Steuern bei den natürlichen Personen vom 22. März 2013 (in Kraft seit 1. Januar 2014).

Arbeitgebers. Solche Kapitalabfindungen werden nach Artikel 38 DBG besteuert.

Die Kapitalzahlungen, die bei Stellenwechsel vom Arbeitgeber oder von Einrichtungen der beruflichen Vorsorge ausgerichtet werden, sind gemäss Artikel 24 Buchstabe c DBG steuerfrei, "wenn sie der Empfänger innert Jahresfrist zum Einkauf in eine Einrichtung der beruflichen Vorsorge oder zum Erwerb einer Freizügigkeitspolice verwendet".

3. Kapitalabfindungen und ihre Abgrenzungen

3.1 Kapitalabfindungen aus einer mit dem Arbeitsverhältnis verbundenen Vorsorgeeinrichtung (Art. 17 Abs. 2 DBG)

Hier handelt es sich um Kapitalleistungen aus Einrichtungen der beruflichen Vorsorge (2. Säule), die dem Arbeitnehmer im Vorsorgefall oder bei vorzeitiger Auflösung des Vorsorgeverhältnisses ausgerichtet werden.

3.2 Gleichartige Kapitalabfindungen des Arbeitgebers (Abgangsentschädigungen mit Vorsorgecharakter; Art. 17 Abs. 2 DBG)

Als gleichartige Kapitalabfindungen im Sinne von Artikel 17 Absatz 2 DBG sind Abgangsentschädigungen des Arbeitgebers zu verstehen, die unter gewissen Voraussetzungen bei vorzeitiger Auflösung des Arbeitsverhältnisses ausgerichtet werden. Es sind also Kapitalabfindungen, die grundsätzlich bei gleicher Gelegenheit erfolgen wie Freizügigkeitsleistungen einer Vorsorgeeinrichtung.

Abgangsentschädigungen haben Vorsorgecharakter, wenn sie ausschliesslich und unwiderruflich dazu dienen, die mit den Risiken Alter, Invalidität und Tod verbundenen finanziellen Folgen zu mildern. Dazu gehören beispielsweise freiwillig geleistete Entschädigungen des Arbeitgebers an den Arbeitnehmer, um die durch den vorzeitigen Austritt entstandenen Lücken in dessen beruflicher Vorsorge zu schliessen. Bei deren Berechnung sind die vorsorgerechtlichen Grundsätze zu beachten. Die Entschädigung muss analog der BVG-Leistungen objektiv dazu dienen, im Vorsorgefall (Alter, Tod, Invalidität) dem Empfänger die Fortsetzung seiner gewohnten Lebenshaltung in angemessener Weise sicherzustellen.

Diese Würdigung stellt auf eine zukunftsgerichtete Sicht der Dinge im Zeitpunkt der Anspruchsbegründung bzw. der Leistungserbringung ab. Es ist daher eine vorausschauende Beurteilung vorzunehmen.

Gleichartige Kapitalabfindungen des Arbeitgebers im Sinne von Artikel 17 Absatz 2 DBG können steuerlich als Vorsorgeleistung betrachtet werden, wenn nachfolgende Voraussetzungen kumulativ erfüllt sind:

a) die steuerpflichtige Person verlässt das Unternehmen ab dem vollendeten 55. Altersjahr;

b) die (Haupt-) Erwerbstätigkeit wird definitiv aufgegeben oder muss aufgegeben werden;

c) durch den Austritt aus dem Unternehmen und dessen Vorsorgeeinrichtung entsteht eine Vorsorgelücke. Diese ist durch die Vorsorgeeinrichtung zu berechnen. Dabei dürfen nur künftige Vorsorgelücken im Umfang der ordentlichen Arbeitgeber- und Arbeitnehmerbeiträge zwischen dem Austritt aus der Vorsorgeeinrichtung bis zum Erreichen des ordentlichen Terminalters aufgrund des bisher versicherten Verdienstes berücksichtigt werden. Ein im Zeitpunkt des Austrittes bereits bestehender Einkaufsbedarf kann nicht in die Berechnung einbezogen werden.

Bei den Abgangsentschädigungen des Arbeitgebers ist daher jeweils zu ermitteln, welcher Teil davon zur Deckung der Vorsorgelücke nötig ist, die durch das vorzeitige Ausscheiden aus dem Unternehmen verursacht wurde (Beispiel 3 im Anhang).

3.3 Kapitalabfindung des Arbeitgebers, welche direkt in die Vorsorgeeinrichtung seines Betriebes einbezahlt wird

In der Praxis kommt es vor, dass der Arbeitgeber eine Kapitalabfindung (d.h. eine Einlage) zugunsten des Arbeitnehmers direkt in die Vorsorgeeinrichtung seines Betriebes einbezahlt, um damit - unter anderem - bestehende und allenfalls künftige Vorsorgelücken des ausscheidenden Arbeitnehmers schliessen zu können. Auch eine so verwendete Kapitalabfindung ist als Lohnbestandteil im Lohnausweis aufzuführen.

Eine solche Direkteinzahlung in die Vorsorgeeinrichtung ist nur zulässig, wenn

- ein Arbeitsverhältnis noch besteht;
- das Vorsorgereglement einen solchen Einkauf vorsieht;
- eine entsprechende Vorsorgelücke im Zeitpunkt des Austritts aus der Firma bereits bestanden hat;
- infolge des Austritts aus dem Unternehmen und dessen Vorsorgeeinrichtung eine Vorsorgelücke entsteht (vgl. Ziff. 3.2 Bst. c hievor)

Vom Arbeitgeber nach Gutdünken erbrachte Einlagen gehören grundsätzlich zum massgebenden Lohn. Dasselbe gilt für reglementarisch vorgesehene Sonderzuwendungen, mit denen einzelne Arbeitnehmer individuell begünstigt werden.

Sofern der Arbeitgeber Arbeitnehmer-Einlagen für den Einkauf in die Vorsorgeeinrichtung übernimmt, sind solche Einlagen als Bestandteil des massgebenden Bruttolohns im Lohnausweis (separat) aufzuführen. Damit der Arbeitnehmer den Einkauf steuerlich geltend machen kann, muss die geleistete Einkaufssumme im Lohnausweis separat (Rubrik „Versicherungsbeiträge") ausgewiesen werden (Beispiel 4 im Anhang).

3.4 Kapitalabfindungen, die vom Arbeitgeber oder vom Empfänger (Arbeitnehmer) direkt auf ein Freizügigkeitskonto oder auf eine Freizügigkeitspolice einbezahlt werden

Die Übertragung der Kapitalabfindung des Arbeitgebers auf ein Freizügigkeitskonto oder eine Freizügigkeitspolice ist gemäss Bundesgesetz über die Freizügigkeit in der beruflichen Alters-, Hinterlassenen- und Invalidenvorsorge (FZG, SR 831.42) nicht zulässig; diese Freizügigkeitsformen sind gemäss Artikel 4 FZG den Austritts- resp. Freizügigkeitsleistungen aus Vorsorgeeinrichtungen vorbehalten. Wird eine Kapitalabfindung des Arbeitgebers oder auch eine Freizügigkeitsleistung dem ausscheidenden Arbeitnehmer bar ausbezahlt, kann diese innert Jahresfrist nicht mehr auf ein Freizügigkeitskonto oder eine Freizügigkeitspolice eingebracht werden; dies entgegen der Bestimmung von Artikel 24 Buchstabe c DBG (vgl. auch Kapitel II, Ziff. 1 Abs. 4 des Kreisschreibens Nr. 22 der Eidg. Steuerverwaltung betr. die Freizügigkeit vom 4.5.1995). Diese Bestimmung im DBG (vgl. übrigens auch Art. 7 Abs. 4 Bst. e StHG) ist infolge der geänderten Bestimmungen im Vorsorgerecht inzwischen überholt.

Wird eine Kapitalabfindung des Arbeitgebers trotzdem auf ein Freizügigkeitskonto oder auf eine Freizügigkeitspolice übertragen, kann die zuständige Steuerbehörde gegenüber der steuerpflichtigen Person die Rückabwicklung der Transaktion verlangen oder den Durchgriff auf das Freizügigkeitskonto resp. die Freizügigkeitspolice vornehmen (Beispiel 5 im Anhang). Auch wenn keine Rückabwicklung erfolgt, ist die Kapitalabfindung zusammen mit dem übrigen Einkommen zu besteuern. Der Anspruch auf dieses Freizügigkeitsguthaben stellt einen Bestandteil des steuerbaren Vermögens des Arbeitnehmers dar.

3.5 Übrige Kapitalabfindungen des Arbeitgebers (Abgangsentschädigungen mit Ersatzeinkommenscharakter oder als Entschädigung für die Aufgabe einer Tätigkeit; Art. 23 Bst. a und c DBG)

Es sind Kapitalabfindungen, die keinen Vorsorgecharakter haben. Dies trifft insbesondere zu, wenn

a) der Arbeitgeber eine Kapitalabfindung ausrichtet, obschon die Person weiterhin in der Vorsorgeeinrichtung versichert bleibt und der Arbeitgeber sich verpflichtet hat, die bis zum Rücktrittsalter geschuldeten Arbeitgeber- und Arbeitnehmerbeiträge zu bezahlen, sodass keine Vorsorgelücke entsteht;

b) die Entschädigung den Charakter eines „Schmerzensgeldes" für die Entlassung, einer Risikoprämie für die persönliche Sicherheit und berufliche Zukunft oder einer Treueprämie für ein langjähriges Dienstverhältnis hat;

c) die Entschädigung für das Ausbleiben künftiger Lohnzahlungen für einen bestimmten Zeitraum vorgesehen ist;

d) die Kapitalabfindung mit einer offenen Zweckformulierung zur Auszahlung kommt und keine Vorsorgelücke ausgewiesen ist.

(Beispiele 1 und 2 im Anhang)

4. Auflage an den Arbeitgeber; Verfahren

Der Arbeitgeber hat bei der Ausrichtung der Abgangsentschädigung dem Pflichtigen zu bescheinigen, wie sich diese Kapitalabfindung zusammensetzt und für welche(n) Zweck(e) sie bestimmt ist.

Der Arbeitgeber ist verpflichtet, dem Arbeitnehmer zuhanden der Veranlagungsbehörde die erforderlichen Auskünfte zu erteilen und Angaben zu machen, die eine korrekte Aufschlüsselung der Abgangsentschädigung ermöglichen. Die Beweispflicht liegt beim Arbeitnehmer.

Die Berechnung des Anteils, welcher Vorsorgecharakter hat und zur Deckung der Vorsorgelücke nötig ist, die durch das vorzeitige Ausscheiden aus dem Unternehmen verursacht wurde, ist durch die Vorsorgeeinrichtung zu bestätigen. Indessen sind Vorsorgelücken, welche bereits vor dem Austritt bestanden haben, nicht in die Berechnung der künftigen Vorsorgelücke einzubeziehen.

5. Besteuerung der Leistungen

Kapitalabfindungen aus einer mit dem Arbeitsverhältnis verbundenen Vorsorgeeinrichtung (Ziff. 3.1) werden gemäss Artikel 17 Absatz 2 und Artikel 38 DBG besteuert.
Gleichartige Kapitalabfindungen (Abgangsentschädigungen mit Vorsorgecharakter; vgl. Ziff. 3.2) werden gemäss Artikel 17 Absatz 2 und Artikel 38 DBG besteuert.

Übrige Kapitalabfindungen des Arbeitgebers (Abgangsentschädigung mit Ersatzeinkommenscharakter oder als Entschädigung für die Aufgabe der Erwerbstätigkeit; vgl. Ziff. 3.5) sind gemäss Artikel 23 Buchstaben a und c oder Artikel 17 Absatz 1 DBG zusammen mit dem übrigen Einkommen gemäss Artikel 36 DBG, gegebenenfalls in Verbindung mit Artikel 37 DBG steuerbar.

Der Hauptabteilungschef

Samuel Tanner

Anhang:
Beispiele 1 - 6

Beispiel 1

Ausgangslage

Das Arbeitsverhältnis eines 45-jährigen Mitgliedes der Geschäftsleitung wird im gegenseitigen Einvernehmen aufgelöst. Die Arbeitgeberin richtet eine Kapitalabfindung in der Höhe des dreifachen Jahresgehaltes im Betrage von CHF 600'000.-- aus, welche in der Vereinbarung als Überbrückung bis zum Antritt einer neuen Stelle und als Ausgleich für allfällige künftige Lohneinbussen bezeichnet wird.

Nach 9 Monaten tritt die steuerpflichtige Person eine neue, fast gleichwertige Stelle an.

Besteuerung

Die Kapitalabfindung von CHF 600'000.-- ist zusammen mit dem übrigen Einkommen zu besteuern. Sie stellt eine Kapitalabfindung im Sinne von Artikel 23 Buchstabe c DBG dar. Der periodisierte Rentensatz nach Artikel 37 gelangt nicht zur Anwendung.

Beispiel 2

Ausgangslage

Das Arbeitsverhältnis eines 58-jährigen Mitgliedes der Geschäftsleitung wird im gegenseitigen Einvernehmen aufgelöst. Die Arbeitgeberin richtet eine Kapitalabfindung in der Höhe des dreifachen Jahresgehaltes im Betrage von CHF 600'000.-- aus, welche in der Vereinbarung als Überbrückung bis zum Erreichen des Pensionierungsalters bezeichnet wird. Die steuerpflichtige Person bleibt weiterhin in der Vorsorgeeinrichtung der Arbeitgeberin versichert und die Arbeitgeberin übernimmt bis zum reglementarischen vorzeitigen Rücktrittsalter von 61 Jahren die Arbeitnehmer- und Arbeitgeberbeiträge Säule 2. Das Reglement der Vorsorgeeinrichtung lässt eine solche Regelung zu. Die Erwerbstätigkeit wird - mit Ausnahme einer gelegentlichen Beratungstätigkeit auf Honorarbasis - definitiv aufgegeben.

Besteuerung

Die Kapitalabfindung von CHF 600'000.-- ist zusammen mit dem übrigen Einkommen zu besteuern. Es handelt sich um eine Überbrückungsleistung im Sinne von Artikel 23 Buchstabe a DBG. Für die Satzbestimmung ist gemäss Artikel 37 DBG auf die Höhe eines Jahresgehaltes von CHF 200'000.-- abzustellen (periodisierter Rentensatz).

Da durch den Austritt aus der Firma und der damit verbundenen Aufgabe der Erwerbstätigkeit keine Vorsorgelücke gemäss Reglement entsteht, ist die Kapitalabfindung als Überbrückungsleistung mit dem übrigen Einkommen zu besteuern.

Beispiel 3

Ausgangslage

Das Arbeitsverhältnis eines 58-jährigen Mitgliedes der Geschäftsleitung wird infolge Umstrukturierung aufgelöst. Die Arbeitgeberin richtet eine Kapitalabfindung in der Höhe des dreifachen Jahresgehaltes im Betrage von CHF 600'000.-- aus. Das Vorsorgeverhältnis wird aufgelöst und das Freizügigkeitsguthaben auf ein Freizügigkeitskonto überwiesen. Die Erwerbstätigkeit wird definitiv aufgegeben.

Das ordentliche Rücktrittsalter liegt gemäss Vorsorgereglement der bisherigen Arbeitgeberin für Männer bei 65 Jahren. Der 58-Jährige hätte somit noch 7 Jahre, seine Vorsorge weiter äufnen zu können. Die Vorsorgeeinrichtung bescheinigt ihm, dass durch den vorzeitigen Austritt für die verbleibenden 7 Jahre auf der Basis der zuletzt versicherten Lohnsumme eine Vorsorgelücke in der Höhe von CHF 280'000.-- entsteht.

Besteuerung

Die gesamte Kapitalabfindung von CHF 600'000.-- ist wie folgt aufzuteilen:

- CHF 280'000.-- stellen eine "gleichartige Kapitalabfindung des Arbeitgebers" im Sinne von Artikel 17 Absatz 2 DBG dar. Dieser Betrag ist mit einer Jahressteuer zu 1/5 des Tarifes gemäss Artikel 38 DBG zu versteuern;

- CHF 320'000.-- stellen eine Überbrückungsleistung im Sinne von Artikel 23 Buchstabe a DBG dar. Die Besteuerung erfolgt zusammen mit dem übrigen Einkommen. Für die Satzbestimmung wird der Betrag auf 7 Jahre verteilt (Ersatzeinkommen bis zum Erreichen des ordentlichen Pensionierungsalters).

Beispiel 4

Ausgangslage

Das Arbeitsverhältnis eines 58-jährigen Mitgliedes der Geschäftsleitung wird infolge Umstrukturierung aufgelöst. Gemäss Berechnungen der Vorsorgeeinrichtung besteht im Zeitpunkt der Auflösung des Arbeitsverhältnisses eine Vorsorgelücke infolge fehlender früherer Beitragsjahre von CHF 320'000.--. Durch den vorzeitigen Austritt entsteht für die verbleibenden 7 Jahre bis zur ordentlichen Pensionierung auf der Basis der zuletzt versicherten Lohnsumme eine zusätzliche künftige Vorsorgelücke in der Höhe von CHF 280'000.--.

Die Arbeitgeberin erklärt sich bereit, die bestehende und die künftige Vorsorgelücke vor Beendigung des Arbeitsverhältnisses durch eine individuelle Überweisung auf das Vorsorgekonto des Austretenden in der Höhe von CHF 600'000.-- zu schliessen. Die Erwerbstätigkeit wird definitiv aufgegeben.

Besteuerung

Es erfolgt keine Besteuerung im Zeitpunkt der Einzahlung der Kapitalabfindung auf das Vorsorgekonto des Arbeitnehmers. Die Leistung stellt eine angemessene Deckung der bestehenden und künftigen Vorsorgelücke dar. Die Überweisung erfolgt vor Beendigung des Arbeitsverhältnisses. Die Einkaufssumme ist im Lohnausweis als massgebender Lohn auszuweisen und als Einkauf in die Vorsorgeeinrichtung zu bescheinigen.

Beispiel 5

Ausgangslage

Das Arbeitsverhältnis eines 58-jährigen Mitgliedes der Geschäftsleitung wird infolge Umstrukturierung aufgelöst. Das Vorsorgeverhältnis wird aufgelöst und das Freizügigkeitsguthaben auf ein Freizügigkeitskonto überwiesen. Die Erwerbstätigkeit wird definitiv aufgegeben.

Die Arbeitgeberin richtet nach Beendigung des Arbeitsverhältnisses eine Kapitalabfindung im Betrage von CHF 300'000.-- aus, welche zwecks Deckung der künftigen Vorsorgelücke als Folge der vorzeitigen Aufgabe der Erwerbstätigkeit direkt auf das Freizügigkeitskonto überwiesen wird. Die Vorsorgelücke wurde durch die Vorsorgeeinrichtung der Arbeitgeberin auf der Basis der bisherigen versicherten Besoldung berechnet und ist unbestritten.

Besteuerung

Einzahlungen nach Beendigung des Arbeitsverhältnisses auf ein Freizügigkeitskonto sind vorsorgerechtlich nicht zulässig. Es ist eine Rückabwicklung der Überweisung zu verlangen.

Die Kapitalabfindung stellt indessen eine "gleichartige Kapitalabfindung des Arbeitgebers" im Sinne von Artikel 17 Absatz 2 DBG dar. Der Betrag von CHF 300'000.-- ist mit einer Jahressteuer zu 1/5 des Tarifes gemäss Artikel 38 DBG zu versteuern.

Beispiel 6

Ausgangslage

Gleiche Ausgangslage wie in Beispiel 5.

Zwei Jahre nach der Erwerbsaufgabe erhält der nunmehr 60-Jährige nochmals die Gelegenheit, eine leitende Stellung zu einem vergleichbaren Salär anzutreten. Die Vorsorgeeinrichtung der neuen Arbeitgeberin berechnet unter Berücksichtigung des vorhandenen Freizügigkeitskontos aus der früheren Erwerbstätigkeit auf den Zeitpunkt des Eintrittes eine Beitragslücke von CHF 100'000.--. Die ordentliche Pensionierung nach Reglement erfolgt im Alter von 65 Jahren. Der Arbeitnehmer kauft die fehlenden Beitragsjahre von CHF 100'000.-- ein.

Besteuerung

Obwohl die Kapitalabfindung beim Verlust der früheren Stelle als "gleichartige Kapitalabfindung des Arbeitgebers" im Sinne von Artikel 17 Absatz 2 DBG qualifiziert und besteuert wurde, kann der Einkauf steuerlich in Abzug gebracht werden. Eine Revision der rechtskräftigen Jahressteuer auf der Kapitalleistung von CHF 300'000.-- kann mangels gesetzlicher Grundlage nicht erfolgen.

Sofern der Wiedereintritt innert Jahresfrist seit dem Verlust der früheren Stelle erfolgt, wird derjenige Anteil an der Kapitalleistung, der als Einkauf in die neue Vorsorgeeinrichtung verwendet wird, gemäss Artikel 24 Buchstabe c DGB nicht besteuert. Konsequenterweise kann der Einkauf nicht vom Einkommen abgezogen werden. Der verbleibende Teil der Kapitalabfindung wird als Überbrückungsleistung zusammen mit dem übrigen Einkommen besteuert.

# Eigene Beteiligungsrechte

Quelle: Eidg. Steuerverwaltung ESTV / HA Direkte Bundessteuer, Verrechnungssteuer, Stempelabgaben

Direkte Bundessteuer **Steuerperiode 1999/2000**
Verrechnungssteuer
Bern, 19. August 1999

An die kantonalen Verwaltungen
für die direkte Bundessteuer und die
kantonalen Verrechnungssteuerämter

Kreisschreiben Nr. 5

Unternehmenssteuerreform 1997 - Neuregelung des Erwerbs eigener Beteiligungsrechte

Inhaltsverzeichnis *Seite*

1.	Einleitung	2
2.	Erhebung der Verrechnungssteuer auf dem Erwerb eigener Beteiligungsrechte	2
2.1	Gegenstand der Verrechnungssteuer	2
2.2	Erwerb eigener Beteiligungsrechte im Zusammenhang mit einer Wandel- oder Optionsanleihe oder einem Mitarbeiterbeteiligungsplan	3
2.3	Definition „Erwerb durch die Gesellschaft"	4
2.4	Steuersubjekt	4
2.5	Entstehung, Fälligkeit und Verjährung der Verrechnungssteuerforderung	4
2.6	Berechnung der Verrechnungssteuer	4
3.	Rückerstattung der Verrechnungssteuer im Zusammenhang mit dem Erwerb eigener Beteiligungsrechte	5
3.1	Allgemeines	5
3.2	Recht zur Nutzung	5
3.3	Deklarationspflicht	5
3.4	Inländischer Sitz/Wohnsitz, Geltendmachung des Rückerstattungsanspruchs, zuständige Behörde, Untergang des Anspruchs infolge Zeitablaufs	6
3.5	Steuerumgehung	6
3.6	Praktische Auswirkungen im Bereich der Rückerstattung	6
4.	Erhebung der direkten Bundessteuer	6
4.1	Steuerliche Folgen des Erwerbs eigener Beteiligungsrechte bei der Kapitalgesellschaft oder Genossenschaft	6
4.2	Steuerliche Folgen des Erwerbs eigener Beteiligungsrechte, welche aus dem Privatvermögen des Veräusserers stammen, beim Veräusserer	7
4.3	Steuerliche Folgen des Erwerbs eigener Beteiligungsrechte, welche aus dem Geschäftsvermögen des Veräusserers stammen, beim Veräusserer	8
5.	Geldwerte Leistungen/Verdeckte Gewinnausschüttungen	9
5.1	Verrechnungssteuer	9
5.2	Direkte Bundessteuer	9
6.	Wiederbegebung von steuerlich abgerechneten Beteiligungsrechten	9
7.	Übergangsrechtliche Fragen	10
8.	Verhältnis des vorliegenden Kreisschreibens zum Kreisschreiben Nr. 25 vom 27. Juli 1995 der direkten Bundessteuer	10

1

1. Einleitung

Am 1. Juli 1992 trat das revidierte Aktienrecht in Kraft. Nach Art. 659 Abs. 1 OR kann eine Aktiengesellschaft im Umfang von zehn Prozent eigene Aktien erwerben. Voraussetzung hierfür ist, dass genügend frei verwendbares Eigenkapital in der Höhe der dafür nötigen Mittel vorhanden ist. Werden im Zusammenhang mit einer Übertragungsbeschränkung Namenaktien erworben, so beträgt die Höchstgrenze 20 Prozent. Die über zehn Prozent des Aktienkapitals hinaus erworbenen eigenen Aktien sind innert zwei Jahren zu veräussern oder durch Kapitalherabsetzung zu vernichten (Art. 659 Abs. 2 OR).

Die Gesellschaft hat für die eigenen Aktien einen dem Anschaffungswert entsprechenden Betrag gesondert als Reserve auszuweisen (Art. 659a Abs. 2 OR) und Angaben über Erwerb, Veräusserung und Anzahl der von ihr gehaltenen eigenen Aktien in den Anhang aufzunehmen (Art. 663b Ziff. 10 OR).

Mit dem Bundesgesetz über die Reform der Unternehmensbesteuerung 1997 vom 10. Oktober 1997[1] wurde die steuerliche Behandlung des Erwerbs eigener Beteiligungsrechte (Aktien, Anteile, Partizipationsscheine und Genussscheine) auf Gesetzesstufe geregelt. Die massgeblichen neuen Bestimmungen sind Art. 4a, 12 Abs. 1bis und 70a des Bundesgesetzes vom 13. Oktober 1965 über die Verrechnungssteuer[2] (VStG), Art. 20 Abs. 1 Bst. c des Bundesgesetzes vom 14. Dezember 1990 über die direkten Bundessteuern[3] (DBG) sowie Art. 7 Abs. 1bis des Bundesgesetzes vom 14. Dezember 1990 über die Harmonisierung der direkten Steuern der Kantone und Gemeinden[4] (StHG). Diese Bestimmungen wurden vom Bundesrat auf den 1. Januar 1998 in Kraft gesetzt. Die Bestimmung von Art. 4a VStG, auf welche der geänderte Art. 20 Abs. 1 Bst. c DBG explizit Bezug nimmt, enthält die Grundsätze zur Besteuerung des Erwerbs eigener Beteiligungsrechte.

2. Erhebung der Verrechnungssteuer auf dem Erwerb eigener Beteiligungsrechte

2.1 Gegenstand der Verrechnungssteuer

Art. 4a VStG umschreibt in Ergänzung von Art. 4 VStG den Gegenstand der Verrechnungssteuer. Sein Abs. 1 definiert den der Verrechnungssteuer unterliegenden Kapitalertrag ausdrücklich als die Differenz zwischen dem Erwerbspreis der eigenen Beteiligungsrechte und deren einbezahlten Nennwert. Dieser Ertragsbegriff gilt für alle in Art. 4a VStG umschriebenen Tatbestände. Art. 4a Abs. 1 VStG zählt als Beteiligungsrechte "Aktien, Anteile, Partizipationsscheine und Genussscheine" auf. Da seit der am 1. Juli 1992 in Kraft getretenen Revision des OR (vgl. Art. 656a und 657 OR) nur noch Partizipationsscheine einen Nennwert aufweisen und Genussscheine ohnehin kein herabsetzungsfähiges Kapital darstellen (vgl. Wortlaut von Art. 4a Abs. 1 VStG), bezieht sich die Erwähnung von Genussscheinen in diesem Zusammenhang nur auf vor dem 1. Juli 1992 geschaffene Genussscheine mit Nennwert, die seit der Aktienrechtsrevision als Partizipationsscheine zu qualifizieren sind. Beim Rückkauf von Genussscheinen ohne Nennwert ist gestützt auf Art. 4 Abs. 1 Bst. b VStG und Art. 20 Abs. 2 der Vollziehungsverordnung zum VStG vom 19. Dezember 1966[5] (VStV) der gesamte Veräusserungserlös sofort steuerbar.

Art. 4a VStG regelt die Teilliquidation für zwei Grundtatbestände. Gemäss seinem Abs. 1 ist jeder Erwerb eigener Beteiligungsrechte erstens im Zusammenhang mit einer Kapitalherabsetzung und zweitens über den Rahmen von Art. 659 OR hinaus unmittelbar und ausnahmslos als Teilliquidation zu qualifizieren, welche die Verrechnungssteuer auslöst. Art. 4a Abs. 2 VStG

---

[1] AS **1998** 669
[2] SR **642.21**
[3] SR **642.11**
[4] SR **642.14**
[5] SR **642.211**

bestätigt den Grundsatz, dass jeder Erwerb eigener Beteiligungsrechte eine Teilliquidation darstellt. Er statuiert aber gestützt auf die durch die Aktienrechtsrevision 1991 eingeführte beschränkte Erlaubnis des Erwerbs eigener Beteiligungsrechte von Art. 659 OR die Fiktion, dass die Teilliquidation erst eintritt, wenn die eigenen Beteiligungsrechte, deren Erwerb nach Art. 659 OR handelsrechtlich zulässig ist, länger als sechs Jahre ab Erwerbsdatum gehalten werden. Daraus folgt:

- Der Erwerb eigener Beteiligungsrechte im Sinn von Art. 659 Abs. 1 OR führt im Zusammenhang mit einer Kapitalherabsetzung im Zeitpunkt des Rückkaufs immer zur Besteuerung gemäss Art. 4a Abs. 1 VStG. Findet keine Kapitalherabsetzung statt, unterliegt der Erwerb der ersten zehn Prozent der Regelung von Art. 4a Abs. 2 VStG. In diesem Umfang findet eine Besteuerung erst nach Ablauf der Sechsjahresfrist statt. Was die zehn-Prozent-Limite übersteigt, löst demgegenüber unverzüglich, d.h. im Zeitpunkt des Rückkaufs, die Steuerfolgen einer Teilliquidation aus.

- Der Erwerb eigener Beteiligungsrechte im Sinn von Art. 659 Abs. 2 OR (vinkulierte Namenaktien) führt im Zusammenhang mit einer Kapitalherabsetzung im Zeitpunkt des Rückkaufs immer zur Besteuerung gemäss Art. 4a Abs. 1 VStG. Findet keine Kapitalherabsetzung statt, unterliegt der Erwerb der ersten zehn Prozent der Regelung von Art. 4a Abs. 2 VStG. In diesem Umfang findet eine Besteuerung erst nach Ablauf der Sechsjahresfrist statt. Für den Erwerb weiterer vinkulierter Namenaktien ist zu unterscheiden: Die zweiten zehn Prozent gelangen erst nach Ablauf der zweijährigen Frist gemäss Art. 659 Abs. 2 OR zur Besteuerung, während bei jedem Erwerb, der 20 Prozent übersteigt, unverzüglich, d.h. im Zeitpunkt des Rückkaufs, gestützt auf Art. 4a Abs. 1 VStG die Verrechnungssteuer geschuldet ist.

Der Erwerb eigener Beteiligungsrechte im Hinblick auf eine Kapitalherabsetzung und das Überschreiten des Rahmens von Art. 659 OR löst immer die Verrechnungssteuerfolgen - auch während des Geschäftsjahres - unverzüglich aus; die betroffene Gesellschaft oder Genossenschaft ist gehalten, diese Fälle unverzüglich zu deklarieren und abzurechnen.

Für die Berechnung der Sechsjahresfrist (bzw. der Zweijahresfrist im Zusammenhang mit vinkulierten Namenaktien) stützt Art. 4a Abs. 2 VStG auf den Zeitpunkt des Erwerbs der eigenen Beteiligungsrechte ab. Ab diesem Datum beginnt die Frist zu laufen und endet sechs Jahre später.

Für die Berechnung der Einhaltung der Limiten von Art. 659 OR gilt das Prinzip "first in first out".

2.2 Erwerb eigener Beteiligungsrechte im Zusammenhang mit einer Wandel- oder Optionsanleihe oder einem Mitarbeiterbeteiligungsplan

Art. 4a Abs. 3 VStG hat einzig Auswirkungen auf die Berechnung der Sechsjahresfrist von Art. 4a Abs. 2 VStG, indem er einen Fristenstillstand statuiert. Abgesehen von dieser verfahrensrechtlichen Spezialbehandlung richtet sich die Besteuerung des Erwerbs eigener Beteiligungsrechte aufgrund einer Verpflichtung aus Wandel- und Optionsanleihen sowie Mitarbeiterbeteiligungsplänen nach Art. 4a Abs. 1 und 2 VStG. Aus dem Wortlaut von Art. 4a Abs. 3 VStG folgt, dass zwischen einer Wandel- oder Optionsanleihe oder einem Mitarbeiterbeteiligungsplan und dem Erwerb eigener Beteiligungsrechte ein ursprünglicher kausaler Zusammenhang bestehen muss, damit die Gesellschaft oder Genossenschaft in den Genuss des Stillstands der Weiterveräusserungsfrist kommt. Der Erwerb der eigenen Beteiligungsrechte muss von Anfang an den Verpflichtungen aus Anleihe/Mitarbeiterbeteiligungsplan verhaftet sein; eine nachträgliche Umqualifizierung (zur Erstreckung der Sechsjahresfrist) ist nicht möglich. Dieser notwendige Zusammenhang ist von der Gesellschaft oder Genossenschaft nachzuweisen.

2.3 Definition "Erwerb durch die Gesellschaft"

Ein Erwerb eigener Beteiligungsrechte findet zunächst immer statt, wenn die Gesellschaft oder Genossenschaft, um deren Beteiligungsrechte es geht, Vertragspartei, d.h. Käuferin, ist. Ein Erwerb eigener Beteiligungsrechte im Sinne von Art. 4a VStG liegt auch vor, wenn eine Tochtergesellschaft Aktien ihrer Muttergesellschaft kauft (Art. 659b OR). Als Tochtergesellschaft gilt auch jede untergeordnete Gesellschaft innerhalb einer ununterbrochenen vertikalen Beherrschungskette (vgl. Kreisschreiben Nr. 10 vom 10. Juli 1998, Ziff. 3.2). Im übrigen werden Konstellationen im Bereich verbundener sowie nahestehender Unternehmen im Einzelfall unter dem Aspekt einer Steuerumgehung untersucht.

2.4 Steuersubjekt

Verrechnungssteuerpflichtig ist die Gesellschaft oder Genossenschaft, welche die eigenen Beteiligungsrechte erwirbt; sie ist Schuldnerin der steuerbaren Leistung in Form des (Teil-) Liquidationsüberschusses (Art. 10 Abs. 1 in Verbindung mit Art. 4a Abs. 1 VStG).

2.5 Entstehung, Fälligkeit und Verjährung der Verrechnungssteuerforderung

Die Verrechnungssteuerforderung aufgrund eines Tatbestandes von Art. 4a Abs. 1 VStG entsteht gemäss der allgemeinen Regelung von Art. 12 Abs. 1 VStG im Zeitpunkt der Fälligkeit der steuerbaren Leistung. Für den Tatbestand von Art. 4a Abs. 2 VStG bestimmt der neue Art. 12 Abs. 1bis VStG als Entstehungszeitpunkt der Verrechnungssteuerforderung den Ablauf der Sechsjahresfrist; für die Fristberechnung ist der gesetzliche Fristsstillstand bei Anleihen und Mitarbeiterbeteiligungsplänen gemäss Art. 4a Abs. 3 VStG einzubeziehen (Wandel- und Optionsanleihe: Bis zum Erlöschen der betreffenden Verpflichtung; Mitarbeiterbeteiligungsplan: Längstens sechs Jahre). Die Verrechnungssteuerforderung aufgrund des Erwerbs eigener Beteiligungsrechte wird gemäss Art. 16 Abs. 1 Bst. c VStG 30 Tage nach ihrer Entstehung (Art. 12 Abs. 1 und 1bis VStG) fällig und verjährt fünf Jahre nach Ablauf des Kalenderjahres, in dem sie entstanden ist (Art. 17 Abs. 1 VStG).

2.6 Berechnung der Verrechnungssteuer

Im Bereich der Verrechnungssteuer gilt das Nennwertprinzip. Als Bemessungsgrundlage dient ausschliesslich die steuerbare Leistung; d.h. beim Erwerb eigener Beteiligungsrechte die Differenz zwischen dem Erwerbspreis und dem einbezahlten Nennwert (Art. 4a Abs. 1 VStG; vgl. auch Ziff. 5.).

Gemäss Art. 14 Abs. 1 VStG ist die steuerbare Leistung bei der Auszahlung, Überweisung, Gutschrift oder Verrechnung ohne Rücksicht auf die Person des Gläubiger um den Steuerbetrag zu kürzen; die Verrechnungssteuer ist also zwingend auf den Gläubiger der steuerbaren Leistung zu überwälzen.

Die Regelung des Erwerbs eigener Beteiligungsrechte bricht in den Fällen nach Art. 4a Abs. 2 VStG mit diesem System, indem die Bezahlung des Erwerbspreises im Zeitpunkt des Erwerbs der eigenen Beteiligungsrechte erfolgt und dem Veräusserer in diesem Zeitpunkt die Leistung bereits erbracht wird, die Steuerforderung und dadurch die Überwälzungspflicht aber erst später - nach Ablauf der Sechsjahresfrist - entsteht. Zudem stellt sich die Überwälzungsproblematik in allen Fällen, in welchen der Veräusserer der Beteiligungsrechte nicht oder nicht mehr feststeht (insbesondere beim anonymen Erwerb eigener Beteiligungsrechte an der Börse). In allen Fällen, in denen der Nachweis der Überwälzung von der steuerpflichtigen Gesellschaft oder Genossenschaft nicht erbracht wird, wird der an den Veräusserer der Beteiligungsrechte geflossene Betrag als Nettoleistung qualifiziert, die entsprechend "ins Hundert" aufgerechnet wird. Die Verrechnungssteuer stellt in diesem Fall eine zusätzliche Gewinnausschüttung dar, die den Reserven zu belasten ist.

3. Rückerstattung der Verrechnungssteuer im Zusammenhang mit dem Erwerb eigener Beteiligungsrechte

3.1 Allgemeines

Die natürlichen Personen haben die Rückerstattung der Verrechnungssteuer beim gemäss Art. 30 Abs. 1 VStG zuständigen Kanton zu beantragen. Sie haben Anspruch auf Rückerstattung der Verrechnungssteuer, wenn sie bei Fälligkeit der steuerbaren Leistung im Inland Wohnsitz haben oder zufolge qualifizierten Aufenthaltes im Inland unbeschränkt steuerpflichtig sind (Art. 22 VStG), wenn sie bei Fälligkeit der steuerbaren Leistung das Recht zur Nutzung des den steuerbaren Ertrag abwerfenden Vermögenswertes besitzen (Art. 21 Abs. 1 Bst. a VStG) und wenn sie die mit der Verrechnungssteuer belasteten Einkünfte und die Vermögenswerte, welche diese Einkünfte abwerfen, in ihrer Steuererklärung ordnungsgemäss und fristgerecht als Einkommen bzw. als Vermögen deklarieren (Art. 23 VStG). Juristische Personen sowie Handelsgesellschaften ohne juristische Persönlichkeit haben demgegenüber die Rückerstattung bei der Eidg. Steuerverwaltung zu beantragen (Art. 30 Abs. 2 VStG). Sie haben Anspruch auf Rückerstattung der Verrechnungssteuer, wenn sie bei Fälligkeit der steuerbaren Leistung ihren Sitz im Inland haben (Art. 24 Abs. 2 VStG), in diesem Zeitpunkt auch das Recht zur Nutzung des den steuerbaren Ertrag abwerfenden Vermögenswertes besitzen (Art. 21 Abs. 1 Bst. a VStG) und wenn sie die mit der Verrechnungssteuer erfassten Einkünfte ordnungsgemäss als Ertrag verbuchen (Art. 25 Abs. 1 VStG).

Um ungerechtfertigte Rückerstattungen zu vermeiden, sind die Antragsteller zur Einreichung von Abzugsbescheinigungen im Sinne von Art. 14 Abs. 2 VStG und Art. 3 VStV zu verhalten.

3.2 Recht zur Nutzung

Erwirbt die Gesellschaft oder Genossenschaft eigene Beteiligungsrechte zwecks Kapitalherabsetzung oder überschreitet sie die Limiten von Art. 659 OR (mit unmittelbaren Verrechnungssteuerfolgen), steht das Recht zur Nutzung dem Veräusserer der Beteiligungsrechte zu, welcher den entsprechenden Erlös auch als Liquidationsdividende zur Besteuerung bringen muss.

Liegt ein steuerbarer Liquidationsfall infolge Ablaufs der Sechsjahresfrist vor, ist das Recht zur Nutzung ebenfalls dem Veräusserer der Beteiligungsrechte zuzuweisen. Dieser hat mit der Veräusserung der Beteiligungsrechte einen Erlös vereinnahmt, welcher nach Ablauf der Sechsjahresfrist zum Liquidationsüberschuss wird, womit der Veräusserer der Beteiligungsrechte den "letzten" Nutzen aus den Beteiligungsrechten bezogen hat bzw. die Gesellschaft oder Genossenschaft den Liquidationsüberschuss in Form des Kaufpreises an ihn abgeführt hat.

3.3 Deklarationspflicht

Gemäss Art. 23 VStG verwirkt den Anspruch auf Rückerstattung, wer mit der Verrechnungssteuer belastete Einkünfte entgegen gesetzlicher Vorschrift der zuständigen Steuerbehörde nicht deklariert. Für Inhaber von Beteiligungsrechte, welche diese aus dem Privatvermögen verkauft haben, gilt als Fälligkeit der steuerbaren Leistung, welche den Zeitpunkt der ordnungsgemässen Deklaration nach bisheriger Rechtsprechung bestimmt, die Entstehung der Steuerforderung nach Art. 12 Abs. 1 und 1bis VStG. Handelte es sich um Beteiligungsrechte aus dem Geschäftsvermögen einer natürlichen Person, kann die Rückerstattung der Verrechnungssteuer gewährt werden, sofern der Veräusserer der Beteiligungsrechte den beim Verkauf erzielten Erlös in der Erfolgsrechnung nachweislich korrekt verbucht hatte. Diese Regelung gilt ebenfalls bei der Anwendung von Art. 25 VStG ("Verbuchungsklausel" für juristische Personen, Handelsgesellschaften ohne juristische Persönlichkeit und ausländische Unternehmen mit inländischer Betriebstätte).

3.4 Inländischer Sitz/Wohnsitz, Geltendmachung des Rückerstattungsanspruchs, zuständige Behörde, Untergang des Rückerstattungsanspruchs infolge Zeitablaufs

Sowohl die Rückerstattungsberechtigung gemäss Art. 22 und 24 VStG (inländischer Wohnsitz/Sitz), die Geltendmachung des Anspruchs gemäss Art. 29 VStG und die zuständigen Behörden gemäss Art. 30 VStG richten sich nach den Verhältnissen des Verkäufers der Beteiligungsrechte zum Zeitpunkt der Entstehung der Steuerforderung (Fälligkeit) nach Art. 12 Abs. 1 und 1bis VStG. Die Verwirkungsfrist gemäss Art. 32 VStG beginnt ebenfalls mit der Entstehung der Steuerforderung zu laufen.

3.5 Steuerumgehung

Art. 21 Abs. 2 VStG, wonach die Rückerstattung in allen Fällen unzulässig ist, in denen sie zu einer Steuerumgehung führen würde, gilt auch für den Erwerb eigener Beteiligungsrechte. Von einer Steuerumgehung wäre insbesondere auszugehen, wenn eine inländische juristische Person gezielt Beteiligungsrechte von inländischen natürlichen Personen oder von im Ausland ansässigen (natürlichen oder juristischen) Personen aufkaufen sollte, um diese anschliessend an die zu einer Kapitalherabsetzung schreitende Gesellschaft oder Genossenschaft zurückzugeben.

3.6 Praktische Auswirkungen im Bereich der Rückerstattung

Kann die Verrechnungssteuer bei Entstehung der Steuerforderung auf den Veräusserer der Beteiligungsrechte überwälzt werden, ergeben sich keine besonderen Probleme: Der Veräusserer erhält mit der Abzugsbescheinigung von der Gesellschaft oder Genossenschaft die für die Geltendmachung seiner Ansprüche und für eine ordnungsgemässe Deklaration notwendigen Angaben.

Kann die Gesellschaft oder Genossenschaft die Überwälzung nicht mehr vornehmen und wird der Liquidationsüberschuss "ins Hundert" aufgerechnet, können sich folgende Situationen ergeben:

a. Der Veräusserer der Beteiligungsrechte ist nicht bekannt, weil sich die Gesellschaft z.B. an der Börse eigene Aktien beschafft hat. In diesem Fall kann die Verrechnungssteuer nicht zurückgefordert werden und wird letztlich zu einer definitiven Steuerbelastung.

b. Der Veräusserer der Beteiligungsrechte ist nach deren Verkauf und vor der Entstehung der Verrechnungssteuerforderung ins Ausland gezogen: Die Verrechnungssteuer kann nur gestützt auf ein Doppelbesteuerungsabkommen (DBA) zurückgefordert werden. Massgebend ist der steuerliche Wohnsitz des Verkäufers der Beteiligungsrechte bei Entstehung der Verrechnungssteuerforderung; zuständige Behörde ist die Eidg. Steuerverwaltung.

c. Der Veräusserer der Beteiligungsrechte ist nach deren Verkauf und vor der Entstehung der Verrechnungssteuerforderung verstorben: Die Erben können die Verrechnungssteuer zurückfordern, wenn sie die Voraussetzungen für die Rückerstattung bei Entstehung der Verrechnungssteuerforderung erfüllen.

4. Erhebung der direkten Bundessteuer

4.1 Steuerliche Folgen des Erwerbs eigener Beteiligungsrechte bei der Kapitalgesellschaft oder Genossenschaft

Der Erwerb eigener Beteiligungsrechte und der Ausweis einer speziellen Reserve nach Art. 659a Abs. 2 OR berühren die Erfolgsrechnung handelsrechtlich nicht. Steuerrechtlich sind dagegen folgende Fälle auseinanderzuhalten:

a. Erfolgte der Erwerb eigener Beteiligungsrechte zum damaligen Verkehrswert und werden diese Beteiligungsrechte innerhalb von sechs Jahren zum jetzigen Verkehrswert weiterverkauft, so sind die seit dem Erwerb erzielten Wertzuwachsgewinne steuerbar und allfällig erlittenen Wertverluste absetzbar; entspricht der Weiterveräusserungspreis dem seinerzeitigen Erwerbspreis (Verkehrswerte), ergeben sich keine steuerlichen Konsequenzen.

b. Erfolgte der Erwerb eigener Beteiligungsrechte zum damaligen Verkehrswert und werden diese Beteiligungsrechte innert sechs Jahren unter dem jetzigen Verkehrswert wiederveräussert, so liegt im Zeitpunkt der Wiederveräusserung eine verdeckte Gewinnausschüttung vor; die bei der Gesellschaft vorgenommenen Rückstellungen sowie ein allfälliger Wertzuwachsgewinn sind aufzurechnen (vgl. auch Ziff. 5.).

c. Wurde der Erwerb eigener Beteiligungsrechte ohne förmliche Kapitalherabsetzung als Teilliquidation erfasst (mit der entsprechenden Besteuerung des Liquidationsüberschusses bei den veräussernden Aktionären), so ist in der Steuerbilanz der Gesellschaft der Rückzahlung des Aktienkapitals und der Ausschüttung der Reserven Rechnung zu tragen, indem die eigenen Beteiligungsrechte zu Lasten des steuerlich massgeblichen Kapitals vollständig ausgebucht werden.

d. Erfolgt der Erwerb eigener Beteiligungsrechte zur Bereitstellung von Mitarbeiterbeteiligungen, so kann die Differenz zwischen dem Erwerbspreis und dem von den Mitarbeitern geforderten Preis vom Arbeitgeber als geschäftsmässig begründeter Aufwand geltend gemacht werden (vgl. Kreisschreiben Nr. 5 vom 30.4.1997 betreffend die Besteuerung von Mitarbeiteraktien und Mitarbeiteroptionen, Steuerperiode 1997/98).

e. Sinkt der Wert der eigenen Beteiligungsrechte nach dem Erwerb unter den Gewinnsteuerwert, so ist der Wertverminderung nicht durch Vornahme einer definitiven Abschreibung, sondern durch Bildung einer entsprechenden Rückstellung Rechnung zu tragen.

4.2 Steuerliche Folgen des Erwerbs eigener Beteiligungsrechte, welche aus dem Privatvermögen des Veräusserers stammen, beim Veräusserer

a. *Beim Erwerb eigener Beteiligungsrechte durch die Gesellschaft im Zusammenhang mit einer Kapitalherabsetzung sowie über den Rahmen von Art. 659 OR hinaus (Art. 4a Abs. 1 VStG)*

Erwirbt eine Gesellschaft oder Genossenschaft eigene Beteiligungsrechte gestützt auf einen Beschluss über die Herabsetzung ihres Kapitals oder im Hinblick auf eine Herabsetzung ihres Kapitals, stellt der Erlös aus dem Verkauf der Beteiligungsrechte beim Veräusserer einen steuerbaren Kapitalertrag in Form einer Liquidationsdividende dar mit der Folge, dass die Differenz zwischen dem Verkaufspreis und dem Nennwert dem Einkommen des laufenden Jahres zugerechnet wird.

Dieselben Steuerfolgen treten ein, wenn eine Gesellschaft oder Genossenschaft mehr als zehn Prozent (bzw. 20 Prozent bei vinkulierten Namenaktien) eigene Beteiligungsrechte erwirbt. Soweit die Prozentlimiten von Art. 659 OR überschritten werden, liegt steuerlich eine Teilliquidation vor mit der Folge, dass der den Nennwert übersteigende Anteil am Kaufpreis beim Veräusserer einen Kapitalertrag in Form eines Liquidationsüberschusses darstellt, der als im Zeitpunkt der Entstehung der entsprechenden Verrechnungssteuerforderung realisiert gilt (Art. 20 Abs. 1 Bst. c DBG; vgl. Ziff. 2.5.).

b. *Beim Erwerb eigener Beteiligungsrechte durch die Gesellschaft im Rahmen von Art. 659 OR (Art. 4a Abs. 2 VStG)*

Veräussert die rückkaufende Gesellschaft oder Genossenschaft die Beteiligungsrechte innerhalb der Sechsjahresfrist von Art. 4a Abs. 2 VStG (bzw. Zweijahresfrist für vinkulierte Namenaktien), erzielt der Veräusserer im Zeitpunkt des Verkaufs der Beteiligungsrechte - unter Vorbehalt einer Steuerumgehung - einen privaten steuerfreien Kapitalgewinn (Art. 16 Abs. 3

DBG). Von einer Steuerumgehung würde insbesondere dann ausgegangen, wenn auf die Veräusserung ein erneuter Erwerb durch die Gesellschaft folgen würde.

Veräussert die rückkaufende Gesellschaft oder Genossenschaft die Beteiligungsrechte nicht innerhalb der Sechsjahresfrist von Art. 4a Abs. 2 VStG (bzw. Zweijahresfrist für vinkulierte Namenaktien), so realisiert der Steuerpflichtige gemäss Art. 20 Abs. 1 Bst. c DBG in dem Jahr, in welchem die Verrechnungssteuerforderung entsteht, einen steuerbaren Vermögensertrag in Form einer Liquidationsdividende (Differenz zwischen dem Verkaufspreis und dem Nennwert).

Folgende zwei Sonderfälle sind zu erwähnen:

- Ist der Veräusserer der Beteiligungsrechte im Zeitpunkt der Realisation des Liquidationsüberschusses nicht mehr in der Schweiz steuerpflichtig, weil er seinen Wohnsitz im Ausland hat, so wird der Liquidationsüberschuss von der direkten Bundessteuer nicht erfasst, während die Rückerstattung der Verrechnungssteuer allenfalls gestützt auf ein Doppelbesteuerungsabkommen geltend gemacht werden kann (vgl. Ziff. 3.6.b).

- Ist der Veräusserer der Beteiligungsrechte vor der Realisation des Liquidationsüberschusses verstorben, haben die Erben Anspruch auf Rückerstattung der Verrechnungssteuer, sofern bei ihnen eine Besteuerung erfolgt (vgl. Ziff. 3.6.c).

4.3 *Steuerliche Folgen des Erwerbs eigener Beteiligungsrechte, welche aus dem Geschäftsvermögen des Veräusserers stammen, beim Veräusserer*

a. *Beim Erwerb eigener Beteiligungsrechte durch die Gesellschaft im Zusammenhang mit einer Kapitalherabsetzung sowie über den Rahmen von Art. 659 OR hinaus (Art. 4a Abs. 1 VStG)*

In diesen Fällen stellt der Erlös aus dem Verkauf der Beteiligungsrechte beim Veräusserer einen steuerbaren Kapitalertrag in Form einer Liquidationsdividende (Teilliquidation) dar mit der Folge, dass die Differenz zwischen dem Verkaufspreis und dem Gewinn- bzw. Einkommenssteuerwert einen Beteiligungsertrag darstellt.

b. *Beim Erwerb eigener Beteiligungsrechte durch die Gesellschaft im Rahmen von Art. 659 OR (Art. 4a Abs. 2 VStG)*

Die von der Gesellschaft zurückgekauften Beteiligungsrechte stammen aus dem Geschäftsvermögen des Veräusserers. Dieser erzielt somit unmittelbar durch den Verkauf einen steuerbaren Kapitalgewinn (Art. 18 Abs. 2 und Art. 58 DBG), der aus der Differenz zwischen dem Verkaufspreis und dem Gewinn- bzw. Einkommenssteuerwert der betreffenden Beteiligungsrechte besteht. Dieser Kapitalgewinn bildet Bestandteil des Gewinnes des laufenden Jahres. Diese Qualifikation wird auch nicht geändert, wenn die rückkaufende Gesellschaft oder Genossenschaft die Beteiligungsrechte nicht innerhalb der Sechsjahresfrist von Art. 4a Abs. 2 VStG (bzw. Zweijahresfrist für vinkulierte Namenaktien) veräussert.

c. *Einbezug des Beteiligungsabzuges*

Die Gewährung des Beteiligungsabzuges richtet sich nach den Verhältnissen im Zeitpunkt des Verkaufs der betreffenden Beteiligungsrechte. Mangels einer Art. 20 Abs. 1 Bst. c DBG analogen Bestimmung für den Bereich des Geschäftsvermögens können im Zeitpunkt einer allfälligen Teilliquidation nach Ablauf der Sechsjahresfrist weder eine Revision noch ein nachträglicher Beteiligungsabzug gewährt werden.

5. Geldwerte Leistungen/Verdeckte Gewinnausschüttungen

5.1 Verrechnungssteuer

Bei einem Erwerb eigener Beteiligungsrechte durch eine Gesellschaft oder Genossenschaft zu einem überhöhten Preis stellt die Differenz zwischen dem Kaufpreis und dem tatsächlichen Verkehrswert in jedem Fall sofort eine geldwerte Leistung dar, welche der Verrechnungssteuer unterliegt. Im Rahmen des tatsächlichen Verkehrswertes unterliegt der Erwerb der eigenen Beteiligungsrechte der Regelung von Art. 4a VStG.
Verkauft eine Gesellschaft eigene Beteiligungsrechte an einen Aktionär oder einen nahestehenden Dritten zu einem untersetzten Preis, so stellt die Differenz zwischen dem tatsächlichen Verkehrswert und dem Verkaufspreis ebenfalls sofort eine der Verrechnungssteuer unterliegende geldwerte Leistung dar.

5.2 Direkte Bundessteuer

Erfolgt der Erwerb eigener Beteiligungsrechte durch eine Gesellschaft zu einem überhöhten Preis, so ist die Differenz zwischen dem Kaufpreis und dem tatsächlichen Verkehrswert beim Veräusserer als verdeckte Gewinnausschüttung zu erfassen und bei der Gesellschaft in der Steuerbilanz als "Negativreserve" ("non-valeurs") zu berücksichtigen. Verkauft eine Gesellschaft eigene Beteiligungsrechte an einen Aktionär zu einem untersetzten Preis, so ist die Differenz zwischen dem tatsächlichen Verkehrswert und dem Verkaufspreis beim Aktionär als Kapitalertrag zu erfassen und bei der veräussernden Gesellschaft als steuerbarer Gewinn hinzuzurechnen.

Die allfällig der Erfolgsrechnung gutgeschriebenen Dividenden auf eigenen Aktien bilden Bestandteil des steuerbaren Gewinns. Sind die Voraussetzungen nach Art. 69 DBG erfüllt, kann der Beteiligungsabzug gewährt werden.

6. Wiederbegebung von steuerlich abgerechneten Beteiligungsrechten

Verkauft eine Gesellschaft eigene Beteiligungsrechte, deren Rückkauf bereits zu einer sofortigen (Art. 4a Abs. 1 VStG) oder einer aufgeschobenen (Art. 4a Abs. 2 VStG) Besteuerung als Teilliquidation geführt hatte, mindestens zum Nominalwert, löst dies keine Steuerfolgen aus. Wurde nach Ablauf von sechs Jahren auf Teilliquidation erkannt, so ist in der Steuerbilanz der Gesellschaft der Rückzahlung des Kapitals und der Ausschüttung von Reserven Rechnung zu tragen, indem die eigenen Aktien zu Lasten der gemäss Art. 659a Abs. 2 OR ausgewiesenen Spezialreserve vollständig ausgebucht werden. Das bei der erneuten Begebung dieser Beteiligungsrechte allenfalls über den Nennwert erzielte Entgelt ist bei der Gesellschaft als offene Kapitaleinlage (Agio) zu betrachten.
Kommt es später zu einem weiteren Liquidationstatbestand, unterliegen diese wiederbegebenen Beteiligungsrechte der gesetzlich vorgesehenen Besteuerung.

Der Vollständigkeit halber ist festzuhalten, dass der Wiederverkauf von steuerlich abgerechneten, zivilrechtlich aber nicht amortisierten Beteiligungsrechten durch die Gesellschaft keine Emissionsabgabe auslöst, weil das förmliche Kapital durch den Rückkauf und den anschliessenden Wiederverkauf der Beteiligungsrechte nicht berührt wird. Veräussert die Gesellschaft die Beteiligungsrechte zu einem Preis, der über dem Verkehrswert liegt, handelt es sich dagegen um einen Zuschuss, der gemäss Art. 5 Abs. 2 Bst. a des Bundesgesetzes vom 27. Juni 1973 über die Stempelabgaben[6] (StG) der Emissionsabgabe unterliegt. Schliesslich ist jede Transaktion umsatzabgaberechtlich zu qualifizieren, sobald zumindest der Käufer oder der Veräusserer der betreffenden Beteiligungsrechte inländischer Effektenhändler ist.

---

[6] SR **641.10**

7. Übergangsrechtliche Fragen

Gemäss Art. 70a VStG sind die neuen Art. 4a und 12 Abs. 1bis VStG auch auf Tatbestände anwendbar, welche vor ihrem Inkrafttreten (1. Januar 1998) eingetreten sind, es sei denn, die Steuerforderung sei verjährt oder bereits rechtskräftig festgesetzt. Erwarb eine Gesellschaft eigene Beteiligungsrechte vor dem 1. Januar 1998 im Rahmen von Art. 659 OR, gilt die Frist von sechs Jahren ab Erwerbsdatum dieser Beteiligungsrechte. Erwarb eine Gesellschaft eigene Beteiligungsrechte über den Rahmen von Art. 659 OR hinaus, wird auf demjenigen Anteil eigener Beteiligungsrechte, welcher den Rahmen von Art. 659 OR übersteigt, per 1. Januar 1998 als angenommenes Erwerbsdatum als Teilliquidation abgerechnet. Zu den mit der Rückwirkung zusammenhängenden Fragen verweisen wir auf den Anhang A zu diesem Kreisschreiben.

8. Verhältnis des vorliegenden Kreisschreibens zum Kreisschreiben Nr. 25 vom 27. Juli 1995 der direkten Bundessteuer

Das vorliegende Kreisschreiben ersetzt Ziff. 2 des Kreisschreibens Nr. 25 vom 27. Juli 1995.

Der Hauptabteilungschef

Samuel Tanner

Anhänge:

A Schematische Darstellung der Rückwirkungsproblematik von Art. 70a VStG im Zusammenhang mit Art. 4a VStG
B Form. 103 / 110

ANHANG A: Schematische Darstellung der Lösung der Rückwirkungsproblematik von Art. 70a VStG im Zusammenhang mit Art. 4a VStG

1a. <u>Erwerb eigener Beteiligungsrechte im Rahmen von OR 659 vor dem 1.1.1998</u>

Erwerb eigener Beteiligungsrechte im Rahmen von OR 659	Unternehmenssteuerreform	Lösung: Bei diesen Fällen gilt die Frist von sechs Jahren ab Erwerbsdatum der eigenen Beteiligungsrechte; nach Ablauf dieser Frist Abrechnung als Teilliquidation.

↓ (1996) ↓ (1997)

| 1996 | 1997 | 1998 | 1999 | 2000 | 2001 | 2002 | 2003 |

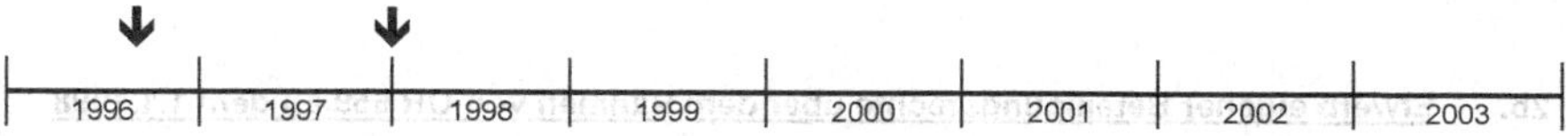

1b. <u>Erwerb eigener Beteiligungsrechte über dem Rahmen von OR 659 vor dem 1.1.1998</u>

Erwerb eigener Beteiligungsrechte über den Rahmen von OR 659 hinaus	Unternehmenssteuerreform	Lösung: Bei diesen Fällen gilt die Frist von sechs Jahren ab Erwerbsdatum der eigenen Beteiligungsrechte für den Anteil, der den Rahmen von OR 659 nicht übersteigt; nach Ablauf dieser Frist Abrechnung als Teilliquidation. Eigene Bestände, soweit sie den Rahmen von OR 659 sprengen, werden per 1.1.1998 als angenommenes Erwerbsdatum als Teilliquidation sofort abgerechnet.

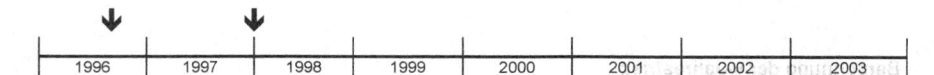

↓ (1996) ↓ (1997)

| 1996 | 1997 | 1998 | 1999 | 2000 | 2001 | 2002 | 2003 |

2a. **Erwerb eigener Beteiligungsrechte im Rahmen von OR 659 ab dem 1.1.1998**

Unternehmenssteuerreform	Erwerb eigener Beteiligungsrechte im Rahmen von OR 659	Lösung: Abrechnung als Teilliquidation nach Ablauf der Frist von sechs Jahren (ab Erwerbsdatum).

```
|     |     |     |     |     |     |     |     |
1996  1997  1998  1999  2000  2001  2002  2003
```

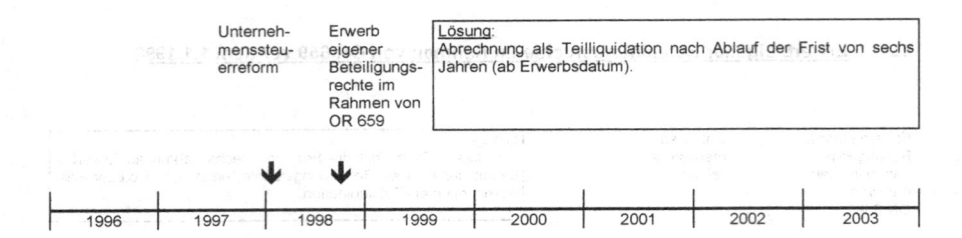

2b. **Erwerb eigener Beteiligungsrechte über dem Rahmen von OR 659 ab dem 1.1.1998**

Unternehmenssteuerreform	Erwerb eigener Beteiligungsrechte über den Rahmen von OR 659 hinaus	Lösung: 1. Sofortige Abrechnung als Teilliquidation des Bestandes, der OR 659 übersteigt 2. Abrechnung des Bestandes im Rahmen von OR 659 als Teilliquidation sechs Jahre nach Erwerb.

```
|     |     |     |     |     |     |     |     |
1996  1997  1998  1999  2000  2001  2002  2003
```

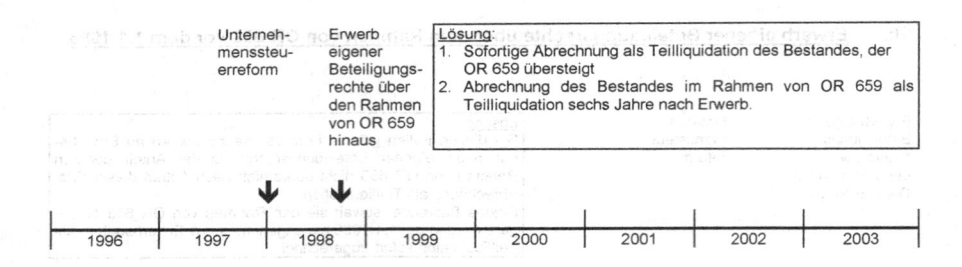

Berechnung der 6-Jahresfrist:

Fristbeginn: Ab Erwerbsdatum

Fristablauf: Sechs Jahre nach Erwerbsdatum und nicht am Bilanzstichtag. Die Gesellschaften haben der ESTV nachzuweisen, dass die Frist von sechs Jahren nicht überschritten wurde.

An die Abonnenten der Kreisschreiben unserer Hauptabteilung

Bern, 26. März 2002

Präzisierung von Ziffer 2.2 des Kreisschreibens Nr. 5 vom 19. August 1999 der Eidg. Steuerverwaltung „Unternehmenssteuerreform 1997 - Neuregelung des Erwerbs eigener Beteiligungsrechte"

Die Ziffer 2.2 des Kreisschreibens Nr. 5 vom 19. August 1999 behandelt den *Fristenstillstand im Zusammenhang mit Wandel- und Optionsanleihen sowie Mitarbeiterbeteiligungsplänen* gemäss Artikel 4a Absatz 3 des Bundesgesetzes vom 13. Oktober 1965 über die Verrechnungssteuer (VStG).

Insbesondere im Bereich der Banken zeigte sich, dass die Durchführung der erwähnten Ziffer 2.2 in der Praxis Schwierigkeiten bereitet. Deshalb hat unsere Verwaltung im Jahre 2000 im Gespräch mit der Schweizerischen Bankiervereinigung die beiliegende *Präzisierung* ausgearbeitet.

Für die Anpassung an die erwähnte Präzisierung hat unsere Verwaltung den Banken eine viermonatige Frist bis 31. März 2001 eingeräumt.

Da die Schwierigkeiten auch Unternehmen betreffen können, die nicht im Bankensektor tätig sind, wollen wir diese ebenfalls informieren.

Um eine Gleichbehandlung zu gewährleisten, räumen wir den übrigen Unternehmen ebenfalls eine *Frist von vier Monaten, d.h. bis zum 31. Juli 2002* ein, um die mit der erwähnten Präzisierung verbundenen Massnahmen zu treffen.

Mit freundlichen Grüssen

SEKTION ALLGEMEINE DIENSTE
Der Chef

A. Jan

Beilage erwähnt

Präzisierung von Ziffer 2.2 des Kreisschreibens Nr. 5 der Eidg. Steuerverwaltung „Unternehmenssteuerreform 1997 - Neuregelung des Erwerbs eigener Beteiligungsrechte" vom 19. August 1999

Im Kreisschreiben Nr. 5 der Eidg. Steuerverwaltung (nachfolgend ESTV) „Unternehmenssteuerreform 1997 - Neuregelung des Erwerbs eigener Beteiligungsrechte" vom 19. August 1999 wird unter Ziff. 2.2 u.a. folgendes festgehalten:

Aus dem Wortlaut von Art. 4a Abs. 3 VStG folgt, dass zwischen einer Wandel- oder Optionsanleihe oder einem Mitarbeiterbeteiligungsplan und dem Erwerb eigener Beteiligungsrechte ein ursprünglicher kausaler Zusammenhang bestehen muss, damit die Gesellschaft oder Genossenschaft in den Genuss des Stillstands der Weiterveräusserungsfrist kommt. Der Erwerb der eigenen Beteiligungsrechte muss von Anfang an den Verpflichtungen aus Anleihe/Mitarbeiterbeteiligungsplan verhaftet sein; eine nachträgliche Umqualifizierung (zur Erstreckung der Sechsjahresfrist) ist nicht möglich. Dieser notwendige Zusammenhang ist von der Gesellschaft oder Genossenschaft nachzuweisen.

Die Voraussetzung des „ursprünglich kausalen Zusammenhangs" wird von der ESTV wie folgt ausgelegt:

1. Ein ursprünglich kausaler Zusammenhang besteht immer, wenn die zurückkaufende Gesellschaft oder Genossenschaft eigene Beteiligungsrechte zurückkauft zur Erfüllung von Verpflichtungen aus einer Wandel- oder Optionsanleihe oder einem Mitarbeiterbeteiligungsplan, wenn diese Verpflichtungen im Zeitpunkt des Rückkaufs der eigenen Beteiligungsrechte bereits bestehen. Diese eigenen Titel sind auf einem separaten Konto pro Wandel- oder Optionsanleihe oder pro Mitarbeiterbeteiligungsplan zu buchen.

2. Ein ursprünglich kausaler Zusammenhang wird von der ESTV auch angenommen, wenn eine Gesellschaft oder Genossenschaft eigene Beteiligungsrechte zurückkauft im Hinblick auf mögliche zukünftige Emissionen von Wandel- oder Optionsanleihen. Für die Gewährung des Fristenstillstandes müssen die folgenden Voraussetzungen erfüllt sein:

   a. Die im Hinblick auf zukünftige Wandel- oder Optionsanleihen zurückgekauften Beteiligungsrechte werden auf einem vom Handelsbestand separaten Sammelkonto verbucht, wobei für jede Transaktion die Anzahl der Titel sowie das Datum des Rückkaufes zu erfassen sind.

   b. Auf diesem Konto dürfen keine anderen Umsätze getätigt werden als der Ankauf von eigenen Beteiligungsrechten im Hinblick auf die zukünftige Emission von Wandel- oder Optionsanleihen sowie die Ausbuchung von Überbeständen über den Handelsbestand.

Ab dem Zeitpunkt des jeweiligen Rückkaufs der eigenen Beteiligungsrechte beginnt die Sechsjahresfrist von Art. 4a Abs. 2 VStG zu laufen. Wird vor deren Ablauf durch die Gesellschaft oder Genossenschaft eine Wandel- oder Optionsanleihe emittiert, können die hierfür zurückgekauften Beteiligungsrechte en bloc vom Sammelkonto auf ein separates Konto pro Wandel- oder Optionsanleihe (Einzelkonto) umgebucht werden. Sofern diese Umbuchung spätestens im Zeitpunkt der Liberierung der Anleihe vorgenommen wird, kommen die entsprechenden Beteiligungsrechte in den Genuss des Fristenstillstandes von Art. 4a Abs. 3 VStG: Die Wiederveräusserungsfrist von Art. 4a Abs. 2 VStG steht somit für diese Beteiligungsrechte ab dem Zeitpunkt der Umbuchung solange still, bis die Verpflichtungen aus der entsprechenden Wandel- oder Optionsanleihe erloschen sind. Werden die auf dem separaten Konto angehäuften eigenen Beteiligungsrechte nicht für die Erfüllung der Verpflichtungen aus dieser Wandel- oder Optionsanleihe genutzt, beginnt ab Wegfall dieser Verpflichtungen die Sechsjahresfrist von Art. 4a Abs. 2 VStG weiterzulaufen. Sofern sich nach Ablauf dieser Frist - welche sich nach dem Rückkaufsdatum der eigenen Beteiligungsrechte berechnet unter Berücksichtigung des Fristenstillstandes gemäss Art. 4a Abs. 3 VStG - noch eigene Beteiligungsrechte im Besitz der

Gesellschaft oder Genossenschaft befinden, treten die Folgen einer Teilliquidation im Sinne von Art. 4a Abs. 1 VStG ein.

Eine mehrfache Widmung derselben eigenen Beteiligungsrechte für Verpflichtungen aus einer Wandel- oder Optionsanleihe ist im übrigen ausgeschlossen. Aus diesem Grund dürfen nach Ablauf der Verpflichtungen aus einer Wandel- oder Optionsanleihe überschüssige Beteiligungsrechte nicht auf das Sammelkonto zurückübertragen, <u>sondern einzig über den Handelsbestand ausgebucht werden</u>.

Auf dem Einzelkonto während dem Fristenstillstand vorgenommene Umsätze sind nur im Rahmen des sog. Delta-Hedging möglich. Sofern nach Ablauf der Verpflichtung aus der entsprechenden Anleihe ein Überschuss verbleibt, übernimmt dieser den <u>Fristigkeitsstatus</u> der en bloc vom Sammelkonto auf das Einzelkonto überführten eigenen Beteiligungsrechte, wobei das FIFO-Prinzip angewandt wird. Folgendes Beispiel verdeutlicht dies:

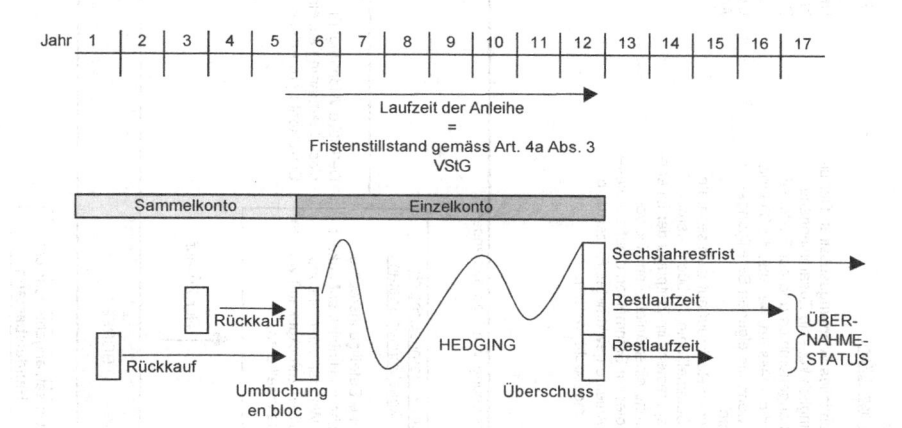

3. Kein ursprünglich kausaler Zusammenhang im Sinne von Art. 4a Abs. 3 VStG liegt vor, wenn eine Gesellschaft oder Genossenschaft ohne die Voraussetzungen der vorliegenden Ziff. 2 eigene Beteiligungsrechte zurückgekauft hat und diese Beteiligungsrechte der Erfüllung von Verpflichtungen einer erst nach dem Rückkauf emittierten Wandel- oder Optionsanleihe widmen will. Eine solche Umqualifizierung ist steuerlich nicht zulässig. Dasselbe gilt, wenn eine Gesellschaft oder Genossenschaft zurückgekaufte eigene Beteiligungsrechte einer nach dem Rückkauf begründeten Verpflichtung aus einem Mitarbeiterbeteiligungsplan widmen will.

Die Rückkäufe eigener Beteiligungsrechte folgen der ordentlichen umsatzabgaberechtlichen Regelung; die Einzelkonti pro Wandel- oder Optionsanleihe qualifizieren als Anlagebestand. Die Umbuchung von Titeln vom Sammelkonto auf ein Einzelkonto stellt bei gewerbsmässigen Effektenhändlern folglich eine steuerbare Übertragung im Sinne von Art. 25a Abs. 5 der Verordnung vom 3. Dezember 1973 zum Bundesgesetz vom 27. Juni 1973 über die Stempelabgaben dar.

Die vorliegende Regelung wird von der ESTV ab 1. Juli 2000 angewandt. Die Gesellschaften haben bis zum 31. März 2001 Zeit, bereits zurückgekaufte eigene Beteiligungsrechte, welche den Verpflichtungen einer zukünftigen Wandel- oder Optionsanleihe dienen sollen, vom Handelsbestand auf das entsprechende Sammelkonto zu buchen.

Beilage:
- Schematische Darstellung

Gemäss Ziffer 1:

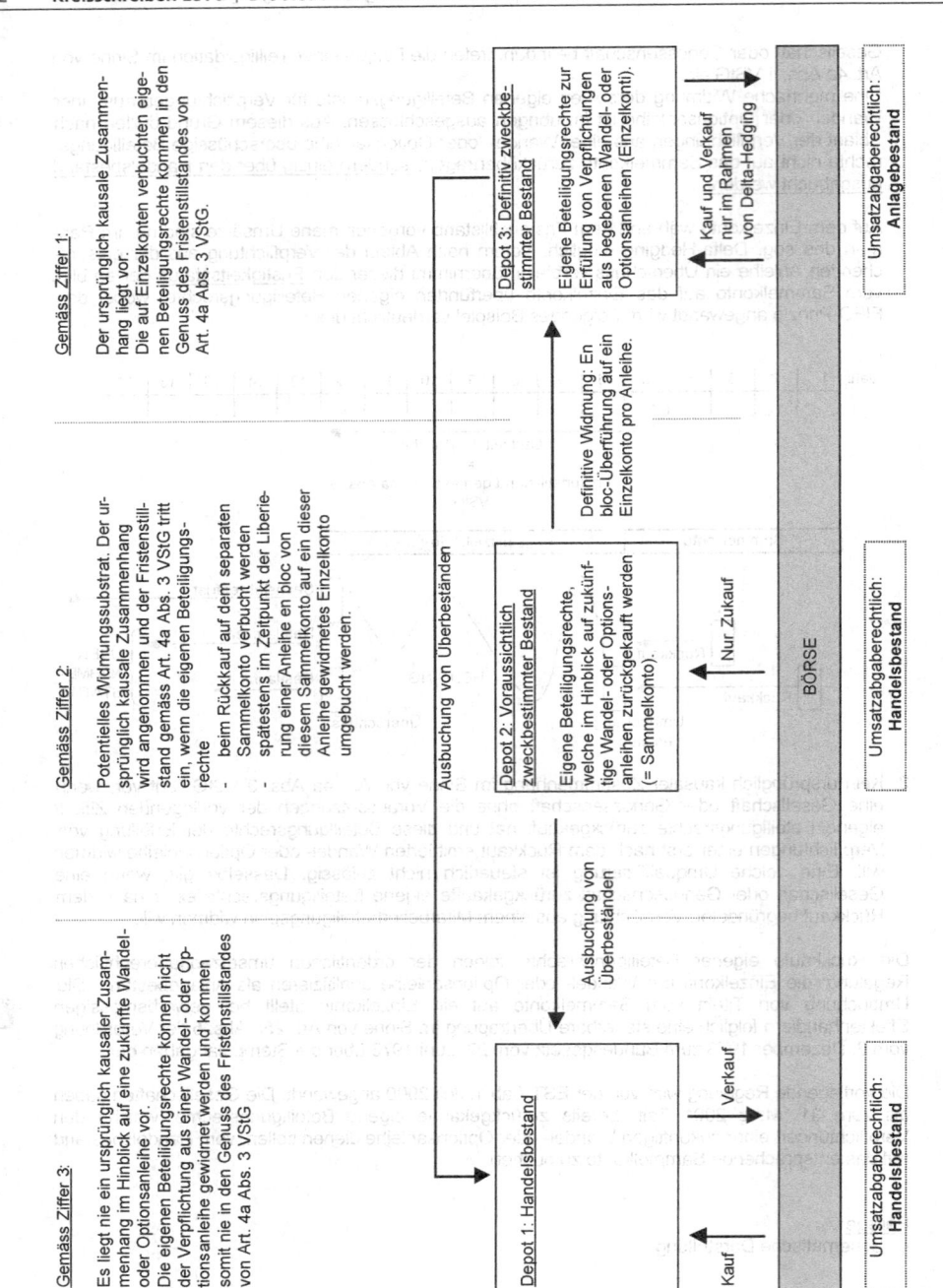

Der ursprünglich kausale Zusammenhang liegt vor.
Die auf Einzelkonten verbuchten eigenen Beteiligungsrechte kommen in den Genuss des Fristenstillstandes von Art. 4a Abs. 3 VStG.

Gemäss Ziffer 2:

Potentielles Widmungssubstrat. Der ursprünglich kausale Zusammenhang wird angenommen und der Fristenstillstand gemäss Art. 4a Abs. 3 VStG tritt ein, wenn die eigenen Beteiligungsrechte
- beim Rückkauf auf dem separaten Sammelkonto verbucht werden
- spätestens im Zeitpunkt der Liberierung einer Anleihe en bloc von diesem Sammelkonto auf ein Einzelkonto gewidmetes Einzelkonto umgebucht werden.

Gemäss Ziffer 3:

Es liegt nie ein ursprünglich kausaler Zusammenhang im Hinblick auf eine zukünftige Wandel- oder Optionsanleihe vor.
Die eigenen Beteiligungsrechte können nicht der Verpflichtung aus einer Wandel- oder Optionsanleihe gewidmet werden und kommen somit nie in den Genuss des Fristenstillstandes von Art. 4a Abs. 3 VStG

Depot 1: Handelsbestand
- Kauf / Verkauf → BÖRSE
- Umsatzabgaberechtlich: Handelsbestand

Depot 2: Voraussichtlich zweckbestimmter Bestand
- Eigene Beteiligungsrechte, welche im Hinblick auf zukünftige Wandel- oder Optionsanleihen zurückgekauft werden (= Sammelkonto).
- Nur Zukauf
- Ausbuchung von Überbeständen
- Umsatzabgaberechtlich: Handelsbestand

Depot 3: Definitiv zweckbestimmter Bestand
- Eigene Beteiligungsrechte zur Erfüllung von Verpflichtungen aus begebenen Wandel- oder Optionsanleihen (Einzelkonti).
- Kauf und Verkauf nur im Rahmen von Delta-Hedging
- Umsatzabgaberechtlich: Anlagebestand

Definitive Widmung: En bloc-Überführung auf ein Einzelkonto pro Anleihe.

Ausbuchung von Überbeständen

Verdecktes Eigenkapital

Quelle: Eidg. Steuerverwaltung ESTV / HA Direkte Bundessteuer, Verrechnungssteuer, Stempelabgaben

Direkte Bundessteuer **Steuerperiode 1997**

Bern, 6. Juni 1997

An die kantonalen Verwaltungen
für die direkte Bundessteuer

Kreisschreiben Nr. 6

Verdecktes Eigenkapital (Art. 65 und 75 DBG) bei Kapitalgesellschaften und Genossenschaften

1. Einleitung

Zwischen den Beteiligten einer Gesellschaft und der Gesellschaft selber können sowohl vertragsrechtliche als auch beteiligungsrechtliche Beziehungen bestehen. Das Zivilrecht wie auch das Steuerrecht gehen dabei von der Annahme aus, dass juristische Personen selbständige Rechtssubjekte darstellen. Dies führt zu einer steuerlichen Doppelbelastung von Gesellschaft und Gesellschafter, indem Gewinne bei der Gesellschaft als Ertrag und im Zeitpunkt der Ausschüttung beim Gesellschafter als Einkommen besteuert werden. Gewährt ein Aktionär der Gesellschaft ein Darlehen, sind für ihn die daraus fliessenden Zinsen wie die Dividendenausschüttungen steuerbares Einkommen. Für die Gesellschaft indes sind die Darlehenszinsen grundsätzlich geschäftsmässig begründeter Aufwand, die Dividenden dagegen sind Gewinnverwendung und damit nicht abzugsfähig. Geschäftsmässig nicht begründete Aufwendungen sind bei der Gesellschaft aufzurechnen.

Die Regeln über das verdeckte Eigenkapital dienen der steuerlichen Abgrenzung von Fremd- und Eigenkapital. Der Wortlaut von Artikel 75 DBG stellt insofern eine Neuerung dar, als von den Steuerbehörden nicht mehr eine Steuerumgehung nachgewiesen werden muss (ungewöhnliche Rechtsgestaltung, welche lediglich deshalb getroffen wurde, um Steuern einzusparen und welche tatsächlich zu einer erheblichen Steuerersparnis führte, falls sie von den Steuerbehörden hingenommen würde), damit verdecktes Eigenkapital angenommen werden kann.

2. Ermittlung des verdeckten Eigenkapitals

2.1. Ermittlung des verdeckten Eigenkapitals für die Kapitalsteuer

Für die Ermittlung des verdeckten Eigenkapitals von Kapitalgesellschaften und Genossenschaften ist grundsätzlich vom Verkehrswert der Aktiven auszugehen. Massgebend sind die Verkehrswerte am Ende der Steuerperiode (Art. 81 DBG). Sofern keine höheren Verkehrswerte nachgewiesen sind, geht die Veranlagungsbehörde von den Gewinnsteuerwerten aus.

Vom Verkehrswert sind in der Regel die folgenden Ansätze als Höchstbetrag der von der Gesellschaft aus eigener Kraft erhältlichen fremden Mittel zu betrachten:

Flüssige Mittel	100 %
Forderungen aus Lieferungen und Leistungen	85 %
Andere Forderungen	85 %
Vorräte	85 %
Uebriges Umlaufvermögen	85 %
In- und ausländische Obligationen in Schweizer Franken	90 %
Ausländische Obligationen in Fremdwährung	80 %
Kotierte in- und ausländische Aktien	60 %
Uebrige Aktien und GmbH-Anteile	50 %
Beteiligungen	70 %
Darlehen	85 %
Betriebseinrichtungen	50 %
Fabrikliegenschaften	70 %
Villen, Eigentumswohnungen, Ferienhäuser und Bauland	70 %
Uebrige Liegenschaften	80 %
Gründungs-, Kapitalerhöhungs- und Organisationskosten	0 %
Andere immaterielle Anlagen	70 %

Für Finanzgesellschaften beträgt das maximal zulässige Fremdkapital in der Regel 6/7 der Bilanzsumme.

Soweit die ausgewiesenen Schulden das zulässige Fremdkapital übersteigen, ist verdecktes Eigenkapital anzunehmen. Wesentlich ist, dass nur derjenige Teil als verdeckt gilt, der direkt oder indirekt von Anteilsinhabern oder diesen nahestehenden Personen stammt. Wird das Fremdkapital von unabhängigen Dritten - ohne Sicherstellung durch den Anteilsinhaber oder diesem nahestehende Personen - zur Verfügung gestellt, liegt kein verdecktes Eigenkapital vor.

Der Nachweis, dass die konkrete Finanzierung dem Drittvergleich standhält, bleibt vorbehalten.

2.2. Ermittlung des verdeckten Eigenkapitals für das Verhältniskapital

Das nach den vorerwähnten Regeln ermittelte Eigenkapital bildet auch Grundlage für die Berechnung des Verhältniskapitals.

2.3. Ermittlung des verdeckten Eigenkapitals zur Berechnung der aufzurechnenden Schuldzinsen

Im Regelfall wird auf den Stand am Ende der Steuerperiode abgestellt. Grossen Verkehrswert- oder Bestandesveränderungen innerhalb der Steuerperiode kann angemessen Rechnung getragen werden.

3. Steuerliche Behandlung

3.1. Ermittlung der Aufrechnung für die Gewinnsteuer

Nach Artikel 65 DBG gehören zum steuerbaren Gewinn der Kapitalgesellschaften und Genossenschaften auch die Schuldzinsen, die auf jenen Teil des Fremdkapitals entfallen, der nach Artikel 75 DBG zum Eigenkapital zu rechnen ist. Die auf das verdeckte Eigenkapital entfallenden Schuldzinsen sind daher dem ausgewiesenen Reingewinn hinzuzurechnen und gemäss Artikel 57 ff. DBG zu besteuern.

Werden Darlehen von Beteiligten oder diesen Nahestehenden zu einem Zinssatz zur Verfügung gestellt, der unter dem marktüblichen Zinsniveau liegt, wird vom gesamten Darlehenszins soviel als abzugsfähiger Aufwand anerkannt, als gemäss Merkblatt der Eidg. Steuerverwaltung betreffend Zinssätze für die Berechnung der geldwerten Leistungen für das anerkannte Fremdkapital zulässig wäre. Nur der verbleibende Rest wird aufgerechnet.

3.2. Zinsloses Darlehen von Aktionären

Die gesetzliche Bestimmung von Artikel 75 DBG verlangt nicht das Vorliegen einer Steuerumgehung. Deshalb ist verdecktes Eigenkapital für die Kapitalsteuer und das Verhältniskapital auch dann anzunehmen, wenn das betreffende Kapital dem Aktionär nicht verzinst wurde.

3.3. Verdecktes Eigenkapital beim Vorliegen eines Verlustvortrags

Die Umqualifizierung von Fremdkapital in verdecktes Eigenkapital ist rein steuerrechtlich bedingt und hat das Ziel, die auf dem Fremdkapital bezahlten Zinsen nicht als abzugsfähigen Aufwand, sondern als verdeckte Gewinnausschüttung und somit wie Dividenden zu behandeln. Daraus folgt, dass das verdeckte Eigenkapital dem einbezahlten Grund- und Stammkapital und nicht den Reserven gleichzusetzen ist. Ein allfälliger Verlustvortrag kann demnach nur mit Reserven, nicht aber mit dem um das verdeckte Eigenkapital erhöhten einbezahlten Grund- und Stammkapital verrechnet werden.

3.4. Rückzahlung von verdecktem Eigenkapital

Das als verdecktes Eigenkapital ermittelte Fremdkapital von Aktionären und diesen nahestehenden Personen ist bei der Rückzahlung steuerfrei.

Der Hauptabteilungschef

Samuel Tanner

Einmalprämienversicherung

Quelle: Eidg. Steuerverwaltung ESTV / HA Direkte Bundessteuer

Direkte Bundessteuer **Steuerperiode 1995/96**

Bern, 30. Juni 1995

An die kantonalen Verwaltungen
für die direkte Bundessteuer

Kreisschreiben Nr. 24[1]

Kapitalversicherungen mit Einmalprämie

I. Allgemeines

Artikel 20 Absatz 1 Buchstabe a DBG ist vom Parlament, nach bewegter Vorgeschichte (vgl. dazu die entsprechende bundesrätliche Botschaft vom 1.3.1993, BBl 1993 I 1196) und nach langen Beratungen am 7. Oktober 1994 mit folgender Fassung verabschiedet worden:

Artikel 20 Absatz 1 Buchstabe a

1 Steuerbar sind die Erträge aus beweglichem Vermögen, insbesondere:

a. Zinsen aus Guthaben, einschliesslich ausbezahlter Erträge aus rückkaufsfähigen Kapitalversicherungen mit Einmalprämie im Erlebensfall oder bei Rückkauf, ausser wenn diese Kapitalversicherungen der Vorsorge dienen. Als der Vorsorge dienend gilt die Auszahlung der Versicherungsleistung ab dem vollendeten 60. Altersjahr des Versicherten aufgrund eines mindestens fünfjährigen Vertragsverhältnisses. In diesem Fall ist die Leistung steuerfrei.

Für Kapitalversicherungen, die vor dem 1. Januar 1994 abgeschlossen wurden, hat das Parlament mit Artikel 205a noch folgende Übergangsbestimmung gutgeheissen:

Art. 205a Altrechtliche Kapitalversicherungen mit Einmalprämie

Bei Kapitalversicherungen gemäss Artikel 20 Absatz 1 Buchstabe a, die vor dem 1. Januar 1994 abgeschlossen wurden, bleiben die Erträge steuerfrei, sofern bei Auszahlung das Vertragsverhältnis mindestens fünf Jahre gedauert oder der Versicherte das 60. Altersjahr vollendet hat.

---

1 Angepasst an das Bundesgesetz über die formelle Bereinigung der zeitlichen Bemessung der direkten Steuern bei den natürlichen Personen.vom 22. März 2013 (in Kraft seit 1. Januar 2014).

Beide Bestimmungen sind mit dem Bundesgesetz über die direkte Bundessteuer am 1. Januar 1995 in Kraft getreten.

Gegenstand dieses Kreisschreibens bildet die Erläuterung der beiden Gesetzesbestimmungen.

II. Artikel 20 Absatz 1 Buchstabe a

1. Rückkaufsfähige Kapitalversicherung

Kapitalversicherungen sind Lebensversicherungen mit einmaliger Leistung im Versicherungsfall. Dazu gehören die Todesfallversicherungen, die Erlebensfallversicherungen, die gemischten Versicherungen und die Versicherungen auf festen Termin. Eine Kapitalversicherung ist rückkaufsfähig, sofern sie kapitalbildend ist. Das ist der Fall, wenn der Eintritt des versicherten Ereignisses gewiss ist (Art. 90 Abs. 2 des Bundesgesetzes über den Versicherungsvertrag, VVG vom 02.04.1908; SR 221.229.1). Die gängigste unter den rückkaufsfähigen Kapitalversicherungen ist die klassische gemischte Versicherung.

Die Steuerbehörden können indessen für die steuerliche Beurteilung nicht allein auf die zivilrechtliche Qualifikation des VVG abstellen. Kapitalversicherungen, die von der Versicherungsaufsichtsbehörde als "rückkaufsfähige Lebensversicherung" zugelassen sind, erfüllen nicht automatisch die Voraussetzungen für eine steuerliche Privilegierung.

Bei rückkaufsfähigen Kapitalversicherungen, welche durch eine Einmalprämie finanziert werden, fehlt das typische Versicherungssparen, wurde doch der eigentliche Sparprozess schon vor der Bezahlung der Einmalprämie abgeschlossen. Im Vordergrund steht nicht der Versicherungsschutz, sondern vielmehr die Vermögensanlage. Die Erträge aus rückkaufsfähigen Kapitalversicherungen mit Einmalprämien sind im Erlebensfall sowie bei Rückkauf grundsätzlich steuerbar, soweit die Kapitalversicherung nicht der Vorsorge dient (Art. 20 Abs. 1 Bst. a DBG).

Nach den Bestimmungen von Artikel 20 Absatz 1 Buchstabe a DBG sind im Bereich der freien Selbstvorsorge (Säule 3b) künftig zwei Kategorien von Kapitalversicherungen mit Einmalprämien auseinanderzuhalten:

a) rückkaufsfähige Kapitalversicherungen mit Einmalprämie, die der Vorsorge dienen und deren Erträge bei der Auszahlung steuerfrei sind;

b) andere rückkaufsfähige Kapitalversicherungen mit Einmalprämie, die nicht der Vorsorge dienen und deren Erträge deshalb bei der Auszahlung besteuert werden.

1. a) Rückkaufsfähige Kapitalversicherungen mit Einmalprämie, die der Vorsorge dienen

Aufgrund von Artikel 111 Absatz 1 der Bundesverfassung ist die Selbstvorsorge in das Dreisäulenkonzept unserer Alters-, Hinterbliebenen- und Invalidenvorsorge eingebunden. Die Funktion der Selbstvorsorge besteht darin, die Leistungen der ersten beiden Säulen sinnvoll zu ergänzen. Eine steuerliche Privilegierung der rückkaufsfähigen Kapitalversicherung ist somit gestützt auf Artikel 34quater Absatz 6 der Bundesverfassung nur im Rahmen der Vorsorge gemäss Artikel 34quater Absatz 1 BV zulässig. Mit Artikel 20 Absatz 1 Buchstabe a DBG wollte der Gesetzgeber einzig jene Kapitalversicherungen steuerlich privilegieren, die als derart verstandene Vorsorge ausgestaltet sind. Dies setzt voraus, dass die Auszahlung der Versicherungsleistung nach dem vollendeten 60. Altersjahr des Versicherten erfolgt und das Vertragsverhältnis mindestens fünf Jahre gedauert hat. Sind diese Bedingungen (kumulativ) erfüllt, ist eine Auszahlung der Versicherungsleistung im Erlebensfall oder bei Rückkauf stets steuerfrei.

Um im weiteren die Kapitalversicherung mit Einmalprämie von einer Vermögensanlage abzugrenzen, muss die Kapitalversicherung einen angemessenen Versicherungsschutz für den Erlebensfall sowie für den Fall des vorherigen Ablebens des Versicherten garantieren. Die Höhe dieses Versicherungsschutzes darf nicht beliebig niedrig angesetzt werden.

1. b) Kapitalversicherungen mit Einmalprämie, die nicht der Vorsorge dienen

Als rückkaufsfähige Kapitalversicherungen, finanziert mit Einmalprämie, werden auf dem Markt unter anderem angeboten:

- Erlebensfallversicherungen mit Rückgewähr

    Die versicherte Summe (Alterskapital) wird einzig ausbezahlt, wenn der Versicherte einen zum voraus bestimmten Zeitpunkt erlebt. Bei seinem vorherigen Tod werden die bis zum Todestag bezahlten (Einmal-) Prämien zurückerstattet; eine Versicherungsleistung (Todesfallsumme) wird dagegen nicht garantiert. Der Versicherer trägt somit kein Todesfallrisiko (vgl. Ziff. 1.a Abs. 2).

    Hinzu kommt, dass gewisse Versicherungsgesellschaften bei vorherigem Ableben des Versicherten nicht bloss die Einmalprämie zurückerstatten, sondern zusätzlich noch allfällige Überschussanteile ausbezahlen. Hier handelt es sich nicht mehr um eine echte Versicherungsleistung.

- Versicherungen auf festen Termin (terme fixe)

    Der Versicherer verpflichtet sich, die Versicherungssumme an einem bestimmten Termin zu bezahlen, gleichgültig, ob die versicherte Person noch lebt oder nicht. Da beim Todesfall der versicherten Person keine Leistung fällig wird und die Prämie für die gesamte Vertragsdauer vorausbezahlt ist, hat der Versicherer kein Todesfallrisiko zu tragen (anders als bei der Finanzierung mit periodischer Prämie; vgl. auch Ziff. 1.a Abs. 2).

- Versicherungen ohne feste Vertragsdauer (sog. Open end-Versicherungen)

Der Versicherungsvertrag dieser rückkaufsfähigen Kapitalversicherung sieht bei Ablauf, d.h. bei Erreichen des Terminalters, die Möglichkeit einer wiederholten Vertragsverlängerung vor. Nach Eintritt der ersten Fälligkeit handelt es sich grundsätzlich um ein Stehenlassen bzw. um eine jährliche Reinvestition des verfügbaren Alterskapitals. Andererseits könnte man darin auch einen Neuabschluss (mit einem neuen Vertragsablauf) erblicken.

Diese und ähnliche Kapitalversicherungen laufen auf verkappte Anlagegeschäfte hinaus, denn im Vordergrund steht nicht der Versicherungsschutz, sondern vielmehr die Vermögensanlage. Solche Kapitalversicherungen mit Einmalprämie werden entsprechend dem allgemeinen Grundsatz von Artikel 20 Absatz 1 Buchstabe a DBG bei der Auszahlung der Erträge besteuert; die Leistungen aus solchen Versicherungen können somit nicht als steuerfreie Versicherungsleistungen im Sinne von Artikel 24 lit. b DBG betrachtet werden.

2. Versicherte Person

Der Gesetzgeber wollte mit Artikel 20 Absatz 1 Buchstabe a DBG die Selbstvorsorge steuerlich privilegieren. Daraus folgt, dass der Versicherungsnehmer zugleich versicherte Person sein muss. Ebenso hat die versicherte Person Versicherungsnehmer zu sein.

Eine Versicherung auf zwei Leben ist einzig bei Ehegatten zulässig, soweit diese gemeinsam veranlagt werden. Diesfalls muss nur eine der versicherten Personen Versicherungsnehmer sein. Die Voraussetzung, wonach eine Auszahlung nicht vor Vollendung des 60. Altersjahres erfolgen darf, ist dabei von beiden Ehegatten zu erfüllen.

3. Einmalprämie

Hinsichtlich der Finanzierung einer Lebensversicherung ist zu unterscheiden zwischen periodischer Prämienzahlung (i.d.R. Jahresprämien) und der Bezahlung einer Einmalprämie. Eine solche Einmalprämie liegt jedoch nicht nur dann vor, wenn sie einmalig beim Abschluss der Versicherung bezahlt wird. Als Einmalprämien sind auch solche Einlagen zu betrachten, die während der Vertragsdauer geleistet werden und nicht eindeutig periodischen, planmässigen Prämien entsprechen. Solche Einmalprämien sind vor allem bei flexiblen Versicherungsprodukten anzutreffen.

Die Abgrenzung kann in der Praxis wie folgt vorgenommen werden: Wenn der Versicherungsvertrag nicht von Anfang an über die ganze Vertragsdauer auf eine periodische, planmässige Prämienzahlung ausgelegt ist, ist eine Kapitalversicherung mit Einmalprämie anzunehmen. Das bedeutet, dass in solchen Fällen die steuerliche Freistellung der entsprechenden Erträge stets an die Bedingungen von Artikel 20 Absatz 1 Buchstabe a DBG geknüpft ist.

4. Besteuerung der Erträge

Die Erträge aus rückkaufsfähigen Kapitalversicherungen mit Einmalprämie, die steuerlich nicht privilegiert sind, werden im Erlebensfall oder bei Rückkauf zusammen mit dem übrigen Einkommen besteuert. Als Vermögensertrag erfasst wird in diesen Fällen die Differenz zwischen der vom Versicherungsnehmer einbezahlten Einmalprämie und der ausbezahlten Versicherungsleistung (inkl. der

Überschussanteile). Eine Besteuerung zum Rentensatz gemäss Artikel 37 DBG oder gar eine getrennte Besteuerung als Kapitalleistung aus Vorsorge nach Artikel 38 DBG ist nicht möglich. Die ausgerichteten Überschussanteile sind im Zeitpunkt ihrer Realisierung als steuerbares Einkommen zu erfassen.

5. Steuerumgehung

Die Regeln, wie sie für die Annahme einer Steuerumgehung bei Kapitalversicherungen mit Einmalprämie vom Bundesgericht entwickelt worden sind - namentlich im Zusammenhang mit einer darlehensweisen Finanzierung der Einmalprämie - gelten auch unter dem Recht des DBG.

Danach ist die Fremdfinanzierung insbesondere dann als ein absonderliches Vorgehen zum Zweck der Steuerumgehung zu betrachten, wenn die Vermögens- und Einkommensverhältnisse der steuerpflichtigen Person eine Fremdfinanzierung der Kapitalversicherung mit Einmalprämie nicht erlauben und daher die Versicherungspolice vielfach faktisch die einzige Garantie für den aufgenommenen Kredit darstellt. Unter solchen Umständen ist das Darlehen steuerlich nicht zu anerkennen und dementsprechend der Abzug der geltend gemachten Schuldzinsen zu verweigern (vgl. z.B. BGE in ASA 44, 360; 50, 624; 55, 129).

III. Artikel 205a DBG

Im Hinblick auf den Auslegungsstreit um die frühere Fassung von Artikel 20 Absatz 1 Buchstabe a DBG und die damit verbundene Unsicherheit für die Steuerpflichtigen hat der Gesetzgeber mit der Bestimmung von Artikel 205a DBG eine grosszügige Uebergangsregelung geschaffen: Danach genügt bei Versicherungsverhältnissen, die vor dem 1. Januar 1994 abgeschlossen wurden, für die steuerliche Freistellung der Erträge schon eine der sonst kumulativ erforderlichen Voraussetzungen, nämlich entweder die minimale fünfjährige Vertragsdauer oder das vollendete 60. Altersjahr des Versicherten.

IV. Aufhebung früherer Kreisschreiben

Das Kreisschreiben der Eidg. Steuerverwaltung vom 21. Juni 1982 betreffend Kapitalversicherungen mit Einmalprämie (wiedergegeben in ASA 51, 85) wird aufgehoben.

V. Auskunftsstelle

Fragen zur steuerlichen Behandlung von Lebensversicherungsprodukten sind an die Eidg. Steuerverwaltung (Sektion Meldewesen, Eigerstrasse 65, 3003 Bern, Tel. 031/322 71 55 /71 15) zu richten.

Der Hauptabteilungschef

Samuel Tanner

Auskunftspflicht

Quelle: Eidg. Steuerverwaltung ESTV / HA Direkte Bundessteuer

Direkte Bundessteuer   Steuerperiode 1995/96

Bern, 7. März 1995

An die kantonalen Verwaltungen
für die direkte Bundessteuer

Kreisschreiben Nr. 19

Auskunfts-, Bescheinigungs- und Meldepflicht im DBG

Einleitung

Im Bundesgesetz über die direkte Bundessteuer (DBG) vom 14. Dezember 1990 sind in mehreren Artikeln die Auskunfts-, Bescheinigungs- und Meldepflichten niedergelegt. Diese dienen dem Vollzug des Gesetzes. Teilweise ergeben sich entsprechende Pflichten auch aus der Gesetzgebung zur beruflichen Vorsorge.

Das vorliegende Kreisschreiben soll einen Überblick über diese Pflichten vermitteln, um die Anwendung und den Vollzug der gesetzlichen Vorschriften in der Praxis zu erleichtern.

A. Auskunftspflicht

1. Auskunftspflicht unter Steuerbehörden im Rahmen der Amtshilfe (Art. 111 DBG)

Gemäss Artikel 111 Absatz 1 DBG unterstützen sich die mit dem Vollzug des DBG betrauten Behörden gegenseitig bei der Erfüllung ihrer Aufgaben. Sie erteilen den Steuerbehörden des Bundes, der Kantone, Bezirke, Kreise und Gemeinden die notwendigen Auskünfte kostenlos und gewähren ihnen auf Verlangen Einsicht in die amtlichen Akten (vgl. Richtlinien für das interkantonale Meldewesen, erlassen von der Konferenz staatlicher Steuerbeamter vom 1.10.1992 in ASA 62, 542 ff.).

2. Auskunftspflicht anderer Behörden im Rahmen der Amtshilfe (Art. 112 DBG)

a) Die Behörden des Bundes, der Kantone, Bezirke, Kreise und Gemeinden sind gehalten, den mit dem Vollzug des DBG betrauten Behörden auf deren Ersuchen hin kostenlos alle erforderlichen Auskünfte zu erteilen. Zur Auskunft verpflichtete Behörden sind nicht nur sämtliche Verwaltungsbehörden (z.B. Grundbuch- und Handelsregisterämter, AHV-Behörden, Einwohnerkontrollen und Fremdenpolizeibehörden, Zentralverwaltung des Bundes, Alkoholverwaltung etc.), sondern auch sämtliche Gerichtsbehörden. Die gleiche Pflicht zur Amtshilfe haben gemäss Artikel 112 Absatz 2 DBG die Organe von Körperschaften und Anstalten, soweit sie Aufgaben der öffentlichen Verwaltung wahrnehmen (z.B. PTT, SBB, Nationalfonds etc.). Gemäss Artikel 112 Absatz 3 DBG sind von dieser Auskunfts- und Mitteilungspflicht ausgenommen die Organe der PTT-Betriebe und der öffentlichen Kreditinstitute für Tatsachen, die einer besonderen gesetzlichen Geheimhaltung unterstehen.

Datenschutzaspekte dürfen die Tatsachenermittlung der Steuerbehörden beim Vollzug des Steuergesetzes nicht beeinträchtigen, ausser der Steuerpflichtige habe einer Behörde aufgrund eines besonderen Vertrauensverhältnisses Tatsachen offenbart, deren Weiterleitung an die Steuerbehörden durch das öffentliche Interesse nicht hinreichend begründet erscheint (Verwaltungspraxis der Bundesbehörden 1984 Nr. 26). Daten der Volkszählung dürfen z.B. für steuerliche Zwecke nur verwendet werden, soweit sie keine Rückschlüsse auf bestimmte Personen zulassen (Art. 3a BG über die eidg. Volkszählung vom 3.2.1860; Art. 23 ff. der Verordnung über die Eidg. Volkszählung 1990 vom 26.10.1988).

b) Zur Auskunft verpflichtet sind auch die Behörden der Militärversicherung. Gemäss Artikel 22 DBG sind alle Einkünfte aus Vorsorge steuerbar. Auch die Leistungen aus Militärversicherung (Art. 8 MVG) fallen grundsätzlich mit einigen wenigen Ausnahmen (wie Invaliden- und Hinterlassenenrenten, die vor dem 1.1.1994 zu laufen begannen; sowie Integritätsschadenrenten und Genugtuungsleistungen etc.) darunter (vgl. dazu Kreisschreiben Nr. 11, Besteuerung von Leistungen aus Militärversicherung vom 8.6.1994).

c) Die Amtshilfe der AHV-Behörden ist mit den Artikeln 112 und 203 DBG neu geregelt. Durch Artikel 203 DBG ist das AHV-Gesetz insoweit ergänzt worden, als die Schweigepflicht der AHV-Behörden nicht mehr gilt gegenüber Behörden, die mit dem Vollzug der Steuergesetze betraut sind und die um Auskünfte für die Anwendung dieser Gesetze ersuchen (AHVG Art. 50bis).

Die Auskünfte müssen sich nicht nur auf den Einzelfall beschränken, sondern es ist auch z.B. die Aushändigung von Listen denkbar. Das ergibt sich aus der Wendung "alle erforderlichen Auskünfte", wobei sich "erforderlich" auf den Vollzug dieses Gesetzes bezieht. Also sind den Steuerbehörden alle zum Vollzug des DBG erforderlichen Auskünfte zu erteilen (vgl. dazu auch die französischen und italienischen Texte). Daraus ergibt sich keine Beschränkung auf den Einzelfall. Eine besondere Begründung für die Auskunfterteilung an die Steuerbehörden ist weder im AHV-Gesetz noch im Gesetz über die direkte Bundessteuer (DBG) vorgesehen.

d) Von sämtlichen Verwaltungsbehörden und ihnen gleichgestellten Anstalten und Körperschaften kann ferner auch die Aushändigung von Listen aller im betreffenden Amt oder Betrieb beschäftigten Personen verlangt werden.

3. Auskunftspflicht bzw. Mitwirkungspflicht des Steuerpflichtigen
(Art. 126 Abs. 2 und Abs. 3 DBG)

a) Der Steuerpflichtige ist nicht nur gehalten, der Veranlagungsbehörde eine vollständige Steuererklärung einzureichen (Art. 124 Abs. 2 DBG); er hat ausserdem auf Verlangen der Veranlagungsbehörde mündlich oder schriftlich Auskunft zu erteilen (Art. 126 Abs. 2 DBG) und Bescheinigungen vorzulegen. Die Veranlagungsbehörde kann - wenn die Bescheinigung nicht eingereicht wird - diese vom Dritten selbst einfordern (Art. 127 Abs. 2 DBG).

Die Auskunftspflicht bezieht sich selbstverständlich nur auf steuerrechtlich relevante Sachverhalte (z.B. Lohnausweis etc.). Tatsachen können nicht nur dann als steuerlich relevant gelten, wenn sie direkt und unmittelbar das Recht auf die Bezahlung einer Geldsumme im Rahmen eines Rechtsgeschäftes verkörpern. Sie sind auch dann steuerlich relevant, wenn sie zur steuerrechtlichen Qualifizierung eines Sachverhaltes notwendig sind.

b) In eigener Sache gibt es kein Berufsgeheimnis. Das bedeutet aber nicht, dass die nach Gesetz (Art. 321 Strafgesetzbuch oder Art. 47 Bankengesetz) zur Geheimhaltung Verpflichteten (z.B. Arzt, Anwalt oder Bank) zur Auskunft über Tatsachen verhalten werden können, die sie geheimzuhalten haben.

Es sind die beiden Rechtsgüter, d.h. das Interesse des Staates an einer gerechten Besteuerung mit dem Recht und der Pflicht dieser Berufsgruppen auf Geheimhaltung, im Einzelfall gegeneinander abzuwägen. Ein allfälliger Eingriff zur steuerlichen Feststellung der wirtschaftlichen Verhältnisse des Geheimnisträgers hat dabei stets verhältnismässig und zumutbar zu sein.

Der Name des Klienten und das Bestehen eines Mandatverhältnisses sind bei einem Rechtsanwalt nicht unter allen Umständen geheimhaltungspflichtige Tatsachen. Die Einreichung einer schriftlichen Aufstellung mit Rechnungsbetrag, Rechnungsdatum und Initialen des Klienten an die Steuerbehörde bildet in der Regel keine Geheimnisoffenbarung (Aufsichtskommission des Kantons Zürich über Rechtsanwälte in SJZ 1980, 76. Jg., S. 247). Der Anwalt, der sich weigert, selbst dies bekannt zu geben, kann zwar nicht wegen Verletzung der Auskunftspflicht gemäss Artikel 174 Absatz 1 Buchstabe b DBG gebüsst werden. Er muss jedoch die Folgen dieser Verweigerung auf sich nehmen und sich eine ermessensweise Höhereinschätzung seines steuerbaren Einkommens gefallen lassen.

Die gerichtliche und rechtsberatende Tätigkeit gehören zur Anwaltstätigkeit im engeren Sinne, die unter dem Schutz des Anwaltsgeheimnisses steht. Unter die Geheimhaltungspflicht fällt jedoch nicht, was den Kanzleibetrieb des Anwalts betrifft (berufliche Aufwendungen für Miete, Löhne, Versicherungen, Materialkosten, Reisespesen usw.). Ebenso entfällt die Geheimhaltungspflicht für Tätigkeiten ausserhalb der Advokatur, so die Zugehörigkeit zum Verwaltungsrat oder zur Kontrollstelle einer AG oder die Betätigung als Vermögensverwalter.

c) Bei der Erfüllung der Auskunftspflicht kann sich der Steuerpflichtige nicht auf das Bankgeheimnis berufen. Er hat die verlangten Bankbescheinigungen (u.a. Vollständigkeitsbescheinigungen) zu beschaffen und vorzulegen (Bernische Verwaltungsrechtsprechung 1986, S. 433). Über die Auskunftspflicht der Banken hat die schweizerische Bankiervereinigung mit Zirkular vom 11. Oktober 1988 eine Darstellung herausgegeben (vgl. Rechtsbuch der schweiz. Bundessteuern Bd. 7, II A d 164; vgl. auch Bescheinigungspflicht Dritter, S. 5, letzter Absatz).

d) Der Datenschutz darf den Vollzug des Steuergesetzes - mithin eine gesetzmässige Besteuerung - nicht beeinträchtigen. Das Recht der Persönlichkeit auf informationelle Selbstbestimmung kann nicht schrankenlos sein. Im Konflikt Individuum - Gesellschaft hat der Einzelne Einschränkungen seiner Rechte im überwiegenden Allgemeininteresse hinzunehmen.

e) Über die verfahrensrechtliche Stellung der Ehegatten gibt Artikel 113 DBG Auskunft. Gemäss Absatz 1 dieser Bestimmung üben die in rechtlich und tatsächlich ungetrennter Ehe lebenden Ehegatten die ihnen nach DBG zukommenden Verfahrenspflichten gemeinsam aus. Mit der Beseitigung der Steuersubstitution erhält die Ehefrau somit sämtliche Verfahrensrechte und Verfahrenspflichten (vgl. Kreisschreiben Nr. 14, Steuerperiode 1995/96, vom 29.7.1994).

4. Die Auskunftspflicht Dritter (Art. 128 DBG)

Die Auskunftserteilung Dritter an die Steuerbehörden ist im Gesetz eng umschrieben. Es besteht somit diesbezüglich keine generelle Auskunftspflicht von Drittpersonen. Diese Auskunftspflicht dient vor allem dazu, den Steuerverwaltungen die Kontrolle bzw. Ergänzung nicht vollständiger Steuererklärungen zu erleichtern.

Als auskunftspflichtige Personen werden vom Gesetz folgende Personen aufgeführt:

- Gesellschafter
- Miteigentümer
- Gesamteigentümer

Die Auskunftspflicht Dritter nach Artikel 128 DBG besteht direkt gegenüber den Steuerbehörden. Voraussetzung für diese Auskunftspflicht ist das Vorliegen eines Rechtsverhältnisses zum Steuerpflichtigen. Angaben gesellschaftsrechtlicher und vermögensrechtlicher Art sind auf Verlangen insbesondere zu machen über:

- Anteile, Ansprüche und Bezüge.

5. Die Auskunftspflicht des Steuerpflichtigen und des Schuldners bei der Quellensteuer (Art. 136 DBG)

Gemäss Artikel 136 DBG haben sowohl der Steuerpflichtige als auch der Schuldner der steuerbaren Leistung (Arbeitgeber, Versicherer etc.) den Veranlagungsbehörden auf Verlangen über die für die Erhebung der Quellensteuer massgebenden Verhältnisse mündlich oder schriftlich Auskunft zu erteilen. Dabei gelten die Artikel 123-129 (Pflichten des Steuerpflichtigen, Bescheinigungspflicht Dritter, Auskunftspflicht Dritter und Meldepflicht Dritter) sinngemäss.

B. Bescheinigungspflicht

1. Bescheinigungspflicht der Steuerbehörden

a) Bei Löschung einer juristischen Person im Handelsregister (Art. 171 DBG)

Eine juristische Person darf im Handelsregister erst dann gelöscht werden, wenn die kantonale Verwaltung für die direkte Bundessteuer dem Handelsregisteramt angezeigt hat, dass die geschuldete Steuer bezahlt oder sichergestellt ist.

b) Bei Eintrag ins Grundbuch, wenn der Veräusserer (natürliche oder juristische Person) ausschliesslich aufgrund von Grundbesitz in der Schweiz steuerpflichtig ist (Art. 172 DBG).

Auch diese Bescheinigungspflicht dient der Steuersicherung. Veräussert eine in der Schweiz ausschliesslich wegen Grundbesitzes (Art. 4 Abs. 1 Bst. c und Art. 51 Abs. 1 Bst. c DBG) steuerpflichtige natürliche oder juristische Person ein in der Schweiz gelegenes Grundstück, so darf der Erwerber im Grundbuch nur mit schriftlicher Zustimmung der kantonalen Verwaltung für die direkte Bundessteuer als Eigentümer eingetragen werden.

2. Bescheinigungspflicht Dritter (Art. 127 DBG)

Diese Pflicht beinhaltet eine von einem Dritten stammende schriftliche Auskunft an den Steuerpflichtigen. Reicht der Pflichtige trotz Mahnung die nötige Bescheinigung nicht ein, so kann sie die Veranlagungsbehörde direkt vom Dritten einfordern, wobei das gesetzlich geschützte Berufsgeheimnis vorbehalten bleibt. Jede Bescheinigung ist zu unterzeichnen, wobei im Briefkopf die genaue Adresse des Unterzeichnenden bzw. seiner Firma angegeben sein muss, ansonsten der Urheber unbekannt bleibt und die Steuerbehörde nicht davon ausgehen kann, dass die Bescheinigung tatsächlich vom Dritten ausgestellt wurde. Bezüglich der Unterzeichnung werden jedoch gewisse Ausnahmen zugelassen, wenn die Umstände es rechtfertigen. Über EDV-Anlagen erstellte Bescheinigungen (z.B. Lohnausweise) bedürfen keiner Unterschrift mehr. Diese Ausnahme ist bei Massengeschäften berechtigt, sofern der Aussteller trotz fehlender eigenhändiger Unterschrift eindeutig als Urheber der Bescheinigung und ihres Inhalts erkennbar und nachweisbar ist (vgl. Erläuterungen zum dreisprachigen Lohnausweisformular der ESTV, Ausgabe 1991, Randziffer 5, S. 2).

Gemäss Artikel 127 DBG sind zur Ausstellung schriftlicher Bescheinigungen gegenüber dem Steuerpflichtigen verpflichtet:

a) Arbeitgeber über die Leistungen an Arbeitnehmer (z.B. Lohnausweis),

b) Gläubiger und Schuldner über Bestand, Höhe, Verzinsung und Sicherstellung von Forderungen,

c) Versicherer über den Rückkaufswert von Versicherungen und über die aus dem Versicherungsverhältnis ausbezahlten oder geschuldeten Leistungen, soweit nicht eine Meldepflicht nach Verrechnungssteuergesetz besteht,

d) Treuhänder, Vermögensverwalter, Pfandgläubiger, Beauftragte und andere Personen, die Vermögen des Steuerpflichtigen in Besitz oder in Verwaltung haben oder hatten, über dieses Vermögen und seine Erträgnisse,

e) Personen, die mit dem Steuerpflichtigen Geschäfte tätigen oder getätigt haben, über die beiderseitigen Ansprüche und Leistungen.

Nach Artikel 81 Absatz 3 BVG und Artikel 8 BVV 3 haben ferner Arbeitgeber, Vorsorgeeinrichtungen und Bankstiftungen dem Steuerpflichtigen die im Rahmen der beruflichen Vorsorge sowie der gebundenen Selbstvorsorge erbrachten Beiträge zu bescheinigen.

Mit Rundschreiben der Eidg. Steuerverwaltung vom 11. Februar 1993 ist das Formular 13b "Vollständigkeitsbescheinigung" für Banken und professionelle Vermögensverwalter eingeführt worden. Die Steuerbehörde hat nicht nur das Recht, sondern auch die Pflicht, vom Steuerpflichtigen unter gewissen Umständen eine Vollständigkeitsbescheinigung zu verlangen (BGE vom 7.7.1994, wird publiziert). Die im erwähnten Rundschreiben und Bundesgerichtsentscheid angestellten rechtlichen Überlegungen gelten auch unter dem Regime des DBG.

Die Vollständigkeitsbescheinigung als subsidiäres Zwangsmittel bezweckt, dass die betreffende Bank sämtliche Rechtsgeschäfte mit dem Steuerpflichtigen während eines bestimmten Zeitraumes lückenlos auflistet (vgl. Zirkular Nr. 6743 der Schweizerischen Bankiervereinigung an die Mitglieder vom 19.5.1993 betreffend die Vollständigkeitsbescheinigungen der Banken in Rechtsbuch der schweizerischen Bundessteuern, Bd. 7, II A d 218). Die Steuerbehörden sind aber nicht berechtigt, die Vollständigkeitsbescheinigung direkt von der betreffenden Bank einzufordern (vgl. Ziff. 7 des Rundschreibens vom 11.2.1993).

3. Die Bescheinigungspflicht des Schuldners der steuerbaren Leistung bei der Quellensteuer (Art. 100 Abs. 1 Bst. b und c DBG)

Gemäss Artikel 100 Absatz 1 Buchstabe b hat der Schuldner der steuerbaren Leistung dem Steuerpflichtigen eine Aufstellung oder eine Bestätigung über den Quellensteuerabzug auszustellen. Ferner hat er gemäss Buchstaben c periodisch die Quellensteuer abzuliefern und mit der zuständigen Steuerbehörde abzurechnen und ihr zur Kontrolle der Steuererhebung auch Einblick in alle Unterlagen zu gewähren.

C. Meldepflicht

1. Die Meldepflicht der Behörden (Art. 122 DBG)

Die zuständigen Behörden der Kantone und Gemeinden übermitteln den mit dem Vollzug der direkten Bundessteuer betrauten Behörden die nötigen Angaben aus den Kontrollregistern, soweit sie für die Besteuerung von Bedeutung sind. Das sind etwa Auszüge aus dem Einwohnerregister, aus Grundbüchern etc.

2. Die Meldepflicht Dritter (Art. 129 DBG)

Die Meldepflicht gemäss Artikel 129 DBG versteht sich als eine spezielle Bescheinigungspflicht ohne amtliche Aufforderung direkt zuhanden der Veranlagungsbehörden. Dieser Meldepflicht zuhanden der Veranlagungsbehörden unterliegen folgende Personen und Rechtsgemeinschaften:

- juristische Personen
- Stiftungen
- Einrichtungen der beruflichen Vorsorge und der gebundenen Selbstvorsorge
- einfache Gesellschaften und Personengesellschaften

Diese juristischen Personen und Rechtsgemeinschaften haben für jede Steuerperiode den Veranlagungsbehörden spontan Bescheinigungen über die in Artikel 129 DBG erwähnten Leistungen einzureichen. Die einfache Gesellschaft und die Personengesellschaft können ihre Meldepflicht entsprechend der bisherigen Praxis beibehalten. Jedem Steuerpflichtigen ist jedoch ein Doppel dieser Bescheinigung (bzw. Meldung) zuzustellen.

Ausgenommen von dieser Meldepflicht gegenüber den Veranlagungsbehörden sind Einrichtungen der beruflichen Vorsorge und der gebundenen Selbstvorsorge, soweit die ausgerichteten Leistungen gemäss Verrechnungssteuergesetz bereits der Eidg. Steuerverwaltung gemeldet wurden.

Die Anlagefonds, welche über direkten Grundbesitz verfügen, müssen für jede Steuerperiode eine Bescheinigung über alle Verhältnisse einreichen, die für die Besteuerung des direkten Grundbesitzes und dessen Erträge massgeblich sind (Art. 129 Abs. 3 DBG). Diese Angaben dienen einerseits der Besteuerung der Anlagefonds selbst (Art. 49 Abs. 2 DBG), anderseits dienen sie auch der Besteuerung der Anteilsinhaber, soweit die Erträge die Einkünfte aus direktem Grundbesitz übersteigen (Art. 20 Bst. e DBG).

D. Die Mitwirkungs-, Auskunfts- und Bescheinigungspflicht der Erben, des gesetzlichen Erbenvertreters etc. im Inventarverfahren (Art. 157 ff. DBG)

Die Artikel 156-158 DBG handeln von den Verfahrenspflichten der Erben und Dritter (wie gesetzlicher Vertreter von Erben, Erbschaftsverwalter und Willensvollstrecker) bei Errichtung des Inventars über den Nachlass eines verstorbenen Steuer-pflichtigen (vgl. auch Verordnung über die Errichtung des Nachlassinventars für die direkte Bundessteuer vom 16.11.1994).

Die Auskunftspflicht der Erben ergibt sich aus der Steuernachfolge gemäss Artikel 12 DBG. Die Erben haben im Inventarverfahren über alle für die Feststellung der Steuerfaktoren des Erblassers massgebenden Verhältnisse der Inventarbehörde Aufschluss zu erteilen (Art. 157 Abs. 1 Bst. a DBG) und alle für die Feststellung des Vermögensstandes des Erblassers relevanten Beweismittel vorzuweisen (Art. 157 Abs. 1 Bst. b DBG). Eine Besonderheit des Inventarverfahrens ist es, dass die Erben auf Verlangen der Inventarbehörde sämtliche Räumlichkeiten und Behältnisse des Erblassers zu öffnen (Art. 157 Abs. 1 Bst. c DBG) und unter Umständen sogar Einsicht in ihre eigenen Räume und Behältnisse zu gewähren haben (Art. 157 Abs. 2). Erhält ein Erbe, ein gesetzlicher Vertreter von Erben, ein Erbschaftsverwalter oder ein Willensvollstrecker nach Aufnahme des Inventars Kenntnis von Gegenständen des Nachlasses, die nicht im Inventar verzeichnet sind, hat er diese innert 10 Tagen der Inventarbehörde zu melden (Art. 157 Abs. 3).

Die Auskunfts- und Bescheinigungspflicht Dritter im Inventarverfahren ist in Artikel 158 DBG geregelt. Personen, die Vermögenswerte des Erblassers verwahrt oder verwaltet haben oder die ihm etwas schulden, sind verpflichtet, jedem Erben zuhanden der Inventarbehörde alle damit zusammenhängenden Auskünfte auf Verlangen schriftlich zu erteilen (z.B. über Bestand und Höhe dieses Vermögens oder dieser Ansprüche; bzw. über Veränderungen, welche diese Vermögenswerte bis zum Ableben des Steuerpflichtigen erfahren haben; Art. 158 Abs. 1 DBG).

Mit der Bestimmung von Artikel 158 Absatz 2 DBG wird dem Dritten die Möglichkeit geboten, seinen Verpflichtungen im Inventarverfahren durch unmittelbare Auskunft an die Inventarbehörde Genüge zu leisten. Auch im Inventarverfahren kann gegebenenfalls von einer Bank, welche Werte des Erblassers in Verwahrung oder Verwaltung hat, eine Vollständigkeitsbescheinigung verlangt werden.

E. Bescheinigungs-, Auskunfts- und Meldepflicht gegenüber der Eidgenössischen Steuerverwaltung (ESTV)

- Die Amtshilfe der andern Behörden (Verwaltungs- und Gerichtsbehörden) erstreckt sich gemäss Artikel 112 DBG nach dem Gesetzeswortlaut ausdrücklich auf alle mit dem Vollzug des DBG betrauten Steuerbehörden (d.h. Veranlagungsbehörde, Kantonale Verwaltung für die direkte Bundessteuer und Eidgenössische Steuerverwaltung).

- Die Bescheinigungspflicht Dritter (Art. 127 DBG), die Auskunftspflicht Dritter (Art. 128 DBG), die Auskunftspflicht des Steuerpflichtigen (Art. 126. Abs. 2 DBG) und die Meldepflicht Dritter (Art. 129 DBG) sind gemäss Artikel 103 Absatz 1 Buchstabe c DBG ebenfalls gegenüber der Eidg. Steuerverwaltung zu erfüllen, sofern die ESTV im Einzelfall Untersuchungsmassnahmen selber durchführt.

F. Verhältnis zum Steuergeheimnis (Art. 110 DBG)

Die Geheimhaltungspflicht, auch Steuergeheimnis genannt, gilt als qualifiziertes Amtsgeheimnis (ASA 31, 147). Der Geheimhaltungspflicht bzw. Schweigepflicht unterliegen alle Mitglieder von Gerichtsbehörden und Steuerbeamten des Bundes, der Kantone und Gemeinden, die mit dem Vollzug der direkten Bundessteuer betraut sind.

Die Geheimhaltungspflicht erstreckt sich auf alle Daten, ohne dass diese ausdrücklich als geheim erklärt worden sind. Die Geheimhaltungspflicht bei der direkten Bundessteuer ist streng zu handhaben und gilt gegenüber allen andern nicht steuerlichen Verwaltungsbehörden und auch gegenüber Gerichten und Privatpersonen. Die Durchbrechung des Steuergeheimnisses bedarf gemäss Artikel 110 Absatz 2 DBG stets einer gesetzlichen Grundlage im Bundesrecht (Rechtfertigung). Es sei beispielsweise auf folgende Ausnahmen hingewiesen:

- gegenüber den AHV-Organen: Artikel 9 Absatz 4 und 93 AHVG, Artikel 23 und 27 AHVV

- gegenüber den mit der Festsetzung des Militärpflichtersatzes betrauten Behörden: Artikel 24 MPG, Artikel 30 MPV

- gegenüber den Bewilligungsbehörden über den Erwerb von Grundstücken durch Personen im Ausland: Artikel 24 BewG; Artikel 19 Absatz 1 Buchstabe c und Absatz 2 BewV (Ausführlich dazu: E. Känzig/U.R. Behnisch, Die direkte Bundessteuer, 2. Aufl., 3. Teil, 1992, S. 22 ff.).

Diese obgenannte Geheimhaltungspflicht und die entsprechenden bundesrechtlichen Rechtfertigungsgründe gelten nur im Rahmen des Bundesgesetzes über die direkte Bundessteuer und seiner Anwendung. Für die kantonalen Steuergesetze gelten andere Bestimmungen, wobei die Rechtfertigungsgründe zum Teil in den kantonalen Prozessrechten aufgeführt sind (z.B. Auskünfte an den Richter über die Einkommens- und Vermögensverhältnisse des Täters bei

Baubussen, bei Bussen im Bereich des Strassenverkehrs und bei Bussen aufgrund des Strafgesetzbuches).

G. Strafbestimmungen (Art. 174 DBG)

Wer gegen eine der vorgenannten Verfahrenspflichten - trotz Mahnung - vorsätzlich oder fahrlässig verstösst, d.h. insbesondere

a) die Steuererklärung oder die dazu verlangten Beilagen nicht einreicht,

b) eine Bescheinigungs-, Auskunfts- oder Meldepflicht nicht erfüllt,

c) Pflichten verletzt, die ihm als Erben oder Dritten im Inventarverfahren obliegen,

wird mit Busse bestraft (Art. 174 Abs. 1 DBG). Die Busse beträgt bis zu 1'000 Franken, in schweren Fällen oder bei Rückfall bis zu 10'000 Franken (Art. 174 Abs. 2 DBG).

Geht das Verhalten einer zur Auskunft, Bescheinigung oder Meldung verpflichteten Person über die blosse Verweigerung der Auskunfts-, Bescheinigungs- oder Meldepflicht hinaus, um dem Steuerpflichtigen bei einer Hinterziehung zu helfen, kann Teilnahme, insbesondere Gehilfenschaft an einer Steuerhinterziehung allenfalls sogar an einem Steuerbetrug vorliegen.

Der Hauptabteilungschef

Samuel Tanner
(Stv. Direktor)

Steuerbefreiung jP

Quelle: Eidg. Steuerverwaltung ESTV / HA Direkte Bundessteuer

Direkte Bundessteuer   Steuerperiode 1995/96

Bern, 8. Juli 1994

An die kantonalen Verwaltungen
für die direkte Bundessteuer

Kreisschreiben Nr. 12

Steuerbefreiung juristischer Personen, die öffentliche oder gemeinnützige Zwecke (Art. 56 Bst. g DBG) oder Kultuszwecke (Art. 56 Bst. h DBG) verfolgen; Abzugsfähigkeit von Zuwendungen (Art. 33 Abs. 1 Bst. i und Art. 59 Bst. c DBG)

I. Allgemeines

Die leitenden Prinzipien zur Steuerbefreiung, insbesondere zur Gemeinnützigkeit, hat das Bundesgericht in langjähriger Praxis zu Artikel 16 Ziffer 3 BdBSt entwickelt (vgl. BGE in ASA Bd. 19, S. 328; 57, S. 506; 59, S. 464). Diese Rechtsprechung findet - mit Ausnahme der ausdrücklich vorgenommenen Änderungen - grundsätzlich auch Anwendung auf das neue Recht.

II. Steuerbefreiung nach Artikel 56 Buchstabe g DBG (Verfolgung öffentlicher oder gemeinnütziger Zwecke)

1. Gesuch

Gemäss Artikel 56 Buchstabe g DBG sind juristische Personen, die öffentliche oder gemeinnützige Zwecke verfolgen, für den Gewinn und das Kapital, die ausschliesslich und unwiderruflich diesen Zwecken gewidmet sind, von der Steuerpflicht befreit. Die juristische Person, die eine Steuerbefreiung beansprucht, hat ein entsprechendes Gesuch einzureichen. Es ist dabei stets Sache der juristischen Person, die sich auf die Steuerbefreiung beruft, darzulegen, dass die Voraussetzungen, die der Gesetzgeber für die Gewährung der Steuerbefreiung verlangt, gegeben sind (BGE 92 I 253 ff.).

2. Allgemeine Voraussetzungen

Um von der Steuerpflicht befreit zu werden, müssen vorerst die folgenden Voraussetzungen kumulativ erfüllt sein:

a) Juristische Person

Es muss sich um juristische Personen handeln, wobei Stiftungen und Vereine naturgemäss im Vordergrund stehen. Aktiengesellschaften, die selbst einen gemeinnützigen Zweck verfolgen, haben statutarisch auf die Ausschüttung von Dividenden und Tantiemen zu verzichten.

b) Ausschliesslichkeit der Mittelverwendung

Die steuerbefreite Aktivität muss ausschliesslich auf die öffentliche Aufgabe oder das Wohl Dritter ausgerichtet sein. Die Zielsetzung der juristischen Person darf nicht mit Erwerbszwecken oder sonst eigenen Interessen der juristischen Person oder ihren Mitgliedern bzw. Gesellschaftern verknüpft sein. Verfolgt eine juristische Person neben ausschliesslich gemeinnützigen Zwecken auch andere Zwecke, kann unter Umständen eine teilweise Steuerbefreiung in Frage kommen (vgl. Ziff. 5).

c) Unwiderruflichkeit der Zweckbindung

Die der steuerbefreiten Zwecksetzung gewidmeten Mittel müssen unwiderruflich, das heisst für immer steuerbefreiten Zwecken verhaftet sein. Ein Rückfall an den oder die Stifter bzw. Gründer soll für immer ausgeschlossen sein. Bei Auflösung der betreffenden juristischen Person hat das Vermögen deshalb an eine andere steuerbefreite Körperschaft mit ähnlicher Zwecksetzung zu fallen, was durch eine entsprechende unabänderliche Bestimmung im Gründungsstatut festzuhalten ist.

d) Tatsächliche Tätigkeit

Zu den obgenannten Voraussetzungen muss auch die tatsächliche Verwirklichung der vorgegebenen Zwecksetzung kommen. Die blosse statutarische Proklamation einer steuerbefreiten Tätigkeit genügt nicht. Stiftungen, deren Hauptzweck die blosse Kapitalansammlung darstellt, indem sie aus Erträgen Rücklagen bilden, die in keinem vernünftigen Verhältnis mehr zu allfällig zukünftigen Aufgaben stehen (Thesaurus-Stiftungen) haben auch nach neuem Recht keinen Anspruch auf Steuerbefreiung.

3. Voraussetzungen bei juristischen Personen mit gemeinnütziger Zwecksetzung

a) Allgemeininteresse

Die Verfolgung des Allgemeininteresses ist grundlegend für eine Steuerbefreiung wegen Gemeinnützigkeit. So kann das Gemeinwohl gefördert werden durch Tätigkeiten in karitativen, humanitären, gesundheitsfördernden, ökologischen, erzieherischen, wissenschaftlichen und kulturellen Bereichen. Als das Gemeinwohl fördernd erscheinen beispielsweise die soziale Fürsorge, Kunst und Wissenschaft, Unterricht, die Förderung der Menschenrechte, Heimat-, Natur- und Tierschutz sowie die Entwicklungshilfe.

Ob eine bestimmte Tätigkeit im Interesse der Allgemeinheit liegt, beurteilt sich nach der jeweils massgebenden Volksauffassung. Wichtige Erkenntnisquellen bilden dazu die rechtsethischen Prinzipien, wie sie in der Bundesverfassung und in den schweizerischen Gesetzen und Präjudizien zum Ausdruck kommen. Nach Auffassung des Gesetzgebers ist das Allgemeininteresse unter dem DBG nicht mehr nur auf eine Tätigkeit in der Schweiz begrenzt, sondern es kann auch die weltweite Aktivität einer schweizerischen juristischen Person von der Steuerpflicht befreit werden, soweit deren Tätigkeit im Allgemeininteresse liegt und uneigennützig erfolgt. Die Zweckverwirklichung ist insbesondere in jenen Fällen, in denen die Tätigkeit ausserhalb der Schweiz entfaltet wird, mit geeigneten Unterlagen (Tätigkeitsberichte, Jahresrechnungen etc.) nachzuweisen.

Ein Allgemeininteresse wird regelmässig nur dann angenommen, wenn der Kreis der Destinatäre, denen die Förderung bzw. Unterstützung zukommt, grundsätzlich offen ist. Ein allzu enger Destinatärkreis (z.B. Begrenzung auf den Kreis einer Familie, die Mitglieder eines Vereins oder die Angehörigen eines bestimmten Berufes) schliesst eine Steuerbefreiung wegen Gemeinnützigkeit aus.

b) Uneigennützigkeit

Der Begriff der Gemeinnützigkeit umfasst neben dem objektiven Element des Allgemeininteresses auch das subjektive Element der Uneigennützigkeit, d.h. des altruistischen Handelns. Gemeinnützigkeit im steuerrechtlichen Sinne liegt jeweils nur vor, wenn die Tätigkeit nicht nur darauf angelegt ist, das Interesse der Allgemeinheit zu fördern, sondern wenn ihr auch der Gemeinsinn zugrunde liegt. Der Begriff der "ausschliesslichen Gemeinnützigkeit" setzt daher voraus, dass die Tätigkeit der juristischen Person einerseits im Interesse der Allgemeinheit liegt und anderseits auch uneigennützig ist, d.h. dass für den im Allgemeininteresse liegenden Zweck von Körperschaftsmitgliedern oder Dritten - unter Hintansetzung der eigenen Interessen - Opfer erbracht werden (BGE in ASA Bd. 19, S. 328 und Bd. 59, S. 468).

Zur Gewährung der Steuerfreiheit muss deshalb stets verlangt werden, dass keine eigenen Interessen verfolgt werden. Selbsthilfeeinrichtungen und Vereinigungen zur Pflege von Freizeitaktivitäten fehlt diese uneigennützige (altruistische) Zwecksetzung.

- Fehlen von Erwerbs- oder Selbsthilfezwecken

Voraussetzung für eine vollständige oder teilweise Steuerbefreiung wegen Gemeinnützigkeit ist weiter das Fehlen von Erwerbs- oder Selbsthilfezwecken.

Erwerbszwecke liegen vor, wenn eine juristische Person im wirtschaftlichen Konkurrenzkampf oder in wirtschaftlicher Monopolstellung mit dem Zweck der Gewinnerzielung Kapital und Arbeit einsetzt und dabei für ihre Leistungen insgesamt ein Entgelt fordert, wie es im Wirtschaftsleben üblicherweise bezahlt wird.

Nicht jede Erwerbstätigkeit führt indessen zu einer Verweigerung der Steuerbefreiung. Wo eine Erwerbstätigkeit besteht, darf sie allerdings nicht den eigentlichen Zweck der Institution bilden. Sie darf höchstens ein Mittel zum Zweck sein und auch nicht die einzige wirtschaftliche Grundlage der juristischen Person darstellen (BGE in ASA Bd. 19, S. 328). Unter Umständen ist eine wirtschaftliche Betätigung sogar unumgängliche Voraussetzung zur Erreichung des im Allgemeininteresse liegenden Zweckes. Ein Erziehungsheim erfordert beispielsweise einen Landwirtschaftsbetrieb und eine Lehrwerkstätte. Hält sich eine solche wirtschaftliche Betätigung in einem untergeordneten Rahmen zur altruistischen Tätigkeit, so schliesst sie eine Steuerbefreiung nicht aus.

c) Unternehmerische Zwecke und Holdingstiftungen (Unterordnung unter gemeinnützigen Zweck)

Das Gesetz hält ausdrücklich fest, dass unternehmerische Zwecke grundsätzlich nicht gemeinnützig sind. Reine Kapitalanlagen - auch wenn es sich um über 50 % liegende Beteiligungen an Unternehmen handelt - stehen der Steuerbefreiung nicht mehr entgegen, wenn damit keine Einflussnahme auf die Unternehmungsführung möglich ist. Das ist beispielsweise dann der Fall, wenn die Stimmrechte bei einem andern Rechtsträger liegen. Es darf somit über die Kapitalbeteiligung kein Einfluss auf die Geschäftstätigkeit der betreffenden Unternehmung ausgeübt werden. Das verlangt unter anderem eine klare organisatorische und personelle Trennung (d.h. Unabhängigkeit) von Stiftungsrat und Verwaltungsrat, wobei die Anwesenheit einer Verbindungsperson zugelassen wird.

Weiter wird vom Gesetz verlangt, dass bei wesentlichen Beteiligungen die Unternehmenserhaltung dem gemeinnützigen Zweck untergeordnet sein muss. Das setzt voraus, dass die Stiftung regelmässig mit ins Gewicht fallenden Zuwendungen der von ihr gehaltenen Unternehmung alimentiert wird und mit diesen Mitteln auch tatsächlich eine entsprechende altruistische im Allgemeininteresse liegende, d.h. gemeinnützige Tätigkeit ausgeübt wird.

4. Voraussetzungen bei juristischen Personen mit öffentlicher Zwecksetzung

In Artikel 56 Buchstabe g DBG sind die "öffentlichen Zwecke" neben den gemeinnützigen Zwecken aufgeführt. Schon daraus ergibt sich, dass es sich bei den öffentlichen Zwecken nur um eine begrenzte Kategorie von Aufgaben handeln kann, die - im Gegensatz zur Gemeinnützigkeit - eng an die Staatsaufgaben anzulehnen sind und grundsätzlich kein Opferbringen verlangen. Derartige Aufgaben können neben dem Gemeinwesen gelegentlich auch privatrechtlichen oder gemischtwirtschaftlichen juristischen Personen übertragen werden.

Dabei ist zu beachten, dass juristische Personen, die in erster Linie Erwerbs- oder Selbsthilfezwecke verfolgen, die Steuerbefreiung wegen der Verfolgung "öffentlicher Zwecke" grundsätzlich nicht gewährt werden kann, auch wenn sie zugleich öffentlichen Zwecken dienen.

Vorbehalten bleibt eine Steuerbefreiung (auch eine teil-weise), wenn eine solche juristische Person durch öffentlichrechtlichen Akt (z.B. Gesetz) mit der Erfüllung einer öffentlichen Aufgabe betraut wurde, bzw. das Gemeinwesen zumindest ein ausdrückliches Interesse an der betreffenden juristischen Person ausgedrückt hat, eine gewisse Aufsicht des Gemeinwesens vorgesehen ist und darüberhinaus die "ausschliessliche und unwiderrufliche" (dauernde) Widmung des Eigenkapitals für den öffentlichen Zweck in den Statuten stipuliert wird. Das heisst, dass die Eigenmittel der juristischen Person (mit Ausnahme des selbst aufgebrachten Aktienkapitals/Nominalwert) im Falle einer Auflösung der betreffenden juristischen Person stets an die öffentliche Hand oder eine steuerbefreite Institution mit gleicher oder ähnlicher Zwecksetzung zu fallen haben und keine (zumindest keine übermässigen) Dividenden ausgeschüttet werden.

Gemischtwirtschaftliche Unternehmen sind unter den gleichen obgenannten Voraussetzungen insoweit wegen der Verfolgung "öffentlicher Zwecke" teilweise steuerbefreit, als öffentliche Rechtsträger an ihnen beteiligt sind.

Keine öffentlichrechtlichen Akte im obgenannten Sinne sind Erlasse über Subventionierung oder die Erteilung einer Konzession. Die Erteilung einer Konzession bedeutet nicht die Übertragung einer öffentlichen Aufgabe, sondern lediglich die Bewilligung, eine vom Gemeinwesen überwachte Tätigkeit auszuüben (Neue Steuerpraxis 1992, S. 27).

Bei juristischen Personen ohne Erwerbs- oder Selbsthilfe-zwecke ist einzig notwendig, dass sie tatsächlich eine umfassende Tätigkeit zugunsten eines öffentlichen Zwecks (d.h. zugunsten einer eigentlichen Aufgabe des Gemeinwesens) ausüben und ihre finanziellen Mittel "ausschliesslich und unwiderruflich" ihrem statutarischen und tatsächlichen Zweck gewidmet sind und im Falle einer Liquidation der öffentlichen Hand oder einer steuerbefreiten Institution mit gleicher oder ähnlicher Zwecksetzung anheimfallen. Öffentlich sind dabei alle Zwecke eines Gemeinwesens, die in dessen ordentlichen Aufgabenkreis fallen. Gleichgültig ist, ob diese Aufgaben dem Gemeinwesen durch Gesetz ausdrücklich übertragen wurden oder nach allgemeiner Volksauffassung als Angelegenheiten des Gemeinwesens betrachtet werden (ASA Bd. 11, S. 346 und Bd. 56, S. 188).

Der Begriff des öffentlichen Zwecks ist restriktiv auszulegen und muss zumindest durch eine Stellungnahme des interessierten Gemeinwesens belegt sein, soll er nicht zu einem uferlosen Steuerbefreiungstatbestand verkommen. So verfolgt beispielsweise eine politische Partei primär keine öffentlichen Zwecke im Sinne dieses Gesetzes, sondern in erster Linie die Interessen ihrer Mitglieder und kann deshalb nicht befreit werden (D. Yersin; Le statut fiscal des partis politiques, ASA Bd. 58, S. 97 ff. und 107). Das gleiche gilt weitgehend auch für Vereinigungen mit ideeller Zwecksetzung aller Art und Sportvereine.

5. Teilweise Steuerbefreiung

Die Mittel der steuerbefreiten juristischen Person müssen ausschliesslich und unwiderruflich (vgl. oben II.2.) der Verfolgung des steuerbefreiten gemeinnützigen oder öffentlichen Zweckes gewidmet sein. Ist dies nur zum Teil möglich, kann allenfalls eine teilweise Steuerbefreiung in Betracht gezogen werden. Dabei hat aber auch in diesem Falle die steuerbefreite Tätigkeit ins Gewicht zu fallen. Voraussetzung ist ferner, dass die Mittel, für welche die Steuerbefreiung verlangt wird, rechnungsmässig klar vom übrigen Vermögen und Einkommen ausgeschieden sind. Juristische Personen, die neben öffentlichen auch Erwerbs- oder Selbsthilfezwecke verfolgen, sind - sofern eine teilweise Steuerbefreiung überhaupt in Frage kommt (vgl. oben Ziff. 4) - ebenfalls nur insoweit befreit, als ihre Mittel ausschliesslich und unwiderruflich öffentlichen Zwecken gewidmet sind.

III. Steuerbefreiung nach Artikel 56 Buchstabe h DBG (Verfolgung von Kultuszwecken)

1. Allgemeines

Die Kirchgemeinden sind nach Artikel 56 Buchstabe c DBG steuerbefreit.

Das DBG unterscheidet zwischen Kultuszwecken und Gemeinnützigkeit, indem die Kultuszwecke im Gegensatz zum alten Recht (BdBSt) in Artikel 56 Buchstabe h DBG selbständig aufgeführt sind. Der Kultuszweck ist somit nach neuem Recht ein selbständiger Befreiungsgrund, wobei jedoch die diesbezüglichen Mittel ausschliesslich und unwiderruflich diesem Zweck gewidmet sein müssen. Der Begriff "Kultuszwecke" entspricht dabei sinngemäss dem früheren Begriff in Artikel 16 Ziffer 3 BdBSt.

2. Eigentliche Kultuskörperschaften

Eine juristische Person (z.B. Verein) verfolgt dann steuerprivilegierte Kultuszwecke, wenn sie gesamtschweizerisch ein gemeinsames Glaubensbekenntnis, gleichgültig welcher Konfession oder Religion, in Lehre und Gottesdienst pflegt und fördert. Gesamtschweizerisch bedeutet in diesem Zusammenhang, dass nur solche juristischen Personen für die Steuerbefreiung wegen Kultuszwecken in Frage kommen, die sich einem Glaubensbekenntnis verschrieben haben, das gesamtschweizerisch von Bedeutung ist.

Auch die Herausgabe von Schriften hat Kultuscharakter, sofern sie auf die Glaubenserneuerung bzw. Glaubensförderung abzielen und nicht Erwerbszwecken dienen. Die Verfolgung von Erwerbszwecken - im Gegensatz zur blossen Vermögensverwaltung - ist Kultusorganisationen unter dem Aspekt der Steuerbefreiung nicht gestattet. Sie hat die Aufhebung der Steuerbefreiung zur Folge. So ist etwa der Betrieb eines Reisebüros durch eine Kultusgemeinschaft zum Besuch der biblischen Stätten mit der Steuerbefreiung nicht vereinbar.

3. Kultusähnliche Körperschaften

Juristische Personen, die nicht Kultuszwecke, sondern bestimmte wirtschaftliche, weltanschauliche, philosophische oder ideelle Aufgaben auf religiöser Grundlage erfüllen, geniessen keine Steuerfreiheit gemäss Artikel 56 Buchstabe h DBG.

4. Gemischte Zweckverfolgung

Die gemischte Zwecksetzung (teilweise gemeinnützige und teilweise Kultuszwecke) steht einer Steuerbefreiung an sich nicht entgegen. Im Hinblick auf die Abzugsfähigkeit von Zuwendungen ist jedoch bei gemischter Zwecksetzung für jeden dieser Zwecke regelmässig ein separater Rechtsträger zu schaffen.

IV. Abzugsfähigkeit von Zuwendungen

Die steuerliche Abzugsfähigkeit der Zuwendungen an juristische Personen, die wegen Verfolgung öffentlicher oder ausschliesslich gemeinnütziger Zwecke steuerbefreit sind, ist in den Artikeln 33 Absatz 1 Buchstabe i (für natürliche Personen) und 59 Buchstabe c DBG (für juristische Personen) geregelt. Zuwendungen an juristische Personen, die wegen Verfolgung von Kultuszwecken steuerbefreit sind, können steuerlich nicht in Abzug gebracht werden.

Aus dem Umstand allein, dass eine juristische Person von der Steuerpflicht befreit ist, kann daher kein Schluss mehr auf die Abzugsfähigkeit der Zuwendungen an diese juristische Person gezogen werden. Es muss dargetan werden, dass die Steuerbefreiung in ausschliesslich gemeinnütziger oder öffentlicher Zwecksetzung und nicht in Kultuszwecken ihren Grund hat.

1. Zuwendungen für öffentliche oder ausschliesslich gemeinnützige Zwecke

a) Zuwendungen von natürlichen Personen (Art. 33 Abs. 1 Bst. i DBG)

Alle natürlichen Personen können freiwillige Geldleistungen an juristische Personen mit Sitz in der Schweiz, die wegen der Verfolgung öffentlicher oder ausschliesslich gemeinnütziger Zwecke von der Steuerpflicht befreit sind (Art. 56 Bst. g DBG) in Abzug bringen. Dabei hat die Zuwendung im Steuerjahr mindestens 100 Franken zu erreichen und darf insgesamt 10 % der um die Aufwendungen (Art. 26-33 DBG) verminderten steuerbaren Einkünfte nicht übersteigen. Statutarische Mitgliederbeiträge oder sonstige Zahlungen, auf die die juristische Person einen Anspruch hat, sind keine Zuwendungen in diesem Sinne.

b) Zuwendungen von juristischen Personen (Art. 59 Bst. c DBG)

In Abweichung zum bisherigen Recht (Art. 49 Abs. 2 BdBSt) ist nach dem neuen Recht die Abzugsfähigkeit von Zuwendungen an steuerbefreite juristische Personen mit Sitz in der Schweiz, die öffentliche oder ausschliesslich gemeinnützige Zwecke verfolgen, auf 10 % des Reingewinnes (vor Abzug dieser Zuwendungen) beschränkt worden. Die gemäss Artikel 59 Buchstabe c DBG zugelassenen Zuwendungen werden als geschäftsmässig begründeter Aufwand betrachtet.

2. <u>Zuwendungen an eine juristische Person, die teilweise gemeinnützige bzw. öffentliche und teilweise Kultuszwecke bzw. nicht steuerbefreite Zwecke verfolgt</u>

Für die einzelnen Zwecke müssen in der Regel getrennte Rechtsträger geschaffen oder dann ausnahmsweise mindestens klar getrennte Rechnungen mit eigenem Einzahlungskonto geführt werden. Der Spender, der den Abzug seiner Zuwendung an eine solche juristische Person geltend machen will, hat zu beweisen, dass die Zuwendung unmissverständlich auf das Konto des gemeinnützigen Teils geleistet wurde. Erbringt er diesen Beweis, so ist die Zuwendung im Umfang der gesetzlichen Regelung zum Abzug zuzulassen. Wird dieser Beweis nicht oder nicht genügend erbracht, so ist die Zuwendung nicht zum Abzug zuzulassen.

Der Hauptabteilungschef

S. Tanner
(Vizedirektor)

Liquidation von Kapitalgesellschaften

Quelle: Eidg. Steuerverwaltung ESTV / HA Direkte Bundessteuer

Direkte Bundessteuer

Veranlagungsperiode 1985/86

Bern, 6. Mai 1985

An die kantonalen Verwaltungen
für die direkte Bundessteuer

Kreisschreiben Nr. 8

Liquidation und Löschung von Kapitalgesellschaften und Genossenschaften; Beendigung der Steuerpflicht

Das Eidg. Amt für das Handelsregister vertrat bisher die Ansicht, es sei nicht Sache der Registerbehörden zu prüfen, ob bei einem Liquidationsverfahren die gesetzlichen Vorschriften eingehalten wurden, wenn bei einer juristischen Person des OR die Liquidation als beendet zur Eintragung ins Handelsregister gemeldet wird. Diese von einer Mehrheit der Registerämter befolgte Praxis sogenannter "stiller Liquidationen" wird nach erneuter Prüfung nicht mehr aufrecht erhalten. Das Eidg. Justiz- und Polizeidepartement hat daher mit Kreisschreiben vom 25. Januar 1984 die kantonalen Aufsichtsbehörden über das Handelsregister aufgefordert, die Einhaltung der gesetzlichen Vorschriften über die Liquidation, insbesondere die zwingend formulierten Vorschriften über den öffentlichen Schuldenruf und den Ablauf des Sperrjahres (Art. 745 OR) zu überwachen. Erst nach der vorschriftsgemäss durchgeführten Liquidation darf und muss die Löschung durch die Liquidatoren beantragt werden. Diese haben somit in allen Fällen den Nachweis zu erbringen, dass die Publikation des dreimaligen Schuldenrufes im SHAB erfolgt und das Sperrjahr abgelaufen ist.

In steuerlicher Hinsicht ist davon auszugehen, dass Gesellschaften und Genossenschaften, die sich in Liquidation befinden, die Steuer bis zum Tage der Beendigung der Liquidation schulden (Art. 12 Abs. 1 sowie Art. 53 Abs. 1 BdBSt). In Uebereinstimmung mit den handelsrechtlichen Bestimmungen ist die Liquidation beendigt, wenn alle wesentlichen Liquidationshandlungen durchgeführt, d.h. die laufenden Geschäfte erledigt, die Aktiven verwertet, die Verpflichtungen erfüllt und allfällige Aktivenüberschüsse verteilt sind. Die Steuern werden fällig im Zeitpunkt des Antrages auf Löschung im Handelsregister (Art. 114 Abs. 3 BdBSt). Bei juristischen Personen, die sich in Liquidation befinden, wird die ordentliche Steuer für die Zeit bis zum Datum der ordnungsgemässen Anmeldung zur Löschung im Handelsregister erhoben.

Mit der Entrichtung oder Sicherstellung der Steuer kann die Zustimmung zur Löschung im Handelsregister erteilt werden (Art. 122 BdBSt).

Nach unseren Feststellungen war die Praxis auch bei den Steuerbehörden bisher nicht einheitlich. Wir ersuchen Sie, inskünftig die vorstehenden Richtlinien anzuwenden.

Der Hauptabteilungschef

Jung

RS/M ESTV

Rundschreiben / Mitteilungen ESTV

Rundschreiben / Mitteilungen der Eidgenössischen Steuerverwaltung (ESTV)

Verjährungsfristen, Rückerstattung VSt	B112	Eigenmietwertzuschlag DBST ab 2018		B82
Sekundärberichtigung VSt	B111	Quellenbesteuerung und DBA 2023		B81
Sachauslagen	B110	Quellensteuertarife 2023		B80
Prinzipalgesellschaften / Swiss Finance Branches	B109	Covid-19 Erwerbsausfall		B23
Steuervorbescheide / Steuerrulings	B108	Bekämpfung der Schwarzarbeit		B21
Guthaben im Konzern VSt	B107	Steuerbefreiung von internat. Sportverbänden		B20
Zeitgleiche Dividendenverbuchung	B105	Atypische stille Beteiligungen		B17
Rückforderung von Verzugszinsen VSt	B104	Freigrenze für Zinsen von Kundenguthaben		B16
Geldwerte Leistungen 2023	B86	Straflose Selbstanzeige		B15
Zinssätze Fremdwährungen 2023	B85	Steuererlass DBST		B13
Zinssätze DBST u. a. / Abzüge Säule 3a 2023	B84	Indirekte Teilliquidation & Transponierung		B11
Berufskosten / Ausgleich kalte Progression 2023	B83	Parallelität des Instanzenzuges		B10

Verjährungsfristen, Rückerstattung VSt

Quelle: Eidg. Steuerverwaltung ESTV

Mitteilung-019-V-2022-d vom 13.09.2022

Anwendung der Verjährungsfristen bei der Rückerstattung der Verrechnungssteuer

Verjährungsfristen für den Anspruch auf Rückerstattung der Verrechnungssteuer bei formloser Ablehnung (ohne Erlass eines formellen Entscheids) von Rückerstattungsanträgen durch die ESTV.

Wer Rückerstattung der Verrechnungssteuer beansprucht, hat sie bei der zuständigen Behörde schriftlich zu beantragen (Art. 29 Abs. 1 des Bundesgesetzes vom 13. Oktober 1965 über die Verrechnungssteuer [VStG, SR 642.21]). Gemäss Art. 29 Abs. 2 VStG kann der Antrag frühestens nach Ablauf des Kalenderjahres gestellt werden, in dem die steuerbare Leistung fällig wird[1]. Im internationalen Verhältnis kann der Antrag auf Rückerstattung in der Regel ab Fälligkeit der steuerbaren Leistung gestellt werden.

Gemäss Art. 32 Abs. 1 VStG und Art. 27 Abs. 1 des Bundesgesetzes vom 18. Juni 2022 über die Durchführung von internationalen Abkommen im Steuerbereich (StADG; SR 672.2) erlischt der Anspruch auf Rückerstattung, wenn der Antrag nicht innert drei Jahren nach Ablauf des Kalenderjahres, in dem die steuerbare Leistung fällig geworden ist, gestellt wird. Es handelt sich dabei um eine Verwirkungsfrist, die grundsätzlich weder unterbrochen noch verlängert werden kann. Die Anwendungsfälle von Art. 32 Abs. 2 VStG bzw. Art. 27 Abs. 2 StADG bleiben vorbehalten.

Das VStG und das StADG enthalten keine Bestimmungen über die Verjährung des Rückerstattungsanspruchs. Diesbezüglich gilt analog zu Art. 17 Abs. 1 VStG eine relative Verjährungsfrist von 5 Jahren. Diese Verjährungsfrist beginnt mit der Entstehung des Rückerstattungsanspruchs zu laufen.

In sinngemässer Anwendung von Art. 17 Abs. 3 VStG wird die Verjährung durch jede Handlung des Rückerstattungsberechtigten unterbrochen, die auf die Geltendmachung des Rückerstattungsanspruchs gerichtet ist. So wird die Verjährungsfrist beispielsweise durch die Einreichung des Rückerstattungsantrags unterbrochen, wodurch am Tag nach der Einreichung eine neue Verjährungsfrist von 5 Jahren zu laufen beginnt. Dasselbe gilt für die spätere Einreichung von eingeforderten Auskünften und/oder Unterlagen im Zusammenhang mit dem eingereichten Rückerstattungsantrag, da es sich hierbei ebenfalls um eine Handlung des Rückerstattungsberechtigten handelt, die auf die Geltendmachung seines Rückerstattungsanspruchs abzielt. Da der Rückerstattungsanspruch jedoch immer nur vom Rückerstattungsberechtigten geltend gemacht werden kann, sind Handlungen der ESTV, wie die formlose Abweisung (ohne Erlass eines formellen Entscheids) eines Rückerstattungsantrags oder das Einfordern von Auskünften und Unterlagen, in diesem Zusammenhang nicht relevant und unterbrechen die Verjährungsfrist nicht.

---

[1] Die Anwendungsfälle von Art. 29 Abs. 3 VStG in Bezug auf die Rückerstattung an in der Schweiz ansässige Personen bleiben vorbehalten.

Diese Mitteilung gilt ab sofort. Anderslautende Zusicherungen der ESTV in Einzelfällen sind unter dem Aspekt des verfassungsmässig garantierten Prinzips von Treu und Glauben zu würdigen. Es obliegt dem Rückerstattungsberechtigten, den Beweis dafür zu erbringen.

Sekundärberichtigung VSt

Quelle: Eidg. Steuerverwaltung ESTV

Mitteilung-017-V-2022-d vom 19.07.2022

Sekundärberichtigung – Praxis der ESTV im Bereich der Verrechnungssteuer

Auswirkungen des Inkrafttretens des Bundesgesetzes über die Durchführung von internationalen Abkommen im Steuerbereich (StADG)[1] auf die Praxis der Eidgenössischen Steuerverwaltung (ESTV) im Bereich der Verrechnungssteuer (VSt) bei Vorliegen einer Sekundärberichtigung

Per 1. Januar 2022 ist das StADG in Kraft getreten. Wie bereits in der Botschaft zum StADG vom 4. November 2020 (BBl 2020 9219) angekündigt, führt dies auch zu Anpassungen der bisherigen Praxis der ESTV zur Verrechnungssteuer bei internationalen Gewinnberichtigungen im Rahmen von Verständigungslösungen.

Einerseits bestätigt der neue Artikel 18 Absatz 4 StADG die langjährige Praxis der ESTV, welche vorsieht, dass die Verrechnungssteuer nicht zu erheben ist, wenn eine Sekundärberichtigung in Übereinstimmung mit dem Ergebnis eines Verständigungsverfahrens vorgenommen wird. Andererseits ist es mit Inkrafttreten des StADG in klaren Fällen neu möglich, eine innerstaatliche Korrektur der bisherigen Besteuerung vorzunehmen, ohne hierfür ein (zwischenstaatliches) Verständigungsverfahren durchführen zu müssen. Zu diesem Zweck muss eine sogenannte innerstaatliche Übereinkunft auf der Grundlage von Artikel 16 StADG zwischen der zuständigen Steuerbehörde und dem Staatssekretariat für internationale Finanzfragen (SIF) abgeschlossen werden. Ausganspunkt für eine solche Übereinkunft ist stets das Gesuch der steuerpflichtigen Person um Einleitung eines Verständigungsverfahrens gemäss Artikel 5 StADG. Kommen die zuständige Steuerbehörde und das SIF bei der Prüfung des Gesuchs zweifelsfrei überein, dass eine Korrektur in der Schweiz zu erfolgen hat, können sie eine innerstaatliche Übereinkunft abschliessen und der betroffenen steuerpflichtigen Person zur Zustimmung unterbreiten. Damit erübrigt sich das zwischenstaatliche Verständigungsverfahren. Da die innerstaatliche Übereinkunft einer (zwischenstaatlichen) Verständigungsvereinbarung gleichgestellt ist, unterliegen Sekundärberichtigungen, welche aufgrund einer innerstaatlichen Übereinkunft vorgenommen werden, basierend auf Artikel 18 Absatz 4 StADG ebenfalls nicht der Verrechnungssteuer.

Der Antrag zur Einleitung eines Verständigungsverfahrens ist von der steuerpflichtigen Person nach wie vor beim SIF zu stellen.

---

[1] SR 672.2 – Bundesgesetz vom 18. Juni 2021 über die Durchführung von internationalen Abkommen im Steuerbereich (StADG)

Sachauslagen bei kollektiven Kapitalanlagen

Quelle: Eidg. Steuerverwaltung ESTV

Mitteilung-013-VS-2021-d vom 12. Januar 2021

In Konkretisierung von Artikel 14 des Bundesgesetzes vom 27. Juni 1973 über die Stempelabgaben (StG; SR 641.10) hält das Kreisschreiben Nr. 24 der Eidgenössischen Steuerverwaltung (ESTV) vom 20. November 2017 über die kollektiven Kapitalanlagen als Gegenstand der Verrechnungssteuer und Stempelabgaben in Ziffer 2.1.9.1.2., Abschnitt 3 Folgendes fest: Sachauslagen in Form von steuerbaren Urkunden durch einen FCP, eine SICAV oder eine KmGK an den Anleger unterliegen nicht der Umsatzabgabe.

Aufgrund von verschiedenen Rulinganfragen legt die ESTV nachfolgend dar, wann eine derartige Sachauslage vorliegt.

In Artikel 14 Absatz 1 Buchstabe b StG wird die Sacheinlage von steuerbaren Urkunden zur Liberierung von Anteilen an kollektiven Kapitaleinlagen von der Umsatzabgabe ausgenommen. Im Umkehrschluss kann die Sachauslage nur dann von der Umsatzabgabe ausgenommen werden, wenn dadurch die kollektive Kapitalanlage teilweise oder vollumfänglich liquidiert wird. Bei einer inländischen kollektiven Kapitalanlage fällt in der Folge auf dem entsprechenden Liquidationsüberschuss grundsätzlich die Verrechnungssteuer an.

Eine Sachauslage im Sinne des StG liegt demgegenüber dann nicht vor, wenn der Investor von seinem vertraglichen Kündigungsrecht Gebrauch macht und somit den Anspruch auf den ihm zustehenden Anteil am Nettoanlagevermögen der kollektiven Kapitalanlage geltend macht.

Gemäss Artikel 78 Absatz 1 des Bundesgesetzes über die kollektiven Kapitalanlagen vom 23. Juni 2006 (KAG; SR 951.31) erwerben die Anlegerinnen und Anleger mit der Zeichnung der Anteile eine Forderung auf Beteiligung am Vermögen und am Ertrag der kollektiven Kapitalanlage. Gemäss Absatz 2 dieser Bestimmung sind die Anlegerinnen und Anleger grundsätzlich jederzeit berechtigt, die Rücknahme ihrer Anteile und deren Auszahlung in bar zu verlangen.

Wird die Forderung gemäss Absatz 1 anstelle einer Barzahlung mit der Lieferung von steuerbaren Urkunden aus dem Fondsvermögen beglichen, stellt dies eine entgeltliche Übertragung von steuerbaren Urkunden dar und unterliegt in der Folge grundsätzlich der Umsatzabgabe. In diesen Fällen liegt somit keine Sachauslage im Sinne der eingangs erwähnten Ziffer 2.1.9.1.2 vor. Im vorliegenden Kontext wendet die ESTV diese Regelung in analoger Weise auch auf ausländische kollektive Kapitalanlagen an.

Prinzipalgesellschaften / Swiss Finance Branches ab 1.1.2020

Quelle: Eidg. Steuerverwaltung ESTV

Mitteilung-012-DVS-2019-d vom 24. Mai 2019

Bundespraxen für Prinzipalgesellschaften und Swiss Finance Branches ab 1. Januar 2020

Im Zuge der Umsetzung der STAF wird die Eidgenössische Steuerverwaltung die Bundespraxen für Prinzipalgesellschaften und Swiss Finance Branches ab 1. Januar 2020 nicht mehr auf Unternehmen anwenden.

In der Volksabstimmung vom 19. Mai 2019 wurde das Bundesgesetz über die Steuerreform und die AHV-Finanzierung (STAF) angenommen. Als Folge werden unter anderem die gesetzlichen Regelungen für kantonale Statusgesellschaften aufgehoben. Der Bundesrat hat am 28. September 2018 angekündigt, dass die STAF am 1. Januar 2020 in Kraft treten soll. Er hat dies noch formell zu beschliessen.

Wie bereits kommuniziert, werden in diesem Zusammenhang auch auf Praxisstufe die Regelungen für Prinzipalgesellschaften und Swiss Finance Branches (Bundespraxen) gänzlich abgeschafft.

Anders als die Abschaffung der Regelungen für kantonale Statusgesellschaften bedarf die Abschaffung dieser Bundespraxen keiner gesetzlichen Anpassung.

Die Bundespraxen zur internationalen Steuerausscheidung bei Prinzipalgesellschaften und zu den Swiss Finance Branches können somit ab dem 1. Januar 2020 von Steuerpflichtigen nicht mehr angewandt werden.

Steuervorbescheide / Steuerrulings

Quelle: Eidg. Steuerverwaltung ESTV

Mitteilung-011-DVS-2019-d vom 29. April 2019

Formelles Verfahren für Steuervorbescheide / Steuerrulings in den Bereichen direkte Bundessteuer, Verrechnungssteuer und Stempelabgaben

1. Ausgangslage

Im Jahre 2003 haben die Schweizerische Steuerkonferenz, die Eidgenössische Steuerverwaltung (ESTV) sowie die damalige Treuhand-Kammer (heute EXPERTsuisse) zusammen mit der Wissenschaft den Verhaltenskodex für Steuerbehörden, Steuerzahler und Steuerberater (nachfolgend Verhaltenskodex; publiziert im Schweizer Treuhänder 2003, S. 1113 ff.) erarbeitet. Mit der vorliegenden Mitteilung präzisiert die ESTV diesen Verhaltenskodex. Im Zweifelsfall geht die vorliegende Mitteilung dem Verhaltenskodex vor. Die vorliegende Mitteilung bezieht sich auf die direkte Bundessteuer, die Verrechnungssteuer sowie die Stempelabgaben.

2. Definition und Wirkungen eines Steuerrulings / Abgrenzungen

Ein Steuervorbescheid (nachfolgend auch als Steuerruling bezeichnet) ist eine verbindliche Auskunft der Steuerbehörde zur steuerlichen Behandlung eines geplanten, konkreten und steuerlich relevanten Sachverhaltes auf entsprechende Anfrage einer steuerpflichtigen Person. Das Steuerruling zielt auf eine gesetzmässige Veranlagung ab und hat keinen Verfügungscharakter.

Steuerrulings bilden einen Anwendungsfall des allgemeinen Vertrauensschutzes. Dabei handelt es sich um vorgängige Auskünfte der Steuerverwaltung, die zwar nicht Verfügungscharakter aufweisen, aber nach den allgemein anerkannten Grundsätzen von Treu und Glauben (Art. 9 BV) Rechtsfolgen gegenüber den Behörden auslösen können (statt vieler Urteil des Bundesgerichts 2C_664/2013 vom 28. April 2014 E. 4.2). Steuerrulings können sowohl Einzelsachverhalte (bspw. Steuerfolgen einer Umstrukturierung) wie auch Dauersachverhalte (bspw. steuerliche Qualifikation eines Mitarbeiterbeteiligungsplanes) betreffen. Sie können von der steuerpflichtigen Person oder von einem entsprechend bevollmächtigten Vertreter beantragt werden.

Damit aus einem Steuerruling nach Treu und Glauben Vertrauensschutz in Auskünfte der Steuerbehörden abgeleitet werden kann, müssen folgende Voraussetzungen erfüllt sein (vgl. etwa BGE 141 I 161 E 3.1):
- Die Auskunft der Steuerbehörde muss sich auf eine konkrete, die steuerpflichtige Person berührende Angelegenheit beziehen;
- die Steuerbehörde, welche die Auskunft erteilt hat, muss dafür zuständig sein oder die steuerpflichtige Person durfte sie auszureichenden Gründen als zuständig betrachtet haben;
- die steuerpflichtige Person hat die Unrichtigkeit der Auskunft nicht ohne weiteres erkennen können;
- die steuerpflichtige Person hat im Vertrauen hierauf nicht ohne Nachteil rückgängig zu machende Dispositionen getroffen;
- die Rechtslage zur Zeit der Verwirklichung noch die gleiche ist wie im Zeitpunkt der Auskunftserteilung und
- der Schutz des Vertrauens in die unrichtige Auskunft ist höher zu gewichten als das Interesse an der richtigen Rechtsanwendung (vgl. insb. auch Urteil des Bundesgerichts 2C_377/2017 vom 4. Oktober 2017 E 3.2).

Sind diese Voraussetzungen allesamt erfüllt, entfaltet das Steuerruling selbst dann Bindungswirkung, wenn die Antwort der Steuerbehörde nicht richtig ist und damit für einen Sachverhalt Steuerfolgen bestätigt werden, die der Verwaltungspraxis widersprechen.

Eine allgemeine (schriftliche oder mündliche) Auskunft einer Steuerbehörde ist hingegen kein Steuerruling. Ebensowenig entfaltet ein Steuerabkommen die Wirkungen eines Steuerrulings. Als Steuerabkommen gilt eine Einigung zwischen der steuerpflichtigen Person und einer Steuerbehörde, die auf einen konkreten Sachverhalt eine Regelung zur Anwendung bringt, welche hinsichtlich Bestand, Umfang oder Art der Erfüllung der Steuerpflicht von den gesetzlichen Bestimmungen abweicht (vgl. Urteil des Bundesgerichts 2C_296/2009 vom 11. Februar 2010 E. 3.1 m.w.H.).

3. Zuständigkeiten der ESTV

3.1 Direkte Bundessteuer

Die direkte Bundessteuer wird von den Kantonen unter Aufsicht des Bundes veranlagt und bezogen (vgl. Art. 2 des Bundesgesetzes vom 14. Dezember 1990 über die direkte Bundessteuer [DBG; SR 642.11]). Die Aufsicht des Bundes über die Steuererhebung wird vom Eidgenössischen Finanzdepartement ausgeübt (vgl. Art. 102 Abs. 1 DBG). Die ESTV sorgt für die einheitliche Anwendung dieses Gesetzes (vgl. Art. 102 Abs. 2 DBG).

Zuständig für die Erteilung eines Steuerrulings im Bereich der direkten Bundessteuer sind somit die in der Sache zuständigen kantonalen Veranlagungsbehörden (KSTV). Die ESTV gibt in diesem Bereich gutachterlich im Sinne einer Stellungnahme für die direkte Bundessteuer Auskunft (vgl. etwa Kreisschreiben Nr. 37 der ESTV über die Besteuerung von Mitarbeiterbeteiligungen vom 22. Juli 2013; Ziff. 9.3).

In Spezialfällen (etwa betreffend die Genehmigung von Produkten der Säule 3a) ist die ESTV kraft gesetzlicher Normierung zuständig für das Erteilen eines Steuerrulings (vgl. Art. 1 Abs. 4 der Verordnung vom 13. November 1985 über die steuerliche Abzugsberechtigung für Beiträge an anerkannte Vorsorgeformen [BVV3; SR 831.461.3]).

3.2 Verrechnungssteuer und Stempelabgaben

Die ESTV erlässt gemäss Artikel 34 Absatz 1 des Bundesgesetzes vom 13. Oktober 1965 über die Verrechnungssteuer (VStG; SR 642.21) für die Erhebung und Rückerstattung der Verrechnungssteuer alle Weisungen, Verfügungen und Entscheide, die nicht ausdrücklich einer anderen Behörde vorbehalten sind. Daraus leitet sich auch die Zuständigkeit der ESTV ab, entsprechende Steuerrulings zu genehmigen.

Für die den KSTV übertragene Rückerstattung der Verrechnungssteuer an natürliche Personen im Inland sorgt die ESTV für die gleichmässige Handhabung der Bundesvorschriften (vgl. Art. 34 Abs. 2 VStG). In diesem Bereich ist die Zuständigkeitsregelung für den Abschluss eines Steuerrulings zwischen kantonalen Veranlagungsbehörden und der ESTV gleich geregelt wie bei der direkten Bundessteuer (vgl. Ziff. 3.1 hiervor).

In Anwendung von Artikel 31 des Bundesgesetzes vom 27. Juni 1973 über die Stempelabgaben (StG; SR 641.10) erlässt die ESTV auch für den Bereich der Stempelabgaben alle Weisungen, Verfügungen und Entscheide, die nicht ausdrücklich einer anderen Behörde vorbehalten sind. Somit ergibt sich auch hier die Zuständigkeit der ESTV, entsprechende Steuerrulings zu genehmigen.

4. Anforderungen an Form und Inhalt eines Steuerrulings

Ein Steuerruling muss in Bezug auf die Form und den Inhalt die nachfolgenden Punkte erfüllen:
- Die Einreichung des Steuerrulings an die ESTV erfolgt stets in schriftlicher Form.
- Es stellt den rechtserheblichen Sachverhalt in kurzer und auf das Wesentliche beschränkter Form klar und vollständig dar.
- Die involvierten natürlichen und juristischen Personen sind zu nennen und eindeutig zu bezeichnen.
- Es enthält eine eigene rechtliche Würdigung in Bezug auf den rechtserheblichen Sachverhalt.
- Es enthält einen oder mehrere eindeutig formulierte steuerliche Anträge.
- Es enthält die erforderlichen, erklärenden Beilagen.
- Es ist in einer schweizerischen Amtssprache abzufassen. Allfällige Übersetzungen gehen auf Kosten der steuerpflichtigen Person. Beilagen können, in Absprache mit der ESTV, auch in der Originalsprache (insbes. Englisch) belassen werden.
- Steuerrulings von Rechtsvertretern haben unaufgefordert die entsprechenden schriftlichen Vollmachten zu enthalten.

Die ESTV behält sich vor, Steuerrulings, die diesen Anforderungen nicht genügen, ohne weitere Prüfung zwecks Verbesserung an die steuerpflichtige Person, resp. ihren Rechtsvertreter zurückzuweisen.

5. Kontaktadresse

Die Steuerrulings sind unter Einhaltung der formellen und materiellen Voraussetzungen an folgende Kontaktadressen einzusenden:

Postalisch:

Eidgenössische Steuerverwaltung
Hauptabteilung Direkte Bundessteuer, Verrechnungssteuer, Stempelabgaben
Ruling DVS
Eigerstrasse 65
3003 Bern

Elektronisch:
ruling.dvs@estv.admin.ch

6. Wirkungen und Widerruf eines Steuerrulings

Sind sämtliche formellen und materiellen Voraussetzungen an ein Steuerruling erfüllt und entspricht der Antrag den einschlägigen gesetzlichen Vorgaben, wird das Steuerruling durch die zuständige Abteilung innerhalb der ESTV genehmigt. Diese Genehmigung erfolgt ebenfalls schriftlich, entweder mit einer entsprechenden Unterzeichnung des Rulingantrages oder mittels separatem Schreiben. Die Genehmigung durch die zuständigen Steuerbehörden kann entweder vorbehaltslos oder unter Vorbehalten erfolgen.

Die Beurteilung von Steuerrulings durch die ESTV erfolgt in der Regel kostenlos. Die ESTV behält sich im Einzelfall jedoch vor, bei zeitlich übermässig umfangreichen Überprüfungs- und Korrekturarbeiten eine Gebühr nach Massgabe der Verordnung des Bundesrates vom 21. Mai 2014 über Gebühren für Verfügungen und Dienstleistungen der Eidgenössischen Steuerverwaltung (Gebührenverordnung ESTV, GebV-ESTV; SR 642.31) in Rechnung zu stellen.

Mit seiner Genehmigung kann das Steuerruling Vertrauensschutz begründen (vgl. dazu Ziff. 2 hiervor).

Rechtliche Wirkungen im Sinne des Vertrauensschutzes kann ein Steuerruling nur für den darin festgehaltenen Sachverhalt entfalten. Ändert sich beispielsweise ein relevantes Sachverhaltsmerkmal, fällt es im Nachhinein weg oder wird das Steuerruling nicht so wie dargestellt umgesetzt, fällt der Vertrauensschutz ohne weiteres dahin. In solchen Fällen muss das Steuerruling denn auch nicht durch die ESTV gekündigt werden.

Steuerrulings, die einen Dauersachverhalt zum Inhalt haben, geniessen so lange Vertrauensschutz, bis sie von der zuständigen Steuerbehörde generell-abstrakt oder im Einzelfall widerrufen werden. Die ESTV kann die Genehmigung des Steuerrulings an eine zeitliche Befristung knüpfen. Die ESTV widerruft die von ihr gewährten Steuerrulings in den Bereichen Verrechnungssteuer und Stempelabgaben selber. In den Bereichen der direkten Bundessteuer sowie Rückerstattung der Verrechnungssteuer an natürliche inländische Personen weist die ESTV als Aufsichtsbehörde des Bundes die zuständige kantonale Steuerbehörde schriftlich an, das von dieser gewährte Steuerruling zu widerrufen und teilt dies der steuerpflichtigen Person mit. Unterbleibt dieser Widerruf, behält sich die ESTV das Recht vor, bei der kantonalen Steuerbehörde die Eröffnung der entsprechenden Veranlagung zu beantragen (vgl. Art. 103 Abs. 1 Bst. d DBG).

Ein Widerruf eines Steuerrulings erfolgt in schriftlicher Form und mit Wirkung für die Zukunft. Im Einzelfall kann die ESTV der steuerpflichtigen Person eine angemessene Übergangsfrist einräumen, bis zu deren Ablauf das Steuerruling nach wie vor eine Vertrauensgrundlage darstellt. Damit ermöglicht die ESTV der steuerpflichtigen Person, ihre Strukturen oder getroffenen Dispositionen an die infolge des Widerrufs geänderte Rechtslage anzupassen.

Der Vertrauensschutz in ein Steuerruling fällt ohne weiteres (d.h. ohne Kündigung der zuständigen Steuerbehörde) dahin, wenn sich die einschlägigen rechtlichen Vorschriften ändern, eine Rechtsprechung zu einer Anpassung der Verwaltungspraxis führt oder die durch die ESTV bei der Genehmigung des Steuerrulings festgelegte zeitliche Befristung abgelaufen ist. In diesen Fällen ist daher weder eine Kündigung noch ein Widerruf der betroffenen Steuerrulings durch die Steuerbehörde erforderlich.

7. Hinweise zum spontanen internationalen Informationsaustausch von Steuerrulings gemäss Amtshilfeübereinkommen (SIA)

Seit dem 1. Januar 2018 tauscht die Schweiz gestützt auf das Übereinkommen vom 25. Januar 1988 über die gegenseitige Amtshilfe in Steuersachen (geändert durch das Protokoll vom 27. Mai 2010, SR 0.652.1; genannt MAC) spontan, d.h. ohne vorgehende Aufforderung, Informationen über Steuervorbescheide mit anderen Vertragsstaaten aus. Dabei werden lediglich Eckwerte eines Steuervorbescheids (etwa Angaben zur steuerpflichtigen Gesellschaft, Laufzeit des Steuerrulings, Zusammenfassung des Inhalts des Steuerrulings etc.), die sog. Rulingmeldungen (Templates) ausgetauscht. Vom Austausch betroffen sind Steuervorbescheide ab dem Jahr 2010, welche am 1. Januar 2018 oder später Bestand haben. Die ESTV gewährt den steuerpflichtigen Gesellschaften im Vorfeld eines Austausches das rechtliche Gehör, wie dies auch bei der Amtshilfe auf Ersuchen der Fall ist. Das Schweizer SIA-Verfahren wird vom „Global Forum on Transparency and Exchange of Information for Tax Purposes" der OECD anlässlich des regelmässigen „Peer Review" einer Überprüfung und Bewertung unterzogen.

Der Empfängerstaat einer Rulingmeldung hat die Möglichkeit, das vollständige Steuerruling mittels eines Informationsaustauschs durch die Steueramtshilfe auf Ersuchen zu erfragen. Der spontane Informationsaustausch erfolgt auf reziproker Basis, die Schweiz erhält entsprechend seit 2017 Rulingmeldungen von anderen Vertragsstaaten. Diese werden interessierten kantonalen Steuerverwaltungen durch die ESTV zur Verfügung gestellt. Die ESTV hat zwecks Durchführung des spontanen Informationsaustauschs eine digitale Plattform entwickelt, welche eine elektronische Erfassung der Rulingmeldungen erlaubt und den steuerpflichtigen Gesellschaften sowie den kantonalen Steuerverwaltungen gleichermassen zur Verfügung steht.

8. Zeitliche Geltung der Mitteilung

Die vorliegende Mitteilung gilt ab dem Zeitpunkt ihrer Veröffentlichung auf der Homepage der ESTV.

Guthaben im Konzern VSt

Quelle: Eidg. Steuerverwaltung ESTV

Mitteilung-010-DVS-2019-d vom 5. Februar 2019

Verrechnungssteuer: Guthaben im Konzern

Präzisierung der Verwaltungspraxis bezüglich Mittelrückführung bei inländisch garantierten Auslandsanleihen gemäss Artikel 14a Absatz 3 der Verordnung vom 19. Dezember 1966 über die Verrechnungssteuer (VStV; SR 642.211)

Mit Wirkung ab dem 1. April 2017 wurde Artikel 14a VStV angepasst. Seither ist unter Einhaltung bestimmter Voraussetzungen bei inländisch garantierten Auslandsanleihen eine Mittelrückführung in die Schweiz zulässig, ohne dass damit für die Zwecke der Verrechnungssteuer die ausländische Emission einer Anleihe der inländischen Garantin zugerechnet wird.

Die bisherige Verwaltungspraxis wird wie folgt präzisiert: Zwischen Konzerngesellschaften bestehende Guthaben gelten für die Zwecke der Verrechnungssteuer auch dann weder als Obligation noch als Kundenguthaben (unabhängig von ihrer Laufzeit, ihrer Währung und ihrem Zinssatz), wenn bei inländisch garantierten Auslandsemissionen der Umfang des Mittelrückflusses an inländische Konzerngesellschaften (i.d.R. an die Garantin) die Summe der kumulierten Eigenkapitale sämtlicher ausländischer Gesellschaften des Konzerns (gemäss Art. 14a Abs. 2 VStV) nicht übersteigt (sog. Eigenkapitalvariante). Liegt kein 100-prozentiges Beteiligungsverhältnis vor, wird das Eigenkapital der ausländischen Konzerngesellschaft nur im Rahmen der jeweiligen Beteiligungsquote berücksichtigt.

Dieser Mittelrückfluss an die inländische Konzerngesellschaft kann entweder
- direkt durch die ausländische Emittentin vorgenommen werden oder aber,
- indem die ausländische Emittentin die entsprechenden Mittel zunächst ausländischen Konzerngesellschaften weiterleitet, welche ihrerseits anschliessend diese Mittel im Umfang von höchstens dem kumulierten Eigenkapital der ausländischen Konzerngesellschaften an inländische Konzerngesellschaften weiterleitet.

Zudem liegt kein schädlicher Mittelrückfluss vor, wenn die Summe der Mittel, welche im Rahmen von inländisch garantierten Auslandsemissionen in die Schweiz weitergeleitet werden, nicht grösser ist als die Summe der durch inländische Konzerngesellschaften an ausländische Konzerngesellschaften gewährten Darlehen (sog. Verrechnungsvariante). Die Verrechnungsvariante und die Eigenkapitalvariante können miteinander kombiniert werden.

Will eine Gesellschaft von der Eigenkapital- und/oder der Verrechnungsvariante Gebrauch machen, hat sie einen Antrag im Rahmen eines Steuervorabbescheids (Ruling) der Eidgenössischen Steuerverwaltung (ESTV) zur Genehmigung zu unterbreiten. Im Steuervorabbescheid sind auch die Anforderungen an das Revisionskonzept der gewählten Variante festzulegen. Ein einmal gewähltes Vorgehen ist beizubehalten (Grundsatz der Stetigkeit).

Die vorliegende Praxisänderung tritt mit ihrer Publikation auf der Homepage der ESTV in Kraft.

Zeitgleiche Dividendenverbuchung in Konzernverhältnissen

Quelle: Eidg. Steuerverwaltung ESTV

Mitteilung-008-DVS-2018-d vom 10. Juli 2018

Zeitgleiche Dividendenverbuchung in Konzernverhältnissen

Das Schweizer Handbuch der Wirtschaftsprüfung erlaubt, dass eine inländische Muttergesellschaft den Beteiligungsertrag ihrer Tochtergesellschaft (d.h. deren im Geschäftsjahr n+1 beschlossene Dividende) bereits im Geschäftsjahr, in welchem die Tochtergesellschaft diesen erwirtschaftet hat, transitorisch als Ertrag verbucht. Falls die Muttergesellschaft die definitive erfolgswirksame Verbuchung dieses Ertrags im Zeitpunkt der Ausschüttung der Dividende vornimmt, stellt dies eine ordnungsgemässe Verbuchung für die Zwecke der Rückerstattung der Verrechnungssteuer sowie für die Durchführung des Meldeverfahrens dar.

Im Konzernverhältnis kann die Muttergesellschaft in ihrer Buchhaltung unter Einhaltung gewisser Voraussetzungen[1] den ihr zustehenden Beteiligungsertrag ihrer Tochtergesellschaft bereits in demjenigen Geschäftsjahr ausweisen, in dem ihn die Tochtergesellschaft erwirtschaftet und nicht erst im Zeitpunkt der Ausschüttung der Dividende. Mit anderen Worten kann die Muttergesellschaft damit bereits in ihrem Geschäftsjahr n den ihr zustehenden Beteiligungsertrag aus dem Geschäftsjahr n ihrer Tochtergesellschaft verbuchen. Man spricht in diesem Zusammenhang von einer zeitgleichen oder phasenkongruenten Dividendenverbuchung.

Korrekterweise verbucht die Muttergesellschaft in ihrer Buchhaltung im Geschäftsjahr n den Beteiligungsertrag transitorisch (Buchung: Transitorische Aktiven an Beteiligungsertrag) und macht ihn bei Eröffnung der Buchhaltung des Geschäftsjahres n+1 mittels Rückbuchung (Buchung: Beteiligungsertrag an Transitorische Aktiven) wieder rückgängig. Für die Wahrung des Anspruchs auf Rückerstattung der Verrechnungssteuer respektive auf Durchführung des Meldeverfahrens hat die definitive, erfolgswirksame Verbuchung dieses Beteiligungsertrages im Zeitpunkt der Fälligkeit der steuerbaren Leistung (d.h. der Ausschüttung der Dividende im Jahre n+1) zu erfolgen (Aktivkonto [Bank] an Beteiligungsertrag).

Mit diesem Vorgehen erfüllt die Muttergesellschaft die Anforderungen an eine ordnungsgemässe Verbuchung dieses Ertrags gemäss Artikel 25 Absatz 1 des Bundesgesetzes vom 13. Oktober 1965 über die Verrechnungssteuer (Verrechnungssteuergesetz, VStG; SR 642.21). Gleiches gilt auch für den Anspruch auf Durchführung des Meldeverfahrens gemäss Artikel 26a der Verordnung vom 19. Dezember 1966 über die Verrechnungssteuer (Verrechnungssteuerverordnung, VStV; SR 642.211).

---

[1] Zu den Voraussetzungen im Einzelnen, vgl. Schweizer Handbuch der Wirtschaftsprüfung, Band „Buchführung und Rechnungslegung", Zürich 2014, S. 180 f.

Rückforderung von Verzugszinsen

Quelle: Eidg. Steuerverwaltung ESTV

Mitteilung-004-DVS-2017-d vom 01.02.2017

Rückforderung von Verzugszinsen beim Meldeverfahren bei der Verrechnungssteuer

Die eidgenössischen Räte haben in der Herbstsession die Bestimmungen im Bundesgesetz über die Verrechnungssteuer (VStG) betreffend das Meldeverfahren angepasst. Die Bestimmungen treten auf den 15. Februar 2017 in Kraft. Diese Mitteilung bestimmt die anwendbaren Fälle und beschreibt das Vorgehen, um die neuen gesetzlichen Anforderungen zu erfüllen.

Das Eidgenössische Parlament hat am 30. September 2016 die Änderung und Einführung einiger Bestimmungen des Bundesgesetzes über die Verrechnungssteuer (VStG) für das Meldeverfahren beschlossen. Dies geht zurück auf die Parlamentarische Initiative Gasche in Bezug auf das Meldeverfahren (13.479).

Der Bundesrat hat beschlossen, das Inkrafttreten dieser neuen Bestimmungen auf den 15. Februar 2017 zu setzen.

In Anwendung dieser neuen Bestimmungen werden bereits in Rechnung gestellte Verzugszinsforderungen, welche noch nicht bezahlt wurden, annulliert. Bereits bezahlte Verzugszinsrechnungen werden zurückerstattet.

In Sinne einer raschen Erledigung der Fälle hat die Eidgenössische Steuerverwaltung ein vereinfachtes Verfahren für die Rückzahlung der nach den neuen Bestimmungen (vgl. Art. 70c VStG) nicht mehr geschuldeten Verzugszinsen vorgesehen.

Rückzahlung bereits bezahlter Verzugszinsrechnungen

Gesellschaften, welche die Verzugszinsrechnungen bereits bezahlt haben, jedoch nach den neuen Bestimmungen berechtigt gewesen wären, das Meldeverfahren anzuwenden, müssen der ESTV einen Antrag auf Rückzahlung stellen, wenn sie die Rückzahlung der bezahlten Verzugszinse wünschen.

Die Rückzahlung bereits bezahlter Verzugszinsrechnungen ist auch auf Sachverhalte anwendbar, die vor Inkrafttreten der Änderungen des VStG eingetreten sind, es sei denn, die Steuerforderung oder die Verzugszinsforderung sei verjährt oder bereits vor dem 1. Januar 2011 rechtskräftig festgesetzt worden (vgl. Art. 70c Abs. 1 VStG).

Für den Antrag auf Rückzahlung schaltet die ESTV am 15. Februar 2017 auf der Homepage ein Formular auf (Formular 1 RVZ). Für die Rückforderung des Verzugszinses ist ausschliesslich dieses Formular zu verwenden. Werden zusätzliche Informationen benötigt, ist eine Beilage mitzuliefern.

Der Antrag muss <u>innerhalb eines Jahres</u> ab Inkrafttreten der neuen Bestimmungen eingereicht werden. Es erfolgt keine Rückzahlung von Verzugszinsen von Amtes wegen.

Um zu vermeiden, dass auf Sockelsteuern oder auf Meldeverfahren, welche die materiellen Bestimmungen nicht erfüllen, bezahlte Verzugszinsen zurückbezahlt werden, erfolgt eine systematische Überprüfung der Fälle.

Stornierung der in Rechnung gestellten, nicht bezahlten Verzugszinsrechnungen

Die ESTV wird diese Abrechnungen von Amtes wegen stornieren. Sobald die Stornierung erfolgt ist, wird den Gesellschaften eine schriftliche Bestätigung zugestellt.

Sistierte Einspracheverfahren bei der ESTV

Bei hängigen und sistierten Einspracheverfahren, für welche bereits entrichtete Verzugszinsen zurückgefordert werden, wird empfohlen, bei der ESTV ein Gesuch einzureichen.

Hängige Rechtsfälle (Bundesverwaltungsgericht / Bundesgericht

Für Fälle, die vor dem Bundesverwaltungsgericht oder dem Bundesgericht hängig sind, wird aus Gründen der Fristwahrung gemäss Artikel 70c Absatz 3 VStG ebenfalls empfohlen, ein Gesuch einzureichen. Einen Entscheid über die allfällige Rückzahlung von Verzugszinsen wird die ESTV erst nach Eintritt der Rechtskraft des entsprechenden Urteils des Bundesverwaltungsgerichts resp. des Bundesgerichts fällen können.

Erstmalige Meldungen für den Zeitraum vom 1. Januar 2012 bis zum Inkrafttreten der neuen gesetzlichen Bestimmungen

Diese Fälle werden nach den neuen gesetzlichen Bestimmungen analysiert und behandelt. Die Einreichung dieser Fälle hat mit den amtlichen Formularen (Formulare: 102/103/110 und Formulare 106/108) zu erfolgen. In Anwendung von Artikel 17 VStG, beträgt die Verjährungsfrist 5 Jahre.

Strafbestimmungen

Die Nichteinhaltung der Bestimmungen des Gesetzes (insbesondere Art. 20 Abs. 3 VStG) im Rahmen des Meldeverfahrens, ist eine strafbare Handlung gemäss Artikel 64 VStG. Eine strafrechtliche Verfolgung gemäss Artikel 61 ff. VStG bleibt vorbehalten.

Besondere Bestimmungen

Gemäss den neuen gesetzlichen Bestimmungen (Art. 70c Abs. 2 VStG) wird auf den Rückerstattungen kein Vergütungszins gewährt.
Der Nachweis, dass der Antrag innerhalb der Frist zugestellt wurde, obliegt der steuerpflichtigen Gesellschaft (Art. 8 ZGB).

Kontakt

Zonen 1 – 4

(Bern deutsch, Basel-Landschaft, Basel-Stadt, Freiburg deutsch, Glarus, Graubünden deutsch, Schwyz, Solothurn, St. Gallen, Thurgau, Uri, Wallis deutsch):
+41 58 465 60 82 - er01.dvs@estv.admin.ch

Zonen 5 – 8

(Aargau, Appenzell Innerrhoden, Appenzell Ausserrhoden, Luzern, Nidwalden, Obwalden, Schaffhausen, Zug, Zürich):
+41 58 465 60 83 - er02.dvs@estv.admin.ch

Zonen 9 – 12

(Bern französisch, Freiburg französisch, Genf, Graubünden italienisch, Jura, Neuenburg, Tessin, Waadt, Wallis französisch):
+41 58 465 60 84 - er03.dvs@estv.admin.ch

Gesetzliche Bestimmungen

Bundesgesetz über die Verrechnungssteuer (Änderung vom 30. September 2016)
D: https://www.admin.ch/opc/de/federal-gazette/2016/7629.pdf

Geldwerte Leistungen 2023

Quelle: Eidg. Steuerverwaltung ESTV / HA Direkte Bundessteuer, Verrechnungssteuer, Stempelabgaben

Direkte Bundessteuer
Verrechnungssteuer

Bern, 7. Februar 2023
WAS/TSD

Rundschreiben

Steuerlich anerkannte Zinssätze 2023 für Vorschüsse oder Darlehen in Schweizer Franken

Die Gewährung unverzinslicher oder ungenügend verzinster Vorschüsse oder Darlehen an Beteiligte oder an ihnen nahe stehende Dritte stellt eine geldwerte Leistung dar. Dasselbe gilt für übersetzte Zinsen, die auf Grund von Verpflichtungen gegenüber Beteiligten oder ihnen nahe stehenden Dritten vergütet werden. Solche geldwerte Leistungen unterliegen gemäss Artikel 4 Absatz 1 Buchstabe b des Bundesgesetzes vom 13. Oktober 1965 über die Verrechnungssteuer (VStG) und Artikel 20 Absatz 1 der Vollziehungsverordnung vom 19. Dezember 1966 zum VStG (VStV) der Verrechnungssteuer von 35 %. Die geldwerten Leistungen sind mittels Formular 102 unaufgefordert innert 30 Tagen nach ihrer Fälligkeit zu deklarieren. Innert der gleichen Frist ist auch die geschuldete Verrechnungssteuer zu entrichten. Die gleichen Kriterien gelten auch bei der direkten Bundessteuer für die Berechnung der geldwerten Leistungen von Kapitalgesellschaften und von Genossenschaften (vgl. Art. 58 Abs. 1 Bst. b des Bundesgesetzes vom 14. Dezember 1990 über die direkte Bundessteuer [DBG]).

Für die Bemessung einer angemessenen Verzinsung von Vorschüssen oder Darlehen in Schweizer Franken an Beteiligte oder ihnen nahe stehende Dritte oder von Beteiligten oder ihnen nahe stehenden Dritten stellt die Eidgenössische Steuerverwaltung (ESTV), Hauptabteilung Direkte Bundessteuer, Verrechnungssteuer, Stempelabgaben seit dem **1. Januar 2023** auf die folgenden Zinssätze ab:

		Zinssatz mindestens:
1	**Für Vorschüsse an Beteiligte oder nahe stehende Dritte** (in CHF)	
1.1	aus Eigenkapital finanziert und wenn kein Fremdkapital verzinst werden muss	1 ½ %
1.2	aus Fremdkapital finanziert	Selbstkosten zuzügl. ¼ – ½ % [1]
	mindestens	1 ½ %

---

[1] – bis und mit CHF 10 Mio. ½ %
– über CHF 10 Mio. ¼ %

2 Für Vorschüsse von Beteiligten oder nahe stehenden Dritten (in CHF)

Zinssatz höchstens:

	Wohnbau und Landwirtschaft	Industrie und Gewerbe
2.1 Liegenschaftskredite:		
– bis zu einem Kredit in der Höhe der ersten Hypothek, d.h. 2/3 des Verkehrswertes der Liegenschaft	2 ¼ %	2 ¾ %
– Rest	3 %[2]	3 ½ %[2]

wobei folgende Höchstsätze für die Fremdfinanzierung gelten:
- Bauland, Villen, Eigentumswohnungen, Ferienhäuser und Fabrikliegenschaften bis 70 % vom Verkehrswert
- Übrige Liegenschaften bis 80 % vom Verkehrswert

2.2 Betriebskredite:

a) bis CHF 1 Mio.
- bei Handels- und Fabrikationsunternehmen   3 ¾ %[2]
- bei Holding- und Vermögensverwaltungsgesellschaften   3 ¼ %[2]

b) ab CHF 1 Mio.
- bei Handels- und Fabrikationsunternehmen   2 ¼ %[2]
- bei Holding- und Vermögensverwaltungsgesellschaften   2 %[2]

Für die Berechnung der Limiten sind die Kredite sämtlicher Beteiligten und nahe stehender Personen zusammen zu zählen.

Diese Zinssätze gelten als „safe haven". Der Nachweis höherer Zinssätze im Drittvergleich bleibt vorbehalten.

3. Für die Bewertung von Unternehmen

Was die Kapitalisierungssätze für die Bewertung von Unternehmen anbelangt, so wird auf Randziffer 10 des Kreisschreibens Nr. 28 der Schweizerischen Steuerkonferenz SSK «Wegleitung zur Bewertung von Wertpapieren ohne Kurswert für die Vermögenssteuer» sowie den aktuellen Kommentar dazu verwiesen.

Für ergänzende Auskünfte:

- Bruno Marai, Tel. 058 462 10 98, E-Mail: bruno.marai@estv.admin.ch
- Thibaut Urbain, Tel. 058 481 09 23, E-Mail: mailto:thibaut.urbain@estv.admin.ch

---

[2] Bei der Berechnung der steuerlich höchstzulässigen Zinsen ist auch ein allfällig bestehendes verdecktes Eigenkapital zu beachten. Es wird hierzu auf das <u>Kreisschreiben Nr. 6 der direkten Bundessteuer vom 6. Juni 1997 betreffend verdecktes Eigenkapital (Art. 65 und 75 DBG) bei Kapitalgesellschaften und Genossenschaften</u> verwiesen, welches auch für die Belange der Verrechnungssteuer und Stempelabgaben massgebend ist.

Zinssätze Fremdwährungen 2023

Quelle: Eidg. Steuerverwaltung ESTV / HA Direkte Bundessteuer, Verrechnungssteuer, Stempelabgaben

Direkte Bundessteuer
Verrechnungssteuer

Bern, 8. Februar 2023
WAS/TSD

Rundschreiben

Steuerlich anerkannte Zinssätze 2023 für Vorschüsse oder Darlehen in Fremdwährungen

Die Gewährung unverzinslicher oder ungenügend verzinster Vorschüsse oder Darlehen an Beteiligte oder an ihnen nahe stehende Dritte stellt eine geldwerte Leistung dar. Dasselbe gilt für übersetzte Zinsen, die auf Grund von Verpflichtungen gegenüber Beteiligten oder ihnen nahe stehenden Dritten vergütet werden. Solche geldwerte Leistungen unterliegen gemäss Artikel 4 Absatz 1 Buchstabe b des Bundesgesetzes vom 13. Oktober 1965 über die Verrechnungssteuer (VStG) und Artikel 20 Absatz 1 der Vollziehungsverordnung vom 19. Dezember 1966 zum VStG (VStV) der Verrechnungssteuer von 35 %. Die geldwerten Leistungen sind mittels Formular 102 unaufgefordert innert 30 Tagen nach ihrer Fälligkeit zu deklarieren. Innert der gleichen Frist ist auch die geschuldete Verrechnungssteuer zu entrichten. Die gleichen Kriterien gelten auch bei der direkten Bundessteuer für die Berechnung der geldwerten Leistungen von Kapitalgesellschaften und von Genossenschaften (vgl. Art. 58 Abs. 1 Bst. b des Bundesgesetzes vom 14. Dezember 1990 über die direkte Bundessteuer [DBG]).

Für die Bemessung einer angemessenen Verzinsung von Vorschüssen oder Darlehen in fremden Währungen an Beteiligte oder ihnen nahe stehende Dritte oder von Beteiligten oder ihnen nahe stehenden Dritten stellt die Eidgenössische Steuerverwaltung (ESTV), Hauptabteilung Direkte Bundessteuer, Verrechnungssteuer, Stempelabgaben seit dem **1. Januar 2023** auf die auf der letzten Seite dieses Rundschreibens publizierten Zinssätze (Richtwerte) ab. Diese basieren einerseits auf den 5-jährigen SWAP-Sätzen und andererseits auf der Rendite von langfristigen Anlagen wie Industrieobligationen.

Die Zinssätze gemäss Tabelle sind folgendermassen anwendbar:

1 Für Vorschüsse oder Darlehen an Beteiligte oder nahe stehende Dritte

Liegt der Zinssatz der fremden Währung unter dem Zinssatz gemäss dem Rundschreiben der ESTV betreffend steuerlich anerkannte Zinssätze 2023 für Vorschüsse oder Darlehen in Schweizer Franken vom 7. Februar 2023, so ist mindestens der entsprechende Zinssatz für Schweizer Franken zu berücksichtigen.

Diese Zinssätze sind für Vorschüsse oder Darlehen an Beteiligte oder ihnen nahe stehende Dritte gültig, sofern sie aus Eigenkapital finanziert sind.

Ist die Gesellschaft oder Genossenschaft verzinsliche Verpflichtungen eingegangen, sind Vorschüsse oder Darlehen an Beteiligte oder ihnen nahe stehende Dritte im Umfang der verzinslichen Verpflichtungen zu den Fremdkapitalzinssätzen inkl. allfällige Gebühren (Selbstkosten) zuzüglich eines Zuschlags von ½ %, mindestens aber zu den im vorliegenden Rundschreiben angegebenen Zinssätzen, zu verzinsen.

2 Für Vorschüsse oder Darlehen von Beteiligten oder nahe stehenden Dritten

Im Sinne einer „safe haven"-Lösung gelten die nachfolgenden Zinssätze auch für verzinsliche Verpflichtungen in fremden Währungen. Analog dem Rundschreiben der ESTV betreffend steuerlich anerkannte Zinssätze 2023 für Vorschüsse oder Darlehen in Schweizer Franken vom 7. Februar 2023 kann für Betriebskredite (Ziffer 2.2) der gleiche Spread (bis Gegenwert CHF 1 Mio. 2.25 % resp. 1.75 %; ab Gegenwert CHF 1 Mio. 0.75 % resp. 0.50 %) berücksichtigt werden.

Es ist jedoch möglich, höhere Zinsen aufgrund des Drittvergleichs geltend zu machen.

In jedem Fall ist der geschäftsmässig begründete Nachweis zu erbringen, weshalb keine Verpflichtung in tiefer verzinsliche Schweizer Franken eingegangen wurde.

Bei der Berechnung der steuerlich höchstzulässigen Zinsen ist auch ein allfällig bestehendes verdecktes Eigenkapital zu beachten. Es wird hierzu auf das Kreisschreiben Nr. 6 der direkten Bundessteuer vom 6. Juni 1997 betreffend verdecktes Eigenkapital (Art. 65 und 75 DBG) bei Kapitalgesellschaften und Genossenschaften verwiesen, welches auch für die Belange der Verrechnungssteuer und Stempelabgaben massgebend ist.

3 Für die Bewertung von Unternehmen

Was die Kapitalisierungssätze für die Bewertung von Unternehmen anbelangt, so wird auf Randziffer 60 des Kreisschreibens Nr. 28 der Schweizerischen Steuerkonferenz SSK «Wegleitung zur Bewertung von Wertpapieren ohne Kurswert für die Vermögenssteuer» sowie den aktuellen Kommentar dazu verwiesen.

Land	Währung	2018	2019	2020	2021	2022	2023
Europäische Union	EUR	0.75	0.75	0.50	0.25	0.50	3.00
USA	USD	3.00	3.00	2.25	1.25	2.00	3.75
Australien	AUD	3.00	3.00	1.50	1.00	1.50	4.25
Brasilien	BRL	n.a.	9.50	6.00	5.75	11.25	12.75
Bulgarien	BGN	1.00	n.a.	n.a.	n.a.	n.a.	n.a.
China	CNY	3.50	4.25	3.75	3.75	3.75	3.00
Dänemark	DKK	0.75	1.00	0.75	0.50	0.50	3.25
Grossbritannien	GBP	1.75	1.75	1.50	1.00	1.25	5.25
Hongkong	HKD	2.25	3.25	2.50	1.50	1.50	4.25
Indien	INR	n.a.	7.75	7.50	6.25	6.25	7.00
Israel	ILS	n.a.	1.25	n.a.	n.a.	1.25	3.25
Japan	JPY	0.50	0.50	0.50	0.50	0.50	0.50
Kanada	CAD	2.75	3.25	2.50	1.50	2.50	3.75
Malaysia	MYR	4.25	4.25	4.00	3.00	3.50	3.75
Neuseeland	NZD	3.00	3.00	1.50	1.00	2.25	4.75
Norwegen	NOK	1.75	2.50	2.50	1.50	1.50	3.50
Polen	PLN	2.75	3.00	2.50	1.50	1.50	7.00
Rumänien	RON	4.50	4.50	n.a.	n.a.	4.50	n.a.
Russland	RUB	8.25	9.75	8.00	6.50	8.00	n.a.
Schweden	SEK	0.75	1.00	0.75	0.75	1.00	3.25
Singapur	SGD	2.25	2.75	2.25	1.25	1.50	4.00
Südafrikanische Rep.	ZAR	7.50	8.50	7.75	5.75	6.50	8.75
Südkorea	KRW	2.50	2.50	2.00	2.00	2.00	3.25
Thailand	THB	2.50	2.50	2.00	1.50	1.50	3.00
Tschechische Republik	CZK	1.75	3.00	2.50	1.50	3.00	5.50
Ungarn	HUF	1.50	1.50	1.50	2.00	3.50	11.00
Vereinigte Arabische Emirate	AED	3.25	3.25	2.75	2.00	2.50	4.00

Legende:
n.a.: not available (nicht verfügbar)

Abteilung Externe Prüfung

Regula Walser Hofstetter
Chefin

Zinssätze DBST, Sicherheitseigenkapital / Abzüge Säule 3a

Quelle: Eidg. Steuerverwaltung ESTV/HA Direkte Bundessteuer, Verrechnungssteuer, Stempelabgaben

Direkte Bundessteuer

Stand am 4.1.2023 (www.estv.admin.ch)

☞ *Ersatz für die bisherigen Rundschreiben B84 und B80 (deren Inhalte sind neu nur noch online abrufbar)*

Zinssätze im Bereich der direkten Bundessteuer DBST für das Kalenderjahr 2023 / Kalkulatorischer Zinssatz Sicherheitseigenkapital / Höchstabzüge Säule 3a im Steuerjahr 2023

Zinsen direkte Bundessteuer

	2023	2022	2021	2020	2019	2018
Vergütungszins in %	0,0	0,0	0,0	0,0	0,0	0,0
Verzugs-/Rückerstattungszins in %	4,0	4,0	3,0	3,0	3,0	3,0

Bis 31.12.2021 wurden die Zinssätze im Anhang zur Verordnung des EFD über Fälligkeit und Verzinsung der direkten Bundessteuer (SR 642.124; *VO DBG J*) festgelegt.

Seit 1.1.2022 gelten für die direkte Bundessteuer die Zinssätze gemäss Anhang zur Verordnung des EFD über die Verzugs- und die Vergütungszinssätze auf Abgaben und Steuern (SR 631.014; *VO DBG P*).

Kalkulatorischer Zinssatz Eigenkapital

Der kalkulatorische Zinssatz auf dem Sicherheitseigenkapital entspricht gemäss Artikel 25a[bis] Absatz 4 erster Satz StHG der Rendite von zehnjährigen Bundesobligationen am letzten Handelstag des dem Beginn der Steuerperiode vorangegangenen Kalenderjahres (vgl. Art. 3 Abs. 1 der Verordnung vom 13. November 2019 über den steuerlichen Abzug auf Eigenfinanzierung juristischer Personen; SR 642.142.2; *VO StHG C*). Bei negativer Rendite beträgt der Zinssatz 0 Prozent.

	2023	2022	2021	2020
Kalkulatorischer Zinssatz Eigenkapital in %	1,565	0,0	0,0	0,0

Höchstabzüge Säule 3a

Der Steuerabzug im Rahmen der gebundenen Selbstvorsorge (Säule 3a) beträgt **in Franken**:

	2023	2022	2021	2020	2019	2018
Für Steuerpflichtige **mit** 2. Säule	7'056	6'883	6'883	6'826	6'826	6'768
Für Steuerpflichtige **ohne** 2. Säule	35'280	34'416	34'416	34'128	34'128	33'840

Die Höchstabzüge bilden zugleich die massgeblichen Einzahlungslimiten. Aufrundungen bei der Einzahlung sind nicht zulässig.

Berufskosten / Ausgleich kalte Progression 2023

Quelle: Eidg. Steuerverwaltung ESTV / HA Direkte Bundessteuer, Verrechnungssteuer, Stempelabgaben

Direkte Bundessteuer

Bern, 21. September 2022

Rundschreiben

Berufskostenpauschalen und Naturalbezüge 2023 / Ausgleich der Folgen der kalten Progression bei der direkten Bundessteuer für das Steuerjahr 2023

1 Berufskostenpauschalen und Naturalbezüge im Steuerjahr 2023

1.1 Pauschalabzüge für Berufskosten

Der Maximalabzug der Fahrkosten von bisher CHF 3'000 wird aufgrund des Ausgleichs der kalten Progression (vgl. Ziffer 2 unten) ab dem Steuerjahr 2023 auf CHF 3'200 erhöht.

Die Pauschalabzüge für Berufskosten im Steuerjahr 2023 erfahren im Übrigen **keine Änderungen** gegenüber dem Vorjahr. Die vom Eidgenössischen Finanzdepartement (EFD) am 6. März 2015 erlassene Änderung des Anhangs zur Verordnung vom 10. Februar 1993 über den Abzug von Berufskosten der unselbständigen Erwerbstätigkeit bei der direkten Bundessteuer gilt weiterhin.

1.2 Ansätze für die Bewertung von Naturalbezügen

Bei den Ansätzen für die Bewertung von Naturalbezügen ergeben sich **keine Anpassungen**. Damit gelten für das Steuerjahr 2023 weiterhin die Merkblätter N1/2007 für Selbstständigerwerbende, N2/2007 für Arbeitnehmende und NL1/2007 für die Land- und Forstwirtschaft (vgl. Beilagen zum Rundschreiben der ESTV vom 5. Oktober 2006 über den Ausgleich der Folgen der kalten Progression im Praenumerando-System / Anpassung der Berufskostenpauschalen und Naturalbezüge ab 1. Januar 2007).

2 Ausgleich der Folgen der kalten Progression für das Steuerjahr 2023

Der Ausgleich der Folgen der kalten Progression erfolgt jährlich aufgrund des Standes des Landesindexes der Konsumentenpreise (LIK) am 30. Juni vor Beginn der Steuerperiode. Bei einem negativen Teuerungsverlauf ist ein Ausgleich ausgeschlossen (Art. 39 Abs. 2 des Bundesgesetzes vom 14. Dezember 1990 über die direkte Bundessteuer; SR 642.11; DBG).

Die Folgen der kalten Progression wurden letztmals für das Steuerjahr 2012 angeglichen (massgebender Indexstand vom 30. Juni 2011: 161.9 Punkte, Basis Dezember 1982 = 100). Am 30. Juni 2022 betrug der massgebende Index 165.2 Punkte, was gegenüber dem Indexstand per 30. Juni 2011 einer **Erhöhung von 2.04 Prozent** entspricht.

Das EFD hat am 16. September 2022 die Verordnung vom 2. September 2013 über den Ausgleich der Folgen der kalten Progression für die natürlichen Personen bei der direkten Bundessteuer (Verordnung über die kalte Progression; SR 642.119.2) mit den neuen Tarifen und Abzügen erlassen, welche auf den 1. Januar 2023 in Kraft tritt. Die Tarife zur Berechnung der direkten Bundessteuer sind aus der beiliegenden Tabelle ersichtlich (Tarif 2023). Die Abzüge bei der direkten Bundessteuer für das Steuerjahr 2023 (vgl. nachstehende Tabelle) sind überdies auf der Homepage der Eidgenössischen Steuerverwaltung (ESTV) publiziert.

Abzug und Rechtsgrundlage		Steuerjahr	
		2022 (CHF)	2023 (CHF)
Besteuerung nach dem Aufwand (Art. 14 DBG), steuerfreie Grenzbeträge (Art. 24 DBG), allgemeine Abzüge (Art. 33 DBG), Sozialabzüge (Art. 35 DBG), Tarif (Art. 36 DBG)			
Besteuerung nach dem Aufwand (Art. 14 Abs. 3 Bst. a DBG)		400'000	421'700
Feuerwehrsold (Art. 24 Bst. f^{bis} DBG)		5'000	5'200
Gewinnspiele (Art. 24 Bst. i^{bis} DBG)		1'000'000	1'038'300
Gewinnspiele (Art. 24 Bst. j DBG)		1'000	1'000
Höchstabzüge für Versicherungsprämien und Sparkapitalzinsen (Art. 33 Abs. 1 Bst. g sowie Art. 33 Abs. 1bis DBG)			
- für verheiratete Personen in rechtlich und tatsächlich ungetrennter Ehe			
- mit Beiträgen an die Säulen 2 und 3a		3'500	3'600
- ohne Beiträge an die Säulen 2 und 3a		5'250	5'400
- für die übrigen Steuerpflichtigen			
- mit Beiträgen an die Säulen 2 und 3a		1'700	1'800
- ohne Beiträge an die Säulen 2 und 3a		2'550	2'700
- für jedes Kind		700	700
- für jede unterstützungsbedürftige Person		700	700
		10'100	10'300
Kosten für die berufsorientierte Aus- und Weiterbildung (Art. 33 Abs. 1 Bst. j DBG)		12'000	12'700
Zweiverdienerabzug (Art. 33 Abs. 2 DBG)	Min.	8'100	8'300
	Max.	13'400	13'600
Kinderdrittbetreuungsabzug (Art. 33 Abs. 3 DBG)	Max.	10'100	25'000
Einsatzkosten Geldspiele (Art. 33 Abs. 4 DBG)	Max.	5'000	5'200
Einsatzkosten Online-Geldspiele (Art. 33 Abs. 4 DBG)	Max.	25'000	26'000
Kinderabzug (Art. 35 Abs. 1 Bst. a DBG)		6'500	6'600
Unterstützungsabzug (Art. 35 Abs. 1 Bst. b DBG)		6'500	6'600
Verheiratetenabzug (Art. 35 Abs. 1 Bst. c DBG)		2'600	2'700
Abzug vom Steuerbetrag pro Kind (Art. 36 Abs. 2bis DBG)		251	255

Abteilung Aufsicht Kantone
Fachdienste

Roland Pulfer
Chef

Beilage erwähnt

Eigenmietwertzuschlag DBST

Quelle: Eidg. Steuerverwaltung ESTV / HA Direkte Bundessteuer, Verrechnungssteuer, Stempelabgaben

Direkte Bundessteuer

Bern, 10. Juli 2019

An die kantonalen Verwaltungen
für die direkte Bundessteuer

Rundschreiben

Liste der Kantone mit unterschiedlichen Eigenmietwerten für die kantonalen Steuern und die direkte Bundessteuer ab Steuerperiode 2018

Bekanntlich sind in einigen Kantonen die Mietwerte für die direkte Bundessteuer abweichend von denjenigen bei der Staatssteuer festzusetzen. Diese unterschiedlichen Bemessungen erfolgen im Hinblick auf eine richtige und einheitliche Veranlagung der direkten Bundessteuer (vgl. Art. 102 Abs. 2 des Bundesgesetzes vom 14. Dezember 1990 über die direkte Bundessteuer; DBG, SR 642.11).

Da steuerpflichtige Personen Liegenschaften ausserhalb des Wohnsitzkantons besitzen können, senden wir Ihnen eine Liste der für die direkte Bundessteuer abweichenden Mietwertbemessungen ab Steuerperiode 2018. Damit haben Sie als Wohnsitz- oder Aufenthaltskanton die Möglichkeit, den für die direkte Bundessteuer korrekten Mietwert für ausserkantonale Liegenschaften einzusetzen.

Das vorliegende Rundschreiben gilt ab der Steuerperiode 2018 und ersetzt das Rundschreiben in der Version vom 21. Februar 2008.

Abteilung Aufsicht Kantone
Fachdienste

Daniel Emch
Chef

Beilage erwähnt

Liste der Kantone mit unterschiedlichen Eigenmietwerten für die kantonalen Steuern und die direkte Bundessteuer ab Steuerperiode 2018

Liste des cantons dont la détermination de la valeur locative est différente pour l'impôt cantonal et l'impôt fédéral direct à partir de la période fiscale 2018

Kanton Aargau

Auf dem für die kantonalen Steuern gültigen Mietwert von Einfamilienhäusern und Eigentumswohnungen erfolgt für die direkte Bundessteuer ein Zuschlag von 16.7%.

Kanton Appenzell Innerrhoden

Der Abzug von der Eigenmietwert-Basis für die am Wohnsitz selbstbenutzte Liegenschaft von kantonal 30 % beträgt bei der direkten Bundessteuer lediglich 20%.

Kanton Bern

Zur Berechnung des Eigenmietwerts dient der sogenannte Protokollmietwert, welcher sich zurzeit noch auf die Bemessungsperiode 1993 – 1996 bezieht. Um den gesetzlich vorgeschriebenen Aktualitätsbezug sicherzustellen hat der Kanton Bern bereits 1991 den sogenannten Mietwertfaktor eingeführt. Seit 1997 wird der Mietwertfaktor pro Gemeinde festgelegt. Der mit dem Mietwertfaktor multiplizierte Protokollmietwert ergibt den für die Einkommenssteuer massgeblichen Eigenmietwert.

Zur Berechnung des Eigenmietwerts für die Kantons- und Gemeindesteuern gelangt ein rund 14,5% tieferer Mietwertfaktor zur Anwendung als zur Berechnung des Eigenmietwerts für die direkte Bundessteuer. Der Mietwertfaktor wird pro Gemeinde und/oder Gemeindeteil separat festgelegt. Auskunft über die einzelnen Werte gibt die Steuerbehörde der Gemeinde der gelegenen Sache oder die Steuerverwaltung des Kantons Bern, Abteilung Amtliche Bewertung, Postfach, 3001 Bern, Telefon: +41 31 633 66 44, E-Mail: *amtliche.bewertung@fin.be.ch*.

Kanton Basel-Landschaft

Auf dem für die kantonalen Steuern gültigen Mietwert von Einfamilienhäusern und Eigentumswohnungen erfolgt für die direkte Bundessteuer ein Zuschlag von 20%.

Kanton Basel-Stadt

Für die Steuerperioden 2018 und 2019 beträgt der Eigenmietwert 3.25% bei der kantonalen Einkommenssteuer und 4% bei der direkten Bundessteuer. Auf dem für die kantonalen Steuern gültigen Mietwert von Einfamilienhäusern und Eigentumswohnungen erfolgt somit für die direkte Bundessteuer ein Zuschlag von 23%.

Canton de Genève

La valeur locative déterminante pour l'impôt fédéral direct est fixée au travers d'un questionnaire dont le résultat est ensuite indexé annuellement sur la base d'un indice cantonal.

En matière d'impôt cantonal et communal, la valeur locative indexée est diminuée d'un abattement de 4% par année d'occupation continue par le même propriétaire ou usufruitier jusqu'à concurrence de 40%. Cette valeur (après abattement) est utilisée dans le cadre de la répartition intercantonale. Le pourcentage de l'abattement ne figurant pas dans la répartition fiscale, l'autorité fiscale compétente pour la taxation de l'impôt fédéral direct peut, le cas échéant, contacter l'administration fiscale genevoise pour connaître la valeur locative applicable en IFD (tél. 022 327 58 89).

Kanton Glarus

Der festgelegte Marktmietwert für die am Wohnsitz selbstbewohnte Liegenschaft wird für die direkte Bundessteuer mit dem Faktor 0.7 multipliziert. Bei den kantonalen Steuern beträgt der Faktor 0.6.

Kanton Graubünden

Der Abzug von der Eigenmietwert-Basis für selbstgenutzte Liegenschaften von kantonal 30% beträgt bei der direkten Bundessteuer lediglich 20%.

Canton du Jura

La baisse linéaire de 5% des valeurs locatives cantonales n'est pas appliquée en matière d'impôt fédéral direct.

Kanton Nidwalden

Der Abzug von der Eigenmietwert-Basis für die am Wohnsitz selbstgenutzten Liegenschaften von 30% beträgt bei der direkten Bundessteuer lediglich 25%.

Kanton Obwalden

Die Eigenmietwerte für die direkte Bundessteuer betragen 4.3% des kantonalen Steuerwerts. Für die kantonalen Steuern betragen die Eigenmietwerte 3.8% des kantonalen Steuerwerts.

Kanton Schaffhausen

Die für die kantonalen Steuern massgebenden Eigenmietwerte werden für die direkte Bundessteuer mit dem Faktor 1.08 multipliziert.

Kanton Solothurn

Für Einfamilienhäuser und Eigentumswohnungen mit einem Katasterwert bis Fr. 240'000 erfolgt für die direkte Bundessteuer ein Zuschlag von 25% auf dem kantonalen Mietwert.

Für Liegenschaften überdurchschnittlicher Bauart mit einem Katasterwert über Fr. 240'000 erfolgen Einzelbewertungen und ein Zuschlag für die direkte Bundessteuer entfällt.

Kanton Schwyz

Auf dem für die kantonalen Steuern gültigen Mietwert von Einfamilienhäusern und Eigentumswohnungen erfolgt für die direkte Bundessteuer ein Zuschlag von 5%.

Kanton Thurgau

Der Abzug von der Eigenmietwert-Basis für das am Wohnsitz selbstgenutzte Wohneigentum beträgt bei der direkten Bundessteuer 20%. Bei den kantonalen Steuern beträgt dieser Abzug 40%.

Canton de Vaud

En matière d'impôt fédéral direct, la valeur locative imposable correspond à 90% de la valeur locative indexée (base 2000). Pour l'impôt cantonal et communal, elle correspond à 65% de la valeur locative indexée.

Bern/Berne, 10. Juli 2019

Quellenbesteuerung und DBA 2023

Quelle: Eidg. Steuerverwaltung ESTV / HA Direkte Bundessteuer, Verrechnungssteuer, Stempelabgaben

Direkte Bundessteuer

Bern, 27. Januar 2023

An die kantonalen Verwaltungen
für die direkte Bundessteuer

Rundschreiben

Merkblätter für die Quellenbesteuerung und Übersichten über die Doppelbesteuerungsabkommen

Mit Rundschreiben vom 18. Februar 2022 haben wir Sie letztmals über Änderungen in den verschiedenen Merkblättern für die Quellenbesteuerung und Übersichten über die Doppelbesteuerungsabkommen (DBA) informiert.

Mit Wirkung ab dem 1. Januar 2023 haben sich Änderungen bei den Doppelbesteuerungsabkommen mit **Belgien** und den **Niederlanden** in Bezug auf die privatrechtlichen Vorsorgeleistungen als auch die Vorsorgeleistungen aus früherem öffentlich-rechtlichem Arbeitsverhältnis ergeben. Neu ist jeweils eine Rückerstattung möglich, soweit Beiträge von Arbeitgeber und Arbeitnehmer nachweislich in der Schweiz nicht von den Steuerbemessungsgrundlagen abgezogen wurden. Eine Rückerstattung kann dem Ansässigkeitsstaat nach Art. 7 des Abkommens vom 25. Januar 1988 über die gegenseitige Amtshilfe in Steuersachen (SR 0.652.1) mitgeteilt werden. Ebenfalls eine Änderung hat das Merkblatt «Quellenbesteuerung von Künstlern, Sportlern und Referenten» erfahren. Präzisiert wurden hier die Ausführungen zum Doppelbesteuerungsabkommen mit den USA unter Ziff. 2.1. Die ESTV hat ihre Merkblätter und Übersichten entsprechend ergänzt.

Folgende Dokumente werden veröffentlicht (Stand jeweils 1.1.2023):

Quellenbesteuerung von	Merkblatt (separat)	DBA-Übersicht (separat)	Merkblatt und DBA-Übersicht
Arbeitnehmern bei internationalen Transporten (Art. 91 Abs. 2 DBG)		X	
Künstlern, Sportlern und Referenten (Art. 92 DBG)	X	X	
Verwaltungsräten (Art. 93 DBG)	X		
Hypothekarzinsen (Art. 94 DBG)	X		
öffentlich-rechtlichen Vorsorgeleistungen (Art. 95 DBG)	X	X	
privatrechtlichen Vorsorgeleistungen (Art. 96 DBG)	X	X	
Ersatzeinkünften	X	X	
Studenten, Lehrlinge und Praktikanten			X

Der «Antrag auf Rückerstattung der Quellensteuer auf Leistungen von Vorsorgeeinrichtungen mit Sitz in der Schweiz», Stand 1. Januar 2022 bleibt weiterhin gültig.

Die nächste Publikation der Merkblätter und DBA-Übersichten erfolgt voraussichtlich im Januar 2024.

Abteilung Aufsicht Kantone
Fachdienste

Roland Pulfer
Chef

Beilagen:
- Merkblätter für die Quellenbesteuerung und Übersichten über die DBA (Stand: 1.1.2023)

Quellensteuertarife 2023

Quelle: Eidg. Steuerverwaltung ESTV / HA Direkte Bundessteuer, Verrechnungssteuer, Stempelabgaben

Direkte Bundessteuer

Bern, 22. Dezember 2022

An die kantonalen Verwaltungen
für die direkte Bundessteuer

Rundschreiben

Quellensteuertarife 2023

1. Quellensteuertarife 2023 für der Quellensteuer unterworfene Arbeitnehmende

Der Ausgleich der Folgen der kalten Progression erfolgt jährlich aufgrund des Standes des Landesindexes der Konsumentenpreise (LIK) am 30. Juni vor Beginn der Steuerperiode. Bei einem negativen Teuerungsverlauf ist ein Ausgleich ausgeschlossen (Art. 39 Abs. 2 des Bundesgesetzes vom 14. Dezember 1990 über die direkte Bundessteuer; DBG).

Die Folgen der kalten Progression wurden letztmals für das Steuerjahr 2012 angeglichen (massgebender Indexstand vom 30. Juni 2011: 161.9 Punkte, Basis Dezember 1982 = 100). Am 30. Juni 2022 betrug der massgebende Index 165.2 Punkte, was gegenüber dem Indexstand per 30. Juni 2011 einer Erhöhung von 2.04 Prozent entspricht.

Demzufolge hat das Eidgenössische Finanzdepartement (EFD) am 16. September 2022 die Verordnung über die Folgen der kalten Progression (VKP) mit den neuen Tarifen und Abzügen erlassen. Diese Verordnung tritt auf den 1. Januar 2023 in Kraft (AS **2022** 575; Beilage 1).

Die seit dem Jahr 2021 gültigen Quellensteuertarife für die direkte Bundessteuer (vgl. Rundschreiben der ESTV vom 13. November 2020) müssen ebenfalls angepasst werden. Zur Berechnung der Quellensteuertarife wurden sämtliche Parameter neu evaluiert und festgelegt.

Abzüge 2023 gegenüber den Werten von 2021 aufgrund des Ausgleichs der Folgen kalten Progression (Werte jeweils pro Jahr):

- Versicherungsprämien für Alleinstehende: **neu CHF 1'800** (bisher: CHF 1'700);
- Versicherungsprämien für Verheiratete: **neu CHF 3'600** (bisher: CHF 3'500);
- Zweiverdienerabzug: **neu min. CHF 8'300 / max. CHF 13'600** (bisher: min. CHF 8'100 / max. CHF 13'400);
- Kinderabzug: **neu CHF 6'600** (bisher: CHF 6'500);
- Ehepaarabzug: **neu CHF 2'700** (bisher: CHF 2'600);
- Abzugs vom Steuerbetrag pro Kind: **neu CHF 255** (bisher: CHF 251).

Ergänzend dazu hat die Eidgenössische Steuerverwaltung (ESTV) im Einvernehmen mit der Arbeitsgruppe Quellensteuer der Schweizerischen Steuerkonferenz und gestützt auf die Haushaltsbudgeterhebung des Bundesamts für Statistik zwei weitere Abzüge angepasst (**Abzüge 2023** gegenüber den Werten von 2021 [Wert in CHF pro Jahr]):

- Abzug für die berufliche Vorsorge (BVG): **neu 6.00 %** (bisher: 5.50 %);
- Fahrkosten: **neu CHF 800** (bisher: CHF 700).

Keine Anpassung erfährt der Medianwert der effektiven Lohneinkommen beim Tarifcode C (CHF 5'675 pro Monat bzw. CHF 68'100 pro Jahr).[1]

Eine Übersicht über sämtliche Grundlagen für die Berechnung der Quellensteuertarife des Bundes für das Steuerjahr 2023 findet sich in der Beilage 2. Die Erläuterungen zur Berechnung des Tarifcodes C für das Steuerjahr 2023 sind in der Beilage 3 aufgeführt.

Aufgrund des Umfangs der Quellensteuertarife wird auf einen physischen Versand als Beilage zu diesem Rundschreiben verzichtet. Die Tarife werden jedoch als Anhang zu diesem Rundschreiben auf der Internetseite des Bundes aufgeschaltet (Beilage 4; https://www.estv.admin.ch/estv/de/home/direkte-bundessteuer/fachinformationen-dbst/rundschreiben.html). Zusätzlich wurden die Tarife am 12. Oktober 2022 den Leiterinnen und Leitern der Abteilung Quellensteuer der kantonalen Steuerverwaltungen in elektronischer Form (Excel-Format) zugestellt.

2. Tarife für die Quellenbesteuerung von Kapitalleistungen aus Vorsorge

Aufgrund der Teuerung erfolgt auch hier ein Ausgleich der Folgen der kalten Progression für das Steuerjahr 2023. Die in Ziffer 3 des Anhangs zur Quellensteuerverordnung neu festgehaltenen Tarife wurden am 16. September 2022 durch das EFD erlassen und treten am 1. Januar 2023 in Kraft (AS **2022** 574; vgl. Beilagen 5 und 6).

3. *Tarif für die Quellenbesteuerung von Ersatzeinkünften, die nicht über die Arbeitgeber an die quellensteuerpflichtigen Personen ausbezahlt werden*

Mit dem Ausgleich der Folgen der kalten Progression für das Steuerjahr 2023 musste auch der Tarif G neu berechnet werden. Der neue Tarif wurde in der Ziffer 2 des Anhangs zur Quellensteuerverordnung am 16. September 2022 durch das EFD erlassen und tritt am 1. Januar 2023 in Kraft (AS **2022** 574; Beilage 5). Weitere Informationen zur Anwendung des Tarifcodes G finden sich im Kreisschreiben Nr. 45 Quellenbesteuerung des Erwerbseinkommens von Arbeitnehmern der ESTV vom 12. Juni 2019 sowie im Merkblatt über die Quellenbesteuerung von Ersatzeinkünften (veröffentlicht mit dem Rundschreiben der ESTV vom 18. Februar 2022 zu den Merkblättern für die Quellenbesteuerung und Übersichten über die Doppelbesteuerungsabkommen).

Abteilung Aufsicht Kantone
Fachdienste

Roland Pulfer
Chef

Beilagen: ☞ *siehe Gesamtliste*

---

[1] Quelle: Durchschnittlicher der Haushaltsbudgeterhebung der Jahre 2017 – 2019 (revidiertes Gewichtungsmodell 20) des Bundesamts für Statistik (BFS). Der festgelegte Wert von CHF 5'675 pro Monat bzw. CHF 68'100 pro Jahr lehnt sich an den durchschnittlichen Medianwert der Verteilung des unselbständigen Arbeitseinkommens pro Person (Männer und Frauen) von CHF 5'697 an. Die Kantone sind bei der Festlegung des satzbestimmenden Einkommens des anderen Ehegatten für den Tarifcode C aufgrund der von der Verfassung garantierten Autonomie zur Tariffestlegung frei.

Covid-19 Erwerbsausfall

Quelle: Eidg. Steuerverwaltung ESTV / HA Direkte Bundessteuer, Verrechnungssteuer, Stempelabgaben

Direkte Bundessteuer

Bern, 6. April 2020

An die kantonalen Verwaltungen
für die direkte Bundessteuer

Rundschreiben

Steuerliche Behandlung von Leistungen gemäss der Verordnung über Massnahmen bei Erwerbsausfall im Zusammenhang mit dem Coronavirus

1 Ausgangslage

Der Bundesrat hat am 20. März 2020 die Verordnung über Massnahmen bei Erwerbsausfall im Zusammenhang mit dem Coronavirus (COVID-19-Verordnung Erwerbsausfall, SR 830.31, vgl. Beilage, nachfolgend als Verordnung bezeichnet) rückwirkend auf den 17. März 2020 in Kraft gesetzt. Die in der Verordnung getroffenen Massnahmen sehen unter anderem die Leistung von Entschädigungen vor. Diese Entschädigungen sollen helfen, die wirtschaftlichen Folgen der weiteren Verbreitung des Coronavirus für die betroffenen Selbstständigerwerbenden und Arbeitnehmenden abzufedern.

Die Bestimmungen des Bundesgesetzes vom 6. Oktober 2000 über den allgemeinen Teil des Sozialversicherungsrechts (ATSG; SR 830.1) sind grundsätzlich auf die Entschädigungen gemäss dieser Verordnung anwendbar (vgl. Art. 1 der Verordnung). Die Taggelder werden durch die AHV-Ausgleichskasse, die vor dem Entschädigungsanspruch für den Bezug der AHV-Beiträge zuständig war, ausgerichtet (vgl. Art. 8 Abs. 3 der Verordnung). In Artikel 9 der Verordnung ist festgehalten, dass auf diesen Entschädigungen die Sozialversicherungsbeiträge zu bezahlen sind. Die Entschädigung wird als Taggeld ausgerichtet (vgl. Art. 4 Abs. 1 der Verordnung). Artikel 8 Absatz 1 der Verordnung hält ausserdem fest, dass die Entschädigung an die anspruchsberechtigte Person ausbezahlt wird.

Die Verordnung enthält keine Bestimmungen zur steuerlichen Behandlung solcher Entschädigungen, weshalb die Bestimmungen des Bundesgesetzes vom 14. Dezember 1990 über die direkte Bundessteuer (DBG; SR 642.11) und der damit verbundenen Verordnungen Anwendung finden. Nachfolgend wird daher auf die entsprechenden Grundsätze verwiesen.

2 Steuerliche Qualifikation der Taggelder

Die Taggelder, die gemäss der Verordnung ausgerichtet werden (nachfolgend als Taggelder bezeichnet), sind – unter Berücksichtigung der verschiedenen Anspruchsberechtigten – im Sinne von:

- Artikel 23 Buchstabe a DBG, und
- Artikel 84 Absatz 2 DBG in Verbindung mit Artikel 3 Absatz 1 der Verordnung des EFD vom 19. Oktober 1993 über die Quellensteuer bei der direkten Bundessteuer (QStV; SR 642.118.2)

als steuerbare Einkünfte bzw. Leistungen zu qualifizieren

3 Verfahren für die Besteuerung der Taggelder

3.1 Allgemeines

Je nach anspruchsberechtigter Person sind Taggelder entweder im ordentlichen Veranlagungsverfahren oder aber im Quellensteuerverfahren zu besteuern.

Auf den Leistungsabrechnungen werden die AHV-Ausgleichskassen zusätzliche Hinweise anbringen, dass:

- die Taggelder der Einkommenssteuer unterstehen,
- die ausgerichteten Leistungen den kantonalen Steuerbehörden gemeldet werden und
- die anspruchsberechtigten Personen (Steuerpflichtige) die Leistungsabrechnungen für Steuerzwecke aufzubewahren haben.

Die AHV-Ausgleichskassen werden den kantonalen Steuerbehörden 30 Tage nach Ablauf der Gültigkeit der Verordnung (vgl. Art. 11 Abs. 2 der Verordnung), spätestens jedoch am 31. Januar des auf die Fälligkeit der Taggeldleistung folgenden Kalenderjahres, eine Liste mit allen Empfängern von ausgerichteten Taggeldern übermitteln, aus welcher mindestens folgende Angaben ersichtlich sind:

- Sozialversicherungsnummer (AHVN13)
- Name und Vorname des Leistungsempfängers
- Adresse
- Land, Postleitzahl und Ort
- Zeitraum des Bezugs der Taggelder
- Höhe der Bruttoentschädigung
- Höhe der Nettoentschädigung
- Höhe des Quellensteuerabzugs (sofern anwendbar)

Die vorstehende Meldung erfolgt in Absprache mit dem Bundesamt für Sozialversicherungen (BSV), ersetzt die schriftliche Bescheinigung über die erbrachten Leistungen an die Empfänger der Taggelder (vgl. Art. 127 Abs. 1 Bst. c DBG) und soll zudem die einzelfallweise Amtshilfe auf Ersuchen im Sinne des Artikels 112 Absätze 1 und 2 DBG vermeiden.

3.2 Besteuerung im ordentlichen Veranlagungsverfahren

Im ordentlichen Veranlagungsverfahren sind die Taggelder in der Ziffer 3.4 (Von Ausgleichskassen direkt ausbezahlte Kinder- und Familienzulagen oder Erwerbsausfallentschädigungen) der Steuererklärung für natürliche Personen für die direkte Bundessteuer (Formular 2) zu deklarieren. Die Besteuerung folgt den üblichen Regeln des ordentlichen Veranlagungsverfahrens.

3.3 Besteuerung im Quellensteuerverfahren

Im Allgemeinen:

Die Taggelder können auch an Personen ausgerichtet werden, die für ihr Einkommen aus unselbstständiger Erwerbstätigkeit der Besteuerung an der Quelle unterliegen (vgl. Art. 83 bzw. Art. 91 DBG). Da es sich dabei um ein Ersatzeinkommen handelt, ist jedoch darauf abzustellen, wie das Erwerbseinkommen der begünstigten Personen besteuert worden wäre, hätten sie ihre Arbeitsleistung weiter erbracht.

Im Sinne von Artikel 3 Absatz 2 Buchstabe c QStV sind diese Leistungen grundsätzlich mit den progressiven Tarifen gemäss Artikel 1 Absatz 1 QStV an der Quelle zu besteuern.

Im Speziellen:

Um dem Anliegen des Bundesrats und dem Sinne der Verordnung um rasche Unterstützung der von Lohnausfällen betroffenen Personen in pragmatischer Weise nachzukommen sowie den administrativen Aufwand zu minimieren, wurde mit dem BSV folgendes Vorgehen festgelegt:

1. Bezüger von Taggeldern im Sinne der Verordnung müssen beim Antrag auf Leistungen angeben, ob ihr Erwerbseinkommen bis zum Bezug der Taggelder an der Quelle besteuert wurde;
2. Wird die Frage gemäss Ziffer 1 hiervor durch die Bezüger der Taggelder mit «Ja» beantwortet, wenden die AHV-Ausgleichskassen im Sinne einer Ausnahme den Tarifcode D (vgl. Art. 1 Abs. 1 Bst. d Ziff. 2 QStV) an. Dies gilt auch für Grenzgänger aus Deutschland, für die der Tarifcode O (vgl. Art. 1 Abs. 1 Bst. k QStV; beschränkt auf maximal 4,5 Prozent) anwendbar wäre.
3. Den AHV-Ausgleichskassen steht als Schuldner der steuerbaren Leistung nach Artikel 88 bzw. Artikel 100 DBG die Bezugsprovision gemäss Artikel 13 Absatz 1 QStV zu.

Die Eidgenössische Steuerverwaltung empfiehlt, die Bestimmung von Artikel 13 Absatz 2 QStV (Kürzung oder Streichung der Bezugsprovision bei Verletzung der Verfahrenspflichten) zurückhaltend anzuwenden.

4 Folgen für quellensteuerpflichtige Personen bei Korrekturanträgen

Sowohl bei Personen mit Wohnsitz in der Schweiz als auch bei Personen mit Wohnsitz im Ausland tritt die Quellensteuer im Grundsatz an die Stelle der im ordentlichen Verfahren vom Erwerbseinkommen zu veranlagenden direkten Bundessteuer (vgl. Art. 87 und 99 DBG). Dies schliesst jedoch nicht aus, dass für beide Personenkategorien eine Korrektur der Quellensteuer und/oder eine nachträgliche ordentliche Veranlagung durchgeführt wird. Die zuständige kantonale Steuerbehörde entscheidet darüber, welches Verfahren für eine Korrektur durchgeführt wird. Für die unten aufgeführten Sachverhalte (nicht abschliessende Aufzählung) ergeben sich folgende Grundsätze:

4.1 Kein Antrag auf Korrektur der Quellensteuer oder nachträgliche ordentliche Veranlagung

Der Quellensteuerabzug wird definitiv unter Vorbehalt von Ziffer 4.6 hiernach.

4.2 Antrag auf Anwendung des korrekten Tarifcodes ohne weitergehenden Antrag auf Korrektur der Quellensteuer (insb. Grenzgänger aus Deutschland)

Zuviel erhobene Quellensteuern sind auf Antrag der steuerpflichtigen Person durch die kantonale Steuerbehörde zurückzuerstatten.

Insbesondere bei Grenzgängern aus Deutschland, für welche aufgrund der Quellenbesteuerung mittels Tarifcode D zu viele Steuern erhoben wurden (vgl. auch Ziffer 3.3 hiervor), wird den kantonalen Steuerbehörden empfohlen, die Rückerstattung gestützt auf die verfügbaren Daten bzw. Akten möglichst rasch durchzuführen. Auf das Einverlangen eines ausländischen Steuerbescheids ist in diesen Fällen zu verzichten. Für das Einreichen des Antrags gilt die Frist von Artikel 168 Absatz 3 DBG sinngemäss.

4.3 Antrag auf Korrektur der Quellensteuer:

Der Antrag auf Korrektur der Quellensteuer (sog. Tarifkorrektur) muss gemäss Artikel 137 DBG bis Ende März des auf die Fälligkeit der Leistung folgenden Kalenderjahres bei der Veranlagungsbehörde eingereicht werden (vgl. Art. 137 DBG). Die Veranlagungsbehörde wird in diesem Fall sämtliche an der Quelle besteuerten Einkünfte addieren und unter Berücksichtigung allfälliger zusätzlicher Abzüge eine Neuberechnung der Quellensteuer mit dem massgebenden Tarifcode gemäss Artikel 1 Absatz 1 QStV vornehmen. Die Anwendung des Tarifcodes D hat den Charakter einer blossen Steuersicherung.

Ergibt sich aus dieser Neuberechnung, dass die quellensteuerpflichtige Person noch eine Schuld gegenüber der Veranlagungsbehörde hat, so verpflichtet sie die Veranlagungsbehörde die quellensteuerpflichtige Person zur Nachzahlung des Differenzbetrags (vgl. Art. 138 Abs. 1 DBG sinngemäss).

Hat die Veranlagungsbehörde aufgrund der Neuberechnung der Quellensteuer der quellensteuerpflichtigen Person eine Rückerstattung vorzunehmen, so erstattet sie den Differenzbetrag direkt der quellensteuerpflichtigen Person (vgl. Art. 16 QStV).

4.4 Nachträgliche ordentliche Veranlagung auf Antrag

Verlangt eine quellensteuerpflichtige Person eine nachträgliche ordentliche Veranlagung (bspw. zur Geltendmachung der Gleichbehandlung von Personen mit Wohnsitz in der Schweiz oder infolge Quasi-Ansässigkeit), so wird die an der Quelle abgezogene Steuer zinslos angerechnet (vgl. Art. 90 Abs. 2 DBG sinngemäss). Der Antrag auf eine nachträgliche ordentliche Veranlagung muss gemäss Artikel 137 DBG bis Ende März des auf die Fälligkeit der Leistung folgenden Kalenderjahres bei der Veranlagungsbehörde eingereicht werden.

4.5 Obligatorische nachträgliche ordentliche Veranlagung

Quellensteuerpflichtige Personen, welche die Bedingungen von Artikel 90 Absatz 2 DBG bzw. von Artikel 4 QStV erfüllen, werden nachträglich ordentlich veranlagt. Die an der Quelle abgezogene Steuer wird zinslos angerechnet (vgl. Art. 90 Abs. 2 DBG letzter Satz).

4.6 Korrekturen von Amtes wegen

Eine Neuberechnung der Quellensteuer kann auch durch die zuständige kantonale Steuerbehörde von Amtes wegen durchgeführt werden.

Die Steuerbehörde wird in diesem Fall sämtliche an der Quelle besteuerten Einkünfte addieren und eine Neuberechnung der Quellensteuer mit dem massgebenden Tarifcode gemäss Artikel 1 Absatz 1 QStV vornehmen. Die Anwendung des Tarifcodes D hat den Charakter einer blossen Steuersicherung.

Ergibt sich aus dieser Neuberechnung, dass die quellensteuerpflichtige Person noch eine Schuld gegenüber der Veranlagungsbehörde hat, so verpflichtet die Veranlagungsbehörde die quellensteuerpflichtige Person zur Nachzahlung des Differenzbetrags (vgl. Art. 138 Abs. 1 DBG sinngemäss).

Hat die Veranlagungsbehörde aufgrund der Neuberechnung der Quellensteuer der quellensteuerpflichtigen Person eine Rückerstattung vorzunehmen, so erstattet sie den Differenzbetrag direkt der quellensteuerpflichtigen Person (vgl. Art. 16 QStV).

Abteilung Aufsicht Kantone

Ralph Theiler
Chef

Beilage:
- COVID-19-Verordnung Erwerbsausfall

Massnahmen zur Bekämpfung der Schwarzarbeit

Quelle: Eidg. Steuerverwaltung ESTV / HA Direkte Bundessteuer, Verrechnungssteuer, Stempelabgaben

Direkte Bundessteuer

Bern, 25. Januar 2018

An die kantonalen Verwaltungen
für die direkte Bundessteuer

Rundschreiben

*Bundesgesetz über Massnahmen
zur Bekämpfung der Schwarzarbeit (BGSA)*

1 Informationen zum revidierten BGSA

1.1 Ausgangslage

Die vom Parlament verabschiedete Änderung des Bundesgesetzes vom 17. Juni 2005 über Massnahmen zur Bekämpfung der Schwarzarbeit (BGSA; SR 822.41) wird gemäss Beschluss des Bundesrats auf den 1. Januar 2018 in Kraft gesetzt (vgl. Beilage 1; AS 2017 5521).

Mit dem revidierten BGSA (revBGSA) werden unter anderem der Geltungsbereich des vereinfachten Abrechnungsverfahrens (vAv) neu definiert (Art. 2 revBGSA) sowie die gegenseitige Informationspflichten (Art. 10 revBGSA) und Pflichten im Bereich des Meldeverfahrens zwischen den betroffenen Behörden (Art. 11 revBGSA) präzisiert.

1.2 Neue gesetzliche Bestimmungen mit Auswirkungen auf das Steuerrecht

Artikel 2 revBGSA:
In Artikel 2 Absatz 2 revBGSA ist festgehalten, dass das vAv inskünftig für Kapitalgesellschaften und Genossenschaften (Bst. a) sowie bei Mitarbeit des Ehegatten oder der Ehegattin sowie der Kinder im eigenen Betrieb (Bst. b) nicht mehr anwendbar ist.

Die übrigen Voraussetzungen zum Geltungsbereich des vAv (Abs. 1) bleiben in materieller Hinsicht unverändert.

Artikel 10 revBGSA:

Im überarbeiteten Artikel 10 revBGSA wurden die Informationspflichten zwischen den Behörden ausgeweitet.

Erhebt die zuständige Steuerbehörde von einem Arbeitgeber gestützt auf Artikel 3a der Verordnung des EFD vom 19. Oktober 1993 über die Quellensteuer bei der direkten Bundessteuer (QStV; SR 642.118.2) in Verbindung mit Artikel 174 des Bundesgesetzes vom 14. Dezember 1990 über die direkte Bundessteuer (DGB; SR 642.11) eine Busse, so ist das kantonale Kontrollorgan über die in Rechtskraft erwachsenen Entscheide und Urteile zu informieren, sofern dieses an der Sachverhaltsabklärung mitgewirkt hat (Art. 10 Bst. b revBGSA).

Artikel 11 revBGSA:

Mit Rundschreiben vom 7. Februar 2014 haben wir die kantonalen Steuerbehörden bereits ausführlich über die Rückmeldepflicht gegenüber den kantonalen Kontrollorganen informiert.

Artikel 11 Absätze 1 und 2 revBGSA bleiben in materieller Hinsicht unverändert.

Der neue Artikel 11 Absatz 3 revBGSA statuiert neu eine gegenseitige Informationspflicht zwischen dem kantonalen Kontrollorgan und den zuständigen Behörden über den Fortgang der Verfahren.

1.3 Konkrete Auswirkungen der Revision auf die Steuerbehörden

Verantwortlich für die Durchführung des vAv sind die AHV-Ausgleichskassen (Art. 3 BGSA). Das Bundesamt für Sozialversicherungen (BSV) hat entsprechend den Änderungen in Artikel 2 revBGSA das Musteranmeldeformular für das vAv und die Wegleitung über den Bezug der Beiträge in der AHV, IV und EO (WBB) angepasst (vgl. Beilagen 2 und 3).

Anlässlich der Abrechnung für das Beitragsjahr 2017 klärt die Ausgleichskasse die Rechtsnatur der Arbeitgebenden ab und fordert sie auf, mitzuteilen, ob sich unter den Arbeitnehmenden mitarbeitende Ehegatten oder Kinder befinden. Kapitalgesellschaften, Genossenschaften und Arbeitgebende, welche ihre Ehegatten oder Kinder beschäftigen, werden ab 1. Januar 2018 vom vAv ausgeschlossen. Die Ausgleichskasse wird den Arbeitgebenden den Ausschluss unverzüglich schriftlich mitteilen. Sie informiert zudem die zuständige Steuerbehörde über den Ausschluss.

Im Gegenzug informieren die Steuerbehörden die AHV-Ausgleichskassen, wenn diese einen Sachverhalt feststellen, der zum Ausschluss aus dem vAv führt.

1.4 Übergangsbestimmung

Nicht betroffen von der Anpassung des Geltungsbereichs ist die Abrechnung von Leistungen, welche auf einer Tätigkeit im Steuerjahr 2017 beruhen und entsprechend den Vorschriften der AHV erst im 1. Quartal 2018 mit den AHV-Ausgleichskassen abgerechnet werden müssen.

2 Weitere Informationen zum BGSA: Verzugszinsen

In der Vergangenheit haben einige kantonale Steuerverwaltungen den Ausgleichskassen, welche die Steuern im Zusammenhang mit dem vAv einkassieren, wegen einer „verspäteten" Überweisung der Quellensteuern Verzugszinsen in Rechnung gestellt. Betreffend die im vAv abgerechneten Beträge sind die Ausgleichskassen in rechtlicher Hinsicht Bezugsstellen und damit keine Schuldner der steuerbaren Leistung. Ausserdem steht die erwähnte Praxis im Widerspruch zum Inkassoprozess bei den Ausgleichskassen. Den kantonalen Steuerverwaltungen wird nach Rücksprache mit der Arbeitsgruppe Quellensteuern der Schweizerischen Steuerkonferenz empfohlen, von der Erhebung von Verzugszinsen gegenüber den Ausgleichskassen abzusehen.

Abteilung Aufsicht Kantone
Fachdienste

D. Emch

Daniel Emch
Chef

Beilagen:

- Änderung vom 17. März 2017 des Bundesgesetzes über Massnahmen zur Bekämpfung der Schwarzarbeit; Beilage 1
- Auszug aus der Wegleitung des BSV über den Bezug der Beiträge in der AHV, IV und EO (WBB), gültig ab 1. Januar 2018 (Rz 2107.1, Seite 63); Beilage 2
- Musteranmeldeformular des BSV für das vAv (WBB, Anhang 2, Seite 206); Beilage 3

Steuerbefreiung von internationalen Sportverbänden

Quelle: Eidg. Steuerverwaltung ESTV / HA Direkte Bundessteuer, Verrechnungssteuer, Stempelabgaben

Direkte Bundessteuer

Bern, 12. Dezember 2008

An die kantonalen Verwaltungen
für die direkte Bundessteuer

Rundschreiben

Steuerbefreiung von internationalen Sportverbänden

Internationale Sportverbände sind für die direkte Bundessteuer grundsätzlich steuerpflichtig. Gestützt auf eine extensive Auslegung von Artikel 56 Buchstabe g des Bundesgesetzes vom 14. Dezember 1990 über die direkte Bundessteuer (DBG) haben verschiedene kantonale Steuerbehörden die internationalen Sportverbände mehrheitlich von der direkten Bundessteuer befreit. Auf Ersuchen einzelner Kantone hat der Bundesrat am 5. Dezember 2008 beschlossen, diese während vielen Jahren entwickelte Praxis der Kantone gutzuheissen.

Mit gleichem Beschluss hat der Bundesrat die Eidg. Steuerverwaltung (ESTV) beauftragt, den Kantonen mitzuteilen, dass Artikel 56 Buchstabe g DBG für diese internationalen Sportverbände gesamtschweizerisch gleichermassen anzuwenden ist.

Diesem Auftrag kommt die ESTV mit dem vorliegenden Rundschreiben nach und teilt Ihnen mit, dass bei der Steuerbefreiung internationaler Sportverbände gemäss Artikel 56 Buchstabe g DBG die nachfolgenden Grundsätze anzuwenden sind:

1. Die in der Schweiz domizilierten und dem Internationalen Olympischen Komitee (IOC) angeschlossenen internationalen Sportverbände sowie deren in der Schweiz domizilierten internationalen Unterverbände (Konföderationen) sind von der direkten Bundessteuer befreit. Nicht als Unterverbände gelten die jeweiligen nationalen und regionalen Unterverbände, wie etwa die schweizerischen Sportverbände. Diese sind somit nicht steuerbefreit.

2. Die Steuerbefreiung ist auf die direkte Bundessteuer beschränkt. Die übrigen Steuern und Abgaben des Bundes (Mehrwertsteuer usw.) sind davon nicht betroffen.

3. Einzig die internationalen Sportverbände als solche sind von der direkten Bundessteuer befreit. Nicht befreit sind hingegen die natürlichen Personen in deren Umfeld, wie Mitarbeitende, Personen in Gremien, Funktionäre usw.

Wir bitten die kantonalen Steuerverwaltungen, diesen Bundesratsbeschluss anzuwenden und stehen für Rückfragen gerne zu Verfügung.

Abteilung Recht

Marc Bugnon
Chef

Atypische stille Beteiligungen

Quelle: Eidg. Steuerverwaltung ESTV / HA Direkte Bundessteuer, Verrechnungssteuer, Stempelabgaben

P.P. CH-3003 Bern, ESTV, DVS	Ansprechperson: Marc Bugnon
	Unser Zeichen: BUG/KUP/ROI - 2411
	Telefon: 058 462 72 01
	Fax: 058 462 64 50
An die VorsteherInnen der	Adresse: Eigerstrasse 65
kantonalen Steuerverwaltungen,	3003 Bern
die EXPERTsuisse	E-Mail: marc.bugnon@estv.admin.ch
und an interessierte Kreise	Internet: www.estv.admin.ch
	Ihr Zeichen:
	Ihre Nachricht vom:

Bern, 28. April 2015

Atypische stille Beteiligung: Stellungnahme der ESTV

Sehr geehrte Damen und Herren

Das Bundesgericht hat sich in seinem Urteil 2C_333/2007 zur Rückerstattung der Verrechnungssteuer an eine inländische Betriebsstätte einer ausländischen Unternehmung gemäss Artikel 24 Absatz 3 des Bundesgesetzes vom 13. Oktober 1965 über die Verrechnungssteuer (Verrechnungssteuergesetz [VStG], SR 642.21) geäussert. Dabei hat das Bundesgericht die Verwaltungspraxis bestätigt. Dieser Entscheid des Bundesgerichts zeitigt auch für die steuerliche Beurteilung einer atypischen stillen Beteiligung – sowohl betreffend Verrechnungssteuer als auch für die Belange der direkten Steuern – Auswirkungen. Aus diesen Gründen möchte die Eidg. Steuerverwaltung (ESTV) in Absprache mit der Arbeitsgruppe Unternehmenssteuern der Schweiz. Steuerkonferenz (SSK) nachfolgend einige Grundsätze zur steuerlichen Behandlung einer atypischen stillen Beteiligung in Erinnerung rufen:

1. Die atypische stille Beteiligung nach deutschem Recht

Eine stille Gesellschaft kann grundsätzlich in der Form einer typischen oder atypischen stillen Gesellschaft bestehen. Beide Formen sind dadurch gekennzeichnet, dass sich eine natürliche oder juristische Person derart am Handelsgewerbe einer Unternehmung beteiligt, dass ihre Einlage gegen einen Anteil am Gewinn in das Vermögen der Unternehmung des Handelsgeschäftes übergeht. Die stille Gesellschaft ist somit in erster Linie gekennzeichnet durch ein Schuldverhältnis zwischen dem still Beteiligten und dem Handelsgewerbe, an welchem er sich beteiligt. Das Handelsgeschäft selbst wird oft in der Rechtsform einer Kapitalgesellschaft betrieben, es kommt aber auch die Rechtsform eines Einzelkaufmanns oder jene einer Personengesellschaft in Betracht.

Die stille Gesellschaft stellt eine reine Innengesellschaft dar. Nach aussen wird die Geschäftstätigkeit allein vom Inhaber des Handelsgeschäftes geführt. Die abgeschlossenen Rechtsgeschäfte verpflichten und berechtigen allein den Inhaber des Handelsgeschäfts. Der stille Gesellschafter haftet nicht für die Verbindlichkeiten des Unternehmens. Die stille Beteiligung ist entweder typisch (ohne Verlustbeteiligung) oder atypisch (mit Verlustbeteiligung).

Der typisch still Beteiligte ist lediglich prozentual am Gewinn der Unternehmung beteiligt. Eine Beteiligung an den stillen Reserven, am Unternehmenswert und am Verlust ist nicht vorgesehen. Der typisch still Beteiligte hat keinen Einfluss auf die Geschäftsführung und haftet auch nicht für die Verbindlichkeiten des Unternehmens.

Der atypisch still Beteiligte ist prozentual am Gewinn oder Verlust, an den stillen Reserven und am Geschäftswert der Unternehmung beteiligt; zudem wird seine Einlage verzinst. Die Verlustbeteiligung ist jedoch auf die Höhe der Einlage des atypisch still Beteiligten beschränkt. Der atypisch still Beteiligte hat Kontroll- und Informationsrechte und je nach Gesellschaftsvertrag kann er in festgelegtem Rahmen in der Geschäftsführung mitbestimmen. Aufgrund der weitgehenden rechtlichen Gestaltungsfreiheit des deutschen Gesellschaftsrechts ist es möglich, die atypisch stille Gesellschaft an die individuellen Bedürfnisse der Gesellschafter anzupassen. Grundlage ist dabei ein Gesellschaftsvertrag, durch den sich der Inhaber des Handelsgeschäfts und der stille Gesellschafter verpflichten, die Erreichung des gemeinsamen Zwecks zu fördern.

2. Direkte Bundessteuer

2.1. Gewinnsteuer

Die Annahme einer Betriebsstätte des deutschen atypisch still Beteiligten in der Schweiz war eine reine Fiktion (keine feste Geschäftseinrichtung etc.). Nicht zuletzt auf Grund der Argumentation des Bundesgerichts im eingangs erwähnten Urteil wurde diese Betriebsstättenfiktion aufgegeben.

Die ESTV erblickt im vorliegenden Rechtsverhältnis aufgrund der aktuellen Rechtsprechung des Bundesgerichts einen Darlehensvertrag. Somit begründet der atypisch still Beteiligte in der Schweiz keine Betriebsstätte mehr, sondern wird für diese Einkünfte in seinem jeweiligen Ansässigkeitsstaat steuerpflichtig. Da die Rechtsfigur der atypischen stillen Beteiligung eine deutsche Eigenart darstellt, werden diese Einkünfte somit in den allermeisten Fällen in Deutschland zur Besteuerung kommen.

Soweit kein verdecktes Eigenkapital vorliegt, anerkennt die ESTV die nach den jährlich publizierten Rundschreiben „Steuerlich anerkannte Zinssätze für Vorschüsse oder Darlehen in Schweizer Franken oder Fremdwährungen" berechneten Zinsen als geschäftsmässig begründeter Aufwand. Soweit die Vergütungen an den atypisch still Beteiligten Zinsen auf verdecktem Eigenkapital oder übersetzte Zinsen darstellen, werden diese bei der – die Vergütung zahlenden – Gesellschaft nicht zum Abzug zugelassen.

Muss sich der atypisch still Beteiligte am Verlust beteiligen, so erfolgt dies in Form eines Forderungsverzichts. Dieser ist grundsätzlich gleich zu behandeln wie Forderungsverzichte Dritter. Der Gesellschaft erwächst ein erfolgswirksamer Vermögenszugang. Kein erfolgswirksamer Vermögenszugang liegt dann vor, wenn und soweit das deutsche atypische Gesellschafterdarlehen steuerlich als verdecktes Eigenkapital behandelt wurde bzw. wird.

2.2. Einkommenssteuer

Bei Personengesellschaften erblickt die ESTV im vorliegenden Rechtsverhältnis ebenfalls einen Darlehensvertrag. Sie anerkennt dabei die nach den jährlich publizierten Rundschreiben "Steuerlich anerkannte Zinssätze für Vorschüsse oder Darlehen in Schweizer Franken oder Fremdwährungen" berechneten Zinsen als geschäftsmässig begründeten Aufwand. Soweit die Vergütungen an den atypisch still Beteiligten übersetzte Zinsen darstellen, werden diese bei der – die Vergütung zahlenden – Gesellschaft nicht zum Abzug zugelassen (gemäss Art. 18 Abs. 3 des Bundesgesetzes vom 14. Dezember 1990 über die direkte Bundessteuer [DBG, SR 642.11] i.V.m. Art. 58 Abs. 1 Bst. b letztes Lemma DBG). Die Unterkapitalisierungsnormen gelten nicht für Personengesellschaften. Eine Korrektur ist nur mittels Transferpreisen möglich.

Überschiessende Zinszahlungen unterliegen (nach wie vor) als Gewinnvorwegnahme der Gewinn- respektive der Einkommenssteuer. Beim Forderungsverzicht gelten unter Vorbehalt des verdeckten Eigenkapitals die gleichen Ausführungen wie bei der Gewinnsteuer.

3. Verrechnungssteuer

3.1. Erhebung

Für die Belange der Erhebung der Verrechnungssteuer wurde auf Grund des oben erwähnten Urteils des Bundesgerichts die Steuerumgehungsfiktion aufgegeben.

Eine der Verrechnungssteuer unterliegende geldwerte Leistung liegt somit nur noch im Umfang der übersetzten/übermässigen Zinszahlung respektive dem verdeckten Eigenkapital einer steuerbaren Leistung der Gesellschaft an den atypisch still Beteiligten (in seiner Eigenschaft als Beteiligungsinhaber oder nahestehender Dritter) vor und nicht mehr – wie in der Vergangenheit – im Umfang sämtlicher Zinszahlungen der Gesellschaft.

3.2. Rückerstattung

Da – wie unter Ziffer 2.1. hievor bereits erwähnt – die atypisch still Beteiligten in den allermeisten Fällen in Deutschland ansässig sind, erfolgt die Rückerstattung der Verrechnungssteuer gestützt auf das eingangs erwähnte Urteil des Bundesgerichts ausschliesslich nach dem Abkommen zwischen der Schweizerischen Eidgenossenschaft und der Bundesrepublik Deutschland zur Vermeidung der Doppelbesteuerung auf dem Gebiete der Steuern vom Einkommen und vom Vermögen vom 11. August 1971 (DBA-D, SR 0.672.913.62). Die Rückerstattung der Verrechnungssteuer erfolgt grundsätzlich wieder unabhängig von der direktsteuerlichen Behandlung der Erträge aus der atypischen stillen Beteiligung. In diesem Zusammenhang ist darauf hinzuweisen, dass der atypisch still Beteiligte durch seine Beteiligung in der Schweiz keine Betriebsstätte begründet. Mithin fällt eine Rückerstattung der Verrechnungssteuer gestützt auf Artikel 24 Absatz 3 VStG ausser Betracht.

Die Rückerstattung der Verrechnungssteuer erfolgt auf dem normalen Weg über das Doppelbesteuerungsabkommen mit Deutschland (Art. 10 DBA-D, Dividendenartikel); entsprechend den dortigen Sätzen. D.h. falls der deutsche, atypisch still Beteiligte eine Gesellschaft ist und während eines ununterbrochenen Zeitraums von mindestens 12 Monaten unmittelbar über mindestens 10 Prozent des Kapitals der die Dividenden ausschüttenden Gesellschaft verfügt, so findet Artikel 10 Absatz 3 DBA-D Anwendung (Sockel von 0 Prozent bzw. volle Rückerstattung). Bei nicht qualifizierten Beteiligungen oder wenn der atypisch still Beteiligte eine natürliche Person ist, erfolgt die Rückerstattung mit 15 Prozent Sockelbelastung (Art. 10 Abs. 2 Bst. c DBA-D). Die Erträge aus atypischer stiller Beteiligung sind auf dem Formular 85 aufzuführen, welches zwingend die Ansässigkeitsbescheinigung des deutschen Fiskus enthalten muss.

4. Geltung / Information

Die aktuelle Verwaltungspraxis gründet in einem Urteil des Bundesgerichts und wurde deshalb korrekterweise bereits per sofort angewendet. Die ESTV anerkennt nach einer anderslautenden Praxis abgeschlossene Rulings noch maximal bis und mit Steuerperiode 2016. Somit ist spätestens ab dem 1. Januar 2017 keine Besteuerung aufgrund einer anderslautenden Praxis mehr zulässig.

Der Inhalt des vorliegenden Schreibens wird ferner auch interessierten Kreisen auf deren Nachfrage hin mitgeteilt, dies insbesondere Steuerpflichtigen und ihren Vertretern, welche die ESTV betreffend die Regelung der atypischen stillen Beteiligung kontaktiert haben.

Für Rückfragen und allfällige weitere Informationen steht Ihnen die Abteilung Rückerstattung der ESTV unter der Telefonnummer 058 465 60 91 zur Verfügung.

Mit freundlichen Grüssen

Marc Bugnon
Hauptabteilungschef

Freigrenze für Zinsen von Kundenguthaben

Quelle: Eidg. Steuerverwaltung ESTV / HA Direkte Bundessteuer, Verrechnungssteuer, Stempelabgaben

Direkte Bundessteuer
Verrechnungssteuer

Bern, 24. Februar 2010

An die kantonalen Verwaltungen
für die direkte Bundessteuer

An die zentralen Verrechnungs-
steuerbehörden der Kantone

Rundschreiben

Freigrenze für Zinsen von Kundenguthaben / Umsetzung der Unternehmenssteuerreform II

1. Gesetzliche Grundlagen

Mit dem Bundesgesetz vom 23. März 2007 über die Verbesserung der steuerlichen Rahmenbedingungen für unternehmerische Tätigkeiten und Investitionen (Unternehmenssteuerreformgesetz II) wurde auch das Bundesgesetz vom 13. Oktober 1965 über die Verrechnungssteuer (VStG) geändert. Das bestehende Sparheftprivileg wurde aufgehoben. Dafür werden die Zinsen von allen Kundenguthaben von der Verrechnungssteuer ausgenommen, wenn der Zinsbetrag für ein Kalenderjahr 200 Franken nicht übersteigt. Das VStG wurde wie folgt angepasst:

Art. 5 Abs. 1 Bst. c   Ausnahmen

[1]Von der Steuer sind ausgenommen

   c. Die Zinsen von Kundenguthaben, wenn der Zinsbetrag für ein Kalenderjahr 200 Franken nicht übersteigt;

Der Schweizerische Bundesrat hat mit Änderung vom 24. Juni 2009 die Vollziehungsverordnung zum Bundesgesetz über die Verrechnungssteuer vom 19. Dezember 1966 (VStV) wie folgt angepasst:

Art. 16   Kundenguthaben

Die Freigrenze nach Artikel 5 Absatz 1 Buchstabe c des Gesetzes gilt für Zinsbeträge, die für das Kundenguthaben einmal pro Kalenderjahr vergütet werden.

Art. 54 Abs. 1 und 2

¹ *Ein Sparverein oder eine Betriebssparkasse im Sinne von Artikel 9 Absatz 2 des Gesetzes hat Anspruch auf Rückerstattung der Verrechnungssteuer für Rechnung des Einlegers, wenn dessen Anteil am Bruttoertrag 200 Franken im Kalenderjahr nicht übersteigt. Der Antrag ist bei der Eidgenössischen Steuerverwaltung einzureichen.*

² *Übersteigt dieser Anteil 200 Franken, so muss der Verein oder die Kasse den Einleger darauf hinweisen, dass dieser die Rückerstattung der Verrechnungssteuer selbst zu beantragen hat und sie nur aufgrund einer Bescheinigung nach Artikel 3 Absatz 2 zurückerhält. Auf Verlangen des Einlegers muss der Verein oder die Kasse die Bescheinigung ausstellen.*

2. Ausdehnung des Freibetrags auf alle Kundenguthaben

Der neue Wortlaut von Artikel 5 Absatz 1 Buchstabe c VStG verzichtet auf die Einschränkung „von auf den Namen lautenden Spar-, Einlage- oder Depositenheften und Spareinlagen" und hält den Begriff „Kundenguthaben" fest. Dementsprechend gilt die Ausnahmeregelung bis zu einem Zinsbetrag von Franken 200 für ein Kalenderjahr für alle Arten von Kundenguthaben, die gemäss Artikel 4 Absatz 1 Buchstabe d VStG eigentlich der Verrechnungssteuer unterliegen würden. Die Freigrenze gilt nicht für Obligationen und diesen gleichgestellten Wertpapieren im Sinne von Artikel 4 Absatz 1 Buchstabe a VStG.

Der Begriff des Kundenguthabens ist im Merkblatt Kundenguthaben der Eidgenössischen Steuerverwaltung S-02.122.2 wie folgt beschrieben: Kundenguthaben sind durch Einlagen bei einer inländischen Bank oder Sparkasse begründete Forderungen. Kundenguthaben können beispielsweise sein: Spar-, Einlage-, Depositen- und Kontokorrentguthaben, Festgelder, Callgelder, Lohnkonti, Aktionärsdarlehen usw. Dazu gehören auch Kundenkonti bei der Schweizerischen Post. Nicht unter den Begriff des Kundenguthabens werden Kassenobligationen und überjährige Termingeldkonten subsumiert. Gleiches gilt für Geldmarktpapiere und Buchforderungen, welche steuerrechtlich als Obligationen gelten (siehe dazu Merkblatt Obligationen S-02.122.1 und Merkblatt Geldmarktpapiere und Buchforderungen inländischer Schuldner S-02.130.1 der Eidgenössischen Steuerverwaltung).

3. Begrenzung auf Kundenguthaben, die nur einmal jährlich abgeschlossen werden

Von der Freigrenze können nur diejenigen Kundenguthaben profitieren, welche einmal pro Kalenderjahr abgeschlossen werden und deren Zins nur einmal vergütet wird. Für andere Periodizitäten ist die Beanspruchung der Freigrenze ausgeschlossen, selbst wenn tatsächlich nur ein Habenzins pro Jahr anfällt. Bei Kontokorrentkonti kann die Freigrenze auch dann beansprucht werden, wenn etwa vierteljährliche Sollzinsbelastungen als Akontozahlung behandelt werden und kein Habenzins ausgewiesen wird, da in diesem Fall kein unterjähriger Abschluss vorgenommen wird. Der massgebende Abschluss mit Verrechnungssteuerabzug und Bescheinigung erfolgt nur einmal jährlich (per Ende Jahr oder bei definitiver Auflösung des Kundenguthabens). Bei Abschluss können die Soll- und Habenzinsen weiterhin gegenseitig verrechnet werden. Die Verrechnungssteuer fällt nur an, wenn die Differenz zu Gunsten des Kunden die Freigrenze von 200 Franken übersteigt.

Bei der Einhaltung der Voraussetzung, dass es sich nicht um überjährige Guthaben handelt und der Zins nur einmal pro Jahr vergütet wird, fallen auch Festgelder unter die Freigrenze; eine Prolongation ist aber ausgeschlossen. Die Freigrenze ist nur dann anwendbar, wenn nach definitivem Abschluss ein neues Konto eröffnet wird. Für das Übergangsjahr 2010 ist für die Festlegung, ob die Freigrenze überschritten wird, auf die Höhe der im Jahr 2010 erfolgten Gutschrift abzustellen. Dabei ist unerheblich, ob ein Teil davon das Jahr 2009 betrifft.

4. Anpassung der Bestimmungen für Sparvereine und Betriebssparkassen

Artikel 54 VStV wurde zu Gunsten von Sparvereinen und Betriebssparkassen erlassen. Diese gelten gemäss Artikel 9 Absatz 2 VStG nicht als Banken oder Sparkassen im Sinne des VStG, sofern diese ihre Gelder ausschliesslich in Werten anlegen, deren Ertrag der Verrechnungssteuer unterliegt. Der Verein kann die Verrechnungssteuer gesamthaft bei der Eidgenössischen Steuerverwaltung geltend machen, wenn der den Einlegern vergütete Zins 200 Franken nicht übersteigt. Diese Limite wurde der neuen Freigrenze von Zinsen auf Kundenguthaben angepasst. Der Artikel wurde redaktionell überarbeitet.

5. Auswirkungen auf die direkten Bundessteuern

Zinsen, welche unter die Freigrenze von Artikel 5 Absatz 1 Buchstabe c VStG fallen, gelten als steuerbare Erträge im Sinne von Artikel 20 Absatz 1 Buchstabe a des Bundesgesetzes über die direkte Bundessteuer vom 14. Dezember 1990 (DBG). Die Zinsen sind im Wertschriftenverzeichnis in der Spalte „der Verrechnungssteuer **nicht** unterliegend" zu deklarieren.

6. Inkrafttreten

Die neue Freigrenze für Kundenguthaben ist am 1. Januar 2010 in Kraft getreten und gilt für Zinsen, die nach dem 31. Dezember 2009 fällig werden.

Abteilung Aufsicht Kantone

André Binggeli
Teamchef

Straflose Selbstanzeige

Quelle: Eidg. Steuerverwaltung ESTV / HA Direkte Bundessteuer, Verrechnungssteuer, Stempelabgaben

Direkte Bundessteuer

Bern, 10. Juli 2018
DB-112 / 112a / LAE

An die kantonalen Verwaltungen
für die direkte Bundessteuer

Rundschreiben

Straflose Selbstanzeige

1 Ausgangslage

Das Bundesgesetz vom 20. März 2008 über die Vereinfachung der Nachbesteuerung in Erbfällen und die Einführung der straflosen Selbstanzeige (AS 2008, 4453) ist am 1. Januar 2010 in Kraft getreten.

Zur Vermeidung, dass eine sich selbst anzeigende Person die Straflosigkeit der Selbstanzeige mehr als einmal in Anspruch nehmen kann, führt die Eidgenössische Steuerverwaltung (ESTV) ein zentrales schweizweites Verzeichnis.

2 Vorgehen

Gestützt auf die Artikel 102 und 103 des Bundesgesetzes vom 14. Dezember 1990 über die direkte Bundessteuer (DBG) werden die kantonalen Verwaltungen für die direkte Bundessteuer (KSTV) aufgefordert, folgendermassen vorzugehen:

a) Die steuerpflichtige Person, welche bisher unversteuertes, steuerbares Einkommen resp. unversteuerten steuerbaren Gewinn oder Vermögen resp. Kapital anzeigt und dafür Straflosigkeit geltend macht, hat schriftlich zu bestätigen, dass sie die Anwendung dieser Bestimmungen erstmals verlangt.

b) Nach Abschluss des Verfahrens übermittelt die KSTV der ESTV die folgenden **Angaben und Beilagen**:

Angaben

Name / Firma, Vorname, AHV-Nummer / UID-Nummer, meldende KSTV, Datum der Straflosigkeitsverfügung (diese Verfügung kann separat oder als Teil der Nachsteuerverfügung ergehen).

Die erforderlichen Angaben sind der ESTV **elektronisch** (E-Mail oder Memory Stick) mindestens alle vier Monate (Meldeperiode) wie folgt in einer **Excel-Liste** zu übermitteln. Dabei sind diese Spalten ausnahmslos einzuhalten und es sind keine weiteren Spalten einzufügen:

Name / Firma	Vorname	AHV - NR. / UID	Kanton	Referenz KSTV	Zustelldatum Straflosigkeitsverfügung mit Zustellnachweis
Muster	Hans	123.4567.8910.11	BE	Hans Meier	01.05.2018
Muster	Fritz	123.4567.8910.12	BE	Hans Meier	01.05.2018
Muster	Anna	123.4567.8910.13	BE	Hans Meier	01.05.2018
Muster	Berta	123.4567.8910.14	BE	Hans Meier	01.05.2018
Muster	Christa	123.4567.8910.15	BE	Hans Meier	01.05.2018

Das bis anhin verwendete Meldeformular darf nicht mehr weiter verwendet werden. Die Meldungen sind ausschliesslich auf einer Excel Liste mit der oben vorgegebenen Struktur elektronisch zu erfassen.

Beilagen

Kopien der Straflosigkeitsverfügungen mit Zustellnachweis. Diese Verfügungen können separat oder als Teil der Nachsteuerverfügung ergehen.

Die Beilagen sind der ESTV zusammen mit der Excel-Liste entweder in Papierform oder als PDF-Dateien zuzustellen. Die beigelegten Verfügungen müssen mit der Excel-Liste genau übereinstimmen.

Zustellung

Die Liste für die aktuelle Meldeperiode ist in elektronischer Form zusammen mit den Beilagen auf dem Postweg (Excel-Liste auf Memory-Stick) oder per E-Mail an die folgende **Adresse** zu senden:

Eidgenössische Steuerverwaltung
Abteilung Strafsachen und Untersuchungen (ASU)
Eigerstrasse 65
3003 Bern

Tel +41 58 463 01 81

asu.dvs@estv.admin.ch

3   Datensicherheit

Falls der Versand elektronisch erfolgt, muss die Mail zwingend mittels X.509-Zertifikat **verschlüsselt** werden. Sollte dies technisch nicht möglich sein, sind die einzelnen Dateien zu verschlüsseln. Als Mindestanforderung gilt eine AES256-Verschlüsselung und ein Passwort, bestehend aus mindestens 12 Zeichen, davon mindestens einem Buchstaben in Grossschreibung, einem Buchstaben in Kleinschreibung, einem Sonderzeichen und einer Zahl. Das Passwort ist der ASU mit separater Post zu übermitteln. Bei Fragen betreffend der Verschlüsselung wenden sich die KSTV über die oben erwähnten Kontakte an die ASU.

4   Überprüfung der Erstmaligkeit

Über die oben genannten Kontakte der ASU können sich die KSTV zudem zwecks Kontrolle der Erstmaligkeit einer Selbstanzeige erkundigen.

5   Aktenaufbewahrung durch die KSTV

Die durch die steuerpflichtige Person im Rahmen des Verfahrens einer straflosen Selbstanzeige eingereichten Unterlagen sind durch die zuständige KSTV aufzubewahren.

6   Geltung

Dieses Rundschreiben ersetzt das Rundschreiben 2-069-D-2010-d vom 5. Januar 2010.

Es gilt ab seiner Publikation auf der Homepage der ESTV und ist anwendbar für alle ab diesem Zeitpunkt der ESTV zu erstattenden Meldungen.

Abteilung Strafsachen und Untersuchungen

Emanuel Lauber
Chef

Steuererlass DBST

Quelle: Eidg. Steuerverwaltung ESTV / HA Direkte Bundessteuer, Verrechnungssteuer, Stempelabgaben

Direkte Bundessteuer

Bern, 29. Juni 2015
DB-102-167 / KUP / Bk

An die kantonalen Verwaltungen
für die direkte Bundessteuer

Rundschreiben

Totalrevision der Verordnung des EFD über die Behandlung von Gesuchen um Erlass der direkten Bundessteuer / Aufhebung der Eidgenössischen Erlasskommission für die direkte Bundessteuer

1   Ausgangslage

Die Kantone erhalten mit dem Inkrafttreten des Bundesgesetzes vom 20. Juni 2014 über eine Neuregelung des Steuererlasses (Steuererlassgesetz; AS *2015* 9) ab 1. Januar 2016 die Kompetenz zur Beurteilung aller Erlassgesuche, welche die direkte Bundessteuer betreffen. Die Eidgenössische Erlasskommission für die direkte Bundessteuer (EEK), die nach heutigem Recht Gesuche um Erlass der direkten Bundessteuer im Umfang von mindestens 25 000 Franken pro Jahr beurteilt, wird auf diesen Zeitpunkt hin aufgehoben (vgl. den mit dem Inkrafttreten des Steuererlassgesetzes gestrichenen Art. 102 Abs. 4 des Bundesgesetzes vom 14. Dezember 1990 über die direkte Bundessteuer [DBG; SR 642.11]).

2   Revision der Steuererlassverordnung des EFD

Im Hinblick auf das Inkrafttreten der neuen Gesetzesbestimmungen zum Steuererlass wurde auch die Steuererlassverordnung des Eidgenössischen Finanzdepartements (EFD) vom 19. Dezember 1994 (SR 642.121) totalrevidiert.

Die revidierte Verordnung umschreibt die in den neuen Gesetzesbestimmungen vorgegebenen Voraussetzungen für den Steuererlass, die Gründe für dessen Ablehnung und das Erlassverfahren näher. In der neuen Verordnung nicht mehr enthalten sind unter anderem Bestimmungen, welche im Rahmen des Steuererlassgesetzes neu auf Gesetzesstufe geregelt werden.

Die neue Verordnung tritt gleichzeitig mit dem Steuererlassgesetz auf den 1. Januar 2016 in Kraft.

Abteilung Recht DVS

Markus Küpfer
Chef

Sie finden die Verordnung unter:
https://www.admin.ch/opc/de/official-compilation/2015/1895.pdf

Indirekte Teilliquidation und Transponierung

Quelle: Eidg. Steuerverwaltung ESTV / HA Direkte Bundessteuer, Verrechnungssteuer, Stempelabgaben

Direkte Bundessteuer

Bern, 18. Juli 2006
DB-020.1.c Ne/BUG

An die kantonalen Verwaltungen
für die direkte Bundessteuer

Rundschreiben

Bundesgesetz über dringende Anpassungen bei der Unternehmensbesteuerung / Indirekte Teilliquidation und Transponierung

Die eidg. Räte haben am 23. Juni 2006 das Bundesgesetz über dringende Anpassungen bei der Unternehmensbesteuerung verabschiedet. Dieses regelt im DBG und im StHG die Tatbestände der indirekten Teilliquidation und der Transponierung. Die Referendumsfrist läuft bis am 12. Oktober 2006.

Die vorgesehenen gesetzlichen Regelungen sollen – vorbehältlich eines Referendums – auf den 1. Januar 2007 in Kraft treten.

Das revidierte Gesetz sieht für die direkte Bundessteuer in Artikel 205b DBG eine Rückwirkung des in Artikel 20a Buchstabe a DBG geregelten Tatbestandes der indirekten Teilliquidation für noch nicht rechtskräftige Veranlagungen ab Steuerperiode 2001 vor. Im StHG ist keine entsprechende Bestimmung enthalten.

Die für die direkte Bundessteuer vorgesehene Rückwirkung erlaubt keine Vorwirkung der neuen gesetzlichen Regelung. Folglich haben sich die Veranlagungen, die noch im Jahr 2006 getroffen werden, nach heute geltendem Recht und dazugehöriger Praxis zu richten.

Für Sachverhalte, die sich vor dem 1. Januar 2001 zugetragen haben, ist keine Rückwirkung vorgesehen. Sie sind auch nach dem 31. Dezember 2006 nach heute geltendem Recht und dazugehöriger Praxis zu beurteilen.

Im Anhang finden sie die neuen durch die Bundesversammlung beschlossenen Bestimmungen.

Abteilung Recht

Marc Bugnon
Der Chef

Beilage:
Bundesgesetz vom 23. Juni 2006 über dringende Anpassungen bei der Unternehmensbesteuerung

Parallelität des Instanzenzuges

Quelle: Eidg. Steuerverwaltung ESTV / HA Direkte Bundessteuer, Verrechnungssteuer, Stempelabgaben

Direkte Bundessteuer
Verrechnungssteuer

Bern, 24. März 2004
DB-145 CAE/Gra/BUG

An die kantonalen
Steuerverwaltungen

Rundschreiben

Parallelität des kantonalen Instanzenzuges in Staats- und in Bundessteuersachen, soweit es um durch das StHG geregelte Streitgegenstände geht; BGE vom 19. Dezember 2003 (2A.355/2003)

In einem Entscheid vom 10. Juni 2002 (interne Sammlung Nr. 882; BGE 128 II 311), hielt das Bundesgericht fest, dass diejenigen Kantone, die eine „weitere verwaltungsunabhängige kantonale Instanz" (Art. 50 StHG) für die Staatssteuer vorsehen, auch für Bundessteuersachen die Überprüfung durch eine zweite Gerichtsinstanz (Art. 145 DBG) zulassen müssen (siehe unser Rundschreiben vom 14. Februar 2003).

Am 19. Dezember 2003 kam unser oberstes Gericht auf die Frage zurück und beschloss Nichteintreten auf eine Verwaltungsgerichtsbeschwerde, welche die Steuerverwaltung des Kantons Jura gegen einen Entscheid der kantonalen Rekurskommission beim Bundesgericht erhoben hatte. Das Bundesgericht befand, dass sowohl für die Staatssteuer als auch für die direkte Bundessteuer derselbe Instanzenzug offenzustehen habe, soweit es sich um die in Art. 73 Abs. 1 StHG genannten Gegenstände handelt, und soweit es um Steuern aus Jahren nach Ablauf der achtjährigen Anpassungsfrist von Art. 72 Abs. 1 StHG geht, welche mit Inkrafttreten des StHG am 1. Januar 1993 zu laufen begann.

Auszug aus der Begründung:

> Das Bundesgericht legt Art. 145 DBG (in Verbindung mit Art. 50 StHG) dahingehend aus, dass ein Kanton, der für Streitigkeiten bezüglich der Staatssteuer eine zweite Gerichtsinstanz vorsieht, auch bezüglich der direkten Bundessteuer eine doppelte gerichtliche Überprüfung ermöglichen muss, damit die Ziele der Steuerharmonisierung durchgesetzt werden können. Diese Auslegung, die auf den Willen des Bundesgesetzgebers zurückgeht, bedeutet keine Verletzung der kantonalen Verfahrensautonomie. Den Kantonen bleibt es weiterhin unbenommen, für den Bereich des harmonisierten Rechts in beiden Fällen lediglich eine einzige Gerichtsinstanz vorzusehen, sei dies eine Rekurskommission oder ein Verwaltungs- oder Kantonsgericht.

Das Bundesgericht hebt hervor, dass es nicht ihm sondern dem Kanton zustehe, die zuständige Instanz zu bestimmen. Diesbezüglich sei die kantonale Verfahrensautonomie zu beachten, da die bundesrechtlichen Vorschriften (Art. 145 DBG und Art. 50 StHG) sich darauf beschränken, eine Parallelität des Rechtsweges vorzuschreiben, es den Kantonen jedoch anheim stellen, ob sie nur einen einfachen oder einen doppelten Instanzenzug zur Verfügung stellen wollen.

Das Bundesgericht weist auch darauf hin, dass die Beibehaltung von verschiedenen Beschwerdeverfahren auf kantonaler Ebene das Risiko beinhalte, dass die kantonalen Behörden bezüglich der direkten Bundessteuer und der kantonalen Steuern unterschiedlich urteilen. Ein ebensolches Risiko besteht - unter dem Vorbehalt, dass nicht das Ergebnis eines Verfahrens aufgehoben und demjenigen des zweiten Verfahrens angepasst wird – dort, wo das Bundesgericht die gleiche Streitfrage zweimal zu beurteilen hat, zuerst als Beschwerde gegen den Entscheid bezüglich der direkten Bundessteuer und sodann eventuell gegen den Entscheid der zweiten kantonalen Instanz bezüglich der kantonalen Steuern. Es besteht auch die Gefahr von Widersprüchen zwischen dem Entscheid der einen oder andern kantonalen Instanz und dem Bundesgericht. Dieser Widerspruch kann dadurch hervorgerufen werden, dass diese Behörden eine unterschiedliche Beurteilungskompetenz bezüglich Sachverhaltsfeststellung sowie eine grössere oder kleinere Prüfungsbefugnis im rechtlichen Bereich haben können. Es ist somit möglich, dass das kantonale Gericht und das Bundesgericht die gleiche rechtliche Frage aufgrund von verschiedenen Sachverhaltsfeststellungen zu prüfen hätten.

Art. 98a Abs. 3 OG bestimmt, dass vor einer letzten kantonalen Instanz die Beschwerdelegitimation und die Beschwerdegründe mindestens im gleichen Umfang wie für die Verwaltungsgerichtsbeschwerde an das Bundesgericht zu gewährleisten sind. Diese Bestimmung untersagt es dem kantonalen Gesetzgeber jedoch nicht, Verfahrensregeln und gerichtliche Prüfungsbefugnis in einem Umfang festzulegen, der über die Minimalbestimmungen des Art. 98a OG hinausgeht.

Auch andere Inkongruenzen können sich ergeben. So ist zum Beispiel die Frage der reformatio in peius vel melius für die Staatssteuern nicht immer geregelt. Im Bereich der direkten Bundessteuer ist die reformatio in peius hingegen aufgrund ausdrücklicher Gesetzesvorschrift zulässig (gemäss Art. 143 DBG für das Verfahren vor der Rekurskommission und gemäss dem Verweis in Art. 145 Abs. 2 DBG auch für die weitere kantonale Instanz, gemäss Art. 114 OG auch im Verwaltungsgerichtsverfahren vor Bundesgericht).

Das Bundesgericht zweifelt auch daran, ob es in den Fällen des doppelten Instanzenzugs zulässig sei, Streitigkeiten über die Staats- und die direkten Bundessteuern verschiedenen erstinstanzlichen Gerichten zuzuweisen, insbesondere wenn diese ihre Rechtsprechung untereinander nicht koordinieren. Wie dem auch sei, die zweite Instanz muss jedenfalls für beide Steuern dieselbe sein. In den Fällen eines einfachen Instanzenzugs muss hingegen dieselbe Gerichtsbehörde sowohl Streitigkeiten bezüglich Staatssteuer als auch bezüglich der direkten Bundessteuer behandeln.

Der erwähnte Entscheid dürfte deshalb einen direkten Einfluss auf verschiedene hängige Fälle (aus den Kantonen Bern, Wallis, Thurgau, St. Gallen, Obwalden, Basel-Stadt, Basel-Land, Jura und Zürich) sowie auf künftige Fälle haben.

In bezug auf die direkte Bundessteuer sind folgende Schlüsse aus dem Entscheid zu ziehen:

a) Dort wo die Kantone nur eine einzige Rekursinstanz kennen, muss diese sowohl zuständig sein für Rekurse betreffend die kantonalen Steuern als auch betreffend die direkte Bundessteuer.

b) In den Kantonen, die eine zweite Gerichtsinstanz kennen, muss diese auch Streitigkeiten betreffend die direkte Bundessteuer entscheiden, wenn sie zuständig ist für Streitigkeiten betreffend die kantonalen Steuern. Überdies muss die obere Gerichtsinstanz für beide Steuern dieselbe sein.

c) In den Kantonen mit doppeltem Instanzenzug ist es dringend empfohlen, dass dieselbe erste Instanz sowohl Streitigkeiten betreffend die kantonalen Steuern als auch Streitigkeiten betreffend die direkte Bundessteuer entscheidet.

Es ist daher wichtig, dass die betroffenen Kantone so bald als möglich die notwendigen Massnahmen treffen und gegebenenfalls ihre Vollzugsverordnungen zum DBG anpassen. Die Verfahrensanpassungen müssen sofort in Kraft treten und sollten in allen Bundessteuerfällen wirksam werden, die nach dem genannten Entscheid noch hängig sind, unabhängig von der Steuerperiode, die betroffen ist.

Was die Rückerstattung der Verrechnungssteuer durch die Kantone betrifft, bleibt es bei der bisherigen Ordnung, nach welcher der Entscheid der kantonalen Rekurskommission in allen Kantonen direkt ans Bundesgericht weitergezogen werden kann (Art. 54 und 56 des Bundesgesetzes vom 13. Oktober 1965 über die Verrechnungssteuer).

ABTEILUNG RECHT
Der Chef

Marc Bugnon

Beilage:
Kopie des Bundesgerichtsentscheids vom 19. Dezember 2003 (franz. Fassung)

MB ESTV/E EFD

Merkblätter ESTV/ Informationen/Erläuterungen EFD

Merkblätter der Eidgenössischen Steuerverwaltung (ESTV)/ Informationen und Erläuterungen des Eidgenössischen Finanzdepartements (EFD)

OECD-Mindeststeuer in der Schweiz	C104	Verwaltungsräte	C68
Abzug auf Eigenfinanzierung	C103	Einkünfte VSt in einfacher BH	C27
Patentbox	C102	Einkünfte VSt in doppelter BH	C26
Liegenschaftskosten	C100	Anrechnung ausländischer Quellensteuern	C25
Abschreibung auf Anlagevermögen	C78	Investment-Clubs	C24
Naturalbezüge Selbstständigerwerbender	C77	Meldeverfahren im Konzernverhältnis	C23
Naturalbezüge Arbeitnehmender	C76	Dreieckstheorie und Leistungsempfänger VSt	C22
Ersatzeinkünfte	C75	Qualified Intermediaries	C21
Hypothekarzinsen	C74	Geldmarktpapiere	C20
Studenten, Lehrlinge, Praktikanten	C73	Gratisaktien	C17
Künstler, Sportler, Referenten	C72	Treuhandverhältnisse	C15
Öffentlich-rechtliche Vorsorgeleistung	C71	Treuhandkonto	C14
Privatrechtliche Vorsorgeleistung	C70	Präponderanzmethode	C12
Internationale Transporte	C69		

OECD-Mindeststeuer in der Schweiz

Quelle: Eidgenössisches Finanzdepartement EFD

☞ *Stand: 01.2023 (online)*

Umsetzung der OECD-Mindeststeuer in der Schweiz

Das Wichtigste in Kürze

Die Umsetzung der Mindestbesteuerung soll in der Schweiz mit einer Verfassungsänderung erfolgen. Das Volk wird voraussichtlich im Juni 2023 darüber abstimmen. Durch die Annahme kann der Bundesrat die Mindestbesteuerung mit einer Verordnung umsetzen. Nach sechs Jahren muss er dem Parlament ein Bundesgesetz vorlegen.

Ausgangslage

Die aktuelle Besteuerung von grossen, international tätigen Unternehmensgruppen ist nach Ansicht der Organisation für wirtschaftliche Zusammenarbeit und Entwicklung (OECD) und der Gruppe der zwanzig wichtigsten Industrie- und Schwellenländer (G20) nicht mehr zeitgemäss. Mit der zunehmenden Globalisierung wollen sie für grosse, international tätige Unternehmensgruppen besondere Besteuerungsregeln einführen.

Rund 140 Staaten, darunter die Schweiz, haben sich dazu bekannt, dass grosse, international tätige Unternehmensgruppen mindestens 15 % Steuern auf ihrem Gewinn bezahlen sollen. In der Schweiz werden diese 15 % teilweise nicht erreicht.

Verfassungsänderung

Bundesrat und Parlament wollen deshalb für grosse, international tätige Unternehmensgruppen die Mindestbesteuerung einführen. Für alle übrigen Unternehmen wird sich nichts ändern. Es muss deshalb in der Verfassung eine Grundlage geschaffen werden, die diese Ungleichbehandlung explizit zulässt.

In einer Übergangsbestimmung gibt die Verfassung dem Bundesrat Leitplanken vor, wie er die Mindestbesteuerung umsetzen soll. Die Verordnung soll solange gelten, bis sie von einem Bundesgesetz abgelöst wird. Der Bundesrat muss dieses Bundesgesetz spätestens nach sechs Jahren vorlegen.

Wer ist betroffen?

Nur grosse, international tätige Unternehmensgruppen mit einem jährlichen Umsatz von mindestens 750 Millionen Franken unterliegen der neuen Mindestbesteuerung. In der Schweiz zählen einige wenige Hundert inländische sowie wenige Tausend ausländische Unternehmensgruppen dazu. Grob 99 % der Unternehmen in der Schweiz sind von der Reform daher nicht direkt betroffen und werden wie bisher besteuert.

In allen Kantonen kann eine tiefere Besteuerung als 15% auftreten. Besonders betroffen sind aber Kantone mit tiefer Steuerbelastung, in denen viele grosse und profitable Unternehmen angesiedelt sind.

Ergänzungssteuer in der Verordnung

Falls die Mindestbesteuerung nicht erreicht wird, wird der fehlende Betrag mit einer Ergänzungssteuer erhoben. Die Ergänzungssteuer ist eine Bundessteuer. Wie bei der heutigen direkten Bundessteuer wird sie aber von den Kantonen umgesetzt.

Auswirkungen

Die finanziellen Auswirkungen einer Mindestbesteuerung sind unsicher, da sie stark von der Gesetzgebung in anderen Ländern und dem Verhalten der Unternehmen abhängen. Zudem können nicht alle Reformelemente geschätzt werden. Die Einnahmen aus der Ergänzungssteuer werden grob auf anfänglich 1 bis 2.5 Mrd. Franken jährlich geschätzt[1].

Durch die Mindestbesteuerung verliert die Schweiz an steuerlicher Attraktivität. Das könnte Unternehmen dazu veranlassen wegzuziehen oder sich erst gar nicht in der Schweiz niederzulassen. Dadurch könnten sich Mindereinnahmen bei Unternehmenssteuern und anderen Abgaben ergeben.

Auch innerhalb der Schweiz wird der Steuerwettbewerb leicht eingeschränkt. Hochsteuerkantone werden im Verhältnis zu Tiefsteuerkantonen attraktiver. Auch steigt bei Unternehmen und Behörden der administrative Aufwand.

Verteilung der Einnahmen aus der Ergänzungssteuer

Die Einnahmen aus der Ergänzungssteuer stehen zu 75 % jenen Kantonen zu, in denen grosse Unternehmen bisher tiefer besteuert wurden. Damit können die Einnahmen gezielt dort eingesetzt werden, wo die Steuererhöhung zu einem Verlust an Standortattraktivität führt. Ein Teil der Einnahmen fliesst aber in den Finanzausgleich und kommt damit auch allen anderen Kantonen zugute. Die Kantone entscheiden souverän über die Verwendung ihrer Einnahmen. Sie müssen aber die Gemeinden angemessen berücksichtigen.

Dem Bund stehen 25 % der Einnahmen zu. Auch von diesen Einnahmen geht ein Teil an den nationalen Finanzausgleich. Die restlichen Einnahmen verwendet der Bund zur schweizweiten Förderung der Standortattraktivität.

---

[1] Eine weitere Untersuchung zu den finanziellen Auswirkungen sieht sich mit ähnlichen methodischen Herausforderungen konfrontiert. Die geschätzten finanziellen Auswirkungen liegen jedoch innerhalb der erwähnten Bandbreite, siehe: BSS, Volkswirtschaftliche Beratung, Schlussbericht, OECD-Mindeststeuer, Unternehmensbesteuerung in der Schweiz unter dem Regime der OECD-Mindeststeuer: Schätzung der Mehreinnahmen, Verteilung zwischen den Kantonen, Basel 22.07.2022.

Abzug auf Eigenfinanzierung

Quelle: Eidgenössisches Finanzdepartement EFD

13. November 2019

Erläuterungen

Erläuterungen zur Verordnung über den steuerlichen Abzug auf Eigenfinanzierung juristischer Personen

Übersicht

Im Rahmen des Bundesgesetzes über die Steuerreform und die AHV-Finanzierung (STAF) wird ein Abzug auf Eigenfinanzierung eingeführt. Dazu soll der Bundesrat die erforderlichen Ausführungsbestimmungen erlassen. Diese betreffen namentlich die Höhe der Eigenkapitalunterlegungssätze, die Berechnung des Sicherheitseigenkapitals und des Zinses auf diesem Sicherheitseigenkapital.

Ausgangslage

Im geltenden Recht können die Fremdkapitalzinsen als Aufwand vom steuerbaren Reingewinn abgezogen werden. Der Abzug auf Eigenfinanzierung erweitert den Abzug für Finanzierungskosten, indem zusätzlich auch kalkulatorische Zinsen auf einem Teil des Eigenkapitals abgezogen werden können.

Gemäss der mit der STAF geschaffenen gesetzlichen Grundlage können diejenigen Kantone einen Abzug auf Eigenfinanzierung einführen, deren kumuliertes Steuermass von Kanton, Gemeinde und allfälligen Selbstverwaltungskörpern im Kantonshauptort über den gesamten Tarifverlauf mindestens 13.5 Prozent beträgt. Das entspricht einer effektiven Steuerbelastung auf Stufe Bund, Kantone und Gemeinden von 18.03 Prozent.

Der Abzug wird dabei nicht auf dem gesamten Eigenkapital, sondern auf dem sogenannten Sicherheitseigenkapital gewährt. Der kalkulatorische Zinssatz richtet sich nach der Rendite für zehnjährige Bundesobligationen. Soweit das Sicherheitseigenkapital auf Forderungen aller Art gegenüber Nahestehenden entfällt, kann ein dem Drittvergleich entsprechender Zinssatz geltend gemacht werden.

Inhalt der Verordnung

Die Verordnung enthält Ausführungsbestimmungen:

- *zur Höhe der Eigenkapitalunterlegungssätze;*
- *zur Berechnung des Sicherheitseigenkapitals;*
- *zur Höhe des kalkulatorischen Zinssatzes;*
- *zur Aufteilung des Sicherheitseigenkapitals auf Forderungen aller Art gegenüber Nahestehenden und auf die übrigen Aktiven;*
- *zur Berechnung des kalkulatorischen Zinses auf dem Sicherheitseigenkapital.*

1 Ausgangslage

Am 19. Mai 2019 wurde das Bundesgesetz über die Steuerreform und die AHV-Finanzierung (STAF) in einer Volksabstimmung angenommen. Im Rahmen dieser Vorlage wird ein Abzug auf Eigenfinanzierung eingeführt. Die entsprechenden Ausführungsbestimmungen werden an den Bundesrat delegiert. Mit der Verordnung über den steuerlichen Abzug auf Eigenfinanzierung juristischer Personen kommt der Bundesrat diesem gesetzlichen Auftrag nach.

Der Bundesrat hat beschlossen, die STAF per 1. Januar 2020 in Kraft zu setzen. Auf den gleichen Zeitpunkt hin werden auch die erforderlichen Ausführungsbestimmungen wirksam.

2 Gesetzliche Grundlage

Mit Artikel 25a^{bis} des Steuerharmonisierungsgesetzes (StHG)[1] kann ein Abzug auf Eigenfinanzierung auf Stufe Kanton eingeführt werden, wenn am Kantonshauptort das kumulierte Steuermass von Kanton, Gemeinde und allfälligen anderen Selbstverwaltungskörpern über den gesamten Tarifverlauf mindestens 13.5 Prozent beträgt. Dies entspricht einer effektiven Gewinnsteuerbelastung auf Stufe Bund, Kanton und Gemeinde von 18.03 Prozent. Erfüllt ein Kanton diese Voraussetzungen und führt die Massnahme ein, so steht es den im Kanton steuerpflichtigen Gesellschaften frei, den Abzug auf Eigenfinanzierung geltend zu machen. Dabei können auch im Kanton wirtschaftlich zugehörige juristische Personen den Abzug geltend machen (z.B. Unternehmen mit Sitz im Ausland, aber Betriebsstätte im Kanton). Bei der direkten Bundessteuer wird kein Abzug auf Eigenfinanzierung gewährt.

Der Abzug wird nur auf jenem Betrag des Eigenkapitals gewährt, der eine angemessene durchschnittliche Eigenfinanzierung überschreitet. Zu diesem Zweck wird das Eigenkapital in zwei Komponenten aufgespalten, nämlich in das Kerneigenkapital und in das Sicherheitseigenkapital:

- Das Kerneigenkapital ist das Eigenkapital, welches ein Unternehmen für seine Geschäftstätigkeit langfristig benötigt. Die Berechnung des Kerneigenkapitals erfolgt auf der Basis der Durchschnittswerte der verschiedenen Aktiven zu Gewinnsteuerwerten.
- Jener Teil des Eigenkapitals, welcher den Betrag des Kerneigenkapitals gegebenenfalls übersteigt, gilt als Sicherheitseigenkapital. Auf dem Sicherheitseigenkapital wird ein kalkulatorischer Zinsabzug gewährt. Durch den Abzug begünstigt werden soll somit nur die aufgrund der Risiken der Aktiven als angemessen definierte überdurchschnittliche Eigenfinanzierung, d.h. das Sicherheitseigenkapital.

Die Begrenzung des Abzugs auf das Sicherheitseigenkapital fusst auf der Grundidee, dass eine steuerliche Gleichstellung von Eigen- und Fremdkapital nur, aber immerhin, insoweit erfolgen soll, als Eigen- und Fremdkapital effektiv austauschbare Finanzierungsquellen darstellen. Demzufolge eignet sich das betriebswirtschaftlich unabdingbare Kerneigenkapital eines Unternehmens nicht für den Abzug.

Als kalkulatorischen Zinssatz hat der Gesetzgeber die Rendite zehnjähriger Bundesobligationen bestimmt. Gegenwärtig ist diese Rendite negativ, so dass die Massnahme im Grundsatz keine Auswirkungen zeitigt. Eine Ausnahme hiervon kommt für Forderungen aller Art gegenüber Nahestehenden zum Tragen. Das Sicherheitseigenkapital, das auf diese Forderungen entfällt, soll mit einem dem Drittvergleich entsprechenden Zinssatz verzinst werden.

---

[1] SR 642.14

3 Inhalt der Verordnung

Die Verordnung enthält Ausführungsbestimmungen:

- zur Höhe der Eigenkapitalunterlegungssätze;
- zur Berechnung des Sicherheitseigenkapitals;
- zur Höhe des kalkulatorischen Zinssatzes;
- zur Aufteilung des Sicherheitseigenkapitals auf Forderungen aller Art gegenüber Nahestehenden und auf die übrigen Aktiven;
- zur Berechnung des kalkulatorischen Zinses auf dem Sicherheitseigenkapital.

4 Erläuterungen zu den einzelnen Bestimmungen

Artikel 1

Nach Artikel 25a^{bis} Absatz 2 StHG wird das Sicherheitseigenkapital mittels Eigenkapitalunterlegungssätzen berechnet, die nach dem Risiko der Kategorie der Aktiven abgestuft sind. Diese Eigenkapitalunterlegungssätze werden in Artikel 1 definiert. Die Gliederung folgt dabei der Mindestgliederung der Aktiven gemäss Artikel 959a des Obligationenrechts[2].

Die Höhe der Eigenkapitalunterlegungssätze orientiert sich am bestehenden Kreisschreiben Nr. 6 der Eidgenössischen Steuerverwaltung (ESTV) zum verdeckten Eigenkapital[3]. Die darin enthaltenen Prozentsätze gelten als Höchstbetrag des von der Gesellschaft aus eigener Kraft erhältlichen *Fremdkapitals* auf den verschiedenen Aktiven. Vorliegend soll jedoch das *Kerneigenkapital* bestimmt werden. Deshalb sind die in der Verordnung über den steuerlichen Abzug für Eigenfinanzierung juristischer Personen enthaltenen Prozentsätze in einem ersten Schritt umgekehrt zu denjenigen im Kreisschreiben Nr. 6 definiert. Das Kreisschreiben hat zum Ziel, eine Steuerplanungsmöglichkeit des Aktionariats bei der Finanzierung der Gesellschaft einzuschränken. Die Anforderungen an die Eigenkapitalunterlegung sind deshalb im Kreisschreiben nicht allzu streng definiert. Beim Abzug auf Eigenfinanzierung soll demgegenüber eine angemessene durchschnittliche Eigenfinanzierung (Kerneigenkapital) definiert werden. Aufgrund der unterschiedlichen Zielsetzungen rechtfertigt es sich, die im ersten Schritt ermittelten Prozentsätze in einem zweiten Schritt zu erhöhen. Die in der Verordnung grundsätzlich vorgesehenen 25 Prozentpunkte entsprechen dabei einem Erfahrungswert, der sich am oberen Rand einer risikogerechten Eigenkapitalanforderung bewegen dürfte.

Beispiel:

Im Kreisschreiben Nr. 6 wird für Forderungen aus Lieferungen und Leistungen ein maximaler Ansatz der von der Gesellschaft aus eigener Kraft erhältlichen fremden Mittel von 85 Prozent bestimmt.

Umgekehrt muss somit gemäss diesem Kreisschreiben für Forderungen aus Lieferungen und Leistungen Eigenkapital im Umfang von 15 Prozent vorliegen. Aufgrund der unterschiedlichen Zielsetzung werden diese 15 Prozent um 25 Prozentpunkte erhöht.

Der Eigenkapitalunterlegungssatz für Forderungen aus Lieferungen und Leistungen beträgt somit 40 Prozent (siehe dazu Ziffer 1.3 in Artikel 1).

---

[2] SR 220.
[3] ESTV, Kreisschreiben Nr. 6 vom 6. Juni 1997, Verdecktes Eigenkapital (Art. 65 und 75 DBG) bei Kapitalgesellschaften und Genossenschaften.

Artikel 25a^{bis} StHG definiert in Absatz 3 Aktiven, für die ein kalkulatorischer Zins ausgeschlossen ist. Diese gesetzliche Vorgabe wird in der Verordnung umgesetzt, indem die entsprechenden Aktiven mit 100 Prozent Kerneigenkapital unterlegt werden. In Artikel 1 werden deshalb Beteiligungen nach Artikel 28 Absatz 1 StHG, Aktiven nach Artikel 24a StHG sowie Forderungen aller Art gegenüber Nahestehenden, die in Zusammenhang mit einer Transaktion eine ungerechtfertigte Steuerersparnis bewirken, mit 100 Prozent Kerneigenkapital unterlegt.

Artikel 25a^{bis} Absatz 3 Buchstaben b und d StHG schliessen einen kalkulatorischen Zins überdies auf nicht betriebsnotwendigen Aktiven und auf nach Artikel 24c StHG aufgedeckten stillen Reserven einschliesslich des selbstgeschaffenen Mehrwerts sowie auf vergleichbaren unversteuert aufgedeckten stillen Reserven aus. Da diese Tatbestände mehrere Aktiven betreffen können, werden sie in der Tabelle separat unter den Ziffern 3 und 4 aufgeführt. Bei den in den Ziffern 1 und 2 enthaltenen Aktiven muss somit im Einzelfall geprüft werden, ob sie betriebsnotwendig sind oder ob unversteuert aufgedeckte stille Reserven ausgewiesen werden. Ist dies zu bejahen, werden die betreffenden Aktiven im entsprechenden Umfang immer mit 100 Prozent Kerneigenkapital unterlegt. Beispielsweise dürfte es sich bei den Wohnliegenschaften (Ziffer 2.3.2.1 in Artikel 1) in vielen Fällen, in denen die Gesellschaft nicht das Halten und Verwalten von Immobilien zum Zweck hat, um nicht betriebsnotwendige Aktiven handeln, die entsprechend mit 100 Prozent Kerneigenkapital zu unterlegen wären.

Der Begriff «Darlehen an Nahestehende» (Ziffer 2.1.5 in Artikel 1) umfasst Cash Pool Forderungen, kurzfristige Forderungen und langfristige Forderungen gegenüber Nahestehenden. Nicht unter diesen Begriff fallen Forderungen aus Lieferungen und Leistungen gegenüber Nahestehenden.

Bei den unversteuert aufgedeckten stillen Reserven muss zudem unterschieden werden, ob diese Teil des steuerbaren Eigenkapitals sind oder nicht. Soweit sie nicht Teil des steuerbaren Eigenkapitals sind, qualifizieren sie bereits aus diesem Grund nicht für den Eigenkapitalzinsabzug, da zu dessen Berechnung nicht das gesamte, sondern das steuerbare Eigenkapital herangezogen wird. In diesen Fällen müssen die unversteuert aufgedeckten stillen Reserven auch bei der Berechnung des Kerneigenkapitals unberücksichtigt bleiben und mit 0 Prozent unterlegt werden (Ziffer 4.2 in Artikel 1). Es erfolgt somit die gleiche Behandlung dieser Reserven auf Seite der Aktiven und auf Seite der Passiven.

Artikel 2

Absatz 1 definiert das Sicherheitseigenkapital. Dieses entspricht der positiven Differenz zwischen dem gesamten steuerlichen Eigenkapital und dem nach Absatz 2 berechneten Kerneigenkapital. Ist das Ergebnis 0 oder ergibt sich eine negative Differenz, liegt kein Sicherheitseigenkapital vor.

Absatz 2 definiert das Kerneigenkapital. Dieses ergibt sich aus der Multiplikation der durchschnittlichen Gewinnsteuerwerte der jeweiligen Aktiven mit den entsprechenden Eigenkapitalunterlegungssätzen gemäss Artikel 1. Die so erhaltenen Beträge werden sodann addiert und ergeben zusammen das Kerneigenkapital.

Absatz 3 präzisiert, dass zur Berechnung der durchschnittlichen Gewinnsteuerwerte der Aktiven deren Gewinnsteuerwerte zu Beginn und am Ende der Steuerperiode herangezogen werden.

Absatz 4: Der Gewinn aus Geschäftsbetrieben, Betriebsstätten oder Grundstücken im Ausland oder in einem anderen Kanton unterliegt nicht der Gewinnsteuer des für den Zinsabzug anwendenden Kantons. Spiegelbildlich dazu soll das mit diesen Aktiven im Zusammenhang stehende Sicherheitseigenkapital auch nicht für den Zinsabzug qualifizieren. Deshalb werden gemäss Absatz 4, die ausländischen und/oder ausserkantonalen Aktiven ins Verhältnis zu den gesamten Aktiven gesetzt. Dabei werden die Aktiven mit den zu den Eigenkapitalunterlegungssätzen gemäss Artikel 1 umgekehrten Prozentsätzen gewichtet. Unter den Begriff „Grundstücke" können dabei sämtliche unter Ziffer 2.3.2 der in Artikel 1 aufgeführten Aktiven fallen.

Artikel 3

Absatz 1: In Artikel 25a^{bis} Absatz 4 StHG ist definiert, dass der kalkulatorische Zinssatz der Rendite zehnjähriger Bundesobligationen entspricht. Aus Praktikabilitätsgründen wird in Absatz 1 präzisiert, dass die Rendite am letzten Handelstag des dem Beginn der Steuerperiode vorangegangenen Kalenderjahres massgebend ist. Sollte diese Rendite negativ sein, beträgt der kalkulatorische Zinssatz 0 Prozent.

Absatz 2 sieht vor, dass der gemäss Absatz 1 definierte kalkulatorische Zinssatz jährlich von der ESTV publiziert wird.

Artikel 4

Gemäss Artikel 25a^{bis} Absatz 4 StHG kann auf dem Anteil des Sicherheitseigenkapitals, der auf Forderungen aller Art gegenüber Nahestehenden entfällt, ein dem Drittvergleich entsprechender Zinssatz geltend gemacht werden. Auf dem übrigen Sicherheitseigenkapital wird der gemäss Artikel 3 definierte kalkulatorische Zinssatz angewendet. Verfügt eine Gesellschaft über Forderungen aller Art gegenüber Nahestehenden, muss deshalb das Sicherheitseigenkapital auf diese Forderungen und die übrigen Aktiven verteilt werden. Dazu werden gemäss Artikel 4 die Forderungen gegenüber Nahestehenden ins Verhältnis zu den Aktiven nach Anwendung von Artikel 2 Absatz 4 gesetzt.

Da bei der Berechnung des Kerneigenkapitals eine Gewichtung mit den Eigenkapitalunterlegungssätzen vorgenommen wurde, soll diese Gewichtung auch bei der Aufteilung des Sicherheitsgeigenkapitals angewendet werden. Daher bestimmt der letzte Satz von Artikel 4, dass die Aktiven mit den zu den Eigenkapitalunterlegungssätzen gemäss Artikel 1 umgekehrten Prozentsätzen gewichtet werden, um das Verhältnis zu berechnen.

Das folgende Beispiel veranschaulicht die Vorgehensweise; es wird davon ausgegangen, dass alle Aktiven betriebsnotwendig sind:

Berechnung Abzug auf Eigenfinanzierung

Bilanz	Durchschnitt	Eigenkapital Unterlegung Satz %	Kern-Eigenkapital	Eigenkapital Unterlegung Inverser Satz %	Sicherheits-Eigenkapital	Anteil %
Flüssige Mittel (betriebsnotwendig)	200'000	0	0	100	200'000	2.6187
Darlehen Tochtergesellschaft	3'050'000	15	457'500	85	2'592'500	33.9444
Warenlager	2'200'000	40	880'000	60	1'320'000	17.2831
Immobilien	7'000'000	55	3'850'000	45	3'150'000	41.2439
Mobiliar	1'500'000	75	1'125'000	25	375'000	4.9100
Beteiligungen	8'000'000	100	8'000'000	0	0	0.0000
Total Aktiven	21'950'000		14'312'500		7'637'500	
Fremdkapital	6'400'000				6'400'000	
Eigenkapital	15'550'000					
Total Passiven	21'950'000					
Total massgebliches Kapital			14'312'500		1'237'500	
Rendite zehnjähriger Bundesobligationen					1.00	
Zinssatz gemäss Drittvergleich					2.50	
Sicherheitseigenkapital: Anteil übrige Aktiven					817'439	66.0556
Sicherheitseigenkapital: Anteil Forderungen Nahestehende					420'061	33.9444
					1'237'500	100.0000
kalk. Zinsabzug auf übrigen Aktiven					8'174	
kalk. Zinsabzug auf Forderungen Nahestehende					10'502	
Total kalk. Zinsabzug auf Eigenfinanzierung					18'676	

Artikel 5

Absatz 1 regelt, dass sich die Höhe des Zinsabzugs aus der Multiplikation des gemäss Artikel 2 berechneten Sicherheitseigenkapitals mit dem Zinssatz nach Artikel 3 ergibt.

Absatz 2 hält in Abweichung von Absatz 1 fest, dass sich die Höhe des Zinsabzugs bei Forderungen aller Art gegenüber Nahestehenden aus dem gemäss Artikel 4 berechneten Sicherheitseigenkapital multipliziert mit dem Zinssatz ergibt, der dem Drittvergleich entspricht. Massgebend ist somit derjenige Zinssatz, den ein unabhängiger Dritter für die entsprechende Forderung verlangen würde. Da es sich bei der Anwendung dieses Zinssatzes um eine steuermindernde Tatsache handelt, muss die Gesellschaft den Nachweis über die Höhe des anwendbaren Zinssatzes erbringen.

5 Umsetzung

Der Abzug auf Eigenfinanzierung ist fakultativ für die Kantone. Ein Kanton, der die gesetzlichen Vorgaben betreffend die Mindestgewinnsteuerbelastung erfüllt, kann die Massnahme einführen. Dementsprechend obliegt auch die Umsetzung den kantonalen Steuerbehörden. Auf Stufe Bund ist kein Abzug auf Eigenfinanzierung vorgesehen. Führt ein Kanton die Massnahme ein, so können die im Kanton steuerpflichtigen Gesellschaften den Abzug auf Eigenfinanzierung geltend machen.

Die Massnahme führt zu einem erhöhten administrativen Aufwand sowohl auf Stufe der Veranlagungsbehörden als auch auf Stufe der steuerpflichtigen Personen.

6 Finanzielle und volkswirtschaftliche Auswirkungen

Die nachfolgenden Ausführungen beziehen sich auf Gesetz und Verordnung.

Der Abzug auf Eigenfinanzierung senkt den effektiven Durchschnittsgewinnsteuersatz. Er wirkt im Hinblick auf den Standortentscheid einer Gesellschaft analog einer allgemeinen Gewinnsteuersenkung. Darüber hinaus senkt der Abzug auf Eigenfinanzierung die effektive marginale Steuerbelastung für Gesellschaften, die über Sicherheitseigenkapital verfügen, bereits in der Schweiz ansässig sind und neue Investitionen mittels Eigenkapital finanzieren. Dadurch steigt die Investitionstätigkeit bei den betroffenen Gesellschaften.

Bei bisher privilegiert besteuerten Unternehmen dämpft die Massnahme den Anstieg der Steuerbelastung infolge der aufgehobenen Steuerstatus bzw. Bundespraxen.

Die Massnahme beschränkt sich auf Kantone, die eine statutarische Mindestbesteuerung von 13.5 Prozent aufweisen, was unter Einschluss der direkten Bundessteuer einer effektiven Steuerbelastung von 18.03 Prozent entspricht. Mit dem Abzug auf Eigenfinanzierung nach Art. 25a^{bis} StHG und unter Berücksichtigung der Entlastungsbegrenzung nach Art. 25b StHG kann die angestrebte effektive Steuerbelastung somit im günstigsten Fall von 18.03 Prozent auf 10.89 Prozent reduziert werden.

Die statutarische Mindestbesteuerung von 13.5 Prozent erfüllt derzeit nur der Kanton Zürich, der den Abzug auf Eigenfinanzierung auf den 1. Januar 2020 einführen wird. Er hat die Auswirkungen dieses Abzugs geschätzt und geht in einer dynamischen Betrachtung davon aus, dass dessen Einführung gegenüber einem Verzicht auf die Massnahme zu Mehreinnahmen für Kanton und Gemeinden führen wird.

Der Bund profitiert von der Massnahme durch den geringeren abzugsfähigen Steueraufwand auf Kantons- und Gemeindeebene und wenn durch die Massnahme die Abwanderung von Steuersubtrat ins Ausland vermieden werden kann.

7 Personelle Auswirkungen

Die Verordnung zeitigt keine personellen Auswirkungen.

8 Inkrafttreten

Die Verordnung über den steuerlichen Abzug auf Eigenfinanzierung juristischer Personen tritt zusammen mit der STAF am 1. Januar 2020 in Kraft.

Patentbox

Quelle: Eidgenössisches Finanzdepartement EFD

13. November 2019

Erläuterungen

Erläuterungen zur Verordnung über die ermässigte Besteuerung von Gewinnen aus Patenten und vergleichbaren Rechten (Patentbox-Verordnung)

Die nachfolgenden Ausführungen stammen aus dem erläuternden Bericht zur Vernehmlassung zur Steuervorlage 17[1]. Sie wurden aufgrund des Ergebnisses des Vernehmlassungsverfahrens entsprechend angepasst. Für die übrigen Ausführungen, namentlich zur gesetzlichen Grundlage und zu den Auswirkungen, sei auf jenen Bericht verwiesen.

Art. 1 Beginn und Ende

Absatz 1: Theoretisch könnte die ermässigte Besteuerung entweder mit der Anmeldung oder mit der Erteilung des Patents oder vergleichbaren Rechts[2] gewährt werden. Im Zeitpunkt der Anmeldung ist jedoch ungewiss, ob die angemeldete Erfindung tatsächlich patentiert wird. Deshalb wird für die ermässigte Besteuerung auf die Steuerperiode abgestellt, in der das Patent erteilt wird. Dabei kann die ermässigte Besteuerung für die gesamte Steuerperiode, in der das Patent erteilt wird, beansprucht werden.

Ebenfalls möglich ist, dass eine steuerpflichtige Person die Patentbox zu einem späteren Zeitpunkt als im Jahr der Erteilung des Patents geltend macht. Dies ist namentlich im Zeitpunkt der Inkraftsetzung bedeutsam.

Absatz 2 Die ermässigte Besteuerung knüpft an ein bestehendes Patent an. Deshalb ist es folgerichtig, dass die ermässigte Besteuerung am Ende der Steuerperiode endet, in der das zugrundliegende Patent erlischt. Ebenfalls möglich ist, dass eine steuerpflichtige Person vor Ende des Patentschutzes auf die Anwendung der Patentbox verzichtet. Da beim Eintritt in die Patentbox (erstmalige ermässigte Besteuerung) eine Hinzurechnung des Forschungs- und Entwicklungsaufwandes (F&E-Aufwand) gemäss Artikel 24b Absatz 3 StHG stattfindet und in diesem Umfang eine versteuerte stille Reserve gebildet wird, zieht der Austritt aus der Patentbox keine besonderen Steuerfolgen nach sich. Soweit die versteuerte stille Reserve nicht in der Patentbox abgeschrieben werden konnte, kann sie auch nach dem Austritt weiter abgeschrieben werden. Damit wird sichergestellt, dass es nicht zu einer Überbesteuerung kommt.

Absatz 3: Wird ein erteiltes Patent erfolgreich angefochten, erlischt der Patentschutz ex tunc. Steuerlich stellt sich die Frage, ob diesfalls ein Nachsteuerverfahren eingeleitet und die ermässigte Besteuerung der vergangenen Steuerperioden rückgängig gemacht werden müssten. Das würde sich zuungunsten der steuerpflichtigen Person auswirken. Gleichzeitig würde aber auch die Hinzurechnung des F&E-Aufwandes gemäss Artikel 24b Absatz 3 StHG rückgängig gemacht. Der administrative Aufwand für diese Rückabwicklung wäre beträchtlich. Zudem soll namentlich bei Produkten, die ein Patent enthalten, durch den Abzug von sechs Prozent der zugewiesenen Kosten (vgl. Artikel 24b Absatz 2 StHG) sichergestellt werden, dass nur Einkünfte ermässigt besteuert werden, die auf Innovationen beruhen. Aus diesen Gründen besagt Absatz 3, dass eine erfolgreiche Anfechtung des Patents keine Auswirkungen auf vergangene Steuerperioden hat. Das bedeutet, dass diesfalls kein Nachsteuerverfahren durchgeführt wird. Für die gesamte laufende und die nachfolgenden Steuerperioden wird keine ermässigte Besteuerung mehr gewährt.

Art. 2 Berechnungsgrundsatz

Dieser Artikel beschreibt zusammenfassend die Berechnung des ermässigt zu besteuernden Gewinns. Die Elemente dieser Berechnung werden anschliessend in den Artikeln 3 bis 5 ausführlich beschrieben.

---

[1] Abrufbar unter: https://www.admin.ch/ch/d/gg/pc/ind2017.html#EFD
[2] Nachfolgend wird vereinfacht nur von „Patenten" gesprochen; die vergleichbaren Rechte sind jeweils mitgemeint.

Das nachfolgende Beispiel zeigt, wie die Berechnung des ermässigt zu besteuernden Gewinns erfolgt. Bei den darin enthaltenen Zahlen (inkl. Nexusquotienten) handelt es sich um beispielhafte Annahmen, die die Funktionsweise der Regelung illustrieren sollen.[3] Da die ermässigte Besteuerung in diesem Beispiel pro Patent berechnet wird, ist bei den Produkten jeweils der Wert Null eingetragen.

Beispiel 1: Gewinn aus Patenten	steuerbarer Reingewinn	Box	Patent A	Patent B	Patent C	steuerbarer Reingewinn
Total steuerbarer Reingewinn	900	900				
Gewinn- und Kapitalsteuern		100				
Finanzerfolg	-10	-10				10
Liegenschaftserfolg	0	0				0
Beteiligungserfolg	0	0				0
übriger nicht auf Patent fallender Erfolg	-90	-90				90
	800	900				100
Reingewinn je **Patent**		900	600	200	100	
Reingewinn je Produkt		0	0	0	0	
6% der zugewiesenen Kosten je Produkt		0	0	0	0	
Markenentgelt		0	0	0	0	
Gewinn Box vor Gewichtung Nexus		900	600	200	100	
Nexusquotient			80.00%	60.00%	20.00%	
ermässigt besteuerter Gewinn Box		620	480	120	20	280
Gewinn- und Kapitalsteuern						-100
Verlustvortrag Box Folgeperiode						0
Total Ermässigung Box 90%		**558**				**62**
Total steuerbarer Gewinn						**342**
VO Art. 2						
VO Art. 3 Abs. 3 Bst. a - e						
VO Art. 3 Abs. 1						
VO Art. 5						

Art. 3 Berechnung bei in Produkten enthaltenen Patenten und vergleichbaren Rechten

Gemäss Artikel 24b Absatz 2 des Steuerharmonisierungsgesetzes (StHG)[4] wird für die Berechnung des Reingewinns, der auf Patente entfällt, die in Produkten enthalten sind, die sogenannte „Residualmethode" angewendet. Nach dieser Methode dient der gesamte steuerbare Reingewinn des Unternehmens als Ausgangspunkt; anschliessend werden all jene Teile des Gewinns aus der Patentbox herausgerechnet, die nichts mit Patenten zu tun haben.

Absatz 1: Unternehmen, die eine detaillierte Produkterechnung führen, können direkt auf der Ebene der Produkte einsteigen. Die Verteilung der Gewinne auf die einzelnen Produkte ist notwendig, da der Nexusquotient gemäss Artikel 5 nicht für alle Produkte derselbe ist. Der Gewinn pro Produkt wird sodann vermindert um sechs Prozent der dem Produkt zugewiesenen Kosten. Als Kosten gelten die Vollkosten des Produkts, bestehend aus den Material-, den Produktions- und den Verwaltungskosten. Dieser Schritt soll sicherstellen, dass der Gewinn aus Routinefunktionen und der Gewinn, der nicht aufgrund wirtschaftlich verwertbarer

---

[3] Bei diesem und auch bei den nachfolgenden Beispielen wird der Steueraufwand zum steuerbaren Reingewinn in der Patentbox dazugezählt und am Ende der Berechnungen wieder als Steueraufwand abgezogen. Diese Vorgehensweise führt jeweils zu einer höheren Ermässigung der Gewinne in der Patentbox.
[4] SR 642.14

Innovation realisiert wurde, ordentlich besteuert werden. Aus Praktikabilitätsgründen wird dafür auf die Kosten als Hilfsgrösse abgestellt. Soweit hernach in diesen Produkten noch ein Markenentgelt enthalten ist, muss dieses gemäss OECD-Standard[5] ebenfalls aus der Patentbox herausgerechnet werden. Alle herausgerechneten Teile des Gewinns werden ordentlich besteuert.

Absatz 2: Die nach Absatz 1 berechneten Gewinne werden anschliessend mit dem entsprechenden Nexusquotienten multipliziert (siehe Artikel 5).

Absätze 3 und 4: Falls der Gewinn pro Produkt nicht bekannt ist, wird vom gesamten Reingewinn des Unternehmens ausgegangen. Anschliessend werden der Finanzerfolg, der Liegenschaftserfolg, der Beteiligungserfolg und der übrige Erfolg, der nicht auf Produkte entfällt, die ein Patent enthalten oder für welche die steuerpflichtige Person die Patentbox nicht beantragt, herausgerechnet. Der verbleibende Gewinn ist anteilsmässig auf die einzelnen Produkte zu verteilen. Anschliessend gelangen die Absätze 1 und 2 zur Anwendung.

Art. 4   Berechnung nach Produktfamilien

Absatz 1 ermöglicht es aus Praktikabilitätsgründen auch, dass die Residualmethode auf Produktfamilien angewendet wird und entsprechend auch die Dokumentation nach den Artikeln 8 und 9 nach Produktfamilien erfolgt. Die Berechnung nach Produktfamilien ist im OECD-Standard zur Patentbox als Ausnahme geregelt. Die Anforderungen sind dementsprechend hoch. Die in einer Produktfamilie zusammengefassten Produkte dürfen nur geringe Abweichungen voneinander aufweisen und es müssen ihnen dieselben Patente zugrunde liegen. Das ist beispielsweise bei Medikamenten gegeben, die in verschiedenen Dosierungen angeboten werden.

Wird die produktfamilienbasierte Berechnung gewählt, ist sie über die gesamte Laufzeit der Patente anzuwenden. Das bedeutet, dass sich namentlich auch die Hinzurechnung des F&E-Aufwandes gemäss Artikel 24*b* Absatz 3 StHG auf die Produktfamilie bezieht.

Art. 5   Nexusquotient

Absatz 1: Diese Bestimmung konkretisiert den modifizierten Nexusansatz, wie er von der OECD definiert wurde. Der modifizierte Nexusansatz soll sicherstellen, dass eine ermässigte Besteuerung nur gewährt wird, wenn im betreffenden Unternehmen genügend Substanz vorhanden ist. Für die Ermittlung dieser Substanz wird auf die F&E abgestellt, die dem entsprechenden Patent zugrunde liegt. Als qualifizierender F&E-Aufwand gilt derjenige, den die steuerpflichtige Person selbst, Konzerngesellschaften im Inland oder Dritte im In- und Ausland durchgeführt haben. Dieser F&E-Aufwand ist im Zähler und Nenner des Nexusquotienten enthalten und entspricht den Faktoren a und b der Formel in Absatz 1. Als nicht qualifizierender Aufwand gilt F&E-Aufwand, den Konzerngesellschaften, Geschäftsbetriebe oder Betriebsstätten im Ausland durchführen, sowie Aufwand für den Erwerb von Patenten. Dieser Aufwand ist nur im Nenner des Nexusquotienten enthalten und entspricht den Faktoren c und d der Formel in Absatz 1.

Zusätzlich kann die steuerpflichtige Person im Einklang mit dem OECD-Standard einen so genannten *Uplift* im Umfang von 30 Prozent des qualifizierenden Aufwands geltend machen. Der Nexusquotient kann aber nicht höher als 100 Prozent sein, so dass im Umfang dieses *Uplifts* tatsächlich F&E-Aufwand nach den Faktoren c und d angefallen sein muss.

---

[5] OECD, Aktion 5, Link: siehe Fussnote 3 des erläuternden Berichts zur SV17.

In *Absatz 2* wird geregelt, dass der zu berücksichtigende F&E-Aufwand jeweils demjenigen aus der laufenden und den zehn vorangegangenen Steuerperioden entspricht. Diese Zeitspanne entspricht auch der handelsrechtlichen Aufbewahrungspflicht der Geschäftsbücher nach Artikel 958f OR. Es steht der steuerpflichtigen Person frei, darüber hinaus weiter zurückliegenden F&E-Aufwand zur Berechnung des Nexusquotienten geltend zu machen.

Absatz 3 regelt, dass zur Berechnung des Nexusquotienten in den darauffolgenden Steuerperioden der in der Patentbox anfallende F&E-Aufwand jeweils mit dem bereits vorhandenen kumuliert wird. F&E-Aufwand, der mehr als zwanzig Steuerperioden zurückliegt, wird wieder herausgerechnet. Der Grund dafür ist, dass auch der Patentschutz nach zwanzig Jahren entfällt. Der bei der erstmaligen ermässigten Besteuerung geltend gemachte F&E-Aufwand gilt für die Anwendung der zwanzig Steuerperioden gesamthaft als in der Steuerperiode angefallen, in der die erstmalige ermässigte Besteuerung erfolgte.

Absatz 4: Entsprechend dem OECD-Standard werden Zins-, Miet- und Liegenschaftsaufwendungen bei der Berechnung des Nexusquotienten nicht berücksichtigt.

Art. 6   Verluste

Absatz 1: Bei der Berechnung des qualifizierenden Reingewinns aus Patenten können Verluste auf drei verschiedenen Stufen entstehen. Dabei ist zu unterscheiden, ob es sich um echte oder aber um rechnerische Verluste aufgrund der Anwendung der Residualmethode handelt.

Die folgenden vier Beispiele illustrieren diese Thematik. Die Beispiele 2a und 2b verdeutlichen den Grundsatz, dass die Patentbox jeweils über alle Patente und/oder Produkte, für die eine ermässigte Besteuerung beantragt wurde, zusammen angewendet wird. Das zeigt sich im Zusammenhang mit Verlusten darin, dass für die Berechnung in Beispiel 2a auch Produkt B berücksichtigt wird, obwohl bei diesem Produkt ein echter Verlust resultiert. Erst wenn ein echter Verlust über alle Produkte hinweg resultiert (Beispiel 2b), erfolgt keine ermässigte Besteuerung.

Beispiel 2a: Gewinn und Verluste aus Produkten

	steuerbarer Reingewinn	Box				steuerbarer Reingewinn
Total steuerbarer Reingewinn	900	900				
Gewinn- und Kapitalsteuern		100				
Finanzerfolg	-10	-10				10
Liegenschaftserfolg	-20	-20				20
Beteiligungserfolg	-70	-70				70
übriger nicht auf Patent fallender Erfolg	-100	-100				100
	700	800				200
			Produkt A	Produkt B	Produkt C	
Reingewinn je Patent			0	0	0	0
Reingewinn je **Produkt**		800	900	-200	100	
6% der zugewiesenen Kosten je Produkt		-170	-120	-25	-25	170
Markenentgelt		-220	-200	0	-20	220
Gewinn Box vor Gewichtung Nexus		410	580	-225	55	
Nexusquotient			80.00%	60.00%	20.00%	
ermässigt besteuerter Gewinn Box		340	464	-135	11	70
Gewinn- und Kapitalsteuern						-100
Verlustvortrag Box Folgeperiode						0
Total Ermässigung Box 90%		<u>306</u>				34
Total steuerbarer Gewinn						<u>594</u>
VO Art. 2						
VO Art. 3 Abs. 3 Bst. a - e						
VO Art. 3 Abs. 1						
VO Art. 5						

Beispiel 2b: Gesamtverlust Box

	steuerbarer Reingewinn	Box				steuerbarer Reingewinn
Total steuerbarer Reingewinn	900	900				
Gewinn- und Kapitalsteuern		100				
Finanzerfolg	-10	-10				10
Liegenschaftserfolg	-20	-20				20
Beteiligungserfolg	-1000	-1000				1000
übriger nicht auf Patent fallender Erfolg	-100	-100				100
	-230	-130				1130
			Produkt A	Produkt B	Produkt C	
Reingewinn je **Patent**			0	0	0	
Reingewinn je **Produkt**		0	0	0	0	
6% der zugewiesenen Kosten je Produkt		0	0	0	0	0
Markenentgelt		0	0	0	0	0
Gewinn Box vor Gewichtung Nexus		0	0	0	0	
Nexusquotient			80.00%	60.00%	20.00%	
ermässigt besteuerter Gewinn Box		0	0	0	0	0
Gewinn- und Kapitalsteuern						-100
Verlustvortrag Box Folgeperiode						-130
Total Ermässigung Box 90%		<u>0</u>				0
Total steuerbarer Gewinn						<u>900</u>
VO Art. 2						
VO Art. 3 Abs. 3 Bst. a - e						
VO Art. 3 Abs. 1						
VO Art. 5						
VO Art. 6 Abs. 2						

Beispiel 3: Verlust Box aufgrund Markenentgeld

	steuerbarer Reingewinn	Box				steuerbarer Reingewinn
Total steuerbarer Reingewinn	900	900				
Gewinn- und Kapitalsteuern		100				
Finanzerfolg	-10	-10				10
Liegenschaftserfolg	-20	-20				20
Beteiligungserfolg	-70	-70				70
übriger nicht auf Patent fallender Erfolg	-100	-100				100
	700	800				200
			Produkt A	Produkt B	Produkt C	
Reingewinn je Patent			0	0	0	
Reingewinn je **Produkt**			800	900	-200	100
6% der zugewiesenen Kosten je Produkt			-170	-120	-25	-25	170
Markenentgelt			-820	-800	0	-20	820
Gewinn Box vor Gewichtung Nexus			-190	-20	-225	55	
Nexusquotient				20.00%	60.00%	20.00%	
ermässigt besteuerter Gewinn Box		-128	-4	-135	11	-62
Gewinn- und Kapitalsteuern						-100
Verlustvortrag Box Folgeperiode						0
Total Ermässigung Box 90%		**0**				**-128**
Total steuerbarer Gewinn						**900**

VO Art. 2
VO Art. 3 Abs. 3 Bst. a - e
VO Art. 3 Abs. 1
VO Art. 5

Beispiel 4: Verlust Box Anwendung Nexusquotient

	steuerbarer Reingewinn	Box				steuerbarer Reingewinn
Total steuerbarer Reingewinn	900	900				
Gewinn- und Kapitalsteuern		100				
Finanzerfolg	-10	-10				10
Liegenschaftserfolg	-20	-20				20
Beteiligungserfolg	-70	-70				70
übriger nicht auf Patent fallender Erfolg	-100	-100				100
	700	800				200
			Produkt A	Produkt B	Produkt C	
Reingewinn je Patent			0	0	0	
Reingewinn je **Produkt**			800	900	-200	100
6% der zugewiesenen Kosten je Produkt			-170	-120	-25	-25	170
Markenentgelt			-220	-200	0	-20	220
Gewinn Box vor Gewichtung Nexus			410	580	-225	55	
Nexusquotient				20.00%	60.00%	20.00%	
ermässigt besteuerter Gewinn Box		-8	116	-135	11	418
Gewinn- und Kapitalsteuern						-100
Verlustvortrag Box Folgeperiode						0
Total Ermässigung Box 90%		**0**				**-8**
Total steuerbarer Gewinn						**900**

VO Art. 2
VO Art. 3 Abs. 3 Bst. a - e
VO Art. 3 Abs. 1
VO Art. 5

In den Beispielen 2b, 3 und 4 führt ein Verlust über alle Produkte hinweg dazu, dass in der laufenden Steuerperiode keine ermässigte Besteuerung erfolgt.

Ein echter Verlust in der Patentbox ist jedoch nur im Beispiel 2b gegeben. Eine Gewichtung dieses Verlusts mit dem Nexusquotienten und eine anschliessende Reduktion dieses Verlusts aufgrund der Ermässigung von höchstens 90 Prozent würden dazu führen, dass ein

Reingewinn versteuert werden müsste, der höher ist als der vor Anwendung der Patentbox ausgewiesene steuerbare Reingewinn. Eine solche Besteuerung würde im Widerspruch zur Besteuerung nach Massgabe der wirtschaftlichen Leistungsfähigkeit stehen. Deshalb wird dieser echte Verlust vom übrigen Gewinn abgezogen. Damit es nicht zu einer übermässigen Entlastung kommt, regelt *Absatz 2*, dass in den Folgejahren zuerst Gewinne in der Patentbox in der Höhe dieses Verlusts erzielt werden müssen, bevor eine ermässigte Besteuerung angewendet wird.

Bei den anderen Verlusten (Beispiele 3 und 4) handelt es sich um rein rechnerische Verluste durch die Anwendung der Residualmethode. Diese Verluste führen ebenfalls dazu, dass in der laufenden Steuerperiode kein Gewinn mehr in der Patentbox verbleibt, der ermässigt besteuert werden könnte. Eine Aufrechnung in späteren Jahren ist jedoch nicht notwendig, da es bei den rein rechnerischen Verlusten nicht zu einer übermässigen Entlastung kommt.

Art. 7 Hinzurechnung des bereits berücksichtigten Forschungs- und Entwicklungsaufwands

Dieser Artikel konkretisiert Artikel 24b Absatz 3 StHG. Nach *Absatz 1* soll bei der Hinzurechnung des F&E-Aufwands in zeitlicher Hinsicht grundsätzlich derselbe F&E-Aufwand berücksichtigt werden wie bei der Berechnung des Nexusquotienten. Materiell wird nur der F&E-Aufwand berücksichtigt, der tatsächlich auch steuerwirksam geltend gemacht wurde. Da gewisse F&E-Aufwendungen nicht den einzelnen Patenten oder Produkten zugeordnet werden können, findet eine anteilsmässige Verteilung dieser Aufwendungen statt.

Parallel zur Berechnung des Nexusquotienten soll nach *Absatz 2* auch bei der Hinzurechnung der Zins-, Miet- und Liegenschaftsaufwand unberücksichtigt bleiben.

Art. 8 Zuordnung des Aufwands zu einzelnen Rechten, Produkten oder Produktfamilien

Die in *Absatz 1* festgelegten Dokumentationspflichten der steuerpflichtigen Person dienen dazu, den Nexusquotienten richtig berechnen zu können. Sie sind Teil des von der OECD definierten Standards für Patentboxen. Die Dokumentation der steuerpflichtigen Person soll dabei grundsätzlich auf die einzelnen Patente Bezug nehmen. Gemäss dem letzten Satz von Absatz 1 muss die steuerpflichtige Person diese Dokumentation nicht der Steuererklärung beilegen. Allerdings kann die Steuerbehörde diese Dokumentation bei Bedarf einfordern.

Absatz 2 ermöglicht eine Aufteilung des F&E-Aufwands und des dazugehörigen Reingewinns auf die einzelnen Produkte. Eine solche Aufteilung kann nur gemacht werden, wenn die detailliertere Aufteilung auf die einzelnen Patente nicht sachgerecht wäre. Das ist der Fall, wenn eine solche Aufteilung aufgrund der komplexen Tätigkeit der steuerpflichtigen Person unrealistisch wäre oder zu willkürlichen Ergebnissen führen würde.

Art. 9 Berechnung des Nexusquotienten bei fehlender Zuordnung

Dieser Artikel regelt den Fall, dass eine steuerpflichtige Person den F&E-Aufwand nicht auf die einzelnen Patente, Produkte oder Produktfamilien verteilen kann. Diesfalls wird der gesamte F&E-Aufwand der steuerpflichtigen Person der laufenden und der vier vorangegangenen Steuerperioden in die Berechnung des Nexusquotienten einbezogen *(Absatz 1)*. Sobald die steuerpflichtige Person die Patentbox in Anspruch nimmt, gelten für sie auch die in Artikel 8 beschriebenen Dokumentationspflichten. Deshalb wird in den darauffolgenden Steuerperioden jeweils der effektive F&E-Aufwand pro Patent, Produkt oder Produktfamilie in die Berechnung des Nexusquotienten einbezogen *(Absatz 2)*. Diese pauschale Ermittlung des Nexusquotienten ist Teil des internationalen Standards der OECD.

Art. 10 Inkrafttreten

Dieser Artikel regelt das Inkrafttreten der Verordnung. Die Verordnung tritt zusammen mit den Artikeln 24*a* und 24*b* StHG am 1. Januar 2020 in Kraft.

Liegenschaftskosten

Quelle: Eidgenössisches Finanzdepartement EFD

9. März 2018

Erläuterungen

Erläuterungen zur Totalrevision der Verordnung über den Abzug der Kosten von Liegenschaften des Privatvermögens bei der direkten Bundessteuer (Liegenschaftskostenverordnung)

1. Ausgangslage

Mit der Einführung des Bundesgesetzes vom 14. Dezember 1990 über die direkte Bundessteuer (DBG; SR 642.11) und des Bundesgesetzes vom 14. Dezember 1990 über die Harmonisierung der direkten Steuern der Kantone und der Gemeinden (StHG; SR 642.14) per 1. Januar 1995 resp. 1. Januar 1993 sind im Privatvermögen energiesparende und umweltschonende Investitionskosten in ein bestehendes Gebäude den abzugsfähigen Unterhaltskosten gleichgestellt worden (Art. 32 Abs. 2 zweiter Satz DBG und Art. 9 Abs. 3 Bst. a StHG). Im StHG wurde die Bestimmung bloss als Kann-Vorschrift ausgestaltet. Wird die steuerliche Förderung im kantonalen Recht verankert, so sind die bundesrechtlichen Vorgaben massgebend. Die genannten Regelungen sind seither unangetastet geblieben, ohne dass im Bereich des Energiesparens und des Umweltschutzes zusätzliche steuerliche Massnahmen Aufnahme fanden.

Insofern kommen die steuerlichen Beschlüsse des Bundesgesetzgebers zum ersten Massnahmenpaket für die Umsetzung der Energiestrategie 2050 einer Zäsur gleich. Die am 30. September 2016 verabschiedete Vorlage enthält zusätzliche Steuererleichterungen im Gebäudebereich (BBl 2016 7683). So sind zugunsten energiepolitischer Ziele die nachstehend genannten Massnahmen ins DBG und ins StHG aufgenommen worden:

1. Abzugsfähigkeit der Rückbaukosten für den Ersatzneubau (Art. 32 Abs. 2 dritter Satz DBG und Art. 9 Abs. 3 Bst. a StHG);

2. Übertragsmöglichkeit der Investitionskosten, die dem Energiesparen und dem Umweltschutz dienen, einschliesslich der Rückbaukosten auf die zwei nachfolgenden Steuerperioden, solange die Aufwendungen im Jahr, in denen sie angefallen sind, steuerlich nicht vollständig berücksichtigt werden können (Art. 32 Abs. 2bis DBG und Art. 9 Abs. 3bis StHG).

Nachdem ein Komitee unter der Führung der Schweizerischen Volkspartei erfolgreich das Referendum gegen das Massnahmenpaket ergriffen hatte, wurde am 21. Mai 2017 ein Urnengang notwendig. Der Schweizer Souverän stimmte der Vorlage mit 58,2 Prozent der Stimmen zu.

Die vom Parlament beschlossenen zusätzlichen Steuererleichterungen im Gebäudebereich sind auslegungsbedürftig. So hat der Bundesgesetzgeber neue Begriffe eingeführt, die das geltende Steuerrecht so nicht kennt. Zu erwähnen sind namentlich die «Rückbaukosten» und die «Ersatzneubauten». Die neuen Normen sind auf tieferer Stufe zu konkretisieren und veranlagungstauglich auszugestalten. Hierzu drängt sich bei der direkten Bundessteuer eine Totalrevision der Liegenschaftskostenverordnung des Bundesrates auf.

2. Erläuterungen zu den Artikeln

Art. 1 Dem Energiesparen und dem Umweltschutz dienende Investitionen

Artikel 1 entspricht den Artikeln 5-7 bisherigen Rechts.

Abs. 1

Die begriffliche Auslegung dieser Investitionen erfährt gegenüber dem geltenden Recht keine materielle Änderung.

Abs. 2

Die steuerliche Behandlung von Subventionen der öffentlichen Hand erfährt gegenüber dem geltenden Recht keine materielle Änderung.

Abs. 3

Das erwähnte Departement hat eine Namensänderung erfahren. Seit 1998 trägt es die Bezeichnung Eidgenössisches Departement für Umwelt, Verkehr, Energie und Kommunikation UVEK. Entsprechend wird in diesem Artikel eine Aktualisierung des Namens vorgenommen. Die interdepartementale Zusammenarbeit unter der Federführung des Eidgenössischen Finanzdepartements EFD bei der Bezeichnung der Massnahmen zur rationellen Energieverwendung und zur Nutzung erneuerbarer Energien wird hervorgehoben. Ansonsten ergeben sich keine Änderungen im Vergleich zum geltenden Recht.

Art. 2 Rückbaukosten im Hinblick auf den Ersatzneubau

Abs. 1

Für die Begriffsauslegung werden jene Aktivitäten subsumiert, die unter den Titel der abzugsfähigen Rückbaukosten fallen. Diese setzen sich aus vier Hauptkomponenten zusammen:

- den Kosten der Demontage: Darunter fallen insbesondere die Lüftungs-, Heizungsinstallationen sowie Sanitär- und Elektroanlagen;
- den Kosten des Abbruchs: Diese entsprechen im Wesentlichen den eigentlichen Abbruchkosten des vorbestehenden Gebäudes;
- den Kosten des Abtransports: Diese umfassen die aus dem Rückbau resultierende örtliche Verschiebung des Bauabfalls;
- den Kosten der Entsorgung: Darunter fällt die auf den Rückbau zurückzuführende Beseitigung des Bauabfalls.

Orientierung für die Auflistung der zum Abzug berechtigenden Kosten schafft der Baukostenplan (BKP SN 506 500 / Ausgabe 2017).[1] Es handelt sich dabei um einen Anlagenkontenplan, der eine systematische Zuweisung sämtlicher Baukosten vornimmt, die bei der Erstellung einer Baute anfallen.

Abs. 2

Zur Klarstellung werden beispielhaft Auslagen aufgelistet, die nicht zu den Rückbaukosten gehören. Dazu zählen die Kosten von Altlastensanierungen des Bodens. Sanierungsbedürftig ist ein belasteter Standort dann, wenn der Baugrund durch Altlasten verseucht ist oder anderswie zu schädlichen Einwirkungen führt oder wenn die konkrete Gefahr besteht, dass solche Einwirkungen entstehen. Zu den weiteren nicht zum Abzug berechtigenden Kosten zählen Geländeverschiebungen, Rodungen, Planierungsarbeiten und über den Rückbau hinausgehende Aushubarbeiten im Hinblick auf den Ersatzneubau.

Abs. 3

Die steuerpflichtige Person muss die zum Abzug berechtigenden Kosten in einer separaten Abrechnung einreichen. Dies ist Inhalt der Deklarationspflicht und Bestandteil der Mitwirkungspflichten der steuerpflichtigen Person. Die Gliederung dieser Abrechnung folgt den in Absatz 1 genannten vier Hauptkomponenten. Die Veranlagungsbehörden können in der Folge gestützt auf eine entsprechende Abrechnung prüfen, ob die geltend gemachten Kosten abziehbarem Unterhalt nach Absatz 1 entsprechen oder den nicht abziehbaren Anlagekosten zuzuordnen sind.

Abs. 4

Die Abzugsfähigkeit der Rückbaukosten soll im Sinne einer konsequenten subjektbezogenen Betrachtungsweise untrennbar mit der Erstellung des Ersatzneubaus verbunden bleiben. Die Rückbaukosten können nur dann von der steuerpflichtigen Person geltend gemacht werden, wenn sie selber auch den Ersatzneubau realisiert.

---

[1] Die Norm SN 506 500 ist dem Fachbereich Bauwesen zugeordnet, dessen Träger der Schweizerische Ingenieur- und Architektenverein (SIA) ist. Die genannt Norm ist verfügbar unter: https://webshop.crb.ch/de/node/papierform-baukostenplan-26?node_id=26

Art. 3 Ersatzneubau

Beim Ersatzneubau handelt es sich um ein neu erstelltes Gebäude, das auf dem gleichen Grundstück wie das vorbestehende Gebäude errichtet worden ist. Demgegenüber handelt es sich beim Neubau um ein erstmalig erstelltes Gebäude «auf der grünen Wiese». Eine zentrale Grundvoraussetzung für die Geltendmachung der Rückbaukosten ist die Sicherstellung der gleichartigen Nutzung des Ersatzneubaus im Vergleich zum vorbestehenden Gebäude. Gleichartige Nutzung wird unter folgenden Prämissen erfüllt:

Nutzung vorbestehendes Gebäude	Nutzung Ersatzneubau
Beheiztes oder klimatisiertes Wohngebäude	Beheiztes oder klimatisiertes Wohngebäude. Die Integration eines gewerblich genutzten Liegenschaftsteils ist ebenfalls zulässig.
Gemischt genutztes Gebäude (Anteil Wohnen und Anteil Gewerbe)	Gemischt genutztes Gebäude (Anteil Wohnen und Anteil Gewerbe). Ein ausschliesslich beheiztes oder klimatisiertes Wohngebäude ist ebenfalls zulässig.

Keine gleichartige Nutzung liegt vor, wenn ein vorbestehendes, unbeheiztes Gebäude (beispielsweise ein Stall, eine Scheune oder ein Autounterstand), durch ein beheiztes oder klimatisiertes Wohngebäude ersetzt wird. Entsprechende Rückbaukosten berechtigen somit nicht zum Abzug. Das gilt auch für ein früher gewerblich genutztes Gebäude (beispielsweise ein Lagerraum), auf dessen Grundstück neu ein ausschliesslich beheiztes oder klimatisiertes Wohngebäude errichtet wird. Auch bei diesem Beispiel fehlt die gleichartige Nutzung.

Der zeitliche Verlauf zwischen Rückbau und Neuerrichtung ist einzugrenzen. Analog zur Ersatzbeschaffung von selbstgenutztem Wohneigentum (Art. 12 Abs. 3 Bst. e StHG) drängt sich eine Norm auf, wonach der Ersatzneubau nach dem erfolgten Rückbau innert angemessener Frist zu erstellen ist. In der Veranlagungspraxis zur Ersatzbeschaffung hat sich unter «angemessener Frist» eine Zeitspanne von zwei Jahren durchgesetzt.

Grundsätzlich kann festgehalten werden, dass zwischen dem steuerrechtlichen Begriff des «Ersatzneubaus» und dem im Raumplanungsrecht *ausserhalb der Bauzone* verwendeten Begriff der «Ersatzbaute» eine recht hohe Übereinstimmung hinsichtlich des Abbruchs und Wiederaufbaus am selben Ort, der zeitlichen Frist für die Neuerrichtung und der gleichartigen Nutzung besteht. Dies im Gegensatz zum äusseren Erscheinungsbild, das raumplanungsrechtlich bestmöglich zu wahren ist, und zum Volumen, das nur vergrössert werden darf, wenn dies für eine zeitgemässe Wohnnutzung oder für die verbesserte Einbettung in die Landschaft erforderlich ist.

Art. 4 Auf die beiden nachfolgenden Steuerperioden übertragbare Kosten

Abs. 1

Die Gesetzesbestimmung (Art. 32 Abs. 2bis DBG) sieht eine maximal mögliche Verteilung der abzugsberechtigten Kosten auf drei Jahre vor. Die Übertragsmöglichkeit beschränkt sich auf die energiesparenden und umweltschonenden Investitionskosten sowie die Rückbaukosten, die im Hinblick auf einen Ersatzneubau anfallen, sofern diese im Jahr, in welchem sie getätigt worden sind, steuerlich nicht vollständig berücksichtigt werden konnten. Der übrige Liegenschaftsunterhalt berechtigt nicht zum Übertrag. Entsprechende Kosten können nur im Jahr, in dem sie angefallen sind, geltend gemacht werden.

Abs. 2

Verbleiben übertragbare Aufwendungen aus der ersten Steuerperiode, so können diese in der nachfolgenden Steuerperiode geltend gemacht werden. Verbleiben in der zweiten Steuerperiode weitere übertragbare Kosten, so sind diese in der nachfolgenden dritten Steuerperiode geltend zu machen. Ein weiterer Übertrag ist ausgeschlossen.

Abs. 3

Mit dem Instrument der Verlustverrechnung wird das Prinzip der Periodizität insofern gelockert, als Verluste vorgetragen und mit Einkünften der nachfolgenden Bemessungsperioden verrechnet werden können. Dies gilt vom Grundsatz her neu auch für die vom Parlament beschlossene Übertragsmöglichkeit auf die beiden nachfolgenden Steuerperioden von energiesparenden und umweltschonenden Investitionskosten sowie von Rückbaukosten im Hinblick auf den Ersatzneubau. Dabei sind jene übertragbaren Kosten in erster Instanz zu berücksichtigen, die zuerst verfallen.

Der konkrete veranlagungstechnische Ablauf im Zusammenspiel mit mehreren übertragbaren Kosten lässt sich für das Steuerjahr 2020 anhand des nachfolgenden Beispiels wie folgt abbilden:

Ziffer	Beschrieb / Bezeichnung	Betrag	Übertragbarkeit ja / nein	Ende Ablauf der Übertragbarkeit
1.1	unselbständiges Erwerbseinkommen	70'000		
2.1	Einkünfte aus selbständiger Tätigkeit	-5'000	ja	2027
6.1	Eigenmietwert Eigenheim	15'000		
6.7	Liegenschaftskosten: Energiesparmassnahmen	-45'000	ja	2022
	Liegenschaftskosten: übrige	-50'000	nein	
7	**Total Einkünfte**	**-15'000**		
10	Berufsauslagen	-9'000	nein	
11	Schuldzinsen	-6'000	nein	
13.2	Beiträge Säule 3a	-2'500	nein	
14	Versicherungsabzug	-4'000	nein	
15.6	Verlustvortrag aus dem Jahr 2014	-3'000	ja	2021
	Reineinkommen	**-39'500**		

Zuerst sind immer die Verluste aus der Steuerperiode mit dem Reineinkommen aus der betreffenden Steuerperiode zu verrechnen. Nur Verlustvorträge aus den Vorjahren werden nach der Reihenfolge des Ablaufs verrechnet.

Da vorliegend ein negatives Reineinkommen resultiert, sind die Abzüge in der Reihenfolge des Ablaufs der Übertragbarkeit zu berücksichtigen. Zuerst sind die nicht auf das Folgejahr übertragbaren Abzüge geltend zu machen, anschliessend die übertragbaren Abzüge. Für diese ergibt sich von der Reihenfolge her folgender Ablauf:

Ziffer	Beschrieb / Bezeichnung	Betrag	Übertragbarkeit ja / nein	Ende Ablauf der Übertragbarkeit
1.1	unselbständiges Erwerbseinkommen	70'000		
2.1	Einkünfte aus selbständiger Tätigkeit	-5'000		
6.1	Eigenmietwert Eigenheim	15'000		
6.7	Liegenschaftskosten, übrige	-50'000	nein	
10	Berufsauslagen	-9'000	nein	
11	Schuldzinsen	-6'000	nein	
13.2	Beiträge Säule 3a	-2'500	nein	
14	Versicherungsabzug	-4'000	nein	
	Reineinkommen vor Berücksichtigung der übertragbaren Abzüge	**8'500**		
15.6	Verlustvortrag aus dem Jahr 2014	-3'000	ja	2021
6.7	Liegenschaftskosten, Energiesparmassnahmen	-45'000	ja	2022
	Reineinkommen	**-39'500**		

Gemäss Beispiel kann der Verlustvortrag aus dem Steuerjahr 2014 (Ende Ablauf der Übertragbarkeit: 2021) in der Höhe von 3000 Franken vollständig berücksichtigt werden, womit ein Zwischentotal von 5 500 Franken resultiert. Von den Energiesparmassnahmen in der

Höhe von 45 000 Franken können 10 500 Franken berücksichtigt werden. Somit werden von den 2020 getätigten Energiesparmassnahmen 39 500 Franken auf das nächstfolgende Steuerjahr vorgetragen (Ende Ablauf der Übertragbarkeit: 2022). Das ergibt ein Total von übertragbaren Kosten in der Höhe von 39 500 Franken für das nächste Steuerjahr.

<u>Abs. 4</u>

Die übertragbaren Aufwendungen sind im Rahmen der tatsächlichen Kosten geltend zu machen. Das hat zur Folge, dass auch die übrigen Liegenschaftskosten effektiv zu deklarieren sind. Der Pauschalabzug für die betroffene Liegenschaft entfällt somit in der entsprechenden Steuerperiode. Will die steuerpflichtige Person in der Steuerperiode, in welcher der Übertrag anfällt, den Pauschalabzug geltend machen, verlieren die übertragbaren Kosten, die nur effektiv deklariert werden können, ihre Abzugsberechtigung.

<u>Abs. 5</u>

Erfolgt nach Vornahme des Ersatzneubaus ein Wohnsitzwechsel innerhalb der Schweiz oder eine Eigentumsübertragung der Liegenschaft, so bleiben die übertragbaren Kosten innerhalb der maximal zulässigen Zeitspanne von drei Jahren (vgl. Ausführungen zu Art. 4 Abs. 1) abzugsfähig. Nebst dem Verkauf gibt es weitere Formen der subjektbezogenen Eigentumsübertragung wie etwa eine Schenkung oder ein Erbvorbezug. Auch in diesen Fällen verbleibt die Abzugsfähigkeit von noch nicht verrechneten Kosten beim bisherigen Eigentümer.

Dies gilt auch im Falle eines Wegzugs ins Ausland, wenn aufgrund des Verbleibs der Liegenschaft im Eigenbesitz eine beschränkte Steuerpflicht in der Schweiz bestehen bleibt.

Mit dem Tod des bisherigen Eigentümers gehen dessen Rechte und Pflichten aus dem Steuerrechtsverhältnis an seine Erben über (Art. 12 Abs. 1 DBG). Bei einer Mehrzahl von Erben haften diese solidarisch. Auch der überlebende Ehegatte haftet zusammen mit den übrigen Erben solidarisch für den Anteil des Erblassers an der Gesamtsteuer. Beim überlebenden Ehegatten werden zusätzlich zu seinem Erbteil auch die über den gesetzlichen Anteil hinausgehenden güterrechtlichen Ansprüche mitberücksichtigt (Art. 12 Abs. 2 DBG). Dies betrifft den ordentlichen Güterstand der Errungenschaftsbeteiligung und den Güterstand der Gütergemeinschaft. Die Steuernachfolge hat zur Folge, dass noch nicht verrechnete Kosten auf den überlebenden Ehegatten und die übrigen Erben übertragbar sind.

Art. 5   Pauschalabzug

<u>Abs. 1</u>

Der Pauschalabzug, der anstelle der tatsächlichen Kosten geltend gemacht werden kann, umfasst im geltenden Recht die im Artikel 32 Absatz 2 erster und zweiter Satz DBG aufgeführten Kosten. Neu werden auch die Rückbaukosten im Hinblick auf den Ersatzneubau in den Pauschalabzug aufgenommen.

Ausgeschlossen vom Pauschalabzug bleiben wie im geltenden Recht einzig die Kosten denkmalpflegerischer Arbeiten. Hierzu können nur die tatsächlichen Kosten geltend gemacht werden.

<u>Abs. 2</u>

Die Ausgestaltung der Höhe des Pauschalabzugs bleibt gegenüber dem geltenden Recht unverändert. In begrifflicher Hinsicht wird klargestellt, dass es sich beim Brutto-Mietwert um den Brutto-Eigenmietwert nach Artikel 21 Absatz 2 DBG handelt.

<u>Abs. 3</u>

Der Ausschluss des Pauschalabzugs bei Liegenschaften, welche von Dritten vorwiegend geschäftlich genutzt werden, entspricht geltendem Recht.

Abs. 4

Wie im geltenden Recht kann die steuerpflichtige Person in jeder Steuerperiode wählen, ob die in Absatz 1 genannten Kosten tatsächlich oder pauschal abgezogen werden sollen. Eine Kombination von beidem ist ausgeschlossen.

Erfolgt hingegen ein Übertrag der Kosten nach Artikel 4 Absatz 1 auf die nachfolgende Steuerperiode, so kann nicht gleichzeitig ein Pauschalabzug nach Absatz 1 geltend gemacht werden (vgl. hierzu auch die Erläuterungen zu Art. 4 Abs. 4).

Art. 6   Aufhebung eines anderen Erlasses

Dieser Artikel hält fest, dass die Liegenschaftskostenverordnung vom 24. August 1992 aufgehoben und durch die vorliegende totalrevidierte Verordnung ersetzt wird.

Art. 7   Inkrafttreten

Die totalrevidierte Verordnung wird auf den 1. Januar 2020 in Kraft gesetzt.

Abschreibung auf Anlagevermögen

Quelle: Eidg. Steuerverwaltung ESTV

Direkte Bundessteuer

Abschreibungen[1] auf dem Anlagevermögen geschäftlicher Betriebe[2]

Rechtsgrundlagen
Art. 27 Abs. 2 Bst. a, 28 und 62 des Bundesgesetzes über die direkte Bundessteuer (DBG)

1. Normalsätze in Prozenten des Buchwertes[3]

Wohnhäuser von Immobiliengesellschaften und Personalwohnhäuser
– auf Gebäuden allein[4] .... 2 %
– auf Gebäude und Land zusammen[5] .... 1,5 %

Geschäftshäuser, Büro- und Bankgebäude, Warenhäuser, Kinogebäude
– auf Gebäuden allein[4] .... 4 %
– auf Gebäude und Land zusammen[5] .... 3 %

Gebäude des Gastwirtschaftsgewerbes und der Hotellerie
– auf Gebäuden allein[4] .... 6 %
– auf Gebäude und Land zusammen[5] .... 4 %

Fabrikgebäude, Lagergebäude und gewerbliche Bauten (speziell Werkstatt- und Silogebäude)
– auf Gebäuden allein[4] .... 8 %
– auf Gebäude und Land zusammen[5] .... 7 %

Wird ein Gebäude für verschiedene geschäftliche Zwecke benötigt (z.B. Werkstatt und Büro), so sind die einzelnen Sätze angemessen zu berücksichtigen.

Hochregallager und ähnliche Einrichtungen .... 15 %

Fahrnisbauten auf fremdem Grund und Boden .... 20 %

Geleiseanschlüsse .... 20 %

Wasserleitungen zu industriellen Zwecken .... 20 %

Tanks (inkl. Zisternenwaggons), Container .... 20 %

Geschäftsmobiliar, Werkstatt- und Lagereinrichtungen mit Mobiliarcharakter .... 25 %

Transportmittel aller Art ohne Motorfahrzeuge, insbesondere Anhänger .... 30 %

Apparate und Maschinen zu Produktionszwecken .... 30 %

---

1 Dieses Merkblatt gilt ausschliesslich für Abschreibungen gemäss Art. 960a Abs. 3 OR.
2 Für Land- und Forstwirtschaftsbetriebe, Elektrizitätswerke, Luftseilbahnen und Schifffahrtsunternehmungen bestehen besondere Merkblätter, erhältlich beim Bundesamt für Bauten und Logistik BBL, Fellerstrasse 21, 3003 Bern
Telefon: 031 325 50 50 / Fax: 031 325 50 58 / E-Mail: verkauf.zivil@bbl.admin.ch
Internet: www.bbl.admin.ch
3 Für Abschreibungen auf dem **Anschaffungswert** sind die genannten Sätze um die Hälfte zu reduzieren.
4 Der höhere Abschreibungssatz für Gebäude allein kann nur angewendet werden, wenn der restliche Buchwert bzw. die Gestehungskosten der Gebäude separat aktiviert sind. Auf den Wert des Landes werden grundsätzlich keine Abschreibungen gewährt.
5 Dieser Satz ist anzuwenden, wenn Gebäude und Land zusammen in einer einzigen Bilanzposition erscheinen.
In diesem Fall ist die Abschreibung nur bis auf den Wert des Landes zulässig.

Motorfahrzeuge aller Art	40 %
Maschinen, die vorwiegend im Schichtbetrieb eingesetzt sind, oder die unter besonderen Bedingungen arbeiten, wie z.B. schwere Steinbearbeitungsmaschinen, Strassenbaumaschinen	40 %
Maschinen, die in erhöhtem Masse schädigenden chemischen Einflüssen ausgesetzt sind	40 %
Büromaschinen	40 %
Datenverarbeitungsanlagen (Hardware und Software)	40 %
Immaterielle Werte, die der Erwerbstätigkeit dienen, wie Patent-, Firmen-, Verlags-, Konzessions-, Lizenz- und andere Nutzungsrechte; Goodwill	40 %
Automatische Steuerungssysteme	40 %
Sicherheitseinrichtungen, elektronische Mess- und Prüfgeräte	40 %
Werkzeuge, Werkgeschirr, Maschinenwerkzeuge, Geräte, Gebinde, Gerüstmaterial, Paletten usw.	45 %
Hotel- und Gastwirtschaftsgeschirr sowie Hotel- und Gastwirtschaftswäsche	45 %

2. Sonderfälle

Investitionen für energiesparende Einrichtungen

Wärmeisolierungen, Anlagen zur Umstellung des Heizungssystems, zur Nutz-barmachung der Sonnenenergie und dgl. können im ersten und im zweiten Jahr bis zu 50% vom Buchwert und in den darauffolgenden Jahren zu den für die betreffenden Anlagen üblichen Sätzen (Ziffer 1) abgeschrieben werden.

Umweltschutzanlagen

Gewässer- und Lärmschutzanlagen sowie Abluftreinigungsanlagen können im ersten und im zweiten Jahr bis zu 50% vom Buchwert und in den darauffolgenden Jahren zu den für die betreffenden Anlagen üblichen Sätzen (Ziffer 1) abgeschrieben werden.

3. Nachholung unterlassener Abschreibungen

Die Nachholung unterlassener Abschreibungen ist nur in Fällen zulässig, in denen das steuerpflichtige Unternehmen in früheren Jahren wegen schlechten Geschäftsganges keine genügenden Abschreibungen vornehmen konnte. Wer Abschreibungen nachzuholen begehrt, ist verpflichtet, deren Begründetheit nachzuweisen.

4. Besondere kantonale Abschreibungsverfahren

Unter besonderen kantonalen Abschreibungsverfahren sind vom ordentlichen Abschreibungsverfahren abweichende Abschreibungsmethoden zu verstehen, die nach dem kantonalen Steuerrecht oder nach der kantonalen Steuerpraxis unter bestimmten Voraussetzungen regelmässig und planmässig zur An-wendung gelangen, wobei es sich um wiederholte oder einmalige Abschrei-bungen an dem gleichen Objekt handeln kann (z.B. Sofortabschreibung, Einmalerledigungsverfahren). Besondere Abschreibungsverfahren dieser Art können auch für die direkte Bundessteuer angewendet werden, sofern sie über längere Zeit zum gleichen Ergebnis führen.

5. Abschreibungen auf aufgewerteten Aktiven

Abschreibungen auf Aktiven, die zum Ausgleich von Verlusten höher bewertet wurden, können nur vorgenommen werden, wenn die Aufwertungen handelsrechtlich zulässig waren und die Verluste im Zeitpunkt der Abschreibung verrechenbar gewesen wären.

Naturalbezüge Selbstständigerwerbender

Quelle: Eidg. Steuerverwaltung ESTV

☞ Stand: 1.1.2022

Merkblatt N 1/2007
Naturalbezüge von Selbstständigerwerbenden

Merkblatt
über die Bewertung der Naturalbezüge und der privaten Unkostenanteile von Geschäftsinhaberinnen und Geschäftsinhabern

Vorbemerkungen

a) Die in diesem Merkblatt enthaltenen Ansätze gelten **erstmals für die nach dem 30. Juni 2007 abgeschlossenen Geschäftsjahre**; für die Geschäftsjahre mit Abschlusstag 30. Juni 2007 oder früher ist noch das Merkblatt N 1/2001 massgebend.

b) Die hiernach angegebenen Pauschalbeträge stellen Durchschnittsansätze dar, von denen in ausgesprochenen Sonderfällen nach oben oder nach unten abgewichen werden kann.

1. Warenbezüge

Die Warenbezüge aus dem eigenen Betrieb sind mit dem Betrag anzurechnen, den die steuerpflichtige Person ausserhalb ihres Geschäftes dafür hätte bezahlen müssen. In den nachstehenden Branchen sind in der Regel wie folgt zu bewerten:

a) Bäckereien und Konditoreien

	Erwachsene	Kinder im Alter von ... Jahren*		
		bis 6	über 6–13	über 13–18
	CHF	CHF	CHF	CHF
Im Jahr	3000.–	720.–	1500.–	2220.–
Im Monat	250.–	60.–	125.–	185.–

Für Betriebe mit **Tea-Room** erhöhen sich die Ansätze um 20 %; ausserdem sind für **Tabakwaren** pro rauchende Person normalerweise CHF 1500–2200 pro Jahr anzurechnen. Werden auch **Mahlzeiten** abgegeben, so sind in der Regel die Ansätze für Restaurants und Hotels anzuwenden (Buchstabe e hiernach).
Wenn in erheblichem Umfang auch **andere Lebensmittel** geführt werden, so sind die Ansätze für Lebensmittelgeschäfte (Buchstabe b hiernach) anzuwenden.

b) Lebensmittelgeschäfte

	Erwachsene	Kinder im Alter von ... Jahren*		
		bis 6	über 6–13	über 13–18
	CHF	CHF	CHF	CHF
Im Jahr	5280.–	1320.–	2640.–	3960.–
Im Monat	440.–	110.–	220.–	330.–

Zuschlag für Tabakwaren: CHF 1500–2200 pro rauchende Person

Abzüge für nicht geführte Waren (im Jahr):
- Frische Gemüse 300.–   75.–   150.–   225.–
- Frische Früchte 300.–   75.–   150.–   225.–
- Fleisch- und Wurstwaren 500.–   125.–   250.–   375.–

c) Milchhandlungen

	Erwachsene	Kinder im Alter von ... Jahren*		
		bis 6	über 6–13	über 13–18
	CHF	CHF	CHF	CHF
Im Jahr	2460.–	600.–	1200.–	1800.–
Im Monat	205.–	50.–	100.–	150.–

Zuschläge für zusätzlich geführte Waren (im Jahr):
- Frische Gemüse 300.–   75.–   150.–   225.–
- Frische Früchte 300.–   75.–   150.–   225.–
- Wurstwaren 200.–   50.–   100.–   150.–

Werden in ausgedehntem Masse Lebens- sowie Wasch- und Reinigungsmittel geführt, so sind die Ansätze für Lebensmittelgeschäfte (Buchstabe b hiervor) anzuwenden.
Für Käsereien und Sennereien **ohne Verkaufsladen** gelten in der Regel die Hälfte der vorstehenden Ansätze.

d) Metzgereien

	Erwachsene	Kinder im Alter von ... Jahren*		
		über 3–6	über 6–13	über 13–18
	CHF	CHF	CHF	CHF
Im Jahr	2760.–	660.–	1380.–	2040.–
Im Monat	230.–	55.–	115.–	170.–

e) Restaurants und Hotels

	Erwachsene	Kinder im Alter von ... Jahren*		
		bis 6	über 6–13	über 13–18
	CHF	CHF	CHF	CHF
Im Jahr	6480.–	1620.–	3240.–	4860.–
Im Monat	540.–	135.–	270.–	405.–

Die Ansätze umfassen nur den Wert der Warenbezüge. Die übrigen Naturalbezüge und die privaten Unkostenanteile (siehe insbesondere die Ziffern 2, 3 und 4 hiernach) sind gesondert zu bewerten.

Tabakwaren
In den Ansätzen ist der Bezug von **Tabakwaren** nicht inbegriffen; pro rauchende Person sind in der Regel CHF 1500–2200 im Jahr zusätzlich anzurechnen.

2. Mietwert der Wohnung

Der Mietwert der Wohnung im eigenen Hause ist von Fall zu Fall nach den ortsüblichen Mietzinsen für eine entsprechende Wohnung zu bestimmen. Dabei ist dort, wo einzelne Räume sowohl geschäftlichen als auch privaten Zwecken dienen, z.B. im Gastgewerbe, auch ein angemessener Anteil an diesen Gemeinschaftsräumen (Wohnräume, Küche, Bad, WC) mitzuberücksichtigen.

3. Privatanteil an den Kosten für Heizung, Beleuchtung, Reinigung, moderne Kommunikationsmittel usw.

Für Heizung, elektrischen Strom, Gas, Reinigungsmaterial, Wäschereinigung, Haushaltartikel, moderne Kommunikationsmittel, Radio und Fernsehen sind in der Regel folgende Beträge als Privatanteil an den Unkosten anzurechnen, sofern sämtliche den Privathaushalt betreffenden Ausgaben für diese Zwecke dem Betrieb belastet worden sind:

	Haushalt mit 1 Erwachsenen	Zuschlag pro weitere/n Erwachsene/n	Zuschlag pro Kind
	CHF	CHF	CHF
Im Jahr	3540.–	900.–	600.–
Im Monat	295.–	75.–	50.–

4. Privatanteil an den Löhnen des Geschäftspersonals

Arbeiten Geschäftsangestellte zum Teil für die privaten Bedürfnisse der/des Geschäftsinhaberin/Geschäftsinhabers und ihrer/seiner Familie (Zubereitung der Verpflegung, Besorgung der privaten Räume und Wäsche usw.), so ist ein den Verhältnissen entsprechender Teil der Löhne als Privatanteil anzurechnen.

---

* Massgebend ist das Alter der Kinder zu Beginn jedes Geschäftsjahres. Bei Familien mit mehr als 3 Kindern vom Totalwert der Kinderansätze abzuziehen: bei 4 Kindern 10 %, bei 5 Kindern 20 %, bei 6 und mehr Kindern 30 %.

5. Privatanteil an den Autokosten

Der Privatanteil an den Autokosten kann entweder effektiv oder pauschal ermittelt werden.

a) Effektive Ermittlung

Können die gesamten Betriebskosten des zum Teil privat genützten Fahrzeuges und die geschäftlich sowie privat zurückgelegten Kilometer anhand eines Bordbuches nachgewiesen werden, sind die effektiven Kosten proportional auf die geschäftlich und privat zurückgelegten Kilometer aufzuteilen.

b) Pauschale Ermittlung

Können die gesamten Betriebskosten des zum Teil privat genützten Fahrzeuges und die geschäftlich sowie privat zurückgelegten Kilometer anhand eines Bordbuches **nicht** nachgewiesen werden, ist pro Monat 0,9%** des Kaufpreises (exkl. MWST), mindestens aber CHF 150 zu deklarieren.

**Gültig ab 1. Januar 2022 (bis 31. Dezember 2021: 0,8 %)

6. Selbstkostenabzug für Naturallöhne der Arbeitnehmenden

Die dem Geschäftspersonal ausgerichteten Naturallöhne (Verpflegung, Unterkunft) sind dem Geschäft zu den **Selbstkosten** zu belasten, nicht zu den für die Arbeitnehmenden geltenden Pauschalansätzen.

Sind die Selbstkosten nicht bekannt und werden sie auch nicht auf Grund eines so genannten Haushaltkontos ermittelt, so können für die **Verpflegung** pro Person in der Regel folgende Beträge abgezogen werden:

	Tag/CHF	Monat/CHF	Jahr/CHF
Im Gastwirtschaftsgewerbe	16.–	480.–	5760.–
In andern Gewerben	17.–	510.–	6120.–

Für die **Unterkunft** (Miete, Heizung, Beleuchtung, Reinigung, Wäsche usw.) kommt im Allgemeinen kein besonderer Lohnabzug in Betracht, da diese Kosten in der Regel bereits unter den übrigen Geschäftsunkosten (Gebäudeunterhalt, Hypothekarzinsen, allgemeine Unkosten usw.) berücksichtigt sind.

Naturalbezüge Arbeitnehmender

Quelle: Eidg. Steuerverwaltung ESTV

KANTONALE STEUERN
DIREKTE BUNDESSTEUER

> **Merkblatt N2/2007**
> Naturalbezüge von Arbeitnehmenden
>
> Dieses Merkblatt **gilt erstmals für die Bewertung der Naturalbezüge des Jahres 2007 (Bemessungsjahr)**; es ersetzt das für die Naturalbezüge 2001 bis 2006 massgebende Merkblatt N2/2001.

Merkblatt
über die Bewertung von Verpflegung und Unterkunft von Unselbstständigerwerbenden

Verpflegung und Unterkunft sind grundsätzlich mit dem Betrage zu bewerten, den der/die Arbeitnehmer/in anderswo unter gleichen Verhältnissen dafür hätte bezahlen müssen (Marktwert). Ab 2007 sind bis auf weiteres **pro Person** in der Regel die nachstehenden Ansätze anzuwenden:

	Erwachsene[1]			Kinder[2] bis 6jährig			über 6jährig bis 13jährig			über 13jährig bis 18jährig		
	Tag CHF	Monat CHF	Jahr CHF	Tag CHF	Monat CHF	Jahr CHF	Tag CHF	Monat CHF	Jahr CHF	Tag CHF	Monat CHF	Jahr CHF
Frühstück	3.50	105.–	1260.–	1.–	30.–	360.–	1.50	45.–	540.–	2.50	75.–	900.–
Mittagessen	10.–	300.–	3600.–	2.50	75.–	900.–	5.–	150.–	1800.–	7.50	225.–	2700.–
Abendessen	8.–	240.–	2880.–	2.–	60.–	720.–	4.–	120.–	1440.–	6.–	180.–	2160.–
Volle Verpflegung	**21.50**	**645.–**	**7740.–**	**5.50**	**165.–**	**1980.–**	**10.50**	**315.–**	**3780.–**	**16.–**	**480.–**	**5760.–**
Unterkunft (Zimmer[3])	11.50	345.–	4140.–	3.–	90.–	1080.–	6.–	180.–	2160.–	9.–	270.–	3240.–
Volle Verpflegung und Unterkunft	**33.–**	**990.–**	**11880.–**	**8.50**	**255.–**	**3060.–**	**16.50**	**495.–**	**5940.–**	**25.–**	**750.–**	**9000.–**

Bekleidung: Kommt der/die Arbeitgeber/in weitgehend auch für Kleider, Leibwäsche und Schuhe sowie für deren Unterhalt und Reinigung auf, so sind hierfür zusätzlich CHF 80.– im Monat/CHF 960.– im Jahr anzurechnen.

Wohnung: Stellt der/die Arbeitgeber/in dem/der Arbeitnehmer/in nicht ein Zimmer, sondern eine Wohnung zur Verfügung, so ist anstelle obiger Unterkunftspauschalen der ortsübliche Mietzins einzusetzen bzw. der Betrag, um den die Wohnungsmiete gegenüber dem ortsüblichen Mietzins verbilligt wird. Weitere Leistungen der/des Arbeitgebenden sind pro Erwachsene/n wie folgt zu bewerten: Wohnungseinrichtung CHF 70.– im Monat/CHF 840.– im Jahr; Heizung und Beleuchtung CHF 60.– im Monat/CHF 720.– im Jahr; Reinigung von Bekleidung und Wohnung CHF 10.– im Monat/CHF 120.– im Jahr. Für Kinder gelten unabhängig vom Alter die halben Ansätze für Erwachsene.

[1] Für Direktorinnen und Direktoren sowie Gerantinnen und Geranten von Betrieben des Gastgewerbes sowie deren Angehörige gelten die Ansätze für Restaurants und Hotels; diese sind aus dem Merkblatt N1/2007 ersichtlich, das unentgeltlich bei der kantonalen Steuerverwaltung bezogen werden kann.

[2] Massgebend ist das Alter der Kinder zu Beginn jedes Bemessungsjahres. Bei Familien mit mehr als 3 Kindern sind vom Totalwert der Kinderansätze abzuziehen: bei 4 Kindern 10 %, bei 5 Kindern 20 %, bei 6 und mehr Kindern 30 %.

[3] Eine allfällige Mehrfachbelegung des Zimmers ist im Pauschalansatz berücksichtigt.

Ersatzeinkünfte

Quelle: Eidg. Steuerverwaltung ESTV

Gültig ab 1. Januar 2023
Keine Neuerungen gegenüber dem Stand per 1. Januar 2022

Merkblatt über die Quellenbesteuerung von Ersatzeinkünften

1. Natürliche Personen mit steuerrechtlichem Wohnsitz oder Aufenthalt in der Schweiz

1.1. Quellensteuerpflichtige Personen

An der Quelle besteuert werden alle in der Schweiz ansässigen ausländischen Arbeitnehmenden, welche weder die fremdenpolizeiliche Niederlassungsbewilligung (Ausweis C) besitzen noch mit einer Person in rechtlich und tatsächlich ungetrennter Ehe leben, die das Schweizer Bürgerrecht oder die Niederlassungsbewilligung besitzt.

1.2. An der Quelle besteuerte Ersatzeinkünfte

Der Besteuerung an der Quelle unterliegen die Ersatzeinkünfte (vgl. Art. 84 Abs. 2 Bst. b DBG bzw. Art. 3 QStV). Steuerbar sind somit insbesondere Taggelder (ALV, IV, KVG, UVG, UVG-Zusatz, VVG usw.), Ersatzleistungen haftpflichtiger Dritter, Teilrenten infolge Invalidität (Berufliche Vorsorge, IV, UVG, UVG-Zusatz usw.) und an deren Stelle tretende Kapitalleistungen.

Leistungen an endgültig nicht mehr erwerbstätige Personen mit Ansässigkeit in der Schweiz stellen keine Ersatzeinkünfte dar. Folgende Leistungen unterliegen deshalb nicht der Besteuerung an der Quelle:

- Renten der AHV;
- Ganze Invaliditätsrenten aus IV und aus beruflicher Vorsorge;
- Hilflosenentschädigungen aus AHV, IV, UVG;
- Invalidenrenten bei Vollinvalidität aus UVG und UVG-Zusatz und Integritätsentschädigungen aus UVG und UVG-Zusatz;
- Alters- und Hinterlassenenleistungen aus 2. und 3. Säule;
- ordentliche und ausserordentliche Ergänzungsleistungen zur AHV, IV;
- Freizügigkeitsleistungen (Barauszahlungen) aus 2. und 3. Säule.

Diese Leistungen werden, soweit sie steuerbar sind, im ordentlichen Verfahren besteuert.

2. Natürliche Personen ohne steuerrechtlichen Wohnsitz oder Aufenthalt in der Schweiz

2.1. Quellensteuerpflichtige Personen

An der Quelle besteuert werden auch alle natürlichen Personen mit Ansässigkeit im Ausland, die in der Schweiz eine unselbstständige Erwerbstätigkeit ausüben (vgl. Art. 91 DBG).

2.2. An der Quelle besteuerte Ersatzeinkünfte

Der Besteuerung an der Quelle unterliegen alle Ersatzeinkünfte (vgl. Art. 84 Abs. 2 Bst. b DBG bzw. Art. 3 QStV). Steuerbar sind somit insbesondere Taggelder (ALV, IV, KVG, UVG, UVG-Zusatz, VVG usw.), Ersatzleistungen haftpflichtiger Dritter, Teilrenten infolge Invalidität (Berufliche Vorsorge, IV, UVG, UVG-Zusatz, VVG usw.) und an deren Stelle tretende Kapitalleistungen.

2.3. Besteuerungsrecht im internationalen Verhältnis

2.3.1. Grundsatz nach internem Recht:

Ersatzeinkünfte sind in Anwendung des internen Rechts an der Quelle steuerpflichtig, wenn der Empfänger oder die Empfängerin in einem Staat ansässig ist, mit welchem die Schweiz kein Doppelbesteuerungsabkommen abgeschlossen hat.

Leistungen nach den Bestimmungen des AHV-Gesetzes (mit Ausnahme der Leistungen gemäss Artikel 18 Absatz 3 AHVG) sowie Ergänzungsleistungen nach dem EL-Gesetz unterliegen nicht der Besteuerung an der Quelle. Sie sind in der Regel im Ansässigkeitsstaat steuerbar.

2.3.2. Vorbehalt der Doppelbesteuerungsabkommen:

Die von der Schweiz abgeschlossenen Doppelbesteuerungsabkommen weisen das Besteuerungsrecht für Einkünfte aus unselbstständiger Erwerbstätigkeit und damit verbundene Ersatzeinkommen grundsätzlich dem Arbeitsortsstaat zu (vgl. Art. 15 Abs. 1 OECD-Musterabkommens zur Vermeidung der Doppelbesteuerung auf dem Gebiet der Steuern vom Einkommen und vom Vermögen, Ausgabe 2014; OECD-MA). Gemäss Kommentar der OECD zum Musterabkommen stellen Leistungen der Sozialversicherungen, die nicht im Zusammenhang mit einer gegenwärtigen Erwerbstätigkeit stehen, keine Ersatzeinkünfte dar. Diese Leistungen sind daher im Ansässigkeitsstaat steuerpflichtig (vgl. Art. 18, Art. 19 Abs. 2 und Art. 21 OECD-MA), da sie einen dauerhaft wegfallenden Teil der Erwerbsfähigkeit kompensieren.

Folgende Rentenleistungen sind nach der zu diesem Merkblatt gehörenden Übersicht über die Doppelbesteuerungsabkommen (vgl. Merkblatt der Eidgenössischen Steuerverwaltung [ESTV] über die Quellenbesteuerung von Ersatzeinkünften [Invaliditätsleistungen an Empfänger mit Wohnsitz im Ausland]) zu besteuern::

- Invalidenrenten bei Teilinvalidität, Invalidenrentenauskäufe und Abfindungen nach UVG;
- Invalidenrenten bei Teilinvalidität und Invalidenrentenauskäufe nach UVG-Zusatz; und
- Invalidenrenten bei Teilinvalidität nach VVG.

Für Renten- und Kapitalleistungen aus 2. Säule und der Säule 3a sind das Merkblatt über die Quellenbesteuerung von Vorsorgeleistungen aus früherem öffentlich-rechtlichen Arbeitsverhältnis bzw. das Merkblatt über die Quellenbesteuerung von privatrechtlichen Vorsorgeleistungen und Leistungen aus anerkannten Formen der gebundenen Selbstvorsorge anwendbar.

2.3.3. Sonderregelungen für Grenzgänger:

Aufgrund von Abkommen zwischen der Schweiz und ihren Nachbarstaaten gelten für die Quellenbesteuerung von Ersatzeinkünften von Grenzgängern und Grenzgängerinnen folgende Besonderheiten:

	Besteuerungsrecht	
	Arbeitsortsstaat (Schweiz)	**Ausländischer Wohnsitzstaat**
Deutschland	X[1]	X[2]
Österreich	X	X[2]
Frankreich	X[3]	X[4]
Italien	X	
Liechtenstein	X[5]	X[5]

[1] Der Schweiz steht bei täglicher Heimkehr ein prozentual limitierter Quellensteuerabzug von maximal 4,5 % der Bruttoeinkünfte zu.
[2] Die in der Schweiz erhobene Steuer wird vom ausländischen Wohnsitzstaat angerechnet.
[3] Anwendbar in Kantonen, die nicht der Vereinbarung vom 11. April 1983 über die Besteuerung der Erwerbseinkünfte von Grenzgängern mit Frankreich (Sondervereinbarung mit Frankreich) unterstehen (vgl. auch Fussnote 4 hiernach).
[4] Anwendbar in den Kantonen BL, BS, BE, JU, NE, SO, VS und VD gemäss Sondervereinbarung mit Frankreich (Ausnahme: Steuerpflicht im Arbeitsortsstaat bei einem öffentlich-rechtlichen Arbeitsverhältnis).
[5] Besteuerung im Arbeitsortsstaat nur bei Ausübung einer Tätigkeit bei einem öffentlich-rechtlichen Arbeitgebenden, ausgenommen Körperschaften, an denen sich beide Staaten beteiligen.

2.4. Ausscheidung von Drittstaattagen

Bei Personen mit Ansässigkeit im Ausland ist das Besteuerungsrecht der Schweiz hinsichtlich des Erwerbseinkommens auf die effektiv in der Schweiz erbrachten Arbeitstage beschränkt. Diese Aufteilung des Besteuerungsrechts gilt auch für die Quellenbesteuerung von Ersatzeinkünften (vgl. Ziffern 3.2.2, 6.7 und 7.5.1 des Kreisschreiben Nr. 45 der ESTV über die Quellenbesteuerung des Erwerbseinkommens von Arbeitnehmern vom 12. Juni 2019; KS Nr. 45 ESTV).

3. Berechnung des Quellensteuerabzugs

3.1. Berechnung durch den Arbeitgebenden

Auf Ersatzeinkünften (Taggelder), welche von der Versicherung an den Arbeitgebenden ausbezahlt werden, sind von der Versicherung keine Quellensteuern abzurechnen. Der Arbeitgebende nimmt den Quellensteuerabzug auf der von ihm geschuldeten Bruttoentschädigung an den Arbeitnehmenden vor und wendet darauf den massgebenden Tarifcode bzw. Steuersatz an (vgl. Ziffer 3.3).

3.2. Berechnung durch die Vorsorgeeinrichtung bzw. den Versicherer

Ersatzeinkünfte (Taggelder, Renten usw.), welche von einer Vorsorgeeinrichtung, Versicherung, Ausgleichskasse, Arbeitslosenkasse (Leistungserbringer) direkt an den Leistungsempfänger (Arbeitnehmende) ausbezahlt werden, sind durch den Leistungserbringer mit dem Tarifcode G bzw. für Grenzgänger aus Deutschland mit dem Tarifcode Q an der Quelle zu besteuern (vgl. Art. 1 Abs. 1 Bst. g und m QStV).

Die Quellensteuer wird von den Bruttoeinkünften berechnet (vgl. Art. 84 Abs. 1 DBG).

Bei Arbeitslosentaggeldern ist für jedes Kind, für welches von der Arbeitslosenkasse Taggeldzuschläge für Familienzulagen ausbezahlt werden, beim satzbestimmenden Einkommen ein Pauschalabzug von Fr. 600 / Monat vorzunehmen. Dies gilt auch bei Zwischenverdienst, weiteren bekannten Erwerbs- oder Ersatzeinkünften sowie bei Leistungsminderungen infolge Warte- und/oder Einstelltagen.

Für die Ermittlung des satzbestimmenden Einkommens gilt Folgendes:

Leistungsart	Ermittlung satzbestimmendes Einkommen
Leistungen, die nach Massgabe des versicherten Verdienstes ausgerichtet werden: – Arbeitslosentaggeld	Grundsatz: Als satzbestimmendes Einkommen gilt das Arbeitslosentaggeld (inkl. Familienzulagen). Zwischenverdienst oder weitere bekannte Erwerbs- oder Ersatzeinkünfte: Als satzbestimmendes Einkommen gilt das Total des Arbeitslosentaggeldes (inkl. Familienzulagen) und dem Zwischenverdienst bzw. den weiteren bekannten Einkünften. Weitere Erwerbs- oder Ersatzeinkünfte, deren Höhe unbekannt ist: Als satzbestimmendes Einkommen gilt das maximal mögliche Taggeld pro Monat (Taggeld x 20–23 Tage). Bei untermonatigem Beginn oder Ende der Rahmenfrist: Als satzbestimmendes Einkommen gilt bei allen vorgenannten Konstellationen das maximal mögliche Taggeld pro Monat (Taggeld x 20–23 Tage). Der Steuersatz ergibt sich aus der Steuertabelle des zuständigen Kantons.
– Taggeld aus Invalidenversicherung – Unfalltaggeld – Krankentaggeld – Taggeld aus Erwerbsersatz – Rentenleistungen aus Unfallversicherung – Rentenleistungen aus Krankenversicherung – Rentenleistungen aus beruflicher Vorsorge (sofern basierend auf versichertem Verdienst definiert)	Der versicherte Verdienst ist für die Ermittlung des Steuersatzes auf einen Monat umzurechnen (in der Regel dividiert durch 12). Der Steuersatz ergibt sich aus der Steuertabelle des zuständigen Kantons.
Leistungen, falls deren Höhe abhängig von einer anderen Berechnungsgrundlage als dem versicherten Verdienst festgelegt wird:	Die Berechnungsgrundlage ist für die Ermittlung des Steuersatzes auf einen Monat umzurechnen.
– Insolvenzentschädigungen (AVIG)	Der vom Arbeitnehmenden eines insolventen Betriebs geforderte Lohn gilt als satzbestimmendes Einkommen (vertraglich vereinbarter Lohn inkl. Anteil 13. Monatslohn, Ferien und Überzeit). Betrifft die Lohnforderung nur einen Teil eines Monats, ist sie auf einen ganzen Monat umzurechnen.
– Rentenleistungen aus 1. Säule (nur IVG)	Für die Festlegung des satzbestimmenden Einkommens bei IV-Renten wird der maximale Rentenbetrag inkl. allfälligen Kinderrenten der für die versicherte Person anzuwendenden Skala durch den prozentualen Anteil einer ganzen IV-Rente dividiert und mit 100 multipliziert. Beispiel einer IV-Rente von 53%, Skala 20, 1 Kinderrente: Fr. 1086 + Fr. 435 = Fr. 1521 ÷ 53 × 100 = Fr. 2869
– Rentenleistungen aus beruflicher Vorsorge	Das Ergebnis aus [projiziertem Altersguthaben × Umwandlungssatz] ist für die Ermittlung des Steuersatzes auf einen Monat umzurechnen (in der Regel dividiert durch 12).
– Leistungen nach VVG (Schadenversicherungen)	Als satzbestimmendes Einkommen gilt das Einkommen, welches als Basis für die Berechnung der Rentenleistung herangezogen wird.
– Direktschaden für vorübergehenden Erwerbsausfall (Haftpflicht aus OR und Spezialgesetzen)	Als satzbestimmendes Einkommen gilt das Einkommen, welches als Basis für die Berechnung des auf ein Jahr umgerechneten Erwerbsausfalls (Bruttolohn) herangezogen wird (in der Regel dividiert durch 12).
– Weitere Leistungen	Basis für die Leistung ist in der Regel der Erwerbsausfall.
Leistungen, deren Höhe unabhängig von einer Berechnungsgrundlage festgelegt werden: – Familienzulagen – Weitere Leistungen	Als satzbestimmendes Einkommen gilt der für die Berechnung des Tarifcodes C zu Grunde gelegte Medianwert der effektiven Lohneinkünfte, welcher jährlich publiziert wird.

3.3. Tarifeinstufungen

Die Tarifeinstufungen bei an der Quelle besteuerten Ersatzeinkünften sind wie folgt vorzunehmen:

Rechtsgrundlage	Leistung	auszahlende Stelle	Tarif A, B, C, F, H, L, M, N, P	Tarif G, Q	Tarif D
1. AHVG	Rückvergütung AHV-Beiträge	Zentrale Ausgleichsstelle (betrifft nur Kanton Genf)			X
2. IVG	Taggeld	Arbeitgebende	X		
		bzw. Ausgleichskasse			X
	IV-Rente mit einem %-Anteil einer ganzen IV-Rente	Ausgleichskasse			X
3. AVIG	Arbeitslosentaggeld	Arbeitslosenkasse			X
	Kurzarbeitsentschädigung	Arbeitgebende	X		
	Schlechtwetterentschädigung	Arbeitgebende	X		
	Insolvenzentschädigung	Arbeitslosenkasse			X
4. UVG (Obligatorium und Abredeversicherung)	Taggeld	Arbeitgebende	X		
		bzw. Versicherer			X
	Übergangstaggeld[1]	Versicherer			X
	Übergangsentschädigung[2]	Versicherer			X
	IV-Teilrente	Versicherer			X
	IV-Rentenauskauf	Versicherer			X
	Abfindung[3]	Versicherer			X
5. UVG-Zusatz (UVG-Differenzdeckung)[4]	Taggeld	Arbeitgebende	X		
		bzw. Versicherer			X
	IV-Teilrente	Versicherer			X
	IV-Rentenauskauf	Versicherer			X
6. KVG	Taggeld	Arbeitgebende	X		
		bzw. Versicherer			X[5]
7. VVG (Schadenversicherungsleistung)[6]	Taggeld	Arbeitgebende	X		
		bzw. Versicherer			X
	Rentenleistung	Versicherer			X
8. BVG / OR / Vorsorgereglement / Freizügigkeitsverordnung (2. Säule)[4]	Taggeld	Arbeitgebende	X		
		bzw. Vorsorgeeinrichtung			X
	IV-Teilrente	Vorsorgeeinrichtung			X[7]
	IV-Kapitalleistung	Vorsorgeeinrichtung			X[7]
9. BVV 3 (Säule 3a)[4]	IV-Teilrente	Vorsorgeeinrichtung			X[7]
	IV-Kapitalleistung	Vorsorgeeinrichtung			X[7]
10. EOG	Taggeld	Arbeitgebende	X		
		bzw. Ausgleichskasse			X
11. OR und Spezialgesetze (Haftpflicht)	vorübergehender Schaden	Arbeitgebende	X		
		bzw. Versicherer			X
12. FamZG / kantonale Zulagengesetze	Familienzulagen	Arbeitgebende	X		
		bzw. Ausgleichskasse			X

[1] gemäss Art. 83 ff. VUV (SR 832.30)
[2] gemäss Art. 86 ff. VUV
[3] gemäss Art. 23 UVG (SR 832.20)
[4] Aufzählung nicht abschliessend; sofern Schadenversicherungsleistungen (vgl. BGE 104 II 44 ff., 119 II 361 ff.)
[5] Taggeldleistungen bis und mit Fr. 10.– werden nicht abgerechnet
[6] Aufzählung nicht abschliessend (vgl. BGE 104 II 44 ff., 119 II 361 ff.)
[7] sofern Ansässigkeit in der Schweiz; bei Ansässigkeit im Ausland sind die Quellensteuertarife für Vorsorgeleistungen anwendbar

4. Verfahren

4.1. Fälligkeit der Quellensteuer

Die Quellensteuer wird im Zeitpunkt der Auszahlung, der Gutschrift oder der Verrechnung der Ersatzeinkunft fällig.

4.2. Rechte und Pflichten der Vorsorgeeinrichtung bzw. des Versicherers

Die Vorsorgeeinrichtung bzw. der Versicherer gilt als Schuldner der steuerbaren Leistung, sofern die Leistung direkt an die versicherte Person ausgerichtet wird. Ihm obliegen folgende Pflichten:

- Meldung über Beginn und Ende der Leistungsperiode (bei Abrechnung mittels ELM; Ein- und Austritt der quellensteuerpflichtigen Personen) in den dafür vorgesehenen Feldern der Quellensteuerabrechnung
- Einreichung der Abrechnung über die abgezogenen Quellensteuern bei der zuständigen Steuerbehörde gemäss Artikel 107 DBG (vgl. hierzu auch Ziffer 9.5 KS Nr. 45 ESTV)
  - bei Kantonen mit Monatsmodell: innert 30 Tagen nach Ablauf der vom Kanton festgelegten Abrechnungsperiode (monatlich, vierteljährlich, halbjährlich oder jährlich)
  - bei Kantonen mit Jahresmodell: monatlich innert 30 Tagen. Ergänzend dazu muss am Ende des Jahres bzw. am Ende des Anspruchs auf die Leistungen eine Neuberechnung des satzbestimmenden Einkommens erfolgen, sofern sich die Berechnungsgrundlage verändert hat (vgl. hierzu Ziffern 7.2 und 7.3.1 KS Nr. 45 ESTV sinngemäss).
- Ablieferung der Quellensteuer
  - bei Kantonen mit Monatsmodell: aufgrund der Rechnungsstellung des Kantons
  - bei Kantonen mit Jahresmodell: innert 30 Tagen seit Fälligkeit der Leistung
- Haftung in vollem Umfang für die Entrichtung der Quellensteuer
- Bestätigung über den Quellensteuerabzug

Zuständig ist die Steuerbehörde des Kantons, in welchem sich der Sitz, die tatsächliche Verwaltung oder die Betriebsstätte des Schuldners der steuerbaren Leistung befindet. Zweigniederlassungen von Vorsorgeeinrichtungen und Versicherungen gelten dann als Betriebsstätte, wenn sie den Fall administrativ betreuen und eine eigene Betriebsstättenbuchhaltung führen.

Die Schuldner der steuerbaren Leistung (Vorsorgeeinrichtungen, Versicherer) haben Anspruch auf eine Bezugsprovision, welche von der zuständigen Steuerbehörde festgelegt wird (vgl. Art. 88 Abs. 4 DBG resp. Art. 100 Abs. 3 DBG) und bei Verletzung der Verfahrenspflichten gekürzt oder gestrichen werden kann. Überdies können bei nicht fristgerechter Ablieferung von Quellensteuern Ausgleichs- bzw. Verzugszinsen erhoben werden.

Die Schuldner der steuerbaren Leistung können von der Veranlagungsbehörde bis am 31. März des auf die Fälligkeit der Leistung folgenden Steuerjahres eine Verfügung über Bestand und Umfang der Steuerpflicht verlangen (vgl. Art. 137 Abs. 2 DBG). Sie bleiben bis zum rechtskräftigen Entscheid verpflichtet, die Quellensteuer zu erheben (vgl. Art. 137 Abs. 3 DBG).

4.3. Rechte und Pflichten der quellensteuerpflichtigen Personen

Eine in der Schweiz ansässige Person kann bis am 31. März des auf die Fälligkeit der Leistung folgenden Steuerjahres bei der zuständigen Steuerbehörde eine Neuberechnung der Quellensteuer oder eine nachträgliche ordentliche Veranlagung verlangen, wenn sie mit dem vorgenommenen Quellensteuerabzug nicht einverstanden ist (vgl. Ziffer 11 KS Nr. 45 ESTV).

Eine im Ausland ansässige Person kann bis am 31. März des auf die Fälligkeit der Leistung folgenden Steuerjahres bei der zuständigen Steuerbehörde eine Neuberechnung der Quellensteuer verlangen, wenn Drittstaattage nicht ausgeschieden wurden (vgl. Ziffern 3.2.2, 6.7, 7.5.1 sinngemäss und Ziffer 11.6 KS Nr. 45 ESTV).

Bei einem Antrag auf Ausscheidung von Drittstaattagen (vgl. Ziff. 2.4. oben) hat die quellensteuerpflichtige Person ein Kalendarium zum Nachweis der schweizerischen und ausländischen Arbeitstage für die letzten 12 Erwerbsmonate beizulegen. Das Kalendarium muss vom Arbeitgebenden und von der quellensteuerpflichtigen Person unterzeichnet werden.

4.4. Steuerhinterziehung / Veruntreuung von Quellensteuern

Die vorsätzliche oder fahrlässige Unterlassung der Quellensteuererhebung gilt als Steuerhinterziehung und kann mit einer Busse geahndet werden (vgl. Art. 175 DBG). Wer zum Quellensteuerabzug verpflichtet ist und abgezogene Quellensteuern zu seinem oder eines anderen Nutzen verwendet, erfüllt den Tatbestand der Veruntreuung von Quellensteuern und kann mit Freiheitsstrafe, Geldstrafe oder Busse bestraft werden (vgl. Art. 187 DBG).

Stand: 1. Januar 2023
Keine Neuerungen gegenüber dem Stand per 1. Januar 2022

Quellenbesteuerung von =
Ersatzeinkünften (Invaliditätsleistungen an Empfänger mit Wohnsitz im Ausland)
Übersicht über die Doppelbesteuerungsabkommen

Hinweis: In dieser Übersicht werden einzig Leistungen behandelt, die nach dem OECD-Musterabkommen als andere Leistungen (Art. 21 OECD-MA) zu qualifizieren sind.

Ausländischer Wohnsitzstaat[2]	Rechtsgrundlagen[1]: UVG / UVG-Zusatz / VVG	
	Renten Quellensteuerabzug vornehmen ja/nein	**Kapitalleistungen** Rückforderungsmöglichkeit ja/nein
Ägypten	ja	nein
Albanien	nein	ja
Algerien	nein	ja
Argentinien	ja	nein
Armenien	nein	ja
Aserbaidschan	nein	ja
Australien	ja[3]	nein
Bahrain	nein	ja
Bangladesch	nein	ja
Belarus	nein	ja
Belgien	nein	ja
Brasilien	ja für UVG	nein für UVG, sonst ja
Bulgarien	nein	ja
Chile	ja	nein
China	nein	ja
Chinesisches Taipeh (Taiwan)	nein	ja
Dänemark	nein	ja
Deutschland	nein	ja
Ecuador	nein	ja
Elfenbeinküste	nein	ja
Estland	nein	ja
Finnland	nein	ja
Frankreich	nein	ja
Georgien	nein	ja
Ghana	nein	ja
Griechenland	nein	ja
GB / Vereinigtes Königreich	nein	ja
Hongkong	nein	ja
Indien	nein	ja
Indonesien	ja	nein
Iran	nein	ja
Irland	nein	ja
Island	nein	ja
Israel	ja[3]	ja[3]
Italien	nein	ja
Jamaika	nein	ja
Japan	nein	ja
Kanada	ja (max. 15 %)	nein
Kasachstan	nein	ja
Katar	nein	ja
Kirgisistan	nein	ja
Kolumbien	nein	ja
Kosovo	nein	ja
Kroatien	nein	ja
Kuwait	nein	ja

Ausländischer Wohnsitzstaat[2]	Rechtsgrundlagen[1]: UVG / UVG-Zusatz / VVG	
	Renten Quellensteuerabzug vornehmen ja/nein	**Kapitalleistungen** Rückforderungsmöglichkeit ja/nein
Lettland	nein	ja
Liechtenstein	nein	ja
Litauen	nein	ja
Luxemburg	nein	ja
Malaysia	ja	nein
Malta	nein	ja
Marokko	nein	ja
Mazedonien	nein	ja
Mexiko	ja	nein
Moldova	nein	ja
Mongolei	nein	ja
Montenegro	nein	ja
Neuseeland	ja	nein
Niederlande (bis 31.12.2020)	nein	ja
Niederlande (ab 1.1.2021)	ja für UVG (max. 15 %)	nein für UVG, sonst ja
Norwegen	nein	ja
Oman	nein	ja
Österreich	nein	ja
Pakistan	ja	nein
Peru	ja	nein
Philippinen	ja	nein
Polen	nein	ja
Portugal	nein	ja
Rumänien	nein	ja
Russland	nein	ja
Sambia (bis 31.12.2019)	ja[3]	nein
Sambia (ab 1.1.2020)	nein	ja
Saudi-Arabien	nein	ja
Schweden	nein	ja
Serbien	nein	ja
Singapur	nein	ja
Slowakei	nein	ja
Slowenien	nein	ja
Spanien	nein	ja
Sri Lanka	nein	ja
Südafrika	nein	ja
Südkorea	nein	ja
Tadschikistan	nein	ja
Thailand	ja	nein
Trinidad und Tobago	ja	nein
Tschechische Republik	nein	ja
Tunesien	nein	ja
Türkei	nein	ja
Turkmenistan	nein	ja
Ukraine	nein	ja
Ungarn	nein	ja
Uruguay	nein	ja
Usbekistan	nein	ja
Venezuela	nein	ja
Vereinigte Arabische Emirate	ja	nein
Vereinigte Staaten (USA)	ja (max. 15 %)	ja (nur jenen Teil, der 15 % übersteigt)
Vietnam	ja	nein
Zypern	nein	ja

[1] Vgl. Tabelle in Ziffer 3.3. des Merkblattes über die Quellenbesteuerung von Ersatzeinkünften.
[2] Bei allen übrigen Ländern, die auf der obigen Liste nicht aufgeführt sind, gilt, dass bei Renten die Quellensteuer stets in Abzug zu bringen ist und dass bei Kapitalleistungen nie ein Rückforderungsanspruch besteht.
[3] Rückforderungsmöglichkeit, sofern durch Ansässigkeitsstaat besteuert (Besteuerungsnachweis verlangen).

Hypothekarzinsen

Quelle: Eidg. Steuerverwaltung ESTV

> Gültig ab 1. Januar 2023
> Keine Neuerungen gegenüber dem Stand per 1. Januar 2022

Merkblatt über die Quellenbesteuerung von Hypothekarzinsen an natürliche Personen ohne steuerrechtlichen Wohnsitz oder Aufenthalt in der Schweiz sowie an juristische Personen ohne Sitz oder tatsächliche Verwaltung in der Schweiz

1. Steuerpflichtige Personen

Natürliche Personen und juristische Personen (z. B. Banken), welche die Kriterien für eine unbeschränkte Steuerpflicht in der Schweiz hinsichtlich der direkten Steuern nicht erfüllen und die als Gläubiger oder Nutzniesser Zinsen erhalten, die durch ein Grundstück in der Schweiz gesichert sind, unterliegen der Quellensteuer. Die Quellensteuerpflicht setzt voraus, dass der Zinsschuldner seinen steuerrechtlichen Wohnsitz oder Aufenthalt bzw. seinen Sitz, seine tatsächliche Verwaltung, Betriebsstätte oder feste Einrichtung in der Schweiz hat.

2. Steuerbare Leistungen

Steuerbar sind alle Leistungen, die durch ein Grundstück in der Schweiz grundpfandrechtlich oder durch die Verpfändung entsprechender Grundpfandtitel faustpfandrechtlich gesichert sind, jedoch nur insoweit, als sie nicht Kapitalrückzahlungen darstellen (d.h. vor allem Hypothekarzinsen).

Steuerbar sind auch Leistungen, die nicht der steuerpflichtigen Person selber, sondern einem Dritten zufliessen.

3. Steuerberechnung

Die Quellensteuer beträgt 3 Prozent der Bruttoleistungen (Anteil direkte Bundessteuer). Sie wird nicht erhoben, wenn die steuerbaren Leistungen weniger als CHF 300 im Steuerjahr betragen. Übernimmt der Zinsschuldner an Stelle der quellensteuerpflichtigen Person die Bezahlung der Quellensteuer, ist diese bei den Bruttoleistungen aufzurechnen.

4. Vorbehalt der Doppelbesteuerungsabkommen

Aus zahlreichen Doppelbesteuerungsabkommen ergeben sich Einschränkungen der Quellensteuer auf an Gläubiger im Ausland bezahlte Hypothekarzinszahlungen. Verschiedene Doppelbesteuerungsabkommen enthalten zudem Sonderregelungen (unter anderem für Zinszahlungen an Banken, Finanzinstitute, Vorsorgeeinrichtungen, Einrichtungen der Exportförderung oder von verbundenen Gesellschaften).

5. Vorbehalt des AIA-Abkommens mit der EU (SR 0.641.926.81)

Sind die Bedingungen gemäss Art. 9 Abs. 2 des AIA-Abkommens mit der EU erfüllt, entfällt die Quellenbesteuerung.

6. Verfahren

6.1 Der Zinsschuldner meldet als Schuldner der steuerbaren Leistung die quellensteuerpflichtige Person der zuständigen Steuerbehörde in seinem Wohnsitz- oder Aufenthaltskanton bzw. seinem Sitz- oder Betriebsstättenkanton. Die Meldung hat innert 8 Tagen seit Fälligkeit der steuerbaren Leistung zu erfolgen und folgende Angaben zu erhalten:
- Name und Vorname bzw. Firma und Sitz der quellensteuerpflichtigen Person
- Geburtsdatum bzw. Gründungsdatum
- 13-stellige AHV-Nr. bzw. UID-Nr. (falls bekannt)
- Vollständige Adresse der quellensteuerpflichtigen Person im Ausland

6.2 Die Quellensteuern sind im Zeitpunkt der Auszahlung, Überweisung, Gutschrift oder Verrechnung der Zinsen fällig. Der Schuldner der steuerbaren Leistung hat den Steuerbetrag gegenüber der steuerpflichtigen Person in Abzug zu bringen.

6.3 Der Schuldner der steuerbaren Leistung hat über die abgezogenen Quellensteuern abzurechnen, indem er das vollständig ausgefüllte Abrechnungsformular innert 30 Tagen nach Beginn des auf die Fälligkeit der Leistung folgenden Monats bei der zuständigen Steuerbehörde einreicht.

6.4 Bei Kantonen mit Jahresmodell (FR, GE, TI, VD und VS) hat der Schuldner der steuerbaren Leistung die Quellensteuer zusammen mit der Abrechnung an die zuständige Steuerbehörde zu überweisen.

Bei Kantonen mit Monatsmodell (übrige Kantone) hat die Überweisung der Quellensteuer erst nach der Rechnungsstellung durch die zuständige Steuerbehörde zu erfolgen.

Bei rechtzeitiger Abrechnung und Ablieferung der Quellensteuer hat der Schuldner der steuerbaren Leistung Anspruch auf eine Bezugsprovision von 1 bis 2 Prozent der abgelieferten Quellensteuer.

6.5 Der Zinsschuldner haftet für die korrekte Erhebung und Ablieferung der Quellensteuern.

6.6 Die vorsätzliche oder fahrlässige Unterlassung der Quellensteuererhebung gilt als Steuerhinterziehung.

7. Bescheinigung über den Steuerabzug

Der quellensteuerpflichtigen Person ist unaufgefordert eine Bescheinigung über die Höhe der in Abzug gebrachten Quellensteuern auszustellen.

8. Rechtsmittel

Ist die quellensteuerpflichtige Person oder der Schuldner der steuerbaren Leistung mit dem Quellensteuerabzug nicht einverstanden, oder hat die quellensteuerpflichtige Person keine Bescheinigung über den Steuerabzug erhalten, so können diese bis Ende März des auf die Fälligkeit der Leistung folgenden Steuerjahres eine anfechtbare Verfügung über Bestand und Umfang der Steuerpflicht bei der zuständigen kantonalen Steuerbehörde verlangen.

Studenten, Lehrlinge, Praktikanten

Quelle: Eidg. Steuerverwaltung ESTV

Stand: 1. Januar 2023
Keine Neuerungen gegenüber dem Stand per 1. Januar 2022

Merkblatt und Übersicht über die Doppelbesteuerungsabkommen für die Quellenbesteuerung der Erwerbseinkünfte von Studenten, Lernenden und Praktikanten ohne steuerrechtlichen Wohnsitz oder Aufenthalt in der Schweiz

1. Vorbemerkung

Die meisten Doppelbesteuerungsabkommen bestimmen, dass Einkünfte der aus anderen Vertragsstaaten stammenden Studenten (S), Lernenden (L) und Praktikanten (P) (unter gewissen Abkommen nur S), **die ihnen für den Unterhalt oder für ihre Ausbildung** aus Quellen ausserhalb der Schweiz zufliessen, in der Schweiz nicht besteuert werden können.

Für die Erhebung der Quellensteuer ist diese Bestimmung ohne Bedeutung, können doch Einkünfte aus ausländischen Quellen keiner schweizerischen Quellensteuer unterworfen werden.

Einkünfte ausländischer S/L/P aus **Erwerbstätigkeit** in der Schweiz können – ungeachtet dessen, ob die Schweiz mit dem Herkunftsstaat ein Doppelbesteuerungsabkommen abgeschlossen hat oder nicht – grundsätzlich an der Quelle besteuert werden.

2. Besonderheiten

2.1 Die Abkommen mit **Algerien, Armenien, Bangladesch, Brasilien, Bulgarien, Ghana, Indien, Katar, Kroatien, Kuwait, Marokko, Mazedonien, der Mongolei, Montenegro, den Philippinen, Polen, Serbien, Slowenien, Thailand, der Tschechischen Republik und der Türkei** verlangen ausdrücklich eine Gleichbehandlung mit in der Schweiz ansässigen Personen.

2.2 Folgende Doppelbesteuerungsabkommen sehen aber gewisse Befreiungen vor, aufgrund derer die schweizerische Quellensteuer unter Umständen auf Antrag zurückerstattet werden muss:

Herkunftsstaaten: **Elfenbeinküste, Pakistan und Sri Lanka**

Steuerbefreiung für S/L/P während höchstens zwölf Monaten auf Vergütungen aus einer im direkten Zusammenhang mit dem Studium oder der Ausbildung stehenden unselbständigen Erwerbstätigkeit, sofern die Vergütung aus dieser Arbeit CHF 18 000 nicht übersteigt.

2.3 Herkunftsstaat: **Tunesien**

Steuerbefreiung für S/L/P während höchstens zwölf Monaten auf Vergütungen aus einer im direkten Zusammenhang mit dem Studium oder der Ausbildung stehenden unselbständigen Erwerbstätigkeit, sofern die Vergütung aus dieser Arbeit CHF 6000 nicht übersteigt.

Demzufolge ist, im Fall eines S/L/P aus einem der unter 2.2 oder 2.3 erwähnten Staaten, die erhobene Quellensteuer bis zu einer Dauer von maximal zwölf Monaten zurückzuerstatten (das Kalenderjahr wird für die Ermittlung der Dauer der Erwerbstätigkeit nicht berücksichtigt). Somit wird die Steuer immer zurückgestattet, sofern die Einkünfte aus Erwerbstätigkeit nicht CHF 18 000 (CHF 6000 für einen S/L/P aus Tunesien) und die Dauer der Erwerbstätigkeit nicht zwölf Monate übersteigen. Desgleichen für die ersten zwölf Monate, wenn die Erwerbseinkünfte in den ersten zwölf Monaten CHF 18 000 (CHF 6000 für einen S/L/P aus Tunesien) übersteigen, so wird die Quellensteuer nicht zurückerstattet. Die Steuer ist ab dem 13. Monat der Erwerbstätigkeit in der Schweiz endgültig geschuldet.

2.4 Herkunftsstaaten: **Indonesien und Jamaika**

Steuerbefreiung für S/L/P für Einkünfte aus einer in einem direkten Zusammenhang mit dem Studium oder der Ausbildung stehenden unselbständigen Erwerbstätigkeit von höchstens zwölf Monaten Dauer, sofern die Vergütung aus dieser Arbeit CHF 18 000 nicht übersteigt.

2.5 Herkunftsstaaten: **Malaysia, Portugal sowie Trinidad und Tobago**

Steuerbefreiung für S/L/P für Einkünfte aus einer in einem direkten Zusammenhang mit dem Studium oder der Ausbildung stehenden unselbständigen Erwerbstätigkeit von höchstens zwölf Monaten Dauer, sofern die Vergütung aus dieser Arbeit CHF 12 000 nicht übersteigt.

Demzufolge ist, im Fall eines S/L/P aus einem der unter 2.4 oder 2.5 erwähnten Staaten, die erhobene Steuer endgültig geschuldet, wenn die Erwerbstätigkeit in der Schweiz länger als zwölf Monate dauert (das Kalenderjahr wird für die Ermittlung der Dauer der Tätigkeit nicht berücksichtigt) oder wenn die Einkünfte aus einer Erwerbstätigkeit für die Dauer von weniger oder gleich zwölf Monaten CHF 18 000 bzw. CHF 12 000 übersteigen. Eine Rückerstattung der Steuer kann somit nur in Betracht gezogen werden, wenn die Dauer der Erwerbstätigkeit zwölf Monate nicht und gleichzeitig die Erwerbseinkünfte nicht CHF 18 000 bzw. CHF 12 000 übersteigen.

2.6 Herkunftsstaaten: **Irland und Schweden**

Steuerbefreiung für S/L/P (Irland) bzw. S (Schweden) für Einkünfte aus einer 100 Tage im Laufe eines Steuerjahres nicht übersteigenden Erwerbstätigkeit, die im Zusammenhang mit der Ausbildung steht.

Dies bedeutet, dass die erhobene Steuer endgültig geschuldet ist, wenn die Erwerbstätigkeit in der Schweiz länger als 100 Tage in einem Steuerjahr dauert. Die Höhe der Entschädigung spielt in diesem Fall keine Rolle. Eine Rückerstattung der Steuer fällt nur in Betracht, wenn die Dauer der Erwerbstätigkeit 100 Tage nicht übersteigt.

3. Verfahren

3.1 Der Schuldner der steuerbaren Leistung meldet die quellensteuerpflichtige Person der zuständigen Steuerbehörde. Die Meldung hat innert acht Tagen seit Fälligkeit der steuerbaren Leistung zu erfolgen und folgende Angaben zu enthalten:
- Name und Vorname
- Geburtsdatum
- 13-stellige AHV-Nr. (falls bekannt)
- Vollständige Adresse im Ausland

3.2 Die Quellensteuer ist im Zeitpunkt der Auszahlung, Überweisung, Gutschrift oder Verrechnung der steuerbaren Leistung fällig. Sie ist durch den Schuldner der steuerbaren Leistung in Abzug zu bringen.

3.3 Der Schuldner der steuerbaren Leistung hat über die abgezogene Quellensteuer abzurechnen, indem er das vollständig ausgefüllte Abrechnungsformular innert 30 Tagen nach Beginn des auf die Fälligkeit der Leistung folgenden Monats bei der zuständigen Steuerbehörde einreicht.

3.4 Bei Kantonen mit Jahresmodell (FR, GE, TI, VD und VS) hat der Schuldner der steuerbaren Leistung die Quellensteuer zusammen mit der Abrechnung an zuständige Steuerbehörde zu überweisen.

Bei Kantonen mit Monatsmodell (übrige Kantone) hat die Überweisung der Quellensteuer erst nach der Rechnungsstellung durch die zuständige Steuerbehörde zu erfolgen.

Bei rechtzeitiger Abrechnung und Ablieferung der Quellensteuer hat der Schuldner der steuerbaren Leistung Anspruch auf eine Bezugsprovision von 1–2 Prozent der abgelieferten Quellensteuer.

3.5 Der Schuldner der steuerbaren Leistung haftet für die korrekte Erhebung und Ablieferung der Quellensteuer.

3.6 Die vorsätzliche oder fahrlässige Unterlassung der Quellensteuererhebung gilt als Steuerhinterziehung.

4. Bescheinigung über den Steuerabzug

Der quellensteuerpflichtigen Person ist unaufgefordert eine Bescheinigung über die Höhe der in Abzug gebrachten Quellensteuer auszustellen.

5. Rechtsmittel

Ist die quellensteuerpflichtige Person oder der Schuldner der steuerbaren Leistung mit dem Quellensteuerabzug nicht einverstanden, oder hat die quellensteuerpflichtige Person keine Bescheinigung über den Steuerabzug erhalten, so können diese bis Ende März des auf die Fälligkeit der Leistung folgenden Steuerjahres eine anfechtbare Verfügung über Bestand und Umfang der Steuerpflicht bei der zuständigen kantonalen Steuerbehörde verlangen.

Künstler, Sportler, Referenten

Quelle: Eidg. Steuerverwaltung ESTV

Gültig ab 1. Januar 2023
Keine Neuerungen gegenüber dem Stand per 1. Januar 2022

Merkblatt über die Quellenbesteuerung von Künstlern, Sportlern und Referenten ohne steuerrechtlichen Wohnsitz oder Aufenthalt in der Schweiz

1. Steuerpflichtige Personen

Der Quellensteuer unterliegen alle selbstständig oder unselbstständig erwerbstätigen Künstler, Sportler und Referenten **ohne steuerrechtlichen Wohnsitz oder Aufenthalt in der Schweiz**, die Einkünfte aus einer persönlichen Tätigkeit (öffentlicher Auftritt) in der Schweiz erzielen.

Steuerpflichtig sind somit:

- **Künstler (K)**, d.h. Personen, die unmittelbar oder mittelbar (über die Medien) in der Öffentlichkeit auftreten und dabei Darbietungen erbringen, die künstlerischen Charakter oder auch nur Unterhaltungscharakter besitzen (wie Bühnen-, Film-, Radio- oder Fernsehkünstler, Musiker, Artisten und Tanzgruppen etc.).
- **Sportler (S)**, d.h. Personen, die eine körperliche oder geistige Tätigkeit ausüben (an Leichtathletikmeetings, Tennis- und Fussballturnieren, Pferdesportanlässen, Motorsportveranstaltungen, Schachturnieren etc.).
- **Referenten (R)**, d.h. Personen, die einmalig oder mehrmals persönlich vor einem Publikum auftreten, verbunden mit einem Vortrag zu einem bestimmten Thema, wobei der Unterhaltungscharakter im Vordergrund steht (wie Gastredner, Talkmaster, etc.).

Voraussetzung für die Besteuerung als K/S/R ist ein **öffentlicher Auftritt** unmittelbar oder mittelbar (über die Medien) vor Publikum. Nicht als K/S/R gelten deshalb Personen, die an der Herstellung eines Films oder eines Theaterstücks beteiligt sind (Regisseure, Kameraleute, Tontechniker, Choreographen, Produzenten etc.) oder Hilfs- und Verwaltungspersonal (wie technisches Personal oder der Begleittross einer Popgruppe). Ebenfalls nicht als K/S/R betrachtet werden Personen, die in der Schweiz Kunstwerke schaffen oder ausstellen (wie Maler, Fotografen, Bildhauer, Komponisten etc.), sofern die Leistung nicht in der Öffentlichkeit dargeboten wird (z.B. Erstellung eines Bildes an einer Vernissage oder Messe).

Steuerpflichtig sind auch K/S/R, die in einem anderen Kanton eine Darbietung erbringen. Die Besteuerung richtet sich nach dem Recht des Auftrittskantons.

Beispiel 1: Ein Veranstalter mit Sitz im Kanton Bern, dessen Künstler im Kanton Luzern auftritt, erhebt die Quellensteuer gemäss dem Quellensteuertarif des Kantons Luzern und überweist diese an die Steuerbehörde des Kantons Luzern.

2. Abgrenzung zu Arbeitnehmern

Nicht unter die spezielle Bestimmung für K/S/R fallen unter anderem Personen, die zwar eine künstlerische, sportliche oder vortragende Leistung erbringen, aber im Rahmen eines Arbeitsverhältnisses während mindestens 30 Tagen in der Schweiz tätig sind. Diese Personen sind nach dem entsprechenden ordentlichen Quellensteuertarif zu besteuern.

Beispiel 2: Ein Pianist, der während anderthalb Monaten in einem Hotel auftritt und dafür vom Hotel eine monatliche Entschädigung erhält, wird zum ordentlichen Quellensteuertarif besteuert.

Die Dauer von mindestens 30 Tagen ist ungeachtet vorübergehender Unterbrechung zu berechnen. Eine vorübergehende Unterbrechung liegt in der Regel vor, wenn die Abwesenheit in der Schweiz weniger lang dauert als die vorherige Anwesenheit.

Beispiel 3: Ein Dirigent ist während drei Wochen beim Theaterorchester angestellt für eine Konzertreihe. Nach einem zweimonatigen Unterbuch (Aufenthalt im Wohnsitzstaat) ist der Dirigent erneut während zwei Wochen für das Theaterorchester tätig. Für beide Tätigkeiten unterliegt der Dirigent dem K/S/R-Tarif.

Ebenfalls als Arbeitnehmer gelten **Dozenten**, bei denen die Häufigkeit ihrer Auftritte und die reine Wissensvermittlung als Lehrpersonen auf ein festes Anstellungsverhältnis mit der Lehreinrichtung schliessen lassen. Bei Dozenten fehlt es regelmässig am Erfordernis des Unterhaltungscharakters, weshalb sie nicht als R gelten. Das regelmässig wiederkehrende Dozieren zu einem Thema und die feste Einbindung in den Lehrplan eines Schulungslehrgangs gelten als Abgrenzungskriterien. Dozenten werden zum ordentlichen Quellensteuertarif besteuert. Gehen Dozenten neben der Lehrtätigkeit noch einer anderen Erwerbstätigkeit nach, ist das satzbestimmende Einkommen wie folgt zu berechnen:

- Kann für die Lehrtätigkeit ein Arbeitspensum bestimmt werden (z.B. anhand der geleisteten Arbeitsstunden oder -tage), ist der Bruttolohn auf das effektive Gesamtpensum bzw. wenn der Dozent das Gesamtpensum nicht bekannt gibt, auf ein Gesamtpensum von 100 Prozent umzurechnen.
- Kann für die Lehrtätigkeit kein Arbeitspensum bestimmt werden (z.B. einmalige Entschädigung), ist für die Berechnung des Tarifcodes C zu Grunde gelegte Medianwert als satzbestimmendes Einkommen heranzuziehen (derzeit CHF 5675 pro Monat [Stand 1. Januar 2021]). Liegt der effektive Bruttolohn in einem Monat über dem Medianwert, gilt der effektive Bruttolohn als satzbestimmendes Einkommen.

3. Steuerbare Leistungen

Steuerbar sind alle Bruttoeinkünfte aus einer in der Schweiz ausgeübten Tätigkeit einschliesslich sämtlicher Nebenbezüge und Zulagen (Pauschalspesen, Naturalleistungen, Vergütungen für Reise-, Verpflegungs- und Übernachtungskosten, Bezahlung der Quellensteuer etc.). Steuerbar sind auch Einkünfte und Entschädigungen, die nicht dem K/S/R selber, sondern einem Dritten (Veranstalter, Auftrag- oder Arbeitgeber, Agent etc.) in der Schweiz oder im Ausland zufliessen, der die Tätigkeit organisiert hat.

Naturalleistungen (freie Kost und Logis) sind nach den tatsächlichen Kosten anzurechnen, mindestens aber nach den Ansätzen der AHV (vgl. Merkblatt N2/2007 der ESTV).

Von den Bruttoeinkünften können folgende Pauschalen als **Gewinnungskosten** abgezogen werden:

- 50 Prozent der Bruttoeinkünfte bei K
- 20 Prozent der Bruttoeinkünfte bei S und R

Ein Abzug der effektiven Gewinnungskosten ist nicht zulässig.

4. Steuerberechnung

Die Quellensteuer für K/S/R beträgt (Anteil direkte Bundessteuer):

- Bei Tageseinkünften bis CHF 200   0,8 %
- Bei Tageseinkünften von CHF 201 bis 1000   2,4 %
- Bei Tageseinkünften von CHF 1001 bis 3000 5,0 %
- Bei Tageseinkünften über CHF 3000   7,0 %

Als **Tageseinkünfte** gelten die steuerbaren Einkünfte (Bruttoeinkünfte abzüglich Gewinnungskosten), aufgeteilt auf die vertraglich geregelten Auftritts- und Probetage. Bei Gruppen von mehreren Personen werden die Tageseinkünfte vor der Steuerberechnung auf die Anzahl der tatsächlich auftretenden Personen aufgeteilt. Ist bei Gruppen (wie Orchestern, Tanzgruppen, Ensembles etc.) der Anteil des einzelnen Mitglieds an der Gesamtgage nicht bekannt oder schwer zu ermitteln, wird für dessen Bestimmung das durchschnittliche Tageseinkommen pro Kopf errechnet.

> **Beispiel 4:** Eine vierköpfige Musikgruppe erhält für 3 Auftrittstage eine Bruttogage von insgesamt CHF 15 000.
>
> **Nettogage:** CHF 15 000 – 50 % Gewinnungskosten = CHF 7500
> **Tageseinkünfte:** CHF 7500 ÷ 3 Auftrittstage = CHF 2500
> **Tageseinkünfte pro Person:** CHF 2500 ÷ 4 = CHF 625
> **Anwendbarer Steuersatz:** 2,4 %
> **Geschuldete Quellensteuer:** 2,4 % von CHF 7500 = CHF 180

Die Quellensteuer wird nicht erhoben, wenn die steuerbaren Bruttoeinkünfte weniger betragen als CHF 300 pro Veranstaltung.

5. Vorbehalt der Doppelbesteuerungsabkommen

Vorbehalten bleiben im Einzelfall abweichende Bestimmungen des von der Schweiz mit dem Wohnsitzstaat des K/S/R abgeschlossenen Doppelbesteuerungsabkommens (DBA). Die meisten schweizerischen DBA weisen das Besteuerungsrecht für Leistungen, die in unmittelbarem Zusammenhang mit dem öffentlichen Auftritt stehen, dem Auftrittsstaat zu. Verschiedene Abkommen sehen abweichende Regelungen vor (vgl. separate Übersicht über die Doppelbesteuerungsabkommen).

6. Verfahren

6.1 Als Schuldner der steuerbaren Leistung gilt, wer für die Organisation der Veranstaltung verantwortlich ist, an welcher der K/S/R auftritt. Der Schuldner der steuerbaren Leistung meldet die quellensteuerpflichtige K/S/R innert acht Tagen seit Fälligkeit der steuerbaren Leistung der zuständigen Steuerbehörde (Auftrittsort). Die Meldung hat folgende Angaben zu enthalten:

- Name und Vorname des K/S/R
- Geburtsdatum des K/S/R
- Vollständige Adresse des K/S/R im Ausland

Bei Gruppen von mehreren Personen kann eine gesamtheitliche Meldung erfolgen. In diesem Fall ist der Name der Gruppe und die Anzahl der tatsächlich aufgetretenen Mitglieder sowie der Wohnsitz- oder Sitzstaat der Gruppe zu melden.

6.2 Die Quellensteuer ist im Zeitpunkt der Auszahlung, Überweisung, Gutschrift oder Verrechnung der steuerbaren Leistung fällig.

6.3 Der Schuldner der steuerbaren Leistung hat über die abgezogene Quellensteuer mit der zuständigen Steuerbehörde abzurechnen, indem er das vollständig ausgefüllte Abrechnungsformular innert 30 Tagen nach dem Ende der Veranstaltung bei der zuständigen Steuerbehörde einreicht.

6.4 Bei Kantonen mit Jahresmodell (FR, GE, TI, VD und VS) hat der Schuldner der steuerbaren Leistung die Quellensteuer zusammen mit der Abrechnung an die zuständige Steuerbehörde zu überweisen.

Bei Kantonen mit Monatsmodell (übrige Kantone) hat die Überweisung der Quellensteuer erst nach der Rechnungsstellung durch die zuständige Steuerbehörde zu erfolgen.

Bei rechtzeitiger Abrechnung und Ablieferung der Quellensteuer hat der Schuldner der steuerbaren Leistung Anspruch auf eine Bezugsprovision von 1 – 2 Prozent der abgelieferten Quellensteuer.

6.5 Der Schuldner der steuerbaren Leistung haftet in vollem Umfang für die korrekte Erhebung und Ablieferung der Quellensteuer. Bei Nichtablieferung durch den Schuldner der steuerbaren Leistung kann die Quellensteuer bei dem mit der Organisation der Darbietung in der Schweiz beauftragten, solidarisch haftenden Veranstalter eingefordert werden.

6.6 Die vorsätzliche oder fahrlässige Nichtablieferung der Quellensteuer erfüllt den Tatbestand der Steuerhinterziehung.

7. Bescheinigung über den Steuerabzug

Der Schuldner der steuerbaren Leistung hat dem K/S/R unaufgefordert eine Bescheinigung über die Höhe der in Abzug gebrachten Quellensteuern auszustellen.

8. Rechtsmittel

Ist der quellensteuerpflichtige K/S/R oder der Schuldner der steuerbaren Leistung mit dem Quellensteuerabzug nicht einverstanden oder hat der Steuerpflichtige keine Bescheinigung über den Steuerabzug erhalten, so können diese bis Ende März des auf die Fälligkeit der Leistung folgenden Steuerjahres eine anfechtbare Verfügung über Bestand und Umfang der Steuerpflicht bei der zuständigen Steuerbehörde verlangen.

Quellenbesteuerung von
Künstlern, Sportlern und Referenten
Übersicht über die Doppelbesteuerungsabkommen

> Stand: 1. Januar 2023
> Neuerungen gegenüber dem Stand per 1.1.2022 sind unterstrichen und am Rand gekennzeichnet.

1. Schweizerische Doppelbesteuerungsabkommen

Gegenwärtig stehen Doppelbesteuerungsabkommen mit folgenden Staaten in Kraft, deren Bestimmungen für die Besteuerung der von Künstlern, Sportlern und Referenten aus Auftritten in der Schweiz erzielten Einkünfte relevant sind:

Ägypten	Luxemburg
Albanien	Malaysia
Algerien	Malta
Argentinien[1]	Marokko
Armenien	Mazedonien
Aserbaidschan	Mexiko
Australien	Moldova
Bahrain	Mongolei
Bangladesch	Montenegro
Belarus	Neuseeland
Belgien	Niederlande
Brasilien	Norwegen
Bulgarien	Oman
Chile	Österreich
Chinesisches Taipeh (Taiwan)	Pakistan
China	Peru
Dänemark	Philippinen
Deutschland	Polen
Ecuador	Portugal
Elfenbeinküste	Rumänien
Estland	Russland
Finnland	Sambia
Frankreich	Saudi-Arabien
GB / Vereinigtes Königreich	Schweden
Georgien	Serbien
Ghana	Singapur
Griechenland	Slowakei
Hongkong	Slowenien
Indien	Spanien
Indonesien	Sri Lanka
Iran	Südafrika
Irland	Südkorea
Island	Tadschikistan
Israel	Thailand
Italien	Trinidad und Tobago
Jamaika	Tschechische Republik
Japan	Tunesien
Kanada	Türkei
Kasachstan	Turkmenistan
Katar	Ukraine
Kirgisistan	Ungarn
Kolumbien	USA
Kosovo	Usbekistan
Kroatien	Venezuela
Kuwait	Vereinigte Arabische Emirate
Lettland	Vietnam
Liechtenstein	Zypern
Litauen	

2. Künstler (K) und Sportler (S)

2.1 Einkünfte, die an den K/S selbst gezahlt werden

Einkünfte, die ein K/S aus seinen Auftritten in der Schweiz bezieht, können hier an der Quelle besteuert werden, wenn

– der K/S in einem Staat ansässig ist, mit dem die Schweiz kein Doppelbesteuerungsabkommen abgeschlossen hat;

– der K/S in einem Staat ansässig ist, dessen Doppelbesteuerungsabkommen mit der Schweiz das Besteuerungsrecht dem Auftrittsstaat zuweist. Dies ist aufgrund der meisten Abkommen der Fall. Einschränkungen von diesem Grundsatz sieht einzig das Doppelbesteuerungsabkommen mit den **USA** vor. Nach diesem steht das Besteuerungsrecht für Einkünfte von K/S dem Auftrittsstaat zu, wenn die Bruttoeinnahmen aus dieser Tätigkeit (einschliesslich der ihm erstatteten oder für ihn übernommenen Kosten) für das betreffende Steuerjahr 10 000 US-Dollar oder den Gegenwert in Schweizerfranken übersteigt. Weil im Zeitpunkt, in dem ein K/S in einem Kanton auftritt, in der Regel nicht beurteilt werden kann, ob diese Betragslimite bis Jahresende mittels weiterer Auftritte in diesem Kanton oder in anderen Kantonen überschritten wird, empfiehlt es sich, die Quellensteuer einzubehalten. Sie ist gegebenenfalls auf Gesuch hin zurückzuerstatten, wenn der K/S nach Ablauf des Steuerjahres nachweist, dass die Voraussetzungen für eine Besteuerung in der Schweiz nicht erfüllt sind. Dabei ist zu berücksichtigen, dass sich ein Besteuerungsrecht der Schweiz im Fall von Jahreseinkommen unter 10 000 US-Dollar auch aus den allgemeinen Regeln für selbständige oder unselbständige Erwerbstätigkeit ergeben kann.

2.2 Einkünfte, die nicht an den K/S selbst, sondern an einen Dritten gezahlt werden

Fliessen Einkünfte für Auftritte eines K/S nicht diesem, sondern einem Dritten zu, besteht das gesamte Entgelt in der Regel aus zwei verschiedenen Komponenten, einerseits der Gegenleistung des K/S für seinen Auftritt in der Schweiz und andererseits dem Entgelt des Dritten für seine eigene Leistung (Organisation des Auftrittes, Vermittlung des K/S usw.). Bei diesen Leistungen des Dritten handelt es sich grundsätzlich nicht um künstlerische oder sportliche Tätigkeiten im Sinne der Künstler- und Sportlernorm eines Doppelbesteuerungsabkommens, sondern um Unternehmensgewinne oder um Einkünfte aus selbstständiger oder unselbstständiger Erwerbstätigkeit.

Aufgrund der meisten schweizerischen Doppelbesteuerungsabkommen können solche einem Dritten zufliessende Einkünfte aus einer von einem K/S ausgeübten persönlichen Tätigkeit im Auftrittsstaat des K/S besteuert werden. Einzig die Abkommen mit **Irland**, **Marokko** und **Spanien** enthalten keine ausdrückliche derartige Bestimmung.

Die Abkommen mit **Albanien, Argentinien**[1]**, Armenien, Aserbaidschan, Australien, Bahrain, Bangladesch, Belarus, Brasilien, Bulgarien, Finnland, Georgien, Ghana, Hongkong, Israel, Jamaika, Kanada, Kasachstan, Katar, Kirgisistan, Kosovo, Kroatien, Kuwait, Liechtenstein, Luxemburg, Mazedonien, Mexiko, Moldova, der Mongolei, den Niederlanden, Oman, Österreich, Peru, den Philippinen, Polen, Rumänien, Russland, Sambia, der Slowakei, Südafrika, Tadschikistan, Tunesien, Turkmenistan, der Ukraine, Ungarn, Uruguay,** und den **Vereinigten Arabischen Emiraten** sehen überdies vor, dass die Besteuerung der einem Dritten zufliessenden Einkünfte aus einer von einem K/S ausgeübten persönlichen Tätigkeit im Auftrittsstaat des K/S nicht anzuwenden ist, wenn dargetan wird, dass weder der K/S noch mit ihm verbundene Personen unmittelbar oder mittelbar an den Gewinnen des Dritten beteiligt sind.

Ungeachtet dieser unterschiedlichen Formulierungen in den einzelnen Doppelbesteuerungsabkommen gilt für die Quellenbesteuerung der im Zusammenhang mit dem Auftritt eines K/S in der Schweiz einem Dritten zufliessenden Gegenleistung folgendes:

a) Ist weder der K/S noch eine mit ihm verbundene Person unmittelbar oder mittelbar an den Gewinnen des Dritten beteiligt, ist die Quellensteuer gemäss Ziffer 2.1 hiervor auf dem Teil der gesamten Gegenleistung zu erheben, der nachweislich (z.B. aufgrund eines vom Dritten vorzulegenden Vertrages mit dem K/S) an den K/S weitergeleitet wird. Die Besteuerung in der Schweiz des dem Dritten verbleibenden Anteils der gesamten Gegenleistung ist abhängig von der Ansässigkeit des Dritten. Sie richtet sie sich nach dem internen Recht der Schweiz.

b) Ist der K/S oder eine mit ihm verbundene Person unmittelbar oder mittelbar an den Gewinnen des Dritten beteiligt, rechtfertigt es sich, das Gesamtentgelt gemäss Ziffer 2.1 hievor der Quellenbesteuerung zu unterwerfen, kann doch in diesem Falle davon ausgegangen werden, dass dem K/S, nach Massgabe seiner Beteiligung am Dritten, indirekt auch der auf die Leistung des Dritten entfallende Teil der Gesamtvergütung zukommt.

2.3 Sonderregelung für aus öffentlichen Mitteln unterstützte Auftritte

Gewisse Abkommen sehen vor, dass die oben dargestellten Besteuerungsregeln nicht anwendbar sind, wenn der Auftritt in der Schweiz in erheblichem Umfang aus öffentlichen Mitteln unterstützt wird. Nach dem Abkommen mit **Deutschland**, der **Elfenbeinküste**, **GB / Vereinigtes Königreich** und **Marokko** gilt dies nur für K, wogegen die Abkommen mit **Albanien, Algerien, Argentinien**[1]**, Armenien, Aserbaidschan, Australien, Bangladesh, China, Chinesisches Taipeh (Taiwan), Estland, Frankreich, Ghana, Hongkong, Iran, Indien, Indonesien, Israel, Jamaika, Kasachstan, Katar, Kirgisistan, Kolumbien, Kosovo, Kroatien, Lettland, Liechtenstein, Litauen, Malaysia, Malta, Mazedonien,** der **Mongolei, Montenegro,** den **Niederlanden, Oman, Österreich,** den **Philippinen, Polen, Rumänien, Serbien, Singapur, Slowenien, Südkorea, Thailand,** der **Türkei, Turkmenistan,** der **Ukraine, Ungarn, Uruguay,** den **Vereinigten Arabischen Emiraten** und **Zypern** sowohl K als auch S einschliessen.

Die Abkommen mit **Algerien, Argentinien**[1]**, Armenien, Aserbaidschan, Australien, Bahrain, Bangladesh, Belgien, Bulgarien, Brasilien, China, Chinesisches Taipeh (Taiwan), Deutschland, Frankreich, GB / Vereinigtes Königreich, Ghana, Hongkong, Iran, Indien, Indonesien, Israel, Jamaika, Katar, Kolumbien, Kosovo, Lettland, Liechtenstein, Malaysia, Malta, Marokko, Montenegro, Oman, Österreich,** den **Philippinen, Sambia, Saudi-Arabien, Serbien, Singapur, Südkorea, Thailand,** der **Tschechischen Republik, Türkei, Ungarn, Uruguay,** den **Vereinigten Arabischen Emiraten** und **Zypern** setzen einschränkend voraus, dass die öffentlichen Mittel aus dem Wohnsitzstaat des K bzw. des K/S stammen.

Hat ein K bzw. ein K/S seinen Wohnsitz in einem der hiervor aufgeführten Vertragsstaaten, richtet sich die Besteuerung der Einkünfte für aus öffentlichen Mitteln unterstützte Auftritte in der Schweiz nach den Bestimmungen des betreffenden Abkommens über die Besteuerung von Einkommen aus selbstständiger und unselbstständiger Erwerbstätigkeit.

3. Referenten (R)

Ist der R in einem Staat ohne Doppelbesteuerungsabkommen mit der Schweiz ansässig, kann ihm für seine diesbezügliche in der Schweiz ausgeübte Tätigkeit zukommende Gegenleistung nach internem Recht an der Quelle besteuert werden.

Für einen R, der in einem Staat ansässig ist, mit dem die Schweiz ein Doppelbesteuerungsabkommen abgeschlossen hat, richtet sich die Frage, ob seine Einkünfte in der Schweiz an der Quelle besteuert werden können, im Regelfall nach den abkommensrechtlichen Bestimmungen über die Besteuerung von Einkünften aus unselbstständiger oder selbstständiger Erwerbstätigkeit.

Liegt eine unselbstständige Erwerbstätigkeit vor, können die Einkünfte nach den meisten Abkommen in der Schweiz als Arbeitsortstaat besteuert werden (sofern die Tätigkeit physisch in der Schweiz ausgeübt wird). Bei selbstständiger Erwerbstätigkeit setzt eine Besteuerung in der Schweiz nach den meisten Abkommen voraus, dass dem R hier regelmässig eine feste Einrichtung bzw. eine Betriebsstätte für die Ausübung seiner Referententätigkeit zur Verfügung steht.

Die Einkünfte eines R mit Wohnsitz in einem der folgenden Staaten aus Auftritten in der Schweiz können, selbst wenn ihm hier keine feste Einrichtung zur Verfügung steht, hier an der Quelle besteuert werden, wenn:

– die Aufenthaltsdauer in der Schweiz insgesamt mehr als 120 Tage während eines Steuerjahres beträgt (Abkommen mit **Ägypten**);

– die Aufenthaltsdauer in der Schweiz insgesamt mehr als 183 Tage während eines Kalenderjahres beträgt (Abkommen mit **Algerien, Mongolei** und **Usbekistan**) bzw. während eines Steuerjahres (Abkommen mit **China, Hongkong, Katar, Pakistan, Südafrika, Südkorea, Tunesien** und **Vietnam**) bzw. während eines Zeitraums von zwölf Monaten (Abkommen mit **Aserbaidschan, Bangladesch, Brasilien, Chile, Chinesisches Taipeh (Taiwan), Estland, Indien, Kasachstan, Lettland, Litauen, Mexiko, Peru, Philippinen, Sambia, Saudi-Arabien** und der **Türkei**) beträgt;

– die Tätigkeitsdauer einschliesslich normaler Arbeitsunterbrüche in der Schweiz insgesamt mehr als 183 Tage während eines Kalenderjahres beträgt (Abkommen mit **Marokko**);

– die Aufenthaltsdauer in der Schweiz insgesamt mindestens neun Monate innerhalb eines Steuerjahres beträgt (Abkommen mit **Ghana**);

– die Aufenthaltsdauer in der Schweiz insgesamt mehr als 183 Tage während eines Zeitraums von zwölf Monaten (Abkommen mit **Elfenbeinküste, Indonesien, Sri Lanka** und **Thailand**) beträgt oder, bei kürzerer Aufenthaltsdauer, wenn die Vergütung von einer Person oder für eine Person gezahlt wird, die in der Schweiz ansässig ist oder einer schweizerischen Betriebstätte der Person, die die Vergütung zahlt, belastet wird;

– die Aufenthaltsdauer in der Schweiz insgesamt mehr als 183 Tage während eines Steuerjahres beträgt oder, bei kürzerer Aufenthaltsdauer, wenn die Tätigkeit im Auftrag oder für Rechnung einer in der Schweiz ansässigen Person ausgeübt wird oder die Vergütung einer schweizerischen Betriebstätte der Person, in deren Auftrag oder für deren Rechnung die Tätigkeit ausgeübt wird, belastet wird (Abkommen mit **Malaysia**);

– die Aufenthaltsdauer in der Schweiz insgesamt mehr als 30 Tage während eines Kalenderjahres (Abkommen mit **Trinidad und Tobago**) bzw. innerhalb eines Zeitraums von zwölf Monaten (Abkommen mit **Jamaika**) beträgt oder, bei kürzerer Aufenthaltsdauer, wenn die Vergütung von einer Person oder für eine Person gezahlt wird, die in der Schweiz ansässig ist oder einer schweizerischen Betriebstätte der Person, die die Vergütung zahlt, belastet wird.

– die Aufenthaltsdauer in der Schweiz mehr als 300 Tage während eines Zeitraums von zwölf Monaten beträgt (Abkommen mit **Singapur**).

Das Abkommen mit **Argentinien**[1] sieht keine minimale Aufenthaltsdauer vor. Die Schweiz darf aber eine Quellensteuer von höchstens 10 Prozent auf den Bruttoeinkünften erheben.

---

[1] Gilt rückwirkend ab 1. Januar 2015.

Öffentlich-rechtliche Vorsorgeleistung

Quelle: Eidg. Steuerverwaltung ESTV

Gültig ab 1. Januar 2023
Neuerungen gegenüber dem Stand per 1.1.2022 sind am Rand gekennzeichnet

Merkblatt über die Quellenbesteuerung öffentlich-rechtlicher Vorsorgeleistungen an Personen ohne steuerrechtlichen Wohnsitz oder Aufenthalt in der Schweiz

1. Steuerpflichtige Personen

1.1 Der Quellensteuer unterliegen **Personen ohne steuerrechtlichen Wohnsitz oder Aufenthalt in der Schweiz**, die aufgrund eines Arbeitsverhältnisses mit einem öffentlich-rechtlichen Arbeitgeber Ruhegehälter, Pensionen, Alters-, Invaliden- oder Hinterbliebenenrenten, Kapitalleistungen oder andere Vergütungen von einem Arbeitgeber oder einer Vorsorgeeinrichtung mit Sitz in der Schweiz erhalten.

1.2 Bei **Kapitalleistungen** an Personen, die im Zeitpunkt der Auszahlung keinen steuerrechtlichen Wohnsitz oder Aufenthalt (mehr) in der Schweiz haben[1], ist die Quellensteuer immer, d.h. ungeachtet einer allfällig abweichenden staatsvertraglichen Regelung (vgl. Ziffer 4.1), vorzunehmen. Die Quellensteuer ist auch dann zu erheben, wenn die Kapitalleistung auf ein schweizerisches Konto überwiesen wird.

Personen, die keine schlüssigen Angaben über ihren Wohnsitz zum Zeitpunkt der Fälligkeit ihrer Kapitalleistung machen oder deren Wohnsitz nicht bekannt ist, unterliegen stets der Quellensteuer.

Steuerpflichtig sind auch Personen, die als Folge ihres ausserkantonalen oder ausländischen Wohnsitzes nie im Sitzkanton des Arbeitgebers oder der Vorsorgeeinrichtung Wohnsitz hatten.

1.3 Bei **Renten** an im Ausland wohnhafte Empfänger ist die Quellensteuer nicht zu erheben, wenn eine abweichende staatsvertragliche Regelung besteht (vgl. Ziffer 4.2).

Kinderrenten sind vom anspruchsberechtigten Hauptrentenbezüger zu versteuern, selbst wenn sie direkt an das Kind oder Dritte ausbezahlt werden.

2. Steuerbare Leistungen

Steuerbar sind alle Vergütungen, wie z.B. Renten und Kapitalleistungen, die von einem Arbeitgeber oder einer Vorsorgeeinrichtung mit Sitz in der Schweiz aufgrund eines früheren Arbeitsverhältnisses mit einem Arbeitgeber mit öffentlich-rechtlicher Stellung (Bund, Kantone, Gemeinde und deren Anstalten oder andere Körperschaften und Stiftungen mit öffentlich-rechtlichem Hintergrund) ausgerichtet werden.

Sogenannte «staatsnahe Betriebe», die im Auftrag des Gemeinwesens eine öffentliche Aufgabe wahrnehmen, gelten als öffentlich-rechtliche Arbeitgeber. Hinweise auf einen öffentlich-rechtlichen Arbeitgeber können im Einzelfall folgende sein:

- Öffentlicher Auftrag (festgehalten z.B. in einem Gesetz oder in der Satzung des Arbeitgebers);
- Entstehung durch Verwaltungsakt oder Gesetz;
- Hoheitliche Befugnisse;
- Überwiegende Finanzierung der Tätigkeit durch den Staat bzw. durch vom Staat vorgesehene Gebühren;
- Staatlich gesicherte (Monopol-)Stellung;
- Direkte oder indirekte Beherrschung durch den Staat.

3. Steuerberechnung

3.1 Kapitalleistungen

Die Quellensteuer wird auf dem Bruttobetrag der Kapitalleistung ermittelt und beträgt **für alleinstehende Personen** (Anteil direkte Bundessteuer):

- auf dem Betrag bis 25 000 Franken — 0,00 %
- auf dem Betrag über 25 000 Franken bis 50 000 Franken — 0,35 %
- auf dem Betrag über 50 000 Franken bis 75 000 Franken — 0,60 %
- auf dem Betrag über 75 000 Franken bis 100 000 Franken — 1,30 %
- auf dem Betrag über 100 000 Franken bis 125 000 Franken — 1,70 %
- auf dem Betrag über 125 000 Franken bis 150 000 Franken — 2,00 %
- auf dem Betrag über 150 000 Franken bis 750 000 Franken — 2,60 %
- auf dem Betrag über 750 000 Franken — 2,30 %

Die Quellensteuer wird auf dem Bruttobetrag der Kapitalleistung ermittelt und beträgt **für verheiratete Personen** (Anteil direkte Bundessteuer):

- auf dem Betrag bis 25 000 Franken — 0,00 %
- auf dem Betrag über 25 000 Franken bis 50 000 Franken — 0,20 %
- auf dem Betrag über 50 000 Franken bis 75 000 Franken — 0,50 %
- auf dem Betrag über 75 000 Franken bis 100 000 Franken — 0,85 %
- auf dem Betrag über 100 000 Franken bis 125 000 Franken — 1,20 %
- auf dem Betrag über 125 000 Franken bis 150 000 Franken — 1,90 %
- auf dem Betrag über 150 000 Franken bis 900 000 Franken — 2,60 %
- auf dem Betrag über 900 000 Franken — 2,30 %

Der Schuldner der steuerbaren Leistung hat die Quellensteuer auf jeder von ihm ausbezahlten Vorsorgeleistung einzeln zu berechnen und mit der zuständigen Steuerbehörde darüber abzurechnen (vgl. Ziffer 5.1).

3.2 Renten

Die Quellensteuer beträgt 1 Prozent der Bruttoleistungen (Anteil direkte Bundessteuer).

Die Quellensteuer wird nicht erhoben, wenn die jährliche Rente weniger als CHF 1000 beträgt. Die Abrechnung ist auch einzureichen, wenn dieser Betrag unterschritten wird.

---

[1] Massgebend ist das Abmeldedatum bei der bisherigen Wohnsitzgemeinde.

4. Vorbehalt der Doppelbesteuerungsabkommen

4.1 Allgemeines zu Kapitalleistungen

Kapitalleistungen unterliegen stets der Quellensteuer. Besteht zwischen der Schweiz und dem Staat, in dem der Empfänger der Kapitalleistung seinen Wohnsitz hat, kein Doppelbesteuerungsabkommen (DBA), ist der Quellensteuerabzug definitiv. Unterhält aber der Staat, in dem der Empfänger Wohnsitz hat, ein Doppelbesteuerungsabkommen mit der Schweiz, hängt die Frage, ob die Leistung in der Schweiz oder im anderen Vertragsstaat der Besteuerung unterliegt, vom betreffenden Abkommen ab. Wird das Besteuerungsrecht dem anderen Staat zugewiesen, ist der Quellensteuerabzug nicht definitiv und dem Empfänger der Kapitalleistung steht ein Rückforderungsanspruch zu (vgl. separate DBA-Übersicht).

Besteht ein solcher Rückforderungsanspruch, wird die gesamte in Abzug gebrachte Quellensteuer zinslos an den Empfänger der Vorsorgeleistung zurückerstattet, wenn er das vollständig ausgefüllte amtliche Rückerstattungsformular zusammen mit einer Bestätigung der zuständigen Steuerbehörde seines ausländischen Wohnsitzstaates, wonach diese

- von der Kapitalleistung Kenntnis hat,
- bescheinigt, dass der Empfänger der Kapitalleistung im Zeitpunkt deren Fälligkeit eine im Sinne des DBA mit der Schweiz dort ansässige Person ist und
- in den vorgesehenen Fällen bestätigt, dass die Leistung tatsächlich besteuert wird.

Der Rückerstattungsantrag ist innert drei Jahren seit der Auszahlung der Kapitalleistung bei der zuständigen Steuerbehörde einzureichen.

4.2 Allgemeines zu Renten

Renten unterliegen der Quellensteuer, sofern das Doppelbesteuerungsabkommen mit dem Wohnsitzstaat des Empfängers das Besteuerungsrecht nicht diesem Wohnsitzstaat zuweist. Die Quellensteuer ist ohne Einschränkung zu erheben, wenn die Schweiz mit dem ausländischen Wohnsitzstaat kein DBA abgeschlossen hat. Beim Vorliegen eines Doppelbesteuerungsabkommens zwischen der Schweiz und dem Staat, in dem der Rentenbezüger seinen Wohnsitz hat, ist die Quellensteuer zu erheben, sofern in der separaten DBA-Übersicht in der entsprechenden Kolonne ein «ja» steht. Lediglich in den Fällen, in denen in der separaten DBA-Übersicht in der entsprechenden Spalte ein «nein» steht, ist die Rentenleistung ungekürzt auszubezahlen. Die Vorsorgeeinrichtung muss sich in diesem Fall aber vergewissern, dass der Rentenempfänger seinen Wohnsitz im betreffenden Staat hat, und muss dies anhand der Lebens- bzw. Wohnsitzbestätigung periodisch nachprüfen.

Die Anwendbarkeit eines DBA ist vom Schuldner der steuerbaren Leistung auch dann abzuklären, wenn eine im Ausland wohnhafte Person ihren Wohnsitz in ein anderes Land verlegt.

4.3 Übersicht über die Doppelbesteuerungsabkommen

Der separaten DBA-Übersicht kann entnommen werden, in welchen Fällen bei Kapitalleistungen der steuerpflichtigen Person ein Rückforderungsanspruch offensteht bzw. in welchen Fällen bei Renten die Quellensteuer zu erheben ist (ja) und in welchen Fällen aufgrund eines Doppelbesteuerungsabkommens die Leistung ungekürzt auszubezahlen ist (nein).

5. Verfahren

5.1 Der Schuldner der steuerbaren Leistung meldet die quellensteuerpflichtige Person der zuständigen Steuerbehörde. Die Meldung hat innert acht Tagen seit Fälligkeit der steuerbaren Leistung zu erfolgen und folgende Angaben zur quellensteuerpflichtigen Person zu enthalten:

- Name und Vorname
- Geburtsdatum
- Nationalität(en)
- 13-stellige AHV-Nr.
- Vollständige Adresse im Ausland

Zuständig ist die Steuerbehörde des Kantons, in welchem sich der Sitz, die tatsächliche Verwaltung oder die Betriebsstätte des Schuldners der steuerbaren Leistung befindet. Zweigniederlassungen von Vorsorgeeinrichtungen gelten dann als Betriebsstätte, wenn sie den Vorsorgefall administrativ betreuen und eine eigene Betriebsstättenbuchhaltung führen.

5.2 Die Quellensteuern sind im Zeitpunkt der Auszahlung, Überweisung, Gutschrift oder Verrechnung der Vorsorgeleistung fällig. Der Schuldner der steuerbaren Leistung hat den Betrag von der Bruttoleistung in Abzug zu bringen.

5.3 Der Schuldner der steuerbaren Leistung hat über die abgezogenen Quellensteuern abzurechnen, indem er das vollständig ausgefüllte Abrechnungsformular innert 30 Tagen nach Beginn des auf die Fälligkeit der Leistung folgenden Monats bei der zuständigen Steuerbehörde einreicht.

5.4 Bei Kantonen mit Jahresmodell (FR, GE, TI, VD und VS) hat der Schuldner der steuerbaren Leistung die Quellensteuer zusammen mit der Abrechnung an die zuständige Steuerbehörde zu überweisen.

Bei Kantonen mit Monatsmodell (übrige Kantone) hat die Überweisung der Quellensteuer erst nach der Rechnungsstellung durch die zuständige Steuerbehörde zu erfolgen.

Bei rechtzeitiger Abrechnung und Ablieferung der Quellensteuer hat der Schuldner der steuerbaren Leistung Anspruch auf eine Bezugsprovision. Diese beträgt:

- bei Renten: 1–2 Prozent der abgelieferten Quellensteuer;
- bei Kapitalleistungen: 1 Prozent der abgelieferten Quellensteuer, jedoch maximal CHF 50 pro Kapitalleistung.

5.5 Der Schuldner der steuerbaren Leistung haftet für die korrekte Erhebung und Ablieferung der Quellensteuer. In Zweifelsfällen ist vor ungekürzter Auszahlung einer Kapitalleistung eine Bestätigung der Steuerbehörde am Wohnsitz der quellensteuerpflichtigen Person zu verlangen, wonach die Kapitalleistung bereits im ordentlichen Verfahren besteuert worden ist. Im Todesfall eines Vorsorgenehmers ist abzuklären, ob sich unter den Erben auch Personen ohne Wohnsitz in der Schweiz befinden. Deren Anteil unterliegt der Quellensteuer.

5.6 Die vorsätzliche oder fahrlässige Unterlassung der Quellensteuererhebung gilt als Steuerhinterziehung.

6. Bescheinigung über den Steuerabzug

Der quellensteuerpflichtigen Person ist unaufgefordert eine Bescheinigung über die Höhe der in Abzug gebrachten Quellensteuern auszustellen.

7. Rechtsmittel

Ist die quellensteuerpflichtige Person oder der Schuldner der steuerbaren Leistung mit dem Quellensteuerabzug nicht einverstanden, oder hat die quellensteuerpflichtige Person keine Bescheinigung über den Steuerabzug erhalten, so können diese bis Ende März des auf die Fälligkeit der Leistung folgenden Steuerjahres eine anfechtbare Verfügung über Bestand und Umfang der Steuerpflicht bei der zuständigen kantonalen Steuerbehörde verlangen.

Stand: 1. Januar 2023
Neuerungen gegenüber dem Stand per 1.1.2022 sind mit • gekennzeichnet.

Quellenbesteuerung von Vorsorgeleistungen aus früherem öffentlich-rechtlichem Arbeitsverhältnis
Übersicht über die Doppelbesteuerungsabkommen

Ausländischer Wohnsitzstaat [1]

R = Quellensteuerabzug auf Renten vornehmen: ja/nein
K = Rückforderungsmöglichkeit der Quellensteuer auf Kapitalleistungen: ja/nein

Empfänger der Rente oder Kapitalleistung ist ein Staatsangehöriger								
	der Schweiz		des andern Vertragsstaats		beider Vertragsstaaten		eines Drittstaats	
	R	K	R	K	R	K	R	K
Ägypten	ja	nein	nein	ja	nein	ja	ja	nein
Albanien	ja	nein	nein	ja	nein	ja	ja	nein
Algerien	ja	nein	nein	ja	nein	ja	ja	nein
Argentinien [2]	ja	nein	nein	ja	nein	ja	ja	nein
Armenien	ja	nein	nein	ja	nein	ja	ja	nein
Aserbaidschan	ja	nein	nein	ja	nein	ja	ja	nein
Australien	ja	nein	nein	ja	ja	nein	ja	nein
Bahrain	ja	nein	nein	ja	nein	ja	ja	nein
Bangladesch	ja	nein	nein	ja	nein	ja	ja	nein
Belarus	ja	nein	nein	ja	nein	ja	ja	nein
• Belgien	ja [6]	nein [6]	ja [6]	nein [6]	ja [6]	nein [6]	ja [6]	nein [6]
Brasilien	ja	nein	ja	nein	ja	nein	ja	nein
Bulgarien	ja	nein	nein	ja	nein	ja	ja	nein
Chile	ja (max. 15%)	nein	ja (max. 15%)	nein	ja (max. 15%)	nein	ja (max. 15%)	nein
Chinesisches Taipeh (Taiwan)	ja	nein	nein	ja	nein	ja	ja	nein
China	ja	nein	nein	ja	nein	ja	ja	nein
Dänemark	ja	nein	ja	nein	ja	nein	ja	nein
Deutschland	ja	nein	ja	nein	ja	nein	ja	nein
Ecuador	ja	nein	nein	ja	nein	ja	ja	nein
Elfenbeinküste	ja	nein	nein	• nein	ja	nein	ja	nein
Estland	ja	nein	nein	ja	nein	ja	ja	nein
Finnland	ja	nein	nein	ja	nein	ja	ja	nein
Frankreich	ja	nein	nein	ja [3]	ja	nein	nein	ja [3]
GB/Vereinigtes Königreich	ja	nein	nein	ja	nein	ja	ja	nein
Georgien	ja	nein	nein	ja	nein	ja	ja	nein
Ghana	ja	nein	nein	ja	nein	ja	ja	nein
Griechenland	ja	nein	nein	ja	nein	ja	ja	nein
Honkong	ja	nein	ja	nein	ja	nein	ja	nein
Indien	ja	nein	ja	nein	ja	nein	ja	nein
Indonesien	ja	nein	nein	ja	nein	ja	ja	nein
Iran	ja	nein	nein	ja	nein	ja	ja	nein
Irland	ja	nein	nein	ja	ja	nein	nein	ja
Island	ja	nein	ja	nein	ja	nein	ja	nein
Israel	ja	nein	ja [3]	ja [3]	ja [3]	ja [3]	ja	nein
Italien	ja	nein	nein	ja [3]	ja	nein	nein	ja [3]
Jamaika	ja	nein	nein	ja	nein	ja	ja	nein
Japan	ja	nein	nein	ja	nein	ja	nein	ja
Kanada	ja	nein	ja	nein	ja	nein	ja	nein
Kasachstan	ja	nein	nein	ja	nein	ja	ja	nein
Katar	ja	nein	nein	ja	nein	ja	ja	nein
Kirgisistan	ja	nein	nein	ja	nein	ja	ja	nein
Kolumbien	ja	nein	nein	ja	nein	ja	ja	nein
Kosovo	ja	nein	nein	ja	nein	ja	ja	nein
Kroatien	ja	nein	nein	ja	nein	ja	ja	nein
Kuwait	ja	nein	nein	ja	nein	ja	ja	nein
Lettland	ja	nein	nein	ja	nein	ja	ja	nein
Liechtenstein [4]	ja	nein	ja	nein	ja	nein	ja	nein
Litauen	ja	nein	nein	ja	nein	ja	ja	nein

Ausländischer Wohnsitzstaat[1]	R = Quellensteuerabzug auf Renten vornehmen: ja/nein K = Rückforderungsmöglichkeit der Quellensteuer auf Kapitalleistungen: ja/nein							
	Empfänger der **Rente** oder **Kapitalleistung** ist ein Staatsangehöriger							
	der Schweiz		des andern Vertragsstaats		beider Vertragsstaaten		eines Drittstaats	
	R	K	R	K	R	K	R	K
Luxemburg	ja	nein	nein	ja	ja	ja	ja	nein
Malaysia	ja	nein	ja	nein	ja	nein	ja	nein
Malta	ja	nein	nein	ja	nein	ja	ja	nein
Marokko	ja	nein	nein	ja	ja	nein	ja	nein
Mazedonien	ja	nein	nein	ja	nein	ja	ja	nein
Mexiko	ja	nein	nein	ja	nein	ja	ja	nein
Moldova	ja	nein	nein	ja	nein	ja	ja	nein
Mongolei	ja	nein	nein	ja	nein	ja	ja	nein
Montenegro	ja	nein	nein	ja	nein	ja	ja	nein
Neuseeland	ja	nein	nein	ja	nein	ja	ja	nein
Niederlande ab 1.1.2021	ja (max. 15 %)[6] nein[6]		ja (max. 15 %) nein[6]		ja (max. 15 %) nein[6]		ja (max. 15 %)[6] nein[6]	
Norwegen	ja (max. 15 %)	ja (soweit 15 % übersteigend)	ja (max. 15 %)	ja (soweit 15 % übersteigend)	ja (max. 15 %)	ja (soweit 15 % übersteigend)	ja (max. 15 %)	ja (soweit 15 % übersteigend)
Oman	ja	nein	nein	ja	nein	ja	ja	nein
Österreich	ja	nein	ja	nein	ja	nein	ja	nein
Pakistan	ja	nein	nein	ja	nein	ja	ja	nein
Peru	ja	nein	nein	ja	nein	ja	ja	nein
Philippinen	ja	nein	nein	ja	nein	ja	ja	nein
Polen	ja	nein	nein	ja	nein	ja	ja	nein
Portugal	ja	nein	nein	ja	nein	ja	ja	nein
Rumänien	ja	nein	nein	ja	nein	ja	ja	nein
Russland	ja	nein	nein	ja	nein	ja	ja	nein
Sambia	ja	nein	ja	nein	ja	nein	ja	nein
Saudi-Arabien	ja	nein	nein	ja	nein	ja	ja	nein
Schweden	ja	nein	ja[5]	nein	ja	nein	ja[5]	nein
Serbien	ja	nein	nein	ja	nein	ja	ja	nein
Singapur	ja	nein	nein	ja	nein	ja	ja	nein
Slowakei	ja	nein	nein	ja	nein	ja	ja	nein
Slowenien	ja	nein	nein	ja	nein	ja	ja	nein
Spanien	ja	nein	nein	ja	ja	nein	nein	ja
Sri Lanka	ja	nein	nein	ja	nein	ja	ja	nein
Südafrika	ja	nein	ja	nein	ja	nein	ja	nein
Südkorea	ja	nein	nein	ja	nein	ja	nein	ja
Tadschikistan	ja	nein	nein	ja	nein	ja	ja	nein
Thailand	ja	nein	nein	ja	nein	ja	ja	nein
Trinidad und Tobago	ja	nein	ja	nein	ja	nein	ja	nein
Tschechische Republik	ja	nein	nein	ja	nein	ja	ja	nein
Tunesien	ja	nein	ja	nein	ja	nein	ja	nein
Türkei	ja	nein	ja	nein	ja	nein	ja	nein
Turkmenistan	ja	nein	nein	ja	nein	ja	ja	nein
Ukraine	ja	nein	nein	ja	nein	ja	ja	nein
Ungarn	ja	nein	ja	nein	ja	nein	ja	nein
Uruguay	ja	nein	nein	ja	nein	ja	ja	nein
Usbekistan	ja	nein	nein	ja	nein	ja	ja	nein
Venezuela	ja	nein	nein	ja	nein	ja	ja	nein
Vereinigte Arabische Emirate	ja	nein	ja	nein	ja	nein	ja	nein
Vereinigte Staaten (USA)	ja	nein	nein	ja	nein	ja	ja	nein
Vietnam	ja	nein	nein	ja	nein	ja	ja	nein
Zypern	ja	nein	nein	ja	nein	ja	ja	nein

[1] Bei allen übrigen Ländern, die auf der obigen Liste nicht aufgeführt sind, gilt, dass bei Renten die Quellensteuer stets in Abzug zu bringen ist und dass bei Kapitalleistungen nie ein Rückforderungsanspruch besteht.
[2] Gilt rückwirkend ab dem 1. Januar 2015.
[3] Rückforderungsmöglichkeit, sofern durch Ansässigkeitsstaat besteuert (Besteuerungsnachweis verlangen).
[4] Keine Quellensteuer für Renten bzw. Rückforderungsmöglichkeit für Kapitalleistungen aus früherem Arbeitsverhältnis bei öffentlich-rechtlichen Institutionen, an denen beide Staaten gemeinsam beteiligt sind.
[5] Keine Quellensteuern für Renten, die bereits vor dem 28. Februar 2011 liefen, sofern diese Renten an Personen gezahlt werden, die ihren Wohnsitz vor dem 28. Februar 2011 von der Schweiz nach Schweden verlegt haben
[6] Eine Rückerstattung ist möglich, soweit Beiträge von Arbeitgeber und Arbeitnehmer nachweislich in der Schweiz nicht von den Steuerbemessungsgrundlagen abgezogen wurden. Eine Rückerstattung kann dem Ansässigkeitsstaat nach Art. 7 Abkommen über die gegenseitige Amtshilfe in Steuersachen mitgeteilt werden.

Privatrechtliche Vorsorgeleistung

Quelle: Eidg. Steuerverwaltung ESTV

Gültig ab 1. Januar 2023
Neuerungen gegenüber dem Stand per 1.1.2022 sind am Rand gekennzeichnet

Merkblatt über die Quellenbesteuerung von privatrechtlichen Vorsorgeleistungen an Personen ohne steuerrechtlichen Wohnsitz oder Aufenthalt in der Schweiz

1. Steuerpflichtige Personen

1.1 Der Quellensteuer unterliegen **Personen ohne steuerrechtlichen Wohnsitz oder Aufenthalt in der Schweiz**, die aufgrund eines früheren Arbeitsverhältnisses mit einem Arbeitgeber mit privatrechtlicher Stellung Leistungen von Einrichtungen der beruflichen Vorsorge (BVG) oder die Leistungen aus anerkannten Formen der gebundenen Selbstvorsorge (Säule 3a) mit Sitz in der Schweiz erhalten.

1.2 Bei **Kapitalleistungen** an Personen, die im Zeitpunkt der Auszahlung keinen steuerrechtlichen Wohnsitz oder Aufenthalt (mehr) in der Schweiz haben[1], ist die Quellensteuer immer, d.h. ungeachtet einer allfällig abweichenden staatsvertraglichen Regelung (vgl. Ziffer 4.1), vorzunehmen. Die Quellensteuer ist auch dann zu erheben, wenn die Kapitalleistung auf ein schweizerisches Konto überwiesen wird.

Personen, die keine schlüssigen Angaben über ihren Wohnsitz zum Zeitpunkt der Fälligkeit ihrer Kapitalleistung machen oder deren Wohnsitz nicht bekannt ist, unterliegen stets der Quellensteuer.

Steuerpflichtig sind auch Personen, die als Folge ihres ausserkantonalen oder ausländischen Wohnsitzes nie im Sitzkanton der Vorsorgeeinrichtung Wohnsitz hatten.

1.3 Bei **Renten** an im Ausland wohnhafte Empfänger ist die Quellensteuer nur zu erheben, wenn keine abweichende staatsvertragliche Regelung besteht (vgl. Ziffer 4.2).

Kinderrenten sind vom anspruchsberechtigten Hauptrentenbezüger zu versteuern, selbst wenn sie direkt an das Kind oder Dritte ausbezahlt werden.

2. Steuerbare Leistungen

Steuerbar sind alle Vergütungen, wie z.B. Renten und Kapitalleistungen, die von Vorsorgeeinrichtungen aufgrund eines früheren Arbeitsverhältnisses mit einem Arbeitgeber mit privatrechtlicher Stellung oder aus anerkannten Formen der gebundenen Selbstvorsorge mit Sitz in der Schweiz ausgerichtet werden.

In Frage kommen beispielsweise Vorsorgeleistungen von:
- Pensionskassen
- Sammelstiftungen
- Versicherungseinrichtungen
- Bankenstiftungen u.a.m.

die wegen Wohneigentumsförderung (WEF), Erreichen der Altersgrenze, Invalidität, Tod oder vorzeitiger Auflösung des Vorsorgeverhältnisses an eine Person ohne steuerrechtlichen Wohnsitz oder Aufenthalt in der Schweiz ausbezahlt werden.

3. Steuerberechnung

3.1 Kapitalleistungen

Die Quellensteuer wird auf dem Bruttobetrag der Kapitalleistung ermittelt und beträgt **für alleinstehende Personen** (Anteil direkte Bundessteuer):

– auf dem Betrag bis 25 000 Franken	0,00 %
– auf auf dem Betrag über 25 000 Franken bis 50 000 Franken	0,35 %
– auf dem Betrag über 50 000 Franken bis 75 000 Franken	0,60 %
– auf dem Betrag über 75 000 Franken bis 100 000 Franken	1,30 %
– auf dem Betrag über 100 000 Franken bis 125 000 Franken	1,70 %
– auf dem Betrag über 125 000 Franken bis 150 000 Franken	2,00 %
– auf dem Betrag über 150 000 Franken bis 750 000 Franken	2,60 %
– auf dem Betrag über 750 000 Franken	2,30 %

Die Quellensteuer wird auf dem Bruttobetrag der Kapitalleistung ermittelt und beträgt **für verheiratete Personen** (Anteil direkte Bundessteuer):

– auf dem Betrag bis 25 000 Franken	0,00 %
– dem Betrag über 25 000 Franken bis 50 000 Franken	0,20 %
– auf dem Betrag über 50 000 Franken bis 75 000 Franken	0,50 %
– auf dem Betrag über 75 000 Franken bis 100 000 Franken	0,85 %
– auf dem Betrag über 100 000 Franken bis 125 000 Franken	1,20 %
– auf dem Betrag über 125 000 Franken bis 150 000 Franken	1,90 %
– auf dem Betrag über 150 000 Franken bis 900 000 Franken	2,60 %
– auf dem Betrag über 900 000 Franken	2,30 %

Der Schuldner der steuerbaren Leistung hat die Quellensteuer auf jeder von ihm ausbezahlten Vorsorgeleistung einzeln zu berechnen und mit der zuständigen Steuerbehörde darüber abzurechnen (vgl. Ziffer 5.1).

3.2 Renten

Die Quellensteuer beträgt 1 Prozent der Bruttoleistungen (Anteil direkte Bundessteuer).

Die Quellensteuer wird nicht erhoben, wenn die jährliche Rente weniger als CHF 1000 beträgt. Die Abrechnung ist auch einzureichen, wenn dieser Betrag unterschritten wird.

---

[1] Massgebend ist das Abmeldedatum bei der bisherigen Wohnsitzgemeinde.

4. Vorbehalt der Doppelbesteuerungsabkommen

4.1 Allgemeines zu Kapitalleistungen

Kapitalleistungen unterliegen stets der Quellensteuer. Besteht zwischen der Schweiz und dem Staat, in dem der Empfänger der Kapitalleistung seinen Wohnsitz hat, kein Doppelbesteuerungsabkommen (DBA), ist der Quellensteuerabzug definitiv. Unterhält aber der Staat, in dem der Empfänger Wohnsitz hat, ein Doppelbesteuerungsabkommen mit der Schweiz, hängt die Frage, ob die Leistung in der Schweiz oder im anderen Vertragsstaat der Besteuerung unterliegt, vom entsprechenden Abkommen ab. Wird das Besteuerungsrecht dem anderen Staat zugewiesen, ist der Quellensteuerabzug nicht definitiv und dem Empfänger der Kapitalleistung steht ein Rückforderungsanspruch zu (vgl. separate DBA-Übersicht).

Besteht ein solcher Rückforderungsanspruch, wird die gesamte in Abzug gebrachte Quellensteuer zinslos an den Empfänger der Vorsorgeleistung zurückerstattet, wenn er das vollständig ausgefüllte amtliche Rückerstattungsformular zusammen mit einer Bestätigung der zuständigen Steuerbehörde seines ausländischen Wohnsitzstaates, wonach diese

- von der Kapitalleistung Kenntnis hat,
- bescheinigt, dass der Empfänger der Kapitalleistung im Zeitpunkt deren Fälligkeit eine im Sinne des DBA mit der Schweiz dort ansässige Person ist und
- in den vorgesehenen Fällen bestätigt, dass die Leistung tatsächlich besteuert wird.

Der Rückerstattungsantrag innert drei Jahren seit Auszahlung der Kapitalleistung bei der zuständigen Steuerbehörde einzureichen.

4.2 Allgemeines zu Renten

Renten unterliegen der Quellensteuer, sofern das Doppelbesteuerungsabkommen mit dem Wohnsitzstaat des Empfängers das Besteuerungsrecht nicht diesem Wohnsitzstaat zuweist. Die Quellensteuer ist ohne Einschränkung zu erheben, wenn die Schweiz mit dem ausländischen Wohnsitzstaat kein DBA abgeschlossen hat. Beim Vorliegen eines Doppelbesteuerungsabkommens zwischen der Schweiz und dem Staat, in dem der Rentenbezüger wohnt, ist die Quellensteuer zu erheben, sofern in der separaten DBA-Übersicht in der entsprechenden Kolonne ein «ja» steht. Lediglich in den Fällen, in denen in der separaten DBA-Übersicht in der entsprechenden Spalte ein «nein» steht, ist die Rentenleistung ungekürzt auszubezahlen. Die Vorsorgeeinrichtung muss sich in diesem Fall aber vergewissern, dass der Rentenempfänger seinen Wohnsitz im betreffenden Staat hat, und muss dies anhand der Lebens- bzw. Wohnsitzbestätigung periodisch nachprüfen.

Die Anwendbarkeit eines DBA ist vom Schuldner der steuerbaren Leistung auch dann abzuklären, wenn eine im Ausland wohnhafte Person ihren Wohnsitz in ein anderes Land verlegt.

4.3 Übersicht über die Doppelbesteuerungsabkommen

Die Aufteilung zwischen Leistungen der 2. Säule und der Säule 3a ist zu beachten. Der separaten DBA-Übersicht kann entnommen werden, in welchen Fällen bei Kapitalleistungen dem Steuerpflichtigen ein Rückforderungsanspruch offensteht bzw. in welchen Fällen bei Renten die Quellensteuer zu erheben ist (ja) und in welchen Fällen aufgrund eines Doppelbesteuerungsabkommens die Leistung ungekürzt auszubezahlen ist (nein).

5. Verfahren

5.1 Der Schuldner der steuerbaren Leistung meldet die quellensteuerpflichtige Person der zuständigen Steuerbehörde. Die Meldung hat innert acht Tagen seit Fälligkeit der steuerbaren Leistung zu erfolgen und folgende Angaben zur quellensteuerpflichtigen Person zu enthalten:

- Name und Vorname
- Geburtsdatum
- Nationalität(en)
- 13-stellige AHV-Nr.
- Vollständige Adresse im Ausland

Zuständig ist die Steuerbehörde des Kantons, in welchem sich der Sitz, die tatsächliche Verwaltung oder die Betriebsstätte des Schuldners der steuerbaren Leistung befindet. Zweigniederlassungen von Vorsorgeeinrichtungen gelten dann als Betriebsstätte, wenn sie den Vorsorgefall administrativ betreuen und eine eigene Betriebsstättenbuchhaltung führen.

5.2 Die Quellensteuern sind im Zeitpunkt der Auszahlung, Überweisung, Gutschrift oder Verrechnung der Vorsorgeleistung fällig. Der Schuldner der steuerbaren Leistung hat den Betrag von der Bruttoleistung in Abzug zu bringen.

5.3 Der Schuldner der steuerbaren Leistung hat über die abgezogenen Quellensteuern abzurechnen, indem er das vollständig ausgefüllte Abrechnungsformular innert 30 Tagen nach Beginn des auf die Fälligkeit der Leistung folgenden Monats bei der zuständigen Steuerbehörde einreicht.

5.4 Bei Kantonen mit Jahresmodell (FR, GE, TI, VD und VS) hat der Schuldner der steuerbaren Leistung die einzelne Quellensteuer zusammen mit der Abrechnung an die die zuständige Steuerbehörde zu überweisen.

Bei Kantonen mit Monatsmodell (übrige Kantone) hat die Überweisung der Quellensteuer erst nach der Rechnungsstellung durch die zuständige Steuerbehörde zu erfolgen.

Bei rechtzeitiger Abrechnung und Ablieferung der Quellensteuer hat der Schuldner der steuerbaren Leistung Anspruch auf eine Bezugsprovision. Diese beträgt:

- bei Renten: 1–2 Prozent der abgelieferten Quellensteuer;
- bei Kapitalleistungen: 1 Prozent der abgelieferten Quellensteuer, jedoch maximal CHF 50 pro Kapitalleistung.

5.5 Der Schuldner der steuerbaren Leistung haftet für die korrekte Erhebung und Ablieferung der Quellensteuer. In Zweifelsfällen ist vor ungekürzter Auszahlung einer Kapitalleistung eine Bestätigung der Steuerbehörde am Wohnsitz der steuerpflichtigen Person zu verlangen, wonach die Kapitalleistung bereits im ordentlichen Verfahren besteuert worden ist. Im Todesfall eines Vorsorgenehmers ist abzuklären, ob sich unter den Erben auch Personen ohne Wohnsitz in der Schweiz befinden. Deren Anteil unterliegt der Quellensteuer.

5.6 Die vorsätzliche oder fahrlässige Unterlassung der Quellensteuererhebung gilt als Steuerhinterziehung.

6. Bescheinigung über den Steuerabzug

Der quellensteuerpflichtigen Person ist unaufgefordert eine Bescheinigung über die Höhe der in Abzug gebrachten Quellensteuern auszustellen.

7. Rechtsmittel

Ist die quellensteuerpflichtige Person oder der Schuldner der steuerbaren Leistung mit dem Quellensteuerabzug nicht einverstanden, oder hat die quellensteuerpflichtige Person keine Bescheinigung über den Steuerabzug erhalten, so können diese bis Ende März des auf die Fälligkeit der Leistung folgenden Steuerjahres eine anfechtbare Verfügung über Bestand und Umfang der Steuerpflicht bei der zuständigen kantonalen Steuerbehörde verlangen.

Quellenbesteuerung von privatrechtlichen Vorsorgeleistungen und Leistungen aus anerkannten Formen der gebundenen Selbstvorsorge

Übersicht über die Doppelbesteuerungsabkommen

Stand: 1. Januar 2023

Neuerungen gegenüber dem Stand per 1.1.2022 sind mit ● gekennzeichnet.

Ausländischer Wohnsitzstaat[1]	Privatrechtliche Vorsorgeleistungen (Säule 2)		Leistungen aus anerkannten Formen der gebundenen Selbstvorsorge (Säule 3a)	
	Renten Quellensteuerabzug vornehmen ja/nein	Kapitalleistungen Rückforderungsmöglichkeit ja/nein	Renten Quellensteuerabzug vornehmen ja/nein	Kapitalleistungen Rückforderungsmöglichkeit ja/nein
Ägypten	nein	ja	ja	nein
Albanien	nein	ja	nein	ja
Algerien	nein	ja	nein	ja
Argentinien[2]	nein	ja	nein	nein
Armenien	nein	ja	nein	ja
Aserbaidschan	nein	ja	nein	ja
Australien	ja[3]	nein	ja[3]	nein
Bahrain	ja[3]	ja[3]	nein	ja
Bangladesch	nein	ja	nein	ja
Belarus	nein	ja	nein	ja
● Belgien	ja[6]	nein[6]	nein	ja
Brasilien	ja	nein	ja	nein
Bulgarien	ja[3]	ja[3]	ja[3]	ja[3]
Chile	ja (max. 15%)	nein	ja	nein
China	ja[3]	ja[3]	nein	ja
Chinesisches Taipeh (Taiwan)	ja	nein	nein	ja
Dänemark	ja[4]	nein	ja[4]	nein
Deutschland	nein	ja	nein	ja
Ecuador	nein	ja	nein	ja
Elfenbeinküste	nein	ja	nein	ja
Estland	nein	ja	nein	ja
Finnland	nein	ja	nein	ja
Frankreich	nein	ja[3]	nein	ja[3]
GB/Vereinigtes Königreich	nein	nein	nein	nein
Georgien	nein	ja	nein	ja
Ghana	nein	ja	nein	ja
Griechenland	nein	ja	nein	ja
Hongkong	ja	nein	ja	nein
Indien	nein	ja	nein	ja
Indonesien	nein	ja	ja	nein
Iran	nein	ja	nein	ja
Irland	nein	ja	nein	ja
Island	ja	nein	ja	nein
Israel	ja[3]	ja[3]	ja[3]	ja[3]
Italien	nein	ja[3]	nein	ja[3]
Jamaika	nein	ja	nein	ja
Japan	nein	ja	nein	ja
Kanada	ja (max. 15%)	nein	ja (max. 15%)	nein
Kasachstan	nein	ja	nein	ja
Katar	ja	nein	ja	nein
Kirgisistan	nein	ja	nein	ja
Kolumbien	nein	ja	nein	ja
Kosovo	ja[3]	ja[3]	nein	ja
Kroatien	nein	ja	nein	ja
Kuwait	nein	ja	nein	ja
Lettland	nein	ja	nein	ja
Liechtenstein	nein	ja	nein	ja
Litauen	nein	ja	nein	ja

Ausländischer Wohnsitzstaat [1]	Privatrechtliche Vorsorgeleistungen (Säule 2)		Leistungen aus anerkannten Formen der gebundenen Selbstvorsorge (Säule 3a)	
	Renten Quellensteuerabzug vornehmen ja/nein	Kapitalleistungen Rückforderungsmöglichkeit ja/nein	Renten Quellensteuerabzug vornehmen ja/nein	Kapitalleistungen Rückforderungsmöglichkeit ja/nein
Luxemburg	nein	ja	nein	ja
Malaysia	nein	ja	ja	nein
Malta	nein	ja	nein	ja
Marokko	nein	ja	nein	ja
Mazedonien	nein	ja	nein	ja
Mexiko	nein	ja	ja	nein
Moldova	nein	ja	nein	ja
Mongolei	nein	ja	nein	ja
Montenegro	nein	ja	nein	ja
Neuseeland	nein	ja	ja	nein
• Niederlande ab 1.1.2021	ja (max. 15 %) [6]	nein [6]	ja (max. 15 %)	nein
Norwegen	ja (max. 15 %)	ja (soweit 15 % übersteigend)	nein	ja
Oman	ja	nein	nein	ja
Österreich	nein	ja	nein	ja
Pakistan	ja [3]	ja [3]	ja	nein
Peru	ja [3]	ja [3]	ja	nein
Philippinen	nein	ja	ja	nein
Polen	nein	ja	nein	ja
Portugal	nein	ja	nein	ja
Rumänien	nein	ja	nein	ja
Russland	nein	ja	nein	ja
Sambia (bis 31.12.2019)	ja [3]	nein	ja [3]	nein
Sambia (ab 1.1.2020)	ja	nein	nein	ja
Saudi-Arabien	ja	nein	nein	ja
Schweden	ja [5]	nein	ja [5]	nein
Serbien	nein	ja	nein	ja
Singapur	nein	ja	ja	nein
Slowakei	nein	ja	nein	ja
Slowenien	nein	ja	nein	ja
Spanien	nein	ja	nein	ja
Sri Lanka	nein	ja	nein	ja
Südafrika	ja	nein	ja	nein
Südkorea	nein	ja	nein	ja
Tadschikistan	nein	ja	nein	ja
Thailand	nein	ja	ja	nein
Trinidad und Tobago	nein	nein	nein	nein
Tschechische Republik	nein	ja	nein	ja
Tunesien	nein	ja	nein	ja
Türkei	nein	ja	nein	ja
Turkmenistan	nein	ja	nein	ja
Ukraine	nein	ja	nein	ja
Ungarn	ja	nein	ja	nein
Uruguay	ja [3]	ja [3]	ja [3]	ja [3]
Usbekistan	nein	ja	nein	ja
Venezuela	nein	ja	nein	ja
Vereinigte Arabische Emirate	ja	nein	ja	nein
Vereinigte Staaten (USA)	nein	ja	nein	ja
Vietnam	nein	ja	ja	nein
Zypern	ja [3]	ja [3]	nein	ja

[1] Bei allen übrigen Ländern, die auf der obigen Liste nicht aufgeführt sind, gilt, dass bei Renten die Quellensteuer stets in Abzug zu bringen ist und dass bei Kapitalleistungen nie ein Rückforderungsanspruch besteht.
[2] Gilt rückwirkend ab dem 1. Januar 2015.
[3] Rückforderungsmöglichkeit, sofern durch Ansässigkeitsstaat besteuert (Besteuerungsnachweis verlangen).
[4] Keine Quellensteuern für Renten, die bereits vor dem 21. August 2009 liefen, sofern diese Renten an Personen gezahlt werden, die ihren Wohnsitz vor dem 21. August 2009 von der Schweiz nach Dänemark verlegt haben.
[5] Keine Quellensteuern für Renten, die bereits vor dem 28. Februar 2011 liefen, sofern diese Renten an Personen gezahlt werden, die ihren Wohnsitz vor dem 28. Februar 2011 von der Schweiz nach Schweden verlegt haben.
• [6] Eine Rückerstattung ist möglich, soweit Beiträge von Arbeitgeber und Arbeitnehmer nachweislich in der Schweiz nicht von den Steuerbemessungsgrundlagen abgezogen wurden. Eine Rückerstattung kann dem Ansässigkeitsstaat nach Art. 7 Abkommen über die gegenseitige Amtshilfe in Steuersachen mitgeteilt werden.

Internationale Transporte

Quelle: Eidg. Steuerverwaltung ESTV

Stand: 1. Januar 2023
Keine Neuerungen gegenüber dem Stand per 1. Januar 2022

Quellenbesteuerung von
Arbeitnehmern bei internationalen Transporten
Übersicht über die Doppelbesteuerungsabkommen

Der Quellensteuerabzug ist vorzunehmen:
a Immer für den gesamten Lohn;
b Für den gesamten Lohn. Wenn der Einsatz jedoch ausschliesslich innerhalb eines einzigen ausländischen Staates erfolgt, ist kein Quellensteuerabzug vorzunehmen;
c Für den gesamten Lohn. Wenn der Einsatz jedoch ausschliesslich innerhalb des Wohnsitzstaates des Arbeitnehmers erfolgt, ist kein Quellensteuerabzug vorzunehmen;
d Quellensteuerabzug für den Teil des Lohnes der für innerhalb der Schweiz ausgeübte Arbeit bezahlt wird;
e Kein Quellensteuerabzug.

Ausländischer Wohnsitzstaat[1]	Besatzungen von			
	Seeschiff[2]	Flugzeug	Binnenschiff[3]	Strassenfahrzeug
Ägypten	c	c	c	d
Albanien	c	c	c	d
Algerien	c	c	c	d
Argentinien	c	c	c	d
Armenien	c	c	c	c
Aserbaidschan	c	c	c	d
Australien	c	c	c	d
Bahrain	c	c	c	d
Bangladesch	c	c	c	d
Belarus	c	c	c	c
Belgien	c	c	a	d
Brasilien	e	e	e	d
Bulgarien	c	c	a	c
Chile	c	c	c	d
China	c	c	c	d
Chinesisch Taipeh (Taiwan)	c	c	c	d
Dänemark	c	c[4]	c	d
Deutschland	b	b	a	d
Ecuador	c	c	c	d
Elfenbeinküste	c	c	c	d
Estland	c	c	c	d
Finnland	c	c	c	d
Frankreich[5]	c	c	a	d
Georgien	c	c	c	d
Ghana	c	c	c	d
Griechenland	c[6]	c	c[6]	d
Hongkong	c	c	c	d
Indien	c	c	c	d
Indonesien	c	c	c	d
Iran	c	c	c	d
Irland	c	c	c	d
Island	c	c	c	d
Israel	c	c	c	d
Italien	c	c	a	d
Jamaika	c	c	c	d
Japan	c	c	c	d
Kanada	b	b	b	d
Kasachstan	c	c	c	d
Katar	c	c	c	d
Kirgisistan	c	c	c	c
Kolumbien	c	c	c	d
Kosovo	c	c	c	d
Kroatien	c	c	a	d

Ausländischer Wohnsitzstaat[1]	Besatzungen von Seeschiff[2]	Flugzeug	Binnenschiff[3]	Strassenfahrzeug
Kuwait	c	c	c	d
Lettland	c	c	c	d
Liechtenstein[7]	c	c	c	d
Litauen	c	c	c	d
Luxemburg	c	c	a	d
Malaysia	c	c	c	d
Malta	c	c	c	d
Marokko	c	c	c	d
Mazedonien	c	c	c	c
Mexiko	c	c	c	d
Moldawien	c	c	c	d
Mongolei	c	c	c	c
Montenegro	c	c	c	c
Neuseeland	c	c	c	d
Niederlande	c	c	a	d
Norwegen	c[6]	c[4]	c[6]	d
Oman	c	c	c	d
Österreich	b	b	a	d
Pakistan	c	c	c	d
Peru	c	c	c	d
Philippinen	c	c	c	d
Polen	c	c	a	d
Portugal	c	c	c	d
Rumänien[5]	c	c	c	c
Russland	c	c	c	d
Sambia	c	c	c	d
Saudi-Arabien	c	c	c	d
Schweden	b	b	d	d
Serbien	c	c	c	c
Singapur	c	c	c	d
Slowakei[5]	c	c	c	c
Slowenien	c	c	c	d
Spanien	c	c	c	d
Sri Lanka	c	c	c	d
Südafrika	c	c	c	d
Südkorea	e	e	e	d
Tadschikistan	c	c	c	d
Thailand	c	c	c	d
Trinidad und Tobago	b	b	b	d
Tschechische Republik	c	c	c	d
Tunesien	c	c	c	d
Türkei	c	c	c	c
Turkmenistan	c	c	c	d
Ukraine	c	c	c	c
Ungarn	c	c	c	d
Uruguay	c	c	c	d
Usbekistan	c	c	c	c
Venezuela	c	c	c	d
Vereinigte Arabische Emirate	c	c	c	d
Vereinigtes Königreich	c	c	a	d
Vereinigte Staaten (USA)	e	e	e	d
Vietnam	c	c	c	d
Zypern	c	c	c	d

[1] Bei Personen, die in einem nicht in der Liste enthaltenen Staat wohnen, ist die Quellensteuer unter Vorbehalt von Fussnote 2 unten immer abzuziehen.
[2] Kein Quellensteuerabzug für Besatzungsmitglieder von in der Schweiz registrierten Seeschiffen. Als Seeschiffe gelten Schiffe, die auf den Meeren verkehren.
[3] Als Binnenschiffe gelten Schiffe, die nicht auf den Meeren (d.h. auf Seen, Flüssen, Kanälen, etc.) verkehren.
[4] Für SAS-Besatzungen Buchstabe e.
[5] Für Besatzungen von Eisenbahnen ist Buchstabe c anwendbar.
[6] Falls das Schiff im Wohnsitzstaat des Besatzungsmitglieds registriert ist, ist kein Quellensteuerabzug vorzunehmen.
[7] Für Grenzgänger ist kein Quellensteuerabzug vorzunehmen.

Verwaltungsräte

Quelle: Eidg. Steuerverwaltung ESTV

> **Gültig ab 1. Januar 2023**
> Keine Neuerungen gegenüber dem Stand per 1. Januar 2022

Merkblatt über die Quellenbesteuerung von Entschädigungen an Verwaltungsräte und ihnen gleichgestellte Personen ohne steuerrechtlichen Wohnsitz oder Aufenthalt in der Schweiz

1. Steuerpflichtige Personen

Personen ohne steuerrechtlichen Wohnsitz oder Aufenthalt in der Schweiz, die als Mitglieder der Verwaltung oder der Geschäftsführung von juristischen Personen mit Sitz oder tatsächlicher Verwaltung in der Schweiz tätig sind, unterliegen für die aus dieser Tätigkeit erhaltenen Vergütungen der Quellensteuer. Das Gleiche gilt für Mitglieder der Verwaltung oder Geschäftsführung von ausländischen Unternehmungen mit einer Betriebsstätte in der Schweiz, sofern die steuerbaren Leistungen zu Lasten der in der Schweiz unterhaltenen Betriebsstätte ausgerichtet werden.

Unter Mitgliedern der Verwaltung oder der Geschäftsführung sind jene Personen zu verstehen, welche strategische Leitungs- oder Aufsichtsfunktionen ausüben, ohne sich mit der laufenden operativen Geschäftsleitung zu befassen. Darunter fallen insbesondere:

- Verwaltungsräte einer AG
- Mitglieder der Verwaltung einer Kommandit-AG oder Genossenschaft
- Angehörige der Direktion von juristischen Personen (Vereine, Stiftungen)
- Geschäftsführer einer GmbH

Für operative Tätigkeiten erfolgt die Besteuerung nach dem ordentlichen Quellensteuertarif. Bezieht eine Person eine Vergütung sowohl für strategische als auch für operative Aufgaben, so ist der Bruttolohn entsprechend dem Verhältnis der Aufgaben aufzuteilen.

2. Steuerbare Leistungen

Steuerbar sind alle Einkünfte, insbesondere Tantiemen, Sitzungsgelder, festen Entschädigungen, Einkünfte aus Mitarbeiterbeteiligungen und ähnlichen Vergütungen, die der steuerpflichtigen Person in ihrer Eigenschaft als Mitglied der Verwaltung oder der Geschäftsführung der Unternehmung ausgerichtet werden. Das Gleiche gilt, wenn die Vergütungen nicht der steuerpflichtigen Person direkt, sondern einem Dritten zufliessen. Von der Besteuerung ausgenommen sind einzig die anhand von Belegen nachweisbaren Reise- und Übernachtungsspesen.

3. Steuerberechnung

Die Quellensteuer beträgt 5 Prozent der Bruttoleistungen (Anteil direkte Bundessteuer). Sie wird nicht erhoben, wenn die von einem Schuldner der steuerbaren Leistung ausgerichteten steuerbaren Bruttoeinkünfte in einem Steuerjahr weniger als CHF 300 betragen.

4. Vorbehalt der Doppelbesteuerungsabkommen

Gemäss den von der Schweiz abgeschlossenen Doppelbesteuerungsabkommen können Entschädigungen als Mitglieder der Verwaltung in der Schweiz nur besteuert werden, wenn die Gesellschaft als solche in der Schweiz ansässig ist, d.h. hier nicht nur eine Betriebsstätte hat.

5. Verfahren

5.1 Die Unternehmung als Schuldner der steuerbaren Leistung meldet die quellensteuerpflichtige Person innert acht Tagen seit Fälligkeit der steuerbaren Leistung der zuständigen Steuerbehörde. Die Meldung hat folgende Angaben zur quellensteuerpflichtigen Person zu enthalten:

- Name und Vorname
- Geburtsdatum
- 13-stellige AHV-Nr. (falls bekannt)
- Vollständige Adresse im Ausland

5.2 Die Quellensteuer ist im Zeitpunkt der Auszahlung, Überweisung, Gutschrift oder Verrechnung der steuerbaren Leistung fällig. Der Schuldner der steuerbaren Leistung hat den Steuerbetrag gegenüber der steuerpflichtigen Person in Abzug zu bringen.

5.3 Der Schuldner der steuerbaren Leistung hat über die abgezogenen Quellensteuern abzurechnen, indem er das vollständig ausgefüllte Abrechnungsformular innert 30 Tagen nach Beginn des auf die Fälligkeit der Leistung folgenden Monats bei der zuständigen Steuerbehörde einreicht.

5.4 Bei Kantonen mit Jahresmodell (FR, GE, TI, VD und VS) hat der Schuldner der steuerbaren Leistung die Quellensteuer zusammen mit der Abrechnung an zuständige Steuerbehörde zu überweisen.

Bei Kantonen mit Monatsmodell (übrige Kantone) hat die Überweisung der Quellensteuer erst nach der Rechnungsstellung durch die zuständige Steuerbehörde zu erfolgen.

Bei rechtzeitiger Abrechnung und Ablieferung der Quellensteuer hat der Schuldner der steuerbaren Leistung Anspruch auf eine Bezugsprovision von 1 bis 2 Prozent der abgelieferten Quellensteuer.

5.5 Der Schuldner der steuerbaren Leistung haftet für die korrekte Erhebung und Ablieferung der Quellensteuer.

5.6 Die vorsätzliche oder fahrlässige Unterlassung der Quellensteuererhebung gilt als Steuerhinterziehung.

6. Bescheinigung über den Steuerabzug

Der quellensteuerpflichtigen Person ist unaufgefordert eine Bescheinigung über die Höhe der in Abzug gebrachten Quellensteuer auszustellen.

7. Rechtsmittel

Ist die quellensteuerpflichtige Person oder der Schuldner der steuerbaren Leistung mit dem Quellensteuerabzug nicht einverstanden, oder hat die quellensteuerpflichtige Person keine Bescheinigung über den Steuerabzug erhalten, so können diese bis Ende März des auf die Fälligkeit der Leistung folgenden Steuerjahres eine anfechtbare Verfügung über Bestand und Umfang der Steuerpflicht bei der zuständigen Steuerbehörde verlangen.

Einkünfte VSt bei einfacher BH

Quelle: Eidg. Steuerverwaltung ESTV/HA Direkte Bundessteuer, Verrechnungssteuer, Stempelabgaben

Merkblatt

Verbuchungsklausel
(einfache Buchhaltung)

Verbuchung der verrechnungssteuerbelasteten Einkünfte bei einfacher Buchhaltung

Wenn eine Handelsgesellschaft oder Genossenschaft, ein Verein oder eine Stiftung die mit der Verrechnungssteuer (VSt) belasteten Einkünfte (Zinsen, Dividenden, Lotteriegewinne usw.) nicht ordnungsgemäss als Ertrag verbucht, so verwirkt sie den Anspruch auf Rückerstattung der von diesen Einkünften abgezogenen Verrechnungssteuer (Art. 25, Abs. 1 des Verrechnungssteuergesetzes vom 13. Oktober 1965; VStG). Diese sogenannte Verbuchungsklausel gilt auch für andere beim Bund Rückforderungsberechtigte, wie öffentlich-rechtliche Körperschaften, Versicherungskassen usw. Das vorliegende Merkblatt umschreibt, **wie** in **einfachen Verhältnissen** zu verfahren ist oder bei **einfacher Buchhaltung** die Einkünfte **zu verbuchen** sind, **damit der Anspruch auf Rückerstattung der Verrechnungssteuer gewahrt wird** (werden die Bücher nach dem System der doppelten Buchhaltung geführt, so ist gemäss Merkblatt S-02.104 zu verfahren).

1 In **einfachen Verhältnissen**, beispielsweise bei einem Verein mit einem oder zwei Bankguthaben (Sparoder Depositenkonto, Kontokorrentguthaben), genügt es für die Wahrung des Anspruchs auf Rückerstattung der von den Zinsen abgezogenen Verrechnungssteuer, wenn in der **Jahresrechnung der Stand des Bankguthabens** am Ende des Rechnungsjahres aufgeführt ist. Es empfiehlt sich, den **Betrag des Rückerstattungsanspruchs** (35 % des gutgeschriebenen oder ausbezahlten Bruttozinses) **als Guthaben** gegenüber der Eidg. Steuerverwaltung (ESTV) auszuweisen.

2 Wird eine **einfache Buchhaltung** geführt, so ist dafür zu sorgen, dass die mit der Verrechnungssteuer belasteten Einkünfte und die zurückerstatteten Verrechnungssteuern **in der Kassen- oder Verwaltungsrechnung** laufend als Einnahme verbucht werden. Der **Rückerstattungsanspruch** sollte in der **auf Ende des Rechnungsjahres zu erstellenden Vermögensrechnung** aufgeführt werden.

3 Es empfiehlt sich, namentlich wenn die verrechnungssteuerbelasteten Einkünfte zahlenmässig einen **gewissen Umfang** annehmen (Zinsen mehrerer Sparhefte, Erträge von Obligationen usw.), für diese **Einkünfte** und für die **einzelnen Steuerabzüge auf einem Kontrollblatt je besondere Kolonnen** zu führen, die laufend nachgetragen werden (vgl. Muster eines Kontrollblattes und das Verbuchungsbeispiel Ziffer 5). Ein solches Vorgehen erleichtert das Erstellen der ordnungsgemässen Vermögensrechnung und bietet Gewähr, dass die Einkünfte korrekt verbucht werden. Das sorgfältig geführte Kontrollblatt schützt aber namentlich auch davor, dass – beispielsweise beim Wechsel des Kassiers – vergessen wird, die Rückerstattung der Verrechnungssteuer innert der gesetzlichen Frist geltend zu machen (nach Art. 32, Abs. 1 VStG erlischt der Rückerstattungsanspruch, wenn der Rückerstattungsantrag nicht innert drei Jahren nach Ablauf des Kalenderjahres, in dem der verrechnungssteuerbelastete Ertrag fällig geworden ist, der Eidg. Steuerverwaltung eingereicht wird).

Im Kontrollblatt werden die Einkünfte zweckmässigerweise (in einer entsprechenden Kolonne) mit dem **Bruttobetrag** eingetragen (vgl. Verbuchungsbeispiel Ziffer 5).

4 Es ist zu beachten, dass der Anspruch auf Steuerrückerstattung **nicht** gewahrt bleibt, wenn die verrechnungssteuerbelasteten Einkünfte oder die zurückerstattete Steuer nur und erst in der **Steuererklärung** angegeben werden.

5 **Verbuchungsbeispiel** (siehe Rückseite).

Beispiel eines Kontrollblattes (Ziffer 5)

Eintragungen	Kasse, Post, Bank Einnahmen Fr.	Ausgaben Fr.	ESTV Verrechnungssteuer Fr.	Zinsen oder Wertschriftenertrag Fr.
2013				
31. 3. Einlösung Obligationencoupons: Bruttoertrag 35% Verrechnungssteuer Nettoauszahlung oder -gutschrift	650		350	1'000
15. 5. Einlösung Dividendencoupons: Bruttoertrag 35% Verrechnungssteuer Nettoauszahlung oder -gutschrift	780		420	1'200
20. 9. Empfang von Gratisaktien: Nominalwert 35% Verrechnungssteuer (der emittierenden Gesellschaft vergütet)*		910	910	2'600
31.12. Zins auf Namensparkonto: Gutschrift (bis Fr. 200.- verrechnungssteuerfrei)	45		-	45
31.12. Gesamter Rückerstattungsanspruch			1'680	
2014				
31. 3. Giro der ESTV	1'680			

* Anmerkung

Dem Beispiel liegt die Annahme zugrunde, die emittierende Gesellschaft habe den **Nominalwert** der Gratisaktien als **Bruttoleistung** behandelt und demzufolge den Aktionären die Verrechnungssteuer mit 35 % vom Nominalwert belastet.

Wird der **Nominalwert** der Gratisaktien als **Nettoleistung** betrachtet, so hat die emittierende Gesellschaft die Verrechnungssteuer von der entsprechenden Bruttoleistung zu entrichten; der Empfang der Gratisaktien ist wie folgt einzutragen:

Eintragungen	Kasse, Post, Bank Einnahmen Fr.	Ausgaben Fr.	ESTV Verrechnungssteuer Fr.	Zinsen oder Wertschriftenertrag Fr.
20. 9. Empfang von Gratisaktien: Nominalwert	Fr. 2'600			
Massgebende Bruttoleistung 35 % Verrechnungssteuer	Fr. 4'000		1'400	4'000

Einkünfte VSt bei doppelter BH

Quelle: Eidg. Steuerverwaltung ESTV / HA Direkte Bundessteuer, Verrechnungssteuer, Stempelabgaben

Verbuchungsklausel
(doppelte Buchhaltung)

Merkblatt
Verbuchung der verrechnungssteuerbelasteten Einkünfte als Ertrag bei doppelter Buchhaltung

Wenn eine Aktiengesellschaft, Gesellschaft mit beschränkter Haftung, Genossenschaft, Kollektiv- oder Kommanditgesellschaft die mit der Verrechnungssteuer (VSt) belasteten Einkünfte (Zinsen, Dividenden, Lotteriegewinne usw.) nicht ordnungsgemäss als Ertrag verbucht, so verwirkt sie den Anspruch auf Rückerstattung der von diesen Einkünften abgezogenen Verrechnungssteuer (Art. 25, Abs. 1 des Verrechnungssteuergesetzes vom 13. Oktober 1965; VStG). Diese sogenannte Verbuchungsklausel gilt auch für andere beim Bund Rückforderungsberechtigte, wie öffentlich-rechtliche Körperschaften, Vereine, Stiftungen, Anlagefonds, Privatbankiers, Versicherungskassen, ausländische Unternehmen mit inländischer Betriebsstätte usw. Das vorliegende Merkblatt umschreibt, **wie die Einkünfte zu verbuchen** sind, **damit der Anspruch auf Rückerstattung der Verrechnungssteuer gewahrt wird** (werden die Bücher **nicht** nach dem System der doppelten Buchhaltung geführt, so ist gemäss Merkblatt S-02.105 zu verfahren).

1 Die verrechnungssteuerbelasteten Einkünfte sind im **Fälligkeitsjahr** einem **Zinsenkonto** oder **Wertschriftenertragskonto** gutzuschreiben, das über die Gewinn- und Verlustrechnung abgeschlossen wird (Spezialfälle vgl. Ziffer 3 hiernach).

2 Die Einkünfte sollten laufend dem Ertragskonto mit dem **Bruttobetrag (vor Abzug der Verrechnungssteuer) gutgeschrieben werden.** Die abgezogene Steuer ist einem Debitorenkonto, das auf den Namen der «Eidg. Steuerverwaltung» lautet oder als «VSt-Rückerstattung» bezeichnet ist, zu belasten, den andererseits die zurückerhaltenen Verrechnungssteuerbeträge (auch die Abschlagsrückerstattungen) bei Erhalt gutzuschreiben sind; der Saldo dieses Kontos entspricht am Jahresende dem Rückerstattungsanspruch, der im nachfolgenden Jahre gegenüber der Eidg. Steuerverwaltung (ESTV) noch geltend gemacht werden kann (vgl. das Verbuchungsbeispiel Ziffer 4).

Werden die Einkünfte im Ertragskonto lediglich **netto** verbucht, **was nicht zu empfehlen** ist, so ist es zweckmässig, den **Betrag der abgezogenen VSt,** soweit diese beim Rechnungsabschluss noch nicht zurückerstattet (und demzufolge noch nicht als Ertrag verbucht) worden ist, beim Jahresabschluss einerseits einem **Debitorenkonto** (ESTV) zu belasten oder zumindest **transitorisch zu aktivieren** und andererseits der **Ertragsrechnung gutzuschreiben.** Wird dies unterlassen, so ist die Verrechnungssteuer **auf alle Fälle im Zeitpunkt der Rückerstattung** der Ertragsrechnung gutzuschreiben.

Die **blosse Angabe** der zurückerhaltenen VSt-Beträge **in der Steuererklärung** genügt den Anforderungen von Art. 25, Abs. 1 VStG nicht.

3 **Besonderheiten:**

3.1 Die Ausgabe von **Gratisaktien,** die Gratisnennwerterhöhung von Aktien u. dgl. unterliegen der VSt nach Art. 4, Abs. 1, lit. b VStG. Bei der Gesellschaft oder Genossenschaft, die Gratisaktien u. dgl. empfängt, hängt die Erhebung der direkten Bundessteuer hiefür gemäss Bundesgerichtspraxis davon ab, wie sie ihre Wertschriften verbucht, ob zum Verkehrswert (diesfalls Steuerpflicht für die Erhöhung des Gesamtwertes mit entsprechender Verbuchung als Ertrag im Zeitpunkt des Empfanges der Gratisaktien) oder zum Anschaffungswert (diesfalls Steuerpflicht erst bei einer späteren Aufwertung oder Veräusserung der Gratisaktien). Im Lichte dieser Praxis kann die Rückerstattung der VSt nicht davon abhängig gemacht werden, dass in jedem Falle die Gratisaktien als Ertrag verbucht sein müssen.

Gesellschaften, die ihre Wertschriften zum **Anschaffungswert** verbuchen, haben die Pflicht zur ordnungsgemässen Verbuchung erfüllt, wenn die Titelvermehrung im Wertscheifteninventar offenkundig gemacht ist. Das gilt auch für die Privatbankiers. Die **überwälzte und zurückerstattete VSt** muss aber als Ertrag verbucht werden (vgl. Ziffer 4).

Vereine, Stiftungen und sonstige juristische Personen, die wie natürliche Personen besteuert werden, sind unter Umständen für die empfangenen Gratisaktien **einkommenssteuerpflichtig.** Das ist der Fall bei der direkten Bundessteuer und bei einer ganzen Reihe kantonaler Steuergesetze. In solchen Verhältnissen sind die empfangen Gratisaktien usw. zum Nennwert (wie Aktiendividenden) als Ertrag zu verbuchen, damit der Rückerstattungsanspruch gewahrt bleibt; das Verbuchungsbeispiel (Ziffer 4, Buchung vom 20.9.) gilt hier nicht.

3.2 Bestimmte steuerbare geldwerte Leistungen stellen beim Empfänger weder Aufwand noch Ertrag dar (**zinsloses Darlehen;** Differenz Übernahmepreis – Verkehrswert bei **Übernahme von Aktiven** zu einem unter dem Verkehrswert liegenden Preis). In solchen Fällen wäre eine Verbuchung der «Leistung» als Ertrag handelsrechtlich nicht ordnungsgemäss; sie kann daher auch verrechnungssteuerlich nicht gefordert werden und ist demzufolge nicht Voraussetzung des Rückerstattungsanspruchs.

4 **Verbuchungsbeispiel** (siehe Rückseite).

Verbuchungsbeispiel (Ziffer 4)

Buchungsvorgänge		Kasse, Post, Bank		ESTV Verrechnungssteuer		Zinsen oder Wertschriftenertrag	
		Soll Fr.	Haben Fr.	Soll Fr.	Haben Fr.	Soll Fr.	Haben Fr.
2013							
31. 3.	Einlösung Obligationencoupons:						
	Bruttoertrag	Fr. 10 000.–					10 000.–
	35 % Verrechnungssteuer	Fr. 3 500.–		3 500.–			
	Nettoauszahlung oder -gutschrift	Fr. 6 500.–	6 500.–				
15. 5.	Einlösung Dividendencoupons:						
	Bruttoertrag	Fr. 12 000.–					12 000.–
	35 % Verrechnungssteuer	Fr. 4 200.–		4 200.–			
	Nettoauszahlung oder -gutschrift	Fr. 7 800.–	7 800.–				
20. 9.	Empfang von Gratisaktien:						
	Nominalwert	Fr. 19 500.–					
	35 % Verrechnungssteuer (der emittierenden Gesellschaft vergütet oder gutgeschrieben) *		6 825.–	6 825.–			
31.12.	Zinsen auf Bankkontokorrentguthaben:						
	Bruttoertrag	Fr. 1 800.–					1 800.–
	35 % Verrechnungssteuer	Fr. 630.–		630.–			
	Nettogutschrift	Fr. 1 170.–	1 170.–				
31.12.	Zins auf Namensparkonto:						
	Gutschrift (bis Fr. 200.– verrechnungssteuerfrei)	Fr. 45.–	45.–				45.–
31.12.	Saldo (Rückerstattungsanspruch)				15 155.–		
				15 155.–	15 155.–		
2014							
1. 1.	Saldovortrag			15 155.–			
31. 3.	Giro der ESTV	15 155.–			15 155.–		

* Anmerkung

Dem Beispiel liegt die Annahme zugrunde, die emittierende Gesellschaft habe den **Nominalwert** der Gratisaktien als **Bruttoleistung** behandelt und demzufolge den Aktionären die Verrechnungssteuer mit 35 % vom Nominalwert belastet.

Wird der **Nominalwert** der Gratisaktien als **Nettoleistung** betrachtet, so hat die emittierende Gesellschaft die Verrechnungssteuer von der entsprechenden Bruttoleistung zu entrichten; der Empfang der Gratisaktien ist wie folgt zu verbuchen:

20. 9.	Empfang von Gratisaktien:						
	Nominalwert	Fr. 19 500.–					
	Massgebende Bruttoleistung	Fr. 30 000.–					
	35 % Verrechnungssteuer			10 500.–			10 500.–

Anrechnung ausländischer Quellensteuern

Quelle: Eidg. Steuerverwaltung ESTV

DA-M
Doppelbesteuerung

Merkblatt über die Anrechnung ausländischer Quellensteuern

1. Was bezweckt die Anrechnung ausländischer Quellensteuern?

Zahlreiche Staaten erheben **Quellensteuern** auf Kapitalerträgen. Unterliegen diese zudem im Wohnsitzstaat des Empfängers einer Steuerpflicht, was üblicherweise der Fall ist, kann es zu einer internationalen Doppelbesteuerung kommen. Die von der Schweiz abgeschlossenen Doppelbesteuerungsabkommen beseitigen die Doppelbesteuerung von **Dividenden, Zinsen, Lizenzgebühren** (und in einzelnen Fällen auch von **Dienstleistungserträgen** und **Renten**) dadurch, dass die in der Schweiz wohnhaften Empfänger, zum Ausgleich der von diesen Staaten erhobenen und nicht zu erstattenden Steuern, eine Entlastung von den schweizerischen Steuern verlangen können.[1]

Die Entlastung erfolgt durch Anrechnung der ausländischen Quellensteuern gemäss der Verordnung des Bundesrates vom 22. August 1967 über die Anrechnung ausländischer Quellensteuern (VStA).[2] Eine Teilrevision dieser Verordnung trat am 1. Januar 2020 in Kraft. Die in der dazugehörigen **Verordnung 1** des EFD vom 4. Dezember 2019 (Inkrafttreten am 1. Februar 2020) über die Anrechnung ausländischer Quellensteuern[3] **aufgelisteten Vertragsstaaten** im Laufe eines Jahres tatsächlich erhobenen Steuern, die diese Staaten nach dem Abkommen nicht zurückerstatten müssen, werden unter gewissen Voraussetzungen von der Schweiz dem inländischen Einkommensempfänger ganz oder teilweise angerechnet.

(Im Anhang zu diesem Merkblatt befindet sich ein Berechnungsbeispiel zur Anrechnung der ausländischen Quellensteuer. Dabei wird auch die Verteilung des Anrechnungsbetrags zwischen Bund und Kantonen gemäss Art. 20 VStA aufgezeigt.)

2. Für welche Erträge kann die Anrechnung der ausländischen Quellensteuern verlangt werden?

Die Anrechnung der ausländischen Quellensteuern kann für diejenigen **Dividenden, Zinsen, Lizenzgebühren, Dienstleistungserträge und Renten** verlangt werden, die in den **Vertragsstaaten**, aus denen sie stammen, **tatsächlich einer Steuer** zu den in anwendbaren Doppelbesteuerungsabkommen festgesetzten Sätzen (siehe Verordnung 1) **unterliegen** und im Doppelbesteuerungsabkommen für diese Erträge eine Entlastung von den schweizerischen Steuern durch Anrechnung der ausländischen Steuer vorgesehen ist.

3. Wer hat Anspruch auf die Anrechnung ausländischer Quellensteuern?

Anspruch auf die Anrechnung ausländischer Quellensteuern haben alle **natürlichen** und **juristischen Personen**, die im Sinne der Doppelbesteuerungsabkommen mit den in der Verordnung 1 erwähnten Vertragsstaaten in der Schweiz ansässig sind und hier für die ausländischen Erträge den schweizerischen Einkommens- und Gewinnsteuern unterliegen.

Fliessen die Erträge an eine **Kollektiv- oder Kommanditgesellschaft**, so steht der Anspruch auf Anrechnung ausländischer Quellensteuern der Gesellschaft zu.

Auch eine **schweizerische Betriebsstätte** eines ausländischen Unternehmens kann für Erträge aus einem Drittstaat, die mit nicht rückforderbaren Quellensteuern belastet sind, die Anrechnung dieser Steuern beanspruchen, wenn Doppelbesteuerungsabkommen einerseits zwischen der Schweiz und dem Ansässigkeitsstaat des Unternehmens und andererseits zwischen jedem der beiden Staaten und dem Drittstaat, aus dem die Erträge stammen, bestehen.

Wer die Anrechnung ausländischer Quellensteuern verlangt, hat die im Antrag aufgeführten ausländischen Erträge mit der Bruttobetrag (also ohne Abzug der im Quellenstaat erhobenen Steuer) zu versteuern. Besondere Vorschriften (Art. 3 Abs. 2 VStA) gelten für die zur Führung kaufmännischer Bücher verpflichteten Unternehmen.

4. In welchen Fällen ist die Anrechnung ausländischer Quellensteuern ausgeschlossen?

Ist eine der in den vorstehenden Ziffern 2 und 3 erwähnten Voraussetzungen nicht erfüllt, so kann die Anrechnung ausländischer Quellensteuern nicht beansprucht werden. Die Anrechnung ausländischer Quellensteuern ist insbesondere ausgeschlossen:

a. für Erträge, die **im Quellenstaat keiner Steuer unterliegen** oder für welche eine allfällige Quellensteuer voll zurückgefordert werden kann;

b. für Erträge, die **in der Schweiz keiner Einkommens- oder Gewinnsteuer unterliegen**, sei es,
   – dass der Empfänger generell von der Entrichtung schweizerischer Einkommenssteuern befreit ist,
   – dass der Empfänger tatsächlich keine schweizerischen Einkommenssteuern entrichtet, weil sein Einkommen die steuerbaren Mindestbeträge nicht erreicht, oder
   – dass die Erträge nach internem Recht nicht besteuert werden (z.B. Dividenden aus Tochtergesellschaften, für die ein Beteiligungsabzug gewährt wird).

c. für natürliche Personen, die in der Schweiz nach dem Aufwand besteuert werden und die Steuer nicht die Einkünfte aus dem Quellenstaat zum Satze für das Gesamteinkommen umfasst (vgl. Art. 14 Abs. 5 DBG bzw. Art. 6 Abs. 7 StHG);

d. für Steuerpflichtige, die das Doppelbesteuerungsabkommen missbräuchlich in Anspruch nehmen oder die Voraussetzungen für die Beanspruchung eines Vorteils des Doppelbesteuerungsabkommens nicht erfüllen. Eine Ausnahme besteht gemäss schweizerisch-deutschen Doppelbesteuerungsabkommen für Fälle, wo die Entlastung der deutschen Quellensteuer von gewissen Personen und Gesellschaften nicht beansprucht werden kann und trotzdem eine Anrechnung ausländischer Quellensteuern gewährt wird.[4]

e. für **Bagatellfälle,** in denen die nicht rückforderbaren ausländischen Steuern den Betrag von 100 Franken nicht übersteigen.

Steuerpflichtige, die die Anrechnung ausländischer Quellensteuern aus einem der vorgenannten Gründe nicht beanspruchen können oder sie nicht beantragen, können verlangen, dass die in den Vertragsstaaten in Übereinstimmung mit dem anwendbaren Doppelbesteuerungsabkommen erhobenen Steuern vom Bruttobetrag der Erträge abgezogen werden (Nettobesteuerung).

5. Anrechenbare ausländische Quellensteuern – Grundsatz

Sofern die ausländischen Quellensteuern nicht höher als der **Maximalbetrag** oder die insgesamt geschuldete Einkommens- oder Gewinnsteuer sind, werden sie vollständig angerechnet.

Die Aufgabe des **Maximalbetrages** ist es, sicherzustellen, dass eine in der Schweiz ansässige steuerpflichtige Person, die quellensteuerbelastete Einkünfte aus dem Ausland bezieht, nicht den höheren Betrag an die in der Schweiz geschuldeten Einkommens- oder Gewinnsteuern anrechnen kann, als schweizerische Steuern auf den entsprechenden Einkünften geschuldet sind. Die vom Bund, den Kantonen, den Gemeinden und den Kirchgemeinden (nur für juristische Personen) erhobenen Steuern gelten gemeinsam als die «schweizerische Steuer». Es kommt demnach zu keinen Kürzungen der Steueranrechnung, wenn die in der Schweiz ansässige Person, nicht bei allen sie betreffenden Steuerhoheiten innerhalb der Schweiz der vollen Besteuerung unterliegt. In diesen Fällen begrenzt aber allenfalls der **herabgesetzte Maximalbetrag** (siehe Ziffer 7 hienach) die Möglichkeit der Anrechnung.

6. Wie wird der Betrag der Anrechnung ausländischer Quellensteuern ermittelt?

Der Betrag der Anrechnung ausländischer Quellensteuern entspricht, mit der nachstehenden Einschränkung, der Summe der ausländischen Quellensteuern, die in den Vertragsstaaten im Laufe eines Kalenderjahres (Fälligkeitsjahr) von den Dividenden, Zinsen, Lizenzgebühren, Dienstleistungserträgen und Renten in Übereinstimmung mit dem anwendbaren Doppelbesteuerungsabkommen erhoben worden sind und gemäss Doppelbesteuerungsabkommen nicht zurückgefordert werden können. Sind die ausländischen Steuern, die auf die in den Vertragsstaaten besteuerten Erträge entfallen, jedoch niedriger, so wird nur der niedrigere Betrag (**Maximalbetrag**, siehe Ziffer 7 hienach) vergütet.

7. Wie wird der Maximalbetrag berechnet?

Die nachfolgenden Ausführungen beziehen sich auf Erträge, die nach dem 31. Dezember 2019 fällig werden.

a) Berechnung für natürliche Personen

Der Berechnung des Maximalbetrages werden die Steuersätze zugrunde gelegt, die bei der Berechnung der für das Fälligkeitsjahr geschuldeten Einkommenssteuern angewendet werden. Dabei wird der Maximalbetrag für die Steuern des Bundes einerseits sowie der Kantone und Gemeinden andererseits gesondert berechnet. Er darf jedoch nicht höher sein als die Summe der schweizerischen Einkommenssteuern im Fälligkeitsjahr. Zuschläge für Kirchensteuern werden nicht berücksichtigt. Die Kantone können für die Berechnung des Maximalbetrages eigene Tarife vorsehen.

Die im gleichen Jahr angefallenen Schuldzinsen, die anderen Aufwendungen und die steuerwirksamen Abzüge, die mit der Erzielung der Erträge direkt oder indirekt zusammenhängen, sind anteilsmässig von den deklarierten Bruttoerträgen in Abzug zu bringen (siehe nachfolgende Erläuterungen in Bst. c).

Bei Erträgen im Geschäftsvermögen wird der Maximalbetrag berechnet wie für juristische Personen, jedoch ohne Berücksichtigung der Kirchensteuern.

b) Berechnung für juristische Personen

Für die Berechnung des Maximalbetrages sind die einzelnen Steuern des Bundes, der Kantone, der Gemeinden und der Kirchgemeinden massgebend, die auf dem Gewinn des Fälligkeitsjahres berechnet werden. Dabei wird der Maximalbetrag für die Steuern des Bundes einerseits sowie der Kantone, Gemeinden und Kirchgemeinden andererseits gesondert berechnet.

Der auf die ausländischen Erträge entfallende Teilbetrag der Gewinnsteuer wird nach dem Verhältnis der verbuchten Erträge zum gesamten Reingewinn derselben Steuerperiode ermittelt, nach Abzug der darauf entfallenden Schuldzinsen, der anderen Aufwendungen und der steuerwirksamen Abzüge (siehe nachfolgende Erläuterungen in Bst. c). Der Maximalbetrag entspricht der Summe der auf diese Weise errechneten Teilbeträge der Gewinnsteuern für Bund, Kanton, Gemeinde und Kirchgemeinde. Die Summe der Teilbeträge kann jedoch nicht höher sein als die tatsächlich geschuldeten Steuern.

c) Berücksichtigung von Schuldzinsen, anderen Aufwendungen und steuerwirksamen Abzügen

Da die schweizerischen Steuern auf dem Nettoeinkommen (natürliche Personen) resp. dem Nettogewinn (juristische Personen) erhoben werden, werden die ausländischen Erträge für die Berechnung des Maximalbetrages um die auf diese Erträge entfallenden Schuldzinsen, anderen Aufwendungen und steuerwirksamen Abzüge gekürzt.

Es wird angenommen, dass die Schuldzinsen und anderen Aufwendungen bei Lizenzgebühren, die nicht nach Art. 8a und 24b StHG besteuert werden, und bei Dienstleistungserträgen 50 Prozent und die anderen Aufwendungen bei Dividenden und Zinsen 5 Prozent der Bruttoeinnahmen ausmachen; der Nachweis, dass die tatsächlichen Aufwendungen wesentlich höher oder niedriger sind, bleibt vorbehalten.

8. Wie gelangt man in den Genuss der Anrechnung ausländischer Quellensteuern?

Der Antrag ist gemäss den Vorgaben der Steuerbehörde des Kantons, in dem die antragstellende Person am Ende der Steuerperiode, in der die Erträge fällig wurden, ansässig war, einzureichen. Die Erträge, die einer ermässigten Besteuerung unterliegen, sind dabei besonders zu bezeichnen. Für jedes Jahr ist ein separater Antrag zu stellen.

a. Die Anrechnung ausländischer Quellensteuern wird nur auf Antrag gewährt.
 – für **Dividenden** und **Zinsen**: mit dem Ergänzungsblatt zur Anrechnung ausländischer Quellensteuern zum Wertschriftenverzeichnis: Formular **DA-1** für natürliche Personen; Formular **DA-2** für Aktiengesellschaften, Kommandit-AG, GmbH, Genossenschaften, Kollektiv- und Kommanditgesellschaften, schweizerische Betriebsstätten ausländischer Gesellschaften sowie Vereine und Stiftungen;
 – für **Lizenzgebühren**: mit dem Formular **DA-3** für alle Antragsteller.

Anträge auf Anrechnung ausländischer Quellensteuern können frühestens nach Ablauf der Steuerperiode, in der die Erträge fällig geworden sind, gestellt werden. Der Anspruch auf Anrechnung ausländischer Quellensteuer erlischt, wenn der Antrag **nicht innert drei Jahren nach Ablauf der Steuerperiode, in der die Erträge fällig geworden sind,** gestellt wird.

b. Im Antrag sind die Kapitalanlagen und die in einer Steuerperiode fällig gewordenen Erträge, auf denen **in den Vertragsstaaten tatsächlich eine begrenzte Steuer erhoben worden ist, die nicht zurückgefordert werden kann**, vollständig und genau anzugeben. Die Erträge sind nach Quellenstaaten zu ordnen; ferner sind der Bruttoertrag und der Betrag der nicht rückforderbaren ausländischen Steuer einzusetzen. Erträge, für die keine Anrechnung ausländischer Quellensteuer beansprucht werden kann (siehe Ziffer 4 hievor), sind nicht im Ergänzungsblatt, sondern im ordentlichen Wertschriftenverzeichnis aufzuführen.

c. Die Erträge des Geschäftsvermögens, die im selben Geschäftsjahr fällig wurden, sind in einem Antrag zusammenzufassen.

d. Nachdem die zuständige Amtsstelle den Antrag nach den gleichen Regeln, die bei Anträgen auf Rückerstattung der Verrechnungssteuer anwendbar sind, geprüft hat, fällt sie einen Entscheid, den sie begründet, sofern dem Antrag nicht voll entsprochen wird. Der festgesetzte Betrag der Anrechnung der ausländischen Quellensteuern steht unter dem Vorbehalt einer nachträglichen Prüfung und Korrektur durch die Eidgenössische Steuerverwaltung.

Dem Antragsteller stehen die gleichen Rechtsmittel zur Verfügung wie gegen Entscheide über die Rückerstattung der Verrechnungssteuer.

9. Wie wird der Betrag der angerechneten ausländischen Quellensteuer vergütet?

Der Betrag der angerechneten ausländischen Quellensteuer wird, je nach der kantonalen Regelung, entweder an die schweizerischen Steuern angerechnet oder in bar vergütet.

10. Auskünfte, Formulare, Gesetzestexte

Weitere Auskünfte über die Anrechnung ausländischer Quellensteuer erteilen die kantonalen Steuerverwaltungen und die Eidgenössische Steuerverwaltung, 3003 Bern. Die Antragsformulare für die Anrechnung ausländischer Quellensteuern (siehe Ziffer 8a hievor) können bei den kantonalen Steuerverwaltungen bezogen werden.

Die Doppelbesteuerungsabkommen mit den in der Verordnung 1 genannten Staaten, eine Übersicht über die Auswirkungen des Abkommens sowie die Formulare zur Entlastung von oder Rückforderung der ausländischen Quellensteuern können via Internet: www.estv.admin.ch → Internationales Steuerrecht → Länder eingesehen oder bezogen werden.

Folgende Unterlagen können direkt im Internet eingesehen werden:
- Verordnung über die Anrechnung ausländischer Quellensteuer vom 22. August 1967, Stand 1. Januar 2020 www.admin.ch/ch/d/sr/c672_201.html
- Verordnung 1 des EFD über die Anrechnung ausländischer Quellensteuer vom 4. Dezember 2019, **mit Anhang** (Liste der Vertragsstaaten) www.admin.ch/ch/d/sr/c672_201_1.html
- Verordnung 2 des EFD über die Anrechnung ausländischer Quellensteuer vom 12. Februar 1973 www.admin.ch/ch/d/sr/c672_201_3.html
- Doppelbesteuerungsabkommen www.admin.ch/ch/d/sr/0.67.html

---

[1] Eine andere Regelung enthält einzig noch das Abkommen vom 30. September 1954 zwischen der Schweizerischen Eidgenossenschaft und dem Vereinigten Königreich von Grossbritannien und Nordirland zur Vermeidung der Doppelbesteuerung auf dem Gebiete der Steuern vom Einkommen, welches noch für 10 Staaten (Antigua and Barbuda, Barbados, Belize, Dominica, Gambia, Grenada, Malawi, St. Kitts and Nevis, Saint Lucia, Saint Vincent and the Grenadines) und 3 Territorien (Anguil-la, BVI, Montserrat) anwendbar ist, nicht jedoch für Grossbritannien.

[2] SR 672.201

[3] SR 672.201.1

[4] vgl. Verordnung 2 des EFD vom 12. Februar 1973 über die pauschale Steueranrechnung (SR 672.201.3)

Anhang – Anwendungsbeispiel natürliche Personen (inkl. Aufteilung zwischen Bund und Kanton)

Sachverhalt

K (natürliche Person) ist in der Schweiz unbeschränkt steuerpflichtig und besitzt 1000 Stammaktien einer niederländischen Kapitalgesellschaft. Im Jahr X erhält er eine Bruttodividende von CHF 2410.00. Die Aktien haben per 31.12.X einen Steuerwert von CHF 79 300.00. Gemäss DBA mit den Niederlanden beträgt die nicht rückforderbare niederländische Steuer auf Dividenden 15 %. Die Schweizer Einkommenssteuersätze für das Jahr X betragen 5 % (Bund), 5 % (Kanton) und 8 % (Gemeinde). K bezahlt im Jahr X Schuldzinsen in der Höhe von CHF 15 000.00 und hat per 31.12.X Gesamtaktiven von CHF 860 000.00. Ausserdem bezahlt K im Jahr X Vermögensverwaltungskosten in Höhe von CHF 1600 und der Gesamtertrag der Wertschriften beläuft sich auf CHF 15 500.

Lösung

Berechnung der Residualsteuer

Die nicht rückforderbare niederländische Quellensteuer beträgt 15 % von CHF 2410.00. Die Residualsteuer ist demnach CHF 361.50.

Berechnung des Maximalbetrags

Bruttoertrag der Dividende	CHF 2410.00
./. Schuldzinsenanteil*	CHF 1383.15
./. Vermögensverwaltungskostenanteil**	CHF 248.75
= Nettoertrag	CHF 778.10
Steuerbelastung in der Schweiz (18 % von CHF 778.10)	CHF 140.10

Der Maximalbetrag gemäss Art. 9 und Art. 11 VStA beträgt somit CHF 140.10.

* Abzug der Schuldzinsen vom Bruttoertrag, da in der Schweiz das Nettoeinkommen besteuert wird. Die Schuldzinsen werden entsprechend dem Verhältnis Steuerwert der Aktien der niederländischen Kapitalgesellschaft zu den Gesamtaktiven aufgeteilt.
(15 000 × 79 300 ÷ 860 000 = 1383.15)

** Abzug der Vermögensverwaltungskosten vom Bruttoertrag, da in der Schweiz das Nettoeinkommen besteuert wird. Die Vermögensverwaltungskosten werden entsprechend dem Verhältnis Ertrag der ausländischen Wertpapiere zum gesamten Wertschriftenertrag aufgeteilt
(1600 × 2410 ÷ 15 500 = 248.75)

Anrechnung und Verteilung des Anrechnungsbetrags zwischen Bund und Kanton (inkl. Gemeinde) effektiv gemäss Steuersätzen

- Beim Nettoertrag von K von CHF 778.10 ergibt sich gemäss den anwendbaren Steuersätzen von Bund (5 %) und Kanton (inkl. Gemeinde) (13 %) ein Steuerbetrag von CHF 140.10. Davon erhebt der Bund vor der Steueranrechnung CHF 39.00, der Kanton (inkl. Gemeinde) CHF 101.10.
- Der Anteil des Bundessteuersatzes am gesamten Steuersatz beträgt 27,8 %, derjenige vom Kanton (inkl. Gemeinde) 72,2 %. Dieses Verhältnis ist jedoch noch um den Kantonsanteil an der direkten Bundessteuer (21,2 %) zu korrigieren. In diesem Verhältnis ist danach die anrechenbare Residualsteuer zwischen Bund und Kanton (inkl. Gemeinde) aufzuteilen.
- Die Residualsteuer von CHF 361.50 wird somit zu 21,88 % bei der Bundessteuer und zu 78,12 % bei der Steuer vom Kanton (inkl. Gemeinde) angerechnet.
- Da der Maximalbetrag sowohl beim Bund wie auch beim Kanton (inkl. Gemeinde) kleiner ist als die Residualsteuer beträgt der Anrechnungsbetrag CHF 140.10 Der Kanton kann vom Anrechnungsbetrag CHF 30.75 dem Bund belasten.

(Nachfolgend ist diese Aufteilung noch in tabellarischer Form dargestellt.)

	Total	Bund	Kanton
Ausgangslage Maximalbetrag (effektive Verteilung nach Steuersatz)	778.10 × 5 % + 778.10 × 13 % = CHF 140.10	(≈ 27,8 %) CHF 39.00	(≈ 72,2 %) CHF 101.10
a) Maximalbetrag abzgl. Kantonsanteil 8.25 (39.00 × 21,2 %)	= CHF 140.10	CHF 30.75	CHF 109.35
b) Sockelsteuer (prozentuale Aufteilung entsprechend Maximalbetrag unter a))	2410 × 15 % = CHF 361.50	(≈ 21,88 %) CHF 79.13	(≈ 78,12 %) CHF 282.37
Anrechnungsbetrag = kleinerer Betrag aus a) und b)	CHF 140.10	CHF 30.75	CHF 109.35

Investment-Clubs

Quelle: Eidg. Steuerverwaltung ESTV/HA Direkte Bundessteuer, Verrechnungssteuer, Stempelabgaben

Investment-Clubs
Merkblatt
über die steuerliche Behandlung von inländischen Investment-Clubs

1. Im Allgemeinen werden Investment-Clubs durch Sparer gebildet, welche sich zusammenschliessen, um gemeinsam mit verhältnismässig bescheidenen Mitteln Wertpapiere nach eigener Wahl zu erwerben. Die Mitglieder solcher Clubs verpflichten sich in der Regel, periodisch einen vereinbarten Betrag in die gemeinsame Kasse zu bezahlen. Diese Mittel werden laufend in Wertpapiere angelegt. Daher sind die Investment-Clubs meistens einfach organisierte Gebilde mit einem relativ kleinen gemeinschaftlichen Vermögen. Sie verzichten auf eine öffentliche Werbung und geben auch keine Anteilscheine aus. Gemäss den Bestimmungen des Bundesgesetzes über die Anlagefonds (AFG) vom 18. März 1994 sind sie nicht zu den Anlagefonds zu zählen.

2. Haben sich **nicht mehr als zwanzig Personen** vertragsmässig miteinander als Investment-Club verbunden, um gemeinsam Anlagen in Wertpapieren zu tätigen und zu verwalten, so kann ihnen die Eidgenössische Steuerverwaltung (ESTV) aufgrund von Art. 60 Abs. 1 der Vollziehungsverordnung vom 19. Dezember 1966 zum Bundesgesetz über die Verrechnungssteuer (VStV) unter von ihr festzulegenden Bedingungen und Auflagen gestatten, die Rückerstattung der Verrechnungssteuer, die vom Ertrag der Wertpapiere abgezogen wurde, durch gemeinsamen Antrag beim Bund geltend zu machen (Details s. Ziffer 5).

3. Bei einer Anzahl von zwanzig Personen kann noch angenommen werden, dass unter den Mitgliedern enge persönliche Beziehungen bestehen. Ferner kann davon ausgegangen werden, dass jedes Mitglied etwas zum Erreichen des angestrebten Zweckes beiträgt (gemeinsame Verwaltung) und dass sich die Mitgliedertätigkeit nicht nur darauf beschränkt, die monatlichen Kapitaleinzahlungen zu leisten, die Ausschüttungen entgegenzunehmen, die Jahresversammlungen zu besuchen oder ein Vorstandsmandat anzunehmen.

4. Bei den direkten Steuern kann ein Investment-Club nicht als Steuersubjekt gelten. Somit haben die Mitglieder in ihren persönlichen Steuererklärungen ihren Anteil am Clubvermögen und dessen Ertrag (unabhängig von einer allfälligen Ausschüttung) zu deklarieren.

5. Hinsichtlich der Rückforderung der Verrechnungssteuer, des zusätzlichen Steuerrückbehaltes USA oder der ausländischen Quellensteuern ist Folgendes zu beachten:

    5.1. **Grundregel:**

    Dem Club steht als einfache Gesellschaft grundsätzlich kein Anspruch auf Rückerstattung der vorerwähnten Steuern zu. Diese Ansprüche sind primär von den einzelnen Mitgliedern persönlich, gemäss ihrem Anteil am gemeinschaftlichen Vermögen und an dessen Ertrag, bei der für sie zuständigen Verrechnungssteuerbehörde geltend zu machen. Zu diesem Zweck hat der Clubkassier jedem Mitglied jährlich eine Bescheinigung mit folgenden Angaben auszuhändigen: Name und Wohnadresse des Beteiligten; seinen Anteil am Vermögen und effektiv realisierten Ertrag (unabhängig von einer allfälligen Ausschüttung); anteilmässige Belastung der Verrechnungssteuer und des zusätzlichen Steuerrückbehaltes USA mit den in den Rückerstattungsanträgen anzugebenden Bruttoerträgen. Auf der Bescheinigung ist zudem zu vermerken, dass sie als Beleg dem Rückerstattungsantrag beizulegen ist.

5.2. **Vereinfachtes Verfahren:**

Die Eidgenössische Steuerverwaltung (ESTV) kann auf Grund von Art. 60, Abs. 1 der Vollziehungsverordnung vom 19. Dezember 1966 zum Bundesgesetz über die Verrechnungsteuer (VStV) den Mitgliedern mit Wohnsitz in der Schweiz unter den nachstehenden Bedingungen gestatten, die Rückforderung der Verrechnungsteuer durch gemeinsamen Antrag (Form 25), lautend auf den Namen des Investment-Clubs, beim Bund geltend zu machen:

a) Der Club muss sich verpflichten, der ESTV jedem jährlich einzureichenden Rückerstattungsantrag unaufgefordert die entsprechende Jahresrechnung mit einem Wertschriftenverzeichnis (inkl. allfällige ausl. Valoren) sowie eine Mitgliederliste, mit folgenden Angaben beizulegen:
   - Name und Wohnadresse,
   - Kantonsinitialen,
   - Anteil am Vermögen und effektiv realisierten Ertrag pro Mitglied (unabhängig von einer allfälligen Ausschüttung).
b) Der Club hat der ESTV das Recht zur Überprüfung der Clubbuchhaltung einzuräumen.
c) Wird die Verrechnungssteuer aufgrund des vereinfachten Verfahrens vom Club gesamthaft zurückgefordert, sind die Clubmitglieder zur Vermeidung von doppelten Rückerstattungen darauf hinzuweisen, dass sie ihre Anteile am Ertrag im Wertschriftenverzeichnis in der Kolonne verrechnungssteuerfreie Erträge zu deklarieren haben.

Die gemäss Buchstabe a) gemeldeten Verhältnisse werden den zuständigen kantonalen Steuerbehörden bekanntgegeben, damit diese die Deklarationen der beteiligten Mitglieder für die direkten Steuern überprüfen können.

Das vereinfachte Verfahren kann auch für die Rückerstattung des zusätzlichen Steuerrückbehaltes USA sowie der Quellensteuern aus Deutschland, Frankreich, Niederlande, Österreich, und Schweden angewendet werden, soweit diese Steuern gemäss den von der Schweiz mit diesen Staaten abgeschlossenen Doppelbesteuerungsabkommen rückerstattbar sind. Der Anspruch erstreckt sich selbstverständlich nur auf den Anteil der Mitglieder mit Wohnsitz in der Schweiz. Die Rückerstattungsanträge und die Belege müssen der ESTV und nicht den kantonalen Steuerämtern zur Weiterleitung an die ausländischen Fiskalbehörden eingereicht werden.

Die übrigen Staaten, mit denen die Schweiz ein Doppelbesteuerungsabkommen abgeschlossen hat, lehnen dieses vereinfachte Verfahren ab. Für die in diesen Staaten erhobenen Quellensteuern hat jeder Gesellschafter das Recht, einen persönlichen Antrag auf Rückerstattung der auf seinem Ertragsanteil erhobenen Steuer bei der für ihn zuständigen Steuerbehörde einzureichen.

6. **Pauschale Steueranrechnung**

Ein Investment-Club hat grundsätzlich kein Anrecht auf pauschale Steueranrechnung. Daran ändert nichts, dass der Club gemäss den vorerwähnten Abmachungen als Antragsteller für die Rückforderung gewisser ausländischer Quellensteuern auftreten kann.

Hingegen hat das einzelne Clubmitglied die Möglichkeit, seinen Anteil an den begrenzten ausländischen Quellensteuern auf Dividenden und Zinsen mit Formular DA-1 bei der für ihn zuständigen kantonalen Steuerbehörde zu beantragen. Es ist jedoch zu beachten, dass die nicht rückforderbaren Steuern für das einzelne Club-Mitglied aus Club- sowie privatem Besitz insgesamt mindestens Fr. 50.— betragen müssen.

Meldeverfahren im Konzernverhältnis

Quelle: Eidg. Steuerverwaltung ESTV/HA Direkte Bundessteuer, Verrechnungssteuer, Stempelabgaben

Merkblatt
Gesuch um Meldung statt Entrichtung der Verrechnungssteuer für Dividenden aus Beteiligungen im schweizerischen Konzernverhältnis (Art. 26a VStV)

Januar 2001 (Stand 30. Juni 2002)

Auf der Ausschüttung von Bardividenden im schweizerischen Konzernverhältnis, die nach dem 31. Dezember 2000 fällig werden, muss unter gewissen Voraussetzungen die Verrechnungssteuer nicht mehr entrichtet werden. Anstelle der Entrichtung kann die Steuerpflicht durch Meldung der Bardividende an die Eidg. Steuerverwaltung (ESTV) erfüllt werden. Das neue Meldeverfahren ist in Artikel 26a der Vollziehungsverordnung vom 19. Dezember 1966 / 22. November 2000 zum Bundesgesetz über die Verrechnungssteuer (VStV) geregelt.

1. Schweizerische Muttergesellschaft: Das neue Meldeverfahren kommt nur zur Anwendung, wenn feststeht, dass die inländische Muttergesellschaft, auf welche die Verrechnungssteuer zu überwälzen wäre, nach dem Bundesgesetz vom 13. Oktober 1965 über die Verrechnungssteuer (VStG) oder nach der VStV einen Anspruch auf Rückerstattung dieser Steuer hätte. Die Muttergesellschaft muss ihren statutarischen Sitz im Inland haben. Sie muss demnach infolge persönlicher Zugehörigkeit in der Schweiz unbeschränkt steuerpflichtig sein. Weiter verlangt Artikel 26a VStV, dass die schweizerische Muttergesellschaft eine juristische Person in der Rechtsform einer Kapitalgesellschaft (Aktiengesellschaft, Kommanditaktiengesellschaft, Gesellschaft mit beschränkter Haftung) oder einer Genossenschaft sein muss. Stiftungen kommen als Muttergesellschaft nicht in Betracht. Im Unterschied zu Artikel 24 VStV schliesst Artikel 26a VStV das neue Meldeverfahren für natürliche Personen und Personengesellschaften aus.

2. Beteiligungsquote: Die Muttergesellschaft muss zu mindestens 20 % am Grund- oder Stammkapital der Tochtergesellschaft unmittelbar, d.h. ohne Einflussnahme über zwischengeschaltete Gesellschaften, beteiligt sein. Zum Grund- oder Stammkapital gehört bei Aktiengesellschaften sowohl das Aktien- als auch das Partizipationskapital. Als Beteiligungen gelten ausserdem Aktien von Kommanditaktiengesellschaften und GmbH-Stammanteile.

3. Bardividenden: Die Verrechnungssteuerpflicht kann nur bei Ausschüttungen von Bardividenden, die anlässlich einer ordentlichen oder ausserordentlichen Generalversammlung beschlossen wurden, durch Meldung erfüllt werden. Unerheblich ist, ob die Dividende durch Auszahlung, Überweisung, Gutschrift oder Verrechnung erfolgt. Das Meldeverfahren ist ebenfalls für in bar ausgerichtete Liquidationsdividenden anwendbar. Ein Kapitalherabsetzungsverfahren oder die Ausrichtung von geldwerten Leistungen, Interims- und Naturaldividenden, sowie Gratisaktien fällt nicht unter den Anwendungsbereich von Artikel 26a VStV.

4. Verfahren: Das Meldeverfahren im Konzern nimmt seinen Anfang mit der Anweisung der Muttergesellschaft an die Tochtergesellschaft, ihr die an der Generalversammlung beschlossene Bardividende ungekürzt auszurichten. Die Muttergesellschaft (Empfängerin der Bardividende) unterzeichnet als erste das amtliche Gesuchformular 106 (zu beziehen unter www.estv.admin.ch oder unter telefonischer Nummer 031 322 72 70). Danach übergibt die Muttergesellschaft das Formular der Tochtergesellschaft (Schuldnerin der Bardividende). Diese füllt den sie betreffenden unteren Abschnitt aus und reicht das Formular 106 zusammen mit dem von ihr ausgefüllten Formular 103 (AG) bzw. 110 (GmbH) für Beschlüsse ordentlicher Generalversammlungen, resp. 102 für Beschlüsse ausserordentlicher Generalversammlungen, oder Formular 7 für Genossenschaften der ESTV innert 30 Tagen nach Dividendenfälligkeit ein. Vereinnahmt die Leistungsempfängerin erstmals eine Dividende von mindestens brutto CHF 50'000.-, hat sie den Verkäufer, von dem sie die Beteiligung erworben hat, zu nennen und die entsprechenden Belege (z.B. Kopie des Kaufvertrages) beizulegen. Die ESTV überprüft das Gesuch, entscheidet und informiert die steuerpflichtige Gesellschaft nur, wenn das Gesuch abgelehnt wurde. Wird dem Gesuch stattgegeben, steht der Entscheid der ESTV jedoch unter dem Vorbehalt einer späteren Nachprüfung. Im Falle einer Ablehnung des Gesuches werden bei der steuerpflichtigen Gesellschaft die Verrechnungssteuer und ein allfälliger Verzugszins erhoben.

5. Nichtbenützung des Meldeverfahrens: Gesellschaften, welche das Verfahren der Meldung statt Entrichtung der Verrechnungssteuer gemäss Artikel 26a nicht anwenden oder die Voraussetzungen nicht erfüllen, können mit Formular 21 Abschlagsrückerstattungen beantragen (Art. 65 VStV). Falls die Fälligkeiten der mit der Verrechnungssteuer belasteten Erträge vorwiegend in *einem* Quartal des Kalender- oder Geschäftsjahres eintreten, wird dies bei der Bemessung der Abschlagsrückerstattungen berücksichtigt (Art. 65a Abs. 2 VStV). Wer beispielsweise ausschliesslich Dividenden aus Beteiligungen im ersten Quartal vereinnahmt, dem werden die auf das Ende der ersten drei Vierteljahre vorgesehenen Teilzahlungen von je einem Viertel bereits Ende des ersten Quartals als Gesamtanspruch (drei Viertel) ausbezahlt. Demgegenüber erhält keine Abschlagszahlungen, wer Dividenden aus Beteiligungen erzielt, welche vorwiegend im letzten Quartal fällig werden und die Verrechnungssteuer durch die steuerpflichtigen Gesellschaften erst im nächsten Jahr entrichtet werden.

Dreieckstheorie und Leistungsempfänger

Quelle: Eidg. Steuerverwaltung ESTV/HA Direkte Bundessteuer, Verrechnungssteuer, Stempelabgaben

Merkblatt zur Bestimmung des Leistungsempfängers bei der Verrechnungssteuer
(Februar 2001)

I. **Grundsatz: Bei der Verrechnungssteuer gilt die sog. Direktbegünstigungstheorie**

Entsprechend gilt die Person als leistungsbegünstigt, die nach aussen in den Genuss der steuerbaren Leistung gelangt ist. Die Verrechnungssteuer ist auf diese Person zu überwälzen (vgl. Art. 14 Abs. 1 VStG) und die Voraussetzungen für die Rückerstattung der Verrechnungssteuer (vgl. Art. 21 ff. VStG oder allfällige Doppelbesteuerungsabkommen) müssen durch diese Person erfüllt sein.

II. **Ausnahmen (Anwendung der sog. Dreieckstheorie)**

1. *Geldwerte Leistungen zwischen verbundenen, vom gleichen Aktionärskreis beherrschten Gesellschaften*

   a) Sanierung einer nahestehenden Gesellschaft

   Leistet eine Gesellschaft einen Beitrag zur Sanierung einer Schwester- oder nahestehenden Gesellschaft, gilt die Dreieckstheorie, denn die Sanierung einer notleidenden Gesellschaft ist Sache des Aktionärs. Für die Emissionsabgabe ist zu beachten, dass die sanierte Gesellschaft einen Zuschuss nach Art. 5 Abs. 2 Bst. a StG erhält, wobei aber die Frage des Erlasses nach Art. 12 StG zu prüfen ist.

   b) Sanierungsfusion

   Übernimmt eine sanierungsbedürftige Gesellschaft eine über Reserven verfügende Gesellschaft mittels Fusion, so gilt für die Verrechnungssteuer die Dreieckstheorie. Die Emissionsabgabe wird nicht erhoben, da eine nach Art. 6 Abs. 1 Bst. a^{bis} StG befreite Fusion im Sinne von Art. 748 - 750 OR vorliegt.

2. *Geldwerte Leistungen zu Gunsten von nahestehenden Personen ausserhalb des Kreises verbundener Gesellschaften*

   a) Leistungen an eine nahestehende natürliche Person

   Beruht die erbrachte geldwerte Leistung ausschliesslich auf familiären oder freundschaftlichen Beziehungen zwischen dem Aktionär der leistenden Gesellschaft und der nach aussen als Leistungsempfängerin erkennbaren Person, gilt die Dreieckstheorie. Die leistende Gesellschaft ist in diesen Fällen lediglich vorgeschobenes «Schenkungsinstrument» des Aktionärs, weshalb dieser als Leistungsbegünstigter zu betrachten ist.

   b) Leistungen an eine nahestehende, nicht vom gleichen Aktionärskreis beherrschte juristische Person

   Beruht die Leistung an eine juristische Person als nach aussen erkennbare Empfängerin ausschliesslich auf familiären oder freundschaftlichen Beziehungen zwischen den Inhabern der Beteiligungsrechte der beiden Gesellschaften, gilt bei der Verrechnungssteuer ebenfalls die Dreieckstheorie. Auch hier benützt der Aktionär der leistenden Gesellschaft seine Unternehmung nur als Instrument für die Vornahme einer Schenkung. Auf Seite der empfangenden juristischen Person ist die Leistung als Zuschuss im Sinne von Art. 5 Abs. 2 Bst. a StG zu qualifizieren.

III. **Inkrafttreten der Ausnahmen**

Diese Regelung gilt für alle geldwerten Leistungen, die ab dem 1. Januar 2001 erfolgen.

Qualified Intermediaries

Quelle: Eidg. Steuerverwaltung ESTV/HA Direkte Bundessteuer, Verrechnungssteuer, Stempelabgaben

Merkblatt

Zusätzlicher Steuerrückbehalt beim Bezug von amerikanischen Dividenden und Zinsen über schweizerische Zwischenstellen („Qualified Intermediaries") für Fälligkeiten ab 1.1.2001

März 2001

Die neuen US-Quellensteuervorschriften, welche ab 1.1.2001 anwendbar sind, haben auch die schweizerischen Behörden veranlasst, entsprechende Anpassungen vorzunehmen. Insbesondere im Bereich des zusätzlichen Steuerrückbehalts sind per 1.1.2001 Änderungen in Kraft getreten, welche in der am 1. November 2000 geänderten Verordnung vom 15. Juni 1998 (VO DBAUS 96) zum Doppelbesteuerungsabkommen zwischen der Schweiz und den Vereinigten Staaten von Amerika vom 2. Oktober 1996 (DBAUS 96) ihre gesetzliche Grundlage haben. Nachstehend informieren wir Sie auszugsweise über die wichtigsten Änderungen:

1. **Sachlicher Geltungsbereich des zusätzlichen Steuerrückbehalts (Art. 11 VO DBAUS 96):**

    1.1. Wer in der Schweiz als „Qualified Intermediary" für **fremde Rechnung** von amerikanischen Gesellschaften oder deren Zahlstellen amerikanische Dividenden zu 85 oder 95 Prozent ihres Bruttobetrages entgegennimmt, muss von dem zwecks unmittelbarer Zahlung oder Gutschrift an nutzungsberechtigte Empfängerinnen oder Empfänger, **die in der Schweiz ansässig sind**, oder zwecks Vergütung in deren Auftrag an eine im Ausland ansässige Person empfangenen Betrag 15 Prozent (bei Entgegennahme von 85 Prozent des Bruttobetrages) oder 25 Prozent (bei Entgegennahme von 95 Prozent des Bruttobetrages) der Bruttodividende zurückbehalten (Art. 11 Abs. 1 VO DBAUS 96).

    1.2. Wer in der Schweiz als „Qualified Intermediary" für **fremde Rechnung** von amerikanischen Schuldnern oder deren Zahlstellen amerikanische Zinsen, die **aufgrund des Abkommens** von dem nach dem internen Recht der Vereinigten Staaten zu erhebenden Steuerabzug an der Quelle ausgenommen sind, zum vollen Bruttobetrag entgegennimmt, muss von dem zwecks unmittelbarer Zahlung oder Gutschrift an nutzungsberechtigte Empfängerinnen oder Empfänger, **die in der Schweiz ansässig sind**, oder zwecks Vergütung in deren Auftrag an eine im Ausland ansässige Person empfangenen Betrag 30 Prozent des Bruttozinses zurückbehalten (Art. 11 Abs. 2 VO DBAUS 96).

    1.3. Der zusätzliche Steuerrückbehalt **ist nicht zu erheben** auf amerikanischen Dividenden und Zinsen, die für Rechnung von Personen empfangen werden, welche **nach Art. 56 DBG von der Steuerpflicht befreit** sind (siehe Ziffer 5.2.3 dieses Merkblatts) oder unmittelbar der SIS Segalntersettle oder einer anderen von der Eidgenössischen Steuerverwaltung anerkannten Clearingstelle angeschlossen sind (Art. 11 Abs. 4 VO DBAUS 96).

    1.4. Der zusätzliche Steuerrückbehalt ist ebenfalls **nicht zu erheben** auf amerikanischen Dividenden und Zinsen, die für Rechnung von **in der Schweiz ansässigen Personen** empfangen werden, welche als **„US-Person"** gelten und Ihre Identität durch Ausfüllen des **Formulars W-9** gegenüber dem „Qualified Intermediary" offengelegt haben.

2. **Abrechnung des zusätzlichen Steuerrückbehalts (Art. 12 VO DBAUS 96)**

    2.1. Die zum zusätzlichen Steuerrückbehalt verpflichtete Person muss der Empfängerin oder dem Empfänger des gekürzten Dividenden- oder Zinsbetreffnisses eine datierte Abrechnung ausstellen, die folgende Angaben enthält:

    a) die Namen der ausstellenden Person und der Empfängerin oder des Empfängers der Abrechnung;

b) den Namen der dividendenzahlenden Gesellschaft oder des Schuldners der Forderung, für die das Zinsbetreffnis entgegengenommen wurde;
c) bei Dividenden Zahl und Art der Aktien, bei Zinsen Art und Höhe der Forderung;
d) das Fälligkeitsdatum und den Bruttobetrag der Dividenden und Zinsen;
e) den Betrag des Steuerrückbehalts in Schweizerfranken, unter Umrechnung zum Kurs, welcher der Vergütung der Dividende oder des Zinses zugrunde gelegt wird; erfolgt die Vergütung an die Empfängerin oder den Empfänger in US-Dollar, so ist für die Umrechnung des Steuerrückbehalts das Mittel des Geld- und Briefkurses am letzten Werktag vor dem Eingang der amerikanischen Dividende oder des amerikanischen Zinses massgebend;
f) den Vermerk, dass die Abrechnung der Geltendmachung von Verrechnungs- und Rückforderungsansprüchen dient.

2.2. Duplikate der Abrechnung sind als solche zu bezeichnen.

4. Rückerstattung oder Verrechnung des zusätzlichen Steuerrückbehalts (Art. 14 VO DBAUS 96)

3.1. Die Person, deren Einkünfte aus amerikanischen Dividenden oder Zinsen durch den zusätzlichen Steuerrückbehalt gekürzt worden sind, kann dessen Rückerstattung oder Verrechnung in Schweizerfranken verlangen, sofern sie
   a) im Zeitpunkt der Fälligkeit des besteuerten Ertrages das Recht zur Nutzung der den besteuerten Ertrag abwerfenden amerikanischen Kapitalanlagen besass;
   b) im Zeitpunkt der Fälligkeit des besteuerten Ertrages nach Art. 4 des Abkommens (DBAUS 96) in der Schweiz als ansässig gilt;
   c) nachweist, dass sie nach Art. 22 des Abkommens (DBAUS 96) abkommensberechtigt ist.

3.2. Keinen Rückerstattungs- oder Verrechnungsanspruch im Sinne des Abkommens (DBAUS 96) und der dazugehörigen Verordnung (VO DBAUS 96) haben:
   a) die internationalen Organisationen, die einen Sitz in der Schweiz haben;
   b) die Beamtinnen und Beamten internationaler Organisationen und die Angehörigen diplomatischer und konsularischer Vertretungen von Drittstaaten, die sich in der Schweiz aufhalten, aber hier keine Vermögens- oder Einkommenssteuern auf ihren amerikanischen Aktien und Obligationen oder deren Ertrag entrichten müssen.

3.3. Den Rückerstattungs- oder Verrechnungsanspruch verwirkt, wer:
   a) die um den zusätzlichen Steuerrückbehalt gekürzten amerikanischen Dividenden oder Zinsen oder Vermögen, aus denen solche Kapitalerträge fliessen, entgegen gesetzlicher Vorschrift der zuständigen Steuerbehörde nicht angibt (natürliche Personen);
   b) die um den zusätzlichen Steuerrückbehalt gekürzten amerikanischen Dividenden oder Zinsen nicht ordnungsgemäss als Ertrag verbucht (juristische Personen, Handelsgesellschaften ohne juristische Persönlichkeit und ausländische Unternehmen mit inländischer Betriebstätte).

3.4. Auf zurückerstatteten oder verrechneten Beträgen wird kein Zins ausgerichtet.

4. Geltendmachung des zusätzlichen Steuerrückbehalts (Art. 15 VO DBAUS 96)

4.1. Die zur Rückforderung oder Verrechnung des zusätzlichen Steuerrückbehalts berechtigte Person muss ihren Anspruch auf besonderem Formular und unter Beilage der Originalabrechnungen geltend machen:
   a) bei der Stelle, die zur Entgegennahme ihrer Begehren um Verrechnung oder Rückerstattung der Verrechnungssteuer auf schweizerischen Kapitalerträgen zuständig ist;
   b) im gleichen Zeitpunkt, in dem sie einen Anspruch auf Verrechnung oder Rückerstattung der Verrechnungssteuer auf schweizerischen Kapitalerträgen geltend machen kann, die im gleichen Jahr wie die vom zusätzlichen Steuerrückbehalt betroffenen amerikanischen Dividenden und Zinsen fällig geworden sind.

5. Handhabung in der Praxis

5.1. Steuererhebung

5.1.1. Formulare

Für die Ablieferung der Steuerbeträge, welche Ertragsgutschriften ab dem 1.1.2001 betreffen, hat die Eidgenössische Steuerverwaltung ein neues Formular 182 erarbeitet, welches ca. Mitte März 2001 zur Verfügung steht und ab diesem Zeitpunkt bei unserer Verwaltung bezogen werden kann. Für die Ertragsfälligkeiten ab 1.1.2001 ist **zwingend** dieses neue Formular zu verwenden. Die bisher von der Eidgenössischen Steuerverwaltung abgegebenen Formulare 182 sind nur noch für Ertragsfälligkeiten bis und mit 31.12.2000 zu verwenden.

5.1.2. Ertragsfälligkeiten bis und mit 31.12.2000

Für Ertragsfälligkeiten bis und mit 31.12.2000 ist der zusätzliche Steuerrückbehalt durch die ablieferungspflichtigen Zwischenstellen nach bisher geltender Praxis unter Anzeige auf dem bisherigen Formular 182 (vgl. Ziffer 5.1.1.) an die Eidgenössische Steuerverwaltung abzuliefern.

5.1.3. Ertragsfälligkeiten ab 1.1.2001

Das Ablieferungsprozedere für Ertragsfälligkeiten ab 1.1.2001 erfährt grundlegende Änderungen. Anstelle der bisher üblichen, monatlichen Ablieferungspraxis ist der Steuerrückbehalt neu kalendervierteljährlich zu deklarieren. Der zur Ablieferung verpflichtete „Qualified Intermediary" hat den Steuerbetrag somit bis 30 Tage nach Ende des Quartals, in dem die Gutschrift erfolgt ist, in Schweizerfranken unter gleichzeitiger Anzeige auf dem neuen Formular 182 (vgl. Ziffer 5.1.1.) an die Eidgenössische Steuerverwaltung auf das Konto 30-4120-3 abzuführen.

Übersteigt der voraussichtliche jährliche Ablieferungsbetrag indessen Fr. 5'000 nicht, so genügt die jährliche Deklaration des zusätzlichen Steuerrückbehalts. Auch hier hat der zur Ablieferung verpflichtete „Qualified Intermediary" den Steuerbetrag bis 30 Tage nach Ende des Kalenderjahres, in dem die Gutschrift erfolgt ist, in Schweizerfranken unter gleichzeitiger Anzeige auf Formular 182 (vgl. Ziffer 5.1.1.) an die Eidgenössische Steuerverwaltung abzuführen.

Entsteht dem ablieferungspflichtigen „Qualified Intermediary" aufgrund fehlender Ertragsgutschriften an in der Schweiz ansässige Personen keine Ablieferungspflicht, so hat er dies am Jahresende mittels Formular 182 (vgl. Ziffer 5.1.1.) mit der Bemerkung „Keine ablieferungspflichtigen Erträge" der Eidgenössischen Steuerverwaltung anzuzeigen.

5.1.4. Verzugszins

Auf Steuerbeträgen, die nach Ablauf der Fälligkeitstermine gemäss Ziffer 5.1.3. ausstehen, ist ohne Mahnung ein Verzugszins geschuldet. Der Zinssatz ist identisch mit demjenigen für die Verrechnungssteuer (Art. 11 Abs. 6 VO DBAUS 96).

5.2. Steuerrückerstattung

5.2.1. Natürliche Personen

Die natürlichen Personen haben die Rückerstattung des zusätzlichen Steuerrückbehalts unter Berücksichtigung der Ziffern 3 und 4 dieses Merkblatts bei der für Sie zuständigen Stelle (vgl. Ziffer 4.1.a)) mittels besonderem Formular zu beantragen.

5.2.2. Juristische Personen

Rückerstattungsansprüche von juristischen Personen sind vorbehältlich der nachstehenden Ziffer 5.2.3. mittels Formular 822 (für Ertragsfälligkeiten bis und mit 31.12.2000) oder Formular 826 (für Ertragsfälligkeiten ab 1.1.2001) unter Berücksichtigung der Ziffern 3 und 4 dieses Merkblatts bei der Eidgenössischen Steuerverwaltung, 3003 Bern, geltend zu machen.

5.2.3. Von der Steuerpflicht gemäss Art. 56 DBG sind befreit:

a) der Bund und seine Anstalten;

b) die Kantone und ihre Anstalten;

c) die Gemeinden, die Kirchgemeinden und die anderen Gebietskörperschaften der Kantone sowie ihre Anstalten;

d) konzessionierte Verkehrsunternehmen, die von verkehrspolitischer Bedeutung sind und im Steuerjahr keinen Reingewinn erzielt oder im Steuerjahr und den zwei vorangegangenen Jahren keine Dividenden oder ähnlichen Gewinnanteile ausgerichtet haben;

e) Einrichtungen der beruflichen Vorsorge von Unternehmen mit Wohnsitz, Sitz oder Betriebstätte in der Schweiz und von ihnen nahestehenden Unternehmen, sofern die Mittel der Einrichtung dauernd und ausschliesslich der Personalvorsorge dienen;

f) inländische Sozialversicherungs- und Ausgleichskassen, insbesondere Arbeitslosen-, Krankenversicherungs-, Alters-, Invaliden- und Hinterlassenenversicherungskassen, mit Ausnahme der konzessionierten Versicherungsgesellschaften;

g) juristische Personen, die öffentliche oder gemeinnützige Zwecke verfolgen, für den Gewinn, der ausschliesslich und unwiderruflich diesen Zwecken gewidmet ist. Unternehmerische Zwecke sind grundsätzlich nicht gemeinnützig. Der Erwerb und die Verwaltung von wesentlichen Kapitalbeteiligungen an Unternehmen gelten als gemeinnützig, wenn das Interesse an der Unternehmenserhaltung dem gemeinnützigen Zweck untergeordnet ist und keine geschäftsleitenden Tätigkeiten ausgeübt werden;

h) juristische Personen, die gesamtschweizerisch Kultuszwecke verfolgen, für den Gewinn, der ausschliesslich und unwiderruflich diesen Zwecken gewidmet ist;

i) die ausländischen Staaten für ihre inländischen, ausschliesslich dem unmittelbaren Gebrauch der diplomatischen und konsularischen Vertretungen bestimmten Liegenschaften, unter Vorbehalt des Gegenrechts.

Solche Personen haben für Fälligkeiten ab 1.1.2001 um die Befreiung vom zusätzlichen Steuerrückbehalt auf amerikanischen Dividenden und Zinsen bei der den Ertrag auszahlenden Stelle unter Nachweis der Steuerbefreiung nach Art. 56 DBG nachzusuchen.

Sollte nach Art. 56 DBG steuerbefreiten Personen der zusätzliche Steuerrückbehalt zu Unrecht in Abzug gebracht worden sein, ist die Korrektur der Abrechnung bei der den Ertrag auszahlenden Stelle unter entsprechendem Nachweis der Steuerbefreiung zu verlangen. Zu Unrecht in Abzug gebrachter zusätzlicher Steuerrückbehalt wird von der Eidgenössischen Steuerverwaltung grundsätzlich **nicht direkt an die nach Art. 56 DBG steuerbefreite Person** zurückerstattet.

6. Anwendbares Recht

6.1. Die Ausführungen in diesem Merkblatt gelten vorbehältlich der übrigen, nicht explizit wiedergegebenen Bestimmungen der am 1. November 2000 geänderten Verordnung vom 15. Juni 1998 zum DBAUS 96.

6.2. Der zweite und der dritte Abschnitt des VStG sind sinngemäss anwendbar, ausgenommen die Artikel 23, 24 Absätze 3 und 4, 25, 27 und 28.

Geldmarktpapiere

Quelle: Eidg. Steuerverwaltung ESTV/HA Direkte Bundessteuer, Verrechnungssteuer, Stempelabgaben

Merkblatt Geldmarktpapiere und Buchforderungen inländischer Schuldner
vom April 1999

1. Begriff der Geldmarktpapiere und der Buchforderungen

Was unter Geldmarktpapieren und Buchforderungen zu verstehen ist, wurde für die Stempelabgaben und die Verrechnungssteuer gesetzlich geregelt (Art. 4 Abs. 4 lit. c und Abs. 5 des Bundesgesetzes vom 27. Juni 1973 über die Stempelabgaben StG und Art. 15 der Vollziehungsverordnung vom 19. Dezember 1966 über die Verrechnungssteuer VStV).

a) Geldmarktpapiere

Geldmarktpapiere sind Wertpapiere mit einer **festen Laufzeit von nicht mehr als zwölf Monaten**. Sie gelten unabhängig ihrer Bezeichnung als **Obligationen**. Dazu zählen inländische Wechsel, Treasury bills, Banker's acceptances, Commercial papers, Certificates of deposit usw.

b) Buchforderungen

Bei Buchforderungen handelt es sich, im Gegensatz zu den Geldmarktpapieren, nicht um Wertpapiere, sondern um Forderungen, die in einem Register eingetragen sind. Buchforderungen sind **Schuldverpflichtungen** mit einer **festen Laufzeit von nicht mehr als zwölf Monaten**. Sie sind den Obligationen gleichgestellt. Dazu zählen insbesondere die Geldmarktbuchforderungen.

2. Inländerbegriff

Inländer ist, wer im Inland Wohnsitz, dauernden Aufenthalt, statutarischen oder gesetzlichen Sitz hat oder als Unternehmen im inländischen Handelsregister eingetragen ist (Art. 4 Abs. 1 StG und Art. 9 Abs. 1 des Bundesgesetzes vom 13. Oktober 1965 über die Verrechnungssteuer VStG).

3. Beginn der Steuerpflicht

a) Serienmässige Ausgabe

Die Steuerpflicht richtet sich nach den Kriterien über die Anleihensobligationen. Eine Anleihe im Sinne des Stempel- und Verrechnungssteuergesetzes liegt vor, wenn ein inländischer Schuldner **bei mehr als 10 Gläubigern** gegen Ausgabe von Schuldanerkennungen oder Begründung von Buchforderungen Geld zu identischen Bedingungen aufnimmt. Die gesamte Kreditsumme muss **mindestens 500'000 Franken** betragen.

b) fortlaufende Ausgabe

Die Steuerpflicht richtet sich nach den Kriterien über die Kassenobligationen. Kassenobligationen im Sinne des Stempel- und Verrechnungssteuergesetzes sind gegeben, wenn ein inländischer Schuldner (Nichtbank) **bei mehr als 20 Gläubigern** gegen Ausgabe von Schuldanerkennungen oder Begründung von Buchforderungen fortlaufend Geld zu gleichartigen Bedingungen aufnimmt. Die gesamte Kreditsumme muss **mindestens 500'000 Franken** betragen.

Werden Geldmarktpapiere oder Buchforderungen von einer **Bank** im Sinne des **Bankengesetzes** emittiert, so beginnt die Steuerpflicht ohne Rücksicht auf die Anzahl der Gläubiger mit der Aufnahme der Geschäftstätigkeit.

Bei der Ermittlung der Anzahl Gläubiger für Geldmarktpapiere und Buchforderungen sind die in- und ausländischen Banken im Sinne der an ihrem Sitz geltenden Bankengesetzgebung **nicht** mitzuzählen.

4. Anmeldepflicht

Sollten die vorstehenden Bedingungen auf Ihre Institution zutreffen, bitten wir Sie um schriftliche Anmeldung bei unserer Verwaltung.

5. Steuererhebung

a) Emissionsabgabe

Gegenstand der Abgabe ist die Ausgabe von Geldmarktpapieren und Buchforderungen durch einen Inländer (Art. 5a Abs. 1 StG).

Die Abgabe wird vom Nominalwert berechnet und beträgt **0,6 Promille**, berechnet für jeden Tag der Laufzeit je zu 1/360 dieses Abgabesatzes (Art. 9a lit. c StG).

Abgabepflichtig ist der inländische Emittent der Geldmarktpapiere und Buchforderungen (Art. 10 Abs. 3 StG).

b) Verrechnungssteuer

Gegenstand der Verrechnungssteuer auf dem Ertrag beweglichen Kapitalvermögens sind die Zinsen, Renten, Gewinnanteile und sonstigen Erträge der von einem Inländer ausgegebenen Obligationen, und zwar sowohl in Form von periodischen als auch von einmaligen Entschädigungen (Art. 4 Abs. 1 lit. a VStG).

Steuerpflichtig ist der inländische Emittent der Geldmarktpapiere und Buchforderungen (Art. 10 Abs. 1 VStG).

6. Abrechnungsverfahren

a) Emissionsabgabe

Bei der **serienmässigen** Ausgabe von Geldmarktpapieren und Buchforderungen ist die Abgabe nach den Regeln über die Anleihensobligationen innert 30 Tagen nach der Liberierung mit dem amtlichen Formular anzumelden und für die gesamte Laufzeit zu entrichten (Art. 17a Abs. 1 und Art. 17b Abs. 2 und 5 StV).

Für **fortlaufend** emittierte Geldmarktpapiere und Buchforderungen ist die Abgabe nach den Bestimmungen über die Kassenobligationen mit dem amtlichen Formular für die gesamte Laufzeit wie folgt anzumelden und zu entrichten (Art. 17a Abs. 1 und Art. 17b Abs. 3 und 5 StV):

- in einem annäherungsweise ermittelten Betrag innert 30 Tagen nach Ablauf des Geschäftsvierteljahres für die in diesem Zeitraum ausgegebenen Titel und Buchforderungen;
- im genau ermittelten Betrag innert 30 Tagen nach Ablauf des letzten Geschäftsvierteljahres für die im ganzen Geschäftsjahr ausgegebenen Titel und Buchforderungen, abzüglich der für die ersten drei Quartale abgelieferten Abgaben.

b) Verrechnungssteuer

Die Steuer auf dem Ertrag von **serienmässig** ausgegebenen Titeln und Buchforderungen ist mit dem amtlichen Formular innert 30 Tagen nach Fälligkeit des Ertrages (Zinstermin) abzurechnen und zu entrichten (Art. 18 VStV).

Die Steuer auf dem Ertrag von **fortlaufend** ausgegebenen Titeln und Buchforderungen ist mit dem amtlichen Formular wie folgt abzurechnen und zu entrichten (Art. 19 Abs. 1 und 2 VStV):

- in einem annäherungsweise ermittelten Betrag innert 30 Tagen nach Ablauf des Geschäftsvierteljahres für die in diesem Zeitraum fällig gewordenen Erträge (Zinsen);
- im genau ermittelten Betrag innert 30 Tagen nach Ablauf des letzten Geschäftsvierteljahres für die im ganzen Geschäftsjahr fällig gewordenen Erträge (Zinsen), abzüglich der für die ersten drei Quartale abgelieferten Steuern.

7. Geldmarktbuchforderungen

Bezüglich der Emissionsabgabe verweisen wir auf Ziff. 6 a) hievor. Für die Verrechnungssteuer gilt das nachstehende Verfahren:

Registerführung

Für jede Emission von Geldmarktbuchforderungen wird beim federführenden Institut resp. bei den Clearing-Stellen ein Hauptregister geführt. Die an der Emission für eigene Rechnung oder für Rechnung von Kunden partizipierende Institute (Teilnehmer) haben ein Unterregister zu führen, dessen Bestand jederzeit mit demjenigen des Hauptregisters übereinstimmen muss. Uebertragungen innerhalb des Kundenkreises der Teilnehmer haben nur eine entsprechende Aenderung in seinem Unterregister zur Folge, Uebertragungen zwischen den Teilnehmern bedingen zusätzlich die Meldung an das Hauptregister. Für weitere Informationen verweisen wir auf die durch die federführenden Institute und Clearing-Stellen erlassenen Richtlinien.

Rückzahlung

Bei Verfall werden die Geldmarktbuchforderungen den Teilnehmern entsprechend ihrem Bestand im Hauptregister zurückbezahlt.

Die Rückzahlung erfolgt durch das federführende Institut und zwar an inländische Banken ohne Abzug der Verrechnungssteuer, an ausländische Banken nur dann ohne Abzug der Steuer, wenn diese dem federführenden Institut ausdrücklich bestätigt haben, dass sie die Geldmarktbuchforderungen für eigene Rechnung halten. Bei Rückzahlungen an Nichtbanken hat das federführende Institut die Steuer immer abzuziehen und abzuliefern. Für die Abgrenzung zwischen Banken und Nichtbanken gelten die Bestimmungen des Merkblattes "Verrechnungssteuer auf Zinsen von Bankguthaben, deren Gläubiger Banken sind" vom 22. September 1986 (S-02.123).

Abrechnung

Die Verrechnungssteuer ist durch alle Banken, die **serienmässig** ausgegebene Geldmarktbuchforderungen für Kunden halten, mit dem amtlichen Formular innert 30 Tagen nach Fälligkeit des Ertrages (Zinstermin) abzurechnen und zu entrichten (Art. 18 VStV).

Die Verrechnungssteuer auf dem Ertrag von **fortlaufend** ausgegebenen Geldmarktbuchforderungen ist mit dem amtlichen Formular wie folgt abzurechnen und zu entrichten (Art. 19 Abs. 1 und 2 VStV):

- in einem annäherungsweise ermittelten Betrag innert 30 Tagen nach Ablauf des Geschäftsvierteljahres für die in diesem Zeitraum fällig gewordenen Erträge (Zinsen);
- im genau ermittelten Betrag innert 30 Tagen nach Ablauf des letzten Geschäftsvierteljahres für die im ganzen Geschäftsjahr fällig gewordenen Erträge (Zinsen), abzüglich der für die ersten drei Quartale abgelieferten Steuern.

8. Inkrafttreten

Das vorliegende Merkblatt S-02.130.1 gilt ab 1. Mai 1999 und ersetzt das Merkblatt S-02.130 vom September 1994.

Für weitere Auskünfte stehen wir Ihnen gerne zur Verfügung:

Tel. 031 / 323 08 58
Fax 031 / 323 70 80

Gratisaktien

Quelle: Eidg. Steuerverwaltung ESTV/HA Direkte Bundessteuer, Verrechnungssteuer, Stempelabgaben

Merkblatt
Verrechnungssteuer auf Gratisaktien, Gratispartizipationsscheinen und Gratisliberierungen
vom 30. April 1999

1. Gratisaktien, Gratispartizipationsscheine und Gratisliberierungen

Gratisaktien, Gratispartizipationsscheine und Gratisliberierungen liegen in dem Ausmasse vor, als Nennwerte von Aktien und Partizipationsscheinen aus Mitteln der Gesellschaft liberiert werden. Dies kann erfolgen durch:

- die Ausgabe neuer Titel
- die Erhöhung des Nennwertes der bisherigen Titel
- die Beseitigung des nach einem Mantelhandel noch bestehenden Verlustvortrages aus den jährlichen Reingewinnen der Gesellschaft

Gratisaktien und Gratispartizipationsscheine gelten mit dem entsprechenden Beschluss der Generalversammlung der Gesellschaft als ausgegeben. Sie können vom Zeitpunkt des Beschlusses an bis zur Zuteilung der Titel in Form von Bezugsrechten gehandelt werden. Gratisaktien und Gratispartizipationsscheine sind Gegenstand der Emissionsabgabe.

2. Erhebung der Verrechnungssteuer

Gratisaktien und Gratispartizipationsscheine sind ein nach Art. 4 Abs. 1 Bst. b des Bundesgesetzes vom 13. Oktober 1965 über die Verrechnungssteuer (VStG) in Verbindung mit Art. 20 der dazugehörigen Verordnung vom 19. Dezember 1966 (VStV) steuerbarer Ertrag, den die Inhaber der gesellschaftlichen Beteiligungsrechte oder ihnen nahestehende Dritte erzielen, und ihre Ausgabe unterliegt der Verrechnungssteuer. In Änderung der Praxis der Eidg. Steuerverwaltung entsteht die Verrechnungssteuerforderung mit der Einräumung des Anspruchs auf die Gratisaktien und Gratispartizipationsscheine, mithin im Zeitpunkt des Generalversammlungsbeschlusses (Art. 12 Abs. 1 VStG) und im Fall des Mantelhandels dann, wenn der Verlustvortrag durch Geschäftsgewinne vermindert wird für den entsprechenden Betrag. Die Steuer ist auf die Leistungsempfänger zu überwälzen (Art. 14 Abs. 1 VStG) und der Eidg. Steuerverwaltung innert 30 Tagen zu entrichten (Art. 16 Abs. 1 Bst. c VStG).

Weil die Gratisaktie bzw. der Gratispartizipationsschein nicht unmittelbar um die Verrechnungssteuer gekürzt werden kann, muss die Gesellschaft ihrer Pflicht zur Steuerüberwälzung auf anderem Weg genügen. Es bestehen grundsätzlich zwei Möglichkeiten: Entweder zieht die Gesellschaft die Verrechnungssteuer bei den Bezugsberechtigten ein (35 % der jeweiligen Nennwerte der gratis erhaltenen Beteiligungsrechte). Oder der Nennwert der Gratisaktie bzw. des Gratispartizipationsscheines wird als Nettoausschüttung behandelt, die nur 65 % der Bruttoausschüttung beträgt, demzufolge die Verrechnungssteuer auf dem auf 100 % umgerechneten Bruttobetrag zu berechnen und zu entrichten ist. Entsprechend erhält der Aktionär im Zeitpunkt des Generalversammlungsbeschlusses zusätzlich zum Titel einen dem Verrechnungssteuerbetrag entsprechenden Zusatzertrag, den er als Einkommen aus Aktien zu versteuern hat.

Werden Partizipationsscheine, die vor dem 1. Juli 1992 (Inkrafttreten der Aktienrechtsrevision vom 4. Oktober 1991) gratis ausgegeben wurden, von der Gesellschaft zwecks Vernichtung zurückgekauft oder zwecks Umwandlung in Aktien zurückgenommen, unterliegt der gesamte Rückzahlungs- oder Anrechnungsbetrag der Verrechnungssteuer. Kann die Gesellschaft indessen nachweisen, dass sie die Verrechnungssteuer auf dem Nennwert der Gratispartizipationsscheine bei der Ausgabe der Titel entrichtet hat, bildet die Rückzahlung des Nennwertes nicht Bestandteil des steuerbaren Ertrages (Art. 20 Abs. 2 VStV).

3. Meldung statt Steuerentrichtung

Bei der Ausgabe von Gratisaktien oder Gratispartizipationsscheinen kann der Gesellschaft auf Gesuch hin gestattet werden, ihre Steuerpflicht durch Meldung der steuerbaren Leistung zu erfüllen (Art. 20 VStG in Verbindung mit Art. 24 Abs. 1 Bst. b VStV). Das Meldeverfahren ist nur zulässig, wenn feststeht, dass die Personen, auf die die Steuer zu überwälzen wäre (Leistungsempfänger), nach Gesetz oder Verordnung Anspruch auf Rückerstattung dieser Steuer hätten, und wenn ihre Zahl zwanzig nicht übersteigt (Art. 24 Abs. 2 VStV).

Das Gesuch ist bei der Eidg. Steuerverwaltung, Eigerstrasse 65, 3003 Bern, mit amtlichem Formular 105 "Verrechnungssteuer auf geldwerten Leistungen" einzureichen. Dabei ist für jeden Begünstigten ein "Meldedoppel zu Formular 105" beizulegen. Die Formulare können bei der Eidg. Steuerverwaltung telefonisch bestellt werden (031/322 72 70).

Im Gesuch sind anzugeben (Art. 25 Abs. 1 VStV):
- Die Namen der Leistungsempfänger und der Ort ihres Wohnsitzes oder Aufenthaltes im Zeitpunkt der Fälligkeit der Leistung;
- Art, Bruttobetrag und Fälligkeit der einem jeden Leistungsempfänger zustehenden Leistung.

Der Entscheid der Eidg. Steuerverwaltung wird dem Gesuchsteller schriftlich eröffnet (Art. 25 Abs. 2 VStV). Die Bewilligung des Meldeverfahrens entbindet die Gesellschaft bei noch nicht fällig gewordenen Leistungen nicht von der Pflicht, sich vor der Meldung zu vergewissern, ob der Leistungsempfänger auch noch bei Fälligkeit der Leistung im Inland Wohnsitz oder dauernden Aufenthalt hatte (Art. 25 Abs. 3 VStV).

4. Rückforderung der Verrechnungssteuer

Zur Rückforderung der auf den Gratisaktien und Gratispartizipationsscheinen angefallenen Verrechnungssteuer ist berechtigt, wer **im Zeitpunkt des Kapitalerhöhungsbeschlusses** Eigentümer der Beteiligungsrechte war. Dies gilt nach der bundesgerichtlichen Rechtsprechung auch für den Fall eines Nutzniessungsverhältnisses. Wer Gratisaktien oder Gratispartizipationsscheine aufgrund von vorgängig erworbenen Bezugsrechten bezogen hat, ist nicht zur Rückforderung der Verrechnungssteuer berechtigt; er hat durch den Bezug auch kein steuerbares Einkommen realisiert. Richtigerweise ist diesem Umstand bei der Festsetzung des Kauf- bzw. Verkaufspreises beim Handel mit Bezugsrechten Rechnung zu tragen. Zur Rückforderung der auf Gratisliberierungen angefallenen Verrechnungssteuer im Falle des Mantelhandels ist berechtigt, wer im Zeitpunkt der Verminderung des Verlustvortrages durch Geschäftsgewinne Aktionär war.

5. Gültigkeit des Merkblattes

Das vorliegende Merkblatt S-027.289.1 gilt ab sofort und ersetzt das Merkblatt S-027.289 vom November 1974 (Neudruck vom September 1985).

Treuhandverhältnisse

Quelle: Eidg. Steuerverwaltung ESTV/HA Direkte Bundessteuer, Verrechnungssteuer, Stempelabgaben

Treuhand

Merkblatt: Treuhandverhältnisse

(Oktober 1967; Nachdruck 1993)

In Handel und Wirtschaft sind heute Treuhandverhältnisse häufig anzutreffen. Ueber die **Treuhandkonti bei Banken** hat die Abteilung Stempelabgaben und Verrechnungssteuer am 31. Mai 1965 ein Merkblatt (S-02.101) herausgegeben, das die Anforderungen umschreibt, die an den Nachweis der Treuhand gestellt werden. Andere Treuhandverhältnisse werden steuerrechtlich anerkannt, wenn die folgenden Bedingungen erfüllt sind:

A. Allgemeines

1. Treuhandvertrag

Es müssen **schriftliche** Abmachungen zwischen Treugeber und Treuhänder aus der Zeit der Begründung der Treuhand vorliegen. Der Treuhandvertrag hat den Namen und die genaue Adresse des Treugebers zu enthalten; die Nennung nur eines Beauftragten des Treugebers (z.B. eine Bank, eine liechtensteinische Anstalt) genügt nicht.

2. Bezeichnung des Treugutes

Das Treugut muss im Vertrag genau umschrieben sein, gegebenenfalls durch Angabe der einzelnen Bestandteile (Bezeichnung der Wertschriften mit Nummern usw.). Für jede Vermehrung ist ein neuer Vertrag oder mindestens ein Vertragszusatz zu erstellen. Aenderungen in der Zusammensetzung des Treugutes (Vermögensumschichtungen, Verkäufe, Rückzahlungen, Neuanlagen usw.) müssen belegt werden können.

3. Risiken und Kosten

Dem Treuhänder dürfen aus der Anlage, der Verwaltung und der Veräusserung des Treugutes keine Risiken erwachsen; alle daherigen Kosten und andern Lasten (Abschreibungen, Verluste usw.) sind ausschliesslich vom Treugeber zu tragen. Das muss im Treuhandvertrag ausdrücklich festgehalten sein.

4. Entschädigung

Der Treuhänder soll vom Treugeber eine Entschädigung (Treuhandkommission) erhalten, die den für derartige Dienstleistungen handelsüblichen Ansätzen entspricht. Erfahrungsgemäss richtet sie sich nach dem Umfang der vom Treuhänder zu leistenden Dienste. Der Satz der Kommission und die Berechnungsgrundlage können daher verschieden sein, je nach Art, Bedeutung und Standort des Treugutes. Die Bedingungen der Treuhandentschädigung sind im Vertrag genau festzuhalten.

5. Bilanzen

Aus den der Steuerverwaltung einzureichenden Bilanzen des Treuhänders soll klar ersichtlich sein, dass er Vermögenswerte treuhänderisch besitzt; die Treuhandkonti sind unter den Aktiven und den Passiven, oder "unter dem Strich", als solche aufzuführen.

6. Buchhaltung

Ueber das Treugut sowie die Ansprüche und Verpflichtungen des Treugebers sind in der Buchhaltung des Treuhänders besondere Konti zu eröffnen und zu führen, die der Steuerbehörde jederzeit genauen Aufschluss über die Zusammensetzung und die Veränderung des Treugutes und die wechselseitigen Verpflichtungen der Beteiligten geben.

Hinweise:

7. Verrechnungssteuer

Der Treuhänder hat keinen Anspruch auf Rückforderung der von den Erträgen des Treugutes abgezogenen Verrechnungssteuer (Art. 61 der Vollziehungsverordnung zum Bundesgesetz über die Verrechnungssteuer vom 19. Dezember 1966).

8. Ausländische Quellensteuern (Doppelbesteuerungsabkommen)

Fliessen Treuguterträge aus Anlagen in Ländern, mit denen die Schweiz ein Doppelbesteuerungsabkommen abgeschlossen hat, so kann der Treuhänder die in den Abkommen vorgesehene Quellensteuerentlastung nicht beanspruchen.

B. Wertschriften, Beteiligungen oder Guthaben als Treugut

Besteht das Treugut aus Wertschriften, Beteiligungen oder Forderungen (eine Forderung kann nicht Treugut sein, wenn Treugeber und Darlehensschuldner identisch sind), so müssen neben den allgemeinen (Abschnitt A) noch die folgenden besonderen Bedingungen erfüllt sein:

9. Auskünfte

Es müssen vorgelegt werden können:

a) die Kaufsabrechnungen (Börsenabrechnungen), die Liberierungsabrechnungen usw.;

b) für ausländische, nicht kotierte Wertschriften und Beteiligungen:
- die Gründungsurkunde der ausländischen Gesellschaft oder ähnliche Schriftstücke, welche die Eintragung in ein öffentliches Register belegen;
- die letzte vor dem Kauf oder vor der Zeichnung einer Kapitalerhöhung abgeschlossene Jahresrechnung (Geschäftsbericht) der Gesellschaft sowie alle Unterlagen, die eine Bewertung der treuhänderisch erworbenen Beteiligungen ermöglichen.

Die Vorlagepflicht gemäss lit. b gilt auch in bezug auf Anlagen bei Gesellschaften, die, wie beispielsweise die italienischen Kommanditgesellschaften (Società in accomandita semplice, S.a.s.), nach dem zutreffenden Landesrecht nicht verpflichtet sind, den Steuerbehörden ihre Bilanzen und Gewinn- und Verlustrechnungen vorzulegen.

10. Entschädigung

Bei der Festsetzung der dem Treuhänder zustehenden Entschädigung sind die unter Abschnitt A, Ziffer 4 erwähnten allgemeinen Grundsätze zu beachten.
Die Kommission ist jährlich zu berechnen

a) bei Forderungen auf dem Nominalbetrag,

b) bei Wertschriften und Beteiligungen auf dem Börsenwert oder, wenn sie nicht kotiert sind, auf dem Verkehrswert.

Die Treuhandkommission soll dem Treuhänder erlauben, alle seine Auslagen (Verwaltungsratshonorar, Bürospesen, Domizilgebühr usw.) zu decken, und ihm zudem für seine Dienstleistungen einen **Nettoertrag** sichern, der **mindestens** beträgt:

2	o/oo auf den ersten	Fr. 10'000'000.—	(oder Bruchteilen) des Treugutes,
1,5	o/oo auf den zweiten	Fr. 10'000'000.—	(oder Bruchteilen) und
1	o/oo auf den	Fr. 20'000'000.—	übersteigenden Werten.

C. Liegenschaften als Treugut

(Die nachfolgenden Darlegungen gelten nicht für Liegenschafts-Anlagefonds; vgl. Art. 31, Abs. 2, lit. a des Anlagefonds-Gesetzes.)

11. Liegenschaftseigentümer ist zivilrechtlich der im Grundbuch Eingetragene, selbst dann, wenn er nur als Treuhänder handelt. Der Treugeber hat kein dingliches Recht, sondern nur eine (obligationenrechtliche) Forderung gegenüber dem Treuhänder. Nach derzeitiger Praxis und bis auf weiteres wird steuerlich anerkannt, dass eine schweizerische juristische Person, die im Grundbuch als Eigentümerin eingetragen ist, das Eigentum auch nur treuhänderisch innehaben kann. Die Eidg. Steuerverwaltung behält sich indessen eine Praxisänderung vor, falls sie Missbräuche feststellen sollte.

Neben den allgemeinen (Abschnitt A) müssen noch die folgenden besonderen Bedingungen erfüllt sein:

12. **Hypothekarische Belastung**

Die Grundpfandschulden dürfen 50 % des Liegenschaftswertes (Verkehrswert) nicht übersteigen.

13. **Auskünfte**

Es müssen vorgelegt werden können:

- die Kaufverträge (Originale oder beglaubigte Abschrift);
- die bereinigten Grundbuchauszüge;
- die Versicherungspolicen (Feuer-, Schaden-, Haftpflichtversicherung);
- die mit dem An- und Verkauf der Liegenschaft zusammenhängenden Steuerrechnungen und -quittungen;
- eine Aufstellung der auf dem Grundstück errichteten Grundpfänder, mit Angabe des Ranges, der Bedingungen und der Schuldsumme;
- die zwischen Käufer und Verkäufer gegebenenfalls abgeschlossenen Zusatzverträge oder anderen den Kaufvertrag ergänzenden Vereinbarungen (insbesondere wenn der Verkäufer und der Aktionär der schweizerischen Gesellschaft nicht identisch sind);
- für Liegenschaften in Italien: die von der "Direzione Generale delle Tasse e delle Imposte Indirette sugli Affari" ausgestellten "avvisi di accertamento di valore" sowie die Angabe des endgültig festgesetzten Wertes.

14. Entschädigung

Die jährliche Treuhandkommission berechnet sich unter Beachtung der Grundsätze von Abschnitt A, Ziffer 4 auf dem Verkehrswert der Liegenschaft. Sie soll dem Treuhänder erlauben, alle seine Auslagen (Verwaltungsratshonorar, Bürospesen, Domizilgebühr usw.) zu decken, und ihm zudem für seine Dienstleistungen einen **Nettoertrag** sichern, der **mindestens** beträgt:

2 o/oo auf den ersten	Fr. 10'000'000.—	(oder Bruchteilen) des Treugutes,
1,5 o/oo auf den zweiten	Fr. 10'000'000.—	(oder Bruchteilen) und
1 o/oo auf den	Fr. 20'000'000.—	übersteigenden Werten.

D. Treugüter anderer Art

15. Treuhandverhältnisse, die sich auf Handelsgeschäfte, auf immaterielle Güter (Rechte an geistigem Eigentum usw.) oder auf andere vertragliche Rechte beziehen, werden von der Eidgenössischen Steuerverwaltung nicht generell, sondern nur von Fall zu Fall und unter den von ihr festgelegten Bedingungen und Auflagen anerkannt und sind ihr vor Abschluss des Rechtsgeschäftes zu unterbreiten. Steuerlich **nicht anerkannt** werden angebliche Treuhandverhältnisse dann,

    wenn ihnen keine ernsthaften wirtschaftlichen Motive zu Grunde liegen;

    wenn der "Treuhänder" gleichzeitig als Käufer und Verkäufer für Rechnung des "Treugebers" handelt;

    wenn der "Treuhänder" die versprochenen Dienste, weil er selber sie nicht leisten kann, durch den "Treugeber" besorgen lässt, z.B. weil der "Treuhänder" nicht über die Kenntnisse, das Personal, die technischen und andern Einrichtungen verfügt, um die ihm nach dem "Treuhandverhältnis" obliegenden Dienste zu erbringen.

Treuhandkonto

Quelle: Eidg. Steuerverwaltung ESTV/HA Direkte Bundessteuer, Verrechnungssteuer, Stempelabgaben

Treuhand

Merkblatt: "Treuhandkonto"
(vom 31. Mai 1965; Auflage 1993)

1. Schaltet sich bei Darlehen eine Bank als Treuhänderin des Gläubigers ein, so wird grundsätzlich die Bank aus der treuhänderischen "Entgegennahme" von Geldern nicht verrechnungssteuerpflichtig; denn der Treugeber begründet nicht ein (echtes) Kundenguthaben. Das gilt allerdings nur dann, wenn nach dem wahren Inhalt des Geschäftes eine Treuhandschaft vorliegt und wenn sie auf ernsthaften wirtschaftlichen Gründen beruht. So kann beispielsweise von Treuhand keine Rede sein und wird ihr die **steuerliche Anerkennung** versagt, wo der angebliche Treugeber und der Darlehensschuldner identisch sind.

2. Nach ständiger Praxis werden an den **Nachweis** einer Treuhandschaft die folgenden Anforderungen gestellt:

    a) Es müssen schriftliche und unterzeichnete Abmachungen zwischen Treugeber und Bank aus der Zeit der Begründung der Treuhandschaft vorliegen. Der Treuhandvertrag hat sowohl den Treugeber als auch den Darlehensnehmer zu nennen (Personalien, Adresse), wobei die Angabe eines blossen Beauftragten (z.B. einer Dritt-Bank) nicht genügt.

    b) Nach den getroffenen Abmachungen muss jedes Risiko der Bank aus dem treuhänderisch besorgten Geschäft ausgeschlossen sein, so dass dieses ausschliesslich auf Rechnung und Gefahr des Treugebers geht; das setzt voraus, dass der Inhalt des Treuhandvertrages insbesondere bezüglich Valuta, Zinssatz, Laufzeit, Kündigung und Rückzahlungsbedingungen mit den entsprechenden Klauseln des Darlehensvertrages übereinstimmt.

    c) Die vom Darlehensnehmer geleisteten Zinsen sind vollständig, gegebenenfalls gekürzt um die von ihm geschuldeten und zu überwälzenden Quellensteuern, dem Treugeber gutzuschreiben; die Treuhandkommission der Bank und die ihr zustehende Entschädigung für Spesen u.dgl. dürfen nicht in Form eines Zinsschnittes bezogen werden, sondern sind gesondert zu verbuchen.

3. Im Interesse einer reibungslosen **Kontrolle** sind gemäss den Regeln der ordnungsgemässen **Buchführung** die "Treuhand-Konti" gesondert zu führen; insbesondere sind die entgegengenommenen und weitervergüteten Darlehenszinsen nicht im ordentlichen Zinsenkonto als Kreditoren- und Debitorenzinsen zu verbuchen. Es versteht sich, dass die schriftlichen **Unterlagen** des Treuhandgeschäftes unseren Inspektoren auf Verlangen **vorzulegen** sind. Wird der Treugeber oder Darlehensnehmer in den Dokumenten oder Büchern durch einen Decknamen oder eine Nummer u.dgl. gekennzeichnet, so sind auf besonderes Verlangen die Personalien zu offenbaren.

Präponderanzmethode

Quelle: Eidg. Steuerverwaltung ESTV/HA Direkte Bundessteuer

Direkte Bundessteuer Bern, 12. November 1992

MERKBLATT

Einkommen aus selbständiger Erwerbstätigkeit nach Artikel 18 DBG

Ausdehnung der Kapitalgewinnsteuerpflicht, Übergang zur Präponderanzmethode und deren Anwendung

---

1. Ausdehnung der Kapitalgewinnsteuerpflicht auf nicht buchführungspflichtige Selbständigerwerbende

Kapitalgewinne auf Geschäftsvermögen nicht buchführungspflichtiger Selbständigerwerbender (Handwerksbetriebe, Freierwerbende usw.) unterliegen ab 1. Januar 1995 neu der Einkommenssteuerpflicht. Dabei stellt sich die Frage, wie die bestehenden stillen Reserven zu behandeln sind.

Der steuerbare Kapitalgewinn besteht im Unterschiedsbetrag zwischen dem Einkommenssteuerwert (steuerlich massgebender Buchwert) und dem höheren Veräusserungserlös oder dem Verkehrswert des Vermögensgegenstandes im Zeitpunkt der Realisation (Veräusserung, Verwertung, buchmässige Aufwertung und Privatentnahme). Dieser Betrag wird auch als steuerbare massgebende stille Reserve bezeichnet. Er umfasst sowohl den Wertzuwachs als auch die wiedereingebrachten Abschreibungen.

Die nach Inkrafttreten des DBG realisierten Kapitalgewinne auf Geschäftsvermögen sind vollumfänglich steuerbar. In die Bemessung des steuerbaren Einkommens fallen demnach auch jene realisierten stillen Reserven, die vor Inkrafttreten des DBG entstanden sind.

Aufwertungen, die vor Inkrafttreten des DBG vorgenommen wurden, müssen in einer nach kaufmännischer Art geführten Buchhaltung (Art. 957 ff. OR) verbucht worden sein, um steuerlich anerkannt zu werden. Es gilt somit das Massgeblichkeitsprinzip der Handelsbilanz für die Steuerbilanz.

Für die erstmalige ordentliche Ermittlung des Einkommens aus selbständiger Erwerbstätigkeit nach den Bestimmungen des DBG ist das durchschnittliche Einkommen der in den Jahren 1993 und 1994 abgeschlossenen Geschäftsjahre massgebend. Die in diesen Geschäftsjahren erzielten Kapitalgewinne auf Geschäftsvermögen sind daher steuerbar. Bei Aufhören der Steuerpflicht oder bei Vornahme einer Zwischenveranlagung nach Artikel 96 BdBSt in der Steuerperiode 1993/94 sind dagegen noch die Bestimmungen des BdBSt anzuwenden (Art. 43 Abs. 1 i.V.m. Art. 21 Abs. 1 Bst. d und f BdBSt).

2. Übergang von der Wertzerlegungs- zur Präponderanzmethode für gemischt genutzte Vermögenswerte

Dieser Übergang hat zur Folge, dass zu Beginn der Bemessungsperiode für die Steuerperiode 1995/96 Gewissheit darüber bestehen muss, ob gemischt genutzte Vermögenswerte, insbesondere Liegenschaften, als Geschäftsvermögen oder als Privatvermögen gelten. Zudem stellt sich die Frage, wie die an diesem Stichtag vorhandenen stillen Reserven

- auf dem geschäftlichen Teil von Liegenschaften, die nach DBG ganz als Privatvermögen gelten,

- auf dem privaten Teil von Liegenschaften, die nach DBG ganz als Geschäftsvermögen gelten,

zu behandeln sind.

2.1 Allgemeines zur Abgrenzung Geschäfts-/Privatvermögen

Die Abgrenzung zwischen Privat- und Geschäftsvermögen erfolgt nach Inkrafttreten des DBG grundsätzlich nach den gleichen Kriterien, wie sie in der Praxis und Rechtsprechung zum BdBSt entwickelt wurden. Gemischt genutzte Liegenschaften, für die bisher die Wertzerlegungsmethode Anwendung fand (Merkblatt der ESTV vom 23.7.1969), werden hingegen neu in ihrer Gesamtheit dem Geschäftsvermögen oder Privatvermögen zugeordnet. Sie gelten dann als vorwiegend der selbständigen Erwerbstätigkeit dienend, wenn ihre geschäftliche Nutzung die private Nutzung überwiegt. Für diesen

Vergleich sind i.d.R. alle auf den geschäftlich genutzten Liegenschaftsteil entfallenden Erträge ins Verhältnis zum gesamten Liegenschaftsertrag zu setzen. Allenfalls können andere für die Abgrenzung geeignete Kriterien herangezogen werden (z.B. Fläche, Rauminhalt, Gewährung von Abschreibungen in Grenzfällen). Beträgt der Anteil der geschäftlichen Nutzung mehr als 50 Prozent, liegt eine vorwiegend geschäftliche Nutzung vor.

Der gesamte Liegenschaftsertrag setzt sich aus den auf die gesamte Liegenschaft entfallenden Einkünften gemäss Artikel 21 DBG unter Einbezug des Eigenmietwertes für den geschäftlich genutzten Liegenschaftsteil zusammen. Der Eigenmietwert für den am Wohnsitz selbstbewohnten Liegenschaftsteil ist für diese Berechnung ohne Einschlag wegen tatsächlicher Unternutzung (Art. 21 Abs. 2 DBG) festzusetzen.

Die auf den geschäftlich genutzten Liegenschaftsteil entfallenden Erträge setzen sich aus dem Eigenmietwert und allen übrigen Einkünften nach Artikel 21 DBG für den geschäftlich genutzten Teil zusammen. Die Festsetzung des Eigenmietwertes für den geschäftlich genutzten Liegenschaftsteil hat zum Marktwert zu erfolgen (Art. 21 Abs. 2 i.V.m. Art. 16 Abs. 2 DBG). Ein Einschlag wegen tatsächlicher Unternutzung entfällt.

2.2 Gemischt genutzte Liegenschaften, die nach DBG als Geschäftsvermögen gelten

Liegenschaften, die vorwiegend der selbständigen Erwerbstätigkeit dienen, werden nach Inkrafttreten des DBG vollumfänglich dem Geschäftsvermögen zugeordnet. Kapitalgewinne aus Veräusserung, Verwertung oder buchmässiger Aufwertung solcher Liegenschaften werden nicht mehr in einen privaten (steuerfreien) und in einen geschäftlichen (steuerbaren) Teil zerlegt, sondern in ihrer Gesamtheit der Einkommenssteuer unterworfen. In die Bemessung dieser Kapitalgewinne fallen demnach auch die auf dem privaten Liegenschaftsteil vor dem Wechsel zum DBG entstandenen stillen Reserven.

Eine buchmässige Aussonderung privat genutzter Liegenschaftsteile vor Inkrafttreten des DBG wird steuerlich nur dann anerkannt, wenn auch eine grundbuchrechtliche Verselbständigung erfolgte.

Als Einkommenssteuerwert vorwiegend geschäftlich genutzter Liegenschaften gilt nach Inkrafttreten des DBG der um den Anlagewert (Gestehungskosten) des privat genutzten Teils erhöhte bisherige Einkommenssteuerwert des geschäftlich genutzten Teils. War die Liegenschaft bisher in ihrer Gesamtheit in der Buchhaltung enthalten, entspricht dieser Wert dem bisherigen Buchwert. Allfällige buchmässige Aufwertungen auf dem privat genutzten Liegenschaftsteil vor Inkrafttreten des DBG bleiben für den Einkommenssteuerwert unbeachtlich, weil die nach altem Recht zur Anwendung gelangende Wertzerlegungsmethode den privaten Bereich einkommenssteuerunwirksam liess.

2.3 Gemischt genutzte Liegenschaften, die nach DBG als Privatvermögen gelten

Liegenschaften, die vorwiegend privat genutzt werden, sind nach Inkrafttreten des DBG vollumfänglich dem Privatvermögen zuzurechnen. Der systembedingte Wechsel der bisher dem Geschäftsvermögen zugerechneten Liegenschaftsteile in das Privatvermögen stellt mangels einer gesetzlichen Grundlage keinen Realisationstatbestand dar und erfolgt einkommenssteuerneutral.

3. Erläuterungen zur Anwendung der Präponderanzmethode

3.1 Zuordnung gemischt genutzter Liegenschaften zum Geschäfts- oder Privatvermögen

Für die Zuordnung sind die Verhältnisse in der Bemessungsperiode massgebend. Dabei ist gemäss Ziffer 2.1 dieses Merkblattes vorzugehen.

3.2 Auswirkungen der steuerlichen Zuordnung gemischt genutzter Liegenschaften auf die Ermittlung des Reineinkommens

Zur Ermittlung des Reineinkommens werden für gemischt genutzte Liegenschaften die Aufwendungen und Kosten - je nach Zuordnung der Liegenschaft zum Geschäfts- oder Privatvermögen - entweder ausschliesslich nach den Artikeln 27 - 29 DBG oder ausschliesslich nach Artikel 32 DBG abgezogen.

Der Ertrag aus **vorwiegend der selbständigen Erwerbstätigkeit dienenden Liegenschaften** fällt - unter Einbezug der Erträge aus dem privat genutzten Teil - in die Berechnung des Einkommens aus selbständiger Erwerbstätigkeit. Davon können für die gesamte Liegenschaft die geschäfts- oder berufsmässig begründeten Kosten nach den Artikeln 27 - 29 DBG und die aus der Finanzierung der Liegenschaft anfallenden Schuldzinsen nach Artikel 33 Absatz 1 Buchstabe a DBG abgezogen werden. Der Abzug für den Liegenschaftsunterhalt erfolgt zu den tatsächlichen Kosten. Der Pauschalabzug nach Artikel 32 Absatz 4 DBG ist ausgeschlossen.

Beispiel: Vorwiegend geschäftlich genutzte Liegenschaft

	Fr.	Fr.	Fr.
Einkommenssteuerwert der Liegenschaft			1 250 000
Abschreibungssatz: 3 %			
Hypothekardarlehen zu 8 %			250 000
Betriebserfolg (ohne Liegenschaftsrechnung, aber nach Belastung eines Mietwertes von Fr. 36 000.-- für den geschäftlich genutzten Liegenschaftsteil)			100 000
Geschäftliche Liegenschaftsrechnung:			
Mietwert für geschäftliche Nutzung		36 000	
Mietwert für private Nutzung		24 000	
Liegenschaftsbruttoertrag		60 000	
Effektive Unterhalts- und Betriebskosten	9 000		
Privatanteil Betriebskosten (Heizkosten, Strom, Reinigung usw.)	- 3 000		
	6 000	- 6 000	
Hypothekarzinsen		- 20 000	
Abschreibung (3 % vom Einkommenssteuerwert)		- 37 500	
Saldo der Liegenschaftsrechnung		- 3 500	- 3 500
Reineinkommen aus selbständiger Erwerbstätigkeit			96 500

Der Ertrag aus **vorwiegend privat genutzten Liegenschaften** fällt - unter Einbezug des Eigenmietwertes vom geschäftlich genutzten Teil - in die Berechnung des Einkommens aus privatem, unbeweglichem Vermögen. Davon können die Kosten nach Artikel 32 DBG und die aus der Finanzierung der Liegenschaft anfallenden Schuldzinsen nach Artikel 33 Absatz 1 Buchstabe a DBG abgezogen werden. Der Abzug von Abschreibungen und Rückstellungen auf dem geschäftlich genutzten Teil ist ausgeschlossen. Vom Einkommen aus selbständiger Erwerbstätigkeit wird demgegenüber der in der privaten Liegenschaftsrechnung enthaltene Eigenmietwert für den geschäftlich genutzten Teil in Abzug gebracht. Diese Abgrenzung ist im Hinblick auf die Berechnung allfälliger Verlustüberschüsse (Art. 31 DBG) und die Meldung des AHV-pflichtigen Einkommens von Bedeutung.

Beispiel: Vorwiegend privat genutzte Liegenschaft

	Fr.	Fr.
Alter des Gebäudes: 15 Jahre		
Hypothekardarlehen zu 8 %		250 000
Betriebserfolg (ohne Liegenschaftsrechnung, aber nach Belastung eines Mietwertes von Fr. 20 000.-- für den geschäftlich genutzten Liegenschaftsteil)		100 000
Private Liegenschaftsrechnung:		
Mietwert für private Nutzung	40 000	
Mietwert für geschäftliche Nutzung	20 000	
Liegenschaftsbruttoertrag	60 000	
Pauschale Unterhaltskosten (20 % des Liegenschaftsertrages)	- 12 000	
Hypothekarzinsen	- 20 000	
Einkommen aus privater Liegenschaft	28 000	**28 000**

3.3 Wechsel in der steuerlichen Zuordnung gemischt genutzter Liegenschaften

Gemäss Artikel 18 Absatz 2 DBG ist die Überführung von Geschäftsvermögen in das Privatvermögen der Veräusserung gleichgestellt. Die Differenz zwischen dem Einkommenssteuerwert und dem höheren Verkehrswert der gesamten Liegenschaft unterliegt dabei als Kapitalgewinn der Einkommenssteuer.

Eine Überführung vom Geschäfts- ins Privatvermögen liegt auch dann vor, wenn die überwiegende Nutzung der Liegenschaft vom geschäftlichen zum privaten Teil wechselt und sich diese Änderung als dauerhaft (i.d.R. 2 Jahre) erweist. Dabei ist grundsätzlich auf die tatsächlichen Verhältnisse abzustellen. Bezeichnet der Steuerpflichtige eine gemischt genutzte Liegenschaft in Grenzfällen weiterhin als Geschäftsvermögen (Art. 125 Abs. 2 DBG), so ist er damit zu behaften. Der Kapitalgewinn wird in diesem Fall erst bei der Veräusserung der Liegenschaft oder bei der Aufgabe der selbständigen Erwerbstätigkeit erzielt und der Einkommenssteuer unterworfen. Das Verbleiben der Liegenschaft im Geschäftsvermögen und die damit verbundenen steuerlichen Folgen sind in einer schriftlichen Erklärung festzuhalten (Beilage).

Wechselt die überwiegende Nutzung der Liegenschaft vom privaten zum geschäftlichen Teil, liegt eine vom Steuerpflichtigen zu deklarierende Privateinlage vor (Art. 125 Abs. 2 DBG). Als Einkommenssteuerwert gilt dabei der Buchwert (Massgeblichkeitsprinzip), höchstens aber der Verkehrswert im Zeitpunkt des Übergangs vom Privat- ins Geschäftsvermögen.

Erklärung zur steuerlichen Zuordnung einer gemischt genutzten Liegenschaft

(Beilage zur Steuererklärung gemäss Art. 125 Abs. 2 DBG)

Name: ....

Vorname: ....

Adresse: ....

Wohnort: ....

AHV-Nr.: ....

erklärt hiermit folgendes:

1. Die Liegenschaft

   Strasse/Nr.: ....

   Gemeinde: ....

   Grundbuch-Nr.: ....

   ist nur **vorübergehend vorwiegend privat genutzt**. Sie gilt weiterhin als Geschäftsvermögen nach Artikel 18 Absatz 2 DBG.

2. Gemäss Artikel 125 Absatz 2 DBG bin ich verpflichtet, einen späteren definitiven Wechsel zur vorwiegend privaten Nutzung als Privatentnahme zu verbuchen oder in einer Beilage zur Steuererklärung unaufgefordert zu melden.

3. Ich habe zur Kenntnis genommen, dass gemäss Artikel 18 Absatz 2 DBG ein Kapitalgewinn aus Veräusserung, Verwertung oder buchmässiger Aufwertung der oben aufgeführten Liegenschaft der Einkommenssteuer unterliegt. Der Veräusserung gleichgestellt ist die Überführung ins Privatvermögen (definitiver Wechsel zur vorwiegend privaten Nutzung; Geschäftsaufgabe). Der Kapitalgewinn bemisst sich im Unterschiedsbetrag zwischen dem Einkommenssteuerwert und dem Veräusserungserlös oder dem Verkehrswert im Zeitpunkt der Realisation.

Ort und Datum: ....

Unterschrift: ....

Beilage: Erklärung zur steuerlichen Zuordnung einer gemischt genutzten Liegenschaft

WL ESTV

Wegleitungen ESTV, SSK / Arbeitspapiere ESTV

Wegleitungen der Eidgenössischen Steuerverwaltung (ESTV) und der Schweizerischen Steuerkonferenz (SSK) und Arbeitspapiere der ESTV

Verhaltenskodex Steuern 2021		D15 Bewertung von Wertpapieren ohne Kurswert	D12
Kryptowährungen		D13 Neuer Lohnausweis	D11

WL ESTV

Wegleitungen ESTV, SSK / Arbeitspapiere ESTV

Wegleitungen der Eidgenössischen Steuerverwaltung (ESTV) und der Schweizerischen Steuerkonferenz (SSK) und Arbeitspapiere der ESTV

Verhaltenskodex Steuern 2021

Quelle: Eidg. Steuerverwaltung ESTV, Schweizerische Steuerkonferenz SSK, Expert Suisse, IFF-HSG

5. Oktober 2021

Grundsätze und Verhaltensregeln zu einem respektvollen Umgang zwischen den steuerpflichtigen Personen, den Steuervertretungen und den Steuerverwaltungen.

Präambel

Die schweizerische Steuerrechtspraxis ist geprägt von einem respektvollen Umgang zwischen den steuerpflichtigen Personen, den Steuervertretungen und den Steuerverwaltungen. Zu diesem respektvollen Umgang gehören ein offener und sachbezogener Austausch zwischen den beteiligten Parteien.

Deshalb halten die Eidg. Steuerverwaltung (ESTV), die Schweizerische Steuerkonferenz (SSK) sowie EXPERTsuisse zusammen mit dem IFF-HSG als Wissenschaftspartner Grundsätze und Verhaltensregeln schriftlich in Form eines Verhaltenskodex fest. Der Verhaltenskodex soll eine effiziente Anwendung der gesetzlichen Vorgaben ermöglichen und das historisch gewachsene Vertrauensverhältnis zwischen steuerpflichtigen Personen, Steuervertretungen und Steuerverwaltungen nachhaltig stärken. Der «Verhaltenskodex Steuern» richtet sich im Sinne von Empfehlungen an professionell im Steuerbereich tätige Personen, insbesondere Mitarbeitende der Steuerverwaltungen, Steuervertretungen und Unternehmen. Je mehr Parteien sich zur Anwendung bekennen, desto effektiver ist dessen Wirksamkeit. Die gesetzlichen Vorgaben gehen dem Verhaltenskodex in jedem Fall vor.

1. Geltungsbereich

Der Verhaltenskodex richtet sich an professionell im Steuerbereich tätige Personen, insbesondere Mitarbeitende der Steuerverwaltungen, Steuervertretungen und Unternehmen.

2. Allgemeine Leitlinien

* Menschen und Sachfragen voneinander getrennt behandeln
* In Diskussionen und Verfahren keinen übertriebenen Formalismus zeigen
* Unvoreingenommenheit im Urteil und im Handeln wahren
* Gewährleisten, dass ein Dialog geführt werden kann

3. Verhalten in den einzelnen Verfahrensschritten

3.1 Allgemeine Verhaltensgrundsätze

* Das Verhalten ist von gegenseitigem Respekt, Vertrauen und Fairness geprägt
  - *Respektvoller Umgang und natürliches Vertrauen zwischen den Parteien. Damit weder ein überhebliches, noch ein unnötig freund- oder feindseliges Auftreten an den Tag legen*
  - *Offenlegung der verfolgten Interessen, keine «hidden agenda»; vollständige, offene, sachliche und transparente Information*
  - *Beidseitige seriöse Vorbereitung und von Sach- und Fachkompetenz geprägte Diskussion über sowohl den Sachverhalt als auch die Auslegung und Anwendung von Gesetzesnormen*
  - *Keine unnötige Beanspruchung von Ressourcen der Steuerverwaltungen und der steuerpflichtigen Personen bzw. Steuervertretung (Verhältnismässigkeit und Effizienz, Aktenauflagen/Besprechungen nur sofern erforderlich)*
  - *Kein «Antwort-Shopping» bei mehreren Mitarbeitenden derselben Verwaltung*
  - *Offenlegung der bereits involvierten Behörden (Regulatoren, kantonale oder Bundessteuerbehörden) im In- und Ausland*
  - *Keine öffentliche Kritik an Mitarbeitenden von Steuerverwaltungen*
  - *Keine Stellungnahme seitens der Steuerverwaltung oder Steuervertretung zur Qualifikation/Kompetenz von Mitarbeitenden der Steuerverwaltung bzw. Steuervertretung gegenüber der steuerpflichtigen Person oder Dritten (Neutralität)*

* Die andere Partei nicht unter ungebührenden Druck setzen und keine Drohungen aussprechen, insbesondere:
  - *Keine unrealistischen Zeitvorgaben, sehr kurze Fristen nur in begründeten Einzelfällen*
  - *Organisatorische Zuständigkeiten respektieren*
  - *Keine Drohung mit Demarchen verwaltungsintern (Vorgesetzte, Geschäftsleitung, Departementsvorstand) oder verwaltungsextern (Aufsichtsbehörde, Parlament, Lobbying)*
  - *Keine Druckversuche mit wirtschaftlichen Konsequenzen (Weg- bzw. Umzug, Entlassungen usw.)*
  - *Keine Drohung mit trölerischer Prozessführung durch die steuerpflichtige Person bzw. Steuervertretung*
  - *Keine Drohung mit dem Ergreifen von Rechtsmitteln*

* Transparenz der Verwaltungspraxis sicherstellen
  - *Systematische Publikation der allgemeingültigen Verwaltungspraxis*
  - *Sich an Verwaltungspraxis halten*
  - *Rechtzeitige Ankündigung und Publikation von Praxisänderungen, sofern sich diese nicht aus einschlägigen Gerichtsentscheiden ergeben*
  - *Keine Konzessionen an eine steuerpflichtige Person, die gegenüber der Steuervertretung der steuerpflichtigen Person nicht auch eingeräumt würden und umgekehrt (Transparenz und Gleichbehandlung)*

* Fristen
  - *Behördlich angesetzte Fristen werden grundsätzlich einmalig ohne Begründungspflicht erstreckt. Keine systematischen Gesuche um Fristerstreckung*

- Dokumente, mit deren Eröffnung eine gesetzliche Frist ausgelöst wird, sind – soweit möglich und beeinflussbar – zu Zeiten zu versenden, die im Einzelfall für die steuerpflichtige Person bzw. Steuervertretung nicht zu wesentlichen Nachteilen führen. Dies gilt nicht für den Massenversand
- Bemühen um eine zügige Bearbeitung der Dossiers seitens der Steuerverwaltung und der steuerpflichtigen Personen bzw. Steuervertretung (bspw. Nachreichung von Unterlagen)

* Digitalisierung
  - Nutzung der vorhandenen Möglichkeiten zur digitalen Abwicklung der Verfahrensschritte

3.2 Steuererklärung im gemischten Verfahren

* Vollständige, wahrheitsgemässe Deklaration (inkl. obligatorische Belege)
* Möglichst frühzeitiges Einreichen der Steuererklärung
* Nur die Übermittlung von relevanten Belegen einfordern
* Einfacher, transparenter Steuererklärungsprozess
* Akzeptanz von individuellen Beilagen, sofern die veranlagungsrelevanten Angaben nicht in den offiziellen Steuererklärungsformularen deklariert werden können

3.3 Veranlagung im gemischten Verfahren

* Den steuerpflichtigen Personen bzw. Steuervertretungen angemessene Fristen bei der Anforderung von Dokumenten einräumen
* Rasche und vollständige Lieferung von eingeforderten Unterlagen
* Vollständige, wahrheitsgemässe Informationen
* Transparente, einfache Darlegung des Veranlagungsergebnisses
* Möglichst rasche Veranlagung

3.4 Steuervorbescheid (Steuerruling)

* Aktuelles und praktisches Interesse an Steuervorbescheid für einen konkreten Sachverhalt, d. h. keine Anfrage für rein hypothetische (d. h. nicht konkret geplante) oder bereits realisierte Einzelsachverhalte

* Vollständige, prägnante und auf die Fragen des vorliegenden Falles beschränkte Darstellung: alle Aspekte aufzeigen, die bei der steuerlichen Beurteilung zu berücksichtigen sind; die entscheidrelevanten Aspekte sind im Steuervorbescheid selbst und nicht nur in den Beilagen zu erwähnen
* Die Sachverhaltsermittlung und -darstellung ist Aufgabe der steuerpflichtigen Person bzw. der Steuervertretung (keine Delegation an Steuerverwaltung)
* Aufzeigen der massgeblichen (zivil- und steuerrechtlichen) Rechtsgrundlagen und rechtliche Würdigung des dargestellten Sachverhalts durch die steuerpflichtige Person oder Steuervertretung
* Möglichst frühzeitige Mitteilung, falls Kündigung des Steuervorbescheides durch Steuerverwaltung in Erwägung gezogen wird
* Nach bestem Wissen offenlegen, ob in anderen Steuerhoheiten bereits Steuervorbescheide vorliegen (inkl. Inhalt), Folgevorbescheide geplant sind oder ein gleicher Antrag unterbreitet worden ist
* Für das Verfahren vor der Eidgenössischen Steuerverwaltung findet die jeweils gültige Mitteilung für Steuervorbescheide/Steuerrulings Anwendung (siehe Mitteilung-011-DVS-2019-d vom 29. April 2019 – Formelles Verfahren für Steuervorbescheide/Steuerrulings in den Bereichen direkte Bundessteuer, Verrechnungssteuer und Stempelabgaben). Für den Bereich der MWST findet Art. 69 MWSTG Anwendung

3.5 Steuerprüfung

* Gegenseitige Kooperationsbereitschaft und wahrheitsgetreue Information
* Sauber aufgearbeitete Dokumentation einreichen / zur Verfügung stellen
* Falls notwendig zusätzliche Informationen zur Verfügung stellen bzw. für Fragen zur Verfügung stehen
* Möglichkeit zu den einzelnen Punkten bereits mündlich Stellung zu nehmen
* Keine unverhältnismässigen Informationsanfragen

3.6 Steuerzahlung (direkte Steuern)

- Möglichkeit einräumen, die von der Steuerverwaltung berechneten Akontozahlungen anpassen zu können, damit die Vorauszahlungen die wirtschaftliche Situation der steuerpflichtigen Person realistisch widerspiegeln
- Soweit gesetzlich zulässig, der steuerpflichtigen Person die Möglichkeit geben, einen Abzahlungsplan zu beantragen

3.7 Rechtsmittelverfahren

- Ergreifung eines Rechtsmittels hat keinen Einfluss auf das Verhalten der Steuerverwaltung im Umgang mit der steuerpflichtigen Person bei der Beurteilung von anderen Sachverhalten
- Rechtsschriften sind prägnant und konzis zu verfassen

Trägerschaft und Unterstützer siehe www.iff.unisg.ch/projects/verhaltenskodex

Kryptowährungen

Quelle: Eidgenössische Steuerverwaltung ESTV

Direkte Bundessteuer
Verrechnungssteuer
Stempelabgaben

Bern, 14. Dezember 2021

Arbeitspapier

Kryptowährungen und Initial Coin/Token Offerings (ICOs/ITOs) als Gegenstand der Vermögens-, Einkommens- und Gewinnsteuer, der Verrechnungssteuer und der Stempelabgaben

Inhaltsverzeichnis

1	Einleitung	3
2	Zahlungs-Token	4
2.1	Vorbemerkungen	4
2.2	Steuerliche Behandlung	4
2.2.1	Vermögenssteuer	4
2.2.2	Einkommenssteuer	4
2.2.3	Verrechnungssteuer	5
2.2.4	Stempelabgaben	6
3	Anlage-Token	6
3.1	Vorbemerkungen	6
3.2	Steuerliche Behandlung von Fremdkapital-Token	7
3.2.1	Gewinnsteuer	7
3.2.2	Verrechnungssteuer	7
3.2.3	Stempelabgaben	7
3.2.4	Vermögenssteuer	7
3.2.5	Einkommenssteuer	7
3.2.6	Verrechnungssteuer	8
3.2.7	Stempelabgaben	8
3.3	Steuerliche Behandlung von Anlage-Token mit vertraglicher Grundlage	8
3.3.1	Gewinnsteuer	9
3.3.2	Verrechnungssteuer	9
3.3.3	Stempelabgaben	10
3.3.4	Vermögenssteuer	10
3.3.5	Einkommenssteuer	10
3.3.6	Verrechnungssteuer	11
3.3.7	Stempelabgaben	11

3.4	**Steuerliche Behandlung von Anlage-Token mit Beteiligungsrechten**	11
3.4.1	Gewinnsteuer	12
3.4.2	Verrechnungssteuer	12
3.4.3	Stempelabgaben	12
3.4.4	Vermögenssteuer	12
3.4.5	Einkommenssteuer	12
3.4.6	Verrechnungssteuer	13
3.4.7	Stempelabgaben	13
4	**Nutzungs-Token**	**13**
4.1	Vorbemerkungen	13
4.2	**Steuerliche Behandlung von Nutzungs-Token**	14
4.2.1	Gewinnsteuer	14
4.2.2	Verrechnungssteuer	15
4.2.3	Stempelabgaben	15
4.2.4	Vermögenssteuer	15
4.2.5	Einkommenssteuer	15
4.2.6	Verrechnungssteuer	16
4.2.7	Stempelabgaben	16

1 Einleitung

Das Aufkommen und die Verbreitung von digitalen Zahlungsmitteln in der Form von Kryptowährungen – wie beispielsweise Bitcoin und zahlreiche Emissionen von Coins/Token im Rahmen von ICOs/ITOs/TGEs[1] – haben in jüngster Vergangenheit diverse Fragen zur steuerlichen Behandlung dieser Wertrechte aufgeworfen. Das vorliegende, aktualisierte Arbeitspapier legt die bisher von der Eidgenössischen Steuerverwaltung (ESTV) auf der Grundlage der bestehenden steuerrechtlichen Bestimmungen entwickelte Praxis dar. In Anlehnung an die FINMA-Wegleitung verwendet das aktualisierte Arbeitspapier neu die deutschen Begriffe Zahlungs-Token (vorher Payment-Token), Anlage-Token (vorher Asset-Token) und Nutzungs-Token (vorher Utility-Token). Zudem werden die Eigenkapital- und Partizipationstoken im Kapital 3.3 neu unter dem Begriff der Anlage-Token mit vertraglicher Grundlage zusammengefasst, da Funktionsweise und steuerliche Behandlung identisch sind. Das überarbeitete Arbeitspapier, welches die aktuelle Steuerpraxis basierend auf den der ESTV bis Ende Dezember 2020 unterbreiteten Sachverhalten und Transaktionen wiedergibt, enthält neu auch Ausführungen zur steuerlichen Behandlung von Anlage-Token mit Beteiligungsrechten. Ausserdem äussert sich das aktualisierte Arbeitspapier erstmals zur Frage, ob Anlagetoken mit vertraglicher Grundlage als Mitarbeiterbeteiligungen im Sinne von Artikel 17a des Bundesgesetzes vom 14. Dezember 1990 über die direkte Bundessteuer (DBG; SR 642.11) qualifizieren. Die Praxisfestlegungen der ESTV und der kantonalen Steuerbehörden werden sich weiterentwickeln und neuen Konstellationen im Bereich der ICOs/ITOs Rechnung tragen müssen. Falls erforderlich, erfolgt auch eine entsprechende Mitteilung der ESTV. Die in diesem Arbeitspapier verwendete Kategorisierung der Coins/Token orientiert sich an den drei Basiskategorien der Wegleitung der FINMA für Unterstellungsfragen betreffend Initial Coin Offerings (ICO) vom 16. Februar 2018. In der Praxis können auch Mischformen von Coins/Token (sogenannte hybride Token) auftreten.

Die Ausführungen im vorliegenden Arbeitspapier gliedern sich in zwei Teile. In einem ersten Teil wird die steuerliche Behandlung der Kryptowährungen in der Form von reinen digitalen Zahlungsmitteln (nachfolgend Zahlungs-Token) dargelegt, die von Investoren im Privatvermögen gehalten werden. Der zweite Teil befasst sich einerseits mit den Steuerfolgen der im Rahmen von ICOs/ITOs ausgegebenen Coins/Token mit geldwerten Rechten gegenüber einer Gegenpartei (nachfolgend Anlage-Token) und anderseits mit der Ausgabe von Nutzungs-Token. Der zweite Teil beleuchtet sowohl die Ebene des Investors (Privatvermögen oder ggf. unselbständige Erwerbstätigkeit) als auch diejenige des Emittenten. Auf Wunsch von kantonalen Steuerverwaltungen äussert sich das vorliegende Arbeitspapier auch zu Belangen der ausschliesslich kantonalen Vermögenssteuer.

Eine Leistung gilt im Zeitpunkt des Zuflusses (Vereinnahmung einer Leistung oder des Erwerbs eines festen Rechtsanspruchs auf eine Leistung) als realisiert.

Die steuerliche Gewinnermittlung richtet sich nach der handelsrechtskonformen Erfolgsrechnung (vgl. Art. 58 Abs. 1 DBG), sofern keine steuerrechtlichen Korrekturvorschriften vom handelsrechtlichen Gewinnausweis zu beachten sind (sog. Massgeblichkeitsprinzip). Handelsrechtlich nicht verbuchte Aufwendungen können steuerrechtlich nicht geltend gemacht werden.

Das vorliegende Arbeitspapier ersetzt dessen Ursprungsversion vom 27. August 2019.

Fragen können an folgende E-Mail-Adresse gestellt werden: krypto@estv.admin.ch

---

[1] ICO (Initial Coin Offering), ITO (Initial Token Offering) oder auch TGE (Token Generating Event) ist eine weitgehend unregulierte Methode des Crowdfundings, die von Firmen verwendet wird, deren Geschäftsmodell auf Kryptowährungen beziehungsweise Token basiert.

2 Zahlungs-Token

2.1 Vorbemerkungen

Zahlungs-Token (auch Payment-Token genannt) sind digitale Wertrechte, die in Abhängigkeit ihrer Verbreitung und Infrastruktur zum Einsatz als Zahlungsmittel geeignet sind. Der Emittent hat gegenüber dem Investor keine Verpflichtung zur Leistung einer bestimmten Zahlung oder Erbringung einer Dienstleistung.

2.2 Steuerliche Behandlung

2.2.1 Vermögenssteuer

Bei Zahlungs-Token in der Form von reinen digitalen Zahlungsmitteln handelt es sich um einen bewertbaren, beweglichen (handelbaren) und immateriellen Vermögenswert, der steuerrechtlich unter das bewegliche Kapitalvermögen zu subsumieren ist. Zahlungs-Token unterliegen folglich der kantonal geregelten Vermögenssteuer[2] und sind am Ende der Steuerperiode zum Verkehrswert[3] zu deklarieren. Ist kein aktueller Bewertungskurs ermittelbar, ist der Zahlungs-Token zum ursprünglichen Kaufpreis, umgerechnet in Schweizer Franken, zu deklarieren.

2.2.2 Einkommenssteuer

Das blosse Halten von über Kryptobörsen erworbenen Zahlungs-Token in der Form von reinen digitalen Zahlungsmitteln generiert in aller Regel keine Einkünfte oder Erträge, die der Einkommenssteuer und der Verrechnungssteuer unterliegen[4].

Werden einer Arbeitnehmerin bzw. einem Arbeitnehmer Lohnzahlungen oder Gehaltsnebenleistungen in Form von Zahlungs-Token ausgerichtet, handelt es sich um steuerbares Erwerbseinkommen[5], welches auf dem Lohnausweis (Ziffer 1 oder Ziffer 3) auszuweisen ist. Als Betrag aufzuführen ist der Wert im Zeitpunkt des Zuflusses (Vereinnahmung einer Leistung oder des Erwerbs eines festen Rechtsanspruchs auf eine Leistung), umgerechnet in Schweizer Franken.

Das Kaufen und Verkaufen von Zahlungs-Token ist steuerlich den Transaktionen mit herkömmlichen Zahlungsmitteln (Währungen) gleichzustellen. Die aus solchen Transaktionen resultierenden Gewinne und Verluste stellen bei natürlichen Personen im Privatvermögen grundsätzlich steuerfreie Kapitalgewinne oder nicht abzugsfähige Kapitalverluste dar[6]. Je nach Art, Umfang und Finanzierung der Transaktionen liegt keine private Vermögensverwaltung, sondern selbständige Erwerbstätigkeit vor. Im zweiten Fall gelten die Kapitalgewinne aus der Veräusserung von Zahlungs-Token als gewerbsmässig und unterliegen der Einkommenssteuer[7]. Verluste sind steuerlich abzugsfähig, wenn sie verbucht worden sind.

---

[2] Art. 13 Abs. 1 und Art. 14 Abs. 1 des Bundesgesetzes vom 14. Dezember 1990 über die Harmonisierung der direkten Steuern der Kantone und Gemeinden (StHG; SR 642.14)

[3] Die ESTV publiziert die Steuerwerte der verbreitetsten Kryptowährungen in der Kursliste. Für diejenigen Kryptowährungen, für die die ESTV keine Steuerwerte publiziert, kann der Marktwert einer der führenden Handelsplattformen verwendet werden
https://www.ictax.admin.ch/extern/de.html#/ratelist/2021

[4] Art. 16 Abs. 1 DBG e contrario und Art. 4 Abs. 1 des Bundesgesetzes vom 13. Oktober 1965 über die Verrechnungssteuer (VStG; SR642.21) e contrario

[5] Art. 17 Abs. 1 DBG

[6] Art. 16 Abs. 3 DBG und Art. 4 Abs. 1 VStG e contrario

[7] Art. 18 Abs. 2 DBG / analoge Anwendung der Kriterien gemäss Kreisschreiben Nr. 36 der ESTV betreffend den gewerbsmässigen Wertschriftenhandel vom 27. Juli 2012 [KS Nr. 36]

Beim Schürfen oder Mining von Zahlungs-Token (sogenannte **Proof of Work-Methode**) werden im weitesten Sinne Zahlungsmittel geschöpft. Der Arbeitsaufwand des Schürfens wird i.d.R. mit Zahlungs-Token entschädigt. Solche Token werden demzufolge nicht über eine Kryptobörse erworben, sondern stellen die Entschädigung für das Schürfen dar. Bei dieser Entschädigung handelt es sich um steuerbares Einkommen[8]. Sofern die allgemeinen Kriterien einer selbständigen Erwerbstätigkeit erfüllt sind, gelten solche Entschädigungen steuerlich als Einkommen aus selbständiger Erwerbstätigkeit[9].

Gleich wie beim Mining (**Proof of Work-Methode**) können auch beim Staking (**Proof of Stake-Methode**) neue Token geschaffen werden. Staking bedeutet, dass Token für einen bestimmten Zeitraum zu Sicherungszwecken in einer Proof of Stake-Blockchain aufbewahrt (gesperrt) werden. Für diesen Vorgang erhalten die Validatoren, welche ihre Token zur Verfügung stellen, eine Entschädigung. In der Praxis treten die Validatoren häufig in Form von Staking-Pools auf. Für die den Validatoren zur Verfügung gestellten Token, wird den einzelnen Investoren eine Entschädigung aus dem Staking-Pool ausgerichtet. Diese Entschädigung qualifiziert grundsätzlich als Ertrag aus beweglichem Vermögen (Art. 20 Abs.1 DBG). Als Betrag aufzuführen ist der Wert im Zeitpunkt des Zuflusses (Vereinnahmung einer Leistung oder des Erwerbs eines festen Rechtsanspruchs auf eine Leistung), umgerechnet in Schweizer Franken. Wird das Staking nicht über einen Staking-Pool betrieben, ist zu prüfen, ob bei der natürlichen Person, die als Validator fungiert, eine selbständige Erwerbstätigkeit vorliegt. Liegt eine solche vor, so sind diese Entschädigungen als Einkommen aus selbständiger Erwerbstätigkeit (Art. 18 Abs. 1 DBG) steuerbar.

Der Begriff „Airdrop" stammt aus dem Englischen und bedeutet so viel wie „Abwurf aus der Luft". Es geht dabei letztendlich darum, dass bestimmte Tokens gratis zugeteilt werden. Dabei erhält ein Inhaber einer Kryptowährung weitere Einheiten der Kryptowährung ohne eigenes Zutun. Er muss also nicht für die durch einen Airdrop erhaltene Kryptowährung bezahlen. Die Airdrops unterliegen im Zeitpunkt ihrer Zuteilung im Umfang ihres Verkehrswerts als Ertrag aus beweglichem Vermögen der Einkommenssteuer.

Von den Erträgen des beweglichen Vermögens können die Kosten, die mit der Erzielung des Einkommens in unmittelbarem Zusammenhang stehen und im Rahmen der Bewirtschaftung der Vermögensobjekte erforderlich sind, abgezogen werden (Art. 32 Abs. 1 DBG). Nicht abzugsfähig sind hingegen Transaktionskosten, die in direktem Zusammenhang mit dem Erwerb, der Umschichtung oder dem Verkauf der Vermögensobjekte stehen.

2.2.3 Verrechnungssteuer

Zahlungs-Token in der Form von reinen digitalen Zahlungsmitteln sind keine Steuerobjekte gemäss Art. 4 Abs. 1 VStG. Die Zahlungen sind daher keine der Verrechnungssteuer unterliegenden Erträge wie Zinsen auf Obligationen, Dividenden, Ausschüttungen kollektiver Kapitalanlagen und Zinsen auf Kundenguthaben[10]. Sie stellen auch keine Gewinne aus Geldspielen, Lotterien und Geschicklichkeitsspielen zur Verkaufsförderung dar[11]. Die Zahlungen unterliegen folglich nicht der Verrechnungssteuer.

---

[8] Art. 16 Abs. 1 DBG
[9] Art. 18 Abs. 1 DBG
[10] Art. 4 Abs. 1 VStG e contrario
[11] Art. 6 VStG e contrario

2.2.4 Stempelabgaben

Zahlungs-Token in der Form von reinen digitalen Zahlungsmitteln qualifizieren nicht als steuerbare Urkunden i.S. des Stempelgesetzes und sind infolgedessen weder Gegenstand der Emissionsabgabe[12] noch der Umsatzabgabe[13].

3 Anlage-Token

3.1 Vorbemerkungen

Im Gegensatz zu den Zahlungs-Token, verkörpern im Rahmen eines ICOs oder ITOs ausgegebene Anlage-Token geldwerte Rechte gegenüber der Gegenpartei bzw. des Emittenten. Die Rechte bestehen aus einer festen Entschädigung oder aus einer bestimmten, im Voraus festgelegten Partizipation des Investors an einem Referenzwert (beispielsweise einer Erfolgsgrösse) des Unternehmens des Emittenten. Die steuerrechtliche Einordnung eines Anlage-Token hängt massgeblich davon ab, wie das zivilrechtliche Rechtsverhältnis zwischen Investor und Emittent ausgestaltet ist. Sämtliche vertraglichen Verpflichtungen des Emittenten gegenüber dem Investor sind steuerlich zu beurteilen und für die einzelnen Steuerarten separat zu würdigen.

Die im Markt bislang in Erscheinung getretenen Token mit geldwerten Rechten lassen sich in die folgenden drei Kategorien einteilen:

1. Fremdkapital-Token: Diese Token beinhalten die rechtliche oder faktische Verpflichtung des Emittenten zur Rückzahlung des ganzen oder eines wesentlichen Teils der Investition sowie gegebenenfalls zur Leistung einer Zinszahlung.

2. Anlage-Token mit vertraglicher Grundlage[14]: Diese Token sehen keine Verpflichtung des Emittenten zur Rückzahlung der Investition vor. Das Anrecht des Investors bezieht sich auf einen verhältnismässigen Anteil an einer bestimmten Grösse des Emittenten (beispielsweise EBIT, Lizenzertrag oder Umsatz) oder auf eine Geldleistung, welche sich an einem bestimmten Verhältnis zum Gewinn und/oder Liquidationsergebnis bemisst.

3. Anlage-Token mit Beteiligungsrechten[15]: Diese Token stellen Beteiligungsrechte (beispielsweise Aktien und Partizipationsscheine) dar. Der anteilsmässige Anspruch auf Gewinn ist statutarisch geregelt.

Nachfolgend wird die steuerliche Behandlung der drei Token-Kategorien für die Ebenen Emittent und Investor (Privatvermögen) dargestellt. Für die Ebene des Emittenten wird die Annahme getroffen, dass es sich um eine Aktiengesellschaft mit steuerlicher Ansässigkeit in der Schweiz handelt.

---

[12] Art. 1 Abs. 1 Bst. a. des Bundesgesetzes vom 27. Juni 1973 über die Stempelabgaben (StG; SR 641.10) e contrario

[13] Art. 1 Abs. 1 Bst. b. StG e contrario

[14] Unter diesem neuen Begriff werden die bisher verwendeten Begriffe «Eigenkapital»- und «Partizipationstoken» zusammengefasst (vgl. Arbeitspapier Version 1 vom 27. August 2019)

[15] Dieser Begriff umfasst nicht nur Aktien, sondern auch Partizipationsscheine mit **und** ohne Mitgliedschaftsrechte. Im Bericht des Eidgenössischen Finanzdepartementes EFD vom 19. Juni 2020 zu einem allfälligen Anpassungsbedarf des Steuerrechts an Entwicklungen der Technik verteilter elektronischer Register (DLT/Blockchain) wurde noch der Begriff der «Anlage-Token mit Mitgliedschaftsrechten» verwendet, welcher sich für die Partizipationsscheine als zu eng erwies.

3.2 Steuerliche Behandlung von Fremdkapital-Token

Fremdkapital-Token werden im Rahmen einer kollektiven Mittelbeschaffung vom Emittenten ausgegeben. Sie lauten i.d.R. auf feste Beträge und gewähren Anspruch auf Rückzahlung der gesamten oder eines wesentlichen Teils der Investition und gegebenenfalls auf eine Zinszahlung. Sie dienen dem Gläubiger zum Nachweis, zur Geltendmachung oder zur Übertragung der Forderung.

Fremdkapital-Token sind steuerlich als Forderungspapiere (Obligationen) zu qualifizieren.

Steuerliche Behandlung Ebene Emittent

3.2.1 Gewinnsteuer

Die entgegengenommenen Mittel aus der kollektiven Mittelbeschaffung stellen keinen steuerbaren Ertrag dar und werden in der Bilanz als Fremdkapital ausgewiesen. Allfällige Zinszahlungen an die Investoren sind grundsätzlich geschäftsmässig begründeter Aufwand und somit steuerlich abzugsfähig[16].

3.2.2 Verrechnungssteuer

Zinsen in periodischer Form oder in der Form von Einmalentschädigungen auf Obligationen[17] unterliegen der Verrechnungssteuer[18].

3.2.3 Stempelabgaben

Die Ausgabe von Obligationen[19] ist von der Umsatzabgabe ausgenommen[20]. Der Handel mit Obligationen unterliegt demgegenüber grundsätzlich der Umsatzabgabe[21].

Steuerliche Behandlung Ebene Investor

3.2.4 Vermögenssteuer

Bei Fremdkapital-Token handelt es sich um bewegliches Kapitalvermögen, das Gegenstand der kantonalen Vermögenssteuer[22] ist. Das Vermögen ist am Ende der Steuerperiode zum Verkehrswert zu deklarieren. Ist kein aktueller Bewertungskurs ermittelbar, ist der Fremdkapital-Token, umgerechnet zum ursprünglichen Kaufpreis in Schweizer Franken zu deklarieren.

3.2.5 Einkommenssteuer

Im Zeitpunkt der Ausgabe der Fremdkapital-Token liegt eine einkommensneutrale Vermögensumschichtung vor. Zinsen in periodischer Form oder in der Form von Einmalentschädigungen

---

[16] Art. 58 Abs. 1 DBG und Art. 24 Abs. 1 StHG
[17] Art. 4 Abs. 1 Bst. a VStG i. V. m. Art. 15 Abs. 1 der Verordnung vom 19. Dezember 1966 über die Verrechnungssteuer (VStV; SR 642.211) sowie Kreisschreiben ESTV Nr. 47 der ESTV betreffend Obligationen vom 25. Juli 2019 (KS Nr. 47)
[18] Art. 4 Abs. 1 Bst. a VStG i. V. m. Art. 18f. VStV
[19] Art. 4 Abs. 3 StG
[20] Art. 14 Abs. 1 Bst. a StG
[21] Art. 13 Abs. 2 Bst. a Ziff. 1 StG
[22] Art. 13 Abs. 1 und Art. 14 Abs. 1 StHG

(Emissionsdisagio und/oder Rückzahlungsagio als Differenz zwischen Ausgabe- und Rückzahlungswert) auf Obligationen unterliegen im Zeitpunkt der Realisation der Einkommensteuer[23].

Werden einer Arbeitnehmerin bzw. einem Arbeitnehmer Lohnzahlungen oder Gehaltsnebenleistungen in Form von Fremdkapital-Token ausgerichtet, handelt es sich um steuerbares Erwerbseinkommen[24], welches auf dem Lohnausweis (Ziffer 1 oder Ziffer 3) auszuweisen ist. Als Betrag aufzuführen ist der Verkehrswert im Zeitpunkt des Zuflusses (Vereinnahmung einer Leistung oder des Erwerbs eines festen Rechtsanspruchs auf eine Leistung), umgerechnet in Schweizer Franken.

Das Kaufen und Verkaufen von Fremdkapital-Token ist steuerlich den Transaktionen mit herkömmlichen Wertschriften gleichzustellen. Die aus solchen Transaktionen resultierenden Gewinne und Verluste stellen bei natürlichen Personen im Privatvermögen grundsätzlich steuerfreie Kapitalgewinne oder nicht abzugsfähige Kapitalverluste dar[25]. Je nach Art, Umfang und Finanzierung der Transaktionen liegt keine private Vermögensverwaltung, sondern selbständige Erwerbstätigkeit vor. Im zweiten Fall gelten die Kapitalgewinne aus der Veräusserung von Fremdkapital-Token als gewerbsmässig und unterliegen der Einkommensteuer[26]. Verluste sind grundsätzlich steuerlich abzugsfähig, wenn sie verbucht worden sind.

3.2.6 Verrechnungssteuer

Zinsen in periodischer Form oder in der Form von Einmalentschädigungen auf Obligationen[27] unterliegen der Verrechnungssteuer[28].

3.2.7 Stempelabgaben

Der Handel mit Obligationen[29] unterliegt grundsätzlich der Umsatzabgabe[30], vorliegend zum Satz für inländische Urkunden.

3.3 Steuerliche Behandlung von Anlage-Token mit vertraglicher Grundlage

Anlage-Token mit vertraglicher Grundlage werden im Rahmen einer kollektiven Mittelbeschaffung vom Emittenten ausgegeben, ohne dass dabei (digitale) Beteiligungsrechte in der Form von Aktien, Partizipations- oder Genussscheinen begründet oder Obligationen oder Anteile an kollektiven Kapitalanlagen ausgegeben werden. Das Rechtsverhältnis zwischen dem Emittenten und dem Investor ist ein Vertragsverhältnis, das keinen Rückzahlungsanspruch der Investition vorsieht. Der Investor hat Anrecht auf eine Geldleistung, welche sich auf einen verhältnismässigen Anteil an einer bestimmten Grösse des Emittenten (beispielsweise EBIT, Lizenzertrag oder Umsatz) bezieht oder an einem bestimmten Verhältnis zum Gewinn bemisst. Der Anspruch des Investors auf eine jährliche Zahlung besteht unabhängig davon, ob der Emittent den Aktionären eine Dividende ausschüttet und hängt weder von den aktienrechtlichen Vorschriften über die gesetzlichen Reserven noch von einem Beschluss der Generalversammlung ab.

---

[23] Art. 20 Abs. 1 Bst. a oder b DBG, Art. 7 Abs. 1 StHG
[24] Art. 17 Abs. 1 DBG
[25] Art. 16 Abs. 3 DBG
[26] Art. 18 Abs. 2 DBG / sinngemässe Anwendung der Kriterien gemäss KS Nr. 36
[27] Art. 4 Abs. 1 Bst. a VStG i. V. m. Art. 15 Abs. 1 VStV / KS Nr. 47
[28] Art. 4 Abs. 1 Bst. a VStG
[29] Art. 4 Abs. 3 StG
[30] Art. 13 Abs. 2 Bst. a Ziff. 1 StG

Anlage-Token mit vertraglicher Grundlage gelten steuerlich als derivative Finanzinstrumente eigener Art (sui generis).

Steuerliche Behandlung Ebene Emittent

3.3.1 Gewinnsteuer

Wie unter Ziffer 3.3. hiervor ausgeführt, handelt es sich bei der Entgegennahme von Mitteln aus der kollektiven Mittelbeschaffung im Rahmen der Ausgabe von Anlage-Token mit vertraglicher Grundlage weder um Fremdkapital noch um Eigenkapital. Die zugeflossenen Mittel qualifizieren als steuerbarer Ertrag und sind im Zeitpunkt der Emission in der Erfolgsrechnung als Ertrag auszuweisen. Eine vertragliche Verpflichtung zur Umsetzung eines bestimmten Projekts rechtfertigt die aufwandswirksame Buchung einer Rückstellung. Die entsprechenden Verpflichtungen sind mittels Whitepaper oder sonstigen Verträgen und Businessplänen nachzuweisen. Nicht nachgewiesene Verpflichtungen gelten nicht als geschäftsmässig begründete Aufwendungen (Rückstellung). Die nicht mehr benötigten Rückstellungen sind nach der Go-Live-Phase erfolgswirksam aufzulösen.

Zahlungen aufgrund des Anrechts der Investoren auf eine Geldleistung, welche sich auf einen verhältnismässigen Anteil an einer bestimmten Grösse des Emittenten (beispielsweise EBIT, Lizenzertrag oder Umsatz) bezieht oder an einem bestimmten Verhältnis zum Gewinn bemisst, sind grundsätzlich als geschäftsmässig begründeter Aufwand, und somit steuerlich abzugsfähiger Aufwand[31], zu qualifizieren. Dies bedingt jedoch, dass nachgewiesen werden kann, wer die Leistungsempfänger im Zeitpunkt der Ertragsfälligkeit sind. Wird ferner einer oder werden beide unter Ziff. 3.3.2 hiernach erwähnten Schwellenwerte überschritten, bleibt eine Umqualifikation der entsprechenden Zahlungen als verdeckte Gewinnausschüttung vorbehalten.

Alternativ zur oben beschriebenen Verbuchung wird im konkreten Einzelfall und beim Vorliegen von Anlage-Token mit vertraglicher Grundlage auch die nachfolgend beschriebene Verbuchungsart steuerlich akzeptiert.[32] Die Verbuchung der im Rahmen des ICO vereinnahmten Mittel erfolgt in einem ersten Schritt im Konto «Vorauszahlungen ohne Rückerstattungsverpflichtung». Die laufenden Projektentwicklungskosten werden in einem Betriebsaufwandkonto erfasst. Anschliessend werden die Projektentwicklungskosten mit der Buchung «Selbst erarbeite Aktiven *an* Aktivierte Eigenleistung (Erfolgsrechnung)» aktiviert; dies, sofern die Aktivierungsvoraussetzungen erfüllt sind. Sind die Aktivierungsvoraussetzungen nicht erfüllt, erfolgt direkt eine Sollbuchung über das Konto «Vorauszahlungen ohne Rückerstattungsverpflichtung». In einem zweiten Schritt wird der Saldo des Kontos «selbst erarbeitete Aktiven» mit dem Saldo des Kontos «Vorauszahlung ohne Rückerstattungsverpflichtung» verrechnet. Betreffend die geschäftsmässige Begründetheit des Kontos «Vorauszahlungen ohne Rückerstattungsverpflichtung» werden analoge Voraussetzungen wie an den Nachweis einer Rückstellung gestellt.

3.3.2 Verrechnungssteuer

Erträge aus Anlage-Token mit vertraglicher Grundlage sind keine Steuerobjekte gemäss Art. 4 Abs. 1 VStG. Die Zahlungen sind daher keine der Verrechnungssteuer unterliegenden Erträge wie Zinsen auf Obligationen, Dividenden, Ausschüttungen kollektiver Kapitalanlagen und Zinsen auf Kundenguthaben[33]. Sie stellen auch keine Gewinne aus Geldspielen, Lotterien und Geschicklichkeitsspielen zur Verkaufsförderung dar[34].

---

[31] Art. 58 Abs. 1 DBG und Art. 25 StHG
[32] Expertsuisse: Ausgewählte Fragen und Antworten zum neuen Rechnungslegungsrecht (mit letzter Änderung vom 30.04.2019), neue Frage 10.3 "Verbuchung von ICOs mit Herausgabe von Asset Token"
[33] Art. 4 Abs. 1 VStG e contrario
[34] Art. 6 VStG e contrario

Die ESTV behält sich vor, die Verrechnungssteuer zu erheben, sofern zumindest einer der zwei nachfolgenden Schwellenwerte nicht eingehalten wird:

1. Die Aktionäre und ihnen nahestehende Personen dürfen im Zeitpunkt der jeweiligen Ertragsfälligkeiten gesamthaft maximal 50% der ausgegebenen Token halten. Mit dieser Einschränkung wird sichergestellt, dass der überwiegende Anteil der Gewinne nicht verrechnungssteuerfrei an Token-Halter fliesst, die gleichzeitig Aktionäre sind.

2. Die definierte Gewinnbeteiligungsquote muss im Ergebnis dazu führen, dass die Zahlungen an die Token-Halter 50% des EBIT nicht übersteigen. Mit dieser Einschränkung wird sichergestellt, dass das unternehmerische Risiko der Eigenkapitalgeber nach Zuweisung der Gewinnbeteiligungsquote an die Token-Halter noch angemessen entschädigt wird.

Die Prüfung des Vorliegens einer allfälligen Steuerumgehung bleibt vorbehalten.

3.3.3 Stempelabgaben

Die Ausgabe von Anlage-Token mit vertraglicher Grundlage unterliegt nicht der Emissionsabgabe, da keine Beteiligungsrechte gemäss Art. 5 Abs. 1 StG ausgegeben werden. Soweit dem von Beteiligungsinhabern entrichteten Kaufpreis für die Anlage-Token mit vertraglicher Grundlage eine entsprechende Gegenleistung entgegensteht, liegt auch kein Zuschuss vor[35].

Steuerliche Behandlung Ebene Investor

3.3.4 Vermögenssteuer

Bei Anlage-Token mit vertraglicher Grundlage handelt es sich um bewegliches Kapitalvermögen, das Gegenstand der kantonalen Vermögenssteuer[36] ist. Das Vermögen ist am Ende der Steuerperiode zum Verkehrswert zu deklarieren[37]. Die im Rahmen des Gründungsprozesses abgegebenen Token, sind im Minimum analog der während der Pre-Sale-Phasen ausgegebenen Token an unabhängige Dritte zu bewerten. Ist kein aktueller Bewertungskurs ermittelbar, ist der Anlage-Token mit vertraglicher Grundlage, umgerechnet zum ursprünglichen Kaufpreis in Schweizer Franken zu deklarieren.

3.3.5 Einkommenssteuer

Im Zeitpunkt der Ausgabe der Anlage-Token mit vertraglicher Grundlage liegt eine einkommensneutrale Vermögensumschichtung vor. Zahlungen qualifizieren vollumfänglich als Erträge aus beweglichem Kapitalvermögen und unterliegen der Einkommenssteuer. Den Investoren steht kein Recht auf eine steuerneutrale Rückzahlung im Umfang des ursprünglich investierten Betrags zu, da im Liquidationsfall vertraglich keine Rückzahlungsverpflichtung des Emittenten besteht. Entsprechende Verluste stellen steuerlich nicht abzugsfähige Kapitalverluste dar.

Werden einer Arbeitnehmerin bzw. einem Arbeitnehmer Lohnzahlungen oder Gehaltsnebenleistungen in Form von Anlage-Token mit vertraglicher Grundlage ausgerichtet, handelt es sich um steuerbares Erwerbseinkommen[38], welches auf dem Lohnausweis (Ziffer 1 oder Ziffer 3) auszuweisen ist. Als Betrag aufzuführen ist der Wert im Zeitpunkt des Zuflusses (Vereinnahmung einer Leistung oder des Erwerbs eines festen Rechtsanspruchs auf eine Leistung), umgerechnet in Schweizer Franken.

---

[35] Art. 5 Abs. 2 Bst. a StG e contrario
[36] Art. 13 Abs. 1 und Art. 14 Abs. 1 StHG
[37] Art. 14 Abs. 1 StHG
[38] Art. 17 Abs. 1 DBG

Bei einer echten Mitarbeiterbeteiligung beteiligt sich der Mitarbeitende im Ergebnis am Eigenkapital des Arbeitgebers[39]. Da der Leistungsaustausch bei Anlage-Token mit vertraglicher Grundlage auf einem Vertragsverhältnis basiert, stellen diese Token keine Beteiligungsrechte im eigentlichen Sinne dar. Deshalb qualifizieren an Mitarbeitende abgegebene Anlage-Token mit vertraglicher Grundlage nicht als echte Mitarbeiterbeteiligungen gemäss Artikel 17b Absatz 1 DBG.

Zudem ist ein Anlage-Token mit vertraglicher Grundlage auch keine unechte Mitarbeiterbeteiligung, d.h. eine Anwartschaft auf eine blosse Bargeldabfindung im Sinne von Artikel 17a Abs. 2 DBG.

Die unentgeltliche Abgabe von Anlage-Token mit vertraglicher Grundlage an Mitarbeitende stellt im Umfang der Differenz zum Marktwert einen übrigen geldwerten Vorteil im Sinne von Art. 17 Abs. 1 DBG dar.

Das Kaufen und Verkaufen von Anlage-Token mit vertraglicher Grundlage ist steuerlich den Transaktionen mit herkömmlichen Wertschriften gleichzustellen. Die aus solchen Transaktionen resultierenden Gewinne und Verluste stellen bei natürlichen Personen im Privatvermögen grundsätzlich steuerfreie Kapitalgewinne oder nicht abzugsfähige Kapitalverluste dar[40]. Je nach Art, Umfang und Finanzierung der Transaktionen liegt keine private Vermögensverwaltung, sondern selbständige Erwerbstätigkeit vor. Im zweiten Fall gelten die Kapitalgewinne aus der Veräusserung von Anlage-Token mit vertraglicher Grundlage als gewerbsmässig und unterliegen der Einkommenssteuer[41]. Verluste sind grundsätzlich steuerlich abzugsfähig, wenn sie verbucht worden sind.

3.3.6 Verrechnungssteuer

Anlage-Token mit vertraglicher Grundlage sind keine Steuerobjekte gemäss Art. 4 Abs. 1 VStG. Die Zahlungen sind daher keine der Verrechnungssteuer unterliegenden Erträge wie Zinsen auf Obligationen, Dividenden, Ausschüttungen kollektiver Kapitalanlagen und Zinsen auf Kundenguthaben[42]. Sie stellen auch keine Gewinne aus Geldspielen, Lotterien und Geschicklichkeitsspielen zur Verkaufsförderung dar[43]. Die Zahlungen unterliegen folglich nicht der Verrechnungssteuer.

3.3.7 Stempelabgaben

Sofern Anlage-Token mit vertraglicher Grundlage keinen Bezug auf steuerbare Urkunden im Sinne des Stempelsteuergesetzes nehmen, unterliegen Sekundärmarkttransaktionen mit diesen Token nicht der Umsatzabgabe.

3.4 Steuerliche Behandlung von Anlage-Token mit Beteiligungsrechten

Im Rahmen einer Mittelbeschaffung können Emittenten Aktien bzw. andere Beteiligungspapiere[44] in der Form von Anlage-Token mit Beteiligungsrechten ausgeben[45]. Das Rechtsverhältnis zwischen dem Emittenten und dem Investor ist gesellschaftsrechtlicher Natur. Die Ansprüche des Investors sind statutarisch geregelt.

---

[39] Kreisschreiben Nr. 37 der ESTV vom 30. Oktober 2020 betreffend Besteuerung von Mitarbeiterbeteiligungen, Ziff. 2.3.1 (KS Nr. 37)

[40] Art. 16 Abs. 3 DBG

[41] Art. 18 Abs. 2 DBG / sinngemässe Anwendung der Kriterien gemäss KS Nr. 36

[42] Art. 4 Abs. 1 VStG e contrario

[43] Art. 6 VStG e contrario

[44] Art. 622 Abs. 1 und 1bis des Bundesgesetzes betreffend die Ergänzung des Schweizerischen Zivilgesetzbuches (Fünfter Teil: Obligationenrecht; OR)

[45] Vgl. insbesondere die neu geschaffene Möglichkeit der Herausgabe von Aktien als Registerwertrechte gestützt auf Art. 622 Abs. 1 i. V. m Art. 973d OR

3.4.1 Gewinnsteuer

Durch die Entgegennahme von Mitteln im Rahmen der Ausgabe von Anlage-Token mit Beteiligungsrechten entsteht kein steuerbarer Gewinn soweit es sich dabei um Kapitaleinlagen[46] einschliesslich Aufgelder und Leistungen à-fonds-perdu handelt[47].

3.4.2 Verrechnungssteuer

Erträge aus Anlage-Token mit Beteiligungsrechten sind Steuerobjekte der Verrechnungssteuer. Die entsprechenden Zahlungen unterliegen als Dividenden der Verrechnungssteuer[48].

3.4.3 Stempelabgaben

Die Ausgabe von Anlage-Token mit Beteiligungsrechten unterliegt der Emissionsabgabe, da Beteiligungsrechte gemäss Art. 5 Abs. 1 Bst. a StG ausgegeben werden[49]. Soweit dem von Beteiligungsinhabern entrichteten Kaufpreis für die Anlage-Token mit Beteiligungsrechten keine entsprechende Gegenleistung entgegensteht, liegt ein Zuschuss vor[50].

Steuerliche Behandlung Ebene Investor

3.4.4 Vermögenssteuer

Bei Anlage-Token mit Beteiligungsrechten handelt es sich um bewegliches Kapitalvermögen, das Gegenstand der kantonalen Vermögenssteuer[51] ist. Das Vermögen ist am Ende der Steuerperiode zum Verkehrswert zu bewerten. Ist kein aktueller Bewertungskurs ermittelbar, ist der Anlage-Token zum umgerechneten ursprünglichen Kaufpreis in Schweizer Franken zu deklarieren.

3.4.5 Einkommenssteuer

Im Zeitpunkt der Ausgabe der Anlage-Token mit Beteiligungsrechten liegt eine einkommensneutrale Vermögensumschichtung vor. Dividendenausschüttungen qualifizieren als Erträge aus beweglichem Kapitalvermögen und unterliegen der Einkommenssteuer[52][53].

Werden den Arbeitnehmenden Lohnzahlungen oder Gehaltsnebenleistungen in Form von Anlage-Token mit Beteiligungsrechten ausgerichtet, handelt es sich um echte Mitarbeiterbeteiligungen. Diese stellen steuerbares Erwerbseinkommen dar[54], welches auf dem Lohnausweis (Ziffer 1 oder Ziffer 3) auszuweisen ist. Als Betrag aufzuführen ist der Wert im Zeitpunkt des Zuflusses (Vereinnahmung einer Leistung oder des Erwerbs eines festen Rechtsanspruchs auf eine Leistung), umgerechnet in Schweizer Franken[55].

---

[46] Kreisschreiben Nr. 29b der ESTV vom 23.12.2019 betreffend Kapitaleinlageprinzip (KS Nr. 29b)
[47] Art. 60 Bst. a DBG
[48] Art. 4 Abs. 1 Bst. b VStG
[49] Art. 5 Abs. 1 Bst. a StG
[50] Art. 5 Abs. 2 Bst. a StG
[51] Art. 13 Abs. 1 und Art. 14 Abs. 1 StHG
[52] Art. 20 Abs. 1 Bst. c DBG, Art. 7 Abs. 1 StHG
[53] Kreisschreiben Nr. 22a der ESTV vom 31. Januar 2020 betreffend die Teilbesteuerung der Einkünfte im Privatvermögen (KS Nr. 22a)
[54] Art. 17b DBG
[55] Vgl. KS 37, Ziff. 6

Das Kaufen und Verkaufen von Anlage-Token mit Beteiligungsrechten ist steuerlich den Transaktionen mit herkömmlichen Wertschriften gleichgestellt. Die aus solchen Transaktionen resultierenden Gewinne und Verluste stellen bei natürlichen Personen im Privatvermögen grundsätzlich steuerfreie Kapitalgewinne oder nicht abzugsfähige Kapitalverluste dar[56]. Je nach Art, Umfang und Finanzierung der Transaktionen liegt keine private Vermögensverwaltung, sondern selbständige Erwerbstätigkeit vor. Im zweiten Fall gelten die Kapitalgewinne aus der Veräusserung von Anlage-Token mit Beteiligungsrechten als gewerbsmässig und unterliegen der Einkommenssteuer[57]. Verluste sind steuerlich abzugsfähig, wenn sie verbucht worden sind.

3.4.6 Verrechnungssteuer

Erträge aus Anlage-Token mit Beteiligungsrechten sind Steuerobjekte der Verrechnungssteuer. Die entsprechende Ausschüttung unterliegt als Ertrag aus beweglichem Vermögen (Dividende) der Verrechnungssteuer[58].

3.4.7 Stempelabgaben

Die entgeltliche Übertragung von Anlage-Token mit Beteiligungsrechten unterliegt der Umsatzabgabe, sofern Rechtsverhältnisse gemäss Artikel 13 Absatz 2 Buchstabe a Ziffer 2 StG übergehen.

4 Nutzungs-Token

4.1 Vorbemerkungen

Im Gegensatz zu den Anlage-Token verkörpern im Rahmen eines ICOs oder ITOs ausgegebene Nutzungs-Token (auch Utility-Token genannt) keine geldwerten Rechte in Form einer festen Entschädigung oder einer bestimmten Partizipation am Unternehmenserfolg des Emittenten. Nutzungs-Token gewähren dem Investor das Recht, digitale Dienstleistungen zu nutzen, die zumeist auf einer (dezentralen) Plattform bereitgestellt werden. Solche Dienstleistungen werden i.d.R. mithilfe einer Blockchain-Infrastruktur erbracht, wobei der Anspruch des Investors auf Zugang zur digitalen Nutzung mittels Token auf die spezifische Plattform und Dienstleitung beschränkt ist. Die vom Emittenten vereinnahmten Mittel sind zweckgebunden und folglich zwingend für die Entwicklung der Dienstleistungen einzusetzen. Die Hingabe der Mittel und die damit verbundene Ausgabe der Token räumen dem Investor das Recht auf ein Tätigwerden des Emittenten i.S. der vertraglichen Vereinbarung ein. Ohne den Nutzungs-Token ist der Zugang zur vertraglich zugesicherten Dienstleistung nicht möglich.

Die steuerrechtliche Einordnung eines Nutzungs-Token hängt massgeblich davon ab, wie das zivilrechtliche Rechtsverhältnis zwischen Investor und Emittent ausgestaltet ist. Sämtliche vertraglichen Verpflichtungen des Emittenten gegenüber dem Investor sind steuerlich zu beurteilen und für die einzelnen Steuerarten separat zu würdigen.

In der Praxis werden Nutzungs-Token meist von Stiftungen ausgegeben. Da in solchen Konstellationen die Steuerfolgen auf Stufe der Investoren mehrheitlich wegfallen, werden nachfolgend auf die Steuerfolgen bei der Ausgabe durch eine Aktiengesellschaft beschrieben. Die steuerliche

---

[56] Art. 16 Abs. 3 DBG
[57] Art. 18 Abs. 2 DBG / Anwendung der Kriterien gemäss KS Nr. 36
[58] Art. 4 Abs. 1 Bst. b VStG

Behandlung der Nutzungs-Token für die Ebenen Emittent und Investor (Privatvermögen) dargestellt. Für die Ebene des Emittenten wird die Annahme getroffen, dass es sich um eine Aktiengesellschaft mit Ansässigkeit in der Schweiz handelt. Weiter wird davon ausgegangen, dass sich der Emittent lediglich dazu verpflichtet, die vereinnahmten Mittel für die Entwicklung der digitalen Dienstleistung einzusetzen und den Investoren den Zugang zur bzw. die Nutzung der Dienstleistung zu ermöglichen. Darüber hinaus bestehen in der Regel keine weiteren Verpflichtungen des Emittenten gegenüber den Investoren.

4.2 Steuerliche Behandlung von Nutzungs-Token

Nutzungs-Token werden im Rahmen einer kollektiven Mittelbeschaffung vom Emittenten ausgegeben, ohne dass dabei (digitale) Beteiligungsrechte in der Form von Aktien, Partizipations- oder Genussscheinen begründet oder Obligationen oder Anteile an kollektiven Kapitalanlagen ausgegeben werden. Das Rechtsverhältnis zwischen dem Emittenten und dem Investor ist ein Vertragsverhältnis, das keinen Rückzahlungsanspruch auf die Investition vorsieht. Der Investor hat lediglich das Recht, eine digitale Dienstleistung zu nutzen, die vom Emittenten entwickelt und bereitgestellt wird.

Nutzungs-Token sind grundsätzlich als Auftragsverhältnis[59] zwischen dem Emittenten und dem Investor einzustufen. Der Auftrag besteht darin, dass der Emittent i.S. der vertraglichen Vereinbarung zwischen ihm und den Investoren tätig werden muss.

Steuerliche Behandlung Ebene Emittent

4.2.1 Gewinnsteuer

Wie unter Ziffer 4.2. hiervor ausgeführt, handelt es sich bei der Entgegennahme von Mitteln aus der kollektiven Mittelbeschaffung im Rahmen der Ausgabe von Nutzungs-Token weder um Fremdkapital noch um Eigenkapital. Die zugeflossenen Mittel qualifizieren als steuerbarer Ertrag und sind im Zeitpunkt der Emission in der Erfolgsrechnung als Ertrag auszuweisen. Eine vertragliche Verpflichtung zur Umsetzung eines bestimmten Projekts rechtfertigt die aufwandswirksame Buchung einer Rückstellung. Die entsprechenden Verpflichtungen sind mittels Whitepaper oder sonstigen Verträgen und Businessplänen nachzuweisen. Die nicht mehr benötigten Rückstellungen sind nach der Go-Live-Phase erfolgswirksam aufzulösen.

Alternativ zur oben beschriebenen steuerlichen Behandlung resp. Verbuchung kann im konkreten Einzelfall und beim Vorliegen von Nutzungs-Token auch die nachfolgend beschriebene Verbuchungsart steuerlich akzeptiert werden.[60] Die zugeflossenen Mittel werden als Verbindlichkeit, respektive Vorauszahlung ohne Rückerstattungsanspruch passiviert. Der Grund für die Passivierung der zugeflossenen Mittel liegt darin, dass im Zeitpunkt des Zahlungseinganges noch keine Realisation erfolgt ist. Diese erfolgt beim Vorliegen eines Auftragsverhältnisses erst im Zeitpunkt des eigentlichen Tätigwerdens.

Am Ende der jeweiligen Steuerperiode wird, im Umfang der aufgelaufenen Kosten inkl. eines allfälligen Gewinnzuschlages, das Konto Vorauszahlung ohne Rückerstattungsanspruch mit der Buchung (Vorauszahlung ohne Rückerstattungsanspruch an Ertrag) anteilig aufgelöst. Dieser Gewinnzuschlag ist unabhängig der gewählten Verbuchungsart auszuweisen.

---

[59] Art. 394 ff. OR

[60] Expertsuisse: Ausgewählte Fragen und Antworten zum neuen Rechnungslegungsrecht (mit letzter Änderung vom 30.04.2019), ergänzte Frage 10.2 "Verbuchung von ICOs mit Herausgabe von Utility Token"

4.2.2 Verrechnungssteuer

Ansprüche aus vertraglichen Auftragsverhältnissen sind keine Steuerobjekte gemäss Art. 4 Abs. 1 VStG. Das Recht, die digitalen Dienstleistungen zu nutzen, stellt daher keinen der Verrechnungssteuer unterliegenden Ertrag dar[61]. Es stellt auch keinen Gewinn aus Geldspielen, Lotterien und Geschicklichkeitsspielen zur Verkaufsförderung dar[62].

4.2.3 Stempelabgaben

Die Ausgabe von Nutzungs-Token unterliegt nicht der Emissionsabgabe, da keine Beteiligungsrechte gemäss Art. 5 Abs. 1 StG ausgegeben werden. Soweit dem von Beteiligungsinhabern entrichteten Kaufpreis für die Nutzungs-Token eine entsprechende Gegenleistung entgegensteht, liegt auch kein Zuschuss vor[63]. Nutzungs-Token sind keine steuerbaren Urkunden i.S. des Stempelgesetzes. Ausgabe und Handel unterliegen folglich nicht der Umsatzabgabe[64]

Steuerliche Behandlung Ebene Investor

4.2.4 Vermögenssteuer

Nutzungs-Token sind i.d.R. handelbar und weisen folglich einen Marktwert auf. Nutzungs-Token qualifizieren als bewegliches Kapitalvermögen, das Gegenstand der kantonal geregelten Vermögenssteuer ist[65] und am Ende der Steuerperiode zum Verkehrswert bewertet wird. Ist kein aktueller Bewertungskurs ermittelbar, ist der Nutzungs-Token zum umgerechneten ursprünglichen Kaufpreis in Schweizer Franken zu deklarieren.

4.2.5 Einkommenssteuer

Im Zeitpunkt der Ausgabe der Nutzungs-Token liegt eine einkommensneutrale Vermögensumschichtung vor. Mangels Zahlungen des Emittenten an die Investoren unterbleiben Einkommenssteuerfolgen[66]. Den Investoren steht ein Recht auf eine steuerneutrale Rückzahlung im Umfang des ursprünglich investierten Betrags zu, da im Liquidationsfall vertraglich keine Rückzahlungsverpflichtung des Emittenten besteht. Entsprechende Verluste stellen steuerlich nicht abzugsfähige Kapitalverluste dar.

Werden einer Arbeitnehmerin bzw. einem Arbeitnehmer Lohnzahlungen oder Gehaltsnebenleistungen in Form von Nutzungs-Token ausgerichtet, handelt es sich um steuerbares Erwerbseinkommen[67], welches auf dem Lohnausweis (Ziffer 1 oder Ziffer 3) auszuweisen ist. Als Betrag aufzuführen ist der Wert im Zeitpunkt des Zuflusses (Vereinnahmung einer Leistung oder des Erwerbs eines festen Rechtsanspruchs auf eine Leistung), umgerechnet in Schweizer Franken.

Bei einer echten Mitarbeiterbeteiligung beteiligt sich der Mitarbeitende im Ergebnis am Eigenkapital des Arbeitgebers[68]. Da der Leistungsaustausch bei Nutzungstoken auf einem Auftragsverhältnis basiert, stellen diese Token keine Beteiligungsrechte im eigentlichen Sinne dar. Deshalb qualifizieren an Mitarbeitende abgegebene Nutzungs-Token nicht als echte Mitarbeiterbeteiligungen gemäss Artikel 17b Absatz 1 DBG.

---

[61] Art. 4 Abs. 1 a VStG contrario
[62] Art. 6 VStG e contrario
[63] Art. 5 Abs. 2 Bst. a StG e contrario
[64] Art. 13 Abs. 1 und 2 StG e contrario
[65] Art. 13 Abs. 1 und Art. 14 Abs. 1 StHG
[66] Art. 20 Abs. 1 Bst. a DBG
[67] Art. 17 Abs. 1 DBG
[68] KS 37, Ziff. 2.3.1

Zudem ist ein Nutzungs-Token auch keine unechte Mitarbeiterbeteiligung, d.h. eine Anwartschaft auf eine blosse Bargeldabfindung im Sinne von Artikel 17a Abs. 2 DBG.

Die unentgeltliche Abgabe von Nutzungs-Token an Mitarbeitende stellt vielmehr im Umfang des Marktwerts des jeweiligen Nutzungs-Tokens einen übrigen geldwerten Vorteil im Sinne von Art. 17 Abs. 1 DBG dar.

Das Kaufen und Verkaufen von Nutzungs-Token ist steuerlich den Transaktionen mit herkömmlichen Wertschriften gleichzustellen. Die aus solchen Transaktionen resultierenden Gewinne und Verluste stellen bei natürlichen Personen im Privatvermögen grundsätzlich steuerfreie Kapitalgewinne oder nicht abzugsfähige Kapitalverluste dar[69]. Je nach Art, Umfang und Finanzierung der Transaktionen liegt keine private Vermögensverwaltung, sondern selbständige Erwerbstätigkeit vor. Im zweiten Fall gelten die Kapitalgewinne aus der Veräusserung von Nutzungs-Token als gewerbsmässig und unterliegen der Einkommenssteuer[70]. Verluste sind steuerlich abzugsfähig, wenn sie verbucht worden sind.

4.2.6 Verrechnungssteuer

Vertragliche Auftragsverhältnisse sind keine Steuerobjekte gemäss Art. 4 Abs. 1 VStG. Das Recht, die digitalen Dienstleistungen zu nutzen, stellt daher keinen der Verrechnungssteuer unterliegenden Ertrag dar[71]. Es stellt auch keinen Gewinn aus Geldspielen, Lotterien und Geschicklichkeitsspielen zur Verkaufsförderung dar[72].

4.2.7 Stempelabgaben

Nutzungs-Token sind keine steuerbaren Urkunden i.S. des Stempelgesetzes. Ausgabe und Handel unterliegen folglich nicht der Umsatzabgabe[73].

---

[69] Art. 16 Abs. 3 DBG
[70] Art. 18 Abs. 2 DBG / sinngemässe Anwendung der Kriterien gemäss KS Nr. 36
[71] Art. 4 Abs. 1 a VStG contrario
[72] Art. 6 VStG e contrario
[73] Art. 13 Abs. 1 und 2 StG e contrario

Bewertung Wertpapiere ohne Kurswert

Quelle: Schweizerische Steuerkonferenz SSK

Wegleitung
zur Bewertung von Wertpapieren ohne Kurswert
für die Vermögenssteuer

Kreisschreiben Nr. 28 vom 28. August 2008

☞ Aktualisierte Fassung vom 27.1.2023, gültig ab 1.1.2021.

Inhaltsverzeichnis

- A. Allgemeines 3
- B. Unternehmensbewertung 4
  - 1. Ertragswert des Unternehmens 4
  - 2. Substanzwert des Unternehmens 5
    - 2.1. Umlaufvermögen 5
    - 2.2. Anlagevermögen 6
    - 2.3. Passiven 7
    - 2.4. Latente Steuern 7
  - 3. Aktiengesellschaften 7
    - 3.1. Neugegründete Gesellschaften 7
    - 3.2. Handels-, Industrie- und Dienstleistungsgesellschaften 7
    - 3.3. Domizil- und gemischte Gesellschaften 8
    - 3.4. Reine Holding-, Vermögensverwaltungs- und Finanzierungsgesellschaften 8
    - 3.5. Immobilien-Gesellschaften 9
    - 3.6. In Liquidation stehende Gesellschaften 9
  - 4. Gesellschaften mit beschränkter Haftung (GmbH) ... 10
  - 5. Genossenschaften 10
- C. Bewertung der Wertpapiere 10
  - 1. Quotaler Unternehmungswert 10
  - 2. Genussscheine 10
  - 3. Partizipationsscheine 11
  - 4. Ausländische Wertpapiere und Beteiligungen 11
  - 5. Pauschalabzug für vermögensrechtliche Beschränkungen 12
  - 6. Genossenschaftsanteile 12
  - 7. Anteile an kollektiven Kapitalanlagen 13
  - 8. Festverzinsliche Wertpapiere 13
- D. Anwendbarkeit 13
- E. Anhang 14

A. Allgemeines

1 ¹ Diese Wegleitung bezweckt im Rahmen der Vermögenssteuer eine in der Schweiz einheitliche Bewertung von inländischen und ausländischen Wertpapieren, die an keiner Börse gehandelt werden. Sie dient der Steuerharmonisierung zwischen den Kantonen.

² Im System der einjährigen Gegenwartsbemessung bemisst sich das Vermögen nach dem Stand am Ende der Steuerperiode oder der Steuerpflicht (Art. 66 Abs. 1 StHG). Für die natürlichen Personen gilt das Kalenderjahr als Steuerperiode (Art. 63 Abs. 2 StHG) und für die juristischen Personen das Geschäftsjahr (Art. 31 Abs. 2 StHG).

³ Das Vermögen wird grundsätzlich zum Verkehrswert bewertet (Art. 14 Abs. 1 StHG). Als Verkehrswert gilt der Preis, der für einen Vermögensgegenstand unter normalen Verhältnissen erzielt werden kann.

⁴ Für die Vermögenssteuer der Steuerperiode (n) ist grundsätzlich der Verkehrswert des Wertpapiers per 31. Dezember (n) massgebend.

2 ¹ Bei kotierten Wertpapieren gilt als Verkehrswert der Schlusskurs des letzten Börsentages der entsprechenden Steuerperiode. Die Kurse von in der Schweiz kotierten Wertpapieren per Stichtag 31. Dezember werden jährlich in der Kursliste der Eidg. Steuerverwaltung publiziert.

² Bei nichtkotierten Wertpapieren, die regelmässig ausserbörslich gehandelt werden, gilt als Verkehrswert der letzte verfügbare Kurs der entsprechenden Steuerperiode. In der Regel werden diese Kurse per Stichtag 31. Dezember jährlich in der Kursliste der Eidg. Steuerverwaltung publiziert.

³ Bei nichtkotierten Wertpapieren von Gesellschaften, deren Kapital sich aus verschiedenen Titelkategorien zusammensetzt, wovon eine oder mehrere haupt- oder ausserbörslich gehandelt werden, gilt als Verkehrswert der von der gehandelten Titelkategorie abgeleitete Kurs.

⁴ Bei nichtkotierten Wertpapieren, für die keine Kursnotierungen bekannt sind, entspricht der Verkehrswert dem inneren Wert. Er wird nach den Bewertungsregeln der vorliegenden Wegleitung in der Regel als Fortführungswert berechnet. Privatrechtliche Verträge wie beispielsweise Aktionärbindungsverträge, welche die Übertragbarkeit der Wertpapiere beeinträchtigen, sind für die Bewertung unbeachtlich.

⁵ Hat für Titel gemäss Absatz 4 eine massgebliche Handänderung unter unabhängigen Dritten stattgefunden, dann gilt als Verkehrswert grundsätzlich der entsprechende Kaufpreis. Ein Verkehrswert wird auch durch Preise begründet, welche von Investoren anlässlich von Finanzierungsrunden bzw. Kapitalerhöhungen bezahlt werden. Während der Aufbauphase einer Gesellschaft bleiben diese Investorenpreise jedoch unberücksichtigt. Von diesen Grundsätzen kann unter Berücksichtigung aller Faktoren in begründeten Einzelfällen abgewichen werden. Der festgelegte Wert wird solange berücksichtigt, als sich die wirtschaftliche Lage der Gesellschaft nicht wesentlich verändert hat.¹

3 Die Berechnung des Verkehrswerts von nichtkotierten Wertpapieren erfolgt in der Regel durch den Sitzkanton der zu bewertenden Gesellschaft.

4 Die Berechnung des Verkehrswerts von nichtkotierten Wertpapieren per Ende Steuerperiode (n) verlangt in der Regel die Jahresrechnung (n) der zu bewertenden Gesellschaft. Im Zeitpunkt der Veranlagung der natürlichen Person ist die notwendige Jahresrechnung der zu bewertenden Gesellschaft meistens noch ausstehend. Um das Veranlagungsverfahren nicht zu verzögern, kann auf den Verkehrswert für die Steuerperiode (n-1) abgestellt werden, sofern die Gesellschaft im Geschäftsjahr (n) keine wesentlichen Veränderungen erfahren hat.

5 Die Wegleitung ist anzuwenden, wenn alle für die Bewertung notwendigen Einzelheiten bekannt sind. Wenn die bewertende Behörde über die Verhältnisse einer Gesellschaft auf Grund der ihr zur Verfügung stehenden Unterlagen (Jahresrechnung, Einschätzungsakten usw.) nicht genügend orientiert ist,

---

¹ Anpassung gemäss Beschluss der SSK vom 14. April 2020 im Zusammenhang mit der Motion 17.3261 "Wettbewerbsfähige steuerliche Behandlung von Start-ups inklusive von deren Mitarbeiterbeteiligungen".

empfiehlt es sich, die Bewertung mit der Geschäftsleitung, einem Mitglied des Verwaltungsrates oder einer beauftragten Person zu besprechen.

6   Bei der Bewertung ist die tatsächlich ausgeübte Tätigkeit einer Gesellschaft massgebend.

B. Unternehmensbewertung

1. Ertragswert des Unternehmens

7   [1] Grundlage für die Bestimmung des Ertragswertes sind die Jahresrechnungen. Für die Berechnung des Ertragswertes stehen die folgenden zwei Modelle zur Verfügung:

- Modell 1: Grundlage bilden die Jahresrechnungen (n) und (n-1);
- Modell 2: Grundlage bilden die Jahresrechnungen (n), (n-1) und (n-2).

[2] Jeder Kanton bestimmt eines der beiden Modelle als kantonalen Standard.

[3] Die zu bewertende Gesellschaft hat das Recht, bei dem für die Bewertung zuständigen Kanton das andere Modell zu wählen. An das gewählte Modell bleibt die Gesellschaft für die nächsten fünf Bewertungsjahre gebunden.

8   [1] Als Ertragswert ist der kapitalisierte ausgewiesene Reingewinn der massgebenden Geschäftsjahre heranzuziehen. Dieser Reingewinn wird vermehrt oder vermindert um die nachstehenden Aufrechnungen oder Abzüge (RZ 9).

[2] Beim Modell 1 wird der Reingewinn des letzten Geschäftsjahres doppelt gewichtet. Beim Modell 2 wird der Reingewinn aller drei Geschäftsjahre einfach gewichtet.

[3] Ausserordentliche, am Stichtag bereits vorhersehbare zukünftige Verhältnisse (z. B. Umstrukturierungen mit nachhaltigen Folgen für den Ertragswert) können bei der Ermittlung des Ertragswertes angemessen berücksichtigt werden.

9   [1] Aufzurechnen sind:
   a. Die der Erfolgsrechnung belasteten, steuerlich nicht anerkannten Aufwendungen (z.B. Aufwendungen für die Herstellung, Anschaffung oder Wertvermehrung von Gegenständen des Anlagevermögens, zusätzliche Abschreibungen und Rückstellungen für Wiederbeschaffungszwecke (Art. 669 Abs. 2 OR), Einlagen in die Reserven sowie offene und verdeckte Gewinnausschüttungen);
   b. Die der Erfolgsrechnung nicht gutgeschriebenen Erträge (z.B. Gewinnvorwegnahmen);
   c. Einmalige und ausserordentliche Aufwendungen (z.B. ausserordentliche Abschreibungen für Kapitalverluste, Bildung von Rückstellungen für ausserordentliche Risiken);
   d. Vorauszahlungen und andere ausserordentliche Zuwendungen an Personalvorsorgeeinrichtungen sowie ausserordentliche Zuwendungen an gemeinnützige Institutionen.

[2] Abzuziehen sind:
   a. Einmalige und ausserordentliche Erträge (z.B. Kapitalgewinne, Auflösung von Reserven sowie Auflösungen von Rückstellungen im Rahmen der bisher in der Bewertung korrigierten, nicht anerkannten Aufwendungen);
   b. Zuwendungen an steuerbefreite Personalvorsorgeeinrichtungen, sofern sie als Kosten der jeweils in Frage stehenden Geschäftsjahre zu betrachten sind.

10   [1] Der Kapitalisierungssatz setzt sich aus dem risikolosen Zinssatz und der für nicht börsenkotierte Unternehmen geltenden Risikoprämie zusammen, erhöht um einen Prozentsatz zwecks Berücksichtigung der Illiquidität. Der massgebende Kapitalisierungssatz berechnet sich aus dem Durchschnitt der unge-

rundeten Sätze der letzten drei Jahre, aufgerundet auf das nächste Viertelprozent, und gilt für das nachfolgende Steuerjahr.[2]

[2] *Der risikolose Zinssatz entspricht dem Durchschnitt der Sätze für Anlagen und Kredite, welche durch die Nationalbank publiziert werden.*
1. Bestimmung des Satzes für Anlagen
   a. *Zero-Coupon-Zinssatz für eine 20-jährige Anlage (aufgrund der Preise von Bundesobligationen berechnet);*[3]
   b. *Falls (a) negativ ist, Satz auf Spareinlagen;*[4]
   c. *Falls (a) und (b) negativ sind, Satz auf Kontokorrent;*
   d. *Falls (a) – (c) negativ sind, Satz auf Bargeld (0%)*
2. Bestimmung des Satzes für Kredite:
   25. Quantil des Satzes für Festhypotheken mit einer Laufzeit von 15 Jahren.[5]

[3] *Die Risikoprämie berechnet sich aus der jährlich ermittelten Risikoprämie von kotierten Unternehmen unter Berücksichtigung des relativen Risikos der nicht kotierten Unternehmen, abgeleitet aus der Analyse der vergangenen Jahre.*[6]

[4] *Zwecks Berücksichtigung der Illiquidität, wird die Summe der beiden ungerundeten Prozentsätze „risikoloser Zinssatz" und „Risikoprämie" um 17.65% erhöht.*

[5] *Der massgebende Kapitalisierungssatz wird jährlich in der Kursliste der ESTV publiziert.*[7]

> ☞ *Gemäss Kursliste ESTV vom 1.2.2023 (online) wurde der ordentliche Kapitalisierungssatz per 31.12.2022 auf 8,5 % festgesetzt (der Kapitalisierungssatz per 31.12.2021 hat 9,5 % betragen).*

2. Substanzwert des Unternehmens

11 [1] Grundlage für die Bestimmung des Substanzwertes ist die Jahresrechnung (n).

[2] Schliesst die zu bewertende Gesellschaft das Geschäftsjahr nicht per Ende Kalenderjahr ab und erfolgt zwischen der Jahresrechnung (n) und dem 31.12. (n) eine Ausschüttung, dann ist sie vom Substanzwert abzuziehen.

12 Aktiven und Passiven sind vollständig zu erfassen.

13 Für die Bewertung wird nur das einbezahlte Kapital berücksichtigt.

14 Die Passiven sind zu unterteilen in Fremd- und Eigenkapital. Als Eigenkapital gelten auch Arbeitsbeschaffungs-, Aufwertungs- und Wiederbeschaffungsreserven sowie Ersatzbeschaffungsrückstellungen, versteuerte stille Reserven sowie Reserven unter Kreditoren.

2.1. Umlaufvermögen

15 Flüssige Mittel wie Kassenbestände, Post- und Bankguthaben sind zum Nennwert einzustellen. Gleiches gilt für Forderungen aus Lieferungen und Leistungen. Zweifelhaften Forderungen und allgemeinen Kreditrisiken kann im Rahmen von RZ 30 Rechnung getragen werden.

16 [1] Kotierte Wertpapiere sind zu den Schlusskursen des letzten Börsentages und Wertpapiere, die regelmässig ausserbörslich gehandelt werden, zu den letzten verfügbaren Kursen der entsprechenden Steuerperiode einzustellen.

---

[2] Gemäss Gutachten zur Überprüfung des Kapitalisierungszinssatzes KS 28 der Universität Zürich vom 25. September 2019 wird der Kapitalisierungssatz für Modell 1 und 2 (RZ 7) gesondert berechnet. Zur Bewahrung der beiden Modelle wird der Kapitalisierungssatz jeweils auf dem Mittelwert der beiden ermittelten Sätze bestimmt.
[3] https://data.snb.ch/de/topics/ziredev#!/cube/rendoblid
[4] https://data.snb.ch/de/topics/ziredev#!/cube/zikrepro
[5] https://data.snb.ch/de/topics/ziredev#!/cube/zikrepro
[6] Gutachten zur Überprüfung des Kapitalisierungssatzes KS 28 der Universität Zürich vom 25. September 2019
[7] Änderungen gemäss Beschluss der SSK vom 16.10.2020 (gestützt auf die Zustimmung der FDK vom 25.9.2020) für Bewertungen mit Bilanzstichtagen ab 1. Januar 2021.

² Für ausländische Wertpapiere gilt RZ 59 sinngemäss.

17 ¹ Nichtkotierte Wertpapiere sind nach der vorliegenden Wegleitung, jedoch mindestens zum Buchwert zu bewerten; in begründeten Fällen kann von dieser Regel abgewichen werden.

² Für entsprechende ausländische Wertpapiere gilt RZ 60 sinngemäss.

18 Waren und Vorräte sind zum Gewinnsteuerwert einzustellen (Buchwert zuzüglich nicht zugelassene Wertberichtigungen; die für die direkte Bundessteuer anerkannte Reserve wird nicht aufgerechnet).

2.2. Anlagevermögen

2.2.1. Sachanlagen

19 ¹ Betriebliche unüberbaute und überbaute Grundstücke sind zur amtlichen Schatzung einzustellen, jedoch mindestens zum Buchwert.

² Gebäude, die auf fremdem Boden erstellt wurden, werden zu dem nach Absatz 1 ermittelten Wert eingesetzt. Dabei ist der Dauer des Baurechtsvertrages und der Heimfallentschädigung durch eine Wertberichtigung Rechnung zu tragen.

³ Entspricht die amtliche Schatzung dem Verkehrswert, beträgt der Abzug für latente Steuern 15%.

20 ¹ Betriebsfremde unüberbaute und überbaute Grundstücke sind zum Verkehrswert, wenn dieser nicht bekannt ist zur amtlichen Schatzung oder zum kapitalisierten Ertragswert (siehe auch RZ 44), jedoch mindestens zum Buchwert einzustellen.

² Falls Grundstücke zum Verkehrswert oder zum Ertragswert bewertet werden oder die amtliche Schatzung dem Verkehrswert entspricht, beträgt der Abzug für latente Steuern 15 % (vgl. RZ 31).

³ Gebäude, die auf fremdem Boden erstellt wurden, werden zum ermittelten Verkehrswert gemäss vorerwähnten Bewertungsregeln eingesetzt. Dabei ist der Dauer des Baurechtsvertrages und der Heimfallentschädigung durch eine Wertberichtigung Rechnung zu tragen.

21 Bewegliches Vermögen wie Maschinen, Betriebs- und Geschäftseinrichtungen sind zu den Anschaffungs- oder zu den Herstellungskosten, unter Abzug der für die direkte Bundessteuer zulässigen Abschreibungen einzustellen, jedoch mindestens zum Buchwert.

2.2.2. Finanzanlagen

22 Darlehen und andere Forderungen sind zum Nennwert einzustellen.

23 ¹ Kotierte Wertpapiere und Beteiligungen sind zu den Schlusskursen des letzten Börsentages der entsprechenden Steuerperiode einzustellen. Für Wertpapiere und Beteiligungen, die regelmässig ausserbörslich gehandelt werden, gelten die letzten verfügbaren Kurse für die entsprechenden Steuerperiode.

² Für ausländische Wertpapiere und Beteiligungen gilt RZ 59 sinngemäss.

24 ¹ Nichtkotierte Wertpapiere und Beteiligungen sind nach der vorliegenden Wegleitung, jedoch mindestens zum Buchwert zu bewerten. In begründeten Fällen kann von dieser Regel abgewichen werden.

² Für entsprechende ausländische Wertpapiere und Beteiligungen gilt sinngemäss RZ 60.

25 ¹ Eigene Titel sind bei der Bestimmung des Substanzwertes der Unternehmung zum Einstandswert (in der Regel der Buchwert) einzusetzen, wenn sie sich nur vorübergehend im Eigentum der Gesellschaft befinden. Die bilanzierte Reserve in der Höhe des Anschaffungswertes der eigenen Titel ist in den Substanzwert einzubeziehen.

² Andernfalls sind sie ausser Acht zu lassen, und die Quotenzahl ist entsprechend zu reduzieren; d.h. die Bilanzpositionen aus dieser Transaktion sind entsprechend zu neutralisieren.

2.2.3. Immaterielle Anlagen und Rechte des Anlagevermögens

26 Besondere Fabrikationsverfahren, Lizenzen, Marken, Patente, Rezepte, Urheberrechte, Verlagsrechte usw. sind höchstens zu den Anschaffungs- oder Herstellungskosten unter Abzug der notwendigen Abschreibungen zu berücksichtigen. Dabei ist in erster Linie der Nutzwert massgebend. Die Nutzungsdauer ist nach wirtschaftlichen Kriterien zu beurteilen.

27 [1] Baurechts-, Miet- und Pachtverträge sind nicht zu berücksichtigen. Baurechte, die bei Einräumung des Baurechts mit Einmalrente des Baurechtsnehmers bezahlt wurden, sind zum Anschaffungswert nach Abzug der notwendigen Abschreibungen in Anrechnung zu bringen.

[2] Übrige Nutzungsrechte des privaten und des öffentlichen Rechts sind sinngemäss wie Baurechte zu behandeln.

2.3. Passiven

28 Schulden aus Lieferungen und Leistungen sowie Darlehen sind zum Nennwert einzustellen.

29 Rückstellungen (einschliesslich Steuerrückstellungen), die zur Deckung von am Bilanzstichtag bestehenden oder erkennbaren Risiken gebildet wurden, sind anzuerkennen, soweit sie geschäftsmässig begründet sind.

30 Wertberichtigungen, insbesondere Delkredere, die zur Deckung von am Bilanzstichtag bekannten Aufwendungen und Verlusten gebildet wurden, sind anzuerkennen soweit sie für die direkte Bundessteuer zugelassen sind.

2.4. Latente Steuern

31 [1] Die latenten Steuern werden in der Regel durch einen Abzug von 15 % auf den für die Bewertung angerechneten unversteuerten stillen Reserven berücksichtigt. Als latente Steuern gelten Steuern, die auf den in der Substanzwertberechnung berücksichtigten, aber nicht als Ertrag besteuerten stillen Reserven bei deren Realisierung zu bezahlen sind.

[2] Für betriebliche und betriebsfremde unüberbaute und überbaute Grundstücke kann der Abzug nur gewährt werden, wenn sie für die Bewertung zum Verkehrswert oder zum Ertragswert eingesetzt wurden.

[3] Keine latenten Steuern werden auf Beteiligungen berechnet, welche für einen Beteiligungsabzug qualifizieren (Art. 28 Abs. 1 beziehungsweise 1bis StHG).

3. Aktiengesellschaften

3.1. Neugegründete Gesellschaften

32 [1] Handels-, Industrie- und Dienstleistungsgesellschaften sind in der Regel für das Gründungsjahr und die Zeit der Aufbauphase nach dem Substanzwert zu bewerten. Sobald repräsentative Geschäftsergebnisse vorliegen, sind die Bewertungsregeln gemäss RZ 34 ff. anzuwenden.

[2] Bei Gesellschaften, die rechtlich zwar neu gegründet wurden, jedoch aus einer Einzelfirma oder einer Personengesellschaft hervorgegangen sind und nur die Rechtsform geändert haben, sind die Bewertungsregeln nach RZ 34 ff. sinngemäss anzuwenden. Allfällige Apportmehrwerte sind zu berücksichtigen.

33 Neugegründete reine Holding-, Vermögensverwaltungs- und Finanzierungsgesellschaften sowie Immobilien-Gesellschaften werden nach RZ 38 bzw. 42 bewertet.

3.2. Handels-, Industrie- und Dienstleistungsgesellschaften

34 Der Unternehmenswert ergibt sich aus der zweimaligen Gewichtung des Ertragswertes und der einmaligen Gewichtung des Substanzwertes zu Fortführungswerten (vgl. Beispiele Nr. 1 und 2).

Die Grundformel lautet: $$U = \frac{2E + S}{3}$$

U = Unternehmenswert
E = Ertragswert
S = Substanzwert

35 Der Ertragswert der Steuerperiode (n) berechnet sich wie folgt:

a. Modell 1:

$$E(n) = \frac{2R^1 + R^2}{3} \times \frac{100}{K}$$

R1 = korrigiertes Rechnungsergebnis der Steuerperiode (n)
R2 = korrigiertes Rechnungsergebnis der Steuerperiode (n-1)
K = Kapitalisierungssatz (vgl. RZ 10 bzw. 60)

b. Modell 2:

$$E(n) = \frac{R^1 + R^2 + R^3}{3} \times \frac{100}{K}$$

R1 = korrigiertes Rechnungsergebnis der Steuerperiode (n)
R2 = korrigiertes Rechnungsergebnis der Steuerperiode (n-1)
R3 = korrigiertes Rechnungsergebnis der Steuerperiode (n-2)
K = Kapitalisierungssatz (vgl. RZ 10 bzw. 60)

36 ~~Als Mindestwert gilt der Substanzwert zu Fortführungswerten (vgl. Beispiel Nr. 3)[2]~~. Die RZ 36 wird auf Beschluss des Vorstands der Schweizerischen Steuerkonferenz vom 25. / 26. März 2009 nicht umgesetzt.[8]

3.3. Domizil- und gemischte Gesellschaften

37 Gesellschaften, die in der Schweiz eine Verwaltungstätigkeit, aber keine Geschäftstätigkeit ausüben, werden wie Handels-, Industrie- und Dienstleistungsgesellschaften (RZ 34 – 36) bewertet.[9]

3.4. Reine Holding-, Vermögensverwaltungs- und Finanzierungsgesellschaften

38 Als Unternehmenswert gilt der Substanzwert (vgl. Beispiele Nr. 4 und 5).

39 Die von der Gesellschaft gehaltenen Wertpapiere und Beteiligungen werden gemäss RZ 23 und 24 bewertet.

40 [1] Ein Abzug für latente Steuern ist nur insoweit vorzunehmen, als von der Gesellschaft kantonale Gewinnsteuern erhoben werden.

[2] Geniesst die Gesellschaft keine Steuerermässigung, so beträgt der Abzug gemäss RZ 31 15 %.

41 [1] Hat eine Gesellschaft eine Konzernrechnung erstellt, die von der Revisionsstelle geprüft und von der Generalversammlung genehmigt wurde, so wird der Unternehmenswert gemäss RZ 34 ff. aufgrund der Konzernrechnung ermittelt. Dabei gelten die sich aus den RZ 9 bis 30 ergebenden Korrekturen (bei Obergesellschaft und Beteiligungen) sinngemäss.

---

[8] ~~Diese Regelung tritt per 1. Januar 2011 in Kraft.~~
[9] Die Rz 37 wird aufgrund des Inkrafttretens des Bundesgesetzes über die Steuerreform und die AHV-Finanzierung per 1. Januar 2020 gelöscht.

² Für die Bewertung sind von der Gesellschaft, deren Aktien zu bewerten sind, der Geschäftsbericht, bestehend aus Jahresbericht, Jahresrechnung und Konzernrechnung (Bilanz, Erfolgsrechnung und Anhang) sowie der Bericht der Konzernrechnungsprüfer einzureichen.

³ Die Gesellschaft, deren Aktien zu bewerten sind, kann die Bewertung aufgrund der Konzernrechnung ablehnen und verlangen, dass die Bewertung auf der Basis des Abschlusses der Obergesellschaft und der Einzelbewertungen der Beteiligungen vorgenommen wird.

⁴ Die Steuerverwaltung kann in von ihr zu begründenden Fällen die Bewertung aufgrund der Konzernrechnung ablehnen und die Unternehmensbewertung gestützt auf die Einzelbewertungen vornehmen. Dies gilt insbesondere bei wesentlichen nichtbetriebsnotwendigen Vermögensteilen in Vermögensverwaltungs- und Finanzierungsgesellschaften sowie Immobiliengesellschaften, die nach RZ 38 bzw. RZ 42 bewertet werden.

⁵ Der Abzug für latente Steuern von 15 % wird auf den für die Bewertung angerechneten unversteuerten stillen Reserven berücksichtigt. Auf den stillen Reserven ist ein Abzug nur insoweit vorzunehmen, als von der betreffenden Gesellschaft kantonale Gewinnsteuern erhoben werden (vgl. Beispiel Nr. 6).

3.5. Immobilien-Gesellschaften

42 Als Unternehmenswert gilt der Substanzwert (vgl. Beispiel Nr. 7).

43 ¹ Unüberbaute und überbaute Grundstücke von Immobilien-Gesellschaften werden zum Verkehrswert bewertet; wenn dieser nicht bekannt ist zur amtlichen Schatzung oder zum kapitalisierten Ertragswert, jedoch mindestens zum Buchwert. Falls Grundstücke zum Verkehrswert oder zum Ertragswert bewertet werden oder die amtliche Schatzung dem Verkehrswert entspricht, beträgt der Abzug für latente Steuern 15 % (vgl. RZ 31).

² Gebäude, die auf fremdem Boden erstellt wurden, werden zum ermittelten Verkehrswert gemäss vorerwähnten Bewertungsregeln eingesetzt. Dabei ist der Dauer des Baurechtsvertrages und der Heimfallentschädigung durch eine Wertberichtigung Rechnung zu tragen.

44 Als Kapitalisierungssatz für Mietzinserträge gilt - vorbehältlich kantonaler Regelungen - der um 1 Prozentpunkt erhöhte Zinssatz für Althypotheken im 1. Rang am Ende der für die Bewertung massgebenden Steuerperiode.

45 Unüberbaute und überbaute Grundstücke einer Immobiliengesellschaft, die von ihrer Schwester- oder Muttergesellschaft für eigene Zwecke betrieblich genutzt werden, sind gemäss RZ 19 zu bewerten.

46 ¹ Sind die Miet- und Pachtzinseinnahmen in erheblichem Umfang vom Gewerbe des Mieters gewinn- oder umsatzabhängig, so gilt als Unternehmenswert der Durchschnitt zwischen dem einfachen Ertragswert und dem zweifachen Substanzwert.

² Für die Ermittlung des Ertragswerts wird der gemäss RZ 10 ermittelte Kapitalisierungssatz um 30 % reduziert (vermindertes Unternehmensrisiko) und dieser reduzierte Satz auf ein halbes Prozent aufgerundet (vgl. Beispiel Nr. 8).

3.6. In Liquidation stehende Gesellschaften

47 Eine Gesellschaft steht im Sinne dieser Bewertungsvorschriften in Liquidation, wenn sie am Bewertungsstichtag den statutarischen Gesellschaftszweck nicht mehr verfolgt, sondern - mit oder ohne Eintrag im Handelsregister - die Verwertung der Aktiven und die Erfüllung der Verbindlichkeiten anstrebt.

48 Der Wert von in Liquidation stehenden Gesellschaften richtet sich nach dem mutmasslichen Liquidationsergebnis; die Aktiven sind zu Liquidationswerten (Veräusserungswerte, die bei der Auflösung der Gesellschaft erzielt werden), die echten Passiven, einschliesslich anfallender Liquidationssteuern und Liquidationskosten der Gesellschaft, zum Nennwert einzusetzen.

4. Gesellschaften mit beschränkter Haftung (GmbH)

49 Gesellschaften mit beschränkter Haftung (GmbH) werden nach den gleichen Grundsätzen wie Aktiengesellschaften bewertet.

5. Genossenschaften

50 Genossenschaften werden, unter Vorbehalt von RZ 51, nicht bewertet. Für die Bewertung der Anteile gilt RZ 65.

51 Erwerbsgenossenschaften werden nach den gleichen Grundsätzen wie Aktiengesellschaften bewertet. Als Erwerbsgenossenschaften gelten Genossenschaften, die Anspruch auf einen Anteil am Liquidationsergebnis gemäss Art. 913 Abs. 2 OR verleihen.

C. Bewertung der Wertpapiere

1. Quotaler Unternehmungswert

52 [1] Bei Unternehmen mit nur einer Titelkategorie entspricht der Steuerwert eines Titels dem Unternehmenswert (U), dividiert durch die Anzahl Titel.

[2] Bei Unternehmen mit Titeln verschiedener Kategorien oder nicht voll einbezahltem Kapital wird ein quotaler Unternehmenswert errechnet, indem der Unternehmenswert (U) durch 1 % des einbezahlten Kapitals dividiert wird. Der einbezahlte Nennwert des Titels, multipliziert mit dem prozentualen quotalen Unternehmenswert, ergibt den Steuerwert.

53 Bei gleichzeitigem Bestehen von Stamm- und Vorzugstitel bemisst sich deren quotaler Unternehmenswert nach dem in den Statuten umschriebenen Anspruch am Bilanzgewinn (Ertragswert) bzw. am Liquidationsergebnis (Substanzwert) (vgl. Beispiel Nr. 9).

2. Genussscheine

54 [1] Genussscheine die nur Anspruch auf einen Anteil am Bilanzgewinn verleihen oder deren Vermögensrechte im Umfang oder auf kurze Zeit begrenzt sind, werden ausschliesslich auf Grund der Ausschüttungen bewertet.

[2] Massgebend sind die Ausschüttungen der Jahre, die für die Ermittlung des Ertragswertes der Unternehmung herangezogen werden (vgl. RZ 7):
  Modell 1: Jahresrechnungen (n) und (n-1);
  Modell 2: Jahresrechnungen (n), (n-1) und (n-2).

[3] Bei der Berechnung des Ertragswertes der Genussscheine ist der Kapitalisierungssatz gemäss RZ 10 um 1 Prozent-Punkt zu erhöhen. Von diesem kapitalisierten Ertragswert ist ein Abzug von 10 % vorzunehmen.

[4] In allen Fällen, in denen Genussscheine ausgegeben wurden, ist für die Bewertung der Beteiligungsrechte von einem um die Ausschüttung auf Genussscheinen verminderten Gewinn auszugehen (vgl. Beispiel Nr. 10).

55 [1] Genussscheine, die sowohl Anspruch auf einen Anteil am Bilanzgewinn als auch auf einen Anteil am Liquidationsergebnis verleihen und deren Rechte weder zeitlich noch quantitativ begrenzt sind, werden nach dem quotalen Unternehmenswert bewertet, wobei der Substanzwert und der Ertragswert aufgrund des in den Statuten umschriebenen Anspruchs am Liquidationsergebnis bzw. am Bilanzgewinn festgelegt werden; die den Unternehmenstypen entsprechenden Bewertungsregeln sind sinngemäss anwendbar.

56 ² Vom quotalen Unternehmenswert ist stets ein Abzug von 10 % vorzunehmen. Der so ermittelte Wert bildet die Ausgangslage zur Beurteilung, ob der Pauschalabzug gemäss RZ 61 ff. gewährt werden kann (vgl. Beispiele Nr. 11 und 12).

56 Genussscheine, die nur gemeinsam mit anderen Titeln übertragen werden können, sind zusammen mit den anderen Titeln zu bewerten.

3. Partizipationsscheine

57 ¹ Der Steuerwert von Partizipationsscheinen wird nach den gleichen Grundsätzen wie derjenige von Aktien ermittelt.

² Vom quotalen Unternehmenswert ist stets ein Abzug von 10 % vorzunehmen. Der so ermittelte Wert bildet die Ausgangslage zur Beurteilung, ob der Pauschalabzug gemäss RZ 61 ff. gewährt werden kann.

58 Hat eine Gesellschaft Partizipationsscheine ausgegeben, so gilt als Wert der Partizipationsscheine derjenige Teil des Unternehmenswertes, der dem Verhältnis des Nennwertes zur Summe von Grund- und Partizipationsscheinkapital entspricht.

4. Ausländische Wertpapiere und Beteiligungen

59 ¹ Kotierte ausländische Wertpapiere sind zu den Schlusskursen des letzten Börsentages und Wertpapiere, die regelmässig ausserbörslich gehandelt werden, zu den letzten verfügbaren Kursen der entsprechenden Steuerperiode einzustellen.

² Zur Umrechnung in Schweizer Franken ist der Devisenkurs am Ende der Steuerperiode massgebend. Die Devisenkurse per Stichtag 31. Dezember werden jeweils in der Kursliste der Eidg. Steuerverwaltung publiziert.

60 ¹ Nichtkotierte ausländische Wertpapiere und Beteiligungen sind nach der vorliegenden Wegleitung zu bewerten.

² Der Kapitalisierungssatz setzt sich aus dem risikolosen Zinssatz und der für nicht börsenkotierte Unternehmen geltenden Risikoprämie zusammen und wird erhöht um einen Prozentsatz zur Berücksichtigung der Illiquidität. Der massgebende Kapitalisierungssatz berechnet sich aus dem Durchschnitt der ungerundeten Sätze der letzten drei Jahre, aufgerundet auf das nächste Viertelprozent, und gilt für das nachfolgende Steuerjahr.

³ Der risikolose Zinssatz berechnet sich aus dem 5-Jahres-Swapsatz der entsprechenden Währung, erhöht um die Differenz zwischen dem 5-Jahres-Swapsatz in CHF und dem ermittelten risikolosen Zinssatz gemäss Randziffer 10 Absatz 2 dieser Wegleitung.

⁴ Die Risikoprämie entspricht dem Wert gemäss Randziffer 10 Absatz 3 dieser Wegleitung

⁵ Zwecks Berücksichtigung der Illiquidität, wird die Summe der beiden ungerundeten Prozentsätze „risikoloser Zinssatz" und „Risikoprämie" um 17.65% erhöht.

⁶ Zur Umrechnung in Schweizer Franken ist der Devisenkurs am Ende der Steuerperiode massgebend. Die Devisenkurse per Stichtag 31. Dezember sind in der Kursliste der Eidg. Steuerverwaltung publiziert.[10]

---

[10] Änderungen gemäss Beschluss der SSK vom 16.10.2020 (gestützt auf die Zustimmung der FDK vom 25.9.2020) für Bewertungen mit Bilanzstichtagen ab 1. Januar 2021.

5. Pauschalabzug für vermögensrechtliche Beschränkungen

61 ¹ Dem beschränkten Einfluss des Inhabers einer Minderheitsbeteiligung auf die Geschäftsleitung und auf die Beschlüsse der Generalversammlung sowie der eingeschränkten Übertragbarkeit von Gesellschaftsanteilen wird pauschal Rechnung getragen.

² Privatrechtliche Verträge wie beispielsweise Aktionärbindungsverträge, welche die Übertragbarkeit der Wertpapiere beeinträchtigen, sind steuerlich unbeachtlich.

³ Wird der Verkehrswert nach RZ 2 Abs. 4 berechnet, kann der Titelinhaber - unter Vorbehalt nachfolgender Randziffern - einen Pauschalabzug von 30 % geltend machen.

62 ¹ Der Pauschalabzug wird in der Regel für alle Beteiligungen bis und mit 50 % des Gesellschaftskapitals gewährt. Massgebend sind die Beteiligungsverhältnisse am Ende der Steuerperiode.

² Hat eine Gesellschaft Stimmrechtstitel ausgegeben oder in ihren Statuten Stimmrechtsbeschränkungen vorgesehen, so wird die vorerwähnte Quote von 50 % nicht auf das Gesellschaftskapital sondern auf die Gesamtzahl aller Stimmrechte bezogen.

³ Sobald der Inhaber einer Minderheitsbeteiligung über einen beherrschenden Einfluss verfügt (Mitverwaltungsrechte, Zusammenrechnung von Titeln, Vetorecht bei GmbH usw.), wird der Pauschalabzug nicht gewährt.

63 ¹ *Erhält der Steuerpflichtige eine angemessene Dividende, so wird der Abzug nicht gewährt.*

² *Eine Dividende ist dann angemessen, wenn die im Verhältnis zum Verkehrswert errechnete Rendite mindestens dem um 1 Prozent-Punkt erhöhten risikolosen Zinssatz gemäss Berechnung nach Randziffer 10 Absatz 2 entspricht (RZ 60 Abs. 3 für ausländische Unternehmen).*

³ *Für die Berechnung der Rendite zum Bewertungsstichtag (n) wird auf den Durchschnitt der in den Kalenderjahren (n) und (n-1) bezahlten Dividenden abgestellt (vgl. Beispiel Nr. 13).*[11]

64 Der Pauschalabzug wird nicht gewährt auf Titeln
   a. deren Verkehrswert nicht nach einer Formel gemäss RZ 34, RZ 38, oder RZ 42 berechnet wird;
   b. von neu gegründeten Gesellschaften, die gemäss RZ 32 und nicht nach RZ 34 ff. bewertet wurden;
   c. von in Liquidation stehenden Gesellschaften (RZ 48);
   d. von Genossenschaften (RZ 51, RZ 65 und RZ 66);
   e. die mit einem Sonderrecht zur ausschliesslichen Nutzung bestimmter Teile eines sich im Besitz einer Immobiliengesellschaft befindlichen Gebäudes ausgestattet sind (Mieter-Aktionär).

6. Genossenschaftsanteile

65 ¹ Der Steuerwert von Anteilen an Genossenschaften wird wie folgt ermittelt:
   a. Bei Genossenschaften, deren Statuten bestimmen, dass ausscheidende Genossenschafter Anspruch auf das Genossenschaftsvermögen gemäss Art. 864 OR (Rückzahlung zum Nennwert) haben: höchstens zum Nennwert.
   b. Bei gleichen Voraussetzungen aber einer Verzinsung der Anteilscheine, die den landesüblichen Zinsfuss für langfristige Darlehen ohne besondere Sicherheiten (Art. 859 Abs. 3 OR) übersteigt: nach dem einfachen Mittel zwischen dem Nennwert und den kapitalisierten Ausschüttungen (Durchschnitt der zwei vor dem massgebenden Bewertungsstichtag vorgenommenen Ausschüttungen, wobei diejenige des zweiten Jahres doppelt zu gewichten ist).

² Als Grundlage für die Kapitalisierung der Ausschüttungen gilt der um 1 Prozent-Punkt erhöhte Swapsatz* gemäss RZ 10 Abs. 2 bzw. RZ 60 Abs. 3.

---

[11] Änderungen gemäss Beschluss der SSK vom 16.10.2020 (gestützt auf die Zustimmung der FDK vom 25.9.2020) für Bewertungen mit Bilanzstichtagen ab 1. Januar 2021.

* ☞ *Gemäss geänderter Berechnung des Kapitalisierungssatzes (Rz 10) kommt der risikolose Zinssatz zur Anwendung.*

66 Liegt der quotale Unternehmenswert einer Erwerbsgenossenschaft über dem Nennwert und bestimmen die Statuten der Genossenschaft, dass ausscheidende Genossenschafter Anspruch auf das Genossenschaftsvermögen gemäss Art. 864 OR (Rückzahlung zum Nennwert) haben, so wird der Steuerwert der Anteile nach dem einfachen Mittel zwischen dem Nennwert und dem quotalen Unternehmungswert ermittelt.

7. Anteile an kollektiven Kapitalanlagen

67 [1] Der Steuerwert der Anteile an kollektiven Kapitalanlagen bemisst sich wie folgt:

    a. Bei nichtkotierten Anteilen, die regelmässig ausserbörslich gehandelt werden, gilt als Verkehrswert der letzte verfügbare Kurs der entsprechenden Steuerperiode.

    b. Bei nichtkotierten Anteilen, für die keine ausserbörslichen Kursnotierungen bekannt sind, nach dem Durchschnitt der Rücknahmepreise im letzten Monat der entsprechenden Steuerperiode oder - wenn keine vorhanden sind - nach dem Inventarwert (Net Asset Value) am Ende der Steuerperiode.

[2] Die Steuerwerte der wesentlichsten nichtkotierten Anteile von Anlagefonds werden per Stichtag 31. Dezember jährlich in der Kursliste der Eidg. Steuerverwaltung publiziert.

[3] Zur Umrechnung von nicht publizierten Anteilen von Anlagefonds fremder Währung in Schweizer Franken ist der Devisenkurs am Ende der Steuerperiode massgebend. Die Devisenkurse per 31. Dezember sind in der Kursliste der Eidg. Steuerverwaltung publiziert.

8. Festverzinsliche Wertpapiere

68 [1] Bei nichtkotierten, festverzinslichen Wertpapieren, die regelmässig ausserbörslich gehandelt werden, gilt als Verkehrswert der letzte verfügbare Kurs der entsprechenden Steuerperiode.

[2] Bei nichtkotierten festverzinslichen Wertpapieren, für die keine ausserbörslichen Kursnotierungen bekannt sind, nach dem am Ende der Steuerperiode geltenden marktüblichen Zinssatz, unter Berücksichtigung der Restlaufzeit, der Bonität des Schuldners sowie der erschwerten Verkäuflichkeit.

[3] Zur Umrechnung festverzinslicher Wertpapiere fremder Währung in Schweizer Franken ist der Devisenkurs am Ende der Steuerperiode massgebend. Die Devisenkurse per 31. Dezember sind in der Kursliste der Eidg. Steuerverwaltung publiziert.

D. Anwendbarkeit

69 [1] Dieses Kreisschreiben gilt für Bewertungen mit Bilanzstichtagen ab 1. Januar 2008. Es ersetzt das Kreisschreiben Nr. 28 vom 21. August 2006.

[2] ~~Die Regelung gemäss Randziffer 36 gilt erst für Bewertungen mit Bilanzstichtagen ab 1. Januar 2011.~~ Die RZ 36 wird auf Beschluss des Vorstands der Schweizerischen Steuerkonferenz vom 25. / 26. März 2009 nicht umgesetzt.

E. Anhang

Ermittlung des Kapitalisierungssatzes nach RZ 10

Beispiel für Steuerperiode 2007

Zinssatz für risikolose Anlagen:	- Quartal 1/2007	2,71%	
	- Quartal 2/2007	2,75%	
	- Quartal 3/2007	3,40%	
	- Quartal 4/2007	<u>3,20%</u>	3,02%

Durchschnitt aufgerundet auf ½ %	3,50%
Risikoprämie	<u>7,00%</u>
Massgebender Kapitalisierungssatz	10,50%

Berechnungsbeispiele

In den nachfolgenden Beispielen wird der Kapitalisierungssatz von 10,50% verwendet.

Beispiele (Übersicht)

Beispiel Nr. 1	(Mittelwertberechnung)	S. 11
Beispiel Nr. 2	(Mittelwertbewertung mit gegenseitigen Beteiligungen)	S. 14
Beispiel Nr. 3	(Mittelwertbewertung bei Verlusten)	S. 21
Beispiel Nr. 4	(Reine Substanzbewertung)	S. 24
Beispiel Nr. 5	(Reine Substanzbewertung mit gegenseitigen Beteiligungen)	S. 25
Beispiel Nr. 6	(Konzernrechnung)	S. 32
Beispiel Nr. 7	(Immobiliengesellschaft)	S. 36
Beispiel Nr. 8	(Immobiliengesellschaft mit gewinn- / umsatzabhängigen Erträgen)	S. 37
Beispiel Nr. 9	(Mittelwertbewertung bei Stamm- und Vorzugstiteln)	S. 40
Beispiel Nr. 10	(Genussscheine mit Anspruch auf Bilanzgewinn)	S. 44
Beispiel Nr. 11	(Genussscheine mit Anspruch auf Bilanzgewinn)	S. 48
Beispiel Nr. 12	(Genussscheine mit Anspruch auf Bilanz- und Liquidationsgewinn)	S. 52
Beispiel Nr. 13	(Pauschalabzug)	S. 53

Beispiel Nr. 1 (RZ 34)

Bewertung der Titel von Handels-, Industrie- und Dienstleistungsgesellschaften.

Eine Industriegesellschaft mit einem Aktienkapital von Fr. 1'500'000 (1'500 Aktien von je Fr. 1'000 nom.) weist Fr. 8'900'000 offene Reserven inkl. Vortrag und Fr. 2'400'000 versteuerte stille Reserven (davon Fr. 400'000 auf Fabrikliegenschaft) aus. Sie ist im Besitz einer Fabrikliegenschaft (Buchwert: Fr. 1'500'000, amtl. Schatzung: Fr. 3'800'000 [= VW]) und zweier Wohnliegenschaften (Buchwert 1. Liegenschaft: Fr. 500'000, amtl. Schatzung: Fr. 2'000'000 [< VW], Buchwert 2. Liegenschaft: Fr. 200'000, keine amtl. Schatzung vorhanden, Nettomietzinseinnahmen: Fr. 127'500). Das Jahresergebnis beträgt im ersten Bemessungsjahr Fr. 1'840'000 (Gewinnkorrektur: Fr. 190'000 Aufrechnungen), im zweiten Bemessungsjahr Fr. 2'980'000 (Gewinnkorrekturen: Fr. 200'000 Aufrechnungen und Fr. 1'000'000 Veräusserungsgewinn einer Liegenschaft).

Modell 2: Das Jahresergebnis des ältesten Bemessungsjahres beträgt Fr. 1'700'000 (keine Gewinnkorrektur).

Modell 1			
Ertragswert	CHF	CHF	CHF
Jahresergebnis 1. Bemessungsjahr =	1'840'000		
Gewinnkorrekturen	190'000	2'030'000	
Jahresergebnis 2. Bemessungsjahr =	2'980'000		
Gewinnkorrekturen	-800'000	2'180'000	
2. Jahr doppelt		2'180'000	
		6'390'000	
Massgebendes Ergebnis = Durchschnitt (:3)		2'130'000	
kapitalisiert mit 10,5%			20'285'714
doppelt			20'285'714
Substanzwert			
Aktienkapital	1'500'000		
Verlustvortrag	--	1'500'000	
offene Reserven inkl. Vortrag		8'900'000	
stille Reserven:			
Fabrikliegenschaft			
- amtl. Schatzung (= Verkehrswert)	3'800'000		
- Buchwert	-1'500'000	2'300'000 *	
1. Wohnliegenschaft			
- amtl. Schatzung (< Verkehrswert)	2'000'000		
- Buchwert	-500'000	1'500'000	
2. Wohnliegenschaft			
- Mietzinse	127'500		
kapitalisiert mit 8,5% (= Verkehrswert)	1'500'000		
- Buchwert	-200'000	1'300'000 *	
Berücksichtigung der latenten Steuern:			
massgebende stille Reserven	3'600'000 *		
davon versteuert auf Fabrikliegenschaft	-400'000		
minus 15% latente Steuern auf	3'200'000	-480'000	
übrige versteuerte stille Reserven		2'000'000	17'020'000
Total (2x Ertragswert / 1x Substanzwert)			57'591'428
Durchschnitt (:3)			19'197'143
dividiert durch Anzahl Aktien (: 1'500)			12'798
Steuerwert brutto abgerundet auf			12'700

Modell 2			
Ertragswert	CHF	CHF	CHF
Jahresergebnis 1. Bemessungsjahr =	1'700'000		
Gewinnkorrekturen	--	1'700'000	
Jahresergebnis 2. Bemessungsjahr =	1'840'000		
Gewinnkorrekturen	190'000	2'030'000	
Jahresergebnis 3. Bemessungsjahr =	2'980'000		
Gewinnkorrekturen	-800'000	2'180'000	
		5'910'000	
Massgebendes Ergebnis = Durchschnitt (:3)		1'970'000	
kapitalisiert mit 10,5%			18'761'905
doppelt			18'761'905
Substanzwert			
Aktienkapital	1'500'000		
Verlustvortrag	--	1'500'000	
offene Reserven inkl. Vortrag		8'900'000	
stille Reserven:			
Fabrikliegenschaft			
- amtl. Schatzung (= Verkehrswert)	3'800'000		
- Buchwert	-1'500'000	2'300'000 *	
1. Wohnliegenschaft			
- amtl. Schatzung (< Verkehrswert)	2'000'000		
- Buchwert	-500'000	1'500'000	
2. Wohnliegenschaft			
- Mietzinse	127'500		
kapitalisiert mit 8,5% (= Verkehrswert)	1'500'000		
- Buchwert	-200'000	1'300'000 *	
Berücksichtigung der latenten Steuern:			
massgebende stille Reserven	3'600'000 *		
davon versteuert auf Fabrikliegenschaft	400'000		
minus 15% latente Steuern auf	3'200'000	-480'000	
übrige versteuerte stille Reserven		2'000'000	17'020'000
Total (2x Ertragswert / 1x Substanzwert)			54'543'810
Durchschnitt (:3)			18'181'270
dividiert durch Anzahl Aktien (: 1'500)			12'121
Steuerwert brutto abgerundet auf			**12'100**

Beispiel Nr. 2 (RZ 34)

Bewertung der Titel von Handels-, Industrie- und Dienstleistungsgesellschaften bei wechsel- oder gegenseitiger Beteiligung.

Im vorliegenden Beispiel handelt es sich um zwei unabhängige Gesellschaften A und B, wobei A Aktien von B und B Aktien von A hält.

Die Gesellschaft A mit einem Aktienkapital von Fr. 2'000'000 (20'000 Aktien von je Fr. 100 nom.) weist Fr. 6'000'0000 offene Reserven inkl. Vortrag und Fr. 3'000'0000 versteuerte Rückstellungen aus. Sie ist im Besitz einer Fabrikliegenschaft (Buchwert: Fr. 2'500'000, amtl. Schatzung: Fr. 4'200'000 [= VW]) sowie verschiedener Beteiligungen* (Buchwert: Fr. 3'250'000, Verkehrswert ohne Beteiligung B: Fr. 4'250'0000), wovon eine von 33 % an der Gesellschaft B (Buchwert dieser Beteiligung: Fr. 1'200'000, erhaltene Dividenden: Fr. 120'000 im ersten Bemessungsjahr, Fr. 150'000 im zweiten Bemessungsjahr). Das Jahresergebnis beträgt im ersten Bemessungsjahr Fr. 1'400'000 (keine Gewinnkorrektur), im zweiten Bemessungsjahr Fr. 1'200'0000 (keine Gewinnkorrektur).

*Mit Ausnahme der gegenseitigen Beteiligung: ohne Beteiligungsabzug

Modell 2: Das Jahresergebnis des ältesten Bemessungsjahres beträgt Fr. 1'100'000 (keine Gewinnkorrektur); erhaltene Dividenden: Fr. 0.

Die Gesellschaft B mit einem Aktienkapital von Fr. 300'000 (3'000 Aktien von je Fr. 100 nom.) weist Fr. 3'100'000 offene Reserven inkl. Vortrag und Fr. 4'400'000 versteuerte Rückstellungen aus. Sie ist im Besitz einer Fabrikliegenschaft (Buchwert: Fr. 3'600'000, amtl. Schatzung: Fr. 4'250'000 [= VW]) sowie verschiedener Beteiligungen* (Buchwert: Fr. 5'250'000, Verkehrswert ohne Beteiligung A: Fr. 2'600'000), wovon eine von 20 % an der Gesellschaft A (Buchwert dieser Beteiligung: Fr. 3'850'000, erhaltene Dividenden: Fr. 160'000 im ersten Bemessungsjahr, Fr. 120'000 im zweiten Bemessungsjahr). Das Jahresergebnis beträgt im ersten Bemessungsjahr Fr. 950'000 (keine Gewinnkorrektur), im zweiten Bemessungsjahr Fr. 1'200'000 (keine Gewinnkorrektur).

*Mit Ausnahme der gegenseitigen Beteiligung: ohne Beteiligungsabzug

Modell 2: Das Jahresergebnis des ältesten Bemessungsjahres beträgt Fr. 800'000 (keine Gewinnkorrektur); erhaltene Dividenden in diesem Bemessungsjahr: 100'000

Bei gegenseitigen Beteiligungen ist die Bewertung nach der Methode von Michael Towbin (vgl. „Die Schweizerische Aktiengesellschaft", November 1951, Seite 78 ff.), gemäss nachstehender Berechnungsformel vorzunehmen:

	Modell 1		
Ertragswert der Gesellschaft A	CHF	CHF	CHF
Jahresergebnis 1. Bemessungsjahr =	1'400'000		
minus erhaltene Dividende der Beteiligung B	-120'000	1'280'000	
Jahresergebnis 2. Bemessungsjahr =	1'200'000		
minus erhaltene Dividende der Beteiligung B	-150'000	1'050'000	
2. Jahr doppelt		1'050'000	
		3'380'000	
Massgebendes Ergebnis = Durchschnitt (:3)		1'126'667	
kapitalisiert mit 10,5%			10'730'159
doppelt			10'730'159
Doppelter Ertragswert der Gesellschaft A **ohne Ertrag der gegenseitigen Beteiligung B**			**21'460'318**
Ertragswert der Gesellschaft B			
Jahresergebnis 1. Bemessungsjahr =	950'000		
minus erhaltene Dividende der Beteiligung A	-160'000	790'000	
Jahresergebnis 2. Bemessungsjahr =	1'200'000		
minus erhaltene Dividende der Beteiligung A	-120'000	1'080'000	
2. Jahr doppelt		1'080'000	
		2'950'000	
Massgebendes Ergebnis = Durchschnitt (:3)		983'333	
kapitalisiert mit 10,5%			9'365'079
doppelt			9'365'079
Doppelter Ertragswert der Gesellschaft B **ohne Ertrag der gegenseitigen Beteiligung A**			**18'730'158**

Substanzwert der Gesellschaft A		CHF	CHF	CHF
Aktienkapital			2'000'000	
Verlustvortrag			–	2'000'000
offene Reserven inkl. Vortrag				6'000'000
versteuerte Rückstellungen				3'000'000
stille Reserven				
Fabrikliegenschaft				
- amtl. Schatzung (= Verkehrswert)			4'200'000	
- Buchwert			-2'500'000	1'700'000
Beteiligungen				
- Verkehrswert (übrige Bet.: kein Beteiligungsabzug)			4'250'000	
- Buchwert		3'250'000		
minus Buchwert der Beteiligung B		-1'200'000	2'050'000	2'200'000
Berücksichtigung der latenten Steuern:				
massgebende stille Reserven			3'900'000 *	
davon versteuert			–	
minus 15% latente Steuern auf			3'900'000	-585'000
Substanzwert der Gesellschaft A				
ohne Buchwert der gegenseitigen Beteiligung B		-1'200'000		**13'115'000**

Substanzwert der Gesellschaft B		CHF	CHF	CHF
Aktienkapital			300'000	
Verlustvortrag			–	300'000
offene Reserven inkl. Vortrag				3'100'000
versteuerte Rückstellungen				4'400'000
stille Reserven				
Fabrikliegenschaft				
- amtl. Schatzung (= Verkehrswert)			4'250'000	
- Buchwert			-3'600'000	650'000
Beteiligungen				
- Verkehrswert (übrige Bet.: kein Beteiligungsabzug)			2'600'000	
- Buchwert		5'250'000		
minus Buchwert der Beteiligung A		-3'850'000	1'400'000	1'200'000
Berücksichtigung der latenten Steuern:				
massgebende stille Reserven			1'850'000 *	
davon versteuert			–	
minus 15% latente Steuern auf			1'850'000	-277'500
Substanzwert der Gesellschaft B				
ohne Buchwert der gegenseitigen Beteiligung A		-3'850'000		**5'522'500**

Abschlussdatum der letzten Bilanz	31. Dezember	31. Dezember
Beteiligung an der anderen Gesellschaft in Prozenten (:100)	① 0,333	② 0,200
Übertrag des **doppelten Ertragswertes ohne Ertrag** (Dividenden usw.) der gegenseitigen Beteiligung	21'460'317	18'730'159
Übertrag des **Substanzwertes ohne Buchwert** der gegenseitigen Beteiligung	13'115'000	5'522'500
Total	34'575'317	24'252'659
Durchschnitt (:3)	② 11'525'106	8'084'220
Übertrag des prozentualen Anteils der Gesellschaft **B** an der Gesellschaft **A** nach der Formel: ② 0,200 x ② 11'525'106	-2'305'021	2'305'021
Total		③ 10'389'241
"Verschachtelung" nach der Formel: ③ 10'389'241 x { ① 0.333 x (1- ② 0.200)} / 1- ① 0.333 x ② 0.200) }	2'965'174	-2'965'174
Total	12'185'259	7'424'067
Anzahl Aktien A x 1- ② 0,200	762	
Anzahl Aktien B x 1- ① 0,333		3'710
Steuerwert brutto abgerundet auf	**760**	**3'710**

Modell 2			
Ertragswert der Gesellschaft A	CHF	CHF	CHF
Jahresergebnis 1. Bemessungsjahr =	1'100'000		
minus erhaltene Dividende der Beteiligung B	-	1'100'000	
Jahresergebnis 2. Bemessungsjahr =	1'400'000		
minus erhaltene Dividende der Beteiligung B	-120'000	1'280'000	
Jahresergebnis 3. Bemessungsjahr =	1'200'000		
minus erhaltene Dividende der Beteiligung B	-150'000	1'050'000	
		3'430'000	
Massgebendes Ergebnis = Durchschnitt (:3)		1'143'333	
kapitalisiert mit 10,5%			10'888'889
doppelt			10'888'889
Doppelter Ertragswert der Gesellschaft A ohne Ertrag der gegenseitigen Beteiligung B			**21'777'778**
Ertragswert der Gesellschaft B	CHF	CHF	CHF
Jahresergebnis 1. Bemessungsjahr =	800'000		
minus erhaltene Dividende der Beteiligung A	-100'000	700'000	
Jahresergebnis 2. Bemessungsjahr =	950'000		
minus erhaltene Dividende der Beteiligung A	-160'000	790'000	
Jahresergebnis 3. Bemessungsjahr =	1'200'000		
minus erhaltene Dividende der Beteiligung A	-120'000	1'080'000	
		2'570'000	
Massgebendes Ergebnis = Durchschnitt (:3)		856'667	
kapitalisiert mit 10,5%			8'158'730
doppelt			8'158'730
Doppelter Ertragswert der Gesellschaft B ohne Ertrag der gegenseitigen Beteiligung A			**16'317'460**

Substanzwert der Gesellschaft A	CHF	CHF	CHF
Aktienkapital		2'000'000	
Verlustvortrag		—	2'000'000
offene Reserven inkl. Vortrag			6'000'000
versteuerte Rückstellungen			3'000'000
stille Reserven:			
Fabrikliegenschaft			
- amtl. Schatzung (= Verkehrswert)		4'200'000	
- Buchwert		-2'500'000	1'700'000
Beteiligungen			
- Verkehrswert (übrige Bet.: kein Beteiligungsabzug)		4'250'000	
- Buchwert	3'250'000		
minus Buchwert der Beteiligung B	-1'200'000	2'050'000	2'200'000
Berücksichtigung der latenten Steuern:			
massgebende stille Reserven		3'900'000 *	
davon versteuert		—	
minus 15% latente Steuern auf		3'900'000	-585'000
Substanzwert der Gesellschaft A ohne Buchwert der gegenseitigen Beteiligung B	**-1'200'000**		**13'115'000**

Substanzwert der Gesellschaft B	CHF	CHF	CHF
Aktienkapital		300'000	
Verlustvortrag		—	300'000
offene Reserven inkl. Vortrag			3'100'000
versteuerte Rückstellungen			4'400'000
stille Reserven:			
Fabrikliegenschaft			
- amtl. Schatzung (= Verkehrswert)		4'250'000	
- Buchwert		-3'600'000	650'000
Beteiligungen			
- Verkehrswert (übrige Bet.: kein Beteiligungsabzug)		2'600'000	
- Buchwert	5'250'000		
minus Buchwert der Beteiligung B	-3'850'000	1'400'000	1'200'000
Berücksichtigung der latenten Steuern:			
massgebende stille Reserven		1'850'000 *	
davon versteuert		—	
minus 15% latente Steuern auf		1'850'000	-277'500
Substanzwert der Gesellschaft A ohne Buchwert der gegenseitigen Beteiligung B	**-3'850'000**		**5'522'500**

		A	B
Abschlussdatum der letzten Bilanz		31. Dezember	31. Dezember
Beteiligung an der anderen Gesellschaft in Prozenten (:100)		② 0,333	① 0,333
Übertrag des **doppelten Ertragswertes ohne Ertrag** (Dividenden usw.) der gegenseitigen Beteiligung		21'777'778	16'317'460
Übertrag des Substanzwertes ohne Buchwert der gegenseitigen Beteiligung		13'115'000	5'522'500
Total		34'892'778	21'839'960
Durchschnitt (:3)		① 11'630'926	7'279'987
Übertrag des prozentualen Anteils der Gesellschaft **B** an der Gesellschaft **A** nach der Formel: ① 0,200 x ① 11'630'926		-2'326'185	2'326'185
Total			⊕ 9'606'172
"Verschachtelung" nach der Formel: ⊕ 9'606'172 x $\quad\{$ ② $\underline{0{,}333 \times (1 - ① \; 0{,}200)}$ $\qquad 1 - \{$ ② $0{,}333 \times ① \; 0{,}200) \quad \}$		2'741'680	-2'741'680
Total		12'046'421	6'864'492
Anzahl Aktien A x 1 - ① 0,200		752	
Anzahl Aktien B x 1 - ② 0,333			3430
Steuerwert brutto abgerundet auf		**750**	**3'430**

Beispiel Nr. 3 (RZ 36)

Bewertung der Titel von Handels-, Industrie- und Dienstleistungsgesellschaften mit negativem Jahresergebnis.

Eine Handelsgesellschaft mit einem Aktienkapital von Fr. 500'000 (500 Aktien von je Fr. 1'000 nom.) weist Fr. 1'850'000 offene Reserven inkl. Vortrag und Fr. 200'000 versteuerte stille Reserven (davon Fr. 150'000 auf Wohnliegenschaft) aus. Sie ist im Besitz einer Fabrikliegenschaft (Buchwert: Fr. 500'000, amtliche Schatzung: Fr. 2'200'000 [= VW]) und einer Wohnliegenschaft (Buchwert: Fr. 400'000, amtliche Schatzung: Fr. 1'200'000 [< VW]). Das Jahresergebnis beträgt im ersten Bemessungsjahr Fr. 180'000 (Gewinnkorrektur: Fr. –120'000 Auflösung), der Verlust im zweiten Bemessungsjahr Fr. –95'000 (keine Gewinnkorrektur).

Modell 2: Das Jahresergebnis des ältesten Bemessungsjahres beträgt Fr. 110'000 (Gewinnkorrektur: Fr. -12'000 Auflösung).

Ertragswert	Modell 1	CHF	CHF	CHF
Jahresergebnis 1. Bemessungsjahr =		180'000		
Gewinnkorrekturen		-120'000	60'000	
Jahresergebnis 2. Bemessungsjahr =		-95'000		
Gewinnkorrekturen		0	-95'000	
2. Jahr doppelt			-95'000	
			-130'000	
Durchschnitt (:3)			-43'333	
kapitalisiert mit 10,5%				0
doppelt				0

Substanzwert	CHF	CHF	CHF
Aktienkapital	500'000		
Verlustvortrag	0	500'000	
offene Reserven inkl. Vortrag		1'850'000	
stille Reserven:			
Fabrikliegenschaft			
- amtl. Schatzung (= Verkehrswert)	2'200'000		
- Buchwert	-500'000	1'700'000 *	
Wohnliegenschaft			
- amtl. Schatzung (< Verkehrswert)	1'200'000		
- Buchwert	-400'000	800'000 **	
** inkl. CHF 150'000 versteuerte stille Reserven			
Berücksichtigung der latenten Steuern:			
massgebende stille Reserven	1'700'000 *		
davon versteuert	0		
minus 15% latente Steuern auf	1'700'000	-255'000	
übrige versteuerte stille Reserven		50'000	4'645'000
Total (2x _Ertragswert / 1x Substanzwert)			4'645'000
Durchschnitt (:3)			1'548'333
Unternehmenswert: ~~als Mindestwert gilt der Substanzwert~~			1'548'333
dividiert durch Anzahl Aktien (:500)			3'097
Steuerwert brutto abgerundet auf			**3'000**

Jahresergebnis 1. Bemessungsjahr =	110'000		
Gewinnkorrekturen	-12'000	98'000	
Jahresergebnis 2. Bemessungsjahr =	180'000		
Gewinnkorrekturen	-120'000	60'000	
Jahresergebnis 3. Bemessungsjahr =	-95'000		
Gewinnkorrekturen	0	-95'000	
		63'000	
Durchschnitt (:3)		21'000	
kapitalisiert mit 10,5%			200'000
doppelt			200'000
Substanzwert	CHF	CHF	CHF
Aktienkapital	500'000		
Verlustvortrag	0	500'000	
offene Reserven inkl. Vortrag		1'850'000	
stille Reserven:			
Fabrikliegenschaft			
- amtl. Schatzung (= Verkehrswert)	2'200'000		
- Buchwert	-500'000	1'700'000 *	
Wohnliegenschaft			
- amtl. Schatzung (< Verkehrswert)	1'200'000		
- Buchwert	-400'000	800'000 **	
** inkl. CHF 150'000 versteuerte stille Reserven			
Berücksichtigung der latenten Steuern:			
massgebende stille Reserven	1'700'000 *		
davon versteuert	0		
minus 15% latente Steuern auf	1'700'000	-255'000	
übrige versteuerte stille Reserven		50'000	4'645'000
Total (2x _Ertragswert / 1x Substanzwert)			5'045'000
Durchschnitt (:3)			1'681'667
Unternehmenswert: als Mindestwert gilt der Substanzwert			1'681'667
dividiert durch Anzahl Aktien (:500)			3'363
Steuerwert brutto abgerundet auf			**3'300**

Beispiel Nr. 4 (RZ 38)

Bewertung der Titel von reinen Holdings-, Vermögensverwaltungs-, Beteiligungs- und Finanzierungsgesellschaften.

Eine reine Holdinggesellschaft mit einem Aktienkapital von Fr. 4'200'000 (4'200 Aktien von je Fr. 1'000 nom.) weist Fr. 12'000'000 offene Reserven inkl. Vortrag und Fr. 1'250'000 versteuerte Rückstellungen aus. Sie ist im Besitz verschiedener Beteiligungen (Buchwert: Fr. 12'100'000, Verkehrswert: Fr. 27'500'000) sowie eines Wertschriften-Portefeuilles (Buchwert: Fr. 3'500'000, Verkehrswert: Fr. 10'400'000).

Substanzwert		CHF	CHF
Aktienkapital		4'200'000	
Verlustvortrag		0	4'200'000
offene Reserven inkl. Vortrag			12'000'000
versteuerte Rückstellungen			1'250'000
stille Reserven:			
Beteiligungen			
- Verkehrswert		27'500'000	
- Buchwert		-12'100'000	15'400'000
Wertschriften			
- Verkehrswert		10'400'000	
- Buchwert		-3'500'000	6'900'000
** inkl. CHF 150'000 versteuerte stille Reserven			
Berücksichtigung der latenten Steuern:			
massgebende stille Reserven		0	
davon versteuert		0	
minus 15% latente Steuern auf		0	0
übrige versteuerte stille Reserven			0
Total Substanzwert			39'750'000
dividiert durch Anzahl Aktien (:4'200)			9'464
Steuerwert brutto abgerundet auf			**9'400**

Beispiel Nr. 5 (RZ 38)

Bewertung der Titel von reinen Holding-, Vermögensverwaltungs-, Beteiligungs- und Finanzierungsgesellschaften bei wechsel- oder gegenseitiger Beteiligung.

Im vorliegenden Beispiel handelt es sich um zwei unabhängige Gesellschafen A und B, wobei A Aktien von B und B Aktien von A hält.

Die Gesellschaft A (reine Holdinggesellschaft) mit einem Aktienkapital von Fr. 4'000'000 (4'000 Aktien von je Fr. 1'000 nom.) weist Fr. 8'000'000 offene Reserven inkl. Vortrag und Fr. 1'500'000 versteuerte Rückstellungen aus. Sie ist im Besitz verschiedener Beteiligungen (Buchwert: Fr. 5'600'000, Verkehrswert ohne Beteiligung B: Fr. 12'500'000), wovon eine von 25 % an der Gesellschaft B (Buchwert dieser Beteiligung: Fr. 1'500'000) sowie eines Wertschriften-Portefeuilles (Buchwert: Fr. 3'800'000, Verkehrswert: Fr. 6'400'000).

Die Gesellschaft B (Industriegesellschaft) mit einem Aktienkapital von Fr. 500'000 (500 Aktien von je Fr. 1'000 nom.) weist Fr. 4'500'000 offene Reserven inkl. Vortrag und Fr. 2'250'000 versteuerte Rückstellungen aus. Sie ist im Besitz einer Fabrikliegenschaft (Buchwert: Fr. 2'400'000, amtl. Schatzung: Fr. 4'500'000 [= VW]) sowie verschiedener Beteiligungen* (Buchwert: Fr. 4'500'000, Verkehrswert ohne Beteiligung A: Fr. 3'200'000), wovon eine von 15 % an der Gesellschaft A (Buchwert dieser Beteiligung: Fr. 3'500'000, erhaltene Dividenden: Fr. 300'000 im ersten Bemessungsjahr, Fr. 360'000 im zweiten Bemessungsjahr. Das Jahresergebnis beträgt im ersten Bemessungsjahr Fr. 1'650'000 (keine Gewinnkorrektur), im zweiten Bemessungsjahr Fr. 1'500'000 (keine Gewinnkorrektur).

*für Beteiligungsabzug

Modell 2: Das Jahresergebnis des ältesten Bemessungsjahres beträgt Fr. 1'500'000 (keine Gewinnkorrektur); erhaltene Dividenden: Fr. 0.

Bei gegenseitigen Beteiligungen ist die Bewertung nach der Methode von Michael Towbin (vgl. „Die Schweizerische Aktiengesellschaft", November 1951, Seite 78 & ff.), gemäss nachstehender Berechnungsformel vorzunehmen:

Modell 1			
Substanzwert der Gesellschaft A	CHF	CHF	CHF
Aktienkapital		4'000'000	
Verlustvortrag		–	4'000'000
offene Reserven inkl. Vortrag			8'000'000
versteuerte Rückstellungen			1'500'000
stille Reserven:			
Beteiligungen			
- Verkehrswert		12'500'000	
- Buchwert	-5'600'000		
minus Buchwert der Beteiligung B	1'500'000	-4'100'000	8'400'000
Wertschriften			
- Verkehrswert		6'400'000	
- Buchwert		-3'800'000	2'600'000
Berücksichtigung der latenten Steuern:			
massgebende stille Reserven		0	
davon versteuert		0	
minus 15% latente Steuern auf		0	0
Substanzwert der Gesellschaft A ohne Buchwert der gegenseitigen Beteiligung B	-1'500'000		**23'000'000**
Ertragswert der Gesellschaft B	CHF	CHF	CHF
Jahresergebnis 1. Bemessungsjahr =	1'650'000		
minus erhaltene Dividende der Beteiligung A	-300'000	1'350'000	
Jahresergebnis 2. Bemessungsjahr =	1'500'000		
minus erhaltene Dividende der Beteiligung A	-360'000	1'140'000	
2. Jahr doppelt		1'140'000	
		3'630'000	
Massgebendes Ergebnis = Durchschnitt (:3)		1'210'000	
kapitalisiert mit 10,5%			11'523'810
doppelt			11'523'810
Doppelter Ertragswert der Gesellschaft B ohne Ertrag der gegenseitigen Beteiligung A			**23'047'620**

Substanzwert der Gesellschaft B	CHF	CHF	CHF
Aktienkapital		500'000	
Verlustvortrag		—	500'000
offene Reserven inkl. Vortrag			4'500'000
versteuerte Rückstellungen			2'250'000
stille Reserven:			
Fabrikliegenschaft			
- amtl. Schatzung (= Verkehrswert)		4'500'000	
- Buchwert		-2'400'000	2'100'000 *
Beteiligungen			
- Verkehrswert (für Beteiligungsabzug)		3'200'000	
- Buchwert	4'500'000		
minus Buchwert der Beteiligung A	-3'500'000	1'000'000	2'200'000
Berücksichtigung der latenten Steuern:			
massgebende stille Reserven		2'100'000	
davon versteuert		0	
minus 15% latente Steuern auf		2'100'000	-315'000
Substanzwert der Gesellschaft B ohne Buchwert der gegenseitigen Beteiligung A	-3'500'000		7'735'000

	Gesellschaft A	Gesellschaft B
Abschlussdatum der letzten Bilanz	31. Dezember	31. Dezember
Beteiligung an der anderen Gesellschaft in Prozenten (:100)	① 0.250	② 0.150
Übertrag des **doppelten Ertragswertes ohne Ertrag** (Dividenden usw.) der gegenseitigen Beteiligung versteuerte Rückstellungen	–	23'047'619
Übertrag des **Substanzwertes ohne Buchwert** der gegenseitigen Beteiligung	③ 23'000'000	7'735'000
Total		30'782'619
Durchschnitt (:3)	–	10'260'873
Übertrag des prozentualen Anteils der Gesellschaft **B** an der Gesellschaft **A** nach der Formel: ② 0,150 x ③ 23'000'000	-3'450'000	3'450'000
Total		④ 13'710'873
"Verschachtelung" nach der Formel: $$\frac{④\ 13'710'873 \times \{ ①\ 0.250 \times (1 - ②\ 0.150) \}}{\{1 - (①\ 0.250 \times ②\ 0.150)\}}$$	3'027'076	-3'027'076
Total	22'577'076	10'683'797
Anzahl Aktien A x 1 ② 0.150	6'640	
Anzahl Aktien B x 1 ① 0.250		28'490
Steuerwert brutto abgerundet auf	**6'600**	**28'400**

Modell 2			
Substanzwert der Gesellschaft A	CHF	CHF	CHF
Aktienkapital		4'000'000	
Verlustvortrag		–	4'000'000
offene Reserven inkl. Vortrag			8'000'000
versteuerte Rückstellungen			1'500'000
stille Reserven:			
Beteiligungen			
- Verkehrswert		12'500'000	
- Buchwert	5'600'000		
minus Buchwert der Beteiligung B	-1'500'000	4'100'000	8'400'000
Wertschriften			
- Verkehrswert		6'400'000	
- Buchwert		-3'800'000	2'600'000
Berücksichtigung der latenten Steuern:			
massgebende stille Reserven		0	
davon versteuert		0	
minus 15% latente Steuern auf		0	–
Substanzwert der Gesellschaft A ohne Buchwert der gegenseitigen Beteiligung B		**-1'500'000**	**23'000'000**
Ertragswert der Gesellschaft B	CHF	CHF	CHF
Jahresergebnis 1. Bemessungsjahr =	1'500'000		
minus erhaltene Dividende der Beteiligung A	–	1'500'000	
Jahresergebnis 2. Bemessungsjahr =	1'650'000		
minus erhaltene Dividende der Beteiligung A	-300'000	1'350'000	
Jahresergebnis 3. Bemessungsjahr =	1'500'000		
minus erhaltene Dividende der Beteiligung A	-360'000	1'140'000	
		3'990'000	
Massgebendes Ergebnis = Durchschnitt (:3)		1'330'000	
kapitalisiert mit 10,5%			12'666'667
doppelt			12'666'667
Doppelter Ertragswert der Gesellschaft B ohne Ertrag der gegenseitigen Beteiligung A			**25'333'334**

Substanzwert der Gesellschaft B	CHF	CHF	CHF
Aktienkapital		500'000	
Verlustvortrag		–	500'000
offene Reserven inkl. Vortrag			4'500'000
versteuerte Rückstellungen			2'250'000
stille Reserven:			
Fabrikliegenschaft			
- amtl. Schatzung (= Verkehrswert)		4'500'000	
- Buchwert		-2'400'000	2'100'000 *
Beteiligungen			
- Verkehrswert (für Beteiligungsabzug)		3'200'000	
- Buchwert	4'500'000		
minus Buchwert der Beteiligung A	-3'500'000	-1'000'000	2'200'000
Berücksichtigung der latenten Steuern:			
massgebende stille Reserven		2'100'000 *	
davon versteuert		0	
minus 15% latente Steuern auf		2'100'000	-315'000
Substanzwert der Gesellschaft B ohne Buchwert der gegenseitigen Beteiligung A	-3'500'000		7'735'000

		Gesellschaft A	Gesellschaft B
Abschlussdatum der letzten Bilanz		31. Dezember	31. Dezember
Beteiligung an der anderen Gesellschaft in Prozenten (:100)		① 0.250	② 0.150
Übertrag des **doppelten Ertragswertes ohne Ertrag** (Dividenden usw.) der gegenseitigen Beteiligung versteuerte Rückstellungen		–	25'333'333
Übertrag des **Substanzwertes ohne Buchwert** der gegenseitigen Beteiligung		③ 23'000'000	7'735'000
Total			33'068'333
Durchschnitt (:3)		–	11'022'778
Übertrag des prozentualen Anteils der Gesellschaft **B** an der Gesellschaft A nach der Formel:			
② 0,150 x ③ 23'000'000		-3'450'000	3'450'000
Total			④ 14'472'778
"Verschachtelung" nach der Formel:			
$\dfrac{④\ 14'472'778 \times \{ ①\ 0.250 \times (1 - ②\ 0.150) \}}{\{1 - (①\ 0.250 \times ②\ 0.150)\}}$		3'195'289	-3'195'289
Total		22'745'289	11'277'489
Anzahl Aktien A x 1 ② 0.150		6'690	
Anzahl Aktien B x 1 ① 0.250			30'073
Steuerwert brutto abgerundet auf		**6'600**	**30'000**

Beispiel Nr. 6 (RZ 41)

Bewertung der Titel einer Gesellschaft, die eine Konzernrechnung erstellt hat.

Eine Holding-Gesellschaft mit einem Aktienkapital von Fr. 20'000'000 (20'000 Aktien von je Fr. 1'000 nom.) hat eine Konzernrechnung gemäss Art. 663e OR erstellt; sie weist Fr. 132'500'000 Konsolidierungsreserven aus und ist im Besitz eines Wertschriften-Portefeuilles (Buchwert: Fr. 15'500'000, Verkehrswert: Fr. 34'750'000). Die Tochtergesellschaften sind im Besitz von 5 Fabrikliegenschaften (Buchwert: Fr. 16'500'000, amtl. Schatzung: Fr. 56'400'000 [= VW]) und 7 Wohnliegenschaften (Buchwert von 4 Objekten: Fr. 3'200'000, amtl. Schatzung: Fr. 15'600'000 [< VW], Buchwert der 3 anderen Objekte: Fr. 4'200'000, Nettomietzinseinnahmen: Fr. 1'211'250) und weisen Fr. 27'500'000 versteuerte stille Reserven (davon Fr. 15'600'000 auf Fabrikliegenschaften) und Fr. 16'500'000 versteuerte Rückstellungen aus. Das konsolidierte Jahresergebnis beträgt im ersten Bemessungsjahr Fr. 32'560'000 (Gewinnkorrekturen Tochtergesellschaften: Fr. 3'560'000 Aufrechnungen), im zweiten Bemessungsjahr Fr. 33'540'000 (Gewinnkorrekturen Tochtergesellschaften: Fr. 4'565'625 Aufrechnungen).

Modell 2: Das Jahresergebnis des ältesten Bemessungsjahres beträgt Fr. 33'410'000 (Gewinnkorrekturen Tochtergesellschaften: Fr. 3'610'890 Aufrechnungen).

Modell 1			
Ertragswert	CHF	CHF	CHF
konsolidiertes Jahresergebnis			
1. Bemessungsjahr =	32'560'000		
Gewinnkorrekturen (Tochtergesellschaften)	3'560'000	36'120'000	
konsolidiertes Jahresergebnis			
2. Bemessungsjahr =	33'540'000		
Gewinnkorrekturen (Tochtergesellschaften)	4'565'625	38'105'625	
2. Jahr doppelt		38'105'625	
		112'331'250	
Massgebendes Ergebnis = Durchschnitt (:3)		37'443'750	
kapitalisiert mit 10.5%			356'607'143
doppelt			356'607'143

Substanzwert	CHF	CHF	CHF
Aktienkapital	20'000'000		
Verlustvortrag	–	20'000'000	
Konsolidierungsreserven		132'500'000	
versteuerte Rückstellungen (Tochtergesellschaften)		16'500'000	
stille Reserven:			
Fabrikliegenschaften (Tochtergesellschaften)			
- amtl. Schatzungen (= Verkehrswert)	56'400'000		
- Buchwert	-16'500'000	39'900'000 *	
*inkl. CHF 15'600'000 versteuerte stille Reserven			
Wertschriften			
- Verkehrswert	34'750'000		
- Buchwert	-15'500'000	19'250'000	
Wohnliegenschaften (Tochtergesellschaften)			
- amtl. Schatzung (< Verkehrswert)	15'600'000		
- Buchwert	-3'200'000	12'400'000	
Wohnliegenschaften (Tochtergesellschaften)			
- Mietzinse	1'211'250		
kapitalisiert mit 8.5% (= Verkehrswert)	14'250'000		
- Buchwert	-4'200'000	10'050'000 *	
Berücksichtigung der latenten Steuern:			
massgebende stille Reserven	49'950'000 *		
davon versteuert auf Fabrikliegenschaft	-15'600'000		
minus 15% latente Steuern auf	34'350'000	-5'152'500	
übrige versteuerte stille Reserven		11'900'000	257'347'500
Total (2x Ertragswert / 1x Substanzwert)			970'561'786
Durchschnitt (:3)			323'520'595
dividiert durch Anzahl Aktien (: 20'000)			16'176
Steuerwert brutto abgerundet auf			**16'100**

	Modell 2		
Ertragswert	CHF	CHF	CHF
konsolidiertes Jahresergebnis			
1. Bemessungsjahr =	33'410'000		
Gewinnkorrekturen (Tochtergesellschaften)	3'610'890	37'020'890	
konsolidiertes Jahresergebnis			
2. Bemessungsjahr =	32'560'000		
Gewinnkorrekturen (Tochtergesellschaften)	3'560'000	36'120'000	
konsolidiertes Jahresergebnis			
3. Bemessungsjahr =	33'540'000		
Gewinnkorrekturen (Tochtergesellschaften)	4'565'625	38'105'625	
		111'246'515	
Massgebendes Ergebnis = Durchschnitt (:3)		37'082'172	
kapitalisiert mit 10.5%			353'163'540
doppelt			353'163'540

Substanzwert			
Aktienkapital	20'000'000		
Verlustvortrag	-	20'000'000	
Konsolidierungsreserven		132'500'000	
versteuerte Rückstellungen (Tochtergesellschaften)		16'500'000	
stille Reserven:			
Fabrikliegenschaften (Tochtergesellschaften)			
- amtl. Schatzung (= Verkehrswert)	56'400'000		
- Buchwert	16'500'000	39'900'000	*
*inkl. Fr. 15'600'000 versteuerte stille Reserven			
Wertschriften			
- Verkehrswert	34'750'000		
- Buchwert	15'500'000	19'250'000	
Wohnliegenschaften (Tochtergesellschaften)			
- amtl. Schatzung (< Verkehrswert)	15'600'000		
- Buchwert	3'200'000	12'400'000	
Wohnliegenschaften (Tochtergesellschaften)			
- Mietzinse	1'211'250		
kapitalisiert mit 8,5% (= Verkehrswert)	14'250'000		
- Buchwert	4'200'000	10'050'000	*
Berücksichtigung der latenten Steuern:			
massgebende stille Reserven	49'950'000	*	
davon versteuert auf Fabrikliegenschaft	15'600'000		
minus 15% latente Steuern auf	34'350'000	-5'152'500	
übrige versteuerte stille Reserven		11'900'000	257'347'500
Total (2x Ertragswert / 1x Substanzwert)			963'674'579
Durchschnitt (:3)			321'224'860
dividiert durch Anzahl Aktien (: 20'000)			16'061
Steuerwert brutto abgerundet auf			**16'000**

Beispiel Nr. 7 (RZ 42)

Bewertung der Titel von Immobilien-Gesellschaften

Eine Immobilien-Gesellschaft mit einem Aktienkapital von Fr. 2'000'000 (2'000 Aktien von je Fr. 1'000 nom.) weist Fr. 12'500'000 offene Reserven inkl. Vortrag und Fr. 250'000 versteuerte Rückstellungen aus. Sie ist im Besitz verschiedener Wohnliegenschaften (Buchwert von 4 Objekten: Fr. 3'150'000, amtl. Schatzung: Fr. 9'500'000 [< VW], Buchwert der anderen Objekte: Fr. 37'500'000, Nettomietzinseinnahmen: Fr. 6'859'500) sowie eines Wertschriften-Portefeuilles (Buchwert: Fr. 2'500'000, Verkehrswert: Fr. 6'400'000).

Substanzwert		Fr.	Fr.
Aktienkapital		2'000'000	
Verlustvortrag		-	2'000'000
offene Reserven inkl. Vortrag			12'500'000
versteuerte Rückstellungen			250'000
stille Reserven:			
Wohnliegenschaften			
- amtl. Schatzung (< Verkehrswert)		9'500'000	
- Buchwert		3'150'000	6'350'000
Wohnliegenschaften			
- Mietzinse		6'859'500	
kapitalisiert mit 8,5% (= Verkehrswert)		80'700'000	
- Buchwert		37'500'000	43'200'000 *
Wertschriften			
- Verkehrswert		6'400'000	
- Buchwert		2'500'000	3'900'000 *
Berücksichtigung der latenten Steuern:			
massgebende stille Reserven		47'100'000 *	
davon versteuert		0	
minus 15% latente Steuern auf		47'100'000	-7'065'000
übrige versteuerte stille Reserven			0
Total Substanzwert			61'135'000
dividiert durch Anzahl Aktien (: 2'000)			30'568
Steuerwert brutto abgerundet auf			**30'500**

Beispiel Nr. 8 (RZ 46)

Bewertung der Titel von Immobilien-Gesellschaften, deren Miet- und Pachtzinseinnahmen in erheblichem Umfang vom Gewerbe des Mieters gewinn- oder umsatzabhängig sind.

Eine Immobilien-Gesellschaft mit einem Aktienkapital von Fr. 1'500'000 (1'500 Aktien von je Fr. 1'000 nom.) weist Fr. 5'400'000 offene Reserven inkl. Vortrag und Fr. 850'000 versteuerte Rückstellungen aus. Sie ist im Besitz zweier Liegenschaften (Buchwert 1. Liegenschaft deren Miet- und Pachtzinseinnahmen vom Gewerbe des Mieters umsatzabhängig sind: Fr. 2'600'000, amtl. Schatzung: Fr. 9'800'000 [< VW], Buchwert 2. Liegenschaft: Fr. 620'000, Nettomietzinseinnahmen: Fr. 102'000) sowie eines Wertschriften-Portefeuilles (Buchwert: Fr. 375'000, Verkehrswert: Fr. 650'000). Das Jahresergebnis beträgt im ersten Bemessungsjahr Fr. 845'000 (keine Gewinnkorrekturen), im zweiten Bemessungsjahr Fr. 725'000 (keine Gewinnkorrekturen).

Modell 1

Ertragswert	CHF	CHF	CHF
Jahresergebnis 1. Bemessungsjahr =	845'000		
Gewinnkorrekturen	–	845'000	
Jahresergebnis 2. Bemessungsjahr =	725'000		
Gewinnkorrekturen	–	725'000	
2. Jahr doppelt		725'000	
		2'295'000	
Massgebendes Ergebnis = Durchschnitt (:3)		765'000	
kapitalisiert mit 7.5% (10.5%-3.15%*)=7.35% aufgerundet auf ein halbes Prozent)			10'200'000
*)30% v. 10.5%			
Substanzwert			
Aktienkapital	1'500'000		
Verlustvortrag	0	1'500'000	
offene Reserven inkl. Vortrag		5'400'000	
versteuerte Rückstellungen		850'000	
stille Reserven:			
1. Liegenschaft			
- amtl. Schatzung (< Verkehrswert)	9'800'000		
- Buchwert	-2'600'000	7'200'000	
2. Liegenschaft			
- Mietzinse:	102'000		
kapitalisiert mit 8.5%	1'200'000		
- Buchwert	-620'000	580'000 *	
Wertschriften:			
- Verkehrswert	650'000		
- Buchwert	-375'000	275'000 *	
Berücksichtigung der latenten Steuern:			
massgebende stille Reserven	855'000 *		
davon versteuert	0		
minus 15% latente Steuern auf	855'000	-128'250	
übrige versteuerte stille Reserven		0	15'676'750
Substanzwert doppelt			15'676'750
Total (1x Ertragswert / 2x Substanzwert)			41'553'500
Durchschnitt (:3)			13'851'167
dividiert durch Anzahl Aktien (:1'500)			**9'234**
Steuerwert brutto abgerundet auf			**9'200**

Ertragswert	Modell 2	CHF	CHF	CHF
Jahresergebnis 1. Bemessungsjahr =		650'000		
Gewinnkorrekturen		–	650'000	
Jahresergebnis 2. Bemessungsjahr =		845'000		
Gewinnkorrekturen		–	845'000	
Jahresergebnis 3. Bemessungsjahr =		725'000		
Gewinnkorrekturen		–	725'000	
			2'220'000	
Massgebendes Ergebnis = Durchschnitt (:3)			740'000	
kapitalisiert mit 7.5% (10.5%-3.15%*⁾=7.35% aufgerundet auf ein halbes Prozent)				9'866'667
*) 30% v. 10.5% = 3.15%				
Substanzwert				
Aktienkapital		1'500'000		
Verlustvortrag		0	1'500'000	
offene Reserven inkl. Vortrag			5'400'000	
versteuerte Rückstellungen			850'000	
stille Reserven:				
1. Liegenschaft				
- amtl. Schatzung (< Verkehrswert)		9'800'000		
- Buchwert		-2'600'000	7'200'000	
2. Liegenschaft				
- Mietzinse:		102'000		
kapitalisiert mit 8.5%		1'200'000		
- Buchwert		-620'000	580'000 *	
Wertschriften:				
- Verkehrswert		650'000		
- Buchwert		-375'000	275'000 *	
Berücksichtigung der latenten Steuern:				
massgebende stille Reserven		855'000 *		
davon versteuert		0		
minus 15% latente Steuern auf		855'000	-128'250	
übrige versteuerte stille Reserven			0	15'676'750
Substanzwert doppelt				15'676'750
Total (1x Ertragswert / 2x Substanzwert)				41'220'167
Durchschnitt (:3)				13'740'056
dividiert durch Anzahl Aktien (:1'500)				**9'160**
Steuerwert brutto abgerundet auf				**9'100**

Beispiel Nr. 9 (RZ 53)

Bewertung der Titel von Handels-, Industrie- und Dienstleistungsgesellschaften bei gleichzeitigem Bestehen von Stamm- und Vorzugsaktien.

Eine Industriegesellschaft mit einem Aktienkapital von Fr. 100'000 (100 Stammaktien von je Fr. 500 nom. und 100 Vorzugsaktien von je Fr. 500 nom.) weist Fr. 1'380'000 offene Reserven inkl. Vortrag (nach Gewinnverteilung) aus. Das Jahresergebnis beträgt im ersten Bemessungsjahr Fr. 78'000 (Gesamtausschüttung: Fr. 60'000), im zweiten Bemessungsjahr Fr. 96'000 (Gesamtausschüttung: Fr. 80'000). Die Vorzugsaktien verleihen Anspruch auf 60 % der Gesamtausschüttung sowie 70 % des Liquidationsergebnisses.

Modell 2: Das Jahresergebnis des ältesten Bemessungsjahres beträgt Fr. 82'000 (Gesamtausschüttung: 70'000).

Modell 1		
Ertragswert	CHF	CHF
Jahresergebnis 1. Bemessungsjahr =	78'000	
Jahresergebnis 2. Bemessungsjahr =		96'000
- Dividende auf Stammaktien (40% der Gesamtausschüttung)	-24'000	-32'000
- Dividende auf Vorzugsaktien (60% der Gesamtausschüttung)	-36'000	-48'000
verbleibendes Ergebnis	18'000	16'000
(Aufteilungsschlüssel: Stammaktien = 30%, Vorzugsaktien = 70%)		

Berechnung des zu kapitalisierenden Ergebnisses:	**Stammaktien** CHF	**Vorzugsaktien** CHF
1. Bemessungsjahr		
Stammaktien (30% von CHF 18'000)	5'400	
Dividende	24'000	
Vorzugsaktien (70% von CHF 18'000)		12'600
Dividende		36'000
	29'400	48'600
2. Bemessungsjahr		
Stammaktien (30% von CHF 16'000)	4'800	
Dividende	32'000	
Vorzugsaktien (70% von CHF 16'000)		11'200
Dividende		48'000
	36'800	59'200

Berechnung des Ertragswertes			Stammaktien CHF	Vorzugsaktien CHF
Jahresergebnis 1. Bemessungsjahr			29'400	48'600
Jahresergebnis 2. Bemessungsjahr			36'800	59'200
		doppelt	36'800	59'200
			103'000	167'000
Massgebendes Ergebnis = Durchschnitt (:3)			34'333	55'667
kapitalisiert mit 10.5%			326'984	530'159
		doppelt	326'984	530'159
			653'968	**1'060'318**

Substanzwert		CHF	CHF
Aktienkapital		50'000	50'000
beschlossene Dividende (s. 2. Bemessungsjahr)		32'000	48'000
offene Reserven inkl. Vortrag: CHF 1'380'000			
Stammaktien (30% von CHF 1'380'000)		414'000	
Vorzugsaktien (70% von CHF 1'380'000)			966'000
		496'000	1'064'000

Unternehmenswert		CHF	CHF
Ertragswert		653'968	1'060'318
Substanzwert		496'000	1'064'000
		1'149'968	2'124'318
Durchschnitt (:3)		383'323	708'106
dividiert durch Anzahl Stammaktien (100) bzw. Anzahl Vorzugsaktien (100)		3'833	7'081
Stuerwert brutto abgerundet auf		**3'800**	**7'000**

Ertragswert	**Modell 2**	CHF	CHF	CHF
Jahresergebnis 1. Bemessungsjahr		82'000		
Jahresergebnis 2. Bemessungsjahr			78'000	
Jahresergebnis 3. Bemessungsjahr				96'000
- Dividende auf Stammaktien (40% der Gesamtausschüttung)		28'000	24'000	32'000
- Dividende auf Vorzugsaktien (60% der Gesamtausschüttung)		42'000	36'000	48'000
verbleibendes Ergebnis		12'000	18'000	16'000
(Aufteilungsschlüssel: Stammaktien = 30%; Vorzugsaktien = 70%)				

Berechnung des zu kapitalisierenden Ergebnisses		Stammaktien CHF	Vorzugsaktien CHF
1. Bemessungsjahr			
Stammaktien (30% von CHF 12'000)		3'600	
Dividende		28'000	
Vorzugsaktien (70% von CHF 12'000)			8'400
Dividende			42'000
		31'600	50'400
2. Bemessungsjahr			
Stammaktien (30% von CHF 18'000)		5'400	
Dividende		24'000	
Vorzugsaktien (70% von CHF 18'000)			12'600
Dividende			36'000
		29'400	48'600
3. Bemessungsjahr			
Stammaktien (30% von CHF 16'000)		4'800	
Dividende		32'000	
Vorzugsaktien (70% von CHF 16'000)			11'200
Dividende			48'000
		36'800	59'200

Berechnung des Ertragswert			Stammaktien CHF	Vorzugsaktien CHF
Jahresergebnis 1. Bemessungsjahr			31'600	50'400
Jahresergebnis 2. Bemessungsjahr			29'400	48'600
Jahresergebnis 3. Bemessungsjahr			36'800	59'200
verbleibendes Ergebnis		Total	97'800	158'200
Massgebendes Ergebnis = Durchschnitt (:3)			32'600	52'733
kapitalisiert mit 10.5%			310'476	502'222
		doppelt	310'476	502'222
Ertragswert			620'952	1'004'444

Substanzwert		CHF	CHF
Aktienkapital		50'000	50'000
beschlossene Dividende (s. 3. Bemessungsjahr)		32'000	48'000
offene Reserven inkl. Vortrag: CHF 1'380'000			
Stammaktien (30% von CHF 1'380'000)		414'000	
Vorzugsaktien (70% von CHF 1'380'000)			966'000
		496'000	1'064'000

Unternehmenswert		CHF	CHF
Ertragswert		620'952	1'004'444
Substanzwert		496'000	1'064'000
		1'116'952	2'068'444
Durchschnitt (:3)		372'317	689'481
dividiert durch Anzahl Stammaktien (100) bzw. Anzahl Vorzugsaktien (100)		3'723	6'895
Steuerwert brutto abgerundet auf		**3'700**	**6'800**

Beispiel Nr. 10 (RZ 54)

Genussscheine, die nur Anspruch auf einen Anteil am Bilanzgewinn verleihen.

Eine Handelsgesellschaft mit einem Aktienkapital von Fr. 300'000 (300 Aktien von je Fr. 1'000 nom.) sowie Fr. 71'500 offene Reserven inkl. Vortrag (nach Gewinnverteilung) hat 200 Genussscheine ausstehend, die nur Anspruch auf einen Anteil am Bilanzgewinn verleihen. Das Jahresergebnis beträgt im ersten Bemessungsjahr Fr. 15'000 (keine Dividende), im zweiten Bemessungsjahr Fr. 50'900 (Dividende: Fr. 15'000 auf Stammaktien, Fr. 5'000 auf Genussscheine).

Modell 2: Das Jahresergebnis des ältesten Bemessungsjahres beträgt Fr. 15'000 (Dividende: keine Dividende auf Stammaktien, Fr. 7'000 auf Genussscheine).

	Modell 1			
Genussscheine				CHF
Ausschüttung 1. Bemessungsjahr				5'000
Ausschüttung 2. Bemessungsjahr		doppelt		5'000
				10'000
Durchschnitt (:3)				3'333
kapitalisiert mit 11.5%				28'986
(Kapitalisierungssatz 10.5%, plus 1 Prozent-Punkt)				
dividiert durch Anzahl Genussscheine (200)				**145**
minus 10% Abzug auf Genussscheine				-14
				130
Steuerwert brutto (abgerundet auf)				**130**

Aktien			CHF	CHF
Berechnung des Ertragswertes				
1. Bemessungsjahr				
Jahresergebnis			15'000	
- Ausschüttung auf Genussscheine			0	15'000
2. Bemessungsjahr				
Jahresergebnis			50'900	
- Ausschüttung auf Genussscheine			-5'000	45'900
		doppelt		45'900
				106'800
Massgebendes Ergebnis = Durchschnitt (:3)				35'600
kapitalisiert mit 10.5%				339'048
		doppelt		339'048
Ertragswert				**678'096**
Substanzwert				
Aktienkapital				300'000
beschlossene Dividende (2. Bemessungsjahr)				15'000
offene Reserven inkl. Vortrag				71'500
				386'500
Unternehmenswert				
Ertragswert				678'096
Substanzwert				386'500
				1'064'596
Durchschnitt (:3)				354'865
dividiert durch Anzahl Aktien (300)				1'183
Steuerwert brutto abgerundet auf				**1'100**

Modell 2			
Genussscheine			CHF
Ausschüttung 1. Bemessungsjahr			7'000
Ausschüttung 2. Bemessungsjahr			0
Ausschüttung 3. Bemessungsjahr			5'000
			12'000
Durchschnitt (:3)			4'000
kapitalisiert mit 11.5%			34'783
(Kapitalisierungssatz 10.5%, plus 1 Prozent-Punkt)			
dividiert durch Anzahl Genussscheine (200)			174
minus 10% Abzug auf Genussscheine			-17
			157
Steuerwert brutto (abgerundet auf)			**156**

Aktien			CHF
Berechnung des Ertragswertes			
1. Bemessungsjahr			
Jahresergebnis		15'000	
'- Ausschüttung Genussscheine		-7'000	8'000
2. Bemessungsjahr			
Jahresergebnis		15'000	
'- Ausschüttung Genusscheine		0	15'000
3. Bemessungsjahr			
Jahresergebnis		50'900	
'-Ausschüttung Genussscheine		-5'000	45'900
	Total		68'900
Massgebendes Ergebnis = Durchschnitt (:3)			22'967
kapitalisiert mit 10,5%			218'730
	doppelt		218'730
Ertragswert			**437'460**

Substanzwert			CHF
Aktienkapital			300'000
beschlossene Dividende (3. Bemessungsjahr)			15'000
offene Reserven inkl. Vortrag			71'500
			386'500
Unternehmenswert			
Ertragswert			437'460
Substanzwert			386'500
			823'960
Durchschnitt (:3)			274'653
dividiert durch Anzahl Aktien (300)			916
Steuerwert brutto abgerundet auf			**900**

Beispiel Nr. 11 (RZ 55)

Genussscheine die sowohl Anspruch auf einen Anteil am Bilanzgewinn als auch auf einen Anteil am Liquidationsergebnis verleihen.

Eine Industriegesellschaft mit einem Aktienkapital von Fr. 300'000 (300 Aktien von je Fr. 1'000 nom.) sowie Fr. 71'500 offene Reserven inkl. Vortrag (nach Gewinnverteilung) hat 200 Genussscheine ausstehend, die sowohl Anspruch auf einen Anteil am Bilanzgewinn als auch auf einen Anteil am Liquidationsergebnis verleihen (Aktien = 60 %, Genussscheine = 40 %). Das Jahresergebnis beträgt im ersten Bemessungsjahr Fr. 15'000 (keine Dividende), im zweiten Bemessungsjahr Fr. 50'900 (Dividende: Fr. 15'000 auf Aktien, Fr. 5'000 auf Genussscheine).

Modell 2: Das Jahresergebnis des ältesten Bemessungsjahres beträgt Fr. 15'000 (Dividende: keine Dividende auf Stammaktien, Fr. 7'000 auf Genussscheine).

Modell 1		
Genussscheine	CHF	CHF
Jahresergebnis 1. Bemessungsjahr	15'000	
Jahresergebnis 2. Bemessungsjahr		50'900
- Dividende auf Aktien	0	15'000
- Dividende auf Genussscheine	0	5'000
verbleibendes Jahresergebnis	15'000	30'900
(Aufteilungsschlüssel: Aktien = 60%; Genussscheine 40%)		

	Aktien	Genussscheine
Berechnung des zu kapitalisierenden Jahresergebnisses:	CHF	CHF
1. Bemessungsjahr		
Aktien (60% von CHF 15'000)	9'000	
Dividende	0	
Genussscheine (40% von CHF 15'000)		6'000
Dividende		0
	9'000	6'000
2. Bemessungsjahr		
Aktien (60% von CHF 30'900)	18'540	
Dividende	15'000	
Genussscheine (40% von CHF 30'900)		12'360
Dividende		5'000
	33'540	17'360

Berechnung des Ertragswertes			Aktien CHF	Genussscheine CHF
Jahresergebnis 1. Bemessungsjahr			9'000	6'000
Jahresergebnis 2. Bemessungsjahr			33'540	17'360
	doppelt		33'540	17'360
	Total		76'080	40'720
Massgebendes Ergebnis = Durchschnitt (:3)			25'360	13'573
kapitalisiert mit 10.5%			241'524	129'270
	doppelt		241'524	129'270
Ertragswert			**483'048**	**258'540**

Substanzwert		CHF	CHF
Aktienkapital		300'000	
beschlossene Dividende (2. Bemessungsjahr)		15'000	5'000
offene Reserven inkl. Vortrag: CHF 71'500			
Aktien (60% von CHF 71'500)		42'900	
Genussscheine (40% von CHF 71'500)			28'600
		357'900	33'600

Unternehmenswert		CHF	CHF
Ertragswert		483'048	258'540
Substanzwert		357'900	33'600
		840'948	292'140
Durchschnitt (:3)		280'316	97'380
dividiert durch Anzahl Aktien (300) bzw. Anzahl Genussscheine (200)		934	487
minus 10% Abzug auf Genussscheine			-49
			438
Steuerwert brutto abgerundet auf		**900**	**438**

Ertragswert	Modell 2	CHF	CHF	CHF
Jahresergebnis 1. Bemessungsjahr		15'000		
Jahresergebnis 2. Bemessungsjahr			15'000	
Jahresergebnis 3. Bemessungsjahr				50'900
- Dividende auf Aktien				-15'000
- Dividende auf Genussscheine		-7'000		-5'000
verbleibendes Jahresergebnis		8'000	15'000	30'900
(Aufteilungsschlüssel: Aktien = 60%; Genussscheine 40%)				

Berechnung des zu kapitalisierenden Jahresergebnisses:	Aktien CHF	Genussscheine CHF
1. Bemessungsjahr		
Aktien (60% von CHF 8'000)	4'800	
Dividende	0	
Genussscheine (40% von CHF 8'000)		3'200
Dividende		7'000
	4'800	10'200
2. Bemessungsjahr		
Aktien (60% von CHF 15'000)	9'000	
Dividende	0	
Genussscheine (40% von CHF 15'000)		6'000
Dividende		0
	9'000	6'000
3. Bemessungsjahr		
Aktien (60% von CHF 30'900)	18'540	
Dividende	15'000	
Genussscheine (40% von CHF 30'900)		12'360
Dividende		5'000
	33'540	17'360

Berechnung des Ertragswertes		Aktien CHF	Genussscheine CHF
Jahresergebnis 1. Bemessungsjahr		4'800	10'200
Jahresergebnis 2. Bemessungsjahr		9'000	6'000
Jahresergebnis 3. Bemessungsjahr		33'540	17'360
	Total	47'340	33'560
Massgebendes Ergebnis = Durchschnitt (:3)		15'780	11'187
kapitalisiert mit 10.5%		150'286	106'540
	doppelt	150'286	106'540
Ertragswert		**300'572**	**213'080**

Substanzwert	CHF	CHF
Aktienkapital	300'000	
beschlossene Dividende (3. Bemessungsjahr)	15'000	5'000
offene Reserven inkl. Vortrag: CHF 71'500		
Aktien (60% von CHF 71'500)	42'900	
Genussscheine (40% von CHF 71'500)		28'600
	357'900	33'600

Unternehmenswert	CHF	CHF
Ertragswert	300'572	213'080
Substanzwert	357'900	33'600
	658'472	246'680
Durchschnitt (:3)	219'491	82'227
dividiert durch Anzahl Aktien (300) bzw. Anzahl Genussscheine (200)	732	411
minus 10% Abzug auf Genussscheine		-41
		370
Steuerwert brutto abgerundet auf	**700**	**370**

Beispiel Nr. 12 (RZ 55)

Genussscheine die sowohl Anspruch auf einen Anteil an Bilanzgewinn als auch auf einen Anteil am Liquidationsergebnis verleihen.

Eine Vermögensverwaltungsgesellschaft mit einem Aktienkapital von Fr. 300'000 (300 Aktien von je Fr. 1'000 nom.) sowie Fr. 71'500 offene Reserven inkl. Vortrag (nach Gewinnverteilung) hat 200 Genussscheine ausstehend, die sowohl Anspruch auf einen Anteil am Bilanzgewinn als auch auf einen Anteil am Liquidationsergebnis verleihen (Aktien = 60 %, Genussscheine = 40 %). Das Jahresergebnis beträgt im ersten Bemessungsjahr Fr. 15'000 (keine Dividende), im zweiten Bemessungsjahr Fr. 50'900 (Dividende: Fr. 15'000 auf Aktien, Fr. 5'000 auf Genussscheine).

Modell 2: Das Jahresergebnis des ältesten Bemessungsjahres beträgt Fr. 15'000 (Dividende: keine Dividende auf Stammaktien, Fr. 7'000 auf Genussscheine).

Substanzwert	Modell 1 und 2	Aktien CHF	Genussschein CHF
Aktienkapital		300'000	
beschlossene Dividende (3. Bemessungsjahr)		15'000	5'000
offene Reserven inkl. Vortrag: CHF 71'500			
Aktien (60% von CHF 71'500)		42'900	
Genussscheine (40% von CHF 71'500)			28'600
		357'900	33'600
dividiert durch Anzahl Aktien (300) bzw. Anzahl Genussscheine (200)		1'193	168
minus 10% Abzug auf Genussscheine			-17
			151
Steuerwert brutto abgerundet auf		**1'100**	**150**

Beispiel Nr. 13 (RZ 63)

Berechnung der Rendite für die eventuelle Gewährung des Pauschalabzuges.

Der Steuerwert der Aktien einer Industriegesellschaft wurde auf Fr. 5'800 pro Aktie von Fr. 1'000 nom. festgesetzt. Die vorletzte/n Dividende/n (Fälligkeitsdatum im Jahr n-1) vor dem massgebenden Bewertungsstichtag (n) beträgt Fr. 400 pro Aktie und die letzte/n Dividende/n (Fälligkeitsdatum im Jahr n) Fr. 600 pro Aktie.

Rendite der Aktien		
vorletzte Dividende/n im Kalenderjahr vor dem massgebenden Bewertungsstichtag	CHF	400
letzte Dividende/n im Kalenderjahr des massgebenden Bewertungsstichtages	CHF	600
Durchschnitt (1'000 : 2)	CHF	500
Rendite der Aktien (CHF 500 : CHF 5'800 x 100)		**8.62%**
Grenzrendite für die Nichtgewährung des Pauschalabzuges gemäss RZ 63		
Der um 1 Prozent-Punkt erhöhte, auf 1/10 Prozent aufgerundete, durchschnittliche auf Quartalsbasis berechnete (ungerundete) 5-Jahres-Swapsatz (s. RZ 10 Abs. 2 bzw. RZ 60 Abs. 2)		**4.1%**

Da die Rendite der Aktien (8,62%) die Grenzrendite gemäss RZ 63 (3,02% + 1 Prozent-Punkt aufgerundet auf 1/10 Prozent = 4,1%) erreicht bzw. übersteigt, wird der Pauschalabzug gemäss RZ 61 ff. nicht gewährt.

Neuer Lohnausweis

Quelle: Eidgenössische Steuerverwaltung ESTV / Schweizerische Steuerkonferenz SSK

☞ *Aktuelle Version, gültig ab 1.1.2023.*

Wegleitung

zum Ausfüllen des Lohnausweises bzw. der Rentenbescheinigung

(Formular 11)

Gültig ab: 1. Januar 2023

Herausgeber

Schweizerische Steuerkonferenz (SSK) *www.steuerkonferenz.ch*

Eidgenössische Steuerverwaltung (ESTV) *www.estv.admin.ch*

Bestell-Nr. Formular 605.040.18
Bestell-Nr. Wegleitung 605.040.18.1d

A		**Lohnausweis – Certificat de salaire – Salary certificate**				
B		**Rentenbescheinigung – Attestation de rentes – Pension statement**				
C		AHV-Nr. – No AVS – OASI no.		Geburtsdatum – Date de naissance – Date of birth	F	Unentgeltliche Beförderung zwischen Wohn- und Arbeitsort Transport gratuit entre le domicile et le lieu de travail Free transport between living place and work place
D		Jahr – Année – Year	E	von – du – from bis – au – to	G	Kantinenverpflegung/Lunch-Checks Repas à la cantine/chèques-repas Canteen meals/lunch checks

H

Nur ganze Frankenbeträge
Que des montants entiers
Only whole amounts

1. Lohn   soweit nicht unter Ziffer 2–7 aufzuführen   /Rente
   Salaire qui ne concerne pas les chiffres 2 à 7 ci-dessous /Rente
   Salary   if not to specify under figure 2–7   /Pension

2. Gehaltsnebenleistungen   2.1 Verpflegung, Unterkunft – Pension, logement – Room and board   +
   Prestations salariales accessoires
   Fringe benefits   2.2 Privatanteil Geschäftsfahrzeug – Part privée voiture de service – Personal use of the company car   +
          2.3 Andere – Autres – Others   +
             Art – Genre – Kind

3. Unregelmässige Leistungen – Prestations non périodiques – Irregular benefits   Art – Genre – Kind   +

4. Kapitalleistungen – Prestations en capital – Capital benefits   +
   Art – Genre – Kind

5. Beteiligungsrechte gemäss Beiblatt – Droits de participation selon annexe – Ownership right in accordance with supplement   +

6. Verwaltungsratsentschädigungen – Indemnités des membres de l'administration – Board of directors' compensation   +

7. Andere Leistungen – Autres prestations – Other benefits   +
   Art – Genre – Kind

8. Bruttolohn total / Rente – Salaire brut total / Rente – Gross salary total / Pension   =

9. Beiträge AHV/IV/EO/ALV/NBUV – Cotisations AVS/AI/APG/AC/AANP – Contributions OASI/DI/IC/UI/NBUV   –

10. Berufliche Vorsorge   2. Säule   10.1 Ordentliche Beiträge – Cotisations ordinaires – Regular contributions   –
    Prévoyance professionnelle 2ᵉ pilier
    Company pension plan   2ⁿᵈ pillar 10.2 Beiträge für den Einkauf – Cotisations pour le rachat – Purchasing contribution   –

11. **Nettolohn/Rente – Salaire net/Rente – Net salary / Pension**   ➔   =
    In die Steuererklärung übertragen – A reporter sur la déclaration d'impôt – Transfer to the tax declaration

12. Quellensteuerabzug – Retenue de l'impôt à la source – Withholding tax deduction

13. Spesenvergütungen – Allocations pour frais – Expenses reimbursement
    Nicht im Bruttolohn (gemäss Ziffer 8) enthalten – Non comprises dans le salaire brut (au chiffre 8) – Not included in gross salary (according to fig. 8)
    13.1 Effektive Spesen   13.1.1 Reise, Verpflegung, Übernachtung – Voyage, repas, nuitées – Trip, room and board
    Frais effectifs
    Actual expenses   13.1.2 Übrige – Autres – Others
       Art – Genre – Kind
    13.2 Pauschalspesen   13.2.1 Repräsentation – Représentation – Representation
    Frais forfaitaires
    Overall expenses   13.2.2 Auto – Voiture – Car
       13.2.3 Übrige – Autres – Others
       Art – Genre – Kind
    13.3 Beiträge an die Weiterbildung – Contributions au perfectionnement – Contributions to further education

14. Weitere Gehaltsnebenleistungen   Art
    Autres prestations salariales accessoires   Genre
    Further fringe benefits   Kind

15. Bemerkungen
    Observations
    Comments

I   Ort und Datum – Lieu et date – Place and date   Die Richtigkeit und Vollständigkeit bestätigt
             inkl. genauer Anschrift und Telefonnummer des Arbeitgebers
             Certifié exact et complet
             y.c. adresse et numéro de téléphone exacts de l'employeur
             Correct and complete
             including exact address and telephone number of employer

Form. 11 dfe   01.21

Bitte die Wegleitung beachten
Observer s.v.p. la directive
Please consider the guidance

Vorwort

Die vorliegende Wegleitung wurde von der erweiterten Arbeitsgruppe Lohnausweis der Schweizerischen Steuerkonferenz (SSK) erstellt. In der Arbeitsgruppe vertreten sind Mitarbeitende der kantonalen Steuerbehörden, der Eidgenössischen Steuerverwaltung sowie Vertreter der Wirtschaftsverbände. Die Wegleitung wird jeweils jährlich überarbeitet und nach Genehmigung aller in der Arbeitsgruppe einsitzenden Parteien verabschiedet. Ergänzend dazu besteht das Dokument der FAQ (frequently asked questions), welches jeweils aufgrund von Gesetzesänderungen oder Praxisanpassungen von der Arbeitsgruppe Lohnausweis der SSK überarbeitet wird.

Randziffern, bei welchen Änderungen zur letztjährigen Wegleitung vorgenommen wurden, sind jeweils mit einem schwarzen Balken neben der entsprechenden Randziffer gekennzeichnet. Damit können die jeweiligen Änderungen im Vergleich zur Vorversion einfach nachvollzogen werden.

Inhaltsverzeichnis

	Seite
Formular Lohnausweis/Rentenbescheinigung	2
Vorwort	3
Allgemeines	5
Wichtigste Abkürzungen	5
Häufig gestellte Fragen (FAQ)	5
eLohnausweis SSK	5
Vorinformationen	6
I Notwendige Angaben	7
II Nicht zu deklarierende Leistungen	20
III Pflichtverletzung	21
IV Adressaten des Lohnausweises	21
V Bestelladressen für Lohnausweisformular und Wegleitung	21

Allgemeines

Wichtigste Abkürzungen

AHV	Alters- und Hinterlassenen Versicherung
ALV	Obligatorische Arbeitslosenversicherung
BUV	Berufsunfallversicherung
BVG	Bundesgesetz über die berufliche Alters-, Hinterlassenen- und Invalidenvorsorge
DBG	Bundesgesetz über die direkte Bundessteuer
EO	Erwerbsersatzordnung
IV	Invalidenversicherung
NBUV	Nichtberufsunfallversicherung
Rz	Randziffer
StGB	Schweizerisches Strafgesetzbuch
StHG	Bundesgesetz über die Harmonisierung der direkten Steuern der Kantone und Gemeinden

Häufig gestellte Fragen (FAQ)

Antworten auf häufig gestellte Fragen finden Sie unter:
www.steuerkonferenz.ch/?Lohnausweis:FAQ

eLohnausweis SSK

Antworten auf häufig gestellte Fragen finden Sie unter:
https://elohnausweis-ssk.ch/de/

Vorinformationen

Das Formular «Lohnausweis/Rentenbescheinigung» (Formular 11) ist als Lohnausweis sowie als Bescheinigung für Entschädigungen von Verwaltungsräten zu verwenden. Zudem kann es zur Bescheinigung von Renten der zweiten Säule (BVG) sowie zur Bescheinigung von Leistungen der Arbeitslosenversicherung (ALV) eingesetzt werden (vgl. Rz 5). Für das Ausfüllen des Formulars ist diese Wegleitung **verbindlich**. Weitere Informationen finden Sie auf der Internetseite der Schweizerischen Steuerkonferenz (www.steuerkonferenz.ch), wo unter anderem auch die eingangs erwähnten Antworten zu häufig gestellten Fragen (FAQ) publiziert sind.

1

Jeder Arbeitgeber ist verpflichtet, jedem Arbeitnehmenden einen Lohnausweis auszustellen. Darin sind **sämtliche Leistungen bzw. geldwerten Vorteile** zu deklarieren, die dem Arbeitnehmer oder dem Pensionierten im Zusammenhang mit dem bestehenden, respektive ehemaligen Arbeitsverhältnis zugeflossen sind. Dieser Grundsatz sowie die nachfolgenden Bestimmungen gelten analog für Vorsorgeeinrichtungen BVG, die eine Rente ausrichten. Sie sind verpflichtet, das Formular 11 oder ein diesem, inhaltlich entsprechendes eigenes Formular als Rentenbescheinigung auszustellen.

2

Nachfolgend wird aus Gründen der Übersichtlichkeit auf eine geschlechtsneutrale Formulierung verzichtet und davon abgesehen, der Regelung des Lohnausweises zusätzlich die analoge Regelung für das Ausfüllen der Rentenbescheinigung (vgl. insb. Rz 5) beizufügen. Aus dem gleichen Grund wird darauf verzichtet, neben den Arbeitnehmern jeweils auch die Pensionierten ausdrücklich zu erwähnen – letztere sind stets mitgemeint. Folglich sind sowohl alle geldwerten Vorteile, die dem Pensionierten aus seinem ehemaligen Arbeitsverhältnis zukommen, vom damaligen Arbeitgeber zu deklarieren als auch das sogenannte Ruhegehalt von den Vorsorgeeinrichtungen auf dem Formular 11 zu bescheinigen.

3

I Notwendige Angaben

Verwendung des Formulars 11 als Lohnausweis *Buchstabe A*

Dieses Feld ist anzukreuzen, wenn das Formular für die Bescheinigung von Leistungen dient, die auf Grund eines (unselbstständigen) Arbeitsverhältnisses ausgerichtet worden sind. Neben dem Regelfall, dass ein Lohn für eine Haupt- oder Nebenerwerbstätigkeit bescheinigt wird, fallen auch die Bezüge eines Verwaltungsratsmitglieds darunter. Ebenfalls ist dieses Feld anzukreuzen, wenn das Formular für die Bescheinigung von Ersatzeinkommen der Arbeitslosenversicherung wie Arbeitslosenentschädigung, Insolvenzentschädigung und weiteren Kostenbeiträgen verwendet wird.

4

Verwendung des Formulars 11 als Rentenbescheinigung *Buchstabe B*

Dieses Feld ist anzukreuzen, wenn die bescheinigten Leistungen auf einem Rentenanspruch beruhen. Bei der erstmaligen Ausrichtung einer Rente ist der Eidgenössischen Steuerverwaltung (ESTV), Abteilung Erhebung der Hauptabteilung Direkte Bundessteuer, Verrechnungssteuer und Stempelabgaben (DVS), 3003 Bern (Tel. 058 462 71 50), mit dem *Formular 565 «Rentenmeldung (2. Säule / 3. Säule)»* eine Meldung zu erstatten. Den Rentenempfängern ist unabhängig von der Meldung an die ESTV jährlich eine Rentenbescheinigung auf dem Formular 11 oder auf dem versicherungseigenen Formular auszustellen.

5

Für die Bescheinigung von Kapitalleistungen ist von den Versicherern nur das *Formular 563 «Meldung über Kapitalleistung (2. Säule / 3. Säule)* zu verwenden.

AHV-Nummer / Geburtsdatum *Buchstabe C*

6

AHV-Nummer

In diesem (linken) Feld ist die 13-stellige AHV Nummer (Sozialversicherungsnummer) anzugeben.

Geburtsdatum

In diesem (rechten) Feld ist das Geburtsdatum festzuhalten.

Massgebendes Kalenderjahr *Buchstabe D*

In diesem Feld ist das Kalenderjahr anzugeben, für das die Lohnzahlungen bescheinigt werden. Der Lohnausweis ist jährlich bzw. bei Wegzug oder Todesfall eines Arbeitnehmers sofort auszustellen. Er hat sämtliche Leistungen, die dem Arbeitnehmer im entsprechenden Kalenderjahr zugeflossen sind, zu umfassen. Eine Aufteilung auf mehrere Einzelausweise ist grundsätzlich unzulässig. Wurden indessen aus betrieblichen Gründen einem Arbeitnehmer vom selben Arbeitgeber mehrere Lohnausweise (z. B. für Tätigkeiten in verschiedenen Abteilungen oder aufgrund mehrerer Arbeitsverträge innerhalb der gleichen Unternehmung) ausgestellt, ist in Ziffer 15 des Lohnausweises («Bemerkungen») die Gesamtzahl der Lohnausweise anzubringen, z. B.: «Einer von zwei Lohnausweisen» (*vgl. Rz 66*).

7

Lohnperiode *Buchstabe E*

In diesen Feldern sind die genauen Ein- und Austrittsdaten des Arbeitnehmers anzugeben. Die Lohnperiode ist auch dann anzugeben, wenn der Arbeitnehmer das ganze Jahr bei derselben Gesellschaft beschäftigt war. Bei Arbeitnehmern mit mehreren kürzeren Arbeitseinsätzen innerhalb des Kalenderjahres (v. a. bei Temporärangestellten) genügt es, den Beginn des ersten und das Ende des letzten Einsatzes anzugeben. Wenn aus besonderen Gründen

8

für mehrere Zeitabschnitte Lohnausweise ausgestellt werden, ist in Ziffer 15 aller Lohnausweise («Bemerkungen») die Gesamtzahl der Lohnausweise anzugeben, z. B.: «Einer von drei Lohnausweisen» (vgl. *Rz 66*).

Unentgeltliche Beförderung zwischen Wohn- und Arbeitsort   Buchstabe F
9

Dieses Feld ist anzukreuzen, wenn dem Arbeitnehmer keine Kosten für den Arbeitsweg erwachsen. In Betracht fallen insbesondere:

- **das zur Verfügung stellen eines Geschäftsfahrzeugs** durch den Arbeitgeber (vgl. *Rz 21 – 25*), sofern der Arbeitnehmer für den Arbeitsweg nicht mindestens 70 Rappen oder mindestens die Selbstkosten pro Kilometer bezahlen muss;
- **die Beförderung zum Arbeitsort** mittels Sammeltransports (v.a. im Baugewerbe);
- **die Vergütung der effektiven Autokilometerkosten** an Aussendienstmitarbeiter, die mit dem Privatfahrzeug überwiegend von zu Hause direkt zu den Kunden, also nicht zuerst zu den Büros ihres Arbeitgebers, fahren;
- das Zurverfügungstellen eines (aus geschäftlichen Gründen benützten) **Generalabonnements des öffentlichen Verkehrs**. Erhält ein Arbeitnehmer ein Generalabonnement, ohne dass eine geschäftliche Notwendigkeit besteht, ist dieses zum Marktwert unter Ziffer 2.3 des Lohnausweises zu deklarieren (vgl. *Rz 19* und *26*). In diesem Fall ist das Feld F nicht anzukreuzen.

Die Vergütung eines **Halbtaxabonnements** muss nicht bescheinigt werden.

Kantinenverpflegung/Lunch-Checks/Bezahlung von Mahlzeiten   Buchstabe G
10

Dieses Feld ist anzukreuzen, wenn dem Arbeitnehmer Lunch-Checks (vgl. *Rz 18*) abgegeben werden. Ein Hinweis ist auch dann anzubringen, wenn der Arbeitgeber dem Arbeitnehmer die Möglichkeit einräumt, das Mittag- oder Abendessen verbilligt in einem Personalrestaurant einzunehmen. Dies gilt auch dann, wenn nicht bekannt ist, ob der Arbeitnehmer davon tatsächlich Gebrauch macht.

Dieses Feld ist auch anzukreuzen bei Arbeitnehmern, die 40 % - 60 % der Arbeitszeit ausserhalb ihrer üblichen Arbeitsstätte tätig sind und deshalb eine Mittagessensentschädigung erhalten. Bei Arbeitnehmern, die mehr als 60 % der Arbeitszeit ausserhalb ihrer üblichen Arbeitsstätte tätig sind und deshalb eine Mittagessensentschädigung erhalten, ist im Lohnausweis unter Ziffer 15 folgender Hinweis anzubringen: «Mittagessen durch Arbeitgeber bezahlt».

Name und Adresse   Buchstabe H
11

In diesem Feld ist die Wohnadresse (Name, vollständiger Vorname und Adresse) des Arbeitnehmers anzugeben. Die Grösse des Adressfeldes ermöglicht die Verwendung von Briefumschlägen mit Fenster sowohl links als auch rechts, wobei auf jeden Fall darauf zu achten ist, dass keinerlei vertrauliche Daten im Fenster sichtbar sind.

Unterschrift   Buchstabe I
12

An dieser Stelle sind Ort und Datum zum Zeitpunkt des Ausfüllens des Lohnausweises, der Name des Arbeitgebers (genaue Anschrift), die für das Ausfüllen des Lohnausweises zuständige Person sowie deren Telefonnummer anzugeben. Die Lohnausweise sind zu unterzeichnen. Bei vollautomatisiert erstellten Lohnausweisen kann auf die Unterschrift verzichtet werden.

Lohn (soweit nicht unter Ziffer 2 bis 7 des Lohnausweises aufzuführen) — Ziffer 1

In diesem Feld sind sämtliche Leistungen des Arbeitgebers anzugeben, soweit sie nicht separat unter einer der Ziffern 2 bis 7 des Lohnausweises betragsmässig aufzuführen sind. Dies gilt unabhängig vom Verwendungszweck des Lohnes durch den Arbeitnehmer und auch dann, wenn infolge einer Verrechnung dem Arbeitnehmer nur ein Teil des Lohnes entrichtet wird. Zum Lohn gehören auch Leistungen, welche der Arbeitgeber für den Arbeitnehmer an Drittpersonen erbringt (z. B. Bezahlung der Wohnungsmiete, Übernahme von Leasingraten). — 13

Anzugeben sind (als Totalsumme) insbesondere:

- **das ordentliche Salär sowie die Taggelder aus Versicherungen**, die durch den Arbeitgeber ausbezahlt werden (z. B. Erwerbsausfallentschädigungen aus Kranken-, Unfall- und Invalidenversicherungen, Taggelder bei Mutterschaft); — 14

- **sämtliche Zulagen** (z. B. Geburts-, Kinder- oder andere Familienzulagen, Funktions-, Schicht-, Pikett-, Versetzungs-, Mittags-, Nacht-, Sonntags- und Wegzulagen, Prämien). Die Zulagen bilden auch dann Bestandteil des Lohnes im Sinne von Ziffer 1 des Lohnausweises, wenn sie in einem Gesamtarbeitsvertrag (GAV) geregelt sind; — 15

- **Provisionen;** — 16

- **Vergütungen für den Arbeitsweg:** Werden dem Arbeitnehmer die Arbeitswegkosten bezahlt, so wird der Betrag als Berufskostenentschädigung in Ziffer 2.3 deklariert. In diesem Fall ist kein Kreuz im Feld F zu setzen; — 17

- **alle Barbeiträge an die auswärtige Verpflegung am Arbeitsort** (z. B. Mittagszulagen). Die Abgabe von Lunch-Checks ist *gemäss der Wegleitung über den massgebenden Lohn, vgl. RZ 3007*, bis zur von der AHV festgelegten Limite (Stand 1.1.2022: CHF 180 pro Monat) mit einem Kreuz im Feld G des Lohnausweises zu deklarieren. Darüberhinausgehende Beiträge sind zusätzlich zum Lohn im Sinne von Ziffer 1 des Lohnausweises zu addieren. Bei Kantinenverpflegung vgl. Feld G des Lohnausweises (*Rz 10*). — 18

Gehaltsnebenleistungen — Ziffer 2

In den Feldern der Ziffern 2.1 bis 2.3 sind die durch den Arbeitgeber zu bewertenden Gehaltsnebenleistungen (fringe benefits) anzugeben. Als Gehaltsnebenleistungen gelten alle Leistungen des Arbeitgebers, die nicht in Geldform ausgerichtet werden. Sie sind grundsätzlich zum **Marktwert** bzw. **Verkehrswert** zu bewerten. Als Marktwert gilt der am Markt üblicherweise zu bezahlende bzw. der üblicherweise ausgehandelte Wert. Weitere vom Arbeitgeber nicht selbst bewertbare Gehaltsnebenleistungen sind unter Ziffer 14 des Lohnausweises anzugeben. — 19

Ist der Arbeitnehmer verpflichtet, einen Teil dieser Auslagen selber zu bezahlen bzw. dem Arbeitgeber zurückzuerstatten, ist lediglich der vom Arbeitgeber übernommene Differenzbetrag einzutragen.

Verpflegung und Unterkunft (Zimmer)

Ziffer 2.1

Im Feld zu Ziffer 2.1 ist der Wert anzugeben, der dem Arbeitnehmer dadurch zufliesst, dass er vom Arbeitgeber unentgeltlich Verpflegung und Unterkunft erhält. Die entsprechenden Ansätze können dem _Merkblatt N2 der ESTV_ entnommen werden. Dieses kann entweder heruntergeladen oder bei der zuständigen kantonalen Steuerbehörde (vgl. Anhang 1) bestellt werden.   20

Das Feld ist nicht auszufüllen, wenn dem Arbeitnehmer für die gewährte Verpflegung und Unterkunft ein Abzug vom Lohn vorgenommen wird, der mindestens den Ansätzen gemäss dem oben erwähnten Merkblatt N2 entspricht. Wird dem Arbeitnehmer nicht nur ein Zimmer, sondern eine Wohnung zur Verfügung gestellt, so ist diese mit dem Marktwert unter Ziffer 2.3 des Lohnausweises betragsmässig anzugeben (vgl. _Rz 26_).

Privatanteil Geschäftsfahrzeug

Ziffer 2.2

In diesem Feld ist der Wert anzugeben, der dem Arbeitnehmer dadurch zufliesst, dass er ein Geschäftsfahrzeug auch privat benützen darf. Übernimmt der Arbeitgeber sämtliche Kosten dafür und hat der Arbeitnehmer lediglich die Benzinkosten für grössere Privatfahrten am Wochenende oder in den Ferien zu bezahlen, so beträgt der zu deklarierende Betrag **pro Monat 0,9 % des Kaufpreises** inkl. sämtlichen Sonderausstattungen (exkl. Mehrwertsteuer), mindestens aber CHF 150 pro Monat, wenn der Kaufpreis weniger als CHF 16'667 beträgt. Bei ganzjähriger Privatnutzung gilt demnach beispielsweise folgender Ansatz: Kaufpreis CHF 43'000: zu deklarierender Betrag = CHF 4'644 (12 x CHF 387).   21

Bei Leasingfahrzeugen tritt anstelle des Kaufpreises der im Leasingvertrag festgehaltene Barkaufpreis des Fahrzeuges (exkl. Mehrwertsteuer), eventuell der im Leasingvertrag angegebene Objektpreis (exkl. Mehrwertsteuer). Gleiches gilt, wenn dem Arbeitnehmer anstelle eines Geschäftsfahrzeugs ein Mietfahrzeug zur Verfügung gestellt wird. Zur Berechnung des Privatanteils ist der Marktwert des Fahrzeugs zu Beginn des Mietverhältnisses oder bei Miete von verschiedenen Fahrzeugen der durchschnittliche Wert der jeweiligen Fahrzeugkategorie massgebend. Der so ermittelte Betrag ist wie eine zusätzliche Lohnzahlung zu behandeln, die dem Arbeitnehmer neben dem eigentlichen Barlohn ausrichtet wird.

Übernimmt der Arbeitnehmer beträchtliche Kosten (z. B. sämtliche Kosten für Unterhalt, Versicherungen, Benzin und Reparaturen; die Übernahme ausschliesslich der Benzinkosten oder der Kosten für das Aufladen von Elektrofahrzeugen genügt dagegen nicht), so ist im entsprechenden Feld 2.2 des Lohnausweises keine Aufrechnung vorzunehmen. In den Bemerkungen unter Ziffer 15 des Lohnausweises ist folgender Text anzubringen: «Privatanteil Geschäftsfahrzeug im Veranlagungsverfahren abzuklären».   22

Neben der pauschalen Ermittlung des Privatanteils gemäss _Rz 21_ besteht die Möglichkeit der effektiven Erfassung der Privatnutzung. Voraussetzung dafür ist, dass ein **Bordbuch** geführt wird. Der im Lohnausweis zu deklarierende Anteil für die Privatnutzung wird so errechnet, dass die Anzahl der privat gefahrenen Kilometer (inklusive Arbeitsweg) mit dem entsprechenden Kilometeransatz multipliziert wird (z. B. 8'500 Privatkilometer x 70 Rappen = CHF 5'950).   23

In Fällen, in denen der **Privatgebrauch erheblich eingeschränkt** ist, z. B. durch fest installierte Vorrichtungen für den Transport von Werkzeugen ist keine Aufrechnung für den Privatanteil des Geschäftsfahrzeugs vorzunehmen.   24

In allen Fällen ist im Lohnausweis grundsätzlich das Feld F (unentgeltliche Beförderung zwischen Wohn- und Arbeitsort) anzukreuzen (vgl. _Rz 9_).   25

Ziffer 2.3

Andere Gehaltsnebenleistungen

Auf dieser Zeile ist vorab die Art einer allfälligen weiteren, vom Arbeitgeber ausgerichteten Gehaltsnebenleistung anzugeben, **die der Arbeitgeber bewerten kann** (vgl. auch *Rz 62*). Zusätzlich ist im entsprechenden Feld deren Wert einzutragen. Werden mehrere Gehaltsnebenleistungen ausgerichtet, so sind diese in der entsprechenden Zeile zu bezeichnen und deren Werte – soweit möglich – separat aufzuführen. Im Feld ist lediglich die Summe einzutragen. Eine steuerbare Gehaltsnebenleistung liegt z. B. dann vor, wenn der Arbeitgeber im eigenen Namen gewisse Auslagen (Lebenshaltungskosten) tätigt und alsdann die entsprechende Leistung (z. B. Mietwohnung, Konsumwaren) dem Arbeitnehmer und ihm nahestehende Personen zur Verfügung stellt.

26

In diesen Fällen ist der **Marktwert** bzw. Verkehrswert (vgl. *Rz 19*) einzusetzen. Stellt der Arbeitgeber eine eigene Wohnung unentgeltlich zur Verfügung, ist der ortsübliche Mietzins einzutragen. Für Expatriates ist die entsprechende Verordnung *«Expatriates-Verordnung, ExpaV»* massgebend. Auf eine Deklaration kann verzichtet werden, sofern es sich um Naturalgeschenke anlässlich besonderer Ereignisse (z. B. Weihnachten) handelt (vgl. *Rz 72*).

Unregelmässige Leistungen

Ziffer 3

Auf dieser Zeile ist vorab die Art der Entschädigung bzw. Leistung zu benennen, die dem Arbeitnehmer unregelmässig ausgerichtet worden ist. Zusätzlich ist im entsprechenden Feld der Betrag dieser Leistung einzutragen (wie bei mehreren Leistungen vorzugehen ist, vgl. *Rz 26*). Die gesonderte Angabe dieser unregelmässigen Leistungen liegt im Interesse des Arbeitnehmers, sofern ein **unterjähriges** Arbeitsverhältnis vorliegt. Bei einem ganzjährigen Arbeitsverhältnis kann auf die separate Deklaration von unregelmässigen Leistungen verzichtet werden. Stattdessen kann der entsprechende Betrag als Bestandteil des Lohnes in Ziffer 1 des Lohnausweises aufgeführt werden.

27

Als unregelmässige Leistungen gelten insbesondere:

- **Bonuszahlungen**, z. B. leistungsabhängige Gratifikationen oder Gewinnanteile. Vertraglich vereinbarte Zusatzentschädigungen, z. B. ein 13. oder 14. Monatslohn, sind dagegen nicht hier, sondern als Bestandteil des Lohnes in Ziffer 1 des Lohnausweises zu deklarieren;

- **Antritts- und Austrittsentschädigungen**;

- **Treueprämien**;

- **Dienstaltersgeschenke, Jubiläumsgeschenke**;

- **Umzugsentschädigungen** (pauschal oder effektiv); Ist der Umzug aufgrund eines äusseren beruflichen Zwangs notwendig (z. B. Sitzverlegung des Arbeitgebers) oder handelt es sich beim Arbeitnehmer um einen entsendeten Mitarbeiter gemäss *ExpaV* (vgl. *RZ 26*), gilt Rz 71. **Pauschal vergütete Umzugskosten** sind in jedem Fall unter Ziffer 3 aufzuführen (vgl. *Art. 2 Abs. 3 Bst. b ExpaV*).

Werden solche Leistungen vor oder nach der Zeit ausbezahlt, in welcher der Arbeitnehmer Wohnsitz in der Schweiz hatte, so sind sie ebenfalls in diesem Feld zu bescheinigen. Sie unterliegen allenfalls der Quellensteuer.

Kapitalleistungen

Ziffer 4

Auf dieser Zeile ist vorab die Art bzw. der Grund der Kapitalleistung anzugeben, die dem Arbeitnehmer ausbezahlt wird. Möglicherweise erfolgt die Besteuerung zu einem **reduzierten Steuersatz** (z. B. Kapitalleistung für Vorsorge). Zusätzlich ist im entsprechenden Feld der Betrag dieser Leistung einzutragen (wie bei mehreren Leistungen vorzugehen ist, vgl. *Rz 26*).

28

Als solche Kapitalleistungen fallen in Betracht:

- **Abgangsentschädigungen mit Vorsorgecharakter;**
- **Kapitalleistungen mit Vorsorgecharakter;**
- **Lohnnachzahlungen (inkl. Lohnnachgenuss)** usw.

Für Kapitalleistungen, die von Personalvorsorgeeinrichtungen ausgerichtet werden, ist ausschliesslich das *Formular 563* zu verwenden (Adresse siehe *Rz 5*). Diese Leistungen sind somit nicht im Lohnausweis zu deklarieren.

Beteiligungsrechte gemäss Beiblatt

Ziffer 5

In diesem Feld ist das steuerbare Erwerbseinkommen anzugeben, das dem Arbeitnehmer im entsprechenden Kalenderjahr aus Mitarbeiterbeteiligungen (z. B. Aktien und/oder Optionen usw.) zugeflossen ist (vgl. *ESTV Kreisschreiben Nr. 37* «Besteuerung von Mitarbeiterbeteiligungen»). Der genaue Betrag ist auch dann anzugeben, wenn die Mitarbeiterbeteiligung von einer dem Arbeitgeber nahestehenden Gesellschaft (z. B. der ausländischen Muttergesellschaft) eingeräumt wurde. Das Erwerbseinkommen wird auf Grund der Differenz zwischen Verkehrswert und Abgabe- bzw. Erwerbspreis berechnet. Falls der Verkehrswert der Mitarbeiterbeteiligung von der Steuerbehörde genehmigt wurde, ist dies in Ziffer 15 des Lohnausweises zu vermerken (vgl. *Rz 68*).

29

Bei anwartschaftlichen Rechten auf Mitarbeiterbeteiligungen wie beispielsweise auf noch nicht steuerbaren Optionen, Phantom-Aktien, Stock Appreciation Rights, ist keine Deklaration in Ziffer 5, jedoch ein Hinweis in Ziffer 15 des Lohnausweises vorzunehmen.

In allen Fällen von Mitarbeiterbeteiligungen sind neben weiteren Bescheinigungspflichten sämtliche Detailangaben auf einem Beiblatt zum Lohnausweis auszuweisen. Das Beiblatt muss die persönlichen Daten des Arbeitnehmers enthalten (Name, Vorname, Geburtsdatum usw.) und klar dem Lohnausweis zugewiesen werden können (Details für Beiblatt gemäss *Mitarbeiterbeteiligungsverordnung, MBV*). Wird der geldwerte Vorteil erst nach Beendigung des Arbeitsverhältnisses an eine in der Schweiz (*Art. 15 Abs. 1 MBV*) oder im Ausland ansässige Person (*Art. 15 Abs. 2 MBV*) ausgerichtet respektive bei fortbestehendem Arbeitsverhältnis nach Wegzug aus der Schweiz gewährt (*Art. 8 MBV*), muss der Arbeitgeber den zuständigen kantonalen Behörden eine Bescheinigung zustellen. Zusätzlich sind die Bescheinigungspflichten gemäss *AHVV* zu beachten.

Verwaltungsratsentschädigungen

Ziffer 6

In diesem Feld sind alle Entschädigungen anzugeben, die einer Person in ihrer Eigenschaft als Mitglied des Verwaltungsrats oder eines anderen Leitungsorgans als Lohn für eine unselbstständige Tätigkeit ausgerichtet wurden.

30

Es sind dies vor allem:

- **Verwaltungsratsentschädigungen**
- **Sitzungsgelder**
- **Tantiemen**

Andere Leistungen

Ziffer 7

Auf diesen Zeilen ist vorab die Art jeder anderen betragsmässig zu deklarierenden Leistung anzugeben, die ihren Grund im Arbeitsverhältnis hat und die **nicht in einer der Ziffern 1 bis 6 oder 14 des Lohnausweises** aufgeführt ist. Zusätzlich ist im entsprechenden Feld der Marktwert dieser Leistungen einzutragen (wie bei mehreren Leistungen vorzugehen ist, vgl. _Rz 26_).

31

Als weitere anzugebende Leistungen im Sinne von Ziffer 7 fallen in Betracht:

- **Trinkgelder**: Es gilt dieselbe Regelung wie bei der _AHV_. Trinkgelder müssen (nur) dann angegeben werden, wenn sie einen wesentlichen Teil des Lohnes ausmachen; — 32
- **Taggelder** aus Kranken-, Unfall- und Invalidenversicherungen sowie bei Mutterschaft, sofern sie nicht unter Ziffer 1 deklariert sind (vgl. _Rz 14_); — 33
- **Leistungen der Arbeitslosenversicherung**: Anzugeben sind alle Leistungen der ALV sowie anderer zusätzlicher Lohnausfallversicherungen, die durch den Arbeitgeber ausgerichtet werden (z. B. Kurzarbeits- und Schlechtwetterentschädigungen sowie Einarbeitungszuschüsse der ALV); — 34
- **Leistungen der EO**: Anzugeben sind alle Leistungen der EO, die durch den Arbeitgeber ausgerichtet werden. Dazu gehören auch Taggelder bei Mutterschaft; — 35
- **Vom Arbeitgeber übernommene Beiträge an Einrichtungen der kollektiven beruflichen Vorsorge** (2. Säule, inkl. Kaderversicherungen), die nach Gesetz, Statut oder Reglement vom Arbeitnehmer geschuldet sind. Die Beiträge können unter Ziffer 10 des Lohnausweises wieder in Abzug gebracht werden (vgl. _Rz 43_); — 36
- **Alle Beiträge des Arbeitgebers an Versicherungen** des Arbeitnehmers bzw. dessen nahestehende Personen, wie Beiträge an: — 37
  - Krankenkassen sowie
  - alle Formen der freien Vorsorge (Säule 3b), z. B. Lebens-, Renten-, Kapital- oder Sparversicherungen.

  Nicht zu deklarieren sind lediglich Beiträge des Arbeitgebers an die obligatorische Unfallversicherung nach UVG (BUV und NBUV) sowie Beiträge für vom Arbeitgeber abgeschlossene Kollektivkrankentaggeld- und Kollektiv-UVG-Zusatzversicherungen.

- **Alle vom Arbeitgeber für seinen Arbeitnehmer erbrachten Beiträge an anerkannte Formen der gebundenen Selbstvorsorge** (Säule 3a), **sei es, dass sie dem Arbeitnehmer vom Lohn abgezogen und anschliessend einbezahlt worden sind, sei es, dass sie vom Arbeitgeber direkt zu Gunsten des Arbeitnehmers einbezahlt worden sind.** Diese Beiträge dürfen im Lohnausweis abgezogen werden, sondern sind ausnahmslos von der Versicherungseinrichtung oder Bankstiftung in einer besonderen Bescheinigung _(Formular 21 EDP dfi)_ dem Vorsorgenehmer auszuweisen. — 38

- Vom Arbeitgeber übernommene Quellensteuern oder andere Steuern 39
- Vom Arbeitgeber für Kinder des Arbeitnehmers bezahlte Schulgelder 40

Bruttolohn total/Rente   *Ziffer 8*

In diesem Feld ist das Total der Einkünfte gemäss den Ziffern 1 bis 7 des Lohnausweises vor Abzug der Sozialversicherungsbeiträge, Quellensteuern usw. anzugeben.   41

Beiträge AHV/IV/EO/ALV/NBUV   *Ziffer 9*

In diesem Feld ist der gemäss den massgebenden Bestimmungen **beim Arbeitnehmer** in Abzug gebrachte Arbeitnehmeranteil für AHV/IV/EO/ALV/NBUV betragsmässig anzugeben. Kein Abzug darf gemacht werden für Beiträge, die der Arbeitgeber bezahlt hat (Arbeitgeberbeiträge). Arbeitnehmern belastete Beiträge an Krankentaggeldversicherungen sowie Prämien für UVG-Zusatzversicherungen sind nicht abzugsfähig; sie dürfen nicht vom Bruttolohn abgezogen werden. Solche Beiträge können jedoch in Ziffer 15 ausgewiesen werden.   42

Analog ist vorzugehen, wenn der Arbeitnehmer in einem vergleichbaren Sozialversicherungssystem (internationale Sozialversicherungsabkommen) des Herkunftslands verbleibt.

Berufliche Vorsorge (2. Säule)   *Ziffer 10*

In diesem Feld sind die im Bruttolohn enthaltenen, dem Arbeitnehmer nach Gesetz, Statut oder Reglement vom Lohn abgezogenen Beiträge an steuerbefreite Einrichtungen der kollektiven beruflichen Vorsorge (2. Säule) anzugeben. Die Beiträge sind unabhängig davon zu deklarieren, ob es sich um eine obligatorische oder freiwillige Vorsorge im Rahmen des koordinierten Lohnes (Säule 2a) oder um eine zusätzliche berufliche Vorsorge (Säule 2b) handelt. Falls der Arbeitgeber den gemäss Gesetz, Statut oder Reglement vom Arbeitnehmer geschuldeten Beitrag ganz oder teilweise übernimmt, ist dieser Betrag zwar ebenfalls abzugsfähig, muss aber vorab in Ziffer 7 des Lohnausweises (vgl. *Rz 36*) deklariert werden.   43

Ordentliche Beiträge für die berufliche Vorsorge   *Ziffer 10.1*

In diesem Feld sind die nach Gesetz, Statut oder Reglement geleisteten ordentlichen Beiträge für die berufliche Vorsorge (2. Säule) einzutragen.   44

Beiträge für den Einkauf in die berufliche Vorsorge   *Ziffer 10.2*

In diesem Feld sind die im Bruttolohn enthaltenen, dem Arbeitnehmer vom Lohn abgezogenen Beiträge an Vorsorgeeinrichtungen (2. Säule) anzugeben, die der Verbesserung des Vorsorgeschutzes bis (höchstens) zu den vollen reglementarischen Leistungen dienen.   45

Es sind dies vor allem:

- Beiträge für den Einkauf von fehlenden Versicherungsjahren oder von fehlendem Spar- bzw. Deckungskapital;
- Beiträge für den Einkauf, der durch eine Änderung des Reglements oder des Vorsorgeplans bedingt ist;
- Beiträge für den Wiedereinkauf nach einer Scheidung.

Zusätzlich sind die vom Arbeitgeber übernommenen Arbeitnehmerbeiträge anzugeben, sofern sie in Ziffer 7 des Lohnausweises aufgeführt sind (vgl. *Rz 36*).

Vom Arbeitnehmer selber entrichtete, d. h. nicht vom Lohn abgezogene Einkaufsbeiträge an die berufliche Vorsorge, sind nicht durch den Arbeitgeber im Lohnausweis, sondern durch die Vorsorgeeinrichtung separat mit dem *Formular 21 EDP* zu bescheinigen.

46

Ziffer 11

Nettolohn/Rente

In diesem Feld ist der für die Steuererklärung massgebende Nettolohn anzugeben. Der Nettolohn wird dadurch ermittelt, dass vom Bruttolohn total (Ziffer 8) das Total der Abzüge (Ziffer 9 und 10) abgezogen wird.

47

Quellensteuerabzug

Ziffer 12

In diesem Feld ist der Totalbetrag (brutto) der Quellensteuern anzugeben, der einem ausländischen Arbeitnehmer ohne Niederlassungsbewilligung (z. B. Jahres- und Kurzaufenthalter, Grenzgänger usw.) oder einem ausländischen Mitglied des Verwaltungsrats im entsprechenden Kalenderjahr vom Bruttolohn in Abzug gebracht wurde.

48

Werden die Quellensteuern vom Arbeitgeber bezahlt, sind in Ziffer 7 des Lohnausweises (andere Leistungen) der Hinweis "Quellensteuer vom Arbeitgeber bezahlt" und der entsprechende Betrag anzugeben.

Spesenvergütungen (nicht im Bruttolohn enthalten)

Ziffer 13

In den Feldern der Ziffern 13.1 und 13.2 sind die Vergütungen anzugeben, die Spesenersatz darstellen und die deshalb nicht Bestandteil des Bruttolohnes im Sinne von Ziffer 8 des Lohnausweises bilden. Als **Spesenvergütungen** gelten vom Arbeitgeber ausgerichtete Entschädigungen für Auslagen, die dem Arbeitnehmer im Rahmen seiner **dienstlichen Tätigkeit**, z. B. auf Geschäftsreisen, entstanden sind.

49

Keine Spesenvergütungen sind Entschädigungen des Arbeitgebers, welche Auslagen abdecken, die vor oder nach der eigentlichen Arbeitstätigkeit anfallen. Solche Entschädigungen für **Berufsauslagen** sind beispielsweise Wegvergütungen (vgl. *Rz 17*) sowie Entschädigungen für die Nutzung privater Lagerräume. Solche Entschädigungen sind stets zum Bruttolohn zu addieren (vgl. die Ziffern 1 bis 7 des Lohnausweises) und können allenfalls vom Arbeitnehmer in der Steuererklärung als Berufskosten in Abzug gebracht werden.

50

Eine Vergütung von Spesen ist je nach Art der Entschädigung unterschiedlich im Lohnausweis zu deklarieren.

51

Es wird wie folgt unterschieden:

- **Effektive Spesenvergütungen** anhand von Belegen oder in Form von Einzelfallpauschalen, z. B. CHF 30 pro auswärtiges Abendessen (vgl. *Rz 52*, *56* und *57*);
- **Pauschale Spesenvergütungen** für einen bestimmten Zeitabschnitt, z. B. monatliche Auto- oder Repräsentationsspesen (vgl. *Rz 53*, *58* und *59*);
- **Spesenvergütungen** im Rahmen eines **genehmigten Spesenreglementes** (vgl. *Rz 54* und *55*).

Alle effektiven Spesenvergütungen, die einem Arbeitnehmer ausgerichtet wurden (inkl. Spesenauslagen, welche über Unternehmenskreditkarten bezahlt werden), müssen deklariert werden. **Keine Deklarationspflicht** von Spesenauslagen besteht, wenn folgende Vorgaben eingehalten werden: 52

Eine Hochrechnung der Einzelfallpauschalen auf die Arbeitstage ist nicht zulässig:

- Übernachtungsspesen werden gegen Beleg zurückerstattet;
- Die Höhe der effektiven Spesenvergütung für Mittag- oder Abendessen entspricht in der Regel einem Wert von maximal CHF 35 bzw. die **Pauschale** für eine Hauptmahlzeit beträgt maximal CHF 30;
- Kundeneinladungen usw. werden ordnungsgemäss gegen Originalquittung abgerechnet;
- Die Vergütung der Kosten für die Benutzung öffentlicher Transportmittel (Bahn, Flugzeug usw.) erfolgt gegen Beleg;
- Für die geschäftliche Benutzung des Privatfahrzeuges werden maximal 70 Rappen pro Kilometer vergütet;
- Kleinspesen werden, soweit möglich, gegen Beleg oder in Form einer Tagespauschale von maximal CHF 20 vergütet.

Voraussetzung für die Anwendung der vorstehenden Pauschalen ist eine tatsächliche Reisetätigkeit.

Werden alle diese Vorgaben eingehalten, genügt es, im kleinen Feld zu Ziffer 13.1.1 des Lohnausweises ein Kreuz (X) einzusetzen. Auf die Angabe des effektiven Spesenbetrags kann verzichtet werden.

Pauschale Spesenvergütungen (Einzelfallpauschalen gemäss _Rz 52_ fallen nicht darunter) sind bei allen Arbeitnehmern im Lohnausweis betragsmässig anzugeben. Das gilt auch bei Vorliegen eines genehmigten Spesenreglementes. Pauschale Spesenvergütungen müssen in etwa den effektiven Auslagen entsprechen. 53

Genehmigtes Spesenreglement: Arbeitgeber, die eine von den in _Rz 52_ aufgeführten Vorschriften abweichende Spesenregelung haben, können bei der Steuerbehörde des Sitzkantons ein Gesuch um Genehmigung des Spesenreglementes stellen. Es empfiehlt sich, Spesenreglemente inhaltlich nach dem _Musterreglement der Schweizerischen Steuerkonferenz_ aufzubauen. Die Genehmigung durch den Sitzkanton umfasst sowohl die Festsetzung der effektiven als auch der pauschalen Spesenvergütungen. Im Lohnausweis sind bei Vorliegen eines genehmigten Spesenreglements nur die Pauschalspesen (vgl. Ziffer 13.2 des Lohnausweises) anzugeben. Bei der Veranlagung des Arbeitnehmers wird lediglich überprüft, ob die Höhe der ausbezahlten mit der Höhe der bewilligten Pauschalspesen übereinstimmt. Vom Sitzkanton genehmigte Spesenreglemente werden grundsätzlich von allen Kantonen anerkannt. 54

Unternehmen mit einem genehmigten Spesenreglement haben im Lohnausweis unter Ziffer 15 folgenden Vermerk anzubringen: «**Spesenreglement durch Kanton XY** (Autokennzeichen des Kantons) **am ... (Datum) genehmigt.** » 55

Effektive Spesen

Ziffer 13.1

Effektive Reise-, Verpflegungs- und Übernachtungsspesen

Ziffer 13.1.1

Im kleinen, vorangestellten Feld ist ein Kreuz (X) einzusetzen, wenn alle Vorgaben der _Rz 52_ erfüllt sind. Der Spesenbetrag muss nicht angegeben werden. Sind hingegen die Vorgaben gemäss _Rz 52_ nicht erfüllt oder liegt kein genehmigtes Spesenreglement vor, sind die Reise-, Verpflegungs- und Übernachtungsspesen, die effektiv, d. h. gegen Beleg, vergütet worden sind, betragsmässig anzugeben.

56

Als solche Spesen fallen insbesondere in Betracht

- Effektive **Autospesen**;
- **Flug-, Taxi- und Bahnspesen**;
- **Spesen für Übernachtungen, Frühstück, Mittag und Abendessen**;
- **Spesen für Einladungen von Geschäftspartnern ins Restaurant oder zu Hause**;
- **Spesen für kleinere Verpflegungsauslagen unterwegs**.

Übrige effektive Spesen

Ziffer 13.1.2

Auf dieser Zeile ist vorab die Art sämtlicher übriger effektiver Spesen anzugeben. Zusätzlich ist im entsprechenden Feld der Betrag dieser Leistungen einzutragen. Dazu gehören unter anderem auch effektive Entschädigungen für Kosten an einen externen Arbeitsplatz (z. B. Home-Office, Co-Working-Space, aber auch Kosten für Büroinfrastruktur), d.h. gegen Beleg. Diese Kosten sind in jedem Fall betragsmässig aufzuführen und es ist der Vermerk «Spesen für externen Arbeitsplatz» anzubringen. Als übrige effektive Spesen fallen auch die vom Arbeitgeber (gegen Beleg) ausgerichteten Entschädigungen für die besonderen (abzugsfähigen) Berufskosten von Expatriates gemäss _ExpaV_ in Betracht. In diesem Fall ist die Anmerkung «Berufsauslagen für Expatriates» anzubringen und ist der ausbezahlte Spesenbetrag anzugeben. Besteht ein entsprechendes Ruling mit den Steuerbehörden, kann auf eine Bescheinigung der effektiven Expatriatespesen verzichtet werden. Unter Ziffer 15 ist in diesen Fällen auf das Ruling hinzuweisen (siehe _Rz 65a_).

57

Pauschalspesen

Ziffer 13.2

Pauschale Repräsentationsspesen

Ziffer 13.2.1

In diesem Feld ist der Pauschalbetrag anzugeben (Einzelfallpauschalen gemäss _Rz 52_ fallen nicht darunter), der leitenden Angestellten oder dem Aussendienstpersonal für Kleinspesen (in der Regel Einzelauslagen unter CHF 50) und repräsentative Auslagen (z. B. für private Einladungen zu Hause) ausbezahlt wurde. Die Spesenpauschale muss ungefähr den effektiven Auslagen entsprechen. Der Frankenbetrag ist auch dann anzugeben, wenn ein genehmigtes Spesenreglement vorliegt.

58

Pauschale Autospesen

Ziffer 13.2.2

In diesem Feld ist ein Pauschalbetrag anzugeben, der einem Arbeitnehmer ausbezahlt wurde, welcher sein Privatfahrzeug oft geschäftlich verwenden muss (in der Regel mehrere tausend Kilometer pro Jahr). Die Spesenpauschale muss ungefähr den effektiven Auslagen entsprechen.

59

Übrige Pauschalspesen

Ziffer 13.2.3

60

Auf dieser Zeile ist vorab die Art sämtlicher übriger Pauschalspesen, die nicht pauschale Auto- oder Repräsentationsspesen darstellen (vgl. RZ 58 und 59), anzugeben (z.B. Kostenbeteiligung an externen Arbeitsplatz wie Homeoffice/Co-working Space). Im Feld ist lediglich die Summe der Pauschalspesenvergütungen einzutragen (wie bei mehreren Leistungen vorzugehen ist, vgl. Rz 26). In Form einer Pauschale vergütete besondere Berufskosten von Expatriates sind nicht unter Ziffer 13.2.3 zu bescheinigen, sondern unter Ziffer 2.3 mit der Bemerkung «Pauschalspesen Expatriates» zum Lohn hinzuzurechnen *(Art. 2 Abs. 3 Bst. b ExpaV)*.

Beiträge des Arbeitgebers für die berufsorientierte Aus- und Weiterbildung – einschliesslich Umschulungskosten

Ziffer 13.3

61

In diesem Feld sind alle effektiven Vergütungen des Arbeitgebers für berufsorientierte Aus- und Weiterbildung – einschliesslich Umschulungskosten – eines Arbeitnehmers anzugeben, die dem Arbeitnehmer vergütet werden. Nicht anzugeben sind Vergütungen, die direkt an Dritte (z. B. Bildungsinstitut) bezahlt werden.

Immer zu bescheinigen sind jedoch effektive Vergütungen für Rechnungen, die auf den Namen des Arbeitnehmers ausgestellt sind.

Weitere Gehaltsnebenleistungen

Ziffer 14

62

Auf diesen Zeilen sind die Gehaltsnebenleistungen des Arbeitgebers aufzuführen (ohne Angabe des Betrags), die dieser nicht selbst bewerten kann und deshalb nicht unter Ziffer 2 deklariert hat. Als solche Gehaltsnebenleistungen gelten geldwerte Vorteile verschiedenster Art. In Betracht fallen insbesondere Waren oder Dienstleistungen des Arbeitgebers, die der Arbeitnehmer unentgeltlich oder zu **einem besonders tiefen Vorzugspreis** erworben hat.

Ein Hinweis auf solche Gehaltsnebenleistungen ist nicht notwendig, wenn es sich bei der Gehaltsnebenleistung um eine Vergünstigung handelt, die gemäss den AHV-Richtlinien als geringfügig betrachtet wird, *vgl. dazu die* Wegleitung über den massgebenden Lohn*, RZ 2194* (Stand 1.1.2022: CHF 2'300). Als geringfügig gelten die branchenüblichen Rabatte, sofern der Arbeitgeber die Waren usw. dem Arbeitnehmer ausschliesslich zu dessen Eigengebrauch und zu einem Preis, der mindestens die Selbstkosten deckt, zukommen lässt. Personalvergünstigungen an dessen nahestehenden Personen sind in Ziffer 2.3 zu deklarieren. Weitere Ausnahmen von der Deklarationspflicht sind in Rz 72 aufgeführt.

Bemerkungen

Ziffer 15

63

In dieser Ziffer sind alle zusätzlichen, erforderlichen Angaben zu machen, die nicht in einem der anderen Felder eingetragen werden. Zudem können freiwillig Angaben gemacht werden, die dem Arbeitnehmer und der Steuerbehörde im Veranlagungsverfahren dienlich sein können. Zu letzteren gehören zum Beispiel Angaben über die Höhe der im Bruttolohn enthaltenen Kinderzulagen, die Anzahl im Kalenderjahr geleisteter Schichttage und die Höhe der im Bruttolohn enthaltenen Krankenkassenbeiträge.

Erforderliche Angaben sind insbesondere:

- **Anzahl der Tage mit Erwerbsausfallentschädigungen:** Diese sind stets anzugeben, wenn die entsprechenden Erwerbsausfallentschädigungen nicht durch den Arbeitgeber ausbezahlt wurden und deshalb nicht im Bruttolohn gemäss Ziffer 8 enthalten sind. Erhält der Arbeitnehmer die Erwerbsausfallentschädigungen durch den Arbeitgeber, ist dieser Betrag stets im Lohnausweis (*Ziffer 7, resp. sofern nicht möglich Ziffer 1*) zu bescheinigen. 64

- **Leistungen der Arbeitslosenversicherung:** Wird das Formular für die Bescheinigung von Ersatzeinkommen der Arbeitslosenversicherung verwendet, sind die Leistungen, respektive der Rechtserwerb beziehungsweise der Rechtsanspruch sowie die weiteren relevanten Angaben in Ziffer 15 zu bescheinigen; 64a

- **Genehmigtes Spesenreglement:** Wurde ein Spesenreglement vom Sitzkanton des Arbeitgebers genehmigt (vgl. *Rz 54*), ist folgende Bemerkung anzubringen: «Spesenreglement durch Kanton XY (Autokennzeichen des Kantons) am ... (Datum) genehmigt». In diesem Fall ist in Ziffer 13.1.1 kein Kreuz zu machen; 65

- **Expatriatespesen:** Besteht ein durch die Behörden genehmigtes Expatriateruling, muss folgender Text angebracht werden: «Expatriateruling durch Kanton XY (Autokennzeichen des Kantons) am ... (Datum) genehmigt»; 65a

- **Mehrere Lohnausweise:** Wurden vom Arbeitgeber für dasselbe Jahr ausnahmsweise mehrere Lohnausweise ausgestellt, ist folgende Bemerkung anzubringen: «Einer von ... Lohnausweisen» (vgl. *Rz 7*); 66

- **Rektifikat:** Wird ein bereits bestehender Lohnausweis für einen Arbeitnehmer ersetzt, ist im neuen Lohnausweis folgende Bemerkung anzubringen: «Dieser Lohnausweis ersetzt den Lohnausweis vom XX.XX.XXXX»; 66a

- **Teilzeitanstellung:** Wurde der Arbeitnehmer mit einem reduzierten Beschäftigungsgrad angestellt, ist eine entsprechende Bemerkung, z. B. «Teilzeitbeschäftigung», anzubringen. Die Angabe des Beschäftigungsgrads, z. B. «50 %-Stelle», ist erwünscht; 67

- **Mitarbeiterbeteiligungen:** Wurde der Verkehrswert von den Steuerbehörden genehmigt, ist folgender Vermerk anzubringen (vgl. *Rz 29*): «Verkehrswert durch Kanton XY (Autokennzeichen des Kantons) am ... (Datum) genehmigt»: 68

- Wenn aus der Abgabe der Mitarbeiterbeteiligung noch kein steuerbares Einkommen fliesst, ist folgender Vermerk anzubringen: «Mitarbeiterbeteiligung ohne steuerbares Einkommen. Grund: ... (z. B. anwartschaftliche Mitarbeiteraktien)»; 69

- ...[1]

- **Umzugskosten:** Entstehen einem Arbeitnehmer aufgrund eines äusseren beruflichen Zwangs (z. B. Sitzverlegung des Arbeitgebers) Umzugskosten und werden diese durch den Arbeitgeber im tatsächlichen Umfang vergütet, sind diese Kosten unter den Bemerkungen im Lohnausweis zu bescheinigen (z. B. «Umzugskosten von CHF ... infolge Sitzverlegung vom Arbeitgeber bezahlt»). Ebenso nur in Ziffer 15 sind durch den Arbeitgeber bezahlte, effektive Umzugskosten gemäss Verordnung über den Abzug besonderer Berufskosten von Expatriates zu bescheinigen (*Art. 2 Abs. 2 Bst. a ExpaV*). 71

---

[1] Rz 70 aufgehoben per 1.1.2022

II Nicht zu deklarierende Leistungen

Grundsätzlich sind alle Leistungen des Arbeitgebers steuerbar und im Lohnausweis anzugeben. **Aus Gründen der Praktikabilität** müssen aber insbesondere folgende Leistungen nicht deklariert werden:

72

- Gratis abgegebene Halbtaxabonnemente des öffentlichen Verkehrs (für Generalabonnemente vgl. *Rz 9*);
- REKA-Check-Vergünstigungen bis CHF 600 jährlich (zu deklarieren sind lediglich Vergünstigungen, soweit sie CHF 600 pro Jahr übersteigen);
- Übliche Weihnachts-, Geburtstags- und ähnliche Naturalgeschenke bis CHF 500 pro Ereignis. Bei Naturalgeschenken, die diesen Betrag übersteigen, ist der ganze Betrag anzugeben (Ziffer 2.3 des Lohnausweises). Bargeldgeschenke sind immer als Lohnbestandteil im Lohnausweis zu deklarieren;
- Private Nutzung von Arbeitswerkzeugen (Mobiltelefon, Computer usw.) im üblichen Rahmen;
- Beiträge an Vereins- und Clubmitgliedschaften (nicht aber Abonnemente für Fitnessclubs) bis CHF 1'000 im Einzelfall. Bei darüber hinausgehenden Beiträgen ist der ganze Betrag anzugeben (Ziffer 15 des Lohnausweises);
- Beiträge an Fachverbände
- Branchenübliche Rabatte auf Waren, die zum Verzehr und Eigenbedarf bestimmt sind (vgl. *Rz 62*);
- Zutrittskarten für kulturelle, sportliche und andere gesellschaftliche Anlässe bis CHF 500 pro Ereignis (zu deklarieren sind lediglich Beiträge, soweit sie CHF 500 pro Ereignis übersteigen);
- Die Bezahlung von Reisekosten für den Ehegatten oder den Partner bzw. die Partnerin, die den Arbeitnehmer aus geschäftlichen Gründen auf Geschäftsreisen begleiten;
- Beiträge an Kinderkrippen, die für Kinder des Arbeitnehmers verbilligte Plätze anbieten. Kommen die Beiträge des Arbeitgebers jedoch nur bestimmten Arbeitnehmern zugute, sei es durch Bezahlung an den Arbeitnehmer oder direkt an die Krippe, sind sie im Lohnausweis unter Ziffer 1 zum Bruttolohn hinzuzurechnen oder in Ziffer 7 separat zu deklarieren;
- Gratis-Parkplatz am Arbeitsort;
- Kosten für ärztliche Vorsorgeuntersuchungen, die auf Verlangen des Arbeitgebers oder der Pensionskasse erfolgen;
- Gutschriften von Flugmeilen. Diese sind für geschäftliche Zwecke zu verwenden.

III Pflichtverletzung

Wer einen Lohnausweis nicht oder falsch ausfüllt, kann bestraft werden (Art. 127, 174 und 186 DBG, Art. 43, 55 und 59 StHG sowie Art. 251 StGB) und/oder haftbar (Art. 177 DBG, Art. 56 StHG) gemacht werden.

73

IV Adressaten des Lohnausweises

Der Lohnausweis ist für den Arbeitnehmer bestimmt. Einige Kantone, **zurzeit die Kantone Basel-Stadt, Bern, Freiburg, Jura, Neuenburg, Solothurn, Waadt und Wallis**, verlangen zudem von den Arbeitgebern, dass sie ein Exemplar des Lohnausweises direkt der kantonalen Steuerverwaltung zustellen. Im Kanton Luzern ist die direkte Zustellung des Lohnausweises an die Dienststelle Steuern freiwillig.

74

V Bestelladressen für Lohnausweisformular und Wegleitung

Auf den Internetseiten der Schweizerischen Steuerkonferenz (*www.steuerkonferenz.ch*) und der Eidgenössischen Steuerverwaltung (*www.estv.admin.ch*) können das Programm «eLohnausweis» sowie das Lohnausweisformular im PDF-Format heruntergeladen werden. Diese ermöglichen das Ausfüllen des Lohnausweises am Computer. Auf diesen Internetseiten ist auch die vorliegende Wegleitung abrufbar. In der Regel wird der Lohnausweis direkt aus einer Lohnsoftwareapplikation auf weisses Papier gedruckt. Besteht diese Möglichkeit nicht, können Lohnausweisformulare bei nachstehender Adresse bestellt werden:

75

BBL Verkauf Bundespublikationen
Fellerstrasse 21
3003 Bern

Online-Shop: *Bundespublikationen für Privatkunden*

verkauf.zivil@bbl.admin.ch
Tel. 058 465 50 00

Das Lohnausweisformular und die vorliegende Wegleitung können **in Ausnahmefällen** – z. B. wenn die PDF-Dokumente nicht vom Internet heruntergeladen werden können – bei der zuständigen kantonalen Steuerbehörde **bestellt** werden (vgl. Anhang 1, linke Spalte).

Auskünfte zum Lohnausweis erteilen die kantonalen Steuerbehörden (vgl. Anhang 1, rechte Spalte).

☞ *Anhang 1 ist an dieser Stelle nicht abgedruckt.*

III. Pflichtverletzung

Auf einen Lohnausweis nicht oder unrichtig aufgeführt kann bestraft werden: Art. 127, 174 und 186 FZG; Art. 41, 55 und 56 BVG; sowie Art. 251 StGB, allenfalls strafbar laut. 217 OHG, Art. 59 (nHG) genannt werden.

IV. Adressaten des Lohnausweises

Der Lohnausweis ist formular-Art. strukturiert bestehend aus Original mit Kopie in möglichen Basel-Stadt, Bern, Graubünden, Neuenburg, Solothurn, Wallis und des Wallis, verlangen Lugano nur zur aufgeführten Lohnes zu sein Exemplar des Lohnausweises er auf der fertigen Bestätigung zustellen. In zur weiteren Linzem sind die Originale Bestätigung des Lohnausweises selbst an die Quellensteuer Stellen einzulegen.

V. Bestellmöglichkeiten für Lohnausweisformular und Wegleitung

Auf der Internetseite der Schweizerischen Steuerkonferenz (www.steuerkonferenz.ch) und der Eidgenössischen Steuerverwaltung (www.estv.admin.ch) stehen das Formular Lohnausweis sowie das Erläuterungsblatt zum Lohnausweis-PDF-Format heruntergeladen werden. Lässt sich nicht mittels PDF ausfüllen oder Lohnausweise am Bildschirm. Auf diesen Internetseiten stehen auch die weitergehende Wegleitung strukturell in der Regel über den Lohnausweis rückt aus einer Lohnausweisexemplare in auf weisse Papier gedruckt. In sämtliches Medienexemplare können Lohnausweisformulare per rechtsstraffende Angabe bestellt werden:

BBL, Verkauf Bundespublikationen
F. Planteisen 27
1003 Bern

Online-Shop: Bundesbestellung-shop.ch für Privatpers.

www.publicatione-shop.ch
Tel. 0212 136 52 00

Das Lohnausweisformular und die vorausgehende Wegleitung können im Ausnahmefällen, z. B. wenn ein PDF-Druck samt nicht zum Einsatz-Informationen stehen werden können - bei der zuständigen kantonalen Steuerverwaltung bezahlt werden hier Vorlage 1. unten Seiten.

Ausgedrückt zum Lohnausweis erteilen die kantonalen Steuerinstanzen (vgl. Anhang I nächste Seiten).

Bern, 21. Schreiben Stauffer in 14 Abgabestellen

KS SSK

Kreisschreiben / Analysen SSK

Kreisschreiben / Analysen der Schweizerischen Steuerkonferenz (SSK)

QSt nP und jP; interkantonale Verhältnisse	E67	Ersatzbeschaffung	E54
Interkantonale Steuerausscheidung STAF	E66	Interkantonale Steuerausscheidung nP	E53
Verkehrs- und Infrastrukturunternehmen	E65	Interkantonale Steuerausscheidung jP	E52
Teilbesteuerung interkantonal	E64	Interkantonales Verhältnis im StHG	E51
Interkantonale Repartition der StA	E63	Vereinfachung und Koordination	E50
Trusts	E62	Öffentlich-rechtliches Arbeitsverhältnis	E40
Leasinggeschäfte mit Immobilien	E61	Telearbeit / Homeoffice im Unternehmen	E33
Ausscheidungsverluste	E59	Aufwandbesteuerung; ausserkantonale LS	E32
Interkantonale Verlustverrechnung	E58	F&E-Aufwand; zusätzlicher Abzug STAF	E31
Repartitionsfaktoren *(Stand: 1.1.2020)*	E57	Neue Rechnungslegung; steuerrechtliche Analyse	E30
Vorgehen bei Sonderfällen	E56		

Quellensteuerpflichtige Personen, interkantonale Verhältnisse

Quelle: Schweizerische Steuerkonferenz SSK

Verfahren bei interkantonalen Verhältnissen von quellensteuerpflichtigen Personen

Kreisschreiben Nr. 35 vom 26. August 2020

Inhaltsverzeichnis

1. Ausgangslage 3
2. Örtliche Zuständigkeit bei Quellensteuern 3
   - 2.1. Örtliche Zuständigkeit für die Abrechnung von Quellensteuern 3
   - 2.2. Örtliche Zuständigkeit bei nachträglicher ordentlicher Veranlagung (NOV) ... 4
   - 2.3. Örtliche Zuständigkeit bei Neuberechnung der Quellensteuer 5
3. Örtliche Zuständigkeit bei einem Wechsel zwischen ordentlicher Veranlagung und Besteuerung an der Quelle 6
   - 3.1. Örtliche Zuständigkeit bei einem Wechsel in die ordentliche Veranlagung ... 6
   - 3.2. Örtliche Zuständigkeit bei einem Wechsel zur Besteuerung an der Quelle ... 7
4. Örtliche Zuständigkeit bei Änderungen im Umfang der Steuerpflicht 8
   - 4.1. Örtliche Zuständigkeit bei Wechsel von beschränkter zu unbeschränkter Steuerpflicht und fortgesetzter Besteuerung an der Quelle 8
   - 4.2. Örtliche Zuständigkeit bei Wechsel von beschränkter zu unbeschränkter Steuerpflicht und Übertritt in die ordentliche Veranlagung 10
   - 4.3. Örtliche Zuständigkeit bei Wechsel von unbeschränkter zu beschränkter Steuerpflicht und fortgesetzter Besteuerung an der Quelle 12
   - 4.4. Örtliche Zuständigkeit bei Wechsel von unbeschränkter zu beschränkter Steuerpflicht und Rückfall zur Besteuerung an der Quelle 13
5. Zusammenarbeit zwischen den Kantonen 15
   - 5.1. Einreichung von Quellensteuerabrechnungen bei einer unzuständigen Steuerbehörde 15
   - 5.2. Weiterleitung von Anträgen auf nachträgliche ordentliche Veranlagung (NOV) sowie auf Erlass einer anfechtbaren Verfügung 15
   - 5.3. Wegzugsmeldung bei interkantonalem Wohnsitzwechsel von quellensteuerpflichtigen Personen 15
   - 5.4. Weiterleitung von Quellensteuern bei NOV 16
6. Inkrafttreten 17

Anhang 1: Übersicht über das in den Kantonen anwendbare Korrekturverfahren 18
Anhang 2: Formular für die Einforderung abgerechneter Quellensteuern 19
Anhang 3: Musterformular interkantonale Quellensteuer-Abrechnung 20

Abbildungsverzeichnis

Abbildung 1:	Quellensteuer-Abrechnung	4
Abbildung 2:	Nachträgliche ordentliche Veranlagung	4
Abbildung 3:	Neuberechnung Quellensteuer - Verfahren kommt in allen Kantonen zur Anwendung	5
Abbildung 4:	Neuberechnung Quellensteuer - Verfahren kommt in einem Kanton nicht zur Anwendung	6
Abbildung 5:	Wechsel in die ordentliche Veranlagung	7
Abbildung 6:	Wechsel zur Besteuerung an der Quelle	8
Abbildung 7:	Wechsel von beschränkter zu unbeschränkter Steuerpflicht ohne nachträgliche ordentliche Veranlagung	9
Abbildung 8:	Wechsel von beschränkter zu unbeschränkter Steuerpflicht mit nachträglicher ordentlicher Veranlagung	9
Abbildung 9:	Wechsel von beschränkter zu unbeschränkter Steuerpflicht mit nachträglicher ordentlicher Veranlagung und Umzug innerhalb der Schweiz	10
Abbildung 10:	Wechsel von beschränkter zu unbeschränkter Steuerpflicht mit nachträglicher ordentlicher Veranlagung - im gleichen Kanton	10
Abbildung 11:	Wechsel von beschränkter zu unbeschränkter Steuerpflicht mit Übertritt in die ordentliche Veranlagung	11
Abbildung 12:	Wechsel von beschränkter zu unbeschränkter Steuerpflicht mit Übertritt in die ordentliche Veranlagung - im gleichen Kanton	11
Abbildung 13:	Wechsel von unbeschränkter zu beschränkter Steuerpflicht ohne nachträgliche ordentliche Veranlagung	12
Abbildung 14:	Wechsel von unbeschränkter zu beschränkter Steuerpflicht mit nachträglicher ordentlicher Veranlagung	12
Abbildung 15:	Wechsel von unbeschränkter zu beschränkter Steuerpflicht mit nachträglicher ordentlicher Veranlagung - im gleichen Kanton	13
Abbildung 16:	Wechsel von unbeschränkter zu beschränkter Steuerpflicht mit Rückfall zur Besteuerung an der Quelle	14
Abbildung 17:	Wechsel von unbeschränkter zu beschränkter Steuerpflicht mit Rückfall zur Besteuerung an der Quelle - im gleichen Kanton	14

1. Ausgangslage

Mit dem Bundesgesetz über die Revision der Quellenbesteuerung des Erwerbseinkommens vom 16. Dezember 2016 werden mit Wirkung ab 1. Januar 2021 die Zuständigkeitsregelungen von Artikel 107 des Bundesgesetzes vom 14. Dezember 1990 über die direkte Bundessteuer (DBG; SR 642.11) und Artikel 38 des Bundesgesetzes vom 14. Dezember 1990 über die Harmonisierung der direkten Steuern der Kantone und Gemeinden (StHG; SR 642.14) geändert.[1]

Das vorliegende Kreisschreiben regelt die Zuständigkeiten und das Verfahren bei:

- Interkantonalen Wohnsitzwechseln von quellensteuerpflichtigen Personen mit und ohne nachträgliche ordentliche Veranlagung (NOV) oder bei einer Neuberechnung der Quellensteuer;
- Wechseln von der Quellensteuerpflicht zur ordentlichen Veranlagung und umgekehrt; sowie
- Wechseln im Umfang der Steuerpflicht in der Schweiz von quellensteuerpflichtigen Personen.

Es soll ein einheitliches Vorgehen sämtlicher Kantone und damit die Rechtsgleichheit und Rechtssicherheit für quellensteuerpflichtige Personen sicherstellen. Weitere und für die Kantone verbindliche Vorgaben zur Berechnung der Quellensteuer und zum Verfahren sind im Kreisschreiben Nr. 45 der Eidgenössischen Steuerverwaltung (ESTV) über die Quellenbesteuerung des Erwerbseinkommens von Arbeitnehmern vom 12. Juni 2019 (KS 45 ESTV) enthalten.

2. Örtliche Zuständigkeit bei Quellensteuern

2.1. Örtliche Zuständigkeit für die Abrechnung von Quellensteuern

Die Schuldner der steuerbaren Leistung haben die Quellensteuer für Leistungen, die ab 1. Januar 2021 fällig werden, direkt mit dem zum Zeitpunkt der Fälligkeit der steuerbaren Leistung anspruchsberechtigten Kanton abzurechnen. Die Anspruchsberechtigung bestimmt sich wie folgt (vgl. Ziffer 9.5 KS 45 ESTV):

- Bei in der Schweiz ansässigen quellensteuerpflichtigen Arbeitnehmern (Art. 38 Abs. 1 Bst. a StHG): Zuständige Steuerbehörde des **Wohnsitz- bzw. Aufenthaltskantons**;
- Bei im Ausland ansässigen quellensteuerpflichtigen Arbeitnehmern ohne Wochenaufenthalterstatus (Art. 38 Abs. 1 Bst. b StHG): Zuständige Steuerbehörde des Wohnsitz- oder Aufenthaltskantons des Arbeitgebers (bei natürlichen Personen[2]) bzw. mit der zuständigen Steuerbehörde des **Sitz-, Verwaltungs- oder Betriebsstättekantons des Arbeitgebers** (bei juristischen Personen). Massgebend ist der Ort, an welchem die Person in den Betrieb des Arbeitgebers eingegliedert ist, d.h. in der Regel am gewöhnlichen Arbeitsort;
- Bei im Ausland ansässigen quellensteuerpflichtigen Arbeitnehmern mit Wochenaufenthalterstatus (Art. 38 Abs. 2 StHG): Zuständige Steuerbehörde des **Wochenaufenthaltskantons**.

Verlegt eine quellensteuerpflichtige Person ihren Wohnsitz oder ihren Wochenaufenthaltsort in einen anderen Kanton, muss der Schuldner der steuerbaren Leistung die Quellensteuer ab dem Folgemonat mit der Steuerbehörde des neu anspruchsberechtigten Wohnsitz- oder Wochenaufenthaltskantons abrechnen (dies gilt selbst dann, wenn eine quellensteuerpflichtige Person ihren Wohn- oder Wochenaufenthaltsort per 1. eines Monats wechselt). Massgebend ist das effektive Wegzugsdatum in der bisherigen Gemeinde.

---

[1] In den ab 1. Januar 2021 geltenden Fassungen ist die örtliche Zuständigkeit bei der Quellensteuer im DBG (Art. 107) und im StHG (Art. 38 und 38a) inhaltlich identisch abgefasst.
[2] Bei Einzelunternehmen sowie bei Kollektiv- und Kommanditgesellschaften als Schuldner der steuerbaren Leistung ist der Ort des Geschäftsbetriebes massgebend.

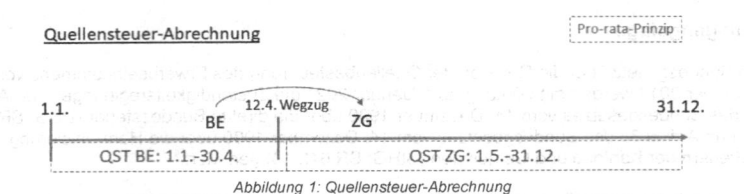

Quellensteuer-Abrechnung   Pro-rata-Prinzip

```
  1.1.            12.4. Wegzug                              31.12.
   |                BE         ZG                             |
   |---------------------------|------------------------------|
   |   QST BE: 1.1.-30.4.      |    QST ZG: 1.5.-31.12.       |
```

Abbildung 1: Quellensteuer-Abrechnung

Allfällige an den im Zeitpunkt der Fälligkeit der Leistung anspruchsberechtigten Kanton abgelieferte Quellensteuern werden bei einem interkantonalen Wechsel des Wohnsitzes oder des Wochenaufenthaltsorts nicht an den neuen anspruchsberechtigten Kanton überwiesen, sofern keine nachträgliche ordentliche Veranlagung durchgeführt wird (vgl. Ziffer 2.2). Das gleiche gilt, wenn eine im Ausland ansässige quellensteuerpflichtige Person zu einem Schuldner der steuerbaren Leistung mit Sitz oder Betriebsstätte in einem anderen Kanton wechselt oder wenn der Schuldner der steuerbaren Leistung einer im Ausland ansässigen quellensteuerpflichtigen Person den Sitz bzw. die Betriebsstätte in einen anderen Kanton verlegt.

2.2. Örtliche Zuständigkeit bei nachträglicher ordentlicher Veranlagung (NOV)

Unterliegt eine quellensteuerpflichtige Person der nachträglichen ordentlichen Veranlagung (NOV), bestimmt sich die Zuständigkeit wie folgt:

- Für quellensteuerpflichtige Arbeitnehmer mit Ansässigkeit in der Schweiz ist derjenige Kanton zuständig, in welchem der Arbeitnehmer am Ende der Steuerperiode oder der Steuerpflicht seinen steuerrechtlichen Wohnsitz oder Aufenthalt hatte (Art. 38 Abs. 4 Bst. a StHG);
- Für quellensteuerpflichtige Arbeitnehmer mit Ansässigkeit im Ausland ohne Wochenaufenthalterstatus in der Schweiz ist derjenige Kanton zuständig, in welchem der Schuldner der steuerbaren Leistung am Ende der Steuerperiode oder der Steuerpflicht seinen steuerrechtlichen Wohnsitz oder Aufenthalt (bei natürlichen Personen[3]) bzw. seinen Sitz, die tatsächliche Verwaltung oder eine Betriebsstätte (bei juristischen Personen) hatte (Art. 38 Abs. 4 Bst. b StHG). Massgebend ist der Ort, an welchem die Person in den Betrieb des Arbeitgebers eingegliedert ist, d.h. in der Regel am gewöhnlichen Arbeitsort;
- Für quellensteuerpflichtige Arbeitnehmer mit Ansässigkeit im Ausland und mit Wochenaufenthalterstatus in der Schweiz ist derjenige Kanton zuständig, in welchem der Arbeitnehmer am Ende der Steuerperiode oder der Steuerpflicht Wochenaufenthalt hatte (Art. 38 Abs. 4 Bst. c StHG).

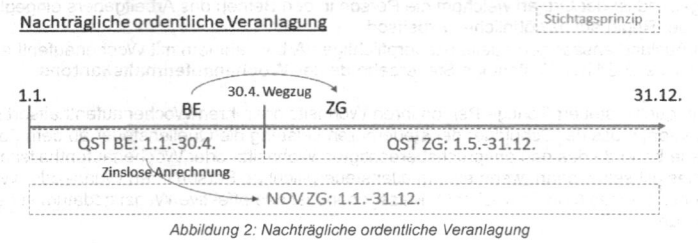

Nachträgliche ordentliche Veranlagung   Stichtagsprinzip

```
  1.1.            30.4. Wegzug                              31.12.
   |                BE         ZG                             |
   |---------------------------|------------------------------|
   |   QST BE: 1.1.-30.4.      |    QST ZG: 1.5.-31.12.       |
              Zinslose Anrechnung
              →   NOV ZG: 1.1.-31.12.
```

Abbildung 2: Nachträgliche ordentliche Veranlagung

Für die NOV gilt das Stichtagsprinzip, d.h. für die Festlegung der Zuständigkeit sind die Verhältnisse am Ende der Steuerperiode oder der Steuerpflicht massgebend. Allfällige in einem anderen Kanton

---

[3] Bei Einzelunternehmen sowie bei Kollektiv- und Kommanditgesellschaften als Schuldner der steuerbaren Leistung ist der Ort des Geschäftsbetriebes massgebend.

bereits bezahlte Quellensteuern sind an den am Ende der Steuerperiode oder der Steuerpflicht zuständigen Kanton zu überweisen und werden zinslos an den in der NOV festgesetzten Steuerbetrag angerechnet. Dies gilt unabhängig davon, ob es sich um eine

- obligatorische NOV im Sinne von Artikel 33a StHG,
- NOV auf Antrag der quellensteuerpflichtigen Person im Sinne von Artikel 33b bzw. Artikel 35a StHG, oder
- NOV von Amtes wegen im Sinne von Artikel 35b StHG handelt.

Ist eine Person mit Ansässigkeit im Ausland am Ende der Steuerperiode oder der Steuerpflicht bei mehreren Schuldnern der steuerbaren Leistung in der Schweiz tätig, die ihren steuerrechtlichen Wohnsitz oder Aufenthalt (bei natürlichen Personen[4]) bzw. ihren Sitz, die tatsächliche Verwaltung oder eine Betriebsstätte (bei juristischen Personen) in unterschiedlichen Kantonen haben, ist derjenige Kanton für die NOV zuständig, in welchem die quellensteuerpflichtige Person das höchste Bruttojahreseinkommen erzielt (analog Art. 106 Abs. 2 DBG und Ziffer 11.5 KS 45 ESTV).

2.3. Örtliche Zuständigkeit bei Neuberechnung der Quellensteuer

Ist eine quellensteuerpflichtige Person mit dem Quellensteuerabzug nicht einverstanden, kann sie bis 31. März des auf die Fälligkeit der Leistung folgenden Steuerjahres eine anfechtbare Verfügung über Bestand und Umfang der Quellensteuerpflicht von der zuständigen Steuerbehörde verlangen (Art. 49 Abs. 2 Bst. a StHG).

Anstelle einer NOV können die Kantone vorsehen, gewisse Korrekturen bei der Ermittlung des quellensteuerpflichtigen Bruttolohns, des satzbestimmenden Einkommens oder des angewendeten Tarifes im Rahmen eines vereinfachten Verfahrens vorzunehmen (Neuberechnung der Quellensteuer; vgl. Ziffer 11.6 KS 45 ESTV). Im Gegensatz zur NOV werden die Quellensteuern im Verfahren der Neuberechnung weiterhin nach dem anwendbaren Quellensteuertarif berechnet. Es können keine zusätzlichen, im Quellensteuertarif nicht pauschal berücksichtigte Abzüge geltend gemacht werden. Für die Neuberechnung der Quellensteuer ist derjenige Kanton zuständig, welcher im ordentlichen Quellensteuerverfahren anspruchsberechtigt ist (Ziffer 2.1 oben).

Im Falle eines unterjährigen Wechsels des anspruchsberechtigten Kantons (gemäss den Regeln in Ziffer 2.1) ist jeder Kanton nur für die Dauer der jeweiligen Anspruchsberechtigung zuständig. Dies gilt unabhängig davon, ob alle der im betreffenden Steuerjahr anspruchsberechtigten Kantone das Verfahren zur Neuberechnung der Quellensteuer anwenden. Führt einer der betroffenen Kantone gemäss kantonaler Praxis anstelle der Neuberechnung der Quellensteuer eine NOV durch, wird die NOV nur für die Dauer der Anspruchsberechtigung im entsprechenden Kanton vorgenommen (unterjährig nach dem pro rata Prinzip). Hat die quellensteuerpflichtige Person nur eine Neuberechnung der Quellensteuer beantragt und keine zusätzlichen, im Quellensteuertarif nicht berücksichtigte Abzüge geltend gemacht, wird in den Folgejahren keine NOV von Amtes wegen durchgeführt. Allfällige an den im Zeitpunkt der Fälligkeit der Leistung anspruchsberechtigten Kanton abgelieferte Quellensteuern werden bei einem interkantonalen Wechsel der Steuerpflicht nicht an den neuen Kanton überwiesen.

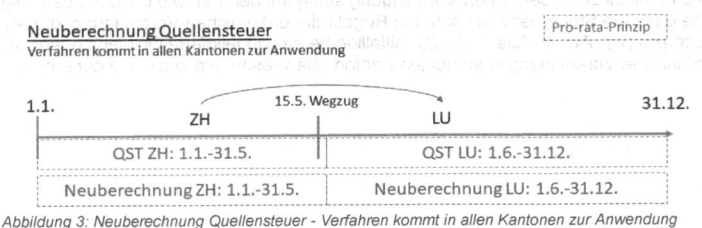

Neuberechnung Quellensteuer — Pro-rata-Prinzip
Verfahren kommt in allen Kantonen zur Anwendung

1.1.	15.5. Wegzug	31.12.
ZH	LU	
QST ZH: 1.1.-31.5.	QST LU: 1.6.-31.12.	
Neuberechnung ZH: 1.1.-31.5.	Neuberechnung LU: 1.6.-31.12.	

Abbildung 3: Neuberechnung Quellensteuer - Verfahren kommt in allen Kantonen zur Anwendung

---

[4] Bei Kollektiv- und Kommanditgesellschaften als Schuldner der steuerbaren Leistung ist der Ort des Geschäftsbetriebes massgebend.

Neuberechnung Quellensteuer
Verfahren kommt in einem Kanton nicht zur Anwendung

Pro-rata-Prinzip

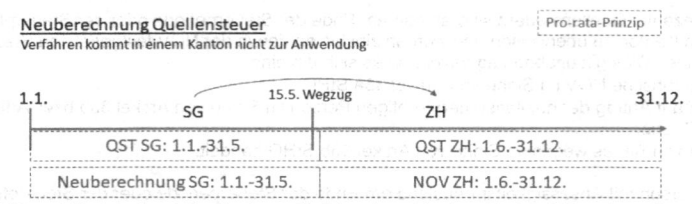

```
1.1.              15.5. Wegzug                              31.12.
        SG                       ZH
   QST SG: 1.1.-31.5.         QST ZH: 1.6.-31.12.
   Neuberechnung SG: 1.1.-31.5.   NOV ZH: 1.6.-31.12.
```

Abbildung 4: Neuberechnung Quellensteuer - Verfahren kommt in einem Kanton nicht zur Anwendung

Der Anhang 1 dieses Kreisschreibens enthält eine Übersicht über das in den Kantonen anwendbare Korrekturverfahren.

Ist eine Person mit Ansässigkeit im Ausland bei mehreren Schuldnern der steuerbaren Leistung in der Schweiz tätig, die ihren steuerrechtlichen Wohnsitz oder Aufenthalt (bei natürlichen Personen[5]) bzw. ihren Sitz, die tatsächliche Verwaltung oder eine Betriebsstätte (bei juristischen Personen) in unterschiedlichen Kantonen haben, führt jeder anspruchsberechtigte Kanton eine separate Neuberechnung der Quellensteuer durch. Dabei werden die im jeweiligen Kanton steuerpflichtigen Bruttoleistungen berücksichtigt, wobei für die Ermittlung des satzbestimmenden Bruttolohns die Ziffern 6.4 und 7.3.2 KS 45 ESTV gelten.

3. Örtliche Zuständigkeit bei einem Wechsel zwischen ordentlicher Veranlagung und Besteuerung an der Quelle

3.1. Örtliche Zuständigkeit bei einem Wechsel in die ordentliche Veranlagung

Eine quellensteuerpflichtige Person mit Ansässigkeit in der Schweiz wird auf den ersten Tag des Folgemonats aus der Quellensteuerpflicht entlassen, wenn sie
- die Niederlassungsbewilligung oder das Schweizer Bürgerrecht erhält (Art. 12 Abs. 1 Bst. a der Verordnung des EFD vom 11. April 2018 über die Quellensteuer bei der direkten Bundessteuer; QStV; SR 642.118.2);
- mit einer Person in rechtlich und tatsächlich ungetrennter Ehe lebt, welche die Niederlassungsbewilligung oder das Schweizer Bürgerrecht besitzt oder erhält (Art. 12 Abs. 1 Bst. b QStV);
- das ordentliche Rentenalter erreicht und keine der Quellensteuer unterliegende Einkünfte mehr erzielt; oder
- eine ganze Invaliditätsrente gemäss Art. 28 Abs. 2 des Bundesgesetzes vom 19. Juni 1959 über die Invalidenversicherung (IVG; SR 831.20) erhält.

Die ordentliche Veranlagung erfolgt für die gesamte Steuerperiode, in welcher der Wechsel von der Quellensteuerpflicht zur ordentlichen Veranlagung stattgefunden hat. Die örtliche Zuständigkeit richtet sich für die gesamte Steuerperiode nach den Regeln der ordentlichen Veranlagung, d.h. es gilt das Stichtagsprinzip (vgl. Art. 4b Abs. 1 StHG). Allfällige bereits abgelieferte Quellensteuern werden an den für die ordentliche Veranlagung zuständigen Kanton überwiesen und zinslos angerechnet.

---

[5] Bei Kollektiv- und Kommanditgesellschaften als Schuldner der steuerbaren Leistung ist der Ort des Geschäftsbetriebes massgebend.

Wechsel in die ordentliche Veranlagung

Stichtagsprinzip

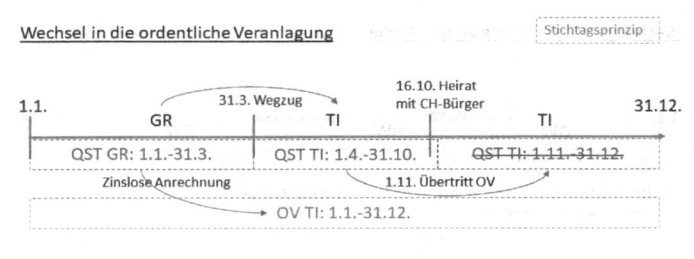

```
                              16.10. Heirat
1.1.        31.3. Wegzug      mit CH-Bürger                    31.12.
      GR                 TI                         TI
   QST GR: 1.1.-31.3.    QST TI: 1.4.-31.10.     QST TI: 1.11.-31.12.
       Zinslose Anrechnung            1.11. Übertritt OV
                              OV TI: 1.1.-31.12.
```

* OV = Ordentliche Veranlagung

Abbildung 5: Wechsel in die ordentliche Veranlagung

Eine Person mit Ansässigkeit im Ausland, die für einen Leistungsschuldner mit Sitz im Ausland in der Schweiz tätig ist, unterliegt für die in der Schweiz steuerpflichtigen Lohnbestandteile der ordentlichen Veranlagung (Art. 4 QStV). Eine Besteuerung an der Quelle hat nur zu erfolgen, wenn diese Leistungen von einer Betriebsstätte oder festen Einrichtung in der Schweiz getragen werden oder wenn ein Personalverleih aus dem Ausland (vgl. Ziffer 2.2.2 KS 45 ESTV) oder eine faktische Arbeitgeberschaft (vgl. Ziffer 2.2.3 KS 45 ESTV) in der Schweiz gegeben ist. Die ordentliche Veranlagung erfolgt ausschliesslich für die Zeit, für welche die Person für einen ausländischen Leistungsschuldner in der Schweiz erwerbstätig ist und insoweit, als die Bestimmungen des anwendbaren Doppelbesteuerungsabkommens die Besteuerungsrecht der Schweiz zuweisen. Zuständig ist derjenige Kanton, in welchem die Person Wochenaufenthalt hat oder sich zur Arbeitsleistung überwiegend aufhält. Wechselt die Person zu einem Arbeitgeber mit Sitz, Betriebsstätte oder festen Einrichtung in der Schweiz, unterliegt sie ab diesem Zeitpunkt der Besteuerung an der Quelle. Allfällige an einen anderen Kanton abgelieferte Quellensteuern werden nicht an den Kanton überwiesen, in welchem die ordentliche Veranlagung durchgeführt wurde.

3.2. Örtliche Zuständigkeit bei einem Wechsel zur Besteuerung an der Quelle

Eine bisher ordentlich besteuerte Person wird wiederum dem Quellensteuerabzug unterstellt,
- wenn ihr die Niederlassungsbewilligung oder das Schweizer Bürgerrecht entzogen wird (Art. 13 Abs. 2 QStV);
- bei tatsächlicher oder rechtlicher Trennung bzw. Scheidung von einer Person, welche die Niederlassungsbewilligung oder das Schweizer Bürgerrecht besitzt (Art. 13 Abs. 2 QStV);
- bei Tod des Ehegatten, welcher im Besitz der Niederlassungsbewilligung oder des Schweizer Bürgerrechts war;
- wenn nach dem Erreichen des ordentlichen Rentenalters erneut eine unselbstständige Erwerbstätigkeit aufgenommen wird;
- wenn sie nur noch eine Teil-Invalidenrente oder gar keine Invalidenrente mehr erhält und erneut eine unselbstständige Erwerbstätigkeit aufnimmt.

Der Wechsel zur Besteuerung an der Quelle findet in den obgenannten Fällen nur statt, wenn kein anderer Grund für eine ordentliche Veranlagung gemäss Ziffer 3.1 oben gegeben ist. Die Besteuerung an der Quelle erfolgt ab dem Folgemonat nach Eintritt des Ereignisses, das zum Wechsel zur Besteuerung an der Quelle geführt hat.

Bei einem Wechsel von der ordentlichen Veranlagung zur Besteuerung an der Quelle wird die steuerpflichtige Person für die gesamte Steuerperiode, in welcher der Wechsel stattgefunden hat, einer NOV unterworfen (Art. 13 Abs. 1 QStV). Die örtliche Zuständigkeit richtet sich nach den Regeln der NOV (vgl. Ziffer 2.2 oben), d.h. es gilt das Stichtagsprinzip. Allfällige bereits abgezogene Quellensteuern werden an den für die NOV zuständigen Kanton überwiesen und angerechnet.

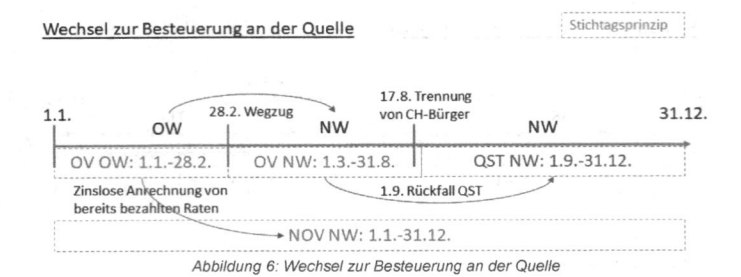

Wechsel zur Besteuerung an der Quelle

Stichtagsprinzip

```
  1.1.              28.2. Wegzug      17.8. Trennung                    31.12.
        OW      ⟶               NW   von CH-Bürger    NW
  |─────────────────|─────────────────|─────────────────|
  | OV OW: 1.1.-28.2. | OV NW: 1.3.-31.8. | QST NW: 1.9.-31.12. |
    Zinslose Anrechnung von                 1.9. Rückfall QST
    bereits bezahlten Raten
                              NOV NW: 1.1.-31.12.
```

Abbildung 6: Wechsel zur Besteuerung an der Quelle

Verstirbt ein Ehegatte und wird der überlebende Ehegatte ab dem Folgemonat wieder dem Quellensteuerabzug unterstellt, werden beide Ehegatten bis zum Todestag gemeinsam ordentlich besteuert. Zuständig ist der Kanton, in welchem die Ehegatten am Todestag steuerrechtlichen Wohnsitz oder Aufenthalt hatten. Der überlebende Ehegatte wird ab dem auf den Todestag folgenden Tag unterjährig nachträglich ordentlich veranlagt. Die örtliche Zuständigkeit für die unterjährige NOV richtet sich nach den Regeln der NOV (vgl. Ziffer 2.2 oben). Allfällige bereits abgezogene Quellensteuern werden an den für die NOV zuständigen Kanton überwiesen und angerechnet.

4. Örtliche Zuständigkeit bei Änderungen im Umfang der Steuerpflicht

Unterliegt eine Person in der Schweiz zunächst einer beschränkten und anschliessend einer unbeschränkten Steuerpflicht oder umgekehrt, wird die Zuständigkeit für die Dauer jeder Steuerpflicht separat festgelegt. Eine Änderung im Umfang der Steuerpflicht gilt im Zusammenhang mit der Besteuerung an der Quelle als Ende der einen und Begründung der anderen Steuerpflicht. Für Konstellationen mit mehreren wirtschaftlichen Anknüpfungspunkten in der Schweiz wird auf die weiteren Kreisschreiben der Schweizerischen Steuerkonferenz zur interkantonalen Steuerausscheidung verwiesen (vgl. insbesondere Kreisschreiben 18 vom 27.11.2001 über die interkantonale Ausscheidung bei Änderungen der Steuerpflicht während der Steuerperiode im System der einjährigen Postnumerandobesteuerung mit Gegenwartsbemessung).

4.1. Örtliche Zuständigkeit bei Wechsel von beschränkter zu unbeschränkter Steuerpflicht und fortgesetzter Besteuerung an der Quelle

Ist eine Person mit Ansässigkeit im Ausland aufgrund einer unselbstständigen Erwerbstätigkeit in der Schweiz zunächst beschränkt steuerpflichtig und verlegt sie ihre Ansässigkeit im Laufe des Steuerjahres in die Schweiz – und unterliegt für ihr Erwerbseinkommen weiterhin der Besteuerung an der Quelle – gilt Folgendes:

- Für die Zeit der beschränkten Steuerpflicht unterliegt die Person dem Quellensteuerabzug gemäss der Zuständigkeitsregelung von Ziffer 2.1 (pro rata temporis). Insbesondere sind die Quellensteuern erst ab dem Folgemonat mit der Steuerbehörde des neu anspruchsberechtigten Wohnsitzkantons abzurechnen. Die quellensteuerpflichtige Person kann bis 31. März des auf die Fälligkeit der Leistung folgenden Steuerjahres eine NOV beantragen (Art. 35a StHG). Sind die Voraussetzungen erfüllt (bspw. Quasi-Ansässigkeit), nimmt die zuständige Steuerbehörde (vgl. Ziffer 2.2 oben) eine unterjährige NOV für die Dauer der beschränkten Steuerpflicht vor. Allfällige für die Zeit der beschränkten Steuerpflicht bereits bezahlte Quellensteuern werden an den am Ende der beschränkten Steuerpflicht zuständigen Kanton überwiesen und zinslos an den in der unterjährigen NOV festgesetzten Steuerbetrag angerechnet.

- Für die Zeit der unbeschränkten Steuerpflicht unterliegt die Person weiterhin dem Quellensteuerabzug gemäss Zuständigkeitsregelung von Ziffer 2.1 (pro rata temporis). Weiter ist zu unterscheiden, ob es sich um einen Fall mit obligatorischer NOV (Art. 33a StHG) handelt oder nicht.

Wechsel von beschränkter zu unbeschränkter Steuerpflicht ohne nachträgliche ordentliche Veranlagung — Pro-rata-Prinzip
Erwerbstätigkeit in der Schweiz
Verlegung der Ansässigkeit vom Ausland in die Schweiz

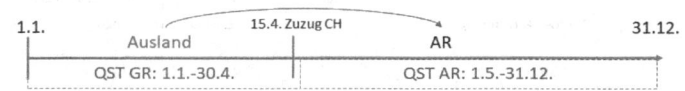

```
1.1.                15.4. Zuzug CH                        31.12.
        Ausland     |            AR                   |
        QST GR: 1.1.-30.4.       QST AR: 1.5.-31.12.
```

Abbildung 7: Wechsel von beschränkter zu unbeschränkter Steuerpflicht ohne nachträgliche ordentliche Veranlagung

- o Handelt es sich um einen Fall mit obligatorischer NOV (Art. 33a StHG und Art. 9 QStV), nimmt die zuständige Steuerbehörde des Kantons, in welchem die quellensteuerpflichtige Person am Ende der Steuerperiode oder der Steuerpflicht ansässig ist, ab der Verlegung der Ansässigkeit in die Schweiz eine unterjährige obligatorische NOV vor (massgebend ist das genaue Zuzugsdatum). Allfällige für die Zeit der unbeschränkten Steuerpflicht bereits bezahlte Quellensteuern sind an den am Ende der Steuerperiode oder der Steuerpflicht zuständigen Kanton zu überweisen und werden zinslos an den in der unterjährigen NOV festgesetzten Steuerbetrag angerechnet.

- o Sind die Voraussetzungen einer obligatorischen NOV nicht erfüllt (vgl. Art. 33a StHG), kann die quellensteuerpflichtige Person bis 31. März des auf die Fälligkeit der Leistung folgenden Steuerjahres eine NOV beantragen (Art. 33b StHG). Die zuständige Steuerbehörde (vgl. Ziffer 2.2) nimmt eine unterjährige NOV ab der Verlegung der Ansässigkeit in die Schweiz vor (massgebend ist das genaue Zuzugsdatum). Allfällige für die Zeit der unbeschränkten Steuerpflicht bereits bezahlte Quellensteuern sind an den am Ende der Steuerperiode oder der Steuerpflicht zuständigen Kanton zu überweisen und werden zinslos an den in der NOV festgesetzten Steuerbetrag angerechnet.

Wechsel von beschränkter zu unbeschränkter Steuerpflicht mit nachträglicher ordentlicher Veranlagung — Pro-rata-Prinzip / Stichtagsprinzip
Erwerbstätigkeit in der Schweiz
Verlegung der Ansässigkeit vom Ausland in die Schweiz

```
1.1.                15.5. Zuzug CH                        31.12.
        Ausland     |            GE                   |
        QST VD: 1.1.-31.5.       QST GE: 1.6.-31.12.
        Zinslose Anrechnung      Zinslose Anrechnung
        NOV VD: 1.1.-14.5.       NOV GE: 15.5.-31.12.
```

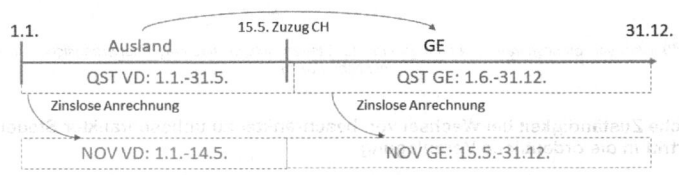

Abbildung 8: Wechsel von beschränkter zu unbeschränkter Steuerpflicht mit nachträglicher ordentlicher Veranlagung

Wechsel von beschränkter zu unbeschränkter Steuerpflicht mit nachträglicher ordentlicher Veranlagung
Erwerbstätigkeit in der Schweiz, Verlegung der Ansässigkeit vom Ausland in die Schweiz und Umzug innerhalb der Schweiz

Pro-rata-Prinzip
Stichtagsprinzip

```
1.1.              15.5. Zuzug CH              15.9. Wegzug              31.12.
    Ausland                  |        GE         |       JU
    | QST VD: 1.1.-31.5.     | QST GE: 1.6.-30.9. | QST JU: 1.10.-31.12. |
        Zinslose Anrechnung            Zinslose Anrechnung
        | NOV VD: 1.1.-14.5. |        | NOV JU: 15.5.-31.12. |
```

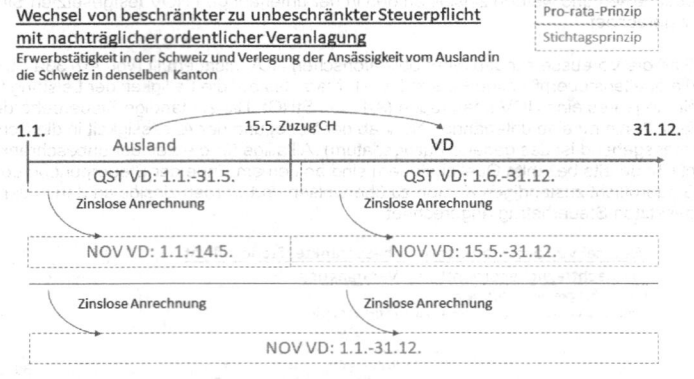

Abbildung 9: Wechsel von beschränkter zu unbeschränkter Steuerpflicht mit nachträglicher ordentlicher Veranlagung und Umzug innerhalb der Schweiz

- Ist die Person im gleichen Kanton zunächst beschränkt und anschliessend unbeschränkt steuerpflichtig, gelten die vorgenannten Prinzipien ebenfalls. Es bleibt dem Kanton vorbehalten, unter Berücksichtigung der Grundsätze der internationalen Steuerausscheidung eine ganzjährige NOV durchzuführen, sofern die Voraussetzungen für eine NOV für die Zeit der beschränkten Steuerpflicht erfüllt sind (bspw. Quasi-Ansässigkeit, Art. 35a StHG).

Wechsel von beschränkter zu unbeschränkter Steuerpflicht mit nachträglicher ordentlicher Veranlagung
Erwerbstätigkeit in der Schweiz und Verlegung der Ansässigkeit vom Ausland in die Schweiz in denselben Kanton

Pro-rata-Prinzip
Stichtagsprinzip

```
1.1.              15.5. Zuzug CH                              31.12.
    Ausland                  |            VD
    | QST VD: 1.1.-31.5.     | QST VD: 1.6.-31.12. |
        Zinslose Anrechnung         Zinslose Anrechnung
        | NOV VD: 1.1.-14.5. |   | NOV VD: 15.5.-31.12. |
            Zinslose Anrechnung     Zinslose Anrechnung
                    | NOV VD: 1.1.-31.12. |
```

Abbildung 10: Wechsel von beschränkter zu unbeschränkter Steuerpflicht mit nachträglicher ordentlicher Veranlagung - im gleichen Kanton

4.2. Örtliche Zuständigkeit bei Wechsel von beschränkter zu unbeschränkter Steuerpflicht und Übertritt in die ordentliche Veranlagung

Ist eine Person mit Ansässigkeit im Ausland aufgrund einer unselbstständigen Erwerbstätigkeit in der Schweiz zunächst beschränkt steuerpflichtig und verlegt sie ihre Ansässigkeit im Laufe des Steuerjahres in die Schweiz – und unterliegt ab diesem Zeitpunkt in der Schweiz der ordentlichen Veranlagung (bspw. aufgrund Besitz des Schweizer Bürgerrechts oder der Niederlassungsbewilligung) – gilt Folgendes:

- Für die Zeit der beschränkten Steuerpflicht unterliegt die Person dem Quellensteuerabzug gemäss der Zuständigkeitsregelung von Ziffer 2.1 (pro rata temporis). Der Schuldner der steuerbaren Leistung hat ab dem Folgemonat (massgebend ist das Zuzugsdatum) keine Quellensteuern mehr abzurechnen. Die quellensteuerpflichtige Person kann bis 31. März des auf die Fälligkeit der Leistung folgenden Steuerjahres eine NOV beantragen (Art. 35a StHG). Sind die Voraussetzungen erfüllt (bspw. Quasi-Ansässigkeit), nimmt die zuständige Steuerbehörde (vgl. Ziffer 2.2 oben) eine unterjährige NOV für die Dauer der beschränkten Steuerpflicht vor. Allfällige für die Zeit der beschränkten Steuerpflicht bereits bezahlte Quellensteuern werden an den am Ende der beschränkten Steuerpflicht zuständigen Kanton überwiesen und zinslos an den in der NOV festgesetzten Steuerbetrag angerechnet.

- Für die Zeit der unbeschränkten Steuerpflicht unterliegt die Person in der Schweiz der ordentlichen Veranlagung. Der Kanton, in welchem die Person am Ende der Steuerperiode oder der Steuerpflicht steuerrechtlichen Wohnsitz oder Aufenthalt hat, nimmt eine unterjährige ordentliche Veranlagung ab dem Zuzug in die Schweiz vor (Art. 4b Abs. 1 StHG). Allfällige für die Zeit der unbeschränkten Steuerpflicht bereits bezahlte Quellensteuern werden an den am Ende der unbeschränkten Steuerpflicht zuständigen Kanton überwiesen und zinslos an den in der OV festgesetzten Steuerbetrag angerechnet.

Wechsel von beschränkter zu unbeschränkter Steuerpflicht mit Übertritt in die ordentliche Veranlagung
Erwerbstätigkeit in der Schweiz
Verlegung der Ansässigkeit vom Ausland in die Schweiz

Pro-rata-Prinzip
Stichtagsprinzip

1.1. | 15.5. Zuzug CH | 31.12.
Ausland | GE
QST VD: 1.1.-31.5. | QST GE: 1.6.-31.12.
Zinslose Anrechnung
NOV VD: 1.1.-14.5. | OV GE: 15.5.-31.12.

Abbildung 11: Wechsel von beschränkter zu unbeschränkter Steuerpflicht mit Übertritt in die ordentliche Veranlagung

- Ist die Person im gleichen Kanton zunächst beschränkt und anschliessend unbeschränkt steuerpflichtig, gelten die vorgenannten Prinzipien ebenfalls. Es bleibt dem Kanton vorbehalten, unter Berücksichtigung der Grundsätze der internationalen Steuerausscheidung eine ganzjährige ordentliche Veranlagung durchzuführen, sofern die Voraussetzungen für eine NOV für die Zeit der beschränkten Steuerpflicht erfüllt sind (bspw. Quasi-Ansässigkeit, Art. 35a StHG).

Wechsel von beschränkter zu unbeschränkter Steuerpflicht mit Übertritt in die ordentliche Veranlagung
Erwerbstätigkeit in der Schweiz und Verlegung der Ansässigkeit vom Ausland in die Schweiz in denselben Kanton

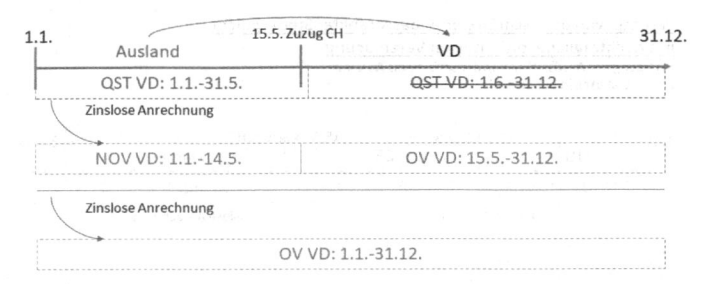

Pro-rata-Prinzip
Stichtagsprinzip

1.1. | 15.5. Zuzug CH | 31.12.
Ausland | VD
QST VD: 1.1.-31.5. | QST VD: 1.6.-31.12.
Zinslose Anrechnung
NOV VD: 1.1.-14.5. | OV VD: 15.5.-31.12.
Zinslose Anrechnung
OV VD: 1.1.-31.12.

Abbildung 12: Wechsel von beschränkter zu unbeschränkter Steuerpflicht mit Übertritt in die ordentliche Veranlagung - im gleichen Kanton

4.3. Örtliche Zuständigkeit bei Wechsel von unbeschränkter zu beschränkter Steuerpflicht und fortgesetzter Besteuerung an der Quelle

Ist eine Person mit Ansässigkeit in der Schweiz zunächst unbeschränkt steuerpflichtig – und unterliegt für ihr Erwerbseinkommen der Besteuerung an der Quelle – und verlegt sie ihre Ansässigkeit im Laufe der Steuerperiode ins Ausland, begründet aber weiterhin eine beschränkte Steuerpflicht aufgrund einer unselbstständigen Erwerbstätigkeit in der Schweiz, gilt Folgendes:

- Für die Zeit der unbeschränkten Steuerpflicht unterliegt die Person dem Quellensteuerabzug gemäss Zuständigkeitsregelung von Ziffer 2.1 (pro rata temporis). Weiter ist zu unterscheiden, ob es sich um einen Fall mit obligatorischer NOV (Art. 33a StHG) handelt oder nicht.

Wechsel von unbeschränkter zu beschränkter Steuerpflicht ohne nachträgliche ordentliche Veranlagung
Verlegung der Ansässigkeit von der Schweiz ins Ausland
Erwerbstätigkeit in der Schweiz

Pro-rata-Prinzip

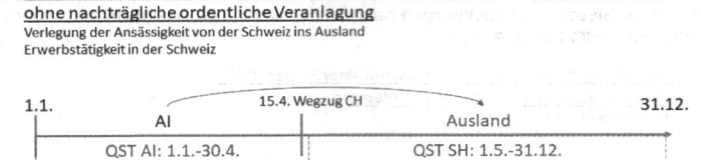

```
1.1.              15.4. Wegzug CH                    31.12.
        AI                          Ausland
   QST AI: 1.1.-30.4.           QST SH: 1.5.-31.12.
```

Abbildung 13: Wechsel von unbeschränkter zu beschränkter Steuerpflicht ohne nachträgliche ordentliche Veranlagung

  o Handelt es sich um einen Fall mit obligatorischer NOV (Art. 33a StHG und Art. 9 QStV), nimmt die zuständige Steuerbehörde des Kantons, in welchem die quellensteuerpflichtige Person am Ende der unbeschränkten Steuerpflicht ihren steuerrechtlichen Wohnsitz oder Aufenthalt hat, bis zur Verlegung der Ansässigkeit ins Ausland eine unterjährige NOV vor (massgebend ist das genaue Wegzugsdatum). Allfällige für die Zeit der unbeschränkten Steuerpflicht bereits bezahlte Quellensteuern sind an den am Ende der unbeschränkten Steuerpflicht zuständigen Kanton zu überweisen und werden zinslos an den in der unterjährigen NOV festgesetzten Steuerbetrag angerechnet.

  o Sind die Voraussetzungen einer obligatorischen NOV nicht erfüllt (vgl. Art. 33a StHG), kann die quellensteuerpflichtige Person bis 31. März des auf die Fälligkeit der Leistung folgenden Steuerjahres eine NOV beantragen (Art. 33b StHG). Die zuständige Steuerbehörde (vgl. Ziffer 2.2) nimmt eine unterjährige NOV bis zur Verlegung der Ansässigkeit ins Ausland vor (massgebend ist das genaue Wegzugsdatum). Allfällige für die Zeit der unbeschränkten Steuerpflicht bereits bezahlte Quellensteuern sind an den am Ende der unbeschränkten Steuerpflicht zuständigen Kanton zu überweisen und werden zinslos an den in der NOV festgesetzten Steuerbetrag angerechnet.

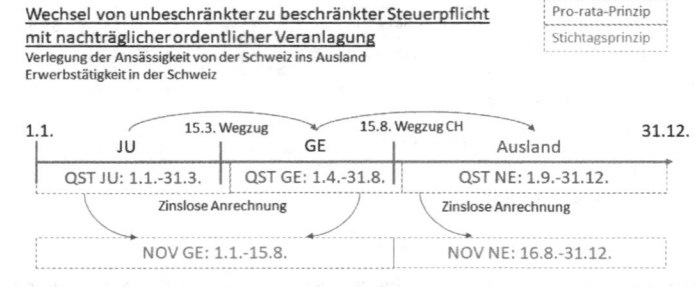

Wechsel von unbeschränkter zu beschränkter Steuerpflicht mit nachträglicher ordentlicher Veranlagung
Verlegung der Ansässigkeit von der Schweiz ins Ausland
Erwerbstätigkeit in der Schweiz

Pro-rata-Prinzip
Stichtagsprinzip

```
1.1.        15.3. Wegzug      15.8. Wegzug CH         31.12.
       JU               GE                 Ausland
  QST JU: 1.1.-31.3. | QST GE: 1.4.-31.8. | QST NE: 1.9.-31.12.
       Zinslose Anrechnung      Zinslose Anrechnung
       NOV GE: 1.1.-15.8.       NOV NE: 16.8.-31.12.
```

Abbildung 14: Wechsel von unbeschränkter zu beschränkter Steuerpflicht mit nachträglicher ordentlicher Veranlagung

- Für die Zeit der beschränkten Steuerpflicht unterliegt die Person dem Quellensteuerabzug gemäss der Zuständigkeitsregelung von Ziffer 2.1 (pro rata temporis). Insbesondere sind die Quellensteuern erst ab dem Folgemonat mit der Steuerbehörde des neu anspruchsberechtigten Kantons abzurechnen. Die quellensteuerpflichtige Person kann bis 31. März des auf die Fälligkeit der Leistung folgenden Steuerjahres eine NOV beantragen (Art. 35a StHG). Sind die Voraussetzungen erfüllt (bspw. Quasi-Ansässigkeit), nimmt die zuständige Steuerbehörde (vgl. Ziffer 2.2 oben) eine unterjährige NOV für die Dauer der beschränkten Steuerpflicht vor. Allfällige für die Zeit der beschränkten Steuerpflicht bereits bezahlte Quellensteuern werden an den am Ende der beschränkten Steuerpflicht zuständigen Kanton überwiesen und zinslos an den in der NOV festgesetzten Steuerbetrag angerechnet.

- Ist die Person im gleichen Kanton zunächst unbeschränkt und anschliessend beschränkt steuerpflichtig, gelten die vorgenannten Prinzipien ebenfalls. Es bleibt dem Kanton vorbehalten, unter Berücksichtigung der Grundsätze der internationalen Steuerausscheidung eine ganzjährige NOV durchzuführen, sofern die Voraussetzungen für eine NOV für die Zeit der beschränkten Steuerpflicht erfüllt sind (bspw. Quasi-Ansässigkeit, Art. 35a StHG).

Wechsel von unbeschränkter zu beschränkter Steuerpflicht mit nachträglicher ordentlicher Veranlagung
Verlegung der Ansässigkeit von der Schweiz ins Ausland und Erwerbstätigkeit in der Schweiz in demselben Kanton

Pro-rata-Prinzip
Stichtagsprinzip

```
       1.1.            15.5. Wegzug CH                              31.12.
                  VD                           Ausland
        QST VD: 1.1.-31.5.                QST VD: 1.6.-31.12.
        Zinslose Anrechnung               Zinslose Anrechnung
        NOV VD: 1.1.-15.5.                NOV VD: 16.5.-31.12.
        Zinslose Anrechnung               Zinslose Anrechnung
                       NOV VD: 1.1.-31.12.
```

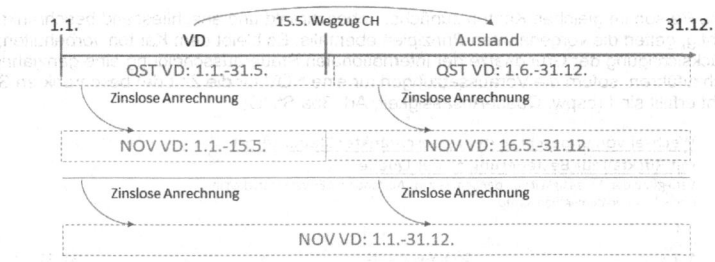

Abbildung 15: Wechsel von unbeschränkter zu beschränkter Steuerpflicht mit nachträglicher ordentlicher Veranlagung - im gleichen Kanton

4.4. Örtliche Zuständigkeit bei Wechsel von unbeschränkter zu beschränkter Steuerpflicht und Rückfall zur Besteuerung an der Quelle

Ist eine Person mit Ansässigkeit in der Schweiz zunächst unbeschränkt steuerpflichtig – und unterliegt der ordentlichen Veranlagung (bspw. aufgrund Besitz des Schweizer Bürgerrechts oder der Niederlassungsbewilligung) – und verlegt sie ihre Ansässigkeit im Laufe der Steuerperiode ins Ausland, begründet aber weiterhin eine beschränkte Steuerpflicht aufgrund einer unselbstständigen Erwerbstätigkeit in der Schweiz, gilt Folgendes:

- Für die Zeit der unbeschränkten Steuerpflicht unterliegt die Person in der Schweiz der ordentlichen Veranlagung. Der Kanton, in welchem die Person am Ende der unbeschränkten Steuerpflicht steuerrechtlichen Wohnsitz oder Aufenthalt hat, nimmt eine unterjährige ordentliche Veranlagung bis zum Wegzug aus der Schweiz vor (Art. 4b Abs. 1 StHG).

- Für die Zeit der beschränkten Steuerpflicht unterliegt die Person dem Quellensteuerabzug gemäss der Zuständigkeitsregelung von Ziffer 2.1 (pro rata temporis). Der Schuldner der steuerbaren Leistung hat ab dem Tag nach dem Wegzugsdatum die Quellensteuern mit der Steuerbehörde des zuständigen Kantons abzurechnen. Die quellensteuerpflichtige Person kann bis 31. März des auf die Fälligkeit der Leistung folgenden Steuerjahres eine NOV beantragen (Art. 35a StHG). Sind die Voraussetzungen erfüllt (bspw. Quasi-Ansässigkeit), nimmt die zuständige Steuerbehörde (vgl. Ziffer 2.2 oben) eine unterjährige NOV für die Dauer der beschränkten Steuerpflicht vor. Allfällige für die Zeit der beschränkten Steuerpflicht bereits bezahlte Quellensteuern werden an den am Ende der Steuerperiode oder der Steuerpflicht zuständigen Kanton überwiesen und zinslos an den in der NOV festgesetzten Steuerbetrag angerechnet.

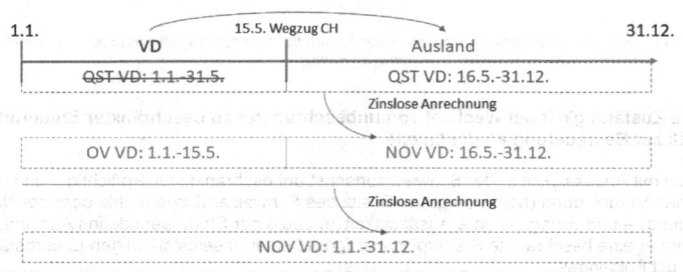

Wechsel von unbeschränkter zu beschränkter Steuerpflicht mit Rückfall zur Besteuerung an der Quelle
Verlegung der Ansässigkeit von der Schweiz ins Ausland
Erwerbstätigkeit in der Schweiz

Pro-rata-Prinzip
Stichtagsprinzip

```
1.1.              15.5. Wegzug CH              31.12.
     GE                       Ausland
     QST GE: 1.1.-31.5.       QST NE: 16.5.-31.12.
                        Zinslose Anrechnung
     OV GE: 1.1.-15.5.        NOV NE: 16.5.-31.12.
```

Abbildung 16: Wechsel von unbeschränkter zu beschränkter Steuerpflicht mit Rückfall zur Besteuerung an der Quelle

- Ist die Person im gleichen Kanton zunächst unbeschränkt und anschliessend beschränkt steuerpflichtig, gelten die vorgenannten Prinzipien ebenfalls. Es bleibt dem Kanton vorbehalten, unter Berücksichtigung der Grundsätze der internationalen Steuerausscheidung eine ganzjährige NOV durchzuführen, sofern die Voraussetzungen für eine NOV für die Zeit der beschränkten Steuerpflicht erfüllt sind (bspw. Quasi-Ansässigkeit, Art. 35a StHG).

Wechsel von unbeschränkter zu beschränkter Steuerpflicht mit Rückfall zur Besteuerung an der Quelle
Verlegung der Ansässigkeit von der Schweiz ins Ausland und Erwerbstätigkeit in der Schweiz in demselben Kanton

Pro-rata-Prinzip
Stichtagsprinzip

```
1.1.              15.5. Wegzug CH              31.12.
     VD                       Ausland
     QST VD: 1.1.-31.5.       QST VD: 16.5.-31.12.
                        Zinslose Anrechnung
     OV VD: 1.1.-15.5.        NOV VD: 16.5.-31.12.
                        Zinslose Anrechnung
              NOV VD: 1.1.-31.12.
```

Abbildung 17: Wechsel von unbeschränkter zu beschränkter Steuerpflicht mit Rückfall zur Besteuerung an der Quelle - im gleichen Kanton

5. Zusammenarbeit zwischen den Kantonen

5.1. Einreichung von Quellensteuerabrechnungen bei einer unzuständigen Steuerbehörde

Die Schuldner der steuerbaren Leistung haben die Quellensteuern mit dem zum Zeitpunkt der Fälligkeit der Leistung anspruchsberechtigten Kanton (vgl. Ziffer 2.1. oben) und nach dessen Tarifen direkt abzurechnen (Art. 38 Abs. 1 bis 3 StHG, vgl. auch Ziffer 9.5 KS 45 ESTV). Verlegt eine quellensteuerpflichtige Person ihren Wohnsitz oder ihren Wochenaufenthalt in einen anderen Kanton, ist die Quellensteuerabrechnung ab dem Folgemonat bei der Steuerbehörde des neu anspruchsberechtigten Kantons einzureichen. Das gleiche gilt, wenn eine im Ausland ansässige quellensteuerpflichtige Person zu einem Schuldner der steuerbaren Leistung mit Sitz oder Betriebsstätte in einem anderen Kanton wechselt
oder wenn der Schuldner der steuerbaren Leistung einer im Ausland ansässigen quellensteuerpflichtigen Person den Sitz bzw. die Betriebsstätte in einen anderen Kanton verlegt.

Reicht ein Schuldner der steuerbaren Leistung die Quellensteuerabrechnung bei einer unzuständigen Steuerbehörde ein, weist diese die Quellensteuerabrechnung betreffend diejenigen abgerechneten quellensteuerpflichtigen Personen, die in einem anderen Kanton steuerpflichtig sind, an den Schuldner der steuerbaren Leistung zurück. Damit die Pflicht der Schuldner der steuerbaren Leistung zur direkten Abrechnung mit dem zuständigen Kanton nicht umgangen werden kann, werden falsch eingereichte Quellensteuerabrechnungen nicht von den Steuerbehörden an den zuständigen Kanton weitergeleitet. Allfällige bereits an den falschen Kanton abgelieferte Quellensteuern werden dem Schuldner der steuerbaren Leistung zinslos zurückerstattet.

5.2. Weiterleitung von Anträgen auf nachträgliche ordentliche Veranlagung (NOV) sowie auf Erlass einer anfechtbaren Verfügung

Reicht eine quellensteuerpflichtige Person einen Antrag auf NOV bei einer unzuständigen Steuerbehörde ein, leitet diese die Unterlagen an die Steuerbehörde des zuständigen Kantons unter Angabe des Einreichedatums (bspw. Poststempel) weiter. Dies gilt auch, wenn die quellensteuerpflichtige Person einen Antrag auf NOV für das ganze Jahr bei der am Ende der Steuerperiode oder der Steuerpflicht zuständigen Steuerbehörde einreicht, aufgrund eines Wechsels im Umfang der Steuerpflicht für einen Teil der Steuerperiode jedoch ein anderer Kanton zuständig war (vgl. Ziffer 4 oben). In diesem Fall muss sich aus dem Antrag auf NOV explizit oder sinngemäss ergeben, dass die quellensteuerpflichtige Person für die ganze Steuerperiode eine NOV beantragen will. Kann die zuständige Steuerbehörde anhand der Unterlagen nicht ermittelt werden, wird der Antrag auf NOV an die quellensteuerpflichtige Person retourniert mit der Bitte, den Antrag bei der zuständigen Steuerbehörde einzureichen und gegebenenfalls die Zeitspanne anzugeben, für welche die NOV beantragt wird.

Ein Antrag auf NOV ist anzunehmen, wenn eine quellensteuerpflichtige Person die Steuererklärung für eine unterjährige NOV bis 31. März des auf die Fälligkeit der Leistung folgenden Steuerjahres einreicht und dabei Kosten geltend macht, die ausserhalb der Dauer der unterjährigen NOV angefallen sind (bspw. vor oder nach einer Ansässigkeitsverlegung in die Schweiz oder ins Ausland).

Reicht eine quellensteuerpflichtige Person einen Antrag auf anfechtbare Verfügung über Bestand und Umfang der Quellensteuerpflicht nur in einem der im betreffenden Steuerjahr anspruchsberechtigten Kantonen ein, leitet dieser das Anliegen an den bzw. die übrigen Kantone weiter unter Angabe des Einreichedatums (Poststempel). Die vorstehenden Ausführungen gelten im Übrigen sinngemäss.

5.3. Wegzugsmeldung bei interkantonalem Wohnsitzwechsel von quellensteuerpflichtigen Personen

Verlegt eine quellensteuerpflichtige Person innerhalb der Schweiz ihren steuerrechtlichen Wohnsitz oder Aufenthalt bzw. ihren Wochenaufenthalt von einem Kanton in einen anderen, übermittelt der Wegzugskanton dem Zuzugskanton eine Wegzugsmeldung. Diese Meldung soll insbesondere folgende Informationen beinhalten:

- Stammdaten der quellensteuerpflichtigen Person (SV-Nr., Name, Vorname/n, Geburtsdatum und Konfession [falls vorhanden]),
- Stammdaten des Ehegatten (SV-Nr., Name, Vorname/n, Geburtsdatum und Konfession),
- Wegzugsdatum,
- Status der quellensteuerpflichtigen Person:
  o Ansässigkeit im Ausland (ja/nein),
  o Wochenaufenthalter (ja/nein),
  o Grenzgänger im Sinne eines Steuerabkommens (ja/nein),
- Bisherige Schuldner der steuerbaren Leistung (UID-Nr., Name bzw. Firma und Adresse der letzten aktiven Arbeitgeber),
- Letztgültiger Tarifcode im Wegzugszeitpunkt,
- NOV im Wegzugskanton (ja/nein, Steuerfaktoren, Ermessensveranlagung ja/nein),
- Zuzug vom Ausland oder von einem anderen Kanton im Wegzugsjahr (ja/nein, Datum, Land/Kanton),
- Wechsel von der Quellensteuer zur ordentlichen Veranlagung im Wegzugsjahr (ja/nein, Grund, Datum),
- Wechsel von der ordentlichen Veranlagung zur Quellensteuer im Wegzugsjahr (ja/nein, Grund, Datum).

Die Kantone streben an, bis Ende Jahr 2022 eine automatisierte Wegzugsmeldung umzusetzen, welche direkt durch die Mutation des Wegzuges einer Person generiert und elektronisch an den Zuzugskanton übermittelt wird.

5.4. Weiterleitung von Quellensteuern bei NOV

Wird bei einer quellensteuerpflichtigen Person eine NOV durchgeführt, hat der zuständige Kanton gegebenenfalls Anspruch auf allfällige in derselben Steuerperiode an andere Kantone überwiesene Quellensteuerbeträge (Art. 38a StHG). Die Quellensteuern werden von Amtes wegen oder auf Antrag des anderen Kantons (s. Antragsformular in Anhang 2) an die zuständige Steuerbehörde überwiesen und zinslos angerechnet. Zu viel bezogene Steuern werden der quellensteuerpflichtigen Person zurückerstattet, zu wenig bezogene Steuern bei der quellensteuerpflichtigen Person nachgefordert.

Die Übermittlung der Quellensteuerbeträge erfolgt mindestens quartalsweise (jeweils per 31. März, 30. Juni, 30. September und 31. Dezember) im Rahmen des interkantonalen Abrechnungsverfahrens (IKV). Eine interkantonale Abrechnung muss die folgenden Informationen enthalten:

- Übersicht mit den Totalen pro Steuerjahr (Quellensteuer brutto, Bezugsprovision, Quellensteuer netto, Teilzahlungen, Abschreibungen, Saldo),
- Detailabrechnung pro Abrechnungsperiode:
  o Stammdaten der quellensteuerpflichtigen Person (SV-Nr., Name, Vorname/n, Geburtsdatum und Adresse),
  o Abrechnungsdetails pro quellensteuerpflichtige Person (Gemeinde, Periode von/bis, Eintritt/Austritt, Bruttolohn, satzbestimmender Lohn, Tarifcode, Quellensteuer brutto, Bezugsprovision, Quellensteuer netto, Teilzahlungen, Abschreibungen, Saldo pro Periode, Saldo Total pro quellensteuerpflichtige Person).

Der Anhang 3 dieses Kreisschreibens enthält ein Musterformular für die interkantonale Quellensteuer-Abrechnung.

6. Inkrafttreten

Dieses Kreisschreiben ersetzt das Kreisschreiben Nr. 14 der Schweizerischen Steuerkonferenz vom 6. Juli 2001.

Es tritt am 1. Januar 2021 in Kraft und gilt für sämtliche ab diesem Datum fällig werdenden steuerbaren Leistungen.

☞ *Die Anhänge sind an dieser Stelle nicht abgedruckt.*

Interkantonale Steuerausscheidung STAF

Quelle: Schweizerische Steuerkonferenz SSK

Interkantonale Steuerausscheidung von Gesellschaften, welche die in der STAF[1] vorgesehenen Abzüge beanspruchen
Kreisschreiben 34 – vom 15. Januar 2020

1. Einleitung

Das Bundesgesetz über die Steuerreform und die AHV-Finanzierung (nachfolgend STAF) vom 28. September 2018 ist am 1. Januar 2020 in Kraft getreten. Das Gesetz führt einige zusätzliche Abzüge für die Kantons- und Gemeindesteuern, nicht aber für die Direkte Bundessteuer, ein. Das Bundesgesetz über die Harmonisierung der direkten Steuern der Kantone und Gemeinden (StHG) lässt den Kantonen eine gewisse Freiheit, einerseits bestimmte Abzüge einzuführen oder auch nicht und andererseits über deren Höhe zu bestimmen. Aufgrund dieses Ermessensspielraums bei der Gesetzgebung wird sich die Ermittlung des steuerbaren Reingewinns einer Unternehmung von Kanton zu Kanton erheblich unterscheiden. Dieser Umstand kann tendenziell interkantonale Doppelbesteuerungen fördern oder aber gegenteilig, zu Nichtbesteuerungen führen. Ziel dieses Kreisschreibens ist es, mittels verschiedener Beispiele diese Situationen zu regeln und zu gewährleisten, dass die bundesgerichtliche Rechtsprechung zur interkantonalen Steuerausscheidung eingehalten wird.

Das vorliegende Kreisschreiben zeigt mit verschiedenen Beispielen die Mechanismen der interkantonalen Steuerausscheidung für Unternehmen auf, welche STAF-Ermässigungen beanspruchen. In dieser Hinsicht können die Beispiele einige Berechnungen umfassen, die sich auf die Anwendung von STAF-Ermässigungen beziehen. Diese Berechnungen sind nur beispielhaft und stellen in keiner Weise Empfehlungen der schweizerischen Steuerkonferenz (SSK) dar. Das Ziel dieses Kreisschreibens ist einzig die Behandlung der interkantonalen Probleme, welche sich im Zusammenhang mit der Anwendung der STAF-Ermässigungen ergeben können.

Der zusätzliche Abzug für Forschungs- und Entwicklungsaufwand ist einfach nachzuvollziehen und erlaubt die Behandlung einer Vielzahl interkantonaler Probleme. Deshalb sind die Beispiele 2 bis 5 auf dieser Ermässigung aufgebaut. Die empfohlenen

---

[1] Bundesgesetz über die Steuerreform und die AHV-Finanzierung (STAF), in Kraft getreten am 1. Januar 2020.

Lösungen können aber sinngemäss auch auf andere STAF-Ermässigungen angewendet werden.

Um die Darstellung zu vereinfachen, konzentrieren sich die Beispiele auf die Gewinnausscheidung. Die Kapitalausscheidung ist einfacher und wird nur in den Beispielen 1 und 8 behandelt.

2. Anwendbare Grundsätze

Bei der interkantonalen Steuerausscheidung von juristischen Personen[2], welche STAF-Ermässigungen beanspruchen, gelten die folgenden Grundsätze:

2.1. Allgemeine Grundsätze für interkantonale Steuerausscheidungen beim Vorliegen von STAF-Ermässigungen

Die interkantonale Steuerausscheidung ist immer aus Sicht eines bestimmten Kantons und dessen gesetzlichen Bestimmungen vorzunehmen. Dieser Grundsatz galt schon vor der Einführung der Instrumente der STAF. Aufgrund der unterschiedlichen kantonalen Gesetzgebungen zu den STAF-Ermässigungen gewinnt dieser Grundsatz aber noch einmal an Bedeutung. Aus Sicht der steuerpflichtigen Person ist somit durch jeden Kanton, für den eine Steuerpflicht vorliegt, eine interkantonale Ausscheidung vorzunehmen.

Der auf die Kantone zu verteilende Gesamtgewinn ist von jedem Kanton auf der Basis seiner gesetzlichen Bestimmungen so festzulegen, wie wenn die gesamte Geschäftstätigkeit nur in seinem Kanton stattfinden würde. Bei der Steuerausscheidung aus Sicht eines Kantons muss die Summe der auf die Kantone verteilten Gewinne diesem Gesamtgewinn entsprechen. Ist die Summe der auf die Kantone verteilten Gewinne höher als dieser Gesamtgewinn, liegt eine verfassungswidrige interkantonale Doppelbesteuerung vor (Art. 127 Abs. 3 BV).

Die gesamten geltenden Grundsätze zur interkantonalen Steuerausscheidung sind grundsätzlich auch anwendbar, falls STAF-Ermässigungen geltend gemacht werden.

2.2. Spezifische Grundsätze für interkantonale Steuerausscheidungen beim Vorliegen von STAF-Ermässigungen

Aufgrund der unterschiedlichen kantonalen Umsetzung der STAF-Ermässigungen, ist die interkantonale Gewinnausscheidung[3] in drei Stufen vorzunehmen. Zuerst wird eine

---

[2] Das vorliegende Kreisschreiben behandelt nur interkantonale Steuerausscheidungen mit Ermässigungen nach STAF von juristischen Personen. Aufgrund der zu erwartenden geringen Anzahl Fälle wurden interkantonale Steuerausscheidungen von natürlichen Personen mit selbständiger Erwerbstätigkeit und Ermässigungen nach STAF nicht behandelt.

Ausscheidung vor Anwendung der STAF-Ermässigungen vorgenommen. In der zweiten Stufe werden die STAF-Ermässigungen berechnet und aufgeteilt. In der dritten Stufe wird die Entlastungsbegrenzung festgelegt und aufgeteilt. Jede Stufe setzt sich aus mehreren Schritten zusammen. Die Stufen einer Ausscheidung können wie folgt beschrieben werden:

1. Gewinnausscheidung vor Anwendung der STAF-Ermässigungen
   1.1 Gewinnbestimmung nach den handelsrechtlichen Abschlüssen;
   1.2 Allfällige steuerliche Korrekturen inklusive Abschreibungen auf beim Zuzug aufgedeckten stillen Reserven (Art. 61a DBG und 24c StHG);
   1.3 Verrechnung der Verlustvorträge;
   1.4 Erstellung der ersten Stufe der interkantonalen Steuerausscheidung[4] ;
2. Gewinnausscheidung nach STAF-Ermässigungen und vor Berechnung der Entlastungsbegrenzung im Sinne von Art. 25b StHG:
   2.1 Bestimmung der STAF-Ermässigungen:
      2.1.1 Abzug für Patente und vergleichbare Rechte;
      2.1.2 Zusätzlicher Abzug für Forschung und Entwicklung[5] ;
      2.1.3 Abzug für Eigenfinanzierung;
      2.1.4 Abschreibungen auf beim Übergang zur ordentlichen Besteuerung aufgedeckten stillen Reserven einer Statusgesellschaft nach dem alten Art. 28 Abs. 2 bis 4 StHG;
   2.2 Interkantonale Ausscheidung der STAF-Ermässigungen;
3. Ausscheidung der Entlastungsbegrenzung nach Art. 25b StHG:
   3.1 Festlegung der Entlastungsbegrenzung nach Art. 25b StHG auf dem Gesamtgewinn der Unternehmung;
   3.2 Interkantonale Ausscheidung der Entlastungsbegrenzung nach Art. 25b StHG.

Die stillen Reserven beim Zuzug, die beim Eintritt in eine Patent Box zu besteuernden Forschungs- und Entwicklungsaufwendungen oder auch die beim Übergang zur ordentlichen Besteuerung aufgedeckten stillen Reserven einer Statusgesellschaft[6] müssen für die gesamte Unternehmung festgelegt werden. Grundsätzlich sind diese Wertbestimmungen durch den Sitzkanton vorzunehmen (Punkt 3 nachfolgend). Jeder Kanton muss jedoch

---

[3] Für das ganze Kreisschreiben gilt, dass von einem Schweizer Reingewinn nach einer allfälligen internationalen Steuerausscheidung ausgegangen wird.

[4] Die gemäss Punkt 1.4 erstellte Ausscheidung dient auch zur Erstellung der Repartition der direkten Bundessteuer zwischen den Kantonen.

[5] Im ganzen Kreisschreiben entsprechen die Ausgaben für Forschung und Entwicklung 135% des Basiswertes.

[6] Status gemäss den Bestimmungen des alten Artikel 28 Abs. 2 bis 4 StHG.

sicherstellen, dass seine eigenen gesetzlichen Bestimmungen und Weisungen angewendet werden. Diese festgelegten Werte werden dann nach der angewendeten Ausscheidungsmethode auf die Kantone aufgeteilt.

Wenn die interkantonale Gewinnausscheidung nach einer quotenmässig indirekten Methode (Produktionsfaktoren, Umsatz oder andere Faktoren) vorgenommen wird, sind die STAF-Ermässigungen im Verhältnis der Betriebsquoten zuzuteilen. Wenn diese Ausscheidung auch ein nach der objektmässigen Methode ausgeschiedenes Spezialsteuerdomizil einer Immobilie beinhaltet, muss dieses den Abzug für Eigenfinanzierung gemäss den lokalisierten Aktiven übernehmen.

Wenn die interkantonale Gewinnausscheidung nach der quotenmässig direkten Methode vorgenommen wird, sind die Ermässigungen für Forschung und Entwicklung sowie für Patente und vergleichbare Rechte und die Abschreibungen auf beim Übergang zur ordentlichen Besteuerung aufgedeckten stillen Reserven einer Statusgesellschaft objektmässig zuzuteilen. Der Abzug für Eigenfinanzierung wird nach Massgabe der lokalisierten Aktiven zugeteilt.

Die Entlastungsbegrenzung (Art. 25b StHG) muss in einem ersten Schritt auf dem gesamten Reingewinn der Unternehmung berechnet werden. In einem zweiten Schritt wird die Entlastungsbegrenzung auf alle Kantone aufgeteilt. Die Aufteilung der berechneten Gesamtentlastungsbegrenzung auf die Kantone erfolgt zuerst im Verhältnis der zugeteilten STAF-Ermässigungen. Wenn bei einem Kanton die Entlastungsbegrenzung erreicht ist, erfolgt danach ein zusätzlicher Ausgleich zwischen den Kantonen. Dieser Ausgleich wird zuerst zwischen den Kantonen mit betrieblicher Anknüpfung und erst in zweiter Linie mit Kantonen mit Spezialsteuerdomizil vorgenommen.

Diese Berechnungen sind für jeden Kanton nach seinen eigenen gesetzlichen Bestimmungen vorzunehmen.

3. Veranlagungsverfahren und Meldeverfahren zwischen den Kantonen

Die Bestimmungen der Verordnung über die Anwendung des Steuerharmonisierungsgesetzes im interkantonalen Verhältnis (VO StHG), sowie das Kreisschreiben Nr. 16 der Schweizerischen Steuerkonferenz (SSK) sind auch bei interkantonalen Steuerausscheidungen mit STAF-Ermässigungen anwendbar.

Für das Veranlagungsverfahren und für die interkantonale Ausscheidung kommt dem Sitzkanton eine wesentliche Rolle zu. Man kann vom « Leader Kanton » sprechen. Für die juristischen Personen führt der Sitzkanton oder der Kanton mit der tatsächlichen Verwaltung in der Regel als erster das Veranlagungsverfahren durch. Er erstellt den Vorschlag der interkantonalen Steuerausscheidung für die Kantone, in welchen die Unternehmung über eine Betriebsstätte verfügt oder eine Anlageliegenschaft hält. Dieser Kanton kontrolliert die Steuererklärung und nimmt allfällige Korrekturen vor. Auf dieser Basis nimmt er seine

Veranlagung vor und erarbeitet für die anderen Kantone einen Vorschlag für die interkantonale Steuerausscheidung.

Bei der Erstellung der interkantonalen Ausscheidung einer Unternehmung mit STAF-Ermässigungen muss der Leader Kanton den anderen Kantonen insbesondere mindestens die folgenden Angaben übermitteln:

1. Die interkantonale Gewinnausscheidung vor Anwendung der STAF-Ermässigungen (Inhalte der Stufe 1, gemäss Punkt 2.2 vorstehend);

2. Wenn ein Kanton selber die STAF-Ermässigungen anwendet, die Grundlagen, welche zur Berechnung der STAF-Ermässigungen dienen, das heisst:

    2.1. Der Reingewinn aus Patenten und vergleichbaren Rechten (Boxengewinn);

    2.2. Der Forschungs- und Entwicklungsaufwand, welcher der steuerpflichtigen Person direkt oder durch Dritte in der Schweiz entstanden ist;

    2.3. Die am Ende der Besteuerung nach dem alten Artikel 28 Abs. 2 bis 4 StHG bestehenden stillen Reserven, einschliesslich des selbst geschaffenen Mehrwertes.

Aufgrund der unterschiedlichen kantonalen Gesetzgebungen fallen die Beträge der effektiven STAF-Ermässigungen (inklusive der Entlastungsbegrenzung) unterschiedlich aus. Es steht dem Leader Kanton frei, seine effektiven Beträge den anderen Kantonen zu übermitteln oder auch nicht. Zum besseren Verständnis und aus Gründen der Transparenz sind aber vollständige Übermittlungen der interkantonalen Ausscheidungen willkommen.

Jeder Kanton wendet für die Festlegung des Gewinnes und des steuerbaren Kapitals seine Gesetzgebung an. Sowohl im Sitzkanton als auch in Betriebsstätten Kantonen und in Kantonen mit Anlageliegenschaften haben die Veranlagungsbehörden das Recht, die für die Veranlagung nötigen Untersuchungen vorzunehmen.

Inhaltsverzeichnis der Beispiele

Beispiel 1	Zuzug einer Unternehmung in die Schweiz (Immigration) – Aufdeckung der stillen Reserven in der Steuerbilanz (Art. 61a DBG und 24c StHG)	7
Beispiel 2	Zusätzlicher Abzug von Forschungs- und Entwicklungsaufwand (Art. 25a StHG) – quotenmässig-indirekte Ausscheidung	9
Beispiel 3	Zusätzlicher Abzug von Forschungs- und Entwicklungsaufwand mit Überschreitung der Entlastungsbegrenzung (Art. 25a und 25b StHG) – quotenmässig-indirekte Ausscheidung	12
Beispiel 4	Zusätzlicher Abzug von Forschungs- und Entwicklungsaufwand – quotenmässig-direkte Ausscheidung	17
Beispiel 5	Zusätzlicher Abzug von Forschung- und Entwicklungsaufwand mit Überschreitung der Entlastungsbegrenzung (Art. 25a und 25b StHG) und noch nicht verrechneten Verlustvorträgen – quotenmässig-indirekte Ausscheidung	19
Beispiel 6	Abzug für Patente (Patentbox), zusätzlicher Abzug für Forschungs- und Entwicklungsaufwand, Abzug auf Eigenfinanzierung mit Überschreitung der Entlastungsbegrenzung (Art. 24b, 25a, 25a bis und 25b StHG) – quotenmässig-indirekte Ausscheidung	22
Beispiel 7	Aufgabe eines speziellen Steuerstatus mit Step-Up oder Anwendung des Sondersatzes, Überschreitung der Entlastungsbegrenzung (Art. 25b und 78g StHG) – quotenmässig-indirekte Ausscheidung	25
Beispiel 8	Kapitalsteuer – Aufgabe eines steuerlichen Spezialstatus mit Step-Up oder Anwendung des Sondersatzes, Goodwill aus Zuzug und Erleichterung der Kapitalsteuer (Art. 24c, 29 und 78g StHG)	29
Beispiel 9	Abzug für Patent mit Eintrittskosten und Überschreitung der Entlastungsbegrenzung (Art. 24b und 25b StHG) – quotenmässig-indirekte Ausscheidung	32

Beispiel 1 **Zuzug einer Unternehmung in die Schweiz (Immigration) – Aufdeckung der stillen Reserven in der Steuerbilanz (Art. 61a DBG und 24c StHG)**

Die Pharma AG ist per 30. Dezember 2020 in die Schweiz zugezogen und hat dadurch ihren Sitz in den Kanton A verlegt. Sie verfügt über eine Betriebsstätte im Kanton B und eine Kapitalanlageliegenschaft im Kanton C.

Die Aktiven in der Bilanz sind zum Verkehrswert bewertet. Der handelsrechtlich nicht verbuchte originäre Goodwill (selbst geschaffener Mehrwert) beläuft sich auf CHF 800'000. Der Goodwill wird in der Steuerbilanz mit einer Abschreibungsdauer von 10 Jahren geführt.

Steuerperiode 2020

Per 31. Dezember 2020 haben die Betriebsaktiven einen Wert von CHF 1'700'000 und werden im Verhältnis von 75% dem Kanton A und zu 25% dem Kanton B zugeteilt. Der Wert der Kapitalanlageliegenschaft beträgt CHF 950'000. Die Unternehmung weist im Jahr 2020 weder einen Gewinn noch einen Verlust aus. Das steuerbare Eigenkapital beträgt CHF 1'750'000.

Steuerausscheidung aus Sicht des Kantons A

Steuerperiode 2020 - Kapital	Total	Kanton A	Kanton B	Kanton C
Quoten Betriebsaktiven		75%	25%	
Betriebliche Aktiven	1'700'000	**1'275'000**	425'000	
Goodwill aus Zuzug (steuerlich)*	800'000	**600'000**	200'000	
Anlageliegenschaft	950'000			950'000
Steuerlich massgebende Aktiven	3'450'000	**1'875'000**	625'000	950'000
Total Aktivenquote		54.4%	18.1%	27.5%
Steuerbares Kapital	1'750'000	**952'000**	316'750	481'250

* Der originäre Goodwill wurde durch den gesamten Betrieb geschaffen. Aus diesem Grund erfolgt die Aufteilung nach der Quote der Betriebsaktiven.

Da 2020 kein steuerbarer Gewinn erzielt wird, ist auch keine Gewinnausscheidung vorzunehmen.

Steuerausscheidung aus Sicht der Kantone B und C

Da die gesetzlichen Grundlagen betreffend Goodwill aus Zuzug in allen drei Kantonen die gleichen sind, ist die Ausscheidung aus Sicht der Kantone B und C identisch mit derjenigen des Kantons A.

Steuerperiode 2021

Am 31. Dezember 2021 belaufen sich die betrieblichen Aktiven auf CHF 1'520'000 und werden zu 80% dem Kanton A und zu 20% dem Kanton B zugewiesen. Der Steuerwert des Goodwills beträgt CHF 720'000. Der Wert der Anlageliegenschaft beträgt CHF 930'000. Das steuerbare Kapital beträgt CHF 1'870'000. Die Gesellschaft erwirtschaftet einen Betriebsgewinn von CHF 180'000 und einen Immobilienertrag von CHF 20'000. Die steuerliche Abschreibung des Goodwills beläuft sich auf CHF 80'000. Somit beträgt der steuerbare Gewinn CHF 120'000. Der Betriebsgewinn wird auf Basis der quotenmässig-indirekten Methode nach Umsatz mit einem Vorausanteil von 20% ausgeschieden. Der Umsatzanteil des Kantons A beträgt 55%, im Kanton B werden 45% des Umsatzes erzielt.

Steuerausscheidung aus Sicht des Kantons A

Steuerperiode 2021 – Kapital	Total	Kanton A	Kanton B	Kanton C
Quoten Betriebsaktiven		80%	20%	
Betriebliche Aktiven	1'520'000	1'216'000	304'000	
Goodwill aus Zuzug (steuerlich)*	720'000	576'000	144'000	
Anlageliegenschaft	930'000			930'000
Steuerlich massgebende Aktiven	3'170'000	1'792'000	448'000	930'000
Total Aktivenquote		56.5%	14.1%	29.4%
Steuerbares Kapital	1'870'000	1'056'550	263'670	549'780

Steuerperiode 2021 – Gewinn	Total	Kanton A	Kanton B	Kanton C
Umsatzquoten		55%	45%	
Ertrag Anlageliegenschaft	20'000			20'000
Betriebsgewinn gemäss Buchhaltung	180'000			
Steuerliche Abschreibung Goodwill	-80'000			
Steuerbarer Betriebsgewinn	100'000			
- Vorausanteil 20%		20'000		
- Rest nach Quoten		44'000	36'000	
Steuerbarer Reingewinn	120'000	64'000	36'000	20'000

* Der originäre Goodwill wurde durch den gesamten Betrieb geschaffen. Aus diesem Grund erfolgt die Aufteilung nach der Quote der Betriebsaktiven.

Steuerausscheidung aus Sicht der Kantone B und C

Da die gesetzlichen Grundlagen betreffend Goodwill aus Zuzug in allen drei Kantonen die gleichen sind, ist die Ausscheidung aus Sicht der Kantone B und C identisch mit derjenigen des Kantons A.

Beispiel 2 Zusätzlicher Abzug von Forschungs- und Entwicklungsaufwand (Art. 25a StHG) – quotenmässig-indirekte Ausscheidung

Die Pharma AG ist in der Pharmakologie tätig. Sie betreibt selber Forschung und Entwicklung («F&E»). Ihr Sitz befindet sich im Kanton A. Zudem verfügt sie über ein sekundäres Steuerdomizil (Betriebsstätte) im Kanton B und eine Anlageliegenschaft im Kanton C.

Im Jahr 2020 realisiert die Gesellschaft einen betrieblichen Gewinn von CHF 180'000 und einen Immobilienertrag von CHF 20'000. Die F&E Aufwendungen, welche zur Ermässigung gemäss STAF berechtigen, betragen CHF 80'000. Der Betriebsgewinn wird nach der quotenmässig-indirekten Methode auf Basis des Umsatzes mit einem Vorausanteil von 20% ausgeschieden. Der Umsatz beträgt im Kanton A 61% und im Kanton B 39%.

Der Kanton A kennt einen zusätzlichen F&E Abzug von 50%, der Kanton B von 10% und der Kanton C von 30%.

Die Entlastungsbegrenzung gemäss Art. 25b Abs. 1 StHG beträgt in allen drei Kantonen 70%.

Steuerausscheidung aus Sicht des Kantons A

Steuerperiode 2020 – Gewinn	Total	**Kanton A**	Kanton B	Kanton C
Umsatzquoten		61%	39%	
Ertrag Anlageliegenschaft	20'000			20'000
Betriebsgewinn gemäss Buchhaltung	180'000			
Steuerliche Korrekturen	0			
Steuerbarer Betriebsgewinn	180'000			
- Vorausanteil 20%		36'000		
- Rest nach Quoten		87'840	56'160	
Steuerbarer Gewinn vor STAF-Ermässigungen	200'000	**123'840**	56'160	20'000
Quoten Betriebsgewinn		*68.8%*	*31.2%*	
Max. Abzug F&E				
Massgebende Kosten	*-80'000*			
Kantonaler Überabzug		*50%*		
	-40'000	**-27'520**	-12'480	0
Entlastungsbegrenzung (Art. 25b StHG) für die ganze Unternehmung *	0	0	0	0
Steuerbarer Reingewinn nach STAF-Ermässigungen	160'000	**96'320**	43'680	20'000
Verhältnis zwischen dem steuerbaren Reingewinn nach Entlastungsbegrenzung und dem steuerbaren Gewinn vor STAF-Ermässigungen		*78%*	*78%*	*100%*

* In Übereinstimmung mit Art. 25b Abs. 1 StHG betragen die gesamten F&E Aufwendungen der Gesellschaft (CHF 40'000) weniger als 70% des gesamten Gewinns vor Verlustvorträgen und vor Nettobeteiligungserträgen (CHF 200'000). Die STAF-Abzüge führen nicht zu Verlusten (Art. 25b Abs. 3 StHG) und bedürfen keiner Begrenzung gemäss Art. 25b StHG.

Steuerausscheidung aus Sicht des Kantons B

Steuerperiode 2020 – Gewinn	Total	Kanton A	Kanton B	Kanton C
Umsatzquoten		*61%*	*39%*	
Ertrag Anlageliegenschaft	20'000			20'000
Betriebsgewinn gemäss Buchhaltung	180'000			
Steuerliche Korrekturen	0			
Steuerbarer Betriebsgewinn	180'000			
- Vorausanteil 20%		36'000		
- Rest nach Quoten		87'840	56'160	
Steuerbarer Gewinn vor STAF-Ermässigungen	200'000	123'840	56'160	20'000
Quoten Betriebsgewinn		*68.8%*	*31.2%*	
Max. Abzug F&E				
Massgebende Kosten	-80'000			
Kantonaler Überabzug	10%			
	-8'000	-5'504	-2'496	0
Entlastungsbegrenzung (Art. 25b StHG) für die ganze Unternehmung	0	0	0	0
Steuerbarer Reingewinn nach STAF-Ermässigungen	192'000	118'336	53'664	20'000
Verhältnis zwischen dem steuerbaren Reingewinn nach Entlastungsbegrenzung und dem steuerbaren Gewinn vor STAF-Ermässigungen		*96%*	*96%*	*100%*

Steuerausscheidung aus Sicht des Kantons C

Steuerperiode 2020 – Gewinn	Total	Kanton A	Kanton B	Kanton C
Umsatzquoten		*61%*	*39%*	
Ertrag Anlageliegenschaft	20'000			20'000
Betriebsgewinn gemäss Buchhaltung	180'000			
Steuerliche Korrekturen	0			
Steuerbarer Betriebsgewinn	180'000			
- Vorausanteil 20%		36'000		
- Rest nach Quoten		87'840	56'160	
Steuerbarer Gewinn vor STAF-Ermässigungen	200'000	123'840	56'160	20'000
Quoten Betriebsgewinn		*68.8%*	*31.2%*	
Max. Abzug F&E				
Massgebende Kosten	-80'000			
Kantonaler Überabzug	30%			
	-24'000	-16'512	-7'488	
Entlastungsbegrenzung (Art. 25b StHG) für die ganze Unternehmung	0	0	0	0
Steuerbarer Reingewinn nach STAF-Ermässigungen	176'000	107'328	48'672	20'000
Verhältnis zwischen dem steuerbaren Reingewinn nach Entlastungsbegrenzung und dem steuerbaren Gewinn vor STAF-Ermässigungen		*87%*	*87%*	*100%*

Beispiel 3 Zusätzlicher Abzug von Forschungs- und Entwicklungsaufwand mit Überschreitung der Entlastungsbegrenzung (Art. 25a und 25b StHG) – quotenmässig-indirekte Ausscheidung

Die Pharma AG ist in der Pharmakologie tätig. Sie betreibt selber Forschung und Entwicklung («F&E»). Ihr Sitz befindet sich im Kanton A. Zudem verfügt sie über ein sekundäres Steuerdomizil (Betriebsstätte) im Kanton B und eine Anlageliegenschaft im Kanton C.

Im Jahr 2020 realisiert die Gesellschaft einen betrieblichen Gewinn von CHF 120'000 und einen Immobilienertrag von CHF 80'000. Die F&E Aufwendungen, welche zur Ermässigung gemäss STAF berechtigen, betragen CHF 350'000. Der Betriebsgewinn wird nach der quotenmässig-indirekten Methode auf Basis des Umsatzes mit einem Vorausanteil von 20% ausgeschieden. Der Umsatz beträgt im Kanton A 30% und im Kanton B 70%.

Der Kanton A kennt einen zusätzlichen F&E Abzug von 50%, der Kanton B von 10% und der Kanton C von 35%.

Die Entlastungsbegrenzung gemäss Art. 25b Abs. 1 StHG beträgt in allen drei Kantonen 70%. .

Sachverhaltsvariante

Der Kanton C hat keine gesetzliche Grundlage für einen zusätzlichen F&E Abzug. Im Übrigen gelten die gleichen Angaben wie im Ausgangssachverhalt.

Steuerausscheidung aus Sicht des Kantons A

Steuerperiode 2020 – Gewinn	Total	Kanton A	Kanton B	Kanton C
Umsatzquoten		*30%*	*70%*	
Ertrag Anlageliegenschaft	80'000			80'000
Betriebsgewinn gemäss Buchhaltung	120'000			
Steuerliche Korrekturen	0			
Steuerbarer Betriebsgewinn	120'000			
- Vorausanteil 20%		24'000		
- Rest nach Quoten		28'800	67'200	
Steuerbarer Gewinn vor STAF-Ermässigungen	200'000	52'800	67'200	80'000
Quoten Betriebsgewinn		*44.0%*	*56.0%*	
Max. Abzug F&E				
Massgebende Kosten	-350'000			
Kantonaler Überabzug	50%			
	-175'000	-77'000	-98'000	
Entlastungsbegrenzung (Art. 25b StHG) für die ganze Unternehmung*	35'000	15'400	19'600	
Ausgleich der Entlastungsbegrenzung zwischen den Kantonen**	0	24'640	31'360	-56'000
Steuerbarer Reingewinn nach STAF-Ermässigungen	60'000	15'840	20'160	24'000
*Verhältnis zwischen dem steuerbaren Reingewinn nach Entlastungsbegrenzung und dem steuerbaren Gewinn vor STAF-Ermässigungen ***		*30%*	*30%*	*30%*

* Die Entlastungsbegrenzung muss zuerst auf dem steuerbaren Gesamtgewinn vor STAF-Ermässigungen der Unternehmung berechnet werden. Die Ermässigung darf insgesamt nicht mehr als CHF 140'000 betragen (CHF 200'000 x 70%). Der F&E Überabzug von CHF 175'000 muss somit insgesamt um CHF 35'000 reduziert werden.

** Der zusätzliche F&E Abzug von CHF 140'000 (CHF 175'000 ./. CHF 35'000) kann in dieser Höhe lediglich aufgrund der Erträge der Anlageliegenschaft gewährt werden. Der Immobilienertrag von CHF 80'000 ermöglicht die Erhöhung des Abzugs um CHF 56'000 (CHF 80'000 x 70%). Deshalb muss der Immobilienertrag denjenigen Teil der F&E Aufwendungen übernehmen, die 70% des Betriebsergebnisses übersteigen (CHF 140'000 ./. (CHF 120'000 x 70%)).

*** Da hinsichtlich des Gesamtgewinns der Unternehmung die Entlastungsbegrenzung von 70% erreicht ist, wird der steuerbare Gewinn jedes Kantons auf 30% des Gewinns vor STAF-Ermässigungen beschränkt.

Steuerausscheidung aus Sicht des Kantons B

Steuerperiode 2020 – Gewinn	Total	Kanton A	**Kanton B**	Kanton C
Umsatzquoten		30%	70%	
Ertrag Anlageliegenschaft	80'000			80'000
Betriebsgewinn gemäss Buchhaltung	120'000			
Steuerliche Korrekturen	0			
Steuerbarer Betriebsgewinn	120'000			
- Vorausanteil 20%		24'000		
- Rest nach Quoten		28'800	67'200	
Steuerbarer Gewinn vor STAF-Ermässigungen	200'000	52'800	67'200	80'000
Quoten Betriebsgewinn		44.0%	56.0%	
Max. Abzug F&E				
Massgebende Kosten	-350'000			
Kantonaler Überabzug	10%			
	-35'000	-15'400	-19'600	
Entlastungsbegrenzung (Art. 25b StHG) für die ganze Unternehmung	0	0	0	
Ausgleich der Entlastungsbegrenzung zwischen den Kantonen	0	0	0	0
Steuerbarer Reingewinn nach STAF-Ermässigungen	165'000	37'400	47'600	80'000
Verhältnis zwischen dem steuerbaren Reingewinn nach Entlastungsbegrenzung und dem steuerbaren Gewinn vor STAF-Ermässigungen		71%	71%	100%

Steuerausscheidung aus Sicht des Kantons C

Steuerperiode 2020 – Gewinn	Total	Kanton A	Kanton B	**Kanton C**
Umsatzquoten		30%	70%	
Ertrag Anlageliegenschaft	80'000			**80'000**
Betriebsgewinn gemäss Buchhaltung	120'000			
Steuerliche Korrekturen	0			
Steuerbarer Betriebsgewinn	120'000			
- Vorausanteil 20%		24'000		
- Rest nach Quoten		28'800	67'200	
Steuerbarer Gewinn vor STAF-Ermässigungen	200'000	52'800	67'200	**80'000**
Quoten Betriebsgewinn		44.0%	56.0%	
Max. Abzug F&E				
Massgebende Kosten	-350'000			
Kantonaler Überabzug	35%			
	-122'500	-53'900	-68'600	
Entlastungsbegrenzung (Art. 25b StHG) für die ganze Unternehmung*	0	0	0	
Ausgleich der Entlastungsbegrenzung zwischen den Kantonen**	0	16'940	21'560	**-38'500**
Steuerbarer Reingewinn nach STAF-Ermässigungen	77'500	15'840	20'160	**41'500**
Verhältnis zwischen dem steuerbaren Reingewinn nach Entlastungsbegrenzung und dem steuerbaren Gewinn vor STAF-Ermässigungen		30%	30%	52%

* Insgesamt übersteigen die Abzüge von CHF 122'500 70% des für die Berechnung der Entlastungsbegrenzung massgebenden Gewinnes nicht (CHF 200'000 x 70%). Aus Sicht des Kantons C ist auf Ebene des Unternehmens keine Begrenzung der Abzüge notwendig.

** Der zusätzliche F&E Abzug von CHF 122'500 kann in dieser Höhe lediglich aufgrund der Erträge der Anlageliegenschaft gewährt werden. Der Immobilienertrag von CHF 80'000 ermöglicht die Erhöhung des Abzugs um CHF 38'500 (CHF 122'500 ./. (CHF 120'000 x 70%)). Deshalb muss der Immobilienertrag denjenigen Teil der F&E Aufwendungen übernehmen, die 70% des Betriebsergebnisses übersteigen. Damit wird die Einhaltung der Entlastungsbegrenzung auch für den Sitz- und die Betriebsstätten Kantone sichergestellt.

Sachverhaltsvariante zum Beispiel 3

Steuerausscheidung aus Sicht der Kantone A und B – Sachverhaltsvariante

Für die Kantone A und B gelten die gleichen gesetzlichen Bestimmungen wie im Grundsachverhalt. Die Steuerausscheidung für die Kantone A und B ist gleich wie im Grundsachverhalt vorzunehmen.

Steuerausscheidung aus Sicht des Kantons C – Sachverhaltsvariante

Steuerperiode 2020 – Gewinn	Total	Kanton A	Kanton B	Kanton C
Umsatzquoten		30%	70%	
Ertrag Anlageliegenschaft	80'000			80'000
Betriebsgewinn gemäss Buchhaltung	120'000			
Steuerliche Korrekturen	0			
Steuerbarer Betriebsgewinn	120'000			
- Vorausanteil 20%		24'000		
- Rest nach Quoten		28'800	67'200	
Steuerbarer Gewinn vor STAF-Ermässigungen	200'000	52'800	67'200	80'000
Quoten Betriebsgewinn		44.0%	56.0%	
Max. Abzug F&E				
Massgebende Kosten	-350'000			
*Kantonaler Überabzug**	0%			
	0	0	0	
Entlastungsbegrenzung (Art. 25b StHG) für die ganze Unternehmung		0	0	
Ausgleich der Entlastungsbegrenzung zwischen den Kantonen**	0	0	0	-0
Steuerbarer Reingewinn nach STAF-Ermässigungen	200'000	52'800	67'200	80'000
Verhältnis zwischen dem steuerbaren Reingewinn nach Entlastungsbegrenzung und dem steuerbaren Gewinn vor STAF-Ermässigungen		100%	100%	100%

* Der Kanton C hat den zusätzlichen F&E Abzug nicht ins Gesetz aufgenommen. Es kann kein Abzug vorgenommen werden.

** Der Kanton C (Spezialdomizil des Liegenschaftsorts), der keinen Zusatzabzug für F&E vorsieht, muss sich auch nicht an einem Ausgleich der Entlastungsbegrenzung beteiligen.

Beispiel 4 Zusätzlicher Abzug von Forschungs- und Entwicklungsaufwand – quotenmässig-direkte Ausscheidung

Die Pharma AG ist in der Pharmakologie tätig. Sie betreibt selber Forschung und Entwicklung («F&E»). Ihr Sitz befindet sich im Kanton A. Zudem verfügt sie über ein sekundäres Steuerdomizil (Betriebsstätte) im Kanton B und eine Anlageliegenschaft im Kanton C.

Im Jahr 2020 realisiert die Gesellschaft einen betrieblichen Gewinn von CHF 170'000 und einen Immobilienertrag von CHF 25'000. Die F&E Aufwendungen, welche zur STAF-Ermässigung berechtigen, betragen CHF 350'000. Der Betriebsgewinn wird nach der quotenmässig-direkten Methode auf Basis einer getrennten aussagekräftigen Buchhaltung ohne Vorausanteil ausgeschieden. Im Kanton A wird ein Betriebsgewinn von CHF 51'000 und im Kanton B einer von CHF 119'000 erwirtschaftet.

F&E wird ausschliesslich im Kanton B betrieben.

Die Kantone A und C kennen einen zusätzlichen F&E Abzug von 20%, der Kanton B von 10%.

Die Entlastungsbegrenzung gemäss Art. 25b Abs. 1 StHG beträgt in allen drei Kantonen 70%.

Steuerausscheidung aus Sicht des Kantons A

Steuerperiode 2020 – Gewinn	Total	Kanton A	Kanton B	Kanton C
Ertrag Anlageliegenschaft	25'000			25'000
Betriebsgewinn gemäss Buchhaltung	170'000			
Steuerliche Korrekturen	0			
Steuerbarer Betriebsgewinn	170'000	**51'000**	**119'000**	
Steuerbarer Gewinn vor STAF-Ermässigungen	195'000	**51'000**	**119'000**	25'000
Max. Abzug F&E				
Massgebende Kosten		350'000		
*Kantonaler Überabzug**		20%		
		-70'000	-70'000	
Entlastungsbegrenzung (Art. 25b StHG) für die ganze Unternehmung		0	0	
Ausgleich der Entlastungsbegrenzung zwischen den Kantonen	0	0	0	0
Steuerbarer Reingewinn nach STAF-Ermässigungen	125'000	**51'000**	**49'000**	**25'000**
Verhältnis zwischen dem steuerbaren Reingewinn nach Entlastungsbegrenzung und dem steuerbaren Gewinn vor STAF-Ermässigungen		*100%*	*41%*	*100%*

* Der zusätzliche Abzug für Forschungs- und Entwicklungsaufwand wird direkt dem Kanton B zugewiesen, da sämtliche F&E Aktivitäten im Kanton B ausgeübt werden und die quotenmässig-direkte Methode gewählt wurde. Die Entlastungsbegrenzung für die gesamte Unternehmung wird ebenfalls dem Kanton B zugewiesen. Wenn andere Kantone einen Nutzen aus den F&E Aktivitäten ziehen und aufgrund der Buchhaltung einen Anteil der F&E Kosten tragen, muss der zusätzliche Abzug für Forschungs- und Entwicklungsaufwand unter diesen Kantonen aufgeteilt werden. Die Aufteilung erfolgt objektmässig im Verhältnis der verbuchten F&E Aufwendungen.

Steuerausscheidung aus Sicht des Kantons B

Steuerperiode 2020 - Gewinn	Total	Kanton A	**Kanton B**	Kanton C
Ertrag Anlageliegenschaft	25'000			25'000
Betriebsgewinn gemäss Buchhaltung	170'000			
Steuerliche Korrekturen	0			
Steuerbarer Betriebsgewinn	170'000	51'000	**119'000**	
Steuerbarer Gewinn vor STAF-Ermässigungen	195'000	51'000	**119'000**	25'000
Max. Abzug F&E *Massgebende Kosten* *Kantonaler Überabzug*	 -350'000 *10%* -35'000		 -35'000	
Entlastungsbegrenzung (Art. 25b StHG) für die ganze Unternehmung	0	0	0	
Ausgleich der Entlastungsbegrenzung zwischen den Kantonen	0	0	0	0
Steuerbarer Reingewinn nach STAF-Ermässigungen	160'000	51'000	**84'000**	25'000
Verhältnis zwischen dem steuerbaren Reingewinn nach Entlastungsbegrenzung und dem steuerbaren Gewinn vor STAF-Ermässigungen		*100%*	*71%*	*100%*

Steuerausscheidung aus Sicht des Kantons C

Da die gesetzlichen Grundlagen im Kanton C identisch mit denjenigen des Kantons A sind, ist die interkantonale Ausscheidung aus Sicht des Kantons A auch für den Kanton C gültig.

Beispiel 5 Zusätzlicher Abzug von Forschung- und Entwicklungsaufwand mit Überschreitung der Entlastungsbegrenzung (Art. 25a und 25b StHG) und noch nicht verrechneten Verlustvorträgen – quotenmässig-indirekte Ausscheidung

Die Pharma AG ist in der Pharmakologie tätig. Sie betreibt selber Forschung und Entwicklung («F&E»). Ihr Sitz befindet sich im Kanton A. Zudem verfügt sie über ein sekundäres Steuerdomizil (Betriebsstätte) im Kanton B.

Der Kanton A kennt einen zusätzlichen F&E Abzug von 50%, der Kanton B von 10%.

Die Entlastungsbegrenzung gemäss Art. 25b Abs. 1 StHG beträgt in beiden Kantonen 70%. Beide Kantone beschränken die steuerliche Abzugsfähigkeit nach Art. 25b Abs. 3 StHG auf den Gewinn nach Verrechnung von Verlustvorträgen.

Steuerperiode 2020

Im Jahr 2020 realisiert die Gesellschaft einen betrieblichen Verlust von CHF 40'000. Die F&E Aufwendungen, welche zur STAF-Ermässigung berechtigen, betragen CHF 90'000. Der Betriebsgewinn wird auf Basis des Umsatzes mit einem Vorausanteil von 20% geteilt. Im Kanton A wird 61% des Umsatzes realisiert, im Kanton B 39%.

Steuerausscheidung aus Sicht des Kantons A

Steuerperiode 2020 – Gewinn	Total	Kanton A	Kanton B
Umsatzquoten		61%	39%
Betriebsverlust gemäss Buchhaltung	-40'000		
Steuerliche Korrekturen	0		
Steuerbares Betriebsergebnis	-40'000		
- Vorausanteil 20%			
- Rest nach Quoten			
Verlustverrechnung			
Nettoverlust vor STAF-Ermässigungen*	-40'000	0	0

* Aufgrund der Gesamtverlustverrechnung wird keine interkantonale Ausscheidung vorgenommen und gemäss Art. 25b StHG werden auch keine STAF-Ermässigungen gewährt.

Der Verlust von CHF 40'000 kann auf die nächsten Steuerperioden vorgetragen werden.

Steuerausscheidung aus Sicht des Kantons B

Aufgrund der Gesamtverlustsituation führen die interkantonalen Ausscheidungen auch aus Sicht des Kantons B zu einem Verlustvortrag von CHF 40'000, der auf die folgenden Steuerperioden vorgetragen werden kann.

Steuerperiode 2021

Im Jahr 2021 erwirtschaftet die Gesellschaft einen Gesamtgewinn von CHF 100'000. Die für den zusätzlichen Abzug gemäss STAF qualifizierenden F&E Aufwendungen betragen CHF 320'000. Der Betriebsgewinn wird gemäss der quotenmässig-indirekten Methode auf Basis des Umsatzes nach einem Vorausanteil von 20% ausgeschieden. Der Umsatz beträgt im Kanton A 30% und im Kanton B 70%.

Steuerausscheidung aus Sicht des Kantons A

Steuerperiode 2021 – Gewinn	Total	Kanton A	Kanton B
Umsatzquoten		30%	70%
Betriebsgewinn gemäss Buchhaltung	100'000		
Steuerlicher Verlustvortrag 2020*	-40'000		
Betriebsgewinn nach Verlustverrechnung	60'000		
Steuerliche Korrekturen	0		
Steuerbarer Betriebsgewinn	60'000		
- Vorausanteil 20%		12'000	
- Rest nach Quoten		14'400	33'600
Steuerbarer Gewinn vor STAF-Ermässigungen	60'000	26'400	33'600
Quoten Betriebsgewinn		44.0%	56.0%
Max. Abzug F&E			
Massgebende Kosten	-320'000		
Kantonaler Überabzug	50%		
	-160'000	-70'400	-89'600
Entlastungsbegrenzung (Art. 25b Abs. 1 StHG) für die ganze Unternehmung**	90'000	39'600	50'400
Entlastungsbegrenzung (Art. 25b Abs. 3 StHG) für die ganze Unternehmung***	10'000	4'400	5'600
Ausgleich der Entlastungsbegrenzung zwischen den Kantonen	0	0	0
Steuerbarer Reingewinn nach STAF-Ermässigungen	0	0	0
Verhältnis zwischen dem steuerbaren Reingewinn nach Entlastungsbegrenzung und dem steuerbaren Gewinn vor STAF-Ermässigungen		0%	0%

*   Die noch nicht verrechneten Verluste werden vor der Ausscheidung berücksichtigt.

**   Gemäss Art. 25b Abs. 1 StHG kann die Gesellschaft maximal Abzüge von CHF 70'000 beanspruchen (Gewinn vor Verlustverrechnung von CHF 100'000 x 70%). Der ursprüngliche Abzug von CHF 160'000 muss somit um CHF 90'000 korrigiert werden.

*** Nach Anwendung von Art. 25b Abs. 1 StHG beläuft sich das Ergebnis auf einen Verlust von CHF 10'000 (CHF 60'000 ./. CHF 160'000 + CHF 90'000). Somit kommt die Entlastungsbegrenzung gemäss Art. 25b Abs. 3 StHG im Umfang von CHF 10'000 zur Anwendung, damit keine Verlustvorträge entstehen können.

Steuerausscheidung aus Sicht des Kantons B

Steuerperiode 2021 – Gewinn	Total	Kanton A	**Kanton B**
Umsatzquoten		30%	70%
Betriebsgewinn gemäss Buchhaltung	100'000		
Steuerlicher Verlustvortrag 2020	-40'000		
Betriebsgewinn nach Verlustverrechnung	60'000		
Steuerliche Korrekturen	0		
Steuerbarer Betriebsgewinn	60'000		
- Vorausanteil 20%		12'000	
- Rest nach Quoten		14'400	33'600
Steuerbarer Gewinn vor STAF-Ermässigungen	60'000	26'400	33'600
Quoten Betriebsgewinn		44.0%	56.0%
Max. Abzug F&E			
Massgebende Kosten	*-320'000*		
Kantonaler Überabzug	*10%*		
	-32'000	-14'080	-17'920
Entlastungsbegrenzung (Art. 25b Abs. 1 StHG) für die ganze Unternehmung*	0	0	0
Entlastungsbegrenzung (Art. 25b Abs. 3 StHG) für die ganze Unternehmung**	0	0	0
Ausgleich der Entlastungsbegrenzung zwischen den Kantonen**	0	0	0
Steuerbarer Reingewinn nach STAF-Ermässigungen	28'000	12'320	15'680
Verhältnis zwischen dem steuerbaren Reingewinn nach Entlastungsbegrenzung und dem steuerbaren Gewinn vor STAF-Ermässigungen		47%	47%

* Gemäss Art. 25b Abs. 1 StHG kann die Gesellschaft maximal einen Abzug von CHF 70'000 beanspruchen (Ergebnis vor Verlustverrechnung CHF 100'000 x 70%). Die Begrenzung gemäss Art. 25b Abs. 1 StHG hat keine Auswirkung.

** Da die STAF-Ermässigungen zu keinen Verlusten führen, kommt die Begrenzung gemäss Art. 25b Abs. 3 StHG nicht zur Anwendung.

Beispiel 6 Abzug für Patente (Patentbox), zusätzlicher Abzug für Forschungs- und Entwicklungsaufwand, Abzug auf Eigenfinanzierung mit Überschreitung der Entlastungsbegrenzung (Art. 24b, 25a, 25a bis und 25b StHG) – quotenmässig-indirekte Ausscheidung

Die Pharma AG ist in der Pharmakologie tätig. Sie betreibt selber Forschung und Entwicklung («F&E»). Ihr Sitz befindet sich im Kanton A. Zudem verfügt sie über ein sekundäres Steuerdomizil (Betriebsstätte) im Kanton B.

Im Jahr 2020 realisiert die Gesellschaft einen betrieblichen Gewinn von CHF 120'000.

Die STAF-Ermässigungen sind die folgenden:

- Der Reingewinn aus Patenten und vergleichbaren Rechten (Boxengewinn) beläuft sich nach Anwendung des Nexusquotienten auf CHF 100'000

- F&E Aufwendungen, die für den zusätzlichen Abzug qualifizieren, betragen CHF 90'000.

- Der Abzug für Eigenfinanzierung beläuft sich auf CHF 50'000.

Der Betriebsgewinn wird nach der quotenmässig-indirekten Methode auf Basis des Umsatzes mit einem Vorausanteil von 20% ausgeschieden. Der Umsatz beträgt im Kanton A 30% und im Kanton B 70%.

Beide Kantone ermässigen den Reingewinn aus Patenten und vergleichbaren Rechten um 90%.

Der Kanton A kennt einen zusätzlichen F&E Abzug von 20%, der Kanton B einen von 50%.

Nur der Kanton B lässt einen Abzug für Eigenfinanzierung zu.

Die steuerliche Entlastungsbegrenzung gemäss Art. 25b Abs. 1 StHG beträgt im Kanton A 10%, im Kanton B 70%.

Steuerausscheidung aus Sicht des Kantons A

Steuerperiode 2020 – Gewinn	Total	Kanton A	Kanton B
Umsatzquoten		*30%*	*70%*
Betriebsgewinn gemäss Buchhaltung	120'000		
Steuerliche Korrekturen	0		
Steuerbarer Betriebsgewinn	120'000		
- Vorausanteil 20%		**24'000**	
- Rest nach Quoten		**28'800**	67'200
Steuerbarer Gewinn vor STAF-Ermässigungen	120'000	52'800	67'200
Quoten Betriebsgewinn		*44.0%*	*56.0%*
Abzug Patentbox (**90%**)	-90'000	**-39'600**	-50'400
Maximaler F&E Abzug (**20%**)	-18'000	**-7'920**	-10'080
Abzug auf Eigenfinanzierung	0	0	0
Total der Abzüge	-108'000	-47'520	-60'480
Entlastungsbegrenzung (Art. 25b StHG) für die ganze Unternehmung	96'000	42'240	53'760
Ausgleich der Entlastungsbegrenzung zwischen den Kantonen	0	0	0
Steuerbarer Reingewinn nach STAF-Ermässigungen	108'000	47'520	60'480
Verhältnis zwischen dem steuerbaren Reingewinn nach Entlastungsbegrenzung und dem steuerbaren Gewinn vor STAF-Ermässigungen		*90%*	*90%*

Steuerausscheidung aus Sicht des Kantons B

Steuerperiode 2020 - Gewinn	Total	Kanton A	Kanton B
Umsatzquoten		30%	70%
Betriebsgewinn gemäss Buchhaltung	120'000		
Steuerliche Korrekturen	0		
Steuerbarer Betriebsgewinn	120'000		
- Vorausanteil 20%		24'000	
- Rest nach Quoten		28'800	67'200
Steuerbarer Gewinn vor STAF-Ermässigungen	120'000	52'800	67'200
Quoten Betriebsgewinn		44%	56%
Abzug Patentbox (**90%**)	-90'000	-39'600	-50'400
Maximaler F&E Abzug (**50%**)	-45'000	-19'800	-25'200
Abzug auf Eigenfinanzierung	-50'000	-22'000	-28'000
Total der Abzüge	-185'000	-81'400	-103'600
Entlastungsbegrenzung (Art. 25b StHG) für die ganze Unternehmung	101'000	44'440	56'560
Ausgleich der Entlastungsbegrenzung zwischen den Kantonen	0	0	0
Steuerbarer Gewinn nach STAF-Ermässigungen	36'000	15'840	20'160
Verhältnis zwischen dem steuerbaren Reingewinn nach Entlastungsbegrenzung und dem steuerbaren Gewinn vor STAF-Ermässigungen		30%	30%

* Der Abzug auf Eigenfinanzierung wird zwischen den Kantonen nach den gleichen Grundsätzen ausgeschieden wie andere Schuldzinsen. Somit wird der Abzug auf Eigenfinanzierung zwischen den Kantonen gemäss der Verteilung des Betriebsgewinns ausgeschieden.

Beispiel 7 Aufgabe eines speziellen Steuerstatus mit Step-Up oder Anwendung des Sondersatzes, Überschreitung der Entlastungsbegrenzung (Art. 25b und 78g StHG) – quotenmässig-indirekte Ausscheidung

Die Pharma AG ist in der Pharmakologie tätig. Ihr Sitz befindet sich im Kanton A. Zudem verfügt sie über ein sekundäres Steuerdomizil (Betriebsstätte) im Kanton B und eine Anlageliegenschaft im Kanton C.

Die Gesellschaft verliert ihren Status als Domizilgesellschaft per 31. Dezember 2019. Der Wert des originären Goodwills (selbst geschaffener Mehrwert) beträgt CHF 2'000'000. Die gesamte Aktivität der Gesellschaft wird im Ausland ausgeübt.

Die Kantone A und C wenden bei einem Statuswechsel die Step-Up Methode an: der Step-Up beträgt CHF 1'600'000 (CHF 2'000'000 x Auslandanteil von 80%). Im Zeitpunkt des Statuswechsels wird in den Kantonen A und C nichts besteuert.

Der Kanton B wendet den Sondersatz an. Die Gewinne der Jahre 2020 bis 2024 können bis zum Betrag von CHF 1'600'000 von einer speziellen Besteuerung profitieren.

Die Entlastungsbegrenzung gemäss Art. 25b Abs. 1 StHG beträgt in allen drei Kantonen 70%.

Steuerperiode 2019

Die Gesellschaft erwirtschaftet 2019 einen Betriebsgewinn von CHF 120'000 und einen Immobilienertrag von CHF 80'000. Der Betriebsgewinn wird nach der quotenmässig-indirekten Methode auf Basis von Erwerbsfaktoren ohne Vorausanteil ausgeschieden. Die Erwerbsfaktoren belaufen sich im Kanton auf 30% und im Kanton B auf 70%.

Steuerausscheidung aus Sicht der Kantone A, B und C

Steuerperiode 2019 - Gewinn	Total	Kanton A	Kanton B	Kanton C
Erwerbsfaktorenquoten		*30%*	*70%*	
Ertrag Anlageliegenschaft	80'000			80'000
Betriebsgewinn gemäss Buchhaltung	120'000			
Steuerliche Korrekturen	0			
Steuerlicher Betriebsgewinn	120'000			
- Vorausanteil 0%		0		
- Rest nach Quoten		36'000	84'000	
Steuerbarer Gewinn vor STAF-Ermässigungen	200'000	36'000	84'000	80'000
Erwerbsfaktorenquoten		*30%*	*70%*	
Aufgabe des Domizilstatus	0	0	0	
Entlastungsbegrenzung (Art. 25b StHG) für die ganze Unternehmung	0	0	0	0
Ausgleich der Entlastungsbegrenzung zwischen den Kantonen	0	0	0	0
Steuerbarer Reingewinn nach STAF-Ermässigungen	200'000	36'000	84'000	80'000
Verhältnis zwischen dem steuerbaren Reingewinn nach Entlastungsbegrenzung und dem steuerbaren Gewinn vor STAF-Ermässigungen		*100%*	*100%*	*100%*

Steuerperiode 2020

Die Gesellschaft erwirtschaftet 2020 einen Betriebsgewinn von CHF 200'000 und einen Immobilienertrag von CHF 60'000. Der Betriebsgewinn wird nach der quotenmässig-indirekten Methode auf Basis von Erwerbsfaktoren ohne Vorausanteil ausgeschieden. Die Erwerbsfaktoren belaufen sich im Kanton auf 40% und im Kanton B auf 60%.

Steuerausscheidung aus Sicht des Kantons A

Steuerperiode 2020 - Gewinn	Total	Kanton A	Kanton B	Kanton C
Erwerbsfaktorenquoten		40%	60%	
Ertrag Anlageliegenschaft	60'000			60'000
Betriebsgewinn gemäss Buchhaltung	200'000			
Steuerliche Korrekturen	0			
Steuerlicher Betriebsgewinn	200'000			
- Vorausanteil 0%		0		
- Rest nach Quoten		80'000	120'000	
Steuerbarer Gewinn vor STAF-Ermässigungen	260'000	80'000	120'000	60'000
Erwerbsfaktorenquoten		40.0%	60.0%	
Abschreibung des Goodwills*	-160'000	-64'000	-96'000	
Entlastungsbegrenzung (Art. 25b StHG) für die ganze Unternehmung**	0	0	0	0
Ausgleich der Entlastungsbegrenzung zwischen den Kantonen***	0	8'000	12'000	-20'000
Steuerbarer Reingewinn nach STAF-Ermässigungen	100'000	24'000	36'000	40'000
Verhältnis zwischen dem steuerbaren Reingewinn nach Entlastungsbegrenzung und dem steuerbaren Gewinn vor STAF-Ermässigungen		30%	30%	67%

* Der Goodwill von CHF 1'600'000 wird über 10 Jahre abgeschrieben.

** Gemäss Art. 78g StHG werden Abschreibungen auf stillen Reserven inkl. Goodwill, die bei Ende der Besteuerung nach Art. 28 Abs. 2 bis 4 StHG bisherigen Rechts aufgedeckt wurden, in die Berechnung der Entlastungsbegrenzung gemäss Art. 25b StHG einbezogen. Für die Gesellschaft kommt die Entlastungsbegrenzung insgesamt nicht zur Anwendung, da die Abschreibung von CHF 160'000 tiefer ist als 70% des Gewinns von CHF 260'000, also CHF 182'000.

*** Die Abschreibung des Goodwills von CHF 64'000 im Kanton A kann in dieser Höhe lediglich aufgrund der Erträge der Anlageliegenschaft gewährt werden. Der Immobilienertrag von CHF 60'000 ermöglicht die Erhöhung des Abzugs im Kanton A um CHF 8'000 (CHF 64'000 ./. (CHF 80'000 x 70%)). Deshalb muss der Kanton mit dem Immobilienertrag denjenigen Teil der Abschreibung übernehmen, der 70% des Betriebsergebnisses übersteigt.

Steuerausscheidung aus Sicht des Kantons B

Steuerperiode 2020 - Gewinn	Total	Kanton A	Kanton B	Kanton C
Erwerbsfaktorenquoten		*40%*	*60%*	
Ertrag Anlageliegenschaft	60'000			60'000
Betriebsgewinn gemäss Buchhaltung	200'000			
Steuerliche Korrekturen	0			
Steuerlicher Betriebsgewinn	200'000			
- Vorausanteil 0%			0	
- Rest nach Quoten		80'000	**120'000**	
Steuerbarer Gewinn vor STAF-Ermässigungen	260'000	80'000	**120'000**	60'000
Erwerbsfaktorenquoten		*40%*	*60%*	
Abschreibung des Goodwills	0	0	**0**	
Entlastungsbegrenzung (Art. 25b StHG) für die ganze Unternehmung*	0	0	**0**	0
Ausgleich der Entlastungsbegrenzung zwischen den Kantonen	0	0	**0**	0
Steuerbarer Reingewinn nach STAF-Ermässigungen	260'000	80'000	**120'000**	60'000
Verhältnis zwischen dem steuerbaren Reingewinn nach Entlastungsbegrenzung und dem steuerbaren Gewinn vor STAF-Ermässigungen		*100%*	*100%*	*100%*
- Gewinn steuerbar zum Sondersatz (80%)**	160'000	64'000	**96'000**	0
- ordentlich steuerbarer Gewinn (20%)**	100'000	16'000	**24'000**	60'000

* Die Entlastungsbegrenzung ist beim Sondersatz nicht anwendbar.

** Im Kanton B wird der Gewinn zwischen dem Sondersatz und der ordentlichen Besteuerung danach aufgeteilt, wie im bisherigen Recht die Allokation bei der Domizilgesellschaft vorgenommen wurde. Auf den Immobilienertrag ist der Sondersatz nicht anwendbar.

Die Gesellschaft darf insgesamt Gewinne von CHF 1'600'000 dem Sondersatz zur Besteuerung zuweisen. Per 31. Dezember 2020 betragen die stillen Reserven, die noch zum Sondersatz besteuert werden können, CHF 1'440'000 (CHF 1'600'000 ./. CHF 160'000).

Steuerausscheidung aus Sicht des Kantons C

Da die gesetzlichen Grundlagen im Kanton C denjenigen im Kanton A entsprechen ist die interkantonale Ausscheidung aus Sicht des Kantons A auch für den Kanton C gültig.

Beispiel 8   Kapitalsteuer – Aufgabe eines steuerlichen Spezialstatus mit Step-Up oder Anwendung des Sondersatzes, Goodwill aus Zuzug und Erleichterung der Kapitalsteuer (Art. 24c, 29 und 78g StHG)

Die Pharma AG ist in der Pharmakologie tätig. Ihr Sitz befindet sich im Kanton A. Zudem verfügt sie über ein sekundäres Steuerdomizil (Betriebsstätte) im Kanton B und eine Anlageliegenschaft im Kanton C.

Im Jahr 2020 belaufen sich die unbeweglichen Aktiven auf CHF 3'000'000. Sie werden zu 50% dem Kanton A zugewiesen, zu 30% dem Kanton B und zu 20% dem Kanton C. Die beweglichen Aktiven von CHF 2'000'000 werden zu 62% dem Kanton A und zu 38% dem Kanton B zugewiesen. Die Beteiligungen von CHF 1'000'000 werden dem Sitz zugewiesen.

Die Gesellschaft macht stille Reserven auf einem aus dem Ausland stammenden Patent im Umfang von CHF 500'000 geltend. Dieses Patent wird vollumfänglich dem Sitz zugewiesen.

Der originäre Goodwill (selbst geschaffener Mehrwert) im Zusammenhang mit der Aufgabe des Spezialstatus beträgt CHF 1'000'000.

Das Eigenkapital gemäss Bilanz beträgt CHF 2'000'000.

Die Kantone A und C wenden beim Verlust eines Sonderstatus die Step-Up Methode an. Der Kanton B wendet den Sondersatz an.

Die Kantone A und B haben eine Reduktion von 50% der Kapitalsteuer eingeführt, die auf Beteiligungen entfällt. Der Kanton C hat diese Massnahme nicht eingeführt.

Steuerausscheidung aus Sicht des Kantons A

Steuerperiode 2020 – Kapital	Total	Kanton A	Kanton B	Kanton C
Unbewegliche Aktiven	3'000'000	1'500'000	900'000	600'000
Bewegliche Aktiven	2'000'000	1'240'000	760'000	
Beteiligungen	1'000'000	1'000'000		
Stille Reserven auf Patent	500'000	500'000		
Total Aktiven	6'500'000	4'240'000	1'660'000	600'000
Aktivenquoten		71.9%	28.1%	
Goodwill im Zusammenhang mit der Aufgabe des Sonderstatus (Step-Up)*	1'000'000	719'000	281'000	
Steuerlich massgebende Aktiven	7'500'000	4'959'000	1'941'000	600'000
Total Aktivenquote		66.1%	25.9%	8.0%
Steuerbares Eigenkapital vor Anwendung von Art. 29 StHG**	3'500'000	2'313'500	906'500	280'000
Reduktion von 50% auf Beteiligungen ***	-233'333	-233'333		
Steuerbares Eigenkapital	3'266'667	2'080'167	906'500	280'000

* Der originäre Goodwill wurde durch den gesamten Betrieb erwirtschaftet. Deshalb wird er nach Lage der Betriebsaktiven verlegt.

** Das Eigenkapital gemäss Bilanz beträgt CHF 2'000'000. Das steuerbare Kapital entspricht dem Eigenkapital plus stille Reserven auf Patenten von CHF 500'000 und Goodwill im Zusammenhang mit der Aufgabe des Sonderstatus von CHF 1'000'000.

*** Die Beteiligungen machen 13.333% der gesamten Aktiven aus (CHF 1'000'000 / CHF 7'500'000). Auf dem entsprechenden Eigenkapital kann ein Abzug von 50% geltend gemacht werden, d.h. CHF 233'333 (CHF 3'500'000 x 13.333% x 50%). Da die Beteiligungen dem Sitz zugewiesen werden, wird auch der entsprechende Abzug dem Sitz zugewiesen.

Steuerausscheidung aus Sicht des Kantons B

Steuerperiode 2020 - Kapital	Total	Kanton A	Kanton B	Kanton C
Unbewegliche Aktiven	3'000'000	1'500'000	**900'000**	600'000
Bewegliche Aktiven	2'000'000	1'240'000	**760'000**	
Beteiligungen	1'000'000	1'000'000		
Stille Reserven auf Patent	500'000	500'000		
Total Aktiven	6'500'000	4'240'000	**1'660'000**	600'000
Aktivenquoten		*71.9%*	*28.1%*	
Goodwill im Zusammenhang mit der Aufgabe des Sonderstatus (Step-Up)	0	0	**0**	
Steuerlich massgebende Aktiven	6'500'000	4'240'000	**1'660'000**	600'000
Total Aktivenquote		*65.2%*	*25.5%*	*9.2%*
Steuerbares Eigenkapital vor Anwendung von Art. 29 StHG*	2'500'000	1'630'000	**637'500**	230'000
Reduktion von 50% auf Beteiligungen **	-192'308	-192'308		
Steuerbares Eigenkapital	2'307'692	1'437'692	**637'500**	230'000

* Das Eigenkapital gemäss Bilanz beträgt CHF 2'000'000. Das steuerbare Kapital entspricht dem Eigenkapital plus stille Reserven auf Patenten von CHF 500'000. Da der Kanton B den Sondersatz anwendet, gibt es keine steuerbare Reserve auf Goodwill im Zusammenhang mit der Aufgabe des Sonderstatus.

** Die Beteiligungen machen 15.38% der gesamten Aktiven aus (CHF 1'000'000 / CHF 6'500'000). Auf dem entsprechenden Eigenkapital kann ein Abzug von 50% geltend gemacht werden, d.h. CHF 192'308 (CHF 2'500'000 x 15.385% x 50%). Da die Beteiligungen dem Sitz zugewiesen werden, wird auch der entsprechende Abzug dem Sitz zugewiesen.

Steuerausscheidung aus Sicht des Kantons C

Steuerperiode 2020 - Kapital	Total	Kanton A	Kanton B	**Kanton C**
Unbewegliche Aktiven	3'000'000	1'500'000	900'000	**600'000**
Bewegliche Aktiven	2'000'000	1'240'000	760'000	
Beteiligungen	1'000'000	1'000'000		
Stille Reserven auf Patent	500'000	500'000		
Total Aktiven	6'500'000	4'240'000	1'660'000	**600'000**
Aktivenquoten		*71.9%*	*28.1%*	
Goodwill im Zusammenhang mit der Aufgabe des Sonderstatus (Step-Up)	1'000'000	719'000	281'000	
Steuerlich massgebende Aktiven	7'500'000	4'959'000	1'941'000	**600'000**
Total Aktivenquote		*66.1%*	*25.9%*	*8.0%*
Steuerbares Eigenkapital vor Anwendung von Art. 29 StHG	3'500'000	2'313'500	906'500	**280'000**
Reduktion auf Beteiligungen	0	0		
Steuerbares Eigenkapital	3'500'000	2'313'500	906'500	**280'000**

Beispiel 9 Abzug für Patent mit Eintrittskosten und Überschreitung der Entlastungsbegrenzung (Art. 24b und 25b StHG) – quotenmässig-indirekte Ausscheidung

Die Pharma AG ist in der Pharmakologie tätig. Ihr Sitz befindet sich im Kanton A. Zudem verfügt sie über ein sekundäres Steuerdomizil (Betriebsstätte) im Kanton B und eine Anlageliegenschaft im Kanton C.

Im Jahr 2021 erwirtschaftet die Gesellschaft einen Betriebsgewinn von CHF 120'000 und einen Immobilienertrag von CHF 80'000.

Der Gewinn aus Patenten (Patentbox) beläuft sich nach Anwendung des Nexusquotienten auf CHF 100'000. Die Eintrittskosten in die Patentbox gemäss Art. 24b Abs. 3 StHG betragen CHF 350'000.

Der Betriebsgewinn wird nach der quotenmässig-indirekten Methode auf Basis des Umsatzes ausgeschieden, mit einem Vorausanteil von 20%. Die Umsätze werden zu 30% im Kanton A und zu 70% im Kanton B erwirtschaftet.

Der Kanton A besteuert die Eintrittskosten mit dem Sondersatz. Der Kanton B besteuert die Eintrittskosten ohne spezielle Regelung. Der Kanton C rechnet die Eintrittskosten auf die zukünftigen Gewinne der Patente an.

Die Kantone A und C wenden eine Reduktion der Gewinne aus Patenten in der Box von 90% an. Der Kanton B kennt eine Reduktion des Boxengewinns von 50%.

Die Entlastungsbegrenzung gemäss Art. 25b Abs. 1 StHG beläuft sich in allen drei Kantonen auf 70%.

Steuerausscheidung aus Sicht des Kantons A

Steuerperiode 2021 – Gewinn	Total	**Kanton A**	Kanton B	Kanton C
Umsatzquoten		*30%*	*70%*	
Ertrag Anlageliegenschaft	80'000			80'000
Betriebsgewinn gemäss Buchhaltung	120'000			
Steuerliche Korrekturen	0			
Steuerbarer Betriebsgewinn	120'000			
- Vorausanteil 20%		**24'000**		
- Rest nach Quoten		**28'800**	67'200	
Steuerbarer Gewinn vor STAF-Ermässigungen	200'000	**52'800**	67'200	80'000
Betriebsquoten		*44.0%*	*56.0%*	
Eintrittskosten für Patentbox*	0	0	0	
Steuerbarer Gewinn nach Eintrittskosten	200'000	52'800	67'200	80'000
Reduktion des Boxengewinns (**90%**)	-90'000	**-39'600**	-50'400	
Entlastungsbegrenzung (Art. 25b StHG) für die ganze Unternehmung	0	0	0	0
Ausgleich der Entlastungsbegrenzung zwischen den Kantonen	0	**2'640**	3'360	-6'000
Steuerbarer Reingewinn nach STAF-Ermässigungen	110'000	**15'840**	20'160	74'000
Verhältnis zwischen dem steuerbaren Reingewinn nach Entlastungsbegrenzung und dem steuerbaren Gewinn vor STAF-Ermässigungen		*30%*	*30%*	*93%*

* Der Kanton A besteuert die Eintrittskosten quotenmässig mit dem Sondersatz. Dies hat somit keine Auswirkung auf die interkantonale Ausscheidung des Gewinns.

Steuerausscheidung aus Sicht des Kantons B

Steuerperiode 2021 – Gewinn	Total	Kanton A	**Kanton B**	Kanton C
Umsatzquoten		*30%*	*70%*	
Ertrag Anlageliegenschaft	80'000			80'000
Betriebsgewinn gemäss Buchhaltung	120'000			
Steuerliche Korrekturen	0			
Steuerbarer Betriebsgewinn	120'000			
- Vorausanteil 20%		24'000		
- Rest nach Quoten		28'800	**67'200**	
Steuerbarer Gewinn vor STAF-Ermässigungen	200'000	52'800	**67'200**	80'000
Betriebsquoten		*44.0%*	*56.0%*	
Eintrittskosten für Patentbox*	350'000	154'000	**196'000**	
Steuerbarer Gewinn nach Eintrittskosten	550'000	206'800	**263'200**	80'000
Reduktion des Boxengewinns **(50%)**	-50'000	-22'000	**-28'000**	
Entlastungsbegrenzung (Art. 25b StHG) für die ganze Unternehmung	0	0	**0**	0
Ausgleich der Entlastungsbegrenzung zwischen den Kantonen	0	0	**0**	0
Steuerbarer Reingewinn nach STAF-Ermässigungen	500'000	184'800	**235'200**	80'000
Verhältnis zwischen dem steuerbaren Reingewinn nach Entlastungsbegrenzung und dem steuerbaren Gewinn vor STAF-Ermässigungen		*89%*	*89%*	*100%*

* Die Eintrittskosten in die Patentbox werden nach Betriebsquoten aufgeteilt.

Steuerausscheidung aus Sicht des Kantons C

Steuerperiode 2021 – Gewinn		Total	Kanton A	Kanton B	**Kanton C**
Umsatzquoten			*30%*	*70%*	
Ertrag Anlageliegenschaft		80'000			**80'000**
Betriebsgewinn gemäss Buchhaltung		120'000			
Steuerliche Korrekturen		0			
Steuerbarer Betriebsgewinn		120'000			
- Vorausanteil 20%			24'000		
- Rest nach Quoten			28'800	67'200	
Steuerbarer Gewinn vor STAF-Ermässigungen		200'000	52'800	67'200	**80'000**
Betriebsquoten			*44.0%*	*56.0%*	
Eintrittskosten für Patentbox*		0	0	0	
Steuerbarer Gewinn nach Eintrittskosten		200'000	52'800	67'200	**80'000**
Boxengewinn	*CHF 100'000*				
./. Anrechnung der Eintrittskosten	*CHF 100'000*				
Boxengewinn nach Anrechnung	*0*				
Reduktion des Boxengewinns (**90%**)*		0	0	0	0
Entlastungsbegrenzung (Art. 25b StHG) für die ganze Unternehmung		0	0	0	0
Ausgleich der Entlastungsbegrenzung zwischen den Kantonen		0	0	0	0
Steuerbarer Reingewinn nach STAF-Ermässigungen		200'000	52'800	67'200	**80'000**
Verhältnis zwischen dem steuerbaren Reingewinn nach Entlastungsbegrenzung und dem steuerbaren Gewinn vor STAF-Ermässigungen			*100%*	*100%*	*100%*

* Der Boxengewinn ist mit den Eintrittskosten von CHF 350'000 zu verrechnen. Für die Steuerperiode 2021 beträgt die Reduktion des Boxengewinns CHF 0.

Konzessionierte Verkehrs- und Infrastrukturunternehmen

Quelle: Schweizerische Steuerkonferenz SSK

Besteuerung der konzessionierten Verkehrs- und Infrastrukturunternehmen

Kreisschreiben 33 – vom 6. September 2011

Inhaltsverzeichnis

1.	Gegenstand des Kreisschreibens	2
2.	Kapitalsteuer	3
	Bemessungsgrundlage	3
3.	Grundstückgewinnsteuern	3
3.1.	*Wechsel von der besteuerten zur nicht besteuerten Sparte infolge Nutzungsänderung*	*3*
3.1.1.	*Dualistisches System*	*3*
3.1.2.	*Monistisches System*	*3*
3.2	*Wechsel von der nicht besteuerten zur besteuerten Sparte infolge Nutzungsänderung*	*4*
3.2.1.	*Dualistisches System*	*4*
3.2.2.	*Monistisches System*	*4*
3.3.	*Veräusserungen*	*4*
3.3.1.	*Dualistisches System*	*4*
3.3.2.	*Monistisches System*	*4*
4.	Interkantonale Steuerausscheidung	5
4.1.	*Kapitalsteuer*	*5*
4.2.	*Gewinnsteuer*	*5*
5.	Inkrafttreten	5

1. Gegenstand des Kreisschreibens

Mit Bundesgesetz über die Bahnreform 2 (Revision der Erlasse über den öffentlichen Verkehr; RöVE) vom 20. März 2009, welches am 1. Januar 2010 in Kraft trat, wurde in Artikel 23 Absatz 1 Buchstabe j des Bundesgesetzes über die Harmonisierung der direkten Steuern der Kantone und Gemeinden (StHG) vom 14. Dezember 1990 die Besteuerung konzessionierter Verkehrs- und Infrastrukturunternehmen neu geregelt.

Im StHG wurde folgende Bestimmung aufgenommen:

Art. 23

Von der Steuerpflicht sind nur befreit:

j. vom Bund konzessionierte Verkehrs- und Infrastrukturunternehmen, die für diese Tätigkeit Abgeltungen erhalten oder aufgrund ihrer Konzession einen ganzjährigen Betrieb von nationaler Bedeutung aufrecht erhalten müssen; die Steuerbefreiung erstreckt sich auch auf Gewinne aus der konzessionierten Tätigkeit, die frei verfügbar sind: von der Steuerbefreiung ausgenommen sind jedoch Nebenbetriebe und Liegenschaften, die keine notwendige Beziehung zur konzessionierten Tätigkeit haben.

Das vorliegende Kreisschreiben ergänzt das Kreisschreiben Nr. 35 der Eidgenössischen Steuerverwaltung vom 2. Dezember 2011 über die „Besteuerung konzessionierter Verkehrs- und Infrastrukturunternehmen", welches die Praxis für die Gewinnsteuer der betroffenen Unternehmen für die direkte Bundessteuer regelt. Es erläutert die neuen gesetzlichen Bestimmungen für die Steuern der Kantone und Gemeinden. Die Kantone wenden Artikel 23 Absatz 1 Buchstabe j StHG ab 1. Januar 2010 direkt an.

2. Kapitalsteuer

Bemessungsgrundlage

Als Grundlage für die Kapitalsteuer gilt die dem Bundesamt für Verkehr (BAV), den Kantonen oder Gemeinden eingereichte und von diesen bereits genehmigte Handelsbilanz. Für steuerliche Zwecke sind die Werte gemäss Handelsbilanz analog der Spartenrechnung für die Gewinnsteuer auf eine besteuerte und eine nicht besteuerte (Abgeltungs-) Sparte aufzuteilen. Der besteuerten Sparte sind sämtliche Aktiven der Nebenbetriebe ohne notwendige Beziehung zur konzessionierten Tätigkeit sowie ebensolche Liegenschaften oder Teile von Liegenschaften und die Nebenanlagen (Nebengeschäfte) zuzuteilen. Der Abgeltungssparte sind alle übrigen Aktiven zuzurechnen. Das gesamte Fremdkapital gemäss Handelsbilanz und die ausgewiesenen Schuldzinsen werden proportional zu den Aktiven auf die Abgeltungssparte und die besteuerte Sparte aufgeteilt. Der besteuerten Sparte sind vorgängig noch die versteuerten stillen Reserven und die steuerneutral aufgedeckten Reserven gemäss Ziffer 3.5. des Kreisschreibens Nr. 35 der Eidgenössischen Steuerverwaltung zuzurechnen. Das Total der besteuerten Sparte stellt das steuerbare und satzbestimmende Gesamtkapital des Unternehmens dar.

3. Grundstückgewinnsteuern

Die Abgrenzung bei den direkten Steuern zwischen steuerbefreiten und steuerbaren Liegenschaften oder Teilen davon ist auch für die Grundstückgewinnsteuer massgeblich. Das Handelsrecht verlangt, dass Liegenschaften höchstens zu den historischen Anschaffungswerten in der Handelsbilanz auszuweisen sind. Durch Nutzungsänderungen können Liegenschaften oder Teile davon von der besteuerten zur nicht besteuerten Sparte wechseln oder umgekehrt. Um zu vermeiden, dass stille Reserven zu Unrecht steuerlich erfasst werden, sind die Werte gemäss Steuerbilanz auch für die Grundstückgewinnsteuer massgeblich. Spartenwechsel und die Veräusserung von Liegenschaften oder Teilen davon sind steuerlich wie folgt zu behandeln:

3.1. Wechsel von der besteuerten zur nicht besteuerten Sparte infolge Nutzungsänderung

3.1.1. *Dualistisches System*

Die Differenz zwischen dem Wert gemäss Handels- oder Steuerbilanz und dem Verkehrswert im Zeitpunkt der Nutzungsänderung unterliegt der Gewinnsteuer.

3.1.2. *Monistisches System*

Wiedereingebrachte Abschreibungen auf Basis der Handels- oder der Steuerbilanz unterliegen im Zeitpunkt der Nutzungsänderung der Gewinnsteuer.

Mangels Handänderung kann keine Grundstückgewinnbesteuerung erfolgen. Die Faktoren zur Berechnung des Wertzuwachsgewinns (Differenz Erwerbspreis zu Verkehrswert) sind in einer speziellen Steuerbilanz nur für die Zwecke der Grundstückgewinnsteuer festzulegen. Die Besitzesdauer wird auf diesen Zeitpunkt hin unterbrochen. Zusätzlich zur Steuerbilanz ist der erst bei der nächsten Handänderung zu erfassende Wertzuwachsgewinn mit einem Revers verbindlich zu bestätigen.

3.2 Wechsel von der nicht besteuerten zur besteuerten Sparte infolge Nutzungsänderung

3.2.1. Dualistisches System

Die Differenz zwischen dem Wert gemäss Handelsbilanz und dem Verkehrswert im Zeitpunkt der Nutzungsänderung wird in einer Steuerbilanz offen gelegt. Die Steuerbilanz wird jedoch nur für stille Reserven zugestanden, die über den ursprünglichen Anschaffungswerten liegen. Die Differenz zwischen den Buchwerten gemäss Handelsbilanz und den ursprünglichen Anschaffungswerten ist handelsrechtlich zwingend zu buchen. Aufwertungen aufgrund dieser Buchungen in der Handelsbilanz werden gewinnsteuerlich nicht erfasst, qualifizieren jedoch nicht als Reserven aus Kapitaleinlagen.

3.2.2. Monistisches System

Als Erwerbspreis gilt der Verkehrswert der Liegenschaft im Zeitpunkt der Nutzungsänderung. Die Besitzesdauer wird auf diesen Zeitpunkt hin unterbrochen.

3.3. Veräusserungen

3.3.1. Dualistisches System

Die Differenz zwischen dem Verkehrswert und dem Wert gemäss Handels- oder Steuerbilanz im Zeitpunkt der Veräusserung aus der besteuerten Sparte unterliegt der Gewinnsteuer.

3.3.2. Monistisches System

Bei der Veräusserung von Liegenschaften der besteuerten Sparte unterliegt die Differenz zwischen dem Erlös und dem massgeblichen Erwerbspreis gemäss Steuer- oder Handelsbilanz der Grundstückgewinnbesteuerung (Wertzuwachsgewinn). Wurde die Besitzesdauer vorgängig durch einen Spartenwechsel gemäss Ziffer 3.2.2 unterbrochen, wird kein Spekulationszuschlag erhoben.

Bei der Veräusserung von Liegenschaften der nicht besteuerten Sparte unterliegt ein aufgeschobener Wertzuwachsgewinn gemäss Ziff. 3.1.2. der Grundstückgewinnbesteuerung.

4. Interkantonale Steuerausscheidung

Grundsätzlich wird, soweit in Ziffern 4.1 und 4.2 hiernach nichts anderes geregelt, das Total der steuerpflichtigen Sparte (satzbestimmend) nach bundesgerichtlicher Praxis unter den Kantonen ausgeschieden.

4.1. Kapitalsteuer

Das Total der steuerpflichtigen Sparte gemäss Ziffer 2 ist auf die Kantone auszuscheiden. Für Nebenbetriebe ohne notwendige Beziehung zur konzessionierten Tätigkeit ist die Ausscheidung nach einer anerkannten Methode vorzunehmen. Steuerbare Liegenschaften sind objektmässig dem Spezialsteuerdomizil des Belegenheitskantons zuzuweisen. Das Fremdkapital der besteuerten Sparte wird proportional zum Total der besteuerten Aktiven zugeteilt.

4.2. Gewinnsteuer

Der Erfolg der Nebenbetriebe ohne notwendige Beziehung zur konzessionierten Tätigkeit ist nach einer anerkannten Methode unter den Kantonen auszuscheiden (direkt oder indirekt).

Wertzuwachsgewinne aus Veräusserungen von Liegenschaften oder Teilen davon sowie die Aufwände, welche untrennbar mit diesen Veräusserungen zusammenhängen, werden den Belegenheitskantonen zugewiesen, unabhängig davon, ob diese Wertzuwachsgewinne der Grundstückgewinn- oder der Gewinnsteuer unterstehen. Die auf diesen Wertzuwachsgewinnen anfallenden Steuern werden den Kantonen ebenfalls objektmässig zugewiesen.

Die übrigen Liegenschaftenerträge inklusive wiedereingebrachte Abschreibungen werden durch eine quotenmässige Ausscheidung unter den Kantonen aufgeteilt. Die Quote ergibt sich aus dem Verhältnis des lokalisierten Mieterttrags zum gesamten Mietertrag.

5. Inkrafttreten

Dieses Kreisschreiben gilt ab der Steuerperiode 2010.

Teilbesteuerung interkantonal

Quelle: Schweizerische Steuerkonferenz SSK

☞ *Dieses Kreisschreiben ist teilweise veraltet. Es ist zu beachten, dass Art. 7 Abs. 1 zweiter Satz StHG, Art. 18b DBG und Art. 20 Abs. 1 DBG aufgrund des Bundesgesetzes über die Steuerreform und die AHV-Finanzierung (STAF) per 1.1.2020 revidiert worden sind.*

Milderung der wirtschaftlichen Doppelbelastung und ihre Auswirkungen auf die interkantonale Steuerausscheidung
Kreisschreiben 32 – vom 01. Juli 2009

> Dieses Kreisschreiben ist nur von jenen Kantonen zu beachten, welche das Teilbesteuerungsverfahren anwenden.

1. Milderung der wirtschaftlichen Doppelbelastung

1.1. Unternehmenssteuerreformgesetz II

Mit dem Bundesgesetz über die Verbesserung der steuerlichen Rahmenbedingungen für unternehmerische Tätigkeiten und Investitionen (Unternehmenssteuerreformgesetz II) vom 23. März 2007 wurden sowohl im StHG wie auch im DBG gesetzliche Regelungen zur Milderung der wirtschaftlichen Doppelbelastung von Körperschaften und Anteilseignern eingeführt. Die Entlastung hat dabei auf der Ebene der Anteilseigner zu erfolgen.

1.2. Gesetzliche Regelung im StHG

Art. 7 Abs. 1 zweiter Satz StHG lautet wie folgt:

[1] *... Bei Dividenden, Gewinnanteilen, Liquidationsüberschüssen und geldwerten Vorteilen aus Beteiligungen aller Art, die mindestens 10 Prozent des Grund- oder Stammkapitals einer Kapitalgesellschaft oder Genossenschaft ausmachen (qualifizierte Beteiligungen), können die Kantone die wirtschaftliche Doppelbelastung von Körperschaften und Anteilsinhabern mildern.*

Diese optionale Bestimmung ist per 1.1.2009 in Kraft getreten.

1.3. Gesetzliche Regelung im DBG

Art. 18b DBG lautet wie folgt (Geschäftsvermögen):

[1] *Dividenden, Gewinnanteile, Liquidationsüberschüsse und geldwerte Vorteile aus Aktien, Anteilen an Gesellschaften mit beschränkter Haftung, Genossenschaftsanteilen und Partizipationsscheinen sowie Gewinne aus der Veräusserung solcher Beteiligungsrechte sind nach Abzug des zurechenbaren Aufwandes im Umfang von 50 Prozent steuerbar, wenn diese Beteiligungsrechte mindestens 10 Prozent des Grund- oder Stammkapitals einer Kapitalgesellschaft oder Genossenschaft darstellen.*

[2] *Die Teilbesteuerung auf Veräusserungsgewinnen wird nur gewährt, wenn die veräusserten Beteiligungsrechte mindestens ein Jahr im Eigentum der steuerpflichtigen Person oder des Personenunternehmens waren.*

Art. 20 Abs. 1 DBG lautet wie folgt (Privatvermögen):

^{1bis} *Dividenden, Gewinnanteile, Liquidationsüberschüsse und geldwerte Vorteile aus Aktien, Anteilen an Gesellschaften mit beschränkter Haftung, Genossenschaftsanteilen und Partizipationsscheinen (einschliesslich Gratisaktien, Gratisnennwerterhöhungen u. dgl.) sind im Umfang von 60 Prozent steuerbar, wenn diese Beteiligungsrechte mindestens 10 Prozent des Grund- oder Stammkapitals einer Kapitalgesellschaft oder Genossenschaft darstellen.*

Diese Bestimmungen sind per 1.1.2009 in Kraft getreten.

1.4. Methoden zur Milderung der wirtschaftlichen Doppelbelastung

Die Milderung der wirtschaftlichen Doppelbelastung wird methodisch entweder über das Teilsatz- oder das Teilbesteuerungsverfahren herbeigeführt.

Beim **Teilsatzverfahren** werden die zur Entlastung berechtigenden Einkünfte oder Vermögenswerte nicht zum Steuersatz des gesamten Einkommens bzw. Vermögens, sondern zu einem in einem bestimmten prozentualen Ausmass reduzierten Steuersatz besteuert. Die Steuerlast wird dadurch ausschliesslich auf der Grundlage des Steuertarifes reduziert.

Beim **Teilbesteuerungsverfahren** werden die zur Entlastung berechtigenden Einkünfte oder Vermögenswerte nur in einem bestimmten prozentualen Ausmass in die Bemessung des steuerbaren Einkommens oder Vermögens miteinbezogen. Die Steuerlast wird dadurch sowohl auf der Ebene der Bemessungsgrundlage wie auch – als Folge der Bemessungsreduktion – einer entsprechend tieferen Progression reduziert.

Gestützt auf die gesetzliche Regelung von Art. 7 Abs. 1 zweiter Satz StHG fällt es in die Kompetenz der Kantone, zu entscheiden, ob sie überhaupt Milderungen der wirtschaftlichen Doppelbelastung vornehmen wollen, und falls ja, nach welcher Methode und in welchem Ausmass die Entlastung erfolgen soll.

1.5. Auslegungsfragen

1.5.1. Milderung bei Veräusserungsgewinnen von qualifizierten Beteiligungen des Geschäftsvermögens

Im DBG ist in Art. 18b Abs. 1 und Abs. 2 (in Kraft ab 1.1.2009) verankert, dass sich die Milderung der wirtschaftlichen Doppelbelastung auch auf Gewinne aus der Veräusserung von Beteiligungen des Geschäftsvermögens erstreckt, sofern diese Beteiligungsrechte mindestens 10% des Grund- oder Stammkapitals einer Kapitalgesellschaft oder Genossenschaft ausmachen und mindestens ein Jahr im Eigentum der steuerpflichtigen Person oder des Personenunternehmens waren.

Im Hinblick auf Art. 18b DBG dürfte es auch vor dem StHG zulässig sein, Kapitalgewinne auf Beteiligungen im Geschäftsvermögen in die Milderung der wirtschaftlichen Doppelbelastung mit einzubeziehen.

Den Kantonen dürfte es im Übrigen grundsätzlich freigestellt sein, ob sie – bei Beteiligungen im Geschäftsvermögen – die analoge Regelung von Art. 18b DBG übernehmen oder ob sie die Einkünfte aus qualifizierten Beteiligungen (einschliesslich Gewinne aus der Veräusserung solcher Beteiligungsrechte) ohne Anrechnung von damit zusammenhängenden Aufwendungen mildern wollen.

1.5.2. Vermögenssteuer

Gemäss Art. 14 Abs. 1 StHG wird das (Privat-)Vermögen zum Verkehrswert bewertet. Dabei kann der Ertragswert angemessen berücksichtigt werden.

Gemäss Art. 14 Abs. 3 StHG in der ab 1.1.2009 in Kraft getretenen Fassung werden immaterielle Güter und bewegliches Vermögen, die zum Geschäftsvermögen der steuerpflichtigen Person gehören, zu dem für die Einkommenssteuer massgeblichen Wert bewertet.

Nach dem Wortlaut dieser Bestimmungen lässt das StHG den Kantonen keinen Freiraum, bei der Vermögensbesteuerung die Milderung der wirtschaftlichen Doppelbelastung über das Teilbesteuerungsverfahren vorzunehmen.

2. Auswirkungen auf die interkantonale Steuerausscheidung

2.1. Methodenpluralismus

Aufgrund der weitgehenden Regelungsautonomie der Kantone ergeben sich zwangsläufig kantonale Unterschiede bezüglich Methode und Ausmass der Milderung der wirtschaftlichen Doppelbelastung. Zum Zeitpunkt der Inkraftsetzung von Art. 7 Abs. 1 zweiter Satz StHG per 1.1.2009 haben zahlreiche Kantone bereits Milderungsmassnahmen über das Teilsatzverfahren und Teilbesteuerungsverfahren eingeführt, während andere Kantone noch keine Entlastungen gesetzlich verankert haben. Zudem wird allgemein erwartet, dass ein Teil der Kantone, welche bereits Milderungsmassnahmen über das Teilsatzverfahren eingeführt haben, ihre Gesetzesnormen an diejenigen des DBG anpassen und zum Teilbesteuerungsverfahren wechseln werden. Diese Ausgangslage bringt es mit sich, dass auf unabsehbare Zeit bei den interkantonalen Steuerausscheidungen ein Nebeneinander von Kantonen ohne Milderungsmassnahmen, von Kantonen mit dem Teilsatzverfahren und von Kantonen mit dem Teilbesteuerungsverfahren mit Entlastungen in unterschiedlicher Höhe anzutreffen sein wird.

2.2. Ausscheidungen mit einem oder mehreren Kantonen mit dem Teilbesteuerungsverfahren

Sind ein oder mehrere Kantone mit Milderungsmassnahmen über das Teilbesteuerungsverfahren bei den Einkünften aus qualifizierten Beteiligungen oder allenfalls gar bei der Vermögenssteuer (trotz Vorbehalt der StHG-Konformität gemäss Ziffer 1.5.2. hievor) an der interkantonalen Steuerausscheidung beteiligt, so ergeben sich zwangsläufig Kollisionskonflikte, wenn die entstehenden Differenzen nicht durch ein Korrektursystem ausgeglichen werden.

Falls ein an der Ausscheidung beteiligter Kanton bei der Vermögenssteuer über das Teilbesteuerungsverfahren eine Milderung bei den qualifizierten Beteiligungen vornimmt, so führt dies zunächst dazu, dass die beteiligten Kantone voneinander abweichende Aktivenquoten ermitteln, welche als Grundlage für die proportionale Verteilung der Passiven und Schuldzinsen dienen. Dies wiederum hätte zur Folge, dass bei der interkantonalen Ausscheidung insgesamt nicht die gesamten Passiven und Schuldzinsen abgezogen werden könnten, was einen Verstoss gegen das Schlechterstellungsverbot darstellt (Ernst Höhn / Peter Mäusli, Interkantonales Steuerrecht, 4. Auflage, Bern 2000, § 4 N 19 ff.).

Weiter hat diese Ausgangslage zur Folge, dass die beteiligten Kantone den Vermögensertrag nach unterschiedlichen Kriterien ermitteln. Bei Kantonen, welche das Teilbesteuerungsverfahren anwenden, wird der Vermögensertrag auf der Basis der bemessungsreduzierten Beteiligungserträge ermittelt. Kantone, welche bei den qualifizierten Beteiligungserträgen keine Milderungsmassnahmen kennen oder das Teilsatzverfahren anwenden, werden den

Vermögensertrag auf der Grundlage des ungeschmälerten Bruttoertrages berücksichtigen. Da die privaten sowie beim Einzelunternehmer und Teilhaber von einfachen und stillen Gesellschaften auch die geschäftlichen Schuldzinsen grundsätzlich proportional nach Lage der Aktiven auf den Vermögensertrag verlegt werden, kann dies unter Umständen dazu führen, dass sich in einem Teilbesteuerungskanton aufgrund des bemessungsreduzierten Vermögensertrages nach der ersten Schuldzinsverlegung ein Schuldzinsenüberschuss ergibt, welcher von den übrigen Kantonen, welche noch über Vermögensertrag verfügen, zu übernehmen wäre. Aufgrund der Ausscheidung der Kantone, welche keine Milderungen kennen oder das Teilsatzverfahren anwenden, ergäbe sich unter Umständen gar kein oder ein tieferer Schuldzinsenüberschuss, weshalb diese Kantone entweder gar keine weiteren Schuldzinsen oder Schuldzinsen nur auf einer tieferen Basis übernehmen würden. Diese Konstellation führt ebenfalls zu einem Verstoss gegen das Schlechterstellungsverbot, indem von den involvierten Kantonen nicht die gesamten Schuldzinsen zum Abzug gebracht werden können.

2.3. Ausscheidungen mit Kantonen ohne Teilbesteuerungsverfahren

Sind hingegen an der interkantonalen Steuerausscheidung ausschliesslich Kantone ohne Milderungsmassnahmen oder Kantone mit Milderungsmassnahmen über das Teilsatzverfahren beteiligt, so ist dadurch die Bemessung der Beteiligungen bei der Vermögenssteuer wie auch die Bemessung der Einkünfte aus den Beteiligungsrechten bei der Einkommenssteuer nicht berührt. Diesfalls ergeben sich keine Kollisionskonflikte bei der interkantonalen Steuerausscheidung hinsichtlich Ermittlung der Aktivenquoten, der Ermittlung des Vermögensertrages sowie des vollständigen Abzuges der Passiven und Schuldzinsen.

2.4. Beschränkung des Schuldzinsenabzuges

Gemäss Art. 9 Abs. 2 Bst. a StHG in der ab 1.1.2009 in Kraft getretenen Fassung können die privaten Schuldzinsen im Umfang des nach den Artikeln 7 und 7a steuerbaren Vermögensertrages und weiterer 50'000 Franken abgezogen werden. Damit statuiert das StHG, dass für die Berechnung des maximalen Schuldzinsenabzuges bei Anwendung des Teilbesteuerungsverfahrens der bemessungsreduzierte Vermögensertrag aus den qualifizierten Beteiligungen massgebend ist. Sind ein oder mehrere Kantone mit Milderungsmassnahmen über das Teilbesteuerungsverfahren bei den Einkünften aus qualifizierten Beteiligungen an der interkantonalen Steuerausscheidung beteiligt, so ergeben sich unter Umständen beträchtliche Differenzen und damit Kollisionskonflikte bei der Bemessung des Vermögensertrages, der Berechnung der maximal abziehbaren Schuldzinsen sowie der Verlegung der Schuldzinsen wie auch eines allfälligen Schuldzinsenüberschusses über den Vermögensertrag.

3. Grundsätze bei der interkantonalen Steuerausscheidung

3.1. Bemessung von Aktiven und Vermögenserträgen nach übereinstimmenden Regeln

Grundsätzlich wird die interkantonale Steuerausscheidung von jedem beteiligten Kanton aus Sicht seiner Steuergesetzgebung vorgenommen. Für die Anwendung des Gesamtsteuersatzes muss in jedem Kanton das gesamte Einkommen und Vermögen ermittelt werden, wobei hierfür ebenfalls das betreffende kantonale Steuerrecht massgebend ist. Basierend darauf nimmt jeder Kanton die Ausscheidung des nach seinem Recht massgebenden Gesamteinkommens und –vermögens gemäss den interkantonalen Zuteilungsnormen vor und besteuert den auf ihn entfallenden Teil zum Satz des für ihn massgebenden Gesamteinkommens bzw. Gesamtvermögens (Höhn / Mäusli, a.a.O., § 5 N 19).

Grundsätzlich kann ein Steuerpflichtiger, der zwei oder mehreren Kantonen mit Vermögenssteuer und Einkommenssteuer angehört, verlangen, dass alle Kantone zusammen sämtliche Schulden und Schuldzinsen abziehen (BGer 15.10.1996; 2P.370/1994 = StE 1998 A 24.42.4 Nr. 1). Für die Ausscheidung des Vermögens verzichtet das Bundesgericht zwar auf einen einheitlichen Bewertungsmassstab. Bei der Schuldzinsenverlegung genügt es nach der Rechtsprechung des Bundesgerichtes jedoch nicht, wenn bei der Bewertung der Aktiven jeder Kanton seine eigenen Bewertungsregeln sowohl für die innerkantonalen als auch für die ausserkantonalen Vermögensobjekte anwendet. Dieses Verfahren hätte zur Folge, dass bei unterschiedlichen Bewertungsregeln der involvierten Kantone unter Umständen nicht die gesamten Schuldzinsen abgezogen werden können. Deshalb verlangt die Rechtsprechung, dass sämtliche **Aktiven** für die Schuldzinsenverlegung von allen beteiligten Kantonen nach **übereinstimmenden Regeln** bewertet werden. Im Bereich des Privatvermögens erweist sich die Bewertung zum Verkehrswert grundsätzlich als am zweckmässigsten (Höhn / Mäusli, a.a.O., § 19 N 19). In der Sphäre des Geschäftsvermögens werden immaterielle Güter und bewegliches Vermögen zum Einkommenssteuerwert bewertet (Art. 14 Abs. 3 StHG, in Kraft ab 1.1.2009).

Um eine vollständige Verteilung der Schuldzinsen zu gewährleisten, ist es nebst der Aktivenbewertung nach übereinstimmenden Regeln nach der bundesgerichtlichen Rechtsprechung zusätzlich noch erforderlich, dass auch der massgebende **Vermögensertrag**, auf den die Schuldzinsen proportional verlegt werden, für Zwecke der interkantonalen Steuerausscheidung nach einer für alle Kantone **einheitlichen Regel** ermittelt wird (BGE 120 Ia 349 = ASA 65, 582). Für die Einkünfte aus qualifizierten Beteiligungen erweist sich dafür die Berücksichtigung der Bruttoeinkünfte, ohne Berücksichtigung der beim Teilbesteuerungsverfahren vorgesehenen Bemessungsreduktion, als zweckmässigste Methode.

3.2. Ermittlung der Aktivenquoten / Vermögenssteuer

Kantone, welche trotz Vorbehalt der StHG-Konformität gemäss Ziff. 1.5.2 bei der Vermögenssteuer das Teilbesteuerungsverfahren für qualifizierte Beteiligungen anwenden, haben für die Ermittlung der Aktivenquoten beim Privatvermögen auf den Verkehrswert der Beteiligung und beim Geschäftsvermögen auf den Einkommenssteuerwert – d.h. auf die massgebenden Bruttowerte ohne Bemessungsreduktion – abzustellen.

3.3. Einkünfte aus Beteiligungen im Privatvermögen

Die Einkünfte aus Beteiligungen, welche nach dem Recht des veranlagenden Kantons zur Teilbesteuerung berechtigen, werden in einem ersten Schritt nach einem einheitlichen Massstab – den Bruttoeinkünften ohne Berücksichtigung der Bemessungsreduktion – in die Bemessungsgrundlage einbezogen. Nachdem die Zuweisung der Einkünfte und die Verteilung der Abzüge abgeschlossen ist, wird in einem zweiten Schritt eine Bemessungskorrektur sowohl des steuerbaren wie auch des satzbestimmenden Einkommens im Umfange der Entlastung nach kantonalem Recht in demjenigen Kanton vorgenommen, welchem die Einkünfte aus Beteiligungen zugewiesen werden („Reduktion wirtschaftliche Doppelbelastung"; **Fallbeispiel 1**).

3.4. Einkünfte aus Beteiligungen im Geschäftsvermögen

3.4.1. Gewinn aus der Sparte Beteiligungen

Das Netto-Ergebnis aus Beteiligungsrechten wird mittels einer Spartenrechnung ermittelt. Für Zwecke der interkantonalen Steuerausscheidung wird in einem ersten Schritt der steuerbare Gewinn aus der selbständigen Tätigkeit im Umfang der gewährten Bemessungsreduktion für den Gewinn aus der „Sparte Beteiligungen" erhöht („Aufrechnung"). Nachdem die Zuweisung der Einkünfte und die Verteilung der Abzüge abgeschlossen ist, wird in einem zweiten Schritt eine Bemessungskorrektur sowohl des steuerbaren wie auch des satzbestimmenden Einkommens im Umfange der Entlastung nach kantonalem Recht in demjenigen Kanton vorgenommen, welchem die Einkünfte aus selbständiger Erwerbstätigkeit zugewiesen werden (Abzug = „Reduktion wirtschaftliche Doppelbelastung"; **Fallbeispiel 2**).

3.4.2. Verlust aus der Sparte Beteiligungen

Das Netto-Ergebnis aus Beteiligungsrechten wird mittels einer Spartenrechnung ermittelt. Für Zwecke der interkantonalen Steuerausscheidung wird in einem ersten Schritt der steuerbare Gewinn aus der selbständigen Tätigkeit im Umfang der vorgenommenen Bemessungsreduktion für den Verlust aus der „Sparte Beteiligungen" reduziert („Abzug"). Nachdem die Zuweisung der Einkünfte und die Verteilung der Abzüge abgeschlossen ist, wird in einem zweiten Schritt eine Bemessungskorrektur sowohl des steuerbaren wie auch des satzbestimmenden Einkommens im Umfange der Entlastung nach kantonalem Recht in demjenigen Kanton vorgenommen, welchem die Einkünfte aus selbständiger Erwerbstätigkeit zugewiesen werden (Aufrechnung = „Reduktion wirtschaftliche Doppelbelastung"; **Fallbeispiel 3**).

3.4.3. Einkünfte aus Beteiligungen ohne Abzug des zurechenbaren Aufwandes

Die für den Spartengewinn und den Spartenverlust aus Beteiligungsrechten geltenden Regeln werden sowohl auf positive wie auch auf negative Einkünfte aus Beteiligungsrechten analog angewendet.

3.5. Beschränkung des Schuldzinsenabzuges

Die Einkünfte aus Beteiligungen, welche nach dem Recht des veranlagenden Kantons zur Teilbesteuerung berechtigen, werden in einem ersten Schritt nach einem einheitlichen Massstab – den Bruttoeinkünften ohne Berücksichtigung der Bemessungsreduktion – in die Bemessungsgrundlage einbezogen. Die für Zwecke der interkantonalen Steuerausscheidung maximal abzugsfähigen Schuldzinsen werden auf der Basis des nicht bemessungsreduzierten Vermögensertrages berechnet.

Nachdem die Zuweisung der Einkünfte und die Verteilung der Abzüge abgeschlossen ist, wird in einem zweiten Schritt eine Bemessungskorrektur sowohl des steuerbaren wie auch des satzbestimmenden Einkommens im Umfange der Entlastung nach kantonalem Recht in demjenigen Kanton vorgenommen, welchem die Einkünfte aus Beteiligungen zugewiesen werden („Reduktion wirtschaftliche Doppelbelastung").

Im Umfang der Differenz zwischen dem maximal abzugsfähigen Schuldzinsbetrag, der sich basierend auf dem bemessungsreduzierten Vermögensertrag ergibt und dem Schuldzinsbetrag, welcher auf der Basis des nicht bemessungsreduzierten Vermögensertrages resultiert, wird eine weitere Bemessungskorrektur sowohl des steuerbaren wie auch des satzbestimmenden Einkommens vorgenommen („Korrektur Schuldzinsbeschränkung"; **Fallbeispiel 4**).

Besteht nach Vornahme der Schuldzinsverteilung ein Überschuss der Vermögenserträge über die Schuldzinsen, so wird die „Korrektur Schuldzinsbeschränkung" im Verhältnis der von den Kantonen übernommenen Schuldzinsen auf sie verteilt (**Fallbeispiel 5**).

Besteht nach Vornahme der Schuldzinsverteilung ein Überschuss der Schuldzinsen über die Vermögenserträge, so wird die „Korrektur Schuldzinsbeschränkung" vollumfänglich dem Hauptsteuerdomizil zugewiesen (**Fallbeispiel 4**).

3.6. Verluste durch „Reduktion wirtschaftliche Doppelbelastung"

Entsteht durch die „Reduktion der wirtschaftlichen Doppelbelastung" aus der Sicht eines Kantons mit Teilbesteuerungsverfahren ein Verlust, so wird dieser im Rahmen der Steuerausscheidung dieses Kantons auf die übrigen Kantone, welche noch über positive Reineinkünfte verfügen, im Verhältnis dieser Reineinkünfte verlegt (technischer Ausgleich). Dabei mildert jeder Kanton die wirtschaftliche Doppelbelastung gemäss eigenem Recht (**Fallbeispiel 6**).

4. Gültigkeit

Das vorliegende Kreisschreiben ist ab Steuerperiode 2009 anwendbar.

Anhang:

Fallbeispiele 1 bis 6

Fallbeispiel 1:
Einkünfte aus Beteiligungen im Privatvermögen

Bruttoertrag aus qualifizierter Beteiligung: 20'000

Kanton A (Hauptsteuerdomizil):	Teilbesteuerungsverfahren, Besteuerung zu 50%
Kanton B (Liegenschaftskanton):	keine Milderung der wirtschaftlichen Doppelbelastung
Kanton C (Liegenschaftskanton):	Teilbesteuerungsverfahren, Besteuerung zu 60%

Interkantonale Steuerausscheidung:

	Total	Kt. A	Kt. B	Kt. C
Massgebliche Aktiven	3'000'000	2'550'000	300'000	150'000
Aktivenquoten in %	100.00%	85.00%	10.00%	5.00%

Einkommen:	Total	Kt. A	Kt. B	Kt. C
aus Sicht Kt. A		50%	100%	60%
Nettoerträge Liegenschaften	48'000	30'000	12'000	6'000
Ertrag aus qualifizierter Beteiligung	20'000	20'000		
übriger Wertschriftenertrag	14'000	14'000		
Vermögensertrag vor Schuldzinsen	82'000	64'000	12'000	6'000
Verteilung der Schuldzinsen	-40'000	-34'000	-4'000	-2'000
Vermögensertrag nach Schuldzinsen	42'000	30'000	8'000	4'000
Einkünfte unselbständige Tätigkeit	200'000	200'000		
Reineinkommen vor Entlastung	242'000	230'000	8'000	4'000
Reduktion wirtschaftliche Doppelbelastung	-10'000	-10'000		
	232'000	220'000	8'000	4'000
Reineinkommen nach Entlastung	**232'000**	**220'000**	**8'000**	**4'000**

Einkommen:	Total	Kt. A	Kt. B	Kt. C
aus Sicht Kt. B		50%	100%	60%
Nettoerträge Liegenschaften	48'000	30'000	12'000	6'000
Ertrag aus qualifizierter Beteiligung	20'000	20'000		
übriger Wertschriftenertrag	14'000	14'000		
Vermögensertrag vor Schuldzinsen	82'000	64'000	12'000	6'000
Verteilung der Schuldzinsen	-40'000	-34'000	-4'000	-2'000
Vermögensertrag nach Schuldzinsen	42'000	30'000	8'000	4'000
Einkünfte unselbständige Tätigkeit	200'000	200'000		
Reineinkommen vor Entlastung	242'000	230'000	8'000	4'000
Reduktion wirtschaftliche Doppelbelastung	0	0		
	242'000	230'000	8'000	4'000
Reineinkommen nach Entlastung	**242'000**	**230'000**	**8'000**	**4'000**

Einkommen: aus Sicht Kt. C	Total	Kt. A 50%	Kt. B 100%	Kt. C 60%
Nettoerträge Liegenschaften	48'000	30'000	12'000	6'000
Ertrag aus qualifizierter Beteiligung	20'000	20'000		
übriger Wertschriftenertrag	14'000	14'000		
Vermögensertrag vor Schuldzinsen	82'000	64'000	12'000	6'000
Verteilung der Schuldzinsen	-40'000	-34'000	-4'000	-2'000
Vermögensertrag nach Schuldzinsen	42'000	30'000	8'000	4'000
Einkünfte unselbständige Tätigkeit	200'000	200'000		
Reineinkommen vor Entlastung	242'000	230'000	8'000	4'000
Reduktion wirtschaftliche Doppelbelastung	-8'000	-8'000		
	234'000	222'000	8'000	4'000
Reineinkommen nach Entlastung	**234'000**	**222'000**	**8'000**	**4'000**

Fallbeispiel 2:
Einkünfte aus Beteiligungen im Geschäftsvermögen
Abzug des zurechenbaren Aufwandes / Spartengewinn

Betriebserfolg (Gewinn)	200'000
Erfolg Sparte Beteiligungen (Gewinn)	100'000
Einkünfte selbständige Tätigkeit (Gewinn)	300'000

Kanton A (Hauptsteuerdomizil):	Teilbesteuerungsverfahren, Besteuerung zu 50%
Kanton B (Liegenschaftskanton):	keine Milderung der wirtschaftlichen Doppelbelastung
Kanton C (Liegenschaftskanton):	Teilbesteuerungsverfahren, Besteuerung zu 60%

Interkantonale Steuerausscheidung:

	Total	Kt. A	Kt. B	Kt. C
Massgebliche Aktiven	2'000'000	1'600'000	300'000	100'000
Aktivenquoten in %	100.00%	80.00%	15.00%	5.00%

Einkommen: aus Sicht Kt. A	Total	Kt. A 50%	Kt. B 100%	Kt. C 60%
Nettoerträge Liegenschaften	50'000	30'000	14'500	5'500
Wertschriftenertrag	20'000	20'000		
Eigenkapitalzins EK 600'000 * 2%	12'000	12'000		
Verbuchte Schuldzinsen Geschäft	10'000	10'000		
Vermögensertrag vor Schuldzinsen	92'000	72'000	14'500	5'500
Verteilung der Schuldzinsen	-50'000	-40'000	-7'500	-2'500
Vermögensertrag nach Schuldzinsen	42'000	32'000	7'000	3'000
Einkünfte selbständige Tätigkeit	300'000	300'000		
Ausgleich Eigenkapitalzins	-12'000	-12'000		
Reineinkommen vor Entlastung	330'000	320'000	7'000	3'000
Reduktion wirtschaftliche Doppelbelastung	-50'000	-50'000		
	280'000	270'000	7'000	3'000
Reineinkommen nach Entlastung	**280'000**	**270'000**	**7'000**	**3'000**

Einkommen: aus Sicht Kt. B	Total	Kt. A 50%	Kt. B 100%	Kt. C 60%
Nettoerträge Liegenschaften	50'000	30'000	14'500	5'500
Wertschriftenertrag	20'000	20'000		
Eigenkapitalzins EK 600'000 * 2%	12'000	12'000		
Verbuchte Schuldzinsen Geschäft	10'000	10'000		
Vermögensertrag vor Schuldzinsen	92'000	72'000	14'500	5'500
Verteilung der Schuldzinsen	-50'000	-40'000	-7'500	-2'500
Vermögensertrag nach Schuldzinsen	42'000	32'000	7'000	3'000
Einkünfte selbständige Tätigkeit	300'000	300'000		
Ausgleich Eigenkapitalzins	-12'000	-12'000		
Reineinkommen vor Entlastung	330'000	320'000	7'000	3'000
Reduktion wirtschaftliche Doppelbelastung	0	0		
	330'000	320'000	7'000	3'000
Reineinkommen nach Entlastung	**330'000**	320'000	**7'000**	3'000

Einkommen: aus Sicht Kt. C	Total	Kt. A 50%	Kt. B 100%	Kt. C 60%
Nettoerträge Liegenschaften	50'000	30'000	14'500	5'500
Wertschriftenertrag	20'000	20'000		
Eigenkapitalzins EK 600'000 * 2%	12'000	12'000		
Verbuchte Schuldzinsen Geschäft	10'000	10'000		
Vermögensertrag vor Schuldzinsen	92'000	72'000	14'500	5'500
Verteilung der Schuldzinsen	-50'000	-40'000	-7'500	-2'500
Vermögensertrag nach Schuldzinsen	42'000	32'000	7'000	3'000
Einkünfte selbständige Tätigkeit	300'000	300'000		
Ausgleich Eigenkapitalzins	-12'000	-12'000		
Reineinkommen vor Entlastung	330'000	320'000	7'000	3'000
Reduktion wirtschaftliche Doppelbelastung	-40'000	-40'000		
	290'000	280'000	7'000	3'000
Reineinkommen nach Entlastung	**290'000**	**280'000**	**7'000**	**3'000**

Fallbeispiel 3:
Einkünfte aus Beteiligungen im Geschäftsvermögen
Abzug des zurechenbaren Aufwandes / Spartenverlust

Betriebserfolg (Gewinn)	350'000
Erfolg Sparte Beteiligungen (Verlust)	-100'000
Einkünfte selbständige Tätigkeit (Gewinn)	250'000

Kanton A (Hauptsteuerdomizil):	Teilbesteuerungsverfahren, Besteuerung zu 50%
Kanton B (Liegenschaftskanton):	keine Milderung der wirtschaftlichen Doppelbelastung
Kanton C (Liegenschaftskanton):	Teilbesteuerungsverfahren, Besteuerung zu 60%

Interkantonale Steuerausscheidung:

	Total	Kt. A	Kt. B	Kt. C
Massgebliche Aktiven	2'000'000	1'600'000	300'000	100'000
Aktivenquoten in %	100.00%	80.00%	15.00%	5.00%

Einkommen: aus Sicht Kt. A	Total	Kt. A 50%	Kt. B 100%	Kt. C 60%
Nettoerträge Liegenschaften	50'000	30'000	14'500	5'500
Wertschriftenertrag	20'000	20'000		
Eigenkapitalzins EK 600'000 * 2%	12'000	12'000		
Verbuchte Schuldzinsen Geschäft	10'000	10'000		
Vermögensertrag vor Schuldzinsen	92'000	72'000	14'500	5'500
Verteilung der Schuldzinsen	-50'000	-40'000	-7'500	-2'500
Vermögensertrag nach Schuldzinsen	42'000	32'000	7'000	3'000
Einkünfte selbständige Tätigkeit	250'000	250'000		
Ausgleich Eigenkapitalzins	-12'000	-12'000		
Reineinkommen vor Entlastung	280'000	270'000	7'000	3'000
Reduktion wirtschaftliche Doppelbelastung*)	50'000	50'000		
	330'000	320'000	7'000	3'000
Reineinkommen nach Entlastung	**330'000**	**320'000**	**7'000**	**3'000**

Einkommen: aus Sicht Kt. B	Total	Kt. A 50%	Kt. B 100%	Kt. C 60%
Nettoerträge Liegenschaften	50'000	30'000	14'500	5'500
Wertschriftenertrag	20'000	20'000		
Eigenkapitalzins EK 600'000 * 2%	12'000	12'000		
Verbuchte Schuldzinsen Geschäft	10'000	10'000		
Vermögensertrag vor Schuldzinsen	92'000	72'000	14'500	5'500
Verteilung der Schuldzinsen	-50'000	-40'000	-7'500	-2'500
Vermögensertrag nach Schuldzinsen	42'000	32'000	7'000	3'000
Einkünfte selbständige Tätigkeit	250'000	250'000		
Ausgleich Eigenkapitalzins	-12'000	-12'000		
Reineinkommen vor Entlastung	280'000	270'000	7'000	3'000
Reduktion wirtschaftliche Doppelbelastung*)	0	0		
	280'000	270'000	7'000	3'000
Reineinkommen nach Entlastung	**280'000**	**270'000**	**7'000**	**3'000**

Einkommen: aus Sicht Kt. C	Total	Kt. A 50%	Kt. B 100%	Kt. C 60%
Nettoerträge Liegenschaften	50'000	30'000	14'500	5'500
Wertschriftenertrag	20'000	20'000		
Eigenkapitalzins EK 600'000 * 2%	12'000	12'000		
Verbuchte Schuldzinsen Geschäft	10'000	10'000		
Vermögensertrag vor Schuldzinsen	92'000	72'000	14'500	5'500
Verteilung der Schuldzinsen	-50'000	-40'000	-7'500	-2'500
Vermögensertrag nach Schuldzinsen	42'000	32'000	7'000	3'000
Einkünfte selbständige Tätigkeit	250'000	250'000		
Ausgleich Eigenkapitalzins	-12'000	-12'000		
Reineinkommen vor Entlastung	280'000	270'000	7'000	3'000
Reduktion wirtschaftliche Doppelbelastung*)	40'000	40'000		
	320'000	310'000	7'000	3'000
Reineinkommen nach Entlastung	**320'000**	**310'000**	**7'000**	**3'000**

*) Aufrechnung des Verlusts aus der Sparte Beteiligungen im Umfang der Reduktionsquote

Fallbeispiel 4:
Teilbesteuerung der Einkünfte aus Beteiligungen im Privatvermögen
Beschränkung des Schuldzinsenabzuges
Brutto-Vermögensertrag + 50'000 < effektive Schuldzinsen

Kanton A (Hauptsteuerdomizil):	Teilbesteuerungsverfahren, Besteuerung zu 50%
Kanton B (Liegenschaftskanton):	keine Milderung der wirtschaftlichen Doppelbelastung
Kanton C (Liegenschaftskanton):	Teilbesteuerungsverfahren, Besteuerung zu 60%

Beschränkung des Schuldzinsabzuges:

	Brutto
Vermögensertrag brutto vor Reduktion der wirtschaftlichen Doppelbelastung:	100%
Ertrag aus qualifizierter Beteiligung	150'000
übriger Wertschriftenertrag	12'000
Bruttoertrag Liegenschaft Kt. B	14'000
Bruttoertrag Liegenschaft Kt. C	10'000
massgebender Vermögensertrag	186'000
zuzüglich Grundbetrag	50'000
maximal abzugsfähige Schuldzinsen	236'000
effektive Schuldzinsen	250'000
Aufrechnung Schuldzinsabzug	14'000

	Kt. A	Kt. B	Kt. C
Vermögensertrag netto nach Reduktion der wirtschaftlichen Doppelbelastung:	50%	100%	60%
Ertrag aus qualifizierter Beteiligung	150'000	150'000	150'000
Reduktion wirtschaftliche Doppelbelastung	-75'000	0	-60'000
übriger Wertschriftenertrag	12'000	12'000	12'000
Bruttoertrag Liegenschaft Kt. B	14'000	14'000	14'000
Bruttoertrag Liegenschaft Kt. C	10'000	10'000	10'000
massgebender Vermögensertrag	111'000	186'000	126'000
zuzüglich Grundbetrag	50'000	50'000	50'000
maximal abzugsfähige Schuldzinsen	161'000	236'000	176'000
effektive Schuldzinsen	250'000	250'000	250'000
Aufrechnung Schuldzinsabzug	89'000	14'000	74'000

Berechnung der "Korrektur Schuldzinsbeschränkung":			
abzugsfähige Schuldzinsen auf Basis des nicht bemessungsreduzierten Vermögensertrages	236'000	236'000	236'000
abzugsfähige Schuldzinsen auf Basis des bemessungsreduzierten Vermögensertrages	161'000	236'000	176'000
Korrektur Schuldzinsbeschränkung	75'000	0	60'000

Interkantonale Steuerausscheidung:

	Total	Kt. A	Kt. B	Kt. C
Massgebliche Aktiven	7'300'000	7'000'000	200'000	100'000
Aktivenquoten in %	100.00%	95.89%	2.74%	1.37%

Einkommen: aus Sicht Kt. A	Total	Kt. A 50%	Kt. B 100%	Kt. C 60%
Nettoerträge Liegenschaften	18'000	0	10'000	8'000
Ertrag aus qualifizierter Beteiligung	150'000	150'000		
übriger Wertschriftenertrag	12'000	12'000		
Vermögensertrag vor Schuldzinsen	180'000	162'000	10'000	8'000
Verteilung der Schuldzinsen	-236'000	-226'301	-6'466	-3'233
Vermögensertrag nach 1. Umlage	-56'000	-64'301	3'534	4'767
2. Umlage Schuldzinsen	0	8'301	-3'534	-4'767
Vermögensertrag nach 2. Umlage	-56'000	-56'000	0	0
Einkünfte unselbständige Tätigkeit	400'000	400'000		
Reineinkommen vor Entlastung	344'000	344'000	0	0
Reduktion wirtschaftliche Doppelbelastung	-75'000	-75'000		
Korrektur Schuldzinsbeschränkung	75'000	75'000		
	344'000	344'000	0	0
Reineinkommen nach Entlastung	**344'000**	**344'000**	**0**	**0**

Einkommen: aus Sicht Kt. B	Total	Kt. A 50%	Kt. B 100%	Kt. C 60%
Nettoerträge Liegenschaften	18'000	0	10'000	8'000
Ertrag aus qualifizierter Beteiligung	150'000	150'000		
übriger Wertschriftenertrag	12'000	12'000		
Vermögensertrag vor Schuldzinsen	180'000	162'000	10'000	8'000
Verteilung der Schuldzinsen	-236'000	-226'301	-6'466	-3'233
Vermögensertrag nach 1. Umlage	-56'000	-64'301	3'534	4'767
2. Umlage Schuldzinsen	0	8'301	-3'534	-4'767
Vermögensertrag nach 2. Umlage	-56'000	-56'000	0	0
Einkünfte unselbständige Tätigkeit	400'000	400'000		
Reineinkommen vor Entlastung	344'000	344'000	0	0
Reduktion wirtschaftliche Doppelbelastung	0	0		
Korrektur Schuldzinsbeschränkung	0	0		
	344'000	344'000	0	0
Reineinkommen nach Entlastung	**344'000**	**344'000**	**0**	**0**

Einkommen: aus Sicht Kt. C	Total	Kt. A 50%	Kt. B 100%	Kt. C 60%
Nettoerträge Liegenschaften	18'000	0	10'000	8'000
Ertrag aus qualifizierter Beteiligung	150'000	150'000		
übriger Wertschriftenertrag	12'000	12'000		
Vermögensertrag vor Schuldzinsen	180'000	162'000	10'000	8'000
Verteilung der Schuldzinsen	-236'000	-226'301	-6'466	-3'233
Vermögensertrag nach 1. Umlage	-56'000	-64'301	3'534	4'767
2. Umlage Schuldzinsen	0	8'301	-3'534	-4'767
Vermögensertrag nach 2. Umlage	-56'000	-56'000	0	0
Einkünfte unselbständige Tätigkeit	400'000	400'000		
Reineinkommen vor Entlastung	344'000	344'000	0	0
Reduktion wirtschaftliche Doppelbelastung	-60'000	-60'000		
Korrektur Schuldzinsbeschränkung	60'000	60'000		
	344'000	344'000	0	0
Reineinkommen nach Entlastung	**344'000**	**344'000**	**0**	**0**

Fallbeispiel 5:
Teilbesteuerung der Einkünfte aus Beteiligungen im Privatvermögen
Beschränkung des Schuldzinsenabzuges
Brutto-Vermögensertrag + 50'000 > effektive Schuldzinsen

Kanton A (Hauptsteuerdomizil):	Teilbesteuerungsverfahren, Besteuerung zu 50%
Kanton B (Liegenschaftskanton):	keine Milderung der wirtschaftlichen Doppelbelastung
Kanton C (Liegenschaftskanton):	Teilbesteuerungsverfahren, Besteuerung zu 40%

Beschränkung des Schuldzinsabzuges:

	Brutto
Vermögensertrag brutto vor Reduktion der wirtschaftlichen Doppelbelastung:	100%
Ertrag aus qualifizierter Beteiligung	280'000
übriger Wertschriftenertrag	12'000
Bruttoertrag Liegenschaft Kt. B	14'000
Bruttoertrag Liegenschaft Kt. C	10'000
massgebender Vermögensertrag	316'000
zuzüglich Grundbetrag	50'000
maximal abzugsfähige Schuldzinsen	366'000
effektive Schuldzinsen	250'000
Aufrechnung Schuldzinsabzug	0

	Kt. A	Kt. B	Kt. C
Vermögensertrag netto nach Reduktion der wirtschaftlichen Doppelbelastung:	50%	100%	40%
Ertrag aus qualifizierter Beteiligung	280'000	280'000	280'000
Reduktion wirtschaftliche Doppelbelastung	-140'000	0	-168'000
übriger Wertschriftenertrag	12'000	12'000	12'000
Bruttoertrag Liegenschaft Kt. B	14'000	14'000	14'000
Bruttoertrag Liegenschaft Kt. C	10'000	10'000	10'000
massgebender Vermögensertrag	176'000	316'000	148'000
zuzüglich Grundbetrag	50'000	50'000	50'000
maximal abzugsfähige Schuldzinsen	226'000	366'000	198'000
effektive Schuldzinsen	250'000	250'000	250'000
Aufrechnung Schuldzinsabzug	24'000	0	52'000

Berechnung der "Korrektur Schuldzinsbeschränkung":

abzugsfähige Schuldzinsen auf Basis des nicht bemessungs-reduzierten Vermögensertrages	250'000	250'000	250'000
abzugsfähige Schuldzinsen auf Basis des bemessungs-reduzierten Vermögensertrages	226'000	250'000	198'000
Korrektur Schuldzinsbeschränkung	24'000	0	52'000

Interkantonale Steuerausscheidung:

	Total	Kt. A	Kt. B	Kt. C
Massgebliche Aktiven	7'300'000	7'000'000	200'000	100'000
Aktivenquoten in %	100.00%	95.89%	2.74%	1.37%

Einkommen: aus Sicht Kt. A	Total	Kt. A 50%	Kt. B 100%	Kt. C 40%
Nettoerträge Liegenschaften	18'000	0	10'000	8'000
Ertrag aus qualifizierter Beteiligung	280'000	280'000		
übriger Wertschriftenertrag	12'000	12'000		
Vermögensertrag vor Schuldzinsen	310'000	292'000	10'000	8'000
Verteilung der Schuldzinsen	-250'000	-239'726	-6'849	-3'425
Vermögensertrag nach 1. Umlage	60'000	52'274	3'151	4'575
2. Umlage Schuldzinsen	0	0	0	0
Vermögensertrag nach 2. Umlage	60'000	52'274	3'151	4'575
Einkünfte unselbständige Tätigkeit	400'000	400'000		
Reineinkommen vor Entlastung	460'000	452'274	3'151	4'575
Reduktion wirtschaftliche Doppelbelastung	-140'000	-140'000		
Korrektur Schuldzinsbeschränkung	24'000	23'014	658	329
	344'000	335'288	3'808	4'904
Reineinkommen nach Entlastung	**344'000**	**335'200**	3800	4900

Einkommen: aus Sicht Kt. B	Total	Kt. A 50%	Kt. B 100%	Kt. C 40%
Nettoerträge Liegenschaften	18'000	0	10'000	8'000
Ertrag aus qualifizierter Beteiligung	280'000	280'000		
übriger Wertschriftenertrag	12'000	12'000		
Vermögensertrag vor Schuldzinsen	310'000	292'000	10'000	8'000
Verteilung der Schuldzinsen	-250'000	-239'726	-6'849	-3'425
Vermögensertrag nach 1. Umlage	60'000	52'274	3'151	4'575
2. Umlage Schuldzinsen	0	0	0	0
Vermögensertrag nach 2. Umlage	60'000	52'274	3'151	4'575
Einkünfte unselbständige Tätigkeit	400'000	400'000		
Reineinkommen vor Entlastung	460'000	452'274	3'151	4'575
Reduktion wirtschaftliche Doppelbelastung	0	0		
Korrektur Schuldzinsbeschränkung	0	0		
	460'000	452'274	3'151	4'575
Reineinkommen nach Entlastung	**460'000**	**452'200**	**3'100**	**4'500**

Einkommen: aus Sicht Kt. C	Total	Kt. A 50%	Kt. B 100%	Kt. C 40%
Nettoerträge Liegenschaften	18'000	0	10'000	8'000
Ertrag aus qualifizierter Beteiligung	280'000	280'000		
übriger Wertschriftenertrag	12'000	12'000		
Vermögensertrag vor Schuldzinsen	310'000	292'000	10'000	8'000
Verteilung der Schuldzinsen	-250'000	-239'726	-6'849	-3'425
Vermögensertrag nach 1. Umlage	60'000	52'274	3'151	4'575
2. Umlage Schuldzinsen	0	0	0	0
Vermögensertrag nach 2. Umlage	60'000	52'274	3'151	4'575
Einkünfte unselbständige Tätigkeit	400'000	400'000		
Reineinkommen vor Entlastung	460'000	452'274	3'151	4'575
Reduktion wirtschaftliche Doppelbelastung	-168'000	-168'000		
Korrektur Schuldzinsbeschränkung	52'000	49'863	1'425	712
	344'000	334'137	4'575	5'288
Reineinkommen nach Entlastung	**344'000**	**334'100**	**4'500**	**5'200**

Fallbeispiel 6:
Einkünfte aus Beteiligungen im Privatvermögen
Ausgleich eines Verlustes

Kanton A:	Hauptsteuerdomizil, Teilbesteuerungsverfahren, Besteuerung zu 60%
Kanton B:	Geschäftsort
Kanton C und D:	Liegenschaftskantone, keine Teilbesteuerung
Kanton E:	Liegenschaftskanton Teilbesteuerungsverfahren, Besteuerung zu 70%

Interkantonale Steuerausscheidung:

Einkommen:
aus Sicht Kt. A	Total	Kt. A	Kt. B	Kt. C	Kt. D	Kt. E
Massgebliche Aktiven	1'200'000	500'000	200'000	200'000	50'000	250'000
Aktivenquoten in % (1. Verlegung)	100.00%	41.67%	16.67%	16.67%	4.17%	20.83%
Aktivenquoten in % (2. Verlegung)	100.00%	52.63%		21.05%		26.32%
Nettoertrag aus Liegenschaften	-120'000			40'000	-210'000	50'000
Ertrag aus qualifizierter Beteiligung brutto	100'000	100'000				
Vermögensertrag Einzelfirma (EK-Zins)	5'000		5'000			
Vermögensertrag	-15'000	100'000	5'000	40'000	-210'000	50'000
Schuldzinsen (1. Verlegung)	-50'000	-20'833	-8'333	-8'333	-2'083	-10'417
Vermögensertrag nach 1. Verlegung	-65'000	79'167	-3'333	31'667	-212'083	39'583
Schuldzinsen (2. Verlegung)	0	-2'851	3'333	-1'140	2'083	-1'425
Vermögensertrag nach 2. Verlegung	-65'000	76'316	0	30'526	-210'000	38'158
Unselbständiger Erwerb Ehemann	80'000	80'000				
Selbständiger Erwerb Ehefrau	50'000		50'000			
Ausgleich Eigenkapitalzins	-5'000		-5'000			
AHV-Beiträge Ehefrau	-5'000		-5'000			
Vorsorgebeiträge Ehefrau	-8'000		-8'000			
Gewinnungskostenüberschuss	0	-210'000			210'000	
Reineinkommen	47'000	-53'684	32'000	30'526	0	38'158
1. Ausgleich	0	32'000	-32'000			
Reineinkommen nach 1. Ausgleich	47'000	-21'684	0	30'526	0	38'158
positive Reineinkommen in %				44.44%		55.56%
2. Ausgleich	0	21'684		-9'637		-12'047
Reineinkommen nach 2. Ausgleich	47'000	0	0	20'889	0	26'111
Reduktion wirtschaftliche Doppelbelastung	-40'000	-40'000				
Reineinkommen nach Reduktion wDB	7'000	-40'000	0	20'889	0	26'111
Technischer Ausgleich	0	40'000		-17'778		-22'222
	7'000	0	0	3'111	0	3'889
Reineinkommen nach Entlastung	7'000	0	0	3'100	0	3'800

Einkommen:
aus Sicht Kt. C

	Total	Kt. A	Kt. B	Kt. C	Kt. D	Kt. E
Massgebliche Aktiven	1'200'000	500'000	200'000	200'000	50'000	250'000
Aktivenquoten in % (1. Verlegung)	100.00%	41.67%	16.67%	16.67%	4.17%	20.83%
Aktivenquoten in % (2. Verlegung)	100.00%	52.63%		21.05%		26.32%
Nettoertrag aus Liegenschaften	-120'000			40'000	-210'000	50'000
Ertrag aus qualifizierter Beteiligung brutto	100'000	100'000				
Vermögensertrag Einzelfirma (EK-Zins)	5'000			5'000		
Vermögensertrag	-15'000		100'000	5'000	40'000	-210'000	50'000
Schuldzinsen (1. Verlegung)	-50'000	-20'833	-8'333	-8'333	-2'083	-10'417
Vermögensertrag nach 1. Verlegung	-65'000	79'167	-3'333	31'667	-212'083	39'583
Schuldzinsen (2. Verlegung)	0	-2'851	3'333	-1'140	2'083	-1'425
Vermögensertrag nach 2. Verlegung	-65'000	76'316	0	30'526	-210'000	38'158
Unselbständiger Erwerb Ehemann	80'000	80'000				
Selbständiger Erwerb Ehefrau	50'000			50'000		
Ausgleich Eigenkapitalzins	-5'000			-5'000		
AHV-Beiträge Ehefrau	-5'000			-5'000		
Vorsorgebeiträge Ehefrau	-8'000			-8'000		
Gewinnungskostenüberschuss	0	-210'000			210'000	
Reineinkommen	47'000	-53'684	32'000	30'526	0	38'158
1. Ausgleich	0	32'000	-32'000			
Reineinkommen nach 1. Ausgleich	47'000	-21'684	0	30'526	0	38'158
positive Reineinkommen in %				44.44%		55.56%
2. Ausgleich		21'684		-9'637		-12'047
Reineinkommen nach 2. Ausgleich	47'000	0	0	20'889	0	26'111
Reduktion wirtschaftliche Doppelbelastung	0	0				
Reineinkommen nach Reduktion wDB	47'000	0	0	20'889	0	26'111
Technischer Ausgleich				0		0
	47'000	0	0	20'889	0	26'111
Reineinkommen nach Entlastung	47'000	0	0	20'800	0	26'100

Einkommen:
aus Sicht Kt. E

	Total	Kt. A	Kt. B	Kt. C	Kt. D	Kt. E
Massgebliche Aktiven	1'200'000	500'000	200'000	200'000	50'000	250'000
Aktivenquoten in % (1. Verlegung)	*100.00%*	*41.67%*	*16.67%*	*16.67%*	*4.17%*	*20.83%*
Aktivenquoten in % (2. Verlegung)	*100.00%*	*52.63%*		*21.05%*		*26.32%*
Nettoertrag aus Liegenschaften	-120'000			40'000	-210'000	50'000
Ertrag aus qualifizierter Beteiligung brutto	100'000	100'000				
Vermögensertrag Einzelfirma (EK-Zins)	5'000		5'000			
Vermögensertrag	-15'000	100'000	5'000	40'000	-210'000	50'000
Schuldzinsen (1. Verlegung)	-50'000	-20'833	-8'333	-8'333	-2'083	-10'417
Vermögensertrag nach 1. Verlegung	-65'000	79'167	-3'333	31'667	-212'083	39'583
Schuldzinsen (2. Verlegung)	0	-2'851	3'333	-1'140	2'083	-1'425
Vermögensertrag nach 2. Verlegung	-65'000	76'316	0	30'526	-210'000	38'158
Unselbständiger Erwerb Ehemann	80'000	80'000				
Selbständiger Erwerb Ehefrau	50'000		50'000			
Ausgleich Eigenkapitalzins	-5'000		-5'000			
AHV-Beiträge Ehefrau	-5'000		-5'000			
Vorsorgebeiträge Ehefrau	-8'000		-8'000			
Gewinnungskostenüberschuss	0	-210'000			210'000	
Reineinkommen	47'000	-53'684	32'000	30'526	0	38'158
1. Ausgleich	0	32'000	-32'000			
Reineinkommen nach 1. Ausgleich	47'000	-21'684	0	30'526	0	38'158
positive Reineinkommen in %				*44.44%*		*55.56%*
2. Ausgleich	0	21'684		-9'637		-12'047
Reineinkommen nach 2. Ausgleich	47'000	0	0	20'889	0	26'111
Reduktion wirtschaftliche Doppelbelastung	-30'000	-30'000				
Reineinkommen nach Reduktion wDB	17'000	-30'000	0	20'889	0	26'111
Technischer Ausgleich	0	30'000		-13'333		-16'667
	17'000	0	0	7'556	0	9'445
Reineinkommen nach Entlastung	17'000	0	0	7'500	0	9'400

Interkantonale Repartition der StA

Quelle: Schweizerische Steuerkonferenz SSK

Interkantonale Repartition der Anrechnung ausländischer Quellensteuern

Kreisschreiben Nr. 31a vom 10.02.2023

1. Natürliche Personen 3
2. Personenunternehmen 3
3. Juristische Personen 3
    3.1. Allgemeine Regel 3
    3.2. Interkantonale Steuerausscheidung 3
    3.3. Berechnung der Repartition 4
    3.4. Verfahren 5
        3.4.1. Antrag auf Repartition 5
        3.4.2. Befristung der Repartition 5
        3.4.3. Streitigkeiten 5
4. Inkrafttreten 5

1. Natürliche Personen

Den Anrechnungsbetrag trägt der Wohnsitz-Kanton. Eine interkantonale Repartition findet nicht statt.

2. Personenunternehmen

Für Personenunternehmen (Personengesellschaften und Einzelunternehmen) gelten die nachstehend für die juristischen Personen geltenden Regelungen sinngemäss.

3. Juristische Personen

3.1. Allgemeine Regel

Die Anrechnung ausländischer Quellensteuern trägt grundsätzlich vollumfänglich immer der Sitz-Kanton. Gemäss BGE 2C_64/2013 hat der Sitzkanton den Rückerstattungsbetrag aus der Anrechnung auch dann zu gewähren, wenn infolge der Ausscheidung bei ihm kein Steuersubstrat verbleibt, sondern lediglich der Liegenschafts-Kanton einen steuerbaren Gewinn (insbesondere Wertzuwachsgewinn) besteuern kann. Obwohl dem Liegenschaftskanton keine quellensteuerbelasteten Erträge zugewiesen werden, muss er sich aufgrund des Schlechterstellungsverbotes an der Anrechnung ausländischer Quellensteuern beteiligen.

In wirtschaftlichen bedeutenden Fällen kann der Sitz-Kanton von den Betriebsstätte- oder allenfalls Liegenschafts-Kantonen die Übernahme eines angemessenen Teils des Anrechnungsbetrags verlangen.

Ein Fall gilt wirtschaftlich bedeutend, wenn der auf einen Betriebsstätte- / Liegenschafts-Kanton entfallende Anrechnungsbetrag pro Geschäftsjahr (bzw. Fälligkeitsjahr) mindestens CHF 5'000 beträgt.

3.2. Interkantonale Steuerausscheidung

Im Regelfall ist davon auszugehen, dass die mit ausländischen Quellensteuern belasteten Zins-, Lizenz-, Dienstleistungs- und nicht dem Beteiligungsabzug unterliegende Dividendenerträge im Rahmen der quotenmässig –indirekten Ausscheidungsmethode auf sämtliche konkurrierenden Kantone verteilt werden.

Sollte ein Kanton nachweisen können, dass in seiner Besteuerungsquote keine quellensteuer-belasteten Zins-, Lizenz-, Dienstleistungs- und nicht dem Beteiligungsabzug unterliegenden Dividendenerträge enthalten sind (quotenmässig-direkt oder objektmässige Ausscheidung), ist auf eine Repartition einzelfallweise zu verzichten.

Bei Verlusten im Sitz- und Betriebsstätte-Kanton muss letztendlich der Liegenschafts-Kanton die Anrechnung ausländischer Quellensteuern übernehmen.

3.3. Berechnung der Repartition

Die Berechnung des auf die Betriebsstätte-Kantone entfallenden Anteils des Anrechnungsbetrags geht vom Kantons- und Gemeindeanteil (Verhältnis Gewinnsteuern inkl. Kantonsanteil gem. Art. 196 Abs. 1 DBG)[1] aus. Der Bundesanteil (Verhältnis Gewinnsteuern abzüglich Kantonsanteil gem. Art. 196 Abs. 1 DBG)[1] darf nicht in die Berechnung miteinbezogen werden.

Der Kantons- und Gemeindeanteil (Verhältnis Gewinnsteuern inkl. Kantonsanteil gem. Art. 196 Abs. 1 DBG)[1] ist entsprechend der interkantonalen Gewinnausscheidung prozentual auf den Sitz-Kanton und die einzelnen Betriebsstätte-Kantone zu verteilen. Aus Gründen der Praktikabilität wird diese Berechnung für sämtliche Gesellschaften aller Branchen einheitlich vorgenommen.

Der auf den einzelnen Betriebsstätte-Kanton entfallende Anteil darf nicht höher sein als die im betreffenden Betriebsstätte-Kanton geschuldete Gewinnsteuer – auf Basis der Veranlagung des steuerbaren Reingewinns unter Berücksichtigung der STAF-Ermässigungen. Die Abklärungen betreffend der in den Kantonen bezahlten Gewinnsteuern haben ebenfalls durch den Sitz-Kanton, gestützt auf Angaben der Antragstellerin zu erfolgen. Die Betriebsstättekantone sind verpflichtet, dem Sitzkanton die erforderlichen Unterlagen, insbesondere die entsprechenden Schlussrechnungen, zur Verfügung zu stellen.

Beispiel einer Repartition:

	CHF	CHF	In %
Gewinnsteuer Direkte Bundessteuer	8'750'000		
Gewinnsteuer Kantone und Gemeinden[2]	18'850'000		
Total Gewinnsteuer	**27'600'000**		
Gewinnsteuer Direkte Bundessteuer	8'750'000		
Kantonsanteil gemäss Art. 196 Abs. 1 DBG: 21.2%	-1'855'000		
Gewinnsteuer Anteil Bund effektiv	**6'895'000**	6'895'000	24.981%
Gewinnsteuer Kantone und Gemeinden	18'850'000		
Kantonsanteil gemäss Art. 196 Abs. 1 DBG: 21.2%	+1'855'000		
Gewinnsteuer Anteil Kantone und Gemeinden effektiv	**20'705'000**	20'705'000	75.018%
		27'600'000	100.000%
Gewährte Anrechnung ausländische Quellensteuern	450'000		
Anteil Bund: 24.981%	112'418		
Anteil Kantone und Gemeinden: 75.018%	337'582		

---

[1] Die Kantone belasten dem Bund dessen Anteil. Dieser Anteil wird um den dem Kanton verbleibenden Anteil der direkten Bundessteuer gemäss Artikel 196 Abs. 1 DBG gekürzt. Die Aufteilung des dem Bund nicht zu belastenden Teils der Anrechnungsbeträge auf die Kantone und Gemeinden ist Sache der Kantone.
[2] Unter Berücksichtigung allfälliger STAF-Ermässigungen bei der Gewinnsteuer.

Steuerbare Quoten Gewinnausscheidung vor STAF-Ermässigungen (in %):

Zürich: 60%
Basel-Stadt: 25%
Bern: 10%
Ticino: 4%
Thurgau: 1%

Repartition:
Zürich: 60% von CHF 337'582 = CHF 202'549
Basel-Stadt: 25% von CHF 337'582 = CHF 84'395
Bern: 10% von CHF 337'582 = CHF 33'758
Ticino: 4% von CHF 337'582 = CHF 13'503
Thurgau: 1% von CHF 337'582 = CHF 3'376

Der Sitz-Kanton Zürich kann eine Repartition der Anrechnung ausländischer Quellensteuern von den Kantonen Basel-Stadt, Bern und Ticino verlangen. Auf den Kanton Thurgau entfallen weniger als der Mindestbetrag von CHF 5'000, weshalb eine Repartition mit diesem Kanton entfällt.

3.4. Verfahren

3.4.1. Antrag auf Repartition

Der Antrag auf Repartition muss die folgenden Angaben beinhalten:
- Firma;
- Fälligkeitsjahr;
- Art der Erträge (Dividenden, Zinsen, Lizenzen, Dienstleistungen);
- Datum des Antrags auf Anrechnung ausländischer Quellensteuern;
- Datum der Rechtskraft des Entscheids auf Anrechnung ausländischer Quellensteuern;
- Total im Sitz-Kanton gewährte Anrechnung ausländischer Quellensteuern;
- Anteil des Sitz-Kantons (Verhältnis Gewinnsteuern inkl. Kantonsanteil gem. Art. 196 Abs. 1 DBG) vor Repartition;
- Aufstellung über die prozentuale Gewinnausscheidung auf die betroffenen Sitz- und Betriebsstätten- und Liegenschafts-Kantone.

3.4.2. Befristung der Repartition

Der Sitzkanton, der eine Ausscheidung der Anrechnung ausländischer Quellensteuern beansprucht, hat seinen Antrag auf Repartition dem Betriebsstätte- oder allenfalls Liegenschafts-Kanton innert einem Jahr nach Eintritt der Rechtskraft des Entscheides über die Gewährung der Anrechnung ausländischer Quellensteuern zuzustellen.

Nach Ablauf der Jahresfrist ist der Anspruch auf die interkantonale Repartition verwirkt.

3.4.3. Streitigkeiten

Bei Streitigkeiten über die Anwendung dieses Kreisschreibens entscheidet der Vorstand der Schweizerischen Steuerkonferenz als Schlichtungsstelle.

4. Inkrafttreten

Dieses Kreisschreiben gilt für Erträge, die nach dem 31. Dezember 2019 fällig werden.

Trusts

Quelle: Schweizerische Steuerkonferenz SSK

Besteuerung von Trusts
Kreisschreiben 30 – vom 22. August 2007

Inhaltsverzeichnis

1. Einleitung 2
2. Trust 2
   2.1. Grundzüge des Trusts 2
   2.2. Abgrenzung zur Stiftung 3
   2.3. Abgrenzung zur fiducia 3
   2.4. Liechtensteinische Anstalt, Stiftung und Treuhänderschaft 3
   2.5. Haager Übereinkommen über das auf Trusts anzuwendende Recht und über ihre Anerkennung 3
3. Begriffe 4
   3.1. Settlor 4
   3.2. Beneficiary 4
   3.3. Trustee 4
   3.4. Protector 5
   3.5. Trust Deed 5
   3.6. Letter of Wishes 5
   3.7. Revocable / Irrevocable Trust 5
      3.7.1. Revocable Trust 6
      3.7.2. Irrevocable Fixed Interest Trust 6
      3.7.3. Irrevocable Discretionary Trust 6
4. Steuerliche Behandlung von Trust, Trustee und Protector 7
   4.1. Steuerliche Behandlung des Trusts 7
   4.2. Steuerliche Behandlung des Trustees und des Protectors 7
5. Steuerliche Behandlung von Settlor und Beneficiary 8
   5.1. Grundsätze der steuerlichen Behandlung 8
      5.1.1. Behandlung des Settlors 9
      5.1.2. Behandlung des Beneficiarys 9
   5.2. Beispiele 9
      5.2.1. Revocable Trust 10
      5.2.2. Irrevocable Fixed Interest Trust 11
      5.2.3. Irrevocable Discretionary Trust 12
6. Auskunft und Mitwirkungspflicht 13
7. Hinweise zur Verrechnungssteuer 13
   7.1. Vermögenserträge aus dem Trustvermögen 13
   7.2. Rückerstattung der Verrechnungssteuer 14
      7.2.1. Revocable Trust 14
      7.2.2. Irrevocable Fixed Interest Trust 14
      7.2.3. Irrevocable Discretionary Trust 14
8. Hinweise zu den Doppelbesteuerungsabkommen (DBA) 15
   8.1. Allgemeines 15
   8.2. Rückerstattung der schweizerischen Verrechnungssteuer 15
   8.3. Rückerstattung von ausländischen Quellensteuern 16
   8.4. Zinsbesteuerungsabkommen mit der EG 16

1. Einleitung

Mit der zunehmenden Internationalisierung wurde vermehrt der Wunsch nach einer einheitlichen steuerlichen Behandlung von Trusts auf Seiten der Steuerpflichtigen und der Behörden geäussert. Die derzeitig unterschiedliche Besteuerungspraxis in den Kantonen führt zu Problemen, die der Transparenz und Rechtssicherheit abträglich sind.

Das vorliegende Kreisschreiben bezweckt, die heutige uneinheitliche Besteuerungspraxis einer übereinstimmenden Regelung zuzuführen. Aufgrund der mannigfaltigen Erscheinungsformen des Trusts beschränken sich die nachstehenden Ausführungen auf die für die steuerliche Beurteilung notwendigen Wesensmerkmale. Hierzu werden in einem ersten Schritt die grundsätzliche Rechtsnatur eines Trusts sowie die im Zusammenhang mit einem Trustarrangement verwendeten Begriffe erläutert. Gestützt darauf werden in einem zweiten Schritt die steuerlichen Schlussfolgerungen gezogen.

2. Trust

2.1. Grundzüge des Trusts

Der Begriff bezeichnet ein Rechtsverhältnis, welches entsteht, wenn der Errichter (Settlor) auf der Grundlage einer Errichtungsurkunde (Trust Deed) bestimmte Vermögenswerte auf eine oder mehrere Personen (Trustees) überträgt mit der Aufgabe, diese zum Vorteil der Begünstigten mit Wirkung gegenüber jedermann zu verwalten und zu verwenden.

Beim Trust handelt es sich um ein historisch gewachsenes Rechtsinstitut, das ursprünglich aus England stammt und dementsprechend seinen Verbreitungsschwerpunkt in den common law-Staaten (Grossbritannien, USA, Australien, Kanada, Südafrika, Neuseeland) hat. Überdies sind trustähnliche Institute auch in anderen Ländern wie beispielsweise Japan, Panama, Liechtenstein, Mexiko, Kolumbien, Israel und Argentinien anzutreffen.

Der Trust erweist sich in der Praxis als enorm flexibles Instrument und wird häufig im Zusammenhang mit der Nachlassplanung und bei der so genannten asset protection (Bewahrung von Aktiven) von natürlichen Personen eingesetzt. Im Weiteren sind Trusts im angelsächsischen Rechtsraum auch eine dominante Erscheinung im Bereich der gemeinnützigen Institutionen und der Personalvorsorgeeinrichtungen sowie ein häufig verwendetes Instrument, um Mitarbeiteroptionspläne börsenkotierter Gesellschaften umzusetzen. Angesichts der Vielfalt der möglichen Erscheinungsformen des Trusts würde die Aufzählung aller Trustarten ein unmögliches Unterfangen darstellen und wäre für die steuerliche Beurteilung von geringem Nutzen. Vielmehr sind unabhängig von der Art des zu beurteilenden Trusts Grundsätze für die steuerliche Behandlung von Trust-Strukturen aufzustellen.

Der Trust kann entweder durch Rechtsgeschäft unter Lebenden oder durch eine Verfügung von Todes wegen errichtet werden.

Auch wenn er von seiner Anlage her Verwandtschaft mit einer schweizerischen Stiftung hat, fehlt es dem Trust an einer eigenen Rechtspersönlichkeit. Formeller, wenn auch nur treuhänderischer Träger des Trustvermögens ist der Trustee. Der Trust ist andererseits aber auch kein (blosser) Vertrag. Obwohl der Trust ursprünglich vom Settlor errichtet wird, ist er nach seiner Errichtung im Wesentlichen eine Rechtsbeziehung zwischen dem Trustee und den Beneficiaries, welche sich primär nach der Trusturkunde und sekundär nach den spezifischen Trustnormen der anwendbaren Rechtsordnung richtet. Bei der Ausgestaltung des Trusts hat der Settlor verhältnismässig grosse Freiheiten.

Sobald der Trust aber errichtet ist, bestehen seitens des Settlors, ähnlich wie im Fall eines Stifters einer schweizerischen Stiftung, grundsätzlich nur noch beschränkte Einflussmöglichkeiten. Nach der Errichtung des Trusts ist der Trustee primär verpflichtet, die Interessen der Beneficiaries und nicht diejenigen des Settlors zu wahren. Ein weiteres typisches Merkmal eines Trusts ist das komplexe Rechtsverhältnis, welches hinsichtlich des Trustvermögens besteht: Zivilrechtlicher Eigentümer (common law: legal interest) des Trustvermögens ist zwar der Trustee, er hat das Vermögen aber gesondert zu verwalten und es wird, etwa bei Tod oder Konkurs des Trustees, nicht als sein eigenes betrachtet, sondern unterliegt weiterhin dem auf den Trust anwendbaren Recht der Aussonderung zu Gunsten der Beneficiaries bzw. des neu zu bestellenden Trustees.

2.2. Abgrenzung zur Stiftung

Die schweizerische Stiftung dient, ähnlich wie der Trust, der Widmung eines Vermögens zu einem besonderen Zweck (Art. 80 ZGB). Die Stiftung erwirbt mit ihrer Errichtung die juristische Persönlichkeit. Dagegen fehlt es dem Trust an einer eigenen Rechtspersönlichkeit. Dem Trust kommt keine Rechtsfähigkeit und damit auch keine Vermögensfähigkeit zu. Im Unterschied zum Trust wird die Stiftung Eigentümerin des zweckgebundenen Vermögens.

2.3. Abgrenzung zur fiducia

Die schweizerische Treuhand (fiducia) beruht auf einem Vertragsverhältnis (Auftrag nach Art. 394 ff. OR). Der Treuhänder muss dem Auftrag zustimmen, damit das Vertragsverhältnis zu Stande kommt. Eine Zustimmung des Trustees ist dagegen für die Entstehung des Trusts nicht erforderlich. Daher kann der Settlor zu seinen Lebzeiten in Form eines einseitigen Rechtsgeschäftes oder einer Verfügung von Todes wegen irgendeine Person zum Trustee bestimmen. Eine solche Ernennung gleicht der Einsetzung eines Willensvollstreckers nach dem schweizerischen Erbrecht, das ihm die Stellung eines «selbständigen Treuhänders eigener Prägung» einräumt.

Der Trust ist kein (blosser) Vertrag. Obwohl der Trust ursprünglich vom Settlor errichtet wird, ist er nach seiner Errichtung im Wesentlichen eine Rechtsbeziehung zwischen dem Trustee und den Beneficiaries. Nach der Errichtung des Trusts ist der Trustee primär verpflichtet, die Interessen der Beneficiaries und nicht diejenigen des Settlors zu wahren.

2.4. Liechtensteinische Anstalt, Stiftung und Treuhänderschaft

Die Anstalten, Stiftungen und Treuhänderschaften nach liechtensteinischem Recht unterscheiden sich aufgrund ihrer Ausgestaltungsformen stark vom Rechtsinstitut des Trusts und werden deshalb im vorliegenden Kreisschreiben nicht weiter ausgeführt.

2.5. Haager Übereinkommen über das auf Trusts anzuwendende Recht und über ihre Anerkennung

Das Haager Übereinkommen über das auf Trusts anzuwendende Recht und über ihre Anerkennung ist in der Schweiz am 1. Juli 2007 in Kraft getreten. Es ermöglicht die zivilrechtliche Anerkennung von ausländischen Trusts auf der Grundlage international anerkannter Normen und soll dadurch die Rechtssicherheit in diesem Bereich erhöhen.

Die steuerliche Behandlung von Trusts ergibt sich weiterhin ausschliesslich aus dem Schweizer Steuerrecht. Art. 19 des Haager Übereinkommens sieht nämlich vor, dass das Übereinkommen die Befugnisse der Vertragsstaaten in Steuersachen unberührt lässt. Die Ratifikation des Haager Übereinkommens hat demnach keine Auswirkungen auf die steuerliche Behandlung von Trusts.

3. Begriffe

3.1. Settlor

Der Settlor ist jene Person, die durch Rechtsgeschäft unter Lebenden oder von Todes wegen einen Trust errichtet. Soweit er einen unwiderruflichen (irrevocable) Trust begründet, entreichert er sich definitiv, und es kommen ihm in Bezug auf das Trustvermögen grundsätzlich keine Rechte und Pflichten mehr zu. Alternativ kann der Settlor einen widerruflichen (revocable) Trust begründen. Dabei bleibt ihm weiterhin der Zugriff auf das Trustvermögen erhalten.

3.2. Beneficiary

Der Beneficiary ist die mit den Leistungen aus dem Trust begünstigte Person. Der Settlor kann sich selbst oder jede andere natürliche oder juristische Person im In- oder Ausland als Beneficiary einsetzen. Die Vermögenswerte des Trusts können bereits zu Lebzeiten des Settlors oder nach seinem Tode an den Beneficiary weitergeleitet werden.

Der Beneficiary kann sowohl allfällige Ansprüche auf Leistungen aus dem Trustvermögen als auch die pflichtgemässe Verwaltung des Trusts durch die Trustees gerichtlich einklagen. Er hat das wirtschaftliche Eigentum am Trustvermögen (common law: equitable interest). Im Weiteren besitzt er ein Aussonderungsrecht im Konkursfall des Trustees. Der Beneficiary verfügt also nicht nur über einen klagbaren Anspruch bezüglich der Begünstigung, sondern auch über gewisse Kontroll- und Aufsichtsbefugnisse, was ihn ebenfalls zu einer Art Organ macht. Kommt das Trustvermögen dem Trustee abhanden, so kann der Beneficiary die Rückgabe der entsprechenden Vermögenswerte an den Trust bzw. Trustee verlangen.

3.3. Trustee

Durch die Errichtung eines Trusts werden bestimmte Vermögenswerte auf eine oder mehrere natürliche oder juristische Personen übertragen (Trustees), welche diese zu verwalten und für einen vom Settlor vorgegebenen Zweck zu verwenden haben. Der Trustee hat die volle Verfügungsmacht (zivilrechtliches Eigentum) über das Trustvermögen, wobei er verpflichtet ist, gemäss den Trustbestimmungen das Trustvermögen zu Gunsten der Beneficiaries zu verwalten. Er verwaltet und verwendet das Trustvermögen im Rahmen der Trustbestimmungen im eigenen Namen als selbständiger Rechtsträger gegenüber jedermann, aber gesondert von seinem eigenen Vermögen.

Gegenüber den Beneficiaries (und nicht etwa gegenüber dem Settlor) sowie gegenüber einem allfälligen Protector ist der Trustee verpflichtet, Einsicht in die Aufzeichnungen hinsichtlich der Verwaltung und Geschäftsführung zu gewähren.

3.4. Protector

Der Protector ist eine natürliche oder juristische Person, die vom Settlor freiwillig bestellt werden kann, um zu überwachen, ob der Trustee seine Verpflichtungen im Sinne des Settlors erfüllt. Die Befugnisse und Funktionen des Protectors können je nach Gutdünken des Settlors grösser oder kleiner sein. Sie ergeben sich im Detail aus den Trustbestimmungen.

3.5. Trust Deed

Formell muss der Trust durch eine schriftliche Vermögensverfügung, welche vom Settlor und Trustee zu unterzeichnen ist, errichtet werden (für die Entstehung des Trusts ist die Zustimmung des Trustees jedoch nicht erforderlich). In dieser für den Trustee verbindlichen Trusturkunde («Trust Deed») werden die Bestimmungen hinsichtlich der Verwaltung und Werterhaltung des Trustvermögens zu Gunsten der eingesetzten Beneficiaries festgehalten.

3.6. Letter of Wishes

Mittels eines allfälligen Letter of Wishes teilt der Settlor dem Trustee seinen Willen und seine Verfügungen mit. Diese Absichtserklärung ist anders als die Trust Deed rechtlich unverbindlich und stellt somit lediglich eine Vorstellung dar, wie der Settlor seinen Trust verwaltet haben möchte. Praktische Bedeutung hat der Letter of Wishes vor allem bei Irrevocable Discretionary Trusts.

3.7. Revocable / Irrevocable Trust

Es muss zwischen Revocable und Irrevocable Trusts unterschieden werden. Die letzteren werden zusätzlich in sog. Discretionary und Fixed Interest Trusts unterteilt.

Für die steuerliche Behandlung ist entscheidend, ob sich der Settlor aufgrund der Trusterrichtung definitiv seines Vermögens «entäussert» oder sich mittels rechtlicher oder wirtschaftlicher Vorkehrungen weiterhin den Zugriff auf das Trustvermögen vorbehalten hat.

Soweit der Settlor einen unwiderruflichen (irrevocable) Trust begründet, entreichert er sich definitiv, und es stehen ihm in Bezug auf das Trustvermögen grundsätzlich keine Rechte und Pflichten mehr zu. Alternativ kann der Settlor einen widerruflichen (revocable) Trust errichten. So liegt im Allgemeinen keine unwiderrufliche Entäusserung vor, wenn der Settlor sich selbst als Trustee oder Beneficiary eingesetzt hat. Ebenso wenig kann dies bei einer sonst wie gearteten Einflussmöglichkeit des Settlors auf den Trust angenommen werden. Die folgenden Indizien (beispielhafte Aufzählung unter Bezugnahme auf die Bundesgerichtspraxis zur Familienstiftung) helfen bei der Unterscheidung in Revocable und Irrevocable Trusts:

Wird der Settlor
- bei Kapital-Ausschüttungen aus dem Trustvermögen begünstigt?
- bei Ausschüttungen von Erträgen des Trustvermögens begünstigt?

Hat der Settlor das Recht,
- den Trustee abzuberufen und einen anderen zu ernennen?
- neue Beneficiaries zu begünstigen oder begünstigen zu lassen?
- den Protector zu ersetzen, welcher wiederum über Befugnisse verfügt, die einem Trustee gleichen?
- die Trusturkunde zu ändern bzw. ändern zu lassen?

- den Trust zu widerrufen?
- die Liquidation des Trusts zu fordern?
- eines Vetos bei Trustee-Entscheidungen bezüglich der Trustaktiven?

Die Bejahung einer der obigen Fragen spricht für eine steuerliche Behandlung als Revocable Trust.

3.7.1. Revocable Trust

Der Settlor behält sich beim Revocable Trust das Recht vor, den Trust zu einem späteren Zeitpunkt zu widerrufen und das verbleibende Vermögen zurückzuführen bzw. einem Dritten zukommen zu lassen. Der Settlor hat sich somit nicht definitiv seines Vermögens enteignet.

Für die steuerliche Behandlung ist nicht die Bezeichnung in der Trusturkunde (Trust Deed), sondern die wirtschaftliche Bedeutung entscheidend. Auch ein Trust mit der Bezeichnung «irrevocable» fällt bei nicht endgültiger «Entäusserung» in die Kategorie der Revocable Trusts.

Revocable Trusts werden beim Ableben des Settlors zu Irrevocable Trusts, ausser wenn das Widerrufsrecht einer weiteren Person zusteht oder auf diese übergeht.

3.7.2. Irrevocable Fixed Interest Trust

Beim Fixed Interest Trust gehen die Einzelheiten bezüglich der Beneficiaries und ihrer entsprechenden Rechte aus der Trusturkunde (Trust Deed) direkt hervor. Der Trustee besitzt somit bei diesem Trusttyp keine Ermessensfreiheit bei der Zuteilung der Einkünfte und/oder Vermögenswerte des Trusts. Der Trustee hat weder einen wirtschaftlichen Nutzen am Trustvermögen noch hat er eine selbständige Verfügungsfreiheit darüber. Bei der Errichtung des Irrevocable Fixed Interest Trusts entledigt sich der Settlor definitiv seines Vermögens.

Im Gegensatz zum Discretionary Trust, bei welchem die Rechte des Beneficiarys bloss anwartschaftlicher Natur sind, steht dem Beneficiary eines Fixed Interest Trust ein klagbarer Vermögensanspruch zu. Demzufolge kann der Beneficiary eines Fixed Interest Trust dem Nutzniesser gleichgestellt werden.

3.7.3. Irrevocable Discretionary Trust

Beim Discretionary Trust werden in der Trusturkunde (Trust Deed) normalerweise lediglich abstrakte Klassen von Beneficiaries bezeichnet. Der Entscheid darüber, wer letztlich in den Genuss von Zuwendungen des Trusts kommen soll, wird dem Trustee überlassen.

In einem allfälligen Letter of Wishes legt der Settlor dem Trustee seine Beweggründe, warum er einen Trust errichtet hat, dar und teilt diesem rechtlich unverbindlich mit, wie er seine Kompetenzen wahrnehmen soll.

Legt der Settlor auf bestimmte Angelegenheiten besonderen Wert, kann im Trust Deed vorgesehen werden, dass bestimmte Entscheide des Trustees der vorherigen Zustimmung eines Protectors bedürfen.

Im Zeitpunkt der Errichtung eines Discretionary Trusts findet noch keine Bereicherung des Beneficiary statt, da noch nicht feststeht, welche Personen in welchem Umfang und zu welchem Zeitpunkt wirklich einmal in den Genuss einer Zuwendung kommen werden. Die Rechte eines Beneficiarys sind somit bloss anwartschaftlicher Natur.

4. Steuerliche Behandlung von Trust, Trustee und Protector

4.1. Steuerliche Behandlung des Trusts

Das ausländische Recht gewährt dem Trust keine Rechtspersönlichkeit. Unter Bezugnahme auf das internationale Privatrecht (IPRG, Inkorporationstheorie) kann dies auch das schweizerische Steuerrecht nicht vorsehen.

Ein Trust ist auch keine «ausländische juristische Person» im Sinne von Art. 49 Abs. 3 DBG und Art. 20 Abs. 2 StHG, da diese gesetzliche Bestimmung nur Personengesamtheiten erfasst, welchen das schweizerische Privatrecht Rechtspersönlichkeit verleiht. Das schweizerische Privatrecht verleiht dem Trust jedoch keine Rechtspersönlichkeit.

Ein Trust fällt nach überwiegender Lehrmeinung auch nicht unter den Anwendungsbereich der Artikel 11 DBG und 20 Abs. 2 StHG. Die in diesen Bestimmungen vorgesehene autonome steuerliche Qualifikation will nur Einheiten erfassen, deren Mitglieder zueinander in einer «Personenverbindung» stehen. Es handelt sich dabei z.B. um Erbengemeinschaften oder auch um «partnerships» des angelsächsischen Rechts. Das diesen Instituten typische gemeinschaftliche Merkmal existiert in einem Trust nicht.

Es gibt demnach im aktuellen schweizerischen Steuerrecht keine gesetzliche Grundlage, welche es erlauben würde, einen ausländischen Trust für Steuerzwecke mit einer juristischen Person gleichzusetzen. Folglich muss davon ausgegangen werden, dass sich die Frage der beschränkten oder unbeschränkten Steuerpflicht des Trusts (z.B. mit der Begründung, dass sich ein oder mehrere Trustees in der Schweiz aufhalten) gar nicht erst stellt.

4.2. Steuerliche Behandlung des Trustees und des Protectors

Das dem Trust zugewendete Vermögen und die damit erzielten Einkünfte sind grundsätzlich nicht vom Trustee zu versteuern. Diese Sichtweise steht im Einklang mit dem Prinzip der Besteuerung nach der wirtschaftlichen Leistungsfähigkeit. Dieses Prinzip verlangt, dass einem Steuerpflichtigen kein Einkommens- oder Vermögenselement zugerechnet werden darf, über welches er keine Verfügungsmacht besitzt. Aus wirtschaftlicher Sicht ist der Trustee trotz formellem Eigentum nicht am Vermögen berechtigt.[1] Zudem bewegen sich die Risiken des Trustees lediglich im Rahmen der Haftung für sorgfältige Geschäftsführung in Analogie zum Auftragsrecht.

Mit Blick auf die oben erwähnte Begründung stellt sich auch die Frage nach dem Ort der tatsächlichen Geschäftsführung nicht, welche in der Lehre verschiedentlich als Begründung für die Verneinung der Steuerpflicht des Trustee angeführt wird.

Diese Ausführungen gelten auch für eine natürliche oder juristische Person mit Wohnsitz bzw. statutarischen Sitz oder tatsächlichem Verwaltungssitz in der Schweiz, die als Protector eines Trusts handelt. Eine Person, die allein als Protector agiert, ist ebenso wenig wie der Trustee rechtlich oder wirtschaftlich an den Vermögenswerten des Trusts berechtigt. Dessen Vermögenswerte können ihr infolgedessen nicht zugerechnet werden.

Klarerweise zu verbuchen und zu versteuern sind die Honorare bzw. Fees, welche der Trustee oder der Protector für seine Tätigkeit erhält. Dazu müssen diese offen gelegt und überprüfbar sein.

---

[1] Siehe hierzu die Unterscheidung in „legal interest" und „equitable interest" in Ziffer 2.1 bzw. 3.2

5. Steuerliche Behandlung von Settlor und Beneficiary

Die Konstellationen der möglichen Beziehungen an einem Trust sind sehr vielfältig. Eine steuerliche Beurteilung aller Ausgestaltungsformen ist deshalb unmöglich. Im Folgenden können nur die Grundsätze zur individuellen Behandlung von Settlor und Beneficiary dargestellt werden. Dabei wird davon ausgegangen, dass es sich um Fälle von Nachlassplanungen oder so genannter «asset protection» einer natürlichen Personen handelt (häufigste Anwendungsfälle).

5.1. Grundsätze der steuerlichen Behandlung

Die Vermögenswerte und Einkünfte des Trusts (Kapital, Kapitalgewinne, laufende Einkünfte) werden zum Zweck der Besteuerung entweder den Beneficiaries oder dem Settlor zugerechnet (Grundsatz der Transparenz). Dies ergibt sich aus der Tatsache, dass die entsprechenden Vermögenswerte nach dem geltenden schweizerischen Steuerrecht weder dem Trust noch dem Trustee zugerechnet werden können.[2]

Das Einkommen wird im schweizerischen Steuerrecht aufgrund der sogenannten Einkommenszugangstheorie definiert, welche besagt, dass das Einkommen den «Zugang» von Reinvermögen (einschliesslich Nutzungsrechte) während einer gegebenen Periode umfasst. Dabei wird Einkommen nicht schon bei dessen Entstehung, sondern erst bei der Realisation als zugeflossen betrachtet. Nach ständiger Doktrin und Praxis gilt Einkommen i.d.R. steuerrechtlich in jenem Zeitpunkt als zugeflossen und erzielt, in welchem der Steuerpflichtige eine Leistung vereinnahmt oder einen festen Anspruch darauf erworben hat, über welchen er tatsächlich verfügen kann, es sei denn, die Erfüllung des Anspruchs sei besonders unsicher. In diesem Fall ist auf den Zeitpunkt der tatsächlichen Erfüllung abzustellen. Voraussetzung des steuerauslösenden Zuflusses ist also ein abgeschlossener Rechtserwerb, welcher Forderungs- oder Eigentumserwerb sein kann. Blosse Anwartschaften und bedingte Rechtsansprüche führen dagegen nicht zu Einkommen.

Grundsätzlich stellen alle Zuflüsse aus dem Trust beim Begünstigten aufgrund der Einkommensgeneralklausel (Art. 16 Abs. 1 DBG, Art. 7 Abs. 1 StHG) steuerbares Einkommen dar, ausser es liegt eine Schenkung vor (Art. 24 lit. a DBG und Art. 7 Abs. 4 lit. c StHG).

Der Begriff der Schenkung folgt dabei nicht den Definitionen der kantonalen, nicht harmonisierten Erbschafts- und Schenkungssteuergesetze. Vielmehr definiert er sich in Abgrenzung zum Einkommens(steuer)begriff nach DBG und StHG. Er stützt sich auf das Zivilrecht, nach dem für eine Schenkung vier Voraussetzungen erfüllt sein müssen: Zuwendung unter Lebenden, Bereicherung aus dem Vermögen eines anderen, Unentgeltlichkeit und Schenkungs- bzw. Zuwendungswille.

Im Einschätzungsverfahren gilt nach Lehre und Rechtsprechung der allgemein anerkannte Grundsatz, dass die Steuerbehörde die Beweislast für steuerbegründende Tatsachen trägt, während den Steuerpflichtigen die Beweislast für Tatsachen trifft, welche die Steuerschuld aufheben oder mindern.

Im Weiteren bleiben Steuerumgehungs- und Missbrauchstatbestände vorbehalten.

---

[2] Vorne Ziffer 4

5.1.1. Behandlung des Settlors

5.1.1.1 Im Allgemeinen

Die Besteuerung des Settlors hängt davon ab, ob er einen Revocable oder einen Irrevocable Trust errichtet. Im Unterschied zum Irrevocable Trust entäussert sich der Settlor beim Revocable Trust nicht endgültig von dem dem Trust zugewendeten Vermögen. Siehe Beispiel in 5.2.

5.1.1.2 Settlor mit Wohnsitz in der Schweiz

Bei Errichtung eines Trusts ist der Settlor in den meisten Fällen im Ausland ansässig, er kann seinen Wohnsitz aber auch in der Schweiz haben. Hat der Settlor seinen Wohnsitz in der Schweiz, liegt nach schweizerischem Steuerrecht nur dann eine Entreicherung des Settlors vor, wenn ein anderes Steuersubjekt bereichert wird. Dies trifft nur bei der Errichtung eines Irrevocable Fixed Interest Trusts zu (vgl. Ziff. 5.1.2). In allen anderen Fällen werden das Vermögen und der Vermögensertrag weiterhin dem Settlor zugerechnet (vgl. auch Art. 335 ZGB und den allgemeinen Vorbehalt der Steuerumgehung). Diese Zurechnung erfolgt unter dem Vorbehalt der Besteuerung nach dem Aufwand (Art. 14 DBG und Art. 6 StHG), da nur Vermögen und Vermögensertrag aus inländischen Quellen in die Kontrollrechnung einfliessen.

5.1.2. Behandlung des Beneficiarys

Bei Irrevocable Fixed Interest Trusts stehen der Kreis der Begünstigten, Umfang und Zeitpunkt der Zuwendungen an die Beneficiaries fest. Aufgrund des bestehenden und bekannten Rechtsanspruchs kann damit eine Zurechnung zum Beneficiary im Umfang des anteiligen Trustvermögens erfolgen. Bei der Zuwendung ist zu prüfen, ob es sich um steuerbares Einkommen oder um eine einkommensteuerfreie Schenkung handelt (Art. 24 lit. a DBG; Art. 7 Abs. 4 lit. c StHG).

Die Rechte der Beneficiaries von Irrevocable Discretionary Trusts sind bloss anwartschaftlicher Natur. Der Zeitpunkt und Umfang der allfälligen Zuwendungen sind nicht festgelegt, da diese im Ermessen des Trustees liegen. Bisweilen wissen die Beneficiaries gar nicht, dass sie Begünstigte eines Trusts sind. Aus diesem Grund kann die Zuwendung erst im Zeitpunkt der effektiven Auszahlung der Besteuerung unterworfen werden, wobei aber zu prüfen ist, ob es sich um steuerbares Einkommen oder um eine der Einkommenssteuer nicht unterliegende Schenkung handelt (Art. 24 lit. a DBG; Art. 7 Abs. 4 lit. c StHG). Im seltensten Fall, wo Umfang und Zeitpunkt der Zuwendung rechtsverbindlich festgelegt worden sind oder auch regelmässig erfolgen, kann die gleiche Behandlung erfolgen wie beim Fixed Interest Trust. Siehe Beispiel in 5.2.

5.2. Beispiele

Die Beispiele können - wegen der grossen Vielfalt - nicht alle Varianten umfassen. Sie beschränken sich auf die steuerliche Beurteilung der drei Grundvarianten (Revocable Trust, Irrevocable Fixed Interest Trust, Irrevocable Discretionary Trust). Die Beurteilung erfolgt in Anwendung der vorne dargestellten steuerlichen Grundsätze. Es wird davon ausgegangen, dass der Settlor im Zeitpunkt der Errichtung des Trusts lebt (inter vivos Trust) und es sich um einen Fall von Nachlassplanung oder so genannter asset protection einer natürlichen Personen handelt (häufigste Anwendungsfälle). Im Übrigen ist der Vorbehalt von Ziffer 5.1.1.2 zu beachten.

5.2.1. Revocable Trust

Es erfolgt eine steuerlich transparente Behandlung, da keine unwiderrufliche Entäusserung des Trustvermögens vorliegt (Zurechnung von Trustvermögen und –erträgen an den Settlor). Daraus ergibt sich die nachstehende steuerliche Behandlung:

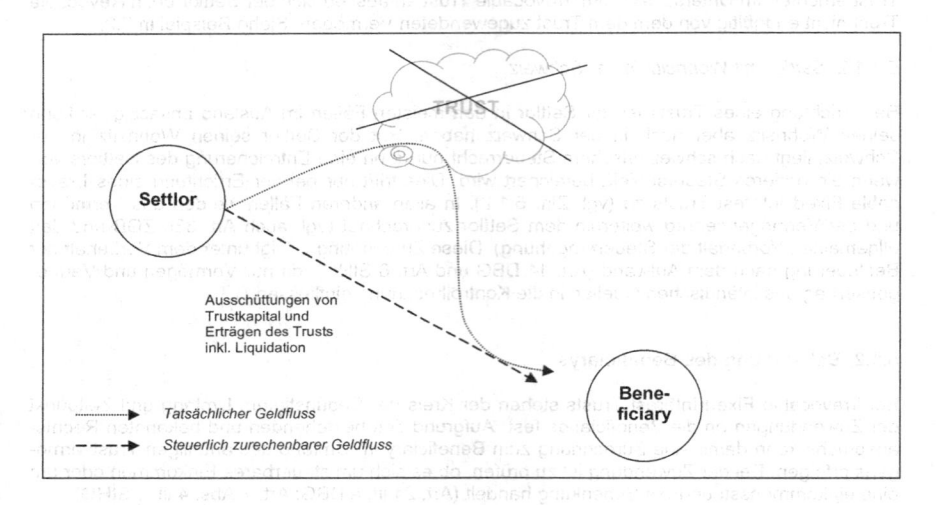

[Diagramm: Settlor (mit durchgestrichenem Trust) → Beneficiary; Ausschüttungen von Trustkapital und Erträgen des Trusts inkl. Liquidation; Legende: Tatsächlicher Geldfluss, Steuerlich zurechenbarer Geldfluss]

Lebensdauer des Trusts	Steuerliche Beurteilung
Gründung	Keine Steuerfolgen. Vermögen und dessen Erträge sind weiterhin vom Settlor an dessen Wohnsitz zu versteuern.
Ausschüttungen an den Beneficiary	Es liegt eine Schenkung vor. Die Festsetzung des Steuersatzes wird den Kantonen überlassen.
Liquidation	Bei Rückfluss an Settlor: Keine Besteuerung Bei Zufluss an Beneficiary: vgl. oben Ausschüttungen

5.2.2. Irrevocable Fixed Interest Trust

Der Beneficiary des Trusts kann dem Nutzniesser gleichgestellt werden (siehe hierzu ASA 55, 657 ff.), weshalb Trustvermögen und -erträge steuerlich dem Beneficiary zugerechnet werden. Daraus ergibt sich die nachstehende steuerliche Behandlung:

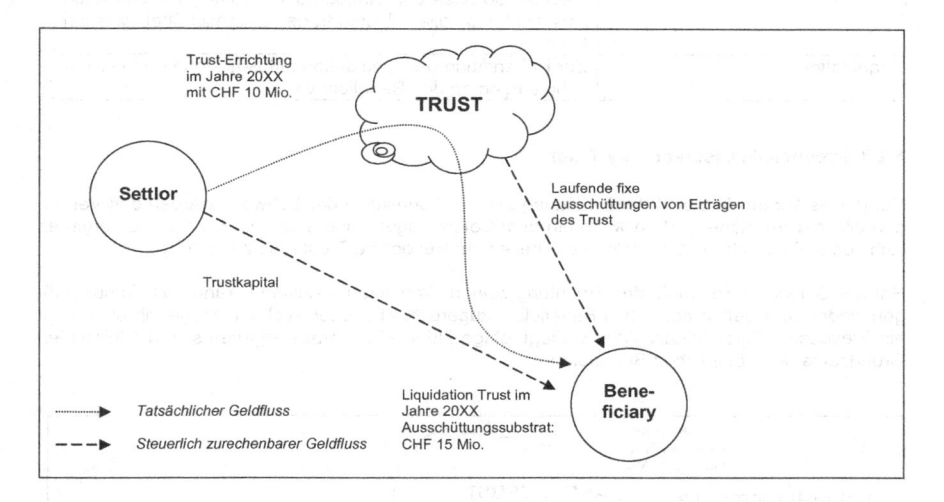

```
Trust-Errichtung
im Jahre 20XX
mit CHF 10 Mio.

                            TRUST

Settlor                                  Laufende fixe
                                         Ausschüttungen von Erträgen
                                         des Trust

        Trustkapital

······▶  Tatsächlicher Geldfluss    Liquidation Trust im      Bene-
– – ▶  Steuerlich zurechenbarer    Jahre 20XX                ficiary
       Geldfluss                   Ausschüttungssubstrat:
                                   CHF 15 Mio.
```

Lebensdauer des Trusts	Steuerliche Beurteilung
Gründung	Es liegt eine Schenkung vom Settlor an den Beneficiary im Umfang des Trustkapitals vor.[3] Die Festsetzung des Steuersatzes wird den Kantonen überlassen.
Ausschüttungen an den Beneficiary	Ausschüttungen an den Beneficiary stellen grundsätzlich steuerbares Einkommen dar (Art. 16 Abs. 1 DBG, Art. 7 Abs. 1 StHG). Dabei gilt das Einkommen in jenem Zeitpunkt als zugeflossen, in welchem der Begünstigte einen festen Anspruch auf die Trusterträge erworben hat oder in welchem er die Ausschüttung vereinnahmt. Der Beneficiary unterliegt für seinen Anteil am Trustvermögen der Vermögenssteuer. Ist dieser Anteil nicht feststellbar, kann der Ertrag kapitalisiert werden.[4] Aus der steuerlichen Zurechnung des Trustvermögens an den Beneficiary folgt, dass die Ausschüttung von Kapitalgewinnen (soweit als Privatvermögen vorliegt) und des eingebrachten Trustkapitals steuerfrei ist (Art. 16 Abs. 3 DBG und Art. 7 Abs. 4 lit. b StHG bzw. Art. 24 lit. a DBG und Art. 7 Abs. 4 lit. c StHG). Kann der Nachweis nicht

---

[3] Falls die Steuerhoheit gemäss kantonaler Gesetzgebung überhaupt bejaht werden kann.
[4] Z.B. mit Kapitalisierungssatz gemäss Kursliste ESTV

	erbracht werden, dass im konkreten Fall ein steuerfreier Kapitalgewinn oder eine Ausschüttung des Trustkapitals vorliegt, gilt der allgemeine Grundsatz, dass der gesamte Zufluss steuerbares Einkommen darstellt. Der Trust ist von seiner Rechtsnatur her ein dauerhaftes Gebilde, so dass das eingebrachte Trustkapital erst nach Ausschüttung aller Trusterträge ausgeschüttet werden kann.
Liquidation	Zur Behandlung des Liquidationserlöses siehe oben «Ausschüttungen an den Beneficiary».

5.2.3. Irrevocable Discretionary Trust

Hat der Settlor im Zeitpunkt der Errichtung seinen Wohnsitz in der Schweiz, werden das Vermögen und der Vermögensertrag weiterhin dem Settlor zugerechnet (vgl. Ziff. 5.1.1.2.). Es ergeben sich somit die gleichen Steuerfolgen wie bei einem Revocable Trust (vgl. Ziff. 5.2.1)

Hat der Settlor im Zeitpunkt der Errichtung seinen Wohnsitz im Ausland, kann das Trustvermögen weder dem Settlor noch dem Beneficiary zugerechnet werden (vgl. zur Frage, ob überhaupt ein Irrevocable Discretionary Trust vorliegt, obige Ziffer 3.7). Daraus ergeben sich die folgenden Grundsätze der steuerlichen Behandlung:

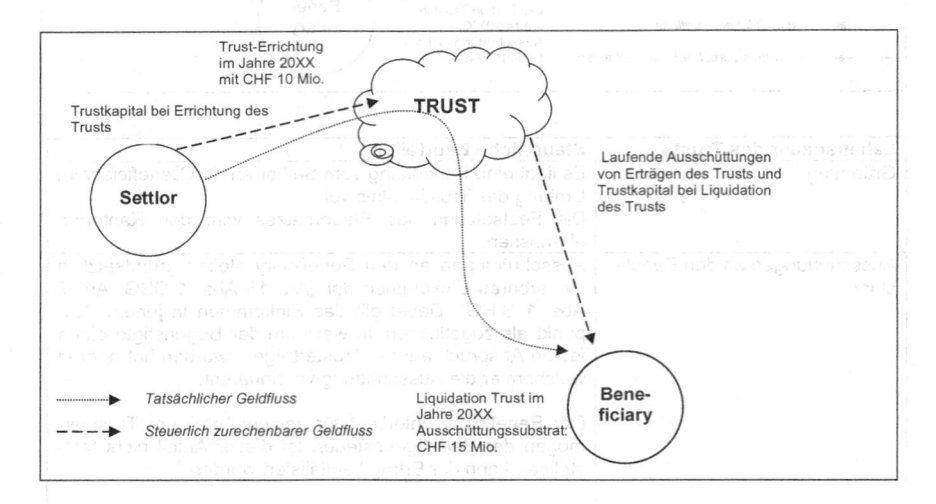

Lebensdauer des Trusts	Steuerliche Beurteilung (unter Vorbehalt von Ziff. 5.1.1.2.)
Gründung	Die Übertragung des Vermögens vom Settlor an den Trust bzw. an die Trustees gilt als Schenkung des Settlors im Umfang des Trustkapitals.
Ausschüttungen an den Beneficiary	Der Beneficiary wird für keinen Vermögensanteil am Trust steuerpflichtig.
	Ausschüttungen aus dem Trustvermögen an den Beneficiary können erst beim Zufluss respektive beim Erhalt des festen

	Rechtsanspruchs auf die Leistung besteuert werden. Ausschüttungen sind grundsätzlich als Einkommen des Beneficiarys zu betrachten (Art. 16 Abs. 1 DBG, Art. 7 Abs. 1 StHG). Die Besteuerung des Einkommens steht unter dem Vorbehalt des Nachweises, dass beim Zufluss kein oder nur teilweise Einkommen vorliegt (Nachweis des eingebrachten Trustkapitals, welches bei der Einbringung bereits als Schenkung behandelt wurde; Art. 24 lit. a DBG und Art. 7 Abs. 4 lit. c StHG; diese Feststellung bezieht sich allerdings lediglich auf das bei der Gründung oder später eingelegte Kapital, wobei die Nachweispflicht dem Steuerpflichtigen obliegt). Zu beachten ist ferner, dass der Trust von seiner Rechtsnatur her ein dauerhaftes Gebilde ist, so dass das eingebrachte Trustkapital erst nach Ausschüttung aller Trusterträge ausgeschüttet werden kann. Mangels steuerlicher Zurechnung des Trustvermögens an den Beneficiary kann die Ausschüttung weder ganz noch teilweise als privater Kapitalgewinn des Beneficiarys von der Besteuerung ausgenommen werden.
Liquidation	Zur Behandlung des Liquidationserlöses siehe oben «Ausschüttungen an den Beneficiary».

6. Auskunft und Mitwirkungspflicht

Die in der Schweiz steuerpflichtigen Settlors, Trustees oder Beneficiaries haben aufgrund von Artikel 126 DBG bzw. Art. 42 StHG alle erforderlichen Auskünfte zu erteilen, Belege, Urkunden oder Bescheinigungen Dritter einzureichen, um den Trust wie auch die entsprechenden geldwerten Leistungen bzw. Aufwendungen nachzuweisen.

Anzufügen bleibt, dass sich der Trustee bei der Prüfung der Verhältnisse durch eine externe Steuerrevision nicht auf sein Berufsgeheimnis berufen darf. Er hat den Trust mit sämtlichen Urkunden offen zu legen. Dies gilt auch für diejenigen Fälle, in denen der Trustee ein Anwalt ist, da es sich bei der Trustverwaltung nicht um eine eigentliche Anwaltstätigkeit handelt.

7. Hinweise zur Verrechnungssteuer

Nachstehend wird die Praxis der Eidgenössischen Steuerverwaltung (ESTV) festgehalten.

7.1. Vermögenserträge aus dem Trustvermögen

Die Zuwendungen des Trusts an Beneficiaries können nicht der Verrechnungssteuer unterliegen, weil Trusts nicht in Art. 4 Abs. 1 VStG genannt sind.

7.2. Rückerstattung der Verrechnungssteuer

Mangels Rechtspersönlichkeit kann der Trust die Rückerstattung der Verrechnungssteuer nicht selbst beantragen. Auch kann der Trust nicht als rückerstattungsberechtigte Handelsgesellschaft ohne juristische Persönlichkeit qualifiziert werden.[5] Art. 55 lit. c VStV kann auf den Trust nicht angewendet werden, da der Trust keine "Vermögensmasse" darstellt.

Im internationalen Verhältnis bleiben die Erläuterungen gemäss nachstehender Ziffer 8 ("Doppelbesteuerungsabkommen") vorbehalten.

7.2.1. Revocable Trust

Ein widerruflicher Trust ist steuerrechtlich dem Settlor zuzurechnen, der - eine allfällige Steuerumgehung vorbehalten - als Inhaber des Rechts zur Nutzung zu qualifizieren ist. Mithin hat der Settlor die Voraussetzungen zu erfüllen, die ihn zur Rückerstattung der auf den Erträgen des Trustvermögens erhobenen Verrechnungssteuern berechtigen.

7.2.2. Irrevocable Fixed Interest Trust

Soweit der Trustee das Trustverhältnis durch die Vorlage des Trust Deed nachweisen kann, ist ihm das Trustvermögen steuerlich nicht zuzurechnen. In diesem Fall gilt als Inhaber des Rechts zur Nutzung der Beneficiary. Falls der Beneficiary im Zeitpunkt der Fälligkeit der steuerbaren Leistung den Wohnsitz in der Schweiz hatte (Art. 22 Abs. 1 VStG), kann er in Analogie zur Regelung bei Treuhandverhältnissen die Verrechnungssteuer zurückfordern (Art. 61 Abs. 2 VStV).

7.2.3. Irrevocable Discretionary Trust

Beim Discretionary Trust räumt die Trusturkunde dem Beneficiary keine Ansprüche auf Ausschüttungen des Trusts ein. Es liegt vielmehr im Ermessen des Trustees, wann er den in der Urkunde genannten Beneficiaries welche Zahlungen aus dem Trust leisten will. Zwischen dem Zeitpunkt der Trusterrichtung und demjenigen einer effektiven Ausschüttung können das Trustvermögen sowie die darauf anfallenden Erträge nicht den Beneficiaries zugerechnet werden, es handelt sich um blosse Anwartschaften. Ebensowenig kann das Trustvermögen dem Settlor steuerlich zugerechnet werden, da dieser sich endgültig des Trustvermögens entäussert hat. Solange das Trustvermögen steuerlich keiner Person zugerechnet werden kann, besteht bis zur effektiven Ausschüttung keine Möglichkeit der Rückerstattung der Verrechnungssteuer. Dies steht auch im Einklang mit der direktsteuerlichen Behandlung, wonach bei Discretionary Trusts vor der effektiven Ausschüttung kein steuerlicher Zugriff möglich ist.

Hat der Settlor im Zeitpunkt der Errichtung seinen Wohnsitz in der Schweiz, gibt es wegen der fehlenden Bereicherung eines anderen Steuersubjekts keine Entreicherung des Settlors mit der Folge, dass das Vermögen und der Vermögensertrag weiterhin dem Settlor zugerechnet werden. Mithin gilt für die Rückerstattung der Verrechnungssteuer die gleiche Regelung wie für einen Revocable Trust und der Settlor hat die Voraussetzungen zu erfüllen, die ihn zur Rückerstattung der auf den Erträgen des Trustvermögens erhobenen Verrechnungssteuern berechtigen.

---

[5] Vorne Ziffer 4.1

8. Hinweise zu den Doppelbesteuerungsabkommen (DBA)

8.1. Allgemeines

Die von der Schweiz abgeschlossenen Doppelbesteuerungsabkommen regeln u. a. den Anspruch von im Ausland ansässigen Personen auf Rückerstattung der in der Schweiz auf Dividenden und Zinsen erhobenen Verrechnungssteuer und den Anspruch von in der Schweiz ansässigen Personen auf Rückerstattung der im Ausland erhobenen Quellensteuern.

Da der Trust nach Schweizer Recht keine „Person" ist, können die Bestimmungen der Doppelbesteuerungsabkommen nicht nach einheitlichen Regeln angewandt werden. Die konkreten Fälle sind aufgrund der jeweils darauf anwendbaren Doppelbesteuerungsabkommen zu prüfen.

Gewisse Doppelbesteuerungsabkommen, wie z. B. die Abkommen mit den USA, Kanada und Grossbritannien (durch Auslegung), enthalten Bestimmungen über Trusts. Sie bestimmen insbesondere, dass der Trust eine „Person" im Sinn des Abkommens ist. Diese Bestimmung allein bedeutet aber noch nicht, dass ein Anspruch auf Rückerstattung besteht. In den Genuss der Doppelbesteuerungsabkommen kommen nämlich nur Personen, welche a) im Sinn des Abkommens in einem Vertragsstaat steuerlich ansässig sind und b) die tatsächlichen Begünstigten der entsprechenden Einkünfte sind.

8.2. Rückerstattung der schweizerischen Verrechnungssteuer

Beantragt ein Trust ausländischen Rechts die Rückerstattung der schweizerischen Verrechnungssteuer, prüft die Eidgenössische Steuerverwaltung zuerst, ob der Trust nach dem Recht des anderen Vertragsstaats eine dort steuerlich ansässige „Person" (subjektive Steuerpflicht) ist, sei es dass der Trust selbst oder die Trustees im anderen Vertragsstaat Steuersubjekt sind. In diesem Fall hält die Eidgenössische Steuerverwaltung die Anwendung der Abkommensbestimmungen zur Reduktion der Doppelbesteuerung (Dividenden, Zinsen) für richtig und erstattet einen Teil der Verrechnungssteuer zurück; der Umstand, dass der Trust nach schweizerischem Recht (und nicht notwendigerweise nach dem Sinn des Abkommens) keine Rechtspersönlichkeit hat, ist vorliegend weniger bedeutend als die Tatsache, dass im anderen Vertragsstaat ein Steuersubjekt für die Erträge des Trusts vollumfänglich der ordentlichen Steuerpflicht unterliegt.

Näher zu prüfen ist die Rückerstattungsberechtigung, wenn die Trusterträge im anderen Vertragsstaat zwar der ordentlichen Besteuerung unterliegen, ein Abzugs- oder Anrechnungsmechanismus aber dazu führen kann, dass der Trust tatsächlich ganz oder teilweise transparent behandelt wird (und die am Beneficiaries weitergeleiteten Einkünfte nicht besteuert werden). In diesem Fall ist es möglich, dass nicht abkommensberechtigte Personen (Personen, die nicht im Staat des antragstellenden Trusts ansässig sind) die tatsächlichen Begünstigten der Einkünfte aus Schweizer Quelle sind. Dies ist nur ein Beispiel unter vielen, welches zeigt, welche Schwierigkeiten sich bei der Anwendung der Abkommensbestimmungen ergeben und wieso jeder Einzelfall nach dem anwendbaren Doppelbesteuerungsabkommen geprüft werden muss. In jedem Fall obliegt es dem ausländischen Begünstigten bzw. derjenigen Person, welche sich auf ein Doppelbesteuerungsabkommen beruft, der Eidgenössischen Steuerverwaltung die für die Behandlung des Antrags notwendigen Informationen zu liefern.

8.3. Rückerstattung von ausländischen Quellensteuern

Die Schweiz kennt das Institut des Trusts nicht; in diesem Sinn stellt sich die Frage, ob ein in der Schweiz ansässiger Trust gestützt auf ein DBA die Rückerstattung von ausländischen Quellensteuern beantragen kann, nicht. Hingegen fragt sich, ob die in der Schweiz ansässigen und für die Trusterträge anteilig in der Schweiz steuerpflichtigen Begünstigten die ausländischen Steuern, welche auf den an sie weitergeleiteten Trusteinkünften erhoben wurden, teilweise zurückfordern können.

Falls der Antragsteller in der Schweiz ordentlich steuerpflichtig ist und ihm die fraglichen Einkünfte nach dem Gesetz und den Grundsätzen dieses Kreisschreibens zugerechnet wurden, wird die Eidgenössische Steuerverwaltung einen entsprechenden Antrag bestätigen und diesen gemäss dem im Einzelfall anwendbarem Verfahren an den Begünstigten zurücksenden oder an die zuständige ausländische Steuerbehörde des Quellenstaats weiterleiten. Ob und in welchem Umfang dem Rückerstattungsantrag stattgegeben wird, hängt davon ab, wie der andere Vertragsstaat die Trusteinkünfte bzw. den Trust und seine Beneficiaries qualifiziert.

8.4. Zinsbesteuerungsabkommen mit der EG

Die Sonderbestimmungen für Trusts in der Wegleitung zur EU-Zinsbesteuerung sind nur für die Vornahme des Steuerrückbehalts und die freiwillige Meldung im Rahmen des Zinsbesteuerungsabkommen mit der EG massgebend.

Leasinggeschäfte mit Immobilien

Quelle: Schweizerische Steuerkonferenz SSK

Leasinggeschäfte
mit gewerblichen oder industriellen Liegenschaften

Kreisschreiben 29 - vom 27. Juni 2007

1. Einleitung

1.1. Allgemeine Vorbemerkungen

Gegenstand dieses Kreisschreibens ist die steuerliche Behandlung von Leasinggeschäften mit gewerblichen oder industriellen Liegenschaften aus der Sicht des Leasingnehmers wie des Leasinggebers. Dabei wird folgende grundsätzliche Unterscheidung vorgenommen:

- Leasinggeschäfte, bei welchen nur eine Gebrauchsüberlassung vereinbart wird und am Ende der - allenfalls verlängerten - Leasingdauer das Leasingobjekt dem Leasinggeber zurückgegeben wird (nachfolgend die „Leasinggeschäfte Typ A"); und

- Leasinggeschäfte, bei welchen neben der Gebrauchsüberlassung vertraglich bestimmte Rechte und Pflichten in Bezug auf den Kauf des Leasingobjektes durch den Leasingnehmer am Ende der - allenfalls verlängerten - Leasingdauer definiert werden (nachfolgend die „Leasinggeschäfte Typ B").

Die Rechte und Pflichten in Bezug auf den Kauf des Leasingobjektes können sehr verschieden ausgestaltet sein. Wird für den Leasingnehmer ein Kaufrecht (als vorbestimmter Kauf oder als Kaufoption) vereinbart, verpflichtet sich der Leasinggeber, das Leasingobjekt im Zeitpunkt der Beendigung des Leasingvertrages zu dem sich aus dem Leasingvertrag ergebenden kalkulatorischen Restwert zu verkaufen oder zum Verkauf anzubieten. Bei einer Kaufverpflichtung des Leasingnehmers (als vorbestimmten Kauf oder als Verkaufsoption des Leasinggebers) verpflichtet sich dieser, das Leasingobjekt zum oben definierten Restbuchwert zu kaufen.

1.2. Leasingvertrag

Dem Leasinggeschäft mit gewerblichen oder industriellen Liegenschaften liegt ein detaillierter Leasingvertrag zugrunde. Aus diesem – oder aus anderen zwischen den Parteien ausgetauschten Dokumenten – gehen in der Regel die für die steuerliche Qualifikation des Geschäftes nach den nachfolgenden Ziffern erforderlichen Angaben hervor, so die Investitionskosten für das Gebäude und das Grundstück, die Leasingdauer und die berechneten Amortisationen.

1.3. Geltungsbereich

Dieses Kreisschreiben gilt für alle juristischen Personen und für selbständigerwerbende natürliche Personen.

2. Gewinnsteuer des Leasinggebers

2.1. Grundsatz

Die Leasingraten und die übrigen auf dem Leasingvertrag basierenden Vergütungen stellen beim Leasinggeber steuerbaren Ertrag dar.

Der mit dem Leasinggeschäft verbundene Aufwand (namentlich Refinanzierungs- und Verwaltungsaufwand sowie Abschreibungen) stellt grundsätzlich geschäftsmässig begründeter Aufwand dar und kann für die Ermittlung des steuerbaren Gewinnes bzw. Einkommens in Abzug gebracht werden.

2.2. Abschreibungen

2.2.1. Leasinggeschäfte Typ A

Der Leasinggeber kann die Leasingobjekte höchstens zu den für die entsprechende Art von Immobilien geltenden steuerlichen Abschreibungssätzen abschreiben. Diese Ansätze müssen nicht notwendigerweise mit den in den Leasingraten enthaltenen Amortisationsanteilen übereinstimmen. Erweist sich der für eine bestimmte Art von Immobilie definierte Abschreibungssatz als im Einzelfall nicht ausreichend, kann – in Absprache mit der zuständigen Steuerbehörde – ein individueller Abschreibungssatz angewendet werden. Die im nachfolgenden Absatz definierte Abschreibungsuntergrenze ist dabei einzuhalten:

Die Abschreibungsuntergrenze stellt den sogenannten steuerlichen Endwert dar, welcher dem Wert entspricht, den das Abschreibungsobjekt schätzungsweise unter ungünstigsten Verhältnissen in jenem Zeitpunkt für den Betrieb haben wird, in welchem es aus dem Unternehmungsvermögen voraussichtlich ausscheiden wird.

In aller Regel kann die Abschreibungsuntergrenze nicht unter den Erwerbspreis des Bodens sinken. Liegt ein substanzierter Antrag bezüglich einer eingetretenen Landentwertung vor, können auch ausserordentliche Abschreibungen unter den ursprünglichen Landerwerbspreis steuerlich zum Abzug zugelassen werden.

2.2.2. Leasinggeschäfte Typ B

Der Leasinggeber kann die Abschreibungen auf dem Leasingobjekt nach den Bestimmungen für Leasinggeschäfte des Typs A vornehmen.

Dem Leasinggeber ist es gestattet, sich bei Leasinggeschäften des Typs B bei der Ermittlung der planmässigen Entwertung des Leasingobjektes an den in der Option oder im Kaufrecht vordefinierten Preis und der Laufzeit des Leasingvertrages in dem Sinne zu orientieren, als auf den in den Leasingraten enthaltenen Amortisationsanteil abgestellt werden darf. Übersteigen die so ermittelten Abschreibungsanteile die Abschreibungen, welche beim betreffenden Leasingobjekt für Leasinggeschäfte des Typs A zugelassen sind, dürfen die Zusatzbeträge (steuerlich) nur als Wertberichtigungen und nicht als Abschreibungen geltend gemacht werden.

Werden die Kaufoption oder das Kaufrecht nicht ausgeübt und verbleibt das Leasingobjekt am Ende der Leasingdauer beim Leasinggeber, muss die Wertberichtigung aufgelöst werden. Erweisen sich die Wertberichtigungen als übermässig, ist der nicht anzuerkennende Teil steuerwirksam zugunsten einer versteuerten Reserve (sogenannter besteuerter Mehrwert) aufzulösen. Der anzuerkennende Teil der Wertberichtigung ist über das entsprechende Anlagekonto aufzulösen.

3. Gewinnsteuer des Leasingnehmers

3.1. Leasinggeschäfte Typ A

Beschränkt sich das Leasinggeschäft auf die Gebrauchsüberlassung (Leasinggeschäft Typ A), bilden die Aufwendungen des Leasingnehmers im Zusammenhang mit diesem Geschäft (so namentlich Leasingzinsen und Gebühren) – ungeachtet der Höhe der in den Leasingraten enthaltenen kalkulatorischen Abschreibungen – vollumfänglich geschäftsmässig begründeten Aufwand.

3.2. Leasinggeschäfte Typ B

Liegt ein Leasinggeschäft Typ B vor, bilden die Aufwendungen des Leasingnehmers (so namentlich Leasingzinsen und Gebühren) – mit Ausnahme der in den Leasingraten enthaltenen übersetzten kalkulatorischen Abschreibungen – geschäftsmässig begründeten Aufwand.

Die in den Leasingraten enthaltenen kalkulatorischen Abschreibungen werden bis zum Erreichen der Abschreibungsuntergrenze (siehe dazu die Definition unter Ziffer 2.2.1. dieses Kreisschreibens) der betroffenen Liegenschaft vollumfänglich zum Abzug zugelassen.

Die in der Leasingrate enthaltenen (kalkulatorischen) Abschreibungen bilden keinen geschäftsmässig begründeten Aufwand, sobald der kalkulatorische Restwert des Leasingobjektes unter den steuerlichen Endwert fällt. Dieser nicht zum Abzug zugelassene Teil der Leasingraten stellt als Gewinn versteuerte stille Reserven dar (sogenannter besteuerter Mehrwert).

Werden die Kaufoption oder das Kaufrecht ausgeübt, stellen die als Gewinn versteuerten stillen Reserven beim Leasingnehmer zusätzliche Anlagekosten der Liegenschaft dar. Der Gewinnsteuerwert der Liegenschaft entspricht in der Folge dem vereinbarten Kaufpreis zuzüglich der als Gewinn versteuerten stillen Reserven auf diesem Leasingobjekt.

Wird die Liegenschaft nicht erworben, kann der Leasingnehmer die als Gewinn versteuerten stillen Reserven auf dieser Liegenschaft steuerwirksam auflösen.

4. Grundstückgewinnsteuer: Anrechenbare Anlagekosten

4.1. Leasinggeber

Beim Verkauf einer Liegenschaft stellen beim Leasinggeber die ursprünglichen Kaufkosten die Anlagekosten dar, welche für die Grundstückgewinnsteuer Grundlage für die Ermittlung der steuerbaren Gewinne bilden. Bei Ausführung eines Bauvorhabens in Zusammenhang mit dem Leasinggeschäft (namentlich Neu-, An- oder Umbau des Leasingobjektes), ist auf die ursprünglichen Kaufkosten zuzüglich der effektiven Baukosten abzustellen.

Als Erlös gelten die beim Leasingnehmer in Ziffer 4.2. dieses Kreisschreibens definierten Anlagekosten, nämlich der vereinbarte Kaufpreis zuzüglich der als Gewinn versteuerten stillen Reserven auf diesem Leasingobjekt gem. Ziffer 3.2. dieses Kreisschreibens.

4.2. Leasingnehmer

Die als Gewinn besteuerten stillen Reserven stellen Anzahlungen im Hinblick auf das dereinst zu erwerbende Grundstück dar und werden grundstückgewinnsteuerlich bei einer allfälligen Weiterveräusserung des Objektes als Anlagekosten anerkannt. Die Anlagekosten des Leasingnehmers entsprechen somit dem Gewinnsteuerwert dieser Liegenschaft anlässlich der Einlösung der Kaufoption oder des Kaufrechtes (siehe Ziffer 3.2. dieses Kreisschreibens).

5. Inkrafttreten

Dieses Kreisschreiben ersetzt das Kreisschreiben der Konferenz staatlicher Steuerbeamter (heute Schweizerische Steuerkonferenz) betreffend die steuerliche Behandlung von Leasingverträgen über gewerbliche oder industrielle Liegenschaften vom 6. Februar 1980.

Dieses Kreisschreibens ist für Geschäftsjahre anwendbar, die im Kalenderjahr 2007 oder später enden.

Ausscheidungsverluste

Quelle: Schweizerische Steuerkonferenz SSK

Die Vermeidung von Ausscheidungsverlusten

Kreisschreiben 27 - vom 15. März 2007

1. Bisherige Praxis

Nach den Grundsätzen zur Vermeidung der interkantonalen Doppelbesteuerung muss ein Steuerpflichtiger, der in mehreren Kantonen steuerpflichtig ist, nicht mehr als sein gesamtes Reineinkommen bzw. seinen gesamten Reingewinn versteuern. Gemäss der bisherigen bundesgerichtlichen Rechtsprechung trat diese Regel gegenüber dem Grundsatz zurück, dass das Grundeigentum dem Kanton, in dem es liegt, zur ausschliesslichen Besteuerung vorbehalten bleibt. Das Schlechterstellungsverbot war in diesem Fall nicht anwendbar. Der Liegenschaftskanton musste Verluste, die am Wohnsitz (Hauptsitz) oder in anderen Kantonen angefallen waren, nicht übernehmen.

Diese Praxis führte in zahlreichen Fällen zu sogenannten Ausscheidungsverlusten. Der Steuerpflichtige musste im Liegenschaftskanton (Spezialsteuerdomizil) ein Einkommen versteuern, welches das gesamte Reineinkommen überstieg. Im Extremfall versteuerte eine Unternehmung am Spezialsteuerdomizil einen Reingewinn, obwohl die Gesamtunternehmung Verluste erlitten hatte.

2. Neue Praxis des Bundesgerichts

In seiner neueren Rechtsprechung hat das Bundesgericht in folgenden Fallkonstellationen die Ausscheidungsverluste explizit beseitigt:

- Geschäftsverlust (Verlustvorträge) im Sitzkanton und in weiteren Betriebsstättekantonen: Verrechnung mit dem Wertzuwachsgewinn aus der Veräusserung einer Betriebsliegenschaft im Betriebsstättekanton (BGE 131 I 249).

- Gewinnungskostenüberschuss aus einer im Privatvermögen gehaltenen Liegenschaft am Hauptsteuerdomizil: Verrechnung mit Einkünften aus einer ebenfalls im Privatvermögen gehaltenen Liegenschaft im Liegenschaftskanton (BGE 131 I 285).

- Geschäftsverlust im Sitzkanton: Verrechnung mit laufenden Liegenschaftserträgen aus Kapitalanlageliegenschaften im Spezialsteuerdomizil (BGE 132 I 220).

- Proportional zu den Aktiven zu verlegende Schuldzinsen eines Liegenschaftenhändlers (natürliche Person): Soweit der nach Lage der Aktiven zu übernehmende Schuldzinsenanteil den Vermögensertrag im Liegenschaftskanton übersteigt, Verrechnung des Schuldzinsenüberschusses in erster Linie mit den Netto-Vermögenserträgen der übrigen Kantone, in zweiter Linie mit dem übrigen Einkommen des Liegenschaftenhändlers (BGE 2P.84/2006).

Aufgrund dieser Entscheide drängt sich der Schluss auf, dass Ausscheidungsverluste in sämtlichen Fallkonstellationen zu vermeiden sind.

Den 1990 im Falle der Übernahme des Verlusts im Liegenschaftskanton durch das Hauptsteuerdomizil postulierte Vorrang der Verlustverrechnung in der Zeit (Rückbelastung der von einem Kanton übernommenen Verluste an andere Kantone in Folgeperioden der Verlustübernahme; vgl. BGE 116 la 127 und ASA 60, S. 270) hat das Bundesgericht in obigen Urteilen nicht angebracht. Da es den Vorrang der Verlustverrechnung in der Zeit aber auch nicht explizit ausgeschlossen hat, stellt sich die Frage, ob und in welchen Fällen dieser noch angewandt werden soll.

Gegen den Vorrang der Verlustverrechnung in der Zeit sprechen vor allem praktische Gründe: Das Steuerdomizil, das Verluste aus anderen Kantonen getragen hat, müsste nämlich in den sieben der Verlustübernahme folgenden Jahren überprüfen, ob in den anderen Kantonen Gewinne angefallen sind und ob somit zu seinen Lasten übernommene Verluste den anderen Kantonen zurückbelastet werden können. Eine solche Rückbelastung wäre nur möglich, wenn die betreffende Steuerperiode noch nicht rechtskräftig veranlagt ist oder wenn bei rechtskräftiger Veranlagung ein Nachsteuergrund gegeben ist (vgl. Höhn/Mäusli, Interkantonales Steuerrecht, 4. Aufl., Bern 2000, § 22, Rz. 18c), was mindestens als fraglich erscheint.

Der Vorrang der Verlustverrechnung in der Zeit (und die sich daraus ergebende Rückbelastung von Verlusten) wurde vom Bundesgericht zudem aufgestellt, als noch die Teilverlustverrechnungsmethode gebräuchlich war. Nur wenn die Verluste nach der Teilverlustverrechnungsmethode ermittelt werden, ist eine Rückbelastung überhaupt möglich. Seit der Steuerperiode 2001 wird nach der Gesamtverlustverrechnungsmethode verfahren (vgl. KS SSK 24 vom 17. Dezember 2003). Die Rückbelastung steht damit im Widerspruch zur Gesamtverlustverrechnung.

Im Urteil vom 3. November 2006 (2P.84/2006, E. 5.2) stellte das Bundesgericht fest, es habe „bei Liegenschaftenhändlern bisher der Verrechnung von Aufwandüberschüssen in der Zeit den Vorrang vor der Verrechnung als Verluste im Sitzkanton oder in anderen Liegenschaftskantonen eingeräumt." Indem es in E. 6 seine „Aktivierungspraxis", welche den Vorrang der Verlustverrechnung in der Zeit umsetzte, aufgibt, hat es implizit auch den Vorrang der Verlustverrechnung in der Zeit aufgehoben. Daraus lässt sich schliessen, dass die Verlustübernahme definitiv zu erfolgen hat (keine Rückbelastung an andere Kantone in den Folgejahren).

3. Grundsätze

Gestützt auf die neue bundesgerichtliche Rechtsprechung sind Ausscheidungsverluste nach den folgenden Grundsätzen zu vermeiden. Dabei wird die bisherige Praxis und Rechtsprechung zu den Zuteilungsnormen (insbesondere zur Verlegung von Schuldzinsen und Schulzinsenüberschüssen) im interkantonalen Steuerrecht, zur Ersatzbeschaffung und zur Steuerausscheidung bei Liegenschaftenhändlern und Generalunternehmern im Übrigen unverändert weitergeführt. Das Kreisschreiben definiert lediglich Lösungsansätze zur Vermeidung von Ausscheidungsverlusten.

3.1. Natürliche Personen

3.1.1. Verluste und Gewinnungskostenüberschüsse sind in erster Linie mit anderen Einkünften im gleichen Kanton zu verrechnen. Nicht im gleichen Kanton verrechenbare Verluste und Gewinnungskostenüberschüsse trägt das Hauptsteuerdomizil zu Lasten der dort steuerbaren Einkünfte. Vorbehalten bleibt Ziffer 3.1.2.

3.1.2. Verluste und Gewinnungskostenüberschüsse aus Kapitalanlageliegenschaften des Geschäftsvermögens sind in erster Linie mit dem Geschäftsbetriebseinkommen zu verrechnen; umgekehrt sind (Geschäftsbetriebs-) Verluste in erster Linie mit Ertrag und Gewinnen aus Kapitalanlageliegenschaften des Geschäftsvermögens zu verrechnen.

3.1.3. Verluste und Gewinnungskostenüberschüsse, die am Hauptsteuerdomizil nicht mit dort steuerbaren Einkünften verrechnet werden können, haben in erster Linie die Kantone der Geschäftsorte und Betriebstätten zu übernehmen und in zweiter Linie die reinen Liegenschaftskantone. Sie werden im Verhältnis der in den betroffenen Kantonen steuerbaren Reineinkommen verlegt.

3.1.4. In den Liegenschaftskantonen erfolgt die Verrechnung von Verlusten mit Grundstückgewinnen des Geschäftsvermögens, ungeachtet ob diese Gewinne mit der Einkommens- oder mit der Grundstückgewinnsteuer erfasst werden. Kantone mit dem monistischen System der Grundstückgewinnsteuer verrechnen übernommene Verluste zuerst mit den wiedereingebrachten Abschreibungen und einen allenfalls verbleibenden Rest mit dem Wertzuwachsgewinn.

3.1.5. Eine Verrechnung von Verlusten und Gewinnungskostenüberschüssen mit Grundstückgewinnen des Privatvermögens ist in jedem Fall ausgeschlossen.

3.1.6. Die Übernahme von Verlusten und Gewinnungskostenüberschüssen ist definitiv. Weder das Hauptsteuerdomizil noch die sekundären oder Spezialsteuerdomizile belasten Verluste und Gewinnungskostenüberschüsse, die sie von einem anderen Steuerdomizil übernommen haben, an dieses zurück.

3.2. Juristische Personen

3.2.1. Verluste und Gewinnungskostenüberschüsse sind in erster Linie mit im gleichen Kanton steuerbaren Gewinnen / Erträgen zu verrechnen. Nicht im gleichen Kanton verrechenbare Verluste und Gewinnungskostenüberschüsse schmälern das nach Quoten zu verteilende Betriebsergebnis.

3.2.2. Ein negatives Gesamtbetriebsergebnis haben die Kantone mit Kapitalanlageliegenschaften zu übernehmen, zuerst jene, in denen sich Betriebsstätten befinden, dann die reinen Liegenschaftskantone. Es wird im Verhältnis der in den betroffenen Kantonen steuerbaren Reingewinne verlegt.

3.2.3. In den Liegenschaftskantonen erfolgt die Verrechnung mit Grundstückgewinnen, ungeachtet ob diese Gewinne mit der Gewinnsteuer oder mit der Grundstückgewinnsteuer erfasst werden. Kantone mit dem monistischen System der Grundstückgewinnsteuer verrechnen übernommene Verluste zuerst mit den wiedereingebrachten Abschreibungen und einen allenfalls verbleibenden Rest mit dem Wertzuwachsgewinn.

3.2.4. Die Übernahme von Verlusten und Gewinnungskostenüberschüssen ist definitiv. Weder das Hauptsteuerdomizil noch die sekundären oder Spezialsteuerdomizile belasten Verluste und Gewinnungskostenüberschüsse, die sie von einem anderen Steuerdomizil übernommen haben, an dieses zurück.

4. Gültigkeit

Das Kreisschreiben ist grundsätzlich ab Steuerperiode 2006 anwendbar. Für frühere pendente Steuerperioden kann es auf Antrag der Steuerpflichtigen zur Vermeidung von Ausscheidungsverlusten ebenfalls angewendet werden.

5. Fallbeispiele

Seite

Natürliche Personen

1 Natürliche Personen mit Spezialsteuerdomizilen..5

2 Verlust aus selbständiger Tätigkeit..6

3 Verlust aus Kollektivgesellschaft..7

Juristische Personen

4 Gewinnungskostenüberschuss am Spezialsteuerdomizil..8

5 Gewinnungskostenüberschuss in sekundärem und Spezialsteuerdomizilen.........................9

6 Betriebsverlust; Kapitalgewinn am Spezialsteuerdomizil..10

7 Betriebsverlust; Kapitalgewinn am sekundären Steuerdomizil..11

8 Betriebsverlust; Kapitalgewinn am Hauptsteuerdomizil..12

9 Betriebsverlust; Kapitalgewinn am sekundären und Spezialsteuerdomizil..........................13

10 Betriebsverlust; Kapitalgewinne in mehreren Spezialsteuerdomizilen..................................14

11 Gesamtverluste..15

12 Betriebsgewinn; Kapitalverlust am Spezialsteuerdomizil..15

13 Betriebsgewinn; Kapitalgewinne und Kapitalverluste..16

Fall 1: Natürliche Person mit Spezialsteuerdomizilen

Ein Ehepaar mit Hauptsteuerdomizil im Kanton Zürich begründet im Kanton Bern ein Spezialsteuerdomizil (Geschäftsort) und in den Kantonen AG, GR und SG ein Spezialsteuerdomizil (Liegenschaftsort).

	ZH	BE	AG	GR	SG	Total
Massgebliche Aktiven	500'000	200'000	200'000	50'000	250'000	1'200'000
Aktivenanteile in % (1. Verlegung)	41%	17%	17%	4%	21%	100%
Aktivenanteile in % (2. Verlegung)			44%		56%	100%
Nettoertrag aus Liegenschaften			40'000	-110'000	50'000	-20'000
Ertrag aus Wertschriften	-					-
Vermögensertrag Einzelfirma (Fremdkapital- und Eigenkapitalzins)		5'000				5'000
Vermögensertrag	-	5'000	40'000	-110'000	50'000	-15'000
Schuldzinsen (1. Verlegung)	-21'812	-9'044	-9'044	-2'128	-11'172	-53'200
Vermögensertrag nach 1. Verlegung	-21'812	-4'044	30'956	-112'128	38'828	-68'200
Schuldzinsen (2. Verlegung)	21'812	4'044	-12'313	2'128	-15'671	-
Vermögensertrag nach 2. Verlegung	-	-	18'643	-110'000	23'157	-68'200
Unselbständiger Erwerb Ehemann	42'000					42'000
Selbständiger Erwerb Ehefrau		50'000				50'000
Abzüglich Fremd- und Eigenkapitalzins		-5'000				-5'000
AHV-Beiträge Ehefrau		-5'000				-5'000
Vorsorgebeiträge Ehefrau		-8'000				-8'000
Gewinnungskostenüberschuss	-110'000			110'000		-
Reineinkommen	-68'000	32'000	18'643	-	23'157	5'800
1. Ausgleich *)	**32'000**	**-32'000**				
Reineinkommen nach 1. Ausgleich	-36'000	-	18'643	-	23'157	5'800
Positive Reineinkommen in %			44%		56%	
2. Ausgleich *)	**36'000**		**-15'840**		**-20'160**	
Reineinkommen nach 2. Ausgleich	-	-	2'803	-	2'997	5'800
Steuerbares Einkommen	**-**	**-**	**2'800**	**-**	**3'000**	**5'800**

Die Grenze, bis zu welcher der Geschäftskanton die auf ihn gemäss proportionaler Verlegung entfallenden Schuldzinsen übernehmen muss, besteht aus der Summe, die sich aus der Zusammenrechnung der für das Geschäft aufgewendeten Schuldzinsen und des Zinses für das investierte Eigenkapital ergibt (vgl. Höhn/Mäusli, § 22, Rz. 13c).

Der Gewinnungskostenüberschuss aus einer ausserkantonalen Liegenschaft ist in erster Linie vom Hauptsteuerdomizil zu übernehmen (Höhn/Mäusli, § 19, Rz. 25).

*) Verbleibende Aufwandüberschüsse (am Hauptsteuerdomizil) sind vorerst auf die Kantone der Geschäftsorte und Betriebsstätten und erst anschliessend auf die Liegenschaftskantone zu verlegen.

Fall 2: Natürliche Person mit sekundären und Spezialsteuerdomizilen
Verlust aus selbständiger Tätigkeit; Gewinn aus Verkauf Liegenschaft

Ein Ehepaar mit Hauptsteuerdomizil im Kanton Zürich begründet im Kanton Bern ein Spezialsteuerdomizil (Geschäftsort). Die Ehegatten besitzen Liegenschaften in den Kantonen AG, GR und SG, wo sie damit ein Spezialsteuerdomizil begründen. Die im Privatvermögen gehaltene Liegenschaft im Kanton GR wird mit Gewinn verkauft.

	ZH	BE	AG	GR	SG	Total
Massgebliche Aktiven	500'000	200'000	200'000	50'000	250'000	1'200'000
Aktivenanteile in % (1. Verlegung)	*41%*	*17%*	*17%*	*4%*	*21%*	*100%*
Aktivenanteile (2. Verlegung)			*44%*		*56%*	*100%*
Nettoertrag aus Liegenschaften	-	-	40'000	-10'000	50'000	80'000
Ertrag aus Wertschriften	-					-
Vermögensertrag Einzelfirma BE		-				-
Vermögensertrag (vor Schuldzinsen)	-	-	40'000	-10'000	50'000	80'000
Schuldzinsen (1. Verlegung)	-20'500	-8'500	-8'500	-2'000	-10'500	-50'000
Vermögensertrag nach 1. Verlegung	-20'500	-8'500	31'500	-12'000	39'500	30'000
Schuldzinsen (2. Verlegung)	20'500	8'500	-13'640	2'000	-17'360	
Vermögensertrag nach 2. Verlegung	-	-	17'860	-10'000	22'140	30'000
Unselbständiger Erwerb Ehemann	30'000					30'000
Selbständiger Erwerb Ehefrau		-100'000				-100'000
Gewinnungskostenüberschuss	-10'000			10'000		
Uebernahme Verlust	-100'000	100'000				-
Reineinkommen	-80'000	-	17'860	-	22'140	-40'000
Positive Reineinkommen in %			*45%*		*55%*	
Ausgleich	**40'000**		**-17'860**		**-22'140**	
Steuerbares Einkommen	**-40'000**	**-**	**-**	**-**	**-**	**-40'000**

Die Berücksichtigung eines Eigenkapitalzinses entfällt, wenn die Unternehmung mit Verlust arbeitet, da in diesem Fall das Eigenkapital keinen Ertrag abwirft (Höhn/Mäusli, § 22, Rz. 13d).

Geschäftsverluste aus der am Geschäftsort betriebenen Einzelunternehmung sind in erster Linie von dem am Hauptsteuerdomizil steuerbaren Einkommen in Abzug zu bringen (Höhn/Mäusli, § 22, Rz. 11), in zweiter Linie von den Einkünften in den Spezialsteuerdomizilen (Liegenschaftsorte; im Verhältnis der dort steuerbaren Reineinkommen).

Der verrechenbare Verlustvortrag (aus selbständiger Tätigkeit) beträgt Fr. 40'000. In der Folgeperiode ist dieser in erster Linie mit den Einkünften am Geschäftsort, in zweiter Linie mit den Einkünften am Hauptsteuerdomizil und in dritter Linie mit den Einkünften in den Liegenschaftskantonen zu verrechnen.

Das negative Einkommen kann nicht mit dem Gewinn aus der Veräusserung der im Privatvermögen gehaltenen Liegenschaft im Kanton GR verrechnet werden.

Fall 3: Natürliche Person mit sekundären und Spezialsteuerdomizilen
Verlust aus Kollektivgesellschaft

Ein Ehepaar hat im Kanton Zürich das Hauptsteuerdomizil. Es besitzt Liegenschaften in den Kantonen AG, GR und SG, wo es damit ein Spezialsteuerdomizil begründet.

Der Ehemann ist Teilhaber an einer Kollektivgesellschaft mit Sitz im Kanton Aargau.

	ZH	AG	GR	SG	Total
Aktivenanteile in %	50%	20%	5%	25%	100%
Ertrag aus Liegenschaften	17'000	40'000	100'000	25'000	182'000
Ertrag aus Wertschriften	33'000				33'000
Vermögensertrag vor Schuldzinsen	50'000	40'000	100'000	25'000	215'000
Schuldzinsen	-25'000	-10'000	-2'500	-12'500	-50'000
Vermögensertrag nach Schuldzinsen	25'000	30'000	97'500	12'500	165'000
Nebenerwerb Ehemann	20'000				20'000
Selbständiger Erwerb Ehefrau	-90'000				-90'000
AHV-Beiträge	-5'000				-5'000
Reineinkommen (vor Verlust Kollektivges.)	-50'000	30'000	97'500	12'500	90'000
Verlust Kollektivgesellschaft (Anteil)		-50'000			-50'000
Uebernahme durch Hauptsteuerdomizil	-20'000	20'000			
Reineinkommen vor Ausgleich	-70'000	-	97'500	12'500	40'000
Positive Reineinkommen in %			89%	11%	
Ausgleich	70'000		-62'300	-7'700	
Reineinkommen nach Ausgleich	-	-	35'200	4'800	40'000
Sozialabzüge			-3'560	-440	-4000
Steuerbares Einkommen	-	-	31'640	4'360	36'000

Ein Anteil des Teilhabers am Verlust der Personengesellschaft muss primär vom Kanton des Hauptsteuerdomizils übernommen werden (Höhn/Mäusli, § 22, Rz 23).

Fall 4: Juristische Person mit sekundärem und Spezialsteuerdomizil Gewinnungskostenüberschuss am Spezialsteuerdomizil

Die Baumarkt AG hat ihr Hauptsteuerdomizil im Kanton St. Gallen, ein sekundäres Steuerdomizil (Betriebsstätte) im Kanton Thurgau und Spezialsteuerdomizile (Anlageliegenschaften) in Basel und Zürich.

Der Gesamtgewinn im Jahr 2005 beträgt Fr. 60'000, der Nettoertrag der Anlageliegenschaft Basel beträgt Fr. 20'000, der Gewinnungskostenüberschuss der Anlageliegenschaft Zürich – Fr. 10'000.

Der Gesamtgewinn im Jahr 2006 beträgt Fr. 80'000, der Nettoertrag der Anlageliegenschaft Basel Fr. 20'000. Die Anlageliegenschaft Zürich wird im Jahr 2006 mit einem Gewinn von Fr. 30'000 verkauft (Fr. 20'000 Wertzuwachsgewinn; Fr. 10'000 wiedereingebrachte Abschreibungen).

Die Ausscheidung erfolgt nach quotaler indirekter Methode (2005 und 2006: 75 % SG und 25 % TG).

Steuerperiode 2005	SG	TG	BS	ZH	Total
Reingewinn					60'000
Nettoertrag Liegenschaft			20'000	-10'000	-10'000
Betriebsgewinn					50'000
Gewinnungskostenüberschuss				10'000	-10'000
Betriebsgewinn nach Quoten	30'000	10'000			40'000
Steuerbarer Gewinn	**30'000**	**10'000**	**20'000**	**-**	**60'000**

Steuerperiode 2006	SG	TG	BS	ZH	Total
Reingewinn					80'000
Nettoertrag Liegenschaft			20'000		-20'000
Wertzuwachsgewinn				20'000	-20'000
wiedereingebrachte Abschreibungen				10'000	-10'000
Betriebsgewinn nach Quoten	22'500	7'500			30'000
Steuerbarer Gewinn	**22'500**	**7'500**	**20'000**	**30'000**	**80'000**

Gewinnungskostenüberschüsse und Kapitalverluste auf Liegenschaften schmälern bei juristischen Personen das nach Quoten zu verteilende Betriebsergebnis.

Fall 5: **Juristische Person mit sekundärem und Spezialsteuerdomizilen Gewinnungskostenüberschüsse in sekundärem und Spezialsteuerdomizilen**

Die Baumarkt AG hat ihr Hauptsteuerdomizil im Kanton St. Gallen, ein sekundäres Steuerdomizil (Betriebsstätte mit Anlageliegenschaft) im Kanton Thurgau und ein Spezialsteuerdomizil (Anlageliegenschaft) im Kanton Zürich.

Der Gesamtgewinn im Jahr 2005 beträgt Fr. 300'000. Der Gewinnungskostenüberschuss der Anlageliegenschaft Thurgau wird mit Fr. 50'000 und der Gewinnungskostenüberschuss der Anlageliegenschaft Zürich mit Fr. 10'000 ausgewiesen.

Der Gesamtgewinn im Jahr 2006 beträgt Fr. 200'000. Der Nettoertrag der beiden Anlageliegenschaften in den Kantonen TG und ZH beträgt je Fr. 0.

Die Ausscheidung erfolgt nach quotaler indirekter Methode (2005 und 2006: 70 % SG, 30 % TG).

Steuerperiode 2005	SG	TG	ZH	Total
Reingewinn				300'000
Gewinnungskostenüberschüsse		-50'000	-10'000	60'000
Betriebsergebnis				360'000
Gewinnungskostenüberschuss			10'000	10'000
Betriebsgewinn nach Quoten	245'000	105'000	-	350'000
Gewinnungskostenüberschuss		-50'000		-50'000
Steuerbarer Gewinn	**245'000**	**55'000**	**-**	**300'000**

Steuerperiode 2006	SG	TG	ZH	Total
Steuerbarer Gewinn	**140'000**	**60'000**	**-**	**200'000**

Sind dem Belegenheitskanton noch weitere steuerbare Einkünfte zur Besteuerung zugewiesen (andere Immobilien, Betriebsstätte), so ist der Gewinnungskostenüberschuss zunächst mit diesen Einkünften zu verrechnen (Höhn/Mäusli, § 21, Rz. 8 mit Hinweisen).

Gewinnungskostenüberschüsse und Kapitalverluste auf Liegenschaften schmälern bei juristischen Personen das nach Quoten zu verteilende Betriebsergebnis.

Fall 6: Juristische Person mit sekundärem und Spezialsteuerdomizil
Betriebsverlust; Kapitalgewinn am Spezialsteuerdomizil

Die Baumarkt AG hat ihr Hauptsteuerdomizil im Kanton St. Gallen, ein sekundäres Steuerdomizil (Betriebsstätte mit Anlageliegenschaft) in Basel und ein Spezialsteuerdomizil (Anlageliegenschaft) in Zürich.

Der Gesamtgewinn im Jahr 2005 beträgt Fr. 1'150'000, der Nettoertrag der Anlageliegenschaft Basel Fr. 50'000. Die Anlageliegenschaft Zürich wurde im Jahr 2005 mit einem Gewinn von Fr. 1'200'000 verkauft (Fr. 1'100'000 Wertzuwachsgewinn; Fr. 100'000 wiedereingebrachte Abschreibungen).

Der Gesamtgewinn im Jahr 2006 beträgt Fr. 100'000, der Nettoertrag der Anlageliegenschaft Basel Fr. 50'000.

Die Ausscheidung erfolgt nach quotaler indirekter Methode (2005 und 2006: 75 % SG und 25 % BS).

Steuerperiode 2005	SG	BS	ZH	Total
Reingewinn				1'150'000
Wertzuwachsgewinn			1'100'000	-1'100'000
Wiedereingebrachte Abschreibungen			100'000	-100'000
Nettoertrag Anlageliegenschaften		50'000		-50'000
Betriebsverlust n.Quoten	-75'000	-25'000		-100'000
Steuerbarer Gewinn vor Ausgleich	-75'000	25'000	1'200'000	
1. Ausgleich *)	25'000	-25'000		
2. Ausgleich *)	50'000		-50'000	
Steuerbarer Gewinn	-	-	1'150'000	1'150'000

Steuerperiode 2006	SG	BS	ZH	Total
Reingewinn				100'000
Nettoertrag Anlageliegenschaft		50'000		-50'000
Betriebsgewinn nach Quoten	37'500	12'500	-	50'000
Steuerbarer Gewinn	37'500	62'500	-	100'000

*) Der Gesamtbetriebsverlust ist in erster Linie auf jene Kantone mit Liegenschaften zu verlegen, die zugleich Betriebsstätten aufweisen (Höhn/Mäusli, § 28, Rz. 35c).

Wird im Spezialsteuerdomizil ein Kapitalgewinn erzielt, ist der restliche Betriebsverlust zuerst mit den wiedereingebrachten Abschreibungen und in zweiter Linie mit dem Wertzuwachsgewinn zu verrechnen. Im Kanton Zürich sind vorliegend wiedereingebrachte Abschreibungen von Fr. 50'000 und ein Wertzuwachsgewinn von Fr. 1'100'000 zu versteuern.

Fall 7: **Juristische Person mit sekundärem und Spezialsteuerdomizil**
Betriebsverlust; Kapitalgewinn am sekundären Steuerdomizil

Die Baumarkt AG hat ihr Hauptsteuerdomizil im Kanton St. Gallen, ein sekundäres Steuerdomizil (Betriebsstätte) im Kanton Zürich und ein Spezialsteuerdomizil (Anlageliegenschaft) in Basel.

Der Gesamtgewinn im Jahr 2005 beträgt Fr. 1'000'000, der Nettoertrag der Anlageliegenschaft in Basel Fr. 100'000. Die Betriebsliegenschaft im Kanton Zürich wurde im Jahr 2005 mit einem Gewinn von Fr. 1'200'000 verkauft (Fr. 1'000'000 Wertzuwachsgewinn; Fr. 200'000 wiedereingebrachte Abschreibungen).

Der Gesamtgewinn im Jahr 2006 beträgt Fr. 300'000, der Gewinnungskostenüberschuss der Anlageliegenschaft Basel – Fr. 50'000.

Die Ausscheidung erfolgt nach quotaler indirekter Methode (2005 und 2006: 75 % SG und 25 % ZH).

Steuerperiode 2005	SG	BS	ZH	Total
Reingewinn				1'000'000
Wertzuwachsgewinn			1'000'000	-1'000'000
Nettoertrag Anlageliegenschaft		100'000		-100'000
Betriebsverlust nach Quoten	-75'000		-25'000	-100'000
Ausgleich *)	75'000		-75'000	
Steuerbarer Gewinn	-	100'000	900'000	1'000'000

Steuerperiode 2006	SG	BS	ZH	Total
Reingewinn				300'000
Nettoertrag Anlagelieg.		-50'000		50'000
Betriebsgewinn				350'000
Übernahme zu Lasten Betriebsgewinn		50'000		-50'000
Gewinn nach Quoten	225'000		75'000	300'000
Steuerbarer Gewinn	225'000	-	75'000	300'000

*) Der Gesamtbetriebsverlust ist in erster Linie auf jene Kantone mit Liegenschaften zu verlegen, die zugleich Betriebsstätten aufweisen (Höhn/Mäusli, § 28, Rz. 35c).

Die wiedereingebrachten Abschreibungen auf der veräusserten Betriebsliegenschaft sind dem Betriebsergebnis zuzurechnen.

Zur Ausscheidung 2006: Gewinnungskostenüberschüsse und Kapitalverluste auf Liegenschaften schmälern bei juristischen Personen das nach Quoten zu verteilende Betriebsergebnis.

Fall 8: **Juristische Person mit sekundärem Steuerdomizil**
Betriebsverlust; Kapitalgewinn am Hauptsteuerdomizil

Die Baumarkt AG hat ihr Hauptsteuerdomizil im Kanton Zürich, wo sich auch eine Anlageliegenschaft befindet, und ein sekundäres Steuerdomizil (Betriebsstätte) im Kanton Thurgau.

Der Gesamtgewinn im Jahr 2005 beträgt Fr. 800'000. Die Anlageliegenschaft im Kanton Zürich wurde im Jahr 2005 mit einem Gewinn von Fr. 1'200'000 verkauft (Fr. 1'000'000 Wertzuwachsgewinn; Fr. 200'000 wiedereingebrachte Abschreibungen).

Der Gesamtgewinn im Jahr 2006 beträgt Fr. 300'000.

Die Ausscheidung erfolgt nach quotaler indirekter Methode (2005 und 2006: 75 % ZH und 25 % TG).

Steuerperiode 2005	ZH	TG	Total
Reingewinn		-	800'000
Wertzuwachsgewinn	1'000'000		-1'000'000
Betriebsverlust	-150'000	-50'000	-200'000
Ausgleich	-50'000	50'000	
Steuerbarer Gewinn	800'000	-	800'000

Steuerperiode 2006	ZH	TG	Total
Steuerbarer Gewinn	225'000	75'000	300'000

Der Wertzuwachsgewinn einer Anlageliegenschaft im Sitzkanton wird dem Sitzkanton zugewiesen. Demgegenüber werden wiedereingebrachte Abschreibungen einer Anlageliegenschaft im Sitzkanton nach Quoten auf Sitz und Betriebsstätten aufgeteilt (Höhn/Mäusli, § 28, Rz. 39; es wird hier offen gelassen, ob die Unterscheidung zwischen Kapitalanlageliegenschaften im Sitzkanton und solchen ausserhalb desselben noch sachgemäss ist).

Der Gesamtbetriebsverlust 2005 ist vorliegend definitiv mit dem Wertzuwachsgewinn im Sitzkanton Zürich zu verrechnen (keine Rückbelastung durch den Kanton Zürich an den Kanton Thurgau in den Folgejahren).

Fall 9: **Juristische Person mit sekundärem und Spezialsteuerdomizil**
Betriebsverlust; Kapitalgewinn am sekundären und Spezialsteuerdomizil

Die Baumarkt AG hat ihr Hauptsteuerdomizil im Kanton St. Gallen, ein sekundäres Steuerdomizil (Betriebsstätte samt Betriebsliegenschaft) im Kanton Thurgau und ein Spezialsteuerdomizil (Anlageliegenschaft) im Kanton Zürich.

Der Gesamtgewinn im Jahr 2005 beträgt Fr. 150'000. Die Betriebsliegenschaft im Kanton Thurgau wurde im Jahr 2005 mit einem Gewinn von Fr. 80'000 verkauft (Fr. 50'000 Wertzuwachsgewinn; Fr. 30'000 wiedereingebrachte Abschreibungen). Die Anlageliegenschaft im Kanton Zürich wurde im Jahr 2005 mit einem Gewinn von Fr. 200'000 verkauft (Fr. 170'000 Wertzuwachsgewinn; Fr. 30'000 wiedereingebrachte Abschreibungen).

Der Gesamtgewinn im Jahr 2006 beträgt Fr. 300'000.

Die Ausscheidung erfolgt nach quotaler indirekter Methode (2005 und 2006: 75 % SG und 25 % TG).

Steuerperiode 2005	SG	ZH	TG	Total
Reingewinn				150'000
Wertzuwachsgewinn		170'000	50'000	-220'000
wiedereingebr. Abschreibungen		30'000		-30'000
Betriebsverlust nach Quoten	-75'000		-25'000	-100'000
1. Ausgleich *)	75'000		-75'000	
2. Ausgleich *)		-50'000	50'000	
Steuerbarer Gewinn	-	150'000	-	150'000

Steuerperiode 2006	SG	ZH	TG	Total
Steuerbarer Gewinn	225'000	-	75'000	300'000

*) Der Gesamtbetriebsverlust (inkl. wieder eingebrachte Abschreibungen auf der Betriebsliegenschaft) ist in erster Linie auf jene Kantone mit Liegenschaften zu verlegen, die zugleich Betriebsstätten aufweisen (Höhn/Mäusli, § 28, Rz. 35c).

Nur wenn die Liegenschaftserträge in den Betriebsstättekantonen nicht ausreichen, sind die reinen Liegenschaftskantone im Verhältnis der Nettoerträge zur Verlustdeckung verpflichtet (Höhn/Mäusli, § 28, Rz. 35d).

Bei Vorliegen eines Kapitalgewinns ist der von anderen Kantonen übernommene Verlust in erster Linie mit den wiedereingebrachten Abschreibungen und in zweiter Linie mit dem Wertzuwachsgewinn zu verrechnen. Im Kanton Zürich sind vorliegend wiedereingebrachte Abschreibungen von Fr. 0 und ein Wertzuwachsgewinn von Fr. 150'000 zu versteuern.

Fall 10: Juristische Person mit Spezialsteuerdomizilen
Betriebsverlust; Kapitalgewinne in mehreren Spezialsteuerdomizilen

Die Baumarkt AG hat ihr Hauptsteuerdomizil im Kanton St. Gallen und Spezialsteuerdomizile (Anlageliegenschaften) in den Kantonen Genf und Zürich.

Der Gesamtgewinn im Jahr 2005 beträgt Fr. 270'000. Die Anlageliegenschaft in Genf wurde im Jahr 2005 mit einem Gewinn von Fr. 300'000 verkauft. (Fr. 200'000 Wertzuwachsgewinn; Fr. 100'000 wiedereingebrachte Abschreibungen). Die Anlageliegenschaft in Zürich wurde im Jahre 2005 mit einem Gewinn von Fr. 150'000 verkauft (Fr. 150'000 Wertzuwachsgewinn).

Steuerperiode 2005	SG	GE	ZH	Total
Gesamtgewinn				270'000
Wertzuwachsgewinn		200'000	150'000	-350'000
Wiedereingebrachte Abschreibungen		100'000		-100'000
Betriebsverlust	-180'000			-180'000
Gewinne/Verluste vor Ausgleich	-180'000	300'000	150'000	270'000
Positive Ergebnisse in %		*66.66%*	*33.33%*	
Ausgleich	180'000	-120'000	-60'000	
Steuerbarer Gewinn	-	180'000	90'000	270'000

Zur Vermeidung eines Ausscheidungsverlustes haben die Liegenschaftskantone den Betriebsverlust im Verhältnis der zugewiesenen Nettoerträge zu übernehmen (Höhn/Mäusli, § 28, Rz. 27e).

Steuerbar ist im Kanton Genf ein Gewinn von Fr. 180'000.

**Fall 11: Juristische Personen mit sekundären und/oder Spezialsteuerdomizilen
Gesamtverluste**

Resultiert in einer Steuerperiode ein Gesamtverlust, ist (für die Gewinnbesteuerung) keine interkantonale Steuerausscheidung vorzunehmen. Im Sinne von SSK-Kreisschreiben Nr. 24 ist der Gesamtverlust auf die folgende Steuerperiode vorzutragen. Dort wird er gemäss der für diese Steuerperiode geltenden Quoten verlegt.

**Fall 12: Juristische Person mit sekundären Steuerdomizilen und Spezialsteuerdomizil
Betriebsgewinn; Kapitalverlust am Spezialsteuerdomizil**

Die Baumarkt AG hat ihr Hauptsteuerdomizil im Kanton St. Gallen, sekundäre Steuerdomizile (Betriebsstätten) in den Kantonen Schaffhausen und Thurgau und ein Spezialsteuerdomizil (Anlageliegenschaft) im Kanton Zürich.

Der Gesamtgewinn im Jahr 2005 beträgt Fr. 50'000. Die Anlageliegenschaft im Kanton Zürich wurde im Jahr 2005 mit einem Verlust von – Fr. 200'000 verkauft.

Der Gesamtgewinn im Jahr 2006 beträgt Fr. 300'000.

Die Ausscheidung erfolgt nach quotaler indirekter Methode (2005 und 2006: 70 % SG, 10 % SH und 20 % TG).

Steuerperiode 2005	SG	ZH	SH	TG	Total
Reingewinn					50'000
Kapitalverlust		-200'000			200'000
Betriebsergebnis					250'000
Uebernahme Kapitalverlust		200'000			-200'000
Betriebsgewinn	35'000	-	5'000	10'000	50'000
Steuerbarer Gewinn	**35'000**	**-**	**5'000**	**10'000**	**50'000**

Steuerperiode 2006	SG	ZH	SH	TG	Total
Steuerbarer Gewinn	**210'000**	**-**	**30'000**	**60'000**	**300'000**

Soweit im Spezialsteuerdomizil (Anlageliegenschaft) keine weiteren Einkünfte vorhanden sind, schmälert bei juristischen Personen ein Kapitalverlust im Spezialsteuerdomizil wie ein Gewinnungskostenüberschuss das nach Quoten zu verteilende Betriebsergebnis.

Fall 13: Juristische Person mit sekundärem und Spezialsteuerdomizil
Betriebsgewinn; Kapitalgewinn und Kapitalverluste

Die Baumarkt AG hat ihr Hauptsteuerdomizil im Kanton St. Gallen, ein sekundäres Steuerdomizil (Betriebsstätte) im Kanton Schaffhausen und Spezialsteuerdomizile (Anlageliegenschaften) in den Kantonen Thurgau und Zürich.

Der Gesamtgewinn im Jahr 2005 beträgt Fr. 50'000. Die Anlageliegenschaft im Kanton Thurgau wurde im Jahre 2005 mit einem Verlust von – Fr. 200'000 und die Anlageliegenschaft im Kanton Zürich mit einem Gewinn von Fr. 100'000 verkauft (Fr. 80'000 Wertzuwachsgewinn; Fr. 20'000 wiedereingebrachte Abschreibungen).

Der Gesamtgewinn im Jahr 2006 beträgt Fr. 300'000.

Die Ausscheidung erfolgt nach quotaler indirekter Methode (2005 und 2006: 70 % SG, 30 % SH).

Steuerperiode 2005	SG	TG	SH	ZH	Total
Reingewinn					50'000
Wertzuwachsgewinn / Kapitalverlust		-200'000		80'000	120'000
wiedereingebrachte Abschreibungen				20'000	-20'000
Betriebsgewinn					150'000
Übernahme Kapitalverlust		200'000			-200'000
Betriebsverlust nach Quoten	-35'000		-15'000		-50'000
Ausgleich	35'000		15'000	-50'000	
Steuerbarer Gewinn	-	-	-	50'000	50'000

Steuerperiode 2006	SG	TG	SH	ZH	Total
Steuerbarer Gewinn	210'000	-	90'000	-	300'000

Der Kapitalverlust auf der Anlageliegenschaft im Spezialsteuerdomizil (Thurgau) schmälert in erster Linie das Betriebsergebnis, das nach Quoten auf Hauptsitz und Betriebsstätten aufgeteilt wird.

Zur Vermeidung eines Ausscheidungsverlustes haben die Liegenschaftskantone den Betriebsverlust im Verhältnis der zugewiesenen Nettoerträge zu übernehmen (Höhn/Mäusli, § 28, Rz. 27e).

Der Betriebsverlust ist in erster Linie mit den wiedereingebrachten Abschreibungen zu verrechnen.

Im Kanton Zürich ist vorliegend ein Wertzuwachsgewinn von Fr. 50'000 zu versteuern.

Interkantonale Verlustverrechnung

Quelle: Schweizerische Steuerkonferenz SSK

Verrechnung von Vorjahresverlusten in der interkantonalen Steuerausscheidung

Kreisschreiben vom 17. Dezember 2003

1. Bisherige Praxis

Die Berücksichtigung von Verlusten, die in früheren Steuerperioden entstanden sind, kann nach zwei Methoden erfolgen: der sog. Teilverlustverrechnung (Beispiel 3.6.1.6.1.2) und der sog. Gesamtverlustverrechnung (Beispiel 6.1.3). Bei der ersten Methode anerkennt jeder betroffene Kanton nur die durch ihn ermittelten Teilverluste und verrechnet sie mit dem ihm zur Besteuerung zugewiesenen Teilgewinn. Bei der Gesamtverlustverrechnung wird der verrechenbare Gesamtverlust aus früheren Perioden vom Gesamtgewinn in Abzug gebracht, und erst der Restbetrag wird nach den zuvor definierten Quoten den einzelnen Kantonen zur Besteuerung zugewiesen.

Gemäss bisheriger Lehrmeinung war bei der interkantonalen Steuerausscheidung der Teilverlustverrechnungsmethode der Vorrang einzuräumen (Höhn/Mäusli, Interkantonales Steurrecht, 4. Auflage, § 27 Rz. 7). Diese, aus theoretischer Sicht bei der quotenmässig-direkten Ausscheidung wohl richtigere Methode liess sich in der Praxis schon bisher nur in einfachen Verhältnissen mit wenigen beteiligten Kantonen umsetzen, nicht aber in den komplexen Ausscheidungen von grossen Unternehmungen.

2. Neue Praxis unter dem Vereinfachungsgesetz

Mit dem Vereinfachungsgesetz werden die Zuzugskantone verpflichtet, bei Verlegung des Sitzes oder des Geschäftsortes innerhalb der Schweiz auch ausserkantonal erlittene und noch nicht verrechnete Vorjahresverluste mit späteren Gewinnen zu verrechnen (Art. 10 Abs. 2 und 4 bzw. Art. 25 Abs. 2 und 4 StHG; SSK KS 15, Ziff. 312). Dies kann bei Sitzverlegungen nach dem 1. Januar 2001 dazu führen, dass Kantone Verluste anrechnen müssen, die nicht in ihrem Hoheitsgebiet entstanden sind. Nichtbetriebsstättekantone mit Kapitalanlageliegenschaften müssen jedoch auch weiterhin keine Betriebsstätteverluste übernehmen.

Die Argumente, die zuvor gegen die Methode der Gesamtverlustverrechnung zu Recht angeführt worden sind, haben unter dem Vereinfachungsgesetz seit dem 1. Januar 2001 ihre Grundlage verloren oder sind doch stark relativiert worden. Für die Frage der Verlustübernahme durch andere Kantone spielt der Umstand, ob ein Steuerdomizil verlegt oder ganz aufgegeben wird, keine Rolle mehr, sofern diese Tatbestände nach dem 1. Januar 2001 verwirklicht worden sind.

Die Anwendung der Gesamtverlustverrechnungsmethode bewirkt für den Steuerpflichtigen eine – vom Vereinfachungsgesetz beabsichtigte – rechnerische Vereinfachung. Durch die Anwendung dieser Methode wird dem Grundsatz der interkantonalen Freizügigkeit am besten nachgelebt. Dies rechtfertigt es, nach dem 1. Januar 2001 einzig auf die Gesamtverlustverrechnungsmethode abzustellen, wie dies bisher schon für Banken (SSK KS 5), Telekommunikationsunternehmungen (SSK KS 20) und Versicherungsgesellschaften (SSK KS 23) galt.

Schwierigkeiten treten bei dieser Methode einzig durch das (bis heute) harmonisierungsmässig zulässige Nebeneinander von monistischem und dualistischem Grundstückgewinnsteuersystem auf. Diesem Aspekt wird Rechnung getragen, indem der Wertzuwachsgewinn der Steuerperiode dem Kanton der gelegenen Sache zugewiesen wird und dieser Kanton u.U. aufgrund kantonalen Rechts in der gleichen Steuerperiode einen anteiligen Verlust gemäss seiner kantonalen Quote übernehmen muss. Dieser angerechnete Teilverlust wird in den folgenden Jahren korrigiert. Diese Lösung entspricht auch dem vom Bundesgericht aufgestellten Grundsatz der objektmässigen Zuweisung der Liegenschaftsgewinne an den Belegenheitskanton. Als Nachteil muss in Kauf genommen werden, dass die betroffenen Kantone in solchen Fällen immer in eigener Regie die noch nicht voll besteuerten Wertzuwachsgewinne nachführen müssen. Vgl. dazu Anhang 3 zu SSK KS 23 betreffend Interkantonale Steuerausscheidung von Versicherungs-gesellschaften und Beispiel 6.6.2.

3. Zeitpunkt der Anwendung der neuen Methode und Übergang

Die Methode der Gesamtverlustverrechnung findet Anwendung auf alle Veranlagungen ab Steuerperiode 2001. Sie gilt sowohl für juristische Personen als auch sinngemäss für Unternehmen von natürlichen Personen. Bestehen im Zeitpunkt des Methodenwechsels in einzelnen Kantonen noch verrechenbare Verlustvorträge, die bisher nach der Teilverlustverrechnungsmethode ermittelt worden sind, wird ab Steuerperiode 2001 die Summe der noch nicht verrechneten Vorjahresverluste mit dem Gesamtgewinn verrechnet (Beispiel 6.6.3).

4. Verrechnung von Vorjahresverlusten bei Fusionen mit ausserkantonalen Gesellschaften

Die gleiche Regelung, die für die Übernahme ausserkantonal erlittener Vorjahresverluste bei Sitzverlegungen gilt, ist auch bei Fusionen von Gesellschaften mit Geschäftsorten in verschiedenen Kantonen anwendbar. Unter dem Vorbehalt der Steuerumgehung und der Fusion mit einer liquidationsreifen Gesellschaft müssen bei Fusionen nach dem 1. Januar 2001 auch ausserkantonal erlittene, noch nicht verrechnete Vorjahresverluste eines Fusionsobjekts angerechnet werden, auch dann, wenn sie vor dem 1. Januar 2001 erlitten worden sind.

5. Beweislast

Nach Lehre und Praxis hat die Steuerbehörde die Verlustverrechnung vom Amtes wegen vorzunehmen, namentlich dort, wo sie mit Aufrechnungen in der aktuellen Steuerperiode Verrechnungssubstrat schafft. Der Steuerpflichtige hat dennoch die Pflicht, die Verlustvorträge als steuermindernde Tatsache geltend zu machen. Dabei obliegt ihm der Nachweis, dass frühere Verluste nicht bereits verrechnet worden sind. Als Grundlage dazu dienen die Veranlagungen des Wegzugkantons. Zwar lautet die Veranlagung bei einem Jahresendverlust, soweit er nicht mit übrigem Einkommen kompensiert werden kann, in der Regel auf Null. Der Betrag eines Jahresendverlustes kann jedoch aus den der Veranlagungsverfügung zugrunde liegenden Berechnungen – namentlich bei Aufrechnungen – oder aus einer separaten Mitteilung der Steuerbehörde an den Steuerpflichtigen ersichtlich sein.

6. Beispiele

6.1. Teilverlust- vs. Gesamtverlustverrechnung
6.1.1. Ausgangslage:

Steuerperiode	Total	Kanton A	Kanton B	Kanton C
Vorperioden	-100	-35	-45	-20
2001	40	10	20	10
2002	60	10	30	20
2003	50	15	15	20
Total	50	0	20	30

6.1.2. Bisherige Methode: Teilverlustverrechnung

Steuerperiode	Total	Kanton A	Kanton B	Kanton C
Vorperioden	-100	-35	-45	-20
2001 Gewinn	40	10	20	10
Verlustverrechnung	-40	-10	-20	-10
steuerbar	0	0	0	0
2002 Gewinn	60	10	30	20
Verlustverrechnung	-45	-10	-25	-10
steuerbar	15	0	5	10
2003 Gewinn	50	15	15	20
Verlustverrechnung	-15	-15	0	0
steuerbar	35	0	15	20
Total	50	0	20	30

6.1.3. Neue Methode: Gesamtverlustverrechnung

Steuerperiode	Total	Kanton A	Kanton B	Kanton C
Vorperioden	-100	-35	-45	-20
2001 Gewinn	40			
Verlustverrechnung	-40			
steuerbar	0	0	0	0
2002 Gewinn	60			
Verlustverrechnung	-60			
steuerbar	0	0	0	0
2003 Gewinn	50	15		
steuerbar	50	15	15	20
Total	50	15	15	20

6.2. Gesamtverlustverrechnung mit Wertzuwachsgewinnen aus dem Verkauf von Liegenschaften
6.2.1. Ausgangslage

Steuerperiode 2001	Total	Sitz	Kanton A	Kanton B	Kanton C	Kanton D
Ausscheidungsquote	100%	45%	5%	10%	25%	15%
Gewinn 2001 gemäss ER	10'000					
Davon Wertzuwachsgewinn auf Liegenschaften	40'000	13'000	7'000		20'000	

Steuerperiode 2002	Total	Sitz	Kanton A	Kanton B	Kanton C	Kanton D
Ausscheidungsquote	100%	47%	7%	11%	22%	13%
Gewinn 2002 gemäss ER	50'000					
Davon Wertzuwachsgewinn auf Liegenschaften	15'000			15'000		

Der Sitzkanton und die Kantone A und D kennen das dualistische System (mit Verlustverrechnung). Die Kantone B und C kennen das monistische System (ohne Verlustverrechnung).

6.2.2 Lösung

Veranlagung 2001	Total	Sitz	Kanton A	Kanton B	Kanton C	Kanton D
Ausscheidungsquote	100%	45%	5%	10%	25%	15%
Gewinn 2001 gemäss ER	10'000					
./. objektmässiger Wertzuwachsgewinn	-40'000	13'000	7'000		20'000	
Gesamtverlust	-30'000					
Anteil am Gesamtverlust (gemäss Quote)*		-13'000	-1'500			
Steuerbarer Reingewinn	***25'500	0	5'500	0	**20'000	0

*)   Sitzkanton 45% von Fr. 30'000, maximal aber Wertzuwachsgewinn
       Kanton A 5% von Fr. 30'000, maximal aber Wertzuwachsgewinn

**)   mangels gesetzlicher Regelung können keine Verlustanteile mit dem objektmässigen Wertzuwachsgewinn verrechnet werden.

***)   Entspricht nicht dem satzbestimmenden Reingewinn, welcher nach kantonalem Recht zu ermitteln ist.

Veranlagung 2002	Total	Sitz	Kanton A	Kanton B	Kanton C	Kanton D
Ausscheidungsquote	100%	47%	7%	11%	22%	13%
Gewinn 2002	50'000					
./. objektmässiger Wertzuwachsgewinn	-15'000			15'000		
./. Gesamtverlustvortrag 2001	-30'000					
Steuerbarer Gesamtgewinn	5'000					
./. Vorausanteil (Annahme)	-1'000	1'000				
Zu verteilen nach aktuellen Quoten	4'000	1'880	280	440	880	520
Zuzüglich bereits verrechneter Teilverlust *		13'000	1'500			
Steuerbarer Reingewinn	***34'500	15'880	1'780	15'440	880	520

*)   Hier muss jeder Kanton separat für sich eine Berechnung der noch nicht voll besteuerten Wertzuwachsgewinne führen.

***)   Entspricht nicht dem satzbestimmenden Reingewinn, welcher nach kantonalem Recht zu ermitteln ist.

Kontrollrechnung	Total	Sitz	Kanton A	Kanton B	Kanton C	Kanton D
Besteuerter Gewinn 2001	25'500		5'500		20'000	
Besteuerter Gewinn 2002	34'500	15'880	1'780	15'440	880	520
Kontrolle: total besteuert	60'000	15'880	7'280	15'440	20'880	520
Davon - Wertzuwachsgewinne - Gewinne aus Geschäftstätigkeit	55'000 5'000	13'000 2'880	7'000 280	15'000 440	20'000 880	0 520

6.3 Übergang von der Teilverlust- zur Gesamtverlustverrechnung
6.3.1 Ausgangslage

Die interkantonale Unternehmung X AG mit Betriebsstätten in den Kantonen A, B, C und D hat in den Jahren 1998 – 2002 folgende Ergebnisse ausgewiesen:

1998	- 3'000
1999	- 1'000
2000	2'000
2001	2'400
2002	1'000

Die Betriebsstätte im Kanton C wurde anfangs 1999, jene im Kanton D im Jahr 2000 eröffnet. Die Verlustverrechnung erfolgte im interkantonalen Verhältnis nach der Methode der Teilverlustverrechnung gemäss nachfolgender Veranlagung und Ausscheidung für die Steuerperiode 2000:

6.3.2 Teilverlustverrechnungsmethode (bis 2000)

Steuerperiode		Total	Sitz	Kanton A	Kanton B	Kanton C	Kanton D
1998	Quote	100%	60%	15%	25%		
	Verlust	-3000	-1800	-450	-750		
	Steuerbar	0	0	0	0		
1999	Quote	100%	50%	10%	20%	20%	
	Verlust	-1000	-500	-100	-200	-200	
	Steuerbar	0	0	0	0	0	
2000	Quote	100%	45%	5%	10%	25%	15%
	Gewinn	2000	900	100	200	500	300
	Steuerbar	600	0	0	0	300	300

Die Gesamtunternehmung verfügt per 1.1.2001 noch über einen Verlustvortrag von 2'000; da aber die Betriebsstättekantone C und D in der Steuerperiode 2000 bereits Gewinne von insgesamt 600 besteuert haben, können noch Verluste vom 2'600 verrechnet werden.

6.3.3 Uebergang zur Gesamtverlustverrechnungsmethode (ab Beginn der Steuerperiode 2001)

Geschäftsjahr	2002	2001	2000	1999	1998
Reingewinn bzw. Verlust	1000	2400	2000	-1000	-3000
Im Steuerjahr 2000 versteuert			-600		
Verlustverrechnung	-200	-1600 -800	-1400	800 200	1400 1600
Steuerbarer Gesamgewinn	800	0	0	0	0

Steuerperiode		Total	Sitz	Kanton A	Kanton B	Kanton C	Kanton D
2002	Quote	100%	40%	10%	25%	10%	15%
	Gewinn	1000	400	100	250	100	150
	Verlustverrechnung	-200					
	steuerbar	800	320	80	200	80	120

Für den Vorstand der Steuerkonferenz
Der Präsident: Der Sekretär

Bruno Knüsel Erwin Widmer

Repartitionsfaktoren

Quelle: Schweizerische Steuerkonferenz SSK

Regeln für die Bewertung der Grundstücke bei interkantonalen Steuerausscheidungen

ab Steuerperiode 2002
(Repartitionsfaktoren)

Kreisschreiben 22 vom 22. März 2018
geändert 26. August 2020

1. Allgemeines

Gemäss der bundesgerichtlichen Rechtsprechung sind im interkantonalen Verhältnis sämtliche Aktiven, jedenfalls für die Schuldzinsenverlegung, von allen beteiligten Kantonen nach übereinstimmenden Regeln zu bewerten. Da Grundstücke in den Kantonen unterschiedlich bewertet werden, ist aus Gründen einer korrekten Ausscheidung und sachgemässen Besteuerung eine einheitliche Referenzgrösse zu bestimmen. Dazu werden sogenannte Repartitionswerte herangezogen. Anhand einer gesamtschweizerischen Erhebung werden die erzielten Grundstückverkaufserlöse mit den jeweiligen kantonalen Steuerwerten verglichen und daraus die interkantonalen Repartitionswerte berechnet.

Die Repartitionswerte sind, ausser bei interkantonalen Ausscheidungen, auch anwendbar für die Ermittlung des im Betrieb einer Einzelfirma investierten Eigenkapitals und dessen Meldung an die AHV.

2. Repartitionswerte

Landwirtschaftliche Liegenschaften werden in allen Kantonen nach der Verordnung des Bundesrates über das bäuerliche Bodenrecht geschätzt, weshalb der interkantonale Repartitionswert für landwirtschaftliche Grundstücke in der Regel 100% beträgt.

Bei nicht-landwirtschaftlichen Liegenschaften wurden ab der Steuerperiode 2002 bis 2018 die Repartitionswerte auf der Basis von 70% der Referenzgrösse (Kanton mit tiefstem Medianwert) ermittelt. Ab der Steuerperiode 2019 basiert die Ermittlung der Repartitionswerte auf 100% der Referenzgrösse. Dadurch steigen zwar die Repartitionswerte, das Verhältnis unter den Kantonen bleibt aber im wesentlichen unverändert.

Der Repartitionswert beträgt in der Regel in Prozenten des kantonalen Steuerwertes:

Kanton	Nichtlandwirtschaftliche Grundstücke %			Landwirtschaftliche Grundstücke %
	Ab 2020	Ab 2019	2002 - 2018	ab 2002
AG	130	130	85	100
AI	110	110	110	100
AR	100	100	70	100
BE	125 e)	155	100	100
BL	385	385	260	100
BS	140	140	105	100
FR	155	155	110	100
GE	145	145	115	100
GL	115	115	75	100
GR	140	140	115	100
JU	130	130	90	100
LU	115	115	95	100
NE	135	135	80	100
NW	140	140	95	100
OW	195	195	125/100 a)	100
SG	100	100	80	100
SH	140	140	100	100
SO	335	335	225	100
SZ	125	125	140/80 b)	100
TG	120	120	70	100
TI	155	155	115	100
UR	110	110	90	80/100 d)
VD	110	110	80	100
VS	170	170	215/145 c)	100
ZG	115	115	110	100
ZH	115	115	90	100

a) Für den Kanton OW gilt bis und mit Steuerperiode 2005 der Repartitionsfaktor von 125%. Ab Steuerperiode 2006 beträgt er infolge Gesetzesrevision 100%.
b) Für den Kanton SZ gilt bis und mit Steuerperiode 2003 der Repartitionsfaktor von 140%. Ab Steuerperiode 2004 beträgt er infolge Gesetzesrevision 80%.
c) Für den Kanton VS gilt bis und mit Steuerperiode 2005 der Repartitionsfaktor von 215%. Ab Steuerperiode 2006 beträgt er infolge Gesetzesrevision 145%.
d) Für den Kanton UR gilt bei den landwirtschaftlichen Grundstücken bis und mit der Steuerperiode 2018 der Repartitionsfaktor 80%. Ab der Steuerperiode 2019 beträgt der Repartitionsfaktor für landwirtschaftliche Grundstücke 100%.
e) Für den Kanton BE gilt bis und mit Steuerperiode 2019 der Repartitionsfaktor von 155%. Ab Steuerperiode 2020 beträgt er 125%.

3. Gültigkeit

Dieses Kreisschreiben gilt ab Steuerperiode 2019. Es ersetzt das Kreisschreiben Nr. 22 vom 21. November 2006.

Vorgehen bei Sonderfällen

Quelle: Schweizerische Steuerkonferenz SSK

Vorgehen bei Sonderfällen mit Auswirkungen auf mehrere Steuerhoheiten

Kreisschreiben vom 28. November 2001

1 Einleitung

In letzter Zeit häufen sich die Anfragen, bei denen Beteiligungsübertragungen, Umstrukturierungen, Liquidationen und andere komplexe Steuerfälle interkantonale Anknüpfungspunkte zeitigen. Dabei sind die Steuern verschiedener Kantone und des Bundes betroffen. Die Zuständigkeit der involvierten Steuerbehörden, die Rechtsposition und die Praxisgrundsätze sind bei diesen Fallbehandlungen sehr oft unklar. Mit den vorliegenden Richtlinien werden die verwaltungsinternen Grundsätze des Vorgehens, der Koordination, des Zeitrahmens und des Entscheidfindungsprozesses festgelegt.

2 Ziel und Zweck

Ziel ist, dass in komplexen Fällen, bei denen bei der Festsetzung der Steuern verschiedene Kantone sowie der Bund involviert sind, nach klaren Praxisgrundsätzen eine einheitliche Rechtsposition durch alle involvierten Steuerinstanzen vertreten wird und die Auskunft innert nützlicher Frist seit der Anfrage erfolgt.

Zu diesem Zwecke wird die federführende Person des Kantons oder der Eidgenössischen Steuerverwaltung (ESTV) als Koordinationsstelle mit klar definierter Zuständigkeit bestimmt, die das verwaltungsinterne Verfahren leitet und für die Einhaltung der Auskunftsfrist verantwortlich ist.

Die Koordination beschränkt sich auf einzelne, wenige Sonderfälle mit interkantonalen Auswirkungen; ein pragmatisches Vorgehen im Einzelfall bleibt vorbehalten. Die Veranlagungskompetenz des zuständigen Kantons ist dabei gewährleistet.

Eine Koordination der Auskunft über die Festsetzung der Steuer gilt massgeblich für:

1. Übertragung einer Beteiligung von einer natürlichen Person an eine juristische Person
2. Umstrukturierungen und umstrukturierungsähnliche Tatbestände
3. Liquidationen

Andere und komplexe Steuerfälle mit interkantonalen Anknüpfungspunkten sollen analog abgewickelt werden.

3 Beteiligte Steuerbehörden

- Kantonale Steuerbehörde des Sitzkantons der übernommenen Gesellschaft
- Kantonale Steuerbehörde des Sitzkantons der übernehmenden Gesellschaft
- Kantonale Steuerbehörde der Wohnsitzkantone der Hauptaktionäre
- ESTV, Hauptabteilung DVS, Abteilung Revisorat

4 Anforderungen an die Anfragen von Steuerpflichtigen oder Steuervertretern

Beim Vorliegen einer der vorstehend aufgeführten Fälle hat die angefragte Steuerbehörde vom Steuerpflichtigen oder Steuervertreter ein konkretes Auskunftsbegehren mit dem konkreten und vollständigen Sachverhalt einzuverlangen mit mindestens folgenden Angaben:

- Name der Gesellschaft(en)
- Verkäufer
- Käufer
- Aktionäre (mitinteressierte Kantone)
- Schilderung des konkreten Sachverhalts mit einer ersten steuerrechtlichen Würdigung
- Organigramm alt und neu
- Finanzierungsmodell (eigene Mittel oder Darlehen)
- Besonderheiten der Transaktion (bei Beteiligungstransaktionen beispielsweise: nicht betriebsnotwendige liquide Mittel; Dividenden- und Ausschüttungspolitik; Aktionärsdarlehen; Bankdarlehen; Substanzdividende; Verkauf unter Nahestehenden usw.)

Die angefragte Steuerbehörde leitet das konkrete Auskunftsbegehren mit den Unterlagen an den Sitzkanton und eine Kopie an die ESTV, Hauptabteilung DVS, Abteilung Revisorat, weiter. Gleichzeitig informiert sie den Steuerpflichtigen oder den Steuervertreter, welche Steuerbehörde die Federführung hat.

5 Vorgehen der Steuerbehörden

51 Koordination

Der Sitzkanton der AG kann in der Regel als einziger die Leistungen zu Lasten der AG und zu Gunsten der Aktionäre feststellen. Die Koordinationsfunktion sowie die Information aller betroffenen Steuerbehörden wird deshalb wie folgt geregelt:

a) Allgemeine Fälle: der Sitzkanton der AG.

b) Liquidationsfälle: der Sitzkanton der AG in Liquidation.

c) Ist ein Kanton infolge seiner Arbeitsüberlastung oder Kapazitätsengpässen oder aus andern Gründen nicht in der Lage, die Koordinationsfunktion wahrzunehmen, so hat er die Koordinationsfunktion umgehend an einen anderen Kanton oder die ESTV abzutreten und der neuen Koordinationsstelle alle Akten der AG zur Verfügung zu stellen.

d) Die Koordinationsstelle informiert die Kantone, in denen ein Aktionär seinen Wohnsitz hat sowie die ESTV, Hauptabteilung DVS, Abteilung Revisorat, umgehend mit mindestens folgenden Angaben:

- Name der Gesellschaft(en)
- Verkäufer
- Käufer
- Aktionäre (mitinteressierte Kantone)
- Finanzierungsmodell (eigene Mittel oder Darlehen)
- Besonderheiten der Transaktion (bei Beteiligungstransaktionen beispielsweise: nicht betriebsnotwendige liquide Mittel; Dividenden- und Ausschüttungspolitik; Aktionärsdarlehen; Bankdarlehen; Substanzdividende; Verkauf unter Nahestehenden usw.).

Gleichzeitig erfolgt durch die Koordinationsstelle die Mitteilung an die anfragende Stelle, welche Steuerbehörde die Koordination vornimmt und welche weiteren Steuerbehörden im Entscheidprozess involviert sind.

52 Entscheidfindungsprozess

Die Koordinationsstelle übernimmt folgende Aufgaben:

1. Information der beteiligten Steuerbehörden
2. Zusammenstellung der notwendigen Unterlagen für die Entscheidfindung
3. Verfahrensleitung
4. Verfahrenskoordination unter Einbezug aller beteiligten Steuerbehörden und des Antragstellers bzw. der Antragsteller inklusive Berater (gegebenenfalls gemeinsame Sitzung)
5. Auskunftserteilung
6. Abstimmung des Entscheids
7. Mitteilung des Entscheids an die anfragende Stelle:
   a) bei allgemeiner Zustimmung durch die Koordinationsstelle
   b) bei unterschiedlichen Meinungen: Mehrheitsmeinung durch die Koordinationsstelle, abweichende Meinung durch den betreffenden Kanton.

Die beteiligten Steuerbehörden haben folgende Verpflichtungen:

- Eingabe aller für die Entscheidfindung relevanten Akten an die Koordinationsstelle
- Meldung der in die Entscheidfindung involvierten Mitarbeiterinnen und Mitarbeiter

53 Zeitrahmen

Die Entscheidung auf eine konkrete Anfrage treffen die beteiligten Steuerbehörden in der Regel innert Monatsfrist nach Kenntnisnahme des vollständigen Sachverhalts durch die letzte Behörde. Eine korrekte erste steuerliche Würdigung des Sachverhalts durch den Steuerpflichtigen oder seinen Berater beschleunigt das Verfahren.

54 Folgen der Nichteinhaltung dieser Vorgehensweise

Entscheidet ein Kanton ohne Rücksprache mit den übrigen beteiligten Kantonen und der ESTV, hat sein Entscheid keine Bindungswirkung für die übrigen Steuerbehörden. Eine definitive Auskunftserteilung ist für die betroffenen Steuerbehörden nur verbindlich, wenn alle Beteiligten mit der Lösung einverstanden waren.

Ersatzbeschaffung

Quelle: Schweizerische Steuerkonferenz SSK

Ersatzbeschaffung mit nur teilweiser Reinvestition

Kreisschreiben Nr. 19 des Vorstandes vom 31. August 2001

1. Ausgangslage

Bei Ersatzbeschaffung im geschäftlichen und privaten Bereich erfolgt ein vollständiger Steueraufschub, wenn der ganze Veräusserungserlös in ein Ersatzobjekt investiert wird. Wenn die Reinvestition jedoch geringer ausfällt als der Veräusserungserlös, stellt sich die Frage nach der Höhe des Steueraufschubs. In den Kantonen finden zur Bemessung des Steueraufschubs bei bloss teilweiser Ersatzbeschaffung zwei unterschiedliche Systeme Anwendung, die sogenannte absolute und die proportionale Methode. Das Nebeneinander von verschiedenen Methoden ist harmonisierungsrechtlich unerwünscht und kann bei Ersatzbeschaffung über die Kantonsgrenze hinaus zu einer Doppelbesteuerung oder zu einer Freistellung von realisierten Gewinnen führen. Eine Vereinheitlichung ist deshalb geboten.

2. Rechtsgrundlagen

Gemäss Art. 12 Abs. 3 StHG wird die Besteuerung aufgeschoben bei:

lit. d. *vollständiger oder teilweiser Veräusserung eines land- oder forstwirtschaftlichen Grundstückes, soweit der Veräusserungserlös innert angemessener Frist zum Erwerb eines selbstbewirtschafteten Ersatzgrundstückes oder zur Verbesserung der eigenen, selbstbewirtschafteten land- oder forstwirtschaftlichen Grundstücke verwendet wird;*

lit. e. *Veräusserung einer dauernd und ausschliesslich selbstgenutzten Wohnliegenschaft (Einfamilienhaus oder Eigentumswohnung), soweit der dabei erzielte Erlös innert angemessener Frist zum Erwerb oder zum Bau einer gleichgenutzten Ersatzliegenschaft in der Schweiz verwendet wird.*

Nach Absatz 4 dieser Bestimmung gelten die Regeln der Ersatzbeschaffung im Grundstückgewinnsteuerrecht in den Kantonen mit monistischem System auch für geschäftliche Gewinne, sofern diese Kantone die Gewinne von der Einkommens- und Gewinnsteuer ausnehmen oder die Grundstückgewinnsteuer auf die Einkommens- und Gewinnsteuer anrechnen (Art. 8 Abs. 4 und Art. 24 Abs. 4 StHG). Das StHG enthält keine Vorschriften darüber, wie der Aufschubsbetrag (latentes Steuersubstrat) zu berechnen ist.

Gemäss dem Wortlaut von Art. 12 Abs. 3 lit. d und e StHG wird ein Steueraufschub gewährt, soweit der (Veräusserungs-)**Erlös** (und nicht etwa der realisierte Veräusserungs**gewinn**) in die Ersatzliegenschaft reinvestiert wird. Die Reinvestition erfolgt vorab aus den freigewordenen bisherigen Anlagekosten, und der aufgeschobene Grundstückgewinn entspricht der Differenz zwischen den bisherigen Anlagekosten und den höheren Reinvestitionskosten.

3. Absolute Methode

Nach dieser auch Abschöpfungsmethode genannten Berechnungsart wird der bei der Veräusserung erzielte Grundstückgewinn soweit nicht besteuert, als der Veräusserungserlös für das Ersatzobjekt verwendet wird. Die absolute Methode ist das Ergebnis einer sinngemässen und praxisorientierten Gesetzesauslegung ("soweit der Veräusserungserlös....... verwendet wird"). Die Funktionsweise der Methode kann anhand der nachstehenden Beispiele dargestellt werden. Für den Fall, dass die Reinvestitionskosten unter den ursprünglichen Anlagekosten des ersetzten Objektes liegen, kann - im Gegensatz zur proportionalen Methode - sachgemäss kein Besteuerungsaufschub erfolgen.

3.1 Beispiele für Ersatzbeschaffung im Grundstückgewinnsteuerrecht

- **Anlagekosten unter Reinvestitionskosten**

Veräusserungserlös	4'500'000
Anlagekosten	3'475'000
Reinvestition	3'800'000

Steueraufschub:
Reinvestition	3'800'000
Anlagekosten	3'475'000
aufgeschobener Grundstückgewinn	325'000

Steuerbarer Grundstückgewinn:
Veräusserungserlös	4'500'000
Reinvestition	3'800'000
besteuert	700'000

Anlagekosten Ersatzobjekt:	3'475'000

- **Anlagekosten über Reinvestitionskosten**

Veräusserungserlös	4'500'000
Anlagekosten	3'700'000
Reinvestition	3'500'000

Steueraufschub: 0

Steuerbarer Grundstückgewinn:
Veräusserungserlös	4'500'000
Anlagekosten	3'700'000
besteuert	800'000

Anlagekosten Ersatzobjekt:	3'500'000

Die absolute Methode ist einfach und leicht verständlich. Der Steueraufschub wird gewährt, soweit der Grundstückgewinn für den Veräusserer nicht frei verfügbar ist, weil er in ein wiederum dem Eigengebrauch dienendes Ersatzobjekt investiert wird. Der nicht reinvestierte, frei verfügbare Erlösanteil wird dagegen richtigerweise in dem Zeitpunkt besteuert, in dem der Gewinn realisiert und der entsprechende

Erlös für die Entrichtung der Steuer in liquider Form zur Verfügung steht. Lehre und Rechtsprechung haben sich deshalb verschiedentlich für diese Methode ausgesprochen (M. Langenegger, Handbuch zur bernischen Vermögensgewinnsteuer, Bern 1999, N. 28 zu Art. 80a mit Hinweisen auf die Praxisfestlegung in NStP und div. Gerichtsentscheide; LGVE 1997 II Nr. 31). Die absolute Methode entspricht auch der Praxis zur Ersatzbeschaffung von Geschäftsliegenschaften bei der direkten Bundessteuer (M. Reich/M. Züger, Kommentar zum Schweizerischen Steuerrecht/DBG, N. 24 zu Art. 30; P. Locher, Kommentar zum DBG, N. 18 zu Art. 30). Von den Kantonen mit **monistischem System** ist sie für die **geschäftliche Ersatzbeschaffung** im Sinne von Art. 12 Abs. 4 bzw. 8 Abs. 4 und Art. 24 Abs. 4 StHG ohne weiteres anwendbar (Konferenz staatlicher Steuerbeamter, Harmonisierung des Unternehmenssteuerrechts, Muri/Bern 1995, S. 53).

3.2. Beispiele für geschäftliche Ersatzbeschaffung im monistischen System

- **Anlagekosten unter Reinvestitionskosten**

Veräusserungserlös	4'500'000
Anlagekosten	3'900'000
Buchwert (= Einkommenssteuerwert)	3'500'000
Reinvestition	4'000'000

Steueraufschub bei Grundstückgewinnsteuer

Reinvestition	4'000'000
Anlagekosten	3'900'000
aufgeschoben	100'000

Steueraufschub (Übertrag stille Reserven) bei Einkommens-/Gewinnsteuer:

Anlagekosten	3'900'000
Buchwert	3'500'000
aufgeschoben (nicht besteuert)	400'000

Steuerbarer Grundstückgewinn:

Veräusserungserlös	4'500'000
Reinvestition	4'000'000
besteuert	500'000

Buchwert des Ersatzobjektes: 3'500'000

Anlagekosten Ersatzobjekt: 3'900'000

- **Anlagekosten über Reinvestitionskosten**

Veräusserungserlös	4'500'000
Anlagekosten	3'900'000
Buchwert (= Einkommenssteuerwert)	3'500'000
Reinvestition	3'800'000

Steueraufschub bei Grundstückgewinnsteuer:

Reinvestition	3'800'000
Anlagekosten	3'900'000
aufgeschoben	0

Steueraufschub (Übertrag stille Reserven) bei Einkommens-/Gewinnsteuer:

Reininvestition	3'800'000
Buchwert	3'500'000
aufgeschoben (nicht besteuert)	300'000

Steuerbarer Grundstückgewinn:

Veräusserungserlös	4'500'000
Anlagekosten	3'900'000
besteuert	600'000

Steuerbares Einkommen/Gewinn:

Anlagekosten	3'900'000
Reinvestition	3'800'000
besteuert im Rahmen der Erfolgsrechnung	100'000

Buchwert des Ersatzobjektes: 3'500'000

Anlagekosten Ersatzobjekt: 3'800'000

4. Proportionale Methode

Bei dieser Methode wird der **Gewinn** (statt der **Erlös** gemäss Art. 12 Abs. 3 lit. d und e StHG) im Verhältnis der Reinvestition zum gesamten Veräusserungserlös aufgeteilt und aufgeschoben. Somit wird die Besteuerung auch für Gewinnanteile aufgeschoben, die bereits frei verfügbar sind (im folgenden Beispiel werden nur Fr. 159'490.-- besteuert, obschon ein Gewinn von Fr. 700'000.-- in liquider Form zur Verfügung steht). Die Berechnung entspricht der Methode bei Teilveräusserung eines Grundstücks. Beispiel:

Veräusserungserlös	4'500'000
Anlagekosten	3'475'000
Reinvestition	3'800'000

Grundstückgewinn vor Berücksichtigung der Ersatzbeschaffung:

Veräusserungserlös	4'500'000
Anlagekosten	3'475'000
Bruttogewinn	1'025'000

Steueraufschub Grundstückgewinnsteuer:

Quote = Reinvestition 3'800'000 zu Veräusserungserlös 4'500'000 = 84,44 %

Proportional aufgeschobener Gewinn	
84,44 % von 1'025'000	865'510

Steuerbarer Grundstückgewinn:

Bruttogewinn	1'025'000
Proportional aufgeschoben	865'510
besteuert	159'490

Anlagekosten Ersatzobjekt:

Reinvestition	3'800'000
Proportional aufgeschoben	865'510
Differenz	2'934'490

Nach der proportionalen Methode ergibt sich konsequenterweise selbst dann ein Steueraufschub, wenn der Betrag der Reinvestition unter den ursprünglichen Anlagekosten liegt. Das widerspricht einer sach- und zeitgerechten Besteuerung von tatsächlich erzielten Gewinnen. Anderseits ist es geradezu stossend, dass bei endgültiger Veräusserung des Ersatzobjektes mit der proportionalen Methode ein erheblicher Gewinn besteuert werden kann, obschon objektbezogen ein deutlicher Verlust eingetreten ist. Wird in vorstehendem Beispiel das Ersatzgrundstück für Fr. 3'400'000.--, d.h. Fr. 400'000.-- unter den Gestehungskosten, veräussert, ist nach der proportionalen Methode dennoch ein Gewinn von Fr. 465'510.-- zu versteuern.

5. Empfehlung: absolute Methode

Die proportionale Methode weist im Vergleich mit der absoluten Methode verschiedene Nachteile rechtlicher und praktischer Natur auf. Sie steht nicht im Einklang mit dem Realisationsprinzip und kann im Einzelfall zu geradezu stossenden Ergebnissen führen. Die Schweizerische Steuerkonferenz empfiehlt daher den Kantonen, bei der Ersatzbeschaffung mit bloss teilweiser Reinvestition die absolute Methode anzuwenden und nötigenfalls die entsprechenden Anpassungen auf Gesetzes- oder Verordnungsstufe vorzunehmen. Mit der Vereinheitlichung der Methode können die eingangs erwähnten Doppelbesteuerungskonflikte vermieden werden. Es wird im weiteren geprüft, ob zusätzlich zu dieser Empfehlung eine normative Klarstellung im StHG vorgenommen werden soll.

Interkantonale Steuerausscheidung nP

Quelle: Schweizerische Steuerkonferenz SSK

☞ *Aufgrund des BG vom 22. März 2013 über die formelle Bereinigung der zeitlichen Bemessung der direkten Steuern bei den natürlichen Personen wurden bestimmte Artikel im StHG, die dieses Kreisschreiben betreffen, per 1.1.2014 gelöscht bzw. umgestellt: Aus Art. 68 aStHG wurde Art. 4b nStHG und aus Art. 66 aStHG wurde Art. 17 nStHG.*

Die interkantonale Ausscheidung bei Änderungen der Steuerpflicht während der Steuerperiode im System der einjährigen Postnumerandobesteuerung mit Gegenwartsbemessung (Natürliche Personen)

Kreisschreiben vom 27. November 2001

1 Allgemeines

Das am 1. Januar 2001 in Kraft getretene Bundesgesetz zur Koordination und Vereinfachung der Veranlagungsverfahren für die direkten Steuern im interkantonalen Verhältnis vom 15. Dezember 2000 hat die Änderung von Artikel 68 des Bundesgesetzes über die Harmonisierung der direkten Steuern der Kantone und Gemeinden (StHG) zur Folge. Diese Bestimmung legt die Wirkungen einer Änderung der Steuerpflicht von natürlichen Personen zwischen Kantonen mit Postnumerandobesteuerung fest. Sie hat folgenden Inhalt:

„*[1] Bei Wechsel des steuerpflichtigen Wohnsitzes innerhalb der Schweiz besteht die Steuerpflicht auf Grund persönlicher Zugehörigkeit für die laufende Steuerperiode im Kanton, in welchem der Steuerpflichtige am Ende dieser Periode seinen Wohnsitz hat. Kapitalleistungen gemäss Artikel 11 Absatz 3 sind jedoch in dem Kanton steuerbar, in dem der Steuerpflichtige im Zeitpunkt der Fälligkeit seinen Wohnsitz hat. Artikel 38 Absatz 4 bleibt im Übrigen vorbehalten.*

[2] Eine Steuerpflicht auf Grund wirtschaftlicher Zugehörigkeit in einem anderen Kanton als demjenigen des steuerrechtlichen Wohnsitzes besteht für die gesamte Steuerperiode, auch wenn sie im Laufe des Jahres begründet, verändert oder aufgehoben wird. In diesem Falle wird der Wert der Vermögensobjekte im Verhältnis zu Dauer dieser Zugehörigkeit vermindert. Im Übrigen werden das Einkommen und das Vermögen zwischen den beteiligten Kantonen in sinngemässer Anwendung der Grundsätze des Bundesrechts über das Verbot der interkantonalen Doppelbesteuerung ausgeschieden".

In der Form eines allgemeinen Kommentars hat die Schweizerische Steuerkonferenz in einem Kreisschreiben diese Bestimmung erläutert[1]. Neben einem kurzen Rückblick auf die anwendbaren Grundsätze beschreibt das vorliegende Kreisschreiben die Anwendung dieser Bestimmung in Bezug auf die Einkommens- und Vermögenssteuern. Erörtert werden somit Fragen im Zusammenhang mit dem Wechsel der Steuerpflicht bei persönlicher Zugehörigkeit (Wohnsitzverlegung), Fragen im Zusammenhang mit der Begründung, der Veränderung oder der Aufhebung der wirtschaftlichen Zugehörig-

---

[1] Kreisschreiben der SSK Nr. 15 vom 31. August 2001

keit in einem anderen Kanton als dem Wohnsitzkanton sowie Fragen bezüglich der Änderung der Natur der Zugehörigkeit während einer Steuerperiode.

Artikel 68 StHG findet Anwendung auf interkantonale Verhältnisse zwischen Kantonen mit einjähriger Postnumerandobesteuerung mit Gegenwartsbemessung. Nur diese werden im Rahmen dieses Kreisschreibens umschrieben.

Artikel 68 Absatz 1 StHG beinhaltet zwei verschiedene Besteuerungsarten vor: Die Besteuerung von Kapitalleistungen gemäss Art. 11 Abs. 3 StHG einerseits sowie die Besteuerung im ordentlichen Verfahren einer quellensteuerpflichtigen Person andererseits. Diese Punkte werden in anderen Papieren der SSK kommentiert[2].

Artikel 68 StHG bezieht sich einzig auf die periodischen Einkommens- und Vermögenssteuern. Die Grundstückgewinnsteuern, Erbschafts- und Schenkungssteuern oder Handänderungssteuern sind hingegen nicht betroffen. Die Befugnis, derartige Steuern im interkantonalen Verhältnis zu erheben, wird durch kantonales Recht geregelt. Dabei müssen immer auch die vom Bundesgericht in seiner Rechtsprechung aufgestellten Grundsätze über das verfassungsmässige Verbot der Doppelbesteuerung berücksichtigt werden.

2 Wohnsitzwechsel einer natürlichen Person

21 Grundsätze

Wechselt eine natürliche Person ihren Wohnsitz im Laufe einer Steuerperiode von einem Kanton in einen anderen, so ist sie auf Grund persönlicher Zugehörigkeit während der ganzen Periode in dem Kanton steuerpflichtig, in welchem sie am Ende der Steuerperiode ihren Wohnsitz hat. Die Ansässigkeit im Wegzugskanton vor dem Wohnsitzwechsel führt nicht zur persönlichen Zugehörigkeit. Es wird dadurch keine Steuerpflicht begründet.

Wechselt eine Person ihren Wohnsitz von einem Kanton in einen anderen und behält oder begründet sie im Wegzugskanton eine wirtschaftliche Zugehörigkeit, so besteht für die ganze Periode eine beschränkte Steuerpflicht in diesem Kanton.

22 Beispiele

Beispiel 1   Wohnsitzwechsel

Herr X wohnt im Kanton A. Am 10. Oktober des Jahres N verlegt er seinen Wohnsitz vom Kanton A in den Kanton B. In der Steuerperiode N, welche dem Jahre N entspricht, ist Herr X im Kanton B steuerpflichtig.

---

[2] Kreisschreiben der SSK Nr. 16 vom 31. August 2001

Beispiel 2	Wohnsitzwechsel und Heirat

Herr X und Frau Y heiraten am 10. Juni des Jahres N. Herr X, der bis dahin im Kanton A gewohnt hat, wechselt seinen Wohnsitz per 1. Juni des Jahres N in den Kanton B. Frau Y wohnte bereits vorher im Kanton B.
Das Ehepaar ist für die ganze Steuerperiode N im Kanton B steuerpflichtig.

Beispiel 3	Wohnsitzwechsel und Trennung des Ehepaares

Herr und Frau O haben im Kanton A Wohnsitz. Sie trennen sich. Frau O behält ihren Wohnsitz im Kanton A. Herr O hingegen zieht am 1. März des Jahres N in den Kanton B um.

In der Steuerperiode N ist Frau O als Alleinstehende im Kanton A, Herr O als Alleinstehender im Kanton B steuerpflichtig

Beispiel 4	Wohnsitzwechsel und Aufenthalt

Herr X wohnt im Kanton A. Im Februar des Jahres N zieht er in den Kanton B um, wo er sich bis Ende Herbst des Jahres N aufhält. Per 1. November des Jahres N verlegt er seinen Wohnsitz in den Kanton C.

Herr X ist für die ganze Steuerperiode N im Kanton C steuerpflichtig.

Beispiel 5	Tod des einen Ehegatten und Wohnsitzwechsel des Überlebenden

Herr und Frau Z haben im Kanton A Wohnsitz. Herr Z stirbt am 10. Mai des Jahres N. Am 1. September desselben Jahres wechselt Frau Z ihren Wohnsitz in den Kanton B.

Bis zum Todestag von Herr Z werden die Einkommens- und Vermögenssteuern durch den Kanton A erhoben. Ab dem Todestag bis zum Ende der Steuerperiode N ist Frau Z im Kanton B steuerpflichtig.

3 Änderungen der wirtschaftlichen Zugehörigkeit ausserhalb des Wohnsitzkantons

31 Grundsätze

Artikel 68 Absatz 2 StHG regelt den Grundsatz der Einheit der Periode bei Begründung, Veränderung oder Aufhebung der wirtschaftlichen Zugehörigkeit ausserhalb des Wohnsitzkantons einer steuerpflichtigen Person. Hat die wirtschaftliche Zugehörigkeit während der Steuerperiode bestanden, gilt die beschränkte Steuerpflicht für die ganze Periode.

Im interkantonalen Verhältnis entsteht eine wirtschaftliche Zugehörigkeit gemäss Art. 4 Abs. 1 StHG, insbesondere im Zusammenhang mit Grundeigentum, mit einem Geschäftsbetrieb oder mit einer Betriebsstätte.

Die Begründung, Änderung oder Aufhebung der wirtschaftlichen Zugehörigkeit kann aus vielerlei Gründen erfolgen. Bei beschränkter Steuerpflicht infolge Grundeigentum kann die Ursache für die Zugehörigkeit in einem entgeltlichen oder unentgeltlichen Grundstückerwerb liegen. Die Zugehörigkeit kann mit der Eröffnung eines Geschäftsbetriebes, einer Betriebsstätte oder Änderung der Rechtsform eines Unternehmens entstehen oder auf Grund einer Schliessung erlöschen. Diese verschiedenen Möglichkeiten werden an Hand von Beispielen erläutert.

Bei Begründung, Änderung oder Aufhebung der wirtschaftlichen Zugehörigkeit im Laufe der Steuerperiode muss berücksichtigt werden, dass die Dauer der Zugehörigkeit kürzer ist als die Steuerpflicht (Art. 68 Abs. 2 StHG). In Bezug auf das Vermögen erlaubt diese Regelung eine indirekte der Dauer der wirtschaftlichen Anknüpfung entsprechende Besteuerung im Sinne von Art. 66 Abs. 4 StHG (sogenannte Gewichtungsmethode). Der Grundsatz, wonach sich das Vermögen nach dem Stand am Ende der Steuerperiode oder der Steuerpflicht bemisst, wird dabei nicht verletzt (Art. 66 Abs.1 StHG).

Die Berücksichtigung der verkürzten Dauer der wirtschaftlichen Zugehörigkeit durch die Verminderung des entsprechenden Vermögenswertes hat zur Folge, dass eine Korrektur vorgenommen werden muss. Nur so entspricht die Summe der zu besteuernden Vermögenswerte dem Vermögen am Ende der Steuerperiode. Um das Ganze zu vereinfachen, betrifft diese Korrektur den Wohnsitzkanton bzw. den Kanton des Geschäftsbetriebes, wenn die wirtschaftliche Zugehörigkeit durch die Eröffnung oder Schliessung eine Betriebsstätte begründet oder aufgehoben wird. Bei Begründung der wirtschaftlichen Zugehörigkeit im Laufe der Steuerperiode wirkt sie sich dies zu Gunsten, bei Aufhebung der wirtschaftlichen Zugehörigkeit innerhalb der Steuerperiode zu Lasten des Wohnsitzkantons oder des Kantons des Geschäftsbetriebes aus.

32 Beispiele zur entgeltlichen Übertragung eines Grundstücks

Beispiel 6   Kauf einer Liegenschaft ausserhalb des Wohnsitzkantons im Laufe der Steuerperiode

Die steuerpflichtige Person mit Wohnsitz im Kanton A erwirbt per 1. April 2002 eine Liegenschaft im Kanton B (Steuerwert: Fr. 300'000). Der Kaufpreis in der Höhe von Fr. 400'000 wird wie folgt finanziert:

Verkauf von Wertschriften:	100'000
Eigenkapital:	40'000
Hypothekarschuld auf der neuen Liegenschaft:	160'000
Erhöhung der Hypothek auf einer anderen Liegenschaft:	100'000

Die steuerpflichtige Person ist ebenfalls Eigentümerin einer Liegenschaft im Kanton C.

Vermögen der steuerpflichtigen Person am 31. Dezember 2002:

Wertschriften:	100'000
Liegenschaft im Kanton C (Steuerwert):	1'000'000
Liegenschaft im Kanton B (Steuerwert):	300'000
Schulden:	(460'000)
Nettovermögen:	940'000

Im Jahr 2002 erzieltes Einkommen:

Wertschriftenertrag:	5'000
Nettoliegenschaftsertrag Kanton C:	64'000
Nettoliegenschaftsertrag Kanton B:	22'500
Nettolohn:	140'000
Schuldzinsen:	(22'000)
Nettoeinkommen:	209'500

Ausscheidung der Vermögenswerte zur Bestimmung der steuerbaren Vermögensanteile in jedem beteiligten Kanton und Verteilung der Schuldzinsen

Vermögen am 31.12.2002	Total	Kanton A	Kanton B	Kanton C
Wertschriften	100'000	100'000		
Liegenschaft C*: Steuerwert 1'000'000 x 110%	1'100'000			1'100'000
Liegenschaft B**: Steuerwert 300'000 x 120%	360'000		360'000	
Korrektur zu Gunsten von A (360'000 / 360 x 90)		90'000	(90'000)	
Total der Vermögenswerte	1'560'000	190'000	270'000	1'100'000
Anwendbare Prozente für die Ausscheidung des Nettovermögens und der Schuldzinsen	100%	12.18%	17.31%	70.51%

* *Repartitionswert für den Kanton C : 110%*
***Repartitionswert für den Kanton B: 120%*

Steuerbares Vermögen[3] in den Kantonen A und C*

	Total	Kanton A	Kanton B	Kanton C
Vermögen	1'560'000	190'000	270'000	1'100'000
Schulden	460'000	56'028	79'626	324'346
Nettovermögen	1'100'000	133'972	190'374	775'654
Differenz auf den Liegenschaftssteuerwerten**				
Kanton C (1'100'000 / 110 x 10)	(100'000)			(100'000)
Kanton B***(360'000 / 110 x10)	32'727		(32'727)	
Kanton A***(32'727 / 360 x 90)	(8'182)	8'182		
Steuerbares Vermögen A und C**	967'273	125'790	165'829	675'654

Zwecks Vereinfachung entsprechen die Beispiele den jeweiligen kantonalen Gesetzgebungen.
***Die Korrektur der Liegenschaftswerte im Hinblick auf die Ausscheidung erfolgt aus der Sicht der Kantone A (Hauptsteuerdomizil) und C. Die Repartitionswerte für die Kantone A und C betragen 110%, für den Kanton B 120%.*
****Zur Bestimmung des steuerbaren Vermögens der Kantone A und C muss der Steuerwert der Liegenschaft C (100/110 von 360'000 Franken) um Fr. 32'727 vermindert werden. Ein Teil dieser Verminderung (Fr. 8'182) geht zu Lasten des Kantons A.*

---

[3] In allen Beispielen entspricht „steuerbares Vermögen" dem Nettovermögen gemäss kantonalem Recht. Dieses berechnet sich nach dem Bruttovermögen abzüglich der Schulden. Ebenfalls berücksichtigt sind die Repartitionswerte, welche der Bestimmung der Liegenschaftswerte für die Ausscheidungen dienen.

Nettoeinkommen

Einkommen 2002	Total	Kanton A	Kanton B	Kanton C
Wertschriftenertrag	5'000	5'000		
Nettoliegenschaftsertrag C	64'000			64'000
Nettoliegenschaftsertrag B	22'500		22'500	
Bruttovermögensertrag	91'500	5'000	22'500	64'000
Schuldzinsen	(22'000)	(2'680)	(3'808)	(15'512)
	100%	12.18%	17.31%	70.51%
Nettovermögensertrag	69'500	2'320	18'692	48'488
Lohn	140'000	140'000		
Nettoeinkommen	209'500	142'320	18'692	48'488

Beispiel 7	**Verkauf einer Liegenschaft ausserhalb des Wohnsitzkantons**

Eine im Kanton A wohnhafte Person verkauft am 31. März 2002 eine Liegenschaft. Die Liegenschaft liegt im Kanton C und hat einen Steuerwert von Fr. 300'000. Der Verkaufspreis beläuft sich auf Fr. 500'000. Nach der Tilgung einer Hypothekarschuld in der Höhe von Fr. 100'000 investiert die Person den restlichen Verkaufserlös in Wertschriften. Die steuerpflichtige Person ist gleichzeitig Eigentümerin einer Liegenschaft im Kanton B (Steuerwert: Fr. 500'000). Ende 2002 beträgt der Wert der Wertschriften Fr. 600'000. Die privaten Schulden belaufen sich insgesamt auf Fr. 300'000.

Ausscheidung der Vermögenswerte zur Bestimmung der steuerbaren Vermögensanteile in jedem beteiligten Kanton und Verteilung der Schuldzinsen

Vermögenswerte am 31.12.2002	Total	Kanton A	Kanton B	Kanton C
Wertschriften	600'000	600'000		
Liegenschaften*:				
Kanton B: Steuerwert 500'000 x 120%	600'000		600'000	
Kanton C*: Steuerwert 300'000 x 110% zu Lasten von A		(330'000)		330'000
Korrektur zu Gunsten von A		247'500		(247'500)
Total Aktiven	1'200'000	517'500	600'000	82'500
Anwendbare Prozente für die Ausscheidung des Nettovermögens und der Schuldzinsen	(100%)	43.12%	50%	6.88%

*Die Berücksichtigung der begrenzten Dauer der Zugehörigkeit zu einem Kanton erfolgt in zwei Etappen: a) Hinzufügen des Elementes Liegenschaft beim Kanton C, zu Lasten des Wohnsitzkantons, dann b) die Korrektur dieses Elementes C gemäss der begrenzten Dauer der Zugehörigkeit, mit entsprechender Korrektur beim Kanton A. Das Vorgehen kann verkürzt werden, indem beim Kanton C der Liegenschaftswert direkt proportional im Verhältnis zur Dauer der Zugehörigkeit (in unserem Beispiel: 300'000 x 110% / 360 x 90 = 82'500, Summe zu Lasten des Wohnsitzkantons) gekürzt wird.

Nettovermögen in den Kantonen A, B und C

	Total	Kanton A	Kanton B	Kanton C
Total der Vermögenswerte	1'200'000	517'500	600'000	82'500
Anwendbare Prozente für die Ausscheidung des Nettovermögens und der Schuldzinsen	100%	43.12%	50%	6.88%
Schulden	(300'000)	(129'360)	(150'000)	(20'640)
Nettovermögen	900'000	388'140	450'000	61'860

Steuerbares Vermögen in den Kantonen A, B und C*

Steurbares Vermögen in den Kantonen A und C				
Nettovermögen	900'000	388'140		61'860
Differenz auf der Liegenschaft im Kanton B : 600'000 /110 x 10	(54'545)			(54'545)
Differenz auf der Liegenschaft im Kanton C: (82'500 / 110 x 10) zu Gunsten von Kanton A		7'500		(7'500)
Steuerbares Vermögen	845'455	395'640	395'435	54'360

Steuerbares Vermögen im Kanton B	900'000		450'000	
Differenz auf Liegenschaft B (600'000 / 120 x 20)	(100'000)		(100'000)	
Steuerbares Vermögen	800'000		350'000	

Repartitionswerte: A und C: 110%; B: 120%

Beispiel 8	**Verkauf einer Liegenschaft[4]**

Eine Person verkauft am 1. Juli 2002 eine im Kanton B gelegene Liegenschaft für Fr. 1'000'000 (Steuerwert: 850'000). Der Käufer übernimmt dabei eine Hypothekarschuld in der Höhe von Fr. 800'000. Am Ende des Steuerjahres besitzt die steuerpflichtige Person Wertschriften in der Höhe von Fr. 400'000. Die Schulden betragen Fr. 50'000.

---

[4] In den Beispielen 8 bis 13 wird angenommen, der Repartitionswert für die Liegenschaften in den verschiedenen Kantonen betrage 100%.

Ausscheidung der Vermögenswerte zur Bestimmung der steuerbaren Vermögensanteile in jedem beteiligten Kanton und Verteilung der Schuldzinsen

Vermögen am 31.12.2002	Total	Kanton A	Kanton B
Wertschriften	400'000	400'000	
Liegenschaft B:(850'000 / 360 x 180), max. 400'000		(400'000)	400'000
Aktiven	400'000	0	400'000
Anwendbare Prozente für die Ausscheidung des Nettovermögens und der Schuldzinsen	100%	0%	100%

Bemerkung: Wie dieses Beispiel zeigt, kann der Bruttovermögensanteil des Spezialsteuerdomizils, welcher im Verhältnis zur Dauer der Zugehörigkeit vermindert wird, dem Vermögen am Ende der Steuerperiode entsprechen oder grösser sein kann als dieses. In diesem Fall muss der Bruttovermögensanteil des Spezialsteuerdomizils der Höhe des Vermögens am Ende der Steuerperiode angepasst werden. Existieren mehrere Spezialsteuerdomizile und erweist sich der Bruttovermögensanteil des Kantons, in dem die wirtschaftliche Zugehörigkeit beendet wurde, höher als das Bruttovermögen des Hauptsteuerdomizils, so müssen die anderen Domizile den Teil nicht übernehmen, der zu Lasten des Hauptsteuerdomizil geht und dessen Bruttovermögen übersteigt (siehe Beispiel 9). Dieser Teil wird durch den Liegenschaftskanton übernommen.

Steuerbares Vermögen in den Kantonen A und B

Das steuerbare Vermögen am 31.12.2002 beträgt Fr. 350'000. Es wird zwischen den beiden Kantonen wie folgt aufgeteilt:

	Total	Kanton A	Kanton B
	100%		100%
Aktiven	400'000		400'000
Schulden	(50'000)		(50'000)
Steuerbares Vermögen	350'000		350'000

Beispiel 9   Verkauf einer Liegenschaft

Eine Person verkauft am 1. Juli 2002 eine im Kanton B gelegene Liegenschaft im Wert von Fr. 1'000'000 (Steuerwert: 1'000'000). Der Käufer übernimmt eine Hypothek in der Höhe von Fr. 800'000. Am Ende des Jahres besitzt die steuerpflichtige Person Wertschriften in der Höhe von Fr. 400'000. Gleichzeitig ist sie Eigentümerin zweier Grundstücke, die in den Kantonen C (Fr. 100'000) und D (200'000) liegen. Ihre Schulden betragen am 31.12.2002 Fr. 250'000.

Ausscheidung der Vermögenswerte zur Bestimmung der steuerbaren Vermögensanteile in jedem beteiligten Kanton und Verteilung der Schuldzinsen

	Total	Kanton A	Kanton B	Kanton C	Kanton D
Vermögen am 31.12 2002					
Wertschriften	400'000	400'000			
Liegenschaften	300'000			100'000	200'000
Liegenschaft B : Korrektur zu Lasten von A: (1'000'000 / 360 x 180) Korrektur zu Lasten von B (500'000-400'000)		(500'000) 100'000	500'000 (100'000)		
Total	700'000	0	400'000	100'000	200'000
In %	100%	0%	57.14%	14.29%	28.57%

Der Vermögenswert, der dem Kanton B zugeteilt wird und zu Lasten des Wohnsitzkantons A geht, ist höher als dessen Bruttovermögensanteil. Der Überschuss muss von dem Kanton B getragen werden.

Wenn die Korrekturen mehrerer Spezialsteuerdomizile betreffen und die Summe dieser Korrekturen zu Lasten des Wohnsitzkantons höher ist als das diesem Ort zuzurechnende Bruttovermögen, dann muss der Überschuss zwischen den Spezialsteuerdomizilen proportional aufgeteilt werden. Wie das nachfolgende Beispiel zeigt, dürfen die aufgeteilten Aktiven insgesamt nicht höher sein als die Aktiven, die am Ende der Steuerperiode steuerbar sind.

Beispiel:

Ein Steuerpflichtige mit Wohnsitz im Kanton A hat am Ende der Steuerperiode ein bewegliches Vermögen von Fr. 300'000. Am 1. Juli dieser Periode hat er zwei Liegenschaften verkauft. Die eine Liegenschaft (Steuerwert: Fr. 400'000) war im Kanton B, die andere Liegenschaft (Steuerwert: Fr. 500'000) im Kanton C gelegen.

Vermögen am Ende der Steuerperiode	Total	Kanton A	Kanton B	Kanton C
Wertschriften	300'000	300'000		
Liegenschaft im Kanton B: Korrektur zu Lasten des Kantons A: (400'000 / 360 x 180)		(200'000)	200'000	
Liegenschaft im Kanton C: Korrektur zu Lasten des Kantons A: (500'000 / 360 x 180)		(250'000)		250'000
Verteilung des Überschusses zu Lasten der Kantone B und C		150'000	(66'666)	(83'334)
Total der Vermögenswerte	300'000	0	133'334	166'666

Beispiel 10 Kauf und Verkauf einer Liegenschaft im Verlauf einer Steuerperiode

Eine im Kanton A wohnhafte Person erwirbt am 1. Mai 2002 eine Liegenschaft im Kanton B zum Preis von Fr. 450'000. Die Liegenschaft wird Ende Oktober zum Preis von Fr. 420'000 weiterverkauft. Zu diesem Zeitpunkt beträgt der Steuerwert Fr. 390'000. Am Ende der Steuerperiode besitzt die steuerpflichtige Person ein Vermögen in der Höhe von Fr. 270'000 (Wertschriften und Sparbuch).

Ausscheidung der Vermögenswerte zur Bestimmung der steuerbaren Vermögensanteile in jedem beteiligten Kanton und Verteilung der Schuldzinsen

Vermögen	Total	Kanton A	Kanton B
Wertschriften und anderes bewegliches Vermögen	270'000	270'000	
Liegenschaft im Kanton B: (390'000 / 360x 180)		(195'000)	195'000
Vermögen für die Ausscheidung	270'000	75'000	195'000
Anwendbare Prozente für die Ausscheidung des Nettovermögens und der Schuldzinsen	100%	27.78%	72.22%

Steuerbares Vermögen in den Kantonen A und B

Am 31.12.2002 beträgt das steuerbare Vermögen der steuerpflichtigen Person Fr. 270'000. Es wird wie folgt unter den Kantonen ausgeschieden:

	Total	Kanton A	Kanton B
	100%	27.78%	72.22%
Steuerbares Vermögen	270'000	75'000	195'000

Beispiel 11 Unterbruch der wirtschaftlichen Zugehörigkeit: Verkauf einer Liegenschaft, kurz danach Kauf einer anderen Liegenschaft

Eine Person wohnt im Kanton A und ist Eigentümerin einer Liegenschaft im Kanton B (Steuerwert Liegenschaft 1: Fr. 300'000). Am 1. Mai 2002 verkauft sie diese zum Preis von Fr. 500'000. Der Erlös wird nach Bezahlung der Grundstückgewinnsteuer reinvestiert. Am 1. Oktober 2002 kauft diese Person ein Mietshaus im Kanton B (Liegenschaft 2). Der Kaufpreis beträgt Fr. 1'000'000. Der Kauf wird durch Eigenkapital (in der Höhe von Fr. 300'000) sowie durch eine Hypothek von Fr. 700'000 finanziert.

Nettovermögen am 31.12.2002:

Wertschriften: 100'000
Liegenschaft 2 (Steuerwert: 1'000'000): 1'000'000
Schulden: (700'000)
Nettovermögen: 400'000

Ausscheidung der Vermögenswerte zur Bestimmung der steuerbaren Vermögensanteile in jedem beteiligten Kanton und Verteilung der Schuldzinsen

Vermögen am 31.12.2002	Total	Kanton A	Kanton B
Wertschriften	100'000	100'000	
Liegenschaft 2:	1'000'000		1'000'000
Korrektur zu Gunsten von A (1'000'000 / 360 x 270)		750'000	(750'000)
Liegenschaft 1, Steuerwert am 1.5.2002 : 300'000 Korrektur zu Lasten von A : (300'000 / 360 x 120)		(100'000)	100'000
Total Aktiven	1'100'000	750'000	350'000
In %	100%	68.18%	31.82%

Steuerbares Vermögen in den Kantonen A und B

Das Nettovermögen am 31.12.2002 beträgt Fr. 400'000. Es wird zwischen den Kantonen wie folgt ausgeschieden:

	Total 100%	Kanton A 68.18%	Kanton B 31.82%
Steuerbares Vermögen	400'000	272'720	127'280

33 Beispiele zur unentgeltlichen Übertragung eines Grundstücks

Beispiel 12 Liegenschaftsabtretung durch Erbschaft

Vorbemerkung:
Der Tod einer Person beendigt ihre Steuerpflicht. Gemäss Art. 66 Abs. 1 StHG wird das Vermögen nach dem Stand am Ende der Steuerperiode oder der Steuerpflicht bemessen. Erbt der Steuerpflichtige während der Steuerperiode Vermögen, so wird dieses erst von dem Zeitpunkt an besteuert, in dem es anfällt (Art. 66 Abs. 3 StHG).

Beispiel:

Herr X, wohnhaft im Kanton A, ist Eigentümer einer Liegenschaft im Kanton B. Er stirbt am 30. 9. 2002. Einzige Erbin ist seine Tochter, Frau Y, die im Kanton C in einer selbstgenutzten Liegenschaft wohnt. In den Kantonen A und B wird bei Erbschaften an Nachkommen der ersten Linie keine Erbschaftssteuer erhoben.

Beim Tod liegt folgendes Inventar vor:

Wertschriften:	100'000	
Liegenschaft B:	300'000	(Steuerwert)
Schulden:	(100'000)	

Am Ende des Jahres 2002 setzt sich das Vermögen von Frau Y, das Erbe ihres Vaters miteinbezogen, aus folgenden Elementen zusammen:

Wertschriften:	150'000	
Liegenschaft C:	400'000	(Steuerwert)
Liegenschaft B:	300'000	
Schulden:	(340'000)	
Nettovermögen:	510'000	

Veranlagung von Herrn X (vom 1.1.2002 bis 30.9.2002)

Die Besteuerung von Herrn X endet sowohl im Wohnsitzkanton als im Liegenschaftskanton an seinem Todestag, dem 30.9.2002.

Vermögen am 30.9. 2002	Total	Kanton A	Kanton B
Wertschriften	100'000	100'000	
Liegenschaft	300'000		300'000
Total Bruttovermögen	400'000	100'000	300'000
In %	100%	25%	75%
Schulden	(100'000)	(25'000)	(75'000)
Steuerbares Vermögen für 270 Tage	300'000	75'000	225'000

Die Vermögenssteuer 2002 wird von den Kantonen A und B pro rata temporis (für 270 Tage) erhoben.

Veranlagung von Frau Y (vom 1.1 bis 30.12.2002)

Für die Veranlagung und sowie für die Steuerausscheidung wird der Wert des geerbten Vermögens (Aktiven und Passiven) proportional zur Zeitspanne zwischen dem Todeszeitpunkt und dem Ende der Steuerperiode im Verhältnis zur ganzen Periode gekürzt.

Vermögen au 31.12. 2002	Total	Kanton C	Kanton B
Wertschriften	150'000	150'000	
Liegenschaften	700'000	400'000	300'000
Korrektur Erbschaft per 1.10.			
Wertschriften: (100'000 / 360 x 270*)	(75'000)	(75'000)	
Liegenschaft: (300'000 / 360 x 270)	(225'000)		(225'000)
Total Aktiven	550'000	475'000	75'000
In %	100%	86.36%	13.64%
Schulden: 340'000	(340'000)	(293'624)	(46'376)
Korrektur Erbschaft per 1.10.			
Schulden (100'000 / 360 x 270)*	75'000	64'770	10'230
Steuerbares Vermögen	285'000	246'146	38'854

* Tage ohne Erbschaft

Beispiel 13	**Abtretung einer Liegenschaft durch Schenkung**

Vorbemerkung: Art. 66 Abs. 3 StHG findet bei Schenkungen keine Anwendung[5]. Trotzdem muss beachtet werden, dass bei der Schenkung einer Liegenschaft eine interkantonale Doppelbesteuerung auftreten kann, wenn Schenker und Beschenkter in verschiedenen Kantonen wohnen. Die Ausscheidung wird vorgenommen wie wenn eine Veräusserung stattgefunden hätte.

Beispiel:
Herr X wohnt im Kanton A und ist Eigentümer einer Liegenschaft im Kanton B (Steuerwert: 300'000). Am 30. 9. 2002 schenkt er seiner Tochter Frau Y, die im Kanton C wohnt, diese Liegen-

---

[5] Vergleiche auch BGE vom 23.7.1999, K. Locher, Doppelbesteuerungspraxis, § 10, II, Nr. 27; siehe Walter Jakob/ Dieter Weber, in Kommentar zum Schweizerischen Steuerrecht I/1, Art. 66 StHG N. 2 und 6

schaft. Sie ist mit einer Hypothekarschuld in der Höhe von Fr. 100'000 belastet. Die Kantone A und B erheben keine Schenkungssteuern bei Zuwendungen an direkte Nachkommen.

Am 31.12.2002 hat Herr X das folgende Vermögen:
Wertschriften: 600'000

Das Vermögen von Frau Y setzt sich am 31.12.2002 wie folgt zusammen (die geschenkten Vermögenswerte miteinbezogen):
Wertschriften: 150'000
Liegenschaft C: 400'000
Liegenschaft B: 300'000
Schulden: (340'000)

Besteuerung von Herrn X in der Steuerperiode 2002 in den Kantonen A und B:

Ausscheidung der Vermögenswerte zur Bestimmung der steuerbaren Vermögensanteile in jedem beteiligten Kanton und Verteilung der Schuldzinsen

Vermögen	Total	Kanton A	Kanton B
Wertschriften	600'000	600'000	
Liegenschaft: (300'000 / 360 x 270)		(225'000)	225'000
Korrektur zu Lasten von A			
Steuerbares Vermögen	600'000	375'000	225'000
In %	100%	62.50%	37.50%

Besteuerung von Frau Y in der Steuerperiode 2002:

Ausscheidung der Vermögenswerte zur Bestimmung der steuerbaren Vermögensanteile in jedem beteiligten Kanton und Verteilung der Schuldzinsen

Vermögen am 31.12. 2002	Total	Kanton C	Kanton B
Wertschriften	150'000	150'000	
Liegenschaft C	400'000	400'000	
Liegenschaft B: 300'000	300'000		300'000
Korrektur zu Gunsten von C (300'000 / 360 x 270)		225'000	(225'000)
Total Vermögenswerte	850'000	775'000	75'000
In %	100%	91.18%	8.82%
Schulden (C: 91.18% und B: 8.82%)	(340'000)	(310'012)	(29'998)
Steuerbares Vermögen	510'000	464'988	45'012

34 Eröffnung, Verlegung und Schliessung eines Geschäftsbetriebes oder einer Betriebsstätte

341 Grundsätze

Artikel 68 Absatz 2 StHG findet Anwendung bei einer wirtschaftlichen Zugehörigkeit auf Grund des Betreibens eines Geschäftes oder einer Betriebsstätte. Die Verlegung eines Geschäftsbetriebes in einen anderen Kanton sowie die Begründung oder Aufgabe einer Betriebsstätte machen es nicht mehr nötig, eine Zwischenbilanz zu erstellen. Hingegen ist bei Begründung oder Aufgabe eines Geschätsbetriebes eine Eröffnungs- bzw. Liquidationsbilanz zu erstellen. In diesem Zusammenhang muss Art. 66 Abs. 2 StHG erwähnt werden. Er sieht vor, dass „sich für Steuerpflichtige mit selbständiger Erwerbstätigkeit und Geschäftsjahren, die nicht mit dem Kalenderjahr übereinstimmen, das steuerbare Geschäftsvermögen nach dem Eigenkapital am Ende des in der Steuerperiode abgeschlossenen Geschäftsjahres bestimmt".

Im Falle einer Eröffnung oder Schliessung einer Betriebsstätte können Aktiven oder Passiven von dieser Betriebsstätte in andere Steuerdomizile des Unternehmens (Sitz oder weitere Betriebsstätten) überführt werden. Zur Vereinfachung werden diese Überführungen im Allgemeinen bei der Korrektur auf Grund der kürzeren Dauer der Zugehörigkeit zum Domizil einer Betriebsstätte, die im Laufe der Steuerperiode begründet oder aufgehoben wird, nicht berücksichtigt. Die Korrektur wird zu Gunsten oder zu Lasten des Sitzkantons des Geschäftsbetriebes (bei Eröffnung oder Schliessung einer Betriebsstätte) oder des Wohnsitzkantons (bei Eröffnung oder Schliessung eines Geschäftsbetriebes) vorgenommen.

342 Beispiele

Beispiel 14	Eröffnung eines Geschäftsbetriebes

Eine im Kanton A wohnhafte Person eröffnet am 1.10.2002 ein Geschäft im Kanton B. Das erste Geschäftsjahr wird am 30.9.2003 abgeschlossen.

Elemente des Privat- sowie des Geschäftsvermögens:

	31.12.2002
Privatvermögen	
Steuerwert der Liegenschaft (Kanton A):	250'000
Wertschriften:	100'000
Schulden:	(200'000)

Geschäftsvermögen:	
Eröffnungsbilanz des Geschäftes am 1.10.2002	
Banken:	20'000
Geschäftsinventar am 1.10.2002:	60'000
Kassa:	20'000
Bankkredit:	(40'000)

Geschäftsbilanz am 30.9.2003 (Ende des ersten Geschäftsjahres)

Banken:	15'000
Debitoren:	10'000
Geschäftsinventar:	65'000
Geschäftskredit:	(30'000)
Nettogewinn vom 1.10.2002 bis 30.9.2003:	120'000

Einkünfte des Jahres 2002

Nettolohn vom 1.1. bis 30.9.2002:	90'000
Eigenmietwert:	15'000
Wertschriftenertrag:	3'500
Hypothekarzinsen:	(8'500)
Liegenschaftsunterhalt:	(3'000)
Berufsauslagen:	(6'000)

Ausscheidung der Vermögenswerte zur Bestimmung der steuerbaren Vermögensanteile in jedem beteiligten Kanton und Verteilung der Schuldzinsen

Vermögen am 31.12. 2002	Total	Kanton A	Kanton B
Liegenschaft, Steuerwert 250'000, Repartitionswert des Kantons A: 120%	300'000	300'000	
Wertschriften	100'000	100'000	
Geschäftsvermögen (1.10.2002)	100'000		100'000
Korrektur zu Gunsten von A: (100'000 / 360 x 270)		75'000	(75'000)
Total Vermögenswerte	500'000	475'000	25'000
In %	100%	95%	5%

Steuerbares Vermögen in den Kantonen A und B am 31.12. 2002*

	Total	Kanton A	Kanton B
Total Vermögenswerte	500'000	475'000	25'000
In %	100%	95%	5%
Schulden	(240'000)	(228'000)	(12'000)
Nettovermögen	260'000	247'000	13'000
Differenz auf der Liegenschaftssteuerwert: (300'000 / 120 x 20)	(50'000)	(50'000)	
Steuerbares Vermögen	210'000	197'000	13'000

* Repartitionswerte für die Kantone A und B: 120%.

Nettoeinkommen in den Kantonen A und B

Einkommen 2002	Total	Kanton A	Kanton B
Nettoliegenschaftsertrag	12'000	12'000	
Nettowertschriftenertrag	3'500	3'500	
Nettovermögensertrag	15'500	15'500	
Schuldzinsen, 1. Ausscheidung	(8'500)	(8'075)	(425)
Schuldzinsen, 2. Ausscheidung		(425)	425
Nettolohn	90'000	90'000	
Berufsauslagen	(6'000)	(6'000)	
Einkommen aus selbständiger Erwerbstätigkeit	0		0
Nettoeinkommen	91'000	91'000	0

Beispiel 15   Überführung eines Geschäftsbetriebes in einen anderen Kanton

Eine im Kanton A wohnhafte Person betreibt ein Geschäft im Kanton B. Am 1. Juli 2002 überführt sie dieses Geschäft vom Kanton B in den Kanton C. Im Jahr 2002 beträgt das Einkommen aus selbständiger Erwerbstätigkeit Fr. 120'000 (unter Berücksichtigung von geschäftlichen Schuldzinsen in der Höhe von Fr. 2'000).

Elemente des Privat- sowie des Geschäftsvermögens

Privatvermögen   31.12.2002

Steuerwert der Liegenschaft: 250'000
Wertschriften: 100'000
Schulden: (200'000)

Geschäftsvermögen:

Geschäftsbilanz im Kanton C   31.12.2002

Bank   15'000
Debitoren   10'000
Inventar Geschäftsaktiven   65'000
Geschäftskredit   (30'000)

Einkünfte 2002

Nettoeinkommen aus selbständiger Erwerbstätigkeit: 120'000
Eigenmietwert: 15'000
Wertschriftenertrag: 3'500
Private Schuldzinsen: (8'500)
Privater Liegenschaftsunterhalt: (3'000)

Ausscheidung der Vermögenswerte zur Bestimmung der steuerbaren Vermögensanteile in jedem beteiligten Kanton und Verteilung der Schuldzinsen

Vermögen am 31.12.2002	Total	Kanton A	Kanton B	Kanton C
Liegenschaft, Steuerwert 250'000, Repartitionswert Kanton A : 120%	300'000	300'000		
Wertschriften	100'000	100'000		
Geschäftsaktiven (31.12.2002)	90'000			90'000
Korrektur zu Gunsten des Kantons A (90'000 / 360 x 180)*		45'000		(45'000)
Korrektur zu Lasten des Kantons A und zu Gunsten des Kantons B (90'000 / 360 x 180)*		(45'000)	45'000	
Total Vermögen	490'000	400'000	45'000	45'000
In %	100%	81.64%	9.18%	9.18%

Die Geschäftaktiven können auch nach Massgabe der Dauer der Anknüpfung direkt den Kantonen B und C zugeschieden werden.

Steuerbares Vermögen in den Kantonen A, B und C*

	Total	Kanton A	Kanton B	Kanton C
Total Aktiven	490'000	400'000	45'000	45'000
In %	100%	81.64%	9.18%	9.18%
Schulden	(230'000)	(187'772)	(21'114)	(21'114)
Differenz auf der Liegenschaft (300'000/120x20)	(50'000)	(50'000)		
Steuerbares Vermögen	210'000	162'228	23'886	23'886

Repartitionswert für die Kantone A,B und C : 120%

Nettoeinkommen in den Kantonen A, B und C

Einkommen 2002	Total	Kanton A	Kanton B	Kanton C
Nettoliegenschaftsertrag	12'000	12'000		
Nettowertschriftenertrag	3'500	3'500		
Zinsen auf investiertem Kapital in der Höhe von 60'000, (Zinsfuss 5%)*	3'000		1'500	1'500
Netto Vermögensertrag	18'500	15'500	1'500	1'500
Private und geschäftliche Schuldzinsen: 8'500 + 2000	(10'500)	8'572	964	964
In %	100%	81.64%	9.18%	9.18%
Nettovermögensertrag nach Abzug der Schuldzinsen	8'000	6'928	536	536
Einkommen aus selbständiger Erwerbstätigkeit: 120'000 – 3000 + 2000	119'000		59'500	59'500
Nettoeinkommen	127'000	6'928	60'036	60'036

* *In diesem Beispiel und auch in den anderen folgenden Beispielen wird der Zins zum Satz von 5% des investierten Eigenkapitals berechnet. Dies entspricht der Praxis des Bundesgerichts (cf. P. Locher, Einführung in das interkantonale Steuerrecht, S.102, § 10.III.3.b und S. 114, § 11.III.2). Einige Kantone verfolgen eine andere Praxis, die sich auf einen Teil der Doktrin stützt (Höhn/Mäusli, Interkantonales Steuerrecht, 4. Auflage., S. 309, § 22, Nr. 12 und f.).*

Beispiel 16	Schliessung eines Geschäftsbetriebes

Eine natürliche Person mit Wohnsitz im Kanton A betreibt ein Geschäft im Kanton B. Sie übergibt dieses am 31. Oktober 2002 ihrem Nachfolger.

Elemente des Privat- sowie des Geschäftsvermögens

Privatvermögen   31.12.2002

Steuerwert der Liegenschaft (Kanton A)	250'000
Wertschriften	400'000
Private Schulden	(200'000)

Geschäftsvermögen:

Übergabebilanz des Geschäftes vom 31.10.2002

Bank:	15'000
Debitoren:	10'000
Geschäftsinventar:	200'000
Geschäftskredit:	(30'000)

Einkünfte 2002

Renten:	30'000
Eigenmietwert:	15'000
Wertschriftenertrag:	3'500
Einkommen aus selbständiger Erwerbstätigkeit gemäss Geschäftsabschluss 2002 (vom 1.1. bis 31.10), beinhaltet auch den Liquidationsgewinn, nach Abzug der geschäftlichen Schuldzinsen von 4'200	250'000
Private Schuldzinsen:	(8'500)
Liegenschaftsunterhalt:	(3'000)

Ausscheidung der Vermögenswerte zur Bestimmung der steuerbaren Vermögensanteile in jedem beteiligten Kanton und Verteilung der Schuldzinsen

Vermögen am 31.12. 2002	Total	Kanton A	Kanton B
Liegenschaft Steuerwert 250'000, Repartitionswert des Kantons A : 120%	300'000	300'000	
Wertschriften	400'000	400'000	
Geschäftsvermögen : Korrektur zu Lasten von A : (225'000 / 360 x 300)		(187'500)	187'500
Total Vermögen	700'000	512'500	187'500
In %	100%	73.21%	26.79%

Steuerbares Vermögen in den Kantonen A und B

	Total	Kanton A	Kanton B
Bruttovermögen	700'000	512'500	187'500
Schulden	(200'000)	(146'420)	(53'580)
Nettovermögen	500'000	366'080	133'920
Differenz auf der Liegenschaft*	(50'000)	(50'000)	
Steuerbares Vermögen	450'000	316'080	133'920

* Der Repartitionswert für die Kantone A und B beträgt 120%.

Nettoeinkünfte in den Kantonen A und B

Einkommen 2002	Total	Kanton A	Kanton B
Nettoliegenschaftsertrag	12'000	12'000	
Nettowertschriftenertrag	3'500	3'500	
Zinsen auf investiertem Kapital von 195'000 (Zinsfuss 5%)*	8'125		8'125
Vermögensertrag	23'625	15'500	8'125
Private und geschäftliche Schuldzinsen : 8500 + 4'200 = 12'700	(12'700)	(9'297)	(3'403)
Nettovermögensertrag	10'925	6'203	4'722
Renten	30'000	30'000	
Einkommen aus selbständiger Erwerbstätigkeit: 250'000 – 8'125 + 4'200	246'075		246'075
Nettoeinkommen	287'000	36'203	250'797

*entsprechend der Dauer des Betriebes: 9'750 / 360 x 300 = 8'125

Beispiel 17	**Überführung einer Einzelfirma in eine GmbH**

Eine Person mit Wohnsitz im Kanton A betreibt eine Einzelfirma im Kanton B. Am 1. Juli 2002 überführt sie diese Einzelfirma in eine Gesellschaft mit beschränkter Haftung (GmbH).

Elemente des Privat- und Geschäftsvermögens

		31.12.2002
Privatvermögen		
Private Liegenschaft, Steuerwert:		250'000
Wertschriften:		120'000
Beteiligung an der GmbH:		60'000
Private Schulden:		(200'000)

Geschäftsvermögen		
Bilanz der Einzelfirma	30.6.2001	30.6.2002
Banken:	5'000	15'000
Debitoren:	25'000	10'000
Inventar des Geschäftsvermögens:	60'000	85'000
Geschäftskredit:	(40'000)	(50'000)

Einkünfte des Jahres 2002

Nettogewinn 1.7.2001-30.6.2002, nach Abzug der geschäftlichen Schuldzinsen von 3'500:	120'000
Lohn 1.7.2002-31.12.2002:	60'000
Eigenmietwert:	15'000
Wertschriftenertrag:	3'500
Private Schuldzinsen:	(8'500)
Liegenschaftsunterhalt:	(3'000)
Berufsauslagen:	(4'000)

Ausscheidung der Vermögenswerte zur Bestimmung der steuerbaren Vermögensanteile in jedem beteiligten Kanton und Verteilung der Schuldzinsen

	Total	Kanton A	Kanton B
Private Liegenschaft	250'000	250'000	
Wertschriften	120'000	120'000	
Beteiligung an der GmbH	60'000	60'000	
Geschäftsaktiven der Einzelfirma. Korrektur zu Gunsten von B: (110'000 / 360 x 180)		(55'000)	55'000
Total	430'000	375'000	55'000
In %	100%	87.21%	12.79%

Steuerbares Vermögen in den Kantonen A und B

	Total	Kanton A	Kanton B
Steuerbares Vermögen am 31.12.2002		87.21%	12.79%
Liegenschaft	250'000	250'000	
Wertschriften	120'000	120'000	
Beteiligung an der GmbH	60'000	60'000	
Einzelfirma B		(55'000)	55'000
Total	430'000	375'000	55'000
Schulden	(200'000)	(174'420)	(25'580)
Steuerbares Vermögen	230'000	200'580	29'420

Nettoeinkünfte in den Kantonen A und B

	Total	Kanton A	Kanton B
Eigenmietwert	15'000	15'000	
Wertschriftenertrag	3'500	3'500	
Zinsen auf investiertem Kapital: 60'000 x 5%	3'000		3'000
Liegenschaftsunterhalt	(3'000)	(3'000)	
Zinsen auf privaten und geschäftlichen Schulden: 8500 + 3'500 = 12'000	(12'000)	(10'465)	(1'535)

Einkommen aus selbständiger Erwerbstätigkeit: 120'000 – 3'000 + 3'500	120'500		120'500
Lohn	60'000	60'000	
Berufsauslagen	(4'000)	(4'000)	
Nettoeinkommen	183'000	61'035	121'965

35   Änderung des Grundes der Zugehörigkeit im gleichen Kanton

351   Grundsätze

Eine natürliche Person, die innerhalb der Schweiz ihren Wohnsitz verlegt, kann im Verlaufe derselben Steuerperiode im Wegzugskanton die wirtschaftliche Zugehörigkeit beibehalten oder begründen. Diesfalls ist sie in diesem Kanton für die ganze Periode beschränkt steuerpflichtig.

Eine Person, die ihren Wohnsitz in einem Kanton verlegt, in dem sie bis anhin kraft wirtschaftlicher Zugehörigkeit beschränkt steuerpflichtig war, wird für die ganze Periode im Zuzugskanton unbeschränkt steuerpflichtig.

Zudem kann die Natur der wirtschaftlichen Zugehörigkeit zu einem Kanton im Verlauf der Steuerperiode wechseln. Auch können der Umfang sowie die Natur der Ursache der wirtschaftlichen Zugehörigkeit im selben Kanton ändern. Diese verschiedenartigen Mutationen werden durch Art. 68 Abs. 2 StHG berücksichtigt.

352   Beispiele

Beispiel 18   Wechsel des Wohnsitzes unter Beibehaltung der wirtschaftlichen Zugehörigkeit

Herr und Frau T wohnen im Kanton A in einer Liegenschaft, deren Eigentümer sie sind. Am 30. April des Jahres N wechseln sie ihren Wohnsitz in den Kanton B. Sie behalten ihre Liegenschaft im Kanton A.

In der Steuerperiode N wird das Ehepaar T durch den Kanton B besteuert (Wohnsitz am Ende der Steuerperiode). Dieser muss eine interkantonale Steuerausscheidung zu Gunsten von A (Liegenschaftskanton) vornehmen. Der Kanton A besteuert das Ehepaar T als Grundeigentümer (beschränkte Steuerpflicht auf Grund der Liegenschaft).

Beispiel 19   Wechsel des Wohnsitzes unter Beibehaltung der wirtschaftlichen Zugehörigkeit

Frau V ist Ärztin und wohnt im Kanton A. Sie betreibt ihre Praxis im selben Kanton.
Am 30. Juni 2002 wechselt sie ihren Wohnsitz in den Kanton B, behält jedoch ihre Praxis im Kanton A.

Der Kanton B veranlagt die Einkommens- und Vermögenssteuern der Steuerperiode 2002. Er nimmt eine interkantonale Ausscheidung zu Gunsten des Kantons A, dem Geschäftsort der selbständigen Erwerbstätigkeit, vor. Der Kanton A kann Frau V für die Steuerperiode 2002 als beschränkt Steuerpflichtige besteuern.

Vermögen am 31.12. 2002:

Wertschriften:	50'000
Geschäftsaktiven:	250'000
Geschäftsschulden:	(180'000)

Einkünfte 2002:

Wertschriftenertrag:	2'000
Einkünfte aus selbständiger Erwerbstätigkeit, nach Abzug der geschäftlichen Schuldzinsen von 9'000:	120'000

Ausscheidung der Vermögenswerte zur Bestimmung der steuerbaren Vermögensanteile in jedem beteiligten Kanton und Verteilung der Schuldzinsen

	Total	Kanton B	Kanton A
Wertschriften	50'000	50'000	
Geschäftsaktiven	250'000		250'000
Total	300'000	50'000	250'000
In %	100%	16.67%	83.33%
Schulden	(180'000)	(30'000)	(150'000)
Steuerbares Vermögen	120'000	20'000	100'000

Nettoeinkommen in den Kantonen A und B

	Total	Kanton B	Kanton A
Wertschriftenertrag	2'000	2'000	
Zinsen auf investiertem Kapital : 5% von 70'000	3'500		3'500
Schuldzinsen: 9'000 1. Ausscheidung 2. Ausscheidung	(9'000)	(1'500) (500)	(7'500) 500
Netto Vermögensertrag	(3'500)	0	(3'500)
Einkommen aus selbständiger Erwerbstätigkeit: 120'000 –3'500 + 9000	125'500		125'500
Nettoeinkommen	122'000	0	122'000

Beispiel 20 Wechsel des Wohnsitzes und Aufgabe einer wirtschaftlichen Zugehörigkeit

Herr und Frau T wohnen im Kanton A in einer Liegenschaft, deren Eigentümer sie sind (Steuerwert Fr. 300'000). Am 30. April des Jahres N wechseln sie ihren Wohnsitz in den Kanton B. Sie verkaufen per Wegzugsdatum ihre Liegenschaft im Kanton A.

In der Steuerperiode N begründet das Ehepaar T im Kanton B eine unbeschränkte Steuerpflicht. Gleichzeitig begründen sie im Kanton A für das Wegzugsjahr auf Grund ihres Liegenschaftsbesitzes bis Ende Jahr eine beschränkte Steuerpflicht, obwohl die Liegenschaft verkauft wurde.

Steuerbares Vermögen in den Kantonen A und B

Vermögen am 31.12.N	Total	Kanton B	Kanton A
Wertschriften	400'000	400'000	
Liegenschaft A: Korrektur zu Lasten B (300'000 / 360 x 120)		(100'000)	100'000
Total	400'000	300'000	100'000
In %	100%	75%	25%

Beispiel 21 Wechsel des Wohnsitzes in einen Kanton, in dem bereits eine wirtschaftliche Zugehörigkeit besteht

Herr X wohnt im Kanton A und betreibt eine Einzelfirma, einen Kolonialwarenladen, im Kanton B. Am 31. März des Jahres N wechselt er seinen Wohnsitz vom Kanton A in den Kanton B.

In der Steuerperiode N wird Herr X ausschliesslich durch den Kanton B besteuert.

Beispiel 22 Zuteilung einer Anlageliegenschaft zum Betrieb einer Einzelfirma

Herr X wohnt im Kanton A, wo er ein Geschäft betreibt. Er ist Eigentümer eines Mietshauses im Kanton B. Am 1. Juli 2002 eröffnet er in dieser Liegenschaft eine Betriebsstätte.

Elemente des Privat- sowie des Geschäftsvermögen

Privatvermögen:	am 31.12.2002
Wertschriften:	200'000
Villa im Kanton A, Steuerwert :	500'000
Private Schulden:	(350'000)

Geschäftsvermögen	am 31.12.2002
Geschäftsaktiven:	300'000
Liegenschaft B, Steuerwert:	700'000
Geschäftsschulden:	(500'000)

Einkünfte 2002

Nettoeinkommen aus selbständiger Erwerbstätigkeit*: 165'000
Wertschriftenertrag 8'000
Private Schuldzinsen (17'500)

*Das Nettoeinkommen aus selbständiger Erwerbstätigkeit beinhaltet den Liegenschaftsertrag im Kanton B, vom 1.1. bis 30.6. 2002, in der Höhe von Fr. 25'000. In den Aufwendungen befinden sich ebenfalls Fr. 4'000 als Liegenschaftsunterhalt und -verwaltungskosten für die Zeitspanne vom 1.1. bis 30. 6. Die geschäftlichen Schuldzinsen betragen Fr. 25'000 und werden dem Geschäftsergebnis angelastet.

Ausscheidung der Vermögenswerte zur Bestimmung der steuerbaren Vermögensanteile in jedem beteiligten Kanton und Verteilung der Schuldzinsen

	Total	Kanton A	Kanton B
Wertschriften	200'000	200'000	
Villa (Kanton A)	500'000	500'000	
Geschäftsaktiven Nach Standort Mobilien:			
Kanton A	200'000	200'000	
Kanton B :	100'000		100'000
Korrektur zu Gunsten von A: (100'000 / 360 x 180)		50'000	(50'000)
Immobilien	700'000		700'000
Total	1'700'000	950'000	750'000
In %	100%	55.88%	44.12%

Steuerbares Vermögen in den Kantonen A und B

	Total	Kanton A : 55.88%	Kanton B : 44.12%
Brutto Privatvermögen	700'000	700'000	
Geschäftsvermögen	1'000'000	250'000	750'000
Total	1'700'000	950'000	750'000
Private und Geschäftsschulden	(850'000)	(474'980)	(375'020)
Steuerbares Vermögen	850'000	475'020	374'980

Nettoeinkommen in den Kantonen A und B

	Total	Kanton A	Kanton B
Wertschriftenertrag	8'000	8'000	
Ertrag Immobilien	25'000		25'000
Zins auf investiertem Kapital *	25'000*	6'250	18'750
Liegenschaftsunterhalt	(4'000)		(4'000)
Schuldzinsen 1. Ausscheidung	(42'500)	(23'749)	(18'751)
Schuldzinsen 2. Ausscheidung		9'499	(9'499)
Nettovermögensertrag	11'500	0	11'500
Einkommen aus selbständiger Erwerbstätigkeit** :	144'000	108'500	36'000
Nettoeinkommen	155'500	108'500	47'500

*Der Zins auf dem investierten Kapital entspricht 5% des Eigenkapitals von Fr. 500'000 am Ende der Steuerperiode. Dieser Zins wird zwischen den Kantonen A und B im Verhältnis der Geschäftsaktiven aufgeteilt. Dabei wird vernachlässigt, dass die Liegenschaft während eines Teils des Jahres eine Anlageliegenschaft war. Eine andere Lösung wäre denkbar. Mit der hier vorgeschlagenen Lösung wird dem Anliegen nach Vereinfachung Rechnung getragen.

**Das Einkommen aus selbständiger Erwerbstätigkeit setzt sich wie folgt zusammen:

Gewinn gemäss Geschäftsergebnis	*165'000*
./. Liegenschaftsertrag B (vom 1.1. bis 30.6)	*(25'000)*
+ Liegenschaftsunterhalt B (vom 1.1. bis 30. 6)	*4'000*
./. Ertrag aus investiertem Kapital	*(25'000)*
+ Schuldzinsen des Geschäfts	*25'000*
Einkommen aus selbständiger. Erwerbstätigkeit auszuscheiden zwischen A und B	*144'000*

**Annahme: Das Einkommen aus selbständiger Erwerbstätigkeit wird zu 75% dem Sitzkanton, zu 25% dem Betriebsstättenkanton zugewiesen.

4 Inkraftsetzung

Das vorliegende Kreisschreiben ist ab der Steuerperiode 2001 im Rahmen des Systems der Postnumerandobesteuerung anzuwenden.

Interkantonale Steuerausscheidung jP

Quelle: Schweizerische Steuerkonferenz SSK

☞ *Aufgrund des BG vom 22. März 2013 über die formelle Bereinigung der zeitlichen Bemessung der direkten Steuern bei den natürlichen Personen wurden bestimmte Artikel im StHG, die dieses Kreisschreiben betreffen, per 1.1.2014 gelöscht bzw. umgestellt: Aus Art. 68 aStHG wurde Art. 4b nStHG.*

Die interkantonale Ausscheidung bei Änderungen der Steuerpflicht während der Steuerperiode im System der einjährigen Postnumerandobesteuerung mit Gegenwartsbemessung

(Juristische Personen)

Kreisschreiben vom 27. November 2001

1 Allgemeines

Dieses Kreisschreiben behandelt verschiedene Fragen im Zusammenhang mit der interkantonalen Steuerausscheidung der Steuerfaktoren von juristischen Personen im System der einjährigen Gegenwartsbesteuerung. Es veranschaulicht die Anwendung des am 1. Januar 2001 in Kraft getretenen Art. 22 StHG. Unter Berücksichtigung der vom Bundesgericht festgelegten Kollisionsnormen in Bezug auf die interkantonale Doppelbesteuerung werden die nachfolgenden Grundsätze als anwendbar betrachtet:

- Als interkantonale Unternehmung gilt eine Unternehmung, die mit verschiedenen Kantonen in Beziehung steht, weil sie auf deren Gebiet ihren Sitz, die tatsächliche Verwaltung oder eine Betriebsstätte errichtet.

- Die interkantonale Unternehmung muss als eine Einheit betrachtet werden; jeder Kanton kann nur einen Teil der steuerbaren Elemente (Kapital und Gewinn) besteuern. Die Summe der Anteile darf grundsätzlich nicht mehr als 100 % betragen.

- Die Methoden für die Ermittlung der Quoten sind diejenigen, welche durch das Bundesgericht festgelegt wurden. Entweder werden getrennte Buchhaltungen für den Sitz und die Betriebsstätten erstellt (direkte Methode), oder es wird auf den Umsatz, die Produktionsfaktoren oder andere Kriterien abgestellt (indirekte Methode).

- Für die Festlegung der Quoten der Gewinnausscheidung sind die Angaben der Bemessungsperiode massgebend. Für die juristischen Personen entspricht die Bemessungsperiode im Postnumerandosystem dem Geschäftsjahr und der Steuerperiode.

- Ein Unternehmen hat keine Betriebsstätte in einem Kanton, wenn es in diesem Kanton nur für eine Anlageliegenschaft steuerpflichtig ist.

2 Artikel 22 StHG

Artikel 22 StHG, der am 1. Januar 2001 in Kraft getreten ist, lautet wie folgt:

Art. 22 Wechsel der Steuerpflicht

1 Verlegt eine juristische Person während einer Steuerperiode ihren Sitz oder die tatsächliche Verwaltung von einem Kanton in einen anderen Kanton, so ist sie in den beteiligten Kantonen für die gesamte Steuerperiode steuerpflichtig. Veranlagungsbehörde im Sinne des Artikels 39 Absatz 2 ist diejenige des Kantons des Sitzes oder der tatsächlichen Verwaltung am Ende der Steuerperiode.

2 Eine Steuerpflicht auf Grund wirtschaftlicher Zugehörigkeit im Sinne von Artikel 21 Absatz 1 in einem anderen Kanton als demjenigen des Sitzes oder der tatsächlichen Verwaltung besteht für die gesamte Steuerperiode, auch wenn sie während der Steuerperiode begründet, verändert oder aufgehoben wird.

3 Der Gewinn und das Kapital werden zwischen den beteiligten Kantonen in sinngemässer Anwendung der Grundsätze des Bundesrechts über das Verbot der interkantonalen Doppelbesteuerung ausgeschieden.

Nach der bundesgerichtlichen Rechtsprechung über das Verbot der interkantonalen Doppelbesteuerung zieht eine Veränderung der persönlichen oder wirtschaftlichen Zugehörigkeit eine Änderung der Steuerpflicht nach sich. Aus diesem Grund hat die Unternehmung im Prinzip anlässlich jeder Veränderung im interkantonalen Verhältnis eine Zwischenbilanz zu erstellen. In den Abs. 1 und 2 von Art. 22 StHG werden diese Regeln des interkantonalen Steuerrechts näher beschrieben. Das System der gebrochenen Steuerperioden wurde zugunsten der Einheit dieser Perioden aufgegeben, und der Beginn und das Ende der Steuerpflicht in einem Kanton decken sich nicht mehr zwangsläufig mit der persönlichen oder wirtschaftlichen Zugehörigkeit in diesem Kanton. Aus diesen Gründen müssen die Regeln des Verbotes über die interkantonale Doppelbesteuerung an das neue Recht angepasst werden, welches aus Art. 22 StHG hervorgeht, und sind somit „sinngemäss" anwendbar.

3 Die Auswirkungen der Sitzverlegung oder der tatsächlichen Verwaltung während der Steuerperiode

31 Grundsatz

Die Verlegung des Sitzes oder der tatsächlichen Verwaltung einer juristischen Person innerhalb der Schweiz zieht keine Aufteilung der Steuerperiode, während der die Verlegung vollzogen wird, nach sich. Das Prinzip der Einheit der Steuerperiode wird also aufrechterhalten. Die juristische Person ist während der ganzen Steuerperiode in den betreffenden Kantonen der Steuerpflicht unterworfen.

Bei Verlegung des Sitzes oder der tatsächlichen Verwaltung während der Steuerperiode liefert der Kanton, in welchem die Gesellschaft am Ende der Steuerperiode ihren Sitz hat, den anderen Kantonen die Daten nach Art. 39 Abs. 2 StHG, sofern in mehreren Kantonen eine Steuerpflicht besteht.

Im System der Postnumerando-Besteuerung bemisst sich das steuerbare Kapital nach dem Stand am Ende der Steuerperiode (vgl. Art. 31 Abs. 4 StHG. Im Übrigen erfolgt der Bezug der Kapitalsteuer bei über- oder unterjähriger Steuerpflicht pro rata temporis.

Mit dem Prinzip der Einheit der Steuerperiode wird der Gewinn einer Periode, in deren Verlauf eine Verlegung stattfand, nicht aufgeteilt, sondern als Ganzes behandelt. Sowohl der Wegzugs- wir der Zuzugskanton veranlagen einen Teil des gesamten Gewinnes der Periode. Die Festlegung dieses Teils bestimmt sich nach den Umständen und der Natur der Unternehmung. Im Allgemeinen und aus Gründen der Vereinfachung kann die Ausscheidung nach der Dauer der persönlichen Zugehörigkeit der Unternehmung in jedem der Kantone für die entsprechende Steuerperiode vorgenommen werden. Gegebenenfalls kann bei der Ausscheidung des Gesamtergebnisses der Steuerperiode der Erzielung von ausserordentlichen Gewinnen oder Verlusten, welche mit der Sitzverlegung zusammenhängen, Rechnung getragen werden.

32 Beispiele

Beispiel 1   Sitzverlegung

Die X AG hat ihren Sitz im Kanton A. Der Jahresabschluss wird auf den 30. Juni erstellt. Am 1. Januar 2002 verlegt die X AG Ihren Sitz in den Kanton B. Die frühere Geschäftstätigkeit erfährt in diesem Kanton keine nennenswerten Änderungen. Der steuerbare Gesamtgewinn für das Geschäftsjahr 2001/2002 (Steuerperiode 2002) beläuft sich nach der Gesetzgebung des Kantons A auf Fr. 58'000, nach derjenigen des Kantons B auf Fr. 60'000. Für die Steuerperiode 2002 beträgt das steuerbare Kapital nach der Gesetzgebung des Kantons A Fr. 180'000, nach derjenigen des Kantons B Fr. 200'000.

Kanton A: Steuerperiode 2002 (vom 1.7.2001 bis 30.6.2002)

Nettogewinn gemäss Erfolgsrechnung	58'000
Steuerbarer Reingewinn (58'000 / 360 x 180) (Quote von 50%)	29'000
Gesamtkapital	180'000
Steuerbares Kapital (180'000 / 360 x 180) (Quote von 50%)	90'000

Kanton B: Steuerperiode 2002 (vom 1.7.2001 bis 30.6.2002)

Nettogewinn gemäss Erfolgrechnung	60'000
Steuerbarer Reingewinn (60'000 / 360 x 180) (Quote von 50%)	30'000
Gesamtkapital	200'000
Steuerbares Kapital (200'000 / 360 x 180) (Quote von 50%)	100'000

Beispiel 2   Berücksichtigung ausserordentlicher Erträge

Die X AG hat ihren Sitz im Kanton A. Der Jahresabschluss wird auf den 30. Juni erstellt. Am 1. Januar 2002 verlegt die X AG Ihren Sitz in den Kanton B. Die frühere Geschäftstätigkeit erfährt in diesem Kanton keine nennenswerten Änderungen. Der steuerbare Gesamtgewinn für das Geschäftsjahr 2001/2002 (Steuerperiode 2002) beläuft sich nach der Gesetzgebung des Kantons A auf Fr. 58'000, nach derjenigen des Kantons B auf CHF 60'000. Dieser Gewinn beinhaltet einen ausserordentlichen Ertrag von Fr. 30'000. Dieser stammt aus der Veräusserung von beweglichen Aktiven zum Zeitpunkt des Wegzugs vom Kanton A in den Kanton B. Dieser ausserordentliche Gewinn wird prioritär dem Kanton A zugeteilt.

Kanton A: Steuerperiode 2002 (vom 1.7. 2001 bis 30.6 2002)

Nettogewinn gemäss Erfolgsrechnung	58'000
Steuerbarer Reingewinn: 30'000 + [(58'000-30'000): 360 x 180]	44'000

Kanton B: Steuerperiode 2002 (vom 1.7.2001 bis 30.6.2002)

Nettogewinn gemäss Erfolgsrechnung	60'000
Steuerbarer Reingewinn: (60'000-30'000): 360 x 180	15'000

Beispiel 3	**Berücksichtigung eines ausserordentlichen Verlustes**

Die X AG hat ihren Sitz im Kanton A. Der Jahresabschluss wird auf den 30. Juni erstellt. Am 1. Januar 2002 verlegt die X AG Ihren Sitz in den Kanton B. Die frühere Geschäftstätigkeit erfährt in diesem Kanton keine nennenswerten Änderungen. Der Gesamtgewinn für das Geschäftsjahr 2001/2002 (Steuerperiode 2002) beläuft sich nach der Gesetzgebung des Kantons A auf Fr. 58'000, nach derjenigen des Kantons B auf Fr. 60'000. Das Unternehmen hat bei der Sitzverlegung bewegliche Aktiven veräussert und dabei einen Verlust von Fr. 40'000 erlitten. Dieser ausserordentliche Verlust wird prioritär dem Kanton A zugeteilt.

Kanton A: Steuerperiode 2002 (vom 1.7.2001 bis 30.6.2002)

Nettogewinn gemäss Erfolgsrechnung	58'000
Steuerbarer Reingewinn: [(58'000+40'000): 360 x 180] – 40'000	9'000

Kanton B: Steuerperiode 2002 (vom 1.7.2001 bis 30.6.2002)

Nettogewinn gemäss Erfolgsrechnung	60'000
Steuerbarer Reingewinn: (60'000+40'000): 360 x 180	50'000

4 Die Auswirkungen bei der Änderung der wirtschaftlichen Zugehörigkeit während der Steuerperiode

41 Allgemeines

Die Steuerpflicht, die in einem anderen Kanton als dem Sitzkanton oder dem Kanton der tatsächlichen Verwaltung auf Grund wirtschaftlicher Zugehörigkeit im Sinne von Artikel 21 Absatz 1 StHG (Betriebsstätte oder Kapitalanlageliegenschaft) besteht, bleibt selbst dann für die ganze Steuerperiode erhalten, wenn die Dauer der wirtschaftlichen Zugehörigkeit kürzer als die Dauer der Steuerperiode ist. Die Begründung, Änderung oder Aufgabe der wirtschaftlichen Zugehörigkeit während einer Steuerperiode bricht diese nicht. Der Grundsatz der Einheit der Steuerperiode ist im Sitzkanton wie im Kanton mit der wirtschaftlichen Zugehörigkeit anwendbar. In der Botschaft vom 24. Mai 2000 (BBl **2000** 3898) zur Koordination und Vereinfachung der Veranlagungsverfahren für die direkten Steuern im interkantonalen Verhältnis, die besonders Art. 22 StHG betraf, ist im Fall der Änderung der wirtschaftlichen Zugehörigkeit während der Steuerpflicht folgendes festgehalten: „Der Kapitalanteil, der dem Kanton des Nebensteuerdomizils zukommt, wird entsprechend der kürzeren Dauer der Zugehörigkeit reduziert." Im Allgemeinen wird diese Korrektur zu Lasten oder zu Gunsten des Sitzkantons durchgeführt. Es handelt sich hier um eine Vereinfachung, indem man von der exakten Finanzierung der Änderung der wirtschaftliche Zugehörigkeit absieht.

42 Begründung einer Betriebsstätte während der Steuerpflicht

421 Allgemeines

Für den Sitzkanton und den Betriebsstättekanton ist das Kapital am Ende der Steuerperiode massgebend. Die Begründung einer Betriebsstätte verlangt keine Erstellung einer Zwischenbilanz. Die Steuerpflicht gilt im Sitzkanton und im Betriebsstättekanton während der ganzen Steuerperiode. Allerdings ist der reduzierten Dauer der steuerlichen Anknüpfung im Betriebsstättekanton Rechnung zu tragen.

Der Unternehmensgewinn der Steuerperiode, während der die Betriebsstätte begründet wurde, wird unter den beteiligten Kantonen (Sitz- und Betriebsstättekanton) nach der direkten oder der indirekten Methode ausgeschieden.

Im Hinblick auf die Begründung einer neuen Betriebsstätte kann die interkantonale Unternehmung bestimmte dem Sitz- oder einem Betriebsstättekanton zuzuweisende Aktiven realisieren. In der Regel ist der Ertrag aus der Veräusserung der beweglichen Aktiven Teil des Unternehmensgewinnes der Steuerperiode, der quotenmässig auf alle Kantone verteilt wird; darin eingeschlossen ist der neue Betriebsstättekanton. Ausnahmsweise kann bei der Ausscheidung des Gesamtergebnisses der Steuerperiode der Erzielung von ausserordentlichen Gewinnen oder Verlusten, welche mit der Begründung der Betriebsstätte zusammenhängen, Rechnung getragen werden. Handelt es sich bei den veräusserten Aktiven um Immobilien, sind die interkantonalen Bestimmungen über die Zuweisung des Besteuerungsrechts für Veräusserungsgewinne von Grundstücken anwendbar.

422 Beispiele

Beispiel 4	Begründung einer Betriebsstätte

Die X AG hat ihren Sitz im Kanton A und eine Betriebsstätte im Kanton B. Der Jahresabschluss wird auf Ende des Kalenderjahres erstellt. Am 1. Juli 2002 begründet sie im Kanton C eine Betriebsstätte. Am Ende der Steuerperiode 2002 (vom 1.1.2002 bis 31.12.2002) verteilen sich die Aktiven auf die Kantone A, B und C zu 45%, 35% und 20%. Das steuerbare Kapital beträgt Fr. 140'000. Aus der Erfolgsrechnung resultiert ein Unternehmensgewinn von Fr. 150'000. Nach der Zuweisung eines Präzipuums von 20% zu Gunsten des Hauptsitzes wird der Gewinn unter den Kantonen nach dem erzielten Umsatz aufgeteilt. Für das Geschäftsjahr 2002 betragen die Prozentsätze des Umsatzes in den Kantonen A, B und C 60%, 30% und 10%.

Aufteilung des Kapitals	Total	Kanton A	Kanton B	Kanton C
Steuerbares Kapital am 31.12.2002	140'000	63'000	49'000	28'000
Quotenmässige Ausscheidung (45/35/20%)				
Korrektur im Kanton C wegen der Begründung der Betriebsstätte:				
(28'000 / 360 x 180) zu Gunsten des Kantons A		14'000		(14'000)
Steuerbares Kapital	140'000	77'000	49'000	14'000

Für die Besteuerung des Kapitals erfolgt die Korrektur im Zusammenhang mit der Begründung der Betriebsstätte zu Gunsten des Sitzkantons. Der Art der Finanzierung dieser Betriebsstätte (Übertragung von Aktiven des Sitzes oder einer anderen Betriebsstätte, Fremdfinanzierung usw.) muss deshalb nicht auf den Grund gegangen werden.

Aufteilung des Gewinns		Total	Kanton A	Kanton B	Kanton C
Quoten nach dem Umsatz		100%	60%	30%	10%
Nettounternehmensgewinn	150'000				
Zuweisung des Präzipuums	(30'000)		30'000		
Anteilsmässig auszuscheidender Gewinn	120'000		72'000	36'000	12'000
Steuerbarer Gewinn		150'000	102'000	36'000	12'000

43 Aufhebung einer Betriebsstätte während der Steuerperiode

431 Allgemeines

Der Kanton, in dem die Betriebsstätte aufgehoben wurde, figuriert Ende Jahr nicht unter den Kantonen mit einem steuerlichen Anknüpfungspunkt. Dennoch kann er einen Teil des am Ende des Jahres ausgewiesenen Kapitals besteuern. Eigentlich müsste dieser Anteil nach dem Wert der Betriebsstätteaktiven im Zeitpunkt der Aufhebung der Betriebsstätte bestimmt werden. Der Wert dieser Aktiven würde im Verhältnis zur Dauer der steuerlichen Zugehörigkeit reduziert. Aus Gründen der Vereinfachung wird für diesen Teil jedoch der gleiche Wert angenommen, wie er sich für die Betriebsstätte am Ende der vorangegangenen Steuerperiode ergab, vermindert auf die Dauer der wirtschaftlichen Zugehörigkeit. Selbst bei dieser Berechnung wird die Quote auf das Kapital am Ende der Steuerperiode, in der die Betriebsstätte aufgegeben wurde, angewandt.

Der Kanton, in dem sich die aufgehobene Betriebsstätte befand, kann nicht die ausschliessliche Besteuerung eventueller Kapitalgewinne geltend machen, die anlässlich der Schliessung angefallen sind. Vorbehalten bleibt die prioritäre Zuweisung eines Wertzuwachsgewinnes auf Immobilien. Wird die Zuweisung der Gewinne anhand der Produktionsfaktoren vorgenommen, wird der Produktionsfaktor Löhne in der Regel auf der Basis der Daten des Jahres bestimmt, in dem die Betriebsstätte aufgehoben wurde. Beim Produktionsfaktor Kapital könnte man für die aufgehobene Betriebsstätte aus Vereinfachungsgründen die Aktiven, wie sie sich im vorangegangenen Abschluss präsentierten, heranziehen und deren Wert je nach Dauer der steuerlichen Zugehörigkeit vermindern.

432   Beispiele

Beispiel 5	Aufhebung einer Betriebsstätte (Ausscheidung des Gewinnes nach Umsatz)

Die X AG hat ihren Sitz im Kanton A und Betriebsstätten in den Kantonen B und C. Der Jahresabschluss wird auf Ende des Kalenderjahres erstellt. Auf Ende September wird die Betriebstätte im Kanton C aufgehoben.

Am Ende der Steuerperiode 2000 besteuerten die Kantone A, B und C Kapitalanteile von 45%, 35% und 20%. Am Ende der Steuerperiode 2001 (vom 1.1. bis 31.12. 2001) beträgt das steuerbare Kapital Fr. 140'000. Die Aktiven sind auf die Kantone A (Sitz) und B (Betriebsstätte) zu 60% und 40% verteilt. Aus der Erfolgsrechnung resultiert ein Unternehmensgewinn von Fr. 150'000 für 2001. Nach der Zuweisung eines Präzipuums von 10% zugunsten des Hauptsitzes wird der Gewinn unter den Kantonen nach dem Umsatz verteilt. Die Prozentsätze des Umsatzes betragen in den Kantonen A, B und C 60%, 30% und 10%.

Ausscheidung des Kapitals am 31.12.2001	Total	Kanton A	Kanton B	Kanton C
Steuerbares Kapital am 31.12.2001	140'000	84'000	56'000	
Aufteilung zu Gunsten des Kantons C wegen der Schliessung der Betriebsstätte im Jahr 2001: Berechnungsbasis: Quote per 31.12.2000, 20% von 140'000		(28'000)		28'000
Korrektur zu Lasten des Kantons C *		7'000		(7'000)
Steuerbares Kapital	140'000	63'000	56'000	21'000

* *Die Berechnung des Anteils zu Gunsten des Kantons C und zu Lasten des Kantons A lässt sich auch einfacher darstellen. Die Zuweisung an C kann auch nach dem Anteil erfolgen, der ihm gemäss Dauer der Steuergehörigkeit zusteht, d.h. 140'000 x 20% / 360 x 270 = 21'000. Dieser Betrag wird beim Sitzkanton abgezogen.*

Ausscheidung des Gewinns 2001			Total	Kanton A	Kanton B	Kanton C
Anteile gemäss Umsatz			100%	60%	30%	10%
Nettounternehmensgewinn	150'000					
Zuweisung des Präzipuums (10%)	(15'000)			15'000		
Zu verteilender Gewinn nach Anteilen	135'000			81'000	40'500	13'500
Steuerbarer Gewinn			150'000	96'000	40'500	13'500

Beispiel 6   Aufhebung der Betriebsstätte (Ausscheidung des Gewinnes nach Produktionsfaktoren)

Die X AG hat ihren Sitz im Kanton A und Betriebsstätten in den Kantonen B, C und D. Der Jahresabschluss wird auf Ende des Kalenderjahres erstellt. Auf Ende Juni 2001 wird die Betriebsstätte im Kanton D aufgehoben. Aus der Erfolgsrechnung resultiert ein Unternehmensgewinn von Fr. 250'000 für die Steuerperiode 2001. Die Steuerausscheidung wird aufgrund der Produktionsfaktoren vorgenommen.

Steuerausscheidung aufgrund der Produktionsfaktoren:

	Total	Kanton A	Kanton B	Kanton C	Kanton D
	die Beträge verstehen sich in Tausend Franken				
Steuerperiode 2000 Produktionsfaktoren					
Aktiven	4'300	2'000	1'000	500	800
Löhne, kapitalisiert mit 10%	42'000	20'000	10'000	4'000	8'000
Total	46'300	22'000	11'000	4'500	8'800
Quoten	100.00%	47.52%	23.76%	9.72%	19.00%
Steuerperiode 2001 Produktionsfaktoren					
Aktiven	4'000	2'000	1'200	800	
Korrektur zu Gunsten der Betriebsstätte im Kanton D		(400)			400*
Löhne, kapitalisiert mit 10%	40'000	20'000	12'000	5'000	3'000**
Total	44'000	21'600	13'200	5'800	3'400
Anteile	100.00%	49.09%	30%	13.18%	7.73%

*   *Die Aktiven am Ende der Steuerperiode 2000 (800) werden um die Hälfte vermindert*
** *Effektive Löhne 2001*

44 Verlegung einer Betriebsstätte während einer Steuerperiode

441 Allgemeines

Während einer Steuerperiode kann eine interkantonale Unternehmung eine Betriebsstätte in einen anderen Kanton verlegen. In einem solchen Fall wird der Teil des Kapitals, der dem Zuzugskanton zugeteilt ist, von diesem Kanton und vom Wegzugskanton der Betriebsstätte besteuert. Die Aufteilung der Besteuerung erfolgt in der Regel pro rata temporis. Die Anteile des steuerbaren Reingewinns der Betriebsstätte im Wegzugs- und im Zuzugskanton hängen von der angewandten Ausscheidungsmethode (direkt oder indirekt) ab. Bei einer Gewinnausscheidung nach Produktionsfaktoren wird in der Regel der Anteil des Kantons, in welchem die Betriebsstätte am Ende der Steuerperiode ihren Sitz hat, pro rata temporis zwischen dem Wegzugs- und dem Zuzugskanton ausgeschieden.

442 Beispiele

Beispiel 7	Verlegung einer Betriebsstätte

Die X AG hat ihren Sitz im Kanton A und Betriebsstätten in den Kantonen B und C. Der Jahresabschluss erfolgt jeweils auf den 31. Dezember. Ende Juni 2002 verlegt die X AG ihre Betriebsstätte vom Kanton C in den Kanton D. Per Ende 2002 beträgt das steuerbare Kapital Fr. 140'000. Die Anteile der Kantone A, B und D betragen 60, 30 und 10%. Für die Steuerperiode 2002 beträgt der gesamte Reingewinn Fr. 400'000. Dieser wird unter den Kantonen nach dem erzielten Umsatz folgendermassen verteilt: Kanton A: 40%, Kanton B: 35%, Kanton C:15%, Kanton D: 10%. Der Sitzkanton hat Anspruch auf ein Präzipuum von 15%.

Ausscheidung des Kapitals	Total	Kanton A	Kanton B	Kanton C	Kanton D
Steuerbares Kapital am 31.12.2002 Anteilsmässige Aufteilung	140'000	84'000	42'000		14'000
Aufteilung zwischen den Kantonen C und D				7'000	(7'000)
Total	140'000	84'000	42'000	7'000	7'000

Im dargelegten Fall erfolgt die Ausscheidung zwischen D und C mittels Korrektur zu Lasten von D und zu Gunsten von C, im Allgemeinen pro rata temporis.

Ausscheidung des Gewinns		Total	Kanton A	Kanton B	Kanton C	Kanton D
Anteile 2002		100%	40%	35%	15%	10%
Nettogewinn der Steuerperiode 2002	400'000					
Präzipuum 15%	(60'000)		60'000			
zu verteilender Gewinn	340'000		136'000	119'000	51'000	34'000
Steuerbarer Gewinn		400'000	196'000	119'000	51'000	34'000

45 Begründung und Aufhebung einer Betriebsstätte im Verlauf einer Steuerperiode

Eigentlich stellt die sehr kurze Dauer einer Betriebsstätte für die Qualifikation als solche ein Hindernis dar. Darum rechtfertigt es sich nicht, dem Kanton, in dem im Verlauf einer Steuerperiode eine Betriebsstätte eröffnet und geschlossen wurde, einen Anteil des Kapitals und des Gewinns zur Besteuerung zuzuweisen. In der Tat ist die Zerstückelung der Steuerhoheit zu vermeiden. Dazu kommt, dass die Bestimmung der Quoten für das Kapital und den Gewinn der begründeten und in der selben Steuerperiode wieder aufgehobenen Betriebsstätte in der Praxis auf grosse Probleme stossen würde.

46 Kauf oder Verkauf einer Kapitalanlageliegenschaft während der Steuerperiode

461 Allgemeines

Eine Unternehmung, die in einem Kanton eine Kapitalanlageliegenschaft erwirbt, in dem sie weder den Sitz hat noch eine Betriebsstätte unterhält, wird nach der geltenden Rechtsprechung des Bundesgerichts wegen Grundbesitz auf dem Nettovermögen und der Nettorendite der Liegenschaft steuerpflichtig und nicht als interkantonales Unternehmen für einen Teil ihres Kapitals und Gewinnes. Dies ist jedoch kein Hinderungsgrund für die Anwendung von Art. 22 StHG in einem solchen Fall. Analog zu der in Art. 68 StHG aufgestellten Regel, wird durch die verkürzte Dauer der wirtschaftlichen Zugehörigkeit wegen Immobilienbesitz der Bruttowert der Liegenschaft im gleichen Verhältnis vermindert (Art. 68 Abs. 2 zweiter Satz StHG). Die beschränkte Steuerpflicht besteht, und zwar unabhängig von der Dauer der Zugehörigkeit, die durch das Eigentum an der Anlageliegenschaft begründet wird.

Der steuerbare Ertrag am Spezialsteuerdomizil wegen Grundbesitz ist derjenige, der während der Steuerperiode erwirtschaftet wurde. Der Anteil der Schulden und der Schuldzinsen wird im Verhältnis des Liegenschaftswertes, welcher gemäss der Dauer der wirtschaftlichen Zugehörigkeit vermindert wurde, zu den Gesamtaktiven der Unternehmung bestimmt.

462 Beispiele

Beispiel 8	Kauf einer Kapitalanlageliegenschaft

Die X AG hat ihren Sitz im Kanton A und eine Betriebsstätte im Kanton B. Das Geschäftsjahr entspricht dem Kalenderjahr. Am 1. Juli 2001 erwirbt sie eine Kapitalanlageliegenschaft im Kanton C.

Das steuerbare Kapital am Ende der Steuerperiode 2001 (vom 1.1. bis 31.12.2001) beträgt Fr. 200'000. Zu diesem Zeitpunkt belaufen sich die Aktiven auf Fr. 800'000 (Kanton A: 500'000; Kanton B: 200'000; Kapitalanlageliegenschaft Kanton C: 100'000). Die Kapitalanteile für die Kantone A und B werden nach der Lage der Aktiven bestimmt.

Aus der Erfolgsrechnung des Jahres 2001 geht ein Gesamtgewinn von Fr. 30'000 hervor. Die Passivzinsen betragen Fr. 25'000. Der Unternehmensgewinn wird aufgrund der erzielten Umsätze ausgeschieden, wobei dem Sitzkanton ein Präzipuum von 20% eingeräumt wird. Der Umsatz im Jahr 2001 wurde zu 60% im Kanton A und zu 40% im Kanton B erzielt.

Die Kapitalanlageliegenschaft wurde für Fr. 100'000 erworben. Diese Investition wurde bis Fr. 80'000 mittels eines Hypothekarkredits finanziert (Satz 5%). Die Nettorendite dieser Liegenschaft (Mieterträge abzüglich Unterhaltskosten und Abschreibungen) beträgt Fr. 8'000.

Aktiven	Total	Kanton A	Kanton B	Kanton C
Aktiven am 31.12.2001	800'000	500'000	200'000	100'000
Korrektur wegen Kauf der Kapitalanlageliegenschaft in C am 1.7.2001: (100'000 / 360 x 180)		50'000		(50'000)
Aktiven	800'000	550'000	200'000	50'000
In Prozent der Gesamtaktiven	100.00%	68.75%	25%	6.25%
Steuerbares Kapital nach Lage der Aktiven	200'000	137'500	50'000	12'500

Gewinnausscheidung		Total	Kanton A	Kanton B	Kanton C
Anteile		100%	60%	40%	
Gesamtgewinn	30'000				
Nettorendite der Kapitalanlageliegenschaft	(8'000)				8'000
+Schuldzinsen 6.25% von 25'000	1'562				(1'562)
	23'562				
Präzipuum zugunsten von A	(4'712)		4'712		
zu verteilender Gewinn nach Quoten	18'850		11'310	7'540	
Steuerbarer Gewinn		30'000	16'022	7'540	6'438

Beispiel 9   Verkauf einer Kapitalanlageliegenschaft während der Steuerperiode

Die X AG hat ihren Sitz im Kanton A und eine Betriebsstätte im Kanton B. Sie ist Eigentümerin einer Kapitalanlageliegenschaft im Kanton C. Das Geschäftsjahr fällt mit dem Kalenderjahr zusammen. Am 30. Juni 2001 veräussert die X AG die Kapitalanlageliegenschaft zu einem Preis von Fr. 200'000.–.

Am Ende der Steuerperiode 2000 waren die Aktiven wie folgt gelegen: CHF 500'000 im Kanton A, Fr. 200'000 im Kanton B und Fr. 100'000 im Kanton C. Am Ende des Geschäftsjahres 2001 (1.1. bis 31.12.2001) verfügt die Gesellschaft über die nachstehenden Aktiven: Fr. 540'000 am Sitz (Kanton A) und Fr. 360'000 am Ort der Betriebsstätte (Kanton B). Das steuerbare Kapital beträgt Fr. 200'000.

Der steuerbare Reingewinn für die Periode 2001 beträgt gemäss Jahresrechnung Fr. 30'000. Dieser Gewinn schliesst die Fr. 130'000 (wiedereingebrachte Abschreibungen und Wertzuwachsgewinn), die aus dem Verkauf der Kapitalanlageliegenschaft hervorgingen, nicht ein. Die Passivzinsen, die der Erfolgsrechnung belastet wurden, betragen Fr. 25'000. Der Betriebsgewinn von Fr. 30'000 wird aufgrund der erzielten Umsätze ausgeschieden, wobei dem Sitzkanton ein Präzipuum von 10% eingeräumt wird. Die Anteile für die Steuerperiode 2001, die anhand der Umsätze berechnet wurden, betragen 60% für den Kanton A und 40% für den Kanton B. Für die Periode von 1.1 bis 30.6. 2001 beträgt die Nettorendite der Liegenschaft im Kanton C Fr. 4'000.

Aktiven	Total	Kanton A	Kanton B	Kanton C
Aktiven am 31.12.2001	900'000	540'000	360'000	
Korrektur wegen Verkauf der Kapitalanlageliegenschaft am 30.6.2001: (100'000 / 360 x 180) zu Lasten des Kantons A		(50'000)		50'000
Aktiven	900'000	490'000	360'000	50'000
In Prozent der Gesamtaktiven	100%	54.44%	40%	5.56%
Steuerbares Kapital nach Lage der Aktiven	200'000	108'880	80'000	11'120

Gewinnverteilung		Total	Kanton A	Kanton B	Kanton C
Anteile		100%	60%	40%	
Gesamtgewinn	30'000				
Nettorendite der Kapitalanlageliegenschaft	(4'000)				4'000
+ Schuldzinsen 5.56% von 25'000	1'390				(1'390)
	27'390				
Präzipuum zugunsten von A	(2'739)		2'739		
anteilsmässig zu verteilender Gewinn	24'651		14'791	9'860	
Steuerbarer Gewinn		30'000	17'530	9'860	2'610

Der Gewinn aus dem Verkauf der Liegenschaft ist im Kanton C steuerbar.

5 Inkrafttreten

Die vorstehenden Richtlinien sind ab der Steuerperiode 2001 anwendbar.

Interkantonales Verhältnis im StHG

Quelle: Schweizerische Steuerkonferenz SSK

☞ *Aufgrund des BG vom 22. März 2013 über die formelle Bereinigung der zeitlichen Bemessung der direkten Steuern bei den natürlichen Personen wurden bestimmte Artikel in der VO StHG sowie im StHG bzw. DBG, die dieses Kreisschreiben betreffen, per 1.1.2014 geändert bzw. gelöscht bzw. umgestellt: Art. 1 und Art. 3 Bst. c VO StHG wurden aufgehoben, Art. 2 Abs. 2 VO StHG wurde geändert. Aus Art. 217 aDBG wurde Art. 106 nDBG.*

Die Verordnung des Bundesrates vom 9. März 2001
über die Anwendung des Steuerharmonisierungsgesetzes
im interkantonalen Verhältnis

Kreisschreiben vom 31. August 2001

1 Allgemeines

Das Bundesgesetz vom 15. Dezember 2000 zur Koordination und Vereinfachung der Veranlagungsverfahren für die direkten Steuern im interkantonalen Verhältnis (Vereinfachungsgesetz) erteilt dem Bundesrat die Kompetenz, auf dem Verordnungsweg die Probleme in Bezug auf die Anwendung des Bundesgesetzes vom 14. Dezember 1990 über die Harmonisierung der direkten Steuern der Kantone und Gemeinden (StHG) im interkantonalen Verhältnis zu regeln. Es geht vor allem darum, die Bedingungen der Anwendung von Artikel 39 Absatz 2 StHG[1] zu präzisieren und die Fälle zu regeln, in welchen die natürliche Person ihren Wohnsitz zwischen Kantonen wechselt, die unterschiedliche Systeme in Bezug auf die zeitliche Bemessung kennen.

Die Verordnung vom 9. März 2001 über die Anwendung des Steuerharmonisierungsgesetzes im interkantonalen Verhältnis (StHG-VO)[2] regelt jedoch nicht die Gesamtheit der Fragen, die das StHG und das Verhältnis der Kantone untereinander betreffen. Sie wird somit - falls nötig - noch vervollständigt.

---

[1] Diese Bestimmung hat folgenden Wortlaut: "Ist eine Person mit Wohnsitz oder Sitz im Kanton aufgrund der Steuererklärung auch in einem andern Kanton steuerpflichtig, so gibt die Veranlagungsbehörde der Steuerbehörde des andern Kantons Kenntnis von der Steuererklärung und von der Veranlagung".

[2] AS **2001**, 1058

2 Kommentar

21 Wohnsitzwechsel zwischen Kantonen mit unterschiedlicher zeitlicher Bemessung

Im Jahr 2001 haben einzig die Kantone Tessin, Waadt und Wallis noch das System der zweijährigen Veranlagung mit Vergangenheitsbemessung. Ab diesem Zeitpunkt ist dieses System nicht mehr vorherrschend in der Schweiz. In Erwartung der Vereinheitlichung der zeitlichen Bemessung der natürlichen Personen hat der Gesetzgeber dem Bundesrat die Kompetenz erteilt, den Fall des Wohnsitzwechsels zwischen den Kantonen, welche unterschiedliche Bemessungssysteme haben, zu regeln. Artikel 1 StHG-VO erklärt für diese Fälle die "Bestimmungen des kantonalen Rechts" für die Wohnsitzwechsel zwischen einem Kanton und dem Ausland anwendbar.

Der Verweis auf die Bestimmungen des kantonalen Rechts erklärt sich durch die Tatsache, dass das StHG selbst keine ausdrückliche Bestimmung bezüglich Beginn und Ende der Steuerpflicht im Fall des Wohnsitzwechsels von einem Kanton ins Ausland oder bei einer Wohnsitznahme in der Schweiz enthält. Im Grossen und Ganzen haben die Kantone in ihren Steuergesetzen eine Regelung analog der Bestimmung von Art. 8 DBG aufgenommen: im Fall eines Wohnsitzwechsels endet die unbeschränkte Steuerpflicht mit dem Wegzug ins Ausland und beginnt mit dem Zuzug der Person vom Ausland in den Kanton.

Folglich ist bei einem Wohnsitzwechsel zwischen Kantonen mit unterschiedlichem Bemessungssystem die natürliche Person bis zu ihrem Wegzug im Kanton, den sie verlässt, und ab Zuzug im Kanton ihres neuen Wohnsitzes steuerpflichtig.

Der Zuzugskanton muss seine Veranlagung auf die Einkünfte nach dem Wohnsitzwechsel stützen. Diese Bestimmung ist gültig, wie immer auch das System der zeitlichen Bemessung im betreffenden Kanton ist. Wenn der Zuzugskanton das System der zweijährigen Veranlagung mit Vergangenheitsbemessung anwendet, muss er zwangsläufig bei seiner Veranlagung auf die nach dem Zuzug erworbenen Einkünfte abstellen (vgl. Art. 15 Abs. 3 StHG, in seinem Wortlaut gültig ab 1. Januar 2001).

Beispiel:

Der Kanton A kennt das System der einjährigen Veranlagung mit Gegenwartsbemessung. Der Kanton B dasjenige der zweijährigen Veranlagung mit Vergangenheitsbemessung. Eine Person wechselt ihren Wohnsitz am 30. Juni des Jahres N vom Kanton A in den Kanton B. Der Kanton A wird die Einkünfte besteuern, welche diese Person zwischen dem 1. Januar und dem 30. Juni des Jahres n erworben hat, währenddem sich der Kanton B bei seiner Veranlagung für den Rest der Steuerperiode (vom 1.7. – 31.12 des Jahres N) auf die erworbenen Einkünfte seit dem Zuzug in den Kanton abstützt.

Nettoeinkünfte	Vom 1.1. bis 30.6.	Vom 1.7. bis 31.12	Ganzes Jahr
Unselbständige Erwerbstätigkeit	15'000	39'000	54'000
Immobilieneinkünfte (Kanton C)	12'000	12'000	24'000
Total der Einkünfte	27'000	51'000	78'000

Der Kanton A wird ein Einkommen (netto, vor den sozialen Abzügen) von 15'000 zum Satz von 54'000 (2 x 15'000 und 2 x 12'000) besteuern. Der Kanton B basiert seine Veranlagung auf einem Einkommen von 78'000 (2 x 39'000) zum Satz von 102'000 (2 x 39'000 und 2 x 12'000), wobei die Steuer pro rata temporis erhoben wird. Der Kanton C, wenn er das Postnumerandosystem anwendet, wird die Immobilieneinkünfte von 24'000 zum Satz von 78'000 besteuern. Würden die beiden Kantone A und B das System der Postnumerandobesteuerung anwenden, wäre der Steuerpflichtige für das ganze Steuerjahr im Kanton B auf der Basis von einem Nettoeinkommen von 54'000 zum Satz von 78'000 zu besteuern. Die Immobilieneinkünfte von 24'000 würden im Kanton C zum Satz von 78'000 erfasst.

22 In mehreren Kantonen der Steuerpflicht unterworfene Pflichtige

Artikel 39 Absatz 2 StHG schreibt vor, dass wenn eine Person mit Wohnsitz oder Sitz im Kanton aufgrund der Steuererklärung auch in einem andern Kanton steuerpflichtig ist, die Veranlagungsbehörde der Steuerbehörde des andern Kantons Kenntnis von der Steuererklärung und von der Veranlagung gibt. Artikel 2 StHG-VO präzisiert die Tragweite dieser Bestimmung in verschiedener Hinsicht.

Nach Artikel 2 Absatz 1 StHG-VO ist der Steuerpflichtige, der auf Grund seiner wirtschaftlichen Zugehörigkeit in einem Kanton steuerpflichtig ist, nicht von der Pflicht zur Mitwirkung an der Veranlagung auf Grund des kantonalen Rechts entbunden. Indessen kann die Pflicht zur Einreichung der Steuererklärung in diesem Kanton durch Einreichen einer Kopie der durch den Steuerpflichtigen in seinem Wohnsitzkanton oder Sitzkanton (Art. 2 Abs. 2 StHG-VO) abgegebenen Steuererklärung erfolgen. Dieses Prinzip, welches aus der Botschaft zum Vereinfachungsgesetz (Ziff. 1.3.3 [3]) hervorgeht, wurde anlässlich der Debatten im Nationalrat bestätigt, vor allem anlässlich des Rückzugs der Intervention Pelli, welche eine Änderung von Art. 39 Abs. 2 StHG vorsah. Diese wollte den Wohnsitzkanton verpflichten, unverzüglich den anderen Kantonen eine Kopie der durch den Steuerpflichtigen eingereichten Steuererklärung zukommen zu lassen.

Grundsätzlich spielt der Sitz- oder Wohnsitzkanton die "Leader-Rolle" im Veranlagungs- und Ausscheidungsverfahren. Dies zeigt sich bereits bei der Gewährung einer Fristerstreckung für die Einreichung der Steuererklärung. Wenn der Steuerpflichtige beim Wohnsitz- oder Sitzkanton eine solche Fristerstreckung verlangt, muss er selber die anderen Kantone über den entsprechenden Entscheid informieren.

Für die juristischen Personen führt der Sitzkanton oder der Kanton mit der tatsächlichen Verwaltung in der Regel als erster das Veranlagungsverfahren durch. Er erstellt den Vorschlag der interkantonalen Steuerausscheidung für die Kantone, in welchen die Unternehmung eine Betriebsstätte oder eine Anlageliegenschaft hat. Dieser Kanton kontrolliert die Steuererklärung und nimmt allfällige Korrekturen vor. Er erstellt die Veranlagung und erarbeitet für die anderen Kantone einen Vorschlag für die interkantonale Steuerausscheidung. Wenn die Kantone mit der Steuerausscheidung des Sitzkantons oder des Kantons mit der tatsächlichen Verwaltung nicht einverstanden sind, informieren sie die Veranlagungsbehörden dieses Kantons. Streitigkeiten zwischen Kantonen oder zwischen Kantonen und Steuerpflichtigen bezüglich der anzuwendenden Ausscheidungsmethode werden letztinstanzlich vor Bundesgericht entschieden.

Jeder Kanton wendet für die Festlegung des Gewinnes und des steuerbaren Kapitals der juristischen Personen seine Gesetzgebung an. Sowohl im Sitzkanton als auch im Betriebsstätte-

---

[3] Botschaft vom 24. Mai 2000 des Bundesrates zur Koordination und Vereinfachung der Veranlagungsverfahren

kanton und im Kanton mit der Anlageliegenschaft, haben die Veranlagungsbehörden das Recht die für die Veranlagung nötigen Untersuchungen vorzunehmen (Art. 46 Abs. 1 StHG). Werden diese Untersuchungen durch einen andern Kanton als derjenige des Sitzes oder der tatsächlichen Verwaltung vorgenommen, so bedingt dies eine enge Zusammenarbeit mit dem Sitzkanton.

Für die natürlichen Personen überprüft der Wohnsitzkanton des Steuerpflichtigen die Steuererklärung. Er führt die notwendigen Untersuchungen durch und fordert vom Steuerpflichtigen die nötigen Auskünfte für die Veranlagung und die Ausscheidung der steuerbaren Faktoren ein. Er übermittelt dem Kanton mit Spezial- oder Nebensteuerdomizil eine Kopie der Veranlagung sowie der interkantonalen Steuerausscheidung. Jeder Kanton wendet seine Gesetzgebung für die Festlegung des steuerbaren Einkommens und des steuerbaren Vermögens an. Der Kanton des Spezial- oder Nebensteuerdomizils kann vom Steuerpflichtigen die für die Veranlagung nötigen Auskünfte einverlangen. Er wird sich dabei zurückhalten, wenn der Wohnsitzkanton bereits eine Kontrolle durchgeführt hat. Als Allgemeinregel muss der Kanton mit dem Spezialsteuerdomizil des Grundeigentums seine Auskunftsanfragen auf die Faktoren begrenzen, die er direkt besteuert. Wenn immer noch Abweichungen unter den Kantonen bezüglich der Ermittlung des Einkommens (beispielsweise bei einem Eigenmietwert in einem Zweitkanton) existieren, ist in Sachen interkantonaler Doppelbesteuerung die Rechtsprechung des Bundesgerichtes anwendbar.

Wenn eine natürliche Person eine selbständige Erwerbstätigkeit in einem anderen Kanton ausübt und dort ein Spezialsteuerdomizil begründet, so sollten die Behörden des Wohnsitzkantons für die Überprüfung der Einkommen des Spezialsteuerdomizils mit den Behörden dieses Kantons von Anfang an eng zusammenarbeiten.

23 Spezialfälle

Artikel 3 StHG-VO präzisiert die Rolle eines jeden Kantons im Fall der der wirtschaftlichen Zugehörigkeit in der Schweiz (Buchstabe a), anlässlich des Sitzwechsels einer juristischen Person von einem Kanton in einen anderen (Buchstabe b) oder in besonderen Quellensteuerfällen (Buchstabe c).

---

für die direkten Steuern im interkantonalen Verhältnis (BBl 2000 3898).

Artikel 3 Buchstabe a StHG-VO übernimmt im interkantonalen Verhältnis die Bestimmungen von Artikel 217 Absatz 2 DBG. In der Regel ist der für die Erhebung der direkten Bundessteuer zuständige Kanton auch der "Leader-Kanton" im interkantonalen Verhältnis.

Artikel 3 Buchstabe b StHG-VO betrifft die juristischen Personen, die im Laufe des Geschäftsjahres ihren Sitz von einem Kanton in einen anderen verlegen. Diese juristischen Personen bleiben im Wegzugskanton steuerpflichtig. Die Steuerperiode bleibt auf jeden Fall einheitlich, d.h. sie wird nicht in Zeitabschnitte zerlegt. Der Sitzkanton am Ende der Steuerperiode ist der Sitzkanton im Sinne von Artikel 39 Absatz 2 StHG. Er führt in erster Priorität die Veranlagung durch und übermittelt dem früheren Sitzkanton seinen Ausscheidungsvorschlag. Es wird in diesen Fällen empfohlen, dass sich die betroffenen Kantone und die Steuerpflichtige vorgängig über die anzuwendende Ausscheidungsmethode einigen.

Artikel 3 Buchstabe c StHG-VO befasst sich mit dem speziellen Fall des Steuerpflichtigen (natürliche Personen), der seinen Wohnsitz in einen andern Kanton verlegt und dessen Einkünfte aus der unselbständigen Erwerbstätigkeit zuerst durch die Quellensteuer erfasst und anschliessend noch in die ordentliche Veranlagung einbezogen werden. In diesem Fall ist der Wohnsitzkanton am Ende der Steuerperiode in der Regel der "Leader-Kanton".

24 Quellensteuer

Artikel 4 StHG-VO betrifft die Personen, die der Quellensteuer unterworfen sind und für die das Prinzip der aufgeteilten Steuerperiode (pro rata temporis-Prinzip) im Fall eines Domizilwechsels in der Schweiz aufrechterhalten wird (ab 1.1.2001 anwendbarer Art. 38 Abs. 4 StHG).

Grundsätzlich hat der Wohnsitzwechsel einer Person, deren Einkommen aus der unselbständigen Erwerbstätigkeit der Quellensteuerpflicht unterliegt, die gleiche Wirkung wie ein Domizilwechsel ins Ausland (für den Wegzugskanton) oder eine Wohnsitznahme in der Schweiz (für den Zuzugskanton).

Artikel 4 StHG-VO betrifft die nicht dem Steuerabzug an der Quelle unterworfenen Einkommen („andere Einkünfte") des Steuerpflichtigen, die Gegenstand einer ordentlichen Veranlagung sind (vgl. Art. 34 Abs. 1 StHG).

25 Vorgehensweise im Fall der Ersatzbeschaffung von Immobilien in der Schweiz

Das StHG zwingt die Kantone ab dem Jahr 2001, die Ersatzbeschaffung von Liegenschaften von einem Kanton in den anderen zuzulassen. Die Person, welche ihre im Kanton A gelegene Liegenschaft verkauft, kann die Wiederanlage des Verkaufserlöses auf die Liegenschaft im Kanton B übertragen, sofern dieser als neuer Hauptwohnsitz gilt (Art. 12 Abs. 3 Bst. e StHG). Die interkantonale Ersatzbeschaffung kann auch die zum Anlagevermögen gehörenden Betriebsliegenschaften betreffen, aber auch solche, welche einer juristischen Person gehören oder land- und forstwirtschaftliches Vermögen darstellen (Art. 8 Abs. 4, Art. 12 Abs. 3 Bst. d und Abs. 4 Bst. a, Art. 24 Abs. 4 StHG). Artikel 5 StHG-VO klärt die Frage nicht, welcher Kanton einen eventuellen Gewinn besteuert, der aus dem Verkauf der ersatzweise angeschafften Liegenschaft entsteht. Gemäss Artikel 5 Absatz 1 StHG-VO hat der Steuerpflichtige im Falle einer Ersatzbeschaffung in der Schweiz den Veranlagungsbehörden aller beteiligten Kantone die nötigen Auskünfte über die Abwicklung der Ersatzbeschaffung als Ganzes zu erteilen. Der Kanton, in dem die neu erworbene Ersatzliegenschaft liegt, muss vom Steuerpflichtigen alle nötigen Auskünfte über den Erwerb und die Veräusserung der im andern Kanton liegenden ersetzten Liegenschaft erhalten. Auch muss der Steuerpflichtige, der die Besteuerung der Einkünfte aus der Veräusserung einer Liegenschaft auf Grund der interkantonalen Ersatzbeschaffung aufschieben will, der Steuerverwaltung über die ausserhalb des Kantons erworbene Liegenschaft die Auskünfte erteilen und die Beweismittel einreichen. Schliesslich muss der Kanton, der die interkantonale Ersatzbeschaffung gewährt, über die spätere Veräusserung der Ersatzliegenschaft informiert werden.

Unabhängig davon, was für eine Liegenschaft veräussert worden ist (Privatliegenschaft, Liegenschaft der Land- und Forstwirtschaft, Geschäftsliegenschaft), steht der Entscheid über Gewährung oder Nichtgewährung der Ersatzbeschaffung dem Kanton zu, in dem die veräusserte Liegenschaft liegt. Wird die Ersatzbeschaffung gewährt, ist dieser Entscheid den Steuerbehörden des Kantons mitzuteilen, in dem sich die als Ersatz erworbene Liegenschaft befindet (Art. 5 Abs. 2 StHG-VO).

3 Inkraftsetzung

Die Verordnung über die Anwendung des Steuerharmonisierungsgesetzes im interkantonalen Verhältnis tritt mit Rückwirkung auf den 1. Januar 2001 in Kraft.

Vereinfachung und Koordination

Quelle: Schweizerische Steuerkonferenz SSK

☞ *Aufgrund des BG vom 22. März 2013 über die formelle Bereinigung der zeitlichen Bemessung der direkten Steuern bei den natürlichen Personen wurden bestimmte Artikel im StHG, die dieses Kreisschreiben betreffen, per 1.1.2014 gelöscht bzw. umgestellt: Aus Art. 66 aStHG wurde Art. 17 nStHG, aus Art. 67 aStHG wurde Art. 10 Abs. 2 nStHG, aus Art. 68 aStHG wurde Art. 4b nStHG und Art. 69 aStHG wurde aufgehoben.*

Koordination und Vereinfachung der Veranlagungsverfahren für die direkten Steuern im interkantonalen Verhältnis

Kreisschreiben vom 31. August 2001

1 Einleitung

Mit dem Bundesgesetz vom 15. Dezember 2000 zur Koordination und Vereinfachung der Veranlagungsverfahren für die direkten Steuern im interkantonalen Verhältnis[1] wurden verschiedene Änderungen beim Bundesgesetzes vom 14. Dezember 1990 über die Harmonisierung der direkten Steuern der Kantone und Gemeinden (StHG) vorgenommen. Diese Änderungen traten am 1. Januar 2001 in Kraft[2]. In der Folge werden diese Änderungen kurz erläutert[3].

2 Ziele des Bundesgesetzes vom 15. Dezember 2000

Das Bundesgesetz hat die folgenden vier Ziele:

21 Der Grundsatz der Einheit der Steuerperiode

Der Grundsatz der Einheit der Steuerperiode hat zur Folge, dass bei einer Änderung der Besteuerungsorte (Sitz- oder Wohnsitzwechsel, Begründung oder Aufhebung eines Nebensteuerdomizils) die Steuerperiode nicht in Zeitabschnitte zerlegt wird. Das Besteuerungsrecht der Kantone erstreckt sich auf die ganze Steuerperiode. Die Anwendung dieses Grundsatzes hat zum einen den Vorteil, dass nur eine Steuererklärung für die Steuerperiode eingereicht werden muss, und zum andern, dass die mit der Veranlagung von Zeitabschnitten verbundenen

---
[1] BBl 2000 6182
[2] Mit dem Bundesgesetz vom 15. Dezember 2000 wurde auch das DBG (Art. 215 Abs. 2 zweiter Satz) und das VStG (Art. 30 Abs. 1 und Art. 70b) geändert. Diese Änderungen betreffen die Koordination der gesetzlichen Grundlagen des Bundes und der Kantone in Bezug auf das Veranlagungsrecht.
[3] Die Anwendung der im Gesetz vom 15. Dezember 2000 enthaltenen Grundsätze wird in den Kreisschreiben 16 und 17 der Schweizerischen Steuerkonferenz (SSK) präzisiert.

Schwierigkeiten vermieden werden. Zudem werden dadurch auch die technischen Modalitäten der interkantonalen Steuerausscheidungen vereinfacht.

22 Koordination der Veranlagungszuständigkeit

Die Veranlagungszuständigkeit für die direkte Bundessteuer sowie für die direkten Steuern der Kantone für dieselbe Steuerperiode soll grundsätzlich einem einzigen Kanton zukommen. Diese Regel soll auch bei einer Änderung der persönlichen Zugehörigkeit innerhalb der Schweiz im Laufe der Steuerperiode gelten.

23 Das Ausfüllen einer einzigen Steuererklärung für in mehreren Kantonen steuerpflichtige Personen

Macht der Sitz- oder Wohnsitzkanton eines Steuerpflichtigen auf Grund der eingereichten Steuererklärung die Feststellung, dass für den Steuerpflichtigen auch in einem anderen Kanton eine Steuerpflicht besteht, hat er nach Art. 39 Abs. 2 StHG diesem Kanton Kenntnis vom Inhalt der Steuererklärung und von der Veranlagung zu geben. Diese Bestimmung ist die Grundlage einer interkantonalen Kooperation mit dem Ziel, den in mehreren Kantonen steuerpflichtigen Steuerzahler von seiner Pflicht zu dispensieren, zu Handen jeder kantonalen Steuerverwaltung eine dem jeweiligen Kanton entsprechende Steuererklärung auszufüllen. Die Steuererklärung des Sitz- oder Wohnsitzkantons hat auch für die anderen Kantone Gültigkeit. Diese haben denn auch das Recht, vom Steuerpflichtigen eine Abschrift der Steuererklärung zu verlangen. Der Steuerpflichtige kann diese Abschrift den Steuererklärungen der anderen Kantonen beifügen. Die Folgen von Art. 39 Abs. 2 StHG für die in mehreren Kantonen steuerpflichtigen Personen sind in der Verordnung des Bundesrates vom 9. März über die Anwendung des Steuerharmonisierungsgesetzes im interkantonalen Verhältnis näher bestimmt[4].

24 Aufhebung von steuerlichen Hemmnissen zu Gunsten der Mobilität von Personen

Um die Mobilität der Personen nicht mit steuerlichen Hindernissen zu erschweren, sollte die Änderung der Voraussetzungen, die zu einer Steuerpflicht in der Schweiz führen, nicht grössere administrative Schwierigkeiten verursachen als eine Änderung dieser Voraussetzungen innerhalb eines Kantons (oder für die direkte Bundessteuer innerhalb der Schweiz). Auch

---

4 AS 2001 1058; siehe hiezu das Kreisschreiben 16 der SSK.

wenn die Berücksichtigung der steuerlichen Souveränität der Kantone nicht eine umfassende Anwendung dieses Grundsatzes ermöglicht, können doch die Folgen einer Änderung in der Steuerpflicht im interkantonalen Verhältnis auf das unbedingt Notwendigste beschränkt werden. Die Zuweisung des Besteuerungsrechtes für die ganze laufende Steuerperiode, innerhalb welcher eine natürliche Person eine Wohnsitzverlegung vornimmt, ist eine zweckmässige Lösung. Zudem führt sie zu einer tatsächlichen Vereinfachung der interkantonalen Beziehungen sowohl für den Steuerpflichtigen als auch für die kantonalen Steuerverwaltungen. Mit der Bestätigung des Grundsatzes des Vortrages von geschäftlichen Verlusten im interkantonalen Verhältnis wird eine weitere Schranke der Mobilität innerhalb der Schweiz beseitigt.

3 Die vom Gesetzgeber ergriffenen Massnahmen betreffend das StHG

31 Der Verlustvortrag im interkantonalen Verhältnis

311 Verbindlichkeit des Vortrags von Verlusten

Laut Art. 10 Abs. 2, Art. 25 Abs. 2 und Art. 67 Abs. 1 StHG ist die Verlustvortragsperiode nun in diesem Gesetz obligatorisch festgesetzt. Im System der zweijährigen Pränumerandobesteuerung umfasst diese die Verluste aus den der Steuerperiode vorangehenden drei Bemessungsperioden. Im System der einjährigen Postnumerandobesteuerung umfasst die Periode die Verluste aus den sieben der Steuerperiode vorangehenden Geschäftsjahren. Die Kantone können dementsprechend diese Perioden weder verkürzen noch verlängern. Diese Bestimmungen gelten ab dem 1. Januar 2001.

312 Verlustvortrag im interkantonalen Verhältnis

312.1 Juristische Personen

Der neue Sitzkanton kann bei einer Sitzverlegung einer juristischen Person von einem Kanton in einen anderen die Anrechnung der vor der Verlegung erlittenen Verluste nicht mehr verweigern (Art. 25 Abs. 4 StHG).

Beispiel:

Die Gesellschaft X AG hat ihren Sitz im Kanton A. Im Laufe ihrer ersten Geschäftsjahre (von n bis n+4) erleidet sie Verluste. Sie verlegt ihren Sitz im Laufe des Geschäftsjahres n+5 in den Kanton B. Für dieses Geschäftsjahr (n+5) weist die Gesellschaft ebenfalls einen Verlust aus. Ab dem folgenden Geschäftsjahr erzielt sie Gewinne. Der Kanton B wird die Anrechnung der in den Jahren n+5 erlittenen Verluste nicht verweigern dürfen. Es gilt ausschliesslich die in Artikel 25 Absatz 2 StHG festgelegte Vortragsperiode.

312.2 Natürliche Personen

Die Art. 10 Abs. 4 und Art. 67 Abs. 2 StHG betreffen die interkantonale Verlegung von Verlusten „bei steuerrechtlichen Änderungen der Wohnsitzverhältnisse oder bei örtlichen Verlegungen von Betrieben innerhalb der Schweiz".

Beispiel: **Wechsel des steuerrechtlichen Wohnsitzes**
Eine natürliche Person hat ihren Wohnsitz im Kanton A, wo sie eine selbstständige Erwerbstätigkeit ausübt. Sie verlegt ihren Wohnsitz in den Kanton B, wo sie ihre selbstständige Tätigkeit weiterführt. Sie kann im Kanton B die Anrechnung der im Kanton A erlittenen Verluste geltend machen.

Beispiel: **Geschäftsbetrieb und steuerrechtlicher Wohnsitz**
Eine natürliche Person mit steuerrechtlichem Wohnsitz im Kanton A übt eine defizitäre selbstständige Erwerbstätigkeit im Kanton B aus (Spezialsteuerdomizil des Geschäftsbetriebs). Gemäss Praxis des Bundesgerichtes zum interkantonalen Doppelbesteuerungsverbot muss der Wohnsitzkanton die Geschäftsverluste übernehmen. Bei einem Wohnsitzwechsel der natürlichen Person vom Kanton A in den Kanton C muss letzterer - im Rahmen der Verlustvortragsperiode - die Verluste, die vor dem Wohnsitzwechsel entstanden sind, übernehmen.

Beispiel: **Verlegung einer Einzelfirma von einem Kanton in einen anderen**
Eine natürliche Person ist im Kanton A wohnhaft. Sie übt eine defizitäre selbstständige Tätigkeit im Kanton B aus. Sie verlegt diese Tätigkeit vom Kanton B in den Kanton C. Sie wird im Kanton C die in den Kantonen B und A noch nicht verrechneten Verluste geltend machen können.

312.3 Inkrafttreten

Die am 1. Januar 2001 in Kraft getretene Regelung von Art. 25 Abs. 4 StHG gilt nicht für die im Jahre 2000 oder in früheren Jahren vorgenommenen Sitzverlegungen. In diesen Fällen gilt für den interkantonalen Verlustvortrag die kantonale Regelung und die Rechtsprechung des Bundesgerichtes bezüglich des verfassungsrechtlichen Verbots der interkantonalen Doppelbesteuerung. Andererseits gilt die Bestimmung in Art. 25 Abs. 4 StHG für die im Kalenderjahr 2001 oder im Steuerjahr 2001 vorgenommenen Sitzverlegungen.

Weder das Gesetz noch die Vollzugsverordnungen regeln die übergangsrechtlichen Fragen. Die Schweizerische Steuerkonferenz gibt hierzu die folgenden Empfehlungen ab:

a) Die gesetzlich vorgesehene Möglichkeit des interkantonalen Verlustvortrags betrifft Steuerpflichtige, die im Laufe des Jahres 2001 oder später abgeschlossenen Geschäftsjahres ihren steuerrechtlichen Wohnsitz, ihren Geschäftsbetrieb, ihren Sitz oder ihre tatsächliche Verwaltung innerhalb der Schweiz verlegt haben.

b) In den unter Buchstabe a fallenden Situationen betrifft der Vortrag ausserkantonale Verluste, die vor dem Geschäftsjahr des Sitz- oder Wohnsitzwechsels erlitten wurden.

c) Für die Dauer des Verlustvortrags sei auf die seit 1. Januar 2001 geltenden Bestimmungen des StHG verwiesen.

d) Es obliegt dem Steuerpflichtigen, auf Grund der Veranlagungen des Wegzugkantons nachzuweisen, welcher Verlustbetrag aus früheren Steuerperioden noch nicht kompensiert wurde.

e) Für die Bestimmung des Verlustbetrags aus früheren Jahren, dessen Vortrag zulässig ist, gilt die Gesetzgebung des Wegzugkantons, insbesondere was die steuerliche Behandlung der Grundstückgewinne und den Wechsel der zeitlichen Bemessung angeht.

32 Änderungen in der Steuerpflicht von juristischen Personen

321 Verlegung des Sitzes oder der tatsächlichen Verwaltung

Art. 22 StHG entfaltet seine Wirkungen im interkantonalen Verhältnis [5].

---

[5] Siehe Botschaft des Bundesrates über eine neue Bundesverfassung vom 20. November 1996, Kommentar des Art. 118.

Art. 22 Abs. 1 StHG bestimmt, dass im Falle einer Verlegung des Sitzes oder der tatsächlichen Verwaltung im Laufe einer Steuerperiode von einem Kanton in einen anderen die juristische Person in beiden Kantonen für die ganze Steuerperiode steuerpflichtig ist. Die Verlegung des Sitzes innerhalb der Schweiz im Laufe der Steuerperiode bewirkt demnach am Stichtag der Verlegung keine Beendigung der Steuerpflicht im Wegzugskanton und keinen Beginn der Steuerpflicht im Zuzugskanton. Die Steuerperiode, während welcher die Sitzverlegung vorgenommen worden ist, wird nicht zerlegt. Dementsprechend entfällt auch die Pflicht der juristischen Person, eine Zwischenbilanz zu erstellen. Die Gesellschaft ist für die ganze Steuerperiode in beiden Kantonen steuerpflichtig. Um eine interkantonale Doppelbesteuerung zu vermeiden, müssen die Kantone die steuerbaren Elemente untereinander aufteilen (Art. 22 Abs. 3 StHG).

Art. 22 Abs. 1 StHG bezieht sich auf die Verlegung des Sitzes oder der tatsächlichen Verwaltung, d.h. auf eine Änderung der Steuerpflicht auf Grund persönlicher Zugehörigkeit. Wenn eine Unternehmung ihre tatsächliche Verwaltung in einen anderen Kanton verlegt, aber den Sitz im Wegzugskanton behält, muss im Lichte der Praxis des Bundesgerichtes zum Verbot der interkantonalen Doppelbesteuerung untersucht werden, ob der Sitz nach wie vor das Hauptsteuerdomizil begründet. Wenn nicht nur ein förmlicher Sitz vorliegt, bleibt die juristische Person im Sitzkanton auf Grund der persönlichen Zugehörigkeit steuerpflichtig. Am Ort der tatsächlichen Verwaltung begründet das Unternehmen eine Betriebsstätte. Im umgekehrten Fall ist Art. 22 Abs. 1 StHG für die Verlegung der tatsächlichen Verwaltung anwendbar. Befindet sich der Sitz der Unternehmung im Ausland, die tatsächliche Verwaltung aber in der Schweiz, fällt die Verlegung dieser Verwaltung in einen anderen Kanton unter die Regelung von Art. 22 Abs. 1 StHG.

Art. 22 Abs. 1 zweiter Satz StHG setzt die Aufgaben der Kantone im Veranlagungsverfahren fest. Die Steuerbehörde des Sitzes am Ende der Steuerperiode ist die Veranlagungsbehörde im Sinne von Art. 39 Abs. 2 StHG. Diesem Kanton obliegt es, dem andern Kanton den Inhalt der Steuererklärung und die Veranlagung mitzuteilen. Die Regeln der interkantonalen Steuerausscheidung gelten sinngemäss (Art. 22 Abs. 3 StHG) für die Ausscheidung der steuerbaren Elemente unter den Kantonen, in denen sich nacheinander der Sitz der juristischen Person befand.

Bei einer Sitzverlegung einer Unternehmung im Laufe einer Steuerperiode von einem Kanton in einen anderen wird der Gesamtgewinn der Periode auf die zwei Kantone aufgeteilt. In der Regel werden die steuerbaren Elemente im Verhältnis zur Dauer des in jedem betroffenen Kanton tatsächlich begründeten Sitzes zugeteilt. Wenn es die Umstände rechtfertigen, ist jedoch auch eine andere Ausscheidungsmethode denkbar, z.B. wenn der Gewinn eine ausserordentliche, beim Sitzwechsel erzielte Einnahme beinhaltet. Ebenso kann die Ausscheidungsmethode wichtige Änderungen bezüglich Tätigkeit am neuen Sitz berücksichtigen, die im Zusammenhang mit einer Umstrukturierung stehen. Auch eine mit dem Sitzwechsel einhergehende Begründung einer Betriebsstätte im Wegzugskanton kann die Ausscheidungsmethode beeinflussen.

Die Vielfalt von Situationen rechtfertigt es, auf die vom Bundesgericht in seiner mittlerweile mehr als hundert Jahre dauernden Rechtsprechung zum Verbot der interkantonalen Doppelbesteuerung entwickelten Grundsätze zu verweisen. Diese Grundsätze müssen auch in dem Fall analog angewandt werden, bei welchem eine Unternehmung in der gleichen Steuerperiode in mehreren Kantonen ihren Sitz hat. Das Bundesgericht hat sich diesbezüglich bis anhin nicht zur interkantonalen Ausscheidung der steuerbaren Elemente äussern können.

322 Änderung der Steuerpflicht auf Grund wirtschaftlicher Zugehörigkeit

Art. 22 Abs. 2 StHG behandelt die Folgen bei Begründung, Änderung oder Aufhebung von Nebensteuerdomizilen im interkantonalen Verhältnis. Dieses Nebensteuerdomizil kann jenes der Betriebsstätte oder jenes der Anlageliegenschaft sein. Gemäss den bis heute anwendbaren Grundsätzen bewirkt jede Änderung einer wirtschaftlichen Zugehörigkeit eine Aufteilung der Steuerperiode. Die neue Bestimmung will gerade diese Aufteilung unterbinden. Die Bestimmung wird einerseits die Aufgaben der interkantonalen Unternehmungen vereinfachen und andererseits das Verfahren der interkantonalen Ausscheidungen erleichtern. Die Durchsetzung dieser Bestimmung wurde erst durch die Vereinheitlichung des Systems der zeitlichen Bemessung bei juristischen Personen ermöglicht.

Beispiel:

Die Gesellschaft PC AG handelt mit elektronischem Material. Sie hat ihren Sitz im Kanton A. Im Laufe des Steuerjahres N (Kalenderjahr) reorganisiert sie sich. Die Gesellschaft schliesst ihren Verkaufsladen im Kanton C. Sie verlegt ihren Sitz vom Kanton A in den Kanton B zu Beginn des zweiten Semesters. Im gleichen Zeitpunkt eröffnet sie eine Betriebsstätte im Kan-

ton A. Drei Monate später eröffnet sie eine Betriebsstätte im Kanton D. Gemäss Rechtsprechung des Bundesgerichtes müsste die Gesellschaft per 1. April, 1. Juli und 1. Oktober des Jahres N eine Zwischenbilanz erstellen. Da die Steuerperiode nicht mehr aufgeteilt werden muss, ist diese Rechtsprechung nicht mehr anwendbar. Die Kantone A, B, C und D beteiligen sich am Gesamtgewinn und am Kapital der Steuerperiode N. Wenn die Ausscheidung auf Grund des Umsatzes vorgenommen wird, kann der Kanton B (Sitzkanton am Ende der Steuerperiode) in Zusammenarbeit mit der Gesellschaft die Umsätze der Betriebsstätte in den Kantonen C und D, jene der Betriebsstätte im Kanton A und jene der Sitzkantone A und B festlegen. Das Präzipuum zu Gunsten des Sitzes kann den Kantonen A und B zugeteilt werden.

Art. 22 Abs. 3 StHG beeinflusst die im Sinne der Rechtsprechung des Bundesgerichtes zum Verbot der interkantonalen Doppelbesteuerung anzuwendende Ausscheidungsmethode für das steuerbare Kapital. Laut Art. 31 Abs. 4 StHG bemisst sich das steuerbare Kapital nach dem Stand am Ende der Bemessungsperiode. Diese Regel gilt für alle Kantone, die einen Teil des Kapitals der interkantonalen Unternehmung besteuern, ungeachtet dessen, dass im Laufe der Steuerperiode eine Beendigung der wirtschaftlichen Zugehörigkeit in einem Kanton eingetreten ist (siehe Art. 22 Abs. 2 und 3 StHG). Der verkürzten Dauer der wirtschaftlichen Zugehörigkeit wird in diesem Fall Rechnung getragen[6].

33 Änderungen in der Steuerpflicht von natürlichen Personen

331 Änderung der persönlichen Zugehörigkeit

Das Bundesgesetz vom 15. Dezember 2000 hat die bisher anwendbaren gesetzlichen und richterlichen Regeln für die Aufnahme und Beendigung der Steuerpflicht in Folge eines Wohnsitzwechsels innerhalb der Schweiz tiefgreifend verändert. Diese Änderungen betreffen in erster Linie die Kantone, die das System der einjährigen Postnumerandobesteuerung kennen. Das StHG regelt auch den Wohnsitzwechsel innerhalb von Kantonen, die das System der zweijährigen Praenumerandobesteuerung anwenden. Die Verordnung des Bundesrates vom 9. März 2001 über die Anwendung des Steuerharmonisierungsgesetzes im interkantonalen Ver-

---

[6] Das Kreisschreiben 17 der SSK betreffend die interkantonale Steuerausscheidung für juristische Personen im Postnumerandosystem behandelt mehrere Anwendungsfälle zu Artikel 22 Absatz 3 StHG bei Änderung der Steuerpflicht im Laufe des Steuerjahres betreffend Spezial- oder Nebensteuerdomizilen.

hältnis befasst sich mit dem Wohnsitzwechsel zwischen Kantonen, die unterschiedliche Systeme der zeitlichen Bemessung kennen.

Unter Wohnsitz ist jener gemäss Art. 3 Abs. 2 StHG zu verstehen. Besteht kein solcher Wohnsitz in der Schweiz, finden die Bestimmungen des StHG auch Anwendung bei Verlegung des Aufenthaltsortes von einem Kanton in einen anderen oder wenn nach einem Aufenthalt ein steuerrechtlicher Wohnsitz in einem anderen Kanton begründet wird.

331.1 Wohnsitzwechsel zwischen Kantonen, die das System der einjährigen Postnumerandobesteuerung anwenden

Die am 1. Januar 2001 in Kraft getretene Bestimmung von Art. 68 Abs. 1 StHG ordnet an, dass im Fall eines steuerrechtlichen Wohnsitzwechsels innerhalb der Schweiz die Voraussetzungen für eine Steuerpflicht auf Grund persönlicher Zugehörigkeit für die laufende Steuerperiode im Wohnsitzkanton am Ende der Steuerperiode erfüllt sind. Vorbehalten bleibt die Besteuerung von Kapitalleistungen im Sinne von Art. 11 Abs. 3 StHG. Diese sind in dem Kanton steuerbar, in dem der Steuerpflichtige im Zeitpunkt der Fälligkeit seinen Wohnsitz hat. (siehe Ziff. 332.1). Ebenfalls vorbehalten bleibt der besondere Fall der Besteuerung an der Quelle (siehe Ziff. 332.2).

Im Falle eines Wohnsitzwechsels im Laufe eines Kalenderjahres kann einzig der Wohnsitzkanton am Ende des Jahres den Steuerpflichtigen für die ganze Steuerperiode besteuern. Der vorherige Wohnsitzkanton kann diese Person nicht auf Grund einer persönlichen Zugehörigkeit besteuern[7]. Der Umstand, dass eine Person während eines Teils des Jahres ihren Wohnsitz in einem anderen Kanton hatte, hindert diesen Kanton nicht, diese Person auf Grund einer wirtschaftlichen Zugehörigkeit zu besteuern.

Das Bundesgericht hat in seiner Rechtsprechung zum Verbot der interkantonalen Doppelbesteuerung hin und wieder mehrfache Steuerorte auf Grund persönlicher Zugehörigkeiten anerkannt. Im Falle eines alternierenden Wohnsitzes hat der Steuerpflichtige in zwei Kantonen abwechslungsweise einen steuerlichen Wohnsitz[8]. Art. 68 StHG verhindert eine interkantonale Steuerausscheidung auf Grund eines alternierenden Wohnsitzes nicht. Das Bundesgericht

---

[7] Siehe Beispiele im Kreisschreiben 18 der SSK.
[8] Peter Locher, Einführung in das interkantonale Steuerrecht, S. 52; Höhn/Mäusli, Interkantonales Steuerrecht, 4. Auflage, S. 93.

hat auch erkannt, dass ein nach den Grundsätzen der Familienbesteuerung gemeinsam veranlagtes Ehepaar je einen eigenen Wohnsitz begründen kann[9]. Wechselt ein Ehepartner seinen Wohnsitz von einem Kanton in einen anderen, findet Art. 68 StHG für ihn Anwendung.

331.2 Wohnsitzwechsel zwischen Kantonen, die das System der zweijährigen Pränumerandobesteuerung anwenden

Im Falle eines Wohnsitzwechsels innerhalb von Kantonen, die das System der zweijährigen Pränumerandobesteuerung anwenden, bestimmt Art. 15 StHG nach wie vor, dass die Steuerpflicht im Wegzugskanton mit dem Wohnsitzwechsel endet und gleichzeitig im Zuzugskanton beginnt. In diesem Kanton bestimmt sich das steuerbare Einkommen auf Grund der seit dem Zuzug vereinnahmten Einkünfte. Die Ausnahmebestimmung in Art. 15 Abs. 3 Bst. a StHG zu dieser Regel wurde per 1. Januar 2001 aufgehoben.

331.3 Wohnsitzwechsel zwischen Kantonen, die unterschiedliche Systeme der zeitlichen Bemessung anwenden

Der Wohnsitzwechsel zwischen Kantonen mit unterschiedlichen Systemen der zeitlichen Bemessung wird in der Verordnung des Bundesrates vom 9. März 2001 über die Anwendung des Steuerharmonisierungsgesetzes im interkantonalen Verhältnis geregelt. Ein solcher Wohnsitzwechsel muss von den Kantonen ähnlich wie ein Wohnsitzwechsel über die Landesgrenze behandelt werden[10].

332 Sonderfälle

332.1 Besteuerung von Kapitalleistungen im Sinne von Artikel 11 Absatz 3 StHG

Auf Grund von Art. 68 Absatz 1 zweiter Satz StHG sind Kapitalleistungen im Sinne von Art. 11 Abs. 3 StHG im Zeitpunkt der Fälligkeit im betroffenen Wohnsitzkanton steuerbar. Es handelt sich hierbei um Kapitalleistungen aus Vorsorge (Säulen 2 und 3a), sowie um Zahlungen bei Tod und für bleibende körperliche oder gesundheitliche Nachteile. Nach Art. 11 Abs. 3 sind diese Leistungen gesondert zu veranlagen und unterliegen einer vollen Jahressteuer. Der für die Veranlagung zuständige Kanton wird nach dem Fälligkeitsdatum der

---

[9] Peter Locher, a.a.O., S. 59; Höhn/Mäusli, a.a.O., S. 137; Martin Arnold, Der steuerrechtliche Wohnsitz natürlicher Personen im interkantonalen Verhältnis nach der neueren bundesgerichtlichen Rechtsprechung, ASA 68 449 und 481.
[10] Siehe das Kreisschreiben 16 der SSK.

Leistung bestimmt. Massgebend sind die Familienverhältnisse am Ende der Steuerperiode oder der Steuerpflicht.

Art. 68 Abs. 1 zweiter Satz StHG ist gesetzessystematisch dem siebten Titel des StHG zugeordnet, der die einjährige Veranlagung für natürliche Personen regelt. Man kann jedoch davon ausgehen, dass diese Bestimmung auch für Kantone mit zweijähriger Pränumerandobesteuerung oder für solche mit unterschiedlichen Systemen der zeitlichen Bemessung Anwendung findet.

332.2 Wohnsitzwechsel von Personen, die nach den Art. 32, 33 und 34 Abs. 2 StHG besteuert werden

Gemäss Art. 32 StHG werden ausländische Arbeitnehmer, welche die fremdenpolizeiliche Niederlassungsbewilligung nicht besitzen, für ihr Einkommen aus unselbstständiger Erwerbstätigkeit an der Quelle besteuert. Bei Verlegung des Wohnsitzes oder Aufenthaltsortes innerhalb der Schweiz werden sie von demjenigen Kanton besteuert, in dem sie bei Fälligkeit der steuerbaren Leistungen ihren Wohnsitz oder Aufenthaltsort haben. Werden diese Leistungen in der Folge ordentlich veranlagt (Art. 38 Abs. 2 StHG), bleiben die an der Quelle abgezogenen Steuerbeträge beim Kanton, der sie erhoben hat. Im Rahmen der ordentlichen Veranlagung besteuert jeder Kanton die Steuerpflichtigen im Verhältnis zur Dauer der Steuerpflicht (Art. 38 Abs. 4 StHG, anwendbar ab dem 1. Januar 2001)[11].

333 Wohnsitzwechsel im Laufe der Steuerperiode, in welcher der Wegzugskanton zum System der einjährigen Postnumerandebesteuerung wechselt

Im Falle eines Wohnsitzwechsels zwischen Kantonen, welche die einjährige Postnumerandobesteuerung anwenden, ist für die ganze Steuerperiode der Kanton des Wohnsitzes am Ende der Steuerperiode für die Veranlagung und den Bezug zuständig. Wenn der Wegzugskanton zu Beginn dieser Steuerperiode von der zweijährigen Pränumerandobesteuerung zur einjährigen Postnumerandobesteuerung übergeht, was für eine Mehrheit der Kantone bei einem Wohnsitzwechsel im Jahre 2001 zutrifft, bleibt die steuerpflichtige Person in diesem Kanton für die im Laufe der Bemessungslücke vereinnahmten ausserordentlichen Einkünfte im Sinne von Art. 69 StHG steuerpflichtig. Sie kann im Wegzugskanton auch die ausserordentlichen

---

[11] Siehe das Kreisschreiben 14 der SSK.

Aufwendungen geltend machen, sofern dieser Kanton die Anrechnung gemäss Art. 69 Abs. 4 Bst. a StHG vornimmt.

Beispiel:

Eine im Kanton A wohnhafte natürliche Person wechselt ihren Wohnsitz per 1. Juli 2001 in den Kanton B, welcher die einjährige Postnumerandobesteuerung anwendet. Für die Steuerperiode 2001 ist diese Person im Kanton B steuerpflichtig. Der Kanton A ist per 1. Januar 2001 von der zweijährigen Pränumerandobesteuerung zur einjährigen Postnumerandobesteuerung übergegangen. Der Kanton A wird diese Person für die ausserordentlichen Einkünfte der Jahre 1999 und 2000 besteuern. Die ausserordentlichen Aufwendungen derselben Jahre wird der Kanton A zum Abzug bringen, sofern er sich für die Lösung gemäss Art. 69 Abs. 4 Bst. a StHG entschieden hat.

334 Änderung der Steuerpflicht in Folge wirtschaftlicher Zugehörigkeit

334.1 Im Verhältnis zwischen Kantonen, die das System der einjährigen Postnumerandobesteuerung anwenden

Art. 68 Abs. 2 StHG regelt die Folgen einer Änderungen der Steuerpflicht im Laufe einer Steuerperiode bezüglich einer wirtschaftlichen Zugehörigkeit ausserhalb des Wohnsitzkantons. Diese seit dem 1. Januar 2001 in Kraft stehende Bestimmung untersagt eine zeitliche Aufteilung der Steuerperiode in Fällen der Begründung, der Änderung oder der Aufhebung eines Spezial- oder Nebensteuerdomizils.

Beispiel:

Eine im Kanton A wohnhafte natürliche Person kauft im Februar des Jahres N ein sich im Bau befindliches Chalet im Kanton B. Im Herbst des gleichen Jahres ist das Haus bezugsbereit. Im November schenkt diese Person das Haus einem im Kanton C wohnhaften nahen Verwandten. Die verschiedenen Änderungen der Steuerpflicht (Kauf der Liegenschaft, Beginn der wirtschaftlichen Nutzung und Schenkung) bewirken keine Aufteilung der Steuerperioden der betroffenen Personen. Die im Kanton A wohnhafte Person wird für die Steuerperiode N von diesem Kanton besteuert. Dieser Kanton wird zu Gunsten des Kantons B eine interkantonale Ausscheidung vornehmen. Der im Kanton C wohnhafte Verwandte wird für die Steuerperiode N von diesem Kanton besteuert. Dieser Kanton C wird zu Gunsten des Kanton B eine interkantonale Ausscheidung vornehmen. Im Kanton B sind beide Personen für den jedem einzeln zugewiesenen Liegenschaftsertrag steuerpflichtig.

Art. 68 Abs. 2 StHG gilt generell auch in Fällen von Änderungen betreffend Betriebsstätten ausserhalb des Wohnsitzkantons.

Beispiel:
Eine im Kanton A wohnhafte natürliche Person übt eine selbstständige Erwerbstätigkeit aus. Der Sitz der Einzelfirma ist im Kanton A. Im Laufe des Jahres N wurde eine Betriebsstätte im Kanton B eröffnet und die Betriebsstätte im Kanton C wurde in den Kanton D verlegt. Diese verschiedenen Änderungen der Steuerpflicht auf Grund wirtschaftlicher Zugehörigkeiten bewirken in keinem Kanton eine Aufteilung der Steuerperiode. Für die Steuerperiode N wird der Kanton A den Gewinn der Unternehmung auf die Kantone A (Sitz), B, C und D (Betriebsstätten) aufteilen.

Ist die Dauer einer wirtschaftlichen Zugehörigkeit in einem anderen Kanton kürzer als eine ganze Steuerperiode, wird der Grundsatz nach Art.1 66 Abs. 4 StHG (Besteuerung des Vermögens im Verhältnis zur Dauer der Zugehörigkeit) nicht durch eine Herabsetzung des Steuerbetrages umgesetzt, sondern durch eine betragsmässige Herabsetzung der dem Nebensteuerdomizil zugewiesenen Vermögensteile (siehe Art. 68 Abs. 2 zweiter Satz StHG). Diese Sonderregel gewährleistet eine gerechte Aufteilung der Schuldzinsen unter den Kantonen[12].

Die durch ein Spezial- oder Nebensteuerdomizil in Folge wirtschaftlicher Zugehörigkeit begründete Steuerpflicht erstreckt sich auf die ganze Steuerperiode. Für eine eventuelle Umrechnung von periodischen Einkünften ist demnach die Zeitdauer der Steuerpflicht am Hauptsteuerdomizil massgebend.

Beispiel:
Eine natürliche Person nimmt anfangs des zweiten Quartals des Jahres N in der Schweiz im Kanton A Wohnsitz. Einige Monate später, anfangs Oktober, kauft sie eine Zweitwohnung im Kanton B. Der Kanton A veranlagt die Person für die Steuerperiode N (unterjährige Steuer-

---

[12] Siehe das Kreisschreiben 18. der SSK.

pflicht vom 1.4. bis zum 31.12.). Der Kanton A nimmt eine interkantonale Ausscheidung zu Gunsten des Kantons B vor. Dieser veranlagt den Liegenschaftsertrag für eine Steuerperiode, die der Dauer der persönlichen Zugehörigkeit entspricht.

334.2 Im Verhältnis zwischen Kantonen, die das System der zweijährigen Pränumerandobesteuerung anwenden

Die Folgen einer Änderung in der wirtschaftlichen Zugehörigkeit ausserhalb des Wohnsitzkantons werden durch das StHG, durch die kantonalen Gesetze und durch das Bundesrecht zum Verbot der interkantonalen Doppelbesteuerung geregelt. Der Vollständigkeit halber sei auf die Bestimmung in Art. 17 Bst. d StHG hingewiesen, wonach das Einkommen und das Vermögen bei einer Änderung der für die Besteuerung im interkantonalen und internationalen Verhältnis massgebenden Grundlagen einer Zwischenveranlagung unterworfen sind.

334.3 Im Verhältnis zwischen Kantonen, die unterschiedliche Systeme der zeitlichen Bemessung anwenden

Die Anwendung der Regel gemäss Art. 68 Abs. 2 zweiter Satz StHG kann im Kanton mit einähriger Postnumerandobesteuerung zu Abweichungen der prozentualen Aufteilung der Schulden und Schuldzinsen unter Kantonen führen[13]. In diesen Fällen hat Artikel 68 Absatz 2 zweiter Satz für die Zuweisung der Schulden und Schuldzinsen zu Lasten der Kantone Vorrang.

4 Inkrafttreten

Das Gesetz vom 15. Dezember 2000 ist am 1. Januar 2001 in Kraft getreten und findet – wie das vorliegende Kreisschreiben - ab der Steuerperiode 2001 Anwendung.

---

[13] Im Falle einer unterjährigen Steuerpflicht scheidet der Kanton, welcher das Pränumerandosystem anwendet, die Gesamtwerte aus (und berechnet seine Steuer pro rata temporis), währenddem der Kanton, welcher das Postnumerandosystem anwendet, die Ausscheidung mit den pro rata temporis im Verhältnis zur Dauer der Steuerpflicht herabgesetzten Werten vornimmt.

☞ Das Inhaltsverzeichnis ist nicht enthalten.

Natürliche Personen im Ausland – Öffentlich-rechtliches Arbeitsverhältnis

Quelle: Schweizerische Steuerkonferenz SSK

Besteuerung von natürlichen Personen im Ausland mit einem Arbeitsverhältnis zum Bund oder zu einer andern öffentlich-rechtlichen Körperschaft oder Anstalt des Inlandes

Kreisschreiben 1 - vom 30. Juni 2010

Die nachfolgenden Ausführungen dienen einer rechtsgleichen Behandlung aller ins Ausland versetzten Bediensteten des Bundes oder einer andern öffentlich-rechtlichen Körperschaft oder Anstalt des Inlandes:

1. Direkte Bundessteuer

Die Besteuerung von natürlichen Personen im Ausland mit einem Arbeitsverhältnis zum Bund oder zu einer andern öffentlich-rechtlichen Körperschaft oder Anstalt des Inlandes ist in Art. 3 Abs. 5 DBG geregelt. Die direkte Bundessteuer wird für die ganze Steuerperiode (auch während der ganzen Tätigkeit im Ausland) erhoben, weil diese an das schweizerische Dienstverhältnis anknüpft.

Weitere Bestimmungen zur Steuerpflicht, örtlichen Zuständigkeit, Bemessung und Verfahrenspflichten sind in der bundesrätlichen Verordnung über die Besteuerung von natürlichen Personen im Ausland mit einem Arbeitsverhältnis zum Bund oder zu einer andern öffentlich-rechtlichen Körperschaft oder Anstalt des Inlandes vom 20. Oktober 1993 (SR 642.110.8) enthalten.

2. Kantonale Steuern

In den Kantonen richtet sich die Besteuerung ausschliesslich danach, ob die Bediensteten ihren steuerrechtlichen Wohnsitz in der Schweiz beibehalten oder nicht. Dabei bleibt der einmal begründete Wohnsitz einer Person bis zum Erwerb eines neuen Wohnsitzes bestehen (BGE vom 15.3.1991, ASA 60, S. 499; BGE vom 14.4.2009, 2C_576/2008).

2.1. *Aufenthalt zu Ausbildungszwecken*

Erfolgt der Aufenthalt zu Ausbildungszwecken, ist ohne Rücksicht auf die Dauer des Auslandaufenthaltes eine durchgehende Besteuerung vorzunehmen, beispielsweise für die Instruktoren während des Besuches einer ausländischen Generalstabs- oder Militärschule.

2.2. Aufenthalt zu Erwerbszwecken

2.2.1. Alleinstehende - Auslandaufenthalt bis zu einem Jahr

Dauert der ununterbrochene Aufenthalt bei Alleinstehenden weniger als ein Jahr, so wird gemäss bestehender Praxis in der Regel davon ausgegangen, dass die Steuerpflichtigen ohne Rücksicht auf ihren polizeilichen oder militärischen Status in der Schweiz weiterhin wohnhaft sind. In diesen Fällen bleibt die unbeschränkte Steuerpflicht in der Schweiz bestehen.

Dauert der ununterbrochene Aufenthalt im Ausland länger als ein Jahr, endet die unbeschränkte Steuerpflicht in der Regel mit der Abreise ins Ausland.

2.2.2. Ehepaarbesteuerung – Wohnsitz des Ehegatten verbleibt in der Schweiz

Verbleibt bei verheirateten Steuerpflichtigen ein Ehegatte und allenfalls auch Kinder weiterhin in der Schweiz, ist in der Regel anzunehmen, dass sich der steuerliche Wohnsitz beider Ehegatten am schweizerischen Aufenthaltsort der Familie befindet. Verheiratete Steuerpflichtige bleiben daher auch bei längerem Auslandaufenthalt in der Schweiz steuerpflichtig.

2.2.3. Militärische Einsätze der Swisscoy

Erfolgt der Aufenthalt im Rahmen der Swisscoy (z.B. Friedenserhaltende Massnahmen im Kosovo), ist ohne Rücksicht auf die Dauer des Auslandaufenthaltes eine durchgehende Besteuerung vorzunehmen. Der Aufenthalt erfolgt im Rahmen eines befristeten Arbeitsverhältnisses. Dieses dauert maximal sechs Monate und kann höchstens zweimal um jeweils sechs Monate verlängert werden. Obwohl sich Swisscoy Angehörige zu Erwerbszwecken bis zu 18 Monate im Ausland aufhalten, begründen sie dort keinen Wohnsitz, da die Absicht des dauernden Verbleibens am Einsatzort regelmässig fehlt (Urteil des Verwaltungsgerichts des Kt. BE vom 18.5.2009 [Nr. 100.2008.23382U]).

3. Vorbehalte

Vorbehalten bleiben in allen Fällen die Abweichungen im Zusammenhang mit Staatsverträgen, insbesondere Doppelbesteuerungsabkommen, und Abkommen über die Rechtsstellung internationaler Organisationen und ihrer Beamten, sowie diplomatische und konsularische Vertretungen.

Dieses Kreisschreiben ersetzt die Version vom 14. Juni 2000.

Telearbeit/Homeoffice im Unternehmen

Quelle: Schweizerische Steuerkonferenz SSK

Analyse zu den Auswirkungen von Telearbeit auf die interkantonale Steuerausscheidung von Unternehmen

Vom Vorstand der SSK genehmigt am 2. Februar 2022

(☞ *Stand: 26.4.2022*)

1. Einleitung

Infolge der COVID-19-Pandemie hat sich die Telearbeit als Arbeitsmethode in den Unternehmen dauerhaft etabliert. Da die Mitarbeitenden häufig in einem anderen Kanton bzw. einer anderen Gemeinde wohnen als der Arbeitgeber, stellt sich folgende Frage: Bedeutet Telearbeit eine Zuteilung von Gewinn/Kapital bzw. Einkommen/Vermögen des Unternehmens an den Ort des Telearbeitsplatzes des Arbeitnehmenden? Die vorliegende Analyse bietet einen Rahmen für Überlegungen zu dieser Frage. Die Frage wird aus der Perspektive dauerhafter Telearbeit und deren Bedingungen und nicht aufgrund der aussergewöhnlichen Situation der COVID-19-Pandemie behandelt.

In diesem Dokument wird der Begriff Telearbeit definiert als «das Arbeiten von einem mit technischen Kommunikationsmitteln ausgestatteten Platz ausserhalb der Räumlichkeiten des Arbeitgebers (in der Regel in einem privaten Lebensbereich)».

Im Bereich der interkantonalen Steuerausscheidung werden die Regeln vom Bundesgericht durch seine verschiedenen Rechtsprechungen festgelegt. Die vorliegende Analyse wendet die bestehenden Regeln auf die spezifische Problematik der Telearbeit an.

Die Analyse beschränkt sich auf bestimmte Themenbereiche. Erstens werden nur die Problematiken auf interkantonaler und interkommunaler Ebene behandelt, unter Ausschluss des internationalen Aspekts. Zweitens werden nur die Steuerausscheidungen/Anknüpfungen von Unternehmen (juristische Personen und selbständige Erwerbstätigkeit) analysiert. Schliesslich wird nur die Frage behandelt, ob am Ort der Telearbeit ein Steuerdomizil (Haupt-, Sekundär- oder Spezialsteuerdomizil) besteht, ohne auf die Problematik der Ausscheidungsmethoden einzugehen.

Wie aus der oben genannten Definition von Telearbeit hervorgeht, konzentriert sich die Analyse hauptsächlich auf die Auswirkungen der Telearbeit von Arbeitnehmenden auf das Unternehmen, das sie beschäftigt (das Unternehmen kann sowohl eine juristische Person, eine Einzelfirma als auch eine Personengesellschaft sein); der Vollständigkeit halber wird jedoch der Aspekt der Arbeit am Wohnsitz durch die Inhaberin/den Inhaber einer Einzelfirma bzw. die Gesellschafterin/den Gesellschafter einer Personengesellschaft in einem gesonderten Kapitel speziell behandelt.

Die vorliegende Analyse beginnt in Kapitel zwei mit einem Rückblick auf die wichtigsten allgemeinen Grundsätze in Bezug auf die Anknüpfung, ob persönlich oder wirtschaftlich. Anschliessend wird in Kapitel drei die Anwendung dieser Definitionen auf die besondere Situation der Telearbeit betrachtet.

In diesem Kapitel werden drei Problemstellungen untersucht: (i) Begründet Telearbeit eine Betriebsstätte, (ii) stellt die Telearbeit von Arbeitnehmenden, die einer Betriebsstätte eines Unternehmens zugeordnet sind, deren Existenz in Frage und (iii) kann Telearbeit eine tatsächliche Verwaltung begründen. Kapitel vier betrachtet die Auswirkungen der besonderen Situation der Arbeit am Wohnsitz der Inhaberin/des Inhabers einer Einzelfirma bzw. der Gesellschafterin/des Gesellschafters einer Personenunternehmung. Kapitel fünf schliesslich äussert sich zur Übertragbarkeit der interkantonalen Überlegungen auf die interkommunalen Angelegenheiten.

2. Allgemeine Grundsätze

2.1. Betriebsstätte (juristische Personen und selbständige Erwerbstätigkeit)

Im interkantonalen Verhältnis wird die Betriebsstätte definiert als «jede feste und dauerhafte Einrichtung, in der ein quantitativ und qualitativ bedeutender Teil der technischen oder kommerziellen Tätigkeit des Unternehmens ausgeübt wird».

Nach dieser Definition müssen die folgenden Bedingungen erfüllt sein, damit am Ort einer Aktivität eine Betriebsstätte begründet wird:

- Die Einrichtung muss fest und dauerhaft sein;
- Ein quantitativ und qualitativ wichtiger Teil der Tätigkeit muss in dieser Einrichtung stattfinden;
- Die Einrichtung muss Teil des Unternehmens sein.

Die Anerkennung einer Betriebsstätte setzt somit eine feste Einrichtung voraus. Dies bedeutet zunächst eine physische Geschäftseinrichtung, die an einem bestimmten Ort errichtet wurde. Es ist unerheblich, ob das Unternehmen Eigentümerin/Eigentümer oder Mieterin/Mieter der Einrichtung ist, aber es muss zumindest ein gewisses Verfügungsrecht über die Einrichtung haben. Die Einrichtung muss zweitens, um als feststehend eingestuft zu werden, dauerhaft sein; sie darf nicht nur einen vorübergehenden oder provisorischen Charakter haben[1].

Die qualitative Bedeutung ist erfüllt, sobald die Tätigkeit nicht nur untergeordnet und nebensächlich ist. Dieses Kriterium verlangt nicht, dass die Funktion direkt zum Gewinn des Unternehmens beitragen muss. Sie kann sich auf Hilfsfunktionen beschränken, die andere Betriebsstätten oder den Hauptsitz unterstützen[2].

Die quantitative Bedeutung soll verhindern, dass die steuerpflichtigen Elemente einem Ort zugewiesen werden, an dem die Tätigkeit völlig nebensächlich oder von ihrem Umfang her vernachlässigbar ist. Auf diese Weise will das Bundesgericht eine Aufsplitterung des Steuersubstrats auf die verschiedenen Steuerhoheiten verhindern[3].

In der Praxis verlangen das Kreisschreiben Nr. 23 der SSK (Schweizerische Steuerkonferenz) zur «Steuerausscheidung von Versicherungsgesellschaften» sowie das Kreisschreiben Nr. 12 der SSK zur «Steuerpflicht der Krankenkassen nach dem Krankenversicherungsgesetz» mindestens drei Angestellte (Vollzeitäquivalente), um eine Betriebsstätte zu begründen. Eine zu geringe quantitative Anforderung an die Anzahl der Beschäftigten (sofern die Beschäftigten für die Beurteilung der Bedeutung der Betriebsstätte ausschlaggebend sind) würde dazu führen, dass das Vorhandensein einer Betriebsstätte praktisch immer bejaht werden müsste, was sowohl dem Erfordernis einer «quantitativ» relevanten Tätigkeit als auch dem vom Bundesgericht geäusserten Willen, eine Aufsplitterung der Steuerhoheit zu vermeiden, widersprechen würde[4].

---

[1] Urteil des Bundesgerichts 2C_110/2018 vom 28. Februar 2019
[2] Urteil des Bundesgerichts 2C_797/2020 vom 18. März 2021 – Erwägung 3.1.1
[3] Urteil des Bundesgerichts 2C_797/2020 vom 18. März 2021 – Erwägung 3.2
[4] Urteil des Bundesgerichts 2C_216/2014 vom 15. Dezember 2016

Es sollte darauf hingewiesen werden, dass die Beurteilung des quantitativen Begriffs durch die Zählung der Anzahl der Beschäftigten ein vereinfachender, aber zutreffender Ansatz ist. Er kann jedoch nicht de facto auf alle Situationen angewendet werden. Diese Beurteilung muss insbesondere auf die Angestellten eines Unternehmens beschränkt werden und kann nicht auf die Inhaberin/den Inhaber eines Einzelunternehmens bzw. die Gesellschafterin/den Gesellschafter einer Personengesellschaft angewendet werden.

In jedem Fall muss das Kriterium der quantitativen und qualitativen Bedeutung unter Berücksichtigung der gesamten Umstände analysiert werden.

Schliesslich muss die Einrichtung grundsätzlich einen Bestandteil des Betriebs des Steuerpflichtigen darstellen und darf nicht Teil eines anderen unabhängigen Unternehmens sein.

2.2. Tatsächliche Verwaltung bei juristischen Personen

Grundsätzlich befindet sich das Hauptsteuerdomizil einer juristischen Person am Ort ihres Geschäftssitzes. Von diesem Grundsatz soll jedoch abgewichen werden, wenn die Geschäftsführung und Verwaltung des Unternehmens, d. h. die leitende Tätigkeit, die normalerweise am Ort des Sitzes ausgeübt wird, an einem anderen Ort stattfindet[5]. Die tatsächliche Verwaltung findet an dem Ort statt, an dem die wesentlichen Entscheidungen des Unternehmens getroffen werden, an dem das Unternehmen den tatsächlichen, effektiven und wirtschaftlichen Mittelpunkt seiner Existenz hat[6]. Die laufende Geschäftsführung unterscheidet sich einerseits von einer einfachen administrativen Ausführungstätigkeit und andererseits von der Tätigkeit der obersten Gesellschaftsorgane der Gesellschaft, die entweder auf das Treffen grundlegender Grundsatzentscheidungen mit strategischem Charakter oder auf die Kontrolle der eigentlichen laufenden Geschäftsführung beschränkt ist[7]. Es wird auch klargestellt, dass der blosse Wohnsitz der Aktionäre für die Festlegung der tatsächlichen Verwaltung nicht ausschlaggebend ist. Wenn die Führungstätigkeit an mehreren Orten ausgeübt wird, ist der Ort, an dem sie überwiegend ausgeübt wird, der Ort, an dem sich ihr Schwerpunkt befindet, ausschlaggebend[8].

Der tatsächliche Ort der Verwaltung der Gesellschaft wird in der Regel mithilfe einer Gesamtheit von Indizien unter Berücksichtigung des jeweiligen Einzelfalls erfasst.

Wird eine juristische Person tatsächlich von einem anderen Kanton als dem des statutarischen Sitzes aus verwaltet, befindet sich das Hauptsteuerdomizil in diesem anderen Kanton. Verfügt sie jedoch an ihrem eingetragenen Sitz über mehr als nur einen Briefkasten, kann dort ein sekundäres Steuerdomizil begründet werden, sofern die Bedingungen für das Vorliegen einer Betriebsstätte erfüllt sind[9].

---

[5] Urteil des Bundesgerichts 2C_627/2017 vom 1. Februar 2019 – Erwägung 2.3.4
[6] Urteil des Bundesgerichts 2C_627/2017 vom 1. Februar 2019 – Erwägung 2.2
[7] Urteil des Bundesgerichts 2A_321/2003 vom 4. Dezember 2003 – Erwägung 3.1
[8] Urteil des Bundesgerichts 2A_321/2003 vom 4. Dezember 2003 – Erwägung 3.1
[9] Urteil des Bundesgerichts 2C_627/2017 vom 1. Februar 2019 – Erwägung 2.3.6

3. Telearbeit innerhalb eines Unternehmens

3.1. Betriebsstätten im Zusammenhang mit Telearbeit durch Angestellte, die dem Hauptsteuerdomizil des Unternehmens zugeordnet sind

Kriterium der festen und dauerhaften Geschäftseinrichtung

Wenn der Arbeitnehmende im Rahmen der Telearbeit eine Fläche in seiner Wohnung dieser Arbeit widmet, ist es schwierig, das Vorliegen einer festen Einrichtung zu bestreiten. Der Aspekt der «festen Einrichtung» erfordert keine besonderen Voraussetzungen und ist in der Regel erfüllt. Auch das Merkmal der Dauerhaftigkeit kann erfüllt sein. Das Unternehmen hat jedoch kein wirkliches Recht, über die feste Geschäftseinrichtung am Wohnort des Arbeitnehmenden zu verfügen. Zum einen ist das Unternehmen in der Regel weder Eigentümerin/Eigentümer noch Mieterin/Mieter der gesamten oder eines Teils der Wohnung des Arbeitnehmenden. Andererseits bleibt der Zugang zu den Arbeitsräumen des Arbeitnehmenden unter der Kontrolle des Arbeitnehmenden, und das Unternehmen hat kein umfassendes Recht auf die Nutzung dieser Räume (das Unternehmen besitzt z. B. keinen Schlüssel zur Wohnung des Arbeitnehmenden). Das Unternehmen hat kein ausreichendes Nutzungsrecht. Folglich mangelt es am Kriterium einer festen Geschäftseinrichtung, damit die Wohnung des Arbeitnehmenden als Betriebsstätte eingestuft werden könnte.

Die Voraussetzung einer festen Geschäftseinrichtung ist auch nicht erfüllt, wenn der Arbeitgeber dem Arbeitnehmenden eine Entschädigung für die Nutzung eines Privatraums zahlt. Denn als Gegenleistung für die Entschädigung hat sich der Arbeitnehmende nicht verpflichtet, die Nutzung der Räumlichkeiten zu überlassen, wie es bei einem Mietvertrag für den Vermieter der Fall ist. Die Abfindung bietet keine echte Befugnis, frei über das Mietobjekt zu verfügen. Dasselbe gilt, wenn die Telearbeit nicht freiwillig ist, sondern vom Arbeitgeber angeordnet wird, da der Arbeitgeber in diesem Fall immer noch nicht die Befugnis hat, frei über die Räumlichkeiten zu verfügen.

In Fällen, in denen das Unternehmen über ein weitreichendes Recht auf die Nutzung der Räumlichkeiten verfügt, sollte eine detaillierte Analyse des Einzelfalls durchgeführt werden, um festzustellen, ob am Ort der Telearbeit eine Betriebsstätte begründet wird. Aber auch in einem solchen Fall muss das Kriterium der qualitativen und quantitativen Bedeutung zusätzlich erfüllt sein, damit eine Betriebsstätte angenommen werden kann.

Kriterium der quantitativ und qualitativ bedeutenden Aktivität

In seiner Rechtsprechung hat das Bundesgericht den Grundsatz aufgestellt, dass interkantonale Steuerausscheidungen nicht zu einer Zersplitterung des Steuersubstrats führen dürfen. Die Anerkennung einer Betriebsstätte am Ort der Telearbeit jedes Angestellten würde zu einer Situation führen, die diesem Grundsatz widerspricht.

Ohne formell zur Telearbeit Stellung zu nehmen, sah sich das Bundesgericht veranlasst, das Vorliegen einer Betriebsstätte aufgrund der Erledigung von administrativen Arbeiten am Wohnsitz im Zusammenhang mit einer Arztpraxis zu verneinen[10]. Diese Aktivität wurde sowohl quantitativ als auch qualitativ als zu gering angesehen.

Am Telearbeitsplatz verfügt das Unternehmen über höchstens einen Angestellten, wenn dieser Vollzeit am Wohnort arbeitet. Bei teilweiser Telearbeit beschäftigt das Unternehmen in Vollzeitäquivalenten am Wohnort weniger als einen Angestellten. Somit ist das quantitative Kriterium gemäss den in Kapitel 2.1 oben erwähnten Elementen grundsätzlich nicht erfüllt.

---

[10] Urteil des Bundesgerichts 2P_249/2006 vom 29. Januar 2007

Das Fehlen einer Aussenwirkung (Firmenschild oder Briefkasten, Aufnahmefähigkeit für Geschäftsbeziehungen) ist allein nicht ausschlaggebend und kann in den verschiedenen Rechtsprechungen unterschiedlich gewichtet werden[11]. Ein solches Fehlen ist jedoch ein Indiz, das gegen die Existenz einer Betriebsstätte spricht.

Wenn mehrere Angestellte des Unternehmens im selben Kanton/in derselben Gemeinde wohnhaft sind, ist eine konsolidierte Beurteilung der Anzahl der Angestellten nicht angemessen. Jeder Tätigkeitsort muss grundsätzlich unabhängig voneinander betrachtet werden und für sich selbst die Kriterien für eine Betriebsstätte erfüllen. In diesem Fall ist jeder Wohnsitz der Angestellten ein anderer Standort, der zu verschiedenen Personen gehört und nicht Gegenstand einer Konsolidierung sein kann.

Weitere Überlegungen
Die Kriterien, die das Vorhandensein einer festen Geschäftseinrichtung oder die quantitative Bedeutung der entfalteten Tätigkeit begründen, bleiben auch dann gleich, wenn der Telearbeitende ein leitender Angestellter des Unternehmens oder sogar der Geschäftsführer ist.

Schlussfolgerung
In Bezug auf die interkantonale Steuerausscheidung begründet Telearbeitende am Ort ihres Wohnsitzes grundsätzlich keine Betriebsstätte für das Unternehmen, das sie beschäftigt.

Selbst in dem besonderen Fall, in dem ein Unternehmen nach einem vollständig dezentralisierten Geschäftsmodell arbeitet, bei dem alle Mitarbeitende zur Telearbeit verpflichtet sind und das Unternehmen keine Arbeitsmöglichkeiten in seinen eigenen Räumlichkeiten anbietet, erlauben es die derzeitigen, von der Rechtsprechung bestimmten Regeln nicht, an den verschiedenen Orten der Telearbeit Betriebsstätten zu begründen.

3.2. Betriebsstätten im Zusammenhang mit Telearbeit durch Angestellte, die einem sekundären Steuerdomizil des Unternehmens zugeordnet sind

Wenn es keine Telearbeit gibt, werden Arbeitnehmende, die von einer Betriebsstätte abhängig sind, im interkantonalen Steuerrecht dieser Betriebsstätte zugeordnet. Im Falle von Telearbeit stellt sich die Frage, ob die Angestellten weiterhin der Betriebsstätte zugeordnet werden können oder ob sie direkt dem Hauptsteuerdomizil des Unternehmens, d.h. dem Sitz (oder dem Ort der tatsächlichen Verwaltung), zugeordnet werden müssen.

Um eine Betriebsstätte zu begründen, muss erstens die Voraussetzung einer festen Geschäftseinrichtung gemäss den in Kapitel 2.1 genannten Kriterien erfüllt sein. Im Falle einer intensiven Nutzung von Telearbeit kann es sein, dass ein Unternehmen seine eigenen Räumlichkeiten am Ort des sekundären Steuerdomizils aufgibt. Als Ersatz kann es sich beispielsweise damit begnügen, sporadisch Konferenzräume oder Büros für spezifische Bedürfnisse zu mieten. In diesem Fall mangelt es an der «Dauerhaftigkeit», das eines der notwendigen Kriterien für die Einstufung als Betriebsstätte ist, und der vom Unternehmen genutzte Standort kann nicht mehr als Betriebsstätte eingestuft werden. Somit werden die Angestellten steuerlich dem Hauptsteuerdomizil des Unternehmens zugeordnet.

---

[11] Erwogen im Urteil des Bundesgerichts 2P_249/2006, relativiert durch das Urteil 2C_797/2020

Für den Fall, dass das Unternehmen nicht auf seine eigenen festen Geschäftseinrichtungen verzichtet, muss die Zugehörigkeit der Telearbeitenden zu dieser Betriebsstätte in Betracht gezogen werden. Wenn die Telearbeit in Teilzeit ausgeübt wird und die Angestellten in der übrigen Zeit die Geschäftsräume der Betriebsstätte aufsuchen, wird deren Zugehörigkeit zu dieser Betriebsstätte nicht in Frage gestellt. Auch wenn die Angestellten die Telearbeit in Vollzeit ausüben und die Räumlichkeiten der Betriebsstätte nur für Sitzungen oder besondere Aufgaben aufsuchen, bleiben sie weiterhin dieser Betriebsstätte zugeordnet. Denn die physische Anwesenheit in den Räumlichkeiten der festen Geschäftseinrichtung ist nicht das entscheidende Kriterium für die Zuordnung der Angestellten zur Betriebsstätte, sondern vielmehr die rechtliche und wirtschaftliche Zuordnung.

Schlussfolgerung

Sofern das Unternehmen am Ort der Betriebsstätte noch über eine feste Geschäftseinrichtung verfügt und die Beschäftigten rechtlich und wirtschaftlich mit der Betriebsstätte verbunden bleiben, stellt die Telearbeit grundsätzlich weder die Existenz der Betriebsstätte noch die Verbindung der Beschäftigten zu dieser in Frage.

In Fällen, in denen das Unternehmen seine Räumlichkeiten zwar nicht aufgibt, aber deren Grösse, Sichtbarkeit und Funktion in einer Weise reduziert, die das Vorhandensein einer festen Geschäftseinrichtung in Frage stellt, muss eine detaillierte Analyse des gesamten Falls durchgeführt werden. Eine solche Analyse muss auch in Fällen durchgeführt werden, in denen das Unternehmen von Anfang an in sehr kleinen Räumlichkeiten an einem anderen Ort als dem des Hauptsitzes tätig ist.

3.3. Tatsächliche Verwaltung im Zusammenhang mit Telearbeit

Die Voraussetzungen für das Vorhandensein einer tatsächlichen Verwaltung an einem anderen Ort als dem des Hauptsitzes sind nicht deckungsgleich mit den Voraussetzungen für die Anerkennung einer Betriebsstätte.

Im interkantonalen Verhältnis wird, wie in Kapitel 2.2 erläutert, die tatsächliche Verwaltung an einem anderen Ort als dem des statutarischen Sitzes anerkannt, wenn die laufende Geschäftsführung an diesem Ort wahrgenommen wird.

Folglich verlegt in grösseren Unternehmen ein einzelner Mitarbeitender, der Telearbeit leistet, die tatsächliche Verwaltung nicht an den Ort seines Wohnsitzes, selbst wenn es sich um den Geschäftsführer handelt. In kleinen Strukturen hingegen, in denen die operative Führung des Unternehmens in den Händen einer einzigen Person liegt, kann der Ort der laufenden Verwaltung am Ort der Telearbeit liegen, sofern alle Bedingungen erfüllt sind.

4. Arbeit am Wohnsitz der Inhaberin/des Inhabers einer Einzelfirma bzw. der Gesellschafterin/des Gesellschafters einer Personengesellschaft

4.1. Allgemeine Grundsätze

Das Hauptsteuerdomizil einer natürlichen Person befindet sich immer am Ort ihres steuerlichen Wohnsitzes. Daher wird das Ergebnis der selbstständigen Tätigkeit standardmässig diesem Ort zugewiesen. Wenn der Mittelpunkt der selbstständigen Erwerbstätigkeit jedoch an einem anderen Ort ausgeübt wird, wird ein Spezialsteuerdomizil (Geschäftsort) begründet. Dieses Spezialsteuerdomizil befindet sich an dem Ort, an dem ein kommerzielles Unternehmen tatsächlich betrieben wird, d. h. an dem Ort, an dem sich die festen und dauerhaften Anlagen und Einrichtungen befinden (bei einfachen Gesellschaften und Einzelfirmen). Ein einfacher formeller Eintrag im Handelsregister oder ein einfacher Briefkasten bzw. ein Postfach reichen nicht aus, um ein Spezialsteuerdomizil zu begründen[12].

Bei Personengesellschaften befindet sich das Spezialsteuerdomizil des Geschäftsortes grundsätzlich am Ort des Sitzes der Gesellschaft, es sei denn, die tatsächliche Geschäftsführung der Gesellschaft wird von einem anderen Ort aus wahrgenommen[13].

Wird die Tätigkeit an mehreren Orten ausgeübt, können Betriebsstätten begründet werden, sofern die in Abschnitt 2.1 genannten Kriterien erfüllt sind.

4.2. Arbeit am Wohnsitz bei Einzelunternehmen

Wie in den allgemeinen Grundsätzen erwähnt, wird das Ergebnis der selbstständigen Tätigkeit grundsätzlich dem Wohnsitz der natürlichen Person zugewiesen, es sei denn, es besteht ein Nebensteuerdomizil.

Falls aufgrund der Bedeutung der Arbeit am Wohnsitz davon auszugehen ist, dass der Hauptort der selbständigen Erwerbstätigkeit am Hauptsteuerdomizil verbleibt, gibt es kein Spezialsteuerdomizil des Geschäftsortes. In diesem Fall ist ein zusätzliches Steuerdomizil am Ort, an dem ein Teil der selbständigen Erwerbstätigkeit ausgeübt wird, unter dem Gesichtspunkt der Betriebsstätte (sekundäres Steuerdomizil) zu betrachten.

Falls die selbstständige Erwerbstätigkeit an einem anderen Ort als dem Hauptsteuerdomizil ausgeübt wird und die Arbeit am Wohnsitz hauptsächlich in der Erledigung von administrativen Arbeiten besteht, ist der Geschäftsort als Spezialsteuerdomizil zu betrachten, dem das Ergebnis der selbstständigen Erwerbstätigkeit vollständig zugerechnet wird (vorbehaltlich des Bestehens einer Betriebsstätte an einem anderen Ort). Die Tätigkeit am Wohnsitz des Einzelunternehmenden wird nicht ausreichen, um eine Betriebsstätte gemäss den Überlegungen in den Kapiteln 2.1 und 3.1 zu begründen.

4.3. Arbeit am Wohnsitz bei kaufmännischen Personengesellschaften

Eine kaufmännische Personengesellschaft begründet für alle Gesellschafterinnen/Gesellschafter ein einziges Nebensteuerdomizil am Ort der Geschäftstätigkeit.

Grundsätzlich befindet sich der Ort der Geschäftstätigkeit am gesellschaftsrechtlichen Sitz der Personengesellschaft gemäss der Eintragung im Handelsregister. Der eingetragene Sitz ist jedoch nicht massgeblich, wenn sich der zentrale Ort der laufenden tatsächlichen Geschäftsführung an einem anderen Ort befindet. Wenn die Geschäftstätigkeit an mehreren Orten ausgeübt wird, ist der Hauptort zu bestimmen.

Wird der Ort des gesellschaftsrechtlichen Sitzes als Hauptgeschäftsort angesehen, können die Gesellschafterinnen/Gesellschafter durch ihre Tätigkeiten an ihrem Wohnsitz eine Betriebsstätte der Personengesellschaft gemäss den allgemeinen Kriterien für das Vorliegen einer Betriebsstätte begründen. Anders als bei der Telearbeit eines Arbeitnehmenden wird das Kriterium der festen Geschäftseinrichtung am Wohnort des Gesellschafters oft erfüllt. Dies liegt daran, dass die Gesellschaft angesichts der rechtlichen und steuerlichen Überschneidung zwischen dem Gesellschafter und der Gesellschaft

---

[12] Nach Locher P., Einführung in das interkantonale Steuerrecht, 4. Auflage, 2015, S. 42 ff.
[13] Nach Locher P., Einführung in das interkantonale Steuerrecht, 4. Auflage, 2015, S. 43

oft die Verfügungsgewalt über die Räumlichkeiten hat. Um eine Betriebsstätte zu begründen, ist es jedoch noch erforderlich, dass die Arbeit am Wohnsitz im Lichte der Gesamtumstände als qualitativ und quantitativ bedeutende Tätigkeit anzusehen ist. Wie in Kapitel 2.1 erwähnt, ist in diesem Fall nicht die Anzahl der Beschäftigten ausschlaggebend, sondern vielmehr die Art und der Umfang der zu Hause ausgeübten Tätigkeiten.

Schliesslich stellt die Telearbeit die derzeitigen Regeln für die interkantonale Aufteilung der selbstständigen Erwerbstätigkeit anhand der Komponenten Lohn, Zinsen und Gewinn nicht in Frage.

5. Interkommunale Steuerausscheidung

Die Problematik der interkantonalen Steuerausscheidung fällt in den Zuständigkeitsbereich der jeweiligen Kantone. Es wird jedoch empfohlen, die oben aufgeführten Grundsätze auch bei der interkommunalen Steuerausscheidung anzuwenden. Von diesen Grundsätzen sollte nur insofern abgewichen werden, als die kantonalen Gesetze dies verlangen oder lokale Besonderheiten berücksichtigt werden müssen.

Aufwandbesteuerung; ausserkantonale Liegenschaften

Quelle: Schweizerische Steuerkonferenz SSK

Analyse zur Berücksichtigung von ausserkantonalen Liegenschaften bei der Besteuerung nach dem Aufwand

Vom Vorstand der SSK genehmigt am 25. August 2021   (☞ Stand: 30.9.2021)

1. Anlass für die vorliegende Analyse

Aufgrund einer Ende 2019 eingereichten Motion im Bundesparlament[1] stellte sich die Frage, ob und in welcher Weise bei der kantonalen Besteuerung von Aufwandbesteuerten ausserkantonale Liegenschaften in die Kontrollrechnung bzw. Veranlagung einzubeziehen sind. Dabei wurde geprüft, ob die Handhabung in allen Kantonen einheitlich ist oder vereinheitlicht werden kann.

2. Rechtliche Grundlagen und Praxis in den Kantonen

Wer bestimmte Bedingungen erfüllt, kann anstelle der ordentlichen Besteuerung eine Besteuerung nach dem Aufwand wählen (Art. 14 des Gesetzes über die direkte Bundessteuer [DBG] und Art. 6 des Steuerharmonisierungsgesetzes [StHG]). Dazu ist eine Kontrollrechnung vorgesehen. Den Kantonen steht es frei, ob sie eine Aufwandbesteuerung für kantonale Steuern zulassen oder nicht, bei Zulassung sind sie aber an die Vorgaben des StHG gebunden.

Für die kantonalen Steuern verlangt Art. 6 Abs. 6 Bst. a StHG die Deklaration «des in der Schweiz gelegenen unbeweglichen Vermögens und von dessen Einkünften» für die Kontrollrechnung. Diese Bestimmung ist auslegungsbedürftig, was in der Vergangenheit zu einer uneinheitlichen Handhabung durch die Kantone geführt hat.

Liegenschaften ausserhalb des Wohnsitzkantons unterliegen im Belegenheitskanton bereits einer Besteuerung aufgrund wirtschaftlicher Zugehörigkeit (Art. 4 Abs. 1 StHG), d.h. der steuerliche Vermögenswert dieser Liegenschaften und die Erträge daraus werden im jeweiligen Belegenheitskanton besteuert. Ein – nochmaliger – Einbezug ausserkantonaler Liegenschaften in die kantonalen Steuern des Wohnsitzkantons ohne entsprechende interkantonale Ausscheidung würde somit zu einer bundesgerichtlich unzulässigen interkantonalen Doppelbesteuerung führen.

---

[1] Motion 19.4557 von Marco Chiesa «StHG. Bei der Kontrollrechnung in Zusammenhang mit der Besteuerung nach dem Aufwand braucht es eine Korrektur» vom 19.12.2019; https://www.parlament.ch/de/ratsbetrieb/suche-curia-vista#k=19.4557.

Eine erste Umfrage bei den Kantonen hat gezeigt, dass die Mehrheit jener Kantone, die in ihrem kantonalen Recht überhaupt eine Aufwandbesteuerung zulassen, ausserkantonale Liegenschaften bei der Kontrollrechnung gestützt auf die Steuerrechtslehre und die Rechtsprechung des Bundesgerichts zur interkantonalen Doppelbesteuerung ausschliesslich satzbestimmend berücksichtigen.

Im Interesse einer gesamtschweizerisch einheitlichen Handhabung und somit einer horizontalen Steuerharmonisierung haben sich daher nun alle Kantone, die eine Aufwandbesteuerung für ihr kantonales Recht kennen, damit einverstanden erklärt, ab Steuerperiode 2022 ausserkantonale Liegenschaften ausschliesslich im satzbestimmenden Sinne in die Kontrollrechnung einzubeziehen. Bei vielen Kantonen erübrigt sich dabei in der Praxis ein Einbezug in die Kontrollrechnung ganz grundsätzlich, weil die aufwandbesteuerte Person im Wohnkanton auch ohne ausserkantonale Liegenschaften schon in der maximalen Progression besteuert wird.

3. Empfehlung an die kantonalen Steuerbehörden

Zur Vermeidung einer interkantonalen Doppelbesteuerung und mit Blick auf eine einheitliche Handhabung in allen Kantonen (horizontale Steuerharmonisierung) empfiehlt der Vorstand der SSK den kantonalen Steuerbehörden, ausserkantonale Liegenschaften für die Kontrollrechnung bzw. Veranlagung der kantonalen Steuern von Aufwandbesteuerten ab Steuerperiode 2022 ausschliesslich satzbestimmend einzubeziehen.

F&E-Aufwand; zusätzlicher Abzug STAF

Quelle: Schweizerische Steuerkonferenz SSK

Zürich, 4. Juni 2020

Analyse zum zusätzlichen Abzug von Forschungs- und Entwicklungsaufwand nach den Art. 10a und Art. 25a Steuerharmonisierungsgesetz

Hinweis

Die nachfolgenden Ausführungen basieren auf den im Zeitpunkt der Erarbeitung vorhandenen Quellen, welche laufend zitiert sind. Es handelt sich dabei um eine erste Analyse, welche in einem späteren Zeitpunkt an weitere Erkenntnisse und Erfahrungen in der Praxis angepasst werden kann.

Inhalt

Zusammenfassung

1. Gesetzliche Grundlage StHG 4
2. Allgemeines 4
3. Qualifizierender Forschungs- und Entwicklungsaufwand 5
3.1. Forschung und Entwicklung gemäss Art. 25a StHG 5
    3.1.1. Gesetzlicher Verweis auf das FIFG 6
    3.1.2. Wissenschaftliche Forschung 7
    3.1.3. Wissenschaftsbasierte Innovation 8
    3.1.4. Schematische Übersicht: Wissenschaftliche Forschung und wissenschaftsbasierte Innovation 9
3.2. Keine Forschung und Entwicklung gemäss Art. 25a StHG 10
    3.2.1. Markteinführung 10
    3.2.2. Marktverwertung 10
4. Qualifizierender Personalaufwand für Forschung und Entwicklung 10
4.1. Im Allgemeinen 10
4.2. Im Einzelnen 11
5. Forschungs- und Entwicklungsaufträge Dritter 12
6. Forschung und Entwicklung mit Auslandbezug 14
7. Subventionen und Fördergelder für Forschung und Entwicklung 14
8. Dokumentationsprinzip 15
8.1. Im Allgemeinen 15
8.2. Qualifizierende Forschung und Entwicklung 15
8.3. Qualifizierender Personalaufwand für Forschung und Entwicklung 15
9. Aktivierung von Personalaufwand für Forschung und Entwicklung 15
10. Gesamtaufwand einer Unternehmung 16
11. Verhältnis des Zusatzabzuges für Forschung und Entwicklung zur Patentbox 16
12. Beispiel zur Berechnung des Zusatzabzugs für Forschungs- und Entwicklungsaufwand 17

Zusammenfassung

Mit dem Bundesgesetz über die Steuerreform und die AHV-Finanzierung (STAF) sind die Kantone ermächtigt worden, auf dem Forschungs- und Entwicklungsaufwand, soweit er wissenschaftliche Forschung und wissenschaftsbasierte Innovation im Sinn des Bundesgesetzes über die Förderung der Forschung und Innovation (FIFG) darstellt und im Inland angefallen ist, einen Zusatzabzug von maximal 50 Prozent zu gewähren. Berechnungsgrundlage ist der direkt zurechenbare Personalaufwand für die qualifizierende Forschung und Entwicklung zuzüglich eines Zuschlags von 35 Prozent, aber höchstens der Gesamtaufwand, oder, wenn die Forschungs- und Entwicklungstätigkeit im Auftragsverhältnis durch Dritte ausgeübt wird, 80 Prozent des durch diese in Rechnung gestellten Betrages. Sofern der Auftraggeber der Forschung und Entwicklung abzugsberechtigt ist, kann der Auftragnehmer keinen Abzug geltend machen. Wenn ein Kanton den Abzug einführt, sind diese Vorgaben verbindlich.

Die Zulässigkeit des Zusatzabzuges für Forschungs- und Entwicklungsaufwand richtet sich nach folgenden Grundsätzen:

- **Qualifizierende Forschungs- und Entwicklungsaktivitäten:**

    - **Wissenschaftliche Forschung**, umfassend Grundlagenforschung und anwendungsorientierte Forschung, sofern
        - sie neuartig ist, d.h. der Gewinnung von neuen Erkenntnissen dient;
        - schöpferisch ist, d.h. auf originären, nicht offensichtlichen Konzepten und Hypothesen beruht;
        - mit Bezug auf das Endergebnis ungewiss ist;
        - systematisch einem Plan folgt und budgetiert wird;
        - zu Ergebnissen führt, die reproduzierbar sind.

    - **Wissenschaftsbasierte Innovation**, d.h. anwendungsorientierte Forschungsaktivitäten zur Entwicklung neuer Produkte, Verfahren, Prozesse und Dienstleistungen für Wirtschaft und Gesellschaft.

- **Keine qualifizierenden Forschungs- und Entwicklungstätigkeiten** sind Aktivitäten zur Markteinführung und Marktverwertung.

- Der **qualifizierende Personalaufwand** umfasst den Aufwand für jenes Personal, das eine direkte, aktive und unmittelbare Tätigkeit im Forschungs- und Entwicklungsbereich ausübt. Der Aufwand für Personal, das indirekte Unterstützungsleistungen oder Hilfsfunktionen ausführt, qualifiziert dagegen nicht.

- Die Qualifikationskriterien für eigene Forschungs- und Entwicklungsaktivitäten gelten sinngemäss für **Auftragsforschung durch Dritte**.

- Bei **Aktivierung von Forschungs- und Entwicklungsaufwand** wird der Zusatzabzug im Zeitpunkt des Anfalls des qualifizierenden eigenen Aufwandes bzw. Aufwandes für Dritte gewährt und nicht erst im Zeitpunkt der späteren Abschreibung des aktivierten Aufwandes.

- Der **Nachweis der Voraussetzungen** zur Geltendmachung des Zusatzabzugs obliegt den Steuerpflichtigen. Sie haben diesen anhand geeigneter Dokumentationen zu erbringen.

Zu den weiteren Aspekten hinsichtlich Auslandsbezug, Subventionen und Fördergelder sowie zum Gesamtaufwand und zum Verhältnis zur Patentbox vgl. Abschnitte 6, 7, 10 und 11.

1. Gesetzliche Grundlage StHG

> **Art. 10a Abzug von Forschungs- und Entwicklungsaufwand bei selbstständiger Erwerbstätigkeit**
> Für den Abzug von Forschungs- und Entwicklungsaufwand bei selbstständiger Erwerbstätigkeit ist Artikel 25a sinngemäss anwendbar.
>
> **Art. 25a Zusätzlicher Abzug von Forschungs- und Entwicklungsaufwand**
>
> [1] Die Kantone können auf Antrag Forschungs- und Entwicklungsaufwand, welcher der steuerpflichtigen Person direkt oder durch Dritte im Inland indirekt entstanden ist, um höchstens 50 Prozent über den geschäftsmässig begründeten Forschungs- und Entwicklungsaufwand hinaus zum Abzug zulassen.
>
> [2] Als Forschung und Entwicklung gelten die wissenschaftliche Forschung und die wissenschaftsbasierte Innovation nach Artikel 2 des Bundesgesetzes vom 14. Dezember 2012 über die Förderung der Forschung und Innovation.
>
> [3] Ein erhöhter Abzug ist zulässig auf:
> a. dem direkt zurechenbaren Personalaufwand für Forschung und Entwicklung, zuzüglich eines Zuschlags von 35 Prozent dieses Personalaufwands, höchstens aber bis zum gesamten Aufwand der steuerpflichtigen Person;
> b. 80 Prozent des Aufwands für durch Dritte in Rechnung gestellte Forschung und Entwicklung.
>
> [4] Ist der Auftraggeber der Forschung und Entwicklung abzugsberechtigt, so steht dem Auftragnehmer dafür kein Abzug zu.

2. Allgemeines

Am 1. Januar 2020 trat das Bundesgesetz über die Steuerreform und AHV-Finanzierung (STAF) in Kraft. Die Kantone können ab diesem Zeitpunkt fakultativ einen Zusatzabzug für Forschungs- und Entwicklungsaufwand nach Art. 25a StHG[1] einführen. Die Höhe ist auf maximal 50 Prozent des geschäftsmässig begründeten Forschungs- und Entwicklungsaufwandes begrenzt. Wird der Zusatzabzug eingeführt, sind die weiteren Bestimmungen von Art. 25a StHG zur Ausgestaltung des Abzugs für die Kantone verbindlich.

Der Zusatzabzug für Forschungs- und Entwicklungsaufwand kann von selbständig erwerbenden Steuerpflichtigen (Art. 10a StHG), von juristischen Personen mit Sitz oder tatsächlicher Verwaltung in der Schweiz (Art. 25a StHG), sowie von Betriebsstätten ausländischer Gesellschaften in der Schweiz geltend gemacht werden.

---

[1] Bundesgesetz vom 14. Dezember 1990 über die Harmonisierung der direkten Steuern der Kantone und Gemeinden (Steuerharmonisierungsgesetz, StHG; SR 642.14).

3. Qualifizierender Forschungs- und Entwicklungsaufwand

3.1. Forschung und Entwicklung gemäss Art. 25a StHG

Zunächst sind die Begriffe der wissenschaftlichen Forschung und der wissenschaftsbasierten Innovation systematisch im Recht einzuordnen. Sie entsprechen einer einheitlichen Definition nach Schweizer Recht aufgrund von Art. 25a StHG mit Verweis auf Art. 2 FIFG sowie den Ausführungen in der Botschaft zur SV17[2]. Gemäss Botschaft zur SV17 orientieren sich die Begriffe überdies auch an den Definitionen der OECD[3]. Vorrangig gilt aber die Auslegung nach Schweizer Recht, insbesondere mit Bezug auf die Ausführungen in der Botschaft zum FIFG[4].

Als weitere Auslegungshilfen können das OECD Frascati-Handbuch 2015[5] und das Oslo-Handbuch 2005[6] beigezogen werden. Weil das Frascati-Handbuch 2015 "Konzepte und Definitionen zur Identifizierung von Forschung und Entwicklung" vermittelt (im Speziellen zur Forschung und zur experimentellen Entwicklung) und Innovation nach Oslo-Handbuch 2005 nur durch Forschung nach Art. 2 FIFG entsteht, geht das Frascati-Handbuch 2015 zur Auslegung der wissenschaftlichen Forschung und der wissenschaftsbasierten Innovation dem Oslo-Handbuch 2005 vor.

Da die Schweiz keine dynamische Rechtsentwicklung kennt und die Botschaft zur SV17 auf die OECD-Handbücher der Jahrgänge 2015 und 2005 verweist, sind spätere Ausgaben dieser OECD Handbücher nicht anwendbar.

---

[2] Botschaft zum Bundesgesetz über die Steuervorlage 17 vom 21. März 2018 (Botschaft zur SV17), BBl 2018 2527 ff.
[3] Botschaft zur SV17, BBl 2018 2552.
[4] Botschaft zur Totalrevision des Forschungs- und Innovationsförderungsgesetzes vom 9. November 2011 (Botschaft zum FIFG), BBl 2011 8827.
[5] OECD, Frascati Manual Guidelines for Collecting and Reporting Data on Research and Experimental Development, 2015 (Frascati-Handbuch 2015), Leitlinien für die Erhebung und Meldung von Daten über Forschung und experimentelle Entwicklung, Paris 2018, abrufbar unter https://www.oecd-ilibrary.org/science-and-technology/frascati-handbuch-2015_9789264291638-de (zuletzt besucht am 27. März 2020).
[6] OECD, Oslo Manual Guidelines for Collecting and Interpreting Innovation Data, 3. Auflage, Paris 2005 (Oslo-Handbuch 2005) abrufbar unter https://ec.europa.eu/eurostat/documents/3859598/5889925/OSLO-EN.PDF/60a5a2f5-577a-4091-9e09-9fa9e741dcf1 (zuletzt besucht am 27. März 2020).

3.1.1. Gesetzlicher Verweis auf das FIFG

Als Forschung und Entwicklung gelten die wissenschaftliche Forschung und die wissenschaftsbasierte Innovation nach Art. 2 FIFG[7].

> **Bundesgesetz über die Förderung der Forschung und der Innovation (FIFG)**
> **Art. 2**
> *In diesem Gesetz bedeuten:*
> a. *wissenschaftliche Forschung (Forschung): die methodengeleitete Suche nach neuen Erkenntnissen; sie umfasst namentlich:*
>   1. *Grundlagenforschung: Forschung, deren primäres Ziel der Erkenntnisgewinn ist,*
>   2. *anwendungsorientierte Forschung: Forschung, deren primäres Ziel Beiträge für praxisbezogene Problemlösungen sind;*
> b. *wissenschaftsbasierte Innovation (Innovation): die Entwicklung neuer Produkte, Verfahren, Prozesse und Dienstleistungen für Wirtschaft und Gesellschaft durch Forschung, insbesondere anwendungsorientierte Forschung, und die Verwertung ihrer Resultate.*

"Die Bedeutung des Begriffs "Forschung und Entwicklung" entspricht derjenigen der Begriffe „wissenschaftliche Forschung" und „wissenschaftsbasierte Innovation" nach Artikel 2 FIFG. Diese Definition umfasst Forschung und Entwicklung in einem weiten Sinn, da sie neben der Grundlagenforschung auch die anwendungsorientierte Forschung sowie die wissenschaftsbasierte Innovation beinhaltet. Nicht darunter fallen namentlich Aufwendungen für die Markteinführung und -verwertung von Produkten. Die Übernahme einer im schweizerischen Recht bereits eingeführten Definition von Forschung und Entwicklung dient der Einheit der Rechtsordnung. Überdies orientiert sich die Definition des FIFG an den diesbezüglichen Ausführungen der OECD."[8].

Die Botschaft zum FIFG beschreibt die wissenschaftliche Forschung als methodengeleitete Suche nach neuen Erkenntnissen, und zwar bei der Grundlagenforschung mit dem primären Ziel des Erkenntnisgewinns und bei der Anwendungsforschung mit dem Ziel, Beiträge für die praxisbezogene Problemlösung zu gewinnen. Als wissenschaftsbasierte Innovation gilt die Entwicklung neuer Produkte, Verfahren, Prozesse und Dienstleistungen für die Wirtschaft und Gesellschaft durch Forschung, insbesondere durch die anwendungsorientierte Forschung und die Verwertung ihrer Resultate[9].

Nachahmungen, Kopien von Produkten, Produktkosmetik, Reverse Engineering oder Routineveränderungen etc. an Erzeugnissen oder Dienstleistungen stellen weder einen Erkenntnisgewinn noch eine Neuartigkeit für Wirtschaft und Gesellschaft dar und fallen nicht unter den Begriff der Forschung und Entwicklung nach FIFG.

Die experimentelle Entwicklung ist begrifflich und inhaltlich der wissenschaftlichen Forschung gleichgestellt.

---

[7] Bundesgesetz vom 14. Dezember 2012 über die Förderung der Forschung und der Innovation (FIFG; SR 420.1).
[8] Botschaft zur SV17, BBl 2018 2551 f.
[9] Botschaft zum FIFG, BBl 2011 8869.

3.1.2. Wissenschaftliche Forschung

Die Definition der wissenschaftlichen Forschung in Art. 2 lit. a FIFG – erläutert in der Botschaft FIFG[10] – gilt als anerkannte "Formaldefinition". Dabei gilt "Forschung" immer als "wissenschaftliche Forschung" und lässt sich in zwei leitende Forschungskategorien, in die Grundlagenforschung und in die anwendungsorientierte Forschung, einteilen.

Da sich die Definition im FIFG auch zur Auslegung an den entsprechenden Ausführungen der OECD orientiert, können die der wissenschaftlichen Forschung zuzuordnenden Aktivitäten unter Zuhilfenahme des Frascati-Handbuchs 2015 eruiert werden.

Wissenschaftliche Forschung, d.h. Forschung und experimentelle Entwicklung, beinhaltet gemäss Frascati-Handbuch 2015 fünf kumulativ erforderliche Grundsätze (Frascati-Grundsätze):

- Gewinnung von neuen Erkenntnissen (**neuartig**);
- Auf originären, nicht offensichtlichen Konzepten und Hypothesen beruhend (**schöpferisch**);
- Ungewissheit bezogen auf das Endergebnis (**ungewiss**);
- Einem Plan folgend und budgetiert (**systematisch**);
- Zu Ergebnissen führend, die reproduzierbar sind (**übertragbar und/oder reproduzierbar**)[11].

Die Verfolgung neuer Ziele durch die Schaffung von neuem Wissen bedeutet die Suche nach zuvor unentdeckten Phänomenen, Strukturen und Zusammenhängen als Hauptkriterium der wissenschaftlichen Forschung und der wissenschaftsbasierten Entwicklung. Keine Neuartigkeit liegt bei der Nutzung von bereits verfügbarem Wissen, ohne eine beabsichtigte Erweiterung des Kenntnisstandes, vor (Anpassung, kundenspezifische Gestaltung usw.)[12].

Diese allgemeinen Grundsätze dienen der praktischen Abgrenzung, was zum Kreis der qualifizierenden Forschung und Entwicklung gehören kann.

In diesem Sinne stellt im Lebenszyklus eines Produktes nach Frascati-Handbuch 2015 die Initialisierungsphase (z.B. Ideen, Machbarkeitsstudien, Marktforschung, Datensammlung) keine Forschung und Entwicklung dar. Dagegen sind im weiteren Verlauf der Arbeiten im Produktlebenszyklus – Tätigkeiten wie das Zeichnen, die Erstellung von Modellen, die Konstruktion und der Bau von Prototypen und Pilotanlagen – als Forschung und Entwicklung zu verstehen. Alle Tätigkeiten der nachfolgenden Phasen, wie die Überleitung in die Produktion, die Produktionseinrichtung und -steuerung, die Qualitätskontrolle, die Fehlerbehebung etc., stellen wiederum keine Forschung und Entwicklung dar[13].

---

[10] Botschaft zum FIFG, BBl 2011 8868 ff.
[11] OECD Frascati-Handbuch 2015, Kapitel 2, Ziffer 2.7.
[12] OECD Frascati-Handbuch 2015, Kapitel 2, Ziffer 2.21, Tabelle 2.1.
[13] OECD Frascati-Handbuch 2015, Kapitel 2, Ziffern 2.46 ff.

Illustration: Integrierter Produktlebenszyklus

Initialisierung	Forschung und Entwicklung	Überleitung in Produktion	Verkauf	Nachlauf
- Ideen - Machbarkeitsstudien - Marktforschung - Datensammlung	- Zeichnen/Design - Erstellung Modelle - Konstruktion - Prototyp/Versuchsphase - Test/Pilotanlage	- Zulassung - Bewilligung - Qualitätskontrolle - Fehlerbehebung	- Marketing - Werbung - Beratung - Support	- Entsorgung - Recycling - Service

3.1.3. Wissenschaftsbasierte Innovation

Die wissenschaftsbasierte Innovation wird in Art. 2 lit. b FIFG definiert. Gemäss Botschaft FIFG beinhaltet der Begriff zwei Elemente:

"Die Formaldefinition von Innovation besteht aus zwei Definitionsteilen: die Entwicklung neuer Produkte, Verfahren, Prozesse und Dienstleistungen für Wirtschaft und Gesellschaft einerseits "durch Forschung, namentlich durch anwendungsorientierte Forschung" (1. Definitionsteil), andererseits "durch die Verwertung ihrer Resultate" (2. Definitionsteil). Durch den ersten Definitionsteil wird ausgedrückt, dass die Innovationsförderung nach diesem Gesetz durch Förderung von Forschung, namentlich der anwendungsorientierten Forschung erfolgt, [...]. Durch den zweiten Definitionsteil wird ausgedrückt, dass zur Innovationsförderung nach diesem Gesetz essenziell die "Verwertung" der Forschungsresultate, d.h. die direkte Nutzung dieser Resultate zur Entwicklung neuer Produkte, Verfahren, Prozesse und Dienstleistungen für Wirtschaft und Gesellschaft gehört. Die vorliegende Formaldefinition von "Innovation" berücksichtigt, dass [...] im Innovationsprozess wissenschaftliche Forschung im Allgemeinen [...] eine zentrale Rolle spielt."[14]

Die Definition des FIFG stellt klar, dass die Innovation das Ergebnis von wissenschaftlicher Forschung sein muss, um in den Geltungsbereich des FIFG zu gelangen. Diesbezüglich ist die Definition von Innovation nach FIFG mit jener nach Oslo-Handbuch 2005 nicht identisch, weil das Oslo-Handbuch 2005 das Element der wissenschaftlichen Forschung nicht enthält. Somit kann die Definition von Innovation nach Oslo-Handbuch 2005 nicht in ihrer Gesamtheit für die Auslegung von Innovation im Sinne des FIFG übernommen werden.

Aus dem Oslo-Handbuch 2005 kann hingegen die Abgrenzung von Forschung und Entwicklung einerseits und Nicht-Forschung andererseits entnommen werden: *"Die grundlegenden Kriterien für die Unterscheidung von Forschungs- und Entwicklungs-Aktivitäten und Nicht-Forschungs- und Entwicklungs-Innovationsaktivitäten sind "das Vorhandensein eines nennenswerten Elements der Neuartigkeit und der wissenschaftlichen und/oder technologischen Ungewissheit" oder dass sie "zu neuem Wissen oder zur Nutzung von Wissen für die Entwicklung neuer Anwendungen führt".*[15]

Innovation im Sinne des Oslo-Handbuchs 2005 ist die Einführung eines neuen oder signifikant verbesserten Produktes (Ware oder Dienstleistung), eines Prozesses, einer neuen Marketingmethode sowie einer neuen Organisationsmethode im Inhouse-Geschäft, in einer Arbeitsplatzorganisation oder für externe Beziehungen. Als Minimalerfordernis muss die Innovation für das Unternehmen neu oder wesent-

---

[14] Botschaft zum FIFG, BBl 2011 8869.
[15] Oslo-Handbuch 2005, Ziffer 349.

lich neu sein[16]. Das Oslo-Handbuch sieht für den Begriff der Innovation vier separate Kategorien vor: Die Produktinnovation, die Prozessinnovation, die Marketing-Innovation und die Innovation der Organisation[17].

Weil Innovation gemäss Art. 2 FIFG enger gefasst ist als die Innovation im Oslo-Handbuch 2005, setzt Art. 2 FIFG voraus, dass für Innovation zwingend die Kriterien der Forschung, d.h. die Frascati-Grundsätze, erfüllt sein müssen. Das Oslo-Handbuch 2005 geht betreffend Innovation begrifflich weiter, indem für die Innovation, wie vorne erwähnt, keine Forschung verlangt wird. Innovation ohne Forschung qualifiziert danach nicht für den Zusatzabzug für Forschung und Entwicklung.

Zusammengefasst verlangt Art. 2 lit. b FIFG, dass die wissenschaftsbasierte Innovation auf der anwendungsorientierten Forschung beruht. Somit müssen die fünf vorgenannten Forschungsmerkmale des Frascati-Handbuchs 2015 auch bei der wissenschaftsbasierten Innovation kumulativ erfüllt sein.

3.1.4. Schematische Übersicht: Wissenschaftliche Forschung und wissenschaftsbasierte Innovation

---

Art. 2 FIFG

Wissenschaftliche Forschung (einschliesslich experimentelle Entwicklung)
Methodengeleitete Suche:
1. Grundlagenforschung = Erkenntnisgewinn
2. Anwendungsforschung = Beiträge für die praxisbezogene Problemlösung

↳ **Anwendung wissenschaftliche Forschung aufgrund der fünf Kriterien nach OECD Frascati-Handbuch 2015**

Wissenschaftsbasierte Innovation ist ein Zweig **der wissenschaftlichen Forschung** (Grundlagen- und Anwendungsforschung)
Entwicklung neuer Produkte, Verfahren, Prozesse und Dienstleistungen für Wirtschaft und Gesellschaft durch anwendungsorientierte Forschung und Verwertung ihrer Resultate

↳ **Anwendung wissenschaftliche Forschung aufgrund der fünf Kriterien nach OECD Frascati-Handbuch 2015**
↳ **Innovation nach OSLO-Handbuch 2005**
↳ **Ausnahmen gemäss Botschaft zur SV17: Markteinführung und -verwertung**

---

[16] Oslo-Handbuch 2005, Ziffern 146 und 148.
[17] Oslo-Handbuch 2005, Ziffern 155 ff.

3.2. Keine Forschung und Entwicklung gemäss Art. 25a StHG

Gemäss Botschaft zur SV17 sind Aufwendungen für die Markteinführung und -verwertung explizit vom Zusatzabzug für Forschung und Entwicklung ausgeschlossen[18].

3.2.1. Markteinführung

Zur Markteinführung gehören alle Massnahmen für die Marktbearbeitung im Zusammenhang mit Produkten, Dienstleistungen und Innovationen aller Art und die damit verbundenen vor- und nachgelagerten Aufwendungen, wie beispielsweise Verkaufsstrategien, Umfragen, Monitoring von Kundenverhalten, Nachbefragungen oder Bonus- und Imageprogramme.

Aufwendungen für Grundlagenforschung, Forschungsergebnisse, Innovationen und Technologien, Produkte und Dienstleistungen im Zusammenhang mit der Markteinführung qualifizieren ebenfalls nicht für den Zusatzabzug.

3.2.2. Marktverwertung

Zur Marktverwertung gehören die Aufwendungen für Massnahmen einer Unternehmung in Bezug auf den Verkauf oder Handel von Grundlagenforschung, Forschungsergebnissen, Innovationen und Technologien, Produkten und Dienstleistungen. Dazu zählt beispielsweise der Verkauf von Rechten, Marken, Lizenzen, Patenten, Software oder Franchising.

4. Qualifizierender Personalaufwand für Forschung und Entwicklung

4.1. Im Allgemeinen

Für den Zusatzabzug für Forschungs- und Entwicklungsaufwand qualifiziert nach Art. 25a Abs. 3 lit. a StHG der **direkt zurechenbare Personalaufwand für die Forschung und Entwicklung** einer Unternehmung. "Direkt zurechenbar" schliesst gemäss Botschaft zur SV17 Personalaufwendungen für Angestellte aus, die nicht im Bereich Forschung und Entwicklung tätig sind, aber auch Aufwendungen, die nur indirekt im Zusammenhang mit dem Personal stehen. Gestützt auf die Botschaft zur SV17 umfasst der Begriff Personalaufwendungen namentlich die Lohn- und Sozialversicherungsaufwendungen[19]. Nach Handbuch der Wirtschaftsprüfung[20] sind in den Personalaufwendungen auch Gratifikationen, Dienstaltersgeschenke, Bonus-Programme, Aus- und Weiterbildung enthalten.

Die Material-, Investitions- resp. Abschreibungskosten, Miete und die übrigen Gemeinkosten werden mit einem den qualifizierenden Personalaufwendungen für Forschung und Entwicklung hinzuzurechnenden Pauschalzuschlag in der Höhe von 35 Prozent abgegolten.

---

[18] Botschaft zur SV17, BBl 2018 2551.
[19] Botschaft zur SV17, BBl 2018 2590.
[20] Schweizer Handbuch der Wirtschaftsprüfung, Schweizerische Kammer Wirtschaftsprüfer Steuerexperten (Hrsg.), Band "Eingeschränkte Revision", Zürich 2014 (Handbuch der Wirtschaftsprüfung), Teil IV. Ziff. 3.6.

4.2. Im Einzelnen

Der Zusatzabzug für Forschungs- und Entwicklungsaufwand bemisst sich am Personalaufwand des direkt forschenden und entwickelnden Personals einer Unternehmung. Die gesetzliche Vorgabe knüpft eng an die Aufgaben und Funktionen der forschenden und entwickelnden Angestellten im Rahmen ihrer Tätigkeit in der Forschung und Entwicklung an. Mit anderen Worten verlangt die steuerliche Qualifikation beim Personalaufwand für Forschung und Entwicklung eine direkte, aktive und unmittelbare Tätigkeit der Angestellten im forschenden und entwickelnden Bereich. Es steht nicht die formale Qualifikation oder das Bildungsniveau der Angestellten im Vordergrund[21]. Entscheidend ist deren tatsächliche Funktion und direkte Tätigkeit in der Forschung und Entwicklung eines Unternehmens. Dazu zählt folgender Personenkreis: "*Personen, die Forschung- und Entwicklungsarbeiten durchführen, hochqualifizierte Wissenschaftler und Ingenieure (Forscher), technisches Fachpersonal mit langjähriger fachspezifischer Erfahrung und Ausbildung und sonstiges Personal, das in statistischen Einheiten, in denen Forschung und Entwicklung betrieben wird, direkt zur Durchführung von Forschung- und Entwicklungs-Projekten und -Aktivitäten beiträgt.*"[22] Es ist nicht notwendig, dass alle Angestellten im Forschungs- und Entwicklungsbereich in derselben Einheit oder Abteilung einer Unternehmung angestellt sind[23].

Nach Frascati-Handbuch 2015 erhalten die folgenden Berufsgruppen eine qualifizierende Klassifikation:

- **Forscher** sind Fachkräfte, die mit der Konzipierung und Hervorbringung neuer Kenntnisse befasst sind. Sie betreiben Forschung und verbessern bzw. entwickeln Konzepte, Theorien, Modelle, Techniken, Instrumente, Software oder Verfahren.
- **Technisches Fachpersonal und vergleichbares Personal** sind Arbeitskräfte, deren Hauptaufgaben fachspezifisches Wissen und Erfahrung in mindestens einem Fachbereich der Ingenieur-, Natur- und Lebens- oder Sozial- und Geisteswissenschaften und der Kunst erfordern. Sie sind in der Forschung und Entwicklung tätig, indem sie unter Aufsicht von Forschern wissenschaftliche und fachspezifische Aufgaben durchführen, die die Anwendung von Konzepten und operationellen Verfahren sowie die Nutzung von Forschungsausrüstung erfordern.
- Zur Kategorie **Sonstiges Personal** zählen gelernte und ungelernte Handwerker sowie Verwaltungs-, Sekretariats- und Bürokräfte, die bei Forschungs- und Entwicklungs-Projekten **direkt tätig** sind[24].

Identifikationsmerkmale für Forschungs- und Entwicklungs-Personal sind nach Frascati-Handbuch 2015 (im Folgenden als Positiv- und Negativliste):

Qualifizierende Tätigkeiten und Angestellte (Positivliste):
- führen wissenschaftliche und fachspezifische Arbeiten für ein Forschungs- und Entwicklungs-Projekt durch (Planung und Durchführung von Experimenten oder Erhebungen, Bau von Prototypen usw.);
- planen und leiten Forschungs- und Entwicklungs-Projekte;
- verfassen Zwischen- und Abschlussberichte zu Forschungs- und Entwicklungs-Projekten;
- erbringen interne Dienstleistungen direkt für Forschungs- und Entwicklungs-Projekte (z.B. projektspezifische EDV- oder Bibliotheks- und Dokumentationsarbeiten);

---

[21] Frascati-Handbuch 2015, Kapitel 5, Ziffer 5.33.
[22] Frascati-Handbuch 2015, Kapitel 5, Einleitung.
[23] Frascati-Handbuch 2015, Kapitel 5, Einleitung.
[24] Frascati-Handbuch 2015, Kapitel 5, Ziffern 5.35 ff.

- nehmen direkte Unterstützungsaufgaben für die Finanz- und Personalverwaltung bei Forschungs- und Entwicklungsprojekten wahr.

Nicht qualifizierende Tätigkeiten und Angestellte (Negativliste):
Andererseits ist nicht das gesamte Personal, das an der Durchführung von Forschungs- und Entwicklungs-Aktivitäten beteiligt ist oder diese ermöglicht, als Forschungs- und Entwicklungs-Personal einzustufen. Bei der Erfassung des Forschungs- und Entwicklungs-Personals werden lediglich Personen berücksichtigt, die (wie oben beschrieben) direkt bei Forschungs- und Entwicklungs-Aktivitäten mitwirken. Arbeitskräfte, die in Einheiten, in denen Forschung und Entwicklung betrieben wird, indirekte Unterstützungs- oder Hilfstätigkeiten ausführen, zählen nicht zum Forschungs- und Entwicklungs-Personal. Beispiele indirekter Unterstützungs- und Hilfstätigkeiten sind:
- *spezifische Dienstleistungen für Forschung und Entwicklung, die von zentralen IT-Abteilungen und Bibliotheken erbracht werden;*
- *Dienstleistungen zentraler Finanz- und Personalabteilungen für Forschungs- und Entwicklungs-Projekte und Forschungs- und Entwicklungs-Personal;*
- *die Erbringung von Sicherheits-, Reinigungs-, Wartungs- und Kantinendienstleistungen usw. für Forschung- und Entwicklung betreibende Einheiten*[25]

Weitere Tätigkeiten, die nicht der Forschung und Entwicklung dienen, sind beispielsweise Arbeiten:
- im Produktionsprozess, sowie diesem vor- und nachgelagerte Tätigkeiten;
- für die Überwachung von Anlagen und zum Qualitätsmanagement;
- als Hilfstätigkeiten für die Forschung und Entwicklung wie IT-Infrastrukturmanagement;
- für allgemeine Leistungen im Unternehmen aus übrigen, nicht der Forschung und Entwicklung direkt dienenden Tätigkeiten, wie Einkauf, Verkauf, Marketing, Rechnungs- und Personalwesen, Führung der Unternehmung;
- für die Zulassung, die Bewilligung, die Zertifizierung oder die Typenprüfung.

5. Forschungs- und Entwicklungsaufträge Dritter

Art. 25a Abs. 4 StHG stellt sicher, dass bei Auftragsforschung der Zusatzabzug nicht doppelt (beim Auftraggeber und beim Auftragnehmer) oder mehrfach (im Falle von weiteren Subauftragnehmern) geltend gemacht wird.

Ist der Auftraggeber der Forschung und Entwicklung abzugsberechtigt, so steht dem Auftragnehmer dafür kein Zusatzabzug zu. Für die beteiligten Unternehmen besteht kein Wahlrecht. Ist der Auftraggeber in einem Kanton steuerpflichtig, der keinen Zusatzabzug vorsieht, steht der Zusatzabzug dem Auftragnehmer zu, sofern er in einem Kanton steuerpflichtig ist, der den Zusatzabzug gewährt. Gemäss Botschaft SV17 steht dem Auftragnehmer ebenfalls der Zusatzabzug zu, falls er in einem Kanton steu-

---

[25] Frascati-Handbuch 2015, Kapitel 5, Ziffern 5.4 ff.

erpflichtig ist, der den Zusatzabzug kennt und der Auftraggeber eine nicht steuerpflichtige Forschungsinstitution, z.B. Hochschule, ist[26].

Für die Kriterien von Forschung und Entwicklung gelten die Erläuterungen in den vorstehenden Ziffern 3 und 4 sinngemäss. Ausgeschlossen vom Zusatzabzug für Forschung und Entwicklung sind beispielsweise Aufwendungen für den Kauf von bereits entwickelten Produkten, Lizenzen, Know-how oder Anwendungen von Dritten sowie die Kosten für die Zertifizierung oder Bewilligung und Zulassung durch Behörden.

Nach Art. 25a Abs. 3 lit. b StHG qualifizieren 80 Prozent des Aufwandes für durch Dritte in Rechnung gestellte Forschung und Entwicklung für den Zusatzabzug für Forschung und Entwicklung. Um die Eigenforschung nicht zu diskriminieren, nimmt der Gesetzgeber eine Gewinn- und Gemeinkostenkomponente von 20 Prozent des vom Auftragnehmer in Rechnung gestellten Betrages vom Zusatzabzug aus. Unter beteiligungsmässig verbundenen Unternehmen darf der in Rechnung gestellte Betrag höchstens dem Drittvergleichspreis entsprechen, damit er geschäftsmässig begründet ist.

Aufgrund der bundesrechtlichen Konzeption des Zusatzabzuges für Forschungs- und Entwicklungsaufwendungen und den Ausführungen der Botschaft zur SV17 darf es zu keinen doppelten Zusatzabzügen kommen. Dies betrifft auch das Verhältnis von doppelten Zusatzabzügen für den qualifizierenden Personalaufwand für Forschung und Entwicklung im Zusammenhang mit der Auftragsforschung. Erteilt demnach ein Unternehmen eines Kantons, welcher den Zusatzabzug für Forschungs- und Entwicklungsaufwand vorsieht, einen Drittauftrag für Forschung und Entwicklung an ein anderes Unternehmen eines Kantons, welcher ebenfalls den Zusatzabzug für Forschungs- und Entwicklungsaufwand vorsieht, steht der Auftraggeberin der Auftragsforschung der Zusatzabzug zu. In der Folge muss das beauftragte Unternehmen seinen qualifizierenden Personalaufwand für Forschung und Entwicklung für den Anteil der ausgeführten Arbeiten für die Auftraggeberin entsprechend kürzen. Dieses Vorgehen gilt auch im Konzernverhältnis.

Illustration

Kürzung des eigenen Personalaufwandes für Forschung und Entwicklung (Berechnungsbasis für den Zusatzabzug) bei Auftragsforschung für Dritte, welche den Zusatzabzug geltend machen:

Rechnungsbetrag F&E-Leistungen an Auftraggeber	168.75
Berechnungsbasis für den Zusatzabzug (entspricht 135 % beim Auftragnehmer)	135
Kürzung qualifizierender Personalaufwand für Zusatzabzug F&E Auftragnehmer (100 %)	100
Eigener qualifizierender F&E-Aufwand beim Auftragnehmer	400
./. Kürzung zufolge Zusatzabzug beim Auftraggeber	-100
	300
+ Material- und Gemeinkostenzuschlag 35 %	105
Berechnungsbasis Zusatzabzug Auftragnehmer	**405**

---

[26] Botschaft zur SV17, BBl 2018 2591.

Gebühren und Administrativkosten von staatlichen Abnahme- und Prüfstellen qualifizieren nicht für den Zusatzabzug für Forschungs- und Entwicklungsaufwand, auch nicht als Auftragsforschung Dritter.

6. Forschung und Entwicklung mit Auslandbezug

Für den Zusatzabzug für Forschung und Entwicklung qualifiziert nur im Inland ausgeführte Forschung und Entwicklung. Dies betrifft den qualifizierenden Personalaufwand für Forschung und Entwicklung und die durchgeführte Auftragsforschung und -entwicklung Dritter.

Erteilen ausländische Unternehmen oder Institutionen einen Forschungs- oder Entwicklungsauftrag an ein Schweizer Unternehmen und wird die Forschung und Entwicklung in einem Kanton, welcher den Zusatzabzug gewährt, in der Schweiz ausgeführt, kann das Schweizer Unternehmen den Zusatzabzug beanspruchen.

Erteilt ein Schweizer Unternehmen in einem Kanton, welcher den Zusatzabzug für Forschungs- und Entwicklungsaufwand vorsieht, einen Auftrag ins Ausland, kann das auftraggebende Schweizer Unternehmen keinen Zusatzabzug für Forschungs- und Entwicklungsaufwand vornehmen, weil keine inländische Forschung und Entwicklung ausgeübt wird. Das kann beispielsweise auch bei einer Muttergesellschaft der Fall sein, wenn sie ihre Tochtergesellschaft im Ausland für Forschungs- und Entwicklungstätigkeiten beauftragt und sie deren Aufwendungen (z.B. nach der Kostenaufschlagsmethode) trägt.

Wird ein Forschungs- und Entwicklungsauftrag von einem ausländischen Unternehmen mit Entsandten in der Schweiz ausgeführt, liegt nur dann inländische Forschung und Entwicklung vor, wenn das ausländische Unternehmen in der Schweiz steuerpflichtig ist. In diesem Fall kann ein Schweizer Unternehmen eines Kantons, welcher den Zusatzabzug für Forschungs- und Entwicklungsaufwand vorsieht, für seinen Forschungs- und Entwicklungsauftrag den Zusatzabzug für Forschungs- und Entwicklungsaufwand geltend machen. Das in der Schweiz steuerpflichtige ausländische Unternehmen ist selber berechtigt, den Zusatzabzug für Forschungs- und Entwicklungsaufwand vorzunehmen, sofern der Auftraggeber aus einem Kanton stammt, welcher keinen Zusatzabzug für Forschungs- und Entwicklungsaufwand vorsieht oder, wenn die Auftraggeberin des ausländischen Unternehmens eine nicht steuerpflichtige Institution ist und die Steuerpflicht des ausländischen Unternehmens in einem Kanton besteht, welcher den Zusatzabzug für Forschungs- und Entwicklungsaufwand vorsieht.

7. Subventionen und Fördergelder für Forschung und Entwicklung

Der steuerliche Zusatzabzug für Forschungs- und Entwicklungsaufwand ist nicht mit anderen erfolgswirksam verbuchten staatlichen oder freiwilligen Fördergeldern Dritter (Stiftungen, Fonds, freiwillige Geldleistungen, etc.) koordiniert. Solche Leistungen Dritter bleiben für die Qualifikation und Berechnung des Zusatzabzuges für Forschungs- und Entwicklungsaufwand unbeachtet.

8. Dokumentationsprinzip

8.1. Im Allgemeinen

Nach Art. 41 Abs. 2 StHG kann das steuerpflichtige Unternehmen der Steuerbehörde Beweise anbieten. Zudem ist es aufgrund von Art. 42 Abs. 2 StHG gehalten, Auskunft zu erteilen sowie u.a. Belege und Bescheinigungen über den Geschäftsverkehr vorzulegen. Aufgrund der Regeln zur Beweislastverteilung trägt das steuerpflichtige Unternehmen den Nachweis des qualifizierenden Forschungs- und Entwicklungsaufwandes und auch die Folgen einer Beweislosigkeit. Den Nachweis von im Inland durch Dritte durchgeführten Forschungs- und Entwicklungstätigkeiten, auch im Verhältnis mit einem oder mehreren Subunternehmen, erbringt das auftraggebende Unternehmen.

Die Unternehmen führen für das Geltendmachen eines für den Zusatzabzug für Forschung und Entwicklung qualifizierenden Aufwandes die geeigneten Dokumentationen.

8.2. Qualifizierende Forschung und Entwicklung

Der Nachweis von qualifizierender Forschung und Entwicklung kann anhand von Forschungs- und Entwicklungsprojektunterlagen (wie beispielsweise einem Projektbeschrieb mit Ziel, Inhalt, Methode, Zeit- und Kostenrahmen sowie mit Zwischenabrechnungen und Zwischen- oder Endergebnissen des Projektes) erfolgen.

8.3. Qualifizierender Personalaufwand für Forschung und Entwicklung

Da bei eigener Forschungs- und Entwicklungstätigkeit nur der direkt zurechenbare Personalaufwand für Forschung und Entwicklung für den Zusatzabzug qualifiziert, erfolgt der Nachweis dieser Aufwendungen üblicherweise anhand von Personallisten, Funktionen der Angestellten und deren Tätigkeits- und Stellenprofilen. Für alle Unternehmen gilt, dass jene Tätigkeiten, welche nicht direkt mit Forschung und Entwicklung verbunden sind, nicht für den Zusatzabzug qualifizieren. Aufwendungen für Forschung und Entwicklung von Angestellten mit verschiedenen Funktionen können anhand von geeigneten Unterlagen wie beispielsweise Stundenrapporten nachgewiesen werden.

Eine räumliche Abgrenzung des Forschungs- und Entwicklungsbereichs von anderen Bereichen in der Unternehmung ist nicht notwendig.

9. Aktivierung von Personalaufwand für Forschung und Entwicklung

Werden Eigenleistungen für Personalaufwendungen im Forschungs- und Entwicklungsbereich oder für Forschungsaufträge Dritter aktiviert, besteht nach Handbuch der Wirtschaftsprüfung die Möglichkeit, diese in der Produktionserfolgsrechnung als Umsatz oder in der Absatzerfolgsrechnung als Minderung des Personalaufwandes zu verbuchen. Unbeachtlich der Aktivierung von Forschungs- und Entwicklungsaufwand nach der erwähnten Brutto- oder Nettodarstellung in der Erfolgsrechnung qualifiziert Forschung und Entwicklung für den Zusatzabzug für Forschungs- und Entwicklungsaufwand im Zeitpunkt des verbuchten Personalaufwandes und nicht im Zeitpunkt der späteren Abschreibung einer Aktivierung.

10. Gesamtaufwand einer Unternehmung

Der qualifizierende Personalaufwand für Forschung und Entwicklung darf zusammen mit dem Pauschalzuschlag von 35 Prozent den geschäftsmässig begründeten Gesamtaufwand der Unternehmung nicht überschreiten (Art. 25a StHG). Der Aufwand für Forschung und Entwicklung Dritter im Inland unterliegt keiner solchen Begrenzung.

Als Gesamtaufwand einer steuerpflichtigen Unternehmung gilt der gesamte Aufwand gemäss der handelsrechtlich massgebenden Jahresrechnung unter Berücksichtigung der steuerlichen Korrekturen. Wurde qualifizierender Personalaufwand für Forschung- und Entwicklung aktiviert, kann er für die Berechnung des Gesamtaufwandes im Zeitpunkt der Entstehung in der Unternehmung mitberücksichtigt werden. Die spätere Abschreibung muss dann wieder aus dem Gesamtaufwand herausgerechnet werden.

11. Verhältnis des Zusatzabzuges für Forschung und Entwicklung zur Patentbox

Mit dem Zusatzabzug für Forschungs- und Entwicklungsaufwand werden die Aufwendungen für Forschungs- und Entwicklungsaktivitäten steuerlich begünstigt. Dagegen entlastet die Patentbox gemäss Art. 24a und 24b StHG den Gewinn aus Patenten und vergleichbaren Rechten.

Eine Beanspruchung des Zusatzabzuges für Forschungs- und Entwicklungsaufwand nach den Art. 10a und Art. 25a StHG schliesst eine spätere Geltendmachung der Patentbox nicht aus. In diesem Fall werden die bereits geltend gemachten Forschungs- und Entwicklungsaufwendungen einschliesslich Zusatzabzug grundsätzlich beim Eintritt in die Patentbox als Gewinn besteuert (Art. 8a und Art. 24b Abs. 3 StHG). Den Kantonen steht es frei, auf welche Art und Weise und zu welchem Zeitpunkt sie die Besteuerung der bereits geltend gemachten Forschungs- und Entwicklungsaufwendungen einschliesslich Zusatzabzug beim Eintritt in die Patentbox sicherstellen.

Nach Eintritt in die Patentbox entfallen grundsätzlich weitere Zusatzabzüge für Forschungs- und Entwicklungsaufwand. Wird jedoch nach der Beanspruchung der Patentbox weitere zusätzliche Forschung und Entwicklung für Patente und vergleichbare Rechte in der Patentbox (z.B. für die Weiterentwicklung des Patents) betrieben, so kann der Zusatzabzug für Forschung und Entwicklung gerechtfertigt sein, wenn die fünf Kriterien nach dem OECD Frascati-Handbuch 2015 für wissenschaftliche Forschung gegeben sind und der Forschungs- und Entwicklungsaufwand über die üblichen Aufwendungen für die Weiterentwicklung hinausgeht. Sobald aber die Ergebnisse dieser Arbeiten für ein Patent, welches bereits für die Patentbox qualifiziert, Erträge generieren, ist dieser in den vergangenen Steuerperioden bereits berücksichtigte Forschungs- und Entwicklungsaufwand einschliesslich Zusatzabzug gemäss Art. 24b Abs. 3 StHG als Gewinn steuerbar. Grundlagenforschung dagegen kann nur soweit für den Zusatzabzug für Forschungs- und Entwicklungsaufwand qualifizieren, als sie nicht für Patente und vergleichbare Rechte gemäss Art. 24a StHG betrieben wird.

12. Beispiel zur Berechnung des Zusatzabzugs für Forschungs- und Entwicklungsaufwand

Gemäss Erfolgsrechnung	Aufwand	Zuschlag/ Reduktion	Zusatzabzug	Steuerbarer Reingewinn
Reingewinn				1.000
Im Aufwand enthalten: – Qualifizierender Personalaufwand für F&E[1] – F&E-Aufwand Dritte	104 200	+35 % -20 %	140 160	
Berechnungsbasis Zusatzabzug			300	
Zusatzabzug nach kantonalem Recht, max. 50 %[2]			150	-150
Steuerbarer Reingewinn Kantons- und Gemeindesteuern				850

[1] Maximal der Gesamtaufwand der Unternehmung
[2] Unterliegt der kantonalen Entlastungsbegrenzung

Sowohl die Personalaufwendungen für Forschung und Entwicklung als auch die Aufwendungen für Auftragsforschung und -entwicklung müssen geschäftsmässig begründet sein.

Analyse des Vorstandes SSK zum neuen Rechnungslegungsrecht

Quelle: Schweizerische Steuerkonferenz SSK

Beschluss des Vorstandes vom 12. Februar 2013

Aktualisierung vom 5. Februar 2020

1. Entstehung des neuen Rechnungslegungsrechts

In der Botschaft vom 21. Dezember 2007[1] unterbreitete der Bundesrat dem Parlament unter anderem den Entwurf zur Änderung des Rechnungslegungsrechts (32. Titel des Obligationenrechts und spezialgesetzliche Bestimmungen). Das veraltete und lückenhafte Rechnungslegungsrecht sollte umfassend revidiert und durch rechtsformneutrale Bestimmungen ersetzt werden. Anfang April 2009 spaltete die ständerätliche Rechtskommission aus politischen Gründen das Rechnungslegungsrecht von den aktienrechtlichen Bestimmungen ab.[2] So entstand die eigenständige Vorlage zum neuen Rechnungslegungsrecht (Vorlage 2 von 08.011). Das Parlament verabschiedete in der Schlussabstimmung vom 23. Dezember 2011 das neue Rechnungslegungsrecht; das Referendum wurde nicht ergriffen. Am 21. November 2012 hat der Bundesrat die entsprechenden Bestimmungen und die erforderlichen Ausführungsbestimmungen auf den 1. Januar 2013 in Kraft gesetzt.[3]

Das neue Rechnungslegungsrecht knüpft grundsätzlich nicht an die Rechtsform des Unternehmens, sondern an dessen wirtschaftliche Bedeutung an. Die allgemeinen Vorschriften des neuen Rechnungslegungsrechts entsprechen der Buchführung und Rechnungslegung eines gut geführten KMU. Weitergehende Bestimmungen gelten für Unternehmen, die der ordentlichen Revision unterliegen, und für Konzerne. Unter bestimmten Voraussetzungen muss im Interesse des Kapitalmarkts oder zum Schutz von Personen mit Minderheitsbeteiligungen ein Einzelabschluss oder eine Konzernrechnung nach einem anerkannten Standard zur Rechnungslegung erstellt werden.[4]

---

[1] Botschaft vom 21. Dezember 2007 zur Änderung des Obligationenrechts (Aktienrecht und Rechnungslegungsrecht sowie Anpassungen im Recht der Kollektiv- und der Kommanditgesellschaft, im GmbH-Recht, Genossenschafts-, Handelsregister- sowie Firmenrecht), BBl 2008 1589 ff. (Geschäft 08.011).

[2] Vgl. Amtliches Bulletin des Ständerats vom 2009, S. 602

[3] AS 2012 S. 6679 sowie S. 6709

[4] Vgl. Medienmitteilung des Bundesrats vom 22. November 2012.

2. Steuerrechtliche Analyse des neuen Rechnunglegungsrechts

Der Wille des Gesetzgebers war es, das bisherige Recht zu modernisieren und zu präzisieren. Die Steuerneutralität war sowohl dem Bundesrat[5] als auch dem Parlament[6] wichtig und konnte grundsätzlich eingehalten werden. Die Veranlagungspraxis wird durch das neue Rechnungslegungsrecht insbesondere bei folgenden Punkten tangiert:

Pflicht zur Buchführung und Rechnungslegung
Einzelunternehmen und Personengesellschaften mit einem Umsatzerlös von mindestens CHF 500'000 unterliegen der Pflicht zur Buchführung und Rechnungslegung gemäss den Art. 957 ff. OR.[7] Darunter fallen neu auch Selbständig erwerbende, die einen freien Beruf ausüben.

Der für die Buchführungspflicht massgebende Umsatzerlös ergibt sich jeweils aufgrund des Vorjahres, wobei dieser um Skonti, Rabatte und Debitorenverluste vermindert wird.[8] Dasselbe gilt für Stornierungen.

Fällt der Umsatzerlös in einzelnen Geschäftsjahren unter CHF 500'000, muss lediglich über die Einnahmen und Ausgaben sowie über die Vermögenslage Buch geführt werden („Milchbüchlein-Rechnung", Art. 957 Abs. 2 und 3 OR). Aus steuerrechtlicher Optik ist die kontinuierliche Besteuerung der Periodenergebnisse auch in diesen Fällen sicherzustellen.

Auch bei vereinfachter Buchführung ist für steuerliche Zwecke eine Gliederung der Einnahmen und Ausgaben nach Arten erforderlich.

Die Frage, ob schweizerische Betriebsstätten ausländischer Unternehmen eine separate Jahresrechnung erstellen müssen, lässt sich aus dem OR nicht beantworten. Für den Vollzug der Art. 6 Abs. 2 und Art. 52 Abs. 2 DBG[9] ist eine separate Jahresrechnung aber unabdingbar.

Der Abschluss nach anerkanntem Standard gemäss Art. 962 ff. OR bildet nicht Grundlage für die steuerbare Gewinnermittlung.[10]

---

[5] Botschaft 2007, S. 1626 und Amtliches Bulletin des Nationalrats von 2010, S. 1818 (Antwort von Bundesrätin Widmer-Schlumpf auf die Frage 10.5527 von Nationalrat Noser vom 6. Dezember 2010 „Keine Verschärfung der Steuerpraxis durch die Revision des Rechnungslegungsrechts").
[6] Amtliches Bulletin des Ständerats von 2009, S. 1187 (Kommissionssprecher Janiak) und Amtliches Bulletin des Nationalrats von 2010, S. 1363 (Kommissionssprecher Roux).
[7] SR 220.
[8] Amtliches Bulletin des Ständerats vom 2005, S. 624.
[9] SR 642.11.
[10] Art. 962 Abs. 1 und Art. 962a Abs. 1 Ziff. 2 gemäss Botschaft 2007 wurden vom Parlament ersatzlos gestrichen (s. Amtliches Bulletin des Nationalrats von 2010, S. 1905 ff., Antrag Kaufmann).

Bewertung nach Veräusserungswerten
Muss die Bewertung infolge Einstellung der Tätigkeit oder von Teilen davon in den nächsten zwölf Monaten auf Veräusserungswerte umgestellt werden (Art. 958a Abs. 2 OR), so ist diese Neubewertung aufgrund des Massgeblichkeitsprinzips steuerwirksam. Handelsrechtswidrig unterlassene Neubewertungen sind im Rahmen einer steuerlichen Bilanzberichtigung zu korrigieren.

Zeitliche und sachliche Abgrenzung
Einzelunternehmen und Personengesellschaften können aufgrund der Milchbüchlein-Rechnung (Art. 957 Abs. 2 und 3 OR) auf die zeitliche Abgrenzung bis zu einem Umsatzerlös von CHF 500'000 verzichten. Deshalb betrifft Art. 958b Abs. 2 OR nur juristische Personen. Diese können neu bei einem Nettoerlös aus Lieferungen und Leistungen von bis zu CHF 100'000 oder Finanzerträgen von bis zu CHF 100'000 auf die zeitliche Abgrenzung verzichten. Massgebend für die Pflicht zur zeitlichen Abgrenzung ist das Überschreiten des Schwellenwertes entweder beim Nettoerlös aus Lieferungen und Leistungen oder bei den Finanzerträgen im Berichtsjahr.

Fremdwährung
Art. 958d Abs. 3 OR bildet die gesetzliche Grundlage für die Anwendung des Bundesgerichtsentscheids[11] zur steuerunwirksamen Behandlung der Differenzen aus der Umrechnung von der funktionalen Währung in die Darstellungswährung. An der bisherigen steuerlichen Praxis ändert sich nichts.

Die Berechnung der Steuerbemessungsgrundlage erfolgt mit Ausnahme des Grundkapitals sowie der von der ESTV bestätigten Reserven aus Kapitaleinlagen, welche zum historischen Kurs umzurechnen sind, durch Umrechnung zum Kurs des Bilanzstichtages.

Gründungs-, Kapitalerhöhungs- und Organisationskosten
Gründungs-, Kapitalerhöhungs- und Organisationskosten dürfen aufgrund von Art. 959 Abs. 2 OR inskünftig nicht mehr aktiviert werden. Steuerlich bilden sie geschäftsmässig begründeten Aufwand. Die handelsrechtlich notwendige Ausbuchung bestehender aktivierter Gründungs-, Kapitalerhöhungs- und Organisationskosten im Zeitpunkt der Erstanwendung des neuen Rechnungslegungsrechts gilt steuerrechtlich als geschäftsmässig begründeter Aufwand.

Umlauf- und Anlagevermögen
Art. 959 Abs. 3 OR regelt die Zuteilung von Aktiven zum Umlaufsvermögen und Anlagevermögen neu. Entsprechende Auswirkungen sind bei der Bilanzierung von Liegenschaften oder Wertschriften zu erwarten. Diese Präzisierung des bisherigen Rechts verändert die steuerrechtliche Praxis zur steuerneutralen Ersatzbeschaffung und zum gewerbsmässigen Liegenschaftshandel nicht.

Eigene Aktien
Gemäss Art. 959a Abs. 2 Ziff. 3 Bst. e OR sind die eigenen Kapitalanteile neu als Minusposten im Eigenkapital auszuweisen. Dass es sich dabei ausschliesslich um

---

[11] BGE 136 II 88 ff.; vgl. auch die Analyse der SSK vom 15. Februar 2011 zu diesem Bundesgerichtsentscheid vom 1. Oktober 2009.

eine Änderung der Darstellung handelt, welche die steuerrechtliche Praxis nicht ändert,[12] wurde vom Bundesgericht nicht bestätigt (Urteil des Bundesgerichts vom 14. November 2019 [2C_119/2018]). Art. 659a Abs. 2 OR, der die handelsrechtlichen Folgen des Erwerbs eigener Aktien regelt, wurde noch nicht an den neuen Art. 959a Abs. 2 Ziff. 3 Bst. e OR angepasst. Dieses gesetzgeberische Versehen führt zu einem Widerspruch zwischen dem Aktien- und dem Rechnungslegungsrecht. Die neueren, spezielleren und sachgerechteren Bestimmungen des Rechnungslegungsrechts gehen jedoch denjenigen des geltenden Aktienrechts vor.

Bei den eigenen Aktien handelt es sich sowohl zivil- als auch steuerrechtlich um einen effektiv vorhandenen Vermögenswert. Somit können unrealisierte Wertverluste zwischen dem Verkehrswert und den Anschaffungskosten von den Steuerpflichtigen in der Steuerbilanz gewinnsteuerwirksam geltend gemacht werden, auch wenn diese unter dem neuen Rechnungslegungsrecht handelsrechtlich nicht mehr verbucht werden dürfen. Werterholungen sind bis zu den Anschaffungskosten als Gewinn steuerbar.

Effektive Buchgewinne bzw. -verluste sind bei Veräusserung unabhängig von der handelsrechtlichen Verbuchung steuerwirksam. Der Minusposten „eigene Kapitalanteile" reduziert das steuerbare Eigenkapital. Der steuersystematische Zusammenhang zwischen der Verrechnungssteuer und der Einkommenssteuer erscheint gemäss Bundesgericht zu schwach, um die Massgeblichkeit der Handelsbilanz für die Kapitalsteuer zu durchbrechen.

Einzelbewertung von Beteiligungen und Liegenschaften
Für Beteiligungen und Liegenschaften gilt in der Regel die Einzelbewertung (Art. 960 Abs. 1 OR).

Abschreibungen, Wertberichtigungen und Rückstellungen
Abschreibungen spiegeln den nutzungs- und altersbedingten Wertverlust von abnutzbaren Wirtschaftsgütern wider, Wertberichtigungen andere Wertverluste. Abschreibungen können wie bisher steuerrechtlich nur im Zeitpunkt ihrer Verbuchung auf ihre geschäftsmässige Begründetheit überprüft werden. Wertberichtigungen werden steuerlich wie bisher den Rückstellungen gleichgestellt. Wertberichtigungen und bisherige Abschreibungen auf Beteiligungen können nach Art. 62 Abs. 4 DBG in jeder Steuerperiode auf die geschäftsmässige Begründetheit hin überprüft werden.

Die gemäss Art. 960a Abs. 4 OR handelsrechtlich zulässigen, zusätzlichen Abschreibungen und Wertberichtigungen bilden mit Ausnahme der bereits bisher zulässigen Einmalabschreibungen[13] aus steuerrechtlicher Sicht keinen geschäftsmässig begründeten Aufwand nach Art. 58 ff. DBG. Dasselbe gilt für die Bildung von Rückstellungen für das dauernde Gedeihen des Unternehmens (beispielsweise Wiederbeschaffungsreserven) gemäss Art. 960e Abs. 3 Ziff. 4 und Abs. 4 OR).

Schwankungsreserven
Um Schwankungen im Kursverlauf Rechnung zu tragen, darf gemäss Art. 960b Abs. 2 OR eine Wertberichtigung zulasten der Erfolgsrechnung gebildet werden, wenn

---

[12] Botschaft 2007, S. 1706.
[13] Botschaft 2007, S. 1711.

Aktiven zum Börsenkurs oder zum beobachtbaren Marktpreis am Bilanzstichtag bewertet werden. Die Schwankungsreserve darf die Differenz zwischen Buchwert und Anschaffungskosten nicht überschreiten.

Die Bildung der Schwankungsreserven gilt bei sämtlichen Unternehmen im Rahmen der üblichen Kursschwankungen als geschäftsmässig begründet.[14]

Anhang und Geldflussrechnung
Der Anhang (Art. 959c und Art. 961a OR) und die Geldflussrechnung (Art. 961b OR) sind Bestandteile der Jahresrechnung (Art. 958 Abs. 2 und Art. 961 Ziff. 2 OR) und müssen zusammen mit der Steuererklärung eingereicht werden.

Aufbewahrung der Geschäftskorrespondenz
Der Hinweis auf die Geschäftskorrespondenz wurde vollständig aus der Geschäftsbücherverordnung[15] gestrichen, da Art. 958f OR die Aufbewahrung nicht mehr generell vorschreibt. Die Unternehmen haben jedoch weiterhin denjenigen Teil der Geschäftskorrespondenz aufzubewahren, der einen teilweisen oder vollständigen Buchungsbeleg gemäss Art. 957a Abs. 3 OR darstellt. Jede Buchung muss belegt werden können (Art. 957a Abs. 2 Ziff. 2 und 5 OR). Die Geschäftskorrespondenz stellt einen Buchungsbeleg dar, sobald sie zum Nachweis der Begründung, Änderung oder Aufhebung buchungsrelevanter Rechte oder Pflichten des buchführungspflichtigen Unternehmens geeignet und notwendig ist.

Das neue Rechnungslegungsrecht will die Unternehmen nur von der Aufbewahrung derjenigen Geschäftskorrespondenz befreien, die für die Buchführung und Rechnungslegung ohne Erkenntniswert ist.[16]

Solange ein Unternehmen noch nicht die Bestimmungen des neuen Rechnungslegungsrechts anwendet (Art. 2 der Übergangsbestimmungen), muss es die Geschäftskorrespondenz gemäss bisherigem Recht aufbewahren. Die Geschäftsbücherverordnung wurde nicht eigenständig, sondern im Hinblick auf das neue Rechnungslegungsrecht angepasst. Dies ergibt sich explizit aus dem Ingress, der auf den neuen Art. 958f OR verweist.

Buchführung nach neuem Recht vor Ablauf der Übergangsfrist
Werden Buchführung und Rechnungslegung bereits vor Ablauf der Übergangsfrist nach neuem Recht erstellt, sind die nach neuem Recht erstellten Abschlüsse auch steuerlich massgeblich. Verfahrensrechtlich werden die Steuerpflichtigen an derjenigen Jahresrechnung behaftet, welche der Steuererklärung gestützt auf Art. 42 Abs. 3 StHG bzw. Art. 125 Abs. 2 DBG beigelegt wird.

---

[14] Botschaft 2007, S. 1713.
[15] SR 221.431.
[16] Vgl. den erläuternden Bericht vom 16. August 2012 zum Inkraftsetzen des Rechnungslegungsrechts und Erlass der neuen Verordnung über die anerkannten Standards zur Rechnungslegung (VASR) zur Teilrevision der Revisionsaufsichtsverordnung (RAV), S. 11.

KT ZH

Praxishinweise Kanton Zürich

Ausgewählte Praxishinweise Kanton Zürich

| Sondersteuer bei Statuswechsel | **F12** | Statuswechsel §§ 73 und 74 StG ZH | **F11** |

Praxishinweise Kanton Zürich

Ausgewählte Praxishinweise Kanton Zürich

Sondersteuer bei Statuswechsel

Quelle: Zürcher Steuerbuch, kantonales Steueramt Zürich

Sondersteuer auf realisierten stillen Reserven von Holding-, Domizil- und gemischten Gesellschaften

3. Juni 2020

Übergang von der Besteuerung als Holding-, Domizil- oder gemischte Gesellschaft zur ordentlichen Besteuerung (Statuswechsel): Sondersteuer für denjenigen Teil des Reingewinns, der auf die Realisation von stillen Reserven aus der Zeit der Statusbesteuerung entfällt.

1. Gesetzliche Grundlage

§ 2 der Übergangsbestimmungen (Sondersteuer) zur Änderung des Steuergesetzes vom 1. April 2019 (Steuervorlage 17) regelt die Steuerfolgen für Holding-, Domizil- und gemischte Gesellschaften (Statusgesellschaften), die mit dem Inkrafttreten der Steuervorlage 17 ihren besonderen Steuerstatus verlieren und neu der ordentlichen Besteuerung unterliegen. Danach werden die bei Ende der Besteuerung als Statusgesellschaft bestehenden stillen Reserven einschliesslich des selbst geschaffenen Mehrwerts, soweit diese bisher nicht steuerbar gewesen wären, im Fall ihrer Realisation innert der nächsten fünf Jahre gesondert besteuert. Die Höhe der von der juristischen Person geltend gemachten stillen Reserven einschliesslich des selbst geschaffenen Mehrwerts wird vom kantonalen Steueramt mittels Entscheid festgesetzt. Diese stillen Reserven unterliegen nicht der Kapitalsteuer.

2. Gegenstand der Sondersteuer

Gegenstand der Sondersteuer sind die per Ende der Besteuerung als Holding-, Domizil- oder gemischte Gesellschaft bestehenden stillen Reserven einschliesslich des selbst geschaffenen Mehrwerts,

- welche während der Besteuerung als Holding-, Domizil- oder gemischte Gesellschaft entstanden sind,
- soweit diese bisher (d.h. unter dem Steuerstatus) nicht steuerbar gewesen wären und
- soweit sie nicht bis spätestens 31. Dezember 2019 gewinnsteuerunwirksam durch Bildung einer als Gewinn besteuert geltenden stillen Reserve aufgedeckt worden sind (sogenannte Aufdeckungslösung bzw. altrechtlicher Step-up; vgl. Zürcher Steuerbuch Nr. 73.3).

Bei Domizil- und gemischten Gesellschaften sind dies die auslandsbezogenen stillen Reserven im Umfang der steuerfreien Quote (nach Abzug von allfällig gewinnsteuerunwirksam aufgedeckten stillen Reserven).

Bei Unternehmen, welche aus dem Ausland in die Schweiz zugezogen sind und seit dem Zuzug als Statusgesellschaft besteuert worden sind, unterliegen die gesamten auslandsbezogenen stillen Reserven im Umfang der Differenz zwischen Verkehrs- und Gewinnsteuerwert bei ihrer Realisation der Sondersteuer, also auch jene, die vor dem Zuzug in die Schweiz gebildet worden sind.

Nicht Gegenstand der Sondersteuer sind die stillen Reserven auf

- Immobilien, da diese Reserven unter den bisherigen Steuerstatus steuerbar gewesen wären,
- Beteiligungen gemäss § 72 StG im Umfang der Differenz zwischen Verkehrswert und Gestehungskosten, da diese Reserven auch nach Statuswegfall über den Beteiligungsabzug auf Kapitalgewinnen gewinnsteuerfrei bleiben,
- inlandsbezogenen Aktiven und, im Umfang der steuerbaren Quote, auf auslandsbezogenen Aktiven, da auch diese Reserven unter den bisherigen Steuerstatus steuerbar gewesen wären,
- Aktiven, welche bei Eintritt in den Steuerstatus gemäss § 75 StG (in der bis 31.12.2019 geltenden Fassung) nicht besteuert worden sind und bei denen die Frist für die Erhebung der Jahressteuer noch nicht abgelaufen ist. Ist diese Frist dagegen abgelaufen, können die stillen Reserven auf diesen Aktiven aufgedeckt werden.

Bei Beteiligungen gemäss § 72 StG muss sichergestellt werden, dass Abschreibungen auf Beteiligungen, welche sich während der Zeit der Statusbesteuerung nicht gewinnsteuerwirksam ausgewirkt haben, bei deren „Wiedereinbringung" im Zusammenhang mit einer echten, buchmässigen oder steuersystematischen Realisation nicht zur Besteuerung gelangen. Dies kann nur über eine Anpassung des Gewinnsteuerwertes und der Gestehungskosten per Ende der letzten Steuerperiode unter der Besteuerung als Statusgesellschaft erfolgen (vgl. Zürcher Steuerbuch Nr. 73.3, Ziffer 2). Wurden Gewinnsteuerwert bzw. Gestehungskosten entsprechend angepasst, unterliegt die „Wiedereinbringung" der seinerzeitigen Abschreibung nicht der Sondersteuer.

3. Realisation

Gemäss § 2 Abs. 1 der Übergangsbestimmungen werden die stillen Reserven aus der Zeit der Statusbesteuerung bei ihrer Realisation innert der nächsten fünf Jahre von der ordentlichen Besteuerung ausgenommen und während maximal fünf Jahren der Sondersteuer unterworfen.

Als Realisation gelten die echte Realisation durch Verkauf, die buchmässige Realisation durch Aufwertung und die steuersystematische Realisation, insbesondere bei Wegzug in das Ausland.

Soweit im Reingewinn ausserordentliche Erfolgskomponenten, z.B. in Form von Buchgewinnen aus der Veräusserung von Aktiven oder Währungsgewinnen sowie ausserordentliche Wertberichtigungen oder Abschreibungen, enthalten sind, sind diese vor der Aufteilung des operativen Ergebnisses zu subtrahieren und dem ordentlich steuerbaren Gewinn oder dem Sondersteuerteil zuzuweisen, je nachdem, ob diese realisierten stillen Reserven der Sondersteuer unterliegen oder nicht. Ebenfalls vorab dem ordentlich steuerbaren Gewinn zuzuweisen sind Finanz- und Liegenschaftenerfolg.

Der nach Zuteilung von Finanzerfolg, Liegenschaftenerfolg und ausserordentlichen Erfolgskomponenten verbleibende ordentliche Reingewinn von ehemaligen Domizil- und gemischten Gesellschaften ist weiter in einen ordentlich steuerbaren und in einen der Sondersteuer unterliegenden Teil aufzuteilen. Diese Aufteilung kann schätzungsweise aufgrund des Durchschnitts der Summe der in- und auslandsbezogenen Ergebnisse der letzten drei Jahre vor dem Statuswechsel erfolgen, wenn davon ausgegangen werden kann, dass die operativen Tätigkeiten unverändert weitergeführt werden. Bei Veränderungen der operativen Tätigkeiten wie Umstrukturierungen muss der Nachweis, dass der Reingewinn realisierte stille Reserven aus der Zeit der Statusbesteuerung enthält, als steuermindernde Tatsache durch die Gesellschaft erbracht werden.

Der Beteiligungsertrag ist Teil des ordentlich steuerbaren Gewinns, da er in keinem Zusammenhang mit der Realisation stiller Reserven aus der Zeit der Statusbesteuerung steht. Der Beteiligungsabzug wird deshalb auf dem ordentlichen Reingewinn (ohne Sondersteuer) berechnet.

4. Steueraufwand

Der auf die Sondersteuer entfallende Teil des Aufwandes für die Staats- und Gemeindesteuern sowie die anteilige direkte Bundessteuer ist dem der Sondersteuer unterliegenden Teil des Reingewinns zuzuweisen.

5. Vorjahresverluste

Bei der Sondersteuerlösung können die Verluste des nicht steuerbaren Teils aus ausländischer Quelle aus der Zeit der Statusbesteuerung mit dem steuerbaren Gewinn nachfolgender Steuerperioden verrechnet werden, sofern und soweit keine gewinnsteuerunwirksame Aufdeckung von stillen Reserven bei Wegfall des Steuerstatus erfolgt ist. Solche Vorjahresverluste sind zunächst mit dem gesamten Reingewinn, vor Aufteilung in den ordentlich steuerbaren und den der Sondersteuer unterliegenden Teil, zu verrechnen.

6. Verfahren

Die bei Ende der Besteuerung als Holding-, Domizil- oder gemischte Gesellschaft bestehenden stillen Reserven einschliesslich des selbst geschaffenen Mehrwerts müssen von der steuerpflichtigen Gesellschaft anhand einer anerkannten Bewertungsmethode mit Einreichung der Steuererklärung 2019 oder bis 31. Dezember 2020 geltend gemacht werden. Ihre Höhe wird vom kantonalen Steueramt mittels anfechtbarem Entscheid festgesetzt.

7. Illustration

Gemischte Gesellschaft mit Statusverlust per 31.12.2019. Vom Gesamtgewinn entfallen 25% auf das Inland und 75% auf das Ausland (Durchschnitt der Summe der in- und auslandsbezogenen Ergebnisse der letzten drei Jahre vor dem Statusverlust; die unter dem Steuerstatus steuerbare Quote der auslandsbezogenen Ergebnisse ist dem Inlandteil zuzurechnen). Im Reingewinn gemäss Erfolgsrechnung von 150 ist ein nach § 64b StG ermittelter Reingewinn aus Patenten und vergleichbaren Rechten von 100, ein nach § 72 StG ermittelter Nettobeteiligungsertrag von 10, welcher dem Beteiligungsabzug unterliegt, sowie ein im Geschäftsjahr 2020 erzielter Buchgewinn aus dem Verkauf einer nicht für den Beteiligungsabzug nach § 72 StG qualifizierenden Beteiligung von 20 enthalten. Die gesamten stillen Reserven, welche bei ihrer Realisation während fünf Jahren der Sondersteuer unterliegen, betragen gemäss Entscheid des kantonalen Steueramts 250.

Der Gewinnanteil, welcher aus der Realisation stiller Reserven aus der Zeit der Statusbesteuerung stammt, bzw. der der ordentlichen Besteuerung unterliegende Reingewinn werden wie folgt berechnet:

Steuerperiode 1.1. – 31.12.2020	Total	ordentlich 25%	Sondersteuer 75%
Reingewinn gemäss Erfolgsrechnung	150.0		
- Nettobeteiligungsertrag	-10.0		
Basis Gesamtentlastungsgrenze	140.0		
- a.o. Erfolg aus Beteiligungsverkauf 2020	-20.0		
	120.0	30.0	90.0
Ermässigung Patentbox	-100.0	-25.0	-75.0
+ a.o. Erfolg wie oben	20.0	20.0	
	40.0		
Korrektur Entlastungsbegrenzung 30% (Minimalgewinn: 30% von 140)	2.0	0.5	1.5
	42.0		
+ Nettobeteiligungsertrag	10.0	10.0	
Steuerbarer Reingewinn	52.0	35.5	16.5
Beteiligungsabzug: 10.0/35.5 = 28.169%			
Restbestand stille Reserven Gemäss Entscheid Steueramt per 31.12.2019 - besteuert mit Einschätzung Steuerperiode 1.1.2020 – 31.12.2020 **Restbetrag für nachfolgende vier Steuerperioden**			250.0 -16.5 233.5

Statuswechsel §§ 73 und 74 StG ZH

Quelle: Zürcher Steuerbuch, kantonales Steueramt Zürich

Übergang von der Besteuerung als Holding-, Domizil- oder gemischte Gesellschaft zur ordentlichen Besteuerung (Statuswechsel): Auswirkungen auf die stillen Reserven und die Vorjahresverluste

24.05.2018

Stille Reserven inklusive Mehrwert aus der Zeit der Besteuerung unter einem kantonalen Steuerstatus können bei Wegfall des kantonalen Steuerstatus grundsätzlich im Umfang der bisherigen Freistellung gewinnsteuerunwirksam, durch Bildung einer als Gewinn besteuert geltenden stillen Reserve, aufgedeckt und nach Einsetzen der ordentlichen Besteuerung steuerwirksam abgeschrieben werden.

Gemäss § 73 Abs. 1 StG entrichten Kapitalgesellschaften und Genossenschaften, deren statutarischer Zweck zur Hauptsache in der dauernden Verwaltung von Beteiligungen besteht und die in der Schweiz keine Geschäftstätigkeit ausüben, keine Gewinnsteuer, sofern die Beteiligungen oder die Erträge aus Beteiligungen längerfristig mindestens zwei Drittel der gesamten Aktiven und Passiven ausmachen.

Gemäss § 70 Abs. 1 StG können vom Reingewinn der Steuerperiode Verluste aus sieben der Steuerperiode vorangegangenen Geschäftsjahren abgezogen werden, soweit sie bei der Berechnung des steuerbaren Reingewinns dieser Jahre nicht berücksichtigt werden konnten.

Erfüllt eine Kapitalgesellschaft oder Genossenschaft, welche als Holdinggesellschaft gemäss § 73 StG besteuert wurde, die Voraussetzungen von § 73 Abs. 1 StG nicht mehr und wird deshalb neu ordentlich gemäss § 71 StG besteuert, kann sie die stillen Reserven, welche entstanden sind, während sie nach § 73 StG besteuert wurde, im Zeitpunkt des Übergangs zur ordentlichen Besteuerung ohne Gewinnsteuerfolgen in der Steuerbilanz offen legen.

Verluste, die während der Besteuerung als Holdinggesellschaft gemäss § 73 StG entstanden sind, können nach dem Statuswechsel (Übergang zur ordentlichen Besteuerung nach § 71 StG) nicht mehr zur Verrechnung gebracht werden.

Diese Praxisfestlegung gemäss Mitteilung vom 19. Juli 2012 entspricht den Grundsätzen, die sich aus dem Entscheid des Bundesgerichts 2C_645/2011 vom 12. März 2012 ergeben.

Diese für Holdinggesellschaften festgelegte Praxis kann sinngemäss auch auf den Übergang von der Besteuerung als Domizil- oder gemischte Gesellschaft zur ordentlichen Besteuerung angewendet werden. Daraus ergeben sich für die Behandlung der stillen Reserven und die Verrechnung von Vorjahresverlusten folgende Grundsätze:

1. Aufdeckung der stillen Reserven

Stille Reserven inklusive Mehrwert aus der Zeit der Besteuerung unter einem kantonalen Steuerstatus können bei Wegfall des kantonalen Steuerstatus grundsätzlich im Umfang der bisherigen Freistellung gewinnsteuerunwirksam, durch Bildung einer als Gewinn besteuert geltenden stillen Reserve, aufgedeckt und nach Einsetzen der ordentlichen Besteuerung steuerwirksam abgeschrieben werden.

Die Aufdeckung der stillen Reserven ist bei Wegfall des kantonalen Steuerstatus bis und mit der letzten Steuerperiode vor Inkrafttreten des Bundesgesetzes über die Steuervorlage 17 möglich.

2. Umfang der aufzudeckenden stillen Reserven

Im Allgemeinen:

Aus steuersystematischen Gründen können grundsätzlich nur jene stillen Reserven ganz oder teilweise steuerunwirksam aufgedeckt werden, welche in der Zeit zwischen Eintritt in den kantonalen Steuerstatus und dessen Verlust steuerfrei entstanden sind.

Bei Unternehmen, welche aus dem Ausland in die Schweiz zugezogen und seit dem Zuzug mit einem kantonalen Steuerstatus besteuert worden sind, können die gesamten auslandsbezogenen stillen Reserven im Umfang der Differenz zwischen Verkehrs- und Buchwert steuerunwirksam aufgedeckt werden, also auch jene, die vor dem Zuzug in die Schweiz gebildet worden oder entstanden sind.

Im Einzelnen:

Beim Wegfall des Holdingstatus können die stillen Reserven auf Immobilien nicht und jene auf den übrigen Aktiven vollständig gewinnsteuerunwirksam aufgedeckt werden.

Beim Wegfall des Status als Domizil- oder gemischte Gesellschaft können die stillen Reserven auf Immobilien und inlandsbezogenen Aktiven nicht, jene auf den auslandsbezogenen Aktiven im Umfang der bisherigen Freistellungsquote gewinnsteuerunwirksam offengelegt werden.

Mit Bezug auf Beteiligungen gemäss § 72 StG ist bei Wegfall des Status als Holding-, Domizil- oder gemischte Gesellschaft nur die Differenz zwischen Gestehungskosten und dem tieferen Gewinnsteuerwert vom Statuswechsel betroffen, da diese entweder bei einer Veräusserung, bei einer buchmässigen Aufwertung oder gestützt auf § 64 Abs. 1 Ziff. 5 StG bei einer Werterholung als Gewinn steuerbar wäre. Die Differenz zwischen Veräusserungserlös und Gestehungskosten dagegen bleibt über den Beteiligungsabzug auch nach Einsetzen der ordentlichen Besteuerung – wenn auch indirekt – gewinnsteuerfrei.

Andererseits muss sichergestellt werden, dass Abschreibungen auf Beteiligungen, welche sich während der Zeit der Statusbesteuerung nicht gewinnsteuerwirksam ausgewirkt haben, bei deren „Wiedereinbringung" im Zusammenhang mit einer echten, buchmässigen oder steuersystematischen Realisation nicht zur Besteuerung gelangen. Daraus ergibt sich für Gewinnsteuerwert und Gestehungskosten:

Verkehrswert der Beteiligung liegt über den Gestehungskosten:

- Der Gewinnsteuerwert der Beteiligung kann gewinnsteuerunwirksam bis auf die Gestehungskosten erhöht werden;
- Die Gestehungskosten bleiben unverändert.

Verkehrswert der Beteiligung liegt unter den Gestehungskosten:

- Der Gewinnsteuerwert der Beteiligung kann gewinnsteuerunwirksam bis auf den Verkehrswert erhöht werden;
- Die Gestehungskosten werden auf den Verkehrswert der Beteiligung reduziert.

3. Steuerlich nicht verrechnete Vorjahresverluste

Nicht verrechnete Vorjahresverluste aus der Zeit der Besteuerung als Holdinggesellschaft können nicht, jene während der Dauer der Besteuerung als Domizil- oder gemischte Gesellschaft nur im Umfang der steuerbaren Quote mit künftigen Gewinnen unter der ordentlichen Besteuerung verrechnet werden.

4. Abschreibung der steuerunwirksam aufgedeckten stillen Reserven

Die aufgedeckten stillen Reserven sind innert höchstens 10 Jahren abzuschreiben. Diese Abschreibungen unterliegen ab dem Inkrafttreten des Bundesgesetzes über die Steuervorlage 17 der Entlastungsbegrenzung.

5. Kapitalsteuer

Die gewinnsteuerunwirksam aufgedeckten stillen Reserven unterliegen gemäss § 79 Abs. 1 StG der Kapitalsteuer, soweit sie nicht in Vorjahren gewinnsteuerwirksam abgeschrieben worden sind. Die Erfassung dieser Reserven im steuerbaren Eigenkapital entfällt mit dem Inkrafttreten des Bundesgesetzes über die Steuervorlage 17 und der damit verbundenen Aufhebung von § 79 Abs. 1 Satz 2 StG.

Gesellschaften, welche für die Gewinnsteuer auf die Besteuerung nach §§ 73 und 74 StG verzichten, können für die Kapitalsteuer weiterhin die Besteuerung als Holding-, Domizil- oder gemischte Gesellschaft gemäss § 82 Abs. 1 StG geltend machen, wenn und solange die Voraussetzungen zur Besteuerung nach §§ 73 oder 74 StG bei der Gewinnsteuer erfüllt wären. Domizil- und gemischte Gesellschaften haben dazu der Steuererklärung das Ergänzungsblatt für Domizil- und gemischte Gesellschaften beizulegen.

Stichworte

A

Abfindung
A50 31, 34 f., 90

Abgabeabrechnung
A57 Rz 54

Abgabeobjekt
A57 Rz 6

Abgabepflicht im Sekundärmarkt
A57 Rz 77

Abgabesatz
A57 Rz 11

Abgangsentschädigung
A48 1

Abgeltung für Sonderrechte
A50 34

Abschlagsrückerstattung
C26 1
C23 1

Abschreibungen
A72 6 f.
A68 7
A50 44, 66, 83, 92

Abschreibungen auf Anlagevermögen
C78 1

absolute Methode
E54 2

Absorption
A74 16 f., 21
A50 31, 35, 42, 45, 49

Absorption der Muttergesellschaft
A50 45, Anhang 19

Absorption der Tochtergesellschaft
A50 42

Abspaltung
A50 62 ff., Anhang 29, 36, 41

Abzug auf Eigenfinanzierung
B84 1
C103 1 ff.
E66 3 f., 22 ff.

Abzug von Liegenschaftskosten
A90 6
C100 1 ff.

Abzüge und Zinssätze
B84 1

Abzüge, Versicherungsprämien
A75 11 f.

Abzugsberechtigung für Beiträge
A63 3 ff.

Agio / Aufgeld
A74 5, 7, 11, 15 ff., 21, 25 f

Akteneinsicht, Ehegatten
A75 40 f.

Aktie
A84 1 ff.
C21 1

Aktienplatzierung
A57 Rz 109

Aktionärsbindungsvertrag
A50 65

Aktionärsoptionen
A84 1 ff.

Alimente
A75 30 ff.

Alt-Beteiligung
A50 11

Alternativmedizin
A56 5

Altersheim
A56 5

Amtshilfe
A34 1

Änderungen der Steuerpflicht
E53 1
E52 1
E50 12

Anlagefonds
vgl. kollektive Kapitalanlagen

Anlagevermögen
A71 3
A50 74
C78 1
D12 Rz 19
E51 7

Anleger, kollektive Kapitalanlagen
A70 2 ff.

Anleihensobligation
A93 2
A92 2
A60 Anhang III 9

Anmeldung als Abgabepflichtiger
A57 Rz 45

Anrechnung ausländischer Quellensteuern
A90 8
A75 28 f.
C25 1 ff.
C24 2
E63 1 ff.

ansässige Person
A91 7
C21 1

Anschaffungskosten
A50 Anhang 58, 60

Anteile von kollektiven Kapitalanlagen
A72 3
A70 3 ff.
A69 5 ff.
A57 Rz 9, 23, 67, 80

Anteilsinhaber
A69 11 f., 14 f.
A38 2

Arbeitgeber
A48 1

Arbeitnehmer
A91 5
A63 3
A48 3

Arbeitnehmer ohne Niederlassungsbewilligung
A91 9

Arbeitnehmer, Quellenbesteuerung
A91 9 ff.

Assistenzkosten
A56 7

asymmetrische Spaltung
A50 62

atypische stille Beteiligung
B17 1 ff.

Aufdeckung stille Reserven
E66 3 f., 7
F12 1
F11 2 f.

Auffanggesellschaft
A77 5

Aufgeld
A74 5, 7, 11, 15 ff., 21, 25 f

aufgewertete Aktiven
C78 1

Auflösung von kollektiven
  Kapitalanlagen
  A70   7
  A69   6 f., 10, 26
Aufschubtatbestand
  A76   3 f.
  A73   4
  A71   3 ff.
Aufspaltung
  A50   62, Anhang 38
Aufwandbesteuerung
  A90   2 ff.
  A75   28
  E62   9
Aufwandbesteuerung, ausserkantonale
  Liegenschaften
  E32   1 ff.
Aufwandbesteuerung, Tarif
  A90   6
Aufwandbesteuerung, Voraussetzungen
  A90   2 f.
Aufwertungsgewinn
  A72   5
  A70   14
Ausbildung
  A87   1 ff.
  A75   13 f., 20 f.
  A56   6 f.
  C73   1
  D11   14
  E40   1
Ausgleich von Verlust
  C78   1
Ausgleichszahlung
  A58   2
  A50   20, 34, 90, Anhang 11
Ausgliederung
  A74   20, 23
  A50   72, Anhang 47, 50
Ausgliederung von Beteiligungen
  A50   78, Anhang 50
Auskünfte, rechtsverbindliche
  A59   6
Auskunftspflicht
  A60   13
  A34   1 ff.
Ausland-Ausland-Geschäfte
  A95   1 f.
ausländische Bank
  A66   1
  A57   Rz 19

ausländische kollektive Kapitalanlagen
  A70   3, 6 ff., 16, 18
  A69   8, 27 ff., 42
  A57   Rz 35
ausländische Konzerngesellschaft -
  Beteiligungen
  A50   83, Anhang 64
ausländische Lebensversicherer
  A57   Rz 40
ausländische Obligationen
  A57   Rz 74
ausländische Quellensteuern
  A92   4
  A90   7
  A75   29
  A69   23 ff.
  A67   4
  C25   1 ff.
  C24   1
  C15   2
  E63   2
ausländische Sozialversicherung
  A57   Rz 38
ausländische Staatsangehörige
  A90   2
ausländische Tochtergesellschaft
  A50   78, Anhang 50
ausländische Urkunden
  A57   Rz 18
ausländische Wertpapiere
  D12   Rz 59
ausländischer Börsenagent
  A57   Rz 21
ausländischer Wohnsitz eines Ehegatten
  A75   6 f.
Ausscheidungsverluste
  E59   1
Ausschüttung
  A74   8 f., 13 f., 31 f.
  A72   4 ff.
  A68   5
  A67   3, 5
  A60   Anhang III 3
  A59   2, 3
  A50   15, Anhang 34
  A38   1
  D12   Rz 54
Ausschüttungen von kollektiven
  Kapitalanlagen
  A69   5 ff., 14 ff.
  A57   Rz 112
Ausschüttungsfrist
  A59   2, 3

ausserordentlicher Ertrag
  E52   4
ausserordentlicher Verlust
  E52   5
Austausch von Beteiligungsrechten
  A50   28, 89
Austauschtatbestand
  A50   78, 82, Anhang 65
Austrittsleistung
  A86   2 ff.
Auszahlung des Vorsorgeguthabens
  A86   2, 4 f.
Auszahlung des Vorsorgeguthabens,
  unzulässige
  A86   5
Auszeichnungen
  A88   1 ff.
Autokosten
  C77   2

B

Bank
  A79   1
Barfusion
  A50   34, 90
Basketzertifikate
  A60   Anhang III 1
Baukreditzins
  A67   5
Baurechtsvertrag
  D12   Rz 27, 43
Baurechtszins
  A67   5
Beendigung der Steuerpflicht
  A19   1
  E50   1, 5 ff., 8 ff.
  E52   2
  E51   2
befreite Anleger
  A57   Rz 34
Beginn der Abgabepflicht
  A57   Rz 47
Beginn der Steuerpflicht
  A93   2
  A90   3
  E50   6
begünstigte Person
  A63   3
behinderungsbedingte Kosten
  A56   6

Stichworte

Bemessungsgrundlage
A42   4
Beneficiary
E62   4, 9
berufliche Vorsorge
A86   2 ff.
A75   11 f., 17 f., 22 f., 29 f.
A63   4
A62   5
A48   3
Berufskostenabzug
B83   1 f.
Berufskostenpauschale
B83   1 f.
berufsorientierten Aus- und Weiterbildung
A87   1 ff.
Bescheinigungspflicht
A63   9
A34   5 f.
Bescheinigungspflicht, Mitarbeiterbeteiligungen
A82   18
Beschränkung des Schuldzinsenabzuges
A67   4 f.
Beschwerde
B10   1
Besserungsschein
A77   12 ff.
Bestechungsgelder
A96   1 f.
A95   2
Besteuerung des Vorbezuges
A62   3
Besteuerung nach dem Aufwand
A90   2 ff.
A75   28
E62   9
Besteuerung nach dem Aufwand, ausserkantonale Liegenschaften
E32   1 ff.
Beteiligung
A72   1 ff.
A68   3 ff.
A67   2 ff.
Beteiligungen im Geschäftsvermögen
A68   2 ff.
A50   28
Beteiligungen im Privatvermögen
A67   2 ff.
A50   11, 15

Beteiligungsabzug
A72   1
A70   3, 10
A50   79, 89
Beteiligungsaustausch
A50   28, 89
Beteiligungsertrag
A72   1
A68   3 ff.
Beteiligungsquote
A68   4 f., 9
A67   3
A50   25, 65 f., 75, Anhang 5 f., 30
Beteiligungsübertragung
A50   83, Anhang 54, 64, 67
E56   1
Betrieb
A50   23
C78   1
Betriebserfordernis
A50   65 ff., Anhang 36, 38, 41
Betriebsstätte
A50   12, 21, 23, 32, 54, 60, 74, 82 f.
E59   3
E52   6
E33   1 ff.
bewegliches Vermögen
A90   4 ff.
A67   2, 4
D12   Rz 21
Beweislast
E58   2
Bewertung
A72   6
A50   43, 68, 76, 84
C77   1
C15   2
D12   Rz 1 ff.
E57   1
Bewertung von Wertpapieren ohne Kurswert
D12   1 ff.
E60   1
Bewertung; nichtbetriebsnotwendige Substanz
A59   4
Bezugsrecht
A50   25, 30, 75
C17   1

Bildung
A87   1 ff.
A75   13 f., 20 f., 36 f.
A56   6 f., 10 f.
C73   1
D11   14
E40   1
Bitcoin
D13   3
Blindenführhunde
A56   9
Blockchain-Technologie
D13   14
Börse
A57   Rz 41, 70
D12   Rz 1, 23
Börsenagenten
A57   Rz 71
Buchforderung
C20   1 ff.
Buchführungspflicht
A69   17
C12   1
E30   2
buchmässige Realisation
A50   12, 14
Buchwert
A72   6 f.
A68   14
A50   20, 43, 71
C78   1
D12   Rz 17 ff.
Buchwertprinzip
A68   14

C

Call-Optionen
A84   2 ff.
Collaterals
A58   8
common law
E62   3
cost plus
A49   1
Covid-19 Erwerbsausfall
B23   1 f.

D

Dachfonds- (Fund-of-Fund-) Strukturen
A69   19 ff., 34

Darlehen
A93   2 f.
A92   2 f.
A72   3
A69   6, 25
A68   4, 9
A67   2, 5
A59   3
E56   2 f.

dealing at arm's length-Grundsatz
A95   1

Deklaration
A94   2 ff.
A42   5
C21   3

Deklaration, nicht ordnungsgemässe (Art. 23 VStG)
A94   3

Delkredere
D12   Rz 30

derivative Finanzinstrumente
A69   18
A60   1 ff., 4, 8
A57   Rz 88

Diäten
A56   6

Dienstleistungsgesellschaften
A49   1
D12   Rz 34

Direktbegünstigungstheorie
A50   70, Anhang 35, 37, 39, 42, 66
C22   1

direkter Grundbesitz
A70   4 ff., 13 f.
A69   6, 9, 19, 25

Diskontierungsmethode
A82   8 ff., 12

Diskontobligation
A60   3

Diskontpapier
A60   7

Dividende
C25   1 f., 4
C23   1
C21   1

Domizilerklärung (Affidavit)
A69   11 ff., 35 f.

doppelte Buchhaltung
C26   1

Dreieckstheorie
A50   41, 66 ff., 85, Anhang 27, 35, 37, 39, 42, 61, 76
C22   1

Drittvergleich
A95   1

E

echte Fusion
A50   29 ff., 38, 40

echte Realisation
A50   12, 14

echter Fusionsverlust
A50   43

Effektenhändler
A57   Rz 5, 46 ff., 59 ff., 80 ff.

Ehegatten
A75   5 ff.

Ehepaarbesteuerung
A75   5 ff.

Ehrengaben
A88   1 ff.

eigene Beteiligungsrechte
A50   33, 35, 37, 45, 49, Anhang 14, 17
A42   1
D12   Rz 25

eigene Beteiligungsrechte, alternativer Ausweis
A74   29 f.

Eigenfinanzierung, Abzug auf
B84   1
C103   1 ff.
E66   3 f., 22 ff.

Eigengeschäfte
A57   Rz 80

Eigenheim
A62   6

Eigenkapitalunterlegungssätze
C103   1 ff.

Eigenmietwertzuschlag direkte Bundessteuer
B82   1

Eigentumsübertragung
A68   8
A57   Rz 7
A50   24 f., 75, 86

einfache Buchhaltung
C27   1

eingetragene Partnerschaft
A75   8 f.

Einkauf BVG - Begrenzung
A63   3, 11
A62   2

Einkauf in die berufliche Vorsorge
A73   4
A48   2 f.

Einkauf von Beitragsjahren
A86   3 ff.
A63   9
A62   5

Einkaufssumme
A48   3

Einkommenssteuerwert
A68   5 ff., 13 f.
A50   13, 20, Anhang 3
A42   8
C12   1, 4
E54   3

Einkünfte aus Beteiligungen im Privatvermögen
A68   2 ff.
A50   15, 26, 39, 41, 46, 49, 52, 54 ff., 61, 68

Einkünfte aus selbständiger Erwerbstätigkeit
A50   12, 19, 21, 28, 59, 91

Einlagen
A74   5 f., 24 ff.

Einmalerledigungsverfahren
C78   1

Einmalprämienversicherung
A36   1, 4

Einmalverzinsung
A60   4, 8, 13

Einrichtung der beruflichen Vorsorge
A63   4
A48   2

Einzahlung bei Beendigung der Erwerbstätigkeit
A63   6

Eisenbahninfrastruktur
A80   5

elterliche Sorge
A75   19 ff.

Elterntarif
A75 23

Emissionen
A57 Rz 63 ff.

Emissionsgeschäfte
A57 Rz 65

Ende der Steuerpflicht
A19 1
E50 1, 5 ff., 8 ff.
E52 2
E51 2

energiesparende Einrichtung
C100 1 f., 4
C78 1

Entgeltlichkeit
A57 Rz 8

Entlassung aus der Abgabepflicht
A57 Rz 58

Entlastungsaufenthalt
A56 8

Entlastungsbegrenzung
E66 3 ff., 9 ff.

Entstehung der Abgabeforderung
A57 Rz 13

Erbschaft
A68 9
E53 2, 12

Erbteilung
A71 4
A68 9, 14

Erlass
B13 1

Ermässigungen STAF
E66 1 ff.

Ermessenstaxation
A94 4

Ersatzbeschaffung
A83 10
A71 2, 5
A57 Rz 102
E54 1
E51 7

Ersatzbeschaffung von Beteiligungen
A50 91, Anhang 77, 79

Ersatzeinkommen/Ersatzeinkünfte
A48 1, 4
C75 1 ff.

Ersatzneubau
C100 3 f.

Ertragsgutschrift ausländischer Banken
A66 1

Ertragswert
D12 Rz 7

Erwerbstätigkeit beider Ehegatten
A75 17 ff.

Eurofima
A57 Rz 75

F

Fahrkostenabzug
B83 1

Fahrzeugkosten
A56 8

Fälligkeit
A42 4
C26 1
C21 1
E50 9 f.

Familienbesteuerung
A75 5 ff.
E50 10

festverzinsliche Wertpapiere
D12 Rz 68

fiducia
E62 3

fiktiver Einkauf
A73 4

Finanzanlagen
D12 Rz 22

Finanzierung des Kaufpreises
A50 Anhang 79

Finanzierungsaufwand
A72 7 f.
A68 6

Finanzierungsgesellschaft
D12 Rz 33, 38

fiskalische Verknüpfung
A50 13

flüssige Mittel
A50 23, 65
D12 Rz 15
E56 2 f.

Förderbeiträge
A88 1 ff.

Forderungen, Unterbeteiligungen
A57 Rz 86

Forderungsverzichte bei Sanierungen
A77 8 ff.

Forschungs- und Entwicklungsaufwand
C102 8
E66 1, 3 ff., 9 ff.
E31 1 ff.

Forschungs- und Entwicklungsaufwand; zusätzlicher Abzug STAF
E66 3, 9 ff.
E31 1 ff.

Fortpflanzungshilfen
A56 5

freie Mitarbeiteraktien
A82 4, 8 ff.

freie Mitarbeiteroptionen
A82 4, 10, 12, 20

Freigrenze, Kundenguthaben
B16 1

Freizügigkeit
E58 1

Freizügigkeit BVG
A86 1 ff.
A48 3

Freizügigkeitseinrichtung
A86 1 ff.
A63 9

Freizügigkeitskonto
A86 2 ff.
A48 2 f.

fremde Währungen
B85 1

Fremdfinanzierung
A68 8
A67 5, 8
A36 4
B86 2
E52 8

Fremdkapital
A38 2 f.

Fusion
A74 15 ff., 21, 24
A59 5
A57 Rz 102
A50 29 ff., Anhang 11, 14
E58 2

Fusionsagio
A50 36, 39, 45 f.

fusionsähnlicher Zusammenschluss
A50 29, 48

Fusionsausgliederung
A50 72

Fusionsdisagio
A50 39

Fusionsgewinn
  A72   4 f.
  A50   43
Fusionsverlust
  A50   43
Futures
  A60   4
  A57   Rz 88

G

gebundene Selbstvorsorge
  A63   2, 6 ff.
gebundene Vorsorgeversicherung
  A63   2
Gegenstände des betrieblichen
Anlagevermögens
  A71   5
  A50   72 ff., 81, 84, 87,
        Anhang 44, 47, 57, 60
Gegenwartsbemessung
  E53   1
  E52   1
Geldmarktpapiere
  A60   4
  A57   Rz 16, 76, 85
  C20   1 ff.
Geldmarktpapieren gleichgestellte
Urkunden
  A57   Rz 84
geldwerte Leistung
  A50   41, 70, 87, Anhang 18,
        35 ff., 42
  A42   9
  B86   1
  C22   1
  A84   1 ff.
geldwerter Vorteil
  A89   3
  A82   6, 10
  A50   15, 33 f., 41, 46, 52, 67 ff.,
        84 f.
gemeinnützige Zwecke
  A30   1 ff.
  C21   4
gemeinsame elterliche Sorge
  A75   32 ff.
Gemeinschaftsbesteuerung
  A75   5 ff.
gemischt genutzte Liegenschaft
  C12   2

gemischte kollektive Kapitalanlagen
  A70   3 f., 6, 11
Genossenschaft
  A38   1
  C27   1
Genossenschaftsanteile
  A82   4
  D12   Rz 65
Genussscheine
  D12   Rz 54
Gesamtverlustverrechnung
  E58   1 ff.
geschäftlich genutzte Liegenschaft
  C12   3
Geschäftsbetrieb
  A50   12, 63
  E53   15
  E50   4
Geschäftsfahrzeug, Aussendienst
  A91   13
  D11   Rz 9, 21 f., 70
geschäftsmässig begründeter Aufwand
  A95   1 f.
Geschäftsverlust
  E59   1
Geschäftsvermögen
  A71   3 f.
  A68   1 ff.
  A50   12 ff., 20 ff., 28, 91,
        Anhang 3
  A42   8
  C12   2
geschlossene kollektive Kapitalanlagen
(KmGK, SICAF)
  A70   11, 15 f.
  A69   25 ff.
Gesellschafter
  B86   1
gesperrte Mitarbeiteraktien
  A89   3
  A82   4, 8 ff.
gesperrte Mitarbeiteroptionen
  A82   5, 14 ff.
Gestehungskosten
  A72   5
  A50   66, 74, 78, 84, 90, 92,
        Anhang 55
Gesuch um Meldung statt Entrichtung
  C23   1
gewillkürtes Geschäftsvermögen
  A68   8 f.
  A67   8

Gewinnanteil
  A93   3
  A72   4
  A70   7
  A68   1 ff.
  A50   15
  C21   4
  E54   4
Gewinnausschüttung
  D12   Rz 9
Gewinnsteuer
  A50   14
  A38   2
Gewinnsteuerwert
  A50   14
Gewinnungskosten
  A88   4
  A67   4
Gewinnungskostenüberschuss
  E59   1
Gewinnvorwegnahme
  D12   Rz 9
gewöhnliche Obligationen
  A93   1 ff.
  A60   3
globalverzinsliche Obligation
  A60   3
going-public
  A57   Rz 109
Goodwill
  A50   20, 26, 43, 58, 75, 86,
        Anhang 7, 22
  E66   7 f., 25, 27 ff.
Gratisaktien
  A74   11, 14
  A57   Rz 111
  A50   15, 33, 35 f., 52, 54 f., 68 ff.
  C26   1
  C17   1
Gratisliberierung
  C17   1
Gratisnennwerterhöhung
  A74   11, 14
  A50   15, 33, 35 f., 52, 54 f., 68 ff.
  C26   1
Gratispartizipationsschein
  C17   1
Grenzbetrag
  A63   4
Grundstückgewinnsteuern
  E54   2
  E53   2

Grundtarif
A75   23
Gründung von kollektiven Kapitalanlagen
A69   6, 8, 25
Guthaben im Konzern
B107   1

H

Haager Übereinkommen
E62   3
Haftung, Ehegatten
A75   9 ff.
Haltedauer
A68   5
Handelsbestand
A57   Rz 59 ff., 73
Handelsregister
D12   Rz 47
Heilmassnahmen
A56   4
Heimaufenthalt
A56   8
Heirat
A75   5, 22 ff.
E53   3
Holdinggesellschaft
A50   65
B86   2
D12   Rz 33, 38
Holdingspaltung
A50   Anhang 26
Homeoffice / Telearbeit
E33   1 ff.
Hypothek
B86   2
Hypothekarzinsen
C74   1

I

Immaterialgüterrechte
C102   1 ff.
Immaterialgüterverwertungsgesellschaft
A50   65
immaterielle Anlagen
D12   Rz 26
Immobilienbesitz
E52   12

Immobiliengesellschaft
A50   66
D12   Rz 33, 42
Indexzertifikate
A60   Anhang III 1
indirekte Teilliquidation
A74   11
A59   1
A50   30, 36, 49
B11   1
indirekte Teilliquidation; Anpassung
B11   1
indirekte Totalliquidation
A50   30, 36
Infrastrukturunternehmen, konzessionierte
A80   4 ff.
Inländer
A93   2
A79   1
A60   Anhang III 3
A57   Rz 17
inländische kollektive Kapitalanlagen
A57   Rz 34
inländische Konzerngesellschaft
A50   82 f.
inländische Tochtergesellschaft
A50   74
inländische Urkunden
A57   Rz 18
Instanzenzug
B10   1
interkantonale Steuerausscheidung
E67 – E30
interkantonale Steuerausscheidung STAF
E66   1 ff.
interkantonale Steuerausscheidung, Teilbesteuerung
E64   1 ff.
interkantonale Steuerausscheidung; juristische Personen
E52   1 ff.
interkantonale Steuerausscheidung; natürliche Personen
E53   1 ff.
interkantonale Verlustverrechnung
E58   1 ff.

interkantonales Verhältnis
E51   1 ff.
E50   1 ff.
interkantonales Verhältnis im StHG
E51   1 ff.
internationale Steuerausscheidung
A50   13 f., 23, 32, 54, 60, 74, 82
internationale Transporte
C69   1
internationale Verhältnisse, Ehepaarbesteuerung
A75   6 f.
internationale Versicherungsprogramme
A78   16 ff.
Invaliditätskosten
A56   3 ff.
Inventarverfahren
A34   8
Investment-Clubs
C24   1
Investmentgesellschaft mit fixem Kapital (SICAF)
A70   2 ff.
A69   25 ff.
Investmentgesellschaft mit variablem Kapital (SICAV)
A70   2 ff.
A69   5 ff.
Irrevocable Trust
E62   5
IV-Bezüger
A63   6

J

juristische Person
C21   3
E52   1
E50   3

K

kalkulatorischer Zinssatz, Sicherheitseigenkapital
B84   1
C103   1 ff.
kantonale Abschreibungsverfahren
C78   1
kantonaler Instanzenzug
B10   1

Kapitalabfindungen des Arbeitgebers
  A48   2
Kapitalanlageliegenschaft
  E59   3
  E52   12
Kapitalband
  A74   4, 7, 10, 26
Kapitaleinlagen
  A74   4 ff.
  A72   6
  A68   8
  A50   15, 19, 25, 30, 33, 39, 45, 73, 81
Kapitaleinlagen, Ausweis im Jahresabschluss und Meldung
  A74   25 ff.
Kapitaleinlagen, Sanierungsmassnahmen
  A77   4
  A74   6, 16, 19, 23
Kapitaleinlageprinzip
  A74   1 ff.
Kapitaleinlageprinzip, Ausschüttungsregel
  A74   13 f., 31
Kapitaleinlageprinzip, Teilliquidationsregel
  A74   14, 32
Kapitalerhöhung
  A72   6
  A77   3
Kapitalerhöhung, Aktionärsoptionen
  A84   1 ff.
kapitalgarantierte Derivate
  A60   5, 9, Anhang III 7
Kapitalgewinn
  A72   5
  A68   8 f., 14
  A50   12 ff.
  C12   1
Kapitalgewinn, landwirtschaftliche Grundstücke
  A83   1 ff.
Kapitalgewinn, steuerfreier privater
  A59   1
Kapitalherabsetzung, Aktionärsoptionen
  A84   1, 4
Kapitalisierungssatz
  D12   Rz 10

Kapitalleistung
  A75   29
  A48   4 f.
  E50   10
Kapitalrückzahlung
  A72   4
Kapitalschutz
  A60   Anhang III 6
Kapitalsteuer
  A38   1
Kapitalverlust
  A77   6
Kapitalversicherung
  A36   1 ff.
Kassenobligationen
  A93   2
  A92   2
  C20   2
Kassenwechsel
  A48   2
Käufergesellschaft, finanzstarke
  A59   5
Kinder, minderjährige
  A75   7, 32 ff.
Kinder, volljährige
  A75   32 ff.
Kinderabzug
  A75   19 ff.
Kinderbetreuung
  A75   12 ff.
  A56   8
klassische Optionsanleihen
  A60   6, 11
kollektive Kapitalanlagen
  A70   1 ff.
  A69   1 ff.
kollektive Kapitalanlagen, mit Grundbesitz
  A70   4 ff., 13 f.
  A69   6, 9, 19, 25
kollektive Kapitalanlagen; Anleger
  A70   2 ff.
kollektive Mittelbeschaffung
  A57   Rz 15
Kombination
  A50   31
kombinierte Produkte
  A60   5

Kommanditgesellschaft für kollektive Kapitalanlagen (KmGK)
  A70   2 ff.
  A69   5 ff.
Konsortialdarlehen
  A92   1 ff.
Konzerngesellschaft
  A50   81 ff., Anhang 64, 74
Konzernrechnung
  B105   1
  D12   Rz 41
Koordination und Vereinfachung
  E53   1
  E51   1
  E50   1
Kosten von Liegenschaften
  A90   6
  C100   1 ff.
Kosten, Aus- und Weiterbildung
  A87   1 ff.
kotierte Wertpapiere
  D12   Rz 2, 23
Kraftloserklärung von Beteiligungspapieren
  A57   Rz 98
Krankheitskosten
  A56   1
Kreis der Vorsorgenehmer
  A63   2
Kryptowährungen
  D13   3 ff.
Kultuszwecke
  A30   6 f.
Kundenguthaben
  A79   1 f.
  B16   1
Künstler
  A90   3, 6
  C72   1 ff.
Kuraufenthalt
  A56   4

L

landwirtschaftliche Grundstücke
  A83   1 ff.
latente Steuern
  D12   Rz 31
Leasing
  A67   5

Leasinggeschäfte mit Immobilien
A64 1
E61 1 ff.
Lehrlinge
C73 1
Leistungsempfänger Verrechnungssteuer
C22 1
Lending Fee
A58 2 ff.
Letter of Wishes
E62 5
liechtensteinische Anstalt
E62 3
liechtensteinische Stiftung
E62 3
liechtensteinische Treuhänderschaft
E62 3
liechtensteinischer Effektenhändler
A57 Rz 3
Liegenschaft
A71 3 f.
B86 2
C15 3
E58 3
E53 4
Liegenschaftenhändler
E59 2
Liegenschaftskanton
E59 1
Liegenschaftskosten
A90 6
C100 1 ff.
Liegenschaftskosten, auf nachfolgende Steuerperioden übertragbar
C100 4 f.
Liegenschaftskosten, Pauschalabzug
C100 6 f.
Liquidation
A73 4 f.
A72 4 f.
A50 13 ff.
A19 1
E56 2
Liquidation von Kapitalgesellschaften
A19 1
Liquidation von kollektiven Kapitalanlagen
A70 7, 10
Liquidationsgewinne
A73 1 ff.
A71 5

Liquidationsüberschuss
A72 4 f.
A50 15, 34 ff., 55 f., 61, Anhang 25, 39, 42
A42 4, 6 f.
liquide Mittel
A50 23, 65
D12 Rz 15
E56 2 f.
Lizenzgebühr
A90 6 f.
C102 1 ff.
C25 1 ff.
Lohnausweis
D11 1 ff.
Long Borrowing
A58 2 ff.

M

Mantelhandel
C17 1
Medikamente
A56 5
Mehrwertsteuer
A50 17
Meldepflicht
A34 7
Meldeverfahren
A94 4
A77 5, 11, 18
A69 6 f., 15 ff.
A50 17 ff., 37
B104 1
C23 1
C17 2
Meldeverfahren im Konzernverhältnis
C23 1
Meldeverfahren, Rückforderung von Verzugszinsen VSt
B104 1 ff.
Meldeverfahren; Frist
B104 1 ff.
Mietvertrag
D12 Rz 27
Mietwert der Wohnung
C77 1
Mindestbesteuerung / Mindeststeuer
C104 1 ff.
Mitarbeit
A75 17 ff.

Mitarbeit im Betrieb des Ehegatten
A75 18
A63 5
Mitarbeiteraktien
A89 3 f., 6 f.
A82 4
Mitarbeiteraktien, Anwartschaften
A89 7 f.
A82 10
Mitarbeiterbeteiligungen
A89 3 ff.
A82 1 ff.
A42 3, 7
Mitarbeiterbeteiligungen, bei der Arbeitgeberin
A89 3 ff.
A82 3
Mitarbeiterbeteiligungen, Beschaffung am Markt / von Aktionären
A89 4 f., 7
Mitarbeiterbeteiligungen, international
A82 11
Mitarbeiterbeteiligungen, Schaffung mittels Kapitalerhöhung
A89 4 ff., 8
Mitarbeiterbeteiligungen, unechte
A89 7 f.
A82 5, 11
Mitarbeiterbeteiligungen, Verkehrswert
A89 3 ff.
A82 7
Mitarbeiterbeteiligungsplan
A89 3, 5 f., 8
A82 6 ff., 19 ff.
A42 Präzisierung 1, Anhang I 1 f.
Mitarbeiteroptionen
A89 7
A82 4 f.
Mitwirkung
A59 2, 4
Mitwirkungspflicht
A82 18 ff.
A34 3
modifizierte Besteuerung nach dem Aufwand
A90 7 f.
modifizierte Differenzbesteuerung
A60 11 ff.
modifizierte Dreieckstheorie
A50 41, 66 f., 69, 85

Money back Optionen
  A60   Anhang III 8
monistisches System
  E59   3
  E54   3
Mutterabsorption
  A50   45, Anhang 19

N

Nachfolgegesellschaft
  A50   63
Nachholung unterlassener Abschreibungen
  C78   1
Nachweis der geschäftsmässigen Begründung
  A95   1 f.
nahestehende Dritte / Person
  A95   1
  A50   15, 36, 52, 54, Anhang 16
  B86   1
  C22   1
Naturalbezüge
  C77   1
  C76   1
Naturaldividende
  A59   3
  A50   63, 81
Naturalleistung
  A90   4
  A75   30, 32
  A50   35
  B83   1 f.
  C77   1 f.
  C76   1
natürliche Person
  C21   3
  E53   1
  E50   4
natürliche Personen, im Ausland
  E40   1
Nebensteuerdomizil
  E50   1
Nebenverdienst
  A63   5
Negativreserve
  A50   43
  A42   9
Negativzinsen
  A60   12 f.

Nennwerterhöhungen
  A50   15, 30, 33, 49, Anhang 12
Nennwertprinzip
  A68   14
  A50   15
  A42   4
Nennwertverlust
  A50   34, Anhang 11
Nettoertrag
  A72   7
Nettoleistung
  C26   2
neue Rechnungslegung
  E30   1
Neuer Lohnausweis
  D11   1 ff.
Nexusquotient
  C102   4 f.
nicht klassische Optionsanleihen
  A60   5, 9
nicht transparente Produkte
  A60   11
nichtbetriebsnotwendige Mittel
  A50   23, 65
  D12   Rz 41
  E56   2 f.
nichtbetriebsnotwendige Substanz
  A59   2 f.
nichtkotierte Wertpapiere
  A60   13
  D12   Rz 1 ff.
Nominalwert
  C26   2

O

oberer Grenzbetrag
  A63   4
Obhut, alternierende (Kinder)
  A75   32 ff.
Obligation mit überwiegender Einmalverzinsung
  A69   18
  A67   4 f., 8
  A60   4, 8, 13
Obligationen
  A93   1 ff.
  A72   3
  A60   1, 3, 7
  A57   Rz 14, 63, 66
  C20   1

OECD-Mindeststeuer
  C104   1 ff.
offene Kapitaleinlagen
  A74   5, 7, 25
  A42   9
offene kollektive Kapitalanlagen (FCP, SICAV)
  A70   2 ff.
  A69   5 ff.
öffentlich-rechtliche Vorsorgeleistung
  C71   1
öffentlich-rechtliches Arbeitsverhältnis
  E40   1
Optionen
  A60   5, Anhang III 8 f.
  A57   Rz 88
Originaldividende
  A58   7 f.
Originalzahlung
  A58   2

P

Pachtvertrag
  D12   Rz 27
Parallelgesellschaft
  A50   38, 62
Parallelität des Instanzenzuges
  B10   1
Partizipationsschein
  D12   Rz 57
Patentbox
  C102   1 ff.
  E66   3, 22 ff., 32 ff.
pauschale Steueranrechnung
  vgl. Anrechnung ausländischer Quellensteuern
pauschalen Kostendeckung
  A95   1, 3
Pendlerabzug
  B83   1
Personalvorsorgeeinrichtung
  D12   Rz 9
Personenunternehmung
  A50   12, 19 ff., 56, 59 ff.
Personenversicherungen
  A78   9 ff.
persönliche Zugehörigkeit
  E50   8

Pfandverwertung
A62 7
Pflegeheim
A56 5
Pflegekosten
A56 5
Praktikanten
C73 1
Prämienbefreiung
A63 3
Prämiengeschäfte
A57 Rz 94
Pränumerandobesteuerung
A75 5
E50 10
Präponderanzmethode
A76 2
C12 1
Preise
A88 1 ff.
Primärmarkt
A69 9, 26, 29, 42
A57 Rz 63
Principalgesellschaft
B109 1
privat genutzte Liegenschaft
C12 3
Privatanteile
C77 1 f.
D11 7
private Unkostenanteile
C77 1
privatrechtliche Vorsorgeleistung
C70 1
Privatschulen
A56 10
Privatvermögen
A71 3
A67 1
A50 11 ff.
A42 7
C12 1 f.
privilegierte Gesellschaften ZH
F12 1
F11 1
Produktionsfaktoren
E52 10
proportionale Methode
E54 4
Protector
E62 5

Put-Optionen
A84 4 ff.
A60 Anhang III 9

Q

Qualified Intermediaries
C21 1
qualifizierende Beteiligung
A59 1 f.
Quasifusion
A74 17, 21, 24
A50 30, 48 ff., 79, 89 f.,
 Anhang 21
Quellenbesteuerung des
 Erwerbseinkommens von
 Arbeitnehmern
A91 1 ff.
Quellenbesteuerung und ordentliche
 Veranlagung, Wechsel
A91 68
E67 6 ff.
Quellenbesteuerung, Jahresmodell
A91 36 ff.
Quellenbesteuerung, Monatsmodell
A91 21 ff.
Quellenbesteuerung, nachträgliche
 ordentliche Veranlagung
A91 64 ff.
Quellenbesteuerung, örtliche
 Zuständigkeit
E67 3 ff.
Quellenbesteuerung, Verfahren bei
 interkantonalen Verhältnissen
E67 3 ff.
Quellensteuer
A91 1 ff.
B81 1 f.
B80 1 f.
C75 – C69
E51 6
E50 11
Quellensteuer; Ersatzeinkünfte
C75 1 ff.
Quellensteuer; Hypothekarzinsen
C74 1
Quellensteuer; internationale Transporte
C69 1
Quellensteuer; Künstler, Sportler,
 Referenten
C72 1

Quellensteuer; öffentlich-rechtliche
 Vorsorgeleistung
C71 1
Quellensteuer; privatrechtliche
 Vorsorgeleistung
C70 1
Quellensteuer; Studenten, Lehrlinge,
 Praktikanten
C73 1
Quellensteuer; Verwaltungsräte
C68 1
Quellensteuern, Anrechnung
 ausländischer
A90 8
A75 28 f.
C25 1 ff.
C24 2
E63 1 ff.
quellensteuerpflichtige Personen,
 interkantonale Verhältnisse
E67 3 ff.
Quellensteuertarife
B80 1 ff.

R

Rechnungslegung, neue
E30 1 ff.
Referenten
C72 1
Registrierung als Effektenhändler
A57 Rz 46
Reihengeschäfte
A58 3
Reinvestition
E54 1
Reinvestition der Altersleistung
 aus einer 2. Säule
A63 9
Remote members
A57 Rz 2
Repartition der pauschalen
 Steueranrechnung
E63 1
Repartitionsfaktoren
E57 1
Repo-Geschäft
A69 19
A58 2 ff.
A57 Rz 97
Repurchase-Agreement
A57 Rz 97

Reserven, aus Kapitaleinlagen
A74 4 ff., 9, 17
Reserven, ausschüttungsfähige
A74 13
A59 3
Residualsteuer/Sockelsteuer
C25 4
Revers
A71 4
A59 7
Reverse Convertibles
A60 6 f., 12, Anhang III 5
Revocable Trust
E62 5 f.
Rückbaukosten
C100 3
Rückerstattung der Verrechnungssteuer
A94 1 ff.
A69 16
A42 5 f.
B112 1
C27 1
C26 1
C17 2
Rückerstattung der Verrechnungssteuer, Verjährungsfrist
B112 1 f.
Rückerstattung der Verrechnungssteuer, Verwirkung des Anspruchs
A94 1 ff.
Rückerstattung der Verrechnungssteuer, Voraussetzungen
A94 2 ff.
Rückerstattung des zusätzlichen Steuerrückbehalts
C21 2
Rückforderung von Verzugszinsen VSt
B104 1 ff.
Rückkauf eigener Beteiligungsrechte
A74 11
A57 Rz 110
Rückkauf von Genussscheinen
A50 34
rückkaufsfähige Kapitalversicherung
A36 2
Rückstellung
A50 91 ff.
D12 Rz 29
rückwirkende Fusion
A50 32
rückwirkende Spaltung
A50 64

rückwirkende Übertragung
A50 25
rückwirkende Umwandlung
A50 51, 61
Rückwirkung
A59 7
B11 1
Rückzahlung des Vorbezuges
A62 3
Ruling
A95 3
A82 21 f.
A69 20
B108 1 ff.
B107 1
B17 3
D11 Rz 57, 65a
Ruling, Mitarbeiterbeteiligungen
A82 21

S

Sachanlagen
D12 Rz 19
Sachauslagen
B110 1
Sacheinlage
A50 16, 21, 51, 63, 73, 81
Sachübernahme
A50 63
Sachversicherungen
A78 12 ff.
Sanierung
A77 1 ff.
A74 6, 16, 19, 23
A72 6
A50 41, 68 ff., 84
C22 1
Sanierung, Erlass der Emissionsabgabe
A77 7 f.
Sanierung, Freibetrag
A77 6 f.
Sanierungsbedürftigkeit
A77 3
Sanierungsfusion
A77 15 ff.
A50 41
C22 1
Sanierungsgenussschein
A77 12 ff.
Sanierungszuschuss
A72 9

Säule 3a
A63 1
A62 8
B84 1
Schenkung
A88 1 ff.
E53 13
Schlechterstellungsverbot
E59 1
Schulden
D12 Rz 28
Schuldscheindarlehen
A92 1 ff.
Schuldzinsen
A68 6 f.
A38 2
C25 2, 4
Schuldzinsenabzug, Beschränkung
A67 4 f.
E64 4, 6
Schuldzinsenüberschuss
E59 2
Schwarzarbeit
B21 1 ff.
Schweizer Bürgerrecht, kein
A90 2
Securities Lending
A72 5
A69 11, 19
A58 1 ff.
A57 Rz 96
Sekundärberichtigung
B111 1
Sekundärmarkt
A69 9, 26, 29
A57 Rz 70
selbständige Erwerbstätigkeit
A71 1 ff.
A50 12 ff.
C12 1
selbständige Erwerbstätigkeit, definitive Aufgabe
A73 1 ff.
selbständige Erwerbstätigkeit, Erbgang
A73 6
selbständige Erwerbstätigkeit, Invalidität
A73 3
selbständige Erwerbstätigkeit, Verpachtung
A76 1 ff.

selbständige Erwerbstätigkeit, Wechsel
  A63   8
Selbständigerwerbende
  A63   2 ff.
  C77   1 f.
Selbstanzeige
  A94   3
  B15   1
Settlor
  E62   4, 9
SICAF
  A70   2 ff.
  A69   25 ff.
SICAV
  A70   2 ff.
  A69   5 ff.
  A57   Rz 68
Sicherheiten
  A59   3
Sicherheitseigenkapital, kalkulatorischer Zinssatz
  B84   1
  C103   1 ff.
Sitz
  A42   6
Sitzkanton
  E59   1
  E51   4 ff.
Sitzverlegung innerhalb der Schweiz
  E52   3
  E51   5
Sitzverlegung ins Ausland
  A50   53 ff.
Sitzverlegung von kollektiven Kapitalanlagen
  A70   10
  A69   7
Sitzwechsel
  E51   5
  E50   7
Sockelsteuer / Residualsteuer
  C25   4
Sofortabschreibung
  A50   Anhang 77, 79
  C78   1
Sonderfälle
  E56   1
Sondersteuer bei Statuswechsel
  E66   25 ff., 29 ff.
  F12   1
Sozialabzüge, Aufwandbesteuerung
  A90   6

Spaltung
  A74   19, 23
  A57   Rz 102
  A50   12, 16 f., 19, 62 ff.
Sperrfrist
  A50   24
Sperrfristverletzung
  A50   24 ff., 69, 75, 82, 86 f., Anhang 4
Spesenreglement
  D11   12 ff.
Spesenvergütungen
  D11   11 ff.
Spezialsteuerdomizil
  E59   3
Sportler
  A90   3
  C72   1 ff.
Sportverbände, Steuerbefreiung
  B20   1
Squeeze out
  A57   Rz 98
  A50   35
Statuswechsel
  A50   79, 89
  F11   1 ff.
Stempelabgaben
  A78   1 ff.
  A57   1 ff.
  A50   15
Stempelabgaben auf Versicherungsprämien
  A78   4 ff.
Step-up
  E66   25 ff., 29 ff.
  F12   1
  F11   1 ff.
Steuerabzug
  C71   2
Steueraufschub
  A71   3 ff.
  A59   7
  A50   14, 91
Steuerausscheidung, interkantonale
  E67 – E30
steuerbare Urkunde
  A57   Rz 9
  A50   16
Steuerbefreiung, Voraussetzungen
  A30   1 ff.

Steuerbefreiung; juristische Personen
  A30   1 ff.
Steuerbehörde
  E56   2
Steuerentlastung
  C15   2
Steuererklärung
  A75   39
  C27   1
  E51   3 f.
  E50   1 f.
Steuererlass
  B13   1
Steuergeheimnis
  A34   9
Steuerharmonisierungsgesetz
  E51   1
  E50   2
Steuerhinterziehung, Ehegatten
  A75   41 f.
Steuerhoheit
  E56   1
  E52   12
Steuernachfolge, Ehegatten
  A75   9
Steuerneutralität
  A50   11 ff.
Steuerperiode
  E52   1, 3
  E50   1, 11
Steuerpflicht
  E50   5
Steuerpflicht, Wechsel
  E52   2
Steuerrückbehalt
  C24   1
  C21   1
Steuerrückerstattung
  C21   3
steuersystematische Realisation
  A68   8
  A50   12, 14
Steuerumgehung
  A67   5
  A50   23, 30, 33, 36, 49, 65, 68, 76, 84
  A42   6
  A38   1
  A36   4
Steuervertreter
  E56   2

Steuervorbescheid
  A95 3
  A82 21 f.
  A69 20
  B108 1 ff.
  B107 1
  B17 3
  D11 Rz 57, 65a
Steuervorbescheid, Voraussetzungen für Vertrauensschutz
  B108 1 f.
Stiftung
  A50 12, 55 ff.
  E62 3
stille Beteiligung, atypische
  B17 1 ff.
Stipendien
  A88 1 ff.
Stockdividenden
  A57 Rz 111
Storni
  A57 Rz 116
strukturierte Kreditderivate
  A60 Anhang III 9
strukturierte Schadenderivate
  A60 Anhang III 9
Studenten
  C73 1
Substanzdividende
  A72 10
  A50 Anhang 69, 73
  E56 2 f.
Substanzentnahme
  A59 5
Substanzwert
  D12 Rz 11
Swiss Finance Branches
  B109 1
symmetrische Spaltung
  A50 62
Systemwechsel
  A59 1, 3

T

Tagesstrukturen
  A56 8
Tarife
  A91 15 ff.
  A90 6
  A75 22 ff.
  B80 1 f.

Tarifwechsel
  A50 51 ff.
tatsächliche Verwaltung
  E52 3
  E50 5
Tauschgeschäfte
  A57 Rz 99
Teilbesteuerung
  A69 10
  A68 3 ff.
  A67 2 ff.
  E64 1 ff.
Teilbesteuerung, im Geschäftsvermögen
  A68 3 ff.
Teilbesteuerung, im Privatvermögen
  A67 2 ff.
Teilbesteuerung, interkantonale Verhältnisse
  E64 1 ff.
Teilbetrieb
  A50 21 ff., 64, 72 ff., 84
Teilliquidation
  A74 11, 13 f., 32
Teilverlustverrechnung
  E58 2
Teilverlustverrechnungsmethode
  E59 2
Teilzeitarbeit
  A75 19
Telearbeit / Homeoffice
  E33 1 ff.
Termingeschäfte
  A60 4
  A57 Rz 87, 95
Therapien
  A56 8
thesaurierende kollektive Kapitalanlagen
  A70 3 f., 6, 8, 11
Tochterabsorption
  A50 42
Tochterausgliederung
  A50 72
Tod
  E53 3
Token, Kryptowährungen
  D13 3 ff.
Totalliquidation
  A50 15, 30, 36

transparente Produkte
  A60 10
Transponierung
  A74 11 f., 17, 24, 27 f.
  A50 25, 30, 36, 49 f.
  B11 1
Transportkosten
  A56 6
Trennung, faktische
  A75 6, 30 ff.
  E53 3
Treugut
  C15 1, 3
  A70 10
Treuhandgeschäfte
  A57 Rz 113 f.
Treuhandkonto
  C14 1
Treuhandlösung
  A70 2 f., 8, 10 f.
Treuhandverhältnisse
  C15 1
Treuhandvertrag
  C15 1
Trust Deed
  E62 5
Trust und Doppelbesteuerungsabkommen
  E62 15
Trust, steuerliche Behandlung
  E62 7
Trustee
  E62 4
Trusts
  A65 1
  E62 1 ff.
Trustvermögen
  E62 13
Two-Pillar Solution
  C104 1 ff.

U

Überführung einer Liegenschaft ins Privatvermögen
  A71 3
Übergang zu einer selbständigen Erwerbstätigkeit
  A63 6

Übertragung
  A74   15, 20, 23
  A50   19, 21, 72, 81
Übertragung von Beteiligungen
  A50   81 ff.
Übertragung von Vermögenswerten
  A50   14, 19 f., 72 ff., 81 f., 85,
        Anhang 3
Überwälzung
  A57   Rz 12
Überwälzung der Verrechnungssteuer
  A84   6
Umbrella Funds
  A57   Rz 68
Umlaufvermögen
  D12   Rz 15
Umqualifikation von Einkünften
  A67   4
Umsatzabgabe
  A57   1 ff.
  A50   16 f.
Umsatzregister
  A57   Rz 56
Umstrukturierungen
  A50   1 ff.
  E56   1
Umstrukturierungen von kollektiven
  Kapitalanlagen
  A70   9
  A69   7, 26
Umstrukturierungen von
  Personenunternehmungen
  A50   19 ff.
Umstrukturierungen, Kapitaleinlagen
  A74   15 ff.
Umwandlung
  A74   17 ff., 22
  A57   Rz 102
  A50   11 ff., 51 ff.
Umwandlung einer juristischen Person
  A50   51
Umweltschutz, Investitionen
  C100 1 f., 4 f.
unbewegliches Vermögen
  A90   4 f.
  A67   2, 4
unechte Fusion
  A50   29 ff., 38 ff.
unechter Fusionsverlust
  A50   43

unentgeltliche Übertragung
  A50   17
  E53   12
Unfallkosten
  A56   1
unselbständige Erwerbstätigkeit
  A75   17
  A63   6
  B83   1
  C76   1
Unterbeteiligung
  A92   1 ff.
Unterbilanz
  A77   4
  A50   41, 87
Unterhaltszahlung
  A75   30 ff.
Unterkunft Unselbständigerwerbender
  C76   1
Unternehmensbewertung
  B85   2
  D12   Rz 7
Unternutzung
  C12   2
Unternutzung
  C12   2
Unterstützungsabzug
  A75   21 f.
unveränderte Weiterführung
  A50   63
unzulässige Einzahlungen
  A63   10

V

Veranlagungsverfahren
  E53   1
  E50   1
Veräusserungssperrfrist
  A50   24 f., 64, 68, 74, 78, 85, 87,
        Anhang 74
verdeckte Gewinnausschüttung
  A72   5
  A68   5
  A67   3, 5
  A50   81, Anhang 68
  A42   7, 9
  A38   3
  D12   Rz 9
verdeckte Kapitaleinlage
  A72   6

verdecktes Eigenkapital
  A77   6 f.
  A72   6 f.
  A50   70, 76, 80
  A38   1
Verein
  A50   12
vereinfachtes Abrechnungsverfahren
  B21   1
Vereinfachungsgesetz
  E58   1
  E51   1
Verfahren, Ehegatten
  A75   39 ff.
Verhaltenskodex Steuern 2021
  D15   1 ff.
Verhältniskapital
  A38   2
Verheiratetenabzug
  A75   22
Verheiratetentarif
  A75   23
Verjährung
  A42   4
  B112 1 f.
Verjährungsfrist, Rückerstattung der
  Verrechnungssteuer
  B112 1 f.
Verkauf
  A59   2
Verkauf von Beteiligungsrechten
  A59   1
Verkehrsunternehmen, konzessionierte
  A80   4 ff.
Verkehrswert
  A68   5 f., 13 f.
  A67   5, 7 f.
  A38   1
  D12   Rz 1 ff.
Verkehrswert, Kaufpreis bei
  Finanzierungsrunden
  D12   Rz 2
Verlegung einer Betriebsstätte
  E52   11
Verlustverrechnung
  E66   3, 9, 19 ff.
  E58   1
Verlustverrechnung in der Zeit
  E59   2

Verlustvortrag
  A50   43, 60, 68, 76, 84,
           Anhang 9, 24, 57
  A38   3
  E59   1
  E50   3

Vermeidung der interkantonalen Doppelbesteuerung
  E59   1

Vermeidung von Ausscheidungsverlusten
  E59   1

Vermittlungsgeschäfte
  A57   Rz 81

Vermögensertrag
  A84   2 ff.
  A67   2 f.
  A59   1
  A42   8
  A36   4

vermögensrechtliche Beschränkung
  D12   Rz 61

Vermögenssteuer
  D12   Rz 1

Vermögensübertragung
  A50   11 f., 17, 19, 21, 31, 51, 63, 73, 81

Vermögensversicherungen
  A78   12 ff.

Vermögensverwaltungsgesellschaft
  A50   Anhang 42
  B86   2
  D12   Rz 33, 38

Vermögensverwaltungskosten
  A67   4

Verpachtung
  A83   10

Verpachtung, landwirtschaftliche Betriebe
  A76   1 ff.

Verpfändung von Vorsorgeguthaben
  A62   7

Verpflegung, Unselbständigerwerbende
  C76   1

Verrechnungssteuer (VSt)
  A50   11, 15
  A42   2
  B104 1
  B86   1
  C22   1

Verrechnungssteuer, doppelte Buchhaltung
  C26   1

Verrechnungssteuer, einfache Buchhaltung
  C27   1

Versicherungsprämien
  A78   4 ff.
  A71   1

Vertragsmodelle für Vorsorgeformen
  A63   2

Vertretung
  A75   40

Verwaltungsaufwand
  A72   7 f., 11 ff.
  A68   7

Verwaltungsratsräte
  C68   1

Verwaltungsratsentschädigungen
  A91   19 f.

Verwirkung, Anspruch auf Rückerstattung der Verrechnungssteuer
  A94   1 ff.

Verzugszins
  A57   Rz 55
  C23   1
  C21   3

Verzugszinsen VSt, Rückforderung
  B104 1 ff.

Vesting, Mitarbeiterbeteiligungen
  A89   7 f.
  A82   6, 11, 14 ff., 21

Vorbehalt der Doppelbesteuerungsabkommen
  C71   1

Vorbescheid, Mitarbeiterbeteiligungen
  A82   21

Vorbezug des Vorsorgeguthaben
  A86   4 f.
  A63   8 f.
  A62   2 ff.

Vorgehen bei interkantonale Sonderfällen
  E56   1 ff.

Vorjahresverluste
  A77   5
  A50   20, 26, 33, 52, 58, 60, 76, 84
  E58   1

Vorruhestandsregelung
  A48   1

Vorsorgebeiträge
  A63   1

Vorsorgeeinrichtung
  A86   1 ff.
  A70   2, 9 f.
  A63   5 ff.
  A62   3 ff.
  A57   Rz 5
  A48   1 ff.

Vorsorgeeinrichtung, Pflichten der
  A62   7

Vorsorgeleistungen
  A63   1
  C71   1
  C70   1

Vorsorgevereinbarung
  A63   2

Vorwirkung
  B11   1

vorzeitige Ausrichtung
  A63   7

W

Wandelanleihen
  A60   5, 11

Wandlungen
  A57   Rz 104

Warrants
  A57   Rz 88

Wechsel
  A92   1 ff.

Wegzugskanton
  E51   6
  E50   11

Weiterbildung / Umschulung
  A87   2, 5 ff.
  A75   13, 21
  A56   6 f.
  D11   14

Wertberichtigung
  D12   Rz 30

Wertpapiere
  D12   Rz 2

Wertpapiere ohne Kurswert
  D12   Rz 1 ff.

Wertschriftenhandel
  A81   1

Wertzerlegungsmethode
C12 1

Wertzuwachsfonds
A70 11

Wertzuwachsgewinn
A42 7
E58 3
E52 8

wiedereingebrachte Abschreibungen
A72 5, 9
A71 3
A50 92
E64 1 ff.

wirtschaftliche Doppelbelastung, Milderung
E64 1 ff.

wirtschaftliche Zugehörigkeit
E53 3, 22
E52 6
E51 4
E50 7

Wohneigentumsförderung
A86 3, 5
A63 8
A62 1

Wohnkosten
A56 9

Wohnsitz
A75 6 ff., 24, 37 f.
A42 6
C71 1
E53 22

Wohnsitzkanton
E53 3
E50 2

Wohnsitzwechsel
A75 38
E53 2
E51 2
E50 1, 4 f.

Z

Zahnbehandlung
A56 4

zeitgleiche Dividendenverbuchung in Konzernverhältnissen
B105 1

zeitliche Bemessung natürlicher Personen
E51 2
E50 14

zeitnahe Absorption
A50 30, 49 f., 77, 79, Anhang 21

Zinsen
B86 1 f.
B85 1 ff.
B84 1
C25 1 f.
C21 1

zinsloses Darlehen
A38 3
C26 1

Zinssätze, Darlehen in Schweizer Franken
B86 1 f.

Zinssätze, Fremdwährungen
B85 1

Zusammenschluss
A74 15 f., 21
A50 16, 19, 21, 28 ff., 48 ff., 89 ff.

zusätzlicher Steuerrückbehalt
C24 1
C21 1

Zuschüsse
A74 4 f., 25

Zuwendungen
A30 7 f.

Zuzug, Kapitaleinlage
A74 24

Zuzugskanton
E51 2
E50 6

Zwei-Säulen-Ansatz
C104 1 ff.

Zweiverdienerabzug
A75 17 f.